Mikael Mölstad

# Die Welt des Weins®

Der umfassende Führer durch 55 Weinländer

SÜDWEST

Die Welt des Weins
Der umfassende Führer durch 55 Weinländer

ISBN 3-517-07863-8

© 1999 Millhouse AG, Mikael Mölstad, Luzern
Titel der schwedischen Ausgabe: En Värld av Vin - Vinguiden
Originalausgabe erschienen 1999 bei Bokförlaget Prisma, Stockholm

Alle Rechte vorbehalten
Nachdruck - auch auszugsweise - nur mit Genehmigung des Verlages.

© der deutschen Ausgabe:
Südwest Verlag GmbH in der Verlagshaus Goethestraße GmbH & Co. KG, München

Gedruckt in der Slowakei
Gedruckt auf chlor- und säurearmem Papier

## Herausgeber
Mikael Mölstad

## Redaktionsleitung deutsche Ausgabe
Belinda Stublia

## Autoren
Roy Cadman, Johan Edström, Klaus Egle, Bengt Frithiofsson, Linnéa Hansson, Ursula Hellberg, Michel Jamais, Anna-Karin Liljeroth, Rudolf Knoll, Mikael Mölstad, Jonas H. Röjerman, Göran Sandberg, Mikael Söderström, Othmar Stäheli, Belinda Stublia, Ewa Zwahlen

## DTP-Originale, Programmierung
Martin Jakubowski, Belinda Stublia

## Kartographie, Topographie
Martin Jakubowski, Mikael Mölstad, Jan Planstedt, Alistair Dinwiddie

## Faktensammlung, Produzenten- und Organisationskontakte
Regina Olvander-Mölstad, Belinda Stublia

## Archiv, Scanning und Datenbank
Izabella Andersson, Martin Jakubowski, Regina Olvander-Mölstad, Belinda Stublia

## Korrektur
Kerstin Gellusch, Daniel Stublia

## Übersetzungen
Peter Behrens, Jessica Kaergel, Margareta Lichtsteiner

## Fotos
Claes Löfgren

Weitere Fotos: Roy Cadman, Collection BIVB, Mikael Mölstad, Jan Rosborn, Sopexa sowie Touristbüros, nationale und regionale Weinorganisationen und von den Weingütern zur Verfügung gestellte Bilder.

---

## Danksagung
Jay Andersson (Austrade, Stockholm), Tony Aspler, Australian Wine Export Council (Magill SA), Ian Berwick (United Kingdom Vineyards Ass., Suffolk), Hanna Bouse (Euro-Service), Lars Brännström (ICEP, Portugiesisches Handelsbüro, Stockholm), Pierre Brill, Fabienne Collavino (CIVB-Bourgogne), Comité Interprofessionnel (mehrere in Frankreich), George & Monica Cristea, Stefano Crivelli, Enoteca Italiana (Siena), Janne Forsell, Anders Forsmark (MacSupport), Jacqueline Friedrich, Anthony Hanson, Ulla Hansson (Canadian Embassy, Stockholm), Johannes Högström, Hungarian Wine Producers' Council (Budapest), INAO (Institut National des Appellations d'Origine, Paris), Israel Export Institute (Tel Aviv), Israelische Botschaft/Handelsabteilung (Stockholm), Erzsébet Jonasson, Richard Juhlin, Ingela Krantz (Chilenische Botschaft/Handelsabteilung, Stockholm), Hans-Uno Krisch (Deutsche Weininformation, Lidingö), Jorge Lind (Argentinische Botschaft/Handelsabteilung, Stockholm), Lucullus SA (Luzern), Jean-Laurent Maillard, ANIVIT (Association Nationale Interprof. des Vins de Table et Vins de Pays, Paris), Dragutin Mijatovic, Eva-Margareta Nilsson, OIV (Office International du Vin, Paris), Österreichische Botschaft/Handelsabteilung (Stockholm), Österreichische Weinmarketing Services (Wien), Joannis Paschalis (Griechische Botschaft, Stockholm), John Platter, Liviu Popisca (Rumänisches Touristbüro, Stockholm), ProMendoza (Argentinien), Slowenische Botschaft (Stockholm), Maria Sellin (ICE, Stockholm), South African Wine and Spirit Exporters' Association (Stellenbosch), Spanische Botschaft/Handelsabteilung (Stockholm), Dana Suskin (California Wine Institute, San Francisco), Syndicat des Négociants en Vin de Bordeaux, György Székely (Hungarian Tourist Office, Stockholm), Céline Thomas (CIVB-Bordeaux), Lars Torstenson, Ungarische Botschaft/Handelsabteilung (Stockholm), Hans Ursing, Botschaft von Uruguay (Stockholm), Björn Ivar Vöyne, Frank Ward, Wine Institute of New Zealand (Auckland).

# INHALT

| | |
|---|---|
| • BENUTZERHINWEISE | 10 |
| **Die Welt** | 11 |
| **Europa** | 14 |
| **Frankreich** | 16 |
|   Bordeaux | 19 |
|     Médoc | 22 |
|       Margaux | 24 |
|       St-Julien | 34 |
|       Pauillac | 42 |
|       St-Éstèphe | 50 |
|       Moulis-en-Médoc | 55 |
|       Listrac | 57 |
|       Haut-Médoc | 59 |
|       Médoc | 64 |
|     Östliches Bordeaux | 67 |
|       St-Émilion | 68 |
|       Pomerol | 80 |
|       Lalande-de-Pomerol | 90 |
|       Fronsac, Canon-Fronsac | 90 |
|       Bourg & Blaye | 93 |
|     Südliches Bordeaux | 94 |
|       Graves, Pessac-Léognan | 96 |
|       Sauternes/Barsac | 105 |
|       Entre-Deux-Mers | 113 |
|   Négociants in Bordeaux | 119 |
|   Burgund | 121 |
|     Chablis | 123 |
|     Côte de Nuits | 131 |
|     Côte de Beaune | 143 |
|     Côte Chalonnaise | 163 |
|     Mâconnais | 171 |
|     Beaujolais | 177 |
|   Champagne | 187 |
|   Elsass | 203 |
|   Loire | 217 |
|     Pays Nantais | 218 |
|     Anjou-Saumur | 223 |
|     Touraine | 231 |
|     Obere Loire | 239 |
|     Distrikte rund um die Loire | 249 |
|   Rhône | 251 |
|     Nördliche Rhône | 252 |
|     Südliche Rhône | 263 |
|   Jura | 273 |
|   Savoie (Savoyen) | 277 |
|   Provence | 281 |
|   Languedoc-Roussillon | 289 |
|   Südwesten | 299 |
|   Korsika | 309 |
|   VDQS | 311 |
|   Vin de Pays | 313 |
|   Jahrgänge in Frankreich | 317 |
|   Weinetiketten in Frankreich | 325 |
|   Weinvokabular Frankreich | 329 |
| **Deutschland** | 331 |
|   Ahr | 333 |
|   Mosel-Saar-Ruwer | 335 |
|   Mittelrhein | 349 |
|   Rheingau | 353 |
|   Nahe | 367 |
|   Rheinhessen | 375 |
|   Pfalz | 385 |
|   Hessische Bergstraße | 399 |
|   Franken | 401 |
|   Württemberg | 411 |
|   Baden | 421 |
|   Saale-Unstrut | 435 |
|   Sachsen | 438 |
|   Jahrgänge in Deutschland | 441 |
|   Weinetiketten in Deutschland | 444 |
|   Weinvokabular Deutschland | 446 |
| **Italien** | 447 |
|   Aostatal | 449 |
|   Piemont | 451 |
|   Lombardei | 465 |
|   Trentino-Alto Adige (Südtirol) | 471 |
|   Venetien | 477 |
|   Friaul-Julisch Venetien | 487 |
|   Ligurien | 493 |
|   Emilia-Romagna | 495 |
|   Toskana | 499 |
|   Umbrien | 514 |
|   Marken | 519 |
|   Abruzzen, Molise | 521 |
|   Latium | 523 |
|   Kampanien | 529 |
|   Basilicata | 535 |
|   Apulien (Puglia) | 537 |
|   Kalabrien | 541 |
|   Sizilien | 543 |
|   Sardinien | 547 |
|   Jahrgänge in Italien | 551 |
|   Weinetiketten in Italien | 553 |
|   Weinvokabular Italien | 556 |
| **Spanien** | 557 |
|   Galizien | 559 |
|   Castilla-León | 561 |
|   Rioja | 566 |
|   Navarra | 574 |
|   Aragón | 577 |
|   Katalonien | 578 |
|   Castilla-La Mancha | 586 |
|   Valencia | 588 |
|   Murcia | 589 |
|   Andalusien | 590 |
|   Spaniens Inseln | 600 |
|     Andere Gebiete in Spanien | 602 |
|   Jahrgänge in Spanien | 603 |
|   Weinetiketten in Spanien | 604 |
|   Sherry-Etiketten | 605 |
|   Weinvokabular Spanien | 606 |
| **Portugal** | 607 |
|   Rios do Minho (Vinho Verde) | 609 |
|   Douro, Trás-os-Montes | 611 |
|   Dão, Bairrada | 622 |
|   Bucelas, Carcavelos, Colares | 624 |
|   Setúbal | 625 |
|   Alentejo | 627 |

| | | | |
|---|---:|---|---:|
| Algarve, Ribatejo, Estremadura | 628 | Transkaukasien | 745 |
| Madeira | 629 | Zentralasiatische Regionen | 746 |
| Jahrgänge in Portugal | 633 | **Europa – andere Länder** | 747 |
| Weinetiketten in Portugal | 634 | Zypern | 748 |
| Portweinetiketten | 635 | Türkei | 750 |
| Weinvokabular Portugal | 636 | Israel | 754 |
| **Schweiz** | 637 | Libanon | 758 |
| Genf (Genève) | 639 | **Nordafrika** | 760 |
| Waadt (Vaud) | 640 | **Südafrika** | 762 |
| Wallis (Valais) | 645 | Coastal Region | 764 |
| Neuenburg, Freiburg, Bern | 651 | Constantia | 765 |
| Ostschweiz | 652 | Stellenbosch | 767 |
| Tessin | 654 | Paarl | 775 |
| Weinetiketten in der Schweiz | 656 | Weinetiketten in Südafrika | 781 |
| **Österreich** | 657 | **Afrika – andere Länder** | 782 |
| Niederösterreich | 659 | **USA** | 785 |
| Wachau | 659 | Kalifornien | 787 |
| Kremstal | 663 | North Coast | 789 |
| Kamptal | 665 | Napa Valley | 790 |
| Donauland, Traisental | 666 | Sonoma | 804 |
| Weinviertel | 667 | Mendocino/Lake County | 813 |
| Carnuntum | 668 | North Central Coast | 815 |
| Thermenregion | 669 | South Central Coast | 821 |
| Burgenland | 671 | Central Valley | 825 |
| Neusiedlersee-Hügelland | 671 | Sierra Foothills | 827 |
| Neusiedlersee | 675 | Southern California | 829 |
| Mittelburgenland | 678 | Oregon | 830 |
| Südburgenland | 680 | Washington State | 835 |
| Steiermark | 681 | New York State | 841 |
| Weststeiermark | 681 | Andere Weinregionen | 846 |
| Südsteiermark | 682 | Jahrgänge in den USA | 849 |
| Südost-Steiermark | 685 | Weinetiketten in den USA | 850 |
| Wien | 686 | Weinvokabular USA | 851 |
| Weinetiketten in Österreich | 688 | **Kanada** | 852 |
| **Ungarn** | 689 | **Chile** | 855 |
| Weinetiketten in Ungarn | 697 | Weinetiketten in Chile/Argentinien | 864 |
| Weinvokabular Ungarn | 698 | **Argentinien** | 865 |
| **Tschechien** | 699 | **Brasilien** | 872 |
| Weinetiketten/Weinvokabular | 701 | **Uruguay** | 874 |
| **Slowakei** | 702 | **Peru** | 875 |
| **Rumänien** | 704 | **Bolivien** | 875 |
| Weinetiketten/Weinvokabular | 710 | **Kolumbien** | 875 |
| **Bulgarien** | 711 | **Mexiko** | 876 |
| Weinetiketten/Weinvokabular | 715 | **Australien** | 878 |
| **Slowenien** | 716 | South Australia | 880 |
| Weinetiketten/Weinvokabular | 718 | New South Wales | 891 |
| **Kroatien** | 719 | Victoria | 899 |
| **Jugoslawien** | 721 | Western Australia | 907 |
| **Bosnien-Herzegowina, Makedonien** | 722 | Tasmanien | 912 |
| **Griechenland** | 723 | Jahrgänge in Australien/Neuseeland | 914 |
| Weinetiketten/Weinvokabular | 732 | Weinetiketten in Austr./Neuseeland | 915 |
| **England** (Großbritannien) | 733 | Weinvokabular Austr./Neuseeland | 916 |
| Weinetiketten in England | 739 | **Neuseeland** | 917 |
| **Luxemburg** | 740 | **Japan** | 925 |
| **Liechtenstein** | 742 | **China** | 929 |
| **Ukraine** | 743 | **Asien – andere Länder** | 931 |
| **Moldau** | 744 | • REGISTER | 933 |
| **Russland** | 744 | • BESITZER UND KELLERMEISTER | 953 |

## Einige Worte zuvor

Seit der ersten Ausgabe der „Welt des Weins" 1994 sind einige Jahre vergangen. Die große Resonanz mit zahlreichen Briefen, Kommentaren, Fragen und Anregungen, aber auch konstruktiver Kritik haben uns zu dieser neuen, völlig revidierten Auflage veranlaßt. Die große Nachfrage hat uns gezeigt, dass im Meer der vorhandenen Weinliteratur doch eine große Lücke für ein derartig umfassendes Werk besteht.

Das vorliegende Buch führt nicht nur die Vielfalt der Weinwelt vor Augen, sondern zeigt auch die interessanten Veränderungen auf, die in der Weinbranche heute immer schneller stattfinden.

In der „Welt des Weins" werden die traditionellen Weingüter genauso berücksichtigt wie die innovativen Winzer, die mit neuen Vinifizierungstechniken und ungewöhnlichen Rebsorten überraschen. In kaum einem anderen Weinführer findet man außerdem so viel Wissenswertes über die Entwicklung in unbekannten und ehemaligen Weinländern, die jetzt durch neue Investitionen einen Aufschwung erleben.

Gleichzeitig vermittelt das Buch nicht nur harte Facts, sondern ist auch für Weinschnüffler und interessierte Weinliebhaber eine vergnügliche Lektüre.

In diesem Sinne wünsche ich Ihnen, liebe Weinfreunde, viele schöne Augenblicke mit diesem Buch und spannende Entdeckungen in der faszinierenden Welt des Weins.

Belinda Stublia

---

*Für Anregungen, Wünsche oder Fragen rufen Sie uns an oder schreiben Sie uns:*
*Die Welt des Weins, St.-Karli-Strasse 18, CH-6004 Luzern, Schweiz*
*Telefon ++41-(0)41-240 99 44, Fax ++41-(0)41-240 62 40*

## BENUTZERHINWEISE

Die „Welt des Weins" wurde so übersichtlich wie möglich gestaltet und bedarf nicht vieler Erklärungen. Nachfolgend finden Sie die wichtigsten Hinweise.

### KARTEN

Die Karten sollen Ihnen einen möglichst schnellen und zuverlässigen Überblick über eine bestimmte Region geben.

Sie sind so konzipiert, dass Sie jede kleinere Karte in der nächstgrößeren wiederfinden (z.B. Margaux im Médoc, Médoc in Bordeaux, Bordeaux in Frankreich usw.).
- Die beige Farbe bezeichnet die umliegenden Länder, Gebiete oder Regionen.
- Die grüne Farbe kennzeichnet das beschriebene Gebiet, helleres Grün die unbekannteren Gebiete.
- Straßen sind rot markiert, Autobahnen braunrot.

### PRODUZENTEN-SYMBOLE

Unter allen Hauptproduzenten finden Sie Kästen mit Symbolen. Diese haben folgende Bedeutung:

PRODUKTION (im regionalen Vergleich)

| sehr gering | gering | mittel | groß | sehr groß |

QUALITÄT (im regionalen und internationalen Vergleich)

| einfach | mittel | hoch | sehr hoch | Weltklasse |

PREIS (im internationalen Vergleich)

| sehr tief | tief | mittel | hoch | sehr hoch |

### FARB- UND TEXTCODES

Jede Seite ist oben links oder rechts mit einem Textcode versehen, der eine schnelle Übersicht ermöglicht: Land • Gebiet • Region/Bereich/Distrikt • Ursprung/Appellation.

Die Farben hinter den Überschriften zeigen den Präsentationstyp an:

**LAND** • Der Farbcode für die Landpräsentationen ist grün.

**GEBIET** • Alle Länder sind in Anbaugebiete eingeteilt. Deren Farbcode ist blau.

**REGION** • Die Anbaugebiete sind wiederum meistens in Regionen (Bereiche oder Distrikte) eingeteilt. Diese sind gelb gekennzeichnet.

**URSPRUNG** • Innerhalb einer Region gibt es, allerdings von Land zu Land verschieden, weitere Unterscheidungskriterien den Ursprung betreffend. In Frankreich z.B. die AOC (oft eine Appellation, z.B. Margaux), in Italien die DOC/DOCG (oft ein Weintyp, z.B. Chianti). Die Farbe für den Ursprung (Ort, Lage) ist weinrot.

**PRODUZENT** • Der Farbcode für die Produzenten (Erzeuger) ist beige.

### WEITERE HINWEISE

- Bei der Angabe der Produktionsmenge bedeutet Kiste (abg. K.) 12 Flaschen zu ca. 0,75 l.
- Die Abkürzung REBFL/PROD steht für Rebfläche/Produktion.
- Rebsorten-Abkürzungen: Alig = Aligoté • CF = Cabernet Franc • CS = Cabernet Sauvignon • Chard = Chardonnay • CB = Chenin Blanc • GT = Gewürztraminer • Gren = Grenache • Mal = Malbec • Mer = Merlot • Mourv = Mourvèdre • MT = Müller-Thurgau • PV = Petit Verdot • PB = Pinot Blanc, Weißburgunder • PG = Pinot Gris, Grauburgunder • PN = Pinot Noir • Riesl = Riesling • Sang = Sangiovese • SB = Sauvignon Blanc • Sém = Sémillon • Temp = Tempranillo • UB = Ugni Blanc • WR = Welschriesling

# DIE WELT

GESCHICHTE  Der Ursprung des Weinbaus liegt am Schwarzen Meer, wahrscheinlich in Transkaukasien, dessen Länder heute Georgien, Armenien und Aserbaidschan heißen. Schon 4 000 Jahre v.Chr. waren diese Kulturen hoch entwickelt. Erste Spuren der Weinproduktion fand man in fast 6 000 Jahre alten Gefäßen, die Überreste von Weintraubenkernen enthielten. Später wurde in allen Mittelmeerländern, einschließlich Ägyptens, entweder aus kommerziellen oder aus religiösen Gründen Wein hergestellt. Schon damals war bekannt, dass Wein auch der Gesundheit dient. Die ersten bekannten Weinhändler waren die Phönizier, die bis zur Römerzeit den Handel im Mittelmeerraum beherrschten.

In zahlreichen Kulturen und Religionen spielte der Wein eine zentrale Rolle, z.B. zur Zeit des Dionysos-Kultes in Griechenland. Durch die Griechen wurde der Weinbau auch in die benachbarten Länder gebracht. Die Römer pflegten die Weinfeste (Bacchanale), entwickelten die Weinbautechnik weiter und übertrugen sie in ihre Kolonien wie Frankreich und Deutschland.

Während des Mittelalters war es die Kirche (insbesondere die Klöster), die für die Weiterentwicklung und Verbreitung der Weinkultur sorgte. Den Weinhandel in bedeutendem Umfang leiteten die Engländer ein während der Kolonisierung von Frankreich, Spanien und Portugal. Mit der Entwicklung der Glasflasche und des Korkens begann im 17. Jh. auch der Handel mit feinen Weinen, die an königliche Familien in ganz Europa geliefert wurden.

Der moderne Weinhandel entwickelte sich aber erst im 19. Jh., als Louis Pasteur die Oxydation der Weine erklären konnte.

Durch die Kolonisierung gelangte der Weinbau auch in die Länder der Neuen Welt sowie nach Australien und Afrika und vielfach war die Rebe die erste Pflanze, die angebaut wurde. Zuerst

*Die Weinindustrie der Neuen Welt verbucht große Erfolge, vor allem in Kalifornien. Im Bild Opus One in Napa.*

durch die Engländer und später durch die Deutschen in Australien; durch die Holländer in Südafrika; durch die Spanier in Südamerika und durch die Franzosen und Italiener in Nordamerika. Seit dem 2. Weltkrieg ist der Weinbau und der Weinhandel zu einer riesigen internationalen Industrie angewachsen.

GEOGRAPHIE  Theoretisch bzw. auf natürliche Art ist der Anbau von Trauben nur zwischen

*Heute wird in allen klimatisch geeigneten Gegenden der Welt Wein angebaut. Die ersten weinbaulichen Funde sind 6 000 Jahre alt. Der Wein ist einer der wichtigsten Erwerbszweige der Welt. Im Bild Los Vascos in Chile.*

DIE WELT

dem 30. und 50. Breitengrad möglich. Praktisch bzw. durch die heutige Technik und Wissenschaft, wie z.B. die temperaturregulierte Gärung, die Entwicklung von widerstandsfähigen Rebsorten etc., sind auch andere geographische Gebiete für den Weinbau geeignet. Die Rebe wächst prinzipiell auf allen Böden, wobei Böden mit guter Drainage bessere Beeren ergeben: weniger Wasser und mehr Aroma.

WEINE Früher wurde der Wein oft mit Gewürzen und Honig abgeschmeckt, um den Oxydationsgeschmack und andere unerwünschte Aromen zu kaschieren. Verstärkte Weine vom Typ Madeira wurden erstmals im 18. Jahrhundert erzeugt.

REBSORTEN Fast alle wichtigen Rebsorten stammen aus Frankreich: Für Rotweine sind dies Cabernet Sauvignon, Merlot, Pinot Noir und Syrah; für Weißweine Chardonnay, Sauvignon Blanc und Sémillon. Der einzige internationale Konkurrent ist der deutsche Riesling. Die einzige „antike", heute noch angebaute Rebsorte ist der Muscat. Die am häufigsten angebauten Rebsorten sind Airén (Spanien), Rkatsiteli (Griechenland), Grenache/Garnacha (Frankreich/Spanien) und Trebbiano/Ugni Blanc (Italien/Frankreich). Sie werden größtenteils für einfache Weine oder als Traubenmost für Destillate verwendet.

DIE WELT

WEINGESETZE Die oft sehr strengen Weingesetze innerhalb der Europäischen Union (Anforderungen an die Rebsortenauswahl, den Anbauplatz, die Bodenbeschaffenheit, den Alkoholgehalt usw.) stehen zur totalen Freiheit in den Anbaugebieten der Neuen Welt in starkem Kontrast. Vermehrt beginnen aber die Standardregeln der EU auch in anderen Ländern Fuß zu fassen. Einzig die Rebsortenauswahl, die in der Neuen Welt absolute Freiheit genießt, scheint tabu. Das Interesse an „nicht zugelassenen" Rebsorten ist wiederum in Europa sehr groß, obwohl dies beim heutigen Stand des Gesetzes zur „Deklassierung" führt.

REBFL/PROD 7 742 000 ha, 273 Mio. hl/Jahr. Die größten Weinländer sind (1996, Produktion in hl/Jahr): 1. Frankreich (60 Mio.), 2. Italien (59 Mio.), 3. Spanien (33 Mio.), 4. USA (19 Mio.), 5. Argentinien (13 Mio.), 6. Portugal (9,5 Mio.), 7. Deutschland (8,3 Mio.), 8. Rumänien (7,6 Mio.), 9. China (4,3 Mio.), 10. Ungarn (4,2 Mio.), 11. Griechenland (4,1 Mio.), 12. Chile (3,8 Mio.).

(Quelle: Office International de la Vigne et du Vin 1998)

# EUROPA

GESCHICHTE Die ersten Trauben, die der Weinproduktion dienten, wurden im europäischen Mittelmeerraum schon im 1. und 2. Jh. v.Chr. kultiviert. Der Weinbau breitete sich von der Türkei und den östlichen Mittelmeerländern weiter aus. In Griechenland während der Zeit des Dionysos-Kultes und im damaligen Thrakien war der Wein ein magisches Rausch- und Gesundheitsgetränk. Durch die römische Kolonisierung von Zentraleuropa wurde der Weinbau besser organisiert und auch zur Handelsware. Viele der heute noch bestehenden Weingebiete, wie z.B. die Rhône, das Burgund, das Bordeaux, die Champagne und die Mosel, wurden bereits damals bebaut.

Später waren es die Kirchen und Klöster, die die Rebsorten, den Weinbau und die Weinherstellung weiterentwickelten und förderten. Bereits vor 500 Jahren wurden die ersten Abgrenzungen von Lagen vorgenommen und Weingüter gegründet.

Mit der zunehmenden Macht der Königreiche vergrößerte sich auch der Weinbedarf. Die Völker wollten „Wein und Brot". Damals war der Wein das wichtigste Heilmittel: als natürliches Vitamingetränk mit antiseptischer Wirkung durch den Alkohol wurde es gegen die meisten Krankheiten eingesetzt. Der Weinhandel wurde von den Engländern begonnen, die den Transport in Fässern einführten. Der Handel mit feinen Weinen kam mit der Entwicklung der Glasflasche und des Korkens im 17. Jh. Aber erst im 19. Jh., als Louis Pasteur den Oxydationsprozess erklären konnte, entwickelte sich ein bedeutender Weinhandel.

Seit dem 2. Weltkrieg ist die Produktion und der Handel mit Wein zu einer enormen Industrie angewachsen.

GEOGRAPHIE In fast allen europäischen Ländern, mit Ausnahme der nordischen und der baltischen, wird Wein in großem Umfang hergestellt. Frankreich und Italien beherrschen den

*In den Kellern großer Weinhäuser liegen Weine im Wert von Milliarden und warten darauf, entdeckt zu werden.*

Markt in Bezug auf Menge und Qualität. In Osteuropa ist seit Beginn der 90er Jahre eine einmalige Qualitätsentwicklung zu verzeichnen, die auf enorme Investitionen des „reichen Westeuropa" zurückzuführen ist.

WEINE Heute sind die meisten Qualitätsweine restlos vergorene Rot- oder Weißweine bzw. verstärkte Süßweine. Im riesigen Meer von Massenweinen sind auch große Mengen lieblicher Weine zu finden. Viele Qualitätsweine werden heute eine Zeit lang in verschiedenen Typen von Eichenfässern ausgebaut, um ihren Geschmack zu bereichern und die Lagerfähigkeit zu verbessern.

REBSORTEN Die bekanntesten Rebsorten der europäischen Weinberge stammen aus Frankreich: Cabernet Sauvignon, Merlot und Pinot Noir für Rotweine; Chardonnay, Sauvignon Blanc und Pinot Blanc für Weißweine. Besonders für die „Burgunder-Sorten" wie Pinot (Noir, Gris und Blanc) existieren viele verschiedene Namen.

WEINGESETZE Innerhalb der Europäischen Union wurden Anforderungsinstrumente geschaffen, um die Weingesetze der Mitgliedsstaaten zu steuern. Der Hauptzweck dieser Instrumente ist, Ordnung in den ehemaligen Dschungel verschiedener Gesetze zu bringen und den Konsumenten bessere Kaufinformationen zu vermitteln. Solche Gesetze fassen auch vermehrt in den europäischen Staaten außerhalb der EU Fuß.

In der EU gibt es folgende Einstufungen:

QUALITÄTSWEIN: Höchste Qualitätsstufe oder -stufen. Er muss zahlreichen Anforderungen an die Rebsorten, den Ertrag, den Alkoholgehalt u.a. genügen.

LANDWEIN: Die Anforderungen beziehen sich hauptsächlich auf den Alkoholgehalt (9-10%) und den geographischen Ursprung. Die Angabe der Rebsorte ist obligatorisch.

TAFELWEIN: Das Gesetz legt praktisch nur den Mindest-Alkoholgehalt fest (8-9%). Ursprungsgebiet des Weins muss die EU sein.

REBFL/PROD 5 209 000 ha, 208 Mio. hl/Jahr. Die größten Produktionsländer sind Frankreich und Italien mit 55-60 Mio. hl/Jahr, gefolgt von Spanien (33 Mio.), Portugal (9,5 Mio.), Deutschland (8,3 Mio.), Rumänien (7,6 Mio.) sowie Griechenland und Ungarn (je ca. 4 Mio.).

*Im Mittelalter waren Kirchen und Klöster, wie hier auf Clos de Vougeot im Burgund, die großen Weingutsbesitzer. Heute sind Millionen von Menschen im Weinbau tätig und der Weintourismus gewinnt an Bedeutung.*

FRANKREICH

# Frankreich

GESCHICHTE Frankreich gilt als Sinnbild für den süßen Wein und ist ein Vorbild für die meisten Weinerzeuger in der ganzen Welt. Hierher pilgern die Menschen, um berühmte Schlösser und Weingüter in Verbindung mit Gastronomie und Wein zu erleben.

Die ersten Weinberge wurden bereits im Jahre 500 v.Chr. von den Griechen angelegt, als sie die Stadt Marseille gründeten. Einige Jahrhunderte später legten die Römer den Grundstein für die Weinanbaugebiete. Sie nutzten schon damals alle klimatisch geeigneten Hänge der großen Flusstäler. All die berühmten Weinregionen Frankreichs wie Bordeaux, Burgund, Rhône, Loire, Champagne und Elsass wurden von den Römern zwischen 200 v.Chr. und 400 n.Chr. aufgebaut. Seit über 2 000 Jahren wird hier von vielen namhaften Weinschlössern Wein hergestellt. Nach dem Zusammenbruch des Römischen Reichs wurde der Weinanbau von verschiedenen

Volksstämmen, die sich in Frankreich niederließen, fortgesetzt. Dies erfolgte aber nicht auf jene revolutionäre Art wie bei den Römern.

Danach waren es die Kirchen und Klöster des Mittelalters, die den Weinanbau weiterentwickelten. Gut ausgebildete, emsige Mönche

*Kein anderes Weinland kann so viel Weinqualität, Kultur und eleganten Reichtum in Kombination vorweisen.*

haben viel zur Bedeutung der französischen Weinkultur, wie wir sie heute noch kennen, beigetragen. In allen klassischen Weinregionen waren sie es, die Anbaumethoden und Herstellungstechniken entwickelten. Schon damals klassifizierten sie die meisten der heute berühmten Châteaux.

Im späteren Mittelalter erlebte der Weinhandel in Frankreich einen enormen Aufschwung. Nicht zuletzt durch die Handelskolonien der Engländer in Bordeaux. Im 17. und 18. Jh. war der Handel mit französischen Weinen sehr umfassend. Noch stärker konnten sich die Weinregionen mit Zugang zum offenen Meer (Loire, Bordeaux) entwickeln, da der Transport auf dem Wasserweg vorteilhafter und schneller war. Der Transport über Land dauerte nämlich für die in Fässern gelagerten Weine zu lange, sie fingen an zu oxidieren.

Mit der französischen Revolution wurden die meisten kirchlichen Weingüter nationalisiert und später an freie Bauern aufgeteilt. In der ersten Hälfte des 18. Jh. wurden viele der heute noch bestehenden Besitztümer gegründet. Ende des 18. Jh. wurden fast alle Rebberge von der Weinlaus verwüstet und mussten mühsam neu bestockt werden. Die danach erzeugten Weine waren meist einfach. Im Jahr 1932 wurde durch das *Institut National des Appellations d'Origine* die AOC-

*Wein ist Frankreichs wichtigstes Landwirtschaftsprodukt. Millionen Menschen sind im Weinbau beschäftigt.*

Regelung eingeführt. Erst nach dem 2. Weltkrieg konnte Frankreich in der Weinindustrie eine Qualitätsentwicklung und einen wirtschaftlichen Zuwachs verzeichnen, die immer noch anhalten.

*St-Émilion ist eine dieser kleinen, bezaubernden mittelalterlichen Städte Frankreichs, die ein glückliches Dasein mit berühmten Schlossherren führen. Die Welt mag sich verändern, hier geht das Leben seinen gewohnten Gang.*

# FRANKREICH

GEOGRAPHIE In fast allen der 95 Departements Frankreichs wird Wein hergestellt. Die Vielfalt der Weine beruht auf den unterschiedlichen Boden- und Klimaverhältnissen in den einzelnen Regionen des Landes.

ANBAUGEBIETE Die bekanntesten sind BORDEAUX, CHAMPAGNE, BURGUND, ELSASS, RHÔNE und LOIRE. Hier werden seit langem die meisten Qualitätsweine hergestellt, doch kommen 25 Prozent der Gesamtproduktion aus dem südlichen Gebiet LANGUEDOC-ROUSSILLON.

WEINE Die Rotweine bieten eine reiche Auswahl, vom aristokratischen Bordeaux bis hin zum leichten, fruchtigen Beaujolais aus dem Burgund oder dem süßen, starken Banyuls aus dem Languedoc-Roussillon. Die Weißweine sind trocken, wie etwa in Chablis (Burgund), süß wie in Sauternes (Bordeaux) oder sie werden zu Schaumwein verarbeitet wie in der Champagne. Die meisten französischen Weine sind zum Vorbild für die Winzer in der ganzen Welt geworden.

WEINGESETZE Es gibt vier Klassen, die in erster Linie nicht die Qualität, sondern die Herkunft und die Produktionsmethoden garantieren. Die Einteilung variiert je nach Gebiet.

1. AC ODER AOC APPELLATION (D'ORIGINE) CONTRÔLÉE ist die höchste Klasse. Es gibt fast 400 verschiedene AC. Das staatliche INAO *(Institut National des Appellations d'Origine des Vins et Eaux-de-Vie)* kontrolliert die geographische Abgrenzung der Gebiete, die Rebsorte, den Alkoholgehalt, den Hektarertrag, die Herstellungsmethode, die chemische Analyse und gegebenenfalls die Destillation.

2. VDQS (VIN DELIMITÉ DE QUALITÉ SUPÉRIEUR). Die zweite Klasse. Diese Weine werden in

*In alten Kellergewölben, die während Jahrzehnten gebaut wurden, reifen die Weine in alten Eichenfässern.*

etwa 26 regional festgelegten Gebieten nach ähnlichen, aber niedrigeren Anforderungen, als sie für AC-Weine gelten, hergestellt.

3. VIN DE PAYS (Landwein). Die dritte Klasse, ebenfalls aus einem abgegrenzten Gebiet. Heute gibt es 140 solcher Gebiete. Auch diese Weine müssen gewissen Anforderungen entsprechen.

4. VIN DE TABLE (Tafelwein) ist die niedrigste Qualitätsstufe. Sein Mindestalkoholgehalt beträgt 8,5%. Wenn Frankreich auf der Etikette nicht angegeben ist, kann der Wein auch aus einem anderen EU-Land stammen.

REBFL/PROD 900 000 ha, 60 Mio. hl/Jahr. 60% Rotweine, der Rest Weißweine, Roséweine und Mousseux. 30% Qualitätsweine. Dieser hohe Anteil hat Frankreich in der ganzen Welt einen Ruf als Produzent hochqualitativer Weine eingebracht.

*Erst nach dem Zweiten Weltkrieg konnte Frankreich im Weinbau eine Qualitätsentwicklung und einen wirtschaftlichen Zuwachs verzeichnen. Dieser hat heute noch einen hohen Stellenwert und die Entwicklung hält weiter an.*

# BORDEAUX

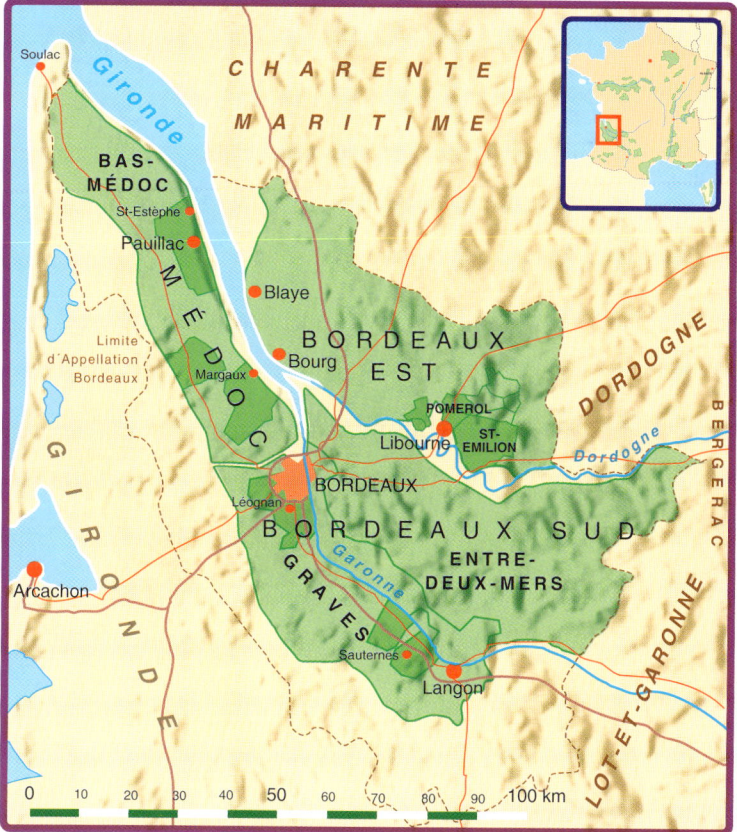

**GESCHICHTE** Die Tatsache, dass Bordeaux eine alte Handelsstadt ist, brachte eine Reihe von Vorteilen mit sich. Ihre Lage, an einem großen Hafen, war für die Ausfuhr der Weine und deren Ruf von allergrößter Bedeutung. Schon die Römer erkannten, dass Bordeaux ein wichtiges Weinanbaugebiet war. Nach ihnen trafen sowohl Franken wie auch Basken ein, die am Weinbau alle großes Interesse hatten. Die Blütezeit von Bordeaux begann aber erst im 14. Jahrhundert, bedingt durch das Bündnis mit den Engländern. Zeitweise kaufte das englische Königshaus drei Viertel seiner Weine in Bordeaux. Die Beförderung übers Meer zu den großen englischen Häfen ging sehr schnell. Im Mittelalter aber kam der meiste Wein aus den Gebieten östlich der Stadt, entlang den Flüssen Garonne und Dordogne und oft sogar aus den südlichen Regionen, die heute Sud-Ouest genannt werden. Die Médoc-Halbinsel war damals überhaupt noch nicht mit Reben bestockt.

Während 300 Jahren beherrschten die Engländer den Weinhandel in der Bordeaux-Region. Sie nannten die Weine „Clairet", später „Claret", eine Bezeichnung, die immer noch verwendet wird. Als die Herrschaft der Engländer nach dem Hundertjährigen Krieg 1453 zu einem Ende kam, wurden sie durch die Burgunder und später durch

„Quai des Chartons" in Bordeaux war das Zentrum des Weinhandels. Von hier aus wurden die Weine verschifft.

den französischen Staat abgelöst. Der Weinverkauf nach England und in andere Länder wurde fortgesetzt. Die Stadt Bordeaux blühte und die Familien des Bürgerstandes wurden immer reicher; ihre Kapitalstärke garantierte die Entwicklung des Weinbaus. Weil die Region vor Verwüstung während der Französischen Revolution verschont blieb, wurde ihr Ruf immer besser. Die Invasion der Reblaus hatte aber verheerende Folgen, kein einziger Rebstock blieb verschont. Erst nach dem 2. Weltkrieg traf eine neue Blütezeit ein. Die 60er und 70er Jahre waren die Zeit des großen technischen Fortschritts. Ein Resultat davon sind die großen Jahrgänge der 80er Jahre, die besten dieses Jahrhunderts. Das Ansehen des Bordeaux-Gebiets und die Weinpreise sind seither ständig gestiegen.

GEOGRAPHIE  Mit 150 km Länge und bis zu 70 km Breite ist Bordeaux eines der größten Weinanbaugebiete Frankreichs. Die Flüsse Garonne

*Ein Besuch im „Maison du Vin" in Bordeaux, wo man sich über alle Weine informieren kann, lohnt sich.*

(Graves) und Dordogne (St-Émilion und Pomerol), die in den Mündungstrichter der Gironde (Médoc) fließen, haben Sand und Sediment von

## DIE KLASSIFIZIERUNG VON 1855

Anläßlich der ersten Weltausstellung in Paris wurde 1855 die erste Klassifizierung von Bordeaux-Weinen durchgeführt. Man teilte die Weingüter nach erzielten Marktpreisen während der letzten Jahrzehnte in Güteklassen ein. Viele Klassifizierungen folgten, aber trotz Kritik ist diejenige von 1855 die wichtigste und relevanteste. Es folgt eine Aufstellung der 5 Crus (Cru: frz. Lage) in die das Médoc 1855 aufgeteilt wurde. Die angegebenen Namen haben die heutige Gültigkeit.

### PREMIERS CRUS

Ch. Haut-Brion (Pessac-Léognan, Graves)
Ch. Lafite-Rothschild (Pauillac)
Ch. Latour (Pauillac)
Ch. Margaux (Margaux)
Ch. Mouton-Rothschild (Pauillac)
  Seit 1973, früher 2ième Cru.

### DEUXIÈMES CRUS

MARGAUX: Ch. Brane-Cantenac (Cantenac), Ch. Durfort-Vivens, Ch. Lascombes, Ch. Rauzan-Gassies, Ch. Rausan-Ségla.

ST-JULIEN: Ch. Ducru-Beaucaillou, Ch. Gruaud-Larose, Ch. Léoville-Las Cases, Ch. Léoville-Poyferré, Ch. Léoville-Barton.

PAUILLAC: Ch. Pichon-Longueville-Baron, Ch. Pichon-Longueville-Comtesse de Lalande.

ST-ESTÈPHE: Ch. Cos d'Estournel, Ch. Montrose.

### TROISIÈMES CRUS

MARGAUX: Ch. Boyd-Cantenac (Cantenac), Ch. Cantenac-Brown (Cantenac), Ch. Desmirail (Cantenac), Ch. Ferrière, Ch. Giscours (Labarde), Ch. d'Issan (Cantenac), Ch. Kirwan (Cantenac), Ch. Malescot Saint-Exupéry, Ch. Marquis d'Alesme-Becker, Ch. Palmer.

ST-JULIEN: Ch. Lagrange, Ch. Langoa-Barton.

ST-ESTÈPHE: Ch. Calon-Ségur.

HAUT-MÉDOC: Ch. La Lagune (Ludon).

### QUATRIÈMES CRUS

MARGAUX: Ch. Marquis-de-Terme, Ch. Pouget (Cantenac), Ch. Prieuré-Lichine (Cantenac).

ST-JULIEN: Ch. Beychevelle, Ch. Branaire-Ducru, Ch. St-Pierre, Ch. Talbot.

PAUILLAC: Ch. Duhart-Milon.

ST-ESTÈPHE: Ch. Lafon-Rochet.

HAUT-MÉDOC: Ch. La Tour-Carnet (St-Laurent).

### CINQUIÈMES CRUS

MARGAUX: Ch. Dauzac (Labarde), Ch. du Tertre (Arsac).

PAUILLAC: Ch. d'Armailhac (vormals Ch. Mouton-Baronne-Philippe), Ch. Batailley, Ch. Clerc-Milon-Rothschild, Ch. Croizet-Bages, Ch. Grand-Puy-Ducasse, Ch. Grand-Puy-Lacoste, Ch. Haut-Bages-Libéral, Ch. Haut-Batailley, Ch. Lynch-Bages, Ch. Lynch-Moussas, Ch. Pédesclaux, Ch. Pontet-Canet.

ST-ESTÈPHE: Ch. Cos Labory.

HAUT-MÉDOC: Ch. Belgrave (St-Laurent), Ch. de Camensac (St-Laurent), Ch. Cantemerle (Macau).

den Pyrenäen und dem Massif Central angeschwemmt und damit perfekte Verhältnisse für den Weinbau geschaffen: magere Erde und ausgezeichnete Wasserdurchlässigkeit.

KLIMA  Dank des Golfstroms milder, regnerischer Winter sowie milder Frühling. Heißer Sommer und langer, warmer Herbst. Wald schützt gegen den Westwind vom Atlantik her und verringert die Niederschlagsmenge.

WEINE  Médoc: straffe, aber fruchtige Rotweine. St-Émilion und Pomerol: fruchtige, sanfte und volle Rotweine. Graves: volle Rotweine und fruchtige, trockene Weißweine. Sauternes und Barsac: goldene, volle und süße Weißweine.

REBSORTEN  Weiß: SB, Sémillon, Muscadelle. Rot: CS, Merlot, CF, Petit Verdot und Malbec.

PRODUZENTEN  Ca. 20 000 Erzeuger mit einer durchschnittlichen Rebfläche von ca. 4 ha, von denen viele an die großen Caves Coopératives (Genossenschaften) angeschlossen sind. 4 000 Schlösser produzieren ihre individuellen Weine.

REBFL/PROD  90 000 ha, mit 10-70 hl/ha Ertrag; Produktion ca. 5 Mio. hl/Jahr, 50% Export, unter den höheren Qualitäten 70%.

JAHRGÄNGE  1996, 95, 94, 93, 92, 90, 89, 88, 86, 85, 83, 82, 81, 79, 78, 75, 71, 70, 66, 64, 62, 61, 59, 55, 53, 52, 50, 49, 48, 47, 45, 43 (rot).

WISSENSWERT  Informationen: Conseil Interprofessionnel des Vins de Bordeaux - CIVB, 1 cours du XXX Juillet, FR-33075 Bordeaux. Tel. 05 56 00 22 66. Fax 05 56 00 22 77. Oder: Conseil des Vins du Médoc (gleiche Adresse). Tel. 05 56 48 18 62. Fax 05 56 79 11 05.

## CRU BOURGEOIS

Die Médoc-Klassifizierung CRU BOURGEOIS ist von der EU genehmigt. Akzeptiert wird nur diese Bezeichnung. Variationen davon sind zwar nicht gestattet, aber auch nicht verboten. Das *Syndicat des Crus Bourgeois* ist die überwachende Organisation. Sie fordert eine besondere Qualität von den 300 Mitgliedern. Cru Bourgeois liegen qualitätsmäßig zwischen Grand Cru Classé und den sog. „petits châteaux". Folgende Bezeichnungen werden für höherstehend als „Cru Bourgeois" angesehen (sind im Prinzip aber nicht erlaubt).

CRU GRAND BOURGEOIS EXCEPTIONNEL (teils ohne „Grand" geschrieben). Die Spitzengruppe unter diesen Crus sind 13 Schlösser, die bei der Klassifizierung 1855 nicht eingestuft wurden, aber dennoch höher eingeschätzt werden: Ch. Angludet (Cantenac), Ch. Bel-Air-Marquis-d'Aligre (Soussans), Ch. La Couronne (Pauillac), Ch. Fonbadet (Pauillac), Ch. Gloria (St-Julien), Ch. Lebégorce (Margaux), Ch. Lebégorce-Zédé (Margaux), Ch. Lanessan, (Cussac), Ch. Maucaillou (Moulis), Ch. de Pez (St-Estèphe), Ch. Siran (Labarde), Ch. La Tour de Mons (Soussans), Ch. Villegeorge (Avensan, Haut-Médoc).

CRU GRAND BOURGEOIS (manchmal auch mit dem Zusatz „Supérieur"). Diese Bezeichnung verpflichtet u.a. zum Ausbau in Eiche.

*Die moderne Technik überwiegt heute immer mehr, sogar auf den großen, namhaften Schlössern. Tradition wird groß geschrieben, dennoch gilt es die richtige Kombination zu finden, um die Qualität zu erhalten oder zu steigern.*

# MÉDOC

GESCHICHTE Das Médoc ist die beste Rotweinregion von Bordeaux, vielleicht sogar von der ganzen Welt. Der Weinbau in größerem Umfang begann hier aber erst im 17. Jh. Deshalb wurde Médoc nie ein Teil des umfassenden, spätmittelalterlichen Weinhandels, der von Enländern mit Hilfe des Hafens von Bordeaux geschaffen wurde. Seit dem 18. Jh. ist Médoc Symbol für feine und teure Weine. Sein Ansehen begründet sich in der Tatsache, dass sich hier mehr hochkarätige Schlösser und Weingüter befinden als anderswo in der Welt. Während des 18. und der ersten Hälfte des 19. Jahrhunderts wurden riesige Familienvermögen in Schlösser und schöne Weinberge gesteckt.

Die berühmte Klassifikation der Médoc-Weine (Sauternes und Haut-Brion ausgenommen) aus dem Jahr 1855 zeigt die einmalige Stärke, die diese Schlossweine in kurzer Zeit errungen haben. Trotz heftiger Kritik (und neuen Bewertungsversuchen) ist die Klassifizierung von 1855 immer noch ausschlaggebend für das ganze Gebiet. Man könnte sogar behaupten, dass die Klassifikation heute selbsterfüllend ist. Viel Kapital wurde in Spitzenhäuser investiert, um die Qualität und den Verkaufspreis der Weine so hoch wie nur möglich zu schrauben.

Die Médoc-Weine erfuhren nach dem 2. Weltkrieg eine einmalige Qualitäts- und Preissteigerung. Das schon weltweit vorhandene Ansehen ist nochmals gestiegen, so dass enorme Investitionen in moderne Anlagen vorgenommen wurden. Das Prestige hat jetzt wahrscheinlich seinen Höhe-

*Im Médoc befinden sich mehr hochklassige Weingüter als anderswo in der Welt. Im Bild Château Cos d'Estournel.*

punkt erreicht und zahlreiche Weingüter sind zu Investitions- und Sammlerstücken der weltweiten Weinkenner-Gemeinde geworden. Auf Versteigerungen erzielte man stets gute Preise. Die meisten Schlösser verkaufen ihre Weine an Weinliebhaber in den USA und in Japan. Auch der Handel mit Primeurs bekannter Schlösser (Kauf und Zahlung der Weine im Jahr nach der Ernte, Lieferung etwa zwei Jahre später) ist kräftig angestiegen.

Im Médoc werden aber nicht nur teure und exklusive Weine erzeugt. Es ist eine große Region mit vielen Produzenten, die sowohl Alltagsweine als auch weltberühmte Spitzenweine herstellen.

GEOGRAPHIE Das Médoc breitet sich nördlich der Stadt Bordeaux aus und ist 70 km lang und 25 km breit. Die Weinbauregion besteht aus den östlichsten 10 km. Das Wort „Médoc" bedeutet „zwischen Gewässern", vom lateinischen „medio aquæ". Die Region ist ein leicht hügeliges Plateau mit den besten Lagen, nahe dem Mündungstrichter der Gironde, und besteht aus acht Appellationen. Diese beginnen nördlich von Bordeaux mit einigen Gemeinden, die HAUT-MÉDOC als Appellation haben. MARGAUX folgt im Osten, MOULIS und LISTRAC im Nordwesten. Danach folgen die drei berühmten Appellationen ST-JULIEN, PAUILLAC und ST-ESTÈPHE. Im Norden heißt die Appellation MÉDOC (früher Bas-Médoc).

BODEN Ausschlaggebend ist der Kiessand, der für gute Drainage sorgt. Tiefe Kiesebenen im Süden, kiesiger Lehm im mittleren Médoc, hauptsächlich Lehm im Norden. In beinahe allen Gemeinden gibt es Sumpfgebiete, wo kein Wein angebaut werden kann.

WEINE Hier werden einige der besten Rotweine der Welt hergestellt. Im Allgemeinen straffe, vollmundige und komplexe Weine, extrem ausgewogen und mit großem Körper. Mehrere Schlösser erzeugen auch Weißweine aus Sauvignon Blanc, die nicht als AOC Médoc klassifiziert werden dürfen.

Die Margaux-Weine sind eher von großer Finesse und Eleganz geprägt als von Kraft. Die generell dunklen Pauillac-Weine sind komplexer. Es gibt sowohl straffe, sich langsam entwickelnde und widerspenstige wie auch solche, die sich schon in ihrer Jugend von der besten Seite zeigen. St-Juliens sind nicht so stramm wie Pauillac-Weine und auch nicht so finessenreich wie die

*Im Médoc befinden sich Hunderte von Weinschlössern, die Weinliebhaber aus der ganzen Welt anlocken.*

Margaux-Weine. Dafür sind sie vollmundig und komplex. Der einfache Médoc-Wein ist eher rustikal und kräftig, mit ausgesprochener Gerbsäure und deutlicher Frucht.

REBSORTEN Cabernet Sauvignon 50-80%, Merlot 20-40%, Cabernet Franc 5-15%, Petit Verdot 0-8%, Malbec kommt immer weniger vor. Sauvignon Blanc für Weißweine.

REBFL/PROD 14 000 ha, etwa 1,2 Mio. hl.

WISSENSWERT Weitere Informationen: Conseil des Vins du Médoc, 1 cours du XXX Juillet, FR-33075 Bordeaux. Tel. 05 56 48 18 62. Fax 05 56 79 11 05.

*In jeder Flasche hochwertigen Weins steckt viel Zeit, Fachkompetenz und Geld. Auch heute noch ist es hauptsächlich Handarbeit, die die vollreifen Trauben zu einem wunderbaren Duft- und Geschmackserlebnis im Glas verwandelt.*

## Margaux

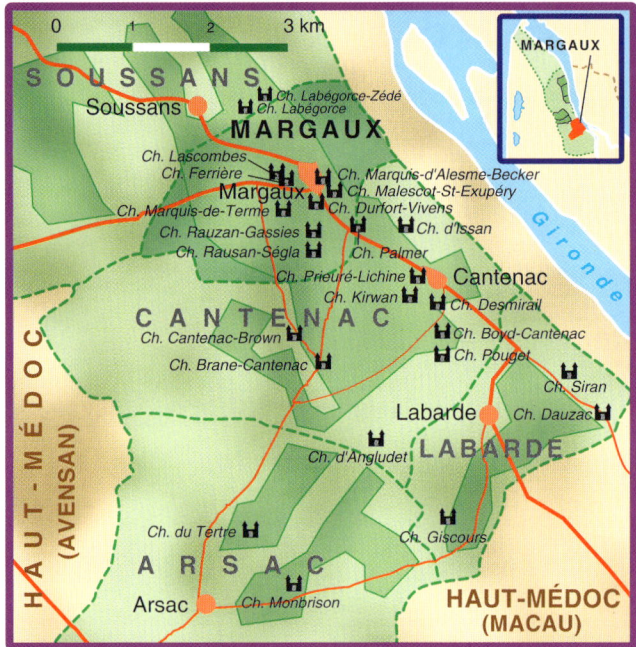

GESCHICHTE  Finesse und Eleganz sind die Begriffe, die als Erstes mit den Weinen von Margaux, der südlichsten aller großen Appellationen in Médoc, verbunden werden. AC Margaux besteht aus fünf verschiedenen Gemeinden (siehe Karte): Margaux, Cantenac, Soussans, Labarde und ein Teil von Arsac. Hier liegen mehr hochklassifizierte Weingüter als sonst irgendwo im Médoc. Das „Flaggschiff" ist Château Margaux, gefolgt von fünf 2ème Crus und zehn 3ème Crus.

*Das hübsche Ch. Margaux ist Symbol für den Glanz, den diese Appellation in der Welt besitzt.*

Laut Fachleuten stehen diese hervorragenden Beurteilungen in keinem angemessenen Verhältnis zur heutigen Qualität einiger dieser Weingüter.

WEINE  Nur Rotweine (außer wenig Weißwein von Ch. Margaux). Stilreine, klassische Médoc-Weine sowohl des leichten, eleganten Typ, als auch kräftige, tanninreiche Weine. Alle Margaux-Weine müssen mindestens sieben Jahre, oft noch länger, in der Flasche gelagert werden.

KLASSIFIZIERUNG  Nur Rotweine tragen die AC-Margaux-Klassifizierung. 21 Châteaux sind nach der Médoc-Klassifizierung von 1855 eingestuft. Ein 1er Cru, fünf 2ème Crus, zehn 3ème Crus, drei 4ème Crus und zwei 5ème Crus.

BODEN  Zentral-Margaux hat einen nährstoffarmen Sandboden, den besten für Cabernet Sauvignon in der Gegend. Soussans und Cantenac verfügen über tiefere, schwere Böden, was dem Wein mehr Kraft, aber weniger Finesse gibt.

REBSORTEN  Mehr Cabernet Sauvignon als im übrigen Médoc, oft bis zu 70-75%. Merlot 10-35%. Übrige: Cabernet Franc, PV, Malbec.

WEINHERSTELLUNG  Gärung 10-15 Tage in Tanks, Lagerung in Eichenfässern ca. 12-30 Monate je nach Château und Jahrgang.

REBFL/PROD  1 300 ha, rund 100 000 hl/Jahr.

WISSENSWERT  Auskunft über Schlossbesichtigung und Exkursionen: Maison du Vin de Margaux, Place la Trémoille, FR-33460 Margaux. Tel. 05 56 88 70 82. Fax 05 57 88 38 27.

FRANKREICH • BORDEAUX • MÉDOC • MARGAUX

## CH. D'ANGLUDET

GESCHICHTE Die Geschichte dieses Anwesens reicht bis ins 14. Jh. zurück. Hin und wieder wird es als ein gutes und zuverlässiges Weingut erwähnt, wobei bei der Klassifizierung 1855 sein Ruf nicht der beste war. Erst nachdem Peter A. Sichel das Schloss 1961 erworben hatte, konnte

*P. Sichel hat Ch. d'Angludet zu einem hervorragenden Wein gemacht, der eine höhere Klassifizierung verdient.*

man eine Besserung erkennen. Die Weinberge wurden neu bestockt (das Durchschnittsalter der Reben liegt bei über 20 Jahren) und das ganze Anwesen begann Wohlstand auszustrahlen. Peter Sichel, 1998 verstorben, gehörte zu den enthusiastischsten Vertretern von Bordeaux. Er war Teilhaber von Ch. Palmer, Vorsitzender in der Union des Grands Crus und angesehener Weinmakler.

WEINE Konzentrierte, wohlduftende Weine mit einem weichen Körper und recht hohem Anteil an neuer Eiche. Zweitwein: *Ch. Bory*.

KLASSIFIZIERUNG Cru Bourgeois Exceptionnel. In Wirklichkeit ein besserer Wein als Cru Bourgeois, sollte 4ème- bis 5ème Cru sein.

BODEN Der Boden auf der Hochebene Le Grand Poujeau ist etwas fetter und reicher an Lehm, als es in Margaux üblich ist.

REBSORTEN Cabernet Sauvignon 55%, Merlot 35%, Petit Verdot 10%.

WEINHERSTELLUNG Gärung in Edelstahltanks, Ausbau während 16-18 Monaten in Eichenfässern (30% neue).

LAGERUNG Kann bis zu 20 Jahren gelagert werden, ist aber schon in jungen Jahren trinkbar.

REBFL/PROD 35 ha, etwa 12 500 Kisten/Jahr.

JAHRGÄNGE 1996, 95, 94, 93, 92, 91, 90, 89, 86.

**Besitzer** Fam. Sichel • **Kellermeister** B. Sichel • **Besuch** Nach Vereinbarung Mo-Fr 9-12, 14-18 • **Adresse** Ch. d'Angludet, Cantenac, FR-33460 Margaux • **Tel.** 05 57 88 71 41 • **Fax** -72 52

PRODUKTION    QUALITÄT    PREIS

## CH. BRANE-CANTENAC

GESCHICHTE Brane-Cantenac ist das größte Weingut in Cantenac-Margaux und eines der größten in ganz Médoc. Das Schloss hieß ursprünglich Château Gorce. Als der Baron de Brane es 1820 kaufte, wollte er ihm durch seinen Namen eine persönliche Prägung geben. De Brane erwarb auch Château Pouyallet, das er in „Brane-Mouton" umtaufte. Heute heißt das Gut Mouton-Rothschild. Lucien Lurton, einer der größten Weingutbesitzer in Bordeaux, dem auch Durfort-Vivens (Margaux), Climens (Barsac) und Bouscaut (Graves) gehören, ist heute Eigentümer von Brane-Cantenac. Die Weine waren Ende der 60er

*Ch. Brane-Cantenac gehört zu den größten und gepflegtesten Weingütern im Médoc.*

und 70er Jahre zu leicht, um der hohen Klassifikation zu entsprechen. Seit der Önologe Emile Peynaud konsultiert wurde, sind Auswahl und Wein viel besser geworden. Heute wird das Gut von den Söhnen von L. Lurton geführt.

WEINE Sehr großzügige und fruchtige Blume. Leichter, fruchtiger Geschmack mit großer Finesse und guter Balance. Zweitwein: *Château Notton*. Andere Weine: Domaine de Fontarney.

KLASSIFIZIERUNG 2ème Cru Classé 1855. Seit 1985 eine gerechte Beurteilung.

REBSORTEN Cabernet Sauvignon 70%, Merlot 20%, Cabernet Franc 10%.

WEINHERSTELLUNG Gärung in Stahltanks, Ausbau 18-20 Mt. in Eichenfässern.

LAGERUNG Sind schon nach fünf bis sieben Jahren reif und nicht so langlebig wie die meisten Médoc-Weine.

REBFL/PROD 85 ha, 25-30 000 Kisten/Jahr.

JAHRGÄNGE 1996, 95, 94, 90, 89, 86, 85.

**Besitzer** Henri, Thierry & Edwige Lurton • **Kellermeister** Christophe Capdeville • **Besuch** Mo-Fr 9.30-12, 14-17.30 • **Adresse** Ch. Brane-Cantenac, Cantenac, FR-33460 Margaux • **Tel.** 05 57 88 83 33 • **Fax** 05 57 88 72 51

PRODUKTION    QUALITÄT    PREIS

## CH. CANTENAC-BROWN

GESCHICHTE  In den letzten Jahrzehnten hat das Schloss den Besitzer so oft gewechselt, dass man fast nicht mehr wusste, wer für den Wein verantwortlich war. Dies hat sich leider auch bei der Qualität bemerkbar gemacht. Als die Familie Du Vivier 1968 das Gut übernahm, wurden straffe, langsam reifende Weine ohne allzu viel Reiz erzeugt. 1980 übernahm Rémy-Martin das Gut und die Weine wurden leichter, mit wenig Gerbsäure, aber immer noch ohne das richtige Rezept. Der Letzte in der Reihe vieler Besitzer ist eine große Versicherungsgesellschaft, die klugerweise Jean-Michel Cazes als Entwicklungsberater engagierte. Das ausgezeichnete Önologenteam von Cazes mit Daniel Llose sollte in der Lage sein, den Wein zu vervollkommnen. Das viktorianische Gebäude wurde von einem Mr Brown errichtet und nach ihm benannt.

WEINE  Ein mittelfülliger Wein mit weicher Frucht von schwarzen Johannisbeeren und etwas unbändigem Tannin. Zweitwein: *Ch. Canuet*.

KLASSIFIZIERUNG  3ème Cru Classé, was

*Cantenac-Brown ist einen Besuch wert. Dank J.-M. Cazes lohnt es sich auch die Weine kennenzulernen.*

auch einer heutigen Einstufung entspricht.

BODEN  Extrem magerer, tiefer Kiesboden, der etwas zu einseitig zusammengesetzt ist.

REBSORTEN  Cabernet Sauvignon 65%, Merlot 25%, Cabernet Franc 10%.

LAGERUNG  Jahrgänge vor 1980: 12-20 Jahre. Spätere Jahrgänge: 5-12 Jahre.

REBFL/PROD  42 ha, 15 000 Kisten/Jahr.

JAHRGÄNGE  1996, 95, 94, 93, 92, 90, 89, 88, 83, (81) (75), 70.

**Besitzer** Axa Millésimes, JM Cazes
• **Kellermeister** Techn. Berater Daniel Llose, José Sanfins • **Besuch** Mo-Fr 9-12, 14-18 nach Vereinbarung • **Adresse** Ch. Cantenac-Brown, FR-33460 Margaux • **Tel.** 05 57 88 81 81 • **Fax** 05 56 88 81 90 • **E-Mail** chateaux@atinternet.fr

PRODUKTION   QUALITÄT   PREIS

## CH. DURFORT-VIVENS

GESCHICHTE  Der Name stammt von den adligen Familien Durfort de Duras und Vivens, die das Anwesen 1824 erwarben. Die moderne Geschichte begann 1937, als Bernard Ginestet, der auch Ch. Margaux besaß, das Gut kaufte. Bald wurde deutlich, dass beim berühmten Nachbarn mit mehr Sorgfalt gearbeitet wurde. Das Weingut verfiel, und der Ruf der Weine wurde ständig schlechter. Im sehr guten Weinjahr 1961 kaufte Lucien Lurton (Ch. Brane-Cantenac) das Ch. Durfort. Es dauerte 20 Jahre, bis Weingut und Weinkeller wieder aufgebaut waren. Unter ande-

*Seit Ende der 60er Jahre hat Ch. Durfort-Vivens die Qualität ständig verbessert.*

rem hat Lurton das Areal von 10 auf 45 ha erweitert, rostfreie Gärfässer installiert und den Lagerkeller restauriert. Den Investitionen folgten gute Resultate. Ab 1982 wird Durfort wieder als guter Wein gehandelt. Heute wird das Gut von Sohn Gonzague geführt.

WEINE  Dunkle Weine mit einer süßen Blume von Johannisbeeren. Der Geschmack ist lang, etwas hart, mit sehr hohem Tanningehalt. Zweitwein: *Domaine de Curé-Bourse*.

KLASSIFIZIERUNG  2ème Cru nach der Klassifizierung von 1855, die heute etwas zu hoch ist.

REBSORTEN  Cabernet Sauvignon 65%, Merlot 20%, Cabernet Franc 15%.

WEINHERSTELLUNG  Gärung in Stahltanks. Ausbau 20 Monate in zu 30-50% neuen Eichenfässern.

LAGERUNG  8-10 Jahre sind empfehlenswert.

REBFL/PROD  30 ha, 5 000 Kisten/Jahr.

JAHRGÄNGE  1996, 95, 90, 89, 86, 85, 83, 82.

**Besitzer** Gonzague Lurton • **Kellermeister** Ludovic Lalande • **Besuch** Nach Vereinbarung
• **Adresse** Ch. Durfort-Vivens , FR-33460 Margaux
• **Tel.** 05 57 88 31 02 • **Fax** 05 57 88 72 51
• **E-Mail** lucienlurton@atinternet.com

PRODUKTION   QUALITÄT   PREIS

FRANKREICH • BORDEAUX • MÉDOC • MARGAUX

## CH. GISCOURS

GESCHICHTE  Nachdem das Schloss Anfang des 19. Jh. in amerikanischem Besitz gewesen war, kaufte es 1852 die Familie Cruse. 1913 wurde es wieder verkauft. Nach sehr schlechter Pflege wur-

*Durch die Fam. Tari erhielt Ch. Giscours seinen früheren Glanz wieder. Heute in Besitz von Eric Albada.*

de das Schloss 1952 von dem algerischen Winzer Nicolas Tari erworben. Tari und sein Sohn Pierre haben viel investiert, so dass das Gut heute ein Musterweingut darstellt. Die Weine sind auch in schwächeren Jahrgängen gut und Giscours hält höchstwahrscheinlich den Rekord in der Anzahl ausgeglichener Jahrgänge. Die Weine sind kräftig und es scheint, als ob man während der letzten Jahre fruchtigere und harmonischere Weine produziert hat, die früher konsumiert werden können. Die Jahrgänge 1986 und 1985 waren vom Stil her klassische Giscours.

WEINE  Konzentriert, sehr fruchtige Blume mit Einschlag von Pflaume. Fast wie ein Pomerol. Kräftiger Geschmack mit viel Frucht, füllig und sehr tanninreich. Zweitwein: *Ch. Cantelaude.*

KLASSIFIZIERUNG  3ème Cru Classé 1855, nach Château Margaux und Château Palmer einer der ersten Weine in Margaux.

REBSORTEN  Cabernet Savignon 55%, Merlot 35%, Cabernet Franc 5%, Petit Verdot 5%.

WEINHERSTELLUNG  Moderne Anlage. Der Wein wird 18-26 Monate in Eichenfässern ausgebaut, wovon die Hälfte jährlich erneuert wird.

LAGERUNG  Vorzugsweise 10-12 Jahre, größere Jahrgänge 15-20 Jahre.

REBFL/PROD  78 ha, ca. 29 000 Kisten/Jahr.

JAHRGÄNGE  1996, 95, 94, 93, 92, 91, 90, 89, (85).

**Besitzer** Eric Albada Jelgersma • **Kellermeister** Pascal Froidfond • **Besuch** Täglich 9-12, 14-17.30 • **Adresse** Ch. Giscours, Labarde, FR-33460 Margaux • **Tel.** 05 56 88 34 02, 05 57 97 09 20 • **Fax** 05 56 88 30 91 • **E-Mail** giscours@chateau-giscours.fr • **Homepage** www.chateau-giscours.fr

PRODUKTION

QUALITÄT

PREIS

## CH. D'ISSAN

GESCHICHTE  Dieses aus dem 17. Jh. stammende Schloss gehört zu den schönsten im Bordeaux und ist eines der ältesten Besitztümer im Médoc. Wie so viele andere Schlösser in diesem Gebiet, verfiel auch Château d'Issan, bevor Emanuel Cruse das Weingut und das Gebäude im Jahr 1945 kaufte. Das Schloss war baufällig, als man 1952 mit der Restaurierung begann. Heute gehört es zu den schönsten Schlössern. „Regum mensis arisque deorum" steht über dem Portal des Schlosses und auch auf den Etiketten: „Für die Tafel der Könige und die Altäre der Götter". Vor dem Ersten Weltkrieg wurde Château d'Issan sogar am Hof von Wien getrunken.

WEINE  Dunkel und lieblich duftend. Fruchtige Weine, nicht für große Kraft bekannt, aber sehr elegant und sanft. Zweitwein: *Ch. de Candel.*

KLASSIFIZIERUNG  3ème Cru Classé 1855.

REBSORTEN  CS 72%, Merlot 28%.

WEINHERSTELLUNG  Moderne, rostfreie Edelstahltanks für die Gärung, Ausbau 18 Monate in Eichenfässern.

*Ch. d'Issan ist nicht zuletzt wegen seines schönen Gartens und Schlosses aus dem 17. Jh. einen Besuch wert.*

LAGERUNG  Diese leichten und eleganten Weine brauchen relativ kurze Zeit, um eine akzeptable Reife zu erreichen. Nach acht Jahren ist d'Issan gewöhnlich auf dem Höhepunkt angelangt, aber er kann auch doppelt so lange gelagert werden.

REBFL/PROD  50 ha, ca. 27 000 Kisten/Jahr.

JAHRGÄNGE  1996, 95, 94, 93, 92, 91, 90, (89), 85.

**Besitzer** Mme Emmanuelle Cruse • **Kellermeister** Eric Pellon • **Besuch** Mo-Fr 9-12, 14-18 nach Vereinbarung • **Adresse** Ch. d'Issan, Cantenac, FR-33460 Margaux • **Tel.** 05 57 88 35 91 • **Fax** 05 57 88 76 24 • **E-Mail** issan@chateau.d'issan.com • **Homepage** www.chateau.issan.com

PRODUKTION

QUALITÄT

PREIS

## Ch. Kirwan

GESCHICHTE  Der Name stammt von einem Iren aus Galway. Heute ist das Schloss zu 65% in Besitz der Crédit National und zu 35% gehört es der Weinhandelsfirma Schröder & Schÿler (gegründet 1739), die die ganze Welt über 100 Jahre lang mit vielen verschiedenen Weinen beliefert

*Ch. Kirwan wurde im 18. Jahrhundert von einem Iren aus Galway gegründet. Die Weine sind gut gebaut.*

hat. Jean-Henri Schÿler, der die Firma heute führt, ist ein großer Vertreter der Bordeaux-Weine, also nicht nur des eigenen Schlosses. Direktor des Betriebs ist sein Sohn Yann Schÿler.

WEINE  Leichter und reiner, angenehm eichiger Charakter. Nicht allzu tiefe und fruchtige Weine, aber in ihrer Art gut gebaut. Zu wenig Konzentration, um die Position behaupten zu können.

KLASSIFIZIERUNG  3ème Cru Classé, eine Klassifizierung, bei der man der Ansicht ist, sie sei zu hoch.

BODEN  Kies und Sand mit Lehm gemischt.

REBSORTEN  Cabernet Sauvignon 40%, Merlot 30%, Cabernet Franc 20%, Petit Verdot 10%.

WEINHERSTELLUNG  Seit 1978 werden die Weine teilweise in neuer Eiche ausgebaut, was dem Geschmack eine zusätzliche Dimension gibt.

LAGERUNG  Kirwan entfaltet sich schon nach fünf bis sechs Jahren, um dann noch weitere zehn Jahre zu halten.

REBFL/PROD  35 ha, 15 000 Kisten/Jahr. 80% werden nach Skandinavien, Belgien, Japan, Großbritanien und in die Schweiz exportiert.

JAHRGÄNGE  1996, 95, 94, 93, 92, 91, 90, (89).

**Besitzer** Crédit National & Jean-Henri Schÿler • **Kellermeister** Philippe Motte • **Besuch** Täglich 9-17.30 • **Adresse** Ch. Kirwan, Schröder & Schÿler, 55, quai des Chartrons, FR-33400 Cantenac • **Tel.** 05 57 88 71 00 • **Fax** 05 57 88 77 62

PRODUKTION   QUALITÄT   PREIS

## Ch. Lascombes

GESCHICHTE  Die neuere Geschichte begann 1952, als Alexis Lichine und einige seiner amerikanischen Freunde das heruntergewirtschaftete Weingut mit einer Fläche von 16 ha kauften. Mit viel Arbeit und Energie bauten sie das Weingut wieder auf. Als Lichine es 1971 an Bass-Charrington verkaufte, überließ man dem englischen Brauereigiganten ein Mustergut. Leider haben die neuen Besitzer nicht dieselbe Einstellung zum Weinanbau wie Lichine. Der Ruf nahm daher während der 70er Jahre ab. Seit Anfang der 80er Jahre scheinen die Weine wieder besser zu werden, wenn man auch oft ein Ungleichgewicht zwischen Frucht und Gerbstoff antrifft.

*Der berühmte Weinkenner Alexis Lichine machte aus Ch. Lascombes ein Mustergut.*

WEINE  Dunkelrot, fruchtig. Ziemlich straff, mit guter Frucht und langem Nachgeschmack, vielleicht mit etwas zu kräftigen Gerbstoffen. Dies gilt besonders für Weine, die nach 1982 hergestellt wurden. Zweitwein: *Ch. Segonnes*. Andere Weine: Gombaud, Chevalier Lascombes, Rosé de Lascombes, Vin Sec Chevalier Lascombes.

KLASSIFIZIERUNG  2ème Cru Classé 1855, die heute etwas zu hoch ist.

REBSORTEN  Cabernet Sauvignon 55%, Merlot 40%, Petit Verdot 5%.

WEINHERSTELLUNG  Moderne Edelstahltanks. Fassausbau etwa 18 Monate.

LAGERUNG  8-10 Jahre, besonders die letzten Jahrgänge.

REBFL/PROD  50 ha, 20 000 Kisten/Jahr.

JAHRGÄNGE  1996, 95, 94, 93, 92, 91, 90, (89), 88.

**Besitzer** Bass-Charrington • **Kellermeister** Serge Ladra • **Besuch** Mo-Fr 9-12, 14-16.30 • **Adresse** Ch. Lascombes, BP 4, FR-33460 Margaux • **Tel.** 05 57 88 70 66 • **Fax** 05 57 88 72 17

PRODUKTION   QUALITÄT   PREIS

FRANKREICH • BORDEAUX • MÉDOC • MARGAUX

## CH. MARGAUX

GESCHICHTE  Im 15. Jh. nannte man den Wein Margous und das Schloss Lamothe. 1750 wurde das Weingut gegründet und Anfang des 19. Jh. errichtet. Der Wein erlebte während des 20. Jh. sowohl Höhe- als auch Tiefpunkte, seit 1978 aber, dem ersten Jahrgang unter der Regie der Familie Mentzelopoulos, hat er sich seinen Platz als der eleganteste und sensibelste aller Médoc-Weine zurückerobert. Eine strikte Auswahl hat dazu geführt, dass ein Zweitwein namens „Pavillon Rouge du Ch. Margaux" hergestellt wird. Dieser ausgezeichnete Wein reift etwas schneller als der „Grand Vin".

WEINE  Stilreine, elegante und klassische Weine. Konzentriert, üppig und generös. Zweitwein: *Pavillon Rouge du Ch. Margaux*. Andere Weine: *Pavillon Blanc du Ch. Margaux*.

KLASSIFIZIERUNG  1er Cru Classé 1855.

BODEN  Sehr tiefe Sandböden an bester Lage.

REBSORTEN  Rot: CS 75%, Merlot 20%, CF und PV 5%. Weiß: Sauvignon Blanc 100%.

WEINHERSTELLUNG  24 Mt. Ausbau in neu-

*Ch. Margaux ist ein schönes Schloss mit einem weltberühmten Wein, der für vollendet gehalten wird.*

en Eichenfässern. Die Vergärung und der Ausbau der Weißweine erfolgen in neuen Eichenfässern.

LAGERUNG  Mindestens 12 Jahre lagern. Seit 1978 Lagerweine, die 10-20 Jahre benötigen.

REBFL/PROD  Rote: 87 ha, ca. 38 500 Kisten/Jahr. Weiße: 12 ha, ca. 4 400 Kisten/Jahr.

JAHRGÄNGE  1996, 95, 94, 93, 92, 91, 90, 89, 88, 86, 85, 83, 82, 81, 79, 78, (66), (62), 61.

**Besitzer** Fam. Mentzelopoulos. Dir.: Philippe Bascaules • **Kellermeister** Eric Marin • **Besuch** Nach Vereinbarung • **Adresse** Ch. Margaux, FR-33460 Margaux • **Tel.** 05 57 88 83 83 • **Fax** -31 32 • **E-Mail** chateau-margaux@chateau-margaux.com • **Homepage** www.chateau-margaux.com

PRODUKTION        QUALITÄT        PREIS

## CH. PALMER

GESCHICHTE  Der Name stammt von einem englischen General, der Anfang des 19. Jh. auf der Seite Wellingtons kämpfte. Beim Schloss wehen daher drei Flaggen: die französische, die britische und die holländische. Sie repräsentieren den Verwalter Boutellier, Peter Sichel (1998 verstorben), Château d'Angludet und Mähler-Besse. Zwischen 1961 und 1977, bevor Château Margaux seinen Besitzer wechselte, war Palmer zweifelsohne der führende Wein in Margaux. Größtenteils ist das der Familie Chardon zuzuschreiben.

WEINE  Dunkelrote, komplexe und füllige

*Stolz wehen hier die holländische, die französische und die britische Flagge. Ein großartiger Wein im Médoc.*

Weine. Unerhört stilreine und klassische Margaux-Weine mit langem Nachgeschmack. Ein ungewöhnlich hoher Anteil an Merlot trägt zum Geschmack bei. Zweitwein: *Réserve du Général*.

KLASSIFIZIERUNG  3ème Cru Classé 1855, eines der wenigen Schlösser, das sich heute für einen Premier Cru klassifizieren kann.

REBSORTEN  Cabernet Sauvignon 55%, Merlot 40%, Petit Verdot 5%.

WEINHERSTELLUNG  Gärung bei niedriger Temperatur und langer Auslaugung der Traubenschalen. Ausbau 18-24 Monate in neuen Eichenfässern.

LAGERUNG  Große Jahrgänge brauchen 12-20 Jahre, ein Wein mit Lagerpotenzial.

REBFL/PROD  43 ha, ca. 20 000 Kisten/Jahr.

JAHRGÄNGE  1996, 95, 94, 93, 92, 91, 90, 89, 88.

**Besitzer** S.C. du Ch. Palmer • **Kellermeister** Techn. Berater Philippe Delfaut • **Besuch** Mo-Fr 9-11, 14-17 • **Adresse** Ch. Palmer, Cantenac, FR-33460 Margaux • **Tel.** 05 57 88 72 72 • **Fax** 05 57 88 37 16

PRODUKTION        QUALITÄT        PREIS

## CH. PRIEURÉ-LICHINE

GESCHICHTE Das Château ist ein ehemaliges Kloster und gehörte dem Benediktinerorden. Heute ist es in Besitz der Familie Lichine, ursprünglich vertreten durch den legendären Alexis,

*Das moderne Prieuré-Lichine wurde vom legendären Alexis Lichine gegründet. Ansprechende Weine.*

heute durch dessen Sohn Sacha. Alexis kaufte das Anwesen 1951 und es wurde gleich mit dem Ausbau begonnen. Neubepflanzung, Restaurierung der Gebäude, neue Weinherstellungstechniken und maschinelle Ausrüstung. Alexis Lichine stand bis zu seinem Tode, im Jahr 1989, im Vordergrund. Er hat einige Weinbücher herausgegeben und auch einen Vorschlag zur Neuklassifizierung der Weinberge in Bordeaux vorgelegt.

WEINE Ansprechende und zugängliche Weine im modernen Stil, mit gut ausgewogener Eiche, etwas zu leicht für ein klassifiziertes Château. Ein Problem, das S. Lichine zusammen mit dem Önologen M. Rolland zu lösen versucht. Zweitwein: *Ch. de Clairefont.*

KLASSIFIZIERUNG 4ème Cru Classé, eine im Großen und Ganzen gerechte Beurteilung.

BODEN Kies und kleine Steine, mit recht großem Einschlag von Lehm.

REBSORTEN Cabernet Sauvignon 54%, Merlot 37%, Cabernet Franc 5%, Petit Verdot 4%.

WEINHERSTELLUNG Traditionelle Methoden, Ausbau während 16-18 Monaten in zum Teil neuen Eichenfässern.

LAGERUNG Kann 10-12 Jahre, manchmal auch länger gelagert werden.

REBFL/PROD 70 ha, 21 000 Kisten/Jahr.
JAHRGÄNGE 1996, 95, 94, 93, 92, 91, 90, 89, 88.

**Besitzer** Sacha Lichine • **Kellermeister** Techn. Berater Pelissie du Rausas • **Besuch** Täglich 9-18, außer Juli bis Anfang Januar • **Adresse** Ch. Prieuré-Lichine, 34 avenue de la République, FR-33460 Margaux • **Tel.** 05 57 88 35 28 • **Fax** 05 57 88 78 93

PRODUKTION   QUALITÄT   PREIS

## CH. RAUZAN-SÉGLA

GESCHICHTE Vom 16. Jh. bis zur französischen Revolution im Jahr 1789 waren Rauzan-Ségla (jetzt mit einem „z") und sein Nachbar Rauzan-Gassies ein einziges großes Weingut mit dem Namen Rozan-Margau. Die Weine hatten damals einen sehr guten Ruf. 1866 kam das Weingut in den Besitz der Familie Cruse und verblieb dort, bis es 1962 das Liverpooler Unternehmen John Holt kaufte. Holt besaß damals schon die Vertriebsfirma Louis Eschenauer in Bordeaux. John Holt wiederum wurde von der Londoner Lonhro-Gruppe aufgekauft. Seit 1994 ist das Gut in Besitz der Textil- und Parfümfirma Chanel. David Orr und John Kolasa (früher auf Ch. Latour) sind für den Wein verantwortlich.

WEINE Rauzan-Ségla war früher ein leichter und eleganter Wein. Heute ist der Wein kräftig in der Farbe und sehr fruchtig mit einem aromatischen Bukett. Eine dichte, gute Struktur mit haltbaren Gerbstoffen ist charakteristisch. Zweitwein: *Ch. Lamouroux.*

KLASSIFIZIERUNG 2ème Cru Classé 1855,

*Auch Thomas Jefferson trank gerne Rauzan-Ségla. Heute ist es gelungen, den alten Ruhm wiederherzustellen.*

eine gerechte Beurteilung ab dem Jahrgang 1983.

REBSORTEN Cabernet Sauvignon 61%, Merlot 35%, Cabernet Franc 2%, Petit Verdot 2%.

WEINHERSTELLUNG 1986 wurde eine neue Anlage installiert. Fassausbau ca. 20 Monate.

LAGERUNG Das Gut hat 1982/83 den Stil geändert und produziert jetzt kräftigere Weine als früher. Brauchen zehn Jahre Lagerung.

REBFL/PROD 49 ha, 17 000 Kisten/Jahr.
JAHRGÄNGE 1996, 95, 94, 93, 92, 91, 90, 89, 88, 86, 85, 83, 82.

**Besitzer** Chanel Inc • **Kellermeister** John Kolasa, Henry de Ruffeau • **Besuch** Mo-Fr nach Vereinbarung • **Adresse** Ch. Rauzan-Ségla, BP 56, FR-33460 Margaux • **Tel.** 05 57 88 82 10, -82 15 • **Fax** 05 57 88 34 54

PRODUKTION   QUALITÄT   PREIS

FRANKREICH • BORDEAUX • MÉDOC • MARGAUX

## CH. SIRAN

GESCHICHTE  Ein spezielles Schloss in der Gemeinde Labarde im südlichen Margaux. Der Name Siran erscheint erstmals 1428. Im 18. Jh., unter dem Namen Saint-Siran, gehörte es zu den bekanntesten 2èmes Crus der Gegend. Seit 1848 ist das Schloss in Besitz der gleichen Familie. Siran

*Ch. Siran ist ein andersartiges Weingut, u.a. mit großzügiger Blumenpracht und atombombensicherem Keller.*

besitzt einen der schönsten Gärten in Bordeaux. Die Etiketten werden jedes Jahr von einem anderen Künstler entworfen.
 WEINE  Tiefe Farbe, würziges Aroma mit Frucht von schwarzen Johannisbeeren, recht stramme Gerbsäure mit guter Frucht sowie langem Abgang mit einer Note von Veilchen. Zweitwein: *Ch. Bellegarde.* Andere Weine: Ch. St-Jacques.
 KLASSIFIZIERUNG  Cru Bourgeois Supérieur 1932. Bei einer Neuklassifizierung sollte Siran zu einem 5ème oder 4ème Cru aufgestuft werden.
 BODEN  Kiesgrund mit hohem Lehmanteil.
 REBSORTEN  Cabernet Sauvignon 60%, Merlot, Cabernet Franc, Petit Verdot zusammen 40%.
 WEINHERSTELLUNG  Traditionelle Methoden. Fassausbau während 18-20 Mt. in Eiche (je nach Jahrgang, teilweise neues Holz).
 LAGERUNG  Sollte mind. sieben Jahre gelagert werden. Große Jahrgänge zeigen sich erst nach 10-15 Jahre. Die Sorte Petit Verdot fördert das Lagerpotenzial.
 REBFL/PROD  40 ha, etwa 17 000 Kisten/Jahr.
 JAHRGÄNGE  1996, 95, 94, 93, 90, 89, 88, 86, 85, 83, 82.

**Besitzer**  William Alain Miailhe • **Kellermeister** Jerôme Blavy • **Besuch** Täglich 10-18 • **Adresse** Ch. Siran, Labarde, FR-33460 Margaux • **Tel.** 05 57 88 34 04 • **Fax** 05 56 88 70 05

PRODUKTION     QUALITÄT     PREIS

## CH. DU TERTRE

GESCHICHTE  1961 erwarb Philippe Capbern-Gasqueton das völlig verwahrloste Weingut im nördlichsten Teil der Appellation Margaux, in der Gemeinde Arsac. Philippe Capbern-Gasqueton ist auch durch Ch. Calon-Ségur in St-Estèphe bekannt. Alles war renovationsbedürftig: Weinberge, Kellerei, technische Ausrüstung, Neben- und Hauptgebäude. Inzwischen ist das Gut mit dem niedrigen Sandsteingebäude ein dominierender Blickfang. Das Weingut ist für Bordeaux insofern ungewöhnlich, als es aus einem zusammenhängenden Stück besteht.
 WEINE  Finessenreiche, rassenreine, fruchtige

*Ch. du Tertre ist für Bordeaux insofern ungewöhnlich, da es in einem zusammenhängenden Stück liegt.*

und langlebige Weine mit gutem Cabernet-Charakter, viel Frucht von schwarzen Johannisbeeren und einer Spur von Pfefferminze und Veilchen. Selten mit dem Charakter von neuer Eiche.
 KLASSIFIZIERUNG  5ème Cru Classé, generell gerecht, dürfte um eine Stufe erhöht werden.
 BODEN  Magerer, steiniger und kiesiger Boden mit viel Einschlag von Sandstein.
 REBSORTEN  Cabernet Sauvignon 50%, Merlot 30%, Cabernet Franc 15%, Petit Verdot 5%.
 WEINHERSTELLUNG  Recht langer Fassausbau (24 Monate) in Eichenfässern, wovon nur ein kleiner Teil neu ist.
 LAGERUNG  Etwa 6-10 Jahre, bis der Wein vollkommen ist. Bleibt auch länger lagerfähig.
 REBFL/PROD  50 ha, etwa 15 000 Kisten/Jahr. 60% wird exportiert.
 JAHRGÄNGE  1996, 95, 94, 93, 92, 91, 90, 89, 88.

**Besitzer**  Eric Albada Jelgersma • **Kellermeister** Pascal Ribereau Gayon • **Besuch** Nach Vereinbarung • **Adresse** Ch. du Tertre, Arsac, FR-33460 Margaux • **Tel.** 05 56 59 30 08 • **Fax** 05 56 58 86 29

PRODUKTION     QUALITÄT     PREIS

## Weitere Produzenten in Margaux

### Ch. Bel Air Marquis d'Aligre

Eines der drei Marquis-Schlösser in Margaux. Sorgfältige Vinifizierung ohne chemische Hilfsmittel im Weinberg. Durch einen Ernteertrag von 35 hl/ha werden die Weine konzentriert, mit typischer Margaux-Finesse und -Eleganz. FAKTEN Cru Bourgeois Supérieur Exceptionel 1932. 17 ha, 4 500 Kisten/Jahr. CS 30%, Merlot 35%, Cabernet Franc 20%, Petit Verdot 15%.

•**Besitzer:** Pierre Boyer **Besuch:** Nach Vereinbarung. **Adresse:** FR-33460 Margaux.

### Ch. Boyd-Cantenac (Ch. Pouget)

Eines der in Margaux zu hoch eingestuften Güter. Ein Wein, der von Jahr zu Jahr schwieriger zu beurteilen ist. Manche Jahrgänge präsentieren sich kräftig, füllig und mit gutem Abgang. Andere Jahrgänge sind unausgewogen und bitter, ohne Balance und Stil. Die guten Jahrgänge sind ihren Preis wert. Bis 1983 erzeugte Boyd-Cantenac auch Ch. Pouget. Immer noch sind die Besitzer dieselben und die Weine ähneln sich im Stil. FAKTEN 3ème Cru Classé. 18 ha, 8 000 Kisten/Jahr. CS 67%, Merlot 20%, CF 7%, Petit Verdot 6%.

•**Besitzer:** Fam. Guillemet **Adresse:** Cantenac, FR-33460 Margaux. **Tel.** 05 56 88 30 58.

### Ch. Dauzac

Eines der vielen Schlösser im Médoc, das einst durch Mr Lynch in irländischem Besitz war. Felix Chatellier erwarb das Schloss 1978 von der Familie Miailhe. Heute gehört es der Versicherungsgesellschaft MAIF, wird aber vom berühmten André Lurton bewirtschaftet. Den Weinen fehlte es früher an Charakter. Heute ist eine Qualitätssteigerung festzustellen. FAKTEN 5ème Cru Classé. 40 ha, 20 000 Kisten/Jahr. CS 58%, Merlot 37%, CF 5%. Zweitwein: *Ch. Labarde*.

•**Besitzer:** MAIF André Lurton **Kellermeister:** Philippe Rerea **Besuch:** Nach vorheriger Vereinbarung. **Adresse:** 33 Labarde, FR-33460 Labarde. **Tel.** 05 57 88 32 10.

### Ch. Desmirail

Wurde 1855 als 3ème Cru klassifiziert. Die Weinberge wurden nach und nach an die Besitzer von Ch. Palmer, Ch. Malescot St-Exupéry sowie an Lucien Lurtons Vater verkauft. Somit verschwand das Schloss und der Name kam nur noch bei den Zweitweinen von Ch. Palmer vor. 1980 gelang es Lucien Lurton, einen Teil der alten Weinberge wieder zusammenzufügen, und er erhielt das Recht, den Namen wieder zu benutzen. Der erste Jahrgang war 1981. Desmirail erzeugt jetzt wieder elegante, typische Margaux-Weine.

FAKTEN 3ème Cru Classé. 4 000 Kisten/Jahr. CS 80%, Merlot 10%, CF 9%, Petit Verdot 1%.

Zweitwein: *Ch. Baudry.* Andere Weine: Domaine de Fontarney.

•**Besitzer:** Lucien Lurton **Besuch:** Nach Vereinbarung. **Adresse:** Cantenac, FR-33460 Margaux. **Tel.** 05 56 56 88 34 33. **Fax** 05 56 88 72 51.

### Ch. Ferrière

Ein kleines Weingut. Die Weine sind leicht und ansprechend, aber schwierig zu finden. Das Schloss hat keine großen Ambitionen, seinen Platz als 3ème Cru zu verteidigen. Seit 1991, als vom Besitzer von Ch. Chasse-Spleen gekauft wurde, ist jedoch eine Veränderung im Gange. FAKTEN 7 ha, 2 000 Kisten/Jahr. CS 47%, Merlot 33%, Cabernet Franc 12%, Petit Verdot 8%.

•**Besitzer:** Groupe Taillan, Fam. Merlaut/Villars **Besuch:** Nach Vereinbarung. **Adresse:** Rue de la Trémoille, FR-33460 Margaux. **Tel.** 05 56 58 02 37. **Fax** 05 56 58 05 70.

### Ch. La Gurgue

Claire Villars, die auch auf Chasse-Spleen und Haut-Bages-Liberal arbeitete, ist seit dem tragischen Unglück ihrer Mutter Bernadette Villars für La Gurgue verantwortlich. Seit 1978 haben die Weine deutliche Fortschritte gemacht und C. Villars zeigt immer mehr das in La Gurgue vorhandene Potenzial. Typische, sanfte und volle Margaux-Weine mit schönem Bukett. Eher jung zu trinken, eignen sich aber je nach Jahrgang auch für eine 10-12-jährige Lagerung. FAKTEN Cru Bourgeois Supérieur 1932. 10 ha, 5 000 Kisten/Jahr. Cabernet Sauvignon 70%, Merlot 30%.

•**Besitzer:** Groupe Taillan **Kellermeister:** Claire Villars **Besuch:** Nach Vereinbarung. **Adresse:** Rue de la Trémoille, FR-33460 Margaux. **Tel.** 05 56 58 02 37. **Fax** 05 56 58 05 70.

### Ch. Labégorce

Kein typischer Margaux, aber ein guter Cru Bourgeois. Seit 1978 in Besitz und unter Führung von Jean-Robert Condom, der durch Investitionen die Qualität steigern konnte. 1989 wurde das Gut an Hubert Perrado verkauft. FAKTEN Cru Bourgeois Supérieur 1932. 31 ha, 16 000 Kisten/Jahr. CS 55%, Merlot 40%, CF 5%.

•**Besitzer:** Hubert Perrado **Besuch:** Nach Vereinbarung. **Adresse:** FR-33460 Margaux.

## Weitere Produzenten in Margaux

### Ch. Labégorce-Zédé

Seit 1979 in Besitz und unter Führung der belgischen Familie Thienpont, wie auch das Vieux Ch. Certan in Pomerol. Der größte Teil der Weinberge liegt in der Gemeinde Soussans im nordwestlichen Margaux. Der Wein besitzt etwas mehr Eleganz und Margaux-typische Finesse als das benachbarte Labégorce. FAKTEN  27 ha, 17 000 Kisten/Jahr. CS 50%, Mer 35%, CF 10%, Petit Verdot 5%. Zweitwein: *L'Amiral*.
• **Besitzer:** Luc Thienpont **Besuch:** Täglich 8-12, 14-18. **Adresse:** Soussans, FR-33460 Margaux. **Tel.** 05 57 88 71 31. **Fax** 05 57 88 72 54.

### Ch. Malescot St-Exupéry

Das 1955 von Roger Zuger gekaufte Gut genießt einen guten Ruf. Traditionelle Weinherstellung mit manueller Lese, Ausbau bis zu 50% in neuen Eichenfässern, mit malolaktischer Gärung und ohne Filtration. Weine mit ansprechendem Bukett, kompakt und langlebig. FAKTEN 3ème Cru Classé. 34 ha, 12 000 Kisten/Jahr. CS 50%, Merlot 35%, CF 10%, PV 5%. Zweitwein: *Ch. de Loyac*. Andere Weine: Balardin.
• **Besitzer:** Roger Zuger **Adresse:** FR-33460 Margaux. **Tel.** 05 56 88 70 68. **Fax** 05 56 88 35 80.

### Ch. Marquis d'Alesme-Becker

Ein kleines Gut mit einer Geschichte, die bis 1616 zurückreicht, als der Adlige d'Alesme hier Reben anpflanzte. Das Hauptgebäude des Gutes, das in Margaux liegt, war früher Ch. Desmirail. Besitzer ist seit Mitte der 50er Jahre die Familie Zuger, der auch das wesentlich größere Malescot St-Exupéry gehört. Vom Typ her ist der Wein solide und gewinnt durch Lagerung. FAKTEN 3ème Cru Classé. 9 ha, 4 000 Kisten/Jahr. CS 40%, Merlot 30%, CF 20%, Petit Verdot 10%.
• **Besitzer:** Fam. Zuger **Besuch:** Nach Vereinbarung. **Adresse:** FR-33460 Margaux. **Tel.** 05 56 88 70 27. **Fax** 05 56 88 73 78.

### Ch. Marquis-de-Terme

Ein 4ème Cru, der seine Position seit dem für Margaux sagenhaften Jahr 1983 verteidigt. Dunkle, tiefe Weine mit Kraft und Konzentration, die ein bis zwei Jahrzehnte gelagert werden sollten. FAKTEN  35 ha, 12 000 Kisten/Jahr. CS 45%, Merlot 35%, Cabernet Franc 15%, Petit Verdot 5%. Zweitwein: *Domaine des Goudat*.
• **Besitzer:** Fam. Sénéclauze **Besuch:** Werktags 9-12, 14-17. **Adresse:** 3, rte de Rauzan, BP 11, FR-33460 Margaux. **Tel.** 05 56 88 30 01. **Fax** 05 56 88 32 51.

### Ch. Monbrison

Wahrscheinlich das am meisten unterschätzte Weingut in Médoc. Sehr niedriger Ernteertrag, minuziöse Weinherstellung und ein großer Anteil neuer Eiche liefern ein Ergebnis, das den  besser klassifizierten Schlössern in nichts nachsteht. Die straffe Gerbsäure und konzentrierte Frucht erfordern eine 10-jährige Lagerung. FAKTEN Cru Bourgeois. 14 ha, 5 500 Kisten/Jahr. CS 30%, Merlot 35%, CF 30%, Petit Verdot 5%. Zweitwein: *Clos Cordat*.
• **Besitzer:** Fam. Davis **Besuch:** Nach Vereinbarung. **Adresse:** Allée de Monbrison, FR-33460 Arsac. **Tel.** 05 56 58 80 04. **Fax** 05 56 58 85 33.

### Ch. Rauzan-Gassies

Rauzan-Gassies und Rauzan-Ségla bildeten als Weingut bis zur französischen Revolution eine Einheit. Bei der Teilung fielen der größte Teil der Weinberge und das Schloss Rauzan-Ségla zu. Rauzan-Gassies wurde 1943 von Paul Quié erworben und ist heute in Besitz seiner Erben. Die Weine sind meist etwas rustikal und verdienen nicht mehr die Einstufung als 2ème Cru der Klassifikation von 1855 nicht mehr. FAKTEN  2ème Cru Classé. 30 ha, 8 000 Kisten. CS 40%, Merlot 39%, CF 20%, Petit Verdot 1%. Zweitwein: *Enclos de Moncabon*.
• **Besitzer:** Jean Michel Quié **Besuch:** Nach Vereinbarung. **Adresse:** FR-33460 Margaux. **Tel.** 05 57 88 71 88. **Fax** 05 57 88 37 49.

### Ch. Trois Chardons

Kleines Weingut in Cantenac. Bis zur Übernahme durch die Familie Chardon im Jahr 1945 hieß das Schloss Ch. du Grand Carreyrou. FAKTEN Cru Bourgeois. 3 ha, 12 000 Kisten/Jahr.
• **Besitzer:** Claude & Yves Chardon **Besuch:** Nach Vereinbarung. **Adresse:** Issan, FR-33460 Cantenac. **Tel.** 05 57 88 39 13. **Fax** 05 57 88 33 94.

### Weitere Betriebe

Ch. Berlande,  3, quai de Bacalan, FR-33300 Bordeaux. Tel. 05 56 39 26 77. Fax 05 56 69 16 84.
Ch. Deyrem Valentin, FR-33460 Soussans. Tel. 05 57 88 35 70. Fax 05 57 88 36 84.
Ch. Haut Breton Larigaudière, FR-33460 Soussans. Tel. 05 57 88 94 17. Fax 05 57 88 39 14.
Ch. La Galian, FR-33460 Soussans. Tel. 05 57 88 70 59. Fax 05 57 88 70 5
Ch. Larrau, 4, Rue de la Trémoille, FR-33460 Margaux. Tel. 05 57 88 35 50. Fax 05 57 88 76 69.
Ch. Marsac Seguineau,  BP 90, FR-33 027 Bordeaux. Tel. 05 56 01 30 10. Fax -23 57.
Ch. Mongravey,  FR-33460 Arsac. Tel. 05 56 58 84 51. Fax 05 56 58 83 39.
Ch. Vincent, FR-33460 Cantenac. Tel. 02 43 29 35 57.

## St-Julien

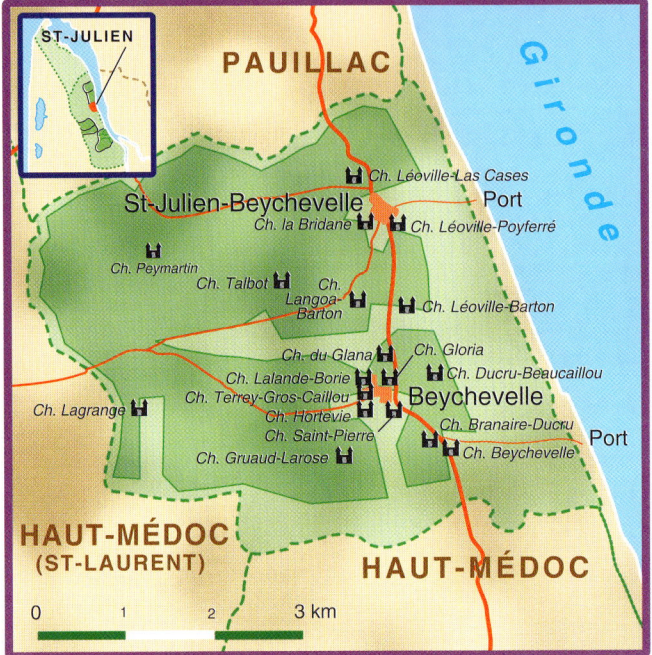

GESCHICHTE In St-Julien gibt es zwar kein Premier-Cru-Schloss, doch andererseits hat keine der übrigen Gemeinden des Médoc einen so hohen Anteil klassifizierter Schlösser wie gerade St-Julien. Ein hoher und gleichbleibender Standard ist typisch für diese Gemeinde. Damit ist sie die kleinste der angesehenen Appellationen des Médoc. Die besten Schlösser der Gemeinde stellen

Typische Fischerhütte entlang den untiefen Buchten der Gironde. Der Fang wird zur Hütte hinaufgezogen.

Weine der Premier-Cru-Klasse her und nähern sich diesen allmählich auch preislich. St-Julien-Beychevelle, wie die Gemeinde offiziell heißt, bringt ein großes Spektrum an verschiedenen Geschmacksrichtungen hervor. Die Chance, hier seinen Lieblingswein zu finden, ist größer als sonst irgendwo.

WEINE Die Weine sind nicht so kräftig wie die aus Pauillac, auch nicht so finessereich und elegant wie die Margaux-Weine, eher füllig, sanft und komplex. St-Julien ist besonders in guten Jahrgängen die Quintessenz des ganzen Médoc.

KLASSIFIZIERUNG Fünf Weingüter sind als 2ème Cru, zwei als 3ème Cru und vier als 4ème Cru klassifiziert. Es gibt auch viele angesehene Crus Bourgeois und unklassifizierte Schlösser.

BODEN Wie im übrigen Médoc ist hier tiefer Sandboden vorherrschend. Er ist aber mit größeren Mengen Lehm gemischt als etwa in Margaux oder Pauillac, dem Nachbarn im Norden.

REBSORTEN Cabernet Sauvignon dominiert (50-70%), gefolgt von Merlot (ca. 25%). Petit Verdot und Cabernet Franc machen oft 10-15% des Verschnitts aus.

WEINHERSTELLUNG Traditionelle Gärung in großen Fässern 10-15 Tage. Ausbau in Eichenfässern 15-25 Monate. Der Anteil an neuen Eichenfässern variiert je nach Schloss und Jahrgang.

REBFL/PROD Ca. 900 ha, rund 50 000 hl/Jahr.

WISSENSWERT Informationen über Schlossbesuche und Rundgänge: Syndicat Viticole de St-Julien, FR-33250 St-Julien-Beychevelle. Tel. 05 56 59 08 11. Fax 05 56 59 13 77.

FRANKREICH • BORDEAUX • MÉDOC • ST-JULIEN

## CH. BEYCHEVELLE

GESCHICHTE Ende des 16. Jh. gehörte dieses Anwesen dem Admiral und Herzog von Epernon. Die vorbeisegelnden Schiffe grüßten den Admiral mit den Worten „baisser les voiles". Daraus ent-

*Ch. Beychevelle ist ein grandioses Schloss mit einer spannenden Geschichte aus dem 16. Jahrhundert.*

wickelte sich später der Name Beychevelle. Das Schloss gehört zu den schönsten in Bordeaux. Es wurde 1757 im Chartreuse-Stil von Marquis de Brassier mit einer 50 Meter langen Terrasse und Aussicht über Park und Fluss gebaut. Es gehört seit 1984 zu 60% einer Versicherungsgesellschaft (Grands Millésimes de France) und zu 40% der japanischen Suntory. Das Gut wird von Achille-Foulds und Direktor Fourneau geleitet.

WEINE Tiefer, rubinroter Wein. Reich an Aromen von Johannisbeeren und Zedernholz. Elegant mit Fülle und großer Finesse. Seit 1986 werden Weine mit größerer Kraft und Vitalität produziert. Zweitwein: *Réserve de l'Amiral.* Andere Weine: Les Brulières de Beychevelle.

KLASSIFIZIERUNG 4ème Cru Classé 1855. Eine bessere Bewertung wäre angebracht.

REBSORTEN Cabernet Sauvignon 60%, Merlot 28%, Cabernet Franc 7%, Petit Verdot 5%.

WEINHERSTELLUNG Gärung in modernen Edelstahltanks, Ausbau 18 Monate in Fässern, keine Filtration.

LAGERUNG Die Weine reifen früh, innert 6-8 Jahren, halten sich aber lange „on top".

REBFL/PROD 90 ha, pro Jahr ca. 40 000 Kisten in St-Julien und 7 500 Kisten in Haut-Médoc.

JAHRGÄNGE 1996, 95, 94, 93, 92, 91, 90, 89, (88).

**Besitzer** GMF & Suntory • **Kellermeister** Lucien Soussotte • **Besuch** Nach Vereinbarung • **Adresse** Ch. Beychevelle, FR-33250 St-Julien-Beychevelle • **Tel.** 05 56 73 20 70 • **Fax** 05 56 73 20 71 • **E-Mail** beychevelle@beychevelle.com • **Homepage** www.beychevelle.com

PRODUKTION     QUALITÄT     PREIS

## CH. BRANAIRE-DUCRU

GESCHICHTE Ch. Branaire-Ducru ist ein schönes Schloss mit klassizistischer Fassade. Die Familie Tari erwarb das Schloss 1952. Seither ist der Ruf der Weine von Jahr zu Jahr besser geworden. Madame Tari, die einen Teil des Schlosses besitzt, ist verheiratet mit M. Tari von Ch. Giscours. Möglicherweise kann man auch eine Verwandtschaft in den Weinen entdecken. Die besten Jahrgänge von Branaire sind genauso gut wie die von Giscours und haben dieselbe großzügige und füllige Frucht. Das Schloss verfügt teilweise über unterirdische Keller für die Lagerung alter Weine. Hier findet man eine der schönsten Weinsammlungen des Médoc.

WEINE Dunkelrot, Duft von neuer Eiche und Kakao. Füllig mit viel Frucht und langem Abgang; viel Körper und ausgeprägtes Bukett, das einem Pauillac nahe kommt. Zweitwein: *Ch. Duluc.*

KLASSIFIZIERUNG 4ème Cru Classé 1855, könnte eine Klasse höher eingestuft werden.

REBSORTEN CS 70%, Merlot 22%, Cabernet Franc und Petit Verdot zusammen 8%.

*Hinter dieser Fassade von Ch. Branaire-Ducru wird einer der stilreinsten Weine St-Juliens produziert.*

WEINHERSTELLUNG Relativ kurzer, aber warmer Gärprozess. Ausbau in zu 75% neuen Eichenfässern, während 18-24 Monaten.

LAGERUNG 8-12 Jahre für diesen eleganten und fruchtigen Wein. Bessere Jahrgänge können mehr als die doppelte Zeit gelagert werden.

REBFL/PROD 50 ha, ca. 25 000 Kisten/Jahr, einschließlich anderer Weine (8 500 Kisten/Jahr).

JAHRGÄNGE 1996, 95, 94, 93, 92, 91, 90, 89, (88).

**Besitzer** SA Ch. Branaire, Dir. P. Maroteaux • **Kellermeister** Philippe D'Halluin • **Besuch** Mo-Fr 9-11, 14-17 • **Adresse** Ch. Branaire-Ducru, FR-33250 St-Julien-Beychevelle • **Tel.** 05 56 59 25 86 • **Fax** 05 56 59 16 26 • **Homepage** www.branaire.com

PRODUKTION     QUALITÄT     PREIS

FRANKREICH • BORDEAUX • MÉDOC • ST-JULIEN

## CH. DUCRU-BEAUCAILLOU

GESCHICHTE Das Schloss wurde nach der Familie Ducru benannt, die im 19. Jh. das Weingut mit den „Schönen kleinen Steinen" (Beaux Caillloux) kaufte. Der Weinkeller befindet sich direkt unter dem Schlossgebäude. Dies ist eine Seltenheit in Bordeaux, wo der Keller häufig neben dem Gärraum „le cuvier" errichtet wurde. Heute gehört das Anwesen Jean-Eugène Borie. Sein erster Jahrgang 1953 markiert den Beginn des Aufstiegs. Heute nimmt der Wein eine Spitzenposition ein. Zusammen mit einer Anzahl anderer namhafter Schlösser bildet dieses Anwesen die Gruppe der sog. „Super-Seconds".

WEINE Tiefe, dunkle Farbe, ausgezeichnetes Bukett mit Frucht und eichiger Vanille sowie kräftigem Tannin. Einer der besten Weine im Bordeaux-Gebiet. Zweitwein: *La Croix*.

KLASSIFIZIERUNG 2ème Cru Classé 1855, eine Position, die zu niedrig scheint.

BODEN Die Hänge Richtung Gironde bestehen aus sehr tiefem Kiesboden und gehören zu den besten Lagen im Médoc.

*Ch. Ducru-Beaucaillou wetteifert mit dem Nachbarn Château Beychevelle um Schönheit und Weinqualität.*

REBSORTEN Cabernet Sauvignon 65%, Merlot 25%, Cabernet Franc 5%, Petit Verdot 5%.

WEINHERSTELLUNG Normale Gärung von ca. 10 Tagen und 20 Monate Fassausbau.

LAGERUNG Sollte mind. 10 Jahre gelagert werden, bessere Jahrgänge 15-20 Jahre.

REBFL/PROD 50 ha, ca. 18 000 Kisten/Jahr.

JAHRGÄNGE 1996, 95, 94, 93, 92, 91, 90, 89, 88.

**Besitzer** Jean-Eugène Borie • **Kellermeister** René Lusseau • **Besuch** Mo-Fr, nach Vereinbarung • **Adresse** Ch. Ducru-Beaucaillou, FR-33250 St-Julien-Beychevelle • **Tel.** 05 56 59 05 20 • **Fax** 05 56 59 27 37

PRODUKTION    QUALITÄT    PREIS

## CH. GLORIA

GESCHICHTE Gloria ist quasi ein unklassifiziertes Gut auf klassifiziertem Boden. Der Gründer Henri Martin setzte Rebberge aus umliegenden, klassifizierten Gütern wie Léoville-Poyferré, St-Pierre und Gruaud-Larose zusammen. Heute gehören etwa 50 Hektar klassifizierte Rebfläche zu Ch. Gloria. 1991 starb H. Martin. Sein Schwiegersohn Jean-Louis Triaud führt den Betrieb zurzeit noch auf die gleiche Weise wie sein Schwiegervater.

WEINE Weiche, elegante und ausgewogene Weine mit großer Frucht und gutem Tannin.

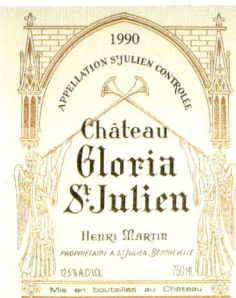

*Ch. Gloria ist insofern einmalig, als das Schloss nicht klassifiziert ist, jedoch einst die Weine der Weinberge.*

Ältere Jahrgänge wie der 75er sind immer noch lagerfähig. Zweitwein: *Ch. Peymartin*. Andere Weine: Haut-Beychevelle-Gloria.

KLASSIFIZIERUNG Unklassifiziert und kein Mitglied des Syndicat du Crus Bourgeois, da die Weinberge schon vor der Gründung Cru Classé waren.

BODEN Vorwiegend mit Kies und kleinen Steinen gemischter Lehmboden.

REBSORTEN Cabernet Sauvignon 65%, Merlot 25%, Cabernet Franc 5%, Petit Verdot 5%.

WEINHERSTELLUNG Nach der Gärung werden die Weine 16 Monate abwechselnd in großen, älteren Fässern und in teilweise neuen Barriques ausgebaut.

LAGERUNG Ältere Jahrgänge vertragen eine längere Lagerzeit. Ab 1980 scheint die ideale Zeitspanne 5-15 Jahre zu betragen.

REBFL/PROD 45 ha, 25 000 Kisten/Jahr.

JAHRGÄNGE 1996, 95, 94, 93, 92, 90, 89, 88.

**Besitzer** Françoise Triaud • **Kellermeister** Jean-Marie Galey-Berdier • **Besuch** Nach Vereinbarung • **Adresse** Ch. Gloria, Dom. Martin, FR-33250 St-Julien-Beychevelle • **Tel.** 05 56 59 08 18 • **Fax** 05 56 59 16 18

PRODUKTION    QUALITÄT    PREIS

FRANKREICH • BORDEAUX • MÉDOC • ST-JULIEN

## CH. GRUAUD-LAROSE

GESCHICHTE  Das Weingut hieß bis 1757 Fond-Bedeau. Als Gruaud es erwarb, wurde auch der Name geändert. Der Zuname Larose folgte 30 Jahre später durch Heirat. 1925 kaufte die Familie Cordier die verschiedenen Teile zurück. 1934 hatte das Weingut wieder einen einzigen Besitzer. Trotz hohen Standards hat man die Preise auf einem für Bordeaux niedrigen Niveau halten können. 1993 wurde das Weingut von Alcatel Alstholm gekauft und ging später an die große Groupe Taillan über.
   WEINE  Dunkle, konzentrierte Weine, sowohl in Farbe und Duft als auch im Geschmack. Sehr fruchtig und oft mit kräftigem Gerbstoffgehalt. Berühmter Zweitwein: *Sarget de Gruaud-Larose*.
   KLASSIFIZIERUNG  2ème Cru Classé 1855. Ein sog. „Super-Second" und Anwärter auf den 1er Cru.
   REBSORTEN  Cabernet Sauvignon 57%, Merlot 30%, Cabernet Franc 7%, Petit Verdot 4%, Malbec 2%.
   WEINHERSTELLUNG  Moderne Göranlage

*Ch. Gruaud-Larose ist bekannt für hochklassige Weine zu vernünftigen Preisen. In Besitz der Taillan-Gruppe.*

und Ausbau in Eichenfässern 16-18 Monate.
   LAGERUNG  Kann 12 bis 20 Jahre gelagert werden. Die besten Jahrgänge gehören zu den langlebigsten des Médoc.
   REBFL/PROD  82 ha, ca. 37 500 Kisten/Jahr.
   JAHRGÄNGE  1996, 95, 94, 93, 92, 91, 90, 89, 88.

**Besitzer** Groupe Taillan, Dir. Jean Merlaut • **Kellermeister** Philippe Carmagnac • **Besuch** Mo-Fr, nach Vereinbarung • **Adresse** Ch. Gruaud-Larose, BP 6, FR-33250 St-Julien-Beychevelle • **Tel.** 05 56 73 15 20 • **Fax** 05 56 59 64 72

PRODUKTION    QUALITÄT    PREIS

## CH. LAGRANGE

GESCHICHTE  Ende des 19. Jh. war Lagrange mit seinen 300 Hektar eines der größten Weingüter in Bordeaux. Bis 1983 gehörte das Schloss einer spanischen Familie, die es an das japanische Unternehmen Suntory verkaufte. Dies war das erste klassifizierte Weingut in Bordeaux, das von Japanern gekauft wurde. Später folgten umfangreiche Investitionen, und das Resultat ließ nicht lange auf sich warten. 1983 waren nur 49 Hektar bestockt, heute beträgt die Anbaufläche 110 ha.
   WEINE  Die Weine von Lagrange hatten früher den Ruf, hart und unzugänglich zu sein. In den

*Das japanische Unternehmen Suntory ist bestrebt, auf Ch. Lagrange den besten Wein in St-Julien zu machen.*

70er Jahren war Lagrange für nachlässige Weinverarbeitung und oft minderwertige Ausrüstung bekannt. Heute haben die Weine eine tiefe Farbe, eine elegante und fruchtige Blume und einen langanhaltenden Geschmack mit viel Gerbstoff. Sehr guter Zweitwein: *Les-Fiefs-de-Lagrange*.
   KLASSIFIZIERUNG  3ème Cru Classé 1855, eine bedeutend höhere Platzierung wert.
   REBSORTEN  Cabernet Sauvignon 66%, Merlot 27%, Petit Verdot 7%.
   WEINHERSTELLUNG  Nach der Übernahme durch Suntory wurden dank der umfangreichen Investitionstätigkeit neue und moderne Anlagen angeschafft und neue Kellergebäude errichtet.
   LAGERUNG  10-12 Jahre sind für die mittleren und besseren Jahrgänge empfehlenswert.
   REBFL/PROD  113 ha, ca. 60 000 Kisten/Jahr. 70% werden nach Europa, Asien und in die USA exportiert.
   JAHRGÄNGE  1996, 95, 94, 93, 92, 91, 90, 89, 88.

**Besitzer** Suntory Ltd (Japan) • **Kellermeister** Michel Raymond • **Besuch** Nach Vereinbarung • **Adresse** Ch. Lagrange, FR-33250 St-Julien-Beychevelle • **Tel.** 05 56 73 38 38 • **Fax** 05 56 59 26 09 • **Homepage** www.chateau-lagrange.com

PRODUKTION    QUALITÄT    PREIS

## Ch. Léoville-Barton

GESCHICHTE  1821 kaufte ein junger Ire namens Hugh Barton das Château Langlois (Langoa auf Englisch). Als das Léoville-Eigentum aufgeteilt wurde, kaufte er 1826 davon einen Viertel. Ronald Barton, ein direkter Nachkomme, hat das Weingut zu dem Ansehen gebracht, das es heute

*Léoville-Barton hat kein eigenes Schlossgebäude. Seit mehr als 150 Jahren ist es in Besitz einer irischen Familie.*

genießt. Nach seinem Tod übernahm der Enkel Anthony das Gut. Der Barton-Teil von Léoville hat kein eigenes Schlossgebäude. Die Familie wohnt deshalb auf ihrem zweiten Anwesen namens Langlois-Barton.

WEINE  Sehr traditionelle Weine. Tiefrote Farbe mit einer Blume von Johannisbeeren, Zedern und Kräutern. Der Geschmack ist füllig mit ausgeprägtem Körper und Länge. Ein sehr reinrassiger Wein. Zweitwein: *Lady Langoa*.

KLASSIFIZIERUNG  2ème Cru Classé 1855, eine gerechte Bewertung.

REBSORTEN  Cabernet Sauvignon 72%, Merlot 20%, Cabernet Franc 8%.

WEINHERSTELLUNG  Der Wein wird auf Bartons zweitem Anwesen Langlois hergestellt. Die Gärung findet in Edelstahltanks statt, und der Wein wird 24 Monate in Fässern ausgebaut.

LAGERUNG  Der auch für das Médoc hohe Anteil an Cabernet Sauvignon lässt den Wein in jungen Jahren hart erscheinen, macht ihn aber auch langlebig. Sollte 15 bis 20 Jahre gelagert werden.

REBFL/PROD  45 ha, ca. 20 000 Kisten/Jahr.

JAHRGÄNGE  1996, 95, 94, 93, 92, 91, 90, 89, 88.

**Besitzer** Anthony Barton • **Kellermeister** Michel Raoult • **Besuch** Mo-Fr 9.30-11.30, 14-16.30 • **Adresse** Ch. Léoville-Barton, FR-33250 St-Julien-en-Beychevelle • **Tel.** 05 56 59 06 05 • **Fax** 05 56 59 14 29

PRODUKTION  QUALITÄT  PREIS

## Ch. Léoville-Las Cases

GESCHICHTE  Im 18. Jh. war dies das bedeutendste Weingut in Bordeaux. Der Marquis de Las Cases besaß das ganze nördliche St-Julien. Heute ist dieses Gelände in drei Schlösser aufgeteilt. Las Cases ist das größte und, wie viele meinen, auch das beste Weingut der drei, mit der Hälfte des alten Areals. Das Weingut ist heute in Besitz und unter Führung von Michel Delons Sohn Jean-Hubert und Geneviève Dalton. In den 50er Jahren waren die Weine leicht und unkonzentriert, was auf umfassende Neuanpflanzungen nach dem Krieg zurückzuführen war. Heute haben die Weine eine große Tiefe und herrliche Konzentration.

*Ch. Léoville-Las Cases ist das größte der drei Léoville-Schlösser. Heute größtenteils in Besitz von M. Delon.*

WEINE  Dunkle, rote Farbe, Duft von Brombeeren, Johannisbeeren, Vanille und neuen Eichenfässern; fruchtig und füllig. Der Wein wirkt anfangs verschlossen, entwickelt sich aber langsam zu der Eleganz, die ihn an die Spitze der Bordeaux-Weine führte. Der Zweitwein *Clos du Marquis* ist einer der besten auf dem Markt.

KLASSIFIZIERUNG  2ème Cru Classé 1855, könnte heute noch höher bewertet werden.

REBSORTEN  Cabernet Sauvignon 65%, Merlot 19%, Cabernet Franc 13%, Petit Verdot 3%.

WEINHERSTELLUNG  Moderne Methoden. Ausbau meist 18 Monate in neuen Eichenfässern.

LAGERUNG  10 bis 30 Jahre, je nach Jahrgang. Der Wein entwickelt sich nur langsam.

REBFL/PROD  97 ha, ca. 25 000 Kisten/Jahr

JAHRGÄNGE  1996, 95, 94, 93, 92, 91, 90, 89, 88.

**Besitzer** Jean-Hubert Delon, Geneviève Dalton • **Kellermeister** Bruno Rolland • **Besuch** Nach Vereinbarung • **Adresse** Ch. Léoville-Las Cases, FR-33250 St-Julien-Beychevelle • **Tel.** 05 56 73 25 26 • **Fax** 05 56 59 18 33

PRODUKTION  QUALITÄT  PREIS

## CH. LÉOVILLE-POYFERRÉ

GESCHICHTE  Wie Léoville-Barton war auch Poyferré einst ein Teil des ursprünglichen Anwesens von Léoville. Dieser Teil wurde von Baron de Poyferré gekauft, daher der Name. Das Château hat nicht dieselbe Tradition wie seine beiden Namensgefährten. Vielleicht haben die vielen Besitzerwechsel die Kontinuität der Weinbereitung negativ beeinflusst. Die Lage gehört zu den besten der Gemeinde. Das Schloss verfügt über ein großes Potenzial, das früher nicht genügend genutzt wurde. Die Familie Cuvelier kaufte Ende der 70er Jahre das Gut von Poyferré und startete eine umfassende Renovation der Weinberge, Keller und der Kellerei. Wegen den Neuanpflanzungen dauerte es lange, bis Didier Cuvelier seine Fähigkeiten zeigen konnte. Seit 1982 scheint sich der Ruf von Poyferré zum Besseren zu wenden.

WEINE  Früher leichte und uninteressante Weine, heute reinrassige Médoc-Weine mit viel Frucht und Tannin. Sehr guter Zweitwein: *Moulin Riche*.

KLASSIFIZIERUNG  2ème Cru Classé 1855,

Viele Besitzerwechsel haben dem Gut Qualitätsprobleme bereitet. Seit den 90ern ist die Qualität wieder gestiegen.

früher zu hoch eingestuft, heute richtig.

REBSORTEN  Cabernet Sauvignon 65%, Merlot 25%, Cabernet Franc 2%, Petit Verdot 8%.

WEINHERSTELLUNG  Moderne Anlagen. Ein Teil der Eichenfässer wird jährlich erneuert.

LAGERUNG  Seit 1982 ein ausgeprägter Lagerwein, der 15 Entwicklungsjahre benötigt.

REBFL/PROD  80 ha, ca. 35 000 Kisten/Jahr.

JAHRGÄNGE  1996, 95, 94, 93, 92, 91, 90, 89, (88).

**Besitzer** Fam. Cuvelier • **Besuch** Nach Vereinbarung • **Adresse** Ch. Léoville-Poyferré, St-Julien-Beychevelle, FR-33250 Pauillac • **Tel.** 05 56 59 08 30 • **Fax** 05 56 59 60 09

PRODUKTION      QUALITÄT      PREIS

## CH. TALBOT

GESCHICHTE  Talbot hat englische Ahnen seit dem 100-jährigen Krieg im 14. Jh. durch den Herzog von Shrewsbury. In neuerer Zeit war es Jean Cordier, der den Wein und das Schloss prägte. Jean Cordier verkaufte seinen Anteil der Firma Cordier zurück, um damit Talbot, samt seinem stattlichen Weinlager zu kaufen. 1983 wurde das Cordier-Imperium an La Hénin verkauft und 1992 kaufte J. Cordier das Château persönlich wieder zurück. Durch ein eigenes Vertriebssystem ist es Cordier gelungen, moderate Preise für viele seiner Schlossweine beizubehalten. Nach seinem

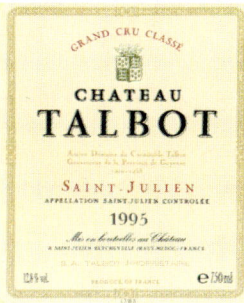

*Ch. Talbot wurde vom verstorbenen Jean Cordier stark geprägt. Das Erbe traten seine Töchter an.*

Tod 1993 übernahmen es seine Töchter.

WEINE  Harmonisch, jedoch zu wenig Kraft für einen großen Wein, aber immer elegant und typisch St-Julien. Der Zweitwein *Connetable Talbot* ist ein herrlicher Wein, der relativ jung genossen werden sollte. Man stellt auch eine kleine Menge Weißwein her, der unter dem Namen Caillou Blanc de Ch. Talbot verkauft wird.

KLASSIFIZIERUNG  4ème Cru Classé 1855, im Vergleich zu vielen anderen 4ème und 3ème Cru zu niedrig eingestuft.

REBSORTEN  CS 70%, Merlot 20%, CF 10%. SB und Sémillon für den Caillou Blanc.

WEINHERSTELLUNG  Moderne Gäranlage, Ausbau in Eichenfässern 18-24 Monate.

LAGERUNG  Talbot benötigt acht bis zehn Jahre bis zu seinem Höhepunkt.

REBFL/PROD  102 ha für Rotwein, 6 ha für Weißwein, ca. 55 000 Kisten/Jahr.

JAHRGÄNGE  1996, 95, 94, 93, 92, 90, 89, 88.

**Besitzer** Nancy Bignon-Cordier & Lorrain Rustmann-Cordier • **Kellermeister** Monsieur Jorajuria • **Besuch** Mo-Fr, nach Vereinbarung • **Adresse** Ch. Talbot, FR-33250 St-Julien-Beychevelle • **Tel.** 05 56 73 21 50 • **Fax** 05 56 73 21 51 • **E-Mail** chateau-talbot@insat.com

PRODUKTION      QUALITÄT      PREIS

## CH. SAINT-PIERRE

GESCHICHTE  Noch ein Wunderwerk von Henri Martin (siehe auch Ch. Gloria). 1982 erwarb er das schrumpfende Gut und rettete es vor dem vollständigen Verschwinden. Früher war

*Genau wie Ch. Gloria ist es mehr oder weniger ein Wunder, dass Ch. Saint-Pierre heute noch existiert.*

St-Pierre in Besitz zweier Belgier, was für Martin anfangs insofern nützlich war, als er so für seine Weine schon einen Markt hatte. Heute sind die Weine in der ganzen Welt begehrt. Die Kellerei und das Hauptgebäude wurden restauriert und die Weinberge erneuert. Jean Louis Triaud, der Schwiegersohn des 1991 verstorbenen Henri Martin, übernahm die Führung, um sie anschließend an seinen Sohn François zu übergeben.
  WEINE  Kräftige, dunkle Weine mit Würze, Eiche und großer Frucht. Besitzt nicht die Finesse wie Ducru-Beaucaillou, sondern ist eher rustikal und füllig. Zweitwein: *Saint-Louis-le-Bosq*. Andere Weine: Clos d'Uza.
  KLASSIFIZIERUNG  4ème Cru Classé, eine relativ gerechte Beurteilung, vielleicht wäre sogar 3ème Cru angebracht.
  REBSORTEN  Cabernet Sauvignon 70%, Merlot 20%, Cabernet Franc 10%.
  WEINHERSTELLUNG  Traditionelle Methoden. Der Ausbau erfolgt 20-22 Monate in zu 50% neuen Eichenfässern.
  LAGERUNG  Sehr lagerfähige Weine, die mind. zehn Jahre oder das Doppelte benötigen.
  REBFL/PROD  17 ha, gut 5 000 Kisten/Jahr.
  JAHRGÄNGE  1996, 95, 94, 93, 92, 91, 90, 89, 88.

**Besitzer** François Triaud • **Kellermeister** Jean-Marie Galey-Berdier • **Besuch** Mo-Fr 8-12, 14-18 • **Adresse** Ch. Saint-Pierre, Domaines Martin, FR-33250 St-Julien-Beychevelle • **Tel.** 05 56 59 08 18 • **Fax** 05 56 59 16 18

PRODUKTION    QUALITÄT    PREIS

## CH. TERREY-GROS-CAILLOUX

GESCHICHTE  Die Weinberge liegen über die ganzen Gemeinde verstreut, während die Kellerei sich mitten im kleinen Dorf Beychevelle befindet. Hier werden Terrey-Gros-Cailloux und Hortevie hergestellt, jeder für sich auf verschiedene Weise. Während der Trend in Bordeaux im Allgemeinen zu den kräftigen Weinen mit großem, direktem Aroma geht, schwimmt das kleine Terrey-Gros-Cailloux gegen den Strom. Hier werden vorsichtige und delikate Weine mit fein abgestimmter Frucht und kaum merkbarer Eiche erzeugt. Offensichtlich konzentriert man sich nicht auf den amerikanischen Markt, sondern hat das Ziel, die konservativen Bordeaux-Liebhaber zufrieden zu stellen. Ein weiteres positives Merkmal ist der Preis.
  WEINE  Finessenreich und klassisch mit feiner Frucht. In großen Jahrgängen mit Kraft und Fülle und leichter Eichenbetonung.
  KLASSIFIZIERUNG  Cru Bourgeois, könnte 4-5ème Cru sein.
  BODEN  Stein, Kies und etwas Lehm findet

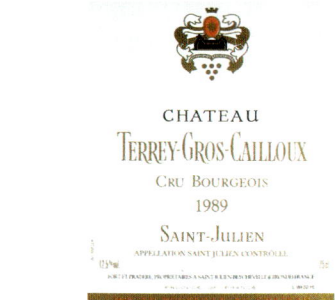

*Terrey-Gros Cailloux ist ein gut gebauter, andersartiger Médoc-Wein mit mehr Frucht und weniger Eiche.*

man auf dem weit verstreuten Anwesen.
  REBSORTEN  Cabernet Sauvignon 70%, Merlot 25%, Petit Verdot 5%.
  WEINHERSTELLUNG  Gärung in großen Edelstahltanks, Ausbau in Eiche und Edelstahl während etwa 14 Monaten.
  LAGERUNG  Die Weine erreichen ihre Spitze nach 7 Jahren und halten dann nochmals so lange.
  REBFL/PROD  17 ha, ca. 10 000 Kisten/Jahr.
  JAHRGÄNGE  1996, 95, 94, 93, 92, 91, 90, 89, 86, 85, 82.

**Besitzer** Henri Pradère • **Kellermeister** Henri Pradère • **Besuch** Kein Besuch möglich • **Adresse** Ch. Terrey-Gros-Cailloux, FR-33250 St-Julien-Beychevelle • **Tel.** 05 56 59 06 27 • **Fax** 05 56 59 29 32

PRODUKTION    QUALITÄT    PREIS

## Weitere Produzenten in St-Julien

### Ch. du Glana

Gloria und du Glana sind die beiden großen nicht klassifizierten Schlösser in St-Julien. Hier erhält man einen guten Wein zu einem guten Preis. Gabriel Meffre erzeugt einen Wein, der schon nach 5-8 Jahren trinkfertig ist, einen guten Charakter hat und viel Frucht im Geschmack. FAKTEN Cru Grand Bourgeois Exceptionnel. 45 ha, 18 000 Kisten/Jahr. Cabernet Sauvignon 68%, Merlot 30%, Cabernet Franc 2%.

• **Besitzer:** Gabriel Meffre **Besuch:** Nach Vereinbarung. **Adresse:** Route de Pauillac, FR-33250 St-Julien. **Tel.** 05 56 35 53 00. **Fax** 05 56 35 53 29.

### Ch. Hortevie

Eines der unbekanntesten sowie flächenmäßig kleinsten Güter in Médoc. Der von Henri Pradère erzeugte Wein erinnert an Terrey-Gros-Cailloux (gleicher Besitzer, gleiche Herstellungsmethoden). Dieser hat jedoch mehr Konzentration und Kraft. FAKTEN 4,5 ha, 1 500 Kisten/Jahr. Cabernet Sauvignon 65%, Merlot 35%.

• **Besitzer:** Henri Pradère **Kellermeister:** Henri Pradère **Besuch:** Nach Vereinbarung. **Adresse:** FR-33250 St-Julien-Beychevelle. **Tel.** 05 56 59 06 27.

*Während der Ernte helfen Tausende, oft freiwillige Mitarbeiter aus der ganzen Welt.*

### Ch. La Bridane

Ein einfacher, aber wohlschmeckender, wenn auch etwas grober St-Julien zu einem guten Preis. Dem Wein fehlt vielleicht die Finesse, andererseits aber bringt er viel Geschmack und gewinnt durch Lagerung von bis zu 12 Jahren. Danach verschwindet teilweise der robuste Charakter. FAKTEN 15 ha, 5 000 Kisten/Jahr. Cabernet Sauvignon 55%, Merlot 45%. Zweitwein: *Ch. Blancan*.

• **Besitzer:** Bruno Saintout **Besuch:** Nach Vereinbarung. **Adresse:** Dom. St-Laurent-de-Cartujac, FR-33112 St-Laurent-de-Médoc. **Tel.** 05 56 59 91 71. **Fax** 05 56 59 46 13.

### Ch. Lalande-Borie

Gehört zu den weniger bekannten Schlössern von Jean-Eugène Borie (u.a. Ducru-Beaucaillou). Die Rebflächen wurden Anfang der 70er Jahre bepflanzt und bringen seither einen guten Wein hervor. Die Entwicklung geht stetig voran. Eine Gelegenheit, einen „Borie-Wein" zu erschwinglichem Preis zu kaufen. FAKTEN Cru Bourgeois Supérieur. 18 ha, 9 000 Kisten/Jahr. Cabernet Sauvignon 65%, Merlot 25%, Cabernet Franc 10%.

• **Besitzer:** Jean-Eugène Borie **Besuch:** Nach Vereinbarung. **Adresse:** FR-33250 St-Julien-Beychevelle. **Tel.** 05 56 59 05 20. **Fax** 05 56 59 27 37.

### Ch. Langoa-Barton

Anthony Barton (Léoville-Barton) gehört auch dieses Schloss, das seit 1821 im Besitz derselben Familie ist; ein Rekord für Médoc. Die Familie Barton wohnt auch im Schloss Langoa. Der Wein ist leichter als Léoville-Barton und reift schneller, hat aber trotzdem typischen St-Julien-Charakter. FAKTEN 3ème Cru Classé. 15 ha, 7 500 Kisten/Jahr. CS 70%, Merlot 20%, CF 10%. Zweitwein: *Lady Langoa*.

• **Besitzer:** Anthony Barton **Kellermeister:** Michel Raoult **Besuch:** Mo-Fr 9.30-11.30, 114-16.30. **Adresse:** FR-33250 St-Julien-Beychevelle. **Tel.** 05 56 59 06 05. **Fax** 05 56 59 14 29.

### Ch. Teynac

1990 wurde dieses kleine Gut von der Familie Souriau-Pairault erworben. Nicht klassifizierte Weine. Angenehme St-Julien-Weine ohne höheren Anspruch. Zweitwein: *Ch. Les Ormes*. FAKTEN 10 ha, 3 500 Kisten/Jahr. Cabernet Sauvignon 70%, Merlot 25%, Cabernet Franc 5%.

• **Besitzer:** Fam. Souriau-Pairault **Besuch:** Nach Vereinbarung. **Adresse:** Grand Rue, FR-33250 St-Julien-Beychevelle. **Tel.** 05 56 59 12 91. **Fax** 05 56 59 46 12.

### Weitere Betriebe

Clos du Meunier, Rue André-Dupuy-Chauvin, FR-33190 Gironde-sur-Dropt. Tel. 05 56 61 54 54. Fax 05 56 61 54 61.

Ch. Moulin de la Rose, FR-33250 St-Julien-Beychevelle. Tel. 05 56 59 08 45. Fax -73 94.

## Pauillac

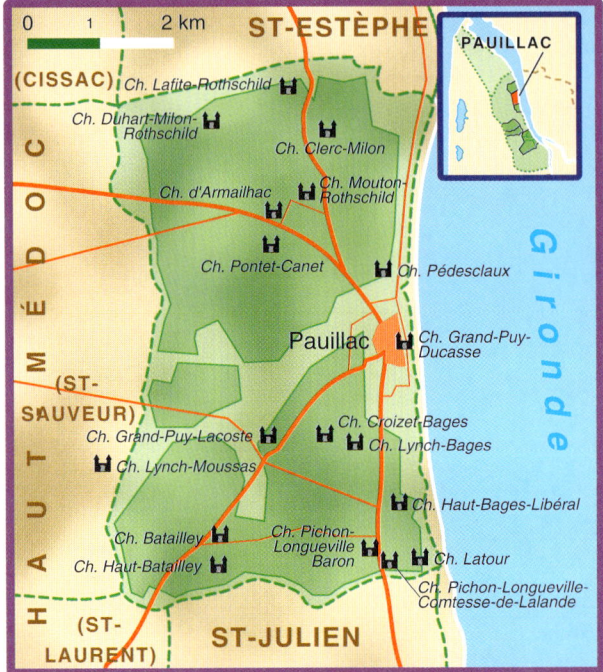

GESCHICHTE Pauillac ist weltweit eines der berühmtesten Weinbaugebiete. In dieser Gemeinde sind auch drei der fünf berühmtesten Schlösser des Bordeaux anzutreffen: Mouton-Rothschild, Lafite-Rothschild und Latour. Die Weine haben zwar ihren eigenen Charakter, allesamt aber viel Kraft und Finesse. Außer diesen drei Giganten gibt es zwei Deuxièmes Crus, die beiden Pichon-Schlösser, einen Quatrième Cru und zwölf Cinquièmes Crus.

WEINE Dunkle Rotweine, im Geschmack generell straff, kräftig mit großem Lagerpotenzial.

Ch. Latour ist nur eines von vielen Schlössern, das von einem weinliebenden Geschäftsmann aufgekauft wurde.

Schon in ihrer Jugend sind sie offen und generös. Pauillac hat eine breitere Geschmackspalette als seine Kollegen in Médoc. Früher diskutierte man den Gemeindecharakter, heute ist es der Schlosscharakter, der interessant ist. Es werden auch Weine erzeugt, die je nach Stil des Châteaus, auch jung trinkbar sind. Das „Weinorakel" Hugh Johnson sagt: „Wenn Lafite ein Ballett ist, dann ist Latour eine Parade."

KLASSIFIZIERUNG 1855 in der großen Médoc-Klassifizierung 18 Cru-Classé-Weingüter.

BODEN Hügelige Landschaft mit tiefen Sandböden. Das karge Erdreich ist wasserdurchlässig, was die beste Voraussetzung für Cabernet Sauvignon darstellt.

REBSORTEN CS 60-80%, Merlot 10-30%, CF 5-20%, PV bis 5%, Malbec mind. 3%.

WEINHERSTELLUNG Traditionelle Gärung: 12-15 Tg. Vin-de-Presse-Zusatz 5-15%. Ausbau teils in Eichenfässern und teils in Edelstahltanks 15-30 Mt. Alle Pauillacs sind sehr lagerfähig.

REBFL/PROD Etwa 1 100 ha, 100 000 hl/Jahr.

WISSENSWERT Auskunft über Schlossbesichtigungen und Rundfahrten: Maison du Vin de Pauillac, La Verrerie, FR-33250 Pauillac. Tel. 05 56 59 03 08. Fax 05 56 59 23 38.

FRANKREICH • BORDEAUX • MÉDOC • PAUILLAC

## CH. D'ARMAILHAC

GESCHICHTE Das Weingut war vor der französischen Revolution ein Teil von Mouton. Später kam es in den Besitz der Familie d'Armailhac und erhielt den Namen Mouton d'Armailhac. 1933 wurde es von Philippe de Rothschild, dem verstorbenen Besitzer von Mouton-Rothschild,

*Ch. d'Armailhac (früher Mouton B. Philippe) ist weicher als sein berühmterer Bruder Mouton-Rothschild.*

gekauft. Obwohl es rechtlich möglich gewesen wäre, die benachbarten Schlösser zusammenzulegen, wurden sie weiterhin getrennt geführt. Der Name wurde 1956 in Mouton Baron-Philippe geändert und 1975 zu Ehren der verstorbenen Ehefrau des Baron Philippe Mouton in Baronne Philippe geändert. 1989 griff der heutige Besitzer auf den Namen Château d'Armailhac zurück.
WEINE Typischer Pauillac, wenn auch kleiner als Mouton-Rothschild. Das Aroma bietet eine Menge schwarzer Johannisbeeren und eine etwas weichere Abrundung (u.a. durch den höheren Merlotanteil) als der große Bruder. War während der 80er Jahre tiefer im Charakter. Der 89er, der erste Jahrgang unter neuem Namen, ist ein stilvoller, viel versprechender Wein.
KLASSIFIZIERUNG 5ème Cru Classé 1855.
REBSORTEN Cabernet Sauvignon 50%, Merlot 25%, Cabernet Franc 23%, Petit Verdot 2%.
WEINHERSTELLUNG Gärung und Macération erfolgen in temperierten Zementtanks. Ausbau in zu einem Drittel neuer Eiche.
LAGERUNG Reift recht früh, kann aus guten Jahren auch länger gelagert werden.
REBFL/PROD 50 ha, etwa 22 000 Kisten/J.
JAHRGÄNGE 1996, 95, 94, 93, 92, 91, 90, 89, 88.

**Besitzer** Baronne Philippine de Rothschild • **Kellermeister** José Bueno • **Besuch** Nach Vereinbarung • **Adresse** Ch. d'Armailhac, FR-33250 Pauillac • **Tel.** 05 56 59 22 22 • **Fax** 05 56 73 20 44

PRODUKTION    QUALITÄT    PREIS

## CH. BATAILLEY

GESCHICHTE Dieses Schloss, das südlich von Pauillac in Richtung Saint Laurent liegt, hat eine sehr alte Geschichte. Der Name stammt von einer Schlacht, die während des 100-jährigen Krieges zwischen Franzosen und Engländern ausgetragen wurde. Das Hauptgebäude, das sein jetziges Erscheinungsbild zwischen 1750 und 1810 erhielt, liegt in einem sechs Hektar großen Park, mit einer eindrucksvollen Sammlung unterschiedlicher Bäume aus aller Welt. Seit 1961 wurde das Schloss von M. und Mme Emile Castéja geführt, heute von deren Erben. Die Weine werden über das Weinhandelshaus Borie-Manoux verkauft.

*Batailley gehört zwar nicht zur Elite, bietet dafür aber eine solide Qualität zu anständigen Preisen.*

WEINE Batailley erzeugt zwar nie die besten Weine von Pauillac, ist aber ein zuverlässiger Produzent von guten und soliden Weinen zu außerordentlich angemessenen Preisen. Dies gilt nicht nur für den erstklassigen 89er. Charaktervolle, etwas robuste Weine, die reich an Gerbstoffen sind. Haben in den 80er Jahren etwas gehaltvollere Fruchtigkeit erhalten.
KLASSIFIZIERUNG 5ème Cru Classé 1855.
REBSORTEN Cabernet Sauvignon 70%, Merlot 30%.
WEINHERSTELLUNG Klassischer Ausbau in Fässern aus Limousine-Eiche.
LAGERUNG Die meisten Jahrgänge brauchen eine Lagerzeit von etwa zehn Jahren, ehe sie sich von der richtigen Seite zeigen.
REBFL/PROD 55 ha, etwa 27 000 Kisten/Jahr, 60% Export.
JAHRGÄNGE 1996, 95, 94, 93, 92, 91, 90, 89, 88.

**Besitzer** Héritiers Castéja • **Kellermeister** Olivier Guérin • **Besuch** Mo-So 8-12, 14-18, nach Vereinbarung • **Adresse** Ch. Batailley, Borie-Manoux, 86-90, Cours Balguerie-Stuttenberg, FR-33250 Pauillac • **Tel.** 05 56 59 01 13, 05 56 00 00 70 • **Fax** 05 57 87 60 30

PRODUKTION    QUALITÄT    PREIS

FRANKREICH • BORDEAUX • MÉDOC • PAUILLAC

## CH. CLERC-MILON

GESCHICHTE  Baron Philippe de Rothschild erwarb Clerc-Milon im Jahr 1970. Dass die Weine in den 70er und 80er Jahren nicht Spitzenqualität erreichten, ist auf Umpflanzungen und Restau-

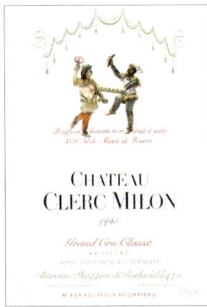

*Clerc-Milon ist in Besitz von Philippine de Rothschild. Es liegt zwischen Latour und Mouton-Rothschild.*

rierungen zurückzuführen. Außerdem wurde viel Kraft für Mouton-Rothschild, das sich damals in einem Tief befand, benötigt. Seit 1985 ist Clerc-Milon ein Wein mit wunderbarer Kraft und typischem Pauillac-Charakter. Der Name stammt teils vom kleinen Dorf Milon und teils von M. Clerc, einem früheren Besitzer.
WEINE  Heute großer, voluminöser Wein mit Kraft und Fülle, ein typischer Pauillac mit schwarzen Johannisbeeren und Pflaumen, Würze und Karamell, neuer Eiche sowie einer Spur Lakritze im Abgang.
KLASSIFIZIERUNG  5ème Cru Classé, könnte besser bewertet werden.
BODEN  Viele kleine Steine und Kies.
REBSORTEN  Cabernet Sauvignon 70%, Merlot 20%, Cabernet Franc 10%.
WEINHERSTELLUNG  18-22 Monate traditionelle Ausbaumethoden in größtenteils neuen Eichenfässern.
LAGERUNG  Wie geschaffen für Lagerung, obwohl der üppige Charakter die Weine schon nach 3-4 Jahren genießbar macht. Vorzugsweise ruhen die Weine 8-15 Jahre. Früher benötigten sie eine etwas kürzere Lagerzeit.
REBFL/PROD  30 ha, 16 000 Kisten/Jahr.
JAHRGÄNGE  1996, 95, 94, 93, 92, 90, 89, 88.

**Besitzer** Baronne Philippine de Rothschild • **Kellermeister** José Bueno • **Besuch** Kein Besuch möglich • **Adresse** Ch. Clerc-Milon, BP 117, FR-33250 Pauillac • **Tel.** 05 56 59 22 22 • **Fax** 05 56 73 20 44

PRODUKTION   QUALITÄT   PREIS

## CH. GRAND-PUY-LACOSTE

GESCHICHTE  Der verstorbene Reymond Dupin war eine Legende wegen seiner Vorliebe für Essen und Wein. Kurz vor seinem Tod 1980 verkaufte er das Gut an Jean-Eugène Borie von Ducru-Beaucaillou, der seinerseits die Führung seinem Sohn Xavier überließ. Schon 1982 kam der erste große Erfolg. Die Restaurierung des Gutes wurde stets fortgesetzt. Das Schloss zeigt große Ähnlichkeit mit dem angrenzenden Lynch-Bages - im Wein wie auch in seiner Geschichte.
WEINE  Tiefe, konzentrierte Weine mit Pauillac-ähnlichem Bukett von schwarzen Johannisbeeren, Brombeeren und etwas Lakritze. Tiefer, großer Geschmack mit guter Säure und straffem Tannin, langer und guter Abgang mit leichtem Röstaroma. Sehr guter Wein. Zweitwein: *Ch. Lacoste-Borie.*
KLASSIFIZIERUNG  5ème Cru. Verdient aber, wie so viele andere Pauillac-Schlösser auch, eine höhere Klassifizierung, z.B. 3ème Cru.
BODEN  Steiniger und tiefer Kiesgrund mit tief liegendem Lehm sind perfekte Voraussetzungen.

*Grand-Puy-Lacoste ist eines der imposanten Anwesen in Médoc, das genauso schön wie funktionell ist.*

REBSORTEN  Cabernet Sauvignon 70%, Merlot 25%, Cabernet Franc 5%.
WEINHERSTELLUNG  Gärung in Edelstahl, Ausbau in Eiche mit großem Anteil Neuholz.
LAGERUNG  Sollte mindestens 10 Jahre gelagert werden. Verträgt danach die doppelte Zeit und noch etwas mehr.
REBFL/PROD  50 ha, etwa 15 000 Kisten/J.
JAHRGÄNGE  1996, 95, 94, 93, 92, 91, 90, 89, 88.

**Besitzer** Fam. Borie • **Kellermeister** Philippe Gouze • **Besuch** Kein Besuch möglich • **Adresse** Ch. Grand-Puy-Lacoste, FR-33250 Pauillac • **Tel.** 05 56 59 05 20 • **Fax**

PRODUKTION   QUALITÄT   PREIS

## CH. HAUT-BAGES-LIBÉRAL

GESCHICHTE  Das Schloss liegt auf der Bages-Hochebene und war früher in Besitz einer Familie Libéral, daher der Name. Die Weinberge legte man später mit anderen, die direkt neben denen von Ch. Latour lagen, zusammen. 1960 erwarb die Familie Cruse die Weingärten und führte in

*Ch. Haut Bages Libéral, benachbart zu Ch. Latour, erzeugt gute Pauillac-Weine zu gutem Preis.*

den 60er und 70er Jahren eine umfangreiche Neupflanzung durch. Seit 1983 ist das Gut in gleichem Besitz wie Ch. Chasse-Spleen und Ch. La Gurgue. Die Verantwortung für den Betrieb trug Bernadette Villars bis 1992.

WEINE  Die Weine haben mit dem Altern der Neupflanzungen einen tieferen Charakter erhalten. Der hohe Anteil an Cabernet Sauvignon ergibt einen kraftvollen Wein, reich an Frucht von schwarzen Johannisbeeren und mit feinem Rückgrat von Herbe. Gutes Verhältnis zwischen Preis und Qualität.

KLASSIFIZIERUNG  5ème Cru Classé 1855.
REBSORTEN  Cabernet Sauvignon 80%, Merlot 17%, Petit Verdot 3%.
WEINHERSTELLUNG  Die Gärung erfolgt in temperierten 200-hl-Edelstahltanks. Der Ausbau erfolgt während 18-24 Monaten zum Teil in neuer Eiche. Die Schönung wird mit Eiweiß durchgeführt.
LAGERUNG  Ein Wein mit gutem Lagerpotenzial. Je nach Jahrgang gewinnen die Weine nach 10 bis 15-jähriger Lagerzeit.
REBFL/PROD  28 ha, etwa 19 000 Kisten/Jahr.
JAHRGÄNGE  1996, 95, 94, 93, 92, 91, 90, 89, 88, 86, 85, 82, 75.

**Besitzer** Groupe Taillan, Fam. Merlaut & Villars • **Kellermeister** Daniel Sore • **Besuch** Mo-Fr 9-16 • **Adresse** Ch. Haut-Bages-Libéral, FR-33250 Pauillac • **Tel.** 05 56 58 02 37, 05 57 88 84 42 • **Fax** 05 56 59 29 82

PRODUKTION   QUALITÄT   PREIS

## CH. LAFITE-ROTHSCHILD

GESCHICHTE  Hierbei handelt es sich um das wohl berühmteste Château in Bordeaux. Es ist ein Symbol für Eleganz, Prestige und Reichtum. Das Schloss gehörte im 18. Jh. dem Marquis de Ségur, der auch Château Latour und Calon-Ségur besaß. 1797 war es das erste Gut in Bordeaux, das die Schlossabfüllung einführte. Dies ist heute Gesetz für alle Cru-Classé-Weine. Seinen Zunamen Rothschild erhielt es 1868, als es vom Pariser Bankier gleichen Namens gekauft wurde. Während der 60er und 70er Jahre geriet sein Ruf ins Wanken. Dank Erich de Rothschild und seinem Weinberater Emile Peynaud hat das Schloss seine Position unter den Größten zurückerobert.

*Seit 200 Jahren ist Ch. Lafite, später unter dem Namen Rothschild, ein Synonym für Prestige und Reichtum.*

WEINE  Tiefe Farbe, große und weiche Blume, Fülle und Konzentration im Geschmack. Ausgeprägte und reife Frucht. Zweitwein: *Carraudes de Lafite*. Andere Weine: Moulin de Carraudes.

KLASSIFIZIERUNG  1er Cru Classé 1855.
BODEN  Beste Lage auf tiefen Kieshängen.
REBSORTEN  Cabernet Sauvignon 70%, Merlot 20% und Cabernet Franc 10%.
WEINHERSTELLUNG  Sehr niedriger Ertrag (20 hl/ha), lange Gärung bei niedriger Temperatur. Ausbau nur in neuen Eichenfässern 24-30 Monate (früher 36 Monate).
LAGERUNG  Gute Jahrgänge sollten mindestens 15 bis 20 Jahre gelagert werden. Oft benötigt dieser Wein noch längere Reifezeit.
REBFL/PROD  91 ha, 25-30 000 Kisten/Jahr.
JAHRGÄNGE  1996, 95, 94, 93, 92, 91, 90, 89, 88, 87, 86, 85, (84), 83, 82, 81, 79, 78, 76, 75, 61.

**Besitzer** Fam. Eric de Rothschild • **Besuch** Generell kein Besuch möglich • **Adresse** Ch. Lafite-Rothschild, FR-33250 Pauillac • **Tel.** 05 56 73 18 18, 04 42 56 33 50 • **Fax** 05 56 59 26 83

PRODUKTION   QUALITÄT   PREIS

## CH. LATOUR

**GESCHICHTE** Latour-Weine symbolisieren Kraft, Stärke und Konzentration. Das Schloss gehörte zuerst dem Marquis de Ségur. Danach war es im Besitz der Familie de Beaumont, bis es 1968 das englische Konsortium Pearson Group kaufte. Latour ist für gleichbleibende, hohe Qualität auch in schwierigen Jahren bekannt. 1989 ging es in den Besitz des Getränkeunternehmens Allied-Lyons über. Dieses verkaufte es 1993 an François Pinault, einen französischen Warenhausmillionär, der auch die Warenhauskette Printemps besitzt.

**WEINE** Dichter, monumentaler Wein. Komplexes Bukett mit Walnuss, Johannisbeeren und Zedern. Konzentrierte Blume mit Frucht. Füllig und kräftig mit langem Nachgeschmack. Der Zweitwein *Les Forts de Latour* genießt einen hervorragenden Ruf und wird inoffiziell als ein 2ème Cru gehandelt. Andere Weine: Pauillac AOC.

**KLASSIFIZIERUNG** 1er Cru Classé 1855.

**REBSORTEN** CS 75%, Merlot 20%, CF und Petit Verdot 5%.

**WEINHERSTELLUNG** Gärung in Edelstahl-

*Der mittelalterliche Turm symbolisiert die Kraft und permanente Qualität der Weine von Ch. Latour.*

tanks bei kontrollierter Temperatur. Ausbau je nach Jahrgang während 24-30 Monaten in neuen Eichenfässern.

**LAGERUNG** Sollte mind. 10 Jahre lagern. Viele Jahrgänge verlangen nach 20 Jahren oder mehr.

**REBFL/PROD** 65 ha, Grand Vin ca. 16 000 Kisten, Les Forts de Latour ca. 8 000 Kisten/Jahr.

**JAHRGÄNGE** 1996, 95, 94, 93, 92, 91, 90, 89, 88, 86, 85, 84, 83, 82, (81), (80), 78, (76), 75, (73), 71, 70, 66, 64, 62, 61.

**Besitzer** François Pinault • **Kellermeister** Denis Malbec • **Besuch** Mo-Fr 9-12.30, 14-17.30 • **Adresse** Ch. Latour, FR-33250 Pauillac • **Tel.** 05 56 73 19 80 • **Fax** 05 56 73 19 81 • **Homepage** www.chateau-latour.com

PRODUKTION  QUALITÄT  PREIS

## CH. LYNCH-BAGES

**GESCHICHTE** Der englische Einfluss im Médoc zeigt sich überall: Palmer, Brown, Barton etc., so auch bei Lynch-Bages. Herr Lynch war Ire und wurde Bürgermeister in Bordeaux. Er kaufte sich ein Anwesen in Bages, südlich der kleinen Stadt Pauillac. Seit 1933 ist dieses Château im Besitz der Familie Cazes, heute vertreten durch Jean-Michel Cazes, der auch auf dem Schloss wohnt. Umfassende Umbauarbeiten während der 80er Jahre haben aus Lynch-Bages eine wirkliche Musteranlage gemacht.

**WEINE** Dunkle, rubinrote Weine. Zeder und

*Ch. Lynch-Bages war lange verfallen. Nach großen Investitionen ist es heute eine Musteranlage.*

Johannisbeere in der Blume. Frucht, Kraft und Konzentration im Geschmack. Lynch-Bages ist unsnobistisch, kräftig und ehrlich. Zweitwein: *Ch. Haut-Bages-Avérous.*

**KLASSIFIZIERUNG** 5ème Cru Classé 1855. Eine Position, die niemand für gerecht hält. Der Wein entspricht eher einem 2ème Cru, sowohl in der Qualität als auch im Preis.

**BODEN** Kräftige Erde, gemischt mit Lehm, auf Médocs klassischem Sandboden.

**REBSORTEN** Cabernet Sauvignon 73%, Merlot 15%, Cabernet Franc 10%, Petit Verdot 2%.

**WEINHERSTELLUNG** Eine neue Weinbereitungsanlage. Die Gärung erfolgt 15 Tage bei niedriger Temperatur (28 °C). Fassausbau 15-18 Monate in zu 50-60% neuen Fässern.

**LAGERUNG** Sollte je nach Jahrgang 10-15 Jahre gelagert werden.

**REBFL/PROD** 90 ha, ca. 35 000 Kisten/Jahr.

**JAHRGÄNGE** 1996, 95, 94, 93, 92, 91, 90, 89, 88.

**Besitzer** Fam. Cazes • **Kellermeister** Daniel Llose & Jean-Paul Polaert • **Besuch** Tägl. 9-12 und 14-18 nach Vereinb. • **Adresse** Ch. Lynch-Bages, FR-33250 Pauillac • **Tel.** 05 56 73 24 00 • **Fax** 05 56 59 26 42 • **E-Mail** chateaux@atinternet.fr • **Homepage** www.atinternet.fr/chateaux

PRODUKTION  QUALITÄT  PREIS

FRANKREICH • BORDEAUX • MÉDOC • PAUILLAC

## CH. MOUTON-ROTHSCHILD

GESCHICHTE  Kein anderer Wein ist so eng mit einer Person verknüpft wie Mouton mit Baron Philippe. Das Anwesen war seit 1853 in Besitz der Familie, als der damals 21-jährige Philippe 1922

*1973 wurde Mouton-Rothschild vom 2ème zum 1er Cru klassifiziert, ein Verdienst von Philippe de Rothschild.*

die Führung des Weingutes übernahm. Philippe begann eine Aufbauarbeit eigener Art. Er behandelte seinen Wein wie einen Premier Cru, auch im Preis. 1855 wurde Mouton als Deuxième Cru klassifiziert, was damals eine richtige Beurteilung war. Baron Philippe aber stufte das Potenzial des Weines höher ein und kämpfte 50 Jahre lang, um als einer der Großen anerkannt zu werden. Seit dem Tod von Baron Philippe im Jahr 1988 wird das Schloss von seiner Frau geführt.

WEINE  Dunkelrote Farbe, Bukett von Johannisbeeren und Zedern. Kraft, Tannin und Komplexität, mit viel Frucht im Geschmack.

KLASSIFIZIERUNG  Premier Cru Classé 1973. Die einzige Änderung der Klassifizierung von 1855!

BODEN  Tiefe Kiesböden mit Wasserdurchlässigkeit im nördlichen Teil der Gemeinde.

REBSORTEN  Cabernet Sauvignon 80%, Merlot 8%, Cabernet Franc 10%, Petit Verdot 2%.

WEINHERSTELLUNG  Gärung in Stahltanks, 20-26 Mt. Ausbau in neuen Eichenfässern.

LAGERUNG  Mind. zehn Jahre, große Jahrgänge fordern 20-30 Jahre.

REBFL/PROD  75 ha, 25 000 Kisten/Jahr.

JAHRGÄNGE  1996, 95, 94, 93, 92, 91, 90, 89, 88, 87, 86, 85, 84, 83, 82, (81), (79), (78), (76), 75, 70, 66, 62, 61.

**Besitzer** Philippine de Rothschild • **Kellermeister** Gérard Linaires • **Besuch** Mo-Do 9.30-11, 14-16. Fr 9.30-11, 14-15. Von April bis Ende Okt. nur an Feiertagen. Nur nach Vereinb. • **Adresse** Ch. Mouton-Rothschild, BP 117, FR-33250 Pauillac • **Tel.** 05 56 59 22 22, -73 21 29 • **Fax** 05 56 59 20 20

PRODUKTION    QUALITÄT    PREIS

## CH. PICHON-LONGUEVILLE BARON

GESCHICHTE  Jacques Pichon, Baron de Longueville und Vorsitzender des Parlamentes in Bordeaux im 17. Jh., ließ damals die Weinberge bestocken, die heute die Grundlage der beiden Pichon-Schlösser bilden. 1855, zur Zeit der Médoc-Klassifikation, hatten die Schlösser dieselben Besitzer. Diese trennten sich aber kurz danach. Früher war Pichon-Longueville Baron berühmter als Pichon-Lalande. Alle größeren Weingüter, die in den 70er und 80er Jahren Fortschritte gemacht haben, hatten eines gemeinsam - sie konsultierten den Önologen Emile Peynaud, investierten große Summen in neue Anlagen und stellten einen bekannten „Maître de chai" (Kellermeister) ein. Das Schloss wurde 1987 von einer Versicherungsgesellschaft gekauft und damit war das Kapital gesichert. Außerdem lässt man sich von Jean-Michel Cazes (Lynch-Bages) beraten. Die Weine sind heute hervorragend.

WEINE  Typische Pauillac-Weine, dunkle Farbe, deutliche Johannisbeerblume. Stark und kraftvoll, wie man es erwartet. Zweitwein: *Les Tourelles de Longueville.*

*Dies ist das kleinere der beiden Pichon-Anwesen. Aber die Qualität nähert sich dem großen Bruder.*

KLASSIFIZIERUNG  2ème Cru Classé 1855.

BODEN  Sanderde mit einem Anteil Lehm.

REBSORTEN  Cabernet Sauvignon 70%, Merlot 25%, Cabernet Franc 5%.

WEINHERSTELLUNG  Moderne Herstellung, 20 Monate Fassausbau.

LAGERUNG  Sollte bis 10 Jahre ruhen.

REBFL/PROD  68 ha, 25 000 Kisten/Jahr.

JAHRGÄNGE  1996, 95, 94, 93, 92, 90, 89, 88, 86.

**Besitzer** AXA Millésimes • **Techn. Berater** Daniel Llose, J-R Matignon • **Besuch** Mo-So 9-12, 14-18 nach Vereinb. • **Adresse** Ch. Pichon-Long. Baron, Saint-Lambert, FR-33250 Pauillac • **Tel.** 05 56 73 17 17 • **Fax** -17 28 • **E-Mail** chateaux@atinternet.fr • **Homepage** www.atinternet.fr/chateaux

PRODUKTION    QUALITÄT    PREIS

FRANKREICH • BORDEAUX • MÉDOC • PAUILLAC

## CH. PICHON-LONGUEVILLE COMTESSE DE LALANDE

GESCHICHTE 1855, zur Zeit der Klassifikation, waren die beiden Pichon-Schlösser ein Anwesen. Ende der 50er Jahre des 19. Jh. wurde er geteilt. Ch. Pichon-Longueville Comtesse de Lalande wurde 1926 von Edouard Miailhe gekauft und bis zu seinem Tod, 1959, von ihm geführt.

*Ch. Pichon-Longueville-Comtesse de Lalande gehört zu den besten Weinen in Pauillac.*

Sein Sohn William-Alain (Ch. Siran) war bis 1978 für das Weingut verantwortlich. In diesem Jahr übernahm seine Tochter May de Lencquesaing die Führung, nachdem die Erbfolge endlich geregelt war. Nach diesem letzten Wechsel steigerte sich die Qualität des Weines ständig. Strikte Auswahl, neue Weinberge und die Einführung eines Zweitweins waren das Rezept, um einen der besten Weine Pauillacs herzustellen.

WEINE Der hohe Anteil an Merlot macht den Wein weich und rund. Dunkle Farbe, fruchtige und generöse Blume. Fülle und ein deutlicher Gerbstoffgehalt sind typisch für diesen Wein. Zweitwein: *Réserve de la Comtesse.*

KLASSIFIZIERUNG 2ème Cru Classé 1855. Anwärter auf einen Premier Cru.

BODEN Höherer Lehmanteil und schwerere Erde als in Pauillac üblich.

REBSORTEN Cabernet Sauvignon 45%, Merlot 35%, Cabernet Franc 12%, Petit Verdot 8%.

WEINHERSTELLUNG Moderne Anlagen. 18-24 Monate Ausbau im Fass.

LAGERUNG Der Wein ist auch jung angenehm, sollte aber zehn Jahre gelagert werden.

REBFL/PROD 75 ha, ca. 30 000 Kisten/Jahr.

JAHRGÄNGE 1996, 95, 94, 93, 92, 91, 90, 89, 88.

**Besitzer** Mme de Lencquesaing • **Kellermeister** Thomas Do-Chi-Nam • **Besuch** Mo-Fr 9-12, 14-17 nach Vereinbarung • **Adresse** Ch. Pichon-Longueville Comtesse de Lalande, FR-33250 Pauillac • **Tel.** 05 56 59 19 40 • **Fax** 05 56 59 29 56 • **E-Mail** pichon@pichon-lalande.com

PRODUKTION    QUALITÄT    PREIS

## CH. PONTET-CANET

GESCHICHTE Die Familie Cruse gehört zu den alteingesessenen Bordeaux-Familien, die ihre Hand bei mehreren Gütern und Weinen im Spiel hatten. Nach dem Zusammenbruch ihres Marktes in den 70er Jahren, u.a. wegen eines Selbstmordskandals (nach Betrügerei mit gepanschten Weinen), schrumpfte ihre Macht. 1975 übernahm Guy Tesseron, aus einer vermögenden Cognac-Familie stammend, dieses Anwesen. Heute trägt sein Sohn Alfred Tesseron die Verantwortung. Leider kam die Weinherstellung erst in den 80er Jahren richtig in Gang. Die Rebfläche ist sehr groß und das Schloss sehr schön.

*Pontet-Canet sind oft unmodern und etwas straffer als andere Weine. Die Qualität ist jedoch hervorragend.*

WEINE Recht unmoderne Weine mit etwas hartem Kern, strafferer Gerbsäure und Frucht, weit entfernt vom üppigen und eichigen Stil, der heute vorherrscht. Zweitwein: *Les Hauts de Pontet.*

KLASSIFIZIERUNG 5ème Cru Classé, eine gerechte Beurteilung.

BODEN Steinig und kiesig.

REBSORTEN Cabernet Sauvignon 62%, Merlot 32%, Cabernet Franc 6%.

WEINHERSTELLUNG Traditionelle Herstellung, 18-24 Monate Ausbau in Edelstahl, zu einem kleinen Teil neuer Eiche.

LAGERUNG Pontet-Canet ist als junger Wein recht eckig und gewinnt durch Lagerung während 10-15 Jahren.

REBFL/PROD 78 ha, etwa 21 000 Kisten/Jahr.

JAHRGÄNGE 1996, 95, 94, 93, 92, 91, 90, 89, (88).

**Besitzer** Fam. Tesseron • **Kellermeister** Bernard Franc • **Besuch** Nach Vereinbarung • **Adresse** Ch. Pontet-Canet, FR-33250 Pauillac • **Tel.** 05 56 59 04 04 • **Fax** 05 56 59 26 63 • **E-Mail** pontet@pontet-canet.com • **Homepage** www.pontet-canet.com

PRODUKTION    QUALITÄT    PREIS

## Weitere Produzenten in Pauillac

### Ch. Colombier-Monpelou

Wurde von 1970 von Bernard Jugla erworben. Alte Rebstöcke und traditionelle Weinherstellung mit bis zu einem Drittel neuer Eichenfässer ergibt typische Médoc-Weine. Weiche Weine mit guter Frucht. Dürften etwas dichter und Pauillac-typischer sein. Zweitwein: *Grand Canyon.* FAKTEN Cru Grand Bourgeois. 25 ha, 14 500 Kisten/Jahr. CS 65%, Merlot 25%, CF 5%, PV 5%.
• **Besitzer:** Fam. Jugla **Besuch:** Mo-Fr 8-12, 13.30-17.30, nur nach Vereinbarung. **Adresse:** FR-33250 Pauillac. **Tel.** 05 56 59 01 48. **Fax** 05 56 59 12 01.

### Ch. Croizet-Bages

Das Weingut, das kein Schlossgebäude hat, liegt im Dorf Bages, das dem wesentlich bekannteren Lynch-Bages benachbart ist. Die Weinberge haben einen ungewöhnlich niedrigen Anteil an Cabernet Sauvignon und die Weine besitzen manchmal einen etwas schwachen Charakter. Das Gut ist in gleichem Besitz wie Rauzan-Gassies und Bel-Orme-Tronquoy-de-Lalande. FAKTEN 5ème Cru Classé. 22 ha, 8 500 Kisten/Jahr. CS 37%, CF 30%, Merlot 30%, Petit Verdot und Malbec 3%. Zweitwein: *Enclos de Moncabon.*
• **Besitzer:** Paul Quié fils **Besuch:** Nach Vereinbarung. **Adresse:** FR-33250 Pauillac. **Tel.** 05 56 59 01 62.

### Ch. Duhart-Milon

Die erste Blütezeit war im 18. und 19. Jh. Das Schloss wurde 1855 als 4ème Cru Classé klassifiziert. Während des 20. Jahrhunderts verfiel das Gut und die Weine hatten keine gute Qualität. Es war ein verwahrlostes Anwesen, als es 1962 von Rothschild von Lafite erworben wurde. Sowohl Weine als auch Rebfläche sind seither gewachsen. Die Qualität hat sich dem großen Bruder Lafite genähert. FAKTEN 4ème Cru Classé. 50 ha, 15 000 Kisten/Jahr. CS 70%, Mer 20%, CF 5%, Petit Verdot 5%. Zweitwein: *Moulin de Duhart.*
• **Besitzer:** Fam. Eric de Rothschild **Besuch:** Nach Vereinbarung. **Adresse:** FR-33250 Pauillac. **Tel.** 05 56 73 18 18. **Fax** 05 56 59 26 83.

### Ch. Fonbadet

Durch die ausgezeichnete Lage in der Nähe der beiden Pichon-Schlösser und das hohe Alter der Rebstöcke hat Fonbadet gute Voraussetzungen für eine qualitätsvolle Weinerzeugung. Traditionelle Weinherstellung und 15-18-monatiger Ausbau in Eichenfässern (jährlich 50-60% neue). Generell recht preiswerte Weine. Im Stil ähnlich wie Haut-Bages Libéral. FAKTEN Cru Bourgeois Supérieur. 17 ha, 7 500 Kisten/Jahr. CS 60%, Merlot 20%, CF 15%, Petit Verdot 5%. Zweitwein: *Ch. Tour du Roc Moulin.*
• **Besitzer:** Dom. Peyronie **Kellermeister:** Pierre Peyronie **Besuch:** Nach Vereinbarung. **Adresse:** Le Pouyalet, FR-33250 Pauillac. **Tel.** 05 56 59 02 11. **Fax** 05 56 59 22 61.

### Ch. Grand-Puy-Ducasse

Ausgezeichnete Weine von einem vergessenen Schloss. 1971 wurde es restauriert und Mitte der 80er Jahre zeigte sich das Ergebnis mit konzentrierten, tiefen Weinen mit Lagerpotenzial. FAKTEN 5ème Cru Classé. 33 ha, 18 000 Kisten/Jahr. Cabernet Sauvignon 64%, Merlot 32%, Cabernet Franc 4%. Zweitwein: *Ch. Artigues-Arnaud.*
• **Besitzer:** Mestrezat-Paribas **Besuch:** Nach Vereinbarung. **Adresse:** FR-33250 Pauillac. **Tel.** 05 56 52 11 46.

### Ch. Haut-Batailley

Ein beständiges Weingut, das in Besitz eines Zweiges der Familie Borie ist. Diese Familie ist als Weinerzeuger im Médoc seit Ende des 19. Jahrhunderts tätig (z.B. Ch. Ducru-Beaucaillou). Gute Weine, vor allem in den 80er Jahren. Die besten sind intensiv, konzentriert und lagerfähig. FAKTEN 22 ha, 11 000 Kisten/Jahr. CS 65%, Merlot 25%, CF 10%. Zweitwein: *Ch. La Tour l'Aspic.*
• **Besitzer:** Mme des Brest-Borie **Besuch:** Nach Vereinbarung. **Adresse:** FR-33250 Pauillac. **Tel.** 05 56 59 05 20. **Fax** 05 56 59 27 37.

### Ch. Lynch-Moussas

Das Schloss liegt im Dorf Moussas und ist in Besitz und unter Führung von Emile Castéja (Weinhandelshaus Borie-Manoux), der auch Besitzer von Ch. Batailley ist. Die Weine sind leichter und nicht so lagerfähig wie Batailley. Gegenwärtig halten sie eher die Qualität von Cru Bourgeois als Cru Classé. FAKTEN 5ème Cru Classé. 25 ha, 12 500 Kisten/Jahr. CS 70%, Merlot 30%.
• **Besitzer:** Héritiers Castéja **Besuch:** Nach Vereinbarung. **Adresse:** FR-33250 Pauillac. **Tel.** 05 56 59 01 62.

### Ch. Pedesclaux

Gehört zu den unbekannteren in Pauillac und liegt nördlich des Dorfes Pauillac. Das Gut ist seit 1950 in Besitz der Familie Jugla. Vom Stil her ist der Wein ein traditioneller Pauillac, der generell dem Cru-Classé-Status des Schlosses nicht entspricht. FAKTEN 5ème Cru Classé. 18 ha, 8 000 Kisten/Jahr. Cabernet Sauvignon 70%, Merlot 20%, Cabernet Franc 5%, Petit Verdot 5%.
• **Besitzer:** Fam. Jugla **Besuch:** Nach Vereinbarung. **Adresse:** FR-33250 Pauillac. **Tel.** 05 56 35 53 00.

## Weitere Betriebe

Ch. Fleur-Milon, Le Pouyalet, FR-33250 Pauillac. Tel. 05 56 59 29 01. Fax 05 56 59 23 22.
Ch. Lieujean, BP 32, FR-33250 St-Sauveur-Médoc. Tel. 05 56 59 57 23. Fax 05 56 59 50 81.
Ch. St-Mambert, Bellevue, FR-33250 Pauillac. Tel. 05 56 59 22 72. Fax 05 56 59 22 72.

## ST-ESTÈPHE

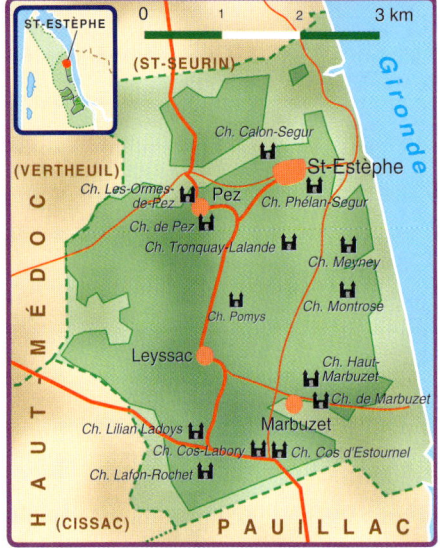

GESCHICHTE St-Estèphe liegt nördlich von Pauillac, im Norden des Haut-Médoc. Nördlich der Gemeinde dehnt sich das Bas-Médoc mit seinen schweren Lehmböden weiter nach Westen und Osten aus. Die Weine sind in der Regel sehr gerbstoffreich und bedürfen einer langen Entwicklungszeit. Man findet hier eine größere Spannweite zwischen den einzelnen Qualitäten und eine breitere Auswahl von Weinsorten als in den anderen drei klassifizierten Gemeinden Margaux, St-Julien und Pauillac.

WEINE Ausschließlich Rotweine mit guter Struktur und weichen Tanninen dank höherem Merlot-Anteil.

KLASSIFIZIERUNG Eine der vier Gemeinden, die 1855 klassifiziert wurden. Keine Premier-Cru-Schlösser; zwei 2ème-Cru-Schlösser: Cos d'Estournel und Montrose; ein 3ème Cru: Calon-Ségur; ein 4ème Cru: Lafon-Rochet; sowie ein 5ème Cru: Cos-Labory.

BODEN Häufiger gemischte Böden als in anderen Gemeinden im Haut-Médoc. Im Süden mehr Kiesböden, was dem Cabernet Sauvignon zugute kommt. Nördlich dominieren schwere Lehmböden und damit die Merlot-Traube.

REBSORTEN Cabernet Sauvignon und Merlot dominieren. Weitere Rebsorten sind Cabernet Franc, Petit Verdot und ausnahmsweise Malbec.

REBFL/PROD 1 250 ha, ca. 70 000 hl/Jahr.

WISSENSWERT Weitere Auskünfte: Syndicat Viticole de St-Estèphe, Maison du Vin, Place de l'Eglise, FR-33250 St-Estèphe. Tel. 05 56 59 30 59. Fax 05 56 59 73 72.

## CH. DE PEZ

GESCHICHTE Bei diesem Anwesen handelt es sich um ein altes Schloss im Kern des Dorfes Pez, westlich von St-Estèphe. Das Schloss besitzt einen Turm und ist daher von der „Route des Châteaux", der örtlichen Schlossstraße, deutlich sichtbar. Robert Dousson benannte das Weingut 1955 nach seiner Tante und seitdem sind Qualität und Ruf des Weines ständig gestiegen. De Pez wird zusammen mit Phélan-Ségur und Haut-Marbuzet für das beste nicht qualifizierte Schloss in St-Estèphe gehalten.

WEINE De Pez ist der Urtyp eines St-Estèphe-

*Die Weine von de Pez zählen zu den besten Crus Bourgeois in St-Estèphe.*

Weins, ein typischer Médoc-Wein. Dunkel, dichte Farbe, Blume von schwarzen Johannisbeeren und Zedernholz. Konzentrierter Geschmack mit Kraft, Fülle, Tanninen und langem, ausgewogenen Abgang.

KLASSIFIZIERUNG Cru Bourgeois Supérieur. Nach einstimmiger Meinung der Kritik wäre eine höhere Klassifizierung angebracht.

BODEN Meist Kiesböden mit Lehmanteil.

REBSORTEN Cabernet Sauvignon 45%, Merlot 44%, Cabernet Franc 8%, Petit Verdot 3%.

WEINHERSTELLUNG Gärung in Edelstahltanks, Fassausbau 16 Monate.

LAGERUNG Ein typischer St-Estèphe, der 10-15 Jahre gelagert werden kann, in großen Jahren noch länger.

REBFL/PROD 24 ha, ca. 11 000 Kisten/Jahr. 50% werden nach Europa und in die USA exportiert.

JAHRGÄNGE 1996, 95, 94, 93, 92, 91, 90, 89, 88, 86.

**Besitzer** SC de Ch. de Pez, Dir. Robert Dousson • **Kellermeister** Monsieur Moureau • **Besuch** Kein Besuch möglich • **Adresse** Ch. de Pez, FR-33180 St-Estèphe • **Tel.** 05 56 59 30 26 • **Fax** 05 56 59 39 25

PRODUKTION     QUALITÄT     PREIS

FRANKREICH • BORDEAUX • MÉDOC • ST-ESTÈPHE

## CH. CALON-SÉGUR

GESCHICHTE „Weine produziere ich auch auf Lafite und Latour, mein ganzes Herz hängt aber an Calon" - diese Worte soll Marquis de Ségur kurz vor dem Zusammenbruch seines Imperiums gesagt haben. Außer Lafite und Latour besaß der Marquis auch den mit Heidekraut bewachsenen Hügel, wo Château Montrose 1825 seine Rebstöcke anzupflanzen begann. Dass der Ruf von Calon-Ségur mitte des 19. Jh. schlecht und der von Montrose im Aufstieg war, wurde durch die Tatsache deutlich, dass Montrose nur 30 Jahre nach seiner Gründung als 2ème Cru und Calon als 3ème Cru klassifiziert wurde.

WEINE Typischer St-Estèphe, kräftig mit großem Körper, der einen robusten Eindruck hinterlässt; maskulin und langlebig. Zweitwein: *Marquis de Ségur.*

KLASSIFIZIERUNG 3ème Cru Classé 1855.

BODEN Drei Typen: Sandige Kiesböden geben dem Wein Finesse und Blume; fettere, lehmige und schwere Böden mit Kalkstein verleihen ihm Schwere und die mageren Kiesböden bewirken den klassischen Médoc-Charakter.

*Calon-Ségur wurde 1855 verdientermaßen als 3ème Cru klassifiziert. Robuste und langlebige Weine.*

REBSORTEN Cabernet Sauvignon 65%, Merlot 20%, Cabernet Franc 15%.

WEINHERSTELLUNG Gärung in großen Edelstahltanks, Fassausbau 24-26 Monate.

LAGERUNG Gute Jahrgänge mindestens 15 Jahre, manchmal 20 Jahre. Mittelgute Jahrgänge ca. 10 Jahre lagern.

REBFL/PROD 94 ha, 20 000 Kisten/Jahr.

JAHRGÄNGE 1996, 95, 94, 93, 91, 90, 89, 88.

**Besitzer** Philippe Capdern Gasqueton • **Kellermeister** Pascal Ribereau Gayon • **Besuch** Nach Vereinbarung • **Adresse** Ch. Calon Ségur, FR-33180 St-Estèphe • **Tel.** 05 56 59 30 08 • **Fax** 05 56 59 71 51

## CH. COS D'ESTOURNEL

GESCHICHTE 1970 übernahm Bruno Prats das Anwesen von seinem Großvater Pierre Ginestet, der seit 1919 in Besitz des Weinguts war. Durch den Besitzerwechsel wurde auch die Qualität des Weins verbessert. Cos d'Estournel wird jetzt für den besten Wein in St-Estèphe gehalten, dicht gefolgt von Montrose. Ein eigentliches Schlossgebäude gibt es nicht; die chinesisch inspirierten, pagodenhaften Fassaden verstecken Weinbereitungsanlage und Fasskeller. In einem Weinkeller unter dem Lagerraum befinden sich Flaschen von allen berühmten Schlössern des Mé-

*In diesem prachtvollen Gebäude werden die Weine hergestellt. Ein eigentliches Schloss gibt es nicht.*

doc. Das Château wurde an die Taillan-Gruppe verkauft, Prats' Sohn Jean-Guillaume aber führt den Betrieb weiter.

WEINE Dunkle, dichte und tanninreiche Weine, die trotz ihres hohen Anteils an Merlot typische St-Estèphe-Weine sind. Zweitwein: *Ch. de Marbuzet.* Andere Weine: *Maître d'Estournel.*

KLASSIFIZIERUNG 2ème Cru Classé 1855, einer der sogenannten „Super-Seconds".

BODEN Teils tiefe, magere Kiesböden, teils fette, kräftige Lehmböden.

REBSORTEN CS 60%, Merlot 40%.

WEINHERSTELLUNG Der Wein wird in großen Edelstahltanks vergoren, filtriert, etwa 18 Monate in Fässern ausgebaut und vor der Flaschenabfüllung nochmals filtriert.

LAGERUNG Durch die Lagerung entwickelt er große Finesse. Lagerpotenzial von 10 bis 25 J.

REBFL/PROD 64 ha, 30 000 Kisten/Jahr.

JAHRGÄNGE 1996, 95, 94, 93, 92, 91, 90, 89, 88.

**Besitzer** Groupe Taillan • **Kellermeister** Francis Carle • **Besuch** Mo-Fr 9-12.30, 13.30-16 • **Adresse** Ch. Cos d'Estournel,Dom. Prats SA, FR-33180 St-Estèphe • **Tel.** 05 56 73 15 50 • **Fax** 05 56 59 72 79 • **E-Mail** estournel@estournel.com

FRANKREICH • BORDEAUX • MÉDOC • ST-ESTÈPHE

## CH. HAUT-MARBUZET

GESCHICHTE  Das Weingut ist sehr günstig gelegen, zwischen Cos d'Estournel und Montrose. Während vieler Jahre hat Henri Duboscq Weine von solider Qualität erzeugt. Ch. Haut-Marbuzet

*Ch. Haut-Marbuzet gehört zu den besten nicht klassifizierten Gütern in St-Estèphe.*

wird als das wahrscheinlich beste nicht klassizierte Schloss St-Estèphes angesehen (zusammen mit Phélan-Ségur und de Pez). Viele Jahrgänge können ohne weiteres mit den Weinen des berühmten Nachbarn Cos d'Estournel verglichen werden.
WEINE  Sehr gute, gebietstypische Weine mit der Signatur von Henri Duboscq. Dunkle Weine, dichte Nase mit Aromen von schwarzen Johannisbeeren, Zedernholz und Gewürzen, vollmundig mit sehr viel Frucht, deutlichem Tannin und Fasston.
KLASSIFIZIERUNG  Cru Bourgeois Exceptionnel. Die Kritik ist sich einig, dass das Weingut höher klassifiziert sein sollte.
BODEN  Hauptsächlich Kiesböden mit nur wenig Lehm.
REBSORTEN  Cabernet Sauvignon 50%, Merlot 40%, Cabernet Franc 10%.
WEINHERSTELLUNG  Langsame Gärung in Nirosta-Tanks. Ausbau etwa 18 Monate in neuen Eichenfässern.
LAGERUNG  Obwohl auch jung geniessbar, entwickelt sich der Wein während längerer Flaschenlagerung, vorzugsweise bis zu 15 Jahren.
REBFL/PROD  50 ha, ca. 20 000 Kisten/Jahr.
JAHRGÄNGE  1996, 95, 94, 93, 92, 90, 89, 88, 86.

**Besitzer**  Fam. Henri Duboscq • **Kellermeister**  Henri Duboscq • **Besuch**  Täglich 9-11.30, 14-18 • **Adresse**  Ch. Haut-Marbuzet, FR-33180 St-Estèphe • **Tel.**  05 56 59 30 54 • **Fax**  05 56 59 70 87

PRODUKTION          QUALITÄT          PREIS

## CH. MEYNEY

GESCHICHTE  Ein gutes Weingut mit ausgezeichneter Lage nördlich von Ch. Montrose. Ch. Meyneys Geschichte geht bis ins 17. Jahrhundert zurück, es hat aber im Verlauf der Jahrhunderte mehrmals den Besitzer gewechselt. Seit Jahrzehnten gehört es der Firma Cordier.
WEINE  Der Wein ist ausgesprochen dicht, doch für einen St-Estèphe ziemlich weich. Sehr verlockend, auch wenn er nicht das intensive, komplexe Bukett eines Cos d'Estournel erreicht. Zweitwein: *Prieur de Meyney*.
KLASSIFIZIERUNG  Cru Bourgeois Exceptionnel.
BODEN  Mit Lehm vermischte Kiesböden am Ufer der Gironde. Die meisten Lagen sind etwas tiefer gelegen und flacher als in den südlicheren Teilen des Médoc.
REBSORTEN  Cabernet Sauvignon 70%, Merlot 20%, Cabernet Franc 5%, Petit Verdot 5%.
WEINHERSTELLUNG  Der Cabernet wird während ca. 20 Tagen bei relativ hoher Temperatur in grossen Eichenfässern vergoren. Die

*Meyney ist ein sehr gutes Cru-Bourgeois-Schloss mit einer ausgezeichneten Lage oberhalb von Ch. Montrose.*

Gärung des Merlot erfolgt separat in Nirosta-Tanks. Der Wein wird in zur Hälfte neuen Eichenfässern während 16-20 Monaten ausgebaut.
LAGERUNG  Gute Jahrgänge 10-12 Jahre, die besten weitere 5 Jahre.
REBFL/PROD  50 ha, pro Jahr werden 25 000 Kisten für Ch. Meyney und 2 000 Kisten für Prieur de Meyney erzeugt.
JAHRGÄNGE  1996, 95, 94, 93, 92, 91, 90, 89, (88).

**Besitzer**  Dom. Cordier (Val d'Orbieu) • **Kellermeister**  Denis Rataud • **Besuch**  Nach telefonischer Vereinbarung 05 56 95 53 79 • **Adresse**  Ch. Meyney, FR-33250 Pauillac • **Tel.**  05 56 59 30 01 • **Fax**  05 56 59 39 89

PRODUKTION          QUALITÄT          PREIS

FRANKREICH • BORDEAUX • MÉDOC • ST-ESTÈPHE

## CH. MONTROSE

GESCHICHTE  Montrose bedeutet „Rosa Berg". Der flache Hügel, auf dem dieses Schloss liegt, war nämlich Anfang des 19. Jh. völlig mit Heidekraut bedeckt. Dieses Weingut ist das jüngste der klassifizierten Schlösser des Médoc. 1896 kaufte es die Familie Charmolüe, die das Gut noch heute besitzt.

Ch. Montrose ist das jüngste Château in St-Estèphe. Es verdient seinen 2ème Cru.

WEINE  Dunkle, konzentrierte Weine mit viel Tannin, aber auch viel Frucht. Nachdem man ab 1979 leichte und schnell reifende Weine erzeugte, ist man 1986 zu dem traditionellen, schweren Stil, der für das Schloss immer typisch war, zurückgekehrt. Zweitwein: *La Dame de Montrose*.
KLASSIFIZIERUNG  2ème Cru Classé 1855, eine gerechte Einstufung.
BODEN  Mit Lehm vermischte Kiesböden am Ufer der Gironde.
REBSORTEN  Cabernet Sauvignon 65%, Merlot 25%, Cabernet Franc 10%.
WEINHERSTELLUNG  Cabernet wird während 24-28 Tagen bei hoher Temperatur in großen Eichenfässern vergoren und Merlot in Stahltanks. Die Weine werden während 22 Monaten in zu 40% neuen Fässern ausgebaut.
LAGERUNG  Lange Flaschenlagerung empfehlenswert, oft 20-25 Jahre.
REBFL/PROD  68 ha, 19 000 Kisten/Jahr.
JAHRGÄNGE  1996, 95, 94, 93, 92, 91, 90, 89, (88).

**Besitzer** Jean-Louis Charmolüe • **Kellermeister** J.L. Papot • **Besuch** Mo-Fr 9-11, 14-17, nach Vereinbarung • **Adresse** Ch. Montrose, FR-33180 St-Estèphe • **Tel.** 05 56 59 30 12 • **Fax** 05 56 59 38 48

PRODUKTION    QUALITÄT    PREIS

## CH. LAFON-ROCHET

GESCHICHTE  Das Anwesen liegt zwischen Lafite und Cos d'Estournel im südlichen St-Estèphe und wurde 1959 von der Fam. Tesseron (s. Pontet-Canet) erworben. Das Gut war verwahrlost und große Investitionen mussten getätigt werden. 1964 wurde ein Schloss im traditionellen Médoc-Stil erbaut. Obwohl die Weinberge eine vorzügliche Lage haben, erreichen die Weine nicht die Qualität von Cos oder Lafite. Es gibt viele Gründe dafür u.a. wird die Ernte nicht selektioniert und der Anteil an Neuholz ist zu klein. Man hat Maßnahmen dagegen ergriffen und bietet jetzt modernere Weine mit mehr Kraft an.

Das Gut war in den 50ern vollkommen verfallen. Heute nähert es sich den Spitzengütern.

WEINE  Früher ein eher altmodischer Wein mit etwas hartem Tannin und rauer Frucht. Ab 1982 sind die Weine größer und generöser und besitzen bessere Lagerfähigkeit. Zweitwein: *Numéro 2*.
KLASSIFIZIERUNG  4ème Cru, Classé.
BODEN  Kiesgrund mit etwas Sand und großem Lehmanteil.
REBSORTEN  Cabernet Sauvignon 55%, Merlot 40%, Cabernet Franc 5%.
WEINHERSTELLUNG  Gärung in Edelstahl (früher mit den Stielen), Ausbau in teilweise neuer Eiche.
LAGERUNG  Die Weine sind nach 7-9 Jahren trinkfertig und halten 20 Jahre.
REBFL/PROD  40 ha, etwa 13 000 Kisten/Jahr.
JAHRGÄNGE  1996, 95, 94, 93, 91, 90, 89, 88.

**Besitzer** Fam. Guy Tesseron • **Kellermeister** Bernard Franc • **Besuch** Nach Vereinbarung • **Adresse** Ch. Lafon-Rochet, FR-33180 St-Estèphe • **Tel.** 05 56 59 32 06 • **Fax** 05 56 59 72 43 • **E-Mail** lafon@lafon-rochet.com • **Homepage** www.lafon-rochet.com

PRODUKTION    QUALITÄT    PREIS

FRANKREICH • BORDEAUX • MÉDOC • ST-ESTÈPHE

## CH. PHÉLAN-SÉGUR

GESCHICHTE Ein großes Gut zwischen Montrose und Calon-Ségur, jedoch in der Qualität deutlich unter deren Niveau. Die beiden Güter Clos de Garramey und Château Ségur haben sich

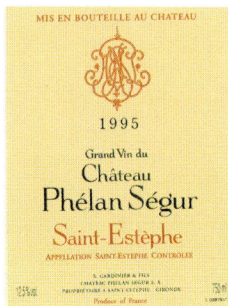

*Auch Phélan-Ségur wurde von einem Iren geschaffen. Die Weine werden seit den 90er Jahren immer besser.*

im 19. Jh. zusammengeschlossen und wurden vom Iren Franck Phélan erworben, daher der Name. 1985 wurde das Gut von Xavier Gardinier, von der Champagnerfirma Pommery, erworben und gleich darauf stieg die Qualität der Weine. Gardinier ließ die Jahrgänge 82-85 zurückziehen, weil er vermutete, dass beim Weinanbau falsche Pestizide verwendet worden waren. Heute ist Phélan-Ségur ein guter Wein und das große Potenzial im Boden wird allmählich in richtiger Weise genutzt.
WEINE Tiefe, saubere Weine mit großzügiger Frucht und ausgewogener neuer Eiche. Langer, guter Abgang mit einer für St-Estèphe typischen Fülle. Zweitwein: *Ch. Franck Phélan.*
KLASSIFIZIERUNG Cru Grand Bourgeois Exceptionnel.
BODEN Lehm- und Sandböden unter einer Stein- und Kiesdecke.
REBSORTEN Cabernet Sauvignon 70%, Merlot 20%, Cabernet Franc 5%, Petit Verdot 5%.
WEINHERSTELLUNG Gärung in Edelstahltanks und Eichenfassausbau mit 40% Neuholz.
LAGERUNG Dank der großzügigen Frucht schon jung trinkbar. Kann und sollte 8-12 Jahre gelagert werden.
REBFL/PROD 50 ha, etwa 27 000 Kisten/Jahr.
JAHRGÄNGE 1996, 95, 94, 93, 92, 91, 90, 89, 88.

**Besitzer** Xavier Gardinier • **Kellermeister** Alain Coculet • **Besuch** Nach Vereinbarung • **Adresse** Ch. Phélan-Ségur, FR-33180 St-Estèphe • **Tel.** 05 56 59 74 00 • **Fax** 05 56 59 74 10

PRODUKTION

QUALITÄT

PREIS

## WEITERE PRODUZENTEN

### CH. COS-LABORY

War früher ein Teil von Cos d'Estournel. Leichte, elegante und preiswerte Weine, die schneller reifen als andere aus St-Estèphe. FAKTEN 5ème Cru Classé. 18 ha, 6 000 Kisten/Jahr. CS 40%, Merlot 35%, CF 20%, Petit Verdot 5%.
• **Besitzer:** Fam. Audoy **Besuch:** Nach Vereinbarung. **Adresse:** FR-33180 St-Estèphe. **Tel.** 05 56 59 30 22. **Fax** 05 56 59 73 52.

### CH. LAVILOTTE

1962 von Jacques Pedro erworben. Der Perfektionist kombiniert modernste Technik mit Tradition. Intensive, meist konzentrierte und füllige Weine mit schönem Duft. Wenn die Qualität weitersteigt, verdient dieser Wein bald eine viel höhere Klassifikation. FAKTEN Cru Bourgeois. 12 ha, ca. 6 000 Kisten/J. CS 72%, Merlot 25%, PV 3%.
• **Besitzer:** Jacques Pedro **Besuch:** Nach Vereinbarung. **Adresse:** FR-33180 Saint-Estèphe.

### CH. LES-ORMES-DE-PEZ

Großzügige und sehr angesehene Weine mit Lagerpotenzial von 10-15 Jahren. FAKTEN Cru Bourgeois. 33 ha, 15 000 Kisten/Jahr. CS 55%, Merlot 30%, CF 10%, Petit Verdot 5%.
• **Besitzer:** Jean-Michel Cazes **Besuch:** Nach Vereinbarung. **Adresse:** FR-33180 St-Estèphe. **Tel.** 05 56 73 24 00. **Fax** 05 56 73 26 42.

### CH. LILIAN LADOUYS

Ein kleines, vergessenes Weingut, bis es 1989 von Christian und Lilian Thiéblot übernommen und von Georges Pauli geführt wurde. Mit kleinem Ertrag, schonender Gärung und neuen Eichenfässern hat man großen Erfolg erzielt. FAKTEN 40 ha, 14 000 Kisten/Jahr. Cabernet Sauvignon 60%, Merlot 40%.
• **Besitzer:** Christian & Lilian Thiéblot **Besuch:** Nach Vereinbarung. **Adresse:** FR-33180 St-Estèphe. **Tel.** 05 56 59 71 96. **Fax** 05 56 59 35 97.

### CH. TRONQUOY-LALANDE

Ein historisches Anwesen mit sehr alten Ahnen. Das schöne Schloss mit seinen beiden Türmen erinnert eher an ein Kloster. Die Weine sind dunkel und robust mit reifer Frucht, können etwas unausgewogen sein und bedürfen oft einer Lagerzeit von 10 bis 12 Jahren. FAKTEN Cru Bourgeois. 20 ha, 5 000 Kisten/Jahr. CS 65%, Merlot 30%, Cabernet Franc 5%.
• **Besitzer:** A. Castéja-Texier **Besuch:** Nach Vereinbarung. **Adresse:** FR-33180 St-Estèphe. **Tel.** 05 56 35 53 00. **Fax** 05 56 35 53 29.

FRANKREICH • BORDEAUX • MÉDOC • MOULIS-EN-MÉDOC

## MOULIS-EN-MÉDOC

GESCHICHTE Von den Gemeinden im Médoc, die keine klassifizierten Schlösser besitzen, hat Moulis-en-Médoc eindeutig den besten Ruf. Der Mangel an Crus Classés führte aber dazu, dass sowohl Ruf als auch Preise nicht so groß bzw. hoch sind, wie bei den Weinen der vier „großen" Gemeinden am Ufer der Gironde (Margaux, St-Julien, Pauillac und St-Estèphe). Die nachfolgend erwähnten Schlösser verfügen über eine hohe Klasse und sind zudem sehr preiswert.
WEINE Nur Rotweine, die mit der Konkurrenz des übrigen Médoc gut mithalten können. Oft Weine, die zehnjährige Flaschenlagerung gut verkraften.
KLASSIFIZIERUNG Es gibt keine Grand-Cru-Classé-Schlösser in Moulis, aber viele ausgezeichnete Cru Bourgeois.
BODEN In Moulis, das etwas entfernt von der Küste liegt, verläuft eine Hügelkette, die mit ihren mageren Böden für die Cabernet-Traube geeignet ist. Ein gewisser Anteil von Lehm führt dazu, dass auch Merlot gedeiht.
REBSORTEN Cabernet Sauvignon ist die am meisten angebaute Traube, in Moulis aber dicht gefolgt vom Merlot. Weitere Rebsorten: Cabernet Franc, Malbec und Petit Verdot.
WEINHERSTELLUNG Gärung in Edelstahltanks ist heute das üblichste Verfahren, wenn auch einige traditionelle Winzer immer noch große Holzfässer benutzen. Man vergärt bei 26-30 Grad 8-15 Tage lang. Der Ausbau erfolgt 12-18 Monate in Eichenfässern.
REBFL/PROD Knapp 500 ha, 40 000 hl/Jahr.
PRODUZENTEN Außer den nachfolgend beschriebenen sind folgende zu erwähnen: Ch. Duplesse-Fabre, Ch. Pomeys, Ch. Bel-Air Lagrave, Ch. Malmaison.
WISSENSWERT Für weitere Auskünfte: Syndicat Viticole de Moulis, FR-33420 Moulis-en-Médoc. Tel. 05 56 58 32 74.

## CH. CHASSE-SPLEEN

GESCHICHTE Seit langem das führende Schloss in Moulis. Der Wein war schon Anfang des 19. Jh. bekannt und wurde vom englischen Dichter Lord Byron favorisiert. Die Familie Lahary besaß das Schloss bis 1976. Der neue Besitzer stellte Jacques Merlot als Direktor ein. Seine Tochter, die bekannte Önologin Bernadette Villars, verstarb 1993 bei einem Bergunglück. Zweitwein: *L'Ermitage de Chasse-Spleen*.
WEINE Altmodische Weine, bei den man die traditionelle Weinherstellung des Schlosses direkt spüren kann. Dunkle, dichte Weine mit komplexer Blume von schwarzen Johannisbeeren und

*Das stilvolle Ch. Chasse-Spleen ist das führende Schloss in Moulis und seinen Cru-Classé-Status wert.*

Brombeeren. Runde, füllige Weine mit markantem Tannin und viel Frucht. Zweitwein: *Ermitage de Chasse-Spleen*, eine leichte Variante ohne die charakteristischen Eigenschaften des Hauptweins.
KLASSIFIZIERUNG Cru Bourgeois Exceptionnel. Der vornehmste der Crus Bourgeois; entspricht einem 4ème Cru.
BODEN Mit Lehm gemischte Kiesböden.
REBSORTEN Cabernet Sauvignon 70%, Merlot 20% und Petit Verdot 10%.
WEINHERSTELLUNG Traditionelle Herstellung, u.a. wird der Wein mit Eiweiß geklärt.
LAGERUNG Benötigt lange Lagerzeit: 12-15 Jahre für große Jahrgänge, 8-10 Jahre für leichtere.
REBFL/PROD 80 ha, 42 000 Kisten/Jahr. 60% Export.
JAHRGÄNGE 1996, 95, 94, 93, 92, 91, 90, 89, 88.

**Besitzer** Groupe Taillan, Fam. Merlaut/Villars • **Kellermeister** Jean-Pierre Eizaguirre • **Besuch** Mo-Fr 9-16 • **Adresse** Ch. Chasse-Spleen, Grand-Poujeaux, FR-33480 Moulis-en-Médoc • **Tel.** 05 56 58 02 37, 05 57 88 84 42 • **Fax** 05 57 88 84 40

PRODUKTION    QUALITÄT    PREIS

FRANKREICH • BORDEAUX • MÉDOC • MOULIS-EN-MÉDOC

## CH. MAUCAILLOU

GESCHICHTE  Die Besitzerfamilie gehört zu den bekannten Namen in Bordeaux. Lange betrieb sie auch eine Weinhandelsfirma in Bordeaux mit Einzelvertretungen für eine großen Zahl berühmter Schlossweine. Inzwischen wurde der Besitz verkauft, aber der Familienstolz, Ch. Maucaillou, existiert immer noch.

WEINE  Ein sehr gutes Schloss, das in Moulis nach Château Chasse-Spleen den zweiten Platz einnimmt. Ein sanfter, früh reifender Wein, würzig und wohlduftend mit klarem Holzfasston von neuer Eiche. Der Geschmack ist recht sanft, fruchtig und mit ausgewogenen Tanninen. Zweitwein: *Ch. Franc-Caillou*.

KLASSIFIZIERUNG  Cru Bourgeois, der aber mind. einem 5ème-Cru-Classé-Status entspricht. Seit 1988 auch 4 ha AC Listrac unter dem Namen Domaine de Maucaillou und seit 1990 zusätzlich 6,5 Hektar AC Haut-Médoc unter dem Namen Ch. Maucaillou-Felletin.

BODEN  Für das zentrale Médoc ausgeprägte Kiesböden, denn dort ist der Boden in der Regel eher lehmig.

*Ch. Maucaillou gehört der Familie Dourthe. Früher besaß sie eine große Weinfirma in Bordeaux.*

REBSORTEN  Cabernet Sauvignon 58%, Merlot 35%, Petit Verdot 7%.

WEINHERSTELLUNG  Sehr moderne Anlage mit Edelstahltanks. Ausbau 18 Monate in Holzfässern, wovon 3/4 jährlich erneuert werden.

LAGERUNG  Kann bis zu zehn Jahren gelagert werden.

REBFL/PROD  80 ha, 50 000 Kisten/Jahr.

JAHRGÄNGE  1996, 95, 94, 93, 92, 91, 90, 89, 88.

**Besitzer** Philippe Dourthe • **Kellermeister** André Martin • **Besuch** Täglich 10-12, 14-18 • **Adresse** Ch. Maucaillou, FR-33480 Moulis-en-Médoc • **Tel.** 05 56 58 01 23 • **Fax** 05 56 58 00 88 • **E-Mail** www.dourthe@imaginet.com • **Homepage** www.chateau.maucaillou.com

PRODUKTION    QUALITÄT    PREIS

## WEITERE PRODUZENTEN IN MOULIS

### CH. ANTHONIC

Ausgezeichnete Weinlagen. Der kürzlich erhöhte Merlot-Anteil vermochte die Qualität zu verbessern. FAKTEN  Cru Bourg. Sup. 22 ha, 12 000 K./J. CS 56%, Mer 40%, CF 2%, PV 2%.

• **Besitzer:** Pierre Cordonnier **Besuch:** Nach Vereinbarung. **Adresse:** FR-33480 Moulis-en-Médoc. **Tel.** 05 56 58 34 60. **Fax** 05 56 58 06 22.

### CH. BRANAS-GRAND-POUJEAUX

Hervorragende Weine, die wegen der kleinen Produktion schwer zu finden sind. FAKTEN  6 ha, 3 500 Kisten/Jahr. CS 60%, Merlot 35%, CF 5%.

• **Besitzer:** Jacques de Pourquéry **Besuch:** Täglich 8-12, 14-18. **Adresse:** FR-33480 Moulis-en-Médoc. **Tel.** 05 56 58 03 07. **Fax** 05 56 58 02 44.

### CH. DUTRUCH-GRAND-POUJEAUX

François Cordonnier übernahm das Anwesen 1976. Beständige, gute Weine im Aufwärtstrend. FAKTEN  Cru Bourgeois Exceptionnel. 25 ha, 11 000 Kisten/Jahr. CS u. CF 60%, Merlot 35%, PV 5%. Zweitwein: *La Bernède-Grand-Poujeaux, La Gravière-Grand-Poujeaux*.

• **Besitzer:** François Cordonnier **Besuch:** Nach Vereinbarung. **Adresse:** FR-33480 Moulis-en-Médoc. **Tel.** 05 56 58 02 55. **Fax** 05 56 58 06 22.

### CH. GRESSIER-GRAND-POUJEAUX

1724 kaufte Saint-Affrique das Weingut, das heute noch von den Nachkommen geführt wird. FAKTEN  Cru Bourgeois Supérieur, 18 ha, 8 000 Kisten/Jahr. CS 50%, Merlot 40%, CF 10%.

• **Besitzer:** Fam. Saint-Affrique **Besuch:** Nach Vereinbarung. **Adresse:** FR-33480 Moulis-en-Médoc. **Tel.** 05 56 58 17 74.

### CH. POUJEAUX

Einer der besten Schlossweine in Moulis-en-Médoc. Stilreiner, klassischer Médoc-Wein. FAKTEN  Cru Bourgeois Exceptionnel. 50 ha, 25 000 Kisten/Jahr. CS 45%, Merlot 35%, CF 10%, PV 10%. Zweitwein: *Ch. La Salle-de-Poujeaux*.

• **Besitzer:** Indivision Theil **Besuch:** Nach Vereinbarung. **Adresse:** Grand-Poujeaux, FR-33480 Moulis-en-Médoc. **Tel.** 05 56 58 02 96. **Fax** 05 56 58 01 25.

### WEITERE BETRIEBE

CH. BRILLETTE, FR-33480 Moulis-en-Médoc. Tel. 05 56 58 22 09. Fax 05 56 88 82 26.

CH. MOULIN-À-VENT, FR-33480 Moulis-en-Médoc. Tel. 05 56 58 02 96. Fax 05 56 58 01 25.

FRANKREICH • BORDEAUX • MÉDOC • LISTRAC

## LISTRAC

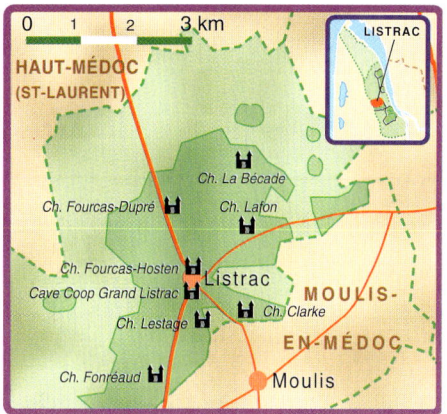

GESCHICHTE  Listrac und der Nachbarort Moulis haben keine 1855 als Grand Cru Classé klassifizierten Häuser. Ihr Ruf kann daher nicht mit den Urgemeinden im Médoc verglichen werden. Auch preislich liegen die Weine von Listrac nicht so hoch wie die entsprechende Qualität beispielsweise in Margaux oder Pauillac. Viele Weine von den 700 Hektar Rebfläche sind deshalb sehr preiswert, besonders in Anbetracht der schnell steigenden Preise der Médoc-Weine in den 90er Jahren.
WEINE  Nur Rotweine, recht kräftig und rustikal mit ausgeprägtem Tannin und der markanten Frucht typischer Médoc-Weine.
KLASSIFIZIERUNG  Keine klassifizierte Schlösser in Listrac, aber ein großer Teil Cru Bourgeois von guter Qualität, durchaus vergleichbar mit entsprechenden Weingütern in den Gemeinden an der Gironde.
BODEN  Plateau aus Kiesböden und Sandhügeln, bestehend aus Kreide mit Lehm- und etwas Sandanteilen.
REBSORTEN  Wie im übrigen Médoc dominieren Cabernet Sauvignon, Merlot, Cabernet Franc und ein kleiner Anteil Petit Verdot.
WEINHERSTELLUNG  Die Gärung erfolgt in Edelstahltanks während acht bis fünfzehn Tagen bei einer Temperatur von 26-30 Grad Celsius. Der Ausbau wird 12-18 Monate in Eichenfässern durchgeführt, wovon ein Drittel normalerweise neu ist.
REBFL/PROD  Knapp 700 ha, ca. 50 000 hl/Jahr.
WISSENSWERT  Für weitere Informationen: Syndicat Viticole de Listrac, la Mairie, FR-33480 Castelnau-Médoc. Tel. 05 56 58 09 56.

## CH. CLARKE

GESCHICHTE  Besteht seit dem 19. Jh., aber erst gegen Ende der 70er Jahre hat Edmond de Rothschild, vom Zweig Lafite-Rothschild, großzügig investiert, um das Haus und seine Weine unter den besten in Listrac zu platzieren. Der größte Teil der Produktion ist Roséwein (Le Rosé de Clarke), ein Wein der von jungen Rebstöcken produziert werden kann, im Gegensatz zu den kräftigen Rotweinen. Vor Edmond de Rothschilds Tod 1997 wurde ein spannender Joint-Venture-Wein kreiert: R de R Fredricksburg.
WEINE  Früher waren die Weine herb mit

*Das 100-jährige Ch. Clarke macht seit den 70er Jahren dank Edmond de Rothschild Fortschritte.*

einem starken Holzfasston, man merkt jedoch, dass Erfahrung und ältere Rebstöcke einen immer besseren Wein hervorbringen. Heute ist der Wein kräftig, harmonisch und komplex. Zweitwein: *Ch. Malmaison.*
KLASSIFIZIERUNG  Cru Bourgeois, entspricht aber eher einem Cru-Classé-Schloss.
BODEN  Recht schwere, lehmige Erde, gemischt mit Sand und Kies.
REBSORTEN  Cabernet Sauvignon 48%, Merlot 44%, Cabernet Franc 8%.
WEINHERSTELLUNG  Eine der modernsten Weinanlagen in ganz Bordeaux, mit Edelstahl und einem großen Teil neuer Eichenfässer. Der Wein wird ca. 18 Monate im Fass ausgebaut.
LAGERUNG  Trotz junger Geschichte können die Weine 10-15 Jahre gelagert werden.
REBFL/PROD  53 ha eigene Rebfläche (entspricht ca. 60% des Bedarfs), 28 000 Kisten/Jahr.
JAHRGÄNGE  1996, 95, 94, 93, 92, 91, 90, 89, 88, 86, 85, 83, 82.

**Besitzer** Benjamin Rothschild • **Kellermeister** Philippe Bonnin • **Besuch** Nach Vereinbarung • **Adresse** Ch. Clarke, FR-33480 Listrac • **Tel.** 05 56 58 38 00 • **Fax** 05 56 58 26 46

PRODUKTION    QUALITÄT    PREIS

## CH. FOURCAS-HOSTEN

GESCHICHTE Dieses Schloss war bis 1971 in Besitz der Familie Saint-Affriques (Gressier-Grand-Poujeaux in Moulis), als es an ein internationales Unternehmen mit Teilhabern aus Frankreich, den USA und Dänemark verkauft wurde. Bertrand de Rivoyre ist Direktor, und Patrice

*Fourcas-Hosten liegt in der Nähe des Dorfes Listrac. Sehr sorgfältig hergestellte Weine.*

Pages vom Nachbarschloss Château Fourcas-Dupré ist bei der Weinherstellung behilflich.

WEINE Tiefe Farbe, fruchtige und füllige Weine mit viel Kraft und reichlich Tannin. Sorgfältig hergestellt mit Alterungspotenzial.

KLASSIFIZIERUNG Cru Bourgeois Exceptionnel.

BODEN Das Schloss liegt auf einem Kiesboden-Plateau, beim Dorf Listrac. Wie üblich in Listrac findet man Kiesböden, die mit grobem Sand und schwerem Lehm gemischt sind.

REBSORTEN Cabernet Sauvignon 45%, Merlot 45%, Cabernet Franc 10%.

WEINHERSTELLUNG Neue Keller und Göranlagen seit Mitte der 80er Jahre. Ein Drittel der Eichenfässer wird jedes Jahr ausgewechselt.

LAGERUNG Fourcas-Hosten sollte mindestens sieben Jahre gelagert werden, gute Jahrgänge doppelt so lange.

REBFL/PROD 43 ha, 25 000 Kisten/Jahr. Exportiert werden 15% in die USA und 35% in die EU.

JAHRGÄNGE 1996, 95, 94, 92, 91, 90, 89, 88.

---

**Besitzer** SC du Ch. Fourcas-Hosten • **Kellermeister** Michel Fontagneres • **Besuch** Mo-Fr 9-11.20, 14-16.30 • **Adresse** Ch. Fourcas-Hosten, 2, rue de l'église, FR-33480 Listrac Médoc • **Tel.** 05 56 58 01 15 • **Fax** 05 56 58 06 73

PRODUKTION    QUALITÄT    PREIS

## WEITERE PRODUZENTEN IN LISTRAC

### CH. FONRÉAUD

Elegante, fruchtige Weine, die mit Vorteil jung getrunken werden. FAKTEN Cru Bourgeois Supérieur. 52 ha, 25 000 Kisten/Jahr. Cabernet Sauvignon 65%, Merlot 30%, Petit Verdot 5%. Zweitwein: *Ch. Chemin-Royal* Moulis-en-Médoc. Anderer Wein: Fontaine-Royale.

• **Besitzer:** Fam. Chanfréau **Besuch:** Nach Vereinbarung. **Adresse:** FR-33480 Listrac. **Tel.** 05 56 58 02 43. **Fax** 05 56 58 04 33.

### CH. FOURCAS-DUPRÉ

Nach dem Tod von Guy Pages 1985 führte sein Sohn Patrice das Weingut weiter. Dieser war früher während mehrerer Jahre mitverantwortlich auf dem Nachbarschloss Fourcas-Hosten. Diese Schlösser werden immer miteinander verglichen und sind im Charakter sehr ähnlich. Die Weine von Dupré sind aber ein wenig leichter. FAKTEN Cru Bourgeois Exceptionnel. 40 ha, 25 000 Kisten/Jahr. Cabernet Sauvignon 50%, Merlot 38%, Cabernet Franc 10%, Petit Verdot 2%. Zweitwein: *Ch. Bellevue-Laffont.*

• **Besitzer:** Patrice Pages **Besuch:** Nach Vereinbarung. **Adresse:** FR-33480 Listrac. **Tel.** 05 56 58 01 17. **Fax** 05 56 58 02 27.

### CH. FOURCAS LOUBANEY/ LA BÉCADE

Gehört heute zusammen mit zwei weiteren Listrac-Gütern M. Mallet (Geschäftsführer von Novalliane). Durch die Gärung und den Ausbau in temperierten Edelstahltanks reifen die Weine schnell. FAKTEN Cru Bourgeois. 22 ha, 8 400 Kisten/Jahr. Cabernet Sauvignon 50%, Merlot 50%.

• **Besitzer:** M. Mallet **Besuch:** Nach Vereinbarung. **Adresse:** Moulin de la Borde, FR-33480 Listrac. **Tel.** 05 56 58 03 83. **Fax** 05 56 58 06 30.

### WEITERE BETRIEBE

CAVE COOP. GRAND LISTRAC, FR-33480 Listrac. Tel. 05 56 58 03 19. Fax 05 56 58 07 22.

CH. LESTAGE, FR-33480 Listrac. Tel. 05 56 58 02 43. Fax 05 56 58 04 33.

FRANKREICH • BORDEAUX • MÉDOC • HAUT-MÉDOC

# HAUT-MÉDOC

RUF In Haut-Médoc liegen 18 Gemeinden, die das Recht haben, ihre Weine als „Appellation Haut-Médoc Contrôlée" zu bezeichnen. Nebst den bekannteren, Pauillac und Margaux, liegen im Norden ST-SEURRIN, VERTHEUIL, CISSAC, ST-LAURENT UND ST-SAVEUR. Im Süden finden wir AVENSAN, MACAU und LUDON.

Die Trauben werden zu örtlichen Genossenschaften gebracht, wo sie schließlich zu Wein verarbeitet werden.

WEINE Nur Rotweine. Im südlichen Teil überwiegen elegante, leichte Weine aus Cabernet Sauvignon. Im Norden findet man schwerere Weine mit Merlot als Hauptrebsorte.

KLASSIFIZIERUNG Alle 1855 klassifizierten Schlösser (außer Haut-Brion) liegen in Haut-Médoc: Ein 3ème, ein 4ème Cru und drei 5ème Crus, nebst einer großen Anzahl Cru Bourgeois.

BODEN Von leichten, mageren Kiesböden im Süden bis zu schweren Lehmböden im Norden.

REBSORTEN Cabernet Sauvignon, Merlot, Cabernet Franc, Petit Verdot und Malbec.

REBFL/PROD 4 000 ha, ca. 320 000 hl/Jahr.

PRODUZENTEN Nebst den auf den nächsten Seiten aufgeführten Weingütern: d'Agassac, Beaumont, Dillon, Hanteillan, Lanessan, Liversan, Sénéjac, Soudars, du Taillan, Verdignan, de Villegeorge.

WISSENSWERT Weitere Informationen: Syndicat Viticole Médoc/Haut-Médoc, 18, Quai Jean Fleuret, F-33250 Pauillac. Tel. 05 56 59 02 92. Fax 05 56 59 22 13.

## CH. D'ARSAC

GESCHICHTE Dieses Anwesen ist insofern speziell, da es innerhalb der Grenze von AC Margaux liegt, bis jetzt aber nur das Recht auf die Bezeichnung AC Haut-Médoc hat. Der Grund liegt darin, dass man 1954, als der Antrag für AC Margaux gestellt werden sollte, keine Weinreben besass, sondern nur Schafzucht betrieb. Seit Ende der 50er Jahre hat man den Weinbau wieder aufgenommen und hofft auf die Erteilung des AC Margaux. 1986 wurde das Schloss von Philippe und Françoise Raoux erworben. Große Investitionen und eine Vergrößerung der Anbaufläche wurden durchgeführt. In einer separaten Anlage erzeugt man eine Menge Crémant de Bordeaux. Der Grundwein dafür stammt vorwiegend aus Entre-Deux-Mers.

WEINE Ein großer Teil der Weinberge ist immer noch sehr jung, was zu etwas leichten Weinen führt. Die Weine haben jedoch eine schöne Frucht und ein gutes Potenzial für die Zukunft. Ein Schloss, dessen Entwicklung mit Spannung verfolgt werden darf. Zweitwein: *Ch. Ségur-d'Arsac*.

*Ch. d'Arsac hat keinen AC Margaux, weil es 1954 keine Weinreben, sondern nur Schafe besaß.*

Anderer Wein: Ch. Le Monteil-d'Arsac.
KLASSIFIZIERUNG Cru Bourgeois Supérieur.
REBSORTEN CS 60%, Merlot 40%.
WEINHERSTELLUNG Das Schloss hat seit einigen Jahren eine moderne Anlage. Die Weine werden in temperierten Edelstahltanks vergoren und danach in Barriques ausgebaut.
LAGERUNG Die Weine sollten jetzt noch recht jung getrunken werden. Die Lagerfähigkeit wird mit dem Alter der Rebstöcke zunehmen.
REBFL/PROD 80 ha, etwa 33 000 Kisten/Jahr.

**Besitzer** Philippe Raoux • **Kellermeister** Miguel Pataxi • **Besuch** Mo-Fr 8-16 • **Adresse** Ch. d'Arsac, FR-33460 Arsac • **Tel.** 05 56 58 83 90 • **Fax** 05 56 58 83 08

PRODUKTION   QUALITÄT   PREIS

## CH. BELGRAVE

GESCHICHTE Das Schloss liegt im östlichen Teil der Gemeinde Saint Laurent und die Weinberge grenzen teilweise an Ch. Lagrange in Saint Julien. Ch. Belgrave gehört zu den weniger bekannten, 1855 klassifizierten Cru-Schlössern. Ein Grund dafür ist, dass das Schloss lange verwahrlost stand, was sich auch in der Qualität der Weine widerspiegelte. Mit dem Besitzerwechsel 1979 wurden sowohl Kapital als auch technisches Können eingesetzt. Seither wurden eine umfangreiche Modernisierung und Neupflanzungen durchgeführt. Auf längere Sicht sollte dies zu einer

*Ch. Belgrave zeigte früher eine schwankende Qualität. Heute wird der Cru-Classé-Status langsam erfüllt.*

wesentlichen Qualitätssteigerung der Weine führen.

WEINE Bis Anfang der 80er Jahre wurden einige der schwächsten Cru-Classé-Weine des Médoc erzeugt. Die Weine gehören immer noch nicht zu den besten, beginnen aber ansehnliche Qualität vorzuweisen. Feine Frucht, gute Dichte und ein positiver Eicheneinschlag. Zweitwein: *Diane de Belgrave*.
KLASSIFIZIERUNG 5ème Cru Classé 1855, ein Status, den man erst jetzt allmählich erkennt.
REBSORTEN Cabernet Sauvignon 40%, Merlot 35%, Petit Verdot 5%, Cabernet Franc 20%.
WEINHERSTELLUNG Moderne Anlage. Ausbau bis zu 24 Monaten in teilweise neuer Eiche.
LAGERUNG Weine späterer Jahrgänge haben mehr Frucht, eine bessere Ausgewogenheit und ein Lagerpotenzial von etwa zehn Jahren.
REBFL/PROD 54 ha, etwa 26 000 Kisten/Jahr.
JAHRGÄNGE 1996, 95, 94, 93, 90, 89, 88, 86, 85, 82.

**Besitzer** SC Ch. Belgrave (Dourthe) • **Kellermeister** Merette Larsen • **Besuch** Nach Vereinbarung • **Adresse** Ch. Belgrave, Dourth, BP 49, FR-33290 Parempuyre • **Tel.** 05 56 35 53 00 (Dourthe-Kressmann) • **Fax** 05 56 35 53 29 • **E-Mail** spascal@cohg.alienor.fr

PRODUKTION   QUALITÄT   PREIS

## CH. CANTEMERLE

GESCHICHTE Schon während des Mittelalters befand sich hier eine Burg, die dem Baron Cantemerle gehörte. Von 1579 bis 1892 war das Schloss in Besitz der Familie Villeneuves, danach

*Château Cantemerle hat Vorfahren aus dem Mittelalter. Heute ist sein Ruf besser denn je.*

mehr als 50 Jahre in Besitz von Pierre Dubos. Während dieses halben Jahrhunderts wurde die Basis für den guten Ruf gelegt. Ein Ruf, der sich aber nach dem Tod von Dubos verschlechterte. Nach dem Besitzerwechsel 1980 änderte sich dies wieder. Domaine Cordier ist Miteigentümer, was sich sehr positiv auf die Weine auswirkt. Bereits 1983 wurde ein Spitzenwein produziert und der Ruf von Cantemerle ist heute besser als je zuvor.

WEINE Füllige und recht schnell reifende Weine mit Klasse und Finesse, Frucht und Tanninen. Zweitwein: Baron Villeneuve de Cantemerle.

KLASSIFIZIERUNG 5ème Cru Classé 1855. Würde wahrscheinlich bei einer erneuten Prüfung zwei Klassen höher eingestuft werden.

BODEN Meist mit Sand vermischte Kiesböden.

REBSORTEN Cabernet Sauvignon 60%, Merlot 40%.

WEINHERSTELLUNG Seit 1983 moderne Anlagen mit Edelstahl-Gärtanks und einem neuen Lagerkeller. Der Wein wird ca. 18 Monate in Fässern ausgebaut.

LAGERUNG 10-12 Jahre in der Flasche.

REBFL/PROD 110 ha, 25 000 Kisten/Jahr. Großer Export nach Großbritannien, Belgien, in die Schweiz und die USA.

JAHRGÄNGE 1996, 95, 94, 93, 92, 91, 90, 89, 88.

**Besitzer** Société Assurances Mutuelles du Bâtiment et Travaux Publics • **Kellermeister** Monsieur Berteau • **Besuch** Mo-Fr, nach Vereinbarung • **Adresse** Ch. Cantemerle, Macau, FR-33460 Macau • **Tel.** 05 57 97 02 82 • **Fax** 05 57 97 02 84 • **Homepage** www.château.cantermerle.com

PRODUKTION    QUALITÄT    PREIS

## CH. DE CAMENSAC

GESCHICHTE Château de Camensac ist ein Nachbar von Ch. Belgrave, westlich von St-Julien. Wie auch viele andere Weingüter verfiel es in den 50er Jahren, wurde aber 1965 von den Gebrüdern Forner gerettet. Vom bekannten Professor Émile Peynaud beraten, wurde der Betrieb wieder in Stand gesetzt. So gut wie der ganze Weinberg wurde neu bestockt und alle Keller wurden umgebaut. Professor Peynaud schuf einen neuen Wein in leichterem, modernerem und eleganterem Stil, fruchtbetonter als zuvor. Während der 90er Jahre hörten die Brüder erneut auf den Rat des Professors: Die Weine sind weich und modern, mit guter Frucht und gutem Alterungspotenzial.

WEINE Früher eher rustikale, scharf extrahierte Weine mit etwas zu viel Holzton, seit Beginn der 90er Jahre viel eleganter und fruchtiger.

KLASSIFIZIERUNG 5ème Cru Classé 1855, wird heute dieser Einstufung gerecht.

REBSORTEN Cabernet Sauvignon 60%, Merlot 20%, Cabernet Franc 20%.

WEINHERSTELLUNG Nach der Vergärung in

*Ch. de Camensac wurde 1965 vor dem Verfall gerettet. Heute hat es seine Klassifizierung verdient.*

Nirosta-Tanks erfolgt der Ausbau während 14-18 Monaten in Eichenfässern.

LAGERUNG Je nach Jahrgang 5-12 Jahre; leichtere Jahrgänge von Anfang der 90er Jahre können relativ jung getrunken werden.

REBFL/PROD 65 ha, ca. 30 000 Kisten/Jahr.

JAHRGÄNGE 1996, 95, 94, 93, 92, 91, 90, 89, 86.

**Besitzer** SA Dir. Henri Forner • **Kellermeister** Berater: Michel Rolland • **Besuch** Mo-Fr, nach Vereinbarung • **Adresse** Ch. de Camensac, Route de Saint-Julien, FR-33112 Saint-Laurent-du-Médoc • **Tel.** 05 56 59 41 69 • **Fax** 05 56 59 41 73

PRODUKTION    QUALITÄT    PREIS

## CH. LA LAGUNE

GESCHICHTE 1957 kaufte George Brunet das heruntergekommene Ch. La Lagune. Er investierte enorme Summen in eine Edelstahl-Weinbereitungsanlage und bestockte die Weinberge mit besten Reben. Die Kosten waren aber so hoch, dass Brunet schon 1962 gezwungen war, das

*Ch. La Lagune gehörte in den 50er Jahren zu den ersten, die Edelstahltanks verwendeten.*

Schloss zu verkaufen. Daraufhin erwarb das Champagner-Haus Ayala das Gut und es wurde mit größter Sorgfalt weitergeführt. Es war das erste Weinunternehmen in Bordeaux, das eine weibliche Leiterin, nämlich Jeanne Boyrie, anstellte. Ihr ist zum großen Teil der heutige gute Ruf zu verdanken. Heute in Besitz von Ducellier.

WEINE Sanfte, füllige, manchmal mehr an Pomerol, Graves oder sogar Burgunder als an Médoc erinnernde Weine.

KLASSIFIZIERUNG 3ème Cru Classé 1855. Entspricht heute einem 2ème Cru.

BODEN Magere Kiesböden, vermischt mit Sand und Lehm.

REBSORTEN Cabernet Sauvignon 55%, Merlot 20%, Cabernet Franc 20%, Petit Verdot 5%.

WEINHERSTELLUNG Eines der ersten Unternehmen, das Edelstahltanks einführte. Durch ein geniales Rohrsystem wird der Wein unter minimalem Luftkontakt transportiert. Ausbau in Holzfässern, wovon oft bis zu 100% neu sind.

LAGERUNG Sollten zehn Jahre gelagert werden, gute Jahrgänge höchstens 15-20 Jahre.

REBFL/PROD 74 ha, 30 000 Kisten/Jahr.

JAHRGÄNGE 1996, 95, 94, 93, 92, 91, 90, 89, 88.

**Besitzer** Jean-Michel & Alain Ducellier • **Kellermeister** Patrick Moulin • **Besuch** Generell kein Besuch möglich • **Adresse** Ch. La Lagune, 81, avenue de l'Europe, FR-33290 Ludon-Médoc • **Tel.** 05 57 88 82 77 • **Fax** 05 57 88 82 70

PRODUKTION     QUALITÄT     PREIS

## CH. SOCIANDO-MALLET

GESCHICHTE Sociando-Mallet liegt in der Gemeinde Saint Seurin de Cadourne, nördlich von St-Estèphe, aber immer noch innerhalb der Grenzen von Haut-Médoc. Ende des 19. Jh. zählte dieses Schloss zu den besten der Gemeinde, wurde aber später einem langjährigen Verfall ausgesetzt. Als Jean Gautreau 1969 das heruntergekommene Anwesen erwarb, waren nur noch sieben Hektar Rebfläche übrig geblieben. Seither wurde umfassend modernisiert und die Rebfläche auf 55 Hektar erweitert. Man hat mit einer Reihe von erstklassigen Jahrgängen die Stellung als einer der besten Cru Bourgeois im Médoc eingenommen.

*Ch. Sociando-Mallet ist für lagerfähige Weine bekannt, die mit großen Weinen verglichen werden können.*

WEINE Kraftvolle, konzentrierte, dunkle Weine, die man lagern muss. Manchmal etwas widerspenstig und eichig in der Jugend. Das Warten lohnt sich aber allemal; die reifen Weine können oft von der Qualität her mit guten Cru-Classé-Schlössern verglichen werden. Zweitwein: *La Demoiselle de Sociando*.

KLASSIFIZIERUNG Cru Grand Bourgeois.

REBSORTEN CS 60%, Mer 30%, CF 10%.

WEINHERSTELLUNG Die Trauben werden mit der Schale in temperierten Tanks aus Edelstahl und Beton vergoren. Der Wein wird in Fässern aus Allier-, Nevers- und Vosges-Eiche ausgebaut. Der Neuholzanteil beträgt etwa 50%.

LAGERUNG Jean Gautreau erzeugt einen „vin de garde". Die Weine brauchen mind. zehn, manchmal 20 Jahre Lagerzeit.

REBFL/PROD 55 ha, etwa 20 000 Kisten/Jahr.

JAHRGÄNGE 1996, 95, 94, 93, 92, 90, 89, 88, 86, 85.

**Besitzer** Jean Gautreau • **Besuch** Nach Vereinbarung • **Adresse** Ch. Sociando-Mallet, FR-33180 Saint-Seurin-de-Cadourne • **Tel.** 05 56 73 38 80 • **Fax** 05 56 73 38 88

PRODUKTION     QUALITÄT     PREIS

## WEITERE PRODUZENTEN IN HAUT-MÉDOC

### CH. CISSAC

Tradition ist das Motto in der Weinherstellung. Hohes Alter der Rebstöcke, Gärfässer aus Holz, die jährlich zur Hälfte erneuert werden. Ein sehr sorgfältig hergestellter Wein. FAKTEN Cru Bourgeois Exceptionnel. 50 ha, 20 000 K./J. CS 75%, Merlot 20%, PV 5%. Zweitwein: *Les Reflets*.
• **Besitzer:** Fam. Vialard **Besuch:** Nach Vereinbarung. **Adresse:** FR-33250 Cissac-Médoc. **Tel.** 05 56 59 58 13. **Fax** 05 56 59 58 39.

### CH. CITRAN

Während der 90er Jahre wurden große Investitionen getätigt und die ersten Jahrgänge erschienen viel versprechend mit dichterem Charakter als früher. FAKTEN Cru Bourgeois Exceptionnel. 92 ha, 41 000 K./J. Mer 60%, CS 35%, PV 5%.
• **Besitzer:** Groupe Taillan **Besuch:** Nach Vereinbarung. **Adresse:** FR-33480 Avensan. **Tel.** 05 56 58 21 01.

### CH. COUFRAN

Das Schloss liegt in Saint Seurin de Cadourne im nördlichsten Teil des Haut-Médoc und ist seit 1924 in Besitz der Familie Miailhe. Für Médoc ein ungewöhnlich hoher Merlot-Anteil, was den Weinen einen runden, weichen und fruchtigen Charakter gibt. Man genießt einen guten Ruf für die preiswerten Weine, die normalerweise im Alter von 5 bis 10 Jahren getrunken werden sollten. FAKTEN Cru Grand Bourgeois. 64 ha, 33 000 Kisten/Jahr. Merlot 85%, CS 10%, Petit Verdot 5%. Zweitwein: *Domaine de la Rose-Maréchale*.
• **Besitzer:** Fam. Miailhe **Besuch:** Nach Vereinbarung. **Adresse:** FR-33180 Saint-Seurin-de-Cadorne. **Tel.** 05 56 59 31 02.

### CH. LA TOUR-CARNET

Wie andere Schlösser in St-Laurent, war auch dieses bei der Übernahme durch Louis Lipschitz im Jahr 1962 heruntergekommen. Heute entsprechen nur die Weine aus guten Jahren der Klassifizierung. FAKTEN 4ème Cru Classé, 30 ha, 15 000 Kisten/Jahr. CS 33%, Merlot 33%, CF 33%, PV 1%. Zweitwein: *Le Second de Carnet*.
• **Besitzer:** Louis Lipschitz **Besuch:** Nach Vereinbarung. **Adresse:** Saint-Laurent-de-Médoc, FR-33112 Saint-Laurent-et-Benon. **Tel.** 05 56 59 40 13. **Fax** 05 56 59 47 32.

### CH. DE LAMARQUE

Eines der ältesten Schlösser im Médoc mit Wurzeln bis ins 14. Jh. Die Weine sind dicht und fruchtig, ausgewogen und langlebig. Ein eleganter Wein zu einem guten Preis. FAKTEN Cru Bourgeois. 50 ha, 20-25 000 Kisten/Jahr. CS 50%, Merlot 25%, Cabernet Franc 20%, Petit Verdot 5%. Zweitwein: *Réserve du Marquis d'Évry*.
• **Besitzer:** S.C. Gromand d'Evry • **Adresse:** FR-33460 Lamarque. **Tel.** 05 56 58 90 03. **Fax** 05 56 58 97 55.

### CH. LANESSAN

Ch. Lanessan gehört zu den besten Weinen, die 1855 nicht klassifiziert wurden. Der Grund liegt darin, dass der damalige Besitzer Louis Delbos der Kommission, die die Auswahl traf, keine Proben zustellte. Kraftvolle und lagerfähige Weine. FAKTEN Cru Bourgeois Sup. 40 ha, 12 000 Kisten/Jahr. CS 75%, Merlot 20%, CF und Petit Verdot 5%. Zweitwein: *Domaine de St-Gemme*.
• **Besitzer:** Fam. Bouteiller **Besuch:** Nach Vereinbarung. **Adresse:** FR-33460 Cussac Fort Médoc. **Tel.** 05 56 58 94 80. **Fax** 05 56 58 93 10.

### CH. LAROSE-TRINTAUDON

Larose-Trintaudon wurde durch die Familie Forner, die auch in Besitz vom Cru-Classé-Schloss de Camensac ist, neu aufgebaut. 1986 verkaufte sie das Anwesen an eine französische Versicherungsgesellschaft, nimmt aber immer noch am Betrieb teil. Angenehmer, weicher und fruchtiger Wein, der recht jung zu trinken ist. FAKTEN Cru Grand Bourgeois. 172 ha, 80 000 Kisten/Jahr. CS 60%, Cabernet Franc 20%, Merlot 20%.
• **Besitzer:** Assurances Générales du France **Besuch:** Nach Vereinbarung. **Adresse:** FR-33112 Saint-Laurent-de-Médoc. **Tel.** 05 56 59 41 72. **Fax** 05 56 59 93 22.

### CH. LIVERSAN

Die Weinberge von Liversan haben ein sehr großes Qualitätspotenzial. Durch die dichte Pflanzenerziehung erzielen die Besitzer tiefe Weine. Dunkelfarbig mit gut eingebundenem Gerbstoff, konzentriert, extraktreich und nachhaltig. FAKTEN Grand Cru Bourgeois. 48 ha, 22 000 Kisten/Jahr. CS 49%, Mer 38%, CF 10%, Petit Verdot 3%. Zweitwein: *Les Charmes de Liversan*.
• **Besitzer:** Fam. Boncampe & de Polignac **Besuch:** Nach Vereinbarung. **Adresse:** FR-33250 St-Saveur. **Tel.** 05 56 41 50 18. **Fax** 05 56 41 54 65.

### CH. SÉNÉJAC

Sénéjac erzeugt traditionelle, etwas schwere Weine mit kräftigen Tanninen. FAKTEN Cru Bourgeois Supérieur 1932. 25 ha, 14 000 Kisten/Jahr. CS 60%, Merlot 25%, CF 14%, PV 1%.
• **Besitzer:** Charles de Guigne **Besuch:** Nach Vereinbarung. **Adresse:** FR-33290 Le Pian-Médoc. **Tel.** 05 56 70 20 11. **Fax** 05 56 70 23 91.

### CH. VERDIGNAN

Jean Miailhe erwarb das Gut 1972. Sohn Eric ist für die Vinifizierung verantwortlich. Rustikale aber gut gebaute Weine mit schöner Frucht und kräftigem Aroma. FAKTEN Cru Grand Bourg. 60 ha, 35 000 Kisten/Jahr. CS 55%, Mer 40%, CF 5%. Anderer Wein: Ch. Plantey-de-la-Croix.
• **Besitzer:** Fam. Miailhe **Besuch:** Nach Vereinbarung. **Adresse:** FR-33180 Saint-Seurin-de-Cadourne. **Tel.** 05 56 59 54 03. **Fax** 05 56 81 32 35.

## MÉDOC

**RUF** Häufig Bas-Médoc genannt. Die Appellation heißt aber AOC Médoc. Darunter versteht man die Landschaft nördlich des Haut-Médoc. Mit steigenden Bodenpreisen in den prestigeträchtigen Gemeinden des Haut-Médoc wurden im Norden Investitionen auch für renommierte Unternehmen wie z.B. Domaine Rothschild interessant. Die Rebfläche hat sich in den letzten 20 Jahren verdoppelt. Durch große Investitionen wurde die Qualität allgemein erhöht.

**WEINE** Kräftige, dunkle Rotweine, oft vom Merlot dominiert. Die Weine sind robuster, jedoch nicht so elegant und lagerfähig wie die aus Haut-Médoc.

**KLASSIFIZIERUNG** Keine Crus Classés, aber viele gute Crus Bourgeois und Genossenschaften.

**BODEN** Sehr unterschiedliche Bodenbeschaffenheit. Kiesböden an der Küste und Lehmböden im Landesinneren.

**REBSORTEN** CS und Merlot dominieren. CF ist verbreitet und Petit Verdot eher selten.

**PRODUZENTEN** Nebst den auf den nächsten Seiten aufgeführten: Ch. Castéra, Sigonac sowie Cuvée de la Commanderie du Bontemps. Genossenschaften: Bellevue, Saint-Jean, Saint-Roch, Saint-Yzans-de-Médoc und Vieux-Clocher.

**REBFL/PROD** 4 000 ha, ca. 400 000 hl/Jahr.

**WISSENSWERT** Informationen: Syndicat Viticole Médoc/Haut-Médoc, 18, Quai Jean Fleuret, F-33250 Pauillac. Tel. 05 56 59 02 92. Fax 05 56 59 22 13.

## CH. LES ORMES SORBET

**GESCHICHTE** Ch. Les Ormes Sorbet liegt in der unansehnlichen, etwas schläfrigen Ortschaft Couquéques. Den Weinen fehlte früher die Finesse. Der Besitzer und Kellermeister Jean Boivet hat jedoch während der letzten Jahrzehnte hart gearbeitet und es ist ihm gelungen, den Wein auf eine höhere Ebene zu stellen.

**WEINE** Typische Médoc-Weine mit feiner Frucht und deutlichem Cabernet-Charakter. Sehr angenehme Weine mit großer Finesse und deutlichem Holzton. Zweitwein: *Ch. de Conques*.

**KLASSIFIZIERUNG** Cru Grand Bourgeois, wäre 5ème Cru Classé wert.

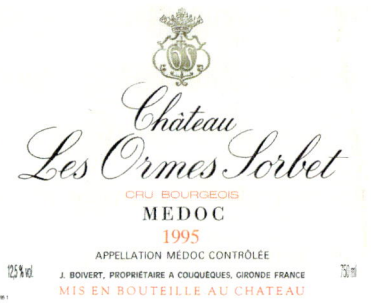

*Les Ormes Sorbet hat eine moderne Anlage in Couquéques und erzeugt Weine mit Finesse.*

**BODEN** Ein niedriger, kiesiger Hügel am Fluss, mit etwas Lehm und Sand.

**REBSORTEN** Cabernet Sauvignon 65%, Merlot 30%, Petit Verdot 5%.

**WEINHERSTELLUNG** Moderne Anlage mit temperaturkontrollierten Nirosta-Tanks, Ausbau während 18-20 Monaten in Eichenfässern (jährlich 30% neue).

**LAGERUNG** 7-10 Jahre benötigen diese fruchtigen und holzbetonten Charakterweine.

**REBFL/PROD** 22 ha, 10 000 Kisten/Jahr. 50% werden u.a in die EU, die Schweiz die USA, nach Kanada und Japan exportiert.

**JAHRGÄNGE** 1996, 95, 93, 92, 91, 90, 89, 88, 86, 85, 82.

---

**Besitzer** Jean Boivet • **Kellermeister** Jean Boivet • **Besuch** Mo-Fr 9-12, 14-18, sonst nach Vereinbarung • **Adresse** Ch. Les Ormes Sorbet, FR-33340 Couquéques. • **Tel.** 05 56 73 30 30 • **Fax** 05 56 73 30 31

|  |  |  |
|---|---|---|
| PRODUKTION | QUALITÄT | PREIS |

## Ch. Loudenne

GESCHICHTE  Das aprikosenfarbene Schloss ist ein architektonischer Leckerbissen am Ufer der Gironde in der Gemeinde St-Yzans. Das Anwesen ist in Besitz von Briten, wie so viele andere Schlösser im Médoc. In diesem Fall ist Gilbey's, eher bekannt für Spirituosen als für Wein. Der erst 42jährige, 1982 tragisch verstorbene Martin Bamford war der Motor des modernen Château Loudenne. Er machte dieses Weingut zu einem der besten im oberen Médoc.

WEINE  Sanfte, elegante Weine, die 7-8 Jahre Flaschenlagerung benötigen, aber danach noch zehn Jahre lagern können. Man produziert etwa 5 000 Kisten Weißwein, bestehend aus Sauvignon Blanc und Sémillon zu gleichen Teilen. Ein trockener, fruchtiger Wein, der an die Weine aus Graves erinnert.

KLASSIFIZIERUNG  Cru Bourgeois, aber einen 5ème-Cru-Status wert.

BODEN  Niedriger Kieshügel, gegen den Fluss abfallend. Teilweise auch Lehm und Sand.

REBSORTEN  Cabernet Sauvignon 45%, Mer-

*Im Allgemeinen kann man das an der Gironde gelegene Ch. Loudenne zu den besten im oberen Médoc zählen.*

lot 45%, CF 7%, Malbec 2% und Petit Verdot 1%. Für Weißweine: SB 62%, Sémillon 38%.

WEINHERSTELLUNG  Moderne Anlage mit Edelstahltanks. Ausbau 14 Monate in Eichenfässern, wovon ca. 30% neu sind.

LAGERUNG  7-10 Jahre führen bei diesen Weinen zu einem sanften, eleganten Charakter.

REBFL/PROD  48 ha für Rotwein, 16 ha für Weißwein, 27 500 Kisten/Jahr.

JAHRGÄNGE  1996, 95, 93, 92, 91, 90, 89, 88, 86, 85, 82.

**Besitzer** W & A Gilbey Ltd. • **Kellermeister** Bruno Rernet, Charles Eve • **Besuch** Mo-Fr 9.30-12.30, 14-17.30, sonst nach Vereinbarung • **Adresse** Ch. Loudenne, Saint-Yzans-de-Médoc, FR-33340 Lesparre-Médoc • **Tel.** 05 56 73 17 80, 05 56 73 17 97 • **Fax** 05 56 09 02 87

PRODUKTION            QUALITÄT            PREIS

## Ch. Potensac

GESCHICHTE  Château Potensac liegt in der Nähe eines kleinen Dorfes mit dem gleichen Namen in der Gemeinde Ordonnac. Im Boden findet man sehr groben Kies, der sogar an der Oberfläche anzutreffen ist, eine hervorragende Lage für Weinanbau. Potensac ist seit den 60er Jahren in Besitz der Familie Delon von Léoville-Las-Cases. Ihr professionelles Können ist den Weinen anzumerken. Außer Potensac besitzen die Delons drei weitere nahe gelegene Weingüter, nämlich Lassalle, Gallais-Bellevue und Goudy La Cardonne.

WEINE  Tiefe dunkle Farbe, würzige Blume mit

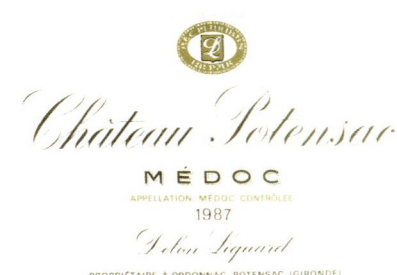

*Ch. Potensac wird von der Familie Delon von Léoville-Las-Cases geführt, was für Qualität bürgt.*

einer Nuance von Veilchen. Kräftiger Geschmack mit viel Tannin und großer Komplexität. Zweitwein: *Ch. Lassalle*. Anderer Wein: Ch. Gallais-Bellevue.

KLASSIFIZIERUNG  Cru Grand Bourgeois, aber einen 4ème- oder 5ème-Cru-Status wert.

BODEN  Meistens Kiesböden mit etwas Lehm und Sand.

REBSORTEN  Cabernet Sauvignon 60%, Merlot 25%, Cabernet Franc 15%.

WEINHERSTELLUNG  Neue, moderne Anlage mit Edelstahltanks, in denen der Wein langsam bei niedrigen Temperaturen vergoren wird. Ausbau in Eichenfässern, zu 25% neuen und ansonsten einjährigen, von Léoville-Las-Cases.

LAGERUNG  Die Weine müssen mindestens zehn, noch besser 15 Jahre gelagert werden.

REBFL/PROD  53 ha, 20 000 Kisten/Jahr.

JAHRGÄNGE  1996, 95, 94, 93, 92, 91, 90, 89, 88.

**Besitzer** Jean-Hubert Delon, Geneviève Dalton • **Kellermeister** Pierre Rolland • **Besuch** Nach Vereinbarung • **Adresse** Ch. Potensac, Ordonnac, FR-33340 Lesparre-Médoc • **Tel.** 05 56 73 25 26 • **Fax** 05 56 59 18 33

PRODUKTION            QUALITÄT            PREIS

## Weitere Produzenten in Médoc

### Ch. Cardonne

Wurde 1973 von Dom. Rothschild (Lafite) erworben und 1990 an Guy Charloux weiterverkauft. Der Betrieb wird immer noch von den Rothschilds verwaltet. Bis 1990 wurden keine Eichenfässer verwendet. Heute werden die Weine in bis zu 30% neuen Eichenfässern ausgebaut. Sehr geradlinige Weine im typischen Médoc-Stil. Klare Verbesserungen seit 1990. FAKTEN Cru Grand Bourgeois. 70 ha, 30 000 Kisten/Jahr. Cabernet Sauvignon 45%, Mer 50%, Cabernet Franc 5%.
• **Besitzer:** Claude Lapalu **Besuch:** Mo-Fr 9-12, 13.30-17. **Adresse:** FR-33340 Blaignan. **Tel.** 05 56 73 31 51. **Fax** 05 56 73 31 52.

*Auch im Médoc wird immer mehr zu moderner Technik gewechselt.*

### Ch. Greysac

1973 kaufte Baron François de Gunzburg ein unbedeutendes Anwesen. Seitdem wurden Weinberge hinzugekauft und die Qualität konnte gesteigert werden. Heute eines der besten Schlösser von Bégadan. Weiche und füllige Weine ohne zu viel Tannin, die schon nach fünf Jahren trinkbar sind. Sehr bekannter Wein in den USA. FAKTEN Cru Grand Bourgeois. 60 ha, 35 000 Kisten/Jahr. CS 50%, Merlot 38%, CF 10%, PV 2%.
• **Besitzer:** Exor (Agnelli) **Besuch:** Nach Vereinbarung. **Adresse:** FR-33340 Bégadan. **Tel.** 05 56 41 50 29. **Fax** 05 56 52 45 23.

### Ch. La Tour-de-By

Nachbar von Ch. Greysac in der Gemeinde Bégadan. Das alte Schloss liegt direkt am Wasser. Marc Pages führt den Betrieb und ist Mitbesitzer zusammen mit Cailloux und Lapalu. Dunkle Weine mit würzigem und blumigen Charakter. Recht langer Abgang mit Kraft und Tannin. FAKTEN Cru Grand Bourgeois. 50 ha, 33 000 Kisten/Jahr. CS 65%, Merlot 33%, CF 2%. Zweitwein: *La Roque-de-By*. Anderer Wein: Moulin de Rouge.
• **Besitzer:** Pages, Cailloux & Lapalu **Besuch:** Nach Vereinbarung. **Adresse:** FR-33340 Bégadan. **Tel.** 05 56 41 50 03. **Fax** 05 56 41 36 10.

### Ch. La-Tour-St-Bonnet

Das bekannteste Schloss in der Gemeinde St-Christoly südlich des Dorfes By. „La Tour" weist auf einen alten Leuchtturm hin, der heute mitten in den Weinbergen steht. Dicke, dunkle Weine, die 7-10 Jahre Reifezeit brauchen. Nicht Eleganz, sondern maskuline Stärke, ist die Charakteristik. FAKTEN Cru Bourgeois. 43 ha, 21 000 Kisten/Jahr. CS 28%, Merlot 50%, CF 22%. Zweitwein: *Ch. La Fuie-Saint-Bonnet*.
• **Adresse:** FR-33340 St-Christoly-de-Médoc. **Tel.** 05 56 41 53 03. **Fax** 05 56 52 45 23.

### Ch. Les Grands Chênes

Kleines Anwesen in St-Christoly im Norden von Médoc. Konzentrierte und dichte Weine mit gutem Lagerpotenzial. Ein Drittel neue Eiche ergibt würzige und ausgeglichene Weine. Ein Schloss, das man im Auge behalten sollte. FAKTEN 7 ha, 4 400 Kisten/Jahr. Cabernet Sauvignon 65%, Merlot 30%, Cabernet Franc 5%.
• **Besitzer:** Jacqueline Gauzy **Besuch:** Nach Vereinbarung. **Adresse:** FR-33340 St-Christoly-de-Médoc. **Tel.** 05 56 41 53 12. **Fax** 05 56 41 35 69.

### Ch. Patache d'Aux

Dieses Schloss in Bégadan gehörte bis 1964 der Familie Delon (u.a. Léoville-Las-Cases), die es dem jetzigen Besitzer Claude Lapalu verkaufte. Die Weine sind angenehm mit würzigem, grasigem Charakter. Recht elegant und fein abgestimmt. FAKTEN Cru Grand Bourgeois. 40 ha, 20 000 Kisten/Jahr. Cabernet Sauvignon 70%, Merlot 20%, Cabernet Franc 10%.
• **Besitzer:** Claude Lapalu **Besuch:** Nach Vereinbarung. **Adresse:** FR-33340 Bégadan. **Tel.** 05 56 41 50 19. **Fax** 05 56 41 54 65.

### Ch. Plagnac

Älteres Anwesen in Bégadan im Norden Médocs, das von Domaines Cordier erworben und 1972 restauriert wurde. Cordier-typische Weine mit Georges Paulis Handschrift. Mit dunkler Frucht, geröstetem Kaffee und Kakao. Gradliniger und ehrlicher Bordeaux zu vernünftigen Preisen. Seit 1989 größerer Anteil Fässer mit jährlich bis zu 30% neuer Eiche. FAKTEN Cru Bourgeois. 33 ha, 19 000 Kisten/Jahr. Cabernet Sauvignon 70%, Merlot 30%.
• **Adresse:** FR-33340 Bégadan.

### Weitere Betriebe

Ch. Haut-Cantelop, FR-33340 St-Christoly-de-Médoc. Tel. 05 56 41 98 01. Fax -36 08.

# ÖSTLICHES BORDEAUX

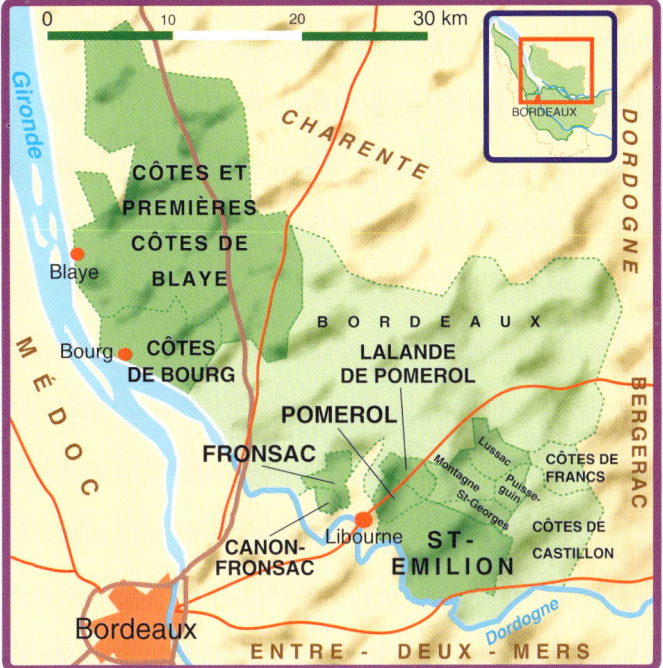

GESCHICHTE  Am rechten Ufer, wie dieses Gebiet oft genannt wird, dominiert die Merlot-Traube, die sanftere und fruchtigere Weine ergibt als Cabernet in Médoc. Merlot ist in der Regel nach fünf bis acht Jahren Flaschenlagerung reif. Für die

*Die alte Klosterruine außerhalb von St-Émilion ist zum Merkmal der Region geworden.*

Weine der besten Schlösser wird mindestens ebenso viel bezahlt wie für die anderen großen Médoc-Weine. Pétrus aus Pomerol ist preisführend in ganz Bordeaux. Im Vergleich zu Médoc und Graves sind sowohl die Gebiete als auch die Rebberge eher klein. Wegen der großen Nachfrage sind diese Weine immer schwieriger zu finden. Obwohl das Anbaugebiet klein ist, weisen die Weine, je nach Bodenbeschaffenheit, Mikroklima und vor allem dem Geschick der Kellermeister, große Unterschiede auf.

GEOGRAPHIE  Die Stadt St-Émilion liegt inmitten eines steilen Kalksteinhangs (les côtes), mit einer Häufung von erstklassigen Gütern in unmittelbarer Nähe voneinander. Vier Kilometer nordöstlich, auf einem Kiesplateau (les graves) findet man die zweite Gruppe renommierter Anwesen. Hier geht St-Émilion in das Pomerol über und die Weine sind sich sehr ähnlich. Einige Kilometer weiter westlich liegt Fronsac.

WEINE  Nur Rotweine, oft konzentriert und feurig, aber trotzdem fruchtig und sanft. Im Norden liegen Bourg & Blaye, wo eher rustikale Weine erzeugt werden.

BODEN  St-Émilion-côtes: Kalkstein und Lehm. St-Émilion-graves: Kies- und Sandböden. Pomerol: Kiesige Sand- und Lehmböden. Fronsac: Kalk, Sand und Rotlehm. Bourg & Blaye: Größtenteils Lehm und Kalk.

REBSORTEN  Merlot 50-95%, Cabernet Franc (Bouchet) 20-50%, Cabernet Sauvignon bis zu 30% sowie Malbec bis zu 10 %.

REBFL/PROD  Ca. 9 000 ha, rund 450 000 hl/Jahr.

# St-Émilion

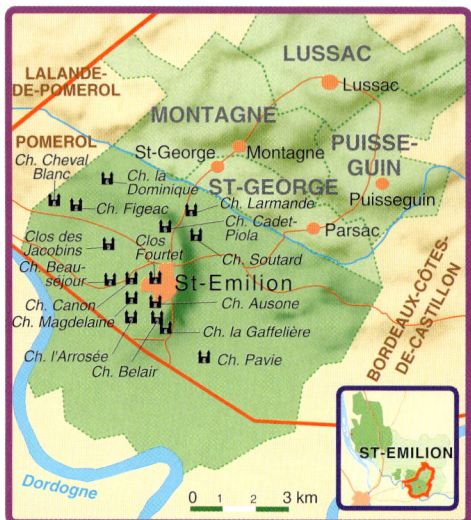

RUF Ein Dutzend Schlösser mit den Flaggschiffen Ausone und Cheval Blanc sind für den guten Ruf von St-Émilion verantwortlich. Während 25 Jahren haben die Produzenten intensiv an der Qualitätsverbesserung gearbeitet. Heute gibt es für die zwei großen Vorbilder mehr Herausforderer denn je. Die Weine zeichnen sich durch Fülle, Kraft und Sanftheit aus, sind zugänglich und individuell zugleich. Die Nachfrage nach diesen Weinen nimmt ständig zu, was sich auf die Preise auswirkt. Ein guter St-Émilion kostet heute so viel wie ein guter Médoc. Die Stadt St-Émilion liegt eingebettet in „côtes" Hängen mit Sand und Lehm auf Kalkstein. Dicht beieinander liegen die bekanntesten großen Schlösser - Ausone, Belair und Pavie. Vier Kilometer nordwestlich, in „les graves" mit kiesvermischten Sandböden, liegt die zweite Gruppe großer Schlösser mit Cheval-Blanc und Figeac an der Spitze.

WEINE Füllige und fruchtige Rotweine.

KLASSIFIZIERUNG Seit 1954 in drei Klassen eingeteilt. Die Klassifizierung sollte alle zehn Jahre überarbeitet werden. Letzte von 1996.
1. PREMIER GRAND CRU CLASSÉ A UND B (heute 13 Güter, 2 in Klasse A und 11 in Klasse B)
2. GRAND CRU CLASSÉ (heute 55 Güter)
3. GRAND CRU (ca. 200 Güter)
Die übrigen tragen AC St-Émilion.

REBSORTEN Merlot 35-85%, Cabernet Franc 25-65%, CS (selten) bis zu 30%.

WISSENSWERT Weitere Informationen: Syndicat Viticole de St-Émilion, rue Gaudet, BP 15, FR-33330 St-Émilion. Tel. 05 57 55 50 50. Fax 05 57 24 65 57, sowie: Maison du Vin de St-Émilion, Place Pierre Meyrat, BP 52, FR-33330 St-Émilion. Tel. 05 57 74 42 42. Fax 05 57 24 65 57.

KLASSIFIZIERUNG VON 1996 IN ST-ÉMILION
- **Premier Grand Cru Classé (A)**
  Ch. Ausone
  Ch. Cheval Blanc
- **Premier Grand Cru Classé (B)**
  Ch. Angélus
  Ch. Beau-Séjour-Bécot
  Ch. Beauséjour (Duffau Lagarosse)
  Ch. Belair
  Ch. Canon
  Ch. Clos Fourtet
  Ch. Figeac
  Ch. La Gaffelière
  Ch. Magdelaine
  Ch. Pavie
  Ch. Trottevieille
- **Grand Cru Classé**
  Ch. Balestard la Tonnelle
  Ch. Bellevue
  Ch. Bergat
  Ch. Berliquet
  Ch. Cadet-Bon
  Ch. Cadet-Piola
  Ch. Canon-la-Gaffelière
  Ch. Cap de Mourlin
  Ch. Chauvin
  Ch. Clos des Jacobins
  Ch. Clos de l'Oratoire
  Ch. Clos Saint-Martin
  Ch. Corbin
  Ch. Corbin-Michotte
  Ch. Couvent des Jacobins
  Ch. Curé Bon
  Ch. Dassault
  Ch. Faurie-de-Souchard
  Ch. Fonplégade
  Ch. Fonroque
  Ch. Franc Mayne
  Ch. Grand Mayne
  Ch. Grand Pontet
  Ch. Guadet St-Julien
  Ch. Haut Corbin
  Ch. Haut Sarpe
  Ch. L'Arrosée
  Ch. La Clotte
  Ch. La Clusière
  Ch. La Dominique
  Ch. La Serre
  Ch. La Tour-du-Pin-Figeac (Giraud-Belevier)
  Ch. La Tour-du-Pin-Figeac (Moueix)
  Ch. La Tour-Figeac
  Ch. Lamarzelle
  Ch. Laniote
  Ch. Larcis Ducasse
  Ch. Larmande
  Ch. Laroque
  Ch. Laroze
  Ch. Le Prieuré
  Ch. Les Grands Murailles
  Ch. Matras
  Ch. Moulin-du-Cadet
  Ch. Pavie Decesse
  Ch. Pavie-Macquin
  Ch. Pavillon-Cadet
  Ch. Petit Faurie de Soutard
  Ch. Ripeau
  Ch. Saint-Georges Côte Pavie
  Ch. Soutard
  Ch. Tertre Daugay
  Ch. Troplong-Mondot
  Ch. Villemaurine
  Ch. Yon Figeac

## Ch. L'Angélus

GESCHICHTE Das Weingut gehört seit 1924 der Familie de Bouard de Laforest und produzierte bis in die 80er Jahre ausgesprochen mittelmäßige Weine. Erst als Hubert de Bouard de Laforest die Kompetenz des Önologen Pascal Ribereau Gayon in Anspruch nahm, stieg die Quali-

*Hubert de Bouard de Laforest hat mit seinen Beratern aus Ch. Angélus ein kleines Wunderwerk geschaffen.*

tät. Dieser verlangte, dass der Wein mindestens zu 2/3 in neuen Eichenfässern ausgebaut wird. Das Resultat können wir heute verkosten: hervorragende Weine von großer Konzentration und Extrakt mit schönem Bukett und Geschmack. Diese Weine werden dem modernen Geschmack gerecht. Leider sind auch die Preise gestiegen.
  WEINE Große Weine mit beinahe verschwenderischer Frucht und Holzton in ihrer Jugend. Dunkel und dicht mit Kaffee- und Kakaoaromen, Vanille und schwarze Johannisbeeren, Oliven und geröstete Nüsse. Langer Abgang. Zweitwein: *Carillon de l'Angélus*.
  KLASSIFIZIERUNG 1er Grand Cru Classé 1996.
  BODEN Sandig-kalkhaltige Lehmböden, in den tiefer gelegenen Teilen Lehm und Sand.
  REBSORTEN Mer 45%, CF 50%, CS 5%.
  WEINHERSTELLUNG Teilweise Vergärung in Barriques, 2/3 des Weins wird 18 Monate in neuen Eichenfässern ausgebaut.
  LAGERUNG Junge Weine sind durch die weichen Tannine gut, lassen sich aber auch viel länger lagern.
  REBFL/PROD 26 ha, 8 000 Kisten/Jahr.
  JAHRGÄNGE 1997, 96, 95, 94, 93, 92, (91), 90, 89, 88, 86, (85, 83).

**Besitzer** Fam. Bouard de Laforest • **Kellermeister** Hubert Bouard de Laforest • **Besuch** Nach Vereinbarung • **Adresse** Ch. L'Angélus, FR-33330 St-Émilion • **Tel.** 05 57 24 71 39 • **Fax** 05 57 24 68 56 • **E-Mail** angelus@angelus.com • **Homepage** www.angelus.com

PRODUKTION  QUALITÄT  PREIS

## Ch. L'Arrosée

GESCHICHTE L'Arrosée liegt an einem Südhang, südwestlich der Stadt St-Émilion und ist Nachbar des großen Cave Coop, der örtlichen Genossenschaft. Bis zum Zweiten Weltkrieg verkaufte man dort Wein, weil man keine Möglichkeit hatte selbst zu vinifizieren. Das Anwesen wurde 1910 von der Familie Rodhain gekauft und heute ist François Rodhain verantwortlich. Während der Wein früher beinahe unbekannt war, ist er heute bei Kennern als sehr guter Wein beliebt. Die besten Voraussetzungen, nämlich ältere Rebstöcke kombiniert mit niedrigem Ertrag, ergeben, wie auch bei 1er-Cru-Gütern, beste Resultate. Da

*Alte Rebstöcke und niedriger Ernteertrag haben Château L'Arrosée einen sehr guten Ruf eingebracht.*

die Weine eher unbekannt sind, kostet ein l'Arrosée etwa die Hälfte eines 1er Cru.
  WEINE Dunkle Weine mit Fülle und Finesse, die an Médoc oder Côte de Nuits im Burgund erinnern. Zweitwein: *Les Coteaux du Ch. l'Arrosée*.
  KLASSIFIZIERUNG Grand Cru Classé.
  BODEN Sand und Stein auf Kalkstein.
  REBSORTEN Merlot 50%, Cabernet Sauvignon 35%, Cabernet Franc 15%.
  WEINHERSTELLUNG Temperaturkontrollierte Gärung in Stahltanks (seit 1993), Ausbau in zu fast 100% neuen Eichenfässern.
  LAGERUNG Weine aus einfacheren Jahren können nach fünf Jahren getrunken werden, größere Jahrgänge sollten mind. zehn Jahre ruhen.
  REBFL/PROD 10 ha, ca. 4 500 Kisten/Jahr.
  JAHRGÄNGE 1996, 95, 94, 93, 92, 90, 89, 88, 86.

**Besitzer** François Rodhain • **Kellermeister** M. Oizeau • **Besuch** Nach Vereinbarung • **Adresse** Ch. L'Arrosée, FR-33330 St-Émilion • **Tel.** 05 57 24 70 47

PRODUKTION  QUALITÄT  PREIS

FRANKREICH • BORDEAUX • ÖSTLICHES BORDEAUX • ST-ÉMILION

## CH. AUSONE

GESCHICHTE  Den Namen erhielt das Schloss nach dem römischen Schriftsteller Ausonius. Das Hauptgebäude, eine repräsentative Villa aus dem 19. Jh. mit einem markanten Steildach, liegt am

*Ch. Ausone wetteifert mit Cheval Blanc um die Spitzenposition, v.a. seit es in Besitz der Fam. Vauthier ist.*

Rande des Plateaus, außerhalb der Stadt St-Émilion. Ausone konnte bei der 1954 erfolgten Klassifizierung der St-Émilion-Weine gemeinsam mit Cheval Blanc einen Spitzenplatz einnehmen. In den 60er und 70er Jahren sank die Reputation von Ausone. Seit 1976, als Pascal Delbeck die Verantwortung für die Vinifikation übernahm, konnte man die Spitzenposition wieder zurückerobern. Die Streitigkeiten der beiden Besitzerfamilien Dubois-Challon und Vauthier wirkten sich auf Weinqualität negativ aus. Seit die Familie Vauthier alleinige Besitzerin ist, sitzt das Schloss in Bezug auf die hohe Qualität wieder fest im Sattel.

WEINE  Dunkelrote, fruchtige Weine, oft mit Johannisbeercharakter, Aromen von Mineralien und Eiche. Gerbstoffreich aber mit Finesse.

KLASSIFIZIERUNG  1er Grand Cru Classé A.

BODEN  Lehm gemischt mit Sand und Kalkstein.

REBSORTEN  Merlot 50%, CF 50%.

WEINHERSTELLUNG  Gärung in rostfreien Stahltanks. Ausbau zwei Jahre in ausschließlich neuen Eichenfässern.

LAGERUNG  Ausone ist ein ausgeprägter Lagerwein, der mindestens zehn, manchmal sogar 20 Jahre Flaschenausbau benötigt.

REBFL/PROD  7 ha, ca. 2 000 Kisten/Jahr.

JAHRGÄNGE  1996, 95, 94, 93, 92, 91, 90, 89, 88.

**Besitzer** Catherine, Micheline & Alain Vauthier • **Kellermeister** Philippe Baillarguet • **Besuch** Kein Besuch möglich • **Adresse** Ch. Ausone, FR-33330 St-Émilion • **Tel.** 05 57 24 70 26 • **Fax** 05 57 74 47 39

PRODUKTION        QUALITÄT        PREIS

## CH. BELAIR

GESCHICHTE  Nachbar des berühmten Château Ausone. Das Gut hat eine alte Vorgeschichte, die bis ins 14. Jh. zurückgeht. Damals war der Gouverneur von Guyennes, Robert de Knolles, Besitzer des Anwesens. Es figurierte als Château de Canolles bis zur Revolution im Jahr 1789. Die Familie Dubois-Challon kaufte es 1916. Der 13 Hektar große Weinberg liegt teils auf dem Plateau, teils in „les côtes". Die niedrige Produktion kommt vom hohen Anteil alter Rebstöcke, die einen kleinen Ertrag abwerfen.

WEINE  Ein leichterer Wein als der von den beiden Nachbarn Canon und Ausone. Mehr Finesse und Eleganz als Kraft und Fülle. Die Zukunft lässt Positives erwarten, denn Pascal Delbeck - ursprünglich bei Château Ausone verpflichtet - wird sich in Zukunft exklusiv diesem Wein widmen. Zweitwein: *Roq Blanquet.*

KLASSIFIZIERUNG  1er Grand Cru Classé B.

BODEN  Sand gemischt mit Lehm, Ton und Kies auf Kalkstein.

REBSORTEN  Mer 60%, Cabernet Franc 40%.

*Château Belair wird eher von Finesse und Eleganz geprägt als von Kraft und Fülle.*

WEINHERSTELLUNG  Gärung in Stahltanks und Ausbau in Eichenfässern, wovon 30-50% neu sind.

LAGERUNG  Mind. sechs bis zwölf Jahre.

REBFL/PROD  12 ha, 5 000 Kisten/Jahr. 70% für den Export nach Europa, Japan und in die USA.

JAHRGÄNGE  1996, 95, 94, 93, 92, 90, 89, 88, 83, 82, 79.

**Besitzer** Madame Dubois-Challon • **Kellermeister** Pascal Delbeck • **Besuch** Nach Vereinbarung • **Adresse** Ch. Belair, FR-33330 St-Émilion • **Tel.** 05 57 24 70 94 • **Fax** 05 57 24 67 11

PRODUKTION        QUALITÄT        PREIS

## CH. CADET-PIOLA

GESCHICHTE  Die moderne Geschichte des Schlosses geht bis 1952 zurück, als es von der Familie Jabiol gekauft wurde, Besitzerin des benachbarten Faurie-de-Souchard (nicht zu verwechseln mit Petit-Faurie-de-Soutard). Der Weinberg liegt weder in „les côtes" noch „les graves", sondern dicht auf dem Kalkstein-Plateau, das sich nördlich und nordwestlich der Stadt St-Émilion ausbreitet. Im Kalkstein unter dem Schloss befindet sich ein unterirdischer Keller, wo der Wein in Fässern reift. Wegen der kleinen Produktion ist Cadet-Piola ein eher unbekanntes Schloss und die Weine sind oft preiswert.

WEINE  Anfangs sehr unzugänglich, nach einiger Lagerzeit entwickelt sich ein gut gebauter, großer Wein mit pflaumenartigem Geschmack, würzigem Bukett und einem feinen, tiefen, langen Geschmack mit viel Tannin. Zweitwein: *Chevalier de Malta*.

KLASSIFIZIERUNG  Grand Cru Classé.
BODEN  Kies- und sandgemischter Lehm.
REBSORTEN  Merlot 51%, Cabernet Franc

*Die Weine von Cadet-Piola sind relativ unbekannt und oft sehr preiswert.*

18%, Cabernet Sauvignon 28%, Malbec 3%.
WEINHERSTELLUNG  Temperaturkontrollierte glasbeschichtete Fässer. Ausbau während ca. 18 Monaten in zu 50% neuen Eichenfässern.
LAGERUNG  Geduld ist eine Tugend und in diesem Fall eine Notwendigkeit. Zehn Jahre für leichtere, 20 Jahre für die größeren Jahrgänge.
REBFL/PROD  7 ha, 3 000 Kisten/Jahr.
JAHRGÄNGE  1996, 95, 94, 93, 92, 90, 89, 88, 86, 85, 83, 82, (79), 78, 71.

**Besitzer** Fam. Jabiol • **Kellermeister** Alain Jabiol • **Besuch** Mo-Fr 9-11, 15-17 • **Adresse** Ch. Cadet-Piola, FR-33330 St-Émilion • **Tel.** 05 57 74 47 69 • **Fax** 05 57 74 47 69 • **Homepage** www.chateau-cadet-piola.com

PRODUKTION    QUALITÄT    PREIS

## CH. CANON

GESCHICHTE  Unmittelbar außerhalb der Stadt liegt dieses Schloss mit seinem beeindruckenden Eingang und den markanten Türmen. Die Weinberge befinden sich auf dem Plateau, Nachbarn sind Ausone und Belair. Canon genießt einen guten Ruf und zeichnet sich durch eine hohe und ausgeglichene Qualität aus. Seit einigen Jahren ist man auf dem Weg zur absoluten Spitze unter der Führung des jungen, dynamischen Eric Fournier. Seit dem 19. Jh. war das Anwesen in Besitz der Familie Fournier. 1996 wurde es an die Familie Wertheimer verkauft (auch in Besitz von

*Ch. Canon liegt unmittelbar außerhalb von St-Émilion. Nachbarn sind u.a. Ausone und Belair.*

Ch. Rauzan-Ségla und des Modehauses Chanel). Heute liegt die Führung bei David Orr und John Kolasa. Canon ist im Côtes-Tal der einzige Herausforderer von Ausone und Magdelaine.

WEINE  Dunkelrote, kraftvolle und tanninreiche Weine mit Tiefe und Konzentration, oft mit rauchigem Fasscharakter. Zweitwein: *Clos J. Canon*.

KLASSIFIZIERUNG  1er Grand Cru Classé B.
BODEN  Sandgemischter Lehm auf Kalkstein.
REBSORTEN  Mer 55%, Cabernet Franc 45%.
WEINHERSTELLUNG  Gärung in rostfreien, temperaturkontrollierten Tanks, Ausbau in Eichenfässern, wovon 2/3 jährlich erneuert werden.
LAGERUNG  Sollte mindestens zehn, noch besser 15 Jahre gelagert werden.
REBFL/PROD  17 ha, ca. 8 000 Kisten/Jahr.
JAHRGÄNGE  1996, 95, 94, 93, 92, 90, 89, 88, 86.

**Besitzer** Chanel Inc • **Kellermeister** Jean-François Lalle • **Besuch** Nach Vereinbarung • **Adresse** Ch. Canon, BP 22, FR-33330 St-Émilion • **Tel.** 05 57 55 23 45 • **Fax** 05 57 24 68 00

PRODUKTION    QUALITÄT    PREIS

## CH. CHEVAL BLANC

GESCHICHTE  Das Schloss wurde im 19. Jh. von der Familie Fourcaud-Laussac gekauft. Verkäufer war damals der Besitzer von Figeac, vormals größtes und bekanntestes Schloss des Gebiets. Der Ruf von Cheval Blanc begann mit dem legendären Jahrgang 1921. Aber erst seit dem 2. Weltkrieg ist der Wein zu einem Spitzenprodukt St-Émilions aufgestiegen. 1947 begann der Anfang eines Siegeszugs mit einer fast lückenlosen Reihe hervorragender Weine, bis ihre schwere Frost das Gebiet im Jahr 1956 substantiell schädigte. Nach wenigen Jahren schon produzierte man auf Cheval Blanc wieder phantastische Weine. Zweifelsohne ist Cheval-Blanc immer noch der größte Wein in St-Émilion, obschon er mit Ch. Ausone Konkurrenz erhalten hat.
WEINE  Große, würzige und konzentrierte Weine mit Minzegeschmack und Cabernet-Charakter. Zweitwein: *Le Petit Cheval.*
KLASSIFIZIERUNG  1er Grand Cru Classé A.
BODEN  Sand (70%) und sandige Lehmböden (30%) auf eisenhaltigem Boden.

*Cheval Blanc ist ein schönes Weingut und ein großer Wein, seit den 40er Jahren sehr erfolgreich.*

REBSORTEN  Cabernet Franc 60%, Mer 40%.
WEINHERSTELLUNG  Temperaturkontrollierte Gärung in großen Tanks, Ausbau in neuen Eichenfässern während 20 Monaten.
LAGERUNG  Kann schon nach fünf bis sieben Jahren ansprechend sein, sollte aber noch zehn weitere Jahre gelagert werden.
REBFL/PROD  37 ha, ca. 13 000 Kisten/Jahr.
JAHRGÄNGE  1996, 95, 94, 93, 92, 90, 89, 88, 87, 86, 85, 83, 82, 81, (79), (78), 75, 70, (66), 64, 61, 59.

**Besitzer** Albert Frère und Bernard Arnault (LVMH) •**Kellermeister** Pierre Lurton •**Besuch** Nur für Fachleute •**Adresse** Ch. Cheval Blanc, FR-33330 St-Émilion •**Tel.** 05 57 55 55 55 •**Fax** 05 57 55 55 50

PRODUKTION     QUALITÄT     PREIS

## CH. CLOS FOURTET

GESCHICHTE  Eine beeindruckende Kirchenruine bei der nördlichen Einfahrt nach St-Émilion vermittelt dem Besucher einen bleibenden Eindruck von Clos Fourtet. Zu Beginn des Jahrhunderts war Clos Fourtet in Besitz von Fernand Ginestet, einem der mächtigsten Schlossbesitzer in Bordeaux. Danach wurde das Schloss von den Brüdern Lurton gekauft, ebenfalls Großbesitzer in Bordeaux, mit Schlössern wie La Louvière, Climens, Durfort-Vivens und Brane-Cantenac. In den 70ern und Mitte der 80er Jahre tätigte die Familie große Investitionen und in den 90er Jahren

*Die Brüder Lurton haben enorme Summen investiert. Seit den 90er Jahren ist die hohe Qualität beständig.*

vermochte Pierre Lurton (heute Kellermeister auf Cheval Blanc) die Qualität bedeutend zu steigern.
WEINE  Recht kräftige, fruchtige Weine mit Johannisbeere und einer würzigen Blume.
KLASSIFIZIERUNG  1er Grand Cru Classé B.
BODEN  Sandgemischter Lehm auf Kalkboden.
REBSORTEN  Merlot 70%, CF 20%, CS 10%.
WEINHERSTELLUNG  Neue, moderne Anlagen für Gärung in temperaturkontrollierten, rostfreien Stahltanks. Ausbau in Eichenfässern während ca. 18 Mt., 30-50% neue Eichenfässer.
LAGERUNG  Wahrscheinlich der einzige Wein in seiner Klasse, der sich nach längerer Lagerung nicht nennenswert zu verbessern scheint. Nach sechs bis zehn Jahren ist der Wein reif und bleibt dann für lange Zeit stabil.
REBFL/PROD  20 ha, 7 000 Kisten/Jahr.
JAHRGÄNGE  1996, 95, 94, 93, 92, 90, (89), 88, 85.

**Besitzer** André & Lucien Lurton •**Kellermeister** Tony Ballu •**Besuch** Mo-Fr 8-12, nach Vereinbarung •**Adresse** Ch. Clos Fourtet, FR-33330 St-Émilion •**Tel.** 05 57 24 70 90 •**Fax** 05 57 74 46 52

PRODUKTION     QUALITÄT     PREIS

## CH. CLOS DES JACOBINS

GESCHICHTE  Ein sehr schönes kleines Schloss in „les sables", dem flachen Gebiet zwischen „les côtes" bei der Stadt St-Émilion und „les graves" an der Grenze zu Pomerol. Der Name Jacobins stammt von einem örtlichen Mönchsorden, der hier Weinberge besaß. 1964 wurde das

*Clos des Jacobins ist ein schönes Schloss in „les sables", der Sanderde. Die Weine sind dunkel und dicht.*

Schloss vom Handelshaus Cordier gekauft und restauriert. Heute ist es genauso gepflegt wie die übrigen Cordier-Schlösser. Ein großer Vorteil der Cordier-Anwesen liegt darin, dass die Weine direkt verkauft werden und damit der teure Zwischenhandel entfällt.

WEINE  Dunkle, dichte Weine mit würzigem Bukett und feinem Zedernholzcharakter. Der Geschmack ist konzentriert, rund, füllig und samtähnlich in seiner Struktur. Ein Wein von auffällig ausgewogener Qualität.

KLASSIFIZIERUNG  Grand Cru Classé.

BODEN  Clos des Jacobins liegt auf „les sables" mit Lehmböden und feinkörnigem Sand.

REBSORTEN  Merlot 60%, Cabernet Franc 35%, Cabernet Sauvignon 5%.

WEINHERSTELLUNG  Gärung in Stahltanks, Ausbau 18-20 Monate in zu 35-40% neuen Eichenfässern.

LAGERUNG  Im Gegensatz zu vielen anderen Weinen solch hoher Klassifizierung kann Clos des Jacobins relativ früh getrunken werden. Schon nach 6-7 Jahren ist der Wein genießbar und entwickelt sich noch weitere 15-20 Jahre.

REBFL/PROD  7,5 ha, 3 000 Kisten/Jahr.

JAHRGÄNGE  1996, 95, 94, 93, 92, 90, 89, 88, 86.

**Besitzer** Dom. Cordier (Val d'Orbieu) • **Kellermeister** Frédéric Gauthier • **Besuch** Nach Vereinbarung • **Adresse** Ch. Clos des Jacobins, Domaines Cordier, 53 rue de Dehez, FR-33290 Blanquefort • **Tel.** 05 56 95 53 00 • **Fax** 05 56 95 53 01 • **Homepage** www.cordier-wines.com

PRODUKTION     QUALITÄT     PREIS

## CH. LA DOMINIQUE

GESCHICHTE  Der Name la Dominique stammt nicht etwa von einem Dominikaner-Orden, sondern von einem früheren Besitzer, der in der Dominikanischen Republik gewohnt hat, vermögend war und das Schloss kaufte. Es ist aber der heutige Besitzer, Clément Fayat, dem das Verdienst zusteht, dass sich der Wein unter den besten Schlössern in St-Émilion etablieren konnte. Er erwarb das Schloss 1969. La Dominique liegt in „les graves", benachbart dem berühmten Cheval Blanc an der Grenze zu Pomerol. Viele sind der Überzeugung, dass dieses Gut zu einem Premier Cru Classé aufsteigen sollte, was bei der 1996 erfolgten Bewertung nicht geschah.

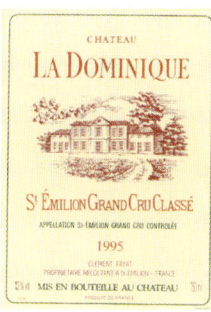

*Die Weine von Château la Dominique verdienen seit längerem eine höhere Einstufung.*

WEINE  Dichte, tanninreiche Weine mit feiner, üppiger Frucht. Zweitwein: *St-Paul de la Dominique*.

KLASSIFIZIERUNG  Grand Cru Classé.

BODEN  Kies- und sandgemischte Böden.

REBSORTEN  Merlot 80%, Cabernet Franc 15%, Cabernet Sauvignon 5%.

WEINHERSTELLUNG  Gärung in rostfreien Stahltanks und Ausbau in Eichenfässern, wovon etwa die Hälfte jährlich erneuert wird.

LAGERUNG  La Dominique kann und soll mind. zehn Jahre gelagert werden, die Weine sind aber bereits nach 5-6 Jahren sehr ausgewogen.

REBFL/PROD  23 ha, ca. 10 000 Kisten/Jahr.

JAHRGÄNGE  1996, 95, 94, 93, 92, 90, 89, 88.

**Besitzer** Clément Fayat • **Kellermeister** Emmanuel Villega • **Besuch** Mo-Fr 8-12, 14-17 • **Adresse** Ch. La Dominique, FR-33330 St-Émilion • **Tel.** 05 57 51 31 36 • **Fax** 05 57 51 63 04

PRODUKTION     QUALITÄT     PREIS

FRANKREICH • BORDEAUX • ÖSTLICHES BORDEAUX • ST-ÉMILION

## CH. FIGEAC

GESCHICHTE Figeac in seiner heutigen Größe ist Bestandteil des vormals mächtigsten Gutes in St-Émilion. Unter anderem gehörten Cheval Blanc sowie die Schlösser, die noch heute „Figeac" in ihrem Namenszug tragen, dazu. Die Familie Manoncourt besitzt das stattliche Figeac seit vielen Generationen und seit 1947 führt der aristokratische Thierry Manoncourt das Unternehmen. Er ist sehr darauf bedacht, dass Figeac seinen Status als Topwein halten kann, dies in Zeiten harter Konkurrenz, die das Ausruhen auf alten Lorbeeren nicht mehr erlauben.

WEINE Ähnlich wie Cheval Blanc, oft kräftiger, jedoch mit weniger Biss, aber komplex und mit der gleichen Würze, wie er seinem großen Nachbarn eigen ist. Zahlreiche Jahrgänge haben Cheval Blanc an Qualität übertroffen. Figeac hat die Eigenschaft, auch in schwierigen Jahren gute Weine zu erzeugen. Zweitwein: *La Grange Neuve*.

KLASSIFIZIERUNG 1er Grand Cru Classé B.
BODEN 2/3 Kiesboden und 1/3 eher lehmiger

*Ch. Figeac gelingt es auch in schwierigen Jahren vergleichsweise gute Weine herzustellen.*

Sandboden (wo die Merlot-Traube gedeiht).
REBSORTEN Merlot 30%, CF 35%, CS 35%.
WEINHERSTELLUNG Große rostfreie *cuvées* für die Gärung, Ausbau in neuen Eichenfässern während 22 Monaten.
LAGERUNG Der Wein ist schon nach fünf Jahren ansprechend, entwickelt sich aber hervorragend während weiteren 20 Jahren.
REBFL/PROD 40 ha, 12 000 Kisten/Jahr.
JAHRGÄNGE 1996, 95, 94, 93, 92, 90, 89, 88, 86, 85, 84.

**Besitzer** Thierry Manoncourt • **Kellermeister** Eric d'Aramon • **Besuch** Mo-Fr, nach Vereinbarung • **Adresse** Ch. Figeac, FR-33330 St-Émilion • **Tel.** 05 57 24 72 26 • **Fax** 05 57 74 45 74 • **Homepage** www.vinternet.fr/figeac

PRODUKTION   QUALITÄT   PREIS

## CH. LARMANDE

GESCHICHTE Einen halben Kilometer nördlich der Stadt, auf dem Weg nach St-Georges, liegt dieses bis heute relativ unbekannte Schloss, benachbart zu Ch. Cap-de-Mourlin. In Larmande wurden in den 70er Jahren große Investitionen getätigt und es ist heute eines der interessantesten Schlösser von St-Émilion. Der Önologen-Papst Emile Peynaud überwacht heute die Weinbereitung. Eines seiner Erfolgsrezepte bestand darin, den Anteil von Merlot auf Kosten von Cabernet Sauvignon zu steigern, was den Wein weicher und ein wenig voller machte. Im Preisvergleich ist Lar-

*Château Larmande gehört zu den „coming stars" von St-Émilion, überwacht vom Önologen Emile Peynand.*

mande heute wahrscheinlich einer der attraktivsten Weine.

WEINE Dunkle, rubinrote Weine mit traubenartigem, würzigem Bukett. Der Geschmack ist rund und füllig mit feiner Frucht und guten Tanninen. Zweitwein: *Des Templiers*.

KLASSIFIZIERUNG Grand Cru Classé.
BODEN Sand und Lehm auf Kalksteinboden.
REBSORTEN Merlot 65%, Cabernet Franc 30%, Cabernet Sauvignon 5%.
WEINHERSTELLUNG Moderne temperaturkontrollierte Gärung in rostfreien Stahltanks. Ausbau im Fass ca. 16 Monate. Ein Drittel der Fässer werden jährlich erneuert.
LAGERUNG Sechs bis zehn Jahre Lagerung, je nach Jahrgang. Bei optimalen Lagerbedingungen länger haltbar.
REBFL/PROD 24 ha, 12 000 Kisten/Jahr.
JAHRGÄNGE 1996, 95, 94, 93, 92, 90, 89, 88, 86.

**Besitzer** La Mondiale (Versicherungsges.) • **Kellermeister** Jarc Dworwin • **Besuch** Mo-Fr 8-12, 14-18.30 • **Adresse** Ch. Larmande, FR-33330 St-Émilion • **Tel.** 05 57 24 71 41 • **Fax** 05 57 74 42 80 • **E-Mail** larmande@chateau.larmande.com • **Homepage** www.chateau.larmande.com

PRODUKTION   QUALITÄT   PREIS

## CH. MAGDELAINE

GESCHICHTE  Nach 200 Jahren in Besitz der Familie Chatonnet, kaufte Jean-Pierre Moueix das Anwesen 1953. Es liegt in unmittelbarer Nähe der Stadt und ist Nachbar von Ch. Belair. Wegen

Christian Moueix (Château Pétrus) hat für Château Magdelaine eine Spitzenposition in St-Émilion erkämpft.

der niedrigen Produktion hat das Schloss unverdientermaßen wenig Bekanntheit erlangt, was sich unter der Führung von Moueix langsam ändert. Jean-Pierre Moueix und sein Sohn Christian haben viel zum Bekanntheitsgrad der Weine aus Libournais (dem rechten Ufer) beigetragen. Das Schloss hat in den letzten Jahren gute Weine produziert und gehört momentan zu den sechs besten der Region.
  WEINE  Infolge der Vergärung des ganzen Traubengutes (teilweise), erzielt man Kraft und Tannin in diesem Merlot-dominierten Wein. Mit zunehmendem Alter wird große Finesse erreicht.
  KLASSIFIZIERUNG  1er Grand Cru Classé B.
  BODEN  Sandgemischter Lehm, teilweise mit Kiesboden.
  REBSORTEN  Mer 90%, Cabernet Franc 10%.
  WEINHERSTELLUNG  Maischegärung teilweise in Stahltanks, Ausbau etwa 20 Monate in zum größten Teil neuen Eichenfässern.
  LAGERUNG  Ein Lagerwein, große Jahrgänge sollten 15 Jahre in der Flasche ruhen.
  REBFL/PROD  10 ha, 3 500 Kisten/Jahr.
  JAHRGÄNGE  1996, 95, 94, 93, 92, 90, 89, 88.

**Besitzer** Ets J-P Moueix • **Kellermeister** François Veyssière • **Besuch** Nach Vereinbarung • **Adresse** Ch. Magdelaine, FR-33330 St-Émilion • **Tel.** 05 57 51 75 55 • **Fax** 05 57 51 79 79

PRODUKTION   QUALITÄT   PREIS

## CH. PAVIE

GESCHICHTE  Pavie ist in seiner Ausdehnung eines der größten „Premier Grand Cru Classé" Schlösser. Es gehörte der berühmten Weinfamilie Valette aus St-Émilion. Das Anwesen liegt südöstlich der Stadt St-Émilion am Kalksteinhang, der hier „les côtes" heißt. In diesen Hang hat man einen Keller gehauen, was beste Lagerbedingungen ermöglicht. Dank der großen Produktion war Pavie immer einer der bekanntesten St-Émilion-Weine und auch der renommierteste unter den Premiers Grands Crus (Cheval Blanc und Ausone ausgenommen). Die Familie Valette verkaufte den Besitz 1997 gezwungenermaßen an Gérard Persse, den Supermarkt-Multimillionär.
  WEINE  In den letzten Jahren feste, mehr strukturierte Weine, bessere Tannine. Recht typischer St-Émilion.
  KLASSIFIZIERUNG  1er Grand Cru Classé B.
  BODEN  Ein Teil der Weinberge liegt in „les côtes", wo sandgemischter Lehm auf Kalkstein gute Weine ergibt. Ein Teil der Reben liegt im Tal auf Sandböden, dies ergibt leichte Weine.

Einer der bekanntesten Weine St-Émilions, von gleich bleibend hoher Qualität und typischem Charakter.

REBSORTEN  Merlot 55%, Cabernet Franc 25%, Cabernet Sauvignon 20%.
  WEINHERSTELLUNG  Gärung in Stahltanks, Ausbau in Eichenfässern, wovon ein Drittel erneuert werden.
  LAGERUNG  10-15 Jahre Lagerung für Weine der letzten zehn Jahrgänge.
  REBFL/PROD  22 ha, 10 000 Kisten/Jahr.
  JAHRGÄNGE  1996, 95, 94, 93, 92, 91, 90, 89, 86, 85, 83, 82, 79.

**Besitzer** Gérard Perse • **Besuch** Nach Vereinbarung • **Adresse** Ch. Pavie, FR-33330 St-Émilion • **Tel.** 05 57 55 43 43 • **Fax** 05 57 24 63 99

PRODUKTION   QUALITÄT   PREIS

FRANKREICH • BORDEAUX • ÖSTLICHES BORDEAUX • ST-ÉMILION

## CH. SOUTARD

GESCHICHTE  Eines der schönsten und distinguiertesten Schlösser in St-Émilion. Gebaut in der zweiten Hälfte des 18. Jh. im eleganten, spätklassizistischen Stil. Das Schloss liegt nördlich der Stadt, in einen Park eingebettet. Seit 1785 gehört das Schloss den Comtes des Ligneris. Der heutige

*Château Soutard gehört zweifelsohne zu den elegantesten Schlössern St-Émilions.*

Repräsentant der Familie, François des Ligneries, stellt kompromisslos maskuline, langlebige Weine her. Bis 1850 waren die zwei Soutard-Schlösser in gemeinsamen Besitz, wurden dann aber getrennt, so dass heute auch Petit-Faurie-de-Soutard existiert.

WEINE  Dunkle, kräftige und sehr tanninreiche Weine von großer Konzentration, Duft nach Vanille und Eiche. Château Soutard gehört zu den straffsten und reichsten St-Émilion-Weinen. Zweitwein: *Clos de la Tonnelle.*

KLASSIFIZIERUNG  Grand Cru Classé, oft besser als die meisten Premiers.

BODEN  Kies und sandgemischter Lehmboden.

REBSORTEN  Mer 60%, Cabernet Franc 40%.

WEINHERSTELLUNG  Relativ lange Gärung in rostfreien Stahltanks. Ausbau in Eichenfässern für 20-24 Monate. Ein Drittel der Fässer sind neu.

LAGERUNG  Soutard muss gelagert werden. Ab zehn Jahren ergeben die leichteren Jahrgänge einen eleganten Tropfen. Die besten Jahrgänge erfordern eine Lagerung von 15-20 Jahren.

REBFL/PROD  22 ha, 10 000 Kisten/Jahr. 60% werden nach Belgien, Großbritannien und in die Schweiz exportiert.

JAHRGÄNGE  1996, 95, 94, 93, 92, 91, 90, 89, 88, 86.

**Besitzer** Fam. des Ligneris • **Kellermeister** François des Ligneris • **Besuch** Mo-Fr, nach Vereinbarung • **Adresse** Ch. Soutard, FR-33330 St-Émilion • **Tel.** 05 57 24 72 23 • **Fax** 05 57 24 66 94

PRODUKTION        QUALITÄT        PREIS

## CH. TERTRE RÔTEBOEUF

GESCHICHTE  Einer der ersten neuen Kult-Weine in St-Émilion/Pomerol: kleine Weingüter, hohe Preise, dichte und konzentrierte Weine. Mitjavile kaufte das Gut 1978 und hat seitdem das kleine Eigentum peu à peu zum heutigen Weltruhm gebracht. Anfangs waren die Weine eher leicht und nicht so lagerfähig. Seit 1985 aber, als François Mitjavile geraten wurde, ausschließlich neue Eichenfässer einzusetzen, können sie mit den allerbesten von St-Émilion verglichen werden. Niedriger Ertrag und minuziöser Ausbau ergeben muskulöse Weine mit großer Kraft.

WEINE  Große, dunkle Weine mit viel Kraft

*Ch. Tertre Rôteboeuf gehört zu den ersten Kultweinen in St-Émilion.*

und Konzentration. Wegen des geringen Ertrages haben die Weine genügend Frucht, um den kräftigen Eichenholzton zu ertragen. Weine mit Röst- und Raucharoma und einem langen, intensiven Abgang.

KLASSIFIZIERUNG  St-Émilion Grand Cru, eine Einstufung, die dem Preis und der Qualität kaum gerecht wird.

BODEN  Kies und Sand mit kalkhaltigem Lehm.

REBSORTEN  Mer 80%, Cabernet Franc 20%.

WEINHERSTELLUNG  Traditionelle, langsame Vergärung, zu 100% neue Eichenfässer.

LAGERUNG  Vollreif 5-20 Jahre nach der Lese, besonders die Jahrgänge nach 1988 können lange aufbewahrt werden.

REBFL/PROD  4,5 ha, 2 000 Kisten/Jahr.

JAHRGÄNGE  1997, 96, 95, 94, 93, 90, 89, 88, 86, 85, (83), (82).

**Besitzer** Fam. Mitjavile • **Kellermeister** François Mitjavile • **Besuch** Nach Vereinbarung • **Adresse** Ch. Tertre Roteboeuf, FR-33330 Saint-Laurent des Combes • **Tel.** 05 57 24 70 57 • **Fax** 05 57 74 42 11

PRODUKTION        QUALITÄT        PREIS

## Weitere Produzenten in St-Émilion

### Ch. Balestard-La-Tonnelle

Reiche, füllige und konzentrierte Weine mit Frucht und Konzentration. Die Weine können gelagert oder jung getrunken werden, vorausgesetzt man akzeptiert den hohen Tanningehalt. FAKTEN Grand Cru Classé, 10 ha, 5 000 Kisten/Jahr. Merlot 70%, CF 15%, CS 10%, Mal 5%.
• **Besitzer:** Fam. Capdemourlin **Besuch:** Nach Vereinbarung. **Adresse:** Ch. Roudier, FR-33570 Montagne. **Tel.** 05 57 74 62 06. **Fax** 05 57 74 59 03.

### Ch. Beau-Séjour Bécot

1985 vom Premier Cru dramatisch nach unten klassifizierter Betrieb, weil Weinlagen miteinbezogen wurden, die dem Status nicht entsprachen. Bei der neusten Klassifizierung im Jahr 1996 erreichte man die Spitze wieder, wo man auch hingehört. Sehr dichte, konzentrierte Weine in üppigem Stil mit weichen Tanninen und großer, schöner Frucht, viel Röstaromen von Kaffee und Kakao. Der Ausbau erfolgt in bis zu 90% neuen Fässern. FAKTEN 1er Grand Cru Classé, 17 ha, 8 000 Kisten/Jahr. Merlot 70%, CF 15%, CS 15%.
• **Besitzer:** G & D Bécot **Besuch:** Nach Vereinbarung. **Adresse:** FR-33330 St-Émilion. **Tel.** 05 57 74 46 87. **Fax** 05 57 24 66 88.

### Ch. Beauséjour (Duffau Lagarosse)

Das andere Schloss mit dem Namen Beauséjour liegt westlich der Stadt und ist Nachbar von L'Angélus. Wegen geringer Produktion ist dieser Wein schwer erhältlich. Fruchtig und elegant, vielleicht zu leicht, um seine hohe Klassifikation zu rechtfertigen. FAKTEN Premier Grand Cru Classé B, 7 ha, 3 500 K./J. Mer 50%, CF 25 %, CS 25%.
• **Adresse:** FR-33330 St-Émilion. **Tel.** 05 57 24 71 61. **Fax** 05 57 74 48 40.

### Ch. Berliquet

Das einzige Schloss, das 1985 höher klassifiziert wurde. Dank großen Investitionen produziert man heute einen guten Grand Cru Classé. Konzentriert und komplex, mit einem Hauch von Tabak. Die Weine brauchen Zeit für die Entwicklung. FAKTEN Grand Cru Classé, 8 ha, 3 200 Kisten/Jahr. Merlot 75%, CF, CS 25%.
• **Besitzer:** Patrick de Lesque **Besuch:** Nach Vereinbarung. **Adresse:** FR-33330 St-Émilion. **Tel.** 05 57 24     70 48. **Fax** 05 57 24 70 24.

### Ch. Canon-La-Gaffelière

Seit Ende der 80er hat der Wein eine Qualität, die den Preis rechtfertigt. Durch Drosselung des Nahrungszuflusses zu den Trauben mit einer Art Klemmzange, in der letzten Woche vor der Ernte, werden Zuckergehalt, Säure und Aromastoffe in der Traube konzentriert. Die Voraussetzung ist trockenes, sonniges Wetter. FAKTEN Grand Cru Classé, 20 ha, 10 000 Kisten/Jahr. Merlot 65%, Cabernet Franc 30%, Cabernet Sauvignon 5%.
• **Besitzer:** Graf Neipperg **Besuch:** Nach Vereinbarung. **Adresse:** FR-33330 St-Émilion. **Tel.** 05 57 24 71 33.

### Ch. Cap de Mourlin

Früher gab es zwei Weine von verschiedenen Gütern mit gleicher Etikette. Seit 1983 sind die zwei eins geworden. Das Schloss liegt nördlich von St-Émilion und ist Larmande benachbart. Sauber vinifizierte Weine, klassische St-Émilion mit sanfter, eleganter Frucht, fassbetont und mit etwas würzigem Bukett. FAKTEN Grand Cru Classé, 14 ha, 6 000 Kisten/Jahr. Merlot 60%, CF 25%, Cabernet Sauvignon 12%, Malbec 3%.
• **Besitzer:** Fam. Capdemourlin **Besuch:** Nach Vereinbarung. **Adresse:** Ch. Roudier, FR-33570 Montagne. **Tel.** 05 57 74 62 06. **Fax** 05 57 74 62 06.

### Ch. Croque-Michotte

Ein interessanter, Merlot-dominierter Wein von „les graves" an der Grenze zu Pomerol. Seit 100 Jahren in Besitz der Familie Rigal. Recht robuste, dunkle Weine mit herrlichem, fülligem und fruchtigem Bukett. Die Weine sind schon jung genießbar, sollten aber zehn Jahre lagern. FAKTEN Grand Cru, 14 ha, 6 000 Kisten/Jahr. Merlot 90%, Cabernet Franc 10%.
• **Besitzer:** Fam. Rigal **Adresse:** FR-33330 St-Émilion. **Tel.** 05 57 51 13 64.

### Ch. Faugères

Wird seit 1987 von Corinne und Péby Guissez geführt. Sie vermochten auch die Qualität zu erhöhen. Neue Drainagesysteme im Weinberg, Gärung in rostfreien Stahltanks und bis zu 50% neue Fässer für den Ausbau bewirkten phantastische Resultate. Füllige und kräftige Weine mit deutlichem Charakter der Appellation. Ein hervorragender 1990er führt in die neue Epoche dieses Schlosses. FAKTEN Grand Cru Classé. 20 ha, 8 000 Kisten/J. Mer 70%, CF 25%, Malbec 5%.
• **Besitzer:** Corinne & Péby Guisez **Besuch:** Nach Vereinbarung. **Adresse:** FR-33330 St-Étienne-de-Lisse. **Tel.** 05 57 40 34 99. **Fax** 05 57 40 34 99.

### Ch. Faurie-de-Souchard

Hieß früher Petit-Faurie-de-Souchard. Das Schloss hat denselben Besitzer wie Cadet-Piola, aber der Wein ist weniger konzentriert. Der Preis wird der Qualität gerecht. FAKTEN Grand Cru Classé, 11 ha, 4 000 Kisten/Jahr. Merlot 65%, Cabernet Franc 25%, Cabernet Sauvignon 10%.
• **Besitzer:** Fam. Jabiol-Sciard **Besuch:** Täglich 9-16 außer Mi, Sa, So. **Adresse:** FR-33330 St-Émilion. **Tel.** 05 57 74 43 80. **Fax** 05 57 74 43 96.

## Weitere Produzenten in St-Émilion

### Ch. Fonroque

Nordwestlich der Stadt und letzter Vorposten an der Grenze zu „les sables". In Besitz der berühmten Libourne-Firma Jean-Pierre Moueix (Pétrus, Magdelaine u.a.). Dichte, würzige, straffe Weine mit feiner Frucht, Konzentration und Eichennote. Weine, die sich in der Flasche zehn Jahre gut entwickeln. FAKTEN Grand Cru Classé, 20 ha, 7 500 Kisten/Jahr. Merlot 70%, CF 30%.
- **Besitzer:** Ets J-P Moueix **Besuch:** Nach Vereinbarung. **Adresse:** FR-33330 St-Émilion. **Tel.** 05 57 51 78 96.

### Ch. Grand-Pontet

Liegt außerhalb der Stadt am Fuße von „les côtes". Gehörte früher dem Négociant Barton & Gustier, der den Betrieb modernisierte. Wurde 1980 an die Familien Bécot und Pourquet verkauft. Gradlinige, zugängliche Weine mit ansprechender Frucht. FAKTEN Grand Cru Classé. 14 ha, 6 000 Kisten/Jahr. Merlot 75%, CF 25%.
- **Besitzer:** G & D Bécot **Besuch:** Nach Vereinbarung. **Adresse:** FR-33330 St-Émilion. **Tel.** 05 57 74 46 88. **Fax** 05 57 24 66 88.

### Ch. La Gaffelière

Großes Schloss südlich der Stadt mit traditionell hergestellten, robusten Weine mit kräftigen Tanninen. Trotz guter Voraussetzungen fehlt den Weinen etwas Struktur. Die zweite Hälfte der 80er Jahre versprechen mehr. FAKTEN Premier Grand Cru Classé B, 22 ha, 9 000 Kisten/Jahr. Merlot 65%, Cabernet Franc 25%, CS 10%.
- **Besitzer:** Comte Léo de Malet-Roquefort **Besuch:** Nach Vereinbarung. **Adresse:** 1, La Gaffelière-Ouest, FR-33330 St-Émilion. **Tel.** 05 57 24 72 15. **Fax** -65 24.

### Ch. La Gomerie

Gérard und Dominique Bécot von Beau-Séjour kehren mit Erfolgen zurück. Nicht nur in die erste Liga, sondern auch zum Kult-Club mit diesem Mini-Cru. Alte Merlot-Rebstöcke mit einem Durchschnittsalter von über 35 Jahren, äußerst niedriger Ertrag, Gärung und Ausbau in neuen Eichenfässern ergeben konzentrierte Weine zu hohen Preisen. Selbstverständlich wird biologisch angebaut und keine Filtration durchgeführt. FAKTEN 2,5 ha, ca. 1 000 Kisten/Jahr. 100% Merlot.
- **Besitzer:** G & D Bécot **Besuch:** Nach Vereinbarung. **Adresse:** Ch. Beau-Séjour Bécot, FR-33330 St-Émilion. **Tel.** 05 57 74 46 87. **Fax** 05 57 74 66 88.

### Ch. La Mondotte

In Besitz des Comte von Neipperg von La Gaffelière, Clos l'Oratoire u.a., der mit seinen Weinen hervorragende Beispiele der Weinherstellung liefert. Dieser Betrieb gehört zu den interessantesten in St-Émilion. Gärung und Ausbau erfolgen in Holzfässern mit Temperaturregelung. Es wird nicht filtriert. Äußerst konzentrierte Weine, die in manchen Jahrgängen einem 1er oder 2ème Cru entsprechen. Duft von Brombeeren und schwarzen Johannisbeeren, körperreich, milde Säure, schön eingebaute Tannine und enorm langer Abgang. Gehört zur gleichen Preisklasse wie Pétrus, Le Pin und Valandraud. FAKTEN 4,5 ha, etwa 1 000 Kisten/Jahr. Merlot 80%, CF 20%.
- **Adresse:** FR-33330 St-Émilion. **Tel.** 05 57 24 71 33.

### Clos l'Oratoire

Ein zusammenhängender, relativ großer Besitz mit viel versprechender Zukunft, da von Stefan von Neipperg (Canon La Gaffelière) erworben. Früher ehrliche und typische St-Émilion-Weine mit Konzentration und Fülle, leider nicht beständig. Mit dem neuen Besitzer erwartet man große, moderne und dunkle „Eiche"-Weine. FAKTEN 10 ha, 4 500 Kisten/Jahr. Merlot 75%, CF 25%.
- **Besitzer:** Comte Stefan von Neipperg **Besuch:** Nach Vereinbarung. **Adresse:** FR-33330 St-Émilion. **Tel.** 05 57 24 70 86.

### Ch. Le Jurat

Ch. Le Jurat liegt an der Grenze zu Pomerol. Dank der Südhänge reifen die Trauben früh. Dadurch verleiht der Cabernet Sauvignon dem Wein mehr Stabilität und weiches Tannin. Attraktive, dunkle und dichte Weine mit konzentrierter Frucht und Trüffelnoten. FAKTEN 12 ha, etwa 5000 Kisten/Jahr. Merlot 75%, CS 25%.
- **Besitzer:** Cordier (Val d'Orbieu) **Besuch:** Nach Vereinbarung. **Adresse:** FR-33330 St-Émilion. **Tel.** 05 57 51 95 54. **Fax** 05 57 51 90 93.

### Ch. Monbousquet

Gute und appellationstypische St-Émilion während der Leitung durch Alain Querre. Seit der Übernahme durch Gérard Perse in den 90ern konnte die Qualität nochmals erhöht werden. Das Anwesen wurde total renoviert. Ausbau in zu 100% neuen Eichenfässern. FAKTEN 32 ha, ca. 12 000 Kisten/Jahr. Mer 60%, CF 30%, CS 10%.
- **Besitzer:** Gérard Perse **Besuch:** Nach Vereinbarung. **Adresse:** 42, av. St-Émilion, FR-33330 St-Sulpice-de-Faleyrens. **Tel.** 05 57 24 67 19. **Fax** 05 57 74 41 29.

### Ch. Troplong-Mondot

Liegt südöstlich der Stadt, nahe Pavie, und gehört demselben Besitzer, der Familie Valette. Der Önologe Michel Rolland (La Dominique) ist für die Vinifizierung verantwortlich. Die Weine sind sorgfältig hergestellt, oft zu sanft, es fehlt die Kraft zur Größe. Das Schloss hat wahrscheinlich ein höheres Potenzial. FAKTEN Grand Cru Classé, 30 ha, 13 000 Kisten/Jahr. Merlot 80%, Cabernet Franc 10%, Cabernet Sauvignon 10%.
- **Besitzer:** Fam. Valette **Besuch:** Nach Vereinbarung. **Adresse:** FR-33330 St-Émilion. **Tel.** 05 57 24 70 72.

FRANKREICH • BORDEAUX • ÖSTLICHES BORDEAUX • ST-ÉMILION

## Weitere prod. in St-Émilion

### Ch. de Valandraud

Ein neuer Star in St-Émilion und Bordeaux. Der Besitzer betrieb früher einen Weinhandel in St-Émilion. Das Weingut besteht aus zwei Parzellen. Eine von 0,65 Hektar auf „les côtes" bei der Stadt, an bester Lage. Die zweite Parzelle von 1,9 ha in der Ebene mit mehr Sand und Kies für die Böden. Alte Rebstöcke von mehr als vierzig Jahren. Minuziöse Weinherstellung und Ausbau in zu 200% neuen Eichenfässern (d.h. in zwei Durchgängen). Keine Schönung, keine Filtration. Dichte, schwarze und muskulöse Weine. Die Preise sind unvernünftig in die Höhe geschossen und liegen beinahe in der Le-Pin-Klasse. Ein Spitzenwein auch in schwierigen Jahren, bei dem die Beständigkeit jedoch noch nicht definiert werden kann. Hervorragender Zweitwein: *Virgine de Vanadreau*. FAKTEN 2,5 ha, 700 Kisten/Jahr. Merlot 75%, CF 20%, Malbec 5%.

• **Besitzer:** Jean-Luc Thunevin **Besuch:** Nach Vereinbarung. **Adresse:** 1, rue Vergnaud, FR-33330 St-Émilion. **Tel.** 05 57 24 65 60. **Fax** 05 57 24 67 03.

### Ch. Rol Valentin

Eric Prisette, ehemaliger Fussballprofi aus Lille, hat sich 1993 vom Sportleben zurückgezogen und wurde Winzer. Der 94er und vor allem der 95er waren hervorragende Jahrgänge. Beinahe in der gleichen Preisklasse wie Monbousquet und Canon La Gaffelière. FAKTEN 2,2 ha, etwa 1 000 Kisten/Jahr. Merlot 80%, CF 20%.

• **Besitzer:** Eric Prisette **Besuch:** Nach Vereinbarung. **Adresse:** FR-33330 St Émilion. **Tel.** 05 57 74 43 51. **Fax** 05 57 74 43 51.

## Satelliten in St-Émilion

ALLGEMEIN Nördlich und nordöstlich der Gebiete Pomerol und St-Émilion werden die Anbauflächen ausgedehnter. Die drei Satelliten oder Appellationen, die St-Émilion umgeben, sind:

Lussac-St-Émilion (ca. 1 100 ha)

Puisseguin-St-Émilion (ca. 650 ha)

Montagne-St-Émilion (ca. 1 500 ha)

Montagne-St-Émilion besteht aus Montagne, Parsac und St-Georges, die 1972 zu einer AOC zusammengelegt wurden. Die Produzenten aus St-Georges halten ihre Weine für besser und man kann immer AC-St-Georges-St-Émilion auf den Etiketten finden.

RUF Die Weine sind weniger komplex als die besten aus St-Émilion. Die besten Schlösser entsprechen in etwa einem guten Grand Cru. Die Weine dürfen nicht nur als AC St-Émilion und ohne Angabe des Gemeindenamens vermarktet werden. Eine Provenienz aus St-Émilion wird natürlich für besser gehalten als z.B. ein Montagne-St-Émilion.

WEINE Nur Rotweine im Stil von St-Émilion, generell vielleicht einfacher und rustikaler. Die Weine der Satelliten sind in der Regel schon nach 3-5 Jahren trinkreif.

KLASSIFIZIERUNG Keine offizielle Klassifizierung.

BODEN Puisseguin- und Montagne-St-Émilion; Lehm und Kies auf Kalkstein; Lussac eher Mischböden mit Sand.

REBSORTEN Merlot dominiert, gefolgt von Bouchet (CF). Cabernet Sauvignon und Pressac (Malbec) werden in geringem Umfang angebaut.

WEINHERSTELLUNG Traditionelle Gärung in rostfreien Stahltanks oder Holz. Einige wenige lagern in Eichenfässern. Der Anteil neuer Eichenfässer ist klein und unbedeutend.

PRODUZENTEN Zu den besten Erzeugern gehören:

Lussac: Ch. de Bellevue, Ch. de Courlat, Ch. Mayne-Blanc, Ch. du Moulin Noir, Ch. Croix de Rambeau, Ch. Mayne-Blanc, Ch. des Rochers.

Puisseguin: Ch. Branda, Ch. Haut-Bernat, Ch. Haut St-Clair, Ch. des Laurets, Ch. Moly.

Montagne: Ch. Cazelon, Ch. Croix-Beauséjour, Ch. Faizeau, Ch. Grand-Barail, Ch. Haute-Faucherie, Ch. de Laurets, Ch. les Tuileries de Bayard, Ch. Maison Blanche, Ch. Petit Clos du Roy, Ch. Rose d'Orion.

St-Georges: Ch. Calon, Ch. St-André Corbin, Ch. St-Georges.

## POMEROL

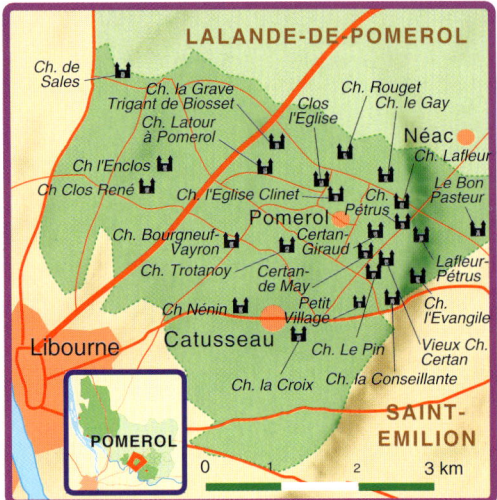

RUF Pomerol ist geographisch gesehen der kleinste der „großen" Weinbezirke in Bordeaux. Vor etwas mehr als hundert Jahren, als die Weine des Médoc ihren Höhepunkt erreichten und die große Klassifizierung entstand, war Pomerol außerdem ein so gut wie unbekannter Weinbezirk. Während des 20. Jahrhunderts und vor allem seit

*Pomerol liegt im Nordosten der Stadt Libourne. Das Gebiet ist klein und ländlich, aber die Weine sind groß.*

dem Zweiten Weltkrieg ist Pomerol bekannter und in Bezug auf die Produktion von erstklassigen Weinen mindestens ebenso bedeutend wie Médoc und St-Émilion. Die Preise der besten Weine in Pomerol zeigen auch mit aller Deutlichkeit den Ruf, den die Weine haben. Pétrus ist preisführend in ganz Bordeaux und die Weine unmittelbar danach bedingen die gleichen Preise wie die Premiers im Médoc. Ein Grund dafür ist, dass es sich hier um ein Gebiet handelt, das nicht größer ist als St-Julien. Der Stil der Weine, die in Pomerol hergestellt werden, ist sehr ansprechend und liegt im heutigen Trend. Leider werden die meisten dieser Weine zu früh getrunken. Ein großer Pomerol sollte mindestens 25-30 Jahre lagern.

WEINE Nur Rotweine. Weiche, füllige und großzügige Weine mit viel Frucht, Leichtigkeit und Eleganz. Man kann dunkle, reife Früchte wie blaue Pflaumen, Rosinen und Brombeeren wahrnehmen.

KLASSIFIZIERUNG Keine offizielle Klassifizierung, aber die Preise steuern die Hierarchie in einer praktischen Art. Nach Pétrus folgen mehrere Schlösser, die den Premiers und Deuxièmes Crus Classés im Médoc entsprechen.

BODEN Unmittelbar bei der Stadt Libourne besteht der Boden aus Sand, Kies und kleinen Steinen. Auf der Hochebene, an der Grenze zu St-Émilion, wo die besten Anwesen liegen, besteht der Boden aus einer Mischung von Lehm und Kies.

REBSORTEN Am häufigsten Merlot, aber auch Bouchet, die lokale Variante des Cabernet Franc, kommt bis zu 50 Prozent vor. Seltener Cabernet Sauvignon und Malbec.

WEINHERSTELLUNG Traditionelle Methoden mit Gärung in großen Fässern aus Holz, Beton oder Edelstahl. Ausbau in Eichenfässern. Die besten Anwesen tauschen jedes Jahr die alten Fässer gegen neue aus, sonst ist eine Erneuerung von 30-50%/Jahr üblich.

REBFL/PROD 750 ha, 30 000 hl/Jahr.

WISSENSWERT Weitere Informationen: Maison du Syndicat Viticole de Pomerol, le Centre, FR-33250 Pomerol. Tel. 05 57 25 06 88.

FRANKREICH • BORDEAUX • ÖSTLICHES BORDEAUX • POMEROL

## CH. CERTAN DE MAY DE CERTAN

GESCHICHTE  Dieses kleine Château wurde von einer schottischen Familie vor mehr als vierhundert Jahren gegründet. Heute ist es ein kleines Weingut in der Nähe von Vieux Château Certan. Das Anwesen wird von Mme Odette Barreau-Badar und ihrem Sohn geführt. Schon vor dem Krieg hatte man einen guten Ruf. Seit 1974 werden die Weine auf dem Anwesen hergestellt und auch in Flaschen gefüllt.
WEINE  Dichte, dunkle, fast schwarze Weine. Pflaumen und Brombeeren, Zedernholz, Tabak und Wildfleisch sowie stark geröstetes Eichenfass. Herbe, tanninreiche Weine mit großer Tiefe und ungeheurer Konzentration.
KLASSIFIZIERUNG  Keine Klassifizierung. Würde aber zur Spitze gehören.
BODEN  Sehr hoch auf dem Plateau gelegen. Kiesgemischter Lehm mit Sandeinschlag.
REBSORTEN  Merlot 70%, Cabernet Franc 25%, Cabernet Sauvignon 5%.
WEINHERSTELLUNG  Gärung in Edelstahltanks, Ausbau 20-26 Monate nur in neuen Ei-

*Vor 400 Jahren wurde Ch. Certan de May gegründet und zählt heute zu den besten Schlössern in Pomerol.*

chenfässern. Durch das extrem lange Auslaugen der Beerenhäute erreicht man maximale Farbe und Konzentration.
LAGERUNG  Mindestens zehn Jahre, besser noch 15 Jahre, bevor man überhaupt daran denkt, zum Korkenzieher zu greifen.
REBFL/PROD  5 ha, ca. 2 000 Kisten/Jahr. 80% Export nach Kanada, Deutschland, Italien, Großbritannien, Belgien und in die USA.
JAHRGÄNGE  1996, 95, 94, 93, 92, 90, 89, 88.

**Besitzer** Mme Barreau-Badar • **Kellermeister** Jean-Luc Barreau • **Besuch** Nach Vereinbarung • **Adresse** Ch. Certan de May de Certan, Certan de May, FR-33500 Pomerol • **Tel.** 05 57 51 41 53 • **Fax** 05 57 51 88 51

PRODUKTION        QUALITÄT        PREIS

## CH. CLINET

GESCHICHTE  Ch. Clinet gehört seit den 30er Jahren der Familie Audy. Das Ansehen des Betriebs ist aber erst mit dem Eintritt von Jean-Michel Arcaute, dem Schwiegersohn von Jean Audy, gestiegen. Jean-Michel begann seine Arbeit 1986; seither haben die Weine ihren Platz unter den absoluten Spitzen-Pomerols gefunden. Der in Libournais überall anwesende Michel Rolland hat als Berater wesentlich dazu beigetragen. Eines der Geheimnisse ist der Zeitpunkt der Lese, der hier sogar zwei Wochen später als bei Pétrus stattfindet. Zwei Beispiele der Sorgfältigkeit von Arcaute

*Seit den 80er Jahren hat sich Ch. Clinet in die obere Liga Pomerols katapultiert.*

sind der herrliche 87er und 91er. Beide Jahrgänge waren in Pomerol sehr schwierig.
WEINE  Klassischer Pomerol mit Pflaumen und schwarzen Johannisbeeren, Trüffelduft mit kräftigem Holzton. Einfach wunderbare Weine.
KLASSIFIZIERUNG  Nicht offiziell klassifiziert. Gehört trotzdem zur Spitze der Appellation.
BODEN  Sand mit Lehm und Kies vermischt.
REBSORTEN  Mer 75%, CF 10%, CS 15%
WEINHERSTELLUNG  Späte Lese und ungewöhnlich lange Gärung ergeben hohe Konzentration und große Kraft. Der Wein wird 20-22 Monate in hauptsächlich neuen Eichenfässern ausgebaut.
LAGERUNG  Fast nur langlebige Weine. Sollten erst nach mindestens 10 Jahren Lagerung entkorkt werden. Die meisten Jahrgänge können doppelt so lange gelagert werden.
REBFL/PROD  10 ha, ca. 4 000 Kisten/Jahr.
JAHRGÄNGE  1997, 96, 95, 94, 93, (92), (91), 90, 89!, 88, 87, (86), (85).

**Besitzer** Georges Audy • **Kellermeister** Jean-Michel Arcaute • **Besuch** Nach Vereinbarung • **Adresse** Ch. Clinet, FR-33500 Pomerol • **Tel.** 05 57 68 55 88 • **Fax** 05 56 30 11 45

PRODUKTION        QUALITÄT        PREIS

## CH. LA CONSEILLANTE

GESCHICHTE  La Conseillante hat eine der besten Lagen in Pomerol. Nachbarn sind Cheval Blanc, L'Évangile, Petit-Village und Vieux Château. Das Anwesen gehört seit Generationen der Familie Nicolas und wird vom jetzigen Verwalter Bernard Nicolas pedantisch geführt. Nach

*In den schönen Lagerkellern von Ch. La Conseillante reift das Schulbeispiel eines hochwertigen Pomerol.*

einem Tief in den 70er Jahren hat La Conseillante in den 80er und 90er Jahren gezeigt, welche Kapazität es eigentlich besitzt.

WEINE  Dunkle, schöne Farbe. Intensiver Duft von Himbeeren, Veilchen und geröstetem Eichenfass. Oft tanninreich, gleichzeitig weich und füllig mit samtigem Geschmack. Ein Schulbeispiel von einem Pomerol guter Klasse.

KLASSIFIZIERUNG  Keine offizielle Klassizierung. La Conseillante gehört zur Gruppe gleich nach Pétrus. Entspricht eine 2ème Cru Classé im Médoc.

BODEN  Kiesboden mit Sand und Lehm.

REBSORTEN  Merlot 70%, Bouchet (Cabernet Franc) 25%, Pressac (Malbec) 5%.

WEINHERSTELLUNG  Ein sehr sorgfältig hergestellter Wein mit temperaturkontrollierter Gärung in Tanks aus Edelstahl und ca. 20 Monaten Ausbau in Eichenfässern, von denen 25% jährlich erneuert werden.

LAGERUNG  Lagerung von 8-10 Jahren wird empfohlen, hält aber auch weitere zehn Jahre.

REBFL/PROD  12 ha, 5 000 Kisten/Jahr. 70% Export in die EU, nach Südostasien und in die USA.

JAHRGÄNGE  1996, 95, 94, 93, 92, 91, 90, 89, 88, 86.

**Besitzer** Erbengemeinschaft der Fam. Nicolas • **Kellermeister** Yannick Favereau • **Besuch** Nach Vereinbarung • **Adresse** Ch. La Conseillante, BP 132, FR-33500 Pomerol • **Tel.** 05 57 51 15 32 • **Fax** 05 57 51 42 39

PRODUKTION  QUALITÄT  PREIS

## CH. L'EGLISE CLINET

GESCHICHTE  Zahlreiche Weingüter rund um die Kirche Saint-Jean tragen den Beinamen l'Eglise. Es ist wichtig, die Güter auseinander zu halten, da die Qualität verschieden ist. L'Eglise Clinet, das seit Generationen der Familie Durantou gehört, hat den besten Ruf. Ein Grund, dass der Wein so eine füllige Struktur hat, könnte daher kommen, dass man die neu angebauten Rebstöcke nach dem Frost 1956 nicht herausriss. Pierre Laserre, von dem renommierteren Clos René, pachtete l'Eglise Clinet nach dem „métayage"-System, das gleiche wie Moueix bei Lafleur (ein Teil der Weine geht an den Besitzer zurück).

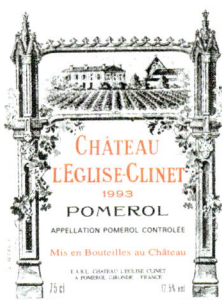

*Ch. l'Eglise Clinet hat den besten Ruf sämtlicher Weine der „Eglise"-Güter.*

WEINE  Dunkle, rubinrote Weine mit einer fruchtigen Blume von Pflaumen, schwarzen Kirschen und Eichenfässern. Würziger und␣fülliger Geschmack mit guter Länge und herrlich sensueller Eleganz. Zweitwein: *La Petite Église.*

KLASSIFIZIERUNG  Nicht klassifiziert. Dürfte bei einer heutigen Klassifizierung unter den zehn Besten von Pomerol sein.

BODEN  Sandiger Kiesboden.

REBSORTEN  Mer 85%, Cabernet Franc 15%.

WEINHERSTELLUNG  Temperaturkontrollierte Gärung und ca. 20 Mt. Lagerung in Fässern, von denen rund die Hälfte neu ist. Wegen der großen Frucht kommt man leicht in Versuchung, die Weine zu früh zu genießen, was schade wäre.

LAGERUNG  Der Wein entwickelt sich ausgezeichnet während 10-12 Jahren.

REBFL/PROD  4,5 ha, 1 500 Kisten/Jahr.

JAHRGÄNGE  1996, 95, 94, 93, 92, 91, 90, 89, 88, 86, 85, 83, 82, 81, 78.

**Besitzer** Denis Durantou • **Besuch** Mo-Mi 9-12, nach Vereinbarung • **Adresse** Ch. l'Eglise Clinet, Pomerol, FR-33500 Libourne • **Tel.** 05 57 25 99 00 • **Fax** 05 57 25 21 96

PRODUKTION  QUALITÄT  PREIS

## CH. L'ENCLOS

GESCHICHTE  L'Enclos ist in Besitz der Erben von Mme Carteau. Die Familie ist eine der ältesten in Pomerol. Das Weingut liegt im westlichen Pomerol und ist Nachbar von Clos René. Das Schloss ist bekannt für die beständige Qualität der Weine und die fairen Preise.

WEINE  L'Enclos-Weine gehören nicht zu den kräftigen, dunklen Pomerol-Weinen, sondern sind eher weich und fruchtig mit Merlot-Charakter. Duft von Brombeeren und Trauben, schmeckt angenehm mild und weich mit einem süßen, fruchtigen Abgang.

KLASSIFIZIERUNG  Keine offizielle Klassifizierung. Die Qualität entspricht guten Grand-Cru-Classé-Weinen in St-Émilion.

BODEN  Hier im westlichen Pomerol sind die Böden magerer als auf der Hochebene. Kiesgemischte Sandböden mit äußerst wenig Lehm.

REBSORTEN  Merlot 82%, Cabernet Franc 17%, Pressac (Malbec) 1%.

WEINHERSTELLUNG  Temperaturkontrollierte Gärung. 20 Monate wird teilweise in Tanks

L'Enclos erzeugt etwas weichere Pomerol-Weine, die bekannt sind für ihre beständige Qualität.

ausgebaut und vor dem Abfüllen in Flaschen zur endgültigen *cuvée* gemischt.

LAGERUNG  Früh trinkbar, schon nach 5-7 Jahren zeigen sie ihren Charme. Trotzdem kann der Wein erstaunlich gut gelagert werden.

REBFL/PROD  11 ha, 4 500 Kisten/Jahr. 80% werden nach Deutschland, Belgien, Großbritannien, Dänemark, Japan, Holland, in die USA und die Schweiz exportiert.

JAHRGÄNGE  1996, 95, 94, 93, 92, 91, 90, 89, 86.

**Besitzer** GFA Château l'Enclos • **Kellermeister** Hugues Weydert • **Besuch** Mo-Fr, nach Vereinbarung • **Adresse** Ch. l'Enclos,1 L'Enclos, FR-33500 Pomerol • **Tel.** 05 57 51 04 62 • **Fax** 05 57 51 43 15

PRODUKTION        QUALITÄT         PREIS

## CH. L'EVANGILE

GESCHICHTE  L'Evangile liegt an der östlichen Grenze von Pomerol, benachbart zu Cheval Blanc. Louis Ducasse, der das Schloss bis zu seinem Tod in den 80er Jahren leitete, behauptete, dass seine neuen Weine die gleiche Qualität hätten wie die von Pétrus. Für manche Jahrgänge wie den 83er mag dies zutreffen. Nach dem Tod von Louis Ducasse hat die Familie den kompetenten Önologen Michel Rolland zu Rat gezogen.

WEINE  Dunkle, dichte Weine mit intensiv fruchtigem Bukett. Einschlag von Zedernholz. Fülliger Geschmack, mit beinahe ölig weichem

Ch. L'Evangile gehört zu den großen in Pomerol. Die Weine erreichen manchmal die Klasse von Ch. Pétrus.

Charakter. L'Evangile ist oft schon als junger Wein genießbar. Auch große Jahrgänge, wie der massive 82er, sind schöne Beispiele. Der Wein entwickelt sich über lange Zeit zu großer Feinheit und Eleganz.

KLASSIFIZIERUNG  Nicht offiziell klassifiziert. Gehört zu den Weinen, die dem Pétrus folgen und einem 2ème Cru Classé aus dem Médoc entsprechen.

BODEN  Kiesboden mit Sand und recht viel Lehm gemischt.

REBSORTEN  Mer 78%, Cabernet Franc 22%.

WEINHERSTELLUNG  Gärung mit dem Tresterhut in den Most gesenkt, um die maximale Kraft herauszuziehen. Ausbau 20-24 Monate in Eichenfässern.

LAGERUNG  Sieben bis zehn Jahre sind bis zum Höhepunkt erforderlich, hält danach aber noch lange Zeit.

REBFL/PROD  14 ha, 5 500 Kisten/Jahr.

JAHRGÄNGE  1996, 95, 93, 92, 90, 89, 88.

**Besitzer** Fam. Ducasse • **Kellermeister** Jean-Luc Marchive • **Besuch** Nach Vereinbarung • **Adresse** Ch. L'Evangile, FR-33500 Pomerol • **Tel.** 05 57 51 15 30 • **Fax** 05 57 51 45 78

PRODUKTION        QUALITÄT         PREIS

## CH. LAFLEUR

**GESCHICHTE** Kleines Anwesen, auf einer Hochebene nördlich von Pétrus. War während vieler Jahre unter Leitung und in Besitz der verstorbenen Robin-Schwestern Marie und Thérèse.

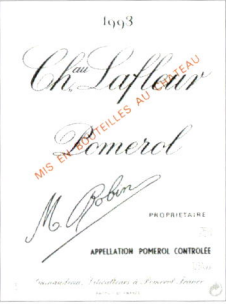

*Ch. Lafleur ist von Christian Moueix gepachtet und wird von ihm geführt. Es hält einem Vergleich durchaus stand.*

Seit 1981 wird das Anwesen von Christian Moueix geleitet und die Weine werden auch durch sein Handelshaus in Libourne vermarktet. Lafleur gehört zu den besten Weinherstellern in Pomerol und ist einer der wenigen, die sich mit Pétrus bezüglich Kraft und Reichtum messen können.
**WEINE** Sehr dunkle Weine mit großer Kraft. Reicher Duft von Pflaumen und Johannisbeeren. Großer, konzentrierter und würziger Geschmack mit viel Frucht und Tannin. Zweitwein: *Les Pensées de Lafleur*.
**KLASSIFIZIERUNG** Keine offizielle Klassifizierung, gehört zu den besten von Pomerol.
**BODEN** Kiesgemischter Sandboden mit Lehm.
**REBSORTEN** Mer 50%, Cabernet Franc 50%.
**WEINHERSTELLUNG** Es hat lange gedauert, bis man sich für eine Modernisierung der Anlage entschloss, was zu Unregelmäßigkeiten in der Qualität führte. Heute ist alles neu und Moueix bürgt für tadellose Weinherstellung.
**LAGERUNG** Um ihre volle Entwicklung zu erreichen, müssen die Weine 12-15 Jahre gelagert werden.
**REBFL/PROD** 4,5 ha, 1 250 Kisten/Jahr. 80% wird exportiert.
**JAHRGÄNGE** 1996, 95, 94, 93, 92, 90, 89, 88, 86, 85.

---

**Besitzer** Marie-Geneviève Robin • **Kellermeister** Sylvie & Jacques Guinaudeau • **Besuch** Kein Besuch möglich • **Adresse** Ch. Lafleur, Ch. Grand-Village, FR-33240 Mouillac • **Tel.** 05 57 84 44 03 • **Fax** 05 57 84 83 31

PRODUKTION     QUALITÄT     PREIS

## CH. LA FLEUR-PÉTRUS

**GESCHICHTE** Auf der gegenüberliegenden Straßenseite von Pétrus findet man dieses Anwesen, dessen Besitzer der Négociant-Betrieb Jean-Pierre Moueix in Libourne ist. Der ganze Weinberg wurde Mitte der 50er Jahre, nach dem katastrophalen Frost von 1956, neu bestockt. Die Rebstöcke sind demnach recht jung und die leichte Struktur des Weines lässt sich teilweise darauf zurückführen. Dem Boden fehlt außerdem der Lehm, den die Merlot-Traube braucht, um dem Wein Kraft geben zu können.
**WEINE** Dem Namen nach sollte dieser Wein im Charakter zwischen Lafleur und Pétrus liegen, was jedoch nicht der Fall ist. Es ist ein leichter, eleganter Wein, der recht schnell reift. Sehr feine und rassige Struktur, es fehlt ihm aber etwas an Kraft. Eher samtig als seidig.
**KLASSIFIZIERUNG** Keine offizielle Klassifizierung, gehört aber zum besseren Dutzend in Pomerol.
**BODEN** Steiniger Kiesboden ohne Sand und Lehm.

*Die Weine von La Fleur-Pétrus sind viel leichter und eleganter als die von Pétrus oder Lafleur.*

**REBSORTEN** Mer 80%, Cabernet Franc 20%.
**WEINHERSTELLUNG** Gärung in Stahltanks, Ausbau 20-24 Monate in Eichenfässern, wovon etwa 50% neu sind.
**LAGERUNG** Da La Fleur-Pétrus ein leichterer Wein ist, reift er schneller. Schon nach 5-8 Jahren kann man seine Eleganz und Finesse genießen.
**REBFL/PROD** 14 ha, 5 000 Kisten/Jahr.
**JAHRGÄNGE** 1996, 95, 92, 90, 89, (86), 85.

---

**Besitzer** Ets J-P Moueix • **Kellermeister** François Veyssière • **Besuch** Kein Besuch möglich • **Adresse** Ch. La Fleur-Pétrus, FR-33720 Pomerol • **Tel.** 05 57 51 78 96 • **Fax** 05 57 51 79 79

PRODUKTION     QUALITÄT     PREIS

FRANKREICH • BORDEAUX • ÖSTLICHES BORDEAUX • POMEROL

## CH. LATOUR À POMEROL

GESCHICHTE  Latour à Pomerol liegt nicht bei den anderen Schlössern in Pomerol, sondern weiter westlich, am Rand der Hochebene. Die drei zugehörigen Anwesen werden von Jean-Pierre und Christian Moueix geführt, aber Ch. Latour selbst ist in Besitz von Mme Lacoste-Loubat, der

Die Weine von Latour à Pomerol sind meist schwer zu finden. Auch jung sind sie schon ansprechend.

auch ein Teil von Pétrus gehört. Die Preise der Weine von Latour sind noch nicht annähernd so hoch wie die der anderen Großen im Gebiet. Wegen der kleinen Produktion kann es schwierig sein, den Wein zu finden. Der Name Latour verrät, dass es einen Turm auf dem Anwesen gibt.
WEINE  Kräftige, dunkle Weine mit großzügiger Frucht von Pflaumen und Datteln. Kräftiger, konzentrierter Geschmack, im jungen Wein herrscht oft die Frucht stark vor. Ausreichend Tannin macht den Wein recht lagerfähig.
KLASSIFIZIERUNG  Nicht klassifiziert, gehört aber zu den acht besten Anwesen in Pomerol.
BODEN  Kiesboden mit Lehmeinschlag.
REBSORTEN  Mer 90%, Cabernet Franc 10%.
WEINHERSTELLUNG  Traditionelle Herstellung mit recht langem Schalenkontakt. Ausbau während 20-24 Monaten in zu 50 Prozent neuen Eichenfässern.
LAGERUNG  Der junge Wein ist nicht ausgesprochen fruchtig mit recht weichem Tannin, was ihn sehr genießbar macht. Nach ca. zehn Jahren sollte er getrunken werden.
REBFL/PROD  8 ha, 3 000 Kisten/Jahr. Etwa 85% werden exportiert.
JAHRGÄNGE  1996, 95, 94, 93, 92, 90, 89, 88, 86, 85.

**Besitzer** Mme Lacoste • **Kellermeister** François Veyssiere • **Besuch** Kein Besuch möglich • **Adresse** Ch. Latour à Pomerol, FR-33500 Pomerol • **Tel.** 05 57 51 78 96 (Ets J-P Moueix) • **Fax** 05 57 51 79 79

## CH. PÉTRUS

GESCHICHTE  Als Pétrus 1878 bei der Pariser Ausstellung die Goldmedaille gewann, war es das erste Mal, dass ein Wein aus Pomerol von sich reden machte. Aber erst nach dem 2. Weltkrieg wurde das Anwesen, besonders durch den Négociant aus Libourne, Jean-Pierre Moueix, bekannt. Damals war es in Besitz von Mme Lacoste und M. Moueix. Heute ist es Jean-Pierres Sohn Christian Moueix, der den Betrieb leitet. Der Gründe für Pétrus Größe sind viele: der einmalige Nährboden, die Traubenzusammensetzung, das hohe Alter der Rebstöcke und die Weinlese, die spät am Tag erfolgt, wenn die Luftfeuchtigkeit am niedrigsten

Ch. Pétrus ist zum Vorbild der Weinerzeuger in der ganzen Welt geworden.

ist. Einmal im Leben diesen grandiosen und teuren Wein zu trinken ist ein Erlebnis, das man jedem Weinliebhaber wünscht.
WEINE  Sehr dunkle, dichte Farbe. Reife und konzentrierte Frucht, geröstete Fässer, Gewürze und schwarze Johannisbeeren. Großer Geschmack, konzentriert, elegant und sehr lang.
KLASSIFIZIERUNG  Der vornehmste Pomerol.
BODEN  Praktisch reiner Lehm gibt einen kalten Boden mit wenig Entwässerung.
REBSORTEN  Mer 95%, Cabernet Franc 5%.
WEINHERSTELLUNG  Nach der minuziös überwachten Gärung reift der Wein 22-28 Mt. in neuen Eichenfässern. Keine Filtration.
LAGERUNG  Im Allgemeinen erfordert Pétrus 15 Jahre, oft nochmals 10-30 Jahre.
REBFL/PROD  11,5 ha, 3 000 Kisten/Jahr.
JAHRGÄNGE  1996, 95, 94, 93, 92, 90, 89, 88, 86, 85, 83, 82, 81, 79, 75, (73), 71, 70, 67, 66, 64, (62), 61.

**Besitzer** Mme Lacoste/Ets J-P Moueix • **Kellermeister** François Veyssiere • **Besuch** Kein Besuch möglich • **Adresse** Ch. Pétrus, FR-33500 Pomerol • **Tel.** 05 57 51 78 96 • **Fax** 05 57 51 78 96

## CH. LE PIN

GESCHICHTE  Dieses winzige Weingut führte bis 1979, als die Familie Thienpont aus dem nahe liegenden Vieux Château Certan es kaufte, ein verborgenes Dasein. Vieux Château Certan lag in Pomerol bis zum 2. Weltkrieg an der Spitze. Später übernahm Ch. Pétrus diese Stellung. Mit dem Kauf von Le Pin hat man nun wieder ein Anwesen, dass den Wettbewerb mit Pétrus aufnehmen kann. Léon Thienpont, der 1985 gestorben ist, begann im Jahr 1981 großartige Weine herzustellen. Heute trägt sein Sohn Jacques die Verantwortung.

WEINE  Dunkle, fast schwarze Weine mit einem exotischen, überwältigenden Bukett, dunkler Frucht, Gewürzen und Rauch in Massen. Der Geschmack ist groß und konzentriert mit viel Frucht, Gewürzen und Tannin sowie einem deutlich rauchigen Charakter. Der Abgang ist lang mit eichigen Obertönen.

KLASSIFIZIERUNG  Keine offizielle Klassifizierung. Würde bei einer heutigen Klassifizierung unter den ersten liegen.

*Ch. Le Pin erzeugt einen außerordentlich konzentrierten Wein mit überwältigendem Bukett in kleiner Menge.*

BODEN  Lehmboden mit Kies und Sand.
REBSORTEN  100% Merlot.
WEINHERSTELLUNG  Peinlich genaue Herstellung mit kontrollierter Gärung bei hoher Temperatur. Ausbau während 10-20 Monaten in neuen Eichenfässern.
LAGERUNG  Alles spricht für lange Lagerzeit, d.h. von 10-12 Jahren aufwärts.
REBFL/PROD  2 ha, 400-600 Kisten/Jahr.
JAHRGÄNGE  1996, 95, 94, 93, 92, 90, 89, 88, 87, 86, 85, 83, 82, 81.

**Besitzer**  Fam. Thienpont • **Kellermeister**  Jacques Thienpont • **Besuch**  Nach Vereinbarung
• **Adresse**  Ch. Le Pin, FR-33500 Pomerol
• **Tel.**  05 57 51 33 99, 32 55 31 17 09 • **Fax**  05 55 31 09 66

PRODUKTION    QUALITÄT    PREIS

## CH. ROUGET

GESCHICHTE  Ein altes, berühmtes Anwesen, das Anfang des Jahrhunderts zu den fünf besten in Pomerol zählte. Rouget liegt nördlich von Pomerol, an einem Hang zum Fluss Barbanne, der die Grenze zu Néac zeichnet. 1974 hat Jean Brochet das Anwesen von seinem Onkel Marcel Betrand übernommen. Außer dem Eigentum erbte Brochet auch einen Keller mit einem großen Lager älterer Jahrgänge. Das Weingut wurde 1982 verkauft.

WEINE  Traditionell hergestellte Weine, mit großem Anteil von „vin de presse". Straffe Weine mit viel Tannin, aber auch guter Frucht und gu-

*Um die Jahrhundertwende war Rouget bekannter als heute. Die Weine sind wie geschaffen für lange Lagerung.*

tem Gewürz, Weine zum Lagern. Seit Mitte der achtziger Jahre sind die Weine etwas weicher geworden.

KLASSIFIZIERUNG  Keine offizielle Klassifizierung. Die Qualität entspricht einem guten Cru Classé in St-Émilion.

BODEN  Sandgemischter Kies mit Lehm.
REBSORTEN  Mer 85%, Cabernet Franc 15%.
WEINHERSTELLUNG  Sehr traditionelle Herstellung, Ausbau 24 Monate in Eichenfässern. 35-50% der Fässer werden jährlich erneuert.
LAGERUNG  Traditionelle Weine, die bis zu zehn Jahren gelagert werden sollten. Spätere Jahrgänge scheinen weniger tanninreich zu sein und deswegen etwas früher trinkbar.
REBFL/PROD  17 ha, 7 000 Kisten/Jahr. 60% werden exportiert.
JAHRGÄNGE  1996, 95, 94, 93, 92, 90, 89, 88, (86), 85.

**Besitzer**  Fam. Labruyère • **Kellermeister**  Antoine Ribeiro • **Besuch**  Nach Vereinbarung • **Adresse**  Ch. Rouget, Lot Rouge, FR-33500 Pomerol
• **Tel.**  05 57 51 05 85 • **Fax**  05 57 55 22 45
• **E-Mail**  mrougeot@wine-reporter.com
• **Homepage**  www.wine-reporter.com

PRODUKTION    QUALITÄT    PREIS

## CH. TROTANOY

GESCHICHTE 1953 übernahm Jean-Pierre Moueix dieses Anwesen, das mitten im Pomerolgebiet liegt. Das Hauptgebäude ist ein sehr schönes Schlösschen aus dem 19. Jh. Schon in den 60er

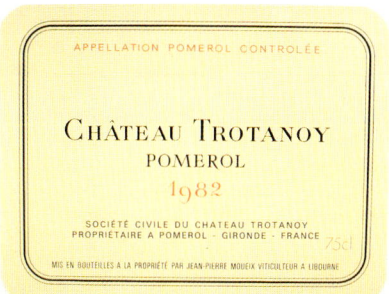

Ch. Trotanoy ist ein weiteres Moueix-Eigentum. Eine Reihe hochklassiger Weine werden hier hergestellt.

Jahren und Anfang der 70er zeigte Trotanoy sein enormes Potenzial mit einer Reihe hochklassiger Weine. Insbesondere scheint es, als ob man auch in anerkannt schwierigen Jahren, wie 67 und 74, Spitzenweine herzustellen vermochte. Zwischen 1976 und 1981 litt der Wein an umfangreichen Neuanpflanzungen, was etwas leichtere Weine erbrachte. 1982 aber kam man mit einer Kraft zurück, mit der sich nur Pétrus messen kann.

WEINE Dunkle, dichte Farbe. Fülliger, intensiver und würzig entwickelter Duft. Ein Wein, der Pétrus im Stil am meisten ähnelt. Nicht ungewöhnlich, wenn man den hohen Merlot-Anteil berücksichtigt und bedenkt, dass er vom gleichen Team hergestellt wird.

KLASSIFIZIERUNG Keine offizielle Klassifizierung. Der Wein gehört zu den Spitzenklassen direkt hinter Pétrus.

BODEN Schwerer Boden mit Lehm und Kies.

REBSORTEN Mer 85%, Cabernet Franc 15%.

WEINHERSTELLUNG Ausbau 20-24 Mt. in Fässern, die jährlich zur Hälfte erneuert werden.

LAGERUNG Mindestens ein Jahrzehnt. Um maximalen Geschmack von höchster Finesse zu entwickeln, sollten größere Jahrgänge von Trotanoy zwei Jahrzehnte gelagert werden.

REBFL/PROD 7 ha, ca. 3 000 Kisten/Jahr.

JAHRGÄNGE 1996, 95, 94, 93, 92, 90, 89, 88, (87), (86).

**Besitzer** Ets J-P Moueix • **Kellermeister** François Veyssière • **Besuch** • **Adresse** Ch. Trotanoy, FR-33500 Pomerol • **Tel.** 05 57 51 78 96 • **Fax** 05 57 51 79 79

PRODUKTION        QUALITÄT        PREIS

## VIEUX CHÂTEAU CERTAN

GESCHICHTE Das Anwesen war lange an der Spitze in Pomerol, bis es von Pétrus eingeholt wurde. Während vieler Jahre war es auf Platz zwei, seit den 70ern aber war die Qualität zu unbeständig, um seinen Platz behalten zu können. Außerdem ist die Konkurrenz bedeutend härter geworden. Im letzten Jahrzehnt hat das Schloss wieder steigende Qualität aufgewiesen. Vieux Ch. Certan ist seit 1924 in Besitz der belgischen Familie Thienpont. Der Vater Léon führte das Unternehmen 1943-85. Heute ist sein Sohn Alexander dafür verantwortlich, dass dieses schöne Anwesen seinen Platz unter den Großen festigt.

WEINE Etwas weniger dicht in der Farbe als die Nachbarn, der Duft ist anziehend, persönlich und elegant. Der Geschmack ist leichter und eleganter, aber mit großer Tiefe und von imposanter Länge. Zweitwein: *La Gravette de Certan*.

KLASSIFIZIERUNG Nicht klassifiziert, gehört aber zu den Großen gleich nach Pétrus.

BODEN Lehmiger Sandboden mit Kies.

REBSORTEN Merlot 60%, CF 30%, CS 10%.

Dieses schöne Anwesen steigert die Qualität wieder. Elegante Weine mit großer Tiefe.

WEINHERSTELLUNG Große Investitionen wurden in den 70er Jahren vorgenommen, die Technik mit Vergärung in Holzbottichen wurde beibehalten. Ausbau 20-22 Monate in Fässern, wovon jährlich 30-50% erneuert werden.

LAGERUNG Die Weine benötigen eine längere Lagerzeit und entwickeln sich hervorragend.

REBFL/PROD 13 ha, 5 000 Kisten/Jahr.

JAHRGÄNGE 1996, 95, 94, 93, 92, 90, 89, 88, 86.

**Besitzer** Fam. Thienpont • **Kellermeister** Dir. Alexandre Thienpont • **Besuch** • **Adresse** Vieux Château Certan, Pomerol, FR-33500 Pomerol • **Tel.** 05 57 51 17 33 • **Fax** 05 57 25 35 08

PRODUKTION        QUALITÄT        PREIS

FRANKREICH • BORDEAUX • ÖSTLICHES BORDEAUX • POMEROL

## Weitere Produzenten in Pomerol

### Ch. Beauregard

Ein historisch bekanntes Schloss, dessen Hauptgebäude Ende des 17. Jahrhunderts erbaut wurde. Es inspirierte sogar einen amerikanischen Architekten eine Kopie davon außerhalb von New York zu errichten. Das Schloss wurde Ende des 18. Jh. erbaut. Der Wein gehört nicht zu den besten in Pomerol, ist aber mit seinem fruchtigen, schnell reifenden Stil oft zufrieden stellend. FAKTEN 13 ha, 4 500 Kisten/Jahr. Merlot 48%, CF 44%, Cabernet Sauvignon 6%, Malbec 2%.

• **Besitzer:** Crédit Foncier **Besuch:** Nach Vereinbarung. **Adresse:** FR-33500 Pomerol. **Tel.** 05 57 51 13 36.     **Fax** 05 57 25 09 55.

### Ch. Le Bon Pasteur

Das Gut ist in Besitz und unter Führung des Önologen Michel Rolland, der u.a. Berater von L'Evangile, La Conseillante und La Dominique ist. Sehr gute Weine, sind noch nicht sehr bekannt und darum preiswert. FAKTEN 7 ha, 2 500 Kisten/Jahr. Merlot 90%, Cabernet Franc 10%.

• **Besitzer:** Michel Rolland **Besuch:** Nach Vereinbarung. **Adresse:** Maillet, FR-33500 Pomerol. **Tel.** 05 57 51 10 94. **Fax** 05 57 25 05 54.

### Ch. Bourgneuf-Vayron

Nachbar von Trotanoy. Recht früh reifende Weine mit guter Frucht in etwas leichterem Stil. Anständige Weine zu erschwinglichen Preisen. FAKTEN 10 ha, 5 000 Kisten/Jahr. Merlot 80%, Cabernet Franc 20%.

• **Besitzer:** Xavier Vayron **Besuch:** Nach Vereinbarung. **Adresse:** 1, le Bourg-Neuf, FR-33500 Pomerol. **Tel.** 05 57 51 42 03. **Fax** 05 57 35 01 40.

### Ch. Certan-Giraud

Nachbar der übrigen Certan-Schlösser, in der Nähe von Pétrus. Der Wein hat noch nicht die gleiche Qualitätsebene erreicht wie seine berühmten Nachbarn. Runde, weiche, fruchtige Weine, die recht schnell trinkreif sind. FAKTEN 6 ha, 2 000 Kisten/Jahr. Merlot 70%, CF 30%.

• **Adresse:** 1, Grand-Corbin, FR-33330 St-Émilion. **Tel.** 05 57 74 48 94. **Fax** 05 57 74 47 18.

### Ch. Clos du Clocher

Dieses heute etablierte Anwesen wurde 1931 von Jean Baptiste Audy (Clinet) erworben. Ein Burgunder-ähnlicher Wein mit Eleganz und Feingliedrigkeit, im Stil ähnlich wie ein leichter Clinet. FAKTEN 6 ha, 3 000 Kisten/Jahr. Merlot 80%, Cabernet Franc 20%.

• **Besuch:** Nach Vereinbarung. **Adresse:** 41, rue des Quatre-Frères-Robert, FR-33500 Libourne. **Tel.** 05 57 51 62 17. **Fax** 05 57 51 28 28.

### Ch. Clos l'Eglise

Man erzeugt leichte und elegante, aber nicht besonders typische Pomerol-Weine. Ein gut gelagerter Clos l'Eglise ist ein großes, subtiles Erlebnis. FAKTEN 6 ha, 3 000 Kisten/Jahr. Merlot 55%, Cabernet Franc 20%, Cabernet Sauvignon 25%.

• **Besitzer:** Michel & Francis Moreau **Besuch:** Nach Vereinbarung. **Adresse:** Ch. Plince, FR-33500 Libourne. **Tel.** 05 57 51 20 24.

### Ch. La Croix

Recht dunkle Weine mit fülligem und gutem Tannin. Joseph Janoueix gehört außerdem das naheliegende La Croix Saint-Georges, das etwas leichtere Weine erzeugt. FAKTEN 14 ha, 6 000 Kisten/Jahr. Merlot 60%, Cabernet Franc 20%, Cabernet Sauvignon 20%.

• **Besitzer:** Joseph Janoueix **Besuch:** Nach Vereinbarung. **Adresse:** 119, ave Gallieni, FR-33500 Libourne. **Tel.** 05 57 51 41 86. **Fax** 05 57 51 76 83.

### Ch. Gazin

Das Gut liegt in der Nähe von Pétrus und L'Evangile und genießt somit beste Lage. Leider merkt man dies selten beim Wein, der auch in guten Jahren zu leicht erschien. In den 80er Jahren haben neue Bemühungen dem Wein mehr Charakter verliehen. FAKTEN 20 ha, 8 000 Kisten/Jahr. Merlot 80%, Cabernet Franc 15%, Cabernet Sauvignon 5%.

• **Besitzer:** Étienne de Bailliencourt **Besuch:** Nach Vereinbarung. **Adresse:** FR-33500 Pomerol. **Tel.** 05 57 51 07 05. **Fax** 05 57 51 69 96.

### Ch. La Grave Trigant de Boisset

In Besitz und unter Führung von Christian Moueix. Die Weine sind einiges leichter als die der anderen Moueix-Besitztümer. Der Grund dafür liegt in der Bodenbeschaffenheit: Kies und Lehm. Elegante Weine mit Finesse und Kraft. FAKTEN 8 ha, 3 000 Kisten/Jahr. Merlot 90%, Cabernet Franc 10%.

• **Besitzer:** Christian Moueix **Besuch:** Nach Vereinbarung. **Adresse:** FR-33500 Pomerol. **Tel.** 05 57 51 78 96.

### Ch. Le Gay

Nachbar des Schwesternschlosses Lafleur und früher auch in gleichem Besitz. Seit 1982 verwaltet J-P Moueix das Anwesen, das kräftige, dunkle und tanninreiche Weine hervorbringt. FAKTEN 8 ha, ca. 2 000 Kisten/Jahr. Merlot 50%, Cabernet Franc 50%.

• **Besitzer:** Fam. Robin **Besuch:** Nach Vereinbarung. **Adresse:** FR-33500 Libourne. **Tel.** 05 57 51 78 96 (Ets J-P Moueix). **Fax** 05 57 51 79 79.

## Weitere Produzenten in Pomerol

### Ch. Nenin

Ein großes und sehr bekanntes Schloss. Nicht unbedingt einer der großen Pomerol-Weine, aber sehr akzeptabel im Verhältnis zum Preis. FAKTEN 27 ha, 10 000 Kisten/Jahr. Merlot 50%, Cabernet Franc 30%, Cabernet Sauvignon 20%.
• **Besuch:** Mo-Fr 8-12, 14-18. **Adresse:** FR-33500 Pomerol. **Tel.** 05 57 51 00 01. **Fax** 05 57 51 77 47.

### Ch. Petit Village

Ein sehr guter Wein, besonders seit Ende der 80er Jahre, als Bruno Prats von Cos d'Estournel das Anwesen übernahm. Elegante, Médoc-ähnliche Weine mit guter Konzentration. Seit 1990 ist das Schloss in Besitz von AXA wie auch Pichon-Baron (Pauillac). FAKTEN 11 ha, ca. 4 000 Kisten/Jahr. Merlot 80%, CF 10%, CS 10%.
• **Besitzer:** AXA Millésimes **Besuch:** Nach Vereinbarung. **Adresse:** FR-33500 Pomerol. **Tel.** 05 57 51 21 08. **Fax** 05 57 51 87 31.

### Ch. La Pointe

Zusammen mit Ch. Nenin liegt Ch. La Pointe auf einer Hochebene mit sandvermischtem Kiesboden. Der Wein war in den letzten Jahrzehnten recht leicht und neutral. Seitdem der Önologe Michel Rolland hinzugezogen wurde, ist jedoch eine Qualitätserhöhung festzustellen. FAKTEN 25 ha, 9 000 Kisten/Jahr. Merlot 80%, Cabernet Franc 15%, Malbec 5%.
• **Adresse:** M. d'Arfeuille, FR-33500 Pomerol. **Tel.** 05 57 51 02 11. **Fax** 05 57 51 42 33.

### Ch. Plince

Das Schloss ist für gut gebaute, füllige Weine bekannt, denen es vielleicht etwas an Komplexität und Finesse fehlt. Die Weine werden durch J-P Moueix in Libourne verkauft. FAKTEN 8 ha, 3 500 Kisten/Jahr. Merlot 70%, CF 20%, CS 10%.
• **Besitzer:** Michel & Francis Moreau **Besuch:** Nach Vereinb. **Adresse:** FR-33500 Pomerol. **Tel.** 05 57 51 20 24.

### Ch. Clos René

Clos René liegt zusammen mit Ch. l'Enclos im westlichen Teil von Pomerol. Ein Teil des Weines wird als Moulinet-Laserre verkauft. Es handelt sich nicht um einen sogenannten Zweitwein, sondern um eine alternative Etikette. Dunkle Farbe, feine, elegante Frucht mit deutlichem Fasscharakter. FAKTEN 12 ha, ca. 6 000 Kisten/Jahr. Merlot 70%, Cabernet Franc 20%, Malbec 10%.
• **Besitzer:** Jean-Marie Garde **Besuch:** Nach Vereinbarung. **Adresse:** Jean-Marie Garde, FR-33500 Libourne. **Tel.** 05 57 51 10 41. **Fax** 05 57 51 16 28.

### Ch. de Sales

Das größte Weingut (und Schlossgebäude) Pomerols in der nordwestlichen Ecke der Appellation. Gleichmäßig gute Weine, insbesondere die der 80er Jahre. FAKTEN 47 ha, 20 000 Kisten/Jahr. Merlot 66%, CF 17%, CS 17%.
• **Besitzer:** Bruno de Lambert **Besuch:** Nach Vereinbarung. **Adresse:** FR-33500 Pomerol. **Tel.** 05 57 51 04 92. **Fax** 05 57 25 23 91.

Christian Moueix (im Bild) ist eine Kapazität in Pomerol. Er ist in Besitz des Négociant-Betriebs J-P Moueix und kontrolliert die Mehrzahl der besten Schlösser im Gebiet, u.a. die berühmten Pétrus, La Fleur-Pétrus und Trotanoy.

## LALANDE-DE-POMEROL

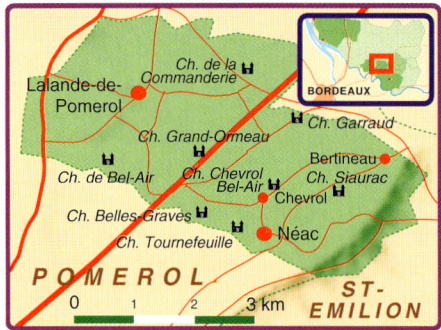

RUF  Der Bezirk mit dem Namen Lalande-de-Pomerol ist eine sogenannte Satellitengemeinde nördlich von Pomerol und besteht aus zwei Gemeinden, Lalande und Néac. Früher waren dies zwei verschiedene Appellationen. Die Fläche ist etwas größer als die des berühmten Nachbarn Pomerol: etwa 900 Hektar verglichen mit Pomerol mit 750 Hektar. Die Weinberge in Lalande liegen auf recht niedrigen Sand- und Kiesterrassen während sie sich in Néac auf einer kleinen Hochebene, die sich langsam gegen Pomerol herabsenkt, befinden. Lalande ist wegen seiner gemütlichen, recht weichen Weine im Pomerol-Stil bekannt.

WEINE  Ähnlich wie in Pomerol - die besten sind von gleicher Qualität wie die kleineren Pomerol-Weine. Andere haben weniger Kraft und Tannin und neigen zum frühen Reifen. Oft Merlot-dominierte Weine mit Fülle und Frucht.

KLASSIFIZIERUNG  Keine offizielle Klassifizierung. Meistens bestimmen die Preise der Weine die verschiedenen Qualitätsklassen.

BODEN  In Lalande vorwiegend lehmige und sandige Kiesböden, während in Néac mehr Kies und kleine Steine mit Lehmboden gemischt sind.

REBSORTEN  Genau wie in Pomerol ist Merlot vorherrschend mit Cabernet Franc als Zweittraube. Cabernet Sauvignon und Malbec werden in kleinem Umfang angebaut. Cabernet Sauvignon doch etwas mehr als in Pomerol.

WEINHERSTELLUNG  Nach traditioneller Bordeaux-Methode mit recht warmer Gärung in Edelstahl-, Zement- oder Holzbehältern. Manche Winzer bauen in Eichenfässern aus. Oft werden zwei oder drei Jahre alte Fässer aus größeren Anwesen in Pomerol oder St-Émilion verwendet.

REBFL/PROD  900 ha, ca. 75 000 hl/Jahr.

PRODUZENTEN  Ch. Bel-Air und Ch. Belles-Graves gehören zur Spitze. Andere: Ch. Clos des Templiers, Ch. La Croix St-André, Ch. La Fleur St-Georges, Ch. La Fougerailles, Ch. Garraud, Ch. Grand-Ormeau, Ch. Haut-Chatain, Ch. Haut-Surget, Ch. Moncets, Ch. Real-Caillou, Ch. Siaurac, Ch. Tournefeuille.

## FRONSAC, CANON-FRONSAC

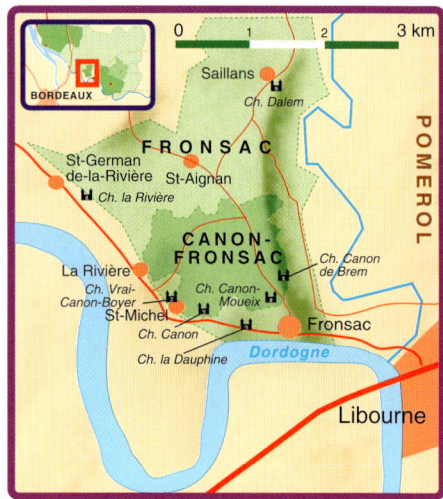

RUF  Vor zweihundert Jahren erfreute sich Fronsac des besten Rufs am rechten Ufer. Während die Nachbarn ihren Ruf allmählich steigern konnten, fiel Fronsac in Vergessenheit. Die Weingärten verwahrlosten und herrliche Gebäude verfielen. Deshalb ist es paradox, dass durch die hohen Preise der Pomerol-Weine das Interesse für Fronsac, insbesondere Canon-Fronsac, wieder geweckt wurde.

WEINE  Nur Rotwein mit Merlot-typischer, dunkler Frucht. Etwas rustikaler und mit Neigung zu recht aggressiven Tanninen. 70% ist AC Fronsac und 30% AC Canon-Fronsac. Canon-Fronsac kann seinen Wein als AC Fronsac klassifizieren, nicht aber umgekehrt.

KLASSIFIZIERUNG  Keine Klassifizierung, Canon-Fronsac wird aber als besser angesehen.

BODEN  Vorwiegend Kalksteinplateaus, aber auch Sandsteinhänge wie in St-Émilion.

REBSORTEN  Merlot dominiert, gefolgt von CF. Cabernet Sauvignon ist nicht ungewöhnlich und Malbec wird mehr als in Pomerol angebaut.

WEINHERSTELLUNG  Die Methoden werden modernisiert. Nur 20 Jahre ist es her, als die Gärung in offenen Holzbottichen und der Ausbau in alten Eichenfässern die häufigste Methode war.

REBFL/PROD  1 000 ha, ca. 85 000 hl/Jahr.

PRODUZENTEN  Zu den besten gehören (nebst den auf den folgenden Seiten aufgeführten) Fronsac: Ch. Villars, Ch. Clos du Roy, Ch. Dalem und Ch. Mayne-Vieil. Canon-Fronsac: Ch. Bodet, Ch. Toumalin, Ch. Rouet.

WISSENSWERT  Weitere Informationen: Syndicat Viticole de Fronsac/Canon-Fronsac, Maison du Vin, BP 7, FR-33126 Fronsac. Tel. 05 57 51 80 51. Fax 05 57 25 98 19.

FRANKREICH • BORDEAUX • ÖSTLICHES BORDEAUX • POMEROL

## CH. CANON

GESCHICHTE  Eines der kleinsten, aber das beste Weingut von Canon-Fronsac. Das erste Moueix-Gut Fronsacs, seit Anfang der 70er Jahre in Besitz von Jean-Pierre Moueix' Sohn Christian. Der Firma Moueix gehören auch Super-Schlösser wie Pétrus, La Fleur-Pétrus, Trotanoy und einige Canon-Fronsac-Besitztümer. Dieser Mini-Canon ist bei Kennern sehr gefragt, teils wegen seiner Seltenheit, teils wegen der hohen Qualität. Qualitativ kann er mit einigen der besten Libournais-Weine aus Pomerol und St-Émilion verglichen werden. Der Preis ist hoch, sollte aber nicht mit denen anderer Fronsac-Weine verglichen werden.
WEINE  Große Weine mit viel Charakter vom Merlot. Dunkle Beeren, verbrannter Gummi. Sehr viel Frucht und Holzton in schöner Harmonie.
KLASSIFIZIERUNG  Keine offizielle Klassifizierung, wird aber als einer der besten Weine der Appellation angesehen.
BODEN  Sandig-kiesiger, kalkhaltiger roter Lehmboden.
REBSORTEN  95% Mer, 5% Cabernet Franc.

*Ch. Canon ist ein kleines Weingut, wird aber als eines der besten in Fronsac angesehen. In Besitz von Moueix.*

WEINHERSTELLUNG  Traditionell langsame Vergärung. Der Ausbau erfolgt 24 Monate in neuen Eichenfässern.
LAGERUNG  Leichtere Jahrgänge wie 1992 maximal zehn Jahre. Normale und gute Jahrgänge doppelt so lange.
REBFL/PROD  1,5 ha, 500-700 Kisten/Jahr.
JAHRGÄNGE  1996, 95, 94, (93), 90, 89, 88, 86, 85, 82.

## CH. CANON DE BREM

GESCHICHTE  Ein altes, erstklassiges Weingut in Canon-Fronsac, das Jean-Pierre Moueix Anfang der 80er Jahre erwarb. Heutzutage gewinnen kräftige, gut gebaute Weine immer mehr an Popularität und de Brem hat den Spitzenplatz unter den Weinen aus Fronsac eingenommen. Ein Wein mit Zukunft, der im Preis gewiß kräftig steigen wird.
WEINE  Dunkle Farbe, schöner Duft und kräftig. Fruchtiger Charakter von überreifen Pflaumen und Brombeeren. Kräftiger Geschmack mit süßer Frucht und gutem Tannin. Ein männlicher, robuster Wein, der beim Lagern an Qualität gewinnt.

*Canon de Brem ist eines von vielen Schlössern der Gegend, das Moueix gehört. Hat eine große Zukunft.*

KLASSIFIZIERUNG  Keine offizielle Klassifizierung. Zweifelsohne gehört de Brem zu den allerbesten in Canon-Fronsac.
BODEN  Kalkgemischter Rotlehm auf Sand mit etwas Kies.
REBSORTEN  Merlot 60%, Cabernet Franc 40%.
WEINHERSTELLUNG  Gärung in temperaturkontrollierten Stahltanks, Ausbau in Eichenfässern, wovon 25% neu sind.
LAGERUNG  Die Weine besitzen ein ausgezeichnetes Lagerpotenzial.
REBFL/PROD  10 ha, ca. 1 800 Kisten/Jahr.
JAHRGÄNGE  1996, 95, 94, (93), 90, 89, 88, 86, 85, 83, 82.

**Besitzer** Christian Moueix • **Kellermeister** François Veyssière • **Besuch** Kein Besuch möglich • **Adresse** Ch. Canon, FR-33126 Fronsac • **Tel.** 05 57 51 78 96 • **Fax** 05 57 51 79 97

PRODUKTION    QUALITÄT    PREIS

**Besitzer** Ets J-P Moueix • **Kellermeister** François Veyssière • **Besuch** Nach Vereinbarung • **Adresse** Ch. Canon de Brem, FR-33125 Fronsac • **Tel.** 05 57 51 78 96 (Ets J-P Moueix) • **Fax** 05 57 51 79 79

PRODUKTION    QUALITÄT    PREIS

## Weitere Produzenten in Fronsac und Canon-Fronsac

### Ch. Canon-Moueix

Dieses Anwesen trug früher den Namen Pichelèbre, bevor der allerorts anwesende Jean-Pierre Moueix es Anfang der 80er Jahre, gleichzeitig mit Ch. Canon de Brem, erwarb. Der alte Name Pichelèbre lebt im Zweitwein von Canon-Moueix und Canon de Brem weiter. Seit 1982 erfreuen sich die kräftigen Weine im typischen Fronsac-Stil eines sehr guten Rufes. FAKTEN 4,5 ha, 2 000 Kisten/Jahr. Merlot 70%, Cabernet Franc 30%.
• **Besitzer:** Ets J-P Moueix **Besuch:** Nach Vereinbarung. **Adresse:** FR-33126 Fronsac. **Tel.** 05 57 51 78 96 (Ets J-P Moueix). **Fax** 05 57 51 79 79.

### Ch. de Carles

Der Name stammt von Karl dem Großen. Das Schloss selbst stammt aus dem 15. Jahrhundert. Rustikale und kräftige Fronsac-Weine. Seit 1996 kümmert sich J-P Moueix um die Vinifizierung. Das Resultat davon wird die Zukunft zeigen. FAKTEN 20 ha, 5 500 Kisten/Jahr. Merlot 65%, Cabernet Franc 30%, Malbec 5%.
• **Adresse:** Route de Galgon, FR-33141 Saillans. **Tel.** 05 57 84 32 03. **Fax** 05 57 84 31 91.

### Ch. Dalem

Charmante Weine mit weicher, reifer Frucht. Weine, die recht schnell reifen, aber trotzdem gut halten. FAKTEN 12 ha, ca. 5 000 Kisten/Jahr.
• **Besitzer:** Michel Rullier **Besuch:** Nach Vereinbarung. **Adresse:** FR-33141 Saillans. **Tel.** 05 57 84 34 18. **Fax** 05 57 74 39 85.

### Ch. La Dauphine

Ausgezeichnete, fruchtige Weine und wiederum ein Moueix-Eigentum. Das Schloss liegt in Fronsac an einer guten Hanglage, gleich westlich der Stadt Fronsac. FAKTEN Etwa 10 ha, 6 000 Kisten/Jahr.
• **Besitzer:** Ets J-P Moueix **Besuch:** Nach Vereinbarung. **Adresse:** FR-33126 Fronsac. **Tel.** 05 57 51 78 96 (Ets J-P Moueix). **Fax** 05 57 51 79 79.

### Ch. La Fleur Cailleau, La Grave

Zwei kleine, aber hervorragende Weingüter. Reiche, fruchtige Weine mit Fasscharakter und großer Eleganz. Die Produktion ist winzig, aber es lohnt sich, nach diesem Wein zu suchen. FAKTEN Ca. 4 ha, ca. 1 000 Kisten/Jahr.
• **Besitzer:** Paul Barre **Besuch:** Nach Vereinbarung. **Adresse:** FR-33126 Fronsac. **Tel.** 05 57 51 31 11. **Fax** 05 57 25 08 61.

### Ch. La Rivière

Ein recht großes Weingut in Besitz von Jacques Borie. Kräftige, tanninreiche Weine in klassischem Fronsac-Stil. Der Anteil an neuen Fässern ist recht groß. Ein Anwesen, das einen Besuch wert ist. Das Schlossgebäude und seine Hanglage außerhalb der Stadt sind imposant. Die große Produktion wird in einem riesigen, unterirdischen Keller gelagert. FAKTEN 45 ha, ca. 20 000 Kisten/Jahr.
• **Besitzer:** Jacques Borie **Besuch:** Nach telefonischer Vereinbarung. **Adresse:** FR-33126 Fronsac. **Tel.** 05 57 24 98 01.

### Ch. La Vieille Cure

Seit 1986 in Besitz von „The Old Parsonage", einem Konsortium von drei Amerikanern. Die Herstellung wird von Michel Rolland (Le Bon Pasteur, Fontenil u.a.) kontrolliert, was für hohe Qualität bürgt. Die Weine besitzen Merlot-Wärme und können problemlos zehn Jahre gelagert werden. Der Zweitwein *Ch. Coutreau* ist auch von sehr hoher, beständiger Klasse. FAKTEN 18 ha, 8 000 Kisten/Jahr. Merlot 80%, Cabernet Franc 15%, Cabernet Sauvignon 5%.
• **Besitzer:** The Old Parsonage **Besuch:** Nach Vereinbarung. **Adresse:** Coutreau, FR-33141 Saillans. **Tel.** 05 57 84 32 05. **Fax** 05 57 74 31 05.

### Ch. Mazeris-Bellevue

Ein schönes Weingut an den Hängen von Canon-Fronsac. Eine Eigenheit ist der große Anteil an Cabernet Sauvignon (50%), was in dieser Gegend einzigartig ist. Die Weine sind straff und distinguiert mit langer Lebensdauer. Vielleicht nicht ganz typisch für Fronsac, aber sehr charmant und ansprechend. FAKTEN 12 ha, ca. 5 000 Kisten/J.
• **Besitzer:** Jacques Bussier **Besuch:** Nach Vereinbarung. **Adresse:** FR-33126 Fronsac. **Tel.** 05 57 24 98 19.

### Ch. Vrai-Canon-Boyer

Es gibt eine alteingesessene Familie namens Roux in Fronsac. Dieses Schloss gehört einer dieser Familien, genauer gesagt Madame François Roux. Fleischige Weine mit viel Tannin, die nicht elegant, aber üppig und geschmacksreich sind. FAKTEN 13 ha, ca. 4 000 Kisten/Jahr.
• **Besitzer:** Mme François Roux **Besuch:** Nach Vereinbarung. **Adresse:** Ch. Lagüe, FR-33126 Fronsac. **Tel.** 05 57 51 24 68.

### Weitere Betriebe

Ch. Arnauton, FR-33126 Fronsac. Tel. 05 57 51 31 32. Fax 05 57 25 33 25.
Ch. Moulin Pey-Labrie, FR-33126 Fronsac. Tel. 05 57 51 31 28. Fax 05 57 51 53 45.
Ch. Plain-Point, St-Aignan, FR-33126 Fronsac. Tel. 05 57 24 96 55. Fax 05 57 24 90 18.
Ch. Villars, Villars, FR-33141 Saillans. Tel. 05 57 84 32 17. Fax 05 57 84 31 25.

## BOURG & BLAYE

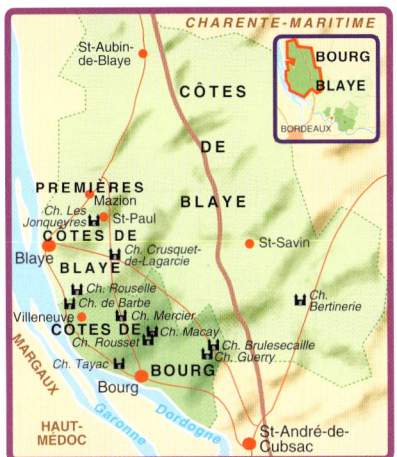

RUF Bourg und Blaye (eigentlich Côtes de Bourg und Premières Côtes de Blaye) haben die Stadt Bordeaux seit dem Mittelalter mit Wein versorgt. Sie sind immer noch große Lieferanten von ländlichen Tafelweinen einfacher, aber sauberer Qualität und kleinem Alterungspotenzial.

GEOGRAPHIE Nördlich von Fronsac liegt Bourg und etwas weiter nordwärts Blaye. Bei der nördlichen Grenze von Blaye ist das Bordeaux-Gebiet zu Ende und das Charente-Maritime beginnt. Gegenüber von Bourg, am anderen Ufer der Gironde, liegt Margaux. Die besten Lagen dieser beiden Bezirke liegen an Hängen mit Aussicht auf den Fluss, genau wie im Médoc, nur mit dem Unterschied, dass die Hänge hier nach Westen gerichtet sind, was nicht die beste Lage für Weine erster Qualität darstellt.

WEINE Bourg: Fast nur Rotweine ländlichen Charakters. Gemütliche, charakteristische Bordeaux-Weine ohne große Komplexität, aber mit Charme und etwas grober Frucht. Blaye: Vorwiegend Rotweine. Weicher als die aus Bourg aufgrund des größeren Merlot-Anteils. Daher relativ leichte, fruchtige Weine, die recht jung getrunken werden sollten. Etwa 10% entfallen auf Weißweine.

KLASSIFIZIERUNG Die beiden Bezirke erreichten nie einen solch hohen Status, dass man sie hätte klassifizieren wollen.

REBSORTEN Rot: Merlot, CS, CF und Malbec. Weiß: Sémillon und SB sowie Muscadelle, Ugni Blanc, Colombard und Merlot Blanc.

REBFL Bourg: ca. 3 000 ha. Blaye: 2 700 ha.

WISSENSWERT Informationen: Syndicat Viticole des Côtes de Blaye, 11, cours Vauban, BP 122, FR-33390 Blaye. Tel. 05 57 42 91 19. Fax 05 57 42 85 28. Syndicat Viticole des Côtes de Bourg, 1, Place de l'Eperon, FR-33710 Bourg s/ Gironde. Tel. 05 57 94 80 20. Fax 05 57 94 80 21.

## PRODUZENTEN IN BOURG & BLAYE

### CH. GUERRY

Ein seriöser und gut geführter Betrieb. Insofern ungewöhnlich, als man ganze 25% Malbec verwendet. Außerdem werden alle Weine im Eichenfass ausgebaut. Vollmundige, komplexe Weine. Wegen des rustikalen Malbec-Charakters vielleicht ein wenig konservativ. FAKTEN 22 ha, ca. 14 000 Kisten/Jahr. Merlot 45%, Cabernet Sauvignon 30%, Malbec 25%.

• **Besitzer:** Bertrand de Rivoyre **Besuch:** Nach Vereinbarung. **Adresse:** FR-33710 Tauriac. Tel. 05 57 68 20 78. Fax 05 57 68 41 31.

### CH. LE ROC DE CAMBES

Ein kleiner, guter Betrieb in Besitz von François Mitjavile, dem Tertre-Rôteboeuf in St-Émilion gehört. Gleiche Prinzipien wie in St-Émilion: alte Rebstöcke, späte Lese und niedriger Ertrag. Leichte, attraktive, konzentrierte und fassbetonte Weine mit sehr viel Frucht. FAKTEN 9,5 ha, ca. 3 000 Kisten/Jahr. Merlot 35%, Cabernet Franc 35%, Malbec 30%.

• **Besitzer:** François Mitjavile **Besuch:** Nach Vereinbarung. **Adresse:** FR-33710 Bourg sur Gironde. **Tel.** 05 57 68 25 58.

### CH. ROUSSET

Mittelgroßes Gut in Samonac und eines des besseren Betriebe der Appellation. Überdurchschnittlich füllige Weine mit langem Abgang. FAKTEN 22 ha, ca. 13 000 Kisten/Jahr. Merlot 47%, Cabernet Sauvignon 38%, Mal 10%, Cabernet Franc 5%.

• **Besitzer:** Fam. Jean Teisseire **Besuch:** Nach Vereinbarung. **Adresse:** FR-33710 Samonac. Tel. 05 57 68 46 34. Fax 05 57 68 36 18.

### CH. TAYAC

Eines der großen Schlösser in Bourg. Der Prestigewein dieses Betriebs besitzt strenge Frucht und einen gute Ausgewogenheit der Gerbstoffe. FAKTEN 9 ha, ca. 5 000 Kisten/Jahr.

• **Besitzer:** Pierre Saturny **Besuch:** Nach Vereinbarung. **Adresse:** St-Seurin-de-Bourg, FR-33710 Bourg sur Gironde. Tel. 05 57 64 32 02.

### WEITERE BETRIEBE

CH. ANGLADE-BELLEVUE, Aux Lamberts, FR-33290 Générac. Tel. 05 57 64 73 28. Fax -53 90.

CH. BEL-AIR LA ROYÈRE, Les Ricards, FR-33390 Cars. Tel. 05 57 42 91 34. Fax -91 34.

CH. FOUGAS, FR-33710 Lansac. Tel. 05 57 68 42 15. Fax 05 57 68 28 59.

CH. TERREFORT-BELLEGRAVE, Ch. Haut-Mousseau, FR-33710 Teuillac. Tel. 05 57 64 34 38. Fax 05 57 64 31 73.

## SÜDLICHES BORDEAUX

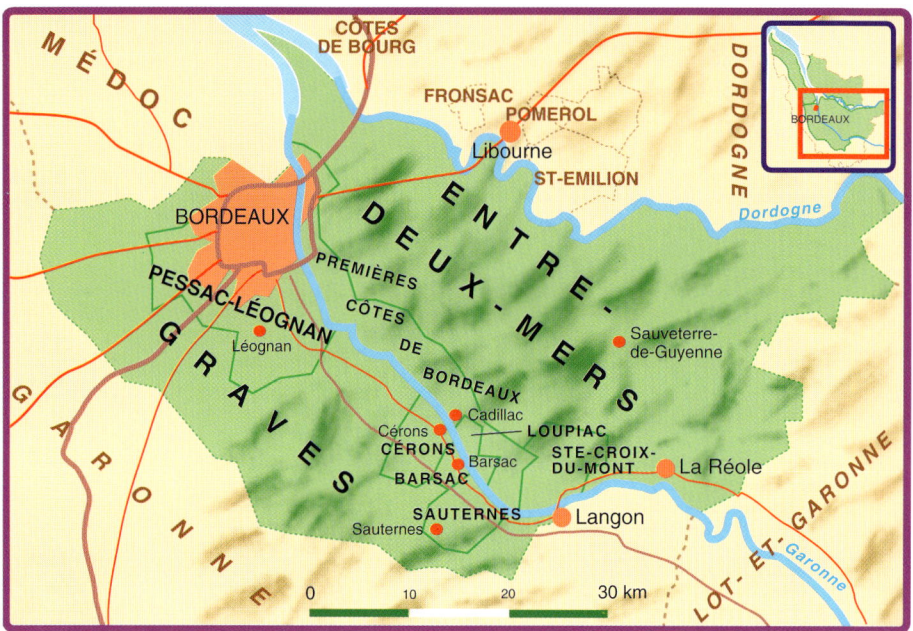

GESCHICHTE Dieses Gebiet besteht aus verschiedenen Appellationen von wechselhaftem Ruf. Am linken Ufer der Garonne liegen Graves, Pessac-Léognan, Sauternes, Barsac und Cérons. Graves ist die umfassende Appellation, nach der sich die Weine der Gegend, mit Ausnahme von Sauternes, benennen dürfen. Während der beiden letzten Jahrzehnte hat dieses Gebiet eine bedeu-

*Im südlichen Bordeaux werden Tafelweine, Rot- und Weißweine sowie einige erstklassige Süßweine erzeugt.*

tende Entwicklung durchgemacht. Das Ausbrechen von Pessac-Léognan aus Graves war der auslösende Faktor für eine steigende Qualität im ganzen Bezirk. Der südliche Teil von Bordeaux umfasst auch das Landstück, das zwischen den beiden Flüssen Garonne und Dordogne liegt. Auf Französisch wird es Entre-Deux-Mers (zwischen zwei Meeren) genannt. Im westlichen Teil des Entre-Deux-Mers, am Ufer der Garonne, liegen einige kleinere Appellationen, wo man Rot-, Weiß- und einige erstklassige Süßweine erzeugt; Premier Côtes de Bordeaux, St-Croix-du-Mont, Cadillac und Loupiac.

GEOGRAPHIE Der Graves-Bezirk ist gut 50 km lang und an der breitesten Stelle 15 km breit. Es ist hauptsächlich eine flache Landschaft mit niedrigen Hügeln und schwach abfallenden Hängen, wo die Weinberge zwischen Waldpartien eingefügt sind, vor allem im westlichen Teil.

In Entre-Deux-Mers ist die Landschaft, mit hohen Hügeln und großen Ebenen, abwechslungsreicher. In der Gegend zwischen den beiden Flüssen liegt eine Rebfläche von gut 4 000 ha.

BODEN Westlich der Garonne; tiefer Grundboden aus sandgemischtem Kies und im südlichen Graves etwas mehr Lehm. In Entre-Deux-Mers sind Sand und Lehm dominierend.

WEINE Von kräftigen Rotweinen bis zu trockenen, halbsüßen oder süßen Weißweinen (letztere aus Sauternes oder Barsac). Etwa gleich großer Anteil Rot- und zunehmend Weißweine.

REBSORTEN Rot: Cabernet Sauvignon, Merlot, Cabernet Franc sowie wenig Petit Verdot und Malbec. Weiß: SB, Sémillon und Muscadelle.

# GRAVES

RUF Der Ursprung der Bordeaux-Weine liegt geschichtlich in Graves. Während mehrerer Jahrhunderte wurden die Weine aus Graves in Nordeuropa sehr geschätzt. Ch. Haut-Brion wurde in London schon Ende des 17. Jahrhunderts als Schlosswein verkauft. Die Tatsache, dass Ch. Haut-Brion schon 1855 mit den großen in Bor-

*Schon während der Römerzeit wurden die ersten Weine in Graves und Umgebung angebaut.*

deaux klassifiziert wurde, zeigt, welche Bedeutung Graves damals schon hatte. Leider litt während dieses Jahrzehnts der Rest von Graves an der Oïdium-Epidemie. Aus Graves stammen die Begriffe „clairet" und „claret"; die ersten Weine bestanden aus verschiedenen roten und weißen Trauben. Das Ergebnis war ein hellroter, leichter Wein. Vor hundert Jahren erzeugte man fette, süße Weine. Erst nach der Jahrhundertwende kamen die ersten trockenen Graves-Weine mit Ch. La Tour-Martillac und Ch. Olivier.

WEINE Rote: Füllige, runde und komplexe Weine von tiefer Eleganz. Die Weißen sind heute meist trocken, aber doch fruchtig und in letzter Zeit oft von Fassausbau geprägt.

KLASSIFIZIERUNG Die besten Roten wurden 1953 klassifiziert und umfassen 13 Weingüter. 1959 wurden auch die Weißen klassifiziert, insgesamt sind neun an der Zahl. Die meisten weißen, außer Laville-Haut-Brion und Couhins, wurden schon mit den Roten klassifiziert. Insgesamt wurden 19 Schlösser klassifiziert, einige sowohl für Rot- wie auch Weißweine (siehe unten).

BODEN Im allgemeinen Kiesboden mit Sand und mancherorts auch mit Lehm gemischt.

REBSORTEN Rot: Cabernet Sauvignon, Merlot, Cabernet Franc sowie teils Malbec und Petit Verdot. Weiß: Sauvignon Blanc, Sémillon. Seltener Muscadelle und Ugni Blanc.

WEINHERSTELLUNG Traditionelle Bordeaux-Methode mit Gärung in Holzfässern, Zement oder Edelstahl. Ausbau in Eichenfässern.

REBFL/PROD 2 700 ha, ca. 150 000 hl/Jahr.

WISSENSWERT Weitere Informationen: Syndicat Viticole & Maison des Vins de Graves, 61, cours du Maréchal foch, BP 51, FR-33720 Podensac. Tel. 05 56 27 09 25. Fax 05 56 27 17 36.

---

### KLASSIFIZIERUNG IN GRAVES (1953 UND 1959)

- **Rot- und Weißweine**

    Ch. Bouscaut (Cadaujac)
    Ch. Carbonnieux (Léognan)
    Ch. de Chevalier (Léognan)
    Ch. Malartic-Lagravière (Léognan)
    Ch. Olivier (Léognan)
    Ch. La Tour-Martillac (Martillac)

- **Ausschließlich Rotweine**

    Ch. Fieuzal (Léognan)
    Ch. Haut-Bailly (Léognan)
    Ch. Haut-Brion (Pessac)
    Ch. La Mission-Haut-Brion (Talence)
    Ch. Pape-Clément (Pessac)
    Ch. Smith-Haut-Lafitte (Martillac)
    Ch. La Tour-Haut-Brion (Talence)

- **Ausschließlich Weißweine**

    Ch. Couhins (Villenave d'Ornon)
    Ch. Couhins-Lurton (Villenave d'Ornon)
    Ch. Laville-Haut-Brion (Talence)

## GRAVES, PESSAC-LÉOGNAN

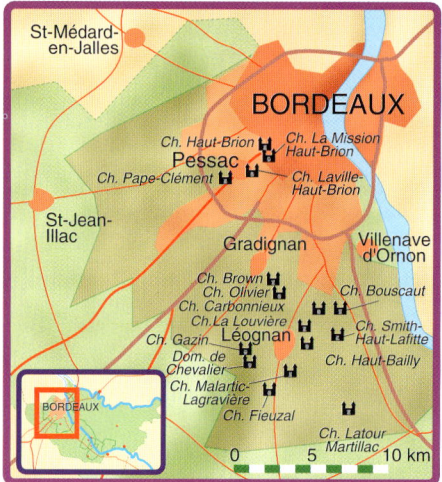

RUF 1986 wurde die neue Appellation Pessac-Léognan von den nördlichen Gemeinden in Graves gegründet. Außer Pessac und Léognan gehören Talence, Gradignan, Villenave, Cadaujac und Martillac zur neuen Appellation. Alle in Graves klassifizierten Anwesen kamen in die neue Gruppe und Pessac-Léognan gelang es, seinen Status zu erhöhen und sich vom Ruf der Massenproduktion zu lösen. Als Weinregion ist Pessac-Léognan älter als Médoc. Die bekanntesten Schlösser der Region sind Haut-Brion und La Mission-Haut-Brion. Das Gebiet besteht im übrigen aus einer merkwürdigen Mischung von Weinbergen, Wald und geschlossenen Ansiedlungen.

WEINE Rotweine in klassischem Bordeaux-Stil, ähnlich wie die Médoc-Weine. Weißweine, die teils leicht und fruchtig sind, teils kräftig mit starkem Fasscharakter.

KLASSIFIZIERUNG 1953 und 1959 wurde das damalige Graves auf eine sehr einfache Art klassifiziert. 15 Weine wurden zu Crus Classés erklärt, sieben rote, zwei weiße und sechs sowohl rote als auch weiße.

BODEN Tiefe Kiesböden mit Sand gemischt.

REBSORTEN Rote: Vorwiegend Cabernet Sauvignon und Merlot, weiter Cabernet Franc, Petit Verdot und Malbec. Weiße: Sauvignon Blanc, Sémillon sowie ein kleiner Teil Muscadelle.

WEINHERSTELLUNG Traditionelle Gärung der Rotweine. Die weißen werden bei niedriger Temperatur in Stahltanks vergoren, bei den besseren Kellereien in kleinen Holzfässern.

WISSENSWERT Syndicat Viticole de Pessac-Léognan, 1, cours du XXX Juillet, FR-33000 Bordeaux. Tel. 05 56 48 22 99. Fax 05 56 48 53 79.

## CH. BOUSCAUT

GESCHICHTE In den letzten dreißig Jahren hat der Besitzer oft gewechselt. 1968 erwarb es der enthusiastische Amerikaner Charles Wohlstetter und rettete es vor dem Verfall. 1980 wurden alle Gebäude wieder hergerichtet. Im gleichen Jahr veräußerte Wohlstetter das Anwesen an Lucien Lurton, dem schon Brane-Cantenac und Durfort-Vivens in Margaux gehörten. Nach einigen Qualitätsschwankungen konnte man sich nach 1982, dank Teilbesitzer Jean Delmas, der auch Haut-Brion leitet, wieder fangen. Heute wird der Betrieb von Lurtons Tochter Sophie geführt.

*Ch. Bouscaut ist heute in Besitz der Familie Lurton, der noch zwei weitere Margaux-Schlösser gehören.*

WEINE Rote: bis 1981 oft enttäuschend mit zu viel Tannin und zu wenig Frucht. Ab 1982 sind sie füllig und weich, aber nicht imposant. Weiße: nicht so spannend, die letzten Jahrgänge aber viel besser. Zweitwein: *Ch. Valoux.*

KLASSIFIZIERUNG Rot: Graves Cru Classé 1953, weiß: 1959

BODEN Kies auf Kalksandboden.

REBSORTEN Rote: Mer 50%, CS 35%, Mal und CF 15%. Weiße: Sém 66%, SB 34%.

WEINHERSTELLUNG Rote: Temperierte Gärung in Edelstahltanks. Ausbau 20-24 Monate in Eichenfässern (30-50% Neuholz). Weiße: Die Gärung findet in Edelstahltanks bei 18 °C statt und der Ausbau sechs Monate in Eichenfässern.

LAGERUNG Je nach Jahrgang, ca. zehn Jahre für die Roten und 4-6 Jahre für die Weißen.

REBFL/PROD Rotwein 38 ha und 11 000 Kisten/Jahr, Weißwein 8 ha und 1 700 Kisten/Jahr.

JAHRGÄNGE Rot: 1996, 95, 93, 92, 90, 89.

**Besitzer** Sophie Lurton Cogombues • **Kellermeister** Laurent Cogombues • **Besuch** Nach Vereinbarung • **Adresse** Ch. Bouscaut, RN 113, FR-33140 Cadaujac • **Tel.** 05 57 83 12 20 • **Fax** 05 57 83 12 21

|  |  |  |
|---|---|---|
| PRODUKTION | QUALITÄT | PREIS |

## CH. CARBONNIEUX

GESCHICHTE  Eines der größten und ältesten Anwesen des Gebiets. Im 18. Jahrhundert wurde es von Benediktinern geführt. Bevor Médoc den Exportmarkt in den Griff bekam, gehörten sie zu den größten Händlern und fuhren nach England aus. Die heutigen Besitzer, die Familie Perrin, kamen in den 50er Jahren aus Algerien und erwarben das Weingut 1956. Heute ist Anthony Perrin aus der zweiten Generation für das Schloss verantwortlich. Perrin besitzt zwei weitere Anwesen: La Tour-Léognan und La Sartre.
WEINE  Rot: recht leichte und fruchtige Weine ohne besondere Konzentration. Zweitwein: *Ch. La Tour-Léognan*. Weiß: haben einen besseren Ruf als die roten, recht leicht und fruchtig mit typischem Graves-Charakter.
KLASSIFIZIERUNG  Graves Cru Classé (rot und weiß).
BODEN  Kies und Sand auf Lehm.
REBSORTEN  Rote: CS 60%, Merlot 30%, CF 8%, Malbec 1% und PV 1%. Weiß: Sauvignon Blanc 60%, Sémillon 38%, Muscadelle 2%.

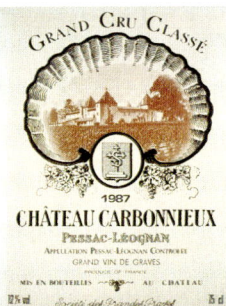

Ch. Carbonnieux ist ein großes Anwesen mit mittelalterlichen Ahnen. Die Weißweine sind zu empfehlen.

WEINHERSTELLUNG  Rot: Gärung in Edelstahltanks und Ausbau 20 Mt. in Eichenfässern (30% Neuholz). Weiß: kühle Gärung in Stahltanks, Ausbau 3 Mt. in neuen Eichenfässern.
LAGERUNG  Sechs bis zehn Jahre für die Rotweine, drei bis fünf Jahre für Weißweine.
REBFL/PROD  85 ha, 25 000 Kisten/Jahr Rotwein, 20 000 Kisten/Jahr Weißwein.
JAHRGÄNGE  Rote: 1996, 95, 94, 93, 92, 91, 90, 89, 88. Weiße: 1996, 94, 93, 92, 91, 90.

**Besitzer** Anthony Perrin • **Kellermeister** Bertrand Cherel • **Besuch** Mo-Fr 8-12, 16-17, nach Vereinbarung • **Adresse** Ch. Carbonnieux, FR-33850 Léognan • **Tel.** 05 57 96 56 20 • **Fax** 05 57 96 59 19 • **E-Mail** chateau.carbonnieux@wanadoo.fr

PRODUKTION        QUALITÄT        PREIS

## DOM. DE CHEVALIER

GESCHICHTE  Das Anwesen liegt in der südwestlichen Ecke der Gemeinde Léognan. Chevalier war von 1865 bis 1983 in Besitz der Familie Ricard, die letzten 35 Jahre davon hieß der Besitzer Claude Ricard. 1983 war Ricard gezwungen, sein Lebenswerk zu verkaufen, blieb aber als Berater auf dem Weingut. Die Weine sind stets persönlich und sehr gut gebaut. Auch in schwierigen Jahren ist man in der Lage, gute Weine zu vinifizieren.
WEINE  Rotwein: tiefe Farbe, komplexer Duft mit Frucht und einem Hauch frischen Tabaks.

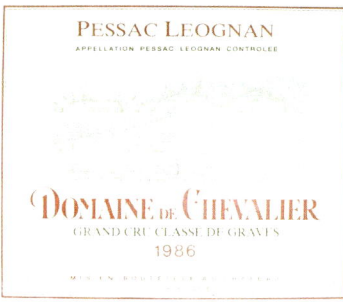

*Domaine de Chevalier liegt sehr schön bei einem Wald bei Léognan. Die Weine sind sehr charakteristisch.*

Dicht und kräftig. Zweitwein: *Batard-Chevalier*. Weißwein: Duft neuer Eiche. Kräftig, fruchtig, mit sehr langem, balanciertem Abgang. Sehr elegant.
KLASSIFIZIERUNG  Graves Cru Classé (weiß und rot).
BODEN  Eine dünne Schicht von Sand und Kies auf Lehmboden.
REBSORTEN  Rot: CS 65%, Merlot 30%, CF 5%. Weiß: Sauvignon Blanc 70%, Sémillon 30%.
WEINHERSTELLUNG  Rotwein: Gärung bei hoher Temperatur von 32 °C, um die Schalen maximal auszunutzen. 20-24 Mt. Ausbau in Fässern mit mindestens 50% Neuholz. Weißwein: Gärung in neuen Eichenfässern bei niedriger Temperatur. 18 Mt. Ausbau in Eichenfässern, mit einem kleinen Teil Neuholz.
LAGERUNG  Rote: 10-20 J. Weiße: 8-15 Jahre.
REBFL/PROD  Rote: 30 ha, 8 000 Kisten/Jahr. Weiße: 5 ha, 1 000 Kisten/Jahr.
JAHRGÄNGE  Rot: 1996, 95, 94, 93, 92, 91, 90, 89, 88, 86. Weiß: 1996, 95, 94, 93, 92, 91, 90.

**Besitzer** Fam. Bernard, Verantw. Olivier Bernard • **Kellermeister** Thomas Stonestreet, Lois Grassin, Remi Edange • **Besuch** Nach telef. Vereinb. • **Adresse** Dom. de Chevalier, FR-33850 Léognan • **Tel.** 05 56 64 16 16 • **Fax** 05 56 64 18 18 • **Homepage** www.domaimedechevalier.com

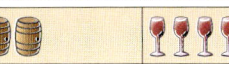 

PRODUKTION        QUALITÄT        PREIS

## CH. DE FIEUZAL

GESCHICHTE  Nach dem 2. Weltkrieg 1945 wurde dieses verfallene Anwesen vom Schweden Erik Bocké gekauft. Dieser baute das Weingut langsam und sorgfältig wieder auf. 1974 übernahm es der heutige Besitzer Gérard Gribelin und setzte die Arbeit von Bocké fort. Fieuzal ist ein

*Ch. de Fieuzal wurde vom Schweden Erik Bocké nach dem Krieg erworben. Kleines Gut mit guten Weinen.*

recht kleines Weingut im südlichen Teil der Gemeinde Léognan.

WEINE  Tiefrote, kräftige Weine, die jungen sehr fruchtig. Elegant und konzentriert mit typischem, etwas erdigem Graves-Charakter. Zweitwein: *L'Abeille de Fieuzal*. Die Weißweine ähneln denen von Domaine de Chevalier: kräftig mit deutlichem Fasscharakter.

KLASSIFIZIERUNG  Rotwein: Graves Cru Classé 1953. Die Weißen sind nicht klassifiziert.

BODEN  Recht tiefer Kiesboden mit Sand und Lehm. Die Wälder schützen vor dem Wind, können aber zu Frost führen.

REBSORTEN  Rote: CS 60%, Merlot 33%, Mal und PV 7%. Weiße: SB 50% und Sém 50%.

WEINHERSTELLUNG  Die Rotweine gären in glasverkleideten Stahlbottichen. Ausbau 18-24 Mt. in Eichenfässern. Der Anteil an Neuholz variiert je nach Jahrgang. Seit 1985 werden die Weißweine in neuen Barriques (225 lt fassend) kühl vergoren und ausgebaut.

LAGERUNG  Rote: 8-12 Jahre, Weiße: 7-10 Jahre.

REBFL/PROD  48 ha, 13 000 Kisten Rotwein und 4 000 Kisten Weißwein/Jahr.

JAHRGÄNGE  Rot: 1996, 95, 94, 93, 92, 91, 90, 89, 88. Weiß: 1996, 95, 94, 93, 92, 90.

**Besitzer** Gérard Gribelin • **Kellermeister** Giles Pouget • **Besuch** Mo-Fr, nach Vereinbarung • **Adresse** Ch. de Fieuzal, FR-33850 Léognan • **Tel.** 05 56 64 77 86 • **Fax** 05 56 64 18 88

PRODUKTION    QUALITÄT    PREIS

## CH. HAUT-BAILLY

GESCHICHTE  Haut-Bailly liegt in der Gemeinde Léognan, östlich der Stadt, in der Nähe von Ch. Larrivet-Haut-Brion und dem berühmten Malartic-Lagravière. Man blickt auf eine lange Tradition zurück. Während des 19. Jahrhunderts, als der Wein zu den bekanntesten des Bordeaux gehörte, exportierte man große Mengen u.a. nach England. Lange Zeit verfiel das Anwesen, bis es der Belgier Daniel Sanders 1955 erwarb. Sanders erzeugte sehr gute Weine, einzigartig waren die 61er und 66er. Heute ist das Anwesen in Besitz des Bankiers Robert Wilmers.

WEINE  Nur Rotwein. Recht leicht für einen

*Ch. Haut-Bailly hat eine lange Tradition. Der Belgier Sanders hat das Schloss wieder instand gesetzt.*

Cru Classé. Fruchtiger, weicher, aber fülliger Wein. Erinnert mehr an Weine aus St-Émilion. Zweitwein: *Le Pardre de Haut-Bailly*.

KLASSIFIZIERUNG  Graves Cru Classé 1953.

BODEN  Tiefer, harter, kalkgemischter Lehmboden mit dünner Kiesschicht.

REBSORTEN  Rot: Cabernet Sauvignon 65%, Merlot 25%, Cabernet Franc 10%. Weiß: 50% Sémillon, 50% Sauvignon Blanc.

WEINHERSTELLUNG  Neue Anlage mit Edelstahltanks. Ausbau in zu 50% neuen Eichenfässern.

LAGERUNG  Der Wein ist schon nach 6-8 Jahren angenehm, entfaltet sich aber weiter während 12-15 Jahren.

REBFL/PROD  Rot: 28 ha, 10 000 Kisten/Jahr, weiß: 8 ha, 1 500 Kisten/Jahr.

JAHRGÄNGE  Rote: 1996, 95, 94, 93, 92, 90, 89, 88.

**Besitzer** Robert Wilmers • **Kellermeister** Charritte • **Besuch** Werktags nach telefonischer Vereinbarung • **Adresse** Ch. Haut-Bailly, FR-33850 Léognan • **Tel.** 05 56 64 75 11 • **Fax** 05 56 64 53 60

PRODUKTION    QUALITÄT    PREIS

## CH. HAUT-BRION

GESCHICHTE Schon während des 16. und 17. Jahrhunderts war Haut-Brion ein bekanntes Château in Bordeaux. Es wurde 1935 von Clarence Dillon, US-Botschafter in Frankreich, ge-

Wurde 1855 als einziges Schloss außerhalb Médocs als Premier Grand Cru Classé klassifiziert.

kauft. Die Gräfin de Mouchy, Enkelin von Clarence, leitet heute das Unternehmen. Man verwendet als erste unter den Großen in Bordeaux seit 1960 rostfreie Gärfässer.
WEINE Elegante, harmonische und konzentrierte Rotweine, die sich über lange Zeit entfalten. Straffe Weißweine mit Fasscharakter. Sehr guter Zweitwein: *Château Bahans-Haut-Brion*.
KLASSIFIZIERUNG Premier Grand Cru Classé 1855 (einziges außerhalb Médoc). Rot: Graves Cru Classé 1953. Weiß: Cru Classé 1959.
BODEN Magerer Kiesboden, perfekte Drainage. Gut geschützt gegen schlechte Witterung.
REBSORTEN Rot: CS 45%, Merlot 37%, CF 18%. Weiß: Sémillon 50%, Sauvignon 50%.
WEINHERSTELLUNG Rotwein: recht warme (32 °C) und kurze Gärung. Ausbau 24-26 Mt. in neuen Eichenfässern. Weißwein: kühle Gärung 3-4 Wochen. Ausbau 12 Monate in neuen Eichenfässern.
LAGERUNG Rotwein: mindestens 10-25 Jahre. Weißwein: 10-18 Jahre.
REBFL/PROD Ein großes Weingut mit 43 ha, aber ohne Erweiterungsmöglichkeiten.
14-18 000 Kisten/Jahr. Export nach Deutschland, Großbritannien, in die USA und die Schweiz.
JAHRGÄNGE Rot: 1996, 95, 94, 93, 92, 91, 90, 89, 88, 86. Weiß: 1995, 94, 93, 92, 91, 90, 89.

**Besitzer** Dom. Clarence Dillon SA • **Kellermeister** M. Jean-Philippe Masclef • **Besuch** Nach Vereinb., Mo-Do 8-11, 13.30-16.30, Fr 8-11, 13.30-15.30 • **Adresse** Ch. Haut-Brion, 133, ave. Jean-Jaurès, FR-33 608 Pessac • **Tel.** 05 56 00 29 30 • **Fax** 05 56 98 75 14 • **E-Mail** info@haut-brion.com

PRODUKTION  QUALITÄT  PREIS

## CH. LA LOUVIÈRE

GESCHICHTE Südlich der Stadt Léognan, zwischen den Schlössern Carbonnieux und Haut-Bailly, liegt das prestigereiche La Louvière. Andere Anwesen aus Lucien Lurtons Imperium sind Couhins-Lurton, de Cruzeau, de Rochemorin, alle in Graves, sowie sein Elternhaus Ch. Bonnet in Entre-Deux-Mers. Château La Louvière wurde vom großen Architekten des 19. Jh., Victor Louis, im neuklassizistischen Stil erbaut.
WEINE Cabernet-dominiert, leicht zugängliche Rotweine von guter Qualität, im Stil etwas amerikanisch. Zweitwein: *Ch. Coucheroy*. Die Weißen haben in letzter Zeit einen immer ausgeprägteren Fasscharakter. Feine Frucht und balancierte Säure. Andere Weine: „L" de Louvière, Ch. les Agunelles, Ch. Cantebau, Ch. Clos-du-Roy, Ch. Le Vieux-Moulin.
KLASSIFIZIERUNG Nicht klassifiziert, hat aber den Standard eines klassifizierten Schlosses.
BODEN Kiesiger, steiniger Sandboden für Cabernet. Schwererer Lehmboden für die übrigen Rebsorten.

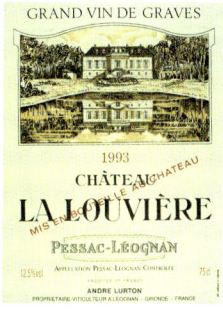

Ch. La Louvière ist ein prestigereiches Schloss Lurtons. Es wurde vom berühmten Victor Louis erbaut.

REBSORTEN Rot: CS 66%, Merlot 33%, Petit Verdot 1%. Weiß: SB 85%, Sémillon 15%.
WEINHERSTELLUNG Rotweine: Gärung in Edelstahltanks, Ausbau in zu 30-35% neuen Eichenfässern. Weißweine: Gärung in neuen Eichenfässern, Sauvignon 1 Monat, Sémillon 6 Monate.
LAGERUNG Rote: 5-15 J., Weiße: 3-10 Jahre
REBFL/PROD Rote: 38 ha, 21 000 Kisten/Jahr. Weiße: 10 ha, 4 000 Kisten/Jahr.
JAHRGÄNGE Rot: 1996, 95, 94, 93, 92, 91, 90. Weiß: 1996, 95, 94, 93.

**Besitzer** André Lurton • **Kellermeister** Michel Gaillard, Viwlewt Cruëge • **Besuch** Nach Vereinbarung • **Adresse** Ch. La Louvière, Ch. Bonnet, FR-33420 Grézillac • **Tel.** 05 57 25 58 58 • **Fax** 05 57 74 98 55 • **E-Mail** andre.lurton@wanadoo.fr

PRODUKTION  QUALITÄT  PREIS

FRANKREICH • BORDEAUX • SÜDLICHES BORDEAUX • GRAVES, PESSAC-LÉOGNAN

## CH. LA MISSION-HAUT-BRION

GESCHICHTE Die Geschichte des Schlosses ist von der Familie Woltner geprägt. Den unglaublichen Aufschwung des Weingutes verdankt man Frédéric, und insbesondere seinem Sohn Henri,

*La Mission-Haut-Brion hat dank der umsichtigen Familie Woltner einen enormen Aufschwung erlebt.*

der das Schloss bis zu seinem Tod 1974 führte. Der Grund für die hohe Qualität war die Verwendung der hygienischen, glasverkleideten und niedrigen Gärbottiche, die schon 1926 eingesetzt wurden. 1983 verkaufte die Familie Woltner La Mission an ihren Konkurrenten.
WEINE Dichte, dunkle Farbe. Komplexer, edler Duft. Großer, langer Abgang. Es ist unmöglich, Haut-Brion nicht mit La Mission vergleichen zu wollen. La Mission repräsentiert mehr Kraft und Fülle. Zweitwein ist der hervorragende *La Tour Haut-Brion*.
KLASSIFIZIERUNG Offiziell Graves Cru Classé 1953. Inoffiziell mit Haut-Brion gleichgestellt, d.h. Premier Cru.
BODEN Sehr tiefer, magerer Kiesboden ergibt kleine Erträge von hoher Konzentration. Einen gewissen Schutz und Wärme liefert die Stadtumgebung.
REBSORTEN CS 48%, Mer 45% und CF 7%.
WEINHERSTELLUNG Gärung bei niedriger Temperatur (28 °C), Ausbau während 20 Monaten in mind. zu 50% neuen Eichenfässern (je nach Jahrgang auch mehr).
REBFL/PROD 22 ha (einschließlich La Tour Haut-Brion), 6-9 000 Kisten/Jahr.
JAHRGÄNGE Rot: 1996, 95, 94, 93, 92, 91, 89, 88.

**Besitzer** Dom. Clarence Dillon SA • **Kellermeister** Jean-Philippe Masclef • **Besuch** Nach Vereinbarung Mo-Do 8-11, 13.30-16.30, Fr 8-11, 13.30-15.30 • **Adresse** Ch. La Mission-Haut-Brion, 304, cours du Maréchal Galliéni, FR-33400 Talence • **Tel.** 05 56 00 29 30 • **Fax** 03 56 98 75 14

PRODUKTION     QUALITÄT     PREIS

## CH. LAVILLE-HAUT-BRION

GESCHICHTE Laville-Haut-Brion war bis 1983 ein Teil des Imperiums von Domaine Woltner. Wegen des französischen Erbschaftssteuergesetzes, welches das Familienunternehmen sehr hart traf (ein großes Problem in Bordeaux, wo viele Schlösser von bedeutenden Familien mit langer Tradition geführt werden), musste es verkauft werden. Der Käufer war Domaine Clarence Dillon von Haut-Brion. Der Wein wird weiterhin nach den Richtlinien von Henri Woltner hergestellt, denn diese haben dazu geführt, dass der Weißwein einer der bedeutendsten in ganz Bordeaux wurde. Der erste Prestigejahrgang war 1928.
WEINE Kräftige, langlebige Weißweine mit großer Komplexität, die sich langsam entfalten. Fruchtig und körperreich mit Fasscharakter.
KLASSIFIZIERUNG Graves Cru Classé 1959.
BODEN Der schwere Lehmboden war der Grund, warum Henri Woltner in den 20er Jahren, einen Teil des Areals von La Mission mit weißen Reben bestockte.

*Ch. Laville-Haut-Brion wird als das bedeutendste Schloss für Weißweine in Graves angesehen.*

REBSORTEN Sauvignon Blanc 27%, Sémillon 70%, Muscadelle 3%.
WEINHERSTELLUNG Kühle Gärung in kleinen Eichenfässern und klimatisierten Kellerräumen. Fassausbau während 12 Monaten.
LAGERUNG Der Wein entfaltet sich langsam und erreicht den Höhepunkt nach 10-15 Jahren, hält danach aber noch sehr lange.
REBFL/PROD 3 ha, Etwa 1 100 Kisten/Jahr.
JAHRGÄNGE Weiß: 1996, 95, 94, 93, 92, 90, 89, 88, 87.

**Besitzer** Dom. Clarence Dillon SA • **Kellermeister** Jean-Philippe Masclef • **Besuch** Nach Vereinbarung Mo-Do 8-11, 13.30-16.30, Fr 8-11, 13.30-15.30 • **Adresse** Ch. Laville-Haut-Brion, 304, Cours du Maréchal Galliéni, FR-33400 Talence • **Tel.** 05 56 00 29 31 • **Fax** 05 56 98 75 14

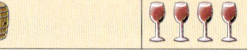 

PRODUKTION     QUALITÄT     PREIS

## CH. PAPE-CLÉMENT

GESCHICHTE Pape-Clément bedeutet „Papst Clément", was auf eine besondere Geschichte zurückzuführen ist. 1299 wurde Bertand de Goth, der jüngste Sohn einer vermögenden Familie aus Bordeaux, zum Erzbischof ernannt. Sein Bruder war so stolz, dass er ihm ein Weingut schenkte. Später, als Bertand zum Papst ernannt wurde, erhielt er den Namen Clément V. 1930 erwarb Paul Montagne das Weingut in sehr heruntergekommenem Zustand. Nach umfassenden Restaurationen und Neuanpflanzungen, die während mehrerer Generationen durchgeführt wurden, ist Pape-Clément heute eines der schönsten und gepflegtesten Anwesen in Graves.

WEINE Während der 70er und Anfang der 80er Jahre konnte man die in das Weingut gesetzten Erwartungen nicht erfüllen. Seit 1985 zählt Pape-Clément wieder zu den Großen in Graves. Dunkle Farbe, rauchiges komplexes Bukett, große Frucht und Kraft. Zweitwein: *Le Clémentin*.

KLASSIFIZIERUNG Graves Grand Cru Classé 1953.

*Ch. Pape-Clément hat eine interessante Geschichte und war einst in Besitz der katholischen Kirche.*

BODEN Tiefer, sandgemischter Kiesboden.
REBSORTEN CS 60%, Merlot 40%.
WEINHERSTELLUNG Seit 1986 eine neue Anlage mit Stahltanks. Seit 1985 wird der Wein 22-24 Monate in Eichenfässern ausgebaut.
LAGERUNG Die Weißweine sollten innerhalb von fünf Jahren getrunken werden, während die roten 12-15 Jahre Lagerzeit benötigen.
REBFL/PROD Rote: 32 ha, 15 000 Kisten/Jahr.
JAHRGÄNGE Rot: 1996, 95, 94, 93, 92, 90, 89, 88.

**Besitzer** Léo Montagne & Bernard Nagrez • **Kellermeister** Bernard Pujol • **Besuch** Mo-Do 8-12, 14-17, Fr 8-12. 14-16 • **Adresse** Ch. Pape-Clement, 216, ave. du Dr. Nancel Penard, FR-33600 Pessac • **Tel.** 05 56 07 04 11 • **Fax** 05 56 07 36 70

PRODUKTION    QUALITÄT    PREIS

## CH. RAHOUL

GESCHICHTE Château Rahoul liegt in der Gemeinde Portes im südlichen Graves. Der Name stammt von einem Ritter, Guillaume Rahoul, der das Schloss 1646 kaufte. Der dänische Perfektionist Peter Vinding-Diers ist für die Aufmerksamkeit, die Rahoul auf sich gezogen hat, verantwortlich. Der ursprüngliche Journalist hat einen guten Namen in der Weinwelt. Seit 1978 ist er für die Weine auf Rahoul verantwortlich. Seine Versuche mit Hefesorten und neuen Gärprozessen werden von Kollegen aus der Weinwelt mit Interesse verfolgt.

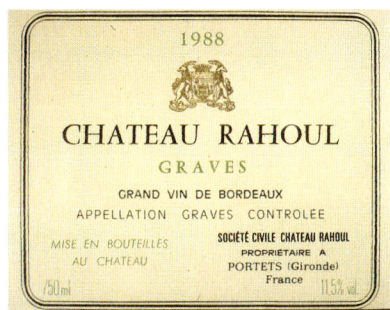

*Der Namensgeber und einstiger Besitzer war Guillaume Rahoul, ein Ritter aus dem 17. Jahrhundert.*

WEINE Rot: würzige, elegante Frucht mit angedeutetem Fasscharakter. Zweitwein: *Petit Rahoul*. Weiß: Aromatische, fruchtige Weine mit ausgeprägtem Fasscharakter.

KLASSIFIZIERUNG Das Schloss ist nicht klassifiziert, gehört aber zu den besseren und interessanteren in Graves.

BODEN Lehmigere, schwerere Sandböden als im nördlichen Graves.

REBSORTEN Rote: Merlot 85%, Cabernet Sauvignon 15%. Weiße: Sémillon 100%.

WEINHERSTELLUNG Die Rotweine werden in emaillierten Stahltanks vergoren und ein Jahr in Eichenfässern ausgebaut. Die Weißweine werden in neuen Eichenfässern vergoren und in denselben sechs Monate ausgebaut.

LAGERUNG Fünf bis acht Jahre.
REBFL/PROD Rot: 25 ha, 6 000 Kisten/Jahr. Weiß: 5 ha, 1 200 Kisten/Jahr.
JAHRGÄNGE Rot: 1996, 95, 94, 93, 92, 91, 90. Weiß: 1996, 95, 94, 91, 90.

**Besitzer** Champagne Alain Thienot • **Kellermeister** Alain Thienot • **Besuch** Nach telefonischer Vereinbarung • **Adresse** Ch. Rahoul, Route du Courreau, FR-33640 Portes • **Tel.** 05 56 67 01 12 • **Fax** 05 56 67 02 88 • **E-Mail** union.grands-crus@vins-bordeaux.fr

PRODUKTION    QUALITÄT    PREIS

## CH. SMITH-HAUT-LAFITTE

GESCHICHTE  Dieses Anwesen liegt in der Gemeinde Martillac, etwa 15 km südlich von Bordeaux. Haut-Lafitte bedeutet „hoher Hügel", was eigentlich übertrieben ist. Georges Smith kaufte das Weingut 1720. 1957 erwarb das Weinhandelshaus Louis Eschenauer das Recht auf den Wein und im Jahr darauf einen Teil des Weinberges. Das gänzlich verwahrloste Schloss und die 17 Hektar Rebfläche durfte es erst im Jahr 1987 kaufen. Heute in Besitz von Daniel Cathiard.
WEINE  Rot: elegante, Cabernet-dominierte Weine mit Tiefe, frischer Frucht und langem Abgang. Zweitwein: *Ch. Hauts-de-Smith-Haut-Lafitte*. Weiß: Burgunder-inspirierter Charakter mit frischer Säure und langem Abgang.
KLASSIFIZIERUNG  Die Roten wurden 1953 als Graves Grand Cru Classé klassifiziert, die Weißen sind nicht klassifiziert, jedoch teurer.
BODEN  Tiefer Kiesboden mit Sand.
REBSORTEN  Rot: CS 70%, Merlot 20%, CF 10%. Weiß: Sauvignon Blanc 100%.
WEINHERSTELLUNG  Rotwein: moderne

*Das hübsche Schloss auf Smith-Haut-Lafitte. Der Name Smith stammt von einem Engländer.*

Anlage mit Edelstahl, Ausbau 18 Mt. in zu 30% neuen Fässern. Die Weißweine werden in neuen Eichenfässern vergoren. Die Hälfte davon wird in älteren Fässern ausgebaut, damit das Eichenaroma nicht dominiert.
LAGERUNG  Rote und Weiße können 10-12 Jahre lagern. Auch jung (3-5 Jahre) trinkbar.
REBFL/PROD  Rot: 49 ha, 8 000 Kisten/Jahr. Weiß: 6 ha, 4 000 Kisten/Jahr.
JAHRGÄNGE  Rot: 1996, 95, 94, 93, 92, 91, 90, 88. Weiß: 1996, 95, 94, 93, 92, 90, 89.

**Besitzer** Daniel Cathiard • **Kellermeister** Gabriel Cathiard • **Besuch** Mo-So, nach Vereinbarung • **Adresse** Ch. Smith-Haut-Lafitte, FR-33650 Martillac • **Tel.** 05 57 83 11 22 • **Fax** 05 57 83 11 21 • **E-Mail** smith.lafitte@wanadoo.fr

PRODUKTION        QUALITÄT        PREIS

## CH. LA TOUR-MARTILLAC

GESCHICHTE  1880 erhielt Edouard Kressmann, aus einer wohlhabenden Négociantfamilie in Bordeaux stammend, den Alleinvertrieb für die Weine. 1929 kaufte sein Sohn Alfred das ganze Anwesen. Dessen Sohn Jean Kressmann ist es gelungen, das Anwesen in der Familie zu behalten und ausgezeichnete Weine, vor allem Weißweine, herzustellen.
WEINE  Rot: als junger Wein typisch Graves, mit würziger Frucht und mildem Tannin. Die älteren werden komplex und elegant. Zweitwein: *Ch. La Grave-Martillac*. Weiß: in Eichenfässern

*Wie der Name La Tour-Martillac andeutet, findet man einen Turm auf dem Anwesen.*

vergorene Weine im modernen Stil. In jungen Jahren mit Eleganz, Frucht und Kraft.
KLASSIFIZIERUNG  Graves Grand Cru Classé 1953 für die Roten und 1959 für die Weißen.
BODEN  Sandgemischter, magerer Kiesboden.
REBSORTEN  Rote: CS 52%, Merlot 45%, CF und Petit Verdot 3%. Weiße: Sémillon 65%, Sauvignon Blanc 30%, Muscadelle 5%.
WEINHERSTELLUNG  Rote: Gärung in Edelstahltanks. Die Trauben der ältesten Rebstöcke gären in alten Holzfässern. Ausbau 22-24 Mt. in Eichenfässern. Die Weißweine werden in neuen Eichenfässern vergoren und 6 Mt. ausgebaut.
LAGERUNG  Die Rotweine entwickeln sich während fünf bis acht Jahren. Die Weißweine können jung getrunken werden, sind aber bis zu zehn Jahren lagerfähig.
REBFL/PROD  Rot: 28 ha, weiß: 10 ha, zusammen 10 000 Kisten/Jahr.
JAHRGÄNGE  Rot: 1996, 95, 94, 93, 92, 91, 90. Weiß: 1996, 95, 94, 93, 92.

**Besitzer** Jean Kressmann • **Kellermeister** Valérie Vialord • **Besuch** Mo-Fr 9-17, Sa 9-12 • **Adresse** Ch. Latour Martillac, FR-33650 Martillac • **Tel.** 05 56 72 71 21 • **Fax** 05 57 97 71 17 • **E-Mail** latour.martillac@atinternet.com

PRODUKTION        QUALITÄT        PREIS

## Weitere Produzenten in Graves & Pessac-Léognan

### CH. BROWN

Seit 1994 in Besitz von Bernard Barthe, der in Weinkeller und Weinberg investierte. Ch. Brown erzeugte ja schon früher relativ gute Weine, jetzt ist die Qualität nochmals gestiegen. Der Name stammt von Cantenac-Brown in Margaux, als die Schlösser noch den gleichen Besitzer hatten. FAKTEN 21 ha rot: CS 70%, Mer 25%, PV 5%. 4 ha weiß: SB 70%, Sém 25%, Muscadelle 5%.

• **Besitzer:** Bernard Barthe **Besuch:** Nach Vereinbarung. **Adresse:** 5, av. de la Liberté, FR-33850 Léognan. **Tel.** 05 56 87 08 10. **Fax** 05 56 87 87 34.

### CH. LES CARMES HAUT-BRION

Die Hälfte der Gesamtfläche nehmen ein romantischer Park, das Schloss, der Weinkeller und das Nebengebäude ein. Die andere Hälfte ist mit Reben bestockt. Von 1584 bis 1849 war der Besitzer ein religiöser Orden namens Les Grand-Carmes. 1850 kaufte es das Weinhandelshaus Colin und der jetzige Besitzer ist Philippe Chantecaille. Traditionelle Gärung in Stahltanks und Ausbau in zu ca. 30% neuen Eichenfässern. Niedriger Ertrag und sorgfältige Verarbeitung. FAKTEN 7 ha, 1 500 Kisten/Jahr.

• **Besitzer:** Philippe Chantecaille **Besuch:** Nach Vereinbarung. **Adresse:** 197, ave. Jean-Cordier, FR-33600 Pessac. **Tel.** 05 56 51 49 43. **Fax** 05 56 93 10 71.

### CH. DE CHANTEGRIVE

Vorbildlich aufgebautes Anwesen. Heute werden saubere und gut ausgewogene Weiß- und Rotweine erzeugt. Die Rotweine sind typische, etwas leichtere Graves-Weine. Die Weißweine sind frisch und besitzen eine feine Frucht und reine Säure. Die weiße Cuvée Caroline wird in modernem Bordeaux-Stil mit leichter Frucht und gerösteter Eiche vinifiziert. Preiswerte und sympathische Weine, die wahrscheinlich niemanden enttäuschen. FAKTEN 26 ha, rot: CS 45%, Merlot 45%, Cabernet Franc 10%. 38 ha weiß: Sémillon 50%, Sauvignon Blanc 40%, Muscadelle 10%.

• **Besitzer:** Henri & Françoise Lévêque **Besuch:** Nach Vereinbarung. **Adresse:** FR-33720 Podensac. **Tel.** 05 56 27 17 38. **Fax** 05 56 27 29 42.

### CH. COUHINS-LURTON

Ein kleiner Weinberg in Besitz von André Lurton. Wurde 1959 als Graves Grand Cru Classé klassifiziert. Nur Weißwein aus Sauvignon, teils in neuer Eiche vergoren. Ein sehr fruchtiger und eichiger Wein im neuen Graves-Stil. Recht teuer, aber von sehr guter Qualität. FAKTEN 6 ha, ca. 2 000 Kisten/Jahr.

• **Besitzer:** André Lurton **Besuch:** Nach Vereinbarung. **Adresse:** Ch. Bonnet, FR-33420 Grézillac. **Tel.** 05 57 25 58 58. **Fax** 05 57 74 98 59.

### CH. DE CRUZEAU

Eines der Lurton-Schlösser. Rotweine mit 80% Cabernet Sauvignon und 30% Merlot. Weißweine mit gleichen Anteilen Sémillon und Sauvignon. Die Rotweine sind weich und fruchtig mit angedeutetem Fasscharakter. Die Weißen sind rein und klar ohne Fasscharakter. FAKTEN 46 ha, etwa 13 000 Kisten/Jahr.

• **Besitzer:** André Lurton **Besuch:** Nach Vereinbarung. **Adresse:** Ch. Bonnet, FR-33420 Grézillac. **Tel.** 05 57 25 58 58. **Fax** 05 57 74 98 59.

### CH. DE FRANCE

Dieses Anwesen mit interessantem Namen liegt außerhalb des Dorfs Léognan in Richtung Domaine de Chevalier. Ein imposantes Schlossgebäude mit einer schönen Parkanlage. Relativ typische rote Graves-Weine mit Einschlag von frisch geschnittenem Gras. Sehr gute und moderne Weißweine mit frischer Frucht und schön eingebundenen Tanninen. Es scheint, als ob dieser Betrieb sein ganzes Potenzial noch nicht ausgeschöpft hat. FAKTEN 28 ha rot: Cabernet Sauvignon 55%, Merlot 40%, Cabernet Franc 5%. 3 ha weiß: SB 50%, Sémillon 40%, Muscadelle 10%.

• **Besitzer:** Bernard Thommasin **Besuch:** Nach Vereinbarung. **Adresse:** FR-33850 Léognan. **Tel.** 05 56 64 75 39. **Fax** 05 56 64 72 13.

### CH. LARRIVET-HAUT-BRION

Liegt im südlichen Pessac-Léognan. Weiche, typische rote Graves mit feiner Frucht. FAKTEN 15 ha, ca. 4 000 Kisten/Jahr. 60% Cabernet Sauvignon, 35% Merlot und 5% Malbec. Kleiner Anteil Weißwein (400 Kisten) aus 60% Sauvignon Blanc und 40% Sémillon.

• **Besitzer:** SA Andros **Besuch:** Nach Vereinbarung. **Adresse:** FR-33850 Léognan. **Tel.** 05 56 64 75 51. **Fax** 05 56 64 53 47.

### CH. LATOUR HAUT-BRION

Die moderne Periode begann 1933, als das Schloss von Woltner (La Mission Haut-Brion) übernommen wurde. 1983 ging es an die Domaine Clarence Dillon (Haut-Brion). Bis zum letzten Besitzerwechsel galt der Wein als Zweitwein von La Mission, jedoch mit mehr Presswein, wodurch er härter und noch langsamer in der Entwicklung als sein berühmter Nachbar war. Seit 1983 sind die Weine leichter und eleganter mit weniger Tannin, aber auch weniger Kraft. Animalische Weine mit schön eingebauten Gerbstoffen. FAKTEN 5 ha, 1 500 K./J. CS 42%, Mer 23%, CF 35%.

• **Besitzer:** Dom. Clarence Dillon SA **Besuch:** Nach Vereinbarung. **Adresse:** BP 24, FR-33602 Pessac. **Tel.** 05 56 00 29 30. **Fax** 05 56 98 75 14.

## Weitere Produzenten in Graves & Pessac-Léognan

### Ch. Magence

Klassisches Anwesen in St-Pierre de Mons im südlichen Graves. Seit fast zweihundert Jahren in Besitz der gleichen Familie namens Guillot de Suduiraut. Vorwiegend für die Weißweine mit eleganter Frucht und ausgewogener Säure bekannt. Früher reine Sauvignon-Weine, heute auch mit Sémillon verschnitten. FAKTEN  20 ha rot: CS 43%, Merlot 34%, Cabernet Franc 23%. Weiß: Sauvignon Blanc 66%, Sémillon 34%.

•**Besitzer:** Dominique Guillot de Suduiraut-d'Antras **Besuch:** Nach Vereinbarung. **Adresse:** BP 14, FR-22212 St-Pierre de Mons. **Tel.** 05 56 63 19 34. **Fax** 05 56 63 21 60.

### Ch. Malartic-Lagravière

1803 wurde die Domaine de Lagravière von Pierre Malartic gekauft, und dabei bekam das Schloss seinen heutigen Namen. 1850 wurde es an Arnaud Ricard verkauft. Nach Übernahme durch das Champagner-Haus Laurent Perrier ist es heute in Besitz von Alfred-Alexandre Bonnie. Konzentrierte Weine mit tiefer Farbe. Großer und langer Geschmack mit feinem Graves-Charakter. Die jungen Weißweine zeigen viel Frucht und Eleganz, die älteren eine erstaunliche Komplexität. FAKTEN Rot: 17 ha, weiß: 2 ha, zusammen ca. 6 000 Kisten/Jahr. Rot: Cabernet Sauvignon 50%, Merlot 25%, CF 25%. Weiß: SB 100%.

•**Besitzer:** Alfred-Alexandre Bonnie, **Dir.:** Bruno Marly **Kellermeister:** Jean Pelatan & Philippe Garcia **Besuch:** Nach Vereinbarung. **Adresse:** FR-33850 Léognan. **Tel.** 05 56 64 75 08. **Fax** 05 56 64 53 66.

### Ch. Montalivet

Ein mittelgroßes Anwesen in der Gemeinde Pujols-sur-Ciron im südlichen Graves. Ansprechende, fleischige und mittelschwere Rotweine. Fruchtige und elegante weiße Graves von guter Qualität. Die Preise sind immer noch niedrig. FAKTEN 17 ha, 7 500 Kisten/Jahr. (rot), 2 000 K./J. (weiß).

•**Besitzer:** Pierre Coste & Pierre Dubourdieu **Adresse:** FR-33210 Pujols-sur-Ciron. **Tel.** 05 56 63 50 52.

### Ch. Olivier

Ein interessantes Gut am Stadtrand von Bordeaux. Zum Besitz gehört auch ein Schloss mit einem Wassergraben in ungewöhnlicher Architektur. Der Gutsbesitzer heißt de Bethmann und ist Finanzberater. Deshalb weiß er auch, dass gute Beratung Gold wert ist. Seit Mitte der 80er Jahre ist die Qualität steigend. Es werden Weißweine aus Sémillon, Sauvignon und Muscadelle sowie Rotweine aus ca. 70% CS und ca. 30% Merlot erzeugt. FAKTEN  40 ha, ca. 15 000 Kisten/Jahr.

•**Besitzer:** Jean-Jacques de Bethmann **Besuch:** Nach Vereinbarung. **Adresse:** FR-33850 Léognan. **Tel.** 05 56 64 73 31. **Fax** 05 56 64 54 23.

### Ch. Réspide

Christian Médeville, Besitzer des berühmten Ch. Gilette und des Ch. Les Justices in Sauternes, ist auch in Besitz dieses kleinen Schlosses in der Gemeinde Toulenne. Rotweine in interessantem Verschnitt von 40% CS, 22% Mer, 24% Malbec und 14% CF. Traditionelle Vinifizierung mit Ausbau in zu einem Drittel neuer Eiche. Ein ungewöhnlicher Wein mit ausgefallenen Tanninen. Weißweine mit 50% Sém, 45% SB und 5% Muscadelle. Für den Réspide wird nur der Vorlauf verwendet. Die Gärung erfolgt in teilweise neuer Eiche, teilweise in Stahltanks. Das Ergebnis ist ein komplexer, extraktreicher und äußerst langlebiger Wein. FAKTEN  7 ha, ca. 3 000 Kisten/Jahr.

•**Besitzer:** Christian Médeville **Adresse:** FR-33210 Preignac. **Tel.** 05 56 76 28 44. **Fax** 05 56 76 28 43.

### Ch. de Rochemorin

Noch ein Lurton-Schloss. Würzige Rotweine mit Tiefe und Fülle. Frische und ausgewogene Weißweine, die vier Monate in Eichenfässern ausgebaut werden. FAKTEN  85 ha, 17 000 Kisten/Jahr. 60% Cabernet Sauvignon, 40% Merlot, respektive 90% Sauvignon Blanc, 10% Sémillon.

•**Besitzer:** André Lurton **Kellermeister:** J.M. Conte **Besuch:** Nach Vereinbarung. **Adresse:** Ch. Bonnet, FR-33420 Grézillac. **Tel.** 05 57 25 58 58. **Fax** -74 98 59. **Homepage:** www.andrelurton.com

### Ch. Roquetaillade-La-Grange

Eines der ältesten Weingüter in Bordeaux. Der Betrieb erzeugt frische und fruchtige Weine, die binnen 5-7 Jahren getrunken werden sollten. FAKTEN 30 ha rot (50% CS, 25% Mer, 20% CF und 5% Mal), 13 ha weiß (70% Sémillon, 15% Sauvignon Blanc und 15% Muscadelle).

•**Besitzer:** J & P Guignard **Besuch:** Nach Vereinbarung. **Adresse:** FR-33210 Mazères. **Tel.** 05 56 76 14 23. **Fax** 05 56 62 30 62.

### Clos Floridène

Ein relativ neues Anwesen in Puyols. Bevor die Schlösser in Péssac-Léognan mit der Weißweinherstellung begannen, erzeugte man in diesem Teil von Graves im 19. Jahrhundert die besten trockenen Weißweine des Gebietes. Frische, fruchtbetonte Weine mit ausgewogenen Gerbstoffen. Die Weine sind relativ jung zu trinken. FAKTEN Rot: 5 ha. Cabernet Sauvignon 80%, Merlot 20%. Weiß: 12 ha; Sémillon ca. 70%, SB ca. 30%.

•**Besitzer:** Denis & Florence Dubourdieu **Besuch:** Nach Vereinbarung. **Adresse:** Ch. Reynon, FR-33410 Béguey. **Tel.** 05 56 62 96 51. **Fax** 05 56 62 14 89.

### Weitere Betriebe

Ch. de Portets,  SCEA Théron-Portets, FR-33640 Portets. Tel. 05 56 67 12 30. Fax -33 47.

## SAUTERNES/BARSAC

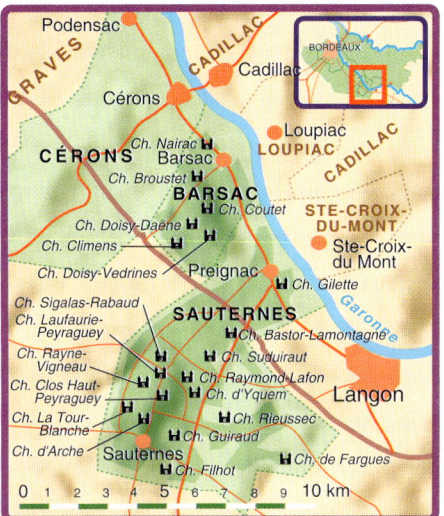

RUF Unter den süßen Weinen der ganzen Welt ist Sauternes eine Garantie für Kraft, Eleganz und Grandeur. Das Geheimnis besteht in mehreren zusammenwirkenden Faktoren. Das Mikroklima, das die berühmte Edelfäule verursacht, spielt die wichtigste Rolle. Die Organismen der Edelfäule durchlöchern die Traubenschale, wobei das Wasser verdunstet und die Süße, die Säure und die Geschmacksstoffe konzentriert werden. Auch der Boden, die Wahl der Rebsorte und harte Arbeit sind von Bedeutung. Nach dem 2. Weltkrieg nahm das Interesse an süßen Weinen stark ab. Mehrere Anwesen verfielen und daraus resultierte, dass viele durchschnittliche Weine erzeugt wurden. Anfang der 80er Jahre wurde dann eine deutliche Verbesserung bemerkbar. In der Regel sollte der Ertrag nicht mehr als 25 hl/ha betragen. Château d'Yquem hat einen Ertrag von 7-9 hl/ha und de Fargues noch weniger. Dies beweist, dass der Ertrag in Wirklichkeit immer unter dem Maximum liegt. Die Erträge in Sauternes entsprechen einem Glas Wein pro Rebstock!

*Edelfaules Traubengut auf dem berühmten Ch. d'Yquem.*

WEINE Edelsüße und trockene Weißweine. Die Rotweine tragen nur einfache AC Bordeaux.

KLASSIFIZIERUNG Die Klassifikation von Sauternes wurde im Jahr 1855 zusammen mit der des Médoc durchgeführt. Ch. d'Yquem ist in einer Klasse für sich als Premiers Cru Supérieur. 11 wurden als Premier Crus und 14 als 2ème Crus klassifiziert (siehe Kasten unten). Die Preise stellen heute eine inoffizielle Klassifikation dar. An der Spitze liegt natürlich d'Yquem, gefolgt von de Fargues, Raymond-Lafon, Climens, Suduiraut, Rieussec und Gilette.
BODEN Kiesiger, sandgemischter Boden mit Einschlag von Lehm, oft auf Kalkstein.
REBSORTEN Sémillon 60-90%, Sauvignon Blanc 10-30%, Muscadelle bis zu 10%.
WEINHERSTELLUNG Gärung in Edelstahltanks, glasverkleidetem Zement oder Barriques. Ausbau meist lange in Barriques. Manchmal wird Eiche vermieden, um mehr Frucht zu erreichen.
REBFL/PROD 2 000 ha (Sauternes und Barsac), ca. 20-30 000 hl/Jahr.
WISSENSWERT Syndicat Viticole et Maison du Vin de Sauternes, 13, Place de la Mairie, FR-33210 Sauternes. Tel. 05 56 76 60 37 oder -69 83. Fax -69 67. Syndicat Viticole de Barsac, rue du 11 Novembre, BP 6, FR-33720 Barsac. Tel. 05 56 27 08 73. Fax -03 71. Maison du Vin de Barsac, Place de l'Église, FR-33720 Barsac. Tel. 05 56 27 15 31. Fax 05 56 27 15 44.

---

### KLASSIFIZIERUNG VON 1855 FÜR SÜSSE WEIßWEINE IN SAUTERNES UND BARSAC

- **Premier Cru Supérieur**
  - Ch. d'Yquem, Sauternes

- **Premiers Crus**
  - Ch. Climens, Barsac
  - Ch. Clos Haut-Peyraguey, Bommes
  - Ch. Coutet, Barsac
  - Ch. Guiraud, Sauternes
  - Ch. Lafaurie-Peyraguey, Bommes
  - Ch. Rabaud-Promis, Bommes
  - Ch. Rayne-Vigneau, Bommes
  - Ch. Rieussec, Fargues de Langon
  - Ch. Sigalas Rabaud, Bommes
  - Ch. Suduiraut, Preignac
  - Ch. La Tour Blanche, Bommes

- **Seconds Crus**
  - Ch. d'Arche, Sauternes
  - Ch. Broustet, Barsac
  - Ch. Caillou, Barsac
  - Ch. Doisy-Daëne, Barsac
  - Ch. Doisy-Dubroca, Barsac
  - Ch. Doisy-Védrines, Barsac
  - Ch. Filhot, Sauternes
  - Ch. Lamothe, Sauternes
  - Ch. Lamothe-Guignard, Sauternes
  - Ch. de Malle, Preignac
  - Ch. de Myrat, Barsac
  - Ch. Nairac, Barsac
  - Ch. Romer du Hayot, Fargues de Langon
  - Ch. Suau, Barsac

## CH. CLIMENS

GESCHICHTE Der Name des Weinguts lautete bis Mitte des 19. Jh. Climenz-Lacoste, nach dem damaligen Besitzer M. Lacoste. 1871 wurde das Schloss von Alfred Ribet erworben. Nach nur 14 Jahren verkaufte er das Anwesen an die Familie Gounouilhou, die Climens von 1885 bis 1971

*Ch. Climens erzeugt einen eleganten Wein, den man oft mit einem leichteren Sauternes verwechseln könnte.*

führte. Danach ging es an Lucien Lurton über und wird heute von seinen Töchtern geführt. In Barsac werden meist leichtere Weine als in Sauternes produziert und Ch. Climens ist derjenige, den man am leichtesten mit Sauternes verwechselt.

WEINE Reinrassige, elegante Weine von etwas leichterem Charakter mit feiner Ausgewogenheit und guter Säure. Die Süße ist meist nicht so vorherrschend wie bei Sauternes. Zweitwein: *Les Cyprès de Climens*.

KLASSIFIZIERUNG Premier Cru Classé 1855. Wird als Nr. 1 in Barsac und als einer der drei besten der ganzen Region angesehen.

BODEN Roter Sand und Kies auf Kalkstein.

REBSORTEN Sémillon 100%.

WEINHERSTELLUNG Traditionelle Herstellung. Nach dem Keltern kommt der Most für 24 Stunden in den Gärbottich (Barrique). Sind 14,7% Alkohol erreicht, wird der Prozess mit Zusatz von Schwefeldioxid abgebrochen. Danach erfolgt der Ausbau während 24 Monaten in Eichenfässern.

LAGERUNG Diese Weine sollten mind. 8 Jahre gelagert werden, große Jahrgänge 15-20 Jahre.

REBFL/PROD 29 ha, 2 800 Kisten/Jahr.

JAHRGÄNGE 1996, 95, 90, 89, 88, 86, 85, 83, 80, 76, 75, 71.

**Besitzer** Fam. Lucien Lurton, Dir.: Bérénice Lurton • **Kellermeister** Christian Broustaut • **Besuch** Mo-Fr 8-12, 14-18 • **Adresse** Ch. Climens, Barsac, FR-33720 Podensac • **Tel.** 05 56 27 15 33 • **Fax** 05 56 27 21 04

## CH. COUTET

GESCHICHTE Ch. Coutet ist eines der ältesten Weingüter des Bezirks, dessen Ursprung bis ins 13. Jh. zurückreicht. Coutet gehörte einst der Familie Filhot und danach dem Marquis de Lur-Saluces (Ch. d'Yquem). Nach dem Zweiten Weltkrieg wurde das Schloss von M. Rolland-Guy geführt. Gute Jahrgänge erhalten das Etikett „Cuvée Madame". Es ist der einzige Wein, der mit d'Yquem wetteifern kann. 1977 erwarb Marcel Baly das Weingut für etwa 5 Mio. FF, für heutige Verhältnisse ein recht niedriger Preis.

WEINE Leichter und eleganter als Climens. Oft recht helle Farbe, gutes Bukett und je nach Jahr-

*Die hervorragende „Cuvée Madame" von Ch. Coutet kann sich durchaus mit d'Yquem messen.*

gang mit mehr oder weniger Botrytis-Charakter. Einer der besten Weine der Region. Andere Weine: Cuvée Madame, Vin Sec du Ch. Coutet.

KLASSIFIZIERUNG Wohlverdienter Premier Cru. Mit Climens der beste in Barsac.

BODEN Sand und Kies auf Kalkboden.

REBSORTEN Sémillon 75%, Sauvignon Blanc 23%, Muscadelle 2%.

WEINHERSTELLUNG Traditionelle Herstellung mit dreimaligem Pressen und Vergärung in Eichenfässern (2/3 neue). Die Gärung wird auf natürlichem Weg abgeschlossen (außer in schlechten Jahren), was recht ungewöhnlich ist. Dies ist auch der Grund, warum Coutet nicht so süß und füllig ist wie die meisten dieser Region.

LAGERUNG Schon nach 6-7 Jahre genussreif. Große Jahrgänge halten 15-20 Jahre.

REBFL/PROD 38 ha, etwa 5 000 Kisten/Jahr.

JAHRGÄNGE 1995, 94, 93, 91, 90, 89, 88, 86, 83, 79, 76, 75, 71.

**Besitzer** Marcel Baly • **Kellermeister** Bertrand Constantin • **Besuch** Mo-Fr 9-12, 15-18, nach Vereinbarung • **Adresse** Ch. Coutet, FR-33720 Barsac • **Tel.** 05 56 27 15 46 • **Fax** 05 56 27 02 20

## CH. DE FARGUES

GESCHICHTE  Ein kleines Anwesen am östlichen Rand der Gemeinde Fargues. 1472 kam es in Besitz der Familie Lur-Saluces, 300 Jahre bevor die Familie das Ch. d'Yquem erwarb. Früher wurde auch Rotwein produziert. Comte Alexandre de Lur-Saluces, der 1968 die Führung übernahm, hat den Anbau von roten Sorten eingestellt. Er konzentrierte sich auf die Herstellung großer, süßer Weine. Der Ertrag pro Hektar ist der kleinste in ganz Sauternes.
WEINE  Eine Kombination von Kraft und Eleganz, nur von seinem berühmten Bruder übertroffen. Reinrassig mit Fülle und großzügiger Frucht. Sauternes der Spitzenklasse.
KLASSIFIZIERUNG  Nicht klassifiziert, liegt aber an der Spitze (nach d'Yquem), sowohl in der Qualität als auch im Preis.
BODEN  Sand und Kies auf Kalkböden.
REBSORTEN  Sémillon 80%, SB 20%.
WEINHERSTELLUNG  Nach dreimaliger Kelterung wird der Wein in neuer Eiche vergoren, genau wie auf d'Yquem. Der Wein wird danach über

*De Fargues war lange vor Ch. d'Yquem in Besitz der Familie Lur-Saluces. Die Weine sind grandios.*

36 Monate im Fass ausgebaut und alle drei Monate abgezogen.
LAGERUNG  Ein solcher Wein braucht Zeit, um sich zu entfalten, und es ist ratsam, zehn Jahre zu warten, ehe die Flasche geöffnet wird. Fargues aus guten Jahren können jahrzehntelang gelagert werden.
REBFL/PROD  13 ha, 1 000-1 500 Kisten/Jahr.
JAHRGÄNGE  1996, 95, 90, 89, 88, 86, 83, 80, (79), 76, 75, 71.

**Besitzer** Fam. de Lur-Saluces • **Kellermeister** François Amirault • **Besuch** Mo-Fr, nach Vereinbarung • **Adresse** Ch. de Fargues, FR-33210 Fargues-de-Langon • **Tel.** 05 57 98 04 20 • **Fax** 05 57 98 04 21

PRODUKTION        QUALITÄT        PREIS

## CH. FILHOT

GESCHICHTE  Das südlichste Schloss in Sauternes ist mit 300 Hektar das größte der Gegend. Den größten Teil des Besitzes stellt eine wunderschön angelegte Parkanlage dar. Das Schloss ist ein imposantes Gebäude aus dem 18. Jahrhundert. Der Name stammt von der Familie Filhot. Nach mehrmaligem Besitzerwechsel, u.a. gehörte es der Familie Lur-Saluces, ist Filhot heute in Besitz von Comte Henri de Vaucelles.
WEINE  Der große Anteil von Sauvignon Blanc prägt den Charakter dieses Weins, dessen Fruchtaroma größer ist als in Sauternes üblich. Recht

*Ch. Filhot ist ein prachtvolles Schloss im südlichen Sauternes. Die Weine haben eine sehr persönliche Note.*

leichter und milder Stil mit persönlicher Note.
KLASSIFIZIERUNG  2ème Cru Classé 1855.
BODEN  Sand und Kies mit einem kleinen Lehmanteil auf Kalksteinboden.
REBSORTEN  Sémillon 55%, Sauvignon Blanc 40%, Muscadelle 5%.
WEINHERSTELLUNG  Insofern recht einzigartig, da die Weine in rostfreien Stahltanks (bei 21-22 °C) vergoren und danach teils in den gleichen Tanks, teils in vier Jahre alten Eichenfässern während 24-26 Monaten ausgebaut werden. In Jahren von nicht ausreichender Qualität wird der Ertrag an einen Négociant verkauft, um dann als einfacher Sauternes auf den Markt zu gelangen.
LAGERUNG  8-10 Jahre ist eine angemessene Lagerzeit bei normalen Jahrgängen.
REBFL/PROD  60 ha, 10 000 Kisten/Jahr.
JAHRGÄNGE  1996, 95, 94, 93, 92, 91, 90, 89, 86, 83, 80, 76, 75.

**Besitzer** Fam. de Vaucelles • **Kellermeister** Gabrielle de Vaucelles • **Besuch** Nach Vereinbarung • **Adresse** Ch. Filhot, Château Filhot, FR-33210 Sauternes • **Tel.** 05 56 76 61 09 • **Fax** 05 56 76 67 91

PRODUKTION        QUALITÄT        PREIS

FRANKREICH • BORDEAUX • SÜDLICHES BORDEAUX • SAUTERNES/BARSAC

## CH. GILETTE

GESCHICHTE  In Besitz der Familie Respide-Médeville. Durch seine einzigartige Weinherstellung und hohe Qualität ein sehr begehrter Wein.

WEINE  Recht dunkle Bernsteinfarbe, intensiv

*Der Besitzer und zugleich Kellermeister Christian Médeville in seinem eleganten Weinkeller.*

duftend mit feinem Botrytis-Charakter und einer Note von Karamell und Honig. Der Geschmack ist von der gleichen Klasse wie der Duft. Große Frucht und Süße. Reifer, karamellähnlicher und sehr langer Abgang. Die Qualität, der man am häufigsten begegnet, ist Crème de Tête, die bessere der beiden Cuvées.

KLASSIFIZIERUNG  Ist nicht klassifiziert, gehört aber zu den besten nach d'Yquem.

BODEN  Sand auf Lehm und Felsboden.

REBSORTEN  Sémillon 92%, Sauvignon Blanc 6%, Muscadelle 2%.

WEINHERSTELLUNG  Unter den vielen Varianten der Weinherstellung in Sauternes hat Ch. Gilette wahrscheinlich die originellste. Nach der Gärung in Edelstahltanks wird der Wein in kleinen, geschlossenen Zementfässern ausgebaut. Manchmal bis zu 20 J. gelagert, bevor er auf Flaschen gefüllt wird. Eine andere Lagerart ist, die Weine erst nach 7-10 Jahren auf Flaschen zu ziehen. Es werden keine Eichenfässer verwendet.

LAGERUNG  Man kann einen Gilette immer gleich dann, wenn er auf dem Markt erscheint, trinken. Der Wein reift außergewöhnlich langsam und scheint beinahe unendlich zu halten.

REBFL/PROD  4 ha, 500 Kisten/Jahr.

JAHRGÄNGE  1971, 70, 67, 62, 61, 59, 55, 53, 50, 49, 37.

**Besitzer** Christian Médeville • **Besuch** Mo-Do 9-13, 14-18, Fr 9-13, 14-17 • **Adresse** Ch. Gilette, Barsac, FR-33210 Preignac • **Tel.** 05 56 76 28 44 • **Fax** 05 56 76 28 43

PRODUKTION      QUALITÄT       PREIS

## CH. GUIRAUD

GESCHICHTE  Das Premier-Cru-Schloss der Gemeinde Sauternes liegt genau zwischen Ch. d'Yquem und dem Dorf Sauternes, auf einer niedrigen Hochebene mit gut exponierten Weinbergen. Ein sehr großes Anwesen mit 130 ha, wovon 70 ha mit Reben bestockt sind. Es werden auch trockene Weißweine und Rotweine erzeugt. Nach den etwas beschämenden 70er Jahren erwarb der Kanadier Hamilton Narby das Anwesen 1981 und verbesserte dessen Ruf. Seit 1989 wird es von Xavier Planty geführt.

WEINE  Ein etwas leichterer, eleganter Sauternes. Schöne Bernsteinfarbe. Sehr fruchtiger Duft mit einer Pfirsich- und Apfelsinennote sowie warmer Vanille vom Eichenfass. Vielleicht im Geschmack etwas zu leicht für einen Sauternes. Sein eleganter, etwas gebrannter Abgang ergibt aber einen guten Gesamteindruck. Andere Weine: Vin Blanc Sec „G", Le Dauphin.

KLASSIFIZIERUNG  Premier Cru Classé 1855 in Sauternes.

BODEN  Sandig mit kalkgemischtem Lehm.

*Ch. Guiraud macht einen etwas leichteren Sauternes. Heute in Besitz und unter Führung von Xavier Planty.*

REBSORTEN  Sémillon 65%, Sauvignon Blanc 35%.

WEINHERSTELLUNG  Eichenfassgärung, Ausbau während 24-30 Monaten in zu 50% neuer Eiche.

LAGERUNG  7-10 Jahre braucht dieser Wein, um sich zu entfalten.

REBFL/PROD  95 ha, 10 000 Kisten/Jahr.

JAHRGÄNGE 1995, 92, 90, 89, 88, 83, 79, 76, 75.

**Besitzer** Xavier Planty • **Kellermeister** Hubert Corre • **Besuch** Täglich außer Ostern und Juli • **Adresse** Ch. Guiraud, Sauternes, FR-33210 Langon • **Tel.** 05 56 76 61 01 • **Fax** 05 56 76 61 52

PRODUKTION      QUALITÄT       PREIS

## CH. LAFAURIE-PEYRAGUEY

GESCHICHTE  Ein großer Teil der Bauten stammt aus dem 17. Jh. Gehört seit 1913 der Négociant-Familie Cordier, die für dichte, etwas sahnige Weine mit großer Konzentration bekannt ist. Im Jahr 1967 fing man damit an, eine neue Herstellungsmethode zu praktizieren, wobei der

Das Schloss gehört dem großen Unternehmen Cordier in Bordeaux. Heute gehört es zu den besten in Sauternes.

Wein nach der Gärung in glasverkleideten Tanks unter Stickstoff ausgebaut wurde. Das Ergebnis waren recht langweilige, eindimensionale Weine. Seit 1979 ist man deswegen zu den traditionellen Herstellungsmethoden zurückgekehrt und erhöhte gleichzeitig den Anteil an Sémillon. Der Wein ist seither konzentriert und komplex.
 WEINE  Intensive Weine, konzentriert mit feiner Süße, die mit Vanillenoten und eleganter Säure verbunden ist. Reiner, feiner Abgang mit Honig-, Aprikosen- und Ananasaroma.
 KLASSIFIZIERUNG  Premier Cru Classé 1855 in Sauternes.
 BODEN  Kiesgemischter Sandboden auf lehmigem Kies und Einschlag von Kalk.
 REBSORTEN  Sémillon 87 %, Sauvignon Blanc 10%, Muscadelle 3%.
 WEINHERSTELLUNG  Seit 1979 traditionelle Herstellung mit 24-monatigem Ausbau in zu 50% neuen Eichenfässern.
 LAGERUNG  Ältere Weine haben eine erfolgreiche Alterung durchgemacht. In den letzten Jahren scheint der Wein wieder die gleichen Eigenschaften zu besitzen und reift während 10-20 J.
 REBFL/PROD  30 ha, 5 000 Kisten/Jahr.
 JAHRGÄNGE  1995, 94, 93, 90, 89, 88, 86, 85, 83, 81.

- **Besitzer**  Dom. Cordier  (Val d'Orbieu)
- **Kellermeister**  Michel Laporte  • **Besuch**  Nach Vereinbarung • **Adresse**  Ch. Lafaurie-Peyraguey, Domaines Cordier, 53, rue de Dehez, FR-33290 Blanquefort • **Tel.**  05 56 95 53 00  • **Fax**  05 56 95 53 01 • **Homepage**  www.cordier-wines.com

PRODUKTION     QUALITÄT     PREIS

## CH. RAYMOND-LAFON

GESCHICHTE  Altes, zu Yquem benachbartes Weingut mit gutem Ruf. Als Pierre Meslier, ehemaliger „régisseur" bei d'Yquem, diesen Weinberg 1972 kaufte, war das Gut am zusammenbrechen. M. Meslier hat es mit viel Geduld wieder auf das gleiche Niveau wie früher gebracht. Es wird die gleiche Technik wie bei d'Yquem angewendet. Handgelesene Trauben und niedriger Ertrag brachten diesen Wein zur Spitzenklasse.
 WEINE  Recht hellgoldene Weine mit phantastischem Bukett von Honig, Ananas, Pfirsich und Zitrone sowie weicher, süßer Vanille. Der Geschmack ist sehr süß, groß, füllig und sahnig, aber

Meslier, dem ehemaligen Kellermeister von Yquem, ist es gelungen, das Schloss an die absolute Spitze zu führen.

mit reiner, feiner Säure, die abschließend einen fast frischen Eindruck vermittelt.
 KLASSIFIZIERUNG  Nicht klassifiziert, gehört aber zu den fünf besten der Appellation.
 BODEN  Kiesiger Sandboden mit etwas Lehm.
 REBSORTEN  Sémillon 80%, SB 20%.
 WEINHERSTELLUNG  Nach der Pressung erfolgt die Vergärung in kleinen Eichenfässern (Barriques), Fassausbau während 36-40 Monaten in ähnlichen, bis zu 50% neuen Fässern.
 LAGERUNG  Leichtere Jahrgänge zeigen sich nach 6-7 Jahren, die großen nach doppelter Zeit. Raymond-Lafon in der heutigen Form ist nicht alt genug, um zu zeigen, welche Alterungssubstanz die Weine haben. Alles spricht jedoch für lange Lagermöglichkeiten.
 REBFL/PROD  18 ha, 1 600 Flaschen/Jahr.
 JAHRGÄNGE  1995, 94, 93, 92, 91, 90, 89, 88, 86, 85, 83, (82), (81), 80, (78), 75.

- **Besitzer**  Jean-Pierre, Charles-Henri & Marie-Françoise Meslier • **Kellermeister**  C-H Meslier
- **Besuch**  Tägl. nach Vereinb. • **Adr.**  FR-33210 Sauternes • **Tel.**  05 56 63 21 02  • **Fax**  -19 58
- **E-Mail**  famille.meslier@chateau-raymond-lafon.fr
- **Homepage**  www.chateau-raymond-lafon.fr

PRODUKTION     QUALITÄT     PREIS

## CH. RIEUSSEC

**GESCHICHTE** Von 1855 bis 1971 hat das Anwesen sieben verschiedene Besitzer gehabt. Von Albert Vuillier 1971 gekauft. Die Qualität steigerte sich seither von „gut" zu „ausgezeichnet". Vuillier stellt seine Weine auf sehr traditionelle Art her: reduzierte Erträge, 12-14 hl/ha, langsame Vergärung und, je nach Jahrgang, individueller Ausbau. Eine Philosophie, die heute unter allen Winzern, die große Weine herstellen wollen, Anklang findet. 1984 wurde das Weingut an Eric de Rothschild verkauft, was sicherlich weiterhin für hohe Qualität bürgt. Der 86er hat es bewiesen.

**WEINE** Oft tief goldgelbe Weine mit ausgeprägtem, konzentriertem Botrytisduft von Honig und Zitrone. Der Geschmack ist konzentriert und gleichzeitig elegant. Ausgewogene Säure und anhaltender, tiefer Abgang. Zweitwein: *Clos Labère, Mayne des Carmes*. Anderer Wein: „R" de Ch. Rieussec.

**KLASSIFIZIERUNG** Premier Cru Classé 1855.
**BODEN** Kiessandböden.
**REBSORTEN** Sémillon 75%, Sauvignon Blanc 23%, Muscadelle 2%.

*Ch. Rieussec hat eine wechselvolle Geschichte hinter sich. Albert Vuillier hat die Glanzzeit wiedererschaffen.*

**WEINHERSTELLUNG** Vergärung in Zementtanks und Ausbau in großen Holzfässern „foudres" oder kleinen Eichenfässern.
**LAGERUNG** Sehr gut haltbare Weine. Sieben bis acht Jahre für die kleinen und 20 bis 25 Jahre für die großen Jahrgänge.
**REBFL/PROD** 66 ha, 6 500 Kisten/Jahr.
**JAHRGÄNGE** 1994, 93, 92, 91, 90, 89, 88, 86, 85, 83, 81, (80), 79, 76, 75, (70), 67.

**Besitzer** Groupe Rothschild (Lafite) • **Besuch** Nach Vereinbarung • **Adresse** Ch. Rieussec, 33, rue de la Baume, FR-75008 Paris • **Tel.** 01 53 89 78 00 • **Fax** 01 53 89 78 01

PRODUKTION     QUALITÄT     PREIS

## CH. SUDUIRAUT

**GESCHICHTE** Das prachtvolle Schloss wurde im 17. Jh. nach einem Original aus dem 14. Jh. gebaut. Der Name Suduiraut stammt von einer Familie, der das Schloss bis Anfang des 19. Jh. gehörte. Eine der Töchter Suduirauts war mit einem du Roy verheiratet und während einer kurzen Zeit wurde der Wein nach ihr „Cru du Roy" benannt. Anfang der 70er Jahre und auch Mitte der 80er war ein Qualitätsrückgang zu verzeichnen. Der 82er war jedoch spitzenmäßig und auch der 88er war sehr groß.

**WEINE** Suduiraut gehört zu den helleren Sau-

*Das schöne Gebäude des Ch. Suduiraut wurde im 17. Jh. nach einem Original aus dem 14. Jh. erbaut.*

ternes mit schwach goldener Farbe. Als junger Wein hat er Schwefelcharakter, hinter dem sich aber eine honigsüße Fruchtkonzentration verbirgt. Der Geschmack ist süß mit etwas Säure im Abgang. Trotzdem ein äußerst ausgewogener Wein mit langem Abgang.

**KLASSIFIZIERUNG** Premier Cru Classé 1855.
**BODEN** Sandig-kiesiger Lehmboden.
**REBSORTEN** Sémillon 90%, SB 10%.
**WEINHERSTELLUNG** Vergärung in Tanks, die bei 14% Alkoholgehalt mit Schwefeloxid abgebrochen wird. Danach Lagerung in kleinen, bis zu 50% neuen Eichenfässern.
**LAGERUNG** Für kleinere Jahrgänge mittlere Lagerung von 5-6 Jahren. Große Jahrgänge sollten mind. zehn, besser 15-20 gelagert werden.
**REBFL/PROD** 88 ha, 8 000 Kisten/Jahr.
**JAHRGÄNGE** 1996, 95, 94, 90, 89, 88, 83, 82(!), 79, (78), 76, 67.

**Besitzer** AXA Millésimes • **Kellermeister** Techn. Berater Daniel Llose, Alain Pascaud • **Besuch** Mo-Fr 9-12, 14-18, nach Vereinb. • **Adresse** Ch. Suduiraut, Preignac, FR-33210 Langon • **Tel.** 05 56 63 27 29 • **Fax** -07 00 • **E-Mail** chateaux@atinternet.fr • **Homepage** www.atinternet.fr/chateaux

PRODUKTION     QUALITÄT     PREIS

## CH. D'YQUEM

GESCHICHTE  Woher der Name Yquem stammt, ist nicht bekannt. Im Mittelalter war das Schloss unter englischer Krone. 1453 kam es in Besitz des französischen Königs. Fünfzig Jahre später wurde es von der Familie Sauvage bewohnt, in deren Besitz es bis 1785 blieb. In jenem

*Von hier kommt der mächtige d'Yquem-Wein. Von den meisten als der beste süße Wein der Welt angesehen.*

Jahr heiratete Françoise-Josephine, das einzige Kind des Oberst de Sauvage d'Yquem, den Grafen Louis-Adémée de Lur-Saluces. Ein weiterer Besitzerwechsel erfolgte 1968, als der Marquis Bertrand du Lur-Saluces starb und sein Neffe, der Graf Alexandre, die Führung übernahm.

WEINE  Tief goldgelber Wein mit überwältigend großem Bukett. Massiv konzentrierte Süße mit Honig und einem Überfluss reifer, süßer Früchte. Um das Gleichgewicht zu halten, werden diese durch hohe Säure ausgewogen. Anderer Wein: „Y" de Ch. d'Yquem.

KLASSIFIZIERUNG  Premier Cru Supérieur Classé 1855.
BODEN  Sandig-kiesiger Kalksteinboden.
REBSORTEN  Sémillon 80%, Sauvignon 20%.
WEINHERSTELLUNG  Vergärung und Ausbau in ausschließlich neuen Eichenfässern. Vor der Abfüllung in Flaschen wird er in der Regel 42 Monate im Fass ausgebaut.
LAGERUNG  Große Jahrgänge von d'Yquem halten mehr als ein halbes Jahrhundert, kleinere 12-15 Jahre.
REBFL/PROD  103 ha, etwa 6 000 Kisten/Jahr.
JAHRGÄNGE  1995, 94, 93, 91, 90, 89, 88, 87, 86, (85), (84), 83(!), 82, 81, 80, 79, 76, 75, 71, 70, 67, 62.

- **Besitzer** Comte Alexandre de Lur-Saluces & LVMH
- **Besuch** Mo-Fr 14.30-16, nach Vereinbarung
- **Adresse** Ch. d'Yquem, FR-33210 Sauternes
- **Tel.** 05 57 98 07 07  **Fax** 05 57 98 07 08

PRODUKTION    QUALITÄT    PREIS

## WEITERE PRODUZENTEN

### CH. D'ARCHE

Ist von Pierre Perromat, dem Vorsitzenden von INAO, gepachtet. In den 70er Jahren leichte Weine ohne Konzentration. Heute erzeugt man klassische, etwas schwerere Sauternes, die 24 Mt. in zu 30-50% neuer Eiche ausgebaut werden. FAKTEN  2ème Cru Classé, 36 ha, 4 500 Kisten/Jahr. Sémillon 80%, SB 15%, Muscadelle 5%.

- **Besitzer:** Fam. Bastit-St-Martin **Kellermeister:** Pierre Perromat **Besuch:** Nach Vereinbarung. **Adresse:** FR-33210 Sauternes. **Tel.** 05 56 76 66 55.

### CH. BASTOR-LAMONTAGNE

Gute Weine mit feiner Konzentration, die im Verhältnis zur Qualität recht preisgünstig sind. In Besitz eines Kreditinstitutes mit genügend Kapital, um die gute Qualität zu erhalten. Ungewöhnlich langer Fassausbau bis zu drei Jahren macht den Wein oft jung genießbar. FAKTEN  Nicht klassifiziert, 48 ha, 8 500 Kisten/Jahr. Sémillon 75%, SB 20%, Muscadelle 5%.

- **Besitzer:** Foncier-Vignobles **Besuch:** Nach Vereinbarung. **Adresse:** FR-33210 Preignac. **Tel.** 05 56 63 27 66. **Fax** 05 56 76 87 03.

### CH. BROUSTET

Großzügige, füllige Weine, die immer besser werden, was sicherlich das Verdienst von Eric Fournier ist. Er hat schon Ch. Canon, dank seiner kompromisslosen Einstellung zur Qualität, zum Aufstieg verholfen. FAKTEN  2ème Cru Classé, 16 ha, 3 000 K./J. Sém 65%, SB 25%, Musc.

- **Besitzer:** Fam. Fournier **Besuch:** Nach Vereinbarung. **Adresse:** FR-33720 Podensac. **Tel.** 05 56 27 15 03.

### CH. CLOS HAUT-PEYRAGUEY

Ein Premier Cru auf dem Papier. Der Wein ist durchaus nicht schlecht, aber etwas zu leicht für die Oberliga. FAKTEN  1er Cru Classé, 15 ha, 3 500 K./J. Sém 83%, SB 15%, Muscadelle 2%.

- **Besitzer:** SC J & J Pauly **Besuch:** Nach Vereinbarung. **Adresse:** FR-33210 Bommes. **Tel.** 05 56 76 61 53. **Fax** 05 56 76 69 65.

### CH. DOISY-DAËNE

Im frühen 19. Jh. war Ch. Doisy ein Weingut mit etwa fünfzig Hektar im südwestlichen Barsac. Ein Engländer namens Deane erwarb fünfzehn Hektar, das Grundstück wurde geteilt und der Name des Besitzers übernommen. Man erzeugt nicht nur Süßweine, sondern auch einen trockenen aus 50% Sém, 20% SB und einem Verschnitt aus Muscadelle, Chardonnay und Riesling. Dies ergibt einen eleganten, eigenartig trockenen Wein. FAKTEN  2ème Cru Classé 1855. 32 ha, ca. 4 000 Kisten/Jahr. Sém 70%, SB 20%, Muscadelle 10%.

- **Besitzer:** D & P Dubourdieu **Kellermeister:** Christophe Congé **Besuch:** Nach Vereinbarung. **Adresse:** FR-33720 Barsac. **Tel.** 05 56 27 15 84. **Fax** 05 56 27 18 99.

## Weitere Produzenten in Sauternes & Barsac

### Ch. Doisy-Védrines

Gehörte einst zum gleichen Anwesen wie die beiden Doisy-Schlösser Daëne und Dubroca. Védrines hat das ursprüngliche Schloss Doisy behalten. Ein kräftigerer Wein als der seines Namensvetters. Vielleicht mit etwas Mangel an Eleganz, in guten Jahren aber sehr gut und langlebig. FAKTEN 2ème Cru Classé, 20 ha, 2 500 Kisten/Jahr. Sém 80%, Sauvignon Blanc 20%.
• **Besitzer:** Pierre Castéja **Besuch:** Nach Vereinbarung. **Adresse:** FR-33720 Barsac. **Tel.** 05 56 27 15 13. **Fax** 05 56 78 37 08.

### Ch. Les Justices

Seit 1710 in Besitz der Familie Médeville. Füllige und konzentrierte Weine mit reifer Fruchtsüße, aber ohne die tiefe Komplexität großer Sauternes-Weine. FAKTEN Nicht klassifiziert. 17 ha, 2 000 Kisten/Jahr. Sém 88%, SB 10%, Muscadelle 2%.
• **Besitzer:** Christian Médeville **Besuch:** Nach Vereinbarung. **Adresse:** Ch. Gilette, FR-33210 Preignac. **Tel.** 05 56 76 28 44. **Fax** 05 56 76 28 43.

### Ch. de Malle

Dieses seit 1949 unter Denkmalschutz stehende, prachtvolle Anwesen ist ein architektonischer Leckerbissen und sollte unbedingt besucht werden. Gehört nicht zur Elite in Sauternes, erzeugt aber seit 1988 wunderbare Süßweine. Allen voran der 1990er, der mit seiner wunderbaren Süße, reicher Frucht und schönem Eichenton herausragt. De Malle erzeugt auch den hervorragenden weißen M. de Malle und roten Ch. Cardaillan (AC Graves). FAKTEN 2ème Cru Classé 1855. 27 ha, 4 000 K./J. Sém 75%, SB 23%, Muscadelle 2%.
• **Besitzer:** Comtesse Nancy de Bournazel **Besuch:** Nach Vereinbarung. **Adresse:** FR-33210 Preignac. **Tel.** 05 56 62 36 86. **Fax** 05 56 76 82 40.

### Ch. Nairac

Der Amerikaner Tom Heeter hat sein Handwerk auf Ch. Giscours in Margaux erlernt. Danach erwarb das heruntergekommene Ch. Nairac. Reduzierter Ertrag und schonende Verarbeitung ermöglichen beste Resultate in ihrer Klasse. FAKTEN 2ème Cru Classé, 15 ha, 2 000 Kisten/Jahr. Sémillon 90%, SB 6%, Muscadelle 4%.
• **Besitzer:** Nicole Tari-Heeter **Besuch:** Nach Vereinbarung. **Adresse:** FR-33720 Barsac. **Tel.** 05 56 27 16 16. **Fax** 05 56 27 26 50.

### Ch. Rabaud-Promis

Dieses und das bekanntere Sigalas-Rabaud tragen den Zusatz „Rabaud", weil man zeitweise als Weingut arbeitete. Früher enttäuschende Weine, die den Premier-Cru-Status nicht verdienten. Seit 1986 aber hat sich die Qualität merklich verbessert, und das Weingut erzeugt heute sehr gute Weine. FAKTEN 1er Cru Classé 1855. 33 ha, 5 000 Kisten/Jahr. Sém 80%, SB 18%, Muscadell 2%.
• **Adresse:** FR-33210 Fargues.

### Ch. Rayne-Vigneau

Ein Großproduzent westlich von d'Yquem, dessen Weine aufgrund des etwas hohen Ertrages pro Hektar recht leicht sind. Das Anwesen gehört einem „Konglomerat", dem auch Ch. Grand Puy-Ducasse und andere Anwesen in Bordeaux gehören. Weine von guter Qualität zu recht niedrigen Preisen. FAKTEN 1er Cru Classé, 68 ha, 16 500 Kisten/Jahr. Sém 65%, SB 30%, Muscadelle 5%.
• **Besitzer:** Mestrezat-Paribas (Négociant Bordeaux) **Besuch:** Mo-Fr 9-12, 14-17. **Adresse:** 17, cours de la Martinique, BP 90, FR-33027 Bordeaux. **Tel.** 05 56 01 30 10. **Fax** 05 56 79 23 57.

### Ch. Romer du Hayot

Etwas zu hoch eingestuft. In Besitz der Familie du Hayot und Fargues. Die Weine werden auf Château Guiteronde in Barsac (in gleichem Besitz) hergestellt. Keine eleganten oder komplexen Weine, dafür mit guter Frucht und preiswert. FAKTEN 2ème Cru Classé 1855. 16 ha, 4 000 Kisten/Jahr. Sém 70%, SB 25%, Muscadelle 5%.
• **Besitzer:** André du Hayot **Besuch:** Nach Vereinbarung. **Adresse:** Ch. Andoyse, FR-33720 Barsac. **Tel.** 05 56 27 15 37. **Fax** 05 56 27 04 24.

### Ch. Sigalas-Rabaud

In Besitz der adligen Familie Marquis de Lambert des Granges. Wird seit 1995 von Domaine Cordier geleitet. Dies hat Sigalas-Rabaud endgültig an die Spitze in Sauternes geführt, vor allem da die Weine ganz anders als vor 1986 sind. FAKTEN 1er Cru Classé 1855. 14 ha, ca. 2 400 Kisten/Jahr. Sémillon 85%, Sauvignon Blanc 15%.
• **Besitzer:** Marquis de Lambert des Granges **Besuch:** Nach Vereinbarung. **Adresse:** Bommes-Sauternes, FR-33210 Langoon. **Tel.** 05 56 95 53 00. **Fax** -53 01.

### Ch. La Tour Blanche

In der Klassifizierung von 1855 konnte sich dieses Schloss als erstes unter den Premiers Crus platzieren. Seit 1910, als das Landwirtschaftsministerium das Anwesen übernahm, ist die Qualität nicht mehr dieselbe. Zum großen Teil kommt es daher, dass man mit den Herstellungsmethoden experimentiert hat. Seit Mitte der 80er Jahre scheint man die richtige Formel gefunden zu haben und erzeugt jetzt Weine in leichterem Stil, aber mit feiner Frucht und gut ausgewogener Eichennote. FAKTEN 1er Cru Classé, 30 ha, 6 500 Kisten/Jahr. Sém 72%, SB 25%, Muscadelle 3%.
• **Besitzer:** Ministère de l'Agriculture **Besuch:** Nach Vereinbarung. **Adresse:** FR-33210 Bommes. **Tel.** 05 57 98 02 73. **Fax** 05 57 98 02 78.

## ENTRE-DEUX-MERS

RUF Die beiden „Meere", die hier gemeint sind, beziehen sich auf die Flüsse Garonne und Dordogne, die das Gebiet im Norden und im Süden einrahmen. Rund 40 Millionen Wein wird in diesem Gebiet jährlich produziert. Früher wurden fast nur billige, halbsüße bis süße Weine mit niedriger Säure hergestellt. Seit den 80er Jahren liegt die Tendenz darin, trockene, frische Alltagsweine von annehmbarer, jedoch nicht hervorragende Qualität herzustellen.

GEOGRAPHIE Entre-Deux-Mers, das 50 km lang ist und an breitester Stelle 25 km misst, stellt den größten Einzelursprung von Bordeaux dar. Die größte Konzentration des Weinbaus findet man in den nördlichen und westlichen Teilen, vor allem in den Tälern der Dordogne.

WEINE Als Appellation hat man nur das Recht auf die Weißweinerzeugung. Den Rotweinen, die innerhalb der Grenzen von Entre-Deux-Mers hergestellt werden, wird nur das Recht auf die Appellationen Bordeaux oder Bordeaux Supérieur zugestanden. Daneben wird auch eine kleine Menge Roséwein produziert.

KLASSIFIZIERUNG Nebst der Appellation Entre-deux-Mers existieren Teilbezirke mit eigener Appellation. Die größte davon ist PREMIÈRES CÔTES DE BORDEAUX, an der Garonne gelegen. Als Enklaven in diesem Gebiet liegen CADILLAC, LOUPIAC und STE-CROIX-DU-MONT. Andere Appellationen sind STE-MACAIRE, STE-FOY und GRAVES DE VAYRES.

BODEN In diesem sich weit erstreckenden Gebiet sind verschiedenste Böden vorzufinden. Sand, Lehm und Kiessand dominieren, aber je nach Lage in unterschiedlichen Zusammensetzungen.

REBSORTEN Weiß: Sémillon, Sauvignon Blanc, Muscadelle und Ugni Blanc. Rot: Cabernet Sauvignon, Merlot und Cabernet Franc.

WEINHERSTELLUNG Heute werden hier die meisten Weine in großen, temperierten Edelstahltanks vergoren (bei etwa 16-18 °C), wodurch die Weine eine größtmögliche Frucht erhalten.

REBFL/PROD 4 000 ha, über 400 000 hl/Jahr.

WISSENSWERT Weitere Informationen: Syndicat Viticole de l'Entre-Deux-Mers, 4, rue de l'Abbaye, BP 6, FR-33670 La Sauve. Tel. 05 57 34 32 12. Fax 05 57 34 32 38.

Ch. de Séguin ist ein hübsches Schloss bei Lignan in Entre-Deux-Mers und in Besitz einer dänischen Familie.

## Premières Côtes de Bordeaux

RUF  Als Weinbezirk sind die Premières Côtes genauso alt wie die Stadt Bordeaux, also fast 2000 Jahre. Die antiken Weinberge liegen heute zwar unter der Bebauung der Vororte begraben, aber die Tradition, die Stadt mit einfachen, aber guten Weinen zu versorgen, lebt heute noch.

*Ch. Le Gardera und Tanesse gehören beide zum Handelshaus Cordier und werden als ein Weingut geführt.*

GEOGRAPHIE  Dieses lange und schmale Gebiet erstreckt sich 50 km von den östlichen Vororten von Bordeaux im Norden bis zur Stadt Lagnon im Süden, entlang dem östlichen Ufer der Garonne. Die schöne Landschaft ist hügelig und die Weinberge sind teils von Wald umgeben.

WEINE  Seit 20 Jahren werden vorwiegend Rotweine produziert. Und zwar fruchtige und leichte, die innerhalb von vier bis fünf Jahren getrunken werden sollten. Der Anteil an Weißweinen hat in den letzten Jahren deutlich abgenommen. Der Anbau hat sich auf den südlichen Teil der Appellation konzentriert. Oft liebliche Sorten. Wenig trockene Weiß- und Roséweine.

BODEN  Unterschiedliche Bodenbeschaffenheit. Hauptsächlich Sand, Lehm und Kies, das die Garonne von den Pyrenäen mitbringt.

REBSORTEN  Rote: CS, Merlot und etwas CF. Weiße: Sémillon, Sauvignon und Muscadelle.

WEINHERSTELLUNG  Traditionelle Weinherstellung in Edelstahl oder glasverkleidetem Zement. Der Ausbau in Eichenfässern kommt selten vor. Die Weißweine werden bei niedriger Temperatur in Edelstahltanks vergoren und binnen einem halben Jahr auf Flaschen gezogen.

REBFL/PROD  2 300 ha, ca. 200 000 hl/Jahr.

PRODUZENTEN  Drei Güter des Handelshauses Cordier; Ch. Le Gardera, Ch. Laurétan und Ch. Tanesse, die zur Spitze gehören. Weitere empfehlenswerte Erzeuger: Ch. Balot, Ch. Birot, Ch. Berthous, Clos Ste-Anne, Domaine de Chastelet, Dom. de La Meulière, Ch. Fayau, Ch. du Juge, Ch. Lafitte, Ch. Mautret, Ch. Mestrepeyrot, Ch. Plaisance, Ch. La Prioulette, Ch. Renon, Ch. Reynon.

## Andere Weine in Entre-Deux-Mers

### Loupiac & Ste-Croix-du-Mont

Diese zwei Appellationen liegen östlich der Stadt Cadillac. Auf einer Hochebene mit Steilhängen, der Garonne entlang, hat man einen herrlichen Blick auf Sauternes und Barsac am gegenüberliegenden Ufer. In Ste-Croix-du-Mont werden hauptsächlich weiße Rebsorten angebaut und die Anbaufläche beträgt 425 Hektar. Diese Appellation ist für ihre lieblichen, oft edelsüßen Weine bekannt, obwohl die meisten Winzer auch etwas Rotwein und/oder trockenen Weißwein herstellen. Die Weine besitzen oft täuschende Ähnlichkeit mit denen aus Sauternes und Barsac, sind jedoch meist etwas schwerer und haben nicht die Eleganz, die für diese berühmten Nachbarn kennzeichnend ist. Für Liebhaber von konzentrierten und lieblichen Bordeaux-Weinen, sind Ste-Croix-du-Mont und Loupiac sehr interessante Gebiete. Die Anbaufläche von Loupiac beträgt 330 Hektar.

PRODUZENTEN  Ch. du Cros, Ch. Loubens, Ch. Lafüe, Ch. Mazarin, Ch. La Rame, Ch. de Ricaud, Ch. de Taste.

### Côtes de Bordeaux Ste-Macaire

Diese recht unbekannte Appellation liegt östlich von Ste-Croix/Loupiac. Hauptsächlich werden hier Weißweine sowie eine Menge lieblicher Weine hergestellt. Diese werden jedoch niemals die Klasse der Nachbargemeinden erreichen. Etwa 700 Hektar sind mit Reben bestockt.

PRODUZENT  Ch. Machorre.

### Ste-Foy de Bordeaux

Diese östlichste Appellation von Bordeaux grenzt an Bergerac und Montbazillac. Am bekanntesten sind die Weißweine, im gleichen Stil hergestellt wie Monbazillac. Auch Rotwein und trockene Weißweine werden erzeugt, kaum aber von besserer Qualität als der Durchschnitt in Entre-Deux-Mers. Etwa 450 ha Anbaufläche.

### Graves de Vayres

Diese AOC liegt im nordöstlichen Teil von Entre-Deux-Mers und in der Nähe von Libourne. Es werden sowohl Rot- wie auch Weißweine hergestellt. Obwohl für Rotweine bekannt, werden fast doppelt so viele Weißweine erzeugt. Es sind weiche, etwas fette Weine. Die roten sind viel angenehmer und zeigen deutlich, dass sie mit den Weinen vom rechten Ufer verwandt sind. Sie halten die gleiche Klasse wie die einfacheren Weine aus den Randgebieten von St-Émilion und Pomerol.

PRODUZENTEN  Ch. Durand-Bayle, Ch. de Lathibaude, Ch. Lesparre, Ch. Pichon-Bellevue.

## CH. BONNET

GESCHICHTE  Ein einfaches Schloss aus dem 17. Jh. mit einem entzückend schönen Schlosspark. Nachdem das Schloss u.a. den Familien Reyner, Chillaud und Lavignac gehört hatte, wurde es 1898 von Léonce Recapet gekauft. Nach dem Tod von Recapet übernahm sein Schwiegersohn 1942 das Anwesen und nach ihm sein Sohn André Lurton. Heute gehören ihm auch Château de Cruzeau, de Rochemorin, La Louvière und Couhins-Lurton, alle in Pessac-Léognan.

WEINE  Der Weißwein hat ein frisches Zitrusbukett, ist leicht und elegant. Sollte recht jung getrunken werden. Die Rotweine sind im typischen Lurton-Stil hergestellt mit einer direkten und ansprechenden Frucht und leichtem Fasscharakter.

KLASSIFIZIERUNG  Weiß: AC Entre-Deux-Mers. Rot: AC Bordeaux.

BODEN  Hauptsächlich Lehm und Kalkstein mit Sand und etwas Kies.

REBSORTEN  Weiße: Sém 45%, SB 45%, Muscadelle 10%. Rote: CS 50%, Merlot 50%. Rosé: CF 50%, Merlot 25%, CS 25%.

*Das schöne Schloss aus dem 17. Jahrhundert ist der Wohnsitz des berühmten André Lurton.*

WEINHERSTELLUNG  Weiße: Kalte Vergärung bei 16-18 °C während 6 Monaten in rostfreien Stahltanks. Rote: Vergärung bei 28-30 °C in rostfreien Stahltanks, Ausbau während 12 Monaten in zwei Jahre alten Fässern. Vor der Abfüllung erfolgt die Schönung mit Eiweiß.

LAGERUNG  2-4 Jahre für Weißweine, 5-10 Jahre für Rotweine.

REBFL/PROD  250 ha. Weißwein: 75 000 Kisten/Jahr. Rotwein: 42 000 Kisten/Jahr. 50% Weißwein, 45% Rotwein und 5% Rosé.

**Besitzer** André Lurton • **Kellermeister** Michel Gaillard • **Besuch** Kein Besuch möglich • **Adresse** Ch. Bonnet, FR-33420 Grézillac • **Tel.** 05 57 25 58 58 • **Fax** 05 57 74 98 59 • **E-Mail** andre.lurton@wanadoo.fr

PRODUKTION    QUALITÄT    PREIS

## WEITERE PRODUZENTEN

### CH. DU CROS

Süßwein ohne Komplexität die der großen Sauternes-Weine. Relativ gute Ausgewogenheit zwischen Süße und Säure, mit feinem Duft von Honig, getrockneten tropischen Früchten und Gewürzen. Sehr viel Wein fürs Geld, auch wenn der Preis in den 90er Jahren etwas angestiegen ist. FAKTEN 36 ha, 6 000 Kisten/Jahr. Sémillon 70%, Sauvignon Blanc 25%, Muscadelle 5%.

• **Besitzer:** Vignobles Boyer **Besuch:** Täglich 8-12, 14-18, Sa-So nach Vereinbarung. **Adresse:** FR-33410 Loupiac. **Tel.** 05 56 62 99 31. **Fax** 05 56 62 12 59.

### CH. LE GARDERA, CH. TANESSE

Domaine Cordier hat diese zwei Côtes-de-Bordeaux-Anwesen lange als eine Einheit geführt. Ch. Le Gardera erzeugt ausschließlich Rotweine unter AC Bordeaux Supérieur, aus 60% Merlot und 40% CS. Ein ansprechender, leichter und Merlot-dominierter Wein mit guter Frucht, der innerhalb von fünf Jahren getrunken werden sollte. Ch. Tanesse produziert Rot- und Weißweine. Der rote, aus 60% Mer, 35% CS und 5% CF, wird unter AC Premières Côtes de Bordeaux verkauft. Ein guter, fruchtiger Wein, der trotz der Traubenzusammenstellung einen Cabernet-ähnlichen Geschmack aufweist. Der weiße (AC Bord. Blanc), aus 60% SB und 40% Sém, ist frisch und sollte jung getrunken werden. FAKTEN Ch. Le Gardera: 20 ha, ca. 10 000 Kisten/J. Ch. Tanesse: 85 ha, 22 000 Kisten Rot- und 17 500 K. Weißwein/Jahr.

• **Besitzer:** Ets Cordier **Besuch:** Nach Vereinbarung. **Adresse:** Dom. Cordier/ 53, rue du Dehez, FR-33290 Blanquefort. **Tel.** 05 56 95 53 00. **Fax** 05 56 95 53 01.

### CH. LAUNAY

Großes Anwesen im östlichen Teil von Entre-Deux-Mers. Der Wein hat ein großzügiges und komplexes Bukett von Frucht und Blume, ist trocken und ausgewogen. FAKTEN 105 ha, 40 000 Kisten Weiß- und 17 000 Kisten Rotwein/Jahr.

• **Besitzer:** Marthe Gréffier **Besuch:** Nach Vereinbarung. **Adresse:** FR-33790 Soussac. **Tel.** 05 56 61 31 44. **Fax** 05 56 61 39 76.

### CH. LOUBENS

Ein recht kleines Weingut in der Gemeinde Ste-Croix-du-Mont. Ch. Loubens erzeugt einen der besten lieblichen Weine, Sauternes ausgenommen, mit eleganter Frucht und Frische sowie gut ausgewogener Süße. Er wird aus 90% Sémillon und nur 10% Sauvignon hergestellt, genau wie am gegenüberliegenden Ufer. Man erzeugt auch einen trockenen Weißwein und etwas Rotwein. FAKTEN 21 ha, ca. 6 000 Kisten/Jahr.

• **Adresse:** Ste-Croix-du-Mont, FR-33410 Cadillac. **Tel.** 05 56 62 01 25.

## Weitere Produzenten in Entre-Deux-Mers

### Ch. Moulin de Launay

Das große Anwesen ist in Besitz von Claude und Bernard Greffier. Ausschließlich Weißweine mit großer Eleganz, Frucht und Länge. FAKTEN 70 ha, 33 000 Kisten/Jahr.

- **Besitzer:** Claude & Bernard Greffier **Besuch:** Nach Vereinbarung. **Adresse:** FR-33790 Soussac. **Tel.** 05 56 61 31 51. **Fax** 05 56 61 40 22.

### Ch. Reynon

Das Anwesen liegt in der Nähe von Cadillac in der Gemeinde Béguey. Es werden sowohl Rot- als auch Weißweine erzeugt. Die Rotweine aus 50% Merlot, 40% CS und 10% CF haben eine wunderbare Frucht, die für die Premières-Côtes-Weine kennzeichnend ist. Auch der Weißwein hat eine erstaunliche Frucht und intensiven Geschmack. Er sollte jung getrunken werden. FAKTEN 40 ha, ca. 20 000 Kisten/Jahr.

- **Besitzer:** Denis & Florence Dubourdieu **Besuch:** Nach Vereinbarung. **Adresse:** FR-33410 Béguey. **Tel.** 05 56 62 96 51. **Fax** 05 56 62 14 89.

### Ch. de Ricaud

Ein großes Anwesen in der Gemeinde Loupiac, das sowohl Rotwein als auch Weißwein herstellt. Die lieblichen Weine mit ihrer frischen Frucht und komplexen, honigähnlichen Süße sind auch jung trinkbar. Einige neue Fässer werden verwendet und verleihen dem Wein weitere Komplexität. Auch die Rotweine und trockenen Weißweine sind sehr gut. FAKTEN 50 ha, 20 000 Kisten/J.

- **Besuch:** Nach Vereinbarung. **Adresse:** FR-33410 Loupiac. **Tel.** 05 56 62 66 16. **Fax** 05 56 76 93 30.

### Ch. de Séguin

Ein von der dänischen Familie Carl Mitte der 80er Jahre erworbenes Anwesen. Die schöne Anlage wurde mit großem Enthusiasmus renoviert. Ihr Prestigewein (50% CS, 40% Merlot, 10% CF) wurde prämiert. FAKTEN 100 ha, 35 000 K./J.

- **Besitzer:** Michael & Gert Carl **Besuch:** Nach Vereinbarung. **Adresse:** FR-33360 Lignan. **Tel.** 05 57 97 19 81. **Fax** 05 57 97 19 82.

### Ch. de Tastes

Gehört zu den kleinsten Weingütern in Bordeaux. Der Besitzer Domaine Prats trägt u.a. die Verantwortung für das berühmte Cos d'Estournel. Das Anwesen liegt auf dem Kamm der Hochebene in Ste-Croix-du-Mont mit einer hinreißenden Aussicht über die Garonne hin zu Sauternes. Der einzige Nachteil bei diesem sehr gut gemachten Wein ist die winzige Produktionsmenge. FAKTEN 1 ha, 400 Kisten/Jahr.

- **Besitzer:** Domaine Prats **Besuch:** Nach Vereinbarung. **Adresse:** FR-33410 Ste-Croix-du-Mont. **Tel.** 05 56 73 15 55.

### Ch. Thieuley

Dieses Schloss gehört heute zu den interessantesten in Entre-Deux-Mers. Der Weißwein wird aus 50% Sauvignon, 40% Sémillon und 10% Muscadelle erzeugt. Sehr frisch und ausgewogen mit langem, gutem Abgang. Der Prestigewein Cuvée Francis Courselle wird in neuer Eiche ausgebaut und hat einen sehr eleganten, komplexen Geschmack mit fein ausgewogenem Abgang. Außerdem wird ein recht großer Teil Rotwein aus 60% Merlot, 25% Cabernet Franc und 15% Cabernet Sauvignon hergestellt. Der Stil erinnert eher an St-Émilion als an Graves. Appellation: AC Bordeaux. FAKTEN 50 ha, ca. 30 000 Kisten/Jahr.

- **Besitzer:** Francis Courselle **Besuch:** Nach Vereinbarung. **Adresse:** FR-33670 La Sauve. **Tel.** 05 56 23 00 01. **Fax** 05 56 23 00 01.

### Weitere Betriebe

Ch. Carsin, FR-33410 Rions. Tel. 05 56 76 93 06. Fax 05 56 62 64 80.

Ch. La Chèze, FR-33550 Capian. Tel. 05 56 72 30 63. Fax 05 56 72 11 77.

Ch. Dauphine-Rondillon, FR-33410 Loupiac. Tel. 05 56 62 61 75.

Ch. Frappe-Peyrot, Ch. Mazarin, La Croix, FR-33410 Gabarnac. Tel. 05 56 20 23 52. Fax 05 56 20 23 52.

Ch. La Grave, FR-33410 Ste-Croix-du-Mont. Tel. 05 56 62 01 65. Fax 05 56 62 00 04.

Ch. Labatut-Bouchard, FR-33490 St-Maixant. Tel. 05 56 62 02 44. Fax 05 56 62 09 46.

Ch. de Lestiac, FR-33550 Lestiac. Tel. 05 56 72 14 38. Fax 05 56 72 10 38.

Ch. Manos, Ch. Lamothe, FR-33550 Haux. Tel. 05 57 34 53 00. Fax 05 56 23 24 49.

Ch. Mélin, Constantin, FR-33880 Baurech. Tel. 05 56 21 34 71. Fax 05 56 21 37 72.

Ch. Mestrepeyrot, Ch. Peyrot-Merges Bern, FR-33410 Gabarnac. Tel. 05 56 62 98 00. Fax 05 56 62 93 23.

Ch. du Mont, FR-33410 Ste-Croix-du-Mont. Tel. 05 56 62 01 72. Fax 05 56 62 07 58.

Ch. Ninon, Tenot, FR-33420 Grézillac. Tel. 05 57 84 62 41.

Ch. du Noble, FR-33410 Loupiac. Tel. 05 56 62 98 30. Fax 05 56 76 91 31.

Ch. Peneau, FR-33550 Haux. Tel. 05 56 23 05 10. Fax 05 56 23 39 92.

Ch. Peyrebon, Grézillac-Bouchet, FR-33420 Grézillac. Tel. 05 57 84 52 26. Fax -74 97 92.

Ch. La Rame, FR-33410 Ste-Croix-du-Mont. Tel. 05 56 62 01 50. Fax 05 56 62 01 94.

Ch. La Sens, 31, chem. des Vignes, FR-33880 St-Caprais-de-Bordeaux. Tel. 05 56 21 32 87. Fax 05 56 21 37 18.

## Andere Weine in Bordeaux

ALLGEMEIN Die sogenannte Regenschirmappellation Bordeaux umfasst verschiedene Weinsorten: Rote, Rosé, Clairet, trockene oder süße Weißweine und weiße oder rosé Schaumweine. Es ist einfacher, die AOC-klassifizierten Weine zu beschreiben als die verschiedenen Sorten: *Weine, die in einem zugelassenen Anbaugebiet in der Gironde* (das Département, wo Bordeaux liegt) *produziert werden und die den gültigen Vorschriften entsprechen* (Rebsorten, Lese, Ertrag usw.), *dürfen die Bezeichnung AOC-Bordeaux tragen.* Ein Wein kann diese Bezeichnung aus grundsätzlich drei verschiedenen Gründen tragen:

1. Der Wein stammt aus einem zugelassenen Anbaugebiet in Bordeaux, das aber außerhalb des Gebiets mit Ursprungsbezeichnung liegt.
2. Der Wein stammt aus einem Gebiet mit Ursprungsbezeichnung, der Erzeuger wählt aber aus verschiedenen Gründen die Bezeichnung AOC Bordeaux (z.B., wenn die Appellation unbekannt ist und sich ein Wein unter AOC Bordeaux besser verkaufen lässt).
3. Der Wein stammt aus einer bekannten Gemeinde mit Ursprungsbezeichnung, erfüllt aber nicht die Appellationsvorschriften (z.B. der Pavillon Blanc von Ch. Margaux oder der trockene Weißwein „Y" von Ch. d'Yquem).

REBFL/PROD Ca. 50 000 ha, etwa 2,5 Mio. hl Rotwein, 600 000 hl Weißwein und ca. 65 000 hl Roséwein, Clairet und Schaumwein/Jahr.

## AOC Bordeaux

Die allgemeine Appellationsbezeichnung für das ganze Bordeaux. Die Qualität, die in den letzten Jahren durch verbesserte Herstellungsmethoden erhöht wurde, ist unterschiedlich. AOC Bordeaux umfasst zwei Weinsorten:

BORDEAUX ROUGE: Rotweine von mittelmässiger bis guter Qualität. Die besten stammen oft aus Gemeinden, wo normalerweise nur Weißweine die Appellationsbezeichnung tragen dürfen (z.B. Sauternes, Barsac). Der Alkoholgehalt muss mind. 10% betragen.

BORDEAUX SEC (oder Blanc Sec): Trockene Weißweine. Diese dürfen nicht mehr als vier Gramm Restzucker pro Liter haben und der Alkoholgehalt muss mind. 10,5% betragen. Einige dieser Weine sind hervorragend, z.B. die Cuvée Francis Courselle von Ch. Thieuley - vielleicht der beste Wein in Entre-Deux-Mers. Für trockene Weine in Sauternes oder Barsac ist die Bezeichnung AOC Graves nicht zulässig. Man nennt sie dann nur AOC Bordeaux (Sec). Der „Y" von Ch. d'Yquem ist ein Beispiel dafür, dass eine so einfache Appellation wie Bordeaux nicht immer billig ist. Auch Médoc hat kein Recht, Weißweine zu klassifizieren. Der Pavillon Blanc de Château Margaux, einer der teuersten Weine in Bordeaux, trägt auch „nur" die Bezeichnung AOC Bordeaux.

REBSORTEN Rotweine: CS, CF, Merlot, Petit Verdot und Malbec. Weißweine: vor allem Sémillon, Sauvignon Blanc und Muscadelle.

REBFL/PROD Ca. 30 000 ha, 2,5-3 Mio. hl/J.
WEINE/PRODUZENTEN

BORDEAUX ROUGE: Ch. du Bru (FR-33220 Ste-Foy-la-Grande), Ch. de Cappes (FR-33490 Ste-Macaire), Ch. Cazeau (FR-33540 Sauveterre-de-Guyenne), Ch. Ducla (Dom. Mau, FR-33190 La Forêt-St-Hilaire), Ch. Haut-Mondain (FR-33410 Cadillac), Maître d'Estournel (Dom. Prats), La Mothe du Barry (FR-33420 Moulon), Mouton-Cadet (Baron Philippe de Rothschild), Sirius (Sichel), Jean Queyrens (FR-33410 Donzac).

*In Bordeaux gibt es etwa 20 000 verschiedene Winzer, die durchschnittlich vier Hektar Rebland besitzen und an die großen Genossenschaften angeschlossen sind. 4 000 Schlösser erzeugen individuelle Weine mit eigenen Etiketten.*

## Andere Weine in Bordeaux

BORDEAUX SEC: Ch. Doisy-Daëne (FR-33720 Podensac), Dom. de Laubertrie (FR-33240 St-André-de-Cubsac), Mouton-Cadet (Baron Philippe de Rothschild), Pavillon Blanc (Ch. Margaux), Ch. Penin (FR-33420 Branne), Ch. Tanesse (Ets Cordier), Ch. Thieuley (FR-33670 La Sauve), Ch. Tour de Mirambeau (FR-33420 Naujan-et-Postiac), Union St-Vincent (FR-33420 St-Vincent-de-Pertignas).

WISSENSWERT Weitere Informationen: Syndicat Viticole Régional des AOC Bordeaux & Bordeaux Supérieur & Crémant de Bordeaux, Maison de la Qualité, FR-33750 Beychac et Caillau, Tel. 05 56 72 90 99. Fax 05 56 72 81 02.

## AOC Bordeaux Supérieur

Eine bessere Qualitätsbezeichnung als AOC Bordeaux. Der Alkoholgehalt muss zum Teil höher sein und es werden teilweise größere Anforderungen an die Rebsortenauswahl, den Ernteertrag und die Herstellung gestellt. Mit diesen Maßnahmen konnte eine höhere und ausgeglichenere Qualität erzielt werden. Von Bordeaux Supérieur gibt es zwei Typen: die trockenen Rotweine und die halbtrockenen bis süßen Weißweine. Die Rotweine müssen mind. 10,5% und die Weißweine mind. 11,5% Alkoholgehalt aufweisen.

REBSORTEN Rotweine: CS, CF und Merlot. Weißweine: vor allem Sémillon und Muscadelle.

REBFL/PROD 10-15 000 ha, ca. 1 Mio. hl/J.

PRODUZENTEN Dom. des Bonnets (FR-33240 Lugon), Ch. du Bru (FR-33220 Ste-Foy-la-Grande), Ch. Castenet-Greffier (FR-33790 Auriolles), Ch. Le Conseiller (FR-33240 St-André-de-Cubsac), Ch. Croix de Barille (FR-33350 St-Terre), Ch. La Grande Chapelle (FR-33240 St-André-de-Cubsac), Ch. Lagrave-Paran (FR-33490 St-André-du Bois), Ch. Lassime (FR-33540 Landerrout-sur-Ségur), Ch. Le Grand Verdus (FR-33670 Sadirac), Ch. Moutte Blanc (FR-33460 Macau), Ch. Pascaud (FR-33133 Galgon), Ch. Trocard-Monrepos (FR-33570 Lussac).

## AOC Bordeaux Clairet

Der Clairet ist der ursprünglichste der nichtweißen Weine in Bordeaux. In England, dem ersten Exportmarkt von Bordeaux, ist der Clairet immer noch Synonym für den roten Bordeaux. Er ist meistens etwas konzentrierter als der Roséwein, sowohl in der Farbe als als auch im Geschmack. Die meisten Clairet kommen aus dem Entre-Deux-Mers, dürfen aber diese Appellation nicht tragen. Clairet und Rosé haben prozentual nur einen kleinen Anteil im Gebiet, trotzdem werden jährlich gut zwei Mio. Flaschen produziert.

REBSORTEN Cabernet Sauvignon, Cabernet Franc, Merlot, Petit Verdot und Malbec.

REBFL/PROD Knapp 500 ha, ca. 25 000 hl/J.

PRODUZENTEN Ch. Bonnet (FR-33420 Grézillac), Ch. du Bru (FR-33220 Ste-Foy-la-Grande), Ch. Penin (FR-33420 Branne), Ch. Renon (FR-33550 Langoiran), Ch. Thieuley (FR-33670 La Sauve).

## AOC Bordeaux Rosé

In allen Bezirken Frankreichs, wo Rotwein hergestellt wird, wird auch Roséwein produziert. Der Rosé wird in Frankreich, im Gegensatz zu England und Nordeuropa, als ein gemütlicher und leichter Wein geschätzt, der zu den meisten Speisen passt und sich dadurch als sehr praktisch erweist. Gewöhnlich wird ein Bordeaux Rosé aus Cabernet Franc hergestellt. Wird er aus einer anderen Rebsorte erzeugt, ist es üblich, jedoch nicht Bedingung, dies auf dem Etikett zu vermerken. Der Bordeaux Rosé wird im ganzen Bezirk hergestellt, auch im Médoc. Ch. Clarke in Listrac erzeugt den teuersten Roséwein der Region, während Ch. Lascombes, 2ème Cru in Margaux, bescheidenere Preise verlangt.

REBSORTEN Vor allem Cabernet Franc, ferner Cabernet Sauvignon, Merlot und Petit Verdot.

REBFL/PROD Knapp 300 ha, 10-15 000 hl/J.

PRODUZENTEN Ch. Clarke (Listrac), Ch. La Gardera (Ets Cordier), Ch. Haut-Castenet (FR-33790 Pellegrue), Ch. Lascombes (Margaux), Ch. Turcaud (FR-33670 La Sauve).

## AOC Crémant de Bordeaux

Auch wenn das Bordeaux für Schaumweine nicht besonders bekannt ist, werden dort jährlich große Mengen davon hergestellt. Seit 1990 heißt diese Appellation Crémant de Bordeaux anstatt wie vorher Bordeaux Mousseux (die Bezeichnung Crémant wird zukünftig die einzige für Schaumweine in Frankreich außerhalb der Champagne sein). Die Weine werden traditionell hergestellt (z.B. zweite Gärung in der Flasche usw.). Zwei Typen sind zugelassen: Crémant de Bordeaux Blanc und Crémant de Bordeaux Rosé. Die Weine werden größtenteils lokal konsumiert.

REBSORTEN Crémant de Bordeaux Blanc: Sémillon, Sauvignon, Muscadelle, CS, CF, Carmenère, Merlot, Malbec und PV. Crémant de Bordeaux Rosé: CS, Cabernet Franc, Carmenère, Merlot, Malbec und Petit Verdot.

REBFL/PROD Unter 500 ha, 30-40 000 hl/J.

PRODUZENTEN Les Cordeliers (St-Émilion), Luccios (St-Peys-de-Castets), Tour du Roy (St-Émilion).

WISSENSWERT Weitere Informationen: Syndicat des Élaborateurs de Crémant de Bordeaux, Le Pain de Sucre, FR-33710 Bourg s/Gironde, Tel. 05 57 68 42 09, und Syndicat Viticole de Crémant de Bordeaux (Adr., Tel., Fax siehe unter AOC Bordeaux).

## Négociants in Bordeaux

**HINTERGRUND** Immer schon haben die Kaufleute (négociants) in Bordeaux eine große Rolle im Weinexport gespielt. Zentrum des Weinhandels war der Quai des Chartrons. Die Weinhandelshäuser waren aber nicht nur Großhändler, die den Wein verteilten, sondern auch Bankiers, die den Wein kauften, lagerten und dann exportierten. Heute, wo alle Cru-Classé-Schlösser in Bordeaux den Wein selber in Flaschen füllen, haben die Weinhandelshäuser ihre traditionelle Rolle verloren. Heute sind sie Makler („courtiers"), d.h., sie sind das Bindeglied zwischen Schloss und Großhändler oder Kunde. Die großen Schlösser verkaufen oft an eine ausgewählte Anzahl von Händlern, die ihrerseits die Weine weiterverteilen. Hier folgen einige der wichtigsten Weinhandelshäuser in Bordeaux:

### André Quancard André

1844 gegründeter Familienbetrieb. Zu 84% werden die Weine in Frankreich verkauft. In den USA durch Touton Holding vertreten. Viele Weine mit Alleinvertriebsrecht. ADRESSE Rue de la Cabeyre, BP 14, FR-33240 St-André-de-Cubsac. Tel. 05 57 33 42 42. Fax -01 71. Homepage: www.quancard.com.Baron.

### Philippe de Rothschild

Der Betrieb wurde für die Vermarktung der Rothschild-Weine vor 60 Jahren von Philippe de Rothschild aufgebaut. Außer Ch. Mouton-Rothschild: d'Armailhac, Clerc-Milon, Aile d'Argent sowie Mouton-Cadet. In Zusammenarbeit mit Mondavi wird in Kalifornien der Opus One erzeugt. ADRESSE Rue de Grassi, BP 117, FR-33250 Pauillac. Tel. 05 56 73 20 20. Fax -20 44.

### Barton & Guestier

Einst einer der Großen, heute ein Teil von Seagrams. Exportiert 98%. Besitzer Ch. Magnol. ADRESSE Ch. Magnol, 53, rue du Dehez, BP 30, FR-33292 Blanquefort. Tel. 05 56 95 48 00. Fax 05 56 95 48 01.

### H & O Beyerman

Der älteste aller Négociants in Bordeaux, gegründet 1620. Qualitätsweine meist aus Bordeaux, aber auch Süd- und Südwestfrankreich. ADRESSE 9, cours Xavier Arnozan, FR-33000 Bordeaux. Tel. 05 56 52 98 92. Fax -79 01 70.

### Borie-Manoux

Ein erfolgreicher Familienbetrieb mit Ch. Batailley und Ch. Trotte Vieille als Basis. Standardwein: Beau Rivage. Philippe Castéja ist der jetzige Vorsitzende vom Comité Interprofessionnel des vins de Bordeaux. ADRESSE 86, cours Balguerie-Stuttenberg, FR-33082 Bordeaux. Tel. 05 56 00 00 70. Fax 05 57 87 60 30.

### Bouey & Fils

In Familienbesitz seit dreißig Jahren. Verkaufen und vermarkten etwas mehr als 35 Mio. Weinflaschen von mehreren kleineren Schlössern in Bordeaux und Südwestfrankreich was sie zu einem der größeren Négociant macht. ADRESSE Rue du Chêne Vert, FR-33440 Ambares. Tel. 05 56 77 50 71. Fax 05 56 77 58 77.

### Calvet

1818 gegründet, gehört heute zur englischen Allied Domecq. Im Burgund unter dem Namen Jouvet tätig. 1992 wurde ein beträchtliches Investitionsprogramm abgeschlossen und die Lagerkapazität verdoppelt. Ein großes Angebot von Standardweinen, mehrere unter dem Namen Calvet. ADRESSE 75, cours du Médoc, BP 11, FR-33300 Bordeaux. Tel. 05 56 43 59 00. Fax -17 78.

### Compagnie Médocaine des Grands Crus

Seit 1984 mit dabei und seit 1995 in Blanquefort. Spezialisiert auf Grand-Cru-Schlösser. Vermarktet werden u.a. Ch. Lynch-Bages, Pichon Longueville, Cantenac Brown, Suduiraut, Les Ormes de Pez. ADRESSE 7, rue Descartes - Z.I., BP 119, FR-33294 Blanquefort Cédex. Tel. 05 56 95 54 95. Fax -54 85. E-Mail: cmgc@atinternet.fr

### Ets Cordier

Tochtergesellschaft von Dom. Cordier, 1886 gegründet. Gehört heute zum Handelshaus Val d'Orbieu. Einer der führenden Betriebe in Bordeaux, auch in Besitz (oder Teilbesitz) von u.a. Meyney, Clos de Jacobins und Lafaurie-Peyraguey, Le Gardera, Tanesse und Cantemerle. ADRESSE Le Dehez, FR-33290 Blanquefort. Tel. 05 56 95 53 00. Fax 05 56 95 53 01.

### CVBG, Consortium Vinicole Bordeaux Gironde-Dourthe-Kressmann

Gehört zur Grand Terroirs Associés (holländische Bols-Gruppe). In Besitz von u.a. Ch. La Garde, La Tour und mit Alleinvertriebsrecht für Ch. Tronquoy-Lalande, Pedesclaux, du Glana, La Tour-Martillac usw. Bordeaux Blanc Sec, No 1 de Dourthe ist ein Verkaufsschlager. ADRESSE 35, rue de Bordeaux, BP 29, FR-33290 Parempuyre. Tel. 05 56 35 53 00. Fax 05 56 35 53 29.

## Négociants in Bordeaux

### Crus & Domaines de France
1992 schlossen sich die beiden Firmen Alexis Lichine und Cruse zusammen und sind heute in Besitz einer Tochtergesellschaft der Pernod-Ricard-Gruppe. Exklusivrecht auf Ch. Laroque und Ch. du Taillan. In Beaujolais findet man sie unter dem Namen Pasquier Desvignes. ADRESSE 23, parvis des Chartrons, FR-33074 Bordeaux. Tel. 05 56 01 72 20. Fax -72 80.

### Dulong Frères et Fils
Vins de table, vins de pays, AOC und eine Menge anderer Weine mit Alleinverkaufsrecht. Der Betrieb wird von Eric Dulong, Vorsitzender der Interessengemeinschaft der Négociants, geführt. ADRESSE 29, rue Jules Guesde, FR-33270 Floirac. Tel. 05 56 51 15. Fax 05 56 40 84 97.

### Louis Eschenauer
Gehört zu den ersten an ausländische Firmen verkauften Betriebe. 1990 kam er durch den Erwerb der Angestellten wieder in französischem Besitz. Seit 1993 ist man mit der Union des Producteurs de St-Émilion zusammengeschlossen und heute gehört man zur Gruppe Grands Chais de France. ADRESSE Route de Balizac, FR-33720 Landiras. Tel. 05 57 98 07 33. Fax -56 62 49 14.

### Ginestet
Gehört zur Bernard-Taillan-Gruppe, die in Besitz von Ch. Chasse-Spleen, Haut Bages Libéral, La Gurgue, La Ferrière, Citran und Gruaud-Larose ist. Standardwein namens Ginestet. ADRESSE 19, ave de Fontenille, FR-33360 Carignan de Bordeaux. Tel. 05 56 68 81 82. Fax 05 56 20 94 47. Homepage: www.placeduvin.com/ginestet.

### Grands Vins de Gironde, G.V.G.
G.V.G. entstand 1991, nach dem Zusammenschluss u.a. von de Luze und de Rivoyre. Gehört zu Rémy-Cointreau. Verkauft eine große Anzahl von Standardmarken, viele mit Exklusivrecht. ADRESSE Domaine du Ribet, BP 59, FR-33450 St-Loubes. Tel. 05 57 97 07 20, Fax -07 27.

### Nath. Johnston & Fils
Einer der ältesten Familienbetriebe in Bordeaux, 1734 gegründet. Man konzentriert sich auf hohe Qualität, vorwiegend für den Export. ADRESSE 93 bis, quai des Chartrons, FR-33300 Bordeaux. Tel. 05 57 87 41 41. Fax -56 79 16 94.

### Mestrezat & Domaines
Gehört zur Banque-Paribas-Gruppe. Besitzt 450 ha Rebfläche in Médoc und Graves, das beste Erzeugnis ist Ch. Grand-Puy-Ducasse. ADRESSE 17, cours de la Martinique, BP 90, FR-33027 Bordeaux. Tel. 05 56 01 30 10. Fax -79 23 57.

### A. Moueix & Fils SA
1905 gegründet. Rebflächen in Pomerol und St-Émilion. Hierzu gehört eine große Anzahl von Anwesen, wie z.B. Ch. Taillefer, Ch. Moulinet, Ch. Bel-Air. ADRESSE 7-15, ave du Général de Gaulle, Port du Noyer-Arveyres, F-33500 Libourne. Tel. 05 57 55 30 20. Fax 05 57 25 22 14.

### Ets J-Pierre Moueix
Schon eine Legende, obwohl noch in höchstem Grade aktiv. Wirkte anfangs nur am rechten Ufer. Ihm gehören Größen wie Pétrus, Ch. Trotanoy und Magdelaine. Auch viele andere Anwesen in Besitz oder mit Alleinrecht. ADRESSE 55, quai du Priourat, FR-33500 Libourne. Tel. 05 57 51 78 96. Fax 05 57 51 79 79.

### Pierre Montagnac
Vermarktet zahlreiche Qualitätsweine und besitzt das Exklusivrecht von Ch. Loudenne. ADRESSE 17, rue Ségalier, FR-33000 Bordeaux. Tel. 05 56 24 00 75, Fax 05 56 98 99 82.

### Domaines Prats S.A.
Verkauft die Weine von den eigenen Schlössern Cos d'Estournel und Marbuzet unter der Leitung von Bruno Prats. ADRESSE Cos d'Estournel, FR-33180 St-Estèphe. Tel. 05 56 73 15 50. Fax 05 56 59 72 59.

### Maison Schröder & Schÿler
Ein 1739 gegründeter, alter Betrieb mit Familiencharakter, der heute von Yann Schröder geführt wird. Großer Export (75%). In Besitz von Ch. Kirwan und Teilhaber von Fourcas-Hosten. ADRESSE 55, quai des Chartrons, FR-33300 Bordeaux. Tel. 05 57 87 64 55. Fax -57 20.

### Maison Sichel
In Besitz von Ch. d'Angludet und Teilhaber von Ch. Palmer. Produktion von guten Weinen und großer Verkauf und Export in die angelsächsische Welt. Auch in Besitz von Ets Coste, das Graves- und Sauternes-Weine verkauft. ADRESSE 19, quai de Bacalan, FR-33300 Bordeaux. Tel. 05 56 11 16 60. Fax 05 56 50 54 21.

## BURGUND

GESCHICHTE Wahrscheinlich brachten die Griechen die Weinrebe um 600 v.Chr. in diese Region. Trotz der Vorliebe der Römer für italienische Weine und der Invasion der Barbaren im 5. Jahrhundert war Burgund durch die Jahrhunderte hindurch ein blühendes Weinanbaugebiet. Später spielte die Kirche eine entscheidende Rolle. Viele der heute vornehmsten Weingüter waren Geschenke des Adels an die Klöster. Darunter befindet sich beispielsweise Clos de Vougeot, eine Gründung des Zisterzienserordens in Cluny. Nach dem 14. Jh. herrschten die Herzöge von Valois, die dem Gebiet Wohlstand brachten. Während des 19. Jh. wurde Burgund, wie auch das übrige Frankreich, von mehreren Katastrophen heimgesucht. Durch den Befall der Reblaus (phylloxera) und durch Mehltau (oïdium) wurden mehr als zwei Drittel der Rebfläche vernichtet.

GEOGRAPHIE Die Region umfasst einen sich von Norden nach Süden erstreckenden Landstrich westlich des Saône-Tals. Eine Ausnahme bildet Chablis, eine Enklave, nur 70 km von den südlichsten Weinbergen der Champagne, aber 130 km von Beaune entfernt. Das zusammenhängende Burgund beginnt südlich von Dijon mit der Côte d'Or, den „Goldhängen", die aus CÔTE DE NUITS und CÔTE DE BEAUNE bestehen. Danach

*Die pittoreske Stadt Beaune, mit dem berühmten Klostergebäude „Hôtel Dieu", liegt im Zentrum Burgunds.*

erstrecken sich die Weinberge südlich weiter bis in die Regionen CÔTE CHALONNAISE und MÂCONNAIS, um schließlich BEAUJOLAIS zu erreichen.

KLIMA Kontinentalklima. Frost, Hagel, Stürme und kräftige Regenfälle sind Risiken in diesem nördlichen Klima. Es eignet sich besser für die Weißwein- als für die Rotweinherstellung. Das jeweilige Mikroklima ist von großer Bedeutung, denn es kann das launische Wetter mildern und so den Unterschied zwischen einer erfolgreichen oder weniger erfolgreichen Ernte bestimmen.

BODEN Die vornehmen Weine aus Chablis stammen von Böden aus kalkhaltigem Lehm. Die Côte d'Or besteht aus einem Kalksteinboden mit guter Drainage. In den nördlicheren Bereichen der Côte de Nuits sind Lehm und Schlammeinlagerungen zu finden, während im südlichen Teil der Côte de Beaune überwiegend Lehm und kalkhaltiger Kies vorherrschen. An der Côte Chalonnais überwiegen zum Teil eisenhaltige Kalksteinböden mit Sand und Lehm. In Mâconnais grober Kies,

*Die alte Windmühle „Moulin-à-Vent" in Beaujolais steht als Symbol für den ausgezeichneten Ruf dieser Gegend.*

Schlammböden, Lehm und Sand auf Kalkstein. Beaujolais unterscheidet sich durch seinen Granitboden, auf dem Gamay am besten gedeiht.

    WEINE  Im Norden Burgunds werden füllige, sanfte und alkoholreiche Rotweine hergestellt, die durch lange Lagerung gewinnen. Die Beaujolais-Weine des Südens sind fruchtig, frisch, süffig und sollten jung getrunken werden. Die Weißweine sind immer trocken, oft konzentriert und durch den Eichenfassausbau buttrig wie z.B. in der Côte de Beaune. Sie können aber auch wie in Chablis leicht und fruchtig mit hoher Säure sein. Der Schaumwein, nach der „Champagner-Methode" Crémant de Bourgogne genannt, ist frisch und sehr sorgfältig hergestellt. Bourgogne *Passe-tout-grains* ist ein leichter, fruchtiger Wein, der aus mindestens 1/3 Pinot Noir und 2/3 Gamay erzeugt wird. Bourgogne Aligoté ist ein stark säurebetonter und leichter Weißwein.

    REBSORTEN  Weiß: Chardonnay (14% der Anbaufläche), Aligoté (nur 2%). Rot: Pinot Noir (21%), Gamay (59%). Andere Rebsorten von geringerer Bedeutung sind César, Tressot, Pinot Liebault und Pinot Gris für Rotweine sowie Pinot Blanc, Sacy und Melon de Bourgogne (Muscadet) für Weißweine.

    PRODUZENTEN  Im Gegensatz zum Bordeaux sind hier die besten Weinberge in Besitz vieler kleiner Winzer. Die ca. 2 300 Winzer besitzen durchschnittlich eine Rebfläche von je etwa fünf Hektar, die auf mehrere Dörfer verteilt ist. Dies ist eine direkte Folge der französischen Revolution im Jahr 1789, als der vorher bestehende große Kirchenbesitz auf die Kleinbauern verteilt wurde. Heute gibt es Weinlagen, die unter 85 verschiedenen Winzern aufgeteilt sind (z.B. Clos de Vougeot). Deshalb haben die Handelshäuser hier eine große Bedeutung. Sie kaufen Trauben oder Weine von kleineren Winzern und füllen diese unter ihrem Namen in Flaschen ab.

    PRODUKTION  Ca. 26 800 ha, etwa 1,5 Mio. hl/Jahr, knapp 60% davon Weißwein. Größerer Teil AOC-Qualität. 50% der Produktion werden exportiert.

    WISSENSWERT  Weitere Informationen: Bureau Interprofessionel des Vins de Bourgogne - BIVB, 12, bd. Bretonnière, BP 150, FR-21204 Beaune. Tel. 03 80 25 04 80. Fax 03 80 25 04 90.

*Im Burgund liegen die besten Weinanbaugebiete an den Uferhängen der Saône in der Côte d'Or. Hier werden die berühmten Weine der Côte de Beaune und Côte de Nuits erzeugt.*

# CHABLIS

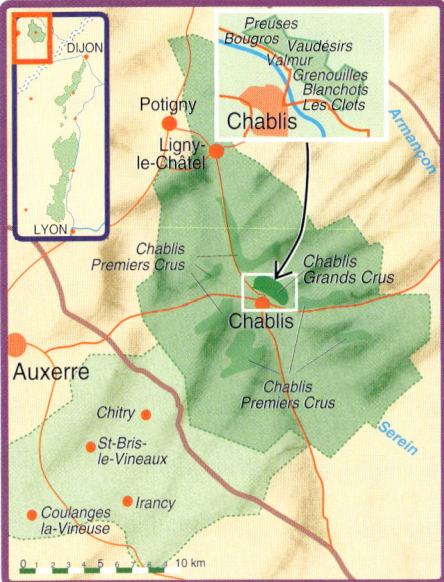

GESCHICHTE Als der bekannteste Weißwein der Welt wurde Chablis häufig nachgeahmt. Chablis ist das bekannteste Weißweingebiet im Burgund und wird hinsichtlich der Qualität mit den Weißweinen aus Côte de Beaune verglichen.

GEOGRAPHIE Chablis ist eine Enklave im nördlichsten Teil Burgunds, zwischen Paris und Beaune im Département Yonne. Diese nördliche Lage birgt mit kalten Wintern, Schnee und Frost

*Die berühmten Grand-Cru-Lagen befinden sich an Hanglagen oberhalb der Stadt Chablis.*

bis in den Frühling hinein viele Risiken für den Weinanbau in sich. Als Schutz gegen Frühjahrsfrost besprizt man die Reben daher mit Wasser. So bildet sich eine schützende Eishülle auf den Blättern. Es gibt aber auch kaminähnliche Systeme zum „Beheizen" der Reben.

BODEN Sehr kalkhaltige, mit Lehm angereicherte Böden mit den gleichen Austernschalenablagerungen, die man auch in Dorset, auf der anderen Seite des Ärmelkanals, antrifft und die dem Gebiet den Namen gegeben haben. Das Weinanbaugebiet breitet sich hier bis zu den entfernten Kalksteinböden aus, die dem Wein einen weniger typischen Charakter verleihen.

WEINE In Chablis wird nur trockener Weißwein hergestellt. Der junge Wein ist grünschimmernd mit harter Frische. Die im Eichenfass ausgebauten Weine sind bedeutend fülliger. Chablis ist in vier Qualitätsklassen eingeteilt:

1. GRAND CRU. Beste Weine von Spitzenlagen mit großem Alterungspotenzial.
2. PREMIER CRU. Weine von guten Weinlagen,

*Chablis-Weine gewinnen dank dem trockenen, frischen Charakter mit viel Fruchtaroma an Popularität.*

etwas alkoholschwächer, aber eigentlich die typischste Qualitätsstufe.

3. CHABLIS. Übergreifende AOC-Bezeichnung für trockene, saubere und fruchtige Weine.
4. PETIT CHABLIS ist eine selten verwendete Qualitätsbezeichnung und gilt für Weine, die von nicht kalkhaltigen Böden stammen.

REBSORTEN Chardonnay, hier auch Beaunois genannt. Andere Rebsorten dürfen angebaut, aber nicht für die Chablis-Weine verwendet werden.

WEINHERSTELLUNG Die Vergärung wird meistens in Email- oder Edelstahltanks durchgeführt. Der Eichenfassausbau erfolgt selten und wenn, dann in gebrauchten Fässern. Man vertritt die Meinung, die Eiche könnte dem Wein Frische entziehen, wodurch sich der Chablis und die Weißweine aus Côte de Beaune nicht mehr klar genug voneinander unterscheiden würden.

REBFL/PROD 4 000 ha, ca. 240 000 hl/Jahr. Chablis expandiert: 1960 wurden 17 000 hl Wein produziert. Es gibt 300 Winzer und die dominierende Genossenschaft La Chablisienne.

WISSENSWERT Weitere Informationen: Délégation Régionale Chablis du BIVB, Le Petit Pontigny - 1, rue de Chichée, BP 31, FR-89800 Chablis. Tel. 03 86 42 42 22. Fax 03 86 42 80 16.

## Chablis Grand Cru

RUF  Die Namen der Grand-Cru-Weingüter sind seit Anfang des 19. Jh. sehr bekannt. Schon die Mönche, die im 12. Jh. einige der ersten Weingüter in Chablis gründeten, wussten, dass der Kalkboden hervorragende Weine hervorbringt.

WEINE  Stets durchgegorene Weine mit großem Geschmacksreichtum sowie ausgeprägter Intensität und Komplexität. Die Weine sind grünschimmernd, sehr trocken mit einem Mineralton und etwas harter Frische. Die besten entwickeln sich in der Flasche während 10-15 Jahren.

KLASSIFIZIERUNG  Grand Cru ist die vornehmste Qualitätsbezeichnung in Chablis. Es gibt insgesamt sieben Grands Crus. Diese liegen an den Flusshängen der Serein mit Blick über die Stadt Chablis. All diese Grands Crus haben ihren eigenen Charakter. *Blanchot* (12,7 ha) ist sanft, langlebig und duftig. *Bougros* (12,6 ha) ist nuancenreich und feminin. *Les Clos* (26 ha) ist kraftvoll. *Grenouilles* (9,4 ha) soll die größte Blume besitzen. *Les Preuses* (11,4 ha) sind sehr

*Grand Cru ist die vornehmste Qualitätsbezeichnung. Diese Gebiete waren schon im Mittelalter bekannt.*

rund. *Valmur* (13,2 ha) sind duftig und sanft ölig. *Vaudésir* (14,7 ha) ist ein wenig trockener, lebendiger und soll der feinste der sieben sein. Das Gesetz schreibt einen Mindestalkoholgehalt von 11% vor.

BODEN  Die für Chablis so wichtige Kalkerde ist hier stark mit Lehm und Schlamm vermischt.

REBSORTEN  Chardonnay, hier auch Beaunois genannt.

WEINHERSTELLUNG  Vergärung in Email- oder rostfreien Stahltanks und Ausbau in neuer oder älterer Eiche. Premiers Crus werden weniger in Holz ausgebaut als Grands Crus. Viele verwenden kein Holz, um die typische Chablis-Frische zu erhalten.

PRODUZENTEN  René Dauvissat, François Ravenau, Long-Depaquit, Dom. Laroche, Dom. de la Maladière (William Fèvre), Robert Voceret, Dom. Vocoret, Guy Robin, Régnard, Jean-Paul Droin, Louis Michel, Dom. des Iles sowie die Genossenschaft La Chablisienne.

## Chablis Premier Cru

RUF  Der charakteristischste Chablis. Diese Weine liegen knapp unter der Grand-Cru-Qualität. Oft vermitteln sie aber ein doch größeres Weinerlebnis als die einfacheren Qualitäten. Mit den Premiers Crus kriegt man viel vom Chablis-Charakter für den Preis.

WEINE  Leichte bis füllige, trockene Weißweine. Sie sind immer besser als die aus der einfacheren Appellation Chablis, verfügen aber nicht ganz über den komplexen und intensiven Geschmack eines Grand Cru. Die Weine erreichen ihren Höhepunkt mit etwa 5 Jahren und erhalten

*Premier Cru bezeichnet die Weine, die aus unmittelbarer Nähe der besten Grands Crus stammen.*

dann den speziellen Nussgeschmack. Die Lage Montée de Tonnerre ergibt die besten Weine.

KLASSIFIZIERUNG  Die Lagen sind über mehrere Dörfer verstreut. Insgesamt 610 ha Weinberge, kompliziert eingeteilt, mit vielen verschiedenen Namen. Insgesamt sind 40 erlaubt. Es ist aber auch möglich, einen weniger bekannten Premier Cru durch den Namen der bekannteren, angrenzenden Lage zu ersetzen. Die 12 Hauptlagen sind: *Fourchaume, Montée de Tonnerre, Mont de Milieu, Beauroy, Les Fourneaux, Côte de Léchet, Vaucopin* (auch *Vaucopain*), *Vaillons, Vosgros, Mélinots, Montmains* und *Vaudevey*. Außer diesen gehören Vaulorent, Les Lys, Butteaux und La Forest zu den bekanntesten. Der Mindestalkoholgehalt beträgt 10%.

BODEN  Der für Chablis typische, mit Lehm vermischte Kalkboden.

REBSORTEN  Chardonnay (Beaunois).

WEINHERSTELLUNG  Die Vergärung wird meist in Email- oder rostfreien Stahltanks durchgeführt. Der Ausbau erfolgt, wenn überhaupt, in neuer oder alter Eiche. Premiers werden weniger als Grands Crus in Eiche ausgebaut.

PRODUZENTEN  François Ravenau, Long-Depaquit, Jean-Paul Droin, Dom. de la Maladière, Robert Voceret, Dom. Vocoret, Louis Michel, Jean-Marc Brocard, Guy Robin, Régnard, Henri Laroche, J. Moreau, Jean Durup, Dom. Alain Geoffroy, Dom. de la Conciergerie, Simonnet-Fèbvre und Jacques Trimbley.

## Andere Weine rund um Chablis

### Irancy

RUF  Irancy ist der bekannteste und wahrscheinlich der beste Rotwein in Yonne. AOC seit 1996.

WEINE  Rot und rosé. Relativ einfach, fruchtig und leicht im Vergleich mit Burgund. Manchmal lohnt sich die Lagerung der Weine.

BODEN  Kalkreiche Erde wie in Chablis.

REBSORTEN  Pinot Noir gibt Finesse, während César eher rustikal ist.

PRODUZENTEN  Léon Bienvenu, Bernard Cantin, Delaloge, Jean Renaud und Simonnet-Fèbvre.

### Coulanges-la-Vineuse

RUF  Gehört mit Recht zu den unbekannten Appellationen im Burgund.

WEINE  Ähneln denen aus Irancy, sind aber leichter und gröber.

BODEN  Wie in Chablis kalkreiche Erde.

REBSORTEN  Ausschließlich Pinot Noir.

PRODUZENTEN  U.a. Raymond Dupuis, Serge Hugot, André Martin, Pierre Vigreux.

### Saint-Bris-le-Vineux

RUF  VDQS (= Vins Delimités de Qualité Supérieur) und am bekanntesten für Sauvignon Blanc, obwohl auch der Aligoté sehr gut ist.

WEINE  Sehr sortentypischer Sauvignon Blanc und ein entwicklungsfähiger Aligoté.

BODEN  Kalkböden.

REBSORTEN  Sauvignon Blanc, Aligoté, César, Chardonnay und Sacy.

PRODUZENTEN  Bersan et Fils, Jean Brocard, Robert Defrance, Michel Esclavy und André Sorin.

### Chitry-le-Fort

RUF  Gehört korrekterweise zu den größeren, flächendeckenden Appellationen wie z.B. Bourgogne Aligoté und Bourgogne Blanc.

WEINE  Es werden u.a. Chardonnay mit ähnlichen Eigenschaften wie in Chablis erzeugt und ein sehr guter Aligoté.

BODEN  In einigen Teilen „Kimmeridge"-Böden, wo Chardonnay angebaut wird.

REBSORTEN  Sauvignon Blanc, Aligoté, César, Chardonnay und Sacy.

PRODUZENTEN  U.a. Léon Berthelot, Jean-Claude Biot, Paul Colbois, Gilbert Giraudon, Joel Griffe und Roland Viré.

## René & Vincent Dauvissat

GESCHICHTE  Herr Dauvissats Urgroßvater war Küfer, und daher gehört das Weingut noch heute zu den Produzenten, die Eichenfässer für den Ausbau verwenden. Es ist heute viermal größer als 1950. Die Schwester von René Dauvissat ist mit François Ravenau verheiratet, was dazu führte, dass die beiden Weingüter einen ähnlichen Stil haben. Sohn Vincent führt zusammen mit Vater René den Betrieb seit 1979.

WEINE  Ausschließlich Grand-Cru-Lagen in Les Preuses und Les Clos sowie Premier-Cru-Lagen in Les Forêts, Sechet und Vaillons.

CHARAKTER  Fruchtige, elegante und

*René Dauvissat hat sowohl den Umfang als auch die Qualität seiner Weine seit den 50er Jahren gesteigert.*

konzentrierte Weine mit einem ausgeglichenen Eichenholzton.

RUF  Gehört zu den vornehmsten Produzenten von Chablis-Weinen.

BODEN  Chablistypische, kalkhaltige Erde.

REBSORTEN  Chardonnay.

WEINHERSTELLUNG  Fassvergärung bei niedriger Temperatur. Die Weine bleiben bis zum Abschluss der malolaktischen Gärung im Fass. 10% des Mostes wird in kleinen Eichenfässern (in sog. „feuillettes", 132 Liter fassend) vergoren. Danach werden sämtliche Weine sieben Monate in Eichenfässern ausgebaut. Schonende Filtration, um den Geschmack zu intensivieren.

LAGERUNG  Extraktreiche, holzbetonte Weine, die eine Lagerung und Entwicklung in der Flasche erlauben.

REBFL/PROD  11 ha, etwa 7 000 Kisten/Jahr.

**Besitzer** René & Vincent Dauvissat • **Kellermeister** Vincent Dauvissat • **Besuch** Nach Vereinbarung • **Adresse** René & Vincent Dauvissat, 8, rue Emile Zola, FR-89800 Chablis • **Tel.** 03 86 42 11 58 • **Fax** 03 86 42 85 32

PRODUKTION          QUALITÄT          PREIS

## JEAN-PAUL DROIN

GESCHICHTE  Der Betrieb wurde 1752 gegründet und wird heute in zehnter Generation geführt. Bereits der Urgroßvater reichte Napoleon III. seine Weine, als dieser 1866 Auxerre besuchte. Damals lagerte man die Weine mehrere Jahre in Fässern, was im Vergleich mit den heutigen

*J-P Droin zählt zu den besten Chablis-Produzenten. Schon Napoleon III. trank diese Weine.*

Erzeugnissen einen anderen Charakter ergab.

WEINE  Fünf verschiedene Grands Crus von den Lagen Vaudésir (1,2 ha), Les Clos (1 ha), Valmur (1 ha) und Grenouilles (0,5 ha). Sieben verschiedene Premiers Crus überwiegend von den Lagen Vaillons (2,5 ha) und Montée de Tonnerre (1,75 ha).

CHARAKTER  Ansprechende und blumige Weine mit viel Charakter.

RUF  Gehört zu den allerbesten Produzenten von Chablis-Weinen.

BODEN  Der für Chablis typische kalkhaltige Lehmboden.

REBSORTEN  Chardonnay.

WEINHERSTELLUNG  Die Grands- und Premiers Crus werden im Eichenfass ausgebaut, während die Chablis und Petits Chablis im Tank gelagert werden.

LAGERUNG  Wegen der Fasslagerung können insbesondere die Grands Crus bis zu zehn Jahren gelagert werden.

REBFL/PROD  20 ha, davon 7 ha Premiers Crus und 4 ha Grands Crus, ca. 12 000 Kisten/Jahr.

**Besitzer** Jean-Paul Droin • **Kellermeister** Catherine & Jean-Paul Droin • **Besuch** Kein Besuch möglich • **Adresse** Jean-Paul Droin, 14 Bis rue Jean-Jamès, FR-89800 Chablis • **Tel.** 03 86 42 16 78 • **Fax** 03 86 42 42 09

PRODUKTION QUALITÄT PREIS

## DOM. LAROCHE

GESCHICHTE  1850 wurde das Gut von Jean Victor Laroche gegründet. Heute gehören auch Château de Puligny-Montrachet und André Ropiteus Weingüter sowie die Weinhandelsfirma Bacheroy Josselin zu diesem Imperium.

WEINE  Man produziert Grands Crus Bougros, Blanchot (4,3 ha) und Les Clos. Außerdem Premiers Crus Vaudevey, Beauroy, Montmains, Vaillons und Fourchaume sowie Chablis und Petit Chablis. Seit 1991 heißt der Prestigewein Réserve de l'Obédiencerie von der Grand-Cru-Lage Blanchot. Man vertreibt auch Wein unter dem Namen Domaine La Jouchère.

*Laroche ist ein Produzent mit alten Vorfahren. Hauptsächlich Premiers Crus von hoher Qualität.*

CHARAKTER  Trockene Weißweine mit Finesse und Eleganz.

RUF  Gehört zu den Großen im Chablis.

BODEN  Kalkhaltige Lehmböden.

REBSORTEN  Chardonnay.

WEINHERSTELLUNG  Moderne Herstellung mit Reinzuchthefen für die Vergärung sowie Klärung durch Zentrifuge. Vergärung während zehn Tagen bei 20 °C. Die besten Weine lagern 6-10 Monate auf der Hefe.

LAGERUNG  Grands Crus: 15 Jahre. Premiers Crus: 3-8 Jahre. Chablis: 2-5 Jahre. Petit Chablis: 1-3 Jahre.

REBFL/PROD  100 ha eigene Rebberge, davon 6 ha Grands Crus, 30 ha 1ers Crus, 61 ha Chablis und 2 ha Petit Chablis. Ca. 250 000 Kisten/Jahr.

**Besitzer** Michel Laroche • **Kellermeister** Alain Sorba • **Besuch** Mo-Do 9-12, 14.30-18, nach Vereinbarung • **Adresse** Dom. Laroche, 22, rue Louis Bro, FR-89800 Chablis • **Tel.** 03 86 42 89 00, 03 86 42 89 28 • **Fax** 03 86 42 89 29 • **E-Mail** domaine.laroche@wanadoo.fr

PRODUKTION QUALITÄT PREIS

## CH. LONG DEPAQUIT

GESCHICHTE Die Domaine Long Depaquit produzierte lange Zeit sehr gute Chablis-Weine. Ein Teil des Weinguts gehörte dem Kloster Pontigny. Die Firma schloss sich zwar mit Bichot in

*Hinter dieser Fassade werden einige der besten Chablis-Weine, die noch recht unbekannt sind, hergestellt.*

Beaune zusammen, doch werden beide Güter separat und selbständig geführt.

WEINE Am berühmtesten ist der Wein von der Lage Moutonne, der auf zwei Grand-Cru-Lagen aufgeteilt ist: Vaudésir und Les Preuses. Ferner die sehr guten Grands Crus Blanchot und Les Clos. Long Depaquit kontrolliert ganze acht Prozent der Grand-Cru-Lagen in Chablis. Man erzeugt auch die Premiers Crus Vaillons, Beugnons, Les Lys und Les Vaucopins.

CHARAKTER Sorgfältig hergestellte Weine, die nicht sofort getrunken, sondern einige Jahre gelagert werden sollten.

RUF Sorgfältige Weinherstellung auf einem gepflegten Gut. Die Weine zählen zur Spitzenklasse.

BODEN Der für Chablis typische kalkhaltige Lehmboden.

REBSORTEN Chardonnay.

WEINHERSTELLUNG Moderne Vinifizierung. Ein Teil der Weine wird in Beaune auf Flaschen gezogen.

LAGERUNG Die Weine sollten ca. 3-5 Jahre gelagert werden.

REBFL/PROD 60 ha, davon 12 ha Premiers Crus und 8 ha Grands Crus, ca. 40 000 Kisten/Jahr.

**Besitzer** Fam. Bichot, Beaune • **Kellermeister** Vullien Gérard • **Besuch** Mo-Do 9-18 • **Adresse** Ch. Long Depaquit, 45, rue Auxerroise, FR-89800 Chablis • **Tel.** 03 86 42 11 13 • **Fax** 03 86 42 81 89

PRODUKTION     QUALITÄT     PREIS

## DOM. DE LA MALADIÈRE

GESCHICHTE Die Familie ist mit der Weingeschichte des Chablis eng verbunden. Der energische William Fèvre führte früher das „Syndicat de Défense de l'Appellation Chablis", das die Appellation auf geprüfte Lagen begrenzen will. 1998 wurde das Weingut an das Champagnerhaus Henriot verkauft.

WEINE William Fèvre ist der Chablis-Produzent, der die größte Anzahl von Weinen verschiedener Lagen anbietet: Die Grands Crus Les Clos (3,4 ha), Bougros (6,2 ha), Les Preuses (2,5 ha), Valmur (1,8 ha), Vaudésir (1,2 ha) und Grenouilles (0,6 ha). Dazu kommen die Premiers Crus aus sieben Lagen, u.a. Vaulorent, Montée de Tonnerre, Montmains und Vaillons.

CHARAKTER Finessenreiche Weine mit einer öligen Sanftheit.

RUF Bedeutender Betrieb, der seit 1960, dank des dynamischen W. Fèvre, seinen Ruf untermauern konnte.

BODEN Kalkhaltige Lehmböden.

REBSORTEN Chardonnay.

*William Fèvre heißt der Besitzer der Domaine de la Maladière. Er erzeugt weltbekannte Weine.*

WEINHERSTELLUNG Selektive Handlese. Vergärung in Eichenfässern, die einfacheren Weine im Tank.

LAGERUNG Die besten Grands Crus bis zu 8 Jahren, die Premiers Crus 3-5 Jahre.

REBFL/PROD 46 ha eigene Rebfläche, davon 16 ha Grands Crus, 12 ha Premiers Crus, 16 ha Chablis, 10 ha Petit Chablis etc., ca. 50 000 Kisten/Jahr..

**Besitzer** Champagne Henriot • **Kellermeister** William Fèvre • **Besuch** Di-So 9-18 • **Adresse** Dom. de la Maladière, 14, rue Jules Rathier, FR-89800 Chablis • **Tel.** 03 86 42 12 51, 03 86 42 12 06 • **Fax** 03 86 42 19 14 • **E-Mail** wfevre@demeter.fr • **Homepage** www.vinternet.net

PRODUKTION     QUALITÄT     PREIS

## Domaine Louis Michel

GESCHICHTE  Historisches Weingut mit sehr gutem Ruf, 1870 gegründet. Sowohl Größe wie Qualität sind seit der Übernahme durch Sohn Jean-Loup angestiegen. Seit den 60er Jahren wurde das Areal verfünffacht.

*Domaine Louis Michel ist ein traditionsreicher Produzent, mit zahlreichen sehr guten Grands-Crus-Weinen.*

WEINE  Drei Grand-Cru-Lagen: Les Clos, Vaudésir und Grenouilles. Zwei Premier-Cru-Lagen: Montmains und Montée de Tonnerre. Außerdem einfache Chablis-Weine.
CHARAKTER  Frische und konzentrierte Weine mit markantem Duft und schöner Balance. Die besten Grand-Cru-Weine haben einen blumigen Ton.
RUF  Gehört zu den besseren des Chablis. Einige Jahrgänge sind sogar besser als die der klassischen Produzenten.
BODEN  Der für Chablis typische „Kimmeridge"-Boden mit Kalk und Lehm.
REBSORTEN  Chardonnay, hier auch Beaunois genannt.
WEINHERSTELLUNG  Reduzierte Erträge, exakte und langsame Vergärung. Vor der Gärung wird der Most in offenen Bottichen bei niedriger Temperatur entschleimt.
LAGERUNG  Die große Konzentration der Weine ermöglicht eine lange Lagerung.
REBFL/PROD  23 ha, davon 2 ha Grands Crus, 14 ha Premiers Crus und 5 ha Chablis, ca. 12 500 Kisten/Jahr.

**Besitzer**  Louis Michel, Jean-Loup Michel • **Kellermeister**  Jean-Loup Michel • **Besuch**  Nach Vereinbarung • **Adresse**  Domaine Louis Michel, 9, bd. de Ferrières, FR-89800 Chablis • **Tel.**  03 86 42 88 55 • **Fax**  03 86 42 88 56

PRODUKTION     QUALITÄT     PREIS

## J. Moreau & Fils

GESCHICHTE  Die Firma wurde 1814 gegründet. 1904 kaufte Jean-Joseph Moreau die Weinberge, die dem Hospiz von Chablis gehörten. Clos des Hospices ist heute ein eingetragenes Warenzeichen, und die Weinberge machen einen großen Teil von Grand Cru Les Clos aus. In Besitz von Hiram Walker (Allied-Domecq), der Familie gehört heute nur noch das Gutsgelände.
WEINE  Man produziert das gesamte Spektrum an Chablis-Weinen: Die Grands Crus Les Clos (mit Clos des Hospices), Valmur, Vaudésir und Blanchot sowie den Premier Cru Vaillons. Jean Moreau ist auch Weinhändler und Produzent von Weinen aus anderen Teilen Burgunds (u.a. für das Weinhaus Calvet), in Sancerre und Muscadet.
CHARAKTER  Frische, fruchtige Weine mit einem Aroma von Haselnüssen und Zitronen.
RUF  Eine große Firma. Die Grand-Cru-Lagen in Familienbesitz haben den besten Ruf.
BODEN  „Kimmeridge"-Boden mit Kalk und Lehm.
REBSORTEN  Chardonnay (Beaunois).

*Moreau & Fils produziert das gesamte Spektrum von Chablis-Weinen. Die Eigenmarke ist Clos des Hospices.*

WEINHERSTELLUNG  Moderne Weinherstellung. Die Auffassung, das Eichenholz entziehe den Weinen die natürliche Frische, ist auch hier präsent. Daher verwendet man nur Edelstahltanks. Temperaturkontrollierte Vergärung bei 18 °C. Danach reifen die Weine 3-6 Wochen auf der Hefe (*sur lie*).
LAGERUNG  Die Weine sollten jung getrunken werden.
REBFL/PROD  22 ha eigene Rebfläche, etwa 400 000 Kisten/Jahr.

**Besitzer**  Fam. Moreau & Allied-Domecq • **Kellermeister**  Alain Braud • **Besuch**  Täglich 9.30-12.30, 13.30-18.30 • **Adresse**  J. Moreau & Fils, Route d'Auxerre, FR-89800 Chablis • **Tel.**  03 86 42 88 00 • **Fax**  03 86 42 44 59

PRODUKTION     QUALITÄT     PREIS

## WEITERE PRODUZENTEN IN CHABLIS

### JEAN-MARC BROCARD

Das Weinhaus wurde 1974 gegründet. Seitdem ist der Betrieb stark gewachsen. Die Weinberge umringen die Kirche Sainte Claire aus dem 15. Jahrhundert in Préhy. Oft sehr guter Premier Cru Beauregard (2 ha). Eiche wird nur sparsam verwendet. Eine Menge einfacher Chablis und Weine von den umgebenden Gemeinden. Auch Standard-Burgunder. FAKTEN 67 ha, 30 000 K./J.
• **Besitzer:** Jean-Marc Brocard **Besuch:** Täglich außer So 8-12, 13.30-18. **Adresse:** Préhy, FR-89800 St-Cyr-les-Colons. **Tel.** 03 86 41 42 11. **Fax** 03 86 41 70 07.

### LA CHABLISIENNE

Dominierende Genossenschaft, 1923 gegründet. Produziert das gesamte Spektrum an Chablis-Weinen, wovon einige die Namen des jeweiligen Produzenten auf dem Etikett tragen. Moderne Methoden ergeben saubere und sorgfältig hergestellte Weine. 250 Mitglieder erzeugen fast einen Drittel der jährlichen Chablis-Produktion. FAKTEN Insg. 1 000 ha, ca. 400 000 Kisten/Jahr.
• **Besitzer:** 250 Mitglieder **Kellermeister:** Nathalie Fèvre **Besuch:** Mo-Sa 8-12, 14-18. **Adresse:** 8, bd. Pasteur, FR-89800 Chablis. **Tel.** 03 86 42 89 89. **Fax** 03 86 42 89 90.

### DOM. JEAN COLLET

Alter, traditioneller Chablis-Produzent mit großen Weinen in kräftigerem Stil. Grands Crus Valmur und Vaillons. 1ers Crus Montmains, Mont de Milieu, Montée de Tonnerre und Epinotte. Ferner Chablis und Petits Chablis. FAKTEN Ca. 30 ha, 10 000 Kisten/Jahr.
• **Besitzer:** Fam. Collet **Kellermeister:** Gilles Collet **Besuch:** Täglich außer So 9-12, 13.30-18. **Adresse:** 15, av. de la Liberté, FR-89800 Chablis. **Tel.** 03 86 42 11 93. **Fax** 03 86 42 47 43.

### DOM. DE L'EGLANTIÈRE (J. DURUP)

Familie mit 500-jähriger Geschichte. Sie setzt sich für eine Erweiterung der Chablis-Appellation ein und gehört zu den größten privaten Weingutsbesitzern in Chablis. Premiers Crus, vor allem Fourchaume, Chablis und Petit Chablis. Andere Bezeichnungen wie Château de Maligny, Domaine de la Peulière und Domaine de Valérie. Leichte, elegante Weine. Sorgfältige und natürliche Weinherstellung ohne Eichenfasslagerung. FAKTEN 100 ha, 42 000 Kisten/Jahr.
• **Besitzer:** Fam. Jean Durup **Kellermeister:** Jean-Paul Durup **Besuch:** Nach Vereinbarung. **Adresse:** 4, Grande Rue, Maligny, FR-89800 Chablis. **Tel.** 03 86 47 44 49. **Fax** 03 86 47 55 49. **E-Mail:** webmaster@Durup-Chablis.com **Homepage:** www.durup-chablis.com

### DOMAINE ALAIN GEOFFROY

Befürwortet eine Erweiterung der Anbaufläche in Beines. Chablis sowie Chablis 1er Cru Fourchaume, Beauroy und Vau Ligneau. Sehr eleganter Stil. Altmodische Weinherstellung in teilweise neuer Eiche. FAKTEN 50 ha, ca. 14 000 Kisten/J.
• **Besitzer:** Alain Geoffroy **Besuch:** Täglich 9-12, 14-18. **Adresse:** 4, rue de l'Equerre, Beines, FR-89800 Chablis. **Tel.** 03 86 42 43 76. **Fax** 03 86 42 13 30.

### DOM. DES ILES (G. TREMBLEY)

Guter Betrieb mit 100-jähriger Erfahrung. Erzeugt Grand Cru Valmur, der nicht immer gut gelingt. Die Premiers Crus Fourchaume, Montmains, Côte de Léchet, Beauroy und einfache Chablis sind Weine mit Kraft. Neue Eichefässer werden vermehrt eingesetzt. FAKTEN 34 ha, ca. 15 000 Kisten/Jahr.
• **Besitzer:** Gérard Trembley **Adresse:** 12, rue de Poinchy, FR-89800 Chablis. **Tel.** 03 86 42 40 98. **Fax** -40 41.

*Die Grands Crus von Chablis haben meistens eine hohe Qualität. Sie kosten aber auch entsprechend viel. Preiswerte Premiers Crus kann man manchmal bei weniger bekannten Produzenten finden.*

## Weitere Produzenten in Chablis

### Lamblin & Fils

Weinerzeuger seit 1712. Chablis-Weine machen 70% der Produktion aus. Man produziert auch Bourgogne Blanc, Aligoté und Schaumweine. Andere Namen sind Jacques Arnouls, Paul Javry und Bernard Miele. Frische, manchmal neutrale Weine. Moderne Weinherstellung. Die Weine sollten jung getrunken werden. FAKTEN 10 ha eigene Rebfläche, entspricht 10% des Bedarfs, ca. 60 000 Kisten/Jahr.

•**Besitzer:** Michel & Didier Lamblin **Besuch:** Mo-Fr 8-12.30, 14-17, Sa 8-12.30. **Adresse:** Maligny, FR-89800 Chablis. **Tel.** 03 86 47 40 85. **Fax** 03 86 47 50 12.

### Dom. François Raveneau

Grands Crus Valmur, Les Clos und Blanchot sowie Premiers Crus. Weine in klassischem Stil, die sehr gut altern. Ähneln denen von René & Vincent Dauvissat. Ein kleiner Betrieb mit sehr gutem Ruf. FAKTEN 8 ha, 3 500 Kisten/Jahr.

•**Besitzer:** François Raveneau **Besuch:** Nach Vereinbarung. **Adresse:** Rue de Chichée, FR-89800 Chablis. **Tel.** 03 86 42 11 80.

### Regnard & Fils

Weinhandelshaus, 1860 gegründet. Besitzer ist heute Baron Patrick de Ladoucette aus Pouilly-Fumé. Alle Sorten von Chablis-Weinen mit Spezialisierung auf 1er Cru Fourchaume sowie die Grands Crus Vaudésir und Valmur. Weitere Grands Crus sowie die Premiers Crus Mont de Milieu und Montée de Tonnerre. Alternativ-Etiketten: A. Pic und Michel Rémon (frühere Besitzer). Saubere und konzentrierte Weine ohne Eichenfassausbau. Großer Lagerkeller mit einer Kapazität von 2,5 Mio. Flaschen. FAKTEN 12 ha eigene Rebfläche und 100 ha gepachtete, 60 000 Kisten/Jahr. 60% Export.

•**Besitzer:** Baron Patrick de Ladoucette **Kellermeister:** Philippe Rossignol **Besuch:** Nach Vereinbarung. **Adresse:** 28, bd. Docteur Tacussel, FR-89800 Chablis. **Tel.** 03 86 42 10 45. **Fax** 03 86 42 48 67.

### Simonnet-Fèbvre et Fils

Kleiner Weinbetrieb, der von der fünften Generation bewirtschaftet wird. Führende Weine sind Chablis Grand Cru Les Preuses, die Premiers Crus Mont de Milieu, Montée de Tonnerre, Fourchaume und Vaillons, aber auch Aligoté, Irancy, Sauvignon de St-Bris und Crémant werden erzeugt. Verkauft auch unter Namen wie Jean-Claude Simonnet, André Vannier, Jean Deligny und Gilles Blanchard. FAKTEN Ist nur in Besitz von 4 ha, aber ein großer Négociant.

•**Besitzer:** Fam. Simonnet-Fèbvre **Kellermeister:** Jean-Pierre Simonnet **Besuch:** Mo-Fr 9-12, 14-17, Sa-So nach Vereinb. **Adresse:** 9, av. d'Oberwesel, FR-89800 Chablis. **Tel.** 03 86 42 11 73. **Fax** 03 86 42 19 76.

### Dom. Vocoret et Fils

100-jähriges Unternehmen in Familienbesitz. Weine aus Lagen wie Grand Cru Les Clos, Valmur und Blanchot, Premier Cru (Forest, Montmains, Vaillons, Montée de Tonnerre) und Chablis. Der Blanchot ist empfehlenswert. Relativ kräftige Weine durch teilweisen Eichenfassausbau. FAKTEN 34 ha, davon 4 ha Grands Crus und 13 ha Premiers Crus), 20 000 Kisten/Jahr.

*Bis in den Frühling ist in dieser nördlichen Lage das Frostrisiko hoch. Brennende Kamine halten die Kälte fern.*

•**Besitzer:** Patrice & Jérome Vocoret **Besuch:** Nach Vereinbarung. **Adresse:** 40, route d'Auxerre, FR-89800 Chablis. **Tel.** 03 86 42 12 53. **Fax** 03 86 42 10 39.

### Weitere Betriebe

Dom. du Chardonnay, Moulin du Pâtis, FR-89800 Chablis. Tel. 03 86 42 48 03. Fax 03 86 42 16 49.

Dom. de la Conciergerie (Christian Adine), 2, Allée du Château, FR-89800 Chablis. Tel. 03 86 42 12 51. Fax 03 86 42 19 14.

La Cave du Connaisseur, Rue des Moulins, FR-89800 Chablis. Tel. 03 86 42 48 36. Fax 03 86 42 49 84.

Jean Dauvissat, 3, rue du Chichée, FR-89800 Chablis. Tel. 03 86 42 14 62. Fax 03 86 42 45 54.

Raoul Gautherin et Fils, 6, bd Lamarque, FR-89800 Chablis. Tel. 03 86 42 44 04. Fax 03 86 42 84 78.

Dom. Pinson, 5, quai Voltaire, FR-89800 Chablis. Tel. 03 86 42 10 26. Fax 03 86 42 49 94.

# CÔTE DE NUITS

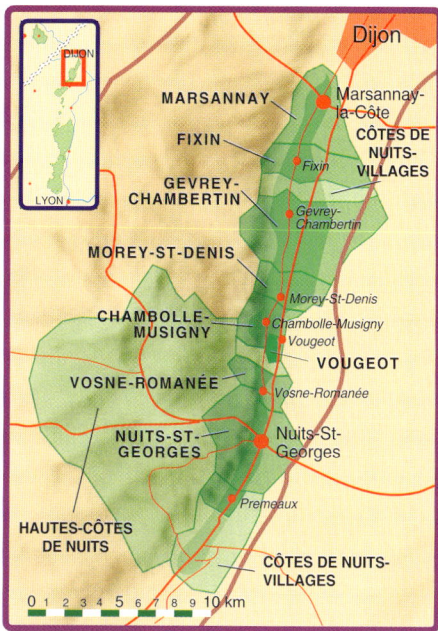

GESCHICHTE Nirgendwo auf der Erde wird eine solche Fülle renommierter Weine geboten wie in der Côte de Nuits. Von Marsannay direkt südlich von Dijon erstrecken sich die Weinberge 25 km nach Süden. Von Gevrey-Chambertin bis Nuits-St-Georges sind es nur 10 km. Hier werden einige der besten und teuersten Weine der Welt hergestellt. Im Gegensatz zum Bordeaux sind die Weinberge klein und auf eine große Anzahl Besitzer verteilt. Nur wenige Lagen sind in der Hand eines einzigen Besitzers. Diese Zersplitterung macht das Gebiet sehr unübersichtlich, so dass der Name des Herstellers eine größere Bedeutung als sonst irgendwo hat. Z.B. kann ein Chambertin von zehn verschiedenen Winzern erzeugt worden sein, was Qualitätsunterschiede mit sich bringt.

GEOGRAPHIE Die Côte de Nuits erstreckt sich von Marsannay (südlich von Dijon) in südlicher Richtung bis zu den Gemeinden Comblanchien und Corgolain. Auf diesem schmalen, langen Gebiet liegen die Rebberge an Osthängen. Die bekanntesten Gemeinden sind: GEVREY-CHAMBERTIN, CHAMBOLLE-MUSIGNY, VOUGEOT und VOSNE-ROMANÉE.

BODEN Das Plateau oberhalb des Hanges besteht aus Kalkstein. Allmählich verwittert er und wird ins Tal geschwemmt, wo er sich mit fettem, rotbraunem Mergel zu einer kalkhaltigen Lehmvariante vereint. Vermischt mit Sand, Kies und größeren Teilen Kalkstein ist dies der perfekte Boden für den Pinot Noir.

WEINE Côte de Nuits ist die Quintessenz eines roten Burgunders. Die Weine sind weich und kräftig und besitzen ein hervorragendes Alterungspotential. Es wird auch etwas Weißwein erzeugt, dessen Qualität aber nicht die der Rotweine oder die der großen weißen Burgunder erreicht.

*La Romanée ist das bekannteste Weingut in der Gemeinde Vosne-Romanée.*

*Das große und berühmte alte Klosterweingut Clos de Vougeot zählt heute insgesamt 85 Winzer.*

KLASSIFIZIERUNG 23 als Lagen Grand Cru und über hundert Lagen als 1er Cru klassifiziert.

REBSORTEN Pinot Noir für Rotweine, Chardonnay für Weißweine. Auch Gamay, Pinot Blanc, Pinot Gris und Aligoté werden angebaut, jedoch nicht zu Qualitätsweinen verarbeitet.

WEINHERSTELLUNG Man kann keine allgemein gültige Beschreibung der Weinherstellung geben. Diese variiert von Winzer zu Winzer. Die Vergärung/Macération dauert generell etwa 7-30 Tage, danach werden die Weine 10-24 Monate in Eichenfässern gelagert.

REBFL/PROD 2 200 ha, 85 000 hl/Jahr.

WISSENSWERT Weitere Informationen: B.I.V.B., 12, bd. Bretonnière, BP 157, FR-21204 Beaune. Tel. 03 80 24 70 20.

## FIXIN, MARSANNAY

**RUF** Marsannay wurde 1987 gebildet und ist somit die jüngste Ursprungsbezeichnung im Burgund. Als junges Qualitätsgebiet hat die Gemeinde den Ruf der übrigen Côte de Nuits noch nicht erreicht. Beste Lagen sind mit Pinot Noir bestockt. Fixin liegt etwas südlich von Marsannay und hat als Ursprungsbezeichnung eine bedeutend ältere Tradition. Auch werden dort Weine von größerer Kraft und Würde produziert. Oft sind es schwere, kräftige Weine, aber es finden sich auch einige elegante, eher feminine Weine mit sanfter Frucht.

**WEINE** In Marsannay 75% Rotwein. Ehrliche, etwas erdige Weine mit guter Konzentration, besonders von besseren Lagen. Die restlichen 25% sind Weiß- und Roséweine sowie Passe-Tout-Grains. Fixin steht fast ausschließlich für kräftige, Rotweine mit gutem Alterungspotenzial (nur wenig Weißweine aus Chardonnay und Pinot Blanc).

**KLASSIFIZIERUNG** Marsannay hat keine klassifizierten Lagen, während Fixin acht Premiers Crus besitzt. Darunter habem Clos de la

*Marsannay ist eine neue Appellation ohne klassifizierte Lagen. Fixin hat sechs Premiers Crus.*

Perrière und Clos du Chapitre den besten Ruf. Andere sind Les Arvelets, Clos Napoléon (Aux Cheusots, Le Village), Les Hervelets, Les Meix-Bas, Queue de Hareng und En Suchots.

**BODEN** Unterschiedliche Böden mit hohem Lehmanteil und brauner, kieselreicher Kalksteinerde. An Flachlagen dominiert Lehm, an Hanglagen eher Kalkstein. Die besten Lagen befinden sich in den oberen Teilen der relativ steilen Hänge, die bis zu 300 Meter ansteigen.

**REBSORTEN** Rote: Pinot Noir, Pinot Gris (ergibt hier Rotweine). Weiß: Chardonnay.

**REBFL/PROD** Marsannay 180 ha, Fixin 105 ha. Marsannay: 9 300 hl Rotwein und 1 100 hl Weißwein pro Jahr. Fixin: 3 700 hl Rotwein und 150 hl Weißwein/Jahr.

**PRODUZENTEN** André Bart, Dom Charlopin-Parizot, Clair-Daü, Bruno Clair, Bernard Coillot, Pierre Gelin, Dom. Guyot, Philippe Joliet, Jean Fournier, Ch. de Marsannay.

## GEVREY-CHAMBERTIN

**RUF** „Ich kann mich nicht an den Namen des Mädchens erinnern, und ich habe auch den Ort unseres Rendez-vous vergessen, aber der Wein war ein Chambertin" - dies ist eines der unzähligen Bonmots über diese großartigen Weine. Vor Einführung des Appellationssystems und anderer Gesetze wurden die Weine aus Gevrey von Weinkennern und Gourmets in ganz Frankreich geschätzt. Keine andere Gemeinde kann mit so vielen Grand-Cru-Lagen aufwarten wie Gevrey-Chambertin. Möglicherweise könnte nur Pauillac mit seinen drei Grand-Cru-Schlössern einem Vergleich standhalten. Heute ist die Spitzenposition von Gevrey nicht mehr so selbstverständlich, denn gleich gute Weine werden auch in Gemeinden südlich von Gevrey produziert, vor allem in Vosne-Romanée.

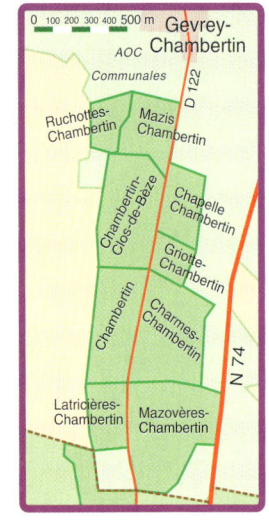

**WEINE** Nur Rotweine. Seidige, geschmeidige Weine mit Duft nach wilden Erdbeeren, Himbeeren, Veilchen, Lakritze und Minze. Große Unterschiede hinsichtlich der Kraft zwischen den einzelnen Weinen der verschiedenen Produzenten. Jedes Haus hat seinen eigenen Stil.

**KLASSIFIZIERUNG** Neun Grands Crus mit Chambertin und Chambertin Clos-de-Bèze an der Spitze. Andere: Chapelle, Charmes, Mazoyères, Griottes, Latricières, Mazis und Ruchottes - alle mit dem Beinamen Chambertin. Nicht weniger als 26 Premiers Crus: Les Varoilles und Le Clos Saint-Jacques sind die bekanntesten. Weitere: Au Closeau, Bel-Air, Champeaux, Cherbaudes, Clos-Prieur, Craipillot, Ergots, Estournelles, Lavaut, Les Goulots und Poissenot.

**BODEN** Auf einer Kalksteinschicht liegt eine dünne Decke braunroter, kreidehaltiger Erde mit etwas Kies und Lehm. Die besten Weingüter liegen inmitten der oberen Hangteile, wo auch das Wasser am besten abfließen kann.

**REBFL/PROD** 430 ha, ca. 17 000 Kisten/Jahr.

**PRODUZENTEN** Alain Burguet, Dom. Charlopin-Parizot, Phillipe Charlopin, Clair-Daü, Dom. Drouhin-Laroze, Pierre Damoy, Dujac, Philippe Leclerc, Rossignol-Trapet, G. Roumier, Armand Rousseau, Jean Tampenot, Louis Trapet und Dom. des Varoilles.

## MOREY-ST-DENIS

RUF Die Gemeinde Morey-St-Denis liegt zwischen den beiden berühmteren Dörfern Gevrey-Chambertin und Chambolle-Musigny.

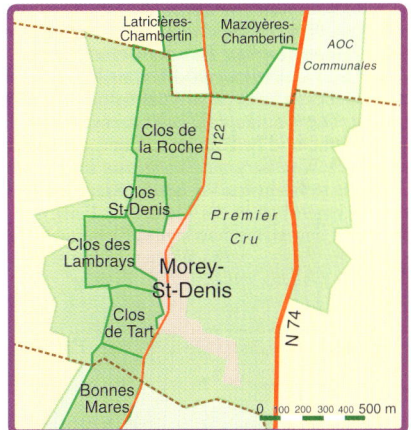

Früher war dies ein Nachteil für die ansässigen Winzer, die für ihre Weine weniger Geld erhielten als ihre bekannteren Nachbarn. Heute ist die Nachfrage nach guten Burgundern zum Vorteil von Morey gestiegen. Fünf Grands Crus sind mit Recht sehr bekannt, aber es werden auch viele sogenannte Gemeindeweine produziert. Unter Weinkennern hat Morey-St-Denis schon immer einen guten Ruf gehabt, vielleicht wegen der ein wenig robusteren Weine.

WEINE Rotweine mit einem Ton von Kirschen, Trüffeln und Johannisbeeren. Jung sind sie oft hart und ein wenig widerspenstig, aber mit der Zeit entwickeln sie eine strahlende Finesse. Relativ maskuline Weine. Nur ein kleiner Anteil von ca. 300 Kisten Weißwein aus Chardonnay, vor allem aus der Premier-Cru-Lage Mont-Luisants.

KLASSIFIZIERUNG Fünf Grands Crus: Clos de la Roche, Clos de Tart, Clos St-Denis, Clos des Lambreys und ein Teil von Bonnes Mares (der größte Teil liegt in Chambolle-Musigny). 26 verschiedene Premiers Crus mit u.a. Aux Charmes, Chabiots, Côte-Rôtie, La Riotte, Les Bouchots, Les Faconnières, Les Sorbés, Maison-Brûlée und Meix-Rentiers.

BODEN Die geologische Zusammensetzung des Bodens erinnert an jene in Gevrey-Chambertin. Braunrote Kalksteinerde mit Kies- und Lehmanteilen.

REBFL/PROD Ca. 105 ha, 3 700 hl/Jahr.

PRODUZENTEN Pierre Amiot, Dom. Bertagna, Dom. Dujac, Georges Lignier, Dom. Fernand Lecheneaut & Fils, Michel Magnien, Frédéric Magnien, Jean-Paul Magnien, Ponsot, Armand Rousseau und vor allem Mommessin, die in Monopolbesitz von Clos de Tart sind.

## CHAMBOLLE-MUSIGNY

RUF Der eleganteste und am feinsten duftende Wein aus Côte de Nuits. Es schwebt ein Hauch besonderer Sensibilität über diesem nach außen etwas schwerfällig wirkenden Ort, der durch seine Weinlagen wie Les Musigny, Les Amoureuses und Les Charmes geprägt wurde. Aufgrund des großen Könnens der Produzenten und ihres Sinns für Weine waren diese immer sehr gefragt und die Preise infolgedessen auch recht hoch.

WEINE Fast nur Rotweine (es gibt einen weißen Musigny, der aber sehr selten ist). Parfum, Finesse und große Eleganz. Seidenweiche, sanfte Weine, die nie robust sein sollten. In der Blume oft Veilchen und Kräuter sowie Himbeeren und wilde Erdbeeren. Die Kraft liegt in der Komplexität.

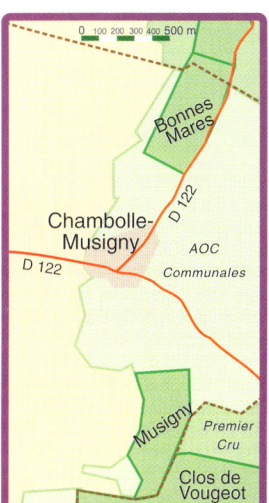

KLASSIFIZIERUNG Zwei große Grands Crus im Süden, Les Musigny (9,1 ha rot und 0,55 ha weiß) und Les Bonnes Mares (13,65 ha) im Norden. Ferner 19 Premiers Crus, u.a. Aux Combottes, Les Amoureuses, Les Baudes, Les Charmes, Les Fuées, Les Gras, Les Lavrottes, Les Noirots, Les Plates, Les Sentiers.

BODEN Braune Kalksteinerde, vermischt mit roter Schwemmerde und recht viel Kies auf einem harten Kalksteinuntergrund - eine ergibt gute Voraussetzung für eine effektive Entwässerung. Einige Weingüter liegen an Steilhängen, so dass die Erde am Hang weggeschwemmt wird und wieder nach oben gebracht werden muss.

REBFL/PROD Ca. 150 ha, 4 200 hl/Jahr.

PRODUZENTEN Führend sind: Jean-Luc Aegerter, Bernard Amiot, Lionel J. Bruch, Clair-Daü, Joseph Drouhin, Dom. Robert Groffier, Hudelot-Noëllat, J-F Mughier, Jacques Prieur, Laurent Roumier, Herve Roumier, Dom. des Variolles, Comte Georges de Vogüé.

## Dom. Comte Georges de Vogüé

GESCHICHTE  Die Geschichte dieses Anwesens reicht bis ins Mittelalter zurück. Der Familienname Vogüé wurde erstmals 1776 erwähnt. Der Betrieb ist seither in Familienbesitz, was nur noch auf wenige Besitztümer im Burgund zutrifft. Die Familie wohnt in einer schönen Residenz aus dem 15. Jahrhundert. Seit dem Tod von Comte Georges de Vogüé wird das Unternehmen von seiner Tochter Elisabeth geführt.

WEINE  Grands Crus Le Musigny und Bonnes Mares, Premier Cru Les Amoureuses und ein Wein mit Gemeindebezeichnung aus Chambolle-Musigny. Von 0,4 Hektar Chardonnay wird eine kleine Menge des seltenen Musigny Blanc hergestellt, der einzige weiße Grand Cru. Vieilles Vignes, von alten Rebstöcken stammend, ist der beste Wein.

CHARAKTER  Blumige und oft elegante Weine. Musigny Blanc soll bei Blindproben schon mit Rotweinen verwechselt worden sein.

RUF  Seit langem eines der berühmtesten Weingüter Burgunds, gehört qualitativ und preislich zur Elite.

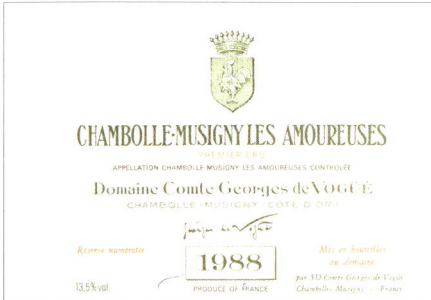

Chambolle-Musigny-Wein wird vielfach mit Comte Georges de Vogüé in Verbindung gebracht.

REBSORTEN  Pinot Noir für alle Rotweine sowie eine kleine Menge Chardonnay (für Musigny Blanc).

WEINHERSTELLUNG  Traditionelle Weinherstellung für Rot- und Weißweine in schwererem Stil.

LAGERUNG  Bis zu 30 Jahre für die besten Jahrgänge.

REBFL/PROD  12 ha, ca. 3 500 Kisten/Jahr.

**Besitzer** Baronne de Ladoucette & Jean-Luc Pépin • **Kellermeister** François Millet • **Besuch** Nach Vereinbarung • **Adresse** Dom. Comte Georges de Vogüé, Rue Sainte Barbe, FR-21220 Chambolle-Musigny • **Tel.** 03 80 62 86 25 • **Fax** 03 80 62 82 38

PRODUKTION        QUALITÄT        PREIS

## Dom. Dujac

GESCHICHTE  Jacques Seysses aus Paris erwarb das Anwesen 1968 von Marcel Grallet, in dessen Besitz es fünfzig Jahre gewesem war. Seit 1990 führt er zusammen mit Aubert de Villaine auch den Betrieb auf Domaine de Triennes.

WEINE  Morey-St-Denis mit Teilen der Grand-Cru-Lagen Bonnes Mares, Clos de la Roches und Clos St-Denis. Man erzeugt die Grands Crus Echézeaux und Charmes-Chambertin „Aux Combottes" sowie Weine mit Gemeindebezeichnung. Der weiße Morey-St-Denis ist mit Recht berühmt.

CHARAKTER  Die Weine gehören nicht zu den

Domaine Dujac in Morey-St-Denis hat einen ausgezeichneten Ruf als sehr seriöser Produzent.

dunkelsten, sind aber sehr fruchtig mit leicht erdigem Charakter, viel Aroma und Komplexität und niemals schwer. Die verschiedenen Appellationen unterscheiden sich deutlich.

RUF  Einer der besten Weinproduzenten der Côte de Nuits.

REBSORTEN  Pinot Noir für Rotweine, Chardonnay für Weißweine.

WEINHERSTELLUNG  Man experimentiert, behält aber alte, bewährte Methoden bei. Die besten Weine werden in neuen Eichenfässern ausgebaut, mit Eiweiß geklärt und nach fünf Monaten ohne Filtration auf Flaschen gezogen.

LAGERUNG  Die Weine gehören nicht zu den langlebigsten Burgundern.

REBFL/PROD  12 ha mit einem kleinen Anteil Weißwein, ca. 5 500 Kisten/Jahr.

**Besitzer** Jacques Seysses • **Kellermeister** Jacques Seysses • **Besuch** Mo-Fr, nach Vereinbarung • **Adresse** Dom. Dujac, 7, rue de la Bussière, FR-21220 Morey-St-Denis • **Tel.** 03 80 34 01 00 • **Fax** 03 80 34 01 09

PRODUKTION        QUALITÄT        PREIS

FRANKREICH • BURGUND • CÔTE DE NUITS

## MOREY-ST-DENIS

RUF Die Gemeinde Morey-St-Denis liegt zwischen den beiden berühmteren Dörfern Gevrey-Chambertin und Chambolle-Musigny.

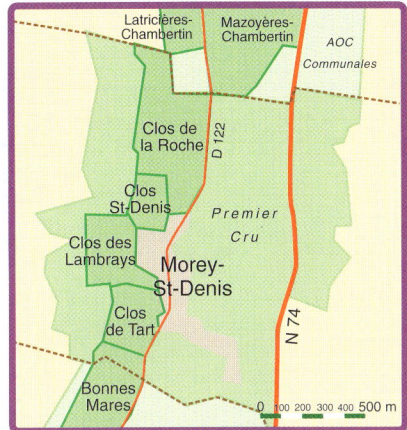

Früher war dies ein Nachteil für die ansässigen Winzer, die für ihre Weine weniger Geld erhielten als ihre bekannteren Nachbarn. Heute ist die Nachfrage nach guten Burgundern zum Vorteil von Morey gestiegen. Fünf Grands Crus sind mit Recht sehr bekannt, aber es werden auch viele sogenannte Gemeindeweine produziert. Unter Weinkennern hat Morey-St-Denis schon immer einen guten Ruf gehabt, vielleicht wegen der ein wenig robusteren Weine.
WEINE Rotweine mit einem Ton von Kirschen, Trüffeln und Johannisbeeren. Jung sind sie oft hart und ein wenig widerspenstig, aber mit der Zeit entwickeln sie eine strahlende Finesse. Relativ maskuline Weine. Nur ein kleiner Anteil von ca. 300 Kisten Weißwein aus Chardonnay, vor allem aus der Premier-Cru-Lage Mont-Luisants.
KLASSIFIZIERUNG Fünf Grands Crus: Clos de la Roche, Clos de Tart, Clos St-Denis, Clos des Lambreys und ein Teil von Bonnes Mares (der größte Teil liegt in Chambolle-Musigny). 26 verschiedene Premiers Crus mit u.a. Aux Charmes, Chabiots, Côte-Rôtie, La Riotte, Les Bouchots, Les Faconnières, Les Sorbés, Maison-Brûlée und Meix-Rentiers.
BODEN Die geologische Zusammensetzung des Bodens erinnert an jene in Gevrey-Chambertin. Braunrote Kalksteinerde mit Kies- und Lehmanteilen.
REBFL/PROD Ca. 105 ha, 3 700 hl/Jahr.
PRODUZENTEN Pierre Amiot, Dom. Bertagna, Dom. Dujac, Georges Lignier, Dom. Fernand Lecheneaut & Fils, Michel Magnien, Frédéric Magnien, Jean-Paul Magnien, Ponsot, Armand Rousseau und vor allem Mommessin, die in Monopolbesitz von Clos de Tart sind.

## CHAMBOLLE-MUSIGNY

RUF Der eleganteste und am feinsten duftende Wein aus Côte de Nuits. Es schwebt ein Hauch besonderer Sensibilität über diesem nach außen etwas schwerfällig wirkenden Ort, der durch seine Weinlagen wie Les Musigny, Les Amoureuses und Les Charmes geprägt wurde. Aufgrund des großen Könnens der Produzenten und ihres Sinns für Weine waren diese immer sehr gefragt und die Preise infolgedessen auch recht hoch.
WEINE Fast nur Rotweine (es gibt einen weißen Musigny, der aber sehr selten ist). Parfum, Finesse und große Eleganz. Seidenweiche, sanfte Weine, die nie robust sein sollten. In der Blume oft Veilchen und Kräuter sowie Himbeeren und wilde Erdbeeren. Die Kraft liegt in der Komplexität.

KLASSIFIZIERUNG Zwei große Grands Crus im Süden, Les Musigny (9,1 ha rot und 0,55 ha weiß) und Les Bonnes Mares (13,65 ha) im Norden. Ferner 19 Premiers Crus, u.a. Aux Combottes, Les Amoureuses, Les Baudes, Les Charmes, Les Fuées, Les Gras, Les Lavrottes, Les Noirots, Les Plates, Les Sentiers.
BODEN Braune Kalksteinerde, vermischt mit roter Schwemmerde und recht viel Kies auf einem harten Kalksteinuntergrund - eine ergibt gute Voraussetzung für eine effektive Entwässerung. Einige Weingüter liegen an Steilhängen, so dass die Erde am Hang weggeschwemmt wird und wieder nach oben gebracht werden muss.
REBFL/PROD Ca. 150 ha, 4 200 hl/Jahr.
PRODUZENTEN Führend sind: Jean-Luc Aegerter, Bernard Amiot, Lionel J. Bruch, Clair-Daü, Joseph Drouhin, Dom. Robert Groffier, Hudelot-Noëllat, J-F Mughier, Jacques Prieur, Laurent Roumier, Herve Roumier, Dom. des Variolles, Comte Georges de Vogüé.

FRANKREICH • BURGUND • CÔTE DE NUITS

## VOUGEOT

RUF  Der Weinanbau in Vougeot wird von der 50 ha großen Lage Clos de Vougeot dominiert, die 80% der gesamten Anbaufläche ausmacht. Clos de Vougeot ist als Grand Cru klassifiziert und daher auch das größte Grand-Cru-Anbaugebiet im Burgund. Das Wort „clos" bezeichnet ein Gebiet,

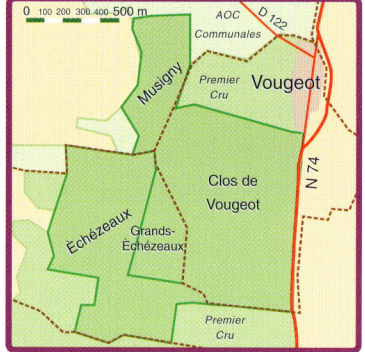

das durch eine Mauer abgegrenzt ist. In diesem Fall handelt es sich um ein altes Klosterweingut, gegründet von Zisterziensermönchen im 12. Jh. Wenn man bedenkt, dass 82 verschiedene Winzer diese 50 ha große Lage teilen, versteht man, dass die Qualitätsunterschiede sehr groß sein müssen.

WEINE  Fast ausschließlich Rotweine (ca. 2% Weißweine). Die Weine aus Vougeot sind füllig, aber gleichzeitig elegant. Veilchen, Lakritze und Schokolade sind übliche Bezeichnungen, mit denen man das Bukett zu beschreiben versucht.

KLASSIFIZIERUNG  Ein Grand Cru, Clos de Vougeot, 50 ha. Vier Premiers Crus: Clos de la Perrière, Le Clos Blanc, Les Cras und Les Petits Vougeots.

BODEN  Clos de Vougeot liegt an einem flachen Hang. Der beste Teil liegt höher, mit Lehm- und Kiesboden auf Kalksteinuntergrund, genau die magere Erde für eine gute Entwässerung. Zu Zeiten der Zisterziensermönche verwendete man nur Trauben der oberen und mittleren Lagen zur Produktion der Cuvées. Der Wein des unteren Teils wurde als Hauswein oder für die Destillation verwendet.

REBFL/PROD  17 ha, 550 hl/Jahr.

PRODUZENTEN  Robert Arnoux, Georges Clerget, Dom. Drouhin-Laroze, Jean Grivot, Anne Gros, Laurent Roumier, Jacques Prieur, Pierre Ponelle, Château de la Tour, Henri Rebourseau, Dom. Thomas-Moillard, Ch. de la Tour, Dom. des Varoilles, Dom. Bertagna.

WISSENSWERT  Das Kloster in Clos de Vougeot ist heute Sitz der *Confrérie des Chevaliers de Tastevin*, der berühmten Weinbruderschaft im Burgund, und ist täglich für Besucher geöffnet. Im Kloster befindet sich auch ein Weinmuseum.

## VOSNE-ROMANÉE

RUF  Der Gemeindename ist eine Zusammensetzung des Dorfnamens Vosne und des berühmtesten Weinguts - La Romanée. Wenn Clos de Vougeot die größte der Grand-Cru-Lagen ist, so ist La Romanée eindeutig die kleinste, aber eine der besten. Mit 0,8 Hektar ist sie die kleinste AOC Frankreichs. Der Ruf der Gemeinde beruht auf den fünf Grands Crus. Aber auch Weine mit Gemeindebezeichnung aus Vosne sind von hoher Qualität. Die Domaine de la Romanée-Conti ist mit La Tâche und La Romanée-Conti die namhafteste. Auch Weinberge in Echézeaux und Grand-Echézeaux gehören zu Vosne-Romanée, auch wenn sie eigentlich in der Gemeinde Flagey-Echézeaux liegen. Romanée und Romanée-Conti gehören zu den teuersten Weinen Frankreichs.

WEINE  Nur Rotweine von höchster Klasse. Würzige Weine mit Aromen von Trüffel, Himbeeren, Veilchen und Lakritze. Der Geschmack ist weich und füllig. Große Komplexität, die sich mit fortschreitender Reife entwickelt, langer Abgang.

KLASSIFIZIERUNG  6 Grands Crus und 2 weitere in der Gemeinde Flagey: Romanée, Romanée-Conti, Romanée-St-Vivant, La Tâche, Richebourg und Grand Rue. Echézeaux und Grands-Echézeaux zählen zu Vosne, obwohl sie in Flagey liegen. 10 Premiers Crus, von denen Aux Malconsorts und Les Suchots die bekanntesten sind. Weiter Aux Brûlées, Le Clos-la-Perrière, Le Clos-des-Réas, Les Beaux-Monts, Les Chaumes, Les Gaudichots, Les Petits-Monts und Les Reignots.

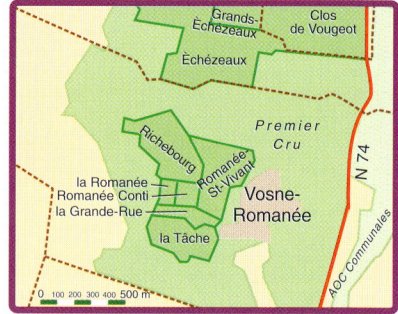

BODEN  Die besten Weinberge liegen in der Mitte des Hanges, wo der Boden eine ausgezeichnete Mischung aus Mergel, Kies und Lehm aufweist, die zu einer perfekten Entwässerung führt.

REBFL/PROD  155 ha, 6 000 hl Rotwein/Jahr.

PRODUZENTEN  Robert Arnoux, Jean-Claude Biosset, Dom. du Ch. de Vosne-Romanée, René Engel, Jean Grivot, Louis Jadot, François Gerbet, Charles Gruber, Anne Gros, Henri Jayer, Hudelot-Noëllat, Dom. François Lamarche, Dom. Leroy, Méo-Camuzet, Mongeard-Mugneret, Daniel Rion, Charles Viénot, Ch. de Vosne-Romanée und Dom. de la Romanée-Conti.

## Nuits-St-Georges

RUF Die Appellation Nuits-St-Georges umfasst auch die Gemeinde Prémeaux. Die besten Weinberge liegen an der Grenze zwischen den Gemeinden Nuits-St-Georges und Prémeaux, wo der Boden am besten ist. Weine aus Nuits sind meist günstiger als die der nördlichen Nachbarn. Weine mit gutem Charakter und Lagerpotenzial.

WEINE Fast nur Rotweine; sehr wenig Weißweine, die aber von hoher Qualität sind. Eleganz und Bukett, welche die Weine in Vosne und Chambolle auszeichnen, sind in Nuits nicht so ausgeprägt. Etwas straffer mit tiefer Farbe und mehr Körper. Die Nase kann an Erde und Wild

*Nuits St-Georges liegt im südlichen Teil der Côte de Nuits. Die Weine sind oft sehr preiswert.*

erinnern, gemischt mit einem typischen Beerencharakter bei Pinot Noir. Brombeerduft ist nicht ungewöhnlich.

KLASSIFIZIERUNG Bei Nuits-St-Georges enden die Grand-Cru-Lagen. Es gibt aber 30 verschiedene Premiers Crus in der Gemeinde Nuits und zehn in der Gemeinde Prémeaux. Les Saint-Georges, Les Vaucrains und Les Cailles sind die bekanntesten. Ferner u.a. Aux Argillats, Aux Boudots, Les Chaboeufs, Aux Champs Perdrix, Aux Cras, Les Crots, Aux Damodes, Les Poulettes, La Richemone, Roncière und Les Terres Blanches.

BODEN Nuits ist eine relativ große Gemeinde. Im Norden, Richtung Vosne-Romanée, besteht der Boden wie in Vosne aus einer Lehm-, Kalk- und Kiesmischung. In der Nähe der Stadt wird der Boden dann schwerer mit größerem Lehmanteil, wodurch die Weine an Finesse verlieren. Südlich von Nuits, in Richtung Prémeaux, befinden sich die besten Lagen mit Mergel-, Kies- und Sandböden auf hartem Kalksteinuntergrund.

REBFL/PROD 315 ha, ca. 12 000 hl/Jahr.

PRODUZENTEN Zu den besten gehören: Dom. de l'Arlot, A. Chopin, Robert Chevillon, Faiveley, Jean Grivot, Henri Gouges, Charles Gruber, Louis Jadot, Henri Jayer, Jacqueline Jayer, Hospices de Nuits, Dom. du Clos Frantin, Lupé-Cholet, Thomas-Moillard und Charles Viénot.

## Hautes-Côtes de Nuits, Côte de Nuits-Villages

### Hautes-Côtes de Nuits

RUF Hier trifft man eine offenere Landschaft mit sanften Hängen an. Die besten Lagen liegen an den Osthängen, vor Westwinden geschützt. Wie Côte de Nuits-Villages, hat man auch diese Appellation zur Förderung der besten Winzer geschaffen. Nach besonderer Prüfung dürfen sie den Wein als AOC Hautes-Côtes de Nuits statt nur als AOC Bourgogne verkaufen.

WEINE Leichtere Burgunder mit wenig Gerbstoff, schnell reifend und in guten Jahren sehr sanft und ansprechend.

KLASSIFIZIERUNG AOC Hautes-Côtes de Nuits für die besten Weine, andere AOC Bourgogne.

BODEN Die Weinberge liegen ca. 400 Meter über Meer. Braune Kalksteinerde dominiert.

REBSORTEN Rot: Pinot Noir (90%). Weiß: Chardonnay, Pinot Gris, Pinot Blanc und Aligoté.

REBFL/PROD 610 ha, 24 000 hl/Jahr.

PRODUZENTEN Delauney, Guy Dufouleur, Les Caves de Hautes Côtes, Jea Joloit & Fils, Naudin, Daniel Rion, Thévenot-Le-Brun & Fils.

### Côte de Nuits-Villages

RUF Nuits-Villages ist eine Sammelappellation für einige Dörfer der nördlichen und südlichen Côte de Nuits. Im Norden haben die Gemeinden Brochon und Fixin das Recht, diese AOC zu tragen. Südlich der Stadt Nuits-St-Georges liegen Prémeaux, Prissey, Comblanchien und Corgoloin. Vom Status her ist diese Appellation weniger angesehen als die reinen Gemeindenamen. Die Preise folgen natürlich dem Status, was dazu führt, dass man unter den als AC Côte de Nuits-Villages bezeichneten Weinen gute Käufe tätigen kann.

WEINE Fast nur Rotweine verschiedener Sorten: von leichten, anonymen Weinen, die an Passe-tout-grains erinnern und schon nach 3-4 Jahren getrunken werden sollten, bis hin zu hochwertigen Weinen, die eine Haltbarkeit von 10-12 Jahren aufweisen.

KLASSIFIZIERUNG Die Appellation wurde zur Unterstützung jener Gemeinden eingeführt, die wohl gute Lagen haben, aber keinen eigenen Gemeindestatus besitzen.

BODEN Im Norden, an flachen Hängen bei Fixin Lehmböden auf Kalksteinuntergrund. Dies ergibt harte und tanninreiche Weine. Im Süden dominiert der harte Comblanchien-Kalkstein.

REBSORTEN Rot: PN (95%). Weiße: Chardonnay. Auch Pinot Blanc, PG und Aligoté.

REBFL/PROD 165 ha, 6 000 hl/Jahr.

PRODUZENTEN Domaine de Bury, A. Chopin, Dom. Gachot-Monot, Geisweiler, Domaine Boisset, Moillard, Morin und Domaine Marcilly.

## Dom. Comte Georges de Vogüé

GESCHICHTE  Die Geschichte dieses Anwesens reicht bis ins Mittelalter zurück. Der Familienname Vogüé wurde erstmals 1776 erwähnt. Der Betrieb ist seither in Familienbesitz, was nur noch auf wenige Besitztümer im Burgund zutrifft. Die Familie wohnt in einer schönen Residenz aus dem 15. Jahrhundert. Seit dem Tod von Comte Georges de Vogüé wird das Unternehmen von seiner Tochter Elisabeth geführt.

WEINE  Grands Crus Le Musigny und Bonnes Mares, Premier Cru Les Amoureuses und ein Wein mit Gemeindebezeichnung aus Chambolle-Musigny. Von 0,4 Hektar Chardonnay wird eine kleine Menge des seltenen Musigny Blanc hergestellt, der einzige weiße Grand Cru. Vieilles Vignes, von alten Rebstöcken stammend, ist der beste Wein.

CHARAKTER  Blumige und oft elegante Weine. Musigny Blanc soll bei Blindproben schon mit Rotweinen verwechselt worden sein.

RUF  Seit langem eines der berühmtesten Weingüter Burgunds, gehört qualitativ und preislich zur Elite.

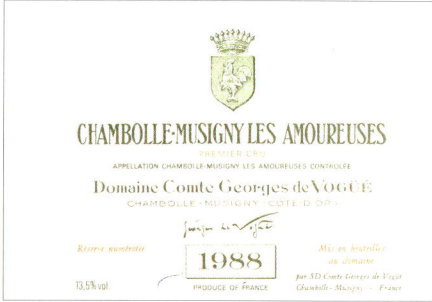

Chambolle-Musigny-Wein wird vielfach mit Comte Georges de Vogüé in Verbindung gebracht.

REBSORTEN  Pinot Noir für alle Rotweine sowie eine kleine Menge Chardonnay (für Musigny Blanc).

WEINHERSTELLUNG  Traditionelle Weinherstellung für Rot- und Weißweine in schwererem Stil.

LAGERUNG  Bis zu 30 Jahre für die besten Jahrgänge.

REBFL/PROD  12 ha, ca. 3 500 Kisten/Jahr.

**Besitzer** Baronne de Ladoucette & Jean-Luc Pépin •**Kellermeister** François Millet •**Besuch** Nach Vereinbarung •**Adresse** Dom. Comte Georges de Vogüé, Rue Sainte Barbe, FR-21220 Chambolle-Musigny •**Tel.** 03 80 62 86 25 •**Fax** 03 80 62 82 38

PRODUKTION  QUALITÄT  PREIS

## Dom. Dujac

GESCHICHTE  Jacques Seysses aus Paris erwarb das Anwesen 1968 von Marcel Grallet, in dessen Besitz es fünfzig Jahre gewesen war. Seit 1990 führt er zusammen mit Aubert de Villaine auch den Betrieb auf Domaine de Triennes.

WEINE  Morey-St-Denis mit Teilen der Grand-Cru-Lagen Bonnes Mares, Clos de la Roches und Clos St-Denis. Man erzeugt die Grands Crus Echézeaux und Charmes-Chambertin „Aux Combottes" sowie Weine mit Gemeindebezeichnung. Der weiße Morey-St-Denis ist mit Recht berühmt.

CHARAKTER  Die Weine gehören nicht zu den

Domaine Dujac in Morey-St-Denis hat einen ausgezeichneten Ruf als sehr seriöser Produzent.

dunkelsten, sind aber sehr fruchtig mit leicht erdigem Charakter, viel Aroma und Komplexität und niemals schwer. Die verschiedenen Appellationen unterscheiden sich deutlich.

RUF  Einer der besten Weinproduzenten der Côte de Nuits.

REBSORTEN  Pinot Noir für Rotweine, Chardonnay für Weißweine.

WEINHERSTELLUNG  Man experimentiert, behält aber alte, bewährte Methoden bei. Die besten Weine werden in neuen Eichenfässern ausgebaut, mit Eiweiß geklärt und nach fünf Monaten ohne Filtration auf Flaschen gezogen.

LAGERUNG  Die Weine gehören nicht zu den langlebigsten Burgundern.

REBFL/PROD  12 ha mit einem kleinen Anteil Weißwein, ca. 5 500 Kisten/Jahr.

**Besitzer** Jacques Seysses •**Kellermeister** Jacques Seysses •**Besuch** Mo-Fr, nach Vereinbarung •**Adresse** Dom. Dujac, 7, rue de la Bussière, FR-21220 Morey-St-Denis •**Tel.** 03 80 34 01 00 •**Fax** 03 80 34 01 09

PRODUKTION  QUALITÄT  PREIS

## Domaine Faiveley

GESCHICHTE  Familienunternehmen seit 1825, das auch als Négociant arbeitet. Heute wird es von François Faiveley mit Enthusiasmus und Erfolg geführt.

WEINE  Sowohl aus dem nördlichen als auch aus dem südlichen Burgund. Vor allem Rotweine,

*Faiveley betreibt seit langem Weinanbau im ganzen Burgund, u.a. viele Grands Crus. Auch als Négociant tätig.*

aber auch einige Weißweine werden erzeugt. Mercurey, u.a. Clos de Myglands (5,5 ha). Man produziert Weine aus Rully (Weißweine), Corton, Nuits-St-Georges sowie die Premiers Crus Clos de Maréchale (9,55 ha, Monopol), Echézeaux, Clos de Vougeot, Chambolle-Musigny (Musigny) und Gevrey-Chambertin (Clos de Bèze, Latricières-, Mazis-). Côte-Chalonnaise-Weine werden durch Dom. de la Croix Jacquelet erzeugt, die in Faiveleys Besitz ist.

CHARAKTER  Aromatische und geschmacksreiche Weine mit großer Eleganz.

RUF  Trotz der Größe einer der besten Betriebe mit Qualitätssteigerung während der 90er Jahre.

REBSORTEN  75% PN, 25% Chardonnay.

WEINHERSTELLUNG  Gärung bis zu drei Wochen in Edelstahltanks. Niedrige Temperaturen für größtmöglichen Aromagewinn. Alle Weine werden 18 Monate in Eichenfässern ausgebaut, die besten in Fässern aus neuer Eiche. Keine Filtration. Vor dem Verkauf werden die Weine mind. sechs Monate in Flaschen gelagert.

LAGERUNG  Rotweine mit gutem Lagerpotenzial.

REBFL/PROD  125 ha, 70 000 Kisten/Jahr, wovon 80% aus eigenen Weinbergen stammen.

**Besitzer** François Faiveley • **Kellermeister** Jean-Michel Mongin • **Besuch** Kein Besuch möglich • **Adresse** Domaine Faiveley, 8, rue du Tribourg, FR-21700 Nuits-Saint-Georges • **Tel.** 03 80 61 04 55 • **Fax** 03 80 62 33 37

PRODUKTION  QUALITÄT  PREIS

## Dom. Henri Gouges

GESCHICHTE  Ein respektierter Familienbetrieb in Nuits-St-Georges, von Henri Gouges Anfang des 20. Jahrhunderts gegründet. Henri Gouges kam stark ins Gespräch, als er während der 20er und 30er Jahre, zusammen mit Marquis d'Angerville, den Kampf gegen die verbreitete Betrügerei mit Burgunder-Weinen führte. Gerade deshalb war er einer der ersten, der seine Weine selbst in Flaschen füllte. Henri Gouges verstarb 1967 und das Weingut wird heute von seinen Enkelkindern geführt.

WEINE  Hauptsächlich Nuits-St-Georges-Premiers-Crus: Clos des Porrets-St-Georges (3,5 ha,

*Dom. Henri Gouges wurde anfangs des 20. Jahrhunderts gegründet. Sie bauen u.a. einen Albino-Pinot-Noir an.*

Alleinbesitz), Les Pruliers, Les St-Georges, Les Vaucrains, Les Chaignots und La Perrière. Man erzeugt auch einen großartigen Wein (von 0,33 ha La Perrière) aus weißem Pinot Noir! Die Stöcke mutierten spontan und wurden zu Albinos.

CHARAKTER  Konzentrierte Premiers-Crus-Weine mit Frucht, Tiefe, Komplexität und viel Alterungssubstanz.

RUF  Einer der besten Vertreter des klassischen Nuits-St-Georges, aber mit einem moderneren, fruchtigeren Stil.

REBSORTEN  Pinot Noir und etwas Chard.

WEINHERSTELLUNG  Reduzierter Ertrag. Vergärung während 12-18 Tagen in geschlossenen Fässern. Die Weine werden 15-24 Monate in teilweise neuen Eichenfässern ausgebaut.

LAGERUNG  Die Weine können oft länger als zwanzig Jahre gelagert werden.

REBFL/PROD  14 ha, ca. 4 000 Kisten/Jahr.

**Besitzer** Christian & Pierre Gouges • **Besuch** Nach Vereinbarung • **Adresse** Dom. Henri Gouges, 7, rue du Moulin, FR-21700 Nuits-St-Georges • **Tel.** 03 80 61 04 40 • **Fax** 03 80 61 32 84

PRODUKTION  QUALITÄT  PREIS

## Dom. Leroy

**GESCHICHTE** Lalou Bize-Leroy investierte 1988 viel Geld in den Erwerb des Weinguts Charles Noëllat und während der 90er Jahre wurden Weinberge mehrerer anderer Güter dazugekauft. Nach ihrem plötzlichen Abgang von Domaine de la Romanée-Conti im Jahr 1991 wid-

*Lalou Bize-Leroy ist eine der bekanntesten Frauen im Burgund. Sie war früher auf Romanée-Conti tätig.*

mete Mme Bize-Leroy diesem Gut ihre volle Kraft. In kürzester Zeit hat sie eines der vornehmsten Weingüter des Burgunds aufgebaut.

**WEINE** Grands Crus Chambertin, Latricières-Chambertin, Clos de la Roche, Musigny, Clos de Vougeot, Richebourg (0,8 ha), Romanée-St-Vivant (1 ha), Corton Renardes und Corton Charlemagne. Acht Premier-Cru-Lagen: u.a. Gevrey-Chambertin Les Combottes, Chambolle Musigny Les Charmes, Vosne-Romanée Beaux Monts und Aux Brûlées. Außerdem mehrere Village-Weine in u.a. Nuits-St-Georges, Vosne-Romanée, Chambolle-Musigny, Gevrey-Chambertin und Pommard.

**CHARAKTER** Dichte, komplexe und ausgewogene Weine von höchster Burgunderklasse.

**RUF** Domaine Leroy ist der neue Stern am Weinhimmel Burgunds. Das Ansehen von Mme Bize-Leroy ist von größtem Respekt gekennzeichnet.

**REBSORTEN** Pinot Noir und Chardonnay.

**WEINHERSTELLUNG** Biologischer Anbau. Sehr niedriger Ertrag. Langer Barriqueausbau: bis zu 24 Monaten in neuen Fässern für Grands-Crus.

**LAGERUNG** Die Grands Crus entwickeln sich während mindestens 20 Jahren.

**REBFL/PROD** 23 ha, ca. 5 000 Kisten/Jahr.

**Besitzer** Lalou Bize-Leroy • **Kellermeister** André Porcheret • **Besuch** Kein Besuch möglich • **Adresse** Dom. Leroy, Les Genevrières, 15, rue de la Fontaine, FR-21700 Vosne-Romanée • **Tel.** 03 80 61 10 82 • **Fax** 03 80 21 63 81

PRODUKTION   QUALITÄT   PREIS

## Lupé-Cholet

**GESCHICHTE** 1903 schlossen sich die beiden Adligen Mayol de Lupé und de Cholet zusammen. Heute wird der Betrieb von Liliane de Mayol de Lupé geführt. Seit 1978 arbeitet Lupé-Cholet mit der großen Handelsfirma Bichot in Beaune zusammen, wobei man vermehrt eigenständig zu wirtschaften versucht.

**WEINE** Am bekanntesten ist das Weingut für seine Monopol-Lagen Premier Cru Nuits-St-Georges Château Gris und Bourgogne Rouge Clos de Lupé. Zum Besitz gehört auch Château de Viviers in Chablis. Im Übrigen wird ein breites Spektrum von Burgunder-Weinen einschließlich

*Lupé-Cholet produziert mehrere Burgunder-Weine. Die besten kommen aus Nuits-St-Georges.*

u.a. Richebourg, Corton, Puligny-Montrachet, Mercurey, Pouilly und Beaujolais produziert. Außerdem auch Weine aus Côtes du Rhône.

**CHARAKTER** Saubere, sorgfältig hergestellte Weine mit klarem Profil.

**RUF** Die Firma ist sehr angesehen für ihre mit großer Sorgfalt hergestellten Weine.

**REBSORTEN** Chardonnay und Pinot Noir.

**WEINHERSTELLUNG** Gärung im Holzfass und Ausbau in Eichenfässern, wovon ein Teil neu ist. Immer mehr erfolgt die Vinifizierung auf dem Gut selbst, die Flaschenabfüllung aber wird von Bichot in Beaune durchgeführt.

**LAGERUNG** Eine Menge der Weine werden für den raschen Verbrauch erzeugt, einige aber können durchaus gelagert werden.

**REBFL/PROD** 30 ha eigene Rebfläche. Darüber hinaus kauft man von ausgewählten Winzern aus ganz Burgund. Ca. 100 000 Kisten/Jahr.

**Besitzer** Comtesse Liliane de Mayol de Lupé u.a. • **Kellermeister** Jean-Noël-Lavorel • **Besuch** Kein Besuch möglich • **Adresse** Lupé-Cholet, 17, ave du Gén. de Gaulle, FR-21700 Nuits-St-Georges • **Tel.** 03 80 61 25 02 • **Fax** 03 80 24 37 38

PRODUKTION   QUALITÄT   PREIS

## Dom. de la Romanée-Conti-DRC

GESCHICHTE Im 18. Jh. erhielt das Anwesen den Namen des Prinzen von Conti. M. Duvault-Blochet übernahm den Betrieb 1869. Heute wird die Domaine von seinem Nachkommen Aubert de

Domaine de la Romanée-Conti ist der stolzeste und berühmteste aller Produzenten der Côte-de-Nuits.

Villaine zusammen mit Henry Frédéric Roche geführt. Während des ganzen zwanzigsten Jahrhunderts hat DRC eine penible Qualitätslinie geführt.

WEINE Ausschließlich Grand-Cru-Weine. Alleineigentümer der Lagen La Romanée Conti und La Tâche. Weitere beeindruckende Weine sind Richebourg, Grands-Echézeaux, Echézeaux, Romanée-St-Vivant. Weißweine von der vornehmsten Grand Cru, Le Montrachet.

CHARAKTER Exotisch füllige warme und komplexe Weine mit großer Konzentration.

RUF Gehört zu den besten Weinen der Welt. Teuer und rar, entsprechend schwierig zu beschaffen.

REBSORTEN Pinot Noir sowie Chardonnay für Le Montrachet.

WEINHERSTELLUNG Naturnaher Anbau. Späte Lese, um größtmögliche Reife zu gewährleisten. Erst 1945 war man gezwungen, Reblausresistente Rebstöcke anzupflanzen. Selektive Lese, je nach Jahrgang wird ein Anteil vor dem Maischen entrappt. Sehr lange Gärung (3-4 Wochen) und Ausbau in neuen Eichenfässern für mindestens zwei Jahre. Vorsichtiger Abzug und Filtration.

LAGERUNG Für lange Lagerung bestimmte Weine, einige benötigen Jahrzehnte zur Entwicklung.

REBFL/PROD 25 ha, ca. 7 000 Kisten/Jahr.

**Besitzer** Soc. Civ., Aubert de Villaine, Henry Frédéric Roche • **Kellermeister** Bernand Noblet • **Besuch** Kein Besuch möglich • **Adresse** Dom. de la Romanée Conti-DRC, Vosne-Romanée, FR-21700 Nuits-St-Georges • **Tel.** 03 80 62 48 80 • **Fax** 03 80 61 05 72

PRODUKTION  QUALITÄT  PREIS

## Dom. Armand Rousseau

GESCHICHTE Von Armand Rousseau Anfang des 20. Jh. gegründet. Seither wurden zahlreiche großartige Lagen in Gevrey-Chambertin zugekauft. Eine traditionelle Domaine mit viel Gefühl für klassische Burgunder. Seit den 50er Jahren wird der Betrieb von Charles Rousseau geführt und seit den 80er Jahren ist auch sein Sohn Eric dabei.

WEINE Nur rote Burgunder aus bekanntesten Lagen in Gevrey-Chambertin: Chambertin, Clos de Bèze, Charmes, Mazoyères, Mazy, Clos de Ruchottes-Chambertin (Monopol). Außerdem Premier Cru Clos Saint Jacques und Weine mit Gemeindebezeichnung.

CHARAKTER Sehr große, kräftige Burgunder-Weine in klassischem Stil.

RUF Zählt seit langem zu den absolut besten Produzenten in Gevrey-Chambertin. Die Weine sind sehr gefragt und teuer.

REBSORTEN Pinot Noir.

WEINHERSTELLUNG Traditionelle Rotweinherstellung aus sorgfältig ausgewählten

Die Weine von Rousseau in Gevrey-Chambertin sind sehr gefragt und daher auch teuer.

Trauben. Die Gärung der weitgehend entrappten Maische erfolgt 15 Tage bei 30 °C. Man verwendet offene Edelstahlbehälter und lagert die Grand-Cru-Weine in neuen Eichenfässern während zwei Jahren.

LAGERUNG Jung sind die Weine oft straff, und einige Jahrgänge brauchen bis zu 15 Jahre, um ihren Höhepunkt zu erreichen.

REBFL/PROD Das Gut verfügt über 14 ha Weinberge. Ca. 5 000 Kisten/Jahr.

**Besitzer** Charles Rousseau • **Besuch** Kein Besuch möglich • **Adresse** Dom. Armand Rousseau, 1, rue de l'Aumônerie, FR-21220 Gevrey-Chambertin • **Tel.** 03 80 34 30 55 • **Fax** 03 80 58 50 25

PRODUKTION  QUALITÄT  PREIS

## Dom. Trapet Père & Fils

**GESCHICHTE** Heute führt Jean-Louis Trapet das Gut in sechster Generation. Der Name existiert bereits seit 1680. Die Erfolge wurden vom Urgroßvater begründet. Schon in den fünfziger

*Trapet betreibt Weinbau seit über 300 Jahren und produziert leichtere Weine in Gevrey-Chambertin.*

Jahren begann man die Weine auf dem Gut auf Flaschen zu ziehen. Nach einer Erbteilung sind heute 12,5 ha in Besitz von Rossignol-Trapet.

**WEINE** Die Weinberge umfassen die Grands Crus Chambertin, Latricières-Chambertin, Chapelle-Chambertin sowie Premiers Crus und Weine mit Gemeindebezeichnungen aus Gevrey-Chambertin und Marsannay.

**CHARAKTER** Beerenaroma, vor allem von Brombeeren, ist ein typisches Kennzeichen. Früher eher leichtere Weine, seit Jean-Louis Trapet die Produktion unter sich hat, sind sie etwas konzentrierter geworden.

**RUF** Gehört zu den besten in Gevrey-Chambertin.

**REBSORTEN** Pinot Noir und Chardonnay.

**WEINHERSTELLUNG** Die Rebstöcke sind 20-60 Jahre alt. Temperaturkontrollierte Gärung während 12-18 Tagen. 10-25% des Rebguts werden unentrappt vergoren. Lagerung während 15-24 Monaten. Neue Eichenfässer für Grand-Cru-Weine.

**LAGERUNG** Obschon die Weine nicht zu den kräftigsten in Gevrey-Chambertin gehören, gewinnen bessere Jahrgänge durch Lagerung bis zu zehn Jahren (oder noch länger).

**REBFL/PROD** 13 ha, 5 000 Kisten/Jahr.

**Besitzer** Fam. Trapet • **Kellermeister** J-L Trapet • **Besuch** Mo-Fr 9.30-12, 14.30-17 • **Adr.** Dom. Trapet Père & Fils, 53, rte de Beaune, FR-21220 Gevrey-Chambertin • **Tel.** 03 80 34 30 40 • **Fax** 51 86 24 • **E-Mail** domtrapet-chambertin@planetb.fr • **Homepage** www.terroirs-b/domainetrapet

PRODUKTION    QUALITÄT    PREIS

## Maison Charles Viénot

**GESCHICHTE** Das Gut wurde 1735 von dem damals 29-jährigen Charles Viénot gegründet. Schon bald konnte er an die führenden Königshäuser Europas liefern. 1934 gehörte er zu den Gründern der Chevaliers de Tastevin auf Clos de Vougeot. In sechster Generation wurde es 1983 an den großen Négociant Grands Vins J-C Boisset in Nuits-St-Georges verkauft.

**WEINE** Das ganze Spektrum an Burgunder-Weinen von Beaujolais im Süden bis zur Côte de Nuits im Norden. Bekannteste Weine: Musigny, Corton-Charlemagne, Bonnes Mares, Puligny-Montrachet und Corton. Ferner u.a. Beaujolais Grand Cru Chénas, Rully, Monthélie und Chablis. Verwendet auch (innerhalb des J-C Boisset-Konzerns) die Etiketten Thomas Bassot, Lionel Bruck und Charles Gruber.

**CHARAKTER** Füllige und reiche Weine mit weicher Frucht.

**RUF** Zuverlässige Firma mit einigen Weinen von sehr hoher Qualität.

**REBSORTEN** Chardonnay für Weißweine, Pinot Noir für Rotweine.

*Charles Viénot aus Nuits-St-Georges produziert fast sämtliche Burgunder-Weine.*

**WEINHERSTELLUNG** Traditionelle Weinherstellung in teilweise neuen Eichenfässern.

**LAGERUNG** Weine, die schon nach einigen Jahren trinkbar sind, aber auch lange gelagert werden können.

**REBFL/PROD** 10 ha eigene Rebfläche, ein großer Teil wird von Winzern aus ganz Burgund hinzugekauft, insgesamt 170 000 Kisten/Jahr.

**Besitzer** Grands Vins J-C Boisset • **Kellermeister** Sylvain Conson • **Besuch** Nach Vereinbarung • **Adresse** Maison Charles Viénot, 5, quai Dumorey, FR-21700 Nuits-St-Georges • **Tel.** 03 80 62 61 61 • **Fax** 03 80 62 37 38

PRODUKTION    QUALITÄT    PREIS

## Weitere Produzenten der Côte de Nuits

### Pierre Amiot

Das Weingut umfasst Clos de la Roche, Premiers Crus Morey-St-Denis und Gevrey-Chambertin. Runde und fruchtige Weine mit Charme. FAKTEN 10 ha, ca. 6 000 Kisten/Jahr.

•**Besitzer:** Fam. Amiot **Besuch:** Nach Vereinbarung. **Adresse:** 27, Grande-Rue, FR-21220 Morey-St-Denis. **Tel.** 03 80 34 34 28. **Fax** 03 80 58 51 17.

### Dom. Robert Arnoux

Erzeugen komplexe, klassische Pinot Noir. U.a. in Besitz von Lagen in Romanée-St-Vivant, Clos de Vougeot, Echézeaux, Vosne-Romanée (u.a. Suchots, Les Chaumes) sowie in Nuits-St-Georges. FAKTEN 12 ha, ca. 5 000 Kisten/Jahr.

•**Besitzer:** Robert Arnoux & Pascal Lachaux **Besuch:** Nach Vereinbarung. **Adresse:** R.N. 74, FR-21700 Vosne-Romanée. **Tel.** 03 80 61 09 85. **Fax** 03 80 62 36 02.

### Dom. Camus Père & Fils

1860 gegründetes Familienunternehmen. Grands Crus Chambertin und Charmes-Chambertin sowie kleine Anteile in Mazis und Latricières. Lange Macération und Lagerung auf der Maische. FAKTEN 17 ha, ca. 7 000 Kisten/Jahr.

•**Besitzer:** Hubert Camus **Besuch:** Nach Vereinbarung. **Adresse:** 21, rue de Maréchal de Lattre-de-Tassigny, FR-21220 Gevrey-Chambertin. **Tel.** 03 80 34 30 64.

### Dom. Robert Chevillon

Besitzt Lagen u.a. in Nuits-St-Georges sowie Teile von Lagen in Les St-Georges, Les Vaucrains, Pruliers, Chaignots und Perrières. Auch Bourgogne Rouge, Aligoté und Passe-tout-grains. FAKTEN 13 ha, ca. 7 000 Kisten/Jahr.

•**Besitzer:** Fam. Chevillon **Besuch:** Nach Vereinbarung. **Adresse:** 68, rue Félix Tisserand, FR-21700 Nuits-St-Georges. **Tel.** 03 80 62 34 88. **Fax** 03 80 61 13 31.

### R. Dubois & Fils

Modernes Familienunternehmen mit Weinen wie u.a. Aligoté, Passe-tout-grains und Rosé sowie Weinen aus Nuits-St-Georges, Chambolle-Musigny und Vosne-Romanée inklusive Premiers Crus. FAKTEN 15 ha, ca. 6 000 Kisten/Jahr.

•**Besitzer:** Robert Dubois **Besuch:** Mo-Fr 8-11.30, 14-18.30. **Adresse:** Route de Nuits-St-Georges, FR-21700 Prémeaux-Prissey. **Tel.** 03 80 62 30 61. **Fax** 03 80 61 24 07.

### Dom. René Engel

Grands Echézeaux, Echézeaux, Clos de Vougeot, Vosne-Romanée Les Brulées sowie Weine mit Gemeindebezeichnung aus Vosne-Romanée. Elegante, straffe und füllige Weine. FAKTEN 6 ha, ca. 3 000 Kisten/Jahr.

•**Besitzer:** Philippe Engel **Besuch:** Nach Vereinbarung. **Adresse:** 3, place de la Mairie, FR-21700 Vosne-Romanée. **Tel.** 03 80 61 10 54.

### Geisweiler

Legendäres Weinhaus im Burgund. Heute einziger Name im Hause Picard. Erzeugt auch gute Côte de Nuits-Villages.

•**Besitzer:** Michel Picard **Besuch:** Nach Vereinbarung. **Adresse:** 4, route de Dijon, FR-21700 Nuits-Saint-Georges. **Tel.** 03 80 62 35 00.

### Grands Vins J-C Boisset

Größter Weinhändler Burgunds, 1961 gegründet. Sehr progressiv und erfolgreich im Aufkauf und in der Entwicklung von Weinhäusern. Besitzt heute u.a. Bouchard-Aîné & Fils, Maison Charles Viénot, Maison Ropiteau Frères, J. Moreau & Fils, Jaffelin, Thomas-Bassot, F. Chauvenet, Pierre Ponelle, Edouard Delauney, Roland Thévenin und Lionel Bruck. 1998 wurde Mommessin im Beaujolais gekauft und auch in Kalifornien wird investiert. Mehrere dieser Weinhäuser arbeiten selbständig. Trotz der Größe erzeugt man viele der besseren und teureren Weine der Côte d'Or.

•**Besitzer:** Jean-Claude Boisset **Besuch:** Nach Vereinbarung. **Adresse:** 5, Quai Dumorey, FR-21700 Nuits-St-Georges. **Tel.** 03 80 62 61 61. **Fax** 03 80 62 37 38.

### Dom. Jean Grivot

Relativ junger Familienbetrieb, der knapp zwei Hektar der Grand-Cru-Lage Clos de Vougeot besitzt. Die Weine sind von Tanninkraft und Alkohol geprägt und besitzen große Finesse.

•**Besitzer:** Jean Grivot **Besuch:** Nach Vereinbarung. **Adresse:** 6, rue de la Croix-Rameau, FR-21700 Vosne-Romanée. **Tel.** 03 80 61 05 95. **Fax** 03 80 61 32 99.

### Dom. Jean Gros

Mme Gros leitet den Betrieb zusammen mit Sohn Michel, der auch unter eigenem Namen Weine abfüllt. Weinberge der Lagen Grand Cru Richebourg und Clos de Vougeot sowie Vosne-Romanée, Nuits-St-Georges und Hautes-Côtes de Nuits. Das Weingut hat einen sehr guten Ruf. FAKTEN 19 ha, ca. 7 000 Kisten/Jahr.

•**Besitzer:** Mme Jean Gros & Michel Gros **Besuch:** Nach Vereinbarung. **Adresse:** 3, rue des Communes, FR-21700 Vosne-Romanée. **Tel.** 03 80 61 04 69. **Fax** -22 29.

### Dom. Henri Jayer

Kleine Produktion von Weinen aus Richebourg, Echézeaux, Vosne-Romanée Les Brulées, Nuits-St-Georges Les Nurgers sowie Weine mit Gemeindebezeichnung. Die Weine haben ein tiefes Aroma und eine große Fruchtigkeit, oft mit einer sehr markanten Straffheit und Konzentration. FAKTEN 5 ha, ca. 2 000 Kisten/Jahr.

•**Besitzer:** Henri Jayer **Besuch:** Nach Vereinbarung. **Adresse:** Vosne-Romanée, FR-21700 Nuits-St-Georges. **Tel.** 03 80 61 03 84. **Fax** -03 80.

## Weitere Produzenten der Côte de Nuits

### Labouré-Roi

Großer und erfolgreicher Négociant, der u.a. Exklusivrechte für vier große Burgunder-Produzenten hat: Chantal-Lescure, René Manuel, Daniel Séguinot und Litaud Frères. Außerdem in Besitz von zahlreichen Grands und Premiers Crus an der Côte d'Or, Chablis und Mâconnais. FAKTEN Keine eigenen Rebflächen, 1 Mio. Kisten/J.
• **Besitzer:** Armand & Louis Cottin **Besuch:** Mo-Fr 8-12, 13.30-17.30. **Adresse:** Rue Lavoisier, FR-21700 Nuits-St-Georges. **Tel.** 03 80 62 64 00. **Fax** 03 80 62 64 10.

### Dominique Laurent

Eine neuer Spitzenerzeuger für Rotweine im Burgund. Dunkle Weine, konzentriert mit schöner Frucht, mit etwas eigenwilligem, aber gut ausgewogenem Eichengeschmack. Weine: U.a. Gevrey-Chambertin, Charmes-Chambertin, Gevrey Clos St-J., Volnay Clos des Chênes, Volnay Santenots, NSG Pruliers und Chambolle-Musigny.
• **Besitzer:** Dominique Laurent **Besuch:** Nach Vereinbarung. **Adresse:** 2, rue Jacques-Duret, FR-21700 Nuits-St-Georges. **Tel.** 03 80 61 31 62. **Fax** 03 80 62 32 42.

### Dom. Méo-Camuzet

Das Anwesen wurde von Étienne Camuzet Anfang des 20. Jh. aufgebaut. U.a. in Besitz von drei Hektar in Clos de Vougeot und Teilen in Richebourg und Corton sowie 1ers Crus in Vosne-Romanée, Nuits-St-Georges, Hautes-Côtes de Nuits etc. Niedriger Ernteertrag und Lagerung in neuer Eiche ergeben sehr kräftige Weine.
• **Besitzer:** Jean-Nicolas Méo **Besuch:** Nach Vereinbarung. **Adresse:** 11, Rue des Grands Crus, FR-21700 Vosne-Romanée.

### Dom. Alain Michelot

Premier-Cru-Lagen in Nuits-St-Georges, einige in Morey-St-Denis sowie Bourgogne Rouge. Die Gärung erfolgt 15-20 Tage, die Lagerung 20 Monate in Fässern, die bei Premier-Cru-Weinen bis zu 20% neu sind. FAKTEN 8 ha, 4 000 Kisten/Jahr.
• **Besitzer:** Alain Michelot **Besuch:** Nach Vereinbarung. **Adresse:** FR-21700 Nuits-St-Georges. **Tel.** 03 80 61 14 46.

### Dom. Mongeard-Mugneret

Das Anwesen zeigte erstmals in den 80er Jahren seine Größe, die es bis heute zu verteidigen wusste. Ausgezeichnete Weine aus Richebourg, Grands-Echézeaux, Echézeaux, Clos de Vougeot und Vosne-Romanée. Würziger Charakter. FAKTEN 20 ha, 8 000 Kisten/Jahr.
• **Besitzer:** Vincent Mongeard **Besuch:** Nach Vereinbarung. **Adresse:** Rue de la Fontaine, FR-21700 Vosne-Romanée. **Tel.** 03 80 61 11 95. **Fax** 03 80 62 35 75.

### Dom. Thévenot-Le-Brun & Fils

Der Besitz umfasst Lagen in Hautes-Côtes de Nuits, insbesondere in der herausragenden Lage Clos de Vignon. Man produziert Gamay, Pinot Blanc, Chardonnay, Pinot Beurot, Pinot Noir und Aligoté, der unter dem Etikett Perles d'Or verkauft wird. FAKTEN 27 ha, 17 000 Kisten/Jahr.
• **Besitzer:** Maurice, Jean & Daniel Thévenot **Besuch:** Mo-Sa 8-13, 14-19. **Adresse:** Marey-lès-Fussey, FR-21700 Nuits-St-Georges. **Tel.** 03 80 62 91 64. **Fax** 03 80 62 99 81.

### Thomas-Moillard

Weine aus eigenen Weinbergen sind u.a. Nuits Clos de Thorey, Nuits Clos des Grandes Vignes, Corton Clos du Roi, Clos de Vougeot, Vosne-Romanée Malconsort und Beaune Grèves. FAKTEN Ca. 35 ha, 600 000 Kisten/Jahr. Mehr als 90% des Traubenguts wird zugekauft.
• **Besitzer:** Fam. Thomas-Moillard **Kellermeister:** Gérard Sauvaget **Besuch:** Täglich 10-18. **Adresse:** 5, rue F. Mignotte, FR-21701 Nuits-St-Georges. **Tel.** 03 80 62 42 22, 03 80 62 42 20. **Fax** 03 80 61 28 13.

### Weitere Betriebe

Jean-Luc Aegerter, 49, Rue Henri-Challand, FR-21700 Nuits-St-Georges. Tel. 03 80 61 02 88. Fax 03 80 62 37 99.
F. Chauvenet, 6, route de Chaux, FR-21700 Nuits-St-Georges. Tel. 03 80 61 28 11.
Dom. Clair-Daü, 5, rue Samuel Legay, FR-21203 Beaune. Tel. 03 80 22 10 57. Fax -56 03.
Dom. Drouhin-Laroze, 20, Rue du Gaizot, FR-21220 Gevrey-Chambertin. Tel. 03 80 34 31 49. Fax 03 80 51 83 70.
Dufouleur Père & Fils, Rue Thurot, BP 27, FR-21700 Nuits-St-Georges. Tel. 03 80 61 21 21. Fax 03 80 61 10 65.
Dom. Robert Groffier, 3, Route des Grand Crus, FR-21220 Morey-St-Denis. Tel. 03 80 34 31 53. Fax 03 80 34 15 48.
Dom. François Lamarche, 9, Rue des Communes, FR-21700 Vosne-Romanée. Tel. 03 80 61 07 94. Fax 03 80 61 24 31.
Dom. des Lambrays, 31, Rue Basse, FR-21220 Morey-St-Denis. Tel. 03 80 51 84 33. Fax 03 80 51 81 97.
Ch. de Marsannay, Route des Grands Crus, FR-21160 Marsannay-la-Côte. Tel. 03 80 51 71 11. Fax 03 80 51 71 12.
Mortet Denis, 22, rue de l'Eglise, FR-21220 Gevrey-Chambertin. Tel. 03 80 34 10 05. Fax -58 51 32.
Dom. des Varoilles, 11, rue de l'Ancien Hôpital, FR-21220 Gevrey-Chambertin. Tel. 03 80 34 30 30. Fax 03 80 51 88 99.

# CÔTE DE BEAUNE

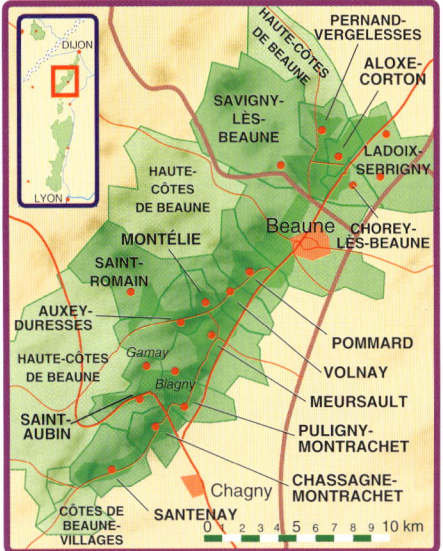

GESCHICHTE Eine Gegend mit vielen guten Rotweinen, am bekanntesten aber für die teuren, trockenen Weißweine, die von vielen als die besten ihrer Art betrachtet werden.

GEOGRAPHIE Dieser südliche Teil der Côte d'Or beginnt im Norden mit Weingütern, die ei-

*Côte de Beaune ist ein großes Gebiet mit berühmten Weinen wie z.B. Pommard und Puligny-Montrachet.*

gentlich zur Côte de Nuits gehören. Die Weinberge sind größer als die der Côte de Nuits und im Allgemeinen etwas weniger steil. Das Gebiet wird durch die Route Nationale 74 geteilt. Die besten Gemeinden sind: ALOXE-CORTON, POMMARD, MEURSAULT, PULIGNY-MONTRACHET und CHASSAGNE-MONTRACHET.

BODEN Auf der östlichen Seite der Straße ist der Boden dunkel und fruchtbar, was für den Weinanbau weniger geeignet ist. Auf der westlichen Seite sind die klassischen Hänge mit kargem Boden aus Kalk- und Feuerstein, bedeckt mit Lehm und Kies. Hier findet man die besten Weinberge in den mittleren, gut dränierten Teilen. Aloxe-Corton, das beinahe an der Côte de Nuits liegt, ist mit seinen Grands Crus hoch oben auf dem Berg Corton eine Ausnahme.

WEINE Trockene Weiß-, Rot- und Roséweine. Die Rotweine sind leichter und oft von größerer Weichheit und Finesse als die der nördlichen Côte d'Or. Die Weißweine sind langlebig und konzentriert. Sie zeichnen sich durch ölige und butterähnliche Fülle sowie nussähnliches Bukett aus.

REBSORTEN Pinot Noir für die Rotweine,

*Die charmante Stadt Beaune ist das Zentrum des Weinhandels und aller bekannten Weinhandelshäuser.*

Chardonnay und etwas Aligoté für die weißen.

WEINHERSTELLUNG Die Reben werden niedrig erzogen, um die während der Nacht vom Boden zurückgestrahlte Wärme auszunutzen. Der Rotwein wird fast immer ohne Stiele vergoren, aber der Schalenkontakt dauert 8-10 Tage. Die großen Weißweine werden langsam, um dem Wein möglichst viel Körper zu verleihen, in Eichenfässern vergoren und danach wie die Rotweine in Eichenfässern ausgebaut.

REBFL/PROD Ca. 3 500 ha, beinahe 150 000 hl/Jahr, davon sind 30% Weiß-, der Rest Rot- und Roséweine. Ca. 60% werden in die ganze Welt exportiert.

WISSENSWERT Weitere Informationen: Délégation Régionale Beaune du BIVB, Rue Henri Dunant, BP 150, FR-21204 Beaune. Tel. 03 80 22 21 35. Fax 03 80 24 15 29. Für Verkostungen von Côte-d'Or-Weinen empfiehlt sich das Marché aux Vins in Beaune (benachbart zu Hospice de Beaune).

## ALOXE-CORTON

RUF Nur ein roter Grand Cru von der Côte de Beaune. Mit der Produktion von 99% Rotwein hat diese Gemeinde mehr mit der Côte de Nuits als mit er Côte de Beaune gemeinsam. Dennoch ist Corton-Charlemagne einer der faszinierendsten Chardonnays der Welt.

*In Aloxe-Corton werden fast nur Rotweine erzeugt. Einziger Weißwein ist der klassische Corton-Charlemagne.*

GEOGRAPHIE Liegt 33 km südlich von Dijon und 6,5 km nördlich von Beaune. Die Weinberge bedecken den ganzen Montagne de Corton.

WEINE Der rote Corton ist der kräftigste und tanninreichste der Côte de Beaune. Er ist intensiv und braucht Zeit, um sich zu entfalten und die charakteristische, würzige Erdnote zu entwickeln. Der Corton-Charlemagne hat eine goldene Farbe mit einer feuersteinähnlichen Honignote. Braucht mindestens 4-5 Jahre. Weine mit Gemeindeappellation sind eher selten.

KLASSIFIZIERUNG Grands Crus sind Corton-Charlemagne (nur Weißwein) und Corton (Rot- und Weißweine). 22 Lagen dürfen in ihrem Namen den Zusatz Corton Grand Cru verwenden. Die bekanntesten sind Le Corton, Les Pougets, Les Bressandes, Les Maréchaudes, Le Clos du Roi, Le Languettes und Les Chaumes. 14 zählen zu den Premiers Crus (alles Rotweine): u.a. Les Chaillots, Les Vercots, Les Petites Lolières, Les Meix und La Coutière. Auch Gemeindeweine, die einem Drittel der Rebfläche entsprechen.

BODEN Steilhänge mit dünner Erdschicht ergeben niedrige Erträge. Rote Sorten wachsen auf rotem, eisenhaltigen Boden, weiße auf kalkreichem Mergel.

REBSORTEN Pinot Noir für die Rotweine und fast nur Chardonnay für die weißen.

REBFL/PROD Ca. 280 ha, rund 11 000 hl/Jahr, davon 30% Weißwein.

PRODUZENTEN Einige der wichtigsten des Gebietes sind: Pierre André, Jean-Baptiste Bejot, Bonneu du Martray, Bouchard Père et Fils, Chandon de Briailles, Faiveley, Antonin Guyon, Hospices de Beaune, Louis Jadot, Louis Latour, Dom. Maillard, Reine Pedauque, Rapet, Daniel Senard, Tollot-Beaut, Luis Violland und Michel Voarick.

## SAVIGNY-LÈS-BEAUNE

RUF Ein gastfreundliches, typisch französisches Dorf. Gehört nicht zu den bekannten Gemeinden, aber hat viele gute Winzer, deren Weine zu angemessenen Preisen verkauft werden.

GEOGRAPHIE Liegt etwa fünf Kilometer nördlich von Beaune, am Anfang des Fontaine-Froide-Tales. Durch den Fluss Rhoin in zwei Teile geteilt.

WEINE Zum größten Teil Rotweine. Sie sind leicht, mit einem Bukett von Beeren, oft mit intensiver Note von Veilchen, Himbeeren und Blumen. Die Weine der Appellation Savigny-lès-Beaune sollten wegen ihrer fruchtigen Charmes jung getrunken werden, während die fülligeren und finessenreicheren Premiers Crus 7-15 Jahre gelagert werden können. Der Weißwein trinkt sich am besten jung, wenn er charmant blumig ist.

KLASSIFIZIERUNG Gemeindeappellation und 23 Premiers Crus, darunter sind die besten Les Lavières, La Dominodes, Aux Vergelesses, Les Marconnets und Aux Guettes. Ferner Aux Cloux, Aux Fourneaux, Aux Gravains, Aux Grands-

*Savigny-lès-Beaune ist eine gastfreundliche Gemeinde. Die Weine sind gut und preiswert.*

Liards, Aux Petits-Liards, Aux Serpentières und Petit-Godeaux.

BODEN Man unterscheidet zwischen den leichteren Sandböden im südlichen Teil, wo die Weine jung zu trinken sind, und den Weinbergen im Norden, wo die besten Weine von Böden aus eisenhaltigem Lehm und Sandstein hergestellt werden.

REBSORTEN Pinot Noir für Rotwein, Chardonnay für Weißwein.

REBFL/PROD Nicht ganz 450 ha, etwa 16 000 hl/Jahr. Nur ein kleiner Teil davon für Weißweine.

PRODUZENTEN Einige der besten sind: Simon Bize et Fils, Champy Père et Cie, Rodolphe Demougeot, Philippe Dubreuil-Cordier, Maurice Ecard, G. Girard-Vollot, Pierre Guillemot, Hospices de Beaune, Pavelot-Glantenay und Tollot-Beaut.

## Beaune

RUF Hier werden einige der preiswerteren Premier-Cru-Weine Burgunds erzeugt.
GEOGRAPHIE Beaune liegt 320 km südlich von Paris und 43 km südlich von Dijon. Der Weinanbau erreicht Höhen von 330 Metern. Die Hänge werden in der Mitte von der Route Nationale 470 geteilt. Die Weine der Nordseite von Montagne de Beaune haben die besten Voraussetzungen und ein gutes Alterungspotenzial
WEINE Gut hergestellte Rotweine haben ein intensives Bukett von schwarzen Kirschen und Erdbeeren und die Qualität zeigt sich eher in

*Aus Beaune kommen mehrere preiswerte Premiers Crus. Einer der bedeutenden Grundbesitzer ist Louis Jadot.*

weicher Harmonie als in Kraft. Werden nach einigen Jahren getrunken, können aber in einigen Fällen bis zu 20 Jahren gelagert werden. Die besten Weißweine, immer ganz trocken, haben eine nussähnliche Butternote, dem Meursault nicht unähnlich.
KLASSIFIZIERUNG Keine Grands Crus, dafür 32 Premiers Crus mit u.a. Les Boucherottes, Les Cent Vignes, Les Epenottes, Les Fèves, Les Grèves, Le Clos de Mouches, Les Marconnets, Clos de la Mousse, Clos du Roi, Les Sisies, Les Teirons, Les Toussaints, Les Vignes-Franches und Montée-Rouge.
BODEN Wechselnde Bodenverhältnisse, aber hauptsächlich Kalksteinablagerungen mit Lehm- und Kiesanteilen. Einfachere Weine stammen aus tieferen Böden mit größerem Lehmanteil, während an Hanglagen, wo höhere Qualität erzeugt wird, der Kiesanteil größer ist.
REBSORTEN Vorwiegend Pinot Noir für Rotwein und Chardonnay für Weißwein.
REBFL/PROD Auf einer Fläche von 420 ha werden etwa 17 000 hl, davon 1 500 hl Weißwein, erzeugt.
PRODUZENTEN Die größten Grundbesitzer in Beaune sind Bouchard Père et Fils, Chanson Père et Fils und Hospices de Beaune. Andere bedeutende sind: Besancenot-Mathouillet, Albert Bichot, Joseph Drouhin, Daniel Largeot, Albert Morot, André Mussy, Louis Jadot und Machard de Gramont.

## Pommard

RUF Pommard ist ein Name, der auf dem Exportmarkt leicht auszusprechen ist und somit gut verkauft werden kann. Es wird dem Gebiet manchmal angelastet, diesen Umstand durch

*Im Ausland verkaufen sich Pommard-Weine sehr gut. Man erzeugt zuverlässige Weine.*

überhöhte Preise auszunutzen. Im Allgemeinen aber eine interessante Gemeinde im Burgund, mit vielen zuverlässigen Weinen.
GEOGRAPHIE Grenzt im Süden an Volnay und im Norden an Beaune. Mit Ausnahme von zwei Premiers Crus liegen alle in der Hangmitte, zwischen den Straßen N 73 und N 74.
WEINE Nur Rotwein. Die guten gehören zu den fülligsten der Côte de Beaune mit dicht konzentrierter Struktur, aber mit weniger Tannin als der Corton. Dieser Wein ist seinem femininen Nachbarn Volnay nicht ähnlich. Kann 10-20 Jahre gelagert werden.
KLASSIFIZIERUNG Keine Grands Crus, aber 27 Premiers Crus. Am größten und nicht weit von der Grand-Cru-Qualität sind Les Epenots und Les Rugiens Bas. Weitere sind Les Arvelets, Les Combes-Dessus, Clos Blanc, Les Boucherottes, Les Charmots, La Chanière, Clos de la Commaraine, Clos Micot, Les Petits-Epenots, Les Sausilles und Clos de la Verger.
BODEN Der Boden hat einen größeren Lehmanteil als Beaune und ist oft rauchig von den Eisenoxiden. In den oberen Lagen der Premiers Crus ist es sehr steinig und der Anteil an Kalkstein beträgt bis zu 30%.
REBSORTEN Fast ausschließlich Pinot Noir.
REBFL/PROD Ca. 330 ha, rund 16 000 hl Rotwein pro Jahr. 125 ha sind Premiers Crus.
PRODUZENTEN Einige der wichtigsten sind: Ballot-Millot, Ch. de la Charrière, Courcel, Joseph Drouhin, Michel Gaunoux, Germain Père & Fils, Armand Girardin, Domaine Guillemard-Dupont et ses Fils, Hospices de Beaune, Jaboulet-Vercherre, Hubert de Montille, Domaine Lejeune, Château de Pommard und Pothier-Rieusset.

## Volnay

**RUF** Volnay wird als die Königin des Burgunds bezeichnet. Eine Gemeinde mit durchgehend gleichmäßiger Qualität, auch bei den Gebietsappellationen.

**GEOGRAPHIE** Die Weinberge erstrecken sich nach Osten und Süden und liegen südlich von Pommard. Das Dorf befindet sich oberhalb der Weinberge.

**WEINE** Eine Appellation nur für Rotweine. Sie sind feminin mit typischem Duft von Veilchen und roten Früchten. Der junge Wein ist straff mit feiner Struktur und entwickelt mit der Zeit große Fi-

*Die Weine aus Volnay mit Duft von Veilchen und roten Beeren werden oft als feminin bezeichnet.*

nesse und samtweiche Eleganz. Die besten Weine sollten länger als zehn Jahre gelagert werden.

**KLASSIFIZIERUNG** Keine Grands Crus, aber 23 Premiers Crus mit En Caillerets und Les Clos-de-Chênes als Spitzennamen. Andere sind Les Angles, Les Aussy, Clos de la Barre, Blondeau, Brousse d'Or, Les Champans, Chanlins, Les Milans, Les Pitures, Robardelle, Ronceret, Santenots und Taille-Pieds.

**BODEN** Unterschiedliche Bodenbeschaffenheit mit Kies- und Steinböden auf Kalkgrund in Les Santenots, Kiesboden auf Felsengrund in Caillerets und weißem Kalksteinboden in den Weinbergen Clos des Ducs, Bousse d'Or und Taillepied.

**REBSORTEN** Fast ausschließlich Pinot Noir.

**REBFL/PROD** Auf 230 ha, etwa 10 000 hl Rotwein pro Jahr.

**PRODUZENTEN** Einige der wichtigsten sind: Robert Ampeau, Marquis d'Angerville, Bouchard Père et Fils, J.M. Bouley, Dom. F. Buffet, Joseph Drouhin, Faivelay, Hospice de Beaune, Michel Lafarge, Comtes Lafon, Domaine de Montille, Domaine de la Pousse d'Or, Michel Rossignol.

## Monthélie

**RUF** Monthélie steht ein wenig im Schatten von Volnay. Die Gebiete haben viele gemeinsame Eigenschaften. Die Rotweine sind oft von guter Qualität und werden zu angemessenen Preisen verkauft.

*Monthélie liegt zwischen Volnay und Meursault. Die Weine erinnern sehr an die von Volnay.*

**GEOGRAPHIE** Die Weinberge von Monthélie liegen zwischen Meursault und Volnay, an den Hängen oberhalb des Dorfes Meursault. Sie bestehen aus zwei Teilen: Südlich und südöstlich liegen die Côteaux de Volnay mit Premiers Crus und Vallée d'Auxey-Duresse.

**WEINE** Die kleine Schwester von Volnay erfreut mit eleganten Rotweinen, die recht jung getrunken werden sollten. Die Négociant-Unternehmen haben hier keine bedeutende Rolle. Ein großer Teil der Weine wird vor Ort vom Winzer oder bei der örtlichen Genossenschaft auf Flaschen gefüllt.

**KLASSIFIZIERUNG** Keine Grands Crus, aber zehn Premiers Crus mit Sur Lavelle und Les Vignes Rondes an der Spitze. Weitere sind Duresse, La Taupine, Les Cas Rougeot, Le Clos-Gauthey, Les Champs-Fulliot und Les Riottes.

**BODEN** Oberhalb des Dorfes Kalksteingrund mit rötlicher Erde und Mergel an der Oberfläche, während im Tal weißer Kalksteinboden vorherrscht.

**REBSORTEN** Pinot Noir für Rotweine und Chardonnay für Weißweine.

**REBFL/PROD** 120 ha, ca. 5 000 hl/Jahr. Davon nur ein bescheidener Anteil an Weißweinen.

**PRODUZENTEN** Einige der besten sind: Eric Boussey, Louis Deschamps, Gérard Doreau, Château de Monthélie, Jean Garaudet, Louis Jadot, Comtes Lafon, Marc Rougeot, Pernin-Rossin, Prunier-Damy und Dom. Potinet-Ampeau.

## MEURSAULT

**RUF** Alte Weingegend, wo man noch vor den Mönchen in Clos de Vougeot Wein angebaut hat. Oftmals der Urtyp des weißen Burgunders. Die große Popularität hat dazu geführt, dass die Preise nur knapp unter denen der berühmteren Weine aus den Gemeinden Puligny-Montrachet und Chassagne-Montrachet liegen. Die Qualität kann jedoch unterschiedlich sein.

**GEOGRAPHIE** Grenzt im Norden an Volnay und im Süden an Puligny-Montrachet. Die besten Weinberge findet man an den sanften Hängen südlich des Dorfes.

**WEINE** Die Weißweine haben oft ein großes Bukett mit einer Nuss- und Zimtnote. Kräftiger Wein mit langem Abgang. Viele der Premiers Crus dürfen auch Rotwein erzeugen. Dieser wird aber in geringerem Ausmaß und leichterem Stil hergestellt. Zur Gemeinde gehören auch die Rotweinappellationen Meursault-Blagny sowie Volnay-Santenots.

**KLASSIFIZIERUNG** Keine Grands Crus, aber 16 Premiers Crus. Am meisten Finesse und Ele-

*Meursault ist für viele der Urtyp des weißen Burgunders, und die Preise sind entsprechend hoch.*

ganz hat Les Perrières (Dessous und Dessus), gefolgt von Les Genevrières (Dessous und Dessus), Les Poruzot, Aux Perrrières, Les Petures, Les Gouttes d'Or und Les Charmes (Dessous und Dessus).

**BODEN** Wechselnde Bodenbeschaffenheit. Kalkstein bei Combe de Saint-Aubin und Kies an den oberen Hängen. In den mittleren Lagen und an der Seite von Blagny-Meursault ist der Mergel mit Kalkeinschlag vorherrschend.

**REBSORTEN** Chardonnay und Pinot Noir.

**REBFL/PROD** 480 ha, rund 20 000 hl/Jahr, davon ca. 5% Rotwein.

**PRODUZENTEN** Einige der besten sind: Robert & Michel Ampeau, Michelot Buisson, Guy Bocard, Dom. Caillot, J.F. Coche Dury, Comtes Lafon, Bernard Delagrange, Christophe Mary, Sélection Jean Germain, Albert Grivault, Hospice de Beaune, François Jobard, Louis Latour, Leroy, Ch. de Meursault, Perrin-Ponsot, Prieur-Brunet und Guy Roulot.

## PULIGNY-MONTRACHET

**RUF** Einige Weißweine dieser Gemeinde zählen zu den größten der Welt und vertreten die besten Eigenschaften, welche die Chardonnay-Traube zu bieten hat. Entsprechende Preise!

**GEOGRAPHIE** Liegt zehn Kilometer südlich von Beaune und grenzt im Norden an Meursault.

*Die Straßengabelung bei Puligny-Montrachet. Für viele kommen von hier die besten Weißweine der Welt.*

Die besten Lagen befinden sich an der oberen Kante des Hanges.

**WEINE** Die besten Weine brauchen mind. zehn Jahre, um ihre volle Kraft zu entwickeln. Reichhaltiger Geschmack. Harmonisch mit guter Balance. Die Premiers Crus haben weniger Alkohol und mehr Säure als die aus Meursault und Chassagne-Montrachet.

**KLASSIFIZIERUNG** Vier Grands Crus: Der meistgeschätzte ist Le Montrachet (8 ha), gefolgt von Bâtard-Montrachet (11,8 ha) - diese beiden werden mit der Gemeinde Chassagne-Montrachet geteilt-, Chevalier-Montrachet (7,3 ha) und Bienvenues-Bâtard-Montrachet (3,6 ha). 11 Premiers Crus: Le Champs-Canet, Les Chalumeaux, Les Combettes, La Garenne, Les Folatières, Hameau-de-Blagny, Le Cailleret, Les Referts, Les Pucelles, Clavoillons und Sous-le-Puits. Ferner Rot- und Weißweine mit kommunaler Appellation.

**BODEN** Verschiedene Kalksteinböden. Kiesige Braunerde in Bienvenue-Bâtard-Montrachet. Eisenoxid mit Kies in Le Montrachet. Die Premier-Cru-Lagen haben eine dünne Erdschicht auf Urgestein und kalkhaltigen Kies.

**REBSORTEN** Chardonnay und Pinot Noir.

**REBFL/PROD** Ca. 215 ha, rund 11 000 hl/Jahr. Fast 1 300 hl haben Grand-Cru-Qualität und ca. 300 hl sind Rotweine.

**PRODUZENTEN** Amiot, Gilles Bouton, Bouchard Père et Fils, Louis Carillon, Dom. Jean Chartron, Laurent Clerc, Demmessey, Dupont-Fahn, Joseph Drouhin & Marquis de Laguiche, Raymond Dureuil-Janthial, Jean Gagnerot, Louis Latour, Domaine Leflaive, Olivier Leflaive, Michel Niellon, Jean Pascal, Marie-Louise Parisot, Paul Pernot, Dom. de la Romanée-Conti, Domaine Ramonet und Etienne Sauzet.

## CHASSAGNE-MONTRACHET

RUF  Hier werden Weißweine von sehr guter Qualität produziert. Die Preise sind angemessen und die Qualität gleichmäßiger als bei den Nachbarn Meursault und Puligny-Montrachet. Einige der besten Premiers Crus der Gemeinde sind Rotweine.

GEOGRAPHIE  Diese südlichste Gemeinde der berühmtesten der Côte de Beaune liegt südlich von Puligny-Montrachet. Man unterscheidet zwischen der Puligny-Seite in Richtung Südosten, wo die Weine mehr Finesse und Charakter aufweisen, und der Chassagne-Seite, die dem Hang entlang in einem Bogen nach Süden verläuft.

*Aus Chassagne-Montrachet kommen sowohl Weiß- als auch Rotweine zu angemessenen Preisen.*

WEINE  Trockene Weißweine mit Duft von exotischen Früchten und Zitrone. Im Vergleich zum Nachbarn Puligny-Montrachet sind sie allgemein fetter und alkoholreicher. Die besten roten sind samtweich, leicht bis mittelfüllig, mit einem deutlichen Kirschton. Die besten Weißweine können 10-20 Jahre gelagert werden und die roten 10-15 Jahre.

KLASSIFIZIERUNG  Drei Grands Crus: Le Montrachet und Bâtard-Montrachet, die mit Puligny-Montrachet geteilt werden, sowie Criots-Bâtard-Montrachet. 14 Premiers Crus. Weißweine aus Les Cailleret, Les Embrazées, Les Ruchottes und Les Vergers zählen zu den besten. Die besten Rotweine stammen aus aus La Boudriottes, La Maltroie und Clos St. Jean.

BODEN  Unterschiedliche Bodenverhältnisse mit Kalksteingrund und Kiesböden, mit etwas Lehm oder weißem Mergel an der Oberfläche.

REBSORTEN  Chardonnay und Pinot Noir.

REBFL/PROD  348 ha, davon 22,8 ha Grands Crus und 159 ha Premiers Crus. Insgesamt 14 500 hl/Jahr, etwas mehr Rotwein als Weißwein.

PRODUZENTEN  Dom. Guy Amiot, Marc Colin, Bachelet-Ramonet, Blain-Gagnard, Jean-Noël Gagnard, Gagnard-Delagrange, Goichot & Fils, Hubert Lamy, Duc de Magenta, Château de la Maltroye, Bernard Morey, Michel Niellon, Paul Pillot, Domaine Ramonet, Dom. Roux Père & Fils und Lequin Roussot.

## HAUTES-CÔTES DE BEAUNE, CÔTE DE BEAUNE VILLAGES

### HAUTES-CÔTES DE BEAUNE

RUF  Weinanbau seit dem frühem Mittelalter. Infolge von Überproduktion war die Qualität weniger gut. Dank der recht jungen Genossenschaft Hautes Côtes ist die Qualität gestiegen.

GEOGRAPHIE  Liegt westlich der Côte de Beaune und besteht aus drei Anbaugebieten. Das kleinste liegt nordwestlich von Aloxe-Corton. Das nächstgrößere grenzt im Osten an Beaune, Pommard und Volnay. Das größte liegt südwestlich der südlichsten Gemeinde der Côte de Beaune.

WEINE  Meist fruchtige Rotweine, die trotz Lagerpotenzial auch jung getrunken werden können. Auch Roséwein, Bourgogne Passe-tout-grains, Crémant de Bourgogne und seltener trockene, frische Weißweine.

KLASSIFIZIERUNG  Appellation seit 1961. Keine Grands oder Premiers Crus. 19 Gemeinden mit Berechtigung zur AOC, wovon einige in den Departements Saône und Loire liegen.

REBSORTEN  Pinot Noir, Chardonnay, Gamay, Aligoté, Pinot Gris und Pinot Blanc.

REBFL/PROD  666 ha, ca. 30 000 hl, davon ca. 20% Weißwein.

PRODUZENTEN  Denis Caré, Francois Charles, Coop Les Caves des Hautes Côtes, Jean Féry, Guillemard Dupont, Lucien Jacob, Robert Jayer-Gilles, Jean Joliot et Fils, Macilly Père et Fils, Parigot Père et Fils, Michel Serveau und Domaines des Vignes des Demoiselles.

### CÔTE DE BEAUNE-VILLAGES

RUF  Eine Qualitätsbezeichnung, die oft von den Weinhandelshäusern verwendet wird. Viele gut hergestellte Weine zu angemessenen Preisen.

GEOGRAPHIE  Die meisten Dörfer der Côte de Beaune sowie drei weniger bekannte im Departement Saône et Loire sind hier inbegriffen.

WEINE  Die Appellation bezieht sich nur auf Rotweine. Die Weine sind fruchtig, in weichem Beaune-Stil.

KLASSIFIZIERUNG  Kann von einer oder mehreren der 16 Gemeinden stammen, d.h. von allen der Côte de Beaune außer Beaune, Pommard, Volnay oder Aloxe-Corton. Alle Gemeinden können unter eigenem Namen verkaufen. In Gemeinden, wo der Weißwein vorherrscht, oder in weniger bekannten Dörfern ist es vorteilhafter, die Etikette Côte de Beaune-Villages zu verwenden, da sie leichter von den Verbrauchern erkannt wird. Die weniger bekannten Dörfer sind Cheilly, Sampigny- und Dezize les Marange. Sie umfassen vier Premiers Crus: Boutières, Maranges, Plantes de Maranges und Clos des Rois.

REBSORTEN  Pinot Noir und etwas PG.

REBFL/PROD  Ca. 22 ha, 500 hl/Jahr.

PRODUZENTEN  U.a. Bernard Bachelet et Fils, Lequin Roussot.

## Weitere Gemeinden der Côte de Beaune

### Ladoix-Serrigny

RUF  Einige tüchtige private Produzenten erzeugen preiswerte Premiers Crus.

GEOGRAPHIE  10 km nördlich von Beaune, damit die nördlichste Gemeinde.

WEINE  Recht leichte Rotweine. Einige wenige Weißweine.

KLASSIFIZIERUNG  Da die Gemeinden eher unbekannt sind, werden viele Weine unter der Appellation Côte de Beaune-Villages verkauft. Dazu gehört ein kleiner Teil des Bergs Corton mit den Lagen Rognet-Corton und Les Vergennes. Sie verkaufen ihre Weine als Aloxe-Corton Grand Cru. Hauptsächlich fünf Premiers Crus: La Micaude, Les Hautes Mourottes, La Corvée, Le Clou d'Orge und Les Joyeuses, der manchmal mit Aloxe-Corton zusammen gesehen wird.

REBSORTEN  Pinot Noir und Chardonnay.

PRODUZENTEN  U.a. Capitain-Gagnerot, Chevalier Père et Fils, Edmond Cornu, Michel Mallard, Prince Mérode und André Nudant.

### Chorey-lès-Beaune

RUF  Hier werden einige gute und preiswerte Weine hergestellt.

GEOGRAPHIE  Liegt auf der Ebene östlich von Aloxe-Corton und Savigny-lès-Beaune.

WEINE  Nur Rotweine. Die besten sind leicht, weich und fruchtig mit einem Bukett von Erdbeeren und Kirschen. Jung trinken!

KLASSIFIZIERUNG  Keine Crus-Weine. Werden oft unter der bekannteren Appellation Côte de Beaune-Villages verkauft.

REBSORTEN  Pinot Noir.

PRODUZENTEN  U.a. Arnoux, Capitain-Gagnerot, Château de Chorey, Edmond Cornu, Leroy, Machard de Gramont, Daniel Senard, Tollot-Beaut und Tollot-Voarick.

### Pernand-Vergelesses

RUF  Obwohl Verbesserungen eingeführt wurden, ist die Qualität immer noch unbeständig.

GEOGRAPHIE  Schönes Dorf im Schatten des Berges Corton.

WEINE  Etwas erdiger und manchmal herber Rotwein mit Bukett von Himbeeren und Veilchen. Ein runder und fülliger Chardonnay.

KLASSIFIZIERUNG  Umfasst Teile der Grand-Cru-Appellationen Corton und Corton-Charlemagne. Fünf Premiers Crus: Ile-des-Vergelesses, Les Basses-Vergelesses, Creux de la Net, Le Fichots, En Caradeux.

REBSORTEN  PN, Chardonnay und Aligoté.

PRODUZENTEN  Besancenot-Mathouillet, Bonneau du Martray, Chanson, Marius Delarche, Antonin Guyon, Laleure-Piot, Pavelot, Rapet und Maurice Rollin.

### Auxey-Duresses

RUF  Früher weniger bekannt, jetzt allmählich mit eigenem Profil. Oft preiswerte Weine.

GEOGRAPHIE  Liegt westlich von Meursault.

WEINE  Weiße: im Meursault-Stil mit Finesse. Rote: weich und kraftvoll.

KLASSIFIZIERUNG  Neun Premiers Crus: Clos du Val, Les Bas-des-Duresses, Les Chapelles, Les Duresses, Les Grands Champs, Les Bretterins, Les Ecusseaux und Reugne (La Chapelle)

REBSORTEN  PN, PB und Chardonnay.

PRODUZENTEN  R. Ampeau, J-P Diconne, A. Gras, Leroy, M. Prunier, Roy, R. Thévenin.

### Saint-Romain

RUF  Weißweine sind am meisten geschätzt.

GEOGRAPHIE  Einige Kilometer westlich von Auxey-Duresses. Steilhang mit Felsen.

WEINE  Weiß: frisch und fruchtig, jung zu trinken. Rot: erdig mit Kirscharoma.

KLASSIFIZIERUNG  Nur kommunale Appellationen.

REBSORTEN  Pinot Noir und Chardonnay.

PRODUZENTEN  U.a. Bernard Fèvre, Jean Germain, Alain Gras, René Gras Boisson, Louis Latour, Taupenot Père et Fils und René Thévenin.

### St-Aubin

RUF  Gute Weine, werden immer moderner, was steigende Preise bewirkt.

GEOGRAPHIE  An Steilhängen gelegen.

WEINE  Weiß: fruchtige Weine mit Bukett von Haselnuss. Rot: leichte und kräftigere mit Tannin und oft mit Erdbeergeschmack.

KLASSIFIZIERUNG  10 Premiers Crus. Auch Gamay hat ein Anrecht auf diese Appellation.

REBSORTEN  Pinot Noir und Chardonnay.

PRODUZENTEN  J-C Bachelet, Dom. Clerget, Marc Colin, Gérard Thomas, Henri Prudhon, Gilles Bouton und Domaine Roux Père et Fils.

### Santenay

RUF  Gute Weine zu niedrigen Preisen.

GEOGRAPHIE  Südlich von Chassagne-Montrachet und südlichste Appellation in Côte de Beaune.

WEINE  Rote: tanninreich mit fruchtigem, erdigem Charakter. Sehr wenige weiße.

KLASSIFIZIERUNG  7 Premiers Crus: Beauregard, Beaupaire, Clos-de-Tavanne, La Comme, La Maladière, Le Passe-Temps, Les Gravières.

REBSORTEN  Pinot Noir und Chardonnay.

PRODUZENTEN  U.a. Adrien Belland, Joseph Drouhin, Jean Girardin, Lequin-Roussot, Prieur-Brunet, Prosper-Moufoux und Domaine de la Pousse'Or.

FRANKREICH • BURGUND • CÔTE DE BEAUNE

## HOSPICES DE BEAUNE

GESCHICHTE  Am 4. August 1443 vermachte Nicholas Rolin, Ratgeber bei Filip dem Guten, sein ganzes Vermögen für den Bau eines Krankenhauses für Bedürftige. 1451 war das „Hôtel Dieu" oder Hospices de Beaune fertiggestellt. Das Krankenhaus hat sich von den Erträgen, die ihm über Jahre hin geschenkt wurden, versorgen können. Die Weine werden schon seit 1859 jährlich, jeden dritten Sonntag im November, versteigert. Die Preise, die von den Weinhandelshäusern bezahlt werden, dienen als Maßstab für die Erntequalität.

WEINE  Mit Ausnahme von 1,5 ha in Mazis-Chambertin und der Côte de Nuits liegen alle Weinberge in der Côte de Beaune. Die höchsten Preise erzielen Cuvée Charlotte Dumay, Corton Cuvée Docteur Peste, Beaune Nicholas Rolin, Pommard Dames de la Charité, Mazis-Chambertin Madeleine Collignon und Corton-Charlemagne Françoise de Salins.

*Hospices de Beaune ist eine phantastische Sehenswürdigkeit im Herzen von Beaune.*

RUF  Viele der besten Weine von Burgund werden mit dem Etikett Hospices de Beaune verkauft. Wenn die Weine vom Anwesen selbst stammen, halten sie in der Regel eine gleichmäßig hohe Qualität. Man sollte aber auch auf den Weinhändler achten.

REBSORTEN  Chardonnay und Pinot Noir.

WEINHERSTELLUNG  Seit André Porcheret 1977 die Verantwortung für die Produktion übernahm, verwendet man zu 100% neue Eiche. Der Wein wird zugunsten der Kraft, des Geschmacks und der Intensität drei Wochen lang mit 1/3 bis 1/4 der Stiele vergoren. 1987 wechselte Porcheret zur Domaine Leroy über und wurde durch Monsieur Bruley ersetzt, der Stil ist aber derselbe geblieben.

LAGERUNG  Für längere Lagerung geeignet.

REBFL/PROD  58 ha mit niedrigem Ertrag.

WISSENSWERT  Im 14. und 15. Jahrhundert wurde das schöne Hôtel de Ducs in der Rue d'Enfer in Beaune errichtet. Heute ist es ein sehenswertes Weinmuseum. Tel. 03 80 22 08 19.

## MAISON ALBERT BICHOT

GESCHICHTE  Ein sehr großes Unternehmen, das sich auf den Export konzentriert. Es wurde 1831 in Monthélie von Bernard Bichot gegründet. Bichot erwarb später weitere Weinberge in Beaune. Seit 1927 ist Bichot auch in Bordeaux, mit der Firma Chantecaille, tätig.

WEINE  Der Schwerpunkt liegt bei Clos Frantin, 13,7 ha an der Côte d'Or und in der Domaine Long Depaquit, 39 ha in Chablis. Andere Etiketten: Jean Bouchard, Paul Bouchard, Bauchot-Ludot, Maurice Dart, Charles Drapier, Fortier-Picard, Remy Gauthier, Leon Rigault, Caves Syn-

*Die Fam. Bichot ist Großgrundbesitzerin u.a. in Beaune, wo auch der Hauptsitz liegt. Auch als Négociant tätig.*

dicales de Bourgogne und Lupé-Cholet.

CHARAKTER  Grand Cru und Premier Cru von Chablis und Long Depaquit sind oft komplex und reich an Extrakten. Die Weine aus Clos Frantin sind wohl strukturiert und füllig.

RUF  Wechselnde Qualität. Clos Frantin und Domaine Long Depaquit sind zusammen mit Lupé-Cholet Château Gris in einer eigenen Klasse.

REBSORTEN  Pinot Noir für Rotweine. Chardonnay und ein wenig Aligoté für Weißweine.

WEINHERSTELLUNG  Traditionelle Herstellung mit modernen Hilfsmitteln.

LAGERUNG  Die meisten sollten jung getrunken werden. Long Depaquit kann bis zu zehn Jahren und Clos Frantin bis zu 15 Jahren lagern.

REBFL/PROD  90 ha Eigenanbau. Gesamtproduktion: 1 Mio. Kisten/Jahr.

**Besitzer** Fam. Bichot • **Kellermeister** Patrick Bize • **Besuch** Nach Vereinbarung • **Adresse** Maison Albert Bichot, 6, bis bd. Jacques Copeau, FR-21200 Beaune • **Tel.** 03 80 24 37 37 • **Fax** 03 80 24 37 38

PRODUKTION   QUALITÄT   PREIS

FRANKREICH • BURGUND • CÔTE DE BEAUNE

## SIMON BIZE & FILS

GESCHICHTE  Seit 160 Jahren befindet sich der Betrieb in Familienbesitz. Durch emsige Arbeit und großen Enthusiasmus ist Simon Bize heute ein bekannter Produzent mit einer stabilen Produktion. Heute wird der Betrieb von Patrick Bize in vierter Generation geführt.

WEINE  Rotweine von den Grand-Cru-Lagen Latricières-Chambertin und Savigny-lès-Beaune, Premiers Crus: Vergelesses, Guettes, Marconnets, Fourneaux und Serpentières. Ferner Aloxe-Corton Village. Der beste Weißwein ist der Grand Cru Corton-Charlemagne. Auch Bourgogne Blanc (Les Perrières, Les Champlains) und Savigny-lès-Beaune Villages.

CHARAKTER  Man bewahrt die Frucht und verzichtet auf plumpe Schwere. Dies ergibt eine delikate Leichtigkeit in Verbindung mit hoher Geschmackskonzentration.

RUF  Sorgfältig bewirtschaftetes Gut, das mit den weniger bekannten Savignys einen guten Ruf erzielt hat, insbesondere mit Savigny-Vergelesses.

BODEN  Kiesböden mit Eisen für beste Lagen.

*Simon Bize genießt wegen seiner Rotweine aus Savigny-lès-Beaune einen sehr guten Ruf.*

REBSORTEN  Pinot Noir für roten und Chardonnay für weißen. Auch Pinot Beurot.

WEINHERSTELLUNG  Zuerst Macération mit kaltem Auslaugen der Beerenschalen, gefolgt von Gärung während 10 Tagen. Danach 14-18 Monate Lagerung in Eiche, wovon 1/3 neu ist. Sehr vorsichtige oder gar keine Filtration.

LAGERUNG  Die Weine sind nach rund fünf Jahren reif, können aber bis zu 10 Jahren lagern.

REBFL/PROD  22 ha in Savigny, 9 000 Kisten/Jahr.

**Besitzer** Simon & Patrick Bize • **Kellermeister** Patrick Bize • **Besuch** Mo-Fr, nach Vereinbarung • **Adresse** Simon Bize & Fils, 12, rue Chanoine Donin, FR-21420 Savigny-lès-Beaune • **Tel.** 03 80 21 50 57 • **Fax** 03 80 21 58 17

PRODUKTION         QUALITÄT         PREIS

## DOM. BONNEAU DU MARTRAY

GESCHICHTE  Der Weinberg Bonneau du Martray soll im Jahr 775 in Besitz des damaligen Kaisers gewesen sein. 1966, fast 1200 Jahre später, erbte die Gräfin le Bault de la Morinière das Anwesen. Ihr Mann Jean hat das Weingut auf ein hohes Niveau gebracht. Die Weinkeller liegen im Dorf Pernand-Vergelesses. Heute wird der Betrieb von Sohn Jean-Charles geführt.

WEINE  Die besten sind der weiße Grand Cru Corton-Charlemagne und der rote Grand Cru Corton. Auch kommunale Appellation: Aloxe-Corton und Pernand-Vergelesses.

*Bonneau du Martray erzeugt große Weine von der bekannten Grand-Cru-Lage in Aloxe-Corton.*

CHARAKTER  Weißwein: groß und konzentriert. Rotwein: Guter Traubencharakter, aber etwas leichter als für die Gegend üblich.

RUF  Der Corton-Charlemagne erhielt auch in schlechteren Jahren den Ruf eines zuverlässigen Qualitätsproduzenten. Man setzt auf Export. In Frankreich wird nur an die Spitzengastronomie verkauft. Seit Jean-Charles für die Weinerzeugung verantwortlich ist, hat sich auch der Ruf verbessert.

BODEN  Eisenhaltigen Hänge für rote Sorten, kalkreicher Mergel für die weißen.

REBSORTEN  Chardonnay und Pinot Noir.

WEINHERSTELLUNG  Der Weißwein wird in Stahltanks bei 20 °C vergoren. Danach wird er in zu einem Drittel neuer Eiche ausgebaut. Corton wird in Bottichen vergoren und in neuer oder fast neuer Eiche ausgebaut.

LAGERUNG  Corton-Charlemagne entwickelt sich 10 Jahre und kann bis zu 20 Jahren lagern.

REBFL/PROD  11 ha, 4 500 Kisten/Jahr.

**Besitzer** Jean le Bault de la Morinière • **Kellermeister** Jean-Charles le Bault de la Morinière • **Besuch** Kein Besuch möglich • **Adresse** Dom. Bonneau du Martray, FR-21420 Pernand-Vergelesses • **Tel.** 03 80 21 50 64 • **Fax** 03 80 21 57 19

PRODUKTION         QUALITÄT         PREIS

FRANKREICH • BURGUND • CÔTE DE BEAUNE

## Bouchard Père & Fils

GESCHICHTE  Von 1731 bis 1995 war der Betrieb in Familienbesitz. Die schöne Kellerei im alten Fort von Beaune fasst sechs Millionen Flaschen. Einige der Weine stammen aus dem Jahr 1830. Nach einigen unbeeindruckenden Jahrgängen in den 70ern tätigte man in den 80ern neue Investitionen und erreichte Qualitätsverbesserungen. Große Erfolge jedoch blieben aus. 1995 wurde der Betrieb an Maison Henriot verkauft.

WEINE  Aus ganz Burgund, speziell aus Beaune. Die Weine aus dem eigenen Weingut werden mit dem Etikett Dom. du Château de Beaune verkauft. Spitzenweine sind Corton, La Romanée vom Ch. de Vosne-Romanée und der Familie Belair-Lignier, Beaune Grèves-Vignes de l'Enfant Jésus, Chevalier-Montrachet, Le Montrachet und die 1ers Crus aus Volnay und Beaune.

CHARAKTER  Fruchtiger, traditioneller Stil.

RUF  Als größter Weingutsbesitzer versucht man Qualität vor Quantität zu stellen. Seit der Übernahme durch Henriot ist eine Qualitätssteigerung zu bemerken.

Bouchard ist ein bekannter Négociant und Winzer in Beaune, jetzt in Besitz des Champagnerhauses Henriot.

REBSORTEN  66% Pinot Noir, 26% Chardonnay sowie 8% Aligoté.

WEINHERSTELLUNG  Ein Vorkämpfer der modernen Technik. Man arbeitet mit einer großen, computergesteuerten Weinherstellungsanlage. Ausbau zum großen Teil in neuer Eiche.

LAGERUNG  Weine für baldige Konsumation aber auch Weine von hoher Qualität, die sich während langer Lagerung entwickeln.

REBF/PROD  130 ha eigene Rebfläche, 42 000 Kisten eigene Weine/J., insg. 650 000 Kisten/Jahr.

**Besitzer** Fam. Henriot • **Kellermeister** Philippe Prost • **Besuch** Nach Vereinbarung • **Adresse** Bouchard Père & Fils, Château de Beaune, FR-21200 Beaune • **Tel.** 03 80 24 80 24 • **Fax** 03 80 24 97 56

PRODUKTION    QUALITÄT    PREIS

## Chanson Père & Fils

GESCHICHTE  Chanson ist ein großes Weinhandelshaus im Burgund. Das Unternehmen wurde 1750 gegründet und es gehören auch knapp 40 Hektar Weinberge dazu.

WEINE  Das Sortiment reicht von Chablis bis Mâcon. Nur ein kleiner Teil sind Weißweine. Sie kaufen Trauben von anderen Winzern, bauen aber auch selbst an. Der Eigenanbau liegt vorwiegend in Beaune. Am bekanntesten sind Beaune Clos des Fèves mit 4 ha, Teurons mit 6 ha und Bressandes mit 2 ha. Die Weine aus dem Eigenanbau werden unter dem Etikett Domaine Chanson

Chanson ist sowohl Négociant als auch Winzer. Der Betrieb wurde schon 1750 gegründet.

Père & Fils verkauft. Die restlichen Weine haben Négociant-Etiketten.

CHARAKTER  Meist samtweiche Weine mit Gewürz- und Erdaroma. Die Eichenfasslagerung kann manchmal etwas unsanft zur Frucht sein.

RUF  Eine zuverläßige Firma, die durch ihre Rotweine bekannt geworden ist. Es ist ihnen gelungen, eine große Produktion von guter Qualität herzustellen.

REBSORTEN  Pinot Noir und Chardonnay.

WEINHERSTELLUNG  Traditionelle Herstellung mit Ausbau in teilweise neuer Eiche.

LAGERUNG  Die Weine entwickeln sich gut, sollten aber nicht länger als zehn Jahre gelagert werden.

REBFL/PROD  Die eigene Rebfläche von 40 ha ergibt etwa 16 000 Kisten/Jahr. Die Gesamtproduktion umfasst etwa 250 000 Kisten/Jahr.

**Besitzer** Fam. Chanson • **Besuch** Kein Besuch möglich • **Adresse** Chanson Père & Fils, 10, rue Paul Chanson, FR-21200 Beaune • **Tel.** 03 80 22 33 00 • **Fax** 03 80 24 17 42 • **E-Mail** chanson@wanadoo.fr

PRODUKTION    QUALITÄT    PREIS

## JOSEPH DROUHIN

GESCHICHTE 1756 gegründet und 1880 von Joseph Drouhin gekauft. Robert Drouhin gehört der dritten Generation an und hat das Unternehmen im Alter von 23 Jahren, 1957, übernommen. Der Weinberg in Le Montrachet ist in Besitz des Marquis de Laguiche, wird aber seit dem Zweiten

*Der Besitzer Robert Drouhin ist ein bekannter Mann in der Weinwelt. Clos de Mouches ist sein Paradewein.*

Weltkrieg von Drouhin geführt. Ein neues Projekt ist Dom. Drouhin im amerikanischen Oregon, dass von der Tochter geführt wird.

WEINE Roter und weißer Clos de Mouches und Beaune Premier Cru sind Paradeweine. Le Montrachet Marquis de Laguiche ist die Krönung. Außerdem Corton-Charlemagne, Chablis Grand Cru Le Clos, Musigny, Griotte- und Charmes-Chambertin, Grands-Echézeaux, Clos de Vougeot und der preiswerte weiße Burgunder „Laforêt".

CHARAKTER Durchgehend fruchtiger Stil mit reinen Weinen und modernem Schnitt. Farbiger, konzentrierter und fülliger als die meisten.

RUF Kompromisslos, ehrgeizig.

REBSORTEN Pinot Noir, Chardonnay.

WEINHERSTELLUNG Traditionell mit moderner Entwicklung. Rot: Macération während 15 Tagen, Gärung in offenen Bottichen. Der Ausbau erfolgt während 16-18 Mt. in zu 66-100% neuer Eiche. Weiß: langsames Keltern, Gärung in 228-Liter-Fässern, Ausbau bis zu einem Jahr in neuer Eiche. Für Grands Crus 100% neue Eiche.

LAGERUNG Spitzenweine halten 10-15 Jahre.

REBFL/PROD 60 ha, 20 000 Kisten/Jahr.

**Besitzer** Robert Drouhin • **Kellermeister** Laurence Jobard • **Besuch** Nach Vereinbarung • **Adresse** Joseph Drouhin, 7, rue d'Enfer, FR-21200 Beaune • **Tel.** 03 80 24 68 88 • **Fax** 03 80 22 43 14 • **E-Mail** drouhin@calve.net • **Homepage** www.drouhin.com

PRODUKTION QUALITÄT PREIS

## MAISON LOUIS JADOT

GESCHICHTE Seit Anfang des 19. Jh. hat es seinen Sitz im mittelalterlichen Couvent de Jacobins. Durch den Kauf von Dom. Clair-Daü 1985, Maison Champy 1989 sowie Ch. des Jacques in Beaujolais in den 90er Jahren ist nicht nur eine Erweiterung, sondern auch eine Qualitätsverbesserung erreicht worden. Man erzeugt auch Duc-de-Magenta-Weine und lagert und verkauft mehrere Hospices-de-Beaune-Weine.

WEINE Bei den Weißweinen führen Corton-Charlemagne und Chevalier-Montrachet Les Demoiselles. Puligny-Montrachet Les Folatières, Les Combettes und Meursault Genevrières sind wei-

*Louis Jadot ist ein angesehenes Weinhaus mit Sitz in Beaune. Auch in Besitz von anderen Weinhäusern.*

tere hervorragende Weine. Unter den roten sind insbesondere Gevrey-Chambertin-Clos St-Jacques, Bonnes-Mares, Chambertin-Clos de Bèze, Ruchottes- und Chapelle-Chambertin, Corton-Pougets, Beaune-Clos de Ursules und Clos des Couchereaux erwähnenswert.

CHARAKTER Konzentrierte und füllige Rotweine. Die Weißweine in kraftvollem Stil.

RUF Klassische Burgunder mit sehr hohen Qualitätsanforderungen.

REBSORTEN Chardonnay und Pinot Noir.

WEINHERSTELLUNG Der Weißwein gärt in Eichenbottichen und wird 12-18 Mt. in Eichenfässern ausgebaut. Der Rotwein wird auf traditionelle Art hergestellt. Der Ausbau erfolgt bis zu zwei Jahren in zu 33% neuen Eichenfässern. Schonende Filtration.

LAGERUNG Die Rotweine benötigen 3-4 Jahre, können aber 15-20 Jahre gelagert werden.

REBFL/PROD 100 ha, ca. 30 000 Kisten/Jahr.

**Besitzer** Kobrand, USA • **Kellermeister** Jacques Lardière • **Besuch** Nach Vereinbarung • **Adresse** Maison Louis Jadot, 3, rue Samuel Legay, FR-21203 Beaune Cedex • **Tel.** 03 80 22 10 57 • **Fax** 03 80 22 56 03

PRODUKTION QUALITÄT PREIS

FRANKREICH • BURGUND • CÔTE DE BEAUNE

## DOM. DES COMTES LAFON

GESCHICHTE  Der Graf Lafon gründete in den 20er Jahren das berühmte Weinverkostungsfest „Paulée de Meursault". Es wird heute noch jeden Montag nach der Hospices-de-Beaune-Versteigerung in Meursault veranstaltet.
WEINE  Der Meursault aus Les Charmes, Clos

*Dieses Weingut erzeugt einige der raffiniertesten Weine Burgunds. Clos de la Barre ist ein guter Meursault.*

de la Barre, Les Genevrières, Les Désirées, Les Gouttes d'Or und Les Perrières. Auch Le Montrachet. Rotweine aus Monthélie, Volnay aus Santenots du Milieu, Champans und Clos de Chênes.
CHARAKTER  Einige der raffiniertesten und lagerfähigsten Weine Burgunds.
RUF  Man liegt mit der Herstellung des Meursaults an der Spitze. Les Perrières und Le Montrachet sind erstklassig. Die Rotweine geraten dabei oft in den Schatten, sind aber auch sehr gut.
REBSORTEN  Chardonnay und Pinot Noir.
WEINHERSTELLUNG  Ist von Innovation geprägt. Die Trauben werden so spät wie möglich gelesen. Der Weißwein wird in zu 20-40% neuer Vogesen-Eiche ausgebaut. Der Rotwein wird ohne Stiele vergoren und zwei Jahre in Allier-Eiche ausgebaut. Keine Filtration, nur leichte Schönung mit Eiweiß. Vor der Flaschenabfüllung liegen die Weine beinahe zwei Jahre auf der Hefe.
LAGERUNG  Rot- und Weißweine brauchen mehrere Jahre in der Flasche, um sich richtig zu entfalten, und halten danach weitere 15-20 Jahre.
REBFL/PROD  13 ha, etwa 6 000 Kisten/Jahr. 0,75 ha liegen in Le Montrachet.

**Besitzer** Fam. Lafon • **Kellermeister** Dominique Lafon • **Besuch** Kein Besuch möglich • **Adresse** Dom. des Comtes Lafon, Clos de la Barre, FR-21190 Meursault • **Tel.** 03 80 21 22 17 • **Fax** 03 80 21 61 64

PRODUKTION  QUALITÄT  PREIS

## LOUIS LATOUR

GESCHICHTE  Wurde im 18. Jh. gegründet und ist seit 1867 in Besitz der Familie Latour. Der Mittelpunkt der eigenen Weingüter ist das Schloss Grancey in Aloxe-Corton. Louis Latour leistete für qualitätsorientierten Chardonnay-Anbau im Burgund Pionierarbeit.
WEINE  Die ganze Palette der Côte-d'Or-Weine. Man kauft Weine, Trauben und Most ein, u.a. von Mâconnais und Montagny. Eigene Weinberge sind Corton-Grancey, Corton-Clos de la Vigne au Saint und Corton-Charlemagne, Chevalier-Montrachet Les Demoiselles, Beaune Les Vignes-Franches, Pernand-Vergelesses, Pommard

*Louis Latour wurde seit 1867 von Vater zu Sohn vererbt. Man genießt einen guten Ruf für die Weißweine.*

Les Epenots, Givry, Romanée St-Vivant sowie einige Weinberge in Ardèche.
CHARAKTER  Füllige Rotweine mit viel Gerbstoff und Alkohol. Runde Weißweine mit Butterton und deutlicher Eichennote.
RUF  Im Allgemeinen Weine von guter Qualität. Den besten Ruf haben sie für Weine der eigenen Weinberge und für die Weißweine.
REBSORTEN  Chardonnay und Pinot Noir.
WEINHERSTELLUNG  Traditionelle Weinherstellung. Der Rotwein wird ohne Stiele vergoren und 18 Monate in zu einem Drittel neuer Eiche ausgebaut. Die Weißweine werden 12-14 Mt. in Eichenfässern ausgebaut. Fast keine Schönung und schonende Filtration.
LAGERUNG  1ers und Grands Crus 10-15 J.
REBFL/PROD  Etwa 50 ha eigene Rebfläche, 85% Traubengut wird zugekauft, insg. 500 000 Kisten/Jahr. Man kontrolliert 10% der Weißweinproduktion in der Côte d'Or.

**Besitzer** Louis Latour • **Kellermeister** Jean-Pierre Jobard • **Besuch** Kein Besuch möglich • **Adresse** Louis Latour, 18, rue des Tonneliers, FR-21204 Beaune • **Tel.** 03 80 24 81 00 • **Fax** 03 80 24 81 18 • **E-Mail** mach@maison.louislatour.fr • **Homepage** www.louislatour.com

PRODUKTION  QUALITÄT  PREIS

FRANKREICH • BURGUND • CÔTE DE BEAUNE

## Dom. Leflaive

GESCHICHTE Ein altes Familienanwesen, das 1735 von Claude Leflaive gegründet wurde. Erst unter der Leitung von Joseph Leflaive (1870-1953) und in Zusammenarbeit mit François Virot

Ein angesehener Familienbetrieb, im Jahr 1735 gegründet. Hier werden klassische Chardonnay-Weine erzeugt.

fing das Anwesen an zu blühen. Vincent Leflaive führte den Betrieb bis zu seinem Tod 1993. Heute wird der Weinbau ökologisch betrieben.
WEINE Die Weine aus Chevalier- und Bâtard-Montrachet sind die besten. Danach folgen Bienvenues-Bâtard, Puligny Premier Cru Les Pucelles, Clavoillon und Combettes sowie Puligny Village, Blagny und der preiswerte weiße Burgunder. Seit 1989 auch Teile von Puligny 1ers Crus Les Folatières und Les Chalumeaux.
CHARAKTER Klassischer weißer Burgunder, der Kraft mit großer Eleganz verbindet.
RUF Beispielhafte Chardonnay-Weine von beständig hoher Qualität.
REBSORTEN Chardonnay.
WEINHERSTELLUNG Biologischer Anbau. Gärung bei 16-18 °C. Nach 18 Monaten in kleinen Edelstahlbottichen und kleinen Eichenfässern wird der Wein auf Flaschen abgezogen. Die Eiche kommt aus Allier, zum Teil auch aus den Vogesen.
LAGERUNG Braucht mehrere Jahre in der Flasche, um sich zu entfalten. Entwickelt sich weitere 8-10 Jahre.
REBFL/PROD 22 ha, etwa 12 000 Kisten/Jahr. Verkauft hauptsächlich an Spitzenrestaurants in Frankreich und im Ausland. 60% Export.

**Besitzer** Fam. Leflaive • **Kellermeister** Pierre Morey • **Besuch** Nach Vereinbarung • **Adresse** Dom. Leflaive, 1, Place des Marronniers, FR-21190 Pouligny-Montrachet • **Tel.** 03 80 21 30 13 • **Fax** 03 80 21 39 57

PRODUKTION         QUALITÄT         PREIS

## Olivier Leflaive

GESCHICHTE Das Weinhandelsunternehmen wurde 1984 von Olivier Leflaive gegründet. Seit dem Tod von Vincent Leflaive engagiert sich Olivier Leflaive fast mehr im Dom. Leflaive. Die Domaine Olivier führt er zusammen mit seiner Cousine Anne-Claude.
WEINE Das Angebot nimmt jedes Jahr zu. Der Schwerpunkt liegt bei Weißweinen, aber auch einige gute Rotweine werden produziert. Preiswert sind: Montagny, Rully, Saint-Aubin und Saint-Romain. Aus den bekannteren Appellationen: Corton-Charlemagne, Meursault (Les Charmes, Les Genevrières und Les Perrières), Puligny-Montrachet (Les Perrières, Les Garennes und Les Champs Gains) und Chassagne-Montrachet. Ausgezeichneter Cru Bâtard-Montrachet.
CHARAKTER Durch moderne Weinherstellung entstehen frische, ausgeglichene und diskrete Weine. Bâtard-Montrachet, mit seiner Fülle und Kraft, bildet eine Ausnahme.
RUF Dieses relativ junge Unternehmen ist eines der erfolgreichsten Handelshäuser im Burgund.

Olivier Leflaive von der Dom. Leflaive gründete dieses erfolgreiche Weinhandelsunternehmen im Jahr 1984.

REBSORTEN Chardonnay und Pinot Noir.
WEINHERSTELLUNG Traditionelle Weinherstellung in einer modernen Anlage. Teilweise Ausbau in neuen Eichenfässern.
LAGERUNG Die Weine können im Allgemeinen 4-5 Jahre gelagert werden, die Grands Crus halten mehr als 10 Jahre.
REBFL/PROD 12 ha eigene Rebfläche, Trauben werden zugekauft, Gesamtproduktion 35 000 Kisten/Jahr.

**Besitzer** Olivier Leflaive • **Kellermeister** Franck Grux • **Besuch** Mo-Sa 12-14 • **Adresse** Olivier Leflaive, Place du Monument, Puligny-Montrachet, FR-21190 Puligny-Montrachet • **Tel.** 03 80 21 37 65 • **Fax** 03 80 21 33 94

PRODUKTION         QUALITÄT         PREIS

## CH. DE MEURSAULT

GESCHICHTE  Die Geschichte dieses schönen Schlosses reicht bis ins 14. Jahrhundert zurück. Der Graf de Moucherons hat sowohl die Weine als auch das Schloss geprägt. Der heutige Besitzer

*Das schöne Ch. de Meursault ist ein beliebtes Ausflugsziel. Die Weine sind erstklassig - wie auch die Preise.*

heißt André Boisseaux. Man arbeitet teilweise mit Patriarche in Beaune zusammen.
WEINE  Der Anbau von weißen Rebsorten umfasst große Teile von Meursault Premiers Crus Charmes und Perrières, die mit dem Gemeindewein verschnitten werden. Die Weine erhalten die Etikette Château de Meursault und Clos du Château. Der Rotwein kommt u.a. aus Pommard Les Epenots, Savigny-lès-Beaune, Volnay Clos des Chênes, Aloxe-Corton und Beaune.
CHARAKTER  Meist kraftvolle Weine mit großer Eleganz. Typisch für ihre Herkunft.
RUF  Das Schloss selbst ist ein bekanntes Touristenziel im Burgund. Die Weine sind sehr gut hergestellt und prestigeträchtig, aber teuer.
REBSORTEN  Chardonnay und Pinot Noir.
WEINHERSTELLUNG  80% der Weißweine gären in modernen Edelstahltanks und die restlichen 20% in neuer Eiche. Danach wird der Wein 12-14 Mt. in zu 40% neuer Eiche ausgebaut. Die Rotweine werden in Eichenfässern ausgebaut.
LAGERUNG  Weißweine: 5-7 Jahre, Rotweine bis zu zehn Jahren.
REBFL/PROD  60 ha, etwa 25 000 Kisten/Jahr. Verkauft an französische Restaurants und exportiert ins Ausland (60%).

**Besitzer** André Boisseaux • **Kellermeister** J. Mitanchey • **Besuch** 9.30-12, 14.30-18 • **Adresse** Ch. de Meursault, FR-21190 Meursault • **Tel.** 03 80 26 22 75 • **Fax** 03 80 26 22 76

PRODUKTION    QUALITÄT    PREIS

## PATRIARCHE PÈRE & FILS

GESCHICHTE  Diese Weinfirma, deren Geschichte bis 1780 zurückgeht, gehört zu den größten Burgunds. Mit dem Verkaufsschlager Kriter Brut de Brut Anfang der 60er Jahre konnte sie Marktanteile gewinnen. In gleichem Besitz wie Ch. de Meursault.
WEINE  Herstellung von Schaumweinen ohne Qualitätsbezeichnung, von Weinen aus größeren Weinbergen sowie Appellationen im Burgund. Sie verkaufen die Weine unter Markenetiketten wie Père Patriarche, Cuvée Jean Baptiste und Noëmie Vernaux. Sie sind die größten Einkäufer von Hospices-de-Beaune-Weinen und haben nicht nur in Côte de Nuits, sondern auch in Côte de Beaune eigene Weinberge.
CHARAKTER  Viele bescheidene Weine in der großen Produktion. Die Domaine-Weine der eigenen Weinberge sind von hoher Qualität.
RUF  Einerseits ein sehr großes Weinhandelshaus, getragen vom umfangreichen Verkauf von Schaumweinen, und andererseits der größte Händler von Hospices de Beaune. Die Weißweine

*Patriarche Père & Fils bieten in ihren Räumen in Beaune Weinproben an. Die Produktion ist sehr groß.*

haben größere Bedeutung als die Roweine.
REBSORTEN  Chardonnay und Pinot Noir.
WEINHERSTELLUNG  Traditionelle Weinherstellung in modernster Anlage.
LAGERUNG  Die besten Cru-Weine können und sollten mehrere Jahre gelagert werden. Die Schaumweine und die meisten einfacheren Weine sollten dagegen jung getrunken werden.
REBFL/PROD  120 ha eigene Fläche, etwa 350 000 Kisten AOC-Weine/Jahr. 60% der Produktion sind Appellation-Weine.

**Besitzer** André Boisseaux • **Besuch** Nach Vereinbarung • **Adresse** Patriarche Père & Fils, 5, rue du Collège, FR-21200 Beaune • **Tel.** 03 80 24 53 01 • **Fax** 03 80 24 53 03

PRODUKTION    QUALITÄT    PREIS

## CH. DE POMMARD

GESCHICHTE 1098 wurde ein Kastell auf diesem Platz gebaut. Sein heutiges Aussehen erhielt das Schloss erst 1726, unter der Leitung von Messire Vivant Micaut, dem Sekretär der französischen Krone. Der berühmte Dr. Jean-Louis Laplanche, Professor an der Universität von Sorbonne, leitet heute den Betrieb.

WEINE Nur Rotweine mit Gemeindebezeichnung der Appellation Pommard. Die besten werden unter dem Namen Château de Pommard verkauft.

CHARAKTER Große, kraftvolle, warme und tanninreiche Weine mit tiefer Farbe. Stammen zum großen Teil von alten Rebstöcken.

RUF Obwohl die Weine rechtlich keinen höheren Status als die Gemeindeweine haben, gelingt es Dr. Laplanche, einen Wein herzustellen, der von gleicher Klasse wie ein Premier Cru ist.

REBSORTEN Ausschließlich Pinot Noir.

WEINHERSTELLUNG Traditionelle und sehr genaue Weinherstellung. Ausbau in 100% neuer Eiche während zwei Jahren. Die Weine werden

*Château de Pommard hat seinen Ursprung im Mittelalter. Man erzeugt nur Pinot-Weine.*

danach ohne Filtration in speziell geformte Flaschen gefüllt.

LAGERUNG Diese Weine können mehr als 15 Jahre gelagert werden.

REBFL/PROD 20 ha, etwa 5 000 Kisten/Jahr. Hauptsächlich wird direkt ab Schloss an Privatpersonen verkauft, aber auch auf dem französischen, schweizerischen, deutschen und belgischen Markt. Großer Exportanteil.

**Besitzer** Jean-Louis Laplanche • **Besuch** Täglich 9-11, 14-18 • **Adresse** Ch. de Pommard, FR-21630 Pommard • **Tel.** 03 80 22 07 99 • **Fax** 03 80 24 65 88

PRODUKTION        QUALITÄT        PREIS

## JACQUES PRIEUR

GESCHICHTE Ein altes Meursault-Familienanwesen in großartiger Verwandlung: von Mittelmäßigkeit bis zur Finesse. Alles begann 1988, als Martin Prieur das väterliche Gut übernahm und Bertrand Devillard für die finanziellen Mittel sorgte. Antonin Rodet beteiligt sich zusammen mit einer Gruppe von Financiers zur Hälfte daran.

WEINE Jacques Prieur hat in seinem Besitz eine hervorragende Sammlung von Weingütern, mit mehreren erstklassigen Crus-Lagen an der ganzen Côte d'Or. Weißweine: Montrachet, Chevalier-Montrachet, Puligny-Montrachet (Les Com-

*Jacques Prieur verdankt die höchste Liga seiner Weine dem Können und den Investitionen von Martin Prieur.*

bettes) und Corton-Charlemagne. Für Rot- und Weißweine: Meursault Clos de Mazeray (Alleinbesitz), und Beaune Clos de la Féguine (Alleinsitz). Rotweine: Volnay Clos de Santenots (Alleinbesitz), Clos Vougeot, Musigny, Echézeaux, Chambertin (0,8 ha außer Clos de Bèze).

CHARAKTER Charaktervolle Weine mit gut ausgewogener Frucht und Fasston.

RUF Jacques Prieur verdankt die höchste Liga seiner Weine dem Können und den Investitionen von Martin Prieur.

REBSORTEN Chardonnay und Pinot Noir.

WEINHERSTELLUNG Traditionelle und moderne Methoden. Außerordentlich schonende Verarbeitung des Traubenguts. Vergärung und Ausbau in teilweise neuen Eichenfässern.

LAGERUNG Weißweine sollten mindestens vier Jahre gelagert werden, die roten weitere zehn.

REBFL/PROD 21 ha, etwa 21 000 Kisten/Jahr. Die Weine werden von Antonin Rodet vertrieben.

**Besitzer** SCI Jacques Prieur • **Kellermeister** Martin Prieur, Nadine Gublin • **Besuch** Mo-Fr 10-12, 14-17 • **Adresse** Jacques Prieur, 6, rue des Santenots, BP 36, FR-21190 Meursault • **Tel.** 03 80 21 23 85 • **Fax** 03 80 21 29 19

PRODUKTION        QUALITÄT        PREIS

## DOM. RAMONET

GESCHICHTE Die Familie betreibt Weinbau in Chassagne-Montrachet seit dem 19. Jahrhundert. Als das Weingut 1938 an einer größeren Weinprobe teilnahm, stieg der Erfolg. Ramonet zog die Aufmerksamkeit auf sich und bald kam die erste USA-Bestellung. Heute wird das Weingut von André Ramonet und seinen Söhnen Noël und Jean-Claude geführt.

WEINE Vorwiegend Weißweine: Grands Crus Montrachet (von 60-jährigen Weinstöcken), Bâtard- und Bienvenues-Bâtard-Montrachet sowie Premiers Crus Chassagne-Montrachet Les Ruchottes (40-jährige Rebstöcke), Les Caillerets und Les Vergers. Rotweine: Chassagne Clos de la Boudriotte und Clos Saint Jean. Der Name Ramonet-Prudhon wird angegeben, wenn der Wein von Sohn Jean-Pierre hergestellt wurde.

CHARAKTER Wahrscheinlich hat kein anderer Chardonnay die gleiche Tiefe und Geschmackskomplexität. Elegante Rotweine.

RUF Wird vielfach als der beste Produzent von Chardonnay-Weinen bezeichnet. Die Rotweine

Domaine Ramonet soll der beste Produzent von Weinen der Chardonnay-Traube sein.

sind weniger bekannt. Die Nachfrage ist meist größer als das Angebot.

REBSORTEN Chardonnay und Pinot Noir.

WEINHERSTELLUNG Traditionelle Weinherstellung. Ausbau 18-20 Mt. in neuer Eiche.

LAGERUNG Benötigen mind. 4 Jahre Lagerzeit. Diese Weine gehören zu den langlebigsten ihrer Art und die besten können bis zu 30 Jahren aufgehoben werden.

REBFL/PROD 18 ha, etwa 5 000 Kisten/Jahr.

**Besitzer** Fam. Ramonet • **Kellermeister** Noël & Jean-Claude Ramonet • **Besuch** Generell kein Besuch möglich • **Adresse** Dom. Ramonet, Rue du Puits, FR-21190 Chassagne-Montrachet • **Tel.** 03 80 21 30 88 • **Fax** 03 80 21 35 65

PRODUKTION     QUALITÄT     PREIS

## MAISON ROPITEAU FRÈRES

GESCHICHTE Der Betrieb etablierte sich 1848 und wurde später auch als beständiger Händler von Burgunder-Weinen bekannt. Mit der Zeit kaufte man Rebberge in Meursault. 1974 wurde das Haus von der Bernard-Taillan-Gruppe und 1994 von Grands Vins Jean-Claude Boisset übernommen. Bernard Taillan ist immer noch Teilhaber.

WEINE Bekannteste Weißweine sind Meursault Premiers Crus Genevrières, Perrières, Les Charmes, Les Gouttes d'Or und Le Poruot. Zudem Premiers Crus Puligny-Montrachet, Rully,

Die besten Weine von Ropiteau kommen von Meursault und den eigenen Weinbergen. Auch als Négociant tätig.

Monthélie, Volnay, Pommard, Beaune (Grèves), Clos de Vougeot, Echézeaux und Chambolle-Musigny.

CHARAKTER Die Weißweine haben ein Aroma von gerösteter Eiche und eine ausgewogene Frucht. Die Rotweine besitzen einen weniger ausgeprägten Charakter.

RUF Die Firma genießt einen guten Ruf, besonders für die Weißweine von Meursault und jene vom eigenen Weingut.

REBSORTEN Chardonnay und Pinot Noir.

WEINHERSTELLUNG Traditionelle Weinherstellung mit etwas neuer Eiche.

LAGERUNG Die besseren Weine benötigen im Allgemeinen 4-5 Jahre Entwicklungszeit.

REBFL/PROD Keine eigenen Rebflächen, insgesamt 200 000 Kisten/Jahr. Großer Export nach Japan, Irland und Großbritannien.

**Besitzer** Grands Vins J-C Boisset • **Kellermeister** Sylvain Conson • **Besuch** Täglich nach Vereinbarung (Tel. 03 80 21 24 73) • **Adresse** Maison Ropiteau Frères, 13, rue du 11 Novembre, FR-21190 Meursault • **Tel.** 03 80 21 69 20 • **Fax** 03 80 21 69 29

PRODUKTION     QUALITÄT     PREIS

## DOM. ROUGEOT

GESCHICHTE  Schon seit fünf Generationen ist die Familie Rougeot Weinherstellerin und Weingutsbesitzerin in Meursault. Seit 1955 kauft sie sukzessive Teile von bekannten Premier-Cru- und Village-Lagen in der Umgebung. Seit 1975 wird der Betrieb von Marc Rougeot geführt. Er

*Seit 1955 hat die Familie Rougeot die bekannten Premiers Crus und Villages-Lagen der Gegend gekauft.*

war es, der die Flaschenabfüllung auf dem eigenen Gut einführte.

WEINE  Die besten Weißweine sind Meursault Charmes zusammen mit Meursault-Monatine und Meursault Perrières. Der weiße Burgunder wird unter dem Etikett Les Grandes Gouttes verkauft. Der beste Rotwein ist der Volnay Santenots, aber nur ganz wenig davon wird exportiert. Er stammt von einem 1 Hektar großen Weinberg. Andere Rote sind Pommard und Ladoix-Serrigny.

CHARAKTER  Weine, die Kraft mit Straffheit vereinen und eine gute Konzentration aufweisen.

RUF  Konsequente Herstellung von erstklassigen Weinen. Der weiße Burgunder Les Grandes Gouttes ist besonders preiswert.

REBSORTEN  Chardonnay und Pinot Noir.

WEINHERSTELLUNG  Traditionelle Weinherstellung. Die Weißweine werden 12-14 Monate in zu 40% neuen Eichenfässern ausgebaut und die roten 14-20 Monate in zu 10% neuer Eiche.

LAGERUNG  Die Weine werden für ein langes Leben in der Flasche hergestellt und die besten können unter guten Bedingungen bis zu 20 Jahren gelagert werden.

REBFL/PROD  20 ha eigene Rebfläche, etwa 10 000 Kisten/Jahr. 85% Export.

**Besitzer** Marc Rougeot • **Kellermeister** Marc Rougeot • **Besuch** Nach Vereinbarung • **Adresse** Dom. Rougeot, 6, rue André Ropiteau, FR-21190 Meursault • **Tel.** 03 80 21 22 91 • **Fax** 03 80 21 29 22 • **Homepage** www.wine-reporter.com

PRODUKTION  QUALITÄT  PREIS

## DOM. ROULOT

GESCHICHTE  Wurde in den 50er Jahren von Guy Roulot gegründet. Er war der Erste, der damit anfing, den Wein von jeder einzelnen Anbaufläche separat herzustellen. Seit 1982 wird das Anwesen von seiner Witwe Geneviève und seinen Kindern Michèle und Jean-Marc geführt.

WEINE  Die besten sind Premier-Cru-Weißweine von Les Perrièrres, Bouchères und Les Charmes. Auch Meursault Les Luchets, Les Meix Chavaux, Les Tessons, Les Tillets und Les Vireuils. Ferner Meursault Village, Bourgogne Blanc und Weißweine aus Auxey-Duresses und Monthélie.

*Guy Roulot war der Erste, der anfing, den Wein von jeder einzelnen Anbaufläche separat herzustellen.*

CHARAKTER  Reine und gut ausgeglichene Weine. Typische Merkmale ihrer Herkunft ist der Eindruck von Nüssen, Frucht und Ananas, aber auch viel eigenem Charakter.

RUF  Sorgfältig geführtes Weingut mit sehr gutem Ruf. Die Weine gehören zur absoluten Spitze in der Gemeinde.

REBSORTEN  Aligoté und Chardonnay für die weißen, Pinot Noir für die roten Weine.

WEINHERSTELLUNG  Die Weißweine werden in Eichenfässern vergoren. Ausbau während 10-12 Monaten in zu 20-30% neuer Allier-Eiche. Der Rotwein wird 10-14 Tage vergoren und danach 12-18 Monate in zu 30% neuer Eiche ausgebaut.

LAGERUNG  Die meisten Weine sollten innerhalb von 10 Jahren getrunken werden.

REBFL/PROD  11 ha, etwa 5 000 Kisten/Jahr. 60% Export.

**Besitzer** Familie Roulot • **Kellermeister** Jean-Mare Roulot • **Besuch** Kein Besuch möglich • **Adresse** Dom. Roulot, 1, rue Charles Giraud, FR-21190 Meursault • **Tel.** 03 80 21 21 65 • **Fax** 03 80 21 64 36

PRODUKTION  QUALITÄT  PREIS

## Étienne Sauzet

**GESCHICHTE** Das Weingut etablierte sich Anfang dieses Jahrhunderts und wurde mit Étienne Sauzet, der ein besonderes Gefühl für weiße Burgunder hatte, weltberühmt. Nach vielen erfolgreichen Jahren starb Étienne Sauzet 1975. Heute tragen Schwiegersohn Gérard Boudot und seine Familie die Verantwortung.

**WEINE** Ihre Anbauflächen findet man unter den Grands Crus Bâtard- und Bienvenues-Bâtard-Montrachet. In Puligny-Montrachet Teile von Les Combettes, Champs Canet, Les Referts, Les Perrières, La Truffières sowie Gemeindeweine von Chassagne-Montrachet und Puligny-Montrachet.

**CHARAKTER** Elegante und gut ausgewogene Weine mit hoher Konzentration. Typisches Beispiel für einen weißen Burgunder.

**RUF** Einer der seriösesten Weißweinhersteller Burgunds, dessen Weine in den meisten Spitzenrestaurants vertreten sind.

**REBSORTEN** Ausschließlich Chardonnay.

**WEINHERSTELLUNG** Die Weine bleiben 10-12 Monate in Fässern von Allier-Eiche

*Étienne Sauzet erzeugt nur allerbeste Chardonnays. Die meisten gehen an Spitzenrestaurants der ganzen Welt.*

(25-33% davon neu) auf ihrem Hefedepot liegen (sur lie). Danach werden sie sehr vorsichtig mit Kieselgur filtriert und auf Flaschen abgezogen.

**LAGERUNG** Die Weine schmecken schon jung sehr gut, lassen sich aber weitere 10-12 Jahre lagern.

**REBFL/PROD** Ca. 8 ha (mit zugekauften Trauben aus 7 ha), ca. 7 500 Kisten/Jahr. 70% Export. Die Weine werden meist direkt an Spitzenrestaurants in und außerhalb Frankreichs verkauft.

**Besitzer** Fam. Boudot-Boillet • **Kellermeister** Gérard Boudot • **Besuch** Kein Besuch möglich • **Adresse** Étienne Sauzet, FR-21190 Puligny-Montrachet • **Tel.** 03 80 21 32 10 • **Fax** 03 80 21 90 89

|  |  |  |
|---|---|---|
| PRODUKTION | QUALITÄT | PREIS |

## Dom. Tollot-Beaut & Fils

**GESCHICHTE** Der Grundstein für dieses berühmte Familienunternehmen wurde 1880 gelegt. Anfang des 20. Jh. begann man den Wein unter eigenem Namen zu verkaufen. Dies erfolgte dank dem amerikanischen Einfuhrkaufmann Frank Schoonmaker. Heute führt die fünfte Generation die Traditionen und das Anwesen weiter (u.a. François, Jack, Alain und Jean-Paul Tollot).

**WEINE** Chorey-lès-Beaune, Beaune mit Grèves und Clos du Roi, Aloxe-Corton mit Corton, Corton-Bressandes und Corton-Charlemagne sowie Savigny-lès-Beaune La-Vières und Savigny-lès-

*Ein namhaftes Anwesen mit vielen preiswerten Weinen, u.a. dem Savigny Champ-Chevrey.*

Beaune Champ-Chevrey (Monopol).

**CHARAKTER** Weine mit guter Farbe, aromatischem Bukett und Intensität.

**RUF** Namhaftes Anwesen mit gut hergestellten Weinen. Die Monopol-Lagen Savigny Champs-Chevrey und die Gemeindeappellation Chorey-lès-Beaune sind sehr preiswert.

**REBSORTEN** Chardonnay und Aligoté für die weißen und Pinot Noir für die Rotweine.

**WEINHERSTELLUNG** Ein großer Anteil alter Rebstöcke und eine kompromißlose Weinherstellung mit traditionellen Methoden. 50-60% der Stiele werden entfernt. Gärung in offenen Bottichen für möglichst viel Extrakt, Farbe und Bukett. Der Ausbau erfolgt während 14-16 Monaten in zu 40% neuer Eiche. Keine Schönung, sondern nur sehr vorsichtige Filtration.

**LAGERUNG** Bei guten Verhältnissen können die Weine 7-15 Jahre gelagert werden.

**REBFL/PROD** Insgesamt 22 ha, 10 000 Kisten/Jahr, wovon 60% exportiert werden.

**Besitzer** Fam. Tollot • **Besuch** Mo-Fr, nach Vereinbarung • **Adresse** Dom. Tollot-Beaut & Fils, Rue Alexandre Tollot, Chorey-lès-Beaune, FR-21200 Beaune • **Tel.** 03 80 22 16 54 • **Fax** 03 80 22 12 61

|  |  |  |
|---|---|---|
| PRODUKTION | QUALITÄT | PREIS |

## Weitere Produzenten der Côte de Beaune

### Robert Ampeau et Fils
Unter der Leitung von Robert und Sohn Michel werden kräftige und konzentrierte Weine von ausgezeichneter Qualität hergestellt. Die Weißweine haben größeren Erfolg als die Rotweine. Die besten Weißweine sind Puligny-Montrachet Les Combettes, Meursault Les Perrières, Les Charmes und La Pièce sous la Bois. Die besten Rotweine sind Pommard, Volnay Santenots und Beaune Clos du Roi. FAKTEN 10 ha, ca. 5 000 Kisten/J.
• **Besitzer:** Robert & Michel Ampeau **Besuch:** Nach Vereinbarung. **Adresse:** 6, rue du Cromin, FR-21190 Meursault. **Tel.** 03 80 21 20 35.

### Adrien Belland
Der Betrieb wird von Vater und Sohn geführt. Konzentrierte und tanninreiche Weine. Die Trauben werden entrappt, langer Macération unterzogen und 20-22 Mt. in teilweise neuen Holzfässern ausgebaut. Flaschenabzug auch unter dem Namen Jean Claude Belland. FAKTEN 11 ha, 6 000 Kisten/Jahr.
• **Besitzer:** Adrien & Jean Claude Belland **Kellermeister:** Jean Claude Belland **Besuch:** Nach Vereinbarung. **Adresse:** Place du Jet d'Eau, FR-21590 Santenay. **Tel.** 03 80 20 61 90. **Fax** 03 80 20 65 60.

### Bouchard-Aîné & Fils
Négociant und Weingutsbesitzer seit 1750, als ein Zweig der Firma Bouchard Père et Fils. Traditionelle Herstellungsmethode. Der Wein aus eigenen Lagen soll bedeutend besser sein als der mit dem Etikett des Weinhandelshauses. Der Betrieb ist heute in Besitz des großen Négociant Grands Vins J-C Boisset, wie auch das Maison Jaffelin in Beaune, wo auch Aîné-Weine hergestellt werden.
• **Besitzer:** Grands Vins J-C Boisset **Besuch:** Nach Vereinbarung. **Adresse:** 36, rue Sainte-Marguerite, FR-21203 Beaune. **Tel.** 03 80 22 07 67.

### Dom. Caillot
Ein qualitätsorientierter Erzeuger in Meursault mit gut gebautem rotem Pommard (1er Cru Epenots) und weißem Meursault (Les Tessons).
• **Besitzer:** Roger Caillot **Besuch:** Nach Vereinbarung. **Adresse:** 14, rue du Cromin, FR-21190 Meursault. **Tel.** 03 80 21 20 12. **Fax** 03 80 21 69 58.

### Louis Carillon
In Familienbesitz seit 1632. Gut gebaute Weine, mit steigendem Exportanteil. Grands Crus Bienvenues-Bâtard-Montrachet, Chassagne-Montrachet und Puligny-Montrachet. Alle Weine werden ein Jahr in 10-20% neuer Eiche ausgebaut. FAKTEN 12 ha, ca. 5 000 Kisten/Jahr.
• **Besitzer:** Jacques Carillon **Besuch:** Nach Vereinbarung. **Adresse:** rue Drouhin, FR-21190 Puligny-Montrachet. **Tel.** 03 80 21 30 34. **Fax** 03 80 21 90 02.

### Chartron & Trébuchet
1984 haben sich Jean-René Chartron und Louis Trébuchet zu einem Weinhandelshaus zusammengeschlossen. Elegante und frische Weine hauptsächlich Puligny- und Chassagne-Montrachet (u.a. Bâtard-Montrachet) sowie Meursault. Mehrere Grands Crus (z.B. Corton Charlemagne) sowie die preiswerten St-Aubin und Rully. Prestigeweine werden unter dem Etikett Domaine Jean Chartron vermarktet.
• **Besitzer:** Jean-René Chartron, Louis Trébuchet **Besuch:** Nach Vereinbarung. **Adresse:** 13, Grand-Rue, FR-21190 Puligny-Montrachet. **Tel.** 03 80 21 32 85. **Fax** -36 35.

### Coche-Dury
Wird als einer der besten Erzeuger von preiswerten weißen Burgundern angesehen. Äußerst subtile Weine mit einer angenehmen Butternote. Lagen: Corton-Charlemagne, Meursault Perrières (weiß) und die roten Premiers Crus in Volnay und Monthélie. FAKTEN 9 ha, ca. 5 000 Kisten/Jahr.
• **Besitzer:** Jean-François Coche-Dury **Besuch:** Nach Vereinbarung. **Adresse:** 9, rue Charles Giraud, FR-21190 Meursault. **Tel.** 03 80 21 24 12.

### Marc Colin
Weinbau in fünfter Generation, heute von den Söhnen geführt. Lagerfähige Weine von sehr hoher Qualität. Vorwiegend Weißweine wie der Grand Cru Montrachet sowie Weine aus Chassagne-Montrachet und Puligny-Montrachet, St-Aubin und Santenay. FAKTEN 16 ha, ca. 8 000 Kisten/Jahr.
• **Besitzer:** Marc, Pierre-Yves & Joseph Colin **Besuch:** Nach Vereinbarung. **Adresse:** Gamay, FR-21190 St-Aubin. **Tel.** 03 80 21 30 43. **Fax** 03 80 21 90 04.

### Dom. Dubreuil-Fontaine
Gut geführter Familienbetrieb, bekannt durch Pierre Dubreuil. Seine Enkelin führt heute den Betrieb und erzeugt moderne Weine in fruchtigem Stil. U.a. Corton Clos du Roi, Corton-Charlemagne und Pommard, Pernand-Vergelesses (Clos Berthet, Monopol) und Savigny-lès-Beaune.
• **Besitzer:** Bernard & Christine Dubreuil **Kellermeister:** Christine Dubreuil **Besuch:** Nach Vereinbarung. **Adresse:** FR-21420 Pernand-Vergelesses. **Tel.** 03 80 21 55 43. **Fax** 03 80 21 51 69.

### Dom. Jean-Noël Gagnard
Zuverlässiger Erzeuger mit u.a. dem Grand Cru Bâtard-Montrachet, Lagen in Chassagne-Montrachet und Santenay sowie Bourgogne Rouge, Blanc und Aligoté. Weißweine mit großem Geschmack und Lagerpotenzial. FAKTEN 8,5 ha, ca. 5 000 Kisten/Jahr.
• **Besitzer:** Fam. Gagnard **Besuch:** Nach Vereinbarung. **Adresse:** FR-21190 Chassagne-Montrachet. **Tel.** 03 80 21 31 68.

## Weitere Produzenten der Côte de Beaune

### Dom. Jacques Germain

Der Großvater des heutigen Besitzers François Germain gründete das Anwesen vor 100 Jahren. Klassische, samtweiche und sehr preiswerte Rotweine. Acht Appellationen, vom einfachen Chorey-lès-Beaune bis zum prestigereichen Beaune Les Teurons. Traditionelle Herstellungsmethoden. FAKTEN 16 ha, ca. 9 000 Kisten/Jahr.
• **Besitzer:** François Germain **Besuch:** Nach Vereinbarung. **Adresse:** Au Château, FR-21200 Chorey-lès-Beaune. **Tel.** 03 80 22 06 05. **Fax** -03 80.

### Dom. Antonin Guyon

Ein erfolgreiches Weingeschäft, das nach dem Erwerb der Domaine Thévenot zu den größeren Weingütern zählt. Weicher Stil mit Weinen von Aloxe-Corton (auch Corton-Charlemagne), Meursault, Volnay, Gevrey-Chambertin, Hautes-Côtes de Nuits. Traditionelle Weinherstellung. FAKTEN 50 ha, ca. 30 000 Kisten/Jahr.
• **Besitzer:** Michel & Dominique Guyon **Besuch:** Nach Vereinbarung. **Adresse:** FR-21420 Savigny-lès-Beaune. **Tel.** 03 80 67 13 24. **Fax** 03 80 66 85 87.

### Jaboulet-Vercherre

Weinhandelshaus und Weinanbau. Kräftige und tanninreiche Weine, etwas untypisch. Pommard, Volnay, Beaune und Aloxe-Corton, preiswerte rote und weiße Burgunder. Verkaufen auch unter dem Etikett Louis Lesanglier. FAKTEN 15 eigene Rebfläche, insg. 750 000 Kisten/Jahr.
• **Besitzer:** Michel Jaboulet-Vercherre **Besuch:** Täglich nach telefonischer Vereinbarung. **Adresse:** 5, rue Colbert, FR-21201 Beaune. **Tel.** 03 80 22 25 22.

### Ch. de La Maltroye

Gut gebauter Chassagne-Montrachet mit Bâtard-Montrachet, Santenay, Bourgogne Rouge, -Blanc und -Aligoté, überwiegend Weißweine. Topweine werden in ganz neuen Eichenfässern ausgebaut, andere in zu 40% neuer Eiche. FAKTEN 16 ha, ca. 8 000 Kisten/Jahr.
• **Besitzer:** André & Monique Cournut **Besuch:** Nach Vereinbarung. **Adresse:** 16, rue de la Murée, FR-21190 Chassagne-Montrachet. **Tel.** 03 80 21 38 98. **Fax** 03 80 21 34 54.

### Dom. Marquis d'Angerville

Einer der Pioniere der 20er Jahre, der die Flaschenabfüllung auf dem Gut förderte. Hier wurde auch ein Pinot-Noir-Klon entwickelt, der Pinot d'Angerville genannt und heute von mehreren Spitzenhäusern angebaut wird. Große Weine sind der tiefe und konzentrierte Premier Cru Clos de Ducs sowie der Terroir-betonte Volnay Taille-Pieds.
• **Besitzer:** Jacques d'Angerville **Besuch:** Nach Vereinbarung. **Adresse:** FR-21190 Volnay. **Tel.** 03 80 21 61 75. **Fax** 03 80 21 65 07.

### Dom. Prieur-Brunet

Traditionelles Familiengut, Anfang des 19. Jh. gegründet. Ausgezeichnete Weine von mehreren Appellationen. Rote Premiers Crus: Pommard Clos du Roy, Volnay Santenots, Chassagne-Montrachet Morgeot, Santenay Comme und Maladière. Weiße: Meursault Les Charmes (Premier Cru) und Les Forges Dessus. FAKTEN 20 ha, ca. 8 000 Kisten/Jahr.
• **Besitzer:** Guy Prieur **Besuch:** Nach Vereinbarung. **Adresse:** Rue de Narosse, FR-21590 Santenay. **Tel.** 03 80 20 60 56. **Fax** 03 80 20 64 31.

### Dom. Roux Père & Fils

Herkunftstypische, oft preiswerte Weine in leichterem Stil. Außer Saint-Aubin auch ausgezeichnete rote Chassagne-Montrachet (u.a. Clos St Jean), Clos Vougeot, Nuits-St-Georges (Les Richemones) sowie weiße Puligny-Montrachet (Les Enseignères) und Chassagne-Montrachet.
• **Besitzer:** Marcel, Christian & Régis Roux **Besuch:** Nach Vereinbarung. **Adresse:** FR-21190 Saint-Aubin. **Tel.** 03 80 21 32 92. **Fax** 03 80 21 35 00.

### Verget

Négociant und Weinbau seit 1991. Einer der besten Erzeuger von weißen Burgundern mit hervorragender Kritik. Weine von verschiedenen Lagen: Puligny-, Bâtard- und Chassagne-Montrachet, Meursault, Pouilly-Fuissé u.a.
• **Besitzer:** Fam. Guffens-Heynen **Besuch:** Nach Vereinbarung. **Adresse:** FR-71960 Sologny. **Tel.** 03 85 37 70 77. **Fax** 03 85 37 71 91.

### Weitere Betriebe

Dom. Buffet, place de l'Église, FR-21190 Volnay. Tel. 03 80 21 62 74. Fax 03 80 21 65 82.

Dom. Henri Clerc, Pl. des Marronniers, FR-21190 Puligny-Montrachet. Tel. 03 80 21 32 74. Fax 03 80 21 39 60.

Germain, Rue de la Pierre-Ronde, FR-21190 St-Romain. Tel. 03 80 21 60 15. Fax -67 87.

A. Goichot, Route de Meursault, FR-21190 Merceuil. Tel. 03 80 26 88 70. Fax -80 69.

Dom. Largeot, 5, rue des Brenôts, FR-21200 Chorey-lès-Beaune. Tel. 03 80 22 15 10. Fax 03 80 22 60 62.

Dom. du Duc de Magenta, Abbey de Morgeot, FR-21190 Chassagne-Montrachet. Tel. 03 80 21 30 77.

Dom. Maillard, 2, rue Joseph-Bard, FR-21200 Chorey-lès-Beaune. Tel. 03 80 22 10 67. Fax 03 80 24 00 42.

Dom. Michel Voarick, Aloxe-Corton, FR-21420 Aloxe-Corton. Tel. 03 80 26 40 44.

# Côte Chalonnaise

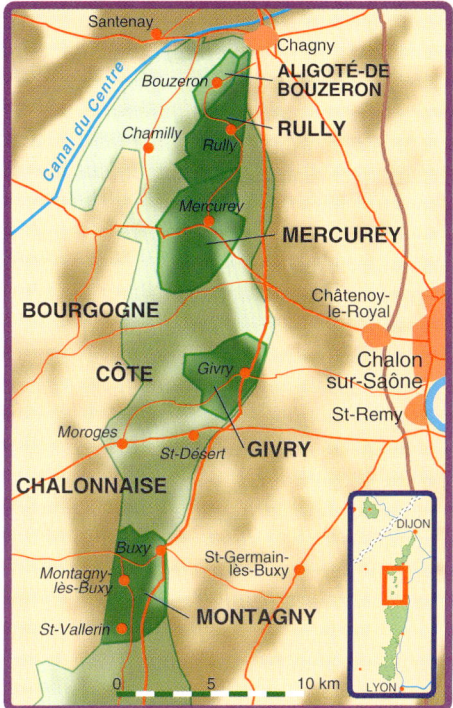

**GESCHICHTE** Früher ein weniger beachteter Teil des Burgunds, der fast immer im Schatten der nördlichen Nachbarn stand. Während der letzten zehn Jahre ist aber der Ruf eines guten Bereichs mit hoher Qualität und günstigen Preisen gefestigt worden. Es gibt hier viele interessante Weine zu entdecken.

**GEOGRAPHIE** Liegt direkt südlich der Côte d'Or. Der Bereich ist nicht zusammenhängend, sondern seine Appellationen sind über drei größere Teilbereiche zerstreut.

**BODEN** Lehm und Sand, stellenweise eisenhaltig, auf Unterböden aus Kalkstein.

**WEINE** Die Weine erinnern sehr an Côte de Beaune. RULLY produziert Rot- und Weißweine zu gleichen Teilen. Es wird auch viel Schaumwein hergestellt, genannt CRÉMANT DE BOURGOGNE. In MERCUREY und GIVRY ist die Rotweinproduktion vorherrschend, während MONTAGNY nur Weißweine erzeugt. Die fünfte und jüngste Appellation (1991), BOURGOGNE CÔTE CHALONNAISE, besteht zum größten Teil aus Rotwein. Außerdem BOURGOGNE ALIGOTÉ DE BOUZERON, die einzige eigene Appellation für die Rebsorte Aligoté.

**REBSORTEN** Rote: Pinot Noir und etwas Gamay für Bourgogne Passe-tout-grains. Weiße: Chardonnay und Aligoté.

**WEINHERSTELLUNG** Gleiche Herstellungsmethoden wie an der Côte d'Or. Die roten Trauben werden in der Regel entrappt und mit Schalenkontakt während 8-10 Tagen vergoren. Die besseren Weißweine werden im Fass vergoren. Rot- und Weißweine werden im Fass ausgebaut.

**REBFL/PROD** 700 ha, ca. 36 000 hl/Jahr, davon mehr als 27 000 hl Rotwein und ca. 8 000 Weißwein. Rund 30% wird direkt vom Winzer verkauft, der Rest von Weinhandelshäusern.

**WISSENSWERT** Weitere Auskünfte: La Maison des Vins de la Côte Chalonnaise, Promenade Ste-Marie, FR-71100 Châlon-sur-Saône. Tel. 03 85 41 64 00. Die Weinbruderschaft *La Confrérie St-Vincent et des Disciples de la Chante Flûté de Mercurey* veranstaltet jährlich Weinverkostungen der Mercurey-Weine. Die Auszeichnung „Chante Flûté" auf dem Etikett bedeutet, dass der Wein zu den besten des Bereichs zählt.

Die Côte Chalonnaise ist ein großes Weingebiet südlich der Côte de Beaune. Hier werden Weine erzeugt, die sich mit großen Namen der nördlichen Nachbarn messen können. Der Unterschied liegt darin, dass sie preiswerter sind.

## Mercurey

RUF Die bekannteste Appellation des Bereichs mit der größten Produktion. Eine Viertelmillion Kisten entspricht zwei Dritteln der gesamten Produktion in Côte Chalonnaise. Die Weine halten durchgehend eine hohe Qualität, wahrscheinlich mit den besten Verhältnis von Qualität und Preis.

WEINE Die besten Rotweine gehören zu den kräftigsten und meist auch komplexesten des Bereichs. Der Weißwein ist oft elegant und weich mit Mineralton und frischer Säure. Die Rotweine können bis zu zehn Jahren gelagert werden, während die Weißweine sich innert vier Jahren entfalten.

KLASSIFIZIERUNG Sechs Weinberge haben Premier-Cru-Status: Clos du Roi, Clos Voyen, Clos Marcilly, Clos de Fourneaux, Clos des Montaigus und Clos des Barraults. Die Best-Reben und die Genauigkeit der Produzenten sind dabei von großer Bedeutung. Einige der besten Weinberge haben noch nicht den Premier-Cru-Status erhalten. Dazu gehören vor allem Clos de Myglands (rot) und Clos Rochette (weiß), die in Besitz von

*Mercurey ist die bekannteste Appellation des Bezirks. Die Rebsorten hier sind Chardonnay und Pinot Noir.*

Faiveley sind, sowie Clos l'Évêque, Les Champs Martins, Les Nauges, Les Veleys und Clos du Château de Montaigu.

BODEN Kalksteinkies mit eisenhaltigem Mergel, stellenweise auch Lehm.

REBSORTEN Pinot Noir für den Rotwein und Chardonnay für den Weißwein.

WEINHERSTELLUNG Traditionelle Weinherstellung wie an der Côte d'Or.

REBFL/PROD 530 ha, am meisten davon an der Côte Chalonnaise. 25 000 hl/Jahr, davon mehr als 3 000 hl Weißwein. In den letzten 35 Jahren hat Mercurey die Rebfläche verdreifacht.

PRODUZENTEN Etwa die Hälfte der Fläche ist in Besitz von großen Weinhändlern an der Côte d'Or wie Faiveley, Protheau, Bouchard Aîné und Antonin Rodet. Kleinere, sehr gute Produzenten sind u.a. Domaine Brintet, Ch. de Chamirey, Michel Juillot, Dom. de la Monette, Domaine Saier, Domaine de Suremain und Émile Voarick.

## Givry

RUF Im Mittelalter hatten die Weine von Givry einen sehr guten Ruf. Henri IV. soll sie sehr geschätzt haben. Nach einem Reblausangriff wurden große Teile der Rebfläche neu bestockt. Die

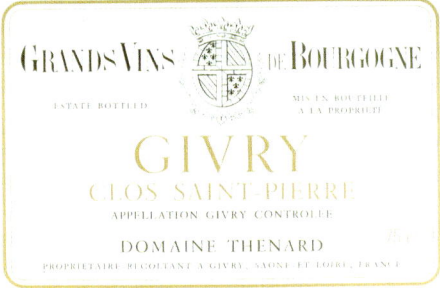

*Diese Weine waren während des Mittelalters bedeutend. Große Teile der Rebflächen wurden erst später bebaut.*

Weine bekamen den Ruf, etwas bitter und scharf zu sein. Dies trifft heute selten zu. Givry, mit seinen gut gebauten Weinen, ist eine ziemlich unterbewertete Appellation.

WEINE Runder und gut duftender Rotwein mit ausreichender Herbe und Säure, der mindestens sieben Jahre gelagert werden kann. Der Weißwein ist etwas einfacher und erreicht nicht ganz die gleiche Klasse wie die Weine der nördlichen und südlichen Nachbarn.

KLASSIFIZIERUNG Erhielt AOC-Status im Jahr 1946, aber keinen Grand oder Premier Cru. Die besten Weinlagen wie Clos Salomon, Clos St-Pierre, Clos St-Paul und Cellier-aux-Moines besitzen das gleiche Niveau der Premier-Cru-Lagen.

BODEN Mergel mit Kalkstein. Boden, der den roten Rebsorten am besten zusagt.

REBSORTEN Pinot Noir für die roten und Chardonnay für die weißen.

WEINHERSTELLUNG Traditionelle Weinherstellung, die sich nicht von derjenigen an der Côte d'Or unterscheidet. Winzer wie Domaine Joblot und Domaine Thierry Lespinasse experimentieren gern mit niedrigem Ertrag und neuer Eiche.

REBFL/PROD Ca. 220 ha, mehr als 9 000 hl Rotwein, etwa 2 000 hl Weißwein/Jahr.

PRODUZENTEN Domaine Joblot und Domaine Thierry Lespinasse sind zwei junge und ambitiöse Winzer, während Domaine Thénard bekannter ist. Der letztere wird vom großen Beaune-Négocianten Remoissenet vermarktet, der zusammen mit Louis Latour einer der wenigen Händler ist, der Weine von Givry anbietet.

FRANKREICH • BURGUND • CÔTE CHALONNAISE

## RULLY

RUF Eine schnell expandierende Appellation, die früher für ihre Schaumweine und Weißweine, die seit langem eine hohe Qualität aufweisen, am bekanntesten war. Die Rotweine sind besser geworden, erreichen aber noch nicht die Qualität der oft sehr preiswerten Weißweine.

Rully befindet sich in der Nähe der Côte de Beaune. Eine schnell expandierende Appellation.

WEINE Rot- und Weißwein zu gleichen Teilen. Wie die Lage andeutet, ähneln sie am ehesten den Côte-de-Beaune-Weinen. Charaktervolle, trockene Weine. Die roten sind leicht bis mittelfüllig mit gewisser Finesse und entfalten sich während zehn Jahren. Die weißen sind gut gebaut und oft leichter als die aus Montagny. Frische Frucht und Duft von Gewürzen und Blumen, ähnlich wie die Weine aus Chassagne-Montrachet. Das Lagerpotenzial ist fast genauso groß wie bei den roten. Schaumweine werden unter der Qualitätsbezeichnung *Crémant de Bourgogne* verkauft.

KLASSIFIZIERUNG Premiers Crus sind Margotey, Grésigny, Vouvray, Mont-Palais, Meix-Caillet, Les Pierres, La Bressande, Champ-Clou, La Renarde, Pillot, Cloux, Raclot, Raboursay, Ecloseaux, Marissou, La Fosse, Chapitre, Préau und Moulesne, aber wie auch in Mercurey hat die Genauigkeit der Erzeuger größere Bedeutung als die Lage.

BODEN Kalksteingrund mit braunem Kalkboden auf Mergel.

REBSORTEN Pinot Noir für die Rotweine und Chardonnay für die Weißweine.

WEINHERSTELLUNG Traditionelle Herstellung, die sich nicht von der an der Côte d'Or unterscheidet.

REBFL/PROD Ca. 300 ha, rund 15 000 hl/Jahr. Etwas mehr Rot- als Weißwein.

PRODUZENTEN Domaine de Folie, H&P Jacqueson, François Martenot, Domaine de Rully St-Michel sind einige ausgezeichnete kleinere Produzenten. Die beiden größten Winzer André Delorme und Antonin Rodet produzieren auch sehr gute Weine.

## MONTAGNY

RUF Es waren die Mönche in Cluny, nicht der Königshof, welche die Weine aus Montagny bevorzugten. Heute sind die Preise der Weine aus dieser südlichsten Gemeinde des Bereichs am Steigen, als Folge der zunehmenden Popularität des Chardonnay. Der Weißwein ist eine sehr preiswerte Alternative zu den immer teureren Weinen aus dem nördlichen Burgund.

WEINE Es wird ausschließlich Weißwein erzeugt, mit einem nussähnlichen und buttrigen Charakter, frischer Frucht und Säure. Er kann ein paar Jahre gelagert werden.

KLASSIFIZIERUNG Da alle 60 Lagen der Ge-

Montagny ist in diesem Bereich die Chardonnay-Appellation. Eine gute und preiswerte Alternative.

meinde Premiers Crus sind, findet man unter der Village-Appellation nur die Weine, die vor dem Anreichern nicht den festgesetzten Alkoholgehalt von 11,5% erreicht haben. Les Coeres, L'Épaule, Clos Chaudron, Les Bouchots und Les Bassets sind die namhaftesten Lagen.

BODEN Um Buxy herum gibt es „Kimmeridge"-Kalkstein, also der gleiche Boden wie in Chablis.

REBSORTEN Nur Chardonnay ist zugelassen.

WEINHERSTELLUNG Die Herstellung mit Eichenfasslagerung unterscheidet sich nicht von derjenigen an der Côte de Beaune.

REBFL/PROD Mehr als 280 ha, mit Möglichkeiten zur Erweiterung, ergeben ca. 14 500 hl ausschließlich Weißwein pro Jahr.

PRODUZENTEN Louis Latour, Dom. Millet, Bernard Michel, Alain Roy, Château de la Saule und Jean Vachet sind einige der besten Produzenten. Die Caves des Vignerons de Buxy gehört zu den angesehensten Genossenschaften im Burgund.

## CRÉMANT DE BOURGOGNE

RUF Eine Appellation, die steigende Qualität zeigt. Diese Weine können durchaus eine preiswerte und festliche Alternative zum Champagner sein. Crème de Cassis, mit schwarzem Johannisbeerlikör, ergibt einen ausgezeichneten klassischen Kir Royal.

WEINE Schaumweine, entweder weiße nur aus weißen Rebsorten (blanc de blanc) oder rosé. Sie werden trocken (brut) oder halbtrocken (demi sec) ausgebaut. Variationen von frischen, leichten bis zu fülligen und kräftigen Weinen. Können mit Crémant d'Alsace und Crémant de Loire vergli-

*Crémant de Bourgogne ist ein leichter Schaumwein, der eine preiswerte Alternative zum Champagner darstellt.*

chen werden. Sie sollten aber nicht mit dem Crémant der Champagne verwechselt werden. Die besten Crémant de Bourgogne können bis zu sieben Jahren gelagert werden.

KLASSIFIZIERUNG Die Appellation entstand 1975 als Ersatz für Bourgogne Mousseux, das sowohl die seriöseren Weine als auch die einfachen umfasste. Heute gilt die Mousseux-Appellation nur für Rotweine.

REBSORTEN Alle für das Burgund genehmigten Rebsorten, einschließlich Chardonnay, Pinot Gris, Pinot Blanc, Sacy, Aligoté, Melon de Bourgogne, Pinot Noir und Gamay.

WEINHERSTELLUNG Nur die erste Kelterung wird angewandt. Der Verschnitt (Cuvée) muss von einer Kommission, die von der INAO (französisches Appellationsinstitut) gewählt wird, genehmigt werden. Die zweite Gärung erfolgt in der Flasche, nach der Méthode Champenoise. Nach mindestens neun Monaten erfolgt dann die Entkorkung.

REBFL/PROD 450 ha, ca. 38 000 hl/Jahr. Außer an der Côte Challonaise wird auch in Yonne und Mâconnais eine ganze Menge Crémant de Bourgogne erzeugt.

PRODUZENTEN Veuve Ambal, Caves de Bailly, André Delorme, Michel Isaie, Moingeon und Parigot sind einige der besten Produzenten.

## ALIGOTÉ DE BOUZERON, BOURGOGNE CÔTE CHALONNAISE

### ALIGOTÉ DE BOUZERON

RUF Dieser Wein wird seit langem als etwas Besonderes angesehen. Den Ruhm und die Aufmerksamkeit verdankt man Aubert de Villaine. Er ist eine angesehene und bekannte Weinpersönlichkeit im Burgund und u.a. auch Teilhaber der Domaine de la Romanée-Conti.

WEINE Trockener Weißwein mit viel Säure und einer für die Sorte ungewöhnlichen Fülle, Würze und Frucht, die an Pinot Gris erinnert. Die Weine gewinnen nicht durch Lagerung.

KLASSIFIZIERUNG Appellation seit 1979 und die einzige für die Aligoté-Rebe.

BODEN Brauner Kalksteinboden im Talhang, der sich von Norden nach Süden erstreckt.

REBSORTEN Aligoté mit bis zu 14 Prozent gestattetem Chardonnay.

WEINHERSTELLUNG Traditionelle Weißweinherstellung mit Weinen, die der frischen Frucht wegen normalerweise im Frühling nach der Lese auf Flaschen gezogen werden.

REBFL/PROD Etwa 55 ha, rund 3 600 hl/Jahr.

PRODUZENTEN Bouchard Père et Fils, denen zwei Drittel der Rebfläche gehören. Ferner Aubert et Pamela Villaine, Chanzy Frères, Clos de la Fortune, Michel Goubard und André Delorme.

### BOURGOGNE CÔTE CHALONNAISE

RUF Eine neue Appellation mit steigender Qualität, zählt heute 44 Gemeinden. Die Preise sind immer noch etwas niedriger als für Weine gleichwertiger Qualität aus anderen Teilen Burgunds.

WEINE Vorwiegend Rotwein mit tiefer Farbe, Struktur und eher fruchtigen als blumigen Düften. Die Genossenschaft in Buxy umfasst rund die Hälfte der Gesamtproduktion des Gebiets.

KLASSIFIZIERUNG Die Weine gehörten früher zu den regionalen Appellationen. Seit 1990 haben sie eine eigene AOC. Auf dem Etikett darf jedoch Côte Chalonnaise nur mit halb so großen Buchstaben wie Burgund gedruckt werden. Maximaler Ertrag sind 55 hl/ha.

BODEN Mehr oder weniger sandiger Lehm, der stellenweise kalkhaltig ist.

REBSORTEN Chardonnay für die weißen und Pinot Noir für die roten Weine.

WEINHERSTELLUNG Die üblichen Methoden des nördlichen Burgunds.

REBFL/PROD Ca. 500 ha Rebfläche, rund 26 000 hl/Jahr, wovon 19 000 hl Rotweine und der Rest Weißweine sind.

PRODUZENTEN Die Genossenschaft in Buxy bestimmt mit fast der Hälfte der Gesamtproduktion diese Appellation. Weitere gute Produzenten: Michel Briday, Émile Chandesay, Clos de La Fortune, Dom. de La Renarde (André Delorme), Parize Père et Fils und A. & P. Villaine.

## Dom. de la Renarde

GESCHICHTE  Anfang der 60er Jahre hat die Familie aus dem Nichts ein großes Anwesen und ein erfolgreiches Weinhandelshaus aufgebaut. Der Besitzer Jean-François Delorme, Bürgermeister der Stadt, hat eine bedeutende Rolle bei der Entwicklung des Bereichs gespielt.

WEINE  Unter dem Etikett Domaine André wird der Crémant de Bourgogne (sowohl Blanc de Noirs, Blanc de Blancs als auch Rosé) verkauft. Domaine de la Renarde steht für Aligoté de Bouzeron, Givry-Clos du Cellier aux Moines Rouge, Mercurey Rouge und Rully-Blanc, Premier Cru Blanc, Premier Cru Rouge und Rouge. Rully Varot ist ein weiterer Spitzenwein.

CHARAKTER  Stilvolle Weine. Der weiße Rully Varot ist trocken, frisch und wird mit dem Alter durch einen Nussduft abgerundet. Die Rotweine sind weich mit Erdbeer- und Kirschdüften.

RUF  Erfolgreiches, immer noch wachsendes Unternehmen mit einer breiten Auswahl und gleichmäßiger Qualität zu guten Preisen.

REBSORTEN  Pinot Noir und Chardonnay.

*Jean-François Delorme, auch Bürgermeister, ist ein sehr erfolgreicher Produzent und Négociant.*

WEINHERSTELLUNG  Moderne Methoden. Langsame Kelterung, Gärung bei niedriger Temperatur, teilweises Entstielen der roten Trauben und Gärung in Stahltanks. Ausbau in zu 10% neuer Eiche. Schaumwein wird nach der Champagner-Methode und *cuve close* hergestellt.

LAGERUNG  Rote: 3-5 Jahre. Weiße: Rully Varot braucht einige Jahre zur Abrundung.

REBFL/PROD  Ca. 70 ha (18 ha Rully Varot), 83 000 Kisten/J. (33 000 Kisten Stillwein, 33 000 Crémant und 16 000 Vins Mousseux).

**Besitzer** Jean-François Delorme • **Kellermeister** Laurent Cadart • **Besuch** Mo-Fr, nach Vereinbarung • **Adresse** Dom. de la Renarde, 2, rue de la République, FR-71150 Rully • **Tel.** 03 85 87 10 12 • **Fax** 03 85 87 04 60

PRODUKTION  QUALITÄT  PREIS

## Antonin Rodet, Ch. de Chamirey

GESCHICHTE  Heute führt die 4. Generation diese Weinfirma, die ein bedeutendes Weinhandelshaus und Weingut in Mercurey repräsentiert.

WEINE  Zum Unternehmen gehören fast ganz Mercurey Premier Cru Clos du Roi sowie Château de Chamirey. Es ist auch in anderen Teilen der Côte Chalonnaise präsent durch Château de Rully und Domaine Monassier. Außerdem handelt es noch mit anderen Weinen aus Burgund wie z.B. Bourgogne Rodet, Mercurey, Meursault und Gevrey-Chambertin. Seit 1989 wird auch Dom. Jacques Prieur von der Côte de Beaune (zu 50% in Eigenbesitz) verkauft.

*A. Rodet ist Besitzer von großen Anwesen in Mercurey. Er verkauft außerdem zahlreiche andere Weine.*

CHARAKTER  Weiße: im Allgemeinen füllig mit gut ausgewogenem Eichencharakter. Die Rotweine sind weich, fruchtig und süffig.

RUF  Eher langweilige Weine während der 60er und 70er Jahre. Heute beständige Qualität. Château de Chamirey ist der Urtyp eines Mercurey.

REBSORTEN  Chardonnay und Pinot Noir.

WEINHERSTELLUNG  Moderne Methoden in modernen Anlagen. Selektive Lese und penible Auswahl des zugekauften Traubenmosts, der im eigenen Betrieb weiterverarbeitet wird.

LAGERUNG  Die meisten Weine sollten innert 5 J. getrunken werden. Ausnahmen sind die kräftigsten Rotweine aus dem nördlichen Burgund.

REBFL/PROD  Ch. de Chamirey: 35 ha, 12 000 Kisten/Jahr, Rodet: 65 ha, Ch. de Rully: 45 ha, 9 600 Kisten/Jahr, Dom. Jacques Prieur: 15 ha. Insgesamt ca. 700 000 Kisten/Jahr.

**Besitzer** Worms & Cie • **Besuch** Nach Vereinbarung • **Adresse** Antonin Rodet, Ch. de Chamirey, FR-71640 Mercurey • **Tel.** 03 85 45 22 22 • **Fax** 03 85 45 25 49

PRODUKTION  QUALITÄT  PREIS

## Domaine Thénard

GESCHICHTE  Ein altes und bekanntes Anwesen, das seit dem 18. Jh. in Besitz der gleichen Familie ist. Wird heute von Jacques Bordeaux-Montrieux geführt, der auch eigene Weinberge von guter Qualität in Mercurey-Villages und Mercurey-Clos Fourtol besitzt. Thénard wird heute

*Dom. Thénard ist ein alter und bekannter Produzent, der heute vom Négociant Remoissenet vermarktet wird.*

vom großen Weinhandelshaus Remoissenet in Beaune vermarktet.

WEINE  Das größte private Weingut in Givry, mit fast nur Rouge Premiers Crus (Boischevaux, Cellier aux Moines und Clos St-Pierre). Am bekanntesten für den Besitz des zweitgrößten Anteils vom berühmten Grand Cru Le Montrachet (1,83 ha); außerdem Rebflächen in Corton Clos du Roi (0,9 ha), Pernand Iles des Vergelesses (0,85 ha) und Grands-Echézeaux (0,54 ha).

CHARAKTER  Die Weine aus Givry sind kräftig mit deutlicher Herbe in der Jugend.

RUF  Man lebte lange vom alten Ruf, obwohl die Qualität weit unter der Fähigkeit des Anwesens lag. Seit Ende der 80er Jahre und unter Leitung von Jacques Bordeaux-Montrieux ist die Qualität der Weine gestiegen und viel vom ehemaligen Status wurde zurückerobert.

REBSORTEN  Pinot Noir und Chardonnay.

WEINHERSTELLUNG  Die Rotweine werden 16-24 Mt. in zu 20% neuer Eiche ausgebaut und die Weißweine 12-18 Mt. in zu 100% neuer Eiche.

LAGERUNG  Vin de Garde acht bis zehn Jahre.

REBFL/PROD  22 ha, ca. 6 000 Kisten/Jahr.

**Besitzer** Fam. Bordeaux-Montrieux • **Besuch** Nach Vereinbarung • **Adresse** Domaine Thénard, 7, rue de l'Hôtel de Ville, FR-71640 Givry • **Tel.** 03 85  44 31 36 • **Fax** 03 85 44 47 83

PRODUKTION        QUALITÄT        PREIS

## Aubert & Pamela de Villaine

GESCHICHTE  Nicht nur als Teilhaber der berühmten Domaine de la Romanée-Conti ist Aubert Villaine bekannt geworden. Er und Gattin Pamela gehörten auch zu den ersten Vorkämpfern, die zur Qualitätsverbesserung der Weine aus Bouzeron und Côte Chalonnaise beitrugen.

WEINE  Der Anbau besteht aus drei Weinbergen mit Bourgogne Aligoté de Bouzeron, Bourgogne Blanc Les Clous und Bourgogne Rouge La Digoine. Auch der weiße „Les Saint Jacques" wird sehr gerühmt.

CHARAKTER  Trotz relativ einfacher Appellation ist dieser Wein nicht weit entfernt von einem

*A&P Villaine waren die Vorkämpfer der AOC Aligoté de Bouzeron. Die Weine sind von hoher Qualität.*

Gemeinde-Chassagne-Montrachet oder einem Premier Cru. Sowohl die roten als auch die weißen Weine sind reich an Frucht und Konzentration in Duft und Geschmack. Die jungen Rotweine haben eine deutliche Herbe.

RUF  Von vielen als der beste Produzent in Bouzeron angesehen, und im Unterschied zu den sehr teuren Romanée-Conti-Weinen sind diese Weine sehr preiswert.

REBSORTEN  Größter Anteil Aligoté, aber auch Chardonnay und Pinot Noir.

WEINHERSTELLUNG  Sorgfältige Auswahl, lange Macération, teils in Eichenbottichen oder Eichenfässern, aber auch in Betontanks. Les Clous und der Aligoté werden 8-9 Mt. in zu 20% neuer Eiche ausgebaut und La Digoine 15 Mt. in zu 25% neuer Eiche. Filtration wird vermieden.

LAGERUNG  Die Konzentration ermöglicht eine Lagerung über mehrere Jahre.

REBFL/PROD  Insg. 20 ha, 10 000 Kisten/J.

**Besitzer** Aubert & Pamela de Villaine • **Kellermeister** Aubert de Villaine • **Besuch** Mo-Fr 9-12, 14-17, nur nach Vereinbarung • **Adresse** Aubert & Pamela de Villaine, Bouzeron, FR-71150 Chagny • **Tel.** 03 85 91 20 50 • **Fax** 03 85 87 04 10

PRODUKTION        QUALITÄT        PREIS

## Cave des Vignerons de Buxy

GESCHICHTE  Eine progressive Genossenschaft, die schon 1931 gegründet wurde. Besteht aus etwa 200 Mitgliedern.

WEINE  Bourgogne Côte Chalonnaise (rot und weiß), Mâcon Village (rot, weiß und rosé) und Bourgogne Aligoté machen den größten Teil der Produktion aus. Man erzeugt aber auch Bourgogne Passe-tout-grains und Spezialcuvées Montagny Cuvée Spécial und Montagny Premier Cru.

CHARAKTER  Leichte, ehrliche Weine mit Frische.

RUF  Eine sehr gut gepflegte und moderne Genossenschaft, die mit ihrer offensiven und aktiven Vermarktung im Bereich, eine wichtige Rolle in der Entwicklung von Montagny spielte. Besonders gut sind die Weine mit Cuvée Spéciale auf dem Etikett.

BODEN  In der Umgebung von Buxy ist „Kimmeridge"-Kalkstein vorhanden, was auch für den Chablis-Charakter bedeutend ist.

REBSORTEN  Pinot Noir, Gamay, Chardonnay und Aligoté.

*Eine geschickte Genossenschaft, die sich seit langem auf den Ausbau in Eichenfässern spezialisiert hat.*

WEINHERSTELLUNG  Vollständig modernisierte Anlage mit Stahltanks und temperierter Gärung. Die einfachsten Weine werden früh in Flaschen abgefüllt, um eine maximale Frische zu erhalten. Seit langem spezialisiert man sich auf den Ausbau in Eiche.

LAGERUNG  Weine, die man innerhalb einiger Jahre nach der Flaschenabfüllung trinkt.

REBFL/PROD  850 ha, etwa 500 000 Kisten/Jahr. Knapp 10% davon machen die Weine aus AOC Montagny aus. Ca. 40% Export.

**Besitzer** 200 Mitglieder • **Besuch** Mo-Fr 9-12, 14-18 • **Adresse** Cave des Vignerons de Buxy, Les Vignes de la Croix, FR-71390 Buxy • **Tel.** 03 85 92 03 03 • **Fax** 03 85 92 08 06

PRODUKTION        QUALITÄT        PREIS

## Weitere Produzenten

### Domaine Michel Briday

Ein kleines Anwesen von 10 ha, dessen Qualität seit Mitte der 80er Jahre stetig gestiegen ist. Frische Weißweine mit nussähnlichem, etwas geräuchertem Eichencharakter. Die Rotweine sind leicht mit tragfähiger Würze. Am besten sind Rully-Grésigny und Rully-La-Pucelle. Ausbau in ca. 30% neuer Eiche (14 Monate für Rotwein und 12 Monate für Weißwein).

• **Besitzer:** Michel & Stéphan Briday  **Besuch:** Täglich 10-12, 14-19 außer So.  **Adresse:** 89, Grande-Rue, FR-71150 Rully.  **Tel.** 03 85 87 07 90.  **Fax** 03 85 91 25 68.

### Domaine Brintet

1984 gegründet und vor allem auf Weine aus Mercurey spezialisiert. Die Rotweine werden 18-24 Monate in zu 10% neuer Eiche ausgebaut. Die Weißweine liegen dagegen während 12-18 Monaten in großen Eichenfässern, sog. *foudres*.

• **Besitzer:** Luc Brintet  **Besuch:** Täglich 9-12, 13.30-19.  **Adresse:** Grande-Rue, FR-71640 Mercurey.  **Tel.** 03 85 45 14 50.  **Fax** 03 85 45 28 23.

### Domaine Emile Chandesais

Weinhandelshaus mit breiter Produktion von Weinen aus dem ganzen Burgund, aber hauptsächlich von der Côte Chalonnaise. Weine in modernem Stil, weich und fruchtig, die jung genossen werden. Die besten Weine sind Clos l'Évêque (Dom. Gauffier) und Beaujolais-Villages (Château de Néty).

• **Besitzer:** Picard Group  **Besuch:** Nach Vereinbarung.  **Adresse:** St Nicolas, FR-71150 Fontaines.  **Tel.** 03 85 91 41 77.  **Fax** 03 85 91 40 26.

### Domaine Chofflet-Valdenaire

Der fünften Generation angehörig, bewirtschaftet Jean Chofflet dieses kleine Anwesen von 5 ha, das Bourgogne Passe-tout-grains und Givry Rouge einschließt. Bester Wein ist der Premier Cru Clos Jus. Die Rotweine sind generell besser als die weißen.

• **Besitzer:** Jean Chofflet, Denis Valdenaire  **Besuch:** Nach Vereinbarung.  **Adresse:** Rusilly, FR-71640 Givry.  **Tel.** 03 85 44 34 78.  **Fax** 03 85 44 45 25.

### Raymond Dureuil-Janthial

Das sieben Hektar große Familienwesen wird in dritter Generation bewirtschaftet. Mercurey, Rully und auch Puligny-Montrachet Premier Cru. Klassische und kräftige Rotweine mit viel Farbe und Geschmack. Preiswert.

• **Besitzer:** Raymond Dureuil-Janthial  **Besuch:** Täglich 9-12, 14-19.  **Adresse:** Rue de la Buisserolle, FR-71150 Rully.  **Tel.** 03 85 87 02 37.  **Fax** 03 85 87 00 24.

## Weitere Produzenten der Côte Chalonnaise

### Dom. de la Folie

Jérôme Noël-Bouton (Anwalt aus Paris) ist in Besitz dieses Weinguts, das einen sehr guten Ruf für fruchtreiche und tiefe Weißweine besitzt. Bester Weißwein aus Rully ist Clos St-Jacques und Clos de Chaigne, bester Rotwein ist Clos de Bellecroix. Auch Rully Blanc und Aligoté. Spannende Experimente mit neuen Eichenfässern. FAKTEN 18 ha, ca. 7 500 Kisten/Jahr.

• **Besitzer:** Jérôme Noël-Bouton **Besuch:** Nach Vereinbarung. **Adresse:** FR-71150 Chagny. **Tel.** 03 85 87 18 59. **Fax** 03 85 87 03 53.

### Paul & Henri Jacqueson

Vater und Sohn führen dieses kleine Anwesen von knapp zehn Hektar. Preiswerte Weine, die voll Frucht und Geschmack sind. Ausbau in zu 30% neuer Eiche für Rotweine und in zu 5-10% neuer Eiche für Weißweine. Großer Exportanteil.

• **Besitzer:** Paul & Henri Jacqueson **Besuch:** Nach Vereinbarung. **Adresse:** En Chèvremont, FR-71150 Rully. **Tel.** 03 85 91 25 91. **Fax** 03 85 87 14 92.

*Bertrand Devillard bei Antonin Rodet ist eine der großen Weinpersönlichkeiten der Côte Chalonnaise.*

### Jean-Marc Joblot

Gehört zu den besten Produzenten in Givry und seine Weine werden immer besser. Das Anwesen schließt Givry-Clos du Celliers aux Moines und Clos de la Servoisine ein. Lange Macération. Je nach Jahrgang wird 75-100% neue Eiche verwendet. Reiche und fruchtige Weine mit Vanille- und geröstetem Eichencharakter.

• **Besitzer:** Jean-Marc & Vincent Joblot **Besuch:** Nach Vereinbarung. **Adresse:** 4, rue Pasteur, FR-71640 Givry. **Tel.** 03 85 44 30 77.

### Dom. de Meix Foulot

Paul de Launay führt dieses Anwesen in sechster Generation. 90% Rotwein, Mercurey-Clos de Château Montaigu (beste Lage mit Rebstöcken aus den 40er Jahren), -Meix Foulot, -Veleys und -Cuvée Speciale. Auch ein strammer und eleganter weißer Mercurey Blanc. Traditionelle Weinherstellung mit niedrigem Ertrag pro Hektar. Der Ausbau erfolgt 14-18 Monate in zu 25% neuer Eiche. FAKTEN 18 ha, ca. 9 000 Kisten/Jahr.

• **Besitzer:** Paul de Launay **Besuch:** Nach Vereinbarung. **Adresse:** Mercurey, FR-71640 Givry. **Tel.** 03 85 45 13 92. **Fax** -03 85.

### Ch. de Rully

Ein interessantes Schloss, das teilweise schon im 13. Jahrhundert erbaut wurde. Auch einer der besten Erzeuger von preiswerten Rully-Weinen, zum großen Teil dank der Zusammenarbeit mit Antonin Rodet. Das Schloss ist in Besitz von einigen der besten Premier-Cru-Lagen der Gemeinde. FAKTEN 45 ha, ca. 30 000 Kisten/Jahr.

• **Besitzer:** Comte d'Aviau de Ternay **Besuch:** Mo-Fr 9-12.30, 14-18. **Adresse:** FR-71640 Mercurey. **Tel.** 03 85 98 12 12. **Fax** 03 85 45 25 49.

### Dom. de Rully St-Michel

Eines der ältesten Besitztümer im südlichen Burgund. Delikate, fruchtige und ausgewogene Weine einschließlich Rully Champs Cloux Rouge sowie Rully Clos de Pellerey, -Les Cloux und Rabourcé. Preiswerte Weine.

• **Besitzer:** Mme de Bodard **Besuch:** Täglich 9-18. **Adresse:** Rue du Château, FR-71150 Rully. **Tel.** 03 85 91 28 63. **Fax** 03 85 87 12 12.

### Ch. de La Saule

Einer der zuverlässigsten Betriebe in Montagny. Dazu gehören einige der besten Lagen der Gemeinde, u.a. Mont-Cuchot, Les Burnins, Les Vignes sur le Cloux. Auch Passe-tout-grains und Aligoté. Ch. de La Saule verkauft auch Weine unter dem Namen Domaine Alain Roy und Alain Roy-Thévenin. FAKTEN 11 ha, ca. 7 000 Kisten/Jahr.

• **Besitzer:** Alain Roy **Besuch:** Täglich 8-19 außer So. **Adresse:** FR-71390 Montagny. **Tel.** 03 85 92 11 83. **Fax** 03 85 92 08 12.

## MÂCONNAIS

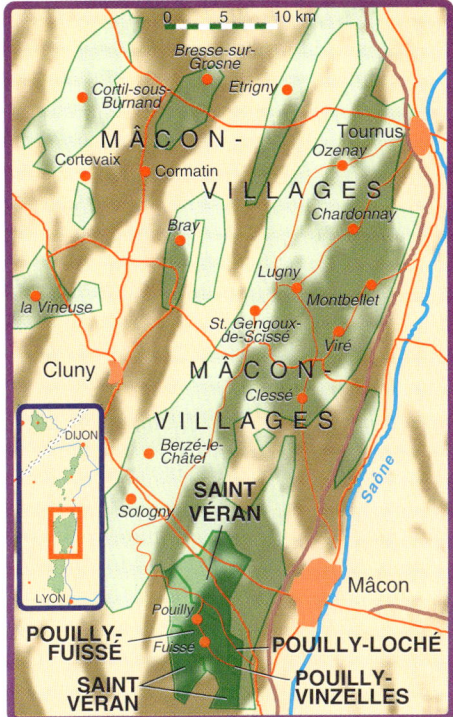

GESCHICHTE Im Mâconnais ist man auf Weißwein spezialisiert und gehört zu den besten Chardonnay-Produzenten der Welt. Man erreicht nicht ganz die Klasse der Weine von der Côte d'Or. Mit Ausnahme von Pouilly-Fuissé bietet man gute Weine zu angemessenen Preisen an.

GEOGRAPHIE Mit einer Fläche von 35 mal 10-15 km erstreckt sich dieser hügelige Bezirk, mit faszinierenden Felsformationen, wie ein Dreieck von Tournus im Norden bis südlich von Mâcon und überlappt dabei die Grenze zu Beaujolais. Die allerbeste Gemeinde ist POUILLY-FUISSÉ. Aber auch in POUILLY-VINZELLES und SATIN-VÉRAN werden gute Weine erzeugt.

BODEN Kalkhaltiger Boden mit niedrigem pH-Wert für den Chardonnay. Weißweine, die jung getrunken werden sollten, sowie der Gamay für den Mâcon Rouge werden auf etwas saurem Boden mit mehr Lehm, Sand oder Kies angebaut.

WEINE Der Rotwein wird als Mâcon Rouge verkauft und kann im Charakter entweder einem Beaujolais oder einem Burgunder ähneln. Der Mâcon Blanc ist ein einfacherer Weißwein, während der Mâcon-Village, der immer weiß ist, etwas höhere Qualität besitzt. Supérieur bedeutet lediglich, dass der Wein 1% höheren Alkoholgehalt hat. Weißwein-Appellationen von hoher Qualität besitzen die Gemeinden Pouilly-Fuissé und ihre beiden Neben-Appellationen Pouilly-Vinzelles und Pouilly-Loché sowie Saint-Véran.

REBSORTEN Chardonnay sowie eine kleinere Menge von Pinot Blanc werden auf 70% der Fläche angebaut. Gamay auf 25%, Pinot Noir und etwas Aligoté auf der restlichen Fläche.

WEINHERSTELLUNG Der größte Teil von Mâcon Blanc kommt nicht in Berührung mit Eiche, sondern wird in Fässern ausgebaut und jung verkauft. Es gibt aber Ausnahmen, und der Eichenfassausbau kommt bei Weinen von höherer

*In Mâconnais werden berühmte Weine erzeugt. Im Bild die weniger bekannte Appellation Pouilly-Vinzelles.*

Qualität vor. Der Mâcon Rouge wird oft nach der *Macération-Carbonique-Methode*, also der gleichen wie für den Beaujolais, der jung getrunken wird, hergestellt.

REBFL/PROD Ca. 5 500 ha, beinahe 350 000 hl/Jahr. Ca. 85% der Weißweine werden von Genossenschaften erzeugt.

WISSENSWERT Weitere Auskünfte (nach schriftlicher Anfrage) durch: Délégation Régional Mâcon du BIVB, 520 ave du Maréchal de Lattre-de-Tassigny, FR-71000 Mâcon. Tel. 03 80 20 15. Fax 03 85 38 82 20, oder Maison Mâconnaise des Vins. Tel. 03 85 38 04 15.

## POUILLY-FUISSÉ

RUF  Ohne Zweifel der beste Wein aus dem Mâconnais. Die Qualität variiert erheblich und die große Nachfrage hat zu einer Überproduktion sowie zu schlechteren Weinen geführt. Die besten

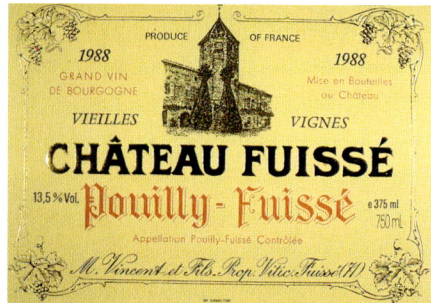

*Pouilly-Fuissé ist ein klassischer Weißwein des Burgunds. Ch. Fuissé gehört zu den besten Erzeugern.*

sind mit gutem Chablis oder Meursault vergleichbar. Dieser Wein sollte nicht mit dem Pouilly-Fumé aus der Loire verwechselt werden!

WEINE  Die Weintypen sind verschieden. Im Allgemeinen sind die Weißweine trocken mit leichtem, aber deutlichem Bukett und komplexem, fülligem Geschmack. Sollten frühestens drei Jahre nach der Lese getrunken werden und können bis zu acht Jahren gelagert werden.

KLASSIFIZIERUNG  Die Appellation umfasst die Dörfer Pouilly, Fuissé, Solutré, Vergisson und Chaintré. Als beste Weine gelten jene rund um Solutré sowie jene in Fuissé, die fülliger und komplexer sind. Weine von Premier Cru fehlen. Manchmal wird die Weinlage auf dem Etikett angegeben. Dann muss der Wein 12% Alkohol enthalten, somit 1% mehr als üblich.

BODEN  Kalkstein mit Mergel und in Chaintré mit Einschlag von Lehm auf Granit.

REBSORTEN  Ausschließlich Chardonnay.

WEINHERSTELLUNG  Traditionelle Weißweinherstellung mit Eichenausbau.

REBFL/PROD  Ungefähr 780 Hektar ergeben 44 000 hl/Jahr.

PRODUZENTEN  90% wird von der Genossenschaft in Chaintré kontrolliert, die besten Weine aber kommen von Produzenten wie Dom. Corsin, Madame Ferret, André Forest, Château Fuissé, Thierry Guérin, Dom. des Gerbaux, Guffens-Heynen, Roger Lasserat, Manciat-Poncet, Gilles Noblet, Catherine et Pascal Rollet, Dom. La Souffrandise und Roger Sumaize.

## POUILLY-VINZELLES, POUILLY-LOCHÉ

RUF  Zwei kleine, einzelne Appellationen rund die Dörfer Loché und Vinzelles. Eigentlich sind sie Ausläufer der Weinberge von Pouilly-Fuissé. Diese oft preiswerten Weine wären eine Alternative zum bedeutend teureren Pouilly-Fuissé, wenn sie nicht in so kleinen Mengen hergestellt würden. Die Qualität variiert je nach Produzent.

WEINE  Trockene Weißweine. Die besten mit deutlichem Charakter, ähnlich wie der Pouilly-Fuissé, aber oft weniger füllig und mit etwas Erdigkeit im Abgang. Sollten innert vier Jahren getrunken werden.

*Pouilly-Vinzelles und Pouilly-Loché sind oft sehr preiswert und manchmal von sehr guter Qualität.*

KLASSIFIZIERUNG  Satelliten-Appellationen von Pouilly-Fuissé und von der Qualität her knapp darunter im Bereich. Keine Premiers Crus.

BODEN  Relativ kalkreiche Böden.

REBSORTEN  Ausschließlich Chardonnay.

WEINHERSTELLUNG  Die im Burgund üblichen Methoden, oft mit Eichenfassausbau.

REBFL/PROD  Weniger als 100 ha, knapp 4 000 hl/Jahr, von Appellationen, die weniger als 2% der gesamten Rebfläche im Mâconnais ausmachen.

PRODUZENTEN  Dom. de Duc, Dom. Jean Mathias, Maison Mâconnaise des Vins, Dom. de Perelle und Château de Laye sind einige gute Produzenten.

## Saint-Véran

RUF  Auch wenn Saint-Véran als eine einfachere Appellation als Pouilly-Fuissé angesehen wird, sind die Weine von besserer Qualität als die einfacheren Weine aus Pouilly-Fuissé. Da Saint-Véran noch nicht besonders bekannt ist, sind die Weine oft sehr preiswert.

WEINE  Trockene Weißweine im Stil von Mâcon-Village, aber mit Tiefe und Fülle und Tönen von Eiche und Honig. Sollten innert vier Jahren getrunken werden.

KLASSIFIZIERUNG  Diese 1971 eingeführte Appellation liegt innerhalb des gleichen Bereichs wie Saint-Amour in Beaujolais. Der größte Teil der Weine, der früher als Beaujolais Blanc verkauft wurde, wird heute als Saint-Véran auf den Markt gebracht. Die Gemeinden sind in zwei Zonen eingeteilt: Nördlich von Pouilly-Fuissé liegen Davayé und Prissé, im Süden liegen Chânes, Chasselas, Leynes, Saint-Amour, Saint-Véran und ein Teil von Solutré.

BODEN  Kalkreiche Böden.

REBSORTEN  Ausschließlich Chardonnay.

*St-Véran hat den Kampf mit Pouilly-Fuissé aufgenommen. Wurde früher als Beaujolais Blanc verkauft.*

WEINHERSTELLUNG  Am häufigsten kommt Gärung und Ausbau in Stahltanks vor, mit einer möglichst frühen Flaschenabfüllung, damit viel Frucht bewahrt wird. Bei einigen Produzenten werden auch Eichenfässer verwendet.

REBFL/PROD  530 ha, rund 36 000 Kisten/Jahr.

PRODUZENTEN  Domaine des deux Roches, André Besson, Cave de Chaintré, Dom. Denuziller, Dom. Corsin, Ch. de Beauregard, Georges Duboeuf, Roger Lassarat, Maurice Martin, Dom. Saint-Martin, Jacques Sumaize und Dom. des Valanges sind einige der bekanntesten Produzenten.

## Mâcon-Villages

RUF  Diese köstlichen und erfrischenden Weine dienen als Beispiel für das Preiswerteste, was der Chardonnay zu bieten hat.

WEINE  Nur Weißwein, der ganz trocken und süffig ist mit feiner Frucht.

KLASSIFIZIERUNG  42 Dörfer, wovon acht ein Anrecht auf die Bezeichnung Beaujolais Blanc haben und vier auf St-Véran. Wenn der Wein aus einem einzigen Dorf stammt, darf auf dem Etikett „Villages" durch den Dorfnamen ersetzt werden. Zu den bekanntesten Weinorten zählen Chaintre, Clessé, Igé, Lugny, Prissé und Viré sowie Chardonnay und Chasselas, nach denen die beiden

*Aus Mâcon-Villages kommen die preiswertesten Chardonnays Frankreichs. Auch Pinot Blanc wird angebaut.*

Rebsorten benannt wurden (die Dorfnamen kann man auch auf den Flaschen des Mâcon Rouge oder Rose finden, nicht mit dem Mâcon-Villages zu verwechseln. Die übrigen Rotweinorte sind Bissy, Braye, Daveye und Pierreclos).

BODEN  Die kalkreichen Böden ergeben die besten Weine.

REBSORTEN  Hauptsächlich Chardonnay, aber auch etwas Pinot Blanc.

WEINHERSTELLUNG  Meist werden die Weine in Edelstahltanks ausgebaut und die Flaschenabfüllung erfolgt recht früh, um möglichst viel Frische und Frucht zu bewahren.

REBFL/PROD  Hier entsteht 60% der Gesamtproduktion des Mâconnais mit ungefähr 140 000 hl/Jahr, ca. 2 000 ha.

PRODUZENTEN  Die Genossenschaft ist für einen sehr großen Teil der Produktion verantwortlich. Auvigue-Burrier-Revel, André Bonhomme, Dom. Chervin, Dom. des Granges, René Michel et Fils, Jean Manciat, Henri Perruset und Cellier de Samsons sind einige der besten privaten Erzeuger.

FRANKREICH • BURGUND • MÂCONNAIS

## Dom. J.A. Ferret

GESCHICHTE  Das Familienanwesen wurde 1762 gegründet. Nach dem Tod ihres Gatten im Jahr 1974 hat Madame Jeanne Ferret den Betrieb mit sicherer Hand geführt und mit ihrem persön-

Domaine J.A. Ferret wetteifert mit Château Fuissé um die besten Pouilly-Fuissé-Weine.

lichen Stil geprägt. Heute führt Tochter Colette den Betrieb im gleichen Stil weiter.
WEINE  Pouilly-Fuissé, Pouilly-Fuissé Les Menestrières sowie Pouilly-Fuissé-Hors Classé und Pouilly-Fuissé-Tête de Cru.
CHARAKTER  Die Weine sind Musterbeispiele von Chardonnays im altmodischen Stil. Sie sind konzentriert mit Butternoten, Aromen von exotischen Früchten, Nüssen und besitzen einen langen, ausgewogenen Abgang.
RUF  Die Pouilly-Fuissé von Domaine Ferret und Château de Fuissé gehören zu den allerbesten.
REBSORTEN  Ausschließlich Chardonnay.
WEINHERSTELLUNG  Das Geheimnis der hohen Qualität sind ein niedriger Ertrag pro Hektar und alte Rebstöcke. Ausbau in zu 5–10% neuen Eichenfässern während zehn Monaten. Selektive Handlese und eigene Flaschenabfüllung. Die Weine benötigen die Flaschenreifung. Sie werden auch erst 1-2 Jahre später als üblich auf den Markt gebracht.
LAGERUNG  Die Weine haben genügend Kraft, um zehn Jahre zu halten.
REBFL/PROD  14 ha, etwa 8 000 Kisten/Jahr.

**Besitzer** Colette Ferret • **Kellermeister** Verantw. Colette Ferret • **Besuch** Nach Vereinbarung • **Adresse** Dom. J.A. Ferret, Le Plan, FR-71960 Fuissé • **Tel.** 03 85 35 61 56 • **Fax** 03 85 35 62 74

PRODUKTION    QUALITÄT    PREIS

## Château de Fuissé

GESCHICHTE  Wahrscheinlich das legendärste Weingut im südlichen Burgund. Die Familie Vincent ließ sich hier im Jahr 1850 nieder. Heute wird der Betrieb vom Agraringenieur und Önologen Jean-Jacques Vincent geführt.
WEINE  Außer den drei verschiedenen Flaschenabfüllungen von Pouilly-Fuissé mit Pouilly Fuissé, Pouilly Fuissé-Domaine de l'Arrilière und Pouilly-Fuissé Les Vieilles Vignes erzeugt man auch Saint-Véran sowie Beaujolais Juliénas und Morgon-Charmes.
CHARAKTER  Der Pouilly-Fuissé der besten Jahrgänge kommt den besten Weinen aus Chassagne-Montrachet oder Meursault sehr nahe. Die Weine sind konzentriert, mit reifer Frucht und butter-ähnlichem Chardonnay-Charakter sowie Aromen von tropischen Früchten.
RUF  Die teuersten Weine aus Pouilly-Fuissé. Sie sind in fast allen Spitzenrestaurants Frankreichs vertreten. Der St-Véran ist aber auch sehr gut, was ihn zu einer etwas preiswerteren Alternative werden lässt. Dies gilt auch für die Beaujolais,

Eingang zum Château de Fuissé, das zu den Spitzenproduzenten von Pouilly-Fuissé gehört.

die im Schatten der berühmten Weißweine stehen.
REBSORTEN  Chardonnay für Weißwein und Gamay für Rotwein.
WEINHERSTELLUNG  Moderne Weinherstellung mit temperaturkontrollierter Gärung. Pouilly-Fuissé wird 8-10 Monate in teilweise neuer Eiche ausgebaut.
LAGERUNG  Im Allgemeinen bis zu fünf Jahren. Der Spitzencuvée Vieilles Vignes aber entfaltet sich acht Jahre lang, manchmal noch länger.
REBFL/PROD  30 ha, ca. 15 000 Kisten/Jahr.

**Besitzer** Jean-Jacques Vincent • **Kellermeister** Jean-Jacques Vincent, Eric Vieux • **Besuch** Mo-Fr 8-12, 13.30-17.30, nach Vereinbarung • **Adresse** Château de Fuissé, Fuissé, FR-71960 Pierreclos • **Tel.** 03 85 35 61 44 • **Fax** 03 85 35 67 34 • **E-Mail** jean-jaques.vincent@wanadoo.fr

PRODUKTION    QUALITÄT    PREIS

FRANKREICH • BURGUND • MÂCONNAIS

## Dom. du Prieuré

GESCHICHTE Schon im 15. Jahrhundert wurde dieses Weingut, wie der Name andeutet, von einem Prior gegründet. Das Kloster und die sehr malerische Kapelle sind in romanischem Stil gebaut, was typisch für die Gegend ist. 1985 wurde das Weingut vom Önologen Pierre Janny und seiner Frau Véra übernommen. Das Ehepaar kredenzt die Weine auch im eigenen Wirtshaus in den St-Romain-Bergen (580 m.ü.M).

WEINE Vorwiegend weiße Mâcon-Villages von Chardonnay. Andere Weine sind u.a. Mâcon Rouge (Gamay), Bourgogne Passe-tout-grains (Pinot Noir und Gamay) und Bourgogne Aligoté. Die Besitzer führen auch die Domaine de la Condemine mit u.a. 4,5 Hektar Mâcon-Péronne.

CHARAKTER Sehr elegante, aber doch kraftvolle Mâcon Rouge und weiße Mâcon-Villages. Mehrmals preisgekrönt.

RUF Du Prieuré ist nicht sehr bekannt, aber von Kennern geschätzt.

REBSORTEN Weiße: Chardonnay, Aligoté. Rote: Pinot Noir und Gamay.

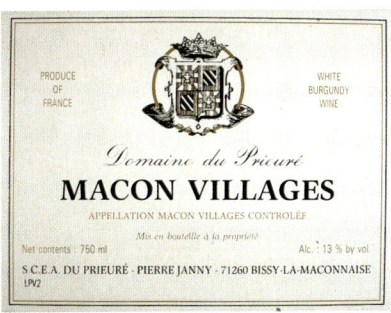

Dom. du Prieuré ist trotz der alten Tradition recht unbekannt. Ihr Mâcon-Villages wird aber geschätzt.

WEINHERSTELLUNG Traditionelle Weinherstellung nach Burgunder Art.

LAGERUNG Ohne weiteres fünf bis sieben Jahre.

REBFL/PROD 17,5 ha, etwa 13 500 Kisten/Jahr.

## Dom. Jean-Claude Thévenet

GESCHICHTE Schon J-C Thévenets Großvater betrieb auf Château de Pierreclos Weinbau. Als sein Vater während des 2. Weltkrieges aus dem KZ zurückkehrte, fing er systematisch an, Boden in Pierreclos zu erwerben. Jean-Claude erhielt eine gründliche Ausbildung und übernahm 1971 den Betrieb.

WEINE Mâcon Pierreclos Rouge (Gamay), Mâcon Village Blanc (Chardonnay) und Bourgogne Rouge (Pinot Noir) aber auch sehr guter Saint-Véran u.a. Clos de L'Ermitage St-Claude und Cuvée Vielles Vignes aus Chardonnay. In

Thévenet erzeugt vor allem Mâconnais-Weine von hoher Qualität. Auch der St-Véran wird sehr geschätzt.

manchen Jahren stellte man sogar süßen Wein aus edelfaulen Trauben her, was für das Burgund äußerst ungewöhnlich ist.

CHARAKTER Weine mit großer Finesse und Eleganz, die Frucht ist konzentriert und das Bukett blumig und komplex.

RUF Familienunternehmen mit sehr gutem Ruf für gut gebaute und persönliche Weine.

REBSORTEN Chardonnay, Pinot Noir und etwas Gamay (für Mâcon Pierreclos Rouge).

WEINHERSTELLUNG Moderne Weinanlage mit Stahltankgärung. Weißweine werden 8-12 Monate in Eichenfässern ausgebaut.

LAGERUNG Sowohl Rot- wie auch Weißweine gewinnen durch längere Flaschenlagerung, sollten aber innert sechs Jahren getrunken werden.

REBFL/PROD 19 ha, etwa 13 000 Kisten/Jahr. 40% Export.

---

**Besitzer** Pierre & Véra Janny • **Besuch** Nach Vereinbarung • **Adresse** Dom. du Prieuré, La Condemine, FR-71260 Péronne • **Tel.** 03 85 36 97 03 • **Fax** 03 85 36 96 58

**Besitzer** Jean-Claude Thévenet • **Kellermeister** Jean-Claude Thévenet • **Besuch** Mo-Fr 7.30-12, 13.30-18 • **Adresse** Dom. Jean-Claude Thévenet, Le Bourg, FR-71960 Pierreclos • **Tel.** 03 85 35 72 21 • **Fax** 03 85 35 72 03

| PRODUKTION | QUALITÄT | PREIS | PRODUKTION | QUALITÄT | PREIS |
|---|---|---|---|---|---|

## Weitere Produzenten in Mâconnais

### Auvigue-Burrier-Revel

Handelshaus und Weingut, 1946 gegründet. Traubengut wird auch von anderen Winzern zugekauft und bearbeitet. Die Produktion ist klein, aber von absoluter Spitzenklasse. Spezialisierung auf Pouilly-Fuissé und Saint-Véran mit Tiefe und Komplexität.

•**Besitzer:** Jean-Pierre & Michel Auvigue **Besuch:** Nach Vereinbarung. **Adresse:** Le Moulin du Pont, FR-71850 Charnay-lès-Mâcon. **Tel.** 03 85 34 17 36.

### Dom. André Bonhomme

1957 gegründetes kleines Anwesen. Ausschließlich Mâcon-Viré. Einer der angesehensten kleinen Produzenten in Mâconnais. André Bonhomme ist ein geschickter Weinmacher, der auch ausgezeichneten Honig herstellt. FAKTEN 7,5 ha, ca. 4 000 Kisten/Jahr.

•**Besitzer:** André Bonhomme **Besuch:** Mo-Fr 9-17. **Adresse:** Cedex 2108, FR-71260 Viré. **Tel.** 03 85 33 11 86. **Fax** -03 85.

### Dom. des Deux Roches

Jean-Luc Terrier, Henri und Christian Collovray heißt dieses Trio. Mit modernen Methoden erzeugen sie ausgezeichnete Saint-Véran. Fruchtige Weine, die teilweise in neuer Eiche ausgebaut werden. Ein Teil wird mit dem Etikett Georges Duboeuf auf den Markt gebracht. FAKTEN Ca. 31 ha, ca. 18 000 Kisten/Jahr.

•**Besitzer:** Jean-Luc Terrier & Christian Collovray **Besuch:** Nach Vereinbarung. **Adresse:** Davayé, FR-71960 Pierreclos. **Tel.** 03 85 35 86 51. **Fax** 03 85 35 86 12.

### Dom. des Gerbeaux

Jean-Michel Drouhin mit seiner Dom. des Gerbeaux gilt als Newcomer. Insbesondere sein Pouilly-Fuissé (En Champs Roux) zeigt Qualität mit dichter, komplexer Frucht. Auch Saint-Véran und Mâcon-Solutré. Die Weine wurden vielfach ausgezeichnet.

•**Besitzer:** Béatrice & Jean-Michel Drouhin **Besuch:** Nach Vereinbarung. **Adresse:** Les Gerbeaux, FR-71960 Solutré-Pouilly. **Tel.** 03 85 35 80 17. **Fax** 03 85 35 87 12.

### Dom. Guffens-Heynen

Das belgische Ehepaar Jean-Marie Guffens und Germaine Heynen hat sich in Mâconnais 1976 niedergelassen. Großartige Qualitätsweine mit viel Ambition. Guffens-Heynen sind Négociants und Winzer. U.a. Pouilly-Fuissé Clos des Petits Croux, La Roche, Les Croux und Les Crays. Auch in Besitz der Dom. Verget an der Côte de Beaune. FAKTEN 3 ha, ca. 1 200 Kisten/Jahr.

•**Besitzer:** Jean-Marie Guffens & Germaine Heynen **Besuch:** Nach Vereinbarung. **Adresse:** Fuissé, FR-71960 Pierreclos. **Tel.** 03 85 35 60 91.

### Cave de Lugny

Größte Genossenschaft in Mâconnais, 1927 gegründet. Preiswerte, sehr gut gebaute Weine mit Mâcon-Lugny-Les Charmes als Spitzencuvée. Außerdem Mâcon Rouge und Rosé sowie Crémant de Bourgogne. 930 Mitglieder.

•**Besitzer:** 930 Mitglieder. Dir.: Paul Brunet **Besuch:** Täglich 8-19, So nach Vereinbarung. **Adresse:** Rue de Charmes, BP 6, FR-71260 Lugny. **Tel.** 03 85 33 22 85. **Fax** 03 85 33 26 46.

### Roger Luquet

Dynamisches Gut mit dazugehörendem Weinhandel. Weißwein von den Appellationen Mâcon, Saint-Véran und Pouilly-Fuissé. Vergärung und Ausbau in Stahltanks. Keine Verwendung von Eichenfässern. Flaschenabfüllung direkt ab Hefelager. Ausgewogene, elegante Weine mit Mineralcharakter. FAKTEN 17 ha, ca. 8 000 Kisten/Jahr.

•**Besitzer:** Roger Luquet **Besuch:** Mo-Fr 8-19, Sa-So nach Vereinb. **Adresse:** Au l'Eglise, FR-71960 Fuissé. **Tel.** 03 85 35 60 91. **Fax** 03 85 35 60 12.

### Les Producteurs de Prissé

1928 gegründete Genossenschaft. Man erzeugt das ganze Sortiment von Mâcon-Weinen mit Mâcon-Villages, Bourgogne Aligoté und Saint-Véran. Frisch, sauber und blumig im Stil. Weinherstellung vorwiegend in Stahltanks, aber auch einige Weine, die kurz in Eichenfässern gelagert werden. FAKTEN 350 ha, ca. 200 000 Kisten/Jahr.

•**Besitzer:** 240 Mitglieder. Dir.: René Duvert **Besuch:** Täglich 9-12.30, 13.30-18.30. **Adresse:** FR-71960 Prissé. **Tel.** 03 85 37 82 53. **Fax** 03 85 37 61 76.

### Coopérative Viré

Auf Weißweine spezialisierte Genossenschaft, insbesondere auf den Mâcon-Villages, der einen guten Ruf hat. Der Mâcon-Viré ist der beste Wein mit feiner Frucht und Kraft. FAKTEN 280 ha.

•**Besitzer:** 248 Mitglieder, Dir.: Emmanuel Béné **Adresse:** En Vercheron, FR-71260 Viré. **Tel.** 03 85 32 25 50. **Fax** 03 85 32 25 55.

### Weitere Betriebe

Cave de Charnay-lès-Mâcon, 54, chem. de la Cave, FR-71850 Charnay-lès-Mâcon. Tel. 03 85 34 54 24. Fax 03 85 34 86 84.

Dom. Denuziller, FR-71960 Solutré-Pouilly. Tel. 03 85 35 80 77. Fax 03 85 35 83 38.

Dom. Mathias, Le Bourg, FR-71570 Chaintré. Tel. 03 85 35 60 67. Fax 03 85 35 62 95.

Dom. René Michel, Clessé, FR-71260 Lugny. Tel. 03 85 36 94 27.

Dom. La Soufrandise, FR-71960 Fuissé. Tel. 03 85 35 64 04. Fax 03 85 35 65 57.

Dom. des Valanges, FR-71960 Davayé. Tel. 03 85 35 85 03. Fax 03 85 35 86 67.

# BEAUJOLAIS

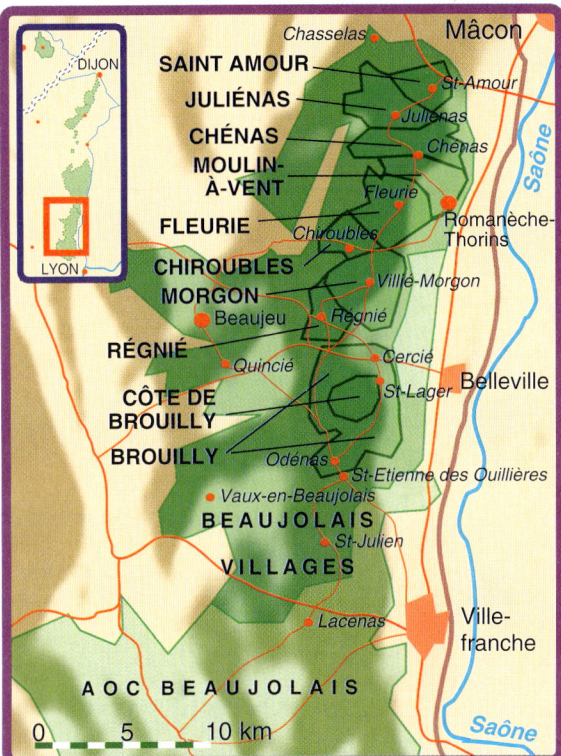

RUF  Bekannt für saftige und süffige Rotweine, die aus der Gamay-Traube erzeugt werden. Der Ruf wird immer besser, vor allem für die Weine der zehn Cru-Lagen im nördlichen Teil.

GEOGRAPHIE  Beaujolais ist geographisch gesehen der südlichste Teil des Burgunds, wird im Allgemeinen aber als eine Region angesehen. Die hügelige Landschaft dehnt sich etwa 60 km von Norden nach Süden und ist etwa zwölf Kilometer breit. Im südlichen Teil (Bas-Beaujolais) dominieren die Genossenschaften. Der nördliche Teil besteht aus 36 Dörfern mit dem Recht, ihre Weine unter der höheren Qualitätsbezeichnung Beaujolais Villages und Beaujolais Cru oder Cru Beaujolais zu verkaufen.

BODEN  Gamay gedeiht am besten im Norden auf Granitböden mit einer Schicht aus Kiesel, Sand und Lehm. Im Süden dominiert der Kalkstein. Die Weine sind in dieser Gegend bedeutend leichter.

WEINE  Überwiegend Rotweine, etwas Rosé und sehr wenig Weißweine. Beaujolais ist die gebietsumfassende Ursprungsbezeichnung. Beaujolais Supérieur enthält ein Prozent mehr Alkohol. Beaujolais Villages sind die besten Dörfer im Norden, in deren Herzen die zehn Crus liegen. Beaujolais Primeur oder Nouveau wird schon am dritten Donnerstag im November verkauft, d.h. etwa zwei Monate nach der Lese. Es handelt sich hierbei um einen sehr fruchtigen und leichten Wein. Die meisten Beaujolais-Weine sollten jung getrunken werden, dies gilt besonders für Beaujolais Nouveau.

REBSORTEN  Gamay für Rotweine und Rosé, Chardonnay für Weißweine, vereinzelt Pinot Noir, Pinot Gris und Pinot Liébault.

WEINHERSTELLUNG  Um höchstmögliche Sonneneinstrahlung zu erreichen, werden die Rebstöcke meist so geschnitten, dass sie die Form einer Glocke oder eines fünfarmigen Leuchters erhalten, im Fachjargon Gobeletschnitt genannt. Die Weine werden nach der Macération-Carbonique-Methode hergestellt, um maximale Frucht zu erlangen. Dabei kommen die ungemaischten Trauben in einen luftdichten Behälter. Unter Kohlensäuredruck erfolgt eine erste Gärung, wobei die Trauben aufplatzen und anschließend eine zweite, traditionelle Gärung durchmachen. Beaujolais Cru wird aber oft nach der traditionellen Methode erzeugt und manchmal sogar in neuen Eichenfässern ausgebaut.

REBFL/PROD  Ca. 22 000 ha, rund 1,4 Mio. hl/Jahr. Nur 0,5% entfallen auf die Weißweinherstellung. 50% der Rotweinproduktion wird als Primeur verkauft.

WISSENSWERT  Weitere Informationen: Union Interprofessionel des Vins du Beaujolais - U.I.V.B., 210, bd. Vermorel, BP 122, FR-69400 Villefranche. Tel. 04 74 02 22 10. Fax 04 74 02 22 19.

*Beaujolais ist mit seinem „leichten" Beaujolais Nouveau weltberühmt geworden.*

## BEAUJOLAIS VILLAGES

RUF Weine aus diesem Teil des Gebiets, wo auch die zehn Cru-Lagen liegen, haben einen besseren Ruf.
GEOGRAPHIE Die meisten Weinberge liegen

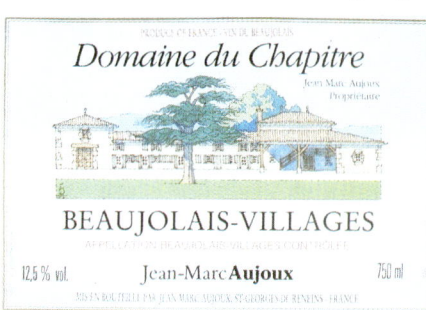

*Beaujolais Villages ist eine Qualitätsbezeichnung für Verschnitte aus mehreren Cru-Gütern.*

am Fuss der steilen Berge im Norden des Beaujolais.
WEINE Rotweine von schöner violetter Farbe und mehr Charakter als die Weine mit den einfachen Ursprungsbezeichnungen Beaujolais und Beaujolais Supérieur. Sehr kleine Produktion von Rosé und Weißweinen.
KLASSIFIZIERUNG 39 Dörfer haben das Recht, ihren Namen auf dem Etikett zu vermerken. Die Bezeichnung Beaujolais Villages muss dann verwendet werden, wenn der Wein ein Verschnitt von verschiedenen Weinen aus mehreren Dörfern ist. Der Alkoholgehalt ist ein Prozent höher als bei der niedrigeren Klasse. Die Beaujolais Crus sind von Norden nach Süden: Saint-Amour, Juliénas, Moulin-à-Vent, Chénas, Fleurie, Chiroubles, Morgon, Régnié, Côte-de-Brouilly und Brouilly.
BODEN Granitsand auf Granitboden bewirkt, dass die Gamay-Traube hier am besten gedeiht.
REBSORTEN Gamay für die Rotweine und Chardonnay für die Weißweine.
WEINHERSTELLUNG Die Weine werden nach der Macération-Carbonique-Methode hergestellt, wodurch man maximale Frucht gewinnt. Beaujolais Cru wird meistens nach der traditionellen Methode vinifiziert und reift teilweise in neuen Eichenfässern.
REBFL/PROD 6 200 ha, knapp 1/3 des gesamten Beaujolais. Ca. 370 000 hl Rotwein/Jahr und nur 2 400 hl Weißwein.
PRODUZENTEN Einige gute Produzenten von Beaujolais Villages sind Aujoux, Paul Beaudet, Roland Bouchacourt, Chanut Frères, Georges Duboeuf und J-C Pivot.

## SAINT-AMOUR

RUF Weine mit großer Finesse und viel Frucht. Sie sollten jung und kühl getrunken werden.
GEOGRAPHIE Einziger Cru, der ausschließlich im Département Saône-et-Loire liegt, und gleichzeitig der nördlichste aller zehn Crus. Die Weinberge in dieser kleinen Cru-Lage gehörten lange Zeit dem Chapitre St-Vincent in Mâcon. Wie auch die Weine von Moulin-à-Vent ähneln diejenigen von St-Amour eher einem Mâconnais als einem Beaujolais. Die Nähe zum Mâcon sieht man noch immer daran dass die Weißweine AOC Saint-Véran genannt werden dürfen. Die beste Lage heißt Le Thévenins.
WEINE Ein altes Rezept besagt: „Gamay von unserer Erde, lass ihn gären und füge das Lachen eines jungen Mädchens hinzu, die Blume aus einem Frühlingsgarten und ein ordentliches Maß an Montparnasse-Atmosphäre. Lass ihn vier Tage ruhen und serviere ihn kühl." Dies sagt eine ganze Menge über die leichten, finessenreichen Weine von großer Lebendigkeit, die in diesem kleinen Cru erzeugt werden. Eine Voraussetzung ist aber,

*Saint-Amour ist ein leichter, finessenreicher Wein aus dem nördlichsten Teil des Beaujolais.*

dass das Wetter sonnig und warm ist. Nach 2-4 Jahren ist der Wein in der Regel am besten. Gemeindeweine müssen 10%, Lageweine 11% Alkohol enthalten.
KLASSIFIZIERUNG Einer der zehn Crus in Beaujolais.
BODEN Sehr granithaltige Kieserde auf Granitgrund.
REBFL/PROD 320 ha, ca. 18 500 hl/Jahr.
PRODUZENTEN Château de Saint-Amour, Domaine Dufour, Domaine de Mongrin, Guy Pâtissier, Domaine du Paradis, Domaine des Sablons und Cuvée Poitevin. Für die drei letzten übernimmt Georges Duboeuf die Flaschenabfüllung.

## JULIÉNAS

RUF Relativ kraftvolle Weine mit sehr viel Frucht. Lässt man sie einige Jahre ruhen, findet man eine Tiefe, die viele andere Beaujolais-Weine nicht bieten können.

GEOGRAPHIE Im Département Rhône und westlich von Saint-Amour liegen die hoch gele-

*In Juliénas gibt es alte Ruinen aus der Römerzeit. Die Weine sind oft kräftiger als andere Crus aus Beaujolais.*

genen Weinberge von Juliénas, rund um die Dörfer Pruzilly und Jullié. Die Trauben müssen in diesen Steillagen von Hand gelesen werden. In der umgebauten Dorfkirche, heute ein Bacchus-Tempel, wird jährlich der Erzeuger des besten Juliénas geehrt.

WEINE Juliénas hat mehr Kraft und Rückgrat als die meisten anderen Beaujolais-Weine. Kennzeichnend sind eine tiefe, feine Frucht und oft ein Bukett von Gewürzen wie Zimt und Nelken. Zwei bis vier Jahre Lagerung ist in der Regel am besten für diese eleganten und urtypischen Beaujolais-Weine.

KLASSIFIZIERUNG Einer der zehn Crus in Beaujolais. Der vorgeschriebene Mindestalkoholgehalt für Gemeindeweine beträgt 10%, für Lageweine 11%.

BODEN Kieselreiche und sandige Granitböden, die hier auch teilweise Schiefer enthalten.

REBFL/PROD 600 ha, rund 35 000 hl/Jahr.

PRODUZENTEN Château de Capitans, Domaine de Beauvernais, Domaine Monnet, Domaine André Pelletier, Château de Juliénas und Château des Poupet, die von Duboeuf abgefüllt werden.

## CHÉNAS

RUF Großzügige und fruchtige Weine, die ihren Höhepunkt nach etwa drei Jahren erreichen. Sie können jedoch zusätzlich noch einige Jahre in der Flasche ruhen. Die Lagerfähigkeit ist aber geringer als die eines Morgon oder erst recht eines Moulin-à-Vent.

GEOGRAPHIE Chénas ist eine kleine Cru-Lage zwischen Fleurie im Süden und Moulin-à-Vent im Norden, die nur von den zwei Dörfern Chénas und La Chapelle de Giunchasy gebildet wird. Die Weinberge liegen auf beiden Seiten des Mauvaise-Tales. Der Name Chénas stammt von den großen Eichenwäldern (chênes), die früher ganz Beaujolais bedeckten.

*Chénas liegt nördlich von Moulin-à-Vent. Hier sollen die ersten Reben in Beaujolais angebaut worden sein.*

WEINE Rotweine, die an Moulin-à-Vent erinnern, aber denen es an vergleichbarer Konzentration mangelt, da man keine Südhänge hat. Großzügige und fruchtige Weine, die sich in der Flasche gut entwickeln und einige Jahre gelagert werden können. Der vorgeschriebene Mindestalkoholgehalt für Gemeindeweine beträgt 10%, für Lageweine 11%.

KLASSIFIZIERUNG Cru Beaujolais.

BODEN Sand, Kies und ein wenig Lehm auf Granitgrund.

REBFL/PROD Ca. 285 ha, etwa 16 500 hl/Jahr.

PRODUZENTEN Domaine Louis Champagnon, Château de Chénas, Manoir de Journets, Domaine Hubert Lapierre.

## Moulin-à-Vent

RUF  Wenn Fleurie die Königin der Beaujolais ist, ist Moulin-à-Vent der König. Kraft und Stärke sind Eigenschaften, die für diese Cru-Lage kennzeichnend sind. Als einzige kann sie sich mit Weinen der Côte d'Or messen.

GEOGRAPHIE  Die Weinberge in Moulin-à-Vent werden durch zwei Dörfer, Chénas und Romanèche-Thorins, geteilt. Der Name Moulin-à-Vent stammt von den Windmühlen, die außerhalb des Dorfes Thorins auf einem kleinen Hügel zu finden sind. Vor noch nicht allzu langer Zeit meinte man, dass die Weine von Moulin-à-Vent zu Mâcon gehören sollten. Vielleicht war dies die Ursache, dass sich diese Weine durch ihre Kraft und Fülle im Vergleich zu anderen Beaujolais-Weinen auszeichnen.

WEINE  Kräftig und nicht so typisch wie die übrigen Beaujolais-Weine. Wenn man einen jungen, frischen Wein sucht, wählt man einen anderen Cru und hebt seinen Moulin-à-Vent für eine spätere Gelegenheit auf.

KLASSIFIZIERUNG  Einer der zehn Crus.

*Die letzte Windmühle (Moulin-à-Vent) steht immer noch stolz außerhalb von Romanèche-Thorins.*

BODEN  Vielleicht liegt das Geheimnis für die Kraft der Weine im Boden. Die Erde ist aus Granit, wie in den übrigen Beaujolais. Aber eine besondere Ingredienz in Form von manganhaltigem Braunstein ist einzigartig (es gibt eine alte Mangangrube in Romanèche-Thorins).

REBFL/PROD  Fast 650 ha, ca. 39 000 hl/Jahr.

PRODUZENTEN  Die besten Erzeuger: Château Moulin-à-Vent, Château Portier und Château des Jacques. Ferner: Domaine des Caves, Domaine de Tagent und Domaine de la Tour du Bief-Comte de Sparre (Abfüllung durch Duboeuf). Weitere: Moulin-à-Vent des Hospices, Jacky Janodet und Louis Champagnon.

## Fleurie

RUF  Schon der Name deutet an, wie der Wein schmeckt. Fleurie ist die Quintessenz eines wahren Beaujolais. In England und den USA ist Fleurie der beliebteste aller Beaujolais, vielleicht gerade wegen seines Namens.

GEOGRAPHIE  Inmitten des nördlichen Teils liegt Fleurie zwischen Chiroubles und Moulin-à-Vent. Die Landschaft ist sehr schön mit kleinen Dörfern und Weingütern. Die berühmtesten Weinberge sind Aux Quatre Vents sowie La Chapelle de Bois. Der erste liegt direkt beim Dorf. Im Dorf selbst kann man bei der Genossenschaft Fleurie mit ein wenig Wurst verkosten.

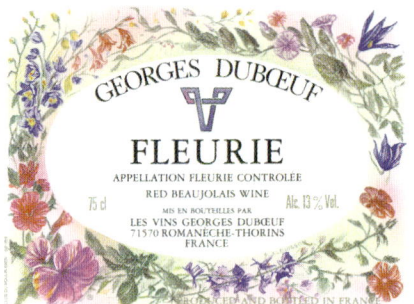

*Was passt besser auf das Etikett des wohl bekanntesten Weinhändlers Georges Duboeuf als Blumen?*

WEINE  Ein Grund für die große Beliebtheit liegt unter anderem darin, dass der Name so leicht auszusprechen ist, und noch wichtiger, dass der Wein so schmeckt, wie der Name es verspricht. Er hat mehr Frucht und Finesse als andere Beaujolais. Ein leichter, zugänglicher, direkter Wein, der von Beginn an anspricht. Zwei bis vier Jahre Lagerung sind in der Regel genau richtig. Wie alle anderen Crus in Beaujolais, Côte de Brouilly ausgenommen, muss ein Villages mindestens 10% Alkohol enthalten. Sofern die Angabe des Cru mit Lagebezeichnung verwendet wird, muss der Wein 11% Alkohol enthalten.

KLASSIFIZIERUNG  Cru Beaujolais.

BODEN  Sand- und Kiesböden auf dem überall vorhandenen Granitgrund.

REBFL/PROD  840 ha, 50 000 hl/Jahr.

PRODUZENTEN  Die besten Erzeuger: Cave des Producteurs de Fleurie, Michel Chignard, La Chapelle de Bois, André Métrat, La Riolette und auch Domaine des Quatre Vents, deren Weine von Georges Duboeuf vermarktet werden.

## CHIROUBLES

RUF Die Frucht und wohlriechende Blume von Fleurie und der Körper und die relative Kraft von Morgon treffen in diesem Cru zusammen. Obschon der Wein oft sehr jung getrunken wird,

*Chiroubles stammen von den am höchsten gelegenen Teilen des Beaujolais. Sollten jung getrunken werden.*

entwickelt er sich gut in der Flasche und kann gut gelagert einige Jahre aufbewahrt werden.

GEOGRAPHIE Wie ein Keil vom Westen her dringen die Weinberge von Chiroubles ins nördliche Morgon. Dieser Cru liegt am höchsten unter den zehn Crus, und viele Weinberge liegen an sehr steilen Hängen. Die Sonne steht fast waagrecht zu den Weinbergen. Sie tragen Namen wie Côte-Rôtie (nicht zu verwechseln mit Côte-Rôtie der Rhône) und Grille-Midi. Nach der Reblauskatastrophe 1879 hat man in Chiroubles damit begonnen, einheimische Rebsorten auf importierte amerikanische Unterlagen zu pfropfen. Wenn man diese Region besucht, sollte man La Terrasse de Chiroubles nicht vergessen; auf 750 m Höhe hat man dort eine sagenhafte Aussicht über ganz Beaujolais bis hin zu den Jura-Bergen im Osten, und bei klarer Sicht kann man sogar die Alpen erblicken.

WEINE Nur Rotweine. Sanft, delikat und mit viel Frucht. Die feministe der zehn Crus im Beaujolais. Sollten jung getrunken werden. Schon im März oder April nach der Lese tauchen die Weine aus Chiroubles in Paris auf den Weinkarten auf. Mindestalkoholgehalt 10%, bei Lagebezeichnung 11%.

KLASSIFIZIERUNG Einer der zehn Crus.

BODEN Verwitterter Schiefer und Sandboden auf Granit.

REBFL/PROD 365 ha, ca. 21 000 hl/Jahr.

PRODUZENTEN Domaine Desmures, Georges Passot, Château de Raousset, Château de Javernand. Die großen Händler Georges Duboeuf und Evantail sind auch in Chiroubles vertreten.

## MORGON

RUF In Nordeuropa ohne Zweifel der bekannteste Beaujolais-Wein. Er ist füllig und langlebig und passt zu rustikalen Speisen.

GEOGRAPHIE Nördlich von Brouilly breitet sich Morgon aus, der flächenmäßig größte Beaujolais-Cru. Im Gegensatz zu Brouilly liegt das Dorf Morgon (Bas-Morgon) fast inmitten der Weinberge. Die wichtigste Ursprungsbezeichnung ist aber nicht Morgon, sondern Vilié-Morgon im nördlichen Teil des Cru. Zwischen diesen beiden Dörfern liegt Mont de Py (Côte de Py), wo die besten Weine des Gebiets herkommen. Außerhalb der Appellation liegt das berühmte Château de Pizay, das von seinen Weinbergen an den Py-Hängen hervorragende Weine erzeugt.

WEINE Sehr wenig Weißwein. Rotweine mit mehr Fülle, Kraft und Substanz als die meisten anderen Beaujolais-Weine. Traditionell werden lagerfähige Weine hergestellt. Nach fünf und dann bis zu zehn Jahren entwickeln sie sich zu Weinen, die den Côte-de-Nuits-Standard erreichen können. Leider besteht die heutige Tendenz darin,

*Morgon ist dank seiner Kraft und Lagerfähigkeit der bekannteste Wein in Nordeuropa.*

leichtere Weine, die schneller reifen, zu erzeugen.

KLASSIFIZIERUNG Einer der 10 Crus in Beaujolais.

BODEN Granitboden wie im übrigen Beaujolais, hier aber mit verwittertem Schiefer bedeckt (wird örtlich „roche pourrie", vermoderter Stein, genannt).

REBFL/PROD 1 100 ha, ca. 63 000 hl/Jahr.

PRODUZENTEN Außer Château de Pizay sollten Georges Duboeuf, Georges Brun, Domaine Jean Descombes, Marcel Lapierre, Domaine Lieven, Domaine de la Rose und Domaine Savoye erwähnt werden.

## Régnié

**RUF** Dies ist die unbekannteste Cru-Lage des Beaujolais. Jahrelang wurden Diskussionen geführt, ob Régnié einen Cru-Status erhalten solle oder nicht. Erst 1988 fasste man den offiziellen Beschluss über die Aufnahme.

**GEOGRAPHIE** Régnié liegt im südlichen Teil

*Régnié ist der jüngste der zehn Crus. Hübsche, hügelige Landschaft wie auch im restlichen Beaujolais.*

des Cru-Gebiets zwischen Brouilly und Morgon und westlich der Beaujolais-Hauptstraße Beaujeu. Das Gebiet ist wie öfter in Beaujolais sehr hügelig und für den Weinbau gut geeignet. Das sich in diesem Gebiet befindende Hospice de Beaujeu wurde 1806 gegründet. Es ist in Besitz von 63 Hektar Rebfläche. Der Erlös der daraus erzeugten und verkauften Weine kommt dem Spital zugute, genauso wie in Beaune (Hospice de Beaune).

**WEINE** Die Weine erinnern sehr an die der Côte de Brouilly; kräftige Frucht, frische Säure und jugendliche Frische. Als Gemeindewein muss ein Régnie mind. 10% Alkohol enthalten. Stammt der Wein von einer angegebenen Lage, muss er mindestens 11% Alkohol enthalten.

**KLASSIFIZIERUNG** Cru Beaujolais 1988, der letzte der zehn.

**BODEN** Sand und Kiesböden auf Granitgrund. Der Granit ergibt im nördlichen Teil des Beaujolais viel bessere Qualität als auf dem mehr kreidehaltigen Boden im Süden.

**REBFL/PROD** 540 ha ergeben 31 000 hl/Jahr.

**PRODUZENTEN** Domaine Péchard, Domaine Roux, Paul Cinguin, Domaine Collogne, Roland Magrin und Domaine Desplace.

## Brouilly

**RUF** Leichte, sanfte und elegante Weine mit guter Frucht und frischer Säure. Brouilly-Weine sollten jung getrunken werden, da sie nicht für die Lagerung geeignet sind.

**GEOGRAPHIE** Brouilly hat die größte Rebfläche sowie die höchsten Produktionszahlen aller zehn Crus. Diese südlichste Landschaft der Crus ist sehr abwechslungsreich. Von den sechs Dörfern, die AOC Brouilly tragen dürfen, liegen St-Lager und Odenas innerhalb der Grenze, während folgende Dörfer nur zum Teil dazugehören: Cercié, Charentay, Quincié und St-Étienne-la-Varenne. Brouilly selbst liegt außerhalb der

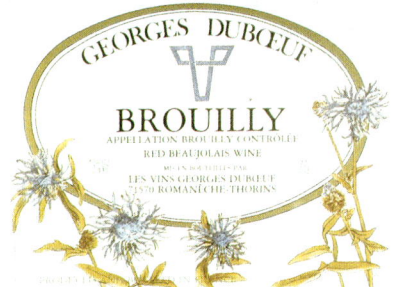

*Brouilly ist das größte Cru-Gebiet. Die Weine sind leicht und erinnern sehr an Beaujolais Villages.*

Appellationsgrenze und darf infolgedessen keine AOC-Brouilly-Bezeichnung tragen. Man muss sich mit AOC Beaujolais zufrieden geben.

**WEINE** Nur Rotweine. Cru Brouilly muss einen Alkoholgehalt von 10% und ein Lagen-Brouilly 11% aufweisen. Die Weine sind leicht und haben zusammen mit Régnié, von einigen Ausnahmen abgesehen, am ehesten einen Beaujolais-Villages-Charakter.

**KLASSIFIZIERUNG** Cru Beaujolais.

**BODEN** Schiefer, Kies und Sandstein auf Granitgrund.

**REBFL/PROD** Brouilly ist der größte der zehn Crus mit einer bestockten Fläche von 1 200 ha und einer Jahresproduktion von 75 000 hl.

**PRODUZENTEN** Ohne Zweifel ist der berühmteste Château de la Chaize. Château de Bluizard, Georges Aujoux, Duboeuf, Domaine Ruet und Domaine de Vuril sind weitere gute Produzenten.

## Côte de Brouilly

RUF Eine kleine, aber sehr gute Cru-Lage mit Weinen, die länger gelagert werden können als ihre Nachbarn (Brouilly und Régnié).

GEOGRAPHIE Côte de Brouilly liegt im Südwesten von Brouilly und ist auf allen Seiten von Weinbergen umgeben. In dieser Ursprungsbezeichnung liegen Teile der Dörfer Odenas, Saint Lager, Cercié und Quincié. Côte bedeutet Seite oder Hang und in diesem Fall klettern die Reben den Hängen von Mont Brouilly entlang, bis in eine Höhe von 350 m. Berglagen haben sowohl Vor- als auch Nachteile. Die Weinberge erstrecken sich zum Teil in alle Himmelsrichtungen. Der Frost bekommt somit seine Chance in den wenigen Jahren, in denen es in dieser generell warmen Region kalt ist. Jährlich am 8. September machen die Winzer eine Berg-Wallfahrt und opfern große Mengen ihrer besten Weine (das meiste davon wird jedoch getrunken). Auf der Bergspitze liegt eine Quelle - das Ziel der Pilgerfahrt. Das Wasser aus dieser Quelle soll angeblich schlechtes Sehvermögen heilen.

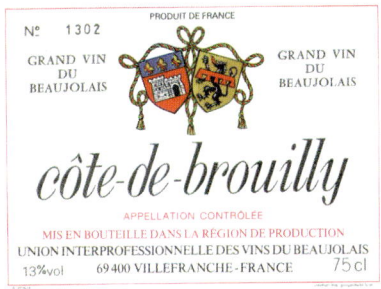

*Mont Brouilly hat eine fast religiöse Bedeutung für die Winzer. Große Mengen Wein werden hier geopfert.*

WEINE Nur Rotweine, die den Brouilly ähnlich sind, aber von betonterem Charakter. Mindestalkoholgehalt für Cru-Weine 10,5%, mit Lagebezeichnung 11%.

KLASSIFIZIERUNG Appellation AOC Côte de Brouilly.

BODEN Sehr magere Böden auf Granitgrund.

REBFL/PROD Ca. 300 ha mit einem jährlichen Ertrag von ca. 18 000 hl.

PRODUZENTEN Den besten Ruf hat Château Thivin, ferner Domaine de Chavann, Domaine du Conroy und Domaine Verger.

## Georges Duboeuf

GESCHICHTE In den 50er Jahren war Georges Duboeuf ein einfacher Winzer in Chaintré. Das heutige Unternehmen hat er 1964 gegründet. Innert Jahrzehnten nahm er im Verkauf von Beaujolais-Weinen an die Gastronomie sowie im Export eine führende Stellung ein. Er wird heute „König des Beaujolais" genannt. Sein Einsatz für diese Weine hat große Bedeutung.

WEINE Produktion von allen Beaujolais einschließlich Weißweinen, aber auch Mâcon Rouge und Blanc, u.a. Puilly-Fuissé von eigenen Rebflächen. Verkauft auch unter den Etiketten Marc Dudet und Jacques Gonard.

*Georges Duboeuf, hier mit einigen seiner Weine, wird als der „König des Beaujolais" bezeichnet.*

CHARAKTER Weine mit Eleganz und großer, saftiger Frucht und Frische.

RUF Erfolgreiches Imperium. Georges Duboeuf ist ein erfolgreicher Botschafter für Weine aus dieser Gegend.

REBSORTEN Vor allem Gamay. Chardonnay für Weißweine und ein wenig Pinot Noir.

WEINHERSTELLUNG Man kauft nur die besten Trauben, die manchmal auf der eigenen Domaine vinifiziert werden oder in der modernen, zentralen Anlage. Macération carbonique, keine Schnellpasteurisierung, Kieselgurfiltration und Kaltsterilisation vor der Abfüllung. Einige Weine werden 6-18 Monate in neuen Eichenfässern ausgebaut (z.T. Moulin-à-Vent und Pouilly-Fuissé).

LAGERUNG Die meisten Weine sollten jung getrunken werden, einige Ausnahmen erlauben längere Lagerung.

REBFL/PROD Eigene Rebfläche nur 10 ha, etwa 250 000 Kisten/Jahr.

**Besitzer** Georges Duboeuf • **Besuch** Mo-So 9-18 • **Adresse** Georges Duboeuf, FR-71570 Romanèche-Thorins • **Tel.** 03 85 35 34 20, 03 33 85 22 22 • **Fax** 03 85 35 34 25

PRODUKTION     QUALITÄT     PREIS

FRANKREICH • BURGUND • BEAUJOLAIS

## CH. DES JACQUES

GESCHICHTE Die Vorfahren der Familie Thorins waren seit dem 5. Jahrhundert Winzer in Moulin-à-Vent und gaben dem Dorf seinen Namen. Der Name Romanèche wurde vor etwa hundert Jahren hinzugefügt. Das Schloss ist seit 1932 in Familienbesitz. 1943 wurde der Weinberg Le

*Das schöne Château des Jacques ist in Besitz der Thorins. Man erzeugt hier den berühmten Moulin-à-Vent.*

Grand Clos de Loyse dazugekauft. Seit Ende der 90er Jahre ist der Betrieb in Besitz des großen Négociant und Produzenten Louis Jadot, der auch zahlreiche andere Betriebe im Burgund zu seinem Eigentum zählt.

WEINE Vor allem bekannt für Moulin-à-Vent, aber auch Erzeuger eines seltenen weißen Beaujolais, des Grand Clos de Loyse.

CHARAKTER Leichte und fruchtige Weine.

RUF Moulin-à-Vent von hoher Qualität und einer der besten Beaujolais Blanc.

BODEN Granitgrund mit Lehm und Sand.

REBSORTEN 75% Gamay und 25% Chardonnay.

WEINHERSTELLUNG Im Château des Jacques gären die Rotweine 10-12 Tage, um die Lagerfähigkeit zu erlangen. Die Weißweine werden bei 18 °C vergoren und in Stahl ausgebaut, um die Frische zu bewahren.

LAGERUNG Moulin-à-Vent kann je nach Jahrgang 5-15 Jahre gelagert werden. Beaujolais Blanc 3-6 Jahre.

REBFL/PROD 36 ha, wovon 9 ha zu Grand Clos de Loyse gehören. 20 000 Kisten/Jahr.

**Besitzer** Maison Louis Jadot • **Kellermeister** Peirre de Boissieu • **Besuch** Nach Vereinbarung • **Adresse** Ch. des Jacques, FR-71570 • **Tel.** 03 85 35 51 64 • **Fax** 03 85 35 59 15 • **E-Mail** jadot@club-internet.fr • **Homepage** www.vinternet.fr/LouisJadot

PRODUKTION     QUALITÄT     PREIS

## MOMMESSIN

GESCHICHTE Clos de Tart wurde im 12. Jh. erbaut und ist seit 1932 in Firmenbesitz. Außerdem besitzt dieses Handelshaus auch Cellier des Samsons und Maison Thorin.

WEINE Produziert alle Beaujolais-Sorten sowie Weine aus dem Mâconnais, wo man eine Anzahl von Domainen besitzt. Darunter Cellier des Samsons, Maison Thorin in Beaujolais, Domaine Bellenand in Pouilly-Fuissé und Champ de Cour in Moulin-à-Vent. Der Stolz des Hauses ist der Alleinbesitz der Grand-Cru-Lage Clos de Tart in Morey-St-Denis im nördlichen Burgund. Verkaufen auch Weine der Côtes du Rhône.

*Mommessin ist Winzer und Weinhändler, u.a. in Besitz des berühmten Clos de Tart in Morey-St-Denis.*

CHARAKTER Die Beaujolais sind alkoholreich und kräftig, während die Clos de Tart füllig mit großer Finesse sind.

RUF Durchgehend gute Qualität, vor allem Clos de Tart.

BODEN Beste Lagen haben Granitgrund mit Lehm und Sand.

REBSORTEN Gamay und etwas Chardonnay. 100% Pinot Noir für Clos de Tart.

WEINHERSTELLUNG Die in Beaujolais übliche Macération-Carbonique-Methode. Clos de Tart wird auf der Maische vergoren und zu 100% in neuen Eichenfässern ausgebaut.

LAGERUNG Die leichteren Beaujolais sollten jung getrunken werden, Clos de Tart bleibt während 15-30 Jahren hervorragend.

REBFL/PROD Eigene Rebflächen und Distribution von anderen Gütern. Clos de Tart: 7,5 ha, ca. 2 500 Kisten/Jahr. Verkaufen insgesamt ca. 1,5 Mio. Kisten/Jahr. 60% Export.

**Besitzer** Grands Vins J-C Boisset, Dir.: Philippe Bardet • **Kellermeister** Patrick Vivier • **Besuch** Nach Vereinbarung • **Adresse** Mommessin, Le Pont des Samsons, FR-69430 Quincé en Beaujolais • **Tel.** 04 74 69 09 30 • **Fax** 04 74 69 09 28

PRODUKTION     QUALITÄT     PREIS

## Weitere Produzenten in Beaujolais

### Dom. Berrod
Geschickter Erzeuger von Fleurie und Moulin-à-Vent. Meist Weine von dichter Struktur und Farbe, was an Pinot-Noir-Weine des Burgunds erinnert. FAKTEN 22 ha, ca. 20 000 Kisten/Jahr.
- **Besitzer:** René, Roland & André Berrod, Christian Ruet **Besuch:** Nach Vereinbarung. **Adresse:** Les Rocher du Vivier, FR-69820 Fleurie. **Tel.** 04 74 04 13 63. **Fax** 04 74 69 86 19.

### Ch. Bonnet
Ein renommierter Chénas- und Juliénas-Produzent, der hervorragende und lagerfähige „Vieilles Vignes" auch aus Moulin-à-Vent erzeugt. FAKTEN 16 ha, ca. 12 000 Kisten/Jahr.
- **Besitzer:** Pierre Perrachon **Besuch:** Nach Vereinbarung. **Adresse:** FR-71570 La-Chapelle-de-Guinchay. **Tel.** 03 85 36 70 41. **Fax** 03 85 36 77 27.

### Roland Bouchacourt
Kleine Firma mit gutem Ruf für Juliénas. Erzeugen auch Chénas und Beaujolais Villages. Verkauft auch über die Handelsfirma Pellerin. FAKTEN 20 ha, 7 000 Kisten/Jahr.
- **Adresse:** Au Pavillon, FR-69840 Juliénas. **Tel.** 04 74 04 40 38.

### Ch. de la Chaize
Das Schloss wurde 1676 nach Zeichnungen des Architekten von Versailles erbaut. Sorgfältig hergestellte, relativ kraftvolle Weine, ausschließlich aus der Gemeinde Brouilly. Das größte private Weingut in Beaujolais. FAKTEN 94 ha, etwa 40 000 Kisten/Jahr.
- **Besitzer:** Marquis de Roussy de Sales **Besuch:** Nach Vereinbarung. **Adresse:** De Roussy de Sales, Odenas, FR-69460 Saint-Étienne-des-Oullières. **Tel.** 04 74 68 07 94.

### Chanut Frères
Sehr angesehenes Haus mit guten Weinen in sämtlichen Beaujolais-Kategorien, vor allem bekannt für die Crus. Erzeugen ca. 180 000 Kisten/Jahr.
- **Adresse:** Romanèche-Thorins, FR-71570 La Chapelle de Guinchay. **Tel.** 03 85 35 57 59.

### Cave Coop. de Liergues
1929 gegründet und älteste Genossenschaft der Region. Spezialisiert auf Beaujolais Nouveau. Die Blume erinnert an Rosen und Erdbeeren. Gesamtrebfläche 480 ha.
- **Adresse:** Liergues, FR-69400 Villefranche. **Tel.** 04 74 68 07 94.

### Cave Coop. de Juliénas
Ehrgeizige Genossenschaft, die 1961 gegründet wurde. Vor allem Juliénas, aber auch andere Ursprungsbezeichnungen. 300 Mitglieder. FAKTEN 340 ha, ca. 100 000 Kisten/Jahr.
- **Besitzer:** 300 Mitglieder **Besuch:** Nach Vereinbarung. **Adresse:** Ch. de Bois de la Salle, FR-69840 Juliénas. **Tel.** 04 74 04 42 61.

### Pierre Ferraud et Fils
Relativ großer Erzeuger und Négociant mit gutem Ruf. Vertreibt u.a. Clos des Garands und Ch. de Grand Pyre (Fleurie), des Marquisats (Moulin-à-Vent), Dom. de l'Évêque (Morgon), Dom. des Pavés Bleus (Côte de Brouilly) und Dom. Rolland (Brouilly). FAKTEN 15 ha eigene Rebfläche, ca. 110 000 Kisten/Jahr.
- **Besitzer:** Yves-Dominique Ferraud **Besuch:** Nach Vereinbarung. **Adresse:** 31, rue Maréchal Foch, FR-69832 Belleville. **Tel.** 04 74 66 08 05. **Fax** 04 74 66 05 50.

### Ch. de Juliénas
Traditionsreicher Juliénas-Erzeuger mit alten Weinkellern von 1745. Wird als einer der besten in Juliénas angesehen. François Condemine lässt den Most relativ lange gären, um einen Juliénas zu erhalten, der bis zu fünf Jahren oder länger gelagert werden kann. FAKTEN 50 ha, ca. 20 000 Kisten/Jahr.
- **Besitzer:** F & T Condemine **Kellermeister:** François Condemine **Besuch:** Nach Vereinbarung. **Adresse:** FR-69840 Juliénas. **Tel.** 04 74 04 41 43. **Fax** 04 74 04 42 38.

### Loron et Fils
Große Familienfirma, Erzeuger und Négociant, 1821 gegründet. Hinter Georges Duboeuf einer der einflussreichsten Erzeuger in Beaujolais. Nebst Domaine-Weinen, vor allem aus Juliénas und Saint-Amour, werden auch verschiedene Marken-Weine verkauft. Oft preiswert. 95 ha eigene Rebfläche in Mâcon (u.a. sehr guter Pouilly-Fuissé) und Beaujolais (vor allem Nouveau), es werden aber auch große Mengen Traubengut zugekauft.
- **Besitzer:** Fam. Loron & Barbet **Besuch:** Nach Vereinbarung. **Adresse:** FR-71570 Pontanevaux. **Tel.** 03 85 36 81 20. **Fax** 03 85 33 83 19.

### Dom. Christian Miolane
Die Familie Miolane produziert Wein seit über 300 Jahren. Am berühmtesten für Beaujolais Villages in einem für diese Region sehr kräftigen Stil. Auch Beaujolais Rosé und Beaujolais Blanc (Chardonnay). FAKTEN 22 ha, ca. 8 000 Kisten/Jahr. 60-70% Export.
- **Besitzer:** René & Christian Miolane **Besuch:** Nach Vereinbarung. **Adresse:** Le Cellier, FR-69460 Salles-en-Arbuissonnas. **Tel.** 04 74 67 52 67. **Fax** 04 74 67 59 95.

## Weitere Produzenten in Beaujolais

### Ch. du Moulin-à-Vent

Die Familie Bloud erzeugt geschmacksreiche, fruchtige und harmonische Moulin-à-Vent-Weine. Trotz Fassausbau (in alten Fässern) etwas knapp an Gerbstoff. Bester Wein: Cuvée Exceptionelle. FAKTEN 31 ha, ca. 15 000 Kisten/Jahr.
- **Besitzer:** Flornoy Bloud **Besuch:** Nach Vereinbarung. **Adresse:** FR-71570 Romanèche-Thorins. **Tel.** 03 85 35 50 68. **Fax** 03 85 35 20 06.

### Pasquier-Desvignes

Mittelgroßes Unternehmen mit einem Stammbaum seit 1420. Außer Beaujolais auch Weine aus anderen Teilen Burgunds, der Rhône und dem Midi. Le Marquisat ist der Marken-Beaujolais. Vermarktet auch unter dem Namen H. Gaillard.
- **Adresse:** St-Lager, FR-69220 Belleville. **Tel.** 04 74 66 14 20.

*Beaujolais ist ein großes Weingebiet mit Tausenden von Winzern, die vom Weinbau gut leben können.*

### Piat Père & Fils

Produziert Beaujolais und Mâcon von ausgeglichener Qualität. Auch Weine aus anderen Teilen Frankreichs. Die Marke „Piat d'Or" ist weltbekannt. Piat Père et Fils exportieren in mehr als 80 Länder! Heute in Besitz von UDV (Diageo), die ihre beste Weinanlage in Frankreich ist.
- **Besitzer:** UDV (Diageo) **Besuch:** Nach Vereinbarung. **Adresse:** BP 10, FR-71570 La Chapelle-de-Guinchay. **Tel.** 03 85 36 77 77.

### Dominique Piron

Ein junges, aufsteigendes Weingut mit guten Morgon-Weinen und sogar einem weißen Beaujolais „Les Vignes de Rochenoire". Unter der Etikette Dom. de la Chanaise werden Weine vermarktet, die von anderen Erzeugern hergestellt wurden. Dominique Piron ist bestrebt, die Herstellung und Abfüllung für die verschiedenen Lagen separat durchzuführen.
- **Besitzer:** Dominique Piron **Besuch:** Nach Vereinbarung. **Adresse:** Morgon, FR-69910 Villié-Morgon. **Tel.** 04 74 69 10 20. **Fax** 04 74 69 16 65.

### Jean-Charles Pivot

Erzeugen einige der besten Beaujolais-Villages-Weine, fruchtig und aromareich. Die meisten sind Verschnitte von zwei Lagen: Le Perréon mit Granitböden und Quincié mit mehr Lehmanteil im Boden. Beide Lagen verfügen über sehr alte Rebstöcke. FAKTEN 12 ha, ca. 8 000 Kisten/Jahr.
- **Besitzer:** Jean-Charles Pivot **Besuch:** Täglich 8-19. **Adresse:** Montmay, FR-69430 Quincié-en-Beaujolais. **Tel.** 04 74 04 30 32. **Fax** 04 74 69 00 70.

### Les Vins Louis Tête

Kleines Familienunternehmen, das prestigereiche Beaujolais-Weine herstellt, die fruchtig und gut strukturiert sind. U.a. Beaujolais Villages (Lantigné), Régnié und Moulin-à-Vent. Man vertreibt auch die Marke Château des Alouettes (Beaujolais Villages). FAKTEN 10 ha, ca. 10 000 Kisten/Jahr.
- **Besitzer:** Jean Tête **Besuch:** Nach Vereinbarung. **Adresse:** FR-69430 Saint-Didier-sur-Beaujeu. **Tel.** 04 74 04 82 27. **Fax** 04 74 69 28 61.

### Trenel & Fils

Ein kleiner, aber bekannter Négociant. Sowohl Beaujolais als auch Mâconnais-Weine. Es wird auch Crème de Cassis erzeugt und Marc de Bourgogne gelagert.
- **Besitzer:** Fam. de Boissieu **Besuch:** Kein Besuch möglich. **Adresse:** Le Voisinet, FR-71850 Charnay-lès-Mâcon. **Tel.** 04 74 66 19 43.

### Weitere Betrilebe

Cave du Beau Vallon, FR-69620 Theizé. Tel. 04 74 71 48 00. Fax 04 74 71 84 46.

Dom. François Bergeron, Les Bruyères des Thorins, FR-71570 Romanèche-Thorins. Tel. 03 85 35 50 57.

Dom. de Colonat, St-Joseph-en-Beaujolais, FR-69910 Villié-Morgon. Tel. 04 74 69 91 43. Fax 04 74 69 92 47.

Roland Cornu, Allée du Mas, FR-69490 Sarcey. Tel. 04 74 26 86 25. Fax 04 74 26 85 11.

Jean-François Perraud, Les Chanoriers, FR-69840 Jullié. Tel./Fax 04 74 04 49 09.

Cave des Vignerons de Bel-Air, Route de Beaujou, FR-69220 St-Jean-d'Ardières. Tel. 04 74 66 35 91. Fax 04 74 69 62 53.

# CHAMPAGNE

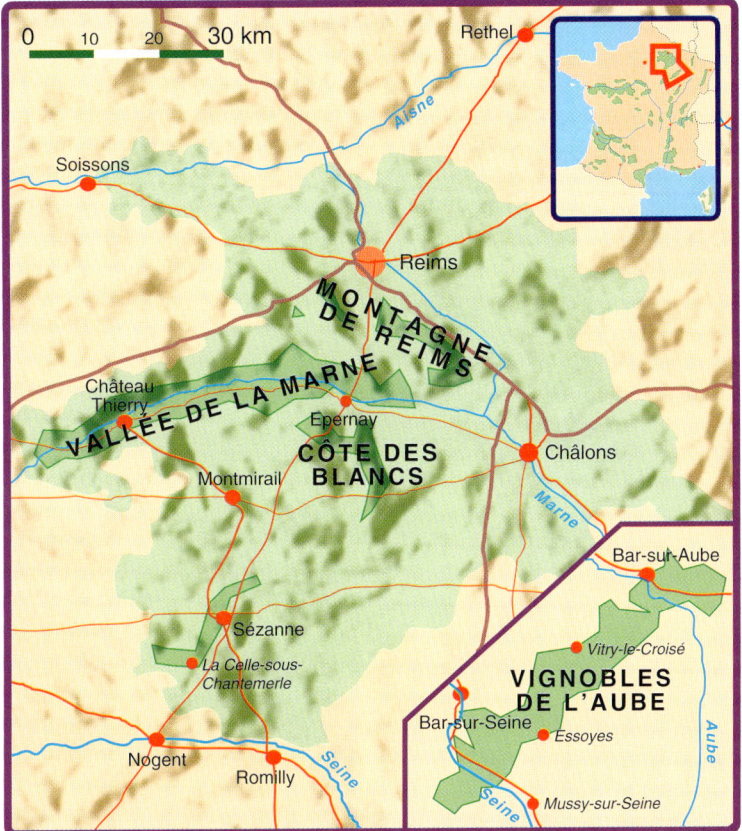

GESCHICHTE Champagner - ein märchenhaftes Getränk, das mit Feierlichkeiten und Luxus in Verbindung gebracht wird. Der Champagner war zu Beginn das Getränk der Wohlhabenden. Die russischen Zaren vergötterten ihn und auch Napoleon fand immer einen Grund zum Champagnergenuss: „In Zeiten des Sieges hat man ihn verdient, in Stunden der Niederlage braucht man ihn". Winston Churchill konnte nicht ohne seinen täglichen „pint" (57 cl) und Madame Bollinger sah im Champagner eine tägliche Notwendigkeit für Körper und Seele. Heute ist die Herstellung einfacher, weniger riskant und etwas günstiger als vor 200-300 Jahren. Champagner war und ist aber das Resultat einer der geschicktesten Handarbeiten der Welt.

Alles begann im Jahr 1668 in einem Kloster in Hautvillers. Es war der Mönch Dom Pérignon, der den Wein zum Schäumen brachte und die Kunst entwickelte, verschiedene Sorten verschiedener Gebiete zu besonderen Cuvées zu verschneiden. Auch trug er dazu bei, dass der Korken eingeführt wurde, um die Luft vom Wein fern zu halten und aus roten Rebsorten einen klaren, weißen Most zu gewinnen.

1997 wurden im Hinblick auf den Jahrtausendwechsel sämtliche Verkaufsrekorde gebrochen.

*In diesem Kloster von Hautvillers hat der Mönch Dom Pérignon die Champagner-Methode erfunden.*

GEOGRAPHIE Die Champagne besteht aus drei Hauptgebieten: Montagne de Reims, Vallée de la Marne und Côte des Blancs. Hauptsächlich dominieren mit Lehm angereicherte Kalkböden.

KLIMA Eine der nördlichsten Weinbauregionen der Welt. Die Trauben reifen nur sehr langsam, so dass sie nicht immer ganz ausreifen

*Die hügelige Landschaft mit ihren kreidehaltigen Böden ist ein perfektes Anbaugebiet für die Champagnersorten.*

können. Dadurch gewinnt man einen hohen Säuregehalt, was für die Schaumweinproduktion vorteilhaft ist.

WEINE Vor allem weiße und rosé Schaumweine. Eine kleine Menge stiller Rot- und Weißweine Côteaux Champenois und Rosé de Riceys.

REBSORTEN Chardonnay (weiß) gibt dem Wein Eleganz und Finesse, Pinot Noir bürgt für Struktur und Fülle und Pinot Meunier schenkt dem Wein zugängliche Frucht. Die Trauben werden ausschließlich manuell gelesen, maschinelle

*Moët & Chandon ist ein bekanntes Champagnerhaus und genießt trotz großer Produktion einen guten Ruf.*

Ernte ist in der Champagne nicht zugelassen.

REBFL/PROD 30 700 ha, etwa 1,8 Mio. hl/Jahr. Rund 18 500 Winzer verkaufen ihr Traubengut an Champagnerhäuser. Auch einige Genossenschaften.

JAHRGÄNGE (1990), (89), 88, (86), 85, 83, 82, 79, 76, 75.

WISSENSWERT Weitere Informationen: Comité Interprofessionnel du Vin de Champagne, 5, rue Henri Martin, BP 135, FR-51204 Epernay. Tel. 03 26 51 19 30. Fax 03 26 55 19 79.

## CHAMPAGNER-WEINE

RUF Das Ansehen der verschiedenen Champagnerhäuser ist unterschiedlich. Die Jahrgangs- und Prestige-Champagner der bekannten Häuser genießen stets einen guten Ruf.

KLASSIFIZIERUNG Das französische Weingesetz (AOC) regelt den Ertrag, die Rebstockdichte, den Alkoholgehalt usw. Die Traubenqualität wird durch ein Prozentsystem (échelle) festgelegt: für beste Lagen (Crus) werden hundert Prozent des Maximalpreises bezahlt (etwa FF 40,-/kg). Für weniger gute Lagen gibt es einen entsprechenden Abschlag.

REBSORTEN Nur Pinot Noir und Pinot Meunier (rot) sowie Chardonnay (weiß). Der Rebsortenanteil variiert je nach „Stil des Hauses".

WEINHERSTELLUNG Nur Schaumweine aus der Champagne dürfen Champagner genannt werden und müssen nach der klassischen Champagner-Methode hergestellt werden. Die Trauben werden separat gekeltert und wie Weißwein ausgebaut. Dies schließt auch den biologischen Säureabbau ein. Nach der ersten Gärung findet die

*„Remuage" der Champagner-Flaschen - eine zeitaufwendige Methode, die Trubstoffe zum Korken zu rütteln.*

Assemblage statt, das Verschneiden verschiedener Sorten zu einer Cuvée. Jetzt wird dem stillen Wein „liqueur de tirage" zugefügt (bestehend aus neuer Hefe und einer Zuckerlösung). Die zweite bzw. Flaschengärung setzt ein und bewirkt, dass außer Alkohol auch Kohlensäure gebildet wird. Es entsteht ein Niederschlag auf dem Flaschenboden, der ohne Kohlensäureverlust aus der Flasche entfernt werden muss. Dazu dient die Remuage: Die Flaschen werden mehrmals täglich gerüttelt, um ein Viertel gedreht und etwas steiler gestellt. Sie werden für diesen Vorgang mit dem Hals nach unten in ein Rüttelpult („pupitre") gestellt. Sobald sich die Hefereste am Korken abgesetzt haben, wird der Wein degorgiert. Der Flaschenhals wird in eine Tiefkühlflüssigkeit eingetaucht, was ihn vereisen lässt. Durch den Kohlensäuredruck wird der Pfropfen herausgeschleudert. Dem zu diesem Zeitpunkt trockenen Champagner wird nun je nach gewünschtem Süßegrad der „liqueur d'expédition", die sog. Dosage, hinzugefügt.

FRANKREICH • CHAMPAGNE

## Montagne de Reims

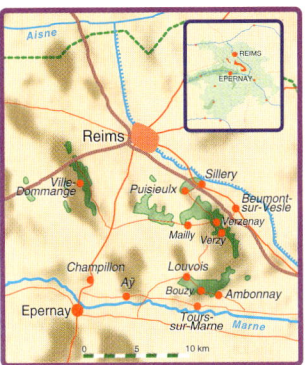

RUF  Die besten roten Rebsorten der Champagne kommen aus der Montagne de Reims.

GEOGRAPHIE  Das Gebiet dehnt sich von Ville Dommagne im Westen bis Champillon im Süden und nach Osten bis Verzy. Der erste Grand-Cru-Ort der Montagne de Reims heißt Mailly-Champagne. Unmittelbar nördlich davon liegen Puisieulx und Sillery, Verzenay, Beaumont-sur-Vesle und Verzy. Andere bekannte Grand-Cru-Lagen sind Ambonnay, Louvois und Bouzy.

BODEN  Kreidereiche, geschützte Böden an Hanglagen. Einerseits hoch genug, um Frost und schwere Regenfälle zu überstehen und andererseits niedrig genug, um vom umgebenden Wald geschützt zu werden.

WEINE  In der Montagne de Reims werden die roten Sorten, die das Rückgrat der späteren Cuvées ausmachen, angebaut. An der Côte d'Ambonnay liegen die besten Weingüter für Pinot Noir; ein roter Stillwein wie „Bouzy Rouge" ist mit einem sehr leichten, vornehmen Burgunder vergleichbar.

REBSORTEN/ANBAU  Vor allem Pinot Noir, aber auch Pinot Meunier und Chardonnay.

Viele der Rebberge liegen im Norden. Die Wärme sammelt sich im südlich gelegenen Tal, um dann durch die Weinberge nach oben zu steigen. Im Norden wird Pinot Meunier angebaut, da diese Traube nicht so frostempfindlich ist wie viele andere. Dieses kühle Gebiet wird von den Einwohnern „Sibirien" genannt.

### ANDERE WEINGEBIETE IN DER CHAMPAGNE

Außer diesen drei großen Regionen befinden sich zwei weniger bekannte weiter südlich: AUBE und CÔTE DE SÉZANNE. In Aube erzeugt man unkomplizierte, fruchtige Weine, die oft in den Cuvées der Champagnerhäuser verwendet werden.

Côte de Sézanne entwickelt sich sehr schnell und zeichnet sich durch hohe Qualität aus.

## Vallée de la Marne, Côte des Blancs

### Vallée de la Marne

RUF  Entlang des Vallée de la Marne werden rote Rebsorten von guter Qualität angebaut.

GEOGRAPHIE  Die besten Weindörfer heißen Tours-sur-Marne und Aÿ und sind Grands Crus. Andere bekannte Dörfer sind Bisseuil, Mareuil-sur-Aÿ, Dizy-Magenta und Hautvillers. Die besten Weingüter liegen an den Süd- und Südosthängen. Die Humusschicht ist nur dünn und liegt direkt auf Kreideklippen.

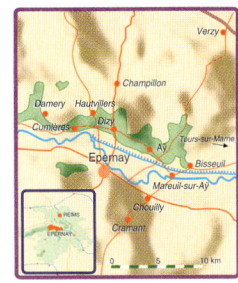

REBSORTEN  Das Marne-Tal liefert Trauben, die dem endgültigen Champagner-Verschnitt (cuvée) Fülle und Bukett geben. Hier werden vor allem Pinot Noir und Pinot Meunier, aber auch ein kleiner Teil Chardonnay angebaut.

### Côte des Blancs

RUF  An der Côte des Blancs werden die besten weißen Rebsorten der Champagne angebaut.

GEOGRAPHIE  Die Côte des Blancs erstreckt sich vom Dorf Chouilly, östlich von Epernay, bis östlich von Bergères-Les-Vertus. Im Grand-Cru-Dorf Chouilly und den umliegenden Weinbergen wird vor allem Chardonnay angebaut.

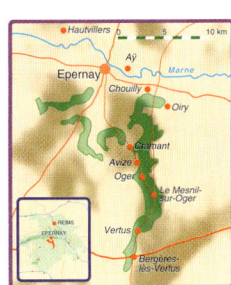

Auch Pinot Noir und Pinot Meunier werden angebaut, haben aber nicht die gleiche Bedeutung. Cramant ist das benachbarte Dorf mit Grand-Cru-Bezeichnung. Von hier stammt der berühmte „Château de Saran" von Moët und Mumms „Cramant de Mumm" (früher Crémant de Cramant). Weitere Grand-Cru-Dörfer sind: Avize, Oger und Le Mesnil-sur-Oger, wo Krug über knapp 2 ha Weinberge für seinen Jahrgangs-Champagner „Clos de Mesnil" verfügt. Die Weingüter sind ungewöhnlicherweise östlich ausgerichtet. Der Boden ist kreide- und lehmhaltig und enthält weiße Kieselsteine, die die Sonne zu den Weinreben reflektieren.

REBSORTEN  Von der Côte des Blancs beziehen die Champagnerhäuser die Trauben für ihre Blanc-de-Blancs-Cuvées, die daher leicht, frisch und sehr elegant sind. Auch etwas Pinot

FRANKREICH • CHAMPAGNE

## Ayala

GESCHICHTE   Ayala wurde 1860 von Edmond de Ayala, Sohn eines kolumbianischen Diplomaten, gegründet. 1937 kaufte René Chayoux das Weingut, das er ab 1961 zusammen mit Châ-

*Ayala hat ein beeindruckendes Gebäude, gehört aber zu den kleineren Champagnerhäusern mit hoher Qualität.*

teau La Lagune, einem 3ème-Cru-Classé-Schloss in Haut-Médoc, führte. Nach dem Tode von René Chayoux im Jahr 1969 wurde Ayala von Jean-Michel Ducellier übernommen.

WEINE   Fünf Cuvées werden produziert. Ohne Jahrgangsbezeichnung: Brut und Brut Rosé. Jahrgangs-Champagner: Brut, Blanc de Blancs und die Prestige-Cuvée Grand Cuvée Ayala.

CHARAKTER   Die Weine Ayalas sind füllig mit großem und ausgeprägtem Pinot-Noir-Charakter. Sie haben eine kräftige Mousse und sind generös.

RUF   Feine und klassische Champagner. Mitglied des „Syndicat de Grande Marques de Champagne". Hatten ihre Glanzzeit in den 60er und 70er Jahren. Zahlreiche Weine aus dieser Zeit sind noch in gutem Zustand.

REBSORTEN   Pinot Noir und Chardonnay.

WEINHERSTELLUNG   Traditionelle Champagner-Methode. Manuelle Remuage.

LAGERUNG   Der große Pinot-Noir-Anteil gibt den Jahrgangs-Champagner ein gutes Lagerpotenzial.

REBFL/PROD   35 ha, ca. 50 000 Kisten/Jahr.

## Besserat de Bellefon

GESCHICHTE   Besserat de Bellefon wurde 1843 gegründet und hat sich seitdem weiterentwickelt. 1970, als das Gut noch in Besitz von Cinzano war, begann man die Keller umzubauen, die heute zu den modernsten gehören. 1976 wurde Besserat de Bellefon von der Pernod-Ricard-Gruppe aufgekauft. Später an LVMH (Louis Vuitton-Moët-Hennessy) verkauft und seit 1990 gehört es der Marne-et-Champagne-Gruppe an.

WEINE   Cuvée des Moines und Cuvée des Moines Rosé sind zwei Cuvées, die aus ca. 60% Chardonnay und dem Rest Pinot Meunier hergestellt werden. Andere Weine: Vintage, Grande Cuvée Blanc de Blanc und Brut Integral, die ganz ohne Dosage erzeugt werden.

CHARAKTER   Reifer Geschmack, ausgewogen mit frischer Säure.

RUF   Besserat de Bellefon ist in Frankreich bekannter als im Ausland, wobei sie auch da immer populärer werden.

REBSORTEN   Pinot Noir, Pinot Meunier und Chardonnay.

*Besserat de Bellefon ist heute ein erfolgreiches Unternehmen und gehört der Marne-et-Champagne-Gruppe an.*

WEINHERSTELLUNG   Die Gärung findet in rostfreien, computergesteuerten Edelstahltanks statt. Die Remuage erfolgt meist durch automatische Rüttelpaletten.

REBFL/PROD   Keine eigene Rebfläche, ca. 140 000 Kisten/Jahr. 40% Export.

---

**Besitzer** Jean-Michel & Alain Ducellier • **Kellermeister** Nicolas Klym • **Besuch** Mo-Fr 9-11, 14-16.30, nach Vereinbarung • **Adresse** Ayala, Box 2, 2, bd du Nord, FR-51160 Aÿ-Champagne • **Tel.** 03 26 55 15 44 • **Fax** 03 26 51 09 04

PRODUKTION        QUALITÄT        PREIS

---

**Besitzer** Groupe Marne et Champagne • **Kellermeister** Vincent Malherbe • **Besuch** Kein Besuch möglich • **Adresse** Besserat de Bellefon, 19, ave. de Champagne, FR-51200 Epernay • **Tel.** 03 26 78 52 20 • **Fax** 03 26 78 53 92

PRODUKTION        QUALITÄT        PREIS

## BILLECART-SALMON

GESCHICHTE Wie viele andere Champagnerhäuser ist auch Billecart-Salmon der Tradition sehr verbunden. Das Gut ist seit seiner Gründung im Jahr 1818 von Generation zu Generation vererbt worden. Für die feinen Cuvées werden immer noch Flaschen und Etiketten im traditionellen Stil verwendet.

*Wie viele andere Champagnerhäuser ist auch Billecart-Salmon sehr traditionsgebunden.*

WEINE Für die Prestige-Cuvée N.F. Billecart Brut werden Flaschengrößen von Magnum bis Jeroboam immer noch mit Korken und Drahtkorb anstelle eines Kronkorkens verschlossen. Dem Rosé-Champagner Brut Rosé wird 7-8% Rotwein hinzugefügt (normal ca. 15%). Es wird auch ein Blanc de Blancs hergestellt, dessen Cuvée auf Archivnotizen aus dem Jahr 1850 basiert. Der Standardwein heißt Brut sans Année.

CHARAKTER Leichte, elegante Weine. Der Geschmack der Cuvées ist je nach Verkaufsgebiet unterschiedlich, da er dem Geschmack des jeweiligen Landes angepasst wird.

RUF Billecart-Salmon ist bekannt für beständige, hohe Qualität ohne Extravaganzen.

REBSORTEN Pinot Noir, Pinot Meunier, Chardonnay. Zum Teil werden die Trauben zugekauft.

WEINHERSTELLUNG Lange Gärung bei niedriger Temperatur (10-15 °C). Die Cuvée stammt häufig aus bis zu 25 verschiedenen Crus (Lagen).

LAGERUNG Die Prestige-Cuvée eignet sich gut für die Lagerung.

REBFL/PROD 5 ha, ca. 50 000 Kisten/Jahr. 50% Export, vor allem in die USA.

**Besitzer** Fam. Jean-Rolland Billecart • **Besuch** Mo-Fr 9-12, 14-18 • **Adresse** Billecart-Salmon, 40, rue Carnot, Mareuil-sur-Aÿ, FR-51160 Aÿ • **Tel.** 03 26 52 60 22 • **Fax** 03 26 52 64 88

PRODUKTION        QUALITÄT        PREIS

## BOLLINGER

GESCHICHTE Bollinger wurde 1829 gegründet und ist einer der größten Namen der Champagne. Er wurde durch Madame Lily Bollinger, die die Verantwortung für das Haus im Jahr 1941 übernahm, bekannt. Qualität war damals - später unter Claude d'Hautefeuille und Christian Bizot - wie auch heute das Leitmotiv. Christian Bizot hat sich jetzt zurückgezogen und der Betrieb wird von Étienne Bizot geführt.

WEINE Derzeitige Marken: Special Cuvée Brut (ohne Jahrgang), Grande Année, RD, Vieille Vignes Françaises Blanc de Noirs (ausschließlich von Reblaus-resistenten Rebstöcken) und Grande Année Rosé.

*Bollinger gehört zu den großen und klassischen Champagnerhäusern und genießt einen sehr guten Ruf.*

CHARAKTER Die Weine sind kraftvoll mit einem großen Pinot-Noir-Anteil und sehr trocken mit einem Zuckergehalt von ca. 9 Gramm/Liter.

RUF Die Handarbeit dominiert. Das Traubengut der Lagen Aÿ, Bouzy, Cuis und Grauves erreichen sehr hohe Qualität. Ein Bollinger RD wird mindestens 10 Jahre gelagert, bevor er degorgiert und mit dem Jahrgangsdatum versehen wird.

REBSORTEN Es wird vor allem Pinot Noir verwendet, um dem Wein den kräftigen Bollinger-Charakter zu geben. Auch Chardonnay und Pinot Meunier werden angebaut.

WEINHERSTELLUNG Die erste Gärung erfolgt teils in Eichenfässern und teils in rostfreien Stahltanks. Dies führt zu einer großen Anzahl von Geschmacksvariationen, aus denen man später die Cuvées herstellen kann.

LAGERUNG Sehr gut lagerfähig.

REBFL/PROD 144 ha, ca. 125 000 Kisten/Jahr.

**Besitzer** Christan Bizot • **Kellermeister** Gérard Liot • **Besuch** Nach Vereinbarung • **Adresse** Bollinger, Bd du Maréchal de Lattre-Aÿ, FR-51160 Aÿ • **Tel.** 03 26 53 33 66 • **Fax** 03 26 54 85 59

PRODUKTION        QUALITÄT        PREIS

FRANKREICH • CHAMPAGNE

## DEUTZ

GESCHICHTE  Die zwei Deutschen William Deutz und Pierre Gelderman gründeten den Betrieb 1838. Seit den 70er Jahren wird das Haus von André Lallier in fünfter Generation geführt. Er investiert u.a. auch im Ausland (Delas in der Rhône, Schaumweinerzeugung in Kalifornien und Tasmanien). 1993 kaufte das Haus Louis Roederer die Mehrheit von Deutz. Der heutige Hauptbesitzer ist Fabrice Rosset.

WEINE  Sechs Cuvées werden erzeugt: Der Standardwein Brut NV, ein jahrgangsbezeichneter Blanc de Blancs, ein Vintage Brut und ein Rosé. Der Prestigewein heißt Cuvée William Deutz. Zum 150sten Jubiläum im Jahr 1988 erschien die Cuvée 150 Anniversaire auf dem Markt.

CHARAKTER  Kraftvolle aber nicht klotzige Weine. Der Jahrgangsrosé gehört zu den besten und ist vollmundig mit markantem Pinot-Noir- und Pinot-Meunier-Charakter.

RUF  Mit niedrigem Ertrag hält man einen relativ kleinen Marktanteil. Ein Name für Kenner.

REBSORTEN  PN, Pinot Meunier, Chard.

*Während die Konkurrenten aufgekauft werden, arbeitet Deutz als traditionelles Familienunternehmen weiter.*

WEINHERSTELLUNG  Die erste Gärung erfolgt in Stahltanks und die zweite, was eher ungewöhnlich ist, in Flaschen aller vorkommenden Größen. Viele Erzeuger nehmen die zweite Vergärung ausschließlich in 75-cl-Flaschen vor. Danach erst wird in die größeren Flaschen umgefüllt. Die Prestige-Cuvée wird für die Lagerung mit einem Korken verschlossen und die Remuage erfolgt manuell.

REBFL/PROD  42 ha (deckt 40% des Bedarfs), ca. 90 000 Kisten/Jahr. 50% Export.

**Besitzer** André Lallier • **Kellermeister** Odilon de Varine • **Besuch** Kein Besuch möglich • **Adresse** Deutz, 16, rue Jeanson, FR-51160 Aÿ • **Tel.** 03 26 56 94 00 • **Fax** 03 26 56 94 14

PRODUKTION        QUALITÄT        PREIS

## GOSSET

GESCHICHTE  Pierre Gosset begann schon 1584 mit der Weinproduktion. Bis 1979 war dieser Champagner nicht im Handel erhältlich, sondern wurde nur an Restaurants und ausgewählte Privatpersonen verkauft. Gosset hält an den Traditionen fest und füllt die Weine immer noch in seine altmodischen Flaschen mit schmalem Hals und nostalgischen Etiketten ab.

WEINE  Die Standard-Cuvée Brut Réserve wird aus verschiedenen Jahrgängen verschnitten. Oft ca. 2/3 Chardonnay, 1/3 Pinot Noir und etwas Pinot Meunier. Brut Rosé wird durch einen Ver-

*Die Familie Gosset produziert schon seit über 400 Jahren Wein - eine Garantie für exklusive Qualität.*

schnitt mit Rotwein aus Mareuil und Aÿ hergestellt. Die kraftvolle Grande Réserve besteht zum größten Teil aus roten Sorten. Es werden drei Jahrgangs-Champagner (nebst den Spezial-Cuvées) produziert: Ein kräftiger, fülliger mit ca. 40% weißen und 60% roten Trauben und ein leichter Grande Millésime mit Finesse, der auch als Rosé aus 88% Chardonnay und 12% Pinot Noir hergestellt wird.

CHARAKTER  Delikate und kraftvolle Weine mit reifem Charakter.

RUF  Gosset ist ein kleines, aber exklusives Haus. Die Spezialitäten sind Jubiläums-Cuvées.

REBSORTEN  Chard, PN und Pinot Meunier.

WEINHERSTELLUNG  Das Degorgieren erfolgt manuell. Ausbau in alten Eichenfässern.

LAGERUNG  Gute Lagerfähigkeit bei den höheren Qualitäten.

REBFL/PROD  12 ha eigene Rebfläche, etwa 50 000 Kisten/Jahr. 45% werden exportiert.

**Besitzer** Gruppe Heritiers, Renaud-Cointreau • **Kellermeister** Jean-Pierre Mareigner • **Besuch** Nur nach Vereinb. • **Adresse** Gosset, 69, rue Jules Blondeau, FR-51160 Aÿ • **Tel.** 03 26 56 99 56 • **Fax** -51 55 58 • **E-Mail** champagne.gosset.export@wanadoo.fr • **Homepage** www.gosset.com

PRODUKTION        QUALITÄT        PREIS

FRANKREICH • CHAMPAGNE

## Charles Heidsieck

GESCHICHTE  Die Geschichte der Familie Heidsieck führt bis ins Jahr 1785 zurück, als die Firma Heidsieck & Co. von Florens-Louis Heidsieck gegründet wurde. 1851 eröffnete Charles-

*Der Gründer war der legendäre „Champagne-Charlie". Heute in Besitz der großen Rémy-Cointreau-Gruppe.*

Camille (Champagne-Charlie) das Haus Charles Heidsieck. Der Name des Hauses stammt von seinem Vater, der wiederum Neffe von Florens-Louis war. 1976 fusionierte man mit dem Haus Henriot (die Zusammenarbeit endete 1985). Seit 1985 ist Rémy-Martin Mehrheitseigentümer. Heute ein Teil der Cointreau-Gruppe.
WEINE  Sechs Cuvées werden hergestellt. Ohne Jahrgang: Brut Réserve und Brut Rosé. Als Jahrgangs-Champagner: Brut Millésime, Blanc de Blancs, Rosé und die Prestige-Cuvée Champagne-Charlie.
CHARAKTER  Man erzeugt reine und traubentypische Weine. Die Champagner haben viel Frucht und verfügen über einen runden, nussartigen und sanften Geschmack.
RUF  Wurde viele Jahre als eine Marke zweiter Klasse angesehen. Unter der Leitung der Rémy-Gruppe aber hat sich das Image gebessert.
REBSORTEN  Pinot Noir, Chardonnay und Pinot Meunier.
WEINHERSTELLUNG  1981 wurde eine neue Anlage mit temperaturregulierten, rostfreien Stahltanks, in denen die Gärung bei 17–19 °C erfolgt, gebaut. Die Remuage erfolgt sowohl manuell als auch maschinell.
REBFL/PROD  47 ha eigene Rebfläche, 95% der Trauben werden zugekauft, ca. 170 000 Kisten/Jahr.

**Besitzer** Rémy-Cointreau-Gruppe • **Kellermeister** Daniel Thibault • **Besuch**  Nach Vereinbarung • **Adresse**  Charles Heidsieck, 4, bd. Henri Vasnier, FR-51100 Reims • **Tel.** 03 26 84 43 50 • **Fax** 03 26 84 43 86

PRODUKTION        QUALITÄT        PREIS

## Heidsieck & Co Monopole

GESCHICHTE  1785 gründete Florens-Louis Heidsieck die Firma Heidsieck & Co. Einer seiner drei Neffen namens Walbaum eröffnete 1846 Heidsieck Monopole. Dies ist nicht der bekannteste Zweig der Familie, er verdient aber allen Respekt. 1972 wurde das Haus von G.H. Mumm gekauft, der selbst der Seagrams-Gruppe angehörte. Heute in Besitz der Vranken-Monopole-Gruppe.
WEINE  Sieben Cuvées werden hergestellt. Ohne Jahrgang: Dry Monopole, Red Top Sec, Green Top Demi-Sec. Jahrgangs-Champagner: Dry Monopole, Rosé und die Prestige-Cuvées Diamant Bleu und Diamant Rosé.
CHARAKTER  Die Stärke von Heidsieck Monopole liegt in den Prestige-Cuvées. Diese werden aus 50% Chardonnay und 50% Pinot Noir (von 100%igen Échelle-Lagen) erzeugt. Elegante und samtweiche Weine.
RUF  Heidsieck Monopole ist nicht die eleganteste Marke in der Champagne. Wenn man aber den „Diamant Bleu" verkostet hat, weiß man, dass hier Könner am Werk sind.

*Der Betrieb hat denselben Ursprung wie Charles Heidsieck und gehört heute zur Vranken-Gruppe.*

REBSORTEN  Chardonnay, Pinot Noir und Pinot Meunier.
WEINHERSTELLUNG  Die Produktion der Standardmarken erfolgt durch Mumm, während die Abfüllung anderer Flaschengrößen immer in eigener Regie vorgenommen wird.
LAGERUNG  Gute Lagerfähigkeit der Jahrgangs-Champagner.
REBFL/PROD  110 ha, ca. 75 000 Kisten/Jahr.

**Besitzer**  Vranken Monopole, Paul-François Vranken • **Kellermeister**  Dominique Pichard • **Besuch**  Nur nach telefonischer Vereinbarung • **Adresse**  Heidsieck & Co Monopole, 17, ave de Champagne, FR-51200 Epernay • **Tel.** 03 26 59 50 50 • **Fax** 03 26 52 19 65

PRODUKTION        QUALITÄT        PREIS

FRANKREICH • CHAMPAGNE

## KRUG

GESCHICHTE Jean-Joseph Krug gründete das Haus 1843. Sein Sohn Paul vermarktete ab 1880 den Krug Private Cuvée in England. Das Geheimnis von Krug liegt darin, dass die Tradition groß geschrieben wird und dass immer zwei Generationen in gegenseiter Achtung zusammenarbeiten.

*Krug symbolisiert Tradition und Exklusivität. Für viele Leute ist er der beste Champagner der Welt.*

WEINE Während andere Champagnerhäuser 5-6 Cuvées pro Jahr erzeugen, verkauft Krug zu 80% seine Standardmarke Krug Grande Cuvée. Der Rosé wird mit Rotwein aus Aÿ hergestellt. Clos de Mesnil wird seit 1979 aus Chardonnay erzeugt.
CHARAKTER Krug Grande Cuvée ist ein fülliger und kräftiger Champagner mit schönem Bukett.
RUF Die Auszeichnung „bester Champagner der Welt" ist für das Haus Krug keine Seltenheit. Ausgezeichneter Ruf.
REBSORTEN Die Traubenzusammensetzung variiert, liegt aber bei ca. 45-55% Pinot Noir, 10-15% Pinot Meunier und ca. 35% Chardonnay. Alle Trauben kommen aus klassifizierten Weinlagen.
WEINHERSTELLUNG Bei Krug wird die erste Gärung zu 100% in 205-Liter-Eichenfässern durchgeführt. In Stahltanks liegen große Mengen Vin de Réserve, die größtenteils für den Verschnitt der Grande Cuvée verwendet werden.
LAGERUNG Jahrgangs-Champagner sollten reifen. Die Jahrgänge 1928, 1945 und 1959 sind immer noch ausgezeichnet.
REBFL/PROD 21 ha, ca. 40 000 Kisten/Jahr.

**Besitzer** Louis Vuitton-Moët-Hennessy • **Kellermeister** Henri Krug • **Besuch** Mo-Fr, nach Vereinbarung • **Adresse** Krug, 5, rue Coquebert BP 22, FR-51100 Reims • **Tel.** 03 26 84 44 20 • **Fax** 03 26 84 44 49

PRODUKTION     QUALITÄT     PREIS

## MERCIER

GESCHICHTE Autorallye in den Kellern, sich losreißende Heißluftballons, ein riesiges Weinfass, das auf der Strasse hin und her transportiert wird. Seit der Gründung des Unternehmens durch Eugène Mercier im Jahr 1858 war die Art und Weise der Öffentlichkeitsarbeit einzigartig. Auch wenn es heute etwas ruhiger zugeht, fliegt man immer noch gerne über die Weinberge oder fährt mit dem elektrischen Zug durch die 18 km langen Kellergänge.
WEINE Die Cuvées sind Brut Réserve NV (NV = Non Vintage, ohne Jahrgang), Vintage Brut Réserve, Vintage Brut Réserve Rosé sowie Extra

*Mercier wird in Frankreich als der Volks-Champagner betrachtet. Die Weinkeller sind einen Besuch wert.*

Rich, ein etwas süßerer Verschnitt für den englischen Markt. Mercier hat jetzt auch eine Prestige-Cuvée, den Bulle d'Or.
CHARAKTER Füllig, relativ einfach, aber zufriedenstellend im Geschmack.
RUF Das Haus gehört seit 1971 der großen LVMH-Gruppe (Louis Vuitton-Moët-Hennessy), bewahrt aber trotzdem eigenes Profil. Mercier ist der Champagner der Franzosen. Wenn der Durchschnittsfranzose eine Geburtstagsflasche kauft, dann wird es in der Regel ein Mercier sein.
REBSORTEN Füllige Weine, die hauptsächlich auf Pinot Meunier und Pinot Noir basieren.
WEINHERSTELLUNG Die Weine werden nach der traditionellen Champagner-Methode hergestellt.
LAGERUNG Begrenztes Lagerpotenzial.
REBFL/PROD 225 ha, 530 000 Kisten/Jahr.

**Besitzer** Louis Vuitton-Moët-Hennessy • **Kellermeister** Alain Parenthoën • **Besuch** Werktags 9.30-11.30, 14-16.30, feiertags 9.30-11.30, 14-17.30. Dez-Jan Di und Do geschl. • **Adresse** Mercier, 75, ave. de Champagne B.P 134, FR-51333 Epernay • **Tel.** 03 26 51 22 00 • **Fax** -22 01

PRODUKTION     QUALITÄT     PREIS

FRANKREICH • CHAMPAGNE

## MOËT & CHANDON

GESCHICHTE Das Champagnerhaus Moët wurde 1743 von einem Winzer namens Claude Moët gegründet. Der zweite Name Chandon stammt vom Ururenkel seines Schwiegersohns, Pierre Gabriel Chandon. Die größten Verdienste, die zum enormen Erfolg Moëts führten, sind seinem Enkel, Jean Remy, zuzuschreiben. Er war ein enger Freund Napoleons, was zu großem gesellschaftlichem Ansehen sowie vielen vornehmen Kunden führte. Zur großen LVMH-Gruppe gehören heute u.a. auch Mercier, Ruinart und Veuve Clicquot.

WEINE Ohne Jahrgangsbezeichnung: Brut Impérial (Première Cuvée in England). Mit Jahrgangsbezeichnung: Brut Impérial und Brut Impérial Rosé. Stillwein: Château Saran. Prestigemarken: Dom Pérignon und Dom Pérignon Rosé.

CHARAKTER Weich, füllig, rein und ausgewogen.

RUF Die Weine sind gut bis sehr gut. Trotz großer Produktion genießt man hohes Ansehen.

REBSORTEN Chardonnay, Pinot Noir und

Seit 1743 ist das Haus sehr beliebt. Jede vierte exportierte Champagnerflasche stammt von Moët & Chandon!

Pinot Meunier mit einer durchschnittlichen Qualität (échelle) zwischen 90 und 100 Prozent.

WEINHERSTELLUNG Moderne Methoden und Anlagen sowie die revolutionäre Methode „bill" (mit eingekapselter Hefe), wodurch die klassische Remuage überflüssig wird.

LAGERUNG Die Jahrgangs-Champagner, vor allem Dom Pérignon, sind sehr lagerfähig.

REBFL/PROD 772 ha, ca. 2 Mio. Kisten/Jahr.

---

**Besitzer** L.-Vuitton-Moët-Hennessy-Gruppe • **Kellermeister** Dominique Foulon • **Besuch** Nur nach Vereinbarung • **Adresse** Moët & Chandon, 20, ave de Champagne, FR-512 00 Epernay • **Tel.** 03 26 51 20 00, -20 • **Fax** 03 26 54 84 23

---

PRODUKTION  QUALITÄT  PREIS

## MUMM

GESCHICHTE G.H. Mumm & Co wurde 1827 von zwei Deutschen gegründet. Der Erfolg kam, als Mumm 1875 den Cordon Rouge einführte. Die Familie Mumm erlebte danach einen rasanten Aufstieg. Man bemühte sich nie speziell um die Franzosen selber, was die Leitung sicherlich bereute, als die Firma nach dem Ersten Weltkrieg vom französischen Staat konfisziert wurde. Seitdem haben die Besitzer häufig gewechselt, u.a. René Lalou. 1972 kaufte der große Seagrams-Konzern die Firma.

WEINE Ohne Jahrgangsbezeichnung: Cordon

*In Seidenbänder gewickelt (daher der Name) wurden 1875 die Flaschen des „Cordon Rouge" vermarktet.*

Rouge, Cordon Vert (halbsüß) und Cramant de Mumm. Mit Jahrgang: Cordon Rouge und Cordon Rosé. Prestigemarken: Mumm de Mumm und René Lalou.

CHARAKTER Die Weine sind leicht, elegant und fein duftend.

RUF Guter Ruf vor allem auch in Nordamerika, dank des Besitzers Seagrams, der in Kanada und den USA zu Hause ist. In England ist u.a. auch das Königshaus Kunde.

REBSORTEN Pinot Noir 80%, Chardonnay 15% und Pinot Meunier 5%. Die eigenen Weinberge decken nicht mehr als 20% des Bedarfs.

WEINHERSTELLUNG Moderne Methoden, bei 80% der Produktion wird die Remuage auf Gyropaletten durchgeführt. Die Prestige-Cuvées werden von Hand gerüttelt.

LAGERUNG Die Prestige-Cuvées sind für die Lagerung gut geeignet.

REBFL/PROD 327 ha, ca. 750 000 Kisten/Jahr. Die USA ist der größte Exportmarkt.

---

**Besitzer** Seagrams • **Kellermeister** Dominique Demarville • **Besuch** Täglich 9-11, 14-17 • **Adresse** Mumm, 29, rue de Champ de Mars, FR-51100 Reims • **Tel.** 03 26 49 59 69, 03 26 49 59 70 • **Fax** 03 26 40 46 13

---

PRODUKTION  QUALITÄT  PREIS

## Joseph Perrier

GESCHICHTE  Joseph Perrier gründete im Jahr 1825 das Champagnerhaus, verkaufte es aber schon 1888 an die Familie Pithois, in deren Besitz es immer noch ist. Die Firma liegt unge-

*Joseph Perrier schaffte sich einen unauslöschlichen Ruf als Lieferant für Königin Victoria und Edward VII.*

wöhnlicherweise in Châlons-sur-Marne, wo sie zum einzigen bedeutenden Erzeuger gehört.
WEINE  Fünf Cuvées und ein neuer Prestige-Champagner. Ohne Jahrgang: Cuvée Royale Brut, Cuvée Royale Brut Blanc de Blancs und Cuvée Royale Brut Rosé. Mit Jahrgang: Cuvée Royale Brut (1982 erzeugt aus 50% roten Trauben, 35% Pinot Noir, 15% Pinot Meunier und 50% Chardonnay). Cuvée du Cent-Cinquantenaire ist ein Wein, der mit den besten Jahrgängen verschnitten wird; goldene Farbe und reicher, fülliger Geschmack (aus 50% Pinot Noir und 50% Chardonnay).
CHARAKTER  Relativ schnell reifende Weine, frisch und weich, mit deutlichem Blumencharakter.
RUF  Guter Ruf und das Beste, das in Châlons-sur-Marne produziert wird. Beste Zeit zwischen 1975 und 1985 mit zahlreichen Spitzenweinen.
REBSORTEN  Chardonnay, Pinot Noir und Pinot Meunier.
WEINHERSTELLUNG  Die Spezialität sind die großen Größen Jeroboam (300 cl) und Methusalem (600 cl), die manuell hergestellt werden.
LAGERUNG  Begrenzte Lagerfähigkeit.
REBFL/PROD  20 ha eigene Rebfläche, die 1/3 des Bedarfs decken. Ca. 50 000 Kisten/Jahr.

**Besitzer** Jean-Claude Fourmon • **Kellermeister** Claude Dervin • **Besuch** Mo-Fr 9-11, 14-16 nach Vereinbarung • **Adresse** Joseph Perrier, BP 31, 69, ave. de Paris, FR-51016 Châlons-en-Champagne • **Tel.** 03 26 68 29 51 • **Fax** 03 26 70 57 16

PRODUKTION         QUALITÄT          PREIS

## Perrier-Jouët

GESCHICHTE  Perrier-Jouët wurde 1811 von Pierre-Nicolas-Marie Perrier gegründet. Seine große Zeit erlebte das Haus in der „Belle Epoque", in der England und die USA die großen Absatzmärkte darstellten.
WEINE  Ohne Jahrgangsbezeichnung: Grand Brut, Vintage Brut und Blason de France (auch mit Jahrgang) und Blason de France Rosé. Jahrgangschampagner: Belle Epoque und Belle Epoque Rosé.
CHARAKTER  Blumen und Haselnüsse erinnern an Chardonnay, obwohl ein großer Teil Pinot Noir (50-70%) verwendet wird.
RUF  Das Haus hat einen sehr guten Ruf und ist sehr prestigebewusst.
REBSORTEN  Chardonnay, Pinot Noir, Pinot Meunier. In Besitz von Rebflächen in besten Lagen: Avize und Cramant für Chardonnay. Mailly und Aÿ für Pinot Noir.
WEINHERSTELLUNG  Die erste Gärung erfolgt in Edelstahltanks mit 220 l Inhalt. Gerüttelt wird sieben Tage in computergesteuerten Gyro-

*Perrier-Jouët ist für seine bemalten „Belle Epoque"-Flaschen sehr berühmt.*

paletten. Eine Ausnahme ist die Prestige-Cuvée Blason de France, die in eine solch ungewöhnliche Flasche gefüllt wird, dass das Rütteln von Hand erfolgen muss.
LAGERUNG  Gute Lagerfähigkeit.
REBFL/PROD  65 ha, 210 000 Kisten/Jahr. 75% der Produktion wird exportiert.

**Besitzer** Seagrams • **Kellermeister** Hervré Deschamps • **Besuch** Nach Vereinbarung • **Adresse** Perrier-Jouët, 26, ave de Champagne, FR-51200 Epernay • **Tel.** 03 26 53 38 00 • **Fax** 03 26 54 54 55

PRODUKTION         QUALITÄT          PREIS

FRANKREICH • CHAMPAGNE

## PIERRE PETERS

GESCHICHTE Die Familie Pierre Peters kam aus Luxemburg und ließ sich im für Chardonnay-Reben berühmten Le Mesnil nieder. Dort bewirtschaften sie 17,5 Hektar, zwölf davon an besten Lagen der Region. Die Firma war während langer Zeit ein Geheimtipp und wurde innert kürzester Zeit zum angesehenen Newcomer.

*Die Familie Peters kommt ursprünglich aus Luxemburg. Kleine Produktion in großartiger Qualität.*

WEINE Fünf verschiedene Cuvées werden erzeugt: Pierre Peters Cuvée de Réserve, Pierre Peters Perle du Mesnil, Pierre Peters Cuvée Spéciale, Pierre Peters und ein Special Club - alle Jahrgangsweine immer zu hundert Prozent aus Chardonnay.

CHARAKTER Schon als Jungwein zugänglich, mit charakteristischem Mandarine-, Butterschotch- und Nusston. Mit zunehmendem Alter mit Walnuss- und Kaffee-Charakter.

RUF Sehr gut. Die Popularität hat mit dem Erfolg der letzten Jahre zugenommen, was bestimmt zu einem Preisanstieg führen wird.

REBSORTEN Ausschließlich Chardonnay.

WEINHERSTELLUNG Traditionelle Herstellungsmethoden.

LAGERUNG Außerordentlich lagerfähige Weine.

REBFL/PROD 17,5 ha, 13 000 Kisten/Jahr. 35% Export.

**Besitzer** François Peters •**Kellermeister** François Peters •**Besuch** Mo-Fr, nach Vereinbarung •**Adresse** Pierre Peters, 26, rue des Lombards, FR-51190 Le Mesnil-sur-Oger •**Tel.** 03 26 57 50 32 •**Fax** 03 26 57 97 71

## PHILLIPPONAT

GESCHICHTE Das Haus wurde 1910 von Pierre Phillipponat in Mareuil-sur-Aÿ gegründet. 1935 kaufte man das Weingut Clos de Goisses, eine 100%ige Échelle außerhalb der Stadt, was zur guten Qualität beigetragen hat. 1987 wurde das Haus von der Firma Marie-Brizard aufgekauft und 1997 an die Champagner-Gruppe Boizel-Chanoise weiterverkauft.

WEINE Fünf Cuvées werden erzeugt. Ohne Jahrgang: Royal Réserve Brut und Royal Réserve Brut Rosé. Mit Jahrgang: Royal Réserve Brut, üblicherweise ein Verschnitt aus 65% Pinot Noir und 35% Chardonnay, Grand Blanc (früher Cu-

*Phillipponat ist ein kleiner Erzeuger von qualitativ hochwertigem Champagner, der beste ist „Clos de Goisses".*

vée Première Blanc de Blancs) sowie die Prestige-Cuvée Clos de Goisses mit 70% Pinot Noir und 30% Chardonnay.

CHARAKTER Die Rebsorten von Clos de Goisses liefern einen Wein, der trotz des hohen Anteils an Pinot Noir nie schwer wirkt. Er ist von großer Kraft und reichhaltigem Bukett gekennzeichnet.

RUF Phillipponat ist eine typische Kennermarke, die in Weinkreisen sehr geschätzt wird. Die Qualität ist sehr hoch.

REBSORTEN Pinot Noir und Chardonnay sowie etwas Pinot Meunier.

WEINHERSTELLUNG Traditionell.

LAGERUNG Gute Lagerfähigkeit, besonders für Clos de Goisses.

REBFL/PROD 16 ha eigene Rebfläche, was 25% des Bedarfs entspricht. Ca. 50 000 Kisten/Jahr.

**Besitzer** Boizel-Chanoise Champagne (BCC) •**Besuch** Nach Vereinbarung •**Adresse** Phillipponat, 13, rue du Pont, FR-51160 Mareuil-sur-Aÿ •**Tel.** 03 26 56 93 00 •**Fax** 03 26 56 93 18

## PIPER-HEIDSIECK

GESCHICHTE  Als sich der ursprüngliche Betrieb Heidsieck & Co. 1834 spaltete, entstand das bekannte Heidsieck-Trio. Piper-Heidsieck war lange in Privatbesitz des Marquis d'Aulan (der das Erbe von Henri Piper angetreten hat). 1989 wurde es an die Rémy-Cointreau-Gruppe verkauft, wo auch Charles Heidsieck mit dabei ist.

WEINE  Fünf Cuvées werden hergestellt. Ohne Jahrgang: Brut Extra. Mit Jahrgangsbezeichnung: Brut, Rosé Brut, Brut Sauvage ohne Zusatz von Zucker sowie die Prestige-Cuvée Champagne Rare (60-65% Chardonnay und 35-40% Pinot Noir). Diese wurde eigens zur 200-Jahr-Feier zu Ehren der Gründerin Florens-Louis Heidsieck entworfen. Die aus dem 18. Jahrhundert stammende Flaschenform wurde mit einem von Fabergé entworfenen Etikett versehen.

CHARAKTER  Der Stil des Hauses ist jung und frisch.

RUF  Sehr gut.

REBSORTEN  Chard, PN und Pinot Meunier.

WEINHERSTELLUNG  Sehr modern und

*Die Prestige-Cuvée „Champagne Rare" von Piper Heidsieck hat eine Etikette im Fabergé-Design.*

effektiv. Die Gärung und Lagerung findet in Edelstahltanks statt. Die Remuage erfolgt in computergesteuerten Gyropaletten. Die Abfülllinie für Viertelflaschen ist sehr leistungsfähig und wird auch von anderen Betrieben in Anspruch genommen.

LAGERUNG  Auch wenn der Stil jung ist, sind die Weine für die Lagerung sehr geeignet.

REBFL/PROD  30 ha eigene Rebfläche. 95% der Trauben werden zugekauft. Ca. 550 000 Kisten/Jahr.

**Besitzer** Rémy-Cointreau-Gruppe • **Kellermeister** Daniel Thibault • **Besuch** Nach Vereinbarung • **Adresse** Piper-Heidsieck, 51, bd. Henri Vasnier, FR-51100 Reims • **Tel.** 03 26 84 43 00 • **Fax** 03 26 84 43 49 • **E-Mail** piper@ebc.net • **Homepage** www.piper.heidsieck.com

PRODUKTION     QUALITÄT     PREIS

## POL ROGER

GESCHICHTE  Pol Roger gründete das Weinhaus 1849. Seit seinem Tod im Jahr 1899 benutzte man seinen vollen Namen als Nachnamen. Der bekannteste Kunde des Hauses war Winston Churchill. Das Haus war lange in Besitz von Christian Pol Roger und Christian Billy. Die englische Flotte führt Pol Roger immer noch als Hausmarke.

WEINE  Sechs Cuvées werden erzeugt. Ohne Jahrgang: Pol Roger Brut. Mit Jahrgang: Brut, Blanc de Chardonnay, Rosé, Réserve Spéciale P.R. und die Prestige-Cuvées: Sir Winston Churchill,

*Das stattliche Hauptgebäude von Pol Roger. Winston Churchill zählte zu den wohl bekanntesten Kunden.*

der erst 1984 lanciert wurde und auf Churchills Geburtsort Blenheim Palace hinweist. Die Rebsortenzusammensetzung für Winston Churchill ist ein Geheimnis. Der Geschmack ist reif und füllig mit ausgewogener Säure.

CHARAKTER  Perfekte Ausgewogenheit zwischen Kraft und Eleganz. Die Cuvée Sir Winston Churchill wir mit Vorteil einige Jahre gelagert.

RUF  Der Ruf ist ausgezeichnet, und das Haus wird sehr erfolgreich vermarktet.

REBSORTEN  Pinot Noir, Chardonnay und Pinot Meunier.

WEINHERSTELLUNG  Traditionelle Herstellung, einschließlich manueller Remuage.

LAGERUNG  Wegen des ungewöhnlich kühlen Kellers lassen sich die Weine sehr gut lagern. Beispielsweise war im Jahr 1997 der 1914er noch hervorragend.

REBFL/PROD  85 ha eigene Rebfläche (45% des Bedarfs). Ca. 120 000 Kisten/Jahr.

**Besitzer** Fam. Pol Roger • **Kellermeister** James Coffinet • **Besuch** Nach Vereinbarung • **Adresse** Pol Roger, 1, rue Henri Lelarge, BP 199, FR-51206 Epernay Cedex • **Tel.** 03 26 58 59 00, -59 07 • **Fax** 03 26 55 25 70

PRODUKTION     QUALITÄT     PREIS

## POMMERY & GRENO

GESCHICHTE  Das Haus wurde 1836 von Narcisse Greno gegründet. 1856 erwarb Louis Alexandre Pommery davon einen Anteil. Er starb zwei Jahre später und seine Frau übernahm die

*Pommery & Greno wurde im 19. Jahrhundert mit seinen ersten trockenen Champagnern berühmt.*

Führung. Veuve Pommery eröffnete ein Büro in London und lancierte einen völlig trockenen Champagner. Zu dieser Zeit waren die meisten Champagner süß. Der heutige Weinmacher heißt Alain de Polignac und bewirtschaftet das Anwesen in fünfter Generation nach Madame Louise Pommery. 1991 wurde der Betrieb teilweise von der Louis-Vuitton-Moët-Hennessy-Gruppe übernommen.

WEINE  Fünf Cuvées werden erzeugt. Ohne Jahrgang: Brut Royal und Rosé nach der Saignée-Methode, wobei die roten Beerenhäute eine gewisse Zeit auf der Maische liegen, um Farbe herzugeben. Mit Jahrgang: Brut sowie die Prestige-Cuvées, Cuvée Spéciale Louise Pommery und Louise Pommery Rosé.

CHARAKTER  Pommerys Charakter ist leicht und frisch mit großem Duft.

RUF  Hochangesehenes Haus. 100%ige Échelle über die ganze Champagne verteilt.

REBSORTEN  Chard, PN und Pinot Meunier.

WEINHERSTELLUNG  Sehr modern und effektiv mit traditionellen Zügen. Die Remuage erfolgt manuell.

LAGERUNG  Jahrgangs-Cuvées sind sehr lagerfähig.

REBFL/PROD  300 ha eigene Rebfläche, 5000 000 Kisten/Jahr, großer Exportanteil.

**Besitzer** Louis-Vuitton-Moët-Hennessy-Gruppe • **Kellermeister** Alain de Polignac • **Besuch** Mo-Fr 10-12, 14-17 • **Adresse** Pommery & Greno, 5, place du Général Gourand, FR-51100 Reims • **Tel.** 03 26 61 62 63, 03 26 61 62 56 • **Fax** 03 26 61 63 98

PRODUKTION  QUALITÄT  PREIS

## LOUIS ROEDERER

GESCHICHTE  Zar Alexander II. wollte seinen Gästen stets ein exklusives Getränk anbieten. Nicht irgendeinen Champagner, sondern Louis Roederer in Kristallflaschen! Das war 1876, und die erste Prestige-Cuvée der Welt, Louis Roederer Cristal, war geboren. Die Revolution im Jahr 1917 vernichtete den größten Markt und erst 1985 wurde das Verkaufsniveau von damals wieder erreicht. Dies dank Camille Olry-Roederer, die den Betrieb zur heutigen Größe führte.

WEINE  Folgende Marken werden produziert: Brut Premier, Brut Rosé, Blanc de Blancs, Vintage Brut, Carte Blanche (süß), Demi Sec (halbsüß), Cristal Brut sowie Cristal Brut Rosé. Roséweine werden nach der Saignée-Methode hergestellt.

CHARAKTER  Der Stil ist pompös, füllig, reich und fein duftend. Der Grund für die hochkarätige Qualität sind erstklassige Rebberge, strenge Selektion der Rebsorten und Perfektion bei der Vinifizierung. Man verfügt über 7 000 hl Vin de Réserve, einem Verschnitt der besten Weine.

RUF  Hervorragender Ruf. Bei manchen Wei-

*Roederer wurde mit seinem Champagner in Kristallkaraffen vermögend. Heute mit der Marke „Cristal".*

nen ist die Nachfrage größer als das Angebot. Unter der Leitung von J.-C. Rouzaud, einem der angesehensten Weinfachmänner der Champagne.

REBSORTEN  Chardonnay, Pinot Noir und Pinot Meunier aus eigenen Weinbergen.

WEINHERSTELLUNG  Liqueur d'*expéditio*n wird verwendet, um die Ausgeglichenheit der Weine bis zu 20% zu erreichen.

LAGERUNG  Gutes Lagerpotenzial.

REBFL/PROD  180 ha, ca. 200 000 Kisten/Jahr.

**Besitzer** Jean-Claude Rouzaud • **Kellermeister** Michel Pansu • **Besuch** Mo-Fr 10-12, 15-17 nach Vereinbarung • **Adresse** Louis Roederer, 21, bd. Lundy, FR-51100 Reims • **Tel.** 03 26 40 42 11 • **Fax** 03 26 47 66 51

PRODUKTION  QUALITÄT  PREIS

## RUINART

GESCHICHTE  Ruinart ist das älteste Weinhaus in der Champagne und besteht schon seit 1729. Ein Mönch namens Dom Thierry Ruinart war von Anfang an dabei und gut befreundet mit einem anderen wohl bekannten Mönch, Dom Pérignon. Ruinart ist heute in Besitz der Vuitton-

*Ruinart wurde schon 1729 von einem Freund von Dom Pérignon, Dom Thierry Ruinart, gegründet.*

Moët-Hennessy-Gruppe und wird von Direktor Roland de Callone geführt.

WEINE  Fünf Cuvées werden erzeugt. Ohne Jahrgang: R de Ruinart Brut, R de Ruinart Rosé. Mit Jahrgang: R de Ruinart sowie die Prestige-Cuvées Dom Ruinart Blanc de Blancs und Dom Ruinart Rosé. Dom Ruinart ist ein hochklassiger Wein mit mehr Kraft, als ein Blanc de Blancs normalerweise hat.

CHARAKTER  Der Stil des Hauses ist füllig und frisch mit einer gewissen Süße sowie geröstetem Fasscharakter.

RUF  Seit den achtziger Jahren ist der Ruf stets gestiegen.

REBSORTEN  Chardonnay, Pinot Noir und Pinot Meunier.

WEINHERSTELLUNG  Moderne Weinherstellung mit Lagerung in „crayères", denkmalgeschützten Kreidehöhlen, die von oben her in konischer Form gegraben wurden. Die Remuage erfolgt in Gyropaletten. Für Dom Ruinart manuell.

LAGERUNG  Dom Ruinart ist für Lagerung sehr geeignet.

REBFL/PROD  15 ha eigene Rebfläche, die den Bedarf von 9% abdeckt, 166 000 Kisten/Jahr.

**Besitzer** Louis-Vuitton-Moët-Hennessy-Gruppe • **Kellermeister** Jean-François Barot • **Besuch** Nach Vereinbarung • **Adresse** Ruinart, 4, rue de Crayères, BP 85, FR-51053 Reims Cedex • **Tel.** 03 26 77 51 51 • **Fax** 03 26 82 88 43

PRODUKTION      QUALITÄT      PREIS

## SALON

GESCHICHTE  Salon ist eine der weniger bekannten Marken. Weinliebhaber kennen sie, aber nur wenige haben sie schon getrunken. Salon wurde 1914 von Eugène Aimé gegründet. In den 20er Jahren wurde Salon mit großem Erfolg zum Haus-Champagner des bekannten Maxim in Paris. 1963 wurde Salon an Besserat de Bellefon verkauft und später an Pernod-Ricard. Seit 1988 in Besitz von Laurent-Perrier.

WEINE  Im Gegensatz zu anderen Produzenten, die verschiedene Rebsorten aus unterschiedlichen Teilen des Anbaugebiets verwenden, produziert Salon einen Wein aus einer Rebsorte, nämlich

*Salon ist kein bekannter Name, dafür aber ein wirklicher Kennerwein. Wird nur aus Chardonnay erzeugt.*

Chardonnay aus Le Mesnil-sur-Oger.

CHARAKTER  Dies ist ein Wein, der altern muss. Ein älterer Salon erinnert eher an das Burgund oder an einen Riesling aus dem Elsass, mit Nüssen und Petroleum im Bukett. Im Geschmack reiner Chardonnay mit viel Säure, die mit der Zeit weicher wird.

RUF  Hervorragende, rare Weine, meist von Kennern bevorzugt.

REBSORTEN  Chardonnay.

WEINHERSTELLUNG  Kein biologischer Säureabbau (malolaktische Gärung), bei dem agressivere Äpfelsäure in die mildere Milchsäure umgewandelt wird. Deswegen bedarf es auch einer längeren Lagerung.

LAGERUNG  Erfordert lange Lagerung, bis zu 25 Jahren.

REBFL/PROD  1 ha eigene Rebfläche, deckt 12% des Bedarfs, ca. 4 000 Kisten/Jahr.

**Besitzer** Champagne Laurent-Perrier • **Kellermeister** Alain Temier • **Besuch** Täglich außer an Feiertagen • **Adresse** Salon, 5, rue de la Bréche d'Ogu, FR-51190 Avize • **Tel.** 03 26 57 51 65 • **Fax** 03 26 57 79 29

PRODUKTION      QUALITÄT      PREIS

## TAITTINGER

GESCHICHTE Als 1931 Pierre Taittinger das seit 1734 bestehende Champagnerhaus Founeaux übernahm, wurde Taittinger unter seinem heutigen Namen gegründet. Die Familie besitzt das im 13. Jahrhundert erbaute Maison de Comtes de Champagne. Ein Teil der Keller stammt aus der Römerzeit. Sie besitzt auch Château de la Marquetterie. Zur gleichen Zeit wie Dom Pérignon beschäftigte sich hier auch der Mönch Frère Oudart mit der Schaumweinherstellung.

WEINE Fünf Cuvées werden hergestellt. Ohne Jahrgang: Brut Réserve. Mit Jahrgang: Brut, Vintage Collection (von verschiedenen Künstlern bemalte Flasche) sowie die Prestige-Cuvées Comte de Champagne Blanc de Blancs und Comte de Champagne Rosé. Comte de Champagne Blanc de Blancs ist einer der elegantesten Weine der Champagne.

CHARAKTER Leichter Stil mit Eleganz, auch für die Cuvées Brut und die Vintage Collection, wo bis zu 60% rote Rebsorten verwendet werden.

RUF Sehr guter Ruf, besonders für Comte de Champagne.

*Die Familie Taittinger besitzt auch das Château de la Marquetterie.*

REBSORTEN Chardonnay, Pinot Noir und Pinot Meunier.

WEINHERSTELLUNG Sehr moderne Herstellung für alle Weine außer für Comte de Champagne, der auf klassische Art erzeugt wird.

LAGERUNG Die Prestige-Cuvées acht bis zehn Jahre.

REBFL/PROD 260 ha, die 50% des Bedarfs abdecken, ca. 350 000 Kisten/Jahr.

**Besitzer** SA PDG; Claude Taittinger • **Kellermeister** Maurice Morlot • **Besuch** Nur nach telefonischer Vereinbarung • **Adresse** Taittinger, 9, place St-Nicaise, FR-51100 Reims • **Tel.** 03 26 85 45 35 • **Fax** 03 26 85 44 39

PRODUKTION    QUALITÄT    PREIS

## VEUVE CLICQUOT PONSARDIN

GESCHICHTE Veuve Clicquot Ponsardin, auch unter der Kurzform „Veuve Clicquot" bekannt. Nicole Barbe Ponsardin war mit François Clicquot verheiratet. Dessen Vater Philippe Clicquot Muiron gründete das Haus 1772. Mit 19 Jahren schon Witwe übernahm Veuve Clicquot die Führung des Hauses. Ihr größter Beitrag zur Champagner-Herstellung war sicherlich die Erfindung des Rüttelpults, eines Holzgestells, in das die Flaschen zum Abrütteln der Hefe gestellt werden.

WEINE Fünf Cuvées werden hergestellt. Ohne

*Veuve Clicquot ist überall ein bekannter Name. Ganze 30% der Produktion werden in die USA exportiert.*

Jahrgang: Brut (gelbe Witwe, heute nicht so süß wie früher), Demi-sec (weiße Witwe) süß, frisch von hoher Klasse. Mit Jahrgang: Brut, Rosé Brut sowie die Prestige-Cuvée La Grande Dame, erzeugt aus 62% Pinot Noir und 38% Chardonnay.

CHARAKTER Reif, füllig und fein duftend.

RUF Die Qualität ist in den vergangenen Jahren gestiegen.

REBSORTEN Pinot Noir, Chardonnay und Pinot Meunier.

WEINHERSTELLUNG Das Haus hat sehr viel in neue Kellereianlagen investiert, um so effektiv wie möglich produzieren zu können.

LAGERUNG La Grande Dame ist sehr lagerfähig.

REBFL/PROD 286 ha eigene Rebfläche (126 ha in Grande Montagne de Reims, 23 ha im Vallée de Marne und 73 ha an der Côte des Blancs), was 30% des Bedarfs deckt. Ca. 850 000 Kisten/Jahr.

**Besitzer** LVMH-Gruppe, Dir.: Philippe Pascal • **Kellermeister** Jacques Peters • **Besuch** Nach telefonischer Vereinb. 03 26 89 54 41 • **Adresse** Veuve Clicquot Ponsardin, 12, rue du Temple, FR-51100 Reims • **Tel.** 03 26 89 54 40 • **Fax** -40 60 17 • **Homepage** www.veuve-clicquot.fr

PRODUKTION    QUALITÄT    PREIS

## Weitere Produzenten in der Champagne

### Alfred Gratien

Alfred Gratien gründete seinen Betrieb 1864 und produziert nach der klassischen Methode. Die Vergärung erfolgt in Eichenfässern. Der Geschmack ist füllig, die Weine sind sehr lagerfähig.

• **Besitzer:** Gratien & Meyer (Saumur) **Besuch:** Nach Vereinbarung. **Adresse:** 30, rue Maurice Cervaux, FR-51200 Epernay. **Tel.** 03 26 54 38 20.

### Henriot

Joseph Henriot führte den Betrieb gleichzeitig, als er auch Direktor bei Veuve Clicquot Ponsardin war. Das Haus wurde 1808 gegründet und produziert hochklassige Weine, so die Prestige-Cuvée Baccarat Brut. Sehr guter, fülliger Wein.

• **Besitzer:** Joseph Henriot **Besuch:** Nach Vereinbarung. **Adresse:** 3, place de Droits de l'Homme, FR-51100 Reims. **Tel.** 03 26 89 07 12 07.

### Jacquart

Genossenschaft mit höherer Quantität als Qualität. Rebfläche über 1 000 ha und Produktion knapp 1 Mio. Kisten/Jahr.

• **Adresse:** 5, rue Gosset, FR-51066 Reims. **Tel.** 03 26 07 20 20. **Fax** 03 26 07 12 07.

### Jacquesson & Fils

Ein kleiner Familienbetrieb, der Qualität und Tradition bewahrt. Die Weine sind von hoher Klasse, weich und elegant. Die Prestige-Cuvée „Vintage Signature" ist ein hervorragender Wein.

• **Besitzer:** Fam. Jacquesson **Adresse:** 68, rue du Colonel Fabien, FR-51200 Dizy. **Tel.** 03 26 55 68 11. **Fax** 03 26 51 06 25.

### Lanson

1760 von François Delamotte, einem Malteser-Ritter, gegründet. Nach dem Tod von Mme Delamotte wurde die Firma nach dem Partner Jean-Baptiste Lanson benannt. Großer Erfolg mit dem Black Label. Ferner werden eine Jahrgangs-Cuvée sowie zwei Prestige-Cuvées, der 225 und Noble Cuvée, produziert. FAKTEN Nur gepachtete Rebflächen, ca. 800 ha, ca. 500 000 Kisten/Jahr.

• **Besitzer:** Groupe Marne et Champagne **Kellermeister:** Jean-Paul Gandon **Besuch:** Nach Vereinbarung. **Adresse:** BP 163, 12, bd. Lundy, FR-51056 Reims-Cedex. **Tel.** 03 26 78 50 50. **Fax** 03 26 78 50 98. **E-Mail:** lanson@hex-anet.com **Homepage:** www.lansonpf.com

### Laurent-Perrier

1812 von Émile Laurent gegründet. Seit 1949 steht der Betrieb in enger Beziehung mit Bernard de Nonancourt. Die verschiedenen Cuvées sind Brut NV (NV = Non Vintage, ohne Jahrgang), Crémant NV, Vintage Brut, Ultra Brut und Millésime Rare, eine ungewöhnlich lange gelagerte Cuvée. Grand Siècle ist die Prestige-Cuvée. Auch Rosé nach der Saignée-Methode. FAKTEN 105 ha eigene Rebfläche, 850 ha gepachtet, etwa 500 000 Kisten/Jahr.

• **Besitzer:** Fam. Nonancourt **Kellermeister:** Alain Terrier **Besuch:** Nur an Feiertagen. **Adresse:** 32, ave de Champagne, FR-51150 Tours-sur-Marne. **Tel.** 03 26 58 91 22, 03 26 58 77 08. **Fax** 03 26 58 77 29.

### Abel Lepitre / Georges Goulet

Die beiden Häuser arbeiten unter einem Dach. Beide gehören zur Gruppe Grands Champagnes de Reims, in Besitz von Georges Goulet. Die Produktion ist klein und reines Handwerk. Heute ist die Qualität wieder auf dem früheren Niveau.

• **Besitzer:** Georges Goulet (Les Grands Champagnes de Reims) **Besuch:** Nach Vereinbarung. **Adresse:** 2/4 ave du Général Giraud, FR-51100 Reims. **Tel.** 03 26 32 20 22.

### José Michel & Fils

Traubentypische Weine mit großem Lagerpotenzial. Außer Jahrgangs-Brut wird auch ein Blanc de Blancs und ein Rosé hergestellt. FAKTEN 21 ha eigene Rebfläche, 14 000 Kisten/Jahr.

• **Besitzer:** Jose Michel **Kellermeister:** Jose & Bruno Michel **Besuch:** Nach Vereinbarung. **Adresse:** 14, rue Prelot, FR-51530 Moussy. **Tel.** 03 26 54 04 69. **Fax** 03 26 55 37 12.

### Bruno Paillard

1981 gegründet. Eine der wenigen Neugründungen nach dem 2. Weltkrieg. Paillard ist so automatisiert, dass nur drei Personen die Produktion von 25 000 Kisten/Jahr bewältigen können. Die Qualität ist gut, der Stil elegant und komplex.

• **Besitzer:** Bruno Paillard **Besuch:** Nach Vereinbarung. **Adresse:** rue Jacques Maritain, FR-51100 Reims. **Tel.** 03 26 36 20 22.

### Jacques Selosse

Kein traditioneller Produzent. Die Weine bleiben bis zu vier Jahren auf dem Hefedepot und sind von der Eichenfasslagerung sehr geprägt.

• **Adresse:** 22, rue Ernest-Vallé, FR-51190 Avize. **Tel.** 03 26 57 53 56.

### De Venoge

Das Haus wurde 1837 von Henri-Marc de Venoge gegründet. Im Jahr 1864 schuf sein Sohn die Marke „Cordon bleu" und begann auch mit der Herstellung von Rosé brut und Weinen im Cramat-Stil. 1899 kam die Prestige-Cuvée heraus. Eher in Frankreich bekannte, attraktive Champagner-Weine zu vernünftigen Preisen. FAKTEN 17 ha, 90% des Bedarfs werden zugekauft.

• **Besitzer:** Rémy-Cointreau **Adresse:** 30, av. de Champagne, FR-51200 Epernay.

# ELSASS

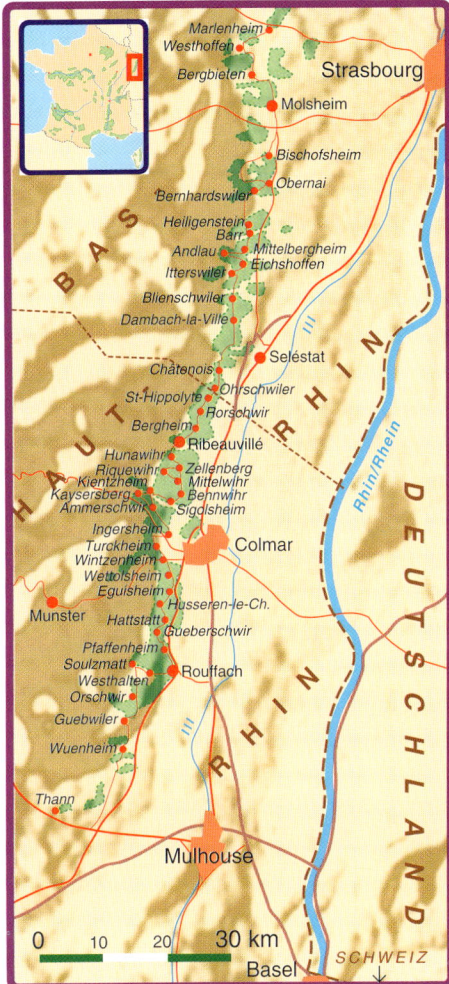

GEOGRAPHIE  An den Ost- und Südhängen der Vogesen und in der angrenzenden Rheinebene dehnt sich diese sehr malerische Region 100 km lang und 1-5 km breit aus. Die berühmtesten Weingüter liegen in HAUT-RHIN. In BAS-RHIN sind die Vogesen niedriger und schützen schlechter gegen Regen. Hier reifen die Trauben nicht so schnell. Es gibt viele verschiedene Mikroklimas.

BODEN  Komplizierte Zusammensetzungen. Vor allem Kalksteinhügel, daneben Mergel und Sand/Lehm-Gemische.

WEINE  Vor allem Weißweine, aromatisch mit entwickelter Blume. Traditionell werden deutsche Rebsorten verwendet, die aber auf französische Weise verarbeitet werden, d.h., die Weine werden trocken ausgebaut. Die Rebsorte ist wichtig, weil die Weine in der Regel nur aus einer Sorte, die dem Wein ihren Namen und Charakter gibt, hergestellt sind. Der EDELZWICKER ist ein Wein einfacher Qualität, für den mehrere Rebsorten gemischt werden. CRÉMANT D'ALSACE, ein Schaumwein, wird nach der Champagner-Methode aus

*Die kleine mittelalterliche Stadt Riquewihr gehört mit ihrer Stadtmauer zu den reizendsten in ganz Elsass.*

mehreren Rebsorten hergestellt. GRANDS CRUS sind Weine aus den „edlen" Trauben der genau abgegrenzten besten Lagen. VENDANGE TARDIVE und SÉLECTION DE GRAINS NOBLES werden aus spät geernteten Trauben, die letztere auch aus mit Edelfäule befallenen Trauben hergestellt und sind mehr oder weniger süß. Ein kleiner, aber wachsender Anteil Pinot Noir wird heute in kräftigerem Stil hergestellt. Beinahe alle Weine haben AOC-Qualität und machen 20% aller AOC-klassifizierten Weine Frankreichs aus.

REBSORTEN  Edle Sorten sind Riesling, Gewürztraminer, Pinot Gris (Tokay) und Muscat. Weniger edle Soten sind Sylvaner, Pinot Blanc und Chasselas. Pinot Noir wird für die Rot-, Weiß-, Rosé- und Schaumweinerzeugung verwendet.

WEINHERSTELLUNG  Traditionelle Weißweinherstellung. Die Weine werden in der Regel so trocken wie möglich ausgebaut. Vendange Tardive und Sélection de Grains Nobles enthalten mehr oder weniger Restsüße.

GESCHICHTE  Das Elsass war stets ein Grenz- und Durchgangsland Europas. Es wurde schon von den Kelten, den Römern, den Alemannen und den Franken regiert. Nicht umsonst nannten die Römer die Hauptstadt Strateburg „die Stadt der Straßen". Heute ist Straßburg eine der Städte für Europas Zusammenarbeit. Im Verlauf der Geschichte gehörte das Elsass abwechselnd zu Deutschland und Frankreich. Erst Ende des 17. Jh. kam es unter französische Herrschaft. Dies war auch die Zeit, als der Weinbau so richtig begann. Während der Zeit unter Deutschland, 1871-1919, wurde eine Menge einfachen deutschen Rheinweins erzeugt. Die Weinberge wurden nach dem 2. Weltkrieg größtenteils neu bestockt.

FRANKREICH • ELSASS

WEINGESETZ Ein wichtiger Unterschied zu anderen Regionen ist, dass die Rebsorten wichtiger als das Anbaugebiet sind. Oft wird nur die Rebsorte alleine oder in Kombination mit dem Weingutsnamen auf dem Etikett angegeben. Der Wein muss mindestens 8,5% Vol. natürlichen Alkoholgehalt haben. Die Anreicherung mittels

*Elsass ist ein spannendes Grenzgebiet deutscher und französischer Kultur, bekannt für Essen und Wein.*

Zucker (Chaptalisierung) ist bis zu 2,5% Vol. erlaubt. Der Wein muss im Elsass abgefüllt werden.

PRODUZENTEN Nahezu 9 000 Produzenten. Hier wurde die erste Genossenschaft in Frankreich im Jahr 1895 gegründet. Heute wird von den Genossenschaften 30% der Gesamtproduktion erfasst. Weitere 30% werden direkt durch den Erzeuger abgefüllt und 40% durch die Négociants.

REBFL/PROD 14 500 ha, ca. 1,3 Mio. hl/Jahr, davon nur ca. 5%, oder 70 000 hl Rotwein. 25% Export.

JAHRGÄNGE (1997), (96), (95), 94, 93, (92) 90, 89, (86), 85, 83.

WISSENSWERT Weitere Informationen: Comité Interprofessionnel des Vins d'Alsace - CIVA - Maison du Vin d'Alsace, 12, ave de la Foire aux Vins, BP 1217, FR-68012 Colmar. Tel. 03 89 20 16 20, Fax 03 89 20 26 30.

ROUTE DU VIN, ALSACE

*ROUTE DU VIN, die Weinstraße des Elsass, führt durch 100 Dörfer. Man sieht hier den südlichsten Teil mit u.a. dem malerischen Riquewihr und Kaysersberg.*

## RIESLING

GESCHICHTE Der Riesling ist wahrscheinlich die älteste Rebsorte des Elsass. Er wurde erstmals im 15. Jh. angepflanzt und verbreitete sich schnell über die ganze Region. Heute sind 22% der gesamten Anbaufläche mit dieser Sorte bestockt.

RUF Der Riesling ist der König der Reben und Weine im Elsass.

CHARAKTER Der Riesling ist sehr empfänglich für den Bodencharakter. Lehm- und Granitböden ergeben die kräftigsten Weine, letztere aber mit mehr Finesse und weniger Kraft. Vulkanische Böden ergeben Weine mit großem Geschmack. Generell hat der Wein einen durchschnittlichen

*Viele behaupten, dass der Riesling der König unter den Rebsorten des Elsass ist.*

Alkoholgehalt und mehr Kraft als die deutschen Riesling-Weine. Frische und säurebetonte Weine, in ihrer Jugend oft unzugänglich. Reifen mit zunehmendem Alter und erhalten ein elegantes, blumiges Bukett. Sie sind weniger füllig als Pinot-Gris-Weine und haben weniger Individualität als der Gewürztraminer, dafür aber mehr Rasse. Die Weine sind nach ca. 4 Jahren entwickelt. Einige können aber bis zu 20 Jahren gelagert werden.

WEINHERSTELLUNG Aus den spät geernteten Trauben wird ein kräftiger, fülliger, trockener oder halbtrockener Wein hergestellt: Vendange Tardive. In guten Jahren können die Trauben außerdem von Edelfäule angegriffen werden, so dass aus diesen ungewöhnlich süße Sélections de Grains Nobles hergestellt werden können.

ANBAUGEBIETE Der beste Riesling wird in Wolxheim, Dambach-la-Ville, Scherwiller, Ribeauvillé, Hunawihr, Mittelwihr, Kaysersberg, Ammerschwir, Husseren-les-Châteaux, Orschwihr und Thann angebaut.

PRODUZENTEN Einige der besten Rieslingweine sind Trimbachs Clos Saint Hune und die Cuvée Frédéric-Émile, Léon Beyers Ecailler, Hugels Réserve Personnelle, Domaine Weinbachs Cuvée Théo und Cuvée Sainte-Catherine sowie Zind Humbrechts Clos Saint-Urbain.

## PINOT GRIS (TOKAY)

GESCHICHTE  Pinot Gris macht ca. 6% der Anbaufläche aus. Er hat zwei Namen: Tokay d'Alsace oder Pinot Gris. Früher wurde er Grauklevner genannt. Die ursprüngliche Bezeichnung „Tokay d'Alsace" ist vor einigen Jahren von der EU verboten worden, um Verwechslungen mit dem ungarischen Tokajer zu vermeiden (Tokajer wird aus einer ganz anderen Rebsorte hergestellt: aus Furmint). Dieses Verbot wird aber nicht immer befolgt. Es werden daher beide Namen verwendet und oft sagt man Tokay-Pinot-Gris. In einer Legende wird erzählt, dass General Lazare de Schendi, nach einem Krieg gegen die Türken, die Traube aus Ungarn mitbrachte, wo sie ursprünglich durch Mönche aus dem Burgund eingeführt worden war.

RUF  Pinot Gris wird von vielen Winzern im Elsass den anderen Rebsorten vorgezogen.

CHARAKTER  Der robusteste Wein der Region. Füllig, reich, sanft und mit einem relativ hohen Alkoholgehalt. Der Wein ist aromatisch und wird als etwas pfeffrig beschrieben mit rauchigem

Die Pinot-Gris-Weine sind unter den Elsässern selbst sehr beliebt. Auch jung haben sie eine angenehme Fülle.

Ton und Andeutungen von Nüssen und Honig. Er passt gut zu der Gänseleberpastete der Region sowie zu hellem Fleisch und Geflügel. Die Weine sind nach 3-5 Jahren am besten, können aber in einigen Fällen bis zu 10 Jahren gelagert werden.

WEINHERSTELLUNG  In guten Jahren kann Pinot Gris spät geerntet werden, eventuell auch mit Edelfäule, so dass daraus auch die mehr oder weniger süße Vendange Tardive oder Sélection de Grains Nobles produziert werden kann.

ANBAUGEBIETE  In Cléebourg, Obernai, Beblenheim, Mittelwihr und Kientzheim werden die besten Tokay-Pinot-Gris-Weine hergestellt.

PRODUZENTEN  Renommierte Pinot Gris sind: Hugels Réserve Personnelle. Gustav Lorentz' Altenberg und Zind Humbrechts Saint-Urbain aus Rangen. Auch mehrere Genossenschaften wie z.B. Bennwihr und Wolfberger erzeugen gute Qualität.

## GEWÜRZTRAMINER

GESCHICHTE  Der Gewürztraminer wird bereits in Handschriften aus dem 16. Jh. als eine der Hauptrebsorten des Elsass erwähnt. Er macht heute knapp 20% des Weinbergareals aus. Gewürztraminer hat zwar einen relativ niedrigen Ertrag, aber der Geschmack kann sich dank des elsässischen Bodens gut entwickeln.

RUF  Diese Rebsorte trägt mehr als jede andere zum Ruhm des Elsass bei.

CHARAKTER  Der Wein ist leicht zu erkennen, da er einen sehr ausgeprägten Charakter mit großer, stark parfümierter Blume (Rosenduft) und

Den Gewürztraminer verbindet viel mit dem Elsass. Geschmack und Blume sind typisch und ansprechend.

einen Ton von exotischen Früchten hat. Der Alkoholgehalt ist mit bis zu 14% hoch und der Geschmack ist ölig mit milder Säure, gewöhnlich ganz trocken, aber manchmal mit einer Restsüße und einigen Bitterstoffen im Nachgeschmack. Er passt sehr gut zu der einheimischen Küche. Von den süßen Weißweinen abgesehen soll Gewürztraminer relativ jung, d.h. 2-4 Jahre alt, getrunken werden. Die kräftigsten können trotz des niedrigen Säuregehalts 3-10 Jahre gelagert werden.

WEINHERSTELLUNG  Aus spät gelesenen Trauben, manchmal von Edelfäule befallen und einzeln gepflückt, werden in guten Jahren die vornehmsten süßen Weine des Elsass hergestellt: Vendange Tardive und Sélection de Grains Nobles.

ANBAUGEBIETE  Die besten Gewürztraminer wachsen zwischen Sélestat und Colmar in Dörfern wie Barr, Rorschwihr, Bergheim, Beblenheim, Mittelwihr, Sigolsheim, Kientzheim, Kaysersberg, Ammerschwihr, Ingersheim, Turckheim, Wintzenheim, Eguisheim, Westhalten und Orschwihr.

PRODUZENTEN  Einige Weine mit gutem Ruf sind: Léon Beyers Comtes d'Eguisheim, Weinbachs Cuvée Laurence, Trimbachs Ribeaupierre, Hugels Réserve Personnelle und Schlumbergers Cuvée Christine.

## MUSCAT, PINOT BLANC

### MUSCAT

**GESCHICHTE** Seit der ersten Hälfte des 16. Jahrhunderts baut man hier Muscat à Petits Grains an. Der Anbau ist wegen der Anfälligkeit für Fäulnis so weit im Norden problematisch. Deshalb begann man Ende des 19. Jh. mit dem Anbau von Muscat Ottonel. Diese Variante reift schneller und ist nicht so empfindlich gegen Herbstregen. Man streitet darüber, welche Traube den besten Wein ergibt. Ottonel ist eher ein eleganter, leichter Wein und à Petits Grains hat Fülle und mehr Frucht. Die beiden werden daher meist gemischt, um das beste Resultat zu erzielen, oft im Verhältnis 2/3 Ottonel und 1/3 à Petits Grains.

**RUF** Mit nur wenig Prozentanteil der Anbaufläche ist die Muscat-Traube eine Art Rarität des Elsass, und die Weine sind deshalb relativ teuer.

**CHARAKTER** Die Muscat-Traube ist für alkoholreiche, süße Weine bekannt. Der elsässische Muscat ist trocken und sehr aromatisch mit charakteristischer Muscat-Blume. Er besitzt ein Aroma von frisch gepflückten Trauben und eine relativ milde Säure, weshalb der Wein jung getrunken werden soll. Wegen des geringen Säuregehalts sind die Weine auch in schlechten Jahren recht gut.

**ANBAUGEBIETE** Guter Muscat d'Alsace, kommt vor allem aus Mittelwihr, Wettolsheim, Voegtlinshoffen und Gueberschwihr.

**PRODUZENTEN** Kuentz-Bas Réserve Personnelle, Murés Clos Saint-Landelin sowie Muscat von Gustave Lorentz und Paul Zinck.

### PINOT BLANC

**GESCHICHTE** Diese Sorte wird hier seit dem 16. Jh. angebaut. Sie ist immer populärer geworden und nimmt heute 20% der Anbaufläche ein. Auf dem Etikett liest man entweder Pinot Blanc, Pinot Auxerrois oder Klevner/Clevner. Fünf verschiedene Rebsorten sind in dem Wein erlaubt und dürfen unter jedem Namen verkauft werden. Am wichtigsten sind die verwandten Sorten Pinot Blanc und Pinot Auxerrois. Die übrigen drei sind Pinot Noir, der hier wie in der Champagne zu Weißwein verarbeitet wird, Pinot Gris und ein ganz kleiner Teil Chardonnay.

**RUF** Preiswert und oft besser als ein einfacherer Riesling.

**CHARAKTER** Oft ein reiner, frischer, trockener, fruchtiger und neutraler Wein mit relativ niedrigem Alkoholgehalt und nicht allzu viel Säure. Pinot Auxerrois ist der beste Pinot mit etwas Würze. Pinot Blanc ist stärker vertreten und ergibt einen reineren, wenn auch etwas eckigen Wein.

**ANBAUGEBIETE** U.a. Cléebourg, Wintzenheim, Pfaffenheim und Westhalten.

**PRODUZENTEN** Die besten Pinot Noir erzeugen Hugel, Jos Meyer, Preiss Henny, André Kientzler, Claude Bleger und Kumpf et Meyer.

## PINOT NOIR, SYLVANER, CHASSELAS

### PINOT NOIR

**GESCHICHTE** Diese klassische rote Burgundersorte hat im Elsass eine lange, aber verborgene Geschichte. Zehn Prozent der Anbaufläche ist mit Pinot Noir bestockt.

**RUF** Elsass ist nicht bekannt für Rotweine. Die Reife des Pinot Noir gelingt nicht jedes Jahr, so dass daraus viel Rosé erzeugt wird. Moderne Herstellungsmethoden haben den Ruf verbessert.

**CHARAKTER** Leichte Rotweine mit Erdbeerblume. Der Trend geht aber doch in Richtung Weine mit tieferer Farbe und einer Lagerung, teilweise auch in neuen Eichenfässern. Der Roséwein ist leicht und trocken mit einem beerigen Ton.

**WEINHERSTELLUNG** Nur zehn Prozent wird zu Rotwein, der Rest zu Rosé oder zu Crémant d'Alsace verarbeitet.

**ANBAUGEBIETE** Die besten Anbaugebiete liegen in Otrott in der Nähe von Obernai.

**PRODUZENTEN** Marcel Deiss, Hertz, Hugel, Muré, Pierre Arnold und Wolfsberger.

### SYLVANER

**GESCHICHTE** Wird hier seit ca. 1870 angebaut und macht etwa 17% der gesamten Produktion aus. Die Anbaufläche verringert sich jedoch.

**RUF** Dieser unkomplizierte Wein gehört zu den meistverkauften des Elsass.

**CHARAKTER** Einfach und erfrischend mit guter Säure und Charakter. Früh abgefüllte Weine sind spritziger. Generell sollte Sylvaner so jung wie möglich getrunken werden.

**WEINHERSTELLUNG** Man verwendet ihn oft in Verschnitten wie Edelzwicker und im weißen Schaumwein Crémant d'Alsace.

**ANBAUGEBIETE** Die besten Sylvaner findet man in Mittelbergh, u.a. von Soltzenberg, aber auch rund um Barr und Rouffach.

**PRODUZENTEN** Domaine Weinbach, Pierre Frick und Domaine Schlumberger. Eine ungewöhnliche, in Eiche ausgebaute Variante von Marc Kreydenweiss.

### CHASSELAS

**GESCHICHTE** Ein anderer Name ist Gutedel. Chasselas wurde früher auf 20% der elsässischen Rebfläche angebaut. Heute ist der Anteil unbedeutend und die Rebsorte im Verschwinden begriffen.

**RUF** Selten auf Etiketten zu finden. Meistens verschnitten oder zu Tafelweinen verarbeitet.

**CHARAKTER** Unverschnitten hat der Wein eine rauchige und etwas würzige Blume mit sanfter Säure. Er soll jung getrunken werden.

**PRODUZENTEN** Unverschnittener Chasselas ist nicht häufig anzutreffen, aber z.B. bei Kientzler in Ribeauvillé.

## ELSASS GRAND CRU

GESCHICHTE Bis 1975 gab es im Elsass keine geographische Qualitätseinteilung. Die Bezeichnung „Alsace Grand Cru" wurde erst 1983 eingeführt. Nur edle Rebsorten wie Riesling, Pinot Gris, Gewürztraminer und Muscat dürfen die Bezeichnung Grand Cru tragen. Gewisse Lagen haben keinen Grand-Cru-Status für alle Sorten.

RUF Für die Bezeichnung Grand Cru werden die besten Rebsorten ausgewählt. Es ist ungewiss, ob ein Wein einer Grand-Cru-Lage besser ist als einer, auf dem nur der Rebsortenname angegeben ist. Viele der großen Betriebe verwenden nämlich Sorten der besten Lagen für Verschnittweine und nennen sie dann Réserve oder Exceptionnelle.

CHARAKTER Hervorragende Weine mit ausgefallenem, sortentypischem Charakter.

KLASSIFIZIERUNG 1983 waren 25 Lagen klassifiziert und 1992 kamen weitere 25 hinzu. Heute sind es 51 Lagen. Wird die Rebsorte angegeben, muss der Wein zu 100% aus dieser edlen Sorte bestehen. Wird die Lage angegeben, muss der Wein zu 100% aus dieser stammen. Anderenfalls darf der Erzeuger mehrere Grand-Cru-Lagen verschneiden. Der Ertrag beträgt max. 65 hl/ha. Der Alkoholgehalt vor der Chaptalisierung muss 10% beim Riesling und Muscat sowie 11% beim Gewürztram. und Pinot Gris betragen.

WEINHERSTELLUNG Traditionelle Vinifizierung mit selektiver Lese. Auch Vendange Tardive und Sélection de Grains Nobles.

*Grand Cru ist wie auch im Burgund die Bezeichnung für beste Lagen. Teure Weine, obwohl manche Erzeuger diese Weine nicht als Grand Cru etikettieren.*

### GRAND-CRU-LAGEN IM ELSASS
*(Nach dem Grand-Cru-Namen folgt der Ort)*

Altenberg de Bergbieten, Bergbieten (29 ha)
Altenberg de Bergheim, Bergheim (35 ha)
Altenberg de Wolxheim, Wolxheim (28 ha)
Brand, Turckheim (57 ha)
Bruderthal, Molsheim (19 ha)
Eichberg, Eguisheim (58 ha)
Engelberg, Dahlenheim (11 ha)
Florimont, Ingersheim (15 ha)
Frankstein, Dambach-la-Ville (53 ha)
Froehn, Zellenberg (13 ha)
Furstentum, Kientzheim/Sigolsheim (28 ha)
Geisberg, Ribeauvillé (8,5 ha)
Gloeckelberg, Rodern/St-Hippolyte (23 ha)
Goldert, Gueberschwihr (45 ha)
Hatschbourg, Hattstatt/Voegtlinshoffen (47 ha)
Hengst, Wintzenheim (76 ha)
Kanzlerberg, Bergheim (3 ha)
Kastelberg, Andlau (6 ha)
Kaefferkopf, Ammerschwihr (60 ha)
Kessler, Guebwiller (28 ha)
Kirchberg de Barr, Barr (40 ha)
Kirchberg de Ribeauvillé, Ribeauvillé (11 ha)
Kitterlé, Guebwiller (26 ha)
Mambourg, Sigolsheim (65 ha)
Mandelberg, Mittelwihr (12 ha)
Markrain, Bennwihr (45 ha)
Moenchberg, Andlau/Eichhoffen (12 ha)
Muenchberg, Nothalten (18 ha)
Ollwiller, Wuenheim (36 ha)
Osterberg, Ribeauvillé (24 ha)
Pfersigberg, Eguisheim (56 ha)
Pfingstberg, Orschwiller (28 ha)
Praelatenberg, Orschwiller (12 ha)
Rangen, Tann/Vieux Thann (19 ha)
Rosacker, Hunawihr (26 ha)
Saering, Guebwiller (27 ha)
Schlossberg, Kaysersberg/Kientzheim (80 ha)
Schoenenbourg, Riquewihr (40 ha)
Sommerberg, Niedermorschw./Katzenth. (28 ha)
Sonnenglanz, Beblenheim (33 ha)
Spiegel, Bergholtz/Guebwiller
Sporen, Riquewihr (22 ha)
Steinert, Pfaffenheim (38 ha)
Steingrubler, Wettolsheim (19 ha)
Steinklotz, Marlenheim (24 ha)
Vorbourg, Rouffach/Westhalten (72 ha)
Wiebelsberg, Andlau (12 ha)
Wineck-Schlossberg, Katzenthal (24 ha)
Winzenberg, Blienschwiller (5 ha)
Zinnkoepflé, Westhalten/Soultzmatt (62 ha)
Zotzenberg, Mittelbergheim (34 ha)

## ANDERE WEINE

### CRÉMANT D'ALSACE

RUF  Dieser qualitativ gute, preiswerte Schaumwein wird immer populärer.

CHARAKTER  Frisch, leicht und ausgezeichnet als Aperitif. Die Weine sollten jung getrunken werden, können aber auch gelagert werden.

KLASSIFIZIERUNG  AOC seit 1976. Der Begriff Crémant gilt heute für alle Schaumweine außerhalb der Champagne.

WEINHERSTELLUNG  Am meisten werden Pinot Blanc und Pinot Auxerrois erzeugt. Auch Pinot Gris, Riesling und Chardonnay.

PRODUZENTEN  U.a. Dopff au Moulin, Muré, Alsace Willm und Wolfberger.

### EDELZWICKER

RUF  Ende des 19. Jh. hielt man diesen Wein für den besten im Elsass. Heute ist es generell der einfachste und viele werden unter Marken-Bezeichnungen wir z.B. Dopff Nectar verkauft.

CHARAKTER  Weißer, trockener, leichter Wein, manchmal mit angenehmer Würze, der jung getrunken werden sollte.

WEINHERSTELLUNG  Zwei oder drei im Elsass erlaubte Rebsorten werden zum Edelzwicker verschnitten. Die Basis ist oft Pinot Blanc oder Sylvaner. Die besseren mit Gewürztraminer.

PRODUZENTEN  Ehrhart in Ammerschwihr gehört zur Ausnahme mit einer hohen Qualität.

### VENDANGE TARDIVE, SÉLECTION DE GRAINS NOBLES

RUF  Die süßesten, ungewöhnlichen Sélection de Grains Nobles sind mit den besten Süßweinen aus Deutschland und Sauternes zu vergleichen und sehr teuer. 1984 wurden diese Bezeichnungen gesetzlich geregelt.

CHARAKTER  Kräftige, extraktreiche, mehr oder weniger süße Weine. Einige mit Edelfäulecharakter. Eine Vendange Tardive oder Sélection de Grains Nobles sollte mind. 5 bis 10 Jahre gelagert werden, beste Weine bis zu 30 Jahren.

KLASSIFIZIERUNG  Potentieller Alkoholgehalt, Vendange Tardive: Riesling 13%, GT und PG 14,3%. Sélection de Grains Nobles: Riesling 15,2%, Gewürztraminer und PG 16,5%.

WEINHERSTELLUNG  Nur die edlen Rebsorten Riesling, GT, Tokay-Pinot Gris und Muscat sind zugelassen. Herstellung aus spät geernteten Sélection de Grains Nobles und teils aus ausgewählten, handverlesenen Trauben. Unter günstigen Bedingungen werden die Trauben von Edelfäule befallen, so dass man die seltene Sélection de Grains Nobles herstellen kann.

PRODUZENTEN  U.a. Léon Beyer, Kuentz-Bas, Gustave Lorentz, Trimbach, Dom. Weinbach und Zind Humbrecht.

## LÉON BEYER

GESCHICHTE  Léon Beyer ist einer der ältesten Betriebe im Elsass, gegründet um 1580. Etwa 1867 begann man mit dem Weinhandel. Das Weingut wird heute von Marc Beyer geführt. Die Familie Beyer ist von der Grand-Cru-Hetzerei nicht sehr begeistert und gibt diese auf den Etiketten der besseren Weine auch nicht an.

WEINE  Man produziert ca. 25 verschiedene Weine. Besonders stolz ist man auf den Riesling Cuvée des Ecaillers und die Cuvée Particulière sowie den Gewürztraminer Cuvée des Comtes. Es werden auch Vendange Tardive und Sélection de Grains Nobles hergestellt.

*Léon Beyer ist ein angesehener Name in Frankreich und in vielen Restaurants auf der Karte zu finden.*

CHARAKTER  Füllige und sehr trockene Weine, die gut zum Essen passen.

KLASSIFIZIERUNG  Alsace AOC und Grand Cru. Der bekannteste Vertreter elsässischer Weine.

REBSORTEN  Alle im Elsass üblichen Rebsorten. In den eigenen Weinbergen hauptsächlich Gewürztraminer, Riesling und Pinot Gris. Kalkstein dominiert in den eigenen Weinbergen.

WEINHERSTELLUNG  Traditionelle Methoden mit moderner Ausrüstung. Beyer verfügt über kein Labor, sondern testet und wählt die Weine durch Verkostung aus.

LAGERUNG  Die besten Weine können lange gelagert werden, die Spätlese bis zu 20 Jahren.

REBFL/PROD  20 ha, davon 4 ha Grands Crus Eichberg und Pfersigberg, außerdem wird Traubengut von 50 ha eingekauft, 60 000 Kisten/Jahr.

**Besitzer** Fam. Beyer • **Kellermeister** Marc Beyer & Eric Schueller • **Besuch** Nach Vereinb., Laden April-Nov. (Place du Ch. à Eguisheim) • **Adresse** Léon Beyer, 2, rue de la 1ère Armée, FR-68420 Eguisheim • **Tel.** 03 89 41 41 05 • **Fax** 03 89 23 93 63 • **Homepage** www.vinternet.fr/leonbeyer

PRODUKTION  QUALITÄT  PREIS

## DOMAINE MARCEL DEISS

GESCHICHTE  Winzerfamilie seit 1744. Seit den 80er Jahren wird der Betrieb von Jean-Michel und seiner Gattin Clarisse geführt. Jean-Michel ist ein Befürworter des sog. „terroir". Seiner Meinung nach ist die Rolle des Weinmachers zweitrangig, das Traubengut und der Boden sind die wichtigsten Elemente.

WEINE  Die besten Weine kommen von der Grand-Cru-Lage Altenberg de Bergheim (Gewürztraminer, Pinot Gris und hervorragender Riesling). Bei manchen Altenberg-Weinen weigert sich Jean-Michel Deiss, Rebsorte und Weintyp anzugeben, womit der Boden zum Ausdruck kommen soll. Im Jahr 2000 kommt eine neue Cuvée der Grand-Cru-Lage Mambourg auf den Markt. Aus den Rebsorten Pinot Beurot, Tokay-Pinot Gris, Pinot Blanc und Pinot Noir.

CHARAKTER  Ausgesprochen rebsortentypische Weine mit großem, vollem Bukett. Alle mit Charakter der Bodenbeschaffenheit.

RUF  Seit einigen Jahren einer der spannendsten Elsässer Newcomer.

*Laut Jean-Michel Deiss sind die Trauben und der Boden die wichtigsten Elemente, um guten Wein zu erzeugen.*

REBSORTEN  Vor allem Riesling, Gewürztraminer und Pinot Gris.

WEINHERSTELLUNG  Manuelle Lese, reduzierter Ertrag. Traditionelle Vergärung, natürliche Hefekulturen. Die Trauben werden noch mit den Füßen gekeltert!

LAGERUNG  Frisch als junger Wein, durch Lagerung noch besser.

REBFL/PROD  20 ha, wovon 3 ha Grand Cru Altenberg de Bergheim und 1 ha Schoenenbourg, 10 000 Kisten/Jahr.

**Besitzer** Jean-Michel Deiss • **Kellermeister** Jean-Michel Deiss • **Besuch** Mo-Sa 8-12, 14-18 • **Adresse** Domaine Marcel Deiss, 15, route du Vin, FR-68750 Bergheim • **Tel.** 03 89 73 63 37 • **Fax** 03 89 73 32 67

PRODUKTION    QUALITÄT    PREIS

## DOPFF AU MOULIN

GESCHICHTE  Familienunternehmen seit dem 17. Jahrhundert. Man hat den Zusatz „au Moulin" hinzugefügt, um nicht mit der Firma Dopff und Irion verwechselt zu werden. Trotz Verwandtschaft besteht keine Zusammenarbeit.

WEINE  Mit Crémant d'Alsace war das Haus Anfang des Jahrhunderts ein Pionier dieser Sparte und erzielte große Erfolge (u.a. Cuvée Bertholdi, Brut Sauvage). Im Übrigen sind die Weine der eigenen Weinberge (Grand Cru Sporen, Schoenenbourg und Brand) sehr bekannt. Die Firma hat aber auch verschiedene Markenweine ohne Jahr-

*Dopff au Moulin war Bahnbrecher für den Schaumwein Crémant d'Alsace.*

gangsbezeichnung, u.a. einen guten Wein des Edelzwickertyps. Die Produktion ist sehr groß, da Trauben von 600 kleineren Winzern zugekauft werden. Man vertreibt auch Weine unter den Namen P.E. Dopff & Fils, Mergy oder Caves Dolder.

CHARAKTER  Bekannt für leichte und individuelle Weine.

RUF  Beständige und gute Qualität trotz Größe.

REBSORTEN  Gewürztraminer, Riesling, Pinot Gris, Pinot Blanc, PN, Sylvaner und Muscat.

WEINHERSTELLUNG  Wenn möglich keine malolaktische Gärung, um besonders frische Weine mit viel Säure zu erhalten.

LAGERUNG  Die Weine können jung getrunken werden, sind aber zur Lagerung geeignet.

REBFL/PROD  70 ha, davon 13 ha Grands Crus Sporen, Schoenenbourg und Brand. Im Hardt erzeugt man Pinot Blanc für den Crémant. Darüber hinaus werden 250 ha Trauben von Vertragswinzern zugekauft, insgesamt 200 000 Kisten/Jahr. 30% Export.

**Besitzer** Fam. Dopff • **Kellermeister** Pascal Batot • **Besuch** Täglich 9-12, 14-17 • **Adresse** Dopff au Moulin, 3, ave. Jacques Preiss, FR-68340 Riquewihr • **Tel.** 03 89 49 09 69 • **Fax** 03 89 47 83 61

PRODUKTION    QUALITÄT    PREIS

FRANKREICH • ELSASS

## DOPFF & IRION

GESCHICHTE  Die Familien Dopff und Irion schlossen sich im Jahr 1945 zusammen. Der Hauptsitz ist heute Château Riquewihr im gleichnamigen malerischen Dorf.

*Dopff und Irion schlossen sich 1945 zusammen. Große Produktion von mehreren Spitzenweinen.*

WEINE  Die besten Weine stammen aus eigenen Weinbergen mit Bezeichnungen wie Château de Riquewihr: Gewürztraminer Les Sorcières, Riesling Les Murailles und Grand Cru Schoenenbourg, Pinot Gris Les Maquisards und Muscat Les Amandières. Markenweine: Trockene Crustaces und fülligere Crystal. Man erzeugt auch Vendange Tardive, Sélection de Grains Nobles und einen Crémant d'Alsace. Weitere Etiketten sind Charles Jux, Ernest Preiss und Kugler.
CHARAKTER  Leichter und frischer Stil. Ausgeglichene Qualität mit wenig Spitzenmarken, dafür aber sehr sorgfältig produzierte Weine. Die spät geernteten Produkte gehören nicht zu den süßesten Weinen des Elsass.
RUF  Trotz des Großbetriebs viele gute Weine, u.a. von Les Sorcières und Les Murailles.
REBSORTEN  38% Riesling, 38% Gewürztraminer, 16% Pinot Gris.
WEINHERSTELLUNG  Moderne Weinherstellung mit pneumatischer Pressung und Stahltanks für Gärung und Lagerung.
LAGERUNG  Die besten, insbesondere der Vendange Tardive, können lange gelagert werden.
REBFL/PROD  32 ha eigene Rebfläche, davon 5 ha Grand Cru Schoenenbourg und 5 ha Ch. d'Isenbourg, Trauben werden auch von Vertragswinzern zugekauft, insg. 150 000 Kisten/Jahr.

**Besitzer** Jacques Ricard • **Kellermeister** Pierre Boeglin • **Besuch** 10-18 nach Vereinbarung • **Adresse** Dopff & Irion, Au Château, FR-68340 Riquewihr • **Tel.** 03 89 47 92 51 • **Fax** 03 89 47 98 29

PRODUKTION        QUALITÄT        PREIS

## HUGEL ET FILS

GESCHICHTE  Das berühmteste Weingut im Elsass, gegründet 1639. Es befindet sich seither in Besitz der Familie Hugel, die auch den modernen Exportmarkt für die Elsässer Weine erschloss.
WEINE  Pionier in der Herstellung von spät geernteten Weinen wie Vendange Tardive und Sélection de Grains Nobles. Darüber hinaus werden drei Qualitäten produziert: Standardweine, Cuvée Tradition und Cuvée Personnelle. Auch ein wenig, aber dafür sehr guter Pinot Noir.
CHARAKTER  Die Standardweine sind frisch und sortenrein. Die besseren Qualitäten sind füllig, aber nicht immer absolut trocken. Ihre spät geernteten Weine gehören zur Spitze im Elsass.
RUF  Verdienter Ruf als eine der besten Weinfirmen des Elsass.
REBSORTEN  45% Riesling, 45% Gewürztraminer, 8% Pinot Gris und 2% Pinot Noir.
WEINHERSTELLUNG  Man verwendet so wenig Chemikalien wie möglich. Die besten Weine reifen in Holzfässern, aber man verwendet auch Stahltanks. Keine Kältestabilisierung,

*Hugel ist eines der berühmtesten Weinhäuser im Elsass. Es war ein Pionier mit Vendange Tardive.*

sondern nur eine vorsichtige Filtration.
LAGERUNG  Lange lagerfähig, die meisten Weine mindestens drei Jahre.
REBFL/PROD  26 ha eigene Rebfläche, ferner 115 ha in Pacht, 13 ha sind als Grand Cru klassifiziert, ca. 100 000 Kisten/Jahr. 87% Export.

**Besitzer** Fam. Hugel • **Kellermeister** Marc Hugel • **Besuch** Mo-Fr 9-12, 14-18, nach Vereinbarung • **Adresse** Hugel et Fils, 3, rue de la 1ère Armée Françcaise, FR-68340 Riquewihr • **Tel.** 03 89 47 92 15 • **Fax** -49 00 10 • **E-Mail** hugel1639@wanadoo.fr • **Homepage** www.vinternet.fr/hugel

PRODUKTION        QUALITÄT        PREIS

FRANKREICH • ELSASS

## KUENTZ-BAS

GESCHICHTE Den Grundstein für das Weingut legte der Schweizer Joseph Kuentz 1795, als er die Weinberge erwarb. Ca. 100 Jahre später heiratete ein gewisser André Bas ein Mädchen mit Familiennamen Kuentz und gründete 1919 mit ihr das Weingut Kuentz-Bas.

*Die Familien Bas und Weber produzieren glänzende Weine mit einem sehr eleganten Charakter.*

WEINE Vor allem Pinot Gris und Gewürztraminer haben einen guten Ruf. Drei Qualitäten: Cuvée Tradition - gekaufter Wein, der im eigenen Haus abgefüllt wird. Cuvée Réservée - selbst erzeugter Wein aus gekauften Trauben - und Réserve Personnelle, Wein aus eigenen Weinbergen. Die Vendange Tardive wird Cuvée Caroline genannt. Auf dem Etikett wird bei dieser und bei der Sélection de Grains Nobles das Datum der Ernte angegeben. Auch Crémant d'Alsace, genannt Brut de Chard, und Edelzwicker, La Mariette genannt.
CHARAKTER Elegante Weine, im Stil zwischen Weinbachs kräftigen und Trimbachs eleganten Weinen.
RUF Sehr geschickter Erzeuger mit ausgewogener und hoher Qualität.
REBSORTEN Alle im Elsass üblichen Rebsorten sowie Chardonnay für den Crémant.
WEINHERSTELLUNG Gärung und Ausbau in Eichenfässern. Betontanks für die einfacheren Weine. Pinot Noir nach der Macération-Carbonique-Methode.
LAGERUNG Die besseren können viele Jahre gelagert werden.
REBFL/PROD 17 ha, davon 2 ha Grands Crus Eichberg und Pfersigberg, 30 ha werden von anderen zugekauft, 30 000 Kisten/Jahr.

**Besitzer** Fam. Bas & Weber • **Kellermeister** Jacques Weber • **Besuch** Mo-Fr 9-12, 14-18, Sa 9-12 • **Adresse** Kuentz-Bas, 14, route du Vin, FR-68420 Husseren-les-Châteaux • **Tel.** 03 89 49 30 24 • **Fax** 03 89 49 23 39

PRODUKTION   QUALITÄT   PREIS

## GUSTAVE LORENTZ

GESCHICHTE Mitte des 17. Jahrhunderts schon arbeitete der Urahne Jean-Georges Lorentz als Winzer in Bergheim. Familienunternehmen seit 150 Jahren. Charles Lorentz junior führt seit 1975 sowohl diese Firma als auch das um die Hälfte kleinere Weingut Jérôme Lorentz.
WEINE Eine breite Auswahl von Weinen bis zu Vendange Tardive und Sélection de Grains Nobles. Die besten sind die Gewürztraminer sowie die Cuvée Particulière und Cuvée Réserve Altenberg, Muscat und Pinot Gris von Altenberg sowie die Riesling-Weine.
CHARAKTER Man strebt reife, kräftige Weine mit einer großen Blume an.

*Gustave Lorentz, im gemütlichen Ort Bergheim, produziert preiswerte Weine mit gutem Ruf.*

RUF Ein geschicktes, traditionsreiches Weingut mit guten weingutsbezeichneten Weinen.
REBSORTEN 25% Gewürztraminer, 20% Riesling und 20% Pinot Blanc.
WEINHERSTELLUNG Moderne Anlagen und temperaturkontrollierte Gärung, ausschließlich mit der natürlichen Hefepopulation. Die besten Weine werden in Holzfässern gelagert, die anderen in gekachelten Zementfässern.
LAGERUNG Die besten Weine sind kräftig und können lange gelagert werden.
REBFL/PROD 32 ha eigene Rebfläche, davon 24 ha Grands Crus Altenberg de Bergheim und Kanzlerberg. 120 ha Trauben von anderen Winzern, ca. 150 000 Kisten/Jahr. 45% Export.

**Besitzer** Charles Lorentz • **Kellermeister** Marc Pauly • **Besuch** Täglich 10-18.30, für Gruppen nach Voranmeldung • **Adresse** Gustave Lorentz, 35, Grand-Rue, FR-68750 Bergheim • **Tel.** 03 89 73 22 22 • **Fax** 03 89 73 30 49 • **E-Mail** lorentz@vins-lorentz.com

PRODUKTION   QUALITÄT   PREIS

FRANKREICH • ELSASS

## JOS. MEYER

GESCHICHTE  Jos. Meyer & Fils ist eines der weniger bekannten Unternehmen im Elsass. Es wurde 1854 von Alyse Meyer gegründet und wird heute von Jean Meyer geführt, der 1990 von Gault Millau als Kellermeister des Jahres ausgezeichnet wurde. Man arbeitet auch als Négociant.

WEINE  Bekannt als ein großer Pinot-Noir-Spezialist im Elsass. Gute Riesling „Les Pierrets" und Gewürztraminer „Les Archenets". Übrige Riesling Grand Cru Hengst und Herrenweg, Pinot Gris Cuvée de Centenaire-Vieilles Vignes, Muscat Cuvée de Centenaire.

CHARAKTER  Eine sehr qualitätsbewusste Firma. Trockene, reiche und elegante Weine. Die besten mit einer bedeutenden Fülle.

RUF  Eines der besseren und traditionsreichsten elsässischen Weinhäuser.

REBSORTEN  Pinot Blanc, Pinot Gris, Riesling, Gewürztraminer u.a.

WEINHERSTELLUNG  Schonende Gärung. Man verwendet Holz-, Stahl-, Emaille- und Glasbehälter für die verschiedenen Weine.

Diskretion und hohe Qualität kennzeichnen Jos. Meyer, einen der unbekannteren Erzeuger des Elsass.

LAGERUNG  Die besten und konzentriertesten Weine können lange gelagert werden.

REBFL/PROD  23 ha, davon 2 ha Grands Crus Hengst und Brand, sowie 4 ha gepachtet. Traubengut von 13 ha kauft man von anderen Winzern, 30 000 Kisten/Jahr. 70% Export.

**Besitzer** Fam. Meyer • **Kellermeister** Jean Meyer • **Besuch** Mo-Fr 8-12, 14-17, Sa 8-12 • **Adresse** Jos. Meyer, 76, rue Clémenceau, FR-68920 Wintzenheim • **Tel.** 03 89 27 91 90 • **Fax** 03 89 27 91 99 • **Homepage** www.vinternet.fr/josmeyer

PRODUKTION  QUALITÄT  PREIS

## MURÉ (CLOS ST-LANDELIN)

GESCHICHTE  In Besitz einer Familie, die seit 1648 Weinbau betreibt. 1935 kaufte man das alte Klosteranwesen Clos St-Landelin in Rouffach. Dort befindet sich heute ein ultramoderne Weinanlage.

WEINE  Man unterscheidet zwischen den Standardweinen mit dem Muré-Etikett und den Weinen von Clos St-Landelin. Von der St-Landelin-Lage wird ein sehr guter Gewürztraminer, Pinot Gris und Riesling hergestellt. Der Crémant wird Riesling Brut 0 genannt. Die kompakte Vendange Tardive und Sélection de Grains Nobles sind von

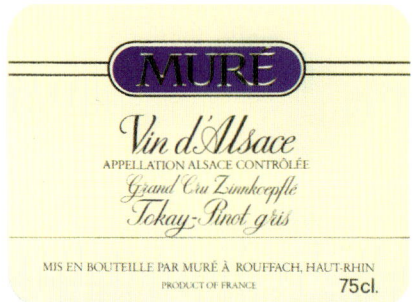

Clos St-Landelin ist eine bekannte Grand-Cru-Lage in Besitz der Familie Muré und war früher Teil des Klosters.

hoher Qualität. Auch ein für das Elsass sehr kraftvoller Pinot Noir wird erzeugt.

CHARAKTER  Muré-Weine sind kräftig und reifen schnell. Jene von Clos-St-Landelin reifen gewöhnlich zu finessenreichen Weinen.

RUF  Ein zuverlässiger Erzeuger von hochklassigen Elsass-Weinen.

REBSORTEN  32% GT, 29% Riesling, 18% PG, 11% PN, 4% PB sowie Sylvaner und Muscat.

WEINHERSTELLUNG  Die Clos-St-Landelin-Weine werden nicht mit Chemikalien behandelt, durchlaufen in der Regel die malolaktische Gärung und liegen eine Weile *sur lie* (auf der Hefe). Die Pinot Noirs werden in Barriques ausgebaut.

LAGERUNG  Vor allem die Grand-Cru-Weine sowie die Spätlesen sind lagerfähig.

REBFL/PROD  22 ha eigene Rebfläche, davon 16 ha Clos St-Landelin und Grand Cru Vorbourg. Den Rest kauft man von anderen Winzern (25 ha), ca. 30 000 Kisten/Jahr. 45% Export.

**Besitzer** René Muré • **Kellermeister** Michel Horber • **Besuch** Mo-Sa zu Geschäftszeiten • **Adresse** Muré (Clos St-Landelin), Clos St-Landelin (RN 83), FR-68250 Rouffach • **Tel.** 03 89 78 58 00 • **Fax** 03 89 78 58 01 • **E-Mail** rene@mure.com • **Homepage** www.mure.com

PRODUKTION  QUALITÄT  PREIS

FRANKREICH • ELSASS

## Domaine Ostertag

GESCHICHTE 1966 vom enthusiastischen Adolphe Ostertag gegründet. Inzwischen hat Sohn André, ein junger Kellermeister mit neuen Ideen, die Führung übernommen. Er experimen-

*Domaine Ostertag ist bekannter Produzent eines hervorragenden Riesling vom Grand Cru Muenchberg.*

tiert u.a. mit Barriques. Auf den Etiketten ist oft ein Osterlamm zu sehen, was als Anspielung auf den Familiennamen zu verstehen ist.

WEINE Muenchberg Grand Cru „Riesling" ist ein hervorragender, ausgewogener Wein mit feiner Säure. Weiter zu empfehlen sind u.a. Gewürztraminer Fronholz (auch Riesling) und Zellberg Pinot Gris. Ferner werden eine interessante Vendange Tardive aus Sylvaner sowie ein Crémant d'Alsace erzeugt.

CHARAKTER Typische Weine, meist mit hohem Säuregehalt und Konzentration.

RUF Ein innovativer und zuverlässiger Erzeuger. Gehört zu den führenden im „Bas Rhin".

REBSORTEN 33% Riesling, 20% Gewürztraminer, 15% Pinot Gris u.a.

WEINHERSTELLUNG Man vermeidet die Filtration und experimentiert u.a. mit Pinot Gris, der in neuen Eichenfässern ausgebaut wird. Normalerweise verwendet man im Elsass keine neuen Eichenfässer. 1987 wurde ein 11 Monate in Eichenfässern ausgebauter Pinot Gris Grand Cru deklassiert, da er von der Prüfungskommission nicht für ursprungstypisch gehalten wurde.

LAGERUNG Konzentrierte Weine, durch den Fassausbau viele Jahre lagerfähig.

REBFL/PROD 12 ha, davon 1,5 ha Grand Cru Muenchberg. 6 600 Kisten/Jahr. 60% Export.

**Besitzer** Fam. Ostertag • **Kellermeister** André Ostertag • **Besuch** Mo-Fr 9-12, 14-17, nach Vereinbarung • **Adresse** Domaine Ostertag, 87, rue Finkwiller, FR-67680 Epfig • **Tel.** 03 88 85 51 34 • **Fax** 03 88 85 58 95

PRODUKTION    QUALITÄT    PREIS

## F. E. Trimbach

GESCHICHTE Der Betrieb wurde 1626 gegründet, als sich die Familie aus einem Schweizer Dorf namens Trimbach hier niederließ. Als Frédéric Emile Trimbach 1898 in Brüssel seinen ersten Preis entgegennahm, waren die Ambition und der Weinstil vorausbestimmt. Charaktervolle, sortentypische Weine mit hoher Säure und langer Lebensdauer. Trimbach wird heute in der zwölften Generation von den Brüdern Hubert und Bernhard geführt.

WEINE Drei Qualitätsstufen: Standard, Réserve und Réserve Personnelle. Prestigeweine sind der Riesling Cuvée Frédéric Emile und der Gewürztraminer Cuvée des Seigneurs de Ribeaupierre. Der Clos Saint Hune ist einer der vornehmsten Rieslinge des Elsass. Die Weine werden auch unter dem Etikett Heydt verkauft.

CHARAKTER Trockene, leichte Weine mit hohem Säuregehalt, die während der Lagerung zu großer Finesse und Tiefe reifen.

RUF Einer der besten Betriebe im Elsass.

REBSORTEN 41% Riesling, 33% Gewürztraminer, 12% Pinot Gris u.a.

*F. E. Trimbach ist einer der besten und ältesten Winzer im Elsass. Weine mit typischem Traubencharakter.*

WEINHERSTELLUNG Man verwendet Stahltanks, die besten Weine aber werden ein bis zwei Monate in Eichenfässern ausgebaut (keine Barriques). Die Weine ruhen dann stets mindestens sechs Monate, bevor sie in den Verkauf gelangen.

LAGERUNG Gutes Alterungspotenzial.

REBFL/PROD 27 ha, davon 4 ha Grands Crus Geisberg, Osterberg und Rosacker mit Clos Saint Hune. Von 100 ha werden Trauben zugekauft, ca. 85 000 Kisten/Jahr.

**Besitzer** Fam. Trimbach • **Kellermeister** Pierre Trimbach • **Besuch** Nach Vereinbarung • **Adresse** F. E. Trimbach, 15, route de Bergheim, FR-68150 Ribeauvillé • **Tel.** 03 89 73 60 30 • **Fax** 03 89 73 89 04

PRODUKTION    QUALITÄT    PREIS

## DOMAINE WEINBACH

GESCHICHTE  Das Weingut befindet sich in der ehemaligen Klosteranlage Clos du Capucins aus dem Jahre 1612. Diese wurde von den Gebrüdern Faller 1898 gekauft. Es wird heute von der Witwe und den Töchtern geführt.

WEINE  Die besten Weine heißen Cuvée Theo, Sainte-Catherine (vor allem Riesling, Grand Cru Schlossberg) oder St-Laurence (vor allem Gewurztraminer, Grand Cru Furstentum). Andere empfehlenswerte Weine sind Vendanges Tardives und Quintessence de Grains Nobles. Der letztere mit einer intensiven Süße und gutem Rückgrat. Wird aus verschiedenen Rebsorten erzeugt.

CHARAKTER  Füllige, intensive und sehr typische Weine mit Struktur und langem Abgang.

RUF  Einer der besten Erzeuger im Elsass.

REBSORTEN  Vor allem Riesling, Gewürztraminer und Pinot Gris.

WEINHERSTELLUNG  Sehr qualitätsbewußtes Haus. Die Trauben werden so reif wie möglich geerntet, um Weine mit der größtmöglichen Kraft und sortentypischem Charakter und

*Domaine Weinbach hieß früher Théo Faller. Heute wird das Gut von Colette Faller und ihren Töchtern geführt.*

Eleganz herstellen zu können. Man vermeidet die Zentrifugierung des Mostes und lagert ihn in Eichenfässern nach alter Tradition. Weine von verschiedenen Fässern werden fast immer separat auf Flaschen gezogen.

LAGERUNG  Die Weine werden so produziert, dass sie sich während der Lagerung gut entwickeln.

REBFL/PROD  25 ha eigene Rebfläche, davon 2 ha Grand Cru Schlossberg in Kientzheim, etwa 17 000 Kisten/Jahr. 45% Export.

**Besitzer** Colette Faller und Töchter • **Kellermeister** Laurence Faller • **Besuch** Mo-Fr 9.30-11.30, 14-18, Sa nach Vereinbarung • **Adresse** Domaine Weinbach, Clos des Capucins, FR-68230 Kaysersberg • **Tel.** 03 89 47 13 21 • **Fax** 03 89 47 38 18

PRODUKTION        QUALITÄT        PREIS

## DOM. ZIND HUMBRECHT

GESCHICHTE  Das 1620 gegründete Weingut Humbrecht schloss sich 1959 mit der Familie Zind in Turckheim zusammen. Seit vielen Jahren ist aber die Familie Humbrecht in Besitz des Weinguts. Heute wird der Betrieb sehr erfolgreich von Léonard Humbrecht und Sohn Olivier geführt.

WEINE  Weine aus vier Grand-Cru-Lagen: Brand in Turckheim (vor allem Riesling), Goldert in Gueberschwir (Gewürztraminer), Hengst in Wintzenheim (u.a. Pinot Gris) und Clos St-Urbain-Rangen in Thann (Riesling). Clos Hauserer von hoher Qualität, aber kein Grand Cru.

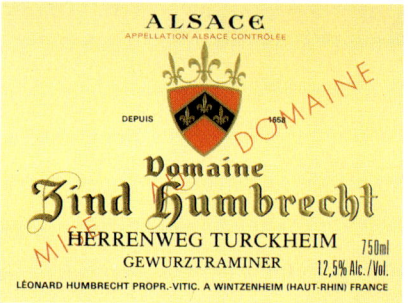

*Zind Humbrecht ist ein seriöses Haus, das sich sehr um geringen Ertrag und hohe Qualität bemüht.*

Vendange Tardive und Sélection de Grains Nobles werden mit großer Sorgfalt hergestellt.

CHARAKTER  Weine mit großer Geschmacksfülle und Individualität. Zind Humbrecht steht an der Spitze der Weingüter, die den Ertrag reduzieren, um eine höhere Qualität zu erhalten.

RUF  Qualitätsbewusste und einer der besten im Elsass.

REBSORTEN  Pinot Gris, Gewürztraminer, Riesling u.a.

WEINHERSTELLUNG  Man versucht die Eigenart der einzelnen Böden, des Mikroklimas und der individuellen Eigenschaften der Weinlagen im Wein widerspiegeln zu lassen. Gärung bei niedriger Temperatur. Flaschenabfüllung *sur lie*, ohne Filtration.

LAGERUNG  Die fülligen Weine von Grand-Cru-Lagen können lange gelagert werden.

REBFL/PROD  Ca. 40 ha, davon 7,5 ha Grands Crus Brand, Goldert, Hengst und Rangen. Etwa 14 000 Kisten/Jahr, davon 75% für den Export.

**Besitzer** Léonard & Olivier Humbrecht • **Kellermeister** Olivier Humbrecht • **Besuch** Kein Besuch möglich • **Adresse** Dom. Zind Humbrecht, Route de Colmar, Wintzenheim, FR-68230 Turckheim • **Tel.** 03 89 27 02 05 • **Fax** 03 89 27 22 58

PRODUKTION        QUALITÄT        PREIS

## Weitere Produzenten im Elsass

### J-B Adam

Sehr bekannt für Riesling und Gewürztraminer, oft mit fruchtigem Charakter. Sehr bekannt und geschätzt ist die Cuvée Jean Baptiste aus Grand Cru Kaefferkopf mit 85% Gewürztraminer und 15% Riesling. FAKTEN 14 ha eigene Rebfläche, ca. 70 000 Kisten/Jahr.
• **Besuch:** Werktags zu Geschäftszeiten. **Adresse:** 5, rue de l'Aigle, FR-68770 Ammerschwihr. **Tel.** 03 89 78 23 21. **Fax** 03 89 47 35 91.

### J. Becker

Die Qualität ist immer noch im Steigen begriffen. Der Stil ist trocken und erdig. Weine von allen im Elsass üblichen Rebsorten. Die Weine werden unter dem Namen Gaston Beck verkauft. FAKTEN 30 ha eigene Rebfläche, ca. 25 000 K./J.
• **Besuch:** Täglich 9-17. **Adresse:** 4, route d'Ostheim, Zellenberg, FR-68340 Riquewihr. **Tel.** 03 89 47 90 16. **Fax** 03 89 47 99 57.

### Les Caves de Bennwihr

Eine Genossenschaft mit sauberen, fruchtigen Weinen. Die Genossenschaft wurde nach dem Krieg gegründet, um die zerstörten Weinberge wieder aufzubauen. Grundsätzlich sind alle Winzer der Gemeinde (220) Mitglieder. Heute ist die Anlage sehr modern und effizient. Weine aus allen im Elsass üblichen Sorten. FAKTEN Ca. 350 ha, 250 000 Kisten/Jahr.
• **Besuch:** Werktags zu Geschäftszeiten. **Adresse:** 3, rue du Gén. de Gaulle, FR-68630 Bennwihr. **Tel.** 03 89 49 09 29. **Fax** 03 89 49 09 20.

### Paul Blanck & Fils

Ein Betrieb mit mehreren sehr guten Weinen. Paul Blanck hat sich auf Tokay-Pinot-Gris spezialisiert. Sehr geschätzt sind sein Riesling sowie der Gewürztraminer von eigenen Rebbergen aus Furstentum und Schlossberg. Die Négociant-Weine heißen Blanck Frères. FAKTEN 25 ha eigene Rebfläche, ca. 16 000 Kisten/Jahr.
• **Besuch:** Mo-Sa 10-12, 13.30-18. **Adresse:** 32, Grand-Rue, Kientzheim, FR-68240 Kaysersberg. **Tel.** 03 89 78 23 56. **Fax** 03 89 47 16 45.

### Albert Boxler

Einer der wichtigsten Newcomer des letzten Jahrzehnts. Weine im kräftigem Elsass-Stil mit großer Finesse. Sehr lagerfähige Weine. Bekannt vor allem für Riesling (auch Sélection de Grains Nobles) und etwas Gewürztraminer. Die Weinqualität begründet sich häufig auf den vornehmen Grand-Cru-Lagen Brand (Riesling und Pinot Gris) sowie Sommerberg (Riesling). FAKTEN 10 ha Rebfläche, 6 000 Kisten/Jahr.
• **Besuch:** Nach Vereinbarung. **Adresse:** 78, rue des Trois-Epis, FR-68230 Niedermohrschwir. **Tel.** 03 89 27 11 32. **Fax** 03 89 27 11 32.

### Cave Vinicole Eguisheim

Die größte und beste Genossenschaft im Elsass. Eigentliche bestehend aus drei zusammengeschlossenen Genossenschaften: Eguisheim, Wuenheim und Dambach-la-Ville. Später sind auch Domaine Jux in Colmar und Alsace Willm dazugekommen. Es wird eine Menge verschiedener, im Elsass üblicher Sorten hergestellt. Die wichtigste Marke ist Wolfberger. FAKTEN 1 200 ha, (10% der Fläche im Elsass), 1,1 Mio. Kisten/Jahr, davon 200 000 Kisten Crémant d'Alsace.
• **Besitzer:** 800 Mitglieder **Besuch:** Täglich 9-18. **Adresse:** 6, Grand-Rue, FR-68420 Eguisheim. **Tel.** 03 89 22 20 20. **Fax** 03 89 23 47 09.

### Rolly Gassman

Kleine Firma mit gutem Ruf. Wird von Louis Gassman und seiner Frau Marie-Thérèse geführt. Die Weine werden im charakteristischen, fülligen Elsass-Stil erzeugt. Am besten sind der Riesling vom Silberberg, der Gewürztraminer vom Kappelweg und eine Tokay-Pint-Gris-Réserve. Rolly Gassman kauft auch Trauben von anderen Winzern. FAKTEN 17 ha eigene Rebfläche, etwa 13 000 Kisten/Jahr.
• **Besuch:** Werktags nach telefonischer Vereinbarung. **Adresse:** 2, rue de l'Eglise, FR-68590 Rorschwihr. **Tel.** 03 89 73 63 28. **Fax** 03 89 73 33 06.

### Heim

Ist jetzt ein Teil der Genossenschaft in Sigolsheim. Verkaufen auch unter den Namen Meyer, Anne Koehler, Anne d'Alsace und Mittnacht. FAKTEN Ca. 160 000 Kisten/Jahr.
• **Adresse:** FR-68111 Westhalten. **Tel.** 03 89 78 09 08. **Fax** 03 89 47 63 77.

### André Kientzler

Sehr hohe Qualität für Weine aus eigenen Weinbergen. Beste Weine sind Riesling und Gewürztraminer von den Grands Crus Geisberg und Osterberg. Eine Spezialität sind der Auxerrois und der Chasselas. Die meisten Weine werden in neuen Eichenfässern ausgebaut. FAKTEN 11 ha, rund 6 000 Kisten/Jahr.
• **Besuch:** Nach Vereinbarung. **Adresse:** 50, route de Bergheim, FR-68150 Ribeauvillé. **Tel.** 03 88 73 67 10. **Fax** 03 89 73 35 81.

### Dom. Klipfel

Weine aus eigenen Weinbergen werden als Louis Klipfel verkauft, die übrigen als Eugène Klipfel. Die Louis-Klipfel-Weine sind die besten, insbesondere der Gewürztraminer von Grand-Cru-Lagen. FAKTEN 35 ha, davon 7 ha Grand Cru u.a. in Kirchberg, ca. 100 000 Kisten/Jahr.
• **Besuch:** Täglich 9-17. **Adresse:** 6, ave de la Gare, FR-67140 Barr. **Tel.** 03 88 08 94 85. **Fax** 03 88 08 53 18.

## Weitere Produzenten im Elsass

### Charles Koehly et Fils

Kleines Weingut in Familienbesitz, das durch Christian Koehly zu einem neuen Stern im Elsass werden könnte. Er setzt alles auf Terroir, Sortenaroma und schonenden Ausbau. Sehr zugängliche Weine. Lagen u.a. Altenberg de Bergheim und Gloeckelberg in Rodern/St-Hippolyte.

• **Besitzer:** Christian Koehly **Besuch:** Nach Vereinbarung. **Adresse:** 36, Rue du Pinot Noir, FR-68590 Rodern. **Tel.** 03 89 73 00 61. **Fax** 03 89 73 05 38.

### Marc Kreydenweiss

Ein eigensinniger Erzeuger mit biologischem Anbau. Viele spezielle Weine wie z.B. in Eiche ausgebauter Sylvaner. Bekannt ist auch der Riesling vom Wiebelsberg. Am berühmtesten aber ist der Kritt-Wein aus Pinot Blanc und Gewürztraminer. FAKTEN 11 ha, davon 3 ha Grands Crus Kastelberg, Wiebelsberg und Moenchberg, 5 000 K./J.

• **Adresse:** 12, rue Deharbe, Andlau, FR-67140 Barr. **Tel.** 03 88 08 95 83. **Fax** 03 88 08 41 16.

### Seppi Landmann

Die Weine werden meist im trockenen Stil erzeugt. Sein Riesling und Gewürztraminer von Grand Cru Zinnkoepflé sind bekannt. Die Crémant-d'Alsace-Weine sind von hoher Qualität. Vallée Noble heißt eine Weinserie mit u.a. Muscat-Weinen. FAKTEN 7 ha eigene Rebfläche, etwa 5 000 Kisten/Jahr.

• **Besuch:** Nach Vereinbarung. **Adresse:** 20, rue de la Vallée, FR-68570 Soultzmatt. **Tel.** 03 89 47 09 33. **Fax** 03 89 47 06 99.

### Albert Mann

Qualitätsbewusster Erzeuger von modernen Weinen. Konsequent füllige und sortentypische Weine. Bester Wein ist der Gewürztraminer vom Grand Cru Hengst. Erzeugt auch Pinot Noir und Pinot Blanc. FAKTEN 15 ha, ca. 9 000 Kisten/J.

• **Besuch:** Täglich nach Vereinbarung. **Adresse:** 13, rue du Château, FR-68920 Wettolsheim. **Tel.** 03 89 80 62 00, 89 79 30 21. **Fax** 03 89 80 34 26.

### Preiss-Zimmer

Ist heute in Besitz der Genossenschaft in Turckheim. Erzeugt aber immer noch Weine von eigenen Rebbergen. Der Gewürztraminer ist eine Spezialität. FAKTEN 9 ha, ca. 10 000 Kisten/Jahr.

• **Adresse:** 42, rue Gén. de Gaulle, FR-68340 Riquewihr. **Tel.** 03 89 78 24 22. **Fax** 03 89 47 32 62.

### Dom. Rieflé

Mittelgroßer Besitz in Pfaffenheim mit mehreren ausgezeichneten Weinen, u.a. ein guter Riesling von Grand Cru Steinert.

• **Besuch:** Nach Vereinb. **Adresse:** 11, Pl. de la Mairie, 68250 Pfaffenheim. **Tel.** 03 89 78 52 21. **Fax** -49 50 98.

### Dom. Schlumberger

Die Familie Schlumberger begann 1810 mit dem Weinbau. Heute beherrscht die Familie das Dorf Guebwiller und die Dom. Schlumberger ist im Elsass das größte Weingut in Einzelbesitz. Von Standard-Cuvées bis Vendange Tardive Cuvée Anne Schlumberger und Cuvée Christine Schlumberger, vor allem aus Gewürztraminer, wird alles erzeugt. FAKTEN 140 ha, davon 70 ha Grands Crus Kitterlé, Saering und Kessler, ca. 84 000 Kisten/Jahr.

• **Besitzer:** Eric & Eveline Beydon-Schlumberger **Kellermeister:** Jean-Paul Sorg **Besuch:** Mo-Fr, nach Vereinbarung. **Adresse:** 100, rue Théodore Deck, FR-68500 Guebwiller. **Tel.** 03 89 74 27 00. **Fax** 03 89 74 85 75.

### Albert Seltz

Am bekanntesten für seine ausgezeichnete Sylvaner Réserve und Réserve Particulière aus der Lage Zotzenberg. Gewürztraminer und Riesling aus Grand-Cru-Lagen. Die Weine werden unter den Etiketten Pierre Seltz und Alsace Seltz verkauft. FAKTEN 10 ha, ca. 10 000 Kisten/Jahr.

• **Adresse:** 21, rue Principale, FR-67140 Mittelbergheim. **Tel.** 03 88 08 81 77. **Fax** 03 88 08 52 72.

### Louis Sipp

Publikumsweine sowie mehrere lagerfähige Weine, vor allem aus Riesling und Gewürztraminer. FAKTEN 31 ha eigene Rebfläche inklusive 4 ha Grands Crus Osterberg und Kirchberg de Ribeauvillé, ca. 100 000 Kisten/Jahr.

• **Besuch:** Nur nach telefonischer Vereinbarung. **Adresse:** 5, Grand-Rue, FR-68510 Ribeauvillé. **Tel.** 03 89 73 60 01. **Fax** 03 89 73 31 46.

### Pierre Sparr

Seit dem 17. Jh. in Familienbesitz. Am besten sind Riesling vom Schlossberg (Kaysersberg) und Altenberg, Gewürztraminer von Brand und Mambourg. Außerdem Cuvée K (Tokay-Pinot-Gris und Gewürztraminer von Kaefferkopf), Symphonie (Riesling) und Diamant d'Alsace (Pinot Blanc). FAKTEN 77 ha inkl. Grand Cru, ca. 75 000 K./J.

• **Besuch:** Werktags zu Geschäftszeiten. **Adresse:** 2, rue de la 1ère Armée, FR-68240 Sigolsheim. **Tel.** 03 89 78 24 22. **Fax** 03 89 47 32 62.

### Alsace Willm

Ist heute Teil der Genossenschaft Cave Vinicole Eguisheim. Weine: Cuvée Émile Willm, Riesling Kirchberg und Gewürztraminer Clos Gaensbroennel. FAKTEN 20 ha eigene Rebfläche, 3 ha Grand Cru Kirchberg, ca. 50 000 Kisten/Jahr.

• **Besitzer:** Cave Vinicole Eguisheim **Besuch:** Mo-Fr 10-16. **Adresse:** 32, ruc du Dr Sultzer, FR-67140 Barr. **Tel.** 03 88 08 19 11. **Fax** 03 88 08 56 21.

FRANKREICH • LOIRE

# Loire

GESCHICHTE Schon die Römer bauten im Loire-Tal Wein an. Während des Mittelalters wurde die Tradition von den Mönchen aufrechterhalten. Eine geschichtliche Verbindung zwischen dem Burgund und dem Loire-Tal besteht darin, dass die große örtliche Rebsorte Chenin Blanc hier Pineau de la Loire genannt wird (siehe Pinot im Burgund). Im Burgund wiederum wird die Rebsorte Muscadet auch Melon de Bourgogne genannt.

GEOGRAPHIE Diese Weinregion beginnt nördlich von Nevers (obere Loire) mit Sancerre und Pouilly-Fumé, etwa 100 km von Burgund entfernt, und erstreckt sich bis zum Delta westlich und rund um Nantes an der Atlantikküste mit Muscadet. Der Boden ist sehr unterschiedlich. An der oberen Loire ist er kalk- und kieselhaltig,

*Das Loire-Tal ist voll von märchenhaften Schlössern. Das bekannteste ist Ch. Chenonceau aus dem 16. Jh.*

während große Teile der Touraine, des Anjou und des Pays Nantais Kies- und Sandböden verzeichnen. Loire-Weine, die auf ehemaligem Flussboden und in Wassernähe angebaut wurden, sind weniger konzentriert.

KLIMA Am Fluss entlang meist gut temperiertes Klima mit genügender Abkühlung, um den Weinen Frische zu verleihen.

WEINE An der „oberen Loire" sind die Weißweine der Rebsorte Sauvignon Blanc vorherrschend, frisch, leicht, aber aromatisch. Ein kleiner Teil Rosé und Rotwein wird aus dem Pinot Noir in Sancerre und Menetou-Salon erzeugt. Rund um die Stadt Tours liegt auch das Gebiet TOURAINE. Auch hier sind die Weißweine vorherrschend und werden aus Chenin Blanc erzeugt. Rotweine werden von den Sorten Cabernet Franc und Gamay hergestellt. Für Schaumweine mit gewisser Süße ist VOUVRAY bekannt. Sie werden im Loire-Tal Crémant bezeichnet und nach der Champagner-Methode erzeugt. Rund um die Stadt Angers liegt das Gebiet ANJOU. Von trockenen Weiß- und Rotweinen bis zu süßen, lagerfähigen Weinen gibt es hier alles. Starke Qualitätsschwankungen zwingen den Verbraucher zur sorgfältigen Auswahl. Ganz im Westen ist der trockene, weiße MUSCADET das große Produkt.

REBSORTEN Weiß: Sauvignon Blanc, Chenin Blanc, Muscadet, Romorantin, Gros Plant, Pinot Blanc und immer mehr Chardonnay. Rot: Pinot Noir, Gamay, Cabernet Franc, Pineau d'Aunis und Groslot.

PRODUZENTEN Kleine Winzer und vereinzelte Genossenschaften.

REBFL/PROD Mehr als 50 000 ha, jährlich etwa 3,8 Mio. hl.

WISSENSWERT Weitere Informationen: Fédération Interprofessionnelle du Val de Loire - FIVAL-, 47 rue Jules Simon, FR-37000 Tours. Tel. 02 47 64 48 00. Fax 02 47 64 18 19.

# Pays Nantais

GESCHICHTE  Der Stil im Pays Nantais oder Muscadet ist einfach. Man erzeugt leichte, trockene und frische Weißweine.

GEOGRAPHIE  Das Gebiet rund um Nantes dient zum Anbau von einfachem Muscadet. Östlich und südöstlich von Nantes liegt die beste Region - Muscadet de Sèvre et Maine. Zu beachten ist, dass 1994 ein vierter Muscadet hinzugekommen ist: Muscadet Côtes de Grand Lieu. Meist liegen die Weinberge an schwach abfallenden Südhängen oder auf der Ebene rund um das Flussdelta. Das Sommerklima ist gut, aber im Herbst und Frühling kann der mächtige Atlantik regnerisches, nasskaltes Wetter verursachen. Der Muscadet reift früh. Hier setzt der Herbstregen Mitte September ein, was eine ideale Voraussetzung ist.

BODEN  Magere, steinige Böden, lehmige Sandböden und leichte Granitböden.

WEINE  Standardtyp ist ein trockener, stiller Weißwein. Frisch und leicht mit genügend Aroma. Der Muscadet ist der einzige Wein Frankreichs, der *sur lie* hergestellt werden darf: Ohne Abstich von der Hefe wird der Wein auf Flaschen gezogen. Dadurch erhält er einen leichten, angenehmen Hefegeschmack, natürliche Kohlensäure sowie Spritzigkeit und Frische.

REBSORTEN  Muscadet alias Melon de Bourgogne. Eine einfachere Variante ist der Folle Blanche, der hier oft Gros Plant genannt wird. Ganz wenig Rotwein und Rosé wird in Coteaux d'Ancenis aus Gamay und Cabernet Franc erzeugt.

REBFL/PROD  12 000 ha, etwa 650 000 hl/J.

# Muscadet de Sèvre et Maine

RUF  Diese Subregion produziert die besten Weine des Muscadet-Typs und erzeugt 85% aller Muscadets. Grund dafür sind die geeigneten Bodenverhältnisse und der reduzierte Ertrag. Die Sur-lie-Methode wird hier am häufigsten angewandt.

*Dieses Gebiet ist das beste des Pays Nantais. Der Wein wird oft an Südhängen angebaut.*

CHARAKTER  Verglichen mit den Muscadets aus „einfacheren" Gebieten haben die aus dem Sèvre-et-Maine-Gebiet sowohl größere Eleganz als auch höhere Konzentration. Im Bukett liegt eine Kombination von Äpfeln und getrockneten Blumen, was die Weine zu mehr als nur Begleitern von Schalentiergerichten macht. Die Säure wird durch die Sur-lie-Methode erhöht, wobei die Spritzigkeit das Gefühl von Frische verstärkt.

KLASSIFIZIERUNG  AOC seit 1936.

BODEN  Sand und Granit, mit Kieselgur gemischt.

REBSORTEN  Melon de Bourgogne, auch Muscadet genannt.

WEINHERSTELLUNG  Die meisten Produzenten erzeugen den Wein *sur lie* nach dem traditionellen Verfahren (Flaschenabfüllung direkt vom Fass oder Tank, wo der Wein auf der Hefe lag), wobei die Gravitation die einzige Abfüllkraft ist. Manche versetzen dem Wein im Nachhinein mit etwas Kohlensäure. Hauptsächlich kühle Vergärung in Stahltanks.

PRODUZENTEN  André-Michel Brégeon, Château du Cléray, Domaine Goulaine, Fief du Breil, Domaine des Noës, Domaine du Perd son Pain, Clos de Rosiers.

## André-Michel Brégeon

GESCHICHTE  Ein Familienunternehmen, das eine Qualitätsverbesserung erlebte, als André-Michel den Weinberg von seinem Vater übernahm. Der heutige Besitzer/Kellermeister pflegt seine acht Hektar mit größter Sorgfalt und macht einen der konzentriertesten Muscadet de Sèvre et Maine im Gebiet. Trotz der geringen Produktion wird die Hälfte exportiert, u.a. in die USA, nach Großbritannien und Deutschland.
 WEINE  Muscadet de Sèvre et Maine 8,5 ha und etwas Gros Plant du Pays Nantais (1 ha) sowie 0,5 Hektar Cabernet Franc.
 CHARAKTER  Die Weine haben eine rassenreine Finesse mit einer Konzentration, die man nur durch reduzierten Ertrag erhält. Die Frucht wird durch Mineralton und eine leichte Spritzigkeit in den Sur-lie-Weinen fein ausgeglichen.
 RUF  Gehört zu den besten im Gebiet.
 BODEN  Boden mit Einschlag von Ton und Granit.
 REBSORTEN  Muscadet, auch Melon de Bourgogne genannt, und Folle Blanche (für Gros Plant)

*André-Michel Brégeon gehört zu den besten Erzeugern im Gebiet. Sein Muscadet ist in vielen Ländern bekannt.*

sowie etwas Cabernet für den Vin de Pays.
 WEINHERSTELLUNG  André-Michel Brégeon ist ein meisterhafter Kellermeister mit der Fähigkeit, auch aus mittelmäßigen Jahrgängen das Beste herauszuholen.
 LAGERUNG  Höchstens ein paar Jahre sind empfohlen.
 REBFL/PROD  10 ha, rund 5 600 Kisten/Jahr.
 JAHRGÄNGE  1992, 90, 89, 88.

**Besitzer** André-Michel Brégeon • **Kellermeister** André-Michel Brégeon • **Besuch** Mo-Sa 10-19 • **Adresse** André-Michel Brégeon, Les Guisseux, FR-44190 Gorges • **Tel.** 02 40 06 93 19 • **Fax** 02 40 06 95 91

## Ch. du Cléray-Sauvion

GESCHICHTE  Château du Cléray stellt ein altes Denkmal dar. Es war zuerst im Besitz der Familie de Bruc, Musketiere beim Hof in Paris, danach des Kardinals Richard. Seit 1965 gehört es der ehrgeizigen Winzerfamilie Sauvion.
 WEINE  Muscadet, Muscadet sur lie de Sèvre et Maine, Muscadet de S.M. Collection: Cardinal Richard, Découverte und Lauréats de Sauvion mit sinkendem Ruf. Gros Plant du Pays Nantais. Weine aus zugekauften Trauben heißen La Nobleraie. Auch Muscadet Nouveau.
 CHARAKTER  Der Muscadet für jeden Tag hat einen leichten Charakter. Frische und neutrale Weine zu niedrigen Preisen. Der Spitzenwein ist

*Die Winzerfamilie Sauvion kaufte 1965 das bekannte Schloss Cléray. Die Weine haben einen guten Ruf.*

Cardinal Richard, der Jahr für Jahr bei Blindproben immer wieder dazu verleitet, ruhmreichere Appellationen zu erraten. Richard hat oft einen goldgrünen Glanz und ein recht großes Bukett mit gewisser Würze. Im Gaumen ist er leicht, spritzig und ausgeglichen.
 RUF  Gehört zweifelsohne zu den drei besten Winzern in Nantais.
 BODEN  Sand, Kies und Granit dominieren.
 REBSORTEN  Muscadet (Melon de Bourgogne) für Muscadet. Folle Blanche für Gros Plant.
 WEINHERSTELLUNG  Maschinelle Lese. Kühle Gärung, bei etwa 18-20 °C, die aber genügend warm für die Aromaextraktion ist.
 LAGERUNG  Alle Weine dieser Umgebung sollten meist jung getrunken werden.
 REBFL/PROD  30 ha eigene Rebfläche, insgesamt 15 000 Kisten/Jahr.

**Besitzer** Jean-Ernest & Yves Sauvion • **Kellermeister** Philippe Martin/Antoine Cailler • **Besuch** Mo 8.30-12, 14-16, Sa-So nach Vereinbarung • **Adresse** Ch. du Cléray-Sauvion, En Eolie, BP 3, FR-44330 Vallet • **Tel.** 02 40 36 22 55 • **Fax** 02 40 36 34 62

## Donatien Bahuaud

GESCHICHTE  Eine bekannter Betrieb mit einer besonderen Flaschenform, die von den Verbrauchern leicht zu erkennen ist. Dunkelgrün, etwas eckig, mit gemalten Dekorationen. Weine aus der ganzen Loire-Region sind im Sortiment vorhanden.

*Donatien-Bahuaud erzeugt verschiedene Weine. Am bekanntesten ist der Muscadet.*

WEINE  Muscadet de Sèvre et Maine, Château de La Cassemichère, Chardonnay Le Chouan Vin de Table, Muscadet Cuvée des Aigles, Muscadet sur lie Fringant. Auch Saumur-Champigny.
CHARAKTER  Der Château de La Cassemichère ist die Prestigemarke mit dem Namen des Anwesens. Frische, charmante Weine mit viel Säure in der Jugend (der Stil wird „sauvage" = wild genannt), die nach einigen Jahren weicher werden. Der Chardonnay hat eine weiche Frucht und eine feine Struktur mit Alkohol und langem Abgang. Auch einfacher Standard-Muscadet.
RUF  Mittelgut mit niedrigen Preisen.
BODEN  Verschiedene Böden von zahlreichen Lagen.
REBSORTEN  Muscadet, Chardonnay.
WEINHERSTELLUNG  Rationelle Herstellung. Temperierte Stahltanks, maschinelle Lese usw. Stabilisierung durch Schwefelung.
LAGERUNG  Maximal 3-4 Jahre für die Muscadet-Weine.
REBFL/PROD  25 ha eigene Rebfläche, zugekaufte Trauben von 1 500 ha, insgesamt ca. 1,5 Mio. Kisten/Jahr.

**Besitzer** Jean-Claude Bahuaud • **Kellermeister** Alain Guichet • **Besuch** Nach Vereinbarung • **Adresse** Donatien Bahuaud, Ch. de la Cassemichère, BP 1, FR-44330 La Chappelle-Heulin • **Tel.** 02 40 06 70 05 • **Fax** 02 40 06 77 11

## Dom. du Fief Dubois

GESCHICHTE  Der Wein von der sehr alten Lage Fief du Breil ist seit Jahrhunderten bekannt. Die Lage besteht aus einem einzigen, lang gestreckten Südhang mit Schiefer- und Kalkboden. Der Wein Fief du Breil ist bekannter als der eigentliche Produzent: Bruno Dubois in La Haie-Fouassière.
WEINE  Muscadet de Sèvre et Maine sur lie.
CHARAKTER  Die Südlage sorgt für reife Frucht, und der Wein besitzt eine finessenreiche Kombination von intensiver Blume und Mineralton. Im Grunde ein annehmbarer Muscadet sur lie mit der klassischen und zutreffenden Regel:

*Fief du Breil ist eigentlich der Name der berühmten Lage, wo die Trauben herkommen. Die Weine sind preiswert.*

„Zwei Monate/zwei Jahre" (nicht vor zwei Monaten - nicht nach zwei Jahren trinken).
RUF  Ein ausgezeichneter Alltags-Muscadet zu angemessenem Preis.
BODEN  Schiefer und Kalk an einem weiten, amphitheaterähnlichen Südhang.
REBSORTEN  Muscadet alias Melon de Bourgogne.
WEINHERSTELLUNG  Maschinelle Ernte und Gärung bei maximal 22 °C.
LAGERUNG  Keine längere Lagerung empfohlen.
REBFL/PROD  28 ha, 6 700 Kisten/Jahr.

**Besitzer** Bruno Dubois • **Kellermeister** Bruno Dubois • **Besuch** Täglich nach Vereinbarung • **Adresse** Dom. du Fief Dubois, FR-44690 La Haie-Fouassière • **Tel.** 02 40 36 93 84 • **Fax** 02 40 36 98 87

## Ch. de Goulaine

GESCHICHTE  Marquis de Goulaine gehört einer sehr alten Familie an. Der Usrahne Mathieu de Goulaine hat im 12. Jh. Frankreich und England vereinigt. Der heutige Marquis ist ein eigensinniger Mann, der ganz ausgezeichnete Muscadets macht. Er experimentiert auch mit Gros Plant sur lie und Cabernet Sauvignon, die in diesem Bezirk den Status Tafelwein erhalten.
WEINE  Muscadet sur lie (Sèvre et Maine), Domaine de Goulaine, Cuvée de Millenaire, Gros Plant sur lie, Ch. de La Grange.
CHARAKTER  Cuvée de Millenaire sur lie ist ein absoluter Spitzen-Muscadet mit reichem, blumigem Bukett und deutlichem Mineralton. Der junge Wein ist etwas nervös und verschlossen und benötigt einige Jahre, um sich zu öffnen.
RUF  Einer der ältesten und ein sehr geschätzter Erzeuger in der Loire.
BODEN  Die älteste Lage, Monty, hat größtenteils Granit und Schiefer.
REBSORTEN  Muscadet alias Melon de Bourgogne, Folle Blanche (Gros Plant) und CS.

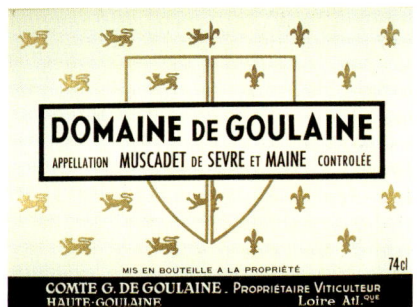

Marquis de Goulaine macht ausgezeichnete Muscadet-Weine und experimentiert auch mit Cabernet.

WEINHERSTELLUNG  Traditionelle Herstellung. Der Marquis beherrscht die Herstellung von Gros Plant sur lie hervorragend. Alte Rebstöcke sind dafür eine wichtige Voraussetzung.
LAGERUNG  Die Cuvée de Millenaire benötigt mehrere Reifejahre zur Entfaltung.
REBFL/PROD  32 ha eigene Rebfläche sowie zugekaufte Trauben ergeben etwa 80 000 Kisten/Jahr.

**Besitzer** Marquis de Goulaine • **Besuch** 15 Juni bis 15. September, 14-18, alle Tage außer Di • **Adresse** Ch. de Goulaine, BP 13, FR-44115 Haute-Goulaine • **Tel.** 02 40 54 54 40, 02 40 54 91 42 • **Fax** 02 40 54 54 30

PRODUKTION    QUALITÄT    PREIS

## Ch. de La Noë

GESCHICHTE  Ein ungewöhnliches Anwesen, dessen leicht exzentrischer Besitzer seinen Muscadet für die Lagerung erzeugt.
WEINE  Muscadet de Sèvre et Maine sur lie. Gros Plant du Pays Nantais.
CHARAKTER  Der Charakter dieser Weine unterscheidet sich von den meisten Nachbarweinen. Der Ertrag pro Hektar ist bedeutend kleiner. Der Wein hat eine mächtige Struktur, höhren Alkoholgehalt und einen fülligeren und längeren Geschmack als „herkömmliche" Muscadets. Der Besitzer selber vergleicht seine Weine mit dem

Ch. de La Noë ist hoch angesehen für seine Muscadet-Weine, außerhalb der Region jedoch kaum bekannt.

Chablis und meint, dass einige Jahre einleitende Flaschenlagerung den Weinen gut tut.
RUF  Hoch angesehen unter Fachleuten und Kollegen. Außerhalb Frankreichs wenig bekannt.
BODEN  Recht harter Steinboden mit Granit.
REBSORTEN  Muscadet für Muscadet. Gros Plant für Folle Blanche.
WEINHERSTELLUNG  Die Trauben werden mit größter Sorgfalt von Hand gelesen. Der Wein wird entweder in Stahltanks oder großen, dichten Holzfässern vergoren, wonach der Wein ohne *sur lie* und früh auf Flaschen gezogen wird.
LAGERUNG  Gute Jahrgänge 3-4 Jahre, ausgezeichnete noch länger.
REBFL/PROD  33 ha, etwa 20 000 Kisten/Jahr.
JAHRGÄNGE  1996, 92, 90, 89, 88, 86.

**Besitzer** Comte de Malestrait • **Kellermeister** Jean-Luc Bretin • **Besuch** Täglich 14-18 • **Adresse** Ch. de la Noë, FR-44330 Vallet • **Tel.** 02 40 33 92 72 • **Fax** 02 40 33 99 33

PRODUKTION    QUALITÄT    PREIS

## Weitere Produzenten im Pays Nantais

### Dom. de Chasseloir

Hauptanwesen von Chereau-Carré. Weine aus der gesamten Loire-Region, am bekanntesten für Muscadet-Weine. Die Domäne erzeugt sauberen, klassischen Muscadet de Sèvre et Maine sur lie. Der Prestigeverschnitt mit dem Namen Grand Réserve hat deutlichen Muscadet-Charakter, ist aber bedeutend langlebiger. FAKTEN 17 ha, etwa 15 000 Kisten/Jahr.

•**Besitzer:** Chereau-Carré SA **Besuch:** Nach Vereinbarung. **Adresse:** St-Fiacre-sur-Maine, FR-44690 La Haie Fouassière. **Tel.** 02 40 54 81 15.

### Dom. de L'Ecu

Domaine de L'Ecu baut ihre Weine seit 1975 biologisch an. In Besitz von Guy Bossard in fünf-

*Domaine L'Ecu ist ein Pionier des ökologischen Anbaus in Pays Nantais. Heute in Besitz der fünften Generation.*

ter Generation. Wichtigste Weine: Muscadet Sèvre et Maine aus 100% Melon de Bourgogne und der Rotwein Vin de Pays Cépage Cabernet. Sehr komplexe Muscadets, die durch Lagerung gewinnen. FAKTEN 20 ha, ca. 12 000 Kisten/Jahr.

•**Besitzer:** Guy Bossard **Besuch:** Nach Vereinbarung. **Adresse:** Guy Bossard, La Bretonnière, FR-44430 Le Landreau. **Tel.** 02 40 06 40 91. **Fax** 02 40 06 46 98.

### Dom. de la Gautronnie

Gut gemachte und typische Muscadet-Weine. Reine und frische Weine, die sich trotz ihrer relativen Leichtigkeit während mindestens 4-5 Jahren entwickeln. Nach etwa drei Jahren öffnet sich der Wein und bekommt einen lang anhaltenden, harmonischen Geschmack.

•**Besitzer:** Alain Forget **Besuch:** Nach Vereinbarung. **Adresse:** La Gautronnière, FR-44330 La Chapelle-Heulin. **Tel.** 02 40 06 74 13.

### Ch. des Gautronnières

Ein Anwesen auf 20 ha, das vorwiegend Muscadet produziert, aber auch Gros Plant und versuchsweise einen Verschnitt aus Gamay und Cabernet Sauvignon! Fruchtige, reine Weine mit leichtem, frischem Geschmack.

•**Besitzer:** Claude Fleurance **Besuch:** Nach Vereinbarung. **Adresse:** FR-44330 La Chapelle-Heulin. **Tel.** 02 40 06 74 06.

### Dom. de la Haut-Févrie

Gehört zu den Spitzenproduzenten von Muscadet de Sèvre et Maine sur lie. Der Wein hat mehr Farbe als derjenige der Kollegen. Niedriger Ertrag und langsame Gärung mit traditioneller „macération pelliculaire", d.h. mit Schalenkontakt vor der Gärung, sind die Gründe dafür. Das Bukett ist delikat, charmant und aromatisch. Der Geschmack ist frisch, rein und trocken mit feinem Aroma und Länge. Eines der besten Beispiele des Muscadet sur lie. FAKTEN 13 ha, ca. 4 000 Kisten/Jahr.

•**Besitzer:** Claude Branger **Besuch:** Nach Vereinbarung. **Adresse:** FR-44690 Maisdon-sur-Sèvre. **Tel.** 02 40 36 94 08. **Fax** 02 40 36 96 69.

### Louis Métaireau

Das Unternehmen ist eine Vereinigung von sieben Winzern unter der Leitung von Louis Métaireau. Nur die besten Weine erhalten nach einer Blindprobe seinen Namen. Die Weine sind Muscadet de Sèvre et Maine sur lie, Muscadet sur lie Grand Mouton, Gros Plant du Pays Nantais. Das Ziel ist Finesse und nicht Kraft. Der Stil ist klassisch rein und das Herstellungsverfahren traditionell. FAKTEN 100 ha, 40 000 Kisten/Jahr.

•**Besitzer:** Louis Métaireau **Besuch:** Täglich 8-12, 14-18. **Adresse:** FR-44690 Maisdon-sur-Sèvre. **Tel.** 02 40 54 81 92. **Fax** 02 40 54 87 83.

### Le Soleil Nantais

Handelsmarke der Firma Ets Guilbaud et Frères, die Weine aus Anjou-Saumur und der Touraine mit den Appellationen Chinon und St-Nicolas de Bourgueil erzeugen. Außer dem charmanten Namen ist ein gutes Preis/Qualitäts-Verhältnis kennzeichnend. Der Wein ist leicht und symbolisiert wahrscheinlich das, was viele Weinkonsumenten unter Muscadet verstehen. Recht blasse Farbe, reines und fruchtiges Bukett sowie reiner Geschmack.

•**Besitzer:** Guilbaud et Frères **Besuch:** Nach Vereinbarung. **Adresse:** Les Lilas, Mouzillon, FR-44330 Vallet. **Tel.** 02 40 36 30 55.

# ANJOU-SAUMUR

GESCHICHTE In Stil und Qualität ein sehr verschiedenartiges Gebiet. Alle erdenklichen Weintypen werden produziert. Die besten Produkte sind weiß, entweder knochentrockene Savennières-Weine mit Alterungsbedarf von mindestens sieben bis acht Jahren oder süße Coteaux de Layon mit den Cru-Lagen Bonnezeaux und Quarts de Chaume. Große Weine mit nahezu

*Mehrere Erzeuger in Anjou-Saumur, u.a. Coulée de Serrant, bauen ihre Weine strikt biologisch an.*

unbegrenztem Lagerpotenzial. Saumur hat als Rotweinhersteller einen annehmbaren Ruf, vor allem in der Appellation Saumur-Champigny.

GEOGRAPHIE Grundsätzlich liegen alle Weinberge am südlichen Loire-Ufer. Die Ausnahme ist Savennières, das am nördlichen Ufer bei Angers liegt. Das Klima ist recht trocken mit relativ wenig Niederschlag.

BODEN Savennières hat vulkanische Böden, während die übrigen Teile von Kiesböden beherrscht werden.

WEINE Trockene Weißweine mit ausgeprägter, hoher Säure (von der Rebe Chenin Blanc) und ein hefebetontes Bukett mit Einschlag von nasser Wolle. Der Geschmack ist meist säuerlich, fruchtig und neutral. Schaumweine des gleichen Geschmackstyps pflegen in Hinsicht auf die Ausgewogenheit besser zu gelingen, was auch von vielen Häusern bewiesen wird. Die Rotweine sind oft fruchtig und leicht, mit würziger Note. Die halbtrockenen, halbsüßen und süßen Weine aus Coteaux de Layon haben eine apfelbetonte, säuerliche Frische.

REBSORTEN Weiß: Chenin Blanc, Groslot (Grolleau), Pinot Blanc und Chardonnay. Rot: Cabernet Franc, Cabernet Sauvignon, Malbec (Cot), Gamay und Pineau d'Aunis.

WEINHERSTELLUNG Verschiedene Herstellungsmethoden. Man findet selten neue, kleine Eichenfässer, sog. Barriques.

REBFL/PROD 16 500 ha, ca. 790 000 hl/Jahr.

WISSENSWERT Weitere Informationen: Comité Interprofessionnel des Vins d'Anjou et de Saumur, Hôtel des Vins La Godeline, 73, rue Plantagenêt, BP 2327, FR-49023 Angers Cedex 02. Tel. 02 41 87 62 57. Fax 02 41 86 71 84.

## Coteaux du Layon

RUF Ein Gebiet, wo der Chenin Blanc den großartigsten Ausdruck erlangt. Der Ruf ist jedoch nicht besonders gut, nicht einmal in Frankreich. Dies hat zur Folge, dass Weine, die qualitativ annähernd so gut sind wie die in Sauternes und

In Coteaux du Layon werden die besten Chenin-Blanc-Weine zu sehr niedrigen Preisen erzeugt.

Ähnliche, nur einen Bruchteil davon kosten. Die besten Produzenten erzeugen Weine, die 70 bis 80 Jahren gelagert werden können.

CHARAKTER Ein säuerliches Bukett von Winteräpfeln mit brotähnlichem Ton und einer Süße, die je nach Jahrgang variiert, die aber ausgezeichnet von der hohen Fruchtsäure ausgeglichen wird. Die Weine sind oft alkoholstark, bis zu 13-14%. Dies hebt das Aroma weiter hervor, aber niemals auf eine aufdringliche Art.

KLASSIFIZIERUNG AOC. Die Appellation Coteaux du Layon Chaume ist eine Art „Village"-Variante mit mehr konzentrierten Weinen von magereren Böden.

BODEN Schiefer, Quarz und teilweise tonhaltige Böden.

REBSORTEN Ausschließlich Chenin Blanc.

WEINHERSTELLUNG Der Jahrgang bestimmt die Reife. Je mehr Sonne, um so reifer die Trauben und um so lieblicher die Weine. Sie werden recht früh in Flaschen abgefüllt und neue Eiche kommt grundsätzlich nicht vor. Daher reifen die Weine auf die langsame Art in der Flasche.

REBFL/PROD 1 400 ha, ca. 65 000 hl/Jahr.

PRODUZENTEN Moulin Touchais, Domaine des Barres, Jolivet, Château du Breuil, Château de La Guimonière, Domaine de La Soucherie und Château de Plaisance.

## Coteaux de l'Aubance

RUF Ein Gebiet, das im Vergleich zu Coteaux du Layon eine Art kleiner Bruder ist. Die Ähnlichkeit der Weine wird immer mit der Ergänzung, dass Coteaux de l'Aubance die leichtere Version herstellt, beschrieben. Die Weine haben den Ruf, den sie vor dem Zweiten Weltkrieg hatten, verloren. Deshalb beginnen viele Erzeuger in Aubance den Stil zu ändern oder sogar Rotwein herzustellen. Bis jetzt haben die Rotweine weder größeren Ruhm noch Spitzenqualität erreicht. Übung macht den Meister und vielleicht werden die Rotweine eines Tages vorherrschen.

CHARAKTER Die Weißweine sind mehr oder

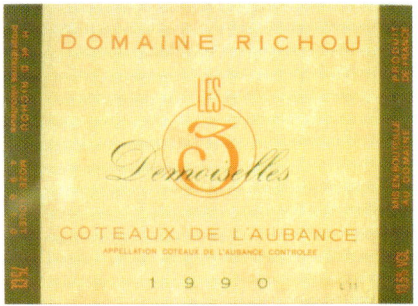

Coteaux de l'Aubance ähnelt den Coteaux du Layon sehr. Dom. Richou gehört zu den Spitzenerzeugern.

weniger lieblich, je nach Jahrgang wie in den benachbarten Coteaux du Layon im Süden. Fruchtige, ausgewogene Weine mit gutem Rückgrat. Die Rotweine (die zu AOC Anjou degradiert werden) sind bestenfalls fruchtig, würzig und meist auch das Geld wert.

KLASSIFIZIERUNG AOC nur für Weißweine mit deutlicher Süße.

BODEN In Aubance Kalkböden mit Schiefer und Lehm.

REBSORTEN Chenin Blanc für die Weißweine. Gamay und Cabernet Franc für die roten.

WEINHERSTELLUNG Die Süße ist vom Jahrgang abhängig. Je reifer die Trauben, desto süßer wird der Wein. Für die Rotweine ist die Herstellung auf große Fruchtigkeit und mittelhohe Farbintensität eingestellt. Daraus ergibt sich, dass langes Auslaugen der Schalen und Ausbau in *barriques* eine Seltenheit sind.

REBFL/PROD 190 ha, 7 200 hl/Jahr.

PRODUZENTEN Domaine de Montgillet, Domaine Dittière, Domaine Richou und Domaine de Sainte Anne.

FRANKREICH • LOIRE • ANJOU-SAUMUR

## QUARTS DE CHAUME, BONNEZEAUX

### QUARTS DE CHAUME

RUF  Einer der beiden „Crus" in Coteaux du Layon. Noch größer, noch alkoholreicher und konzentrierter als die meisten Layon-Weine. Die kleine Produktion von 600-800 hl/Jahr ist schnell verkauft, obwohl die Weine den Ruf nicht verdienen.

CHARAKTER  Großes, honigähnliches Bukett mit einer Note von Winteräpfeln und Wolle. Mehr oder weniger süße, manchmal edelsüße Weine. Langlebig und außerordentlich preiswert.

BODEN  Quarz und Kalk in idealer Südlage außerhalb des Dorfes Chaume.

REBSORTEN  Ausschließlich Chenin Blanc.

PRODUZENTEN  Dom. des Maurières, Dom. du Petit Metris, Jacques Lalanne.

### BONNEZEAUX

RUF  Ein wahrer „Grand Cru" im Loire-Tal. Die Spitzenweine aus Layon kommen meistens von Bonnezeaux oder Quarts de Chaume. Eigene

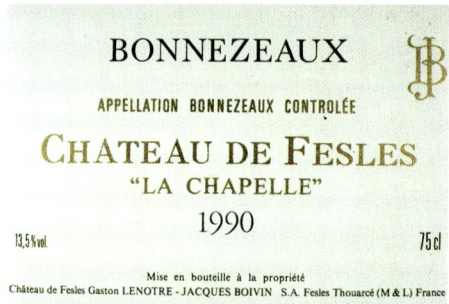

*Quarts de Chaume und Bonnezeaux sind zwei „Crus" in Coteaux du Layon. Die Weine sind sehr preiswert.*

AOC mit recht gutem Ruf. Preis und Qualität stehen in einem angemessenen Verhältnis.

CHARAKTER  Große, starke Weine mit Konzentration, Aroma, Lagerfähigkeit und eleganter Ausgewogenheit zwischen Süße und Säure. Edelsüße kommt in manchen Jahren vor, ist aber nicht stiltypisch.

BODEN  Drei steile Hügel in Südlage mit Kieselschiefer, also geologisch gute Voraussetzungen für Spitzenweine.

REBSORTEN  Ausschließlich Chenin Blanc.

PRODUZENTEN  Domaine des Gagneries, Domaine de la Croix des Loges, Domaine des Petits Quarts und Domaine de Terrebrune.

## SAUMUR, SAUMUR-CHAMPIGNY

### SAUMUR

RUF  Saumur ist für Schaumweine im Loire-Tal die beste Gegend. Die Weiß- und Rotweine haben einen guten Ruf für Frucht und Würze in einer charmanten Kombination. Der hohe Säuregehalt der Chenin-Blanc-Rebe gibt den Schaumweinen einen guten Biss und feine Frische.

CHARAKTER  Trockene, perlende und stille Weißweine von der Chenin-Blanc-Rebe dominieren. Die roten sind leicht und fruchtig.

*Saumur ist vor allem für Schaumweine bekannt. In Saumur-Champigny dominiert der rote Cabernet Franc.*

BODEN  In den besten Lagen Kreidetuffböden.

REBSORTEN  Weiß: Chenin Blanc, Chardonnay, Sauvignon Blanc. Rot: Cabernet Franc, Cabernet Sauvignon, Malbec (alias Cot), Gamay.

PRODUZENTEN  Veuve Amiot, Château de la Durandière, Domaine de la Reinière und Domaine Saint-Jean.

### SAUMUR-CHAMPIGNY

RUF  Appellation nur für Rotweine, ohne Zweifel die beste in diesem Teil des Loire-Tals. Cabernet Franc ist die Hauptrebsorte und ergibt Weine, die im Verhältnis zur Qualität sehr preiswert sind.

CHARAKTER  Von den besten Produzenten kommen kräuterbetonte, fruchtige Weine mit großer Konzentration. Manchmal sogar mit etwas Herbe.

BODEN  Kalk- und sandhaltige Tuffböden.

REBSORTEN  Fast nur Cabernet Franc. Gamay und Pineau d'Aunis.

PRODUZENTEN  Clos des Cordeliers, Château de Chaintre, Domaine Filliatreau und Château du Hureau.

## SAVENNIÈRES

RUF  Einer der besten Bereiche für trockene Weißweine aus dem Loire-Tal. Manchmal übertrumpfen sie in der Qualität sogar die großartigen Sancerre und Pouilly-Fumé. Keine Sauvignon-Blanc-Weine (an der oberen Loire) besitzen im Vergleich zu den Chenin-Blanc-Weinen aus Savennières eine größere Lagerfähigkeit. Der Reiz der jungen Sauvignon-Blanc-Weine ist in den Savennières-Weinen kaum vorhanden. Erst nach sechs bis sieben Jahren beginnen sie sich zu entfalten.
CHARAKTER  Leicht goldgelbe Farbe, nasse Wolle im Geruch. Im Gaumen hat der Wein eine hohe, frische Säure in Verbindung mit einem Kräuter- und Ölton.

*Chenin Blanc, hier Pineau de la Loire genannt, ist die einzige Rebsorte in Savennières.*

KLASSIFIZIERUNG  AOC. Es gibt zwei „Crus": Coulée de Serrant der Familie Joly und Clos de la Roche-aux-Moines.
BODEN  Schiefer und vulkanische Steinböden dominieren.
REBSORTEN  Chenin Blanc alias Pineau de la Loire.
WEINHERSTELLUNG  Die Gärung wird meist traditionell durchgeführt und die Flaschenabfüllung erfolgt früh. Der Reifeprozess der Weine erfolgt somit in der Flasche.
REBFL/PROD  115 ha, 5 100 hl/Jahr.
PRODUZENTEN  Coulée de Serrant, Domaine aux Moines, Château de Chamboureau und Château d'Epire.

## ANJOU, ROSÉ D'ANJOU, CABERNET D'ANJOU

RUF  Eine große Appellation mit vielen, meist recht kleinen Winzern und großen Qualitätsunterschieden. Die Weine haben einen durchschnittlichen Ruf, was von einer großen AOC auch zu

*Unter der Appellation Anjou wird eine Menge „Bulkweine" mit großen Qualitätsunterschieden erzeugt.*

erwarten ist. Manche Produzenten bemühen sich, den Ertrag pro Hektar zu reduzieren, aber der Bulk besteht aus leichten Tafelweinen für den schnellen Verbrauch. Kommerziell gesehen sind die Schaumweine und die Roséweine am erfolgreichsten. Die Preise sind meist sehr niedrig und ein großer Teil wird „en vrac" (tankweise) verkauft.
CHARAKTER  Der Anjou Blanc ist ein trockener, stiller Weißwein mit hohem Säuregehalt und leichter, fruchtiger Struktur. Selten erreicht er eine Qualität über dem Tafelwein-Niveau. Rosé d'Anjou wird aus Cabernet Sauvignon oder Gamay erzeugt. Auch dieser ist leicht, mit einer Mineralnote und einem rosa-orangen Farbton. Trotz des edlen Ursprungs dieser Rebe ist der Cabernet d'Anjou dafür bestimmt, jung getrunken zu werden. Er hat eine charmante Leichtigkeit, etwa im Stil des Beaujolais. Wenn die Weine Cabernet Sauvignon enthalten, pflegt die Struktur sich zu verändern, und der Wein erhält mehr Rückgrat.
BODEN  Wechselhafter Boden, da die Appellation eine sog. „génèric" ist. Das bedeutet, dass der Weinstil über ein großes geographisches Gebiet verteilt ist.
REBSORTEN  Chenin Blanc, Sauvignon Blanc, Romorantin, Pinot Blanc und Chardonnay für Weißweine. Cabernet Franc, Cabernet Sauvignon, Gamay und Groslot für Rotweine.
PRODUZENTEN  U.a. André Papiau, Domaine des Petits Quarts, Domaine des Sablonettes, Rémy Pannier, Yves Soulez, Domaine de la Motte, Domaine de Baumard und Domaine du Sauveroy.

FRANKREICH • LOIRE • ANJOU-SAUMUR

## CH. BELLERIVE

GESCHICHTE  Das alte Schloss Château Bellerive wird von der Rebfläche umgeben, von der der beste Quarts de Chaume stammt. Jacques Lalanne hat einen guten Ruf für seine langlebigen Weine zu Spitzenpreisen. Die Herstellungsmethode ist der in Sauternes ähnlich.

WEINE  Quarts de Chaume.

CHARAKTER  In der Jugend goldgelbe Farbe mit grünen Reflexen. Das Bukett ist fruchtig und duftet nach Äpfeln, nasser Wolle und Mineralen. Mit etwas Reife wird die Farbe tiefer und der Wein erhält eine unschlagbare Komplexität im Bukett und Gaumen. Süße, Edelfäule (in den meisten Jahrgängen) und hohe, feine Säure in bester Harmonie. Der hohe Säuregehalt der Chenin-Blanc-Traube ist eine Voraussetzung für die lange Lagerung, die diese Weine vertragen.

RUF  Spitzenname in Quarts de Chaume mit entsprechenden Preisen.

BODEN  Schiefer und heller Sandstein dominieren.

REBSORTEN  Chenin Blanc alias Pineau de la Loire.

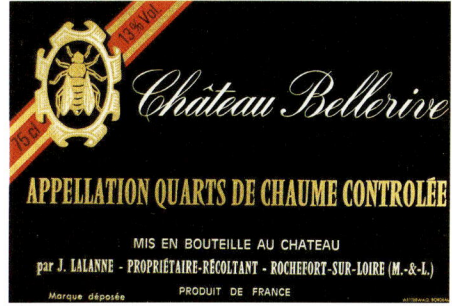

*Lalanne ist einer der besten Erzeuger von Quarts-de-Chaume-Weinen. Langlebig, komplex - und teuer!*

WEINHERSTELLUNG  Selektive Handlese. Der Unterschied zu Sauternes liegt in der Abfüllung, die schon im Frühling nach der Lese erfolgt. Danach Flaschenreifung.

LAGERUNG  Manche Jahrgänge entwickeln sich während Jahrzehnten.

REBFL/PROD  12 ha, etwa 3 000 Kisten/Jahr.

JAHRGÄNGE  1997, 96, 95, 89, 88, 83, 76.

**Besitzer** Michel Malinge • **Kellermeister** Jaques Lalanne • **Besuch** Mo-Sa, nach Vereinbarung • **Adresse** Ch. Bellerive, FR-49190 Rochefort-sur-Loire • **Tel.** 02 41 78 33 66 • **Fax** 02 41 78 68 47

PRODUKTION      QUALITÄT      PREIS

## DOM. DES BAUMARD

GESCHICHTE  Familienbetrieb, der von dem jungen Florent Baumard und seiner Gattin geführt wird. Während der letzten Jahre hatte man großen Erfolg, insbesondere mit dem süßen Quarts de Chaume. Man erzeugt auch gute trockene Weine und Schaumweine von Chenin Blanc. Auch kleinere Mengen roten Cabernet Franc, im Loire-Tal auch Breton genannt.

WEINE  Savannières der Coteaux du Layon, Quarts de Chaume und Crémant de Loire.

CHARAKTER  Die Weine zeichnen sich durch frische Säure aus. Die süßen außerdem durch eine

*Dom. des Baumard hat in den letzten acht Jahren große Erfolge erzielt, vor allem mit dem Quarts de Chaume.*

ausgewogene Süße. Wegen dieser Eigenschaften können die Weine sehr lange gelagert werden. Die Familie verfügt über einige der allerbesten Lagen in Anjou.

RUF  Baumard hat großen Einfluss sowohl in der Region wie auch außerhalb. Der Betrieb ist für beständig hohe Qualität bekannt. In den 90er Jahren konnte man auch international großen Erfolg verbuchen.

BODEN  Schiefer, vulkanisches Gestein und Kies.

REBSORTEN  Chenin Blanc und CF.

WEINHERSTELLUNG  Manuelle Lese, reduzierter Ertrag (ca. 30 hl/ha). Die Weine werden früh auf Flaschen gezogen.

LAGERUNG  Sehr lagerfähige Weine. Die süßen Quarts de Chaume der besten Jahrgänge können 50 Jahre, vielleicht sogar länger, aufbewahrt werden.

REBFL/PROD  Ca. 40 ha, 16 000 Kisten/Jahr.

JAHRGÄNGE  1996, 95, 90, 89.

**Besitzer** Jean & Florent Baumard • **Kellermeister** Florent Baumard • **Besuch** Täglich außer an Feiertagen nach mündlicher Vereinbarung • **Adresse** Dom. des Baumard, 8, rue de l'Abbaye, FR-49190 Rochefort-sur-Loire • **Tel.** 02 41 78 70 03 • **Fax** 02 41 78 83 82 • **E-Mail** baumard@terre-net.fr

PRODUKTION      QUALITÄT      PREIS

227

FRANKREICH • LOIRE • ANJOU-SAUMUR

## COULÉE DE SERRANT

GESCHICHTE  Das Schloss de la Roche-aux-Moines stammt aus dem 12. Jh. Der ausgezeichneten Lage wegen wurde es damals von den Mönchen gebaut. Der heutige Besitzer, die Familie Joly,

*Nicolas Joly macht vermutlich einen der besten Chenin-Blanc-Weine der Welt.*

pflegt die Erbschaft auf eine vorbildliche Weise und produziert einen der besten trockenen Weißweine des Loire-Tales und Frankreichs.
 WEINE  Clos de la Coulée de Serrant AOC Savennières und Clos de la Bergerie Roche-aux-Moines AOC Savennières. Die Weine werden seit 1980 biologisch angebaut und seit 1984 werden keine chemischen Hilfsmittel eingesetzt.
 CHARAKTER  Beide Weine stammen von kleinen, benachbarten Lagen in Savennières und werden aus Chenin Blanc erzeugt. Diese einzigartigen Weine duften in den ersten Jahren nach Hefe und haben eine gute Säure. Stahlhart und unzugänglich in den ersten 3-4 Jahren. Nach 8-10 Jahren beginnen sie sich zu öffnen und entwickeln ein großes, komplexes Bukett von nasser Wolle, Stroh und Honig (obwohl der Wein trocken ist!).
 RUF  Spitzenproduzent mit Weltruhm.
 BODEN  In Savennières Schieferböden mit vulkanischem Gestein.
 REBSORTEN  Chenin Blanc.
 WEINHERSTELLUNG  Frühes Abfüllen ermöglicht langsames Reifen in der Flasche.
 LAGERUNG  Mindestens 5-6 Jahre, manchmal bis zu 20 Jahren.
 REBFL/PROD  7 ha in Coulée de Serrant, 3 ha in Savennières und 3 ha in La Roche-aux-Moines. Gut 3 000 Kisten/Jahr.
 JAHRGÄNGE  1996, 95, 92, 90, 89, 88.

**Besitzer** Fam. Joly • **Kellermeister** Nicolas Joly • **Besuch** Nach Vereinbarung • **Adresse** Coulée de Serrant, Ch. de la Roche-aux-Moines, Vignobles de la Coulée de Serrant, FR-49170 Savennières • **Tel.** 02 41 72 22 32 • **Fax** 02 41 72 28 68

PRODUKTION   QUALITÄT   PREIS

## CH. DE FESLES

GESCHICHTE  Seit vier Generationen einer der konsequentesten Erzeuger von erstklassigem Anjou und Bonnezeaux. Ausgezeichnete Lagen mit niedrigem Ertrag führen zu Weinen mit hoher Qualität und recht niedrigen Preisen.
 WEINE  Anjou rouge cépage Cabernet, Anjou rosé, Anjou blanc sec, Bonnezeaux, Chardonnay vin de table.
 CHARAKTER  Der rote Anjou rouge cépage Cabernet hat eine kraftvolle Struktur mit rubinroter Farbe und großem, vinösem, etwas würzigem Bukett. Fülliger Geschmack mit Herbe und hoher Fruchtsäure in der Jugend. Ein Wein zum Lagern. Bonnezeaux ist ein großartiger Wein, insbesondere aus den großen Jahren 1983 und 1985. Süße und sortentypische Apfelnote in feiner Harmonie.
 RUF  Sehr bekannt für regionale Weine wie den roten und weißen Anjou. Gehört zu den besten Bonnezeaux-Erzeugern.
 BODEN  Steile Südhänge mit Kieselschiefer.
 REBSORTEN  Chenin Blanc, Chardonnay, Cabernet Sauvignon, CF, Groslot, Gamay.

*Ch. de Fesles erzeugt einige der besten Bonnezeaux-Weine, aber auch der Anjou rouge besitzt hohe Qualität.*

WEINHERSTELLUNG  Große Holzfässer stehen an der Seite von Stahltanks in der Anlage, die vom Kellermeister Jacques Boivin persönlich überwacht wird. Der Bonnezeaux wird in Barriques, d.h. in 225-Liter-Holzfässern, vergoren.
 LAGERUNG  Rot- und Weißweine sind lagerfähig. Einige Jahrzehnte für den Bonnezeaux und 8-10 Jahre für den Anjou rouge.
 REBFL/PROD  35 ha eigene Rebfläche sowie 45 ha zusätzlich ergeben ca. 30 000 Kisten/Jahr.

**Besitzer** Bernard Germain • **Kellermeister** Jacques Boivin • **Besuch** Täglich 10-18 • **Adresse** Ch. de Fesles, FR-49380 Thouarcé • **Tel.** 41 68 94 00 • **Fax** 41 69 94 01 • **E-Mail** loire@vgas.com • **Homepage** www.vgas.com

PRODUKTION   QUALITÄT   PREIS

FRANKREICH • LOIRE • ANJOU-SAUMUR

## Moulin Touchais

GESCHICHTE  Winzer und Weinhändler seit Jahrhunderten. Cabernet d'Anjou und Anjou blanc stehen im Mittelpunkt. Ganz interessant ist jedoch ein neu entdecktes Lager mit uraltem Coteaux du Layon. Hundertjährige Weine in ausgezeichnetem Zustand und sogar erhältlich!

*Dieser großartige Coteaux du Layon wird erst nach fünfjähriger Flaschenlagerung zum Verkauf freigegeben.*

WEINE  Cabernet d'Anjou, Rosé d'Anjou, Coteaux du Layon, Anjou blanc.
CHARAKTER  Rotwein und Rosé überzeugen mit Fülle und charmanter Frucht. Moulin Touchais ist ein lieblicher Wein aus Coteaux du Layon. Großes, mächtiges Bukett mit typischen Chenin-Blanc-Düften von frischem Stroh und Brot. Die Säure durchdringt die Süße auf eine erfrischende Art. Noch nach 25-30 Jahren sind diese Weine in guter Verfassung.
RUF  Der gute Ruf verbreitet sich, was leider auch auf die Preise abfärbt.
BODEN  Kohle- und granithaltige Steinböden.
REBSORTEN  Chenin Blanc, CF, Groslot.
WEINHERSTELLUNG  Klärung durch Filtration vor der langsamen Gärung. Der Wein wird früh abgefüllt und vor dem Verkauf fünf Jahre in der Flasche ausgebaut.
LAGERUNG  Jahrzehnte!
REBFL/PROD  Moulin Touchais: 27 ha an den Coteaux du Layon, 5-10 000 Kisten/Jahr.
JAHRGÄNGE  1985, 82, 75, 71, 69, 64, 59, 55, 49, 33, 28.

**Besitzer** Fam. Touchais •**Kellermeister** Jean-Marie Touchais •**Besuch** Täglich nach Vereinbarung, August geschlossen •**Adresse** Moulin Touchais, Caves de la Bergerie, 25, ave Général Leclerc, FR-49700 Doué La Fontaine •**Tel.** 02 41 59 12 14 •**Fax** 02 41 59 21 05

PRODUKTION        QUALITÄT         PREIS

## Ch. de Plaisance

GESCHICHTE  Ein Schloss mit Vorgeschichte. Der frühere Besitzer, M. Breyer, pflegte jedes Jahr ein Fass Château d'Yquem gegen seinen Coteaux du Layon Chaume mit dem Grafen Lur-Saluces auszutauschen. Seither schwanken die Preise und Château de Plaisance hat einen neuen Besitzer.
WEINE  Coteaux du Layon Chaume, Anjou blanc, Cabernet d'Anjou.
CHARAKTER  Coteaux du Layon Chaume hat ein schwach nach Zitronen duftendes Bukett mit Wiesenblumen und Brotwürze. Die Chenin-Blanc-Traube dringt gerade durch die Süße hervor, mit ihrer Lebhaftigkeit und frischen Säure.

*Ch. de Plaisance ist ein Schloss mit Tradition. Man erzeugt hier einige der besten Coteaux du Layon Chaume.*

Kann in guten Jahren lange gelagert werden. Der Cabernet d'Anjou ist ein heller Wein im leichten Stil mit fruchtiger Eleganz. Der Anjou blanc ist ein leichter, fruchtiger Wein zu günstigem Preis.
RUF  Gehört zu den besseren Erzeugern von Coteaux du Layon Chaume, die im Bereich Layon eine Art Village-Weine darstellen.
BODEN  Lehmschiefer und magere Steinböden.
REBSORTEN  Chenin Blanc, Cabernet Franc, Cabernet Sauvignon, Groslot.
WEINHERSTELLUNG  Coteaux du Layon Chaume wird in Holzfässern vergoren. Frühe Flaschenabfüllung
LAGERUNG  Die lieblichen Weißweine können sehr lange gelagert werden, die besten Jahrgänge 15-20 Jahre.
REBFL/PROD  Insgesamt 25 ha, ca. 2 500 Kisten/Jahr.
JAHRGÄNGE  1996, 95, 92, 90, 89, 88, 86, 83, 76, 75.

**Besitzer** Guy Rochais •**Kellermeister** Guy Rochais •**Besuch** Mo-Sa, außer an Feiertagen •**Adresse** Ch. de Plaisance, FR-49190 Rochefort-sur-Loire •**Tel.** 02 41 78 33 01 •**Fax** 02 41 78 67 52

PRODUKTION        QUALITÄT         PREIS

## Weitere Produzenten in Anjou-Saumur

### Clos de l'Abbaye

Ein weiteres altes Klosterweingut, das in Familienbesitz durch sorgfältige Pflege und alte Rebstöcke einen Aufschwung erlebt hat. Henri Aupy erzeugt Généric rosé sowie Crémant de Loire und Saumur rouge aus Cabernet-Franc. Er erzeugt auch einen preiswerten weißen Saumur, der außer Chenin Blanc auch etwas Chardonnay enthält. Chardonnay gibt dem Wein Harmonie und Körper. Außerdem hat der Wein die Frische und Fruchtigkeit, die die Appellation verlangt.
• **Besitzer:** Henri Aupy **Besuch:** Nach Vereinbarung. **Adresse:** FR-49260 Puy-Notre-Dame. **Tel.** 02 41 52 26 71.

### Gratien et Meyer

In Besitz der Champagner-Firma Alfred Gratien zusammen mit der Familie Saydoux. Ausgezeichnete, preiswerte Crémants de Loire und Saumur mousseux, die im Weinkeller von Château de Beaulieu hergestellt werden. Die weiße, perlende Cuvée Flamme Brut ist ein Wein im internationalen Stil mit etwas Hefeduft und frischem, aber fülligem Geschmack sowie feinem Mousse. Der perlende Rosé hat einen lebhaften, fruchtigen Duft und im Gaumen mehr Kraft als erwartet.
• **Besitzer:** Champagne Alfred Gratien & Fam. Saydoux **Besuch:** Nach Vereinbarung. **Adresse:** Ch. de Beaulieu, FR-49400 Saumur Cedex. **Tel.** 02 41 51 01 54.

### Dom. des Hauts-Perrays

Die Familie Fardeau besitzt eine der modernsten Anlagen im Bezirk. Die Rebstöcke haben ein hohes Durchschnittsalter, woraus konzentrierte, aromatische Weine erzeugt werden. Der Anjou blanc ist frisch und sauber mit feinem Extraktniveau. Der Coteaux du Layon Vieilles Vignes hat ein ansprechendes Parfum von Mandeln, getrocknetem Obst und gekochten Äpfeln. Der Anjou-Villages ist ein Rotwein mit Duft von Cabernet Sauvignon und Mineralen, was fast einen Bordeaux-ähnlichen Eindruck ergibt.
• **Besitzer:** Fam. Fardeau **Besuch:** Nach Vereinbarung. **Adresse:** Chaudefonds-sur-Layon, FR-49290 Chalonnes-sur-Loire. **Tel.** 02 41 78 04 38.

### Domaine Richou

Eine sehr alte Loire-Familie. Im Jahr 1550 wird Maurice Richou als königlicher Leibarzt und Winzer erwähnt. 1709 belieferte man den königlichen Hof. Man erzeugt hervorragende Anjou Gamay rouge, Cabernet d'Anjou, Anjou blanc, Anjou blanc Chauvigné, Coteaux de l'Aubance und Crémant de Loire. FAKTEN 40 ha eigene Rebfläche, ca. 25 000 Kisten/Jahr.
• **Besitzer:** Didier & Damien Richou **Kellermeister:** Didier & Damien Richou **Besuch:** Mo-Sa 8.30-12, 14-18.30. **Adresse:** Chauvigné, rte de Denée, FR-49610 Moze/Louet. **Tel.** 02 41 78 72 13. **Fax** 02 41 78 76 05.

### Dom. de Sainte Anne

Ein interessanter Produzent mit Weinen wie Anjou mousseux, Cabernet d'Anjou, ein halbsüßer Rosé, Anjou Gamay, der durch Kohlensäuremazeration hergestellt wird. Der Coteaux de l'Aubance ist ein halbtrockener bis halbsüßer Wein im Layon-Stil, jedoch leichter und oft erfrischender. Der Anjou rouge cépage Cabernet ist dunkelrot mit typisch grasigem Bukett und ausreichender Herbe, Frucht und Säure, um länger gelagert zu werden. Der Anjou rouge hat eine rotlila Farbe sowie Beeren und Paprika im Duft. Große Wärme und runde Frucht im Geschmack.
• **Adresse:** St-Saturnin-sur-Loire, FR-49320 Brissac-Quincé. **Tel.** 02 41 51 14 04.

### Dom. de la Sansonnière

Sorgfältiger, biologischer Anbau und selektive Handlese, die bei voller Reife durchgeführt wird. Die Produktion teilt sich zwischen: Chenin Blanc (50%), Cabernet Franc (20%), Gamay (10%) und Grolleau Gris (10%). Wein in verschiedenen Stilen: Bonnezeaux, Coteaux du Layon, Anjou blanc (Chenin), Anjou Gamay, Anjou rouge (Cabernet) und Rosé d'Anjou (Grolleau Gris). Ein ausgezeichneter Wein ist der Bonnezeaux Cuvée Mathilde. FAKTEN 7,5 ha, 2 500 Kisten/Jahr.
• **Besitzer:** Mark Angèli **Kellermeister:** Mark Angèli, Stèphane Bernandeau **Besuch:** Sa 9-12. **Adresse:** FR-49380 Thouarcé. **Tel.** 02 41 54 08 08. **Fax** 02 41 54 08 08.

### Cave de Vignerons de Saumur

Riesige Genossenschaft. Alle Weinsorten vom Saumur-Gebiet werden produziert. U.a. Cabernet de Saumur, Saumur rouge, Saumur blanc, Saumur-Champigny, Crémant de Loire, Saumur Mousseux. Preiswerte Weine. FAKTEN Etwa 700 ha, 500 000 Kisten/Jahr.
• **Besitzer:** Genossenschaft **Kellermeister:** Mehrere **Besuch:** Täglich Mai-Sept. **Adresse:** 114, rte de Samoussay, FR-49260 St-Cyr-en-Bourg. **Tel.** 02 41 53 06 14. **Fax** 02 41 53 06 10.

### Ch. de Villeneuve

Das Schloss aus dem 16. Jahrhundert hat eine ruhmreiche Geschichte. Im Jahr 1969 wurde das Weingut von der Familie Chevallier übernommen. Robert Chevallier erzeugt Saumur blanc, Saumur rouge und Saumur-Champigny mit großer Hingabe. Die Weine sind leicht bis mittelschwer. Der rote Saumur-Champigny aus Cabernet Franc ist fruchtig mit einer soliden Struktur. Im Geschmack sowohl Frucht als auch Herbe und der Wein kann auch jung getrunken werden. Der Saumur blanc ist ein reiner, gut gebauter Wein mit hohem Säuregehalt und etwas Apfelaroma.
• **Besitzer:** Fam. Chevallier **Besuch:** Nach Vereinbarung. **Adresse:** Souzay-Champigny, FR-49400 Saumur. **Tel.** 02 41 51 14 04.

## TOURAINE

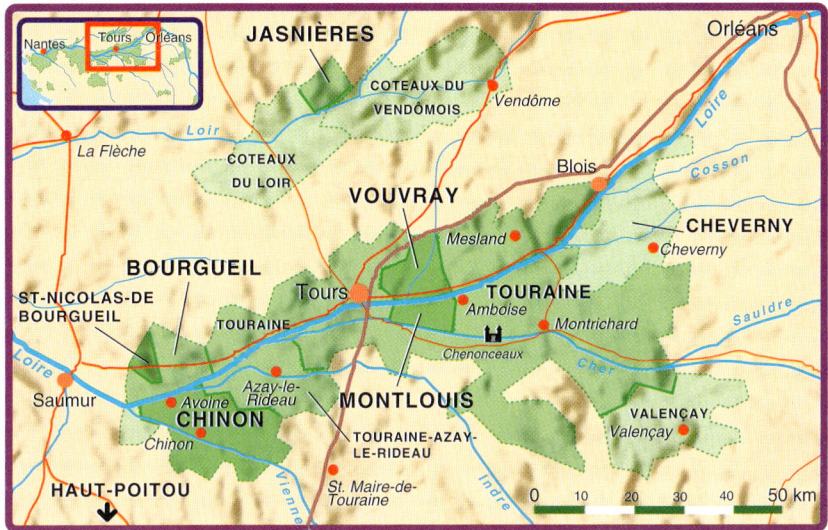

GESCHICHTE Die Spitzenweine aus der Touraine erreichen selten die Qualität der Weine aus Anjou-Saumur. Andererseits ist ihre Qualität wesentlich beständiger und die Rotweine zählen zu den besten im ganzen Loire-Tal.

*In Chinon werden seit dem Mittelalter bekannte Weine erzeugt, u.a. vom berühmten Weingut Clos de L'Echo.*

GEOGRAPHIE Touraine liegt mit seinen sanften Hügeln und vielen günstigen Weinbaulagen mit guten Expositionen im Zentrum des Loire-Tals.

BODEN In den Tälern sind Kiesböden vorherrschend. In besten Lagen vorwiegend Kreidetuff.

WEINE Weißweine in vielen Variationen. Von halbtrockenen bis lieblichen Vouvray und Montlouis bis zu trockenen, frischen Weinen aus Sauvignon oder Chenin Blanc. Die Struktur der halbsüßen ist oft etwas leichter als die der Konkurrenten der Coteaux du Layon. Die trockenen Weißweine sind meist leicht und haben eine frische Säure. Aus Touraine, besonders aus Vouvray, stammen einige der besten Schaumweine des Loire-Tals. Die trockenen sind elegant und haben eine frische Säure. Die halbtrockenen sind exotisch. Die aus den Tälern stammenden roten Chinon und Bourgeuil (mit dem Satelliten St-Nicolas de Bourgeuil) sind trocken und fruchtig. Die von Hanglagen stammenden sind konzentriert mit erdiger Komplexität und gutem Lagerpotenzial.

REBSORTEN Für die meisten Weißweine werden Chenin Blanc und etwas Sauvignon Blanc angebaut. Für Pinot Gris und Chardonnay wird die Fläche jährlich ausgebaut. Die Rotweine werden aus Cabernet Franc und Gamay produziert (unverschnitten). Ferner Cot (oder Malbec, wie er in Bordeaux heißt) und dem örtlichen Groslot.

WEINHERSTELLUNG Verschiedene Herstellungsmethoden. Für Schaumweine, die sog. Crémant de Loire, wird die Champagner-Methode (méthode traditionnelle) angewendet.

REBFL/PROD Ca. 13 000 ha, rund 680 000 hl/Jahr (ca. 420 000 hl Rotwein, 260 000 hl Weißwein je nach Jahrgang, ca. 40 000 hl Crémant, etwa 25 000 hl Rosé).

WISSENSWERT Weitere Informationen: Comité Interprofessionnel des Vins d'AOC Touraine, 19, Square Prosper Mérimée, FR-37000 Tours. Tel. 02 47 05 40 01. Fax 02 47 66 57 32.

## BOURGUEIL, ST-NICOLAS DE BOURGUEIL

### BOURGUEIL

RUF Spitzenname für Rotweine aus der Touraine. Die besten sind lagerfähig und nicht mehr besonders preiswert. Jahrgänge wie 1964 sind schwierig zu finden, aber immer noch genießbar.

*Bourgueil, vor allem aus Cabernet Franc hergestellt, ist ein Spitzenname für Rotweine aus der Touraine.*

Die meisten Weine entfalten sich während sechs bis acht Jahren. Gutes Preis-Leistungs-Verhältnis.
CHARAKTER Die Weine von den Kiesböden der Ebene und aus den Tälern sind kräuterbetont und leicht, mit einer Andeutung von Herbe. Sie werden recht jung und kühl getrunken. Die Weine von Hanglagen sind oft komplex mit Kräutern, konzentrierter Frucht und deutlicher Herbe. Eine leichte Himbeernote ist für beide Sorten in der Jugend kennzeichnend.
KLASSIFIZIERUNG Rotweine mit AOC und (etwas) Rosé.
BODEN „Gravier", d.h. Kiesböden in den Tälern, „tuffeau", d.h. Kreidetuff an Hanglagen.
REBSORTEN Cabernet Franc und etwas weniger Cabernet Sauvignon.
PRODUZENTEN Clos de l'Abbaye, Domaine des Ouches, Domaine de la Butte, Domaine du Coudray-la-Lande und Pierre-Jacques Druet.

### ST-NICOLAS DE BOURGUEIL

RUF Der kleine Bruder von Bourgueil. Man hat das Recht, die Weine nur Bourgueil zu nennen (aber nicht umgekehrt!). Hier werden renommierte Weine mit gutem Preis-Leistungs-Verhältnis hergestellt. Meistens leichtere Weine als in Bourgueil.
CHARAKTER Fruchtige, leichte Weine, mit einigen herberen Ausnahmen.
KLASSIFIZIERUNG AOC für Rot und Rosé.
REBSORTEN Cabernet Franc und in kleinen Mengen Cabernet Sauvignon.
PRODUZENTEN Unter den besten: Domaine de la Cotelleraie-Vallée, Domaine du Clos de l'Epaisse und Joël Taluau.

## CHINON

RUF Rassenreine Weine, die selten so langlebig sind wie die aus Bourgueil, doch durch ihre Eleganz hervorstechen. Einige der Lagen wie Clos de L'Echo waren schon im 12. Jahrhundert bekannt (was auch die Preise beeinflusst hat).
CHARAKTER Die Rotweine haben einen ansprechenden Himbeerduft mit Grascharakter des Cabernet Franc und einen leichten, fruchtigen Geschmack. Konzentration und Herbe variieren je nach Erzeuger. Die besseren Produzenten erzeugen Weine mit der Langlebigkeit eines Bourgueil, d.h. 6-10 Jahre in guten Jahren. Es werden auch kleine Mengen annehmbaren Roséweins sowie etwas Weißwein erzeugt.

*Die Chinon-Weine sind seit dem Mittelalter bekannt, das erste Weingut hieß Clos de L'Echo.*

KLASSIFIZIERUNG AOC für Rot-, Rosé- und Weißwein.
BODEN Die Verhältnisse sind im Vergleich zu Bourgueil gerade umgekehrt. In den Tälern ist der Kalkboden vorherrschend und an den Hängen der Kiesboden.
REBSORTEN Cabernet Franc und zum Teil Cabernet Sauvignon.
WEINHERSTELLUNG Der Wein von verschiedenen Lagen wird generell verschnitten. Der Zweck liegt darin, starken Charakter und große Komplexität zu erreichen. Im Übrigen gibt es zahlreiche Herstellungsvarianten. Je nachdem, ob der Kellermeister einen jungen und fruchtigen oder einen lagerfähigeren Wein anstrebt.
PRODUZENTEN Couly-Dutheil, Château de la Bonnelière, La Commanderie, Domaine de Beauséjour, Phillippe Pichard und Dom. Raffault.

## CRÉMANT DE LOIRE

RUF  Eine unterschätzte und deshalb oft sehr preiswerte Appellation. In diesem Bereich sind die Schaumweine traditionell halbtrocken bis halbsüß. Mengenmäßig ist Saumur der größte Produ-

*Crémant de Loire ist eine Appellation mit preiswerten Schaumweinen nach der „méthode champenoise".*

zent, die elegantesten Exemplare aber findet man in der Touraine. Die Schaumweine werden nach der „méthode champenoise", d.h. mit einer zweiten Gärung in der Flasche, hergestellt. Spitzenhäuser wie Prince Poniatowsky erzeugen keineswegs billige Weine, aber die Kombination von ausgezeichneten Bodenverhältnissen und temperiertem Klima ergibt viele charmante Crémants aus der Touraine, zu Preisen, die weit unterhalb denjenigen in der Champagne liegen.

CHARAKTER  Die Weißweine dominieren, aber auch Roséweine werden produziert. Obwohl laut Gesetz viele Rebsorten zugelassen sind, wird hauptsächlich der Chenin Blanc angebaut. Diese Rebsorte mit ihrem zurückhaltenden, aber merkbaren Aroma und viel Fruchtsäure eignet sich für Schaumweine besonders gut. Die Roséweine sind leicht mit betonter Frucht.

KLASSIFIZIERUNG  AOC für schäumende Weiß- und Roséweine. Laut Weingesetz müssen die Weine mindestens neun Monate, beginnend am 1. Januar nach dem Jahr der Lese, undegorgiert auf dem Hefelager liegen.

BODEN  Große Unterschiede. Von Tuffböden stammen die besten Weine.

REBSORTEN  Dominierend ist Chenin Blanc, ferner Cabernet Franc, Cabernet Sauvignon, Pineau d'Aunis, PN, Chardonnay und Groslot.

WEINHERSTELLUNG  Die Champagnermethode ist für diese Appellation vorgeschrieben.

PRODUZENTEN  Clos de l'Abbaye, Perry de Maleyrand, Gratien-Meyer, Prince Poniatowsky, Monmousseau, Aimé Boucher, Domaine Richou, Cave de Vignerons de Saumur und Domaine de la Gabillière.

## JASNIÈRES, CHEVERNY

### JASNIÈRES

RUF  Kleine Produktion von trockenen Weißweinen aus Chenin Blanc. Der Wein kann als Cru (ausgewählte Lage) innerhalb der Appellation Coteaux de Loire bezeichnet werden. Der hervorragende Nährboden führt zu aromatischen Weinen. Dadurch unterscheiden sich diese Weine von denen der Coteaux de Loire. Jasnières Touraine ist das beste Weißwein-Exemplar.

CHARAKTER  Lebhafte, frische und säuerliche Weine mit dem speziellen Aroma von Hefe und Wolle des Chenin Blanc. Der hohe Säuregehalt erlaubt eine Lagerung von fünf bis sechs Jahren oder je nach Jahrgang noch länger.

KLASSIFIZIERUNG  AOC.

BODEN  Kalkhaltiger Lehm mit Schiefer.

REBSORTEN  Ausschließlich Chenin Blanc.

WEINHERSTELLUNG  Recht schnelle Vergärung in Stahltanks oder großen Holzfässern und frühe Flaschenabfüllung.

PRODUZENTEN  J.B. Pinon, Domaine de Cazin, Le Jable d'Or.

### CHEVERNY

RUF  Eine recht kleine VDQS-Appellation, die international nicht besonders bekannt ist. Es werden leichtere Rot- und Roséweine erzeugt.

CHARAKTER  Die Weißweine sind fruchtig

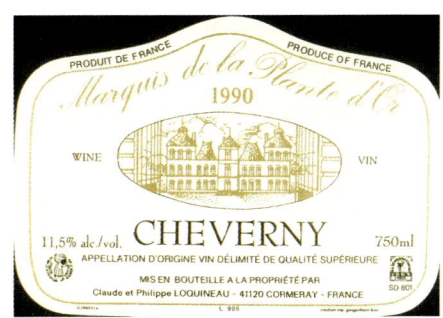

*Cheverny ist eine kleine VDQS-Appellation. Es werden leichte Rot-, Weiß- und Roséweine erzeugt.*

und leicht, mit frischer Säure und neutralem Charakter. Die roten ähneln den leichteren Rotweinen aus Beaujolais. Himbeerduftende, fruchtige Weine ohne Herbe und zu viel Alkoholgehalt.

KLASSIFIZIERUNG  VDQS seit 1973.

BODEN  Sand und Kies mit etwas vulkanischem Tuff.

REBSORTEN  Weiße: SB, Chenin Blanc, Chardonnay, Romorantin. Rote und Rosé: Gamay, Cabernet Franc, Pinot Noir und Pineau d'Aunis.

PRODUZENTEN  Gilbert Brazeau, François Cazin, Givierge Père et Fils, Domaine de la Desoucherie.

## TOURAINE, TOURAINE-AZAY-LE-RIDEAU

### TOURAINE

RUF Regionale Appellation mit großen Stil- und Qualitätsunterschieden. In Bezug auf den Preis gehören die trockenen Weißweine zurzeit zu den interessantesten Frankreichs. Es empfiehlt sich, den richtigen Erzeuger zu suchen!

CHARAKTER Die trockenen Weißweine aus Sauvignon Blanc oder Chenin Blanc können sehr frisch und charmant sein. Gute Tafelweine, aber selten mit besonderen Feinheiten. Der rote Touraine aus Gamay oder Cabernet Franc ist selten aufregend. Die Roséweine sind oft annehmbar. Frucht und Rückgrat in eleganter Symbiose.

KLASSIFIZIERUNG AOC für die verschiedenen Weine.

REBSORTEN Alle im Loire-Tal zugelassenen, vorwiegend Sauvignon und Chenin Blanc.

PRODUZENTEN Patrick Léger, Monmousseau, Domaine de la Garenne, Domaine Gibault, Château de Chenonceau, Prince Poniatowsky und Domaine de la Rochette.

*Wechselnder Stil und auch Qualität. Die besten Weißweine gehören aber zu den preiswertesten Frankreichs.*

### TOURAINE-AZAY-LE-RIDEAU

RUF Eine zuverlässige, kleine Appellation mit trockenen Weiß- und Roséweinen. Der Name stammt vom Schloss Azay-le-Rideau, das einst königliche Hoheiten und Intellektuelle empfing.

CHARAKTER Die Weißweine sind delikat und erfrischend, mit einem für die Struktur ungewöhnlichen Lagerpotenzial. Die Roséweine werden aus der örtlichen Rebsorte Groslot (oder Grolleau) erzeugt und zeigen selten besonders spannende Eigenschaften.

KLASSIFIZIERUNG AOC für Weiß- und Roséweine.

REBSORTEN Für Weißwein Chenin Blanc und für Rosé Groslot.

PRODUZENTEN Robert Denis, Gaston Pibaleau, Gallais Père et fils.

## VOUVRAY, MONTLOUIS

### VOUVRAY

RUF Bekannter Weinproduzent am nördlichen Ufer der Loire. Es werden nur Weißweine, je nach Jahrgang trocken, halbtrocken oder halbsüß, produziert. Die Weine sind still, perlend oder schäumend. Die besten sind selten preisgünstig, aber von einer Qualität, die sich mit allen Konkurrenten vergleichen kann.

CHARAKTER „Moelleux", d.h. halbtrocken/halbsüß, nennt sich der Stil, der mit Vouvray verknüpft wird. Der einzig angebaute Chenin Blanc

*In Vouvray werden einige der Chenin-Blanc-Weine erzeugt. Die Weine sind still, perlend oder schäumend.*

ergibt auf dem günstigen Boden sortentypische Weine.

KLASSIFIZIERUNG AOC für Weißweine, still und moussierend.

BODEN Kalkstein dominiert.

REBSORTEN Nur Chenin Blanc.

WEINHERSTELLUNG Die Methoden variieren je nach Stil und Jahrgang.

PRODUZENTEN Prince Poniatowsky, Domaine Vigneau-Chevreau, Ch. Gaudrelle, Francis Mabille, Domaine Villain, Champalou und Marc Brédif.

### MONTLOUIS

RUF Liegt als Nachbar zu Vouvray am gegenüberliegenden Ufer. Die Weine sind nicht so bekannt wie die der großen Zwillingsappellation, ähneln ihnen aber im Stil und in der Qualität.

CHARAKTER Die halbsüßen Weißweine können außerordentlich elegant sein und lange Lagerfähigkeit erlangen. Die trockenen Weißweine sind keinen Umweg wert.

KLASSIFIZIERUNG AOC.

BODEN Kalkhaltiger Lehm und Sand dominieren.

REBSORTEN Ausschließlich Chenin Blanc.

PRODUZENTEN Dom. des Chardonnerets, Yves Chidaine, Dom. de St-Jérôme, Pigeonnier de Fombeche.

## DOM. CHAMPALOU

GESCHICHTE  Didier und Catherine Champalou sind beide Önologen und stammen aus Winzerfamilien. Der 1984 gegründete Betrieb hat sich zu einem der interessantesten Weingüter in Vou-

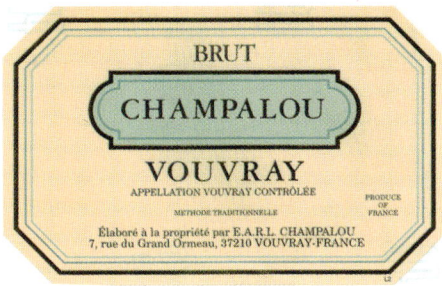

*Der Betrieb, von Didier und Catherine Champalou erst 1984 gegründet, gehört heute zu den besten in Vouvray.*

vray entwickelt. Durch erstklassige Lagen und entsprechend großes Potenzial für vollreife Trauben mußte man seit der Jungfernlese keinen einzigen Wein aufbessern. Die Trauben erreichen einen potentiellen Alkoholgehalt von 13,5-15%.
WEINE  Vouvray.
CHARAKTER  Die Cuvée de Fondraux zeigt große Eleganz mit honiggesättigter Blumigkeit und Mineralcharakter. Die Cuvée CC ist ein außerordentlich guter Süßwein, das Ergebnis von 90% Edelfäule, 10,5% Alkohol und 180 Gramm Restzucker. Der Wein hat einen Honigcharakter mit Menthol-, Aprikosen-, Grapefruit- und Pfirsicharomen.
RUF  Sehr guter internationaler und regionaler Ruf.
BODEN  Tuff, Feuerstein, Lehm und Kalk.
REBSORTEN  100% Chenin Blanc.
WEINHERSTELLUNG  Die Trauben werden während fünf Stunden langsam und schonend gekeltert, und auch die Gärung wird langsam bei niedriger Temperatur durchgeführt.
LAGERUNG  Vouvray aus guten Jahrgängen kann bis zu 50 Jahren, manchmal sogar länger, gelagert werden.
REBFL/PROD  20 ha, 9 000 Kisten/Jahr.
JAHRGÄNGE  1996, 95, 93, 90, 89.

**Besitzer** C & D Champalou • **Kellermeister** M. Champalou • **Besuch** Mo-Fr 9-12, 13.30-19, Sa 10-12, 14.30-18 • **Adresse** Dom. Champalou, 7, rue du Grand-Ormeau, FR-37210 Vouvray • **Tel.** 02 47 52 64 49 • **Fax** 02 47 52 67 99

PRODUKTION       QUALITÄT        PREIS

## COULY-DUTHEIL

GESCHICHTE  Wurde 1910 von B. Dutheil gegründet und von René Couly zum heutigen Spitzenstand geführt. Heute wird das Weingut von seinen Söhnen Pierre und Jacques geleitet. Zu Couly-Dutheil gehören die alten Lagen Clos de L'Echo und Clos de L'Olive.
WEINE  Chinon Domaine René Couly, Chinon Madeleine Baronnie, Domaine de Turpenay, Clos de L'Echo, Clos de L'Olive.
CHARAKTER  Der Standard-Chinon wird unter dem Namen Domaine René Couly oder Domaine de Turpenay verkauft. Beide stammen aus der Ebene und haben eine lebhafte und kirschrote Farbe, ein fruchtiges Bukett von Kirschen, Himbeeren und Paprika. Der Geschmack ist weich mit rundem Tannin und großer Frucht. Der Spitzenwein Clos de L'Echo gehört zu den besten Weinen des Loire-Tales. Aus guten Jahrgängen bis zu 8-12 Jahren lagerfähig. Dichte und konzentrierte Farbe, das Bukett komplex mit Einschlag von Himbeeren, frischgemähtem Gras und getrockneten Kräutern. Der Geschmack hat einen recht runden

*Die Rotweine Couly-Dutheils werden fast nur aus Cabernet Franc erzeugt und gehören zu den besten der Loire.*

Charakter mit ausreichender Frucht, Säure und Herbe für die Lagerung.
RUF  Couly-Dutheil ist einer der besten Rotweinproduzenten im Loire-Tal.
BODEN  Kalk und Kies in unterschiedlichen Mengen.
REBSORTEN  CF und wenig CS.
WEINHERSTELLUNG  Klassische Methoden mit langer Vergärung und Ausbau im Eichenfass.
LAGERUNG  Die besten mind. 8-12 Jahre.
REBFL/PROD  90 ha, etwa 85 000 Kisten/J.

**Besitzer** Fam. Couly Dutheil • **Kellermeister** Bertrand Couly Dutheil • **Besuch** Mo-Fr 8-12, 14-18 • **Adresse** Couly-Dutheil, 12, rue Diderot, BP 234, FR-37500 Chinon • **Tel.** 02 47 97 20 20 • **Fax** 02 47 97 20 25 • **E-Mail** webmaster@couly-dutheil.com

PRODUKTION       QUALITÄT        PREIS

FRANKREICH • LOIRE • TOURAINE

## Dom. Delétang

GESCHICHTE Die Firma wird von Olivier Delétang in vierter Generation geführt. Er ist für seine hervorragenden Musterexemplare des Montlouis-Stils berühmt. In einem durchschnittlichen Jahr werden sechs Versionen erzeugt: zwei trockene, zwei liebliche und zwei süße.

WEINE Saint-Martin-le-Beau und Les Batisses. Sauvignon Touraine, Cabernet und ein trockener Montlouis-Sekt. Grand Réserve, Les Petits Boulay, Domaine trocken und Domaine lieblich.

CHARAKTER Gut strukturierte Weine mit feinem Mineralton, Grapefruit- und Feuersteinaromen. Seit 1991 hat man sich besonders für die trockeneren Weine eingesetzt. Z.B. zeigt sich der 1993er Saint-Martin in blumigem Stil (Rosen) mit rauchigem Feuerstein-Charakter. Der Sauvignon Touraine zeichnet sich durch seine Eleganz und die Cabernet-Weine durch ihren weichen und runden Charakter aus.

RUF Wird als einer der besten Produzenten in Montlouis angesehen.

BODEN Feuerstein, Lehm, alluviale Böden, Kreide.

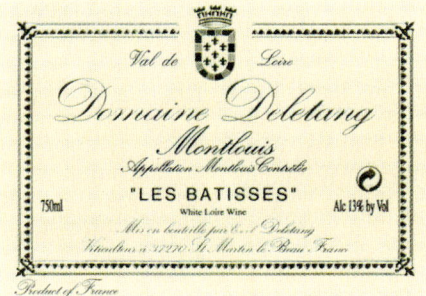

Der Besitzer Olivier Delétang ist eine bekannte Persönlichkeit in Montlouis.

WEINHERSTELLUNG Manuelle Lese. Traditionelle Methoden.

LAGERUNG Etwa zehn bis fünfzehn Jahre, die süßen Weine noch länger.

REBFL/PROD 20 ha, 1 200 Kisten/Jahr.

JAHRGÄNGE 1996, 95, 93, 90, 89.

---

**Besitzer** EARL Delétang • **Kellermeister** Olivier Delétang • **Besuch** Mo-Fr 9-12, 14-19 • **Adresse** Dom. Delétang, 19, rue d'Amboise, FR-37270 Saint-Martin-le-Beau • **Tel.** 02 47 50 67 25, 02 47 50 67 95 • **Fax** 02 47 50 26 46

PRODUKTION    QUALITÄT    PREIS

## Charles Joguet

GESCHICHTE Ein Winzer mit Kultstatus. Seine Karriere begann er nach einem Studium an der École des Beaux-Arts in Paris auf dem väterlichen Gut. Er sorgte für großes Aufsehen, als er bei der INAO beantragte, einen Hektar ungepfropften Cabernet Franc anbauen zu dürfen. Sein Ertrag entspricht etwa der Hälfte des durchschnittlichen.

WEINE Die einfacheren Jeunes Vignes, Clos de la Cure und Varennes du Grand Clos zeigen reiche Kirsch- und Himbeerfrucht und können jung getrunken werden. Die Spitzenweine werden unter den Namen „Clos de la Diotérie" und „Clos du Chêne Vert" verkauft.

Charles Joguet ist ein Kult-Produzent mit hervorragenden, konzentrierten Chinon-Weinen.

CHARAKTER Die einfacheren Weine sind säurebetont, mit Aromen von Himbeeren, Pflaumen und Kirschen. Die Spitzenweine sind konzentriert und dennoch weich. Durch längere Lagerung entwickeln sie würzige Aromen.

BODEN Lehm, Kalk und Kies.

REBSORTEN 100% Cabernet Franc.

WEINHERSTELLUNG Vergärung in Stahltanks. Die einfachen Weine werden 8-20 Tage zuerst bei niedriger Temperatur und dann bei 25 °C vergoren. Die Trauben der älteren Rebstöcke werden ausgelaugt, um so das gewünschte Parfum und Eleganz zu erreichen. Zuerst wird bei niedriger Temperatur und danach bei 35 °C vergoren. Dadurch gewinnt man Farbe und Tannin. Die Weine werden in gebrauchten Bordeaux-Fässern ausgebaut und weder geklärt noch filtriert.

LAGERUNG Die besten Weine 10-20 Jahre, manchmal länger.

REBFL/PROD 40 ha, 6 000 Kisten/Jahr.

---

**Besitzer** J. Genet • **Kellermeister** Alain Delaunay & Michel Pinard • **Besuch** Nach Vereinbarung • **Adresse** Charles Joguet, FR-37220 Sazilly • **Tel.** 02 47 58 55 53 • **Fax** 02 47 58 52 22 • **Homepage** www.vinternet.fr/charlesjoguet

PRODUKTION    QUALITÄT    PREIS

FRANKREICH • LOIRE • TOURAINE

## MONMOUSSEAU

GESCHICHTE  Dieser erfolgreiche Familienbetrieb wurde Ende des 19. Jahrhunderts gegründet. Nach der Übernahme durch das Champagner-Haus Taittinger wurde er 1990 an einen Négociant aus Luxemburg verkauft.

WEINE  Monmousseau Cuvée J.M. 93, Monmousseau Crémant de la Loire, Touraine Mousseux, Touraine-Azay-le-Rideau und Montlouis.

CHARAKTER  Monmousseau Cuvée J.M. 93 ist ein eleganter Wein, der nach der Champagnermethode hergestellt wird. Rebsorten sind Chenin Blanc und etwas Pinot Blanc. Raffinierter Duft von frisch gebackenen Brioches und ausgeglichener Geschmack mit guter Balance zwischen Säure und Frucht. Der traubentypische Crémant de Loire Brut wird aus 100% Chenin Blanc erzeugt.

RUF  Gehört zu den besten Schaumweinerzeugern der Touraine. Die Preise sind annehmbar.

BODEN  Unterschiedlich, da auf die ganze Appellation verteilt.

REBSORTEN  Weiß: Chenin Blanc, PB, Char-

*Zu Ehren des Gründers Justin Marcel Monmousseau wurde die Spitzencuvée „J.M. 93" benannt.*

donnay, Pinot Gris. Rot: CF und Gamay.

WEINHERSTELLUNG  Die meisten Schaumweine werden nach dem Champagner-Verfahren hergestellt. „Charmat", oder Tankgärung, erfolgt für die einfacheren.

LAGERUNG  Die besten drei bis fünf Jahre nach der zweiten Gärung.

REBFL/PROD  60 ha eigene Rebfläche einschließlich der zugekauften Trauben ergeben gut 85 000 Kisten Schaumwein pro Jahr und etwa 40 000 stillen Wein.

**Besitzer** Groupe Bernard Massard, Dir.: Hubert Clasen • **Kellermeister** Joël Galland • **Besuch** Nach Vereinbarung Ostern bis Nov. täglich 10-18, restliche Zeit werktags • **Adresse** Monmousseau, 71, route de Vierzon, BP 325, FR-41400 Montrichard • **Tel.** 02 54 71 66 66 • **Fax** -32 56 09

PRODUKTION     QUALITÄT     PREIS

## J-M RAFFAULT

GESCHICHTE  Alte Winzerfamilie seit 1693. Es gibt drei Raffault-Weinhäuser in Chinon: Olga Raffault, Raymond Raffault (mit Domaine Raffault) und Jean-Maurice Raffault, der sich hinsichtlich der Qualität und der Anbaufläche am schnellsten entwickelt hat.

WEINE  Chinon aus sechs Gemeinden: Clos de Lutinières, Les Galluches, Les Picasses, Isore und Clos de Galon stammen alle aus Lagen mit unterschiedlichen Bodenverhältnissen innerhalb der Appellation Chinon.

CHARAKTER  Die Weine haben trotz der un-

*Raffault ist eine alte Winzerfamilie aus Chinon. Jean-Maurice Raffault gehört heute zu den bekanntesten.*

terschiedlichen Bodenbeschaffenheit fast immer dichte Farbe und sind konzentriert und aromatisch. J.-M. Raffault stellt die Weine nach sehr altmodischen Methoden her. Dies führt dazu, dass die Weine 5-6 Jahre brauchen, um ihre guten Seiten zu entfalten.

RUF  Gehört zu den traditionsbewussten in Chinon, wofür er einen guten Ruf genießt.

BODEN  Ja nach Lage Sandböden bis Tuff.

REBSORTEN  Cabernet Franc und sehr wenig Cabernet Sauvignon.

WEINHERSTELLUNG  Der Wein wird bis zu 40 Tagen vergärt und danach ein Jahr in Barriques ausgebaut.

LAGERUNG  Mindestens 6-7 Jahre, die besten Jahrgänge sollten 10-12 Jahre lagern, um genügend Reife zu erlangen.

REBFL/PROD  35 Hektar eigene Fläche sowie zugekaufte Trauben ergeben 19 000 Kisten/Jahr.

JAHRGÄNGE  1996, 95, 92, 90, 88, 85, 83.

**Besitzer** Jean-Maurice Raffault • **Kellermeister** Rodolphe Raffault • **Besuch** Täglich 8-12, 16-19 • **Adresse** La Croix, FR-37420 Savigny-en-Véron • **Tel.** 02 47 58 42 50 • **Fax** -83 73 • **E-Mail** rodolphe.raffault@wanadoo.fr • **Homepage** www.perso.wanadoo.fr/jean-maurice.raffault

PRODUKTION     QUALITÄT     PREIS

## Weitere Produzenten in der Touraine

### Berger

Qualitätsbewusste Winzerfamilie seit dem 18. Jh. Die Brüder Berger erzeugen außer dem ausgezeichneten Montlouis auch einen Touraine générique von hoher Klasse sowie Sauvignon de Touraine und Touraine Rouge. Auch unter dem Namen Dom. des Liards bekannt. FAKTEN Etwa 20 ha, ca. 10 000 Kisten/Jahr.

- **Besitzer:** Jean & Michel Berger **Kellermeister:** Laurent Berger **Besuch:** Werktags zu Geschäftszeiten. **Adresse:** 136, rue de Chenonceaux, FR-37270 St-Martin-le-Beau. **Tel.** 02 47 50 67 36. **Fax** 02 47 50 21 13.

### Cave Coop. de Haut-Poitou

1948 gegründete Genossenschaft. Die Weinberge liegen 60-70 Kilometer außerhalb des eigentlichen Loire-Tals. Früher wurden die Trauben für die Destillation nach Cognac in den Süden transportiert. Die Genossenschaft hat die Qualität der Weine dermaßen erhöht, dass der Bezirk jetzt VDQS-Status bekommen hat. Weine: U.a. Sauvignon Blanc, Chardonnay, Cabernet und Gamay de Haut-Poitou. Prestigemarken: Château de Fuye und Diane des Poitiers. FAKTEN 850 ha, ca. 650 000 Kisten/Jahr.

- **Besitzer:** 1 200 Mitglieder **Kellermeister:** Chefönologe: Gérard Raffarin **Besuch:** Nach Vereinbarung. **Adresse:** 32, rue A. Plault, FR-86170 Neuville-de-Poitou. **Tel.** 05 49 51 21 65. **Fax** 05 49 51 16 07.

### Ch. de Chenonceau

Alter Weinberg mit dazugehörendem Schloss. Besteht seit 1518 und genießt seither einen ausgezeichneten Ruf. AOC Touraine Rouge. Die Rebsorten sind Cabernet Franc und Cot, die generell recht muskulöse Weine ergeben. Hier sind sie aber leichter und fruchtiger. Schöne, granatrote Farbe und reiches Bukett mit Himbeere und Johannisbeere. Der Geschmack ist etwas kräftiger als das Bukett andeutet, mit annehmbarem Rückgrat und Herbe. FAKTEN 18 ha, 8 000 Kisten/Jahr.

- **Besitzer:** Chenonceau-Expansion SA **Besuch:** Täglich 11-17. **Adresse:** FR-37150 Chenonceaux. **Tel.** 02 47 23 44 07. **Fax** 02 47 23 89 91.

### Dom. du Coudray

Der Familie Morin gelang der große Durchbruch um die Jahrhundertwende. Man produziert einen der besten und reichsten Bourgueil der Appellation. Jung ist er purpurfarben mit komplexem Duft nach Pflaumen und Schokolade. Im Gaumen etwas Vanille. Die Struktur besitzt Frucht, Säure und Herbe in großer Menge. Nach einigen Jahren erhält der Wein durch den robusten Charakter einen enormen Reiz.

- **Besitzer:** Fam. Morin **Besuch:** Nach Vereinbarung. **Adresse:** Le Coudray-la-Lande, FR-37140 Bourgueil. **Tel.** 02 47 97 76 92.

### Jacques Delaunay

Ein Kellermeister mit mehr als 40 Jahren Erfahrung. Mit dem Namen Domaine des Sablons macht er seinen Rot-, Weiß-, und Roséweinen AOC Touraine alle Ehre. Der rote Domaine des Sablons Cabernet hat eine intensive Farbe und ein vielfältiges Bukett von Blumen und Beeren. Der Wein ist gut gebaut - charpenté - wie die Franzosen sagen. Sehr ansprechend ist auch der leicht perlende Rosé Domaine des Sablons Pineau d'Aunis mit lachsrosa Farbe und Würze sowohl im Bukett als auch im Geschmack.

- **Besitzer:** Jacques Delaunay **Besuch:** Nach Vereinbarung. **Adresse:** FR-41110 Pouillé. **Tel.** 02 54 71 44 25.

### Dom. de La Garenne

Der beste Produzent in VDQS Châteaumeillant. Gehört zu den großen, dominierenden Winzergenossenschaften in Châteaumeillant. Man erzeugt die Weine selbst und verkauft sie auch unter eigenem Etikett. In diesem Gebiet findet Gamay-Traube in Frankreich ihren besten Ausdruck. Der rote Domaine de la Garenne ist rubin-/granatrot mit großem, fruchtigem Duft von Kirschen und etwas Pfeffer. Der Preis ist im Verhältnis zur Qualität ausgesprochen niedrig.

- **Besitzer:** Genossenschaft **Besuch:** Nach Vereinbarung. **Adresse:** Route de Culan, FR-18370 Châteaumeillant. **Tel.** 02 48 61 33 55.

### Dom. de La Lande

Marc Delaunay erzeugt qualitativ hochwertige und beständige Weine. Der Schlüssel zum Erfolg liegt im Perfektionismus. Manuelle Lese und reduzierter Ertrag von 40 hl/ha von neun Hektar. 100% Cabernet Franc. Vor allem produziert man Bourgueil aber auch Saint Nicolas de Bourgueil und Chinon. In Bourgueil entstehen vier Cuvées: Jeunes Vignes Dom. de la Lande, Cuvée des Pins, die reichere Les Graviers und die komplexe Cuvée Prestige (von alten Rebstöcken).

- **Besitzer:** Marc Delaunay **Kellermeister:** François Delaunay **Besuch:** Täglich 8-12, 14-18, nach Vereinbarung. **Adresse:** Route de Vignoble 20, FR-37140 Bourgueil. **Tel.** 02 47 97 80 73. **Fax** 02 47 97 95 65.

### Prince Poniatowski, Clos Baudoin

Altes Weingut mit großartigen Vouvray-Weinen. Die Weine aus den beiden Grand-Cru-Lagen Clos Baudoin und Aigle Blanc waren schon vor der Jahrhundertwende bekannt. Gute Vouvray Clos Baudoin, Vouvray Aigle Blanc, Vouvray Méthode Champenoise Brut Blanc und Touraine Brut Rosé. FAKTEN 21 ha, ca. 10 000 Kisten/Jahr.

- **Besitzer:** Philippe Poniatowsky **Kellermeister:** Jean Penilleau **Besuch:** Nach Vereinbarung. **Adresse:** Le Clos Baudoin, Vallée de Nouy, FR-37210 Vouvray. **Tel.** 02 47 52 71 02. **Fax** 02 47 52 60 94.

FRANKREICH • LOIRE • OBERE LOIRE

## OBERE LOIRE

GESCHICHTE Der wichtigste Vertreter der Sauvignon-Blanc-Traube in Frankreich. Die trockenen Weißweine aus dieser Gegend genießen einen guten Ruf. Insbesondere jene aus den besten Lagen, d.h. Sancerre und Pouilly-Fumé. Die Rotweine werden örtlich sehr geschätzt, bei internationalen Weinproben schließen sie aber für gewöhnlich nicht gut ab.

GEOGRAPHIE Hügelige Landschaft mit Steilhängen und schützenden Wäldern. Die besten Weine stammen von Hochebenen oder Hügeln.

BODEN Kalk- und Feuerstein, Kreide und „Kimmeridge"-Böden.

WEINE Vorwiegend trockene Weißweine aus Sauvignon Blanc. Meist leicht, frisch und mit kleinem Lagerpotenzial. Äußerst selten eichenbetonte Weine. Der Sortencharakter hat im Bukett und Geschmack alle klassischen Eigenschaften wie Holunder, Stachelbeeren, Minerale und schwarze Johannisbeerblätter. Hoher Säure- und mäßiger Alkoholgehalt machen den Wein erfrischend und süffig. Rotweine aus Pinot Noir werden in einigen Appellationen erzeugt. Sie sind meist hell und leicht, selten besonders konzentriert. Auch ein wenig Roséwein von der gleichen Rebsorte (mit Einschlag von Pinot Gris) wird erzeugt.

REBSORTEN Weiße: Sauvignon Blanc und Chasselas. Rote: Pinot Noir und Pinot Gris.

WEINHERSTELLUNG Traditionelle Methoden sind in dieser recht ländlichen Gegend vorherrschend. Große Holzfässer und Stahltanks stehen nebeneinander. Kleine, neue Eichenfässer - Barriques - findet man selten.

REBFL/PROD AOC-Weine: 4 300 ha, 260 000 hl/Jahr, davon ca. 150 000 hl Sancerre pro Jahr.

WISSENSWERT Weitere Informationen: FIVAL (siehe Haupttext Loire).

## POUILLY-FUMÉ

RUF Gehört nebst Sancerre zu den größten an der oberen Loire. Die Weine sind in der Qualität etwas kleiner als jene aus Sancerre, wobei der Produzent und die Lage von größter Bedeutung sind. Die Appellation ist der Ursprung aller Fumé-Blanc-Weine der neuen Welt. Blanc Fumé ist der örtliche Name der Sauvignon-Rebe. Robert Mondavi in Napa Valley hat den Namen erstmals umgedreht, und seither ist der Fumé Blanc ein Erfolg in der ganzen Welt.

CHARAKTER Ausschließlich trockene, frische

*Pouilly-Fumé ist ein Name, der verpflichtet. Variierende Qualität mit vielen Weltklasse-Weinen.*

Weißweine mit deutlichem Mineralton bei besseren Produzenten. Sortentypisches Aroma mit Stachelbeeren und schwarzen Johannisbeeren. Hier wird einer der teuersten Weine des Loire-Tales, P. Ladoucette auf Château du Nozet, erzeugt. Eine örtliche Spezialität ist der Pouilly-sur-Loire, ein Weißwein aus Chasselas, einer neutralen, säuerlichen Rebsorte. Auch der Wein ist neutral und frisch. In der Schweiz sind Chasselas-Weine als Fendant bekannt und in Deutschland kennen wir diese Sorte als Gutedel.

KLASSIFIZIERUNG AOC für Pouilly-Fumé und Pouilly-sur-Loire.

BODEN Der Kalksteineinschlag ist etwas geringer als im benachbarten Sancerre.

REBSORTEN Sauvignon Blanc und Chasselas.

REBFL/PROD AOC-Weine: ca. 5 000 ha, 350-400 000 hl/Jahr.

PRODUZENTEN Dom. des Berthiers, Gilles Blanchet, Henri Bourgeois, Didier Dagueneau, de Ladoucette (Ch. du Nozet), Dom. Masson-Blondelet, Gitton Père & Fils, Roger Pabiot, Guy Saget, André Theveneau.

## SANCERRE

RUF Seit den 70er Jahren ist Sancerre ein kommerzieller Erfolg außerhalb Frankreichs. Zu Beginn des Weinbooms haben die amerikanischen Verbraucher diesen Wein als ein süffiges Pendant

*In Sancerre erhalten die Sauvignon-Blanc-Weine ihren vornehmsten Ausdruck. Ein Vorbild für viele Hersteller.*

zum Beaujolais entdeckt. Seither sind Ruf und Preis gestiegen. Was früher „Chablis des armen Mannes" genannt wurde, kostet heute fast so viel wie sein Vorbild. Der Sauvignon Blanc erhält hier seinen reinsten und edelsten Ausdruck. Der Stil in Bordeaux (das andere große Anbaugebiet dieser Rebsorte) ist etwas breiter und fetter mit einer Mischung von Sémillon oder Fassausbau in neuer Eiche. Die ausgezeichneten Bodenverhältnisse machen Sancerre zu einem vorzüglichen Vertreter des Mineralcharakters.

CHARAKTER Weiß-, Rot- und Roséweine werden erzeugt. Der Schwerpunkt liegt bei den Weißweinen, die trocken und sortentypisch sind. Aroma von Holunder, schwarzem Johannisbeerblatt und etwas steinigem Kalkerdecharakter. In Sancerre haben die Weine meist mehr Körper und Kraft als in Pouilly-Fumé und dadurch auch Lagerpotenzial. Die selten lagerfähigen Rotweine aus Pinot Noir sind meist hell mit leichter Geschmacksstruktur. Die Roséweine enthalten etwas Pinot Gris.

KLASSIFIZIERUNG AOC für Rot-, Weiß- und Roséweine.

BODEN Drei Bodentypen mit Kalk als Hauptelement: der Argilo-calcaire, d.h. Lehmkalk, Kalkstein und Kiesel-/Feuersteinböden (silex).

REBSORTEN SB für Weißweine und PN für Rot- und Roséwein sowie Pinot Gris für Rosé.

WEINHERSTELLUNG Traditionelle Methoden sind vorherrschend. Einige Erzeuger versuchen neue, kleine Eichenfässer für die Rotweine einzusetzen.

PRODUZENTEN Dom. J-P Balland, Henri Bourgeois, Paul Cotat, Lucien Crochet, Dom. Daulny, Gitton Père et Fils, Dom. Laporte, Dom. La Mercy-Dieu, Dom. Henry Pellé, Dom. Bernard Reverdy, Claude Riffault, Clos de la Poussie, Dom. Vacheron.

## QUINCY

RUF Diese Appellation, mit einem gutem Ruf für frische Tafelweine zu einem gutem Preis, erzeugt die leichtesten Weine der Region. Die Winzer in Quincy sind nicht weniger ehrgeizig als ihre Kollegen in Pouilly und Sancerre. Der größte Unterschied zwischen den Weinen entsteht aber durch die Bodenverhältnisse. Die bis heute recht begrenzte Produktion in Quincy nimmt von Jahr zu Jahr zu wie auch der Export.

CHARAKTER Gute Weißweine aus Sauvignon Blanc. Die Farbe ist oft goldgrün schimmernd und das Bukett etwas weniger aromatisch als bei den Sancerre-Weinen, oft mit einer Note von Apfelsinenschale. Im Geschmack findet man manchmal Mandarine und Pistazie, er ist also etwas differenzierter als sonst bei Sauvignon-Blanc-Weinen. Leichte Struktur mit Frische und Reiz. Manche Weinberge liegen auf kieselhaltigen Böden, so dass die Weine runder und fülliger werden.

KLASSIFIZIERUNG AOC nur für Weißwein.

BODEN Alte Sand- und Steinböden, örtlich mit gewissem Kieseleinschlag.

*Preiswerte Weine, die aber nicht die gleiche Klasse wie die Nachbar-Appellationen haben.*

REBSORTEN Sauvignon Blanc.

WEINHERSTELLUNG Eine Appellation mit Zuwachs von jungen Winzern. Die traditionellen Methoden haben bislang dominiert. Temperierter Gärprozess und andere Neuheiten sind im Kommen.

PRODUZENTEN U.a. Dom. des Caves, Pierre Duret, Claude Houssier, Domaine Mardon, Domaine Meunier, Dom. Rouze, Dom. Trotereau.

## REUILLY

RUF Eine sehr kleine Appellation mit Wein in allen drei Farben. Insbesondere die Rotweine könnten bekannter sein, wenn die Produktion nur größer wäre. Die Rotweine ähneln denen von Sancerre und die Weißweine denen von Quincy. Gute Südhanglagen und ausgezeichneter, magerer

*Reuilly ist auf dem Vormarsch. Die Weine werden aus Sauvignon Blanc, Pinot Noir und Pinot Gris erzeugt.*

Steinboden mit Einschlag von Kalk ergibt manchmal Weine, die mit den großen des Bereichs verglichen werden können. Die Produktion von etwa 1200 hl/Jahr nimmt langsam zu.

CHARAKTER Die Weißweine sind hellgoldgelb mit einem grünen Ton. Das Bukett ist fruchtig und angenehm mit Zitrone, reifen Orangen und ab und zu etwas Minze. Der Geschmack ist frisch und mittelfüllig mit etwas Honig und Pampelmuse. Die Rotweine sind kirschfarben bis rubinrot und haben oft ein fein abgestimmtes Bukett von Veilchen und etwas Rauch. Im Geschmack gibt es oft deutliche Herbe und Fülle, was einige Jahre Lagerung verlangt. Die Roséweine aus Pinot Gris sind weich und delikat mit feiner Frucht. Sie werden immer häufiger durch Pinot Noir ersetzt, der größere Ausgewogenheit und Aroma verspricht.

KLASSIFIZIERUNG AOC für Rot-, Weiß- und Roséweine.

BODEN Magerer, steiniger Boden mit Kiesel- und Kalkeinschlag.

REBSORTEN Sauvignon Blanc für die Weißen, Pinot Noir und Pinot Gris für Rosé, Pinot Noir für Rote.

WEINHERSTELLUNG Die jüngeren Winzer probieren den Barrique-Ausbau und andere Neuheiten. Generell aber sind die traditionellen Methoden vorherrschend.

PRODUZENTEN U.a. François Charpentier, Claude Lafond, Guy Malbete, Didier Martin, Jacques Renadaut, Dom. Sorbe.

## MENETOU-SALON

RUF Diese Appellation hat viele geschichtliche Referenzen. Im Mittelalter waren die Weine aus Menetou-Salon bekannter als die aus Sancerre, vorwiegend wegen der Nähe zur alten Stadt Bourges. Der Weinbau hat überlebt, ist aber vom Umfang her (20 000 hl/Jahr) recht begrenzt. Die Weinberge haben genauso gute Lagen und Böden wie in Sancerre.

CHARAKTER Alle drei Farben werden hergestellt. Die Weißweine haben eine goldgrün schimmernde Farbe und sortentypischen Duft von Gras, Zitrone, Toast und schwarzen Johannisbeeren. Der Mineralcharakter drückt sich im Ge-

*Menetou-Salon hat viel gemeinsam mit Sancerre. Im Mittelalter waren die Weine bekannter als die des Nachbarn.*

schmack oft auf eine raffinierte Art aus. Hoher Säuregehalt und trockene Eleganz schließen die Eindrücke ab. Die Rotweine (Pinot Noir) gibt es in mehreren Ausführungen. Meist rubinrote, fruchtige und himbeerduftende Weine mit einer Spur von Herbe. Der Geschmack ist mittelfüllig. Die Roséweine sind lachsrosa, lebhaft und leicht, aber selten mit eindrucksvollem Charakter.

KLASSIFIZIERUNG AOC für alle Farben. Die Weißweine überwiegen etwas.

BODEN Kalk in verschiedenen Zusammensetzungen: Lehm, Stein und Kiesel, teilweise auch Feuerstein.

REBSORTEN Sauvignon Blanc für die Weißen, Pinot Gris und Pinot Noir für Rotwein und Rosé.

WEINHERSTELLUNG Die Anbaufläche nimmt zu und die Freude am Experimentieren ist groß. Eichencharakter bei Rotweinen ist nicht mehr revolutionär und computergesteuerte Temperaturkontrolle während der Gärung kommt häufig vor.

REBFL/PROD Ca. 400 ha, 20 000 hl/Jahr.

PRODUZENTEN U.a. Dom. de Chatenoy, Georges Chavet, Dom. Jean-Paul Gilbert, Dom. Henry Pellé, J.M. Roger, Jean Tellier, La Tour Saint-Martin, Les Vignerons Jacques Coeur.

FRANKREICH • LOIRE • OBERE LOIRE

## Henri Bourgeois

GESCHICHTE  Der Familienbetrieb wurde 1978 von den Brüdern Henri, Rémy und Jean-Marie Bourgeois, Winzer in zehnter Generation, gegründet. Man ist in Besitz von verschiedenen Lagen in Sancerre und Pouilly. Außerdem werden Menetou-Salon, Reuilly und Quincy, sowie ein

*Henri Bourgeois ist ein Familienunternehmen, das in den 90er Jahren mit Sancerre großartige Erfolge erzielte.*

sehr guter Rotwein und ein spät gelesener weißer Sancerre erzeugt.
 WEINE  Für sehr lagerfähige Weine bekannt. Die Prestige-Cuvée Etienne Henri stammt von 50-60 Jahre alten Rebstöcken. Weitere Weine: Sancerre Blanc „La Côte des Monts Damnés", „La Bourgeoise" und „Sancerre d'Antan", sowie Pouilly-Fumé „la Demoiselle de Bourgeois".
 CHARAKTER  Saubere Weine mit klassischer Eleganz. Die besten sind die Spezial-Cuvées wie z.B. Le MD Bourgeois von den Hängen der bekannten Lage Les Montes Damnés. La Bourgeoise stammt von 50 Jahre alten Rebstöcken. Der rote Sancerre ist sehr zugänglich mit Kirsch- und Pflaumenaromen.
 RUF  Einer der besten Betriebe der Region. Vor allem gegen Ende der 90er Jahre hatte man großen Erfolg.
 BODEN  Lehm und Kalk.
 REBSORTEN  80% Sauvignon Blanc, 20% Pinot Noir.
 WEINHERSTELLUNG  Moderne Technik. Im Allgemeinen kein biologischer Säureabbau.
 LAGERUNG  Durchschnittlich fünf Jahre, die Spezial-Cuvées zehn Jahre und länger.
 REBFL/PROD  64 ha, 65 000 Kisten/Jahr.

**Besitzer** Fam. Bourgeois •**Kellermeister** Jean-Cristophe Bourgeois •**Besuch** Täglich 10-12, 15-18, außer Sa-So im Jan./Feb. •**Adresse** Henri Bourgeois, Chavignol, FR-18300 Sancerre •**Tel.** 02 48 78 53 20 •**Fax** 02 48 54 14 24 •**E-Mail** bourgeois.sancerre@wanadoo.fr

PRODUKTION          QUALITÄT          PREIS

## Dom. de Châtenoy

GESCHICHTE  Das Schloss ist seit 1560 in Besitz der Familie Clément, Weinbau betreibt man seit 1773. Die heutigen Besitzer, Bernard und Pierre Clément, haben mit neuen Methoden die Qualität weiter erhöht und dem Gut einen Platz unter den besten in Menetou-Salon geschaffen. In diesem Gebiet gehört man zu den Pionieren des Barrique-Ausbaus (Pinot Noir).
 WEINE  Menetou-Salon Rouge, Rosé und Blanc, d.h. rot, rosé und weiß.
 CHARAKTER  Der Rotwein hat eine dichte, rubinrote Farbe und einen Duft von Pflaumen, Kirschen und Eiche. In der Jugend verschlossener

*Dom. de Châtenoy gehört zur Elite in Menetou-Salon. Die heutigen Besitzer haben viel dazu beigetragen.*

Geschmack mit deutlicher Eiche und Herbe. Der Weißwein mit (relativer) Kraft und Alkoholgehalt kann gut mit den Weinen aus Sancerre verglichen werden. Im Bukett sowohl Lakritze als auch Zitrus sowie eine leichte Grasnote. Der Geschmack ist fruchtig, aber infolge des Alkoholgehaltes, der oft 12,5-13% erreicht, auch rund und füllig.
 RUF  Spitzenerzeuger mit sehr gutem Ruf.
 BODEN  Verschiedene Kalkböden sind vorherrschend.
 REBSORTEN  70% Sauvignon Blanc, 30% Pinot Noir.
 WEINHERSTELLUNG  Hochmoderne Kellerei mit Barrique-Fässern und computergesteuerten Stahltanks.
 LAGERUNG  Rote: mindestens 3-4 Jahre.
 REBFL/PROD  55 ha, ca. 3 000 Kisten/Jahr. 25% Export.
 JAHRGÄNGE  1996, 95, 92, 90, 89, 85, 83.

**Besitzer** Bernard & Pierre Clément •**Kellermeister** Pierre Clément •**Besuch** Mo-Sa 8-12, 14-18 •**Adresse** Dom. de Châtenoy, FR-18510 Menetou-Salon •**Tel.** 02 48 64 80 25 •**Fax** 02 48 64 88 51

PRODUKTION          QUALITÄT          PREIS

## Georges Chavet et Fils

GESCHICHTE  Kleiner Familienbetrieb, der seit Anfang des 18. Jahrhunderts im Weinbau tätig ist. Die Weine aus Chavet sind zuverlässige Preisträger mit klassischem Charakter und feiner Konzentration. Insbesondere sind die Roséweine aus den frühen 80er Jahren ausgezeichnet.

WEINE  Menetou-Salon Rouge, Rosé, Blanc.

CHARAKTER  Der Rosé hat ein kirschrotes bis lachsfarbenes Kleid und einen lebhaften Charakter mit Duft nach Rosenblättern und Pfirsich. Der Geschmack ist trocken, füllig und rund. Dieser Wein wurde zum besten Rosé Frankreichs erkoren. Der Rotwein hat die gleiche Wärme, aber auch feines Tannin und straffe Fruchtsäure, wie es sich für einen gut gebauten Rotwein gehört. Der Duft nach Kirschen und Pflaumen begegnet einem Geschmack mit Fülle und großer Frucht. Die Weißweine duften nach Gras und Mandarine, Zitrone und Salbei. Fülliger Wein mit guter Länge und feiner Fruchtsäure.

RUF  Ein Komet der Appellation mit dennoch preiswerten Weinen.

*Georges Chavet gehört zu den Spitzenproduzenten. Die Geschichte des Gutes geht bis ins 18. Jh. zurück.*

BODEN  Kalkstein mit Kiesel herrscht vor.
REBSORTEN  50% Sauvignon Blanc, 50% Pinot Noir (für Rote und Rosé).
WEINHERSTELLUNG  Sorgfältige Weinherstellung mit Temperaturkontrolle. Ausschlaggebend für die Qualität sind die gut gepflegten Weinberge.
LAGERUNG  Rot: 5-6 J. für gute Jahrgänge.
REBFL/PROD  18 ha sowie zugekaufte Trauben von 12 ha ergeben ca. 20 000 Kisten/Jahr.
JAHRGÄNGE  1996, 92, 90, 89, 86, 85.

• **Besitzer** Fam. Chavet • **Kellermeister** Phillipe Chavet • **Besuch** Täglich 8-12, 13.30-18 • **Adresse** Georges Chavet et Fils, Les Brangers, FR-18510 Menetou-Salon • **Tel.** 02 48 64 80 87 • **Fax** 02 48 64 84 78 • **E-Mail** philippe.chavet@wanadoo.fr

PRODUKTION    QUALITÄT    PREIS

## Lucien Crochet

GESCHICHTE  Lucien Crochet ist der Schwiegersohn des bekannten Lucien Picard. Als M. Picard starb, übernahm er die bekannten Weinberge. Auch wenn Lucien Crochet handwerksmäßig nicht so altmodisch ist wie sein Schwiegervater es war, ist der Betrieb von großer Tradition geprägt.

WEINE  Sancerre Clos du Chêne Marchand. Außerdem Sancerre Blanc, Rouge und Rosé.

CHARAKTER  Clos du Chêne Marchand ist einer unter vielen Chêne-Marchand-Weinen der Appellation. Die Variante von Crochet ist (heute) die bekannteste. Ein Wein in fülligem Stil mit an-

*Lucien hat das bekannte Weingut Clos du Chêne Marchand von seinem Schwiegervater übernommen.*

genehmem Duft nach Zitrone, reifen Orangen und schwarzem Johannisbeerblatt. Der Geschmack ist füllig und hat eine dichte Struktur mit Fruchtsäure, Alkohol und Aroma in feiner Ausgewogenheit. Die Rotweine haben eine dichte Farbe und reizende Frucht mit deutlicher Herbe in heißen Jahren.

RUF  Ein Spezialist des fülligen Sancerre.
BODEN  Lehmkalk und Kalkstein.
REBSORTEN  75% Sauvignon Blanc für die Weißen und 25% PN für die Roten und Rosé.
WEINHERSTELLUNG  Die Weißweine werden in temperierten Stahltanks vergoren. Die Roten werden traditionell vergoren und in Stahltanks oder Holzfässern ausgebaut.
LAGERUNG  Clos du Chêne Marchand aus guten Jahrgängen kann 5-7 Jahre lagern. Die Rotweine einige Jahre länger.
REBFL/PROD  35 ha, 24 000 Kisten/Jahr.
JAHRGÄNGE  1996, 95, 90, 89, 88, 85.

• **Besitzer** Lucien Crochet • **Kellermeister** Gilles Crochet • **Besuch** Mo-Fr 8-12, 13.30-17.30. Sa 9-12, 14-17, nach Vereinb. • **Adresse** Place de l'Eglise, FR-18300 Bué • **Tel.** 02 48 54 08 10 • **Fax** 27 66 • **E-Mail** crochet@vinternet.net • **Homepage** www.vinternet-fr/lucien-crochet

PRODUKTION    QUALITÄT    PREIS

## Gitton Père et Fils

GESCHICHTE  Das Familiengut wurde 1945 gegründet. Ein beharrlicher Sancerre-Produzent, der es versteht, die besonderen Eigenschaften der Weinberge zu betonen. Hier werden erstklassige

*Pascal Gitton in seinem Weinberg „Les Belles Dames". Von hier stammt der berühmte gleichnamige Wein.*

Weine zu mäßigen Preisen hergestellt.
  WEINE  11 Crus Sancerre und zwei Crus Pouilly-Fumé. Les Belles Dames ist der bekannteste. Andere ausgezeichnete sind: Vigne du Larrey, Les Herses und der rote Les Romains.
  CHARAKTER  Der Sancerre les Belles Dames ist in jeder Hinsicht klassisch und in leichterem, fruchtigerem Stil. Geruch nach Stachelbeeren und frischgemähtem Gras. Ausgewogener Geschmack. Der rote Les Romains hat eine dichte, rubinrote Farbe und ein reines, sortentypisches Pinot-Noir-Bukett mit Eichennote. Fruchtiger, etwas herber und recht fülliger Geschmack.
  RUF  Gehört zu den angesehensten Produzenten von Sancerre.
  BODEN  Alle Bodentypen. Kalkhaltiger, mit Feuerstein gemischter Boden in Les Belles Dames und Vigne du Larrey.
  REBSORTEN  Sauvignon Blanc, Pinot Noir und etwas Chasselas.
  WEINHERSTELLUNG  Die Weißweine werden in großen Fässern vergoren und in Tanks ausgebaut. Die Rotweine umgekehrt.
  LAGERUNG  Gute Jahrgänge mind. 5-7 Jahre.
  REBFL/PROD  36 ha, etwa 25 000 Kisten/Jahr.
  JAHRGÄNGE  1996, 95, 92, 90, 89, 88, 85.

**Besitzer** Fam. Gitton • **Kellermeister** Marcel & Pascal Gitton • **Besuch** Mo-Fr 13.30-18 • **Adresse** Gitton Père et fils, Chemin de Lavand, FR-18300 Ménétréol-sous-Sancerre • **Tel.** 02 48 54 38 84 • **Fax** 02 48 54 09 59

PRODUKTION      QUALITÄT      PREIS

## Pascal Jolivet

GESCHICHTE  Pascal gründete sein Unternehmen 1985. Seitdem hat er sich einen Ruf für ausgewogene und qualitätsvolle Sancerre- und Pouilly-Fumé-Weine aufgebaut. Die Familie war schon früher im Weinbau tätig, Pascal Jolivet wollte aber selbständig arbeiten. Im Januar 1998 stieg auch sein Bruder in den Betrieb ein und heute beschäftigt man fünfzehn Personen in der Produktion.
  WEINE  Sancerre Blanc und Pouilly-Fumé, Les Griottes, Clos du Roy und Grande-Cuvée-Weine.
  CHARAKTER  Die Grand Cuvée-Weine werden nur in besonders guten Jahren erzeugt und stammen von ausschließlich älteren Rebstöcken. Nur der Most des ersten schonenden Kelterns kommt zur Verwendung.
  RUF  Großer internationaler Erfolg, vor allem für die Grande-Cuvée-Weine.
  BODEN  Lehm und Kalk, Feuerstein in Pouilly.
  REBSORTEN  Sauvignon Blanc.
  WEINHERSTELLUNG  Die Grande-Cuvée-Weine werden mit allergrößter Sorgfalt erzeugt.

*Pascal Jolivet machte sich 1985 selbständig und erzeugt heute großartige Sancerre-Weine.*

Bei der Hälfte der Weine wird der biologische Säureabbau durchgeführt. Nur natürliche Hefe kommt zur Verwendung.
  LAGERUNG  Zehn Jahre für die besten Weine aus den besten Jahren, wobei sie schon nach fünf Jahren reif sind.
  REBFL/PROD  Insgesamt 41 ha, 50 000 Kisten/Jahr, davon 40 000 Kisten Weißwein.
  JAHRGÄNGE  1996, 95, 93, 90, 89.

**Besitzer** Pascal Jolivet • **Kellermeister** Jean-Luc Soty • **Besuch** Nach Vereinbarung • **Adresse** Pascal Jolivet, Route de Chavignol, FR-18300 Sancerre • **Tel.** 02 48 54 20 60 • **Fax** 02 48 54 29 97

PRODUKTION      QUALITÄT      PREIS

FRANKREICH • LOIRE • OBERE LOIRE

## DE LADOUCETTE (CH. DU NOZET)

GESCHICHTE Unter Führung des jungen Baron Patrick de Ladoucette hat sich der Pouilly-Fumé profiliert. Der Baron hat mit der Prestigemarke Baron de L gezeigt, dass Pouilly-Fumé ein gutes Alterungspotenzial besitzt. Er hat auch gezeigt, dass hohe Preise bei Spitzenweinen auch aus

*Wie ein Märchenschloss liegt Ch. du Nozet in Pouilly. Der Baron hat den Weinen zu Weltruhm verholfen.*

dieser ländlichen Appellation möglich sind.
WEINE De Ladoucette Pouilly-Fumé ist der Wein für jeden Tag. Baron de L ist der Luxuswein. Er wurde 1973 erstmals erzeugt. Unter dem Namen Comte Lafond werden Weine aus Sancerre vermarktet.
CHARAKTER De Ladoucette Pouilly-Fumé gehört zu den besten seiner Art. Weine mit großem Bukett und komplexem Geschmack, mit deutlichem Sortencharakter und feiner, frischer Säure. Der Baron de L (aus reduziertem Ertrag von stark zurückgeschnittenen Rebstöcken) ist in jeder Hinsicht ein großer Wein mit Komplexität schon in der Jugend und fein abgestimmtem Mineralton. Lang und elegant im Gaumen mit Fruchtsäure und enormer Aromakonzentration.
RUF Spitzenproduzent mit Spitzenpreisen.
BODEN Kalk, unterschiedlich konzentriert.
REBSORTEN Sauvignon Blanc und PN.
WEINHERSTELLUNG Temperaturgesteuerte Gärung. Die besten Weine lagern 18 Monate auf der Hefe. Es werden Stahltanks und Holzfässer verwendet. Die Anlage wird laufend modernisiert.
LAGERUNG Baron de L von guten Jahrgängen fünf bis sieben Jahre.
REBFL/PROD 65 ha eigene Rebfläche sowie zugekaufte Trauben, etwa 100 000 Kisten/Jahr.

**Besitzer** Baron Patrick de Ladoucette • **Kellermeister** Joël André • **Besuch** Mo-Fr 9-12, 14-18 • **Adresse** de Ladoucette, Ch. du Nozet, FR-58150 Pouilly-sur-Loire • **Tel.** 03 86 39 10 16, 03 86 39 18 33 • **Fax** 03 86 39 04 67

PRODUKTION    QUALITÄT    PREIS

## DOM. MASSON-BLONDELET

GESCHICHTE Eine gelungene Vereinigung zweier Winzerfamilien. 1974 sind Masson und Blondelet zu einer Einheit verschmolzen. Unter der Führung von Jean-Michel Masson werden ausgezeichnete, prämierte Pouilly-Fumé und Pouilly-sur-Loire erzeugt.
WEINE Pouilly-Fumé Les Bascoins, Pouilly-Fumé Villa Paulus, Pouilly-Fumé Les Criots, Pouilly-sur-Loire sowie Sancerre Blanc, Rouge und Rosé.
CHARAKTER Der Spitzenwein Pouilly-Fumé Les Bascoins besitzt schon in der Jugend die Komplexität und Rundheit von alten Rebstöcken. Gra-

*Masson und Blondelet schlossen sich 1974 zusammen. Das Ergebnis sind viele prämierte Pouilly und Sancerre.*

siges Bukett mit einer Note von schwarzen Johannisbeeren und Aprikose. Der Geschmack ist zitrusähnlich frisch mit guter Ausgewogenheit zwischen Aroma und Frucht. Villa Paulus: helle, goldene Farbe und Duft nach reifen Orangenschalen und Honig. In seiner Jugend noch verschlossen. Er kann ohne weiteres 4-5 Jahre gelagert werden.
RUF Ein Spitzenproduzent von lagebezeichneten Pouilly-Fumé zu akzeptablen Preisen.
BODEN Kalkstein mit Feuerstein-Einschlag.
REBSORTEN SB für Pouilly-Fumé und Sancerre Blanc, Chasselas für Pouilly-sur-Loire, Pinot Noir für Sancerre Rouge und Rosé.
WEINHERSTELLUNG Gärung in temperierten Tanks. Traditioneller Ausbau in großen Holzfässern wie auch öfter in Stahltanks.
LAGERUNG Gute Jahrgänge 5-6 Jahre.
REBFL/PROD 18 ha (13 ha Pouilly, 3 ha Sancerre), etwa 10 000 Kisten/Jahr.

**Besitzer** Jean-Michel Masson • **Kellermeister** Jean-Michel Masson • **Besuch** Kein Besuch möglich • **Adresse** Dom. Masson-Blondelet, 1, rue de Paris, FR-58150 Pouilly-sur-Loire • **Tel.** 03 86 39 00 34 • **Fax** 03 86 39 04 61

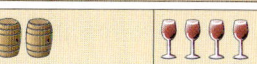 

PRODUKTION    QUALITÄT    PREIS

FRANKREICH • LOIRE • OBERE LOIRE

## LA POUSSIE

GESCHICHTE Das Weingut, das Sancerre seit dem Krieg zu einem Stern am Weinhimmel gemacht hat. Die Zugehörigkeit zu Cordier hat nicht die Qualität, wohl aber die Vermarktung beeinträchtigt. Wurde 1993 an den Besitzer von Ch. du Nozet, Baron Patrick de Ladoucette, verkauft. Die Anlage wird in großem Stil renoviert und die Herstellung erfolgt weiterhin traditionell. Seit Schwankungen in den 80er Jahren ist die Qualität nach der Übernahme wieder gestiegen.
WEINE La Poussie Sancerre Blanc, Rosé und Rouge.
CHARAKTER Der weiße Clos de la Poussie ist reinrassig, klassisch gut gebaut mit einer Leichtigkeit und Nerv im Geschmack. Der rote Domaine de la Poussie aus Pinot Noir hat eine schöne, tiefe, rubinrote Farbe und ein Bukett von Mokka und Kirschen. Der Geschmack ist herb und fruchtig mit Fülle und Ausgewogenheit. Man experimentiert bei manchen Jahrgängen mit neuen Fässern, was zu einer weiteren Dimension führt.
RUF Spitzenhaus mit Spitzenpreisen. Immer

*Clos de la Poussie ist eine sichere Wahl von erstklassigem Sancerre. Heute in Besitz von Baron de Ladoucette.*

noch einer der Fixsterne der Appellation.
BODEN Kalkstein und Kalklehm.
REBSORTEN Sauvignon Blanc und PN.
WEINHERSTELLUNG Klassische Methoden mit modernem Einschlag sowie temperierte Stahltanks und eine kleine Menge Barriques.
LAGERUNG Die Rotweine aus guten Jahrgängen können 7-8 Jahre gelagert werden.
REBFL/PROD 20 ha Sauvignon Blanc, etwa 20 000 Kisten/Jahr.
JAHRGÄNGE 1996, 95, 90, 89, 88, 86, 85.

**Besitzer** Baron Patrick de Ladoucette • **Kellermeister** Anne-Marie Bidon • **Besuch** Nach Vereinbarung • **Adresse** La Poussie, Bois de l'Abbaye, FR-18300 Bué • **Tel.** 02 48 54 20 14 • **Fax** 02 48 54 01 63

PRODUKTION   QUALITÄT   PREIS

## JEAN REVERDY ET FILS

GESCHICHTE Winzerfamilie seit 1646 mit einer Anbaufläche von nur zehn Hektar. Clos de la Reine Blanche, der Weinberg der weißen Königin, ist der Name der Weinlage. Reverdy erzeugt Weißweine, die gelagert werden dürfen.
WEINE Weißer und roter Domaine de Villots Sancerre sowie der lagebezeichnete weiße Clos de la Reine Blanche.
CHARAKTER Der Sancerre Rouge ist ein rubinroter Wein mit Himbeerduft und gut strukturiertem Geschmack mit etwas Herbe. Das Spitzenprodukt Sancerre Blanc Clos de la Reine

*Alle Reverdy-Weine mit Lagebezeichnung stammen aus „Clos de la Reine Blanche".*

Blanche hat eine goldgelbe Farbe. Der Duft ist von großartiger Komplexität mit reifen Orangen, Rauch und einer Mandelnote. Der Geschmack ist reich, aber auch nervig. Säure und Alkohol stehen in gutem Einklang mit den Aromen. Der Wein kann 4-5 Jahre mit nur positivem Ergebnis gelagert werden.
RUF Der klassische Stil wird unter Kollegen und internationalen Weinkennern sehr geschätzt.
BODEN Kalkstein mit Kiesel und Feuerstein.
REBSORTEN Sauvignon Blanc für die Weißen, Pinot Noir für Rote und Rosé.
WEINHERSTELLUNG Die Anlage ist modern, die Herstellung klassisch.
LAGERUNG Der Weißwein kann 4-5 Jahre gelagert werden.
REBFL/PROD 12 ha, etwa 5 000 Kisten/Jahr.
JAHRGÄNGE 1996, 95, 92, 90, 89, 88, 86, 85.

**Besitzer** Fam. Reverdy • **Kellermeister** Jean Reverdy • **Besuch** Täglich nach Vereinbarung • **Adresse** Jean Reverdy et Fils, Verdigny, FR-18300 Sancerre • **Tel.** 02 48 79 31 48 • **Fax** 02 48 79 32 44

PRODUKTION   QUALITÄT   PREIS

## CH. DE SANCERRE

GESCHICHTE  Château de Sancerre, in Besitz der Familie Marnier-Lapostolle, ist ein alter Klassiker. Hier wird der berühmte Likör Grand Marnier in allen Ausführungen erzeugt. Die Familie ist

*Ch. de Sancerre wird als Klassiker betrachtet. Die Familie Marnier-Lapostolle erzeugt auch Grand Marnier.*

auch in Besitz von Gütern in St-Émilion. Ein zuverlässiger Produzent von eleganten und typischen Weinen, die in den letzten zehn Jahren einen Aufschwung erlebt haben.

WEINE  Nur Château de Sancerre, ein Klassiker unter den Sancerre-Weinen.

CHARAKTER  Dies ist der Sancerre in seiner reinsten Form. Fruchtig, aromatisch, mit Duft nach Stachelbeeren und Holunder sowie Mineral (Kalk). Reiner und fruchtiger Geschmack mit frischer Säure und relativer Fülle. Eine gewisse Länge und die breite Struktur sorgen dafür, dass der Wein einige Jahre länger als üblich aufgehoben werden kann.

RUF  Gehört zu den besseren Sancerre-Produzenten, der sich die Qualität entsprechend bezahlen lässt.

BODEN  Vorwiegend Kalkstein und Lehmkalk.

REBSORTEN  Sauvignon Blanc.

WEINHERSTELLUNG  Moderne Anlage mit computergesteuerten Stahltanks.

LAGERUNG  Die Weine aus guten Jahren können 5-6 Jahre gelagert werden.

REBFL/PROD  26 ha, 18 000 Kisten/Jahr.

JAHRGÄNGE  1997, 96, 95, 90, 89, 88, 87, 86, 85.

•**Besitzer** Fam. Marnier Lapostolle •**Kellermeister** Gérard Cherrier •**Besuch** Nach Vereinb. •**Adresse** Ch. de Sancerre, Soc. des Produits Marnier-Lapostolle, 91, bd. Haussmann, FR-75008 Paris •**Tel.** 02 42 66 43 11, -48 78 51 52 •**Fax** -57 13 •**Homepage** www.grand-marnier.com

PRODUKTION    QUALITÄT    PREIS

## WEITERE PRODUZENTEN

### PAUL COTAT

Kleines Familiengut, das während der Jahrhundertwende gegründet wurde. Die Herstellung von traditionellen Weinen, von Hand erzeugt, ist das Markenzeichen der Gebrüder Cotat. Kennzeichnend für ihre Weine ist die enorme Lagerfähigkeit: Flaschen aus den 30er Jahren sind noch in gutem Zustand. Sancerre Blanc sowie ein Sancerre im Probestadium, der in Barriques ausgebaut wird. FAKTEN  4 ha, ca. 1 500 Kisten/Jahr.

•**Besitzer:** Fam. Cotat **Kellermeister:** François & Paul Cotat **Besuch:** Nach Vereinbarung. **Adresse:** Chavignol, FR-18300 Sancerre. **Tel.** 02 48 54 04 22. **Fax** -78 01 41.

### DIDIER DAGUENEAU

Ein junger, sehr guter Winzer in Pouilly mit großen Erfolgen Ende der 90er Jahre. Der erste Jahrgang war 1982. Sein Pouilly-Fumé Pur Sang und Pouilly Fumé Silex haben großen internationalen Ruhm erreicht. Die Weine haben eine cremige, reiche, aromatische und füllige Struktur und können gut gelagert werden. Kein biologischer Säureabbau. FAKTEN 11 ha, ca. 6 000 Kisten/Jahr.

•**Besitzer:** Didier Dagueneau **Kellermeister:** Didier Dagueneau **Besuch:** Nach Vereinbarung. **Adresse:** Le Bourg, FR-58150 Saint-Andelain. **Tel.** 03 86 39 15 62. **Fax** 03 86 39 07 61.

### DOM. DAULNY

Kleines Familienunternehmen mit ausgezeichneten Lagen in Sancerre. Kleine Produktion von beständig hoher Qualität, insbesondere bei den Weißweinen. Weine: Sancerre Rouge, Rosé und Blanc. Die Weißweine gibt es in zwei Ausführungen: der einfache Sancerre und der lagebezeichnete Clos de Chaudenay. Sancerre ist ein Wein mit einem fein abgestimmten Bukett von Mandarinen, Bananen und Kamille und einem fülligen, runden Geschmack. Der Rotwein ist in jungen Jahren etwas kantig und von trockener Struktur.

•**Besitzer:** Étienne Daulny **Besuch:** Nach Vereinbarung. **Adresse:** Chaudenay, FR-18300 Verdigny. **Tel.** 02 48 79 33 96. **Fax** 02 48 79 33 39.

### CLAUDE LAFOND

Ausgezeichnete Weine, vor allem die weißen: goldenfarben mit einem Duft von reifen Orangen, schwarzen Johannisbeeren und Holunder. Der Geschmack ist ausgewogen, blumig und lang. Bei den Rotweinen tritt nach gewisser Reife eine feine Tiefe und Länge im Geschmack auf. Der Roséwein hat eine lachsrosa Farbe und eine blumige Nase mit Pfirsichnote. Der Geschmack ist frisch mit etwas strafferer Struktur. FAKTEN  4 ha, etwa 3 000 Kisten/Jahr.

•**Besitzer:** Fam. Lafond **Besuch:** Nach Vereinbarung. **Adresse:** Les Bois St. Denis, Route de Graçay, FR-36260 Reuilly. **Tel.** 02 54 49 22 17. **Fax** 02 54 49 26 64.

## Weitere Produzenten an der Oberen Loire

### Dom. Laporte

Mittelgroßer Produzent von Sancerre-Weinen sowohl mit als auch ohne Lagebezeichnung. Meist hohe Preise, aber in auffallend beständiger Qualität. Der rote Sancerre Cuvée Loys Beaussoppet stammt von der Lage Les Royaux. Der Wein hat mittlere Fülle und zurückhaltende Herbe. Der weiße Sancerre Grand Domaine hat ein komplexes Bukett und fülligen Geschmack. Eine Art Würze prägt das Bukett.

• **Besitzer:** Fam. Laporte **Besuch:** Nach Vereinbarung. **Adresse:** Route de Sury-en-Vaux, FR-18300 Saint Satur. **Tel.** 02 48 54 04 07. **Fax** 02 48 54 34 33.

### Dom. Henry Pellé

1935 gegründetes Familienunternehmen mit geschätzten und preiswerten Weinen: Menetou-Salon Rouge, Rosé und Blanc sowie Sancerre (La Croix au Garde). Der Rotwein ist recht hell und duftet nach Brombeermarmelade. Der Weißwein mit dem Namen Morogues ist gut strukturiert und duftet nach Minze, Aprikose und schwarzen Johannisbeeren. Der Geschmack ist nervig (d.h. mit deutlicher Säure) mit feiner Abrundung. FAKTEN 30 ha, ca. 15 000 Kisten/Jahr.

• **Besitzer:** Fam. Pellé **Besuch:** Nach Vereinbarung. **Adresse:** Route de Aubinges, FR-18220 Morogues. **Tel.** 02 48 64 42 48. **Fax** 02 48 64 36 88.

### Pierre Prieur et Fils

Seit zehn Generationen Winzer in Sancerre. Der Prestigewein Cuvée Maréchal Prieur wird nur in ausgezeichneten Jahren erzeugt. Der Wein hat Lebhaftigkeit und Frische im Duft und einen nahezu unübertroffenen Geschmack. Fruchtig elegant. Kurz, ein großer Wein in leichtem Stil. Ferner weißer und roter Domaine de St-Pierre. Beide haben in der Jugend einen etwas unwilligen Charakter, können aber feine Geschmackstiefe entwickeln, insbesondere der rote.

• **Besitzer:** Fam. Prieur **Besuch:** Nach Vereinbarung. **Adresse:** Route de Mont-Damnés, FR-18300 Verdigny. **Tel.** 02 48 79 35 86. **Fax** 02 48 79 36 85.

### Jean-Max Roger

Ein weiteres, kleines Weinhaus in Familienbesitz mit einigen Hektar Anbaufläche in Sancerre und einigen in Menetou-Salon. Der Weinstil von Jean-Max Roger zählt seit langem zu den klassischen in beiden Appellationen. Weine: U.a. Sancerre Clos du Chêne Marchand und Sancerre le Grand Chemarin. Menetou-Salon le Petit Clos. Es gibt auch eine kleine Produktion von rotem Sancerre im Sortiment. FAKTEN 28 ha, etwa 20 000 Kisten/Jahr.

• **Besitzer:** Jean-Max Roger **Besuch:** Mo-Sa 8-12, 14-18. **Adresse:** Bué, FR-18300 Sancerre. **Tel.** 02 48 54 32 20. **Fax** 02 48 54 10 29.

### Dom. Jacques Rouze

Winzer in Brinay seit vier Generationen. Mit traditionellen Methoden erzeugt man 2 500 Kisten ausgezeichneten Quincy Vieilles Vignes, der länger hält als die meisten dieser Appellation. Der Quincy Vieilles Vignes (von alten Rebstöcken) braucht 3-4 Jahre um sich zu öffnen. Der Wein hat einen Duft nach Orangenschale und Banane mit frischer Säure und einer jugendlichen Verschlossenheit. Nach der Lagerung aber bekommt der Wein ein um so größeres und reicheres Bukett. Der einfache Quincy hat einen feinen Mineralton vom kieselhaltigen Kalkboden.

• **Besitzer:** Fam. Rouze **Besuch:** Nach Vereinbarung. **Adresse:** Brinay, FR-18120 Quincy. **Tel.** 02 48 51 08 51. **Fax** 02 48 51 05 00.

### Guy Saget

Renommierter Winzer und Kellermeister in Pouilly-sur-Loire mit einem klassischen Pouilly-Fumé und einem einzigartigen Pouilly-sur-Loire. In dieser kleinen Appellation gibt es viel von der weniger geachteten Rebsorte Chasselas. Pouilly-Fumé aus Saget hat ein mittelgroßes Bukett von Zitrone und Pampelmusenschale, was zusammen mit der frischen Säure und der Leichtigkeit des Geschmacks eine große Eleganz ergibt. Der Pouilly-sur-Loire hat eine hellgelbe Farbe mit Goldschimmer und einem Duft nach Zitrone und Mandeln. Im Gaumen ist eine frische Säure und die leichte Struktur mit einer Note von getrocknetem Obst zu bemerken.

• **Besitzer:** Fam. Saget **Besuch:** Täglich 10-18. **Adresse:** La Castille, FR-58150 Pouilly-sur-Loire. **Tel.** 03 86 39 57 75. **Fax** 03 86 39 08 30.

### Weitere Betriebe

Dom. Jean-Paul Balland, Chem. de Marloup, FR-18300 Bué. Tel. 02 48 54 07 29. Fax 02 48 54 20 94.

Jean-Paul Gilbert, Route des Aix, FR-18510 Menetou-Salon. Tel. 02 48 64 80 77. Fax -82 55.

André Theveneau, Les Chailloux, FR-18300 Sancerre. Tel. 02 48 79 38 82. Fax -05 28.

La Tour Saint-Martin, FR-18340 Crosses. Tel. 02 48 25 02 95. Fax 02 48 25 05 03.

Dom. Vacheron, 1, Rue du Puits-Poulton, FR-18300 Sancerre. Tel. 02 48 54 09 93. Fax 02 48 54 01 74.

# Distrikte rund um die Loire

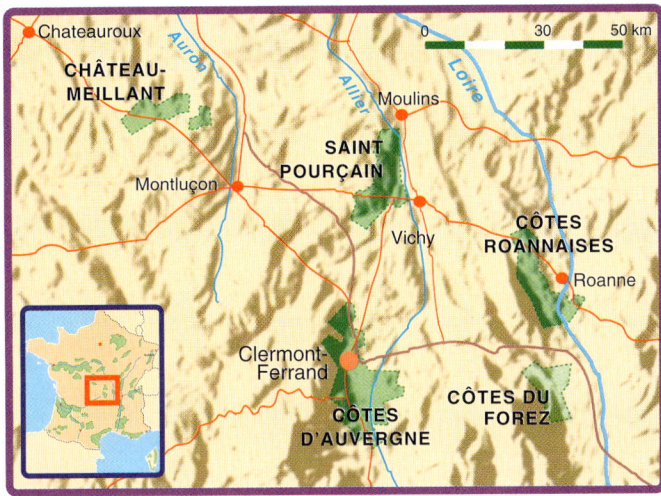

## Châteaumeillant

Kleiner VDQS-Bezirk, einige Kilometer südlich von Quincy/Reuilly. Einige Appellationen hatten früher einen guten Ruf, aufgrund ihrer geringen Größe aber konnten sie im des 20. Jh. nicht mithalten. Weine in Châteaumeillant: Rotweine und Rosé. Rebsorten: Gamay, Pinot Noir und etwas Pinot Gris. Der Roséwein, der sog. „vin gris", macht den größten Produktionsanteil aus. Diese Weine haben eine hellrosa Farbe und ein Bukett von roten Früchten und Beeren. Der Geschmack ist leicht, mit einem etwas gebranntem Charakter und leicht bitterem Abschluss. Die Rotweine besitzen eine lebhafte, helle Farbe und frischen, säuerlichen Geschmack. Die durchschnittliche Jahresproduktion beträgt ca. 4 500 hl. Die Böden haben vulkanischen Einschlag.

## Valençay

VDQS-Bezirk mit etwa 150 ha zwischen der Touraine und Quincy/Reuilly. Der Kalk- und Kieselboden eignet sich ausgezeichnet für den Weinbau. Die Rebsorten kommen aus der Touraine und aus der oberen Loire. Pinot Noir, Gamay, Cabernet Franc und Cot (Malbec) für die Rotweine und Sauvignon Blanc für die weißen. Die Rotweinproduktion überwiegt deutlich, und das Preis-Leistungs-Verhältnis ist gut. Die Cabernet-Weine besitzen eine feine Straffheit und klassische Würze. In jungen Jahren sind sie oft etwas rauh sollten aber nicht länger als 5-6 Jahre gelagert werden. Der Pinot ist leicht geröstet im Bukett mit großer, aromatischer Frucht. Kann in guten Jahren und von guten Produzenten sogar länger gelagert werden. Der Sauvignon Blanc hat oft eine ausgeprägte Säure und kann elegant sein.

## Côtes Roannaises

Rund um die Stadt Roanne werden Rot- und Roséweine aus Gamay hergestellt. Nur 100 Hektar ergeben 5 000 hl/Jahr. Die Appellation ist VDQS, und die Weine werden meist örtlich verkauft. Der Boden besteht teilweise aus vulkanischer Erde, was für den Gamay besonders günstig ist. Die Rotweine haben für gewöhnlich eine granatrote Farbe und einen Duft nach Kirschen. Der Geschmack ist intensiv fruchtig. Die Roséweine haben ein reizendes Bukett von reifen Erdbeeren und frische Säure im Geschmack. Sehr preiswert.

## Saint Pourçain

VDQS von ca. 450 Hektar zwischen Lyon und Bourges. Jahresproduktion von ca. 20 000 hl von allen drei Farben mit dem Schwergewicht auf den Rot- und Roséweinen. Rebsorte für die Rotweine ist Gamay. Chardonnay, Sauvignon Blanc und der örtliche Tressalier für die Weißweine. Die Rotweine sind weich und fruchtig ohne besondere Lagerfähigkeit. Die weißen gehören zu den wenigen im Lande, die aus Chardonnay und Sauvignon Blanc verschnitten werden. Frische, nervige Weine mit feiner Frucht und leichter Struktur.

## Côtes d'Auvergne

Kleines, vorwärts strebendes VDQS mit Ambitionen auf AOC. Die Rebsorte ist Gamay und ergibt Weine mit schöner granatroter Farbe und voller Frucht in der Nase und im Geschmack. In manchen Fällen haben sie etwas Tannin und Kraft, die sich während fünf bis sechs Jahren entfaltet. Die Roséweine sind fruchtig und meistens recht leicht.

## Produzenten in den Distrikten rund um die Loire

### Michel Bellard

Altes Familiengut an den Côtes d'Auvergne, 1635 gegründet. Drei Spitzenweine werden erzeugt: Corent, Chanturgue und Châteaugay. Diese Weine, insbesondere der Châteaugay, sind sehr lagerfähig. Hier sieht man, wie konzentriert Gamay-Wein bei niedrigem Ertrag und vorsichtiger Vinifizierung werden kann. Die Farbe ist intensiv rot, der Duft komplex mit Noten von reifen Kirschen und Pflaumen. Der Geschmack hat eine fruchtige Säure und etwas Tannin.

• **Besitzer:** Fam. Bellard **Besuch:** Nach Vereinb. **Adresse:** BP 27, FR-63540 Romagnat. **Tel.** 04 73 62 66 69.

Domaine de Bellevue ist ein guter Produzent von Saint-Pourçain-Weinen, die aus Gamay erzeugt werden.

### Dom. de Bellevue

Ausgezeichneter Produzent von Weinen aus Saint Pourçain mit Rot-, Weiß-, und Roséwein in der Produktion von 10 ha Rebfläche. Die blumige und würzige Nase in Kombination mit Fruchtigkeit machen diesen Gamay-Wein äußerst interessant. Der Geschmack ist recht weich und sortentypisch, aber nicht zu leicht für die örtliche Küche. Der Prestigewein Cuvée Special aus Pinot Noir hat ein Bukett von Kirschen und reifen Erdbeeren. Der Geschmack ist lang und ausgewogen mit einer Spur von gut integrierter Herbe.

• **Adresse:** Meillard, FR-03500 Saint Pourçain-sur-Sioule. **Tel.** 04 70 42 05 56.

### Dom. de Garennes

Diese Genossenschaft ist der Spitzenproduzent in Châteaumeillant. Hier werden in der modernisierten Anlage durch behutsame Vinifizierung füllige Gamay-Weine erzeugt. Domaine des Garennes ist der Prestigewein. Das Bukett ist fruchtig und manchmal etwas kräftig mit einer Note von Süßkirschen. Der Geschmack ist füllig mit leichter Herbe und etwas Pfeffer.

• **Adresse:** Caves des Vins de Châteaumeillant, route de Culan, FR-18370 Châteaumeillant. **Tel.** 02 48 61 33 55.

### Felix Vial

Der Spitzenname der Côtes Roannaises. Der Besitzer gibt den Weinen seit 1966 seine persönliche Note. Er erzeugt einen Gamay Vieilles Vignes von

Der beste Wein der Genossenschaft in Valençay ist ein Verschnitt aus Gamay, Cabernet und Pinot Noir.

vierzig Jahre alten Rebstöcken mit ausgezeichnetem Ergebnis. Dichte, granatrote Farbe mit einem Duft nach reifen Süßkirschen und Herbstblättern. Der Geschmack ist füllig und rund mit fein abgestimmtem Tannin und schönem Abgang. Sehr preiswert im Vergleich zur Qualität.

• **Adresse:** Saint André d'Apchon, FR-42370 Renaison. **Tel.** 04 77 65 80 41.

### Les Vignerons de Fontguenand

Relativ neu gegründete Genossenschaft. Der beste Rotwein ist ein Verschnitt von Gamay, Cabernet Sauvignon und Pinot Noir. Die Farbe ist dunkelrubinrot mit einem großen, blumigen Bukett und fülligem, fruchtigem Geschmack mit großer Komplexität.

• **Besitzer:** Genossenschaft **Besuch:** Nach Vereinbarung. **Adresse:** Fontguenand, FR-36600 Valençay. **Tel.** 02 54 00 16 11.

Domaine des Garennes ist der Spitzenwein in Châteaumeillant. Er wird aus Gamay-Trauben hergestellt.

# RHÔNE

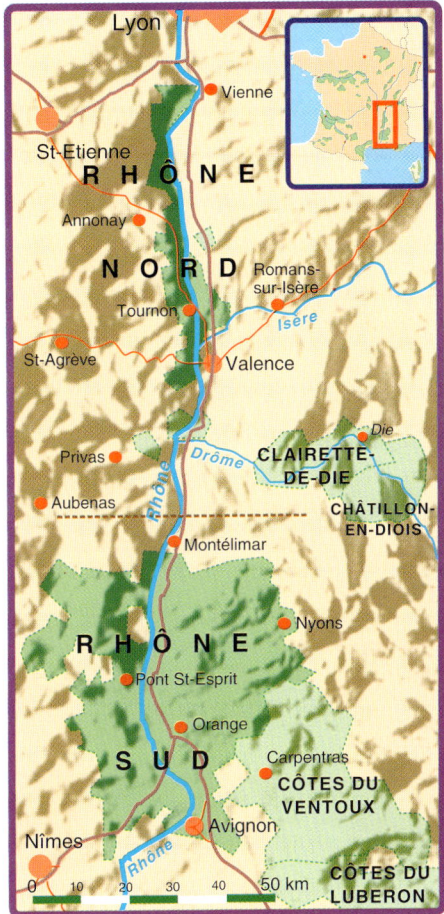

*Die Weinlagen liegen an den berühmten Hängen ob der Stadt Tain L'Hermitage an der Rhône.*

GESCHICHTE Der Weinbau im Rhônetal gehört wahrscheinlich zu den ältesten in Frankreich. Auf dem Weg nach Norden, um Gallien zu erobern, legten die Römer hier die ersten Weinberge an. Manche Wissenschaftler glauben sogar, dass der Weinbau noch älter sei, gegründet von phönizischen Handelsleuten vor über 500 Jahren vor Christus. Ein starker Beweis dafür sei die Syrah-Traube, deren Ursprung in Shiraz, im ehemaligen Persien, zu finden ist. Eine Rebsorte, die unter dem Namen Shiraz auch in Australien sehr bekannt ist. Auch andere Namen zeugen von alter Geschichte: Châteauneuf-du-Pape, nach den Päpsten von Avignon benannt, oder Hermitage, nach einem Eremiten aus der Zeit der Kreuzzüge. Der Ausdruck „hermitagisieren" stammt aus dem 19. Jh., als die recht schwachen Bordeaux-Weine mit dem etwas kräftigeren Hermitage verstärkt wurden. Das 20. Jh. gehört nicht unbedingt zu den erfolgreichsten in der Weingeschichte des Rhônetals. Seit dem letzten Jahrzehnt aber sind diese kräftigen Weine wieder in Mode gekommen.

GEOGRAPHIE Die Rhône ist nebst der Loire der große „Weinfluss" Frankreichs. Während die Loire für frischen Weißwein mit hoher Säure bekannt ist, so repräsentiert die Rhône den feurigen Rotwein mit dichter, dunkler Farbe, Konzentration und Würze. Von ihrer Quelle in der Schweiz durchfließt die Rhône das Waadtland, wo einige der besten Schweizer Weine entstehen. Sie fließt weiter durch Genf und Savoyen und vereint sich in Lyon mit der Saône. Von Vienne, südlich von Lyon, im Norden bis nach Avignon im Süden erstreckt sich das 220 km lange Gebiet, das Rhône genannt wird. Man unterscheidet zwischen der NÖRDLICHEN und der SÜDLICHEN RHÔNE.

KLIMA Im Süden generell ein warmes Klima. Da die Syrah-Traube in der Blütezeit sehr empfindlich ist, ist die nördliche Rhône abhängig vom warmen Südwind, der 300 Tage im Jahr weht.

WEINE Vorwiegend Rotweine von höchst wechselhafter Qualität. Spitzenweine in Côte Rôtie, Hermitage und Châteauneuf-du-Pape sowie ein Überfluss an durchschnittlichen Weinen aus den Nachbargemeinden in der südlichen Rhône.

REBSORTEN Im Norden: roter Syrah und weißer Viognier, Rousanne und Marsanne. Im Süden sind viele Sorten zugelassen, davon die wichtigsten: Grenache, Cinsault und Syrah für Rotweine und Roussanne, Marsanne und Grenache Blanc für Weißweine.

REBFL/PROD Ca. 75 000 ha, ca. 7,6 Mio. hl (davon 3,4 Mio. hl AOC). 80% sind einfache Côte-du-Rhône oder Côte-du-Rhône-Villages.

WISSENSWERT Weitere Informationen: Comité Interprofessionnel des Vins AOC Côtes du Rhône et Vallée du Rhône, Maison des Vins, 6, rue des 3 Facons, FR-8400 Avignon. Tel. 04 90 27 24 00. Fax 04 90 27 24 13.

## NÖRDLICHE RHÔNE

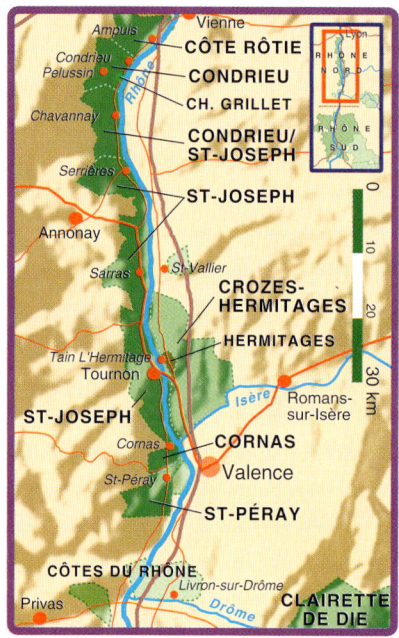

GESCHICHTE Côte Rôtie und Hermitage sind bedeutende Namen an der nördlichen Rhône, auch Côte du Rhône Septentrional genannt. Heute werden auch gute Weine in Cornas, St-Joseph und Crozes produziert. Die Viognier-Weine aus Condrieu hatten schon immer einen guten Ruf.

GEOGRAPHIE Umfasst 65 km von Vienne bis Valence mit den Appellationen Côte Rôtie, Condrieu, Château Grillet, St-Joseph, Cornas, Hermitage, Crozes-Hermitage und St-Péray. Alle bis auf Hermitage und Crozes-Hermitage liegen an westlichen Uferhängen.

WEINE Rotweine in Côte Rôtie und Cornas. Weißweine in Condrieu, Château Grillet und St-Péray (meist Schaumweine). Rote und weiße in Hermitage, Crozes-Hermitage und St-Joseph.

BODEN An besten Hanglagen hauptsächlich Granit. Im Übrigen sandgemischte Erde, manchmal mit Einschlag von Kalkstein und Kreide.

REBSORTEN Nur der Syrah ist für Rot- und Weißwein zugelassen. Viognier ist eine weiße Sorte in Condrieu und Ch. Grillet. Roussanne und Marsanne ergeben Weißweine in Hermitage, Crozes, St-Joseph und St-Péray.

WEINHERSTELLUNG Die Vergärung der Rotweine erfolgt in temperierten Tanks aus Edelstahl oder Zement. Die Weißweine werden oft in Edelstahl bei niedriger Temperatur vergoren. Der biologische Säureabbau wird meist vermieden.

JAHRGÄNGE 1996, 95, 94, 92, 90, 89, 88, 85, 83, 82, 80, 79, 78.

## CÔTE RÔTIE

RUF Der Name Côte Rôtie bedeutet „gerösteter Hang" und wird verständlich, wenn man sieht, wie die Sonne vom Fluss reflektiert wird, während sie gleichzeitig fast senkrecht auf den Berg scheint. Hier oben im nördlichsten Teil der Rhône bei Ampuis, nur einige Kilometer südlich der Stadt Vienne, entsteht ein Wein, der von den großen Weinen Frankreichs vermutlich am meisten unterschätzt wird. An diesen sehr Steilhängen (bis zu 40° Steigung) fühlt sich die Syrah-Traube sehr wohl. Um den Boden überhaupt bewirtschaften zu können, sind schmale Terrassen errichtet worden.

WEINE Nur Rotweine mit Finesse und Kraft, die in einmaliger Verbindung stehen. Mit der seidigen Textur ähneln sie eher den Burgunder- als den Bordeaux-Weinen. Dunkle Farbe, die zu Mahagoni reift; beerenähnlicher, manchmal blumiger, würziger und rauchiger Duft; reicher und würziger Geschmack mit Eleganz und Länge.

KLASSIFIZIERUNG AOC. Keine interne Klassifizierung. Meist sind die Weine verschiedener Weinlagen gemischt, aber die besten tragen den

*An diesen Steilhängen der Côte Rôtie werden Rotweine mit Finesse und Kraft angebaut.*

Lagenamen wie z.B. Guigals La Turque.

BODEN Côte Rôtie ist kein zusammenhängendes Gebiet, sondern besteht aus mehreren Hängen mit einer Hochebene. Die Hochebene bei Ampuis besteht aus Granitboden mit hartem Lehm. Côte Brune hat einen harten, mageren und mit Eisenoxid gemischten Lehmboden, während Côte Blonde einen etwas weicheren und fetteren Boden besitzt, hauptsächlich mit Kreide und Ton vermischt.

REBSORTEN Vorwiegend Syrah. Der weiße Viognier darf bis zu 20% verwendet werden (in Wirklichkeit maximal 5%).

REBFL/PROD 200 ha, 8 500 hl/Jahr.

PRODUZENTEN Gilles Barge, Dom. de Boisseyt, Bernard Burgaud, Emile Champet, Chapoutier, Clusel, Délas Frères, Dervieux-Thaize, Louis Drevon, Duclaux, M. Gentaz-Dervieux, J-M Gerin, E. Guigal, Paul Jaboulet, Joseph Jamet, Robert Jasmin, René Rostaing, Dom. de Vallouit und Vidal-Fleury.

## CONDRIEU

**RUF** Südlich der Côte Rôtie, am Fluss entlang, liegt das Dorf und zugleich die Appellation Condrieu. Der Name stammt von „coin des ruisseaux" (= Flussbiegung), denn die Rhône macht hier einen kräftigen Bogen (heute durch einen Kanal umgeleitet). An diesen steilen, terrassierten Hän-

*Condrieu ist ein Weißwein aus der einzigartigen Rebsorte Viognier. Sein Charakter ist blumig und ölig.*

gen wächst einer der seltensten Weine der Welt, teils weil die Rebfläche sehr klein ist (25 ha), teils weil der Ertrag bestenfalls 30 hl/ha beträgt. In den 60er Jahren starb dieser Wein fast völlig aus, aber einige wenige, eigensinnige Winzer haben trotz des schlechten Verdienstes diese Rebsorte am Leben erhalten. Heute wächst die Appellation langsam.
**WEINE** Trockene und weiche Weißweine.
**KLASSIFIZIERUNG** AOC. Keine interne Klassifizierung.
**BODEN** Leichter Sandboden auf verwittertem Granitgrund.
**REBSORTEN** Viognier heißt diese einzigartige Rebsorte, die fast nur hier angebaut wird. Einige Versuche werden an der südlichen Rhône mit gutem Ergebnis gemacht. Viognier wird auch als Hilfssorte in Côte Rôtie verwendet. Auch Versuche in den USA führen zu guten Ergebnissen. Der Wein ist hell-strohfarben und recht ölig; das Bukett ist einmalig mit Einschlag von Veilchen und auch anderen Blumen; der Geschmack ist mild, etwas ölig und mit niedrigem Säuregehalt, blumig und komplex. Der Condrieu ist fast immer trocken, aber in extrem heißen Jahren kann er etwas Restsüße aufweisen. Die Schwierigkeiten bei der Pflege machen diese Sorte selten; minimaler Ertrag und äußerst unzuverlässige Reife sind nicht gerade ökonomisch verlockende Merkmale.
**REBFL/PROD** Von den 200 zugelassenen Hektar sind 100 ha bestockt und ergeben etwa 4 000 hl/Jahr.
**PRODUZENTEN** Yves Cuilleron, Pierre Dumazet, Delas Frères, Guigal, Dom. du Monteillet, Paul Multier (Ch. du Rozay), Niero Pinchon, Ch. Grillet, Georges Vernay und Vidal-Fleury.

## HERMITAGE

**RUF** Mitte des 19. Jahrhunderts genossen die Weine von Hermitage den besten Ruf in Frankreich. In Bordeaux werden sogar „hermitagisierte" Weine vermarktet, um die Kraft zu betonen. Im 20. Jh. konnte der Hermitage nicht mehr die gleiche Anziehungskraft verzeichnen. Heute beginnt man wieder, Teile des früheren Marktes durch diese gehaltvollen, dunklen Weine mit großem Lagerpotenzial zurückzuerobern. Der Name Hermitage stammt von dem Eremiten Gaspard de Stérimberg, einem Kreuzzugritter.
**WEINE** Dunkle und dichte Rotweine mit würzigem Duft nach schwarzen Johannisbeeren.

*Hermitage gehört zu den bekanntesten Weinen Frankreichs. Die Rotweine haben eine gehaltvolle Kraft.*

Intensiver Geschmack mit ausgeprägtem Tannin. Weine, die durch Lagerzeiten von mind. 7-10 Jahren gewinnen. Die Weißweine sind leicht strohgelb, mit einem köstlichen, blumigen und oft nussähnlichen Bukett. Kein übertriebener Säuregehalt, hoher Alkoholgehalt und gute Fülle. Sie können jung genossen werden, haben aber auch ein großes Lagerpotenzial.
**KLASSIFIZIERUNG** AOC. Keine interne Klassifizierung. Manche Häuser machen Sonderverschnitte, die über der Qualität der Standardweine liegen. Nur äußerst wenige lagebezeichnete Weine.
**BODEN** Eine dünne Schicht mit magerem, kreidehaltigem Kalkstein auf Granitgrund.
**REBSORTEN** Syrah für die Roten. 15% weiße dürfen eingemischt werden. Vorwiegend Marsanne und etwas Roussanne für die Weißen.
**REBFL/PROD** Auf 132 ha werden 5 200 hl produziert. Davon sind 2/3 Rotwein und 1/3 Weißwein. Der Ertrag beträgt max. 40 hl/ha.
**PRODUZENTEN** Empfehlenswerte Erzeuger: M. Chapoutier, Jean-Louis Chave, Delas Frères, Bernard Faurie, Caves Fayolle, M. Ferraton, Guigal, Jean-Louis Grippat, Paul Jaboulet, Marc Sorrel, Cave Coop de Tain l'Hermitage, Dom. de Vallouit.

## CROZES-HERMITAGE

RUF Wie ein Randgebiet um Hermitage herum liegt die Appellation Crozes-Hermitage, was auch der Name einer kleinen Stadt nördlich von Tain ist. Im Süden wird der Bezirk vom Alpenfluss Isère begrenzt, der hier in die Rhône fließt. Einige Winzer machen gute, konzentrierte Weine, die lagerfähig sind, aber im Gegensatz zum großen Nachbarn hat man in Crozes einige Probleme mit unbeständiger Qualität. Zu viele der Weine sind leichte, Beaujolais-ähnliche Produkte, die nur als örtliche Tafelweine verwendet werden können. Wie in vielen anderen Bezirken muss man hier die guten Erzeuger kennen.

WEINE Dunkle Rotweine, die variieren können. Von leichten und fruchtigen Weinen mit beerenähnlichem Charakter bis zu dichten, straffen Weinen von Hermitage-Qualität bei den besten Produzenten. Die Lagerzeit beträgt fünf bis acht Jahre, noch länger für die besten. Die Weißweine sind fruchtig mit blumigem Bukett und sollten recht jung getrunken werden, d.h. binnen zwei bis vier Jahren.

*Crozes-Hermitage liegt rund um Hermitage und die Weine besitzen bestenfalls gleich hohe Klasse.*

KLASSIFIZIERUNG AOC. Keine interne Klassifizierung.

BODEN Fettere Böden als auf dem Hermitageberg ergeben leichtere Weine ohne Konzentration. Die weißen wachsen vorwiegend auf Sandböden im Südwesten der Appellation.

REBSORTEN Syrah für die Rotweine. Marsanne für die weißen, in Ausnahmefällen auch Roussanne.

REBFL/PROD 1 100 ha, ca. 60 000 hl. 90% Rotwein. Max. Ertrag ist 45 hl/ha.

PRODUZENTEN Empfehlenswerte Erzeuger: Cave de Clairmonts, M. Chapoutier, Dom. Collonge, Delas Frères, Desmeure Père & Fils, Fayolle, M. Ferraton, Alain Graillot, Paul Jaboulet, Raymond Roure, R. Rousset, Tardy & Ange, Dom. Pochon, Dom. Pradelle, Dom. de Vallouit.

## SAINT-JOSEPH

RUF Eine der größten Appellationen an der nördlichen Rhône. St-Joseph erstreckt sich von Condrieu 65 km südwärts bis nach Guillerand gegenüber von Valence. Insgesamt sind 23 Gemeinden dazu berechtigt, den Namen St-Joseph zu tragen. Die besten Lagen findet man bei Tournon und südlich davon. St-Joseph hat lange im Schatten von bekannteren Appellationen des Bereichs gestanden. Z.B. sollten die Weine mit Crozes-Hermitage, am gegenüberliegenden Ufer, sowohl preis- als auch qualitätsmäßig verglichen werden. Die Weine in St-Joseph sind generell interessanter und besser als in Crozes.

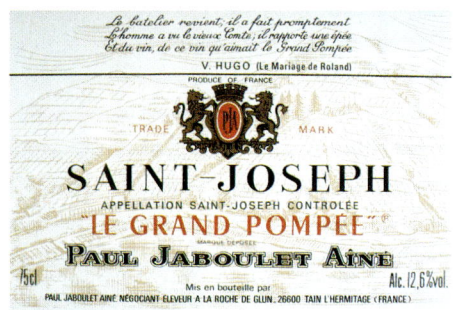

*Saint-Joseph ist eine große Appellation, wo vor allem Syrah angebaut wird. Oft sehr gute, konzentrierte Weine.*

WEINE Zu 75% Rotwein. Der Weißwein ist in den letzten Jahren auf 25% der Gesamtproduktion gestiegen. Strohgelbe und trockene Weißweine mit pfirsichähnlicher Frucht. Sollten jung getrunken werden. Die Rotweine haben eine himbeerähnliche Frucht und eine Pfeffernote von der Syrah-Traube. Nicht zu strenges Tannin führt dazu, dass diese Weine oft innerhalb von drei bis sieben Jahren getrunken werden sollten.

KLASSIFIZIERUNG AOC. Keine interne Klassifizierung.

BODEN Sand und Ton auf Granitgrund. Nicht so steiles Gelände wie in Côte Rôtie und Cornas, sondern wechselhafte Landschaft mit Hängen und Ebenen.

REBSORTEN Syrah für die Rotweine. Hauptsächlich Marsanne für die weißen (ein kleiner Anteil Roussanne).

REBFL/PROD 875 ha, 33 000 hl/Jahr.

PRODUZENTEN Die besten sind: M. Chapoutier, J.L. Chave, Chol, Pierre Coursodon, Pierre Gonon, Bernard Gripa, Jean-Louis Grippat, Paul Jaboulet, J. Marsanne & Fils, Dom. du Monteillet, Dom. des Royes und Raymond Trollat.

## CORNAS

RUF Während vieler Jahre war Cornas zu kräftig und zu rustikal, um einen Platz unter den Vornehmen zu erlangen. Es trifft zu, dass man bei diesem dunklen, virilen Wein ein Gefühl des ver-

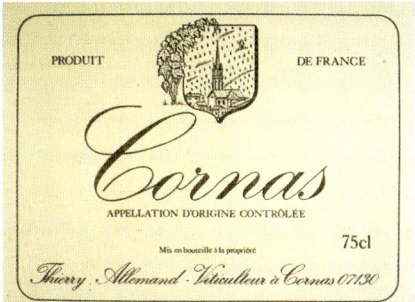

*Dunkle und rustikale Syrah-Weine, die wegen der geringen Nachfrage zu verschwinden drohten.*

gangenen Jahrhunderts bekommt. Ein Wein, der den Anschein erweckt, ohne Rücksicht auf die Nachfrage erzeugt worden zu sein. Lange Zeit war dieser Wein vom Verschwinden bedroht, und dank weniger Enthusiasten konnte sein Ursprung gewahrt werden. Hauptsächlich war August Clape daran beteiligt, der heute der bekannteste Cornas-Erzeuger ist. Unter Freunden von straffen, widerspenstigen Weinen, die Geduld und Lagerung verlangen, ist dieser zu einem Kultwein geworden.

WEINE Nur Rotweine. Dunkelrote Farbe, in jungen Jahren fast blau, mit beerenähnlichem, fruchtigem Duft mit Würze in Richtung Pfeffer. Der Geschmack ist kräftig mit konzentrierter Frucht von Heidelbeeren und schwarzen Johannisbeeren, ausgeprägtem Tannin und pfeffrigem Gewürz im Abgang. Im reifen Zustand entwickelt der Cornas große Tiefe, himbeerähnliche Frucht und einen erdigen Trüffelcharakter.

KLASSIFIZIERUNG AOC. Keine interne Klassifizierung.
BODEN Sandboden auf Granitgrund.
REBSORTEN Syrah.
REBFL/PROD 90 ha, 3 500 hl/Jahr.
PRODUZENTEN Die besten Erzeuger sind Thierry Allemand, Guy de Barjac, August Clape, Jean-Luc Colombo, Delas Frères, Paul Jaboulet, Marcel Juge, Robert Michel, Tardieu-Laurent, Noël Verset, Alain Voge.

## SAINT-PÉRAY

RUF Die kleine Stadt St-Péray ist genauso berühmt für ihre schöne Lage und die Ruinen des Château de Crussol wie auch für ihre Weine. Diese kleine Appellation liegt gegenüber der Großstadt Valence und ist für ihre Schaumweine von recht durchschnittlicher Qualität bekannt. Die Tatsache, dass St-Péray einer der Lieblingsweine Napoleons war, gibt ihm einen gewissen Ruhm. Auch der deutsche Komponist Wagner mochte diese Weine sehr.

WEINE Alkoholstarke, goldgelbe Weine, wovon 80% Schaumweine sind. Gebiete mit kühlerem Klima sind für die Schaumweintrauben günstig, da frische Säure erstrebt wird. St-Péray hat ein Mikroklima, das etwas kühler ist als das der Nachbarbezirke. Probleme entstehen in warmen Jahren, da die Säure schwer auf dem richtigen Niveau zu halten ist und die Weine in solchen Jahren flach und langweilig ausfallen können. Einige der Weißweine sind sehr ansprechend, sollten aber binnen einem Jahr getrunken werden.

KLASSIFIZIERUNG AOC. Keine interne Klassifizierung.

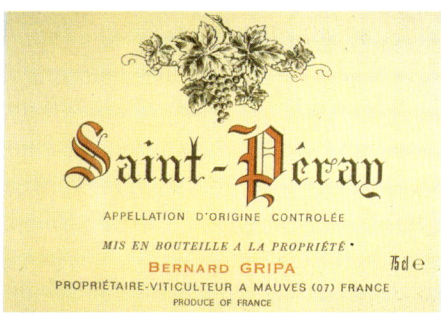

*St-Péray ist genauso berühmt für seine schöne Lage wie auch für die herrlichen Weißweine, vor allem Marsanne.*

BODEN Fettere Böden als in der übrigen Rhône. Sand und Ton auf Granitgrund.
REBSORTEN Marsanne und in kleinem Ausmaß auch Roussanne.
REBFL/PROD 51 ha, etwa 5 600 hl/Jahr.
PRODUZENTEN Bernard Gripa, Jean-François Chaboud, P. Darona und Cave de Tain l'Hermitage.

## CLAIRETTE-DE-DIE

RUF Man kann sich fragen, ob Clairette-de-Die zur Rhône gehört oder nicht, denn weder der Wein noch die Rebsorten haben etwas mit dem übrigen Bezirk gemeinsam. Die Appellation liegt am Nebenfluss Drôme, etwa 40 km südöstlich der Stadt Valence, wie ein Einzelgänger ohne Nähe zu den Weinbergen der nördlichen oder südlichen Rhône. 25 kleine Dörfer rund um den Hauptort sind berechtigt, Weine mit dieser Ursprungsbezeichnung zu erzeugen. Goldgelbe, leicht parfümierte Weine mit ganz einzigartigem Charme.

WEINE Fast ausschließlich leichte, wohlduftende Schaumweine sowie ein kleiner Teil stiller Weine. Es werden zwei Herstellungsmethoden praktiziert. Die eine ist die Champagner-Methode, bei der der Wein die zweite Gärung in der Flasche durchmacht und danach degorgiert wird. Die andere ist die traditionelle Methode, wobei der Wein die zweite Gärung im Fass oder in der Flasche durchmacht und erst dann in die endgültige Flasche umgefüllt wird. Bruts sind trockene Weine, oft aus Clairette hergestellt. Die süßeren

*Clairette-de-Die liegt etwas abseits, am Fuß der Alpen. Hier werden meist nur schäumende Weißweine erzeugt.*

Varianten aus Clairette/Muscat gehören zur Tradition. Eine kleine, örtliche Appellation ist Cântillon-en-Diois, ein stiller Wein, der aus Aligoté/Chardonnay produziert wird.

BODEN Sandgemischter Lehmboden mit kleinen Steinen.

REBSORTEN Mindestens 50% Clairette und im übrigen Muscat de Frontignan.

REBFL/PROD Knapp 1 200 ha, das ergibt rund 60 000 hl/Jahr.

PRODUZENTEN Bedeutendste Erzeuger: Cave Cooperative de Die, Buffardel Frères, A. Andrieux, Dom. de Magord und Raspail.

## MAISON M. CHAPOUTIER

GESCHICHTE Seit der erste Chapoutier die Firma 1808 gründete, trug man den Namen M. Chapoutier. Heute haben die Brüder Marc (Geschäftsführer) und Michel (Maître de Chai) die Führung übernommen. Gut gebaute Weine, die lange halten, wie selten andere. Sogar der weiße Chante-Alouette kann jahrzehntelang aufbewahrt werden. Eine Rarität, die man sonst nirgends in diesem Teil der Weinwelt findet, ist der „Vin de Paille", ein konzentrierter, süßer Nektar mit hoher Säure und ewigem Leben. Er wird aus Trauben, die zwei Monate vor der Gärung getrocknet werden, hergestellt.

*Chapoutier gehört zu den klassischen Hermitage-Erzeugern. Ihre Etiketten sind mit Blindenschrift versehen.*

WEINE Meist erstklassige Weine, oft mit großer Konzentration. Etwas schwierig in der Jugend, aber umso besser im reifen Alter. Seit 1997 tragen die Etiketten auch die Blindenschrift.

REBSORTEN Weinberge in verschiedenen Appellationen. 100% Syrah (Hermitage, Crozes-Hermitage, Côte Rôtie, St-Joseph), 100% Grenache (Châteauneuf-du-Pape), Marsanne (Hermitage Blanc). Man experimentiert mit der Schweizer Spezialitäten-Sorte Petit Arvine.

WEINHERSTELLUNG Traditionelle Weinherstellung mit Gärung in offenen Holzbottichen. Bei manchen Weinen werden die Trauben nicht entrappt. Die meisten Weine werden in neuer Eiche ausgebaut. Prestigeweine werden nicht filtriert.

LAGERUNG 5-6 Jahre für die leichten, bis zu 30 Jahren und mehr für die besten Qualitäten.

REBFL/PROD 180 ha (davon ca. 40 ha in Hermitage und 27 ha in Châteauneuf-du-Pape), insgesamt ca. 200 000 Kisten/Jahr. 70% Export.

- **Besitzer** Fam. Chapoutier • **Kellermeister** Bruno Mathieu • **Besuch** Tägl., Mi-Sa für Gruppen
- **Adresse** 18, ave Docteur Paul Durand, FR-26600 Tain l'Hermitage • **Tel.** 04 75 08 28 65
- **Fax** -74 53 • **E-Mail** chapoutier@chapoutier.com
- **Homepage** www.chapoutier.com

PRODUKTION    QUALITÄT    PREIS

## Jean-Louis Chave

GESCHICHTE  Im kleinen Dorf Mauves, am anderen Ufer der Rhône bei Tournon, liegt diese Kellerei. Gérard Chave ist das Oberhaupt dieser Winzerfamilie, die seit 1481 Hermitage herstellt.

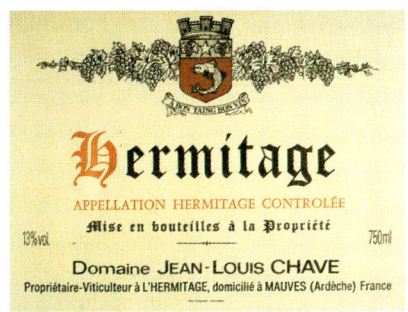

*Ein kompromissloser, sehr traditionsgebundener Erzeuger. Man betreibt den Weinbau schon seit 1481.*

M. Chave ist in seiner kompromisslosen Handhabung der Weine sehr traditionell. Wenn man die Weinherstellung seit 500 Jahren ohne Zusatz von Chemikalien und ohne Filtrationsgeräte fertig gebracht hat, warum sollte man jetzt damit anfangen? Insbesondere, wenn die neuen Methoden dem Wein den Charakter nehmen und zur allgemeinen Nivellierung beitragen.

WEINE  Die konzentriertesten, dunkelsten und langlebigsten Hermitage-Weine, die man für Geld kaufen kann. Pfeffrige, ausgeprägte Himbeerfrucht, straffes Tannin und hoher Alkoholgehalt halten dazu an, sich diesen Weinen mit Vorsicht und Respekt zu nähern.

REBSORTEN  100% Syrah für Hermitage Rouge. 80% Marsanne und 20% Rousanne für Hermitage Blanc.

WEINHERSTELLUNG  Traditionelle Weinherstellung mit Ausbau in alten Holzfässern oder Stahltanks. Gérard Chave ist der Ansicht, dass neue Eiche die junge Frucht und Würze, die sein Adelsprädikat sind, abschwächt.

LAGERUNG  20-30 Jahre je nach Jahrgang, selten weniger, eher länger.

REBFL/PROD  15 ha Hermitage, etwa 4 000 Kisten/Jahr. 60% Export.

**Besitzer** Gérard & Jean-Louis Chave •**Kellermeister** Gérard & Jean-Louis Chave •**Besuch** Kein Besuch möglich •**Adresse** Jean-Louis Chave, 37, ave du St-Joseph, FR-07300 Mauves •**Tel.** 04 75 08 24 63 •**Fax** 04 75 07 14 21

PRODUKTION  QUALITÄT  PREIS

## Auguste Clape

GESCHICHTE  Auguste Clape erzeugt zusammen mit Noël Verset den besten Cornas. Er war auch die treibende Kraft, als der Cornas vom Aussterben bedroht war. Mit guten Fachkenntnissen und viel Ehrgeiz hat er der Welt bewiesen, was für herrliche Weine diese kleine Appellation erzeugen kann. Es ist zum größten Teil sein Verdienst, dass der Cornas heute den Status eines Kultweines trägt. Die Weinberge liegen zu 90% an Steilhängen im Herzen von Cornas.

WEINE  Dunkle und konzentrierte Weine mit einem Bukett von pfeffrigem Gewürz und Heidelbeeren, Kirschen und Himbeeren. Auch Lakritze und Veilchen sind wiederkehrende Dufterinnerungen. Im Gaumen ist der Wein streng, aber gefüllt von der darunter liegenden Frucht, ja fast süß mit einer pfefferähnlichen Würze. Mit der Reife tritt ein rauchiger, fleischiger Charakter hervor, gleichzeitig zieht sich die Gerbsäure zurück. Perfekt zu dunklem Wildfleisch.

REBSORTEN  Nur Syrah.

WEINHERSTELLUNG  Traditionelle Wein-

*A. Clape ist fast synonym mit Cornas. Er hat bewiesen, dass man hier ausgezeichnete Weine erzeugen kann.*

herstellung mit warmer Gärung. Ausbau während 18 Monaten in großen Fässern *foudres* keine neue Eiche. Schönung durch Eiweiß, jedoch keine Filtration.

LAGERUNG  Diese konzentrierten Weine sollten zehn Jahre gelagert werden. Doppelt so lang oder noch länger in guten Jahrgängen.

REBFL/PROD  6,5 ha, etwa 2 000 Kisten/Jahr. (1 400 von Cornas und 600 von der Côte de Rhône). 70% Export.

**Besitzer** Auguste & Pierre Clape •**Kellermeister** Auguste & Pierre Clape •**Besuch** Nach Vereinbarung •**Adresse** Auguste Clape, 146, Route National, FR-07130 Cornas •**Tel.** 04 75 40 33 64 •**Fax** 04 75 81 01 98

PRODUKTION  QUALITÄT  PREIS

## Delas Frères

GESCHICHTE  Das Unternehmen wurde 1836 gegründet und blieb bis 1978 in der Familie, als es an die Champagner-Firma Deutz verkauft wurde. Drei Jahre später zog die Firma in eine neue Anlage in St-Jean-de-Muzols in St-Joseph um. Delas macht Weine aus fast allen Bezirken der südlichen

*Delas Frères erzeugt sehr preiswerte Weine aus mehreren Appellationen. Hermitage gehört zu den besten.*

und nördlichen Rhône, aber eigene Rebflächen hat man nur im nördlichen Teil. Etwas mehr als 9 ha in Hermitage, 4 ha in Côte Rôtie, 2 ha in Condrieu und etwas mehr als 1 ha in Cornas. Die besten Weine stammen aus eigenen Weinbergen und an der Spitze findet man den Hermitage „Cuvée Marquise de la Tourette" zusammen mit dem subtilen Condrieu.

WEINE  Leichter als andere, jedoch mit gewisser Eleganz. Der Hermitage gehört oft zu den Spitzenweinen der jeweiligen Jahrgänge. Côte Rôtie erhält 5% Viognier, um ein leichteres Profil zu bekommen. Condrieu gehört zur Spitze. Außerdem St-Joseph, Crozes-Hermitage und Côtes du Rhône. Weine mit interessantem Preisprofil.

REBSORTEN  Syrah für Côte Rôtie, Hermitage, St-Joseph und Cornas. Marsanne und Roussanne für den weißen Hermitage und Viognier für Condrieu.

WEINHERSTELLUNG  Moderne Methoden mit Temperaturkontrolle und Filtration sowie Schönung mit Bentonit. Beste Qualitäten weilen eine Zeit im Fass, aber nicht in neuer Eiche.

LAGERUNG  Generell keine lange Lagerzeit. Die Spitzenweine 10-12 Jahre.

REBFL/PROD  Etwa 15 ha eigene Fläche (35% werden zugekauft), 110 000 Kisten/Jahr.

**Besitzer** Champagne Deutz • **Kellermeister** Jacques Grange • **Besuch** Täglich 9.30-12.00, 15.00-19.00 • **Adresse** Delas Frères, ZA de l'Olivet, Saint Jean de Muzols, FR-07300 Tournon-sur-Rhône • **Tel.** 04 75 08 60 30 • **Fax** -53 67

PRODUKTION        QUALITÄT        PREIS

## Domaine Guigal

GESCHICHTE  Gegründet 1945 von Etienne Guigal, der zuvor 22 Jahre bei Vidal-Fleury tätig war. Die Firma, auch als Négociant tätig, liegt in der kleinen Stadt Ampuis in Côte Rôtie. Hier besitzt Guigal die 12 ha Rebfläche, woraus einige der besten Weine der Welt entstehen. Das Angebot ist minim und die Nachfrage enorm. Seit 1985 ist auch Vidal-Fleury in Besitz von Guigal.

WEINE  Im Allgemeinen erstklassige Weine, auch in den niedrigeren Qualitätsklassen. Es werden vier Qualitäten des Côte Rôtie erzeugt. Außer dem Standardwein Côte Brune et Blond werden drei Spitzenweine der einzelnen Weinlagen, La

*„La Landonne" von Guigal gehört zu den Spitzenweinen. Das Angebot ist minim und die Nachfrage enorm!*

Mouline (Côte Blonde), La Landonne und La Turque (Côte Brune) hergestellt. 1966 wurde La Mouline zum ersten Mal produziert, 1978 La Landonne und 1985 La Turque.

REBSORTEN  Nur Syrah für die Weine der nördlichen Rhône. Viognier in Condrieu. Marsanne und Roussanne für den weißen Hermitage. Grenache, Mourvedre und Syrah für die Weine der südlichen Rhône.

WEINHERSTELLUNG  Die Weißen vergären bei 16-18 °C, die Roten bei ca. 33 °C. Ausbau in neuer Eiche. Die drei Spitzenweine verbringen 36-42 Monate in Eichenfässern.

LAGERUNG  La Landonne: 20-40 Jahre. Die Weißen sollten nicht zu lange lagern.

REBFL/PROD  12 ha in Côte Rôtie, ca. 5 000 Kisten/Jahr. Auch Trauben von anderen Winzern, etwa 50 ha. Gesamtproduktion 250 000 Kisten/Jahr. 60% Export.

**Besitzer** Marcel Guigal • **Kellermeister** Marcel & Philippe Guigal • **Besuch** Nach Vereinbarung • **Adresse** Domaine Guigal, Ch. d'Ampuis, FR-69420 Ampuis • **Tel.** 04 74 56 10 22 • **Fax** 04 74 56 18 76 • **Homepage** www.guigal.com (www.guigal.fr) in Arbeit!!

PRODUKTION        QUALITÄT        PREIS

## Paul Jaboulet

GESCHICHTE  Paul Jaboulet Aîné gehört zu den ältesten Familienunternehmen im Rhônetal, gegründet 1834 von Antoine Jaboulet. Der bekannteste Wein ist La Chapelle, was nicht der Name eines Weinbergs ist, sondern, wie sich erraten lässt, einer Kapelle. Jaboulet gehören 19 ha in den Weinbergen Le Méal und Les Bessards, woher die Trauben für La Chapelle stammen. Weiter besitzt man 7 ha von La Croix für den weißen Hermitage „Chevalier de Stérimberg". Aus den 35 ha Crozes-Hermitage im Weinberg Domaine Thalabert erzeugt man den besten Crozes-Wein.

WEINE  Meist dunkle Weine mit Würze und gutem Tannin. Die wichtigsten Weine sind: Hermitage „La Chapelle", Cornas „Dom. St-Pierre", Crozes Hermitage „Dom. de Thalabert" (alle aus 100% Syrah), ferner der weiße Hermitage „Chevalier de Stérimberg" (65% Marsanne, 35% Rousanne) und Crozes Hermitage „Mule Blanche" (50% Marsanne, 50% Rousanne).

REBSORTEN  90% Syrah, 5% Marsanne, 5% Rousanne.

*Jaboulet ist sowohl Winzer als auch Négociant. Sein bekanntester Wein ist der erstklassige „La Chapelle".*

WEINHERSTELLUNG  Traditionell warme Vergärung der Weine. Vorsichtiger Ausbau in neuen Fässern für Rot- und Weißweine.

LAGERUNG  La Chapelle mind. zehn Jahre. Generell Weine, die lange gelagert werden sollten.

REBFL/PROD  63 ha in Hermitage und Crozes-Hermitage, 25 000 Kisten/Jahr. Insgesamt etwa 170 000 Kisten/Jahr.

**Besitzer** Fam. Jaboulet • **Kellermeister** Jacques Jaboulet • **Besuch** Mo-Fr 8-11.30, 13.30-17.30 • **Adresse** Paul Jaboulet, „Les Jalets", RN 7, La Roche de Glun, FR-26600 Tain l'Hermitage • **Tel.** 04 75 84 68 93 • **Fax** 04 75 84 56 14

PRODUKTION    QUALITÄT    PREIS

## Robert Jasmin

GESCHICHTE  Domaine Robert Jasmin ist ein junges Unternehmen mit großem Ehrgeiz. Hohe Qualitätsansprüche: Ertrag pro ha 25 hl, keine Filtration usw. Diese Philosophie fordert aber ständige Anwesenheit und eine feste Hand. Jasmin hat seit Anfang der 70er Jahre eine strenge Linie eingehalten und gehört zu denen, die den Rhône-Weinen wieder zum ehemaligen Ruhm verholfen haben. Die Weinberge liegen in Côte Blonde und Côte Brune. Die streng zurückgeschnittenen Reben sind 35-40 Jahre alt.

WEINE  Eleganz ist die wichtigste Eigenschaft

*Jasmin ist ein kleiner, aber qualitativ hervorragender Erzeuger. Die Rebstöcke haben ein perfektes Alter.*

bei diesen Weinen. Wenn Hermitage mit Bordeaux verglichen wird, so entspricht Côte Rôtie dem Burgunder. Himbeeren, Veilchen und Würze sind wiederkehrende Merkmale. Das Tannin ist anwesend, aber selten belastend, nicht einmal in der Jugend. Erinnert stark an einen guten Côte de Nuits.

REBSORTEN  Seit 1983 nur Syrah. Früher gab es bis zu den zugelassenen 20% Viognier.

WEINHERSTELLUNG  Traditionelle Methoden mit Gärung bei hohen Temperaturen und Ausbau in 3 Jahre alten Eichenfässern. Jasmin ist ein Gegner von neuer Eiche. Er glaubt, dass die Aromen neuer Eichenfässer dem Wein die frische Frucht entziehen.

LAGERUNG  Große Jahrgänge sollten 6-15 Jahre gelagert werden, im Übrigen sollten die Weine nicht allzu lange aufbewahrt werden.

REBFL/PROD  4 ha, ca. 1 200 Kisten/Jahr.

**Besitzer** Robert Jasmin • **Kellermeister** Robert Jasmin • **Besuch** Nach Vereinbarung • **Adresse** Robert Jasmin, 14, Rue des Maraîchers, FR-69420 Ampuis • **Tel.** 04 74 56 11 41, 04 74 56 16 04 • **Fax** 04 74 56 01 78

PRODUKTION    QUALITÄT    PREIS

## Neyret-Gachet (Ch. Grillet)

GESCHICHTE Dies ist der kleinste Weinberg Frankreichs mit eigener Appellation (außer vier anderen winzigen Grands Crus im Burgund). Die Appellation ist in den letzten Jahren gewachsen,

*Ch. Grillet, der kleinste Weinberg Frankreichs mit eigener Appellation, liegt an sehr schöner Lage.*

von den 1,7 ha im Jahr 1971 bis zu den heutigen 3,5 Hektar. Ch. Grillet ist seit 1830 in Besitz der Familie Neyret-Gachet. Der heutige Besitzer heißt André Canet (aus der gleichen Familie). Der Weinberg liegt unglaublich schön, wie ein Amphitheater 200 Meter über dem Wasser der Rhône an direkter Südlage. Bessere Voraussetzungen gibt es nicht. Wegen der hohen Preise musste man einige Kritik entgegennehmen. Es ist aber eher wahrscheinlich, dass die Rhône-Weine generell zu günstig angeboten werden.

WEINE Blass strohgelber Weißwein mit großem Bukett von Melone, Pfirsich und Blumen; sowohl Veilchen als auch Rosen. Im Geschmack ist der Wein intensiv und langanhaltend. Wird nicht immer als ganz trocken erlebt, obwohl er es ist.

KLASSIFIZIERUNG Eigene AOC!

BODEN Wie in Condrieu hat man hier leichten Sandboden auf Granitgrund, aber auch mit etwas Glimmer.

REBSORTEN Viognier.

WEINHERSTELLUNG Traditionelle Gärung bei 18-20 °C. Ausbau in kleinen Eichenfässern während 18 Mt., was eine lange Zeit ist, wenn man die delikate Frucht des Weins betrachtet. Der Wein wird in traditionelle „Flûtes", lange, schmale Flaschen, die 70 cl fassen, abgefüllt.

REBFL/PROD 3,5 ha, ca. 10 000 Kisten/Jahr.

**Besitzer** Fam. Canet • **Kellermeister** Isabelle Baratin-Canet • **Besuch** Nach Vereinbarung • **Adresse** Neyret-Gachet (Ch. Grillet), FR-42410 Verin • **Tel.** 04 74 59 51 56 • **Fax** 04 78 92 96 10

PRODUKTION   QUALITÄT   PREIS

## Georges Vernay

GESCHICHTE Wenn A. Clape Symbol für Cornas ist, dann steht Georges Vernay für Condrieu mit 50 Prozent der Weine. Condrieu, Cornas und zu einem gewissen Grad auch Côte Rôtie sind außerhalb Frankreichs bekannter. Viognier gehört zu den undankbarsten Rebsorten, die man anbauen kann. Niedriger Ertrag von etwa 20 hl/ha ergibt einen schlechten Profit, Schwierigkeiten mit der Säure in heißen Jahren führen zu schlechtem Ruf. Dazu kommt der hohe Preis, den man gezwungenermaßen dafür verlangen muss. Ohne treibende Kräfte, wie in diesem Fall Georges Vernay, würden die kleinen Appellationen nicht überleben.

WEINE Unglaublich reiche, weiche Weine mit hell-strohgelber Farbe, Duft von Veilchen, Wiesenblumen und reifen Birnen. Im Gaumen oft weich, aber reich mit einem Überfluss an exotischen Früchten. Schulbeispiele von Condrieu-Weinen. Spitzenweine heißen Coteau de Vernon.

REBSORTEN 100% Viognier für Condrieu, 90% Syrah und 10% Viognier für Côte Rôtie.

*Georges Vernay ist die große, treibende Kraft in Condrieu. Die Weine sind ein Traum aller Weinliebhaber.*

WEINHERSTELLUNG Kühle Gärung und biologischer Säureabbau. Die Weißweine werden in Holzfässern vergärt. Die besten Qualitätsstufen werden bis zu 18 Monaten in teilweise neuer Eiche ausgebaut.

LAGERUNG Normalerweise keine Lagerweine, da sie dadurch die typische Frucht und Frische verlieren würden. Ältere Weine können jedoch überraschen.

REBFL/PROD 16 ha, ca. 6 000 Kisten/Jahr. 20% Export.

**Besitzer** Georges Vernay • **Kellermeister** Christine Vernay • **Besuch** Täglich 9-12, 15-19 außer So • **Adresse** Georges Vernay, 1, route Nationale, FR-69420 Condrieu • **Tel.** 04 74 59 52 22 • **Fax** 04 74 56 60 98

PRODUKTION   QUALITÄT   PREIS

FRANKREICH • RHÔNE • NÖRDLICHE RHÔNE

## VIDAL-FLEURY

GESCHICHTE Dieses älteste Weinhaus im Rhônetal wurde schon 1781 in Ampuis gegründet. Es gehört gleichzeitig auch zu den renommiertesten. Hier arbeitete u.a. Etienne Guigal während 22 Jahren, ehe er 1947 sein eigenes Unternehmen gründete. 1976 starb der Besitzer

Vidal-Fleury ist das älteste Weinhaus im Rhônetal und heute in Besitz von Guigal.

Joseph Vidal-Fleury und bald danach schwankte die Qualität. Nach einigen Jahren schlug der ehemalige Adept Guigal zu und kaufte das Gut 1985. Seither steht Vidal-Fleury wieder an der Spitze. Vidal-Fleury besitzt auch Weinberge in Côte Rôtie, wo La Chatillonne zurzeit am berühmtesten ist.

WEINE Reiche, fruchtige Weine mit gewisser Creme, manchmal auch mit einer Kaffeenote und feiner Brombeerfrucht. Sehr charmante Weine. Die besten sind: La Chatillonne (Côte Blonde, 85% Syrah, 15% Viognier), Côte Rôtie (Côte Brune et Blonde, 95% Syrah, 5% Viognier), Condrieu (100% Viognier) und Côte du Rhône (50% Grenache, 30% Syrah, 20% Mourvèdre).

REBSORTEN Syrah, Viognier, Gren, Mourv.

WEINHERSTELLUNG Traditionelle Methoden mit Fasslagerung (seit Guigals Übernahme in teilweise neuen).

REBFL/PROD 10 ha eigene Fläche in Côte Rôtie, etwa 4 000 Kisten/Jahr. Als Handelshaus vermarktet man auch Weine aus Côte du Rhône, Châteauneuf-du-Pape, Crozes-Hermitage, Hermitage, Cornas und St-Joseph. Insgesamt 50 000 Kisten/Jahr.

---

**Besitzer** Marcel Guigal • **Kellermeister** J.P. Rochias • **Besuch** Mo-Fr 8-12, 14-17, nach Vereinbarung • **Adresse** Vidal-Fleury, 19 Route de la Roche, FR-69420 Ampuis • **Tel.** 04 74 56 10 18 • **Fax** 04 74 56 19 19

PRODUKTION    QUALITÄT    PREIS

## WEITERE PRODUZENTEN

### THIERRY ALLEMANDE

Allemande ist seit langer Zeit der erste, der Neuland in Cornas bestockte. Der Ertrag ist bei diesem Enthusiasten sehr klein. FAKTEN 3 ha, ca. 1 000 Kisten/Jahr.

• **Besitzer:** Thierry Allemande **Adresse:** RN 86, FR-07130 Cornas. **Tel.** 04 75 40 47 93.

### GILLES BARGE

Gilles Barge übernahm den Familienbesitz im Jahr 1979. Sein „Cuvée du Plessy" und „Côte Brune" sind phantastische Beispiele für diese Appellation. FAKTEN 7 ha, ca. 2 500 Kisten/Jahr.

• **Besitzer:** Gilles Barge **Besuch:** Täglich 9-12, 14-19. **Adresse:** 8, boul. des Allées, FR-69420 Ampuis. **Tel.** 04 74 56 13 90. **Fax** 04 74 56 10 98.

### BERNARD BURGAUD

Die Weine gären bei hoher Temperatur, Ausbau in Eichenfässern, wovon ein kleiner Teil neu ist. In ihrer Eleganz erwecken die Weine einen Anschein von Burgund, aber mit der typischen Pfeffrigkeit und eleganten Himbeernote der Syrah-Traube. FAKTEN 4 ha, ca. 1 200 Kisten/Jahr.

• **Besitzer:** Bernard Burgaud **Besuch:** Nach Vereinbarung. **Adresse:** Le Champin, FR-69420 Ampuis. **Tel.** 04 74 56 11 86. **Fax** 04 74 56 13 03.

### EMILE CHAMPET

Hauptsächlich Lagen in Côte Brune und dort vor allem im feinen La Viaillère. Alles wird sehr traditionell gemacht; keine neue Eiche, keine Filtration. Das Ergebnis, eine Verbindung von Kraft und Eleganz, ist verblüffend. Ähnelt eher einem kräftigen Gevrey-Chambertin als einem Rhône-Wein. FAKTEN 3 ha, ca. 1 000 Kisten/Jahr.

• **Besitzer:** Fam. Champet **Besuch:** Nach Vereinbarung. **Adresse:** „Le Port", FR-69420 Ampuis. **Tel.** 04 74 56 10 88.

### JEAN-LUC COLOMBO

Ein kleiner Winzer mit großem Einfluss. Er engagiert sich für den Einsatz neuer Eichenfässer. Sein Cornas „Les Ruchets" liegt 18 Mt in Eichenfässern. FAKTEN 6 ha, ca. 1 500 Kisten/Jahr.

• **Besitzer:** Jean-Luc Colombo **Besuch:** Nach Vereinbarung. **Adresse:** FR-07130 Cornas.

### YVES CUILLERON

Weine aus Condrieu und St-Joseph. Die besten Weine sind die weißen La Côte und Les Eguets aus Condrieu sowie die rote Cuvée Prestige l'Amarybelleder aus St-Joseph. Auch Côte Rôtie (Coteaux de Bassenon). FAKTEN 20 ha, ca. 8 000 Kisten/Jahr.

• **Besitzer:** Yves Cuilleron **Besuch:** Nach Vereinbarung. **Adresse:** Verlieu, FR-42410 Chavanay. **Tel.** 04 74 87 02 37. **Fax** 04 74 87 05 62.

## Weitere Produzenten an der nördlichen Rhône

### Dervieux-Thaize

Die Weinberge befinden sich an bester Lage in Côte Brune und Côte Blonde. Drei konzentrierte Weine werden erzeugt. Fongent aus 15-20-jährigen Rebstöcken in Côte Brune, La Garde aus Côte Blonde, ein tiefer Wein, und La Viaillère aus Côte Brune, ein großer Lagerwein. FAKTEN 4 ha, ca. 1 200 Kisten/Jahr.

• **Besitzer:** Bernard Dervieux **Besuch:** Nach Vereinbarung. **Adresse:** Verenay, FR-69420 Ampuis. **Tel.** 04 74 56 16 80.

### Bernard Faurie

Genau wie Grippat liegt dieses Anwesen gegenüber von Tain l'Hermitage und seine Weinberge in Hermitage und St-Joseph. Es werden knapp 1 000 Kisten von feinfruchtigem Hermitage erzeugt. Traditionelle Gärung in offenen Holzbottichen, danach 18-monatiger Ausbau in kleinen Fässern. FAKTEN 5 ha, ca. 1 500 Kisten/Jahr.

• **Besitzer:** Bernard Faurie **Besuch:** Nach Vereinbarung. **Adresse:** Ave Hélène de Tournon, FR-07300 Tournon-sur-Rhône. **Tel.** 04 75 08 55 09.

### Gentaz-Dervieux

Ein kleiner Winzer in Côte Rôtie mit hervorragenden Weinen. Das Anwesen liegt in Côte Brune. Traditionelle Methoden mit warmer Gärung und Ausbau während 22 Monaten in alten Eichenfässern. Keine Filtration. Die Weine sind ausgewogen mit tiefer, feiner Farbe, komplexem Bukett und Konzentration und Ausgewogenheit im Geschmack. FAKTEN 2,5 ha, ca. 1 000 Kisten/Jahr.

• **Besitzer:** Marius Gentaz **Besuch:** Nach Vereinbarung. **Adresse:** Rue de Vagnot, FR-69420 Ampuis. **Tel.** 04 74 56 10 83.

### Alain Graillot

Ein spannender Newcomer an der nördlichen Rhône. Alain Grillot erzeugt imposanten Crozes-Hermitage. Sein La Guirande ist mächtig und konzentriert mit viel kompakter Frucht. FAKTEN 19 ha, ca. 8 000 Kisten/Jahr.

• **Besitzer:** Alain Graillot **Besuch:** Nach Vereinbarung. **Adresse:** Les Jeunes Vert, Pont de l'Isière, FR-26660 Tain l'Hermitage. **Tel.** 04 75 84 67 52.

### J.L. Grippat

Jean Louis Grippat gehört zu einer Familie, die seit über 100 Jahren Wein in Hermitage und St-Joseph erzeugt. Er ist am bekanntesten für seine Weißweine, allen voran Les Murets mit strohgelber Farbe und im Duft mit Fruchtnoten von Honig und Aprikosen. FAKTEN 6 ha, ca. 2 500 Kisten/Jahr.

• **Besitzer:** Jean Louis Grippat **Besuch:** Nach Vereinbarung. **Adresse:** „La Sauva", FR-07300 Tournon-sur-Rhône. **Tel.** 04 75 08 15 51.

### Robert Michel

Die Rebstöcke haben ein Durchschnittsalter von fast 50 Jahren. Robuste Weine mit viel Tannin, speziell die Cuvée des Coteaux. FAKTEN 8 ha, ca. 2 200 Kisten/Jahr.

• **Besitzer:** Robert Michel **Besuch:** Nach Vereinbarung. **Adresse:** 19, Grand-Rue, FR-07130 Cornas. **Tel.** 04 75 40 38 70. **Fax** 04 75 40 58 57.

### René Rostaing

Sehr gute Lagen in Côte Brune und Blonde, u.a. in La Landonne mit sehr alten Rebstöcken. Die Weine haben Kultstatus. Rostaing verwendet neue Fässer (30%) und baut lange aus, bis zu 30 Monaten. Keine Schönung und keine Filtration. La Landonne und Côte Blonde sind seine besten Weine. FAKTEN 8 ha, ca. 2 500 Kisten/Jahr.

• **Besitzer:** René Rostaing **Besuch:** Nach Vereinbarung. **Adresse:** „Le Port", FR-69120 Ampuis. **Tel.** 04 74 56 12 00. **Fax** 04 74.

### Marc Sorrel

Marc Sorrel übernahm den Betrieb 1982. Schon 1983 konnte man seinen Namen in Hermitage an der Spitze finden. Beste Weine: der weiße Les Rocoules sowie der Spitzenwein Le Gréal, benannt nach den Lagen Les Greffieux und Le Méal. FAKTEN 3 ha, ca. 1 500 Kisten/Jahr.

• **Besitzer:** Marc Sorrel **Besuch:** Nach Vereinbarung. **Adresse:** 128, ave Jean Jaurès, FR-26600 Tain l'Hermitage. **Tel.** 04 75 07 10 07.

### Noël Verset

50-100-jährige Rebstöcke in bester Lage auf den terrassierten Steilhängen oberhalb von Cornas. Dies sind die Voraussetzungen für Noël Verset, der neben Clape das Ansehen genießt, die besten Weine der Appellation zu erzeugen. Trüffel, schwarze Johannisbeeren und Veilchen sind einige der Duft- und Geschmackserlebnisse. FAKTEN 3 ha, ca. 1 000 Kisten/Jahr.

• **Besitzer:** Fam. Verset **Besuch:** Nach Vereinbarung. **Adresse:** Rue du Pied de la Vigne, FR-07130 Cornas. **Tel.** 04 75 40 36 66.

### Weitere Betriebe

J-M Gerin, 19, rue de Montmain-Vérenay, FR-69420 Ampuis. Tel. 04 74 56 16 56. Fax 04 74 56 11 37.

Bernard Gripa, 5, av. Ozier, FR-07300 Mauves. Tel. 04 75 08 14 96. Fax 04 75 07 06 81.

Antoine Montez, Dom. du Monteillet, FR-42410 Chavanay. Tel. 04 74 87 24 57. Fax 04 74 87 06 89.

Dom. des Royes, Les Ravières, FR-07130 Châteaubourg. Tel. 04 75 40 32 12. Fax 04 75 40 25 39.

# SÜDLICHE RHÔNE

GESCHICHTE In diesem Gebiet wurde nicht immer die wünschenswerte Qualität erreicht. Manche Rot- oder Roséweine fielen zu leicht aus und die trockenen Weißweine wiesen keine richtige Säure auf. Sogar der bekannte CHÂTEAUNEUF-DU-PAPE war nicht immer ein guter Tropfen. Zu viele ungesunde und schlecht gemachte Weine für eine so namhafte AOC. Die strengen Maßnahmen, die in den 90er Jahren in ganz Frankreich durchgeführt wurden, gehören zu den wichtigsten Fortschritten des Weinbaus seit der Weinlausbekämpfung Anfang des Jahrhunderts. Durch strenge Erziehung, niedrigen Ertrag und gezielte Rebsortenauswahl gelingen heute Weine mit Konzentration und Frische.

GEOGRAPHIE Dort, wo das Rhônetal sich öffnet, wird auch die Landschaft offener und flacher. Ein Gebiet von 60 km Länge und 60 km Breite, von Viviers im Norden bis Avignon im Süden, bildet die Rhône Méridional, eine leicht hügelige Landschaft. Der Boden ist trocken, steinig und sandig und das Klima heiß, trocken und windig.

WEINE Rot-, Rosé- und Weißweine von unterschiedlicher Qualität. Einige gehören zu den besten Frankreichs. Weißwein zu 5%, Rosé zu 20% und Rotwein zu 75%.

BODEN Recht wechselhaft. Jedoch meist magere und steinige Böden in den Höhen sowie lehmige Böden im Flachland. In den Gemeinden Lirac, Tavel und Châteauneuf-du-Pape ist der Boden mit faustgroßen Steinen bedeckt.

REBSORTEN Bei den Rotweinen dominiert der Grenache gefolgt von Syrah, Cinsault, Mourvèdre und Carignan. Die Weißweine werden zum größten Teil aus Bourboulenc und Picpoul erzeugt. Meist Grenache für Rosé.

WEINHERSTELLUNG Meistens erfolgt die Gärung in Stahl- oder Zementtanks und der Ausbau in denselben oder in alten Eichenfässern. Die Weißweine werden bei niedriger Temperatur vergoren. Der biologische Säureabbau wird nicht durchgeführt.

JAHRGÄNGE 1996, 95, 94, 93, 92, 90, 89, 88, 86, 85, 84, 82, 80.

Châteauneuf-du-Pape (das neue Schloss des Papstes) ist das Qualitätszentrum der südlichen Rhône.

## Côtes-du-Rhône Villages

RUF In den Côtes du Rhône wurden 1953 vier Gemeinden ausgewählt, die als besser als ihre Nachbarn angesehen wurden. Diese vier waren Cairanne, Chusclan, Laudun und Gigondas. Als

*Côtes-du-Rhône-Villages umfasst heute 16 Gemeinden. Es sind unterschiedliche Qualitäten zu finden.*

die Appellation 1967 eingerichtet wurde, erhielten sie den „villages"-Status. Seither erhielten noch weitere 14 Dörfer den AOC-Status. 1971 bekam Gigondas eine eigene Appellation und Vacqueyras 1988. Manche Dörfer genießen gegenüber anderen Vorteile bezüglich der Bodenbeschaffenheit und der Lagen, vorwiegend jene im Departement Vaucluse am linken Flussufer.

WEINE Rot-, Weiß- und Roséweine. Die besten Rotweine sind konzentriert und langlebig. Weiß- und Roséweine sollten nach ein bis zwei Jahren getrunken werden.

KLASSIFIZIERUNG AOC Côtes-du-Rhône-Villages mit oder ohne Gemeindenamen. Heute gibt es 16 „villages". Diese sind in alphabetischer Reihenfolge (die drei mit dem * liegen am westlichen Ufer der Rhône): Beaumes-du-Venise, Cairanne, Chusclan*, Laudun*, Rasteau, Roaix, Rochegude, Rousset, Sablet, St-Gervais*, St-Maurice-sur-Eygues, St-Pantaléon-les-Vignes, Séguret, Valréas, Vinsobres und Visan.

BODEN Wechselhaft, aber hauptsächlich magerer und steiniger Boden mit Einschlag von Lehm und Sand.

REBSORTEN Max. 65% Grenache, max. 10% Carignan sowie mind. 25% Cinsault, Syrah und Mourvèdre.

REBFL/PROD 5 700 ha, etwa 155 000 hl oder etwa 1,7 Mio. Kisten/Jahr.

PRODUZENTEN Dom d'Aeria (Cairanne), Dom. Ste-Anne (St-Gervais), Ch. du Trignon (Sablet), Ch. de Deurre (Vinsobres) und Dom. Brusset (Cairanne). Auch zwei Winzer an der nördlichen Rhône, Guigal und Jaboulet, erzeugen sehr gute Côtes-du-Rhône- und Villages-Weine.

## Châteauneuf-du-Pape

RUF Der Name Châteauneuf-du-Pape stammt aus der Zeit von 1309-1378, als die Päpste noch in Avignon statt in Rom residierten. Clemens V. (Pape-Clément), in Bordeaux geboren und aufgewachsen, ließ auf den Hügeln Reben anbauen, und sein Nachfolger Johannes XXII. setzte dies fort. Er ließ ein Sommerschloss oberhalb des heutigen Dorfes Châteauneuf-du-Pape errichten. 600 Jahre später sprengten Soldaten aus dem deutsch-römischen dritten Reich das Gebäude in die Luft, ließen aber den südlichen Giebel stehen. Wein wird hier schon lange angebaut, aber erst 1923 wurde das „moderne" Châteauneuf geboren. Der Baron Le Roy von Ch. Fortia legte einige Richtlinien fest, die dann sogar zum Grundstein der ganzen Appellation Côntrolée wurden. Diese Kontrolle umfasste die Wahl der Rebsorten, den Höchstertrag, die geographische Begrenzung, den zugelassenen Mindestalkoholgehalt sowie die Herstellungsmethode.

WEINE Rot- und Weißweine.

KLASSIFIZIERUNG AOC. Das Gebiet hat keine interne Klassifizierung.

*Die Weine aus Châteauneuf-du-Pape gehören zu den bekanntesten der Welt.*

BODEN Zwei Haupttypen von Böden. Teils die bekannten großen und gleichmäßigen Steine, teils kiesige bis sandige, rote Erde.

REBSORTEN Ganze dreizehn Rebsorten sind zugelassen, und es ist kein besonderes Verhältnis vorgeschrieben. Rote: Grenache, Mourvèdre, Syrah, Cinsault, Counoise, Terret Noir, Muscardin und Vaccarèse. Weiße: Grenache, Roussanne, Picardin, Bourboulenc, Clairette und Picpoul. Es dürfen alle 13 Sorten (Ch. Beaucastel) verwendet werden oder nur eine (Ch. Rayas).

REBFL/PROD 3 100 ha, 100 000 hl oder ca. 1 Mio. Kisten/Jahr.

PRODUZENTEN Beaucastel, Bousquet des Papes, Les Cailloux, Clos du Mont-Olivet, Clos des Papes, Font de Michelle, La Nerthe, Fortia, Mont-Redon, Rayas, Pierre Usseglio, Vieux Télégraphe.

## Tavel

RUF Die hervorragenden Roséweine dieser Gegend sind die einzigen, die Eigenschaften wie Tiefe, Fülle und Länge besitzen. Die kleine Stadt Tavel liegt an einem Hang, inmitten der Appellation. Sie scheint nur ein Ziel vor Augen zu haben, nämlich die Weinberge zu pflegen und den Wein,

*Tavel, meist aus Grenache und Cinsault erzeugt, ist einer der besten Roséweine Frankreichs.*

der daraus entsteht, zu recht hohen Preisen zu verkaufen. Auch wenn es sich um die denkbar besten Roséweine handelt, sind die hohen Preise kaum gerechtfertigt. Die Nachfrage aber ist groß, vor allem in Frankreich.
 WEINE Guter Rosé. Lachsfarbene, schöne Weine. Mazeration während zwei bis drei Tagen. Die Weine sind trocken und recht füllig.
 KLASSIFIZIERUNG AOC. Keine interne Klassifizierung.
 BODEN Steinige Böden auf Lehmgrund. Es ist der klassische Boden der südlichen Rhône und die ideale Voraussetzung für die Rebsorte Grenache.
 REBSORTEN Vorwiegend Grenache und Cinsault, aber auch Syrah und Mourvèdre. Weiße Sorten sind Picpoul, Bourboulenc und Clairette.
 REBFL/PROD 920 ha, 42 000 hl oder fast 460 000 Kisten/Jahr.
 PRODUZENTEN Domaine de la Forcadière, Domaine de la Genestière, Ch. de Trinquevedel, Prieuré de Montézargues, Ch. d'Aqueria, Clos Canto-Perdrix und Le Vieux Moulin.

## Lirac

RUF Lirac ist eine kleine, zu Unrecht unbekannte Appellation, die zwischen Châteauneuf-du-Pape und Tavel liegt. Lirac zeigte während der 80er und 90er Jahre ihr Qualitätspotenzial. Die Weine sind rein, angenehm und preiswert. Deshalb ist es erstaunlich, dass sie außerhalb Frankreichs unbekannt sind.
 WEINE Rot-, Weiß- und Rosé-Weine. Weiche, sehr fruchtige Rotweine. Neutrale Weißweine mit schöner Blume. Frische Roséweine im gleichen Stil wie Tavel, aber ohne dieselbe Tiefe.
 KLASSIFIZIERUNG AOC. Keine interne Klassifizierung.

*In der unbekannten Appellation Lirac werden oft preiswerte, gute Weiß-, Rot- und Schaumweine erzeugt.*

BODEN Lehmgrund mit steiniger, harter Oberfläche, die schwer zu bearbeiten ist.
 REBSORTEN Alle an der südlichen Rhône zugelassenen Sorten. Weiße: mind. zu 1/3 Clairette, Picpoul, Roussanne sowie Maccabeu. Rote: Grenache (mind. 40%, max. 60%), Cinsault, Syrah, Mourvèdre.
 REBFL/PROD Etwa 430 ha, ca. 18 000 hl oder 200 000 Kisten/Jahr. Die Ertragsbegrenzung liegt bei 40 hl/ha.
 PRODUZENTEN Dom. Amido, Jean-Claude Assémat, Ch. de Clary, Dom. Devoy, Dom. Lafond, Dom. Maby, Dom. Méjan, Ch. St-Roch und Ch. de Ségriès.

## BEAUMES-DE-VENISE

RUF Beaumes-de-Venise ist eine der Côtes-du-Rhône-Villages mit ansprechenden, fruchtigen Rotweinen und einigen Roséweinen. Dieses kleine Dorf aus der Römerzeit ist aber für seine süßen Muscat-Weine am bekanntesten. Etwa auf 250 Hektar wird Muscat Blanc angebaut. Die Weine sind konzentriert süß, mit dem besonderen Parfüm, den nur Muscat geben kann. Der offizielle Name des Weins ist Muscat de Beaumes-de-Venise. Der Wein ist fortifiziert, d.h., die Gärung wird durch Zusatz von 90%igem Weinbrand abgebrochen, wenn der richtige Zuckergehalt erreicht ist. Grundsätzlich muss der Wein das Potenzial besitzen, bis zu einem Alkoholgehalt von 15% zu gären.

WEINE Muscat-Weine mit Parfüm und Süße. Reife Früchte wie Aprikose, Pfirsich und Apfelsine mit etwas Mandelton. Im Gaumen süß und harmonisch mit einem hohen Alkoholgehalt von 15 bis 20%.

KLASSIFIZIERUNG AOC. Keine interne Klassifizierung.

BODEN Steinige Sandböden.

*Beaumes-de-Venise ist berühmt für seine Starkweine aus Muscat mit hoher Qualität.*

REBSORTEN Muscat de Frontignan, auch Muscat Blanc à Petits Grains genannt.

REBFL/PROD 250 ha, ca. 5 000 hl oder 50 000 Kisten/Jahr.

PRODUZENTEN Domaine Durban, Domaine de Coyeux, Paul Jaboulet, Vidal-Fleury, Domaine de Bernadine sowie die ausgezeichnete Genossenschaft Vignerons de Beaumes-de-Venise.

## COTEAUX DU TRICASTIN, VACQUEYRAS

### COTEAUX DU TRICASTIN

RUF Die nördlichste Appellation an der südlichen Rhône. Bis 1960 besaß die Gegend praktisch keine Reben. Innerhalb von 20 Jahren haben aus Nordafrika zurückkehrende Franzosen Tricastin wiederaufgebaut. 1964 erhielt man den VDQS-Status und 1974 den AOC.

WEINE 95% Rotweine. Grundsätzlich nicht für lange Lagerung gedacht. Am besten in der Jugend. Frische Frucht und robuster Charakter.

KLASSIFIZIERUNG AOC. Keine interne Klassifizierung.

*Coteaux du Tricastin und Vacqueray sind zwei AOC, die eine begrenzte Menge vorwiegend Rotweine erzeugen.*

REBSORTEN Alle an der südlichen Rhône zugelassenen Sorten. Für die Rotweine vorwiegend Grenache, gefolgt von Syrah, Mourvèdre und Cinsault. Grenache Blanc, Clairette und Picpoul sind die wichtigsten weißen Sorten.

REBFL/PROD Ca. 2 000 ha, ca. 100 000 hl/Jahr, schwankt sehr von Jahr zu Jahr.

PRODUZENTEN Ch. des Estubiers, Dom. de la Tour d'Elyssas, Dom. St-Luc und Dom. de Grangeneuve.

### VACQUERAY

RUF Gehörte lange zu einer der 17 Gemeinden der Côtes du Rhône, die auf den eigenen AOC-Status warteten. 1988 war es dann soweit.

WEINE Erinnern sehr an die Weine des berühmten Nachbarn Gigondas. Es werden zu 80% Rotweine erzeugt. Die Weine besitzen nicht die gleiche Finesse wie die von Gigondas, haben aber robusten Charakter, oft mit viel Syrah, was die Würzigkeit hervorhebt.

KLASSIFIZIERUNG AOC. Keine interne.

REBSORTEN Rot und Rosé: meist Grenache. Ferner Syrah, Cinsault und Mourvèdre. Weiß: Picpoul, Bourboulenc und Clairette.

REBFL/PROD 770 ha, knapp 38 000 hl/Jahr.

PRODUZENTEN Ch. de Montmirail, Ch. des Roques, Clos de Cazaux, Dom. de Lambertins, Dom. Le Sang de Cailloux u.a.

## Gigondas

RUF Gigondas war eine der „villages" Gemeinden in den Côtes du Rhône und erhielt 1971 die eigene Appellation. Sie liegt östlich von Orange am Hang von Les Dentelles de Montmirail. Die Weine ähneln denen aus Châteauneuf-du-Pape. Generell robuste, tiefe und kräftige Weine. Richtig

*Gigondas-Weine ähneln den großen Nachbarn aus Châteauneuf-du-Pape, sind aber viel billiger.*

gelagert leben sie lange, die 67er und 70er sind immer noch trinkbar.

WEINE Rot- und Roséweine. Die roten sind tiefer, kräftiger und dunkler als die meisten aus diesem Gebiet. Der Roséwein ist alkoholstark, es fehlt ihm aber an Finesse und Rasse.

KLASSIFIZIERUNG AOC. Keine interne Klassifizierung.

BODEN Im oberen Teil findet man schweren Lehmboden, was zu leichten Weinen führt. An den mittleren Hängen findet man den gleichen Lehmboden, aber mit Stein gemischt, was zu einem fülligeren, ausgewogenen Wein führt. Auf der steinigen Ebene entstehen Weine mit Kraft und Farbe.

REBSORTEN Hauptsächlich Grenache, aber auch Syrah, Mourvèdre und Cinsault.

REBFL/PROD 1 200 ha, ca. 40 000 hl oder 440 000 Kisten/Jahr.

PRODUZENTEN Dom. de Cayron, Clos des Cazeaux, Dom. Les Goubert, Dom. Les Pallières, Dom. du Gour de Chaule, Dom. de Longue-Toque, Dom. Raspail, Ch. de St-Cosme und Dom. St-Gayan.

## Dom. Bosquet des Papes

GESCHICHTE Ein kleines, traditionelles Familienunternehmen in Besitz von Monsieur und Madame Maurice Boiron in fünfter Generation. Man erzeugt sowohl Rot- als auch Weißweine. Der Rotwein hat sie sogar an die Spitze von Châteauneuf geführt. Das Unternehmen liegt direkt außerhalb des Dorfes, auf dem Weg zur Ruine des päpstlichen Schlosses. Bosquet gehört dem Winzerverein Prestige & Tradition an, der mit etwa zehn Mitgliedern die gemeinsame Vermarktung betreibt.

WEINE Vor allem Châteauneuf-du-Pape: tiefrote Farbe, großes Bukett von Kirschen, Fleisch-

*Rotweine des Familienunternehmens Bosquet des Papes werden unter Kennern als echte Kultweine betrachtet.*

und Kakaoton. Die Weine sind straff und reich mit großer Frucht und herrlicher Tiefe, Länge und Eleganz. Auch gute weiße und rote Côtes du Rhône.

RUF Guter Ruf mit Kultstatus.

REBSORTEN Rote: 75% Grenache, 10% Syrah, 8% Mourvèdre, 7% übrige (Cinsault, Vaccarèse, Counoise).

LAGERUNG Der Bosquet kann und soll mindestens zehn Jahre gelagert werden, von guten Jahrgängen und unter guten Verhältnissen noch länger.

WEINHERSTELLUNG Traditionelle Methoden mit Ausbau in alten, großen Eichenfässern während etwa 12-24 Monaten.

REBFL/PROD 27 ha, etwa 10 000 Kisten/Jahr.

JAHRGÄNGE 1996, 95, 94, 93, 92, 90, 89, 88.

---

**Besitzer** Maurice Boiron • **Kellermeister** Maurice Boiron, Nicolas Boiron • **Besuch** Mo-Sa 9-12, 13.30-19.30, an Feiertagen geschlossen
• **Adresse** Dom. Bosquet des Papes, Route d'Orange, FR-84230 Châteauneuf-du-Pape
• **Tel.** 04 90 83 72 33 • **Fax** 04 90 83 50 52

PRODUKTION     QUALITÄT     PREIS

## CLOS DES PAPES

GESCHICHTE  Nicht nur die 300-jährige Tradition der Familie macht Paul Avril zum besten Winzer der Gegend, sondern auch genaue Traubenauswahl, reduzierter Ernteertrag und Ausrüstung. Ein recht großer Anteil an Mourvèdre ergibt Schwere und Konzentration im Wein. Paul Avril meint, dass der Mistral, der 300 Tage/Jahr weht, den Keller austrockne, und installierte einen Luftbefeuchter, der stets 90% Feuchtigkeit hält.

WEINE  Ausschließlich Châteauneuf-du-Pape: Gute, ansprechende Weißweine, die jung genossen werden sollten. Die Rotweine sind konzentriert und tief mit großer und stabiler Frucht, würzig, rauchig und füllig mit süßer, reifer Frucht und Tannin.

RUF  Ein Klassiker in der Gegend.

REBSORTEN  Rote: 65% Grenache, 20% Mourvèdre, 10% Syrah, 5% Counoise und Muscardin. Weiße: 20% Clairette, Grenache Blanc, Picpoul, Bourboulenc und Roussanne.

LAGERUNG  Die Roten können und sollen lange gelagert werden, um wirkliche Klasse vor-

*Seit 300 Jahren bringt die Familie Avril Qualitätsweine in Châteauneuf-du-Pape hervor.*

zuzeigen. Für bessere Jahrgänge 20 Jahre und für leichtere 10-12 Jahre.

WEINHERSTELLUNG  Traditionelle Methoden mit Maischeerwärmung. Der Wein wird 12-18 Monate in großen „foudres" ausgebaut. Der Weißwein wird kühl vergoren.

REBFL/PROD  32 ha, etwa 8 500 Kisten/Jahr.

**Besitzer** Paul Avril • **Kellermeister** Vincent Avril • **Besuch** Mo-Do 9-12, 14-18, Fr 8-12, 14-17 • **Adresse** Clos des Papes, 13, ave Pierre-de-Luxembourg, FR-84230 Châteauneuf-du-Pape • **Tel.** 04 90 83 70 13 • **Fax** 04 90 83 50 87

PRODUKTION        QUALITÄT        PREIS

## DOM. DE BEAUCASTEL

GESCHICHTE  Seit 1900 in Besitz der Familie Perrin. Jacques Perrin, der Vater der jetzigen Besitzer Jean-Pierre und François, hat den heutigen Ruf des Weinguts aufgebaut. Jacques war ein Mann mit Grundsätzen, und einer davon war, dass ein großer Anteil an Mourvèdre wichtig sei. Nach diesem Prinzip werden die Weine heute biologisch und mit größter Genauigkeit erzeugt.

WEINE  Weißwein: Maßlos fruchtig mit Mandarine, Pfirsich und Aprikose sowie einer großen Portion neuer Eiche. Roter Châteauneuf-du-Pape: tiefe Farbe, großes, fleischiges und vornehmes

*Die Weine der Domaine de Beaucastel gehören zweifelsohne zu den größten der Welt.*

Bukett mit roten Beeren, recht straffem Tannin und langem Abgang.

RUF  Einer der besten Weine in Châteauneuf-du-Pape sowie in der ganzen Welt.

REBSORTEN  Alle 13 Rebsorten des Gebiets werden verwendet. Gren und Mourv zu je 30%, 10% Syrah sowie Cinsault u.a. Weiße: Roussanne 80%, Clairette und Bourboulenc 20%.

LAGERUNG  Der Beaucastel soll gelagert werden: mindestens zehn, mit Vorteil aber 15-20 Jahre, damit sich die Größe entfalten kann.

WEINHERSTELLUNG  Klassische Herstellungsmethoden mit Maischeerwärmung, Gärung in Zementtanks und Ausbau in alten, großen Holzfässern. Nach spezieller Methode werden die Weine für kurze Zeit auf 75 °C erwärmt, wodurch noch mehr Kraft extrahiert wird.

REBFL/PROD  70 ha, (auch 35 ha in den Côte du Rhône) etwa 30 000 Kisten/Jahr.

JAHRGÄNGE  1996, 95, 94, 93, 92, 90, 89, 88, 86, 85, 84, 83, 81, 80.

**Besitzer** Jean-Pierre & François Perrin • **Kellermeister** Jean-Pierre Perrin • **Besuch** Mo-Fr 8-11.30, 14.30-17.30, nur nach Vereinbarung • **Adresse** Dom. de Beaucastel, FR-84350 Courthézon • **Tel.** 04 90 70 41 00 • **Fax** 04 90 70 41 19 • **Homepage** www.vinternet.fr/perrin

PRODUKTION        QUALITÄT        PREIS

## Ch. Fortia

GESCHICHTE  Ch. Fortia hat in einer Beziehung die ruhmreichste Geschichte in Châteauneuf-du-Pape: Hier residierte der Baron Le Roy in den 20er Jahren, als er die Richtlinien für das, was allmählich zum „Appellation Côntrolée"-System in ganz Frankreich werden sollte, entwickelte. Um

*Ein klassisches Weingut mit ruhmreicher Geschichte. Hier wurden die Grundsteine für den AOC gelegt.*

die Qualität und den Status der erzeugten Weine zu erhöhen, musste man die Regeln der 1923 erschienenen Verordnung befolgen. Châteauneuf-du-Pape war in den 20er Jahren hinsichtlich des Weinbaus ein sehr armer und unentwickelter Teil Frankreichs. Ch. Fortia gehört seit dieser Zeit zu den führenden Gütern des Gebiets. Nach kurzen Konzentrationseinbußen der Weine in den 80er Jahren gewann man in den 90er Jahren die führende Rolle wieder zurück.

WEINE  Châteauneuf-du-Pape: füllige, fruchtige, ansprechende Weine mit großer Kraft und Tiefe, für lange Lagerung geschaffen.

RUF  Gehört zu den klassischen Châteauneuf-du-Pape-Weingütern.

REBSORTEN  Rote: 70% Grenache, 15% Syrah, 8% Mourvèdre und 7% Counoise. Weiße: 60% Clairette, 25% Grenache Blanc, 25% Roussane.

LAGERUNG  Zehn Jahre, für gute Jahrgänge noch länger.

WEINHERSTELLUNG  Klassische Methoden mit warmer Gärung und Ausbau in großen Holzfässern, den sog. *foudres*.

REBFL/PROD  27 ha, etwa 6 000 Kisten Rot- und 1 000 Kisten Weißwein.

**Besitzer** Baron P. Le Roy de Boiseaumarié • **Besuch** Täglich 9-11, 14.30-17.30 (max. 17 Pers.) • **Adresse** Ch. Fortia, FR-84230 Châteauneuf-du-Pape • **Tel.** 04 90 83 70 06, 04 90 83 72 25 • **Fax** 04 90 83 51 03

PRODUKTION       QUALITÄT       PREIS

## Ch. Mont-Redon

GESCHICHTE  Die Geschichte des Schlosses begann in den 20er Jahren, als die Familie Plantin das Gut kaufte. Heute führen die Enkel von Henri Plantin, die Vetter Jean Abeille und Didier Fabre, das Gut mit größter Sorgfalt. Von „Mourredon" wurde schon 1334 gesprochen. Das Gut liegt auf einer extrem steinigen Hochebene, gleich nördlich des Dorfs, mit schwach abfallenden Weinlagen und gut gepflegtem Hofgebäude.

WEINE  Vor allem Châteauneuf-du-Pape: fruchtige, füllige Weine mit Beeren und Pflaumen und einem Hauch von neuer Eiche, feinem Tannin und gutem Abgang. Gut ausgewogene Weine. Die

*Ch. Mont-Redon erzeugt weißen wie auch roten Châteauneuf-du-Pape. Beide Sorten besitzen hohe Klasse.*

weißen sind fruchtig, fast tropisch mit hohem Alkoholgehalt. Außerdem Lirac und Côtes du Rhône.

RUF  Sehr guter Ruf als zuverlässiger Produzent.

REBSORTEN  Rote: 65% Grenache, 15% Syrah, 10% Cinsault, 5% Mourvèdre u.a. Weiße: 40% Grenache Blanc, 25% Bourboulenc, 20% Clairette, 10% Roussane, 5% Picpoul.

LAGERUNG  Mont-Redon ist trotz leichtem Stil ein ausgezeichneter Lagerwein. Am besten nach 10 Jahren, gute Jahrgänge nach 20-30 J.

WEINHERSTELLUNG  Klassische Methoden mit dreiwöchiger warmer Gärung, wonach der Wein einer leichten Filtration unterzogen wird. Ausbau in Eichenfässern (ein kleiner Teil in neuen) während 14-16 Monaten.

REBFL/PROD  100 ha (auch 37 ha in Lirac und den Côtes-du-Rhône), etwa 40 000 Kisten/Jahr.

**Besitzer** Fam. Abeille & Fabre • **Kellermeister** Christian Voeux • **Besuch** Mo-Fr 8-11, 14-17.30, nach Vereinbarung • **Adresse** Ch. Mont-Redon, FR-84230 Châteauneuf-du-Pape • **Tel.** 04 90 83 72 75 • **Fax** 04 90 83 77 20

PRODUKTION       QUALITÄT       PREIS

## Ch. la Nerthe

**GESCHICHTE** La Nerthe wird seit dem 16. Jh. in Schriften erwähnt. Wahrscheinlich wurde der Boden aber schon zur Zeit der Päpste mit Reben bestockt. Das Gut war bis 1985, als es an das Weinhandelshaus David & Foillard verkauft wurde, in Besitz der Familie Derreumand. Heute in

*Ch. la Nerthe zählt zu den schönsten Schlössern Frankreichs. Es gilt auch als klassisches Weingut.*

Besitz der Familie Richard. Gewisse Veränderungen, wie u.a. die Wiedereinführung der Cuvée des Cadettes, und gründliche Renovationen sind seither erfolgt. Das Schloss zählt zu den schönsten im ganzen Land.
**WEINE** Vorwiegend Châteauneuf-du-Pape: tiefe Farbe, großes Bukett mit Beeren, Veilchen, Pfeffer und Minze. Würzig im Gaumen mit hohem Alkoholgehalt, frischer Säure, gerbstoffreich mit guter Länge und Tiefe.
**RUF** Gehört zu den klassischen Schlössern Frankreichs.
**REBSORTEN** Rote: 60% Grenache, 20% Mourvèdre, 18% Syrah, 2% Cinsault. Weiße: 55% Clairette, 17% Bourboulenc und Grenache Blanc, auch Roussanne.
**LAGERUNG** Die Roten können zehn Jahre und mehr gelagert werden, besonders die Cuvée des Cadettes.
**WEINHERSTELLUNG** Traditionelle Gärung, aber in neuen Stahltanks, bei relativ hoher Temperatur. Ausbau 14-16 Mt. in großen Fässern.
**REBFL/PROD** 90 ha, etwa 25 000 Kisten/Jahr, davon etwa 2 000 Kisten Weißwein.
**JAHRGÄNGE** 1996, 95, 94, 93, 92, 89, 88, 86, 85, 83, 81, 80.

**Besitzer** Fam. Richard • **Kellermeister** Alain Dugas • **Besuch** Nach Vereinbarung • **Adresse** Ch. la Nerthe, Route de Sorgues, FR-84230 Châteauneuf-du-Pape • **Tel.** 04 90 83 70 11 • **Fax** 04 90 83 79 69 • **E-Mail** la nerthe@enprovence.com

PRODUKTION  QUALITÄT  PREIS

## Ch. Rayas

**GESCHICHTE** Der heutige Besitzer Jacques Reynaud gehört der zweiten Generation an. Sein Vater kaufte das Gut nach dem 1. Weltkrieg. Er war ein wahrer Pedant und hielt jedes Detail schriftlich fest. Jacques Reynaud erzeugt heute einen der besten Weine der Gegend. Wenn man die Weinberge und die Anlage betrachtet, kann man nicht glauben, dass hier so hervorragende Weine erzeugt werden können. Nichts scheint nach 1945 erbaut worden zu sein, lediglich die pneumatische Weinpresse aus Edelstahl sowie ein Edelstahltank für die Weißweine sind neueren Datums.
**WEINE** Vorwiegend Châteauneuf-du-Pape:

*Jacques Reynaud auf Ch. Rayas macht tiefe, komplexe Châteauneuf-du-Pape. Auch sein Zweitwein ist sehr gut.*

tiefe, komplexe Weine mit animalischer Würze und tiefer Frucht zusammen mit Gerbstoffen, die gute Voraussetzungen für die Lagerung bieten. Ein Zweitwein, der manchmal den Rayas übertrifft, heißt Ch. Pignan und wird aus Trauben von Rebstöcken, die weniger als 15 Jahre alt sind, hergestellt. Die Weißweine sind frisch mit junger, tropischer Frucht. Auch rote und weiße Côtes du Rhône von Ch. de Fonsalette.
**REBSORTEN** Grenache 100%. Die Weißen zu gleichen Teilen Clairette und Grenache Blanc.
**LAGERUNG** Mindestens 15 Jahre, damit die Größe erkennbar wird.
**WEINHERSTELLUNG** Warme Gärung in Zementtanks, wonach der Wein 15 Monate in alten Fässern ausgebaut wird. Die Fassgröße variiert zwischen 225 und 900 Litern.
**REBFL/PROD** 13 ha in Châteauneuf-du-Pape, 2 000 Kisten Rayas, 1 000 Kisten Pignan und ca. 250 Kisten Weißwein/Jahr.

**Besitzer** Jacques Reynaud • **Kellermeister** Jacques Reynaud • **Besuch** Mo-Sa 8-12, 14-18 • **Adresse** Ch. Rayas, FR-84230 Châteauneuf-du-Pape • **Tel.** 04 90 83 73 09 • **Fax** 04 90 83 51 17

PRODUKTION  QUALITÄT  PREIS

## Dom. du Vieux Télégraphe

GESCHICHTE  Dom. du Vieux Télégraphe ist in Besitz von Henri Brunier und seinen beiden Söhnen. Das Durchschnittsalter der Rebstöcke liegt bei fast 50 Jahren mit einigen über 80 Jahre alten. Dies spiegelt sich in den tiefen, großen Weinen wider, die hier erzeugt werden. Das Anwesen

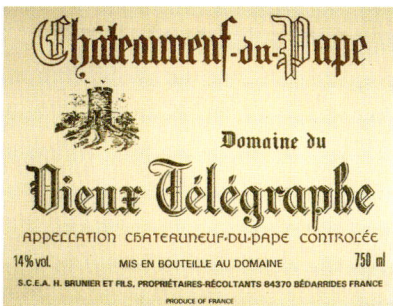

*Die zum Teil bis zu 80 Jahre alten Rebstöcke bringen tiefe, große Weine hervor.*

liegt im Dorf Bédarrides im südlichen Teil des Gebiets Richtung Avignon.

WEINE  Nur Châteauneuf-du-Pape: tiefe Farbe, pfeffriger, stabiler Stil mit tiefen Schichten von Frucht und frischer Gerbsäure. Seit der Installation der neuen Anlage sind die Besitzer der Ansicht, die Weine seien reiner und frischer. Zweifellos haben die Weine immer noch gute Kraft.

RUF  Gehören zur Spitze des Gebiets.

REBSORTEN  Rote: Grenache 70%, Syrah 15%, Mourvèdre 15%. Weiße: Grenache Blanc, Clairette, Bourboulenc und Roussanne zu gleichen Teilen.

LAGERUNG  Rote können über zehn Jahre gelagert werden, sind aber für eine Konsumation nach 4-5 Jahren gedacht. Weißweine sollten nicht gelagert werden.

WEINHERSTELLUNG  Ganz neue Anlage mit Edelstahl. Der Wein wird traditionell bei hoher Temperatur drei Wochen lang vergoren. Vor der Flaschenabfüllung Ausbau in großen Fässern während 16 Monaten.

REBFL/PROD  Insgesamt 70 ha. Rot ungefähr 17 000 Kisten, weiß ca. 1 000 Kisten/Jahr.

JAHRGÄNGE  1996, 95, 94, 93, 92, 89, 88, 86, 85, 84, 83, (82).

---

**Besitzer**  Fam. Brunier (Henri, Daniel & Frédéric)
• **Kellermeister**  Daniel & Frédéric Brunier
• **Besuch**  Nach Vereinbarung  • **Adresse**  Dom. du Vieux Télégraphe, Route de Châteauneuf-du-Pape, FR-84370 Bédarrides  • **Tel.**  04 90 33 00 31
• **Fax**  04 90 33 18 47

PRODUKTION    QUALITÄT    PREIS

## Weitere Produzenten

### Clos du Mont-Olivet

Für finessenreiche Weißweine bekannt. Der sehr traditionelle rote Châteauneuf-du-Pape sollte länger gelagert werden. Auch Côtes-du-Rhône-Weine aus Bollène. FAKTEN  25 ha (sowie 10 ha Côtes du Rhône), 13 000 Kisten/Jahr.

• **Besitzer:** Fam. Sabon **Besuch:** Mo-Fr 8-12, 13.30-17.30. **Adresse:** 15, ave St-Joseph, FR-84230 Châteauneuf-du-Pape. **Tel.** 04 90 83 72 46. **Fax** 04 90 83 51 75.

### Cru de Coudoulet

Unter die besten Weine außerhalb von Châteauneuf-du-Pape gehört der Côte du Rhône Cru de Coudelet von Ch. Beaucastel. Das Gut ist zu Beaucastel benachbart und zeigt viele Eigenschaften von Beaucastel: feine Frucht, Ausgewogenheit und Fleischigkeit. FAKTEN  35 ha, 9 000 K./Jahr.

• **Besitzer:** Fam. Perrin **Besuch:** Nach telefonischer Vereinbarung. **Adresse:** Domaine de Beaucastel, FR-84350 Courthézon. **Tel.** 04 90 70 41 00. **Fax** 04 90 70 41 19.

### Ch. de Fonsalette

In der Gemeinde Lagarde Paréol hat Jacques Reynaud von Ch. Rayas die Weinberge mit klassischen Sorten bestockt. Der Anteil an Syrah ist sehr hoch. Sowohl weißer (2 ha) als auch roter Fonsalette werden produziert und beide gehören zu den besten des Rhônegebiets. Eine besondere Cuvée de Syrah wird in ausgezeichneten Jahren erzeugt. FAKTEN  10 ha, ca. 3 000 Kisten/Jahr.

• **Besitzer:** Jacques Reynaud **Besuch:** Nach telefonischer Vereinbarung. **Adresse:** Ch. Rayas, FR-84230 Châteauneuf-du-Pape. **Tel.** 04 90 83 73 09. **Fax** 04 90 83 51 17.

### Dom. Font de Michelle

Das Anwesen erfuhr in den 90er Jahren eine Qualitätssteigerung. Vor allem durch seinen Châteauneuf-du-Pape „Cuvée Étienne Gonnet". Ein sehr harmonischer Wein, etwas zurückhaltend, aber mit würzigem Duft und animalischen Noten. Die weißen Châteauneuf-du-Pape sind frischer und fruchtiger. FAKTEN  10 ha, ca. 3 000 Kisten/Jahr.

• **Besitzer:** Fam. d'Étienne Gonnet **Besuch:** Mo-Fr 8-12, 13.30-17.30. **Adresse:** 14, imp. de Vignerons, FR-84370 Bédarrides. **Tel.** 04 90 33 00 22. **Fax** 04 90 33 20 27.

### Dom. les Goubert

Auf diesem Gut wird einer der besten Weine der Appellation erzeugt. Eine wunderbare Cuvée Florence, die nicht ursprungstypisch ist, wird in neuer Eiche ausgebaut. Auch in Beaumes-de-Venise wird ein konzentrierter und preiswerter Rotwein, erzeugt. FAKTEN  22 ha, ca. 10 000 Kisten/Jahr.

• **Besitzer:** Jean-Pierre Cartier **Besuch:** Mo-Fr 9-12, 14-19. **Adresse:** FR-84190 Gigondas. **Tel.** 04 90 65 86 38. **Fax** 04 90 65 81 52.

## Weitere Produzenten an der südlichen Rhône

### Dom. les Paillères

Auf diesem Weingut in Gigondas werden Weine hergestellt, die man mit den besten aus Châteauneuf-du-Pape vergleichen kann. Der Betrieb wird von den Brüdern Christian und Pierre Roux geführt. Die Weine sind robust und voller Kraft. Sie sollten mind. 10, noch besser 15 Jahre gelagert werden. FAKTEN 25 ha, ca. 10 000 Kisten/Jahr.
• **Besitzer:** Christian & Pierre Roux **Besuch:** Mo-Sa 8-12, 14-18. **Adresse:** FR-84190 Gigondas. **Tel.** 04 90 65 85 07.

### Dom. Raspail-Ay

Die Domaine wird von Dominique Ay geführt. Sein Großvater erbte das Gut 1920 von der Familie Raspail. Von alten Rebstöcken und durch minuziöses Handwerk entstehen hier Weine, die sich ohne weiteres mit den besten an der südlichen Rhône messen können. Dicht und rustikal, jedoch mit Eleganz, Finesse und großer Lagerfähigkeit. FAKTEN 18 ha, ca. 5 000 Kisten/Jahr.
• **Besitzer:** Dominique Ay **Besuch:** Mo-Fr 9.30-12.20, 14-19. **Adresse:** FR-84190 Gigondas. **Tel.** 04 90 65 83 01. **Fax** 04 90 65 89 55.

### Dom. St-Anne

Das einzige Weingut am westlichen Flussufer, das sich mit den besten des Gebiets messen kann. Die Weinberge befinden sich an idealer Lage auf der Hügelspitze, mit Aussicht auf den Fluss Cèze. Zwei Sonderverschnitte liegen an der Spitze: der Syrah Notre Dame des Cellettes und ein Mourvèdre-Verschnitt namens Cuvée St-Gervais. Hier trifft man auch auf die besten Viognier-Weine außerhalb von Condrieu. Basiswein wird hauptsächlich aus Grenache erzeugte Côtes du Rhône. Die Villages-Weine sind tief, komplex und haben einen rauchigen Charakter. FAKTEN 26 ha, ca. 15 000 Kisten/Jahr.
• **Besitzer:** Guy Steinmaier **Besuch:** Mo-Sa 9-11, 14-18. **Adresse:** Les Cellettes, FR-30200 Saint-Gervais. **Tel.** 04 66 82 77 41. **Fax** 04 66 82 74 58.

### Dom. St-Benoit

Ein progressiver Erzeuger in Châteauneuf-du-Pape mit nur zwei guten Cuvées: Élise und Soleil et Festins. Beide werden aus allen dreizehn zugelassenen Rebsorten erzeugt. Auch weißer „Vielles Vignes". FAKTEN 26 ha, ca. 12 000 Kisten/Jahr.
• **Besitzer:** Gérard Jacumin **Besuch:** Nach Vereinbarung. **Adresse:** Les Galimardes, FR-84230 Châteauneuf-du-Pape. **Tel.** 04 90 83 51 36. **Fax** 04 90 83 51 37. **E-Mail:** st_benoit@compuserve.com

### Dom. du Vieux Lazaret

Die Weine gehören zur leichteren, blumigen Variante und reifen früh. Die Trauben werden nicht gequetscht, sondern vergären ganz und platzen von innen auf. Dadurch erhalten die Weine eine große Frucht und gute Säure. Sie haben jedoch weniger Gerbsäure als die großen Weine. Der Rotwein besteht aus Grenache 70%, Mourvèdre 10%, Syrah 10% sowie Cinsault und Counoise. Ein kleiner Anteil Weißwein wird vorwiegend aus Marsanne und Clairette erzeugt. Domaine du

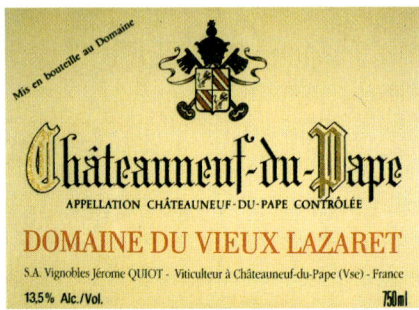

*Die früh reifenden Weine von Vieux Lazaret gehören der leichteren Schule von Châteauneuf-du-Pape an.*

Vieux Lazaret erzeugt auch Weine aus den Côtes du Ventoux. Auch die Domaine Duclaux sowie das Hotel und Restaurant Le Logis d'Arnavel außerhalb der Stadt Châteauneuf-du-Pape sind in Besitz von Jérôme Quiot. FAKTEN 80 ha, etwa 30 000 Kisten/Jahr.
• **Besitzer:** Jérôme Quiot **Besuch:** Nach Vereinbarung. **Adresse:** Ave. Baron Leroy, FR-84230 Châteauneuf-du-Pape. **Tel.** 04 90 83 73 55. **Fax** 04 90 83 78 48.

### Weitere Betriebe

Dom. Amido, Rue des Carrières, FR-30126 Tavel. Tel. 04 66 50 04 41. Fax 04 66 50 04 41.
Dom. Lafond, Route des Vignobles, FR-30126 Tavel. Tel. 04 66 50 24 59. Fax 04 66 50 12 42.
Dom. Pierre Usseglio, Route d'Orange, FR-84230 Châteauneuf-du-Pape. Tel. 04 90 83 72 98. Fax 04 90 83 72 98.
Ch. de St-Cosme, Louis Barruol, FR-84190 Gigondas. Tel. 04 90 65 86 97. Fax 04 90 65 81 05.
Dom. Le Sang des Cailloux, Route de Vacqueyras, FR-84260 Sarrians. Tel. 04 90 65 88 64. Fax 04 90 65 88 75.
Les Terres Blanches, FR-84230 Châteauneuf-du-Pape. Tel. 04 90 12 32 42. Fax 04 90 12 32 49.

## JURA

GESCHICHTE Laut Plinius, einem römischen Schriftsteller, baut man hier seit fast 2000 Jahren Wein an. Im Mittelalter waren die Weine sehr bekannt. Die Region hat eine bunte Vergangenheit und wurde von Spanien und dem Burgund beeinflusst. Die Spanier führten vermutlich die Savagnin-Traube ein. Der berühmte Louis Pasteur wohnte als Kind in Arbois, dem Zentrum dieser Weinregion.

GEOGRAPHIE Das Gebiet liegt südwestlich des nördlichen Burgunds am Fuße des Jura. Dieses Kalksteingebirge hat einen ganzen geologischen Zeitabschnitt benannt. Das Gebirge erstreckt sich von Salins-les-Bains im Norden bis St-Amour im Süden. Reben wachsen aber nur an den sonnigsten Hängen auf 250 bis 500 m. ü.M.

KLIMA Kontinentales Klima mit kalten Wintern und heißen Sommern.

WEINE Die Weine haben eine lange Tradition, an der man heute noch festhält. Es werden leichte und auch kräftige Rotweine erzeugt sowie Schaumwein von guter Qualität. Außerdem stiller Weißwein, der nicht selten einen altmodischen, etwas oxidierten Charakter hat. Am bekanntesten ist der gelbe Wein, der *Vin Jaune*. Er kann mit Sherry verglichen werden, und die besten gehören zu den führenden Weißweinen Frankreichs. Sehr selten und exklusiv ist *Vin de Paille*, ein süßer Dessertwein aus getrockneten Trauben (siehe unter Arbois oder Côtes de Jura).

REBSORTEN Vorwiegend lokale Sorten wie der rote Poulsard und Trousseau und der weiße Savagnin. Ferner Chardonnay und Pinot Noir.

REBFL/PROD AOC ca. 1 800 ha, 70 000 hl/J.

WISSENSWERT Weitere Informationen: Comité Interprofessionnel des Vins du Jura, Institut des Vins du Jura, Ch. Pecauld, FR-39600 Arbois. Tel. 03 84 43 40 00. Fax 03 84 66 10 29.

## ARBOIS

RUF Die größte und bekannteste Appellation im Jura mit vielen Qualitätsweinen.

WEINE Alle Weine sind sehr charakteristisch. Trockener, nussähnlicher Weißwein. Vin Jaune, der gelbe Wein, der kräftig, nuss- und sherryähnlich ist, kann jahrzehntelang gelagert werden. Vin de Paille ist ein seltener Dessertwein, der am ehesten mit dem italienischen Vin Santo verglichen werden kann. Auch Rotwein und ein sehr distinkter Rosé sowie Schaumwein werden hergestellt.

KLASSIFIZIERUNG Keine Klassifizierung. Einige der besten Weine stammen aus der Gemeinde Pupillin, die auch das Recht hat, ihren Namen auf

*Die Weine aus Arbois, allen voran Vin Jaune und Vin de Paille, haben im Allgemeinen viel Charakter.*

dem Etikett anzugeben.

BODEN Mergelboden auf Kalksteingrund trägt zu dem besonderen Charakter der Weine bei.

REBSORTEN Savagnin für die kräftigen Weißweine. Chardonnay und Pinot Noir (Blanc de Noir) für die anderen weißen. Rotweine aus Poulsard, Pinot Noir und Trousseau.

WEINHERSTELLUNG Vin de Paille wird traditionell aus Trauben, die auf Strohmatten getrocknet wurden, erzeugt. Zur Weihnachtszeit werden die Trauben dann gekeltert und das Ergebnis ist ein süßer, äußerst konzentrierter Wein. Der Vin Jaune wird in Fässern, die nicht aufgefüllt werden, ausgebaut. Durch den Sauerstoffkontakt bildet sich ein Hefepilz, ähnlich wie der Flor des Sherry. Danach wird der Wein mind. sechs Jahre gelagert, bevor er in spezielle Flaschen, die 64 cl fassenden „clavelins", abgefüllt wird.

REBFL/PROD Etwa 830 ha, 33 500 hl/Jahr. 3/5 Rotwein, der Rest Weißwein.

PRODUZENTEN Arlay, Lucien Aviet, Bourdy, Daniel Dugois, Henri Maire, Désiré Petit, A&M Tissot sowie die Genossenschaften in Arbois, Aubin und Pupillin.

## L'ÉTOILE, CHÂTEAU-CHALON

### L'ÉTOILE

RUF Ein kleines Gebiet mit eigener AOC für Weißwein. Steht für eine etwas höhere Qualität als Arbois. Der Name stammt vom sternförmigen Fossil, das im Kalkstein der Gegend vorkommt.

WEINE Sowohl Vin Jaune als auch ein leichter, trockener, stiller Weißwein mit Kräuteraroma und ein trockener, guter Schaumwein werden erzeugt.

KLASSIFIZIERUNG AOC für Weißweine.
BODEN Vorwiegend Kalkstein und Mergel.
REBSORTEN Chard, Poulsard, Savagnin.
WEINHERSTELLUNG Traditionelle Weinherstellung für die Weißweine. Schaumweine nach der Champagner-Methode. Weinherstellung für Vin Jaune siehe unter Arbois.
REBFL/PROD 78 ha, etwa 3 200 hl/Jahr.
PRODUZENTEN Ch. de l'Étoile, Coop de l'Étoile, Dom. Michel Geneletti, Dom. de Montbourgeau und Claude Joly.

### CHÂTEAU-CHALON

RUF Auch wenn allgemein im Jura sehr gute Vins Jaunes gemacht werden, bedingen die von Château Chalon den höchsten Preis.

WEINE Hier wird ausschließlich Vin Jaune

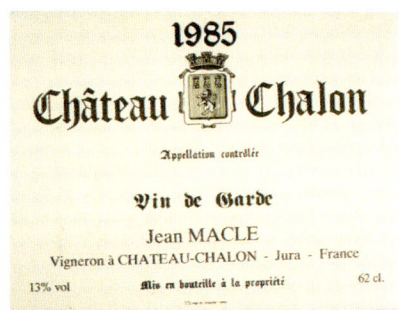

*In der Appellation Château Chalon wird fast nur Vin Jaune, der gelbe Wein, erzeugt.*

hergestellt. Dieser konzentrierte, sehr komplexe, nach Nüssen duftende, kräftige und trockene Wein erinnert an Fino Sherry, auch wenn er nicht alkoholverstärkt ist. Der Wein kommt am besten bei etwa 17-18 °C zur Geltung. Er kann fast unendlich lange gelagert werden.

KLASSIFIZIERUNG AOC für Weißwein.
BODEN Kalkstein und Mergel herrschen vor.
REBSORTEN Savagnin.
WEINHERSTELLUNG Vin Jaune, siehe unter Arbois. Sehr qualitätsbewusste Produktion.
REBFL/PROD 42 ha, 1 300 hl/Jahr.
PRODUZENTEN Baud, Dom. Berthet-Bondet, Jean Bourdy, J-M Courbet, Ch. de Muyre, Marius Perron, Jean Macle und Henri Maire.

## CÔTES DU JURA

RUF Eine Standardappellation, die alle häufig vorkommenden Jura-Weine produziert. Die Qualität liegt jedoch nicht höher als die der kleineren Appellationen. Die Schaumweine gehören zu den besten.

WEINE Die roten sind oft hell und leicht mit gewisser Finesse. Die weißen sind leicht und unkompliziert mit guter Säure. Die Roséweine sind sehr fruchtig. Der Schaumwein hat oft gute Aus-

*Côtes du Jura ist eine allgemeine Appellation, die Weine aber besitzen hohe Klasse.*

gewogenheit und kleine, feine Perlen. Spezialitäten der Region sind der kräftige und nussduftende Vin Jaune und ein goldfarbener, süßer Vin de Paille mit Pfirsich- und Rosinengeschmack.

KLASSIFIZIERUNG AOC. Keine weitere Klassifizierung.
BODEN Kalkstein mit Lehm auf zusammengepresstem Mergel.
REBSORTEN Rote: Poulsard, Trousseau, Pinot Noir und Pinot Gris. Weiße: Savagnin, Chardonnay und Pinot Blanc.
WEINHERSTELLUNG Vin de Paille wird traditionell aus Trauben, die auf Strohmatten getrocknet wurden, erzeugt. Zur Weihnachtszeit werden die Trauben dann gekeltert und das Ergebnis ist ein süßer, äußerst konzentrierter Wein. Der Vin Jaune wird in Fässern, die nicht aufgefüllt werden, ausgebaut. Durch den Sauerstoffkontakt bildet sich ein Hefepilz, ähnlich wie der Flor des Sherry. Danach wird der Wein mind. sechs Jahre gelagert, bevor er in spezielle Flaschen, die 64 cl fassenden „clavelins", abgefüllt wird.
REBFL/PROD Etwa 700 ha, ca. 20 000 hl/Jahr.
PRODUZENTEN Château d'Arlay, Luc Boilley, Jean Bourdy, Chantemerle, Richard Delay, Hubert Clavelin, Gabriel Clerc, Château Gréa, Caveau des Jacobins, Alain Labet, Rolet Père et Fils und die Genossenschaft in Pupillin.

## CH. D'ARLAY

GESCHICHTE Das Gut wurde im 12. Jh. gegründet. Heute wird es von Renaud de Laguiche geführt, der zur einzigen adligen Winzerfamilie des Jura gehört. Man ist nicht nur verwandt mit

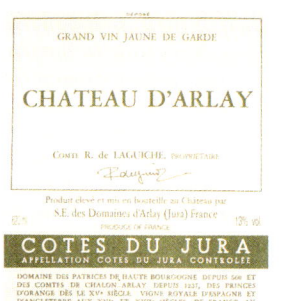

*Ch. d'Arlay ist in Besitz der einzigen adeligen Familie des Jura. Das Gut wurde schon im 12. Jh. gegründet.*

Ladoucette in Pouilly-Fumé, sondern auch mit dem Marquis de Laguiche und dem Marquis de Vogües im Burgund.

WEINE Weiße aus 70% Chardonnay und 30% Savagnin. Rote aus 100% Pinot Noir. Vin Jaune aus 100% Savagnin. Auch Rosé „Corail" und Vin de Paille. Als Négociant verkauft das Schloss auch unter den Namen Comte de Guichebourg, Baron de Proby und Cuvée de l'Epinette.

CHARAKTER Gut gemachte, aromatische Weine mit viel Trauben- und Fasscharakter und gutem Alterungspotenzial.

RUF Qualität ist Pflicht für diesen geschätzten Produzenten.

KLASSIFIZIERUNG AOC Côtes du Jura.

REBSORTEN 44% PN, 20% Chardonnay, 22% Savagnin sowie Trousseau und Poulsard.

WEINHERSTELLUNG Manuelle Lese. Für die besten Weißweine wird nur der Vorlauf (Mostanteil, der ohne Druck freiwillig abläuft) in großen, temperaturkontrollierten Tanks vergoren und drei Jahre in Eichenfässern ausgebaut. Vin Jaune lagert sieben Jahre im Fass. Pinot-Noir-Weine werden drei Jahre in Eichenfässern ausgebaut.

LAGERUNG Außer Vin Jaune sollten sowohl die roten als auch die weißen Weine 5-10 Jahre in der Flasche ruhen.

REBFL/PROD 27 ha, auch zugekaufte Trauben. Ca. 10 000 Kisten/Jahr.

**Besitzer** Comte Alain de Laguiche • **Kellermeister** Comte Alain de Laguiche • **Besuch** Täglich 8-12, 14-18 • **Adresse** Ch. d'Arlay, Route de Saint-Germain, FR-39140 Arlay • **Tel.** 03 84 85 04 22 • **Fax** 03 84 48 17 96

PRODUKTION     QUALITÄT     PREIS

## HENRI MAIRE

GESCHICHTE Henri Maire gehört zu einer Familie, die seit 1632 im Weinbau tätig ist. Niemand hat so viel getan, um den ehemaligen Ruf des Jura und insbesondere von Arbois wieder aufzubauen. Er macht nicht nur gute Weine, sondern vermarktet sie auch geschickt. 1985 begann Pierre Menez bei der Firma, und dies führte 1987 zum Börsen-Gang.

WEINE Alle Sorten der Jura-Weine mit Château Chalon und Arbois an der Spitze. Vin Fou, „verrückter Wein", heißt einer ihrer bekanntesten Schaumweine.

CHARAKTER Immer gut gebaute Weine, und trotz der großen Produktion erzeugt man kleine Mengen erstklassigen Vin Jaune.

RUF Bekannter und geschätzter Winzer. AOC-Weine von sehr guter Qualität.

REBSORTEN Weiße: Savagnin und Chardonnay, auch Melon d'Arbois genannt. Rote: Poulsard, Trousseau und Pinot Noir.

WEINHERSTELLUNG Eine moderne Anlage mit einem Keller, der das größte Fassungsvermö-

*Henri Maire ist nicht nur für seinen Vin Jaune bekannt, sondern auch für den Vin Fou.*

gen für Eichenfässer in Frankreich besitzt.

LAGERUNG Lagerfähiger Vin Jaune und verschiedene Weine einschließlich Schaumweine, die jung getrunken werden sollten.

REBFL/PROD Insgesamt 320 ha. Außerdem wird Wein von ca. 800 Winzern eingekauft. Einige der Weingüter in Besitz von Henri Maire sind Château-Monfort, Grange-Grillard, Sorbief, la Croix d'Argis und Alix de Nesles. Etwa 400 000 Kisten/Jahr. Die Firma kontrolliert 50% der Produktion von AOC-Weinen im Jura.

**Besitzer** Henry Maire • **Kellermeister** Thierry Bosshard • **Besuch** Täglich 9-18 • **Adresse** Henri Maire, Château Monfort (Place de la Liberté), FR-39600 Arbois • **Tel.** 03 84 66 12 34 • **Fax** 03 84 66 42 42

PRODUKTION     QUALITÄT     PREIS

## Weitere Produzenten im Jura

### Fruitière Vinicole d'Arbois
Eine der ältesten Genossenschaften Frankreichs, gegründet 1906. Moderne Anlagen vor allem für Schaumweine nach der Champagner-Methode und Weißweine. Kleine Quantitäten von Rot- und Roséwein. Elegante, ansprechende Weine. FAKTEN 200 ha, ca. 85 000 Kisten/Jahr.
• **Besitzer:** 140 Mitglieder **Besuch:** Nach Vereinbarung. **Adresse:** 2, rue des Fossés, FR-39600 Arbois. **Tel.** 03 84 66 11 67. **Fax** 03 84 37 48 80.

### Lucien Aviet
Das Weingut wird auch „Caveau de Bacchus" genannt. Savagnin, Poulsard, Trousseau und Chardonnay werden in Arbois angebaut. Besonders gut sind der rote Cuvée de Géologues und der Vin Jaune. FAKTEN 6 ha, ca. 3 000 Kisten/Jahr.
• **Besitzer:** Lucien Aviet **Besuch:** Nach Vereinbarung. **Adresse:** FR-39600 Montigny-les-Arsures. **Tel.** 03 84 55 11 02.

### Richard Delay
Ein guter kleiner Erzeuger mit hervorragendem Chardonnay/Savagnin „Cuvée Paul Delay", der 24 Monate in Eiche ausgebaut wird. Außerdem ein sehr guter Pinot Noir (Côtes du Jura). FAKTEN 5 ha, ca. 3 000 Kisten/Jahr.
• **Besitzer:** Richard Delay **Besuch:** Nach Vereinbarung. **Adresse:** Rue du Château, FR-39570 Gevingey. **Tel.** 03 84 47 46 78. **Fax** 03 84 43 26 75.

### Ch. de l'Étoile
Auguste Vandelle legte schon 1883 den Grundstein für den guten Ruf. Weißwein aus Chardonnay, Vin Jaune und Schaumwein nach der Champagner-Methode. Poulsard für Roséwein und ein Verschnitt aus Gamay, Trousseau und Pinot Noir für Rotwein. FAKTEN 26 ha, ca. 8 500 Kisten/J.
• **Besitzer:** Fam. Vandelle **Besuch:** Täglich 8-12, 14-18. **Adresse:** FR-39570 L'Étoile. **Tel.** 03 84 47 33 07. **Fax** 03 84 24 93 52.

### Ch. Gréa
Seit 1679 in Familienbesitz. Mit modernen Methoden wird erstklassiger Côtes de Jura erzeugt. Schaumweine nach der Champagner-Methode aus Chardonnay und Pinot Noir. Le Chanet ist ein kräftiger Weißwein aus Chardonnay und Savagnin, der drei Jahre im Fass lagert. Außerem Cury, Vin Jaune sowie der rote Sur la Roche. FAKTEN 7 ha, ca. 2 500 Kisten/Jahr.
• **Besuch:** Täglich nach Vereinbarung. **Adresse:** Pierre de Boissseau, Rotalier, FR-39190 Beaufort. **Tel.** 03 84 25 05 07.

### Le Caveau des Jacobins
Die Genossenschaft wurde 1907 gegründet. Die Produktion umfasst Côtes de Jura u.a. mit Rotwein aus Trousseau. Auch Vin Jaune wird hergestellt. FAKTEN 18 ha, ca. 10 000 Kisten/Jahr.
• **Besitzer:** 12 Mitglieder **Besuch:** Täglich nach Vereinbarung. **Adresse:** Rue H. Frint, Z.I. rue N. Appert, FR-39801 Poligny. **Tel.** 03 84 37 14 58.

### Désiré Petit & Fils
1932 gegründet. Die Weinberge liegen in Arbois, Côtes de Jura und Pupillin. Die Herstellungsmethoden sind modern. Rebsorten: Poulsard, Trousseau, Pinot Noir, Chardonnay und Savagnin. Guter Vin Jaune sowie Chard und Rosé aus Arbois. FAKTEN 17 ha, ca. 10 000 Kisten/J.
• **Besuch:** Täglich 8-12, 13.30-19. **Adresse:** FR-39600 Pupillin. **Tel.** 03 84 66 01 20. **Fax** 03 84 66 26 59.

### Dom. de la Pinte
1955 von Roger Martin gegründet. Der Boden besteht aus dem kalkreichen Lehm, der dem Savagnin besonders gut passt. Savagnin und Chardonnay machen 50% der Rebfläche aus. Auch Poulsard, Trousseau und Pinot Noir für Rot- und Roséweine. FAKTEN Ca. 12 ha, ca. 8 000 Kisten/J.
• **Adresse:** FR-39600 Arbois. **Tel.** 03 84 66 06 47.

### Fruitière Vinicole à Pupillin
1909 gegründete Genossenschaft mit 35 Mitgliedern. Rosé aus Poulsard, Rotwein aus Pinot Noir und Weißwein aus Chardonnay. Paillette ist der Markenname der Schaumweine, weiß und rosé. Kleine Produktion von Vin Jaune. FAKTEN 56 ha, ca. 30 000 Kisten/Jahr.
• **Besitzer:** 35 Mitglieder **Besuch:** Täglich 8-12, 14-18.30. **Adresse:** Rue de Ploussard, FR-39600 Pupillin. **Tel.** 03 84 66 00 05.

### Xavier Reverchon
Ein kleines, exklusives Anwesen. Die Weine bestehen aus rotem Les Boutasses, weißem La Sauterette, Schaumwein nach der Champagner-Methode und Vin Jaune. FAKTEN 4 ha, 2 000 K./J.
• **Besitzer:** Xavier Reverchon **Besuch:** Nach Vereinbarung. **Adresse:** 2, rue de Clos, FR-39800 Poligny. **Tel.** 03 84 37 02 58. **Fax** 03 84 37 00 58.

### André & Mireille Tissot
Führender Betrieb in Arbois, 1962 gegründet. Rot- und Roséweine aus Poulsard, Trousseau und Pinot Noir. Weißwein aus Chardonnay. Mindestens 18-monatiger Ausbau in Eiche für alle Weine. Phantastische Vins Jaunes und Vins de Paille. FAKTEN 13 ha, ca. 11 000 Kisten/Jahr.
• **Besitzer:** André & Mireille Tissot **Besuch:** Täglich 8-12.30, 13.30-19. **Adresse:** Quartier Bernard, FR-39600 Montigny-lès-Arsures. **Tel.** 03 84 66 08 27. **Fax** -25 08.

# SAVOIE (SAVOYEN)

GESCHICHTE Schon in Schriften aus dem 11. Jahrhundert wird der Weinbau in diesem Gebiet erwähnt. Eine Zeit lang war Savoyen auch ein Teil des italienischen Königreichs. Den AOC-Status erhielt es 1973.

GEOGRAPHIE In den Departements Savoie und Hautes-Savoie liegen die kleinen Weingüter am Rande des besten Skigebietes von Frankreich. Man findet sie südlich des Genfersees am oberen

*Die meisten Weingüter Savoyens liegen in Tälern des Rhônegebiets mit den Alpen im Hintergrund.*

Teil der Rhône, im Tal bei Lac du Bourget und dem Fluss Isère entlang. Es wird Wein bis zu 500 m. ü.M. angebaut, aber die besten Lagen liegen bei 300 m oberhalb der Seen und der Rhône.

KLIMA Recht kühle Täler mit einem vielfältigen Mikroklima. Der Fluss und die Seen mildern die extremen Umschwünge des Alpenklimas.

WEINE Sowohl die roten als auch die weißen sind frisch, süffig und distinkt, oft perlend (pétillant) und trocken, können jedoch eine gewisse Süße aufweisen. Der Charakter der Weißweine kommt oft den Fendant-Weinen aus der Schweiz sehr nahe. Die Rotweine haben sich vom westlichen Nachbarn Beaujolais beeinflussen lassen. Nur die Schaumweine haben außerhalb der Region erwähnenswerte Aufmerksamkeit erlangt. Wegen der vielen kleinen Weinberge ist die Klassifizierung komplexer als die Weine selber.

REBSORTEN Zahlreiche Rebsorten, jedoch nur ganz wenige kommen in größeren Mengen vor. Für Rotwein wird vorwiegend Gamay verwendet, der nach dem Reblausangriff aus dem Beaujolais eingeführt wurde. Auch Mondeuse, die ursprüngliche Rotweinsorte, wird vielfach angebaut. Für die weißen ist der Jacquère vorherrschend, gefolgt von Altesse und Roussanne. Der letztere wird auch Bergeron genannt. Außerdem Chasselas (Fendant), Molette, Chardonnay (hier Petite-Sainte-Marie genannt), Marignan, Ripaille, Marin u.a.

REBFL/PROD 2 400 ha, 250 000 hl/Jahr. 2/3 Weißwein, der Rest leichte Rot- oder Roséweine.

WISSENSWERT Weitere Informationen: Comité Interprofessionnel des Vins de Savoie, 3, rue du Château, F-73000 Chambéry. Tel. 04 79 33 44 16. Fax 04 79 85 92 47.

FRANKREICH • SAVOIE (SAVOYEN)

## CRÉPY, SEYSSEL

### CRÉPY

RUF  Keine großen Weine. Die meisten werden regional konsumiert und sind nicht so bekannt.

WEINE  Leichter, trockener und fruchtiger

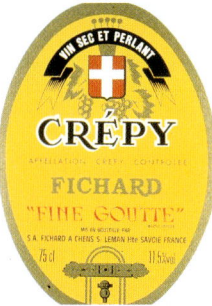

*Crépy ist ein kleiner Bezirk am Genfersee, nicht weit von der Schweizer Grenze.*

Weißwein mit recht hoher Säure. Manchmal leicht perlend.

KLASSIFIZIERUNG  AOC. Keine interne Klassifizierung.

REBSORTEN  Wie in der nahe liegenden Schweiz wird hier Chasselas angebaut.

WEINHERSTELLUNG  Traditionell.

REBFL/PROD  72 ha, rund 2 600 hl/Jahr.

PRODUZENTEN  Goy Frères, Pierre Boniface, Alexis et Fils Genoux, Fichard, Mercier et Fils, Georges Roussiaude und Varichon et Clerc.

### SEYSSEL

RUF  Auf beiden Seiten der Rhône werden sowohl stille als auch schäumende Weißweine erzeugt. Besonders die Schaumweine werden außerhalb der Region geschätzt.

WEINE  Trockene, stille Weißweine und vor allem sehr leichte Schaumweine. Die stillen Weine werden zu berühmten regionalen Käsesorten wie z.B. Reblochon, Beaufort d'Alpage und Emmentaler getrunken.

KLASSIFIZIERUNG  AOC. Keine interne Klassifizierung.

REBSORTEN  Für die stillen Weine wird ausschließlich Altesse (Roussette) verwendet. Für die Schaumweine werden Molette und Altesse verschnitten.

WEINHERSTELLUNG  Traditionell.

REBFL/PROD  Etwa 82 ha, 4 000 hl/Jahr, davon 1/6 Schaumwein.

PRODUZENTEN  Maison Mollex, Clos de la Péclette, Varichon et Clerc.

## ROUSSETTE DE SAVOIE, VIN DE BUGEY

### ROUSSETTE DE SAVOIE

RUF  Einige gute Jahrgänge weisen die gleiche Klasse wie die Weine aus Vouvray (Touraine an der Loire) auf.

WEINE  Meist trockene Weißweine, manchmal etwas perlend oder mit Süße.

KLASSIFIZIERUNG  AOC. Die Gemeinden Frangy, Marestel, Monterminod und Monthoux dürfen auf der Etikette angegeben werden.

REBSORTEN  Um den Gemeindenamen auf dem Etikett angeben zu dürfen, muss der Wein zu hundert Prozent aus Altesse bestehen. Für andere Weine werden auch Chardonnay und Mondeuse Blanche verwendet.

WEINHERSTELLUNG  Schaumweine nach der Champagner-Methode.

REBFL/PROD  145 ha, 9 200 hl/Jahr.

PRODUZENTEN  Cave Coop. des Vins Fins Cruet, Varichon et Clerc, Pierre Boniface, La Cave du Prieure, Cave de Chautagne, Claudius Barlet, Marcel Bosson, Danie Fustioni, Michel Million-Rousseau, Noël Dupasquier, Alexis Genoux.

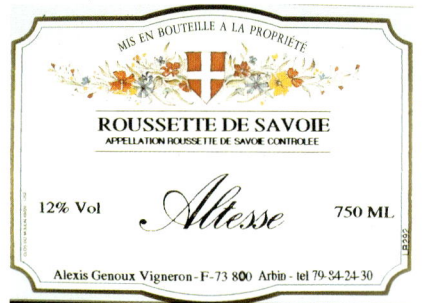

*Roussette de Savoie sind Vins de Savoie aus bestimmten Dörfern, oft aus dem Altesse (alias Roussette) erzeugt.*

### VIN DE BUGEY (VDQS)

RUF  Diese lange Zeit unbekannte Region beginnt die Aufmerksamkeit auf sich zu lenken.

GEOGRAPHIE  Mehrere verschiedene Weinbaugebiete westlich des AOC-Gebiets in Savoyen.

WEINE  Die Weißweine ähneln denen aus Savoyen, während die Rotweine mehr an den Jura erinnern. Es werden auch Schaumweine und Perlweine (pétillant) produziert.

KLASSIFIZIERUNG  VDQS, d.h. die Klasse gleich hinter den AOC-Weinen. Es gibt eine Menge unterschiedlicher erlaubter VDQS-Namen, alle das Wort Bugey enthaltend.

REBSORTEN  Gamay, PN, Poulsard, Mondeuse für Rotweine. Altesse (= Roussette), Jacquère, Mondeuse Blanche, Chard, Aligoté, PG für weiße.

REBFL/PROD  Etwa 450 ha, rund 21 000 hl/J.

PRODUZENTEN  Cellier de Bel-Air, Christian Bolliet, Dom. Monin.

## Vin de Savoie

**RUF** Weine, die hauptsächlich regional konsumiert werden. Die besten sind weiß und von recht guter Qualität.

**WEINE** Eine breite Appellation, vorwiegend mit trockenen Weißweinen mit guter Frucht und Säure. Sowohl leichte als auch kräftigere Rotweine, die oft aus der Rebsorte Mondeuse erzeugt werden. Auch einige Schaumweine.

**KLASSIFIZIERUNG** Die regionale Sammelappellation mit 15 Gemeinden, die ihren Namen auf den Etiketten angeben dürfen: Marignan und Ripaille am Genfersee; Ayse (auch für die

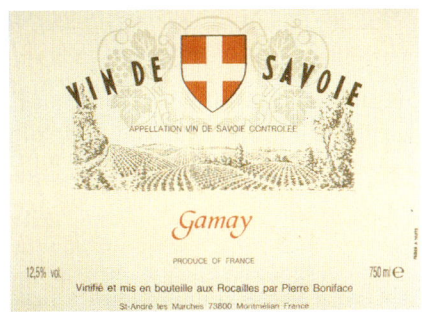

*AOC Vin de Savoie umfasst größere und kleinere Gebiete vom Genfersee bis südlich von Aix-les-Bains.*

Schaumweine), Charpignat und Chautagne am Lac du Bourgeot; Les Abîmes, Apremont, Arbin, Chignin, Chignin-Bergeron, Cruet, Montmélian, St-Jean-de-la-Porte und Ste-Jeoire-Prieuré südlich von Chambéry sowie Ste-Marie d'Alloix in Richtung Grenoble.

**REBSORTEN** Für Rotweine sind Mondeuse, Gamay und Pinot Noir erlaubt. Für die weißen dürfen Jacquère, Altesse und kleinere Mengen von Chardonnay, Aligoté und Chasselas (Fendant) angebaut werden.

**REBFL/PROD** Ca. 1 700 ha, rund 110 000 hl/Jahr.

**PRODUZENTEN** Bellvard, Cavaillé, Monin, Monterminod, Neyroud, Perret, Perrier, André & Michel Quénard, Jean-Pierre & Jean-François Quénard, Claude Quénard, de Ripaille, Boniface, Maison Philippe Viallet.

## Produzenten in Savoyen

### Pierre Boniface

Pierre Boniface ist der Besitzer des Weinguts Domaine des Rocailles. Er macht einen klassischen Vin de Savoie Apremont und einen Roussette, einen guten Mondeuse d'Arbin sowie einen Schaumwein. FAKTEN 15 ha, 25 000 K./J.

• **Besuch:** Nach Vereinbarung. **Adresse:** Les Rocailles, FR-73800 St-André-les-Marches. **Tel.** 04 79 28 14 50. **Fax** 04 79 28 16 82.

### Cave de Chautagne

Die Genossenschaft wurde 1952 gegründet. Die Rebflächen liegen rund um den nördlichen Teil des Lac du Bourgets. Rotweine aus Mondeuse, Gamay und Pinot Noir. Für die weißen werden Jacquère, Chardonnay und Aligoté angebaut. FAKTEN 140 ha, ca. 75 000 Kisten/Jahr.

• **Besitzer:** 190 Mitglieder **Besuch:** Nach Vereinbarung. **Adresse:** FR-73310 Ruffieux. **Tel.** 04 79 54 27 12.

### Cave Coop. des Vins Fins de Cruet

Eine große Genossenschaft in Savoyen. Ein leichter Pinot Noir, ein kräftiger und verfeinerter Mondeuse Arbin sowie weißer Chignin sind die Weine im Angebot. FAKTEN 275 ha, ca. 260 000 Kisten/Jahr.

• **Besitzer:** 340 Mitglieder **Besuch:** Nach Vereinbarung. **Adresse:** FR-73800 Cruet. **Tel.** 04 79 84 28 52.

### Fichard

Einer der besten Produzenten von Crépy-Weinen am Genfersee. Die Rebsorte ist Chasselas.

• **Besuch:** Nach Vereinbarung. **Adresse:** FR-74140 Chens-sur-Léman. **Tel.** 04 50 94 04 02. **Fax** -08 28.

### Madame Alexis Genoux

Vor allem Rousette de Savoie und Vin de Savoie Cru Arbin. 60% Rotweine aus Mondeuse, 10% Gamay. Weißwein aus Jacquère und Altesse. FAKTEN 5 ha, ca. 4 000 Kisten/Jahr.

• **Besitzer:** Fam. Genoux **Besuch:** Mo-Fr 8-12, 14-20. **Adresse:** 335, Chem. de Moulins, FR-73800 Arbin. **Tel.** 04 79 84 24 30. **Fax** 04 79 65 24 32.

### Maison Mollex

Familiengut aus dem 17. Jahrhundert. Stiller Weißwein und Schaumwein aus Altesse. Ausgezeichnet ist der Seyssel-Wein „La Tacconière". FAKTEN 25 ha, ca. 13 000 Kisten/Jahr.

• **Besitzer:** Jean-Pierre Mollex **Besuch:** Nach Vereinbarung. **Adresse:** Corbonod, FR-01420 Seyssel. **Tel.** 04 50 56 12 20. **Fax** 04 50 56 17 29.

## Produzenten in Savoyen

### Dom. Monin

Familienbesitz, 1769 gegründet. Erzeugt u.a. sehr guten Vins du Bugey (Gamay) und weißen Rousette de Bugey (Chardonnay und Altesse). Auch der Mondeuse ist sehr ansprechend. FAKTEN 25 ha, 12 500 Kisten/Jahr.

• **Besitzer:** Phillipe & Hubert Monin **Besuch:** Täglich 8-11, 14-19.30. **Adresse:** FR-01350 Vongnes. **Tel.** 04 79 87 92 33. **Fax** 04 79 87 93 25.

### Ch. Monterminod

Ein Qualitätsproduzent mit sehr niedrigem Ertrag; 30 hl/ha. Das ganz besondere Mikroklima, das sogar Feigenanbau ermöglicht, trägt dazu bei, dass dieses Weingut zu den führenden der Region zählt. Rot- und Roséweine aus Mondeuse sowie Roussette de Savoie.

• **Besitzer:** J. Girard **Besuch:** Nach Vereinbarung. **Adresse:** FR-73230 St-Alban-Lyesse. **Tel.** 04 79 33 01 24.

### Jean Perrier et Fils

Familienbesitz in fünfter Generation. Gehört zu den größten Erzeugern der Region. Weinberge in Apremont und Les Abîmes. Leichte und gut gebaute Weine. Auch Chignin, Roussette de Savoie, Mondeuse d'Arbin, Gamay, Pinot Noir sowie Schaumwein nach der Champagner-Methode. FAKTEN 15 ha eigene Rebfläche, 18 000 K./Jahr.

• **Besuch:** Nach Vereinbarung. **Adresse:** FR-73800 St-André-les-Marches. **Tel.** 04 79 28 11 45. **Fax** 04 79 28 09 91.

### La Cave du Prieuré

Ein geschickter Produzent mit Besitz u.a. in Roussette de Savoie. Die weißen, aromatischen Marestel sind sehr gut. Auch der Jongieux blanc (aus Jacquère) und der Mondeuse rouge. FAKTEN 5 ha, ca. 3 000 Kisten/Jahr.

• **Besitzer:** Raymond Barlet & Fils **Besuch:** Nach Vereinbarung. **Adresse:** FR-73170 Jongieux. **Tel.** 04 79 44 02 22. **Fax** 04 79 44 03 07.

### André & Michel Quénard

Die Weinberge liegen an den bekannten Torméry-Hängen bei 300 m ü.M. Moderne Weinherstellung mit sortenreinen Weinen. Bester Wein ist der Chignin-Bergeron. Auch Chignin-Blanc. Außerdem werden Roussanne, Mondeuse und Gamay angebaut. Der Markenwein heißt Coteaux de Torméry. FAKTEN 16 ha, ca. 10 000 Kisten/J.

• **Besitzer:** André & Michel Quénard **Besuch:** Nach Vereinbarung. **Adresse:** Torméry, FR-73800 Chignin. **Tel.** 04 79 28 12 75. **Fax** 04 79 28 19 36.

### Jean-Pierre & Jean-François Quénard

Familienunternehmen mit einer Geschichte, die bis ins 17. Jh. zurückreicht. Sehr guter Chignin und Pinot Noir. Beide AOC Vin de Savoie. FAKTEN 9 ha, ca. 6 000 Kisten/Jahr.

• **Besuch:** Nach Vereinbarung. **Adresse:** Le Villard, FR-73800 Chignin. **Tel.** 04 79 28 08 29. **Fax** 04 79 28 18 92.

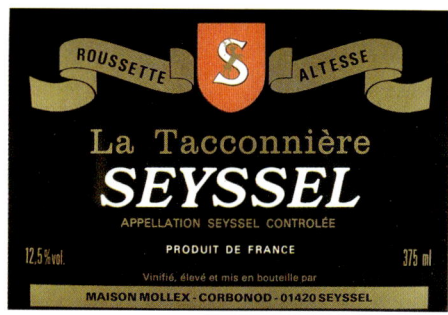

*Maison Mollex erzeugt ansprechende Weine aus Seyssel, sowohl stille als auch gefragte Schaumweine.*

### Le Vigneron Savoyard

Eine kleine Genossenschaft, 1966 gegründet. Sehr guter Apremont (aus Jacquère) und Abîmes, ferner Vin de Savoie. Überragende Rotweine. Moderne Herstellung. FAKTEN 36 ha, ca. 20 000 Kisten/Jahr.

• **Besitzer:** 10 Mitglieder **Besuch:** Täglich 9-17. **Adresse:** Route du Crozet, FR-73190 Apremont. **Tel.** 04 79 28 33 23. **Fax** 04 79 28 26 17.

### Varichon & Clerc

Regional ein namhafter Produzent mit großem Besitz in Seyssel. Gute Qualität für Schaumwein (Royal Savoie) und *pétillant*. Auch stille AOC Savoie und Roussette de Savoie. FAKTEN 100 ha, ca. 150 000 Kisten/Jahr.

• **Besitzer:** Grands Vins J-C Boisset **Besuch:** Nach Vereinbarung. **Adresse:** Les Séchallets, FR-01420 Seyssel. **Tel.** 04 50 59 23 15.

# PROVENCE

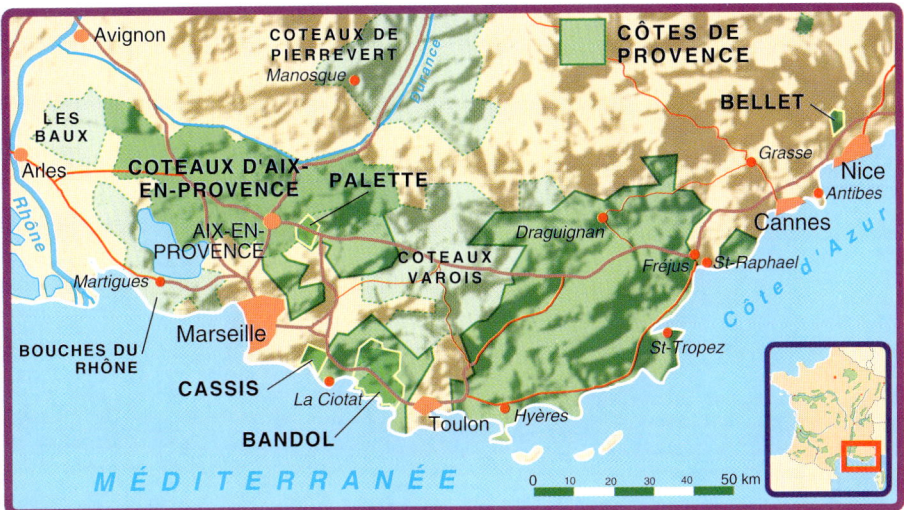

GESCHICHTE Die Weine aus der Provence genossen im 14. und 15. Jh. einen sehr guten Ruf. Während andere Weingebiete vorrückten, hat die Provence stets an Ruf verloren. Die Region wurde bis heute schwer vernachlässigt und leidete unter Armut. Die Bevölkerung hatte andere Probleme, als an die Produktion von Qualitätsweinen für eine kleine Oberschicht zu denken. Bis Mitte der

*Bergdörfer, brennende Sonne, duftender Lavendel, aber auch Weinbau prägen die Landschaft der Provence.*

70er Jahre gab es nur vier AOC in der gesamten Provence; CASSIS und BANDOL an der Küste, PALETTE außerhalb von Aix sowie BELLET nördlich von Nizza. Die restlichen Bezirke der Region produzierten nur einfache Tafelweine. Ab 1977 haben mehrere größere Bezirke den AOC- und VDQS-Status erhalten: CÔTES DE PROVENCE, CÔTEAUX D'AIX-EN-PROVENCE, COTEAUX VAROIS sowie COTEAUX DES BAUX im Westen.

GEOGRAPHIE Östlich der Rhône-Mündung, in Richtung Cannes, erstreckt sich die Provence mit 100 km Länge und 50 km Breite. Schön und großzügig, aber auch karg mit brennender Sonne, Pinien, Gewürzdüften, Lavendel, Oliven und Roséwein. Ein Bild vom Paradies für Leute aus den nördlicheren Gebieten Europas, aber eine bittere Wirklichkeit für die Winzer, die hier den Wein erzeugen.

KLIMA Heiß und sonnig mit gut 3 000 Sonnenstunden/Jahr. Die Provence kann aber von gewaltigen Wolkenbrüchen und Stürmen heimgesucht werden. Meist trifft das schlechte Wetter nach der Lese ein, jedoch nicht immer.

WEINE Rot-, Weiß- und Roséweine. Die Rotweine, mit ihrer großen Geschmackspalette, werden auch in Zukunft die interessantesten sein. Die weißen haben oft einen niedrigen Säuregehalt und sind etwas flach, natürlich mit Ausnahmen. Die Roséweine sind mit Recht am bekanntesten. Zum passenden Essen und Wetter ist der Rosé de Provence oft die beste Alternative.

REBSORTEN Insgesamt sind 58 verschiedene Sorten zugelassen. Rote: Grenache, Carignan, Cinsault, Mourv, Syrah sowie einige lokale Varianten. Weiße: Bourboulenc, Clairette, Ugni Blanc, Grenache Blanc, Vermentino sowie lokale Sorten.

REBFL/PROD Ca. 30 000 ha, knapp zwei Mio. hl/Jahr. Die Rebfläche deckt 50% der gesamten Anbaufläche der Region.

WISSENSWERT Weitere Informationen: Comité Interprofessionnel des Vins de Côtes de Provence, Maison des Vins - RN 7, FR-83460 Les Arcs. Tel. 04 94 99 50 10. Fax 04 94 99 50 19.

## PALETTE

RUF  Örtlich hat Palette einen sehr guten Ruf. Die Tatsache, dass der Ruf so lokal begrenzt ist, hat zwei Gründe: Teils eignen sich die Weine nicht für den Transport, teils wird die minimale Pro-

*In Palette werden u.a. finessenreiche Rotweine erzeugt. Schwer zu finden, aber es lohnt sich danach zu suchen.*

duktion von regionalen Händlern und Gasthäusern gekauft. Die Weine sind sehr gut und gewinnen während 10-12 Jahren Lagerzeit.

WEINE  Rot-, Weiß- und Roséwein. Der Rotwein überwiegt mit 50% der Produktion. Nicht zu dunkle Weine mit würzigem Aroma in Richtung Pinie und Veilchen. Der Geschmack ist finessenreich und mittelfüllig, der Wein ist herb und gewinnt durch Lagerung. Es ist nicht mehr viel übrig von der ursprünglichen Palette-Appellation. Die stark wachsende Stadt Aix hat 75% der Rebfläche schon verschlungen. Palette steht mit diesem Problem nicht alleine da. Viele kleine Appellationen wie Cassis und Condrieu können nur schwer den hohen Preisen widerstehen, die ihnen von den Großstädten für ihre Böden geboten werden.

KLASSIFIZIERUNG  AOC. Keine interne Klassifizierung, Palette gehört aber zu den vier traditionellen Appellationen in der Provence (Bandol, Cassis, Palette und Bellet).

BODEN  Ein für die Provence einzigartiger Boden mit dem örtlichen Kalkstein „Calcaire de Lagesse". Gerade dieser spezielle Boden zeichnet Palette als besondere Appellation aus. Vor allem sind Komplexität und Finesse des Weißweins auf die Bodenverhältnisse zurückzuführen.

REBSORTEN  Hier sind mehr Sorten zugelassen als in irgendeiner anderen Appellation. Gut 25 regionale Sorten dürfen angebaut werden und die meisten werden es auch, wenn auch in kleinem Maß. Sie werden nach Belieben für den endgültigen Verschnitt verwendet. Übliche Sorten für Rote und Rosé: Gren und Mourv zu 80% sowie Cinsault, Syrah, Plant d'Arles, Manoscan u.a.m. Weiße: Clairette zu 80% sowie Ugni Blanc, Grenache Blanc, Sém, Muscat Blancs, Pascal, Araignan u.a.

REBFL/PROD  Ca. 34 ha, rund 1 400 hl/Jahr.

PRODUZENTEN  Ch. Simone, Ch. Crémade.

## CASSIS

RUF  Das Gebiet Cassis hatte früher einen guten Ruf für die speziellen, blumigen Weißweine und auch für die reinen Roséweine. Die Zeiten haben sich jedoch geändert und man konnte sich gegenüber anderen benachbarten Gebieten mit Weinen gleichen Typs nicht behaupten. Gleichzeitig wurde auch der Boden dieses malerischen Fischerdorfs von Maklern aus Marseille sehr begehrt. Viele Hektare ehemaliger Rebflächen unter den steilen Kalksteinfelsen sind heute Gärten von Villen. Mehrere große Künstler, u.a. Matisse und Dufy, holten sich hier ihre Motive: Fischerboote, die vom nächtlichen Fang zurückkehren oder kleine Hafengasthäuser.

WEINE  Rot-, Weiß- und Roséweine mit dem Schwerpunkt bei Weißweinen. Die roten sind mittelmäßig im soliden, rustikalen Stil. Keine Weine zum Lagern; sollten vor Ort in Begleitung von Fleisch und Käse genossen werden. Die Roséweine sind angenehm frisch, aber in keiner Weise aufregend. Die Weißweine dagegen sind sehr spannend mit frischen Früchten und einem ganz

*Cassis ist ein malerisches Fischerdorf westlich von Bandol. Sehr gute Weißweine, aber auch Rosé.*

besonderen Bukett von Kräutern und aromatischen Gewürzen. Trocken, bisweilen mit etwas zu niedrigem Säuregehalt. Sollten jung, zu frischem Fisch oder der typischen Bouillabaisse getrunken werden.

KLASSIFIZIERUNG  AOC. Keine interne Klassifizierung, aber die älteste Appellation der Gegend.

BODEN  Kalkhaltige Sand- und Schlammböden.

REBSORTEN  Rot und rosé: Grenache, Mourvèdre, Cinsault und Carignan. Weiße: Ugni Blanc, Clairette, Bourboulenc, Pascal Blanc, Marsanne und Sauvignon.

REBFL/PROD  170 ha, meist mit weißen Sorten bestockt. Ca. 6 700 hl/Jahr.

PRODUZENTEN  La Ferme Blanche, Clos Val Bruyère, Dom. Caillol, Ch. de Fontcreuse, Dom. du Bagnol, Clos Boudard, Clos Ste-Magdelaine, Ch. de Fontblanche.

## BANDOL

RUF Von den Appellationen in der Provence hat Bandol wahrscheinlich den besten Ruf für seine kräftigen Weine. Sie können gut zehn Jahre gelagert werden. Die günstige Lage und die strikten Regeln wie z.B. max. Ernteertrag von 40 hl/ha, Fassausbau während 18 Monaten und mind.

*In Bandol, östlich der großen Hafenstadt Marseille, werden gute, langlebige Rotweine erzeugt.*

50% Anteil an Mourvèdre führen dazu, dass Bandol die besten Voraussetzungen aller Weine in der ganzen Provence hat. Schon 1941 fanden die Behörden, dass Bandol ihre AOC erhalten sollte. Lange vorher schon waren die Weine gefragt. Laut Marinebiologen verschifften schon die Römer Wein aus dem Hafen von Bandol, und Ludwig XV. glaubte, dass der Wein aus dieser Gegend ihm die gute körperliche und seelische Verfassung bewahre.
  WEINE Vorwiegend Rot- und Roséwein, aber auch Weißwein. Rotwein: langlebig, füllig mit gutem Tannin, würzig mit schwarzen Johannisbeeren, Veilchen und manchmal Trüffel. Weißwein: trocken und recht neutral mit besserem Körper als die meisten Roséweine.
  KLASSIFIZIERUNG AOC. Keine interne Klassifizierung. Bandol gehört jedoch zu den vier ursprünglichen Appellationen der Provence.
  BODEN Feuerstein und Kalkstein mit Sand gemischt.
  REBSORTEN Für Rotweine und Rosé: Mourvèdre, Grenache und Cinsault bis zu 80%, Calitor, Carignan, Syrah, Tibouren sowie der weiße Bourboulenc, Ugni Blanc, Clairette und Sauvignon Blanc bis max. 20%. Für Weißweine: Bourboulenc, Clairette und Ugni Blanc sowie max. 40% Sauvignon Blanc.
  REBFL/PROD Ca. 1 400 ha, 48 000 hl/Jahr.
  PRODUZENTEN Dom. Tempier, Dom. du Cageloup. Dom. de l'Heritage, La Bastide Blanche, Dom. de l'Olivette, Moulin des Costes/Mas de la Rouvière, Dom. de Pibardon, Dom. Ray-Jane, Dom. le Gallatin, Dom. des Salettes, Ch. Pradeaux, Ch. Romassan (Dom. Ott) und Ch. Vannières.

## BELLET

RUF Diese winzige Appellation liegt hoch in den Bergen, nördlich der Stadt Nizza. Schon 500 Jahre vor unserer Zeit haben die Phönizier gerade in diesem kleinen Felsenspalt Reben angebaut. Sie müssen die ganz besonderen mikroklimatischen Verhältnisse erkannt haben: abkühlende Meereswinde während des Tages und kalte Alpenwinde in der Nacht. Diese außergewöhnliche Lage macht die Weine von Bellet zu den fruchtigsten und frischesten aller Varianten der Provence. Es wird auch sehr spät gelesen, erst Mitte Oktober, d.h. einen ganzen Monat später als in der übrigen Provence.

*Bellet ist ein äußerst kleines Weinbaugebiet in den Bergen bei Nizza. Man erzeugt Rot-, Weiß- und Roséweine.*

WEINE Rot-, Weiß und Roséweine. Die roten haben einen etwas rustikalen Charakter mit reichem Bukett und frischer Frucht. Können 5-8 Jahre in der Flasche gelagert werden. Rosé: trocken und sehr frisch mit fein abgestimmter Blume. Weiße: sehr trocken mit Fülle und Klasse, aromatisch und stark duftend mit Komplexität und Finesse. Sollten jung genossen werden, weil dann die spezielle, aromatische Frucht in bester Weise hervortritt.
  KLASSIFIZIERUNG AOC. Keine interne Klassifizierung, aber ein früher Appellationsstatus.
  BODEN Magerer Kiesboden gemischt mit Granit und Feuerstein.
  REBSORTEN Für Rot- und Roséweine: Fuella, Folle Noir, Cinsault und Braquet (eine Rebsorte, die sonst nur in kleinen Mengen im Piemont zu finden ist). Für Weißweine: Rolle, Majorquin, Pignerol, Chardonnay u.a.
  REBFL/PROD 31 ha, ca. 1 000 hl/Jahr. Kein Wunder, sind die Weine außerhalb der Region schwer zu finden.
  PRODUZENTEN Château de Crémat, Les Coteaux de Bellet, Ch. de Bellet, Clos St-Vincent und Domaine de Lou Clot de la Touré.

## CÔTES D'AIX-EN-PROVENCE

RUF  Als AOC ist Coteaux d'Aix-en-Provence ein junger Bezirk der Appellationsstatus wurde erst 1984 erteilt. 1986 erhielten Aix und Baux eigene AOC. Der Ruf ist heute im Steigen, aber

*Coteaux d'Aix-en-Provence ist ein junges Gebiet mit hervorragender, aber unbeständiger Wein-Qualität.*

noch sehr unbeständig. Einige führende Winzer erzeugen Weine, die unter die besten der Provence fallen. Immer mehr Winzer werden von der Qualitätserhöhung inner- und außerhalb Frankreichs angespornt, Weine zu erzeugen, die sich im Vergleich behaupten können.

WEINE  Rotweine dominieren mit 75%, der Rest hauptsächlich Rosé, kaum Weißwein. Die Rotweine mit großer Kraft und guter Konzentration haben ein gutes Alterungspotenzial. Die Roséweine ähneln denen aus Côtes-de-Provence und können sehr gut sein. Die wenigen Weißweine sind meistens leicht, ohne Körper und Konzentration.

KLASSIFIZIERUNG  AOC. Keine interne Klassifizierung.

BODEN  Magerer, steiniger Boden mit Einschlag von Kalk und Lehmschiefer.

REBSORTEN  Klassische Rhône-Sorten (Mourvèdre, Syrah, Cinsault und Grenache) aber auch recht großer Anteil an CS und Merlot. Auch bei den Weißen sind die Rhône-Sorten vorherrschend (Clairette, Marsanne, Picpoul, Ugni Blanc) sowie Chardonnay und Sauvignon.

REBFL/PROD  Etwas mehr als 3 500 ha (inklusive Les Baux 200 ha), ca. 165 000 hl/Jahr, davon 9 000 in Les Baux. Les Baux als Zusatzappellation hat eine Rebfläche von ungefähr 300 ha. 100 000 hl/Jahr, davon 10 000 hl in Les Baux.

PRODUZENTEN  Ch. Vignelaure und Dom. Trévallon mit Spitzenstellung. Weitere gute Erzeuger: Ch. Bas, Dom. les Bastides, Ch. Beaupré, Cellier des Quatre Tours, Ch. de Calissanne, Ch. la Coste, Mas de la Dame, Dom. de La Grande, Ch. du Seuil, Ch. de Fonscolombe, Mas de Gourgonnier, Mas Ste-Berthe.

## CÔTES DE PROVENCE

RUF  Côtes de Provence ist nicht unbedingt ein Gebiet, das man mit Qualitätsweinen verknüpft. Bis Mitte der 70er Jahre waren die Winzer mit einfachen Touristen-Rosé zufrieden. Heute hat sich die Lage geändert und nach einigem Experimentieren fängt man allmählich an, eine Identität zu finden. Die Erhebung zum AOC-Status 1977 hat die Konzentration auf die Qualität angespornt.

WEINE  Rot, weiß und rosé. In diesem Meer von Weinen gibt es eine Menge guter Produzenten. Viele Rotweine haben im Vergleich zu den traditionellen, leichteren Provence-Weinen Kraft und Schwere. Die Entwicklung zielt auf bessere, haltbarere Weine mit stabiler Frucht. Einige werden ganz oder teilweise in neuer Eiche ausgebaut. Auch gute Weißweine kann man antreffen. Früher hatte man Probleme mit der Säure. Mit neuer Technik erscheinen aber immer häufiger gute Weißweine mit feiner Säure.

KLASSIFIZIERUNG  AOC. Keine interne Klassifizierung.

BODEN  Höchst wechselhafte, magere Böden. Der Küstenstreifen von Toulon bis St-Raphael hat roten Sandsteinboden mit Lehmschiefer. Der nördliche, felsige Teil im Westen hat einen steinigen, mit Kalk gemischten Boden. Die östliche Zone bei den Alpen besteht vorwiegend aus Lehmböden, gemischt mit Schiefer und Granit.

REBSORTEN  Rot und rosé: klassische südfranzösische Sorten wie Mourvèdre, Cinsault, Sy-

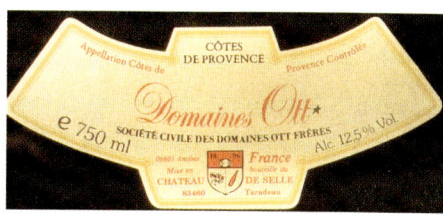

*Côtes de Provence ist ein Gebiet mit Weinen, die sich seit den 70er Jahren erheblich verbessert haben.*

rah und Carignan. Der Trend der 80er Jahre, die traditionellen Sorten durch Cabernet und Merlot zu ersetzen, ist erloschen. Viele lokale Sorten werden wieder entdeckt, z.B. Tibouren, Plant d'Arles und Calitor.

REBFL/PROD  19 000 ha, ca. 830 000 hl/Jahr, davon 80% Rotwein. Die Anbaufläche umfasst einen Drittel des Departement Var und einen Teil von Bouches-du-Rhône westlich von Var.

PRODUZENTEN  Ch. Barbeyrolles, Dom. Ott/Ch. de Selles/Clos Mireille, Dom. la Bernarde, Dom. de Lauzade, Dom. Gavity, Dom. de la Croix, St-André de Figuière, Ch. Baron Georges, Castel Roubine, Commanderie de Peyrassol, Ch. Real d'Or, Dom. Richeaume, Dom. de Rimauresq und Ch. Ste-Marguerite.

## Dom. La Bernarde

GESCHICHTE Man kann den Weinbau hier schon für 1778 nachweisen. Das Weingut ist seit dem Zweiten Weltkrieg in gleichem Besitz. Seit der Betrieb von Guy Meulnart übernommen wurde, setzt man bewusst auf Qualitätsweine.

WEINE Provence-Weine etwas über dem Durchschnitt. Nicht allzu leichte Rotweine mit gutem Potenzial, füllige Roséweine, etwas schwere und neutrale Weißweine. Der interessanteste ist der Prestigewein namens Clos Bernarde St-Germain. Für diesen Wein sind die besten Rebstöcke reserviert und der Ertrag wird niedrig gehalten. Vor allem die rote Tête de Cuvée ist hervorragend.

KLASSIFIZIERUNG AOC Côtes de Provence.

REBSORTEN Domaine La Bernarde rot: 30% Gren, 30% CS, 30% Syrah, 10% Mourv.; Blanc de Blancs: 40% Clairette, 50% Ugni Blanc, 10% Sém; Rosé: 40% Gren, 40% Cinsault, 20% Tibouren. Clos Bernarde St-Germain „Tête de Cuvée": 40% CS, 50% Syrah, 10% Gren. Blanc de Blancs: 40% Clairette (von alten Rebstöcken), 60% Sémillon. Rosé Premier Taille: 60% Grena-

*La Bernarde ist ein erstklassiger Produzent von Côtes-de-Provence-Weinen. Der Prestigewein heißt St-Germain.*

che, 30% Cinsault, 10% Mourvèdre.

WEINHERSTELLUNG Gärung in temperierten Tanks, jede Sorte einzeln. Die Weißen werden vorsichtig gekeltert und kühl vergoren. Der rote St-Germain wird 24-30 Monate im Fass ausgebaut. Weiße und Rosé werden 6-12 Monate ausgebaut, jedoch nicht im Fass.

LAGERUNG Tête de Cuvée mind. 10 Jahre. Premier Taille drei Jahre.

REBFL/PROD 33 ha, etwa 15 000 Kisten/Jahr.

**Besitzer** Guy Meulnart • **Kellermeister** Robert Gouaty • **Besuch** Täglich 8-12, 13.30-17, außer So • **Adresse** Dom. La Bernarde, FR-83340 Le Luc • **Tel.** 04 94 60 71 31 • **Fax** 04 94 47 96 04

PRODUKTION        QUALITÄT        PREIS

## Dom. Ott (Ch. de Selle, Clos Romassan, Clos Mireille)

GESCHICHTE 1896 kam Marcel Ott aus dem Elsass, um seinen Traum vom Weinbau zu verwirklichen. Heute führen sieben Brüder und Vettern der dritten Generation drei Güter: Ch. de Selle und Clos Mireille in der Provence sowie Ch. Romassan in Bandol. Der Roséwein Coeur de Grain von Romassan und vor allem de Selle gehören zu den besten in der Provence. Die beiden Güter erzeugen auch einige Rotweine. Insbesondere der Ch. de Selles ist außerordentlich gut. Clos Mireille erzeugt nur Weißweine.

WEINE Reife, tiefe, fruchtige Rotweine. Fri-

*Dom. Ott ist ein kleines Weingutsimperium der Familie Ott. Ch. de Selle gehört zu den besten der Provence.*

sche, kräftige Roséweine und intensive, fruchtige Weißweine mit gutem Körper.

KLASSIFIZIERUNG Ch. de Selle ist Cru Classé AOC Côtes de Provence. Ch. Romassan AOC Bandol und Clos Mireille AOC Côtes de Provence.

REBSORTEN Ch. de Selle: CS, Cinsault, Gren. „Blanc de Selle": Sém, Clairette und UB. Clos Mireille „Blanc de Blancs": Sém und UB. Ch. Romassan „Cour de Grain": Mourv, Cinsault, Gren. „Blanc de Bandol": SB und Ugni Blanc.

WEINHERSTELLUNG Traditionelle Methoden. Fassausbau für die Rotweine.

LAGERUNG Rosé und Weißweine sollten generell jung getrunken werden. Weine mit Jahrgangsbezeichnung können 5-6 Jahre gelagert werden. Die roten sind für doppelt so lange Lagerzeit gedacht.

REBFL/PROD 155 ha, ca. 60 000 Kisten/Jahr. Ch. de Selle 48 ha, Clos Mireille 47 ha, Ch. Romassan 60 ha.

**Besitzer** Fam. Ott • **Kellermeister** J.-D. Bach, N. Turounet, F. Gaillard • **Besuch** Mo-Sa 9-13, 15-17 • **Adresse** Clos Mireille, Rte. du Fort de Brégançon, FR-83250 La Londe les Maures • **Tel.** 04 94 01 53 53 • **Fax** 04 94 01 53 54 • **Homepage** www.domaines-ott.com

PRODUKTION        QUALITÄT        PREIS

## CH. SIMONE

**GESCHICHTE** Ch. Simone ist seit über 150 Jahren in Besitz der Familie Rougier. Heute sind René und Jean-François Rougier für den Betrieb verantwortlich. Im Herzen der Provence auf etwa 200 Meter Höhe liegt dieses schöne alte Schloss. Einzigartige Bodenverhältnisse mit einem beson-

*Das schöne, alte Château Simone ist der führende Erzeuger von AOC-Palette-Weinen.*

deren Kalkstein, „calcaire de Lagesse", sorgen für Qualität.
**WEINE** Rot, weiß und rosé. Die roten sind elegante, stilechte Weine mit viel Geschmack, reifer Frucht, würzigem Charakter und reichen Tönen vom Eichenfass. Auch die Roséweine haben Fülle und Kraft und sind etwas altmodisch mit einer Note von Oxidation und etwas Fasscharakter. Die Weißweine sind in Eiche ausgebaut, besitzen große Kraft und brauchen einige Jahre, um die Ausgewogenheit zu erhalten.
**KLASSIFIZIERUNG** AOC Palette. Mit Abstand das beste der beiden Weingüter, die Palette-Weine erzeugen.
**REBSORTEN** Rot und rosé: Gren 45%, Mourvèdre 20%, Cinsault 10% sowie lokale Sorten. Weiß: Clairette 80%, Gren Blanc 15%, UB 5%.
**WEINHERSTELLUNG** Traditionelle Methoden und Ausbau in Eichenfässern. Der Rotwein liegt drei Jahre im Fass. Einige Rebstöcke sind über 100 Jahre alt und das Durchschnittsalter liegt bei fast 50 Jahren. Auch Rosé- und Weißweine werden im Fass ausgebaut.
**LAGERUNG** Mind. 10 Jahre für die Roten. Weiße: 3-4 Jahre, halten aber bis zu 10 Jahren oder mehr.
**REBFL/PROD** 17 ha, ca. 8 000 Kisten/Jahr.

**Besitzer** Fam. Rougier • **Kellermeister** Fam. Rougier • **Besuch** Nach Vereinbarung • **Adresse** Ch. Simone, FR-13590 Meyreuil • **Tel.** 04 42 66 92 58 • **Fax** 04 42 66 80 77

PRODUKTION   QUALITÄT   PREIS

## CH. VIGNELAURE

**GESCHICHTE** Vignelaure ist ein altes Weingut aus dem 19. Jh. Sein Aufstieg begann jedoch erst 1966, als es in den Besitz von Georges Brunet, der damals gerade La Lagune in St-Julien verkaufte, überging. In den 70er Jahren kam dann der Erfolg: Die Weine erlangten zu Ende des Jahrzehnts so etwas wie einen Kultstatus. Biologischer Anbau, Künstler-Etiketten, Cabernet-basierter, guter Wein aus einem Einzelgebiet. Heute ist das Schloss in Besitz des Engländers David O'Brien.
**WEINE** Dunkle, füllige Weine mit großer, süßer Frucht, guter Säure und recht straffem Tannin in der Jugend. Die Syrah-Traube dominiert immer mehr.

*Ch. Vignelaure ist ein Pionier der biologischen Anbauweise. Das Schloss hat seit langem Kultstatus.*

**KLASSIFIZIERUNG** AOC Coteaux d'Aix-en-Provence.
**REBSORTEN** Ch. Vignelaure: 40% Syrah, 30% Cabernet Sauvignon, 30% Grenache. La Source de Vignelaure Rouge: Syrah, Cabernet Sauvignon, Grenache.
**WEINHERSTELLUNG** Traditionelle Herstellung. Jede Rebsorte wird einzeln vergoren und teils in großen *Foudres* (8-9 000 Liter), teils in Barriques, jedoch mit Vorsicht, ausgebaut. Die Philosophie lautet: lieber Frucht als Eiche. Der Wein wird danach viermal/Jahr abgezogen. Nach zwei Jahren wird er verschnitten und auf Flaschen gezogen.
**LAGERUNG** Sehr lagerfähige Weine. Fordern zehn Jahre, gewinnen nach 5-8 Jahren.
**REBFL/PROD** 63 ha, etwa 22 000 Kisten/Jahr.

**Besitzer** David O'Brien • **Kellermeister** Michel Caral • **Besuch** Täglich 9-18 • **Adresse** Ch. Vignelaure, Route de Jouques, FR-83560 Rians • **Tel.** 04 94 37 21 10 • **Fax** 04 94 80 53 39 • **E-Mail** david.obrien@wanadoo.fr

PRODUKTION   QUALITÄT   PREIS

## V & S Dom. Rabiega

GESCHICHTE 1986 kaufte das schwedische Monopol-Unternehmen für Weinimport Vin & Sprit dieses Weingut in erster Linie als Schulungszentrum für sein Personal. Rabiega ist aber vor allem ein Weingut mit produktiver Anbaufläche und dem begeisterten Verwalter/Kellermeister Lars Torstenson. Seit 1995 ist auch das Ch. d'Esclans, in Besitz der Svenska Tobaks AB, von Rabiega gepachtet.

WEINE Clos d'Ière cuvée No 1 und 2 sind dunkle, dichte Weine mit strammen Tanninen, viel Frucht und ausgewogenem Säuregehalt. No 1 (100% Syrah) hat eine pfeffrige Frucht wie ein Hermitage. No 2 (Grenache, Carignan) ist leichter und zieht mit seinem Zimt- und Vanillecharakter Richtung Rioja. Weißweine aus Sauvignon Blanc, Chardonnay und Viognier.

KLASSIFIZIERUNG AOC Côtes de Provence.

REBSORTEN 25% Grenache, 25% Carignan, 20% Syrah u.a.

WEINHERSTELLUNG Clos d'Ière wird in Eiche ausgebaut (Alliers für No 1, amerikanische Ei-

*Dom. Rabiega gehört der schwedischen Importfirma Vin & Sprit. Leichte, gute Provence-Weine mit feiner Frucht.*

che für No 2). Auch der Weißwein wird in Eiche ausgebaut. Die übrigen (rote, rosé, weiße) werden traditionell erzeugt und früh abgefüllt. Beim weißen Domaine Rabiega wird mit allen denkbaren Methoden experimentiert, um den besten und frischesten Wein zu erhalten.

LAGERUNG Clos d'Ière bis zu 10 Jahren. Clos d'Ière Blanche bis zu 5 Jahren. Die übrigen Weine sind jung zu trinken.

REBFL/PROD 10,5 ha, etwa 3 000 Kisten/Jahr.

---

**Besitzer** V&S (Vin & Sprit) in Stockholm
• **Kellermeister** Lars Torstenson • **Besuch** Mo-Sa 9-12, 14-17, im Winter 9-12 • **Adresse** V & S Dom. Rabiega, Route de Lorgues, FR-83300 Draguignan
• **Tel.** 04 94 68 44 22, 04 94 60 30 00 • **Fax** 04 94 47 17 72 • **E-Mail** vin@rabiega.com

PRODUKTION        QUALITÄT        PREIS

## Weitere Produzenten

### Ch. Barbeyrolles

Kleines Weingut mit Grenache, Syrah und Mourvèdre direkt außerhalb von St-Tropez. In Besitz von Régine Sumeire, die auf gute Rot- und Roséweine setzt. Diese werden in alter und neuer Eiche ausgebaut. FAKTEN 12 ha, ca. 5 000 Kisten/Jahr. AOC Côtes de Provence.

• **Besitzer:** Régine Sumeire **Besuch:** Werktags 8-19. **Adresse:** Gassin, FR-83990 St-Tropez. **Tel.** 04 94 56 33 58.

### Commanderie de Peyrassol

Weinberge und 100 Hektar Wald in Besitz der Familie Rigord. Man erzeugt die Cuvée Éperon d'Or (40% CS, 20% Mourvèdre, 20% Grenache, 20% Syrah) und die Cuvée Marie-Éstelle (65% CS sowie Syrah, Grenache). FAKTEN 62 ha, ca. 28 000 Kisten/Jahr. AOC Côtes de Provence.

• **Besitzer:** Yves & François Rigord **Besuch:** Werktags 9-12, 14-17. **Adresse:** Flassans-sur-Issole, FR-83340 Le Luc. **Tel.** 04 94 69 71 10.

### Ch. de Crémat

Fast die Hälfte des AOC Bellet besteht aus diesem ausgezeichneten Weingut. Rot-, Weiß- und Roséweine. Die Weißweine werden aus dem würzigen Rolle zu 80% und zu 20% aus Chardonnay erzeugt. Rosé: Braquet 60%, Folle Noir 20% und Cinsault 20%. Rote: 60% Folle Noir, 20% Grenache und 20% Braquet. Das Resultat ist ein Burgunder-ähnlicher Wein. FAKTEN 10 ha, etwa 3 500 Kisten/Jahr. AOC Bellet.

• **Besitzer:** Charles Bagnis **Besuch:** Täglich 8-12, 14-18. **Adresse:** 442, Chemin de Crémat, FR-06200 Nice. **Tel.** 04 92 15 12 15. **Fax** 04 92 15 12 13.

### Dom. de Matourne

Ein guter, aber relativ unbekannter Erzeuger in Côtes de Provence. Der Rotwein Côtes de Provence ist im Duft und Geschmack intensiv. Der Weißwein ist frisch und blumig. Das Anwesen war unter den ersten, die in der Provence Cabernet Sauvignon erzeugten.

• **Besitzer:** Catherine & Jürgen Spaethe **Besuch:** Nach Vereinbarung. **Adresse:** FR-83780 Flayosc. **Tel.** 04 94 70 43 74. **Fax** 04 94 70 43 74.

### Moulin des Costes, Mas de la Rouvière

Zwei Weingüter in Bandol, die den Brüdern Paul und Pierre Bunan gehören. Paul kaufte Moulin 1961 und sein Bruder Pierre erwarb Rouvière 1969. Ihr roter Moulin des Costes besitzt hohe Klasse. Auch guter Rosé (Ch. La Rouvière) und Weißwein. FAKTEN Total 75 ha, ca. 30 000 Kisten/Jahr. AOC Bandol.

• **Besitzer:** Paul & Pierre Bunan **Besuch:** Täglich 8-12.30, 14-19. **Adresse:** Dom. Bunan, FR-83740 La Cadière d'Azur. **Tel.** 04 94 98 72 76. **Fax** 04 94 98 60 05.

## Weitere Produzenten in der Provence

### Ch. de Pibarnon

Comte Henri de Saint-Victor erzeugt seit 1978 einen interessanten, kräftigen, lagerungstauglichen Bandol. Dieser Klassiker besteht zu 80% aus Mourvèdre und zu je 10% aus Cinsault und Grenache. Der Ausbau erfolgt in neuen Eichenfässern. FAKTEN 42 ha, 40 000 K./J. AOC Bandol.
• **Besitzer:** Henri & Eric de Saint-Victor **Besuch:** Mo-Sa 8.30-12.30, 14.30-18.30. **Adresse:** FR-83740 La Cadière-d'Azur. **Tel.** 04 94 90 12 73. **Fax** 04 94 90 12 98.

### Ch. Pradeaux

Ein klassisches Anwesen mit großartigen Mourvèdre-Weinen, die vor der Abfüllung bis zu vier Jahren in Eichenfässern gelagert werden. Gewissenhaft ökologischer Weinbau. FAKTEN 19 ha, ca. 5 000 Kisten/Jahr. AOC Bandol.
• **Besitzer:** Cyrille Portalis **Besuch:** Mo-Sa 8-12.30, 13.30-19.30. **Adresse:** Quartier Les Pradeaux, FR-83270 St-Cyr-sur-Mer. **Tel.** 04 94 90 08 08. **Fax** -15 98.

### Ch. St-Estève

Ein kleines Weingut nördlich von St-Maximin. Rotweine (Gren, Syrah, CS), Rosé (Gren, Syrah, Cinsault) und Weißweine (Rolle, Ugni Blanc) werden in ansprechendem Provence-Stil erzeugt.
• **Besitzer:** Sven & Elisabeth Arnerius **Besuch:** Nach Vereinbarung. **Adresse:** FR-83 119 Brue-Auriac. **Tel.** 04 94 72 14 70. **Fax** 04 94 72 11 89.

### Ch. Ste-Roseline

Das Weingut wurde auf Klosterruinen aufgebaut. Es werden hervorragende Weine erzeugt. U.a. der fruchtige und komplexe Côtes de Provence Rouge aus 60% Mourvèdre, 30% CS und 10% Syrah. Ferner der gute Weißwein „Grande Réserve" und Rosé. FAKTEN 25 ha, ca. 12 000 Kisten/Jahr. AOC Côtes de Provence.
• **Besitzer:** B. Teillaud **Besuch:** Nach Vereinbarung. **Adresse:** FR-83460 Les Arcs. **Tel.** 04 94 73 32 57. **Fax** 04 94 47 53 06.

### Dom. Ray Jane

Ein kleines Anwesen, auf dem die dunkelsten und kräftigsten Weine Südfrankreichs erzeugt werden. Die Herstellung erfolgt nach traditionellen Methoden, ohne Entrappen der Trauben, mit langer Gärung und ohne Schönung oder Filtration. FAKTEN 14 ha, ca. 5 000 K./J. AOC Bandol.
• **Besitzer:** Raymond Constant **Adresse:** FR-83330 Le Plan de Castellet. **Tel.** 04 94 98 68 08.

### Dom. Tempier

Domaine Tempier gilt als Nummer eins in Bandol. Außer Bandol Rosé, Bandol Blanc und Bandol Cuvée Spéciale erzeugt man auch zwei Lageweine: La Migoua und La Tourtine. La Tourtine stammt von über 50-jährigen Rebstöcken und wird aus Mourv, Gren und Cinsault hergestellt. FAKTEN 30 ha, ca. 10 000 K./J. AOC Bandol.
• **Besitzer:** Jean-Marie & François Peyraud **Besuch:** Nach Vereinbarung. **Adresse:** FR-83330 Le Plan de Castellet. **Tel.** 04 94 98 70 21. **Fax** 04 94 90 21 65.

### Dom. de la Tour du Bon

Ein herausragender Erzeuger mit u.a. 100% Mourv, Saint-Ferréol genannt. Ein klassischer, fruchtiger und eichenfassgelagerter Rotwein. FAKTEN 10 ha, ca. 4 000 Kisten/J. AOC Bandol.
• **Besitzer:** R & C Hocquard **Besuch:** Nach Vereinbarung. **Adresse:** FR-83330 Le Brûlat-du-Castellet. **Tel.** 04 94 32 61 62. **Fax** 04 94 32 71 69.

### Dom. de Trévallon

1978 kam Eloi Dürbachs erster Wein heraus, der aus 60% CS und 40% Syrah bestand. Chardonnay und Roussanne ergeben einen sehr guten Weißwein. FAKTEN 16 ha, ca. 6 000 Kisten/Jahr.
• **Besitzer:** Eloi Dürbach **Besuch:** Nach Vereinbarung. **Adresse:** FR-13150 St-Étienne du Gres. **Tel.** 04 90 49 06 00.

### Ch. Vannières

Ein Schloss aus dem 16. Jh. Hier werden einige der besten Bandol-Weine hergestellt. Sowohl Rotweine wie auch die großartige Rosé Cuvée Spéciale (40% Cinsault, 30% Mourvèdre, 30% Grenache). Die Weine werden traditionell verarbeitet und im Eichenfass ausgebaut. FAKTEN 30 ha, ca. 14 000 Kisten/Jahr. AOC Bandol.
• **Besitzer:** Colette & Eric Boisseaux **Besuch:** Täglich 8-12, 14-18 außer So. **Adresse:** FR-83470 La Cadière-d'Azur. **Tel.** 04 94 90 08 08. **Fax** 04 94 90 15 98.

### Weitere Betriebe

Ch. de Beaulieu, FR-13840 Rognes. Tel. 04 42 50 13 72. Fax 04 42 50 17 30.
Ch. la Bastide Blanche, 367, Chemin de Oratoires, FR-83330 St-Anne-du-Castellet. Tel. 04 94 32 63 20. Fax 04 42 08 62 04.
Les Coteaux de Bellet, 325, Chem. de Saquier, FR-06200 St-Roman-de-Bellet. Tel. 04 93 29 92 99. Fax 04 93 18 10 99.
Ch. Crémade, FR-13100 Le Tholonet. Tel. 04 42 66 92 66. Fax 04 42 89 48 02.
Dom. de la Lauzade, Route de Toulon, FR-83340 Le Luc. Tel. 04 94 60 72 51. Fax -96 26.
Ch. de Fontcreuse, Route de la Ciotat, FR-13260 Cassis. Tel. 04 42 01 71 09. Fax -32 64.
Dom. de l'Olivette, FR-83330 Le Castellet. Tel. 04 94 32 62 89. Fax 04 94 32 68 43.
Ch. Réal d'Or, FR-83590 Gonfaron. Tel. 04 94 60 00 56. Fax 04 94 60 01 05.

# LANGUEDOC-ROUSSILLON

GESCHICHTE Languedoc-Roussillon war nie bekannt für großartige Qualität, jedoch für große Quantität. Während vieler Jahre hat diese Region dazu beigetragen, den europäischen Markt mit schlechten Weinen zu überschwemmen. Immer noch wird hier viel Wein erzeugt, aber neue Appellationseinteilungen in den 80er Jahren haben die Qualität verbessert, u.a. durch niedrigeren Ernteertrag/ha und neue Herstellungsmethoden. Rebsorten von geringerer Qualität wie Aramon

*Languedoc-Roussillon deckt 25% der Weinproduktion Frankreichs. Im Bild das hübsche Carasonne.*

und Alicante Bouschet sind heute fast ausgerottet und die Weine haben mehr Stabilität und Charakter. Auch Merlot, Cabernet Sauvignon, Chardonnay und Sauvignon Blanc werden vermehrt angebaut.

GEOGRAPHIE Von Nîmes im Osten bis an die spanische Grenze im Westen breitet sich dieses Gebiet aus. Zuerst nur fleckenweise, wie die Weinbauinseln bei Montpellier und Sète, dann aber von Narbonne bis an die spanische Grenze in einem großen, zusammenhängenden Gebiet, wo die Appellationen aneinander grenzen. In den Bergen ist der Boden mager, steinig und beinahe unfruchtbar, in den Ebenen besteht er aus fetteren Lehmböden.

KLIMA Trocken, windig und heiß mit über 3 000 Sonnenstunden pro Jahr. Die Niederschlagsmenge beträgt nur 400-450 mm/Jahr.

WEINE Alle Weinsorten werden erzeugt. Schäumende Weißweine aller Süßigkeitsstufen, stiller Weißwein von trocken bis süß, Rosé, ordinäre rote Tafelweine, verstärkte süße Weiß- und Rotweine (Vins Doux Naturels). Es werden aber auch vermehrt gute Weltweine hergestellt.

REBSORTEN Südfranzösische Sorten wie z.B. Mourv, Gren, Syrah und Carignan, aber auch einige Bordeaux-Sorten. Weiße: eine ganze Menge lokaler Sorten wie z.B. Mauzac und Picpoul zusammen mit den südfranzösischen Clairette und Marsanne, aber auch vermehrt Chard und SB.

WEINHERSTELLUNG *Macération Carbonique* kommt bei der Rotweinproduktion immer öfter vor. Die Weißen werden kühl vergoren, um Frucht und Frische zu erlangen.

REBFL/PROD Ca. 150 000 ha, ca. 14 Mio. hl/Jahr. AOC: 2,3 Mio. hl, VDQS: 45 000 hl, VDN: 700 000 hl. Der überwiegende Teil fällt auf Vin de Pays (4 Mio. hl/Jahr) und Vin de Table.

WISSENSWERT Weitere Informationen: Comité Interprofessionnel des Vins du Languedoc, 9, cours Mirabeau, FR-11100 Narbonne. Tel. 04 68 90 38 30. Fax 04 68 32 38 00. Oder: Groupement Interprofessionnel du Promotion des Côtes du Roussillon - Côtes du Roussillon Village, 19, ave de Grande Bretagne, FR-66000 Perpignan. Tel. 04 68 51 31 81. Fax 04 68 34 88 88.

## Coteaux du Languedoc

RUF Die Coteaux du Languedoc besteht, wie schon der Name andeutet, aus einigen Hängen in der Provinz Languedoc. An diesen Hängen, wo der Boden mager ist, wachsen die besten Reben. In der Ebene sind weder Boden noch Lage für den Weinbau ideal. Von insgesamt 120 Gemeinden

*Coteaux du Languedoc besteht aus vielen Weinbergen, von denen verschiedenste Weintypen erzeugt werden.*

liegen fünf in Aude, zwei in Gard und die restlichen in Hérault. Wie einzelne Inseln von Rebstöcken erstreckt sich die Appellation von Nîmes bis Narbonne. Eine entscheidende Verbesserung war in den vergangenen zehn Jahren in doppelter Hinsicht festzustellen. Man hat die Sorten Aramon und Alicante Bouschet ausgerissen und durch Mourvèdre und Syrah ersetzt. Viel Kapital wurde in neue Anlagen investiert, was zu einer unmittelbaren Qualitätsverbesserung führte. Das vorhandene Potenzial wurde bisher bei weitem nicht ausgenutzt. Seit Mitte der 80er Jahre tauchen immer wieder gute Weine auf.

WEINE Alle Weintypen: weiße trockene bis halbsüße, Rosé, rote Tafelweine von einfachen bis zu gut konzentrierten Rhône-ähnlichen Kompositionen.

KLASSIFIZIERUNG AOC seit 1985.

BODEN In den Ebenen fettere Böden mit Lehm und Kalk, an den Hängen magerer Kalkstein, der sich sehr gut für den Weinbau eignet.

REBSORTEN Weiße: Picpoul, Clairette, Roussanne, Marsanne, Bourboulenc. Rote: Grenache, Mourvèdre, Syrah, Cinsault und Carignan.

REBFL/PROD 7 700 ha in drei Departements, ca. 400 000 hl/Jahr.

PRODUZENTEN Dom. Henri Arnal, Dom. l'Aiguelière, Dom. del la Coste, Dom. de la Grangette, Ch. Mandagot, Ch. de Marmorières, Mas Julien, Ch. Pech-Redon, Dom. de la Perrière, Ch. Rouquette-sur-mer. Einige gute Genossenschaften in Pomérols, Pinet, St-Saturnin, Montpeyroux, la Clape, les Coteaux de Montferrand, La Carignano und St-Felix-de-Lodez.

## Clairette du Languedoc, Clairette du Bellegarde

### Clairette du Languedoc

GEOGRAPHIE Clairette du Languedoc besteht aus zwei kleinen Inseln mit Weißweinen, inmitten des großen Meers von Rotweinen. Es wird Midi genannt und liegt westlich von Montpellier bei der kleinen Stadt Cabrières.

WEINE Zwei Weißweintypen werden erzeugt: eine trockene, schwere Variante, die mind. 13% Alkohol hat und der *Rancio*, ein oxidierter Wein aus mehreren alten Jahrgängen, der wie Sherry im Solera-System entsteht. Um mehr Süße zu erhalten, bleiben die Trauben für den Rancio lange nach der Reife an den Stöcken. Der Wein wird

*Clairette du Languedoc besteht aus zwei Inseln. Der Rancio-Wein ist sehr altmodisch.*

dann bis zu 14% Alkoholgehalt vergoren und schließlich mindestens drei Jahre ausgebaut. Ein gewöhnungsbedürftiger, unmoderner Liebhaberwein.

KLASSIFIZIERUNG AOC.

REBSORTEN Vorwiegend Clairette, aber auch etwas Picpoul und Terret.

REBFL/PROD Insg. ca. 72 ha, 5 500 hl/Jahr.

PRODUZENTEN Cave de Cabrières, Ch. St-André.

### Clairette de Bellegarde

GEOGRAPHIE Diese Appellation liegt südlich von Nîmes.

WEINE Wie der Name andeutet, wird hier auch Clairette angebaut und die Appellation gilt nur für Weißwein. Der Mindestalkoholgehalt liegt bei 11,5% und die Weine sind frischer als die aus Clairette du Languedoc. Sie werden von einem Komitee verkostet. Wird der Wein genehmigt, erhält er ein Siegel, ohne das der Wein nicht als Clairette de Bellegarde verkauft werden darf.

BODEN Geröllhänge mir roter Erde.

KLASSIFIZIERUNG AOC seit 1949.

REBSORTE Clairette.

REBFL/PROD Etwa 40 ha, 1 700 hl/Jahr.

PRODUZENTEN Die besten: Cave la Clairette, Mas Carlot und Ch. St-Louis la Perdrix.

## St-Chinian, Faugères

### St-Chinian

GEOGRAPHIE  Im Departement Hérault, etwa 20 km nördlich von Narbonne und La Clape, liegt St-Chinian, genau an der Grenze von Minervois.

*In St-Chinian werden gute Rosé- und Rotweine erzeugt. Sie sind weich und oft gut gebaut.*

Die Reben wachsen an den Südhängen der Cevennen auf 100-200 Meter Höhe.
WEINE  Es wird nur Rosé- und Rotwein erzeugt, leicht im Stil, aber solide.
BODEN  Schiefer im nördlichen Teil und kiesiger Kalkstein im Süden.
REBSORTEN  Die klassischen südfranzösischen Carignan, Grenache und Syrah, aber auch Merlot und Cabernet Sauvignon kommen in großen Mengen vor.
REBFL/PROD  1 800 ha, etwa 83 000 hl/Jahr.
PRODUZENTEN  Berloup, Clos Bagatelle, Ch. Cazals-Viel, Ch. Coujan, Berloup, Dom. des Jougla, Ch. Milhau-Lacugue und Dom. J&H Madalle, Ch. Viranelle.

### Faugères

GEOGRAPHIE  Nur einige Kilometer östlich von St-Chinian liegt der kleine Bezirk Faugères. Auch befinden sich die Weinberge an den recht steilen Südhängen der Cevennen auf etwa 250 Meter Höhe. Die Appellation umfasst sieben Gemeinden.
WEINE  Rotweine mit tiefer Farbe in Richtung Purpurrot. Schweres, fruchtiges Aroma und recht würzig, jedoch weich im Geschmack.
KLASSIFIZIERUNG  AOC seit 1982, nachdem er seit 1945 VDQS-Status hatte.
BODEN  Magerer Schieferboden.
REBSORTEN  Carignan, Syrah, Grenache, aber auch Cabernet und Merlot.
REBFL/PROD  1 700 ha, etwa 82 000 hl/Jahr.
PRODUZENTEN  Ch. Chenaie, Ch. de Laurens, Ch. de Grezan, Dom. de la Grange des Aires, Ch. des Estanilles, Ch. Chabbert, Dom. de Roque und Gilbert Alquier.

## Costières de Nîmes, Minervois

### Costières de Nîmes

GEOGRAPHIE  Umfasst 25 Gemeinden rund um Nîmes, nördlich der Camargue. Bis 1989 hieß die Appellation Costières du Gard. Um einen örtliche Bezug herzustellen hat man den Namen zu Costières de Nîmes geändert.
WEINE  5% Weißwein, 15% Rosé und der Rest Rotwein. Die Rotweine sind kräftig und fruchtig.
KLASSIFIZIERUNG  AOC.
BODEN  Vorwiegend alluviale Ablagerungen.
REBSORTEN  18 Sorten sind zugelassen, eine praktische Lösung, wenn man die Lage zwischen Rhône und Languedoc bedenkt - es sind zwei Bezirke mit vielen Rebsorten.
REBFL/PROD  3 700 ha, etwa 200 000 hl/Jahr.
PRODUZENTEN  Ch. Beaubois, Ch. de Belle Coste, Ch. Paul Blanc, Ch. de Campuget, Ch. Mourgues du Gres, Ch. de l'Amarine, Ch. de la Tuilerie, Dom. Ste-Colombe und Dom. du Vieux Relais.

*Costières de Nîmes ist ein großer Bezirk bei Nîmes. Minervois liegt weiter südlich, nördlich von Corbières.*

### Minervois

GEOGRAPHIE  Umfasst 61 Gemeinden in den Departements Aude und Hérault. Diese Appellation liegt nördlich von Narbonne und Carcassonne, direkt an der Grenze zu Corbières.
WEINE  80% Rotwein, der Rest weiß und rosé. Der rote wird zu zwei Sorten verarbeitet: ein leichterer mit *macération carbonique* und ein kräftigerer.
KLASSIFIZIERUNG  AOC.
BODEN  Vorwiegend Kalkstein.
REBSORTEN  Carignan und Grenache dominieren, ferner Terret Noir, Mourvèdre und Syrah.
REBFL/PROD  Ca. 4 400ha, 192 000 hl/Jahr. 99% Rotwein.
PRODUZENTEN  Cellier d'Alibert, Dom. Borie de Maurel, Ch. Fabas, Dom. la Combe Blanche, Ch. d'Oupia, Ch. Laville-Bertrou und Dom. Meyzonnier.

## Corbières, Fitou

### Corbières

**GEOGRAPHIE** Corbières ist ein großer Bezirk nördlich von Roussillon. Die ganze AOC liegt im Departement Aude. Corbières erhielt den AOC-Status 1986.

**KLIMA** Die Appellation muss das trockenste und windigste Gebiet Frankreichs sein. Etwa 400 mm Niederschlagsmenge und 300 Tage Wind pro Jahr. Der Wein präsentiert sich aber gut und der Ernteertrag wird niedrig gehalten.

**WEINE** Etwa 90% Rotwein sowie 10% Weiß- und Roséwein.

**KLASSIFIZIERUNG** AOC seit 1986.

**REBSORTEN** Traditionelle, wobei der Anteil an Mourvèdre und Syrah auf Kosten des Carignan zunimmt. Grenache bleibt konstant.

**REBFL/PROD** 14 000 ha, etwa 550 000 hl/J.

**PRODUZENTEN** Ch. de Lastours, Ch. les Fenals, Roque Sestière, Ch. la Voulte-Gasparets, Ch. les Ollieux, Ch. Les Palais und Terra Vinea.

*Corbières ist bekannt für Wein und seine Burgen. Fitou liegt wie zwei kleine Inseln im großen Corbières.*

### Fitou

**GEOGRAPHIE** Wie zwei kleine Inseln liegen die Weinberge von Fitou südlich von Corbières. Das östliche, an der Küste gelegene Anbaugebiet hat Fitou als Hauptort. Westlich, 10 km von der Küste entfernt, liegt Tuchan. Diese Appellation ist die älteste für Rotweine im Midi. Die Sortenmischung ist die traditionelle für Languedoc mit 75% Carignan/Grenache und 25% anderen.

**WEINE** Rotweine mit guter Frucht und gutem Charakter. Einzigartig für das Languedoc ist, dass der Wein mind. 9 Mt. im Fass ausgebaut wird.

**KLASSIFIZIERUNG** AOC seit 1948.

**REBSORTEN** Carignan, Gren, Cinsault, Terret Noir, Malvoisie, Maccabeu, Muscat, Picpoul.

**REBFL/PROD** 2 500 ha, 115 000 Kisten/Jahr.

**PRODUZENTEN** Dom. Bertrand-Berge, Dom. de Fonfrede, Ch. les Fenals, d'Aguilar, Ch. de Nouvelles, Jean Gautier und Paul Colomber.

## Côtes du Roussillon

RUF Hier wachsen Weinreben seit mehr als 2 500 Jahren. Zuerst von den Griechen angebaut, danach von Römern und Galliern. Beeinflusst von den Nachbarn in Spanien - damals von den Moren beherrscht, die die Kunst des Destillierens kannten - erzeugte man hier die ersten verstärkten Weine schon im 13. Jh. Im großen Weinangebot des Languedoc hatte Roussillon bei den Franzosen immer schon den Ruf, die viel versprechendsten und preiswertesten Weine zu produzieren. Sowohl die roten Tafelweine als auch die VDN (Vins doux naturels) werden wegen ihres reinen, un-

*In der Landschaft der Côtes du Roussillon wachsen Weinreben seit mehr als 2 500 Jahren.*

komplizierten Geschmacks geschätzt. Das nördliche Drittel des Gebiets, oberhalb von Perpignan, darf den Zusatz Villages (nur rot und rosé) tragen. Hier findet man die besten Weinberge u.a. in den Gemeinden Carmany und La Tour de France, die den Namen der jeweiligen Gemeinde tragen dürfen.

**WEINE** Weiß-, Rosé- und Rotweine. Die Weißweine haben einen recht niedrigen Säuregehalt, aber ein großes, blumiges Bukett. Die Roséweine sind fruchtig und frisch, aber etwas rustikaler als die der Kollegen in der Provence. Die Rotweine sind fruchtig und würzig, nicht selten in Eiche ausgebaut. Manche Winzer lagern sie in neuen Eichenfässern.

**KLASSIFIZIERUNG** Appellation Roussillon Contrôlée oder AOC Roussillon-Villages.

**BODEN** In dieser kargen Natur gedeihen die Reben auf kies-, schiefer- und granitbasierten Böden.

**REBSORTEN** Grenache, Cinsault, Carignan, Syrah und Mourvèdre für die roten. Maccabeu und Malvoisie de Roussillon für die weißen.

**REBFL/PROD** 6 800 ha, etwa 295 000 hl.

**PRODUZENTEN** Cellier des Capitals, Ch. de Cazenove, Dom. Cazes, Dom. Ferrer, Dom. Jammes, Dom. Gauby, Les Hauts de Força-Real, Ch. Les Pins, Castel Riberach, Cellier St-Jacques, Dom. Parce, Dom. Sarda-Malet und SCV St-Hippolyte.

# VDN (Vin Doux Naturel) du Muscat

RUF/WEINE Die ausgezeichneten süßen Starkweine aus Roussillon, Vin Doux Naturel (VDN) genannt, werden hier schon seit langem erzeugt. Schon im 13. Jahrhundert erfand Arnaud de Villeneuve die „Mutage"-Methode, d.h. die Vergärung mit Alkohol abzubrechen und damit einen Teil der natürlichen Süße zu erhalten. In Languedoc-Roussillon gibt es fünf Appellationen für süße Muscat-Weine. Die Gesetze für VDN Muscat sind die gleichen wie für die übrigen VDN-Weine und auch der Herstellungsprozess ist derselbe. Die zwei Rebsorten Muscat à Petits Grains und Muscat d'Alexandrie sind erlaubt. Die letztere ist wahrscheinlich die älteste heute noch angebaute Rebsorte. Diese süßen Muscat-Weine sind aromatisch und parfümiert.

## Muscat de Rivesaltes

GEOGRAPHIE Bei weitem die größte Appellation für VDN Muscat. Sie umfasst Weine, die zu 100% Muscat sind und aus Rivesaltes, Maury oder Banyuls stammen.

WEINE Nur Muscat. Ein Mindestzuckergehalt von 100 g/Liter ist erforderlich, wenn der Wein von der Behörde genehmigt werden soll.

REBFL/PROD 4 000 ha, 140 000 hl/Jahr.

PRODUZENTEN Dom. Cazes, Dom. des Chênes, Henri Desboeufs, Ch. de Jau, Ch. Nouvelles und Laporte.

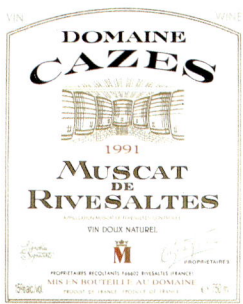

Muscat de Rivesaltes ist der größte der fünf VDN. Domaine Cazes gehört zu den besten Produzenten.

## Muscat de St-Jean de Minervois

GEOGRAPHIE Diese AOC liegt in der nordöstlichen Ecke von Minervois auf 200 m Höhe.

WEINE An schiefer- und kalkhaltigen Hängen wächst Muscat à Petits Grains, die einzig gestattete Rebsorte. Die Lese beginnt später als in Rivesaltes und der Zuckergehalt muss mind. 125 g/Liter betragen.

PRODUZENTEN Dom. de Barroubio, Cave Camman, Cave de St-Jean de Minervois, Dom. Simon und Les Vignerons de Septimanie.

## Muscat de Frontignan

GEOGRAPHIE Nördlich der Hafen- und Industriestadt Sète liegt diese sehr kleine AOC den „étang" entlang, einen länglichen Küstensee, wie man sie an der ganzen Mittelmeerküste von Marseille bis Perpignan vorfindet.

WEINE Auf kiesigem Kalkstein wächst Muscat à Petits Grains, die einzige zugelassene Rebsorte. Im Unterschied zum anderen Muscat-AOC wird der Weinbrand früher als sonst zugesetzt, wodurch der Zuckergehalt auf 175-185 g/Liter erhöht werden kann. Der Wein wird im Fass ausgebaut, was manchmal einen leicht Rosinenähnlichen Charakter ergibt.

PRODUZENTEN Ch. de la Peyrade und Cave Coopérative de Frontignan.

## Muscat de Mireval

GEOGRAPHIE Eine kleine Appellation zwischen Sète und Montpellier.

WEINE Muscat à Petits Grains ist die einzige Rebsorte. Der Mindestzuckergehalt beträgt 125 Gramm pro Liter.

PRODUZENTEN Dom. du Moulinas und La Cave de Rabelais.

## Muscat de Lunel

GEOGRAPHIE Der östlichste der Languedoc-Muscat liegt direkt an der Grenze zwischen Hérault und Gard sowie zwischen Montpellier und Nîmes.

WEINE Genau wie in den anderen kleinen VDN-Regionen ist auch hier nur Muscat à Petits Grains zugelassen. Der Boden besteht aus dem roten Lehm der Mittelmeerküste, gemischt mit alluvialen Ablagerungen. Die Weinberge liegen auf Hügeln und an Hängen. 125 g/Liter ist das Minimum an Zuckergehalt.

PRODUZENTEN Dom. la Côte du Mazet, Cave du Muscat de Lunel, Clos Bellevue und Ch. Grès St-Paul.

WISSENSWERT Weitere Informationen: Comité Interprofessionnel des Vins Doux Naturels - CIVDN, 19, ave de Grande Bretagne, FR-66025 Perpignan. Tel. 04 68 34 42 32. Fax -34 83 07.

FRANKREICH • LANGUEDOC-ROUSSILLON

## RIVESALTES, MAURY, BANYULS

WEINE Traditionelle Vins Doux Naturels. Der Ernteertrag pro ha ist niedrig und liegt bei etwa 20 hl. Der Zuckergehalt im Most muss mind. 252 Gramm pro Liter aufweisen und der Wein erhält den AOC erst nach einer festgesetzten Mindestlagerzeit. Zugelassene Rebsorten: Grenache (Blanc, Gris und Noir), Maccabeu und Malvoisie, örtlich Tourbat genannt, sowie Muscat. Der Wein muss einen Alkoholgehalt von 15-18% aufweisen und der Zuckergehalt muss mind. 45 Gramm pro Liter betragen.

### RIVESALTES, MAURY

GEOGRAPHIE Fast ganz Roussillon und Roussillon-Villages haben das Anrecht auf die Appellation Rivesaltes. Außerdem hat auch Fitou das Recht, Weine mit dieser AOC zu erzeugen. Rivesaltes ist die größte VDN AOC.
WEINE Rivesaltes-Weine sind intensiv im Duft und der Geschmack ist süß und scharf. Maury-Weine werden aus Grenache Noir erzeugt und

*In Rivesaltes, Maury und Banyuls werden traditionelle VDN-Weine erzeugt, in Maury nur aus Grenache.*

sind oft straffer und intensiver als aus Rivesaltes.
REBFL/PROD Maury: 1 600 ha, 47 000 hl/Jahr, Rivesaltes: 14 000 ha, 260 000 hl/Jahr.
PRODUZENTEN Castell Réal, Cazes Frères, Noetinger, Ch. de Nouvelles, Père Puig, Les Vignerons de Tautavel (Torre del Far), Dom. Sarda-Malet, Mas Amiel und Jean-Louis Lafage.

### BANYULS

GEOGRAPHIE An den steilen Berghängen der Pyrenäen, südlich von Roussillon, liegen vier kleine Gemeinden mit Banyuls-sur-Mer als Hauptort.
WEINE Niedriger Ernteertrag und perfektes Mikroklima bieten die besten Voraussetzungen für Grenache. Banyuls wird als etwas feiner als Rivesaltes und Maury angesehen, und am besten ist der Grand Cru von Banyuls.
REBFL/PROD 1 400 ha, etwa 30 000 hl/Jahr.
PRODUZENTEN Cellier des Templiers und Coop L'Étoile.

## BLANQUETTE DE LIMOUX

RUF Sowohl als traditioneller wie auch als moderner Erzeuger hat Blanquette de Limoux immer einen sehr guten Ruf gehabt. Man weiß, dass die Champagner-Methode hier entwickelt wurde. Dies etwa einhundert Jahre früher als in der Champagne. Es ist auch bekannt, dass die ansässigen Mönche ihre Weinbaukenntnisse in ganz Frankreich verbreiteten, auch in der Champagne. Wenn man die Mehrzahl der Weine dieses Gebiets kennt, ist es wie ein Wunder, dass in Limoux so elegante und finessenreiche Weine erzeugt werden können. Das Geheimnis liegt in der Kombination von Boden und Rebsorte sowie der Tatsache, dass

*Auch in Blanquette de Limoux soll die Champagner-Methode entwickelt worden sein.*

der Fluss Audes durch das Tal abkühlende Winde vom Atlantik her mitbringt.
WEINE Drei Sorten werden erzeugt. Führend ist der Blanquette; trocken, halbtrocken oder süß ausgebaut. Auch kleine Mengen des ursprünglichen Schaumweins sowie des stillen, trockenen Weins mit dem Namen Limoux, werden erzeugt.
KLASSIFIZIERUNG AOC.
BODEN Magerer, steiniger Boden mit Kies und Lehm.
REBSORTEN Mindestens 70% Mauzac, örtlich Blanquette genannt, eine Sorte mit hoher Säure, die etwas scharf sein kann, sich aber hervorragend für die Schaumweinerzeugung eignet. Clairette war ursprünglich die Ergänzungssorte, wird aber heute durch den eleganteren Chardonnay und die Schaumweintraube der Loire, die Chenin Blanc ersetzt.
REBFL/PROD 1 500 ha, 60 000 hl/Jahr oder 8 Mio. Flaschen.
PRODUZENTEN Pierre & Jacques Astruc, Dom. Collin, Dom. Collin & Rosier, Dom. Laurens, Dom. de Fourm, Georges & Roger Antech und die Genossenschaft Société des Producteurs Aimery.

## DOM. CAZES

GESCHICHTE  Am anfang des Jahrhunderts erzeugte Michel Cazes nur wenig Wein. Sein Sohn Aimé trug dazu bei, dass man 1927 acht Hektar Rebfläche zukaufte. Der Betrieb ist seither stetig gewachsen. Als 1955 die ersten Cazes-Flaschen auf dem Markt erschienen, hatte Michels Enkel

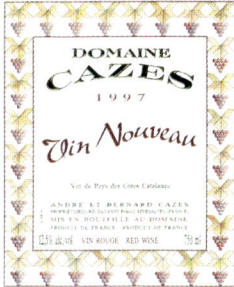

*Dom. Cazes, nördlich von Perpignan, gehört zu den besten Produzenten von Muscat-Weinen.*

André den Betrieb übernommen. Heute unter Leitung der Brüder André und Bernard, die mehr als fünfzig verschiedene Weine erzeugen.

WEINE  Generell sehr gute Weine. Die Rivesaltes werden aus Grenache Noir erzeugt und in Eichenfässern ausgebaut. Die Weine erinnern in ihrer Intensität nicht selten an Vintage Port.

KLASSIFIZIERUNG  AOC für Côtes du Roussillon Villages, VDN für Muscat-Weine, vor allem Muscat de Rivesaltes, und Vin de pays für Muscat sec.

REBSORTEN  Muscat d'Alexandre, Muscat à Petits Grains, Syrah, Grenache Noir, Mourvèdre, Merlot, Cabernet Sauvignon.

WEINHERSTELLUNG  Weiß: Alkoholische Gärung bei 16-18 °C, je nach Wein mit oder ohne *macération pelliculaire* (siehe Weinvokabular). Traditionelle, lange Vergärung der Rotweine.

LAGERUNG  VDN-Weine haben ein hervorragendes Alterungspotenzial und können jahrzehntelang gelagert werden.

REBFL/PROD  160 ha, 80 000 Kisten/Jahr.

---

**Besitzer** André & Bernard Cazes • **Kellermeister** Bruno Cazes • **Besuch** Mo-Sa 8-12, 14-18 • **Adresse** Dom. Cazes, 4, rue Fransisco Ferrer, FR-66602 Rivesaltes • **Tel.** 04 68 64 08 26 • **Fax** 04 68 64 69 79 • **E-Mail** webmaster@cazes-rivesaltes • **Homepage** www.cazes-rivesaltes

PRODUKTION        QUALITÄT        PREIS

## CELLIER DES TEMPLIERS

GESCHICHTE  Eine Vereinigung von drei Genossenschaften und 1 500 Winzern, die 1972 gegründet wurde. Die Weinberge wurden schon im 14. Jh. von den Tempelrittern angelegt. Um sie gegen Regen und Erosion zu schützen haben die Tempelritter Kanäle und Terrassen angelegt. Innerhalb der Genossenschaft werden VDN-Weine aus Banyuls, rote Rivesaltes, Muscat und Côtes du Roussillon erzeugt.

WEINE  Der rote Standardwein aus Grenache ist leicht oxidiert mit nussähnlichem Ton und Aroma nach Pflaumen, Zitrusfrüchten und Kakao. Der nicht oxidierte Banyuls „Rimatge" wird

*Der ehemalige Tempelritterorden in Banyuls ist heute eine Genossenschaft mit 1 200 Winzern.*

in günstigen Jahren erzeugt und hat eine Frucht von Brombeeren und Himbeeren. Banyuls Grand Cru Cuvée (Président Henry Vidal und Amiral François Vilarem) hat schon in jungen Jahren große Komplexität, gewinnt aber durch Lagerung während 10-15 Jahren. Dunkle, konzentrierte Weine mit Geschmack von dunklen Früchten. Collioure-Weine werden aus Grenache, Syrah und Mourvèdre erzeugt.

KLASSIFIZIERUNG  AOC; Banyuls, Banyuls Grand Cru, Collioure.

REBSORTEN  50% Grenache Noir, 44% Grenache Gris sowie Mourvèdre und Syrah.

WEINHERSTELLUNG  Gärung mit Schalenkontakt und 3-6 Wochen Mazeration. Zur Erlangung der Süße wird die Gärung mit reinem Weingeist abgebrochen. Banyuls Grand Cru wird mindestens 30 Monate im Fass ausgebaut.

LAGERUNG  10-40 J. für beste Grands Crus.

REBFL/PROD  Ca. 1 230 ha, 360 000 Kisten/J.

---

**Besitzer** 3 Genossenschaften (1 500 Winzer) • **Kellermeister** Jean-Pierre Campadieu • **Besuch** Täglich (Tel. 04 68 98 36 92) • **Adresse** Cellier des Templiers, Route du Balcon de Madeloc, FR-66650 Banyuls-sur-mer • **Tel.** 04 68 98 36 70 • **Fax** 04 68 98 36 91

PRODUKTION        QUALITÄT        PREIS

FRANKREICH • LANGUEDOC-ROUSSILLON

## MAS DE DAUMAS GASSAC

GESCHICHTE  Das Weingut mit einzigartigen Bodenverhältnissen liegt im Schatten des Massif de l'Arboussas. Ein „Grand Cru" in Languedoc. 1978 machte Aimé Guibert seinen ersten Mas de

*Pionier mit modernen Weinen und in den 80er Jahren mit einem der ersten Kultweine des Gebiets.*

Daumas Gassac und schon Mitte der 80er Jahre hatte der Wein einen Kultstatus bei den Weinliebhabern erreicht. Früher erzeugte man nur Rotweine, heute auch Weißweine

WEINE  Die roten sind dunkel und dicht mit feinem Bukett, das in Richtung eines großen Médoc geht. Die große Frucht und Konzentration im Geschmack sind betäubend, aber auch die straffe Gerbsäure in ihrer Jugend. Die weißen sind wie ein Strauß von Sommerblumen mit Veilchen und etwas Mimose. Die originelle Kombination der Rebsorten und die großzügige Auswahl ergibt Konzentration und Kraft, gepaart mit Eleganz und Charme. Außerdem wird eine Menge Vin de Pays namens „Vins Terasses" von zugekauften Trauben hergestellt.

KLASSIFIZIERUNG  Vin de Pays de Hérault, Haute Vallée du Gassac.

REBSORTEN  Rote: Cabernet Sauvignon 80% mit Malbec, Merlot, CF, Syrah, Tannat und Pinot Noir. Weiße: Viognier und Chardonnay.

WEINHERSTELLUNG  Traditionelle biologische Herstellungsmethoden mit Ausbau in teilweise neuen Barriques.

LAGERUNG  Große Jahrgänge mindestens 15 Jahre.

REBFL/PROD  30 ha eigene Rebfläche, insg. 170 000 Kisten/Jahr (davon 7 500 Kisten roter Daumas-Gaussac und 2 500 Kisten weiß).

**Besitzer** Veronique Guibert de la Vaissière • **Kellermeister** Aime Guibert • **Besuch** Mo-Sa 10-18 • **Adresse** Mas de Daumas Gassac, FR-32150 Aniane • **Tel.** 04 67 57 71 28 • **Fax** 04 67 57 41 03

PRODUKTION        QUALITÄT        PREIS

## DOM. PEYRE ROSE

GESCHICHTE  Marlène Soria, früher Maklerin, zog sich in den 80er Jahren in das kleine Dorf Saint-Pargorie, zwischen Montpellier und Béziers, zurück. Sie musste in einer kargen, ländlichen Gegend, aus dem Nichts 21 Hektar Weinberge erschaffen. Das Weingut gehört heute zu den interessantesten der Region. Peyre Rose bedeutet im lokalen Dialekt „occitan" Rosa Stein.

WEINE  Nur zwei Weine werden erzeugt: Cistes und Clos Syrah Léone. Beide sind charaktervoll, aber verschieden. Generell kräftige, tiefrote, eigenartige Weine mit viel Aroma und kompakter Frucht.

RUF  Madame Soria vermochte ihre Weine in den 90er Jahren auf Anhieb zur Spitze zur führen. Weinkenner aus aller Welt machen sich die Weine streitig.

REBSORTEN  75% Syrah, 15% Grenache Noir, 10% Mourvèdre.

WEINHERSTELLUNG  Traditionelle, aber handwerkliche Methoden mit reduziertem Ertrag (zwischen 18-20 hl/ha). Der Anbau erfolgt sehr naturnah.

*Das kleine Dom. Peyre Rose, geführt von Marlène Soria, ist ein Qualitätskomet in Languedoc.*

LAGERUNG  Die Weine sind für längere Lagerung gebaut.

REBFL/PROD  21 ha, knapp 4 000 Kisten/Jahr.

**Besitzer** Marlène Soria • **Kellermeister** Marlène Soria • **Besuch** Täglich, außer Mi und So, nach Vereinb. • **Adresse** Dom. Peyre Rose, FR-34230 Saint-Pargoire • **Tel.** 04 67 98 75 50 • **Fax** 04 67 98 71 88

PRODUKTION        QUALITÄT        PREIS

## Weitere Produzenten in Languedoc-Roussillon

### Dom. de la Baume

In australischem Besitz. Supermoderne Anlage, die in einem Hof untergebracht ist. Hervorragende Weine, die mit neuster Technik hergestellt werden. „La Baume"-Weine (aus aktuellen Rebsorten) sind Vin de Pays d'Oc „Varietals" (Weine aus einer Rebsorte, die auf dem Etikett auch angegeben wird).

•**Besitzer:** BRL Hardy (Australien) **Besuch:** Werktags 9-12, 14-18. **Adresse:** RN 113, FR-34290 Servian. **Tel.** 04 67 39 29 49. **Fax** 04 67 39 29 40.

*Dom. de La Baume gehört zu den Gütern in Languedoc-Roussillon, die Neue-Welt-Weine produzieren.*

### Ch. de Bélésta

Ein typisches Beispiel von französischem Terroir-Denken - es sind nicht die Menschen, die den Wein machen, sondern der Boden, das Mikroklima und die Sonne. Je nach Bodentyp, z.B. Schiefer oder Granit, werden die Weine getrennt. Sie sind tief und tanninreich mit feinem, pfeffrigem Gewürz und großer Kirschenfrucht.

• **Besuch:** Werktags 9-12, 14-18. **Adresse:** S.C.V. Cassagnes-Bélésta, FR-66720 Cassagnes. **Tel.** 04 68 84 51 93. **Fax** 04 68 84 53 82.

### Ch. de Casenove

Ein Schloss aus dem 13. Jh., d.h. der Tempelritterzeit, südlich von Perpignan. Seit 1569 in Besitz der Familie Montez. Heute werden mehrere gute Rotweine mit Kraft und Würze erzeugt, sowohl zum sofortigen Trinken als auch zum Lagern (Cuvée Commandant Jaubert). Auch weißer Grenache Blanc und Rosé aus Syrah.

• **Besuch:** Mo-Fr 9-19. **Adresse:** Étienne Montez, Ch. de Casenove, Trouillas, FR-66300 Thuir. **Tel.** 04 68 21 66 33.

### Dom. de la Chevalière

Eine große und erfolgreiche Investition von Michel Laroche in Chablis. Die sehenswerte Anlage liegt neben einer Festung aus dem 19. Jh. Hervorragende, kraftvolle Rotweine (Cuvée aus Syrah, Merlot und CS) und Weißweine (Cuvée aus Roussanne, Vermentino, Chard und Viognier).

•**Besitzer:** Michel Laroche (Chablis) **Besuch:** Nach telefonischer Vereinbarung. **Adresse:** Route de Muviel, FR-34500 Béziers. **Tel.** 03 86 42 89 20. **Fax** 03 86 42 89 29.

### Ch. des Estanilles

Ein recht neues Gut (1981) mit großen Ambitionen. Sehr guter, auf Syrah basierender Wein mit Leder und Tabak, roten Beeren und warmer, reifer Frucht. FAKTEN Ca. 2 ha, 1 000 Kisten/Jahr.

•**Besitzer:** Michel Louison **Besuch:** Nach Vereinbarung. **Adresse:** Ch. des Estanilles, Lentheric, FR-34480 Cabrerolles. **Tel.** 04 67 90 29 25. **Fax** 04 67 90 10 99.

### Dom. Gauby

Kleiner Familienbesitz. Die Familie Gauby erzeugt hervorragende Côtes-du-Roussillon-Weine. Verschnitte von Weiß- und Rotweinen, die in Eichenfässern ausgebaut werden. „Vieilles Vignes" von fast 60-jährigen Rebstöcken sind ein gutes Beispiel. Auch Vin de Pays von hoher Qualität, manchmal die anderen übertreffend.

•**Besitzer:** Gérard Gauby **Besuch:** Nach Vereinbarung. **Adresse:** 1, rue du Faradjal, FR-66600 Calce. **Tel.** 04 68 64 35 19. **Fax** 04 68 64 41 77.

### Domaine de l'Hortus

Kräftige Cuvée Classique (Coteaux du Languedoc) aus Syrah, Mourvèdre und Grenache. Die weiße Cuvée Classique aus u.a. 40% Viognier, Chardonnay und Sauvignon Blanc sind beispielhaft. FAKTEN 32 ha, ca. 5 000 Kisten/Jahr.

•**Besitzer:** Jean Orliac **Kellermeister:** Jean Orliac **Besuch:** Nach Vereinbarung, Sa 10-12, 14-18. **Adresse:** FR-34720 Valflaunès. **Tel.** 04 67 55 31 20. **Fax** -38 03.

### Ch. de Jau

Ein großes Anwesen, erbaut auf einem ehemaligen Klostergrundstück. Ein hervorragender Muscat de Rivesaltes (Mas Christine) und auch ein guter Côtes du Roussillon sowie verschiedene Vin de Pays. FAKTEN 200 ha, 70 000 Kisten/Jahr.

• **Besuch:** Täglich 10-19. **Adresse:** FR-66600 Cases-de-Pène. **Tel.** 04 68 38 90 10. **Fax** 04 68 38 91 33.

### Ch. de Lastours

Ein Zentrum für Arbeitslose, das 60 Personen beschäftigt. Große, schöne und imposante Gebäude im traditionellen Corbières-Stil. Die Cuvées Arnaud de Berre (Carignan, Grenache) und Simone Descamps (Carignan, Grenache, Syrah) sind sehr gut. Kräftige Weine mit dem speziellen Charakter von Kirschen und Thymian, der hier oft zu finden ist. FAKTEN 160 ha, ca. 40 000 Kisten/J.

•**Besitzer:** Ein Arbeitslosenzentrum **Besuch:** Mo-Fr 8-12, 14-17. **Adresse:** FR-11490 Portel. **Tel.** 04 68 48 29 17. **Fax** 04 68 48 29 14.

## WEITERE PRODUZENTEN IN LANGUEDOC-ROUSSILLON

### CH. MOURGUES DU GRÈS

Bis zur Revolution stand hier das Kloster „Ursulines des Beaucaire". Seit 1963 ist der Betrieb in Besitz der Familie Collard. Sie erzeugt einen großartigen Costières de Nîmes, einen konzentrierten, fast schwarzen Wein mit lieblichem Bukett und fülligen Tanninen. FAKTEN 5 ha, etwa 2 000 Kisten/Jahr.

• **Besitzer:** François Collard **Besuch:** Nach Vereinbarung. **Adresse:** FR-30300 Beaucaire. **Tel.** 04 66 59 46 10. **Fax** 04 66 59 34 21.

### DOM. SARDA-MALET

Einer der bedeutendsten Namen in Roussillon. Nicht nur wegen einigen der besten Rivesaltes VDN, sondern vor allem wegen der hervorragenden Weißweine, die in neuer Eiche vergoren und ausgebaut werden. Außerordentlich gute Rotweine mit kräftigen Tanninen sowie Vanille- und Trüffelaroma. Langer Abgang. Max Malet hat seine Grenache-Rebstöcke vom legendären Ch. Rayas aus Châteauneuf-du-Pape holen lassen.

*Das Languedoc ist eine sehr alte Kulturlandschaft. Schon die Römer betrieben hier Weinanbau.*

FAKTEN 50 ha, ca. 12 000 Kisten/Jahr.

• **Besitzer:** Suzie Malet **Besuch:** Nach Vereinbarung. **Adresse:** 12, chemin Ste-Barbe, FR-66000 Perpignan. **Tel.** 04 68 56 72 38. **Fax** 04 68 56 47 60.

### SKALLI (FORTANT DE FRANCE)

Robert Skalli erzeugt moderne, marktangepasste „Variatels" (Weine aus einer Rebsorte). Die Weine sind als Vin de Pays (d'Oc) klassifiziert, u.a., weil die Rebsorte, die für AOC-Weine nicht zugelassen ist, auf der Etikette steht. Es werden große Mengen gut gemachte, preiswerte Weine aus den populärsten Rebsorten hergestellt.

• **Besitzer:** Robert Skalli **Besuch:** Mo-Fr 8-12, 14-17.30. **Adresse:** 278, av. de Mai-Juin, FR-34200 Sète. **Tel.** 04 67 46 70 00. **Fax** 04 67 43 03 03.

### DOM. VITICOLES DES SALINS DU MIDI

Der größte Weinproduzent Frankreichs, südlich von Montpellier. Salins du Midi ist ursprünglich ein Salzunternehmen. Seit 1875 gehören auch die Weinberge mit den sandigen Böden rund um Sète dazu. Man hat einen eigenen Vin de Pays, den „Sables du Golfe-de-Lion". Einfache, ehrliche Weine unter dem Namen Listel. FAKTEN 1 700 ha (auch 250 ha in der Provence), ca. 1,8 Mio. Kisten/Jahr.

• **Besitzer:** Val d'Orbieu **Besuch:** Mo-Fr 9-12, 14-17. **Adresse:** 68, Cours Gambetta, FR-34063 Montpellier. **Tel.** 04 67 58 23 77.

### WEITERE BETRIEBE

DOM. L'AIGUELIÈRE, 10, ch. des Teuillères, FR-34150 Montpeyroux. Tel. 04 67 96 61 78. Fax 04 67 96 61 43.

DOM. BERTRAND-BERGE, Av. du Roussillon, FR-11530 Paziols. Tel. 04 68 45 41 73. Fax 04 68 45 41 73.

DOM. BORIE DE MAUREL, Rue de la Sallèle, FR-34210 Félines-Minervois. Tel. 04 68 91 63 92. Fax 04 68 91 63 92.

CLOS BELLEVUE, FR-34400 Lunel. Tel. 04 67 83 24 83. Fax 04 67 71 48 23.

HENRI DESBOEUFS, 39, Rue du Quatre-Septembre, FR-66600 Espira-de-l'Agly. Tel. 04 68 64 11 73. Fax 04 68 38 56 34.

LES HAUTS DE FORÇA-REAL, Mas de la Garrigue, FR-66170 Millas. Tel. 04 68 85 06 07. Fax 04 68 85 49 00.

CH. LES PALAIS, FR-11220 St-Laurent de la Cabrerisse. Tel. 04 68 44 01 63. Fax -07 42.

CH. LES PINS, 14, ave Joffre, FR-66390 Bixas. Tel. 04 68 64 22 37. Fax 04 68 64 26 70.

CH. MANDAGOT, Dom. Les Thérons, FR-34150 Montpeyroux. Tel. 04 67 96 64 06. Fax 04 67 96 67 63.

MAS AMIEL, Charles Dupuy, FR-66460 Maury. Tel. 04 68 29 01 02. Fax 04 68 29 17 82.

CH. D'OUPIA, FR-34210 Oupia. Tel. 04 68 91 20 86. Fax 04 68 91 20 86.

DOM. PARCÉ, Rue de 14-Juillet, FR-66670 Bages. Tel. 04 68 21 80 45. Fax 04 68 21 69 40.

TERRA VINEA, Caves Rochère, FR-11490 Portel des Corbières. Tel. 04 68 48 28 05. Fax 04 68 48 45 92.

LES VIGNERONS DE SEPTIMANIE, Cave Coop Le Muscat, FR-34360 St-Jean de Minervois. Tel. 04 67 38 03 24. Fax 04 67 38 23 38.

CH. VIRANELLE, FR-34460 Cessenon. Tel. 04 90 55 85 82. Fax 04 90 55 88 97.

# SÜDWESTEN

GESCHICHTE Ein Gebiet mit alter Weintradition. Da die Bordeaux-Weine als zu wenig gehaltvoll betrachtet wurden, hat man sie oft mit Weinen aus dem Südwesten verschnitten, um mehr Körper zu erhalten. Die Weine aus Cahors, Gaillac und Bergerac wurden als Bordeaux „Haut-Pays" verkauft. Die Phylloxera traf das Gebiet sehr hart und vom ursprünglich guten Ruf blieb

*Der Südwesten, mit seiner alten Weintradition, erlebt heute, dank den innovativen Winzern, eine Renaissance.*

wenig übrig. Heute erlebt man eine Renaissance.

GEOGRAPHIE Die Region liegt in Frankreichs südwestlicher Ecke und grenzt an Bordeaux, Languedoc-Roussillon, den Atlantik und die Pyrenäen. Die Hänge dieser hügeligen Landschaft sind gegen Osten und Süden ausgerichtet. Die steilen Terrassen schützen gegen die Atlantikeinflüsse.

KLIMA Das atlantische Klima bringt feuchtes Frühlings- und Winterwetter, warme Sommer und vielfach einen sonnigen Herbst. Cahors, Fronton und Gaillac zeichnen sich durch ein anderes Klima aus. Das Mittelmeer erwärmt dieses Gebiet und bewirkt eher unbeständiges Wetter.

WEINE Trockene bis halbtrockene Schaumweine, süße Weißweine, leichtere oder kräftigere Rotweine sowie Roséweine.

BODEN Sandböden in den Côtes de Duras bis hin zu Kalk- und Schlammböden in Buzet sowie Lehm und Kies in Cahors.

REBSORTEN Vor allem Bordeaux-Sorten wie Sauvignon Blanc, Sémillon und Muscadelle für Weißweine und Cabernet Sauvignon, Cabernet Franc und Merlot für Rotweine. Aber auch viele lokale Sorten mit exotischen Namen wie Len de l'El, Mauzac Négrette, Arrufiac, Baroque und Valdiguié. Andere Sorten sind Chenin Blanc, Petit und Gros Manseng, Courbu Noir, Raffiat, Folle Blanche, Fuella, Ondenc, Picpoul, Ugni Blanc, Fer, Duras, Pinot Noir und Gamay.

PRODUZENTEN Kleine und große Winzer sowie zahlreiche Genossenschaften.

REBFL/PROD Von ca. 91 000 ha werden über 6 Mio. hl produziert, davon sind etwa 1,5 Mio. hl AOC-Weine.

WISSENSWERT Weitere Informationen: Association pour la Promotion des Vins du Sud-Ouest, BP 18, FR-31321 Castanet Tolosan Cedex. Tel. 05 61 73 87 06. Fax 05 61 73 85 91.

## Jurançon

**RUF** Der Wein war bereits im 16. Jh. berühmt, als er bei der Taufe von Königen kredenzt wurde. Die süßen Weine zählen zu den besten in Südwestfrankreich und gehören in dieser Kategorie auch zu den besten Frankreichs. Leider werden diese zugunsten der bedeutend einfacheren trockenen Varianten zunehmend weniger erzeugt.

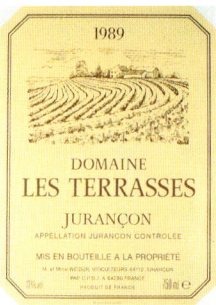

*Die Weine Jurançons waren bereits im 16. Jh. berühmt. Damals gab es hier nur süße Weißweine.*

**GEOGRAPHIE** Jurançon liegt im Departement Pyrenées-Atlantic westlich der Stadt Pau, zwischen den Flüssen Gave de Pau und Gave d'Oloron.

**WEINE** Weine mit großem Charakter. Man produziert trockenen Weißwein, aber es sind in erster Linie die unterschiedlich süßen Weißweine mit frischer Säure und einer Blume von exotischen Früchten, die das Gebiet berühmt machten.

**KLASSIFIZIERUNG** AOC. Keine interne Klassifizierung.

**BODEN** Steinig und sandig mit Einschlag von Kalkstein und „Limoux"-Lehm.

**REBSORTEN** Petit Manseng, Gros Manseng und Courbu sowie Camaralet und Lauzet.

**WEINHERSTELLUNG** Um den Frost zu umgehen, wachsen die Reben 1,5 bis 2 m über dem Boden auf Spalieren. Die süßen Weine werden aus Trauben produziert, die erst spät im November geerntet werden. Bei einem Alkoholgehalt von 12,5% werden nach traditioneller Weißweinbereitung trockene Weine erzeugt. Die süßen Weine können 5-20 gelagert werden, während die trockenen jung getrunken werden.

**REBFL/PROD** 820 ha, insg. ca. 38 000 hl/Jahr. Niedriger Ertrag von 36 hl/ha für die trockenen und 26 hl/ha für die süßen Weine.

**PRODUZENTEN** Dom. Bru-Bache, Dom. Cauhapé, Cave Coop de Jurançon, Dom. Guirouilh, Charles Hours, Cru Lamouroux, Clos Lapeyre und Clos Thou, Clos Uroulat.

**WISSENSWERT** Für weitere Informationen: Association pour la Promotion des Vins du Sud-Ouest (siehe Haupttext Südwesten).

## Gaillac

**RUF** Hier findet man einige der ältesten Weingüter Frankreichs. Heute relativ bekannte Weine, die in der Regel von Genossenschaften stammen.

**GEOGRAPHIE** Gaillac liegt unterhalb der Städte Albri und Castres, durchkreuzt vom Fluss Tarn im gleichnamigen Departement.

**WEINE** Unterschiedliche Weinproduktion mit fruchtigen, aromatischen, trockenen Rotweinen und leichten, trockenen Roséweinen. Am bekanntesten sind die Weißweine mit leichtem, trockenem Geschmack, manchmal auch perlend ausgebaut. In Gaillac werden auch süße Weißweine mit Pfirsichcharakter hergestellt. Gaillac Premières

*Gaillac hat eine sehr alte Weinbautradition. Am bekanntesten sind die trockenen Weißweine.*

Côtes ist ein trockener bis halbtrockener Weißwein mit höherem Alkoholgehalt.

**KLASSIFIZIERUNG** AOC. Keine interne Klassifizierung.

**BODEN** Am rechten Ufer des Tarn Kreideböden und auf der anderen Seite Granitböden.

**REBSORTEN** Weißwein wird in erster Linie aus Mauzac Blanc mit mind. 15% Len de L'El hergestellt. Außerdem werden Ondenc, Muscadelle, Sém und SB angebaut. Der Rotwein muss zu mindestens 60% aus Fer, Négrette, Duras, Gamay und Syrah bestehen. Darüber hinaus wird auch CS, Cabernet Franc, Merlot, Mauzac, Jurançon Rouge und Portugal Bleu angebaut.

**WEINHERSTELLUNG** Schaumwein nach der Champagner-Methode, aber auch nach der im Gebiet bekannteren *méthode gaillaçoise*. Rotwein nach der *macération carbonique*.

**REBFL/PROD** 2 300 ha, 33 000 hl Weißwein/Jahr und 90 000 hl Rotwein/Jahr.

**PRODUZENTEN** Dom. de Bosc-Long, Ch. Candastre, Dom. d'Escausses, Cave de la Bastide de Levis, Dom. Labarthe und Dom. le Payssel.

**WISSENSWERT** Weitere Informationen: Comité Interprofessionnel des Vins de Gaillac, Maison de la Vigne et du Vin, Abbaye St-Michel, FR-81600 Gaillac/Tarn. Tel. 05 63 57 15 40. Fax 05 63 57 20 01.

## Côtes du Frontonnais

RUF  Aus diesem kleinen Gebiet stammen viel gepriesene Weine. Die Qualität ist steigend und die Preise sind noch tief. Die dominierende Rebsorte ist die sehr dunkelschalige Negrette-Traube. Wahrscheinlich stammt die Sorte aus Zypern und wurde von einem Tempelritter eingeführt.

GEOGRAPHIE  Am östlichen Ufer der Garonnes gelegen, 30 km westlich von Gaillac und 20 km nördlich von Toulouse im Department Haute-Garonne und Tarnet-Garonne.

WEINE  Rotweine mit guter Farbe, Struktur und sanfter Frucht. Die besten Weine des Gebiets stammen aus Villaudric. Als Zweitname tritt Côtes du Frontonnais auf. Man produziert auch einen frischen, fruchtigen Rosé, oft „Le Rosé de la Ville Rose" benannt. Auch ein kleiner Teil Weißweine. Der Anteil der Gamay-Traube nimmt ständig zu.

KLASSIFIZIERUNG  AOC seit 1975. Keine interne Klassifizierung.

BODEN  Unterschiedliche Bodenverhältnisse, meist mit Lehm und Kies.

*Ein kleines Gebiet westlich von Gaillac. Château Bellevue la Forêt ist einer der besten Produzenten.*

REBSORTEN  Ca. 50% Négrette, ferner Cabernet Sauvignon, Cabernet Franc, Malbec, Cinsault, Syrah, Merillé, Mauzac und Gamay.

WEINHERSTELLUNG  Traditionelle Weinherstellung. Bei Gamay- und Négrette-Weinen kommt „Macération Carbonique" vor.

REBFL/PROD  1 800 ha, 100 000 hl/Jahr.

PRODUZENTEN  Ch. Bellevue la Forêt, Ch. Ferran, Ch. le Roc und Ch. Majorel.

## Bergerac

RUF  Ein Gebiet, das eigentlich nur durch eine administrative Grenze von Bordeaux getrennt ist, aber trotzdem im Schatten seines berühmten Nachbarn steht.

GEOGRAPHIE  Der Flusslauf der Dordogne erstreckt sich bis zur östlichsten Verlängerung der Weingüter von St-Émilion.

WEINE  Weißweine von sehr trockenem bis süßem Charakter. Die roten sind entweder kräftig, füllig oder mit leichter Finesse. In Bergerac, der übergreifenden AOC, findet man Rotwein, Weißwein und Roséwein. Côtes de Bergerac ist ein

*Eine Auswahl von Bergerac-Weinen, die zu den berühmten Monbazillac-Spitzenweinen gehören.*

kräftiger Rotwein oder ein leichter und süßer Weißwein mit guter Säure. In Rosette sind die Weine halbtrocken. In Montravel ergibt die Produktion trockene Weißweine aus Sauvignon Blanc. Auch hier wird ein weißer, eleganter, süßer Dessertwein produziert. Der bekannteste des Gebietes ist Monbazillac, der ähnlich einem Sauternes den Charakter von edelfaulen Trauben hat. Bester Rotwein ist Pércharmant.

KLASSIFIZIERUNG  AOC.

BODEN  Gute Hanglagen und Böden, die in den besten Lagen aus Sand und kalkhaltigem Lehm und Kies bestehen.

REBSORTEN  Rote: CS, CF, Mer und Malbec. Weiße: Sauvignon Blanc, Sém und Muscadelle.

WEINHERSTELLUNG  Traditionelle Herstellung. Spätlese für die süßen Weine. Für die besten Monbazillac-Weine selektioniert man sorgfältig die von der Edelfäule angegriffenen Trauben.

REBFL/PROD  7 400 ha, 130 000 hl Weißwein/Jahr, 300 000 hl Rotwein/Jahr.

PRODUZENTEN  Ch. Belingard-Chayne, Ch. Borderie, Ch. La Bardeles Tendoux, Ch. de la Colline, Ch. la Jaubertie, Dom. de Gouyat, Ch. de Montaigne, Moulin des Dames, Ch. du Priorat, Ch. Ressaudie und Ch. Tourmentine.

WISSENSWERT  Weitere Informationen: Comité Interprofessionnel des Vins de la Région de Bergerac-CIVRB, 2 place du Docteur Cayla, BP 426, F-24104 Bergerac. Tel. 05 53 63 57 57. Fax 05 53 63 01 30.

## BUZET

RUF  Das Gebiet war lange Zeit ein Teil von Bordeaux „Haut Pays", wurde aber von der Reblaus stark angegriffen. Heute ein wachsendes Gebiet. Die besten Rotweine sind vergleichbar mit einem guten Médoc. Ein viel versprechendes Gebiet.

GEOGRAPHIE  Côtes de Buzet ist wie ein Satellit von Bordeaux, ganz im Norden von Armagnac und am linken Ufer der Garonne im Departement Lot-et-Garonne.

WEINE  Der Rotwein wird in Bordeaux-ähnlichem Stil, mit viel Finesse und Charme, produziert. Der Weißwein ist immer trocken und etwas fülliger als die einfachen Weißweine von Bordeaux. Der Roséwein macht einen sehr kleinen Teil der Produktion aus. Die Rotweine sollten binnen 3-10 Jahren, die Weißweine binnen vier Jahren konsumiert werden.

KLASSIFIZIERUNG  AOC seit 1973. Keine interne Klassifizierung.

BODEN  Kalk- und Schlammböden.

REBSORTEN  Für Rotwein werden durch-

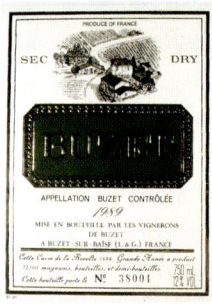 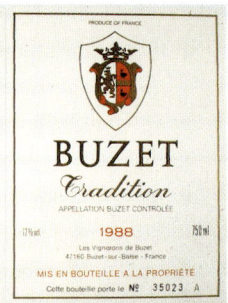

*Ein expandierendes Gebiet. Die Rotweine werden im klassischen Bordeaux-Stil produziert.*

schnittlich 40% Merlot, 30% Cabernet Sauvignon und 30% Cabernet Franc sowie teilweise Malbec verwendet. Für Weißweine Sémillon, Sauvignon Blanc und Muscadelle.

WEINHERSTELLUNG  Vor der Flaschenabfüllung werden die Weine mind. ein Jahr im Fass ausgebaut.

REBFL/PROD  1 800 ha, ca. 115 000 hl/Jahr. Die Weißweine machen rund 2-3% der Gesamtproduktion aus. Der Ertrag liegt bei 40 hl/ha.

PRODUZENTEN  Die Genossenschaft Les Vignerons de Buzet in Buzet-sur-Baïse dominiert. Die besten Weine dieser Genossenschaft werden unter dem Namen „Cuvée Napoléon" verkauft. Weitere gute Erzeuger: Ch. Baleste, Ch. de Piis und Ch. Sauvagnères.

WISSENSWERT  Weitere Informationen: Les Vignerons Réunis de Buzet, Buzet-sur-Baïse, FR-47160 Damazan. Tel. 05 58 79 44 39.

## CÔTES DE DURAS

RUF  Der Favorit am Hofe von François I. Heute eine aufstrebende Region, die immer mehr Aufmerksamkeit verdient. Oft sehr preiswerte Weine, besonders die weißen.

GEOGRAPHIE  Liegt im nördlichen Teil des Departement Lot-et-Garonne, zwischen Weinbergen von Entre-Deux-Mers und Bergerac.

WEINE  Ein Gebiet, das Rotweine im leichten Bordeaux-Stil produziert. Früher waren die süßen Weißweine beliebt. Heute dominieren die trockenen, leicht fruchtigen, frischen Weine aus Sauvignon-Blanc. Ein kleiner Teil der Roséweine ist

*Côtes de Duras ist das Verdienst einer Genossenschaft. Beachtung verdienen vor allem die Weißweine.*

trocken, fruchtig, lebhaft und von schöner Farbe. Die Weine sollten relativ jung konsumiert werden. Die Weißweine innert 1-3 Jahren, die Rotweine innert 2-3 Jahren.

KLASSIFIZIERUNG  AOC. Keine interne Klassifizierung.

BODEN  Hänge mit Lehm und viel Kalkstein.

REBSORTEN  Für Rotweine werden Cabernet Sauvignon, Cabernet Franc, Merlot und Malbec verwendet. Für Weißweine Sauvignon Blanc, Sémillon, Muscadelle, Mauzac, Chenin Blanc, Ondenc und höchstens 25% Ugni Blanc, wenn man denselben Teil Sauvignon Blanc verwendet.

WEINHERSTELLUNG  Die verschiedenen Rebsorten werden in der Regel einzeln vinifiziert. Ein kleiner Teil der Rotweine wird nach der „Macération Carbonique"-Methode bearbeitet und als Primeur getrunken.

REBFL/PROD  1 600 ha, zugelassener Ertrag ist 50 hl/ha, über 45 000 hl Weiß- und ca. 65 000 hl Rotwein/Jahr.

PRODUZENTEN  Cave Coop Berticot, Les Vignerons des Coteaux de Duras, Dom. du Vieux Bourg.

WISSENSWERT  Weitere Informationen: Union Interprofessionnelle des Vins des Côtes de Duras, Maison du Vin, BP 13, FR-47120 Duras. Tel. 05 53 83 81 88. Fax 05 53 20 82 85.

## Madiran

RUF Die Pilger, die hier auf ihrem Weg nach Spanien vorbeikamen, kannten diesen Wein schon im 19. Jh. Madiran wetteifert mit den Cahors-Weinen unter der Optik der Lagerfähigkeit und der Farbintensität.

GEOGRAPHIE Liegt nordöstlich von Pau und

*Vor allem dank A. Brumont wurden die Madiran-Weine berühmt. Er setzte sich auch für die Tannin-Traube ein.*

nordwestlich von Tarbes in den Departements Pyrenées-Atlantique, Hautes-Pyrénées und Gers.

WEINE Dunkelrot und als junger Wein hart mit Duft von Himbeeren. Ein Wein, der gelagert werden sollte. Weine, die vorwiegend aus Cabernet erzeugt wurden, sind leichter und sollten jung getrunken werden. Die kräftigeren Weine aus Tannat entwickeln sich während 15 Jahren.

KLASSIFIZIERUNG AOC. Interne Klassifizierung seit 1992 (siehe Kasten).

BODEN Lehmgemischte Kalk- und Kiesböden.

REBSORTEN Hauptrebsorte ist Tannat, die mind. zu 40% und max. zu 60% verwendet wird. Andere erlaubte Rebsorten sind CS, Cabernet Franc und Fer Servadou (Pinenc).

WEINHERSTELLUNG Laut Gesetz muss der Wein 20 Monate im Fass ausgebaut werden. Viele Winzer verwenden neue Eichenfässer.

REBFL/PROD 1 300 ha, 70 000 hl/Jahr; der Höchstertrag liegt bei 45 hl/ha.

PRODUZENTEN Siehe Kasten.

WISSENSWERT Weitere Informationen: Association pour la Promotion des Vins du Sud-Ouest (siehe Haupttext Südwesten).

---

PREMIER CRU EXCEPTIONEL:
Ch. Montus. (Alain Brumont).

PREMIERS CRUS: Cuvée du Couvent, (Dom. Capmartin), Chapelle L'Enclos (Patrick Ducournou), Ch. d'Aydie (Vignobles Laplace), Dom. Bouscassé (Alain Brumont).

DEUXIEME CRUS: Dom. Berthoumieu (Didier Barré), Ch. Laffitte-Teston, Dom. Barrejat (M. Capmartin), Ch. de Crouseilles, Dom. Laougue (P. Dabadie), Cuvée du Roy (Ch. de Diusse), Dom. Mourchette (de Crouseilles).

---

## Pacherenc du Vic-Bilh

RUF Dies ist der größte Weißwein Madirans. Kleine Produktion, die mehrheitlich regional konsumiert wird. Dank Alain Brumont von Ch. Montus hat sich der Ruf auch international verbreitet.

GEOGRAPHIE Wird in der gleichen Gegend wie Madiran gemacht, wo die Hügel von Vic-Bilh einen Vorgeschmack der Pyrenäen vermitteln.

WEINE Ein reicher und lebhafter Wein, trocken bis halbtrocken mit exotischer Frucht, aber auch Mandel-und Birnenaromen. Er erinnert an Jurançon-Weine, ist aber nicht so füllig. Hersteller von Pacherenc du Vic-Bilh erzeugen auch Madiran- und Béarn-Weine. Die süßesten Varianten

*Von hier stammen die Weißweine Madirans. Einer der besten Vertreter ist Château Montus.*

entwickeln sich noch nach zehn Jahren.

KLASSIFIZIERUNG AOC. Keine interne Klassifizierung.

BODEN Lehmgemischte Kalk- und Kiesböden.

REBSORTEN Pacherenc (= Ruffiac), Gros Manseng, Petit Manseng, Courbu, Sauvignon Blanc und Sémillon.

WEINHERSTELLUNG Die Rebstöcke erreichen eine Höhe von 2 m. Der Wein wird traditionell süß, d.h. von spät geernteten Trauben, ausgebaut. Viele Winzer ziehen es vor, einen trockenen Wein zu erzeugen, der im Frühling auf Flaschen gezogen wird, *sur lie* analog dem Muscadet.

REBFL/PROD 200 ha, 8 900 hl/Jahr. Der Höchstertrag liegt bei 40 hl/ha.

PRODUZENTEN Die besten sind Ch. d'Aydie, Ch. Bouscassé, Plaimont Producteurs.

WISSENSWERT Weitere Informationen: Association pour la Promotion des Vins du Sud-Ouest (siehe Haupttext Südwesten).

## BÉARN

RUF Aus Béarn kommen relativ anspruchslose Weine, die aber auch sehr preiswert sind.

GEOGRAPHIE Béarn liegt in Baskien, im Departement Pyrenées-Atlantiques. Das Appellationsgebiet umfaßt die gleichen Gebiete wie die allgemein als besser angesehenen in Madiran,

*Die Weine aus Béarn sind nicht als Spitzenweine bekannt und sie werden meist regional konsumiert.*

Irouléguy und Jurançon sowie in den Gemeinden Orthes und Slies-de-Béarn.

WEINE Der Roséwein hat die beste Qualität, ist fruchtig und erinnert an die Cabernet-Traube. Der Rotwein ist reich und füllig, mit Kraft. Die Weißweine sind leicht, mit wenig Säure. Die meisten Weine, außer den Rotweinen, sollten jung getrunken werden.

KLASSIFIZIERUNG AOC. Keine interne Klassifizierung.

BODEN Ein ausgedehntes Gebiet mit unterschiedlichen Böden.

REBSORTEN Rot- und Roséweine dürfen zu höchstens 60% Tannat enthalten. Andere Sorten sind die örtlichen Manseng Noir, Fer Servadou, Pincenc, Corbu Noir sowie auch Cabernet Sauvignon und Cabernet Franc. Für die Weißweine werden Gros Manseng, Petit Manseng, Corbu, Lauzat, Baroque wie auch Sémillon und Sauvignon Blanc verwendet.

WEINHERSTELLUNG Traditionelle Weinherstellung, mit einem minimalen Alkoholgehalt von 10,5 % bei einem Ertrag von 50 hl/ha.

REBFL/PROD 185 ha, ca. 450 hl Weißwein/Jahr und ca. 10 000 hl Rotwein/Jahr. Die Mehrheit wird von Genossenschaften produziert.

## IROULÉGUY

RUF Regional geschätzte Weine, da ihre Kraft zur rustikalen baskischen Küche passt. Heute gibt es immer noch Rebflächen aus dem 16. Jahrhundert. Der Wein hat mehr Beachtung verdient.

GEOGRAPHIE Kleines baskisches Weingebiet, westlich von St-Jean-Pied-de-Port, am Fusse der Pyrenäen, nahe der spanischen Grenze.

WEINE Überwiegend geschmacksreiche Roséweine mit einem orangefarbenen Ton, aber auch Rotweine mit Charakter und würziger Frucht. Die Weißweinproduktion ist sehr klein. Die örtliche Genossenschaft besitzt eine Monopolstellung für die ganze Weinproduktion. Roséweine und die

*Preiswerte Weine. Auf dem Flaschenhals steht der baskische Text „Hotx Hotxa Edan" - „kühl servieren"!*

Weißweine sollten jung konsumiert werden. Die Rotweine gewinnen durch Lagerung bis zu zehn Jahren.

KLASSIFIZIERUNG AOC. Keine interne Klassifizierung.

BODEN Sandböden dominieren.

REBSORTEN Rosé- und Rotweine müssen mindestens 50% Tannat enthalten, die übrigen erlaubten Rebsorten sind Fer, Cabernet Sauvignon und Cabernet Franc. Weiße Sorten sind Gros Manseng, Petit Manseng, Courbu, Lauzat, Baroque, Sauvignon Blanc und Sémillon.

WEINHERSTELLUNG Traditionelle Weinherstellung, mit einem Mindestalkoholgehalt von 10%. Irouléguy gehört außerdem zu den wenigen Weinen, die einen garantierten Alkoholgehalt von 14% aufweisen.

REBFL/PROD 180 ha, 7 000 hl/Jahr. Die örtlichen Genossenschaften haben so etwas wie eine Monopolstellung und produzieren ca. 15 000 Kisten/Jahr. Der Ertrag liegt bei höchstens 50 hl/ha.

PRODUZENTEN Dom. Brana und Dom. Ilarria (Cuvée Bixintxo), gefolgt von der Genossenschaft in St-Étienne de Baügorry.

WISSENSWERT Weitere Informationen: Association pour la Promotion des Vins du Sud-Ouest (siehe Haupttext Südwesten)

# CAHORS

**RUF**  Schon während der römischen Ära war Cahors ein bekannter Rotwein. Während Jahrhunderten wurde er auch von Päpsten und Königen geschätzt. Zar Peter der Große kurierte seinen Magen mit Cahors. Nachdem die Weinberge 1956 durch Frostschäden völlig zerstört worden waren, erfolgte ein Neubeginn. Der Wein ist in Frankreich wieder beliebt und die Preise steigen.

**GEOGRAPHIE**  Zwischen dem Atlantik, den Pyrenäen und dem Mittelmeer wird der Wein, an Hängen und in Tälern, entlang des Flusses Lot, angebaut.

**WEINE**  Rotwein, bekannt als „schwarzer Wein" mit viel Kraft, Tannin und guter Frucht. Cahors ist ein Wein, der mindestens vier Jahre benötigt, um weich zu werden. Kann dann bis zu zwölf Jahren oder länger gelagert werden.

**KLASSIFIZIERUNG**  AOC. Keine interne Klassifizierung.

**BODEN**  Eine hügelige Landschaft; mit Kies gemischter Lehm und Kieshügel aus Mergel.

**REBSORTEN**  Malbec (= Auxerrois) bis 70%,

*Die dunklen, ja fast schwarzen Cahors-Weine werden seit der Römerzeit sehr geschätzt.*

Merlot, Tannat und Jurançon Noir.

**WEINHERSTELLUNG**  Früher vergärte man die Weine länger. Man kochte sogar einen Teil des Mostes, um ihn zu konzentrieren. Heute ist die Weinherstellung eher traditionell und der „schwarze Wein" hat keine extreme Farbnote mehr. Der Alkoholgehalt liegt zwischen 10,5% und max. 13%. „Vieux Cahors" ist die Bezeichnung für einen Wein, der drei Jahre im Fass ausgebaut wurde.

**REBFL/PROD**  4 200 ha, ca. 220 000 hl/Jahr. Der Höchstertrag liegt bei 50 hl/ha.

**PRODUZENTEN**  Ch. du Brel, Ch. la Caminade, Ch. de Cèdre, Ch. de Chambert, Clos Triguédina, Jean Jouffreau, Ch. Lagrezette, Côtes d'Olt, Dom. du Pecot, Ch. St-Didier-Parnac, Dom. de Vinssou.

**WISSENSWERT**  Weitere Informationen: Syndicat Interprofessionel du vin de Cahors, 430, ave Jean Jaurès, BP 61, FR-46002 Cahors. Tel. 05 65 23 22 24. Fax 05 65 22 25 07.

# ANDERE WEINE IM SÜDWESTEN

## AOC
### CÔTES DE MARMANDAIS

AOC 1990. Relativ einfache Weine zu günstigen Preisen. Grenzt an Bordeaux. Leichte Rotweine, aber auch Weißweine. Rebsorten sind u.a. CF, CS, Mer, Fer, Abouriou, Mal, Syrah und Gamay für Rotweine und Sém, UB und SB für Weißweine.

### MARCILLAC

AOC 1990. Robuste, fruchtige Weine mit tiefer Farbe von den Hängen rund um die Stadt Rodez. Rot- und Roséweine aus mindestens 80% Fer. Ferner CS, CF, Mer, Jurançon Noir und Gamay.

## VDQS
### CÔTES DE BRULHOIS

Erhielt den VDQS-Status 1984. Südlich der Côtes de Buzet auf beiden Seiten des Flusses Garonne gelegen. Rustikale Rot-und Roséweine aus CS, Cabernet Franc, Merlot, Tannat und Malbec.

### CÔTES DE ST-MONT

Charakteristische, einfache Rotweine aus der südöstlichen Ecke von Armagnac. Die Roten sind dunkel, ein wenig straff, während die Weißen hell und mild, mit niedriger Säure sind. Rote: Tannat und CS, CF und Merlot. Weiße: Meslier, Jurançon, Picpoul und Sauvignon.

### TURSAN

Eine einfachere Variante der Weine aus Madiran und Pacherenc de Vic-Bilh. Rot- und Roséweine werden aus Tannat, CF, CS und Fer erzeugt. Weißweine aus der örtlichen Rebsorte Baroque.

### D'ENTRAYGUES ET DU FEL

Kleine Produktion von leichten Rotweinen aus CF, CS, Fer, Jurançon Noir, Gamay, Mer, Négrette und PN. Weißweine aus CB und Mauzac.

### D'ESTAING

Sehr geringe Produktion von Weinen aus demselben Gebiet wie Vins d'Entraygues et du Fel. Werden aus denselben Rebsorten produziert und sind ähnlich im Charakter.

### LAVILLEDIEU

Fruchtige und rustikale Weine aus dem Gebiet nördlich der Côtes du Frontonnais. Fast ausschließlich Rotweine, hauptsächlich aus Négrette, aber auch Fer, Gamay, Jurançon Noir und Picpoul werden verwendet.

## CH. MONTUS

GESCHICHTE Ohne önologische Ausbildung konnte sich Alain Brumont mit viel Leidenschaft für den Weinbau in der Weinwelt profilieren, und er revolutionierte das Ansehen Madirans. 1980 erwarb er das Ch. Montus und übernahm das Familiengut Domaine Bouscassé. Er bestockte das

*A. Brumont ist längst kein neuer Stern mehr am französischen Weinhimmel. Sein Château Montus ist berühmt.*

ganze Ch. Montus mit der lokalen Rebsorte Tannat. Brumonts Weine sind mittlerweile ein großer Erfolg. Unter der Dom. Bouscassé hat Brumont einen ultramodernen Keller konstruiert. Rund um die neu renovierten Gebäude wird ein einzigartiger Weinberg angelegt.

WEINE Ch. Montus (80% Tannat, 20% CS): sehr dunkle Farbe, intensiv im Bukett, mit Vanille, Röstaromen, exotischen Früchten und Nüssen. Ch. Bouscassé (60% Tannat, 40% CS), Pacherenc Sec (100% Petit Courbu), Pacherenc Moulleux (100% Petit Manseng). Die Weine sind klassifiziert (siehe unter AOC Madiran).

RUF Ch. Montus gehört zu den interessantesten Weinen Frankreichs. Alain Brumont wurde 1991 von 25 der besten Degustatoren Frankreichs zum Winzer des Jahrzehnts gewählt.

BODEN Kieserrassen und kiesiges Geröll von Gletscherablagerungen.

REBSORTEN Rote: 55% Tannat, 25% CS. Weiße: 10% Petit Manseng, 10% Petit Courbu.

WEINHERSTELLUNG Manuelle Lese und Gärung in Stahltanks. Cuvée Prestige wird bis zu 16 Mt. in zu 100% neuen Eichenfässern ausgebaut, die einfachen in 50% neuer Eiche.

LAGERUNG Ch. Montus 10-20 Jahre.

REBFL/PROD Insg. 160 ha, 50 000 Kisten/J.

**Besitzer** Alain Brumont • **Kellermeister** Alain Brumont • **Besuch** Mo-Sa 8-12, 14-18 • **Adresse** Ch. Montus, Ch. Bouscassé, FR-32400 Maumusson • **Tel.** 05 62 69 74 67 • **Fax** 05 62 69 70 46

## WEITERE PRODUZENTEN

### CH. D'AYDIE

Einer der führenden Erzeuger im Madiran. Rund um das Schloss gedeihen auf 15 Hektar bis zu zweihundert Jahre alte Reben. Rebsorten: Tannat, CS. Auch weißer, trockener Pacherenc du Vic-Bilh. FAKTEN 45 ha, 30 000 Kisten/Jahr. AOC Madiran und Pacherenc du Vic-Bilh.
• **Besitzer:** Fam. Laplace **Besuch:** Täglich 8.30-13, 14-19. **Adresse:** FR-64330 Garlin. **Tel.** 05 59 04 01 17. **Fax** 05 59 04 01 53.

### DOM. BARRÉJAT

Altes Familiengut, das heute von Denis Capmartin geführt wird. Angebaut werden 60% Tannat sowie 40% Cabernet Franc und Sauvignon. 1992 im Madiran als 2ème Cru eingestuft. Der Prestigewein heißt Cuvée des Vieux Ceps. FAKTEN 17 ha, 9 000 Kisten/Jahr. AOC Madiran.
• **Besitzer:** Denis Capmartin **Besuch:** Mo-Fr 9-12, 14-18. **Adresse:** FR-32400 Maumusson. **Tel.** 05 62 69 74 92. **Fax** 05 62 69 77 54.

### CH. BELLEVUE LA FORÊT

Die Familie Germain war eine alte Weingutsbesitzerfamilie in Nordafrika, bevor Patrick 1973 nach Frankreich kam und Ch. Bellevue erwarb. Erzeugen typische Frontonnais-Weine (rot, weiß und rosé). Rebsorten: Négrette, Cabernet Franc, CS, Gamay und Syrah. Aus Négrette wird der „Ce Vin" erzeugt. FAKTEN 110 ha, ca. 80 000 Kisten/Jahr. AOC Côtes du Frontonnais.
• **Besitzer:** Fam. Germain **Besuch:** Nach Vereinbarung. **Adresse:** 4500, Avenue de Grisolles, FR-31620 Fronton. **Tel.** 05 61 82 43 21. **Fax** 05 61 82 39 70.

### CH. LA CAMINADE

Das Schloss La Caminade, ein früheres Pfarramt, ist der Hauptsitz der Familie Ressès. Die alten Kellergewölbe werden als Verkostungsraum genutzt. Die Weinbautraditionen werden heute in der vierten Generation weitergeführt. Sehr empfehlenswert ist der „La Commandery", der 14 Mt. im Eichenfass ausgebaut wird. FAKTEN 35 ha, 20 000 Kisten/Jahr. AOC Cahors.
• **Besitzer:** Fam. Ressès **Besuch:** Mo-Fr 8-12, 14-19. **Adresse:** FR-46140 Parnac. **Tel.** 05 65 30 73 05. **Fax** 05 65 20 17 04.

### DOM. CAUHAPÉ

Henri Ramonteu wurde durch seinen „Quintessence du Petit Manseng" (*vendage tardive*) berühmt. Ein mächtiger Süßwein, vergleichbar mit Ch. d'Yquem in Sauternes. Ramonteu ist für das Jurançon, was Brumont für das Madiran ist. Erzeugt auch trockenen Jurançon. FAKTEN 25 ha, ca. 13 000 Kisten/Jahr. AOC Jurançon.
• **Besitzer:** Henri Ramonteu **Besuch:** Nach Vereinbarung. **Adresse:** Quartier Castet, FR-64360 Monein. **Tel.** 05 59 21 33 02. **Fax** 05 59 21 41 82.

## Weitere Produzenten im Südwesten

### Cave Coop. des Vins d'Irouléguy et du Pays Basque

Eine Genossenschaft, die große Teile von Irouléguy kontrolliert. Die Topweine werden unter der Etikette Cuvées des Maîtres Vignerons verkauft. Sehr guter Weißwein namens „Xuri d'Ansa". FAKTEN  170 ha, 60 000 K./J. AOC Irouléguy
- **Besitzer:** 60 Mitglieder **Adresse:** FR-64430 St-Étienne-de-Baügorry. **Tel.** 05 59 37 41 33. **Fax** 05 59 37 47 76.

### Cave de la Bastide de Levis

In Gaillac eine dominierende Genossenschaft. Die Weine werden meist regional verkauft. Ihr „Tradition Gaillacoise" ist bekannt. FAKTEN 1 650 ha, ca. 600 000 Kisten/Jahr. AOC Gaillac.
- **Besitzer:** 520 Mitglieder **Besuch:** Nach Vereinbarung. **Adresse:** FR-81150 Marssac-sur-Tarn. **Tel.** 05 63 53 73 73. **Fax** 05 63 53 73 74.

### Ch. de Chambert

Anwesen aus dem 14. Jahrhundert, wurde 1973 restauriert. Erzeugt preiswerte Cahors-Weine von recht guter Qualität. FAKTEN 60 ha, ca. 30 000 Kisten/Jahr. AOC Cahors.
- **Besitzer:** J & M Delgoulet **Besuch:** Täglich 9-12, 14-19. **Adresse:** Les Hauts Coteaux, FR-46700 Floressas. **Tel.** 05 65 31 95 75. **Fax** 05 65 31 93 56.

### Clos de Gamot

Ein Teil der Weinberge verfügt über mehr als 100jährige Rebstöcke. Auch in Besitz von Ch. Cayrou, ein Schloss aus dem 16. Jahrhundert. Beide Anwesen werden heute von der Familie Jouffreau ambitiös betrieben. Biologischer Anbau mit viel Handarbeit. Clos de Gamot wird aus 100% Auxerrois und Ch. de Cayrou aus 70% Auxerrois sowie Merlot und Tannat hergestellt. FAKTEN 50 ha, 15 000 Kisten/Jahr. AOC Cahors.
- **Besitzer:** Fam. Jouffreau **Besuch:** Täglich 8-20. **Adresse:** FR-46220 Prayssac. **Tel.** 05 65 22 40 26. **Fax** 05 65 22 45 44.

### Clos Triguédina

Modernisiertes Cahors-Gut. Seit 1830 ist es in Besitz der Familie Baldès. Clos Triguédina sollte jung getrunken werden. „Prince Probus" wird aus 100% Malbec erzeugt und im Eichenfass ausgebaut. FAKTEN 50 ha und 26 000 Kisten/Jahr. AOC Cahors.
- **Besitzer:** Jean-Marc Baldès **Besuch:** Täglich 9-12, 14-18, außer So. **Adresse:** FR-46700 Puy-l'Évêque. **Tel.** 05 65 21 30 81. **Fax** 05 65 21 39 28.

### Ch. de la Colline

Ein Weingut in Thénac, wo Charles Martin einen hervorragenden Bergerac herstellt. Kräftiger, voller und komplexer Wein. FAKTEN 7 ha, ca. 3 000 Kisten/Jahr.
- **Besitzer:** Fam. Timms **Besuch:** Täglich 9-18. **Adresse:** Les Pigniers, FR-24240 Thénac. **Tel.** 05 53 61 87 87. **Fax** 05 53 61 71 09.

### Côtes d'Olt

Eine der größten Genossenschaften Frankreichs. Verkaufen Weine mit verschiedenen Etiketten, u.a. Cayrou-Monpezat, Ch. les Bouysses und Ch. De Caix. Rebsorten: Auxerrois, Mer, Tannat. FAKTEN 3 300 ha, 2,5 Mio. K./J. AOC Cahors.
- **Besitzer:** 330 Mitglieder **Besuch:** Nach telefonischer Vereinbarung. **Adresse:** FR-46140 Parnac. **Tel.** 05 65 20 17 71. **Fax** 05 65 30 71 86.

### Cru Lamouroux

Jean Chigé und Richard Ziemek erzeugen einen süßen Jurançon aus 95% Petit Manseng und 5% Gros Manseng. Vergoren in Stahltanks und ausgebaut in Eichenfässern. FAKTEN 12 ha, 3 000 Kisten/Jahr. AOC Jurançon.
- **Besitzer:** Fam. Ziemek-Chigé **Besuch:** Täglich 8-12, 14-19. **Adresse:** La Chapelle-de-Rousse, FR-64110 Jurançon. **Tel.** 05 59 21 74 41.

### Dom. de la Jaubertie

1973 kaufte der Engländer Henry Ryman das aus 27 ha Rebfläche bestehende Weingut. Seitdem wurde die Rebfläche erweitert und viele Modernisierungen wurden durchgeführt. Frische Weine mit deutlichem Traubencharakter. FAKTEN 50 ha, 30 000 Kisten/Jahr. AOC Bergerac.
- **Besitzer:** Henry Ryman **Adresse:** FR-24560 Colombier. **Tel.** 05 53 58 32 11. **Fax** 05 53 57 46 22.

### Dom. de Labarthe

Die Familie Albert betreibt schon seit dem 16. Jh. Weinbau in Gaillac. Erzeugt die meisten Gaillac-Weine, bekannt für ihre Weißweine sowie den roten Cuvée Guillaume. Lokale Sorten: Duras und Fer Servadou für Rotwein, Len de l'El und Sauvignon Blanc für Weißwein und Manzac für süßen Wein. FAKTEN 40 ha, 17 000 Kisten/Jahr. AOC Gaillac.
- **Besitzer:** Jean Albert & Fils **Besuch:** Mo-Fr 9-12, 14-18. **Adresse:** FR-81150 Castanet. **Tel.** 05 63 56 80 14. **Fax** 05 63 56 84 81.

### Ch. Lagrazette

Ein von Alain-Dominique Perrin restauriertes Renaissance-Schloss. Rebflächen wurden angelegt und ein ultramoderner Keller wurde in den Hang gebaut. Die Beratung erfolgt durch Michel Roland und das Ergebnis ist hervorragend. Mächtige Cahors-Weine (meist Auxerrois) in nostalgischem Stil. FAKTEN 60 ha, ca. 20 000 Kisten/Jahr. AOC Cahors.
- **Besitzer:** Alain-Dominique Perrin **Besuch:** Täglich 9-19. **Adresse:** FR-46140 Caillac. **Tel.** 05 65 20 07 42. **Fax** 05 65 20 06 95.

## Weitere Produzenten im Südwesten

### Ch. Laulerie
„Vignobles Dubard Frères" wurde in den 70er Jahren gegründet. Einige Jahre später hat man sich auf Dom. de Gouyat niedergelassen und zahlreiche Besitztümer der Umgebung aufgekauft. Erzeugen Weine unter verschiedenen Etiketten. Ch. Laulerie ist das Schloss für die beste Cuvée und wird in kleinen Eichenfässern ausgebaut. FAKTEN 70 ha, ca. 50 000 Kisten/J. AOC Bergerac.
• **Besitzer:** Dubard Frères **Besuch:** Mo-Fr 8-13, 14-20. **Adresse:** FR-24610 St-Méard-de-Gurcon. **Tel.** 05 53 82 48 31. **Fax** 05 53 82 47 64.

### Ch. Michel de Montaigne
Das Schloss, nach dem französischen Philosophen und Autor aus dem 16. Jh. benannt, ist heute in Besitz der Familie Mähler-Besse, bekannte Teilbesitzerin von Château Palmer. Erzeugt sanfte und füllige Rotweine aus Merlot und Cabernet. FAKTEN 15 ha, ca. 5 000 Kisten/Jahr. AOC Bergerac.
• **Besitzer:** Fam. Mähler-Besse **Besuch:** Nach Vereinbarung. **Adresse:** St-Michel-de-Montaigne, FR-24230 Vélines. **Tel.** 05 53 58 60 56.

### Ch. de Tiregand
Schlossgebäude aus 13. Jahrhundert. Das heutige Aussehen erhielt es jedoch erst 1826. Heute immer noch im Besitz und unter Führung der Nachkommen der Grafen von St-Exupéry. Vor allem wird Pécharmant AOC erzeugt, der beste Rotwein in Bergerac. Auch ein wenig Weißwein wird hergestellt. FAKTEN 40 ha, 15 000 Kisten/Jahr. AOC Bergerac und Pécharmant.
• **Adresse:** FR-24100 Creysse. **Tel.** 05 53 23 21 08. **Fax** 05 53 22 58 49.

### Dom. de Très Cantous
Die Plageoles ist Winzerfamilie seit 1820. 1963 kam das Dom. Roucou Cantemerle dazu. Robert Plageoles gelang 1988 eine Sensation mit einem Wein aus der lokalen Sorte Ondenc blanc. Eine fünfjährige Forschung sowie viele Experimente waren nötig, diesen süßen Weißwein namens Vin d'Autan nach alter Herstellungsmethode zu erzeugen. Erzeugt auch alle anderen Gaillac-Weine. Rebsorten: Mauzac, Len de l'El, Ondenc und Muscadelle für Weißwein. Duras, Brancol und Gamay für Rotwein. FAKTEN 20 ha, 7 500 Kisten/Jahr. AOC Gaillac.
• **Besitzer:** Fam. Plageoles **Besuch:** Nach Vereinbarung. **Adresse:** FR-81140 Cahuzac/Vere. **Tel.** 05 63 33 90 41. **Fax** 05 63 33 95 64.

### Les Vignerons de Buzet
Diese Genossenschaft, 1958 gegründet, kontrolliert fast die ganze Produktion in den Côtes de Buzet. 95% der Rotweine werden aus den traditionellen Bordeaux-Rebsorten erzeugt. Bester Wein: Cuvée Napoléon und Grande Réserve. Etiketten: Baron d'Ardeuil, Le Lys, Ch. de Gueyse, Carte d'Or. FAKTEN 1 600 ha, ca. 900 000 Kisten/Jahr. AOC Côtes de Buzet.
• **Besitzer:** 450 Mitglieder **Besuch:** Nach Vereinbarung. **Adresse:** FR-47160 Buzet-sur-Baïse. **Tel.** 05 53 84 74 30. **Fax** 05 53 84 74 24.

### Les Vignerons des Coteaux de Duras
Wie zahlreiche andere Namen dieser Region wird auch Coteaux de Duras von einer Genossenschaft kontrolliert. Diese wurde 1965 gegründet. Der Önologe Michel Rolland ist für die Weinherstellung verantwortlich. Interessante Weine aus 100% Cabernet Sauvignon, Merlot oder Sauvignon Blanc. Zu empfehlen ist Duc de Berticot. FAKTEN 450 ha, ca. 80 000 Kisten/Jahr.
• **Besitzer:** 90 Mitglieder **Besuch:** Täglich 8-12, 14-18. **Adresse:** Route de Sainte-Foy, FR-47120 Duras. **Tel.** 05 53 84 74 30. **Fax** 05 53 84 74 24.

### Weitere Betriebe
Dom. Bru-Baché, Rue Barada, FR-64360 Monein. Tel. 05 59 21 36 34. Fax 05 59 21 32 67.
Dom. Capmartin, Le Couvent, FR-32400 Maumusson. Tel. 05 62 69 87 88. Fax 05 62 69 83 07.
Ch. de Cèdre, Verhaeghe et Fils, FR-46700 Vire-sur-Lot. Tel. 05 65 36 53 87. Fax 05 65 24 64 36.
Clos d'Yvigne, Le Bourg, FR-24240 Gageac-Rouillac. Tel. 05 53 22 94 40. Fax -23 47 67.
Grande Maison, Thierry Després, FR-24240 Monbazillac. Tel. 05 53 58 26 17. Fax -24 97 36.
Moulin des Dames, Tour des Gendres, FR-24240 St-Christophe. Tel. 05 53 57 12 43. Fax 05 53 58 89 49.
Prestige de Gascogne, Vignobles de Gascogne, FR-32400 Riscle. Tel. 05 62 69 62 87. Fax 05 62 69 61 68.
Ch. le Roc, FR-31620 Fronton. Tel. 05 61 82 93 90. Fax 05 61 82 72 38.
Ch. Sauvagnères, Bernard Therasse, FR-47310 St-Colombe-en-Brulhois. Tel. 05 53 67 20 23. Fax 05 53 67 20 86.
Ch. St-Didier-Parnac, FR-46140 Parnac. Tel. 05 65 30 70 10. Fax 05 65 20 16 24.
Ch. Tirecul la Gravière, C & B Bilancini, FR-24240 Monbazillac. Tel. 05 53 57 44 75. Fax 05 53 24 85 01.
Dom. du Vieux Bourg, FR-47120 Pardaillan. Tel. 05 53 83 02 18. Fax 05 53 83 02 37.

FRANKREICH • KORSIKA

## KORSIKA

GESCHICHTE  Im 16. Jh. brachten die Genueser die Rebe nach Korsika. Von der Produktion genießen immer noch max. 5–10% AOC-Qualität. In den sechziger Jahren erhielt der Weinbau neue Impulse von ehemaligen französischen Kolonialisten, die aus Nordafrika einwanderten. Die Rebfläche wurde ausgebaut und die Herstellungsmethoden verbessert.

GEOGRAPHIE  Sehr hügelige und oft unzugängliche Landschaft. Der Anbau konzentriert sich auf die Küstengebiete.

KLIMA  Viele Sonnenstunden machen die Jahrgänge recht identisch. Die intensive Wärme wird zu einer größeren Bedrohung, da die Trauben dadurch zu schnell reifen.

BODEN  Granit dominiert. Einige der Weinberge liegen auf ausgezeichneten Kalkböden.

WEINE  Leichte und fruchtige Rotweine für baldige Konsumation sowie kräftige und straffe für eine Lagerung bis zu zehn Jahren. Am bekanntesten sind Ajaccio und Patrimonio, die aus den lokalen Rebsorten Sciacarello respektive Nielluccio hergestellt werden. Die Weißweine sind oft schwerer, mit hohem Alkoholgehalt. Vermentino ist regional die dominierende Rebsorte. Hochklassige Vins Doux Naturels aus der Muskat-Traube werden in Cap Corse produziert. Bei regionalen Appellationen trifft man auf fünf Beinamen: Calvi, Sartène, Figari, Coteaux de Cap Corse und Porto Vecchio.

REBSORTEN  Rote: Sciacarello, Nieluccio, Barbarossa, Grenache, Cinsault und Carignan. Weiße: Vermentino und Ugni Blanc.

PRODUZENTEN  Genossenschaften übernehmen den größten Teil der Produktion.

REBFL/PROD  10 000 ha (2 500 ha AOC), ca. 330 000 hl/Jahr.

WISSENSWERT  Weitere Informationen: Comité Interprofessionnel des Vins de Corse, Immeuble Santa Cruz, Lupins, FR-20600 Bastia. Tel. 04 95 33 63 03. Fax 04 95 30 88 43.

## AJACCIO

RUF  Die angesehenste Appellation auf Korsika und gleichzeitig Hauptstadt der Insel. Die Rotweine gelten als die besten und machen ca. 85% der Produktion aus. Mehrere Produzenten erzeugen rote, lagerfähige Ajaccio, wovon die besten 10-15 Jahre gelagert werden können. Die südwestlichen Lagen und die höheren Expositionen über dem Meer sind kühlere Zonen und kompensieren das sonst recht heiße Klima direkt am Mittelmeer. Der Ruf der Appellation ist in erster Linie von regionalem Charakter, da sehr wenige korsische Weine exportiert werden. Viele Winzer sind aus Algerien eingewanderte Franzosen.

*Ajaccio gehört zu den besten Gebieten Korsikas. Man findet hier viele gute Weinerzeuger.*

WEINE  Rotwein mit recht leichter Struktur, frischer Säure und in einigen Fällen mit genügend Körper, um gelagert werden zu können. Ein Röstcharakter ist nicht ungewöhnlich. Andere Eindrücke: Himbeere und Mandelton. Der Weißwein kann von feiner Fruchtigkeit und guter Säure sein. Eine kleine Menge Roséwein, oft kräftig in Aroma und Körper.

BODEN  Vorwiegend Granitböden.

REBSORTEN  Sciacarello (mind. 40%), Barbarossa, Nielluccio, Vermentino, Grenache und Ugni Blanc.

REBFL/PROD  230 ha, 8 300 hl/Jahr.

PRODUZENTEN  Die besten sind: Clos d'Alzeto (FR-20151 Sari d'Orcino), Clos Capitoro (Bianchetti Frères, FR-20166 Pisciatella) und Domaine Comte Péraldi (FR-20167 Mezzavia).

FRANKREICH • KORSIKA

## PATRIMONIO

RUF Eine kleine Appellation mit gutem Ruf für Rotweine. Die Lagen um das Gut St-Florent im Norden Korsikas, meistens Nordhänge, sind für das sonst heiße Klima sehr vorteilhaft. Die meisten Weine werden nach drei bis vier Jahren trinkreif, lagerfähige Sorten werden ebenfalls produziert. Der größte Teil der Weine wird örtlich konsumiert.

WEINE Die Rotweine haben in der Regel eine markante Straffheit, welche die Rebsortenverwandtschaft zwischen der dominierenden Nieluccio und der Sangiovese aus dem Chiantigebiet bekräftigt. Im sorgfältig hergestellten Patrimonio

*Patrimonio ist eine kleine Appellation mit gutem Ruf für Rotweine mit Mittelmeercharakter.*

findet man eine feine Fruchtigkeit, ausgewogene Säure und eine intensive rubinrote Farbe. Die Nordlagen ergeben einen weniger brandigen Charakter, wie er bei vielen anderen Rotweinen der Insel oft dominiert. Die Weißweine zeichnen sich durch ein sehr aromatisches Bukett und Geschmack aus. Vermentino gedeiht auf kalkhaltigen Böden. Kombiniert mit bis zu 20% Ugni Blanc, die mehr Säure beisteuert, kann das Endprodukt mit vielen modernen Weißweinen verglichen werden. Die Roséweine haben eine leichte Eleganz, die in Anbetracht der robusteren Weißweine Korsikas eher ungewöhnlich ist.

BODEN Kalkhaltige Böden mit Granit und Schiefer.

REBSORTEN Nielluccio (mind. 60%), Sciacarello, Grenache, Vermentino und Ugni Blanc. Interessant ist, dass der weiße Vermentino auch Rotweinen zugefügt werden darf.

REBFL/PROD 450 ha, 15 000 hl/Jahr.

PRODUZENTEN Empfehlenswerte Produzenten sind Clos de Bernardi (FR-20253 Patrimonio), Domaine Gentile (FR-20217 St-Florent), Domaine Leccia (FR-20232 Poggio d'Oletta), Clos Marfisi (FR-20253 Patrimonio). Bekannt für gute Vin-de-Garde-Weine ist Orenga de Gaffory (FR-20253 Patrimonio).

## VIN DE CORSE

RUF Eine örtliche Appellation, die auf ganz Korsika vorkommt und Rotweine, Weißweine, Rosé und Vin Doux Naturel beinhaltet. Selbstverständlich variieren die Qualitäten. Und weil nur

*Vin de Corse ist eine regionale Appellation und man findet sie an den besten Lagen auf ganz Korsika.*

ca. 10% der Weinproduktion auf Korsika den AOC-Status trägt, dürfen nur die besten Lagen Vin de Corse genannt werden. Fünf geographische Zusatzbezeichnungen kommen vor: Calvi, Figari, Coteaux de Cap Corse, Porto Vecchio und Sartène.

WEINE Die Rotweine werden in erster Linie aus örtlichen Rebsorten produziert. Es herrscht oft ein brandiger Charakter vor. Die Figari-Weine sind sorgfältig vinifiziert und meist lagerfähig. Bei Weißweinen dominiert Vermentino, die mit der in Nizza angebauten Rolle verwandt ist. Die Weine haben ein schönes Bukett und eine feine Frucht. Um den Säuregehalt zu erhöhen, wird oft mit Ugni Blanc nachgeholfen. Roséweine werden weniger häufig produziert, können jedoch bei guter Qualität fruchtig und elegant ausfallen. Eine alte Spezialität ist der süße Muscat-Wein von den Coteaux de Cap Corse. Seltsamerweise hat dieser Wein keinen eigenen AOC-Status wie z.B. sein Nachbar in der Provence (Muscat de Lunel usw.).

REBSORTEN Für Rotweine: Nielluccio, Sciacarello, Montanaccio, Barbarossa, Grenache, Carignan, Cinsault und Vermentino. Für Weißweine: Vermentino, Ugni Blanc, Muscat à Petits Grains, Codivarta.

REBFL/PROD 1 700 ha, 70 000 hl/Jahr.

PRODUZENTEN Zur Spitze gehören: Clos Landry (FR-20260 Calvi), Clos Nicrosi (FR-20247 Rogliano), Clos Reginu (FR-20225 Muro) und Dom. de Vico (FR-20218 Morosaglia). Bester und bekanntester Erzeuger für Vin-de-Garde-Weine ist die Domaine de Torraccia (FR-20137 Lecci).

# Vin Délimité de Qualité Supérieure (VDQS)

ALLGEMEIN VDQS-Weine, *Vin Délimité de Qualité Supérieure*, gehören nach der AOC zu den besten Weinen Frankreichs. Es sind regionaltypische Weine, die nach den 1949 gesetzlich festgelegten Herstellungsmethoden erzeugt werden. Um diese Qualitätsstufe zu erlangen, müssen sich die Weine außerdem einer öffentlichen Analyse und Blindprobe unterziehen. Mehrere ehemalige VDQS sind heute AOC, z.B. les Coteaux du Tricastin und les Côtes de Provence. Alle VDQS müssen zuerst Vins de Pays gewesen sein. Die Etiketten müssen das besondere VDQS-Symbol (eine Hand, die ein Weinglas hält, mit dem Text „VDQS label de Garantie") und die Kontrollnummer tragen. Die VDQS-Weine machen nur 1% der Gesamtproduktion Frankreichs aus. Auf der Karte werden die VDQS-Gebiete mit Trauben gekennzeichnet. Blaue Trauben = fast nur Rotwein. Grüne Trauben = fast nur Weißwein. Wenn mehrere von einer Farbe sichtbar sind, überwiegt diese Sorte/dieser Wein. Die Nummern beziehen sich auf die nachfolgende Liste.

## Vin Délimité de Qualité Supérieure (VDQS)

Die Nummern weisen auf die Karte der Vorderseite hin. Die Liste wurde 1998 aktualisiert.

### Lorraine
2. Vins de Moselle

### Burgund (Chablis)
3. Sauvignon de St-Bris

### Savoie (Savoyen)
4. Bugey
   Mousseux du Bugey *oder*
      Vin du Bugey Mousseux
   Pétillant du Bugey *oder*
      Vin du Bugey Pétillant
   Roussette du Bugey
   Roussette du Bugey *gefolgt vom Cru-Namen*
   Vin du Bugey
   Vin du Bugey *gefolgt vom Cru-Namen*
   Vin du Bugey-Cerdon Pétillant
   Vin du Bugey-Cerdon Mousseux

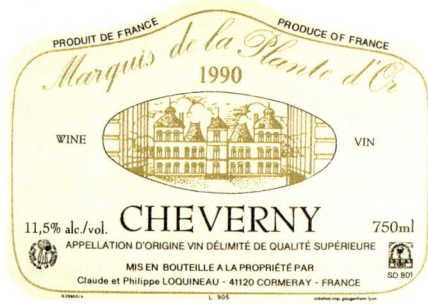

Cheverny ist ein VDQS-Gebiet im östlichen Teil der Touraine an der Loire. Beachten Sie unten rechts das VDQS-Symbol, das immer vorhanden sein muss.

### Vallée du Rhône, Provence
7. Côtes de Vivarais
   Côtes du Vivarais *gefolgt vom Cru-Namen*

### Languedoc-Roussillon
8. Cabardès
   Côtes du Cabardès et de l'Orbiel
9. Côtes de la Malepère

### Sud-Ouest
10. Côtes du Brulhois
11. Côtes de St-Mont
12. Tursan
13. Vins d'Entraygues et du Fel
14. Vins d'Estaing
15. Vins de Lavilledieu
16. Gorges et Côtes de Millau

### Val de Loire, Centre
17. Châteaumeillant
18. Coteaux d'Ancenis *obligatorisch gefolgt von der Rebsorte*

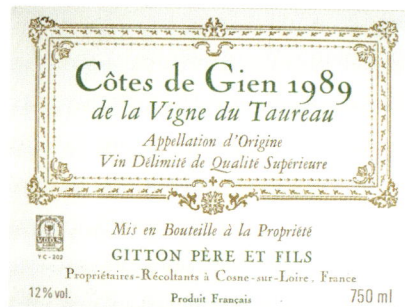

VDQS-Wein vom bekannten Sancerre-Erzeuger Gitton Père & Fils an der oberen Loire. Dieser Wein stammt aus dem Gien-Tal, nördlich von Sancerre.

20. Coteaux du Vendômois
22. Côtes d'Auvergne *manchmal gefolgt vom Ursprungsnamen*
23. Côtes du Forez
24. Côtes de Gien
    Côtes de Gien-Cosne-sur-Loire
25. Fiefs Vendéens
26. Gros Plant *oder* Gros Plant du Pays Nantais
27. Haut Poitou
28. Saint-Pourçain
29. Valençay
30. Vins de l'Orléannais
31. Vins du Thouarsais

# VIN DE PAYS

ALLGEMEIN Vins de Pays (Landweine) sind wie AOC und VDQS herkunftsbezeichnete Weine, d.h. solche, die aus einem bestimmten, angegebenen Anbaugebiet Frankreichs stammen. Unterschiedlich ist es bei den Vins de Table (Tafelweine), die eine Mischung von Weinen verschiedener geographischer Herkunft sein können. Vins de Pays unterscheiden sich von VDQS und AOC (Appellation d'origine contrôlée) vorwiegend durch die niedrigeren Qualitätsanforderungen, was nicht unbedingt bedeutet, dass diese Weine schlechter sind. 1964 begann man gesetzlich festzulegen, was einen Vin de Pays auszeichnen soll. Das heute noch geltende, 1979 (zuletzt 1991 und 1992 geänderte) eingeführte Gesetz schreibt u.a. das Erzeugungsgebiet, die zugelassenen Rebsorten, den Alkoholgehalt und den Ertrag pro Hektar vor. Die Weine werden regelmäßig kontrolliert.

Vins de Pays werden in ganz Frankreich erzeugt und eine große Menge lokaler Rebsorten sind zu-

## Vin de Pays

gelassen. Außerdem werden immer mehr, zurzeit neun Prozent, aller Vins de Pays sortenrein hergestellt. Seit einigen Jahren wird auch Vin de Pays Primeurs erzeugt, ein Wein, der schon am 3. Donnerstag des Oktobers zum Verkauf freigegeben wird.

Derzeit gibt es gut 140 Vins de Pays. Es gibt aber laufende Änderungen, da neue dazukommen und andere zu VDQS erhoben werden.

RUF  Vins de Pays sind oft preiswerte Weine, die bisher vorwiegend örtlich und innerhalb Frankreichs konsumiert wurden. Ihr Ruf ist im Steigen, nachdem sich immer mehr Erzeuger mit Qualitätsweinen profilieren. Heute finden die Vins de Pays auch den Weg zu Konsumenten im Ausland, u.a. mit Hilfe der Werbekampagne der Firma ANIVIT (Association Nationale Interprofessionnelle des Vins de Table et des Vins de Pays).

URSPRUNGSBEZEICHNUNGEN  Vins de Pays können nach einer der drei folgenden Kategorien benannt werden:

### 1. Region

Diese besteht aus mehreren Departements. Heute kennt man vier Vins-de-Pays-Regionen:

• **Jardin de la France.** Ein Gebiet, das sich über 13 Departements erstreckt. Von der Auvergne bis zum Atlantik umfasst es das ganze Loire-Tal.

• **Comtés Rhodaniens.** Umfasst acht Departements in den Rhône-Alpen. Diese Vin-de-Pays-Region wurde erst 1989 gegründet.

• **Comté Tolosan.** 11 Departements, entspricht den sog. Midi-Pyrénées.

• **Pays d'Oc.** Vier Departements an der Mittelmeerküste nördlich der spanischen Grenze. Umfasst auch Languedoc-Roussillon.

Diese vier Vin-de-Pays-Regionen haben auch vermarktungstechnische Hintergründe. Ein Wein, der z.B. Vin de Pays du Jardin de la France genannt wird, ist für den Konsumenten leichter zu identifizieren, als wenn er nur den Namen Coteaux Charitois tragen würde.

### 2. Departement

Z.B. Vin de Pays du Var (Landwein aus Var, einem Departement in der Provence). Die Departements sind eine verwaltungstechnische Einteilung. Sie sind alphabetisch und numerisch geordnet.

### 3. Zone

Die Zone ist ein Teil eines Departements. Es kann ein Kanton, ein Tal, eine Gemeinde oder eine Ortschaft sein. Z.B. Vin de Pays des Côtes du Tarn (Landwein aus dem Flusstal Tarn), Vin de Pays de la Cité de Carcassonne (Landwein aus der Stadt Carcassonne).

PRODUKTION  Vins de Pays kommen für 15% der Gesamtproduktion Frankreichs auf und es werden 5 Mio. hl Rot-, Weiß- und Roséwein pro Jahr erzeugt. Über 70% stammt aus Languedoc-Roussillon.

Auf der Karte sind alle Departements mit ihren Vin-de-Pays-Weinen angegeben sowie die vier Vin-de-Pays-Regionen. Gehört man einer Region

*Die PR-Agentur ANIVIT vermarktet mit Erfolg den Begriff „Vin de Pays" im Ausland. Unter anderem durch dieses Plakat.*

an, darf nicht länger nur der Name des Departements angegeben werden, sondern es darf nur noch die Region erwähnt werden (in der nachfolgenden Auflistung mit *nur Region* angegeben).

Auf den folgenden Seiten sind sämtliche 1998 geltenden Vin-de-Pays-Departements und Zonen aufgelistet, sortiert nach dem jeweiligen Departement und der Departement-Nummer. Einige Namen kommen in der Liste zweimal vor. Diese Weine werden zuvor in derselben Gemeinde produziert, stammen aber aus zwei angrenzenden Departements. Wird nur ein Departement ohne Zonennamen angegeben, ist nur die Angabe des Departements als Vin-de-Pays-Ursprung erlaubt.

Da Corse, Jura und Savoie als AOC klassifiziert sind, dürfen die Departement-Namen für Vins de Pays nicht mehr länger verwendet werden (darum heißt es z.B. Vin de Pays aus Korsika, Vin de Pays de l'Île de Beauté). In der nachfolgenden Auflistung mit *nur AOC* angegeben.

Wenn sowohl Departement als auch verschiedene Zonennamen angegeben sind, kann der Erzeuger beide als Herkunftsbezeichnung wählen, vorausgesetzt, er stammt selbst aus der angegebenen Zone. Z.B. „Vin de Pays de Bouches-du-Rhône" oder „Vin de Pays de la Petit Crau" kommen unter das Departement Bouches-du-Rhône, 13.

## VIN DE PAYS

01. **Ain (nur Region, siehe Karte)**
   Allobrogie
03. **Allier (nur Region)**
   du Bourbonnais
04. Alpes-de-Haute-Provence
05. Hautes-Alpes
06. Alpes-Maritimes
07. **Ardèche (nur Region)**
   Coteaux de l'Ardèche
09. **Ariège (nur Region)**
10. Aube*
11. **Aude (nur Region)**
   Coteaux de la Cabrerisse
   la Cité de Carcassonne
   Coteaux de Miramont
   Coteaux de Narbonne
   Coteaux de Peyriac
   Coteaux du Littoral Audois
   Côtes de Lastours
   Côtes de Pérignan
   Côtes de Prouilhe
   Cucugnan
   Hauterive Haute Vallée de l'Aude
   Hauts de Badens
   du Torgan
   du Val de Cesse
   du Val de Dagne
   de la Vallée du Paradis
12. **Aveyron (nur Region)**
13. Bouches-du-Rhône
   la Petite Crau
16. Charente
   Charentais
18. **Cher (nur Region)**
   Coteaux du Cher et de l'Arnon
19. Corrèze
20. **Corse (nur AOC)**
   L'Île de Beauté
21. Côte d'Or*
   Coteaux de l'Auxois
   Ste-Marie la Blanche
24. Périgord (vormals Dordogne)
25. Doubs
   Franche-Comté
26. **Drôme (nur Region)**
   Comté de Grignan
   Coteaux des Baronnies
30. **Gard (nur Region)**
   Cevennes
   Coteaux de Cèze
   Coteaux du Ponts du Gard
   Coteaux Flaviens
   Côtes de Vidourle
   Duché D'Uzès
   Sables du Golf du Lion
   la Vaunage
   la Vistrenque

31. **Haute-Garonne (nur Region)**
   St-Sardos
32. **Gers (nur Region)**
   Côtes du Condomois
   Côtes de Gascogne
   Côtes de Montestruc
33. Gironde*
34. **Hérault (nur Region)**
   l'Ardailhou
   Bérange
   Bessan
   Cassan
   Caux
   Cessenon
   Collines de la Moure
   Coteaux d'Enserune
   Coteaux de Bessilles
   Coteaux de Foncaude
   Coteaux de Laurens
   Coteaux de Murviel
   Coteaux du Libron

*Der erste Typ der Vin-de-Pays-Herkunft ist die Region. In diesem Fall Jardin de la France, d.h. der größte Teil des Loire-Tales. Der Erzeuger von diesem Chardonnay, Dom. du Petit Clocher, stammt aus Anjou-Saumur.*

   Coteaux de Peyriac
   Sables du Golf du Lion
   Coteaux du Salagou
   Côtes de Thau
   Côtes de Thongue
   Côtes du Brian
   Côtes du Ceressou
   Gorges de l'Hérault
   la Haute Vallée de l'Orb
   la Bénovie
   du Mont Baudile
   Monts de la Grage
   de Pézenas
   du Val de Montferrand
   de la Vicomté d'Aumelas
36. **Indre (nur Region)**
   Coteaux du Cher et de l'Arnon
37. **Indre-et-Loire (nur Region)**

## VIN DE PAYS

38. Isère (nur Region)
   Balmes Dauphinoises
   Collines Rhodaniennes
   Coteaux du Grésivaudan
39. Jura (nur AOC)
   Franche-Comté

Der zweite Typ der Vin-de-Pays-Herkunft ist das Departement. Hier wird er von einem Wein aus Meuse vertreten, einem Departement an der belgischen Grenze, östlich der Champagne.

40. Landes (nur Region)
   Terroirs Landais
41. Loire-et-Cher (nur Region)
42. Loire (nur Region)
   Urfé
44. Loire-Atlantique (nur Region)
   Marches de Bretagne
   du Pays de Retz
45. Loiret (nur Region)
46. Lot (nur Region)
   Coteaux de Glanes
   Coteaux du Quercy
47. Lot-et-Garonne (nur Region)
   Agenais
   Thézac-Perricard
49. Maine-et-Loire (nur Region)
   Marches de Bretagne
51. Marne*
52. Haute-Marne
   Coteaux de Coiffy
55. Meuse
58. Nièvre (nur Region)
   Coteaux Charitois
63. Puy-de-Dôme
64. Pyrénées-Atlantiques (nur Region)
65. Hautes Pyrénées (nur Region)
   Bigorre
66. Pyrénées-Orientales (nur Region)
   Coteaux de Fenouillèdes
   Côtes Catalanes
   Catalan Vals d'Agly
   la Côte Vermeille

67. Bas-Rhin*
68. Haut-Rhin*
69. Rhône* (nur Region)
71. Saône-et-Loire
   Ste-Marie de la Blanche
72. Sarthe (nur Region)
   la Sarthe
73. Savoie (nur AOC oder Region)
   Allobrogie
74. Haute-Savoie (nur Region)
   Allobrogie
77. Seine-et-Marne

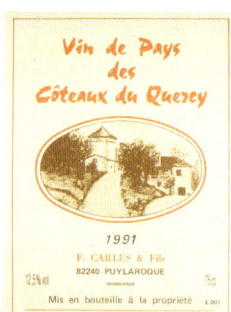

Der dritte Typ der Vin-de-Pays-Herkunft ist die Zone, d.h. verschiedene Teile eines Departements: Flüsse, Gemeinden etc. Das Coteaux de Quercy ist eine Hochebene aus Kreide im Departement Lot am gleichnamigen Fluss.

79. Deux Sèvres (nur Region)
81. Tarn (nur Region)
   Côtes du Tarn
82. Tarn-et-Garonne (nur Region)
   Saint-Sardos
   Coteaux-et-Terrasses de Montauban
   Coteaux du Quercy
83. Var
   Argens
   Coteaux du Verdondes Maures
   Mont Caume
84. Vaucluse
   la Principauté d'Orange
   Aigues
85. Vendée (nur Region)
   du Pays de Retz
   Marches de Bretagne
86. Vienne (nur Region)
89. Yonne

*Seit dem 4. Mai 1995 haben folgende Departemente kein Recht mehr auf die Ursprungsbezeichnung „département": Aube, Bas-Rhin, Haut-Rhin, Côte d'Or, Gironde, Marne, Rhône. Zwei neue Bezeichnungen sind in der Côte d'Or dazugekommen: Coteaux de l'Auxois, und Ste-Marie la Blanche (auch in Saône-et-Loire), für die übrigen gibt es keine ersetzenden oder neuen Bezeichnungen (Angaben ANIVIT, 9/1998).

## Jahrgänge in Bordeaux

### Médoc/Graves (rot)

Dass man diese beiden großen Gebiete in der Beurteilung zusammenfasst, kommt daher, dass sie eine geographische Einheit bilden. Sie haben analoge geologische Voraussetzungen und infolgedessen werden dieselben Rebsorten angebaut.

**1997**
Ein differenziertes Jahr mit kaltem Sommer und strahlendem Herbst bringt bessere Weine als erwartet. Wie in ganz Bordeaux ist auch bei diesen Weinen mit früher Reife zu rechnen.

**1996**
Langsame Reife ergaben farbreiche, alkoholstarke und hervorragende Weine. Insbesondere im Médoc klassische Lagerweine.

**1995**
Ausgezeichnete Weine mit Finesse, Kraft und Tiefe. Früh weich und trinkbar.

**1994**
Eine Woche vor der Lese war ein großer Jahrgang angesagt. Dann kam der September mit drei Wochen Kälte und Regen.

**1993**
Dreimal mehr Regen als gewöhnlich während des Erntemonats. Trotz allem sehr gute Qualität mit aromatischen Weinen (sofern die Lese nicht zu spät erfolgte).

**1992**
Die Qualität fiel je nach Erzeuger zufrieden stellend bis gut aus, da Hagelschläge und Gewitter vor allem im Médoc vereinzelt Schaden angerichtet haben. Teilweise sogar sehr gute Resultate.

**1991**
Besser als 1987, doch bestehen enorme Unterschiede zwischen den verschiedenen Erzeugern. Schlechte bis sehr gute Ergebnisse.

**1990**
Der dritte große Jahrgang in Folge. Extreme Trockenheit führte zu hohen Tanningehalten und Weine, die sich langsam entwickeln.

**1989**
Dichte, konzentrierte Weine mit großer Kraft, vielleicht noch besser als 1988.

**1988**
Sehr guter Jahrgang.

**1987**
Ein Zwischenjahr mit leichten, schnell reifenden Weinen, nicht ohne Charakter.

**1986**
Kräftige Weine für längere Lagerung. Die besten könnten sich zu Klassikern dieses Weinjahrhunderts entwickeln.

**1985**
Wieder ein gutes Jahr, jedoch weisen die Weine große Qualitätsunterschiede auf. Von leichten, fruchtigen bis zu ganz großen Weinen.

**1984**
Ein Cabernet-Jahr. Die Weine sind ein wenig im Stil der „neuen Weinwelt".

**1983**
Fruchtige, robuste und konzentrierte Weine in Graves und im südlichen Médoc. Etwas leichter im Norden.

**1982**
Das beste Jahr seit 1961. Früh trinkreif, aber auch sehr gut lagerfähig.

**1981**
Ansprechende, typische Weine der leichteren Art.

**1980**
Ein vielfach unterschätzter Jahrgang mit sehr eleganten, aber leichten Weinen.

**1979**
Reiche, dichte Weine mit guter Frucht. Nicht so typisch wie 78. Viel Merlot.

**1978**
Finesse ohne Kraft, erinnert an 75, jedoch ohne die kräftigen Tannine.

**1977**
Leichte Weine, denen vielleicht etwas vom sortentypischen Charakter abgeht.

**1976**
Die kräftigen Weine besitzen Lagerpotential.

**1975**
Was als Spitzenjahr galt, hat die Erwartungen nicht erfüllt. Die fruchtigsten Weine lagern am besten.

**1973**
Mit einigen Ausnahmen recht einfache und leichte Weine.

**1971**
Ansprechende Weine, die ihre optimale Reife schnell erreichen, aber auch gut altern.

**1970**
Ein erstklassiges Jahr mit Lagerpotential. Graves, Margaux und St-Julien haben sich zuerst entwickelt.

**1967**
Schlechtes Jahr mit einigen wenigen guten Weinen.

**1966**
Klassische, elegante Weine mit langem Abgang.

**1964**
Früh geerntete Weine, lagerten gut.

**1962**
Ein Wein mit langer Entwicklungszeit, der immer noch Kraft und Vitalität besitzt.

**1961**
Jahrhundertjahrgang! Die meisten entwickeln sich noch immer.

**Ältere gute Jahrgänge:**
1959, 55, 53, 49, 47 und 45.

## Jahrgänge in Bordeaux

### St-Émilion/Pomerol

Der einzige Unterschied zwischen St-Émilion und Pomerol liegt darin, dass der größte Teil der St-Émilion-Schlösser an Hängen mit sandgemischtem Lehm liegt, während die meisten in Pomerol und ein Teil in St-Émilion auf einem Kies-Plateau, vermischt mit Sand und Lehm, liegen.

**1997**
Gute Ernte nach einem warmen Herbst. Eher milde, geschmeidige, fast fragile Weine von guter Qualität in St-Émilion. In Pomerol besser als 1996, wenn auch nicht Spitzenklasse. Generell Weine, die schneller reifen.

**1996**
Sehr gute Qualität. Nicht alle Merlot-Trauben haben sich aber gut entwickelt. Große Unterschiede bei den Schlössern.

**1995**
Ausgezeichnete Weine mit großem Potential. Vor allem durch die Wärme während der Spätsaison.

**1994**
Regen und Kälte störten die Lese und verschlechterten die Weinstruktur. Weniger Quantität. Trotzdem ein gutes bis sehr gutes Jahr.

**1993**
Bessere Qualität als vor der Lese erwartet. Erstaunlich kraftvolle und farbreiche Weine trotz Regenfällen während der Lese.

**1992**
Auch hier waren die Ergebnisse abhängig von der Auslichtung und strengen Selektion. Mittlere bis gute Qualität.

**1991**
Teils starke Ernteeinbußen. Frühlingsfröste zwangen die Winzer zur frühen Lese. Grüne und unausgewogene Weine waren die Folge. In Fronsac aber brachte man einige robuste Weine hervor.

**1990**
Wärmster und trockenster Sommer seit langem. Tanninreiche Weine mit viel Frucht.

**1989**
Extrem frühe Ernte. Von hoher Qualität und ergiebig; ein großer 80er Jahrgang.

**1988**
Ein großer Jahrgang mit kräftigen, langlebigen Weinen.

**1987**
Ein schwieriger Jahrgang von unterschiedlicher Qualität. Die Traubenselektion war entscheidend.

**1986**
Pomerol ist kräftig und tanninreich, St-Émilion charmant, aber leichter.

**1985**
Füllige, konzentrierte Weine mit Frucht. Viele ähneln den 82ern, haben aber weniger Tannin.

**1984**
Ein sogenannter „off-vintage" mit leichten, aber nicht schlechten Weinen. Schwieriges Merlot-Jahr.

**1983**
Gutes Jahr. Einige Weine sind leicht mit schwachem Körper, andere überragen sogar den 82er.

**1982**
Klassischer, großer Jahrgang mit viel Frucht, Tannin und Alkohol.

**1981**
Leichte, aber elegante Weine, die heute mehr als reif sind.

**1980**
Weiche und fruchtige Weine, sollten jetzt getrunken werden.

**1979**
Ein gutes Merlot-Jahr mit vielen konzentrierten Weinen, die immer noch haltbar sind.

**1978**
Nicht so typisch wie 1979, aber sehr gut. Pomerol ausgezeichnet und langlebig.

**1977**
Leichte Weine ohne Charakter.

**1976**
Weine mit niedriger Säure und schlechter Haltbarkeit. Es gibt aber gute Ausnahmen.

**1975**
Schöne Frucht und gute Tannine gaben ausgewogene Weine, die jetzt zu reifen beginnen.

**1974**
Nur Ch. Figeac hat eine höhere Klasse erreicht.

**1973**
Die besten sind jetzt reif, die leichteren schon mit Alterston.

**1972**
Alle sollten längst ausgetrunken sein.

**1971**
Große und gute Weine.

**1970**
Langsam reifende Weine. Die besten sind jetzt reif.

**1967**
Sollten getrunken werden.

**1966**
Charmante und stilechte Weine, die lange gehalten haben.

**1964**
Weine mit guter Frucht. Einige halten immer noch.

**1962**
Reife Weine, die gut gealtert sind.

**1961**
Phantastische Weine mit exorbitanten Preisen.

**Ältere gute Jahrgänge:**
1959, 55, 53, 52, 49, 47 und 45.

## Jahrgänge in Bordeaux

### Graves/Pessac-Léognan (Weiss)

**1997**
Feiner Säuregehalt, gute Frucht bei den großartigen Weinen.
**1996**
Großartige Weine mit etwas zu wenig Säure.
**1995**
Spitzenjahrgang. Der größere Ernteteil wurde vor den Regenfällen im September eingebracht.
**1994**
Ausgezeichnete, füllige Weißweine.
**1993**
Ausgezeichnete Qualität, vor allem für den Sauvignon Blanc.
**1992**
Die Lese begann recht früh und das Traubengut konnte generell vor Einbruch der Regenfälle eingebracht werden. Gute bis sehr gute Resultate.
**1991**
Einige Ertragseinbußen mit durchschnittlicher bis guter Qualität.
**1990**
Kleine Ernte, Weine mit großer Frucht, könnten Probleme mit der Säure haben.
**1989**
Gute Qualität von großer Ernte, phantastische Frucht, gute Säure, der hohe Alkoholgehalt ergibt langlebige Weine.
**1988**
Große Ernte von hoher Qualität, langlebige Weine, von den die großen den Jahrhundertwechsel überleben werden.
**1987**
Ziemlich kleine Quantität von hoher Qualität, nicht so kräftige Weine wie 1988.
**1986**
Ansprechende Weine, blumig mit guter Balance.
**1985**
Blumig und fruchtig, etwas flache Säure.
**1984**
Gute, ausgewogene und fruchtige Weine.
**1983**
Kräftige, sympathische Weine mit guter Säure.
**1982**
Zugängliche Weine, mit teilweise wenig Säure.
**1981**
Elegante, leichte Weine.
**1980**
Leichte, aber angenehme Weine, die nicht mehr gelagert werden sollten.
**1979**
Lagerfähige Weine. Wenn sie jetzt noch gut sind, dann kann man sie noch länger lagern.
**1978**
Ein gutes Jahr, in dem die Besten den 79er übertreffen.

**1977**
Dieser Wein hat seinen Gipfel erreicht, trinkreif.
**1976**
Kräftige, ein wenig schwere Weine. Es fehlt ihnen etwas an Säure, um die Spitze zu erreichen.
**1975**
Konzentrierte und kräftige Weine, typisch Graves, haben ihren Gipfel erreicht.
**1974**
Kein großer Jahrgang, die Weine sollten schon getrunken sein.
**1973**
Einige Große sind immer noch trinkreif, nicht mehr länger lagern.
**1971**
Herrliche, elegante und großzügige Weine von hoher Klasse, werden noch lange lagern können.
**1970**
Gutes Jahr mit heute reifen Weinen.

### Sauternes/Barsac

**1997**
Der warme Herbst hat das Jahr gerettet und führte zu einem besseren Ergebnis, als der kalte Sommer es vorausahnen ließ.
**1996**
Spitzenjahr. Der milde Oktober mit angemessenen Regenfällen ergab perfekte Reife, feine Säure und optimale Botrytis.
**1995**
Ausgezeichneter, großer Jahrgang wegen des schönen und milden Spätherbsts.
**1994**
Durchschnittliche bis annehmbare Qualität mit Regen, Hagel und Frost im September. Der milde Spätherbst hat zwar die Qualität, aber nicht die Quantität retten können.
**1993**
Schlechtes Wetter und schlechte Weine. Weingüter mit selektiver Lese konnten als einzige eine gute Qualität aufweisen.
**1992**
Da die erste Lese problemlos verlief, rechnete man schon mit sehr guten Ergebnissen. Dies erwies sich durch die darauf folgenden starken Regenfälle als Illusion. Die Kellerarbeit war für die Qualität ausschlaggebend.
**1991**
Schwierige Wetterverhältnisse. Dennoch einige gute Qualitäten.
**1990**
Sehr trockene, kleine Ernte. Ziemlich wenig Edelfäule. Kleine, aber sehr gute Qualität.
**1989**
Für dieses Gebiet war es ein gelungenes Jahr mit Edelfäule und langlebigen Weinen.

## Jahrgänge in Bordeaux und Burgund

**1988**
Perfektes Wetter mit gut entwickelter Edelfäule.
**1987**
Schwieriger Jahrgang mit kleiner Ernte. Weine mit niedriger Säure und schnellem Reifeprozess.
**1986**
Große Ernte mit viel Botrytis. Sehr süße Trauben, manche Weine werden die kräftigsten seit langem. Andere haben mehr Eleganz und Balance.
**1985**
Die spät Geernteten werden gut sein, nicht so spannend wie 1986.
**1984**
Kleine Ernte, weiche und sanfte Weine mit schneller Reife.
**1983**
Eines der besten Jahre des Jahrhunderts. Füllige Weine mit großer Frucht.
**1982**
Sehr wenig Weine mit Botrytis, denen es auch an Kraft mangelt.
**1981**
Ein Jahr mit wenig Edelfäule, aber guter Säure.
**1980**
Leichte Weine mit guter Balance. Die einfacheren kann man jetzt trinken.
**1979**
Kräftige Weine, aber etwas unausgewogen.
**1978**
Süße Weine ohne Edelfäule.
**1976**
Großer Jahrgang, elegante, rassige Weine.
**1975**
Zu viel Süße und Botrytis. Die Weine sind mit einigen Ausnahmen alkoholstark und zu schwer.
**1971**
Ein klassischer Sauternes-Jahrgang. Füllige und elegante Weine mit guter Balance.
**1970**
Auch ein guter Jahrgang, etwas kräftiger als 71.
**1967**
Großer Jahrgang, fruchtige, rassige Weine.
**1962**
Gut balancierte Weine mit Eleganz.
**1961**
Heterogenes Jahr. Einige sind zu schwer und ohne Balance, andere sind kräftiger als der 62er.

## Burgund (rot)

**1997**
Ungleichmäßig, mit einigen Spitzenweinen.
**1996**
Spitzenjahrgang mit dunklen, fülligen und fruchtigen Weinen. Lebhafte Tannine und feine Säure. Auch mengenmäßig ein gutes Jahr.
**1995**
Sehr gutes Jahr mit klassischen, gut strukturierten Weinen mit Alterungspotential.
**1994**
Durchschnittliches Jahr nach regenreichem September. Elegante Weine bei selektiver Lese.
**1993**
Ein zufrieden stellendes Jahr. Einige Weine verzeichnen feines Aroma und kräftige Farbe.
**1992**
Milder Winter und warmer Frühling, somit eine regelmäßige und üppige Blüte. Allgemein eine mittlere Qualität.
**1991**
Etwas kleinere Ernte als 1990. Uneinheitliche, aber gute Qualität. Im Beaujolais wurden in besten Lagen hervorragende Weine hervorgebracht.
**1990**
Gut gelungene Gewächse sind heute aromatisch und kraftvoll. Die Weine haben sich gut entwickelt.
**1989**
Das Wetter war auf der Seite der Winzer und eine frühe Ernte ergab ausgeglichene, weiche und füllige Weine für eine mittellange Lagerung.
**1988**
Zählt zu den Spitzenjahrgängen. Frühe Ernte mit gut strukturierten Weinen mit Potential.
**1987**
Niedriger Ertrag mit konzentrierten Weinen.
**1986**
Recht großer Ertrag und unterschiedliche Qualität. Die Weine sind von angenehmer Art und haben mittlere Lagerfähigkeit.
**1985**
Hervorragendes Jahr. Mehr Charme, Gleichgewicht und Tannin als die massiven 83er. Es wird eine Lagerfähigkeit bis zum Ende dieses Jahrhunderts erwartet - viel versprechend.
**1984**
Kleine und späte Ernte. Chaptalisierung notwendig. Schien eine Katastrophe zu werden, aber manche Weine haben bessere Balance als die 82er.
**1983**
Anfangs als großer Jahrgang angekündigt, was hohe Preise mit sich zog. Nur die besten Weine sind langlebig und von hoher Qualität.
**1982**
Große Ernte mit Regen im August. Leichte, weiche und fruchtige Weine.
**1981**
Kleiner, schwieriger Jahrgang mit leichten, schnell reifenden Weinen. Dennoch einige schöne Weine.
**1980**
Ein nasses Jahr mit Weinen, die besser sind als ihr Ruf. Diejenigen Weine, die der Fäule entgangen sind, sind rein und elegant.

## Jahrgänge im Burgund und in der Champagne

**1979**
Großer Ertrag mit allgemein guten Weinen, die jetzt zu trinken sind.
**1978**
Schlechter Sommer und sehr schöner Herbst ergab Weine von gleichmäßig hoher Qualität. Einige Nuits-Weine entwickeln sich immer noch.
**1977**
Mageres Jahr mit wenigen einigermaßen guten Rotweinen.
**1976**
Kraftvolle Weine, manchmal etwas plump, lassen sich aber gut lagern.
**1975**
Probleme mit der Fäule erzeugte im Großen und Ganzen eine sehr schlechte Ernte.

**Ältere gelungene Jahrgänge:**
1971, 69, 66, 64, 62, 61, 59, 53, 49, 45.

## Burgund (Weiss)

**1997**
Sehr guter Jahrgang mit ausgewogenen Weinen.
**1996**
Exzellente große Weißweine im ganzen Burgund. Füllig, aromatisch, frisch und elegant.
**1995**
Großartige und füllige Weine mit guter Säure.
**1994**
Die besten Weine haben ein gutes Alterungspotential. Ausgezeichnete Qualität. In Chablis mengenmäßig kleiner Jahrgang.
**1993**
Schlechter als die roten Burgunder. Bestenfalls frische und elegante Weine.
**1992**
Die Klimaverhältnisse waren gut und die Weine entsprechend.
**1991**
Aprilfröste richteten einige Schäden an. Allgemein verzeichnete man mittlere Qualität.
**1990**
Ein Jahr mit kraftvollen Weinen. Hohe und gleichmäßige Qualität, große Erwartungen.
**1989**
Gute Wärme und frühe Ernte ergaben hervorragende, füllige, gut strukturierte Weine.
**1988**
Der erste von drei sehr gelungenen Jahrgängen. Mittelgroßer Ertrag mit Qualität und Charakter.
**1987**
Schwieriges Jahr. Niedrige Säure. Manche mittelfülligen und fruchtigen Weine dann doch gut.

**1986**
Ausgezeichneter Jahrgang. Balancierte Weine mit ausgeglichener Säure.
**1985**
Einzigartiges Jahr für Chablis, gutes Jahr für Côte de Beaune. Weiche Weine mit nicht allzu hoher Säure.
**1984**
Kein großer Jahrgang mit mittelfülligen, reinen Weinen und einer anfänglich hohen Säure.
**1983**
Seit 1978 der beste Jahrgang in Chablis. In der Côte de Beaune sehr unterschiedliche Qualität.
**1982**
Generell reiche, füllige, fruchtige Weine. Insbesondere dort, wo eine genaue Traubenselektion vorgenommen wurde.
**1981**
Manche Weine ohne Balance für längere Lagerung. Den Erzeuger sorgfältig aussuchen.
**1980**
Jahrgang von schlechtem Ruf, der trotzdem zuverlässige Weine erbrachte, obwohl etwas langweilig.
**1979**
Sehr großer Ertrag und Weine mit wenig Säure, denen es an Tiefe und Harmonie fehlt.
**1978**
Absolut erstklassiger Jahrgang. Kraftvolle Weine von großer Finesse, ausgeglichen und haltbar.
**1977**
Kein gutes Jahr, aber mit guter Säure.
**1976**
Ähnelt den 83ern, sollte bald getrunken werden.

**Ältere gelungene Jahrgänge (Chablis):**
1975, 73, 71, 69, 66, 64, 62.

## Champagne

**1997**
Pinot Noir und Pinot Meunier mit rekordverdächtigem Alkoholgehalt. In der Klasse wie 1995.
**1996**
Einer der größten Jahrgänge. Vergleichbar mit 1955 und 1928.
**1995**
Ein sehr gutes Jahr nach einem anfangs kalten und später sonnigen Jahr.
**1994**
Gute Qualität mit niedriger Quantität. Strahlender Sommer und verregnete Lese.
**1993**
Gesundes, aber teilweise verregnetes Traubengut ergab durchschnittliche Weine.

## Jahrgänge in der Champagne und im Elsass

**1992**
Bevor die Regenfälle großen Schaden anrichten konnten, war die Ernte schon im Keller. Verschiedene Qualitäten.
**1991**
Mengenmäßig liegt der 91er in der Norm und qualitativ wurden gute Ergebnissse erzielt.
**1990**
Ausgezeichneter Jahrgang. Viel Sonne, aber auch örtliche Gewitter während der Ernte.
**1989**
Ein unvergleichliches Jahr mit stark wechselnden Wetterverhältnissen. Dennoch ein großer Jahrgang.
**1988**
Die Ernte war von guter Qualität, die Quantität etwas kleiner als im Vorjahr.
**1987**
Schwieriger Jahrgang mit Niederschlägen zur falschen Zeit. Warmer September.
**1986**
Die Trauben des Marnetals wurden ausgezeichnet und Côte de Blancs durfte die besten verzeichnen. Gute Erträge.
**1985**
Kleine Ernte und sehr gute Qualität.
**1984**
Schlechtes Jahr mit später Blüte und regnerischem September. Einfache Weine.
**1983**
Große Erträge und besonders gute Qualität. Die Jahrgangsweine mit langer Lebensdauer.
**1982**
Ausgezeichneter Jahrgang. Ein kühler, aber frostfreier Winter und ein warmer Sommer. Perfektes Lesewetter. Leichte, aber elegante Weine.
**1981**
Hohe Qualität für Chardonnay. Niedriger Ertrag, da ein großer Teil der Pinot Noir vom Frost zerstört wurde.
**1980**
Schwieriges Jahr. Erzeugte Jahrgangs-Champagner sind öfter gut.
**1979**
Ein sehr gutes Jahr mit großen Weinen.
**1978**
Ein recht gutes Jahr. Jetzt trinken.
**1976**
Sehr gutes Jahr mit lagerfähigen Weinen. Jetzt ausgezeichnet.
**1975**
Klassischer Jahrgang mit Weinen zum Lagern.

**Ältere gute Jahrgänge:**
1973: Sehr gut, langlebig. 1971: Gute, elegante Weine. 1970: Exzellent. 1969: Selten, sehr gut. 1966: Ausgezeichnet. 1964: Sehr gut.

## Elsass

**1997**
Spitzenjahr, vor allem für Süßweine.
**1996**
Sehr gutes Jahr mit vielen Vendanges Tardives.
**1995**
Sehr gute Qualität trotz Schwierigkeiten mit Graufäule am Ende der Lesezeit.
**1994**
Ausgezeichnete Qualität und große Quantität.
**1993**
Zufrieden stellendes bis gutes Jahr.
**1992**
Schwankend gute bis sehr gute Weinqualitäten.
**1991**
Höhere Ertragsmenge als im Vorjahr. Zufrieden stellende Qualität. Wenig Vendanges Tardives.
**1990**
Noch ein Jahrgang, der bei der Ernte große Erwartungen hervorrief.
**1989**
Sehr hohe Qualität mit einem langen, warmen Sommer. Mit 1983 vergleichbar.
**1988**
Mäßiges Jahr. Beste Weine sind vergleichbar mit 86; rein und ausgeglichen. Wenig Spätlesen.
**1987**
Schwieriges Jahr. Ausgeglichene, leichte Weine mit guter Säure. Gute Vendange Tardive. Sehr wenig Sélection de Grains Nobles.
**1986**
Gute und weniger gute Weine in leichtem, aber oft elegantem Stil.
**1985**
Ausgezeichneter Jahrgang, in der Qualität knapp hinter 1983, aber mit leichteren und etwas weniger konzentrierten Weinen.
**1984**
Leichte Weine mit hoher Säure von einem Jahrgang mit wenig Sonne und viel Fäule.
**1983**
Der größte Jahrgang seit 1971 und 1976. Warmer Sommer mit Weinen von großer Konzentration, insbesondere die Spätlesen.
**1982**
Große Ernte mit relativ schnell reifenden Weinen, die jetzt getrunken werden sollten.
**1981**
Ausgeglichene Weine mit guter Frucht, aber mit verhältnismäßig wenig Säure. Wenig Spätlesen.
**1980**
Sehr leichte Weine, sollten ausgetrunken sein.

**Ältere gute Jahrgänge:**
1979, 76, 75, 71, 69, 66, 67, 64, 59, 45.

## Jahrgänge an der Loire und Rhône

### Loire

Die meisten Loire-Weine sollten innerhalb von drei bis vier Jahren getrunken werden. Ausnahmen sind die großen, süßen Chenin Blanc von den Coteaux du Layon, insbesondere Bonnezeaux und Quarts de Chaumes. Deshalb werden hier auch ältere Jahrgänge aufgeführt.

**1997**
Homogene Ernte, ähnlich wie 1995 und 1996.
**1996**
Kräftige und komplexe Weine.
**1995**
Sehr guter Jahrgang mit wechselhaftem Wetter.
**1994**
Durchschnittlich in Qualität und Quantität. Die Süßweine sind gut.
**1993**
Keine sehr guten Weine aus diesem Jahr. Trotzdem interessanter als 1991 und 1992.
**1992**
Überdurchschnittliche Erträge. Mäßige Qualität von gerade noch akzeptabel bis ziemlich gut.
**1991**
Kleine Erträge. Tiefe Säure und hohe Zuckergehalte.
**1990**
Teils große Erträge. Durch die Wärme ist der Alkoholgehalt höher als üblich, die Frische konnte meist erhalten werden.
**1989**
Große Erträge mit weniger Säure. Die Rotweine sind fruchtig, während die weißen hohen Alkoholgehalt und weichere Säure haben.
**1988**
Ein großer Jahrgang mit überdurchschnittlich hohen Erträgen.

**Ältere gute Jahrgänge:**
1986, 85, 83, 82, 76, 75, 71, 69, 66, 64, 61, 59.

### Rhône

Weine mit Lagerpotential sind Côte Rôtie, Hermitage im Norden und Châteauneuf-du-Pape im Süden. Einfachere Côtes-du-Rhône-Villages und Gigondas reifen nach zwei bis fünf Jahren.

**1997**
Ausgezeichnete Syrah, vor allem aus dem Norden. Kräftig und höher eingestuft als 1996.
**1996**
Nach schwierigem Wetter wurde die Ernte durch einen schönen Spätherbst gerettet.
**1995**
Sehr gutes Jahr mit alterungsfähigen Weinen.
**1994**
Außerordentliche Qualität im südlichen Teil. Der Norden mit zufrieden stellenden Weinen.
**1993**
Gute Weine im Süden, vor allem, wenn die Lese in den ersten zwei Septemberwochen erfolgte.
**1992**
Größere Mengen als 1991. Gute, aber nicht rühmenswerte Qualität mit goßen Unterschieden.
**1991**
Schwankende Qualität. Im Norden zwar gute, aber weniger konzentrierte Tropfen.
**1990**
Heißer, trockener Sommer mit konzentrierten Weinen.
**1989**
Wie in ganz Frankreich ergab auch hier die Ernte sehr gute Weine.
**1988**
Sehr gute und konzentrierte Weine, die langsam reifen.
**1987**
Dünne Weine. Côte Rôtie ist am besten.
**1986**
Leichtere Weine im Norden und tiefe, komplexe Weine in Châteauneuf-du-Pape.
**1985**
Konzentrierte und gute, aber langsam reifende Weine.
**1984**
Ein leichter Jahrgang in der ganzen Region mit schnell reifenden Weinen.
**1983**
Großes Jahr im Norden mit massiven und konzentrierten Weinen. Leichtere im Süden.
**1982**
Im Norden gut. Starke Hitze im Süden mit zu viel Zucker in den Trauben ergab fade Weine.
**1981**
Einzig Châteauneuf sind kräftiger, und die schwereren können noch lange gelagert werden.
**1980**
Kleine Erträge, aber gute Weine.
**1979**
Im Norden und im Süden große Erträge von hoher Qualität.
**1978**
Das beste Jahr seit 1961, ein echter Klassiker. Werden bis ins nächste Jahrhundert halten.

**Ältere gute Jahrgänge:**
1976, 72, 71, 70, 69, 67.

# Jahrgänge in Frankreich

## Frankreich: Zusammenfassung

**1998**
Obwohl das Wetter während des ganzen Jahres nicht ideal war, vermochte der warme und trockene August das Jahr dann doch noch auszugleichen. In Bordeaux melden viele Winzer den besten Jahrgang seit 1990. In Sauternes und Barsac war die Ernte sehr klein. Im Burgund fiel die Qualität durchschnittlich aus und in der Champagne zufriedenstellend.

**1997**
Wurde zuletzt ein sehr guter Jahrgang. Der kühle Sommer mit wechselhaftem Wetter wurde fast überall durch einen phantastischen Herbst gerettet. Fast überall gute Zucker- und Säuregehalte.

**1996**
Ein milder Spätherbst brachte vielerorts Spitzenqualität. Trotz eines mäßig warmen Sommers mit nicht allzu viel Sonne und und Unwetter wurden nach einer hektischen Lesezeit Weine mit Kraft, Charakter und Ausstrahlung erzeugt.

**1995**
Hervorragender Jahrgang mit Breite, Tiefe und Finesse fast überall. Etwas Regen während des Sommers und im September. Späte Lesen wurden mit einem warmen Spätherbst belohnt.

**1994**
Aufgrund der Septemberregen anfänglich als ein schlechtes Jahr angesehen und vom 95er und 96er etwas übergangen. Kleine Ernte von knapp 55 Mio. hl.

**1993**
Kleine Ernte von guter Qualität. Trotz allem besser als 1991 oder 1992. Wie beim 94er wurde auch hier die Möglichkeit eine Spitzenqualität zu erzeugen durch den Septemberregen zunichte gemacht.

**1992**
Mehr denn je war man sich in ganz Frankreich einig, Auslichtungen, rigorose Selektion sowie Mengenbeschränkungen durchzuführen. Mengenmäßig äußerst zufriedenstellend. Die Qualität kann man allgemein als durchschnittlich bezeichnen.

**1991**
Ein sehr unterschiedlicher Jahrgang. Obwohl das Jahr im Vergleich zu den hervorragenden Jahren 1988 und 1990 durchschnittlich wärmer und trockener war, fiel der Jahrgang durch die reichhaltigen Regenfälle im September schlechter aus. Für die Erzeugung eines guten Weines waren deshalb die richtige Festsetzung des Lesedatums sowie eine angepasste Kellerbehandlung entscheidend.

**1990**
Sehr heißer Sommer und Herbst in ganz Frankreich. Praktisch im ganzen Land äußerst gute Weine. Der rote Bordeaux ist vielleicht der beste.

**1989**
Dieser Jahrgang übertrifft alles. Seit 1961 hat es keinen so guten Jahrgang gegeben. Im Gegensatz zu 1961 war nicht nur die Qualität spitzenmäßig, sondern auch der Ertrag groß.

**1988**
Das erste von drei Spitzenjahren. Manchmal spricht man von sog. Zwillingsjahrgängen, wenn zwei Spitzenjahre aufeinander folgen. Hier aber wird man das einzige Mal im 20. Jh. von einem Drillingsjahrgang sprechen. Bordeaux, Burgund und Rhône haben das große Los gezogen.

**1987**
Ein Zwischenjahr mit Weinen, die sich gut, aber schnell entwickeln. Trockener weißer Bordeaux schnitt mit ausgezeichneten Weinen am besten ab, während das Rhônegebiet es am schwierigsten hatte.

**1986**
Der rote Bordeaux ist hervorragend und der weiße Burgunder ist sehr gut. Eine Menge großer Sauternes wurde gemacht, aber sonst ein schwieriges Jahr mit leichten, etwas dünnen Weinen.

**1985**
Großer Jahrgang. Viel Hitze hat dazu geführt, dass manche Winzer Schwierigkeiten mit der Säure hatten. Konzentrierte, geschmacksreiche Weine, die jetzt trinkreif sind, aber noch großes Lagerpotenzial haben. Dem Elsass ist es am besten ergangen.

**1984**
Zwischenjahr mit leichten Weinen, die sich schnell entwickeln. Burgund, Champagne, Elsass und Rhône hatten es schwieriger als Bordeaux, wo man einige richtig konzentrierte, gute Weine finden kann.

**1983**
Gut im ganzen Land. Sauternes, weißer Burgunder und Elsass an der Spitze. Der rote Burgunder hatte in manchen Gemeinden Schwierigkeiten. Im Großen und Ganzen ein Wein, der lange leben wird.

**1982**
Champagner und weiße Burgunder wurden sehr gut, rote Bordeaux phantastisch. Ansonsten ein mittleres Jahr mit leichten Weinen ohne Lagerpotential. In Sauternes hatte man Schwierigkeiten Konzentration zu erreichen.

FRANKREICH • WEINETIKETTEN

## WEINETIKETTEN IN BORDEAUX

**GRAND CRU CLASSÉ**

*2ème Cru Classé en 1855* bedeutet, dass das Weingut in der Médoc-Klassifizierung von 1855 in die zweitbeste Klasse eingestuft wurde. Sauternes wurde gleichzeitig klassifiziert. Saint-Émilion und Graves wurden in den 50er Jahren klassifiziert. Pomerol hat immer noch keine offizielle Klassifizierung.

**SCHLOSSABFÜLLUNG**

*Mis en bouteilles au Château* = der Wein wurde am Herstellungsort abgefüllt. Seit 1971 ist dies für Cru-Classé-Güter Gesetz.

**PRODUCE OF FRANCE**

Das Ursprungsland ist gemäß EU-Bestimmungen anzugeben.

**HERSTELLUNGSNUMMER**

Freiwillige Angabe, manche Schlösser möchten damit eine gewisse Exklusivität zeigen.

**JAHRGANG**

Ohne Jahrgangsangabe handelt es sich um einen Verschnitt.

**SCHLOSSNAME**

Die meisten Weine werden unter einem Schlossnamen verkauft. Diese wurden früher auch erfunden. Seit 1990 müssen die Angaben der Wahrheit entsprechen.

**VOLUMEN**

75 cl gemäß EU-Bestimmungen. Ältere Flaschen können 70, 72 oder 73 cl enthalten.

**URSPRUNG**

Obligatorische Angabe der Appellation. Der Name, in diesem Fall Margaux, muss zwischen *appellation* und *contrôlée* stehen. (Die Heimatgemeinde, oberhalb Margaux, ist keine obligatorische Angabe).

**ADRESSE**

*Propriétaire* (Besitzer) und/oder *récoltant* (Winzer) muss mit Namen und Adresse angegeben werden. *Distributeur exclusif* gibt an, dass der genannte Négociant die Weine exklusiv vertreibt.

**ALKOHOLGEHALT**

Der Alkoholgehalt muss angegeben werden. *Supérieur* bedeutet, dass der Wein 1% mehr Alkohol enthält als den gesetzlich vorgeschriebenen Minimalwert.

## WEINETIKETTEN IM BURGUND

**URSPRUNG**

Appellation Contrôlée, kurz AOC, ist die gesetzliche Ursprungsbezeichnung. Appellation Bourgogne Contrôlée ist die deckende Appellation. Ein Grand-Cru-Weinberg ist die kleinste Appellation. Wenn es sich um einen Wein mit diesem Status handelt, z.B. den Chambertin, wird nur der Name des Weinbergs (Lage) angegeben. Man muss dann wissen, dass der Wein von der Côte de Nuits aus der Gemeinde Gevrey-Chambertin kommt. Auf dieser Etikette hat die Lage Premier-Cru-Status. Der Lagename (Les Chaumées) darf zusammen mit dem Gemeindenamen (Chassagne-Montrachet), wiebei der hier angegebenen Appellation, angeschrieben werden. Für Zweitweine innerhalb der Gemeinde darf der Gemeindename und die Lage angegeben werden. Diese muss aber in kleinerer Schrift geschrieben sein. Wenn der Gemeindename zusammen mit der Klassifizierung (Grand oder Premier Cru), aber ohne Lage angegeben wird, stammt der Wein von mehreren Grand-Cru- oder Premier-Cru-Lagen.

**JAHRGANG**

Wird weggelassen, wenn der Wein ein Verschnitt verschiedener Jahrgänge ist. Oft auch auf dem Flaschenhals zu finden.

**ADRESSE**

Name und Adresse des Weinproduzenten.

**ALKOHOLGEHALT**

Obligatorisch.

**ERZEUGER**

Sind *propriétaire* (Besitzer) und/oder *récoltant* (Erzeuger) angegeben, stammt der Wein aus eigenem Anbau. Domaine steht in der Regel vor dem Namen des Weinguts oder des Erzeugers. Stammt der Wein von einem Weinhandelshaus, sind *propriétaire/récoltant* und Domaine nicht angegeben, es sei denn, der Wein stammt von einem Weingut des Handelshauses. In diesem Fall sind Angaben wie hier: *sélectionné* (ausgewählt) und *élévé* (hergestellt) vermerkt. Auch die Angabe *mis en bouteilles par …* (in Flaschen gefüllt von) verdeutlicht, dass es sich um einen Weinhändler handelt. Anderfalls würde *mis en bouteilles au domaine* stehen.

**VOLUMEN**

75 cl ist die Standardgröße und entspricht den EU-Bestimmungen. Auch kleinere oder größere Flascheninhalte kommen vor.

**PRODUCE OF FRANCE/ PRODUIT DE FRANCE**

Das Ursprungsland muss gemäß EU-Bestimmungen angegeben werden.

**ZWEITNAME**

Es ist üblich, dass der Name des Weines mit dem der Appellation oder des Weinbergs übereinstimmt. Verschiedene kommerzielle Verschnitte werden unter Markennamen verkauft, z.B. Beaujolais Royal oder Kriter Brut. Die Prestige-Cuvée ist ein spezieller Hausverschnitt, bei der die Weine von mehreren kleineren, aber guten Lagen, manchmal auch mit gleichem Grand- oder Premier-Cru-Status, stammen. Ein Beispiel ist die *Cuvée Dames de la Charité* von Hospices de Beaune, ein Verschnitt verschiedener Lagen in Pommard. Die Angabe „Grand vin de Bourgogne" ist lediglich eine Marketingbezeichnung.

# WEINETIKETTEN IN DER CHAMPAGNE

**MARQUE**
Meist der Name der Firma oder des Winzers, kann aber auch ein Phantasiename oder der Name eines Verschnitts sein, wie z.B die Prestige-Cuvée *Dom Pérignon* von Moët & Chandon oder die *Comtes de Champagne* von Taittinger. Die zuverlässigsten Firmen werden oft *Grand Marque* genannt, während *Sous Marque* die Zweitmarke ist. Pol Roger gehört zu den prestigereichsten Champagner-Marken.

**STIL**
Gibt an, ob der Wein ein *crémant* (leicht moussierend), ein *blanc de blancs* (reiner Chard), *blanc de noirs* (reiner PN) oder rosé ist. *Extra Cuvée de Réserve* bedeutet hier, dass es sich um einen einfacheren Jahrgangs-Champagner handelt.

**URSPRUNG**
*Appellation Contrôlée* (AOC) ist die gesetzliche Ursprungsbezeichnung, die hier kurz als Champagner angegeben wird. Man kann Grand Cru oder Premier Cru hinzufügen, sofern der Wein von einer Lage stammt.

**JAHRGANG**
Die meisten Champagner sind Verschnitte verschiedener Jahrgänge. Stammt der Wein von einem einzigen Jahrgang, wird es angegeben.

**ALKOHOLGEHALT**
Obligatorisch.

**AUSBAUTYP**
Von trocken bis süß: *Ultra Brut* (knochentrocken), *Brut* (sehr trocken), *Extra sec* (trocken bis halbtrocken), *Sec* (halbsüß), *Demi sec* (lieblich), *Doux* (süß). Ohne Angabe des Ausbautyps ist es meist ein *brut*, d.h. sehr trocken.

**ERZEUGER/ADRESSE**
*Elaboré par ...* (Erzeugt von ...). Der Name und die Adresse des verantwortlichen Herstellers sind obligatorisch.

**BETRIEBSNUMMER**
Der Status des Erzeugers wird durch die Betriebsnummer angegeben. Der Nummer sind zwei Buchstaben vorangestellt: NM (*Négociant-Manipulant*), eine Firma, die den Champagner aus gekauften Trauben erzeugt. RM (*Récoltant-Manipulant*), vom Winzer selbst erzeugter Wein. CM zeigt an, dass der Wein von einer Genossenschaft stammt. MA bedeutet *Marque Auxiliaire*, das Warenzeichen des Produzenten oder Händlers.

**VOLUMEN**
75 cl ist gemäss EU-Bestimmungen Standardgröße. Es gibt auch kleinere oder größere.

**ANDERE NAMEN**
Auf dem Etikett mancher Champagner steht *RD* (*Récemment Dégorgé*) bedeutet, dass der Wein lange auf der Hefe lag.

## WEINETIKETTEN IM ELSASS

**JAHRGANG**

Für *Grand Cru, Vendange Tardive* und *Sélection de Grains Nobles* obligatorisch, kann aber weggelassen werden, wenn der Wein ein Verschnitt mehrerer Jahrgänge ist. Wird häufig auch auf dem Halsetikett

**ERZEUGER**

Der Name des Erzeugers muss auf dem Etikett stehen. *Propriétaires-viticulteurs* oder *vignerons* ist ein Erzeuger mit eigenem Weingarten und Anbau. „Domaine ..." ist der Name des Anwesens. Wenn der Wein von einer Firma, einem Négociant, stammt, kommen niemals die Wörter propriétaire oder domaine vor, sofern der Wein nicht aus dem eigenen Weingarten der Firma stammt.

**URSPRUNG**

Appellation Contrôlée (AOC) ist die gesetzliche Ursprungsbezeichnung: in diesem Fall *Appellation Alsace Contrôlée*. Stammt der Wein von einer einzigen Lage, darf man diese hinzufügen. Ist die Lage als Grand Cru klassifiziert, wird dies bei der Appellation angegeben.

**PRODUCE OF FRANCE**

Laut EU-Bestimmungen muss das Erzeugerland angegeben werden.

**ADRESSE**

Name und Adresse des verantwortlichen Herstellers sind obligatorisch.

**VOLUMEN**

Als Standardgröße gem. EU-Bestimmungen früher 70 cl, heute 75 cl. Sowohl größere als auch kleinere Flaschen kommen vor.

**MIS EN BOUTEILLE PAR/ OU ...**

Flaschenabfüllung durch ... Hier „par Dopff & Irion"; gibt die Firma an, die den Wein abgefüllt hat. Weine mit elsässischer Appellation müssen im Elsass abgefüllt werden.

**CUVÉE-NAME**

*Cuvée Exceptionelle, Réserve personnelle, Cuvée Caroline* etc. sind Beispiele für Namen, die die Hersteller für ihre Weine ausgesucht haben. Es handelt sich dabei nicht um Markennamen, sondern um Weine von höherer Qualität. In diesem Beispiel ist Les Sorcières (die Hexen) der Name des Weinbergs.

**ALKOHOLGEHALT**

Obligatorisch.

**REBSORTEN**

Wird meistens angegeben. Obligatorisch ist es bei *Grand Cru, Vendange Tardive* und *Sélection de Grains Nobles*. Eine Ausnahme ist ein Verschnitt von verschiedenen Rebsorten, der als Edelzwicker bezeichnet werden kann.

## Weinvokabular in Frankreich

**A**PPELLATION CONTRÔLÉE AC oder AOC: staatlich kontrolliertes Anbaugebiet; Ursprung und Herstellung unterliegen strengen gesetzlichen Regeln.
ASSEMBLAGE Verschnitt mehrerer stiller Weine zu einer Cuvée.

**B**ARRIQUE Kleines Eichenfass, 225 Liter.
BLANC DE BLANCS Weißwein aus weißen Rebsorten, meist in der Champagne.
BLANC DE NOIRS Weißwein aus süß gekelterten blauen Trauben, meist in der Champagne.

**C**AVE Weinkeller, Weinunternehmen.
CAVE COOPÉRATIVE Weinbau-Genossenschaft.
CÉPAGE Angebaute Rebsorte, z.B. Pinot Noir.
CHAI Weinlagerhaus, meist im Bordeaux.
CHAPEAU „Hut" aus Traubenschalen, die bei der Rotweingärung an der Oberfläche aufschwimmen.
CHAPTALISIERUNG Zuckerzusatz vor der Gärung zur Steigerung des Alkoholgehalts.
CHÂTEAU Schloss, d.h. kleines oder großes Weingut, vor allem im Bordeaux.
CLIMAT Einzellage, besonders im Burgund, z.B. les Amoureuses.
CLOS Ursprünglich mit Steinmauern umgebener Weinberg im Burgund.
CÔTE(S) Coteaux, üblicherweise eine größere Weinberglage.
CRÉMANT Bezeichnung für Schaumweine nach der Méthode Champenoise außerhalb der Champagne mit geringerem Kohlensäuredruck.
CRU Gewächs, Lage.
CRU CLASSÉ Klassifiziertes Anbaugebiet, z.B. die fünf Klassen von 1855 in Bordeaux.
CUVE CLOSE Herstellungsmethode für Schaumweine durch Tankgärung.
CUVÉE Weinmenge aus der cuve (Fass od. Tank) oder Verschnittwein (Champagner, Schaumwein).

**D**EMI SEC Halbtrocken, in der Praxis z.T. halbsüß.
DOMAINE Weingut, bes. im Burgund.
DOUX Süß.

**F**ERMENTATION Gärung.
FRAIS Frisch oder kühl.
FRAPPÉ Zu stark gekühlt (das Glas beschlägt beim Einschenken).
FROID Kalt.
FOUDRE Großes, meist altes Fass.

**G**OÛT Geschmack („Goût Anglais", so wie die Engländer es mögen).
GRAND CRU Einstufung einer Lage (wörtlich großes Gewächs). Im Burgund, Elsass und in der Champagne die höchste Einstufung. In Bordeaux ist es umgekehrt.

**I**MPÉRIALE Bordeaux-Flasche, die 8,5 normale Flaschen enthält (5 l).
JEROBOAM Flasche mit dem Inhalt von sechs normalen Flaschen.

**M**ACÉRATION CARBONIQUE Gärverfahren, das insbesondere im Beaujolais angewandt wird, um fruchtige und leichte Weine herzustellen (z.B. Beaujolais Primeur). Die Trauben werden unverletzt in einen mit Kohlendioxid gefüllten Behälter zur Vergärung gegeben.
MACÉRATION PELLICULAIRE Maischegärung, d.h. Vergärung vor der Kelterung, wobei die Farbe der Traubenschalen ausgelaugt wird.
MAGNUM Doppelflasche, 1,5 l.
MALOLAKTISCHE GÄRUNG Andere Bezeichnung für den biologischen Säureabbau. Bei diesem Vorgang wird die aggressive Äpfelsäure in die mildere Milchsäure umgewandelt und Kohlensäure freigesetzt.
MARC Trester, aber auch der daraus hergestellte Tresterschnaps.
MÉTHODE CHAMPENOISE (Traditionelle) Flaschengärverfahren bei Schaumweinen, bei dem die zweite Gärung in der Flasche erfolgt.
MÉTHODE GAILLAÇOISE/RURALE Einfache Methode für die Schaumweinherstellung durch Flaschenabfüllung vor Abschluss der ersten Gärung.
MIS EN BOUTEILLE(S) AU CHÂTEAU/DOMAINE Flaschenabfüllung auf dem Weingut (Erzeugerabfüllung).
MOELLEUX Zart, sanft, weich. U.a. zur Bezeichnung von Süßweinen in Vouvray verwendet.
MONOPOLE Lage in Einzelbesitz.
MOUSSEUX Schäumend.
MUTAGE Durch Zusatz von Branntwein oder reinem Alkohol abgestoppter Gärprozess.

**N**ÉGOCIANT Weinhandelsfirma.
NÉGOCIANT-ÉLEVEUR Weinhandelsfirma, die den Wein auch ausbaut.

**O**RDINAIRE Gewöhnlich; nicht immer abwertend gemeint.

**P**ASSE-TOUT-GRAINS Ein leichter und einfacher Burgunder-Wein, der aus mind. 1/3 Pinot Noir und 2/3 Gamay bestehen muss.
PERLANT/PERLÉ Sehr leicht schäumend.
PÉTILLANT Leicht schäumend.
PIÈCE Klassisches Fass im Burgund (228 l).
POURRITURE NOBLE Edelfäule, Botrytis Cinerea. Ein Pilz, der der Traube das Wasser entzieht. Weine aus von Botrytis befallenen Trauben sind konzentriert und süß wie z.B. Sauternes.

## Weinvokabular in Frankreich

PREMIER CRU Im Bordeaux/Médoc höchste Klassifizierung. Im Burgund tiefer als Grand Cru.
PRIMEUR Sehr junger Wein, z.B. Beaujolais.
PROPRIÉTAIRE-RÉCOLTANT Eigentümer-Erzeuger.

RANCIO Spezieller, auf Lagerung im Eichenfass zurückzuführender Altersgeschmack z.B. bei Banyuls. Bei Tafelweinen ein Defekt.
RÉCOLTE Ernte.

SEC Trocken, in der Champagne halbsüß.
SÉLECTION DE GRAINS NOBLES Weine aus Spätlesen und meist auch von Botrytis befallenen Trauben, vor allem im Elsass.
SUR LIE Weißweine, die ohne Abstich von der Hefe auf Flaschen gezogen werden. Dadurch erhalten sie einen leichten, angenehmen Hefegeschmack und natürliche Kohlensäure sowie Spritzigkeit und Frische.

TÊTE DE CUVÉE Bester Wein des Jahrgangs von einem Erzeuger.

VDQS Vin Délimité de Qualité Supérieure, Klassifizierungsniveau unter AOC.
VENDANGE Weinlese.
VENDANGE TARDIVE Späte Weinlese.
VIEILLES VIGNES Von alten Rebstöcken.
VIGNOBLE Weinberg.
VIN DE GARDE Lagerfähige Weine, die durch das Reifen in der Flasche noch besser werden.
VIN DE PRESSE Unter Kelterdruck abfließender Wein.
VIN JAUNE Im französischen Jura erzeugter, an Sherry erinnernder Wein.
VIN DE L'ANNÉE Wein des Jahres.
VIN DE PAILLE Süßer Wein von Trauben, die auf Stroh getrocknet wurden, z.B. im Jura.
VIN DE PAYS Landwein.
VIN DE TABLE Tafelwein aus gewöhnlichen Standardrebsorten.
VIN DOUX NATUREL, VDN Süße, verstärkte Weine, deren Gärung durch Alkoholzusatz beendet wurde.
VIN GRIS Roséweine aus blauen Trauben.
VITICULTEUR Winzer.

## CHAMPAGNE

AGRAFE Klammer, die den Korken der Champagnerflasche während der Gärung festhält.

COTEAUX CHAMPENOIS Stille Weine aus der Champagne.
CRU Lage oder Dorf, z.B. Verzy.
CUVÉE Der endgültige Verschnitt von Weinen verschiedener Trauben und Crus oder die ersten 2050 Liter einer Pressung.

DÉGORGEMENT Entfernung der Hefe aus der Flasche nach dem Rütteln.
DOSAGE Zusatz einer Zuckerlösung. Man unterscheidet zwischen Fülldosage (liqueur de tirage) und Versanddosage (liqueur d'expédition).

ÉCHELLE Beurteilungssystem für Weinlagen in Prozent. Je nach Qualität wird bis zu 100% des vorher festgesetzten Traubenpreises bezahlt.

GRAND CRU Eine der 17 Lagen, die eine *échelle* von 100% haben.
GYROPALETTE Eine Art Rüttelmaschine, durch die sich die Hefe am Korken absetzt.

LIQUEUR D'EXPÉDITION Most, Wein und Zucker oder eine Mischung davon, die nach dem Dégorgement als Dosage zugesetzt wird.
LIQUEUR DE TIRAGE Mischung aus unvergorenem, angegorenem oder konzentriertem Most oder aus Wein und Zucker, die der Cuvée zur Einleitung der zweiten Gärung (Flaschengärung) zugesetzt wird.

MILLÉSIME Jahrgang.
NV, NON VINTAGE Ohne Jahrgang.

PREMIER CRU Lage, die eine *échelle* von 90-99% hat.

RD Récemment Dégorgé: Wein, der nach der zweiten Gärung noch lange auf der Gärhefe lagert. Die Entfernung der Hefe erfolgt erst kurz vor dem Verkauf.
REMUAGE Das Drehen der Flasche, damit sich die Gärhefe am Korken sammelt.

SA, SANS ANNÉE Kein Jahrgangswein.

**Flaschengröße:**

| | |
|---|---:|
| Champagne Quart (Split) | 18,75 cl |
| Demi-Bouteille (halbe Flasche) | 37,5 cl |
| Bouteille (ganze Flasche) | 75 cl |
| Magnum (2 Flaschen) | 150 cl |
| Jeroboam (4 Flaschen) | 300 cl |
| Rehoboam (6 Flaschen) | 450 cl |
| Methusalem (8 Flaschen) | 600 cl |
| Salamanazar (12 Flaschen) | 900 cl |
| Balthazar (16 Flaschen) | 1200 cl |
| Nebuchadnezzar (20 Fl.) | 1500 cl |

**Zuckergehalt** (Gramm pro Liter):

| | |
|---|---:|
| Extra Brut: | 0-6 |
| Brut: | 0-15 |
| Extra Sec: | 12-20 |
| Sec: | 17-35 |
| Demi Sec: | 33-50 |
| Doux: | über 50 |

# DEUTSCHLAND

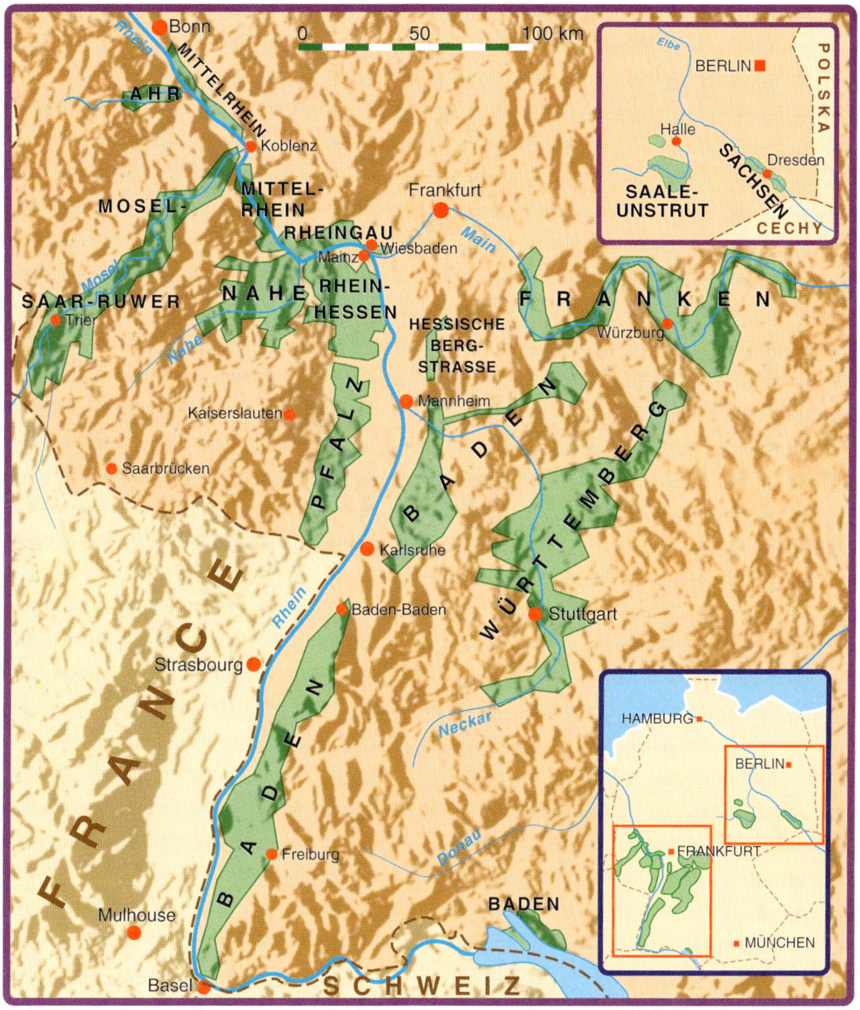

GESCHICHTE Vermutlich Ende des 2. nachchristlichen Jahrhunderts wurden auf dem linken Rheinufer und im Moseltal die ersten Reben kultiviert und Wein daraus bereitet. Als besonderer Förderer der Rebkultur gilt der römische Kaiser Probus (276-282). Der Weinanbau ist danach niemals mehr völlig zum Erliegen gekommen. Urkundliche Nachweise gibt es ab dem 6. Jahrhundert. Mit der Christianisierung wurden die Klöster zu Zentren des Weinanbaus und der Weinbereitung. Sie wirkten zugleich als Lehrmeister und Förderer des Qualitätsweinbaus. Im Rheingau und in Franken ist der Weinbau ab dem 8. Jh., in Sachsen seit Ende des 9. Jh. nachgewiesen zwischen dem 14. und 16. Jh. reichte er bis Brandenburg und Ostpreußen. Der Rückgang von zeitweilig über 300 000 ha Rebfläche setzte im 16. Jh. ein, verstärkt durch den Dreißigjährigen Krieg. Im 19. Jh. zerstörte der Reblausbefall weite Flächen, die zum Teil nicht mehr bestockt wurden. Erneute Einbußen wurden durch die beiden Weltkriege verursacht. Erst in den 50er Jahren setzte ein starker Aufschwung mit deutlicher Ausweitung der Rebfläche ein.

GEOGRAPHIE Der Weinbau konzentriert sich auf die zum Rheintal abfallenden Hänge vom

331

Rheinknie bei Weil im Süden bis zum Siebengebirge vor Bonn, die Uferhänge der Rheinzuflüsse Neckar, Main, Mosel und Ahr einschließlich deren Nebenflüsse, das Bodenseeufer, ferner im Osten, im Elbtal bei Meißen sowie an Saale und Unstrut.

ANBAUGEBIETE Deutschland besteht aus 13 verschiedenen bestimmten *Anbaugebieten*. Elf davon liegen am Rhein und seinen Nebenflüssen: AHR, MOSEL-SAAR-RUWER, MITTELRHEIN, RHEINGAU, NAHE, RHEINHESSEN, PFALZ, HESSISCHE BERGSTRASSE, FRANKEN, WÜRTTEMBERG und BADEN. Nach der Vereinigung Deutschlands kamen SAALE-UNSTRUT und SACHSEN dazu, die im östlichen Teil liegen. Die Anbaugebiete sind wiederum in einzelne *Bereiche* aufgeteilt. Diese ca. 38 Bereiche sollten laut Weingesetz „eine Zusammenfassung mehrerer Lagen sein, aus deren Erträgen Weine gleichartiger Geschmacksrichtung hergestellt zu werden pflegen", was in Anbetracht des Charakters einzelner Weine nicht immer zutrifft. Die nächste Einstufung ist die *Großlage* (166), die mehrere *Einzellagen* (ca. 2658) zusammenfasst. Eine Einzellage kann mehrere Besitzer haben.

WEINE Bis zu 80% Weißweine in verschiedenen Süßegraden werden erzeugt. Mehr als die Hälfte wird trocken oder halbtrocken ausgebaut. Rotweine werden u.a. an der Ahr, in Franken, Rheinhessen, Baden und Württemberg hergestellt. Die Tendenz zur Rotweinproduktion nimmt in ganz Deutschland zu. Die wichtigsten Rebsorten sind Müller-Thurgau (21%) und Riesling (21%), gefolgt vom Kerner und dem roten Spätburgunder.

WEINGESETZ Das deutsche Weingesetz teilt die Weine in vier Güteklassen ein. Die höchste Stufe ist der Qualitätswein mit Prädikat (QmP), gefolgt vom Qualitätswein bestimmter Anbaugebiete (QbA), dem Landwein und dem Tafelwein.

*Der Weinbau konzentriert sich auf die zum Rheintal abfallenden Hänge vom Rheinknie bis zum Siebengebirge.*

1. QUALITÄTSWEIN MIT PRÄDIKAT (QmP) ist die höchste Klasse. Je nach Rebsorte und Anbaugebiet müssen die Weine bestimmte Mindestmostgewichte erreichen. Sie stammen von einem Bereich innerhalb eines Anbaugebietes, einer Großlage oder Einzellage. Sie dürfen nicht mit Zucker angereichert werden und sie müssen die Amtliche Prüfnummer erlangen.

Diese Weine werden in sechs Prädikate eingeteilt: KABINETT (ca. 75° Öchsle), SPÄTLESE (ca. 85°), AUSLESE (ca. 90°), BEERENAUSLESE (ca. 120°) und TROCKENBEERENAUSLESE (ca. 150°).

*Der mittelalterliche Marienberg in Franken symbolisiert die lange Weintradition Deutschlands.*

Außerdem EISWEIN (ca. 110°), eine weitere und seltene Spezialität. Die Trauben werden in gefrorenem Zustand gelesen, sofort abgepresst und weiterverarbeitet.

2. QUALITÄTSWEIN BESTIMMTER ANBAUGEBIETE (QbA). Hier gelten die gleichen Bestimmungen wie für die Prädikats-Weine. Diese Weine dürfen aber mit Zucker angereichert werden und die Mostgewichte können je nach Anbaugebiet bis zu 50 Prozent tiefer liegen.

3. LANDWEIN. Ein qualitativ gehobener Tafelwein mit Ursprungsbezeichnung. Die Weine haben einen für das Gebiet typischen Charakter und werden nur trocken oder halbtrocken ausgebaut. Der Alkoholgehalt muss bei mindestens 9% liegen.

4. TAFELWEIN. Die niedrigste Stufe. Öfter Verschnitte, ohne oder mit weitläufiger Herkunftsbezeichnung. Die Weine stammen von empfohlenen oder zugelassenen Rebsorten, die im Inland geerntet wurden. Das Mostgewicht weist mind. 44° Öchsle auf. Zum Teil werden sogar sehr gute Tafelweine erzeugt (vergleichbar mit Vino da Tavola). Der Mindestalkoholgehalt liegt bei 8,5%.

PRODUZENTEN Rund 75 000 meist kleine Erzeuger sind im Weinbau tätig, darunter auch Mitglieder von Genossenschaften (300 Kooperativen, etwa 75 000 Mitglieder).

REBFL/PROD Ca. 103 000 ha, ungefähr 8,5 Mio. hl/Jahr.

# AHR

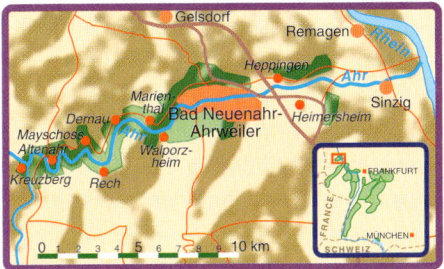

GESCHICHTE  Erste urkundliche Nachweise des Weinanbaus an der Ahr datieren aus dem Ende des 8. Jh. Ursprünglich sorgten vor allem die Klöster für seine Verbreitung. Aber schon im 13. Jh. gab es Hinweise auf private Besitzer, häufig große Grundherren. Der Weinhandel ist aus dem 14. Jh. beurkundet. Die Einfuhr fremder Weine wurde jedoch durch hohe Zölle begrenzt, während man andererseits in guten Weinjahren z.B. die Stadt Köln belieferte. Im 19. Jh. entstanden Notzeiten durch Reblausbefall. Die Wiederaufbauphase dauerte bis Mitte dieses Jahrhunderts.

GEOGRAPHIE  Die Ahr ist ein linker Nebenfluss des Rheins. Das enge Tal durchschneidet südlich von Bonn und nördlich von Koblenz die hohe Eifel. Nur im mittleren Teil, mit sehr steilen Hängen, und im unteren, mit flacheren Hügeln, wird Weinbau betrieben. In diesem Gebiet gibt es einen Bereich, Walporzheim-Ahrtal, keine Großlage und 43 Einzellagen.

KLIMA  Die Jahresdurchschnittstemperatur beträgt 9,5 Grad Celsius. Gegen Norden und Westen ist das vorwiegend in West-Ost-Richtung verlaufende Tal durch den hohen Venn und die Eifel vor kalten Winden geschützt.

BODEN  Schiefer an den Steilhängen, Grauwacke und Lößböden im Hügelland.

WEINE  Rotweine dominieren mit 80% der Produktion. Samtiger Spätburgunder, milder Portugieser, beide auch als Weißherbst (früher „Ahrbleichert"), fruchtiger Riesling mit pikanter Säure, blumiger Müller-Thurgau.

REBSORTEN  Rot: 54% Spätburgunder, 16% Portugieser sowie Frühburgunder und Dornfelder. Weiße: 9% Riesling sowie Müller-Thurgau u.a.

PRODUZENTEN  Ca. 900, die meisten sind Mitglieder einer der sieben Genossenschaften. Etwas über hundert Erzeuger produzieren ihren eigenen Wein, dies jedoch nur als Nebenerwerb.

REBFL/PROD  Ca. 500 ha, rund 46 000 hl/Jahr. Eine der kleinsten Regionen Deutschlands.

WISSENSWERT  Weitere Informationen: Touristik-Service Rhein-Ahr-Eifel, Markt 11, D-53474 Bad Neuenahr-Ahrweiler. Tel. 02641-97730. Fax 02641-977373.

# MEYER-NÄKEL

GESCHICHTE  Das Gut wurde 1920 gegründet. Näkel war lange Bürgermeister und ein Motor der Flurbereinigung. 1982 übernahm Sohn Werner, der eigentlich Studienrat werden wollte, den Betrieb und steigerte den vom Vater schon hoch getriebenen Trockenanteil weiter auf nahezu 100 Prozent.

WEINE  Die Burgunder-Weine sind stoffig, ohne alkoholisch zu sein. Sie zeigen viel Feinheiten, eine elegante Struktur und beachtliche Länge. Die besten gehören zur absoluten Spitze in Deutschland. Auch der Riesling zeigt Frucht und kernige Säure. Auch innovativ, zum Beispiel mit

*Die Burgunder-Weine des Betriebs zeigen viel Feinheiten und gehören zur absoluten Spitze in Deutschland.*

weiß gekeltertem Spätburgunder der Sonderklasse („Illusion").

RUF  Eines der Top-Rotweingüter Deutschlands, die Nummer eins an der Ahr. Auch bei der diesjährigen, 12. Ausschreibung zum „Deutschen Rotweinpreis" war das Weingut an der Spitze.

LAGEN  U.a. Dernauer Pfarrwingert, Bad Neuenahrer Sonnenberg, Ahrweiler Riegelpfad.

REBSORTEN  75% Spätburgunder (Pinot Noir), 12% Frühburgunder, 7% Dornfelder und 6% Riesling.

WEINHERSTELLUNG  Rotwein auf der Maische vergoren, Lesegut ganz oder teilweise entrappt. Schonende Verarbeitung, biologischer Säureabbau, teilweise Barrique-Ausbau (Rückverschnitt mit normalem Holzfassausbau).

LAGERUNG  Burgunder mit ausgezeichnetem Reifepotenzial.

REBFL/PROD  7 ha, 4 000 Kisten/Jahr.

**Besitzer** Werner Näkel • **Kellermeister** Werner Näkel • **Besuch** Nach Vereinbarung • **Adresse** Meyer-Näkel, Hardtbergstr. 20, D-53507 Dernau • **Tel.** 02643-1628 • **Fax** 02643-3363

PRODUKTION         QUALITÄT         PREIS

## Weitere Produzenten an der Ahr

### Deutzerhof, Cossmann-Hehle

Die Familie Cossmann betreibt seit 1574 Weinbau. Die Weine sind im einfacheren Bereich betont herb, auch mit spürbarer Säure bei den Rotweinen. Sehr stoffige, voluminöse Prädikats-Weine und edelsüße Rotweine mit extremen Mostgewichten. Interessanter Chardonnay mit Würze und Schmelz. Mitglied im VDP. LAGEN Altenahrer Eck, andere Lagenweine werden zu Cuvées (z.B. „Caspar C.") verarbeitet. FAKTEN 7 ha, ca. 4 200 Kisten/Jahr. Ca. 55% Spätburgunder (Pinot Noir), 15% Portugieser, 15% Riesling sowie Dornfelder und Chardonnay.

- **Besitzer:** Hella & Wolfgang Hehle **Kellermeister:** Wolfgang Hehle **Besuch:** Nur nach Vereinbarung. **Adresse:** D-53508 Mayschoss. **Tel.** 02643-7264. **Fax** 02643-3232.

### H.J. Kreuzberg

Ursprünglich waren die Kreuzbergs Genossenschaftsmitglieder und der Großvater des heutigen Inhabers sogar ein Gründungsmitglied. Aber dennoch entschloss man sich 1953 zur Selbstvermarktung. Der Betrieb wurde unter die „100 besten deutschen Güter" eingereiht. Es sind fast ausschließlich Rotweine mit oft hohen Prädikaten. Auch Auslesen und teilweise sogar Beerenauslesen werden durchgegoren abgefüllt. Die Weine haben dann viel Kraft, eine schöne Tanninstruktur und feinen Schmelz. LAGEN Bad Neuenahrer Schieferlay, Bad Neuenahrer Sonnenberg, Dernauer Pfarrwingert. FAKTEN 8 ha, ca. 5 000 Kisten/Jahr. 70% Spätburgunder, 8% Dornfelder, 11% Frühburgunder.

- **Besitzer:** Ludwig Kreuzberg **Kellermeister:** Hermann-Josef Kreuzberg **Besuch:** Mai-Okt. tägl. außer So 10-12, 14-21, Nov.-April Mo-Fr 9-12, 13-18, Sa-So 10-15. **Adresse:** Schmittmann-Str. 30, D-53507 Dernau. **Tel.** 02643-1691. **Fax** 02643-3206.

### Winzerstube Lingen

Drei Generationen Weinbau in der Familie, da gibt man nicht einfach auf. Ursprünglich hatte Peter Lingen keine große Lust, den Betrieb von Vater Peter-Josef zu übernehmen. Aber er ließ sich dann trotzdem in die Pflicht nehmen, stieg nach der Winzerlehre ein und übernahm 1987 offiziell die Verantwortung. Beim Spätburgunder ist eine kräftige, gerbstoffbetonte Note gewünscht. Mehr Eleganz liefert der Frühburgunder. Bei den milden Weinen ist die Süße dezent integriert. Die Weißweine sind kräftig und sortentypisch. Ein kaum bekannter, kleiner Betrieb mit Geheimtipp-Charakter. LAGEN U.a. Neuenahrer Sonnenberg, Schieferlay, Ahrweiler Rosenthal, Ursulinengarten. FAKTEN 3 ha, 2 500 Kisten/Jahr. 30% Spätburgunder, 25% Portugieser, 15% Dornfelder, 15% Frühburgunder sowie Riesling, Kerner und Müller-Thurgau.

- **Besitzer:** Peter Lingen **Kellermeister:** Peter Lingen **Besuch:** Täglich 8-23, Mi geschlossen. **Adresse:** Teichstraße 3, D-53474 Bad-Neuenahr. **Tel.** 02641-29545. **Fax** 02641-29545.

### Nelles

Das Jahr 1479 steht in der Weinausstattung von Winzer Thomas Nelles neuerdings im Mittelpunkt. Er macht damit auf die lange Geschichte aufmerksam, die mit einem Peter Nelis vor mehr als 500 Jahren begann. Gut die Hälfte der Weine sind heute betont herb. Die Weißweine sind fruchtig, die Rotweine lassen Gerbstoff erkennen, haben eine gute Struktur, nur fehlt ihnen etwas die Dichte. Interessant ist der fruchtige Weißwein aus Spätburgunder-Trauben, genannt „Clarus". Bekannt als grundsolides Haus. LAGEN Heimersheimer Landskrone, Burggarten, Bad Neuenahrer Sonnenberg. FAKTEN 5 ha, ca. 4 000 Kisten/Jahr. 43% Spätburgunder, 25% Portugieser, 14%

*Thomas Nelles aus Heimersheim erzeugt einen interessanten Weißwein u.a. aus dem blauen Spätburgunder.*

Riesling sowie Pinot Gris und Müller-Thurgau.

- **Besitzer:** Thomas Nelles **Kellermeister:** Thomas Nelles **Besuch:** Mo-Fr 9-12, 14-18, Sa 10-12. **Adresse:** Göppinger Straße 13A, D-53474 Heimersheim. **Tel.** 02641-24349. **Fax** 02641-79586.

### Jean Stodden

Weinbau existiert seit 1573 in der Familie; das Gut selbst wurde 1900 gegründet. 1975 übernahm es Gerhard Stodden und führt es seitdem gemeinsam mit seiner Frau. Die Rotweine sind meist relativ hell, wirken öfter leicht und verhalten. In der Spitze zeigen sie Tiefe und Charakter. Traditionsreiches Haus, das sich sehr um guten Wein bemüht. Gute Sekte und Destillate als Ergänzung. LAGEN U.a. Recher Herrenberg, Hardtberg, Neuenahrer Sonnenberg, Dernauer Hardtberg, Burggarten, Mayschosser Mönchberg. FAKTEN 6 ha, ca. 4 800 Kisten/Jahr. 82% Spätburgunder, 8% Portugieser, 8% Riesling.

- **Besitzer:** Gerhard Stodden **Kellermeister:** Gerhard Stodden **Besuch:** Mo-Fr 9-18. **Adresse:** Rotweinstraße 7-9, D-53506 Rech. **Tel.** 02643-3001. **Fax** 02643-3003.

## Mosel-Saar-Ruwer

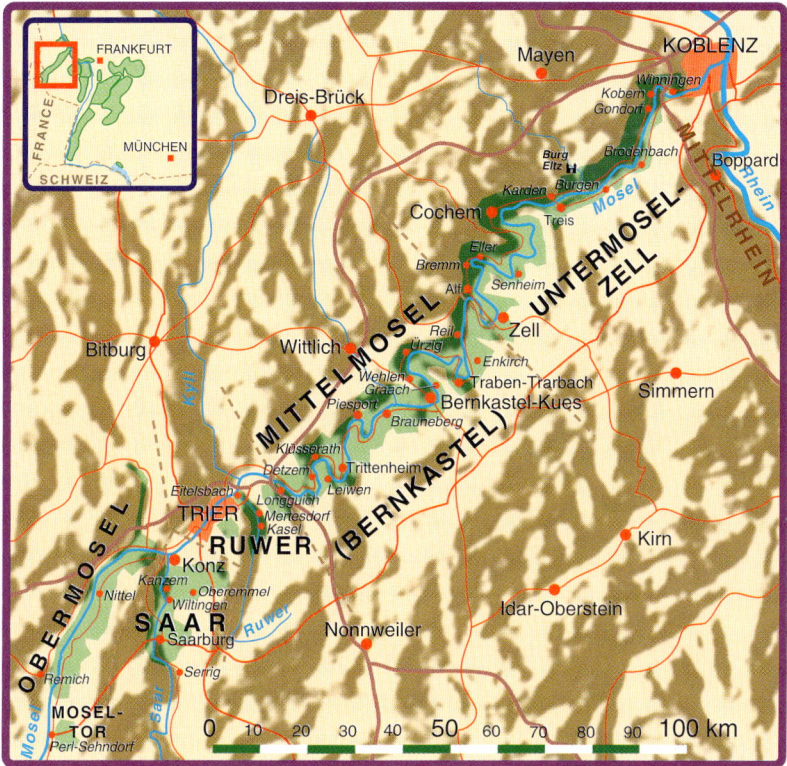

GESCHICHTE Schon zu Zeiten römischer Besatzung wurde hier Wein angebaut. Um 365 n.Chr. besang der römische Dichter Ausonius die „Mosella". Ende des 18. Jh. ordnete der Trierer Kurfürst Clemens Wenzeslaus an, es dürfe an der Mosel keine andere Rebsorte mehr als der Riesling angebaut werden. Der weitgehenden Beschränkung auf diese Rebsorte, die hier einmalige, nicht imitierbare Weine hervorbringt, verdankte das Anbaugebiet seinen geradezu legendären Ruf bis in die Mitte unseres Jahrhunderts.

GEOGRAPHIE Auf 238 Flusskilometern Länge beiderseits der Mosel sowie an den Ufern ihrer beiden Nebenflüsse Saar und Ruwer erstreckt sich das in fünf Bereiche unterteilte Weinbaugebiet: Obermosel, Mittelmosel-Bernkastel, Saar, Ruwer sowie Untermosel-Zell. 20 Großlagen und 507 Einzellagen. Die besten Weine stammen aus Saar, Ruwer und Bernkastel.

KLIMA Die Mosel reflektiert das Sonnenlicht, der Schiefer hält an den Steilhängen die Wärme bis in die Nacht hinein.

BODEN Magere Schieferböden an Steillagen.

WEINE So gut wie ausschließlich Weißwein; fruchtiger, von Säure geprägter Riesling mit feinem Duft. In großen Jahrgängen hervorragende Prädikats-Weine, meist mit feiner Süße.

REBSORTEN 54% Riesling, 22% Müller-Thurgau, 9% Elbling, knapp 8% Kerner, ferner andere Sorten wie Grauburgunder (Ruländer), Bacchus, Weißburgunder und Scheurebe. Rote: Spätburgunder u.a.

PRODUZENTEN Gut 10 000 Winzer, hauptsächlich kleinere Familienbetriebe. Einige 1 000 liefern ihre Trauben an drei große Zentralkellereien in Bernkastel.

REBFL/PROD Ca. 12 200 ha, etwa 980 000 hl/Jahr. Das Verhältnis Tafelwein/Qualitätswein variiert je nach Mostgewicht. 1993 erlangten 66% die QmP-Güte, 1995 nur 24%.

JAHRGÄNGE 1997, 96, 95, 94, 93, 92, 90, 89, 88, 85, 83, 79, 76, 75, 71.

WISSENSWERT Weitere Informationen: Mosel-Saar-Ruwer Wein, Gartenfeldstraße 12 A, D-54295 Trier. Tel. 0651-76621, 45967. Fax 0651-45443.

## Bereiche an Mosel-Saar-Ruwer

### Untermosel (Zell)

RUF  Hervorragende, aber auch einfachere Weine. Galt lange Zeit als Stiefkind der Mosel, wo der Riesling eher einen kräftig-erdigen Geschmack hat.

GEOGRAPHIE  Zwischen Zell und Koblenz, z.T. extreme Steillagen, aber auch Uferlagen.

WEINE  Ausschließlich Weißwein. Rassiger Riesling und blumig-milder Müller-Thurgau.

BODEN  Tonschiefer auf schwer verwitterbarem Quarzitschiefer und harte Grauwacke.

REBSORTEN  Ca. 65% Riesling, rund 20% Müller-Thurgau sowie Elbling und Kerner.

REBFL/PROD  Rund 2 000 ha, 108 hl/ha, ca. 220 000 hl/Jahr.

### Mittelmosel (Bernkastel)

RUF  Zahlreiche renommierte Weinorte und Lagen, aber auch Seitentäler und Lagen am Flussufer. Große Qualitätsunterschiede.

GEOGRAPHIE  Umfasst gut zwei Drittel des ganzen Gebietes und reicht von Pünderich bis Schweich.

WEINE  Nur Weißwein, vom rassigen Riesling mit kräftiger Säure bis zum blumigen, bukettbetonten Müller-Thurgau.

BODEN  Schieferbedeckte Steilhänge, sandig-kiesige Uferlagen, Braunerden auf den Höhen.

REBSORTEN  Ca. 60% Riesling, 25% Müller-Thurgau und Kerner.

REBFL/PROD  Etwa 7 500 ha, 850 000 hl/Jahr.

### Saar

RUF  Saar-Riesling, auch als Sekt, gilt unter Kennern als Geheimtipp. Renommierte Güter.

GEOGRAPHIE  An Steilhängen des Saartals von Serrig bis Konz und in Seitentälern.

WEINE  Ausschließlich Weißwein, rassiger Riesling mit stahliger Säure, duftender Müller-Thurgau.

BODEN  Tonschieferboden.

REBSORTEN  Ca. 70% Riesling, 20% Müller-Thurgau sowie Kerner.

REBFL/PROD  Rund 1 300 ha, 110 000 hl/Jahr.

### Ruwer

Die Ruwer-Weine sind vom Schiefer geprägt und haben einen eleganten, erdig-würzigen Charakter. Die Weine ähneln denen von der Saar. Etwa 500 ha, 40 000 hl/Jahr.

### Obermosel

Zwischen Palzem und Wasserliesch am rechten Moselufer (Oberlauf). Frische, herzhafte Kneipenweine mit Kern sowie Sektgrundwein. Ausschließlich Weißwein mit kräftiger, apfeliger Säure.

BODEN  Muschelkalk und Keuperböden.

REBSORTEN  86% Elbling, 7% Müller-Thurgau u.a.

REBFL/PROD  Rund 1 000 ha, 180 000 hl/Jahr.

*Die Mosel ringelt sich durch die hügelige Landschaft. Fast alle Südhänge werden für den Weinbau genutzt.*

DEUTSCHLAND • MOSEL-SAAR-RUWER

## JOH. JOS. CHRISTOFFEL ERBEN

GESCHICHTE  Das Weingut befindet sich seit rund 400 Jahren in Besitz der Familie und wird seit 120 Jahren unter dem jetzigen Namen geführt. Sein Sitz ist ein liebevoll restauriertes, 300

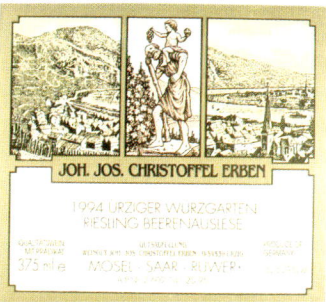

*Hier werden zumeist rassige, feinfruchtige und mineralische Riesling-Weine erzeugt.*

Jahre altes Fachwerkhaus. Wertvoll im Weinberg ist der große Bestand an knorrigen, wurzelechten Reben, die bis zu 50 Jahre alt sind. Seit 90 Jahren ist das Haus Mitglied in der qualitätsorientierten Vereinigung Bernkasteler Ring; seit einigen Jahren genießt es journalistische Anerkennung.
WEINE  Ungemein rassige, feinfruchtige, mineralische Weine; prägnante, angenehme Würze im Aroma.
RUF  Ein kleines, feines Gut, das seit etlichen Jahren großartige Weine erzeugt. Hat aber immer noch etwas Geheimtipp-Status.
LAGEN  Ürziger Würzgarten, Erdener Treppchen.
REBSORTEN  100% Riesling.
WEINHERSTELLUNG  Umweltschonender Weinbau im Steilhang, selektive Lese mit kleinen Erträgen; Ausbau im alten Gewölbekeller im traditionellen Holzfass, Spontangärung, Verzicht auf chemische Schönung, möglichst Erhaltung der natürlichen Kohlensäure; keine Süßreserve, dafür eigene Frucht; kaltsterile Abfüllung.
LAGERUNG  Weine mit sehr guten Reserven, auch im herben Bereich.
REBFL/PROD  9 ha, 5 000 Kisten/Jahr.

**Besitzer** Hans Leo Christoffel • **Kellermeister** Hans Leo Christoffel • **Besuch** Nach telefonischer Vereinbarung • **Adresse** Joh.Jos. Christoffel Erben, Schanzstraße 2, D-54539 Urzig • **Tel.** 06532-2176 • **Fax** 06532-1471

PRODUKTION    QUALITÄT    PREIS

## GRANS-FASSIAN

GESCHICHTE  Die Familie wurde 1624 erstmals urkundlich erwähnt; sie verwaltete damals die Güter der Trierer Reichsabtei St. Maximin. Peter Grans und Magdalena Fassian begründeten das Leiwener Gut, das unter dem heutigen Inhaber Gerhard Grans (der von Frau Doris unterstützt wird) einen steilen Aufstieg nahm. Seit Jahren gehört der Betrieb zu den besten deutschen Gütern. 1997 hat man im Nachbarort Trittenheim ein Gourmet-Restaurant eröffnet.
WEINE  Bevorzugt herbe oder edelsüße Weine mit ausgeprägter, pikanter Frucht und ungemein filigranem Säurespiel.
RUF  War schon früh in den 80er Jahren, als der Weinort Leiwen noch keinen sonderlich guten Ruf hatte, als ambitionierter Erzeuger bekannt. Gehört inzwischen zur Elite an der Mosel.
LAGEN  40% Steillagen in Leiwen, Trittenheim, Piesport, Kluesserath und Dhron.
REBSORTEN  90% Riesling, 10% Weißburgunder.
WEINHERSTELLUNG  Niedrige Erträge, se-

*Grans-Fassian war schon früher als ambitionierter Erzeuger bekannt. Gehört heute zur Elite an der Mosel.*

lektive Lese; schonende Verarbeitung der Trauben, möglichst Spontangärung bei kühlen Temperaturen; maximal eine Filtration. Keine Süßreserve.
LAGERUNG  Die herben Weine brauchen 2, 3 Jahre, bis sie sich gut öffnen, und bleiben dann länger stabil. Die edelsüßen Weine halten einige Jahrzehnte.
REBFL/PROD  9 ha, 5 500 Kisten/Jahr.

**Besitzer** Doris & Gerhard Grans • **Kellermeister** Gerhard Grans • **Besuch** Nach Vereinbarung • **Adresse** Grans-Fassian, Römerstraße 28, D-54340 Leiwen • **Tel.** 06507-3170 • **Fax** 06507-8167

PRODUKTION    QUALITÄT    PREIS

## Fritz Haag

GESCHICHTE  Bereits 1605 wurde der Dusemonder Hof erstmals urkundlich erwähnt. Damals, und noch weitere 320 Jahre, hieß Brauneberg auch noch Dusemond. Das Gut liegt etwas versteckt am Ortsrand mit Blick auf die Spitzenlagen Juffer-Sonnenuhr und Juffer.

*In den 90er Jahren hat Wilhelm Haag das alteingesessene Gut zu einem der besten Deutschlands gemacht.*

WEINE  Finessenreiche Prädikats-Weine mit betontem Lagencharakter, fruchtig und nuancenreich, aber auch mit deutlichen, feinen Schiefertönen. Die trockenen Weine, darunter ein säurebetonter, erfrischender Gutsriesling ohne Lagenangabe, zeigen ebenfalls exzellente Frucht.

RUF  1957 machte Wilhelm Haag erstmals selbständig Wein. In den letzten zehn Jahren hat er das alteingesessene Gut zu einem der besten Deutschlands gemacht. Spitzenweine erreichen bei Versteigerungen verdientermaßen hohe Preise.

LAGEN  Ausschließlich Steillagen-Weinbau, darunter einige Hektar in den „Filetstücken" von Juffer-Sonnenuhr und Juffer.

REBSORTEN  100% Riesling.

WEINHERSTELLUNG  Selektive Lese und schonende Verarbeitung. Ausbau je nach Weinqualität im Stahl- und/oder im Holzfass. Enorme Sorgfalt im Keller. Kein Zusatz von Süßreserve; nur Erhaltung der Süße aus den Trauben.

LAGERUNG  Spitzenweine unbegrenzt, Qualitätsweine drei bis fünf Jahre.

REBFL/PROD  7,5 ha, 6 600 Kisten/Jahr.

**Besitzer** Wilhelm Haag • **Kellermeister** Wilhelm Haag • **Besuch** Nach Vereinbarung • **Adresse** Fritz Haag, Dusemonder Str. 44, D-54472 Brauneberg • **Tel.** 06534-410 • **Fax** 06534-1347

PRODUKTION  QUALITÄT  PREIS

## Reinhold Haart

GESCHICHTE  Die Haarts sind die älteste Winzerfamilie in Piesport. Schon 1337 war ein Johannes Haart als Weinbergsbesitzer registriert. Bereits im 19. Jahrhundert wurde Wert auf die Angabe der Lage gelegt. Vor einigen Jahren wurde der Betrieb Mitglied im Mosel-VDP (Großer Ring); außerdem zählt er zur Gilde der „100 besten deutschen Güter" (DM).

WEINE  Sehr fruchtbetonte, elegante, saftige Weine mit gut integrierter Süße und ausgeprägten Aromen. Weine mit Restsüße werden bevorzugt, obwohl die trockenen Weine teilweise großartig sind.

*Reinhold Haart zählt zu den führenden Produzenten in Piesport. 80% der Weine werden exportiert.*

RUF  Zählt zu den besten Betrieben in Piesport.

LAGEN  Piesporter Goldtröpfchen, Domherr, Kreuzwingert (Lage im Alleinbesitz), Wintricher Ohligsberg.

REBSORTEN  100% Riesling.

WEINHERSTELLUNG  Selektive Lese; kühle Gärführung und schonender Ausbau zur Erhaltung der Frische und Frucht; Ausbau in Edelstahl und im Holzfass.

LAGERUNG  Die Weine sind zwar schon in der Jugend gut zugänglich, aber sie haben das Potenzial für etliche Jahre; die besten edelsüßen Gewächse können Jahrzehnte liegen.

REBFL/PROD  5,5 ha, 3 500 Kisten/Jahr.

**Besitzer** Theo Haart • **Kellermeister** Theo Haart • **Besuch** Mo-Sa nach Vereinbarung • **Adresse** Reinhold Haart, Ausoniusufer 18, D-54498 Piesport • **Tel.** 06507-2015 • **Fax** 06507-5909 • **E-Mail** weingut-haart@t-online.de

PRODUKTION  QUALITÄT  PREIS

## Heymann-Löwenstein

GESCHICHTE  1980 hatte der jugendliche Heißsporn Reinhard Löwenstein die Nase voll vom Studium der Landwirtschaft und begann in der Heimat mit Gattin Cornelia (geborene Heymann) mit Weinbau. Der Autodidakt praktiziert einen gelungenen Kompromiss zwischen ökologischem Weinbau und betriebswirtschaftlichen Notwendigkeiten. Er produziert auch betont herben, nervigen Sekt (unter anderem aus zugekauftem Elbling) nach klassischer Methode sowie aromatischen Trester (Marc) vom Riesling.

WEINE  Würzige, kraftvolle Weine ohne Schnörkel; mineralisch im Aroma, mit feinen Pfirsichnoten. Lassen den Charakter der Lagen gut erkennen. Auf Angabe der Prädikate wird verzichtet (Ausnahme: edelsüße Weine ab Auslese).

RUF  Betrieb gehört seit einigen Jahren zu den besten deutschen Gütern. Der wohl beste an der Untermosel.

LAGEN  Winninger Uhlen, Winninger Röttgen, Winninger Hamm, Winninger, Brückstück.

REBSORTEN  95% Riesling.

Der Betrieb gehört seit Jahren zu den besten deutschen Gütern. Der wohl beste an der Untermosel.

WEINHERSTELLUNG  Schonende Kelterung, langes Hefelager, voll durchgegoren (nur Zucker aus den Trauben bei edelsüß), keine Entsäuerung.

LAGERUNG  Die Besten mindestens 5 Jahre.

REBFL/PROD  9 ha, 5 000 Kisten/Jahr.

---

**Besitzer** Reinhard Löwenstein • **Kellermeister** Reinhard Löwenstein • **Besuch** Sa 10-16 und nach Vereinbarung • **Adresse** Heymann-Löwenstein, Bahnhofstr. 10, D-56333 Winningen • **Tel.** 02606-1919 • **Fax** 02606-1909 • **E-Mail** heymann-loewenstein@msn.com

PRODUKTION    QUALITÄT    PREIS

## Karp-Schreiber

GESCHICHTE  Seit 1664 ist Weinbau in der Familie verbürgt. Das Weingut galt in den letzten Jahrzehnten immer als einer der grundsoliden Betriebe an der Mittelmosel. Christian Karp-Schreiber, der 1991 verstarb, war in der Vereinigung Bernkasteler Ring mit seiner ambitionierten Einstellung als Vorsitzender ein Vorbild. Nach seinem Ableben ging es in der Familie bei der Verteilung des Erbes etwas turbulent zu. Erst 1994 kam es zu einer Einigung, und Sohn Alwin konnte das Gut offiziell übernehmen.

WEINE  Saftig-fruchtige Weine mit minerali-

Karp-Schreiber zählt zu den zuverlässigsten Produzenten im Bernkastel-Gebiet.

schen Noten und guter Dichte; edelsüßer Riesling mit ansprechendem Schmelz und stattlicher Länge. Die früher gelegentlich schwankende Qualität ist konstant geworden.

RUF  Nachdem der Betrieb von den Besitzverhältnissen her wieder auf einer soliden Basis steht, könnte er eine sehr gute Entwicklung vor sich haben. Die letzten Jahrgänge brachte einen großen Sprung nach vorn und Erfolge bei diversen Wettbewerben.

LAGEN  Brauneberger Juffer, Juffer-Sonnenuhr, Mandelgraben.

REBSORTEN  90 Riesling, 5% Müller-Thurgau, 5% Kerner.

WEINHERSTELLUNG  Integrierter Anbau; selektive, späte Lese; Ausbau im Holzfass.

LAGERUNG  Herbe Weine haben Substanz für mehrere Jahre, edelsüße können Jahrzehnte liegen.

REBFL/PROD  6 ha, 3 000 Kisten/Jahr.

---

**Besitzer** Alwin Karp • **Kellermeister** Alwin Karp • **Besuch** Nach Vereinbarung • **Adresse** Karp-Schreiber, Moselweinstr. 186, D-54472 Brauneberg • **Tel.** 06534-236 • **Fax** 06534-790

PRODUKTION    QUALITÄT    PREIS

DEUTSCHLAND • MOSEL-SAAR-RUWER

## KARTHÄUSERHOF

GESCHICHTE  Das Weingut gehörte früher dem Karthäuser-Orden (ab 1335). Nach der Säkularisation erwarb die Fam. Rautenstrauch den Betrieb (1811). In der vorletzten Generation führ-

*Der Karthäuserhof erzeugt temperamentvolle Weine. Christoph Tyrell hat den guten Ruf wiederhergestellt.*

te der ehemalige Präsident des Deutschen Weinbauverbandes, Werner Tyrell, das Unternehmen, ehe er recht leichtfertigen Etikettenschwindel betrieb. Es kam zum Urknall und der Übernahme durch Sohn Christoph Tyrell (1986), der es mit gewaltigem Aufwand und Unterstützung durch den ambitionierten Kellermeister Breiling schaffte, den Karren wieder aus dem Dreck zu ziehen. Die früheren Einzellagen wurden zusammengelegt. Heute werden bessere Weine als je zuvor erzeugt.

WEINE  Meist schlanke, verspielte Riesling-Weine mit prononcierter, nicht aggressiver Weinsäure und prickelnder Kohlensäure. Zunehmend auch edelsüße Spitzenweine von starker Konzentration (Auslesen, Beerenauslesen).

RUF  War stark lädiert. Ist jedoch rehabilitiert und wurde wieder ehrenvoll in den Mosel-VDP (Großer Ring) aufgenommen.

LAGEN  Eitelsbacher Karthäuserhofberg.
REBSORTEN  95% Riesl, 5% Weißburgunder.
WEINHERSTELLUNG  Selektive Lese, gezügelte Gärung; Ausbau meist in Holz und Edelstahl.

LAGERUNG  Sehr gut lagerfähige Weine; die jungen sollten 2, 3 Jahre liegen, damit sie etwas Säure und Kohlensäure abbauen. Auslesen und höhere Prädikate sind Jahrzehnte haltbar.

REBFL/PROD  19 ha, 10-15 000 Kisten/Jahr.

**Besitzer** Cristoph Tyrell • **Kellermeister** Ludwig Breiling • **Besuch** Mo-Fr 8-12, 13-17 nach Vereinbarung • **Adresse** Karthäuserhof, D-54292 Eitelsbach • **Tel.** 0651-5121 • **Fax** 0651-53557

PRODUKTION    QUALITÄT    PREIS

## HERIBERT KERPEN

GESCHICHTE  Seit sieben Generationen betreibt die Familie Weinbau. In dem Jugendstilhaus an der Mosel wirkte lange die Lehrerin Hanne Kerpen, die der Doppelbelastung aber gut standhielt und ihrem Sohn Martin einen funktionierenden Betrieb übergeben konnte. Dieser gehört seit Jahren zu den besten Gütern Deutschlands und ist eines der Aushängeschilder im Verein „Bernkasteler Ring".

WEINE  Rassige, bevorzugt herbe Weine mit feiner Frucht und manchmal stahliger, aber feiner Note.

RUF  Gilt als eines der besten unter den vielen guten Gütern in Wehlen. Der Besitz in Toplagen wird gut genutzt.

LAGEN  Wehlener Sonnenuhr, Graacher Himmelreich, Dompropst, Bernkasteler Badstube, Bratenhöfchen.

REBSORTEN  100% Riesling.

WEINHERSTELLUNG  Viele wurzelechte Altanlagen, in denen geringer Anschnitt gepflegt wird, um hohe Qualität zu erreichen; mehrmalige

*Seit sieben Generationen betreibt die Familie Weinbau. Ihr Gut gehört zu den besten Deutschlands.*

Selektion bei der Lese, schonender Ausbau in traditionellen Holzfässern, nur zweimalige Filtration.

LAGERUNG  Auch die herben Weine können einige Jahre sehr gut gelagert werden; dabei bauen sie die in der Jugend manchmal scharfe Säure ab. Edelsüße Weine sind über Jahrzehnte haltbar.

REBFL/PROD  5 ha, 4 000 Kisten/Jahr.

**Besitzer** Martin Kerpen • **Kellermeister** Martin Kerpen • **Besuch** Nach telefonischer Vereinbarung • **Adresse** Heribert Kerpen, Uferallee 6, D-54470 Wehlen • **Tel.** 06531-6868 • **Fax** 06531-3464 • **Homepage** www.vinonet.com/kerpen

PRODUKTION    QUALITÄT    PREIS

DEUTSCHLAND • MOSEL-SAAR-RUWER

## REICHSGRAF VON KESSELSTATT

GESCHICHTE 1349 wurde der Name Kesselstatt erstmals urkundlich erwähnt. Besondere Akzente setzte Johann Hugo Casimir Reichsgraf von Kesselstatt, der vor gut 200 Jahren einen berühmten Erlass von Kurfürst Clemens Wenzeslaus durchzusetzen hatte und dafür sorgte, dass min-

*Durch beharrliche Arbeit und modernste Technik wurde der Ruf als Spitzengut mit Tradition zurückerobert.*

derwertige Sorten ausgehackt und durch edlen Riesling ersetzt wurden. 1978 übernahm der Unternehmer Günther Reh das Gut, zum Entsetzen vieler Moselaner. Denn sein Geld hatte er mit Billigsekt (Marke „Faber") und preiswertem Wein gemacht. Aber Reh brachte den nicht mehr zeitgemäßen Betrieb durch Investitionen auf geraden Kurs.

WEINE Schlanker, verspielter Riesling aus den drei Regionen Mittelmosel, Saar und Ruwer. Typisch ist die ausgeprägte, saftige Frucht. Edelsüße Weine sind sehr konzentriert und lang.

RUF Hat sich den Ruf als Spitzengut mit Tradition durch beharrliche Arbeit (Betriebsleiter Keiper) und moderne Technik zurückerobert.

LAGEN U.a. Josephshöfer, Dhroner Häs'chen, Neumagener Sonnenuhr, Scharzhofberger, Bernkasteler Doctor, Kaseler Nieschen.

REBSORTEN 100% Riesling.

WEINHERSTELLUNG Möglichst niedrige Erträge, selektive Lese; schonende Verarbeitung, gezügelte Spontangärung; Ausbau fast nur im Stahl.

LAGERUNG Die Weine bleiben auch in den einfacheren Qualitäten durch ihre gute Säurestruktur und Kohlensäure länger frisch. Edelsüße Spitzen sind etliche Jahrzehnte in Form.

REBFL/PROD 57 ha, 30 000 Kisten/Jahr.

**Besitzer** Günther Reh • **Kellermeister** Bernward Keiper • **Besuch** Nach telefonischer Vereinbarung • **Adresse** Reichsgraf von Kesselstatt, Liebfrauenstr. 9-10, D-54290 Trier • **Tel.** 0651-75101 • **Fax** 0651-73316 • **Homepage** www.vinonet.com/kesselstatt

PRODUKTION   QUALITÄT   PREIS

## DR. LOOSEN

GESCHICHTE Die Familie Loosen betreibt seit vielen Generationen Weinbau. Dass Ernst Loosen trotz eines Studiums für Weinbau und Getränketechnologie den Betrieb übernehmen würde, war nicht selbstverständlich. Dem Fachstudium schloss er noch einige Semester in Vor- und Frühgeschichte an, brach dann aber wegen einer Krankheit des Vaters ab und übernahm 1984 die Verantwortung und 1988 die alleinige Betriebsführung. Das führte zur Zäsur und einem großen Qualitätsaufschwung.

WEINE Enorm fruchtige, pikante Weine mit ausdrucksstarken Aromen, geschliffener Säure

*Mit Ehrgeiz und Experimentierfreudigkeit hat Dr. Loosen mehrere neue Weine geschaffen.*

und hohen Extraktwerten. Eine originelle Spezialität ist der Müller-Thurgau (Rivaner) aus Öko-Anbau, mit Lager in Barriques.

RUF Im Ausland seit vielen Jahren bekannt, seit gut 5 Jahren auch in Deutschland als Senkrechtstarter populär. Gehört zur Elite der deutschen Güter und ist Mitglied im Großen Ring (Mosel-VDP).

LAGEN Bernkasteler Lay, Graacher Himmelreich, Wehlener Sonnenuhr, Ürziger Würzgarten, Erdener Treppchen, Prälat.

REBSORTEN 100% Riesling.

WEINHERSTELLUNG Extreme Ertragsreduzierung aus teilweise bis zu 100 Jahre alten, wurzelechten Reben; schonende Kelterung, langsame Spontanvergärung; keine Schönung u. Süßreserve.

LAGERUNG Vor allem die edelsüßen Spitzenweine haben eine fast unbegrenzte Haltbarkeit.

REBFL/PROD 12 ha, 7 000 Kisten/Jahr.

**Besitzer** Ernst F. Loosen • **Kellermeister** Bernhard Schug • **Besuch** Nach Vereinbarung • **Adresse** Dr. Loosen, St. Johannishof, D-54470 Bernkastel • **Tel.** 06531-3426 • **Fax** 06531-4248 • **E-Mail** dr.loosen@t-online.de • **Homepage** www.home.t-online.de/home/dr.loosen

PRODUKTION   QUALITÄT   PREIS

## Egon Müller-Scharzhof

GESCHICHTE Ursprünglich war das malerisch-romantisch anmutende Gut außerhalb von Wiltingen in klösterlichem Besitz und wurde dann Ende des 18. Jh. nach der Säkularisation von einem Vorfahren des heutigen Besitzers ersteigert. Nach Erbteilung und teilweisem Rückkauf durch den Großvater kam der Betrieb 1945 an Egon Müller, heute der „große, alte Mann" des Saarweinbaus. Vor einigen Jahren übernahm der Sohn, ebenfalls mit Namen Egon, das Gut, ohne dass deshalb in der Qualität ein Einschnitt erfolgt wäre. Der Betrieb betreut auch das gepachtete Gut Le Gallais in Kanzem.

WEINE Spezialität sind die edelsüßen Prädikate ab Auslese aufwärts. Die Weine sind Konzentrate mit fast explosiver Süße und enormem Spiel. Kaum jemand in Deutschland macht sie auf Dauer besser. Dagegen sind die Kabinettweine und Spätlesen sowie die trockenen Weine meist nicht mehr als braver Durchschnitt.

RUF Hat einen großartigen Ruf für edelsüße Spitzenweine. Diese Gewächse erzielen auf Ver-

*Egon Müller mit seinen kompromisslosen Qualitätsbedingungen gehört zu den besten deutschen Erzeugern.*

steigerungen stets Höchstpreise von oft deutlich mehr als 1 000 Mark für eine Flasche Jungwein!

LAGEN Scharzhofberg (allein 7 ha in dieser Toplage), Wiltinger Braunfels, Klosterberg.

REBSORTEN 100% Riesling.

WEINHERSTELLUNG Viel Sorgfalt bei der Lese, schonende Verarbeitung mit spontaner Gärung; Ausbau in traditionellen Holzfässern.

LAGERUNG Edelsüße Weine fast unsterblich.

REBFL/PROD 8 ha, 4 000 Kisten/Jahr.

**Besitzer** Egon Müller • **Kellermeister** Horst Frank • **Besuch** Nur nach Vereinbarung • **Adresse** Egon Müller-Scharzhof, Scharzhof, D-54459 Wiltingen • **Tel.** 06501-17232 • **Fax** 06501-150263

PRODUKTION  QUALITÄT  PREIS

## S.A. Prüm

GESCHICHTE Die Familie Prüm wurde bereits im 12. Jh. urkundlich erwähnt. Durch Erbteilung entstanden eine Reihe von Betrieben, in denen der Name Prüm auftaucht. S.A. steht hier für Sebastian Aloys Prüm, der 1911 einer von sieben Erben war und mit seinem Teil ein stattliches Gut aufbaute. Enkel Raimund hatte in den letzten Jahren, wie viele Winzer an der Mosel, Schwierigkeiten, den Bestand zu sichern. Durch starkes finanzielles Engagement der Bernkasteler Ärztin Dr. Renate Willkomm kam das Gut wieder in ruhiges Fahrwasser und knüpfte schnell wieder an die frühere Spitzenleistung an.

*Das „S.A." steht für Sebastian Aloys Prüm, der 1911 durch Erbteilung ein stattliches Gut aufbaute.*

WEINE Stahlige, saftige Riesling-Weine mit prononcierter Säure im bevorzugten herben Bereich; edelsüße Weine mit Spiel und Eleganz.

RUF Hatte einen sehr guten Ruf, kam dann ins Gerede, präsentiert sich aber seit zwei Jahren wieder im alten Glanz.

LAGEN Ausschließlich Steillagen in Wehlen, Graach, Bernkastel, Zeltingen und Lieser.

REBSORTEN 90% Riesling, Weißburgunder 10%.

WEINHERSTELLUNG Großer Anteil alter, wurzelechter Reben in den Steillagen, die für Extrakt sorgen; selektive Lese; Ganztraubenpressung, langes Hefelager, individuelle Gärungsunterbrechung zum Erhalt eigener Süße.

LAGERUNG Herbe Weine brauchen 2, 3 Jahre zur Entfaltung; edelsüßer Riesling kann Jahrzehnte liegen.

REBFL/PROD 11 ha, 9 000 Kisten/Jahr.

**Besitzer** Raimund Prüm • **Kellermeister** Raimund Prüm • **Besuch** Mo-Fr 10-18, Sa 10-16 • **Adresse** S.A. Prüm, Uferallee 25-26, D-54470 Wehlen • **Tel.** 06531-3110 • **Fax** 0651-8555 • **E-Mail** s.a.pruem@t-online.de • **Homepage** www.vinon-et.com/s.a.pruem

PRODUKTION  QUALITÄT  PREIS

## JOH. JOS. PRÜM

GESCHICHTE Die Prüms schrieben in Wehlen Weingeschichte. Dieser Betrieb entstand, wie einige andere mit diesem Namen, 1911 durch eine Erbteilung. Hausherr Dr. Manfred Prüm, der ei-

*Die Spezialität des Hauses, edelsüße Prädikatsweine, erzielen bei Versteigerungen stets Höchstpreise.*

gentlich Rechtsanwalt werden wollte, hat das Gut prominent gemacht. Erzielt bei Versteigerungen stets Höchstpreise für Auslesen und Beerenauslesen.
WEINE Edelsüße Weine mit pikanter Frucht und filigraner Säure sind die große Stärke; ihre Qualität beginnen sie oft erst nach gut 10 Jahren allmählich zu entfalten. QbA-Weine werden unter der Bezeichnung Dr. M. Prüm verkauft.
RUF Gilt als einer der absoluten Topbetriebe an der Mosel.
LAGEN Wehlener Sonnenuhr, Graacher Himmelreich, Zeltinger Himmelreich.
REBSORTEN 100% Riesling.
WEINHERSTELLUNG Mittlere Erträge von Schiefer-Steillagen; gezügelte Gärung mit ausgiebigerem, bei Jungweinen im Aroma spürbarem Hefelager. Erhaltung von Restsüße durch Abstich. Langer Ausbau meist im traditionellen Holzfass, späte Abfüllung, Flaschenreife. Bringt Weine meist 1, 2 Jahre nach den Kollegen ins Angebot.
LAGERUNG Edelsüße Weine sind extrem lang lagerfähig; auch einfacherer, fruchtiger Riesling kann 15, 20 Jahre stabil bleiben.
REBFL/PROD 14 ha, 10 000 Kisten/Jahr.

**Besitzer** Dr. Manfred & Wolfgang Prüm • **Kellermeister** Dr. Manfred Prüm • **Besuch** Mo-Fr 8-16 und nach Vereinbarung • **Adresse** Joh.Jos. Prüm, Uferallee 19, D-54470 Bernkastel-Wehlen • **Tel.** 06531/3091 • **Fax** 06531-6071

PRODUKTION    QUALITÄT    PREIS

## ST. URBANSHOF

GESCHICHTE Erst 1947 wurde das Weingut von Nicolaus Weis gegründet. Gleichzeitig baute er eine Rebschule auf, die heute zu den beiden größten in Deutschland zählt und mit ihrer positiven Entwicklung auch den Aufstieg des Weinguts ermöglichte. Die Qualitätsprinzipien des später zum Ökonomierat ernannten Nicolaus Weis übernahm Sohn Hermann, der seit 1971 den Betrieb leitet und ihn erheblich erweiterte. U.a. kamen Lagen an der Saar hinzu. Viele nationale und internationale Preise wurden gewonnen.
WEINE Mineralstoffreiche, hochelegante, bevorzugt herbe oder edelsüße Weine sind die große Stärke des Hauses. Beeindruckend ist die gleichmäßige Qualität des Sortiments.
RUF Schon lange gut, aber in den letzten Jahren förmlich ein Senkrechtstarter. Das war auch ein Verdienst des langjährigen Kellermeisters Adolf Hoffmann, dessen Sohn Rudolf in der Nachfolge (seit 1989) die Qualität nochmals steigerte.
LAGEN Piesporter Goldtröpfchen, Ockfener

*Die Stärke des Hauses sind mineralstoffreiche, hochelegante, meist herbe oder edelsüße Weine.*

Bockstein, Wiltinger Schlangengraben, Scharzberg, Klüssrather Bruderschaft, Thörnicher Ritsch.
REBSORTEN 90% Riesling, 5% Chard u.a.
WEINHERSTELLUNG Umweltschonender Anbau; niedrige Erträge; gezügelte Gärung im Edelstahl; individ. Ausbau im Fuderfass oder Stahl.
LAGERUNG Herbe Weine bis zu 10 J. gut in Form, edelsüße Weine können Jahrzehnte liegen.
REBFL/PROD 38 ha, rund 20 000 Kisten/Jahr.

**Besitzer** Fam. Hermann Weis • **Kellermeister** Rudi Hoffmann • **Besuch** Mo-Fr 8-18 • **Adresse** St. Urbanshof, Urbanusstraße 16, D-54340 Leiwen • **Tel.** 6507-93770 • **Fax** 6507-937730 • **E-Mail** st.urbans-hof@t-online.de

PRODUKTION    QUALITÄT    PREIS

DEUTSCHLAND • MOSEL-SAAR-RUWER

## MAXIMIN GRÜNHAUS

GESCHICHTE  Die Carl von Schubert'sche Gutsverwaltung, wie sie früher genannt wurde, liegt am Fuße eines Südhangs auf der linken Ruwerseite. Der Betrieb wird erstmals 1966 urkundlich erwähnt. Der Urgroßvater des heutigen Besitzers erwarb das Weingut 1882.

*Maximin Grünhaus ist für klassische Ruwer-Weine bekannt, die auch international angesehen sind.*

WEINE  Sehr gute, elegante Weine mit lebhafter Säure, die mit einer feinen Süße abgerundet werden. Man erreicht bei Auktionen stets Spitzenpreise.
RUF  Carl von Schubert stieg von süßen Weinen um auf charaktervolle, fruchtige Riesling-Weine.
LAGEN  Maximin Grünhäuser Bruderberg (1 ha), Maximin Grünhäuser Herrenberg (19 ha), Maximin Grünhäuser Abtsberg (14 ha).
REBSORTEN  95% Riesling sowie Müller-Thurgau und Kerner.
WEINHERSTELLUNG  Biologischer Anbau mit selektiver Lese mit reduzierten Erträgen. Schonende Kelterung mit Spontanvergärung meist im Moselfuder (1 000 l). Teilweise kontrollierte Vergärung im Drucktank bei 8 °C und ohne Beigabe von Zuchthefe. Lange Fass- und Flaschenlagerung.
LAGERUNG  Die besten Riesling-Weine können mindestens 6-8 Jahre gelagert werden.
REBFL/PROD  34 ha, 22 000 Kisten/Jahr.

---

**Besitzer** Dr. Carl von Schubert • **Kellermeister** Alfons Heinrich • **Besuch** Mo-Fr 8-12, 13-16.30 • **Adresse** Maximin Grünhaus, Gutsverwaltung C.v. Schubert, Grünhaus, D-54318 Mertesdorf • **Tel.** 0651-5111 • **Fax** 0651-52122

PRODUKTION    QUALITÄT    PREIS

## SELBACH-OSTER

GESCHICHTE  Weinbau ist in der Familie seit 1661 dokumentiert. Über Jahrzehnte war das Gut Teil der Kellerei J. & H. Selbach, ehe es Hans Selbach, der Senior, als eigenständigen Betrieb herauslöste. 1993 wurde der Besitz auf Sohn Johannes, der 1989 nach längerem Amerika-Aufenthalt in den Schoß der Familie zurückgekehrt war, überschrieben.
WEINE  Kräftige, betont herbe, ungeschminkte Riesling-Weine, ebenso edelsüße Gewächse mit Rasse und pikanter Frucht.
RUF  Im Exportgeschäft seit vielen Jahren gut eingeführt. In den letzten Jahren erlebte der Be-

*Das Gut erlebte durch den gemeinsamen Ehrgeiz von Vater und Sohn einen Aufschwung.*

trieb durch den gemeinsamen Ehrgeiz und die Gründlichkeit von Vater und Sohn auch einen qualitativen Aufschwung.
LAGEN  Zeltinger Sonnenuhr, Schlossberg, Himmelreich, Bernkasteler Schlossberg, Lay, Bratenhöfchen, Matheisbildchen, Wehlener Sonnenuhr, Klosterberg, Gracher Domprobst, Himmelreich.
REBSORTEN  100% Riesling.
WEINHERSTELLUNG  Ertragsreduzierender Anschnitt, gezielte, organische Düngung; selektive Lese, schonende Verarbeitung des Traubenguts, Mostvorklärung durch Absitzenlassen, Spontanvergärung (kalt), minimale Eingriffe, langes Hefelager.
LAGERUNG  Weine mit dem Potenzial für Jahrzehnte bei den Spitzen, die herben Tropfen 5, 6 Jahre.
REBFL/PROD  11 ha, ca. 6 700 Kisten/Jahr.

---

**Besitzer** Johannes Selbach • **Kellermeister** R. Schäfer • **Besuch** Nach Vereinbarung • **Adresse** Selbach-Oster, Uferallee 23, D-54492 Zeltingen • **Tel.** 06532-2081 • **Fax** 06532-4014 • **E-Mail** selbach.zeltinger@t-online.de • **Homepage** www.vinonet.com/selbach

PRODUKTION    QUALITÄT    PREIS

## STUDERT-PRÜM

GESCHICHTE Der Weinbergbesitz der Familie Studert ist über zwölf Generationen urkundlich belegt. 1805 erwarb man den Wehlener Besitz der Trierer Abtei St. Maximin. Der Doppelname entstand durch die Heirat des heutigen Seniors, Stephan Studert, mit einer Tochter von Peter Prüm (Bruder von Joh.Jos. Prüm).

WEINE In den achtziger Jahren hatte das Gut mal einen „Durchhänger" mit schwächeren Weinen. Inzwischen wird das Potenzial der sehr guten Lagen wieder besser ausgeschöpft. Die Riesling-Weine sind fruchtig, gehaltvoll, mit gut integrierter Süße bei den lieblichen Weinen. Auch ein guter Sekt wird erzeugt.

RUF Gefestigt. Gilt als zuverlässiges Haus mit lagerfähigem Riesling.

LAGEN Steillagen, u.a. Wehlener Sonnenuhr, Graacher Himmelreich, Bernkasteler Graben, Badstube, Zeltinger Schlossberg.

REBSORTEN 95% Riesling.

WEINHERSTELLUNG Selektive Lese und niedrige Erträge. Traditioneller Holzfassausbau in

Studert-Prüms Maximinhof erzeugt typische Riesling-Weine von Steillagen bei Wehlen.

Kombination mit moderner Kellerwirtschaft (klimatisierter Keller, schonende Pressung und Filtration).

LAGERUNG Normaler Riesling 6-10 Jahre, Spitzenweine 30 Jahre und länger.

REBFL/PROD 5 ha, ca. 4 000 Kisten/Jahr.

## DR. FRIEDRICH TEIWES

GESCHICHTE 1979 kaufte sich der Trierer Facharzt Friedrich Teiwes das fast 200 Jahre alte Kanzemer Schlösschen und brachte die dazugehörige, aber in Vergessenheit geratene Toplage „Hörecker" einige Jahre später wieder in Schuss. Der Mediziner (Internist, Kardiologe) wurde im Nebenberuf zum Winzer aus Leidenschaft. Anfangs wurde er in der Umgebung noch belächelt, inzwischen zieren seine Weine die Karten von Spitzengastronomen und die Listen von führenden Fachhändlern.

WEINE Riesling mit bestechendem Säureschliff

Dr. Friedrich Teiwes ist berühmt für seine trockenen, eleganten Saar-Weine.

und Rasse, stets betont herb, allenfalls mit Fruchtsüße aus den Trauben durch nicht vollständige Vergärung. Herbes Vorbild für die oftmals grasigen Saarweine anderer Betriebe. Wein stammt überwiegend von alten, wurzelechten Reben (teilweise über 50 Jahre alt).

RUF Weine sind in Kennerkreisen begehrt, werden nur in geringen Mengen abgegeben.

LAGEN Canzemer Hörecker (im Alleinbesitz).

REBSORTEN 100% Riesling.

WEINHERSTELLUNG Extreme Ertragsbegrenzung, vorsichtige, sehr schonende Verarbeitung, temperaturgesteuerte Spontangärung, später Abstich, weiterer Ausbau im Eichenfuderfass.

LAGERUNG 15 Jahre; 90er jetzt noch taufrisch.

REBFL/PROD 0,6 ha ca. 340 Kisten/Jahr.

---

**Besitzer** Stefan & Gerhard Studert • **Kellermeister** Stefan & Gerhard Studert • **Besuch** Mo-Sa 8-19 • **Adresse** Studert-Prüm, Maximinhof, D-54470 Bernkastel-Wehlen • **Tel.** 06531-2487 • **Fax** 06531-3920

PRODUKTION  QUALITÄT  PREIS

**Besitzer** Friedrich Teiwes • **Kellermeister** Johann Pfeiffer • **Besuch** Nach Vereinbarung • **Adresse** Dr. Friedrich Teiwes, Kirchstraße 11, D-54441 Kanzem/Saar • **Tel.** 0651-92720 • **Fax** 06501-927220

PRODUKTION  QUALITÄT  PREIS

## WWE. DR. H. THANISCH

GESCHICHTE Weinbau wird in der Familie seit 1636 betrieben. Berühmt wurde das Gut durch seinen größeren Besitz in der Toplage Bernkasteler Doctor (höchster Einheitswert Deutsch-

*Berühmt wurde das Gut durch seinen größeren Besitz in der Toplage Bernkasteler Doctor.*

lands), deren Potenzial über lange Zeit nicht ausgeschöpft wurde. Erst in den letzten 7, 8 Jahren ging es erkennbar aufwärts; wie sich ein Kellermeisterwechsel 1994 auswirken wird, bleibt abzuwarten. In der 4. Generation wird das Gut im Übrigen von einer Frau geführt; Sofia Spier hat zuletzt für frischen Wind gesorgt.

WEINE Saftiger, feinfruchtiger Riesling; früher fast ausschließlich für den Export lieblich. Neuerdings auch ein größerer Anteil herber Weine mit knackiger Säure.

RUF Heute hat man vor allem für die trockenen Weine auf hohem Niveau einen guten Ruf.

LAGEN Ausschließlich Steillagen. Bernkasteler Doctor (1 ha), Badstube, Graben Lay und Schlossberg in Bernkastel, Brauneberger Juffer-Sonnenuhr.

REBSORTEN 100% Riesling.

WEINHERSTELLUNG Selektive Handlese. Schnelle und schonende Kelterung, individueller Ausbau in kleinen Gebinden, hauptsächlich im traditionellen Holzfass.

LAGERUNG Die fruchtigen Weine haben ein ausgezeichnetes Lagerpotenzial über etliche Jahre.

REBFL/PROD 6,5 ha, 6 000 Kisten/Jahr.

**Besitzer** Sofia Thanish-Spier • **Kellermeister** Olaf Kaufmann • **Besuch** Nach Vereinbarung
• **Adresse** WWE. DR. H. Thanisch, Saarallee 31, D-54470 Bernkastel-Kues • **Tel.** 06531-2282
• **Fax** 06531-2226

PRODUKTION QUALITÄT PREIS

## WEITERE PRODUZENTEN

### ERNST CLÜSSERATH

Die Familie Clüsserath betreibt in der 6. Generation Weinbau. Herb wird bevorzugt; die Weine feinfruchtig, haben eine lebhafte Säure und gute Extraktwerte. Im edelsüßen Bereich haben sie Saft und Schmelz. LAGEN Trittenheimer Altärchen, Apotheke. FAKTEN 3 ha, ca. 2 000 Kisten/Jahr.

• **Besitzer:** Ernst Clüsserath **Kellermeister:** Ernst Clüsserath **Besuch:** Nach Vereinb. **Adresse:** Moselweinstr. 67, D-54349 Trittenheim. **Tel.** 06507-2607. **Fax** -6607.

### CLÜSSERATH-WEILER

Man lag mehrfach bei nationalen und internationalen Wettbewerben mit Riesling in vorderster Front. Meist schlanke, fruchtbetonte Weine mit feiner, nicht aggressiver Säure; herb ist die bevorzugte Geschmacksrichtung. LAGEN Trittenheimer Apotheke u.a. FAKTEN 4,5 ha, 3 000 K./J.

• **Besitzer:** Hilde & Helmut Clüsserath **Kellermeister:** Helmut Clüsserath **Besuch:** Nach Vereinbarung. **Adresse:** Haus an der Brücke, D-54349 Trittenheim. **Tel.** 06507-5011. **Fax** 06507-5605.

### FALKENSTEINER HOF

Betont herbe, knackige, schnörkellose Riesling-Weine ohne jede Süße. Auch beim Spätburgunder zeigt Weber gute Ansätze. Man legt Wert auf niedrige Erträge und ökologischen Weinbau. LAGEN Falkensteiner Hofberg, Niedermenniger Sonnenberg u.a. FAKTEN 5 ha, ca. 2 000 Kisten/Jahr. 90% Riesling, 10% Spätburgunder.

• **Besitzer:** Erich & Marita Weber **Kellermeister:** Erich Weber **Besuch:** Nach Vereinbarung. **Adresse:** D-54329 Konz-Niedermennig. **Tel.** 06501-6255.

### REINHOLD FRANZEN

Mit der Übernahme des Betriebs durch den jungen Ulrich Franzen kam der Erfolg. Er entsagte dem lieblichen Riesling, wagte sich an die neue Sorte Weißburgunder, pflanzte Spätburgunder an und forcierte den Elbling. Schnörkellose, betont herbe, durchgegorene Weine mit Stoff und rassiger Säure. LAGEN U.a. Bremmer Calmont, Abtei Klosterstuben. FAKTEN 4 ha, ca. 4 000 Kisten/J.

• **Besitzer:** Ulrich Franzen **Kellermeister:** Ulrich Franzen **Besuch:** Nach Vereinbarung. **Adresse:** Gartenstr. 14, D-56814 Bremm. **Tel.** 02675-412. **Fax** 02675-1655.

### VON HÖVEL

Früher gehörte das Weingut zum Kloster St. Maximin. Schlanke, stahlige, herbe Weißweine mit betonter Säure, aber auch fruchtbetonte, nicht voll ausgeborene Weine und pikante edelsüße Gewächse. Herzhafter Gutsriesling „Balduin von Hövel". LAGEN U.a. Oberemmeler Hütte (Alleinbesitz). FAKTEN 10 ha, ca. 5 000 Kisten/J.

• **Besitzer:** Eberhard von Kunow **Kellermeister:** Hermann Jäger **Besuch:** Nach Vereinb. **Adresse:** Agritiusstr. 5-6, D-54329 Oberemmel. **Tel.** 06501-15384. **Fax** -18498.

## Weitere Produzenten an Mosel-Saar-Ruwer

### Jordan & Jordan

Das Weingut gehörte früher den luxemburgischen Jesuiten und dann der Familie van Volxem. Peter H. Jordan hat schon in kurzer Zeit viel bewegt und verändert (mehr herb). Schlanke, saartypische, feinfruchtige Riesling-Weine mit filigraner Säure. Der Weißburgunder wird teilweise in Barriques ausgebaut (Sarrique genannt). LAGEN U.a. Scharzhofberger, Ockfener Bockstein, Wiltinger Gottesfuß. FAKTEN 15 ha, 7 500 K./J.

• **Besitzer:** Peter H. Jordan **Kellermeister:** Christian Klein **Besuch:** Mo-Fr 9-17, Sa 10-16, nach Voranmeldung. **Adresse:** Dehenstraße 2, D-54459 Wiltingen. **Tel.** 06501-16510. **Fax** 06501-13106.

### Karlsmühle Peter Geiben

Seit rund 200 Jahren betreiben die Geibens Weinbau. Schlanke, zarte Riesling-Weine mit ausgeprägter, aber durch guten Extrakt abgepufferter Säure. Schöne, fruchtige Aromen. Relativ hoher Anteil an herben Weinen. LAGEN Lorenzhöfer Felslay, Mäuerchen, Kaseler Nies'chen, Kehrnagel. FAKTEN 12 ha, ca. 5 500 Kisten/Jahr.

• **Besitzer:** Fam. Geiben **Kellermeister:** Peter Geiben **Besuch:** Mo-Fr 8-22, Sa/So 8-20. **Adresse:** Im Mühlengrund 1, D-54318 Mertesdorf. **Tel.** 0651-5123. **Fax** -52016.

### Kees-Kieren

In der Familie wird seit mehr als 200 Jahren Weinbau betrieben. Bei einigen Wettbewerben platzierte sich der Betrieb gut. Schlanke, rassige Weine mit prononcierter Säure. Selbst die beiden „Nebensorten" Kerner und Müller-Thurgau haben Schliff. LAGEN Graacher Himmelreich, Domprobst, Kinheimer Rosenberg, Hubertuslay u.a. FAKTEN 4,5 ha, ca. 3 500 Kisten/Jahr.

• **Besitzer:** Ernst-Josef & Werner Kees **Kellermeister:** Ernst-Josef Kees **Besuch:** Nach Vereinb. **Adresse:** Hauptstr. 22, D-54470 Graach. **Tel.** 06531-3428. **Fax** -1593.

### Kirsten

Sehr konzentrierter, rassiger Riesling. Auch edelsüße, pikante Gewächse. Der Barrique-Weißburgunder mit Schmelz und Eleganz ist eine Spitzenleistung. LAGEN Klüsserather Bruderschaft (beste Weine dieser Lage werden als „Herzstück" bezeichnet). FAKTEN 5 ha, ca. 3 500 Kisten/Jahr.

• **Besitzer:** Bernhard Kirsten **Kellermeister:** Bernhard Kirsten **Besuch:** Nur nach Vereinb. **Adresse:** Krainstraße 5, D-54340 Klüsserath. **Tel.** 06507-4515. **Fax** 06507-8155.

### Reinhard & Beate Knebel

Ursprünglich gab es ein Weingut Gebr. Knebel, das später aufgeteilt wurde. Reinhard Knebel übernahm 1990 mit Gattin Beate seinen Teil. Bereits im Jahr darauf kam es zum Durchbruch mit einem Spitzenplatz beim Riesling-Erzeugerpreis. Schlanke, finessenreiche Riesling-Weine mit feiner Säure; im herben Bereich verspielt, aber extraktreich; edelsüße Weine mit opulenter Frucht. LAGEN Winninger Uhlen, Röttgen u.a. FAKTEN 4,5 ha, ca. 5 000 K./J. 96% Riesling u.a.

• **Besitzer:** R. & B. Knebel **Kellermeister:** R. Knebel **Besuch:** Tägl. nach Vereinb. **Adresse:** August-Horch-Str. 24, D-56333 Winningen. **Tel.** 02606-2631. **Fax** -2569. **E-Mail:** riesling-knebel@abo.rhein-zeitung.de

### Schloss Lieser

Das Weingut wurde 1992 von der Familie Reichel übernommen und „runderneuert". Heute in Besitz und unter Leitung von Thomas Haag, der schon in kurzer Zeit wesentliche Akzente setzen und sich mehrfach bei Wettbewerben gut mit seinem Riesling platzieren konnte. LAGEN Lieser Niederberg Helden, Schlossberg u.a. FAKTEN 6,5 ha, ca. 3 500 Kisten/Jahr. 100% Riesling.

• **Besitzer:** Thomas Haag **Kellermeister:** Thomas Haag **Besuch:** Nach Vereinbarung. **Adresse:** Am Markt 1-5, D-54470 Lieser. **Tel.** 06531-6431. **Fax** 06531-1068.

### Dr. Pauly-Bergweiler

Es ist eine Familie mit Weingeschichte. Elegante, harmonische Weine, die teilweise aus berühmten Lagen stammen. LAGEN Bernkasteler Doctor, alte Badstube am Doctorberg, Graacher Domprobst, Himmelreich, Wehlener Sonnenuhr. FAKTEN 15 ha, ca. 12 000 Kisten/Jahr. 92% Riesling, 5% Spätburgunder u.a.

• **Besitzer:** Helga & Peter Pauly **Kellermeister:** Peter Pauly **Besuch:** Nach Vereinbarung. **Adresse:** Gestade 15, D-54470 Bernkastel. **Tel.** 06531-3002. **Fax** 06531-7201.

### Ökonomierat Petgen-Dahm

Neben der Pflege der Burgunderpalette (weiß) wird vor allem die Sektproduktion forciert. Man bevorzugt herbe, schlanke Weine aus der Burgunderfamilie, meist mit einem kleinen Touch Süße. Feinperlige, ansprechende Sekte. LAGEN Sehndorfer Marienberg, Klosterberg, Perler Hasenberg u.a. FAKTEN 11 ha, ca. 13 500 Kisten/Jahr. 22% Auxerrois, 20% Elbling sowie Grauburgunder, Weißburgunder, Spätburgunder, Riesling u.a.

• **Besitzer:** Ralf Petgen **Kellermeister:** Ralf Petgen **Besuch:** Sa 10-18, werktags nach Vereinb. **Adresse:** Winzerstr. 6, D-66706 Perl-Sehndorf. **Tel.** 06867-309. **Fax** -1367.

### Josef Rosch

Werner und Gattin Renate wagten 1985 den Einstieg in den Weinbau. Sie änderten die Geschmacksrichtung von einstmals lediglich 5% herb auf fast das Gegenteil. Der Erfolg gab ihnen recht. Rassige, säurebetonte Riesling-Weine. Als Ergänzung edelsüße Spezialitäten. LAGEN Leiwener Klostergarten, Laurentiuslay u.a. FAKTEN 5 ha, ca. 3 500 Kisten/Jahr. 97% Riesling u.a.

• **Besitzer:** Werner & Renate Rosch **Kellermeister:** Werner Rosch **Besuch:** Mo-Sa nach Vereinbarung. **Adresse:** Mühlenstraße 8, D-54340 Leiwen. **Tel.** 06507-4230. **Fax** 06507-8287.

## Weitere Produzenten an Mosel-Saar-Ruwer

### Schloss Saarstein

Stahlige, säurebetonte Weine mit gutem Extraktgehalt; vorwiegend herb. In guten Jahren ausgezeichnete edelsüße Gewächse. LAGEN Serriger Schloss Saarsteiner u.a. FAKTEN 11 ha, ca. 6 000 Kisten/J. 97% Riesl, 3% Weißburgunder.
• **Besitzer:** Christian Ebert **Kellermeister:** Christian Ebert **Besuch:** Nach Vereinbarung. **Adresse:** D-54455 Serrig. **Tel.** 06581-2324. **Fax** 06581-6523.

### Willi Schaefer

Alle Vorfahren des heutigen Inhabers waren Winzer. Mehr als 2/3 der Weine sind fruchtbetont in Aroma und Geschmack mit filigraner Säurestruktur. LAGEN Graacher Domprobst u.a. FAKTEN 3 ha, 2 500 Kisten/Jahr. 100% Riesling.
• **Besitzer:** Willi Schaefer **Kellermeister:** Willi Schaefer **Besuch:** Mo-Fr 10-12,14-17, Sa 11-12. **Adresse:** Hauptstraße 130, D-54470 Graach. **Tel.** 06531-8041. **Fax** 06531-1414.

### Freiherr von Schleinitz

Saftige, ausgewogene Riesling-Weine mit mineralischer Note im Bukett und feiner Säure. Etwas leichtgewichtige, edelsüße Weine. Sehr gut ist der hauseigene Riesling-Sekt. LAGEN Koberner Uhlen, Weisenberg, Schlossberg u.a. FAKTEN 7 ha, ca. 6 000 Kisten/J. 97% Riesl, 3% Spätburgunder.
• **Besitzer:** Konrad Hähn **Kellermeister:** Konrad Hähn **Besuch:** Mo-Sa 9-17. **Adresse:** Kirchstraße 17, D-56330 Kobern-Gondorf. **Tel.** 02607-972020. **Fax** 02607-972022. **E-Mail:** weingutvonschleinitz@t-online.de **Homepage:** www.vinonet.com/schleinitz

### Forstmeister Geltz Zilliken

Die Familie Zilliken ist seit 1742 im Weinbau tätig. Im fruchtigen Bereich sehr saftige, rassige Weine; im höheren Prädikatsbereich sogar groß. Das Kontrastprogramm sind mit einem Drittel Anteil der Produktion die harten, kantig-herben Weine, die eher abweisend wirken und den Gesamteindruck schmälern. LAGEN Saarburger Rausch, Antoniusbrunnen, Bergschlösschen, Ockfener Bockstein. FAKTEN 10 ha, 5 000 K./J.
• **Besitzer:** Hans Joachim Zilliken **Kellermeister:** Hans Joachim Zilliken **Besuch:** Nur nach Vereinbarung. **Adresse:** Heckingstr. 20, D-54439 Saarburg. **Tel.** 06581-2456. **Fax** 06581-6763.

### Weitere Betriebe

Hubertus M. Apel, Weinstraße 26, D-54453 Nittel. Tel. 06584-314, -696. Fax 06584-1263.
Bischöfliche Weingüter, Gervasiusstr. 1, D-54290 Trier. Tel. 0651-43441. Fax 0651-40253.
Matthias Dostert, Weinstr. 15, D-54453 Nittel. Tel. 06584-1255. Fax 06584-1375.
Dötsch & Haupt, Lenningstraße 38, D-56330 Kobern-Gondorf. Tel. 02607-383.
Friedrich-Wilhelm-Gymnasium, Weberbach 75, D-54290 Trier. Tel. 0651-978300. Fax 0651-45480.
Reinhold Fuchs, Zehnthofstraße 4, D-56829 Pommern. Tel. 02672-7405. Fax -2427.
Willi Haag, Hauptstraße 111, D-54472 Brauneberg. Tel. 06534-450. Fax 06534-450.
Helmut Herber, Apacherstraße 15, D-66706 Perl. Tel. 06867-854. Fax 06867-1377.
Immich-Batterieberg, Im Alten Tal 2, D-56850 Enkirch. Tel. 06541-9376. Fax -2790.
Albert Kallfelz, Hauptstr. 60-62, D-56853 Zell-Merl. Tel. 06542-2713. Fax 06542-22212.
Leo Kappes-Scheer, Weingartenstraße 58, D-54492 Zeltingen-Rachtig. Tel. 06532-3994. Fax 06532-1796.
Lehnert-Veit, In der Dur 10, D-54498 Piesport. Tel. 06507-2123. Fax 06507-7145.
Lenhardt, Wiesenflurweg 4, D-54346 Mehring. Tel. 06506-7298. Fax 06506-7203.
Carl Loewen, Matthiasstraße 30, D-54340 Leiwen. Tel. 06507-3094. Fax 06507-3094.
Lorenz, Neustraße 6, D-54340 Detzem. Tel. 06507-3802. Fax 06507-4830.
Piedmont, Saartalstr. 1, D-54329 Konz-Filzen. Tel. 06501-99009. Fax 06501-99003.
Franz-Josef Regnery, Mittelstraße 39, D-54340 Klüsserath. Tel. 06507-4636. Fax -3053.
Winfried Reh, Weierbachstr. 12, D-54340 Schleich. Tel. 06507-3809. Fax 06507-3002.
Reuscher-Haart, St. Michael-Str. 20-22, D-54498 Piesport. Tel. 06507-2492. Fax -5674.
Edmund Reverchon, Saartalstr. 3, D-54329 Konz-Filzen. Tel. 06501-16909. Fax -18241.
Richard Richter, Marktstr. 17-19, D-56333 Winningen. Tel. 02606-311-2. Fax 02606-1457.
Heinrich Schmitges, Im Unterdorf 12, D-54492 Erden. Tel. 06532-2743. Fax -3934.
Heinz Schmitt, Steophanusstraße 4, D-54340 Leiwen. Tel. 06507-4276. Fax -8161.
Hubert Schmitz, Klosterbergstr. 108, D-54459 Wiltingen. Tel. 06501-16300. Fax -16338.
Bert Simon, D-54455 Serrig. Tel. 06581-2208. Fax 06581-2242.
Peter Thielen, Im Stephansberg, D-56856 Zell-Merl. Tel. 0652-21745. Fax 0652-21745.
Dr. Heinz Wagner, Bahnhofstraße 3, D-54439 Saarburg. Tel. 06581-2457. Fax -6093.
Dr. Weins-Prüm Erben, Uferallee 20, D-54470 Bernkastel-Wehlen. Tel. 06531-2270. Fax 06531-3181.
Vereinigte Hospitien, Krahnenufer 19, D-54290 Trier. Tel. 0651-468210. Fax -468217.
Werner & Sohn, Römerstraße 17, D-54340 Leiwen. Tel. 06507-4341. Fax 06507-8355.
WG Kasel, Schulstraße 1, D-54317 Kasel. Tel. 0651-52117.
Zilliken/Hellershof, Weinstraße 14, D-54453 Nittel. Tel. 06584-854. Fax 06584-7114.

## MITTELRHEIN

*Einige der besten Anbaugebiete des Mittelrheins befinden sich im südlich gelegenen Bacharach.*

dominieren Schiefer- und Grauwackenverwitterungsböden, im Siebengebirge Böden vulkanischen Ursprungs. Insgesamt 11 Großlagen und 111 Einzellagen.

KLIMA Die Gebirge sorgen für Windschutz, der Strom wirkt vor allem im engen Teil des Tals als Wärmespeicher und reflektiert das Sonnenlicht. Die Niederschläge betragen 550 bis 600 mm und konzentrieren sich auf die Sommermonate.

WEINE Kerniger, mitunter stahliger Riesling, in guten Jahren feinblumig und elegant. Lange lagerfähig, sollte nicht zu jung getrunken werden. Süffige Müller-Thurgau, kräftige Kerner. 93% sind Weißweine.

REBSORTEN 75% Riesling, 8% Müller-Thurgau, 5% Kerner sowie Scheurebe und Grauburgunder. Rote: Spätburgunder.

PRODUZENTEN Ca. 100 Vollerwerbsbetriebe, etwa 700 Nebenerwerbsbetriebe. 25% der Ernte werden in neun Genossenschaften erfasst.

REBFL/PROD Ca. 620 ha, rund 24 000 hl/Jahr.

WISSENSWERT Weitere Informationen: Mittelrhein-Wein, Am Hafen 2, D-56329 St. Goar. Tel. 06741-7712. Fax 06741-7723.

GESCHICHTE Im mittleren Rheintal wird der Beginn des Weinbaus auf das Jahr 400 datiert, also in die Römerzeit. Urkundliche Nachweise gibt es z.B. 643 aus Boppard. Wie in anderen Teilen Deutschlands waren auch am Mittelrhein in erster Linie die Klöster für die Ausbreitung des Weinbaus verantwortlich, später auch der Adel. Der bedeutendste Weinmarkt am Mittelrhein befand sich in Bacharach; von dort wurde Wein bis nach England und Skandinavien verschifft.

GEOGRAPHIE Das etwa 100 km lange Anbaugebiet zieht sich linksrheinisch von Trechtingshausen bis Koblenz, rechtsrheinisch von Kaub bis Niederdollendorf. Es handelt sich dabei um „Weininseln" an steilen Südhängen. Mit dem Bereich Siebengebirge umfasst das Anbaugebiet Mittelrhein die nördlichsten deutschen Weinberge. Die beiden südlicher gelegenen Bereiche sind zum Bereich „Loreley" zusammengefasst. Hier

## HAHNENHOF TONI JOST

GESCHICHTE  Der Name Hahnenhof leitet sich ab von der Spitzenlage Bacharacher Hahn, die größtenteils in Besitz des Gutes ist. 1832 kam der Name Jost durch Einheirat dazu. Peter Jost

*Der Name Hahnenhof leitet sich ab von der Spitzenlage Bacharacher Hahn, größtenteils in Besitz des Gutes.*

leitet den Betrieb jetzt in der 5. Generation. Zu den Besonderheiten gehört, dass ein Drittel der Rebfläche im Rheingau liegt (durch Erbschaft im Jahr 1953). Ein Teil der Rebfläche wird gepachtet. Darunter sind Rebberge, die der katholischen Gemeinde in Bacharach gehören. 1971 wurde der Betrieb ganz von Peter Jost übernommen.

WEINE  Charaktervoller Riesling mit Frucht und feinem Säureschliff; große edelsüße Weine, solider Spätburgunder.

RUF  Zweifellos die Nummer eins am Mittelrhein, zugleich eines der deutschen Spitzengüter.

LAGEN  Bacharacher Hahn-Wolfshöhle, Kloster Fürstental; im Rheingau Wallufer Wackenberg, Martinsthaler Rödchen.

REBSORTEN  Der Anbau wird klar vom Riesling dominiert. Auch Spätburgunder.

WEINHERSTELLUNG  Geringe Erträge sind die Voraussetzung für viel Extrakt. Die Trauben werden schonend verarbeitet. Der Most vergärt temperaturkontrolliert im Edelstahl. Die Jungweine reifen je nach Art im Holz oder Edelstahl. Die Rotweine sind maischevergoren.

LAGERUNG  Der Riesling ist für längere Lagerung prädestiniert, edelsüße Weine können Jahrzehnte liegen.

REBFL/PROD  12 ha, 7 000 Kisten/Jahr.

**Besitzer** Peter Jost • **Kellermeister** Peter Jost • **Besuch** Nach Vereinbarung • **Adresse** Hahnenhof Toni Jost, Oberstr. 14, D-55422 Bacharach • **Tel.** 06743-1216 • **Fax** 06743-1076

PRODUKTION  QUALITÄT  PREIS

## GOSWIN LAMBRICH

GESCHICHTE  Bis 1975 hatte die Familie Lambrich nur knapp einen ha Rebfläche und lebte von der Landwirtschaft. Dann entschloss sich Gerhard Lambrich zur Flaschenvermarktung, hat aber weiterhin Kühe im Stall und versorgt 20 ha Äcker. Die Weinfläche wurde zielstrebig ausgebaut. Ein beliebter Gutsausschank kam hinzu. Lambrich fiel den Medien positiv auf. 1995 kam er unter die besten zehn Güter beim Wettbewerb um den Riesling-Erzeugerpreis (mehr als 300 Teilnehmer).

WEINE  Zarte, filigrane Riesling-Weine mit Nachhall; ein für die Mittelrheiner Verhältnisse deutlich überdurchschnittlicher Spätburgunder und feinperliger, eleganter Sekt. 90% der Weine gehören zur herben Geschmacksrichtung.

RUF  Einer der Aufsteiger am Mittelrhein, dem frischer Ruhm nicht in den Kopf steigt.

REBSORTEN  76% Riesling, 11% Spätburgunder sowie Weißburgunder und Kerner.

LAGEN  Oberweseler St. Martinsberg, Bernstein, Römerkreuz, St. Wernerberg.

*Einer der Aufsteiger am Mittelrhein, dem der Ruhm nicht in den Kopf steigt.*

WEINHERSTELLUNG  Schonende Behandlung der Trauben, langsame Vergärung, wenig Eingriffe in den Jungwein; Ausbau in Kunststoff, Holz und Stahl. Rotweine mit Maischegärung und biologischem Säureabbau.

LAGERUNG  Durch ihr Säurespiel halten auch die herben Weine einige Jahre.

REBFL/PROD  6 ha, 5 000 Kisten/Jahr.

**Besitzer** Gerhard Lambrich • **Kellermeister** Gerhard Lambrich • **Besuch** Mo-So 8-19. Verkauf von März-Dez. Fr-So 15-23 • **Adresse** Goswin Lambrich, Auf der Kripp 3, D-55430 Oberwesel-Dellhofen • **Tel.** 06744-8066 • **Fax** 06744-8003

PRODUKTION  QUALITÄT  PREIS

## WALTER PERLL

GESCHICHTE Die Perlls sind eine Familie mit langer Weinbautradition. Früher gehörten auch noch Landwirtschaft und Obstbau dazu. 1973 gab es eine Betriebsspaltung durch Erbteilung. Walter Perll hat seinen Teil durch Zukauf und Pacht erweitert. Erfolgreich ist man seitdem bei

Die Fam. Perll hat eine lange Weinbautradition. Früher gehörten auch noch Landwirtschaft und Obstbau dazu.

der Weinprämierung. 1992 wurde dem Gut als erstem Mittelrhein-Betrieb der Bundesehrenpreis in Gold verliehen.

WEINE Je ein Drittel der Weine sind trocken, halbtrocken und mild. Das Sortiment ist groß. Wert gelegt wird auf Frucht und Rasse.

RUF Traditionelles Haus, das für manches Preisschnäppchen, auch bei Beerenauslesen, gut ist.

LAGEN Bopparder Hamm Fässerlay, Mandelstein, Feuerlay, Ohlenberg.

REBSORTEN 80% Riesling, 12% Spätburgunder sowie Müller-Thurgau, Scheurebe, Kerner, Weißburgunder und Dornfelder.

WEINHERSTELLUNG Nach einer späten Lese wird reduktiv ausgebaut. Most und Wein werden nicht geschönt, auch der Zusatz von Süßreserve ist verpönt. Die Weine mit Restsüße werden in der Gärung unterbrochen und behalten so ihre eigene Süße. Abgefüllt wird früh, auf der Flasche haben die Weine Zeit zu reifen.

LAGERUNG Die edelsüßen Spitzenweine sind gut lagerfähig.

REBFL/PROD 5,5 ha, 4 100 Kisten/Jahr.

---

**Besitzer** Walter Perll • **Kellermeister** Walter Perll • **Besuch** Mo-Sa 10-12.30, 14-18 • **Adresse** Walter Perll, Ablass-Gasse 11, D-56154 Boppard • **Tel.** 06742-3671 • **Fax** 06742-3023

PRODUKTION   QUALITÄT   PREIS

## RATZENBERGER

GESCHICHTE Die Ratzenbergers kommen ursprünglich aus Preußen. 1956 avancierte der Vater des heutigen Besitzers zum Winzer, als er das Gut in Bacharach-Steeg erwarb. Sohn Hans-Jochen hat es in den achtziger Jahren zu einem der besten Betriebe am Mittelrhein gemacht. Anfangs auf traditionelle Riesling-Weine spezialisiert. Später Zukauf von Lagen mit Anbau von Spätburgunder im Jahr 1968.

WEINE Der rassige, fruchtige Riesling mit pronocierter, in der Jugend manchmal aggressiver Säure ist das Leitbild. Die Schieferböden verleihen den Weinen eine filigrane, mineralische Art. Spät-

Das Weingut Ratzenberger ist bekannt für schnörkellose, klassische Riesling-Weine, überwiegend herb ausgebaut.

burgunder werden trocken ausgebaut. Auch Riesling-Sekt wird hergestellt.

RUF Bekannt für schnörkellose, klassische Riesling-Weine, die überwiegend herb (trocken, halbtrocken) ausgebaut werden.

LAGEN Steeger St. Jost, Bacharacher Wolfshöhle, Posten, Kloster Fürstental.

REBSORTEN 80% Riesl, 12% Spätburgunder, 8% Müller-Thurgau (als Rivaner deklariert).

WEINHERSTELLUNG Nach später Lese werden die Weine in einem uralten Gewölbekeller schonend ausgebaut. Die niedrige Temperatur sorgt manchmal für eine natürliche Gärungsunterbrechung. Je nach Art erfolgt der Ausbau in großen Eichenfässern oder im Edelstahl. Spätburgunder reift ausschließlich im Holz.

LAGERUNG Die Weißweine bis zu zehn Jahren, die roten 2-5 Jahre.

REBFL/PROD 7 ha, 4 500 Kisten/Jahr.

---

**Besitzer** Hans-Jochen Ratzenberger • **Kellermeister** Jochen Ratzenberger jun. • **Besuch** Mo-Sa 8-18, So nach Vereinbarung • **Adresse** Ratzenberger, Blücherstraße 167, D-55422 Bacharach-Steeg • **Tel.** 06743-1337 • **Fax** 06743-2842

PRODUKTION   QUALITÄT   PREIS

## Weitere Produzenten am Mittelrhein

### Fritz Bastian
Erstmals wurde das Gut 1632 erwähnt. Sitz der Familie Bastian ist ein uraltes, romantisches Fachwerkhaus aus dem Jahr 1579 (bewirtschaftet). Die Reben (darunter eine Lage auf der Rhein-Insel Heyles'en Werth im Alleinbesitz) werden umweltschonend bewirtschaftet. Die Weine sind gradlinig, haben eine betonte Säure, sind in ihrer kernigen Art sehr eigenständig und lange lagerfähig. FAKTEN 6 ha, ca. 3 000 Kisten/Jahr. 85% Riesling, 5% Scheurebe sowie Spätburgunder und Portugieser. LAGEN U.a. Bacharacher Posten.

•**Besitzer:** Friedrich Bastian **Kellermeister:** Friedrich Bastian **Besuch:** Nach Vereinbarung. **Adresse:** Zum Grünen Baum, D-55422 Bacharach. **Tel.** 06743-1208. **Fax** 06743-2837.

### Randolf Kauer
Während des Studiums gründete Randolf Kauer 1982 einen kleinen Betrieb mit lediglich 0,2 ha, um praktisch im Weinberg arbeiten zu können. Das Studium schloss er mit einer Dissertation über ökologischen und integrierten Weinbau ab. Feingliedriger Riesling mit pikanter Frucht und Stoff. LAGEN Bacharacher Kloster Fürstental, Wolfshöhle u.a. FAKTEN 2,3 ha, ca. 1 000 Kisten/Jahr. 85% Riesling, 15% Spätburgunder.

•**Besitzer:** Martina & Dr. Randolf Kauer **Kellermeister:** Dr. Randolf Kauer **Besuch:** Nach Vereinbarung. **Adresse:** Blücherstraße 87, D-55422 Bacharach. **Tel.** 06743-2272. **Fax** 06743-93661.

### Josef Albert Lambrich
Liebhaber zarter Mittelrhein-Rieslingweine kennen ihn schon länger. Aber beim Wettbewerb um den Riesling-Erzeugerpreis 1995 wurde Winzer Albert Lambrich mit einem überraschenden Platz unter den 20 besten deutschen Betrieben auch überregional bekannt. LAGEN Oberweseler Römerkrug, Schloss Schönburg. FAKTEN 3 ha, ca. 2 500 Kisten/Jahr. 75% Riesl, 11% Spätburgunder sowie MT, Faberrebe und Scheurebe.

•**Besitzer:** Albert Lambrich **Kellermeister:** Albert Lambrich **Besuch:** Nach Vereinbarung. **Adresse:** Rheinhöhenstr. 15, D-55430 Oberwesel-Dellhofen. **Tel.** 06744-8267.

### Lanius-Knab
Die Familie betreibt seit mehr als 200 Jahren Weinbau. In den letzten Jahren machte Winzer Jörg Lanius mehrfach bei Wettbewerben mit feinen, zarten Riesling-Weinen auf sich aufmerksam. Seit kurzem ist der Betrieb Mitglied im Verband Deutscher Prädikats- und Qualitätsweingüter. LAGEN Engehöller Bernstein, Goldemund, Oberweseler Oelsberg. FAKTEN 6 ha, ca. 3 000 K./J. 85% Riesl, 10% Spätburgunder, 5% MT.

•**Besitzer:** Jörg Lanius **Kellermeister:** Jörg Lanius **Besuch:** Nach Vereinbarung. **Adresse:** Mainzerstraße 38, D-55430 Oberwesel. **Tel.** 06744-8104. **Fax** 06744-1537.

### Helmut Mades
Seit 1663 ist das Gut in Familienbesitz. Der Besitz in guten Lagen, die deutliche Begrenzung der Erträge und die schonende Verarbeitung mit langsamem Reifeprozess im Fass sorgen für ausgewogene, fruchtige Weine. Winzer Helmut Mades ist seit 1987 Mitglied im VDP. LAGEN U.a. Bacharacher Wolfshöhle und Posten sowie Steeger St. Jost. FAKTEN 2,5 ha, ca. 2 000 Kisten/Jahr. 75% Riesling, 25% Müller-Thurgau (Rivaner).

•**Adresse:** Borbachstraße 35-36, D-55422 Bacharach-Steeg. **Tel.** 06743-1449. **Fax** 06743-3124.

### August Perll
Die Familie betreibt seit 1675 Weinbau. Fruchtbetonte Weine, manchmal etwas konservativ im Stil, überraschen aber immer wieder mit beachtlicher Finesse. Vom Spätburgunder wird in guten Jahren ein herber Rosé erzeugt. LAGEN Bopparder Hamm (Alleinbesitz), Fässerlay, Mandelstein, Feuerlay-Oberberg, Weingrube, Elfenlay. FAKTEN 6,5 ha, 5 000 Kisten/Jahr. 78% Riesling, 10% Spätburgunder sowie MT und Kerner.

•**Besitzer:** August Perll **Kellermeister:** Thomas Perll **Besuch:** Täglich 8-20. **Adresse:** Oberstraße 81, D-56154 Boppard. **Tel.** 06742-3906. **Fax** 06742-181726.

### Friedrich Scheidgen
Ganz oben im deutschen Wein-Norden hat sich die Familie Scheidgen mit harmonischen, durchaus eleganten Weinen einen guten Ruf erworben. LAGEN Hammersteiner Hölle, Schlossberg, In den Layfelsen, Leutesdorfer Forstberg, Gartenley. FAKTEN 9 ha, ca. 14 000 Kisten/Jahr. 50% Riesling, 20% Müller-Thurgau, 10% Weißburgunder sowie Grauburgunder und Dornfelder.

•**Besitzer:** Friedrich Scheidgen **Kellermeister:** Georg Scheidgen **Besuch:** Nach Vereinbarung. **Adresse:** Hauptstraße 10, D-56509 Hammerstein. **Tel.** 02635-2329. **Fax** 02635-6082.

### Hermann Volk
Um 1900 wurde das Gut in Spay als Gemischtbetrieb gegründet. Der Urgroßvater des heutigen Besitzers Jürgen Volk war Lotse; ihm hat er mit dem „Steuermann-Sekt" ein prickelndes Denkmal gesetzt. Die Stärke des kleinen Betriebes, der 100% Besitz in Steillagen hat, ist der Riesling, der ein gutes Lagerpotenzial besitzt und sehr preiswert verkauft wird. LAGEN Bopparder Hamm Weingrube, Ohlenberg. FAKTEN 3 ha, ca. 2 000 Kisten/Jahr. 80% Riesling, 10% Kerner sowie Müller-Thurgau und Spätburgunder.

•**Besitzer:** Jürgen Volk **Kellermeister:** Jürgen Volk **Besuch:** Nach Vereinbarung. **Adresse:** Koblenzer Straße 6, D-56322 Spay. **Tel.** 02628-8290. **Fax** 02628-8290.

# RHEINGAU

GESCHICHTE Spuren von Weinanbau lassen sich bis in die Römerzeit nachweisen. Urkundlich erwähnt ist 779 der Weinbau in Walluff. 983 ging der Rheingau durch eine Schenkung Ottos II. an das Erzbistum Mainz. Bis zur Säkularisation wurde der Weinbau von den Klöstern betrieben bzw. betreut. Unter Anleitung von Mönchen wurden z.B. zwischen dem 11. und 13. Jh. die Taunushänge gerodet und mit Reben bestockt. Das Weinbaugebiet im Rheingau entsprach bereits um 1226 der heute noch mit Reben bestockten Fläche. Seit fünfhundert Jahren wird hier überwiegend die Sorte Riesling angebaut. Der „Cabinetkeller", in

*Schloss Johannisberg gehört zu den bekanntesten Weingütern Deutschlands.*

dem die besten Weine gelagert wurden, stand Pate für den heutigen „Kabinettwein".

GEOGRAPHIE An den steilen, nach Süden gerichteten Uferhängen des Rheins, zwischen Wiesbaden und Rüdesheim, liegt das Zentrum des Rheingaus. Das Weinbaugebiet zieht sich von Wicker am Unterlauf des Mains bis Lorchhausen. Ein durchlässiger, leicht erwärmbarer Boden (Kies-, Sand-, Schiefer- und Schieferverwitterungsböden) begünstigt die Reben. Einziger Bereich ist Johannisberg, ferner elf Großlagen und 120 Einzellagen.

KLIMA Lange, warme Sommer, kurze, milde Winter und geringe Niederschläge. Der Fluss reflektiert die Sonne und gibt nachts Wärme ab. Gegen Nordwinde schützt das Taunusgebirge.

WEINE Feinfruchtiger, eleganter Riesling, extraktreich, häufig mit feiner Süße, lange lagerfähig. Die früher leichten, erfrischenden Spätburgunder (PN) haben heute immer mehr Kraft.

REBSORTEN Ca. 81% Riesling und 3% MT sowie Silvaner, Ehrenfelser, Scheurebe, Weißburgunder und Chard. Rote: 9% Spätburgunder.

PRODUZENTEN Rund 2 000 Winzer, davon etwa 1 500 Nebenerwerbsbetriebe. Ca. 400 selbst vermarktende Betriebe, 24 Weingüter mit über zehn ha Rebfläche, neun Genossenschaften.

REBFL/PROD Ca. 3 200 ha, über 140 000 hl/J.

JAHRGÄNGE 1997, 96, 94, 93, 92, 91, 90, 89, 88, 85, 83, 79, 71.

WISSENSWERT Die Organisation Charta fördert den klassischen Rheingau-Riesling. Die Mitglieder sind hohen Qualitätsanforderungen unterstellt und erhalten dafür das spezielle Charta-Signet. Weitere Informationen: Gesellschaft für Rheingauer Weinkultur, Im Alten Rathaus, D-65366 Geisenheim-Johannisberg. Tel. 06722-99540. Fax 06722-995440.

## Staatsweingut Assmannshausen

GESCHICHTE  Früher bewirtschafteten die Zisterzienser die Weinberge. Ein Teil davon kam 1803 an den Herzog von Nassau, der sie wiederum nach dem Krieg 1866 an den Preußischen Staat verlor. Später wurde der Betrieb ein Versuchs- und Musterweingut. 1945 übernahm ihn das Land Hessen als Staatsdomäne. Diese untersteht zwar der Verwaltung der Hessischen Staatsweingüter, Kloster Eberbach, arbeitet aber in Sachen Wein selbständig und deutlich besser.

WEINE  Die Konzentration gehört nahezu ausschließlich dem Spätburgunder. Stoffige, herbe, holzbetonte Burgunder, die als eine der wenigen Assmannshäuser dem großen Ruf der Rotweingemeinde gerecht werden. Sehr saftiger Weißherbst und vor allem filigrane edelsüße Eisweine mit pikanter Frucht und faszinierendem Säurespiel. Der Ertrag von einer kleinen Fläche Weißburgunder wird in Eltville ausgebaut.

RUF  Sehr guter Ruf für überdurchschnittlichen Rotwein und Eiswein.

LAGEN  Assmannshäuser Höllenberg.

*Stoffige, herbe, holzbetonte Spätburgunder sind die Spezialität des Staatsweinguts Assmannshausen.*

REBSORTEN  90% Spätburgunder sowie u.a. Riesling, Frühburgunder.

WEINHERSTELLUNG  Klassische Maischegärung, schonendste Tankkelterung, traditioneller Ausbau im Stückfass, 100% biologischer Säureabbau. Beim Weißherbst Ganztraubenpressung.

LAGERUNG  Sehr gut lagerfähig; die edelsüßen Weine sogar über Jahrzehnte hinweg.

REBFL/PROD  20 ha, ca. 10 000 Kisten/Jahr.

**Besitzer** Friedrich Dries • **Kellermeister** Oliver Dries • **Besuch** Mo-Do 8-12, 13-17, Fr 8-12 • **Adresse** Staatsweingut Assmannshausen, Höllenbergstr. 10, D-65385 Rüdesheim-Assmannshausen • **Tel.** 06722-2273 • **Fax** 06722-48121

PRODUKTION        QUALITÄT        PREIS

## Georg Breuer

GESCHICHTE  Bernhard Scholl und Albert Hillebrand gründeten den Betrieb im Jahr 1880. Peter Breuer übernahm ihn nach der Jahrhundertwende; sein Sohn Georg baute ihn aus. Dessen Söhne Bernhard und Heinrich Breuer vergrößerten das Gut nicht nur, sie sorgten auch für eine deutliche Steigerung der Qualität. „Motor" ist dabei vor allem Bernhard Breuer, der im Rheingau auch die Charta-Vereinigung ins Leben rief und im Gebiet viele Akzente setzt.

WEINE  Klassische Rheingauer Riesling-Weine mit prononcierter Säure und saftiger Frucht. Dazu

*Bernhard Breuer erzeugt einige Spezialitäten wie großartigen Sekt und Grauburgunder im Barrique.*

einige Spezialitäten wie großartiger Sekt und Grauburgunder im Barrique. Vermehrt auch Herstellung von Rotweinen.

RUF  Mit Ehrgeiz und Können haben sich die Breuers in die Rheingauer Spitze hochgearbeitet.

LAGEN  Rüdesheimer Berg Schlossberg, Berg Rottland, Rauenthaler Nonnenberg.

REBSORTEN  90% Riesling, 10% Burgundersorten.

WEINHERSTELLUNG  Niedrige Erträge, gesundes Lesegut durch Selektion am Stock; teilweise Ganztraubenpressung, Spontanvergärung, langes Lager auf der Feinhefe, Holzfassreifung; insgesamt schonender Ausbau, möglichst nur Filtration.

LAGERUNG  Sehr gut lagerfähig sind die brillanten edelsüßen Weine.

REBFL/PROD  23 ha, 10 000 Kisten/Jahr.

**Besitzer** Bernhard & Heinrich Breuer • **Kellermeister** Hermann Schmoranz • **Besuch** Nach Vereinb. • **Adresse** Georg Breuer, Geisenheimer-Str. 9, D-65385 Rüdesheim • **Tel.** 06722-1027, -47225 • **Fax** -4531 • **E-Mail** georg-breuer@t-online.de • **Homepage** www.georg-breuer.com

PRODUKTION        QUALITÄT        PREIS

DEUTSCHLAND • RHEINGAU

## DOMDECHANT WERNER

GESCHICHTE Sehenswerte Kellergewölbe aus dem Jahr 1864 im Hauptgebäude. 1780 erwarb der Vater des bedeutenden Mainzer Domdechanten Dr. Franz Werner, der Kaufmann Baptista

*Im höheren Prädikatsbereich erzeugt das Gut sehr saftige, nachhaltige und elegante Riesling-Weine.*

Werner, das Gut vom Grafen York. Der Sohn führte den Betrieb weiter und gab ihm seinen Namen. Heute gehört er in 7. Generation der Familie und wird von Franz-Werner Michel geführt.

WEINE Stoffig-mineralischer Riesling, der in seiner „erdigen" Art etwas an fränkische Herkunft denken lässt. Passt hier gut zum Essen. Aber auch fruchtige, fein abgestimmte Weine mit pikanter Süße. Im höheren Prädikatsbereich sehr saftig, nachhaltig, elegant.

RUF Traditionsweingut, das auch im Ausland Ansehen hat und über einen langen Zeitraum sehr solide wirtschaftet.

LAGEN Hochheimer Domdechaney, Kirchenstück, Hölle, Stein, Reichestal.

REBSORTEN 98% Riesling, 2% Spätburgunder.

WEINHERSTELLUNG Umweltschonender Anbau, niedrige Erträge, kühle Vergärung, bei der teilweise natürliche Süße erhalten bleibt; Reife im Holzfass.

LAGERUNG Durch gute Säurestruktur ausgezeichnetes Potenzial.

REBFL/PROD 12,5 ha, ca. 8 000 Kisten/Jahr.

**Besitzer** Dr. Franz Werner Michel • **Kellermeister** Michael Bott • **Besuch** Mo-Fr 8-18 • **Adresse** Domdechant Werner, Rathausstraße 30, D-65234 Hochheim • **Tel.** 06146-83 50 37 • **Fax** 06146-83 50 38

PRODUKTION    QUALITÄT    PREIS

## AUGUST ESER

GESCHICHTE Das erste Weingut Eser wurde 1759 gegründet. Daraus entwickelte sich durch mehrfache Erbteilung eine noch heute vorwiegend auf Oestrich-Winkel konzentrierte Wein-Dynastie. Das Ehepaar Joachim (Sohn von August Eser) und Renée Eser lebten in einem Gutshaus mit Tonnengewölbe, das sogar aus dem Jahr 1650 stammt. In den letzten Jahren hat sich das Gut nicht nur den Ruf erworben, das wohl beste unter den Esers zu sein, sondern es gehört auch zur absoluten Elite im Rheingau.

WEINE Stahlige, mineralische Riesling-Weine mit stattlicher Dichte im herben Bereich, fein strukturierte, elegant-rassige Gewächse bei Edelsüß. Es werden auch 5% Rotweine aus Spätburgunder erzeugt.

RUF Joachim Eser ist der erfolgreichste des „Eser-Clans" und gehört heute zur Elite im Rheingau.

LAGEN Oestricher Lenchen, Doosberg, Klosterberg, Mittelheimer Edelmann, Winkeler Hasensprung, Gutenberg, Hallgartener Schönhell,

*A. Eser ist eine bekannte Weindynastie im Rheingau und in Oestrich der beste Erzeuger.*

Engelmannsberg, Rüdesheimer Bischofsberg, Rauenthaler Rothenberg, Gehrn.

REBSORTEN 95% Riesl, 5% Spätburgunder.

WEINHERSTELLUNG Naturnaher Anbau, Vergärung im Holzfass, Lagerung in Edelstahl, schonende Verarbeitung, frühe Flaschenfüllung.

LAGERUNG Weine entwickeln sich durch ein längeres Flaschenlager noch besser; edelsüßer Riesling kann Jahrzehnte liegen.

REBFL/PROD 10 ha, ca. 8 000 Kisten/Jahr.

**Besitzer** Joachim Eser • **Kellermeister** Joachim Eser • **Besuch** Mo-Fr 9-12, 13-17, Sa 9-12, oder nach Vereinbarung • **Adresse** August Eser, Friedensplatz 19, D-65375 Oestrich-Winkel • **Tel.** 06723-5032 • **Fax** 06723-87406

PRODUKTION    QUALITÄT    PREIS

355

DEUTSCHLAND • RHEINGAU

## ALEXANDER FREIMUTH

GESCHICHTE Ursprünglich sah es nicht danach aus, als sollte Alexander Freimuth mal den kleinen Betrieb von Vater Josef übernehmen. Denn eigentlich wollte er Pilot werden. Aber dann begeisterte er sich doch für Wein, holte die Ausbildung (Geisenheim) nach und stieg ausgerechnet

*Alexander Freimuth, der eigentlich Pilot werden wollte, setzte zusammen mit Gattin Karin auf den Weinbau.*

im schwierigen Jahrgang 1984 ein. Später folgte eine kundige Partnerin: Gattin Karin vollendete 1991 ihr Studium der Önologie.

WEINE Saftiger Riesling mit nerviger Säure; korrekte Spätburgunder (auch als Weißherbst) und guter, eleganter Sekt von beiden Sorten. Bei der Vereinigung der Charta-Weingüter meist einer der besten. Annähernd 90% herbe Weine.

RUF Hat noch Geheimtipp-Status.

LAGEN Geisenheimer Kläuserweg, Mönchspfad, Mäuerchen, Kilzberg, Rüdesheimer Kirchenpfad.

REBSORTEN 70% Riesling, 20% Spätburgunder sowie Weißburgunder.

WEINHERSTELLUNG Umweltschonender Anbau, bei Weißweinen gezügelte Gärung in Stahl und Kunststoff mit dem Bemühen, die natürliche Kohlensäure zu erhalten. Mildere Weine haben eigene Restsüße. Bei Rotweinen offene Maischegärung.

LAGERUNG Aufgrund der stets guten Säurestruktur sind die Weißweine gut haltbar.

REBFL/PROD 7 ha, ca. 3 000 Kisten/Jahr.

**Besitzer** Alexander & Karin Freimuth • **Kellermeister** Alexander Freimuth • **Besuch** Nach Vereinbarung • **Adresse** Alexander Freimuth, Rosengärtchen 25, D-65366 Geisenheim-Marienthal • **Tel.** 06722-98 10 70 • **Fax** 06722-98 10 71

PRODUKTION    QUALITÄT    PREIS

## PRINZ VON HESSEN

GESCHICHTE In der über 700-jährigen Familiengeschichte gehörten den Prinzen und Landgrafen von Hessen verschiedene Weinberge. Daraus entwickelte sich ein namhaftes Gut, das von seinem Betriebsleiter individuell wie von einem Winzer geführt wird. Es gehört der Hessischen Hausstiftung, einer Familienstiftung, die Kulturgüter des ehemals regierenden Hessischen Hauses bewahrt. Sie vergrößerte das Gut durch Zukäufe und modernisierte und erweiterte die Keller. Ihr gehören auch Schlosshotel Kronberg, Hessischer Hof in Frankfurt, das Barockschloss Fasanerie in Fulda und Schloss Panker in Schleswig-Holstein.

*Prinz von Hessen gilt als zuverlässiges Gut, das auch in der Lage ist, mit edelsüßen Spitzenweinen zu glänzen.*

WEINE Saftige, geschmeidig-harmonische Riesling-Weine, die den Charakter des jeweiligen Jahrgangs gut widerspiegeln. Als Ergänzung solider Spätburgunder (auch Rosé) und passabler Riesling-Sekt („Kurhessen").

RUF Gilt als zuverlässiges Gut, das auch in der Lage ist, mit edelsüßen Spitzenweinen zu glänzen.

LAGEN Eltviller Langenstück, Sonnenberg, Johannisberger Klaus, Winkeler Jesuitengarten, Hasensprung, Geisenheimer Kläuserweg, Rüdesheimer Bischofsberg, Klosterberg, Kiedricher Sandgrub.

REBSORTEN 90% Riesl, 10% Spätburgunder.

WEINHERSTELLUNG Gestaffelte Lese, schnelle Verarbeitung; Ausbau in Edelstahl, aber kurzzeitiges Holzlager; frühe Abfüllung, weitere Reifung auf der Flasche.

LAGERUNG Weine mit guten Reserven für längere Reifezeit.

REBFL/PROD 48 ha, ca. 27 000 Kisten/Jahr.

**Besitzer** Hessische Hausstiftung • **Kellermeister** Karl Klein • **Besuch** Mo-Fr 8-17 • **Adresse** Prinz von Hessen, Grund 1, D-65366 Johannisberg • **Tel.** 06722-8172 • **Fax** 06722-50588

PRODUKTION    QUALITÄT    PREIS

## Schloss Johannisberg

GESCHICHTE Um 1100 errichteten Mainzer Benediktiner auf dem damaligen „Bischofsberg" das erste Kloster im Rheingau. Es war der Grundstein für das heutige Schloss Johannisberg, das in der Folge viele Besitzer hatte und Geschichte schrieb (erste Spätlese). 1816 kam der Betrieb an Staatskanzler Clemens Wenzeslaus Fürst von Metternich-Winneburg. Die fürstliche Familie ist heute noch Besitzerin des Schlosses, zu dem ein sehenswerter Keller mit Schatzkammer (Bibliotheca subterranea) gehört.
WEINE Meist füllige, etwas runde, zu kommerziell anmutende Weine, denen in den letzten Jahren etwas die Säurestruktur fehlte. Nach wie vor groß bei den edelsüßen Gewächsen.
RUF Der Ruf ist gut, aber bei kritischen Genießern hat er Kratzer bekommen. Qualitätsweinen, Kabinett und Spätlesen fehlt der Glanz früherer Zeiten; das zur Domänenverwaltung gehörende Weingut G.H. von Mumm (bevorzugt durchgegorene Weine) war auch schon besser.
LAGEN Schloss Johannisberg in Alleinbesitz.

*Hier begannen die Benediktinermönche mit dem Weinbau schon im 12. Jahrhundert.*

REBSORTEN 100% Riesling.
WEINHERSTELLUNG Handlese, teilweise Ganztraubenpressung, Edelstahlvergärung, Reifung in alten Eichenholzfässern.
LAGERUNG Edelsüße Weine viele Jahrzehnte; Normalausführungen hatten früher besseres Potential, werden aber durch dezente Süße gestützt.
REBFL/PROD 35 ha, 20 000 Kisten/Jahr.

**Besitzer** Fam. Fürst von Metternich • **Kellermeister** Hans Kessler • **Besuch** Kellerbesuch nach Vereinb., Rest. und Laden tägl. geöffnet • **Adresse** D-65366 Geisenheim-Johannisberg • **Tel.** 06722-70090 • **Fax** -8027 • **E-Mail** johannis@tap.de • **Homepage** www.weine.de/schloss-johannisberg

PRODUKTION    QUALITÄT    PREIS

## Johannishof

GESCHICHTE Weinbau lässt sich in der Familie bis 1685 zurückverfolgen. Der Ursprung des schmucken Anwesens, ehemals eine Mühle, geht auf das Jahr 1790 zurück. Der Betrieb galt schon seit vielen Jahren als eine gute Rheingauer Adresse. Gelegentlich wurde gelästert, er profitiere von der Nachbarschaft von Schloss Johannisberg. Aber das ist heute fast umgekehrt.
WEINE Rassig-stahliger Riesling mit teilweise mutiger, aber nicht aggressiver Säure. Viel Saft und Frucht bei den edelsüßen Riesling-Weinen.
RUF Eine der eher stillen Eser-Familien im

*Der Ursprung des schmucken Anwesens, ehemals eine Mühle, geht auf das Jahr 1790 zurück.*

Rheingau, stets zuverlässig, auch in der Lage, große Weine zu machen.
LAGEN Johannisberger Hölle, Klaus, Vogelsang, Schwarzenstein, Goldatzel, Winkeler Jesuitengarten, Hasensprung, Gutenberg sowie Geisenheimer Kläuserweg.
REBSORTEN 100% Riesling.
WEINHERSTELLUNG Möglichst geringe Erträge, schonender reduktiver Ausbau mit dem Bemühen, den Lagercharakter zu unterstützen. Der kühl-feuchte Keller mit seinen Holzfässern bietet beste Voraussetzungen auch für Junior Johannes, der inzwischen verantwortlich ist.
LAGERUNG Sehr gute Lagerfähigkeit durch stabile Säurestruktur.
REBFL/PROD 18 ha, 13 000 Kisten/Jahr.

**Besitzer** Hans Hermann Eser • **Kellermeister** Johannes Eser • **Besuch** Mo-Fr 9-12, 13-18, Sa 10-15 • **Adresse** Johannishof, Grund 63, D-65366 Johannisberg • **Tel.** 06722-8216 • **Fax** 06722-6387

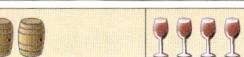

PRODUKTION    QUALITÄT    PREIS

DEUTSCHLAND • RHEINGAU

## GRAF VON KANITZ

GESCHICHTE  Das Gut wurde erstmals im 13. Jh. erwähnt. Damals gehörte es den Freiherren von Stein. Vom letzten Träger dieses Namens, dem preußischen Minister und Reformer, ging es

Zum Besitz gehört das bewirtschaftete „Hilchenhaus", das 1546 erbaut wurde.

in direkter Erbfolge auf die Grafen von Kanitz über. Zum Besitz gehört das bewirtschaftete „Hilchenhaus", das 1546 erbaut wurde. Über viele Jahre hinweg bestimmte Gutsverwalter Gernot Boos die Linie des Betriebs, legte dabei den Grundstock für umweltschonenden Weinbau und vollzog schließlich Anfang der 90er Jahre den endgültigen Schritt zum ökologischen Anbau. Auch sein Nachfolger Ralf Bengel blieb auf diesem Pfad der Zukunft.
  WEINE  Säurebetonte, gradlinige Weine mit eigenständigem Charakter, in der Jugend etwas knorrig. Rotweine aus Spätburgunder werden immer mehr geschätzt.
  RUF  Ist bekannt für die vorbildlich „grünen Ambitionen" und die herzhafte Art der Weine. Spezialisiert auf knochentrockenen Riesling.
  LAGEN  Lorcher Schlossberg, Kapellenberg, Krone, Pfaffenwies, Bodental-Steinberg.
  REBSORTEN  90% Riesl, 6% Spätburgunder.
  WEINHERSTELLUNG  Ökologischer Anbau, im Keller reduktiver Ausbau, kaum Eingriffe, um die Individualität zu erhalten. Die Weißweine werden teilweise in Holz vergoren. Traditionelle Maischegärung in Holzfässern für die Rotweine.
  LAGERUNG  Durch die kräftige Säure ein gutes Potenzial; mind. 2, 3 Jahre.
  REBFL/PROD  13 ha, ca. 14 000 Kisten/Jahr (inkl. 1 000 Kisten Sekt).

**Besitzer** Carl Albrecht Graf von Kanitz • **Kellermeister** Ralf Bengel • **Besuch** Mo-Fr 9-16, Sa 12-16 • **Adresse** Graf von Kanitz, Rheinstr. 49, D-65391 Lorch • **Tel.** 06726-346 • **Fax** 06726-2178

PRODUKTION        QUALITÄT        PREIS

## AUGUST KESSELER

GESCHICHTE  Er studierte in Geisenheim, holte sich Impressionen aus dem Ausland, übernahm in jungen Jahren zunächst ein kleines Gut, dann einen größeren Pachtbetrieb, den er 1984 kaufen konnte. Seitdem hat er diesen Betrieb (mit einem alten, doppelgeschössigen Keller im Schieferberg von Assmannshausen) beständig durch Zukauf und Pacht erweitert.
  WEINE  Innerhalb von zehn Jahren hat Kesseler den Stil seiner Weine mehrfach geändert, vom normalen Holzausbau bis zum exzessiven Barrique-Einfluss. Vor allem die Spätburgunder sind vom Barrique geprägt. Der Riesling ist elegant und hat eine markante Säure. Auch ein feinfruchtiger Weißherbst (Rosé) wird hergestellt.
  RUF  Als geschickter Vermarkter verstand es Kesseler, sich einen guten Ruf zu erwerben. Inzwischen wird er dem mit der Qualität seiner Rot- und neuerdings seiner Weißweine auch gerecht.
  LAGEN  Assmannshäuser Höllenberg, Rüdesheimer Berg Schlossberg, Roseneck, Rottland, Rüdesheimer Bischofsberg.

Kesseler vermarktet seine Weine geschickt und hat sich auch durch die Qualität einen guten Ruf aufgebaut.

REBSORTEN  50% Spätburgunder, 40% Riesling, 10% Silvaner.
  WEINHERSTELLUNG  Naturnah, ertragsmindernd, selektive Lese, schonende Verarbeitung. Beim Rotwein offene Maischegärung, biologischer Säureabbau. Ausbau im Tank und im traditionellen Holzfass, nur mehr minimal in Barrique.
  LAGERUNG  Rotweine der jüngeren Generation deutlich über 10 Jahre, Weißweine je nach Qualität 5-10 Jahre.
  REBFL/PROD  14 ha, 10 000 Kisten/Jahr.

**Besitzer** August Kesseler • **Kellermeister** Velten Tiemann • **Besuch** Mo-Fr 8-17, Sa/So nach Vereinbarung • **Adresse** August Kesseler, Lorcher Str. 16, D-65385 Assmannshausen • **Tel.** 06722-2513 • **Fax** 06722-47477

PRODUKTION        QUALITÄT        PREIS

## FREIHERR ZU KNYPHAUSEN

GESCHICHTE  Zisterziensermönche, die überall im Rheingau aktiv waren, gründeten 1141 auch den Klosterhof Drais. Er blieb bis zur Säkularisation im Klosterbesitz, wurde 1818 von der Adelsfamilie Knyphausen erworben und befindet sich jetzt in der siebten Generation in deren Besitz.

*Freiherr zu Knyphausen kaufte das Gut schon 1818. Man erzielt Erfolge mit weichen, eleganten Weinen.*

Der Vater des heutigen Inhabers war Mitbegründer der Erbacher Winzergenossenschaft (die beste im Rheingau); deshalb wird heute noch ein Teil des Ertrags an die Genossenschaft geliefert.
  WEINE  Fruchtig-elegante, stets ausgewogene Riesling-Weine mit moderater Säure, selten kräftig. Der größte Teil wird trocken oder halbtrocken ausgebaut.
  RUF  Entspricht dem zurückhaltenden, vornehmen Inhaber. Man tritt eher bescheiden und still auf.
  LAGEN  Erbacher Macrobrunn, Siegelsberg, Steinmorgen, Michelmark und Hohenrain, Hattenheimer Wisselbrunnen, Kiedricher Sandgrub, Eltviller Taubenberg, Rauenthaler Steinmächer.
  REBSORTEN  96% Riesl, 4% Spätburgunder.
  WEINHERSTELLUNG  Schonende Kelterung, Gärung im Edelstahl, beim Spätburgunder generell Holzfassausbau, beim Riesling gelegentlich. Späte Abfüllung.
  LAGERUNG  Die Weine entwickeln sich langsam und haben eine gute Alterungssubstanz.
  REBFL/PROD  22 ha, 14 000 Kisten/Jahr.

**Besitzer** Gerko Freiherr zu Knyphausen • **Kellermeister** Siegfried Schön • **Besuch** Mo-Sa 8-12 • **Adresse** Freiherr zu Knyphausen, Klosterhof Drais, D-65346 Eltville-Erbach • **Tel.** 06123-62177 • **Fax** 06123-4315

PRODUKTION     QUALITÄT     PREIS

## FRANZ KÜNSTLER

GESCHICHTE  Die Vorfahren betrieben schon im 17. Jh. Weinbau in Südmähren. Im Zweiten Weltkrieg wurde Franz Künstler vertrieben, war dann zunächst Betriebsleiter bei angesehenen Weingütern und machte sich 1965 in Hochheim selbständig. 1988 trat Sohn Gunter in den Betrieb ein und sattelte auf die Erfolge des Vaters bei den Weinprämierungen (Staatsehrenpreis, zwei Bundesehrenpreise) drauf. Bald gehörte das Gut zu den ersten Adressen im Rheingau.
  WEINE  Finessenreicher, stoffiger Riesling mit reichlich Extrakt, herb, aber trotzdem fruchtig. In geeigneten Jahrgängen elegante edelsüße Weine.

*Auch nach dem Eintritt von Sohn Gunter in den Betrieb gehört das Gut zu den ersten Adressen im Rheingau.*

Spätburgunder mit Struktur und feinem Tannin.
  RUF  Einer der strahlenden Aufsteiger der letzten Jahre; gehört zur deutschen Spitze.
  LAGEN  Hochheimer Hölle, Stielweg, Reichestal, Hofmeister, Kirchenstück, Herrenberg
  REBSORTEN  85% Riesling, 15% Spätburgunder.
  WEINHERSTELLUNG  Niedrige Erträge, schonender Ausbau mit langsamer, kühler Vergärung, teils in Stahl, teils im Holz. Bei Burgunder Maischegärung, vereinzelt Reife im kleinen Fass.
  LAGERUNG  Sehr gutes Potenzial bei Weißweinen, Rotwein einige Jahre in Form.
  REBFL/PROD  20 ha, ca. 13 000 Kisten/Jahr.

**Besitzer** Gunter Künstler • **Kellermeister** Frank Fischer • **Besuch** Mo-Fr 14-19, Sa 9-15 • **Adresse** Franz Künstler, Freiherr-von-Stein-Ring 3, D-65239 Hochheim • **Tel.** 06146-82570 • **Fax** -5767

PRODUKTION     QUALITÄT     PREIS

## JOSEF LEITZ

GESCHICHTE Der Weinbau in der Familie ist zwar schon seit 1744 erwähnt. Aber in den letzten Jahrzehnten hatte man es schwer. Antonius Leitz, der Vater des heutigen Betriebsleiters Johannes Leitz, verstarb 1965. Doris Leitz führte das Gut mit verwandtschaftlicher Unterstützung auf Sparflamme weiter, bis Johannes nach einer Lehre beim Johannishof (Eser) 1985 durchstartete. In kurzer Zeit hat er sich in die Elite hochgearbeitet.

WEINE Extrem saftig-fruchtiger Riesling, der schon im Aroma besticht. Stets ausgeprägte, aber feine Säure. Solider Rotwein, auch Weißherbst der knackigen Art.

RUF Einer der Senkrechtstarter in Deutschland.

LAGEN U.a. Rüdesheimer Berg Schlossberg und Berg Rottland.

REBSORTEN 90% Riesling, 10% Spätburgunder.

WEINHERSTELLUNG Sehr selektive Handlese, meist Ganztraubenpressung; langsame Vergärung ohne Reinzuchthefen; reduktiver Ausbau

*Josef Leitz hat den Ruf, unter die hundert besten Weingüter Deutschlands zu gehören, gefestigt.*

ohne Schönung, nur einmalige Filtration.

LAGERUNG Durch Säure und Frucht sehr gut lagerfähig.

REBFL/PROD 5,5 ha, ca. 3 000 Kisten/Jahr.

## FRED PRINZ

GESCHICHTE Eines der ungewöhnlichen Güter Deutschlands. Der junge Fred Prinz hat begonnen, sich mit einigen Parzellen in Hallgartener Lagen einen Traum zu verwirklichen. Vorläufig führt er den Mini-Betrieb nebenbei; hauptberuflich ist er Verkaufsleiter beim Hessischen Staatsweingut (das sein Fingerspitzengefühl für Riesling gut gebrauchen könnte). Zuvor war er bei Bernhard Breuer in Rüdesheim tätig, was ihm im Ausbau viel gebracht hat.

WEINE Ungemein saftige, fruchtige Weine mit bestechendem Säurespiel.

*Fred Prinz führt den Mini-Betrieb nebenbei; hauptberuflich ist er Verkaufsleiter beim Hessischen Staatsweingut.*

RUF Ein Newcomer, der erst seit 1991 (schwieriges Jahr) selbst ausbaut, schon beim Start überraschte, sich aber seitdem ständig verbessert. Man darf noch Großes von ihm erwarten.

LAGEN Hallgartener Jungfer, Schönhell, Hendelberg.

REBSORTEN 90% Riesling, 10% Spätburgunder.

WEINHERSTELLUNG Schonende Verarbeitung von Trauben und Wein, teilweise Ganztraubenpressung; wenn Süße, dann natürlich (keine Süßreserve).

LAGERUNG Zwar gibt es noch keine Erfahrungswerte, aber aufgrund ihrer Struktur ist den Weinen eine gute Haltbarkeit zuzutrauen.

REBFL/PROD 1,6 ha, ca. 1 000 Kisten/Jahr.

---

**Besitzer** Fam. Leitz • **Kellermeister** Johannes Leitz • **Besuch** Mo-Sa 9-17 • **Adresse** Josef Leitz, Theodor-Heuss-Str. 5, D-65385 Rüdesheim • **Tel.** 06722-2293 • **Fax** 06722-47658

PRODUKTION    QUALITÄT    PREIS

---

**Besitzer** Fam. Prinz • **Kellermeister** Fred Prinz • **Besuch** Nach Vereinbarung • **Adresse** Fred Prinz, Im Flachsgarten 5, D-65375 Hallgarten • **Tel.** 06723-999 847 • **Fax** 06723-999 848

PRODUKTION    QUALITÄT    PREIS

## QUERBACH

GESCHICHTE Die Querbachs stammen vom Mittelrhein, wo die Vorfahren schon im 17. Jahrhundert Weinbau betrieben. In Oestrich ist jetzt die zweite Generation ansässig. Der Betrieb hat

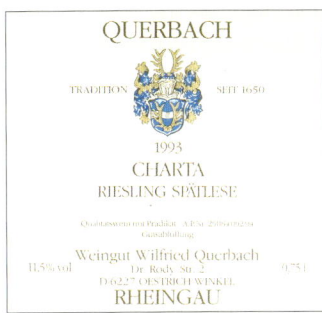

Querbach ist ein Weingut auf dem Vormarsch. Seine lagerfähigen Riesling-Weine werden immer populärer.

sich durch Erfolge bei Prämierungen und öffentlichen Verkostungen in den letzten Jahren profiliert; er gehört seit geraumer Zeit zur Elite Deutschlands.
WEINE Markante, säurebetonte, meist herbe Riesling-Weine (95%); dazu in guten Jahren edelsüße Weine mit Finesse, Schliff und schöner Frucht. Kerniger Spätburgunder. Guter Sekt.
RUF Gilt als einer der Stillen im Lande, ist aber Rheingau-Insidern ein guter Begriff.
LAGEN Oestricher Lenchen, Doosberg, Klosterberg, Hallgartener Schönhell, Winkeler Hasensprung.
REBSORTEN 84% Riesling, 16% Spätburgunder.
WEINHERSTELLUNG Umweltschonender Weinbau schon seit Jahrzehnten; schonende Maischeverarbeitung, Selbstklärung statt Separator, reduktiver Ausbau in Edelstahl und Holz, lediglich eine Filtration vor der Füllung. Beim Rotwein klassische Maischegärung, meist biologischer Säureabbau.
LAGERUNG Auch einfachere Prädikate (Kabinett, Spätlesen) haben eine erstaunliche Haltbarkeit. Einige Raritäten befinden sich noch im Verkauf.
REBFL/PROD 9 ha, ca. 9 000 Kisten/Jahr.

- **Besitzer** Wilfried & Resi Querbach
- **Kellermeister** Wilfried & Peter Querbach
- **Besuch** Mo-Fr 8-12, 13-18, nach Vereinbarung
- **Adresse** Querbach, Dr. Rody Str. 2, D-65375 Oestrich-Winkel • **Tel.** 06723-3887 • **Fax** 06723-87405

PRODUKTION    QUALITÄT    PREIS

## SCHLOSS REINHARTSHAUSEN

GESCHICHTE Das Gut ist seit 1337 nachweisbar und hatte verschiedene adelige Besitzer. 1855 erwarb es Prinzessin Marianne von Preußen; seither wurde es in der Linie der Preußen-Prinzen weitervererbt. 1959 wurde ein Hotel angegliedert. 1987 kaufte der Unternehmer Willi Leibbrand Hotel und Gut mehrheitlich, ließ es grundlegend renovieren, erlebte aber die beim Gut eingetretene Blüte nur mehr kurze Zeit.
WEINE Kraftvoller, manchmal intensiv fruchtiger Riesling; interessanter Chardonnay von der Insel Mariannenaue; neuerdings Spätburgunder mit Dichte.
RUF Nach dem Besitzerwechsel gab es durch Neuerungen im Keller eine sehr positive Entwicklung.
LAGEN Erbacher Schlossberg, Rheinhell, Marcobrunn, Siegelsberg, Hattenheimer Wisselbrunnen, Nussbrunnen.
REBSORTEN 85% Riesling sowie Weißburgunder, Chardonnay und Spätburgunder.
WEINHERSTELLUNG Ökologische Bewirt-

Reinhartshausen hat eine lange Geschichte aus dem 12. Jh. Die Weine sind kräftig und meist trocken.

schaftung auf der Insel Mariannenaue, sonst naturnaher Anbau; reduzierte Erträge, selektive Lese; schonende Verarbeitung, Ausbau im Edelstahl und traditionellen Holzfass.
LAGERUNG Sehr gute Substanz beim Riesling; edelsüße Weine etliche Jahrzehnte.
REBFL/PROD 72 ha, ca. 50 000 Kisten/Jahr.

- **Besitzer** Fam. Leibbrand & Friedrich Prinz von Preussen • **Kellermeister** Günter Kanning
- **Besuch** Nach Vereinbarung • **Adresse** Schloss Reinhartshausen, Hauptstr. 43, D-65346 Erbach
- **Tel.** 06123-676333 • **Fax** 06123-4222

PRODUKTION    QUALITÄT    PREIS

## SCHLOSS VOLLRADS

GESCHICHTE  Anno 1211 verkauften die Ritter von Greiffenclau bereits Wein an ein Mainzer Stift. Das Gut mit seinem repräsentativen, aber im Unterhalt aufwendigen Schloss hat also eine fast 800-jährige Geschichte, die hoffentlich Fortbestand hat. Seit Mitte der 70er Jahre wurde der Be-

*Die Familie Greiffenclau von Schloss Vollrads gilt als älteste Winzerfamilie im Rheingau.*

trieb von Erwein Graf Matuschka-Greiffenclau, 1997 verstorben, geleitet. Mit dem Jahrgang 1994 hat er nach einer schwierigen Phase die alte Klasse bewiesen.

WEINE  Fruchtbetonter, eleganter, oft herber Riesling mit lebhafter Säure. Pikante, edelsüße Gewächse.

RUF  Ein bekannter Name in der Weinwelt mit großer Produktion.

LAGEN  Schloss Vollrads, verschiedene Hallgartener Lagen, auf deren Angabe aber seit Jahren verzichtet wird.

REBSORTEN  100% Riesling.

WEINHERSTELLUNG  Ertragsreduzierender Anschnitt, selektive Handlese, schonende Verarbeitung, reduktiver Ausbau.

LAGERUNG  Überdurchschnittliches Potenzial; edelsüße Weine bleiben viele Jahrzehnte groß.

REBFL/PROD  51 ha (Vollrads), 22 ha (Löwenstein), 50–55 000 Kisten/Jahr.

**Besitzer**  Bank & Fam. Matuschka-Greiffenclau • **Kellermeister**  Ralph Herke • **Besuch**  Nach Vereinbarung • **Adresse**  Schloss Vollrads, D-65375 Oestrich-Winkel • **Tel.**  06723-660 • **Fax**  06723-1848

PRODUKTION         QUALITÄT         PREIS

## GEHEIMRAT J. WEGELER ERBEN

GESCHICHTE  Geheimrat Julius Wegeler erwarb 1882 die ersten Weinberge in Rüdesheim. Sie waren der Grundstock für den heute umfangreichen Weinbesitz der Koblenzer Sektkellerei Deinhard. Dazu gehören auch Güter in der Pfalz (Deidesheim) und an der Mosel (Bernkastel), die ebenfalls unter der Leitung von Güterdirektor Norbert Holderrieth stehen und ähnliches Format wie der Rheingauer Betrieb haben.

WEINE  Kraftvolle, stahlige Riesling-Weine mit schönem Säurenerv; fruchtbetonte, markante edelsüße Gewächse. Fast zum Kultwein avancierte in den letzten Jahren der Rheingauer Riesling

*Untadeliger, mit Leidenschaft geführter Betrieb, der auch bei einfacheren Qualitätsweinen überzeugt.*

„Geheimrat J" (stets der beste herbe Wein eines Jahrgangs); unter dieser Bezeichnung gibt es auch feinen Sekt.

RUF  Untadeliger, mit Leidenschaft geführter Betrieb, der immer die Spitze anstrebt, aber auch bei einfacheren Qualitätsweinen überzeugt.

LAGEN  Rüdesheimer Berg, Geisenheim Rothenberg, Winkeler Hasensprung, Jesuitengarten, Oestricher Lenchen.

REBSORTEN  99% Riesling.

WEINHERSTELLUNG  Weinbergbegrünung schon seit 1962, überwiegend Handlese, schonende Verarbeitung.

LAGERUNG  Sehr gute Lagerfähigkeit; Weine brauchen ohnehin 2, 3 Jahre, bis sie gut zugänglich sind.

REBFL/PROD  55 ha, ca. 33 000 Kisten/Jahr.

**Besitzer**  Fam. Rolf Wegeler • **Kellermeister**  Wolfgang Beck • **Besuch**  Mo-Fr 8-17, nach Vereinbarung. • **Adresse**  Geheimrat J. Wegeler Erben, Friedensplatz 9-11, D-65375 Oestrich-Winkel • **Tel.**  06723-7031 • **Fax**  06723-1453

PRODUKTION         QUALITÄT         PREIS

## Robert Weil

GESCHICHTE  Dr. Robert Weil, der Begründer, kaufte 1867 die ersten Weinberge in Kiedrich und erwarb 1879 den Gutshof. Das Weingut erwarb sich bald einen guten Namen über den Rheingau hinaus. Aber in den 70er und 80er Jahren begann der Ruf etwas zu verblassen. Ein star-

*Das Hauptgebäude wurde 1875 von Robert Weil erworben. Das Gut gehört zu den besten Deutschlands.*

kes finanzielles Engagement des japanischen Getränke-Konzerns Suntory machte einen Neuaufschwung möglich. Vor allem in Keller und Weinberge wurde enorm investiert. Einen starken Einfluss an der neuen Weil-Rolle hat der junge Wilhelm Weil, der im Betrieb blieb und schalten kann, als wäre es nach wie vor sein eigener.

WEINE  Ungemein saftige Riesling-Weine mit sehr ausgeprägtem, typischem Riesling-Bukett, das manchmal schon fast wieder zu ausladend ist. Enorm konzentrierte edelsüße Weine.

RUF  Gilt aufgrund der hohen Qualitäten der letzten Jahre als die Nummer eins im Rheingau.

LAGEN  Kiedricher Gräfenberg, Wasseros und andere in Hallgarten, Eltville und Erbach.

REBSORTEN  97% Riesl, 3% Spätburgunder.

WEINHERSTELLUNG  Umweltschonender Anbau, intensive Ertragsreduzierung, mehrfach gestaffelte Lese. Im Keller schonende Verarbeitung, Vergärung mit spezieller Riesling-Hefe in Stahl, Unterbrechung durch Kälte, längeres Lager auf der Feinhefe, Reifung meist im Holzfass.

LAGERUNG  Durch Erhaltung eigener Kohlensäure, stabiler Säure und Frucht sehr gutes Reifepotenzial.

REBFL/PROD  55 ha, 34 000 Kisten/Jahr.

> **Besitzer:** SG-Weingüterverwaltungsges.  •**Kellermeister:** Michael Thrien, Christian Engel  •**Besuch:** Mo-Fr 8-18, Sa 9-15  •**Adresse:** Robert Weil, Mühlberg 5, D-65399 Kiedrich  •**Tel.** 06123-2308  •**Fax** -1546  •**E-Mail** info@weingut-robert-weil.com  •**Homepage** www.weingut-robert-weil.com

## Weitere Produzenten

### Fritz Allendorf

Der frühere Rheingauer Weinbaupräsident Fritz Allendorf hat in einigen Jahrzehnten einen stattlichen Betrieb aufgebaut. Heute bewirtschaftet ihn Sohn Ulrich, gemeinsam mit Schwiegersohn Josef Schönleber. Frische, elegante oder blumig-fruchtige Riesling-Weine, weiche Spätburgunder oder leichte Weißherbst. LAGEN  Winkeler Jesuitengarten, Hasensprung, Rüdesheimer Berg Rottland, Assmannshäuser Höllenberg u.a. FAKTEN  48 ha, 37 000 Kisten/Jahr. 66% Riesling, 26% Spätburgunder u.a.

•**Besitzer:** Ulrich Allendorf **Kellermeister:** Josef Schönleber **Besuch:** Nach Vereinb. **Adresse:** Kirchstr. 69, D-65375 Oestrich-Winkel. **Tel.** 06723-5021. **Fax** -7699.

### Heinrich Baison

Seit 1720 baut die Familie Wein an. 1989 erfolgte die Umstellung auf ökologischen Weinbau. Der kernige, säurebetonte Öko-Riesling gehört zu den Besten in der Szene. LAGEN  Hochheimer Reichestal, Hölle, Kirchenstück, Hofmeister, Stein, Herrnberg. FAKTEN  5 ha, ca. 3 000 Kisten/Jahr. 90% Riesling, 10% Spätburgunder.

•**Besitzer:** Heinrich & Ursula Baison **Kellermeister:** Heinrich Baison **Besuch:** Nach telefonischer Vereinbarung. **Adresse:** Delkenheimer Straße 18-20, D-65239 Hochheim. **Tel.** 06146-9232. **Fax** 06146-9242.

### Jakob Christ

Der Maler und Lackierer Jakob Christ gründete das kleine Gut in den 30er Jahren. Rainer Haas legt Wert auf umweltschonenden Anbau, sorgfältigen Ausbau mit Zielsetzung Potenzial und versteht sich auf gutes Marketing. LAGEN  Rüdesheimer Berg Rottland, Berg Schlossberg, Berg Rosenheck, Bischofsberg u.a. FAKTEN  4 ha, ca. 3 000 Kisten/Jahr. 73% Riesling, 12% Spätburgunder, 8% Müller-Thurgau, 7% Weißburgunder.

•**Besitzer:** Rainer Haas **Kellermeister:** Rainer Haas **Besuch:** Nach Vereinbarung. **Adresse:** Grabenstr. 17, D-65385 Rüdesheim. **Tel.** 06722-2572. **Fax** 06722-2586.

### Diefenhardt

Jakob Diefenhardt erwarb den Besitz mit seinem mehr als 300 Jahre alten Keller 1917 vom Baron von Reichenau; heute gehört er der Familie Seyffardt. Umweltschonendes Bewirtschaften, niedrige Erträge und sorgfältige Verarbeitung der Trauben sorgen für gute Qualität mit angenehmer Riesling-Frucht. LAGEN  Martinsthaler Langenberg, Wildsau, Rödchen, Rauenthaler Rothenberg u.a. FAKTEN  17 ha, ca. 10 000 Kisten/Jahr. Riesling dominiert, gefolgt vom Spätburgunder.

•**Besitzer:** Fam. Seyffardt **Besuch:** Nach Vereinbarung. **Adresse:** Hauptstraße 9-11, D-65344 Martinsthal. **Tel.** 06123-71490. **Fax** 06123-74841.

## Weitere Produzenten im Rheingau

### STAATSWEINGUT KLOSTER EBERBACH

Die Geschichte ist beeindruckend. Vorläufer des großen Hessischen Staatsweingutes ist eine Gründung der Zisterziensermönche von 1135. Der Betrieb hat Besitz in einigen der besten Lagen des Rheingaus. Ein Weingut mit gutem Ruf und hohem Ansehen, obwohl die Qualität nicht sehr beständig ist. LAGEN Steinberger, Schönberger Herrnwingert, Heppenheimer Centgericht (Alleinbesitz) ferner Lagen in Assmannshausen, Rüdesheim, Hattenheim, Erbach, Rauenthal, Hochheim, Bensheim und Heppenheim. FAKTEN 121 ha, ca. 75 000 Kisten/Jahr. 99% Riesling.

•**Besitzer:** Delstaten Hessen **Besuch:** Täglich nach telefonischer Vereinbarung. **Adresse:** Schwalbacher Str. 56-62, D-65343 Eltville. **Tel.** 06123-61055. **Fax** 06123-4366.

### BERNHARD ESER

Ein bisschen verwirrend ist das mit den vielen Esers in Oestrich-Winkel. Hier heißen die Eigentümer Gerhard und Christa Eser (während ein Bernhard Eser Besitzer des Gutes Albert Eser ist). Gerhard und Christa sind ein begeisterungsfähiges, gründliches Winzerehepaar mit stets ansprechenden, gut lagerfähigen Weinen. LAGEN Oestricher Lenchen, Dosberg, Klosterberg. FAKTEN 7 ha, ca. 5 000 Kisten/Jahr. 88% Riesling, 10% Spätburgunder, 2% Rotberger.

•**Besitzer:** Gerhard & Christa Eser **Kellermeister:** Gerhard Eser **Besuch:** Nach Vereinbarung. **Adresse:** Römerstraße 7, D-65375 Oestrich-Winkel. **Tel.** 06723-3416. **Fax** 06723-7349.

### JOACHIM FLICK

Die Familie betreibt Weinbau seit 1775. Junior Reiner Flick, seit einigen Jahren in der Verantwortung, hat es in kurzer Zeit geschafft, mit sorgfältiger Arbeit im Weinberg und Keller deutlich zu machen, dass außerhalb des Rheingauer Kerngebiets ebenfalls überdurchschnittliche Qualität möglich ist. Zuletzt wurde eine Mühle zum Weingut umgebaut. Betrieb mit Zukunft! LAGEN Wickerer Stein, Mönchsgewann, Flörsheimer Herrnberg, Hochheimer Daubhaus. FAKTEN 7 ha, ca. 5 000 Kisten/J. 82% Riesl, 8% Spätburgunder, 6% Grauburgunder, 4% Weißburgunder.

•**Besitzer:** Reiner Flick **Kellermeister:** Reiner Flick **Besuch:** Mo-Fr, nach Vereinbarung. **Adresse:** Rheingaustraße 1, D-65439 Flörsheim-Wicker. **Tel.** 06145-6468. **Fax** 06145-54293.

### FORSCHUNGSANSTALT GEISENHEIM

Die Abteilung Weingut in der berühmten Wein-Universität Geisenheim ist zwar nicht klein, aber mit bedeutenden Weinen konnte man in der Vergangenheit selten aufwarten. In letzter Zeit ist man offenbar unter neuer Leitung im Fachgebiet Kellerwirtschaft bemüht, mehr und vorbildliche Akzente zu setzen, mit teilweise ansehnlichen Ergebnissen. LAGEN Geisenheimer Rothenburg, Kläuserweg, Mäuerchen, Fuchsberg, Rüdesheimer Magdalenenkreuz. FAKTEN 20 ha, etwa 15 000 Kisten/Jahr. 70% Riesling, 8% Spätburgunder, 7% Müller-Thurgau sowie Weißburgunder, Grauburgunder und Gewürztraminer.

•**Adresse:** Kirchspiel, D-65366 Geisenheim. **Tel.** 06722-502171. **Fax** 06722-5874.

### JAKOB JUNG

Ludwig Jung bewirtschaftet den Betrieb, der schon seit Generationen in Besitz der Familie ist, mit Akribie. Die Stärke ist der rassige, schlanke, säurebetonte Riesling aus sehr guten Lagen. Die Weine werden hauptsächlich trocken und halbtrocken ausgebaut. LAGEN Erbacher Michelmark, Hohenrain, Steinmorgen, Honigberg, Hattenheimer Hassel u.a. FAKTEN 8 ha, etwa 6 000 Kisten/Jahr. 84% Riesling, 12% Spätburgunder sowie Chardonnay, Gewürztraminer und Scheurebe.

•**Besitzer:** Ludwig Jung **Kellermeister:** Ludwig Jung **Besuch:** Nach Vereinbarung. **Adresse:** Eberbacher Str. 22, D-65346 Erbach. **Tel.** 06123-62359. **Fax** 06123-63273.

### KLAUS-PETER KESSLER

Mehr als 250 Jahre sind die Kesslers in Martinsthal zu Hause. Seit 1970 steht Klaus-Peter Kessler gemeinsam mit Gattin Inge in der Verantwortung; Sohn Stefan arbeitet bereits tatkräftig in dem soliden, weniger bekannten Betrieb mit. LAGEN Martinsthaler Wildsau, Langenberger, Rauenthaler Steinmächer, Eltviller Taubenberg, Sonnenberg. FAKTEN 10 ha, ca. 8 000 Kisten/Jahr. 83% Riesling, 15% Spätburgunder sowie Schwarzriesling.

•**Besitzer:** Klaus-Peter & Inge Kessler **Kellermeister:** Klaus-Peter Kessler **Besuch:** Nach Vereinbarung. **Adresse:** Heimatstraße 18, D-65344 Martinsthal. **Tel.** 06123-71235. **Fax** 06123-75361.

### ROBERT KÖNIG

Der Weinbau in der Familie König war bis weit in die 70er Jahre hinein eher Freizeitbeschäftigung. In den letzten Jahren änderten Vater und Sohn Robert König die Zielsetzung; jetzt gilt ihr Augenmerk dem Spätburgunder, mit aufsteigender Tendenz in der Qualität. LAGEN Assmannshäuser Höllenberg, Frankenthal, Hinterkirch, Rüdesheimer Berg Schlossberg. FAKTEN 6 ha, ca. 4 000 Kisten/Jahr. 96% Spätburgunder sowie Riesling.

•**Besitzer:** Robert König **Kellermeister:** Robert König **Besuch:** Nach Vereinbarung. **Adresse:** Landhaus Kenner, D-65385 Assmannshausen. **Tel.** 06722-1064. **Fax** 06722-48656.

## Weitere Produzenten im Rheingau

### Hupfeld Königin Victoriaberg

1850 war gewissermaßen ein Meilenstein in der Rheingauer Weingeschichte. Englands Königin Victoria gab einem Hochheimer Weinberg „huldvoll ihren Namen". Die späteren Besitzer, die Familie Hupfeld, nutzten dies vor einigen Jahren für den Gutsnamen. Kompakter, sortentypischer Riesling mit gutem Reifepotenzial. LAGEN U.a. Hochheimer Königin Victoriaberg, Winkeler Jesuitengarten, Hasensprung, Oestricher Lenchen. FAKTEN 12 ha, ca. 8 500 Kisten/Jahr. 94% Riesling, 6% Spätburgunder.

• **Besitzer:** Fam. Hupfeld **Kellermeister:** Henning Hupfeld **Besuch:** Nach Vereinbarung. **Adresse:** Rheingaustr. 113, D-65375 Oestrich-Winkel. **Tel.** 06723-3307. **Fax** -4556.

### Peter Jakob Kühn

1992 machte der Betrieb, der seit über 200 Jahren Weinbau betreibt, erstmals auf sich aufmerksam. Beim Wettbewerb des Magazins „Feinschmecker" belegte sein Riesling Kabinett den 1. Platz! Die schonende Verarbeitung von Trauben und Most wird hier in Qualität umgesetzt. LAGEN Oestricher Lenchen, Doosberg, Winkeler Gutenberg, Mittelheimer St. Nikolaus, Hallgartener Schönhell. FAKTEN 9 ha, ca. 6 000 Kisten/Jahr. 83% Riesling, 17% Spätburgunder.

• **Besitzer:** Peter Jakob Kühn **Kellermeister:** Peter Jakob Kühn **Besuch:** Nach Vereinbarung. **Adresse:** Mühlstraße 70, D-65375 Oestrich. **Tel.** 06723-2299. **Fax** -87788.

### Hans Lang

Der Ursprung des Guts liegt im 17. Jahrhundert. In den letzten Jahren hat sich Eigentümer Hans Lang mit viel Energie hochgearbeitet und dabei mehr mit Spätburgunder und Sekt als mit Riesling überrascht. Insgesamt aufsteigende Tendenz. LAGEN Hattenheimer Wisselbrunnen, Hassel, Schützenhaus, Heiligenberg, Hallgartener Schönhell u.a. FAKTEN 15 ha, ca. 9 000 Kisten/Jahr. 80% Riesl, 10% Spätburgunder, 4% Weißburgunder sowie Chard und Grauburgunder.

• **Besitzer:** Hans Lang **Kellermeister:** Hans Lang **Besuch:** Nach Vereinbarung. **Adresse:** Rheinallee 6, D-65347 Hattenheim. **Tel.** 06723-2475. **Fax** 06723-7963.

### Langwerth von Simmern

Das Freiherrlich Langwerth von Simmern'sche Rentamt ist eines der ältesten Rheingauer Güter (seit 1464 in Familienbesitz). Ehrliche, typische Rheingau-Riesling-Weine, am besten die süß ausgebauten. LAGEN Hattenheimer Mannbrunn, Nussbrunnen, Erbacher Marcobrunn, Rauenthaler Rothenburg, Baiken, Eltviller Sonnenberg, Kiedricher Sandgrub u.a. FAKTEN 32 ha, ca. 23 000 Kisten/Jahr. 95% Riesling sowie Spätburgunder, Weißburgunder und Chardonnay.

• **Adresse:** Kirchgasse 6, D-65343 Eltville. **Tel.** 06123-3007-8. **Fax** 06123-3009.

### Maximilianshof Oetinger

Der alte Adelshof im Ortskern von Erbach wurde 1828 von Maximilian Ritter und Edler von Oetinger erworben und befindet sich seitdem in Familienbesitz. Populär machte ihn auch der 1995 verstorbene Eberhard Ritter und Edler von Oetinger, der über Jahrzehnte hinweg in unnachahmlicher Art die Versteigerungen in Kloster Eberbach leitete. Sohn Christoph führt den Betrieb seit einigen Jahren und setzte den Stil des Vaters bei den Weinen fort: etwas knorrig, säurebetont, mit edelsüßen Spitzen. Heute auch sehr interessante Spätburgunder. LAGEN Erbacher Marcobrunn, Siegelsberg, Michelmark, Honigberg, Kiedricher Sandgrub, Eltviller Sonnenberg, Hattenheimer Hasel, Heiligenberg u.a. FAKTEN 8 ha, ca. 4 000 Kisten/Jahr. 87% Riesling, 10% Spätburgunder, 3% Müller-Thurgau.

• **Besitzer:** Christoph von Oetinger **Kellermeister:** Christoph von Oetinger **Besuch:** Täglich nach Vereinbarung. **Adresse:** Rheinallee 2, D-65346 Erbach. **Tel.** 06123-62648. **Fax** 06123-61743.

### Georg-Müller-Stiftung

Der ehemalige Eigentümer der Sektkellerei Matheus Müller (MM) überschrieb 1913 sein Weingut der Stadt Hattenheim. Diese wiederum wurde 1972 in die Stadt Eltville eingemeindet. So heißt der solide wirtschaftende Betrieb (Mitglied im VDP) im Untertitel „Weingut der Stadt Eltville". Die Weine sind gut lagerfähig. Sekt sowie klassischer Rheingau-Riesling werden hergestellt. LAGEN Hattenheimer Nussbrunnen, Wisselbrunnen, Engelsmannsberg, Schützenhaus, Hallgartener Jungfer, Erbacher Honigsberg u.a. FAKTEN 10 ha, ca. 5 000 Kisten/Jahr. 95% Riesling, 3% Spätburgunder, 2% Müller-Thurgau.

• **Besitzer:** Stadt Eltville **Besuch:** Nach Vereinbarung. **Adresse:** Eberbacher Str. 7, D-65347 Eltville. **Tel.** 06723-2020. **Fax** 06723-2035.

### Dr. Heinrich Nägler

Seit Beginn des 19. Jahrhunderts betreibt die Familie Weinbau. 1969 übernahm ihn Dr. Heinrich Nägler und verlegte den Sitz in ein Erbe seiner Gattin Wiltrud, die sich mitengagierte. Viel Riesling-Besitz in Spitzenlagen, schonende, rasche Verarbeitung des Leseguts - das hat den Betrieb bekannt gemacht. Im Vordergrund steht der klassische Riesling mit nuancierter Säure. LAGEN Rüdesheimer Berg Schlossberg, Roseneck, Rottland, Bischofsberg, Drachenstein, Klosterlay, Magdalenenkreuz. FAKTEN 7 ha, ca. 5 000 Kisten/Jahr. ca. 86% Riesling, 9% Ehrenfelser, 5% Spätburgunder.

• **Besitzer:** Wiltrud Nägler **Besuch:** Nach Vereinbarung. **Adresse:** Friedrichstr. 22, D-65385 Rüdesheim. **Tel.** 06722-2835. **Fax** 06722-47363.

## Weitere Produzenten im Rheingau

### Fritz Perabo

Die Familie stammt ursprünglich aus Spanien, lebt aber seit 1618 in Lorch, wo ein Perabo mehrfach Bürgermeister war. Christof Perabo, der heutige Inhaber, „begnügt" sich mit der Funktion als Vorsitzender des örtlichen Weinbauvereins und geht hier mit gutem Beispiel voran. Naturnahe Bewirtschaftung, niedrige Erträge und individuelle Pflege der Weine. Die Weine werden ausschließlich trocken ausgebaut. Die Spätburgunder werden teilweise in Barrique-Fässern ausgebaut. LAGEN U.a. Assmanhäuser Höllenberg, Lorcher Bodental-Steinberg, Kapellenberg, Krone, Schlossberg. FAKTEN 5 ha, ca. 4 000 Kisten/Jahr. 75% Riesling, 15% Spätburgunder, 5% Gewürztraminer u.a.

- **Besitzer:** Christof Perabo **Kellermeister:** Christof Perabo **Besuch:** Nach Vereinbarung. **Adresse:** Schauerweg 57, D-65391 Lorch. **Tel.** 06726-302. **Fax** 06726-2182.

### Schloss Schönborn

Die Schönborns gehören dem rheinischen Uradel an; seit 1349 ist Weinbau in der Familie belegt. Als beste Weine glänzen die Beeren- und Trockenbeerenauslesen. Auch der Barrique-ausgebaute Spätburgunder zeigt gute Resultate. LAGEN Hattenheimer Pfaffenberg (Alleinbesitz) sowie Lagen u.a. in Erbach, Geisenheim, Rauenthal, Oestrich, Johannisberg, Winkel, Rüdesheim, Assmannshausen, Lorch und Hochheim. FAKTEN 45 ha, ca. 30 000 Kisten/Jahr. 91% Riesling, 6% Spätburgunder, 3% Weißburgunder u.a.

- **Adresse:** Hauptstr. 53, D-65347 Hattenheim. **Tel.** 06723-91810.

### Josef Spreitzer

1991 feierte die Familie das 350-Jahr-Jubiläum, mit Blick auf eine gute Zukunft. Bernhard Spreitzer, der den Betrieb von Vater Josef 1953 übernahm, kann auf die Söhne Andreas und Bernd, die beide Weinbautechnik lernten, setzen. Erzeugt wird gradliniger, schnörkelloser Riesling mit knackiger Säure. LAGEN Oestricher Lenchen, Doosberg, Winkeler Jesuitengarten, Hattenheimer Wisselbrunnen, Hallgartener Schönhell u.a. FAKTEN 9 ha, ca. 6 000 Kisten/Jahr. 92% Riesling, 8% Spätburgunder.

- **Besitzer:** Fam. Spreitzer **Kellermeister:** Andreas & Bernd Spreitzer **Besuch:** Täglich nach Vereinbarung. **Adresse:** Rheingaustr. 86, D-65375 Oestrich-Winkel. **Tel.** 06723-2625. **Fax** 06723-4644.

### Troitzsch-Pusinelli

Otto Troitzsch übernahm das kleine Weingut nach dem Zweiten Weltkrieg als Autodidakt. Er produzierte konsequent gegen den Trend nur durchgegorene Weine und baute sich damit einen beachtlichen Fankreis auf. Der vor einigen Jahren verstorbene Schwiegersohn Dieter Pusinelli blieb mit Gattin Doris der Linie treu, ebenso der Sohn und jetzige Betriebsleiter Arne Pusinelli. LAGEN Lorcher Kapellenberg, Krone, Schlossberg, Pfaffenwies und Bodenthal-Steinberg. FAKTEN 4 ha, ca. 3 500 Kisten/Jahr. 55% Riesling, 15% Weißburgunder, 10% Spätburgunder sowie Gewürztraminer, Scheurebe und Müller-Thurgau.

- **Besitzer:** Fam. Pusinelli **Kellermeister:** Arne Pusinelli **Besuch:** Nach Vereinbarung. **Adresse:** Haus Schöneck, Bächergrund 12, D-65391 Lorch. **Tel.** 06726-9481. **Fax** 06726-9010.

*Die Schönborns gehören dem rheinischen Uradel an und der Weinbau ist seit 1349 in der Familie belegt.*

# NAHE

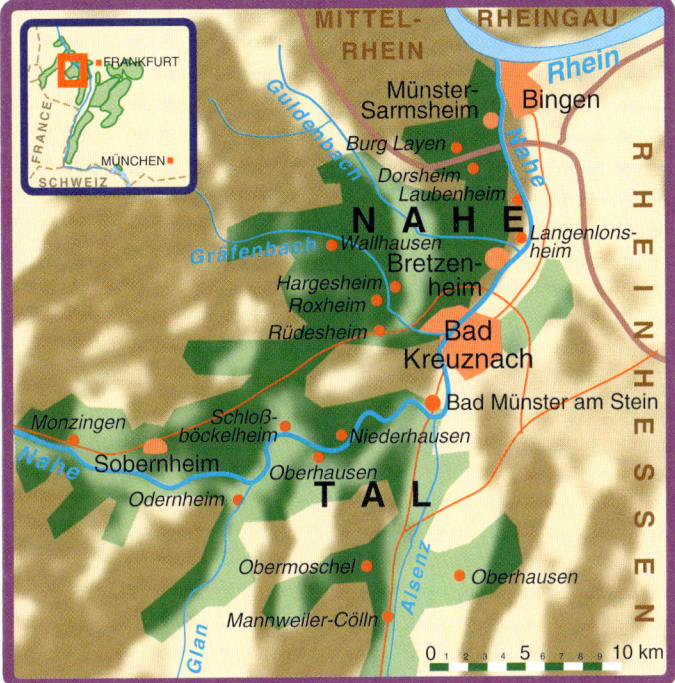

GESCHICHTE Erste urkundliche Nachweise des Weinbaus an der Nahe datieren aus dem 8. Jh. Sie finden sich vor allem in Urkunden des Klosters Lorsch. Funde von weinbaulichen Werkzeugen beweisen jedoch die Einführung des Weinbaus im ersten nachchristlichen Jh. durch die Römer. Mit der Ausbreitung des Christentums erlangte der Weinbau große Bedeutung. Wesentliche Eigentümer waren Klöster und Kirchen, später auch der Adel.

GEOGRAPHIE Die Nahe fließt auf 120 km Länge in West-Ost-Richtung und mündet bei Bingen in den Rhein. Auf den unteren 60 Kilometern erstreckt sich der Weinbau auf Steilhängen beiderseits des Flusses und seiner Seitentäler Alsenz, Glan, Gräfen- und Guldenbach: zwei Bereiche (Kreuznach und Schloss Böckelheim), die heute zum Nahetal zusammengeschlossen sind. Man findet 7 Großlagen und 312 Einzellagen.

KLIMA Von Soonwald und Hunsrück gegen Nordwinde geschützt. Mit nur 480 mm Jahresniederschlag zählt die Nahe zu den trockenen Gebieten.

BODEN Das Gebiet hat auf engstem Raum eine sehr große Bodenvielfalt: Grünschiefer, Buntsandstein, Schieferton, sandiger Lehm, Kiessand, Mergel, Rupelton, Löß, Lößlehm, Ton, Quarzporphyr, Porphyrit und Melaphyr.

WEINE Fast ausschließlich Weißweine (92%). Duftig-aromatische, kräftige und säurebetonte Weine an der mittleren und oberen Nahe (Bereich Schloss Böckelheim). Feinfruchtige, an die Mosel erinnernde Weine am Unterlauf des Flusses (Bereich Kreuznach).

REBSORTEN Weiß: 26% Riesling, 22% Müller-Thurgau, 10% Silvaner, 8% Kerner sowie Scheurebe, Weißburgunder, Grauburgunder und Traminer. Rote: Spätburgunder.

PRODUZENTEN Nur 9% der rund 2 000 Betriebe bewirtschaften über 5 ha.

REBFL/PROD 4 600 ha, rund 300 000 hl/Jahr.

WISSENSWERT Weitere Informationen: Weinland Nahe, Dessauer Straße 6, D-55545 Bad Kreuznach. Tel. 0671-27563. Fax 0671-27568.

## Paul Anheuser

GESCHICHTE Schon 1627 wurde in der Familie Weinbau betrieben. Ende 1800 wurde das Weingut von Rudolf Anheuser ausgebaut. Bis dahin umfasste es nur die Lage Kreuznach. Er kaufte

*Schon 1627 wurde in der Familie Weinbau betrieben und heute wird das Gut in 13. Generation geführt.*

neun Lagen dazu. Nach einigen Erbstreitigkeiten entstand schließlich das Weingut Paul Anheuser. Heute wird der Betrieb von Rudolf Peter Anheuser in 13. Generation geleitet. Sohn Rudolf K. ist für die Vinifizierung verantwortlich.

WEINE Vom schlanken, spritzigen Zechwein mit manchmal etwas spitzer Säure bis zum edelsüßen Gewächs reicht die Palette. Herb wird bevorzugt.

RUF Alteingesessenes Gut, bekannt für typische Nahe-Weine.

LAGEN Niederhäuser Pfingstweide, Schlossböckelheimer Königsfels, ferner Lagen in u.a. Kreuznach, Monzingen, Schlossböckelheim, Norheim, Altenbamberg und Roxheim.

REBSORTEN 72% Riesling, 14,5% Weißburgunder sowie Grau- und Spätburgunder.

WEINHERSTELLUNG Geringer Anschnitt, selektive Lese von Hand, schonende Kelterung und Ausbau vorwiegend im Eichenholzfass.

LAGERUNG Die edelsüßen Weine sind gut lagerfähig.

REBFL/PROD 62 ha, ca. 39 000 Kisten/Jahr.

**Besitzer** Rudolf P. Anheuser • **Kellermeister** Rudolf K. Anheuser • **Besuch** Mo-Fr 9-12, 14-17, Sa 9-12 oder nach Vereinbarung • **Adresse** Paul Anheuser, Stromberger Str. 15-19, D-55545 Bad Kreuznach • **Tel.** 0671-28748 • **Fax** 0671-42571

PRODUKTION    QUALITÄT    PREIS

## Crusius

GESCHICHTE Die Familie ist seit Ende des 16. Jh. in Traisen als Schultheißen (Bürgermeister) und Bauern ansässig. Über viele Jahrhunderte hinweg betrieb man einen landwirtschaftlichen Mischbetrieb. Mit der Abfüllung von Wein wurde nach dem 2. Weltkrieg begonnen. Die letzten beiden Generationen, Vater Hans und Sohn Peter, brachten den Betrieb qualitativ nach oben. 1994 wird als bestes Jahr in der Geschichte des Gutes bezeichnet.

WEINE Rassige Riesling-Weine mit verhaltener Frucht, markanter Säure, gut im Extrakt. Bevorzugt herbe Weine. Aus Mischsatz wird der Typenwein „HC trocken" erzeugt.

RUF Schon länger bekannt für ausgezeichnete Weißweine.

REBSORTEN 75% Riesling, 10% Müller-Thurgau, 10% Weißburgunder sowie Spätburgunder und Silvaner.

LAGEN Traiser Bastei, Rotenfels, Kickelskopf und Nonnengarten, Norheimer Kirschheck, Klosterberg, Niederhäuser Felsensteyer, Schlossböckelheimer Felsenberg.

*Im Weinberg wird auf kontrollierten, umweltschonenden Weinbau mit niedrigen Erträgen geachtet.*

WEINHERSTELLUNG Im Weinberg kontrollierter, umweltschonender Weinbau mit niedrigen Erträgen. Schonende Kelterung, Spontanvergärung. Ausbau in Holz (vorwiegend) und Stahl unter Berücksichtigung moderner Erkenntnisse.

LAGERUNG Durch die gute Säurestruktur sind auch die herben Weine länger haltbar. Brauchen etwas Zeit bis zur vollen Entfaltung.

REBFL/PROD 12,5 ha, 7 000 Kisten/Jahr.

**Besitzer** Dr. Peter Crusius • **Kellermeister** Dr. Peter Crusius • **Besuch** Täglich nach Vereinbarung • **Adresse** Crusius, Hauptstr. 2, D-55595 Traisen • **Tel.** 0671-33953 • **Fax** 0671-28219

PRODUKTION    QUALITÄT    PREIS

## SCHLOSSGUT DIEL

GESCHICHTE 1802 erwarb Peter Diel die Burg (12. Jahrhundert), ein Herrenhaus und Weinberge. Unter Dr. Ingo Diel, der das Gut von 1953 bis 1987 leitete, hatte der Betrieb bereits einen guten Bekanntheitsgrad. Sohn Armin Diel, der seit 1987 verantwortlich ist, steigerte ihn noch, korrigierte das Sortiment der Reben (Konzentration auf klassische Sorten) und wechselte die Geschmacksrichtung mehrfach. Neben „trocken" gibt es auch wieder diverse fruchtig-liebliche Abfüllungen. Neu ist ein kleiner Anteil Spätburgunder (auch für die Sektproduktion).
WEINE Füllige, elegante, zu 95% trocken ausgebaute Weine. Weine der Burgunderfamilie werden in Barriques ausgebaut. Die Weine sind kräftig und dezent im Holzton. Der Riesling ist zartfruchtig und oft körperbetont. Auslesen zeigen viel Frucht.
RUF Sehr gut bekannt, stark verbreitet in der Spitzengastronomie.
REBSORTEN 70% Riesling, 20% Grauburgunder sowie Weißburgunder und Spätburgunder.

*1802 erwarb Peter Diel die Burg aus dem 12. Jahrhundert, ein wunderschönes Herrenhaus und Weinberge.*

LAGEN Dorsheimer Pittermännchen, Goldloch, Burgberg.
WEINHERSTELLUNG Niedriger Ertrag mit selektiver Lese, schonende Kelterung, kühle Vergärung. Riesling-Ausbau im Stückfass und Stahl, die anderen Sorten in Barriques.
LAGERUNG Die Weine brauchen Zeit zur Entfaltung, halten dann gut.
REBFL/PROD 15 ha, 8 000 Kisten/Jahr.

**Besitzer** Armin Diel • **Kellermeister** Heribert Kastell • **Besuch** Nach Vereinbarung
• **Adresse** Schlossgut Diel, D-55452 Burg Layen
• **Tel.** 06721-96950 • **Fax** 06721-45047
• **E-Mail** armin.diel@aol.com

PRODUKTION    QUALITÄT    PREIS

## HERMANN DÖNNHOFF

GESCHICHTE Der erste Weinbauer in der Familie vertauschte vor ca. 250 Jahren die harte Arbeit als Bergmann in Westfalen mit der kaum weniger harten Arbeit als Winzer und Landwirt. Helmut Dönnhoff, der heutige Inhaber, übernahm nach der Ausbildung zum Weinbauingenieur in Geisenheim 1971 den Betrieb und führte ihn steil nach oben. Vater Dönnhoff verschaffte ihm dabei mit einem hohen Riesling-Bestand einen guten Start. Landwirtschaft wird schon lange nicht mehr betrieben.
WEINE Sehr stahlige, kompakte Riesling-Wei-

*Oberhäuser Brücke gehört zu den besten Lagen von Helmut Dönnhoff und seine Weine zu den besten in Nahe.*

ne, dicht, mineralisch. Hoher Anteil herber Weine. Angestrebt werden in jedem Jahr auch edelsüße Weine.
RUF Gehört zur absoluten Spitze im Gebiet und in Deutschland.
REBSORTEN 75% Riesling, 25% Weiß- und Grauburgunder.
LAGEN Oberhäuser Brücke, Felsenberg, Leistenberg und Kieselberg, Niederhäuser Hermannshöhle, Schlossböckelheimer Felsenberg, Kreuznacher Mollenbrunnen.
WEINHERSTELLUNG Niedrige Erträge im Weinberg sorgen für konzentrierte Weine. Ausgebaut wird im Holzfass. Durch scharfe Vorklärung gibt es auch Weine mit zarter Fruchtsüße.
LAGERUNG Ausgezeichnetes Reifepotenzial; die Edelsüßen können Jahrzehnte liegen.
REBFL/PROD 12,5 ha, 7 000 Kisten/Jahr.

**Besitzer** Helmut Dönnhoff • **Kellermeister** Helmut Dönnhoff • **Besuch** Nach Vereinbarung
• **Adresse** Hermann Dönnhoff, Bahnhofstr. 11, D-55585 Oberhausen • **Tel.** 06755-263
• **Fax** 06755-1067

PRODUKTION    QUALITÄT    PREIS

## EMRICH-SCHÖNLEBER

GESCHICHTE  Schon Jakob Emrich, Ururgroßvater der heutigen Besitzer und Bürgermeister von Monzingen, war bekannt für seine guten Weine. Der Name Schönleber kam Anfang der 50er Jahre in den Betrieb, als Wilhelm Schönleber, gebürtig in der Schwäbischen Alb, Hannelore Emrich heiratete. Später, als der Sohn und Nachfolger Werner Schönleber bereits mitarbeitete, wurde die frühere Viehhaltung aufgegeben und Ackerland gegen Weinberge getauscht. In den letzten Jahren wurde das Gut sukzessive erweitert. Mehrfach hat es Spitzenplätze beim Riesling-Erzeugerpreis erreicht.

WEINE  Zartgliedrige, sehr fruchtbetonte Weine mit feinem Säurespiel; exzellenter Sekt mit ähnlichem Charakter.

RUF  Einer der stillen, aber hervorragenden Winzer im Lande.

REBSORTEN  75% Riesling sowie Weißburgunder und Grauburgunder.

LAGEN  Monzinger Frühlingsplätzchen, Halenberg, Rosenberg. Überwiegend steile Südlagen.

„Ein Tag ohne Wein ist ein Tag ohne Sonnenschein", ist der Leitsatz auf der Fassade von Emrich-Schönleber.

WEINHERSTELLUNG  Schonende Verarbeitung der Trauben, meist Spontangärung mit natürlicher Hefe (kühl und langsam), vorher stärkere Vorklärung. Die Jungweine liegen bis Februar auf der Feinhefe (in Edelstahl und großen Eichenfässern).

LAGERUNG  Gut lagerfähig, die edelsüßen Spitzen Jahrzehnte.

REBFL/PROD  13 ha, 9 000 Kisten/Jahr.

**Besitzer** Werner und Hanne Schönleber • **Kellermeister** Werner Schönleber • **Besuch** Mo-Fr 8-12, 13-17, Sa 9-12, 13-16 • **Adresse** Emrich-Schönleber, Naheweinstr. 10a, D-55569 Monzingen • **Tel.** 06751-2733 • **Fax** 06751-4864

## HAHNMÜHLE

GESCHICHTE  Am Ortsende (oder -anfang) von Mannweiler-Cölln steht eine ehemalige Öl- und Getreidemühle aus dem 12. Jh. Das dazugehörige Weingut besteht seit 1820. Schon vor rund 70 Jahren stellte die Familie Linxweiler auf Flaschenvermarktung um. 1987 übernahmen Peter Linxweiler und seine Gattin Martina das Gut vom Senior Wolfgang, erweiterten die Rebfläche und stellten um auf ökologischen Weinbau. Heute ein Mustergut in der „grünen Weinszene".

WEINE  Von zum Teil 30, 40 Jahre alten Reben kommen extraktreiche Weine mit Spiel und

*Das Weingut Hahnmühle ist heute ein Mustergut in der „grünen Weinszene" im Nahe-Gebiet.*

Frucht. Zu den Besonderheiten gehören der knackige Silvaner und der hochelegante Riesling/Traminer aus traditionellem Mischsatz. Auch der Spätburgunder zeigt mehr Kraft, als man es von Nahe-Rotweinen gewöhnt ist.

RUF  Hat noch etwas Geheimtipp-Charakter, ist aber Kennern inzwischen ein Begriff.

REBSORTEN  60% Riesling, 10% Silvaner, 10% Weißburgunder, 10% Traminer sowie Chardonnay, Portugieser und Spätburgunder.

LAGEN  Cöllner Rosenberg, Alsenzer Elkersberg, Oberndorfer Beutelstein.

WEINHERSTELLUNG  Im Weinberg Verzicht auf chemisch-synthetische Dünge- und Pflanzenschutzmittel, niedrige Erträge, Selektion bei der Lese, schonender Ausbau in Eichenfässern (Rotwein teilweise in Barriques).

LAGERUNG  Gute Lagerfähigkeit.

REBFL/PROD  8 ha, ca. 5 000 Kisten/Jahr.

**Besitzer** Peter & Martina Linxweiler • **Kellermeister** Peter Linxweiler • **Besuch** Täglich 8-12, 14-18 • **Adresse** Hahnmühle, Alsenstr. 25, D-67822 Mannweiler-Cölln • **Tel.** 06362-993099 • **Fax** 06362-4466

## KRUGER-RUMPF

GESCHICHTE Gegründet wurde das Weingut bereits früh im 18. Jahrhundert. Aber bis vor rund 15 Jahren wurde fast die gesamte Produktion im Fass verkauft, auch an bekannte Güter. 1984 stieg Junior Stefan Rumpf in den Betrieb von Vater Heinz Rumpf ein (die letzte Kruger war dessen

*Das jährliche Weinfest bei Kruger-Rumpf, einem Weingut auf dem Vormarsch.*

Großmutter gewesen). Er stellte um auf Flaschenvermarktung, u.a. deshalb, weil der große Gutsausschank (seit 1994 zudem Weinstube mit pfiffiger Küche von Cornelia Rumpf) immer besseren Zulauf fand, und vergrößerte den Betrieb mit Arealen in steilen Lagen. Seit einigen Jahren gehört das Gut zu Deutschlands besten Gütern und ist Mitglied im VDP.
 WEINE 85% der Weine werden trocken ausgebaut. Meist Riesling mit prononcierter Säure und ansehnlicher Frucht. Weine mit Trauben- und Lagetypizität.
 RUF Gilt als einer der Nahe-Aufsteiger der letzten Jahre.
 REBSORTEN 75% Riesling sowie Weiß- und Spätburgunder.
 LAGEN U.a. Münsterer Dautenpflänzer, Pittersberg, Rheinberg, Kapellenberg, Burgberg, Sarmsheimer Steinkopf, Dorsheimer Goldloch.
 WEINHERSTELLUNG Maßvolle Erträge, reduktiver Ausbau, überwiegend im Holzfass, fast ausschließlich herb.
 LAGERUNG Weine mit Reifepotenzial, in der Jugend manchmal spröde.
 REBFL/PROD 16 ha, 10 000 Kisten/Jahr.

**Besitzer** Stefan Rumpf • **Kellermeister** Stefan Rumpf • **Besuch** Di-So 9-18, Weinproben Di-Sa 17 • **Adresse** Kruger-Rumpf, Rheinstr. 47, D-55424 Münster-Sarmsheim • **Tel.** 06721-43859 • **Fax** 06721-41882

PRODUKTION   QUALITÄT   PREIS

## MATHERN

GESCHICHTE Das Stammhaus der Familie datiert aus dem Jahr 1563. Weinbau wird seit vielen Generationen betrieben, früher in Kombination mit einem landwirtschaftlichen Mischbetrieb. Aber erst 1965 wurde die Umstellung auf hundertprozentige Flaschenabfüllung vollzogen. Das Gut hat sich seitdem ausgezeichnet entwickelt und mehrfach bei Landesprämierungen Staatsehrenpreise sowie Bundesehrenpreise bei der DLG-Prämierung erhalten. Eine gute Platzierung gab es beim Riesling-Erzeugerpreis.
 WEINE Fruchtige, harmonische Weine, beim Riesling auch schöne Säurestruktur und Rasse.

*Seit man 1965 auf Flaschenabfüllung umstieg, hat sich das Gut ausgezeichnet entwickelt.*

Kleines Angebot an süffigem Rotling (weiß, rot).
 RUF Einer der weniger bekannten Betriebe, mit deutlichem Aufwärtstrend in den letzten Jahren. Sehr preisgünstig auch noch im Auslese-Bereich (Riesling ab 11 Mark).
 REBSORTEN 80% Riesling sowie Müller-Thurgau, Kerner, Dornfelder u.a.
 LAGEN Niederhäuser Rosenberg, Klamm, Pfaffenstein, Rosenheck, Felsensteyer.
 WEINHERSTELLUNG Naturnaher Weinbau, schonende Kelterung, reduktiver Ausbau, frühe Abfüllung, um Frische und Aroma zu erhalten.
 LAGERUNG Riesling hat eine gute Haltbarkeit.
 REBFL/PROD 89 ha, ca. 8 000 Kisten/Jahr.

**Besitzer** Helmut Mathern • **Kellermeister** Helmut Mathern • **Besuch** Nach Vereinbarung • **Adresse** Mathern, Winzerstraße 7, D-55585 Niederhausen • **Tel.** 06758-6714 • **Fax** 06758-8109

PRODUKTION   QUALITÄT   PREIS

## Prinz zu Salm-Dalberg

GESCHICHTE Schon in Güterverzeichnissen aus dem frühen 13. Jh. sind Weinberge der Familie Dalberg erwähnt. Damit ist das Haus das wohl älteste Weingut der Welt. Die Familie Salm wurde erstmals 932 genannt. Eine Verbindung wurde hergestellt, als die Großmutter des heutigen Besit-

*Im Güterverzeichnis aus dem frühen 13. Jh. ist das Gut schon erwähnt und somit das älteste der Welt.*

zers 1911 den Prinzen Franz zu Salm-Salm heiratete. Sie führten den Betrieb gemeinsam und gehörten zu den Gründern des Vereins der Naturweinversteigerer (heute VDP) an der Nahe.

WEINE Überwiegend herbe Weißweine, manchmal etwas knorrig und säurebetont, in der Spitze filigran und elegant. Ganz bewusst belässt man ihnen „Ecken und Kanten". Zu den weniger bekannten Spezialitäten gehört der herzhafte, saftige Weißherbst vom Spätburgunder.

RUF Bekannt für eigenständige Weine aus ökologischem Anbau. Sehr hoher und beständiger Standard.

REBSORTEN 60% Riesling, 10% Spätburgunder u.a.

LAGEN Wallhäuser Johannisberg, Mühlenberg, Felseneck, Dalberger Schlossberg, Ritterhölle, Sommerlocher Steinrossel, Ratsgrund.

WEINHERSTELLUNG Niedrige Erträge, schonende Verarbeitung, Ausbau im Holz, Restsüße nur durch Gärungssteuerung. Spätburgunder wird in Barrique vergoren.

LAGERUNG Aufgrund ihrer Säurestruktur gute Reserven.

REBFL/PROD 12 ha, 6 000 Kisten/Jahr.

**Besitzer** Michael Prinz zu Salm-Salm • **Kellermeister** Harald Eckes • **Besuch** Mo-Fr 8-17, nach Vereinb. • **Adresse** Schloss Wallhausen, D-55595 Wallhausen • **Tel.** 06706-94411 • **Fax** 06706-94424 • **E-Mail** salm.dalberg@salm-salm.de • **Homepage** www.salm-salm.de

PRODUKTION   QUALITÄT   PREIS

## Schmidt

GESCHICHTE Es begann im 18. Jahrhundert mit dem Küfer und Weinbauer Johann Philipp Schmidt. In den letzten 20 Jahren hat sich das Gut hervorragend entwickelt. Man erhielt auch mehrere Staatsehrenpreise und Bundesehrenpreis bei den Weinprämierungen. Bei verschiedenen Wettbewerben schnitt man ebenfalls gut ab. Ein Verdienst von Vater Herbert und Sohn Andreas Schmidt (seit 1988 im Keller verantwortlich), die gut zusammenwirken.

WEINE Mehr als die Hälfte der Weine sind herb. Eine kräftige, aber nie grasige Säure ist gewünscht; sie gibt den Weinen ihre Struktur. Auch

*Das gute Zusammenwirken von Herbert Schmidt und Sohn Andreas hat viele Prämierungen zur Folge.*

die Ergänzungen zum Riesling, die breit gefächert sind, zeigen gute Rasse und Frucht.

RUF Vorläufig immer noch Geheimtipp-Charakter, wird aber allmählich bekannt.

REBSORTEN 56% Riesling, 16% MT sowie u.a. Kerner, Silvaner, Portugieser, Bacchus, Gewürztraminer, Weiß-, Spät- und Grauburgunder.

LAGEN Obermoscheler Silberberg, Schlossberg, Langhölle, Geißenkopf, Sonnenplätzchen.

WEINHERSTELLUNG Viel Umweltschonung im Weinberg, starke Ertragsreduzierung, später Lesezeitpunkt. Schonende Kelterung, Vergärung mit speziellen Reinzuchthefen, reduktiver Ausbau in Edelstahl und im Holzfass, anschließend längere Flaschenreife.

LAGERUNG Gutes Potenzial.

REBFL/PROD 17 ha, ca. 13 000 Kisten/Jahr.

**Besitzer** Herbert & Andreas Schmidt • **Kellermeister** Andreas Schmidt • **Besuch** Täglich, auch So, 9-20 • **Adresse** Schmidt, Luitpoldstraße 24, D-67823 Obermoschel • **Tel.** 06362-1265 • **Fax** 06362-4145

PRODUKTION   QUALITÄT   PREIS

## STAATLICHE WEINBAUDOMÄNE

GESCHICHTE Der Staat Preußen gründete das Gut im Jahr 1902 als Musterbetrieb für die Nahe. Für einen Teil der Anlage mussten damals Sträflinge schuften und Felsen sprengen. Seit 1945 gehört der Betrieb dem Land Rheinland-Pfalz. In den letzten Jahren gab es durch wechselnde Do-

*Die staatliche Weinbaudomäne wurde 1902 als Musterbetrieb für die Nahe vom Staat Preußen gegründet.*

mänenleitung immer wieder Unruhe, die sich auch etwas auf die Qualität auswirkte. Das Land versuchte außerdem, unrentable Lagen abzugeben und das Gut neu zu organisieren. Inzwischen bewegt man sich wieder in ruhigerem Fahrwasser.
WEINE Traditioneller Stil mit fruchtigen, saftigen Weinen, meist herb oder edelsüß.
RUF Unter den deutschen Staatsweingütern sicher eine der besten Adressen.
REBSORTEN 93% Riesling sowie Müller-Thurgau, Spätburgunder und Weißburgunder.
LAGEN Niederhäuser Hermannsberg, Schlossböckelheimer Kupfergrube und Felsenberg, Niederhäuser Hermannshöhle, Kerz, Steinberg, Traiserner Bastei, Altenbamberger Rotenberg, Münsterer Dautenpflänzer, Pittersberg, Steinkopf, Kapellenberg, Dorsheimer Burgberg, Goldloch, Honigberg.
WEINHERSTELLUNG Selektive Lese, schonende Kelterung und Verarbeitung, möglichst Spontangärung. Überwiegend Ausbau im traditionellen Holzfass. Die Rotweine werden in Barriques ausgebaut.
LAGERUNG Sehr gut lagerfähiger Riesling. Die edelsüßen Weine bleiben über Jahrzehnte in Form.
REBFL/PROD 36 ha, ca. 17 000 Kisten/Jahr.

**Besitzer** Land Rheinland-Pfalz • **Kellermeister** Kurt Gabelmann • **Besuch** Nach telefonischer Vereinbarung • **Adresse** Staatliche Weinbaudomäne, Niederhausen-Schloßböckelheim, D-55585 Oberhausen • **Tel.** 06758-92500 • **Fax** 06758-925019

PRODUKTION   QUALITÄT   PREIS

## WEITERE PRODUZENTEN

### ANTON FINKENAUER

Seit mehr als 250 Jahren ist die Familie im Weinbau tätig. Inhaber Hans-Anton Finkenauer legt Wert auf fruchtige Weine mit harmonischer Säure und guter Lagerfähigkeit. 80% trocken oder halbtrocken ausgebaute Weine. Zu seinen sonstigen Spezialitäten gehört feiner Sekt. LAGEN Kreuznacher Narrenkappe, Mönchberg, Gutenthal, Osterhöll, Mollenbrunnen, Hinkelstein, Forst, St. Martin, Brückes u.a. FAKTEN 30 ha, 60 hl/ha, ca. 17 000 Kisten/Jahr. 63% Riesling, 17% Müller-Thurgau, 5% Grauburgunder sowie Scheurebe, Optima und Spätburgunder.
• **Adresse:** Rheingrafenstr. 15, D-55543 Bad Kreuznach. **Tel.** 0671-62230. **Fax** 0671-62210.

### GÖTTELMANN

Die Familie betreibt seit 150 Jahren Weinbau. In den letzten Jahren haben die Eigentümer Ruth Göttelmann-Blessing und Götz Blessing (beide Diplom-Önologen) die Qualität merklich gesteigert. LAGEN U.a. Münsterer Dautenpflänzer, Pittersberg, Rheinberg. FAKTEN 8,5 ha, 5 000 Kisten/Jahr. 55% Riesling sowie Silvaner, Kerner, Chardonnay, Spätburgunder und Portugieser.
• **Besitzer:** Ruth & Götz Göttelmann **Kellermeister:** Ruth & Götz Göttelmann **Besuch:** Nach Vereinbarung. **Adresse:** Rheinstraße 77, D-55424 Münster-Sarmsheim. **Tel.** 06721-43775. **Fax** 06721-42605.

### HEHNER-KILTZ

1790 kam Nikolaus Kiltz durch Heirat nach Waldböckelheim und begründete das Weingut. Ein Teil der Fluren wurde dabei zu einem Naturschutzgebiet umgewandelt; die Weinberge werden umweltschonend bewirtschaftet. Saftiger, fruchtbetonter, harmonischer Riesling. LAGEN Felsenberg, Schlossböckelheimer Kupfergrube, Königsfels, Waldböckelheimer u.a. FAKTEN 10 ha, 5 000 K./J. 77% Riesl sowie Spätburgunder, MT (Rivaner), Silvaner, Kerner und Grauburgunder.
• **Besitzer:** Georg & Helmut Hehner **Kellermeister:** Georg Hehner **Besuch:** Tägl. 7-21. **Adresse:** Hauptstraße 4, D-55596 Waldböckelheim. **Tel.** 06758-7918. **Fax** -8620.

### MICHAEL KLÖREN

Als Michael Klören 1971 nach Laubenheim einheiratete, hatte seine Gattin Liesel einen halben Hektar Rebland. Die Fläche wurde bald erweitert und machte ab 1980 die volle Konzentration auf Weinbau erforderlich. Man wartet mit solider, immer wieder auch mal deutlich überdurchschnittlicher Qualität auf. LAGEN Laubenheimer Krone, Fuchsen, Karthäuser, u.a. FAKTEN 7 ha, 3 500 K./J., 52% Riesl, 12% Grauburgunder, 6% Weißburgunder sowie Chard, GT und Spätburgunder.
• **Besitzer:** Michael & Liesel Klören **Kellermeister:** Michael Klören **Besuch:** Nach Vereinbarung. **Adresse:** Am Steinkreuz 17, D-55452 Laubenheim. **Tel.** 06704-2550.

## Weitere Produzenten an der Nahe

### Klostermühle Odernheim

Der traditionsreiche Betrieb hieß früher Fritz Schmidt Erben und gehörte einer Erbengemeinschaft. Profil will man vor allem mit der Burgunder-Familie gewinnen. Die Ansätze sind vor allem bei den Weißweinen da, während der Barrique-Ausbau beim Spätburgunder noch nicht stimmig ist. LAGEN U.a. Odernheimer Montfort, Kloster Disibodenberg. FAKTEN 13 ha, 5 000 Kisten/Jahr. Riesling, Weißburgunder, Grauburgunder und Spätburgunder.

• **Besitzer:** Dr. Peter Becker & Christian Held **Kellermeister:** Markus Boor **Besuch:** Nach Vereinbarung. **Adresse:** Am Disibodenberg, D-55571 Odernheim. **Tel.** 06755-319. **Fax** 06755-320.

### Willi Schweinhardt Nachfolger

Ein Schweinhardt wurde 1611 erstmals als Bürgermeister erwähnt, weitere folgten in der Familiengeschichte. Zielsetzung einer gründlichen Arbeit, unterstützt mit moderner Technik, sind frische, stoffige Weine mit langer Lebensdauer. Am besten gelingt der Riesling. LAGEN Langenlonsheimer Rothenberg, Königsschild u.a. FAKTEN 33 ha, ca. 33 000 Kisten/Jahr. 40% Riesling, 10% Müller-Thurgau und u.a. Weiß-, Grau- und Spätburgunder sowie Scheurebe.

• **Besitzer:** Wilhelm & Axel Schweinhardt **Kellermeister:** Wilhelm Schweinhardt **Adresse:** Heddesheimer Str. 1, D-55450 Langenlonsheim. **Tel.** 06704-93100. **Fax** 06704-931050.

### Wilhelm Sitzius

Die Familie ist schon seit dem 16. Jh. in Langenlonsheim ansässig und betreibt in der 10. Generation Weinbau. Die heutigen Inhaber Wilhelm und Sonja Sitzius haben vor allem Steil- und Hanglagen zu pflegen. Beim Ausbau (Holzfass) werden fruchtige, spritzige Weine angestrebt. In guten Jahrgängen gelingen interessante edelsüße Gewächse. LAGEN Langenlonsheimer Königsschild, Löhrer Berg, Guldentaler Rosenteich, Krone, Niederhäuser Hermannshöhle, Oberhauser Kieselberg. FAKTEN 14 ha, 7 500 Kisten/Jahr. 45% Riesling, 15% Kerner sowie Müller-Thurgau (Rivaner), Silvaner, Scheurebe, Weiß-, Grau- und Spätburgunder.

• **Besitzer:** Wilhelm & Sonja Sitzius **Kellermeister:** Wilhelm Sitzius **Besuch:** Nach Vereinbarung. **Adresse:** Naheweinstr. 87, D-55450 Langenlonsheim. **Tel.** 06704-1309. **Fax** 06704-2781.

*Die Nahe ist eine hügelige und hübsche Region rund um den Fluss Nahe. Im Bild die Lage Rosenberg.*

# RHEINHESSEN

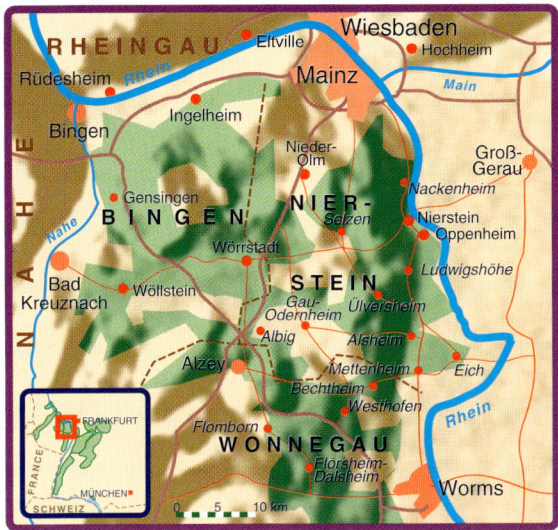

GESCHICHTE  Der Weinbau in Rheinhessen hat eine lange Geschichte, die bis in die Römerzeit zurückreicht. Man weiß, dass Karl der Große im 9. Jahrhundert die Weine der Gegend, um sein Schloss Kaiserpfalz in Ingelheim, sehr schätzte.

GEOGRAPHIE  Die Städte Bingen, Nierstein und Worms bilden die Spitzen eines großen Dreiecks, das im Norden und Osten vom Rhein abgegrenzt wird. Das Gebiet ist in die drei Bereiche Bingen, Nierstein und Wonnegau eingeteilt. Hier findet man 24 Großlagen und 442 Einzellagen.

KLIMA  Ein mildes, wohl temperiertes Klima. Rheinhessen wird vom Taunusgebirge und dem Odenwald vor Wind geschützt. In den günstigsten Lagen (Rheinfront und Bingen/Ingelheim) wird das Klima vom Temperaturausgleich des Rheins günstig beeinflusst.

BODEN  Veränderliche Böden mit Löß, Kalkstein, Sand, Mergel und Lehm ergeben meist milde, blumige Weine.

WEINE  Zum größten Teil (88%) Weißwein, oft etwas süßlich. Ein zunehmender Teil wird aber trocken hergestellt, u.a. unter dem Namen „Rheinhessen Silvaner RS". Liebfraumilch hat seinen Ursprung in Rheinhessen. Dieser Wein darf nur von Trauben der vier Bezirke Rheinhessen, Pfalz, Nahe oder Rheingau erzeugt werden. Man darf Trauben der verschiedenen Anbaugebiete nicht verschneiden und das Anbaugebiet muss auf der Etikette angegeben werden.

REBSORTEN  Weiße: 22% Müller-Thurgau, 13% Silvaner, 9% Riesling, 8,5% Kerner, 7% Scheurebe, 7% Bacchus sowie Weißburgunder, Grauburgunder (Ruländer), Rieslaner und Gewürztraminer. Rote: 6% Portugieser sowie Spätburgunder und Dornfelder.

PRODUZENTEN  Eine große Anzahl kleiner Winzer verkaufen 70% der Produktion an Kellereien und Genossenschaften. Etwa 3 000 Winzer füllen ihren Wein selbst in Flaschen.

REBFL/PROD  26 000 ha, ca. 1,9 Mio. hl/Jahr. Rheinhessen ist der größte Weinbereich Deutschlands.

JAHRGÄNGE  1997, 96, 94, 93, 92, 90, 89, 88, 85, 83, 79.

WISSENSWERT  Weitere Informationen: Rheinhessenwein, An der Brunnenstube 33-35, D-55120 Mainz. Tel. 06131-99680. Fax 06131-682701.

*Aussicht auf die berühmten Lage Ölberg, oberhalb von Nierstein, mit seinem alten Leuchtturm.*

## Bereiche in Rheinhessen

### Bingen

RUF Bingen ist der kleinste der drei Bereiche in Rheinhessen, der mit Ausnahme der Ortschaften Bingen und Ingelheim kaum erstklassige Weine produziert.

GEOGRAPHIE Der Bereich umfasst den nordwestlichen Teil Rheinhessens und grenzt an die Nahe im Westen und den Rheingau im Norden.

BODEN Verschieden, u.a. Lößboden, Kalkstein und Sand.

WEINE Hauptsächlich Weißwein, außer in Ingelheim, wo man Rotweine vor allem aus der Spätburgunder-Traube macht.

REBSORTEN Müller-Thurgau, Silvaner, Scheurebe, Kerner und Bacchus.

### Nierstein

RUF Der eindeutig beste Bereich Rheinhessens. Der Unterschied ist jedoch sehr groß zwischen den Weinen der Rheinfront („Rhein-Terrasse") und denen der flachen Weingärten im Bereichsinnern. Die besten Weinberge findet man direkt im Anschluss zum Rhein in Nierstein, Oppenheim und Nackenheim.

GEOGRAPHIE Die Anbaugebiete erstrecken sich von Mainz nach Süden, am Rhein entlang und ein Stück ins Landesinnere.

BODEN Wechselnde Böden. Bei Nierstein u. Nackenheim gibt es den roten Sandstein, der den Namen „Roter Hang" hervorbrachte.

WEINE Die besten Weinberge (und Winzer) produzieren elegante, vollmundige Weine, die zu den besten Deutschlands gehören.

REBSORTEN Im Bereich Nierstein und insbesondere an der Rheinfront ist der Anteil an Riesling wesentlich höher als in den übrigen Teilen Rheinhessens.

*Nierstein ist ohne Zweifel der beste Bereich in Rheinhessen, insbesondere Weine der „Rheinfront".*

### Wonnegau

RUF Im Bereich Wonnegau produziert man mit wenigen Ausnahmen meist Standardweine, die unter Großlagenamen wie Weinheimer Sybillenstein verkauft werden.

GEOGRAPHIE Besteht aus dem Bereich um die Städte Alzey und Worms, im südlichen Teil.

BODEN Wechselnd, u.a. Lößboden, Kalkstein und Sand.

WEINE Vorwiegend Weißweine von lieblichem Charakter, die oft in Verschnittweinen wie Liebfraumilch verwendet werden.

REBSORTEN Müller-Thurgau, Silvaner, Scheurebe, Kerner und Bacchus.

*Rheinhessen besitzt eine lange Weingeschichte, die bis in die Römerzeit zurückreicht. Das Wandern sowie das Biken durch die Weinberge ist sehr beliebt.*

DEUTSCHLAND • RHEINHESSEN

## GÖHRING

GESCHICHTE Weinbau ist in der Familie seit 1819 nachweisbar. In den 60er Jahren begab man sich auf den Neuzüchtungs-Trip; noch heute ist das Sortiment umfangreich, aber klassische Reben

*In den 60er Jahren begann man mit Neuzüchtungen und noch heute ist das Sortiment des Betriebs umfangreich.*

sind immer bedeutender geworden. Der Betrieb ist bei Landesprämierungen sehr erfolgreich (zahlreiche Staatsehrenpreise). Die eigene Sektproduktion hat sich gut entwickelt.
WEINE Fruchtbetonte, oft stoffige Weine (trockene Auslesen), aber auch feingliedrige, rassige edelsüße Gewächse, u.a. von Neuzüchtungen wie Albalonga, Huxelrebe. Der Anteil an herben Weinen liegt bei über 50 Prozent.
RUF Noch ein Geheimtipp; sehr gutes Preis-Leistungs-Verhältnis.
LAGEN Nieder-Flörsheimer Frauenberg, Goldberg, Mölsheimer Silberberg, Zellerweg am Schwarzen Herrgott, Dalsheimer Sauloch.
REBSORTEN 17% Riesling, 13% Müller-Thurgau, 13% Portugieser, 12% Weiß-, Grau- und Spätburgunder, 7% Dornfelder, 7% Huxelrebe u.a.
WEINHERSTELLUNG Ertragsbegrenzung, Lese auch nach (höherem) Säurewert und nicht nur nach Öchsle, scharfes Vorklären, gezügelte Gärung, sortenreiner, reduktiver Ausbau in verschiedenen Gebinden, zeitige Abfüllung. Rotwein ausschließlich in Holz.
LAGERUNG Mittlere Lagerfähigkeit.
REBFL/PROD 15 ha, 8 300 Kisten/Jahr.

**Besitzer** Wilfried & Marianne Göhring • **Kellermeister** Wilfried & Gerd Göhring • **Besuch** Täglich 9-18, nach Vereinbarung • **Adresse** Göhring, Alzeyer Straße 60, D-67592 Flörsheim-Dalsheim • **Tel.** 06243-408 • **Fax** 06243-6525

PRODUKTION    QUALITÄT    PREIS

## GUNDERLOCH

GESCHICHTE 1890 gründete der Mainzer Bankier Carl Gunderloch das Gut und machte sich von Anfang an für einen „naturreinen" Wein stark. Carl Zuckmayer setzte dem Qualitätspionier im Volksstück „Der fröhliche Weinberg" ein literarisches Denkmal. Der Betrieb befindet sich jetzt in der 5. Generation im Familienbesitz. In den letzten Jahren gab es eine gewaltige Zäsur. Durch Korrekturen in Weinberg und Ausbau wurde die Qualität enorm gesteigert.
WEINE Riesling-Weine mit konzentrierter Frucht und Raffinesse, kombiniert mit rassiger Säure. Exzellente Weltklasseweine im hohen Prädikatsbereich; bei anderen Sorten leichte Abstriche.
RUF Gilt als einer der Spitzenbetriebe für Riesling am Rhein; hat auch international zunehmend Anerkennung bekommen.
LAGEN Nackenheimer Rothenberg, Engelsberg, Niersteiner Hipping, Pettenthal u.a.
REBSORTEN 70% Riesling, 20% Silvaner und Grauburgunder sowie Müller-Thurgau.

*Gunderloch ist ein Gut in Familienbesitz, das sich auf naturreine Weine und niedrigen Ertrag konzentriert.*

WEINHERSTELLUNG Deutliche Ertragsbegrenzung, selektive Lese von Hand in Steil- und Hanglagen, sanfte Pressung, vollständige Vergärung in temperaturkontrollierten Edelstahltanks; langer Kontakt auf der Feinhefe. Ausbau in Halbstückfässern (600 l).
LAGERUNG Durch Frucht und Säure sehr gute Alterungssubstanz.
REBFL/PROD 11 ha, 6 000 Kisten/Jahr.

**Besitzer** Agnes Hasselbach-Usinger • **Kellermeister** Fritz Hasselbach • **Besuch** Nach Vereinbarung • **Adresse** Gunderloch, Gunderloch-Platz 1, D-55299 Nackenheim • **Tel.** 06135-2341 • **Fax** 06135-2431

PRODUKTION    QUALITÄT    PREIS

DEUTSCHLAND • RHEINHESSEN

## HEDESHEIMER HOF

GESCHICHTE Seit gut 250 Jahren gibt es Weinbau auf dem Hedesheimer Hof in Stadecken-Elsheim. In den letzten zehn Jahren setzte Jürgen Beck, der Hausherr, besondere Akzente. Er inspi-

*Der Hedesheimer Hof erzeugt schon seit 250 Jahren Wein, u.a. kraftvolle Grauburgunder*

rierte die Kollegen am Ort zu Sektpräsentationen und ging selbst mit der Erzeugung hochwertiger Sekte voran. Und er wusste bei etlichen Vergleichsproben zu glänzen. Immer bei den besten: der „Rheinhessen-Silvaner".

WEINE Im herben Bereich rassiger, fruchtiger Riesling, herzerfrischender Silvaner und kraftvolle Weißburgunder, Grauburgunder. Auch milde, gut abgestimmte Weine für den breiten Publikumsgeschmack. Rotweine von korrekter Qualität.

RUF Ein Geheimtipp für preiswerte, grundsolide Weine mit teilweise sehr gutem Niveau.

LAGEN Stadecker Lenchen, Spitzberg, Elsheimer Bockstein, Blume, Jugenheimer Goldberg.

REBSORTEN 25% Riesling, 29% rote Sorten (Spätburgunder, Portugieser, Dornfelder), 11% Müller-Thurgau sowie Silvaner, Grauburgunder und Weißburgunder.

WEINHERSTELLUNG Reduzierte Düngung und Ertragsbegrenzung durch entsprechenden Anschnitt. Ausbau der Weißweine im Tank (gezügelte Gärung), Rotweine nur im Holzfass. Sekt in klassischer Flaschengärung.

LAGERUNG Gute Substanz beim Riesling.

REBFL/PROD 19 ha, ca. 16 000 Kisten/Jahr.

**Besitzer** Jürgen, Michael & Gerda Beck • **Kellermeister** Jürgen & Michael Beck • **Besuch** Nach telefonischer Vereinbarung • **Adresse** Hedesheimer Hof, D-55271 Stadecken-Elsheim 1 • **Tel.** 06136-2487 • **Fax** 06136-92 44 13

PRODUKTION    QUALITÄT    PREIS

## FREIHERR HEYL ZU HERRNSHEIM

GESCHICHTE Die Weintradition in der Familie geht zurück auf den Erwerb eines Teils des Wormser Klostergartens (Liebfrauenstift) nach der Säkularisation (1806). Das Niersteiner Weingut wurde um 1900 erworben. Die Besitzerin Isa von Weymarn, die es gemeinsam mit ihrem Gatten Peter von Weymarn seit vielen Jahren bewirtschaftet, schloss den alten Kreis mit Worms wieder durch einen Einstieg, den das renommierte Wormser Exporthaus Valckenberg vornahm. Im „Tauschgeschäft" bewirtschaftet Heyl zu Herrnsheim die Wormser Valckenberg-Areale. Man gehörte zu den Vorreitern von ökologischem Weinbau in Rheinhessen.

WEINE Markanter, saftig-stahliger Riesling, sehr dichte, elegante Weißburgunder; etwas weniger Ausdruck bei Silvaner, eine Sorte, auf die man eigentlich sehr stolz ist.

RUF Gehört sicherlich zur absoluten Elite in Rheinhessen.

LAGEN Niersteiner Brudersberg (Alleinbesitz), Pettenthal, Hipping, Ölberg, Orbel u.a.

*Der Betrieb gehört mit seinen markanten, saftig-stahligen Rieslingen sicherlich zur Elite in Rheinhessen.*

REBSORTEN 60% Riesling, 20% Silvaner sowie verschiedene Burgunder-Sorten.

WEINHERSTELLUNG Ökologische, teilweise noch in der Vorstufe umweltschonende Bewirtschaftung, niedrige Erträge, Ausbau im Holzfass, aber auch im Edelstahl.

LAGERUNG Die edelsüßen Weine haben eine sehr gute Haltbarkeit, trockene Weine je nach Qualität 3-10 Jahre.

REBFL/PROD 40 ha, 16 000 Kisten/Jahr.

**Besitzer** Ahr-Familienstiftung • **Kellermeister** Bernd Kutschik • **Besuch** Mo-Fr 8-17 oder nach Vereinbarung • **Adresse** Freiherr Heyl zu Herrnsheim, Langgasse 3, D-55283 Nierstein • **Tel.** 06133-57 08 0 • **Fax** 06133-57 08 80 • **Homepage** www.heyl-zu-herrnsheim.de

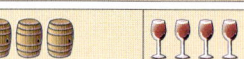 

PRODUKTION    QUALITÄT    PREIS

## KELLER

GESCHICHTE Gegründet wurde der Betrieb im Jahr der Französischen Revolution (1789). Aber es dauerte annähernd 200 Jahre, ehe dem Gut etwas Revolutionäres gelang. Seit geraumer Zeit sind die Kellers, ein sympathisches, herzliches Ehepaar, die größten „Absahner" unter den Privaten bei den Prämierungen. Darüber hinaus platzieren sie sich mit ihren Weinen bei etlichen Wettbewerben im Vorderfeld.

WEINE Trotz einer umfangreich anmutenden Sortenpalette (darunter die wertvollen Neuzüchtungen Rieslaner, Huxelrebe) gehört den klassischen Sorten der Vorzug. Wert wird auf die Betonung der Frucht gelegt, auch Säure muss spürbar bleiben. Neuerdings gibt es auch Rotweine (Portugieser) mit kräftiger Struktur. Auch Weißherbst (rosé) wird erzeugt.

RUF Bei Kennern gut bekannt, aber immer noch etwas unterschätzt. Kann mit den Spitzenbetrieben am Rhein konkurrieren.

LAGEN Dalsheimer Hubacker, Steig, Bürgel, Nieder-Flörsheimer Frauenberg u.a.

*Trotz einer umfangreichen Sortenpalette wird den klassischen Sorten der Vorzug gegeben.*

REBSORTEN 35% Riesling, 35% Weiß-, Grau- und Spätburgunder sowie Rieslaner (Müller-Thurgau), Silvaner und Huxelrebe.

WEINHERSTELLUNG Gute Pflege der Weinlagen, reduzierte Erträge, Lese auch nach dem Säuregrad, Verzicht auf Schönung und Entsäuerung, reduktiver Ausbau im Edelstahl (weiß) bzw. Holz (rot).

LAGERUNG Vor allem Riesling gut lagerfähig.

REBFL/PROD 13 ha, ca. 8 000 Kisten/Jahr.

**Besitzer** Klaus & Hedwig Keller • **Kellermeister** Klaus & Hedwig Keller • **Besuch** Mo-Sa 8-18 • **Adresse** Keller, Bahnhofstraße 1, D-67592 Flörsheim-Dalsheim • **Tel.** 06243-456 • **Fax** 06243-6686

PRODUKTION  QUALITÄT  PREIS

## NIERSTEINER WG

GESCHICHTE Die Genossenschaft wurde 1930 gegründet und verkaufte anfangs nur Fasswein. Ende der 50er, Anfang der 60er erfolgte die Verschmelzung mit verschiedenen Ortsgenossenschaften in der Umgebung und eine Namengebung zur Bezirkswinzergenossenschaft Rheinfront (wurde 1991 abgelegt). Die Flaschenvermarktung wurde in den 60er Jahren ausgebaut. In den 80er Jahren gab es die ersten großen Erfolge bei Prämierungen mit Staatsehrenpreisen und dem Bundesehrenpreis in Gold.

WEINE Vor allem fruchtiger, feingliedriger

*Die Niersteiner Winzergenossenschaft wurde 1930 gegründet und gehört zu den besten Deutschlands.*

Riesling; überraschende Müller-Thurgau und Silvaner mit eleganter Note.

RUF Gilt als eine der besten deutschen Genossenschaften.

LAGEN Niersteiner Rehbach, Ölberg, Auflangen, Dexheimer Doktor, Mainzer St. Alban u.a.

REBSORTEN 28% Müller-Thurgau, 27% Silvaner, 10% Riesling sowie Kerner, Portugieser und Spätburgunder.

WEINHERSTELLUNG In den Weinbergen sind die Mitglieder zur Umweltschonung angehalten. Schnelle, hygienische Verarbeitung, kontrollierte Gärung, Ausbau weitgehend reduktiv.

LAGERUNG Gute Lagerfähigkeit der besseren Weine.

REBFL/PROD 198 ha, ca. 150 000 Kisten/Jahr.

**Besitzer** 341 Mitglieder • **Kellermeister** Peter Eichler • **Besuch** Mo-Fr 9-12, 13-18, Sa 9-17 • **Adresse** Niersteiner WG, Karolingerstraße 6, D-55283 Nierstein • **Tel.** 06133-97070 • **Fax** 06133-60345 • **E-Mail** niersteinerwg@weine.de • **Homepage** www.weine.de/niersteinerwg

PRODUKTION  QUALITÄT  PREIS

## ST. ANTONY

GESCHICHTE Der Betrieb gehörte früher, ab 1920, zur Gutehoffnungshütte, die in Nierstein einen Kalksandsteinbruch besaß. Auch als das Unternehmen längst vom Konzern MAN geschluckt worden war, führte das Gut den Namen noch weiter; erst vor einigen Jahren erfolgte die Korrektur. Betriebsleiter ist seit 1978 Dr. Alex Michalsky, der damit in die Fußstapfen des Vaters trat. Unterstützt wird er von Gattin Dr. Ute Michalsky. Und in den letzten Jahren kam auch noch die Unterstützung des Konzerns dazu, der das Gut vernachlässigt hatte.

WEINE Enorm fruchtbetonte, rassige Riesling-Weine. Die edelsüßen Gewächse haben Weltklasseformat. Sehr guter Lagencharakter der Weine.

RUF Einer der besten Produzenten Deutschlands mit beständiger Qualität.

LAGEN Niersteiner Orbel, Ölberg, Hipping, Heiligenbaum, Pettenthal, Rosenberg, Schloss Schwabsburg, Rehbach, Findling, Paterberg u.a.

REBSORTEN 62% Riesling, 8% Weißburgunder, 13% rote Sorten (Portugieser, Spätburgunder, Dornfelder) u.a.

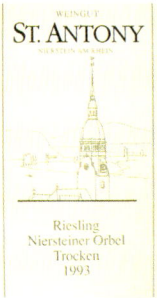

*St. Antony gehört zu den besten Häusern Deutschlands. Der Name stammt von einer Eisenhütte im Ruhrgebiet.*

WEINHERSTELLUNG Starke Ertragsbegrenzung, gezügelte Vergärung, Ausbau in Eichenfässern (Stück und Doppelstück).

LAGERUNG Sehr gut lagerfähig; auch mittlere Qualitäten halten 10 bis 20 Jahre.

REBFL/PROD 22,5 ha, 15 000 Kisten/Jahr.

**Besitzer** MAN AG München • **Kellermeister** Günter Ewert • **Besuch** Nach Vereinbarung, täglich 8-12, 14-17 und Fr 9-12 • **Adresse** St. Antony, Wörrstadter Str. 22, D-55283 Nierstein • **Tel.** 06133-5482 • **Fax** 06133-59139

PRODUKTION      QUALITÄT      PREIS

## SCHALES

GESCHICHTE Das Weingut befindet sich seit 1783 in Familienbesitz. Derzeit wird es in der siebten Generation bewirtschaftet; die nächste Generation steht bereits parat. Seit vielen Jahren gilt das große Gut als sehr zuverlässiger Lieferant guter Cuvée. Mit der Spitzenmarke „Trullo" (eine Cuvée) sowie Premiumsekt aus Beerenauslesen und sogar aus Eiswein hat man in den letzten Jahrzehnten besondere Akzente gesetzt. Bemerkenswert sind Schatzkammer (ältester Wein von 1945) und hauseigenes Weinmuseum.

WEINE Saftige, sortentypische Weine. Beson-

*Schales befindet sich seit 1783 in Familienbesitz und wird heute in der 7. Generation bewirtschaftet.*

dere Stärken sind Riesling und Weißburgunder sowie im edelsüßen Bereich die Huxelrebe und Rieslaner mit ihrem exotischen Aroma.

RUF Trotz der Größe und umfangreichen Weinpalette (rund 100 verschiedene Weine) wird das gleichmäßig gute Niveau geschätzt.

LAGEN Dalsheimer Steig, Sauloch, Hubacker, Bürgel, Flörsheimer Goldberg.

REBSORTEN 32% Riesling, 19% Müller-Thurgau, 16% Weißburgunder sowie Silvaner, Gewürztraminer und Spätburgunder.

WEINHERSTELLUNG Qualitätsorientierter, selektiver Anbau, Ertragsbegrenzung, reduktiver Ausbau ohne biologischen Säureabbau.

LAGERUNG Sehr gute Lagerfähigkeit, vor allem beim Riesling.

REBFL/PROD 48 ha, ca. 36 000 Kisten/Jahr.

**Besitzer** Fam Schales • **Kellermeister** Kurt Schales • **Besuch** Mo-Sa 8-12, 13-18 • **Adresse** Schales, Alzeyer Straße 160, D-67592 Flörsheim-Dalsheim • **Tel.** 06243-7003 • **Fax** 06243-5230

PRODUKTION      QUALITÄT      PREIS

## SCHERNER-KLEINHANSS

GESCHICHTE 1726 begann Zimmermann Joseph Jodokus Scherner in Dalsheim mit Weinbau. Die Betriebsgebäude aus dieser Zeit stehen heute unter Denkmalschutz. 1954 kam durch Heirat die Verbindung mit der aus dem Burgund stammenden Familie Kleinhanss zustande. In der neunten

*Scherner-Kleinhanss ist eine glückliche Verbindung einer deutschen und einer französischen Familie.*

Generation leitet Klaus R. Scherner das Gut, unterstützt von Gattin Monika. Er studierte vorher in Geisenheim, machte Praktika in Südfrankreich und arbeitete vier Jahre als Kellermeister in Nordamerika. Bereits mehrfach platzierte er sich beim Wettbewerb um den Deutschen Rotweinpreis an der Spitze.

WEINE Rotweine mit viel Dichte und Eleganz, Weißweine frisch und fruchtig, teilweise (Weißburgunder) sehr kräftig. Mit Selektionen wird Barrique-Ausbau der besseren Art praktiziert. Etwa 60% der Weine sind herb. Feinmaschiger Sekt.

RUF Hat sich an verschiedenen Wettbewerben mit seinen Rotweinen einen Namen gemacht

LAGEN Flörsheimer Frauenberg, Steig, Goldberg, Dalsheimer Sauloch u.a.

REBSORTEN 20% Riesling, 20% Müller-Thurgau, 11% Weißburgunder, 9% Spätburgunder, 7% Portugieser, 4% Silvaner u.a.

WEINHERSTELLUNG Qualitätsorientierter Anschnitt und Ausdünnung, selektive Lese, kühle, langsame Vergärung. Rotweine lange Maischegärung, teilweise Barrique-Ausbau.

LAGERUNG Mittlere Haltbarkeit, bei Rotweinen etwas länger.

REBFL/PROD 12 ha, ca. 5 000 Kisten/Jahr.

**Besitzer** Klaus Scherner • **Kellermeister** Klaus Scherner • **Besuch** Nach Vereinbarung • **Adresse** Scherner-Kleinhanss, Alzeyer Str. 10, D-67592 Flörsheim-Dalsheim • **Tel.** 06243-435 • **Fax** 06243-5665

PRODUKTION    QUALITÄT    PREIS

## G.A. SCHNEIDER

GESCHICHTE Kaspar Schneider kaufte zu Beginn des 19. Jh. die ersten Weinberge der Familie. Die Nachkommen erweiterten den Besitz zielstrebig, zuletzt in den 20er Jahren durch Georg Albrecht Schneider, Großvater des heutigen Besitzers. Er erwarb Areale in den besten Lagen von Nierstein. Der Enkel konnte erst im Herbst 1995 den Betrieb verlegen; Weinbereitung, Flaschenlager und Verkauf befinden sich seitdem an einem Platz.

WEINE Sehr saftiger, fruchtbetonter und traditioneller Riesling, muskulöse Gewächse aus der Burgunder-Familie.

*Das Weingut ist stolz auf sein überdurchschnittlich gutes Weinsortiment „für jeden Tag".*

RUF Genießt einen guten Ruf für Spitzenweine im „Normalbereich". Schneider will nicht unbedingt mit Beerenauslesen prunken, sondern ist stolz auf seine überdurchschnittlichen Weine „für jeden Tag". Gleichmäßig gutes Niveau.

LAGEN Niersteiner Hipping, Ölberg, Orbel, Pettenthal, Rosenberg, Kirchplatte, Paterberg, Bildstock, Findling.

REBSORTEN 45% Riesling, 25% Müller-Thurgau, 8% Kerner sowie Silvaner, Scheurebe, Grauburgunder und Weißburgunder.

WEINHERSTELLUNG Schonende Traubenverarbeitung, Vergärung vorwiegend mit Reinzuchthefen. Ausbau größtenteils im Eichenfass.

LAGERUNG Vor allem die Weine mit diskreter Restsüße sind gut lagerfähig.

REBFL/PROD 17 ha, ca. 10 000 Kisten/Jahr.

**Besitzer** Albrecht Schneider • **Kellermeister** Albrecht Schneider • **Besuch** Nach Vereinbarung • **Adresse** G.A. Schneider, Wilhelmstraße 6, D-55283 Nierstein • **Tel.** 06133-5655 • **Fax** 06133-5415

PRODUKTION    QUALITÄT    PREIS

## STALLMANN-HIESTAND

GESCHICHTE  Der Stallmannshof war schon vor einigen hundert Jahren ein landwirtschaftliches Anwesen mit etwas Weinbau. Bevor Werner Hiestand, heutiger Eigentümer, in die Familie einheiratete, wurde der Wein im Fass verkauft. Erst 1973 begann man mit der Flaschenabfüllung und

*Der engagierte Winzer war einer der ersten in der Region, der sich vor allem auf trockene Weine konzentrierte.*

der Spezialisierung auf Weinbau. Der engagierte Winzer war einer der ersten in der Region, der sich bevorzugt auf trockene Weine konzentrierte. Geht als Präsident des Weinbauverbandes Rheinhessen mit gutem Beispiel voran.
WEINE  Die Weine, im Gegensatz zu vielen Betrieben in Rheinhessen, entstammen fast ausschließlich klassischen Rebsorten. Sie sind betont herb, schnörkellos und sortentypisch.
RUF  Bekannt für Weine mit sehr gutem Preis-Leistungs-Verhältnis.
LAGEN  Uelversheimer Aulenberg, Schloss, Dienheimer Tafelstein, Kreuz, Siliusbrunnen, Guntersblumer Kreuzkapelle, Eiserne Hand, Steig-Terrassen.
REBSORTEN  25% Riesling, 15% Silvaner, 13% Weiß-, Grau- und Spätburgunder u.a.
WEINHERSTELLUNG  Geringe Pressausbeute beim Weißwein, scharfes Vorklären, gezügelte Vergärung; bei Rotwein Abbeeren, Maischegärung, neuerdings etwas Barrique-Ausbau.
LAGERUNG  Weißweine 3-5 Jahre, Rotweine 6-8 Jahre.
REBFL/PROD  16,5 ha, ca. 14 000 Kisten/Jahr.

**Besitzer** Dipl. Ing.-Agr. Werner Hiestand • **Kellermeister** Dipl. Ing.-Agr. Werner Hiestand • **Besuch** Mo-Fr 9-19, Sa 9-17 • **Adresse** Stallmann-Hiestand, Eisgasse 15, D-55278 Uelversheim • **Tel.** 06249-8463 • **Fax** 06249-8614

PRODUKTION   QUALITÄT   PREIS

## WITTMANN

GESCHICHTE  Die Vorfahren wurden bereits 1663 als Besitzer des kurpfälzischen Seehofs erwähnt. Die Senioren Georg und Irmgard Wittmann haben den Betrieb in den 60er Jahren geformt, der heutige Besitzer Günter Wittmann und Ehefrau Elisabeth haben ihn weiterentwickelt. Sie sind auch das Wagnis des ökologischen Weinbaus eingegangen (Mitglied bei Naturland) und haben wegen ihrer Qualität zunehmend Beachtung in den Medien gefunden.
WEINE  Vor allem mineralisch anmutende, stoffige Riesling-Weine; ausgezeichneter, würziger Chardonnay im Normalausbau. Insgesamt sind

*Die Wittmanns sind das Wagnis des ökologischen Weinbaus eingegangen und Mitglied bei Naturland.*

80% der Weine herb, der Rest edelsüß.
RUF  Öko-Gut mit gutem Format, nicht immer ganz konstant. Bester Riesling jedes Jahrgangs mit Künstleretiketten als Edition.
LAGEN  Westhofener Morstein, Steingrube, Aulerde, Kirchspiel.
REBSORTEN  39% Riesling, 16% Müller-Thurgau, 10% Silvaner, 10% Weißburgunder sowie Chardonnay, Scheurebe, Bacchus, Huxelrebe, Spätburgunder und St. Laurent.
WEINHERSTELLUNG  Schonende Traubenverarbeitung, Spontangärung, früher Abstich ohne technische Hilfsmittel, weiterer sorgfältiger Ausbau im eindrucksvollen alten Gewölbekeller unter Beachtung der Säure-Stabilisierung.
LAGERUNG  Gut lagerfähiger Riesling; die Schatzkammer reicht bis ins Jahr 1921 zurück.
REBFL/PROD  17 ha, ca. 17 000 Kisten/Jahr.

**Besitzer** Günter Wittmann • **Kellermeister** Günter & Philipp Wittmann • **Besuch** Nach Vereinbarung • **Adresse** Wittmann, Mainzer Str. 19, D-67593 Westhofen • **Tel.** 06244-90 50 36 • **Fax** 06244-55 78

PRODUKTION   QUALITÄT   PREIS

## WEITERE PRODUZENTEN IN RHEINHESSEN

### BRÜDER DR. BECKER

Das Weingut der Familie Pfeffer gehört zu den Pionieren des ökologischen Weinbaus in Rheinhessen. Die Weine werden betont herb und mit merklicher Säure im Holzfaß ausgebaut und gehören zu den besten in der Ökoszene. LAGEN Dienheimer Tafelstein, Paterhof, Ludwigshöher Teufelskopf. FAKTEN 11 ha, ca. 8 000 Kisten/Jahr. 40% Riesling, 20% Silvaner, 20% Scheurebe, 15% Burgunder-Sorten u.a.

• **Besitzer:** Fam. Pfeffer **Kellermeister:** Lotte & Hans Müller **Besuch:** Nach Vereinb. **Adresse:** Mainzerstr. 3, D-55278 Ludwigshöhe. **Tel.** 06249-8430. **Fax** -7639.

### BERND DIETZ

Weinbau gab es schon lange in der Familie, aber erst in den letzten Jahren wurde der Übergang zur Selbstvermarktung vollzogen. Der gründliche Weinbautechniker Bernd Dietz hat noch ein buntes Sortenspektrum (beachtlich hier: Albalonga), aber der Schwerpunkt liegt bei klassischen Reben. LAGEN Oppenheimer Schloß, Kreuz, Herrengarten, Dienheimer Falkenberg. FAKTEN 13 ha, ca. 7 000 K./Jahr. 30% Riesl sowie Silvaner, MT, Spätburgunder, Grauburgunder, Dornfelder u.a.

• **Besitzer:** Bernd Dietz **Kellermeister:** Bernd Dietz **Besuch:** Nach Vereinbarung. **Adresse:** Wormser Str. 85, D-55276 Oppenheim. **Tel.** 06133-3385.

### LOUIS GUNTRUM

Die Geschichte des Niersteiner Hauses reicht zurück bis ins Jahr 1648. Stärken sind die aus selektiver Lese gewonnenen Riesling-Weine. LAGEN Niersteiner Pettenthal, Ölberg, Heiligenbaum, Oppenheimer Schützenhütte, Sackträger u.a. FAKTEN 32 ha, 30 000 Kisten/Jahr. 52% Riesling, 18% Müller-Thurgau sowie Silvaner, Scheurebe, Kerner und Gewürztraminer.

• **Besitzer:** Hanns Joachim Guntrum **Kellermeister:** Karl-Heinz Tappertzhofen **Besuch:** Nach Vereinb. **Adresse:** Rheinallee 62, D-55283 Nierstein. **Tel.** 06133-97170. **Fax** 06133-971717.

### KISSINGER

Der Betrieb wurde um 1900 gegründet. Mit Eintritt des jungen Betriebsnachfolgers Jürgen Kissinger Ende der achtziger Jahre begann eine neue Ära mit konsequenter Verfolgung des Qualitätsgedankens. Die Stärke ist zweifellos der Riesling. Filigraner sind Riesling-Kabinett und -Spätlesen mit feiner Frucht und nerviger Säure. Auch die Burgunder-Familie zeigt gutes Niveau. LAGEN Dienheimer Schloß, Uelversheimer Tafelstein, Aulenberg. FAKTEN 10 ha, ca. 4 400 Kisten/Jahr. 27% Riesling sowie Silvaner, Weiß-, Grau- und Spätburgunder.

• **Besitzer:** Jürgen Kissinger **Kellermeister:** J. Kissinger **Besuch:** Nach telef. Vereinb. **Adresse:** Römerstr. 11, D-55278 Uelversheim. **Tel.** 06249-7448, -7969. **Fax** -7989.

### KÖSTER-WOLF

Das Weingut machte früher Karriere mit lieblichen Neuzüchtungen. Aber unter Senior Werner Köster wurde rechtzeitig reagiert. Schwiegersohn Manfred Wolf, der vom Junior Claus unterstützt wird, kann längst ein solides Sortiment an herben Gewächsen von klassischen Sorten vorweisen. LAGEN Albiger Hundskopf, Schloß Hammerstein, Flonheimer Rothenpfad u.a. FAKTEN 24 ha, ca. 20 000 Kisten/Jahr. 15% Müller-Thurgau, 15% Riesling, 10% Silvaner, 9% Weißburgunder, 8% Huxelrebe sowie Spätburgunder, Portugieser und Dornfelder u.a.

• **Besitzer:** Manfred Wolf **Kellermeister:** Claus Wolf **Besuch:** Nach Vereinbarung. **Adresse:** Langgasse 62, D-55234 Albig. **Tel.** 06731-2538. **Fax** 06731-46474.

### KRUG'SCHER HOF

Die Familie Menger-Krug ist seit zehn Generationen im Weinbau tätig. In den letzten zehn Jahren hat sie sich vor allem im Bereich Sekt mit Premium-Produkten einen guten Namen gemacht. Zum Besitz gehört auch noch ein Weingut in der Pfalz (Motzenbäcker, Ruppertsberg). LAGEN Alzeyer Römerberg; Gau-Köngernheimer Vogelsang u.a. FAKTEN 55 ha, 40 000 Kisten/Jahr. 70% „Burgunder-Sorten" (Weiß-, Grau- und Spätburgunder sowie Chardonnay), 30% Riesling u.a.

• **Besitzer:** Fam. Menger-Krug **Kellermeister:** Klaus Menger-Krug **Besuch:** Nach Vereinbarung. **Adresse:** Am Grünen Weg 15, D-55230 Gau-Köngernheim. **Tel.** 06733-1337. **Fax** 06733-1700.

### H.L. MENGER

Dagmar Rückrich-Menger und ihr Gatte Horst Menger führen einen großen Betrieb mit Engagement und beachtlicher Stärke beim Riesling; außerdem machen sie sich als Erhaltungszüchter der Uraltsorte Malvasier verdient. LAGEN Alsheimer Frühmesse, Mettenheimer Schloßberg, Michelsberg, Goldberg, Westhofener Steingrube, Flonheimer Geisterberg. FAKTEN 25 ha, etwa 20 000 Kisten/Jahr. 24% Riesling, 21% Müller-Thurgau sowie Malvasia, Silvaner, Gewürztraminer und Chardonnay.

• **Besitzer:** Dagmar & Horst Menger **Kellermeister:** Horst Menger **Besuch:** Nach Vereinbarung. **Adresse:** Hauptstr. 12, D-67575 Eich. **Tel.** 06246-298. **Fax** 06246-1669.

### MICHEL-PFANNEBECKER

Das Gut ist aus zwei Flomborner Betrieben entstanden. Die Brüder Heinfried und Gerold Pfannebecker gehören zweifellos zu den viel versprechendsten Winzern in Rheinhessen, mit ihrer Konzentration auf klassische Sorten, der Bevorzugung der herben Stilrichtung und dem schonenden Ausbau, bei dem der Sortentyp besonders betont wird. LAGEN Flomborner Feuerberg,

## Weitere Produzenten in Rheinhessen

Goldberg, Westhofener Steingrube, Eppelsheimer Felsen u.a. FAKTEN 10 ha, ca. 5 000 Kisten/Jahr. 15% Riesling, 15% Silvaner, 14% MT, 10% Grauburgunder, 10% Portugieser sowie Spätburgunder, Weißburgunder und Chardonnay.
• **Besitzer:** Heinfried & Gerold Pfannebecker **Kellermeister:** Heinfried Pfannebecker **Besuch:** Nach Vereinbarung. **Adresse:** Langgasse 18, D-55234 Flomborn. **Tel.** 06735-355, 1363. **Fax** 06735-8365.

### Rappenhof Dr. Muth

Dr. Reinhard Muth befasste sich als einer der ersten mit Barrique-Ausbau und Chardonnay und versucht sich in den letzten Jahren, gemeinsam mit den Söhnen Klaus und Hermann (Kellermeister), nicht ohne Erfolg an interspezifischen Sorten (Orion, Regent). LAGEN Niersteiner Pettenthal, Ölberg, Dienheimer Tafelstein u.a. in Alsheim, Guntersblum, Ludwigshöhe und Oppenheim. FAKTEN 45 ha, 30 000 Kisten/J. Ca. 40% Riesling, 30% Weiß- und Rotburgunder sowie Chard, Kerner, MT, Scheurebe, Silvaner und GT.

*Rappenhof hat eine mehr als 400-jährige Tradition. Heute gehört das Gut zu den innovativeren in Rheinhessen.*

• **Besitzer:** Dr. Reinhard Muth **Kellermeister:** Hermann Muth **Besuch:** Nach Vereinbarung. **Adresse:** Bachstraße 47, D-65577 Alsheim. **Tel.** 06249-4015. **Fax** -4729.

### Gerhard Sander

Otto-Heinrich Sander war in den 50er Jahren unter schwierigen Bedingungen der erste konsequente Öko-Winzer Deutschlands. Sohn Gerhard behielt nach der Übernahme 1979 die kompromisslose Linie bei. Und auch die nächste Generation, der für den Keller jetzt verantwortliche Stefan Sander, bleibt auf dem Pfad der Natur-Tugend - und das mit ansprechenden Weinen. FAKTEN 15 ha, ca. 15 000 Kisten/Jahr. 20% Riesl, 15% Weißburgunder, 15% Müller-Thurgau, 15% Kerner, 10% Dornfelder sowie Spätburgunder, Portugieser und Schwarzriesling.
• **Besitzer:** Gerhard Sander **Kellermeister:** Stefan Sander **Besuch:** Nach Vereinbarung. **Adresse:** In den Weingärten 11, D-67582 Mettenheim. **Tel.** 06242-1583. **Fax** -6589.

### Adolf Schick

Die Schicks sind seit 1590 in Jugenheim ansässig. Im Weinberg wird naturschonend gearbeitet, im Keller spielt das traditionelle Holzfass noch eine wichtige Rolle. Erfolgreich bei der Weinprämierung, trotzdem sehr preiswert. LAGEN Jugenheimer Goldberg, Heiligenhäuschen, Hasensprung, St. Georgenberg. FAKTEN 10,5 ha, ca. 7 000 Kisten/Jahr. 16% Riesling, 12% Weißburgunder, 12% Grauburgunder sowie Müller-Thurgau, Spätburgunder und Portugieser.
• **Besitzer:** Rainer & Edith Schick **Kellermeister:** Rainer Schick **Besuch:** Nach Vereinbarung. **Adresse:** Am Marktplatz 1, D-55270 Jugenheim. **Tel.** 06130-256. **Fax** 06130-8211.

### Schlamp-Schätzel

Ursprünglich hieß das Gut „General von Zastrow'sches Besitztum", dann „Hch. Schlamp jr.". 1978 stieg Otto Schätzel mit Frau Nanne in den Familienbetrieb ein. Die Geschmacksrichtung wurde hin zu herb geändert. Der Ertrag wird reduziert, die Weine werden schonend im uralten Kreuzgewölbekeller ausgebaut. Ecken, Kanten und betonte Säure sind erwünscht. Die Produktion wird von trocken ausgebauten Weinen dominiert. LAGEN Niersteiner Hipping, Pettenthal, Ölberg, Rehbach, Auflangen u.a. FAKTEN 7 ha, ca. 4 000 Kisten/Jahr. 55% Riesling, 25% Silvaner, 10% Müller-Thurgau sowie Spätburgunder, Scheurebe und Kerner.
• **Besitzer:** Otto & Nanne Schätzel **Kellermeister:** Otto Schätzel **Besuch:** Nach Vereinbarung. **Adresse:** Oberdorfstraße 34, D-55283 Nierstein. **Tel.** 06133-5512. **Fax** 06133-16 01 59.

### Schloss Westerhaus

Das „Hus uff deme Westirberge" wurde 1406 urkundlich erwähnt. 1900 kaufte Heinrich von Opel das Gut von den Grafen von Ingelheim. In 3. Generation ist Dr. Heinz von Opel Eigentümer des VDP-Guts (Stärke Riesling), das sein Potenzial in den letzten Jahren nicht optimal ausschöpfte. Vorwiegend trockene, elegante Weine mit feiner Frucht. LAGEN Ingelheimer Schloss Westerhaus, Sonnenberg. FAKTEN 13 ha, ca. 5 000 Kisten/Jahr. 47% Riesling, 26% Spätburgunder, 8% Weißburgunder u.a.
• **Besitzer:** Dr. Heinz von Opel **Kellermeister:** Otto Guthier **Besuch:** Mo-Fr 8-12, 14-18. **Adresse:** D-55218 Ingelheim. **Tel.** 06130-6674. **Fax** 06130-6608.

# PFALZ

BODEN Der Boden in der Pfalz ist sehr verschieden, besteht aber zum großen Teil aus recht leichten Sandböden. Es gibt auch Löß- und Lehmböden sowie Kalk, Granit, Mergel und vulkanische Böden.

WEINE Der Weißweinanteil überwiegt deutlich, durch die Größe der Region aber wird hier auch ein großer Teil der deutschen Rotweine produziert. Die Qualität und der Charakter der Weißweine wechseln sehr stark. Hier wird sowohl trockener als auch süßer Riesling von absoluter Spitzenklasse hergestellt. Auch große Mengen Liebfraumilch und andere einfachere Massenprodukte sind vorhanden. Durch das warme Klima bekommen die Weine einen fülligen Charakter und eine weich abgerundete Säure.

REBSORTEN Weiß: 21% Riesl, 20% MT, 10% Kerner, 7% Silvaner, 4% Scheurebe sowie Grauburgunder, Weißburgunder, Morio-Muskat und Gewürztraminer. Rote: 10% Portugieser, 4% Dornfelder, 3% Spätburgunder und CS.

PRODUZENTEN Von den 10 000 Winzern üben nur 3 000 die Winzertätigkeit hauptberuflich aus. Etwa eintausend davon vermarkten ihre eigenen Weine.

REBFL/PROD 24 000 ha, 1,7 Mio. hl.

JAHRGÄNGE 1997, 96, 95, 94, 93, 92, 90, 89, 88, 85, 83, 76, 75, 71.

WISSENSWERT Weitere Informationen: Pfalzwein, Chemnitzer Str. 3, D-67433 Neustadt. Tel. 06321-912328. Fax 06321-12881.

GESCHICHTE Die Römer legten während des ersten Jahrhunderts die ersten Weingärten an. Im späten Mittelalter hatte die Rebfläche die größte Verbreitung erreicht. Nach dem Dreißigjährigen Krieg ging der Weinbau stark zurück. Heute gehört die Pfalz wieder zu den wichtigsten Weinregionen Deutschlands.

GEOGRAPHIE Die Rebflächen sind zusammenhängend und erstrecken sich über 80 km, entlang den östlichen Hängen des Haardt- und des Wasgaugebirges. Die Landschaft ist teils flach, teils leicht hügelig und die Weingärten liegen flach oder am Hanglagen. Im Osten fließt der Rhein vorbei, aber die Weingärten reichen nicht ganz bis an den Fluss heran. Im Norden schließt sich die Pfalz an Rheinhessen an und im Süden liegt die Weinregion Elsass. Nördlich der Stadt Neustadt liegt der Bereich MITTELHAARDT (Deutsche Weinstraße) und südlich davon die SÜDLICHE WEINSTRASSE, ferner 25 Großlagen und 330 Einzellagen.

KLIMA Die windgeschützte Lage östlich des Haardt- und Wasgaugebirges sorgt für ein sehr mildes Klima.

*Die kleinen Weingüter liegen entlang der Weinstraße durch die Pfalz und es gibt 10 000 Winzer.*

## BEREICHE IN DER PFALZ

### MITTELHAARDT/ DEUTSCHE WEINSTRASSE

RUF Hier werden die besten Weine der Pfalz erzeugt. Die berühmtesten sind die Riesling-Weine aus den Dörfern Deidesheim, Forst, Wachenheim und Ruppertsberg.

*Deidesheim ist das charmanteste Weindorf in der Pfalz und der Deidesheimer Hof ist ein beliebter Gasthof.*

GEOGRAPHIE Mittelhaardt ist der nördliche Teil der Pfalz und erstreckt sich von Neustadt nach Norden bis zur südlichen Grenze von Rheinhessen.

BODEN Wechselhaft, u.a. Sand, kalkreiche Lehmböden und vulkanische Böden.

WEINE Hauptsächlich Weißweine, sowohl trockene als auch unterschiedlich süße Sorten. Rotweine von Spätburgunder und Portugieser.

REBSORTEN Die häufigste Rebsorte ist der Riesling, gefolgt von Müller-Thurgau, Kerner, Silvaner u.a.

REBFLÄCHE Etwa 13 000 Hektar.

### SÜDLICHE WEINSTRASSE

RUF Große Mengen Liebfraumilch und einfache Weine der niedrigen Preisklasse.

GEOGRAPHIE Der südliche Teil der Pfalz erstreckt sich von Neustadt südwärts bis an die französische Grenze.

BODEN Wechselnde Bodenverhältnisse. Leichte Sand- und Lößböden bis hin zu kräftigen Böden, meistens mit Kalk und Lehm.

WEINE Hauptsächlich Weißweine einfacher Sorte, sowohl trockene als auch süße, u.a. Liebfraumilch. Rotweine vom Portugieser.

REBSORTEN U.a. Müller-Thurgau, Kerner, Silvaner, Portugieser und Morio-Muskat.

REBFLÄCHE Etwa 10 000 Hektar.

*Die Pfalz ist nebst Rheinhessen das zweitgrößte Weingebiet Deutschlands. Hier befinden sich viele berühmte Weingüter. Vielerorts versucht man auf Qualitätsweine umzusteigen und die Produktion von Rotwein zu erhöhen.*

DEUTSCHLAND • PFALZ

## DR. VON BASSERMANN-JORDAN

GESCHICHTE Andreas Jordan, ein aus Savoyen stammender Winzersohn, gründete im 18. Jh. das Weingut. Sein Urenkel Geheimer Rat Dr. Friedrich v. Bassermann-Jordan war Anfang des

Das Weingut wurde von Andreas Jordan, einem aus Savoyen stammenden Winzersohn, im 18. Jh. gegründet.

20. Jh. nicht nur einer der maßgeblichen Repräsentanten der deutschen Winzer, sondern auch ein bedeutender Historiker, der mit seiner „Geschichte des Weinbaus" ein Werk schuf, das heute noch Maßstäbe setzt. Das Deidesheimer Gut gehörte über mehr als 250 Jahre zu den Spitzen der Pfalz und setzte dabei immer nur auf Riesling.

WEINE Die Weine werden meist trocken ausgebaut. Ungemein fruchtbetonte, sehr saftige Weine. Großartige edelsüße Gewächse von enormer Dichte und Geschmeidigkeit.

RUF Zählt zu den wichtigsten Weingütern Deutschlands, die regelmässig die besten Riesling-Weine erzeugen.

LAGEN Deidesheimer Grainhübel, Hohenmorgen, Kalkofen, Kieselberg, Langenmorgen, Leinhöhle, Paradiesgarten, Forster Ungeheuer, Jesuitengarten, Freudenstück, Kirchenstück, Pechstein, Ruppertsberger Reiterpfad, Nussbien, Spieß, Linsenbuch, Hoheburg, Dürkheimer Michelsberg; Ungsteiner Herrenberg.

REBSORTEN 100% Riesling.

WEINHERSTELLUNG Individueller Ausbau nach Herkunft, ausschließlich im großen Holzfass.

LAGERUNG Weine mit einem enormen Lagerpotenzial.

REBFL/PROD 42 ha, ca. 30 000 Kisten/Jahr.

**Besitzer** Margit & Gabriele von Bassermann-Jordan • **Kellermeister** Ulrich Mell • **Besuch** Mo-Fr 8-12, 13-18, Sa 10-15 • **Adresse** Dr. von Bassermann-Jordan, Kirchgasse 10, D-67146 Deidesheim • **Tel.** 06326-6006 • **Fax** 06326-6008

PRODUKTION    QUALITÄT    PREIS

## BERGDOLT-ST. LAMPRECHT

GESCHICHTE Ursprünglich war das Gut ein landwirtschaftlicher Betrieb des Klosters St. Lamprecht (ab 1290). Im 16. Jahrhundert kam es in den Besitz der Universität Heidelberg, 1754 erwarb es Jakob Bergdolt. Seitdem blieb es im Familienbesitz. Rainer und Günther Bergdolt sind die achte Generation. Die Brüder haben seit 1986 Sekt im klassischen Verfahren im Programm, den viele auf eine Stufe mit sehr gutem Champagner stellen. Mitglied im VDP und beim Deutschen Barrique-Forum.

WEINE Die trockenen Weine dominieren. Frucht und schöne Säure beim Riesling, beim Weißburgunder viel Muskeln ohne Alkoholdominanz. Auch stattliche Spätburgunder, die durch Barrique-Ausbau Struktur bekommen.

RUF Der heutige Besitzer, Rainer Bergdolt, ist ein ambitiöser und qualitätsbewusster Winzer. Er hat den Anbau klassischer Rebsorten markant erhöht.

LAGEN Duttweiler Kalkberg, Kreuzberg, Kirrweiler Mandelberg, Venninger Doktor.

Der früher landwirtschaftliche Betrieb des Klosters St. Lamprecht wurde 1754 von Jakob Bergdolt erworben.

REBSORTEN 35% Riesling, 35% Weißburgunder, 10% Spätburgunder und Dornfelder sowie Müller-Thurgau, Kerner, Silvaner und Scheurebe.

WEINHERSTELLUNG Reduzierte Erträge auf fruchtbarem Boden. Für Riesling-Weine werden nur Holzfässer verwendet. Die Rotweine werden in Barriques ausgebaut.

LAGERUNG Die Weine gewinnen durch 1, 2 Jahre Lagerzeit und haben gutes Reifepotenzial.

REBFL/PROD 19,5 ha, ca. 11 000 Kisten/Jahr.

**Besitzer** Rainer und Günther Bergdolt • **Kellermeister** Rainer Bergdolt • **Besuch** Mo-Sa 9-12, 13-18 • **Adresse** Bergdolt-St. Lamprecht, Dudostraße 17, D-67435 Neustadt-Duttweiler • **Tel.** 06327-5027 • **Fax** 06327-1784

PRODUKTION    QUALITÄT    PREIS

387

## JOSEF BIFFAR

GESCHICHTE Die Familie stammt ursprünglich aus Frankreich (Lyon). 1723 kam der erste Biffar nach Deidesheim; seitdem befasst man sich mit Weinbau. Bis 1876 war das Gut im histori-

*Der erste Biffar kam 1723 nach Deidesheim und seitdem befasst man sich mit Weinbau. Gehört heute zur Spitze.*

schen Stadtkern angesiedelt, dann erfolgte eine Verlagerung an den Stadtrand. Die gut 120 Jahre alten Wirtschaftsgebäude stehen über tiefen, gewölbten Kellern.

WEINE Elegante, sortentypische Weiße mit Extrakt und spürbarem Mineralstoffreichtum; schöner Säureschliff und teils gute Frucht. Durch begrenzten Ertrag und selektive Lese erreicht man durchschnittlich viel Prädikats-Weine. Auch wenig trockene Weißburgunder werden hergestellt.

RUF Ein Betrieb, der in den letzten Jahren zu den Senkrechtstartern in Deutschland gehörte; mittlerweile einer der besten in der Pfalz.

LAGEN Deidesheimer Grainhübel, Kalkofen, Leinhöhle, Kieselberg, Ruppertsberger Nussbein, Reiterpfad, Wachenheimer Gerümpel.

REBSORTEN 83% Riesl, Weißburgunder.

WEINHERSTELLUNG Kontrolliert umweltschonende Bewirtschaftung, selektive Vorlese, gezügelte Gärung, reduktiver Ausbau mit teilweise längerem Hefelager. Ausbau und weitere Lagerung in Edelstahl oder Holz.

LAGERUNG Zwar schon frühzeitig zugänglich, aber gutes Potenzial für längere Lagerung.

REBFL/PROD 12 ha, 9 000 Kisten/Jahr.

**Besitzer** Gerhard Josef Biffar • **Kellermeister** Dirk Roth • **Besuch** Mo-Fr 10-12, 13-17.30, Sa 10-12.30, 13.30-16 • **Adresse** Josef Biffar, Niederkirchener Str.13, D-67146 Deidesheim • **Tel.** 06326-5028 • **Fax** 06326-7697

PRODUKTION     QUALITÄT     PREIS

## REICHSRAT VON BUHL

GESCHICHTE Gegründet wurde das Weingut 1849. Es erwarb sich schnell einen international guten Ruf. Entscheidend geprägt wurde es von Franz Eberhard von Buhl, unter dessen Leitung 1905 auch der Deutsche Weinbauverband entstand. 1952 erbte der Reichsfreiherr von Guttenberg den Betrieb. In den 80er Jahren gab es ernsthafte wirtschaftliche Schwierigkeiten, die durch die Pacht einer japanischen Weinhandelsfirma (St. Michael) im Jahr 1989 bewältigt wurden.

WEINE 90% Weißweine. Stahlige, kompakte, mineralstoffreiche Riesling-Weine; auch edelsüße, sehr pikante Gewächse.

RUF Die Berg- und Talfahrt des Weinguts scheint aber jetzt wieder oben ein Ende gefunden zu haben. Ein neuer Kellermeister setzt dabei wesentliche Akzente.

LAGEN Forster Jesuitengarten, Kirchenstück, Freundstück, Ungeheuer, Pechstein, Musenhang, Bischofsgarten, Deidesheimer Leinhöhle, Kieselberg, Herrgottsacker, Paradiesgarten, Mäushöhle, Nonnenstück, Ruppertsberger Reiterpfad, Lin-

*Reichsrat von Buhl ist eines der größten privaten Weingüter Deutschlands mit stets steigender Qualität.*

senbusch, Wachenheimer Luginsland.

REBSORTEN 88% Riesling, 4% Spätburgunder sowie Gewürztraminer und Scheurebe.

WEINHERSTELLUNG Kontrolliert umweltschonender Anbau; reduktiver Ausbau mit schonender Maischeverarbeitung, teils längeres Hefelager, verminderter technischer Einsatz.

LAGERUNG Gut lagerfähig auch im herben Bereich, edelsüße Weine Jahrzehnte.

REBFL/PROD 50 ha, 30 000 Kisten/Jahr.

**Besitzer** Reichsfreiherr Georg Enoch von und zu Guttenberg • **Kellermeister** Frank John • **Besuch** Mo-Fr 8-12, 13-18, Sa-So 10-12, 13-17 • **Adresse** Reichsrat von Buhl, Weinstraße 16, D-67146 Deidesheim • **Tel.** 06326-96500 • **Fax** 06326-965024 • **E-Mail** rvbgmbh@t-online.de

PRODUKTION     QUALITÄT     PREIS

DEUTSCHLAND • PFALZ

## DR. BÜRKLIN-WOLF

GESCHICHTE Dr. Albert Bürklin prägte vor rund 100 Jahren das traditionsreiche Gut mit seinen Qualitätsprinzipien. In den letzten zehn Jahren geriet das Gut ins Trudeln. Verschiedene Neuerungen haben inzwischen jedoch eine deutliche Besserung bewirkt. Das Gut hat sich eine interne Klassifikation gegeben. Einfachere Weine werden unter „Villa Eckel" vertrieben. Heute ist es das größte pfälzische Weingut in Privatbesitz.

WEINE Großes und interessantes Weinspektrum. Saftige, auch stahlige Riesling-Weine sind die Stärke. In der Spitze können Beeren- und Trockenbeerenauslesen mit feinster Edelsüße gelingen. Noch beachtlich ist der Weißburgunder. Bei den Rotweinen tastet man sich vor. Besonders hochklassige trockene Weine werden unter dem Namen „Geheimrat Dr. Albert Bürklin" verkauft.

RUF Nach einigen Schwierigkeiten jetzt wieder obenauf. Auch international angesehen.

LAGEN Wachenheimer Gerümpel, Goldbächel, Rechbäche, Böhlig, Altenburg, Luginsland, Königswingert, Mandelgarten, Forster Kirchen-

*Dr. Albert Bürklin prägte vor rund 100 Jahren das traditionsreiche Gut mit seinen Qualitätsprinzipien.*

stück, Jesuitengarten, Ungeheuer, Pechstein, Bischofsgarten, Deidesheimer Kalkofen, Hohenmorgen, Langenmorgen, Herrgottsacker u.a.

REBSORTEN 83% Riesling.

WEINHERSTELLUNG Heute wird mehr als 80% trocken oder halbtrocken ausgebaut. Selektive Handlese, Ganztraubenpressung, Vor- und Nachlauftrennung, temperaturkontrollierte Vergärung, Ausbau im Holz oder Edelstahl.

LAGERUNG Sehr gut lagerfähiger Riesling.

REBFL/PROD 110 ha, 80 000 Kisten/Jahr.

**Besitzer** Bettina Bürklin-von Guradze & Christian von Guradze • **Kellermeister** Fritz Knorr • **Besuch** Täglich 9-16 • **Adresse** Dr. Bürklin-Wolf, Weinstraße 65, D-67157 Wachenheim • **Tel.** 06322-95330 • **Fax** 06322-95330 • **E-Mail** buerklin-wolf@t-online.de

PRODUKTION   QUALITÄT   PREIS

## DR. DEINHARD

GESCHICHTE Gründer des Traditionsgutes in Deidesheim war im Jahr 1848 Friedrich Deinhard, ein Sohn des Besitzers der Wein- und Sektkellerei Deinhard in Koblenz. Friedrichs Sohn Dr. Andreas Deinhard baute das Gut zu einem bedeutenden Qualitätsbetrieb aus und setzte zudem in der deutschen Weinpolitik wesentliche Akzente. Nach 1917 übernahm die Familie Hoch den Betrieb mit eindrucksvollem Kellergewölbe. Der unermüdliche Betriebsleiter Heinz Bauer ist heute die Seele des Hauses. Auch das Weingut Jos. Reinhardt in Deidesheim gehört zum Betrieb.

*Das Weingut Dr. Deinhard gilt als ein sehr zuverlässiges Traditionshaus ohne große Schwankungen.*

WEINE Reine Riesling-Weine mit feiner Säure dominieren. Saftig-fruchtige, vorwiegend herbe Weine, etwas traditionell im Stil, aber stets von konstanter Qualität.

RUF Gilt als ein sehr zuverlässiges Traditionshaus, das kaum Schwankungen erlebt.

LAGEN Deidesheimer Paradiesgarten, Nonnenstück, Mäushöhle, Leinhöhle, Kieselberg, Kalkofen, Herrgottsacker, Grainhübel, Forster Jesuitengarten, Ruppertsberger Nussbien, Reiterpfad, Haardter Mandelring, Neustadter Erkenbrecht, Mussbacher Eselhaut.

REBSORTEN 80% Riesling sowie Weißburgunder und Gewürztraminer.

WEINHERSTELLUNG Gedrosselte Erträge, sorgfältiger Ausbau in der Kombination moderne Technik mit traditionellem Holzfass.

LAGERUNG Infolge guter Säurestruktur kann auch der herbe Riesling einige Jahre liegen.

REBFL/PROD 42 ha, 31 000 Kisten/Jahr.

**Besitzer** Fam. Hoch • **Kellermeister** Ludwig Molitor • **Besuch** Werktags zu Bürozeiten • **Adresse** Dr. Deinhard, Weinstraße 10, D-67146 Deidesheim • **Tel.** 06326-221 • **Fax** 06326-7920

PRODUKTION   QUALITÄT   PREIS

DEUTSCHLAND • PFALZ

## Fitz-Ritter

GESCHICHTE  Der Gutshof in Bad Dürkheim wurde 1785 errichtet und befindet sich jetzt in der 8. Generation in Besitz der Familie. 1837 gründete Johann Fitz die Ritterhof-Sektkellerei, die damit zu den ältesten Sektbetrieben Deutschlands gehört (und zu den besten). Der Wein stand früher

*Die 1837 gegründete Ritterhof-Sektkellerei gehört zu den ältesten und besten Sektbetrieben Deutschlands.*

etwas im Schatten vom Sekt, doch in den letzten Jahren hat sich das Niveau deutlich gebessert (auch bei Rotwein).
  WEINE  Der Riesling hält eine hohe Klasse. Vorwiegend herbe, aber fruchtbetonte Weißweine, manchmal mit mildem Touch. In guten Jahren dichte, geschmeidige Spätburgunder, die immer populärer werden. Eine Spezialität ist der Gewürztraminer.
  RUF  Ein sehr zuverlässig gewordenes Gut mit einem breiten Sortiment und großer Auswahl in verschiedenen Qualitätsstufen.
  LAGEN  Dürkheimer Abtsfronhof, Hochbenn, Michelberg, Rittergarten, Spielberg, Wachenheimer Mandelgarten, Ungsteiner Herrenberg.
  REBSORTEN  62% Riesling, 6% Spätburgunder, 5% Weißburgunder, 5% Gewürztraminer, 4% Grauburgunder sowie Chardonnay, Portugieser, Dornfelder und Müller-Thurgau.
  WEINHERSTELLUNG  Kontrolliert umweltschonender Anbau; schonende Verarbeitung der Trauben und Jungweine, langsame Gärung. Ausbau je nach Charakter in Edelstahl oder Holzfass.
  LAGERUNG  Riesling und Spätburgunder haben ein gutes „Rückgrat" für einige Jahre Lagerzeit.
  REBFL/PROD  21 ha, 13 000 Kisten/Jahr.

**Besitzer** Konrad M. Fitz • **Kellermeister** Rolf Hanewald • **Besuch** Mo-Fr 8-12, 13-18, Sa 9-13 oder nach Vereinbarung • **Adresse** Fitz-Ritter, Weinstraße Nord 51, D-67098 Bad Dürkheim • **Tel.** 06322-5389 • **Fax** 06322-66005 • **E-Mail** weingut@compuserve.com

PRODUKTION        QUALITÄT         PREIS

## Fuhrmann-Eymael

GESCHICHTE  Das Gut am Ortsrand von Bad Dürkheim war ehemals Grafschaftsbesitz, es befindet sich aber schon seit Generationen im Eigentum der Familie. Unter dem Senior des Hauses, Karl Fuhrmann, der auch lange Jahre als Weinbaupräsident in der Pfalz Akzente setzte, wurde der Betrieb zu einem der führenden im Gebiet. Heute führt Tochter Doris Eymael das Gut; ihr Gatte Günter, der aus einem Moselbetrieb stammt, ist als Politiker im rheinland-pfälzischen Weinbauministerium für Weinbau mitverantwortlich.
  WEINE  Fruchtbetonte, saftige Riesling-Weine,

*Karl Fuhrmann hat in 30 Jahren ein Mustergut geschaffen. Er erzeugt viele Botrytis-Weine.*

denen auch im herben Bereich ein „süßes Schwänzchen" gut steht. Eine besondere Spezialität ist die aromatische Scheurebe, die hier nahezu perfekte Weine ergibt.
  RUF  Seit langem bekannt für überdurchschnittliche, konstante Qualität.
  LAGEN  Ungsteiner Herrenberg, Honigsäckel, Weilberg.
  REBSORTEN  65% Riesling, 10% Scheurebe sowie Gewürztraminer, Spätburgunder, Chardonnay und Müller-Thurgau.
  WEINHERSTELLUNG  Ausdünnen, selektive Lese per Hand, sofortige Verarbeitung. Schonende Pressung, starke Vorklärung, langsame Vergärung. Riesling und Scheurebe werden in alten Eichenfässern ausgebaut.
  LAGERUNG  Sehr gut lagerfähig. Die Scheurebe übertrifft dabei im edelsüßen Bereich fast den Riesling.
  REBFL/PROD  10 ha, ca. 8 500 Kisten/Jahr.

**Besitzer** Fam. Fuhrmann & Eymael • **Kellermeister** Rainer Gabel • **Besuch** Werktags und So-Vormittag • **Adresse** Fuhrmann-Eymael, Weingut Pfeffingen, D-67098 Bad Dürkheim • **Tel.** 06322-8607 • **Fax** 06322-8603

PRODUKTION        QUALITÄT         PREIS

## KNIPSER JOHANNISHOF

GESCHICHTE  Die Familie Knipser betreibt seit 1877 Weinbau im Dörfchen Laumersheim unweit von Grünstadt. Schon Johann Georg Heinrich, Vater der heutigen „Macher" Werner und

*Knipser erzeugt kräftige, extraktreiche Weine und ist bekannt für seine Barrique-ausgebauten Weißweine.*

Volker Knipser, schwamm gegen den Strom mit umweltschonendem Weinbau vor bald 40 Jahren und der Bevorzugung herber Tropfen. Werner, der ältere Sohn, schwenkte 1981 radikal um: nur noch durchgegoren oder edelsüß. Und er leitete eine Rotwein-Revolution im Haus in die Wege. Der Betrieb hat förmlich ein Abonnement auf den Vinum-Rotweinpreis.

WEINE  Saftige, kräftige Weißweine; Rotweine aus verschiedenen Sorten mit Eleganz, Tiefe und feinem Tannin. Hin und wieder gewaltige edelsüße Gewächse (Scheurebe).

RUF  Top-Adresse für deutschen Rotwein der Sonderklasse, auch international beachtenswert. Die Familie blieb aber bescheiden-zurückhaltend.

LAGEN  Großkarlbacher Burgweg, Osterberg, Laumersheim Kapellenberg, Kirchgarten, Mandelberg.

REBSORTEN  25% Riesling, 25% Spätburgunder, 10% Portugieser, 10% Scheurebe, 6% Dornfelder, 7% St. Laurent sowie Gewürztraminer, Weißburgunder, Grauburgunder, Cabernet Sauvignon und Sauvignon Blanc.

WEINHERSTELLUNG  Naturnaher Anbau, schonendster Ausbau im Keller, dabei bei Rotweinen nahezu perfekter Einsatz von Barriques.

LAGERUNG  Herbe Weißweine bis 10 Jahre. Rotweine brauchen Zeit zur Entfaltung.

REBFL/PROD  14 ha, 11 500 Kisten/Jahr.

**Besitzer** Fam. Knipser • **Kellermeister** Werner & Volker Knipser • **Besuch** Mo-Fr 8-18 nach Vereinbarung, Sa 9-17 • **Adresse** Knipser Johannishof, Hauptstraße 47, D-67229 Laumersheim • **Tel.** 06238-742 • **Fax** 06238-4377

PRODUKTION    QUALITÄT    PREIS

## KOEHLER-RUPRECHT

GESCHICHTE  Das Weingut befindet sich seit rund 300 Jahren in Familienbesitz; der Gutshof wurde um 1700 erbaut. Senior Otto Philippi gab früher die Kriterien vor; in den 80er Jahren übernahm Bernd Philippi das Zepter und hat seitdem vor allem mit seinen weißen und roten Barrique-Weinen neue Akzente gesetzt (werden mit dem „Philippi"-Label als Tafelweine vermarktet).

WEINE  Der Anteil an Prädikats-Weinen ist immer hoch. Man experimentiert u.a. auch mit halbtrockenem, rotem Eiswein, Beerenauslesen sowie Barrique-ausgebauten Trockenbeerenauslesen. Weißweine mit Saft und Kraft. Neuerdings bei den Rotweinen hervorragende Stilistik: Spätburgunder, Dornfelder und CS mit Tiefe und Eleganz.

RUF  Gilt schon seit vielen Jahren als eines der besten Güter der Pfalz; früher konservativ im Ausbau, heute experimentierfreudig. Bekannt sind die reifen Weine, die noch in größerer Zahl in der Preisliste angeboten werden (zurück bis 1976).

LAGEN  Kallstadter Saumagen, Steinacker, Kronenberg.

*Das Weingut befindet sich seit rund 300 Jahren in Familienbesitz; der Gutshof wurde um 1700 erbaut.*

REBSORTEN  65% Riesling, 20% Spät- und Weißburgunder u.a.

WEINHERSTELLUNG  Selektive Handlese, Spontanvergärung im Holz, auch weiterer Ausbau sehr langsam im Holz. Etwas Riesling, verschiedene Burgunder und edelsüße Weine reifen außerdem in Barriques.

LAGERUNG  Sehr lagerfähige Weine; auch herbe Tropfen nach gut 10 Jahren noch in Form.

REBFL/PROD  16 ha, ca. 10 000 Kisten/Jahr.

**Besitzer** Bernd Philippi • **Kellermeister** Jan Kux • **Besuch** Mo-Fr 9-11.30, 13-17 • **Adresse** Koehler-Ruprecht, Weinstraße 84, D-67169 Perl-Sehndorf • **Tel.** 06332-1829 • **Fax** 06332-8640

PRODUKTION    QUALITÄT    PREIS

## W. LERGENMÜLLER & SÖHNE

GESCHICHTE Seit einigen Jahren macht die aufstrebende Familie regelmäßig Schlagzeilen. Dabei arbeiten die innovativen Brüder Stefan (Verkauf) und Jürgen Lergenmüller (Keller) sehr

*Die Familie Lergenmüller erzeugt kraftvolle Weißweine, aber auch die Rotweinproduktion nimmt zu.*

gut mit Senior Werner Lergenmüller zusammen.
WEINE Meist kräftige Weißweine. Welche Möglichkeiten das Gut hat, wird mit den Rotweinen bewiesen. Über Jahre hinweg gewann man mehrfach in unterschiedlichen Sortengruppen den Vinum-Rotweinpreis und platzierte sich zudem hervorragend mit weiteren Weinen. Umfangreich ist die Produktion feiner Sekte.
RUF Gilt inzwischen als führendes Rotweingut der Südpfalz; das Potenzial bei Weißweinen wird nicht ganz genutzt.
LAGEN Hainfelder Kapelle, Rhodter Rosengarten, Burrweiler Schlossgarten, Flemlinger Herrenbuckel, Böchinger Rosenkranz.
REBSORTEN 15% Riesling und Müller-Thurgau, 15% Spätburgunder sowie Weißburgunder, Dornfelder, Silvaner, Scheurebe, Kerner, Portugieser und St. Laurent.
WEINHERSTELLUNG Naturnaher Anbau, selektive Lese; bei Rotweinen Maischegärung, biologischer Säureabbau, natürliche Vorklärung, Vergärung mit selektionierten Hefen, langes Hefelager, wenig Eingriffe, Ausbau in Edelstahl, Beton, Holz, Barriques.
LAGERUNG Rotweine brauchen einige Jahre zur Entfaltung.
REBFL/PROD 48 ha, ca. 40 000 Kisten/Jahr.

**Besitzer** Fam. Lergenmüller • **Kellermeister** Jürgen Lergenmüller • **Besuch** Nach Vereinb. Weinproben im Hotel-Restaurant Landhaus Herrenberg, Nussdorf • **Adresse** W. Lergenmüller & Söhne, Weinstraße 16, D-76835 Hainfeld • **Tel.** 06323-5128 • **Fax** 06323-81625

PRODUKTION    QUALITÄT    PREIS

## LINGENFELDER

GESCHICHTE Weinbau betreibt die Familie schon seit mehr als 400 Jahren. Seit 1951 ist sie in Großkarlbach ansässig. Der Junior des Hauses, Rainer Lingenfelder, hat nach Lehrjahren in Bordeaux, Australien und Neuseeland in den 80er Jahren neue Akzente gesetzt und will beweisen, dass man auch etwas abseits der berühmten Mittelhaardter Flure ausgezeichnete Weine machen kann - was ihm von Jahr zu Jahr besser gelingt.
WEINE Kräftige, bevorzugt herbe Weine (Alternative edelsüß), die teilweise in Barriques ausgebaut werden (sehr robuste Spätburgunder). Dabei gelingen auch extravagante Versuche, z.B. mit Silvaner. Eine Spezialität ist die feinduftige Scheurebe.
RUF Bekannt vor allem bei Freunden von Barrique-Weinen; arbeitet sich aber auch mit dem „normalen" Sortiment in die Pfälzer Spitze vor.
LAGEN Freinsheimer Goldberg, Musikantenbuckel, Großkarlbacher Burgweg, Osterberg.
REBSORTEN 40% Riesling, 20% Spätburgunder, 10% Scheurebe sowie Müller-Thurgau und Dornfelder.

*Das Gut ist der Beweis, dass man auch abseits der Mittelhaardter Flure ausgezeichnete Weine erzeugen kann.*

WEINHERSTELLUNG Ertragsbegrenzung im Anbau, schonender Ausbau mit einem größeren Anteil in Barriques.
LAGERUNG Riesling und Spätburgunder können einige Jahre liegen.
REBFL/PROD 15 ha, 12 000 Kisten/Jahr.

**Besitzer** Hermann & Rainer Lingenfelder • **Kellermeister** Rainer Lingenfelder • **Besuch** Nach telefonischer Vereinbarung • **Adresse** Lingenfelder, Hauptstraße 27, D-67229 Großkarlbach • **Tel.** 06238-754 • **Fax** 06238-1096 • **E-Mail** wine@lingenfelder.com • **Homepage** www.lingenfelder.com

PRODUKTION    QUALITÄT    PREIS

## Herbert Messmer

GESCHICHTE 1960 erwarb der junge Herbert Messmer ein kleines Weingut im Dörfchen Burrweiler. Zu seinem Besitz gehörten gute Lagen, darunter der bekannte Schäwer, der einzige mit Schiefer in der Pfalz und damit bestens geeignet für Riesling. Seit einigen Jahren ist Sohn Gregor für die Weine verantwortlich. Durch einige Änderungen im Keller konnte die Qualität merklich gesteigert werden.

WEINE Sehr fruchtbetonte, saftige Riesling-Weine, muskulöse Burgunder, zunehmend gute Rotweine (Cuvées, St. Laurent). Auch bei edelsüßen Weinen gibt es raffinierte, feine Ergebnisse.

RUF Regional bekannt für den exzellenten Riesling und ein Aufsteiger in der Pfalz.

LAGEN Burrweiler Schäwer, Schlossgarten, Altenforst, Gleisweiler Hölle, Flemlinger Herrenbuckel.

REBSORTEN 45% Riesling, 14% Spätburgunder sowie Weißburgunder, Grauburgunder und St. Laurent.

WEINHERSTELLUNG Naturschonende Be-

*Bei Herbert Messmer wird auf naturschonende Bewirtschaftung und niedrige Erträge großer Wert gelegt.*

wirtschaftung, niedrige Erträge, Spontanvergärung der Weißweine in Edelstahl.

LAGERUNG Riesling mit ausgezeichnetem Reifepotenzial.

REBFL/PROD 22 ha, 16 000 Kisten/Jahr.

## Georg Mosbacher

GESCHICHTE Vorfahren der Familie Mosbacher lebten bereits vor mehr als 200 Jahren als Winzer in Forst. 1920 begann Richard Mosbacher mit der Flaschenabfüllung. Der heutige Senior Richard Mosbacher bringt viel Erfahrung ein und bekommt von seiner Tochter Sabine und Schwiegersohn Jürgen Düringer (Weinbauingenieure mit Abschluss in Geisenheim) viel Unterstützung.

WEINE Der Riesling ist die große Stärke, mit Rasse und Frucht, bei den trockenen Spätlesen aus selektiver Lese auch mit viel Dichte und Kraft. Die

*Richard Mosbacher erzeugt mit Hilfe von Schwiegersohn Jürgen Düringer u.a. trockene Riesling-Auslesen.*

edelsüßen Weine haben Schmelz und Eleganz (hier zu beachten: Scheurebe). Sekt wird im alten Gutskeller nach klassischer Methode erzeugt.

RUF Bei vielen Wettbewerben ist man erfolgreich und genießt einen guten Ruf.

LAGEN U.a. Forster Ungeheuer, Pechstein, Deidesheimer Herrgottsacker.

REBSORTEN 90% Riesling sowie Weißburgunder, Gewürztraminer, Dornfelder und Spätburgunder.

WEINHERSTELLUNG Reduzierte Erträge, schonende Traubenbehandlung (pneumatische Tankpresse), gezügelte Vergärung nach starker Vorklärung, längeres Flaschenlager.

LAGERUNG Herbe Weine 5-8 Jahre, edelsüße mehr als 20 Jahre.

REBFL/PROD 11 ha, ca. 8 000 Kisten/Jahr.

---

**Besitzer** Fam. Messmer • **Kellermeister** Gregor Messmer • **Besuch** Mo-Fr 8-11.30, 13.30-17 • **Adresse** Herbert Messmer, Gaisbergstraße 5, D-76835 Burrweiler • **Tel.** 06345-2770 • **Fax** 06345-7917

PRODUKTION    QUALITÄT    PREIS

**Besitzer** Fam. Mosbacher • **Kellermeister** Richard Mosbacher, Jürgen Düringer • **Besuch** Mo-Fr 8-12, 13-18 • **Adresse** Georg Mosbacher, Weinstraße 27, D-67147 Forst • **Tel.** 06326-329 • **Fax** 06326-6774

PRODUKTION    QUALITÄT    PREIS

## MÜLLER-CATOIR

GESCHICHTE  Seit 1744 ist Weinbau urkundlich nachweisbar. Die Hugenottenfamilie Catoir lebte früher hauptsächlich von der aus Frankreich übernommenen Lederfabrikation. Erst mit der Abwendung vom Gerberhandwerk durch die Industrialisierung bekam der Weinbau Bedeutung. Urgroßmutter, Großmutter und Mutter des heutigen Inhabers bewältigten die Umstellung; Heinrich Catoir nahm die letzte Zäsur vor, als er - 21 Jahre jung - 1967 seine Miterben abfand und seinen Jugendfreund Hans-Günter Schwarz überredete, mit ihm die weitere Aufbauarbeit zu übernehmen.

WEINE  Außer Riesling sind die Spezialitäten Scheurebe, Weißburgunder, Rieslaner und Muskateller. Ungemein sortentypische Weine mit betörenden Aromen, sehr fruchtig, manchmal auch sehr kraftvoll, stets mit Charakter.

RUF  Obwohl zurückhaltend, in Kennerkreisen sehr angesehenes Weingut.

LAGEN  Gimmeldinger Mandelgarten, Schlössel, Haardter Bürgergarten, Herrenlette, Herzog,

*Müller-Catoir erzeugt kraftvolle, sortentypische und fruchtige Riesling-Weine mit viel Charakter.*

Mandelring, Hambacher Römerbrunnen u.a.

REBSORTEN  58% Riesl, 10% Rieslaner (Müller-Thurgau), 9% Scheurebe, 8% Weißburgunder sowie Grauburgunder und Muskateller.

WEINHERSTELLUNG  Strenge Ertragsbegrenzung im Weinberg, späte Ernte, im Keller keine Entsäuerung, Separierung, Schönung. Hoher Anteil herber Weine.

LAGERUNG  Können gut liegen, aber bereits in der Jugend interessant.

REBFL/PROD  20 ha, ca. 15 000 Kisten/Jahr.

**Besitzer** Jakob Heinrich Catoir • **Kellermeister** Hans-Günter Schwarz • **Besuch** Mo-Fr 8-12, 13-17 • **Adresse** Müller-Catoir, Mandelring 25, D-67433 Neustadt-Haardt • **Tel.** 06321-2815 • **Fax** 06321-480014

PRODUKTION       QUALITÄT       PREIS

## MÜNZBERG - KESSLER & SÖHNE

GESCHICHTE  1969 begann der heutige Senior Lothar Kessler allmählich Abstand von der Landwirtschaft zu nehmen und sich auf Wein zu konzentrieren. Die Flaschenvermarktung begann 1972, seit 1976 ist das Haus ein reines Weingut. In den 80er Jahren wurde am Ortsrand von Godramstein ein Aussiedlerhof mit funktionsgerechtem Keller errichtet. Die Söhne Gunter (Winzermeister) und Rainer (Geisenheim-Absolvent) arbeiten längst im Betrieb mit und holten sich Impressionen auch aus dem Ausland. Gebrannt wird von Vater Lothar; die Söhne kümmern sich zudem

*Lothar Kessler ist bekannt für trockene, kraftvolle Weißburgunder, erzeugt aber auch gute Spätburgunder.*

um Sekt nach dem klassischen Verfahren.

WEINE  Fast ausschließlich herbe Weine, aber in den letzten Jahren auch einige edelsüße Spitzen. Bekannt für süffigen Silvaner und voluminöse trockene Weißweine aus der Burgunder-Familie. Auch interessante Barrique-Rotweine.

RUF  Noch relativ unbekannt; Insider wissen die günstigen Preise für gute Weine zu schätzen.

LAGEN  Godramsteiner Münzberg.

REBSORTEN  25% Weißburgunder, 25% Spät- und Grauburgunder, 20% Riesling sowie Silvaner, Gewürztraminer und Müller-Thurgau.

WEINHERSTELLUNG  Ertragsbegrenzung durch Anschnitt, Weißweine in Stahl, Chardonnay im Barrique, Rotwein 20% in Barriques, Rest in konventionellem Holzfass.

LAGERUNG  Mittleres Potenzial.

REBFL/PROD  12 ha, 8 500 Kisten/Jahr.

**Besitzer** Lothar Kessler und Söhne • **Kellermeister** Gunter & Rainer Kessler • **Besuch** Tägl. außer an Feiertagen 8-12, 13.30-18.30 • **Adresse** Münzberg - Kessler & Söhne, Böchinger Str. 51, D-76829 Landau-Godramstein • **Tel.** 06341-60935 • **Fax** 06935-64210

PRODUKTION       QUALITÄT       PREIS

DEUTSCHLAND • PFALZ

## ÖKONOMIERAT REBHOLZ

GESCHICHTE Ökonomierat Eduard Rebholz war der Pionier im Familienbetrieb (seit mehr als 300 Jahren Rebbau). Er verzichtete Ende der 40er Jahre auf Anreicherung, setzte auf durchgegorenen Ausbau und schwamm damit lange gegen den Strom. Zugleich schaffte er es bspw., vom unter-

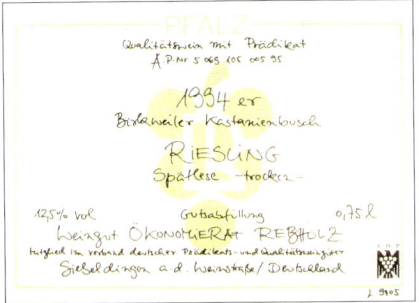

Eduard Rebholz verzichtete Ende der 40er Jahre auf Anreicherung und setzte auf durchgegorenen Ausbau.

schätzten Müller-Thurgau eine Trockenbeerenauslese zu gewinnen. Tochter Christine übernahm später den Betrieb, Enkel Hansjörg ist seit etlichen Jahren für den Wein verantwortlich. Er gehört heute zu den besten Winzern der Pfalz.

WEINE Die Weine sind kompromißlos herb, haben aber doch Frucht und Rasse (Riesling). Auch sehr stoffige, dichte Gewächse aus der Burgunder-Familie und feinaromatische Muskateller und Gewürztraminer. Rotweine stark holzbetont.

RUF Seit Jahrzehnten sehr gutes Ansehen. Bekannt für die konsequent herbe Richtung.

REBSORTEN 40% Riesling, 20% Spätburgunder, 10% Weißburgunder, 10% Grauburgunder sowie Gewürztraminer, Chardonnay, Muskateller und Müller-Thurgau.

LAGEN U.a. Birkweiler Kastanienbusch, Siebeldinger im Sonnenschein, Godramsteiner Münzberg.

WEINHERSTELLUNG Kontrolliert umweltschonender Anbau, niedrige Erträge, schonender Ausbau (keine Anreicherung, keine Süßung, Entsäuerung, Schönung).

LAGERUNG Weine brauchen 1, 2 Jahre zur vollen Entfaltung; Riesling und Spätburgunder noch länger. Gutes Potenzial.

REBFL/PROD 11 ha, ca. 7 000 Kisten/Jahr.

**Besitzer** Hansjörg Rebholz • **Kellermeister** Hansjörg Rebholz • **Besuch** Mo-Sa 9-17 Nach Vereinbarung • **Adresse** Ökonomierat Rebholz, Weinstraße 54, D-76833 Siebeldingen • **Tel.** 06345-3439 • **Fax** 06345-7954

PRODUKTION   QUALITÄT   PREIS

## DR. WEHRHEIM

GESCHICHTE Die Wehrheims erzeugen erst in der 3. Generation Wein, aber sie haben in dieser relativ kurzen Zeit schon die Pfälzer Spitze erreicht. Dr. Heinz Wehrheim, der freundliche Senior des Hauses, wagte 1963 die Zäsur mit durchgegorenen Weinen. Seitdem gibt es nur mehr „knochentrockene" oder edelsüße Gewächse.

WEINE Oft kraftvolle, aber auch elegante Weißweine mit deutlichem Sortencharakter und betonter Herbe. Die Spätburgunder zeigen Muskeln, sind tanninbetont und haben eine markante Struktur. St. Laurent ist zuständig für die fruchtigere Rotwein-Richtung.

Dr. Wehrheim hat einen guten Ruf, nicht zuletzt wegen der muskulösen und tanninbetonten Spätburgunder.

RUF Seit etlichen Jahren bekannt als eines der besten Häuser in der Südpfalz. Der Übergang vom Senior auf den Sohn Karl-Heinz Wehrheim vollzog sich nahtlos.

LAGEN Birkweiler Kastanienbusch, Mandelberg, Rosenberg.

REBSORTEN 40% Riesling, 20% Weißburgunder sowie Spätburgunder.

WEINHERSTELLUNG Kontrollierter umweltschonender Weinbau, niedrige Erträge, Ausbau im Stahltank, in Barriques oder im traditionellen Holzfass. Außerdem seit 1984 eigenständige, feine Sekte nach klassischer Methode.

LAGERUNG Die Weine bekommen schon im Betrieb Zeit zur Reife. Sie entwickeln sich langsam (vor allem Rotweine) und haben dann noch Lagerpotenzial.

REBFL/PROD 11 ha, ca. 7 000 Kisten/Jahr.

**Besitzer** Karl-Heinz Wehrheim • **Kellermeister** Karl-Heinz Wehrheim • **Besuch** Mo-Fr 9-12, 14-18, Sa 10-16 • **Adresse** Dr. Wehrheim, Weinstraße 8, D-76831 Birkweiler • **Tel.** 06345-3542 • **Fax** 06345-3869

PRODUKTION   QUALITÄT   PREIS

## Weitere Produzenten in der Pfalz

### Peter Argus

Im Gewölbekeller, der 1610 gebaut wurde, füllt Peter Argus, einer von der jüngeren, viel versprechenden Südpfälzer Winzergarde, seine Weine ab. Erst 1954 konzentrierte sich die Familie auf Weinbau. Mit Grauburgunder und Spätburgunder aus Barriques konnte man schon mehrfach in Wettbewerben reüssieren. FAKTEN 4 ha, 5 000 Kisten/Jahr. 33% Riesling, 13% Grauburgunder, 10% Müller-Thurgau, 10% Kerner, 10% Portugieser sowie Weiß- und Spätburgunder.

- **Besitzer:** Peter Argus **Kellermeister:** Peter Argus **Besuch:** Nach Vereinbarung. **Adresse:** Hauptstraße 23, D-76835 Gleisweiler. **Tel.** 06345-1465. **Fax** 06345-5385.

### Emil Bauer & Söhne

Bekannt wurde das Nussdorfer Gut 1971, als es von der Siegerrebe Trauben mit dem Weltrekord-Mostgewicht von 326 Grad Öchsle einbrachte. Aber der Most vergor nie zu Wein und ist heute „Museumsstück". In den letzten Jahren machte das Familiengut unter Leitung von Norbert und Arno Bauer mehrfach mit guten Rotweinen und wuchtigen Weißweinen auf sich aufmerksam. Deutlicher Aufwärtstrend. LAGEN U.a. Nussdorfer Herrenberg, Kaiserberg u.a. FAKTEN 17 ha, ca. 12 000 Kisten/Jahr. 19% Riesling, 11% Portugieser sowie Weiß- und Grauburgunder, Chardonnay, Silvaner, Dornfelder, Schwarzriesling, Dunkelfelder und Cabernet Sauvignon.

- **Besitzer:** Norbert & Arno Bauer **Kellermeister:** Norbert Bauer **Besuch:** Nach Vereinb. **Adresse:** Walsheimer Straße 18, D-76829 Landau-Nussdorf. **Tel.** 06341-61754. **Fax** 06341-63584.

### Friedrich Becker

Der Vater von Friedrich Becker saß früher im Vorstand der großen Gebietswinzergenossenschaft, an die die Familie ihre Trauben ablieferte. Der Sohn machte sich 1971 zum Entsetzen des Vaters selbständig und konzentrierte sich von Anfang an auf herbe Weine. Gattin Heidrun leistete ihm bei dieser Neuorientierung Beistand. Heute gehört das Gut zur absoluten Spitze in der Südpfalz. Kraftvolle Weine mit Muskeln ebenso wie feingliedriger, zarter Riesling. In guten Jahrgängen auch stoffige, edelsüße Weine, die an die besten Sauternes erinnern. Spätburgunder mit Wucht, Wärme und Eleganz. Außerdem interessante, aromatische Trester- und Hefebrände. LAGEN Schweigener Sonnenberg. FAKTEN 13 ha, ca. 8 000 Kisten/Jahr. 30% Riesling, 20% Spätburgunder sowie Weiß- und Grauburgunder, Chardonnay, Müller-Thurgau, Silvaner und GT.

- **Besitzer:** Friedrich Becker **Kellermeister:** Stefan Dorst **Besuch:** Nach Vereinbarung. **Adresse:** Hauptstraße 29, D-76889 Schweigen. **Tel.** 06342-290. **Fax** 06342-6148.

### Willi Bernhart

Erst 1972 füllten Willi und Wilma Bernhart das erste Fass selbst ab; zugleich begann die Umstrukturierung von Landwirtschaft und Viehzucht zum Weinbau. Vor allem die Spätburgunder aus Selektionen sind sehr gut. LAGEN Schweigener Sonnenberg. FAKTEN 11 ha, 5 000 Kisten/Jahr. 15% Riesling, 15% Spätburgunder, 15% Weißburgunder, 10% Grauburgunder, 10% Portugieser sowie Gewürztraminer, MT und Chardonnay.

- **Besitzer:** Willi & Wilma Bernhart **Kellermeister:** Willi Bernhart **Besuch:** Nach Vereinb. **Adresse:** Hauptstr. 8, D-76889 Schweigen. **Tel.** 06342-7202. **Fax** 06342-6396.

### A. Christmann

Sehr fruchtbetonter Riesling mit edelsüßen Spitzen. Überdurchschnittliche Rotweine, dabei auch mächtige Trockenbeerenauslesen vom Spätburgunder. LAGEN Ruppertsberger Reiterpfad, Gimmeldinger Meerspinne, Biengarten, Kapellenberg, Mandelgarten, Haardter Mandelring, Königsbacher Idig, Ölberg. FAKTEN 12,5 ha, etwa 10 000 Kisten/Jahr. 60% Riesling, 12% Spätburgunder, 8% Weißburgunder, 8% Grauburgunder, 6% Saint Laurent sowie Portugieser, Chard, CS.

- **Besitzer:** Steffen Christmann **Kellermeister:** Günter Braun **Besuch:** Mo-Fr 9-12, 14-18, Sa 8-12. **Adresse:** Peter-Koch-Straße 43, D-67435 Gimmeldingen. **Tel.** 06321-66039. **Fax** 06321-68762.

### Kurt Darting

Mit Ertragsbegrenzung, Selektion des Leseguts und Verzicht auf Schönung im Keller überrascht vor allem der Riesling immer wieder angenehm bei Wettbewerben. LAGEN Dürkheimer Spielberg, Michelsberg, Fronhof, Hochbenn, Herrenberg. FAKTEN 14 ha, 10 000 K./J. 36% Riesl, 9% Weißburgunder, Scheurebe, GT, Rieslaner (MT), Huxelrebe, Spätburgunder und Dornfelder.

- **Besitzer:** Fam. Darting **Besuch:** Nach Vereinbarung. **Adresse:** Am Falltor 2, D-67098 Bad Dürkheim. **Tel.** 06322-2983. **Fax** 06322-62303.

### Rainer Eymann

1982 stellte man auf ökologischen Weinbau um und änderte die Sortenstruktur hin zu den klassischen Reben. Inzwischen hat der Betrieb so etwas wie eine Vorbildfunktion in „Öko-Kreisen" mit seinen saftigen, kräftigen, sortentypischen Weißweinen. LAGEN Gönnheimer Sonnenberg, Martinshöhe u.a. FAKTEN 16 ha, ca. 10 000 Kisten/Jahr. 25% Riesling, 15% Grauburgunder, 15% Spätburgunder, 10% Weißburgunder 10% Gewürztraminer sowie Muskateller, Silvaner, Portugieser und Dornfelder.

- **Besitzer:** Rainer Eymann **Kellermeister:** Rainer Eymann **Besuch:** Nach Vereinbarung. **Adresse:** Ludwigstraße 35, D-67161 Gönnheim. **Tel.** 06322-2808. **Fax** 06322-68792.

## Weitere Produzenten in der Pfalz

### Winfried Frey & Söhne

Bekannt wurde das Gut durch Erfolge bei internationalen Wettbewerben mit edelsüßen Weinen. Diesem Produktbereich widmet man auch erkennbar mehr Aufmerksamkeit. Man hat sich auf Beeren- und Trockenbeerenauslesen spezialisiert. LAGEN Essinger Osterberg, Rossberg, Sonnenberg. FAKTEN 10 ha, ca. 5 000 Kisten/Jahr. 41% Weiß- und Grauburgunder, 18% Riesling sowie Scheurebe, Chardonnay, Müller-Thurgau, Silvaner, Gewürztraminer, St. Laurent und Dornfelder.
- **Besitzer:** Winfried & Jürgen Frey **Kellermeister:** Winfried Frey **Adresse:** Spanierstr. 1, D-76879 Essingen. **Tel.** 06347-8224. **Fax** 06247-7290.

### Wolfgang Geissler

In den 80er Jahren übernahm Wolfgang Geissler das Regiment und machte sich wegen seiner Hinwendung zu säurebetonten Weinen bald einen Namen als „saurer Wolfgang", was von der Kundschaft eher anerkennend gemeint war. Er blieb seitdem seinem Stil treu und hat damit Erfolg. Kernige Weißweine, die teilweise kraftvoll und auch alkoholisch sind. Einige Sorten werden in Barriques ausgebaut. Bei Rotweinen gute Ansätze mit Spätburgunder. LAGEN Duttweiler Kreuzberg, Kalkberg, Mandelberg u.a. FAKTEN 6,5 ha, ca. 7 000 Kisten/J. 35% Weißburgunder, 20% Silvaner, Spätburgunder und Portugieser.
- **Besitzer:** Wolfgang Geissler **Kellermeister:** Wolfgang Geissler **Besuch:** Do-Fr 17-20, Sa 10-20. **Adresse:** Burggarten 7, D-67435 Neustadt-Duttweiler. **Tel.** 06327-2770. **Fax** 06327-1546.

### GG. Henninger IV.

Schon seit 1615 betrieb die Familie Weinbau in Kallstadt. Stoffige Weine von den Burgunder-Sorten, Riesling mit markanter Säure, aber auch feinrassiger Frucht. Im ähnlichen Stil wird Sekt erzeugt. Elegante, viel versprechende Spätburgunder. LAGEN U.a. Kallstadter Annaberg, Kronenberg, Saumagen, Steinacker u.a. FAKTEN 6,5 ha, ca. 4 000 Kisten/Jahr. 57% Riesling, 11% Spätburgunder, 10% MT sowie Silvaner, Weißburgunder, Scheurebe und Grauburgunder.
- **Besitzer:** Walter Henninger **Kellermeister:** Peter Früh **Besuch:** Di-So 11-20. **Adresse:** Weinstraße 93, D-67169 Kallstadt. **Tel.** 06322-2277. **Fax** 06322-62861.

### Walter Hensel

Weinbau betreibt die Familie schon mehr als 300 Jahre. Seit 1992 kümmert sich der junge Thomas Hensel um die Weine. Bei Prämierungen gab es diverse Erfolge. Reine, traubentypische Riesling-Weine. Ein vielversprechendes Weingut. LAGEN Dürkheimer Nonnengarten, Fronhof, Hochmess, Spielberg, Feuerberg. FAKTEN 9 ha, 6 000 Kisten/Jahr. U.a. Riesling, Spätburgunder, Weißburgunder, Grauburgunder sowie Scheurebe, Muskateller und Kerner.
- **Besitzer:** Thomas Hensel **Kellermeister:** Thomas Hensel **Besuch:** Nach Vereinbarung. **Adresse:** In den Almen 13, D-67098 Bad Dürkheim. **Tel.** 06322-2460. **Fax** -66918.

### Johannes Kleinmann

Das Gut gehört zu den grundsoliden Betrieben in der Südpfalz. Die Stärken liegen bei Weiß- und Grauburgunder in der leichteren Version (Kabinett) und beim roten St. Laurent. LAGEN Birkweiler Kastanienbusch, Rosenberg, Mandelberg. FAKTEN 8 ha, 7 000 Kisten/Jahr. 22% Weißburgunder, 20% Riesling, 16% St. Laurent, 15% Grauburgunder sowie Spätburgunder und MT.
- **Besitzer/Kellermeister:** Karl-Heinz Kleinmann **Besuch:** Nach Vereinbarung. **Adresse:** Hauptstraße 17, D-76831 Birkweiler. **Tel.** 06345-3547. **Fax** 06345-7777.

### Lucashof

Senior Edmund Lucas baute den Betrieb in den sechziger Jahren auf. Seit 1985 hat Sohn Klaus die Regie. Sein Bruder Hans kümmert sich um den Außenbetrieb. Die Weine haben die typisch saftige Pfälzer Stilrichtung, dazu eine prononcierte Säure. LAGEN Forster Ungeheuer, Pechstein, Musenhang, Elster, Stift, Bischofsgarten u.a. FAKTEN 13 ha, 9 000 Kisten/J. 95% Riesl sowie Scheurebe, Spätburgunder, Portugieser und Dornfelder.
- **Besitzer:** Klaus & Hans Lucas **Kellermeister:** Klaus Lucas **Besuch:** Nach Vereinbarung. **Adresse:** Wiesenweg 1a, D-67147 Forst. **Tel.** 06326-336. **Fax** 06326-5794.

### Theo Minges

Theo Minges schätzt mehr die herbe Richtung, achtet auf geringe Erträge und selektioniert dabei am Stock. Zielsetzung im Keller ist es, die Inhaltsstoffe der Trauben zu erhalten. Weißweinspezialist mit Fingerspitzengefühl für Rotwein und für Sekt. LAGEN U.a. Flemlinger Bischofskreuz, Herrenbuckel. FAKTEN 10 ha, 6 000 K./Jahr. 30% Riesling, 10% Spätburgunder, 10% Grauburgunder, 10% Scheurebe, 10% Dornfelder u.a.
- **Besitzer:** Theo Minges jr. **Kellermeister:** Theo Minges jr. **Besuch:** Nach Vereinbarung. **Adresse:** Bachstraße 11, D-76835 Flemlingen. **Tel.** 06323-2765.

### Mossbacherhof Klein

Die Weinbaugeschichte der pfälzischen Familie reicht zurück bis ins Jahr 1428. Die Weine werden traditionell im Fass ausgebaut, haben ein langes Lager auf der Hefe und sollen „robust und kernig" sein. LAGEN Deidesheimer Herrgottsacker, Forster Ungeheuer, Stift, Pechstein u.a. FAKTEN 10 ha, ca. 7 000 K./J. 93% Riesl sowie Silvaner, Scheurebe, Dornfelder, Weiß- und Spätburgunder.
- **Besitzer/Kellermeister:** Werner Klein **Besuch:** Nach Vereinbarung. **Adresse:** Weinstraße 23, D-67147 Forst. **Tel.** 06326-264. **Fax** 06236-980347.

## Weitere Produzenten in der Pfalz

### Karl Schaefer

Der praktische Arzt Dr. Christian Schaefer begründete 1843 das Weingut; Sohn Karl Schaefer vergrößerte es mit viel Engagement. Heute führt Dr. Wolf Fleischmann das Gut in vierter Generation. Die Riesling-Weine sind stets sehr fruchtbetont, aber auch frisch. Ein kleiner Touch Restsüße ist bei den meisten trockenen Weinen üblich. LAGEN U.a. Dürkheimer Fuchsmantel, Spielberg, Michelsberg, Forster Pechstein, Wachenheimer Gerümpel, Ungsteiner Herrenberg. FAKTEN 17 ha, ca. 11 000 Kisten/Jahr. 85% Riesling, 5% Weißburgunder sowie Scheurebe, Muskateller, Chardonnay, Dornfelder, Spätburgunder und Gewürztraminer.

•**Besitzer:** Dr. Wolf Fleischmann **Kellermeister:** Thorsten Rotthaus **Besuch:** Mo-Fr 8-12, 13-18, Sa 9-12. **Adresse:** Weinstraße Süd 30, D-67098 Bad Dürkheim. **Tel.** 06322-2138. Fax 06322-8729.

### Georg Siben Erben

Der gebürtige Holländer Hendrjk Sjben gründete das Gut anno 1700. 1908 wurde der Betrieb Mitglied im Verein der Naturweinversteigerer, dem Vorläufer des VDP. Der Anbau erfolgt nach ökologischen Kriterien. Die Konzentration gilt vor allem dem herben, meist etwas knorrigen, säurebetonten Riesling. LAGEN Forster Ungeheuer, Deidesheimer Grainhübel, Herrgottsacker, Kalkofen, Langenmorgen, Mäushöhle, Paradiesgarten, Ruppertsberger Reiterpfad. FAKTEN 17 ha, ca. 10 000 Kisten/Jahr. 80% Riesling sowie Weißburgunder, Silvaner, Kerner, Scheurebe, Spätburgunder und Grauburgunder.

•**Besitzer:** Wolfgang Georg Siben **Kellermeister:** Wolfgang Georg Siben **Besuch:** Nach Vereinbarung. **Adresse:** Weinstraße 21, D-67146 Deidesheim. **Tel.** 06326-214. Fax 06326-6003.

### Thomas Siegrist

In den achtziger Jahren machte der Südpfälzer Thomas Siegrist erstmals mit blitzsauberen, knackigen Weißweinen auf sich aufmerksam. Dann überraschte er mit kräftigen Rotweinen aus Barriques und geriet anschließend etwas zu sehr auf den „Holz-Trip". Inzwischen hat er wieder ein vernünftiges Mittelmaß im Ausbau gefunden und befindet sich auf dem Weg zurück in die Spitze. LAGEN Leinsweiler Sonnenbel, Ilbesheimer Rittersberg, Wollmesheimer Mütterle. FAKTEN 12 ha, ca. 7 000 Kisten/Jahr. 25% Riesling, 20% Müller-Thurgau, 17% Spätburgunder, 15% Dornfelder, 10% Weißburgunder, 8% Silvaner, 5% Chardonnay u.a.

•**Besitzer:** Thomas Siegrist **Kellermeister:** Thomas Siegrist **Besuch:** Nach Vereinbarung. **Adresse:** Am Hasensprung, D-76829 Leinsweiler. **Tel.** 06345-1309. **Fax** 06345-7542.

### Heinrich Vollmer

1972 gründete der junge Heinrich Vollmer ein Weingut im pfälzischen Ellerstadt. Daraus entstand im Lauf der Zeit durch Zukäufe, Pachtflächen und eine Erzeugergemeinschaft ein Großbetrieb, der trotzdem individuell arbeitet. Samtige, elegante Spätburgunder, feinmaschige, gut strukturierte Cabernet Sauvignon aus Versuchsanlage. Bei Weißweinen saftiger Riesling und eleganter, wuchtiger Weißburgunder. LAGEN Ellerstadter Bubeneck, Kirchenstück, Sonnenberg, Gönnheimer Klostergarten, Martinshöhe. FAKTEN 126 ha, ca. 75 000 Kisten/Jahr. 33% Portugieser, 18% Spätburgunder, 10% Dornfelder sowie Riesling, Müller-Thurgau, Cabernet Sauvignon, Weißburgunder, Chardonnay, Gewürztraminer.

•**Besitzer:** Heinrich Vollmer **Kellermeister:** Heinrich Vollmer **Besuch:** Mo-Fr 8-12, 13-17 und nach Vereinbarung. **Adresse:** Gönnheimer Straße 52, D-67158 Ellerstadt. **Tel.** 06237-6611. Fax 06237-8366.

### Vier Jahreszeiten

Die Winzergenossenschaft in Bad Dürkheim wurde bereits 1900 gegründet. Sie ist hoch prämiert bei nationalen Wettbewerben, arbeitet im Keller mit moderner Technik, aber auch nach traditionellen Methoden (Holzfass beim Rotwein). Führende Sorte im umfangreichen Sortiment ist der Riesling, gefolgt von Müller-Thurgau. Bekannt wurde der Betrieb auch durch den Rotwein (vor allem Spätburgunder). LAGEN Hauptsächlich in Bad Dürkheim ferner 80 ha in Wachenheim, 30 ha in Deidesheim, 10 ha in Ungstein und 2 ha in Kallstadt. FAKTEN 340 ha, ca. 300 000 Kisten/Jahr. U.a. Riesling, Müller-Thurgau, Silvaner, Gewürztraminer, Muskateller, Ruländer, Weißburgunder, Portugieser, Spätburgunder sowie Ehrenfelser, Huxelrebe und Ortega.

•**Besitzer:** 207 Mitglieder **Kellermeister:** Peter B. Rall **Adresse:** Limburgstraße 8, D-67098 Bad Dürkheim. **Tel.** 06322-68011. Fax 06322-8240.

### Weitere Betriebe

TIEMANN, Marktplatz 1, D-67146 Deidesheim. Tel. 06326-7704. Fax 06326-6343.

WEIK, Lutwitzistraße 10, D-67435 Neustadt-Mussbach. Tel. 06321-66838. Fax 06321-60941.

WILHELMSHOF, Queichstraße 1, D-76833 Siebeldingen. Tel. 06345-1817. Fax 06345-7432.

## HESSISCHE BERGSTRASSE

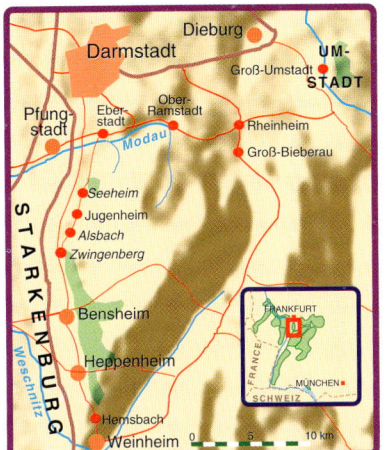

GESCHICHTE Wahrscheinlich waren es die Römer, die hier die ersten Weingärten anlegten. Im Lorcher Kodex von 765 wird der Weinbau in Bensheim zum ersten Mal schriftlich erwähnt. Die Größe des Bezirkes hat sich während der Jahre immer wieder verändert. Kräftige Angriffe von Krankheiten haben den Weinbau Anfang des 20. Jh. fast vernichtet. Dank dem Staatsweingut in Bensheim und dem Vorgänger der Genossenschaft in Heppenheim wurden die Rebflächen erweitert.

GEOGRAPHIE Die Region ist in zwei Bereiche aufgeteilt. Der Bereich STARKENBURG macht den Hauptteil aus und erstreckt sich von Heidelberg im Süden bis Darmstadt im Norden. Der Bereich GROSSUMSTADT liegt wie eine kleine Enklave östlich von Darmstadt und wird auch „Odenwälder Weininsel" genannt. Die Rebberge liegen meist an Hanglagen, die in südlicher und westlicher Richtung manchmal recht steil sein können. Es gibt drei Großlagen und 24 Einzellagen.

KLIMA Die waldbedeckten Hänge vom Odenwald geben dem Bezirk einen guten Schutz nach Osten. Gute Verhältnisse durch recht sonniges Klima mit angemessenen Niederschlägen.

BODEN Leichte Böden mit hohem Lößanteil.

WEINE Die Weißweine dominieren. Mehr als die Hälfte bestehen aus trockenen und halbtrockenen Weinen.

REBSORTEN Weiße: 57% Riesl, 12% MT sowie GT, Weißburgunder, Silvaner, PG (Ruländer), Scheurebe, Gewürztraminer, Rieslaner und Kerner. Rote: Spätburgunder und Portugieser.

PRODUZENTEN Meist kleine Betriebe, die ihre Trauben an die Genossenschaften verkaufen.

REBFL/PROD 455 ha, rund 24 000 hl/Jahr.

WISSENSWERT Weitere Informationen: Weinbauverband Hessische Bergstraße, Ketteler-straße 29, D-64646 Heppenheim/Bergstraße. Tel. 06252-75654/77101. Fax. 06252/788256.

## H. FREIBERGER

GESCHICHTE Heinrich Freiberger gründete den Betrieb 1926 mit seiner Frau. 1963 übernahmen die Söhne Herbert und Heinz. 1993 übergab Herbert an seinen Sohn Heinz. Damit sind inzwischen Heinz (sen.) und Heinz (jun.) Freiberger verantwortlich, wobei der Ältere den Keller betreut. Das Angebot wurde in den letzten Jahren mit Sekt (klassische Methode) und Bränden (Grundstoffe aus dem Gebiet) ergänzt. Außerdem wird Handel mit Weinen aus verschiedenen Regionen betrieben (rund 30% des Absatzes).

WEINE Solide, sortenbetonte Weine, bevorzugt herbe Geschmacksrichtung. Recht breites Spektrum. Auch Rotweine und Sekt werden nach traditioneller Methode hergestellt.

RUF Eine zuverlässige Adresse, die auch mit hohen Prädikaten aufwarten kann.

LAGEN Heppenheimer Schlossberg, Eckweg, Guldenzoll, Maiberg, Steinkopf, Stemmler.

REBSORTEN 51% Riesling, 18% Grauburgunder sowie Spätburgunder.

WEINHERSTELLUNG Weißweine im Holz-

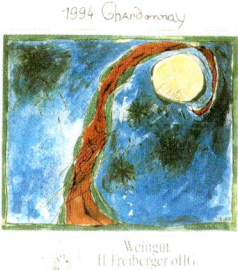

*Das Weingut H. Freiberger ist eine zuverlässige Adresse, die auch mit hohen Prädikaten aufwarten kann.*

fass und Stahl, bei Rotweinen klassische Maischegärung.

LAGERUNG Mit Ausnahme der edelsüßen Weine am besten jünger trinken.

REBFL/PROD 15 ha, ca. 17 500 Kisten/Jahr.

---

**Besitzer** Heinz & Heinz Freiberger (sen./jun.)
• **Kellermeister** Heinz Freiberger (sen.) • **Besuch** Mo-Di, Do-Fr 8-12, 14.30-18.30, Mi/Sa 8-12.30
• **Adresse** H. Freiberger, Hermannstraße 16 und Lehrstraße 15, D-64646 Heppenheim • **Tel.** 06252-2457 • **Fax** 06252-2551

PRODUKTION     QUALITÄT     PREIS

DEUTSCHLAND • HESSISCHE BERGSTRASSE

## STAATSWEINGUT BERGSTRASSE

GESCHICHTE Die Domäne entwickelte sich aus dem Kammerbesitz des Großherzogs von Hessen-Darmstadt, der hier Musterweinberge betrieb und Rebzuchtversuche machte. Heute ist der

*Leiter der Genossenschaft ist seit vielen Jahren Heinrich Hillenbrand, der vierte Gutsverwalter in der Familie.*

Vorzeigebetrieb der Hessischen Bergstraße in der Verwaltung der Hessischen Staatsweingüter in Eltville zusammengeschlossen, untersteht dem Landwirtschaftsministerium, arbeitet aber im Prinzip fast so selbständig wie ein Weingut. Leiter ist seit vielen Jahren Heinrich Hillenbrand, der vierte Gutsverwalter in der Familie. Schon der Großvater leitete von 1904-1939 das Staatsgut.

WEINE Pikante Riesling-Weine mit feinen Fruchtnuancen und Säureschliff, prachtvolle edelsüße Weine (Auslesen, Eisweine, Beerenauslesen). Zudem kräftige herbe Weine aus der Burgunder-Familie. Außerdem etwa 5% Rotwein.

RUF Die beste aller hessischen Domänen, besonders bekannt für ihre pikanten Eisweine.

LAGEN Bensheimer Kalkgasse, Kirchberg, Streichling, Heppenheimer Centgericht, Steinkopf, Schönberger Herrenwingert.

REBSORTEN 70% Riesling, 25% Weiß-, Grau- und Spätburgunder, 5% Gewürztraminer u.a.

WEINHERSTELLUNG Schnelle Kelterung, Ausbau im großen Holzfass und im Edelstahl. Beim Rotwein Maischegärung.

LAGERUNG Riesling gut lagerfähig; edelsüße Spitzen Jahrzehnte; Rotwein jung trinken.

REBFL/PROD 38 ha, 18 000 Kisten/Jahr.

**Besitzer** Land Hessen. Verw.: Heinrich Hillenbrand • **Kellermeister** Volker Hörr • **Besuch** Mo-Do 7.30-12, 13.30-17, Fr 7.30-12, 13-15, So 9.30-12 • **Adresse** Staatsweingut Bergstraße, Grieselstraße 34-36, D-64625 Bensheim • **Tel.** 06251-3107 • **Fax** 06251-65706

PRODUKTION       QUALITÄT        PREIS

## WEITERE PRODUZENTEN

### BERGSTRÄSSER WINZER

Die Gebietswinzergenossenschaft wurde 1904 als Starkenburger Winzerverein gegründet. Sie vermarktet rund 70% der Erzeugung an der Hessischen Bergstraße. LAGEN Auerbacher Höllberg, Fürstenlager, Schöntal, Bensheimer Hemsberg, Kalkgasse, Paulus, Streichling, Heppenheimer Centgericht, Eckweg, Guldenzoll, Maiberg, Stemmler, Steinkopf, Zwingenberger Alte Burg, Steingeröll, Laudenbacher Sonnberg. FAKTEN 273 ha, ca. 200 000 Kisten/Jahr. 57% Riesling, 15% Müller-Thurgau, 9% Ruländer (Grauburgunder) und ferner Silvaner, Ehrenfelser, Weißburgunder, Chardonnay u.a.

•**Besitzer:** 640 Mitglieder **Adresse:** Darmstädter Straße 56, D-64646 Heppenheim. **Tel.** 06252-73016. **Fax** 06252-77492.

### SIMON-BÜRKLE

Das Weingut von Kurt Simon und Wilfried Bürkle ist jung und aufstrebend. Die beiden Wein-

*Die Bergsträßer Winzer stellen alle in der Region vorkommenden Weißweintypen her.*

bautechniker schlossen sich erst 1991 zusammen, bewirtschaften überwiegend Steillagen, haben einen hohen Anteil herber Weine und vermarkten auch über ihr Restaurant in der Altstadt von Zwingenberg (Café Piano). LAGEN Zwingenberger Alte Burg, Steingeröll, Auerbacher Fürstenlager, Höllberg. FAKTEN 12 ha, ca. 9 000 Kisten/Jahr. 37% Riesling, 10% Silvaner und ferner verschiedene Burgunder-Sorten.

•**Besitzer:** Wilfried Bürkle, Kurt Simon **Kellermeister:** Kurt Simon **Besuch:** Nach Vereinbarung. **Adresse:** Wiesenpromenade 13, D-64673 Zwingenberg. **Tel.** 06251-76446. **Fax** 06251-788641.

# FRANKEN

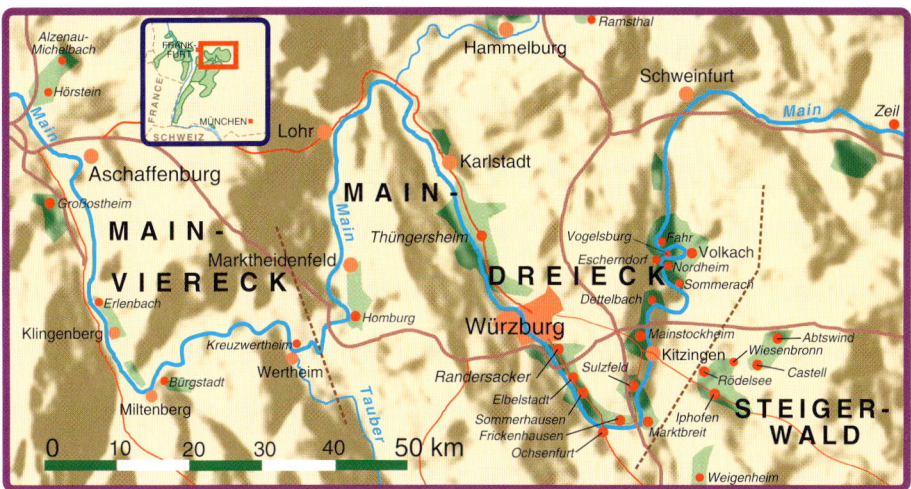

GESCHICHTE Die erste schriftliche Quelle über den Weinbau in Franken geht ins Jahr 777 zurück. Während des 15. und 16. Jahrhunderts war die Rebfläche zehnmal größer als heute. Während des 17. Jahrhunderts wurde die Fläche wegen Handelszöllen, Zunahme der Bierkonsumation und nicht zuletzt wegen der Schadeneinwirkung des Dreißigjährigen Krieges stark reduziert.

*Julius-Echter-Berg in Iphofen gehört zu den klassischen Lagen Frankens und liegt im Bereich Steigerwald.*

Ein weiterer Rückgang kann im 19. Jahrhundert aufgrund der Industrialisierung und der Rebschädlinge festgestellt werden.

GEOGRAPHIE Franken ist der östlichste Weinbezirk der alten Bundesländer. Die Weinberge findet man weit verbreitet in einem großen Gebiet zwischen Aschaffenburg und Schweinfurt. Meist liegen sie an den Hängen und Steillagen dem Fluss Main entlang und am Westhang des Steigerwaldes. Hier finden wir drei Bereiche, 22 Großlagen und 211 Einzellagen.

KLIMA Ausgeprägtes Inlandklima mit trockenen, heißen Sommern und kalten Wintern. Die Weinberge haben meist ein günstiges Mikroklima. Frostschäden im Frühling können jedoch zu erheblichen Ertragsvariationen führen.

BODEN Im Bereich MAINVIERECK, im Westen, sind die Erosionböden von Urberg und Sandstein vorherrschend. Im MAINDREIECK findet man Muschelkalk mit Einschlag von Ton- und Lößböden. In STEIGERWALD, ganz östlich, gibt es schwere, kräftige Erosionsböden.

WEINE Trockene Weine sind immer Tradition gewesen. Heute machen die trockenen Weine 93% der Produktion aus und sind fast ausschließlich weiß. Die flache, dickbauchige Bocksbeutelflasche ist typisch für Franken. Sie darf nur für die fränkischen Weine und für Weine aus einem kleinen Teil der Region Baden verwendet werden.

REBSORTEN Weiße: 43% Müller-Thurgau, 21% Silvaner, 11% Bacchus sowie Riesling, Weißburgunder, Grauburgunder, Kerner, Scheurebe, Gewürztraminer und Domina. Rote: Spätburgunder, Portugieser.

PRODUZENTEN Neben Genossenschaften dominieren die kleinen Weingüter und Winzer.

REBFL/PROD 6 000 ha, etwa 440 000 hl/Jahr.

WISSENSWERT Weitere Informationen: Frankenwein-Franken, Haus des Frankenweins, Kranenkai 1, D-97070 Würzburg. Tel. 0931-390110. Fax 0931-3901155.

## BEREICHE IN FRANKEN

### MAINVIERECK

RUF Das Mainviereck ist der am wenigsten bekannte Bereich Frankens, was vor allem auf die kleine Produktion zurückzuführen ist. Die Spezialität ist der rote Spätburgunder.

GEOGRAPHIE Der Bereich liegt im westlichen Teil von Franken und ist der kleinste der fränkischen Bereiche. Die Weingärten findet man spärlich am Fluss Main entlang verteilt, zwischen Aschaffenburg und Kreuzertheim.

BODEN Vorwiegend Erosionsböden aus Sandstein und Urberg.

WEINE Sowohl Rot- als auch Weißwein von fülligem und angenehmem Charakter. Rotwein ist eine Spezialität des Bereiches. Die Weine sind hauptsächlich trocken oder halbtrocken.

REBSORTEN MT, Silvaner, Spätburgunder.

### MAINDREIECK

RUF Diese Weine haben zum Ruhm der Region geführt. Am bekanntesten ist Würzburger Stein, das während einiger Zeit seinen Namen an alle fränkischen Weine ausborgte, die dann „Steinwein" genannt wurden. Das Weingesetz aus dem Jahr 1971 hat dies verboten und heute darf nur das echte Weingut in Würzburg „Stein" benannt werden.

GEOGRAPHIE Der Fluss Main bildet hier ein Dreieck, daher der Name Maindreieck. In diesem Bereich liegt der Hauptteil des fränkischen Weinbaus. Die Weinberge befinden sich an den Hängen um den Main herum.

BODEN Muschelkalk mit Ton- und Lößböden.

WEINE Fast nur Weißwein mit einem fruchtigen und intensiven Charakter und einer ausgeprägten Erdnote. Die meisten Weine sind trocken

REBSORTEN Müller-Thurgau, Silvaner u.a.

*In Franken dominiert die Sorte Müller-Thurgau, aber auch der Silvaner ist bekannt.*

### STEIGERWALD

RUF Diejenigen, die kraftvolle und erdige Weine schätzen, meinen, dass der beste Wein aus diesem Bereich kommt. Ganz klar gehören Weine aus den Lagen Iphöfer Julius-Echter-Berg und Rödelser Küchenmeister zu den besten fränkischen Weinen.

GEOGRAPHIE Dieser Bereich ist das östlichste Gebiet der Region und war vormals auch das östlichste Weinbaugebiet der alten Bundesländer (heute Sachsen). Die Weinberge sind hauptsächlich am Westhang des Steigerwaldes verbreitet.

BODEN Hier sind die schweren, kräftigen Erosionsböden aus Gipskeuper vorherrschend.

WEINE Schwere und herzhafte Weine mit herbem, manchmal fast würzigem Erdgeschmack.

REBSORTEN Müller-Thurgau, Silvaner u.a.

*Würzburg ist die große Metropole Frankens. 100 m ü.M. liegt die Festung Marienberg, die eine 1 000-jährige Geschichte hat. Das schöne Schloss ist von Weinbergen umgeben.*

## BÜRGERSPITAL

GESCHICHTE 1319 stiftete der Würzburger Patrizier Johannes von Steren ein Haus zur Pflege von „kranken und siechen Bürgern". Dieses Spital wurde zwei Jahre später mit Weinbergen ausge-

*Heute noch tragen die Weinbauerträge dazu bei, dass die Stiftung ihren Aufgaben weiterhin gerecht wird.*

stattet, „den Kranken und Schwachen zur Lab und Stärkung". Durch großherzige Zustifter wuchs der Besitz. Heute werden im Bürgerspital 110 Würzburger Bürger versorgt. Die Erträge des Weinguts tragen dazu bei, dass die Stiftung ihren Aufgaben weiter gerecht wird.

WEINE Meist sehr füllige, barock anmutende Weine, entweder betont herb oder edelsüß. Der Riesling genießt hier Priorität, er hat Rasse, Saft und Spiel. In den letzten Jahren war die Qualität bei den anderen Sorten nicht immer konstant.

RUF Sehr guter Ruf für Riesling. Die einstige Führungsrolle in Franken hat man abgegeben.

LAGEN Würzburger Stein, Stein Harfe, Pfaffenberg, Innere Leiste, Abtsleite, Thüngersheimer Scharlachberg, Randensacker Teufelskeller, Pfülben, Marsberg, Leinacher Himmelberg, Himmelstadter Kelter, Gössenheimer Homburg, Michelauer Vollburg u.a.

REBSORTEN 30% Riesling, 22% Silvaner sowie Müller-Thurgau.

WEINHERSTELLUNG Temperaturgesteuerte Vergärung bei Weißweinen, fast durchwegs Holzfassausbau; Rotweine mit Maischegärung, ausschließlich Holzfass.

LAGERUNG Riesling gut lagerfähig.

REBFL/PROD 140 ha, ca. 110 000 Kisten/Jahr.

**Besitzer** Stiftelse Bürgerspital • **Kellermeister** Stefan Kraus • **Besuch** 7.30-17 • **Adresse** Bürgerspital, Theaterstraße 19, D-97070 Würzburg • **Tel.** 0931-3503442 • **Fax** 0931-3503444 • **Homepage** www.wuerzburg.de/wue/buergerspital

PRODUKTION     QUALITÄT     PREIS

## FÜRSTLICH CASTELL'SCHES DOMÄNENAMT

GESCHICHTE Gehört zum größten privaten Familienbesitz in Franken. Der Ort Castell selbst ist seit 816 bekannt; die älteste Urkunde von Casteller Weinbergen datiert von 1258. Der vermutlich erste fränkische Silvaner wurde hier gepflanzt (1659). Weinbau wird in der 26. Generation betrieben. Seit vielen Jahren wird das Angebot durch Weine einer Erzeugergemeinschaft ergänzt.

WEINE Rund 90% der Weine sind durchgegoren. Geschätzt werden der gradlinige Silvaner, der auch in der edelsüßen Version überzeugt. Die würzigen Müller-Thurgau gehören zu den besten Frankens; faszinierende Frucht kann auch die Spezialität Rieslaner aufweisen.

RUF Wird anerkannt als Betrieb, der trotz stattlicher Größe sehr individuell arbeitet.

LAGEN Casteller Bausch, Kirchberg, Feuerbach, Hohnart, Kugelspiel, Reitsteig, Schlossberg, Trautberg, Neundorfer Hüssberg u.a.

REBSORTEN Silvaner 32%, Müller-Thurgau 27% sowie Rieslaner und Riesling.

WEINHERSTELLUNG Naturnaher Weinbau

*Die fürstliche Familie Castell-Castell ist in Besitz des größten privaten Weinguts in Franken.*

mit begonnener Umstellung auf ökologischen Anbau; sorgfältiger, schonender Ausbau in einem modernen Keller (Holz, Stahl, einzelne Rotweine in Barriques).

LAGERUNG Edelsüße Weine über Jahrzehnte, manchmal herber Müller-Thurgau mit reichem Potenzial (Lage Bausch).

REBFL/PROD 64 ha, ca. 56 000 Kisten/Jahr.

**Besitzer** Ferdinand Erbgraf zu Castell-Castell • **Kellermeister** Christian Friess • **Besuch** Mo-Fr 7.30-17, Sa 10-16 • **Adresse** Fürstlich Castell'sches Domänenamt, Schlossplatz 5, D-97355 Castell • **Tel.** 09325-60163 • **Fax** 09325-60188

PRODUKTION     QUALITÄT     PREIS

## RUDOLF FÜRST

GESCHICHTE  Seit 1638 ist der Weinbau in der Familie nachweisbar. Der heutige Besitzer übernahm den Betrieb bereits im Alter von 21 Jahren und machte ihn zum bekanntesten Rotweingut Frankens.

*Paul Fürst übernahm den Betrieb im Alter von 21 Jahren und machte ihn zum bekanntesten Rotweingut Frankens.*

WEINE  Die Rotweine sind kraftvoll, betont herb und lassen viel Gerbstoff schmecken. In der Jugend wirken sie etwas kantig, besonders wenn sie in Barriques ausgebaut wurden. Die Weißweine sind schneller zugänglich, zeigen aber ebenfalls Format und weisen gute Reserven auf. In den letzten Jahren gab es auch edelsüße Spitzenweine (rot). Finessen- und extraktreich ist der weiße Sekt vom Spätburgunder.
RUF  Gilt als Vorreiter der fränkischen Rotweinentwicklung.
LAGEN  Burgstadter Centgrafenberg, Großheubacher Bischofsberg.
REBSORTEN  45% Spätburgunder, Weißburgunder 15% sowie Riesling.
WEINHERSTELLUNG  Im Weinberg wird durch Ertragsbegrenzung der Grundstock gelegt. Fürst legt Wert auf gesundes Lesegut. Rotweine werden im Holzfass ausgebaut (mit biologischem Säureabbau), teils auch in Barriques (oft mehr als ein Jahr). Bei Weißweinen wird Stahl verwendet.
LAGERUNG  6-8 Jahre bei Rotweinen, 4-5 Jahre bei Weiß; edelsüße Spezialitäten 20 Jahre und mehr.
REBFL/PROD  14 ha, ca. 10 000 Kisten/Jahr.

**Besitzer** Paul Fürst • **Kellermeister** Paul Fürst, Fraut Dambsky • **Besuch** Mo-Fr 8-12, 14-18, Sa 8-15 • **Adresse** Rudolf Fürst, Hohenlindenweg 46, D-63927 Bürgstadt • **Tel.** 09371-8642 • **Fax** 09371-69230 • **E-Mail** weingut.rudolf.fuerst@t-online.de

PRODUKTION  QUALITÄT  PREIS

## JULIUSSPITAL

GESCHICHTE  Die Stiftung wurde 1576 von Bischof Julius Echter gegründet. Sie besteht heute noch als selbständige Stiftung, zu der ein Krankenhaus, ein Altenheim und ein Heim für bedürftige Menschen gehören. Das dazugehörige Weingut ist eines der größten in Deutschland. Es hat sich in den letzten Jahren unter der Leitung von Horst Kolesch hervorragend entwickelt.
WEINE  Sehr stoffige, markante Weine mit klarem Sortencharakter, entweder durchgegoren oder edelsüß. Silvaner- und Riesling-Anteil sind überdurchschnittlich hoch; aus diesen beiden Sorten gelingen in vielen Jahren auch grandiose und lagerfähige Beeren- und Trockenbeerenauslesen. Hoher Anteil an Prädikats-Weinen.
RUF  Nach einem „Durchhänger" in den achtziger Jahren heute eines der bedeutendsten Weingüter in Deutschland.
LAGEN  Würzburger Stein, Innere Leiste, Pfaffenberg, Abtsleite, Iphöfer Julius-Echter-Berg, Kronsberg, Domherr, Eschendorfer Lump, Rödelseer Küchenmeister, Randersacker Pfülben, Teu-

*Die Stiftung wurde 1576 von Bischof Julius Echter gegründet und arbeitet heute noch selbständig.*

felskeller, Marsberg, Bürgstadter Mainhölle, Dettelbacher Berg-Rondell, Thüngersheimer Johannisberg, Volkacher Karthäuser.
REBSORTEN  35% Silvaner, 20% MT, 18% Riesling, 5% Spätburgunder, 4% Kerner u.a.
WEINHERSTELLUNG  Ertragsbegrenzung im Weinberg, naturnahe Bewirtschaftung, Vergärung im Edelstahl, Lagerung im Holzfass.
LAGERUNG  Sehr gutes Potenzial, vor allem bei den Süßweinen.
REBFL/PROD  127 ha, ca. 83 000 Kisten/Jahr.

**Besitzer** Stiftung • **Kellermeister** Friedrich Franz, Benedikt Then, Helmut Klüpfel • **Besuch** Mo-Do 7.30-12, 12.30-16.30, Fr 7.30-12 • **Adresse** Juliusspital, Klinikstraße 5, D-97070 Würzburg • **Tel.** 0931-393 1403 • **Fax** 0931-393 1414

PRODUKTION  QUALITÄT  PREIS

DEUTSCHLAND • FRANKEN

## NEDER

GESCHICHTE  Ramsthal liegt im fränkischen Norden, noch hinter Schweinfurt. Eugen Neder, der Vater des heutigen Besitzers, begann 1975 als Winzer mit lediglich 0,5 ha, nachdem er vorher eine Weinhandlung betrieben hatte. Der Sohn wollte mehr daraus machen, wurde Winzermeis-

*Das Weingut Neder ist ein relativ junges Weingut in Ramsthal, oft als „Fränkisch-Sibirien" bezeichnet.*

ter, vergrößerte die Fläche und musste dann eine längere Flurbereinigung verkraften. Aber die relativ steilen Weinberge waren danach besser zu bewirtschaften. 1991 wurde ein neues Betriebsgebäude fertig und Neder immer besser. Einziges Problem sind die schwankenden Erträge in „Fränkisch-Sibirien".

WEINE  Frankenweine alter Schule, betont herb, mit deutlichem Sortencharakter und spürbarer Säure. Sogar Bacchus, die meist allzu blumige Züchtung, hat hier Struktur und Spiel.

RUF  Ein echter Geheimtipp, deshalb auch im Preis für Franken sehr interessant.

LAGEN  Ramsthaler St. Klausen, Wirmsthaler Scheinberg, Trimberger Schlossberg.

REBSORTEN  30% Müller-Thurgau, 23% Bacchus, 15% Kerner, 12% Silvaner sowie Grauburgunder, Domina und Scheurebe.

WEINHERSTELLUNG  Spontangärung ohne Zusatz von Hefen, schonender Ausbau ohne Entsäuerung und Dosage; 95% sind völlig durchgegoren.

LAGERUNG  Kerner und Scheurebe sind die beiden Sorten mit dem besten Lagerpotenzial.

REBFL/PROD  6,3 ha, ca. 4 000 Kisten/Jahr.

**Besitzer** Ewald Neder • **Kellermeister** Ewald Neder • **Besuch** Werktags 8-18 und Nach Vereinbarung • **Adresse** Neder, Urbanusweg 5, D-97729 Ramsthal • **Tel.** 09704-5692 • **Fax** 09704-7469

PRODUKTION        QUALITÄT        PREIS

## JOHANN RUCK

GESCHICHTE  In grauer Vorzeit gab es Raubritter in der Familie, dann Fassküfer. 1839 siedelte sich die Familie im reizvollen Iphofen an und begann mit Weinbau. Traditionell heißen die Inhaber Hans mit Vornamen, wobei der jeweilige Senior Johann genannt wird. Dieser war früher Regionalvorsitzender des VDP, ist noch im Betrieb tätig und kümmert sich um die hauseigenen Brände.

WEINE  Meist sehr kraftvolle, altfränkisch-erdige Weine mit gutem Sortencharakter (Müller-Thurgau, Silvaner, Grauburgunder). Eine Spezialität ist der Rieslaner, bei dem Hans Ruck auch

*Traditionell heißen die Inhaber Hans mit Vornamen, wobei der jeweilige Senior Johann genannt wird.*

mit Barriques experimentiert und zu interessanten, wenngleich extravaganten Ergebnissen kommt. In letzter Zeit verdient die rote Sorte Domina (stoffig, dicht) Beachtung.

RUF  Gilt inzwischen als eines der besten Güter Frankens.

LAGEN  Iphöfer Julius-Echter-Berg, Kalb, Kronsberg, Schwanleite, Hüttenheimer Tannenberg.

REBSORTEN  38% Silvaner, 25% Müller-Thurgau sowie Riesling, Kerner, Rieslaner, Spätburgunder, Grauburgunder, Scheurebe u.a.

WEINHERSTELLUNG  Umweltschonender Anbau. Nach selektiver Lese wird temperaturgesteuert im Edelstahl vergoren, hier auch ausgebaut (auf längerem Hefelager) und früh gefüllt.

LAGERUNG  Auch die herben Weine vertragen einige Jahre der Reife.

REBFL/PROD  11 ha, ca. 6 500 Kisten/Jahr.

**Besitzer** Hans Ruck • **Kellermeister** Hans Ruck • **Besuch** Mo-Sa 8-12, 13-18, So 10-12 • **Adresse** Johann Ruck, Marktplatz 19, D-97346 Iphofen • **Tel.** 09323-3316 • **Fax** 09323-5035

PRODUKTION        QUALITÄT        PREIS

405

DEUTSCHLAND • FRANKEN

## Am Lump - Paul Sauer

GESCHICHTE  Der Betrieb befindet sich seit vielen Generationen in Familienbesitz. Am Hang der bekannten Lage Escherndorfer Lump wurde 1977 ein Neubau fertig gestellt. In den letzten Jahren gab es für Senior Paul und Sohn Albrecht beachtliche Erfolge bei Prämierungen (Staatsehrenpreis, Bundesehrenpreis) sowie ein hervorragendes Abschneiden beim Riesling-Erzeugerpreis.

WEINE  Vorwiegend herbe Frankenweine mit Stoff, Dichte und schönem Sortencharakter. Bei den Prädikaten wird immer wieder mal etwas tiefgestapelt; was anderswo eine Spätlese ist, wird nur als Kabinett deklariert. Im edelsüßen Bereich Weine mit viel Schmelz. Auch bei Rotwein (Schwarzriesling) gute Ansätze.

RUF  Im Aufwind, hat noch Entwicklungspotenzial durch Besitz in guten Steillagen.

LAGEN  Escherndorfer Lump, Fürstenberg, Berg u.a.

REBSORTEN  26% Silvaner, 20% MT, 21% Riesling, 8% Spätburgunder, 7% Schwarzriesling sowie Scheurebe, Weißburgunder und Bacchus.

*Paul Sauers Weingut „Am Lump", wurde nach der bekannten Weinlage Escherndorfer Lump benannt.*

WEINHERSTELLUNG  Naturnaher Anbau, schonender Ausbau mit geringem Einsatz an Schönungsmitteln, sparsame Dosierung von Schwefel, dafür Erhaltung der natürlichen Kohlensäure. Beste Weine reifen im Holz, Rotweine (mit Säureabbau) teilweise in Barriques.

LAGERUNG  Riesling, edelsüße Weine und vor allem die roten haben ein überdurchschnittliches Reifepotenzial.

REBFL/PROD  10 ha, ca. 10 000 Kisten/Jahr.

**Besitzer** Paul Sauer • **Kellermeister** Albrecht Sauer • **Besuch** Mo-Sa 8-18, So 10-15 • **Adresse** Am Lump - Paul Sauer, Bocksbeutelstr. 60, D-97332 Escherndorf • **Tel.** 09381-9035 • **Fax** 09381-6135

PRODUKTION    QUALITÄT    PREIS

## Schmitt's Kinder

GESCHICHTE  Das barocke Stammhaus der Familie datiert von 1710. Das neue Betriebsgebäude am Fuß der Weinlage Sonnenstuhl wurde 1984 in Funktion gesetzt. Die Schmitts betreiben Weinbau in der 8. Generation. Und sie sind in den letzten Jahren unter der Regie des Perfektionisten Karl Martin Schmitt auf einem Höhepunkt angelangt: Der Betrieb gehört inzwischen zur absoluten Spitze in Franken und schafft in den meisten Jahren auch exzellente edelsüße Weine.

WEINE  Stets klassischer Sortentyp. Bei den Prädikaten ist häufig Tiefstapelei angesagt. Eine

*Karl Martin Schmitt erzeugt viele gute, sortenreine Spätlesen in hoher Franken-Qualität.*

Spätlese wäre anderswo oft eine Auslese. Besonders fein geraten die fast explosiv-fruchtigen Riesling und Rieslaner, wenn sie etwas natürliche Restsüße aufweisen. In den meisten Jahren werden auch sehr viele gute edelsüße Weine erzeugt.

RUF  Könnte noch bekannter sein. Aber Schmitt bleibt lieber bescheiden im Hintergrund.

LAGEN  Randersacker Pfülben, Sonnenstuhl, Marsberg, Teufelskeller, Ewig Leben.

REBSORTEN  26% Silvaner, 25% Müller-Thurgau, 10% Riesling sowie Bacchus, Scheurebe, Kerner und Rieslaner.

WEINHERSTELLUNG  Anbau nach den umweltschonenden Kriterien des VDP, dem man seit vielen Jahren angehört. Schonende Traubenverarbeitung. Ausbau in Edelstahl und Holz. Erste Tastversuche mit Barriques.

LAGERUNG  Gut lagerfähige Weine mit Substanz für einige Jahre.

REBFL/PROD  13,5 ha, 11 000 Kisten/Jahr.

**Besitzer** Karl Martin Schmitt • **Kellermeister** Karl Martin Schmitt • **Besuch** Mo-Fr 8-18, Sa 9-17 • **Adresse** Schmitt's Kinder, Am Sonnenstuhl, D-97236 Randersacker • **Tel.** 0931-705 91 97 • **Fax** 0931-705 91 98 • **E-Mail** schmitts-kinder-weingut@t-online.de

PRODUKTION    QUALITÄT    PREIS

## Graf von Schönborn

GESCHICHTE Die Grafen von Schönborn gehören zu Deutschlands bekanntestem Adel. Berühmte Geistliche und weltliche Persönlichkeiten machten Geschichte. In Franken erwarb die Fami-

*Das Schloss Hallburg wurde ursprünglich als Jagdsitz erworben, entwickelte sich aber schnell zu einem Weingut.*

lie 1806 das Schloss Hallburg bei Volkach als Sommer- und Jagdschloss mit Weinbau. Das Gut wurde 1981 zum benachbarten Gutshof verlegt. Seit Mitte der achtziger Jahre vollzog der engagierte Gutsverwalter Georg Hünnerkopf die Umstellung zum ökologischen Weinbau.

WEINE Typische klassische Frankenweine, betont herb, mit erdiger Art, teils sehr körperreich. Bislang ausschließlich Weißweine.

RUF Gehört trotz des bekannten Namens und der Betriebsgröße bislang eher zu den Geheimtipps in Sachen Frankenwein.

LAGEN Hallburger Schlossberg, Gaibacher Schlosspark (Alleinbesitz), Gaibacher Kapellenberg.

REBSORTEN 28% Müller-Thurgau, 28% Silvaner, 12% Riesling sowie u.a. Bacchus, Rieslaner, Grauburgunder und Traminer.

WEINHERSTELLUNG Umweltfreundlicher Anbau, zu über 90 Prozent durchgegorene Weine mit Wertschätzung der Säure, ohne dass die Weine grasig wirken. Reduktiver Ausbau in Holz, Glasfiber oder Stahl, teilweise in Kombination, je nach Weinsorte.

LAGERUNG Gut lagerfähig, noch relativ viel ältere Weine auf der Karte.

REBFL/PROD 29 ha, 18 000 Kisten/Jahr.

**Besitzer** Dr. Karl Graf von Schönborn, Verwalter: Georg Hünnerkopf • **Kellermeister** H. Jäcklein • **Besuch** Täglich 8-18, Fr-So 13-19 • **Adresse** Graf von Schönborn, Schloss Hallburg, D-97332 Volkach • **Tel.** 09381-2415 • **Fax** 09381-3780

PRODUKTION

QUALITÄT

PREIS

## Staatlicher Hofkeller

GESCHICHTE Die Weinbaugeschichte reicht bis ins Jahr 1128 zurück. Früher gehörte das Gut den Fürstbischöfen von Würzburg. Seit 1952 ist auch die bayerische Landesanstalt für Wein- und Gartenbau Bestandteil des Betriebs. Der große Weinkeller unter der Residenz ist einer der schönsten der Welt.

WEINE Vor einigen Jahren waren die Weine meist etwas weich, rund und behäbig in ihrer Art. Zuletzt bekamen sie, mit dem Jahrgang 1993, mehr Struktur, eine bessere Ausprägung des Sortentyps und Frucht. Ausgezeichnet sind die Ergebnisse mittlerweile bei Rotwein (Spätburgunder, Frühburgunder, sogar Domina) und bei edelsüßen Gewächsen (Rieslaner, Riesling).

RUF Wird dem bekannten Ruf allmählich wieder gerecht. Unter neuer Leitung dürfte es weiter aufwärts gehen.

LAGEN In Besitz von 20 verschiedenen Lagen in 15 Gemeinden. Die bekanntesten sind jene in Würzburg und in Randersacker, z.B. Würzburger Stein, Innere Leiste, Abtsleite, Randersacker Pfül-

*Die schöne Residenz der Staatlichen Hofkeller. Die Weinbaugeschichte reicht bis ins Jahr 1128 zurück.*

ben, Teufelskeller und Marsberg.

REBSORTEN 25% Riesling, 20% Müller-Thurgau, 18% Silvaner, 10% Rieslaner.

WEINHERSTELLUNG Umweltschonende Bewirtschaftung, selektive Lese, schonende Kelterung, individueller Ausbau in Holz und Stahl.

LAGERUNG Gut lagerfähig; auch Rotweine der neueren Generation haben Substanz.

REBFL/PROD 175 ha, ca. 90 000 Kisten/Jahr.

**Besitzer** Freistaat Bayern, Dir.: Dr. Rowald Hepp • **Kellermeister** Helmut Brönner • **Besuch** Nach Vereinb. • **Adresse** Staatlicher Hofkeller, Residenzplatz 3, D-97070 Würzburg • **Tel.** 0931-30 50923 • **Fax** -33 • **E-Mail** hofkeller-wuerzburg@t-online.de • **Homepage** www.lwg.bayern.de

PRODUKTION

QUALITÄT

PREIS

## Josef Störrlein

GESCHICHTE  Gegründet wurde das Gut erst im Jahr 1970, praktisch aus dem Nichts heraus. Es hat sich seitdem unter Armin Störrlein ausgezeichnet entwickelt und steht offenbar auf dem Sprung in die fränkische Spitzenklasse.

WEINE  Schnörkellose, traditionell erdig-herbe

*Gegründet wurde der Betrieb 1970 und hat sich seitdem unter Armin Störrlein ausgezeichnet entwickelt.*

Frankenweine. Störrlein legt beim Silvaner Wert auf viel Schliff und schätzt auch den Müller-Thurgau, der in Franken gern vernachlässigt wird, höher ein. Man produziert auch einen Jahrgangssekt, der mind. zwei Jahre ausgebaut wird. Der Anteil an Barrique-ausgebautem Spätburgunder nimmt zu.

RUF  Einer der fränkischen Aufsteiger, noch wenig bekannt und daher auch im Preis für Franken recht günstig.

LAGEN  Randersackerer Sonnenstuhl, Marsberg, Pfülben, Dabug.

REBSORTEN  30% Silvaner, 30% Müller-Thurgau, 10% Riesling sowie Weiß- und Spätburgunder.

WEINHERSTELLUNG  Späte Lese, langsame Vergärung im Edelstahl, Lager im Holz bei Weißweinen; Rotweine selektive Lese, mindestens ein Jahr Fassausbau.

LAGERUNG  Die Weine haben Stabilität für einige Jahre Reife.

REBFL/PROD  8 ha, ca. 5 000 Kisten/Jahr.

**Besitzer** Armin Störrlein • **Kellermeister** Armin Störrlein • **Besuch** Werktags 8-19 • **Adresse** Josef Störrlein, Schulstr. 14, D-97236 Randersacker • **Tel.** 0931-708281 • **Fax** 0931-701155

PRODUKTION  QUALITÄT  PREIS

## Hans Wirsching

GESCHICHTE  Gegründet wurde das Gut anno 1630. Das noble Gutshaus mit seinem Gewölbekeller datiert von 1650. Seit etlichen Jahrzehnten gehört der Betrieb zu den größten und besten in Franken. Hans Wirsching, der Vater des heutigen Inhabers, legte dafür die Saat.

WEINE  Mehr als drei Viertel der Weine sind nach klassisch-fränkischer Art völlig durchgegoren. Es wird dabei Wert gelegt auf moderate Säuregehalte. Besonders der kraftvolle Silvaner gilt als Stärke des Hauses, aber auch mit der „Brotsorte" Frankens, dem Müller-Thurgau, präsentiert man überraschende Ergebnisse mit Saft und

*Seit etlichen Jahrzehnten gehört das Weingut Hans Wirsching zu den größten und besten in Franken.*

Spiel. In den letzten Jahren finden die Rotweine zunehmend Beachtung.

RUF  Ein Gut, das trotz seiner Größe sehr individuell arbeitet und in ganz Deutschland, aber auch im Ausland bekannt ist.

LAGEN  Iphöfer Julius-Echter-Berg, Kalb, Kornsberg, Rödelseer Küchenmeister, Einersheimer Vogelsang, Sensheimer Hohenbühl.

REBSORTEN  40% Silvaner, 20% Riesling sowie Müller-Thurgau, Grauburgunder u.a.

WEINHERSTELLUNG  Naturnaher Anbau mit niedrigen Erträgen, geführte Gärung (möglichst mit natürlicher Hefe) reduktiver Ausbau der Weißweine im Edelstahl, oxidativer Ausbau der Rotweine in Eiche (teilweise bei Cuvées in Barriques).

LAGERUNG  Riesling kann lange liegen.

REBFL/PROD  68 ha, ca. 40 000 Kisten/Jahr.

**Besitzer** Dr. Heinrich Wirsching • **Kellermeister** Werner Probst • **Besuch** Mo-Sa 8-18, So 10-12.30 • **Adresse** Hans Wirsching, Ludwigstraße 16, D-97343 Iphofen • **Tel.** 09323-87330 • **Fax** 09323-873390

PRODUKTION  QUALITÄT  PREIS

## WEITERE PRODUZENTEN IN FRANKEN

### WALDEMAR BRAUN

Waldemar Braun entschloss sich 1985, ins kalte Wasser der Selbständigkeit zu springen. Kernige, schnörkellose Frankenweine der alten Schule. Sogar die oft arg parfümierte Sorte Bacchus hat hier Rasse und Struktur. In guten Jahrgängen gelingen auch passable edelsüße Weine (Domina, Rieslaner). LAGEN Nordheimer Vögelein, Kreuzberg, Sommeracher Rosenberg, Katzenkopf. FAKTEN 7 ha, 4 500 Kisten/Jahr. 30% Müller-Thurgau, 30% Silvaner sowie Bacchus und Rieslaner.

• **Besitzer:** Waldemar Braun **Kellermeister:** Waldemar Braun **Besuch:** Nach Vereinbarung. **Adresse:** Langgasse 10, D-97334 Nordheim. **Tel.** 09381-9061. **Fax** -71179.

### HELMUT CHRIST

Helmut Christ wurde 1982 Selbstvermarkter. Bevorzugt herbe Weine, oft mit einem Touch natürlicher Süße und viel Extrakt. Angestrebt werden in der Regel Prädikats-Weine, damit nicht angereichert werden muss. Für Überraschungen kann hier der anderswo als Massenträger verrufene Morio-Muskat sorgen. Besonders saftig: der Riesling; hocharomatisch: der Traminer. LAGEN Volkacher Ratsherr, Nordheimer Vögelein, Kreuzberg, Dettelbacher Berg Rondell u.a. FAKTEN 9 ha, ca. 6 000 Kisten/Jahr. 30% Müller-Thurgau, 30% Silvaner, 15% Kerner sowie Riesling, Bacchus und Morio-Muskat (!).

• **Besitzer:** Helmut Christ **Kellermeister:** Helmut Christ **Besuch:** Mo-Fr 10-18, Sa 8-17. **Adresse:** Volkacher Straße 6, D-97334 Nordheim. **Tel.** 09381-2806. **Fax** -6640.

### STÄDTISCHES WEINGUT ERLENBACH

Der Betrieb wurde 1985 unter erheblichen Investitionen der Stadt begründet, um den rückläufigen Terrassen-Weinbau in der Gegend zu erhalten. LAGEN Erlenbacher Hochberg, Klingenberger Schlossberg, Großheubacher Bischofsberger, Bürgstadter Centgrafenberg. FAKTEN 9 ha, ca. 4 000 Kisten/Jahr. 30% Spätburgunder, 20% Portugieser sowie Riesl, Rieslaner, Silvaner und MT.

• **Besitzer:** Stadt Erlenbach **Kellermeister:** Josef Lutz **Adresse:** Klingenberger Str. 29, D-63906 Erlenbach-Main. **Tel.** 09372-70461. **Fax** 09372-70410.

### SCHLOSS FRANKENBERG

Die Weinbautradition von Schloss Frankenberg reicht zurück ins 13. Jh. 1971 ging der Besitz an die Freiherren von Lerchenfeld. Mit dem Jahrgang 1993 entschied sich Carl Freiherr von Lerchenfeld, mit den Verwandten Hügelschäffer in Sommerhausen zusammenzuarbeiten. Die Weine zeigen beachtliche Qualität. LAGEN Schloss Frankenberg. FAKTEN 32 ha, 21 000 Kisten/Jahr. Silvaner, Müller-Thurgau, Riesling, ferner u.a. Rieslaner, Kerner, Spätburgunder.

• **Besitzer:** Carl Freiherr von Lerchenfeld **Adresse:** D-97215 Weigenheim. **Tel.** 09339-270. **Fax** 09339-1485.

### MICHAEL FRÖHLICH

Die Familie Fröhlich betrieb zwar schon über einige Generationen hinweg Weinbau, aber erst 1985 wagte Michael Fröhlich den Sprung in die Selbstvermarktung. Zum Betrieb gehört auch eine Rebschule. Sehr schöne Betonung des Sortentyps. Bevorzugt herbe Weine, aber auch dichte, vielschichtige edelsüße Gewächse. LAGEN Escherndorfer Lump und Fürstenberg, Untereisenheimer Sonnenberg, Obereisenheimer Höll. FAKTEN 9 ha, ca. 7 000 Kisten/Jahr. 25% MT, 20% Silvaner, 15% Riesling, 15% Spätburgunder u.a.

• **Besitzer:** Michael Fröhlich **Kellermeister:** Michael Fröhlich **Besuch:** Tägl. nach Vereinb. **Adresse:** Bocksbeutelstr. 41, D-97332 Escherndorf. **Tel.** 09381-2847. **Fax** -71360.

### FRANZ KIRCH

Franz Kirch baute in den letzten Jahren, mit Unterstützung von Junior Matthias Kirch im Keller, einen beachtlichen, modernen Betrieb auf, der eine beständige und gute Qualität hat. Stärken sind zweifellos der typisch fruchtig-rassige Riesling und Silvaner in durchgegorener Version. LAGEN Volkacher Ratsherr. FAKTEN 8 ha, 7 500 Kisten/Jahr. 24% MT, 22% Silvaner, 12% Riesl sowie Kerner, Weißburgunder und Schwarzriesl.

• **Besitzer:** Franz Kirch **Kellermeister:** Matthias Kirch **Besuch:** Nach Vereinbarung. **Adresse:** Mönchbergstraße 11, D-97332 Fahr. **Tel.** 09381-3009. **Fax** 09381-6185.

### STADT KLINGENBERG

Die Stadt legte den Grundstein für ihr Gut mit dem Erwerb des ehemals kurfürstlichen Rentamts im Jahr 1912, zu dem damals knapp ein Hektar Spätburgunder gehörte. Der Rotwein wurde sukzessive ausgebaut und machte Klingenberg bekannt. Die Weine sind erdig, gerbstoffbetont und kernig; herb wird bevorzugt. LAGEN Klingenberger Schlossberg, Großheubacher Bischofsberg u.a. FAKTEN 20 ha, ca. 8 000 Kisten/Jahr. 49% Spätburgunder, 19% MT, 21% Portugieser, 3% GT, 2% Riesling, 2% Rieslaner u.a.

• **Besitzer:** Stadt Klingenberg **Adresse:** Wilhelmstr. 107, D-63911 Klingenberg. **Tel.** 09372-2438. **Fax** -921059.

### FÜRST LÖWENSTEIN

Das Gut hat Besitz in ausgezeichneten Lagen, arbeitet konservativ mit Ausbau im Holzfass, konnte aber in den letzten Jahren sein Potenzial nicht optimal nutzen. Am bekanntesten für die Lage Homburger Kallmuth, die erstmals 1102 erwähnt wird. LAGEN Homburger Kallmuth, Bürgstadter Centgrafenberg, Bronnbacher Josefsberg u.a. FAKTEN 26 ha, ca. 12 500 Kisten/Jahr. 38% Silvaner, 17% MT, 19% Spätburgunder sowie Riesl, Bacchus, Kerner, Weißburgunder u.a.

• **Besitzer:** Paul Schauber **Adresse:** Rathausgasse 5, D-97892 Kreuzwertheim. **Tel.** 09342-6505. **Fax** 09342-6205.

## Weitere Produzenten in Franken

### Ernst Popp

Die Familie betreibt seit 1878 Weinbau. Besitzer Michael Popp gehört zu den größeren Betrieben durch eine zusätzliche private Erzeugergemeinschaft. Viel Wertschätzung genießt bei ihm der klassische Silvaner in betont herber Richtung. LAGEN Iphöfer Julius-Echter-Berg, Kalb, Kronsberg, Rödelseer Küchenmeister u.a. FAKTEN 20 ha eigene Rebfläche, ca. 22 000 Kisten/Jahr. 50% Silvaner, 20% Müller-Thurgau sowie Riesling, Kerner, Scheurebe, Graubburgunder u.a.

•**Besitzer:** Michael Popp **Adresse:** Rödelseer Str. 14-15, D-97346 Iphofen. **Tel.** 09323-3371. **Fax** 09323-5781.

### Egon Schäffer

Egon Schäffer hat das kleine Gut in wenigen Jahren zu beachtlichem Ansehen gebracht. Schnörkellose, klassische Frankenweine, betont herb, aber durchaus mit Frucht. Selbst eine Sorte wie der meist seelenlose Bacchus kann hier angenehm überraschen. Kleine, aber durchgängig gute bis sehr gute Weinauswahl. LAGEN Eschendorfer Lump, Fürstenberg, Untereisenheimer Sonnenberg. FAKTEN 3,2 ha (davon 1,7 ha gepachtet), ca. 3 000 Kisten/Jahr. 34% Müller-Thurgau, 45% Silvaner, 16% Riesling, 5% Bacchus.

•**Besitzer:** Egon Schäffer **Kellermeister:** Egon Schäffer Besuch: Mo-Sa 10-18 Nach Vereinbarung. **Adresse:** Astheimer Straße 17, D-97332 Escherndorf. **Tel.** 0931-9350, -9323. **Fax** 09381-4834.

### Winzerkeller Sommerach

Die 1901 gegründete Genossenschaft ist die älteste Frankens und wohl auch über die Jahre hinweg die konstanteste in der Qualität. LAGEN Sommeracher Katzenkopf, Volkacher Ratsherr u.a. in Dettelbach, Kammerforst, Oberschwarzach, Iphofen. FAKTEN 157 ha, ca. 140 000 Kisten/Jahr. 45% Müller-Thurgau, 25% Silvaner sowie Bacchus, Kerner, Riesling und Scheurebe.

•**Besitzer:** 250 Mitglieder, Dir.: Eugen Preissinger **Adresse:** Zum Katzenkopf 1, D-97334 Sommerach. **Tel.** 09381-80610. **Fax** 09381-4551.

### Schloss Sommerhausen

Die Familie Steinmann bewirtschaftet den Betrieb und eine angesehene Rebschule in der 4. Generation. Das Sortenspektrum ist vielseitig. Neben Spitzenweinen gibt es viel Alltägliches. LAGEN Randersackerer Marsberg, Sonnenstuhl, Sommerhäuser Reifenstein, Steinbach, Iphöfer Burgweg, Sommerhäuser Ölspiel. FAKTEN 20 ha, 17 000 Kisten/Jahr. 10% Riesl, 21% Silvaner, 8% Scheurebe, 8% MT, ferner u.a. Dornfelder, Weißburgunder, Auxerrois, Chardonnay, Graubburgunder, Traminer, Spätburgunder u.a.

•**Besitzer:** Joh. Kaspar Steinmann **Adresse:** Ochsenfurter Str. 17-19, D-97286 Sommerhausen. **Tel.** 09333-260. **Fax** 09333-14 88.

### WG Thüngersheim

Dieser moderne Betrieb ist sehr erfolgreich bei Prämierungen. Ein breite Palette von verschiedenen Frankenweinen wird hergestellt. LAGEN Thüngersheim (u.a. Scharlachberg und Johannisberg), Retzbach, Leinach, Karlstadt, Veitshöchheim, Erlabrunn, Himmelstadt u.a. FAKTEN 250 ha, ca. 170 000 Kisten/Jahr. 43% Müller-Thurgau, 19% Silvaner, 10% Riesling sowie Ruländer (PG), Traminer, Scheurebe, Kerner, Bacchus, Dornfelder, Schwarzriesling und Domina.

•**Besitzer:** 350 Mitglieder **Kellermeister:** Norbert Gerhard, Reinhold Full **Adresse:** Untere Hauptstr. 1, D-97291 Thüngersheim. **Tel.** 09364-50090. **Fax** -500910.

### Vogelsburg

1957 übernahm die Gemeinschaft der Augustinusschwestern das Haus mit den umliegenden Reben. In den 60er Jahren wurde, für Franken damals ein Novum, die Umstellung auf ökologischen Weinbau vollzogen. Die heute für den Wein verantwortliche Schwester Hedwig Mayer (geprüfte Winzermeisterin) hat mit Traminer und Silvaner eine besonders glückliche Hand. Die Weine kann man auch in der dazugehörigen Gaststätte probieren. LAGEN Vogelsburger Pforte. FAKTEN 2 ha, 1 000 Kisten/Jahr.

•**Adresse:** Vogelsburg, D-97332 Volkach. **Tel.** 09381-3029.

### Zehnthof Luckert

Klare Linie mit kräftigen, herben, sortentypischen Weinen. Immer wieder gelingen auch edelsüße Spitzen. LAGEN Sulzfelder Maustal, Cyriakusberg. FAKTEN 13 ha, ca. 9 000 Kisten/Jahr. 40% Silvaner, 25% Müller-Thurgau, 10% Riesl, 10% Weißburgunder, Kerner und Chardonnay.

•**Besitzer:** Wolfgang Luckert **Kellermeister:** Wolfgang Luckert Besuch: Nach Vereinbarung. **Adresse:** Kettengasse 3-5, D-97320 Sulzfeld. **Tel.** 09321-23778. **Fax** -5077.

### Weitere Betriebe

Werner Emmerich, Obere Gräbenstraße 4, D-97346 Iphofen. Tel. 09323-3775. Fax -5833.
Martin Göbel, Friedhofstraße 9, D-97236 Randersacker. Tel. 0931-709380. Fax -709380.
Himmelstoss-Glaser, Langgasse 7, D-97334 Nordheim. Tel. 09381-4602. Fax 09381-6402.
Bernd Höfler, Albstädter Str. 1, D-63755 Alzenau-Michelbach. Tel. 06023-5495.
Gerhard Roth, Büttnergasse 11, D-97355 Wiesenbronn. Tel. 09325-373. Fax 09325-528.
Richard Schmitt, Am Sonnenstuhl, D-97236 Randersacker.
Robert Schmitt, Maingasse 13, D-97236 Randersacker. Tel. 0931-708351. Fax -708352.

# WÜRTTEMBERG

**GESCHICHTE** Württemberg, oder Schwaben, hat wie viele andere deutsche Weinregionen Weinberge, die noch aus der Römerzeit stammen. Ende

*Ende des 16. Jh. war die Anbaufläche mit 45 000 ha am größten. Heute ist sie auf 11 000 ha geschrumpft.*

des 16. Jahrhunderts war die Anbaufläche mit ganzen 45 000 Hektar am größten. Seither ist sie allmählich auf knapp 11 000 Hektar geschrumpft.

**GEOGRAPHIE** Die Anbaufläche von Württemberg erstreckt sich von den Tälern des Flusses Tauber im Norden bis an den Bodensee im Süden. Die Hauptbereiche liegen rund um Stuttgart und Heilbronn. Die Weinberge finden wir entlang dem Neckar und seinen Nebenflüssen Rems, Murr, Enz, Kocher und Jagst. Sechs Bereiche, 20 Großlagen und 207 Einzellagen findet man in diesem Gebiet.

**KLIMA** Das milde Klima des Rheintals und das Festlandklima im Osten beeinflussen die beiden Hauptbezirke. Je weiter der Weinberg im Osten liegt, umso kälter sind die Winter und umso wärmer und trockener die Sommer. Die Berge geben jedoch Schutz gegen kalte Winde und dies führt zu einem milden Mikroklima.

**BODEN** Unterschiedliche Bodentypen wie Muschelkalk, Löß und Mergel ergeben wechselhafte Weine. Am häufigsten sind Löß, Ton und Keuper anzutreffen. Die meisten Böden sind tiefgründig und wasserreich und ergeben robuste, kräftige Weine mit milder Säure.

**WEINE** Die Produktion besteht ungefähr aus 40% Weiß- und 60% Rotweinen. Viele Sorten wie z.B. Trollinger, Lemberger oder Schwarzriesling kommen in anderen Weinregionen nur selten vor. Bei den Weißweinen dominiert der Riesling. Eine Spezialität der Region ist der Schillerwein, ein QbA-Wein, bei dem rote und weiße Trauben vor der Gärung vermischt werden.

**REBSORTEN** Weiße: 24% Riesling, 7% Kerner sowie Müller-Thurgau, Silvaner, Bacchus, Gewürztraminer, Muskateller und Chardonnay. Rote: 23% Trollinger, 16% Schwarzriesling (Pinot Meunier), 8% Lemberger sowie Spätburgunder, Portugieser, Dornfelder und Samtrot.

**PRODUZENTEN** 16 000 Winzer, meist mit kleinen Anbauflächen (nur etwa 50 mit mehr als fünf Hektar), wodurch die Bedeutung der Genossenschaft sehr hoch ist. 75% der Produktion läuft über die Genossenschaften, die in Württemberg Weingärtnergenossenschaften genannt werden.

**REBFL/PROD** 11 200 Hektar, das ergibt rund 990 000 hl/Jahr.

**WISSENSWERT** Weitere Informationen: Werbegemeinschaft Württembergischer Weingärtnergenossenschaften, Raiffelsenstraße 6, D-71696 Möglingen. Tel. 07141-24460. Fax 07141-244620.

## Bereiche in Württemberg

### Württembergisch Unterland

RUF Mit 76% der Anbaufläche der größte Bezirk Württembergs. Hier findet man einen großen Teil der besten Weinberge der Region.

GEOGRAPHIE Der Bereich umfasst die zentralen Teile des Neckartals mit Heilbronn als Hauptort. Andere bekannte Weinorte sind Neipperg, Flein, Verrenberg, Weinsberg, Gundelsheim, Maulbronn und Kleinbotwar.

BODEN Wechselhafte Böden, vorwiegend Keuper und Muschelkalk, aber auch Löß.

WEINE/REBSORTEN Hauptsächlich Riesling, Trollinger, Schwarzriesling und Lemberger. Diese Weine geben in Kombination von Rot- und Weißweinen ein gutes Bild des Durchschnitts der württembergischen Weintypen ab.

REBFL Von der gesamten Rebfläche Württembergs liegen in diesem Bereich ganze 7 400 ha.

WISSENSWERT Das älteste Weinforschungsinstitut Deutschlands liegt in Weinsberg und wurde 1868 gegründet.

### Remstal-Stuttgart

RUF Der zweitwichtigste Teilbereich Württembergs mit 17% der Rebfläche.

GEOGRAPHIE Umfasst die Bezirke rund um Stuttgart und östlich des Remstals. Weinorte: Fellbach, Schnait, Stetten und Stüpfelbach.

BODEN Wechselhafter Boden, u.a. Löß, Keuper, manchmal mit Gips.

WEINE/REBSORTEN Die Produktion von Weiß- und Rotweinen ist gleichmäßig verteilt. Wichtigste Rebsorten sind Riesling, Trollinger und Schwarzriesling.

REBFLÄCHE Etwa 1 600 Hektar.

### Kocher-Jagst-Tauber

RUF Größenmäßig ein kleiner Bereich mit nur vier Prozent der Anbaufläche.

GEOGRAPHIE Umfasst die nördlichen Teile von Württemberg, den Flüssen Kocher, Jagst und Tauber entlang.

BODEN Muschelkalk dominiert, aber auch andere Bodentypen kommen vor.

WEINE/REBSORTEN Der Bereich produziert vorwiegend Weißweine, manchmal mit einem Charakter, der an Frankenweine erinnert. Die Rebsorten sind hauptsächlich Riesling, Kerner und Müller-Thurgau.

REBFLÄCHE Die Rebfläche beträgt nur 400 Hektar, aber der Bereich ist trotzdem wichtig in Württemberg.

### Oberer Neckar

Eine neue Bereichsbezeichnung für die Weinberge im Süden bei Tübingen und Reutlingen. Umfasst knapp 400 Hektar Weinberge.

### Württembergischer Bodensee

Umfasst nur eine einzige Lage am Bodensee. Die Rebfläche beträgt knapp 100 ha, d.h. etwa 1% der Gesamtfläche Württembergs. Die Weinberge gehören zu keiner Großlage.

### Bayerischer Bodensee

Eine einzige Großlage, die aus vier einzelnen Lagen am Bodensee besteht. Vorwiegend Müller-Thurgau und Spätburgunder. Knapp 1% des Anbauareals in Württemberg, d.h. in Zahlen weniger als 100 Hektar.

Wenige Kilometer östlicH der Großstadt Stuttgart liegen die Weinberge idyllisch am Ufer der Rems und ihrer Nebenflüsse. Württemberg erbringt 40% der Weinproduktion Deutschlands.

DEUTSCHLAND • WÜRTTEMBERG

## GRAF ADELMANN

GESCHICHTE Die malerische Burg stammt aus dem 13. Jh. und ist bestens erhalten. Die Adelmanns übernahmen sie 1914 von den Freiherren von Brusselle, denen heute noch Reverenz auf den Etiketten in schwäbischer Umwandlung erwiesen wird: Mit „Brüssele" werden die besten Weine gekennzeichnet. In 3. Generation führt Michael Graf Adelmann das Gut. Die letzten Jahrgänge waren dabei schwierig, die Qualität war nicht mehr auf der Höhe. Mit 1994 ging es, nach Korrekturen im Keller, deutlich aufwärts.

WEINE Eher zartgliedrige, fruchtbetonte Weißweine; Rotweine mit kräftigem, manchmal zu kräftigem Gerbstoff und einer Überbetonung des Barrique-Ausbaus.

RUF Angesehenes Gut mit einem sympathisch-innovativen Eigentümer, der aus der kleinen Krise eher gestärkt hervorging.

LAGEN Kleinbottwarer Süßmund und Oberer Berg, beide in Alleinbesitz.

REBSORTEN 30% Riesling, 11% Lemberger, 21% Weiß-, Grau- und Spätburgunder sowie die

*Die besten Weine erhalten das „Brüssele"-Etikett, das an die Freiherren von Brusselle erinnert.*

alten Sorten Urban, Frühburgunder und Muskat-Trollinger.

WEINHERSTELLUNG Rotweine klassische Maischegärung, biologischer Säureabbau, Ausbau teils im Halbstück, teils Barrique; Weißweine zum Teil Ganztraubenpressung, temperierte Vergärung, 90% Ausbau in Edelstahl.

LAGERUNG Riesling und die besten Rotweine haben gutes Potenzial.

REBFL/PROD 17 ha, ca. 12 000 Kisten/Jahr.

**Besitzer** Michael Graf Adelmann • **Kellermeister** Peter Albrecht • **Besuch** Mo-Fr 9-18, nach Vereinbarung • **Adresse** Graf Adelmann, Burg Schaubeck, D-71711 Steinheim-Kleinbottwar • **Tel.** 07148-6665 • **Fax** 07148-8036

PRODUKTION     QUALITÄT     PREIS

## SCHLOSSKELLEREI AFFALTRACH

GESCHICHTE Das Schlösschen, in dem die Familie Baumann residiert, ist schon einige 100 Jahre alt. 1928 wurde es von Elisabeth und Willy Baumann erworben und die Schlosskellerei gegründet. Sie gehört heute zu den bedeutendsten Vermarktern in Württemberg; angeschlossen ist eine Erzeugergemeinschaft mit 130 ha und 310 Weingärtnern. Der Betrieb machte sich einen Namen durch extravagante Weine (1973 Eiswein mit 292 Grad Öchsle, mehrfach edelsüßer Trollinger).

WEINE Von soliden, süffigen Tropfen für jeden Tag bis zum kraftvollen Weiß- und Rotwein. Viel

*Dem Trollinger, auch in bemerkenswerter trockener Auslese, wird viel Aufmerksamkeit gewidmet.*

Sorgfalt wird dem Trollinger gewidmet. Auch guter Sekt wird hergestellt.

RUF Bekannt für sehr zuverlässige Qualität. Ausgezeichnete Ergebnisse beim Sekt. Gut für die Popularität waren Erfolge beim Vinum-Rotweinpreis 1993 und 1994.

LAGEN Affaltracher Dieblesberg, Sülzbacher Altenberg.

REBSORTEN 40% Riesling, 30% Trollinger, 10% Lemberger, 10% Kerner, 5% Schwarzriesling, 5% Müller-Thurgau sowie Spätburgunder, Clevner, Traminer, Muskateller und Dornfelder.

WEINHERSTELLUNG Niedrige Erträge (um 60 hl/ha), reduktiver Ausbau, Verzicht auf Schönung, bei Rotwein Maischeerhitzung und Maischegärung, biologischer Säureabbau, Ausbau in Tank und Holzfass.

LAGERUNG Gute Substanz für einige Jahre.

REBFL/PROD 12 ha (exkl. 150 ha von einer Winzergemeinschaft), ca. 9 000 Kisten/Jahr (insgesamt 240 000 Kisten/Jahr, inkl. Sekt).

**Besitzer** Reinhold und Thomas Baumann • **Kellermeister** Heinz Voelcker • **Besuch** Di-Fr 9-12, 13-17, Sa 9-13 • **Adresse** Schlosskellerei Affaltrach, Am Ordensschloss 15-21, D-74182 Obersulm-Affaltrach • **Tel.** 07130-557 • **Fax** 07130-9365

PRODUKTION     QUALITÄT     PREIS

## ERNST DAUTEL

GESCHICHTE Weinbau ist in der Familie seit 1615 registriert. Aber erst Ernst Dautel wagte sich nach entsprechender Ausbildung 1978 an die Selbstvermarktung. Er fiel bald mit charaktervol-

*Ernst Dautel, erst seit 1978 selbst vermarktend, hat sich unter Kennern einen guten Namen gemacht.*

len Weinen auf, erwarb sich Meriten, zeigte dann einige Jahre in der Qualität leichte Schwankungen, hat sich aber inzwischen gefangen.
 WEINE Weine, die durchaus mal - wie der Weingärtner - Ecken und Kanten haben, aber stets auch Stil, Spiel, Dichte und einen ausgeprägten Sortentyp. Gelegentlich werden Experimente gewagt, z.B. Cuvée aus Eiswein und Beerenauslese mit 2 Jahren Barriquelager.
 RUF Hat sich unter Kennern einen guten Namen als innovativer Kellermeister gemacht. Interessantes Weingut für trockenen, traditionellen Ausbau, Experiment-Weine sowie hochklassige Barriqueweine. Gehört zu Deutschlands 100 besten Weingütern.
 LAGEN Bönnigheimer Sonnenberg, Meimsheimer Katzenöhrle, Besigheimer Wurmberg.
 REBSORTEN 20% Riesling, 16% Lemberger, 16% Trollinger, 10% Schwarzriesling, 10% Spätburgunder sowie Kerner, Müller-Thurgau und Weißburgunder.
 WEINHERSTELLUNG Naturschonender Anbau; Handlese. Ausbau in Edelstahl, großen Holzfässern und Barriques; bei Rotwein klassische Maischegärung.
 LAGERUNG Vor allem die besseren Rotweine haben Stabilität für 10 Jahre und mehr.
 REBFL/PROD 10 ha, ca. 5 500 Kisten/Jahr.

**Besitzer** Ernst Dautel • **Kellermeister** Ernst Dautel • **Besuch** Mo-Sa, nach Vereinbarung • **Adresse** Ernst Dautel, Lauerweg 55, D-74357 Bönnigheim • **Tel.** 07143-870326 • **Fax** 07143-870327

PRODUKTION  QUALITÄT  PREIS

## DRAUTZ-ABLE

GESCHICHTE Die Geschwister Christel Able (geb. Drautz) und Richard Drautz, die den Betrieb einträchtig gemeinsam führen, entstammen einer alten Heilbronner Weingärtnerfamilie (Ursprung 1496). Zur heutigen Größe und Bedeutung begann sich das Gut freilich erst in den 50er Jahren zu entwickeln. Richard Drautz ist ein innovativer Produzent, der oft einen Schritt voraus ist (z.B. vor einigen Jahren mit dem ersten Spätburgunder-Barrique-Sekt oder mit der Anpflanzung von Sauvignon Blanc).
 WEINE Kraftvolle, dichte Weine, aber auch herzerfrischende Tropfen. Sehr guter Umgang mit Barriques (nach Lernphase in den 80ern). Auch feiner Sekt und Spezialcuvées unter dem Namen „Composition L".
 RUF Sind bekannt als Vorreiter in vielen Belangen, gehören seit einigen Jahren zu den besten deutschen Gütern. Für Württemberg relativ teure Weine.
 LAGEN Heilbronner Stiftsberg, Wartberg, Staufenberg, Neckarsulmer Scheuerberg, Erlenbacher Kayberg.

*Die Geschwister Christel Able und Richard Drautz entstammen einer alten Heilbronner Weingärtnerfamilie.*

REBSORTEN Rote: 31% Trollinger, 9% Lemberger sowie Spätburgunder, Schwarzriesling und Dornfelder. Weiße: 20% Riesling sowie Kerner, MT, Siegerrebe, Gewürztraminer und SB.
 WEINHERSTELLUNG Naturnahe Pflege der Weingärten, niedrige Erträge; sorgfältige, schonende Verarbeitung im Keller. Spitzenweine kommen teilweise zum Ausbau in Barriques.
 LAGERUNG Gute Alterungssubstanz.
 REBFL/PROD 14 ha, ca. 10 000 Kisten/Jahr.

**Besitzer** Richard Drautz, Christel Able • **Kellermeister** Richard Drautz, Thomas Gramm • **Besuch** Mo-Fr 8-12, 13.30-18, Sa 9-16 • **Adresse** Drautz-Able, Faißstr. 23, D-74076 Heilbronn • **Tel.** 07131-17 79 08 • **Fax** -94 12 39 • **E-Mail** wgda@wein.com • **Homepage** www.wein.com

PRODUKTION  QUALITÄT  PREIS

DEUTSCHLAND • WÜRTTEMBERG

## Jürgen Ellwanger

GESCHICHTE  Ein Nikodemus Ellwanger war 1514 der erste in der Familie, der sich dem Weinbau widmete (nach ihm ist ein Barrique-Wein benannt). Das Weingut selbst wurde erst 1949 gegründet und wird seit etlichen Jahren von Jürgen Ellwanger geleitet. Der Betrieb gehört dem VDP,

*Ellwanger erzeugt typisch württembergische Weine. Beliebt sind auch der Sekt und die Brände.*

dem Barrique-Forum und der Vereinigung „Hades" (Forschungsgruppe neues Eichenfass) an.

WEINE  Kräftige, schnörkellose Weine. Gekonnter Umgang mit Barriques; sogar der Riesling zeigt hier noch Frucht und Sortentyp. Experimente mit ungewöhnlichen Rebsorten. Interessanter Sekt und gute Fruchtdestillate.

RUF  Ein zurückhaltender, aber selbstbewusster Winzer, der bei Kennern württembergischer Weine gutes Ansehen genießt. Beliebt sind auch die Sekte und Brände aus eigener Produktion.

LAGEN  Winterbacher Hungerberg, Schnaiter Altenberg, Grunbacher Klingle, Berghalde, Geradstettener Lichtenberg, Schondorfer Grafenberg.

REBSORTEN  20% Riesling, 15% Spätburgunder, 15% Trollinger, 15% Kerner, 10% Müller-Thurgau sowie Lemberger, Zweigelt, Silvaner.

WEINHERSTELLUNG  Gedrosselte Erträge, schonende Verarbeitung; bei Rotwein Maischegärung. Die besten Weiß- und Rotweine werden teilweise in Barriques ausgebaut.

LAGERUNG  Stabile Weine, die gut gelagert werden können.

REBFL/PROD  13 ha, 10 000 Kisten/Jahr.

**Besitzer** Jürgen Ellwanger • **Kellermeister** Andreas Ellwanger • **Besuch** Di-Sa 9-18 • **Adresse** Jürgen Ellwanger, Bachstr. 21, D-73650 Winterbach • **Tel.** 07181-44525 • **Fax** 071811-46128

PRODUKTION  QUALITÄT  PREIS

## Karl Haidle

GESCHICHTE  Die Familie betrieb zwar schon seit Generationen Weinbau, aber erst Karl Haidle begann 1949 auf einem Hektar mit der Selbstvermarktung. 1968 übernahm der ruhige, bedächtige Hans Haidle den Betrieb vom Vater und sorgte für ein gesundes Wachstum. Seit kurzem verstärkt der Betrieb die kleine Regionalgruppe des Verbands deutscher Prädikats- und Qualitätsweingüter (VDP).

WEINE  Die Weine sind so gradlinig wie der Weingärtner, ohne Schnörkel, bevorzugt herb, mit guter Dichte und beim Riesling auch mit schöner Frucht. Gute Ansätze beim Barrique-Ausbau.

*Gilt als grundsolider Betrieb mit immer verlässlicher Qualität, der auch in der Spitze Gutes zuwege bringt.*

RUF  Gilt als grundsolider Betrieb mit immer verlässlicher Qualität, der auch in der Spitze Ansehnliches zuwege bringt.

LAGEN  Stettener Pulvermächer, Häder, Mönchberg, Schnaiter Burghalde, Lindhälder und Altenberg.

REBSORTEN  48% Riesling, 14% Trollinger, 11% Kerner, 5% Spätburgunder sowie Lemberger, Würzer, Gewürztraminer und Weißburgunder.

WEINHERSTELLUNG  Umweltschonender Anbau, selektive Lese; bei Rotweinen biologischer Säureabbau, ansonsten Vergärung im traditionellen Holzfass, schonender Ausbau mit Betonung des Sortentyps.

LAGERUNG  Der Riesling hat die Substanz für einige Jahre.

REBFL/PROD  17 ha, ca. 15 000 Kisten/Jahr.

**Besitzer** Hans Haidle • **Kellermeister** Hans Haidle • **Besuch** Mo-Fr 8-12, 13-18, Sa 8-13 • **Adresse** Karl Haidle, Hindenburgstraße 21, D-71394 Kernen-Stetten (Remstal) • **Tel.** 07151-949 110 • **Fax** 07151-46 313

PRODUKTION  QUALITÄT  PREIS

## GK Heilbronn-Erlenbach-Weinsberg

GESCHICHTE  Die schon traditionsreichen Weingärtnergenossenschaften aus Heilbronn, Erlenbach und Weinsberg fusionierten 1972 und errichteten gemeinsame Kelleranlagen, die heute eine Lagerkapazität von 30 Mio. Litern haben. Der Betrieb ist erfolgreich bei Prämierungen und Wettbewerben (Vinum-Rotweinpreis 1993: bestes Gesamtergebnis). Das Marketingproblem mit dem Bandwurmnamen sollte 1995 beseitigt werden, aber die Erlenbacher und Weinsberger waren dagegen, dass ihre Ortsnamen wegfallen.

WEINE  Solide, sortentypische Weine, von spritzig und unkompliziert bis zu elegant und edel. Herb dominiert insgesamt.

RUF  Die Genossenschaft gilt als zuverlässig und leistungsfähig. Mit wertvollen Selektionsweinen (St. Kilian, St. Urban) hat sie schon mehrfach bewiesen, dass Spitzenqualität möglich ist.

LAGEN  Heilbronner Stiftsberg, Wartberg, Stahlbühl, Erlenbacher Kayberg, Weinsberger Ranzenberg.

REBSORTEN  32% Riesling, 26% Trollinger,

Die Weingärtnergenossenschaften errichteten 1972 Kelleranlagen mit einer Lagerkapazität von 30 Mio. Litern.

Schwarzriesling, Lemberger, Kerner, Müller-Thurgau, außerdem Samtrot, Clevner, Grauburgunder, Muskateller, Gewürztraminer u.a.

WEINHERSTELLUNG  Teilweise selektive Lese, Maischehocherhitzung beim Rotwein, Ausbau im Tank bei schonender Behandlung; Spezialitäten liegen auch in Barriques.

LAGERUNG  Gutes Potenzial für einige Jahre.

REBFL/PROD  600 ha, ca. 650 Kisten/Jahr.

**Besitzer** Genossenschaft mit 600 Mitgl. • **Kellermeister** Arne Maier • **Besuch** Mo-Fr 8-18, Sa 8-13 • **Adresse** GK Heilbronn-Erlenbach-Weinsberg, Binswanger Str., D-74076 Heilbronn • **Tel.** 07131-15790 • **Fax** -157939 • **E-Mail** hew@wein.com • **Homepage** www.wein.com

PRODUKTION QUALITÄT PREIS

## G.A. Heinrich

GESCHICHTE  Die Familie betreibt zwar seit 1630 Weinbau, aber erst 1970 begann auf der Basis von 4 ha die Expansion. Seit einigen Jahren leitet Martin Heinrich mit viel Ehrgeiz das Gut und tritt immer mehr aus dem Schatten anderer bekannter Heilbronner Güter. Der Inhalt der Flaschen entspricht immer mehr dem modischen Outfit des gesamten Betriebs.

WEINE  Saftiger, typischer Riesling, stoffige, deutlich überdurchschnittliche Cuvées in Weiß und Rot unter der Bezeichnung „G.A." (Hommage an Großvater Gustav und Vater Adolf); ausge-

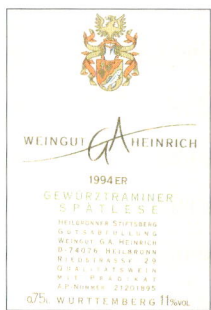

Der Inhalt der Flaschen entspricht immer mehr dem modischen Outfit des gesamten Betriebs.

zeichneter Lemberger mit feinem Tannin.

RUF  Beginnt sich einen guten Namen zu machen, wird von Jahr zu Jahr besser. Bekannt auch für exzellente, sortentypische Sekte.

LAGEN  Heilbronner Stiftsberg, Wartberg, Salzberg.

REBSORTEN  28% Trollinger, 25% Riesling, 12% Lemberger sowie Scheurebe, Schwarzriesling, Spätburgunder, Clevner, Samtrot, außerdem Dornfelder, Gewürztraminer, Weißburgunder und Grauburgunder.

WEINHERSTELLUNG  Umweltschonender Anbau, selektive Handlese; biologischer Säureabbau auch bei Weißwein, langer Hefekontakt (6 Monate); rote Prädikats-Weine grundsätzlich im großen Holzfass.

LAGERUNG  Riesling und die besseren Rotweine einige Jahre.

REBFL/PROD  11 ha, ca. 10 000 Kisten/Jahr.

**Besitzer** Martin Heinrich • **Kellermeister** Martin Streicher • **Besuch** Mo-Fr 9-18 • **Adresse** G.A. Heinrich, Riedstraße 29, D-74076 Heilbronn • **Tel.** 07131-175948 • **Fax** 07131-166306

PRODUKTION QUALITÄT PREIS

## FÜRST ZU HOHENLOHE-OEHRINGEN

GESCHICHTE  Um 1360 besaß die Herrschaft Hohenlohe bereits Weingärten „an dem Verherberg"; später gehörten ihr auch die drei Keltern im Ort. Bis 1820 wurde fast nur für den Eigenbe-

*Verantwortlich für die hervorragenden Leistungen des Betriebs ist der engagierte Verwalter Siegfried Röll.*

darf (Weindeputat als Lohnbestandteil, Tischwein für die Herrschaft) produziert. Danach wurde der Weinbau intensiviert. Die Keller des fürstlichen Schlosses (heute Eigentum der Stadt und an den Fürsten verpachtet) waren bereits zu Beginn des 17. Jh. dafür ausgestattet worden.
 WEINE  Stoffige, kraftvolle Weine, entweder durchgegoren oder edelsüß; weiß mit betonter Säure; die Rotweine zum Teil vom Barrique-Ausbau in angenehmer Form geprägt. Eigener Kernersekt aus Verrenberger Verrenberg. Auch interessante Fruchtdestillate.
 RUF  Eines der Aushängeschilder Württembergs.
 LAGEN  Verrenberger Verrenberg (Alleinbesitz), Goldberg.
 REBSORTEN  53% Riesling, 15% Lemberger sowie Spätburgunder, Muskateller, Traminer, MT, Kerner, Silvaner und Chardonnay. Schwarzriesling, Samtrot und Muskat-Trollinger.
 WEINHERSTELLUNG  Kurzer Anschnitt, Umweltschonung; reduktiver Ausbau bei Weißweinen im Holzfass mit längerer Reife; Maischegärung und biologischer Säureabbau bei Rotweinen. Ausgesuchte Weine reifen in Barriques.
 LAGERUNG  Gutes Reifepotenzial beim Riesling und den besten Rotweinen.
 REBFL/PROD  19 ha, ca. 17 000 Kisten/Jahr.

**Besitzer** Fürst Kraft zu Hohenlohe-Öhringen • **Kellermeister** Siegfried Röll • **Besuch** Mo-Fr 8-17 • **Adresse** Fürst zu Hohenlohe-Oehringen, D-74613 Öhringen • **Tel.** 07941-95910 • **Fax** 07941-37249

PRODUKTION          QUALITÄT          PREIS

## WG LAUFFEN

GESCHICHTE  In Lauffen wird schon seit der Römerzeit Weinbau betrieben. Die Genossenschaft wurde 1935 gegründet. Sie hat sich in jüngerer Zeit unter dem erfahrenen Kellermeister Alfred Gaiser sehr gut entwickelt und war der erste württembergische Erzeugerbetrieb, der bei der Bundesprämierung einen wertvollen Ehrenpreis in Silber nach Gold erhielt. Es wurden gute Platzierungen beim Vinum-Rotweinpreis erreicht.
 WEINE  Ein breites Spektrum vom herzhaften, süffigen Schwarzriesling bis zum kompakten, dichten Riesling. Beachtliche Premium-Weine tragen die Bezeichnungen „Kaleb" und „Josua". Bekannten Dichtern wie Hölderlin, Uhland und Hauff wurden Weinserien gewidmet.
 RUF  Zweifellos eine der besten Kooperativen Württembergs, bekannt für immer solide Qualität. Die größte Ortsgenossenschaft im Ländle ist auch die Schwarzriesling-Hochburg.
 LAGEN  Lauffener Jungfer, Katzenbeißer, Kirchenweinberg.
 REBSORTEN  75% Schwarzriesling, 7% Ries-

*Weingärtnergenossenschaft, abgekürzt „WG", ist das süddeutsche Wort für Winzergenossenschaft.*

ling, 5% Trollinger sowie Samtrot, Spätburgunder, Lemberger, Kerner, Müller-Thurgau, ferner Dornfelder, Grauburgunder, Gewürztraminer.
 WEINHERSTELLUNG  Reduktiver Ausbau beim Weißwein, Maischegärung und Maischehocherhitzung beim Rotwein; Tank- und Holzfasslagerung.
 LAGERUNG  Stabilität für einige Jahre.
 REBFL/PROD  530 ha, 500 000 Kisten/Jahr.

**Besitzer** Genossenschaft mit 620 Mitgliedern • **Kellermeister** Alfred Gaiser • **Besuch** Mo-Fr 7.30-12, 13-17, Sa 8-12 • **Adresse** WG Lauffen, Im Brühl 48, D-74348 Lauffen • **Tel.** 07133-1850 • **Fax** 07133-185060

PRODUKTION          QUALITÄT          PREIS

DEUTSCHLAND • WÜRTTEMBERG

## GRAF VON NEIPPERG

GESCHICHTE  Seit rund 750 Jahren betreiben die Neippergs Weinbau in Schwaigern. Vermutlich war es ihre Familie, die im 17. Jh. den Lemberger (Blaufränkisch) aus Österreich nach Deutschland brachte. Der Sitz der gräflichen Familie liegt mitten im Städtchen Schwaigern (bei

*Die feineren, eleganteren Weine bei Graf von Neipperg sind die weißen Sorten wie Riesling und Muskateller.*

Heilbronn). Neben dem Schloss befindet sich ein empfehlenswertes Weinrestaurant (mit kleinem Hotel), in dem auch die Rotweine von Canon-la-Gaffelière (St-Emilion-Bordeaux) ausgeschenkt werden. Diesen Familienbesitz betreut Stephan Graf Neipperg, Bruder des heutigen Besitzers.
WEINE  Die feineren, eleganteren Weine sind von weißen Sorten (Riesling, Traminer, Muskateller). Kräftige Lemberger, Schwarzriesling und Spätburgunder, manchmal etwas zu holzbetont.
RUF  Der Betrieb genießt einen sehr guten Ruf. Engagiert sich neuerdings besonders für klassische Sorten und entsprechenden Ausbau.
LAGEN  Neipperger Schlossberg, Schwaigerner Ruthe, beide in Alleinbesitz.
REBSORTEN  26% Riesling, 25% Lemberger, 15% Spätburgunder sowie Schwarzriesling, Samtrot, Trollinger, Muskateller und Traminer.
WEINHERSTELLUNG  Reduzierte Erträge, schonender Ausbau; Rotwein mit Maischegärung, Lager in Holz. Die meisten Weißweine werden in Holz und trocken ausgebaut.
LAGERUNG  herbe Weißweine 3-5 Jahre, Rotweine 5-10 Jahre, edelsüße 20-30 Jahre.
REBFL/PROD  31,5 ha, ca. 15 000 Kisten/Jahr.

**Besitzer**  Erbgraf zu Neipperg • **Kellermeister** Bernd Supp • **Besuch**  Mo-Fr 8-12, 13-16 • **Adresse**  Graf von Neipperg, Schloss, D-74193 Schwaigern • **Tel.**  07138-941400 • **Fax**  07138-4007

PRODUKTION  QUALITÄT  PREIS

## STAATSWEINGUT WEINSBERG

GESCHICHTE  Der Betrieb wurde 1868 als Königliche württembergische Weinbauschule gegründet. Zahllose tüchtige Winzer haben hier die Schulbank gedrückt und sich wichtige Kenntnisse erworben. Über Jahrzehnte hinweg hat Doktor Gerhard Götz Regie geführt. Unter der Leitung seines Nachfolgers Dr. Günter Bäder im Frühjahr 1995 erfolgte eine Namensänderung weg von der Staatlichen Lehr- und Versuchsanstalt.
WEINE  Meist schlanke, sortentypische, etwas spritzige, teils auch sehr filigrane Weine. Auch rote Lemberger und Trollinger.
RUF  Aktiv im Versuchsanbau. Mit dem Wein-

*Das Staatsweingut Weinsberg wurde 1868 als Königliche württembergische Weinbauschule gegründet.*

gut lange Zeit eine erste Adresse in Württemberg (Mitglied im VDP). Aber in den letzten Jahren fehlten etwas die Konstanz und die Spitzenqualitäten; das Potenzial wurde nicht mehr ausgeschöpft.
LAGEN  Weinsberger Schemelsberg, Abstatter Burg Wildeck, Gundelsheimer Himmelreich.
REBSORTEN  20% Riesling, 14% Lemberger, 12% Trollinger, 8% Spätburgunder sowie Samtrot, Müller-Thurgau, Kerner, Silvaner u.a.
WEINHERSTELLUNG  Weißweine werden im Stahl vergoren und ausgebaut. Rotweine machen den biologischen Säureabbau durch und liegen meist im Holz. Der Betrieb ist außerdem aktiv im Barrique-Ausbau und hier Mitglied der Studiengruppe neues Eichenfass (Hades).
LAGERUNG  Durch den oft betriebenen reduktiven Ausbau mit Erhaltung der Kohlensäure bleiben die Weine über Jahre frisch.
REBFL/PROD  38 ha, 25 000 Kisten/Jahr.

**Besitzer**  Land Baden-Württemberg • **Kellermeister**  Gerhard Wächter • **Besuch**  Nach telefonischer Vereinbarung • **Adresse**  Staatsweingut Weinsberg, Am Traubenplatz 5, D-74189 Weinsberg • **Tel.**  07134-50467 • **Fax**  07134-50468 • **Homepage**  www.wein.com

PRODUKTION  QUALITÄT  PREIS

# Weitere Produzenten in Württemberg

## Gerhard Aldinger

Die Aldingers sind seit 1492 als Winzer in Fellbach bei Stuttgart erfasst. Sie sind in Besitz der guten Lage Untertürkheimer Gips. Deren spezielle Bodenbeschaffenheit ergibt guten Riesling und Trollinger. LAGEN Untertürkheimer Gips (Alleinbesitz), Fellbacher Lämmler, Goldberg, Rotenberger Schlossberg u.a. FAKTEN 18 ha, 15 000 Kisten/Jahr. 40% Trollinger, 26% Riesling, 10% Spätburgunder sowie Müller-Thurgau, Schwarzriesling, Dornfelder, Kerner, Samtrot u.a.

•**Besitzer:** Gert Aldinger **Kellermeister:** Gert Aldinger **Besuch:** Nach Vereinbarung. **Adresse:** Schmerstraße 25, D-70734 Fellbach. **Tel.** 0711-581417. **Fax** 0711-581488.

## Amalienhof Strecker

Gerhard Strecker gründete den Betrieb 1954. Bei Weinprämierungen ist man mit den bevorzugt milden Weinen sehr erfolgreich. Einige der besten Riesling-Weine Württembergs. LAGEN Beilsteiner Steinberg, Heilbronner Stiftsberg u.a. FAKTEN 28 ha, ca. 22 000 Kisten/Jahr. 34% Riesling, 21% Trollinger, 16% Samtrot sowie Lemberger u.a.

•**Besitzer:** Fam. Strecker **Kellermeister:** Martin Strecker **Besuch:** Nach Vereinb. **Adresse:** Lucas-Cranach-Weg 5, D-74074 Heilbronn. **Tel.** 07131-251735. **Fax** -572010.

## Weingut im Lehen - Hans Bader

Bis 1981 verkaufte Vater Hermann Bader Trauben an die Genossenschaft. Sohn Hans wollte kein Traubenbauer sein und sattelte um auf Winzer. Die Rebveredelung blieb ein wirtschaftliches Standbein der Familie. Bader reduziert die Erträge, arbeitet umweltschonend, setzt auf vorwiegend durchgegorenen Ausbau und schätzt eine kernige, erdige Art in seinen Weiß- und Rotweinen. LAGEN Lindhälder, Stettener Pulvermächer u.a. FAKTEN 5 ha, ca. 3 000 Kisten/Jahr. Riesling, Trollinger, Spätburgunder, Dornfelder, Portugieser, Heroldrebe u.a.

•**Besitzer:** Hans Bader **Kellermeister:** Hans Bader **Besuch:** Nach Vereinb. **Adresse:** Albert-Moser-Str. 100, D-71394 Kernen-Stetten. **Tel.** 07151-42828. **Fax** -42828.

## Burg Hornberg

Das Weingut am Neckar blickt auf eine mehr als 700-jährige Geschichte zurück. Auch der berühmte Ritter Götz von Berlichingen wirkte hier als Winzer. Ausgebaut werden die Weine wie vor Jahrhunderten im großen Gewölbekeller. Die besten Weine sind weiß. LAGEN Burg Hornberger Wallmauer, Götzhalde. FAKTEN 9 ha, ca. 5 000 Kisten/Jahr. 26% Riesling, 12% Weißburgunder, 11% Trollinger, 10% MT sowie Spätburgunder, Traminer, Schwarzriesling, Grauburgunder u.a.

•**Besitzer:** Baron von Gemmingen-Hornberg **Besuch:** Täglich 9-17. **Adresse:** D-74865 Neckarzimmern. **Tel.** 06261-5001. **Fax** 06261-2348.

## Drauz

Die Familie betreibt in der 14. Generation Weinbau. Die Juniorin Helga Drauz-Oertel studierte Keller- und Betriebswirtschaft in Geisenheim und übernahm den väterlichen Betrieb 1995. Schon vorher wirkte sie eifrig mit und sorgte für eine neue, herbere Geschmacksrichtung der Weine. LAGEN Heilbronner Wartberg, Stiftsberg, Stahlbühl, Staufenberg. FAKTEN 7 ha, ca. 6 000 Kisten/Jahr. 40% Trollinger, 25% Riesling, 10% Lemberger sowie Clevner, Dornfelder u.a.

•**Besitzer:** Helga Drauz-Oertel **Kellermeister:** Helga Drauz-Oertel **Adresse:** Ludwig-Pfau-Str. 1, D-74072 Heilbronn. **Tel.** 07131-89502. **Fax** 07131-620189.

## WG Flein-Talheim

1923 wurde die Genossenschaft in Flein gegründet, 1970 erfolgte eine Fusion mit der Kooperative in Talheim. Stärke des Betriebs ist der Riesling; in kleinem Umfang werden mit großem Aufwand ungeschwefelte Weine erzeugt. Eine interessante Serie mit dem Namen „Sankt Veit". LAGEN Fleiner Altenberg, Eselsberg, Sonnenberg, Talheimer Schlossberg. FAKTEN 290 ha, ca. 250 000 Kisten/Jahr. 50% Riesling, 32% Schwarzriesling, 6% Samtrot sowie Kerner, Traminer, Spätburgunder, Trollinger und Lemberger.

•**Besitzer:** 400 Mitglieder, Dir.: Herr Ebert **Adresse:** Römerstraße 14, D-74223 Flein. **Tel.** 07131-59520. **Fax** 07131-595250.

## WG Grantschen

Man ist mit der Genossenschaft Ellhofen zusammengeschlossen. Mit Premium-Rotweinen machte man international auf sich aufmerksam, die Mitgliedschaft im noblen „Deutschen Barrique-Forum" dokumentiert eine spezielle Zielrichtung. LAGEN Grantschener Wildenberg u.a. FAKTEN 140 ha, 100 000 Kisten/Jahr. Riesling, Lemberger, Schwarzriesling, Trollinger, außerdem MT, Gewürztraminer und Samtrot.

•**Besitzer:** 210 Mitglieder, Dir.: Bruno Bolsinger **Kellermeister:** Fritz Herold **Adresse:** D-74189 Weinsberg-Grantschen. **Tel.** 07134-98020. **Fax** 07134-980222.

## Erich Hirth

Die Hirths waren früher Traubenbauern. Der letzte in der Reihe, Erich Hirth, hatte einen guten Posten als Genossenschaftskellermeister, wollte aber 1986 in die Selbständigkeit. Der Start wurde ihm erleichtert durch Erfolge beim Deutschen Rotweinpreis mit Trollinger und Lemberger. LAGEN Willsbacher Dieblesberg, Lehrensteinsfelder Steinacker. FAKTEN 5 ha, 4 000 Kisten/Jahr. Riesling, Trollinger, Lemberger, Schwarzriesling, Chardonnay und Spätburgunder.

•**Besitzer:** Erich Hirth **Kellermeister:** Erich Hirth **Besuch:** Nach Vereinbarung. **Adresse:** Löwensteiner Str. 76, D-74182 Obersulm-Willsbach. **Tel.** 07134-3633.

## Weitere Produzenten in Württemberg

### Schlossgut Hohenbeilstein

Der Betrieb gehört zu den führenden in Württemberg. Hartmann Dippon übernahm vor einigen Jahren die Leitung. Sortentypische, eher schlanke Weine. Herb wird bevorzugt. Einige hochwertige Gewächse werden mit Fingerspitzengefühl in Barriques ausgebaut. LAGEN Hohenbeilsteiner Schlosswengert. FAKTEN 10 ha, 8 000 Kisten/Jahr. 25% Trollinger, 25% Riesling, 10% Lemberger, 10% Schwarzriesling, 10% Spätburgunder sowie Samtrot u.a.

• **Besitzer:** Hartmann Dippon **Kellermeister:** H. Dippon **Besuch:** Mo-Fr 9-11.30, 14-17, Sa 9-11.30. **Adresse:** D-71717 Beilstein. **Tel.** 07062-4303. **Fax** 07062-22284.

### Kuhnle

1983 machte sich Werner Kuhnle nach mehrjähriger Tätigkeit in einer Genossenschaft gemeinsam mit Gattin Margret selbständig. Der Anfang war schwer, aber die beiden haben sich mit solider Qualitätspolitik durchgebissen. Die Stärke ist der für das Remstal gut geeignete Riesling. LAGEN U.a. Strümpfelbacher Nonnenberg, Altenberg, Stettener Pulvermächer, Mönchberg, Häder, Lindhälder. FAKTEN 10 ha, ca. 6 000 Kisten/Jahr. Riesling, Trollinger sowie Chardonnay, Kerner, Müller-Thurgau und Spätburgunder.

• **Adresse:** Hauptstraße 49, D-71384 Weinstadt-Strümpfelbach. **Tel.** 07151-61293. **Fax** 07151-610747.

### Remstalkellerei

21 örtliche Genossenschaften schlossen sich 1940 zur großen Remstalkellerei zusammen; später kamen weitere 12 kleine Kooperativen hinzu. Für verschiedene Weintypen wird die Selektion am Stock betrieben. Besondere Pflege bekommt der Riesling. Umfangreich ist das Sektprogramm. LAGEN Stettener Pulvermächer, Strüpfelbacher Altenberg u.a. FAKTEN 760 ha, 600 000 Kisten/Jahr. Trollinger, Riesling, Kerner, Müller-Thurgau, Portugieser, Schwarzriesling, Silvaner.

• **Besitzer:** 1 600 Mitglieder **Besuch:** Nach Vereinbarung. **Adresse:** Kaiserstraße 13, D-71384 Weinstadt-Beutelsbach. **Tel.** 07151-69080. **Fax** 07151-690838.

### Sonnenhof

Die Weintradition des Hauses lässt sich bis 1522 zurückverfolgen; der Bezner- und der Fischer-Hof waren die Keimzellen, auf denen bis 1972 auch Landwirtschaft betrieben wurde. Kraftvolle, teilweise in Barriques ausgebaute Rotweine sind die Stärke des Hauses. LAGEN Gündelbacher Wachtkopf, Hohenhaslacher Kirchberg, Rosswager Halde, Spielberger Liebenberg. FAKTEN 28 ha, rund 25 000 Kisten/Jahr. 28% Trollinger, 25% Riesling, 7% Kerner, 20% Lemberger, 8% Spätburgunder sowie Muskat-Trollinger, Muskateller und Gewürztraminer.

• **Besitzer:** Fam. Fischer **Kellermeister:** Andreas Schuch **Besuch:** Mo-Fr 8-12, 13-18, Sa 9-12, 13-17. **Adresse:** Bezner Fischer, Sonnenhof 2, D-71665 Vaihangen. **Tel.** 07042-21038. **Fax** 07042-23894. **E-Mail:** weingut.sonnenhof@t-online.de

### Weihbrecht

Richard Weihbrecht übernahm den Betrieb der Eltern Ende der 70er Jahre und bemüht sich, etwas abseits der klassischen württembergischen Regionen, östlich von Heilbronn, Profil zu erlangen. Die Ausstattung ist pfiffig, Exklusiv-Serien wie Poesie (Schwarzriesling), Premiere (Riesling), Allegro (Spätburgunder) stehen über dem soliden Niveau. LAGEN Schwabbacher Himmelreich. FAKTEN 4 ha, 3 000 Kisten/Jahr. Riesling und Schwarzriesling, Spätburgunder, Trollinger, etwas Lemberger, Dornfelder.

• **Besitzer:** Richard Weihbrecht **Kellermeister:** Richard Weihbrecht **Besuch:** Nach Vereinbarung. **Adresse:** Hauptstraße 20, D-74626 Bretzfeld-Schwabbach. **Tel.** 07946-2788. **Fax** 07946-7249.

### Albert Wöhrwag

Die sechste Generation ist in dem Familienbetrieb am Ruder. Hans-Peter Wöhrwag übernahm Anfang der 90er Jahre die Verantwortung, gemeinsam mit Gattin Christin. Mit umweltfreundlichem Anbau und schonendem Ausbau ist das Paar auf einem guten Weg. Im Großraum Stuttgart ist man bereits die Nummer eins. LAGEN Untertürkheimer Herzogenberg (Alleinbesitz), Altenberg, Mönchberg. FAKTEN 19 ha, 15 000 Kisten/Jahr. Riesling und Trollinger, Spätburgunder, Lemberger, Weißburgunder, Grauburgunder, MT, Dornfelder und Gewürztraminer.

• **Besitzer:** Hans-Peter Wöhrwag **Kellermeister:** Hans-Peter Wöhrwag **Besuch:** Nach Vereinbarung. **Adresse:** Grunbacherstraße 5, D-70327 Untertürkheim. **Tel.** 0711-331662. **Fax** 0711-332431.

### Weiterer Betrieb

Weingut des Hauses Württemberg, Schloss Monrepos, D-71634 Ludwigsburg. Tel. 07141-225525. Fax 07141-225530.

# BADEN

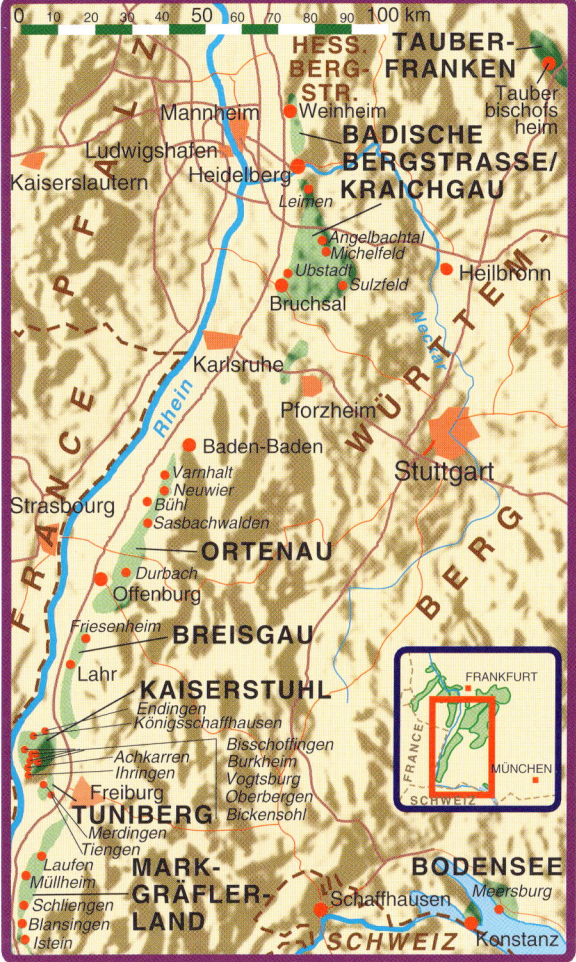

KLIMA Geschützt vom Schwarzwald und dem Odenwald herrscht im größten Teil der Region für deutsche Verhältnisse ein sehr heißes und sonniges Klima. Eine Ausnahme ist der nördliche Teil, wo das Wetter wechselhafter ist. Die Region ist die einzige Deutschlands, die zur Weinbauzone B nach der EU-Klassifizierung gehört (zusammen mit Elsass, Loire und Champagne). Dies bedeutet u.a. strengere Grenzwerte für Mindestmostgewichte und Anreicherung.

BODEN Unterschiedlich, wobei Löß, Lehm und vulkanische Böden dominieren.

WEINE Auch die Weintypen wechseln sehr. Verschiedene Rebsorten, die in unterschiedlichsten Stilen ausgebaut werden. Die Weine sind aber vorwiegend robust, füllig und von milder Säure. 70% sind weiß, obwohl man gleichzeitig, mit 4 500 ha, die größte Anbaufläche von Spätburgunder in Deutschland hat. Der Großteil der Weinproduktion besteht aus trockenen oder halbtrockenen Weinen. Eine Spezialität ist der Badisch Rotgold aus Grau- und Spätburgunder.

REBSORTEN Weiße: 31% Müller-Thurgau, 9% Grauburgunder (Ruländer), 9% Riesling (wird im Ortenaukreis Klingelberger genannt), 8% Gutedel (Chasselas), 5% Weißburgunder sowie Silvaner, Gewürztraminer (im Ortenaukreis Clevner genannt), Kerner und Chardonnay. Rote: 28% Spätburgunder sowie Cabernet Sauvignon.

PRODUZENTEN Über 25 000 Winzer (0,6 ha im Durchschnitt) verkaufen 85% der Produktion

GESCHICHTE Anfang des 19. Jahrhunderts war Baden mit 27 000 ha die größte Weinbauregion Deutschlands. 1950 ist sie auf 6 000 ha geschrumpft. 1952 wurde die Zentralkellerei Badischer Winzergenossenschaften (ZBW) gegründet, heute Badischer Winzerkeller, was den Wendepunkt in der Entwicklung bedeutete. Heute ist Baden mit knapp 16 000 ha Rebfläche drittgrößtes Anbaugebiet Deutschlands.

GEOGRAPHIE 400 km lang erstreckt sich dieses große Weinanbaugebiet vom Bodensee im Süden, dem Rhein und Schwarzwald entlang, an Heidelberg vorbei bis nach Franken im Norden. Es gibt acht Bereiche, 15 Großlagen und 315 Einzellagen.

durch Winzergenossenschaften. Am größten ist der Badische Winzerkeller in Breisach-Kaiserstuhl, dem einige Dutzend anderer Genossenschaften angeschlossen sind. Mit einer Lagerkapazität von 160 Mio. Litern ist der Badische Winzerkeller die größte Genossenschaft in Europa.

REBFL/PROD 15 900 ha, etwa 1,1 Mio. hl.

WISSENSWERT Weitere Informationen: Weinwerbezentrale Badischer Winzergenossenschaften, Kesslerstraße 5, D-76185 Karlsruhe 21. Tel. 0721-557028. Fax 0721-557020.

## BEREICHE IN BADEN

### TAUBERFRANKEN
RUF  Der Bereich gehört zu den weniger bekannten und umfasst weniger als 5% der Produktion. Tauberfranken wurde früher badisches Frankenland genannt.

GEOGRAPHIE  Am südlichen Rande von Franken, am Fluss Tauber, liegt dieser kleine Bereich, der eigentlich zu Franken gehören sollte. Der Grund dafür dürfte sein, dass er in Baden-Württemberg liegt und nicht zu Bayern gehört wie Franken.

BODEN  Hauptsächlich Muschelkalk und Keuper.

WEINE/REBSORTEN  75% Müller-Thurgau, auch etwas Silvaner kommt vor. Die Weine sind meist trocken und erinnern sehr an die fränkischen Weine. Der Bereich hat das Recht, die Weine in Bocksbeutelflaschen zu füllen, was es noch schwieriger macht, sie von den fränkischen Nachbarn zu unterscheiden.

REBFLÄCHE  760 Hektar.

### BADISCHE BERGSTRASSE/ KRAICHGAU
RUF  Auch dieser Bereich, der 16 Prozent der badischen Anbaufläche hat, ist außerhalb der Gegend weniger bekannt.

GEOGRAPHIE  Liegt nördlich und südlich von Heidelberg und ist eine natürliche Verlängerung der hessischen Bergstraße. Die bekanntesten Weinorte sind Sulzfeld und Michelfeld.

BODEN  Eine Kombination von Urgestein, Löß, Lehm und Keuper.

WEINE/REBSORTEN  Mit fast der Hälfte der Anbaufläche dominiert Müller-Thurgau. Außerdem Weißburgunder, Ruländer und etwas Riesling. Die Weine sind meist mittelfüllig und für Baden von recht elegantem Stil.

REBFLÄCHE  1 900 Hektar.

### ORTENAU
RUF  Ortenau ist der führende Bereich in Baden und vor allem für die feinen Riesling-Weine bekannt. Aber auch andere Rebsorten wie z.B. Spätburgunder ergeben Weine von hoher Klasse.

GEOGRAPHIE  Der Bereich erstreckt sich am westlichen Teil des Schwarzwaldes, von Baden-Baden bis direkt südlich von Offenburg. Bekannteste Weinorte sind Durbach, Neuweier und Sasbachwalden.

BODEN  Wechselhaft, u.a. Verwitterungsböden, Löß und Lehm.

WEINE/REBSORTEN  Riesling (hier Klingelberger genannt), Spätburgunder und Müller-Thurgau sind die großen Rebsorten. Andere Sorten, die gute Weine ergeben, sind u.a. Weißburgunder und Traminer (hier Clevner genannt). Eine Spezialität ist der Affentaler Spätburgunder, ein Rotwein aus dem nördlichen Teil von Ortenau bei Baden-Baden. Vier Dörfer (Neuweier, Steinbach, Umweg und Vamhalt) dürfen ihre Weine in Bocksbeutel füllen.

REBFLÄCHE  Ca. 2 700 ha, flächenmäßig an dritter Stelle in Baden.

*Kaiserstuhl ist Badens bester Bereich. Die meisten Anbaugebiete liegen an Hängen dieses alten Vulkans.*

### BREISGAU
RUF  Der Bereich grenzt sowohl an Ortenau als auch an Kaiserstuhl-Tuniberg. Gute Weine werden erzeugt, erreichen aber nicht ganz die Klasse der beiden Nachbarn. Der Bereich verfügt über 10% der badischen Anbaufläche.

GEOGRAPHIE  Der Bereich breitet sich am Schwarzwald, zwischen Offenburg und Freiburg, aus. Zu den bekannteren Weinorten zählen Glottertal, Friesenheim und Köndringen.

BODEN  Hauptsächlich sandhaltiger Lehm, Löß und Verwitterungsböden.

WEINE/REBSORTEN  Die führenden Sorten sind Müller-Thurgau, Ruländer und Spätburgunder. Hier wird eine beträchtliche Menge Weißherbst und Badisch Rotgold erzeugt. Die Weine sind meist trocken und passen gut zum Essen.

REBFLÄCHE  2 000 Hektar.

### KAISERSTUHL
RUF  Zweifellos der führende Bereich in Baden, mit kraftvollen Weinen u.a. vom Ruländer und Spätburgunder. Dies ist das größte und dichteste Weinanbaugebiet Badens. Heute ein eigenständiger Bereich, von Tuniberg getrennt.

GEOGRAPHIE  Der Kaiserstuhl ist ein alter Vulkan nordwestlich von Freiburg, dessen Hänge mit Reben bekleidet sind. Einige der bekanntesten Weinorte sind Ihringen, Achkarren, Oberrotweil und Bickensohl.

BODEN  Vorherrschende Bodentypen sind vulkanisches Gestein und Lößlehm.

WEINE/REBSORTEN  Die drei führenden Rebsorten sind Ruländer, Spätburgunder und

Müller-Thurgau. Der Weißburgunder gibt aber auch feine Weine. Für Deutschland recht alkoholstarke Weine. Zu den Spezialitäten gehört der Ehrentrudis Spätburgunder Weißherbst, ein Rosé aus Trauben vom Kaiserstuhl-Tuniberg.

REBFLÄCHE Ein Drittel der badischen Weinproduktion mit gut 4 500 ha.

## TUNIBERG

RUF Ist heute ein eigener Bereich mit guten Weinen, die jedoch nicht die Klasse der Kaiserstühler erreichen. Besteht aus der Großlage Attilafelsen.

GEOGRAPHIE Auch der Tuniberg ist ein alter Vulkan, der kleiner als der Kaiserstuhl ist. Bekannte Weinorte sind Tiengen und Niederrimsingen.

BODEN Hauptsächlich Kalkstein, Löß und Lößlehm.

WEINE/REBSORTEN Die besten Weine werden aus Spätburgunder erzeugt, aber auch Müller-Thurgau ist eine wichtige Sorte. Die Weine werden oft ohne Lagenamen, nur mit Angaben von Bereich, Rebsorte und Qualitätsklasse auf dem Etikett verkauft. Vorwiegend trockene Weine.

REBFLÄCHE Ungefähr 1 000 Hektar.

## MARKGRÄFLERLAND

RUF Produziert mildere und weichere Weine als die Nachbarn im Norden. Dies liegt teils an der Auswahl der Rebsorten und teils an den Bodenverhältnissen.

GEOGRAPHIE Erstreckt sich von Freiburg, dem Rhein entlang, bis nach Basel. Die bekanntesten Weinorte sind Auggen und Efringen-Kirchen.

*In Baden gibt es viele gute Genossenschaften, zu denen auch die Winzergenossenschaft Achkarren gehört.*

BODEN Hauptsächlich sandgemischter Lehm, Lößlehm und Mergel.

WEINE/REBSORTEN Die vorherrschende Sorte ist Gutedel (Chasselas in der Schweiz). Daraus entstehen leichte, trockene, weiche Weine, die jung getrunken werden. Andere Sorten sind Müller-Thurgau und Nobling (Kreuzung zwischen Gutedel und Silvaner). Außerdem Spätburgunder, der meist die füllıgsten Weine ergibt.

REBFLÄCHE Gut 3 000 Hektar, etwa 20% der Gesamtrebfläche Badens.

## BODENSEE

RUF Vom übrigen Baden getrennt liegt der Bodensee, wo meist Badens leichteste und frischeste Weine mit niedrigem Alkoholgehalt erzeugt werden.

GEOGRAPHIE Östlich vom Markgräflerland am Bodensee liegt ein innerhalb Badens separater

*Das Gut Nägelsförst, außerhalb Baden-Badens, ist ein altes Kloster, das heute sehr gute Weine produziert.*

Bereich. Die größten Anbaugebiete findet man in Meersburg und Hagenau.

BODEN Vorwiegend Moräne.

WEINE/REBSORTEN Vor allem elegante Spätburgunder Weißherbst und leichte, frische Müller-Thurgau.

REBFLÄCHE Umfasst 450 ha, d.h. knapp 3% der badischen Anbaufläche.

DEUTSCHLAND • BADEN

## Affentaler WG

GESCHICHTE  Es begann 1908 mit 24 Winzern, die sich zum Naturbauverein Affental zusammenschlossen. Ab 1937 wurden die Genossenschaften Eisental, Altschweier und Bühl-

*Eine große Genossenschaft, die für frische Rieslinge und einen interessanten roten Affentaler bekannt ist.*

Kappelwindeck gegründet; ein Zusammenschluss erfolgte 1973. 1971 wurde eine spezielle, dem fränkischen Bocksbeutel ähnliche Flaschenform (Buddel) geschützt.

WEINE  Saftige, meist schnell zugängliche Riesling-Weine; Affentaler Spätburgunder mit guter Struktur und angenehmen Holzeinflüssen; hin und wieder auch beachtliche edelsüße Gewächse. Außerdem guter, herber Sekt.

RUF  In den letzten Jahren, seitdem der frühere technische Betriebsleiter Georg Huschle die Geschäftsführung übernommen hat und ein junges Team die Verantwortung trägt, hat sich der Betrieb in die Spitzengruppe der badischen Kooperativen hochgearbeitet.

LAGEN  U.a. Eisentaler Betschgräbler, Bühler Wolfhag, Burg Windeck Kastanienhalde, Altschweierer Sternenberg, Huber Althof u.a.

REBSORTEN  51% Riesling, 36% Spätburgunder, 11% MT sowie Ruländer, Weißburgunder, Kerner, Traminer und Gewürztraminer.

WEINHERSTELLUNG  Selektive Lese, in guten Jahrgängen Auswahl für Barrique-Ausbau und Exklusiv-Serie; bei Rotweinen Maischegärung. 90% der Weine werden trocken oder halbtrocken ausgebaut.

LAGERUNG  Die guten Burgunder und Riesling-Weine haben Reserven für gut zehn Jahre.

REBFL/PROD  243 ha, 250 000 Kisten/Jahr.

**Besitzer**  Genossenschaft mit 980 Mitgliedern Dir.: Georg Huschle • **Kellermeister**  Rowald Naber • **Besuch**  Mo-Fr 8-18, Sa 9-13, So 11-15 • **Adresse**  Affentaler WG, An der B3, D-77815 Bühl-Eisental • **Tel.**  07223-98980 • **Fax**  07223-989830

PRODUKTION      QUALITÄT      PREIS

## Bercher Burkheim

GESCHICHTE  Die Geschichte der Familie lässt sich bis ins Jahr 1457 zurückverfolgen. Weinbau treiben die Brüder Rainer und Eckhardt jetzt in der 9. Generation in kluger Arbeitsteilung: Eckhardt ist verantwortlich für die Außenwirtschaft, Rainer für den Ausbau. Seit 1962 konzentriert man sich in dem vormaligen landwirtschaftlichen Gemischtbetrieb nur mehr auf Wein und Obstbau (für Edelbrände).

WEINE  Meist sehr kraftvolle Weiß- und Rotweine mit Dichte und Eleganz, die bei aller Opulenz nicht alkoholisch wirken. Aber auch das Kontrastprogramm mit herzhaften Weinen für jeden Tag hat beachtliches Niveau.

RUF  Schon lange guter Betrieb, aber in den letzten Jahren ein richtiger Senkrechtstarter.

LAGEN  Burkheimer Feuerberg, Schlossgarten, Sasbacher Limburg, Jechtinger Steingrube, Eichert, Bickensohler Steinfelsen, Königschaffhauser Hasenberg.

REBSORTEN  45% Spätburgunder, 15% Grauburgunder sowie Weißburgunder.

*Bercher Burkheim ist eines der besten und auch ältesten Weingüter am Kaiserstuhl, bekannt seit 1457.*

WEINHERSTELLUNG  Bei Weißweinen überwiegend reduktiver Ausbau, vorwiegend im Edelstahl, langes Hefelager; bei Rotweinen Maischegärung, biologischer Säureabbau, 12 Monate Holzfasslager. Selektive Ernte wird meist in Barriques (mit Fingerspitzengefühl) ausgebaut.

LAGERUNG  Aufgrund der guten Struktur der besseren Weine deutlich über 10 Jahre.

REBFL/PROD  21 ha, 17 000 Kisten/Jahr.

**Besitzer**  Rainer & Eckhardt Bercher • **Kellermeister**  Rainer Bercher • **Besuch**  Werktags 8-11.30, 13-18 • **Adresse**  Bercher Burkheim, Mittelstadt 13, D-79235 Burkheim • **Tel.**  07662-212 • **Fax**  07662-8279 • **Homepage**  www.germanwine.de/weingut/bercher

PRODUKTION      QUALITÄT      PREIS

## WG BRITZINGEN

GESCHICHTE 1950 schlossen sich Winzer aus Dattingen, Muggardt, Zunzingen und Britzingen zu einer Genossenschaft zusammen. Heute umfasst diese 180 ha Rebfläche und etwa 220 Mitglieder. In den 80er Jahren übernahm sie eine Vorreiterrolle unter den badischen Kooperativen mit ihrer Serie „Britzinger Exclusiv" (speziell ausgewählte Spitzenweine).

WEINE Schlanker, herzhafter Gutedel und andere fröhliche Zechweine, aber auch charaktervolle, dichte Gewächse aus der Burgunder-Familie in Weiß und Rot. Interessant sind außerdem die manchmal sehr kraftvollen, alkoholreichen edelsüßen Weine. Die meisten Weine werden trocken ausgebaut. Interessant ist der aus Nobling erzeugte Sekt.

RUF Gilt als eine der besten deutschen Genossenschaften. Ihren guten Ruf hat sie vor allem dem Kellermeister Hermann Zenzen zu verdanken, der im Markgräflerland für eine gute Säurestruktur bei den Weißen sorgte.

LAGEN Britzinger Sonnhole, Rosenberg, Badenweiler Römerberg.

*Die große Genossenschaft Britzingen hat mehr als 50 Weine im Sortiment, u.a. sortentypische Gutedel-Weine.*

REBSORTEN 39% Gutedel, 18% MT, 18% Spätburgunder, 12% Weißburgunder.

WEINHERSTELLUNG Umweltschonender Weinbau nach offiziellen Kriterien, maßvolle Erträge; sorgsamer Ausbau im Keller, bei Rotweinen Maischegärung. Spitzenweine werden teilweise in Barriques ausgebaut.

LAGERUNG Rotweine und edelsüße Weine haben ein gutes Lagerpotenzial.

REBFL/PROD 180 ha, 200 000 Kisten/Jahr.

**Besitzer** Genossenschaft mit 220 Mitgliedern. Dir.: Achim Frey • **Kellermeister** Hermann Zenzen • **Besuch** Mo-Fr 9-12.30, 14-18, Sa 9-12.30 • **Adresse** WG Britzingen, Markgräflerstr. 25-29, D-79379 Müllheim-Britzingen • **Tel.** 07631-17710 • **Fax** 07631-4013

PRODUKTION   QUALITÄT   PREIS

## HERMANN DÖRFLINGER

GESCHICHTE Das Familienweingut wurde 1900 gegründet. Heute wird es in der dritten Generation von Hermann Dörflinger geführt. In den süßen 60er und 70er Jahren war es eines der wenigen deutschen Güter, die konsequent gegen den Strom schwammen und nur durchgegorene Weine produzierten.

WEINE Schnörkellose Weine mit schönem Sortencharakter, stets betont herb, aber doch mit Frucht. In guten Jahrgängen gibt es auch wuchtige, kraftvolle Gewächse vom Chardonnay oder Gewürztraminer. Der für das Gebiet typische Gut-

*Wie bei den meisten Erzeugern im Markgräflerland dominiert auch bei Dörflinger die Sorte Gutedel.*

edel dominiert mit knapp der Hälfte der Produktion. Auch eigenfassgelagerte Destillate sind im Sortiment.

RUF Seit vielen Jahren bekannt für den kompromisslos herben Stil; hatte Anfang der 90er Jahre einen kleinen Durchhänger. Doch mit dem Jahrgang 1994 wurde an die gute Vergangenheit wieder angeknüpft.

LAGEN Müllheimer Sonnenhalde, Reggenhag, Pfaffenstück, Badenweiler Römerberg.

REBSORTEN 48% Gutedel, 15% Spätburgunder, 11% Weißburgunder, 10% Grauburgunder u.a.

WEINHERSTELLUNG Niedrige Erträge, schonender Umgang mit Maische und Wein, stets voll durchgegoren. Beim Rotwein generell Maischegärung.

LAGERUNG Gut lagerfähig für einige Jahre; Gutedel wird jung getrunken.

REBFL/PROD 16 ha, 13 000 Kisten/Jahr.

**Besitzer** Hermann Dörflinger • **Kellermeister** Hermann Dörflinger • **Besuch** Mo-Fr 8-12, 13.30-18, Sa 8-16 • **Adresse** Hermann Dörflinger, Mühlenstraße 7, D-79379 Müllheim • **Tel.** 07631-2207 • **Fax** 07631-4195

PRODUKTION   QUALITÄT   PREIS

## WG Durbacher

GESCHICHTE Die Genossenschaft im romantischen Ortenauer Weinort Durbach wurde 1928 gegründet. Die Mitglieder, darunter 90 Vollerwerbswinzer, bewirtschaften zu rund 80% Steillagen. In den letzten Jahren hat die Kooperative durch beständig gute Qualitäten auf sich aufmerksam gemacht. Bei Prämierungen ist sie stets überdurchschnittlich erfolgreich.

WEINE Saftig-fruchtige Riesling-Weine (hier Klingelberger genannt) sind eine Stärke des Hauses. Auch der Spätburgunder (teilweise Barrique-Ausbau) zeigt Dichte und Frucht. Eine Spezialität ist der feinaromatische Clevner (Traminer). Auch weiße Barrique-Weine (Chardonnay). Interessant sind das ausgewogene Sekt-Sortiment und der Riesling-Marc.

RUF Zählt zweifellos zu den besten deutschen Genossenschaften. Arbeitet sehr individuell.

LAGEN Durbacher Ölberg, Plauelrain, Kochberg.

REBSORTEN 39% Spätburgunder, 25% Müller-Thurgau, 20% Riesling (Klingelberger), 9%

*Die Mitglieder der Genossenschaft, darunter 90 Vollerwerbswinzer, bewirtschaften zu rund 80% Steillagen.*

Traminer (Clevner), 6% Ruländer sowie Scheurebe und Gewürztraminer.

WEINHERSTELLUNG Niedrige Erträge (10-jähriger Schnitt unter 70 hl/ha), sorgsamer Ausbau in Stahl und Holz; Spätburgunder, Clevner und Chardonnay auch in Barriques.

LAGERUNG Gute Substanz für einige Jahre; edelsüße Weine können Jahrzehnte liegen.

REBFL/PROD 315 ha, ca. 200 000 Kisten/Jahr.

**Besitzer** Genossenschaft mit 330 Mitgliedern, Dir.: Konrad Geppert • **Kellermeister** Josef Wörner • **Besuch** Mo-Fr 8-12, 13.30-18, Sa 9-12, So 10-12 • **Adresse** WG Durbacher, Nachtweide 2, D-77770 Durbach • **Tel.** 0781-93660 • **Fax** 0781-36547

PRODUKTION  QUALITÄT  PREIS

## Dr. Heger

GESCHICHTE Erst im Jahr 1935 wurde das Weingut von Dr. Max Heger gegründet. Keimzellen waren Rebanlagen im Ihringer Winklerberg und Achkarrer Schlossberg, zwei Toplagen am Kaiserstuhl. 1986 wurde, um der großen Nachfrage zu entsprechen, das Weinhaus Joachim Heger gegründet, das Trauben zukauft, die im Gutskeller ausgebaut werden.

WEINE Man setzt auf klassische Riesling- und Burgunder-Weine. Kraftvolle, in der Jugend spritzige und säurebetonte Weißweine; elegante, gerbstoffbetonte Spätburgunder mit Temperament.

*Das Weingut wurde erst im Jahr 1935 von Dr. Max Heger gegründet und gehört zu den besten in Baden.*

Fast ausschließlich durchgegorene Weine.

RUF Gilt als eines der besten Güter Badens.

LAGEN Ihringer Winklerberg, Achkarrer Schlossberg, Freiburger Schlossberg (im Bereich Breisgau).

REBSORTEN 24% Riesling, 24% Spätburgunder, 19% Grauburgunder, 13% Weißburgunder, 8% Silvaner sowie 5% Chardonnay u.a.

WEINHERSTELLUNG Niedrige Erträge in teilweise sehr alten Rebgärten; schonender Ausbau mit vollständiger Vergärung ohne Süßung; Rotweine vollständiger Barrique-Ausbau (teils gebrauchtes Holz); Weißweine vereinzelt Lagerung in kleinen Fässern.

LAGERUNG Vor allem die gerbstoffbetonten, hochwertigen Spätburgunder benötigen einige Reifejahre, ehe sie zugänglich sind.

REBFL/PROD 15 ha, ca. 12 000 Kisten/Jahr.

**Besitzer** Joachim Heger • **Kellermeister** Joachim Heger • **Besuch** Mo-Fr 10-12, 13-17.30, Sa 10-13 • **Adresse** Dr. Heger, Bachenstraße 19-21, D-79241 Ihringen • **Tel.** 07668-7833 • **Fax** 07668-9300 • **Homepage** www.germanwine.de

PRODUKTION  QUALITÄT  PREIS

DEUTSCHLAND • BADEN

## REICHSGRAF & MARQUIS ZU HOENSBROECH

GESCHICHTE Die Weinbautradition der Hoensbroechs reicht ins 14. Jh. zurück. Rüdiger Reichsgraf und Marquis zu Hoensbroech, ein bescheiden-zurückhaltender, aber doch vornehmer Winzer, absolvierte eine klassische Ausbildung in Geisenheim und Weinsberg, bewirtschaftete dann

*Die Weinbautradition des Besitzers Rüdiger Reichsgraf und Marquis zu Hoensbroech reicht ins 14. Jh. zurück.*

zunächst ein ererbtes Gut in Wiltlingen (Saar), ehe er sich im Badischen niederließ (1968) und hier ein stattliches Gut aufbaute.

WEINE Feingliedrige, elegante Weißweine aus der Burgunder-Familie (vor allem Weißburgunder), zunehmend auch rassiger Riesling und voluminöser Gewürztraminer. Konsequent durchgegorener Ausbau.

RUF Eines der besten Güter in Baden.

LAGEN Michelfelder Himmelberg, Eichelberger Kapellenberg.

REBSORTEN 30% Weißburgunder, 12% Grauburgunder, 12% Riesling u.a.

WEINHERSTELLUNG Naturschonender Anbau; Ausbau schonend in Edelstahl und Holz, Verzicht auf Schönung und Süßreserve.

LAGERUNG Über einige Jahre gute Substanz.

REBFL/PROD 17 ha, 17 000 Kisten/Jahr.

## SCHLOSSGUT ISTEIN

GESCHICHTE Das Schlossgut wurde schon im 12. Jh. urkundlich erwähnt. Es gehörte einst den Bischöfen von Baden, dann der Stadt Karlsruhe und schließlich seit 1953 dem Landkreis Lörrach. Ende der 70er Jahre übernahm Albert Soder (vordem Verwalter eines örtlichen Weinguts) gemeinsam mit Gattin Anita den damals maroden Betrieb im südlichen Baden als Pächter und brachte ihn bald auf Qualitätskurs.

WEINE Schnörkellose, sortentypische Weine, stets völlig durchgegoren, durchaus mit Ecken und Kanten, aber stets mit Charakter. Einer der besten Gutedel des Markgräflerlandes.

*Das Gut gehörte einst den Bischöfen von Baden, der Stadt Karlsruhe und schließlich dem Landkreis Lörrach.*

RUF Einer der Stillen im Lande, dessen Solidität geschätzt wird. Auch bekannt als Erzeuger guter Edelbranntweine.

LAGEN Isteiner Kirchberg, Fischinger Weingarten.

REBSORTEN 35% Gutedel, 25% Spätburgunder, 25% Weiß- und Grauburgunder, 10% Riesling, 5% Chardonnay.

WEINHERSTELLUNG Reduktiver Ausbau mit wenig Eingriffen sorgt für frische, säurebetonte Weißweine; bei Rotweinen Maischegärung mit guter Gerbstoffausbeute, dann Tanklager, die besten im Holz.

LAGERUNG Gute Reserven für einige Jahre.

REBFL/PROD 10 ha, ca. 5 000 Kisten/Jahr.

---

**Besitzer** Rüdiger Graf zu Hoensbroech • **Kellermeister** Rüdiger Graf zu Hoensbroech • **Besuch** Mo-Fr 9-18, Sa 9-16 • **Adresse** Reichsgraf & Marquis zu Hoensbroech, Herrmannsberg, D-74918 Angelbachtal-Michelfeld • **Tel.** 07265-911034 • **Fax** 07265-911035

PRODUKTION        QUALITÄT        PREIS

---

**Besitzer** Land Kreis-Lörrach • **Kellermeister** Albert Soder • **Besuch** Mo-Sa 9-17 • **Adresse** Schlossgut Istein, Im Innersdorf 23, D-79588 Istein • **Tel.** 07628-1284 • **Fax** 07628-8632

PRODUKTION        QUALITÄT        PREIS

## KARL H. JOHNER

**GESCHICHTE** Karl Heinz Johner machte eine ungewöhnliche Karriere: Nach der Ausbildung im Versuchs- und Lehrgut Blankenhornsberg und dem Studium in Geisenheim arbeitete er zunächst einige Jahre in England (!) als Kellermeister im Weingut Lamberhurst, ehe er mit Gattin Irene

*Einige der besten Gewächse von Karl H. Johner werden als „Tafelwein" verkauft.*

eine Weinberg-Erbschaft annahm und wieder in die badische Heimat zurückkehrte. In wenigen Jahren arbeitete er sich in die Spitze des Gebietes hoch.

**WEINE** Weine mit Dichte und Schmelz, die alle einen leichten Holztouch vom generell betriebenen Barrique-Ausbau haben. Sogar der Rivaner (Müller-Thurgau), ansonsten eher ein Alltagswein, hat bei Johner Struktur und Eleganz. Sehr geschmeidige, elegante Spätburgunder. Auch edelsüße Weine. Speziell hochklassige Weine werden mit dem Etikett „SJ" (Selektion Johner) versehen.

**RUF** Einer der badischen Aufsteiger der letzten Jahre, geht selbstbewusst seinen Weg.

**LAGEN** Bischoffinger Enselberg, Rosenkranz, Steinbuck, Bickensohler Steinfelsen, Burkheimer Feuerberg, Jechtinger Steingrube, Oberrotweiler Henkenberg, Leiselheimer Gestühl.

**REBSORTEN** 29% Spätburgunder, 26% Grauburgunder, 18% Weißburgunder u.a.

**WEINHERSTELLUNG** Niedrige Erträge, sorgsamer Ausbau in kleinen Eichenfässern, dabei auch Benutzung von gebrauchten Barriques. Vereinzelt gekonnt zusammengestellte Cuvées.

**LAGERUNG** Die Weine brauchen Reifezeit und haben gute Reserven.

**REBFL/PROD** 17 ha, ca. 8 500 Kisten/Jahr.

**Besitzer** Karl Heinz Johner • **Kellermeister** Karl Heinz & Patrik Johner • **Besuch** Nach telefonischer Vereinbarung • **Adresse** Karl H. Johner, Gartenstr. 20, D-79235 Bischoffingen • **Tel.** 07662-6041 • **Fax** 07662-8380 • **E-Mail** johner@t-online.de

## LÄMMLIN-SCHINDLER

**GESCHICHTE** Die Familie Lämmlin betrieb schon im 12. Jh. Weinbau. Seit 1862 besteht die zum Gut gehörende Gaststätte „Zur Krone" in Mauchen, in der die Weine ausgeschenkt werden. Durch die Heirat von Lieselotte Lämmlin mit Gerhard Schindler aus Müllheim bekam der Betrieb seinen Doppelnamen.

**WEINE** Die Weine sind fast ausschließlich durchgegoren, in ihrer Art blitzsauber, herzhaft, als Spätlese auch mit Schmelz und Eleganz. Der Gutedel gehört zu den besten der Region. Mit Spätburgunder reüssiert Gerd Schindler jun. zunehmend (auch als saftiger Weißherbst). Eine be-

*Die Familie betrieb schon im 12. Jh. Weinbau. Mit Spätburgunder reüssiert Gerd Schindler jun. zunehmend.*

sondere, rare Spezialität ist der aromatische Muskat-Ottonel.

**RUF** Tritt bescheiden auf, vertritt eine kompromisslose, ansprechende Linie.

**LAGEN** Schliengener Frauenberg, Sonnenstück.

**REBSORTEN** 35% Spätburgunder, 25% Gutedel, 10% Weißburgunder u.a.

**WEINHERSTELLUNG** Spätburgunder mit Maischegärung, biologischem Säureabbau, Holzfasslager; weiße Sorten meist im Stahl.

**LAGERUNG** Einfachere Weine drei bis vier Jahre, Spätlesen und Spätburgunder sechs bis zehn Jahre.

**REBFL/PROD** 20 ha, ca. 15 000 Kisten/Jahr.

**Besitzer** Gerd Schindler • **Kellermeister** Gerd Schindler • **Besuch** Mo-Fr 8-12, 14-18, Sa 8-16.30 • **Adresse** Lämmlin-Schindler, Müllheimerstr. 4, D-79418 Schliengen-Mauchen • **Tel.** 07635-440 • **Fax** 07635-436

## ANDREAS LAIBLE

GESCHICHTE  Seit 1672 widmet sich die Familie dem Wein. Sie bewirtschaftet nur reine Steillagen in Durbach. Der heutige Eigentümer Andreas Laible holt aber hier das Optimum her-

*Andreas Laible bewirtschaftet nur reine Steillagen in Durbach, holt hier aber das Optimum heraus.*

aus. Das brachte schöne Erfolge bei den Weinprämierungen. Zum Betrieb gehört auch eine Brennerei.

WEINE  Kraftvolle, markante Riesling-Weine mit saftiger Frucht, aber auch verspielt und elegant. Bei Traminer und im edelsüßen Bereich ebenfalls stark. Ein Teil der Spätburgunder wird für Weißherbst verwendet. Die Weine sind generell preiswert.

RUF  Einer der stillen, bescheidenen Winzer im Lande, bietet stets konstante und in der Spitze hochwertige Qualität. Große Erfolge verzeichnet man stets bei den nationalen Wettbewerben.

LAGEN  Durbacher Plauelrain, eine der besten und steilsten Lagen. Der Boden besteht aus verwittertem Granit.

REBSORTEN  60% Riesling, 18% Spätburgunder sowie Weißburgunder, Grauburgunder und Gewürztraminer.

WEINHERSTELLUNG  Selektive Handlese in Steillage; reduktiver Ausbau in Kleingebinden; bei Rotwein Maischegärung.

LAGERUNG  Riesling und Spätburgunder benötigen 2, 3 Jahre bis zur vollen Form, haben dann gute Reserven.

REBFL/PROD  6 ha, 3 400 Kisten/Jahr.

**Besitzer** Andreas Laible • **Kellermeister** Andreas Laible • **Besuch** Mo-Sa 8-12, 13-18 • **Adresse** Andreas Laible, Am Bühl 3, D-77770 Durbach • **Tel.** 0781-41238 • **Fax** 0781-38339

PRODUKTION    QUALITÄT    PREIS

## HEINRICH MÄNNLE

GESCHICHTE  Das alte Erbhofgut befindet sich seit 1737 im Familienbesitz. Der Besitzer machte sich vor allem einen Namen als „Rotwein-Männle", aber auch seine Weißweine sind beachtlich. Das Gut ist erfolgreich bei Prämierungen.

WEINE  Wie der Spitzname erahnen lässt, ist man auf Rotweine spezialisiert. Rund zwei Drittel der Weine werden herb ausgebaut. Groß ist auch die Palette an edelsüßen Weinen. Die Weißweine sind saftig und fruchtig, die Rotweine zeigen Extrakt und Spiel.

RUF  Seit vielen Jahren anerkannt wegen der gleichmäßig hohen Qualität. Berühmt sind auch Männles Obstbrände.

LAGEN  Durbacher Kochberg, Plauelrain, Ölberg.

REBSORTEN  Scheurebe, Riesling, Traminer, Gewürztraminer.

WEINHERSTELLUNG  Niedrige Erträge; 100% Holzfassausbau, bei Rotweinen klassische Maischegärung, auch um Gerbstoffbetonung zu erreichen. 15% der Rotweine reifen in Barriques.

*Der Besitzer machte sich vor allem einen Namen als „Rotwein-Männle", aber auch seine Weißweine sind gut.*

LAGERUNG  Sehr gut lagerfähige Weine; edelsüße können Jahrzehnte liegen.

REBFL/PROD  5,5 ha, 3 500 Kisten/Jahr.

**Besitzer** Heinrich & Wilma Männle • **Kellermeister** Heinrich Männle • **Besuch** Mo-Fr 8-18, Sa 8-14, So nach Vereinbarung • **Adresse** Heinrich Männle, Sendelbach 16, D-77770 Durbach • **Tel.** 0781-41101 • **Fax** 0781-440105

PRODUKTION    QUALITÄT    PREIS

## SEEGER

**GESCHICHTE** Seit 1665 betreibt die Familie Weinbau, seit 1707 existiert ein Weingut Seeger, dem dann vor 100 Jahren noch ein Gutsausschank angegliedert wurde („Jägerlust"). In Sachen Wein hat Winzer Thomas Seeger den Ort Leimen zwar noch nicht so berühmt gemacht wie ein berühmter Tennisspieler. Dennoch haben seine Rotweine eine gewisse Bekanntheit erlangt.

**WEINE** Meist sehr kraftvolle, vom Holz (Barrique) geprägte Weine. Die Rotweine präsentieren sich saftig, dicht. Bei den Weißweinen kommt meist der Riesling zum Zuge. Die weiße Cuvée Georg wird mit der Bezeichnung „Tafelwein" verkauft.

**RUF** Einer der badischen Aufsteiger, der sein Potenzial noch nicht ganz ausgeschöpft hat.

**LAGEN** Heidelberger Herrenberg, Leimener Herrenberg.

**REBSORTEN** 20% Riesling, 18% Spätburgunder, 10% Weißburgunder, 10% Grauburgunder u.a.

**WEINHERSTELLUNG** Niedrige Erträge,

*Thomas Seeger ist einer der badischen Aufsteiger, der sein Potenzial noch nicht ganz ausgeschöpft hat.*

schonender Ausbau, dabei in größerem Umfang gefühlvoller Einsatz von Barriques.

**LAGERUNG** Vor allem die Rotweine benötigen einige Jahre Flaschenreife, ehe sie voll entwickelt sind.

**REBFL/PROD** 6 ha, 3-4 000 Kisten/Jahr.

**Besitzer** Fam. Seeger • **Kellermeister** Thomas Seeger • **Besuch** Nach telefonischer Vereinbarung • **Adresse** Seeger, Rohrbacherstraße 101, D-69181 Leimen • **Tel.** 06224-72178 • **Fax** 06224-78363

PRODUKTION   QUALITÄT   PREIS

## STIGLER

**GESCHICHTE** Mit dem Kauf von Arealen im Ihringer Winklerberg begann 1870 die Geschichte des Familienguts, das jetzt in der vierten Generation bewirtschaftet wird. Junior Andreas Stigler knüpft nahtlos an die Arbeit von Vater Rudolf an, der den Betrieb in den 60er und 70er Jahren zu einem der führenden in Baden machte.

**WEINE** Eine für den Kaiserstuhl ungewöhnliche Spezialität ist der Riesling, der hier fruchtig und rassig ausfällt und manchmal eine etwas spitze Säure hat. Stärke des Hauses sind die kompakten, kräftigen, eleganten Weißweine und

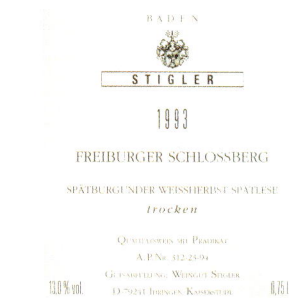

*Andreas Stigler knüpft an die Arbeit von Vater Rudolf an, der das Gut zu einem der führenden in Baden machte.*

Weißherbst. Dank den Steillagen sind 90% der Weine auf dem Prädikatsniveau. Auch edelsüße Riesling und Traminer.

**RUF** Gilt als einer der besten Betriebe in Baden; die besseren Weine sind nicht selten schnell schon im Jahr nach der Ernte, manchmal schon vor der Abfüllung, ausverkauft (vorreserviert).

**LAGEN** Ihringer Winklerberg, Oberrotweiler Eichberg, Freiburger Schlossberg.

**REBSORTEN** 36% Spätburgunder, 24% Riesling, 11% Weißburgunder, 10% Silvaner, 10% Grauburgunder, 9% Traminer u.a.

**WEINHERSTELLUNG** Umweltschonender Anbau, niedrige Erträge; schonender Ausbau in Stahl oder Holz, Rotwein grundsätzlich im Holz; meist späte Füllung.

**LAGERUNG** Sehr gut lagerfähige Weine; auch herbe Gewächse mit weniger Säure wie der Traminer weisen viel Stabilität auf.

**REBFL/PROD** 8 ha, ca. 4 200 Kisten/Jahr.

**Besitzer** Andreas Stigler • **Kellermeister** Andreas Stigler • **Besuch** Mo-Fr 9-12, 14-18, Sa 9-12, 14-16 • **Adresse** Stigler, Bachenstraße 29, D-79241 Ihringen • **Tel.** 07668-297 • **Fax** 07668-94120 • **E-Mail** weingut@stigler

PRODUKTION   QUALITÄT   PREIS

## ANDREAS LAIBLE

GESCHICHTE  Seit 1672 widmet sich die Familie dem Wein. Sie bewirtschaftet nur reine Steillagen in Durbach. Der heutige Eigentümer Andreas Laible holt aber hier das Optimum her-

*Andreas Laible bewirtschaftet nur reine Steillagen in Durbach, holt hier aber das Optimum heraus.*

aus. Das brachte schöne Erfolge bei den Weinprämierungen. Zum Betrieb gehört auch eine Brennerei.

WEINE  Kraftvolle, markante Riesling-Weine mit saftiger Frucht, aber auch verspielt und elegant. Bei Traminer und im edelsüßen Bereich ebenfalls stark. Ein Teil der Spätburgunder wird für Weißherbst verwendet. Die Weine sind generell preiswert.

RUF  Einer der stillen, bescheidenen Winzer im Lande, bietet stets konstante und in der Spitze hochwertige Qualität. Große Erfolge verzeichnet man stets bei den nationalen Wettbewerben.

LAGEN  Durbacher Plauelrain, eine der besten und steilsten Lagen. Der Boden besteht aus verwittertem Granit.

REBSORTEN  60% Riesling, 18% Spätburgunder sowie Weißburgunder, Grauburgunder und Gewürztraminer.

WEINHERSTELLUNG  Selektive Handlese in Steillage; reduktiver Ausbau in Kleingebinden; bei Rotwein Maischegärung.

LAGERUNG  Riesling und Spätburgunder benötigen 2, 3 Jahre bis zur vollen Form, haben dann gute Reserven.

REBFL/PROD  6 ha, 3 400 Kisten/Jahr.

**Besitzer** Andreas Laible • **Kellermeister** Andreas Laible • **Besuch** Mo-Sa 8-12, 13-18 • **Adresse** Andreas Laible, Am Bühl 6, D-77770 Durbach • **Tel.** 0781-41238 • **Fax** 0781-38339

PRODUKTION     QUALITÄT     PREIS

## HEINRICH MÄNNLE

GESCHICHTE  Das alte Erbhofgut befindet sich seit 1737 im Familienbesitz. Der Besitzer machte sich vor allem einen Namen als „Rotwein-Männle", aber auch seine Weißweine sind beachtlich. Das Gut ist erfolgreich bei Prämierungen.

WEINE  Wie der Spitzname erahnen lässt, ist man auf Rotweine spezialisiert. Rund zwei Drittel der Weine werden herb ausgebaut. Groß ist auch die Palette an edelsüßen Weinen. Die Weißweine sind saftig und fruchtig, die Rotweine zeigen Extrakt und Spiel.

RUF  Seit vielen Jahren anerkannt wegen der gleichmäßig hohen Qualität. Berühmt sind auch Männles Obstbrände.

LAGEN  Durbacher Kochberg, Plauelrain, Ölberg.

REBSORTEN  Scheurebe, Riesling, Traminer, Gewürztraminer.

WEINHERSTELLUNG  Niedrige Erträge; 100% Holzfassausbau, bei Rotweinen klassische Maischegärung, auch um Gerbstoffbetonung zu erreichen. 15% der Rotweine reifen in Barriques.

*Der Besitzer machte sich vor allem einen Namen als „Rotwein-Männle", aber auch seine Weißweine sind gut.*

LAGERUNG  Sehr gut lagerfähige Weine; edelsüße können Jahrzehnte liegen.

REBFL/PROD  5,5 ha, 3 500 Kisten/Jahr.

**Besitzer** Heinrich & Wilma Männle • **Kellermeister** Heinrich Männle • **Besuch** Mo-Fr 8-18, Sa 8-14, So nach Vereinbarung • **Adresse** Heinrich Männle, Sendelbach 16, D-77770 Durbach • **Tel.** 0781-41101 • **Fax** 0781-440105

PRODUKTION     QUALITÄT     PREIS

## GRÄFLICH WOLFF METTERNICH'SCHES WEINGUT

GESCHICHTE Ursprünglich war das Adelshaus Zorn von Bulach Besitzer des Traditionsgutes. Eine geborene Zorn von Bulach, Reichsgräfin Wolff Metternich zur Gracht, erwarb das Gut

*Das Gräflich Wolff Metternich'sche Weingut gehört zu den ältesten Badens und ist für Riesling-Weine bekannt.*

1936, das sich seitdem in Besitz der Familie befindet. Unter der langjährigen Leitung von Ottmar Schilli nahm das Gut eine absolute Spitzenposition im Gebiet ein. 1995 wurde das Anwesen an das Ehepaar Hurrle verkauft. Nach Renovationen bietet man auch eine Vinothek und Verkostungsräume an.

WEINE Sehr saftige, rassige, manchmal auch stahlige Riesling-Weine, ebenso edelsüße Gewächse feinster Art unter dem Namen Klingenberger. Spezialitäten sind der aromatische, muskulöse Clevner (Traminer) und der Sauvignon Blanc, der hier schon seit 1830 gehegt wird und in guten Jahren enorm konzentrierte Weine ergibt.

RUF Eines der Tophäuser Badens, mit stets untadeligen Weinen.

LAGEN Durbacher Schlossberg, Schloss Grohl (Alleinbesitz), Plauelrein, Lahrer Herrentisch (Alleinbesitz), Oberkircher Schlossberg.

REBSORTEN 32% Riesling, 30% Spätburgunder, 18% Weiß- und Grauburgunder, 7% Müller-Thurgau, 7% Traminer sowie Sauvignon Blanc und Scheurebe.

WEINHERSTELLUNG Sehr maßvolle Erträge, Mostoxidation, langes Hefelager, Ausbau meist in traditionellen Holzfässern.

LAGERUNG Sehr gut lagerfähige Weine; vor allem Riesling mit Restsüße deutlich über 10 J.

REBFL/PROD 35 ha, ca. 21 000 Kisten/Jahr.

**Besitzer** G & R Hurrle • **Kellermeister** Josef Rohrer • **Besuch** Mo-Fr 8-17, Sa 9-12 • **Adresse** Gräflich Wolff Metternich'sches Weingut, Grol 4, D-77770 Durbach • **Tel.** 0781-42779 • **Fax** 0781-42553

PRODUKTION    QUALITÄT    PREIS

## SCHLOSS NEUWEIER

GESCHICHTE Die Anfänge des Schlossguts reichen ins 12. Jh. zurück; die Zahl der wechselnden Besitzer ist groß. Das Gut hatte bereits im 19. Jh. einen hervorragenden Ruf, der aber zuletzt durch etwas komplizierte Besitzverhältnisse Schaden nahm. In den 80er Jahren ließ die Qualität stark nach, weil nicht in den Keller investiert wurde. Die Frankfurter Unternehmerin Gisela Joos erwarb das Traditionsgut 1992 und sorgte mit vernünftigem Investment und guter Personalauswahl dafür, dass es schnell wieder aufwärts ging.

WEINE Die Lage Mauerberg ist die bekannteste im nördlichen Baden. Diese mit Riesling angebaute Steillage gehört zu den besten. Extraktreiche Weine mit gut eingebundener Säure, stahlige Art, betont herb. Auch Weißherbst aus Spätburgunder und Sekt aus Riesling.

RUF Die schwache Phase ist überwunden, der alte, gute Ruf wiederhergestellt.

LAGEN Neuweierer Schlossberg (Alleinbesitz), Mauerberg, Heiligenstein.

REBSORTEN 84% Riesling, 12% Spätbur-

*Seit die Frankfurter Unternehmerin Gisela Joos das Traditionsgut 1992 erwarb, geht es wieder aufwärts.*

gunder (davon auch Weißherbst), 3% Weißburgunder, 1% Gewürztraminer.

WEINHERSTELLUNG Integrierter umweltschonender Anbau mit reduzierten Erträgen; traditioneller, schonender Ausbau, Riesling im Edelstahl, Rotwein im Holzfass.

LAGERUNG Weine mit gutem Potenzial für einige Jahre.

REBFL/PROD 10 ha, ca. 6 000 Kisten/Jahr.

**Besitzer** Gisela Joos • **Kellermeister** Alexander Spinner. Verw.: Holger Dütsch • **Besuch** Mo-Fr 9-12, 13-17, Sa 9-13 • **Adresse** Schloss Neuweier, Mauerbergstraße 21, D-76534 Baden-Baden • **Tel.** 07223-96670 • **Fax** 07223-60864

PRODUKTION    QUALITÄT    PREIS

## SALWEY

GESCHICHTE  Die Familie der Mutter kam im 17. Jh. aus der Schweiz an den Kaiserstuhl und betrieb auch Weinbau. Das Weingut Salwey entstand nach einer Erbteilung 1950 durch den Vater des heutigen Besitzers, Benno Salwey. Unter der Leitung von Wolf-Dietrich Salwey wurde der Betrieb zu einem der besten in Baden.

WEINE  Meist sehr kraftvolle, dichte Weine aus der Burgunder-Familie, die erkennen lassen, dass sie auf Vulkanboden gewachsen sind. Aber auch schöne, herzhafte Zechweine (Rivaner, Silvaner, Weißherbst) und filigrane, feinduftige Gewächse (Gewürztraminer, Muskateller). Spätburgunder wird zur Hälfte als Rotwein und zur Hälfte als Weißherbst ausgebaut.

RUF  Gilt seit langem als einer der Vorzeigebetriebe am Kaiserstuhl. Bekannt auch für die große Auswahl an sehr guten Edelbranntweinen.

LAGEN  Oberrotweiler Kirchberg, Eichberg, Henkenberg, Glottertaler Eichberg (Breisgau).

REBSORTEN  42% Spätburgunder, 25% Grauburgunder sowie Riesling, Weißburgunder, Silvaner und Rivaner.

*Das Weingut Salwey gilt seit langem als einer der Vorzeigebetriebe am Kaiserstuhl.*

WEINHERSTELLUNG  Umweltschonender Weinbau mit genauer Beobachtung der Natur. Reduzierte Erträge, Ausbau fast nur völlig durchgegoren. Spätburgunder zur Hälfte als Weißherbst. Rotweine werden auf der Maische vergoren und im großen Holzfass oder in Barriques ausgebaut.

LAGERUNG  Gute Reserven; der Spätburgunder benötigt einige Jahre zur Entfaltung.

REBFL/PROD  10 ha, ca. 6 500 Kisten/Jahr.

**Besitzer** Wolf-Dietrich Salwey • **Kellermeister** Wolf-Dietrich Salwey • **Besuch** Täglich 8-12.30, 13.30-18 • **Adresse** Salwey, Hauptstraße 2, D-79235 Oberrotweil • **Tel.** 07662-384 • **Fax** 07662-6340

PRODUKTION   QUALITÄT   PREIS

## R & C SCHNEIDER

GESCHICHTE  Ein ehemaliger Traubenerzeuger, der sich 1981 als Winzer selbständig machte. Früher wurde die Ernte an Genossenschaften abgeliefert. Reinhold und Cornelia Schneider haben sich von Anfang an auf trockene, durchgegorene Weine spezialisiert. Diese werden so naturnah wie möglich hergestellt; kontrollierter Anbau von Erbsen, Ackersenf und Buchweizen anstatt Bekämpfungsmittel oder Kunstdünger.

WEINE  Charaktervolle und kompromisslos trockene Weine mit Sortencharakter und guter Säure. Spätburgunder dominieren gefolgt von

*Reinhold und Cornelia Schneider haben sich von Anfang an auf trockene, durchgegorene Weine spezialisiert.*

Grau- und Weißburgunder. Ein Teil der Spätburgunder werden in neuen Eichenfässern ausgebaut. Auf Lagebezeichnungen wird verzichtet.

RUF  Ein junger Produzent, der sich unter den hundert besten Weingütern Deutschlands etabliert.

LAGEN  Engelsberg u.a.

REBSORTEN  35% Spätburgunder, 15% Grauburgunder, 15% Weißburgunder sowie Muskateller, Silvaner, MT und Riesling.

WEINHERSTELLUNG  Sämtliche Weine werden durchgegoren. Die Weißweine liegen lange auf der Hefe und reifen hauptsächlich in rostfreien Stahltanks. Für Rotweine Maischegärung. Sie werden in einer Kombination von neuen und alten Fässern ausgebaut.

LAGERUNG  Die Rotweine entfalten sich während der Lagerung.

REBFL/PROD  9 ha, ca. 4 000 Kisten/Jahr.

**Besitzer** Reinhold & Cornelia Schneider • **Kellermeister** Reinhold Schneider • **Besuch** Sa 8-12, 13-18, sonst nach Vereinbarung • **Adresse** R & C Schneider, Königsschaffhauser Str. 2, D-79346 Endingen • **Tel.** 07642-5278 • **Fax** 07642-2091

PRODUKTION   QUALITÄT   PREIS

## SEEGER

**GESCHICHTE** Seit 1665 betreibt die Familie Weinbau, seit 1707 existiert ein Weingut Seeger, dem dann vor 100 Jahren noch ein Gutsausschank angegliedert wurde („Jägerlust"). In Sachen Wein hat Winzer Thomas Seeger den Ort Leimen zwar noch nicht so berühmt gemacht wie ein berühmter Tennisspieler. Dennoch haben seine Rotweine eine gewisse Bekanntheit erlangt.

**WEINE** Meist sehr kraftvolle, vom Holz (Barrique) geprägte Weine. Die Rotweine präsentieren sich saftig, dicht. Bei den Weißweinen kommt meist der Riesling zum Zuge. Die weiße Cuvée Georg wird mit der Bezeichnung „Tafelwein" verkauft.

**RUF** Einer der badischen Aufsteiger, der sein Potenzial noch nicht ganz ausgeschöpft hat.

**LAGEN** Heidelberger Herrenberg, Leimener Herrenberg.

**REBSORTEN** 20% Riesling, 18% Spätburgunder, 10% Weißburgunder, 10% Grauburgunder u.a.

**WEINHERSTELLUNG** Niedrige Erträge,

*Thomas Seeger ist einer der badischen Aufsteiger, der sein Potenzial noch nicht ganz ausgeschöpft hat.*

schonender Ausbau, dabei in größerem Umfang gefühlvoller Einsatz von Barriques.

**LAGERUNG** Vor allem die Rotweine benötigen einige Jahre Flaschenreife, ehe sie voll entwickelt sind.

**REBFL/PROD** 6 ha, 3-4 000 Kisten/Jahr.

---

**Besitzer** Fam. Seeger • **Kellermeister** Thomas Seeger • **Besuch** Nach telefonischer Vereinbarung • **Adresse** Seeger, Rohrbacherstraße 101, D-69181 Leimen • **Tel.** 06224-72178 • **Fax** 06224-78363

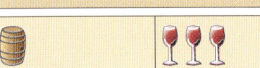

PRODUKTION   QUALITÄT   PREIS

## STIGLER

**GESCHICHTE** Mit dem Kauf von Arealen im Ihringer Winklerberg begann 1870 die Geschichte des Familienguts, das jetzt in der vierten Generation bewirtschaftet wird. Junior Andreas Stigler knüpft nahtlos an die Arbeit von Vater Rudolf an, der den Betrieb in den 60er und 70er Jahren zu einem der führenden in Baden machte.

**WEINE** Eine für den Kaiserstuhl ungewöhnliche Spezialität ist der Riesling, der hier fruchtig und rassig ausfällt und manchmal eine etwas spitze Säure hat. Stärke des Hauses sind die kompakten, kräftigen, eleganten Weißweine und

*Andreas Stigler knüpft an die Arbeit von Vater Rudolf an, der das Gut zu einem der führenden in Baden machte.*

Weißherbst. Dank den Steillagen sind 90% der Weine auf dem Prädikatsniveau. Auch edelsüße Riesling und Traminer.

**RUF** Gilt als einer der besten Betriebe in Baden; die besseren Weine sind nicht selten schnell schon im Jahr nach der Ernte, manchmal schon vor der Abfüllung, ausverkauft (vorreserviert).

**LAGEN** Ihringer Winklerberg, Oberrotweiler Eichberg, Freiburger Schlossberg.

**REBSORTEN** 36% Spätburgunder, 24% Riesling, 11% Weißburgunder, 10% Silvaner, 10% Grauburgunder, 9% Traminer u.a.

**WEINHERSTELLUNG** Umweltschonender Anbau, niedrige Erträge; schonender Ausbau in Stahl oder Holz, Rotwein grundsätzlich im Holz; meist späte Füllung.

**LAGERUNG** Sehr gut lagerfähige Weine; auch herbe Gewächse mit weniger Säure wie der Traminer weisen viel Stabilität auf.

**REBFL/PROD** 8 ha, ca. 4 200 Kisten/Jahr.

---

**Besitzer** Andreas Stigler • **Kellermeister** Andreas Stigler • **Besuch** Mo-Fr 9-12, 14-18, Sa 9-12, 14-16 • **Adresse** Stigler, Bachenstraße 29, D-79241 Ihringen • **Tel.** 07668-297 • **Fax** 07668-94120 • **E-Mail** weingut@stigler

PRODUKTION   QUALITÄT   PREIS

## Weitere Produzenten in Baden

### Abril

Seit 1740 betreibt die Familie Weinbau. Das malerische Fachwerkhaus stammt aus dem Jahr 1803. Kräftige Weine aus der Burgunder-Familie mit guter Struktur. Die trockenen Auslesen haben sehr viel Wucht, wirken aber kaum jemals brandig. LAGEN Bischoffinger Enselberg, Rosenkranz, Steinbuck, Schelinger Kirchberg. FAKTEN 6,5 ha, ca. 5 000 Kisten/Jahr. 30% Grauburgunder, 30% Spätburgunder, 15% Müller-Thurgau sowie Silvaner, Weißburgunder und Riesling.

• **Besitzer:** Hans-Friedrich Abril **Kellermeister:** Hans-Friedrich Abril **Besuch:** Mo-Fr 7.30-12, 14-18 und nach Vereinbarung. **Adresse:** Talstraße 9, D-79235 Bischoffingen. **Tel.** 07662-255. **Fax** 07662-6076.

### Max Markgraf von Baden

Schon seit 1134 wird in Salem und Umgebung Weinbau betrieben. Meist spritzige, eher leichtgewichtige Weine, wie sie dem Charakter der Bodensee-Region entsprechen. Der Müller-Thurgau ist dezent und verspielt. Eine Stärke sind die Weißherbst vom Spätburgunder. LAGEN Birnauer Kirchhalde, Bermatinger Leopoldsberg, Kirchberger Schlossberg. FAKTEN 90 ha, ca. 80 000 Kisten/Jahr. 40% Müller-Thurgau sowie Spätburgunder, Grauburgunder, Weißburgunder u.a.

• **Besitzer:** Max Markgraf von Baden **Kellermeister:** Herbert Senft **Besuch:** Mo-Fr 8-18, Sa 9-12 (April-Okt. 9-18). **Adresse:** Schloss Salem, D-88682 Salem. **Tel.** 0781-42778. **Fax** 0781-440578.

### Blankenhorn

Johann Friedrich Blankenhorn gründete den Betrieb im Jahr 1847. 1994 übernahm Roy Blankenhorn die Verantwortung. Meist schlanke, verspielte Weißweine aus der Burgunder-Familie, gradliniger, herzhafter Gutedel, Spätburgunder mit dezentem Tannin und schöner Frucht, auch als Weißherbst sehr gepflegt. LAGEN Schliengener Sonnenstück u.a. FAKTEN 25 ha, ca. 20 000 Kisten/Jahr. 40% Gutedel, 30% Spätburgunder, 10% Weißburgunder, ferner u.a. Chardonnay, Cabernet Sauvignon und Bacchus.

• **Besitzer:** Roy Blankenhorn **Kellermeister:** Rainer Bercher **Besuch:** Mo-Sa 9-11.30, 13-18. **Adresse:** Baslerstraße 2, D-79418 Schliengen. **Tel.** 07635-1092. **Fax** 07635-3856.

### Freiherr von und zu Franckenstein

Vor allem saftig-fruchtiger Riesling. Auch gekonnter Umgang mit Weiß- und Grauburgunder (eher schlank, säurebetont). LAGEN Zell-Weierbacher Abtsberg, Berghauptener Schützenberg (Alleinbesitz) u.a. FAKTEN 14 ha, ca. 9 000 Kisten/Jahr. 38% Riesl, 15% Spätburgunder, 16% Grauburgunder, 18% MT, Weißburgunder u.a.

• **Besitzer:** Georg Freiherr von und zu Franckenstein **Kellermeister:** Hubert Doll **Besuch:** Mo-Fr 9-12, 14-18, Sa 9-13. **Adresse:** Weingartenstraße 66, D-77654 Offenburg. **Tel.** 0781-34973. **Fax** 0781-36046.

### Freiherr von Gleichenstein

Das Weingut befindet sich seit mehr als 350 Jahren in Besitz der Familie. Kernige, recht rustikale Rotweine. Saftige und knackige Weißherbst und vor allem Weißburgunder. Auch Sekt wird hergestellt. FAKTEN 25 ha, ca. 17 000 Kisten/Jahr. 35% Weißburgunder, 35% Spätburgunder sowie Grauburgunder.

• **Besitzer:** Freiherr Hans-Joachim von Gleichenstein **Kellermeister:** Frank Müller **Besuch:** Täglich 8-19. **Adresse:** Bahnhofstraße 12, P.O. Box 26, D-79235 Oberrotweil. **Tel.** 07662-288. **Fax** 07662-1856.

### Hammerschmiede

Schnörkellose, betont herbe Weine. Die Burgunder meist schlank, elegant, der Riesling fruchtig und rassig. Herausragend die Sekte aus Eigenproduktion; die besten können sich mit gutem Champagner messen. FAKTEN 4 ha, 2 500 Kisten/Jahr. 25% Riesling, 18% Auxerrois sowie Müller-Thurgau, Grauburgunder und Weißburgunder.

• **Besitzer:** Lothar Blau **Kellermeister:** Lothar Blau **Besuch:** Sa 10-13 und nach Vereinbarung. **Adresse:** Seegrabenstr. 1, D-76698 Ubstadt-Weiher. **Tel.** 07251-62868. **Fax** -62868. **E-Mail:** hammerschmiede@t-online.de

### Bernhard Huber

Die Familie war früher Traubenlieferant für Genossenschaften. 1987 machte sich der junge Bernhard Huber, zunächst mit einem Teil der Fläche, selbständig. Gehört im Breisgau zu den führenden Erzeugern. FAKTEN 15 ha, 8 000 Kisten/Jahr. 53% Spätburgunder sowie Weißburgunder und Chardonnay.

• **Besitzer:** Bernhard Huber **Kellermeister:** Bernhard Huber **Besuch:** Nach Vereinbarung. **Adresse:** Heimbacher Weg 19, D-79364 Malterdingen. **Tel.** 07644-1200. **Fax** 07644-8222.

### Andreas Männle

Bereits 1540 wurden die Vorfahren als Winzer urkundlich erwähnt. Der reduktiv ausgebaute Riesling wird besonders geschätzt. FAKTEN 9 ha, 5 000 Kisten/Jahr. 30% Riesling, 30% Spätburgunder, 15% Müller-Thurgau sowie Traminer, Ruländer, Weißburgunder und Gewürztraminer.

• **Besitzer:** Alfred Männle **Adresse:** Heimbach 12, D-77770 Durbach. **Tel.** 0781-41486. **Fax** 0781-42981.

### Gut Nägelsförst

Der Betrieb war früher Hofgut der Zisterzienserinnenabtei Lichtental. Stahlige, kompakte, ausdrucksstarke Weißweine, gute Ansätze beim

## Weitere Produzenten in Baden

Spätburgunder. Eine Spezialität ist der aromatische Muskat-Ottonel. FAKTEN 25 ha, 12 000 Kisten/Jahr. 40% Riesling, 20% Spätburgunder, Weißburgunder, Chard und Muskat-Ottonel.
• **Besitzer:** Reinhard J. Strickler, Dir.: Albert Mirbach **Kellermeister:** Werner Benz **Besuch:** Mo-Fr 8-18 und nach Vereinbarung. **Adresse:** D-76534 Baden-Baden-Varnhalt. **Tel.** 07221-24053. **Fax** 07221-29594.

### WG Sasbach

Seit 1953 verfügt man über ein eigenes Kellereigebäude. Kraftvolle, stoffige Weine. Süffiger, unkomplizierter Müller-Thurgau. Sehr elegante, betont herbe Sekte. FAKTEN 230 ha, ca. 180 000 Kisten/Jahr. 44% Spätburgunder, 32% Müller-Thurgau sowie Grauburgunder, Weißburgunder, Riesling, Silvaner, Scheurebe und GT.
• **Besitzer:** 314 Mitglieder, Dir.: Rolf Eberenz **Kellermeister:** Gerhard Staiblin **Besuch:** Mo-Fr 8-12, 13-16, Sa 9-12. **Adresse:** Jechtinger Str. 26, D-79361 Sasbach. **Tel.** 07642-90310. **Fax** 07642-903150.

### Leopold Schätzle

Leopold Schätzle machte sich 1970 mit damals einem Hektar selbständig. Meist kräftige, stets harmonische Weine mit Schmelz und Frucht; elegante, manchmal gerbstoffbetonte Rotweine und in guten Jahren stilvolle edelsüße Weine. FAKTEN 14 ha, 10 000 Kisten/J. 35% Spätburgunder, 18% Riesling sowie Grauburgunder, Müller-Thurgau, Scheurebe, Kerner und GT.
• **Besitzer:** Leopold Schätzle **Kellermeister:** Leopold Schätzle **Besuch:** Nur nach Vereinbarung. **Adresse:** Wilhelmshöfe 1, D-79346 Endingen. **Tel.** 07642-3361. **Fax** 07642-2460.

### Schwarzer Adler

Die Familie Keller betreibt schon seit mehr als 100 Jahren Weinbau. Kräftige, oft etwas kernige Weine. Markante Rotweine. FAKTEN 40 ha, ca. 30 000 Kisten/Jahr. 25% Grauburgunder, 25% Spätburgunder, 25% Müller-Thurgau, 15% Weißburgunder sowie Riesling, Chardonnay, Lemberger, Cabernet Sauvignon und Merlot.
• **Besitzer:** Franz Keller **Kellermeister:** Fritz Keller, Roland Stein **Besuch:** Mo-Fr 8-17, Sa 8-12. **Adresse:** Badbergstraße 23, D-79235 Oberbergen. **Tel.** 07662-933093. **Fax** 07662-719.

### Schloss Staufenberg

Das Schloss wurde bereits im 11. Jh. erbaut. Im 14. Jh. kam es in markgräflich-badischen Besitz. Saftige, recht fruchtbetonte, manchmal etwas mild wirkende Weißweine von solider Qualität; Traminer mit Wucht und schönem Rosenduft; Rotweine mit Frucht, schon in der Jugend schnell zugänglich. FAKTEN 27 ha, 10 000 Kisten/Jahr. 50% Riesling, 35% Spätburgunder, 10% Müller-Thurgau sowie Chardonnay und Ruländer.
• **Besitzer:** Max Markgraf von Baden **Kellermeister:** Bernhard Ganter **Besuch:** Nach telef. Vereinb. **Adresse:** D-77770 Durbach. **Tel.** 0781-42778. **Fax** -440578.

### Weitere Betriebe

WG Achkarren, Schlossbergstr. 2, D-79235 Achkarren. Tel. 07662-93040. Fax 07662-8207.
St. Andreas, Steingrube 7, D-77799 Ortenberg. Tel. 0781-93430. Fax 0781-934320.
R & M Aufricht, Weinkundeweg 8, D-88709 Meersburg. Tel. 07532-6123, 2427. Fax -5984.
Bercher Erben & Schmidt, Herrenstraße 28, D-79235 Oberrotweil. Tel. 07662-372. Fax 07662-6333.
WG Bickensohl, Neulindenstraße 25, D-79235 Bickensohl, Tel. 07662-93110. Fax -931150.
Blankenhornsberg, D-79241 Ihringen 1. Tel. 07668-217. Fax 07668-7991.
Ernst Heinemann & Sohn, Mengener Str. 4, D-79238 Ehrenkirchen-Scherzingen. Tel. 07664-6351. Fax 07664-600465.
Albert Heitlinger, Am Mühlberg, D-76684 Östringen-Tiefenbach. Tel. 07259-1061. Fax 07259-1876.
WG Jechtingen, Winzerstraße 1, D-79361 Jechtingen. Tel. 07662-93230. Fax 07662-8241.
Kalkbödele - Gebr. Mathis, Enggasse 21, D-79291 Merdingen. Tel. 07668-7110. Fax -94505.
Ulrich Klumpp, Heidelberger Straße 100, D-76646 Bruchsal. Tel. 07251-16719. Fax 07251-110523.
WG Königschaffhausen, D-79346 Endingen-Königschaffhausen. Tel. 07642-1003. Fax 07642-2535.
Köpfer, Dorfstraße 22, D-79219 Staufen-Grunern. Tel. 07633-5288. Fax 07633-5000419.
Weingut der Stadt Lahr, Weinbergstraße 3, D-77933 Lahr. Tel. 07821-25332. Fax -39398.
Emil Marget, Schlossgartenstr. 4, D-79379 Hügelheim. Tel. 07631-2354.
Markgräflerland Bezirkskellerei, Winzerstraße 2, D-79588 Efringen-Kirchen. Tel. 07628-91140. Fax 07628-2976.
Staatsweingut Meersburg, Seminarstr. 6, D-88709 Meersburg. Tel. 07532-356. Fax 07532-358.
Gebrüder Müller, Richard Müller Str. 5, D-79206 Breisach. Tel. 07667-511. Fax -6581.
WG Neuweier-Bühlertal, Mauerbergstr. 32, D-76534 Baden-Neuweier. Tel. 07223-96870. Fax 07223-52074.
Friedhelm Schlumberger, Obere Holzgasse 4, D-79295 Laufen. Tel. 07634-8231. Fax 07634-6815.
Hartmut Schlumberger, Weinstraße 19, D-79295 Laufen. Tel. 07634-8992.
Wilhelm Zähringer, Hauptstr. 42, D-79423 Heitersheim. Tel. 07634-1025. Fax 07634-1027.

# SAALE-UNSTRUT

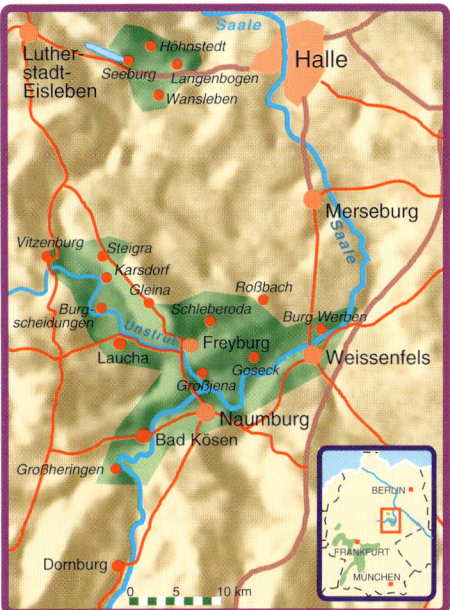

GESCHICHTE Hier kann die Weinbautradition bis ins Mittelalter zurückverfolgt werden. Es gab umfangreiche Anbauflächen um Klöster und Städte herum. Die größte Ausbreitung erfuhr der Weinbau vor dem Dreißigjährigen Krieg. Nach dem Krieg und anderen Zerstörungen, u.a. durch die Reblaus, waren nur noch 75 Hektar übrig geblieben.

GEOGRAPHIE Diese nördlichste Weinbauregion Deutschlands liegt in der ehemaligen DDR. Die Weinberge findet man in Tälern, den Flüssen Saale und Unstrut entlang, in der Nähe von Freyburg und Naumburg sowie, 45 km in nördlicher Richtung, am Süßen See bei Eisleben. Zwei Bereiche, SCHLOSS NEUENBURG und THÜRINGEN, vier Großlagen und 20 Einzellagen.

KLIMA Die Vorteile des Mikroklimas an den warmen Südost- und Südwesthängen der Flusstäler werden genutzt.

BODEN Bei Naumburg und Freyburg von Muschelkalk beherrscht. Je weiter von den Städten entfernt, desto größer der Anteil an Sandstein.

WEINE Meist leichte bis mittelfüllige, trockene Weine mit milder Säure, die generell jung zu trinken sind. Etwa 17% Rotweine. Auch Schaumwein wird erzeugt.

REBSORTEN Weiß: 26% Müller-Thurgau, 11% Silvaner, 11% Weißburgunder, 7% Riesling, 6% Bacchus sowie Gutedel, Gewürztraminer, Morio-Muskat und Kerner. Rote: 4% Portugieser, 3% Dornfelder, 2% Spätburgunder u.a.

PRODUZENTEN Die Weinproduktion wird von zwei Firmen dominiert, dem Landesweingut Naumburg und der Winzervereinigung Freyburg.

REBFL/PROD 506 ha, ca. 15 000 hl/Jahr.

WISSENSWERT Weitere Informationen: Gebietsweinwerbung, Querfurter Str. 10, D-06632 Freyburg. Tel. 034464-26110. Fax 034464-26110.

*In Saale-Unstrut dominieren zwei Unternehmen: das Landesweingut Naumburg und die Winzervereinigung Freyburg. Heute sind es vor allem junge Privatwinzer, die für neue Ideen stehen, wie z.B. Uwe Lützkendorf.*

## KLAUS-REMO DECKERT

GESCHICHTE  Die Eltern lieferten zu DDR-Zeiten Trauben an die Freyburger Genossenschaft. Nach der politischen Wende war man nicht mehr zufrieden mit dieser Unselbständigkeit. Im Juli 1990 mit damals noch wenig Rebfläche meldete Klaus-Remo Deckert das erste private

*K.-R. Deckert war der erste, der sich nach der Vereinigung Deutschlands als Privatwinzer registrieren ließ.*

Weingut an Saale und Unstrut offiziell an. Die ersten Weine wurden in einem alten Kartoffelkeller ausgebaut. Ein gewisser Durchbruch kam bald, als ein Wein nach Empfehlung der Fachpresse beim „Bremer Ratskeller" gelistet wurde. Inzwischen gab es einige Prämierungserfolge und positive Kommentare in der Fachpresse.

WEINE  Kräftige, ehrliche, erdige Weine, durchwegs trocken (durchgegoren) ausgebaut. Hin und wieder im Aroma noch nicht ganz vorteilhaft. Weiß besser als Rot.

RUF  Aufstrebender Betrieb, der sich gut entwickelt hat und dem vor der Zukunft nicht bange sein muss.

LAGEN  Freyburger Schweigenberg, Herrenberg, Großjenaer Blütengrund.

REBSORTEN  23% Spätburgunder, 20% Müller-Thurgau, 13% Weißburgunder, 12% Kerner, 10% Portugieser, 9% Bacchus, außerdem Riesling, Morio-Muskat, Scheurebe, Silvaner.

WEINHERSTELLUNG  Strenge Ertragsbegrenzung; schonender und reduktiver Ausbau.

LAGERUNG  Nicht unbedingt für längere Reife geeignet.

REBFL/PROD  15 ha, 8 000 Kisten/Jahr.

**Besitzer** Klaus-Remo Deckert • **Kellermeister** Klaus-Remo Deckert • **Besuch** Täglich nach Voranmeldung • **Adresse** Klaus-Remo Deckert, Ehrauberge 9, D-06632 Freyburg • **Tel.** 034464-27478 • **Fax** 034464-27478

PRODUKTION       QUALITÄT       PREIS

## U. LÜTZKENDORF

GESCHICHTE  Die Familie Lützkendorf hatte früher Reben, die in eine landwirtschaftliche Produktionsgesellschaft eingebracht werden mussten. Nach der politischen Wende sah Senior Udo, der früher ein intelligent arbeitender Leiter des Staatlichen Naumburger Gutes (vormals Volkseigenes Gut) war, die Möglichkeit, die Familientradition wiederzubeleben. Er unterstützt seitdem Sohn Uwe, der Gärungs- und Getränketechnologie studiert hatte und von 1990 bis 1992 Praktika in Bingen und Heppenheim absolvierte. Mit viel Eigenleistung wurde ein Gut aufgebaut.

WEINE  Kräftige, sortentypische Weine mit

*Lützkendorf ist im Westen weniger bekannt, in Saale-Unstrut aber bereits die Nummer eins.*

„Muskeln" und guter Länge. Die meisten Weine werden aus Silvaner erzeugt.

RUF  Im Westen weniger bekannt, aber sicher an Saale-Unstrut bereits die Nummer eins.

REBSORTEN  40% Silvaner, 20% Riesling, je 10% Weißburgunder und Müller-Thurgau, außerdem Scheurebe, Gewürztraminer, Kerner, Spätburgunder, Portugieser.

LAGEN  Pfortenser Köppelberg, Freyburger Schweigenberg, Karsdorfer Hohe Gräte.

WEINHERSTELLUNG  Naturnaher Weinbau; Entrappung roter und weißer Trauben; schonende Kelterung, Vorklärung, möglichst wenig Eingriffe in den Wein.

LAGERUNG  Sicher noch keine Weine, die man über etliche Jahre aufheben kann.

REBFL/PROD  11 ha, 3 500 Kisten/Jahr.

**Besitzer** Uwe Lützkendorf • **Kellermeister** Uwe Lützkendorf • **Besuch** Täglich 10-20 • **Adresse** U. Lützkendorf, Saalberge 31, D-06628 Bad Kösen • **Tel.** 034463-27772 • **Fax** 034463-27772

PRODUKTION       QUALITÄT       PREIS

## Weitere Produzenten in Saale-Unstrut

### Günter Born

Die Familie betreibt in der vierten Generation Weinbau in Höhnstedt. 1990 entschloss man sich, aus dem kleinen Nebenerwerb mehr zu machen und das erste private Weingut in dem abseits von Saale und Unstrut gelegenen Gebiet am Süßen See (auf Höhe von Halle) zu gründen. Die Qualität der trockenen Weine ist solide und deutlich besser als jene der Großbetriebe im Gebiet. LAGE Höhnstedter Kelterberg. FAKTEN 5,5 ha, etwa 3 000 Kisten/Jahr. 30% Müller-Thurgau, 20% Weißburgunder, 10% Gutedel sowie Riesling, Silvaner, Kerner, Traminer, Portugieser.
• **Besitzer:** Günter Born **Kellermeister:** Günter Born **Besuch:** Nach Vereinbarung. **Adresse:** Wanslebener Str. 3, D-06179 Höhnstedt. **Tel.** 034601-22930.

### Thüringer Sonnenburg

Das Weingut liegt nicht, wie das Anbaugebiet Saale-Unstrut, im Lande Sachsen-Anhalt, sondern in Niedertreba in Thüringen (nordöstlich von Weimar) und ist hier der einzige Weinbau-treibende Betrieb. Gegründet wurde er, zunächst als

*In Saale-Unstrut entwickelt sich der Qualitätsanbau sehr schnell und es erfolgen zahlreiche Neupflanzungen.*

„Sonnendorfer Weinbau", erst 1992; früher war er Bestandteil einer Landwirtschaftlichen Produktionsgesellschaft (LPG). Nach Startschwierigkeiten mit dem 92er (Ausbau außerhalb) sind die Folgejahrgänge recht viel versprechend geraten. Seit November 1995 gibt es außerdem den ersten Thüringer Sekt. LAGEN Großheringer Sonnenberg. FAKTEN 11 ha, ca. 7 000 Kisten/Jahr. U.a. Müller-Thurgau und Gewürztraminer.
• **Adresse:** Escherodaer Str. 1, D-99518 Niedertreba. **Tel.** 036461-20618. **Fax** 036461-20606.

### Landesweingut Kloster Pforta

Der ehemalige preußische Staatsbesitz wurde 1899 gegründet. Von 1952 bis 1970 war er in der DDR Volkseigenes Gut (VEG). Die erste Zeit nach der Wende schlug sich der Betrieb selbständig durch und wurde dann vom Land Sachsen-Anhalt übernommen. LAGEN Viele verschiedene Lagen, meist Steillagen, die Handarbeit erfordern, in Freyburg, Saalhaus, Großjena, Eulau, Goseck, Naumburg, Almrich, Kaatsch u.a. FAKTEN 60 ha, ca. 35 000 Kisten/Jahr. 45% Müller-Thurgau, 12% Morio-Muskat, 10% Rieslin, 10% Weißburgunder u.a.
• **Besitzer:** Land Sachsen-Anhalt **Kellermeister:** André Gussek **Besuch:** Täglich 9-17. **Adresse:** Saalhäuser, D-06628 Bad Kösen. **Tel.** 034463-273. **Fax** 034463-319.

## Sachsen

GESCHICHTE Wie auch im Nachbarbezirk hatte der Weinbau in früherer Geschichte erheblich größere Ausbreitung. Schon aus dem Jahr 1161 gibt es schriftliche Beweise für den Weinbau. Bekannt ist, dass im 13. Jahrhunder der Zisterzienserorden Weinberge anlegte. Im Mittelalter waren etwa 6 000 Hektar bestockt. 1811 wurde in Meißen die erste Weinbauschule Europas gegründet und die gesamte Weinanbaufläche betrug etwa 1 500 Hektar. Durch Kriege und Schädlinge wie die Reblaus reduzierte sie sich bis 1945 auf

*Die Weinbereiche in Sachsen liegen rund um die alte Stadt Dresden, der Elbe entlang.*

67 Hektar. Seither ist die Weinbaufläche wieder auf gut 330 Hektar angewachsen.

GEOGRAPHIE Sachsen ist die östlichste Weinbauregion Deutschlands. Sie liegt in der früheren DDR, an den steilen Flusshängen der Elbe. Die Anbaufläche erstreckt sich über 45 km von Pirna, südlich von Dresden, bis Seußlitz-Diesbar, nördlich von Meißen. Zwei Bereiche, MEISSEN und DRESDEN, vier Großlagen und 16 Einzellagen.

KLIMA Binnenlandklima mit trockenen, heißen Sommern und kalten Wintern. Die Frostgefahr im Frühling ist groß und kann zu Ertragsschwankungen führen. Die aktiven Weinberge haben meist ein günstiges Mikroklima. Die durchschnittliche Niederschlagsmenge beträgt nur 600-700 mm/J.

BODEN Wechselnde Bodenverhältnisse. In Meißen herrscht verwitterter Granit- und Lößboden vor. Bei Radebeul und Dresden findet man viel verwitterten Gneis und bei Weinböhla Sandböden. Örtlich kommen u.a. auch Kalk, Ton und Porphyr vor.

WEINE Die Elbtal-Weine sind vorwiegend trocken und haben fruchtigen Charakter. Die wichtigsten Rebsorten sind Müller-Thurgau, Weißburgunder und Traminer. Auch andere Sorten wie Riesling, Scheurebe und Ruländer ergeben interessante Weine. Wenig Rotweine (7%).

REBSORTEN Weiße: 25% Müller-Thurgau, 16% Riesling, 13% Weißburgunder sowie Gewürztraminer, Gutedel, Grauburgunder (Ruländer), Scheurebe, Bacchus und Kerner. Rote: Portugieser und Spätburgunder.

PRODUZENTEN Freizeitwinzer (120 ha), die an Genossenschaften (65 ha) liefern, an das Staatsweingut (100 ha) und auch selbst vermarkten.

REBFLÄCHE 330 ha, ca. 13 000 hl/Jahr. Eine der kleinsten Weinregionen Deutschlands.

JAHRGÄNGE 1992, 90, 89.

WISSENSWERT Weitere Informationen: Weinbauverband Sachsen, Weinwerbung, Nederauerstr. 26-28, D-01662 Meißen. Tel. 03521-763530. Fax 03521-763540.

## Schloss Proschwitz, Prinz zur Lippe

GESCHICHTE  Der Vorläufer ist sicher das älteste Weingut Sachsens. Die Eltern von Prinz zur Lippe wurden nach dem 2. Weltkrieg enteignet und vertrieben. Nach zähen Verhandlungen konnte der Junior 1991 einen neuen, schwierigen und kostenintensiven Anfang auf den früheren

*Durch verschiedene positive Presseberichte ist der Betrieb inzwischen auch im Westen nicht mehr unbekannt.*

Weinfluren machen. Der erste Jahrgang musste noch in Franken bei den Verwandten von Castell ausgebaut werden; inzwischen ist eine neue Kellerei fertig gestellt. Die Rebfläche wurde durch Zukauf und Pacht erweitert.

WEINE  Alle Weine sind konsequent durchgegoren ausgebaut und behalten dabei ihren Sortencharakter. Wert wird auf eine gute Säurestruktur gelegt.

RUF  Durch verschiedene positive Presseberichte inzwischen auch im Westen nicht mehr unbekannt, im deutschen Osten mittlerweile akzeptiert.

REBSORTEN  20% Grauburgunder, 10% Weißburgunder, 7% Traminer sowie Müller-Thurgau, Spätburgunder, Riesling, Elbling, Scheurebe, Dornfelder und Morio-Muskat.

LAGEN  Schloss Proschwitz u.a.

WEINHERSTELLUNG  Reduzierte Erträge, reduktiver Ausbau, der den Weinen etwas jugendliche Kohlensäure gibt und die feinfruchtige Linie unterstützt. Wenig Eingriffe in den Jungwein.

LAGERUNG  Aufgrund der guten Säurestruktur sind vor allem Grauburgunder, Weißburgunder, Elbling, Riesling über einige Jahre lagerfähig.

REBFL/PROD  50 ha, ca. 10 000 Kisten/Jahr.

**Besitzer** Dr. Georg Prinz zur Lippe • **Kellermeister** Martin Schwarz • **Besuch** Nach Vereinbarung • **Adresse** Schloss Proschwitz, Prinz zur Lippe, Reichenbach 2, D-01665 Meißen • **Tel.** 03521-452096 • **Fax** 03521-452096 • **E-Mail** schloss-proschwitz@t-online.de

PRODUKTION    QUALITÄT    PREIS

## Schloss Wackerbarth

GESCHICHTE  Das Betriebsgebäude Schloss Wackerbarth wurde 1729 als Landsitz des Grafen von Wackerbarth fertig gestellt. Vorläufer war ein staatliches Gut in Radebeul (bei Dresden). 1957 erfolgte die Gründung als „Volkseigenes Weingut" (VEG) in der damaligen DDR. Nach der politischen Wende wurde das Gut zunächst behelfsmäßig weitergeführt und dann, als westliche Interessenten nicht kauften, durch das Sächsische Landwirtschaftsministerium übernommen.

WEINE  Vor allem wird viel Sekt produziert. Der beste ist Graf von Wackerbarth und wird nach der Champagner-Methode hergestellt. Die

*Das Weingut ist vor allem für Sekt bekannt, aber auch die Qualität der Stillweine steigt.*

Qualität der Weine litt früher und in den Jahren nach der Wende meist unter der veralteten Kellertechnik. Die Weine sind meist kräftig und herb.

RUF  Für überdurchschnittlichen Sekt war Schloss Wackerbarth schon früher bekannt; daran knüpft man langsam beim Wein an.

LAGEN  Radebeuler Goldener Wagen, Seußlitzer Heinrichsburg, Merbitzer Bauernberg, Pesterwitzer Juchhöhschlösschen.

REBSORTEN  23% Riesling, 17% MT, Weißburgunder, Kerner, Elbling, Scheurebe, Grauburgunder, GT, Goldriesling, etwas Rotwein (Spätburgunder, Portugieser, Dornfelder, Lemberger).

WEINHERSTELLUNG  Reduktiver Ausbau bei Weißwein, klassische Maischegärung bei Rot, traditionelle Flaschen- und Tankgärung bei Sekt.

LAGERUNG  Jung trinken, Rot- und Weißweine reifen schnell.

REBFL/PROD  120 ha, ca. 40 000 Kisten/Jahr (ohne Basiswein für die Sektproduktion).

**Besitzer** Sächsisches Staatsministerium • **Kellermeister** Mátyás Probocskai • **Besuch** Täglich 10-21 • **Adresse** Schloss Wackerbarth, Im Schloss, D-01439 Radebeul • **Tel.** 0351-89 55 0 • **Fax** 0351-83 87 073

PRODUKTION    QUALITÄT    PREIS

## Weiterer Produzent in Sachsen

### Joachim Lehmann

Bis 1990 lieferte der schon zu DDR-Zeiten mit einer Gastwirtschaft (Seußlitzer Weinstuben) selbständige Joachim Lehmann Trauben an die Meißener Genossenschaft. Dann stellte er sich mit Sohn Joachim auf eigene Beine. Friedrich Dries, Betriebsleiter der Domäne Assmannshausen (Rheingau), gab ihm etwas Fachberatung. Die Lehmanns starteten gut durch. Schon mit dem ersten Jahrgang bekamen sie bei allen eingereichten Weinen das Weinsiegel, was in den Jahren darauf fortgesetzt wurde. Der saftige Riesling erinnert fast an den Rheingau. LAGEN Seußlitzer Heinrichsberg. FAKTEN 3 ha, ca. 2 000 Kisten/Jahr. Riesling, Müller-Thurgau, Gewürztraminer, Zweigelt, Weißburgunder.

• **Besitzer:** Joachim Lehmann senior **Kellermeister:** Joachim Lehmann junior **Besuch:** Nach Vereinbarung. **Adresse:** An der Weinstraße 26, D-01612 Seußlitz. Tel. 035267-236.

*Die Rebfläche Sachsens nimmt wieder zu. Im 19. Jahrhundert, als die erste Winzerschule Europas eröffnet wurde, umfasste die Rebfläche fast 2 000 ha. 1945 verblieben knapp 70 ha. Die Weine wurden oft „Meißen-Weine" genannt.*

## Jahrgänge in Deutschland

Deutschland ist der nördlichste Produzent von Qualitätsweinen. Qualität und Quantität variieren hier mit den Jahrgängen mehr als sonstwo. Das deutsche Weingesetz geht bei der Qualitätsdefinition hauptsächlich vom Reifegrad der Traube bei der Lese aus. Warme Jahre, in denen der Reifegrad der Trauben hoch ist, werden als gut bezeichnet, und kalte Jahre, in denen der Reifegrad niedriger liegt, werden als schlecht bezeichnet.

Da in Deutschland viele verschiedene Arten von Wein aus vielen verschiedenen Rebsorten hergestellt werden, ist es schwierig, eine gerechte Jahrgangstabelle zu erstellen. Man sollte sich deswegen bewusst sein, dass die örtlichen Unterschiede groß sein können und dass die Kennzeichnung eines Jahrgangs nur ein allgemeines Bild davon gibt.

### 1998
Ein schöner Frühling weckte Hoffnungen auf einen guten Jahrgang. Nach einem warmen Sommer aber folgte eine Hitzewelle im August und verursachte den sog. „Sonnenbrand", einen Schaden, den man das letzte mal vor etwa vierzig Jahren verzeichnete. Der im September einsetzende Regen erhöhte dann den Wassergehalt in den Beeren, was die Hoffnung auf einen hervorragenden Jahrgang zerstörte. Niedrigere Extrakt- und Säurewerte waren das Resultat. Die Ertragsmenge fiel überall gut aus. Der 98er war im Allgemeinen ein guter Jahrgang.

### 1997
Der Ernteertrag lag generell unter dem Durchschnitt. Die Qualität war vielerorts hervorragend. Insbesondere für die spät geernteten Trauben. Zu vergleichen mit dem hervorragenden Jahrgang 1971. Hohes Säureniveau und hohe Mostgewichte. Ein besonders gutes Jahr für die Rotweine. Wenig gelungene Botrytis- und Eisweine.

### 1996
Warmes Wetter und viel Sonne. Ein überraschend gutes Jahr. Insbesondere für Winzer, die mit der Lese bis Oktober zugewartet haben. An der Mosel wurde sogar noch im November geerntet. Der Ernteertrag lag etwas unter dem Durchschnitt.

### 1995
Kleine Erträge von ca. 8 Mio. hl. Die Qualität war relativ gut mit annehmbaren Säuregehalten. Regen und Wind im September brachten keine großen Erträge. Vielerorts dennoch Eiswein und Beerenauslesen. Die besten Weine gab es an der Mosel, gefolgt von der Pfalz und dem Rheingau.

### 1994
Die Erntemenge lag auf normalem Niveau. Die Qualität war insgesamt, nach einem trockenen, heißen Sommer mit Regen im September vor allem bei den klassischen Sorten Riesling, Silvaner, Weißburgunder und Spätburgunder auf einem ausgezeichneten Niveau, zum Teil besser als 1993. Vor allem Winzer, die bei der Lese Geduld hatten und den schönen Spätherbst nutzten, konnten sich über einen großen Jahrgang freuen. Vereinzelt gab es Beeinträchtigungen durch Hagel.

### 1993
Eine durchschnittliche Ertragsmenge und eine kleine Enttäuschung für manche Winzer nach dem großartigen 92er. Hat sich indes mit zunehmender Reife bestens entwickelt. Nach dem kühlen Herbst aber doch ein recht positives Ergebnis. Die Qualität wird von gut bis in einigen Gebieten sehr gut eingestuft.

### 1992
In jeder Hinsicht ein phantastischer Jahrgang. Die Erntemenge lag, trotz großer, lokaler Hagelschäden, bei 13,4 Mio. hl (der Durchschnittsertrag lag bei 130 hl/ha). Ausgezeichnete Qualität für Winzer, welche die Erntemenge niedrig hielten. Die anderen konnten große Mengen (bis zu 400 hl/ha) ernten. Ein besonders gelungenes Jahr für die Spätburgunder. Fraglich ist, ob das Säureniveau für eine längere Lagerung ausreicht, aber es wird von einem sehr hohen Extraktniveau kompensiert.

### 1991
Erntemenge 9,2 Mio. Hektoliter, trotz umfassender Frostschäden in vielen Gebieten während des Frühlings. Durchschnittsertrag bei ca. 92 hl/ha. Die Erntemenge zeigt aber große Variationen. Franken, Pfalz und Rheinhessen lagen weit über dem Durchschnitt, hingegen z.B. Mosel-Saar-Ruwer und Württemberg deutlich darunter. Große Qualitätsunterschiede, je nach Mengenbeschränkung. Das Jahr wird als ein gutes QbA-Jahr bezeichnet. An Mosel-Saar-Ruwer, in Franken und im Rheingau wurden trotzdem bis zu 40% Prädikats-Weine hergestellt. Der Jahrgang ist mit 1986 zu vergleichen.

### 1990
Der Ertrag lag mit 8,4 Mio. Hektolitern etwas unter dem Durchschnitt. Der durchschnittliche Ertrag lag bei 88 hl/ha. Ein milder Winter, gefolgt von einer frühen Wachstumsperiode. Der Sommer war warm und im August trat eine Hitzeperiode ein, die in manchen Orten zu Trockenschäden führte. Der Reifeprozess der Trauben wurde angehalten, im September aber kam der erlösende Regen. Ideales Lesewetter. Die Menge lieblicher Dessertweine war nicht so hoch wie 1989, dafür aber sind die Weine konzentrierter, besser strukturiert und haben einen bedeutend höheren Säuregehalt. Dritter Spitzenjahrgang in Folge. Der niedrige Ertrag in Verbindung mit hohem Reifegrad und Säuregehalt der Trauben führte dazu, dass die besten Weine außergewöhnlich lagerfähig sein werden. Wird wahrscheinlich ein klassischer Jahrgang.

# Jahrgänge in Deutschland

### 1989
Der Ernteertrag war mit 13,2 Mio. hl der höchste des Jahrzehnts. Der Durchschnittsertrag lag bei 140 hl/ha. Nach einem milden und warmen Frühling folgte ein warmer Sommer und eine ideale Blütezeit. Die Edelfäule entwickelte sich fleißig in allen Regionen und ergab große Mengen edelsüßer Weine. Der Reifegrad der Trauben war außergewöhnlich hoch und sie besaßen weiche Fruchtsäure. Der Jahrgang gelang in allen Bezirken. Unterschiede waren jedoch innerhalb der Bezirke aufzuweisen, an der Mosel waren Saar und Ruwer am erfolgreichsten. Die Unterschiede kommen vor allem bei großen Erträgen zum Vorschein. Die Winzer mit niedrigen Erträgen stellten phantastische Weine her. 1989 zählt ganz klar zu den großen Jahrgängen.

### 1988
Der Ertrag lag bei 9,3 Mio. hl. Nach einem milden Winter folgte ein warmer Frühling. Der Sommer war abwechselnd kalt, heiß und trocken. Der Herbst war generell warm und trocken mit örtlichem Regenschauer. Der Reifegrad der Trauben war hoch und hatte guten Säure- und Extraktgehalt. Die Weine haben einen reifen und ausgewogenen Charakter mit einer frischen Fruchtsäure und guter Konzentration. Der Jahrgang ergab so gut wie keine edelsüßen Weine und die Qualität über die Auslese hinaus war selten. Dieser Jahrgang zählt dennoch zu den besten der 80er Jahre. Besonders gut gelangen die Weine an der Mittelmosel und am Mittelrhein. Ein Jahrgang mit Reifepotenzial.

### 1987
Der Ernteertrag lag bei 8,9 Mio. hl, was dem Durchschnitt entspricht. Das kalte und regnerische Wetter hielt bis in den September an. Das Lesewetter im Oktober war warm und gut. Der Reifegrad der Trauben war durchschnittlich und der Säure- und Extraktgehalt hoch. Extraktreiche Weine mit einer reinen, frischen Säure. Der Anteil an Prädikats-Weinen war sehr bescheiden, aber es wurden viele gute QbA-Weine gemacht. Der Jahrgang muss als durchschnittlich betrachtet werden. Mittelmosel, Rheingau und Pfalz waren am erfolgreichsten.

### 1986
Mit 10 Millionen hl etwas über dem Durchschnitt. Nach einem kalten und feuchten Frühling folgte ein unbeständiger Sommer. Das abwechselnd kalte und warme Wetter ergab örtliche Edelfäule. Das Oktoberwetter war im Allgemeinen gut, aber mit örtlichem Regen. Kräftiger Frost im Januar erlaubte viele hochwertige Eisweine. Durchschnittlicher Reifegrad der Trauben mit recht hohem Säure- und Extraktgehalt. Wechselnde Qualität, je nachdem wie groß die Probleme mit Regen und Fäulnis waren. Pfalz war die Region, die am besten abschnitt. Im Großen und Ganzen ein durchschnittliches Jahr.

### 1985
Niedriger Ernteertrag von 5,4 Mio. hl und 58 hl/ha. Das Jahr begann mit zwei aufeinander folgenden Kälteperioden mit schweren Frostschäden. Ahr, Baden, Franken und Württemberg waren stark betroffen. In über der Hälfte der Weinberge Frankens wurden zwischen 100 und 250 Rebstöcke pro Hektar zerstört. Der Durchschnittsertrag in Franken betrug 13,2 hl/ha. Nach einem kühlen Frühling und Sommer wechselte das Wetter und ergab einen einmaligen Spätsommer und Herbst. Der Riesling konnte hinsichtlich der Qualität wieder seine Sonderstellung beweisen. Der Reifegrad und der Säuregehalt der Trauben waren hoch. Der niedrige Ertrag ergab Weine mit Reife und mehr Konzentration als z.B. der 83er. Mosel-Saar-Ruwer, Rheingau, Pfalz, Nahe und

Mittelrhein waren am erfolgreichsten. Der 85er wurde von der Qualität her ein sehr guter Jahrgang.

### 1984
Der Ernteertrag war mit 8 Mio. hl etwas unter dem Durchschnitt. Der Durchschnittsertrag lag bei 86 hl/ha. Nach einem kalten, regnerischen Frühling folgte ein kalter Sommer. Das Wetter wurde erst im Oktober besser. Die Reife und die Lese erfolgten erst sehr spät. Der Reifegrad der Trauben war der niedrigste der 80er Jahre und der Säuregehalt der höchste. In diesem unreifen Jahrgang erreichten viele Weine die unterste Grenze für Qualitätswein nicht; extraktreiche Weine ohne Reife.

## Jahrgänge in Deutschland

### 1983
Der Ernteertrag lag bei 13 Mio. hl und war zusammen mit dem 89er der zweitgrößte der 80er Jahre. Der Durchschnittsertrag lag bei 144 hl/ha. Ein sehr milder Winter und ein äußerst regnerischer Frühling führten zu gewissen Problemen mit Schädlingen. Der Sommer brachte warmes Wetter, und im Spätsommer bekam man Dürreprobleme bei den frühen Sorten. Ausgewogene Regenmengen im September und ein warmer Oktober brachten perfekte Voraussetzungen für den Riesling. Mitte November kam ein kräftiger Frost und somit gab es große Mengen erstklassiger Eisweine. Die Trauben hatten einen hohen Reifegrad mit mäßigem Säuregehalt. Dieser Jahrgang brachte keine Edelfäule, wodurch die Qualität selten über die Auslese hinausging. Der hohe Ertrag in Kombination mit der milden Säure haben dazu geführt, dass sich die Weine schnell entwickelten. 1983 war ein sehr guter Jahrgang und an Mosel-Saar-Ruwer gelangen die besten Weine. Auch profitierten die Winzer, die die Erträge niedrig gehalten haben.

### 1982
Der Ernteertrag war mit 15,4 Mio. hl der größte der deutschen Weingeschichte. Der Durchschnittsertrag lag bei 173 hl/ha. Nach einem kalten Frühling folgte ein warmer Sommer, der einen großen Jahrgang erwarten ließ. Die zuerst gelesenen Trauben ergaben auch einen bedeutend höheren Ertrag als vorgesehen. Anfang Oktober kam in ganz Deutschland der Regen, der während der ganzen Lesezeit anhielt, und die Trauben quollen weiter. Die Feuchtigkeit verursachte Edel- und Graufäule. Der Reifegrad der Trauben war gut und der Säuregehalt niedrig und weich. Die Qualität war allgemein weniger gut. Das Problem mit der Fäulnis war so verbreitet, dass viele Weine eine unsaubere Nase und Geschmack erhielten. Den Weinen mangelt es an Alterungspotenzial.

### 1981
Der Ernteertrag lag mit 7,2 Mio. hl unter dem Durchschnitt. Der Frühling fing warm an. Leider folgte der Frost, der die Regionen Württemberg, Franken und Ahr am härtesten traf. Gutes Wetter im August und September wurde im Oktober von Kälte und Regen abgelöst. Der Reifeprozess der Trauben wurde gestoppt, und eine Stielfäulnis verbreitete sich, so dass die Trauben zu Boden fielen. Die machte eine schnelle Ernte notwendig. Der Reifegrad der Trauben war durchschnittlich mit gutem Säuregehalt. Der 81er war ein Jahrgang von durchschnittlicher Qualität mit Weinen ohne Alterungspotenzial. In der Pfalz und an der Mittelmosel wohl noch am besten.

### 1980
Der Ernteertrag von 4,6 Millionen Hektolitern war außergewöhnlich niedrig. Nach einem recht milden Frühling folgten im Juni vier Wochen kühles Wetter. Das Ergebnis war ungleichmäßiges Reifen der Trauben. Niedriger Ertrag und extrem hoher Säuregehalt. Auch der Geschmack der Weine wurde negativ beeinflusst. Sie wirken oft grün, unreif und disharmonisch. Die Pfalz war der Bezirk, der am besten davonkam.

**Ältere gute Jahrgänge:**
1976, 1975, 1971, 1967, 1959, 1953, 1949, 1945.

# WEINETIKETTEN IN DEUTSCHLAND

Das deutsche Weingesetz schreibt ausführlich vor, wie das Weinetikett aussehen darf. Grundsätzlich gilt das „Verbotsprinzip", d.h., alles, was im Gesetz nicht aufgezählt ist, darf nicht auf dem Etikett stehen. Außerdem macht das Gesetz eine deutliche Unterscheidung zwischen obligatorischen und freiwilligen Angaben.

### PRODUZENT/ADRESSE
Oder Name und Adresse des Verantwortlichen der Erzeugung. Die Angabe ist obligatorisch. In diesem Fall stammt der Wein von *Dr. Bürklin-Wolf*, einem der bekanntesten Produzenten in der Pfalz.

### JAHRGANG
Nur wenn mindestens 85% aus diesem Jahrgang stammen.

### WEINBERG
In diesem Fall *Kirchenstück*, dem Ort *Forst* zugehörig. Mind. 85% muss vom Weinberg stammen, wenn er angegeben wird.

### GÜTEKLASSE
*Spätlese* wird aus spät gelesenen Trauben hergestellt. Gehört zu den sechs Prädikatsstufen der Güteklasse *Qualitätswein mit Prädikat*.

### KONTROLLNUMMER
Obligatorische Qualitäts-Kontrollnummer für QbA und QmP.

### ERZEUGERABFÜLLUNG
Der Wein ist von eigenen Trauben erzeugt und auf dem Gut abgefüllt worden. Die Bezeichnung darf auch benutzt werden, wenn man Genossenschaftsmitglied ist.

### REBSORTE
Ist meist angegeben. Hier ist es *Riesling*, die führende Sorte Deutschlands. Der Anteil muss mind. 85% betragen. Zudem muss der Wein bei der obligatorischen Blindprobe als typisch beurteilt werden. Zwei Rebsorten dürfen angegeben werden, wenn der Wein nur aus den genannten Trauben besteht. Die anteilsmäßig höhere steht zuerst.

### ALKOHOLGEHALT
Muss bei allen Weinen angegeben werden.

### INHALT
Obligatorische Angabe.

### URSPRUNG
Das Anbaugebiet (in diesem Fall die *Pfalz*) muss bei allen Weinen angegeben werden.

# WEINETIKETTEN IN DEUTSCHLAND

**VDP**

Der Verband Deutscher Prädikats- und Qualitätsweingüter, eine Organisation mit vielen Mitgliedern von führenden deutschen Winzern. VDP stellt noch höhere Forderungen an seine Mitglieder als das deutsche Weingesetz, z.B. haben sie eine Begrenzung des max. Ertrages pro Hektar.

**ERZEUGER/ADRESSE**

Die Angabe des Produzenten und die Adresse sind obligatorisch. In diesem Fall kommt der Wein vom *Mönchhof*, einem Qualitätsproduzenten aus Ürzig.

**URSPRUNG**

Obligatorische Angabe. Der korrekte Name des Weinbezirks ist *Mosel-Saar-Ruwer*, nicht nur Mosel.

**GÜTEKLASSE**

Allen Etiketten muss die Einstufung der Güteklasse zu entnehmen sein: *Tafelwein, Landwein, Qualitätswein* oder *Qualitätswein mit Prädikat*.

**AMTLICHE PRÜF(UNGS)-NUMMER**

Ist für die beiden höchsten Güteklassen obligatorisch. Wird bei bestandener Qualitätskontrolle vergeben.

**ALKOHOLGEHALT**

Obligatorische Angabe. Auf älteren Weinen zum Teil nicht vorhanden.

**INHALT**

Obligatorische Angabe. 75 cl laut EU-Standard. Früher waren auch 70 cl üblich.

**LAGEBEZEICHNUNG**

*Treppchen* ist eine Steillage mit Lehmschieferboden und gehört zur Ortschaft *Erden* an der Mittelmosel.

**REBSORTE**

*Riesling* ist die Sorte, die in den besten Lagen der Mosel-Saar-Ruwer dominiert.

**JAHRGANG**

Freiwillige Angabe, die jedoch sehr wichtig ist. Der Charakter der verschiedenen Jahrgänge kann aufgrund der nördlichen Lage Deutschlands ganz entscheidend wechseln.

**QUALITÄTSBEZEICHNUNG/GESCHMACKSANGABE**

*Prädikat Auslese* gibt an, dass der Wein aus ausgewählten, vollreifen Trauben hergestellt wurde. Normalerweise ein süßer Wein. In diesem Fall ist die Geschmacksangabe *trocken*, weil der Wein ganz vergoren wurde und max. 9 g/l Restzucker hat. Bei der Angabe *halbtrocken* hat der Wein max. 18 g/l Restzucker.

**ERZEUGERABFÜLLUNG**

Der Winzer hat den Wein selbst aus eigenen Trauben produziert und danach abgefüllt. *Abfüller* bedeutet, dass ein anderer den Wein abgefüllt hat.

## Weinvokabular Deutschland

**A**MTLICHE PRÜF(UNGS)NUMMER (AP) Wird auf Grund der amtlichen Prüfung von Qualitätsweinen ausgestellt. Die Ziffer beinhaltet die Prüfstelle, die Ortskennzahl des Antragstellers, dessen Betriebskennzahl, dessen Nummer des Weins und das Jahr der Antragstellung.

AMTLICHE PRÜFUNG Kontrolle für Qualitätsweine, die in einen analytischen und einen sensorischen Teil gliedert ist. Auch die Erntemeldung muss erfolgt sein.

ANBAUGEBIET, BESTIMMTES Nach EU-Recht abgegrenztes (= „bestimmtes") Gebiet zur Erzeugung von Qualitätswein.

ANREICHERN Hinzufügen von Zucker zum Most zur Erhöhung des natürlichen Alkoholgehalts = Chaptalisierung.

AUSLESE Qualitätswein mit Prädikat (QmP). Aussondern aller nicht vollreifen oder kranken Trauben bei der Lese, die von Hand erfolgen muss. Gesetzlich vorgeschriebenes Mostgewicht (höher als bei der Spätlese).

**B**ADISCH ROTGOLD Hellroter Wein aus Baden, hergestellt aus Grau- und Spätburgunder.

BEERENAUSLESE Qualitätswein mit Prädikat (QmP). Aussondern aller nicht vollreifen oder kranken Traubenbeeren bei der Lese, gesetzlich vorgeschriebenes Mindestmostgewicht (höher als bei der Auslese).

BEREICH Untergebiet eines bestimmten Anbaugebiets (z.B. Bereich Bernkastel im Anbaugebiet Mosel-Saar-Ruwer).

**E**DELFÄULE Deutscher Begriff für Botrytis Cinerea.

EINZELLAGE Parzellenscharf abgegrenzte Weinlage mit durchweg gleichen klimatischen und geologischen Bedingungen, Mindestgrösse 5 ha, Verwendung nur in Verbindung mit dem Gemarkungsnamen (Beispiel: Bernkasteler Doktor).

EISWEIN Erzeugnis aus in gefrorenem Zustand gelesenen, sofort abgepressten ungemaischten Trauben, Öchslegehalt wie Beerenauslese.

ERZEUGERABFÜLLUNG Abfüllung durch den Erzeuger der Trauben, der den Wein auch ausgebaut hat. Auch Winzergenossenschaften gelten als „Erzeuger" und dürfen diese Angabe verwenden.

GROSSLAGE Zusammenfassung mehrerer benachbarter Einzellagen, die in mehreren Gemarkungen liegen können. Unterscheidung von der Einzellage daher nicht möglich, was auf Kritik stößt.

HALBTROCKEN Wein mit Restzuckergehalt, der über dem für „trocken" zulässigen Wert liegt.

HOCHGEWÄCHS Ausschliesslich aus der Rebsorte Riesling hergestellter Wein, dessen natürlicher Alkoholgehalt um 1,5% Vol. über dem für das Gebiet vorgeschriebenen liegt und der bei der Qualitätsprüfung viele Punkte erreicht.

**K**ABINETT Qualitätswein mit Prädikat mit festgelegtem natürlichem Mindestmostgewicht; darf nicht angereichert werden.

LANDWEIN Einfacherer Wein, jedoch besser als Tafelwein.

LIEBFRAU(EN)MILCH Qualitätsweißwein der Gebiete Nahe, Rheinhessen, Pfalz od. Rheingau, zu mindestens 70% aus den Rebsorten Riesling, Silvaner, Müller-Thurgau oder Kerner hergestellt; liebliche Geschmacksrichtung.

LIEBLICH Geschmacksangabe für Wein, dessen Restzuckergehalt über dem für „halbtrocken" festgelegten Grenzwert liegt, max. jedoch 45 g/l.

**M**OSTGEWICHT Gibt an, um wie viel Gramm ein Liter Most schwerer ist als ein Liter Wasser bei 20 °C. Daraus berechnet man den Zucker- sowie den potentiellen Alkoholgehalt im Most/Wein.

**Ö**CHSLE Maßskala zur Bestimmung des Mostgewichts. In Deutschland müssen die Prädikats-Weine folgende Gewichte erlangen:

| | |
|---|---|
| *Kabinett* | ca. 75° Öchsle |
| *Spätlese* | ca. 85° Öchsle |
| *Auslese* | ca. 90° Öchsle |
| *Beerenauslese* | ca. 120° Öchsle |
| *Trockenbeerenauslese* | ca. 150° Öchsle |

**P**ERLWEIN Einfacher, leicht perlender Wein mit Zusatz von Kohlensäure.

RESTSÜSSE (Auch „Restzucker"): nicht zu Alkohol vergorener (Trauben-)Zuckerrest, der sowohl aus vorzeitiger Beendigung der Gärung als auch durch Zusatz von unvergorenem Traubenmost entstanden sein kann.

ROTLING Wein von blass- bis hellroter Farbe, hergestellt durch Verschneiden von weißen und roten Trauben oder Maische.

**S**EKT Qualitätsschaumwein aus Basiswein, der nicht aus Deutschland stammt. Ansonsten muss er als „Deutscher Sekt" deklariert werden.

SPÄTLESE Qualitätswein mit Prädikat (QmP). Nicht angereicherter Prädikatswein mit vorgeschriebenem Mindestmostgewicht, dessen Trauben nach Abschluss der allgemeinen Lese eingebracht wurden.

SÜSSRESERVE Unvergorener Traubenmost, der zur Süßung von Wein verwendet wird.

**T**AFELWEIN Unterste Qualitätskategorie des EU-Rechts, z.T. auch zur Bezeichnung sehr hochwertiger Weine verwendet, die den Vorschriften für QbA nicht entsprechen.

TROCKEN Max. Restzuckergehalt 9 g/l.

TROCKENBEERENAUSLESE Wein aus weitgehend eingeschrumpften, edelfaulen (ausnahmsweise auch nur überreifen) Beeren mit mind. 150 Grad Öchsle natürlichem Mindestalkoholgehalt und vorhandenem Alkohol von mind. 5,5% Vol.

**W**EISSHERBST Hellgekelterter Qualitätswein aus Rotweintrauben einer einzigen Sorte aus den Gebieten Ahr, Baden, Franken, Rheingau, Rheinhessen, Pfalz oder Württemberg.

# ITALIEN

GESCHICHTE Italien ist eines der ältesten Weinländer der Welt. Als die Griechen ca. 1000 v.Chr. die Weinrebe im Süden des Landes einführten, wurde sie weiter nördlich von den Etruskern schon kultiviert. Die Griechen nannten Italien wegen seiner besonderen Eignung für den Weinanbau „Enutria" - das Weinland. Mehrere heute noch gebräuchliche Rebsorten stammen aus Griechenland.

GEOGRAPHIE Nach alter Überzeugung gedeihen die Reben am besten an Hanglagen. Das passt zu Italien angesichts der Bergkette des Apennin, die das Land von Norden nach Süden durchschneidet. Das Klima ist sehr unterschiedlich: eher kühl in den Ausläufern der Alpen mit Anbaugebieten wie Trentino, Südtirol und der Lombardei, heiß in Kalabrien und Sizilien. Es werden auf fast allen Böden Reben angebaut, so findet man Kalkstein, vulkanischen Tuff und kiesigen Lehm.

ANBAUGEBIETE Es gibt 20 Verwaltungsbezirke. Die besten Anbaugebiete sind Toskana, Piemont, Lombardei, Trentino und Friaul.

# ITALIEN

WEINE Italien ist in erster Linie ein Rotweinland. Die besten Rotweine sind kräftig mit vielfältigen Geschmacksnuancen und Alterungspotenzial. Seit Beginn der 80er Jahre wurde auch die Technik der Weißweinbereitung erheblich verbessert. Heute werden trockene, reduktiv ausgebaute Weißweine hergestellt. Außerdem sind die schäumenden Asti Spumante und Dessertweine wie

*Viele italienische Winzer steigen von der Quantität immer mehr auf Qualität um.*

Marsala bekannt. Viele Winzer experimentieren mit neuen (französischen) Rebsorten.

WEINGESETZ Das Weingesetz teilt die Weine in vier Klassen, von den höchsten Klassen DOCG und DOC bis zur niedrigsten (und manchmal teuersten) Klasse des Vino da Tavola. Das Dekret über die kontrollierte Ursprungsbezeichnung DOC (Denominazione di Origine Controllata) wurde 1963 nach französischem Muster erlassen. Die vier Klassen sind:

1. DOCG - DENOMINAZIONE DI ORIGINE CONTROLLATA E GARANTITA. Die höchste Klasse stellt eine „Überklasse" des DOC dar. Der Begriff wurde 1980 eingeführt. 1998 trugen folgende 20 Weine dieses Qualitätssiegel: Albana di Romagna, Barolo, Barbaresco, Brachetto d'Aqui, Brunello di Montalcino, Carmignano, Chianti, Chianti Classico, Franciacorta, Gattinara, Gheme, Montefalco Sagrantino, Asti/Asti Spumante-Moscato d'Asti, Recioto di Soave, Taurasi, Torgiano Rosso Riserva, Valtellina Superiore, Vermentino di Gallura, Vernaccia di San Gimignano, Vino Nobile di Montepulciano.

2. DOC - DENOMINAZIONE DI ORIGINE CONTROLLATA. Die nächsthöhere Klasse regelt den Ertrag, die zulässigen Rebsorten, die Weinherstellung, die Lagerung und den geographischen Ursprung. Wie auch in Frankreich wird die Qualität nur indirekt geregelt. 220 Gebiete mit DOC-Klasse erzeugen mehr als 800 verschiedene Weine.

3. IGT - INDICAZIONI GEOGRAFICHE TIPICHE. Seit 1992 eine neue Klasse zwischen DOC und Vino da Tavola. Die Weine dürfen von einer größeren geographischen Abgrenzung stammen als DOC-Weine, müssen aber höheren Qualitätsanforderungen standhalten als Vini da Tavola.

4. VINO DA TAVOLA. Tafelweine. Die unterste Klasse für die einfachsten Weine, aber auch für Weine, die aus örtlich nicht zugelassenen Trauben erzeugt wurden. Einige der führenden und teuersten dieser Weine (z.B. Tignanello) haben Cabernet Sauvignon als Hauptrebsorte. Ist diese Sorte in der lokalen DOC-Klasse nicht zugelassen, wird der Wein automatisch zu einem Vino da Tavola.

PRODUZENTEN Große Schlösser, reiche Gutsherren und vor allem kleine selbständige Winzer, insgesamt 1,2 Mio.

REBFL/PROD Ca. 920 000 ha, rund 59 Mio. hl/Jahr. Ca. 14% sind DOC oder DOCG. 25% wird exportiert und das Interesse an italienischen Weinen steigt.

WISSENSWERT In Siena befindet sich die Enoteca Italiana. Sie bietet Ausstellungen, Informationen und Verkostungsmöglichkeiten. Weitere Informationen: Enoteca Italiana, P.zza Matteotti 30, I-53100 Siena. Tel. 0577-46091. Fax 0577-42627.

*Montalcino in der Toskana ist eine der vielen charmanten Städte Italiens, die eine herrliche Aussicht auf die Umgebung besitzen. Diese hügelige Landschaft eignet sich für Weinbau sehr gut.*

# AOSTATAL

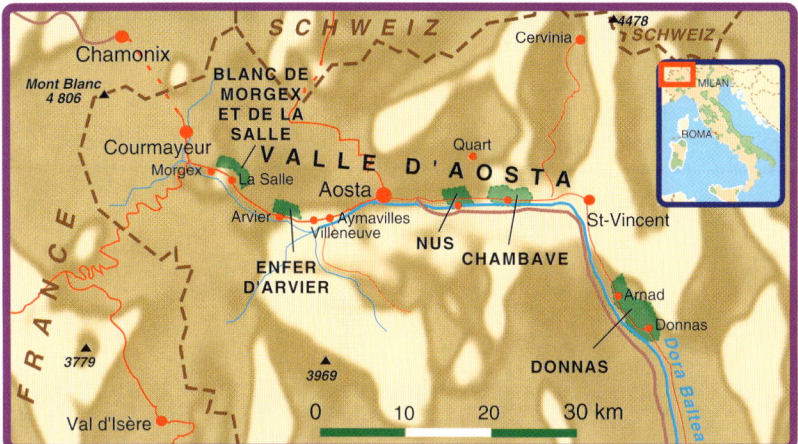

GESCHICHTE  Diese kleinste Region Italiens wurde etwa zu Beginn unserer Zeitrechnung von den Römern erobert und betreibt seither Weinbau. Während langer Zeit war die Region unter einigen Kleinfürsten aufgeteilt. Meistens wird Französisch gesprochen und viele Weine haben mehr Ähnlichkeit mit den französischen Weinen aus Savoyen, auf der anderen Seite der Grenze, als mit den Weinen des Piemont.

GEOGRAPHIE  Ein großes Tal entlang dem Fluss Dora Baltea. Die Rebberge findet man an terrassierten Hängen und sie sind vor kalten Win-

*Bei Morgex im Aostatal liegen die höchsten klassifizierten Weinberge Europas.*

den geschützt. Morgex besitzt als DOC in Europa die am höchsten gelegenen klassifizierten Weinberge mit Höhen von bis zu 1 100 m ü.M.

KLIMA  Schneebedeckte Landschaft vom Herbst bis in den Frühling. Die Sommer sind relativ warm, und die lange Wachstumsperiode reicht aus, um reife Trauben hervorzubringen.

WEINE  1986 wurde die Sammel-DOC VALLE D'AOSTA mit 15 Weintypen eingerichtet, in die auch Donnas und Enfer d'Arvier eingeschlossen sind. DONNAS ist der kräftigste Rotwein der Region, erzeugt aus der Nebbiolo-Traube mit einer Lagerfähigkeit von 5-6 Jahren. Kräftig ist in diesem Zusammenhang aber relativ; hat man einen Nebbiolo aus dem Piemont verkostet, versteht man die Bezeichnung „kräftig" anders. ENFER D'ARVIER ist ein Rotwein aus der Petit-Rouge-Traube und hat in jungen Jahren eine scharfe Säure und etwas Bitterkeit. Braucht 2-3 Jahre Reifezeit. NUS ROSSO ist ein Wein der lokalen Rebsorte Vien de Nus. Mittelfüllig mit guter Ausgewogenheit zwischen Säure und Frucht bei den besten Exemplaren. Die weißen BLANC DE MORGEX ET DE LA SALLE sind trockene, stille oder perlende Weine. Sie stammen aus der Nähe von Courmayeur, am Fuße des Montblancs, und haben eine faszinierende Frische. Die Rebsorte heißt Blanc de Morgex, eine lokale Variante (alias Blanc de Valdigne) und wird auf bis zu 1 100 m Höhe angebaut. CHAMBAVE Moscato ist ein interessanter trockener bis halbsüßer Wein aus der Moscato-Traube. Nach der *Passito*-Methode werden goldene, parfümierte, lagerfähige Dessertweine, die schwer zu finden sind, erzeugt.

REBSORTEN  Weiße: Petit Arvine, Blanc de Morgex, Prié Blanc, Pinot Grigio, Chardonnay und Moscato. Rote: Nebbiolo (alias Picotener), Vien de Nus, Petit Rouge, Fumin, Gamay, Pinot Nero, Dolcetto und Sirah.

PRODUZENTEN  3 700 kleine Familienunternehmen herrschen vor. Auch die Genossenschaften erzeugen Weine von guter Qualität.

REBFL/PROD  Ca. 700 ha, rund 50 000 hl/Jahr.

DOC – *Valle d'Aosta/Vallée d'Aoste*

## Produzenten im Aostatal

### Anselmet

Anselmet erzeugt vorwiegend Rotweine wie den ausgezeichneten Torette und einen annehmbaren Pinot Noir Barrique. Eine örtlich neue Rebsorte ist der Merlot, der hier in Barriques ausgebaut

*Dieser in Barriques ausgebaute Pinot Noir „Sang des Salasses" wird vom Institut Agricole Régional erzeugt.*

wird. Ein Wein mit Entwicklungsmöglichkeiten.
• **Besuch:** Nach telefonischer Vereinbarung. **Adresse:** Fr. la Crète, I-11018 Villeneuve (AO). **Tel.** 0165-991 71.

### Cave du Vin Blanc de Morgex et de la Salle

Am Fuße des Montblancs liegt diese Genossenschaft, die zu den wichtigsten Erzeugern im Aostatal gehört. Ihr einziger Wein ist ein hervorragender Blanc de Morgex et de la Salle, trocken, still oder schäumend. Er wird aus Blanc de Morgex erzeugt, einer widerstandsfähigen Sorte.
• **Besuch:** Täglich 8-12, 14-17. **Adresse:** Strada des Iles 1, La Ruine, I-11017 Morgex (AO). **Tel.** 0165-80 03 31. **Fax** 0165-80 04 01.

### Constantino Charrère

Kleine „boutique winery" mit nur 1,2 ha Anbaufläche. Zwei ihrer Rotweine haben sie außerhalb der Region bekannt gemacht: La Sabla, aus Petit Rouge und Fumin, ein lagerfähiger, sehr interessanter Wein. Der Premetta wird aus Prié Rouge, einer sehr kleinen Rebsorte alten Ursprungs, hergestellt.
• **Besuch:** Nach telef. Vereinb. **Adresse:** Rue de Moulin 28, I-11010 Aymavilles (AO). **Tel.** 0165-90 21 35.

### Frères Grosjean

Der weiße Blanc d'Ollignan ist ein Verschnitt aus Moscato, Müller-Thurgau und Pinot Gris. Pinot Noir Barrique ist einer der besten Rotweine der Region. Auch der Gamay zeigt ein gutes Ergebnis, hier mit der etwas anonymen Frische, die die Traube im Alpenklima vorzuzeigen pflegt.
• **Besitzer:** Fam. Grosjean **Besuch:** Nach Vereinbarung. **Adresse:** Hameau Olignan 1, I-11020 Quart (AO). **Tel.** 0165-76 52 83.

### Institut Agricole Régional

Regionales Institut in den Händen der Augustinerbrüder. Einer der Brüder, Joseph Vaudan, gründete 1951 die Weinabteilung. Es werden eine Menge verschiedener Weine erzeugt. Unter anderem wird mit einem in Barriques ausgebauten Pinot Noir experimentiert. In dieser Version wird er Sang des Salasses genannt. Ihr Chardonnay, Perle Dorée, ist sauber, frisch und ausgewogen. Wird auch in einer Barrique-Version hergestellt. Syrah Barriques, Trésor du Caveau, hat für die Region ungewöhnliche Kraft und Struktur.
• **Adresse:** Région La Rochère 1/A, I-11100 Aosta (AO). **Tel.** 0165-55 33 04. **Fax** 0165-55 32 97.

### La Crotta de Vegneron

Genossenschaft mit 137 Mitgliedern. Chambave Moscato passito ist einer der ausgezeichneten Dessertweine, ein Wein, der schon 1494 schriftlich erwähnt wurde. Ein Rotwein wird zu 100% aus der Fumin-Traube erzeugt, einer Sorte, die lange vom Verschwinden bedroht war. Noch ein interessanter Wein ist der Nus Pinot Gris Passito Barrique, aus Pinot Gris. Die Trauben werden vor der Herstellung getrocknet und der Most anschließend in Barriques ausgebaut.
• **Besitzer:** 137 Mitglieder **Besuch:** Nach Vereinbarung. **Adresse:** Piazza Roncas 2, I-11023 Chambave (AO). **Tel.** 0166-466 70.

### Ezio Voyat

Der energische Ezio Voyat ist für viele mit dem spannenden Passito-Wein Muraglie aus der Muscat-Traube sinnverwandt. Die Weine sind schwie-

*Der energische Ezio Voyat ist bekannt für seine Passito-Weine aus der Muscato-Traube.*

rig zu finden, aber hervorragend. Empfehlenswert ist auch La Gazzella, ein trockener Moscato-Wein.

• **Besuch:** Werktags nach Vereinbarung. **Adresse:** Via Arberaz 15, I-11023 Chambave (AO). **Tel.** 0166-461 39.

# PIEMONT

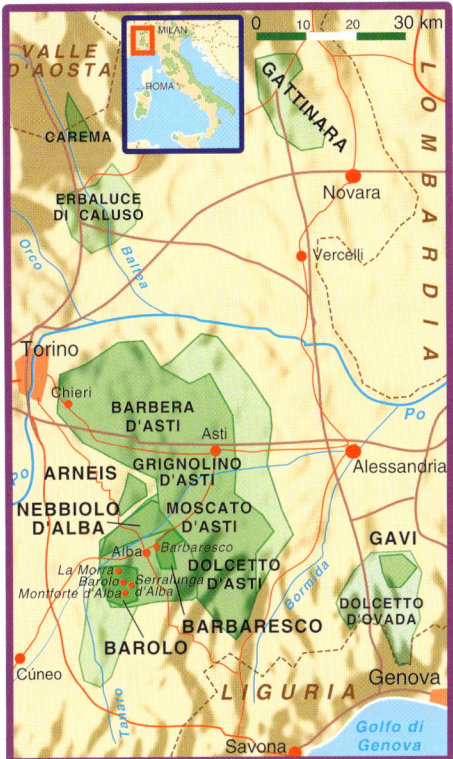

GESCHICHTE Schon die Römer tranken Wein aus dem Piemont, dem Land „am Fuß des Berges". Diese alte Region ist von mittelalterlichen Schlössern geprägt. Historisch gehört sie zu den wohlhabendsten Gebieten Italiens.

GEOGRAPHIE Die hügelige Landschaft liegt wie ein gigantisches Tal zwischen den Ausläufern der Alpen in Richtung Süden und dem Apennin im Osten. Wein wird nur an Südwest- und Osthängen angebaut.

KLIMA Infolge des kühlen Klimas reifen die Trauben langsam und gewinnen dabei an Aroma.

BODEN Der Boden ist meist vulkanischer Tuff (*tufo*). Kalk kommt reichlich vor.

WEINE 85% Rotwein. Der kraftvolle, langlebige BAROLO ist bekannt als bester Wein Italiens. BARBARESCO ist leichter, fruchtiger und reift schneller. BARBERA ist robust und leicht und wird selten gelagert. Noch leichter sind DOLCETTO und GRIGNOLINO. Unter der Bezeichnung FREISA gibt es süße, perlende und helle Rotweine. Der blumige, recht süße Schaumwein ASTI SPUMANTE ist ein großer Exporterfolg. Trockene Weißweine stammen aus GAVI. Auch in Piemont findet man Trendweine aus Cabernet Sauvignon. VERMOUTH ist eine regionale Spezialität aus Turin. Insgesamt gibt es 41 DOC-Weine in Piemont. Die neue Sammelappellation DOC Piemonte wurde 1995 eingeführt, um die Vino-da-Tavola-Klassifikation zu ergänzen.

REBSORTEN Die Hauptrebsorte ist Nebbiolo; aus ihr werden Barolo und Barbaresco hergestellt, außerdem (unter dem Namen Spanna) Gattinara im Norden Piemonts. Bei anderen Rotweinen wird oft der Name der Rebsorte in Verbindung mit einem geographischen Ursprung genannt, z.B. Barbera d'Alba, Dolcetto d'Asti usw. Grignolino und Freisa sind gleichfalls hier angebaute Rebsorten. Gavi wird aus der Sorte Cortese hergestellt. Zwei eher neue Sorten sind der rote Roero und der weiße Arneis.

PRODUZENTEN Ca. 70 000 kleine Weinhäuser mit kleinen Sortimenten.

REBFL/PROD Ca. 62 000 ha, rund 3 Mio. hl/Jahr. Ca. 20% sind DOC oder DOCG.

JAHRGÄNGE 1996, 95, 93, 90, 89, 88, 85.

WISSENSWERT Weitere Informationen: Cons. per la Promozione Vino Piemontese - Cons. Arengo, Corso Alfieri 180, I-14100 Asti. Tel. 0141-53638.

*Die Barbaresco-Weine tragen den gleichen Namen wie das piemontesische Dorf.*

## Asti Spumante

RUF  Italiens berühmtester Schaumwein mit blumigem Muskat-Charakter, niedrigem Alkoholgehalt und fruchtiger Süße. Etwa 80% der Produktion wird exportiert, neuerdings wächst der Verbrauch innerhalb Italiens. Dieser charmante Wein ist eine ausgezeichnete Erfrischung. An der Jahresproduktion von fast sechs Millionen Kisten haben die Giganten der Vermouth-Industrie einen bedeutenden Anteil.

WEINE  Süß, frisch, fruchtig, mit viel Spiel, perlend, mit klassischem Muskat-Charakter. Die Blume der Rebsorte macht den Wein vom Geschmack her recht fordernd, so dass er zum Essen weniger geeignet ist.

KLASSIFIZIERUNG  Asti Spumante ist DOCG (Denominazione di Origine Controllata e Garantita). Die Produktion ist auf das Gebiet der Langhe- und Monferratohügel mit sechs Unterzonen konzentriert. Die Rebfläche beträgt rund 10 000 Hektar.

BODEN  Sehr unterschiedlich, da der Wein in der ganzen Region produziert wird.

*Asti Spumante ist ein berühmter Schaumwein aus dem Piemont. Ein großer Produzent ist Martini & Rossi.*

REBSORTEN  Moscato Bianco oder Moscato di Canelli.

WEINHERSTELLUNG  Traditionell ist Tankgärung gebräuchlich. Versuche mit klassischer Flaschengärung (méthode champenoise) haben sich nicht bewährt und wurden wieder aufgegeben.

PRODUZENTEN  U.a. Carnevale, Caudrina, Cinzano, Duca d'Asti, Martini & Rossi, Gancia, Fontanafredda, Paolo Saracco, Riccadonna, Giuseppe Rivetti.

## Barbaresco

RUF  Einer der exklusiven DOCG-Weine des Landes. Sowohl im Geschmack als auch im geographischen Usprung ist er dem Barolo ähnlich, aber leichter. Meist ist er relativ früh, nach vier bis fünf Jahren, trinkreif. Er ist zugänglicher als der Barolo und wird mit diesem deshalb als Essensbegleiter von vielen Weinfreunden vorgezogen.

WEINE  Gerbstoffhaltiger Rotwein mit einer pflaumenartigen Frucht, frischer Säure und hohem Alkoholgehalt. Die Gerbstoffbetonung bleibt auch im reifen Wein erhalten; sie rührt sowohl von der Rebsorte als auch von der häufig langen Fasslagerung her.

*Barbaresco ist eine leichtere, elegantere Variante als Barolo, hergestellt aus Italiens bester Traube, Nebbiolo.*

KLASSIFIZIERUNG  DOCG, also die höchste italienische Qualitätsstufe. Eine Mindestlagerzeit von zwei Jahren, davon mindestens ein Jahr im Fass, ist vorgeschrieben. Die Bezeichnung „Riserva" setzt vier Jahre Lagerung, davon drei im Fass und eine in der Flasche, voraus. „Riserva Speziale" nennen sich Weine, die mind. vier Jahre im Fass und ein Jahr in der Flasche gelagert wurden.

BODEN  Unterschiedlich, von Kalk und Lehm dominiert.

REBSORTEN  100% Nebbiolo.

WEINHERSTELLUNG  Traditionelle Methoden dominieren: relativ hohe Gärtemperatur, Lagerung in gigantischen Holzfässern. Einige moderne Weinerzeuger wie z.B. Gaja lagern den Wein in Barriques.

PRODUZENTEN  Viele renommierte Namen, darunter z.B. Ceretto, Cisa Asinari, Cortese, Gaja, Giacosa, Produttori di Barbaresco und Prunotto.

## BARBERA

RUF Rustikale Weine, benannt nach der Rebsorte. Die Bezeichnung steht für etwa die Hälfte der Rotweinernte des Piemont. Die Qualität variiert. Meist ist Barbera ein guter Essensbegleiter

*Barbera ist sowohl ein Wein als auch eine Rebsorte; dunkel und kräftig, perfekt zur piemontesischen Küche.*

mit einer Gerbstoffnote, die gut zur piemontesischen Küche passt. Von den insgesamt sechs DOC-Barbera wird Barbera d'Alba am höchsten geschätzt.

WEINE Dunkle, kräftige Rotweine mit viel Frucht und deutlichen Gerbstoffen. Teilweise wird die Rebsorte Barbera auch süß gekeltert, sie verliert dann aber den Anspruch auf die DOC.

KLASSIFIZIERUNG Sechs Barbera sind DOC-klassifiziert: Barbera d'Alba, Barbera d'Asti, Barbera del Monferrato, Gabiano, Colli Tortonesi und Rubino di Cantevenna. Die Mindestlagerzeit beträgt ein Jahr. Nach zwei Jahren Lagerung, davon ein Jahr im Fass, kann die Bezeichnung „Superiore" verwendet werden.

BODEN Sehr unterschiedlich, da Barbera in der ganzen Region angebaut wird.

REBSORTEN 100% Barbera. Die Rebsorte gab der DOC-Klassifikation den Namen.

WEINHERSTELLUNG Es sind zwei Methoden gebräuchlich. Ein Teil der Erzeuger ist auf den Massenkonsum eingestellt und produziert Weine mit mehr Frucht, aber weniger Gerbstoff. Die anderen setzen auf längeren Maischekontakt und längere Fasslagerung.

PRODUZENTEN Aldo Conterno, Giacomo Conterno, La Barbatella, Bricco Mondalino, Coppo, Fontanafredda, Gaja, Giacosa, Marcarini, Pio Cesare, Prunotto und Cantina Vietti.

## BAROLO

RUF Gehört zu den vornehmsten Rotweinen Italiens, infolgedessen auch zu den teuersten, wie z.B. Cerettos Bricco Rocche.

WEINE Intensiv konzentrierte Rotweine, in der Jugend mit einer betäubenden Gerbstoffnote. Dunkel, fast schwarz, mit der wilden Blume der Nebbiolo-Traube, nach Laub, Trüffeln und Veilchen duftend. Barolo braucht viel Zeit zur Reifung. Bei besseren Jahrgängen können acht bis zehn Jahre die untere Grenze sein. Der lange Ausbau in großen Fässern, sogenannten *botti*, hat einen oxidativen Ton zur Folge, der an gedörrte Zwetschgen erinnert.

KLASSIFIZIERUNG DOCG seit 1980, rückwirkend ab der Ernte 1977. Diese Anerkennung ist verdient. Als Mindestlagerzeit sind drei Jahre vorgeschrieben, davon zwei im Fass. „Riserva" muss vier Jahre im Fass lagern, „Riserva Speziale" fünf.

BODEN Recht schwerer Lehmboden mit hohem Kalkgehalt.

*Nichts ist wie ein echter Barolo, meinen viele Kenner. Die Farbe ist tiefdunkel, oft fast schwarz.*

REBSORTEN 100% Nebbiolo. Die launische Rebsorte bringt nur einen kleinen Ertrag. Sie hat 3 Hauptmutationen: Lampis, Michet und Rosé.

WEINHERSTELLUNG Zwei Methoden sind gebräuchlich. Die modernen Weinerzeuger vergären maximal zwei Wochen bei niedriger Temperatur auf der Maische. Dies ergibt fruchtige Weine mit weniger Gerbstoff. Die traditionellen Weinhersteller vergären bei bis zu 30 °C und trennen erst nach 3-4 Wochen von der Maische. Danach werden die Weine jahrelang in *botti* gelagert. Das Ergebnis sind dunklere, gerbstoffbetonte, vollere Weine mit etwas oxidierter Blume.

PRODUZENTEN Zu den besten zählen Elio Altare, Ceretto, Domenico Clerico, Aldo Conterno, Giacomo Conterno, Fontanafredda, Bruno Giacosa, Marchesi di Barolo, Mascarello & Figlio, Oddero, Pio Cesare, Prunotto, Renato Ratti, Luciano Sandrone, Paolo Scavino und Cantina Vietti.

## DOLCETTO

RUF Leichter, charmanter Wein für den raschen Verbrauch. Man bezeichnet ihn auch als „Beaujolais Italiens". Die meisten Produzenten stellen harmonische, füllige Weine her, die binnen drei Jahren getrunken werden sollten.

*Dolcetto ist ein charmanter Tafelwein. Viele nennen ihn den Beaujolais Italiens.*

WEINE Leichte Rotweine mit samtiger, fast süßer Frucht und wenig Gerbstoff. Das Sortenbukett ist das deutlichste Kennzeichen. Einige Produzenten stellen recht dunkle, parfümierte Weine her. Aber sowohl die Gerbstoffe als auch die Säure sind normalerweise zu gering, um eine längere Lagerung zu erlauben.

KLASSIFIZIERUNG DOC aus sieben Bereichen jeweils unter dem Namen Dolcetto in Verbindung mit dem Ortsnamen: Diano d'Alba, delle Langhe Monregalesi, di Dogliani, d'Asti, d'Acqui und di Ovada. Nach einjähriger Lagerung darf die Bezeichnung „Superiore" hinzugefügt werden.

BODEN Sehr unterschiedlich, da der Anbau sich über ein sehr großes Gebiet ausdehnt. Die besten Lagen haben Kalk, Eisen und Lehm.

REBSORTEN Dolcetto, „die kleine Süße", ist auch der Name der Rebsorte.

WEINHERSTELLUNG Die frühreife Rebsorte wird reduktiv ausgebaut, d.h. kühl und unter Vermeidung von Luftkontakt vergoren und im Tank ausgebaut. Es gibt Beispiele von Fasslagerung, sie sind jedoch selten.

PRODUZENTEN Elio Altare, Castello di Neive, Domenico Clerico, Gaja, Gastaldi, Bruno Giacosa, Poderi Marcarini, Giuseppe Mascarello & Figlio, Elia Pasquero, Elvio Pertinace, Pio Cesare, Prunotto, Quinto Chionetti, Terre del Barolo, Giovanni Veglio & Figli und Cantina Vietti.

## GATTINARA

RUF Ein alter Wein, der in den achtziger Jahren immer populärer geworden ist. Man kann ihn manchmal mit Barolo und Barbaresco vergleichen. Er hat den Ruf dieser Weine jedoch noch nicht erreicht.

WEINE Straffe, dunkle Weine mit Kraft und Frische. Obwohl die Weine 90% Nebbiolo enthalten, haben sie andere Eigenschaften als der Barolo. Gattinara ist mehr teerähnlich in der Blume, mit sanfterer Struktur und ein wenig Bitterkeit im Abgang.

KLASSIFIZIERUNG DOCG. Gattinara muss zwei Jahre im Fass und zwei Jahre in der Flasche

*Gattinara ist ein älterer, etwas vergessener Bruder des Barolo und Barbaresco mit DOCG-Status.*

gelagert werden, bevor er in den Verkauf gelangt.

BODEN Mehr lehmige Moräne und weniger Kalk als auf den Langhe-Hügeln, wo Barolo und Barbaresco angebaut werden. Der unterschiedliche Boden ist eine wichtige Erklärung für den Geschmack von Gattinara.

REBSORTEN Mindestens 90% Nebbiolo, die mit bis zu 10% Bonarda verschnitten werden dürfen.

WEINHERSTELLUNG Alte piemontesische Methoden dominieren, da der traditionelle Charakter bewahrt werden soll. Natürlich experimentiert man mit Barriques und temperaturkontrollierter Gärung, aber die relativ kleinen Häuser haben keine unbegrenzten Mittel.

PRODUZENTEN U.a. Antoniolo, Dessilani, Ferrando, Luigi & Italo Nerve, Giancarlo Travaglini und Vallana.

## GAVI

RUF Einer der angesehensten Weißweine Italiens, angebaut im südöstlichen Teil des Piemont. In den letzten 15 Jahren vollführte dieser einen Siegeszug im ganzen Land und wird zu hohen Preisen exportiert. Das Preisniveau liegt fast auf der Höhe der vornehmsten Rotweine der Region. Gavi-Weine werden oft als Modeweine angesehen.

WEINE Meistens ein trockener, neutraler Wein mit frischer Säure. Einige haben eine Fülle und eine ölige Struktur, die an weißen Burgunder erinnert. Die ersten modernen Weißweine Italiens galten als delikat parfümierte Weine. Gavi dei Gavi von La Scolca war normgebend.

KLASSIFIZIERUNG DOC seit 1974.

BODEN Unterschiedlich, mit Einschlag von Kalk und Lehm.

REBSORTEN Cortese ist die einzig erlaubte Rebsorte.

WEINHERSTELLUNG Moderne Technik wie Kaltgärung und Lagerung in Stahltanks dominiert. Bewahrte Fruchtigkeit und hohe Säure sind die Richtmarke der Produzenten.

PRODUZENTEN Gute Produzenten sind u.a.

*Gavi zählt zu den angesehensten Weißweinen Italiens. Die besseren erinnern oft an Weißweine des Burgund.*

La Battistina, Nicola Bergaglio, Carnevale, La Chiara, La Giustinia, Pio Cesare, La Raia, La Scolca, Tenuta San Pietro, Villa Banfi und Villa Broglia.

## GRIGNOLINO

RUF Dieser alte Königswein hat in den letzten Jahrzehnten gegenüber den kraftvolleren Weinen aus Rebsorten wie Nebbiolo oder Barbera an Boden verloren. Wie auch anderswo in der Weinwelt ist diese Rebsorte, die nur einen kleinen Ertrag bringt, durch reicher tragende Sorten ersetzt worden. Die Gefahr der „Ausrottung" besteht jedoch nicht, da mehrere Erzeuger die Sorte weiterhin zu bewahren und weiterzuentwickeln versuchen.

WEINE Blasse, delikate Rotweine mit betonter Säure, leicht bitter. Früher war man der Auffassung, der Wein habe gute medizinische Eigen-

*Grignolino ist ein klassischer Rotwein aus Piemont; säuerlich, trocken und ein wenig bitter.*

schaften. Grignolino sollte jung und leicht gekühlt getrunken werden. Trotz seiner Hellfarbigkeit passt er zu den meisten Spezialitäten der piemontesischen Küche.

KLASSIFIZIERUNG DOC in zwei Gebieten: Grignolino del Monferrato Casalese und Grignolino d'Asti. Einige sehr gute Weine sind nicht klassifiziert.

BODEN Unterschiedliche Böden mit piemontesischem Kalk in verschiedenen Konzentrationen.

REBSORTEN Grignolino ist der Name der Rebsorte. DOC-Weine dürfen mit bis zu 10% Freisa verschnitten werden.

WEINHERSTELLUNG Traditionelle Herstellungsmethoden dominieren, aber viele Erzeuger versuchen mittels längerem Maischekontakt mehr Fülle und Frucht zu erzielen.

PRODUZENTEN Zu den besten gehören Bricco Mondalino, Carnevale, Castello di Lignano, Bruno Giacosa, Pavese und Pio Cesare.

---

DOCG IM PIEMONT – *Asti/Asti Spumante-Moscato d'Asti, Barbaresco, Barolo, Brachetto d'Acqui/Acqui, Gattinara, Ghemme*

## Moscato d'Asti

RUF Eigentlich der Grundwein für Asti Spumante. Mit niedrigem Alkoholgehalt und nur einer Gärung wird ein sehr frischer Sortentyp bewahrt. Auch wenn Grundwein ein wenig abwertend klingen mag, werden diese Weine aus den besten Muskat-Trauben hergestellt. Sie dienen als Dessertwein oder Aperitif.

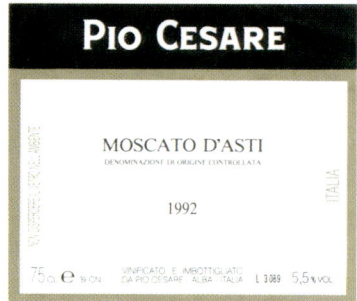

*Der leicht spritzige Moscato d'Asti gefällt den Liebhabern der frischen Fruchtigkeit der Muskat-Traube.*

WEINE Sehr fruchtiger Sortencharakter, hervortretende Süße und leichtes Perlen. Für Liebhaber der exotischen Blume und des Geschmacks der Muskat-Traube ist Moscato d'Asti ein echter Genuss. Der geringe Alkoholgehalt tritt gegenüber der sehr ausgeprägten Frucht zurück.
KLASSIFIZIERUNG Moscato d'Asti gibt es sowohl als DOCG wie auch als Vino da Tavola.
BODEN Unterschiedlich. Die Anbaugebiete breiten sich über große Teile der Region aus.
REBSORTEN Moscato Bianco oder Moscato di Canelli.
WEINHERSTELLUNG Nach der Filtration wird der Most bei 0 °C gekühlt und aufbewahrt, bis er weiterverarbeitet wird. Dann wird die Temperatur langsam erhöht und die Gärung in Gang gesetzt. Nach ca. 30 Tagen gezügelter Kaltgärung wird der Prozess abgebrochen und der Wein wieder auf 0 °C abgekühlt. Das Ergebnis ist ein leicht perlender Wein mit hohem Restzuckergehalt.
PRODUZENTEN Braida, Carnevale, Caudrina, Duca d'Asti, Fontanafredda, Pierro Gatti, Cascina Gialetto, Elio Perrone, Giuseppe Rivetti, Secondino Barbero, Traversa und Voerzio.

## Nebbiolo d'Alba

RUF Es handelt sich um eine Art Sammel-DOC für Weine der Nebbiolo-Traube, die außerhalb der Ursprungsbezeichnungsgebiete Barolo und Barbaresco liegen. Es gibt verschiedene Qualitäten, aber die Mehrheit ist von hoher Güte mit Eigenschaften, die an die der Nachbarn erinnern. Es handelt sich um eine preiswerte und leicht zugängliche Alternative zu den großen Prestigeweinen.
WEINE Nebbiolo d'Alba ist oft schon in der Jugend sehr ansprechend. Nebbiolo kann nach Himbeeren duftende, frische und fruchtige Weine ergeben. Normalerweise sind sie innerhalb von vier bis fünf Jahren trinkreif, gute Jahrgänge

*Weine namens Nebbiolo d'Alba werden auch außerhalb der Barolo- und Barbaresco-Gebiete produziert.*

können jedoch auch länger lagern. Es gibt sowohl süße als auch perlende Varianten.
KLASSIFIZIERUNG Nebbiolo d'Alba ist DOC. Auch Weine der DOC Roero können diesen Namen tragen. Der Wein muss mindestens ein Jahr im Fass ausgebaut werden. Manche deklassierte Barolo oder Barbaresco tragen die Bezeichnung Nebbiolo delle Langhe, die für Vino da Tavola steht.
BODEN Unterschiedlich, von schwerem Lehm bis zu leichteren Sandböden.
REBSORTEN 100% Nebbiolo. In DOC Roero darf der Wein mit bis zu 5% Arneis, einer seltenen weißen Rebsorte, verschnitten werden.
WEINHERSTELLUNG Traditionell.
PRODUZENTEN Ceretto, Gaja, Mascarello, Mauro Molino, Cantina della Porta Rossa, Prunotto, Scarpa und Cantina Vietti.

---

DOC IM PIEMONT – *Albugnano, Barbera d'Alba, Barbera d'Asti, Barbera del Monferrato, Boca, Bramaterra, Canavese, Carema, Colli Tortonesi, Colline Novaresi, Colline Saluzzesi, Cortese dell'Alto Monferrato, Cortese di Gavi/Gavi, Coste della Sesia, Dolcetto d'Acqui, Dolcetto d'Alba, Dolcetto d'Asti, Dolcetto delle Langhe Monregalesi, Dolcetto di Diano d'Alba/Diano d'Alba, Dolcetto di Dogliani, Dolcetto di Ovada, Erbaluce di Caluso/Caluso, Fara, Freisa d'Asti, Freisa di Chieri, Gabiano, Grignolino d'Asti, Grignolino del Monferrato Casalese, Langhe, Lessona, Loazzolo, Malvasia di Casorzo d'Asti, Malvasia di Castelnuovo Don Bosco, Monferrato, Nebbiolo d'Alba, Piemonte, Pinerolese, Roero, Rubino di Cantavenna, Ruché di Castagnole Monferrato, Sizzano, Valsusa, Verduno Pelaverga/Verduno*

ITALIEN • PIEMONT

## Elio Altare

GESCHICHTE  Von Anfang an hat Elio Altare eine vorbildliche Produktion großer Weine aufgebaut. Seiner Meinung nach entsteht ein guter Wein im Weinberg; strenge Traubenselektion und Zurückschneiden der Reben sei der einzige Weg zu Qualitätsweinen. Ein kostspieliges Prinzip, weil man auf diese Weise in schwierigen Jahren keinen Wein erzeugen kann.

WEINE  DOCG Barolo Vigneto Arborina, DOCG Barolo, Dolcetto d'Alba DOC, Barbera d'Alba DOC, Vigna Larigi, Vigna La Villa, Vigna Arborina.

CHARAKTER  Der lagebezeichnete Barolo Vigneto Arborina ist ein klassischer, konzentrierter Barolo mit großem Veilchen- und etwas Teer-Bukett. Während der ersten Jahre ist er ziemlich hart und herb, mit einladender Frucht und dichter, beinahe schwarzer Farbe. Vigna Arborina ist ein in Eichenfässern ausgebauter Vino da Tavola aus 100% Nebbiolo. Reduzierter Ertrag, schonendes Keltern, langer Maischekontakt und Barrique-Ausbau ergeben einen sehr komplexen und zu-

*Elio Altare wird als der große Lehrmeister der jüngeren Winzergeneration im Piemont betrachtet.*

gleich eleganten, fruchtigen Wein von dunkler Farbe und guter Konzentration.

RUF  Einer der führenden Traditionalisten.

REBSORTEN  Nebbiolo, Barbera.

WEINHERSTELLUNG  Traditionelle Methoden: langer Maischekontakt, relativ warme Vergärung und Ausbau in großen Holzfässern (botti).

REBFL/PROD  5 ha eigene Rebfläche (4 ha in Pacht), ca. 4 500 Kisten/Jahr.

## Ceretto

GESCHICHTE  Das Familienunternehmen wurde 1935 gegründet. Es ist in Besitz und unter Führung der Brüder Bruno und Marcello Ceretto. Marcello ist der Kellermeister, Bruno ist für den Verkauf verantwortlich. Unter ihrer Leitung expandierte das Unternehmen.

WEINE  Die bekanntesten sind die gutsbezeichneten Barolo mit Namen wie Brunate, Zonchera und Bricco Rocche, der einer der teuersten Weine Italiens ist. Auch Barbaresco unter Gutsbezeichnung werden hergestellt: Bricco Asili, außerdem DOC-Weine wie Barbera d'Alba, Dolcetto d'Alba und Asti Spumante.

*Der Barolo Bricco Rocche vom Familienbetrieb Ceretto ist einer der teuersten Weine Italiens.*

CHARAKTER  Cerettos Weine gehören zur modernen Schule, die eine leichtere Struktur anstrebt. Sie sind aber lagerfähig. Elegant, aber vollgepackt mit Frucht und Tanninen.

RUF  Ceretto ist eines der angesehensten Weinhäuser Piemonts und damit auch Italiens. Das Preisniveau ist dementsprechend hoch.

REBSORTEN  Die im Piemont zulässigen Sorten für die entsprechenden DOC, d.h. Nebbiolo, Moscato Bianco etc.

WEINHERSTELLUNG  Marcello Ceretto produziert Weine der modernen Schule mit niedrigen Gärtemperaturen und kürzerem Fassausbau.

LAGERUNG  Barolo und Barbaresco können normalerweise mind. 10 Jahre gelagert werden.

REBFL/PROD  Ca. 70 ha eigene Rebfläche, rund 75 000 Kisten/Jahr.

---

**Besitzer** Elio Altare • **Kellermeister** Elio Altare • **Besuch** Nach Vereinbarung • **Adresse** Elio Altare, Frazzione Annunziata, 51, I-12064 La Morra (CN) • **Tel.** 0173-508 35 • **Fax** 0173-508 35

PRODUKTION　　QUALITÄT　　PREIS

---

**Besitzer** Bruno & Marcello Ceretto • **Kellermeister** M. Ceretto, M. Daniele, S. Daniele, Gienluipi Marenco • **Besuch** Nur nach Vereinb. • **Adresse** San Cassiano, Alba, I-12051 Cuneo (CN) • **Tel.** 0173-28 25 82 • **Fax** -23 83 • **E-Mail** ceretto@isiline.com • **Homepage** www.ceretto.com

PRODUKTION　　QUALITÄT　　PREIS

## Aldo Conterno

GESCHICHTE  Ursprünglich ein altes Familienunternehmen, 1770 von Giacomo Conterno gegründet. Aldo Conterno arbeitete in den 50er Jahren in der amerikanischen Armee und spricht deswegen für einen Piemontesen sehr gut Englisch. Er ist der jüngere Bruder von Giovanni Conterno, der im Elternbetrieb Giacomo Conterno tätig ist.

WEINE  Barolo, ohne weitere Angaben, sowie der bekannte Barolo Gran Bussia, einer der Spitzenweine im Piemont. Ein Barrique-gelagerter Nebbiolo unter dem Namen Favot, einige Barolo Cru, Vigna Colonello und Bricco Cicala. Ferner Freisa, Grignolino, Barbera und Dolcetto.

CHARAKTER  Der Barolo ist sowohl in der Standardausführung als auch in den höheren Qualitäten ein ansprechender, runder Wein. Die Weine können schon früh getrunken werden. Der in Barrique gelagerte Favot hat noch mehr Weichheit und Ausgewogenheit. Freisa wird im fruchtigen, lebhaften Stil ausgebaut.

RUF  Ein hoch geschätzter Exponent des modernen Stils in Barolo.

*Aldo Conterno (im Bild), der jüngere Bruder von Giacomo Conterno, erzeugt einige der besten Barolo.*

REBSORTEN  Nebbiolo, Dolcetto, Barbera, Grignolino, Freisa.

WEINHERSTELLUNG  Vorwiegend traditionelle Methoden. Aldo Conterno hat mit der Trendsorte Nebbiolo, die er in kleinen Eichenfässern ausbaut, großen Erfolg erreicht.

LAGERUNG  Die besseren Barolo können lange lagern. 10-15 Jahre sind nicht ungewöhnlich.

REBFL/PROD  30 ha, 11 000 Kisten/Jahr.

**Besitzer** Aldo Conterno • **Kellermeister** Franco & Stefano Conterno (Söhne) • **Besuch** Mo-Fr 8-11, 14-18, nach Vereinbarung • **Adresse** Aldo Conterno, Località Bussia 48, I-12065 Monforte d'Alba (CN) • **Tel.** 0173-781 50 • **Fax** 0173-78 72 40

PRODUKTION      QUALITÄT       PREIS

## Giacomo Conterno

GESCHICHTE  Familienbetrieb, 1770 von Giacomo Conterno gegründet. Das Haus wird heute von Giovanni Conterno geführt, der für das meiste selber aufkommt; er empfängt Besucher, erzeugt den Wein, überwacht die Rebberge usw. Die Weine werden im traditionellen Stil hergestellt und sind weit außerhalb von Piemont bekannt und gefragt.

WEINE  Barolo, Barolo Monfortino, Dolcetto d'Alba, Barbera d'Alba, Freisa delle Langhe und Chardonnay di Langa.

CHARAKTER  Barolo Monfortino ist einer der

*Dies ist das ursprüngliche Conterno-Haus im Piemont, das für fast alle Weine einen sehr guten Ruf genießt.*

bekanntesten Weine der Region. Im alten Stil erzeugt und mit enormer Konzentration und Herbe. Einige Jahrgänge wurden zwischen 10 und 12 Jahren im Fass gelagert. Ein Wein, der fünfzig Jahre gelagert werden kann. Dolcetto und Freisa haben eine seltsame Struktur und betonte Herbe. Es ist eher selten, dass ein Freisa 4-5 Jahre gelagert werden kann. Chardonnay di Langa hat viel Körper und viel Eiche.

RUF  Von jungen wie auch älteren, von modernen und traditionellen Weinkennern geschätzt.

REBSORTEN  Nebbiolo, Barbera, Dolcetto, Freisa für Rotwein, Chardonnay für Weißwein.

WEINHERSTELLUNG  Traditionelle Herstellungsmethoden prägen den Monfortino. Der Charakter jedes Jahrgangs entscheidet, wie lange der Ausbau in den *botte*, den großen Eichenfässern, dauern soll. In der Regel fünf bis zwölf Jahre.

LAGERUNG  Monfortino gehört zu den lagerfähigsten Weinen Italiens.

REBFL/PROD  16 ha, ca. 5 500 Kisten/Jahr.

**Besitzer** Giovanni Conterno • **Kellermeister** Giovanni & Roberto Conterno • **Besuch** Nach Vereinbarung • **Adresse** Giacomo Conterno, Località Ornati 2, I-12065 Monforte d'Alba (CN) • **Tel.** 0173-782 21 • **Fax** 0173-78 71 90

PRODUKTION      QUALITÄT       PREIS

## FONTANAFREDDA

GESCHICHTE  Traditionsreiches, 1878 von Emanuele Guerrieri gegründetes Weingut. Er war ein Sohn von König Vittorio Emanuele II. Ein außerordentlich großer Betrieb, der eine Auswahl

*Fontanafredda zählt zu den großen Häusern des Piemont und produziert die meisten der bekannten Weine.*

von Piemonts besten DOC-Weinen erzeugt.

WEINE  Barolo in vielen Varianten. Die Weine unter Gutsbezeichnung, wie z.B. Vigna Lazzarito, zählen zu den besten aus diesem Gebiet. Andere Weine: Barbaresco, Barbera d'Alba, Dolcetto d'Alba, Asti Spumante, Contessa Rosa Spumante und Pinot Bianco.

CHARAKTER  Die besten Barolo haben eine klassische Konzentration mit viel Tannin und pflaumenähnlicher Frucht der Nebbiolo-Traube. Andere Rotweine sind ausgewogen und charaktervoll. Die Schaumweine sind erstklassig und von frischer Eleganz.

RUF  Das Haus besitzt regionales Ansehen, nicht zuletzt ist das Weingut selbst sehr beeindruckend.

REBSORTEN  Die üblichen für DOC-Weine verwendeten Sorten wie Nebbiolo, Barbera, Moscato Bianco, Pinot Bianco etc.

WEINHERSTELLUNG  Moderne Technologie. Champagner-Methode für Contessa Rosa Brut, Rosé und Brut Gattinara.

LAGERUNG  Barolo-Weine guter Jahrgänge sind mindestens ein Jahrzehnt lagerfähig.

REBFL/PROD  70 ha eigene Rebfläche, etwa 500 000 Kisten/Jahr.

**Besitzer** G. Minetti • **Kellermeister** Livio Testa • **Besuch** Mo-Fr 9.30-12, 15-17.30 • **Adresse** Fontanafredda, Via Alba 15, I-12050 Serralunga d'Alba (CN) • **Tel.** 0173-61 31 61 • **Fax** 0173-61 34 71 • **E-Mail** fontanafredda@areacom.it

PRODUKTION    QUALITÄT    PREIS

## GAJA

GESCHICHTE  1859 gegründet. In den 60er Jahren begrenzte man die Produktion auf lediglich 50 Hektar eigene Rebfläche. Der Durchbruch kam in den 70er Jahren, als Angelo Gaja die Führung übernahm. Heute ist Gaja einer der bedeutendsten Repräsentanten der Weinwelt.

WEINE  Barbaresco mit Gutsbezeichnung: Sorì Tildin, Sori San Lorenzo und Costa Russi. Vinòt, Nebbiolo d'Alba Vignaveya, Chardonnay Gaja & Rey, Chardonnay Rossj-Bass, Dolcetto d'Alba Vignabajla, Barbera d'Alba Vignarey, Cabernet Sauvignon Darmagi, Nebbiolo del Piemonte, Barolo Sperss, Sito Moresco.

CHARAKTER  Gajas Weine besitzen eine kaum zu übertreffende Komplexität und Harmonie. Die Barbaresco-Weine haben die Fülle und Kraft eines fünfsternigen Barolo und zugleich die Eleganz und die Gerbstoffnote, die man sonst nur in Bordeaux findet. Der Wein gilt als außerordentlich fruchtig und charmant. Vinòt ist der Name eines sehr fruchtigen Weins, der nach Beaujolais-Nouveau-Art modelliert wird.

*Gaja ist ein Bahnbrecher mit vielen hervorragenden Barbaresco, vergleichbar mit den besten Barolo.*

RUF  Das Gut genießt in Italien hohes Ansehen und wird in der übrigen Weinwelt bewundert.

REBSORTEN  Nebbiolo, Barbera, Dolcetto, Chardonnay, Cabernet Sauvignon.

WEINHERSTELLUNG  Angelo Gaja experimentiert sowohl mit Fasstypen als auch mit Gärtechniken und Rebsorten.

LAGERUNG  Die besten Weine können jahrzehntelang gelagert werden.

REBFL/PROD  Ca. 100 ha, etwa 30 000 Kisten/Jahr.

**Besitzer** Angelo Gaja • **Kellermeister** Guido Rivella • **Besuch** Kein Besuch möglich • **Adresse** Gaja, Via Torino 36/B, I-12050 Barbaresco (CN) • **Tel.** 0173-63 52 56 • **Fax** 0173-63 51 67

PRODUKTION    QUALITÄT    PREIS

## Bruno Giacosa

GESCHICHTE  Das Haus wurde 1890 gegründet. Bruno Giacosa gehört zu den kleineren Kellermeistern, die den Großteil der Trauben zukaufen, um sich ganz auf die Weinbereitung konzentrieren zu können. Er ist ein eigensinniger Traditionalist, der die Weine gerne weit länger als

*Bei Giacosa wird Tradition großgeschrieben. Die Produktion ist klein und die Qualität hoch.*

vorgeschrieben im Fass lagert, wenn es der Jahrgang erfordert.
WEINE  Arneis, Barbaresco, Barbera d'Alba, Barolo mit den Zusatzbezeichnungen Bussia, Rocche und Rionda, Dolcetto d'Alba, Freisa, Grignolino und Nebbiolo d'Alba Valmaggiore sowie Spumante.
CHARAKTER  Konzentrierte, aromatische Barolo mit Tannin und Kraft, aber auch kräftiger Eleganz, die dazu führt, dass der Gaumen nicht betäubt wird. Benötigt viel Zeit zur Reife.
RUF  Traditionalist, bekannt für sehr hohe und ausgeglichene Qualität. Seit langem zählt er zu den führenden Produzenten des Gebiets.
REBSORTEN  Nebbiolo, Dolcetto, Barbera, Arneis, Freisa und Grignolino.
WEINHERSTELLUNG  Nach der traditionellen Schule wird langer Maischekontakt praktiziert, danach erfolgt ein langer Ausbau in großen Holzfässern.
LAGERUNG  Barolo und Barbaresco sind für die Lagerung sehr geeignet, gute Jahrgänge können Jahrzehnte zur Reife benötigen.
REBFL/PROD  15 ha eigene Rebfläche, knapp 50 000 Kisten/Jahr.

**Besitzer** Bruno Giacosa • **Kellermeister** Dante Scaglione • **Besuch** Mo-Fr 8-12, 14-18 • **Adresse** Bruno Giacosa, Via XX Settembre, 52, I-12057 Neive (CN) • **Tel.** 0173-670 27 • **Fax** 0173-67 74 77 • **Homepage** www.ilvino.com/brunogiacosa

PRODUKTION   QUALITÄT   PREIS

## Bartolo Mascarello

GESCHICHTE  Bartolo Mascarello erzeugt seit vielen Jahren traditionelle Barolo-Weine. Auch während der 60er und 70er Jahre, als der Barolo im Allgemeinen keinen guten Ruf genoss (charakterlose, wässrige Weine), wich Mascarello nicht von den traditionellen Methoden ab. Er war lange Zeit der einzige Vertreter von außerordentlich lagerfähigen Barolo-Weinen, die bis zu 30 Jahre altern konnten und sich nicht vor zehn Jahren öffneten.
WEINE  DOCG Barolo, DOC Dolcetto d'Alba, DOC Barbera d'Alba, DOC Freisa delle Langhe.
CHARAKTER  Barolo-Weine in traditionellem

*Mascarello ist einer der legendären Barolo-Produzenten, der die klassischen Ideale nicht aufgegeben hat.*

Stil: mehr Teer- und Tabak-Duft als Mint und Vanille, straffe Weine, in der Jugend verschlossen, tanninreich und voll von kräftiger Fruchtsäure. Sehr lagerfähige Weine, nach 10-15 Jahren stets noch gerbstoffbetont. Die Dolcetto-Weine haben eine schöne Nase.
RUF  Gehört zu den besten Traditionalisten.
REBSORTEN  Nebbiolo, Dolcetto, Barbera, Freisa.
WEINHERSTELLUNG  Vergärung bei hoher Temperatur, zur maximalen Gewinnung von Farbstoff und Aroma. Der Valpolicella wird 12 Monate in Barriques ausgebaut.
LAGERUNG  Die meisten Weine können viele Jahre lang gelagert werden.

**Besitzer** Bartolo Mascarello • **Besuch** Werktags nach Vereinbarung • **Adresse** Bartolo Mascarello, Via Roma 15, I-12060 Barolo (CN) • **Tel.** 0173-561 25 • **Fax** 0173-561 25

PRODUKTION   QUALITÄT   PREIS

## Pio Cesare

GESCHICHTE  Altes Weinhaus in Alba, 1881 von Pio Cesare gegründet. Heute von seinem Urenkel Pio Boffa geführt, der zusammen mit dem Kellermeister Paolo Fenocchio das Unternehmen in den 90er Jahren durch Umdenken einhergehend mit Traditionsbewusstsein entwickelt hat.

*Familie Boffa mit Giuseppe und Rosy sowie Sohn Pio Boffa, der das Gut heute leitet (v.l.n.r.).*

WEINE  Lange wurden nur DOC-Weine erzeugt: Barolo, Barbaresco, Dolcetto d'Alba und Barbera d'Alba. In den späteren 80er Jahren setzte man sich vermehrt für eine höhere Qualitätsstufe des Barolo ein. Barolo Ornato Cru wurde schnell ein großer Erfolg. Auch ein gut gebauter, moderner Chardonnay ist in der Auswahl: Piodilei. Andere Weine: Freisa und Gavi.

CHARAKTER  Klassischer Standard-Barolo mit betonter Herbe und guter Fruchtsäure, unzugänglich in der Jugend, reift jedoch gut. Barolo Ornato mit reichem, großem Aroma und einem mit Früchten und Tannin voll gepackten Geschmack. Beachtet und teuer. Der Chardonnay Piodilei ist modern mit Eiche, Frucht und frischer Säure.

RUF  Ein altes und zuverlässiges Weinhaus.

REBSORTEN  Rote: Nebbiolo, Barbera, Dolcetto, Freisa. Weiße: Cortese und Chardonnay.

WEINHERSTELLUNG  Die meisten sind im traditionellen Stil, auch wenn temperierte Edelstahltanks zu dominieren beginnen.

LAGERUNG  Beste Rotweine mindestens zehn Jahre.

REBFL/PROD  Ca. 35 ha eigene Rebfläche, zusammen mit zugekauften Trauben ergibt dies etwa 25 000 Kisten/Jahr.

**Besitzer** Pio Boffa • **Kellermeister** Paolo Fenocchio • **Besuch** Nach Vereinbarung Mo-Fr • **Adresse** Pio Cesare, Via Cesare Balbo 6, I-12051 Alba (CN) • **Tel.** 0173-44 03 86 • **Fax** 0173-36 36 80

PRODUKTION  QUALITÄT  PREIS

## Produttori del Barbaresco

GESCHICHTE  Genossenschaft mit 60 Mitgliedern, die 1958 von einigen Familien mit den besten Lagen in Barbaresco gegründet (oder eher wiederbelebt) wurde. Man kontrolliert über die Hälfte der DOCG-Weinberge in Barbaresco. Mit dem Kellermeister Gianni Testa wurde in den letzten Jahren die Stellung als einer der wichtigsten Produzenten von Barbaresco gefestigt.

WEINE  Barbaresco, mit oder ohne Weinbergnamen und oft zu erschwinglichen Preisen. Die Weinberge sind: Asili, Moccagatta, Montefico, Montestefano, Ovello, Pajé, Pora, Rabajà und Rio Sordo. Auch ein fruchtiger Nebbiolo d'Alba

*Produttori di Barbaresco ist die beste Genossenschaft in dieser DOC. Sie erzeugt sehr preiswerte Weine.*

für die schnelle Konsumation ist im Sortiment.

CHARAKTER  Man hebt den Charakter der verschiedenen Weinberge hervor und gibt auch den Winzer an. Der Stil ist meist recht weich mit Weinen, die früh getrunken werden können. Im Aroma etwas wild, mit Kräutern und Pflaumen. Der Geschmack hat frische Säure, gewisse Herbe und einen trockenen Abgang. Zum Lagern ist der Asili am besten geeignet.

RUF  Annehmbarer Wein zu erschwinglichem Preis. Ein zuverlässiger Produzent.

REBSORTEN  100% Nebbiolo.

WEINHERSTELLUNG  Jede/r Weinberg/Lage wird gesondert behandelt und Gianni Testa sucht im Herstellungsprozess den natürlichen Charakter jedes Weines zu bewahren.

LAGERUNG  Gute Jahrgänge fünf bis zehn Jahre.

REBFL/PROD  95 ha, 30 000 Kisten/Jahr.

**Besitzer** 60 Mitgl., Giuseppe Rosselli • **Kellermeister** Gianni Testa • **Besuch** Werktags 8-12, 14-18 • **Adresse** Via Torino 52, I-12050 Barbaresco (CN) • **Tel.** 0173-63 51 39 • **Fax** -63 51 30 • **E-Mail** mail@produttori-barbaresco.it • **Homepage** www.produttori-barbaresco.it

PRODUKTION  QUALITÄT  PREIS

## PRUNOTTO

GESCHICHTE  Das Haus wurde 1904 als Genossenschaft gegründet und 1923 von Alfredo Prunotto erworben. Sein Name wurde beibehalten, als der Önologe Giuseppe („Beppe") Colla

*Prunotto wurde als Genossenschaft gegründet, gelang aber in den 20er Jahren in Privatbesitz.*

das Unternehmen 1956 kaufte. 1990 wurde eine Zusammenarbeit mit dem toskanischen Weinmogul Antinori, dem heutigen Hauptbesitzer, eingeleitet.

WEINE  Barolo unter mehreren Weinbergnamen: Cannubi und Bussia; Barbaresco Rabajà und Montestefano; Barbera Pian Romualdo; Dolcetto d'Alba Mosesco. Ferner Barbera d'Asti Costamiole und Nebbiolo d'Alba Occhetti.

CHARAKTER  Die Weine sind von traditioneller Struktur geprägt und für lange Lagerung geeignet. Barolo Bussia hat straffe Gerbstoffe mit eleganter Frucht, während Cannubi einen großzügigeren Aufbau zeigt. Barbaresco genießt gleich hohes Ansehen wie Barolo und präsentiert sich schön aus Rabajà. Barbera und Dolcetto besitzen eine einzigartige Finesse.

RUF  Das Haus genießt einen ausgezeichneten Ruf für den Barolo, den Barbera wie auch den Barbaresco. Die Zusammenarbeit mit Antinori vermochte den Status nochmals zu heben.

REBSORTEN  40% Barbera, 30% Nebbiolo, 20% Dolcetto, 10% Arneis.

WEINHERSTELLUNG  DOCG-Weine werden im klassischen Stil erzeugt. Man arbeitet aber mit Barriques wie auch moderner Technik.

LAGERUNG  10-12 Jahre für die besten Barbaresco, noch länger für Barolo.

REBFL/PROD  40 ha, ca. 40 000 Kisten/Jahr.

**Besitzer** Albiera Antinori • **Kellermeister** Daniella Drocco • **Besuch** Nach Vereinbarung 8-12.30, 14.30-17 • **Adresse** Prunotto, Regione San Cassiano 4/G, I-12051 Alba (CN) • **Tel.** 0173-28 00 17 • **Fax** 0173-28 11 67 • **E-Mail** prunutto@area-com.it

PRODUKTION  QUALITÄT  PREIS

## ROBERTO VOERZIO

GESCHICHTE  Seit den frühen 80er Jahren haben sich Roberto Voerzio und Gattin Pinuccia einen guten Ruf für ihre gehaltvollen Nebbiolo-Weine aufgebaut. Sie zählen heute zu den besten Erzeugern der Region.

WEINE  DOCG Barolo mit drei Lagebezeichnungen: Brunate, Cerequio und La Serra. DOC Barbera d'Alba Vignasse, Vigna Serra, Chardonnay Fossati Roscaleto, DOC Dolcetto d'Alba Priavino.

CHARAKTER  Der beste Barolo des Hauses ist der kräftige und elegante Brunate. In der Nase dominieren Düfte von Brombeeren und Kakao, der Geschmack ist voller Frucht. Jährlich werden hervorragende Weine produziert: Der Barbera d'Alba Vignasse hat den rustikalen, säurebetonten Charakter der Rebsorte, wird aber durch strengste Ertragsbegrenzung konzentriert und gibt einen ausgewogenen Eindruck. Der Chardonnay Fossati Roscaleto hat in der Jugend ziemlich straffe, verschlossene Duft- und Geschmacksaromen.

RUF  Ein Spitzenerzeuger lagebezeichneter Barolo-Weine.

*Voerzio hat für seinen kraftvollen Barolo, der gleichzeitig elegant und weich ist, einen guten Ruf.*

REBSORTEN  Nebbiolo, Barbera, Cabernet Sauvignon, Dolcetto und Chardonnay.

WEINHERSTELLUNG  Durch die bewusste Fruchtbetonung scheinen die Weine eher modern vinifiziert.

LAGERUNG  Die Barolo-Weine guter Jahrgänge können zwar jahrelang gelagert werden, lassen sich aber früher als traditionelle Barolos genießen.

REBFL/PROD  10 ha, 3 000 Kisten/Jahr.

**Besitzer** Roberto Voerzio • **Kellermeister** Roberto & Pinuccia Voerzio • **Besuch** Nach Vereinbarung • **Adresse** Roberto Voerzio, Loc. Cerreto, 1, I-12064 La Morra (CN) • **Tel.** 0173-50 91 96 • **Fax** 0173-50 91 96

PRODUKTION  QUALITÄT  PREIS

## Weitere Produzenten im Piemont

### Tenute Cisa Asinari

Alberto di Gresy ist einer der besten Produzenten von DOC-Barbaresco-Weinen. Zwei Weine mit Lagebezeichnung: Camp Gros und Gaiun, außerdem einfache Martinenga aus gleicher Lage. Auch ein frischer, sortentypischer Sauvignon Blanc und Virtus, eine Cuvée aus Barbera und Cabernet Sauvignon, werden erzeugt. Barbaresco Gaiun ist ein Modewein: konzentrierte Nebbiolo-Aromen mit Eichenfasston. Der Spitzenwein ist der Barbaresco Camp Gros.

• **Adresse:** Via Rabajà 43, I-12050 Barbaresco (CN). **Tel.** 0173-63 52 22.

### Azelia

Luigi Scavino erzeugt zusammen mit seiner Gattin und seinem Vater ausgezeichnete Barolo, Dolcetto und Barbera d'Alba. Der lagebezeichnete Barolo Bricco Fiasco hat ein sauberes, fruchtiges, etwas feuriges und Eichenholz-betontes Bukett. Im Geschmack große, aber ausgewogene Frucht sowie Alkohol und Säure, die zusammen mit der Gerbsäure harmonieren. Der Dolcetto d'Alba Bricco d'Oriolo ist einer der besten der Region. Ein säurebetonter, etwas strafferer Wein.

• **Besitzer:** Luigi Scavino **Adresse:** Via Alba-Barolo 27, I-12060 Castiglione Falletto (CN). **Tel.** 0173-628 59.

### Braida

Der Besitzer und Kellermeister Giacomo Bologna genießt einen guten Ruf. Das Angebot ist groß mit Weinen wie Barbaresco, Barolo, Barbera d'Asti, Bracchetto d'Acqui, Grignolino d'Asti und Moscato Naturale d'Asti. Am bekanntesten sind die Moscato-Weine, die zu den besten der Region zählen. Bologna experimentiert mit Barriques für ein paar weingutbezeichnete Barbera d'Asti.

• **Besitzer:** Giacomo Bologna **Adresse:** Rocchetta Tanaro, I-14030 Asti. **Tel.** 0141-64 41 13. **Fax** 0141-64 45 84.

### Cascina La Barbatella

Angelo Sonvico erzeugt mit Hilfe seines Önologen Giuliano Noè einige der besten Barbera-Weine. Drei wichtige Weintypen: Cabernet Sauvignon, Barbera und der Verschnitt La Vigna di Sonvico (Barbera und CS). Der Weißwein aus Cortese und Sauvignon Blanc wird unter dem Namen Monferrato Bianco verkauft und ist ein runder Wein mit schön eingebundenen Holznoten.

• **Besitzer:** Angelo Sonvico **Kellermeister:** Giuliano Noè **Besuch:** Nach Vereinbarung. **Adresse:** Strada Annunciata 55, I-14049 Nizza Monferrato (AT). **Tel.** 0141-70 14 34.

### Michele Chiarlo (Duca d'Asti)

Besitzer Michele Chiarlo und Kellermeister Roberto Bezzato erzeugen Weine von hoher Qualität. Preiswerte Barbaresco und Barolo, normalerweise unter der Weinbergbezeichnung Rabajà oder Vigna Rionda. Barbera d'Asti gehört zu den gut gebauten Weinen in der Region und auch die Barriqueweine Airone und Barilòt erhalten positive Kritik.

• **Besitzer:** Michele Chiarlo **Kellermeister:** Roberto Bezzato **Adresse:** S.S. Nizza-Canelli 99, I-14042 Calamandrana (AT). **Tel.** 041-752 31. **Fax** 041-752 84.

### Cinzano

Die Firma wurde im 18. Jh. gegründet und ist vor allem durch ihren Vermouth bekannt geworden. Ein anderes großes Produkt ist der Spumante. Heute handelt es sich um einen Riesenkonzern, der Wein, Schaumwein, Limonade, Vermouth und Spirituosen herstellt. Zum Firmenimperium gehören die bekannte Marsala-Firma Florio, Tenuta Col d'Orcia in Montalcino und Spalleti in Chianti. Auch wenn Quantität und Qualität sich in der Weinwelt nicht immer entsprechen, haben Cinzanos Schaumweine ein hohes und ausgeglichenes Niveau und genießen Respekt.

• **Besitzer:** Francesco Cinzano & Cia **Kellermeister:** Ezio Mignone **Besuch:** Nach Vereinbarung. **Adresse:** Via Statale-Cinzano 63, I-12069 San Vittoria d'Alba (CN). **Tel.** 0172-47 80 41. **Fax** 011-57 40.

### Domenico Clerico

Ein Spitzengut in Monforte d'Alba, mit ausgezeichneten Weinen aus lokalen Rebsorten. Drei lagebezeichnete DOCG Barolo werden erzeugt: Barolo Briccotto Bussia ist ein Wein im klassischen Stil, mit harter, dichter Frucht und Herbe; er braucht 8-10 Jahre, um sich zu öffnen. Barolo Ciabot Mentin Ginestra ist gut strukturiert und ausgewogen, mit Fruchtigkeit und Gerbsäure in gutem Verhältnis. Der moderne Barolo Pajana ruht zwei Jahre in Barriques und zeichnet sich durch sein warmes, kräuterbetontes Bukett aus. Im Geschmack ist er vollmundig mit elegantem, weichem Abgang - ein Wein von absoluter Weltklasse. Vino da Tavola Arte enthält Nebbiolo und ein wenig Barbera und wird in teilweise neuen Eichenfässern ausgebaut.

• **Adresse:** Loc. Manzoni Cucchi 67, I-12065 Monforte d'Alba (CN). **Tel.** 0173-781 71.

### Marchesi di Barolo

Gegründet 1861 und einer der größten Produzenten in Alba. Die frühere Besitzerin Marchesa Giulia Falletti stammt aus der Familie, die den Barolo „erfand". Weine: Asti Spumante, Barbaresco, Barbera d'Alba, Freisa d'Asti. Die Weine haben eine hohe und gleichmäßige Qualität zu angemessenen Preisen.

• **Adresse:** Via Alba 12, I-12060 Barolo (CN). **Tel.** 0173-561 01. **Fax** 0173-563 20.

## Weitere Produzenten im Piemont

### Martini & Rossi

Eine der alten Turiner Vermouth-Kellereien, gegründet 1863, heute ein Riesenunternehmen, dessen Kapital von einer internationalen Holding verwaltet wird. Neben dem Vermouth ist Martini & Rossi auch für seine Schaumweine bekannt, die in großen Mengen exportiert werden. Asti Spumante hat eine sortentypische Blume, Süße und Säure sind ausgewogen. Riserva Montelera ist trocken mit feiner Frucht. Man erzeugt trotz großer Produktion Weine von hoher Qualität. Rebsorten: Moscato Bianco, Riesling u.a.

• **Adresse:** Corso V. Emanuele II 42, I-10123 Torino. **Tel.** 011-810 81. **Fax** 011-810 82 00.

### Moccagatta

Der Name Moccagatta stammt von einer berühmten Weinlage, diese wiederum erhielt den Namen von dem berühmten General Moccagatta. Der Betrieb wurde 1952 gegründet und wird heute von den Gebrüdern Franco und Sergio Minuto geführt. In den 80er Jahren hat man die Qualität der Barbaresco verbessert. Barbaresco Bric Balin, Basalin und Vigna Cole haben ein gutes Preis-Qualitäts-Verhältnis. Der hervorragende Chardonnay Bric Buschet mit einer großen Eleganz und Tiefe wetteifert mit Gajas Gaja & Rey.

• **Besitzer:** Franco & Sergio Minuto **Besuch:** Werktags 8-20. **Adresse:** Via Rabaja 24, I-12050 Barbaresco (CN). **Tel.** 0173-63 51 52. **Fax** 0173-63 52 28.

### Poderi Rocche dei Manzoni

Valentino Migliorini erzeugt seit Mitte der 70er Jahre hochwertige Weine. Am bekanntesten ist der DOCG Barolo Riserva Big. Er wird in Barriques ausgebaut und besitzt einen Duft von Röstaromen mit Noten von Lakritze, Tabak und dunklen Beeren. Bricco Manzoni ist ein Vino da Tavola aus Nebbiolo und Barbera; ein Wein im internationalen Stil mit Eichenholznoten, einem süßlichen Duft und weichem Geschmack. Auch Schaumweine nach der Champagner-Methode werden erzeugt (100% Chardonnay). Der Cabernet Sauvignon Pinònero hat eine tiefrote Farbe und einen kräuterbetonten, animalischen Geschmack mit Champignons-Noten.

• **Adresse:** Loc. Manzoni Soprani 3, I-12065 Monforte d'Alba (CN). **Tel.** 0173-784 21.

### Renato Ratti

Er war bis zu seinem Tod im Jahr 1988 als Winzervereinsvorsitzender und Mitglied des italienischen DOC-Komitees eine Schlüsselfigur in der Region. Sein Schwiegersohn Massimo Martinelli hat die Verwaltung des Hauses übernommen. Renato Ratti ist vor allem als Produzent eines sehr guten traditionellen und gerbsäurebetonten Barolo mit majestätischer Struktur bekannt. Andere Weine: Barbera d'Alba, Dolcetto d'Alba und Nebbiolo d'Alba.

• **Besitzer:** Massimo Martinelli **Besuch:** Nach Vereinbarung. **Adresse:** Loc. Annunziata 7, I-12064 La Morra (CN). **Tel.** 0173-50185.

### Paolo Scavino

Scavinos Weine sind extraktreich. Am bekanntesten ist der DOCG Barolo Bric del Fiasc, ein intensiv dunkler Wein mit Lakritzen- und Ledertönen im Duft; das geröstete Eichenholz zeigt sich im reichen, vollmundigen und langen Geschmack. DOCG Barolo Cannubi ist zwar tanninreich, aber eher elegant als kräftig. Die Barbera- und Dolcetto-Weine mit ihrer straffen Konzentration sind durchaus preiswert.

• **Adresse:** Via Alba-Barolo 33, I-12060 Castiglione Falletto (CN). **Tel.** 0173-628 50.

### Cantina Vietti

Der Kellermeister Alfredo Currado produziert kräftige und aromatische Barolo und Barbaresco. Bekannt ist auch sein frischer, leicht perlender roter Freisa.

• **Besitzer:** Alfredo Currado **Besuch:** Nach Vereinbarung. **Adresse:** Piazza Vittorio Veneto 5, I-12060 Castiglione Falletto (CN). **Tel.** 0173-628 25. **Fax** 0173-629 41.

### Weitere Betriebe

Antoniolo, Corso Valsesia 277, I-13045 Gattinara (VC). Tel. 0163-83 36 12. Fax 0163-82 61 12.

Batasiolo, Fraz. Annunziata 87, I-12064 La Morra (CN). Tel. 0173-501 30. Fax -50 92 58.

Fratelli Brovia, Via Alba-Barolo 54, I-12060 Castiglione Falletto (CN). Tel. 0173-628 52. Fax 0173-628 52.

Ca' Romé, Via Rabajà 36, I-12050 Barbaresco (CN). Tel. 0173-63 51 26.

Cavallotto, Loc. Bricco Boschis 40, I-12060 Castiglione Falletto (CN). Tel. 0173-628 14.

Matteo Correggia, Case Sparse Garbinetto 124, I-12043 Canale (CN). Tel. 0173-97 80 09. Fax 0173-97 80 09.

La Scolca, Villa Scolca, I-15066 Gavi (AL). Tel. 0143-68 21 76. Fax 0143-68 21 97.

La Spinetta, Via Annunziata 33, I-14054 Castagnole Lanze (AT). Tel. 0141-87 73 96. Fax 0141-87 73 96.

Albino Rocca, Via Rabajà 15, I-12050 Barbaresco (CN). Tel. 0173-63 51 45.

Luciano Sandrone, Via Alba 57, I-12060 Barolo (CN). Tel. 0173-562 39.

Vigna Rionda di Massolino, Piazza Cappellano 8, I-12050 Serralunga d'Alba (CN). Tel. 0173-61 31 38.

# LOMBARDEI

GESCHICHTE  In der Lombardei hat man schon unter vielen Herrschaften aus verschiedenen Ländern Wein angebaut. Die offizielle Sprache war abwechselnd Italienisch, Deutsch und Französisch. Die Lombardei ist eine alte Weinregion und Mailand dient als Zentrum des italienischen Weinhandels.

GEOGRAPHIE  Eine Region der Gegensätze mit den unzugänglichen Alpen im Norden und der

*Die Lombardei umfaßt die Poebene und auch Teile der Alpen. Im Bild der Como-See.*

Poebene im Süden. Die Weinberge liegen meist an steilen, terrassierten Hängen, was die Ernte sehr erschwert.

KLIMA  Die Nähe der Alpen führt zu recht strengen Wintern und in den nördlichsten Gebieten reifen die Trauben schlecht.

WEINE  In VALTELLINA vorwiegend leichte Rotweine. Die besten sind Superiore mit dem Nachtrag Grumello, Inferno und Sassella. Sfurzat in Valtellina ist das Gegenstück zu Recioto di Valpolicella in Veneto. Ein starker Rotwein, der aus halbgetrockneten Trauben produziert wird. OLTREPÒ PAVESE erzeugt Rot- und Weißweine, die besten mit dem Nachtrag Barbacarlo oder Buttafuoco. Leicht schäumende Rotweine, die doch füllig und konzentriert sind. In der DOCG FRANCIACORTA werden die besten Schaumweine Italiens und leichte Rotweine hergestellt.

REBSORTEN  Valtellina Superiore besteht zu 100% aus Chiavennasca (Nebbiolo). Weitere rote Sorten: Barbera, Croatina, Bonarda, Pinot Nero und Cabernet Franc. Weiße: Riesling, Pinot Bianco, Pinot Grigio, Garganega und Trebbiano.

PRODUZENTEN  Meist kleine Familienbetriebe, insgesamt 32 000 Erzeuger.

REBFL/PROD  Ca. 26 000 ha, rund 2 Mio. hl/Jahr. Die Lombardei erzeugt ungefähr die Hälfte der Produktion des Piemont.

WISSENSWERT  Weitere Informationen: Ass. Consorzi di Difesa Vini Lombardi DOC, Viale Premuda 27, I-20129 Milano. Tel. 02-778 43 19. Oder: Cons. Tutela Vini DOC Valtellina, Via Valeriana 34, I-23100 Sondrio. Tel. 0342-21 64 33. Oder: Cons. Vini DOC Oltrepò Pavese, Via Mentana 27, I-27100 Pavia. Tel. 0382-39 32 22.

ITALIEN • LOMBARDEI

## FRANCIACORTA

RUF Die Weine aus Franciacorta sind vorwiegend örtlich bekannt. Hier wird sehr viel Spumante erzeugt. Die Region verkauft für die Herstellung dieser lieblichen Schaumweine sogar eine

*In Franciacorta werden Rot-, Weiß- und Schaumweine erzeugt. Der Spumante hat heute DOCG-Status.*

ganze Menge Pinot-Bianco- und Chardonnay-Trauben an andere Regionen.
GEOGRAPHIE Nur die besten Expositionen auf etwa 400 Meter über dem Meer sind gut genug für den Franciacorta. Die Hügel liegen nordwestlich von Brescia um den Iseo-See herum.
WEINE Spumante-Weine sind heute DOCG FRANCIACORTA. Sie werden weiß und rosé ausgebaut und sind meist erstklassige, trockene Weine nach der Champagner-Methode. Drei Sorten sind DOC TERRE DI FRANCIACORTA: Bianco, ein leicht strohfarbener, trockener Wein mit frischer Säure; Spumante gibt es sowohl weiß als auch rosé; Rosso sind leichte Rotweine von weicher Struktur. Es werden auch lagerfähige Weine erzeugt. Der Sortenverschnitt ist mit zwei Piemont-Trauben etwas seltsam: Nebbiolo und Barbera sowie zwei Bordeaux-Sorten: Cabernet Franc und Merlot.
KLASSIFIZIERUNG DOCG Franciacorta für Spumante. Im Übrigen DOC unter dem Namen Terre di Franciacorta.
REBSORTEN Weiße: Pinot Bianco und Chard. Rote: Nebbiolo, Barbera, CF und Merlot. Für Rosé-Schaumweine sind auch Pinot Nero und Pinot Grigio zugelassen.
WEINHERSTELLUNG Hauptsächlich Schaumweine nach der Champagner-Methode.
REBFL/PROD 630 ha, ca. 350 000 Kisten/J.
PRODUZENTEN Bellavista, Berlucchi, Ca' del Bosco, Cavalleri und Longhi de Carli.

---

DOC IN DER LOMBARDEI – *Botticino, Capriano del Colle, Cellatica, Garda Colli Mantovani, Lambrusco Mantovani, Lugana, Oltrepò Pavese, Riviera del Garda Bresciano/Garda Bresciano, San Colombano al Lambro/San Colombano, San Martino della Bataglia, Terre di Franciacorta, Valcalepio, Valtellina*

---

## OLTREPÒ PAVESE

RUF Eine großproduzierende Region, die nicht weniger als zehn verschiedene Weine herstellt. Mehrere der roten sind natürlich schäumend, was nicht unbedingt dazu beiträgt, dass die Region ein besseres Ansehen erhält. Halbtrockene, schäumende Rotweine sind nicht gerade Mode in der heutigen Weinwelt. Auch eine ganze Menge annehmbarer stiller Weine sowie viel normaler italienischer Spumante werden erzeugt.
GEOGRAPHIE Der Name bedeutet „Der Teil der Paviaprovinz auf der anderen Seite des Po". Die Landschaft bildet ein Grenzland zwischen den letzten Alpenhügeln und der flachen Poebene.
WEINE Wie schon erwähnt, gibt es viele verschiedene Weine. Gewöhnliche Rotweine werden aus Barbera mit einem Teil örtlicher Sorten wie Bonarda und Vespolina erzeugt. Buttafuoco und Sangue di Giuda sind Beispiele für Namen, die auf den Etiketten angegeben werden dürfen. Mittelfüllige Weine, die trocken bis halbsüß, still oder schäumend sein können. Weißen Riesling gibt es

*Oltrepò Pavese ist eine großproduzierende Region in der Lombardei, südlich des Poflusses.*

nicht nur von der echten Rebe, sondern auch von dem nicht verwandten Riesling Italico. Frische, fruchtige Weine mit leichter Eleganz, still oder schäumend.
REBSORTEN Rote: Barbera, Bonarda, Vespolina (Ughetta), Pinot Nero und Uva Rara. Weiße: Pinot Bianco, Pinot Grigio, Cortese, Moscato, Riesling Renano und Riesling Italico.
WEINHERSTELLUNG Gärung und Ausbau in großen, geschlossenen Holzbottichen (botti).
REBFL/PROD 13 000 ha, 3,5 Mio. Kisten/Jahr.
PRODUZENTEN Frecciarossa, Il Casale, Lino Maga, Monsopello und Visconti.

---

IGT IN DER LOMBARDEI – *Alto Mincio, Benaco Bresciano, Bergamasca, Collina del Milanese, Montenetto di Brescia, Provincia di Mantova, Provincia di Pavia, Quistello, Ronchi di Brescia, Sabbioneta, Sebino, Terrazze Retiche di Sondrio*

## VALTELLINA

RUF Vielleicht der einflussreichste Weinbezirk der Lombardei, mit den roten Valtellina Superiore. Die exponierte Lage an der südlichen Grenze der Alpen macht sich im Charakter der Weine bemerkbar. 100 bis 120 Kilometer nördlich von Mailand klammern sich die Weinberge an den

*Aus dem Voralpenland Veltlins kommen erstklassige Rotweine. Die besten sind DOCG Valtellina Superiore.*

steilen Hängen fest. Die Erntearbeit ist ganz und gar nicht einfach. Der Name des Weines Inferno entstand aus den Gefühlen, die die Arbeit in diesem Gelände erzeugt.
WEINE Valtellina DOC gilt nur für Rotweine. Die Nebbiolo-Traube, die örtlich Chiavennasca heißt, macht den Hauptanteil aus. Valtellina Superiore muss einen Alkoholgehalt von 12% aufweisen (11% bei den Übrigen) und kommt aus den abgegrenzten Bezirken Sassella, Grumello, Valgella und Inferno. Diese Namen dürfen auch auf dem Etikett angegeben werden. Die Superioreweine haben von allem etwas mehr und können besser gelagert werden. Eine Lagerzeit von 20 Jahren ist nicht ungewöhnlich. In der Inferno-Region gibt es einen kleinen Teil, der sich wegen der weniger steilen Hänge Paradiso nennt.
BODEN Eine dünne Schicht Erde von manchmal nur 60 cm liegt direkt auf dem Berggrund der schmalen Terrassen.
KLASSIFIZIERUNG DOC für Valtellina. DOCG für Valtellina Superiore (Sassella, Grumello, Valgella und Inferno).
REBSORTEN Chiavennasca (Nebbiolo) mit bis zu 30% anderen Sorten wie Pinot Nero, Merlot, Rossola, Pignola und Brugnola.
WEINHERSTELLUNG Superiore muss mindestens zwei Jahre, davon mindestens ein Jahr in Eichenfässern, ausgebaut werden.
REBFL/PROD 1 200 ha, 500 000 Kisten/Jahr.
PRODUZENTEN Zu den besten gehören Fondazione Fojanini, Nino Negri, Aldo Rainoldi und Enologica Valtellinese.

DOCG IN DER LOMBARDEI – *Franciacorta, Valtellina Superiore*

## BERLUCCHI

GESCHICHTE Dieses junge Weinhaus gehört zur Spitze von Italiens Schaumwein-Produzenten nach der Champagner-Methode. Der Kellermeister Franco Ziliani wurde in der Champagne ausgebildet und erzeugt einige der besten Schaumweine der Welt außerhalb der Champagne.
WEINE Pinot di Franciacorta Brut, Grand Crémant, Max Rosé und Pinot de Franciacorta Pas Dosé.
CHARAKTER Die Schaumweine von Berlucchi haben durchgehend ein sehr elegantes, großes Bukett mit einer Andeutung von Traubenzucker. Noch einige Jahre nach dem Degorgieren weisen

*Berlucchi ist einer der besten Produzenten von Schaumweinen nach der Champagner-Methode.*

sie frische Säure und einen ausgeglichenen Abgang auf. Ein interessanter Aspekt ist natürlich der Preis, der trotz Champagner-ähnlicher Qualität günstig ist.
RUF Gehört ohne Zweifel zu den besten Produzenten von Schaumweinen in der Welt.
REBSORTEN Pinot Bianco, Pinot Nero und Chardonnay.
WEINHERSTELLUNG Die Methode ist „champenoise", d.h. mit einer zweiten Gärung in der Flasche und Zusatz von Zucker und Hefe, wodurch u.a. die Kohlensäure gebildet wird.
LAGERUNG Schaumweine werden nach dem Degorgieren üblicherweise nicht mehr als ein paar Jahre gelagert.
REBFL/PROD 70 ha eigene Rebfläche, etwa 20 000 Kisten/Jahr.

**Besitzer** Guido Berlucchi • **Kellermeister** Franco Ziliani • **Besuch** Auch Führungen nach Vereinbarung • **Adresse** Berlucchi, Piazza Duranti 4, I-25040 Borgonato (BR) • **Tel.** 030-98 43 81 • **Fax** 030-98 42 93

PRODUKTION     QUALITÄT     PREIS

## CA' DEL BOSCO

GESCHICHTE  Das Weinhaus wurde in den frühen 70er Jahren von Maurizio Zanella gegründet. Schon als 15-jähriger begann er mit dem Weinbau. Mit 24 Jahren brillierte er bereits mit dem besten Spumante und einem der ersten Spitzen-Vino-da-Tavola Italiens. Ca' del Bosco bedeutet „das Haus im Wald", ist aber heute eine moderne Anlage mit hervorragenden Einrichtungen.

WEINE/CHARAKTER  Fruchtige, ausgewogene Schaumweine von DOCG Franciacorta mit aromatischem Charakter. Die Prestige-Cuvée wurde nach seiner Mutter, Annamaria Clementi, benannt. Der rote Terre di Franciacorta Rosso wird mit Beimischung von lokalen Rebsorten aus zwei Bordeaux-Trauben hergestellt: Cabernet Franc und Merlot. Der Prestigewein Maurizio Zanella gilt als einer der besten roten Vini da Tavola im Bordeaux-Stil: große Cabernet-Nase von schwarzen Johannisbeeren und ein feiner aber durchaus spürbarer Holzton. Pinéro ist ein reiner Pinot Noir im Burgunder-Stil. Das Haus erzeugt auch einen 100-prozentigen Chardonnay von ho-

*Ca' del Bosco wurde erst im Jahr 1968 gegründet, gehört aber zur Spitze der Weinhersteller Italiens.*

her Qualität und einen Sauvignon Blanc (Elfo).

RUF  Weltweit sehr guter Ruf.

REBSORTEN  35% Chard, 15% Pinot Bianco, 12% Pinot Nero, 10% CS, 5% CF sowie Merlot.

WEINHERSTELLUNG  Schaumweine werden nach der Champagner-Methode erzeugt. Die Weinberge werden nach französischem Vorbild dicht bestockt: 10 000 Rebstöcke/ha.

LAGERUNG  Der Prestigewein Maurizio Zanella kann 8-10 Jahre gelagert werden.

REBFL/PROD  96 ha, ca. 50 000 Kisten/Jahr.

**Besitzer** Fam. Margherita-Zanella • **Kellermeister** Stefano Capelli • **Besuch** Mo-Fr 9-12, 14-18 • **Adresse** Ca' del Bosco, Via Case Sparse 11, I-25030 Erbusco (BR) • **Tel.** 030-776 06 00 • **Fax** 030-726 84 25

PRODUKTION      QUALITÄT      PREIS

## UBERTI

GESCHICHTE  Die Familie Uberti ist seit 1793 in Erbusco, dem Hauptort Franciacortas, im Weinbau tätig. Die heutigen Besitzer, Agostino und Eleonora Uberti, pflegen ihren Erbteil mit großer Sorgfalt.

WEINE  DOCG Franciacorta Magnificentia, Francia Francesco I Extra Brut, DOC Terre di Franciacorta Bianco dei Frati Priori, DOC Terre di Franciacorta Rosso dei Frati Priori, DOCG Franciacorta Extra Brut Comarì del Salem.

CHARAKTER  Der stille 100-prozentige Chardonnay Magnificentia ist ein sehr eleganter, gut

*Eine alte Winzerfamilie aus Franciacorta, die einige der besten Spumante der Lombardei erzeugt.*

strukturierter Wein mit reifer Fruchtigkeit und im Duft voll von gerösteten Brot-Tönen. Der Schaumwein DOCG Franciacorta Comarì del Salem hat eine feine, gleichmäßige Mousse sowie ein etwas wildes Vanille-betontes Bukett. Der rote Rosso del Frati Priori ist ein Barrique-ausgebauter 100-prozentiger Cabernet Sauvignon. In der Jugend ist er sehr konzentriert, besitzt einen Holzton und ist dennoch elegant und rassig. Er wird für eine längere Lagerung ausgebaut.

RUF  Zählt zu den besten Spumante-Produzenten der Lombardei.

REBSORTEN  Chardonnay, Pinot Bianco, Cabernet Sauvignon.

WEINHERSTELLUNG  Modernste Anlage. Der Einsatz von Barriques ist größer als für die Gegend üblich.

LAGERUNG  Weiß- und Rotweine entwickeln sich während mehrerer Jahre.

REBFL/PROD  80 ha eigene Rebfläche, etwa 60 000 Kisten/Jahr.

**Besitzer** Fam. Uberti • **Besuch** Nach Vereinbarung • **Adresse** Uberti, Via E. Fermi 2, I-25030 Erbusco (BS) • **Tel.** 030-726 74 76 • **Fax** 030-776 04 55

PRODUKTION      QUALITÄT      PREIS

## Weitere Produzenten in der Lombardei

### Bellavista

Es begann 1977 eher als ein Hobby. Doch bald nahmen der Ehrgeiz und das Engagement Überhand. Qualitätsweine zu erzeugen, wurde für Moretti zur Lebensaufgabe. Spumante nach der Champagner-Methode von DOCG Franciacorta. Sein Pas Operé hat einen guten Ruf. Aber auch der Crémant hält eine hohe Klasse.

• **Besitzer:** Vittorio Moretti **Besuch:** Nach Vereinbarung. **Adresse:** Via Bella Vista, I-25030 Erbusco (BS). **Tel.** 030-776 02 36.

### Ca' dei Frati

Nicht weit von Sirmione, am südlichen Ende des Gardasees, liegt Ca' dei Frati, der beste Erzeuger der lokalen Lugana-Weine. Normalerweise ist dies ein frischer, säuerlicher Wein ohne Charakter, hier aber, mit dem Zusatznamen Il Brolettino, hat er Körper, Eleganz und Harmonie. Ein Barrique-gelagerter Chardonnay, Il Pratto, ist auch empfehlenswert. Auch der rote Riviera del Garda Rosso hält eine hohe Qualität.

• **Adresse:** Via Frati 22, Fraz. Lugana, I-25010 Sirmione (BS). **Tel.** 030-91 94 68.

### Cavalleri

Ein altes historisches Weinhaus in DOCG Franciacorta. Wird von Giovanni Cavalleri mit Hilfe von seinen drei Töchtern geleitet. Bekannt für ausgezeichnete Spumante, z.B. Pas Dosé benannt. Erzeugt auch roten und weißen Franciacorta wie auch den ungewöhnlichen Rampaneto.

• **Besitzer:** Fam. Cavalleri **Besuch:** Nach Vereinbarung. **Adresse:** Via Provinciale 74, I-25030 Erbusco (BS). **Tel.** 030-776 02 17.

### Clastidio (Angelo Ballabio)

Ein kleines Weinhaus, das zwei Generationen in Familienbesitz war. Angelos Sohn führte das Unternehmen bis zu seinem Tod 1975. 1977 übernahm eine Gruppe von Kaufleuten das Unternehmen. Eine der Besonderheiten ist der Clastidium, ein trockener Weißwein aus Pinot Nero und Grigio, der in alten Holzfässern ausgebaut wird. Er ist nach zehn Jahren ausgezeichnet und hat dann ein blumiges Bukett mit weicher, reifer Frucht. Clastidio Rosso wird aus Barbera, Croatina und Uva Rara hergestellt.

• **Besitzer:** Fam. Ballabio **Adresse:** I-27045 Casteggio (PV).

### Enologica Valtellinese

Einer der besten Produzenten von Valtellina Superiore: Grumello, Sassella, Inferno und Valgella. Das Haus wurde 1873 gegründet. Castel Grumello hat einen strengen, trockenen Charakter. Inferno, bzw. die Kleinlage Paradiso, ist sein größtes Eigentum in der Enologica Valtellinese. Der Wein liegt vier Jahre in slowenischer Eiche und entwickelt über Jahre eine harmonische Blume und einen weichen Abgang.

• **Adresse:** Via Ghibellini, I-23030 Chiuro (SO). **Tel.** 0342-48 31 03. **Fax** 0342-48 31 21.

*Eine Auswahl von Weinen aus der Enologica Valtellinese. U.a. die berühmten „Inferno" und „Paradiso".*

### Frecciarossa

Wurde 1922 vom legendären Giorgio Odero gegründet. Die Weine haben DOC Oltrepò Pavese, und es gibt sie als rote, weiße und rosé. Die bekanntesten Rotweine werden aus örtlichen Sorten wie Croatina und Barbera erzeugt.

• **Besitzer:** Fam. Odero **Kellermeister:** Franco Bernabei **Besuch:** Nach Vereinbarung. **Adresse:** Località Frecciarossa, I-27045 Casteggio (PV). **Tel.** 0383-80 44 65. **Fax** 0383-89 04 85.

### La Versa

Eine große Genossenschaft im Versa-Tal, die eine Reihe sehr preiswerter Weine produziert. Besonders gut ist der DOC Oltrepò Pavese Pinot Nero Vigna del Ferraio: ein Barrique-ausgebauter Pinot Nero mit schön glänzender, rubinroter Farbe, einem fruchtigen Bukett und Johannisbeeren und Himbeeren im Geschmack. Der große weiße Chardonnay Vigna del Mattino hat ein buttriges Bukett und einen feinen, langen Geschmack. Ein ausgezeichneter Weißwein ist der halbsüße Lacrimae Vitis Vigna Soleggia Moscato Passito, der teilweise in Barriques ausgebaut und aus getrockneten Trauben gekeltert wird. Der Schaumwein Brut Classico aus Pinot Nero zählt zu den elegantesten und zugleich preiswertesten der Region.

• **Adresse:** Via Crispi 15, I-27047 S. Maria Versa (PV). **Tel.** 0385-27 82 29. **Fax** 0385-79 81 16.

### Le Fracce

Ein gepflegtes Weingut, das vom bekannten Önologen Francesco Cervetti geführt wird. Gepflegte Lagen und strenge Traubenselektion ergeben geschmacksreiche Weine. Der Spitzenwein ist DOC Oltrepò Pavese Cirgà, der aus Croatina,

## Weitere Produzenten in der Lombardei

Barbera und Pinot Nero erzeugt wird: rubinrote Farbe, komplexes Bukett mit Tönen von Veilchen und dunklen Beeren und ein warmer Geschmack mit straffer Frucht. Oltrepò Pavese Bonarda duftet nach Morcheln und reifen Trauben. Im Geschmack ist er leicht spritzig und fruchtig.

•**Adresse:** Via Castel del Lupo 5, I-27045 Casteggio (PV). **Tel.** 0383-82526.

### Lino Maga (Barbacarlo)

Altes Familienunternehmen in Broni, direkt außerhalb von Oltrepò Pavese. Das Haus soll den seltsamen Wein Barbacarlo „erfunden" haben. Ein leicht schäumender, kräftiger Rotwein aus der Barbera, Uva Rara und Croatina. Oft mit deutlicher Süße. Andere Weine: Oltrepò Pavese und Montebuono.

•**Besitzer:** Fam. Maga **Besuch:** Nach telefonischer Vereinbarung. **Adresse:** Via Mazzini 50, I-27043 Broni (PV). **Tel.** 0385-512 12.

*Nino Negri ist ein alter Produzent von Qualitätsweinen in Valtellina. Seine Weine sind sehr lagerfähig.*

### Monsupello

Wurde 1983 gegründet. Seit 1961 erzeugt Carlo Boatti auch ausgezeichneten Monsupello Podere La Borla, einen der besten Weine von Oltrepò Pavese. Granatrot mit konzentriertem Aroma und fülligem, aber weichem Geschmack. Die Rebsortenmischung besteht aus 45% Barbera, 25% Croatina, 24% Uva Rara und 6% Pinot Nero. Das Haus erzeugt auch sortenreine Barbera und Croatina.

•**Besitzer:** Fam. Boatti **Besuch:** Nach Vereinbarung. **Adresse:** Via San Lazzaro 5, I-27050 Torricella Verzate (PV). **Tel.** 0383-860 43.

### Nino Negri

Alter Produzent von Qualitätsweinen, 1897 gegründet. Gehört zur Gruppo Italiano Vini. Hier werden die meisten der berühmten herkunftsbezeichneten Valtellina Superiore hergestellt. Der rote Inferno ist ausgezeichnet. Sein Geschmack ist trocken, mit einer strengen, leichten Eleganz. Das Haus erzeugt auch DOCG Valtellina Superiore in einem Verschnitt von mehreren Lagen. Castel Chiuro ist ein sehr raffinierter Sfurzat mit großem Lagerpotenzial. Die Weine reifen bis zu zwei Jahren in großen Holzbottichen. Mehrere Weine dieses Hauses sind bis bis zu 25 Jahren lagerfähig. Es werden auch Weißweine hergestellt, die aber als Vino da Tavola verkauft werden. Frische, leichte Weine mit der Eleganz des Alpenklimas.

•**Besitzer:** Gruppo Italiano Vini **Besuch:** Nach telefonischer Vereinbarung. **Adresse:** Via Ghibellini 3, I-23030 Chiuro (SO). **Tel.** 0342-48 25 21. **Fax** 0342-48 22 35.

### Bruno Verdi

Einer der besten Erzeuger in DOC Oltrepò Pavese mit u.a. einem hervorragenden halbsüßen Moscato. Frisch und aromatisch im Duft und im Geschmack mit feiner Ausgewogenheit zwischen Süße und Säure. Die Rotweine der gleichen DOC, Barbera, Bonarda, Buttafuoco und Sangue di Giuda, sind modern vinifiziert. Buttafuoco wird in Eiche ausgebaut und aus den Rebsorten Croatina, Barbera und Uva Rara hergestellt. Tiefe Farbe, Duft nach schwarzen Johannisbeeren und trocken und elegant im Geschmack. Sangue di Giuda (Blut des Judas) ist spritzig mit deutlicher Süße.

•**Adresse:** Via Vergomberra 5, I-27044 Canneto Pavese (PV). **Tel.** 0385-880 23. **Fax** 0385-24 16 23.

### Visconti

Das Familienunternehmen wurde 1908 gegründet. Der heutige Besitzer, Franco Visconti, macht Wein aus vielen Teilen der Region, einschließlich eines Teils von Bardolino in Venetien. Visconti ist ein innovativer Kellermeister, der die meisten modernen Techniken beherrscht. Weine: Lugana, Bardolino, Oltrepò Pavese Moscato, Riviera del Garda Bresciano, Merlot Pinot Grigio und Verduzzo. Lugana ist ein ungewöhnlicher Wein: ein aromatischer, recht fülliger, trockener Weißwein von der Trebbiano-Traube. Der niedrige Ertrag bewirkt ein höheres Extraktniveau mit gut erhaltener fruchtiger Frische. Oltrepò Pavese Moscato ist ein süßer, nach Blume duftender Schaumwein mit eleganter Frische. Der Merlot hat einen warmen, fleischigen Charakter. Im Geschmack harmonisch, etwas kräuterähnlich mit weicher Fruchtsäure und Strenge.

•**Besitzer:** Fam. Visconti •**Besuch:** Nach Vereinbarung. **Adresse:** Via Cesare Battisti 139, I-25015 Desenzano del Garda (BS). **Tel.** 030-912 06 81.

### Weitere Betriebe

Montelio, Via Mazza 1, I-27050 Codevilla (PV). Tel. 0383-373090.

# TRENTINO-ALTO ADIGE (SÜDTIROL)

GESCHICHTE Die Vorgeschichte von Alto Adige ist gar nicht italienisch. Bis 1919 war das Gebiet österreichisch und hieß Südtirol. Die Kultur ist in vielem sehr österreichisch und man spricht immer noch Deutsch. Die Weine hingegen sind eher in italienischem Stil und die Etiketten sind oft zweisprachig.

GEOGRAPHIE Alto Adige ist der nördliche Teil und Trentino der südliche. Die meisten Weine

*Alto Adige (Südtirol) liegt in den Dolomiten und grenzt im Norden an Österreich.*

werden zwischen den Städten Bolzano und Trento angebaut. Die Dolomiten und der Fluss Adige prägen das Gebiet und der Weinbau hier gehört zum besten Italiens. Manche Weinberge findet man auf 900 Meter Höhe ü.M. Die DOC-Bestimmungen begrenzen aber oft die Höhe ü.M. auf 400-600 Meter.

KLIMA Die Alpenluft verleiht den Weinen eine angenehme Frische. Die Gegend wird von der Sonne verwöhnt und es ist selten so kalt, dass die Reben gefährdet wären.

WEINE Für gewöhnlich haben die Weine den gleichen Namen wie die Rebsorte. Deshalb haben viele Weine bekannte Namen, da internationale Sorten wie Chardonnay, Sauvignon Blanc, Merlot und Cabernet Sauvignon angebaut werden.
CALDARO oder KALTERERSEE sind Rotweine mit leichter Süße und etwas Bitterkeit im Geschmack. Trentino ist der südlichste Weinbezirk und erzeugt hauptsächlich Rotweine. In dieser Region wird auch Italiens Gegenstück zum Beaujolais hergestellt: Teroldego Rotaliano aus der gleichnamigen Rebsorte.

REBSORTEN Alle großen Rebsorten werden in dieser Region angebaut. Der Chardonnay gibt normalerweise weiche Weine, kann aber erstaunliche Fülle und Frucht aufweisen. Der Gewürztraminer soll aus Trentino stammen. Andere weiße Rebsorten sind Pinot Bianco, Pinot Grigio, die beiden Riesling-Sorten, Sauvignon Blanc und Sylvaner. Blaue Sorten sind Cabernet Sauvignon und Franc, Merlot, Pinot Nero, Schiava und der örtliche Lagrein.

PRODUZENTEN Die Genossenschaften dominieren, aber es gibt auch über 17 000 kleinere Winzer.

REBFL/PROD Ca. 14 000 ha, etwa 1,2 Mio. hl/Jahr. Eine der kleinsten Weinregionen Italiens, aber nicht weniger als 75% der Weine sind DOC.

JAHRGÄNGE 1993, 90, 88, 85, 83, 82, 81.

WISSENSWERT Weitere Informationen: I.C.E., Piazza Walter 22, (Casella Postale 298), I-39100 Bolzano. Tel. 0471-97 00 97, 97 63 69. Fax 047-97 63 69.

## Alto Adige

**RUF** Die Provinz um Bolzano hatte aus mehreren Gründen große Bedeutung für die Weingeschichte. In der Region, die heute Alto Adige heißt, oder Südtirol, wie die meisten Einheimischen sie nennen, haben die Römer mit dem Brauch begonnen, Holzfässer statt Amphoren für

*In Alto Adige ist die Kultur und Sprache österreichisch. Die Weine haben jedoch italienischen Charakter.*

die Weinlagerung zu benutzen. Es war das Ergebnis ihrer Begegnung mit der gotischen Böttcherkunst. Die kleine Ortschaft Tramin (Termeno), gleich südlich von Bolzano, ist auch der Ursprungsort der Traminerrebe. Der Ruf ist sowohl in als auch außerhalb Italiens gut.

WEINE Der rote Cabernet aus den Nebenvarianten Franc und Sauvignon ergibt fruchtige Weine. Einige wenige haben die Struktur für längere Lagerung. Der Merlot ist fruchtiger als anderswo und hat ein weniger „wildes" Bukett als seine Vetter aus Venetien. Den örtlichen Lagrein gibt es als roten oder rosé. Der Rote wird meistens in einem hellen Beaujolais-Stil hergestellt mit fruchtigem, leicht bitterem Geschmack. Noch heller und leichter ist der Schiava Grigia oder Grauvernatsch, ein typischer „Alpenwein", d.h. an Kirschen erinnernd und mit hoher Säure. Der weiße Chardonnay zählt zu den besseren des Landes und wird meist in einem reinen, recht fruchtigen Stil ausgebaut. Der Pinot Grigio und Bianco sind Verkaufsschlager. Der Sauvignon ist neutral fruchtig. Traminer Aromatico ist in diesem Gebiet der Gewürztraminer und ergibt Weine im gleichen, aber etwas leichteren Stil.

WEINHERSTELLUNG Der reduktive Ausbau ist eine Voraussetzung für die Frische, die die Weine meist aufweisen.

KLASSIFIZIERUNG DOC. Eine ganze Menge Vino da Tavola wird hergestellt.

REBSORTEN Rote: CS, Mer, Pinot Nero, Lagrein, Schiava. Weiße: Moscato Giallo, Pinot Bianco, Pinot Grigio, Chard, Traminer, Sylvaner, Riesling Italico, Riesl Renano, SB.

PRODUZENTEN Bellendorf, Kettmeir, Portico dei Leoni, Tiefenbrunner, Niedermayr und Alois Lageder.

## Caldaro (Kalterersee)

**RUF** Eine alte Rotweingegend, wo die örtliche Rebe Schiava den Grund für die drei botanischen Varianten Gentile, Grigia und Grossa bildet. Der Name Schiava (deutsch Vernatsch) ist seit dem 13. Jh. bekannt und stammt von der Sitte, die Rebe niedrig und hart zu beschneiden; Schiava bedeutet auf Italienisch Sklave. Schiava Grossa hat übrigens das Synonym Trollinger in Deutschland. In deutschsprachigen Ländern ist der Wein unter dem Namen Kalterersee (auf Italienisch Lago di Caldaro) bekannt.

WEINE Die Farbe wechselt von hellem Kirschrot zu dunklem Rubinrot. Ein wenig an Mandeln

*Lago di Caldaro ist eine alte Rotweingegend, die die örtliche Schiava als Grundlage für ihre Weine verwendet.*

erinnerndes Bukett mit frischer Säure. Leicht im Geschmack, kann auch recht süß sein. Den Mandelton trifft man im Geschmack wieder und eine Bitterkeit im Abgang ist typisch für diese Rebsorte.

KLASSIFIZIERUNG DOC.

REBSORTEN Schiava Grossa, Schiava Gentile, Schiava Grigia.

WEINHERSTELLUNG Vorwiegend traditionelle Methoden. Stammt der Wein vom ursprünglichen Gebiet am See, heißt er Classico. Wenn der Alkoholgehalt 11% übersteigt, nennt man ihn Scelto oder Auslese. Dieser Wein wird aus spät geernteten oder edelfaulen Trauben hergestellt.

PRODUZENTEN Ambach, Cavit, Castel Rametz, Hofstätter, Hans Rottensteiner, Schloss Kaltenburg und Tiefenbrunner.

---

DOC in Trentino-Alto Adige – *Alto Adige/ Südtiroler, Caldaro/Lago di Caldaro/Kalterer/ Kalterersee, Casteller, Teroldego Rotaliano, Trentino, Trento, Valdadige/Etschtaler*

# ITALIEN • TRENTINO-ALTO ADIGE (SÜDTIROL)

## TERLANO

RUF Weißwein-DOC, der nach einer seltenen Rebsorte benannt ist. Früher wurde dieser Wein als besonders gesund angesehen. Das Tal zählt zu den besten Weißweinbezirken Italiens.

WEINE Müller-Thurgau ergibt leichte, säuerliche Weine mit einem erfrischend trockenen, traubigen Geschmack. Pinot Bianco aus Terlano gehört zu den besseren des Landes, mit einem feinen Aroma und leichtem Mineralton, der finessenreiche Komplexität aufweist. Der Geschmack ist oft von guter Struktur mit Säure, Frucht und Alkohol in ausgewogener Harmonie. Riesling Renano (Rheinriesling) ergibt fruchtige, fein abgestimmte Weine mit deutlichem Traubencharakter und einer hohen und eleganten Säure vom Riesling. Der Sauvignon Blanc aus Terlano ist vielleicht die beste Variante des Landes. Aus den besten Lagen erhält die Traube einen rauchigen Charakter.

KLASSIFIZIERUNG DOC. Nur Weißwein. Wein aus den Gemeinden Terlano und Nalles bekommen den Namen Classico.

*Terlano ist nach einer alten Rebsorte benannt. Diese DOC-Weißweine sind ausgezeichnet.*

REBSORTEN Pinot Bianco, Riesling Renano, Riesling Italico, Sauvignon Blanc, Müller-Thurgau und Sylvaner.

WEINHERSTELLUNG Tradition und moderne Technik im Dienst der Qualitätssteigerung.

PRODUZENTEN Brigl, Klosterkellerei Muri-Gries, Alois Lageder, Cantina Sociale Terlano und Hans Rottensteiner.

IGT IN TRENTINO-ALTO ADIGE – *Mitterberg tra Curia e Tel/Mitterberg zwischen Grfill und Toll/Mitterberg, Vigneti delle Dolomiti/Weinberg Dolomiten*

## TRENTINO

RUF Gehört zu den ältesten Weinbezirken Italiens; seine Geschichte reicht 3 000 Jahre zurück. Griechische Auswanderer verbreiteten den Weinbau von Ligurien aus. Schon im 12. Jh. wurde das erste Weingesetz für den Bezirk abgefasst und im 17. Jh. wurden die besten Lagen von Michelangelo Mariani in einer Schrift, die teilweise noch aktuell ist, beschrieben. Trentino ist in Italien sehr angesehen und vor allem sind die Rotweine im Ausland für ihr gutes Preis/Qualitäts-Verhältnis bekannt.

WEINE Der rote Trentino Cabernet ist übli-

*Die Weine aus Trentino werden wegen ihres speziellen Charakters zu angemessenen Preisen sehr geschätzt.*

cherweise ein Verschnitt von Franc und Sauvignon und kommt auch am häufigsten vor. Marzemino ist die örtliche Rebe. Sie kann alles, von leichten, fruchtigen bis zu fülligeren, säuerlichen Weinen mit Herbe, ergeben. Pinot Nero wird meistens in dunklem, weinigem Stil mit etwas Bitterkeit im Abgang erzeugt. Der weiße Chardonnay nimmt immer mehr an Bedeutung zu. Ansonsten ist die saubere, fruchtige Art vorherrschend. Der örtliche Nosiola ergibt einen ausgezeichneten Vin Santo aus halbgetrockneten Trauben, in versiegelten kleinen Eichenfässern ausgebaut.

KLASSIFIZIERUNG DOC. Viele Produzenten nennen ihre Weine Vino da Tavola. Dies auch bei zugelassenen Rebsorten, um so größere Freiheit bei der Herstellung zu haben.

REBSORTEN Rote: Cabernet, Merlot, Lagrein, Marzemino, Pinot Nero. Weiße: Nosiola, Chardonnay, Sauvignon Blanc, Pinot Blanc, Riesling Renano, Traminer, Traminer Aromatico, Moscato.

WEINHERSTELLUNG Man sieht Barriques, Betonbottiche und altmodische Weinpressen, eine bunte Mischung von neu und alt. Die moderne Technik wird vor allem für Weine, die exportiert werden, eingesetzt.

PRODUZENTEN Barone de Cles, Cantine Mezzacorona, Cavit, Lagariavini, Pojer & Sandri, Gaierhof und Zeni.

## CAVIT

GESCHICHTE  Cavit ist eine Interessengemeinschaft von 14 Genossenschaften, die 1957 gegründet wurde. Die besten Weine erhalten den Namen Cavit (Cantina Viticoltori Trento). In Zusammenarbeit mit dem Wirtschaftsinstitut in San Michele all'Adige werden Prestigeweine von hoher Qualität hergestellt.

*Cavit ist eine Interessengemeinschaft, die eine enorme Produktion mit Qualität vereinbart.*

WEINE  DOC, u.a. Trentino, Alto Adige. „I 4 Vicariati" aus Cabernet/Merlot, Teroldego Rotaliano, Norico von einer Lambrusco-Rebe, Pinot Nero, Merlot und CS. Weißer Chardonnay Maso Rosabel, Chardonnay Barrique, Müller-Thurgau Maso Saracini, Sauvignon Atesino Maso Toresela. Spumante: Firmato und Graal.

CHARAKTER  Spitzenweine werden Maso genannt. Der Chardonnay hat einen fülligen Fruchtgeschmack und feine Säure. Der Chardonnay Barrique wirkt durch den Eichenton und frische Säure besonders elegant. Der Müller-Thurgau Maso Saracini hat einen blumigen Duft. „I 4 Vicariati" ist ein Cabernet-Sauvignon-Merlot-Verschnitt. Der Spumante Graal Méthode Champenoise gehört zu den besten.

RUF  Cavit gilt als bestes Beispiel, wie sich Qualität und Quantität vereinbaren lassen.

REBSORTEN  Weiße: Chard, SB, Riesling Renano, MT, Pinot Bianco, Pinot Grigio, Lagrein, Schiava. Rote: Pinot Nero, CS, Cabernet Franc, Merlot, Teroldego Rotaliano.

WEINHERSTELLUNG  Klassische *botti*, Barriques und Stahltanks werden verwendet.

LAGERUNG  „I 4 Vicariati": 6-7 Jahre.

REBFL/PROD  7 000 ha, 3 Mio. Kisten/Jahr.

**Besitzer** Konsortium aus Genossenschaften • **Kellermeister** Anselmo Martini, Fabrizio Gatto, Renzo Forti • **Besuch** Werktags nach Vereinb. • **Adresse** Via del Ponte 31, I-38100 Trento (TN) • **Tel.** 0461-38 17 11 • **Fax** 0461-91 27 00 • **E-Mail** cavit@cavit.it • **Homepage** www.cavit.it

PRODUKTION  QUALITÄT  PREIS

## HOFSTÄTTER

GESCHICHTE  Das Weingut wurde 1907 gegründet. Heute in Besitz der Familie Paolo Foradori.

WEINE  Weißweine: De Vite aus Kerner, Gewürztraminer, Moscato Giallo Lagerthaler, Sauvignon Blanc und Riesling Renano. Rotweine aus Pinot Nero, Cabernet, Schiava und Merlot. Ferner Steinraffler Lagrein, Barthenau Vigna S. Urbano Pinot Nero und Kolbenhof Gewürztraminer.

CHARAKTER  De Vite ist ein Vino da Tavola aus der Kerner-Rebe, einer Kreuzung aus Riesling und dem roten Trollinger (ital. Schiava). Ein Wein im Bukett an schwarze Johannisbeeren und Zi-

*Hofstätter gehört zur absoluten Spitze in Alto Adige. Am besten ist der Gewürztraminer und der Pinot Nero.*

trusfrüchte erinnernd, mit einem langen, aromatischen Geschmack. Der Gewürztraminer hat ein würziges, rosenblattduftendes Bukett und einen sortentypischen Geschmack. Der berühmteste Wein ist der rote Pinot Nero Villa Barthenau di Mazzon, aus Mazzon, einer Lage, die lange für ihren Pinot Nero bekannt war. Dieser Weine hat ein großes, weiniges Bukett mit Einschlag von verwelktem Laub. Der Geschmack ist mittelfüllig und recht lang, mit feiner Harmonie.

RUF  Gehört zu den besten mittelgroßen Produzenten in Südtirol (Alto Adige).

REBSORTEN  20% Schiava, 15% Pinot Nero, 15% Gewürztraminer, 15% Pinot Bianco, 10% Lagrein, 10% Chardonnay, 15% andere.

WEINHERSTELLUNG  Traditionelle Weinherstellung mit reduktivem Ausbau.

LAGERUNG  Der Pinot Nero: 4-5 Jahre.

REBFL/PROD  40 ha eigene Rebfläche, insgesamt 58 000 Kisten/Jahr.

**Besitzer** Fam. Foradori-Hofstätter • **Kellermeister** M. Foradori, F. Oberhofer, M. Lemayr • **Besuch** Kein Besuch möglich • **Adresse** Hofstätter, Piazza Municipio 5, I-39040 Termeno (BZ) • **Tel.** 0471-86 01 61 • **Fax** 0471-86 07 89 • **E-Mail** hofstatter@hofstatter.com

PRODUKTION  QUALITÄT  PREIS

## SPUMANTE FERRARI

**GESCHICHTE** Von Giulio Ferrari 1902 gegründet. Heute in Besitz der drei Brüder Lunelli. Ferrari gilt als marktführender (und preisführender) Schaumwein-Erzeuger Italiens.

**WEINE** Die ganze Produktion besteht aus Schaumweinen. Zum Hof gehört auch ein Unternehmen, das den stillen Chardonnay Lunelli Villa Maron erzeugt. Die Schaumweine sind: Ferrari Brut, Rosé, Perlé und Champenois G. Ferrari Riserva del Fondatore. Die zwei letzten sind Jahrgangsweine. Außerdem Spumante Trento DOC und Vino Lunelli Trentino Chardonnay DOC.

**CHARAKTER** Der „gewöhnliche" Ferrari Brut ist ein Wein in strammem Stil, mit leichter, frischer Frucht im Bukett und Geschmack. Der Rosé ist ein Blanc de Noirs aus Pinot Nero mit einer erstaunlichen Fülle. Der Spitzenwein Giulio Ferrari sollte erst nach fünf Jahren getrunken werden. Er entfaltet dann ein nussähnliches Bukett mit großzügigem, komplexem und reifem Geschmack. Einzigartige Klasse!

**RUF** Vor 10 Jahren hatte Ferrari Mitbewerber,

*Ferrari gehört zu den besten „Spumante-Häusern" Italiens. Die Spitzenmarke ist Giulio Ferrari.*

aber der Giulio Ferrari bedeutete einen Sprung nach vorn in eine fast unbedrohte Position.

**REBSORTEN** 90% Chard, 10% Pinot Nero.

**WEINHERSTELLUNG** Méthode Champenoise mit zweiter Gärung in der Flasche.

**LAGERUNG** Der Giulio Ferrari kann einige Jahre nach dem Degorgieren gelagert werden.

**REBFL/PROD** 70 ha eigene Rebfläche, etwa 260 000 Kisten/Jahr aus zugekauftem und eigenem Traubengut.

• **Besitzer** Franco Lunelli • **Kellermeister** Mario Lunelli • **Besuch** Di-Fr 10-11.30, 16-17 • **Adresse** Spumante Ferrari, Via del Ponte di Ravina 15, I-38040 Ravina (TN) • **Tel.** 0461-97 23 11 • **Fax** 0461-91 30 08 • **E-Mail** info@cantineferrari.it • **Homepage** www.cantineferrari.it

PRODUKTION   QUALITÄT   PREIS

## WEITERE PRODUZENTEN

### BARON WIDMANN

In weniger als zehn Jahren hat sich Widmann unter den führenden Weinerzeugern im DOC Alto Adige platziert. Er befasst sich hauptsächlich mit Bordeaux-Rebsorten und präsentiert prämierte, reine Cabernet Sauvignon sowie Merlot, aber auch Verschnitte. Die lokale Rebsorte Vernatsch (ital. Schiava) ergibt hier hervorragende Weine, obwohl die Cabernet-Weine in komplexerem, vollmundigerem und lagerfähigerem Stil erzeugt werden. DOC Alto Adige Cabernet Stemma ist ein Verschnitt aus CS und CF: konzentrierter, kräftiger Wein mit gutem Alterungspotenzial. DOC Alto Adige Merlot hat eine sehr dichte, dunkle Farbe und ein intensives Bukett.

• **Besitzer:** Andreas Baron Widmann **Adresse:** Via Im Feld 1, I-39050 Cortaccia (BZ). **Tel.** 0471-88 00 92. **Fax** 0471-88 04 68.

### GAIERHOF

Vom heutigen Besitzer, Luigi Togn, 1976 gegründet. Seine Muscat-Weine wie der Trentino Moscato Giallo und der Moscato Rosa Maso Poli gehören zu den besten in Trentino. Der rote Trentino Pinot Nero gehört zu den fülligsten in der Appellation. Der Sorni ist ein Weißwein aus den Sorten Nosiola, Chardonnay und Müller-Thurgau. Er hat eine komplexe Note von getrockneten Kräutern, einen harmonischen Geschmack, der Länge und ein feines Aroma aufweist.

• **Besitzer:** Luigi Togn **Besuch:** Nach Vereinbarung. **Adresse:** Via IV Novembre 4, I-38030 Roveré della Luna (TN). **Tel.** 0461-65 85 14.

### GIORGIO GRAY

Giorgio Gray gehört zu den begabtesten Kellermeistern der Region. Am bezeichnendsten für ihn, und ungewöhnlich für diese Appellation, ist seine Fähigkeit, trockene Weißweine zu erzeugen, die durch Lagerung besser werden. Ein Gewürztraminer aus den 70er Jahren kann noch jugendlich und frisch schmecken, mit einer ätherischen Nuance von Reife, die nur große Weine besitzen. Der Riesling Renano ist sortentypisch. Ein blumiger Wein mit hoher Säure und weicher Frucht. Auch Rotweine weisen eine große Konzentration auf: Cabernet, Merlot und der örtliche Lagrein.

• **Besitzer:** Giorgio Gray **Besuch:** Nach Vereinbarung. **Adresse:** Piazza Walter, I-39100 Appiano (BZ). **Tel.** 0471-97 83 30.

### ISTITUTO SPERIMENTALE LAIMBURG

Die Weine erreichen bei Messen und Weinproben vielfach hohe Prämierungen. Sie vertreten den regionalen Stil. Der weiße DOC Alto Adige Gewürztraminer ist einer der Spitzenweine: ein aromatischer Wein mit fein ausgewogener Säure und Frucht. Der rote DOC Alto Adige Cabernet Riserva hat einen herben, vollmundig-fruchtigen

## WEITERE PRODUZENTEN IN TRENTINO-ALTO ADIGE (SÜDTIROL)

Geschmack. Die deutsche Riesling-Renano-Traube wird hier zu einem säurebetonten Weißwein mit mineralischem Bukett und herrlicher Frucht.
- **Adresse:** Loc. Laimburg, I-39040 Vadena (BZ). **Tel.** 0471-96 01 93.

### KETTMEIR

Einer der größten Produzenten der Region mit annehmbaren Tafelweinen zu niedrigen Preisen. Wurde unter der Obrigkeit Österreichs im Jahr 1908 gegründet. Der Besitzer Franco Kettmeir steht mit gut 200 Winzern in Verbindung und hat eine Jahresproduktion von etwa 2,5 Mio. Flaschen. Es gibt einige preiswerte Spumanti im Sortiment: Grande Cuvée Brut und Gran Spumante Rosé. Der Merlot Siebeneich ist ein gut gebauter und fruchtiger Rotwein.
- **Besitzer:** Franco Kettmeir **Adresse:** Via Cantine 4, I-39052 Caldaro (BZ). **Tel.** 0471-96 31 35.

### CANTINE SOCIALE LA VIS

Eine große Genossenschaft, für die Fausto Peratoner und der Önologe Gianni Gaspari zwei Weine auf den Markt bringen. Der DOC Trentine, mit Rebsortenangabe, ist ein preiswerter, sauberer, rebsortentypischer Wein von hoher Qualität. Die Spitzenserie nennt man Ritratti. Der weiße DOC Trentino Pinot Grigio Ritratti hat einen komplexen, fruchtigen Geschmack mit feiner Säure und leichtem Eichenholzton. Der rote Ritratto wird aus der lokalen Teroldego-Traube erzeugt und ist ein warmer, runder Wein mit teeriger Duftnote und säurebetontem Geschmack. Der Pinot Nero ist vollmundig und konzentriert.
- **Besitzer:** 800 Mitglieder **Adresse:** Via del Carmine 12, I-38015 Lavis (TN). **Tel.** 0461-24 63 25. **Fax** -24 07 18.

### ALOIS LAGEDER

Das 1855 gegründete Familienunternehmen wird heute von Alois Lageder und dem Kellermeister Luis von Delleman geführt. Von den Qualitätsprodukten sind die Weißweine am besten. Fruchtige Weine von Sauvignon Blanc und Pinot Grigio. Lageder erzeugt Wein aus mehreren DOC-Bezirken der Region. Der Spitzenwein unter den Roten ist der Alto Adige Cabernet Sauvignon Loewengang. Dichte Farbe mit großem, aromatischem Bukett und fruchtigem, aber strukturiertem Geschmack.
- **Besitzer:** Alois Lageder **Kellermeister:** Luis von Delleman **Besuch:** Nach Vereinbarung. **Adresse:** Viale Druso 235, I-39100 Bolzano (BZ). **Tel.** 0471-920164. **Fax** 0471-931577.

### CANTINA SOCIALE SAN MICHELE APPIANO

Große Erfolge durch Ertragsreduzierung. Der konzentrierte Sauvignon St-Valentin mit DOC Alto Adige gehört zu den besten Weinen Italiens. Der eichenbetonte Chardonnay St-Valentin gilt als bester Wein der Genossenschaft und besitzt ein ausgewogenes Säure-Frucht-Spiel. Bekannt ist auch der süße Comtess aus Gewürztraminer. Sehr gelungen präsentiert sich der Pinot Nero Riserva.
- **Besitzer:** Kooperative **Kellermeister:** Hans Terzer **Besuch:** Nach Vereinbarung. **Adresse:** Circonvallazione 17, I-39057 Appiano (BZ). **Tel.** 0471-66 46 54.

### POJER & SANDRI

Wurde 1974 vom Önologen Mario Pojer und dem Winzer Fiorentino Sandri gegründet. In etwa fünfzehn Jahren hat man sich im In- und Ausland einen guten Ruf aufgebaut. Man erzeugt nicht nur traditionelle, örtliche Sorten wie z.B. den weißen Nosiola, sondern auch mondäne wie den Essenzia, einen Weißwein aus Kerner, Sauvignon, Riesling und Chardonnay. Die Trauben werden sehr spät gelesen und erhalten große Konzentration und hohe Süße/Säure. Auch der Schaumwein Pojer & Sandri Champenois ist ausgezeichnet, aber nicht besonders preiswert. In den letzten Jahren hat man sich darauf konzentriert, große Rotweine herzustellen, eine Ambition, deren Resultate die Verbraucher mit Zuversicht abwarten sollten.
- **Besitzer:** Mario Pojer & Fiorentino Sandri **Besuch:** Nach Vereinbarung. **Adresse:** Località Molini, I-38010 Faedo (TN). **Tel.** 0461-65 03 42.

### CONCILIO VINI

Traditioneller Großproduzent mit neuen Ideen, 1972 gegründet. Der Rotwein Teroldego Rotaliano besitzt beerige Duft- und Geschmacksaromen und wird der Bezeichnung „Italiens Beaujolais" gerecht. Der Chardonnay ist säurebetont und sortentypisch. Der Spitzenwein Mori Veci ist ein Cabernet-Merlot-Verschnitt im Bordeaux-Stil.
- **Besitzer:** Fam. Grigolli und Boschi & Gamberoni **Kellermeister:** Enrico Paternoster **Adresse:** Via Nazionale 24, I-38060 Volano (TN). **Tel.** 0464-41 10 00. **Fax** 0464-46 148 2.

### WEITERE BETRIEBE

FORADORI, Via dei Chiesa 1, I-38017 Mezzocolombardo (TN). Tel. 0461-601046.

CANTINA PRODUTTORI COLTERENZIO, Strada del Vino 8, I-39050 Cornaiano (BZ). Tel. 0471-664246.

TENUTA SAN LEONARDO, Loc. San Leonardo, I-38060 Borghetto all'Adige (PV). Tel. 0464-689004.

CANTINA SOCIALE SANTA MADDALENA, Via Brennero 15, I-39100 Bolzano (BZ). Tel. 0471-972944.

CASTELLO SCHWANBURG, Via Schwanburg 16, I-39010 Nalles (BZ). Tel. 0471-678622. Fax 0471-678430.

# VENETIEN

GESCHICHTE  In Venedig hat man seit Menschengedenken Wein angebaut. Die mittelalterlichen Städte Padova, Verona und Venedig waren wichtige Machtzentren. In der Gegend wurde Wein nicht nur für die Bauern, sondern auch für die Geschäftsfamilien erzeugt.

*Venedig war ein wichtiges Machtzentrum im Mittelalter und ein wichtiger Ausgangspunkt des Weinbaus.*

GEOGRAPHIE  In der hügeligen Landschaft zwischen der Poebene und den Dolomiten, mit dem Gardasee im Westen und Venedig im Osten, gibt es die Venedig-Weine. Die bekanntesten kommen aus der Region zwischen Verona und Garda.

KLIMA  Die Region zwischen den Alpen und der Ebene hat ein gut temperiertes Klima für Qualitätsweine.

WEINE  Am häufigsten sind die Weißweine mit dem leichten, trockenen SOAVE im Vordergrund. Bekannte Rotweine sind die hellen BARDOLINO und VALPOLICELLA. Recioto Soave ist der erste DOCG der Region. Ganz im Osten liegen DOC LISON-PRAMMAGIORE und der große Bezirk PIAVE. Die neusten DOC heißen: TORCOLATO (nur für Passito-Weine) sowie GARDA, eine Sammelappellation.

REBSORTEN  Vorwiegend örtliche Sorten. In Soave ist Garganega vorherrschend. Für Rotweine werden Corvina Veronese, Rondinella und Molinari verwendet. Französische Cabernet, Merlot und Pinot Gris kommen auch vor, u.a. in DOC Piave.

PRODUZENTEN  Alte Familienunternehmen, internationale Konzerne, die in die Weinindustrie investieren, und Genossenschaften von unterschiedlicher Größe treten auf. Insgesamt 113 000 Produzenten.

REBFL/PROD  Ca. 81 000 ha, rund 7 Mio. hl/Jahr. Venetien ist das drittgrößte Gebiet Italiens. Von hier kommen 20% aller DOC-Weine.

WISSENSWERT  Weitere Informationen: Unione Consorsi Vini Veneto DOC – UVIVE, Corso Porta Nuova 96, I-37122 Verona. Tel. 045-808 58 48, 808 58 49. Fax 045-59 46 48.

## BARDOLINO

RUF Für jedermann ist es der beliebte Wein von den Hügeln zwischen Verona und dem Gardasee. Ein Exportprodukt, das den Status der italienischen Weine nicht unbedingt hebt. Der „Novello", den man seit Jahren produziert, stellt eine hiesige Variante des Beaujolais Nouveau dar. Der Bezirk direkt beim kleinen, verschlafenen Dorf Bardolino wird Classico genannt.

WEINE Rote und rosé, manchmal mit etwas diffusen Grenzen zwischen den Weinsorten. Ein leicht parfümierter, trockener Wein mit großer Frucht von Trauben, weicher Säure und etwas bitterem Finish. Selten spürbare Herbheit. Der Roséwein heißt Bardolino Chiaretto und besitzt die Frische, die für diesen Weintyp erforderlich ist, damit seine Existenz begründet werden kann. Wenn der Wein im gleichen Jahr, wie er geerntet wurde, in Flaschen gefüllt wird, bekommt er den Namen Bardolino Novello. Den Chiaretto-Wein gibt es als Schaumwein bzw. Spumante.

KLASSIFIZIERUNG DOC für alle Sorten. Wenn der Alkoholgehalt 11,5% übersteigt und

Bardolino ist ein klassischer Exportwein ohne höheren Status und zeichnet sich durch seine Frucht aus.

der Wein mindestens ein Jahr gelagert wurde, bekommt er den Namen Superiore.

BODEN Alte Flussablagerungen haben die Erde recht kalt gemacht; gut geeignet für die Herstellung frischer Weine, die jung getrunken werden sollten.

REBSORTEN Corvina Veronese, Rondinella, Molinara und Negrara.

WEINHERSTELLUNG Kühle Gärung ganz ohne Säureverbindung ist das Wichtigste im Herstellungsprozess dieser fruchtigen, leichten Weine.

PRODUZENTEN Bolla, Lamberti, Masi, Guerrieri Rizzardi und Zonin.

## LISON-PRAMAGGIORE

RUF Diese ziemlich neue DOC im östlichen Venetien ist ein Verschnitt aus rotem Cabernet, bzw. Merlot di Pramaggiore, und weißem Tocai di Lison. Die beiden Weine gehören zu den besten ihrer Art in der Region und mit der Zeit ist mehr Popularität zu erwarten. Bei mehreren Weinen darf man jetzt die Rebsortenbezeichnung angeben. Zum Beispiel Sauvignon, Chardonnay und Refosco.

WEINE Die Rotweine aus Cabernet Sauvignon und Merlot haben eine feine Konzentration und sind oft herb und lagerfähig. Der weiße Tocai hat

Lison-Pramaggiore ist eine recht neue DOC. Die Rot- und Weißweine gehören zu den besten in Venetien.

eine leicht ölige Struktur, was ein Merkmal dieser Rebsorte ist, und eine Frische und Fruchtigkeit, die ihn etwas weniger exotisch erscheinen lässt. Chardonnay, Pinot Grigio und Pinot Bianco sind reine, aromatische Weine mit guter Fruchtsäure. Sie kommen in der Spumante-Version vor. Die örtliche Sorte Refosco dal Peduncolo Rosso ergibt warme, weiche Rotweine mit etwas bitterem Abgang.

KLASSIFIZIERUNG Eine Art Sammel-DOC für mehrere Weine, bei der die Rebsorten angegeben werden.

BODEN Die Ablagerungen entlang dem Fluss Piave sorgen für einen reichhaltigen Boden mit folglich großen Erträgen.

REBSORTEN Weiße: Tocai, Pinot Bianco, Pinot Grigio, Chardonnay, Sauvignon, Riesling Italico und Verduzzo. Rote: Cabernet Sauvignon, Cabernet Franc, Merlot und Refosco dal Peduncolo Rosso.

WEINHERSTELLUNG Es ist interessant, dass auch die roten Trauben Spumante, d.h. Schaumweine ergeben.

PRODUZENTEN La Fattoria, Santa Margherita, Tenuta Sant'Anna und Torresella.

## PIAVE

RUF Südlich und westlich von Pramaggiore liegt diese DOC mit roten und weißen Weinen. Eindeutig vorherrschend sind die roten Merlot-Weine, die man fünf bis acht Jahre lagern kann.

*Piave ist eine große Sammel-DOC mit vielen Weinsorten. Am bekanntesten sind die Merlot-Weine.*

Die Weine haben einen anständigen Ruf, auch wenn man die Produzenten sorgfältig aussuchen sollte.

WEINE Die Merlot-Weine haben ein etwas kräuterähnliches, strammes Bukett und eine großzügige Fülle mit herbem Geschmack. Der Cabernet hat ein intensives, fruchtiges Bukett, das an Gras erinnert, und oft eine ausgeprägte Herbe. Die örtliche rote Traube Raboso ergibt dunkle, nach Veilchen duftende Weine von strengem Charakter und mit reichlicher Herbe und Säure. Pinot Nero gibt recht stabile Weine mit großem Aroma und einer gewissen Leichtigkeit. Die Weißweine vom Pinot Grigio haben ein intensives Aroma und einen weichen, ausbalancierten Geschmack.

KLASSIFIZIERUNG Sammel-DOC für Rot- und Weißweine.

BODEN Sedimentäre Erde vom alten Flussbett ergibt große Erträge.

REBSORTEN Rote: Merlot, Cabernet Sauvignon, Raboso und Pinot Nero. Weiße: Tocai, Veduzzo, Pinot Bianco und Pinot Grigio.

WEINHERSTELLUNG Man experimentiert viel mit verschiedenen Techniken bei den Trauben Raboso, Pinot Nero und Pinot Grigio.

PRODUZENTEN Enetum, Ponte Cantina Sociale, Roncade und Silvestrini.

---

DOCG IN VENETIEN – *Recioto di Soave*
DOC IN VENETIEN – *Bagniolo di Sopra/Bagnoli, Bardolino, Bianco di Custoza, Breganze, Colli Berici, Colli di Conegliano, Colli Euganei, Gambellara, Garda, Lessini Durello, Lison-Pramaggiore, Montello e Colli Asolani, Prosecco di Conegliano Valdobbiadene/Prosecco di Conegliano/Prosecco di Valdobbiadene, Recioto della Valpolicella, Soave, Valpolicella, Vini del Piave/Piave*

---

## SOAVE

RUF Eines der wichtigsten Ausfuhrprodukte Italiens. Ohne Mitbewerber auch der bekannteste Weißwein Italiens. Der Name bedeutet in etwa „lieblich", was der Wein bestenfalls auch sein kann. Üblicherweise haben aber die Weinkenner ein etwas kühleres Verhältnis zu diesem Wein. Dieser neutrale, trockene Weißwein findet jedenfalls seine passenden Partner in Fisch- und Schalentiergerichten. Weine aus dem ältesten, zentralen Bezirk dürfen Classico genannt werden.

WEINE Es gibt zwei Versionen: Soave und Recioto di Soave. Das Produktionsverhältnis ist aber 500 zu 1. Der einfache Soave ist oft blass grünschimmernd mit einem kleinen fruchtigen, neutralen Bukett und trockenem, frischem, ebenfalls neutralem Geschmack. Möglicherweise würden die Weine eine bessere Konzentration erhalten, wenn man die Erträge von annähernd 100 hl/ha nicht zulassen würde. Bessere Erzeuger machen Weine mit größerem Aroma und Geschmack. Recioto di Soave hat einen intensiven, fruchtigen Duft und weichen, fülligen Geschmack mit Süße.

*Soave-Weine gehören zu den wichtigsten Exportprodukten Italiens. Bollas Soave ist ein Klassiker in den USA.*

KLASSIFIZIERUNG DOC.

REBSORTEN Garganega und Trebbiano.

WEINHERSTELLUNG Kühlvergärung ganz ohne Säureverbindung ist wichtig, um die Frische zu erhalten. Einige Hersteller versuchen Weine von ausgewählten Weinbergen in neuen Eichenfässern zu vergären. Den Wein gibt es auch als Spumante, der in geschlossenen Tanks vergoren wird.

PRODUZENTEN Masi, Bolla, Pieropan, Anselmi und Cantina Sociale.

---

IGT IN VENETIEN – *Alto Livenza, Colli Trevigiani, Conselvano, Delle Venezia, Marca Trevigiana, Provincia di Verona/Veronese, Vallagarina, Veneto, Veneto orientale*

## VALPOLICELLA

RUF Ein Wein, der weit außerhalb der Grenzen Italiens bekannt ist, vielleicht aber nicht immer der guten Qualität wegen. Es gibt viele Stile, aber wenig Volltreffer. Wenn der Valpolicella am besten ist, hat er doch ausreichend Charme und Fruchtigkeit, um auch den Wählerischen zu beha-

*Valpolicella ist eine der bekanntesten DOC Italiens. Die Amarone-Version ist von sehr hoher Qualität.*

gen. Die beiden Passito-Versionen Recioto und Amarone haben einen bedeutend besseren Ruf. Wenn der Wein aus den zentralen Bezirken kommt, darf er Classico genannt werden.

WEINE Valpolicella hat ein Bukett mit charakteristischer Note von Kirschen und einen weichen, aber fülligen, leicht bitteren Geschmack. Manche Versionen werden mit ausgeprägter Strenge und größerer Kraft erzeugt. In der Regel sollten die Weine innerhalb von zwei bis drei Jahren getrunken werden. Recioto wird aus getrockneten Trauben hergestellt und besitzt einen hohen Alkoholgehalt (mindestens 14%) und eine größere, kräftigere Struktur. Wenn der Zucker ganz vergären soll, erhält man den Amarone - einen sehr starker, fülliger Wein mit einem bitteren Abgang.

KLASSIFIZIERUNG DOC (Denominazione di Origine Controllata) für alle Varianten.

REBSORTEN Corvina Veronese, Rondinella, Molinara.

WEINHERSTELLUNG Für Recioto und Amarone werden reife, nicht von Edelfäule angegriffene Trauben zum Trocknen ausgesucht. Nachdem der größte Teil des Wassers verdunstet ist, erhält man einen sehr konzentrierten Most.

PRODUZENTEN Allegrini, Masi, Guerrieri-Rizzardi, Bolla, Quintarelli, Tedeschi, Le Ragose, Tommasi und Longo.

## ALLEGRINI

GESCHICHTE Der 1886 gegründete Betrieb wird von den drei Allegrini-Geschwistern geführt. Das Haus ist wahrscheinlich der beste Amarone-di-Valpolicella-Produzent mit mehreren Lagen sowohl für Valpolicella als auch für Amarone.

WEINE DOC Valpolicella (auch Recioto di Amarone) und Pelara.

CHARAKTER Amarone di Valpolicella mit größerer Kraft und mehr Gerbsäure als viele der Kollegen. Ein großer Teil der Weine kann bis zu 30 Jahre gelagert werden. Der Valpolicella ist sanft und fruchtig mit feiner, bitterer Kirschnote.

RUF Mit seinen langlebigen Amarone-Weinen

*Allegrini wird von drei Geschwistern geführt. Sie erzeugen einige der besten Amarone Venetiens.*

hat sich Allegrini einen guten Ruf geschaffen.

REBSORTEN Der Rebsortenspiegel für die Amarone-Weine: 70% Corvina, 17% Rondinella, 3% Molinara und 10% Sangiovese.

WEINHERSTELLUNG Vergärt wird bei hoher Temperatur für eine maximale Gewinnung von Farbe und Aroma. Der Valpolicella wird ein Jahr im Fass ausgebaut.

LAGERUNG Aus guten Jahren kann der Amarone bis zu dreißig Jahren gelagert werden.

REBFL/PROD Etwa 33 ha, ca. 15 000 Kisten/Jahr.

**Besitzer** Walter, Marilisa, Franco Allegrini • **Kellermeister** Franco Allegrini • **Besuch** Mo-Fr 9-12, 14-18, nach Vereinbarung, Sa 9-12 • **Adresse** Allegrini, Corte Giara, I-37022 Fumane di Valpolicella (VR) • **Tel.** 045-770 11 38 • **Fax** 045-770 17 44

PRODUKTION     QUALITÄT     PREIS

## ROBERTO ANSELMI

GESCHICHTE  Vor mehr als 20 Jahren übernahm Roberto Anselmi das Weingut von seinem Vater. Den Vorsatz, große Soave-Weine zu erzeugen, hat er erfüllt und nimmt heute in der Region eine führende Position ein.
WEINE  DOC Soave Classico: Capitel Foscarino, San Vincenzo, Capitel Croce. DOCG Recioto di Soave i Capitelli, Realda.
CHARAKTER  Die Soave-Classico-Weine der verschiedenen Lagen zeigen alle die Garganega-Rebe in einer konzentrierten, hart getrimmten Variante, mit dem „terroir"-Charakter ausgewählter Lagen. Fruchtige, komplexe Weine, die sich noch einige Jahre nach der Abfüllung entwickeln. Der Recioto di Soave hat ein reiches Bukett und einen kräftigen Geschmack mit etwas Edelfäule und neuem Eichenholzton. Die milde Süße dieser großen (und teuren) Weine harmoniert mit der feinen Fruchtsäure. Der rote Cabernet für den Realda wächst in großer Höhe und der Wein hat eine schöne, tiefe Farbe sowie einen komplexen, weichen Geschmack.

*Roberto Anselmi gehört zu den besten Produzenten der oft unterschätzten Soave-Weine.*

RUF  Einer der führenden Soave-Produzenten der Classico-Region.
REBSORTEN  Garganega, Chardonnay, Cabernet Sauvignon.
WEINHERSTELLUNG  Einige Schlüsselwörter des Erfolgs sind: temperaturregulierte Gärung und Lagerung auf dem Hefesediment vor der Abfüllung.
LAGERUNG  Recioto-Weine von guten Jahrgängen können 5-6 Jahre gelagert werden.
REBFL/PROD  55 ha, ca. 20 000 Kisten/Jahr.

**Besitzer**  Roberto Anselmi • **Kellermeister**  Roberto Anselmi • **Besuch**  Nach Vereinbarung • **Adresse**  Roberto Anselmi, Via S. Carlo 46, I-37032 Monteforte d'Alpone (VR) • **Tel.**  045-761 14 88 • **Fax**  045-761 14 30

PRODUKTION  QUALITÄT  PREIS

## BERTANI

GESCHICHTE  Das Familienunternehmen wurde 1857 in Verona gegründet. Heute führt Gaeto Bertani das Unternehmen mit fester Hand, um den guten Namen des Hauses zu bewahren. Am bekanntesten ist das Haus für seine sehr lagerfähigen Amarone.
WEINE  Bardolino, Bertarosé, Soave, Valpolicella, Recioto, Amarone und Riviera del Garda.
CHARAKTER  Amarone di Valpolicella hat größere Kraft und Rauheit als viele Weine der Konkurrenten. Eine Lagerung von dreißig Jahren ist nicht unmöglich. Der Valpolicella hat einen

*Die Bertanis haben einen guten Namen. Ihr Amarone gehört zu den besten in Valpolicella.*

fruchtigen Charakter, im Duft eine leichte Note von Kirschen und einen bitteren Abgang, was diese Weinsorte kennzeichnet. Der Bardolino von Bertani hat eine frische, hohe Säure und typischen Traubengeschmack.
RUF  Wegen seiner gleichmäßigen und guten Qualität hat Bertani einen guten Ruf.
REBSORTEN  Corvina Veronese, Molinara, Rondinella, Negrara, Barbera, Cabernet Sauvignon, Merlot für Rotweine. Garganega, Pinot Grigio, Chardonnay, Sauvignon Blanc und Trebbiano für Weißweine.
WEINHERSTELLUNG  Der langlebige Amarone wird bei hoher Temperatur vergoren, damit ein max. Auslaugen von Farbe und Aroma erreicht wird.
LAGERUNG  Amarone kann bei guten Jahrgängen 25 bis 30 Jahre gelagert werden.
REBFL/PROD  Ca. 180 ha, ca. 200 000 Kisten/Jahr.

**Besitzer**  Familie Bertani • **Kellermeister**  Paolo Grigolli & Flavio Peroni • **Besuch**  Mo-Do 9-17 • **Adresse**  Bertani, Loc. Novare, I-37020 Arbizzano di Negrar (VR) • **Tel.**  045-601 12 11 • **Fax**  045-601 12 22

PRODUKTION  QUALITÄT  PREIS

## BOLLA

**GESCHICHTE** Dieses Riesenunternehmen wurde 1883 in Soave gegründet. Es ist immer noch in Familienbesitz und wird von drei Brüdern geführt. Hier wird eine ganze Menge guter Valpo-

*Bolla hat einen guten Ruf und war in den 50er Jahren der erste, der die Amarone-Weine exportierte.*

licella, Amarone und Soave verkauft. Die USA sind der größte Abnehmer. Supermoderne Weinherstellung und hohe Qualität haben in den USA Bolla und Soave zu Synonymen gemacht.

**WEINE** Bardolino, Soave, Valpolicella, Recioto di Valpolicella und Amarone di Valpolicella sowie Rhetico, Creso.

**CHARAKTER** Die weißen Soave haben die leichte, fruchtige Frische, die diese Weine kennzeichnet. Gute Säure und gutes Aroma. Der rote Amarone hat einen kräftigen Geschmack und erinnert im Bukett an Mandeln. Der Valpolicella ist fruchtig, dunkel und sehr extraktreich. Der Bardolino im leichten Stil von flacherer Struktur. Durchgehend mit gutem Preis-Leistungs-Verhältnis.

**RUF** Trotz der Größe und der recht kostspieligen Anzeigen hat Bolla den Ruf eines guten Weinproduzenten.

**REBSORTEN** Weiße: Trebbiano und Garganega. Rote: Corvina Veronese, Rondinella, Molinara und Negrara.

**WEINHERSTELLUNG** Moderne Anlagen mit zeitgemäßen, frischen Weinen, wobei die traditionellen Eigenheiten beibehalten werden.

**LAGERUNG** Amarone: bis zu zehn Jahren.

**REBFL/PROD** Keine eigenen Rebflächen. Das Traubengut wird von 250 Winzern eingekauft; insgesamt 1,5 Mio. Kisten/Jahr.

**Besitzer** Familie Bolla • **Kellermeister** Elio Novello, Gianpaolo Vaona • **Besuch** Mo-Fr 9-13, 14.30-17.30 • **Adresse** Bolla, Piazza Citadella 3, I-37122 Verona (VR) • **Tel.** 045-867 09 11, 867 09 65 • **Fax** 045-867 09 12 • **E-Mail** bolla@bolla.it • **Homepage** www.bolla.it

PRODUKTION      QUALITÄT      PREIS

## LAMBERTI

**GESCHICHTE** Riesenproduzent, heute in Besitz der Gruppo Italiano Vini. Man erzeugt leichte und frische Weine der ganzen Region.

**WEINE** Chiaretto, Bianco di Custoza, Bardolino, Lugana, Riviera del garda Bresciano, Soave Valpolicella, Recioto, Amarone, Pinot Grigio delle tre Venezie und einen Chardonnay-Sauvignon-Verschnitt.

**CHARAKTER** Bardolino ist in leichtem Stil mit großer Frucht gehalten. Amarone di Valpolicella hat eine leichte Struktur und reift sehr früh. Der weiße Pinot Grigio delle tre Venezie ist ein frischer, gut strukturierter Wein mit angenehmer Frucht und viel Aroma. Der Chardonnay-Sauvignon-Verschnitt hat eine ungewöhnliche Traubenkombination, ergibt aber einen leichten, frischen Weißwein, der nach Kräutern duftet.

**RUF** Man hat den Ruf, die besten Weine im leichten, jugendlichen Stil herzustellen.

**REBSORTEN** Rote: Corvina Veronese, Rondinella, Molinara, Negrara, Barbera, Groppello und Marzemino. Weiße: Garganega, Trebbiano,

*Lamberti stellt zeitgemäß die meisten Weine in einem frischen, leichten Stil her.*

Chardonnay, Sauvignon Blanc, Pinot Grigio, Pinot Bianco und Riesling Italico.

**WEINHERSTELLUNG** Großbetrieb mit riesigen, temperierten Stahltanks.

**LAGERUNG** Amarone kann normalerweise etwa zehn Jahre gelagert werden.

**REBFL/PROD** 170 ha eigene Rebfläche, ca. 2,3 Mio. Kisten/Jahr.

**Besitzer** Gruppo Italiano Vini • **Kellermeister** Giuseppe Peretti, Narciso Faggian • **Besuch** Mo-Sa 10-18.30, So 9.00-13 • **Adresse** Villa Belvedere, I-37067 Calmasino-Verona (VR) • **Tel.** 045-626 06 00, -75 80 034 • **Fax** -72 35 772 • **E-Mail** giv@giv.it • **Homepage** www.giv.it

PRODUKTION      QUALITÄT      PREIS

ITALIEN • VENETIEN

## Maculan

GESCHICHTE Wurde 1937 gegründet. Maculan ist der größte Name in DOC Breganze. Man wurde hauptsächlich mit den Vini da Tavola bekannt.

Maculan gehört zu den großen Persönlichkeiten Venetiens und ist für seinen Torcolato bekannt.

WEINE Rote: DOC Breganze Cab. Palazzotto, Cabernet Fratta, Cabernet Sauvignon Ferrata, Merlot Marchesante, Pinot Nero Altura. Weiße: Chardonnay Ferrata, Chardonnay Maculan, DOC Breganze Pinot Grigio, DOC Breganze Prato di Canzio, Torcolato, Dindarello, Acininobilis.
CHARAKTER Torcolato, einer der bekanntesten Maculan-Weine, enthält nebst wenig Garganega und Tocai vor allem die lokale Rebsorte Vespaiolo. Die Trauben werden teilweise getrocknet und ergeben einen süßen Wein mit großem Geschmack und Finesse. Der große Komet ist aber Acininobilis, der aus edelfaulen Torcolato-Trauben erzeugt und in Barriques ausgebaut wird. Der Cabernet Sauvignon Ferrata wird durch die Ertragsbegrenzung sehr konzentriert und erhält dadurch eine kräftige Farbe.
RUF Ein großer Produzent mit mehreren Spitzenweinen.
REBSORTEN Weiße: Chard, Vespaiolo, Garganega, Tocai, Pinot Grigio, Pinot Bianco, SB, Sém. Rote: CS, CF, Merlot, Pinot Nero.
WEINHERSTELLUNG Moderne Denkweise und interessante Ideen. Trotz sehr hoher Rebstockdichte ergibt jede Rebe nur 1 kg Traubengut!
LAGERUNG Acininobilis und die besten Rotweine können lange lagern.
REBFL/PROD 25 ha eigene Rebfläche, etwa 35 000 Kisten/Jahr.

**Besitzer** Fausto & Franca Maculan • **Kellermeister** Fausto Maculan • **Besuch** Mo-Fr 8-12, 13.30-17.30 • **Adresse** Maculan, Via Castelletto 3, I-36042 Breganze (VI) • **Tel.** 0445-87 37 33 • **Fax** 0445-30 01 49 • **E-Mail** maculan@netics.net

PRODUKTION    QUALITÄT    PREIS

## Masi

GESCHICHTE Das Weingut wurde schon 1790 gegründet und ist seit sechs Generationen in Besitz der Familie Boscaini. Ein ausgezeichneter Produzent von u.a. Amarone- und Soave-Weinen.
WEINE DOC Bardolino, Soave, Valpolicella, Recioto, Amarone.
CHARAKTER Der lagebezeichnete Campo Fiorin ist einer der Spitzenweine der Region und besteht aus dem traditionellen Rebsortenspiegel 55% Corvina, 25% Rondinella, 10% Molinara und 10% Rossignola und Sangiovese. Der Most wird im März ein zweites Mal auf dem Amarone-Trester vergoren (Ripasso), hat einen Alkoholgehalt von rund 13-14% und einen reichen, komplexen Geschmack. Valpolicella wird in zwei Varianten hergestellt. Der beste ist der lagebezeichnete Serègho Alighieri. Der Amarone Mazzano kommt erst nach fünfjährigem Eichenfassausbau auf den Markt. Wegen seines Alkoholgehalts von etwa 15% und einer rosinenähnlichen, konzentrierten Frucht ist dieser Wein eine Kraftprobe.
RUF Masi ist einer der führenden Vertreter von Kultweinen wie Amarone und Ripasso.

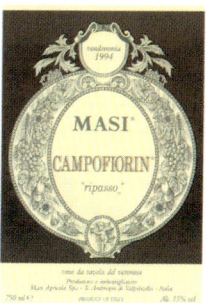

Masi ist für seinen kräftigen Amarone und den Ripasso-Wein Campo Fiorin bekannt.

REBSORTEN Rote: Corvina Veronese, Rondinella, Molinara, Dindarella, Rossignola, Sangiovese, Oseleta. Weiße: Garganega.
WEINHERSTELLUNG Der Amarone wird zur maximalen Gewinnung von Farb- und Aromastoffen bei hoher Temperatur vergoren.
LAGERUNG Amarone und Campo Fiorin können beide mind. 10 Jahre gelagert werden.
REBFL/PROD Ca. 160 ha, 200 000 Kisten/J.

**Besitzer** Fam. Boscaini • **Kellermeister** Paronetti & Sergio Boscaini • **Besuch** Täglich 10-18 • **Adresse** Masi, Di Valpolicella-Verona, I-37020 Gargagnano di Valpolicella (VR) • **Tel.** 045-680 05 88, 770 36 22 • **Fax** 045-680 06 08 • **E-Mail** masi@easynet.it • **Homepage** www.masi.it

PRODUKTION    QUALITÄT    PREIS

## Cantina Sociale di Soave

GESCHICHTE  Diese riesige Genossenschaft wurde 1930 von Luigi Zannini, der schon damals nach Qualität und Menge strebte, gegründet. Nach dem Krieg wurde sie von Piacentini und dem Schweden Hammargren übernommen. Heute zählt man mit rund 600 Mitgliedern zu den größten Produzenten Europas.

WEINE  Soave, Bardolino, Valpolicella.

CHARAKTER  Der weiße Soave, der am meisten produziert wird, hat einen großen, fruchtigen Duft und einen frischen, säuerlichen, trockenen Geschmack. Die Struktur ist leicht und elegant, obwohl es auch einige recht aromatische Versionen gibt. Die Bardolino-Weine schwanken etwas in der Qualität. Die besten haben eine charmante Traubennote und leichte Frucht.

RUF  Auch sie gehört, trotz großer Produktion, zu den angesehensten unter den Soave-Produzenten.

REBSORTEN  Garganega und Trebbiano für die Weißweine, Corvina Veronese, Rondinella, Molinara, Negrara und Barbera für Rotweine.

*Die Cantina Sociale di Soave ist eine sehr große Genossenschaft und für frische Soave-Weine bekannt.*

WEINHERSTELLUNG  Der Soave wird in riesigen Stahltanks vergoren und danach mittels eines Pumpsystems in Flaschen gefüllt. Eine effektive und moderne Weinindustrie.

LAGERUNG  Sowohl Weiß- wie auch Rotweine sollten innerhalb weniger Jahre getrunken werden.

REBFL/PROD  3 500 ha, annähernd 2 Mio. Kisten/Jahr, wovon etwa 80% Soave ist.

**Besitzer** 600 Mitglieder, Pres.: Luigi Pasetto •**Kellermeister** Dir. Franco Roncador •**Besuch** Werktags nach Vereinbarung •**Adresse** Cantina Sociale di Soave, Via Roma 39, I-37038 Soave (VR) •**Tel.** 045-768 08 88

PRODUKTION     QUALITÄT     PREIS

## Venegazzù

GESCHICHTE  Wurde 1940 von Piero Loredan, der aus einer der ältesten Familien Venedigs stammt, gegründet. Schon in den 30er Jahren pflanzte er Bordeaux-Trauben an. 1974 wurde das Weingut von Giancarlo Palla gekauft.

WEINE  Brut Champenoise, Cabernet Sauvignon, Pinot Bianco, Pinot Grigio, Venegazzù della Casa, Prosecco, Brut Metodo Classico, Venegazzù Etichetta Nera, Ven. Rosso.

CHARAKTER  Der perlende Conte Loredan Gasparini Brut ist ein gut gemachter Wein, mit einer Hefenote und reifer Frucht, die den großen

*Ein qualitätsbewusster Produzent, der Spumante und mächtige Rotweine im Bordeaux-Stil herstellt.*

„Spumanti" kennzeichnet. Venegazzù della Casa ist ein mächtiger Wein im Bordeaux-Stil mit konzentriertem Aroma. Füllig mit deutlicher Herbe. Cabernet Sauvignon hat ein starkes Kräuterbukett und fülligen Geschmack mit etwas Herbe.

RUF  Gehört landesweit zu den besten Produzenten von Schaumweinen nach der Champagner-Methode und von Rotweinen im Bordeaux-Stil.

REBSORTEN  25% CS, 25% Prosecco, 25% Chard, 15% Merlot, 5% Pinot Nero, 5% andere.

WEINHERSTELLUNG  Nach dem Vergären des roten Etichetta Nera wird die Hälfte, mit 5% Malbec-Konzentrat, in Flaschen gefüllt. Der Wein gärt ein zweites Mal in der Flasche. Nach drei Jahren wird der Flaschenwein mit der restlichen Hälfte des Weines in großen Tanks vermischt.

LAGERUNG  Della Casa: mind. 8-10 Jahre.

REBFL/PROD  80 ha eigene Rebfläche, insgesamt 67 000 Kisten/Jahr.

**Besitzer** Giancarlo Palla •**Kellermeister** Mauro Rasera •**Besuch** Mo-Fr 9-12, 14-18 •**Adresse** Venegazzù, Via Martignago Alto 24, I-31040 Venegazzù (TV) •**Tel.** 0423-87 17 42, 87 17 43 •**Fax** 0423-62 08 98

PRODUKTION     QUALITÄT     PREIS

## Weitere Produzenten in Venetien

### Carpenè Malvolti

Das Familienunternehmen wurde 1968 gegründet. Heute vom Namensvetter des Gründers, Antonio Carpenè, geführt, der auch Vorsitzender des italienischen Instituts für Spumante „méthode champenoise" ist. Weine: Prosecco di Conegliano, leichte Schaumweine mit etwas spitzer Säure und großer Frucht. Die Traube ist die örtliche Prosecco. Diese Weine haben viele Abnehmer in Italien und ein sehr gutes Preis-Leistungs-Verhältnis. Carpenè Malvolti Brut Champenoise wird aus Pinot Nero und Bianco hergestellt. Der Wein hat Eleganz und frischen Geschmack mit etwas Hefecharakter im Bukett.

• **Besitzer:** Antonio Carpenè **Besuch:** Nach Vereinbarung. **Adresse:** Via A. Carpenè, I-31015 Conegliano (TV). Tel. 0438-23531.

### Cavalchina

Luciano Piona erzeugt u.a. traditionelle Weine: DOC Bardolino, DOC Bianco di Custoza und DOC Alto Mincio. Moderne Weine werden aus den Rebsorten Cabernet Sauvignon und Merlot hergestellt. Der süße Müller-Thurgau Passito mit der Zusatzbezeichnung Le Pergole del Sole hat ein komplexes Bukett und einen runden Geschmack. Der leichte DOC Bardolino gehört mit seiner frischen Frucht zu den Besten der Region. La Prendina Il Falcone ist ein Cabernet-Wein mit dunkler, dichter Farbe, dunklen Beeren und geröstetem Brot im Duft. Der Geschmack ist komplex und Eichenholz-betont. Langlebige Weine, die sich in der Flasche gut entwickeln.

• **Adresse:** Loc. Cavalchina, I-37066 Custoza (VR). Tel. 045-51 60 02.

### Dal Forno

Einer der besten Amarone-della-Valpolicella-Produzenten. Er experimentiert unter anderem mit der Vergärung der Amarone-Weine in Barriques. Dies ergibt Weine, die durch das Eichenholz eine neue Dimension erhalten, ohne davon erdrückt zu werden. Der lagebezeichnete Amarone Vigneto di Monte Lodoletta ist ein kräftiger, langlebiger Wein mit großem, aromatischem Bukett und feurigem, vollmundigem Geschmack mit gut eingebauten Tanninen. Auch der einfache Valpolicella Superiore ist außerordentlich konzentriert und vollmundig, mit etwas Kräuterton im Bukett und Geschmack. Die Stärke dieses Weinguts ist die strenge Traubenselektion. Diese ermöglicht auch in schwierigen Jahren die Produktion von guten Weinen.

• **Adresse:** Via Lodoletta 4, Fraz. Cellore, I-37030 Illasi (VR). Tel. 045-783 49 23.

### Fratelli Zeni

Ein Großproduzent in der Gegend von Verona. Nino Zeni erzeugt große Mengen Wein in dennoch guter Qualität. Die Spitzenserie nennt er Marogne. Amarone Selezione Marogne Barrique

*Carpenè Malvolti hat in Italien mit seinem moussierenden Prosecco großen Erfolg.*

ist ein sehr konzentrierter Wein von alten Rebstöcken. Strikte Traubenselektion und Vergärung in Barriques ergeben einen komplexen, vollmundigen Rotwein mit würzigem, Minze- und Mandel-betonten Bukett und Geschmack. Mit seinen Boutique-Weinen Cruino hat er bewiesen, dass man aus 100% Corvino-Veronese-Trauben einen guten Wein erzeugen kann: elegante, fruchtige Weine mit schönem Eichenholzton und langem Abgang. Auch eine sehr gute regionale Spezialität, der süße, rote Recioto della Valpolicella, wird erzeugt.

• **Adresse:** Via Costabella 9, I-37011 Bardolino (VR). Tel. 045-721 00 22. **Fax** 045-621 27 02.

### Gini

Die Familie Gini besitzt hervorragende Lagen mit alten Rebstöcken. Weine: DOC Soave Classico Superiore Contrada Salvarenza ist ein in Barriques ausgebauter, extraktreicher, konzentrierter Wein mit reifer Frucht und einmaliger Komplexität. Renobilis Bianco Passito ist ein süßer Garganega-Wein, d.h. ein Recioto di Soave. Goldene Farbtöne, ein herrliches Bukett von warmen Himbeeren und ein reicher, langer Geschmack. Der Sauvignon Blanc und Chardonnay werden 500 Meter über Meer angebaut. Der Sauvignon Maciete Fumé hat eine strenge, stählerne Frucht in Nase und Geschmack, die mit den Eichenholznoten angenehm harmoniert.

• **Besitzer:** Fam. Gini **Adresse:** Via Matteotti 42, I-37032 Monteforte d'Alpone (VR). **Tel.** 045-761 19 08.

## Weitere Produzenten in Venetien

### Le Ragose

Ein hoch gelegenes Weingut mit mageren Böden und etwas kühlerem Klima als in der Ebene. Dank dieser Voraussetzungen konnte die Familie Galli mehrere große Weine erzeugen. Ihr Amarone ist reich an Aromen und besitzt einen langen, vollmundigen Geschmack. Die Weine werden vor dem Verkauf lange gelagert. Interessant ist der rote Rhagos, ein lokaler Wein, mit der winzigen Menge Restzuckergehalt vielleicht sogar historisch. Es wird auch ein Cabernet Sauvignon mit reicher, feiner Fruchtigkeit und ausgewogenem, etwas herbem Geschmack erzeugt.

• **Adresse:** Via Ragose 1, Fraz. Arbizzano di Valpolicella, I-37020 Negrar (VR). **Tel.** 045-751 32 41.

### Pieropan

Kleiner, exklusiver Produzent erstklassiger Soave. Der Besitzer Leonildo Pieropan ist ein Kellermeister der dritten Generation mit hohem, regionalem Ansehen. Der „gewöhnliche" Soave hat ein großes, angenehmes Bukett mit etwas apfelähnlicher Frucht und gutem Aroma. Normalerweise geben Garganega und Trebbiano nicht besonders viel Extrakt, aber im Falle von Pieropan haben das Alter der Rebstöcke und der relativ niedrige Ertrag einen positiven Einfluss auf das Endprodukt. Recioto di Soave ist ein Wein, der aus getrockneten Trauben mit deutlicher Süße hergestellt wird.

• **Besitzer:** Leonildo Pieropan **Besuch:** Nach Vereinbarung. **Adresse:** Via Camuzzoni 3, I-37038 Soave (VR). **Tel.** 045-768 00 44. **Fax** 045-768 00 44.

### Giuseppe Quintarelli

Quintarelli gehört zu den führenden Amarone-Erzeugern. Die Preise sind hoch, die Weine aber auch Weltklasse. Amarone Classico wird aus Corvina Veronese, Rondinella und Molinara erzeugt. Der Verschnitt aus Sangiovese, Cabernet Sauvignon und Nebbiolo ist ein interessanter Wein. Nach strenger Traubenselektion folgt das Trocknen der Trauben während 5 Monaten. Das Bukett dieser konzentrierten Weine enthält Noten von Morcheln, Brombeeren und Lorbeerblättern. Der Geschmack ist vollmundig und komplex. Quintarelli verkauft seine Weine nicht, bevor sie trinkfertig sind; ein ungewöhnlicher Luxus in der Welt des Weins. Der geschmacksreiche Bianco Amabile ist ein traditionell süßer Wein aus der Garganega-Traube.

• **Besitzer:** Giuseppe Quintarelli **Besuch:** Nach Vereinbarung **Adresse:** Via Cerè 1, I-37024 Negrar di Valpolicella (VR). **Tel.** 045-750 00 16. **Fax** 045-750 00 16.

### Zonin Gambellara

Ein riesengroßes Familienunternehmen, das 1921 gegründet wurde. Einer der größten Weinproduzenten Europas. Weine: Bardolino, Gambellara, Recioto di Gambellara, Valpolicella. Auch Pinot Grigio und Riesling Italico, beide ohne DOC. Im Verhältnis zu den sehr günstigen Preisen halten die Weine allgemein eine gute Qualität. Die USA sind ein großer Exportmarkt. Die Gambellara sind gut vinifizierte, frische Weine mit einer gewissen Struktur. Auch Recioto di Gambellara hält eine gute Klasse mit schöner Harmonie von Süße und Säure, möglicherweise aber etwas zu leicht.

• **Adresse:** Via Borgolecco, I-36053 Gambellara (VI). **Tel.** 0444-44 40 31. **Fax** 0444-44 48 02.

# FRIAUL-JULISCH VENETIEN

GESCHICHTE In dieser nordöstlichen Ecke Italiens hat man seit der Antike Wein angebaut. Die Region hat einen guten Ruf in Italien und man ist der Meinung, dass diese Weine eine gute Relation zwischen Preis und Qualität aufweisen. Heute ist ein großer Qualitätsaufschwung zu verzeichnen.

GEOGRAPHIE Sowohl im Berggebiet an der Grenze als auch auf den kiesigen Ebenen baut man Wein an. In der ganzen Region sind die Böden recht mager und die Trauben müssen um ihre Reife kämpfen.

KLIMA Das temperierte Klima ergibt fruchtige Eleganz für Weiß- und Rotweine.

WEINE Die großen DOC COLLIO GORIZIANO, COLLI ORIENTALI und GRAVE DEL FRIULI machen Rot- und Weißwein mit dem Vermerk der Rebsorte auf dem Etikett. Typische Sorten für das nordöstliche Italien mit internationalen Namen wie Chardonnay, Sauvignon Blanc, Cabernet, Merlot etc. Die Rotweine sind meist fruchtig, leicht und zum baldigen Verbrauch bestimmt, auch wenn viele Weinhäuser große, konzentrierte Cabernet-Weine mit Herbe und fülliger Frucht herstellen. Die Weißweine haben eine kleinere Revolution durchgemacht. Ultramoderne Weinherstellungstechnik hat zu frischen, fruchtigen Weinen mit Charakter und Finesse geführt. PICOLIT ist der Name des teuersten lieblichen Weins Italiens. Sehr selten. Entwickelt großes Bukett und Komplexität nach langer Lagerung. Andere DOC mit typischen Weinen sind AQUILEIA und ISONZO.

REBSORTEN Für die Rotweine: Refosco, Merlot, Cabernet Sauvignon und Franc, Pinot Nero und der örtliche Terrano. Für die Weißweine: Tocai Friulano, die beiden Riesling-Sorten Pinot Bianco und Grigio, Gewürztraminer, Sauvignon Blanc sowie der neulich eingeführte Chardonnay. Picolit ist auch der Name einer Rebsorte.

PRODUZENTEN Vorwiegend kleine Familienunternehmen, insgesamt ca. 22 000.

REBFL/PROD Ca. 20 000 ha, rund 1,2 Mio.

*Friuli-Venezia Giulia ist eine expandierende Weinregion, u.a. bekannt für DOC Grave del Friuli.*

hl/Jahr. Etwa 20% sind DOC. Tocai Friulano ist ein großer Exporterfolg.

JAHRGÄNGE Die meisten Weine der Region, außer natürlich dem Picolit, sollten jung getrunken werden.

WISSENSWERT Weitere Informationen: Enoteca Regionale Friuli, Via Battisti, I-34072 Gradisca d'Isonzo (GO). Tel. 0481-995 28. Fax 0481-995 28.

## COLLIO

RUF Seit Tausenden von Jahren hat man rund um die kleine Stadt Gorizia Wein angebaut. Der Name Collio (oder Collio Goriziano) bedeutet Hügel und das Gebiet ist auch im geologischen

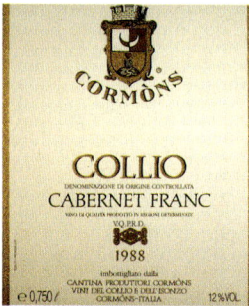

*Schon die alten Griechen tranken diesen Wein. Die besten sind die weiße Tocai- und die rote Cabernet-Sorte.*

Sinne uralt. Im antiken Griechenland waren die Weine aus diesem Gebiet gut bekannt und wurden Adriano genannt. Collio ist ein typischer DOC aus Friuli. Die besten Weine sind der weiße Tocai und der rote Cabernet zu erschwinglichen Preisen, die jung und kühl getrunken werden.

WEINE Die örtliche Ribolla Gialla ergibt trockene, strohgelbe Weine mit fülligem und recht aromaneutralem Geschmack und frischer Säure. Tocai Friulano ergibt aromatische Weißweine von öliger Struktur und mit niedriger Säure. Pinot Bianco ergibt fruchtige, frische und leichte Weine mit feiner Säure. Der Cabernet Sauvignon und der Merlot werden fruchtig hergestellt.

KLASSIFIZIERUNG DOC.

REBSORTEN Cabernet, Merlot, Pinot Nero für Rotweine. Riesling Renano, Riesling Italico, Ribolla Gialla, Sauvignon Blanc, Pinot Bianco, Tocai Friulano, Chardonnay, Pinot Grigio, Traminer und Malvasia für Weißweine.

WEINHERSTELLUNG Generell traditionelle Methoden, für die Gärung wie auch für den Ausbau werden große Holzfässer eingesetzt. In den letzten zehn Jahren konnte man durch Investitionen und Beratung vor allem bei den Weißweinen große Fortschritte erzielen.

PRODUZENTEN U.a. Doro Princic, Pighin, Enofriulia, Livio Felluga, Jermann, Villa Russiz, Mario Schiopetto und Venica & Venica.

## GRAVE DEL FRIULI

RUF Eine große DOC mit langer Weingeschichte. Der Name „Grave" bedeutet steinige Erde. Der natürliche Sand- und Steinboden ist für die Produktion von leichten, frischen Weinen ausgezeichnet. Am interessantesten sind Refosco und Cabernet, die hohe Qualitäten erreichen.

WEINE Cabernet Franc ergibt Weine mit einem erdigen, würzigen Bukett und trockenem, aber fruchtigem Geschmack. Refosco ergibt einen robusten, etwas gröberen Wein, an dunkle Beeren und Laub erinnernd. Aus Pinot Nero werden leichte und helle Weine mit charmanter Frucht und feiner Säure erzeugt. Merlot bringt meist helle, leichte Weine mit einer parfümierten, weichen Frucht hervor. Auch größere, fülligere Varianten, die durch niedrige Erträge einen konzentrierten Wein ergeben, sind zu finden. Der Chardonnay war die erste DOC-Sorte Italiens. Die Weine sind Lichtjahre von der Burgunder-Vorlage entfernt und man konzentriert sich darauf, Frucht und frische Säure zu betonen.

KLASSIFIZIERUNG DOC.

*Grave del Friuli ist eine gigantische DOC mit Bodenverhältnissen, die sich für leichte, frische Weine eignen.*

REBSORTEN Rote: Cabernet Sauvignon, Cabernet Franc, Merlot, Refosco, Pinot Nero. Weiße: Tocai Friulano, Pinot Bianco, Pinot Grigio, Verduzzo, Chardonnay.

WEINHERSTELLUNG Große Holzfässer (botti) sowie Stahltanks sind im Einsatz. Die Tatsache, dass die Weißweine kühl und ohne Luftberührung vergoren werden, ist der wichtigste Faktor für die Qualitätserhöhung der letzten Jahre.

PRODUZENTEN Duca Badoglio, Pighin, Plozner, Santa Margherita, Vinicola Udinese, Fantinel und Molino delle Streghe.

---

DOC IN FRIAUL-JULISCH VENETIEN – *Carso, Collio Goriziano/Colli Orientali del Friuli, Friuli Annia, Friuli Aquileia, Friuli Grave, Friuli Isonza/Isonza del Friuli, Friuli Latisana*
IGT IN FRIAUL-JULISCH VENETIEN – *Venezia Giulia*

ITALIEN • FRIAUL-JULISCH VENETIEN

## PICOLIT

RUF Diese alte, örtliche Spezialität war im 19. Jahrhundert als der beste liebliche Wein Italiens bekannt. Schon im 17. Jahrhundert wurde der Picolit von Päpsten und Fürsten getrunken. Nach Jahrzehnten der Vergessenheit wurde eine kleine Produktion des Weins wieder aufgenommen.

Picolit heißt die Rebsorte und auch der Wein. Es ist eine süße Spezialität, dem Sauternes ähnlich.

Man hat schnell den Wert einer kleinen, aber exklusiven Produktion dieser edelsüßen Weine erkannt, was die heutigen Preise bestätigen. In Italien hat der Picolit einen Ruf, der dem des Sauternes nicht nachsteht.

WEINE Die Rebsorte Picolit ist sehr empfindlich und hat eine lange Reifezeit. Dadurch wird der Ertrag auf natürliche Weise niedrig gehalten und ergibt erwünschte Extraktkonzentration im Wein. In gelungenen Jahrgängen hat der Wein ein ausgezeichnetes Bukett von Honig und getrockneten Datteln. Der Geschmack ist mehr oder weniger süß, füllig mit hoher Säure, die nach einiger Lagerzeit abgerundet wird. Ein kleiner, bitterer Abschluss ist üblich. Die Edelfäule variiert mit den Jahrgängen und kann zu Finesse und exotischer Geschmackspalette beitragen.

KLASSIFIZIERUNG DOC, auch wenn viele der Produzenten die Bezeichnung Vino da Tavola wählen.

REBSORTEN Picolit zu mindestens 90%. Andere Rebsorten, die vorkommen, sind die in der großen DOC Colli Orientali del Friuli üblicherweise zugelassenen.

WEINHERSTELLUNG Ausschließlich reife Trauben werden handverlesen. Gärung generell in kleinen Eichenfässern (manchmal in Stahltanks) und danach Ausbau in Holzfässern, um eine gewisse Oxidation und Komplexität zu erreichen. Der minimale Alkoholgehalt beträgt 15% und der Wein kann nach zweijähriger Lagerung Riserva genannt werden.

PRODUZENTEN Pighin, Russian, Gradnik und La Boatina.

## LIVIO FELLUGA

GESCHICHTE Seit sechzig Jahren widmet sich Felluga schon dem Wein und seit 1959 führt er, zusammen mit seinen Kindern Maurizio und Andrea, das Weingut.

WEINE Weiße: Terre Alte, DOC Colli Orientali del Friuli: Tocai Friulano, Picolit, Pinot Grigio sowie Sauvignon. Rote DOC Colli Orientali del Friuli: Merlot, Refosco dal Peduncolo Rosso, Merlot Sossò Riserva.

CHARAKTER Der weiße Terre Alte ist ein hervorragender Verschnitt aus Tocai, Pinot Bianco und Sauvignon Blanc. Auch ohne Eichenfassausbau ein konzentrierter Wein, der 4-6 Jahre in der

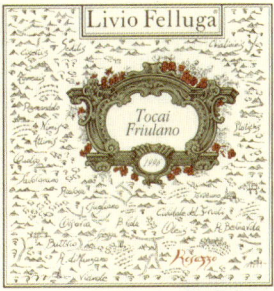

Livio Felluga ist unter Kennern in ganz Italien berühmt für den phantastischen Weißwein Terre Alte.

Flasche gelagert werden sollte. Der rote Merlot Sossò Riserva hat einen vollen Geschmack und ein Bukett mit Eichenholzton, Gewürzen und Marmelade. Der Picolit wird reduktiv ausgebaut, die Trauben werden vor der Vinifizierung leicht getrocknet und danach in Barriques vergoren. In der Nase ist er fruchtig mit Vanillenoten vom Eichenholz. Im Geschmack ist er vollmundig und süß mit langem, komplexem Abgang.

RUF In ganz Italien für den Terre Alte berühmt. Auch die Rotweine haben einen sehr guten Ruf.

REBSORTEN Weiße: Pinot Grigio, Pinot Bianco, Tocai Friulano, Picolit, Sauvignon Blanc. Rote: Merlot und Refosco dal Peduncolo Rosso.

WEINHERSTELLUNG Die traditionellen Weine werden im Eichenfass vergoren, die anderen in temperaturkontrollierten Stahltanks.

LAGERUNG Rote und weiße Spitzenweine fünf bis sechs Jahre.

REBFL/PROD 135 ha, ca. 54 000 Kisten/Jahr.

**Besitzer** Fam. Livio Felluga • **Kellermeister** Stefano Phioccioli, Ivan Molaro • **Besuch** Nach Vereinb. mit Elda Felluga • **Adresse** Livio Felluga, Via Risorgimento 1, Fraz. Brazzano, I-34070 Cormons (GO) • **Tel.** 0481-602 03 • **Fax** -63 01 26 • **E-Mail** mailbox@felluga.it • **Homepage** www.felluga.it

PRODUKTION     QUALITÄT     PREIS

## Jermann

GESCHICHTE  Ein 1880 gegründetes Familienunternehmen. Der heutige Besitzer Silvio Jermann gehört mit seinen Spitzenleistungen im Bereich weiße Vini da Tavola zu den interessantesten Kellermeistern Italiens.

WEINE  Rote: Cabernet und Red Angel. Weiße:

*Jermann ist ein eigensinniger Produzent und hat den besten Ruf in der Region.*

Gewürztraminer, Tocai, Chardonnay, Pinot Bianco, Riesling Renano, Pinot Grigio, Sauvignon Blanc, Vintage Tunina, Picolit und „Where the dreams have no end".

CHARAKTER  Der Cabernet hat ein warmes, würziges Bukett und einen weichen, aber fülligen Geschmack. Der Chardonnay wird in zwei Versionen erzeugt: ein DOC Collio mit reinem, fruchtigem Traubengeschmack und der „Where the dreams have no end", ein barriquegelagerter Wein von sehr hoher Qualität. Der Riesling Renano wie auch der Sauvignon sind für die Region repräsentativ und fruchtig mit frischer Säure. Der bekannteste Wein ist der Vintage Tunina, ein Verschnitt aus Chardonnay, SB, Pinot Blanc und etwas Picolit. Er hat eine deutliche französische Note mit fülligem Aroma und einem langen Abgang.

RUF  Jermann hat wegen seiner Spezialweine einen Spitzennamen in Friaul.

REBSORTEN  Chardonnay, SB, Pinot Bianco, Pinot Grigio, Traminer Aromatico, Riesling Renano, Picolit, Cabernet Sauvignon, Merlot.

WEINHERSTELLUNG  Spitzenweine werden in temperierten Barriques sorgfältig hergestellt.

LAGERUNG  Spitzenweine bis zu fünf Jahre.

REBFL/PROD  30 ha eigene Rebfläche, etwa 15 000 Kisten/Jahr.

**Besitzer** Silvio & Angelo Jermann • **Kellermeister** Silvio Jermann • **Besuch** Werktags nur nach Vereinbarung • **Adresse** Jermann, Via Monte Fortino 17, Villanova di Farra, I-34070 Farra d'Isonzo (GO) • **Tel.** 0481-88 80 80 • **Fax** 0481-88 85 12

PRODUKTION        QUALITÄT        PREIS

## Mario Schiopetto

GESCHICHTE  Während der letzten dreißig Jahre produzierte Mario Schiopetto hervorragende DOC-Collio-Weine. Lange erfolgte die Weinherstellung im Palais des ehemaligen Bischofs von Gorizia, wo man gleichzeitig auch wohnte. 1993 bezog man das neue Produktionsgebäude.

WEINE  Rote: Rivarossa, DOC Collio Merlot, Cabernet Franc. Weiße: Blanc de Rosis, DOC Collio Tocai Friulano, Pinot Grigio, Pinot Bianco, Riesling Renano, Sauvignon Blanc.

CHARAKTER  Prämierte DOC Collio Tocai Friulino mit sehr komplexem Bukett (gelbe Äpfel, Melone, Gras, Kräuter). Gehaltvoll und säurebe-

*Mario Schiopettos traubentypische, füllige Weine wurden mehrfach prämiert.*

tont, ausgewogen und voller Finesse. Der Riesling Renano gehört mit seinem rebsortentypischen Bukett von Mineralien zu den Besten der Region. Der rote Rivarossa ist ein Merlot-Verschnitt aus den beiden Cabernet-Sorten und ein wenig Pinot Nero. Der Collio Merlot zeichnet sich durch seine Wärme und Fruchtigkeit mit Tönen von neuem Eichenholz aus.

RUF  Schiopetto ist einer der führenden Neugestalter der friulianischen Weine.

REBSORTEN  Weiße: Pinot Grigio, Pinot Bianco, Malvasia Istriana, Tocai Friulano, SB, Riesling Renano. Rote: Merlot, CS, CF, Pinot Nero.

WEINHERSTELLUNG  Sortentypischer Ausbau ohne Barriques. Moderne Herstellungsmethoden, u.a. mit Maischegärung bei Weißweinen.

LAGERUNG  Die Spitzenweine entwickeln sich während mind. 5 Jahren.

REBFL/PROD  40 ha, 10 000 Kisten/Jahr.

**Besitzer** Mario Schiopetto • **Kellermeister** Mario Schiopetto • **Besuch** Nach Vereinbarung • **Adresse** Mario Schiopetto, Via Spessa 20, I-34070 Capriva del Friuli (GO) • **Tel.** 0481-803 32

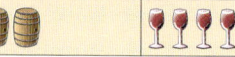

PRODUKTION        QUALITÄT        PREIS

## WEITERE PRODUZENTEN IN FRIAUL-JULISCH VENETIEN

### ANGORIS

1648 gegründet. Seit 1920 ist es in Besitz der Familie Locatelli. Das Haus produziert einige gut gebaute Spumanti, aber die Prestigeserie I Poderi ist am bekanntesten. Darin findet man saubere, gut gebaute Verschnitte von DOC Colli Orientali del Friuli und Isonzo. Der Refosco Pagnarus gehört in der Region zu den besseren Exemplaren dieser Rebsorte.
•**Besitzer:** Fam. Locatelli **Besuch:** Täglich 9-17. **Adresse:** Località Angoris 7, I-34071 Cormons (GO). **Tel.** 0481-609 23. **Fax** 0481-609 25.

### BORGO DEL TIGLIO

Nicola Manferrari erzeugt Weine mit Eichenholzcharakter, die sich erst nach mehreren Jahren öffnen. Durch die Lagerung wird der Holzton weicher und es entwickelt sich eine interessante Komplexität. Ein klassischer Wein ist der weiße Tocai Cru Ronco della Chiesa von einer kleinen Terrassen-Lage mit sehr alten Rebstöcken. Ausgewogen, nach Mandeln duftend und mit einem langen, holzbetonten Geschmack. Collio Bianco ist ein ungewöhnlicher Weißwein-Verschnitt aus Chardonnay, Tocai und Riesling: Mango-Bukett mit Tönen von geröstetem Brot, kräftig-fruchtiger Geschmack und langer Abgang. Der rote Merlot Rosso della Centa ist ein gehaltvoller, vollmundiger Wein mit ansprechendem Kräuterton und langem Nachgeschmack.
•**Besitzer:** Nicola Manferrari **Besuch:** Nach Vereinbarung. **Adresse:** Via San Giorgio 71, I-34070 Brazzano di Cormons (GO). **Tel.** 0481-621 66. **Fax** 0481-63 08 45.

### CASTELLO DI SPESSA

Ein altes Weinhaus, jetzt mit einer neuen, jungen und innovativen Leitung. Eine große Verantwortung liegt beim Kellermeister, dem bekannten Önologen Walter Filiputti. Die Kellergewölbe liegen im schönen, alten Schloss, wo spannende Weißweine, u.a. Pinot Bianco und Pinot Grigio, erzeugt werden. Das Schloss besitzt 57 ha, die noch nicht vollständig mit Reben bestockt sind.
•**Adresse:** Via Spessa 1, I-34070 Capriva del Friuli (GO). **Tel.** 0481-63 99 14.

### GIROLAMO DORIGO

Giugi und Rosetta Dorigo erzeugen mit großer Geschicklichkeit trockene Chardonnay und Sauvignon von DOC Colli Orientali. In nur wenigen Jahren haben sie eine Spitzenposition erringen können. Auch die Süßweine Verduzzo und Picolit halten höchste Klasse, ebenso der Montsclapade aus Merlot und Cabernet Franc.
•**Adresse:** Via del Pozzo 3, I-33042 Buttrio (UD). **Tel.** 0432-674268.

### FRATELLI PIGHIN

Das Familienunternehmen wurde 1963 gegründet und wird heute von den Brüdern Livio und Fernando Pighin geleitet. Von den insgesamt 150 Hektar werden 25 000 Kisten/Jahr von DOC Collio und Grave del Friuli hergestellt. Die Weine sind in leichtem Stil ausgebaut wie auch die Spezialität des Hauses, der Sauvignon Blanc, ein grasiger, fruchtiger und ausgewogener Wein. Ein recht ordentlicher Picolit und ein Bordeaux-ähnlicher roter Vino da Tavola, Baredo, sind andere hervorragende Beispiele. Der weiße Soreli wird aus Pinot Bianco, Tocai Friulano und Sauvignon Blanc erzeugt.
•**Besitzer:** Fam. Pighin **Kellermeister:** Paolo Valdesolo **Besuch:** Mo-Fr, nach Vereinbarung mit Roberto Pighin. **Adresse:** Viale Grando 1, Risano, I-33050 Pavia di Udine (UD). **Tel.** 0432-67 54 44. **Fax** 0432-60 90 01.

### ENO FRIULIA

1967 gegründet. Ein Weinhaus, dem es unter der Leitung des bekannten Önologen Vittorio Puiatti gelungen ist, für die Region typische Weine zu niedrigen Preisen zu erzeugen, die nicht besonders anspruchsvolle Namen tragen, aber durchgehend von sehr hoher Qualität sind. Auch Pinot Bianco, Sauvignon, Pinot Grigio, Merlot und Cabernet Sauvignon von hoher Klasse werden erzeugt. Insbesondere sind der Pinot Grigio und der rote Cabernet Franc erstklassig.
•**Besitzer:** Vittorio Puiatti **Besuch:** Nach Vereinbarung. **Adresse:** V. Cavour 77, I-34070 Capriva del Friuli (GO). **Tel.** 0481-801 58.

### GRAVNER

Josko Gravner ist einer der führenden Neuentwickler Italiens. Er erweitert die Lagen mit extremer Rebstock-Dichte, so dass der Ertrag lediglich noch einen Traubenbund pro Rebstock ergibt. Die Weißweine läßt er sechs Monate und länger auf dem Hefesediment liegen. Daraus ergeben sich hoch konzentrierte, sich langsam entwickelnde Weine. Der „einfache" Breg ist ein Verschnitt aus Pinot Grigio, Sauvignon und Riesling Italico. Ein fruchtbetonter, vollmundiger Weißwein mit viel reifen Birnen in der Nase und einem eleganten Geschmack. Sein Spitzenwein ist aber der Chardonnay: auf ein harmonisches Bukett mit Fruchtigkeit und leicht geröstetem Eichenholz folgt ein komplexer Geschmack von Haselnuss, Karamell und dem speziellen butterigen Charakter eines lange „sur lie" gelagerten Weins. Ein Wein von absoluter Weltklasse.
•**Besitzer:** Josko Gravner **Besuch:** Nach Vereinbarung. **Adresse:** Via Lenzuolo Bianco 9, Loc. Oslavia, I-34070 Gorizia (GO). **Tel.** 0481-308 82.

## Weitere Produzenten in Friaul-Julisch Venetien

### Edi Kante

Ein kleines Weingut, das von Edi Kante mit großem Enthusiasmus geführt wird. Es werden sowohl DOC Carso wie auch Vini da Tavola produziert. Die Rebstock-Dichte ist hoch und es werden französische Eichenfässer eingesetzt. Nebst internationalen Rebsorten werden vor allem lokale, recht unbekannte Trauben wie der rote Terreno und der weiße Vitovska angebaut. Der weiße Carso Malvasia ist ein gutes Beispiel für seinen Stil: delikate Veilchen-Nase mit feinem Holzton, säurebetonter Geschmack, ziemlich kräftig und gut strukturiert. Der Chardonnay besitzt Röstaromen sowie Honig- und Haselnussnoten, im Geschmack ist der Wein ausgewogen mit schön eingebundenen Holznoten. Vitovska ist ein säurebetonter Wein mit blumigem Charakter.

•**Besitzer:** Edi Kante **Besuch:** Nach Vereinbarung. **Adresse:** Loc. Prepotto 3, I-34011 Duino-Aurisina (TS). Tel. 040-20 07 61.

### Doro Princic

Ein bekannter Produzent von gehaltvollen Weiß- und Rotweinen. Sohn Sandro Princic folgt mit niedrigem Ertrag und strenger Traubenselektion den Spuren des Vaters. Der rote Collio Cabernet Franc ist ein warmer, komplexer Wein. Der Alkoholgehalt der Weißweine beträgt normalerweise mind. 13%. Der weiße Cillio Pinot Bianco hat eine komplexe Struktur und einen fruchtigen, vollmundigen Geschmack mit etwas bitterem Abgang. Ein anderer großer Genuss ist der weiße Collio Tocai Friulano: Tabak und Mandeln im Bukett, reife weiße Äpfel im Geschmack.

•**Besitzer:** Sandro Princic **Besuch:** Täglich 9-17. **Adresse:** Loc. Pradis 5, I-34071 Cormons (GO). Tel. 0481-607 23.

### Russiz Superiore

Ein sehr schönes Weingut in DOC Collio, unter Leitung von Marco Felluga mit Hilfe seiner Kinder Roberto und Patrizia. Besonders bekannt für Zuverlässigkeit. Führende Weine: der weiße, trockene Collio Sauvignon, der halbtrockene Verduzzo Friulano sowie der rote Merlot und der Cabernet Franc. Auch sehr guter Collio Tocai. Roncus ist ein empfehlenswerter Weißweinverschnitt.

•**Besitzer:** Fam. Felluga **Besuch:** Nach Vereinbarung. **Adresse:** Loc. Russiz Superiore, I-34070 Capriva del Friuli (GO). Tel. 0481-802 38.

### Venica & Venica

Wurde in den 30er Jahren gegründet, hat aber erst in den 90er Jahren Berühmtheit erlangt. Von Collio erzeugt man viele hochklassige Weißweine, wie z.B. Sauvignon, Pinot Bianco, Chardonnay (eichenfassgelagerter Bernizza), Traminer und Pinot Grigio. Eine imposante Reihe mit imposanter Qualität. Cerò heißt der im Eichenfass ausgebaute Sauvignon-Wein.

•**Adresse:** Via Mernico 42, I-34070 Dolegnano del Collio (GO). Tel. 0481-612 64.

### Vie di Romans

Die Weine bleiben lange auf dem Hefesediment. Spitzenweine sind der Chardonnay und der Sauvignon Blanc, die teilweise in Barriques ausgebaut werden. Isonzo Chardonnay Vie di Romans ist in der Jugend ein verschlossener Weißwein mit Eichenholzcharakter, der sich erst nach 5-6 Jahren öffnet. Der in Eiche ausgebaute Sauvignon Blanc heißt Isonzo Sauvignon Vieris. Er besitzt ein kompaktes, geröstetes, nussiges Bukett und einen fruchtigen, vollmundigen, frischen Geschmack. Er ist einer der besten Sauvignon Blanc Italiens. Der ohne Eiche ausgebaute Sauvignon Blanc heißt Piere. Der rote Isonzo Voos dai Ciamps ist ein Merlot-dominierter Bordeaux-Verschnitt, der durch die beiden Cabernet-Sorten ergänzt wird. Konzentriert, pechschwarz und hart zeigt er sich erst nach einem Jahrzehnt von seiner besten Seite.

•**Adresse:** Loc. Vie di Romans 1, I-34070 Mariano del Friuli (GO). Tel. 0481-696 00. **Fax** 0481-696 00.

### Villa Russiz

Ein historisches Weingut, das einst in Besitz des französischen Grafen Theodore de la Tour en Voire war. Dieser führte damals die Sauvignon-Blanc-Rebe ein. Der junge Gianni Menotti, heutiger Besitzer, hat seinen besten Sauvignon nach dem Grafen benannt: DOC Collio Sauvignon de la Tour. Ein fruchtiger Wein mit vielseitigem, breitem Bukett und ausgewogenem, frischem Geschmack. Tocai Friulano, Pinot Grigio und Pinot Bianco sind drei weitere Weine, alle mit konzentrierter Frucht und komplexen Bukett- und Geschmacksaromen. Der rote Collio Merlot Graf de la Tour besitzt Backpflaumenaromen im Bukett und einen eleganten, trockenen und herben Geschmack.

•**Besitzer:** Gianni Menotti **Besuch:** Nach Vereinbarung. **Adresse:** Villa Russiz 6, I-34070 Capriva del Friuli (GO). Tel. 0481-800 47. **Fax** 0481-80 96 57.

### Weitere Betriebe

Abbazia di Rosazzo, Loc. Rosazzo, I-33044 Manzano (UD). Tel. 0432-759693. Fax 0432-759884.

La Castellada, Loc. Oslavia 1, I-34170 Gorizia (GO). Tel. 0481-336670.

Miani, Via Peruzzi 10, I-33042 Buttrio (VR). Tel. 0432-674327.

Ronco del Gelso, Via Isonzo 117, I-34071 Cormons (GO). Tel. 0481-61310. Fax 0481-61310.

## LIGURIEN

**GESCHICHTE** Die geschichtliche Bedeutung dieser Region stützt sich eher auf die alte Hafenstadt Genua als auf den Wein, der hier produziert wird. Die fruchtigen Weißweine aber haben eine lange Tradition. Sie dienen als Begleiter der vielen

Fisch- und Schalentiergerichte der Region. DOC-Weine aus Ligurien wurden eigentlich nie exportiert, fast alle Weine werden örtlich konsumiert.

**GEOGRAPHIE** Ligurien erstreckt sich von La Spezia, an der Grenze der Toskana, bis hin nach Ventimiglia an der französischen Grenze. Die steilen Hänge reichen fast bis zum Meer und lassen kaum Platz für die Weinberge. Die schönen Hügel bei der Halbinsel in der Nähe von La Spezia - Cinqueterre - bilden die bekannteste Weinregion.

**KLIMA** Mittelmeerklima. Notwendigerweise liegen die Weinberge an der Küste, wo das Klima für die Trauben besser temperiert ist.

**WEINE** CINQUETERRE im Süden ist ein trockener, fruchtiger Weißwein. Eine stärkere, süßere Variante ist der Sciacchetrà. Er wird aus den gleichen Rebsorten erzeugt, die aber an der Sonne getrocknet werden. Dadurch werden die Weine konzentrierter. Der beste Rotwein der Region, ROSSESE DI DOLCEACQUA, kommt aus einem Gebiet nahe der französischen Grenze. Weich und rubinrot mit einem entwicklungsfähigen Aroma.

**REBSORTEN** Die Rebsorten sind vorwiegend örtlicher Herkunft. Weiße Trauben sind Bosca, Albarola, Pigato und Buzzetto. Blaue Trauben: Rossese für den gleichnamigen Wein. Nebbiolo und Sangiovese kommen auch vor und werden den Weinen aus Linero beigemischt.

**PRODUZENTEN** Der Weinbau der Region wird von kleinen und mittelgroßen Häusern geprägt. Wenige sind außerhalb von Ligurien bekannt. Insgesamt sind es 30 000 Produzenten.

**REBFL/PROD** Ca. 5 300 ha, 160 000 hl/Jahr.

**WISSENWERT** Weitere Informationen: Enoteca Regionale Liguria, Palazzo Civico Ingolotti-Cornelio, I-19030 Castelnuovo Magra-La Spezia. Tel. 0187-67 51 66. Fax 0187-67 01 02.

## CINQUETERRE

**RUF** Ein viel besungener Wein, wie auch viele andere in Italien. Heute ist er nicht mehr so gefragt, eignet sich aber als Begleiter von Fischspeisen und hat deshalb eher örtliche Bedeutung.

**WEINE** Es gibt zwei Sorten: Cinqueterre, ein trockener, frischer Weißwein mit sauberem, fruchtigem Geschmack. Sciacchetrà wird nach der Passito-Methode erzeugt. Meist wird er trocken ausgebaut und hat ein gutes Lagerpotenzial.

**KLASSIFIZIERUNG** DOC in beiden Fällen.

**BODEN** Die Weinberge liegen oft an sehr unzugänglichen Stellen, wo Felsen und Meer aufeinander treffen. Einige Lagen können nur mit dem Boot erreicht werden.

**REBSORTEN** Der örtliche Bosco zu mind. 60%. Albarola und Vermentino zu max. 40%.

**WEINHERSTELLUNG** Sciacchetrà ist ein Pas-

*Ligurien besteht meist aus Küstenlandschaft mit steilen Felsen. Eines der pittoresken Fischerdörfer ist Portofino.*

sito-Wein, bei dem die Trauben erst dehydriert werden. Sie erhalten dadurch größere Konzentration des Extrakts, der Säure und des Zuckers.

**PRODUZENTEN** Silvano Cozzani, Liana Rolandi und Coop. Agricoltura di Cinqueterre.

---

DOC IN LIGURIEN – *Cinqueterre, Cinqueterre Sciacchetrà, Colli di Luni, Colline di Levanto, Golgo del Tigullio, Riviera Ligure di Ponente, Rossese di Dolceacqua/Dolceacqua*

IGT IN LIGURIEN – *Colline Savonesi, Val Polcevera*

## Produzenten in Ligurien

### Enoteca Bisson

Der führende Produzent des weißen Vermentino-Weins mit Collina di Verici und Monte Bernardo. Erzeugt auch einen Passito-Wein mit dem Namen Verici und einen weißen Acinirari.
• **Adresse:** Corso Gianello 28, I-16043 Chiavare (GE). **Tel.** 0185-31 44 62.

### Cascina delle Terre Rosse

Vladimiro Galluzzo baute ein Mustergut. Die regionalen Rebsorten sind im Weinberg streng ge-

*Die ligurische Küste bei Alassio, die in den 50er Jahren als die „Italienische Riviera" berühmt wurde.*

ordnet. Sein Passito (aus getrockneten Trauben) aus den Rebsorten Pigato und Vermentino ist berühmt: ein Bukett von Rosinen, Kakao und Honig; reicher, langer Geschmack mit weicher Süße. Der einfache DOC Riviera Ligure di Ponente Pigato ist ein strohgelber, aromatischer Wein, vollmundig und mit leichtem Bittermandelton. Die autochthone, kürzlich wieder entdeckte Rebsorte Lumassina ergibt mächtige Weißweine mit einem Bukett von verfaultem Laub, Blumen und Kräutern. Der rote DOC Riviera Ligure di Ponente Rossesse ist ein würziger Wein mit Wärme und Fruchtigkeit im Geschmack.
• **Adresse:** Via Manie 3, I-17024 Finale Ligure (SV). **Tel.** 019-69 87 82.

### Cascina Feipu

Liegt außerhalb der kleinen Stadt Finale Ligure. Pippo Parodi erzeugt hier den ungewöhnlichen weißen Pigato-Wein mit guter Struktur und Charakter.
• **Besitzer:** Fam. Parodi **Adresse:** Località Masseretti 8, I-17030 Bastia d'Albenga (SV). **Tel.** 0182-201 30.

### Emilio Croesi

Ohne Zweifel der bekannteste Produzent von Rossese di Dolceacqua. Der lagebezeichnete Vigneto Curli genießt das beste Ansehen. Der Wein besitzt eine seltsame Kombination von leichtfertiger Eleganz und ländlicher, derber Kraft. Wenn der Rossesse nach etwa zwei bis drei Jahren gereift ist, entwickelt sich ein Duft von Blumen und Kräutern und die Fruchtigkeit des Geschmacks geht in eine größere Komplexität über.
• **Besitzer:** Fam. Croesi **Adresse:** I-18030 Perinaldo (IM).

### Maria Donata Bianchi

Emmanuele Trevia spielt für die allgemein ansteigende Qualität der regionalen Weine eine entscheidende Rolle. Sein Ziel ist herauszufinden, welches Potenzial in den lokalen weißen Pigato- und Vermentino-Trauben steckt. DOC Riviera Ligure di Ponente Vermentino Barrique ist ein teilweise in Barriques vergorener Wein aus Vermentino. Er besitzt im Bukett eine reiche und gleichzeitig weiche Harmonie zwischen Holzton und Frucht. Im Geschmack ist er frisch, lang und holzbetont. Auch der Vermentino ohne Barrique-Ausbau ist interessant: feines, blumiges Bukett und frisch-fruchtiger Geschmack mit etwas Bitteraromen im Abgang. Auch die Pigato-Traube wird teilweise in Holz ausgebaut.
• **Besitzer:** Emmanuele Trevia **Adresse:** Via delle Torri 16, I-18010 Diano Castello (IM). **Tel.** 0183-49 82 33.

### Enzo Guiglielmi

Erzeugt Rossesse-di-Dolceacqua-Weine mit guter Struktur, besonders die mit der Lagebezeichnung Colli di Soldano. Können ohne weiteres 6-7 Jahre gelagert werden.
• **Besitzer:** Fam. Guiglielmi **Adresse:** Corso Verbone 55, I-18030 Soldano (IM). **Tel.** 0184-28 90 42.

### Cantina Tognoni

Wurde vom bedeutenden General Tognoni, der den Wein Linero kreierte, gegründet. Zwei Versionen des Varietal Barbera di Linero aus der gleichnamigen piemontesischen Traube. Außerordentlich elegante Weine, ohne den leichten, ländlichen Zug, den man meist in Piemonte findet. Am bekanntesten ist der Verschnitt Linero Rosso. Linero Rosso hat einen feinen, fruchtigen Duft mit Noten von Erdbeeren und Leder sowie einen strammen, oft strengen und fülligen Geschmack. Auch Linero Bianco wird produziert, ein strohgelber, aromatischer Wein mit samtweichem Geschmack.
• **Adresse:** I-19030 Castelnuovo Magra (SP).

### Eno Val d'Arroscia

Die Gebrüder Lupi erzeugen einen trockenen, stark aromatischen Weißwein aus der örtlichen Pigato-Traube. Roter Dolcetto kommt unter dem Namen Pornassio Oremasco vor. Weine mit Finesse und Alterungspotenzial.
• **Besitzer:** Fam. Lupi **Adresse:** I-18026 Pieve di Teco (IM).

# Emilia-Romagna

GESCHICHTE  Seit der Antike baut man hier, in der größten Weinregion Italiens, Wein an. Die Gegend war für die Entwicklung der Kochkunst Italiens sehr wichtig, während die Weine seit dem Mittelalter für ihre charmante Leichtigkeit bekannt sind. Schon Michelangelo hat den Lambrusco getrunken.

GEOGRAPHIE  Ein großer Teil der Region

*Emilia-Romagna ist die größte Weinregion Italiens. Fattoria Paradiso ist ein berühmter Produzent.*

liegt in der Poebene, aber die besten Weine wachsen an den Hängen um Piacenza herum und dort, wo die Apenninen anfangen.

KLIMA  Sonne und Wärme schenken große Ernten, was ein Problem werden kann, wenn man konzentrierte Weine herstellen will, aber natürlich vorteilhaft ist, wenn die Ansprüche etwas niedriger sind.

WEINE  Der LAMBRUSCO ist die „numero uno". Ein perlender Rotwein mit Süße und saftähnlicher Frucht. Die besseren haben eine Ursprungsbezeichnung: der Lambrusco di Sorbara ist der beste und hat eine frische Säure, die den Wein eleganter macht. ALBANA DI ROMAGNA heißt der erste DOCG-Wein Italiens. Früher war er meistens ein charmanter „amabile", d.h. ein halbsüßer Wein. Heute wird er oft trocken und etwas flacher hergestellt. TREBBIANO DI ROMAGNA ist ein blasser, neutraler Weißwein, in den besten Fällen mit annehmbarer Frische. COLLI PIACENTINI umfasst 11 verschiedene Weintypen, rote und weiße. Diese recht neue DOC könnte sich zur besten der Region entwickeln. SANGIOVESE DI ROMAGNA besteht aus leichten Rotweinen mit etwas bitterem Nachgeschmack.

REBSORTEN  Lambrusco und Albana sind gleichzeitig auch Rebsorten. Barbera und Bonarda werden zu aromatischen Rotweinen. Weiße Trauben nebst Albana: Trebbiano, Malvasia, Pinot Bianco, Moscato, Sauvignon und Pinot Grigio. Chardonnay und Cabernet Sauvignon werden probehalber, aber mit gutem Ergebnis, angebaut.

PRODUZENTEN  Die Genossenschaften sind vorherrschend, mit Riunite an der Spitze, der größten Weingenossenschaft der Welt. Insgesamt 68 000 Produzenten.

REBFL/PROD  Über 55 000 ha, rund 6 Mio. hl/Jahr. Man wetteifert mit Sizilien um die größte Jahresproduktion. Weniger als 10% ist DOC. Die USA sind ein großer Markt für den Lambrusco, wo er die Hälfte des italienischen Weinimports ausmacht.

JAHRGÄNGE  Die meisten Weine der Region sollten jung getrunken werden, auch der Lambrusco.

WISSENSWERT  Weitere Informationen: Enoteca Regionale Emilia Romagna, Via Rocca Sforzesca, I-40050 Dozza Bo. Tel. 0542-67 80 89, 67 85 17. Fax 0542-67 80 73.

## ALBANA DI ROMAGNA

RUF  Ein Wein mit historischen Referenzen, ähnlich wie der Vernaccia di San Gimignano in der Toskana, d.h., der Ruhm ist oft eher legendär als aktuell begründet. Wurde im 5. Jh. n.Chr. auf einer Durchreise der Kaiserstochter Galla Placidia „entdeckt". Pier de' Crescenzi hat ihn im 13. Jh. beschrieben. 1986 wurde er als erster Weißwein unter gewissem Protest mit DOCG ausgezeichnet. Der Ruf wird aber immer besser, insbesondere für den Spumante und die lieblichen Versionen.

WEINE  Die trockenen Weine haben ein reines und fruchtiges Bukett. Der Geschmack ist weich und fruchtig mit einer nicht besonders hohen Säure. Im Abgang oft etwas bitter. Im halbtrockenen Amabile tritt etwas mehr Sortencharakter hervor und der Wein erhält Harmonie durch Extrasüße. Passito wird aus halbgetrockneten Albana-Trauben erzeugt. Er ist intensiv und besitzt eine süßliche, aber doch weiche Struktur.

KLASSIFIZIERUNG  DOCG seit 1986. Die Qualität wechselt erheblich bei einer Jahresproduktion von durchschnittlich 350 000 Kisten.

REBSORTEN  Albana di Romagna.

*Albana di Romagna war die erste DOC Italiens. Der Ruhm der Weine ist eher legendär als aktuell begründet.*

WEINHERSTELLUNG  Wechselt je nach Weintyp. Der Spumante wird für gewöhnlich mit Hilfe von Tankgärung erzeugt.

PRODUZENTEN  Fratelli Vallunga, Fattoria Paradiso, Ferrucci, Spalletti, Tre Monti und Tenuta Zerbina.

---

DOCG IN DER EMILIA-ROMAGNA – *Albana di Romagna*
DOC IN DER EMILIA-ROMAGNA – *Bosco Eliceo, Cagnina di Romagna, Colli Bolognesi, Colli Bolognesi Classico Pignoletto, Colli di Faenza, Colli di Imola, Colli di Parma, Colli di Rimini, Colli di Scandino, Colli di Canossa, Colli Piacentini, Lambrusco di Sorbera, Lambrusco Grasparossa di Castelvetro, Lambrusco Salamino di Santa Croce, Pagadebit di Romagna, Reggiano, Reno, Romagna Albana Spumante, Sangiovese & Trebbiano di Romagna*

---

## LAMBRUSCO

RUF  Dieser alte Wein hat seinen Ursprung im antiken Rom und genießt den Ruf, wie Limonade zu schmecken. Die meisten Leute, die über Wein schreiben, rümpfen bei diesem Wein die Nase. Trotzdem ist er ein Wein mit „rosa Gesicht", süß und saftähnlich, was dem Geschmack vieler Leute zusagt. Man sollte aber festhalten, dass es den Lambrusco in vielen Gestalten gibt, darunter fünf DOC und eine Menge verschiedener Stile.

WEINE  Der Lambrusco hat keinen standhaften Charakter. Das einzig Gemeinsame aller Lambruscos ist, dass sie perlen. Von lieblichen, schäu-

*Diese Weine werden oft als Limonade bezeichnet. Es gibt aber interessante Ausnahmen.*

menden, „scheußlichen" Weinen bis zu trockenen, eleganten und perlenden Rotweinen ist alles vorhanden. DOC Lambrusco eignet sich meistens als Begleiter von Speisen. Zu den Besten gehört der Lambrusco di Sorbara.

KLASSIFIZIERUNG  Fünf DOC: Lambrusco di Sorbara, Lambrusco Reggiano, Lambrusco Salamino di Santa Croce, Lambrusco Grasparossa di Castelvetro und der lombardische Lambrusco Mantovano. Ein großer Teil der Produktion besteht jedoch aus Vino da Tavola.

REBSORTEN  Lambrusco di Sorbara, Lambrusco Salamino, Lambrusco Grasparossa und etwas Uva d'Oro.

WEINHERSTELLUNG  Die traditionelle Methode ist hier, den Wein in die Flaschen zu füllen, ehe er fertig vergoren ist (Méthode Rurale). Heutzutage sind mehr verfeinerte Techniken üblich. Gärung in Tanks und in manchen Fällen die Limonaden-Methode, d.h., dass die Kohlensäure dem fertigen Wein zugesetzt wird.

PRODUZENTEN  Giacobazzi, Riunite, Chiarli, Umberto Cavicchioli, Enzo Manicardi, Contessa Matilde und Oreste Lini & Figli.

---

IGT IN DER EMILIA-ROMAGNA – *Bianco di Castelfranco Emilia, Emilia/dell'Emilia, Forlì, Fontana del Taro, Provincia di Modena/Modena, Ravenna, Rubicone, Sillaro/Bianco del Sillaro, Terre di Veleja, Val Tidone*

## FATTORIA PARADISO

GESCHICHTE  Wurde 1880 gegründet, hat aber erst in dieser Generation, unter der Leitung von Mario Pezzi, die Spitze erreicht. Auf dem Gut befinden sich ein Weinmuseum und eine Önothek.

WEINE  Sangiovese di Romagna Vigna delle Lepri, Barbarossa, Albana di Romagna, Pagade-

*Auf dem Weingut befindet sich auch ein schönes Weinmuseum, das einen Besuch wert ist.*

bit, Chardonnay Jacopo, Trebbiano di Romagna.

CHARAKTER  Der Sangiovese di Romagna Vigna delle Lepri kann in guten Jahren mindestens genauso gut sein wie viele Sangiovese aus der Toskana. Der Barbarossa wird fast ausschließlich von Fattoria Paradiso angebaut. Der Wein hat eine granatrote Farbe und erdigen Duft mit Einschlag von dunklen Beeren. Der Geschmack ist recht derb und streng, aber mit einem leicht bitteren, würzigen Abgang. Der Chardonnay Jacopo ist strohgelb mit großzügigem Bukett von Melone, Passions- und Zitrusfrüchten und einem leicht eichigen Geschmack mit verhaltener buttriger Frucht. Der Pagadebit (bedeutet: Schuld bezahlen) ist ein Weißwein, der je nach Jahrgang trocken oder süß ausgebaut wird.

RUF  Örtlich guter Ruf. Aufgrund der Größe keine nennenswerte internationale Verbreitung.

REBSORTEN  Sangiovese di Romagna, Barbarossa, Chard, Albana di Romagna, Trebbiano.

WEINHERSTELLUNG  Pezzi baut seinen Spitzenwein - Sangiovese Vigna delle Lepri - in Barriques aus französischer und slowenischer Eiche aus, eine Rarität, vorsichtig ausgedrückt.

LAGERUNG  Der Sangiovese mind. 5-6 Jahre.

REBFL/PROD  40 ha, ca. 33 000 Kisten/Jahr.

**Besitzer** Mario Pezzi • **Kellermeister** Carlo Savelli • **Besuch** Werktags nach telef. Vereinb. • **Adresse** Fattoria Paradiso, Via Palmeggiana 285, I-47032 Bertinoro (FO) • **Tel.** 0543-44 50 44 • **Fax** 0543-44 42 24 • **E-Mail** fattoris.paradiso@fo.nettuno.it • **Homepage** www.icot.it/paradiso

PRODUKTION     QUALITÄT     PREIS

## TERRE ROSSE

GESCHICHTE  Wurde 1961 vom verstorbenen, legendären Enrico Vallania gegründet. Vigneto delle Terre Rosse wird heute von seiner Witwe Adriana und den Kindern Giovanni und Maria Elisabetta geführt.

WEINE  DOC Colli Bolognesi Riesling Italico Vendemmia Tardiva, Vallania aus Viognier hergestellt, Cabernet Sauvignon, Cabernet Sauvignon Cuvée Enrico Vallania 1985, Chardonnay und Sauvignon Blanc.

CHARAKTER  Der Cabernet Sauvignon hat eine feine, weiche Struktur mit Konzentration, Herbe und großer Frucht. Der Cabernet Cuvée

*Terre Rosse wurde von Enrico Vallania gegründet, der sehr viel zum Ruf der Emilia-Romagna beigetragen hat.*

Enrico Vallania 1985 ist ein Wein zum Andenken an den Gründer: großartig, dunkel mit einem dumpfen, wilden Bukett und fülligem Geschmack. Sollte mindestens zehn Jahre gelagert werden. Der Chardonnay und der Sauvignon Blanc werden in französischem Stil hergestellt, mit einer Portion Eiche und deutlich hohem Säure- und Alkoholgehalt. Vallania stammt von der Viognier-Rebe. Der Wein hat eine reine, leichte Blume und einen samtweichen Geschmack.

RUF  Der Ruf geht weit über die Regionsgrenze hinaus. Terre Rosse ist in der Emilia-Romagna führend.

REBSORTEN  CS, Merlot, CF, Chardonnay, Sauvignon Blanc, Viognier, Riesling Italico.

WEINHERSTELLUNG  Moderne Herstellung mit Ausbau in Barriques und Tanks.

LAGERUNG  Die Cabernet-Weine von guten Jahrgängen 7-9 Jahre.

REBFL/PROD  20 ha, ca. 14 000 Kisten/Jahr.

**Besitzer** Fam. Vallania • **Kellermeister** Giovanni & Elisabetta Vallania • **Besuch** Nur nach Vereinbarung • **Adresse** Terre Rosse, Via Predosa 83, I-40069 Zola Predosa (BO) • **Tel.** 051-75 85 45 • **Fax** 051-75 85 45

PRODUKTION     QUALITÄT     PREIS

## Weitere Produzenten in der Emilia-Romagna

### Castellucio

Ein kleiner Produzent von lagerfähigen Rotweinen und frischen, aromatischen Weißweinen mit gutem Ruf. Die Rebsorten sind Sangiovese für Rotweine und Sauvignon Blanc für Weißweine. Ronco delle Ginestre ist ein herber, vollmundiger und lagerfähiger Rotwein mit runden, fruchtigen Aromen. Ronco della Simia wird aus Reben einer alten Sangiovese-Klone hergestellt, die einen sehr niedrigen Ertrag, aber enorm konzentrierte Weine ergibt. Die Trauben sind klein und haben eine dicke Haut. Deshalb ergeben sie Weine mit viel Farbstoff und Tannin. Die Weißweine, mit Namen wie Lunaria und Ronco del Re, haben ein großes, aromatisches Bukett sowie einen komplexen, holzbetonten Geschmack.

•**Adresse:** Via Tramonto 15, I-47015 Modigliana (FO). **Tel.** 0546-94 24 86. **Fax** 0546-94 24 96.

### Corovin

Eine Riesenorganisation, 1968 gegründet. Eine Vereinigung von Genossenschaften mit 23 Anlagen und 12 000 angeschlossenen Winzern. Weine: Albana, Sangiovese di Romagna, Trebbiano di Romagna, Lambrusco. In der enormen Produktion von etwa 30 Millionen Litern/Jahr findet man gewöhnlich saubere, ehrliche Weine mit feiner Frucht und lebhafter Säure. Die Preise sind niedrig und der Sangiovese di Romagna muss ganz klar als preiswert angesehen werden.

• **Adresse:** I-47100 Forlì (FO).

### Fratelli Vallunga

1970 vom Önologen Tommaso Vallunga gegründet. Ein Produzent, der in der Region eine ganze Menge neuer Weine entwickelt hat. Er gehörte zu den ersten, die den „Novello" kommerzialisierten. Er produziert einen zugänglichen Albana Spumante und einen ungewöhnlichen, aber ausgezeichneten Rosso Armentano aus Sangiovese, Cabernet und Pinot Nero! Die weißen Albana di Romagna und Trebbiano di Romagna sind leichte, frische Weine mit einem neutralen, fruchtigen Geschmack und feiner Fruchtsäure.

•**Besitzer:** Fam. Vallunga **Besuch:** Nach Vereinbarung. Adresse: Marzeno di Brisighella, I-48010 Ravenna (RN).

### La Stoppa

Elena Braga erzeugt in Zusammenarbeit mit dem Önologen Giulio Armani großartige Weine aus klassischen Rebsorten. Unter den lokalen Weinen finden wir den roten Macchiona aus Barbera und Bonarda. Der rote La Stoppa ist ein Bordeaux-Verschnitt (Cabernet Sauvignon mit Cabernet Franc und Merlot): ein eleganter Wein mit Kräuter- und Vanille-Bukett und im Geschmack intensiv fruchtig und herb. Ein sehr interessanter Wein ist der Alfeo aus Pinot Nero: Er wird acht Monate im Barrique ausgebaut und besitzt ein warmes, intensives Bukett und einen vollmundigen, weichen Geschmack. Der weiße Armelio aus Chardonnay duftet nach reifen exotischen Früchten und hat einen runden, angenehmen Geschmack.

•**Besitzer:** Fam. Braga **Besuch:** Nach Vereinbarung. Adresse: Loc. Ancarano, I-29029 Rivergaro (PC). **Tel.** 0523-95 81 59. **Fax** 0523-95 60 85.

### La Tosa

Die Gebrüder Pizzamiglio widmen sich erst seit fünfzehn Jahren der Weinproduktion. Der relativ neue DOC Colli Piacentini ist hervorragend. Der weiße Malvasia Sorriso del Ciclo wird zum Teil in neuen Barriques ausgebaut. Das Bukett ist konzentriert und erinnert an Zitrus- und exotische Früchte. Der weiße Colli Piacentina Sauvignon ist im Bukett kräuter- und gewürzbetont und hat einen komplexen, vollmundigen Geschmack. Der rote Cabernet Sauvignon Luna Selvatica zählt zu den besten Weinen der Region.

•**Besitzer:** Stefano & Ferruccio Pizzamiglio **Besuch:** Nach Vereinbarung. Adresse: Loc. La Tosa, I-29020 Vigolzone (PC). **Tel.** 0523-87 07 27. **Fax** 0523-87 07 27.

### Riunite

Eine Vereinigung von 26 Genossenschaften, 1950 gegründet. Gehört zu den größten Weinproduzenten der Welt. Gut die Hälfte der 120 Millionen Liter Wein, die man jährlich produziert, besteht aus Lambrusco in sowohl DOC- als auch Vino-da-Tavola-Ausführungen. DOC Lambrusco Reggiano ist ein anständiger, trockener bis halbtrockener und perlender Wein zu einem sehr niedrigen Preis. Der Riunite Bianco hat keine besondere Eleganz, passt aber gut zur kräftigen Bauernküche.

•**Besitzer:** 26 Genossenschaften **Besuch:** Täglich 9-17. Adresse: I-42100 Reggio Emilia.

### Spalletti

Noch ein kleiner Weinproduzent, der die Weinentwicklung der Region mit niedrigem Ertrag als Eckpfeiler weiterführt. Das Anwesen aus dem 16. Jahrhundert wird heute von Luigi Bonfiglioli geführt. Sein interessantester Wein ist der Principessa Ghika, ein lieblicher, strohgelber Riesling. Er hat ein komplexes Bukett von Blumen und etwas Eichenfass und einen süßen, füllligen Geschmack mit Passito-Charakter. Der Sangiovese di Romagna Rocca di Ribano ist ein strammer Rotwein mit parfümiertem Bukett und recht herbem, trockenem Geschmack. Der „herkömmliche" Sangiovese di Romagna ist leichter und fruchtiger mit charmantem Bukett und Geschmack.

•**Besitzer:** Luigi Bonfiglioli **Besuch:** Nach Vereinbarung. Adresse: Via Matteotti 62, I-47039 Savignano sul Rubicone (FO). **Tel.** 0541-94 51 11. **Fax** 0541-94 47 32.

## TOSKANA

GESCHICHTE Eine sehr alte Weinregion. Im Gebiet zwischen Florenz und Siena wird seit der Kolonisation durch die Etrusker gut 1 000 Jahre v.Chr. Wein angebaut. Die Toskana lieferte Wein ans spätere Römerreich und wurde schon damals für seine fruchtigen Weine, im Gegensatz zu den schweren süditalienischen Weinen, geschätzt.

GEOGRAPHIE Die Hügel der Toskana sind berühmt. Der Boden ist mager mit Kies und Sand.

KLIMA Wärme und Sonne schaffen gute Voraussetzungen für Qualitätsweine. Das Mikroklima variiert, da die Region groß ist.

WEINE Hauptsächlich Rotweine. Die CHIANTI-Weine können blass und leicht oder aber konzentriert und zur Lagerung geeignet sein, straff und von tiefer Farbe. Die mächtigen BRUNELLO DI MONTALCINO zählen zu den besten des Landes. VINO NOBILE DI MONTEPULCIANO sind straffe, kräftige Weine mit gutem Alterungspotenzial. SASSICAIA ist dem Bordeaux ähnlich und von großer Eleganz. Weißweine wie GALESTRO werden leicht, hell und neutral hergestellt. Eine örtliche Spezialität ist der VIN SANTO, ein starker, süßer Wein, hergestellt aus getrockneten Trauben.

REBSORTEN Sangiovese für Chianti. Er wird mit Canaiolo, Mammolo und den weißen Malvasia und Trebbiano verschnitten. Cabernet Sauvignon ist zur Modetraube geworden und nur in Carmignano zugelassen; andere Cabernet-Weine werden als Vino da Tavola (de-)klassifiziert. Chardonnay und Sauvignon Blanc werden mit guten Resultaten als Pilotprojekte angebaut.

PRODUZENTEN Insgesamt 75 000 Erzeuger. In der Toskana findet man die meisten alten, vornehmen Weinhäuser, teilweise aus dem 13. Jahrhundert.

REBFL/PROD Ca. 71 000 ha, 2,8 Mio. hl/Jahr. Davon sind 25-30% DOC oder DOCG.

JAHRGÄNGE 1997, (96), 95, (93), 90, 89, 88, 86, 85, 83, 82, 77.

WISSENSWERT In Siena befindet sich die Eno-

*Rund um die Stadt Montàlcino in der südlichen Toskana werden die berühmten Brunello di Montalcino erzeugt.*

teca Italiana, die verschiedene Ausstellungen und Verkostungsmöglichkeiten anbietet: Enoteca Italiana, Piazza Matteotti, I-53100 Siena. Tel. 0577-460 91. Fax 0577-426 27.

## BRUNELLO DI MONTALCINO

RUF  Der größte Herausforderer von Piemonts Barolo um den Titel des besten Rotweins von Italien. Über 100 Jahre synonym mit Biondi Santi, der Familie, die den „Brunello" erfand. Erst seit

*Biondi Santi zählt zu den besten Produzenten von Brunello. Hier soll der Wein auch erfunden worden sein.*

1970 gibt es eine größere Anzahl von Produzenten. Der Preis liegt auf dem Niveau des Rufs.
WEINE  Nur Rotweine mit Kraft und Lagerfähigkeit. Dunkel und straff mit dem speziellen Charakter von Tabak, Pflaumen und Laub, der auf lange Maischegärung und langjährigen Ausbau zurückzuführen ist.
KLASSIFIZIERUNG  DOCG ist die höchste Klasse und die Kategorie entspricht diesen mächtigen Weinen. Erreichen die Trauben nicht die DOCG-Qualität, dürfen sie seit 1983 als Rosso di Montalcino verkauft werden. Brunello muss mindestens vier Jahre und Riserva fünf Jahre gelagert werden. Weine aus für Brunello-DOC nicht zulässigen Rebsorten (Chardonnay, Merlot, Pinot Nero) haben heute eine eigene DOC: Sant' Antimo.
BODEN  Ein recht magerer, steiniger Boden mit Eisen und Kalk. Die Anbaugebiete in Montalcino liegen oft weniger hoch über dem Meer als diejenigen in Chianti und genießen mehr Sonne.
REBSORTEN  Sangiovese Grosso, hier unter dem Namen Brunello.
WEINHERSTELLUNG  Wie auch in anderen Gebieten Italiens gibt es zwei Schulen: die traditionelle und die moderne. Die erstere bedeutet Vergärung bei höherer Temperatur, längeren Maischekontakt und längeren Ausbau der Weine vor der Flaschenabfüllung in großen Fässern, sogenannten Botti. Die moderne Schule macht das Gegenteil. Der größte Unterschied liegt im kürzeren Fassausbau.
PRODUZENTEN  Zu den besten gehören Altesino, Di Argiano, Fattoria dei Barbi, Capanna di Fattoie e Minocci, Tenuta Caparzo, Casanova di Nero, Case Basse, Cerbaiona, La Chiesa di Santa Restituta, Col d'Orcia, Emilio (Andrea) Constanti, Biondi Santi-Il Greppo, Lisini, Pietroso, Poggio Antico, Il Poggiolo, San Filippo und Villa Banfi.

## CARMIGNANO

RUF  Dieser Wein wurde in der Toskana als erster DOC anerkannt. Auch Cabernet Sauvignon darf vinifiziert werden. Wahrscheinlich wurde Cabernet hier schon im 19. Jh. angebaut. Durch die Verwüstungen der Reblaus Ende des Jahrhunderts, verschwand er wieder. Als Ugo Contini Bonacossi vom Haus Capezzana in den 60er Jahren Cabernet anpflanzte, begründete er dies mit Hinweis auf die Geschichte. Der Wein liegt heute in einem verbraucherfreundlichen Preisbereich und besitzt meist eine hohe und beständige Qualität.
WEINE  Die Klassifizierung umfasst vor allem Rotwein, aber auch den Roséwein Vin Ruspo und Vin Santo. Die Rotweine entsprechen im Charakter einem sorgfältig erzeugten Chianti mit ein wenig mehr Rückgrat durch den Cabernet-Anteil.
KLASSIFIZIERUNG  DOCG muss mind. ein Jahr ausgebaut werden. Zwei Jahre für Riserva.
BODEN  Steinige, gut ausgetrocknete Böden ergeben feine Aromenkonzentrationen.
REBSORTEN  Sangiovese, Canaiolo Nero, CS

*Carmignano ist insofern einzigartig, weil er trotz der DOCG-Klassifizierung Cabernet Sauvignon enthält.*

und die weißen Trebbiano und Malvasia.
WEINHERSTELLUNG  Üblicherweise entsprechend einem guten Chianti, d.h., das Ideal sind angemessene Tannine und frische Säure.
PRODUZENTEN  Ambra, Artimino, Fatt. di Baccheretto, Villa di Capezzana und Il Poggiolo.

---

DOC IN DER TOSKANA – *Ansonica Costa dell'Argentario, Bianco della Valdinievole, Bianco dell'Empolese, Bianco di Pitigliano, Bianco Pisano di San Torpé, Bianco Vergine Valdichiana, Bolgheri, Bolgheri Sassicaia, Candia dei Colli Apuani, Carmignano, Barco Reale di Carmignano, Collo dell'Etruria Centrale, Colline Lucchesi, Elba, Montecarlo, Monteregio di Massa Marittima, Montescudaio, Morellino di Scansano, Moscadello di Montalcino, Parrina, Pomino, Rosso di Montalcino, San Giminigano, Sant' Antimo, Val d'Arbia, Val di Cornia, Vin Santo (del Chianti & del Chianti Classico), Vin Santo di Montepulciano*

## Chianti

RUF  Einer der bekanntesten Weine der Welt, wenn auch nicht immer wegen der hohen Qualität. Andererseits sind leichte, schnell reifende Weine mit frischer Frucht immer beliebt.

WEINE  Nur Rotweine. Weißweine aus diesem Gebiet dürfen Toscana Bianco oder Bianco della

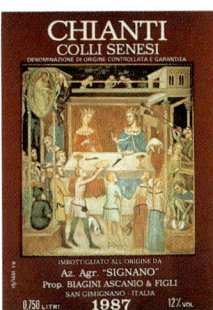

*Einer der bekanntesten Weine, wenn auch die „Bast"-Flasche nur noch in Touristenläden zu finden ist.*

Toscana genannt werden. Die Beschaffenheit der Rotweine variiert von tiefrot, straff und fruchtig bis hin zu hell und leicht. Ein gemeinsamer Faktor ist oft die kräftige Säure - in den besseren Weinen als Ergänzung zur Straffheit, in den einfacheren als Ausdruck der Rasse. Ein guter Chianti kann einige Jahrzehnte gelagert werden.

KLASSIFIZIERUNG  Das gesamte Gebiet erhielt 1984 den DOCG-Status. Dies führte zu einer Verringerung des Anteils an weißen Rebsorten. Sieben Ursprungsgebiete sind klassifiziert: Classico, Colli Aretini, Colli Sienesi, Colli Florentini, Colli Pisane, Montalbano und Rufina. Wurde ein Chianti zwei Jahre gelagert, darf er die Bezeichnung „Vecchio" tragen, nach drei Jahren Lagerzeit „Riserva".

BODEN  Sehr unterschiedlich.

REBSORTEN  Der klassische Verschnitt enthält zwei blaue und zwei weiße Rebsorten. Heute sind die Anteile: Sangiovese 75-90%, Canaiolo Nero 10-20%, Trebbiano und Malvasia 5-10% und bis zu 10% andere rote Rebsorten.

WEINHERSTELLUNG  Früher war die „Governo-Methode" üblich. Ein Teil der Trauben, vornehmlich weiße, wurde sofort nach der Ernte getrocknet, der Rotwein auf übliche Weise vergoren. Nach Ende der Gärung wurden die getrockneten Trauben gepreßt und der Saft dem Rotwein zugesetzt. Damit wurde eine zweite Gärung bewirkt und der Alkoholgehalt erhöht. Heute wird Chianti in temperaturkontrollierten Edelstahltanks hergestellt.

PRODUZENTEN  U.a. Chianti Melini, Di Ghizzano, Frescobaldi, Montesodi, Castello di Nippozzano, Ricasoli, Selvapiana, San Vito in Fior di Selva und Villa di Capezzana.

## Chianti Classico

RUF  Der Terminus Classico bedeutet in Italien in der Regel das Herz eines Weingebietes. Im Falle Chianti Classico stimmt dies sowohl historisch als auch qualitativ. Classico ist das Gebiet zwischen Florenz und Siena. Lange bevor Baron Ricasoli die Chianti-Weine „erfand", baute man hier Reben an. Mit dem schwarzen Hahn als Emblem (die anderen 6 Chianti-Distrikte haben eine Putte als Emblem - „Chianti Putto") hat sich das Gebiet als Produzent der besten Weine von Chianti profiliert. Für Classico-Weine gelten strengere Regeln und sie erzielen höhere Preise als die übrigen.

*Chianti Classico kommt aus dem „Herzen" der Toskana, wo die Qualitätsanforderungen strenger sind.*

WEINE  Nur Rotwein, von denen die besten trocken, straff, fruchtig und gut lagerfähig sind. Schlechtere Jahrgänge sollten innerhalb von drei Jahren getrunken werden, aber die besseren können bis zu 20 Jahren gelagert werden. Sie sind rubinrot mit einem Hauch von Erdbeere im Bukett und ein wenig Fruchtsüße bei den reifen Weinen.

KLASSIFIZIERUNG  DOCG seit 1984. Der Anteil weißer Rebsorten ist auf 2-5% beschränkt, der Mindestalkoholgehalt liegt ein halbes Volumenprozent höher als bei gewöhnlichen Chianti. Gemeinden: Castellina, Radda, Greve, Gaiole, San Casciano.

BODEN  Unterschiedlich: Kalk, Sand und vulkanischer Tuff.

REBSORTEN  Sangiovese, Canaiolo Nero, Mammolo, Colorino sowie die weißen Trebbiano und Malvasia.

WEINHERSTELLUNG  Gleiche Methoden wie für Chianti.

PRODUZENTEN  Agricola Fontodi, Fattoria di Ama, Antinori, Badia a Coltibuono, Cappanelle, Chianti Melini, Fattoria de Felsina, Castello di Fonterutoli, Castelli del Grevepesa, Castello di Lilliano, Monsanto, Podere il Palazzino, Castello di Rampolla, Ruffino Riserva Ducale, Riecine, San Felice, Castello di Uzzano, Castell'in Villa, Vecchie Terre di Montefili, Castello di Verrazzano und Castello di Volpaia.

## GALESTRO

RUF Die Toskana ist heute, wie auch schon im Mittelalter, das Land der Rotweine. Immer schon waren auch die weißen Trauben ein wichtiger Bestandteil dieser Weine. Der weiße Trebbiano beispielsweise ist eine der meistangebauten Traubenarten der Toskana. Als Chianti im Jahr 1984 den DOCG-Status erhielt, wurde der Anteil der weißen Trauben im Wein reduziert. Dies führte zu einer großen Menge unverwendbarer Weinberge, die mit Trebbiano und Malvasia bestockt waren. Eine sehr einflussreiche Gruppe von Produzenten wie Antinori, Frescobaldi, Ruffino usw. schufen dann einen ganz neuen Wein - den modernen Galestro. Dank der Orientierung am modernen Geschmack konnte der Galestro, auch ohne den DOC-Status, hohe Preise erzielen. Galestro ist heute der Inbegriff des modernen italienischen Weißweins.

WEINE Trockene Weißweine mit betonender Frische und Leichtigkeit, geringer Alkoholgehalt.

KLASSIFIZIERUNG Immer noch Vino da Ta-

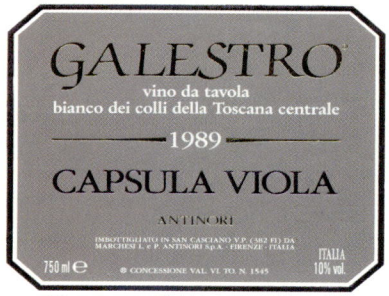

*Mitte der 80er Jahre schufen Antinori, Frescobaldi und Ruffino diesen modernen Weißwein.*

vola. Der Alkoholgehalt liegt bei höchstens 10,5%.

BODEN Variiert, meist kalkhaltige Erde.

REBSORTEN Größtenteils Trebbiano. Auch kleine Mengen Pinot Bianco, Sauvignon und Chardonnay werden verwendet.

WEINHERSTELLUNG Als Repräsentant des modernen Weißwein-Geschmacks hat Galestro eine frische Säure. Kalte Gärung und reduktiver Ausbau, kombiniert mit niedrigem Alkoholgehalt, verleihen dem Wein eine Frische, die man beim Trebbiano normalerweise nicht findet.

PRODUZENTEN Antinori, Frescobaldi und Ruffino.

---

IGT IN DER TOSKANA – *Alta Valle delle Greve, Colli della Toscana centrale, Maremma toscana, Orcia, Toscana/Toscano, Val di Magra*

---

## SASSICAIA

RUF Dieser an Quantität kleine, aber in jeder anderen Beziehung große Wein, gehört zu den Merkwürdigkeiten der Weinwelt. In einem Gebiet in Bolgheri, nahe der tyrrhenischen Küste, wird von der Familie Incisa della Rocchetta Cabernet Sauvignon (und ein wenig Cabernet Franc) angebaut. Es begann als Experiment in den 40er Jahren. Seit 1968, als der bekannte Piero Antinori den Marquis überzeugte, seinen Wein zu verkaufen, hat dieser sich zu einem der teuersten Weine Italiens entwickelt. Teilweise für den Ruf entscheidend war natürlich, dass Sassicaia 1978 den Ca-

*Sassicaia soll der beste Rotwein Italiens sein. Er wurde sogar als „der beste Cabernet-Wein der Welt" beurteilt.*

bernet-Wettbewerb der Weinzeitschrift Decanter gewann, an dem Weine aus der ganzen Welt, inklusive einige der berühmtesten Schlösser in Bordeaux, teilnahmen.

WEINE Rotweine mit großer Kraftkonzentration und Lagerfähigkeit. Zugleich von französischer Eleganz, die den reifen Wein dazu bringt, in glänzender Komplexität und Geschmacksreichtum aufzublühen. Jung ist der Wein eher klotzig, da sämtliche Tannine, Säuren und Aromen unstrukturiert erscheinen. Wenn man tief in den Geldbeutel greift, kann man die Größe des Weines probieren, in Jahrgängen wie 1968, 71, 72 und 78.

KLASSIFIZIERUNG Heute DOC Bolgheri Sassicaia. Einer der ersten Vini da Tavola, bei dem die Klasse im Hinblick auf Preis und Nachfrage in den letzten 20 Jahren keine Rolle spielte.

BODEN Sonnige, magere Böden in ca. 300 m Höhe ü.M. geben eine feine Konzentration von Extrakten und Aromen.

REBSORTEN Vor allem Cabernet Sauvignon, ein wenig Cabernet Franc.

WEINHERSTELLUNG Niedriger Ertrag pro Hektar (ca. 30 hl/ha), temperaturkontrollierte Gärung und Lagerung in Barriques aus slowenischer Eiche, knapp zwei Jahre.

PRODUZENT Marchese Incisa della Rocchetta.

## TIGNANELLO

RUF In der Toskana produziert heutzutage die Mehrheit der Weingüter neben ein paar Chianti-Weinen auch einen Vino da Tavola mit unterschiedlichen Anteilen Cabernet Sauvignon als

*Der Tignanello von Antinori ist ein ausgezeichneter, komplexer und lagerfähiger Cabernet-Wein.*

Kraftspritze zur Sangiovese-Traube. Der zweifelsohne beste und bekannteste Tignanello ist der des Weinhauses Antinori. Mit seiner hervorragenden Eleganz hat er seit seiner Einführung 1971 in der Weinwelt den Siegeszug geführt. Der erste Tignanello enthielt keinen Cabernet, sondern war eine Art Luxus-Chianti, hergestellt nach der Bordeaux-Methode. Der Wein, der nur in guten Jahren erzeugt wird, kommt aus einem Teil des Gebietes Santa Christina, in Antinori-Besitz. Erfreulicherweise ist das Preis-Leistungs-Verhältnis soweit sehr positiv, obwohl die Weine wegen der großen Nachfrage teurer geworden sind.

WEINE Rotwein mit guter Lagerfähigkeit, komplex schon als junger Wein mit einer Eleganz und Ausgewogenheit, die die Straffheit begrenzt. Eine feine Fruchtsüße gibt mit den Jahren zusätzliche Geschmacksdimensionen.

KLASSIFIZIERUNG Vino da Tavola, weil der Cabernet-Verschnitt von den Behörden noch nicht anerkannt wird.

BODEN Entwässerte Böden mit Kalk und dem Steinboden Galestro.

REBSORTEN Sangiovese und Cabernet Sauvignon (bis zu 20%).

WEINHERSTELLUNG Sorgfältig ausgewählte Rebsorten ergeben einen konzentrierten Rotwein, der 18-22 Monate in neuen Eichenfässern und dann mindestens 18 Monate in der Flasche lagert.

PRODUZENT Antinori.

---

DOCG IN DER TOSKANA – *Brunello di Montalcino, Carmignano, Chianti, Chianti Classico, Vernaccia di San Gimignano, Vino Nobile di Montepulciano*

---

## VERNACCIA DI SAN GIMIGNANO

RUF Dieser alte Wein hat einen langen historischen Ruf. Schon Michelangelo rühmte ihn und man konnte ihn in London schon im 16. Jh. kaufen. Dieser altmodische Typ eines leicht oxidierten, kräftigen Weißweins hat sich in der letzten Zeit dem modernen Geschmack anpassen müssen (vgl. Galestro). Deshalb wird Vernaccia heute in einem leichteren, sauberen Stil gemacht, der mehr neutral, aber immer noch einzigartig ist.

WEINE Trockene Weißweine nach zwei Herstellungsmethoden: Die traditionelle ist die Maischegärung, um ein Maximum an Kraft und Aroma zu erzielen. Danach lagert der Wein mehrere Jahre in Eichenfässern, was eine leicht oxidierte, etwas bittere Blume und einen bitteren Geschmack sowie eine tiefgelbe Farbe ergibt. Die moderne Schule ist Mostvergärung ohne Maische bei niedriger Temperatur. Der Wein wird bis zur Flaschenabfüllung luftdicht in Tanks gelagert. Diese Weine sind heller, reiner und frischer mit nur wenig Bitterkeit und einem eher neutralen Geschmacksprofil.

*Die kräftigen Vernaccia-Weine waren schon im Mittelalter sehr beliebt. Heute werden sie modern vinifiziert.*

KLASSIFIZIERUNG DOCG seit 1993. Weitere DOC für San-Gimignano-Weine sind: Novello, Riserva, Sangiovese, Vin Santo und Vin Santo Occhio di Pernice.

BODEN Gut entwässerte Böden, Kalk und der Steinboden Galestro.

REBSORTEN Vernaccia di San Gimignano ist auch der Name der Rebsorte, nicht verwandt mit dem Vernaccia auf Sardinien oder Vernatsch in Südtirol.

WEINHERSTELLUNG Siehe oben unter „Weine".

PRODUZENTEN U.a. Canneta, Casale, Chianti Melini, Fattoria Cusona, Guicciardini-Strozzi, Falchini, Fattoria Ponte a Rondolino, Fattoria della Quercia, Signano und Teruzzi & Puthod.

## Vino Nobile di Montepulciano

RUF In der Provinz Siena liegt die Gemeinde Montepulciano. Dort wird der wohl klingende Vino Nobile - der edle Wein - hergestellt. Er gehört zu den besten Rotweinen Italiens.

WEINE Die Bezeichnung Vino Nobile ist laut

„Der edle Wein" aus Montepulciano. Dunkel und straff mit Bordeaux-ähnlicher Eleganz.

Gesetz nur für Rotweine zulässig. Der Stil erinnert an Chianti, die Weine aber sind dunkler, straffer und lagerfähiger.

KLASSIFIZIERUNG DOCG. Der Ertrag beträgt 70 hl/ha und der Mindestalkoholgehalt liegt bei 12%. Der Wein muss zwei Jahre im Fass lagern. Nach drei Jahren darf man ihn Riserva nennen, nach vier Jahren Riserva Speciale. Seit Vino Nobile 1983 den DOCG-Status erhielt, ist die Qualität besser geworden. Es war früher eher ungewöhnlich, dass der Wein seinem edlen Namen gerecht wurde. Durch die Ertragsreduktion bis ca. 30 hl/ha und kürzeren Fassausbau hat man die Konzentration erhöht und den Weinen eine Bordeaux-ähnliche Eleganz gegeben. Ein weiterer Faktor zur Verbesserung ist die Verminderung des Anteils weißer Rebsorten von früher 15-20% auf heute 1-2%, in einigen Fällen sogar Null. Eine neue DOC seit 1987 ist Rosso di Montepulciano für Weine, die keine Vino-Nobile-Klasse haben.

BODEN Unterschiedlich.

REBSORTEN Sangiovese wird in Montepulciano Prugnolo Gentile genannt. Sie dominiert im Verschnitt, der im Übrigen auch Canaiolo, Mammolo und die weißen Malvasia und Trebbiano Toscano enthalten darf.

WEINHERSTELLUNG Langer Maischekontakt und Gärung bei hoher Temperatur sind das Grundrezept für diese dunklen, straffen Weine. Der Ausbau erfolgt in großen Fässern, die weniger Eichengeschmack abgeben und den Wein langsamer reifen lassen.

PRODUZENTEN Gute Produzenten sind Avignonesi, Bindella, Boscarelli, Casalte, Contucci, Cracciano, Montenero, Poliziano und Vecchia Cantina.

## Vin Santo

RUF In der Toskana wird der Vin Santo, der heilige Wein, für den vornehmsten aller Weine gehalten. Außerhalb der Region ist er mehr oder weniger unbekannt. Der Name stammt wahrscheinlich aus einer seit langem vergessenen Tradition, Vin Santo bei religiösen Zeremonien zu verwenden. Kommerziell betrachtet ist er ein teures und exklusives Produkt von renommierten Häusern. Die größte Produktion liegt in privater Hand. Hunderte von toskanischen Winzern produzieren ihren eigenen Vin Santo für den Eigenverbrauch oder als Geschenk. Leider trifft man gerade bei diesem Wein oft auf Betrügereien. Bei Familienfes-

Eine Legende in der Toskana ist der sonst unbekannte „heilige Wein", der Vin Santo. Meist süß und kräftig.

ten trinkt man gern eine Flasche Vin Santo, z.B. zu den steinharten Mandelkuchen, den „canuccini".

WEINE Wird in mehreren Stilrichtungen erzeugt. Von relativ trockenen, goldgelben, leicht oxidierten bis hin zu den bernsteinfarbenen süßen Kraftpaketen, die mit jedem anderen Dessertwein konkurrieren können. Der Alkoholgehalt liegt zwischen 15 und 18%.

KLASSIFIZIERUNG Die meisten Vin Santo werden ohne Rücksicht auf das Weingesetz produziert. Kommerziell dominiert der Vino da Tavola, aber auch einige mit dem DOC-Status.

BODEN Unterschiedlich, da Vin Santo in mehreren Teilen der Region hergestellt wird.

REBSORTEN Die lokalen Sorten wie Trebbiano, Malvasia und manchmal Canaiolo. Antinori erzeugt sogar einen roten Vin Santo.

WEINHERSTELLUNG Die Trauben werden zum Trocknen aufgehängt. Zwischen Weihnachten und Ostern werden sie in 50-Liter-Fässer gelegt, zusammen mit etwas Hefemutter, einem Sediment aus der vorherigen Produktion. Die Besseren werden verschlossen und mit Wachs versiegelt. Danach vergärt der Wein 3-5 Jahre. Die Fässer müssen so liegen, dass sie den jahreszeitlichen Temperaturschwankungen ausgesetzt sind.

PRODUZENTEN Castello di Ama, Antinori, Avignonesi, Badia a Coltibuono, La Calonica, Chianti Melin, Cracciano, Contuco, Fatt. Isola e Olena, Pietrafitta und Barone Ricasoli.

## ANTINORI

GESCHICHTE Diese uralte Familie wechselte im Jahr 1385 vom Seidenhandel zum Weinhandel und ist bis heute dabei geblieben. Der heutige Marquis heißt Piero Antinori und ist auch in Besitz von Weingütern in Kalifornien.

WEINE Chianti Classico: Santa Christina, Villa Antinori, Riserva del Marchese, Peppoli sowie mit Cabernet verschnittene Tignanello und, auf Cabernet-Basis, Solaia. Weißweine sind Castello della Sala, Cervaro della Sala, Villa Antinori Bianco, Orvieto Classico, Galestro und der Botrytiswein Muffato. Im Übrigen Vin Santo, Antinori Brut Spumante, der Rosèwein Bolgheri Rosato und Vino Novello San Giocondo.

CHARAKTER Rot- wie auch Weißweine gehören zur Elite. Der Chianti Classico Riserva del Marchese hat eine mächtige Struktur und ist lagerfähig. Tignanello mit bis zu 20% CS ist ein klassischer „vin de garde" mit Straffheit und Frucht. Solaia gehört zu den besten Cabernet-Weinen in der Welt. Die Weißweine sind von hoher Qualität mit Castello della Sala und Cervaro della Sala an der Spitze.

*Trotz mittelalterlichem Ursprung gehört Antinori zu Italiens größten „Trendsettern".*

RUF Gehört zu den Prestigeproduzenten.
REBSORTEN Sangiovese, Canaiolo, Mammolo, Cabernet Sauvignon, Trebbiano, Grechetto, Procanico, Chardonnay und Sauvignon Blanc.
WEINHERSTELLUNG Antinori war Vorreiter für moderne Methoden. Er erzeugt aber auch traditionellen Chianti Classico.
LAGERUNG Die besten Rotweine aus guten Jahren können Jahrzehnte gelagert werden.
REBFL/PROD 900 ha, 1,2 Mio. Kisten/Jahr.

**Besitzer** Piero Antinori • **Kellermeister** Maurizio Angeletti • **Besuch** Kein Besuch möglich • **Adresse** Antinori, Piazza Antinori 3, I-50123 Firenze (FI) • **Tel.** 055-235 95 • **Fax** 055-235 98 84 • **Homepage** www.antinori.it

PRODUKTION    QUALITÄT    PREIS

## AVIGNONESI

GESCHICHTE Sehr altes Familienunternehmen mit einem stattlichen Palast im Herzen von Montepulciano. Die Keller stammen aus dem 13. Jahrhundert. Das moderne Unternehmen Avignonesi hat die traditionelle Produktion von erstklassigen Vini Nobili mit der Lust am Experiment und der Einführung von Trendsorten wie Chardonnay und Cabernet kombiniert.

WEINE Vino Nobile di Montepulciano, Vin Santo, Chianti dei Colli Senesi, Bianco Vergine della Valdichiana, Grifi (Sangiovese & Cabernet), Chardonnay.

*Avignonesi ist traditionell und modern zugleich. Der Vino Nobile di Montepulciano gehört zu den besten.*

CHARAKTER Die Vini Nobili sind fruchtig, mit leichtem Eichenton, großer Fülle und mittlerem Tanningehalt. Elegant, aber kaum leicht. Avignonesi gehört zu den vornehmsten Produzenten von Vin Santo in der Toskana. Harmonisch konzentriert mit feiner Ausgewogenheit zwischen Süße, Alkohol und Säure. Chianti dei Colli Senesi ist im leichten Stil ohne Holzfasston.

RUF Einer der Großen in der Region.
REBSORTEN Prugnolo Gentile (alias Sangiovese), Canaiolo, Cabernet Sauvignon, Merlot, Malvasia, Chardonnay.
BODEN Kalkreicher Lehm.
WEINHERSTELLUNG Avignonesi produziert seinen Vino Nobile ganz ohne weiße Rebsorten. Außerdem experimentiert man mit neuen Eichenfässern - Barriques.
LAGERUNG Die besten Rotweine aus guten Jahren können Jahrzehnte gelagert werden.
REBFL/PROD 200 ha, ca. 500 000 Kisten/Jahr.

**Besitzer** Fratelli Falvo • **Kellermeister** Paolo Trappolini • **Besuch** Nach Vereinbarung • **Adresse** Avignonesi, Via di Grazziano Nel Corso 91, I-53045 Montepulciano (SI) • **Tel.** 0578-75 78 72 • **Fax** 0578-75 78 47 • **E-Mail** avignonesi@avignonesi.it • **Homepage** www.avignonesi.it

PRODUKTION    QUALITÄT    PREIS

## BANFI

GESCHICHTE  Gegründet 1977 vom House of Banfi, dem größten Importeur italienischer Weine in die USA. Das Hauptquartier in San Angelo Scalo besitzt eine der modernsten Weinanlagen der

*Der bekannte „Weinregisseur" Ezio Rivella bei Banfi hat große Ambitionen mit seinem modernen Weingut.*

Welt. Man ist fest entschlossen mit kalifornischen Top-Weinhäusern zu konkurrieren.
 WEINE  Rot: Brunello di Montalcino, Centine Rosso di Montalcino. Chianti Classico, Tavernelle Cabernet Sauvignon. Aus Piemont: Dolcetto d' Acqui und der rote Schaumwein Bracchetto d'Aqui. Weiß: Fontanelle Chardonnay, Fumaio Sauvignon Blanc, San Angelo Pinot Grigio, Ricciardio Bianco della Toskana, Moscadella Liquoroso. Aus dem Piemont: Principessa Gavia Gavi sowie der Schaumwein Banfi Brut Champenois, Pinot Brut und Asti Spumante. Rosé: Casanova Rosato. 1990 führte man einen Vino Novello ein: Santa Costanza.
 CHARAKTER  Brunello di Montalcino ist gut strukturiert mit Kraft, Strafheit und Frucht. Tavernelle hat einen Geschmack von neuer Eiche. Fontanelle Chardonnay ist rein, frisch und aromatisch. Banfi Brut Champenois besitzt eine hervorragend frische Eleganz.
 RUF  Das Haus genießt einen sehr guten Ruf.
 BODEN  Meist Lehm mit Eisen und Kalk.
 REBSORTEN  Brunello di Montalcino, CS, Chardonnay, SB, Moscadello, Pinot Grigio, Dolcetto, Bracchetto, Cortese, Trebbiano.
 WEINHERSTELLUNG  Ultramodern.
 LAGERUNG  Die besten Rotweine können jahrzehntelang gelagert werden.
 REBFL/PROD  960 ha, ca. 900 000 Kisten/Jahr.

**Besitzer** John & Harry Mariani • **Kellermeister** Ezio Rivella • **Besuch** Nach Vereinbarung • **Adresse** Banfi, Castello di Poggia alle Mura, I-53024 Montalcino (SI) • **Tel.** 0577-84 01 11 • **Fax** 0577-84 04 44 • **E-Mail** castellobanfi.com

PRODUKTION    QUALITÄT    PREIS

## BARONE RICASOLI

GESCHICHTE  Altes Weinhaus, 1141 gegründet. Der bekannteste Ricasoli ist wahrscheinlich Bettino, der neben seinem Wirken als Italiens Premierminister im Jahr 1880 den Chianti-Wein „erfand". Seine Idee war, dem Rotwein 15-20% weiße Rebsorten zuzufügen und die Governo-Methode anzuwenden, d.h. die Einleitung einer zweiten Gärung durch Zusatz getrockneter Trauben der gleichen Ernte, zur Erhöhung des Alkoholgehalts. In den 70er Jahren wurde das Unternehmen an Seagrams verkauft, was die Familie lange bedauerte. Deshalb kaufte sie den Betrieb Mitte der 90er Jahre wieder zurück.
 WEINE  Rot: Chianti Brolio und Chianti Classico. Weiß: Orvieto, Torricella, Brolio Bianco, Galestro. Übrige: Vin Santo und Rosé.
 CHARAKTER  Typische Chianti Classico, sorgfältig hergestellt. Torricella ist ein trockener Wein, der sowohl im Fass als auch in der Flasche gelagert wird. Brolio Vin Santo gehört zu den besseren in der Region.
 RUF  Galt jahrzehntelang als Topwein unter

*Barone Ricasoli hat die längste Tradition in der Toskana, das Weingut wurde 1141 gegründet.*

den Chianti Classico. Man spürte ein wenig Qualitätsverlust am Ende der 70er Jahre. Seit 1990 liegt man aber wieder in der oberen Hälfte.
 BODEN  Sehr unterschiedlich.
 REBSORTEN  90% Sangiovese. Ferner Canaiolo, Trebbiano und Malvasia.
 WEINHERSTELLUNG  Moderner Großbetrieb mit Stahltanks und Temperaturkontrolle.
 LAGERUNG  Chianti Classico können 5-10 Jahre gelagert werden, Torricella 25-30 Jahre.
 REBFL/PROD  230 ha, 85 000 Kisten/Jahr.

**Besitzer** Barone Bettino Ricasoli • **Kellermeister** Carlo Ferrini • **Besuch** Mo-Fr 9-12 • **Adresse** Barone Ricasoli, Loc. di Brolio, I-53013 Gaiole in Chianti (SI) • **Tel.** 0577-7301 • **Fax** 0577-730 225

PRODUKTION    QUALITÄT    PREIS

## BIONDI SANTI, IL GREPPO

GESCHICHTE  Das Haus wurde 1840 von Clemente Santi gegründet. Sein Enkelsohn Ferruccio Biondi Santi soll Brunello di Montalcino entdeckt haben. Ein Klon (Variation) von Sangiovese Grosso wurde in dem kleinen Weingut „Il Greppo" isoliert und Ferruccio begann 1880 Wein aus

*Biondi Santi ist synonym mit dem großen Brunello di Montalcino, einem Wein, der auch eine Rebsorte ist.*

ausschließlich dieser Rebsorte zu produzieren. Mit genauer Traubenauswahl hat das Haus seitdem einige der teuersten und langlebigsten Weine Italiens produziert.

WEINE  Brunello di Montalcino in zwei Varianten: Riserva (nur aus ausgezeichneten Jahrgängen und aus 25-45 Jahre alten Rebstöcken) und Annata (12-25 Jahre alte Rebstöcke). In den schlechten Jahren werden alle Trauben für Rosso di Montalcino verwendet.

CHARAKTER  Großartige Weine mit viel Tannin, Fruchtsäure und Aromen von Teer, Tabak und Pflaumen.

RUF  Seit Anfang der 70er Jahre hat das Haus einen Ruhm, der nicht weit hinter dem der Grand-Cru-Schlösser in Bordeaux zurücksteht.

BODEN  Steinig, mit guter Sonnenlage.

REBSORTEN  100% Sangiovese.

WEINHERSTELLUNG  Traditionell lange Maischegärung bei relativ hohen Temperaturen. Die Weine ruhen 4-5 Jahre in großen Fässern.

LAGERUNG  Riserva: Jahrzehnte.

REBFL/PROD  12 ha, ca. 6 000 Kisten/Jahr.

**Besitzer**  Franco Biondi Santi • **Kellermeister** Franco Biondi Santi • **Besuch** 9-11, 14.30-17 nach Vereinb., Tel. 0577-848087 • **Adresse** Biondi Santi, Il Greppo, Loc. Greppo, I-53024 Montalcino (SI) • **Tel.** 0577-84 80 87 • **Fax** 0577-84 93 96 • **E-Mail** biondisanti@biondisanti.it

PRODUKTION       QUALITÄT        PREIS

## BOSCARELLI

GESCHICHTE  Ein recht junges Weinhaus. Die erste eigene Abfüllung erfolgte 1968. Man erwarb schnell einen guten Ruf und gehört seit Beginn zu den besten in der Region. In den letzten Jahren gab es einige Schwankungen in der Qualität, von einer Deklassierung aber ist nicht die Rede.

WEINE  Vino Nobile di Montepulciano, Chianti dei Colli Senesi.

CHARAKTER  Mit einer sehr strengen Traubenselektion produziert man konzentrierte Weine. Dichtes, dunkles, intensiv duftendes Kraftpaket mit sehr viel von allem: Tiefe, Frucht und Straffheit. Der Zweitwein ist Chianti dei Colli

*Boscarelli ist ein junges Weingut in der Toskana, sein „Vino Nobile" zählt aber bereits zu den besten.*

Senesi. Auch dieser besitzt eine gute Portion Kraft und Straffheit.

RUF  Viele halten Boscarelli für den besten Produzenten von Vino Nobile. Trotz einiger Veränderungen im letzten Jahrzehnt ist die Qualität zweifelsohne sehr hoch.

BODEN  Hauptsächlich kalkhaltige Lehmböden.

REBSORTEN  90% Prugnolo Gentile (alias Sangiovese), 10% Canaiolo und Mammolo.

WEINHERSTELLUNG  In den letzten Jahren hat der Önologe Maurizio Castelli die Weinherstellung auf ein modernes und hohes Niveau gebracht. Seit 1985 verwendet man keine weißen Trauben mehr. Man hat mit Barriques experimentiert, aber ohne größerer Begeisterung bei den Besitzern.

LAGERUNG  Die besten Vini Nobili können Jahrzehnte gelagert werden.

REBFL/PROD  12 ha, ca. 4 000 Kisten/Jahr.

**Besitzer**  Paolo de Ferrari Corradi • **Kellermeister** Maurizio Castelli • **Besuch** Nach Vereinbarung • **Adresse** Boscarelli, Via di Montenero 28, I-53040 Montepulciano (Siena) • **Tel.** 0578-76 72 77 • **Fax** 0578-76 72 77

PRODUKTION       QUALITÄT        PREIS

## Tenuta dell'Ornellaia

GESCHICHTE  Der Aufbau dieses merkwürdigen Weinguts begann im Jahr 1979, als Lodovico Antinori, der Bruder des berühmten Piero, in Bolgheri Bordeaux-Sorten anpflanzte. Der erste Jahrgang war 1985 und zwei Jahre später wurde das raumschiffähnliche Produktionsgebäude gebaut. Wenige Jahre später war man schon eines der berühmtesten Weingüter Italiens. Ein großer Teil des Erfolgs wird dem begabten ungarischen Önologen Tibor Gâl zugeschrieben.

WEINE  Ornellaia, Masseto, Le Volte, Poggio alle Gazze.

CHARAKTER  Ornellaia ist ein sogenannter „Super-Toskaner", der zusammen mit dem Sassicaia zu den führenden Weinen Italiens gehört. Die Rebsorten sind CS, Merlot und CF. Der Wein wird 18-24 Mt. in Barriques ausgebaut, hat eine dunkle, rubinrote Farbe und ein großes, elegantes, beeriges Bukett mit Kaffee- und Tabaknoten. Der Geschmack ist ausgewogen, mit Gerbsäure und langem Abgang. Masseto besteht aus 100% Merlot - ein „wilder" aber trotzdem eleganter Wein.

*Ornellaia ist ein jüngerer, weltberühmter sog. „Super-Toskaner" und wird vom Bruder Antinoris erzeugt.*

Der Sauvignon Blanc Poggio alle Gazze hat einen frischen, ausgewogenen Geschmack.

RUF  Gehört zur italienischen Spitze.

REBSORTEN  Cabernet Sauvignon, Merlot, Sauvignon Blanc und Cabernet Franc.

WEINHERSTELLUNG  Hochmoderne Anlage mit sehr viel Barrique-Einsatz.

LAGERUNG  Die besten Jahrgänge können wie ihre Vorbilder aus Bordeaux gelagert werden.

REBFL/PROD  70 ha eigene Rebfläche, 33 000 Kisten/Jahr.

**Besitzer** Marchese Lodovico Antinori • **Kellermeister** Tibor Gâl • **Besuch** Nach Vereinbarung • **Adresse** Tenuta dell'Ornellaia, Via Bolgherese 191, I-57020 Bolgheri (LI) • **Tel.** 0565-76 21 40 • **Fax** 0565-76 21 44 • **E-Mail** ornellaia@etruscan.li.it

PRODUKTION     QUALITÄT     PREIS

## Tenuta di Capezzana

GESCHICHTE  Als Cosimo Medici III. 1716 eine Zoneneinteilung der „erlaubten" Weine aus der Toskana machte, gehörte Carmignano dazu. Die Zone zählt heute zu Chianti Montalbano, hat aber seit 1975 eine eigene DOC Carmignano und seit 1992 DOCG. Dies ist größtenteils Ugo Contini Bonacossi zu verdanken, der in den 60er Jahren Cabernet Sauvignon anbaute und seinen Chianti mit 10% dieser Rebsorte verbesserte. Mit dem Argument, dass Cabernet Sauvignon schon vor dem Reblausangriff im 19. Jh. angebaut wurde, konnte er für diese Weine die erste DOC durchsetzen.

*Villa di Capezzana ist sowohl Hauptsitz als auch der Name ihres berühmten Carmignano-Weines.*

WEINE  Die roten Carmignano, Chianti Montalbano, Ghiaie della Furba, Barco Reale, Trefiano. Vin Ruspo (Rosé) sowie die weißen Capezzana Bianco und Vin Santo.

CHARAKTER  Carmignano Villa Capezzana hat eine dichte Struktur mit ausgezeichneter Lagerfähigkeit. Der Cabernet-Merlot-Verschnitt Ghiaie della Furba besitzt eine Bordeaux-ähnliche Komplexität und gehört zu den vornehmen Vini da Tavola der Region. Der Roséwein Vin Ruspo gehört zu den besten in der Toskana.

RUF  Einer der Besten von Carmignano.

BODEN  Magere, gut ausgetrocknete Böden.

REBSORTEN  Sangiovese, Canaiolo, Cabernet Sauvignon, Merlot, Trebbiano und Malvasia.

WEINHERSTELLUNG  Alte oder neue Methoden, je nach Rebsorte bzw. Wein.

LAGERUNG  Villa Capezzana Riserva kann in guten Jahrgängen 15 Jahre gelagert werden.

REBFL/PROD  70 ha, ca. 27 000 Kisten/Jahr.

**Besitzer** Ugo Contini Bonacossi • **Kellermeister** Bramini Alberto • **Besuch** Mo-Fr, nach Vereinbarung • **Adresse** Tenuta di Capezzana, Via Capezzana 100, I-50040 Seano (FI) • **Tel.** 055-870 60 05 • **Fax** 055-870 66 73 • **E-Mail** capezzana@da-da.it • **Homepage** www.capezzana.it

PRODUKTION     QUALITÄT     PREIS

ITALIEN • TOSKANA

## Fattoria Dei Barbi

GESCHICHTE  1770 gegründetes Anwesen. Außer Wein werden auf dem Gut auch andere landwirtschaftliche Produkte erzeugt. Zudem findet man ein ausgezeichnetes Gasthaus mit den

*Fattoria dei Barbi gehört zu den ältesten und bekanntesten Gütern in Montalcino. Ihr Brunello ist klassisch.*

Spezialitäten der Gegend. Die Familie Colombini Cinelli, unter der Leitung von Francesca Colombini Cinelli, stellt vorzugsweise Frauen ein, was für die Gegend eher ungewöhnlich ist.
  WEINE  Brunello di Montalcino, Brunello mit Lagebezeichnung Vigna del Fiore, Rosso di Montalcino, Brusco und Bruscone, sowie Bianco del Beato. Ferner Brigante dei Barbi I.G.T.
  CHARAKTER  Die Brunello-Weine sind klassisch massiv und auch jung nicht abweisend. Rosso di Montalcino hat ein gutes Preis-Leistungs-Verhältnis und eine großzügige, weiche Frucht. Brusco und Bruscone sind zwei Weine, die aus Sangiovese Grosso und Governo erzeugt werden. Bruscone wird in Barriques ausgebaut.
  RUF  Sehr bekannt für klassischen und lagerfähigen Brunello.
  REBSORTEN  Sangiovese Grosso für Rotweine, Malvasia und Trebbiano für Weißweine.
  WEINHERSTELLUNG  Anwendung der Governo-Methode, die in Montalcino ungewöhnlich ist. D.h., man lässt den Most unter Zugabe von unvergorenem Traubenmost weitergären. Dies verleiht dem Wein eine lebhafte Säure und erhöht leicht den Alkoholgehalt.
  LAGERUNG  10-12 Jahre für die besten Brunello.
  REBFL/PROD  70 ha, 60 000 Kisten/Jahr.

**Besitzer** Francesca Colombini Cinelli • **Kellermeister** Luigino Casagrande • **Besuch** Werktags 10-12, 15-17 • **Adresse** Fattoria Dei Barbi, di Francesca Colombini Cinelli, Loc. Podernovi, I-53024 Montalcino (SI) • **Tel.** 0577-84 82 77 • **Fax** 0577-84 93 56

PRODUKTION        QUALITÄT        PREIS

## Castello di Fonterutoli

GESCHICHTE  Das kleine Dorf Fonterutoli und sein Schloss gehören seit Jahrhunderten der Familie Mazzei. Es befindet sich an der alten Landstraße zwischen Florenz und Siena.
  WEINE  DOCG Chianti Classico, DOCG Chianti Classico Riserva Ser Lapo, VdT Concerto, VdT Siepi.
  CHARAKTER  Der Chianti Classico zeichnet sich durch klassisch straffe Frucht und Tanninreichtum aus. Ein konzentrierter Wein mit intensiv traubigem, ein wenig feurigem Bukett und trockenem Geschmack mit feiner Frucht und langem Abgang. Der Chianti Classico Riserva Ser Lapo gehört zu den besten der Region: großer, komplexer Duft mit Eichenholztönen, säurebetont im Geschmack. Concerto ist einer der besten Vini da Tavola und besteht aus Sangiovese mit 20% Cabernet Sauvignon. Der Wein hat einen tiefen Farbton, einen großen, intensiven Duft und einen fülligen Geschmack mit reifer Frucht. Siepi ist ein ähnlicher Wein aus Sangiovese und Merlot: international im Stil und schon früh genießbar.

*Fonterutoli ist seit Jahrhunderten in Besitz der Familie Mazzei und erzeugt sehr guten Chianti Classico.*

RUF  Ein Spitzenname der Chianti-Classico-Region. Die Familie Mazzei hat mit ihrer konsequent hohen Qualität einen sehr guten Ruf.
  REBSORTEN  Sangiovese, Canaiolo Nero, Cabernet Sauvignon, Merlot.
  WEINHERSTELLUNG  Die zwei Geheimnisse hinter dem Erfolg sind: strengste Traubenselektion und temperaturkontrollierte Vergärung.
  LAGERUNG  Spitzenjahrgänge mind. 10 Jahre.
  REBFL/PROD  80 ha eigene Rebfläche, 43 000 Kisten/Jahr.

**Besitzer** Lapo Mazzei • **Kellermeister** Carlo Ferrini • **Besuch** Mo-Fr 8-17, nach Vereinbarung • **Adresse** Castello di Fonterutoli, Loc. Fonterutoli, I-53011 Castellina in Chianti (SI) • **Tel.** 0577-74 04 76 • **Fax** 0577-74 10 70

PRODUKTION        QUALITÄT        PREIS

## ISOLE E OLENA

GESCHICHTE Die Familie de Marchi kam in den 50er Jahren aus dem Piemont in das Herz von Chianti Classico. Der junge Paolo de Marchi, der heutige Leiter, gehört zur Avantgarde der Region. Er ist der Mann, der in Chianti mit glänzendem Ergebnis die französische Sorte Syrah einführte.

*Isola e Olena erzeugt einen mächtigen Chianti Classico und ihr Vin Santo ist wohl der beste seiner Art.*

WEINE Chianti Classico und Chianti Classico Riserva. Cepparello, ein sog. Super-Tuscan, also 100% Sangiovese mit dem Charakter französischer Eiche. Cabernet Sauvignon, Syrah, Chardonnay und ein herausragender Vin Santo.

CHARAKTER Der Standard-Chianti hat eine Bordeaux-Struktur mit Herbe, Frucht und Säure. Cepparello wird in kleinen Eichenfässern ausgebaut und zeigt großes Bukett und Geschmack, voll von Früchten. Dunkle, fast schwarze Farbe für den Syrah, im Bukett Himbeeren und weißer Pfeffer. Im Geschmack fruchtig mit elegantem Abgang. Der Vin Santo ist wahrscheinlich der beste der Chianti-Gegend, enorm konzentriert (und teuer).

RUF Man gehört zu den bedeutendsten Erzeugern von Chianti mit internationalem Ruhm.

REBSORTEN Sangiovese, Canaiolo, Syrah, Cabernet Sauvignon für Rotweine. Malvasia und Trebbiano für Vin Santo.

WEINHERSTELLUNG Laut de Marchi erfolgt der Hauptteil der Arbeit im Weinberg, dazu gehört natürlich die manuelle Lese.

LAGERUNG 7-10 Jahre für die besten Rotweine.

REBFL/PROD 43 ha, 15 000 Kisten/Jahr.

**Besitzer** S.I.A.C sre • **Kellermeister** Paolo de Marchi • **Besuch** Mo-Fr 9-17 • **Adresse** Isole e Olena, Loc. Isole, 1, I-50021 Barberino Val d'Elsa (FI) • **Tel.** 055-8072763 • **Fax** 055-8072236

PRODUKTION    QUALITÄT    PREIS

## MARCHESI DE' FRESCOBALDI

GESCHICHTE Das Haus wurde 1300 gegründet und ist immer noch in Familienbesitz. Heute geführt von den drei Brüdern Frescobaldi - Vittorio, Leonardo und Ferdinando, die auch in Besitz des Castelgiocondo in Montalcino sind. Führender Produzent von Chianti Rufina mit dem berühmten Montesodi an der Spitze.

WEINE Rot: Chianti Rufina mit Pomino, Castello di Nipozzano und Montesodi. Chianti Colli Fiorentini und Nuovo Fiore, ein Vino Novello. Weiß: Galestro, Pomino Bianco und Spumante, Villa di Corte Rosé und Vin Santo. Cabernet-dominierende Mormoreto-Weine. Seit 1997 wird

*Frescobaldi ist seit dem 14. Jh. in Familienbesitz. Das Castello di Nipozzano ist mit Recht berühmt.*

auch der Spitzenwein Luce in Zusammenarbeit mit Robert Mondavi aus Kalifornien hergestellt.

CHARAKTER Castello di Nipozzano hat eine klassische Struktur, die durch Lagerung besser wird. Pomino Bianco „Il Benefizio" gehört zu den besseren Weißweinen der Toskana mit weicher Frucht und fülligem Geschmack. Der Wein enthält 80% Chardonnay und 20% Pinot Gris.

RUF Trotz seiner Größe hat das Haus einen ausgezeichneten Ruf.

BODEN Sehr unterschiedlich.

REBSORTEN Sangiovese, Canaiolo, Cabernet Sauvignon (zugelassen im Pomino Rosso), Merlot Pinot Noir, -Grigio, -Bianco, Trebbiano, Sauvignon Blanc, Malvasia und Chardonnay.

WEINHERSTELLUNG Man experimentiert mit verschiedenen Methoden und Rebsorten.

LAGERUNG Montesodi und Castello di Nipozzano können 10 Jahre gelagert werden.

REBFL/PROD 750 ha, 400 000 Kisten/Jahr.

**Besitzer** Familie Frescobaldi • **Kellermeister** Lamberto Frescobaldi • **Besuch** Nach Vereinbarung • **Adresse** Marchesi de' Frescobaldi, Via S. Spirito 11, I-50125 Firenze (FI) • **Tel.** 055-21 87 51 • **Fax** 055-21 15 27

PRODUKTION    QUALITÄT    PREIS

## Weitere Produzenten in der Toskana

### Castello di Ama

Silvano Formigli hat mit dem Verkauf von hervorragenden weingutsbezeichneten Chianti Classico und reinen Sangiovese-Weinen Karriere gemacht. Er produziert auch einen ausgezeichneten Vin Santo. Die Chianti-Weine werden in Barriques ausgebaut. Die Lagen Bellavista und San Lorenzo ergeben dunkle, konzentrierte Weine mit einer hohen Komplexität schon in der Jugend, verursacht durch einen niedrigen Hektarertrag.

• **Besitzer:** Silvano Formigli **Adresse:** Loc. Lecchi, I-53010 Gaiole (SI). **Tel.** 0577-74 60 31.

### Tenuta di Argiano

Ein Weingut westlich von Montalcino, das aus kleinen Erträgen regelmäßig massive, lagerfähige Weine präsentiert. Mit Hilfe des berühmten Giacomo Tachis (er schuf den Sassicaia) stellt Noemi Cinzano konzentrierte DOCG Brunello di Montalcino und Riserva her. Der Riserva hat ein großes, fruchtiges Bukett mit Aromen von frisch geröstetem Kaffee und Vanille. Im Geschmack dominiert die große Frucht, lang und wohlstrukturiert. Der DOC Rosso di Montalcino ist dem „großen Bruder" Brunello oft ähnlich: würzige Nase, vollmundig mit sanfter Fruchtigkeit und guter Balance zwischen Säure und Alkohol.

• **Adresse:** Loc. S. Angelo in Colle, I-53020 Montalcino (SI). **Tel.** 0577-86 40 37. **Fax** 0577-86 42 10.

### Badia a Coltibuono

In einem Kloster aus dem 12. Jahrhundert werden einige der konzentriertesten und langlebigsten Chianti Classico von der Familie Stucchi-Prinetti produziert. Ein moderneres Produkt ist Sangioveto di Coltibuono, zu 100% Sangiovese von sehr alten Rebstöcken, der sowohl in Barriques als auch in großen Fässern ausgebaut wird. Andere Weine: Chianti Classico, Bianco della Toscana, Vin Santo.

• **Besitzer:** Fam. Stucchi-Prinetti **Adresse:** I-53013 Gaiole (SI). **Tel.** 0577-74 94 98.

### Capannelle

Raffaele Rossetti erzeugt knapp 2 000 Kisten Chianti Classico und Capannelle Rosso im Jahr. Die Weine sind herb und besitzen große Frucht und Säure. Sie können bis zu zehn Jahren gelagert werden. Vecchio und Riserva haben Etiketten aus Blattsilber bzw. Blattgold. Eine außergewöhnliche Verpackung!

• **Besitzer:** Raffaele Rossetti **Besuch:** Nach Vereinbarung. **Adresse:** Raffaele Rossetti, Loc. Capannelle, I-53013 Gaiole (SI). **Tel.** 0577-74 96 91. **Fax** 0577-74 76 91.

### Cerbaiona

Ein kleiner Produzent hoch konzentrierter DOCG Brunello di Montalcino mit sehr gutem Ruf. Der ehemalige Pilot Diego Molinari und seine Gattin Nora führen im Weinberg konsequent die Traubenselektion durch. Nur vollreife Trauben werden verarbeitet. Das Resultat sind große, warme Brunello-Weine mit kompakter Struktur und zugleich großer Fruchtigkeit. Der Vino da Tavola Cerbaiona ist ein moderner Sangiovese und wird teilweise in neuen Barriques ausgebaut.

• **Besitzer:** Diego & Nora Molinari **Adresse:** I-53024 Montalcino (SI). **Tel.** 0577-84 93 14.

### Emilio (Andrea) Costanti

Kleiner Brunello-Produzent von feinster Marke. Seit Anfang der 80er Jahre setzt Andrea Costanti das Werk des großen Emilio fort und produziert einen konzentrierten, immer sehr sorgfältig hergestellten Brunello di Montalcino für lange Lagerung.

• **Besitzer:** Fam. Costanti **Besuch:** Nach Vereinbarung. **Adresse:** Loc. Colle al Matrichese, I-53024 Montalcino. **Tel.** 0577-848195. **Fax** 0577-849349.

### Fattoria de Felsina

Die Böden in Castelnuovo Berardenga verleihen den Chianti-Classico-Weinen einen mineralischen Ton. Giuseppe Mazzocolin hat sich in Zusammenarbeit mit dem Berater Franco Bernabei einen sehr guten Ruf für seine großen, komplexen Weine erworben. DOCG Chianti Classico Riserva Vigneto Rancia ist einer der besten Vertreter dieses Stils. Die Weine sind sehr dunkel und dicht in der Farbe und haben ein großes, beeriges Bukett mit feinen Eichenholznoten. Der Wein muss gelagert werden. I Sistri ist ein Weißwein aus 100% Chardonnay und wird in neuen Barriques vergoren und ausgebaut. Der Wein duftet nach reifen Früchten und leicht geröstetem Eichenholz und der Geschmack ist gut strukturiert.

• **Besitzer:** Giuseppe Mazzocolin **Besuch:** Nach Vereinbarung. **Adresse:** Strada Chiantigiana 484, I-53019 Castelnuovo Berardenga (SI). **Tel.** 0577-35 51 17. **Fax** 0577-35 56 51.

### Fontodi

Die Gebrüder Marco und Giovanni Manetti haben drei gute Voraussetzungen, um gute Weine zu erzeugen: Geld, Wissen und Ehrgeiz. Kellermeister Franco Bernabei ist auch nicht zu vergessen. Seit Anfang der 80er Jahre konnten die Weine ihren Ruf von Jahr zu Jahr verbessern. Chianti Classico Vigna del Sorbo Riserva gehört zum allerbesten Classico in der ganzen Toskana. Der Barrique-gelagerte, aus 100% Sangiovese erzeugte Flaccianello del Piave ist ein trockener und kompakter Wein

• **Besitzer:** Marco & Giovanni Manetti **Kellermeister:** Franco Bernabei **Besuch:** Nach Vereinbarung. **Adresse:** Loc. Fontodi S. Leolino, I-50020 Panzano in Chianti (FI). **Tel.** 055-85 20 05. **Fax** 055-85 25 37.

## Weitere Produzenten in der Toskana

### Castelli del Grevepesa

Armando Nunzi, der hinter Chiantis Aufwertung zur DOCG steht, leitet auch diese hervorragende Genossenschaft. Bekannt für ausgezeichnete Chianti Classico, u.a. Panzano, Montefiridolfi und Vigna Elsa.
• **Adresse:** Via Grevigiana 34, I-50024 Mercatale Val di Pesa (FI). **Tel.** 055-82 11 01. **Fax** 055-82 17 920.

### Lisini

Ein altes und bekanntes Weingut mit hervorragenden Lagen im Südwesten Montalcinos. In Zusammenarbeit mit Franco Barnabei stellt man vor allem zwei Grundtypen des DOCG Brunello di Montalcino her. Zum einen die modernen, Barrique-ausgebauten Brunello di Montalcino und Riserva, zum anderen die klassischen, lagebezeichneten Brunello Ugolaia. Die ersten haben eine breite Duftpalette von dunklen Beeren und Holznoten und einen runden Geschmack mit weichen Tanninen und guter Länge. Die zweiten werden klassisch ausgebaut und besitzen eine sehr konzentrierte Frucht und einen Geschmack, der sich langsam zu einer schönen Ausgewogenheit von Kraft, Herbe und Alkohol entwickelt. Ein sehr langlebiger Wein, der gelagert werden muss.
• **Adresse:** Fattoria di S. Angelo in Colle, I-53024 Montalcino (SI). **Tel.** 0577-86 40 40.

### Melini

Gegründet 1705. Das Haus ist vor allem bekannt durch Laborel Melini, der im 19. Jh. die mit Bast umhüllte Chianti-Flasche „il fiasco" einführte. Sie ist ein Symbol für die italienische Trattoria. Die Weine sind trotz der großen Produktion von hoher Qualität. Im Angebot findet man außer Chianti und Chianti Classico auch Vino Nobile di Montepulciano, Vernaccia di San Gimignano, Orvieto, Spumante und Vin Santo.
• **Besitzer:** Gruppo Italiano Vini **Besuch:** Nach Vereinbarung. **Adresse:** Loc. Gaggiano, I-53036 Poggibonsi (SI). **Tel.** 0577-98 90 01. **Fax** 0577-98 90 02.

### Monsanto

Fabrizio Bianchi hat seit 1962 ausgezeichnete, langlebige Chianti Classico produziert, mit dem klar leuchtenden Stern „Il Poggio" im Vordergrund. Sowohl der Chianti Classico als auch der Chianti Classico „Il Poggio" gehören zu den ersten Weinen im Gebiet, die ohne weiße Trauben hergestellt wurden. Nach der Vergärung ruhen die Weine ein paar Monate in Stahltanks und lagern danach in „botti" (Eichenfässern). Andere Weine: Cabernet Sauvignon, Sangiovese-Cabernet-Mischung und einige Schaumweine von feiner Eleganz.
• **Besitzer:** Fam. Bianchi **Adresse:** Via Monsanto 16, I-50021 Barberino Val d'Elsa (FI). **Tel.** 055-807 51 31.

### Fattoria di Nozzole

Das Weingut ist in Besitz der großen Ruffino-Gruppe, arbeitet aber selbständig. Man baut Sangiovese, Canaiola Nero, Colorino, Cabernet Sauvignon und Chardonnay an. Der lagebezeichnete DOCG Chianti Classico Riserva La Forra ist einer der besten Weine der Region. Großes, intensives Bukett und langer, herber Geschmack mit viel Frucht. Der Cabernet Sauvignon Il Pareto wird in Barriques ausgebaut. Er ist beerig mit Vanillearoma, sauber, fruchtig und dicht im Geschmack.
• **Adresse:** Loc. Passo dei Pecorai, I-50020 Greve in Chianti (FI). **Tel.** 055-85 80 18.

### Poliziano

Hoch angesehener Produzent von Vino Nobile di Montepulciano. Vor 1982 waren die Weine von guter Qualität, seither aber zählen sie zu den besten. Die Jungweine sind teerartig dick und straff, aber die Frucht erlaubt eine längere Lagerung.
• **Adresse:** Via Fontago 11, I-53040 Montepulciano (SI). **Tel.** 0578-73 81 71.

### Fattoria Querciabella

Die Weinberge liegen ca. 350 bis 500 Meter über Meer und besitzen alte Rebstöcke. Wichtigster Wein ist DOCG Chianti Classico, vor allem in der Riserva-Version. Er ist dicht und rubinrot in der Farbe, hat ein komplexes Bukett von Beeren, Vanille und Pfeffer und ist im Geschmack ausgewogen mit weichen Tanninen und guter Kraft. Der Vino da Tavola Camartina ist ein in Barriques ausgebauter Sangiovese-Cabernet-Sauvignon-Verschnitt: in der Nase klassische Cabernet-Sauvignon-Aromen und Kirschnoten der Sangiovese-Rebe. Im Geschmack extraktreich mit Holzton, vollmundiger Frucht und einem langen, etwas strammen Abgang. Sehr interessant ist auch der weiße, in Barriques vergorene Batàr aus Pinot Bianco und Chardonnay (etwa 80/20).
• **Adresse:** Loc. Ruffoli, I-50022 Greve in Chianti (FI). **Tel.** 055-85 38 34.

### Riecine

Hier werden Sangiovese, Canaialo, Trebbiano und Malvasia angebaut. In den 70er Jahren ließ sich der Engländer John Dunkley hier mit seiner italienischen Gattin Palmina Abbagnano nieder. Ihre DOCG Chianti Classico und Riserva sind subtile Beispiele für die traditionelle Herstellung. Die Weine sind harmonisch, rund, fruchtig und besitzen genau den richtigen Gerbstoffgehalt. Interessant ist auch der La Goia aus 100% Sangiovese, der teilweise in neuen Barriques ausgebaut wird.
• **Adresse:** Loc. Riecine, I-53013 Gaiole in Chianti (SI). **Tel.** 0577-74 90 98. **Fax** 0577-74 49 35.

## Weitere Produzenten in der Toskana

### Ruffino

Großproduzent mit einer Auswahl von relativ einfachen Chianti bis hin zu ausgezeichneten Weinen wie Cabreo, Libaio und Nero del Tondo. Gegründet 1877 mit einer großen Anlage in Pontassieve außerhalb von Florenz. Der Chianti Classico Riserva Ducale genießt einen guten Ruf. Vor allem der 90er überrascht heute und gehörte zu den allerbesten in seiner Preisklasse. Auch moderne Weine wie Cabreo Vigneto Il Borgo mit 70% Sangiovese und 30% Cabernet werden erzeugt. Ein ausgezeichneter Vertreter der Modemischung ist der „numero uno". Cabreo Vigneto La Pietra besteht zu 100% aus Chardonnay, wird sorgfältig in Eichenholz ausgebaut und ist ein Wein mit langem, fülligem Geschmack. Nero del Tondo ist der erste Pinot-Noir-Wein in der Toskana. Libaio ist ein reiner, frischer Wein aus Chardonnay (90%) und Sauvignon Blanc. Andere Weine: Toscano Bianco, Galestro, Orvieto, Rosatello und Brunello Il Greppone Mazzi.

•**Besitzer:** Fam. Folonari **Besuch:** Nach telefonischer Vereinbarung. **Adresse:** Via Aretina 42-44, I-50065 Pontassieve (FI). **Tel.** 055-836 25. **Fax** 055-831 36 77.

### San Felice

Gegründet 1967. Das Weingut liegt in einem mittelalterlichen Dorf und wurde mit viel Geschmack zu einem Viersternhotel umgebaut. Über 210 Hektar Rebfläche teils in Chianti Classico, teils in San Angelo in Colla, wo man ausgezeichnete Brunello di Montalcino Campogiovanni erzeugt. Das Sortiment der Vini da Tavola umfasst u.a. den Vigorello, einen preiswerten Sangiovese-Cabernet-Verschnitt, und den Predicato di Biturica aus Cabernet und Merlot. Auch Pinot Grigio wird mit Erfolg vermarktet. Chianti-Classico-Weine sind Riserva il Grigio und Riserva il Poggio, im klassischen, straffen und lagerfähigen Stil.

•**Besuch:** Mo-Fr 9-12.30, 14.30-17. **Adresse:** Borgo San Felice, I-53019 Castelnuovo Berardenga (SI). **Tel.** 0577-35 90 87. **Fax** 0577-35 92 23.

### San Guido dei Marchesi Incisa della Rocchetta Tenuta

Ein legendäres Weingut. Seit 1968 erzeugt hier der Cousin von Piero Antinori, der Marquis Niccolò Incisa, einen der teuersten Rotweine Italiens. Der Verschnitt-Wein Sassicaia wird aus 75% Cabernet Sauvignon und 25% Cabernet Franc hergestellt. Nach der Vergärung ruht er 18-24 Monate in Barriques. Sassicaia war der erste weltbekannte und entsprechend teure Vino da Tavola. Heute trägt er den DOC-Status. Der Wein hat einen unverkennbaren persönlichen Charakter: tiefrote Farbe, dunkle Kanten, das Bukett ist zugleich konzentriert und elegant mit schwarzen Johannisbeeren, Leder und Kaffee. Der Geschmack ist vollmundig, lang und komplex und zeigt gleichzeitig weiche Tannine und Frucht. Mit Sicherheit einer der großen Weine der Welt.

•**Besitzer:** Marchese Niccolò Incisa **Adresse:** Loc. Capanne, 27, I-57020 Bolgheri (LI). **Tel.** 0565-76 20 03. **Fax** 0565-76 20 17.

### Castello di Uzzano

Seit dem 17. Jahrhundert in Besitz der Familie Castelbarco Albani Masetti. Das Haus gehört zur Topgruppe von Chianti Classico mit straffen, dunklen Weinen, die länger als viele Konkurrenzerzeugnisse gelagert werden können.

•**Besitzer:** Fam. Castelbarco Albani Masetti **Adresse:** Via Uzzano, I-50022 Greve in Chianti (FI). **Tel.** 055-85 40 32. **Fax** 055-70 56 20.

### Castello di Verrazzano

1920 gegründet. Der heutige Schlossherr Luigi Cappellini erzeugt harmonische Chianti Classico (85% Sangiovese, 10% Canaiolo, 5% Trebbiano/Malvasia) und experimentiert auch mit 100% Sangiovese. 1985 wurde ein hervorragender Riserva erzeugt, der Cinquecentenario. Mit vielen Prestigeweinen wird das Haus zu den großen Classico-Erzeugern gezählt.

• **Besuch:** Nach Vereinbarung. **Adresse:** I-50022 Greve in Chianti (FI). **Tel.** 055-85 42 43. **Fax** 055-85 42 41.

### Castello di Volpaia

Die heutige Besitzerin Giovanella Stianti produziert zusammen mit Kellermeister Maurizio Castelli einen ausgezeichneten, langlebigen Chianti Classico. Der neue Coltassala enthält ausschließlich rote Rebsorten und wird in Barriques ausgebaut. Er ist sehr konzentriert und von außergewöhnlicher Qualität. Auch Vin Santo wird erzeugt.

•**Besitzer:** Giovanella Stianti **Kellermeister:** Maurizio Castelli **Adresse:** I-53017 Radda in Chianti (SI). **Tel.** 0577-73 80 66. **Fax** 0577-73 86 19.

### Weitere Betriebe

Mastrojanni, Poderi Loreto e S. Pio, I-53024 Montalcino (SI). Tel. 0577-835681.

Salvioni La Cerbaiola, P.zza Cavour 19, I-53024 Montalcino (SI). Tel. 0577-848499.

## UMBRIEN

GESCHICHTE  Schon die Etrusker haben in dieser geschichtlich sehr interessanten und fruchtbaren Gegend Wein angebaut. Die Region ist von den kleinen mittelalterlichen Städten, mit Perugia im Zentrum, geprägt. In der kleinen Stadt Assisi wurde u.a. der Heilige Franziskus geboren.

GEOGRAPHIE  Umbrien liegt südöstlich der Toskana im Landesinnern. Das gut temperierte Klima an den Hügeln ergibt frische Weine.

KLIMA  Die Höhe bewirkt ein mildes Klima, wo die Trauben langsam reifen und dadurch umso

*Umbrien ist ein alter Kulturbezirk, wo schon die Etrusker Weine erzeugten, die heute besser sind als ihr Ruf.*

aromatischer werden.

WEINE  Aus Umbrien stammt einer der bekanntesten Weißweine Italiens, der ORVIETO. Er wird sowohl trocken (secco) als auch halbtrocken (abboccato) ausgebaut. Im halbtrockenen Stil stammt die Süße von getrockneten und gepressten Trauben, die dem Most hinzugegeben werden. Die Weine sind weich und neutral mit fruchtiger Leichtigkeit. Andere Weißweine sind COLLI DEL TRASIMENO und TORGIANO. Trockene, säuerliche Weine, gewöhnlich mit größerem Aroma als die Orvieto-Weine. Die Rotweine in Torgiano erhielten 1991 die DOCG. Von den Rebsorten und vom Stil her ähneln sie dem Chianti sehr stark, können aber meist etwas länger gelagert werden. Die örtliche Rebsorte Sagrantino ergibt Weine, die nicht nur nach Brombeeren duften, sondern auch danach schmecken und eine charmante Frucht und Leichtigkeit in der Struktur besitzen. SAGRANTINO DI MONTEFALCO erhielt 1993 den DOCG-Status. Es gibt sie auch als Passito-gesüßte Variante.

REBSORTEN  Rote: Sangiovese, Canaiolo, Sagrantino und (in Colli del Trasimeno) auch etwas Gamay. Weiße: Trebbiano, Malvasia, Verdello und die örtliche Grechetto.

PRODUZENTEN  Kleine bis mittelgroße Weinhäuser dominieren. Einer der besten Winzer des Landes, Giorgio Lungarotti, hat fast allein den Weinstatus dieser Region erhöht. Insgesamt gibt es 33 000 Produzenten.

REBFL/PROD  Ca. 18 000 ha, rund 900 000 hl/Jahr. Mehr als die Hälfte der Produktion sind Rotweine.

WISSENSWERT  Weitere Informationen: I.C.E., Via R. d'Andreotti 57, I-06124 Perugia. Tel. 075-500 38 58. Fax 075-500 38 24. Oder: Cons. Tutela della D.O. del Vino Orvieto class. e Orvieto, Corso Cavour 36, I-05018 Orvieto Scalo. Tel. 0763-337 90.

ITALIEN • UMBRIEN

## ORVIETO, MONTEFALCO

### ORVIETO

RUF Dieser Wein hat sich während der letzten Jahrzehnte verändert und ist zu einem wichtigen Exportprodukt geworden. Vor einigen Jahrzehnten noch war der Ruf bedeutend besser. Gabriele d'Annunzio beschrieb diesen Wein als „Italiens

Der Orvieto war früher ein bekannter Prestigewein. Heute ist die Qualität, außer bei Bigi, einfacher.

Sonne in der Flasche"; Papst Gregorius XVI. soll in seinem Testament vorgeschrieben haben, dass nach seinem Tode sein Körper mit Orvieto zu waschen sei. Heute sind die Weine meist preisgünstig, ziemlich einfach und nicht lagerfähig.

WEINE Früher ein konzentrierter, leicht oxidierender Wein, der meist *abboccato*, d.h. halbtrocken, war und mit getrockneten Trauben gesüßt wurde. Heute ist er im trockenen und halbtrockenen Stil fast immer neutral. Helle, fruchtige Weine ohne übertriebenes Aroma.

KLASSIFIZIERUNG DOC.

BODEN Vulkanischer Tuff mit Einschlag von Kalk und Lehm.

REBSORTEN Trebbiano Toscano, Grechetto, Malvasia, Verdello und der örtliche Drupeggio.

WEINHERSTELLUNG Mit möglichst wenig Luftkontakt meist in Stahltanks vergoren und früh auf Flaschen gezogen.

PRODUZENTEN Luigi Bigi, Antinori, Decugnano dei Barbi, Barberani, Chianti Melini, Ruffino und Barone di Ricasoli.

### MONTEFALCO

Von einem kleinen Gebiet südlich von Assisi stammt dieser alte Wein. Die lokale Rebsorte Sagrantino ergibt fruchtige Rotweine mit einem speziellen Bukett von Brombeeren. 1993 erhielt die Variante Sagrantino di Montefalco den DOCG-Status. Gewöhnliche Montefalco enthalten generell Sangiovese mit 5-10% Sagrantino. Es gibt auch eine Passito-Variante von Sagrantino, bei der aus getrockneten Trauben ein starker, süßer Rotwein erzeugt wird.

PRODUZENTEN Fratelli Adanti, Castello Della Sala und Val di Maggio.

## TORGIANO

RUF Schon die Etrusker haben in diesem Gebiet Wein angebaut. „Torre de Giano" bedeutet Noahs Turm, und in der kleinen Ortschaft Torgiano findet man als Symbol dafür einen mittelalterlichen Turm. Von großer Bedeutung für Torgiano war im Jahr 1961 die DOC-Klassifizierung, als erste in Umbrien. Im April 1991 erhielt Torgiano den DOCG-Status.

WEINE Die Rotweine haben die gleiche Rebsortenzusammensetzung wie ein gut gebauter Chianti. In den besten Fällen kann der Torgiano recht kräftig sein, mit Herbe und Fülle und einer Lebensdauer von 10 bis 15 Jahren. Lungarottis Rubesco Riserva Monticchio gehört zu den größten Rotweinen Italiens. Die Weißweine haben eine strohgelbe Farbe und ein frisches, kräuterähnliches Bukett mit einem säuerlichen Geschmack.

KLASSIFIZIERUNG DOCG für den roten Riserva, DOC für einfache Rot- und Weißweine.

BODEN Magerer, recht eisenhaltiger Boden mit Kies und etwas Kalk.

REBSORTEN Rotweine: Sangiovese, Canaio-

Dank dem Rubesco von Lungarotti ist Torgiano die einzige DOCG südlich der Toskana.

lo, Trebbiano, Ciliegiolo. Weißweine: Trebbiano Toscano, Grechetto, Malvasia und Verdello.

WEINHERSTELLUNG Die besten Rotweine werden 18 bis 20 Monate, oft in neuen slowenischen Eichenfässern, ausgebaut. Die Weißweine erhalten ihr Aroma und die strohgelbe Farbe nach einer gewissen Lagerzeit in Eichenfässern.

PRODUZENTEN Cantine Lungarotti und Consorzio Vitivinicolo Perugia.

---

DOCG IN UMBRIEN – *Montefalco Sagrantino, Torgiano Rosso Riserva*

DOC IN UMBRIEN – *Assisi, Colli Altoberini, Colli Amerini, Colli del Trasimeno, Colli Martani, Colli Perugini, Montefalco, Orvieto, Torgiano*

IGT IN UMBRIEN – *Allerona, Bettona, Cannara, Lago di Cerbara, Narni, Spello, Umbria*

## Fratelli Adanti

GESCHICHTE  Wurde 1975 von den Brüdern Adanti gegründet. Den Ertrag halten sie niedriger als in dieser Gegend üblich. Dadurch haben in der internationalen Weinfachpresse einige dieser Weine die Aufmerksamkeit auf sich gezogen, obwohl sie in Italien selbst nicht bekannt sind.

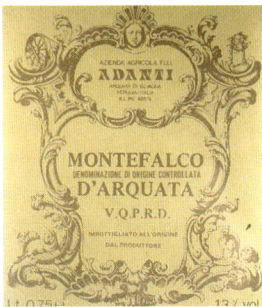

Fratelli Adanti ist ein junger Produzent. Er macht typische Umbrien-Weine von internationalem Ruf.

WEINE  Sagrantino di Montefalco, Montefalco Rosso, Montefalco Bianco, Grechetto dei Coui Martani, Bianco d'Arquata, Rosato d'Arquata und Vin Santo.

CHARAKTER  Der rote Sagrantino di Montefalco hat ein dunkelviolettes Kleid und duftet nach Brombeeren mit einer Note von Waldhimbeeren. Etwas saftige Frucht ohne besondere Herbe. Sollte jung und recht kühl (14-16 °C) getrunken werden. Der weiße Bianco d'Arquata ist ein konzentrierter, aromatischer Wein mit leicht buttrigem, fruchtigem Geschmack.

RUF  Ausgezeichneter regionaler Ruf und unter internationalen Weinkennern sehr geschätzt. Im eigenen Land jedoch beinahe unbekannt.

BODEN  Der für den Weinbau geeignete „tufo"-Boden, d.h. kalkhaltiger Lehm mit vulkanischem Einschlag, ist vorherrschend.

REBSORTEN  Rote: 25% Sangiovese, 15% Sagrantino, 10% Cabernet Sauvignon, 8% Merlot, 8% Barbera. Weiße: 12% Grechetto, 10% Trebbiano, 10% Chardonnay u.a.

WEINHERSTELLUNG  Modernste Technik in Verbindung mit erstklassiger Frucht ist der Schlüssel zum Erfolg.

LAGERUNG  Rote: nicht mehr als 6-8 Jahre.

REBFL/PROD  19 ha, etwa 13 000 Kisten/Jahr.

**Besitzer**  Donatella, Daniela & Pietro Adanti • **Kellermeister**  Alvaro Palini • **Besuch**  Mo-Fr 9-17.30 • **Adresse**  Fratelli Adanti, Arquata di Bevagna, I-06031 Perugia (PG) • **Tel.**  742-36 02 95 • **Fax**  742-36 12 70

PRODUKTION    QUALITÄT    PREIS

## Bigi

GESCHICHTE  1880 gegründet und heute Teil der GIV (Gruppo Italiano Vini), die im Ausland erfolgreich die italienischen Weine vermarktet. Bigi ist ein Großproduzent mit Weinen aus der Toskana, Umbrien und dem Latium. Erst durch Bigi wurde der weiße Orvieto im Ausland bekannt.

WEINE  Orvieto, Marrano, Grechetto IGT Umbria, Sangiovese IGT Umbria, Vino Nobile di Montepulciano, Est!Est!!Est!!! und Rosso di Corbara.

CHARAKTER  Orvieto ohne Herkunftsbezeichnung sind billige Weißweine mit Reiz, aber ohne besondere Finesse. Der herkunftsbezeichnete Orvieto Torricella hingegen gehört zu den besseren der Region und des Landes. Gut gebaut, aromatisch, mit der Leichtigkeit und Frische, die dieser Weintyp verlangt. Etwas leichter ist der Zweitwein „Il Poggio". Der Marrano, aus Chardonnay und Grechetto, ist wahrscheinlich ein Zukunftswein der Region. Leichte Eichennote und konzentrierte Frucht.

Luigi Bigi ist ein großer Produzent von Qualitäts-Exportweinen aus mehreren Regionen.

RUF  Großerzeuger mit Qualitätsanforderungen. Superb ist der herkunftsbezeichnete Orvieto!

BODEN  Vorwiegend vulkanischer Tuff.

REBSORTEN  Trebbiano, Verdello, Drupeggio, Grechetto, Malvasia Toscana.

WEINHERSTELLUNG  Topmoderne Anlage mit Stahltanks. Temperierte Vergärung für den Orvieto Torricella.

LAGERUNG  Der Orvieto wird jung getrunken. Der Marrano kann einige Jahre lagern.

REBFL/PROD  193 ha, ca. 620 000 Kisten/Jahr.

**Besitzer**  Gruppo Italiano Vini • **Kellermeister**  Francesco Bardi • **Besuch**  Mo-Fr, nach Vereinbarung • **Adresse**  Bigi, Gruppo Italiano Vini, Villa Belvedere, I-37010 Calmasino (VR) • **Tel.**  0763-31 62 91 • **Fax**  0763-31 62 26 • **E-Mail**  giv@giv.it • **Homepage**  www.giv.it

PRODUKTION    QUALITÄT    PREIS

## Decugnano Dei Barbi

GESCHICHTE Wurde 1978 von den heutigen Besitzern Claudio und Marina Barbi gegründet. Konservativer Weinstil und sorgfältige Weinherstellung haben diesem Weingut einen ausgezeichneten Ruf eingebracht. Mit den 88ern und 89ern war ein gewisses Tief zu verzeichnen, von welchem man sich aber schnell erholt hat.

WEINE Orvieto Classico, Decugnano Brut, Rosso Corbara.

CHARAKTER Der Orvieto Classico ist ein ehrlicher Wein mit typischem, etwas aromatischem, aber leichtem Orvieto-Charakter. Der Spitzenwein Orvieto Decugnano dei Barbi gehört zu den besseren DOC. Besonders interessant ist der aus edelfaulen Trauben erzeugte Orvieto Classico Pourriture Noble. Ein teurer, aber raffinierter Tropfen. Einer der besseren Schaumweine der Region, der Decugnano Brut, wird hier nach der Champagner-Methode hergestellt. Der rote Rosso Corbara hat ein feinabgestimmtes Bukett und einen mittelfülligen Geschmack.

RUF Eines der Angesehensten in Orvieto.

*Decugnano dei Barbi stellt seine Weine im konservativen Stil her. Viele davon gehören zur Spitze Umbriens.*

BODEN Tufo, d.h. vulkanischer, kalkhaltiger Lehm, dominiert.

REBSORTEN Weiße: Trebbiano Toscano, Malvasia, Grechetto. Rote: Sangiovese, Merlot.

WEINHERSTELLUNG Gärung und Ausbau in großen Eichenfässern - *botti*. Grundsätzlich traditionelle Methoden.

LAGERUNG Die Weine werden hauptsächlich für eine rasche Konsumation ausgebaut.

REBFL/PROD 50 ha eigene Rebfläche, 20 000 Kisten/Jahr.

**Besitzer** Claudio & Marina Barbi • **Kellermeister** Corrado Cugnasco • **Besuch** Täglich nach telefonischer Vereinbarung • **Adresse** Decugnano Dei Barbi, Località Corbara, I-05019 Orvieto (TR) • **Tel.** 0763-30 82 55 • **Fax** 0763-30 81 18

PRODUKTION    QUALITÄT    PREIS

## Castello Della Sala

GESCHICHTE Die Familie des heutigen Besitzers Piero Antinori stieg gegen Ende des 14. Jh. vom Stoffhandel auf den Weinhandel um. Man war stark am Wiederaufbau des Ansehens von Orvieto-Weinen beteiligt. Insbesondere die modernen Weißweine des Hauses trugen dazu bei.

WEINE DOC Orvieto, Cervaro della Sala, Chardonnay della Sala, Sauvignon della Sala, Muffato della Sala, Pinot Nero Vigneto Consola, Borro della Sala.

CHARAKTER Cervaro della Sala ist eine Chardonnay-Grechetto-Cuvée, in Barriques ver-

*Castello Della Sala ist in Besitz von Piero Antinori aus Florenz, der fast eine Garantie für hohe Qualität ist.*

goren und ausgebaut. Der Wein besitzt einen großen, breiten Duft mit reifer Frucht und Eichenholznoten. Der Geschmack ist gut strukturiert, lang und fruchtig. Muffato della Sala ist ein Wein des Sauternes-Typs, aber aus den Rebsorten Sauvignon Blanc, Grechetto und Traminer. Der rote Pinot Nero Vigneto Consola hat viel Körper und einen animalischen Duft mit Eichenholz- und Erdbeernoten. Der Geschmack ist warm mit Kräuter-Aromen.

RUF Eines der besten Güter der Region. Durch den Namen Antinori auch außerhalb Italiens bekannt.

REBSORTEN Weiße: Chardonnay, SB, Malvasia, Grechetto, Traminer, Procanico. Rote: PN.

WEINHERSTELLUNG Voll modernisiert. Man bezieht sehr viele Barriques aus Frankreich.

LAGERUNG Cervaro entwickelt sich während sehr langer Zeit.

REBFL/PROD 140 ha, ca. 40 000 Kisten/Jahr.

**Besitzer** Piero Antinori • **Kellermeister** R. Cotarella • **Besuch** Nach Vereinbarung • **Adresse** Castello Della Sala, Frazione Sala, I-05016 Ficulle (TR) • **Tel.** 0763-860 51 • **Fax** 055-235 98 84 • **Homepage** www.antinori.com

PRODUKTION    QUALITÄT    PREIS

## Lungarotti

**GESCHICHTE** Wurde 1960 von Dr. Giorgio Lungarotti gegründet. Lungarotti wird in Umbrien stets mit Qualitätsweinen in Verbindung gebracht. Er war derjenige, der DOC Torgiano erschaffen hat und dessen Riserva-Weine heute den DOCG-Status besitzen. Heute führt seine Tochter Teresa das Unternehmen in seinem Sinne weiter. Das Weinmuseum zählt zu den schönsten Italiens.

**WEINE** Rubesco (70% Sangiovese, 30% Canaiolo), Rubesco Riserva Monticchio, San Giorgio (50% Cabernet Sauvignon, 40% Sangiovese, 10% Canaiolo), Torre di Giano (70% Trebbiano, 30% Grechetto), Cabernet di Miralduolo, Castel Grifone Rosato.

*Lungarotti ist ein großer und berühmter Produzent in Umbrien. Sein Rubesco ist legendär.*

**CHARAKTER** Der Rubesco Riserva Monticchio gehört zu den besten Rotweinen Italiens. Der Wein hat einen Charakter, der an die großen Weine aus Bordeaux erinnert. Ein Verschnitt aus Sangiovese Grosso und Cabernet Sauvignon wird San Giorgio genannt. Er hat einen weichen, eichigen Charakter im Bukett und Geschmack. Torre di Giano ist ein Verschnitt aus dem aromatischen Grechetto und dem Trebbiano.

**RUF** Spitzenbetrieb in Umbrien und in der ganzen Welt berühmt.

**BODEN** In besten Lagen findet man viel Kalk und Eisen, ansonsten recht magerer Boden.

**REBSORTEN** Rot: Sangiovese, Canaiolo, CS. Weiße: Trebbiano, Grechetto, Chardonnay.

**WEINHERSTELLUNG** Traditionelle Technik und „hightech". Barriques für den San Giorgio.

**LAGERUNG** Die besten Roten 10-15 Jahre.

**REBFL/PROD** 300 ha, ca. 250 000 Kisten/Jahr.

---

**Besitzer** Teresa Severini Lungarotti • **Kellermeister** Giorgio Lungarotti • **Besuch** Mo-Fr 10-12, 15-17, nach Vereinbarung • **Adresse** Lungarotti, Via Marro Angeloni 16, I-06089 Torgiano (PG) • **Tel.** 075-988 03 48 • **Fax** 075-988 02 94 • **E-Mail** lunvinex@tin.it

PRODUKTION   QUALITÄT   PREIS

## Weitere Produzenten

### La Palazzola

Hier werden einige der interessantesten Weine Umbriens erzeugt. Der Spitzenwein ist der Bordeaux-Verschnitt Rubino, der aus Cabernet Sauvignon und etwas Merlot hergestellt wird. Auch ein lagerfähiger Pinot Nero wird erzeugt. Der weiße La Palazzola Vendemmia Tardiva (= Spätlese) hat ein Honig-Bukett und süßlichen Geschmack.

• **Besitzer:** Stefano Grilli **Besuch:** Nach Vereinbarung. **Adresse:** Loc. Vascigliano, I-05039 Stroncone (TR). **Tel.** 0744-60 77 35.

### Sasso Rosso

Der beste Produzent in der Gegend von Assisi. Am bekanntesten sind die nicht DOC-klassifizierten Rosso d'Assisi und Bianco d'Assisi. Die Rebsorten sind Sangiovese und Canaiolo.

• **Adresse:** I-06081 Assisi (PG). **Tel.** 075-81 41 54.

### Val di Maggio

Der gewöhnliche Sagrantino ist ein intensiv dunkler Wein. Der Sagrantino Passito wird aus getrockneten Trauben hergestellt und hat eine ausgeprägte Süße. Interessant ist auch der weiße Vino da Tavola Grecante, der aus Grechetto erzeugt und in Barriques ausgebaut wird.

• **Besitzer:** Fam. Caprai **Besuch:** Nach Vereinbarung. **Adresse:** Località Torre, I-06036 Montefalco (PG). **Tel.** 0742-33 88 02.

### Vallesanta

Gehört zu den interessantesten Erzeugern Orvietos. Die Entwicklung des edelsüßen, fassgelagerten Orvieto und des Sangiovese-Cabernet-Verschnitts wurde von Barberani eingeführt. Der trockene, weiße Orvieto Castagnolo besitzt eine größere Konzentration, als die Rebsorten normalerweise erbringen können. Auch ein halbtrockener Orvieto Amabile Pulicchio wird hergestellt. Einer der interessantesten Weine der Region ist der Orvieto Calciaia Muffa Nobile. Der Wein wird aus edelfaulen Trauben erzeugt und teilweise in neuer Eiche ausgebaut. Der rote Foresco ist ein Verschnitt aus Sangiovese und CS.

• **Besitzer:** Luigi Antonio Barberani **Kellermeister:** Maurizio Castelli **Besuch:** Mo-Fr 8-13, 14-17. **Adresse:** Orvieto, Via Michelangeli 14, I-05023 Baschi (TR). **Tel.** 0763-341 820. **Fax** 0763-340 773. **E-Mail:** barberan@tin.it

### Weitere Betriebe

Morolli, Località Petrignano del Lago, I-06060 Castiglione del Lago. Tel. 075-952 81 16. Fax 06-475 64 19.

Palazzone, Rocca Riposena 68, I-05019 Orvieto (TR). Tel. 0763-34 41 66.

## Marken

GESCHICHTE  Eine alte landwirtschaftliche Region mit etwas Tourismus. Der weltberühmte Fischwein Verdicchio hat dieser Region einen Platz auf vielen Weinkarten verschafft.

GEOGRAPHIE  Die Landschaft besteht aus Bergen und Hügeln. Die unregelmäßigen Niederschlagsmengen und mageren Böden eignen sich für den Weinbau.

KLIMA  Teils trocken, aber die Nähe zum Meer und die Höhenlage temperieren das Klima.

WEINE  Am bekanntesten ist der VERDICCHIO DEI CASTELLI DI JESI, ein trockener, frischer Weißwein mit neutralem Aroma, der auch als Schaumwein ausgebaut wird. Die roten ROSSO PICENO und ROSSO CÒNERO haben besondere Kraft, Farbe und Herbe (aus der Montepulciano-Traube). Etwas ungewöhnlich ist der VERNACCIA DI SERRAPETRONA, ein roter Schaumwein mit Süße.

REBSORTEN  Die Rebsorte Verdicchio wird mit wenig Trebbiano und Malvasia verschnitten. Örtliche weiße Sorten: Bianchello und Macerato. Für Rotwein: Sangiovese und Montepulciano. Merlot kommt im Rosso di Corinaldo vor.

PRODUZENTEN  Kleine Familienbetriebe und große Genossenschaften, insg. 44 000 Erzeuger.

REBFL/PROD  44 000 ha, ca. 1,7 Mio. hl/Jahr.

WISSENSWERT  Weitere Informationen: I.C.E. Lungomare Vanvitelli 6, I-60121 Ancona. Tel. 071-20 07 50. Fax 071-20 34 13.

## Weine in Marken

### Verdicchio dei Castelli di Jesi

Die trockenen Weißweine verkaufen sich am besten. Einige Hersteller haben sich nicht nur gut vermarktet, sondern können auch charmante Weine produzieren, die ausgezeichnet zu einfachen Fisch- und Schalentiergerichten passen. Frische, fruchtige und trockene Weine aus der gleichnamigen Rebsorte (darf mit maximal 15% Malvasia und Trebbiano verschnitten werden). Die Schaumweine werden nach der Champagner-Methode hergestellt.

KLASSIFIZIERUNG  DOC seit 1968. Der zentrale Teil darf Classico genannt werden.

PRODUZENTEN  Brunori, Fratelli Bucci, Colonnara, Fatt. Coroncino, Fazi-Battaglia, Garofoli, Cantina Cooperativa Moncaro, Monteschiavo, Umani Ronchi und Vigna del Curato.

### Rosso Conero

Eine Komet-DOC bei Ancona in der hügeligen Landschaft rund um den Berg Monte Conero. Die

*Die Küste entlang dem adriatischen Meer lädt ein zu dramatischen Schönheitserlebnissen.*

Montepulciano-Traube dominiert und die Weine haben eine tiefe Farbe und einen fülligen, fruchtigen Geschmack mit frischer Säure. Oft preiswert.

### Rosso Piceno

Eine große DOC in den südlichen Marken. Zugängliche Rotweine aus Sorten wie Sangiovese und Montepulciano. Weine mit weicher Frucht und mittelfülligem Geschmack. Sie sind meistens leichter als jene aus Rosso Conero.

---

DOC IN DEN MAKREN – *Bianchello del Metauro, Colli Maceratesi, Colli Pesaresi, Esino, Falerio dei Colli Ascolani/Falerio, Lacrima di Morro d'Alba, Rosso Conero, Rosso Piceno, Verdicchio dei Castelli di Jesi, Verdicchio di Matelica, Vernaccia di Serrapetrona*
IGT IN DEN MARKEN – *Marche*

## Produzenten in den Marken

### Brunori
Kleiner Produzent mit außerordentlichem Verdicchio dei Castelli di Jesi aus dem Weinberg San Niccolò. Die Brüder Mario und Giorgio Brunori führen das Weingut mit größter Sorgfalt. Ihr Wein gehört zu den teureren der Region und besitzt Komplexität und Geschmacksreichtum.
- **Adresse:** Viale della Vittoria 103, I-60035 Jesi (AN). **Tel.** 0731-20 72 13.

### Fazi-Battaglia
Großhersteller von Verdicchio dei Castelli di Jesi. Wurde 1949 von der Familie Angelini gegründet. Fünf Jahre später führte man die berühmte amphorenförmige Flasche ein. Sie hat dazu beigetragen, dass der Verdicchio in der ganzen Welt als preiswerter, sauberer Fisch-Wein bekannt wurde. Die Erhöhung der Qualität in den 80er Jahren wurde von Fazi-Battaglia angeführt. Sie erzeugen einen Verdicchio Le Moie mit Lagebezeichnung, der stets gute Bewertungen für Eleganz, Ausgewogenheit und einen frischen Geschmack erhält. Auch ein Spumante Brut mit frischer Säure und Frucht ist im Sortiment. Jedoch recht teuer.
- **Besitzer:** Fam. Angelini **Adresse:** Via Roma 117, I-60032 Castelplanio (AN). **Tel.** 0731-81 35 93.

### Gioacchino Garofoli
Spitzenproduzent von den meisten Weintypen der Region. Insbesondere haben Rosso Conero und Verdicchio dei Castelli der Firma einen ausgezeichneten Ruf eingebracht. Der lagebezeichnete Verdicchio dei Castelli di Jesi Serra Fiorese ist ein Spitzenwein mit Leichtigkeit und weicher Frucht und Säure. Der Spumante Brut de Brut gehört zu den besten seiner Art in den Marken. Er wird nach der Champagner-Methode hergestellt. Der rote Rosso Conero Agontano wird in kleinen, neuen Barriques ausgebaut.
- **Besitzer:** Fam. Garofoli **Adresse:** Via Arno 9, Loc. Villa Musone, I-60025 Loreto (AN). **Tel.** 071-782 01 63. **Fax** 071-782 14 37.

### La Monacesca
Ein führender und qualitätsorientierter Produzent von Verdicchio di Matelica. Aldo Cifola praktiziert strengste Traubenselektion. Der weiße Prestigewein Mirum ist eine Spätlese (vendemmia tardiva) und wird aus vollreifen bis überreifen Trauben gekeltert. Der Wein liegt nach der Vergärung 18-24 Monate in Stahltanks und nach der Abfüllung noch ein Jahr in der Flasche. Das Resultat ist ein vollmundiger, ausgewogener Wein mit langem Abgang. DOC Verdicchio di Matelica gehört zur absoluten Spitze in der Region.
- **Besitzer:** Aldo Cifola **Adresse:** Via d'Annunzio 1, I-62012 Civitanova Marche (MC). **Tel.** 0733-81 26 02.

### Monteschiavo
Eine Genossenschaft mit einigen interessanten, herkunftsbezeichneten Verdicchio dei Castelli di Jesi. Der Verdicchio Coste del Molino besitzt einen leichten, parfümierten Stil, der Pallio di San Floriano ist fülliger, mit aromatischem Bukett von Salbei und Mandeln. Beide sehr preiswert.
- **Adresse:** Via Vivaio, I-60030 Maiolati Spontini (AN). **Tel.** 0731-70 03 85.

### Alessandro Moroder
Einer der wichtigsten Erzeuger und Erhalter des roten DOC Rosso Conero. Mit der Hilfe des Önologen Franco Bernabei hat das Gut mit seinem Prestigewein DOC Rosso Conero Dorico große Aufmerksamkeit auf sich gezogen. Ein Wein aus 100% Montepulciano-Trauben, im Barrique ausgebaut: konzentriertes Bukett mit Lakritzen, Pflaumen und Kirschen. Der Standardwein Rosso Conero ist leichter, mit weicher, fruchtiger Nase und blumigem, säurebetontem Geschmack.
- **Besitzer:** Fam. Moroder **Adresse:** Fraz. Montacuto 112, I-60029 Ancona (AN). **Tel.** 071-89 82 32.

### Umani Ronchi
Großproduzent mit Weinen aus der ganzen Region. Die Verdicchio sind gut und preiswert. Interessant ist der rote Cùmaro aus der Montepulciano-Traube, der in kleinen, französischen Eichenfässern ausgebaut wird. Auch ein Verdicchio Le Busche aus Sauvignon Blanc und Chardonnay wird erzeugt.
- **Adresse:** Osimo Scalo, I-60027 Osimo (AN). **Tel.** 071-710 80 19. **Fax** 071-710 88 59.

### Villamagna
Altes Familienunternehmen, das 1970 gegründet wurde. 1973 wurde die Weinkellerei renoviert. Hier wird der beste Rosso Piceno der Region erzeugt. Die Riserva-Version ähnelt einem guten Chianti Classico und besteht für gewöhnlich aus 70% Sangiovese und 30% Montepulciano. Die Weißweine sind preiswert.
- **Adresse:** Contrada Montanello 5 A, I-62100 Macerata (MC). **Tel.** 0733-42 92 36.

### Weitere Betriebe
Boccadigabbia, C. da Castelletta 56, I-62010 Civitanova Marche (MC). Tel. 0733-70728.
Santa Barbara, Borgo Mazzini 35, I-60010 Barbara (AN). Tel. 071-9674249.
Sartarelli, Via Coste del Mulino 24, I-60030 Poggio S. Marcello (AN). Tel. 0731-89732, 89571.

# Abruzzen, Molise

## Abruzzen

GESCHICHTE  Ein abgelegener Teil des Landes mit einer wechselhaften Geschichte, auch als Weinregion. Die schwer zugänglichen Apenninen sind hier bis zu 3000 m hoch. Die Weine sind recht unbekannt, auch in Italien.

WEINE  Zwei DOC: Der rote Montepulciano d'Abruzzo aus der Montepulciano-Traube. Gute Struktur, dichte Farbe, fülliger Geschmack. Als Rosèwein heißt er Cerasuolo. Der weiße DOC Trebbiano d'Abruzzo ist neutral und trocken.

REBSORTEN  Montepulciano, Sangiovese. Trebbiano, Malvasia, Coccociola, Passerina.

REBFL/PROD  41 000 ha, ca. 4 Mio. hl/Jahr.

WISSENSWERT  Weitere Informationen: I.C.E. Piazza della Rinascita 51, I-65122 Pescara. Tel. 085-421 20 51. Fax 085-29 53 78.

## Molise

GESCHICHTE  Die Region war bis ins Jahr 1963 mit den Abruzzen zusammengeschlossen.

WEINE  Zwei DOC: Biferno für rot und weiß, Pentro d'Isernia für rot und weiß. Biferno ist üblicherweise ein reiner Montepulciano mit recht robustem Charakter. Der Pentro wird meist mit Sangiovese verschnitten.

REBSORTEN  Dieselben wie in den Abruzzen.

REBFL/PROD  20 000 ha, ca. 1,2 Mio. hl/Jahr.

WISSENSWERT  Weitere Informationen: Padigl. 118, Fiera del Levante - Lungomare Starita, I-70123 Bari. Tel. 080-534 14 36. Fax -534 68 40.

## Montepulciano d'Abruzzo

RUF  Ein vergessener Wein ohne größeren Ruf außerhalb der Region. Zur Freude der Konsumenten besitzen die Weine oft eine deutlich höhere Qualität als die Preise es vermuten ließen.

WEINE  Wechselnder Stil. Violette, brombeerduftende, fruchtige Weine ohne besondere Herbe oder Lagerfähigkeit sowie dichte, konzentrierte Exemplare mit etwas grober Finesse und Fülle, Herbe und Lagerfähigkeit. Die besten Weine haben einen trockenen, etwas bitteren Abgang und können 5-8 Jahre gelagert werden.

KLASSIFIZIERUNG  DOC seit 1968.

BODEN  Man findet in vielen Lagen einen harten, kiesgemischten Granitboden.

REBSORTEN  Montepulciano ist der Name der Rebsorte. Eine kleine Menge Sangiovese (maximal 15%) darf laut Gesetz hinzugefügt werden.

WEINHERSTELLUNG  Ausbau in großen Eichfässern, sog. *botti*, und malolaktische Gärung, danach Flaschenabfüllung ohne Filtration. Ein großer Teil der Kelterung erfolgt immer noch mit den Füßen!

*Der Montepulciano d'Abruzzo ist ein preiswerter Wein, den man außerhalb der Region kaum findet.*

PRODUZENTEN  U.a. Santoro Colella, Barone Cornachia, Dino Illuminati, Camillo Montori, Masciarelli, Emidio Pepe, Casal Thaulero, Cantina Tollo, Eduardo Valentini und Ciccio Zacagnini.

---

DOC IN DEN ABRUZZEN – *Controguerra, Montepulciano d'Abruzzo, Trebbiano d'Abruzzo*

IGT IN DEN ABRUZZEN – *Alto Tirino, Colli Aprutini, Colli del Sangro, Colline Frentane, Colline Pescaresi, Colline Teatine, Del Vastese/Histonium, Terre di Chieti, Valle Peligna*

DOC IN MOLISE – *Biferno, Molise/del Molise, Pentro d'Isernia/Pentro*

IGT IN MOLISE – *Osco/Terre degli Osci, Rotae*

## Produzenten in den Abruzzen und in Molise

### Casal Thaulero

Große Genossenschaft mit einer Kapazität von 1,7 Mio. Kisten/Jahr. Trotzdem hat sie einen guten Ruf. Der rote Montepulciano d'Abruzzo ist der interessanteste Wein, mit feinem, aromatischem Bukett und einer Gewürznote. Auch der weiße Trebbiano d'Abruzzo hat eine gute Qualität. Der Cerasuolo ist ein Roséwein, der hier in leichterem Stil erzeugt wird.

*Casal Thaulero ist eine große Qualitätsgenossenschaft. Bester Wein ist der Montepulciano d'Abruzzo.*

• **Adresse:** Roseto degli Abruzzi, I-64026 Teramo (TE). **Tel.** 085-893 03 86. **Fax** 085-894 41 82.

### Di Majo Norante

Gehört zu den modernsten Kellereien Italiens und wurde von Luigi di Majo in den 70er Jahren aufgebaut. Er ist regional der einzige Privatproduzent von Bedeutung. Im Rebsortiment findet man die örtliche Bombino, Aglianico, Falanghina, Rossida Fiano usw. sowie die internationalen Sorten Pinot Noir, CS, Chardonnay und Sauvignon Blanc. Der beste Alltagswein ist der Ramitello Rosso aus Aglianico und Montepulciano. Der Wein ist recht robust mit ausgeprägter Herbe.

• **Adresse:** Contrada Ramitelli 4, I-86042 Campomarino (CB). **Tel.** 0875-572 08.

### Masciarelli

Die Weine von Gianni Masciarelli und seiner Gattin Marina Cvetic gehören allesamt zu den interessantesten der Region. Außer dem roten DOC Montepulciano d'Abruzzo und dem weißen DOC Trebbiano d'Abruzzo erzeugen sie Weine aus Chardonnay und Cabernet Sauvignon. Der Chardonnay Marina Cvetic ist ein moderner Wein mit Aromen von reifer Frucht und Vanille. Noch interessanter ist der weiße Trebbiano d'Abruzzo Marina Cvetic, in dem die Trebbiano-Traube in konzentrierter Form auftritt; in Barriques ausgebaut hat er ein würziges Bukett und einen langen, harmonischen Geschmack. Auch der Roséwein Cerasuolo Villa Gemma der Montepulciano-Rebe hat einen guten Ruf.

• **Besitzer:** Fam. Masciarelli-Cvetic **Besuch:** Nach Vereinbarung. **Adresse:** Via Gamberate, 1, I-66010 S. Martino sulla Marrucina (CH). **Tel.** 0871-823 33.

### Montori

Kleines Weingut mit umfangreichen Modellversuchen. Außer den beiden gut gebauten DOC Montepulciano und Trebbiano d'Abruzzo sind der rote Leneo Moro und der weiße Leneo d'Oro zu erwähnen. Der Leneo Moro ist ein moderner Wein aus Cabernet Sauvignon und Montepulciano. Er wird in französischen Barriques aus Nevers und Alliers ausgebaut. Der weiße Leneo d'Oro enthält Trebbiano und Chardonnay. Das Haus hat 1991 einen 100%igen Chardonnay unter dem Namen Fauno herausgegeben. Ausbau in neuer Eiche mit feiner, messerscharfer Säure sowie eichigem, langem und fülligem Geschmack.

• **Besitzer:** Fam. Montori **Besuch:** Nach Vereinbarung. **Adresse:** Piane Tronto 23, I-64010 Controguerra (TE). **Tel.** 0861-80 99 00.

### Valentini

Der unbestrittene König in den Abruzzen mit preisgekrönten Rot- und Weißweinen, die sich im internationalen Wettbewerb ausgezeichnet behaupten. Der rote Montepulciano d'Abruzzo stammt von stark zurückgeschnittenen Rebstöcken und hat eine rubinrote Farbe, ein komplexes Bukett mit Einschlag von Teer und roten Johannisbeeren. Im Geschmack leicht, weich und füllig mit Lakritzenoten ist dies ein ausgewogener Wein. Trotzdem ist er lagerfähig. Der weiße Trebbiano d'Abruzzo wird ein Jahr im Fass ausgebaut und zwei Jahre in der Flasche. Diese Rebsorte, die den Ruf am wenigsten interessant zu sein hat, bekommt hier mit etwas Fass- und Reifecharakter eine ganz neue Dimension. Am bedürftigsten sind die Roséweine.

• **Adresse:** Via del Baio 2, I-65014 Loreto Aprutino (PE). **Tel.** 085-829 11 38.

### Zaccagnini

Kleiner Qualitätsproduzent, der 1978 von Ciccio Zaccagnini gegründet wurde. Der gewöhnliche Montepulciano d'Abruzzo wird in Barriques aus Limousin ausgebaut. Der weiße Trebbiano hat eine strohgelbe Farbe und feine Konzentration im Bukett sowie einen trockenen, langen Geschmack mit gewisser Säure. Der weiße Vino da Tavola Ibisco aus Riesling hat einen ausgezeichneten Sortencharakter und eine große, frische Fruchtsäure.

• **Besitzer:** Fam. Zaccagnini **Besuch:** Nach Vereinbarung. **Adresse:** Contrada Pozzo, I-65020 Bolognano (PE). **Tel.** 085-888 01 95.

# LATIUM

GESCHICHTE  Rund um die Stadt Rom liegt die Landschaft Latium. Der bekannteste Wein der Römer, der Falernum, wird im Süden, an der Grenze zwischen Latium und Kampanien, angebaut. Die Römer zogen weiche, leichte Weine vor und heute noch ist die uralte griechische Rebsorte Malvasia in der Weißweinproduktion vorherrschend.

GEOGRAPHIE  Hügelige Landschaft mit zahlreichen Seen, die aus Vulkankratern entstanden sind. Der Albanosee ist der bekannteste. In der Region findet man größtenteils vulkanische Böden, die in erster Linie für die weißen Sorten ausgezeichnete Voraussetzungen bieten.

KLIMA  Viel Sonne führt zu reifen Trauben. Die besten Weine stammen von Hängen, wo die Sonne nicht zu intensiv ist.

WEINE  Vorwiegend trockene Weißweine von recht neutralem Charakter, die kurze Lagerung ertragen. Frische Säure mit reiner Frucht. Am bekanntesten sind FRASCATI, EST!EST!!EST!!! und COLLI ALBANI. Andere Weißweine sind: Cerveteri, Marino, Bianco Capena und Velletri. Die Rotweine sind meistens mild, weich mit ansprechender Frucht in der Jugend, selten lagerfähig. Beispiele der Rotweine sind Cesanese, Aprilia, Velletri und Cori.

REBSORTEN  Weiße: Malvasia del Lazio, Trebbiano, Greco, Malvasia Bianca di Candia, Bellone und Bonvino. Rote: Sangiovese, Cesanese, Montepulciano, Bombino Nero, Merlot und Ciliegiolo.

PRODUZENTEN  Viele große Genossenschaften dominieren die Produktion, insgesamt sind es 110 000 Produzenten.

REBFL/PROD  51 000 ha, ca. 3 Mio. hl/Jahr.

WISSENSWERT  Weitere Informationen: I.C.E., Via Liszt 21, I-00144 Roma. Tel. 06-599 29 223. Fax 06-599 26 629.

*In Latium findet man noch Teile der bekannten römischen „Via Appia", die eine idyllische Ansicht bietet.*

## Colli Albani

**RUF** Weißweine mit meist örtlichem Ruf aus der Gegend von Castelgandolfo und dem Albanosee. Die meisten Weine sind recht einfach, passen aber ausgezeichnet zur örtlichen Küche. Die Wei-

*Weinberge in Colli Albani südlich von Rom. Das Gebiet war schon zur Römerzeit ein beliebtes Ausflugsziel.*

ne werden größtenteils auch örtlich konsumiert, sodass sie außerhalb Italiens kaum bekannt sind. Das Anbaugebiet wurde früher Albalonga genannt, ein Name der schon vor der Gründung Roms entstand.

**WEINE** Die preiswerten, trockenen Weißweine sind strohgelb mit neutralem Bukett und fruchtigem, reinem Geschmack. In der halbtrockenen und süßen Ausführung kommt der Malvasia besser zur Geltung. Der Wein erhält dann einen etwas würzigeren und runderen Geschmack. Die Spumante-Version hat eine annehmbare Frische und wird hauptsächlich als Durstlöscher im Sommer getrunken. Die besseren Exemplare sind leicht und säuerlich mit etwas lebhafter Eleganz.

**KLASSIFIZIERUNG** DOC für die Weißweine.

**REBSORTEN** Malvasia Bianca di Candia, Malvasia del Lazio, Trebbiano Bianco, Romagnolo und Giallo.

**WEINHERSTELLUNG** Die ertragsreiche Ernte (oft mehr als 100 hl/ha) wird traditionell in großen Holzfässern ausgebaut, aber die zuverlässigere Herstellungsmethode in Stahltanks gewinnt immer mehr an Bedeutung.

**PRODUZENTEN** Die Genossenschaft Cantina Sociale Colli Albani dominiert.

IGT IN LAZIO/LATIUM – *Civitella d'Agliano, Colli Cimini, Frusinate/del Frusinate, Lazio, Nettuno*

## Est!Est!!Est!!!

**RUF** Im Jahr 1 000 n.Chr. unternahm Bischof Defuk eine Reise durch diese Gegend. Sein Bediensteter pflegte immer vorauszureisen, damit er die regionalen Weine auskundschaften konnte. An die Türen der Gasthäuser mit den besten Weinen schrieb er Est! („hier ist es"). In Montefiascone kannte er vor Begeisterung keine Grenzen und schrieb Est!Est!!Est!!!. Der Bischof schloss sich der Meinung seines Dieners an und ließ sich in Montefiascone nieder. Zum Andenken wird jährlich ein Fass Wein über seinen Grabstein vergossen. Heutzutage gibt dieser Wein selten Anlass zur Begeisterung, obwohl die moderne Herstellungstechnik den Weinstil verbessert und die Weine trinkbar gemacht hat.

**WEINE** Wenn man bedenkt, dass die Traubenbasis aus Trebbiano besteht, hat der Wein selten ein aromatisches Bukett oder besonders konzentrierten Geschmack. Bis vor kurzem waren die meisten Exemplare auch recht flach, sie hatten zu niedrige Fruchtsäure und eine seltsame Bitterkeit im Abgang. Der Wein wurde vielfach kritisiert.

*Est!Est!!Est!!! aus Mazziotti. Die Entstehung des Namens ist spannender als der Wein.*

Der Stil heute ist aber moderner, da die Weine reduktiv ausgebaut und anschließend mit größter Sorgfalt auf Flaschen abgefüllt werden. In besseren Fällen leichte, neutrale Weine mit erfrischender Säure und reinem Geschmack.

**KLASSIFIZIERUNG** Seit 1966 DOC.

**REBSORTEN** Trebbiano Toscano (örtlich Procanico genannt), Malvasia und Rossetto.

**WEINHERSTELLUNG** Die moderneren Anlagen mit Temperaturkontrolle und Stahltanks erzeugen die besten Weine.

**PRODUZENTEN** Cantina di Montefiascone, Italo Mazziotti, Falesco und Villa Seiano.

## Falerno

RUF Der lateinische Name lautet Falernum. Er wird an der Grenze zwischen Lazio und der Campania angebaut. Der Ruf des bekanntesten Weines seiner Zeit ist heute auf ein Minimum geschrumpft. Am beliebtesten sind die Rotweine, die mit ihrer weichen Komplexität zu den besseren der Region gehören.

*Ein Weinberg des Falerno. Zur Römerzeit hatten diese Weine einen bedeutend besseren Ruf.*

WEINE Weiß- und Rotweine. Die weißen werden aus der lokalen Sorte Falanghina erzeugt. Daraus entstehen weiche, trockene Weine mit niedrigem Säuregehalt und einem speziellen Geschmack von Bitterkeit im Abgang. Die Rotweine sind meist interessanter mit einer Komplexität verschiedener Rebsorten. Intensive Farbe und intensives Bukett mit weichem, aber fülligem Geschmack und etwas gebranntem Charakter. Diese Weine sind oft alkoholstark.

KLASSIFIZIERUNG DOC für Rot- und Weißweine in der Campania.

REBSORTEN Weiße: Falanghina. Rote: Aglianico, Primitivo, Piedirosso und Barbera.

WEINHERSTELLUNG Die Weine werden fast ausschließlich in großen Holzfässern ausgebaut. Weine, die ein Jahr im Holzfass und ein Jahr in der Flasche gereift sind, erhalten die Bezeichnung Riserva.

PRODUZENTEN Cantina Cenatiempo, Villa Matilde.

---

DOC IN LAZIO/LATIUM – *Aleatico di Gradoli, Aprilia, Bianco Capena, Castelli Romani, Cerveteri, Cesanese del Piglio/Piglio, Cesanese di Affile/Affile, Cesanese di Olevano Romano/Olevano Romano, Circeo, Colli Albani, Colli della Sabina, Colli Etruschi Viterbesi, Coli Lanuvini, Cori, Est!Est!!Est!!! di Montefiascone, Frascati, Genazzano, Marino, Montecompatri Colonna/Montecompatri/Colonna, Tarquinia, Velletri, Vignanello, Zagarolo*

## Frascati

RUF Ein weltberühmter Wein, der oft den italienischen Weißweinstil vertritt. Seit einigen Jahrtausenden das tägliche Getränk der Römer. Durch den niedrigen Säuregehalt ist die Transportfähigkeit des Weines sehr schlecht. Der Frascati ist das Gegenstück zum „Heurigen" in Wien. Die kleine Ortschaft Frascati ist voll von Tavernen, die an Wochenenden von den Römern besucht werden. Die Spitzenproduzenten machen trotz allem Weine, die sich mit den besten Weißweinen Italiens messen können.

WEINE Gute Weißweine. Die meisten sind

*Die besten Frascati-Weine haben eine gewisse Würze. Fontana Candida ist ein Großproduzent.*

trocken mit einem schimmernden Grünton. Je nach Erzeuger und Ernteertrag mit höherem oder niedrigerem Säuregehalt. Eine gewisse Würze kann in den besten Exemplaren vorgefunden werden. Der Geschmack ist fruchtig, rein und frisch mit einer anspruchslosen Leichtigkeit. Die halbtrockenen Weine haben die Süße manchmal als plumpen Anhang, manchmal als ein elegantes Komplement. Die liebliche Version wird Cannellino genannt und kann den Charakter der Edelfäule aufweisen. Ist jedoch sehr selten. Von den Schaumweinen der Appellation lohnt es sich selten eine ausführliche Analyse zu machen.

KLASSIFIZIERUNG DOC seit 1966.

REBSORTEN Malvasia Bianca di Candia, Trebbiano, Greco und Malvasia del Lazio.

WEINHERSTELLUNG Traditionelle Gärung mit Schalenkontakt genau wie bei Rotweinen sowie *macération pelliculaire*.

PRODUZENTEN Colli di Catone, Conte Zandotti, Casale Marchese, Cantina Produttori Frascati San Matteo, Tenuta di Fiorano, Fontana Candida und Villa Simone.

## Fontana Candida

GESCHICHTE Produziert seit langem zuverlässigen Frascati. In den letzten Jahren fing man an mit neuen Rebsorten zu experimentieren. Gehört zum Großkonzern Gruppo Italiano Vini und ist der größte Produzent in Latium.

WEINE Frascati Superiore, Villa Fontana Candida und der Prestigewein, der weinbergbezeichnete Frascati Superiore Santa Teresa.

CHARAKTER Der „gewöhnliche" Frascati Superiore hat einen leicht aromatischen Charakter und mittelhohen Säuregehalt. Villa Fontana Candida ist ein interessanter Wein mit dem traditionellen Malvasia del Lazio und Trebbiano, aber auch mit etwas Chardonnay. Der Wein hat eine moderne Struktur und feine Frische mit dem Körper des Chardonnay. Der Spitzenwein Santa Teresa gehört zu den besten von Frascati mit einer seltenen Finesse und Komplexität.

RUF Seitdem Francesco Bardi die technische Leitung übernommen hat, ist der Ruf gestiegen, und die besten Weine zählen zu den besten der Region.

*Der Frascati ist das Spitzenprodukt von Fontana Candida, aber auch neue, spannende Weine werden erzeugt.*

REBSORTEN Malvasia del Lazio, Malvasia di Candia, Trebbiano, Chardonnay.

WEINHERSTELLUNG Der Santa Teresa wird traditionell, und um das Aroma zu steigern, teilweise mit Schalenkontakt vergoren.

LAGERUNG Selten besser durch Lagerung.

REBFL/PROD Ca. 29 ha (von 400 ha Rebfläche wird von Vertragswinzern das Traubengut zugekauft), rund 750 000 Kisten/Jahr.

**Besitzer** Gruppo Italiano Vini • **Kellermeister** Francesco Bardi • **Besuch** Mo-Fr, nach Vereinbarung • **Adresse** Fontana Candida, Via Fontana Candida 11, I-00040 Monte Porzio Catone (RM) • **Tel.** 06-94 20 066 • **Fax** 06-94 48 491 • **E-Mail** giv@giv.it • **Homepage** www.giv.it

PRODUKTION QUALITÄT PREIS

## Villa Simone Piero Costantini

GESCHICHTE Spitzenproduzent in Frascati unter Leitung vom Besitzer und zugleich Gründer Piero Costantini, dem auch das ausgezeichnete La Torraccia in den Marken gehört. Außerdem gehört ihm eine Önothek in Rom. Costantini verwendet keine Chemikalien im Weinberg und der Ernteertrag ist deutlich niedriger als bei den meisten Kollegen.

WEINE Frascati Superiore mit drei Etiketten: Villa Simone, Vigneto Filonardi und Cannellino.

CHARAKTER Der große Wein ist der Villa Simone, der annähernd 90% der Produktion aus-

*Piero Costantini macht einen sehr guten Frascati Superiore. Ihm gehören auch Weinberge in den Marken.*

macht. Ein klassischer Frascati Superiore mit delikater Frucht und feiner Aromakonzentration in Duft und Geschmack. Von einem Hektar stammt der weinbergbezeichnete Prestigewein Vigneto Filonardi. Er hat große Komplexität und eine feine Struktur. Entfaltet sich während einiger Jahre, was für diese Appellation eher ungewöhnlich ist. Der halbsüße Cannellino, mit guter Ausgewogenheit zwischen Säure und Süße, hat ein großes Aroma von Mandeln und Honig. Teuer und rar.

RUF Wohlbekannter Spitzenproduzent mit gutem Ruf sowohl unter Kollegen als auch unter Weinkennern.

REBSORTEN Malvasia di Candia, Malvasia de Lazio, Trebbiano Toscano, Verde und Giallo.

WEINHERSTELLUNG Moderne Anlage mit temperierten Stahltanks.

LAGERUNG Die Weine werden meist innerhalb von 2-3 Jahren getrunken.

REBFL/PROD 20 ha, ca. 10 000 Kisten/Jahr.

**Besitzer** Piero Costantini • **Kellermeister** Alberto Corti & Lorenzo Costantini • **Besuch** Nur nach Vereinbarung • **Adresse** Villa Simone Piero Costantini, Via Frascati-Colonna 29, I-00040 Monteporzio Catone • **Tel.** 06-944 97 17

PRODUKTION QUALITÄT PREIS

## Weitere Produzenten in Latium

### Baldassarri

Ein kleiner Produzent mit erstaunlich guten Weinen. Colli Lanuvini ist eine unterschätzte Appellation und die Weine von Baldassarri haben im Verhältnis zur Qualität fast lächerlich niedrige Preise. Die Rebsorten innerhalb der Colli Lanuvini sind Malvasia (max. 70%), Trebbiano (mind. 30%) sowie Bellone und Bonvino (max. 10%).

• **Adresse:** Via Fratelli Rosselli 6, I-00045 Genzano (RM). **Tel.** 06-939 61 06.

### Massimi Berucci

Ein Familiengut mit einer Menge gut gebauter Weine von DOC Cesanese del Piglio aus der lokalen Rebsorte Cesanese. Die Appellation gestattet sowohl stille als auch schäumende Rotweine, von trocken bis süß. Am besten sind die stillen, trockenen Versionen. Der Besitzer und Gründer,

*Latium bietet einem eine sehr schöne Landschaft, wie hier bei der Küste von Circeo.*

Manfredi Massimi Berucci, erzeugt elegante Cesanese-Weine, insbesondere die, die das Etikett Casal Cervino tragen. Gut strukturierte, komplexe Weine mit etwas rauchigem Bukett. Der weiße Passerina del Frusinate hat eine gute Struktur und einen frischen Abgang.

• **Besitzer:** Fam. Berucci **Adresse:** Via Prenestina, km 42, I-03010 Piglio (FR). **Tel.** 0775-50 13 03.

### Casale del Giglio

Antonio Santarelli ist einer der interessantesten Newcomer in der Region. Nach zehnjährigem Experimentieren verfügt er jetzt über 150 Hektar Rebfläche, die mit vielen verschiedenen Rebsorten bestockt ist: Cabernet Sauvignon, Merlot, Syrah, Petit Verdot, Sauvignon Blanc, Chardonnay, Viognier und mehrere regionale Sorten. Sein Ziel ist es, rebsortenreine, moderne Weine zu erzeugen. Seinen Prestige-Verschnitt nennt er Mater Matuta (60% Syrah, 40% Petit Verdot) und den besten Weißwein Chardonnay Antonio.

• **Besitzer:** Antonio Santarelli **Besuch:** Nach Vereinbarung. **Adresse:** Strada Cisterna-Nettuno, km 13, I-04010 Borgo Montello (LT). **Tel.** 06-574 25 29.

### Colacicchi

Ein Familienanwesen, das Ende der 50er Jahre von dem großen Musikwissenschaftler Luigi Colacicchi gegründet wurde. Mit viel Intuition schaffte er einen der besten Rotweine Italiens - Torre Ercolana. Die 60er Jahre gehörten zur Glanzzeit. Seit etwa 20 Jahren wird der Betrieb von seinem Neffen Bruno Colacicchi geführt, der erst in letzter Zeit den ehemalig guten Ruf zurückgewinnen konnte. Kein DOC. Der Weißwein trägt den Namen Romagnano, der rote Torre Ercolana.

• **Besitzer:** Bruno Colacicchi **Kellermeister:** Marco Trimani & Bruno Colacicchi **Besuch:** Nur nach Vereinbarung. **Adresse:** Via Cernaia, I-00185 Roma (RM). **Tel.** 06-4469661. **Fax** 06-4468351.

### Paola Di Mauro

Erzeugt seit Anfang der 70er Jahre Weine von ausgezeichneter Qualität. Die Besitzerin und zugleich Gründerin, Paola Di Mauro führt dieses Unternehmen. Der Sohn Armando ist ebenbürtiger Teilhaber. DOC Marino für zwei Etiketten: Etichetta Verde und Selezione Oro. Weiße: Colle Picchioni, Le Vignole Bianco. Rote: Colle Picchioni Rosso, Colle Picchioni Vigna del Vasallo, Le Vignole Rosso.

• **Besitzer:** Paola & Armando Di Mauro **Kellermeister:** Riccardo Cotarella **Besuch:** Nach Vereinbarung. **Adresse:** Via Colle Picchione 46, I-00040 Frattocchie Marino (RM). **Tel.** 06 93 54 63 29. **Fax** 06 93 54 84 40.

### Cantina Falesco

Einer der größten Erzeuger von Est!Est!!Est!!!. Die Trauben werden hauptsächlich bei über hundert Winzern eingekauft. Dank dem Kellermeister Riccardo Cotarella hat Falesco in den letzten Jahren großartige Ergebnisse verzeichnen können. Besonders interessant ist der neue Poggio dei Gelsi, der aus der besten Lage gleichen Namens stammt. Die Rebsorten sind die gleichen wie für Est!Est!!Est!!!.

• **Adresse:** S.S. Cassia (km 94,500), I-01027 Montefiascone (VT). **Tel.** 0761-82 70 32.

### Fiorano (Boncompagni Ludovisi)

1928 vom Prinzen Alberico Boncompagni Ludovisi gegründet. Die kleine Rebfläche ergibt nur wenig Wein, der zudem sehr schwierig zu finden ist. Man gehört zu den ersten der Region, die Sémillon anpflanzten. Trockene Weißweine, die nach 8-10 Jahren für den Verbrauch geeignet sind. Keine DOC. Weine: Fiorano Bianco (100% Malvasia di Candia), Fiorano Sémillon und Fiorano Rosso (50% Merlot, 50% Cabernet).

• **Besitzer:** Prinz Alberico Boncompagni Ludovisi **Kellermeister:** Prinz Alberico Boncompagni Ludovisi **Besuch:** Nur nach Vereinbarung. **Adresse:** Via di Fioranello 19, I-00134 Roma. **Tel.** 06 79 34 00 93. **Fax** 06 79 34 00 93.

## Weitere Produzenten in Latium

### Mazziotti

Auf 360 Meter Höhe ein hinreißend schön gelegener Weinberg mit Blick auf den Lago di Bolsena. Die heutige Besitzerin Flaminia Mazziotti erzeugt zusammen mit dem Kellermeister Gaspare Buscemi einen der wenigen Est!!Est!!!, bei dem die Ausrufezeichen einigermaßen gerechtfertigt sind. Mit moderner Technik und dem Willen, den ursprünglichen Charakter des Weines zu bewahren, entsteht hier ein Tafelwein mit Frische und etwas öligem Aroma.

• **Besitzer:** Fam. Mazziotti **Adresse:** Via Cassia, I-01023 Bolsena. **Tel.** 0761-79 90 49.

### Castel di Paolis

Guilio Santarelli ist für seinen Frascati und die Vielfalt der verschiedenen Rebsorten bekannt: Syrah, Petit Verdot und Sémillon, außerdem Chardonnay, Sauvignon Blanc, Merlot. Den roten Prestigewein nennt er Rosso del Lazio Quattro Mori. Der Jahrgang 94 enthält 80% Syrah und 20% Merlot. Das Bukett ist von Kakao, Tabak, schwarzem Pfeffer und etwas Eichenholz geprägt, der Wein ist ausgewogen und lagerfähig. Muffa Nobile (ital. „Edelfäule") ist der Name eines Sauternes-ähnlichen Weins aus edelfaulen Sémillon- und Sauvignon-Blanc-Trauben, der acht Monate in Barriques ausgebaut wird. Die Frascati-Weine sind konzentriert. Der lagebezeichnete Frascati Superiore Vigna Adriana (mit einem kleinen Anteil Viognier) hat ein großes, rundes Bukett mit Pfirsich-Tönen und einen aromatischen, frischen Geschmack von guter Länge.

• **Besitzer:** Fam. Santarelli **Besuch:** Nach Vereinbarung. **Adresse:** Via Val di Paolis 41, I-00046 Grottaferrata (RM). **Tel.** 06-943 16 48. **Fax** 06-943 160 25.

### Poggio Fenice

Kleiner und ungewöhnlicher Produzent von ausgezeichneten Weinen. Das Besitzerpaar Colin und Gerdy Fraser erzeugt hervorragende Weine aus dem Pinot Bianco, der unter dem Namen Rigogolo vermarktet wird. Der Wein ist leicht parfümiert und besitzt eine mittelhohe Fruchtsäure. Der rote Nibbio aus guten Jahrgängen reift während fünf bis sechs Jahren. Man experimentiert mit Ausbau in kleinen, neuen Eichenfässern.

• **Besitzer:** Colin & Gerdy Fraser **Adresse:** Via del Pereto, I-02026 Rocca Sinibalda. **Tel.** 0765-781 23.

### Tre Palme

Der Südtiroler Ernesto Lercher gründete das Anwesen 1979. Der kleine Weinberg wird vollkommen ökologisch bewirtschaftet. Der weiße Colli Lanuvini Bianco ist oft ausgezeichnet. Elegantes Bukett mit einem etwas rauchigen Ton und großzügiger Frucht. Der Rotwein ist von der Qualität her am besten. Er wird aus Cabernet, Merlot und etwas Moscato d'Abruzzo erzeugt. Komplexes, reiches Bukett mit einem Geschmack, der sowohl verschiedene Beerentöne als auch eine elegante Straffheit aufweist.

• **Besitzer:** Fam. Lercher **Kellermeister:** Ernesto & Peter Lercher **Besuch:** Nur nach Vereinbarung. **Adresse:** Via Muti 42, I-00045 Genzano di Roma (RM). **Tel.** 06-9370286.

### Villa Seiano

Gegründet und in Besitz des dynamischen Vittorio Puri. Er produziert einen DOC Est!Est!!Est!!! di Montefiascone, der zu den besten der Appellation gehört. Der weiße Vaiano ist ein ungewöhnlicher Wein, der aus spät gelesenen Chardonnay-Trauben hergestellt wird. Komplexer Duft und eleganter, fülliger Geschmack mit einer Note von

*Frascati wird stets mit Latium in Verbindung gebracht. Er ist ein beliebter Tafelwein der Römer.*

Akazienhonig. Puri bringt laufend Neuheiten heraus. Sein jüngstes Projekt ist ein Weißwein namens Bisentium.

• **Besitzer:** Fam. Puri **Adresse:** Località Casetta, I-01023 Bolsena. **Tel.** 0761-225870.

### Conte Zandotti

Seit 1734 ein Familienunternehmen, heute unter der Leitung des Grafen Enrico Zandotti. Zuverlässiger Produzent von Frascati Superiore. Zusammen mit dem Kellermeister Ivo Straffi pflegt er die Traditionen und erzeugt ursprüngliche Frascati-Weine. Die Weine sind elegant mit großzügigem Bukett und Geschmack. Man plant einen weinbergbezeichneten Frascati einzuführen, ein Trend, der in der Region immer häufiger vorkommt.

• **Besitzer:** Conte Enrico Zandotti **Besuch:** Nach Vereinbarung. **Adresse:** Via Vigne di Colle Mattia 8, I-00132 Roma. **Tel.** 06-20 60 90 00.

# KAMPANIEN

GESCHICHTE Kampanien war einst eine griechische Kolonie. Im 9. Jh. vor Christus hatten mehrere ihrer Weine einen guten Ruf in Athen. Beinahe 3 000 Jahre später gibt es den Wein Greco di Tufo immer noch. Er zeugt von einer langen, ununterbrochenen Weinbautradition. Die Rebsorte Greco (sowie die in Umbrien übliche Grechetto) wurde vor einigen Tausend Jahren aus Griechenland eingeführt. Nach Jahrhunderten gotischer, französischer und spanischer Herrschaft wurde die Region mit dem Einzug Garibaldis in Neapel im Jahr 1860 italienisch.

GEOGRAPHIE Die Region rund um Neapel liegend war einst Meeresboden. Die Anhebung des Landes erfolgte hauptsächlich durch vulkanische Tätigkeiten, was die Landschaft und die Böden der Weinberge weitgehend geprägt hat. Vulkanischer Tuff und Kalkstreifen (vom Meeresboden) sind vorherrschend.

KLIMA Heiße Sommer und milde Winter prägen die Vegetation. Dies fordert widerstandsfähige Rebsorten, die bei der intensiven Sonnenbestrahlung überleben können.

WEINE Weiße DOC mit gewissem Ruf: FIANO DI AVELLINO mit Aroma und Farbe, was den Wein zu einem der interessantesten Weine des Südens macht. GRECO DI TUFO ist neutral, hat jedoch eine gute Struktur. Von der Insel ISCHIA kommen weiße und rote DOC-Weine gleichen Namens, die recht interessant sein können, insbesondere die weißen. Ein alter Klassiker des Gebietes ist der LACRYMA CHRISTI DEL VESUVIO, viel beschrieben, früher aber nie besser als gewöhnlicher Tafelwein. Annehmbare, leichte Weine in allen drei Farben. Der heutige Lacryma Christi gehört dem DOC VESUVIO an. Von den roten ist der TAURASI bedeutend bekannter; ein kraftvoller, lagerfähiger Rotwein, den man suchen sollte.

REBSORTEN Weiße: Greco, Falanghina, Coda di Volpe, Fiano di Avellino, Forastera, Biancolella, Malvasia di Candia, Trebbiano. Rote: Aglianico, Piedirosso, Sangiovese, Barbera, Guarnaccia, Sciascinoso.

*Kampanien ist das Gebiet rund um Neapel und war früher eine griechische Kolonie.*

PRODUZENTEN Es gibt viele Kleinerzeuger, wobei die mittelgroßen, teilweise Familienunternehmen, vorherrschend sind. Insgesamt 112 000 Produzenten.

REBFL/PROD Ca. 40 000 ha, 2 Mio. hl/Jahr. Die Rotweinproduktion dominiert mit mehr als 60%.

WISSENSWERT Weitere Informationen: I.C.E., Corso Meridionale 58, Palazzo Borsa Merci, I-80143 Napoli. Tel. 081-28 34 11, 28 33 74. Fax 081-20 77 69.

## FIANO DI AVELLINO

RUF Wenn die Weinherstellung stimmt, gehören diese Weißweine zu den besten Süditaliens. Der Name stammt aus dem Lateinischen „Vitis Apiana", in Deutsch „die Traube der Bienen".

*Fiano di Avellino ist einer der besten Weißweine Süditaliens. Wird trocken, süß und schäumend erzeugt.*

Der hohe, natürliche Zuckergehalt der Trauben zieht die Bienen an. Lange war der Wein süß, generell auch mit einer natürlichen Mousse. Da er in dieser Ausführung nicht kommerzialisiert werden konnte, schuf man auch eine trockene Version, die heute dominiert und auch einen guten Ruf genießt. Der Beiname Apianum darf auf dem Etikett angegeben werden.

WEINE Strohgelbe Farbe, intensives Bukett mit Einschlag von gerösteten Haselnüssen. In der trockenen Ausführung ist der Geschmack lebhaft mit feiner Struktur und guter Länge. Der Wein eignet sich ausgezeichnet als Aperitif, passt aber auch gut zu komplizierten Fisch- und Schalentiergerichten.

KLASSIFIZIERUNG DOC für Weißweine. Meist trocken, obwohl auch süße und schäumende Variationen anzutreffen sind.

BODEN Nur die Weinberge an den Hängen rund um Avellino sind für DOC-Weine zugelassen. Vulkanischer Tuff dominiert.

REBSORTEN Die Rebsorte heißt Fiano di Avellino und darf bis zu 15% mit Greco, Coda di Volpe oder Trebbiano verschnitten werden.

WEINHERSTELLUNG Moderne Technik gelingt am besten bei den sehr süßen Trauben.

PRODUZENTEN U.a. Cavalier de Filippi, Mastroberardino, Struzziero und Vadiaperti.

## GRECO DI TUFO

RUF Ein historischer Weißwein, der manchmal richtig spannend ist. Wird in einigen Dörfern bei Tufo, in der Provinz Avellino, erzeugt. Die Rebsorte kommt ursprünglich aus Griechenland und wurde zuerst an den Hängen des Vesuvs eingeführt, wo der Wein Lacryma Christi - Tränen Christi - genannt wird. Den heutigen Namen erhielt er, weil San Guglielmo di Vercelli hier einst Wasser in Wein verwandelte. In der Version von Mastroberardino ist der Greco di Tufo einer der besten Weine Süditaliens. Der Charakter reicht aus, um mit den nördlicheren Qualitätsweinen verglichen zu werden.

WEINE Hell- bis strohgelbe Farbe. Das Bukett ist frisch, fruchtig, aber etwas neutral mit Einschlag von Mandeln. In den besten Ausführungen hat der Geschmack einen Aufbau, der zu Länge und Harmonie führt. Mandeln kommen oft in Geschmacksbeschreibungen vor.

KLASSIFIZIERUNG DOC seit 1970 für Weiß- und Schaumweine.

BODEN Größtenteils vulkanischer Boden.

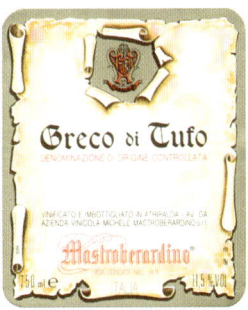

*Der historische Greco di Tufo ist ein großer Wein aus Süditalien. Mastroberardino ist der führende Erzeuger.*

REBSORTEN Greco di Tufo ist der Name der Rebsorte. Bis zu 15% Coda di Volpe ist gestattet.

WEINHERSTELLUNG Früher wurde der Most samt den Schalen vergoren, was zu mehr Farbe und größerem Aroma mit etwas oxidierten Tönen führte. Heute werden die besseren Weine in temperierten Stahltanks vergoren.

PRODUZENTEN Zu den besten gehören Cavalier de Filippi, Mastroberardino, Manocalzati, Struzziero und Vadiaperti.

---

DOCG IN KAMPANIEN – *Taurasi*
DOC IN KAMPANIEN – *Aglianico del Taburno, Aspirinio de Aversa, Campi Flegrei, Capri, Castel San Lorenzo, Cilento, Costa d'Amalfi, Falerno del Massico, Fiano di Avellino (Apianum), Galluccio, Greco di Tufo, Guardia Sanframondi/Guardiolo, Ischia, Penisola Sorrentina, Sannio, Sant'Agata de'Goti/Sant'Agata dei Goti, Solopaca, Taburno, Vesuvio*

## LACRYMA CHRISTI DEL VESUVIO

RUF Lange Zeit war dies Neapels Tafelwein. Ursprünglich ein Weißwein, am bekanntesten aber in der roten Version. Das interessante an dieser Appellation, die in der Grundform Vesuvio heißt, ist, dass nur Weine aus Weinbergen mit niedrigerem Ernteertrag pro Hektar und mit hö-

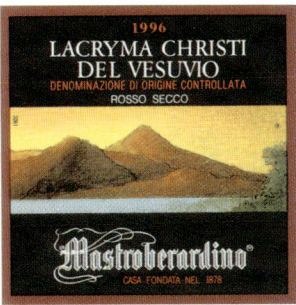

*Nur die besten Weine dürfen Lacryma Christi del Vesuvio genannt werden. Vesuvio ist der örtliche Tafelwein.*

herem Alkoholgehalt als üblich Lacryma Christi genannt werden dürfen. Manche Erzeuger produzieren ausgezeichnete trockene Rotweine und leichte, fruchtige Weißweine. Um wirklich anerkannt zu werden, bedarf es sicherlich noch einige Jahre der Vermarktung. Die Weine kamen leider lange in Mengen vor, die weit über der Produktionsmöglichkeit des Bereichs lagen.
WEINE Die besten Rotweine haben einen jugendlichen Reiz und Frucht. Sollten jung getrunken werden. Weißweine aus der Appellation sind bestenfalls fruchtig und leicht, mit annehmbarer Säure. Oft jedoch etwas flach. Der Roséwein ist selten erwähnenswert.
KLASSIFIZIERUNG DOC unter dem Namen Vesuvio. Den Beinamen Lacryma Christi erhält der Wein nur, wenn der Ernteertrag nicht über 65 hl/ha liegt.
BODEN Da die Reben an den Hängen des Vesuvs wachsen, ist der Boden vulkanisch.
REBSORTEN Für Weißwein: Coda di Volpe. Für Rotwein: Piedirosso und Sciascinoso.
WEINHERSTELLUNG Altmodische Herstellungsverfahren, wobei die Trauben immer noch mit den Füßen getreten werden. Moderne Methoden sind im Vormarsch.
PRODUZENTEN U.a. Mastroberardino und Saviano.

IGT IN KAMPANIEN – *Beneventano, Colli di Salerno, Dugenta, Epomeo, Irpinia, Paestum, Pompeiano, Roccamonfina, Terre del Voltume*

## TAURASI

RUF Ein großer Rotwein, mit geregelter Reifezeit vor dem Verkauf. Der gute Ruf dieses Weines ist weit über die Landesgrenzen verbreitet. Die Rebsorte Aglianico gedeiht außerordentlich gut auf den hohen Hügeln rund um das Dorf Taurasi. Sie reift spät und ergibt Weine, die ein vielfältiges Aroma besitzen. Der Wein ist sowohl in Italien als auch international mit dem Erzeuger Mastroberardino, einem der renommiertesten Güter im Lande, sinnverwandt.
WEINE Die Farbe beim jungen Wein ist ein tiefes Rubinrot. Mit dem Alter wird er heller und erhält einen leicht orangefarbenen Ton. Das Bukett

*Taurasi ist der einzige richtig große Rotwein Kampaniens, insbesondere in der Riserva-Ausführung.*

ist etwas gebrannt und komplex. Der Geschmack ist während der gesamten Reifezeit herb, füllig und alkoholstark. Es ist durchaus möglich Weine zu finden, die 10-15 Jahre alt und immer noch hervorragend sind.
KLASSIFIZIERUNG DOCG seit 1993, mit dem Vorbehalt, dass die Weine vor dem Verkauf mindestens drei Jahre gelagert werden müssen, davon ein Jahr im Eichen- oder Kastanienfass. Wenn der Wein eine Reifezeit von vier Jahren durchgemacht hat, darf er Riserva genannt werden.
BODEN Vulkanischer Tuff ist vorherrschend.
REBSORTEN Aglianico mit bis zu 30% von Piedirosso, Barbera oder Sangiovese.
WEINHERSTELLUNG Gärung bei recht hoher Temperatur, damit Farbe und Gerbsäure entzogen werden. Ausbau in großen Fässern führt zu einer gewissen komplexen, etwas oxidierten Geschmackspalette.
PRODUZENTEN U.a. Mastroberardino und Struzziero.

ITALIEN • KAMPANIEN

## D'Ambra Vini d'Ischia

GESCHICHTE  Wurde 1888 von Francesco d'Ambra gegründet. Heute Teilhaber der Swiss Wine Food, unter der Leitung der drei Brüder d'Ambra. Sie führen die Erneuerung mit weinbergbezeichneten Weißweinen der örtlichen Biancolella-Traube an.

*Casa d'Ambra ist das große Weinhaus auf der Insel Ischia. Die besten Weine sind von guter Klasse.*

WEINE  Weiß: Biancolella, Biancolella Frassitelli, Forastera, Amber Drops, Ischia, Chardonnay und der perlende Kalimera. Rot: Ischia, Per'e Palummo (auch Piedirosso genannt).

CHARAKTER  Der weiße Amber Drops ist ein Sherry-ähnlicher, süßer Wein aus getrockneten Biancolella-Trauben. Biancolella ist ein trockener Weißwein mit intensivem Aroma. Forastera ist ein Wein aus der gleichnamigen Sorte. Ischia Bianco Superiore ist ein charaktervoller Weißwein. Der rote Per'e Palummo ist entweder Beaujolais-ähnlich oder mehr strukturiert. Kalimera u.a. aus Chardonnay gehört zu den ersten Weinen der Region, die nach der Champagner-Methode erzeugt wurden. Kommerzielle Weine werden unter dem Namen Gran Furor Divina Costiera verkauft.

RUF  Guter Ruf für die weinbergbezeichneten DOC-Weine. Ansonsten recht mittelmäßig.

BODEN  Meist Kalk, Sand oder Tuff.

REBSORTEN  Weiß: Biancolella, Forastera, Chard. Rot: Per'e Palummo und Guarnaccia.

WEINHERSTELLUNG  Moderne Methoden. Einige Weine aber verlangen nach traditionellen Methoden, die auch angewandt werden.

LAGERUNG  Höchstens sechs bis sieben Jahre mit Ausnahme von Amber Drops.

REBFL/PROD  130 ha, ca. 160 000 Kisten/Jahr.

**Besitzer**  Familie d'Ambra & Swiss Wine Food • **Kellermeister**  Andrea d'Ambra • **Besuch**  Werktags 8-18, nach Vereinbarung • **Adresse**  D'Ambra Vini d'Ischia, Panza d'Ischia, I-80075 Forio d'Ischia (NA) • **Tel.**  081-90 72 46

PRODUKTION            QUALITÄT            PREIS

## Antica Masseria Venditti

GESCHICHTE  Wurde 1976 vom dynamischen Besitzer und Kellermeister Nicola Venditti gegründet. In der sonst fast vergessenen DOC-Region Solopaca hat Venditti von Jahr zu Jahr stets bessere Weine erzeugt. Weinbergbezeichnungen und moderne Herstellungstechnik haben dem Haus einen guten Ruf eingebracht.

WEINE  Rote: Solopaca Rosso mit den Weinbergbezeichnungen Vigna Bosco Caldaia und Vigna Marraioli. Weiße: Solopaca Bianco mit den Weinbergbezeichnungen Vigna Bacalàt und Vigna Foresta.

CHARAKTER  Dem roten Solopaca dient der

*Venditti ist das beste Haus für die Solopaca-Weine. Sie haben seltsamerweise den Sangiovese als Basis.*

Sangiovese als Basis und der Aglianico wird beigemischt. Rubinrot mit Aroma von Himbeeren und Gewürzkräutern, im Geschmack säuerlich mit etwas Herbe und der Möglichkeit, sich in guten Jahren zu entwickeln. Der weiße Solopaca ist neutral, fruchtig und frisch mit annehmbarem Extraktniveau und feiner Struktur.

RUF  Das beste Haus für Solopaca-Weine.

BODEN  Größtenteils vulkanisch.

REBSORTEN  Rote: Sangiovese, Aglianico und Piedirosso. Weiße (Vigna Bacalàt): Greco Bianco 60%, Cerretto 30%, Falanghina 10%.

WEINHERSTELLUNG  Moderne Technik wie z.B. kühle Vergärung in Stahltanks und Filtration prägen die Weine, die in ihrer Frucht und Frische modern sind.

LAGERUNG  Die Rotweine höchstens 4-5 Jahre.

REBFL/PROD  11 ha, etwa 6 500 Kisten/Jahr.

**Besitzer**  Nicola Venditti • **Kellermeister**  Nicola Venditti • **Besuch**  Täglich 9-17 • **Adresse**  Antica Masseria Venditti, Via Sannitica 98, I-82030 Castelvenere (BN) • **Tel.**  0824-94 03 06 • **Fax**  0824-94 03 01 • **E-Mail**  amvendit@tin.it

PRODUKTION            QUALITÄT            PREIS

## MASTROBERARDINO

GESCHICHTE  Großes Familiengut in Atripalda in der Provinz Avellino. Für viele ein Synonym für Qualitätsweine aus Kampanien. Seit einigen Jahrhunderten erzeugt Mastroberardino sowohl den besten Fiano di Avellino wie auch den besten Taurasi. Das Haus wird heute von den drei Brüdern Mastroberardino geführt.

WEINE  Rote: Taurasi, Taurasi Riservà, Radici, Lacryma Christi del Vesuvio, Avellanio. Weiße: Fiano di Avellino (auch als Radici di Lapio und Vignadora); Greco di Tufo (auch als Vignadangelo), Lacryma Christi del Vesuvio.

CHARAKTER  Der rote Taurasi ist langlebig, füllig und alkoholstark mit Herbe und einer robusten Komplexität in Nase und Gaumen. Die besten Jahrgänge werden als Taurasi Riserva klassifiziert. Der weiße, trockene Fiano di Avellino hat eine weiche Fülle und strohgelbe Farbe, im Bukett an Birnen und Haselnüsse erinnernd. Greco di Tufo ist neutraler, aber gut gebaut.

RUF  Spitzenhaus, führend in ganz Süditalien.

*Mastroberardino ist ein Synonym für Qualitätsweine. Die Weinberge liegen in den Bergen Kampaniens.*

BODEN  Vorwiegend vulkanischer Boden.

REBSORTEN  Rot: Aglianico, Piedirosso, Barbera, Sciascinoso. Weiß: Greco di Tufo, Fiano di Avellino, Coda di Volpe, Malvasia di Candia.

WEINHERSTELLUNG  Moderne Methoden für Weißweine, traditionelle für die Rotweine.

LAGERUNG  Taurasi Riserva kann oft über 15 Jahre gelagert werden.

REBFL/PROD  50 ha eigene Rebfläche (sowie 300 ha gepachtete), etwa 230 000 Kisten/Jahr.

- **Besitzer** Antonio, Carlo & Piero Mastroberardino
- •**Kellermeister**  Antonio Mastroberardino
- •**Besuch**  Mo-Fr, nach Vereinbarung •**Adresse** Mastroberardino, Via Manfredi 75/81, I-80342 Atripalda (AV) •**Tel.** 0825-61 41 11 •**Fax** 0825-61 4 2 31 •**E-Mail** mastro@mastro.it

PRODUKTION       QUALITÄT       PREIS

## WEITERE PRODUZENTEN

### CAVALIER DE FILIPPI

Junger, zielstrebiger Weinproduzent mit blendendem Ergebnis bei den Weißweinen. Erzeugt wird ein Greco di Tufo mit parfümierter Frucht, viel Aroma und ausgezeichneter Ausgewogenheit. Fiano di Avellino wird im traditionellen Stil erzeugt, mit Aromen in Mengen und einer recht fetten Struktur. Strohgelb, wohlduftend und charaktervoll im Gaumen. Ein Haus, das man im Auge behalten sollte.

• **Adresse:** Strada Statale 7 bis, I-83030 Manocalzati (AV). **Tel.** 0825-67 53 58.

### MONTEVETRANO

Ein kleiner Produzent, der einen einzigen Wein erzeugt: den Montevetrano. Die Nachfrage nach dem Jahrgang 93 war zu groß, der 94er war sofort ausverkauft und der 95er verkaufte sich, als er noch im Fass lag. Der Wein besteht aus 80% Cabernet Sauvignon, 10% Merlot und 10% Aglianico. Er ist außerordentlich konzentriert, von dunkler Farbe und mit deutlichem Tanningehalt.

• **Adresse:** Via Montevetrano Campigliano, I-84099 S. Cipriano Picentino (SA). **Tel.** 089-88 22 85.

### MUSTILLI

Das Familienunternehmen ist bekannt dafür, dass es sich für die Erhaltung der örtlichen Sorte Falanghina einsetzt und ihr Bestes gibt, daraus hervorragenden Wein zu erzeugen. Mustillis Falanghina hat eine helle, strohgelbe Farbe mit fruchtigem, delikatem Aroma und mittelfülligem Geschmack mit leichter Spritzigkeit. Leicht und elegant. Im Angebot des Hauses findet man auch den weißen Greco di Sant'Agata dei Goti sowie den roten Piedirosso di Sant'Agata dei Goti. Der rote hat eine erfrischende, hohe Säure und eine mittelgroße Struktur. Kann von guten Jahren mindestens 4-5 Jahre gelagert werden.

• **Besitzer:** Fam. Mustilli **Adresse:** Via dei Fiori 20, I-82019 Sant'Agata dei Goti (BN). **Tel.** 0823-71 74 33.

### OCONE

Der heutige Besitzer Domenico Ocone ist ideenreich und hat ein hohes Qualitätsbewusstsein. Er erzeugt z.B. einen trockenen Schaumwein nach der Champagner-Methode unter dem Namen Ocone Brut. Der Wein wird aus Aglianico erzeugt und „en blanc" vinifiziert. Die Rotweine mit dem weinbergbezeichneten Aglianico del Sannio Vigna di Pezza la Corte sind führend; gehört zu den besten Vertretern dieser Rebsorte im ganzen Land. Großartige, gut gebaute Weine mit Kraft und gleichzeitig komplexer Eleganz. Ebenfalls gut gebaut sind die weißen Greco di Sannio, rein und fruchtig mit einem langen Abgang.

• **Besitzer:** Domenico Ocone **Adresse:** Via del Monte, I-82030 Ponte (BN). **Tel.** 0824-87 40 40. **Fax** -87 49 55.

## Weitere Produzenten in Kampanien

### Struzziero

Giovanni Struzziero ist der führende Winzer in der DOC Fiano di Avellino. Er hat vor allem mit seinem Taurasi großen Erfolg, der hinsichtlich der Lagerfähigkeit dem Taurasi von Mastroberardino nicht weit nachsteht. Es werden u.a. auch weiße Greco di Tufo und selbstverständlich Fiano di Avellino erzeugt.

• **Besitzer:** Fam. Struzziero **Adresse:** Via L. Cadorna 214/216, I-83030 Venticano (AV). **Tel.** 0825-96 50 65. **Fax** 0825-96 50 67.

### Vadiaperti

Ein junges Weinhaus, 1983 gegründet und heute von Vater Antonio Troisi und Sohn Raffaele geführt. Man hat sich zwei Weinen gewidmet: DOC Fiano di Avellino und DOC Greco di Tufo. Man läßt die Weine vor dem Verkauf mindestens ein Jahr in der Flasche ruhen. Der Fiano di Avellino, aus den gleichnamigen Trauben, hat ein Nuss- und Mandel-Bukett, schmeckt nach reifen Äpfeln und ist sehr gut strukturiert. Der lagebezeichnete Greco di Tufa Vigna del Principato wird aus Greco-Trauben erzeugt und ist ein frischer, trockener Wein, der ein paar Jahre gelagert werden kann.

• **Besitzer:** Antonio & Raffaele Troisi **Adresse:** Loc. Vadiaperti, I-83030 Montefredane (AV). **Tel.** 0825-362 63, 60 72 70. **Fax** 06-943 160 25.

### Villa Matilde

Einer der besten Erzeuger des Falerno. Der Wein hat den DOC-Status in Kampanien, wird aber auch in Latium erzeugt. Villa Matilde ist ein modernes, innovatives Haus, 1960 von Salvatore Vallone gegründet. Die Rotweine Falerno del Massico Rosso Pietre Bianche und Vigna Camarato haben eine feine Struktur und sollten 5-7 Jahre gelagert werden. Die weißen werden aus Falanghina hergestellt und haben ein reines, fruchtiges Bukett und einen Geschmack mit etwas neutralem Profil.

• **Besitzer:** Fam. Vallone **Adresse:** Strada Statale Domitiana, km 4 700, I-81030 Cellole (CE). **Tel.** 0823-93 20 88.

*Die Landerhebung Kampaniens ist hauptsächlich durch Vulkanausbrüche entstanden.*

### Volla

Kleiner Erzeuger von Solopaca, erst 1978 gegründet. Die Besitzerin, Teresa Cutillo Perlingieri, macht ausgezeichnete DOC Solopaca, die aus den Sorten Sangiovese und Aglianico bestehen. Sogar 10 Jahre alte Exemplare halten ausgezeichnet. Die Weine reifen normalerweise während mindestens sieben bis acht Jahren. Rubinrote, nach Kräutern duftende, herbe und ausgewogene Weine.

• **Besitzer:** Teresa Cutillo Perlingieri **Adresse:** Cso. Cusani 150, I-82036 Solopaca. **Tel.** 0824-97 76 28.

## BASILICATA

GESCHICHTE Diese kleine Region war unter verschiedenen Herrschaften wie den Griechen, Phöniziern, Römern, Goten, Spaniern und Franzosen. Es bestand somit nie die Möglichkeit für eine stille Entwicklung zum Wohlstand. Nicht einmal nachdem die Basilicata Mitte des 19. Jh. dem neuen Königreich Italien einverleibt worden war konnte man sich hier behaupten. Die Bevölkerung ist klein und das Land unzugänglich. Wein wird

seit der Antike angebaut und die führende Rebsorte ist Aglianico.

GEOGRAPHIE Hügelige Landschaft mit nicht mehr als 8% Ebene. Die besten Weine stammen aus dem Anbaugebiet beim Vulkan Vulture, nach dem die einzige DOC Aglianico del Vulture benannt wurde.

KLIMA Der südliche Teil ist während der ganzen Wachstumsperiode starkem Sonnenschein ausgesetzt. In den höheren Gebieten herrscht ein milderes Klima.

WEINE Die einzige DOC ist der rote AGLIANICO DEL VULTURE, der vorwiegend zu einer kraftvollen, sonnig trockenen, herben Version ausgebaut wird. Wenig halbtrockener Aglianico, immer rot, auch schäumend kommt er vor. Der weiße Tafelwein Malvasia del Vulture wird meist im süßen oder schäumenden Stil hergestellt, der süße aus halbgetrockneten Trauben.

REBSORTEN Der rote Aglianico ist stark vorherrschend, obwohl auch andere süditalienische Sorten wie Bombino, Uva di Troia und Montepulciano angepflanzt werden.

PRODUZENTEN Über die Hälfte der Weine wird von Genossenschaften produziert, aber auch kleine Winzer kommen vor. Insgesamt 37 000.

REBFL/PROD Ca. 13 000 ha, etwa 500 000 hl/Jahr. Knapp 2 Prozent davon sind DOC.

## AGLIANICO DEL VULTURE

RUF Der Aglianico zählt zu den führenden Rebsorten Italiens und erreicht Höhepunkte in manchen Weinen, wie z.B. im Taurasi aus Kampanien und in den besten Aglianico del Vulture aus der Basilicata. Leider verhält es sich so, dass es selten hohe Ambitionen unter den Kellermeistern gibt, auch wenn die Rebsorte ein großes Potenzial für einen guten Qualitätswein besitzt. Der Grund dafür ist der schlechte Verdienst. Manchen Erzeugern, insbesondere D'Angelo, ist es gelungen, einen gewissen Ruhm zu erlangen und in die USA und nach England zu exportieren.

WEINE Die Normal-Version des Aglianico ist ein dunkler Rotwein, mit einem recht erdigen, animalischen und leicht gebrannten Bukett. Der Geschmack ist dicht und herb in der Jugend und kann sich bei den führenden Erzeugern zu einer samtweichen Komplexität entwickeln. Aus dieser Rebsorte entstehen oft Weine mit hohem Alkoholgehalt. Der Wein wird traditionell während mehrerer Jahre in Eichenfässern ausgebaut, was zu einer leichten Rosinennote im Bukett und Geschmack führt.

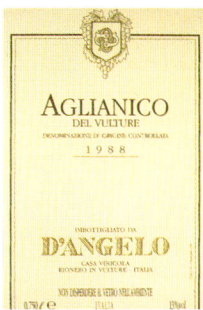

*Aglianico del Vulture ist die einzige DOC in Basilicata. In der Jugend herber Wein, wird mit dem Alter weicher.*

KLASSIFIZIERUNG DOC seit 1971.
REBSORTE Aglianico.
WEINHERSTELLUNG Traditionelle Methoden sind vorherrschend. Vergärung bei hoher Temperatur, wonach der Wein mindestens einige Jahre in *botti* - den in ganz Italien verbreiteten großen Eichenfässern - ausgebaut wird. Man experimentierte auch mit Barriques, den kleinen französischen Eichenfässern. Die Temperaturkontrolle hat in den letzten zehn Jahren immer mehr an Bedeutung gewonnen.
PRODUZENTEN Paternoster, D'Angelo, Sasso, Carbone und Martino gehören zu den besten.

---

DOC IN DER BASILICATA – *Aglianico del Vulture*
IGT IN DER BASILICATA – *Basilicata*

## Produzenten in der Basilicata

### D'Angelo

Die „Boutique-Kellerei" in der Basilicata mit dem Kellermeister/Besitzer Donato D'Angelo als treibende Kraft. D'Angelo war unter den ersten, die die Trauben sorgfältig zu sortieren begannen, die Gärung mit Temperaturkontrolle durchführten und Teile der Ernte in Barriques ausbauten. Gerechtfertigt durch Lagerzeiten von zehn Jahren bei guten Jahrgängen kosten seine Riserva-Weine gleich viel wie gute Rotweine aus den übrigen Teilen des Landes. D'Angelo hat auch einen in Barrique ausgebauten Vino da Tavola unter dem Namen Canneto. Ein Wein, der große Aufmerksamkeit unter Weinkennern auf sich gezogen hat. Auch ein ausgezeichneter, süßer Moscato di Basilicata wird erzeugt.

• **Adresse:** Via Provinciale 8, I-85028 Rionero in Vulture (PZ). **Tel.** 0972-72 15 17.

### Carbone

Gut gebaute Aglianico-Weine und eine Versuchsserie von Weißweinen aus Chardonnay und Chardonnay-ähnlichen Klonen, wovon drei Wei-

*Donato D'Angelo ist führend in der Basilicata. Der Barrique-gelagerte Canneto erregte großes Aufsehen.*

### Paternoster

Der älteste kommerzielle Erzeuger von Aglianico del Vulture, gegründet 1925 von Anselmo Paternoster. Die heutige Produktion beträgt knapp 200 000 Flaschen/Jahr, wovon die Hälfte aus rotem, stillem Aglianico besteht. Während der 80er Jahre ist die Anlage modernisiert worden. Neue Rebsorten wie Chardonnay und Pinot Bianco werden angebaut und neulich wurde ein Prestigewein eingeführt: der Don Anselmo. Der Spumante ist rot und halbsüß mit feiner Mousse.

• **Adresse:** Via Nazionale 23, I-85022 Barile (PZ). **Tel.** 0972-77 02 24. **Fax** 0972-77 06 58.

### Francesco Sasso

Aglianico-Produzent im alten Stil mit Weinen, die 7-8 Jahre und länger reifen sollten, um ihren komplexen, reichen Geschmack mit viel Gerbsäure und hohem Alkoholgehalt zu entwickeln. Das Haus ist in der Kategorie der roten, halbsüßen Spumante aus der Aglianico-Traube führend.

• **Adresse:** Via Roma 209, I-85028 Rionero in Vulture (PZ). **Tel.** 0972-72 10 22.

*Paternoster ist ein erfahrener Erzeuger mit dem feinen Prestigewein Don Anselmo.*

ne bis jetzt zum Verkauf angeboten werden: Monte Lapis Chardonnay, Pinot Verde und der ausgezeichnete, trockene Schaumwein Spumante Metodo Champenois.

• **Adresse:** Piazza d'Addezio 5, I-85028 Melfi (PZ). **Tel.** 0972-65053.

### Martino

Ein wichtiger Produzent von klassischen DOC Aglianico di Vulture. Das Weingut erzeugt preisgünstige Aglianico-Weine. Sie besitzen die südländische Kraft, modern erzeugt sind sie aber schon nach einigen Jahren zugänglich. Man produziert auch leichtere, fruchtige Aglianico-Weine mit dem Namen Carolin.

• **Adresse:** Via Luigi Lavista 2/a, I-85028 Rionero in Vulture (PZ). **Tel.** 0972-72 14 22. **Fax** 0972-72 00 03.

*Die Basilicata gehört zu den kleinsten Weinregionen Italiens. Die besten Weine wachsen beim Vulkan Vulture.*

# APULIEN (PUGLIA)

GESCHICHTE Eine alte Region mit Weinbautradition seit der frühen Antike. Schon die Griechen lobten die Weine aus Tarantum (heutiges Taranto) und auch die Römer wussten sie zu schätzen. Heute ist die Region volumenmäßig die größte Italiens. Obwohl es 23 verschiedene DOC gibt, sind nur wenige davon bekannt. Lange wurden im Norden Italiens und sogar in Frankreich diese starken und konzentrierten Weine aus Apulien als Basisweine für kommerzielle Verschnitte verwendet. Vor nicht allzu langer Zeit hat man die Roséweine vorgezogen, um von dieser Region nicht enttäuscht zu werden. Heute hat sie ein ganz anderes Qualitätsbewusstsein entwickelt und sowohl kleine als auch große Erzeuger machen Weine mit guter Ausgewogenheit, um der Konkurrenz aus dem Norden entgegentreten zu können.

GEOGRAPHIE Hauptsächlich Ebenen mit roten, eisenhaltigen Kalkböden als Nährgrund. Viele Weingärten müssen tropfbewässert werden, damit die Trauben nicht zu sehr nach Rosinen schmecken.

KLIMA Sonnenreich und sehr heiß mit milden Wintern.

WEINE Über 80% Rotweine. Die riesige Appellation CASTEL DEL MONTE erzeugt Weine in allen Farben mit Tiefe in Farbe, Duft und Geschmack. Die PRIMITIVO DI MANDURIA sind kräftig und konzentriert. Der Primitivo ist fast identisch mit dem kalifornischen Zinfandel. Bei der dialektalen DOC CACC'È MMITTE DI LUCERA aus der Gegend um Foggia ist der Name meist interessanter als der Wein. Der weiße LOCOROTONDO wird aus der örtlichen Verdeca-Traube erzeugt und hat in den besten Fällen Frucht und leichte Säure.

REBSORTEN Weiße: Verdeca, Bianco d'Alessano, Bombino Bianco, Trebbiano, Malvasia Bianca, Pampanuto und Albino. Rote: Primitivo, Bombino Nero, Negroamaro, Uva di Troia, Sangiovese, Ottavianello, Barbera, Aleatico di Trani und Malvasia Nera.

*Die Weine aus Apulien sind wieder Mode geworden. Im Bild das Hauptgebäude von Vallone.*

PRODUZENTEN Genossenschaften und größere Familiengüter sind vorherrschend. Insgesamt 100 000.

REBFL/PROD Ca. 145 000 ha, rund 9 Mio. hl/Jahr.

WISSENSWERT Weitere Informationen: I.C.E. Padigl. 118, Fiera del Levante, Lungomare Starita, I-70123 Bari. Tel. 080-534 14 36. Fax 080-534 68 40.

## Castel del Monte

RUF Riesen-DOC mit einer Jahresproduktion von sechs Millionen Litern. Der Name stammt von einem achteckigen gotischen Schloss, das Kaiser Friedrich II. erbauen ließ. Castel del Monte

*Castel del Monte steht über allen anderen Weinen. Il Falcone von Rivera ist einer der besten Süditaliens.*

wacht seit Jahrhunderten über den Weinbau. Die relativ hohe Lage über dem Meer (mindestens 300 Meter) begünstigt die Verhältnisse für den Weinbau. Der Roséwein hat die meisten Liebhaber. In den letzten Jahren sind viele, vorwiegend Rotweine, erzeugt worden, die mit den Weinen der nördlichen Regionen des Landes konkurrieren können.

WEINE Die Rotweine haben eine schöne rubinrote Farbe und ein kraftvolles, komplexes Aroma. Ihre Fülle, ihre Herbe und ihr Alkoholgehalt erlauben bei guten Jahrgängen eine Lagerzeit von 8-10 Jahren. Der Roséwein aus Bombino Nero ist oft recht hell mit einer Finesse und Eleganz, die man in dieser Region kaum erwartet. Fruchtig, leicht parfümiert mit weichem, leichtem Geschmack. Die Weißweine aus der Pampanuto-Traube haben eine blasse Farbe, ein leicht fruchtiges Aroma und reinen, neutralen Geschmack mit annehmbarer Säure.

KLASSIFIZIERUNG DOC seit 1971.
BODEN Eisenhaltiger Kalkstein dominiert.
REBSORTEN Rot: Uva di Troia mit bis zu 35% Sangiovese, Montepulciano oder Aglianico. Rosé: Bombino Nero mit der Möglichkeit, Uva di Troia oder Aglianico beizumischen. Weiß: Pampanuto mit bis zu 35% anderen Rebsorten.
WEINHERSTELLUNG Meist Vergärung in großen Holzfässern und recht frühe Flaschenabfüllung.
PRODUZENTEN Botta, Torricciola, Rivera, Torre Sveva, Palumbo.

## Favonio

RUF Revolutionäre Weine vom Erzeuger Simonini, der Rebsorten wie z.B. Pinot Bianco, Chardonnay, Cabernet Franc und Pinot Nero anbaut, aus denen man normalerweise in diesem Klima kaum trinkbare Weine erwarten kann. Weit außerhalb der Landesgrenze sind die Weine unter Weinkennern bekannt (jedoch nicht beim breiten Publikum). Das Preisniveau ist folgerichtig hoch und manche der Weine verdienen es auch.

WEINE Pinot Bianco hat eine Würze und Komplexität, die an die besten Weine aus Friaul erinnern. Die Chardonnay-Weine haben eine frische Säure und Frucht, mit der natürlichen Struktur der Traube im Geschmack. Der Cabernet Franc gelingt ungewöhnlich gut. Der Stil erinnert eher an die Loire in Frankreich als an das Veneto in Norditalien. In der Nase und im Gaumen Paprika und frischgemähtes Gras mit Frucht und Herbe in gutem Einklang. Der Roséwein aus Pinot Noir ist fruchtig und leicht, jedoch ohne große Eleganz.

KLASSIFIZIERUNG Keine DOC-Weine.
BODEN Meistens eisenreicher Kalk.

*Der Favonio von Simonini wird aus französischen Rebsorten hergestellt und ist unter Kennern sehr beliebt.*

REBSORTEN Weiße: Pinot Bianco, Chardonnay, Trebbiano. Rote: Pinot Nero und Cabernet Franc.
WEINHERSTELLUNG Tropfbewässerung im Weinberg und temperierte Tankgärung sind zwei wichtige Voraussetzungen für die Frische dieser Weine.
PRODUZENTEN Attilio Simonini.

---

DOC IN APULIEN – *Aleatico di Puglia, Alezio, Brindisi, Cacc'è Mmitte di Lucera, Castel del Monte, Copertino, Galatina, Gioia del Colle, Gravina, Leverano, Lizzano, Locorotondo, Martina/Martina Franca, Matino, Moscato di Trani, Nardò, Orta Nova, Ostuni, Primitivo di Manduria, Rosso Barletta, Rosso Canosa (Canusium), Rosso di Cerignola, Salice Salentino, San Severo, Squinzano*

IGT IN APULIEN – *Daunia, Murgia, Puglia, Salento, Tarantino, Valle d'Itria*

## Produzenten in Apulien (Puglia)

### Agricole Vallone

Wurde 1980 von Donato Lazzari gegründet. Mit Umdenken und sorgfältigen Methoden hat er ein Angebot von sehr spannenden Weinen aufgebaut, die sowohl aus einheimischen wie auch ausländischen Rebsorten bestehen. Der weiße Sauvignon del Salentino wird auch in einer eichenfassausgebauten Version unter dem Namen Le Viscarde erzeugt. Ein weicher, leicht eichiger Wein mit Extrakt und großer Finesse. Der rote Graticciaia ist ein Wein mit guter Struktur aus der Negroamaro-Traube. Die DOC-Weine Brindisi Rosso (80% Negroamaro und 20% Sauvignon Blanc) und Rosato mit dem Weinbergnamen Vigna Flaminio sind gut gebaut und günstig.

•**Besitzer:** Donato Lazzari **Besuch:** Werktags nach Vereinbarung. **Adresse:** Via XXV Luglio 7, I-73100 Lecce (LE). **Tel.** 0832-30 80 41.

### Michele Calò & Figli

Die Rebsorte Negroamaro dominiert. Eine Variante des Malvasia Nera (di Lecce) ist fast nur hier zu finden. Michele Calò und seine Söhne Fernando und Giovanni erzeugen harmonische Rotweine. Im Duft findet man Kirschen und Schokolade und im Geschmack eine etwas herbe, kräftige Frucht. Der konzentrierte Prestigewein Vigna Spano wird in neuen Fässern ausgebaut. Ein Weingut mit großer Zukunft.

•**Adresse:** Via Masseria Vecchia 1, I-73058 Tuglie (LE). **Tel.** 0833-596242.

### Francesco Candido

Der Star der Region. Einer der preiswertesten Weine ist der rote Cappello di Prete aus den Sorten Negroamaro und Aglianico. Er ist robust und gerbstoffbetont. In der höheren Qualitäts- und Preisklasse befindet sich der elegante und harmonische Duca d'Aragosta mit ähnlicher Traubenzusammensetzung. Die Gebrüder Candido erzeugen auch einen sehr guten Süßwein mit dem Namen Paule Calle. Außerdem u.a. trockene Weißweine aus Chardonnay und Sauvignon Blanc.

•**Besitzer:** Giacomo & Sandro Candido **Besuch:** Nach Vereinbarung. **Adresse:** Via A. Diaz 46, I-72025 Sandonaci (BR). **Tel.** 0831-63 56 74. **Fax** 0831-63 46 95.

### Leone de Castris

Alter, führender Produzent von Flaschenweinen in Apulien. Das Gut, 1925 gegründet, gehörte bis in die 70er Jahre zu den wenigen, die Qualitätsweine produzierten. Ein gewisser Rückgang bei den einfacheren Weinen hat den Ruf während der 80er Jahre etwas angeknabbert. Unter der Leitung des Kellermeisters Leonardo Pinto fing man 1991 damit an, das Haus wieder an die absolute Spitze zu führen. Etiketten und Flaschenmodelle wurden ausgetauscht. DOC Salice Salentino Donna Lisa ist ein genauso ungewöhnliches Produkt wie der Barrique-gelagerte Negroamaro, mit einem leicht würzigen Aroma und trockenem, recht straffem Geschmack unter dem auflockernden Einfluss der Eiche. Negrino ist ein anderer Wein aus der Negroamaro-Traube, der aus getrockneten Früchten hergestellt wird. Dies ergibt einen starken, süßen Rotwein mit gutem Lagerpotenzial.

•**Besitzer:** Fam. de Castris **Besuch:** Nach Vereinbarung. **Adresse:** Via Senatore de Castris 50, I-73015 Salice Salentino (LE). **Tel.** 0832-73 11 12. **Fax** 0832-73 11 14.

Castel del Monte heißt das achteckige Schloss, das Kaiser Friedrich II. erbauen ließ. Die Weinberge im DOC Castel del Monte liegen auf über 300 m ü.M., was zu einem etwas kühleren Klima und mehr Traubencharakter führt.

## Produzenten in Apulien (Puglia)

### Rivera

Spitzenerzeuger in Castel del Monte mit dem bekannten Rotwein Il Falcone Riserva an der Spitze des Sortiments. Ein gehaltvoller, gut gebauter Wein mit ausgezeichneten Eigenschaften. Finessenreich und langlebig. Ohne Zweifel einer der besten Rotweine des Südens zu entsprechendem Preis. Der Roséwein ist fast genauso gut, mit großem Aroma und viel Frucht, elegant und erfrischend. Eine Serie aus in der Region fast unbekannten, neuen Rebsorten ist Terre al Monte, mit Pinot Bianco und Sauvignon Blanc. Terre al Monte Pinot Bianco ist ein reiner, fruchtiger Wein mit einer Nussnote und einem komplexen Geschmack mit viel Säure. Auch gewöhnliche Rivera Castel del Monte in Rot, Weiß und Rosé sind gut gebaut und zuverlässig zu konsumentenfreundlichen Preisen.

• **Besitzer:** Fam. Corato & Gancia **Kellermeister:** Leonardo Palumbo **Besuch:** Nach Vereinbarung. **Adresse:** Viale Alto Adige 139, I-70031 Andria (BA). **Tel.** 0883-54 13 10. **Fax** 0883-56 36 79.

Die Weinanlage von Rivera in Andria. Hier werden einige der Spitzenweine Süditaliens erzeugt, u.a. Il Falcone.

Es lohnt sich nach den Weinen von Taurino zu suchen. Der Salice Salentino Rosso ist sehr preiswert.

### Rosa del Golfo

Ein bekannter Roséwein-Produzent in Salento. Er produziert einen fruchtigen, eleganten Rosato di Salento namens Rosa di Golfo, der größere Eleganz besitzt als die Weine der meisten Kollegen. Die Rebsorten Negroamaro und Malvasia Nera ergeben auch einen aromatischen und vollmundigen Rotwein: Rosso del Salento Portulano. Der weiße Bolina aus der lokalen Rebsorte Verdeca wird mit Chardonnay verschnitten und ist ein Beispiel für den fruchtigen, aromatischen Stil.

• **Adresse:** Via Garibaldi 56, I-73011 Alezio (LE). **Tel.** 0833-28 10 45.

### Simonini

Ein atypisches Weinhaus in Apulien. Der Besitzer Attilio Simonini kommt ursprünglich aus Venedig. Als er sich in Foggia, im nördlichen Apulien, niederließ, beschloss er sich auf französische Sorten zu konzentrieren. Dies erschien auf der heißen, flachen Capitanataebene fast unmöglich. Mit Glück und Geschick ist es ihm jedoch wider Erwarten gelungen. DOC Favonio hat sich einen Namen in ganz Italien gemacht. Der rote Pinot Nero ist sehr sortentypisch. Der Cabernet Franc besitzt einen ausgeprägten Eichenfasscharakter. Der weiße Chardonnay wird oft in Eiche ausgebaut, während der Pinot Bianco viel Frucht und frische Säure hat. Außerdem gibt es einen Trebbiano im Angebot. Alle Weine tragen den Lagenamen di Capitanata.

• **Besitzer:** Attilio Simonini **Besuch:** Nach Vereinbarung. **Adresse:** Viale Ofanto 136, I-71100 Foggia (FG). **Tel.** 0881-344 43.

### Cosimo Taurino

Cosimo Taurino erzeugt einen Rotwein unter der DOC Brindisi mit dem Namen Patriglione. Der Wein ist eine Art natürlicher Amarone, wobei man die Trauben lange hängen lässt, um die Konzentration zu erhöhen. Dies ergibt Weine, die nicht vor 8-10 Jahren angerührt werden sollten. Stark und konzentriert mit einer modernen Eleganz in der Struktur. Ein weiterer Rotwein ist der Notarpanaro aus der Negroamaro-Traube, der ähnlich aufgebaut, jedoch etwas leichter zugänglich ist. Interessant ist auch der Chardonnay del Salento, der ein reines, aromatisches Bukett und einen feinen, fülligen Geschmack hat. Auch der „gewöhnliche" Salice Salentino Rosso hat eine ausgezeichnete Grundqualität zu einem sehr günstigen Preis. Die Nachfrage von Taurinos Weinen ist leider sehr groß und folglich muss man nach diesen Schätzen suchen.

• **Besitzer:** Dr. Cosimo Taurino **Kellermeister:** Severino Garofano **Besuch:** Werktags nach Vereinb. **Adresse:** Strada Statale 605, I-73010 Guagnano (LE). **Tel.** 0832-70 64 90. **Fax** 0832-70 62 62.

## KALABRIEN

GESCHICHTE Gehörte zu den bedeutendsten Festungen der griechischen Kolonie auf der südlichen Apenninenhalbinsel: Magna Grecia. Deswegen gibt es hier eine uralte Tradition, sich gegenüber Rom etwas feindlich zu verhalten. Seit der Antike bis Ende des 19. Jh., als die Reblaus grassierte, genossen die Weine einen ausgezeichneten Ruf und wurden schon im Mittelalter u.a. nach Nordeuropa verschifft. Der berühmteste Wein der Region, der Cirò, war das führende Getränk der Olympiakämpfer. Die Tradition wurde während der olympischen Sommerspiele 1968 in Mexico City wieder belebt, als man den Sportlern Cirò zu den Mahlzeiten anbot.

GEOGRAPHIE Kalabrien hat einen langen Küstenstrich und grenzt an das Tyrrhenische und das Ionische Meer.

KLIMA Aufgrund der stark variierenden Topographie besteht ein sehr wechselhaftes Klima. An den Küsten herrscht das Mittelmeerklima, während die Hochebenen des Binnenlandes von anderen Verhältnissen geprägt sind: heiße Sommer und kalte Winter, reichlich Niederschlag.

WEINE Rotwein ist stark vorherrschend mit DOC CIRÒ, DONNICI, SAVUTO, POLLINO und LAMEZIA. Die Weißweine sind meist süß, wie z.B. der DOC GRECO DI BIANCO, der regional einen recht guten Ruf hat. Cirò gibt es auch als Rosé und als trockenen Weißwein.

REBSORTEN Der rote Gaglioppo dominiert und muss in allen roten DOC der Region vorkommen. Andere rote: Greco Nero, Nerello, Nocera und Sangiovese. Weiße: Greco Bianco, Guarnaccia, Pecorello und Trebbiano Toscano.

PRODUZENTEN Vorwiegend Genossenschaften und kleine Familienunternehmen, insgesamt 55 000 Produzenten.

REBFL/PROD Ca. 24 000 ha, 900 000 hl/Jahr.

## CIRÒ

RUF Cirò ist der berühmteste Wein Italiens mit einer Geschichte, die bis 720 v.Chr. zurückreicht, als die Stadt Sybaros gegründet wurde. Die Sybarier liebten gute Weine und bauten eine Art „Vinodukt" aus Terrakotta, um die Weine möglichst schnell vom Binnenland an die Küsten zu transportieren. Heute ist dieser Wein der regionale Stolz, der in ganz Italien einen gewissen Respekt genießt.

WEINE Die rote Version ist fruchtig, füllig und herb in der Jugend. Die Farbe ist rubinrot, selten dunkel. Durch die Lagerung erhält der Wein eine leicht elegante Weichheit. Richtig langlebige Cirò kommen kaum vor. Der Rosé wird vorzugsweise während der ersten zwei Jahre getrunken und hat dann in den besten Exemplaren einen vinösen, fruchtigen Reiz. Der Weißwein ist typisch süditalienisch, mit strohgelber Farbe und einem runden, mässig fruchtsäuerlichen Geschmack.

KLASSIFIZIERUNG DOC seit 1970.

REBSORTEN Gaglioppo für Rotwein. Gaglioppo und etwas Greco Bianco für Rosèwein und Greco Bianco für Weißwein.

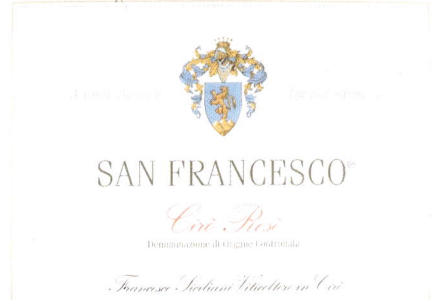

San Francesco ist ein führender Vertreter von Cirò, dem Wein, den schon die Olympiakämpfer tranken.

WEINHERSTELLUNG Eine ganze Menge der Trauben für den Cirò werden immer noch nach alter Manier mit den Füßen zerquetscht und in offenen Holzbottichen samt Schale vergoren. Manche Erzeuger verwenden modernere Methoden und Barriques.

PRODUZENTEN San Francesco ist der führende, gefolgt von Caparra & Siciliani, Ippolito und Librandi.

---

DOC IN KALABRIEN – *Bivongi, Cirò, Donnici, Greco di Bianco, Lamezia, Melissa, Pollino, Sant'Anna di Isola Capo Rizzuto, Savuto, Scavigna, Verbicaro*

IGT IN KALABRIEN – *Arghillà, Calabria, Condoleo, Costa Viola, Esaro, Lipuda, Locride, Palizzi, Pellari, Scilla, Valdarnato, Val di Neto, Valle dei Crati*

## Produzenten in Kalabrien

### Ceratti

Der Fachmann für süße Weine in der Region. Bevor Greco di Bianco DOC-Status erhielt, wurde der Wein als Greco di Gerace verkauft. Süße Weine vom Passito-Typ gibt es im ganzen Land. Die Greco-Traube gedeiht gut in diesem heißen Klima, und mit großer Sorgfalt vinifiziert, dürfte sie als

*Francesco Siciliani bei San Francesco ist der große Pionier des DOC Cirò.*

*Kalabrien bildet den Vorderfuß des italienischen „Stiefels". Die Region besteht größtenteils aus Gebirge.*

bester Vertreter dieses Weintyps gelten. Der Greco di Bianco aus Ceratti hat einen feurigen (alkoholstarken) Geschmack mit Einschlag von reifen Feigen und etwas Backpflaumen. Die Süße ist niemals plump und der goldene Wein ist seinen recht hohen Preis wert. Eine andere, seltene Spezialität ist der ebenso süße Mantonico di Bianco, der nach den gleichen Methoden erzeugt wird.

• **Adresse:** Via degli Uffizi 5, I-89030 Caraffa di Bianco (RC). **Tel.** 0964-95 60 08.

### Cantine Librandi

In einer Region, wo die Weinerzeugung fast immer noch so aussieht wie vor 300 Jahren, ist die moderne Denkweise der Gebrüder Librandi ein wichtiger Beitrag zur Entwicklung. Man verschneidet zum Beispiel die regionale Rotweintraube Gaglioppo mit Cabernet Sauvignon und nennt sie Gravello. Der konzentrierte Cirò Rosso Duca Sanfelice aus 100% Gaglioppo hat eine attraktive Struktur, ist vollmundig und ausgewogen. Der weiße Critone ist ein Chardonnay mit etwas Sauvignon Blanc. Obwohl Sauvignon Blanc aromatischer ist, dominiert der Chardonnay und gibt dem Wein einen gehaltvollen, runden und fruchtigen Charakter.

• **Adresse:** S.S. 106, C. da S. Gennaro, I-88072 Cirò Marina (KR). **Tel.** 0962-315 18, 315 19. **Fax** 0962-37 05 42.

### Odoardi

Ein innovativer Produzent, der nicht nur die besten DOC Savuto (konkurriert mit dem Cirò als bester Rotwein der Region) erzeugt, sondern auch moderne Rebsorten wie Cabernet Sauvignon, Cabernet Franc, Chardonnay, Sauvignon Blanc und den Traminer Aromativo anbaut. Seit vielen Jahren enthält der Verschnitt in seinem Vigna Pian della Corte 10% Cabernet Sauvignon. Der weiße Scavigna Bianco Vigna Pian della Corte besteht aus den ortsfremden Sorten Chardonnay, Pinot Bianco und Riesling Italico. Der Wein ist sehr modern und elegant mit frischer Fruchtsäure und fülligem, langem Geschmack.

• **Besitzer:** Giovannbattista Odoardi **Besuch:** Nach Vereinbarung. **Adresse:** Contrada Campodorato, I-88047 Nocera Terinese (CZ). **Tel.** 0968-911 59.

### San Francesco

In den Händen von Francesco Siciliani besitzt die Gaglioppo-Traube große Eigenschaften, um lagerfähige, gut gebaute Weine zu ergeben. Die Rebsorte gibt es bei der Fattoria San Francesco in drei Versionen: Cirò Classico, Rosso Classico, der zu 100% aus Gaglioppo von ausgewählten Lagen stammt, sowie Ronco dei Quattroventi, der in Barriques ausgebaut wird. Der weiße San Francesco Bianco wird zu 100% aus Greco Bianco erzeugt. Der Wein hat großes Aroma mit Einschlag von reifen, exotischen Früchten und einen langen, fülligen Geschmack.

• **Besitzer:** Francesco Siciliani **Kellermeister:** Francesco Siciliani **Besuch:** Täglich. **Adresse:** Casale San Francesco 1, I-88071 Cirò (CZ). **Tel.** 0962-322 28. **Fax** 0962-329 87.

# Sizilien

GESCHICHTE Als eine der wichtigsten Kolonien des antiken Griechenlands vor 2 500 Jahren hat Sizilien eine lange Weinbaugeschichte. Funde aus dem 7. Jahrhundert v.Chr. zeigen oft Motive aus der Welt des Weins. Die Insel, übrigens die größte des Mittelmeers, hat durch die Jahrhunderte viele Herrscher erlebt. Wandalen, Goten, Mauren, Spanier, Franzosen usw. haben alle etwas zur Kultur der Insel beigetragen. Wichtig für die Weinindustrie war das Bourbonische Reich Anfang des 19. Jahrhunderts. Der große französische Einfluss festigte sich in den Weinkellereien Siziliens.

GEOGRAPHIE In vielen Teilen ist die Landschaft recht wild mit Hochebenen und Gebirgen.

*Sizilien ist reich an alten Kulturstätten und besteht zum größten Teil aus einer Hochebene entlang der Küste.*

Der Boden ist zum größten Teil schwefelhaltig und der nordöstliche Teil der Insel wird vollständig vom Massiv des Etnas beherrscht.

KLIMA Die starke Sonne im Sommer wird von Regen und Gewittern im Winter abgelöst. Die Temperatur sinkt selten unter die Nullgradgrenze und nur auf höchsten Bergen ist Schnee zu finden. Das Weinbaugebiet im westlichen Teil liegt in einer hügeligen Landschaft, teils auf der Hochebene, wo das heiße Sommerklima etwas milder ist.

WEINE Fruchtige Rotweine mit Kraft und Herbe aus örtlichen Rebsorten machen einen großen Teil der Leichtweinproduktion aus. DOC ETNA ist am wichtigsten für diesen Typ. MARSALA ist die bekannteste DOC auf Sizilien, aber auch mit Abstand der wichtigste Weintyp mit 95 % der DOC-Produktion (aber nur 3 % der Gesamtproduktion der Insel). Erzeugt wird der Starkwein entweder aus einem Basiswein unter Beimischung von „sifone" (= süßer Wein und Weinbrand) und „cotto" (= gekochter Traubenmost) oder ganz einfach aus trockenem Vergine, der verstärkt und 5-10 Jahre gelagert wird. Weitere Spezialitäten sind Muscat-Weine, die in allen möglichen Varianten vorkommen: als stiller süßer Wein, schäumend, verstärkt usw. DOC MOSCATO DI PANTELLERIA von der Insel gleichen Namens ist am bekanntesten. Die erste DOCG der Region ist VERMENTINO DI GALLURA.

REBSORTEN Meist lokale Sorten. Weiße: Grillo, Cataratto, Carricante, Minella, Zibibbo und Grecanico. Rote: Calabrese, Catanese, Grappato, Nerello und Gaglioppo. Modesorten wie CS, Chardonnay und SB kommen nur wenig vor.

PRODUZENTEN Kleine Familienbetriebe herrschen vor, insgesamt 120 000 Produzenten.

REBFL/PROD Ca. 185 000 ha, gut 9 Mio. hl/Jahr.

WISSENSWERT Weitere Informationen: I.C.E., Via Notarbartolo 36, I-90141 Palermo. Tel. 091-721 13 11. Fax 091-626 10 41.

## ETNA

RUF DOC für Rot-, Weiß- und Roséwein von höchst wechselhafter Qualität. Die besten Roten werden exportiert und haben im Allgemeinen einen ziemlich guten Ruf in Italien. Bei den Etna-Weinen ist die Wahl des Produzenten sehr wichtig. Die Weine sind größtenteils preiswert. Der weiße Bianco Superiore gehört zu den besten seiner Art und wird auch auf dem Festland gut bezahlt.

WEINE Der rote DOC Etna hat meist eine dichte Farbe und eine kraftvolle Struktur mit Lagerpotenzial. In jungen Jahren ist er herb mit bitterem Abgang, mit dem Alter aber entwickelt sich ein samtiger Geschmack mit Länge und Ausgewogenheit. Der Rosévein ist recht kräftig und passt gut zu den verschiedenen Kalbsgerichten der sizilianischen Küche. Die Weißweine sind strohgelb, trocken und fein abgestimmt. Der Bianco Superiore zeigt am meisten Charakter und Eleganz.

KLASSIFIZIERUNG DOC seit 1968.

REBSORTEN Rote: Nerello zu mind. 80%. Weiße: Carricante und Cataratto.

WEINHERSTELLUNG Die Rotweine werden

*Die Etna-Weine sind von höchst wechselhafter Qualität. Der führende Produzent ist Barone di Villagrande.*

vorwiegend traditionell vinifiziert, mit langem Schalenkontakt und hoher Gärtemperatur. Die besten Weine werden in temperierten Stahltanks vergoren und erhalten dadurch einen frischeren, fruchtigeren Charakter.

PRODUZENTEN Linguaglossa, Solicchiata, Barone di Villagrande und Villa Iolanda.

---

DOC AUF SIZILIEN – *Alcamo, Bianco d'Alcamo, Cerasuolo di Vittoria, Contea di Sclafani, Contessa Entellina, Delia Nivolelli, Eloro, Etna, Faro, Malvasia delle Lipari, Marsala, Menfi, Moscato di Noto, Moscato di Pantelleria, Moscato di Siracusa, Sambica di Sicilia, Santa Margherita di Belice, Sciacca*

IGT AUF SIZILIEN – *Camarro, Colli Erinici, Fontanarossa di Cerda, Salemi, Salina, Sicila, Valle del Belice*

---

## MARSALA

RUF Wahrscheinlich der bekannteste Starkwein Italiens. Er wurde vom Engländer John Woodhouse geschaffen, der dem Wein den Namen gab und ihn Ende des 19. Jahrhunderts in großen Mengen nach England exportierte. Admiral Nelson ernannte den Marsala zum „Wein der Marine", was für dessen Ruf bedeutend war. Heute beschränkt sich der damalige Ruf auf Marsala, wo der Wein als ein Bestandteil der Zabaione - eine italienische Eierschaumsoße - verwendet wird. In den letzten Jahren haben jedoch einige Erzeuger Prestigemarken eingeführt, was zur Verbesserung des Rufs beigetragen hat.

*Die berühmten Marsala-Weine kommen aus dem DOC-Gebiet gleichen Namens.*

WEINE Marsala gibt es in drei Varianten:
ORO - hell und leicht
AMBRA - im Fass ausgebaut, Ambra-farben, komplex
RUBINO - sehr seltene Variante
Außerdem gibt es noch vier Grundtypen:
FINE - meist süß
SUPERIORE - halbsüß/halbtrocken
VERGINE - trocken und als der feinste angesehen
SPECIALE - meist süß und mit Kaffee, Eier, Sahne usw. abgeschmeckt

KLASSIFIZIERUNG DOC seit 1969.

REBSORTEN Vita Grillo ist die üblichste Sorte mit Cataratto und Inzolia als Komplement. Für roten Marsala werden Perriconem Nerello und Calabrese verwendet.

WEINHERSTELLUNG Im Grunde ein trockener Weißwein, der mit Weinbrand verstärkt und in Fässern ausgebaut wird, manchmal im Solera-System. Gesüßt wird entweder mit „sifone", einem süßen (schwachen) Wein, der mit Weinbrand vermischt ist, oder mit „cotto", einem reduzierten (eingekochten) Traubenmost.

PRODUZENTEN Curatolo, De Bartoli, Florio, Ingham Whitaker, Mirabella und Vecchio Samperi.

## Duca Di Salaparuta

GESCHICHTE  Heute die größte Genossenschaft Siziliens, 1824 gegründet. Trotz der Größe strebt man Qualität an und erzeugt eine Reihe von ausgezeichneten Weinen. Corvo Bianco und Rosso, die den Grundstein des Angebots ausmachen, haben in Italien einen guten Ruf.

*Die größte Genossenschaft Siziliens mit mehreren, für den Export produzierten Weinen.*

CHARAKTER  Dank dem Önologen Franco Giacosa aus dem Piemont besitzt Corvo Rosso eine fast norditalienische Eleganz. Aromatisch, mittelfüllig und mit der Möglichkeit, sich zu entwickeln (mind. 4-5 Jahre). Der rote Prestigewein ist der Duca Enrico, ein Wein aus der Nero-d'Avola-Traube, der ein Jahr in *botti* und ein weiteres Jahr in Barriques ausgebaut wird. Aus guten Jahrgängen entwickelt er sich während 8-10 Jahren. In der modernen Klasse findet man Bianca di Valguarnera, einen trockenen Weißwein aus der Inzolia-Traube, der in Allier-Barriques ausgebaut wird und sich nach 3-4 Jahren von seiner besten Seite zeigt. Corvo Bianco Colomba Platino ist ein erstklassiger Wein mit fein abgestimmtem Aroma.
KLASSIFIZIERUNG  Die Weine sind nicht DOC, was für italienische Qualitätsweine keinen Nachteil bedeutet.
REBSORTEN  Weiße: Inzolia, Trebbiano, Cataratto. Rote: Nerello, Perricone, Nero d'Avola.
WEINHERSTELLUNG  Eine moderne Einstellung prägt den Betrieb des Önologen Giacosa, wie z.B. kleine französische Eichenfässer, computergesteuertes Gärverfahren usw.
LAGERUNG  Bester Duca Enrico kann mind. zehn Jahre gelagert werden.
REBFL/PROD  300 ha, ca. 250 000 Kisten/Jahr.

**Besitzer** Genossenschaft • **Kellermeister** Franco Giacosa • **Besuch** Mo-Fr 10-13, 15-18 • **Adresse** Duca Di Salaparuta, Casa Vinicola, Via Nazionale S.S. 113, I-90014 Casteldaccia (PA) • **Tel.** 091-95 39 88 • **Fax** 091-95 32 27

PRODUKTION      QUALITÄT      PREIS

## Cantine Florio

GESCHICHTE  1832 von Vincenzo Florio aus Kalabrien gegründet. Er wurde „der Vater des sizilianischen Weinhandels" genannt. Florio gründete in Italien die erste Weinanlage von industrieller Größe. Etwa bis zum Zweiten Weltkrieg wurden Florio und sein Marsala sowohl inner- als außerhalb Italiens sehr geschätzt. Danach kam ein Rückgang und erst in den 80er Jahren u.a. mit dem Marsala Terre Arse trat die Wende ein.
CHARAKTER  Das große Weinhaus erzeugt alle möglichen Marsala-Typen. Der Vergine Terre Arse ist ein außerordentlich eleganter, trockener Marsala zu einem annehmbaren Preis. Das Sole-

*Florio ist der klassische Marsala-Erzeuger. Seine Sammlung alter Jahrgänge ist beeindruckend.*

ra-System wird praktiziert und ein halbsüßer Superiore Targa Riserva reicht bis 1840 zurück. Hervorragender Dessertwein, der u.a. gut zu der sizilianischen Eis-Spezialität Cassata passt. Neulich wurde ein neuer Dessertwein, der Morsi di Luce von der Insel Pantelleria, eingeführt. Andere gute Weine sind Baglio Florio und Vecchioflorio Secco.
KLASSIFIZIERUNG  Marsala ist DOC seit 1969.
REBSORTEN  Grillo, Cataratti, Inzolia.
WEINHERSTELLUNG  Traditionelle Technik. Die Qualitätssteigerung beruht zum größten Teil auf der Wahl der Rebsorten und dem Ernteertrag pro Hektar.
LAGERUNG  Marsala wird trinkreif in den Verkauf gebracht.
REBFL/PROD  11 ha eigene Rebfläche, etwa 260 000 Kisten/Jahr.

**Besitzer** Illva Saronno SpA • **Kellermeister** Rabino Marco • **Besuch** Mo-Do 9-11.30, 15-16.30, Fr 9-11.30 • **Adresse** Cantine Florio , Via Vincenzo Florio 1, I-91025 Marsala (TP) • **Tel.** 0923-78 11 11 • **Fax** 0923-98 23 80

PRODUKTION      QUALITÄT      PREIS

## Weitere Produzenten auf Sizilien

### Coria

Giuseppe Coria ist ein ehemaliger Oberst, der mit großer Energie und Begeisterung blendende süße Weine nach der Passito-Methode erzeugt. Der rote Stravecchio Siciliano wird 20-40 Jahre gelagert. Perpetuo wird nach dem Solera-System hergestellt und erinnert stark an einen Amontillado. Die Dessertweine Moscato und Solocchiato sind raffiniert und haben eine intensive Süße. Den größten Anteil der Produktion macht jedoch der rote Villa Fontane aus (DOC Cerasuolo di Vittoria).

•**Besitzer:** Familie Coria **Besuch:** Nach Vereinbarung. **Adresse:** Via Castelfidaro 44, I-97019 Vittoria (RG). **Tel.** 0932-292 29.

### Tenuta Di Donnafugata

Ein großer, kommerzieller Weinerzeuger, der nur Rebsorten verwendet, die das beste Ansehen haben (u.a. Chardonnay und Sauvignon Blanc). Der weiße Vigna di Gabri (nach der Ehefrau Gabriella benannt) ist vom Stil her hochmodern, gut gebaut, aromatisch und sehr preiswert. Auch der Donnafugata Rosso ist gut gebaut und hat gute Voraussetzungen für die Lagerung.

• **Besuch:** Mo-Fr 8.30-12.30. **Adresse:** Via S. Lipari 18, I-91025 Marsala (TP). **Tel.** 0923-99 95 55. **Fax** 0923-72 11 30.

### Salvatore Murana

In sorgfältig ausgewählten Lagen wird der Zibibbo - der lokale Moscato - für einen von Italiens besten Süßweinen angebaut. Den DOC Moscato Passito Khamma nennt man den Château d'Yquem Siziliens. Er ist tiefgelb und elegant ohne aufdringliche Süße. Der verwandte, lagebezeichnete DOC Moscato di Pantelleria Martingana besitzt den Charakter der vulkanischen Böden. Es werden auch zwei trockene Weißweine erzeugt: Gadi und La Serra.

• **Adresse:** C. da Khamma 276, I-91017 Pantelleria (TP). **Tel.** 0923-91 52 31. **Fax** 0923-91 52 31.

### Carlo Pellegrino

Ein Produzent, der vor allem für seine süßen oder mit Alkohol verstärkten Weine bekannt ist. DOC Marsala Superiore wird trocken und süß ausgebaut. Interessant sind auch DOC Moscato bzw. Moscato Passito di Pantelleria: süße, blumenduftende Weine mit schönem, komplexem und elegantem Geschmack. Auch preiswerte Rotweine sind im Sortiment: DOC Etna Rosso Duca di Castaglione ist ein gutes Beispiel für fruchtig-elegante Weine mit Kraft.

• **Adresse:** Via del Fante 39, I-91025 Marsala (TP). **Tel.** 0923-95 11 77. **Fax** 0923-95 35 42.

### Regaleali (Tasca d'Almerita)

Mitten in der sizilianischen Einöde, etwa in der Mitte der Insel, liegt diese schöne Anlage. Generell gute Weine, und der Prestigewein Rosso del Conte braucht mindestens fünf Jahre, um sich zu entfalten. Der weiße Nozze d'Oro (goldene Hochzeit) ist elegant und parfümiert mit finessenreichem, frischem Geschmack.

• **Adresse:** C. da Regaleali, I-90020 Sclafani Bagni (PA). **Tel.** 0921-54 25 22.

### Vecchio Samperi

Gegründet und in Besitz von Marco de Bartoli, der jahrelang unverdrossen durch Europa kutschiert ist, um den Marsala zu vermarkten. Es ist ihm gelungen für seine Produktion von ausgezeichneten Marsala-Weinen Absatzmärkte zu finden. Der Marsala Superiore ist ganz einfach die beste halbsüße Version auf dem Markt. Ganz einzigartig sind seine Solera-Weine mit Lagerzeiten von 10, 20 oder sogar 30 Jahren.

• **Besitzer:** Fam. de Bartoli **Adresse:** Contrada Samperi 292, I-91025 Marsala (TP). **Tel.** 0923-96 20 93.

### Barone Di Villagrande

Der führende Erzeuger von DOC Etna. Gegründet 1727 und heute in Besitz von Carlo Nicolosi-Asmundo, der den Stil der Weinherstellung völlig verändert hat. Im Weinberg werden keine chemischen Bekämpfungsmittel mehr verwendet und der Ertrag wurde um die Hälfte reduziert. Etna Rosso ist ein komplexer Rotwein mit etwas trockenem Tannin, der sich aber weiter zu weicher Harmonie entwickelt. Der weiße Etna Bianco Superiore hat eine für Sizilien einzigartige Frische und Ausgewogenheit.

• **Besitzer:** Carlo Nicolosi-Asmundo **Adresse:** Via del Bosco 25, I-95010 Milo (CT). **Tel.** 095-708 21 75.

# SARDINIEN

Sardinien ist eine spannende Insel mit bunter Vergangenheit. Immer mehr Qualitätsweine werden produziert.

GESCHICHTE  Vieles der sardinischen Geschichte liegt noch im Dunkeln. Man weiß jedoch, dass ein frühes Volk, die Nuragen, die Insel während der Bronzezeit bewohnte und sog. Nuraghi hinterließ, eine Art große Steindenkmäler, die man heute noch ansehen kann. Als die Phönizier und Karthager ca. 800 v.Chr. die Herrschaft über die Insel erlangten, brachten sie auch den Weinbau mit. Es wechselten sich viele Herrscher ab, doch die sardinische Kultur konnte bewahrt werden. Der Weinbau wurde von den Beziehungen zur iberischen Halbinsel beeinflusst und die lokale Rebsorte Cannonau ist spanischer Herkunft.

GEOGRAPHIE  Die zweitgrößte Insel des Mittelmeeres (nach Sizilien). Das Binnenland besteht eher aus Hochebenen als aus Gebirge. Die Küsten sind oft sehr steil.

KLIMA  Milde bis heiße Sommer und kühle Winter ergeben ein ausgeglichenes Klima. Die Wachstumsperiode ist meist lang mit genügend Sonne und Wärme für die Herstellung von alkoholstarken Weinen, die für Sardinien typisch sind.

WEINE  Drei rote Rebsorten/Weine herrschen vor: Cannonau für alkoholstarke, kräftige Rotweine mit oder ohne Süße, manchmal zu einer Portwein-ähnlichen Version aufgespritet. Giri und Monica sind die beiden anderen Rebsorten/Weine, die einander ähneln. Giri wird meist in einer süßen Version ausgebaut, während Monica als etwas leichtere, trockene Tafelweinvariante vorkommt. Die Weißweine sind von der Tradition her stark und kräftig und ganz weit entfernt von einem Durstlöscher. Vermentino, Moscato, Muragus, Vernaccia und Malvasia sind alles weiße Trauben/Weine, die trocken bis süß, verstärkt oder nicht verstärkt vorkommen. Sie sind fast immer recht gelb und kräftig. Am leichtesten ist Nuragus di Cagliari, der an moderne Weißweine erinnert. Der örtliche Stolz ist Vernaccia di Oristano, ein Sherry-ähnlicher Wein.

REBSORTEN  Rote: Cannonau, Giri, Monica, Carignano und Bovale. Weiße: Vernaccia, Vermentino, Moscato, Nuragis, Malvasia und Nasco.

PRODUZENTEN  Die Genossenschaften dominieren. Das große Weinhaus Sella & Mosca ist führend. Insgesamt 60 000 Produzenten.

REBFL/PROD  Ca. 48 000 ha, das ergibt rund 800 000 hl/Jahr.

WISSENSWERT  Weitere Informationen: Cons. Tutela Vini DOC Sardegna, Via le Caprera 8, I-09100 Cagliari. Oder: I.C.E. Via Cavalcanti 8, I-09128 Cagliari. Tel. 070-49 41 11. Fax 070-40 09 51.

## Cannonau di Sardegna

RUF Die Rebsorte Cannonau kam im 14. Jh. aus Spanien und wuchs schnell zur wichtigsten Sorte der ganzen Insel heran. Der Export ist gering und der Ruf lokal begrenzt. Der Grund ist na-

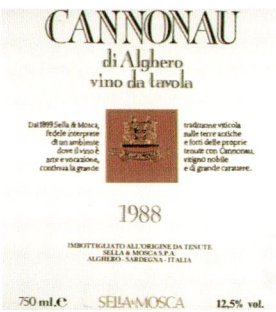

Cannonau ist eine alte spanische Rebsorte, aus der kräftige Weine mit hohem Alkoholgehalt entstehen.

türlich der Charakter des Weins, der recht ungewohnt ist.

WEINE Kräftig und alkoholstark. Duft und Geschmack sind durch die Sonne voll von Frucht und Fülle. Weine, die den Mindestalkoholgehalt von 13,5% nicht erreichen, werden zu Vino da Tavola und als Cannonau ohne den Zusatz „di Sardegna" verkauft. Diese Varianten sind oft leichter zugänglich und können in trockener Ausführung an gewöhnliche rote Tafelweine erinnern. Trotz der Stärke ist Cannonau kein Anwärter auf lange Lagerung. Generell erreicht er sechs Jahre.

KLASSIFIZIERUNG DOC seit 1972. Nach zweijähriger Lagerzeit und mit einem Mindestalkoholgehalt von 15% darf der Wein Superiore genannt werden. Wenn der Alkoholgehalt mindestens 15% und der Zuckergehalt höchstens 10 g/l erreichen, darf der Wein Naturalmente Secco heißen. Bei mehr Süße wird er als Superiore Naturalmente Amabile und S.N. Dolce bezeichnet.

REBSORTEN Cannonau mit erlaubtem Zusatz von Bovale, Muristello, Carignano oder Pascale.

WEINHERSTELLUNG Das Geheimnis des hohen Alkoholgehalts ist die hohe natürliche Süße der Traube. Hohe Gärtemperatur und mindestens ein Jahr Ausbau in großen Holzfässern - *botti*.

PRODUZENTEN Sella & Mosca und Deiana. Genossenschaften: Dorgali, Jerzu, Oliena und Sorso-Sennori.

IGT AUF SARDINIEN – *Barbagia, Colli del Limbara, Isola dei Nuraghi, Marmilla, Nurra, Ogliastra, Parteolla, Planargia, Provincia di Nuoro, Romangia, Sibiola, Tharros, Trexenta, Valle del Tirso, Valli do Porto Pino*

## Monica di Sardegna

RUF Außerhalb Sardiniens ein recht unbekannter Wein. Der Ruf ist örtlich zufriedenstellend und der Wein schmeckt den Touristen bei der ersten Bekanntschaft sicher besser als der Cannonau.

WEINE Der Wein, nach der Rebsorte benannt, wird meist im leichteren Stil als Cannonau ausgebaut. Vom Extrakt her ist diese Rebsorte neutraler. Die besten Exemplare weisen ein recht helles Rot auf, mit Frucht, angenehmem Bukett und mittelfülligem Geschmack, der sich während 4-5 Jahren entwickelt. Mit zunehmender Reife ist der Wein weich mit oranger Kante und annehmbarer Länge im Geschmack. Die anderen DOC Monica heißen Monica di Cagliari und werden vowiegend süß ausgebaut.

KLASSIFIZIERUNG DOC seit 1972. Superiore heißt der Wein nach einjähriger Lagerung und mit mindestens 12,5% Alkohol. Eine natürlich perlende Version - Frizzante - ist auch erlaubt.

REBSORTEN Monica zu mindestens 85% und andere örtlich erlaubte Sorten.

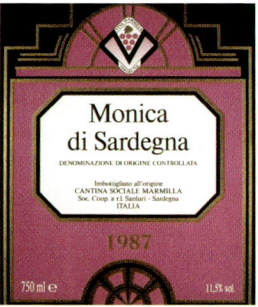

Aus der Monica-Traube entstehen leichter zugängliche Weine als aus Cannonau. Nur auf Sardinien zu finden.

WEINHERSTELLUNG Die Rebsorte ist von sich aus recht neutral und gibt nur bei niedrigem Ernteertrag pro Hektar geschmacksreiche Weine, was meistens eine natürliche Folge der Hochbindetechnik „alberello" ist.

PRODUZENTEN Zedda Piras, Cantina Sociale Marmilla, Cossu-Casa, Cantina Sociale Marrubiu, Cantina Sociale del Campidano.

DOCG AUF SARDINIEN – *Vermentino di Gallura*
DOC AUF SARDINIEN – *Alghero, Arborea, Campidano di Terralba/Terralba, Cannonau di Sardegna, Carignano del Sulcis, Girò di Cagliari, Malvasia di Bosa, Malvasia di Cagliari, Mandrolisai, Monica di Cagliari, Monica di Sardegna, Moscato di Cagliari, Moscato di Sardegna, Moscato di Sorso-Sennori, Nasco di Cagliari, Nuragus di Cagliari, Sardegna Semidano, Vermentino di Sardegna, Vernaccia di Oristano*

## Produzenten auf Sardinien

### Antonio Argiolas

Mit der Hilfe von Giacomo Tachis, der den Sassicaia schuf, hat die Familie Argiolas während der letzten Jahre herkömmliche DOC-Weine mit großer Konzentration und Eleganz auf den Markt gebracht: DOC Cannonau di Sardegna, DOC Vermentino di Sardegna, DOC Monica di Sardegna u.a. Der Spitzenwein ist Turriga, ein Verschnitt aus Cannonau, Carignano und Sangiovese. Ein komplexer, konzentrierter Wein mit schöner Frucht und gut eingebundenen Tanninen. Interessant ist auch der weiße Südwein Angialis aus den lokalen Rebsorten Nasco und Malvasia. Er wird in Barriques ausgebaut und ist ausgewogen. Der Standardwein der Insel, Cannonau di Sardegna, trägt hier die Zusatzbezeichnung Costera.

• **Adresse:** Via Roma 56/58, I-09040 Serdiana (CA). **Tel.** 070-74 06 06. **Fax** 070-74 32 64.

### Centro Enologico Sardo

Centro Enologico Sardo, Cen.Sar. abgekürzt, ist eine regional geführte Cantina mit sehr interessanten Weinen aus einem Versuchs-Anbau. Früher wurde sie Cantina Sperimentale del Consorzio Interprovinciale genannt. Das Forschungszentrum von Cen.Sar. bietet den lokalen Winzern Beratung in technischer Entwicklung, Auswahl der Weinberge, Rebsorten etc. an. Auch ein „Spumante-Zentrum" für die Entwicklung von Schaumwein steht zur Verfügung. Die eigenen Weine sind von guter Qualität. Sorres Bianco ist ein trockener Weißwein aus Nuragis, Vermentino und Chardonnay. Frisch, sauber und süffig. Sangiovese di Sorres ist ein fülliger, moderner Rotwein. Sehr gut ist auch ihr Spumante, sowohl Malvasia della Planargia als auch Moscato Dulce.

• **Adresse:** Strada Villasor-Villacidro (km 14), I-09030 Villasor (CA). **Tel.** 070-964 80 68.

### Giovanni Cherchi

Kleines Familienunternehmen, geführt von Giovanni Cherchi und seinem Sohn Salvatore. Durch harte Arbeit ist es Giovanni und Salvatore gelungen Jahr für Jahr feine Qualitätsweine zu erzeugen. Ein Beweis dafür ist die Tatsache, dass die meisten Jahrgänge schon vor dem Abfüllen ausverkauft sind. Vermentino di Usini sind anspruchsvolle, alkoholstarke Rot- und Weißweine. Insbesondere ist der weiße mit seiner frischen Säure empfehlenswert. Der rote Luzzana ist ein weiterer Spitzenwein im modernen Stil. Er ist ein in Barriques ausgebauter Verschnitt aus Cannonau und Cagnulari.

• **Besitzer:** Giovanni & Salvatore Cherchi **Adresse:** Via Ossi 22, I-07049 Usini (SS). **Tel.** 079-38 02 73.

### Attilio Contini

Altes Weinhaus, das für viele Leute mit DOC Vernaccia di Oristano sinnverwandt ist. Im Lager ruhen ältere Jahrgänge von diesem Sherry- oder Montilla-ähnlichen Weißwein. Man experimentiert mit verschiedenen Weißweinen mit variierendem Anteil an Vernaccia. Der Weißwein Elibaria liegt 5-6 Monate in kleinen Eichenfässern. Großes, parfümiertes Aroma und gut gebauter Geschmack sind das Ergebnis. Beim Antico Gregori, einem Vernaccia, wird der Ernteertrag niedrig gehalten. Der Wein ruht in kleinen Kastanienfässern, was eine Seltenheit ist. Karmis ist ein reiner Vernaccia von alten Rebstöcken mit komplexem Bukett und feinem Körper.

• **Adresse:** Via Genova 48/50, I-09072 Cabras (OR). **Tel.** 0783-29 08 06.

Sardinien ist eine große Hochebene, oft mit steilen Küstenabschnitten. Die Rebfläche ist beträchtlich, aber die meisten Weine werden örtlich getrunken.

## Produzenten auf Sardinien

### Cantina Sociale Di Dorgali

Diese Genossenschaft in der Stadt Dorgali ist im Vormarsch. Die neue Serie mit Cannonau-Weinen, Filieri genannt, sowohl rot als auch weiß und rosé, ist ein Beweis, dass das Potenzial für Qualitätsweine vorhanden ist.

• **Adresse:** Via Piemonte 11, I-08022 Dorgali (NU). **Tel.** 0784-961 43.

### Piero Mancini

Eines der weniger bekannten Weinhäuser in Besitz von Piero Mancini. Der führende Wein ist der Weißwein aus der Vermentino-Traube sowie der Rotwein aus Barbera (Piemonte). Sie gehören der Serie Vigne Nouve an. Gut gebaute Weine ohne übertriebene Finesse. Der schäumende Pinot Chardonnay Spumante ist elegant und für die Region ungewöhnlich. Auch der rote Saccaia aus Cabernet Sauvignon mit etwas Barbera ist ausgezeichnet.

• **Besitzer:** Piero Mancini **Adresse:** Loc. Cala Saccaia, I-08026 Olbia (SS). **Tel.** 0789-507 17.

### Cantina Sociale Marmilla

Vielleicht die beste „Cantina Sociale" (Genos-

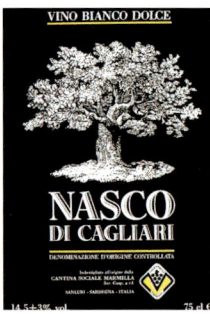

*Nasco di Cagliari von der Genossenschaft Marmilla zählt zu den besten Dessertweinen Sardiniens.*

senschaft) Sardiniens mit einer Kapazität von 3,5 Mio. Kisten/Jahr. Die Produktion ist in den letzten Jahren zugunsten der Qualität zurückgegangen. Der Önologe Biondi erzeugt einen ausgezeichneten DOC Nuragus di Cagliari. Reich, wohlriechend mit Tiefe und Ausgewogenheit im Geschmack. Der rote Rocca'Mada aus Cannonau, Bovale, Monica und Pascale besitzt Komplexität und einen ausgeglichenen, fülligen Geschmack. Nasco di Cagliari in der Version von Biondi zählt zu den besten Dessertweinen der Insel.

• **Adresse:** Crocevia Villasanta, I-09025 Sanluri (CA). **Tel.** 070-930 76 08.

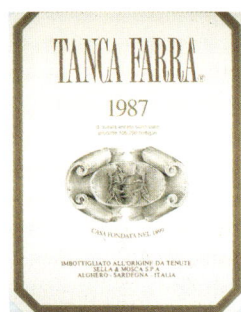

*Tanca Farrà aus Cabernet Sauvignon und Cannonau ist ein spannender Wein, voll von Frucht und Tanninen.*

### Naitana

Das kleine Gut von Gianvittorio Naitana muss seines einzigartigen, süßen Malvasia della Planargias wegen erwähnt werden. Ein kräftiger, goldener Dessertwein mit raffiniertem Bukett.

• **Besitzer:** Gianvittorio Naitana **Adresse:** Via Vittorio Emanuele 52, I-08010 Magomadas (NU). **Tel.** 0785-35 5 75.

### Cantina Sociale Di Santadi

Auch bei der Genossenschaft in der Stadt Santadi hat man eingesehen, dass Qualität sich auszahlt. Dank dem auf Sardinien so erfolgreichen Wein Villa Solais ist die Genossenschaft schon lange bekannt. Mit dem neuen Carignano del Sulcis (rot und rosé) aber hat man erst richtig seine Fähigkeiten bewiesen. Ein interessanter Wein ist der Terre Brune, der aus spät gelesenen Carigano-Trauben erzeugt und ein Jahr in Barriques ausgebaut wird.

• **Adresse:** Via Su Pranu 12, I-09010 Santadi (CA). **Tel.** 0781-95 00 12.

### Sella & Mosca

Sehr großes, qualitätsmäßig führendes Weinhaus, das DOC völlig außer Acht lässt. Es werden ausgezeichnete Weine aus Rebsorten und mit Methoden nach eigenem Belieben erzeugt. Ein einziger DOC: Vermentino della Sardegna Cala Viola (100% Vermentino), der ein trockener Wein mit erfrischender Note ist. Berühmt ist der Portwein-ähnliche Anghelu Ruju (100% Cannonau), der ähnlich wie Vintage Port aus alten Jahrgängen verkauft wird. Der beste „Rosso Liquoroso" von Sardinien. Der rote Tanca Farrà ist ein Verschnitt aus Cannonau und Cabernet Sauvignon zu gleichen Teilen. Oleandro heißt ein ausgezeichneter Roséwein aus Cabernet und etwas Cannonau. Cannonau di Alghero ist ein weiterer Weißwein.

• **Besuch:** Mo-Fr 9-12, 15-18. **Adresse:** Loc. I Piani, I-07041 Alghero (SS). **Tel.** 079-99 77 00. **Fax** 079-95 12 79.

## JAHRGÄNGE IN ITALIEN

### 1998
Ein heißer Sommer und Trockenheit wurden von Regenfällen während der Lesezeit abgebrochen. Die Erntemenge war in Süditalien durchschnittlich und in Norditalien groß. Eine Ausnahme war das Piemont, wo die Erntemenge klein, dafür die Qualität umso besser, bzw. hervorragend war. In allen anderen Gebieten Italiens fiel die Qualität zufriedenstellend aus. Vor allem die spät reifenden roten Sorten wurden durch die starken Regenfälle verwässert.

### 1997
Der beste Jahrgang seit 1990. Der Sommer war nicht zu heiß und die Wetterbedingungen waren im Herbst im Großen und Ganzen optimal. Teilweise niedrige Erträge wegen des kräftigen Frühlingsfrostes. Im Piemont waren die meisten Winzer sehr zufrieden, manche sprechen sogar von einem historischen Jahrgang. Auch in der Toskana lag die Qualität nur wenig unter der im Piemont.

### 1996
Ein relativ kühler Sommer mit wenig Sonne. In den meisten Gebieten fiel der Regen sowohl vor als auch nach der Lese. Der Ertrag betrug trotzdem beinahe 59 Mio. hl. Ein großer Aufstieg im Vergleich zu 1995. Die Qualität in der Toskana fiel im Allgemeinen ziemlich gut aus. Im Piemont wurde das Jahr als sehr gut bezeichnet. Nach dem regnerischen Herbst waren insbesondere die Produzenten in Veneto sehr unzufrieden.

### 1995
So mancher Winzer befürchtete die schlechteste Ernte seit zehn Jahren. Es begann mit sehr schlechtem Wetter: Kälte und Regen, so dass die Frucht nicht rechtzeitig ausreifen konnte. Die Rettung kam mit dem warmen und sonnigen Herbst. Mancherorts bezeichnet man den Jahrgang als sehr gut, vor allem bei den spät reifenden Sorten. Der Ertrag aber war mit 53 Millionen Hektoliter der kleinste der letzten 30 Jahre.

### 1994
Seit 1990 der kleinste Ertrag mit 55 Mio. hl. Die Qualität war gut, in einigen Gebieten sogar sehr gut bis ausgezeichnet. Dennoch erwartete man vielerorts eine bessere Qualität. Im Piemont wurde die Lese teilweise verregnet, was die Qualität zu schwächen vermochte. Allgemein war man dann doch zufrieden mit diesem Jahrgang. Auch in der Toskana fiel Regen, ohne aber den Trauben sehr zu schaden. In mehreren Gebieten fiel die Qualität hervorragend aus.

### 1993
Leider drittes Jahr in Folge mit unterschiedlichen Resultaten. Gute Verhältnisse wurden durch starke Niederschläge während der Ernte abgelöst. Sehr zufrieden waren die Winzer im südlichen Italien. Im Piemont war man gezwungen, einen Teil der Ernte frühzeitig zu lesen. Im Norden Italiens konnten sich die Weißweine wieder einmal bewähren. In Friaul erfreute man sich allgemeiner Zufriedenheit. Die Toskana wurde von den Regenfällen einigermaßen verschont und die meisten erhielten mit richtigem Timing eine gute Traubenqualität.

### 1992
Schlechter Anfang für diesen Jahrgang. Die Regenfälle des Vorjahres hielten immer noch an. Mancherorts drohte die Frühlings- und Frühsommerkälte. Aber der Sommer wurde warm, nur mit sporadischen Regenfällen, was viel versprechend zu werden schien. Erfreulich war aber bei der Ernte lediglich die Menge, insgesamt 69 Mio. hl. Generell gesehen gab es im Norden und in Mittelitalien gute Ergebnisse bei den Weißweinen, die Rotweinqualität aber war kaum zufrieden stellend. Im Piemont konnte man Moscato und Dolcetto einbringen, bevor die Regenfälle wieder einsetzten. Alle anderen Reben wurden hart getroffen und viele sprachen von einem Katastrophenjahr. In der Toskana wurden die weißen Trauben vor den Regenfällen eingeholt. Viele haben es geschafft, mit der Lese der roten Trauben bis zu ihrer Reife zu warten. Im Süden Italiens herrschte wieder Dürre.

### 1991
Ein Jahr, wo alle Winzer wieder aufatmen konnten, eine dreijährige Dürreperiode war zu Ende. Im Winter reichlich Niederschläge. Regenfälle auch während der Lesezeit brachten Ärger bei vielen Winzern und eine minderwertige Qualität. Davon stark betroffen war vor allem das Piemont, wo Nebbiolo und Barolo am schlechtesten davonkamen. In Veneto konnten sich die frühen Sorten gut halten. Auch im Friaul konnte man wider Erwarten gute Qualitäten verzeichnen und viele Winzer waren sehr zufrieden. In der Toskana war die Freude gemischt, lokale Frostschäden und Niederschläge sorgten mancherorts für schlechtere Ergebnisse. Durch sorgfältige Traubenselektion und gute Kellerarbeit konnten die besten Betriebe dennoch gute Weine erzeugen. Die Gesamtproduktion ergab 60 Millionen Hektoliter.

## JAHRGÄNGE IN ITALIEN

**1990**
Eine sehr kleine, aber auch sehr gute Ernte. Die Dürre hat den Trauben in sehr heißen Gebieten stark zugesetzt, während es in geschützten Gebieten besser war. Die DOC- und DOCG-Weine hatten deswegen einen größeren Produktionsanteil als üblich. Im Piemont konnte eine normale Qualität und ein etwas größerer Ertrag als gewöhnlich verzeichnet werden. Trentino-Alto Adige kämpfte mit Frostproblemen im Frühjahr und hatte deswegen einen um 20% niedrigeren Ernteertrag als in den Vorjahren. Dafür waren die Weine von außergewöhnlicher Qualität. Könnte als ein Jahrhundert-Jahrgang bezeichnet werden.

**1989**
Zum größten Teil relativ großer Ertrag von hoher Qualität. Die Dürre traf Teile von Apulien und Sizilien, aber die geschützten Lagen kamen gut davon. Im Piemont war der Ernteertrag gut und von ausgezeichneter Qualität. Allgemein haben die 89er einen hohen Alkoholgehalt, aufgrund des hohen Zuckergehalts in den reifen Trauben.

**1988**
Meistens gute bis ausgezeichnete Qualität. Vielerorts war der Frühling regnerisch aber der Sommer warm. Die Toskana hatte 30% weniger Ertrag als der Durchschnitt, aber von außerordentlicher Qualität. Im Piemont war bis zum 10. Oktober, als der Regen einsetzte, alles sehr vielversprechend. Der Barbaresco, der früh geerntet wurde, kam gut davon, aber der Barolo wurde vom Regen verdünnt.

**1987**
Etwas kühler als 1986. Im südlichen Italien wurde eine ganze Menge guter bis ausgezeichneter Weine gemacht. In der Toskana und im Piemont kam der Regen zu früh. Einige Lagen (und Produzenten) kamen trotzdem gut davon. Die Weine dieses Jahrgangs sollten sorgfältig ausgesucht werden.

**1986**
Im Allgemeinen ein recht kühler Sommer und ein warmer und sonnenreicher Herbst. Im Süden und auf den Inseln wurden leichtere Weine als normal hergestellt. Das Piemont wies große Unterschiede auf. Der Hagel in Barolo verursachte manchem Produzenten verheerende Ernteausfälle. In der Toskana wurden die Weine recht leicht mit harmonischer Struktur, aber schnell reifend.

**1985**
In jeder Hinsicht ein großer Jahrgang. Ein sonniger Sommer und Herbst ergaben große Erträge von vorzüglicher Qualität. Zählt im Piemont und in der Toskana zu den Jahrgängen des Jahrhunderts. Sehr langlebige Weine.

**1984**
Regnerisch und kühl. Mit wenigen Ausnahmen können die meisten Weine von 1984 vergessen werden. In der Toskana machten einige Produzenten einen leichten, fruchtigen Wein mit annehmbarer Struktur.

**1983**
Anfangs erhoffte man sich einiges von diesem Jahrgang. Die Weine reifen aber schneller als vorgesehen. Im Piemont sind die Weine etwas heller als normal, in der Toskana straffer und trotz allem langlebig. Amarone in Venetien wurde zu einem der großen Jahrgänge des Jahrhunderts.

**1982**
Sonnig und heiß mit großen Erträgen. Allgemein gute Qualität. Die Hitze hat aber dazu geführt, dass das Säureniveau etwas niedrig ausfiel, was wiederum zu Schwierigkeiten im Reifezyklus geführt hat.

**1981**
Der Vorsommerregen ging bald in strahlende Sonne über. Vielerorts ist die Qualität mindestens genauso gut wie bei den 82ern, in Kampanien hält z.B. der 81er Taurasi eine sehr hohe Qualität. In der Toskana sind die Weine meist recht straff, aber von guter Qualität. Im Piemont wurden große Teile der Ernte durch den Regen verdünnt.

**1980**
Ein kalter Winter führte zur späten Blüte. Die Weine sind häufig durchschnittlich, mit säuerlichem Akzent.

**Ältere gute Jahrgänge:**
1979, 1978, 1976 (Piemont), 1974, 1971, 1970, 1969, 1968, 1967.

## WEINETIKETTEN IN ITALIEN

**SYMBOL (KENNZEICHEN)**
Wappen der Besitzerfamilie *Marchesi Incisa della Rocchetta*. Nur Zierde..

**URSPRUNG**
In diesem Beispiel der Name des Typs, *Sassicaia*, heute mit eigener DOC.

**JAHRGANG**
Man sieht auch Begriffe wie *Annata* (Jahr) oder *Vendemmia* (Lese, Jahrgang).

**WEINGUT**
Der Name des Weinguts/Weinberges *(Tenuta)*.

**ERZEUGER/ADRESSE**
„*Imbottigliato all'origine dal produttore* ...", Flaschenabfüllung durch den Erzeuger und seine Adresse.

**QUALITÄTSBEZEICHNUNG**
*Vino da Tavola*, die einfachste Qualitätsklasse. Hat weniger mit Qualität zu tun als mit der Tatsache, dass im entsprechenden Gebiet diese Rebsorte für höhere Appellationen nicht zugelassen ist (heute hat Sassicaia den DOC-Status).

## WEINETIKETTEN IN ITALIEN

**LAGENAME**
Der Name des Hanges/der Lage, wo sich der Weinberg befindet, in diesem Beispiel *Bricco Rocche*.

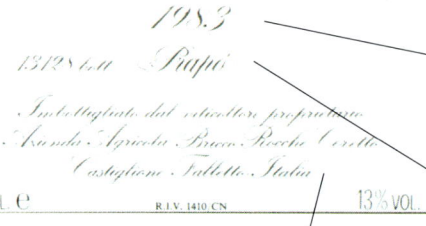

**URSPRUNG**
Hier ein Weintyp und zugleich der Ort, *Barolo*, mit eigener Appellation.

**QUALITÄTSBEZEICHNUNG**
Güteklasse. Hier DOCG *(Denominazione di Origine Controllata e Garantita)*, die höchste Bezeichnung für einen italienischen Wein.

**JAHRGANG**
Ist der Jahrgang nicht angegeben, stammt der Wein aus verschiedenen Jahrgängen.

**WEINBERG/LAGE**
Der Name des Weinbergs oder der Lage.

**ERZEUGER/ADRESSE**
„*Imbottigliato dal viticoltore proprietario ...*", Flaschenabfüllung durch den Erzeuger/Besitzer. Die Adresse muss ausgeschrieben werden.

## WEINETIKETTEN IN ITALIEN

**LAGERUNG**

*Riserva* oder *Riserva Speziale* besagt, dass der Wein beim Produzenten gelagert wurde. Gilt für ausgewählte DOC-Weine. Früher wurden die vorgeschriebenen Lagerzeiten exakter befolgt, was heute nicht mehr der Fall ist, da der Produzent seine Weine so lange lagert wie notwendig.

**WEINBERG**

Das Warenzeichen kann oft der Weinberg sein, von dem die Trauben kommen, in diesem Fall *Villa Barthenau*.

**URSPRUNG**

In diesem Beispiel eine Rebsorte. Im Südtirol erscheint der Text oft in zwei Sprachen. *Blauburgunder = Pinot Nero*.

**QUALITÄTSBEZEICHNUNG**

In diesem Fall DOC *(Denominazione di Origine Controllata)*, die zweithöchste Qualitätsstufe.

**ERZEUGER/ADRESSE**

Der Name und die Adresse des Erzeugers. Wieder in zwei Sprachen: „*Gekeltert und abgefüllt in Tramin von ...*" und „*Vinificato ed imbottigliato in Termeno da ...*".

**JAHRGANG**

Wenn nicht angegeben, stammt der Wein von verschiedenen Jahrgängen.

**ALKOHOLGEHALT**

Obligatorische Angabe.

**VOLUMEN**

75 cl ist EU-Standard.

**URSPRUNGSLAND**

Wird der Wein exportiert, ist diese Angabe laut EU-Bestimmungen obligatorisch.

**ANDERE NAMEN**

Die Bezeichnungen *Località Ronco* oder *Vigneto* kommen auf manchen Etiketten vor und zeigen, dass der Wein von einem einzelnen Produzenten stammt.

# Weinvokabular Italien

ABBOCCATO Halbtrocken, mit etwas Süße.
AMABILE Halbsüß.
AMARO Leicht bitter.
AMARONE Siehe Recioto.
ANNATA Jahrgang.
ASCIUTTO Trocken, siehe auch secco.
AUTOCLAVE Verschlossener Tank aus rostfreiem Stahl. Wird für die Spumante-Herstellung verwendet.
AZIENDA Weingut. Azienda agricola erzeugt Weine aus eigenen Trauben, Azienda vinicola erzeugt Weine aus gekauften Trauben.
BARRIQUE 225-Liter-Eichenfass französischen Typs.
BIANCO Weißwein.
BOTTE (pl. botti) Größeres traditionelles Holzfass.
CANTINA Weingut. Cantina Sociale = Genossenschaft.
CERASUOLO Roséwein. Heller als Chiaretto.
CHIARETTO Roséwein.
CLASSICO Das „Herz" eines Weinbaugebiets.
CONSORZIO Winzervereinigung.
DOC Denominazione di Origine Controllata. Kontrollierte Ursprungsbezeichnung. Klassifikation, die 1963 eingeführt wurde.
DOCG Denominazione di Origine Controllata e Garantita. Die höchste italienische Güteklasse, 1980 eingeführt. 1998 trugen 18 Weine den DOCG-Status.
DOLCE Süß.
ENOTECA Weinausstellung, meist auch mit Verkostungsmöglichkeiten.
ETICHETTA Etikette.
FATTORIA Gehöft, Gut.
FRIZZANTE Perlend, leicht moussierend.
FUSTO Eichenfass.
GOVERNO Konzentrierter Traubenmost der letztjährigen Ernte. Wird dem Most zugefügt, um die Gärung zu verlängern.
IGT Indicazioni Geografiche Tipiche. Eine neue Qualitätsklasse zwischen DOC und Vino da Tavola, entspricht dem französischen Vin de Pays.
IMBOTTIGLIATO Abfüllung.
INVECCHIATO Gelagert.
LIQUOROSO Süßer, oft angereicherter Wein.
METODO CLASSICO Bezeichnung für nach der Champagner-Methode hergestellte Weine, d.h., die zweite Gärung erfolgt in der Flasche.

NOVELLO Junger Wein, Gegenstück zum Beaujolais Nouveau oder Primeur.
PASSITO Süßer Wein, hergestellt aus getrockneten Trauben.
PASTOSO Halbsüß.
PRODUTTORE Weinproduzent.
QUINTALE 100 kg Trauben. Ertragsmass.
RANCIO Ein spezieller, auf Lagerung im Eichenfass zurückzuführender Altersgeschmack.
RECIOTO In Soave und Valpolicella Bezeichnung für Weine, die aus getrockneten Trauben hergestellt werden. Vergären sie völlig (Valpolicella), wird der Wein Amarone genannt.
RIPASSO Mit dem Hefesatz eines anderen Weines erfolgte Nachgärung des Grundweins.
RISERVA Wein, der lange gelagert wurde, bevor er zum Verkauf freigegeben wird.
ROSATO Roséwein.
ROSSO Rotwein.
SECCO Trocken.
SEMI-SECCO Halbtrocken.
SPUMANTE Schaumwein.
SUPERIORE Bezeichnung für einen Wein mit höherem Alkoholgehalt.
TALENTE Ein offizieller Begriff für italienischen Spumante nach der Champagner-Methode.
TENUTA Weingut.
TUFO Tuff, verschiedene vulkanische Gesteine.
UVA Traube.
UVAGGIO Verschnitt.
VECCHIO Alt.
VENDEMMIA Jahrgang/Ernte/Lese.
VIGNA Weinlage, entspricht in etwa dem französischen Cru.
VINO DA PASTO Einfacher Wein als Begleiter zu (Teigwaren-)Gerichten.
VINO DA TAVOLA (VdT) Einfacher Tafelwein. Ist aber oft auch eine gewählte Bezeichnung für Weine, die „verbotene" Rebsorten enthalten (z.B. Cabernet Sauvignon in der Toskana).
VINO NOVELLO Wein des Jahres. Ähnlich wie Beaujolais Nouveau. Zurzeit ein Trend in Italien.
VIN SANTO Der „heilige Wein". Trockener oder leicht süßer Wein aus der Toskana. Hergestellt aus getrockneten Trauben.

# SPANIEN

GESCHICHTE Spaniens Weingeschichte begann schon um 1 100 v.Chr., als die Phönizier Cadiz gründeten und dort die ersten Weinreben pflanzten. Weinliebende Griechen, Karthager und

*Ein Weindorf in Katalonien. Die spanische Landschaft ist abwechslungsreich und oft sehr unzugänglich.*

Römer bezogen ihre Weine aus Spanien. So waren Ciceros Favoriten Weine aus Katalonien. Es folgten einige düstere Jahrhunderte, in denen Goten und Mauren das Land beherrschten. Als die Christen die Mauren im Jahr 1492 in Granada besiegten, begann man spanische Weine zu exportieren. England importierte Sack (Sherry), Tent (Alicante) und Weine von den Kanarischen Inseln. Nach der Reblauskatastrophe, die hier im Jahr 1900 das Land heimsuchte, gerieten die spanischen Weine (ausgenommen Sherry) in Vergessenheit. Gute Qualität zu niedrigen Preisen führte dazu, dass die Weine Spaniens in den 70er Jahren (wieder)entdeckt wurden.

GEOGRAPHIE Die vielfältige Geographie Spaniens gibt dem Land die Möglichkeit, viele verschiedene Weine zu produzieren. Grob kann man das Land in drei Bereiche einteilen: den Norden (Rioja, Ribera del Duero, Navarra, Penedès), die Mitte (Valencia, La Mancha, Valdepeñas, Alicante) mit trockenem und heißem Klima sowie den Süden (Jerez, Málaga) mit sehr heißen Temperaturen.

WEINE Die besten Weine kommen aus dem Norden, und zwar aus Gebieten wie z.B. Rioja,

Navarra, Katalonien und Ribera del Duero. Tafelweine werden hauptsächlich in La Mancha hergestellt, wo die weiße Traube Airén dominiert. Sie ist mittlerweile die am meisten angebaute Sorte der Welt. Aus dem Süden des Landes kommen ausgezeichnete Aperitifweine wie Sherry, Montilla und Málaga.

REBSORTEN In Spanien werden traditionelle und internationale Rebsorten angebaut. Die wichtigsten einheimischen roten sind Tempranillo, Garnacha und Monastrell. Die wichtigsten einheimischen weißen sind Verdejo, Viura, Palomino, Albariño, Malvasia, Moscatel, Parellada, Xarello.

WEINGESETZE 1972 wurde das Instituto Nacional de Denominaciónes de Origen (I.N.D.O.) gegründet. Das Institut überwacht die verschiedenen Denominaciónes de Origen (DO) Spaniens. In Übereinstimmung mit dem EU-Standard gibt es folgende Qualitätsstufen:

1. DOCA (DENOMINACIÓN DE ORIGEN CALIFICADA). „Klassifizierte Weine mit Ursprungsbezeichnung", die höchste Stufe, die bisher nur in Rioja zur Anwendung gekommen ist. Weine, die diese Bezeichnung tragen, müssen vom Erzeuger abgefüllt worden sein. Wahrscheinlich erhält Sherry als nächster den DOCa-Status.

2. DO (DENOMINACIÓN DE ORIGEN). Das Prädikat für bestimmte Weinbaugebiete mit kontrollierter Herkunftsbezeichnung. Entspricht dem italienischen DOC oder dem französischen AOC. 1998 zählte man 47 verschiedene DO, verteilt auf ganz Spanien. Die DO-Bezeichnung bedeutet aber keine Qualitätsgarantie. Sie ist an die einzelnen weinproduzierenden Gebiete gebunden, außer im Fall der sog. Cavas (Schaumweine).

*Spanien hat die größte Rebfläche der Welt, die Weinproduktion ist die drittgrößte nach Italien und Frankreich.*

3. VINO DE LA TIERRA (Landwein). Entspricht in etwa dem französischen Vin de Pays. Vorgeschrieben sind die Rebsorte, die Herstellungsmethode sowie der Mindestalkoholgehalt. Die Herkunft (Gebiet oder Gemeinde) muss auf der Etikette angegeben werden.

4. VINO DE MESA (Tafelwein). Die einfachsten Weine ohne Anforderungen an die Herstellung oder Herkunft. Die Weine müssen EU-Ursprung haben.

REBFL/PROD Ca. 1,2 Mio. ha, rund 21-33 Mio. hl/Jahr. Spaniens Weinbaufläche ist die größte der Welt. Durch den niedrigen Hektarertrag liegt Spanien, was die Weinproduktion anbelangt, auf dem 3. Platz, hinter Italien und Frankreich.

WISSENSWERT Weitere Informationen: Ministerio de Agricultura, Pesca y Alimentación, Subdirección General de Denominaciones de Calidad, Paseo Infanta Isabel 1, E-28071 Madrid. Tel. 91-347 53 94. Fax 91-347 54 10.

*Rioja ist das bekannteste Weingebiet Spaniens. Seit den 70er Jahren sind die Weine bei Weinliebhabern der ganzen Welt sehr beliebt. Im Bild die Stadt Laguardia in Rioja.*

# Galizien

GESCHICHTE  Galizien betreibt seit der Römerzeit Weinbau. Weil man damals nicht wusste, wie der Wein richtig aufzubewahren ist, war er auch für den Transport nicht geeignet. Aus diesem Grund waren die Weine außerhalb Spaniens lange unbekannt. Umso bekannter ist Galizien bei den Katholiken. Jährlich pilgern Tausende von Gläubigen zum Wallfahrtsort Santiago de Compostela, um das Grab des Apostels Jakob zu besuchen. Es

*Galizien liegt an der Atlantikküste und ist heute eines der spannendsten Weinbaugebiete Spaniens.*

wird erzählt, dass er in dieser Gegend vergeblich um Wein bat. Verbittert soll er die Gegend verflucht haben: „Dieses Gebiet wird nie Wein hervorbringen." In gewisser Hinsicht hat sich dies bewahrheitet, denn in einem Gebiet, wo es an zwei von drei Tagen regnet, ist der Weinbau kein Kinderspiel. Die meisten Weinberge befinden sich deshalb an hohen Lagen, wo das Wasser besser abfliessen kann.

GEOGRAPHIE  Galizien liegt im Nordwesten Spaniens und nördlich von Portugal. Für dieses Küstengebiet typisch sind die tiefen Fjorde - „riax" - die der Landschaft einen interessanten und hübschen Charakter verleihen. Klimatisch unterscheidet sich die Landschaft sehr vom übrigen Spanien - Galizien ist eines der feuchtesten Gebiete Europas. Deshalb werden die Reben hoch gebunden, um von der feuchten Erde getrennt zu sein und genügend Sonnenbestrahlung zu erhalten. Die Methode wird „Parrales" genannt. Es gibt hier vier DO-Regionen: RÍAS BAIXAS, VALDEORRAS, RIBEIRO und MONTERREI.

WEINE  Für die Spanier sind die Weißweine aus der Albariño-Traube die besten und deshalb auch die teuersten. Sie ähneln sehr dem portugiesischen Vinho Verde mit ausgeprägter Säure und jugendlicher Frische. Die besten Rotweine sind kirschrot, frisch, fruchtig und aromatisch.

REBSORTEN  Mehr als 100 verschiedene Sorten werden angebaut. Weiße Sorten sind: Albariño, Triexadura, Godello, Torrontes, Loureria, Macabeo und Albilla. Rote Sorten sind: Caiño, Mencía, Garnacha, Tempranillo und Brancellao.

REBFL/PROD  Rías Baixas: 1 800 ha, 64 000 hl/J. Valdeorras: 2 700 ha, 48 000 hl/Jahr. Ribeiro: 3 100 ha, 180 300 hl/J. Monterrei: 3 000 ha.

PRODUZENTEN  Agro de Bazán, Bodegas Marques de Vizhoja, Granja Fillaboa, Bodegas Salnesur und Vilariño-Compados i Rías Baixas. Bodega Coop. Jesús Nazareno und Coop Virgen de las Viñas i Valdeorras. Coop. Vitivinicola del Ribeiro i Ribeiro.

WISSENSWERT  Für weitere Informationen: Consejo Regulador, Rías Baixas: Centro de Apolo de Cabanas, E-36143 Salcedo (Pontevedra). Tel. 0986-85 48 50. Fax -86 45 46. Ribeiro: Bajada de Oliveira, s/n°, E-32400 Ribadavia (Orense). Tel. 0988-47 10 15. Fax -47 13 52. Valdeorras: Ctra. N-120, P.K. 463, E-32340 Villamartin (Orense).

## Produzenten in Galizien

### Agro de Bazán

Gegründet von Manuel Otero Candeira, der eine erstklassige Bodega in Rías Baixas aufgebaut hat. Spezialist für Albariño-Weine. Hier erstmals im Eichenfass ausgebaut.

• **Adresse:** Tremoedo, E-36628 Villanueva de Arousa (Pontevedra). **Tel.** 986-55 55 62. **Fax** 986-54 32 27.

### Bodegas Chaves

Ein kleines Familienunternehmen mit einer sehr modernen Anlage in DO Rías Baixas. Bekannt für seine Albariño-Weine. Der beste davon ist der Castel del Fornos.

• **Adresse:** Ribadumia, E-36636 Barrantes (Pontevedra). **Tel.** 986-71 00 15.

### Granxa Fillaboa

Eine junge Bodega, 1986 in Rías Baixas gegründet. Erzeugt hervorragende weiße Acariño-Weine mit dem Namen Fillaboa.

• **Adresse:** La Fillaboa, E-36459 Salvaterra de Miño (Pontevedra). **Tel.** 986-65 81 32. **Fax** 986-43 24 64.

### Coop. Jesús Nazareno

Eine große Genossenschaft in DO Valdeorras, 1963 gegründet. Verkauft immer noch Fassweine, erzeugt aber auch einige Flaschenweine. Die Spitzenweine sind seit vielen Jahren der weiße Godello sowie der rote Menciño.

• **Besitzer:** 500 Mitglieder **Besuch:** Nach Vereinbarung. **Adresse:** Av. 18 de Julio 62, E-23200 Barco de Valdeorras (Orense). **Tel.** 988-32 02 62. **Fax** 988-32 02 42.

### Marqués de Vizhoja

Die Bodega liegt in Rías Baixas, nahe dem Fluss Miño und der portugiesischen Grenze. Dieses Weingut in Privatbesitz wurde 1966 gegründet und ist für seine guten Weißweine bekannt. Der Prestigewein heißt Torre la Moreira Blanco. Andere Weine sind Marqués de Vizhoja Blanco und Folle Verda. FAKTEN 20 ha, etwa 55 000 Kisten/Jahr.

• **Adresse:** Finca la Moreira, E-36438 Cequeliños Arbo (Pontevedra). **Tel.** 986-66 58 25. **Fax** 986-24 09 26.

### Pazo de Señorans

Junge Bodega in DO Rías Baixas, die sich mit ihrem erstklassigen Albariño einen Namen gemacht hat. Sie wurde 1989 gegründet.

• **Adresse:** Vilanoviña, E-36616 Meis (Pontevedra). **Tel.** 986-71 53 73. **Fax** 986-71 53 73.

### Bodegas Salnesur

Diese Bodega liegt im flachsten Teil von Rías Baixas und wurde 1988 gegründet. Die meisten ihrer Albariño-Weine werden in Stahltanks vergoren. Der im Fass vergorene Wein heißt Condes de Albarei Carballo Gallego. Er wird in französischen und galizischen Barriques ausgebaut. Andere Weine dieser modernen Bodega sind Condes de Albari Clásico und der etwas vollmundigere Condes de Albarei Enxebre.

• **Adresse:** Bouza, 1, Castrelo, E-36639 Castrelo-Cambados (Pontevedra). **Tel.** 986-54 35 35. **Fax** 986-52 42 51.

### Bodegas de Vilariño-Cambados

Die Bodega wurde in den 80er Jahren von einer Winzer-Gruppe gegründet. Man verfügt über ein sehr gut ausgerüstetes Labor, das durch Bodenanalysen und andere Untersuchungen zur hohen Qualität beiträgt. Die besten Weine heißen Martín Códax und Organistrum.

• **Adresse:** Burgáns 91 Vilariño, E-36633 Cambados (Pontevedra). **Tel.** 986-52 10 01. **Fax** 986-52 08 75.

### Vitivinícola del Ribeiro

Eine 1967 gegründete Genossenschaft und der größte Produzent in Ribeiro. Die Weinberge liegen auf 200-300 m Höhe, sind starkem Frost und schlechtem Wetter ausgesetzt. In Ribeiro werden mehr Rebsorten angebaut als in Rías Baixas. Die einfachsten sind die grünen Treixadura, Palomino, Macabeo und Torrontés. Auch blaue Sorten werden angebaut, hauptsächlich aber für Weine, die örtlich konsumiert werden. Die Ribeiro-Weine sind um ein paar Prozent alkoholschwächer als die in Rías Baixas. Zu den wichtigsten Weinen der Genossenschaft gehören Viña Costeira, Amadeus und Pazo Ribeiro. FAKTEN 750 ha, ca. 800 000 Kisten/Jahr.

• **Besitzer:** 800 Mitglieder **Besuch:** Nach Vereinbarung. **Adresse:** Valdepereira, E-32400 Ribadavia. **Tel.** 988-47 01 75. **Fax** 988-47 03 30.

# CASTILLA-LEÓN

GESCHICHTE Kastilien-León ist die größte Weinbauregion Spaniens und auch historisch von großer Bedeutung. Der große Aquädukt von Segovia ist nur eines der vielen Denkmäler jener Zeit. Im 15. Jahrhundert wurde Kastilien-León das Zentrum des spanischen Reichs und auch die Winzer erlebten gerade damals ihre Blütezeit. Zahlreiche Weinberge wurden angelegt und die ersten Weingesetze entstanden. Als Madrid Mitte des 16. Jahrhunderts Spaniens Hauptstadt wurde, verlor die Gegend viel von der ehemaligen Bedeutung. Auch die Verheerung durch die Reblaus gegen Ende des 19. Jahrhunderts ging nicht spurlos an ihr vorüber. Erst in den 80er Jahren konnte

*Peñafiel außerhalb von Valladolid ist bekannt und im Weinbau ist die Region auf dem Vormarsch.*

man den ehemaligen Ruf zurückerobern. Seither geht die Entwicklung schnell voran.

GEOGRAPHIE Die Region umfasst das Plateau zwischen den Bergketten der Cordilliera Cantábrica, der Sierra de la Demanda und der Sierra de Guadarrama. Das Kontinentalklima bringt große Temperaturschwankungen mit sich, d.h. sehr kalte Winter und warme Sommer. Kastilien-León besteht aus fünf Denominaciónes de Origen: RIBERA DEL DUERO, RUEDA, TORO, BIERZO und CIGALES.

WEINE Die eleganten Rotweine der Ribera del Duero wurden durch Namen wie Vega Sicilia und Pesquera weltberühmt. Rueda ist bekannt für die frischen Weißweine. In Toro stellt man einen sehr kräftigen, alkoholstarken und lagerfähigen Rotwein her. Auch Weißweine und trockene Rosé werden erzeugt. In Bierzo und Cigales werden vorwiegend Rotweine und Rosé produziert.

REBSORTEN Für Rotweine: Tinto Fino (Tempranillo), Cabernet Sauvignon und Garnacha. Für Weißweine Verdejo, Palomino und Albillo.

REBFL/PROD Ca. 90 000 ha, rund 3 Mio. hl/Jahr.

JAHRGÄNGE 1993, 90, 89, 88, 87, 86, 85, 83, 82.

PRODUZENTEN Vega Sicilia und Alejandro Fernández gehören zu den Spitzenhäusern. Weitere gute Produzenten sind Vinos Blancos de Castilla, Hermanos Pérez Pascuas, Ismael Arroyo, Famoro, Señorío de Nava, Lorenzo Cachazo, Fariña, Bodegas Protos und Mauro. Genossenschaften: Ribera Duero und La Seca.

## TORO

**GESCHICHTE** Die Weingeschichte des Hauses Toro ist eng mit der ältesten Universität Spaniens - Salamanca - verbunden. Dieser Teil des alten Kastilien war auch der Hauptsitz des Königs. Man erzählt sich, Columbus habe bei seiner ersten Amerikareise fassweise Toro-Weine mitgenommen.

**GEOGRAPHIE** Toro gehört zur Provinz Zamora, wo ein kontinentales Klima herrscht. Nirgends sonst in Spanien sind die Unterschiede zwischen Sommer- und Wintertemperatur deutlicher und die Niederschlagsmengen so klein.

**WEINE** Die Appellation erlaubt Weiß-, Rosé- und Rotweinherstellung. Toro ist aber vor allem für fruchtige, gerbstoffhaltige Rotweine mit hohem Alkoholgehalt bekannt - bis zu 15 Prozent ist keine Ausnahme. Die Weine werden häufig durch längere Lagerung besser. Der modernere Toro-Stil geht aber eher in Richtung leichte Weine mit weniger Farbe und Alkoholgehalt.

**REBSORTEN** (40%) Tinta de Toro für Rotweine, Malvasia und Verdejo für Weißweine.

*Toro-Weine waren schon zu Columbus' Zeiten beliebt und heute sind diese Weine wieder im Kommen.*

**REBFL/PROD** 3 000 ha, ca. 30 000 hl/Jahr.

**PRODUZENTEN** Bodegas Vega Sauco, Bodega Coop. Vino de Toro.

**WISSENSWERT** Weitere Informationen: Consejo Regulador Toro: Plaza de España 7, E-49800 Toro (Zamora). Tel. 980-69 03 35. Fax 980-69 03 35.

## RUEDA

**GESCHICHTE** Bereits im 11. Jahrhundert spornte König Alfonso VI. die Bauern zum Weinbau an. Nachdem die Weinberge von den Mauren zerstört worden waren, bot er ihnen die Selbständigkeit an, mit der Auflage, Neuanpflanzungen vorzunehmen. Diese fanden Gefallen an seinem

*Rueda ist reich an Denkmälern und Geschichten von Königen, was auch dem Ruf der Weine von Nutzen war.*

Vorschlag und im Jahr 1599 betrug die Produktion bereits 100 000 Liter. Rasch wuchs die Popularität der Weine und sie wurden auch am königlichen Hof in Valladolid konsumiert. Der Erfolg dauerte bis etwa Ende 1890, als die Reblaus die Weinberge befiel. 1922 sank die Anbaufläche um zwei Drittel. Erst vor etwa zwanzig Jahren erfuhr Rueda einen erneuten Aufschwung. Vorerst wurden langweilige Weine aus der Palomino-Rebe erzeugt, die man später gegen die frischere Verdejo austauschte. Durch das Weinhaus Marqués de Riscal, in Zusammenarbeit mit Professor Emile Peynaud aus Bordeaux, wurden die Weine immer fruchtiger und eleganter.

**GEOGRAPHIE** Rueda liegt auf der „Meseta" (Hochebene) südlich von Valladolid, einer Landschaft mit kontinentalem Klima, warmen Sommern und kalten Wintern. Die Gegend besitzt alluviale Böden, Kalk sowie Lehm.

**WEINE** Die Appellation umfasst fünf Weine: Rueda, Rueda Superior, Espumoso Rueda (Schaumwein), Pálido Rueda (süß) und Dorado Rueda (ebenfalls süß). Der Prestigewein ist Rueda Superior, aus mindestens 85% Verdejo. Auch Rotweine ohne DO-Status werden hergestellt (Tierra Medinal).

**REBSORTEN** Verdejo dominiert, gefolgt von Sauvignon Blanc, Palomino und Viura.

**REBFL/PROD** 5 700 ha, 140 000 hl/Jahr.

**PRODUZENTEN** Agricola Castellana S. Coop, Bodega Vega de la Rein, Vinos Blancos de Castilla.

**WISSENSWERT** Weitere Informationen: Consejo Regulador i Rueda: Real 8, E-47490 Rueda (Valladolid). Tel. 983-86 82 48. Fax 983-86 82 48.

## RIBERA DEL DUERO

GESCHICHTE Ribera del Duero ist das größte Anbaugebiet von Castilla-Léon und liegt im Duero-Tal, östlich von Valladolid. Diese Stadt war im 15. Jahrhundert Hofsitz der katholischen Monarchen Ferdinand und Isabella und der Weinbedarf des Hofs regte die Weinproduktion an. Immer schon zeigte man in diesem Gebiet ein reges Interesse an der Weinherstellung. Auch hier richtete die Reblaus große Schäden an. Heute gilt man als eine der führenden Weinbauregionen Spaniens. Die zahlreichen Investitionen, Neuanpflanzungen und das schnelle Wachstum machen Ribera del Duero zum größten Konkurrenten Riojas.

*Vega Sicilia ist der brühmteste Produzent in Ribera del Duero. Ihr Prestigewein ist preisführend.*

GEOGRAPHIE Die Weinberge liegen auf 500-800 Meter Höhe. Das Klima ist schwierig und das Frostrisiko groß. In den östlichen Teilen dominieren Schlammböden mit Kalk, Lehm und Kreide (ergibt weiche Weine), im Westen sind die Böden weniger kalk- und kreidehaltig (ergibt vollmundige Weine).

WEINE Gemäß den DO-Bestimmungen ist der Anbau von Roséweinen mit mind. 10,5% Alkoholgehalt und Rotweinen mit mind. 11,2% erlaubt. Das Gebiet ist am bekanntesten für langlebige rote Reserva- und Gran-Reserva-Weine, hauptsächlich aus der Rebsorte Tinto del País mit einem kleinen Anteil Bordeaux-Sorten.

REBSORTEN Tinto del País/Tinto Fino (Tempranillo), Garnacha, Cabernet Sauvignon, Malbec und Merlot.

REBFL/PROD 11 200 ha, ca. 260 000 hl/Jahr.

PRODUZENTEN Vega Sicilia, Bodegas Alejandro Fernández, Bodegas Penalba Lopez, Bodegas Protos und Bodegas Vina Mayor.

WISSENSWERT Weitere Informationen: Consejo Regulador Ribera del Duero, Hospital s/n°, E-09300 Roa de Duero (Burgos). Tel. 947-54 12 21. Fax 947-54 11 16.

## BIERZO, CIGALES

### BIERZO

GESCHICHTE Viele Jahre lang wurden Bierzo-Weine aus Trauben erzeugt, die aus Weinbergen außerhalb des Distriktes stammten. Deshalb erhielt Bierzo die DO-Qualifikation erst 1991.

GEOGRAPHIE Bierzo ist ein gut geschütztes Tal im Westen von Castilla-Léon. Das Klima hier ist nicht so rau wie in den übrigen Teilen des Gebiets. Die Reben wachsen auf 500-650 Meter Höhe, hauptsächlich auf alluvialen Böden.

WEINE Die Appellation gestattet drei Weine: weiß, rosé und rot. Die Weißweine sind leichter und säurebetont, die Roséweine oft gehaltvoll. Rotweine werden in verschiedenen Ausführungen erzeugt, vom leichteren, fruchtigeren Stil bis zum vollmundigeren.

REBSORTEN Die wichtigste blaue Rebsorte heißt Mencia und wird auf 62% der gesamten Rebfläche angebaut. Außerdem kommt Garnacha Tintorera vor. Erlaubte grüne Rebsorten sind Palomino, Doña Blanca, Malvasia und Godello.

REBFL/PROD 3 400 ha, 210 000 hl/Jahr.

PRODUZENTEN Prada a Tope, Bodega Coop. Vinicola del Bierzo.

WISSENSWERT Weitere Informationen: Consejo Regulador Bierzo: Los Morales 1, E-24540 Cacabelos (León). Tel. 987-54 94 08. Fax 987-54 70 77.

### CIGALES

GESCHICHTE In diesem Gebiet beschäftigt man sich schon lange mit dem Weinbau.

GEOGRAPHIE Cigales befindet sich im nördlichen Teil von Castilla-León. In dieser Berglandschaft liegt die durchschnittliche Höhe der Weinberge bei 800 Metern.

WEINE Die Appellationen erlauben vier Weintypen: Rosado Cigales Nuevo, Rosado Cigales, Rosado Cigales Crianza sowie Tinto. Roséweine dominieren und umfassen drei Viertel der Weinproduktion von Cigales. Die Weine müssen mind. 50% Tempranillo enthalten. Die Rotweine, insbesondere in der Reserva-Klasse, sind auf dem Vormarsch.

REBSORTEN Die Hälfte der Rebfläche ist mit Tempranillo bestockt, ein Drittel mit Garnacha. Weitere Rebsorten sind Viura und Verdejo.

REBFL/PROD 2 700 ha, ca. 35 000 hl/Jahr.

PRODUZENTEN Bodegas Cooperativa de Cigales, Bodegas Gonzalez Lara.

WISSENSWERT Weitere Informationen: Consejo Regulador Cigales: Onésimo Redondo 35, E-47270 Cigales (Valladolid). Tel. 983-58 00 74. Fax 983-58 65 90.

## Vega Sicilia

**GESCHICHTE**  Don Eloy Lecanda y Chaves setzte 1864 die ersten Rebstöcke auf einem Gelände, das früher einem großen landwirtschaftlichen Betrieb namens Vega de Santa Cecilia gehört hat-

*Vega Sicilia Unico ist laut vielen der beste Rotwein Spaniens und wird nur in hervorragenden Jahren produziert.*

te. Aus diesem Namen wurde später Vega Sicilia. Don Eloy baute Cabernet Sauvignon, Merlot und Malbec an, die er aus Bordeaux importierte. 1983 wurde das Gut von El Enebro übernommen, wobei David Alvarez Díaz der Mehrheitseigner ist.

**WEINE**  Vega Sicilia Unico wird nur in sehr guten Jahren hergestellt. In schlechten Jahren (1963 und 1971) wird kein Wein erzeugt und in guten der Valbuena 3 año und der Valbuena 5 año. Beides sind dennoch sehr gute Weine.

**CHARAKTER**  Portwein-ähnlich, komplex mit Zedernholznoten im Bukett.

**RUF**  Vega Sicilia „Unico" gilt als bester Rotwein Spaniens und auch als einer der besten der Welt. Er ist teuer und rar.

**REBSORTEN**  Tinto Fino 80%, CS 20%. Auch Merlot, Malbec und wenig Albillo (weiß).

**WEINHERSTELLUNG**  Die Weinerzeugung wird individuell dem Jahrgang angepasst. In der Regel wird für den Unico nur der „Vorlauf" verwendet, der 15 Tage in Stahltanks gärt. Die zweite Gärung erfolgt in großen Fässern aus amerikanischer Eiche. Danach lässt man ihn zehn Jahre und länger in verschiedenen Holzfässern reifen.

**LAGERUNG**  Unico 20-30 J. Valbuena 5-10 J.
**REBFL/PROD**  200 ha, ca. 18 000 Kisten/Jahr.
**JAHRGÄNGE**  1985, 83, 80, 79, 76, 75, 74, 73, 72, 70, 69, 67, 66, 62, 61, 60.

• **Besitzer** El Enebro S.A. • **Kellermeister** Javier Ausas López de Castro • **Besuch** Kein Besuch möglich • **Adresse** Vega Sicilia, Ctra. N.-122, km 323, E-47359 Valbuena de Duero (Valladolid) • **Tel.** 983-68 01 47 • **Fax** 983-68 02 63

PRODUKTION  QUALITÄT  PREIS

## Weitere Produzenten

### Bodegas Ismael Arroyo

Eine qualitätsbewusste Bodega in Ribera del Duero. Erzeugt ausgezeichnete sortenreine Gran-Reserva-Weine mit dem Namen Valsotillo aus der Tinto-Fino-Traube.

• **Adresse:** Los Lagares 71, E-09441 Sotillo de la Ribera (Burgos). **Tel.** 947-53 23 09. **Fax** 947-53 23 09.

### Vinos Blancos de Castilla

Vinos Blancos de Castilla ist eine Tochterfirma des Weinguts Marqués de Riscal. Die Weine werden nach dem neusten Stand der Technik hergestellt. Marqués de Riscal Superior (85% Verdejo und 15% Viura), Marqués de Riscal Reserva Limousin (im Fass ausgebaut und aus 100% Verdejo) sowie Marqués de Riscal Sauvignon (100% Sauvignon Blanc) sind allesamt Beispiele des Potenzials, das in diesem Betrieb steckt.

• **Besitzer:** Vinos Blancos de Castilla S.A. **Kellermeister:** D. Francisco J. Hurtado de Amezaga & Pedro Aznar. **Besuch:** Täglich 8-12.30 nach Vereinbarung. **Adresse:** Carretera de la Coruña, km 172, 600, E-47490 Rueda (Valladolid). **Tel.** 983-86 80 83. **Fax** 983-86 85 63.

### Los Curros

Eine ehemalige Genossenschaft in Rueda, die für ihren frischen, blumigen Verdejo-Wein Viña Cantosán bekannt ist. Erzeugt auch einen fülligen, in Eiche ausgebauten, roten Yllera aus Ribera del Duero.

• **Adresse:** San Juan Bautista 1, E-47494 Fuente El Sol (Valladolid). **Tel.** 983-82 40 16.

### Bodegas Fariña

Die bekannteste Bodega in der neuen DO-Region Toro, 1942 gegründet. Man beweist, dass aus der lokalen Sorte Tinta de Toro ausgezeichnete Weine hergestellt werden können: würzig und voller Frucht. Gran Colgiata Reserva wird seit kurzem in neuer Eiche ausgebaut.

• **Besitzer:** Manuel Fariña **Besuch:** Nach Vereinbarung. **Adresse:** Camino del Palo s/n, E-49800 Toro (Zamora). **Tel.** 980-69 18 82.

### Hermanos Pérez Pascuas

Eine junge, zukunftsorientierte Bodega in Ribera del Duero. Gegründet wurde sie von drei enthusiastischen Brüdern mit Hilfe der besten Önologen. Viña Pedrosa Gran Reserva aus Cabernet und Tinto Fino ist kräftig und komplex.

• **Adresse:** Ctra. de roa s/n, E-09314 Pedrosa de Duero (Burgos). **Tel.** 947-53 01 00. **Fax** 947-53 00 02.

## Weitere Produzenten in Castilla-León

### Alejandro Fernández „Pesquera"

Der mächtige Rotwein Pesquera von dieser Bodega wetteifert mit Vega Sicilias Unico um das beste Ansehen in der Region. Seit Anfang der 70er Jahre erzeugt der unermüdliche Alejandro Fernández einen Qualitätswein von internationalem Ruf. Der Gran Reserva besitzt eine intensive Frucht. Der sortenreine Prestigewein Pesquera Ja-

*Alejandro Fernández ist mit seinem Pesquera der große Herausforderer der Vega Sicilia in Castilla-León.*

nus Tinta Especial aus Tinto Fino ist ein dichter Wein mit intensivem, fruchtigem Aroma, gepaart mit Trauben- und Eichenextrakt.

•**Besitzer:** Alejandro Fernández **Besuch:** Nach Vereinbarung. **Adresse:** Pesquera de Duero, E-47315 Pesquera (Valladolid). **Tel.** 983-87 00 37. **Fax** 983-87 00 88.

### Bodegas Mauro

Eine kleine, private Bodega mit dem kraftvollen Rotwein Mauro, der aus Tinto Fino, Garnacha und zu einem kleinen Teil Albillo erzeugt wird. Die Rebfläche liegt nicht innerhalb der DO Ribera del Duero, die Weine dürfen aber trotzdem diese Statusbezeichnung tragen. Der Betrieb ist in Besitz der Familie des ehemaligen Kellermeisters auf Vega Sicilia, Marciano García.

•**Besitzer:** Fam. García **Besuch:** Nach Vereinbarung. **Adresse:** Cervantes 12, E-47320 Tudela de Duero (Valladolid). **Tel.** 983-68 02 65. **Fax** 983-68 10 72.

### Bodega Protos

Bodega in Ribera del Duero. 1927 als eine Genossenschaft gegründet. Die Weine lagern in Kellern, die sich unter einer Burg aus dem 14. Jahrhundert in Peñafiel befinden. Protos ist vor allem für seine Rotweine bekannt. Protos Crianza in Reserva, Gran Reserva und Reserva Especial sind von hoher Qualität.

•**Besitzer:** 30 Mitglieder **Besuch:** Nach telefonischer Vereinbarung. **Adresse:** Avda. Genral Sanjuro 64, E-47300 Peñafiel (Valladolid). **Tel.** 983-88 00 16. **Fax** 983-88 12 72.

### Bodegas Reyes

Seit Mitte der 70er Jahre arbeitet Teófilo Reyes mit Alejandro Fernández zusammen; gemeinsam haben sie den erfolgreichen Pesquera geschaffen, ein Konkurrent des Unico von Vega Sicilia. 1993 gründete Teófilo seine eigene Bodega und zusammen mit seinen beiden Söhnen Juan José und Luis zählt er zu den großen Weinproduzenten in Ribera. Sein Tinto-Crianza-Wein notierte bei zahlreichen internationalen Verkostungen Spitzennoten. Es ist ein gut gebauter, kräftiger und lagerfähiger Wein mit großer Frucht.

•**Besitzer:** Teófilo Reyes **Besuch:** Nach Vereinbarung. **Adresse:** Ctra N-122, E-47300 Peñafiel (Valladolid). **Tel.** 983-88 12 43.

### Vinos Sanz

Vinos Sanz wurde 1870 gegründet und ist die älteste Bodega in Rueda. Sie wird heute in der fünften Generation geführt. Das große Weingut Finca la Collina liegt inmitten von Weingärten. Die wichtigste Rebsorte ist Verdejo, man baut aber auch Sauvignon Blanc an. Unter den vielen nennenswerten Weinen finden wir Sanz Superior (90% Verdejo, 10% Viura), Sanz Sauvignon (100%) und Campo Sanz (rot, aus 100% Tempranillo, früher als Tafelwein klassifiziert). Auch Tafelweine, hauptsächlich für den Export, werden hergestellt.

•**Adresse:** Ctra. Madrid-la Coruña, km 170, 5, E-47490 Rueda (Valladolid). **Tel.** 983-86 81 00. **Fax** 983-86 81 17.

### Bodegas Frutos Villar

Die Bodega, die sowohl Toro- als auch Ribera-del-Duero-Weine erzeugt, wurde 1900 gegründet. In Cigales ist sie seit 1960 ansässig und in Besitz von 100 Hektar Rebfläche. Diese ist hauptsächlich mit Tinto del País (Tempranillo) bestockt. Der bekannteste Wein ist der Rosé Viña Calderona.

•**Adresse:** Ctra Burgos, km 113,7, E-47270 Cigales (Valladolid). **Tel.** 983-58 68 68. **Fax** 983-58 01 80.

### Vinos del Bierzo S. Coop.

In Cacabelos 1963 gegründet. Eine Genossenschaft mit mehr als 200 Mitgliedern. Rotweine aus der Rebsorte Mencía, Weißweine aus Doña Blanca, Godello Malvasia und Palomino. Erwähnenswerte Weine sind Señorío del Bierzo, Guerra und Viña Oro.

•**Adresse:** Avda. Constitucíon 106, E-24540 Cacabelos (Léon). **Tel.** 987-54 61 50. **Fax** 987-54 92 36.

# Rioja

GESCHICHTE  Bevor die Römer das Land eroberten, betrieb man in Rioja bereits Weinbau. Die heutige Bedeutung der Rioja-Weine hat ihren Ursprung im Jahr 1850. Als in Bordeaux die Weinberge von Mehltau- und Reblauskatastrophen heimgesucht wurden, zog es viele Winzer nach Rioja, die ihr Weinwissen mitbrachten. Auch Rioja blieb von der Reblaus nicht verschont und so zogen einige wieder nach Frankreich. Wegen des Bürgerkriegs in den dreißiger Jahren wurde es still um Rioja. Als die Weinpreise in den 70er Jahren im Steigen begriffen waren, entdeckte man die günstigeren Rioja-Weine von neuem.

GEOGRAPHIE  Der Ebro teilt die Landschaft in RIOJA ALAVESA im Norden, RIOJA ALTA im Westen und RIOJA BAJA im Osten. Der Name Rioja leitet sich vom Nebenfluss des Ebro, des Rio Oja, ab. Die einzelnen Gebiete von Rioja haben verschiedene Klimatypen. Alavesa hat ein kühles Klima. Alta hat ein wärmeres, wird aber wie auch Alavesa durch den Atlantik beeinflusst. Baja besitzt ein Mittelmeerklima mit sehr warmen Temperaturen. In Alavesa findet man leichte, kalkreiche Lehmböden. In Alta Lehmböden mit hohem Eisengehalt und Flussschlamm. In Baja ähneln die Böden denen in Alta, sind aber schwerer und werden von eisenhaltigem Lehm dominiert.

WEINE  Die Trauben der drei Gebiete werden zu fülligen Rotweinen verschnitten. Weißweine werden auf zwei Arten hergestellt: ein leichter, frischer sowie ein bereits gelagerter, schwerer Wein. Auch Rosado (Rosé) und Cava (Schaumwein) werden produziert. Reserva- und Gran-Reserva-Weine können lange gelagert werden.

KLASSIFIZIERUNG  Es gibt nur eine DOCa Rioja.

REBSORTEN  Rot: Garnacha, Tempranillo, Graciano und Mazuelo. Weiß: Viura, Malvasia und Garnacha Blanca.

REBFL/PROD  Ca. 50 000 ha, 1,8 Mio. hl/Jahr.

JAHRGÄNGE  1995, 94, 92, 91, 89, 87, 82.

PRODUZENTEN  Zur Spitze gehören: Cune, López de Heredia, Marqués du Murrieta, Muga, Marqués de Riscal und La Rioja Alta.

WISSENSWERT  Weitere Informationen: Consejo Regulador, Jorge Vigón 51, E-26003 Logroño. Tel. 0941-24 11 99/23 15 38. Fax 0941-25 35 02.

---

RIOJA-WEINE

TINTO: einfacher, kräftiger Rotwein.

CLARETTE: einfacher, leichter Rotwein.

SIN CRIANZA: kurze, einmonatige Lagerung im Fass.

CON CRIANZA: Rotweine müssen 2 J. gelagert werden, davon mind. 1 J. im Fass. Weiß- und Roséweine: 6 Mt. im Fass.

RESERVA: Rotweine müssen mind. 1 J. im Fass ausgebaut werden und weitere 2 J. im Fass oder in der Flasche. Der Wein darf nicht vor dem vierten Jahr nach der Lese die Bodega verlassen. Weiß- und Roséweine müssen mind. 2 J. gelagert werden, davon mind. 6 Monate im Fass.

GRAN RESERVA: Nur Weine aus guten Jahrgängen (cosechas). Rote müssen mind. 2 J. im Fass ausgebaut werden, danach weitere 3 J. im Fass oder in der Flasche. Der Wein darf nicht vor dem sechsten Jahr nach der Lese die Bodega verlassen. Weiß- und Roséweine müssen insg. mind. 4 J. gelagert werden, davon mind. 6 Mt. im Fass. Das Weingesetz schreibt die Lagerzeit vor, nicht aber die Holzart und das Holzalter. Der Weincharakter ist deshalb unterschiedlich.

Seit einigen Jahren besteht eine weitere Qualitätsklasse: CVC (CONJUNTO DE VARIAS COSECHAS), ein Verschnitt aus verschiedenen Jahrgängen.

## BODEGAS UNIDAS AGE

GESCHICHTE Das „A" in AGE steht für Felix Azpilicueta von der Bodega del Romeral. Das „G" kommt von Cruz García Laguente, der eine Bodega gegenüber baute. Nach einiger Zeit be-

*AGE ist der größte private Exporteur von Rioja, erzeugt aber auch sehr gute Gran Reserva.*

gann man mit der Zusammenarbeit und 1964 schloss man sich definitiv zusammen. 1967 wurde auch die Bodega Entrena eingegliedert, und somit entstand der Name AGE. Von den früheren Besitzern ist nur noch García Sanchez mit dabei (als Kellermeister). Heute in Besitz des großen Getränkekonzerns Bodegas & Bebidas.

WEINE Rote: Siglo Saco, Romeral sowie Marqués de Romeral mit höchster Qualität. Weiße: Siglo Blanco und Romeral sowie der halbsüße Parral. Großen Erfolg konnte man mit dem im Jutesack (Saco) verpackten Siglo erzielen.

CHARAKTER Weiche Rotweine, die für eine frühe Konsumation erzeugt werden. Der Eichenfasscharakter wird besonders in den Weißweinen deutlich, die auch einen oxydativen Ton haben können.

RUF Preiswerter und origineller Siglo. Kein Spitzenerzeuger von Gran Reserva.

REBSORTEN Tempranillo zu zwei Dritteln sowie Garnacha und Mazuelo.

WEINHERSTELLUNG 1988 erbaute, moderne Anlage. Ausbau in Eichenfässern, max. drei Jahre.

LAGERUNG Siglo bis zu acht Jahren (rot und weiß). Marqués de Romeral bis zu 20 Jahren.

REBFL/PROD Keine eigene Rebfläche, das Traubengut wird von benachbarten Winzern und Genossenschaften gekauft, ca. 1,4 Mio. K./Jahr.

**Besitzer** Bodegas & Bebidas • **Kellermeister** Cruz García Sánchez • **Besuch** Kein Besuch möglich • **Adresse** Bodegas Unidas AGE, Barrio Estación s/n, E-26360 Fuenmayor • **Tel.** 941-29 35 00 • **Fax** 941-29 35 01

PRODUKTION    QUALITÄT    PREIS

## C.V.N.E. (CUNE)

GESCHICHTE C.V.N.E. oder Cune, wie die Firma im Volksmund genannt wird, wurde in den 70er Jahren von Eusebio Real de Asúa gegründet, der in Bordeaux ausgebildet worden war. Der Betrieb hieß früher „Sociedad colectiva mercantil Corcuera, Real de Asúa y Compañía", änderte aber 1882 den Namen zu „Compañía Vinícola del Norte de España". Zu Beginn des 20. Jahrhunderts war man vor allem für die Schaumweine bekannt.

WEINE Cune produziert Rot-, Weiß- und Roséwein. Der bekannteste Rotwein ist Viña Real und Imperial. Auch der Weißwein Monopole ist sehr bekannt und von hoher Qualität.

CHARAKTER Der Eichenton ist ein bedeutender Bestandteil des Charakters von Cune-Weinen. Man verwendet 30% französische und 70% amerikanische Eichenfässer.

RUF Man gehört zu den Größten unter den kleinen Bodegas. Die Weine sind sehr klassisch.

REBSORTEN Tempranillo und Garnacha mit etwas Graciano und Mazuelo für den Rotwein; Viura und Malvasia für Weißweine.

*Cune will die größte unter den kleinen Bodegas sein. Ihr weißer Monopole ist sehr gut.*

WEINHERSTELLUNG Traditionelle Gärung im Fass; danach ein bis drei Jahre Eichenfassausbau.

LAGERUNG Die Gran-Reserva-Qualität von Imperial ist für eine längere Lagerung geeignet, 20-30 Jahre sind die Regel.

REBFL/PROD Ca. 540 ha, rund 400 000 Kisten/Jahr.

**Besitzer** D. Luis I. Vallejo • **Kellermeister** Basilio Izquierdo • **Besuch** Mo-Fr 9-13 • **Adresse** C.V.N.E. (Cune), Lersundi 9-6, E-48009 Bilbao • **Tel.** 944-24 30 00, 941-31 0276 • **Fax** 944-24 66 86

PRODUKTION    QUALITÄT    PREIS

## Faustino Martínez

GESCHICHTE  Die Familie Martínez erzeugt schon seit 1860 gute Weine. 1931 begann man mit der eigenen Flaschenabfüllung. Heute leitet Julio Faustino Martínez den Betrieb, der zu den ersten gehörte, die keinen Eichenfassausbau für ihre modernen, weißen Rioja-Weine verwendeten.

*Faustino-Weine sind unter Rioja-Freunden zum Begriff geworden. Der Mann auf dem Bild ist Rembrandt.*

Man gewann dadurch einen leichteren, frischeren Wein, der an Zitrusfrüchte erinnert.

WEINE  Faustino VII. rot, weiß und rosé, Faustino V. rot, weiß und rosé. Gran Reserva Faustino I. nur als Rotwein.

CHARAKTER  Elegante, geschmacksreiche Weine der klassischen Rioja-Schule, mit amerikanischem Eichenfass und weicher, runder und warmer Frucht, Tannin und Säure.

RUF  Seit langem sehr guter Ruf. Gehört zu den größeren Exporteuren von Reserva-Weinen.

REBSORTEN  Weiß: 100% Viura, Rosé: 100% Tempranillo. Für höhere Qualitäten 80-85% Tempranillo und je 5-10% Graciano und Mazuelo.

WEINHERSTELLUNG  Moderne Anlage. Gärung in temperierten Stahltanks. Die Ausbauzeit in Eichenfässern erfolgt so kurz wie möglich.

LAGERUNG  Weißweine und Rosados sollten jung getrunken werden, Reserva und Gran Reserva entfalten sich nach längerer Lagerung; Reserva bis zu zehn Jahren und doppelt so lange der Faustino I. Gran Reserva.

REBFL/PROD  500 ha eigene Rebfläche, was 50% des eigenen Bedarfs abdeckt. Etwa 700 000 Kisten/Jahr. Großer, weltweiter Export.

**Besitzer** Julio Faustino Martínez Palácios • **Kellermeister** Rafael Martínez Martínez • **Besuch** Nach Vereinb. • **Adresse** Carretera Logroño s/n, E-01320 Oyon (Alava) • **Tel.** 941-62 25 00 • **Fax** -12 21 06 • **E-Mail** info@bodegasfaustino.es • **Homepage** www.bodegasfaustino.es

PRODUKTION        QUALITÄT        PREIS

## La Rioja Alta

GESCHICHTE  Vier wohlhabende Familien gründeten in Haro, mit Felipe de la Bellacasa an der Spitze, 1890 dieses Weingut. Alfredo Ardanza Sánchez schloss sich später an. Viña Ardanza ist heute der meistverkaufte Wein aus La Rioja Alta.

WEINE  Hauptsächlich Rotweine: Viña Alberdi, Viña Arana, Viña Ardanza, Reserva 890, Reserva 904. Weißweine: Radiante, Leonora und Metropol. Rosé: Vicuana.

CHARAKTER  Klassischer Rioja. Stahl- und Zementtanks werden nur für die Lagerung verwendet. Die Vergärung erfolgt in amerikanischer Eiche.

*Viña Ardanza ist Rioja Altas großer Verkaufserfolg. Ein klassischer Rioja und in der ganzen Welt geschätzt.*

RUF  Die Qualität der Weine ist sehr hoch und das Gut hat einen guten Ruf.

REBSORTEN  Tempranillo, Garnacha, Graciano sowie die weißen Viura und Malvasia.

WEINHERSTELLUNG  Viña Alberdi ist der jüngste Wein und wird 8-10 Mt. in Stahltanks, 18 Mt. im Fass und 12 Mt. in Flaschen ausgebaut. Viña Arana 10 Mt. in Stahltanks, 36 Mt. im Fass und 24 Mt. in der Flasche. Viña Arana wird auch als trockener oder halbsüßer Weißwein ausgebaut. Viña Ardanza wird 10 Mt. in Stahltanks, 3 1/2 J. im Fass und 2 J. in der Flasche ausgebaut. Reserva 890 und Reserva 904 lagern beide 10 Mt. in Stahltanks, 6 J. (904) bzw. 8 J. (890) im Fass und 3 1/2 Jahre (904), 6 J. (890) in der Flasche.

LAGERUNG  Viña Ardanza, Reserva 890 und 904 können lange gelagert werden.

REBFL/PROD  300 ha eigene Rebfläche, 50% des Traubenbedarfs wird dazugekauft. Etwa 150 000 Kisten/Jahr.

**Besitzer** Bodegas La Rioja Alta SA • **Kellermeister** José Gallego • **Besuch** Nach Vereinbarung • **Adresse** La Rioja Alta, Avenida Vizcaya s/n, E-26200 Haro (Rioja Alta) • **Tel.** 941-31 03 46 • **Fax** 941-31 28 54 • **E-Mail** riojalta@jet.es • **Homepage** www.riojalta.com

PRODUKTION        QUALITÄT        PREIS

## LÓPEZ DE HEREDIA, VIÑA TONDONIA

GESCHICHTE  Rafael López de Heredia Landeta gründete 1877 eine Firma in Haro. 1913 kaufte die Firma ein Weingut östlich von Haro. Der Fluss Ebro umschließt fast das ganze Weingut, das kurz Viña Tondonia genannt wird. Der Betrieb wird heute in dritter Generation geführt.

WEINE  75% Rotweine, 24,5% Weißweine und nur 0,5% Rosé. Der Viña Tondonia ist sehr kraftvoll und lagerfähig. Die Rotweine werden als Reserva verkauft und sechs Monate im Tank, fünf Jahre im Fass und weitere sechs Monate in Flaschen ausgebaut. Der Gran Reserva ruht sechs Monate im Tank, 6 1/2 Jahre im Fass und 3 3/4 Jahre in Flaschen. Diese Weine werden nicht filtriert. Der weiße Viña Tondonia ist kraftvoll und kann lange gelagert werden. Andere Rotweine sind: Viña Cubillo und Viña Bosconi. Weißweine: Viña Romania, Viña Zaconia, Viña Gravonia.

CHARAKTER  Da das Weingut im feuchtesten und kühlsten Teil Riojas liegt, sind die Weine nicht schwer. Gärung und Ausbau zu 100% in amerikanischer Eiche.

*Eine der traditionellsten Bodegas Riojas. Ihr bekanntester Wein ist der „Viña Tondonia".*

RUF  López de Heredia hat in der ganzen Welt einen guten Namen.

REBSORTEN  Rote: 50% Tempranillo, 30% Garnacha, 10% Mazuelo und 10% Graciano. Weiße: 50% Viura und 50% Malvasia.

WEINHERSTELLUNG  Traditionelle Methoden. Gärung und Ausbau erfolgen zu 100% in amerikanischer Eiche.

LAGERUNG  Die Rot- und Weißweine sind für die Lagerung gut geeignet.

REBFL/PROD  180 ha, 125 000 Kisten/Jahr.

**Besitzer** Fam. López de Heredia Ugalde • **Kellermeister** Juan Carlos Montoya • **Besuch** Nach Vereinbarung • **Adresse** Lopez de Heredia, Viña Tondonia, Avenida Vizcaya 3, E-26200 Haro (Rioja Alta) • **Tel.** 941-31 01 27 • **Fax** 941-31 07 88

## MARQUÉS DE MURRIETA

GESCHICHTE  Marqués Luciano de Murrieta García-Lemoine wurde 1822 in der damaligen spanischen Kolonie Peru geboren. Als Peru selbständig wurde, zog er nach Spanien. Mit seinem Freund Duque de la Victoria wollte er den Weinanbau in Rioja fördern. Luciano informierte sich in Bordeaux und lernte, wie wichtig es ist, den Wein in Fässern reifen zu lassen. Um 1860 begann Luciano seinen ersten, in Eichenfässern ausgebauten Rioja herzustellen. Bodegas Marqués de Murrieta wurde 1872 gegründet. Im gleichen Jahr erwarb man auch das Weingut Ygay.

*Marqués de Murrieta ist eine klassische Bodega mit klassischen Weinen, die lange gelagert werden können.*

WEINE  Alle Weine tragen den Namen Ygay. Drei Weißweine: Ygay Crianza, Ygay Reserva sowie Castillo Ygay. Die Roten heißen Ygay Etiqueta Blanca, Ygay Reserva und Castillo Ygay, dessen aktuelle Jahrgänge 1959 und 1964 sind!

CHARAKTER  Der Ausbau in amerikanischen Eichenfässern verleiht den Weinen einen vornehmen Geschmack.

RUF  Legendäre Bodega, deren majestätische Weine sehr beliebt sind.

REBSORTEN  Rot: Tempranillo, Garnacha und Mazuelo. Weiß: 90% Viura und 10% Malvasia.

WEINHERSTELLUNG  Bei der Vinifizierung hält man sich an traditionelle Methoden, die Abfüllung hingegen erfolgt mit modernster Technik.

LAGERUNG  Die Reserva-Weine haben ein gutes Lagerpotenzial.

REBFL/PROD  185 ha, ca. 90 000 Kisten/Jahr.

**Besitzer** Fam. Creixell • **Kellermeister** Francisco María Moreno • **Besuch** Kein Besuch möglich • **Adresse** Marqués de Murrieta, Carretera Logroño-Zaragoza, km 5, E-26006 Logroño (La Rioja) • **Tel.** 941-25 81 00 • **Fax** 941-25 16 06

SPANIEN • RIOJA

## Marqués de Riscal

GESCHICHTE 1850 von Don Camilo Hurtado de Amézaga, Marqués de Riscal de Alegía, gegründet. Mit Hilfe von Winzern aus Bordeaux, wo der Marqués 15 Jahre verbrachte, wurde in

Marqués de Riscal erzeugt elegante Rioja-Weine. 1850 wendete er als erster den französischen Stil an.

zehn Jahren eine Musteranlage errichtet. Im unterirdischen Keller gibt es Platz für 30 000 Fässer und ein Museum, wo alle älteren Jahrgänge zu finden sind. Heute ist der Besitz auf vier Familien verteilt, von denen keine mehr mit dem Marqués de Riscal verwandt ist.

WEINE Hauptsächlich Rotweine sowie ein kleiner Teil Rosado. Die Weißweine werden in Rueda von Vinos Blancos de Castilla erzeugt.

CHARAKTER Gut gebaute, elegante Weine ohne übergewichtigen Eichenfasscharakter, eleganter Geschmack mit Finesse.

RUF Sehr guter Ruf für den leichteren, eleganteren Stil. Die Weine sind sehr gut gebaut und können länger lagern, als man denkt.

REBSORTEN Vorwiegend Tempranillo, Mazuelo und Graciano. Etwas Cabernet Sauvignon.

WEINHERSTELLUNG Nach der Gärung in Stahltanks oder Glas-/Betonbottichen wird der Wein direkt in Eichenfässer umgezogen und die malolaktische Gärung setzt ein. Der Ausbau erfolgt je nach Qualität verschieden lang. Reserva z.B. 3-3,5 Jahre im Fass und 4-5 Jahre in der Flasche.

LAGERUNG 5-10 Jahre für Crianza, bis zu 40 Jahren für einen guten Gran Reserva.

REBFL/PROD 200 ha eigene Rebfläche, Gran Reserva 1 000 Kisten, Reserva 6 000 Kisten, Crianza ca. 200 000 Kisten/Jahr.

**Besitzer** Vinos de los Herederos del Marqués de Riscal SA •**Kellermeister** D. Francisco, J. Hurtado de Amézaga & D. Javier Salamero •**Besuch** Täglich 8-12.30 nach Vereinbarung •**Adresse** Marqués de Riscal, Torrea 1, E-01340 Elciego (Alava) •**Tel.** 941-10 60 00 •**Fax** 941-10 60 23

PRODUKTION        QUALITÄT        PREIS

## Montecillo

GESCHICHTE 1874 von der Familie Navajas gegründet. Als das Sherryhaus Osborne den Betrieb 1975 übernahm, wurde eine neue Anlage gebaut.

WEINE Weiß: Viña Cumbrero. Rot: Viña Cumbrero, Viña Monty und Reserva Especial.

CHARAKTER Cumbrero: frisch mit leichtem Eichenfasscharakter. Viña Monty: ein ausgezeichneter Gran Reserva mit balanciertem Fasscharakter, frischer Säure und ausgewogenem Tannin. Reserva Especial, der nur in den besten Jahren erzeugt wird, ist in jeder Hinsicht ein großer Rioja. Es lohnt sich, ihn 20 Jahre und länger in der Flasche reifen zu lassen. Ein Grund für den Fasscharakter liegt darin, dass für Montecillo französische Eichenfässer und nicht die mehr parfümierten amerikanischen verwendet werden. Die Eichenfässer werden selbst gemacht.

RUF Sehr guter Ruf für aufrichtige Weine, ohne aber die Spitzenklasse zu erreichen.

REBSORTEN Weißer Cumbrero aus 100% Viura, der rote aus 85% Tempranillo und 15% Ma-

Montecillo erzeugt eigenwillige Riojas mit kurzer Ausbauzeit im Fass und längerer Flaschenlagerung.

zuelo, Gran Reservas aus 100% Tempranillo.

WEINHERSTELLUNG Sehr moderne Herstellungsmethoden. Recht kurzer Fassausbau. Kein Fassausbau für Weißweine.

LAGERUNG Kurze Lagerzeit für den Viña Cumbrero. Viña Monty sollte mind. 10 J. reifen und der Reserva Especial bis zu drei Jahrzehnten.

REBFL/PROD Keine eigene Rebfläche, etwa 275 000 K./J. Man hat stets eine ganze Jahresproduktion an Lager, um nicht gezwungen zu sein, Trauben aus schlechten Jahren einzukaufen.

**Besitzer** Bodegas Osborne SA •**Kellermeister** D. Genzalo Causapé S.A •**Besuch** Werktags, nach telefonischer Vereinbarung •**Adresse** Montecillo, Fuenmayor La Rioja, E-26360 Fuenmayor •**Tel.** 941-44 01 25 •**Fax** 941-44 06 63

PRODUKTION        QUALITÄT        PREIS

## MUGA

GESCHICHTE  Isaac Muga Martínez gründete die Bodegas Muga im Jahr 1932 in Villalba, einem kleinen Dorf nordwestlich von Haro. Als Isaac 1969 starb, übernahmen seine beiden Söhne Isaac und Manuel Muga Cano die Führung. Der Betrieb bezog neue Gebäude und tätigte große Investitionen.

*Muga produziert seine Weine immer noch in Handarbeit. Für viele die beste Bodega für echte „Tintos".*

WEINE  Muga produziert zu 90% Rotweine unter zwei Bezeichnungen: Muga und Prado Enea. Zehn Prozent sind Weiß-, Rosé- und Schaumweine.

CHARAKTER  Nicht so kräftig in der Farbe, der Geschmack ist aber distinkt und reich an Nuancen.

RUF  Muga produziert seine Weine immer noch in Handarbeit und genießt einen guten Ruf.

REBSORTEN  Tempranillo, Garnacha, Mazuelo und etwas Graciano. Die weiße Viura wird in den Rotwein eingemischt.

WEINHERSTELLUNG  Traditionelle Methoden. „Muga" wird 12 Monate im Stahltank, 12 Monate im Fass und weitere 6 Monate in der Flasche ausgebaut; „Prado Enea" wird als Reserva und in guten Jahren als Gran Reserva produziert. Er lagert 12 Monate in großen Holzfässern, 48 Monate im Fass und 24 Monate in Flaschen. Die Filtration erfolgt durch zusammengeflochtene, getrocknete Traubenstiele, die Schönung wird mit Eiweiß vorgenommen.

LAGERUNG  „Prado Enea" ist sehr lagerfähig.

REBFL/PROD  50 ha eigene Rebfläche, 40% der Trauben werden zugekauft, etwa 80 000 Kisten/Jahr.

**Besitzer** Fam. Muga • **Kellermeister** Isaac Muga & Jorge Muga • **Besuch** Mo-Fr 11 und 16 Uhr, im Sommer nur 11 Uhr. • **Adresse** Muga, Barrio de la Estación s/n, E-26200 Haro (Rioja Alta) • **Tel.** 941-31 18 25 • **Fax** 941-31 28 67 • **E-Mail** bmuga@fer.es

PRODUKTION     QUALITÄT     PREIS

## FEDERICO PATERNINA

GESCHICHTE  Wurde 1896 von Federico Paternina Josué gegründet. Die Nachfrage nahm zu und 1923 zog man nach Haro, wo man eine Genossenschaft erwarb. Insgesamt stehen in den nunmehr 30 m tiefen Kellern 53 000 Fässer. Don Federico starb 1930, und heute ist die Bodega in Besitz des Großbaumeisters Marcos Eguizábal, dem auch Lan, Franco-Español und Bodegas y Viñedos gehören. Die Produktion ist in Bezug auf einfache Jahrgangsweine, sog. Crianzas, sehr groß.

WEINE  Der weiße Banda Dorada und der rote Banda Azul gehören zum täglichen Brot des Be-

*Banda Azul mit dem blauen Band ist ein Klassiker von Federico Paternina. Der Gran Reserva hält hohe Klasse.*

triebs. Ihr Reserva heißt Viña Vial. Der Gran Reserva ist Federico Paternina oder Conde Los Andos, ein Spezialreserva. Außerdem gibt es auch eine Prestigeserie in Rot, Weiß und Rosé unter dem Namen Banda Oro.

CHARAKTER  Die Banda-Weine sind unkompliziert, in leicht oxidiertem Stil. Der Reserva Viña Vial ist weich und sanft mit einladendem Charakter und Vanillenoten im Geschmack. Der komplexe Gran Reserva ist sehr gut und kann jahrzehntelang gelagert werden.

RUF  Sehr guter Ruf für höhere Qualität. Deutlich schlechterer Ruf für Crianza-Weine.

REBSORTEN  Tempranillo, Garnacha und Mazuelo für Rotweine, Viura für Weißweine.

WEINHERSTELLUNG  Sehr moderne Methoden mit Gärung in temperierten Edelstahltanks.

LAGERUNG  Reserva: 8-12 Jahre. Gran Reserva mindestens doppelt so lang.

REBFL/PROD  150 ha, 650 000 Kisten/Jahr.

**Besitzer** Marcos Eguizábal Ramirez • **Kellermeister** Carlos Estecha León • **Besuch** Mo-Fr, nach Vereinbarung • **Adresse** Federico Paternina, Avenida Santo Domingo 11, E-26200 Haro (Rioja Alta) • **Tel.** 941-310550 • **Fax** 941-312778 • **Homepage** www.paternina.com

PRODUKTION     QUALITÄT     PREIS

## Weitere Produzenten in Rioja

### Alavesas
Eine junge Bodega, die sich mit ihren typischen Rioja-Alavesa-Weinen schnell einen Namen gemacht hat. Die Rotweine sind leicht, fruchtig und aromareich, die Weißweine säurebetont. Der Markenname ist Solar de Samaniego.
• **Besuch:** Werktags, nach telefonischer Vereinbarung. **Adresse:** Ctra Elciego s/n, E-01300 Laguardia (Rioja Alavesa). **Tel.** 941-10 01 00. **Fax** 941-10 00 31.

### Artadi (Cosecheros Alavesas)
Eine moderne Genossenschaft, 1985 von Juan Carlos López de la Calle gegründet. Interessant ist, dass die Mitglieder ihre Weine zur Hälfte in den eigenen Bodegas nach klassischem Rioja-Alavesa-Verfahren erzeugen und zur Hälfte nach der Macération-Carbonique-Methode. Ihre Artadi werden als die besten Weine ihrer Art angesehen. Viñas de Gain ist ein in Eiche ausgebauter, sortenreiner Tempranillo.
• **Besitzer:** Genossenschaft **Besuch:** Werktags, nach telef. Vereinbarung. **Adresse:** Ctra. de Logroño, s/n, E-01300 Laguardia (Alava). **Tel.** 941-60 01 19. **Fax** 941-60 08 50.

### Barón de Ley
Man arbeitet mit der Bodegas El Coto zusammen. Der erste Jahrgang war 1985. Der Betrieb ist auch für Weine aus französischen Rebsorten bekannt. Die Lagen gehören eigentlich zu Navarra, werden aber unter DOCa Rioja registriert.
• **Besuch:** Werktags, nach telefonischer Vereinbarung. **Adresse:** Apartado de Correos, E-26080 Cenicero (Rioja Alta). **Tel.** 948-69 43 03. **Fax** 948-69 43 04.

### Berberana
Sie wurde 1877 von der Familie Berberana in Ollauri gegründet. Ihr bekanntester Wein ist der Carta de Plata, einer der meistverkauften Crianza-Weine Spaniens. Von den länger ausgebauten Weinen gibt es den Carta de Oro. Reserva- und Gran-Reserva-Weine werden unter dem Firmennamen Berberana verkauft.
• **Besuch:** Werktags, nach telefonischer Vereinbarung. **Adresse:** Ctra. Elciego, s/n, E-26350 Cenicero (La Rioja). **Tel.** 941-45 31 00. **Fax** 941-45 31 14.

### Beronia
Wurde in den 70er Jahren als Bodega Ollauri gegründet. Seit 1982 in Besitz von Gonzales Byass, dem großen Sherry-Erzeuger. Rot- und Weißweine von hoher Qualität. Jüngere Weine werden unter dem Namen Berón verkauft. Die gelagerten Weine erhalten den Namen Beronia, auch die weißen. Kein Rotwein hat eine kürzere Reifezeit als fünf Jahre hinter sich.
• **Besitzer:** Gonzales Byass **Besuch:** Werktags, nach telefonischer Vereinbarung. **Adresse:** Ctra. Ollauri-Nájera, km 1,8, E-26220 Ollauri (La Rioja). **Tel.** 941-33 80 00. **Fax** 941-33 82 66.

### Bilbaínas
Die besten Weine sind Gran Zaco und Viña Pomal. Die Standardweine werden Viña Paceta genannt. Man erzeugt auch Schaumweine nach der Champagner-Methode und süße Weine mit dem Namen Cepa de Oro. Vicalanda ist ein neuer Tinto-Reserva.
• **Besitzer:** Codorníu **Besuch:** Werktags, nach telefonischer Vereinbarung. **Adresse:** Estación 3, E-26200 Haro (La Rioja). **Tel.** 941-31 01 47. **Fax** 941-31 07 06.

### Martínez Bujanda
Ein Familienbetrieb, von Joaquín Martínez Bujanda gegründet. Die Bodega ist heute eine der modernsten in Rioja. Auf der fast 300 ha großen Rebfläche wachsen nicht nur die typischen Rioja-Sorten, sondern auch Cabernet Sauvignon, Riesling und alte Rioja-Sorten wie Mazuelo und Malvasia. Im Lager liegen knapp 1 000 Barriques aus französischer und amerikanischer Eiche. Die klassischen Rioja-Weine aus Tempranillo heißen Conde de Valdemar, ein bekannter Name unter Rioja-Liebhabern. Wird auch als Weißwein aus der Viura-Traube erzeugt - ein fülliger und würziger Wein, der in neuer Eiche reift.
• **Besitzer:** Fam. Martínez Bujanda **Besuch:** Werktags, nach telef. Vereinb. **Adresse:** Camino Viejo s/n, E-01320 Oyón (Alava). **Tel.** 941-12 21 88. **Fax** 941-12 21 11.

### Campo Viejo
In Besitz von einer der größten Weinfirmen Spaniens, Bodegas & Bebidas (früher Savin), die sich auf preiswerte Qualitätsweine spezialisiert hat. Campo Viejo ist eine der größten Bodegas in Rioja mit einer Lagerkapazität von einer halben Million Hektoliter. Bekannt für den Standardwein San Asienso. Ihr bester Wein ist der Marqués de Villamagna, ein kraftvoller Reserva.
• **Besitzer:** Bodegas y Bebidas **Besuch:** Nur für Fachpersonen. **Adresse:** Gustavo Adolfo Bécquer, E-26006 Logroño (Rioja Alta). **Tel.** 941-27 99 00. **Fax** 941-27 99 01.

### Viñedos del Contino
Von Don Pedro de Samaniego gegründet, der die Bodega wegen gut ausgeführter Arbeit vom spanischen König im 16. Jh. geschenkt erhielt. Heute ist Viñedos del Contino eine modern ausgerüstete Bodega mit sehr guten Weinen im ausgeprägten Bordeaux-Stil. Der elegante Contino Reserva wird aus Tempranillo, Graciano und Mezuelo hergestellt. Die Bodega gehört zur Cune-Gruppe, was zu einer deutlichen Qualitätssteigerung geführt hat.
• **Besitzer:** Cune **Besuch:** Werktags, nach telefonischer Vereinbarung. **Adresse:** Finca San Gregorio, E-01309 Laserna-Laguardia (Alava). **Tel.** 941-10 60 00. **Fax** 941-10 60 23.

## Weitere Produzenten in Rioja

### Bodegas Domecq

Zu dieser Bodega in Rioja Alavesa gehören heute über 500 ha Rebfläche. Durch Domecq in Jerez hat sie jetzt auch Zugang zu einer effektiven Produktion und Verkaufsorganisation. Der rote Marqués de Arienzo wird von vielen als einer der besseren Rioja-Weine angesehen. Der Standardwein heißt Domecq Domain und er wird weiß und rot hergestellt.

• **Besitzer:** Allied-Domecq **Besuch:** Nach Vereinbarung. Adresse: Ctra. Villabuena 9, E-01340 Elciego (Alava). **Tel.** 941-10 60 01. **Fax** 941-10 62 35.

### El Coto

Eine junge Bodega, gegründet 1970, die heute einen sehr guten Ruf genießt. Der Erfolg zeigt sich darin, dass die Anlage schon zweimal erweitert wurde und heute, mit 12 000 Eichenfässern, zu den modernsten gehört. Rotweine: Coto de Imaz und El Coto aus fast ausschließlich Tempranillo. Weißweine: El Coto in modernem Stil aus der Sorte Viura. Auch ein beliebter Rosé wird hergestellt.

• **Besuch:** Werktags, nach telefonischer Vereinbarung. Adresse: Camino Viejo de Logroño, E-01320 Oyón (Alava). **Tel.** 941-11 02 16. **Fax** 941-11 10 15.

### Franco-Españolas

Eine große, in Spanien sehr bekannte Bodega. Heute in Besitz von Sr. Eguizábal. Der halbsüße weiße Diamant ist ein Verkaufserfolg. Die besten Weine: Reserva Royal und Gran Reserva Tête de Cuvée. Andere gute Weine: der trockene Weißwein Viña Soledad und der kräftige Rioja Bordón.

• **Besitzer:** Marcos Eguizábal Ramirez **Kellermeister:** Carlos Estecha León **Besuch:** Mo-Fr, nach Vereinbarung. Adresse: C/Cabo Noval 2, E-26006 Logroño. **Tel.** 941-25 13 00. **Fax** 941-26 29 48. **Homepage:** www.francoespanolas.com

### Viña Ijalba

Eine moderne Bodega, 1975 gegründet, in der moderne Technologie und Tradition gelungen kombiniert werden. Die 70 Hektar Rebfläche enthält auch weniger spezielle Rebsorten wie Graciano und Rivadavia. Man ist für sortenreine Weine bekannt. Ein interessantes Beispiel ist der weltweit einzigartige 100-prozentige Graciano (Ijalba Graciano). Auch sortenreine Tempranillo- (Livor und Solferino) und Viura-Weine (Genoli) werden hergestellt.

• **Adresse:** Viña Ijalba S.A. Jorge Vigón 4-2, E-26003 Logroño. **Tel.** 941-25 15 00. **Fax** 941-23 64 97.

### Bodegas Lan

Eine Bodega, die nach der Gründung in den 70er Jahren Erfolg hatte. Seither ist die Qualität wegen der Besitzerverhältnisse etwas unbeständig. Heute in Besitz von Sr. Eguizábal (Federico Paternina und Franco-Españolas). Bodegas Lan ist wieder auf dem Weg nach oben, u.a. mit klassischen Rioja-Crianza unter dem Namen Viña Lanciano.

• **Besitzer:** Sr. Eguizábal **Besuch:** Nach Vereinbarung. Adresse: Paraje del Buicio, s/n, E-26360 Fuenmayor (La Rioja). **Tel.** 941-45 00 50. **Fax** 941-45 05 67.

### Marqués de Griñon

Marqués de Griñon erzeugt moderne Weine im Médoc-Stil. In Zusammenarbeit mit der Bodegas Berberana werden zwei Weine produziert: ein Crianza und ein Reserva, beide aus 100% Tempranillo. Der hundertjährige Keller in Ollauri, wo Berberana gegründet wurde, ist kürzlich modernisiert worden.

• **Besitzer:** Carlos Falcó **Adresse:** Alta, s/n, E-26220 Ollauri (Rioja). **Tel.** 941-33 80 22. **Fax** 941-45 31 14.

### Bodegas Olarra

Eine moderne Bodega, 1972 gegründet. Das von einem Architekten entworfene Hauptgebäude wird oft die „Kathedrale in Rioja" genannt. Ausgezeichnete Weißweine mit wenig Eichencharakter unter dem Namen Reciente. Beste Rotweine: Cerro Año Reserva und Añares Gran Reserva.

• **Adresse:** Polígono de Cantabria, s/n, E-26006 La Rioja. **Tel.** 941-23 52 99. **Fax** 941-25 37 03.

### Bodegas Palacio

1894 gegründet und lange in Besitz der Familie Palacio. Der neue Besitzer, Jean Gervais, hat mit dem Einsatz von Tempranillo-Trauben, französischem Eichenholz und zwei Weinberatern das Unternehmen auf Vordermann gebracht. Der Prestigewein heißt Glorioso, der Standardwein Cosme Palacio.

• **Besitzer:** Jean Gervais **Besuch:** Nach Vereinbarung. Adresse: San Lázaro 1, E-01300 Laguardia (Alava). **Tel.** 941-10 00 57. **Fax** 941-10 02 97.

### Bodegas Riojanas

Gegründet 1890 von mehreren Adelsfamilien aus Rioja. Kräftige, tanninreiche Weine: Viña Albina, Monte Real, Medieval, Cachales, Fuerta Vieja und Bori.

• **Adresse:** Estación 1, E-26350 Cenicero (Rioja Alta). **Tel.** 941-45 40 50. **Fax** 941-45 45 29.

### Union Vitivinícola Marqués de Cáceres

Eine moderne Bodega, die in Privatbesitz ist und eigentlich als Genossenschaft fungiert. Macht Bordeaux-ähnliche Weine, was ihrem Berater, Prof. Emile Peynaud, zu verdanken ist. Die besten werden unter dem Namen der Bodega verkauft, die restlichen unter dem Namen Rivarey.

• **Adresse:** Ctra. Logroño s/n, E-26350 Cenicero (La Rioja). **Tel.** 941-45 40 00. **Fax** 941-45 44 00.

# Navarra

GESCHICHTE Trotz der Nähe zu Rioja werden in Navarra typische Weine mit eigener Prägung erzeugt. Die Geschichte beweist, dass die Bevölkerung von Navarra immer schon ihren Willen durchzusetzen vermochte. Erst 1841 wurde das Königreich Navarra eine eigenständige Pro-

*Die „Königsbrücke" Puente la Reina gehört zu einer der schönsten Sehenswürdigkeiten Navarras.*

vinz Spaniens. In der Hauptstadt Pamplona stellen die jungen Männer im Rahmen der alljährlich stattfindenden Stierkämpfe ihren Mut unter Beweis, indem sie vor den Stieren herlaufen, die sich in der Stadt frei bewegen.

GEOGRAPHIE Navarra liegt mitten in Nordspanien, mit den Pyrenäen im Norden und Rioja Baja im Süden. Die Hänge der Pyrenäen bewirken ein lauwarmes, feuchtes Klima. Die südlichen Tei-

le sind flacher und profitieren vom Mittelmeerklima des Rioja Baja. In Flussnähe ist der Boden kalkhaltig und von Schlammerde bedeckt. In den trockeneren Gebieten dominieren Kalk- und Sandstein. Im Süden besteht der Boden aus eisenhaltigem Lehm. Es gibt zwei DO: NAVARRA und RIOJA (acht Gemeinden im südwestlichen Navarra).

WEINE Früher wurden meist Roséweine im Stil von Tavel aus dem Rhônetal produziert. Aber dies hat sich geändert. Die örtliche Verwaltung hat die ultramoderne Forschungsstation „EVENA" gegründet (Estación de Viticultura y Enología de Navarra SA). Hier wird mit dem Anbau von ausländischen Rebsorten experimentiert. Die Winzer können ihre Trauben und Bodenproben untersuchen lassen, um zu erfahren, welche Rebsorten wo am besten gedeihen und die besseren Weine hervorbringen.

REBSORTEN Für Rot- und Roséwein: Garnacha, Tempranillo, Graciano und Mazuela. Für Weißweine: Viura, Malvasia.

PRODUZENTEN Vor allem Chivite und Señorío de Sarría. Außerdem Ochoa, Bodegas Iriache, Príncipe de Viana, Magaña, Bodegas Guelbenzu, Luís Gasca und Nuestra Sra del Romeo und San Alejandro.

REBFL/PROD Ca. 13 000 ha, 550 000 hl/Jahr.

WISSENSWERT Weitere Informationen: Consejo Regulador, Conde Oliveto 2, E-31002 Pamplona. Tel. 0948-22 78 52. Fax -21 21 01.

## Julián Chivite

GESCHICHTE  Die Familie Chivite produziert seit 1860 Wein. Heute wird das Weingut von den Geschwistern Julián, Carlos, Fernando und Mercedes erfolgreich geführt und ist das größte private Weingut in Navarra.

*Chivite ist das größte private Weingut in Navarra. Es ist bekannt für Tafel- und Prestigeweine.*

WEINE  Viña Marcos, Colección 125 Reserva, Parador Chivite, Gran Feudo, Cibonero Reserva und Chivite.
CHARAKTER  Gran Feudo ist elegant und leicht. Parador hat mehr Fülle und Frucht. Die Weißen sind leicht und frisch. Der Spitzenwein heißt „Colección 125" und wird als Rot- und Weißwein hergestellt. Der Rote ist ein kräftiger und untypischer Navarra-Wein und wird aus Tempranillo, Cabernet und Merlot produziert. Der Weißwein wird aus Chardonnay erzeugt und im Fass vergoren.
RUF  Der Ruf ist gut, hinkt aber immer noch ein gutes Stück hinter dem Konkurrenten de Sarría her.
REBSORTEN  Rot: Tempranillo, Garnacha, Mazuelo, Graciano. Weiß: Parellada, Xarel-lo.
WEINHERSTELLUNG  Klassische Herstellungsmethoden mit bis zu zehn Jahren Ausbauzeit für den roten Parador.
LAGERUNG  Begrenzte Lagerfähigkeit. Die besten Weine können 10-15 Jahre gelagert werden.
REBFL/PROD  225 ha eigene Rebfläche, rund 50 000 Kisten/Jahr.

## Señorío de Sarría

GESCHICHTE  Das Weingut Señorío de Sarría besteht aus einem wunderbaren Schloss, das 1952 von Felix Huarte gekauft wurde. Bis zu seinem Tod entstand daraus ein Mustergut mit einem eigenen Dorf für die Mitarbeiter: man findet eine Schule, einen Priester, ein Kino und sogar einen Swimmingpool. Das Gut war in Besitz der Familie Huarte, während die Weingärten und die Anlage CENALSA gehörten, einer Marketingorganisation unter Führung von Önologen, die den Genossenschaften Ratschläge bezüglich Ernte und Lagerung erteilten. Seit 1981 ist alles in Besitz der Sparkasse von Navarra.
WEINE  Rotweine: Gran Vino del Señorío de Sarría, Viña del Perdón. Weißweine: Viña Ecoyen. Außerdem ein Roséwein: Rosado.
CHARAKTER  Señorío de Sarría produziert einen hervorragenden, ausgewogenen Wein, der oft die Weine Riojas übertrifft.
RUF  Bester Ruf in Navarra, sogar eines der besten Weingüter in ganz Nordspanien.
REBSORTEN  Rot: Tempranillo, Cabernet

*Señorío de Sarría gehört zu den besten Weingütern in Navarra. Die Weine wurden schon vielfach prämiiert.*

Sauvignon, Garnacha, Graciano und Mazuelo. Rosé: Garnacha. Weiß: Garnacha.
WEINHERSTELLUNG  Musteranlage, bei der große Erfahrung gepaart ist mit neuer Technik.
LAGERUNG  Gute Lagerfähigkeit.
REBFL/PROD  170 ha, ca. 385 000 Kisten/Jahr.

---

**Besitzer** Mercedes, Carlos, Julián Chivite Marco • **Kellermeister** Fernando Chivite Lopez • **Besuch** Nach Vereinbarung • **Adresse** Julián Chivite, Ribera 34, E-31592 Cintruénigo (Navarra) • **Tel.** 948-81 10 00 • **Fax** 948-81 14 07

PRODUKTION          QUALITÄT          PREIS

**Besitzer** Caja de Ahorros de Navarra (Bank) • **Kellermeister** Luis Galdámez • **Besuch** Nach Vereinb. Mo-Fr, nur für Fachpersonen • **Adresse** Señorío de Sarría, Avda. Pío XII, 31, E-31008 Pamplona (Navarra) • **Tel.** 948-26 75 62, 948-340 140 • **Fax** -17 21 64 • **E-Mail** sarria1@ctv.es

PRODUKTION          QUALITÄT          PREIS

## Weitere Produzenten in Navarra

### Bodegas Guelbenzu

Die Bodega stammt aus dem Jahr 1851 und wurde von Don Miguel Guelbenzu gegründet. Bis Ende des 19. Jahrhunderts war die Bodega sehr erfolgreich. Danach litt der Betrieb stark unter der Reblauskatastrophe und erst hundert Jahre später konnte er unter der Führung des Enkels von Guelbenzu und seiner acht Kinder wieder Fuß fassen. 40 Hektar Rebfläche ist mit Cabernet Sauvignon, Tempranillo und Merlot bestockt. Die Weine haben einen sehr guten Ruf. Der Prestigewein heißt Evo, andere Weine sind Guelbenzu Tinto und Guelbenzu Jardin.

•**Adresse:** San Juan 14, E-31520 Cascante (Navarra). **Tel.** 948-85 00 55. **Fax** 948-85 00 97.

### Bodegas Irache

Bodegas Irache ist ein Kloster, in dem die Familie Santesteban seit mehr als 100 Jahren Wein erzeugt. Die besten Weine sind die Tintos, Reserva und Gran Reserva sowie der Irache Cabernet Sauvignon. Der Gran Reserva kann sehr lange gelagert werden und ist nach 20 Jahren noch geschmeidig.

•**Besitzer:** Jesús Santesteban Arteaga **Kellermeister:** Javier Soto Lizarraga **Besuch:** Nach telefonischer Vereinbarung. **Adresse:** Monasterio de Irache 1, E-31240 Ayegui (Navarra). **Tel.** 948-55 19 32. **Fax** 948-55 49 54. **E-Mail:** irache@interplanet.es **Homepage:** www.bodegas-irache.es

### Magaña

Eine kleine innovative Bodega, die sich auf französische Rebsorten spezialisiert hat. Nicht nur auf die Bordeaux-Sorten Cabernet Sauvignon, Cabernet Franc, Merlot und Malbec, sondern auch auf die Rhône-Sorte Syrah. Den Brüdern Magaña gelingen die Weine wider Erwarten. Dies ist nicht nur bei ihrem Gran Reserva, einem spannenden Verschnitt aus CS, Merlot, Malbec und Syrah, erkennbar. Die größte Anerkennung erhielten sie für ihren Merlot Reserva; ein komplexer Wein mit einzigartigem Aroma und Bukett.

•**Besitzer:** Fam. Magaña **Besuch:** Nach Vereinbarung. **Adresse:** San Miguel 9, E-31523 Barillas (Navarra). **Tel.** 948-85 00 34. **Fax** 948-85 15 36.

### Vinícola Navarra

Eine große, alte und traditionelle Bodega, heute in Besitz des großen spanischen Getränkeunternehmens Bodegas & Bebidas (ehemals Savin), das sich auf preiswerte Qualitätsweine konzentriert. Zum Unternehmen gehören u.a. auch Campo Viejo und Marqués del Puerto in Rioja, Señorío de Condestable in Jumilla sowie Vinival in Valencia. Vinícola Navarra erzeugt mehrere hervorragende Weine, z.B. den trockenen weißen Las Campanas aus 80% Viura und 20% Malvasia. Er wird auch als Rosé ausgebaut. Der beste Rotwein ist der Castillo de Tiebas Reserva, ein fülliger, klassischer Wein.

•**Besitzer:** Bodegas & Bebidas **Besuch:** Nach Vereinbarung. **Adresse:** Ctra. Pamplona-Zaragoza, km 14, E-31397 Campanas (Navarra). **Tel.** 948-36 01 31. **Fax** 948-36 02 75.

### Coop. Nuestra Señora del Romero

Eine der größten Genossenschaften Spaniens, im Herzen von Ribera Baja. Sie wurde Anfang der 50er Jahre gegründet. In der Kellerei können 15 Millionen Flaschen Wein pro Jahr erzeugt werden. Bei dieser Kapazität ist die Herstellung nicht nur auf Qualitätsprodukte ausgerichtet. Es werden jedoch mehrere sehr gute Weine erzeugt, vor allem der frische und fruchtige Malón de Echaide Rosado, der Beaujolais-Nouveau-ähnliche Nuevo Vino Tinto sowie der Señor de Cascante Gran Reserva aus 70% Tempranillo.

•**Besitzer:** 1 200 Mitglieder **Besuch:** Nach Vereinbarung. **Adresse:** Ctra. Tarazona 33, E-31520 Cascante (Navarra). **Tel.** 948-85 14 11. **Fax** 948-85 14 36.

### Ochoa

In Olite hat dieser international anerkannte Familienbetrieb seine Bodega. Die älteste Bodega stammt aus dem Jahr 1845 und vor kurzem erwarb man auch eine weitere, moderne Anlage, auf der die Weine nunmehr abgefüllt werden. In der alten Bodega reifen die Rotweine immer noch in Eichenfässern. Geführt wird der Betrieb von Javier Ochoa, zusammen mit seiner Gattin Mariví Alemán, die für Verkauf und Verwaltung zuständig ist. Am bekanntesten ist der Roséwein, der in großen Mengen während der Stierkämpfe in Pamplona konsumiert wird. Die Bodega hat auch durch ihre weichen, fruchtigen Rotweine, wie z.B. Ochoa Gran Reserva 1985, Cabernet Sauvignon 1988 und Ochoa Tempranillo, einen sehr guten Ruf.

•**Besitzer:** Fam. Ochoa **Besuch:** Nach Vereinbarung. **Adresse:** Ctra. Zaragoza 21, E-31390 Olite (Navarra). **Tel.** 948-74 00 06. **Fax** 948-74 00 48.

### Príncipe de Viana

Hieß früher Bodegas Cenals. Eine junge Bodega, die viel für den internationalen Ruf von Navarra getan hat. Hinter der Firma stehen zahlreiche große Privatunternehmen, Sparkassen und Vertreter der örtlichen Regierung von Navarra. Dadurch ist auch die Weinorganisation EVENA mit dem Betrieb eng verbunden. Die Weinmarken sind: Viña Rubican, Agramont und Príncipe de Viana, der oft als reiner Cabernet Sauvignon hergestellt wird; sortentypisch und elegant.

•**Adresse:** Mayor s/n, E-31521 Murchante (Navarra). **Tel.** 948-83 83 85. **Fax** 948-81 85 74.

# Aragón

GESCHICHTE  Aragón liegt zwischen Rioja und Katalonien. Bereits 300 v.Chr. wurde hier Wein angebaut. Zu jener Zeit wurde er mit Honig abgeschmeckt. Heute werden vollmundige Weine mit viel Gerbstoff und Farbe erzeugt. Lange war es ruhig um Aragón, jetzt machen vor allem die Weine aus Somontano und Campo de Borja von sich reden.

GEOGRAPHIE  Die Region liegt am Ebro und seinen Nebenflüssen. Kalkreiche Böden mit Sandstein und Lehm herrschen vor. Die Weinberge liegen 350-900 Meter über dem Meer. Kalte Winde und Schnee im Winter und trockene und warme Sommer prägen das Klima. Die Region besteht aus vier Appellationen: Campo de Borja, Calatayud, Cariñena und Somontano.

REBSORTEN  Rote: Garnacha, Mazuela (Cariñena), Tempranillo und Cabernet Sauvignon. Weiße: Macabeo, Malvasia, Moscatel und Garnacha Blanca.

WEINE  Die Appellationen erzeugen unterschiedliche Weine. In Campo de Borja werden hauptsächlich Rotweine aus Garnacha oder Verschnitte aus Tempranillo und Cabernet Sauvignon erzeugt. In Calatayud ergibt Garnacha schwere Rotweine. Cariñena war früher für alkoholstarke Weine mit bis zu 18% natürlichem Alkoholgehalt bekannt. Cariñena ist nach der gleichnamigen Rebsorte (im übrigen Spanien als Mazuelo und in Frankreich als Carignan bezeichnet) benannt. Heute wird hier jedoch vorwiegend Garnacha angebaut. Außer Rotweinen werden auch viel Weiß- und Roséweine, Rancios und Starkweine hergestellt. Somontano hat sich auf ausländische Rebsorten wie CS, Merlot, Pinot Noir, Chardonnay, Chenin Blanc und Gewürztraminer spezialisiert.

REBFL/PROD  40 000 ha, 250 000 hl/Jahr.

PRODUZENTEN  Bodegas Bordejé, Bodegas Borsao, Coop. Viticola San José, Bodegas Pirineos, Compañía Vitivinícola Aragonesa und Viñedos y Crianza del Alto Aragón.

WISSENSWERT  Weitere Informationen: Consejo Regulador in Zaragoza: Pol. Ind. La Chartuca 30, E-50300 Calatayud. Tel. 0976-88 59 12. Fax -88 59 12.

## Produzenten in Aragón

### Bodegas Bordejé

Ein Privatunternehmen nicht weit von Ainzón, Campo de Borja, das verschiedene Weine erzeugt: Cava, Rosé, Rot- und Süßweine. Wird als einer der besten Cava-Erzeuger angesehen. Nennenswerte Weine sind: Rosado Garnacha, Abuelo Nicolas, Don Pablo (Gran Reserva, 100% Garnacha) und Mari-Dulcis (süß, 100% Moscatel Romano).

•**Adresse:** Ctra. Borja-Rueda, km 3, E-50570 Ainzón (Zaragoza). **Tel.** 976-86 80 80. **Fax** 976-86 80 80.

### Bodegas Pirineos

Bodegas Pirineos besteht aus mehr als 200 Winzern und wurde 1993 in Zusammenarbeit mit Bodegas Cooperativa aufgebaut. Zusammen kontrollieren sie die Hälfte der Weinproduktion in Somontanos, wodurch sie natürlich die größte Bodega der Region sind. Jährlich werden 2,5 Millionen Liter Wein aus spanischen und französischen Rebsorten erzeugt. Interessante Rotweine: Señorío de Lazan Reserva und Montesierra Crianza. Montesierra Blanco ist ein hundertprozentiger Macabeo-Wein.

•**Adresse:** Ctra. Barbastro-Naval, km 3,7, E-22300 Barbastro. **Tel.** 974-31 12 89. **Fax** 974-30 66 88.

### Viñedos y Crianza del Alto Aragón

Ein neues Unternehmen in Somontano, 1991 gegründet. Mit der Hilfe des Önologen Jesús Artajona, der bei Torres gearbeitet hatte, konnte man in Kürze einen Qualitätsanstieg verbuchen. Man verfügt über modernste Anlagen. Weine: Enate Blanco (60% Macabeo und 40% Chardonnay), Enate Chardonnay (100%), Enate Crianza (70% Tempranillo und 30% Cabernet Sauvignon, getrennt in amerikanischen oder französischen Barriques ausgebaut). Die Enate-Weine vereinen in vorbildlicher Weise französische und spanische Tradition.

•**Adresse:** Ctra. Barbastro-Naval, km 9 200, E-22314 Salas Bajas (Huesca). **Tel.** 974-30 23 23. **Fax** 974-30 00 46.

### Compañía Vitivinícola Aragonesa

In Somontano 1986 gegründet. Erzeugt Weine aus autochthonen und französischen Rebsorten. Viñas del Vero ist ein Weißwein aus Macabeo und Chardonnay und der Lieblingswein der Firma. Andere Weine sind die sog. Varietal Wines (Chardonnay, Gewürztraminer, Merlot und Pinot Noir) sowie der Clarión.

•**Adresse:** Ctra. Barbastro-Naval, km 3,7, E-22300 Barbastro (Huesca). **Tel.** 974-30 20 98. **Fax** 974-30 20 98.

## KATALONIEN

GESCHICHTE Wie das übrige Spanien hat auch Katalonien eine bewegte Vergangenheit. Die Reben wurden von Phöniziern und Karthagern eingeführt und von den alten Römern gepflegt. Die Reblauskatastrophe von 1876 war ein harter Schlag für Katalonien. Erst seit Beginn der 70er Jahre kann man wieder von einer bedeutenden Produktion sprechen.

*Katalonien gehört zu den fortschrittlichsten Weingebieten Spaniens, am bekanntesten ist es aber für Cava.*

GEOGRAPHIE Katalonien liegt im Nordosten Spaniens entlang der Mittelmeerküste. Die Temperaturen sind innerhalb des Gebiets unterschiedlich. Im Flachland ist es sehr heiß. Das Gebiet Baja Penedès kann mit Kaliforniens Central Valley verglichen werden. In den Bergen ist es kühler, ähnlich wie in der Champagne. Die Bodenbeschaffenheit ist ebenso unterschiedlich. In Penedès Lehm mit Kalkstein, Kreide und Sand. In Alella findet man Granit. In Tarragona Kalkstein und Kreide, auch Schlammablagerungen und Sand. In Priorato ähnelt der Boden jenem in Rioja mit roter, schieferhaltiger Erde.

WEINE Lange dominierten die Cavas (Schaumweine) das Gebiet. In Katalonien werden 90% aller Schaumweine Spaniens produziert. In letzter Zeit sind aber auch Weißweine und Rotweine von hoher Qualität immer beliebter geworden. Auch die lokalen Spezialitäten wie der weiße, madeirisierte Rancio und Sherry sind sehr populär, ferner die Starkweine aus Priorato und Ampurdán-Costa Brava sowie die frischen Weißweine von Conca de Barberá. Eine neue Sammelappellation namens „Cataluña" wurde 1998 eingeführt.

REBSORTEN Viele Rebsorten sind zugelassen, auch importierte Sorten wie Chardonnay und Cabernet Sauvignon. Die wichtigsten weißen sind: Parellada, Macabeo (Viura) und Xarel-lo. Rote: Ull de Llebre (Tempranillo), Garnacha und Monastrell.

PRODUZENTEN Die zahlreichen Privatwinzer dominieren, die meisten aber verkaufen ihr Traubengut an Genossenschaften.

REBFL/PROD Ca. 60 000 ha, rund 2,5 Mio. hl/Jahr.

WISSENSWERT Weitere Informationen (siehe Haupttext Spanien).

## Penedès

GESCHICHTE Penedès ist das bekannteste katalanische Gebiet. Hier soll die spanische Weinrevolution ihren Ursprung gehabt haben, nachdem ausländische Rebsorten angebaut werden durften. Die Produktion von Weinen aus diesen Rebsorten ist allerdings immer noch sehr gering (10%).

GEOGRAPHIE Penedès ist in drei Gebiete eingeteilt. Penedès Superior: Klima wie im Rheintal und in der Champagne. Hier experimentiert man mit Pinot Noir und Riesling. Hohe Qualität. Medio Penedès: Das Klima ähnelt dem in Bordeaux. 60% der Tafelweine in Medio Penedès werden an Hügeln rund um Villafranca del Penedès produziert. Baja Penedès: sehr warm. Kräftige Rotweine, die mit den Weinen der beiden anderen Regionen verschnitten werden.

WEINE Die besten Cavas (Schaumweine) werden in Penedès durch Weingüter wie Codorníu und Freixenet hergestellt. Neue Techniken und die Kaltgärung von weißen Trauben ergeben frische, trockene Weine. Cabernet Sauvignon ergibt bei Miguel Torres und Jean León hochklassige Rot-

*Die schöne Hügellandschaft von Penedès birgt unterschiedliche Bodenbeschaffenheiten und Klimas.*

weine. Süße Weißweine wie Extrisimo Gran Reserva Dulce und Malvasia de Sitges sind sehr gefragt.

REBSORTEN Weiße: Parellada, Macabeo und Xarel-lo. Rote: Ull de Llebre, Garnacha Tinta und Monastrell.

WEINHERSTELLUNG Neue Techniken wurden in den Weinhäusern von Penedès mit Erfolg angewandt. Die Methoden sind oft ultramodern und die Inspiration dazu stammt unverkennbar aus Kalifornien.

REBFL/PROD Ca. 25 000 ha, rund 1,7 Mio. hl/Jahr. Hauptexportprodukt sind die Cavas.

WISSENSWERT Katalonien ist das zugänglichste Weingebiet Spaniens, bedingt durch die Nähe zum Meer sowie die attraktive und touristenfreundliche Hauptstadt Barcelona. Weitere Informationen: Consejo Regulador de la Denominación de Origen, Amalia Soler 27, Apdo Correos 226, E-08720 Villafranca del Penedès (Barcelona). Tel. 93-890 48 11. Fax 93-980 47 54.

## Andere Gebiete in Katalonien

### Ampurdán-Costa Brava

GESCHICHTE Eines der ältesten Weinbaugebiete Spaniens, schon 600 Jahre v.Chr. wurde hier Wein angebaut. In der Umgebung der römischen Kolonien, d.h. der Städte Rosas und Ampurias, waren während der Antike mehrere Weingärten zu finden. Im Mittelalter wurden viele der lokalen Weine an den französischen Königshof exportiert. Auch hier wütete etwa um 1890 die Reblaus und erst vor einigen Jahren konnte man wieder einen gewissen Aufschwung verzeichnen.

GEOGRAPHIE Ampurdán-Costa Brava liegt in der nordöstlichen Ecke Kataloniens, an der französischen Grenze. Wegen der Nähe zu den Pyrenäen kann das Wetter im Winter für den Weinbau ziemlich schwierig sein, ansonsten herrscht eher ein Mittelmeerklima.

WEINE Ursprünglich wurden hier Rancios erzeugt, d.h. Weine mit stark oxydiertem Charakter. Die Region war auch für verstärkte Weine, wie den Garnatxa d'Empordà, bekannt. Die Rancioproduktion wurde zugunsten der leichteren, fruchtigeren Roséweine zurückgenommen. Auch Cava wird erzeugt.

REBSORTEN Garnacha Tinta und Mazuelo dominieren. Weiße: Xarel-lo und Macabeo.

WEINHERSTELLUNG Die Bodegas wurden ordentlich modernisiert und man experimentiert mit Rebsorten und Weinen. Die süßen Garnatxa-Weine werden zu 5% vergoren, bevor die Gärung durch Zugabe von Alkohol abgebrochen wird. Danach wird der Wein in Barriques ausgebaut.

REBFL/PROD 3 000 ha, 41 000 hl/Jahr.

PRODUZENTEN Cavas Castillo de Perelada, Celler Cooperatiu d'Espolla, Pere Guardiola.

### Alella

Die kleinste DO Spaniens. Altmodisch erzeugte weiße, süße oder halbsüße Weine. Die Bodega Alta Alella hat mit Spitzentechnologie in der Weinbereitung begonnen und stellt sehr gute Weißweine aus Pansa Blanca und Xarel-lo her.

REBFL/PROD Ca. 400 ha, rund 6 000 hl/Jahr.

PRODUZENTEN Alella Vinicola s. Coop. und Praxet erzeugen gute Weißweine aus der lokalen Sorte Pansa Blanca, aber auch Chardonnay.

### Conca de Barberà

Liegt im Hochland hinter Penedès. Der Hauptteil der Produktion wird an die Cava-Häuser in Penedès verkauft.

REBFL/PROD 7 000 ha, rund 100 000 hl/Jahr.

PRODUZENTEN Concavins, Cava Sanstrave.

### Pla del Bagés

Kataloniens neuste Denomination erzeugt hauptsächlich Cava und weiße Grundweine zur

## Andere Gebiete in Katalonien

Cava-Herstellung. Die üblichen Rebsorten sind Macabeo und Picapoll, aber auch Chard, CS und Merlot kommen vor. Erwähnenswert ist der Roséwein aus der ungewöhnlichen Rebsorte Sumoll.
PRODUZENTEN Celler Cooperatiu d'Artes und S.A.T. N 4768 Masies D'Avinyo

### Tarragona

Größtes Gebiet in Katalonien. In den letzten Jahren konnten qualitative Verbesserungen erreicht werden. Fast die ganze Weinproduktion wird in Genossenschaften verarbeitet und in großen Mengen verkauft. Es wird Rot-, Weiß-, Rosé- sowie einfacher Portwein erzeugt, der Ruby de Tarragona genannt wird. Produzenten: Coop. Agricola de Capcanes, Joseph Anguera Beyme. Costers del Segre ist Kataloniens westlichste Denomination, wo eine wüstenähnliche Landschaft vorherrscht. Durch den Produzenten Raimat, der hier eine Musteranlage geschaffen hat, bekannt geworden.
REBFL/PROD  3 500 ha, etwa 50 000 hl/Jahr.

### Priorato

GESCHICHTE Die Weine sind wegen ihres hohen Alkoholgehaltes sehr bekannt. Sie gehörten in vergangenen Zeiten zu den exklusivsten Spaniens.
GEOGRAPHIE Hohe Berge und braunschwarze Böden, die wie eine Tigerhaut aussehen. Die Farbe kommt von den vulkanischen, mit rotem Quarz gemischten Schieferböden. Die Weingärten befinden sich zwischen 100 und 1 000 Meter Höhe.
REBSORTEN Garnacha Tinta dominiert. Ferner Garnacha Blanca, Macabeo und Pedro Ximénez. Man experimentiert auch mit französischen Sorten.
WEINE Weiß-, Rot- und Roséweine im „Joven"-Stil, d.h. zur baldigen Konsumation bestimmt. Kräftige Rotweine und süße Likörweine.
REBFL/PROD 800 ha, 6 000 hl/Jahr.
PRODUZENTEN Cellers de Scala Dei, Alvaro Palacios, Mas Martinet Viticultors.

### Terra Alta

Liegt im Berggebiet des Landesinneren. Hier werden relativ kräftige, einfache Rot- und Weißweine produziert. Terra-Alta-Weine kommen oft verschnitten in anderen katalanischen Weinen vor. Garnacha Blanca und Cariñena sind die wichtigsten Rebsorten. Fünf neue Rebsorten sind zugelassen: Parellada, Moscatel, Cabernet Sauvignon, Merlot und Tempranillo. Produzenten: Coop. Agrícola Batea und Coop. Agrícola Gandesa.
REBFL/PROD Ca. 9 000 ha, 110 000 hl/Jahr.

## Cava

RUF Cava sollte nicht mit Champagner verglichen werden. Der Cava ist einzigartig, da er aus speziellem Traubengut exklusiv in Spanien produziert wird. Der Geschmack ist deshalb sehr unterschiedlich. Viele Cavas haben einen sehr guten Ruf.

*Cavas werden nach der Champagner-Methode hergestellt. Für das Rütteln werden sog. „girosol" verwendet.*

CHARAKTER Fruchtiger, fülliger und süßer als Champagner.
REBSORTEN Für Weiße: Parellada, Macabeo, Malvasia, Chard und Xarel-lo. Für Rosé: Sumoll, Monastrell, Cariñena und Garnacha.
WEINHERSTELLUNG Cavas werden nach der Champagner-Methode hergestellt, eine Technik, die Don José Raventós 1872 aus der Champagne mitbrachte. Nach der ersten Gärung wird dem Wein der sog. „licor de tiraje" zugefügt, eine Mischung aus einer Zuckerlösung, altem Wein und Reinzuchthefen. Nach der Flaschenabfüllung setzt die zweite Gärung ein. Sie erhöht den Alkoholgehalt und bewirkt, dass auch Kohlensäure gebildet wird. Zudem entsteht ein Hefedepot, das ohne Kohlensäureverlust aus der Flasche entfernt werden muss. Der Wein wird aber vorher zwei Jahre gelagert. Für die Entfernung des Hefedepots wurden die Flaschen früher in sog. „Pulpeten" gestellt und von Hand gerüttelt, wobei die Flaschen mehrmals täglich um ein Viertel gedreht und etwas steiler gestellt wurden. Freixenet erfand die sog. „girosol", eine Sonnenblumen-förmige Maschine, die diesen Vorgang für 504 Flaschen gleichzeitig durchführt. Sobald sich die Heferesten am Korken festgesetzt haben, wird der Flaschenhals in eine Tiefkühlflüssigkeit eingetaucht, wodurch er vereist. Durch den Kohlensäuredruck wird der Korken zusammen mit dem Hefedepot herausgeschleudert. Dem zu diesem Zeitpunkt trockenen Cava wird nun je nach gewünschtem Süßegrad der „licor de expedición" zugefügt (Most, Wein und Zucker).
PRODUKTION 10 Mio. Kisten/Jahr.
PRODUZENTEN Castelblanch, Codorníu, Freixenet, Marqués de Monistrol, Mestres, Mont Marcal und Segura Viudas.

SPANIEN • KATALONIEN

## CASTILLO PERELADA

GESCHICHTE Schon die Mönche erzeugten in diesem alten Karmeliterkloster in Perelada Weine für die Grafschaft. Anfang des 20. Jahrhunderts erzeugte Miguel Mateu Pla den Wein noch für den Eigengebrauch. Diese Tätigkeit wurde von seinem Sohn Arturo Suqué erweitert und 1925 gründete er eine Firma. Neue Rebsorten wurden eingeführt und die Produktion nach Vilafranca del Penedès verlegt. Nur die Gran-Claustro-Weine werden weiterhin im alten Kloster erzeugt.

WEINE Umfassende Produktion von leichten Weiß-, Rosé- und Schaumweinen bis zu Barrique-ausgebauten Rotweinen aus französischen und spanischen Rebsorten. Die Hauptproduktion konzentriert sich auf Cava. Der Prestige-Cava heißt Gran Claustro. Andere Weine sind Castillo de Perelada, Cava Brut Nature Chardonnay und die stillen Weine Gran Claustro Tinto, Don Miguel Mateu, Cabernet und Sauvignon Blanc.

CHARAKTER Klassische Cavas. Neuentwicklungen aus Chardonnay beweisen, dass die Spanier den Franzosen auf den Fersen sind.

*Der Produzent Castillo Perelada fing mit der Weinherstellung in einem Karmeliterkloster an.*

RUF Ein berühmtes Weinhaus, das auch ein Kasino, eine schöne Bibliothek mit 70 000 Büchern, ein Weinmuseum und eine Kapelle besitzt.

REBSORTEN Für Weiß- und Schaumweine: Macabeo, Parellada, Monastrell, Chard, Xarel-lo. Für Rotweine: Tempranillo, Garnacha, CS.

WEINHERSTELLUNG Cava nach traditioneller Methode. Die Rotweine werden lange in Barriques ausgebaut.

REBFL/PROD 100 ha eigene Rebfläche, von 300 ha werden Trauben zugekauft, 190 000 K./J.

**Besitzer** Arturo Suqué • **Kellermeister** Simó Serra & José Luis Pérez • **Besuch** Tägl. außer So und Mo • **Adresse** Cavas Castillo de Perelada, c/Motores 139-140, E-08038 Barcelona • **Tel.** 93-22 330 22 • **Fax** -13 70 • **E-Mail** perelada@castillo-perelada.com • **Homepage** www.perelada.com

PRODUKTION    QUALITÄT    PREIS

## CODORNÍU

GESCHICHTE Der Betrieb wurde 1551 gegründet. Codorníu ist Spaniens ältester Produzent von Schaumweinen nach der Champagner-Methode, den sog. Cavas. Don José Raventós führte die Champagner-Methode 1872 ein, nachdem er von einer Studienreise in der Champagne zurück gekehrt war. Codorníu ist heute der weltweit größte Schaumweinproduzent.

WEINE Non Plus Ultra, Gran Codorníu, Chardonnay Cava und Anna de Codorníu mit Trauben vom Raimat-Eigentum in Lérida.

CHARAKTER Frisch und mit einem „populären", unkomplizierten Geschmack.

*Codorníu ist der größte Schaumweinproduzent. Die Qualität ist hoch und beständig.*

RUF Codorníus werden für so gut gehalten, dass sie zur Norm für andere Cavas geworden sind.

BODEN Kreide-Lehmböden dominieren im mittleren Teil von Penedès.

REBSORTEN Parellada, Macabeo, Malvasia, Xarel-lo, Chardonnay und die rote Sumoll.

WEINHERSTELLUNG Moderne Technik in einer riesigen Weinfabrik. Durch große Maschinen, sog. „girosol", werden die Hefesedimente Richtung Korken geschüttelt. „Girosol" werden heute vermehrt auch in der Champagne verwendet.

LAGERUNG Begrenzte Lagerfähigkeit.

REBFL/PROD Die Trauben werden von örtlichen Winzern gekauft. Die Produktion beträgt rund 5 Mio. Kisten/Jahr.

**Besitzer** Fam. Raventós • **Kellermeister** Miguel A. Gúrpide • **Besuch** Sa-So 10.30, 11.30, 12.30 • **Adresse** Codorníu, Can Codorníu, Afueras, E-08770 San Sadurní d'Anoia • **Tel.** 93-818 32 32 • **Fax** 93-412 07 02 • **E-Mail** ccodinf@codorniu.es • **Homepage** www.codorniu.es

PRODUKTION    QUALITÄT    PREIS

SPANIEN • KATALONIEN

## Celler Cooperatiu d'Espolla

GESCHICHTE In Espolla befinden sich mehrere Genossenschaften. 130 Mitglieder zählt die Celler Cooperatiu d'Espolla, die 1931 gegründet wurde.

WEINE Der Standardwein wird rot, weiß und rosé ausgebaut und heißt Espolla. Der Rotwein ist mit seinem fruchtigen Geschmack der beste. Blanc Marinada ist der weiße Prestigewein und wird aus Macabeo-Trauben gekeltert. Der süße Garnatxa gehört zu den Spezialitäten der Region.

CHARAKTER Zwei Hauptlinien: einfacherer Tafelwein mit zugänglichem Geschmack und eleganter Likörwein von höherer Qualität.

RUF Ein großer Produzent von einfacheren Tafelweinen.

REBSORTEN Macabeo, Garnatxa (Grenache Blanc), Carinyena, Ull de Llebre (Tempranillo).

WEINHERSTELLUNG Der süße Garnatxa wird nach der Portwein-Methode erzeugt, d.h., er wird verstärkt: der Gärprozess wird durch Zugabe von Alkohol abgebrochen. Danach wird der Wein in Fässern aus Kirschen-, Eichen- und Kastanienholz ausgebaut.

*Espolla gibt es seit 1931. Sie erzeugen einfache Tafelweine, aber auch gute Süßweine.*

LAGERUNG Die trockenen Weißweine werden durch Lagerung nicht besser, die Likörweine können gelagert werden.

REBFL/PROD Insgesamt etwa 300 ha, etwa 220 000 Kisten/Jahr.

**Besitzer** 130 Mitglieder • **Kellermeister** Eduard Puig Vayreda • **Besuch** Nach telefonischer Vereinbarung • **Adresse** Celler Cooperatiu d'Espolla, Ctra. de Roses, s/n, E-17753 Espolla (Gerona) • **Tel.** 972-56 30 49 • **Fax** 972-56 31 78

PRODUKTION     QUALITÄT     PREIS

## Freixenet

GESCHICHTE 1887 gegründet und heute das zweitgrößte Cava-Haus. Das Volumen nimmt durch den Zukauf von kleineren Cava-Häusern ständig zu. Man ist auch in Besitz von Gloria Ferrer, einer der besten „Sparklingwineries" in Kalifornien. Das bekannteste Produkt von Freixenet ist zweifelsohne der beliebte Cordon Negro in der heute schon fast klassischen, mattschwarzen Flasche. Der Betrieb ist in Besitz der Familie Ferrer.

WEINE Cordon Negro, Carta Nevada, Cuvée DS, Brut Natur und der Prestigewein Brut Barocco mit Jahrgangsbezeichnung. Brut Vintage ist ein gut gebauter Jahrgangs-Cava.

*Der Eingang zu Freixenets eleganter „Hacienda". Cordon Negro hat das Haus weltberühmt gemacht.*

CHARAKTER Alle Weine sind klassische Cavas außer Brut Barocco, der einen eleganteren, Champagner-ähnlichen Stil besitzt.

RUF Freixenet verbessert seinen Ruf permanent und investiert einiges, um sich an der Spitze behaupten zu können.

BODEN Sehr unterschiedlich, da die Trauben aus ganz Katalonien stammen.

REBSORTEN Parellada, Macabeo, Malvasia, Chardonnay und Xarel·lo.

WEINHERSTELLUNG Ultramodern mit der hauseigenen Erfindung, der sog. „girosol", eine Art automatisches Rüttelpult. Heute sind die Maschinen computergesteuert.

LAGERUNG Begrenzte Lagerfähigkeit.

REBFL/PROD Unterschiedliche Rebfläche, da die Rebsorten von verschiedenen Gebieten kommen. Ca. 3 Mio. Kisten/Jahr.

**Besitzer** Fam. Ferrer Sala • **Kellermeister** Josep Bujan • **Besuch** Mo-Do 9-11.30, 15.30-17 • **Adresse** Freixenet, Joan Sala 2, E-08770 San Sadurní d'Anoia • **Tel.** 93-818 32 00 • **Fax** 93-818 36 11 • **Homepage** www.freixenet.com

PRODUKTION     QUALITÄT     PREIS

## Jean León

GESCHICHTE  Jean León wurde in Katalonien geboren, wuchs aber in Kalifornien auf, wo er unter anderem das Restaurant La Scala in Beverly Hills betrieb. Nach seiner Rückkehr im Jahr 1967 begann er in Katalonien mit dem Weinbau. Er erzeugte viele „kalifornische" Weine. Ein interes-

*Jean León ist in Kalifornien aufgewachsen. Die Bodega erzeugt Weine nach französisch kalifornischer Art.*

santer Versuch mit unterschiedlichen Ergebnissen. Nach Jean Leóns Tod im Jahr 1996 übernahm Miguel Torres den Betrieb und führt ihn seither im Sinne von León weiter.
WEINE  Cabernet Sauvignon Reserva, Cabernet Sauvignon Crianza sowie sortenreiner Chardonnay und Merlot.
CHARAKTER  Die Weine besitzen einen französischen Stil mit ausgeprägtem Eichencharakter. Die Roten haben eine für Spanien sehr untypische Straffheit. Die Weißweine sind butterartig mit dezentem Eichencharakter.
RUF  Gehört zu den erfolgreichsten Winzern Spaniens mit Zukunft.
REBSORTEN  Ca. 50% Cabernet Sauvignon, 32% Chard, 12% Merlot sowie Cabernet Franc.
WEINHERSTELLUNG  Eine sehr kleine, aber sehr moderne Weinanlage produziert Weißweine, die in Fässern vergären und dann in neuen Eichenfässern ausgebaut werden. Bevor die Weine in den Verkauf gelangen, erfolgt eine längere Flaschenlagerung. Die roten Trauben werden in Tanks vergoren. Verschnitten und ausgebaut werden sie dann für mindestens zwei Jahre in Eichenfässern.
LAGERUNG  Sehr gutes Lagerpotenzial.
REBFL/PROD  52 ha, rund 20 000 Kisten/Jahr.

**Besitzer** Miguel Torres • **Kellermeister** Jaime Rovira Montserrat • **Besuch** Nach Vereinbarung • **Adresse** Mas d'en Rovira, E-08775 Torrelavit (Barcelona) • **Tel.** 93-817 74 00 • **Fax** 93-817 74 67 • **E-Mail** export@torres.es • **Homepage** www.totweb.com/vintage/es/Jeanl-es.htm

PRODUKTION     QUALITÄT      PREIS

## Marqués de Monistrol

GESCHICHTE  Gegründet 1882. Marqués de Monistrol ist einer der ältesten Cava-Produzenten, jedoch kleiner als die Giganten Codorníu, Freixenet und Segura Viudas. Monistrol ist heute in Besitz von Martini & Rossi, die das Unternehmen revitalisiert haben. Heute produziert man sowohl Cava als auch stille Weine.
WEINE  Vin Nature Blanc de Blanc (60% Parellada und 40% Xarel-lo), Blanco Seco, Brut Nature und Gran Reserva Tinto.
CHARAKTER  Klassischer Cava in verschiedenen Ausbaustufen, mit einer Note von geröstetem Brot im Bukett. Auch gute Rotweine. Vin Nature

*Marqués de Monistrol ist eher unbekannt, wird jedoch von Kennern geschätzt.*

Blanc de Blanc ist ein interessanter Weißwein, der bereits zwei Monate nach der Lese in Flaschen gefüllt wird. Er ist auch als fruchtiger Rosé erhältlich und heißt dann Vin Nature Blanc de Noir.
RUF  Ein Kennerwein, der wegen der beständigen Qualität sehr beliebt ist.
BODEN  Unterschiedlich, da die Trauben von verschiedenen Regionen Kataloniens gekauft werden.
REBSORTEN  Weiß: Parellada, Macabeo, Malvasia, Chardonnay, Xarel-lo. Rot: Sumoll, Monastrell, Cariñena, Garnacha.
WEINHERSTELLUNG  Champagner-Methode und traditionelle Weinherstellung für Rote.
LAGERUNG  Die Rotweine sind für die Lagerung sehr geeignet.
REBFL/PROD  500 ha, ca. 500 000 Kisten/Jahr. Marqués de Monistrol hat das größte Weingut in Katalonien, das von eigenen Weinbergen produziert.

**Besitzer** Martini & Rossi • **Kellermeister** José M. Pujol Busquets • **Besuch** Nur nach Vereinbarung • **Adresse** Marqués de Monistrol, Monistrol d'Anoia, E-08770 San Sadurní d'Anoia • **Tel.** 93-593 24 00 • **Fax** 93-593 98 55

PRODUKTION     QUALITÄT      PREIS

SPANIEN • KATALONIEN

## RAIMAT

GESCHICHTE Raimat wurde 1920 von der Familie Raventós gegründet. Die Gemeinde Lérida, wo das Schloss Raimat heute liegt, war zur Zeit der Urbanisierung eine Halbwüste. Es erforderte viel Arbeit, um aus Lérida jenen Weingarten zu machen, als der er sich heute präsentiert. Das

*Das Tor zu Raimat. Die Weinberge, ursprünglich Wüstenöde, sind heute blühende Gärten.*

Weingut liegt in der eigenen DO Costers del Segre. Der Name Raimat stammt von den katalanischen Begriffen „raim" (Trauben) und „mat" (Hand). Die Trauben sowie die symbolisierte Hand findet man sowohl auf den Weinflaschen wie auch bei der Schlosseinfahrt. Die Familie Raventós, heute von Daniel Pages vertreten, ist auch in Besitz des größten Cava-Betriebes Spaniens: Codorníu.
WEINE Weiß: Clos Casal, Chardonnay, Blanc de Blancs Cava Brut. Rot: Raimat Abadia, Raimat Clamor, Cabernet Sauvignon.
CHARAKTER Weine mit deutlichem Eichenton. Der rote Abadia ist kräftiger, Clamor sanfter.
RUF Einer der führenden Produzenten Kataloniens. Bekannt für die preiswerten Weine von guter Qualität.
REBSORTEN Einheimische Parellada, Macabeo und Xarel-lo, Cabernet Sauvignon und Chardonnay.
WEINHERSTELLUNG Rostfreie Stahltanks für die Gärung und neue Eichenfässer für den Ausbau. Ein großes, ultramodernes Weingut.
LAGERUNG Begrenzte Lagerfähigkeit.
REBFL/PROD 1500 ha ergeben ca. 300 000 Kisten/Jahr.

**Besitzer** Fam. Raventós • **Kellermeister** Miguel A. Gúrpide • **Besuch** Mo-Fr 8-12, 14.30-18, nach Vereinbarung • **Adresse** Raimat, Afueras Raimat, E-25111 Raimat/Lleida • **Tel.** 973-72 40 00, • **Fax** -72 40 60 • **Homepage** www.codorniu.es

PRODUKTION   QUALITÄT   PREIS

## MIGUEL TORRES

GESCHICHTE Das Weingut Torres ist ein altes Familienunternehmen, gegründet um 1870. Den größten Erfolg verbuchte man erst in den 70er Jahren, als die Familie neue Ideen in Kataloniens Weinproduktion einführte. Heute ist Miguel Torres berühmt und wird in der ganzen Welt respektiert. Er besitzt auch Weingüter in Chile, Argentinien und in den USA. Man experimentiert heute mit vielen autochthonen Rebsorten.
WEINE Weiße: San Valentin, Viña Sol, Gran Viña Sol, Viña Esmeralda, Waltraud und De Casta. Rote: Gran Sangre de Toro, Coronas, Viña Magdala, Gran Coronas Reserva und der hervor-

*Miguel Torres wird von vielen für Spaniens „Weingröße" gehalten. Die Weinfirma ist sehr expansiv.*

ragende Gran Coronas Black Label, hergestellt aus Cabernet Sauvignon, Cabernet Franc und Monastrell.
CHARAKTER Die Weine von Miguel Torres sind allesamt sehr sorgfältig hergestellt. Die Weißweine sind frisch und füllig mit speziellem Eichencharakter, die Rotweine oft kräftig und lagerfähig, auch jene mit Eichencharakter.
RUF Hervorragender Produzent und in der ganzen Welt hoch angesehen.
REBSORTEN Weiße: Parellada, Chardonnay, SB, Riesling. Rote: Cabernet Franc, Cabernet Sauvignon, Pinot Noir, Garnacha, Cariñena, Monastrell und Ull de Llebre (Tempranillo).
WEINHERSTELLUNG Der Erfolg von Torres ist auf die ultramoderne Technik und die ausgewogene Mischung zwischen einheimischen und „französischen" Rebsorten zurückzuführen.
LAGERUNG Die Rotweine sind lagerfähig.
REBFL/PROD 840 ha, 1,5 Mio. Kisten/Jahr.

**Besitzer** Miguel Torres SA • **Kellermeister** Miguel Torres • **Besuch** Mo-Fr 9-12, 15-17, Sa-So 9-13 • **Adresse** Miguel Torres, Comercio 20, E-08720 Villafranca del Penedès • **Tel.** 93-817 7400, 817 7487 • **Fax** 93-817 7467, 817 7444 • **E-Mail** export@torres.es • **Homepage** www.torres.es

PRODUKTION   QUALITÄT   PREIS

## Weitere Produzenten in Katalonien

### René Barbier

Ein Riesenerzeuger, in Besitz von Freixenet, mit dem Schwerpunkt beliebter Weiß- und Roséweine. Produziert aber auch guten Cabernet Sauvignon Crianza.

• **Besitzer:** Freixenet **Adresse:** Ctra. San Sadurní-San Pere Riudebitles, E-08770 San Sadurní d'Anoia (Barcelona). **Tel.** 93-899 72 27. **Fax** 93-899 60 06.

### Can Ràfols dels Caus

Traditionsreiche Bodega. Produktion von sehr guten stillen Rot-, Weiß- und Roséweinen, vorwiegend aus französischen Sorten. Beste Weine: Gran Caus Tinto Crianza und Rosado.

• **Adresse:** Can Ràfols dels Caus s/n, E-08739 Aviyonet del Penedès (Barcelona). **Tel.** 93-897 00 13. **Fax** 93-897 03 70.

### Cava Nadal

Familienbetrieb mit Tradition seit dem 16. Jh. Gehört örtlich zu den geschätztesten Cava-Häusern. Bekannt für seinen Brut Salvatge und Brut Especial.

• **Adresse:** Can Nadal s/n, E-08733 El Pla del Penedès (Barcelona). **Tel.** 93-898 80 11. **Fax** 93-898 84 43.

*Die Weinhäuser Kataloniens, vor allem die Cava-Häuser, locken viele Besucher an, speziell während der Lesezeit.*

### Costers del Siurana

Carles Pastrana ist als einer der Erneuerer der Priorato-Weine bekannt geworden. Die Bodega wurde 1987 gegründet. Der bekannteste Wein ist Clos de l'Obac, aus Garnacha, Cariñena, Cabernet, Merlot, Pinot Noir und Syrah! Der Wein kam 1991 auf den Markt, gefolgt von einem weiteren Tinto, Miserere, sowie dem süßen, Portwein-ähnlichen Dolç de l'Obac und dem weißen Blanc Usatges.

• **Besitzer:** Carles Pastrana **Besuch:** Nach Vereinbarung. **Adresse:** Manyetes s/n, E-43737 Grallatops (Tarragona). **Tel.** 977-83 92 76. **Fax** 977-83 93 71.

### Mestres

Winzerfamilie in der 19. Generation! Auf 80 ha Rebfläche werden mehrere spannende Cavas erzeugt. Einzigartig ist die lange Ausbauzeit. Der Mas Via reift vier Jahre in der Flasche, ehe er in den Verkauf gelangt.

• **Adresse:** Plaza del Ayuntamiento, E-08770 San Sadurní d'Anoia. **Tel.** 93-891 00 43. **Fax** 93-891 16 11.

*Die technische Entwicklung Kataloniens hinsichtlich Ernte und Vinifizierung ist groß. Bild von Torres.*

### Parxet

Die Firma hat zwei Weinkeller, einen für Cava und einen für stille Weine. Am bekanntesten ist ihre Cava-Kellerei in Tiana in der DO Alella, 1920 gegründet. Ihr Brut Nature ist ein Spitzen-Cava, u.a. aus Chenin Blanc und Chardonnay. In der zweiten Kellerei wird ein hervorragender Chardonnay, Marqués de Alella, erzeugt.

• **Adresse:** Mas Parxet, E-08391 Tiana (Barcelona). **Tel.** 93-395 08 11. **Fax** 93-395 55 00.

### Segura Viudas

Renommiertes Cava-Haus, heute in Besitz von Freixenet. In der hochmodernen Kellerei werden etwa 1 Mio. Kisten/Jahr erzeugt. Beste Cavas: Aria Brut, Reserva Heredad und Brut Vintage.

• **Besitzer:** Freixenet **Adresse:** Ctra. San Sadurní-Sant Pere Riudebitles, E-08770 San Sadurní d'Anoia (Barcelona). **Tel.** 93-899 72 27. **Fax** 93-899 60 06.

## CASTILLA-LA MANCHA

GESCHICHTE  In diesem Gebiet befindet sich die Stadt Valdepeñas („das Steintal"), die von den Römern gegründet wurde. Weinbau betreibt man seit dem 16. Jh. Der große Held von Castilla-La Mancha ist Don Quixote, der auch auf dem Siegel der Denominación de Origen des Gebiets abgebildet ist.

*Weinbau und Weinkeller außerhalb von Ciudad Real. Riesige Rebflächen mit breit angebauten Rebstöcken.*

RUF  Bedeutende Produktion von Bulkweinen einfacher Qualität. Seit Anfang der 80er Jahre hat man die Qualität deutlich verbessert, unter anderem durch frühere Lese, was zu frischeren und aromatischeren Weinen geführt hat.

GEOGRAPHIE  La Mancha liegt auf 700 m Höhe, in einer sehr flachen Gegend. In dieser riesigen Ebene findet man Olivengärten, Weizenfelder und Weingärten. Es bestehen fünf DO: ALMANSA, JUMILLA, LA MANCHA, MÉNTRIDA und VALDEPEÑAS. Méntrida ist eine Weinregion, die in Zukunft von sich hören lassen wird. Man spricht hier von einem neunmonatigen Winter und einer dreimonatigen Hölle. Grund dafür sind die Sommertemperaturen von bis zu 40 °C und die Wintertemperaturen mit bis zu -22 °C. In La Mancha sind 90% der Weine einfache, liebliche oder trockene Weißweine. In Valdepeñas wird vorwiegend Rotwein erzeugt. Mittelfüllig, gut ausgewogen und oft in Eiche ausgebaut. Aus Méntrida und Almansa kommen ausschließlich Rotweine. In Almansa sind sie weich und füllig mit kräftiger Farbe, in Méntrida kräftiger und härter.

REBSORTEN  Die weiße Rebe heißt Airén und ist so weit verbreitet, dass es sich wahrscheinlich um die am meisten angebaute Rebsorte der Welt handelt! Für die Rotweine ist der Cencibel (Tempranillo) die Hauptrebsorte. In Almansa werden Monastrell und Garnacha Tintorera für Rotwein sowie Merseguera für Weißwein angebaut. In Toledo experimentiert Carlos Falcó von Marqués de Griñon mit dem Cabernet Sauvignon.

REBFL/PROD  720 000 ha, 22 hl/ha. Wäre die Produktion pro Hektar höher, würden diese Bulkweine, jährlich fast vier Mio. hl, ganz Europa überschwemmen.

WISSENSWERT  Weitere Informationen: Consejo Regulador de la Denominación de Origen, Av. Criplana 37, E-13600 Alcazar de San Juan (Ciudad Real). Tel. 926-54 15 23. Fax 926-54 65 39.

## Produzenten in Castilla-La Mancha

### Vinícola de Castilla

Eine Bodega in Privatbesitz, die für ihren Señorío de Guadianeja Gran Reserva besonders bekannt ist. Er wird aus Cabernet Sauvignon erzeugt und drei Jahre in amerikanischer Eiche ausgebaut. Auch Rot-, Weiß- und Roséweine unter den Etiketten Castillo Alhambra, Viña Bonita, Castillo de Manza.

• **Adresse:** Polígono Industrial s/n, E-13200 Manzanares (Ciudad Real). **Tel.** 926-61 04 50. **Fax** 926-61 04 50.

### Cooperativa La Invencible

Große Genossenschaft, die Wein hauptsächlich unter den Etiketten La Invencible (rot, weiß und rosé) sowie Valdeazor (rot und weiß) verkauft. Die Rotweine werden in Eichenfässern ausgebaut.

• **Besitzer:** Genossenschaft **Adresse:** Terrecilla 102, E-13300 Valdepeñas (Ciudad Real). **Tel.** 966-32 27 77.

### Los Llanos

Diese Bodega mit einer sehr modernen Anlage gehört zu den größten in Valdepeñas. Nicht nur Rotweine, sondern auch interessante Weißweine werden in amerikanischer Eiche ausgebaut. Armonioso, Don Opas, Señorío de los Llanos sind Etiketten für Rotweine, Weißweine und einige Roséweine.

• **Adresse:** Ctra. N-IV, km 200, E-13300 Valdepeñas (Ciudad Real). **Tel.** 926-32 03 00. **Fax** 926-32 27 24.

### Marqués de Griñon

Der innovative Don Carlos Falcó von Marqués de Griñon ist einer der führenden Erzeuger der Region. Seit Anfang der 80er Jahre wird hier rus-

*Don Carlos Falcó (im Bild) von Marqués de Griñon ist einer der führenden Erzeuger in Castilla-La Mancha.*

tikaler Cabernet Sauvignon erzeugt. 1989 wurde die Herstellung auf Qualitätsweine umgestellt. Der französische Önologe Michel Rolland hat mitgeholfen, einen der besten spanischen Rotweine im Médoc-Stil zu erzeugen: Dominio de Valdepusa. Rebsorten sind Cabernet Sauvignon, Syrah, Petit Syrah und Chardonnay. Seit 1994 erzeugt man in der Bodega Beronia (siehe unter Rioja) auch Rioja-Weine.

• **Besitzer:** Carlos Falcó **Besuch:** Nach Vereinbarung. **Adresse:** Finca Valdepusa, E-45692 Malpica de Tajo (Toledo). **Tel.** 925-87 71 11.

### Rodrigues & Berger

Großproduzent, der unter den ersten war, der die Qualität durch Vinifizierung bei niedriger Temperatur erhöhte. Man erzeugt alles, von knochentrockenen bis zu lieblichen Weißweinen unter den Etiketten Senescal, Gota de Oro und Miña Santa Elena. Miña Santa Elena heißen auch die Rotweine.

• **Adresse:** Principal, E-13720 Cinco Casas (Ciudad Real). **Tel.** 926-52 60 41.

### Félix Solis

Gehört zu den großen und modernen Bodegas in Castilla-La Mancha. Zu den besten Weinen zählt der trockene Viña Albali. Außerdem erzeugt man auch Rotwein und Roséwein unter den Etiketten Soldepeñas, Los Molinos und Don Félix.

• **Adresse:** Autovía Madrid-Andalucía, km 199, E-13300 Valdepeñas (Ciudad Real). **Tel.** 926-32 24 00. **Fax** 926-32 24 17.

## Valencia

GESCHICHTE Von der großen Hafenstadt aus konnten die Weine problemlos an die römischen Kaiser und ihre nordafrikanischen Kolonien verschifft werden. Unter den Mauren war der Weinbau untersagt. Nachdem diese im Krieg geschlagen worden waren, erlebte Valencia ein neues goldenes Zeitalter. Während des 18. und 19. Jh. verstärkten die Bordeaux-Händler ihre Rotweine mit valencianischen Weinen. Nach der Reblauskatastrophe wurden auf dem fruchtbaren Boden Apfelsinen, Zitronen und Mandeln angebaut. Der Weinbau wurde in die Berge verdrängt, was sich später als Glücksfall herausstellte, da die Reben hier eine bessere Weinqualität hervorbrachten.

GEOGRAPHIE Die Weingärten befinden sich in den Bergen. Kalte Winter und warme Sommer mit wenig Niederschlag. Es gibt drei DO: ALICANTE, VALENCIA und UTIEL-REQUENA.

WEINE Utiel-Requena erzeugt kräftige und elegante Rotweine. Valencia produziert hauptsächlich einfache Rot-, Weiß- und Roséweine. Es werden aber auch viele gute Dessertweine aus Moscatel hergestellt. Oft wird Wein der beiden Bezirke in den fünf großen Bodegas in Valencia verschnitten. In Alicante ist der lokale Rancio Fondillon am interessantesten.

REBSORTEN Bobal ist die bedeutendste Rebsorte in Utiel-Requena, aber es werden auch Garnacha und Tempranillo angebaut. In Valencia sind Pedro Ximénez, Monastrell und Moscatel die bedeutendsten, gefolgt von Meseguera, Planta Fina, Garnacha u.a. In Alicante wird Monastrell für Rotweine und Merseguera und Macabeo für trockene Weißweine verwendet. Süßweine werden aus Moscatel Romano erzeugt.

REBFL/PROD Valencia: 16 000 ha, 625 000 hl/Jahr. Utiel-Requena: 40 000 ha, rund 1 Mio. hl/Jahr. Alicante: 17 000 ha, ca. 115 000 hl/Jahr

WISSENSWERT Weitere Informationen: Consejo Regulador de la Denominación de Origen, Quart 22, E-46001 Valencia. Tel. 96-391 00 96. Fax 96-391 00 29.

## Produzenten in Valencia

### Coop. Agrícola de Utiel
Die absolut beste Genossenschaft in DO Utiel-Requena. Erzeugt u.a. einen kräftigen Vino de doble Pasta. Zwei gute Rosé: Rosé Del Tollo und Sierra Negrete.
• **Adresse:** Marín Lázaro 8, E-46300 Utiel (Valencia). **Tel.** 96-217 01 33.

### Augusto Egli
1903 von einem Schweizer gegründet. In dieser modernen Anlage werden hauptsächlich Rotweine und Rosé unter den Etiketten Casa lo Alto, Casa Garrido und El Chico erzeugt. Am interessantesten ist der sortenreine Rey Don Jaime Blanco aus der Merseguera-Traube.
• **Adresse:** Maderas 21, E-46022 Valencia. **Tel.** 96-331 09 50. **Fax** 96-330 41 58.

### Vicente Gandía Plá
Der größte Exporteur Spaniens von Flaschenweinen mit dem Verkaufsschlager Castillo de Liria. Die rote Variante davon soll den Urtyp des Valencia-Weins darstellen. Es werden auch Rotweine und Rosé unter dem Etikett Floreal erzeugt.
• **Adresse:** Ctra. Cheste-Godelleta s/n, E-46370 Chiva (Valencia). **Tel.** 96-252 24 43. **Fax** 96-252 05 67.

### La Baronia de Turis Coop.
Bekannt für Süßweine aus Moscatel und Malvasia: Moscatel de Turis. Ihr berühmter Standardwein ist der Baron de Turis in Rot, Weiß und Rosé.
• **Adresse:** Ctra. Godelleta 22, E-46389 Turis (Valencia). **Tel.** 96-252 60 11. **Fax** 96-252 72 82.

### Bodegas Schenk
Erzeugt werden die Rotweine Las Falleras, Valmaduro und der Rosé del sol. Castillo Murviedro und Cavas Murviedro werden als Rotwein und Rosé verkauft. Am besten ist der rote San Terra, der aus der Monastrell-Traube produziert und in Eiche ausgebaut wird. Real Copero ist ein guter Dessertwein aus Moscatel.
• **Adresse:** Avda. Francia s/n, E-46023 Valencia. **Tel.** 96-330 09 80. **Fax** 96-330 41 46.

### Vinival
Die Firma wurde 1969 von drei kleineren Bodegas gegründet. Die Besitzer führen dieses größte Weinexportunternehmen Spaniens heute gemeinsam. Die rund 100 Mio. Liter/Jahr bilden 20-25% des Gesamtexports von Spanien. Casa Calderón ist die beste Weinserie, gefolgt von Torres de Serrano. Der Vival D'Oro ist ein leicht perlender Wein aus Moscatel. Die Weine kommen aus Alicante und Utiel-Requena.
• **Adresse:** Blasco Ibañes 44, E-46120 Alboraya (Valencia). **Tel.** 96-371 01 11.

# Murcia

GESCHICHTE Murcia hatte ihre Glanzzeit Anfang des 20. Jh., als die Reblaus im nördlichen Spanien wütete. Als auch Murcia von der Reblauskatastrophe heimgesucht wurde, blieb lediglich Jumilla einigermaßen verschont.

GEOGRAPHIE An der Südostküste Spaniens, der Levante, dominieren die Fremdenverkehrsorte wie z.B. Alicante und Benidorm. Man kennt hier das Kontinentalklima mit extrem warmen Sommern, kühlen Wintern und sehr wenig Niederschlag. Im Sommer ist es so heiß, dass die Reben tief erzogen werden: so nahe am Boden wie möglich, um jedes Tröpfchen Tau aufzufangen, das sich während der Nacht bildet. Künstliche Bewässerung ist in Spanien nicht erlaubt. Es gibt vier DO: ALICANTE, JUMILLA, YECLA und BULLAS.

WEINE Vorwiegend Rotwein, aber auch Rosé und etwas Weißwein. DO ist für Weißweine selten zugelassen. Vino de doble pasta ist eine Spezialität. Vor der Gärung wird der Saft abgelassen, damit eine größere Menge Trester dem Wein Farbe und Tannin verleiht. Die Maischegärung erfolgt mit doppelt so viel Beerenschalen wie üblich. Das Ergebnis ist ein Wein mit sehr dunkler Farbe.

PRODUZENTEN Die Trauben werden hauptsächlich an große Genossenschaften verkauft. Zwei Ausnahmen sind die beiden Genossenschaften San Isidor und La Purisma, die ihre Weine unter eigenem Etikett vermarkten.

REBSORTEN Rote: Monastrell, Cencibel (Tempranillo) und Garnacha. Weiße: Airén, Verdil und Meseguera.

REBFL/PROD DO Jumilla: 42 000 ha, rund 500 000 hl/J. DO Alicante: 13 000 ha, 330 000 hl/Jahr. DO Yecla: 7 000 ha, 80 000 hl/Jahr, DO Bullas: 2 600 ha, ca. 34 000 hl/Jahr.

WISSENSWERT Weitere Informationen: Consejo Regulador de la Denominación de Origen. DO Alicante: Consellería de Agricultura y Pesca, Profesor Manuel Sala 2, E-03003 Alicante. Tel. 96-590 06 13. Fax -590 06 88/9. DO Yecla: Corredera 14, E-30510 Yecla (Murcia). Tel. 968-79 23 52. Fax -52. DO Jumilla: Apartado 66, E-30520 Jumilla (Murcia). Tel. 968-78 17 61. Fax -19 00. DO Bullas: Avda. de Murcia 4, E-30180 Bullas. Tel. 968-65 26 01. Fax -20 75.

## Produzenten in Murcia

### J. García Carrión

Man erzeugt hauptsächlich Rotwein aus DO Jumilla und verkauft ihn u.a. unter den Etiketten Castillo San Simón, Covanegra und Montelago.

• **Adresse:** Avda. de Murcia s/n, **Tel.** 968-78 06 12.

### Enrique Ochoa Palao

Wird für seine Rot- und Roséweine sehr geschätzt. Z.B.: Altiplano, Barahonda und Señorío de los Angeles. Der Rotwein Ochoa wird aus 100% Monastrell hergestellt.

• **Adresse:** Paraje de los Quiñones, E-30510 Yecla (Murcia). **Tel.** 968-79 20 64.

### Salvador Poveda

Eine der wenigen Bodegas, die an der alten Tradition festhält und die Portwein-ähnlichen Fondillo-Weine aus der Monastrell-Traube herstellt.

• **Adresse:** Benjamin Palencia 19, E-03640 Monóva (Alicante). **Tel.** 965-54 01 80.

### Roque Bleda Martínez

Erzeugt einen hervorragenden Crianza namens Montesinos. Oro Viejo ist ein süßer, verstärkter Wein aus Monastrell. Castillo-Jumilla sind Standardweine in Rot, Weiß und Rosé.

• **Adresse:** Avda. de Yecla 26, E-30520 Jumilla (Murcia). **Tel.** 968-78 00 12.

### Cooperativa San Isidro

Eine Genossenschaft, die Rotwein unter den Etiketten Casa Alta, Viña Celia und San Isidro verkauft. Auch Weiß- und Roséweine wie Sabatacha und Viña Celia. Auch guter Lacrima Christi, ein süßer Weißwein aus Monastrell.

• **Adresse:** Ctra. de Murcia, E-30520 Jumilla (Murcia). **Tel.** 968-78 07 00. **Fax** 968-78 23 51.

### Señorío del Condestable

Ein herausragender Erzeuger in der DO Jumilla. Der rote Condestable gehört zu den besten der Region. Empfehlenswert sind Señorío de Robles und Cueva de Solana.

• **Besitzer:** Bodegas & Bebidas **Besuch:** Nach Vereinbarung. **Adresse:** Avda. Reyes Católicos, E-30520 Jumilla (Murcia). **Tel.** 968-78 11 00.

### Vitivino

Der Rotwein Altos de Pío aus der Monastrell-Traube ist ein fruchtiger, aromatischer Wein.

• **Adresse:** Cañada del Albatena s/n, E-30520 Jumilla (Murcia). **Tel.** 968-78 28 54. **Fax** 968-78 26 03.

### Weiterer Betrieb

ALFONSO ABELLÁN, Muelle 6, E-03400 Villena (Alicante). Tel. 965-580 08 00.

# Andalusien

GESCHICHTE Die bekanntesten Weinregionen sind Jerez, Montilla-Moriles und Málaga. Málaga war früher ein großer und weit verbreiteter lieblicher Wein, der schon im Jahr 1047 vom maurischen Herrscher Idriss II. getrunken wurde. Um das Gesetz des Korans zu umgehen, nannte er den Wein „Málagasirup". Nach der Reblauskatastrophe im Jahr 1876 gehörte der Ruhm der Málaga-Weine der Vergangenheit an. Heute ist Jerez der bekannteste Wein Spaniens.

GEOGRAPHIE Andalusien befindet sich an

*Andalusien bietet große Sehenswürdigkeiten, insbesondere das Schloss Alhambra bei Granada.*

der Südspitze Spaniens mit Montilla im Landesinneren sowie Jerez und Málaga an der Küste. Sehr heißes Klima. Um die geringe Feuchtigkeit voll auszunutzen, wachsen die Reben dicht am Boden, und die Wurzeln reichen tief in die Erde. Die besten Reben in Jerez und Montilla wachsen auf weißem Kreideboden, dem sog. „albariza". In Montilla findet man eisenreichen Lehmboden, den sog. „ruedo". In Málaga dominieren Sandböden. Appellationen: DO Condado de Huelva, DO Jerez-Xérès-Sherry y Manzanilla-Sanlúcar de Barrameda, DO Málaga, DO Montilla-Moriles.

WEINE Sherry ist das bekannteste Erzeugnis Spaniens und die Weine aus Montilla sind ihm ähnlich, werden aber nicht verstärkt. Die Málaga-Weine sind verstärkte Weine. Sie sind verschieden süß und amberfarben. Auch sie werden im Solera-System ausgebaut. Der beste Wein ist der Málaga-Lágrima aus reinem Vorlauf. Weiter im Westen an der Küste liegt eine weitere DO, Condado de Huelva. Hier werden leichte Weißweine produziert.

REBSORTEN Jerez: Palomino und Pedro Ximénez. Montilla: Pedro Ximénez. Málaga: Moscatel und Pedro Ximénez. Condado de Huelva: Zalema.

REBFL/PROD Málaga: 1 000 ha, rund 50 000 hl/Jahr. Montilla-Moriles: 11 000 ha, 620 000 hl/Jahr. Jerez: ca. 10 000 ha, rund 845 000 hl/Jahr.

WISSENSWERT Weitere Informationen: Consejo Regulador de la Denominación de Origen in Málaga: Ferando Camino 2-3°C, E-29016 Málaga. Tel. 952-22 79 90. Fax 952-22 42 31.

## LÓPEZ HERMANOS

GESCHICHTE  Seine erste Bodega gründete Salvador López im Jahr 1885. Ab 1896 arbeitete auch sein Bruder Francisco im Betrieb. Die damaligen Erzeugnisse waren Málaga Virgen, Moscatel

*Die erste Bodega wurde schon 1885 gegründet. Heute ein moderner Betrieb und für Málaga-Weine bekannt.*

Salvador und Trajinero. Heute wird der Betrieb von Rafael und Ignacio de Burgos López geführt. Neue Produkte sind Moscatel Iberia, Cartojal Pale Cream und Brandy 1885. 1994 erwarb man von Pedro Domecq die Rechte für den Pico Planta, einen vor allem in den nördlichen Teilen Spaniens vermarkteten Muskat-Wein. Gleichzeitig erweiterte man den Besitz um 250 ha in Fuentepiedra, wo auch eine moderne Vinifizierungsanlage mit neuen Lagerräumen errichtet wurde.

WEINE  Málaga Virgen aus 75% Pedri Ximénez und 25% Moscatel, Cartojal Pale Cream, Pico Plata und Moscatel Iberia, alle drei aus Moscatel, Trajinero aus 100% Pedro Ximénez und Brandy 1885, teilweise aus eigenen Weinen und mit langem Fassausbau.

RUF  Man genießt einen guten Ruf.

REBSORTEN  Pedro Ximénez und Moscatel.

WEINHERSTELLUNG  Eine topmoderne Anlage in Fuentepiedra. 6 000 amerikanische Eichenholzfässer sind für den Barrique-Ausbau im Einsatz.

REBFL/PROD  500 ha, davon 250 in Fuentepiedra, ca. 650 000 Kisten/Jahr.

**Besitzer** Fam. Burgos López • **Kellermeister** F. Medina • **Besuch** Mo-Fr 9-14 • **Adresse** c/ Canadá n°10 -Pgno. Industrial „El Viso", E-29006 Málaga • **Tel.** 95-231 94 54 • **Fax** -235 98 19 • **E-Mail** lopezhermanos@mx3.redestb.es • **Homepage** www.servicios-gi.es/lopezhermanossa

PRODUKTION    QUALITÄT    PREIS

## ALVEAR

GESCHICHTE  Eine selbständige Firma, die seit der Gründung im Jahr 1729 in Besitz der Familie Alvear ist. Heute wird sie von Alvaro de Alvear, zusammen mit dessen Vetter Fernández, geführt.

WEINE  Alle Sorten von Montilla-Weinen werden erzeugt, mit dem Fino C.B. als Verkaufsschlager. Gleich hinter zwei Sherry-Weinen ist er quantitativ der drittgrößte Fino-Wein Spaniens. Festival ist ein anderer Fino-Wein, der aber im Charakter etwas kräftiger ist. Amontillado wird als S.V. und Carlos VII. verkauft. Pelayo und Asunción sind zwei verschiedene Oloroso. Der „1927" ist ihr lieblicher Pedro Ximénez. Weitere Etiketten sind: Red O.P., Frundación, Carlota und Marqués de la Sierra.

CHARAKTER  Die Palette reicht von den leichtesten und elegantesten Fino-Weinen bis zu fülligen, kräftigen Weinen.

RUF  Große und sehr renommierte Firma.

REBSORTEN  Hauptsächlich Pedro Ximénez.

WEINHERSTELLUNG  Traditionelle Weinher-

*Der Innenhof des Familienguts Alvear in Montilla. Alvear ist ein sehr guter Produzent von Montilla-Weinen.*

stellung in *tinajas* und nach dem Solera-System. Im Übrigen ist die Anlage sehr modern.

LAGERUNG  Die Weine werden in der Bodega ausgebaut und gelangen trinkfertig in den Verkauf.

REBFL/PROD  145 ha Rebfläche, rund 1,5 Mio. Kisten/Jahr. Der größte Teil liegt im Sierra-Bezirk, der besten Gegend von Montilla.

**Besitzer** Fam. Alvear • **Kellermeister** Mehrere • **Besuch** Nach Vereinbarung • **Adresse** Alvear, Avda. M.a Auxiliadora 1, E-14550 Montilla (Córdoba) • **Tel.** 957-65 01 00 • **Fax** 957-65 01 35

PRODUKTION    QUALITÄT    PREIS

## Weitere Produzenten in Andalusien

### Cooperativa Agrícola La Purísima

Eine große Genossenschaft, 1971 gegründet. Ungewöhnlicherweise erfolgt die Herstellung, die Flaschenabfüllung sowie die Vermarktung durch das Weingut selbst. Es werden zwei Marken von Yecla in Murcia angeboten: Chivo Loco und Calp (weiß, rot und rosé). Die Roten werden teilweise in Eiche ausgebaut. Montilla-Weine gibt es von trocken bis süß. Von den trockenen Weißweinen Castillo de Al-Honoz bis zu Fino und Cream.

• **Besitzer:** Genossenschaft **Besuch:** Mo-Fr 7.30-14. **Adresse:** Ctra. Aguilar, km 92, E-14920 Punte Genil (Córdoba). **Tel.** 957-60 01 47.

### Pérez Barquero

Mit 100 ha eigener Rebfläche gehört Barquero zu den größten in Montilla. Hier werden Montilla-Weine in allen Süßegraden unter den Etiketten Los Amigos und Barquero produziert. Los Amigos gibt es nur als Fino. Auch ein zitronenduftender, trockener Weißwein aus 85% Pedro Ximénez und 15% Airén/Baladi, Viña Amalia genannt, ist im Sortiment. Andere Weine: Diogenes. Pérez Barquero gehört auch die Companía Vinícola del Sur (auch in der Stadt Montilla), wo vorwiegend Montilla-Weine unter den Etiketten Monte Cristo und Don Enrico hergestellt werden.

• **Adresse:** Avda. de Andalucía 27, E-14550 Montilla (Córdoba). **Tel.** 957-65 05 00. **Fax** 957-65 02 08.

*Andalusien ist voll von spannenden Geschichten. Dieses heiße Flachland besitzt große Rebflächen.*

### Carbonell y Cía. de Córdoba

Eine Bodega mit einem schönen Hauptgebäude im andalusischen Stil, 1866 gegründet. Der Gruppe ist auch Tomás García S.A. angeschlossen. Die Weinherstellung erfolgt seriös mit u.a. zweierlei Montilla Fino: Solera Fina 1a und Moriles Superior. Der Amontillado heißt hier Flor de Montilla. Die Produktion beträgt 300 000 K./J.

• **Besuch:** Täglich 8-13. **Adresse:** Ctra. Aguilar-Puente Genil, E-14920 Aguilar de la Fra. (Córdoba). **Tel.** 957-66 06 43.

### Tomás García

Ein bekannter Montilla-Hersteller mit einer Produktion von ca. 160 000 K./J., 1925 gegründet. Gehört zu Carbonell y Cía de Córdoba. Ihre Fino heißen Verbenera und Olorosón Nectar.

• **Besuch:** Täglich 8-13. **Adresse:** Llano de Palacio 7, E-14550 Montilla (Córdoba). **Tel.** 957-62 02 35. **Fax** 957-65 23 35.

### García Hermanos

Erfolgreiche Bodega, 1945 gegründet. Produktion: ca. 500 000 K./J. Man stellt hohe Anforderungen an die Qualität. Bekannt sind der Fino Maria del Valle oder ein Amontillado namens Montearruit.

• **Adresse:** Av. Marquéz Vega de Armijo 4, E-14550 Montilla (Córdoba). **Tel.** 957-65 01 62.

### Larios

Unter der Leitung von Juan María Onieva Pascual wird in dieser Bodega in Málaga ein sehr eleganter, dunkelgoldfarbener Moscatel namens Colmaneres erzeugt. Andere Málaga-Weine sind der Benefique, ein aufgespriteter, kräftiger, trockener Weißwein aus Pedro Ximénez, und der Soler 1857, ein mahagonifarbener Sherry-/Port-ähnlicher Wein.

• **Adresse:** César Vallejo 24, E-29004 Málaga. **Tel.** 952-24 11 00. **Fax** 952-24 03 82.

### Pérez Texeira

Texeira ist weder groß noch bekannt. Die Ausnahme bildet ihr Málaga Lágrima, ein Wein, der aus dem Vorlauf hergestellt wird. Dieser alkoholstarke, sehr süße Wein ist in Andalusien eine Legende.

• **Adresse:** Ctra. de Cártema, km 2, E-29006 Málaga. **Tel.** 952-32 23 50.

### Cooperativa Vinícola del Condado

Führende und größte Genossenschaft in Condado de Huelva (Condado = Grafschaft), nordwestlich von Jerez. Man produziert Vinos Generosos im Sherry-Stil und weiße sowie trockene bis halbsüße Tafelweine unter verschiedenen Condado-Namen. Produktion: mehr als 2,5 Mio. Kisten/J.

• **Besitzer:** Genossenschaft **Adresse:** San José 2, E-21710 Bollullos Par del condado (Huelva). **Tel.** 9575-41 02 61.

# SHERRY / JEREZ

RUF Sherry ist ein Sammelname (und eine DO) für eine Reihe von Weinen aus dem Teil Andalusiens, wo ein Dreieck zwischen den drei Ortschaften Jerez de la Frontera, Puerto de Santa María und Sanlúcar de Barrameda gebildet wird. Die Weine sind vom Stil her sehr unterschiedlich, aber alle sind verstärkt. Die besten Weine gehören zu den führenden der Welt. Der Konsum von Sherry ist weltweit nicht so verbreitet wie regional, obwohl diese Weine unter Kennern eine große Anerkennung genießen. Die Preise für Sherry, auch für die führenden Marken, sind deswegen im Verhältnis zur Qualität recht niedrig.

WEINE Es gibt drei Grundkategorien: Fino, Oloroso und Cream. Fino ist oft vollständig trocken und hat den typischen „Flor"-Charakter. Oloroso entwickeln keinen Flor. Sie können trocken bis süß sein. Dazwischen gibt es den Palo Cortado, der zu Beginn Flor entwickelt, der aber unterbrochen wird. Die Cream Sherrys sind kräftig gesüßt und werden nach der englischen Stadt Bristol „Bristol-Cream" benannt. Die Weine erhalten auch den Solera-Charakter (siehe Weinherstellung). Auch der Amontillado ist ein „Solera"-Wein, bei dem ein längerer Ausbau erfolgt. Er erreicht dadurch einen größeren Reifecharakter. Manzanilla ist ein Sherry, der im Gebiet Sanlúcar de Barrameda gelagert wird. Durch die Nähe zum Meer erhalten diese Weine einen deutlichen Salzgeschmack. Manzanilla ist ein geographischer Ausdruck, d.h., alle im genannten Gebiet gelagerten Weine werden als Manzanilla anerkannt. Eine andere Variante ist der süße und konzentrierte P.X., nach der Rebsorte Pedro Ximénez benannt.

BODEN Der berühmte weiße Kreideboden, „albariza", ist für die besten Weine verantwortlich. Der Lehmboden, „barro" ist für die Qualität eher unbedeutend, bringt aber größere Erträge

*Der Sherry gehört zu den interessantesten Weinen der Welt und wird aus der sog. „Copita" getrunken.*

und kräftigere Weine hervor. Auch Sandböden namens „arena" kommen vor.

KLASSIFIZIERUNG DO, Denominación de Origen seit über 50 Jahren. Man rechnet damit in Kürze den DOCa-Status zu erhalten.

WEINHERSTELLUNG Als Basis dient ein trockener Weißwein. Nach der Gärung wird er zum gewünschten Alkoholgehalt aufgespritet und in ein 500-Liter-Fass gefüllt. Danach beginnt die

Eine komplizierte und aufwendige Arbeit liegt in jeder Sherry-Flasche und beginnt mit der Lese.

Entwicklung des Hefeflors. Die Fässer werden nach ihrer Fähigkeit, Flor zu entwickeln, gekennzeichnet. Die seltenen Palma Cortada haben die dickste Florschicht und werden zu Fino. Oloroso und Raya sind schwerere Jungweine, die keine Florschicht entwickeln. Dazwischen haben wir den Palo Cortado (siehe unter Weine). Nach diesen Entwicklungsstufen wird mit dem Solera-System begonnen: Das Solera-System basiert auf mehreren, übereinander liegenden Fässern und wird mit einem Jahrgang begonnen. Der Wein der folgenden Jahrgänge wird stets ins oberste Fass eingefüllt. Für die Flaschenabfüllung entnimmt man jährlich 10-30% vom ältesten Wein (aus der untersten Reihe) und füllt die entnommene Menge mit jüngerem Wein auf (in Fässer der obersten Reihe). Dieses Abziehen und Wiederauffüllen wird auch Leiter genannt und dient der Erhaltung der Art und der Qualität über Jahrzehnte. Viele Solera-Systeme sind über 100 Jahre alt, wie z.B. Tio Pepe bei González Byass.

REBSORTEN Drei Sorten dominieren: Palomino (auch Listán genannt), Pedro Ximénez und Moscatel. Palomino ist die wichtigste und edelste. Pedro Ximénez wird meistens für süße Weine verwendet.

PRODUZENTEN Barbadillo, Blázquez, Bobadilla, Croft Jerez, Pedro Domecq, Díez-Mérito, González Byass, Emilio Lustau, Osborne, Garvey, Harvey's, José Medina, Palomino & Vergara, Sandeman, Terry, Valdespino, Williams & Humbert, Wisdom & Warter u.a.

WISSENSWERT Weitere Informationen: Consejo Regulador, Apartado Correos 324, E-11405 Jerez de la Frontera (Cádiz). Tel. 956-33 20 50/34 66 68/34 67 57. Fax 956-33 89 08.

Die meisten Sherryhäuser findet man in der „Sherry-Hauptstadt" Jerez de la Frontera. Überall wird viel Wein für das komplizierte Solera-System gelagert. Im Bild sieht man das Ausstellungslokal des städtischen Weininstituts.

SPANIEN • ANDALUSIEN

## Pedro Domecq

GESCHICHTE  Pedro Domecq ist die älteste Sherryfirma in Jerez und wurde 1730 vom Iren Patrick Murphy gegründet. Nach dem Tod von Murphy übernahm sein Kollege Juan Haurie die Bodega. Die Familie Haurie führte das Unternehmen, bis der Neffe Juan Carlos Haurie sich bei der Besetzung 1808 auf die französische Seite stellte. Das Haus wurde ruiniert, und um das Unternehmen wieder in Gang zu bringen, wurde Pedro Domecq aus London geholt. Allmählich übernahm er den Betrieb und baute die berühmteste Weindynastie von Jerez auf. Der heutige Geschäftsführer, Don José Ignacio Domecq, hat als Sherry-Verkoster den besten Ruf der Welt. Seit 1994 ist der Betrieb in Besitz von Allied Domecq.

WEINE  Fino: La Ina, Oloroso: Rio Viejo und Primero, Cream: Celebration Cream sowie Amontillado Viejisimo und Palo Cortado Viejisimo (Capuchino). Auch bekannte Brandys wie z.B. Fundador und Carlos I.

CHARAKTER  La Ina gehört zu den elegantesten Finos mit klassischem Florcharakter und run-

*Pedro Domecq gehört zu den besten Sherryhäusern. Am bekanntesten sind La Ina und Rio Viejo.*

dem, trockenem Abgang. Rio Viejo ist ein knochentrockener Oloroso mit einem etwas gebrannten, nussähnlichen Charakter und einer feinen, reifen Komplexität.

RUF  Gehört zu den Spitzenhäusern.

REBSORTEN  Palomino, P.X. und Moscatel.

WEINHERSTELLUNG  Traditionelle Methoden mit moderner Ausrüstung.

LAGERUNG  Trinkfertige Weine.

REBFL/PROD  1 100 ha eigene Rebfläche, etwa 1,8 Mio. Kisten/Jahr.

**Besitzer** Allied Domecq • **Kellermeister** Pedro González Ramos • **Besuch** Mo-Fr 9-13 • **Adresse** Pedro Domecq, San Ildefonso 3, E-11404 Jerez de la Frontera (Cádiz) • **Tel.** 956-15 15 00 • **Fax** 956-33 86 74

PRODUKTION   QUALITÄT   PREIS

## González Byass

GESCHICHTE  Der Großproduzent González Byass wurde 1835 vom legendären Manuel María González y Rodrigues gegründet. 1863 wurde Robert Blake Byass Teilhaber und seither ist das Unternehmen in der Familie. 1988 überließ die Familie Byass ihren Anteil der Familie González. Obwohl man hauptsächlich Brandy verkauft, sind einige ihrer Sherrys weltbekannt und gehören zu den führenden in Jerez. Der bekannteste ist wohl der Fino Tio Pepe.

WEINE  Fino: Tio Pepe. Amontillado: La Concha und Amontillado del Duque. Oloroso dry:

*Byass ist nicht nur für den Tio Pepe bekannt. Im Bild weitere bekannte Sherrys, u.a. Amontillado del Duque.*

Apostoles und Alfonso. Cream: Matusalem, Nectar und San Domingo.

CHARAKTER  Tio Pepe ist ein sehr eleganter Fino mit deutlichem Florcharakter im Bukett und frischem Geschmack. Er ist leicht und hat eine ausgewogene Säure. Amontillado del Duque ist trocken und fruchtig mit feiner Konzentration.

RUF  Eines der angesehensten Sherryhäuser mit dem meistverkauften Fino der Welt.

REBSORTEN  Palomino.

WEINHERSTELLUNG  Traditionelle Herstellungsmethoden. Bekannt ist das Bodega-Gebäude, La Concha, das von Gustave Eiffel konstruiert wurde.

LAGERUNG  Der Sherry ist nach der Flaschenabfüllung schon entwickelt. Der Charakter und die Reife werden von der Lagerzeit im Fass bestimmt.

REBFL/PROD  8 500 ha eigene Fläche, etwa 1 Mio. Kisten/Jahr.

**Besitzer** Fam. González • **Kellermeister** Enrique García Maíquez • **Besuch** Nach Vereinb. • **Adresse** Manuel María González 12, E-11404 Jerez de la Frontera (Cádiz) • **Tel.** 956-35 70 00 • **Fax** -35 70 44 • **E-Mail** internacional@gonzalezbyass.es • **Homepage** www.gonzalezbyass.es

PRODUKTION   QUALITÄT   PREIS

SPANIEN • ANDALUSIEN

## John Harvey & Sons

GESCHICHTE Diese Firma wurde 1796 gegründet, aber Harvey wurde erst 1822 Teilhaber. Bis 1970 besaß man keine eigenen Weinberge in Jerez. Der berühmte Bristol Cream, die größte

*Vier führende Sherrys von Harvey's. Erst 1970 fing man an, eigene Weinberge in Jerez zu erwerben.*

Sherry-Marke der Welt, wurde in den riesigen Kellern in Denmark Street in Bristol hergestellt. 1968 wurde dieses Unternehmen von Allied Breweries gekauft. Jetzt kaufte man Weinberge und besitzt heute 1 250 ha in Jerez.

WEINE Fino: Luncheon Dry. Amontillado: Club Amontillado. Pale Cream: Finesse. Cream: Bristol Cream und Bristol Milk. Eine Serie mit dem Namen „1796" enthält Typen wie Manzanilla, Superior Fino, Fine Old Amontillado und Palo Cortado.

CHARAKTER Der einst geschätzteste aller Sherrys ist heute von zuverlässiger Qualität, aber ohne höhere Finesse. Luncheon Dry ist ein Fino von robustem Charakter mit etwas Süße. Der Spitzenwein „1796" Palo Cortado ist ausgesprochen elegant, mit deutlicher Reife und intensivem Bukett und Geschmack.

RUF Seit der „1796" eingeführt wurde, hat das Haus etwas von dem ehemaligen guten Ruf wieder zurückerobert.

REBSORTEN Palomino, P.X. und Moscatel.

WEINHERSTELLUNG Traditionelle Methoden mit moderner Ausrüstung.

REBFL/PROD 1 250 ha eigene Fläche, etwa 1,7 Mio. Kisten/Jahr. Export in die ganze Welt.

**Besitzer** Domecq Jerez (Allied Domecq) • **Besuch** Werktags 9-14 nach Vereinbarung • **Adresse** John Harvey & Sons, Colón 1, E-11401 Jerez de la Frontera (Cádiz) • **Tel.** 956-15 10 30 • **Fax** 956-15 10 08

PRODUKTION      QUALITÄT      PREIS

## Emilio Lustau

GESCHICHTE Diese Bodega, 1896 gegründet, gehört zu den größten Familienunternehmen. Es gibt drei Sherry-Marken und eine Lustau-Serie für ausgezeichnete Weine. Auch seltene Almaceniste-Sherrys sind im Sortiment, d.h. Weine, oft von einzelnen Weingärten, die von kleinen privaten Winzern oder Händlern gelagert werden.

WEINE Fino: Dry Lustau. Oloroso: Dry Lustau und Emperatriz Eugenia. Manzanilla: Lustau. Palo Cortado: Jerez Lustau, Dos Cortados und Emilio Lustau Peninsula. Cream: Old East India. Moscatel: Solera Reserva Emilín. Landed Age Rare Sherrys ist eine Serie von Amontillados und Olorosos, die einige Zeit in der Flasche reifen, ehe sie vermarktet werden.

CHARAKTER Der Fino Dry Lustau hat einen beinahe aufdringlichen Florcharakter sowie einen frischen, trockenen Geschmack. Dos Cortados ist eine ebenso intensive Variante von Palo Cortado mit einem komplexen Duft und Geschmack. Old East India Cream wird wie ein Madeira gelagert, was zu großer Reife führt.

*Dry Lustau von Emilio Lustau ist ein berühmter Fino. Dieses Sherryhaus gehört zu den besten Erzeugern.*

RUF Emilio Lustau genießt einen sehr guten Ruf.

REBSORTEN Palomino, P.X. und Moscatel.

WEINHERSTELLUNG Die neue Bodega in Nuestra Señora de la Esperanza benutzt Stahltanks, der Weinstil ist aber hauptsächlich traditionell.

LAGERUNG Weine der Serie „Landed Age Rare" werden durch die Lagerung besser.

REBFL/PROD 30 ha eigene Rebfläche.

**Besitzer** Luis Caballero Florido • **Kellermeister** Juan Fuentes Romero • **Besuch** Mo-Fr, nach Vereinb. • **Adresse** Plaza del Cubo 4, E-11403 Jerez de la Frontera (Cádiz) • **Tel.** 956-34 89 46 • **Fax** 957-34 77 89 • **E-Mail** lustau2@a2000.es • **Homepage** www.emilio-lustau.com

PRODUKTION      QUALITÄT      PREIS

SPANIEN • ANDALUSIEN

## Marqués del Real Tesoro

GESCHICHTE  Der vollständige Name lautet „Herederos del Marqués del Real Tesoro", was in etwa „die Nachkommen des Marquis des königlichen Schatzes" bedeutet. 1760 wurde Don Joaquím Manuel de Vilena Gualfajara Rodriguez de Manzano y Nieto zum Marquis in den Adels-

*Das Weingut hat eine imposante Geschichte. Heute gehört es jedoch nicht zu den Spitzenhäusern.*

stand erhoben. Sein Großenkel gründete die Bodega Anfang des 20. Jahrhunderts. Heute ist sie recht klein, mit einigen bekannten Olorosos und Amontillados.

WEINE  Fino: Ideal, Amontillado: Solera 1850 und Viejo, Oloroso: Almirante Oloroso Seco, Cream: Real Tesoro. Einige Manzanillas vervollständigen das Sortiment.

CHARAKTER  Viejo Amontillado ist ein trockener Amontillado, oft mit etwas gebrannten, nussähnlichem Bukett und Geschmack. Der Fino Ideal hat eine Kombination von Frische und Reife, die wenige moderne Finos aufweisen. Der Almirante Oloroso Seco ist trocken, elegant und geschmacksreich. Der seltene Amontillado Solera 1850 gehört zu den besten, ist aber auch teuer.

RUF  Einige wenige, gut gebaute Spitzenweine. Am bekanntesten für kommerzielle Verschnitte.

REBSORTEN  Palomino, Pedro Ximénez und Moscatel.

WEINHERSTELLUNG  Traditionell.

LAGERUNG  Almirante Oloroso Seco kann sich in der Flasche weiterentwickeln.

REBFL/PROD  200 ha eigene Rebfläche, etwa 2,2 Mio. Kisten/Jahr.

**Besitzer** Fam. Júcome y Pareja • **Besuch** Kein Besuch möglich • **Adresse** Marqués del Real Tesoro, Ctra. Nacional IV, km 630, E-11407 Jerez de la Frontera (Cádiz) • **Tel.** 956-32 10 04 • **Fax** 956-34 08 29

PRODUKTION     QUALITÄT     PREIS

## Sandeman

GESCHICHTE  1790 von George Sandeman gegründet. Während vieler Jahre wurde Handel mit Port und Sherry betrieben, obwohl man selber keine eigene Bodega besaß. Als der damalige Besitzer des Handelspartners Pémartin 1879 eine Residenz nach einem Modell des Pariser Opernhauses aufbauen ließ und sich dabei ruinierte, übernahm Sandeman dessen Bodega. Seit 1980 ist Sandeman ein Teil des Riesenunternehmens Seagrams. Während der letzten Jahre ist ihr Status durch eine Serie mit sehr alten Olorosos namens Dry Old Sherries gestiegen.

WEINE  Fino: Don Fino und Dry Fino. Palo

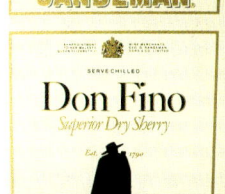 

*Sandeman ist immer noch eines der bekanntesten Sherryhäuser mit zuverlässiger Qualität.*

Cortado: Royal Ambrosante. Oloroso: Royal Corregidor, Imperial Corregidor und Solera 1860. Cream: Armada. Amontillado: Royal Esmeralda.

CHARAKTER  Von den beiden Finos ist Don Fino der trockenere, mit leichter, frischer Weichheit. Armada ist einer der besten Cream Sherrys, mit großer Rundheit und einem vinösen, reifen Bukett und Geschmack. Am bekanntesten sind Oloroso Royal und Imperial Corregidor, die aus einem 14-stufigen Solera-System stammen.

RUF  Sehr bekannter Produzent, der den Stil bewahrt und seinen Ruf durch die Serie mit Dry Old Sherries verbessert hat.

REBSORTEN  Palom., Pedro X., Moscatel.

WEINHERSTELLUNG  Die Bodega ist modern und setzt Glasfiber-/Polyestertanks ein.

LAGERUNG  Gewinnen nicht durch Lagerung.

REBFL/PROD  Ca. 400 ha eigene Fläche, etwa 1,2 Mio Kisten/Jahr.

**Besitzer** Seagrams • **Besuch** Mo-Fr 9-13 • **Adresse** Sandeman, Pizarro 10, E-11402 Jerez de la Frontera (Cádiz) • **Tel.** 956-30 11 00 • **Fax** 956-30 35 34

PRODUKTION     QUALITÄT     PREIS

## Valdespino

GESCHICHTE  Seit dem 14. Jh. ist die Familie als Weinhändler und Erzeuger in der Region ansässig. Den Export von Sherry führte der junge Antonio Fernández de Valdespino 1837 ein. 1899 wurde Heyward, Wilson & Co. dazugekauft, und das Haus Valdespino erhielt noch einige gute Weinberge und Lager von alten Soleras. Das Unternehmen ist heute noch in Besitz der Familie und präsentiert ein Sortiment von ausgezeichneten Weinen, von denen der weinbergbezeichnete Fino Inocente der bekannteste ist.

WEINE  Fino: Inocente. Manzanilla: Montana und Deliziosa. Amontillado: Tio Diego und Don Tomas. Oloroso: 1842 Oloroso. Cream: Jerez Cream.

CHARAKTER  Inocente gehört zu den elegantesten. Frisch, delikat, mit deutlichem Florcharakter. Der Amontillado Tio Diego ist dunkel, trocken und kraftvoll. Der ältere, seltenere Don Tomas hat eine dunkelorange Farbe und ein Bukett von Haselnuss und Orangenschale. Langer, ausgewogener Geschmack.

Valdespino ist eine Ritterfamilie aus dem Mittelalter mit Weinbautradition seit dem 14. Jh. Sehr hohe Qualität.

RUF  Einer der besten Sherry-Produzenten mit durchgehend guter Qualität.

REBSORTEN  Palomino, P.X. und Moscatel.

WEINHERSTELLUNG  Traditionelle Methoden mit Gärung in großen Holzfässern. Es gibt weitgehend gute Sherrys und ab und zu ein Fass mit ausgezeichnetem Weinessig.

LAGERUNG  Normalerweise nach der Fasslagerung trinkbereit.

REBFL/PROD  200 ha eigene Rebfläche, etwa 400 000 Kisten/Jahr.

**Besitzer** Fam. Valdespino • **Besuch** Kein Besuch möglich • **Adresse** Valdespino, Pozo del Olivar 16, E-11403 Jerez de la Frontera (Cádiz) • **Tel.** 956-33 14 50 • **Fax** 956-34 02 16

PRODUKTION    QUALITÄT    PREIS

## Williams & Humbert

GESCHICHTE  Alexander Williams gründete das Unternehmen 1877. Als Williams Amy Humbert heiratete, wollte er Juniorpartner beim Schwiegervater werden. Der lehnte ab, war ihm aber bei der Gründung eines eigenen Unternehmens behilflich. Zwei frühere Produkte existieren heute noch und verkaufen sich gut: Pando Fino Amontillado und Dry Sack. Ab 1972 gehörte das Haus dem Konglomerat Rumasa, um 1988 an Barbadillo verkauft zu werden. 1994 wurde der Betrieb von Luis Páez erworben, der zur Medina-Gruppe gehört.

WEINE  Fino-Amontillado: Pando. Medium:

Williams & Humbert ist vor allem für seinen Dry Sack bekannt, eine Mischung von mehreren Sherry-Typen.

Dry Sack (eine Mischung von Amontillado und hellem Oloroso mit etwas P.X.). Palo Cortado: Dos Cortados. Cream: Walnut Brown und Canasta Cream.

CHARAKTER  Trockener Fino Pando mit Florcharakter und Bittermandelnoten. Der Dos Cortados ist ein Palo Cortado. Dicht, trocken, nussähnlich mit einem recht weichen Geschmack. Dry Sack hat den typischen Amontillado-Duft mit einem recht süßen Geschmack.

RUF  Renommierter Produzent.

REBSORTEN  Palomino, P.X. und Moscatel.

WEINHERSTELLUNG  Moderne Methoden mit temperierten Stahltanks.

LAGERUNG  Der Wein entwickelt sich nur ganz geringfügig in der Flasche.

REBFL/PROD  Ca. 150 ha eigene Rebfläche, 800 000 Kisten/Jahr.

**Besitzer** Luis Páez S.A • **Kellermeister** Ricardo Romero • **Besuch** Mo-Fr 12-13.30 • **Adresse** Nuño de Cañas 1, E-11402 Jerez de la Frontera (Cádiz) • **Tel.** 956-33 13 00, -34 65 39 • **Fax** -32 45 97 • **E-Mail** williams@williams-humbert.com • **Homepage** www.williams-humbert.com

PRODUKTION    QUALITÄT    PREIS

## Weitere Produzenten in Sherry / Jerez

### Antonio Barbadillo

Von Don Benigno Barbadillo 1821 gegründet. Ein Familienunternehmen, heute in der sechsten Generation geführt. Die 350 ha Weingärten decken 60% des Bedarfs, der Rest wird von Nachbarwinzern zugekauft. Man exportiert in 38 Länder in der ganzen Welt und erzeugt 70% der Gesamtproduktion in Manzanilla. Weine: Manzanilla Solear und Eva, Amontillado Principe.

•**Besitzer:** Fam. Barbadillo **Besuch:** Nach Vereinbarung. **Adresse:** Luis de Eguilaz 11, E-11540 Sanlúcar de Barrameda (Cádiz). **Tel.** 956-36 08 94. **Fax** 956-36 51 03.

### Croft Jerez

1678 von John Croft aus Yorkshire gegründet. Erst 1970, durch den Zusammenschluss mit United Distillers, bekam der Sherry einen eigenen Zweig im Unternehmen. Mit dem finanziellen Rückgrat wurde eine topmoderne Bodega aufgebaut: Rancho Croft. Eine der früheren Marken ist der Croft Original, der erste Pale Cream Sherry und heute noch der größte seiner Art. Andere Marken wie Croft Delicado und Croft Particular gehören der mittleren Qualitätsschicht an.

•**Besitzer:** United Distillers **Besuch:** Nach Vereinbarung. **Adresse:** Ctra. Madrid-Cádiz N-IV, km 636, E-11407 Jerez de la Frontera (Cádiz). **Tel.** 956-33 66 00. **Fax** 956-33 37 07.

*Rund um die Sherryhäuser liegen alte und neue Fässer, manchmal über 100 000. Im Bild der Hof von Osborne.*

### Díez Mérito

Wurde 1884 von den Brüdern Díez gegründet und erst 1974 mit der Bodega Marqués del Mérito fusioniert. Das enorme Lager von Don Zoilos mit außerordentlichen, reifen Weinen von Finos bis P.X. und Olorosos wurde übernommen. Einige Weine verdienen besondere Aufmerksamkeit: Der Don Zoilo Very Old Fino ist ein Wein in robustem, kraftvollem Stil. Der Don Zoilo Amontillado hat große Fülle und Reife. Unter dem Etikett Díez Hermanos wird ein großartiger Fino Imperial erzeugt, eigentlich ein Fino-Amontillado. Ein anderer Sherry der gleichen Serie ist der Oloroso Victoria Regina mit dunkler Farbe und intensivem, dichtem Bukett und Geschmack aus einem Solera-System, das 1906 begonnen wurde.

•**Adresse:** Cervantes 3, E-11403 Jerez de la Frontera (Cádiz). **Tel.** 956-33 07 00.

### Osborne

Von einem Engländer gegründet. Thomas Osborne Mann kaufte 1722 eine Bodega in Puerto de Santa María. Die Osborne-Gruppe gehört zu den größten Getränkeproduzenten. Sherry macht nur einen kleinen Teil des Angebots aus. Fino Quinta ist in leichtem Stil mit trockenem, frischem Geschmack. 10 RF (RF steht für Reserva Familiale) ist ein leicht gesüßter, runder Oloroso. Black Label Cream ist weich, rund und ohne zu viel Schwere, die diesem Weintyp oft nachgesagt wird.

•**Adresse:** Fernán Caballero 3, E-11500 El Puerto de Santa María (Cádiz). **Tel.** 956-85 52 11. **Fax** 956-85 72 02.

### Palomino & Vergara

Einer der ältesten Weinbetriebe in Jerez. Die Familie Palomino wird schon im 13. Jahrhundert als Weinerzeuger und Händler erwähnt. Man sagt, dass die Sherry-Traube „par excellence", die Palomino, ihren Namen von dieser Familie erhalten hat. 1765 gründete die Familie Vergara ihr Handelshaus und liierte sich mit Palomino. Das Haus ist in Spanien sehr berühmt. Zwei der bekanntesten Produkte sind: Tio Mateo Fin, der trocken und in jeder Hinsicht klassisch ist. Der Florcharakter ist so intensiv, dass der Wein an einen Manzanilla erinnert. Oloroso Infante ist leicht und trocken mit einem weichen, ausgewogenen Geschmack.

•**Besitzer:** John Harvey & Sons **Besuch:** Nach Vereinbarung. **Adresse:** Colón 1, E-11401 Jerez de la Frontera (Cádiz). **Tel.** 956-15 10 30. **Fax** 956-15 10 50.

### Weitere Betriebe

Gaspar Florido, Santa Brígida s/n, E-11540 Sanlúcar de Barrameda (Cádiz). Tel. 956-36 01 24.

Herederos de Argüeso, Mar 8, E-11540 Sanlúcar de Barrameda (Cádiz). Tel. 956-36 01 12. Fax 956-36 81 69.

Vinícola Hidalgo y Cía., Banda de la Playa 24, E-115 40 Sanlúcar de Barrameda (Cádiz). Tel. 956-34 15 97. Fax 956-38 38 44.

Infantes de Orléans-Bourbón, Baños 1, E-11540 Jerez de la Frontera (Cádiz). Tel. 956-36 02 41. Fax 956-36 51 03.

Sánchez Romate Hermanos, Leales 28, E-11404 Jerez de la Frontera (Cádiz). Tel. 956-18 22 12. Fax 956-18 52 76.

## Spaniens Inseln

GESCHICHTE Die Balearen (Mallorca, Menorca, Ibiza und Formentera) und die Kanarischen Inseln (Teneriffa, La Palma, Gran Canaria, Lanzarote, Fuerteventura, La Gomera und Hierro) haben eine lange Weinbautradition. Heute ist der Fremdenverkehr das Hauptgewerbe und viele Weingüter wurden durch Touristenanlagen ersetzt. Es besteht jedoch Interesse für modernen Weinbau und die Produktion von Qualitätserzeugnissen, so dass moderne Anlagen an der Seite der traditionellen Bodegas entstehen.

GEOGRAPHIE Die brennende Sonne und auch der Wind können Probleme bereiten. Es gibt eine DO auf Mallorca: BINISSALEM. Auf den kanarischen Inseln findet man acht DO: ABONA, EL HIERRO, LA PALMA, LANZAROTE, TACORONTE-ACENTEJO, VALLE DE GÜÍMAR, VALLE DE LA OROTAVA, YCODEN-DNUTE-ISORA.

WEINE Es werden kräftige Rotweine und süße Weißweine hergestellt.

REBSORTEN Balearen: Manto Negro, Callet und Fogoneu (rot) sowie Moll, Moscatel (weiß). Auch CS, PN, Tempranillo und Chardonnay. Kanarische Inseln: Listán Negro (rot). Listán Blanco, Malvasia, Moscatel (weiß).

ANBAUGEBIETE In Binissalem, Tacoronte-Acentejo und Valle de Güímar werden die besten Weine erzeugt.

REBFL/PROD Etwa 23 000 ha, 400 000 hl/Jahr.

## Binissalem, Tacoronte-Acentejo

### Binissalem (Balearen)

GESCHICHTE Die Weinbautradition der Insel Mallorca geht auf das zweite Jahrhundert v.Chr. zurück. Der römische Schriftsteller Plinius beschrieb die Weine als die besten seiner Zeit. Binissalem erhielt 1991 ihre Ursprungsrechte und ist damit die älteste spanische Appellation außerhalb des Festlands. Mit der Entwicklung des Tourismus investierten einige Bodegas in neue Anlagen, was zu einer Qualitätsverbesserung führte.

GEOGRAPHIE Auf der ganzen Inselgruppe herrscht das Mittelmeerklima mit langen, heißen Sommern und milden Wintern. Die Weinberge liegen auf kalkreichen Böden 250-300 ü.M.

WEINE Junge, frische Weiß- und Roséweine. Durch den kurzen Fassausbau sind die Rotweine etwas kräftiger.

REBSORTEN Lokale Trauben: Maneto Negro und Callet für die roten und Moll für die weißen Weine. Auch Tempranillo, Monastrell, Parellada und Macabeo werden angebaut.

REBFL/PROD 300 ha, 6 800 hl/Jahr.

PRODUZENTEN Santa Catarina, Antonio Nadal Ros, Franja Roja und Herederos De Hermanos Ribas.

WISSENSWERT Weitere Informationen: Consejo Regulador, Concepción 7, E-07350 Binissalem (Mallorca). Tel. 971-51 10 43. Fax 971-87 00 68.

### Tacoronte-Acentejo (Kanarische Inseln)

GESCHICHTE Seit der spanischen Eroberung wird hier Weinbau betrieben. Noch heute findet man hier Rebsorten, die auf dem Festland längst nicht mehr angebaut werden. Die kanarischen Weine waren im 17. Jahrhundert hoch geschätzt, besonders die gehaltvollen Malvasia, die z.B. in den Texten von Shakespeare erwähnt sind.

GEOGRAPHIE Feuchtes, subtropisches Klima mit heißen Sommern und trockenen Sahara-Winden. Vulkanische Böden. Wein wird nur auf vier der sieben Kanarischen Inseln angebaut, darunter Teneriffa, wo sich Tacoronte-Acentejo befindet.

WEINE Hauptsächlich Rotweine, sowohl im jungen „Joven"-Stil als auch fassausgebaute Crianza-Weine.

REBSORTEN Rote: Listán Negro und Negramoll. Weiße: Gual, Malvasia, Moscatel und Listán Blanco.

REBFL/PROD 1 000 ha, 5 000 hl/Jahr.

PRODUZENTEN Bodegas Insulares Tenerife, Bodegas J.A. Flores, El Lomo, Bodegas Monje.

WISSENSWERT Weitere Informationen: Dr. Acosta Gómez 5, E-38740 Fuencaliente-La Palma (S.C. Tenerife).

## SANTA CATARINA

GESCHICHTE Diese Bodega pflegt man das Mirakel Mallorcas zu nennen. Das Verdienst ist dem Schweden Stellan Lundqvist, einem ehemaligen Ölmakler, zuzuschreiben. 1985 erwarb er das kleine Weingut Santa Catarina im westlichen Mallorca. Das Ziel war, Qualitätsweine aus edlen französischen Rebsorten zu erzeugen, was trotz manchem Zweifel gelungen ist.

WEINE Chardonnay mit dichter, strohgelber Farbe, einem fruchtig-intensiven Aroma und fülligem, gut ausgewogenem Geschmack. Merlot mit großem, komplexem Bukett von Veilchen und Waldlaub sowie weichem Tannin mit feiner Bitter-

*Santa Catarina ist der einzige große Qualitätsproduzent auf den spanischen Inseln.*

note. Der Cabernet Sauvignon ist sortentypisch mit feiner Säure und eleganter Note von Stachelbeeren und Pfeffer.

RUF Stellan Lundqvist hat mit seinen „französischen" Weinen mit Mallorca-Note in der ganzen Welt große Aufmerksamkeit erweckt.

REBSORTEN Rote: Cabernet Sauvignon 60%, Pinot Noir 6%, Merlot 14%. Weiße: Chardonnay 20%.

WEINHERSTELLUNG Sehr moderne Methoden mit temperierter Gärung in Edelstahl. Ausbau in kleinen Eichenfässern für die Roten und manche Chardonnays.

LAGERUNG Die besten Roten: über 10 Jahre.

REBFL/PROD 42 ha, etwa 35 000 Kisten/Jahr. 90% Export nach Schweden, Dänemark und Deutschland.

**Besitzer** Stellan Lundqvist • **Kellermeister** Francesc Fibla • **Besuch** Mo-Fr 9-13, 15-17, So 12-14 • **Adresse** Ctra. Andraitx/Capdella, km 4, E-07150 Andraitx (Mallorca) • **Tel.** 971-23 54 13 • **Fax** 971-23 55 19 • **Homepage** www.voss-net.co.uk/shopping/santacatarina

PRODUKTION   QUALITÄT   PREIS

## WEITERE PRODUZENTEN

### BODEGA MANUEL BARRIOS

Gegründet 1981. Meist Rotwein aus Listán Negro namens Guanyonja. FAKTEN 3 ha, 500 Kisten/Jahr.

• **Adresse:** Puerto de la Madera (Teneriffa). **Tel.** 922-56 05 36.

*José Ferrer ist die bekannteste „Touristen"-Bodega auf Mallorca.*

### JOSÉ L. FERRER

Touristen-Bodega auf Mallorca, 1931 gegründet. Nur einheimische Rebsorten. Rot: 85% Manto Negro, weiß: 85% Moll.

• **Adresse:** Conquistador 103, E-07350 Binissalem (Mallorca). **Tel.** 971-51 10 50. **Fax** 971-87 00 84.

### BODEGA LA ISLETA

1869 gegründet. Wird von Adolfo González in dritter Generation geführt. Vorwiegend Rotwein aus 80% Negramol und Listán Negro, auch guter Weißwein. FAKTEN 12 ha, 2 500 Kisten/Jahr.

• **Adresse:** Camino de San Luis s/n, E-32289 Tegueste (Teneriffa). **Tel.** 922-54 18 05. **Fax** 922-26 11 05.

### JAUME MESQUIDA

Einheimische und edle Rebsorten werden angebaut. Gegründet 1945. FAKTEN 20 ha, 12 500 Kisten/Jahr.

• **Adresse:** Vileta 7-9, E-07260 Porreras (Mallorca). **Tel.** 971-64 71 06.

### BODEGAS MONJE

1958 gegründet. Rotwein aus Listán Negro und Negramol. FAKTEN 14 ha, 2 500 Kisten/Jahr.

• **Adresse:** Cno. Cruz de Leandro 36, E-38359 El Sauzal (Teneriffa). **Tel.** 922-56 12 87. **Fax** 922-56 12 87.

### VITICULTORES DEL NORTE DE TENERIFE

Genossenschaft mit 94 Mitgliedern. 90% Rotwein namens Viña Norte. FAKTEN 200 ha, 5 000 Kisten/Jahr.

• **Adresse:** Finca San José, E-38360 El Sauzal (Teneriffa). **Tel.** 922-56 10 43.

## ANDERE GEBIETE IN SPANIEN

### BASKIEN

Zwei ganz unterschiedliche Weine: der leichte Chacolí-Wein von der Küste oder die roten Reserva aus dem Süden. Drei DO: Chacolí de Guetaria Getariako Txakolina, Chacolí de Vizcaya-Bizkaiako Txakolina sowie Rioja (Provinz Alava).

PRODUZENTEN U.a. Etxaniz Txakolina und Bodegas Martínez Bujanda, das eigentlich zu Rioja gehört.

*Die vielfältige Geographie Spaniens gibt dem Land die Möglichkeit, viele verschiedene Weine zu erzeugen.*

### MADRID

Seit der Gründung der Stadt Madrid im Jahr 1561 wird in der Gegend Wein angebaut. Zwei DO: Méntrida, tief purpurrote, alkoholische Weine aus der roten Sorte Tinto Aragonés (Garnacha). Die zweite DO ist Vinos de Madrid. Die vorherrschenden Rebsorten sind hier der grüne Malvar und der blaue Tinto Fino. Viele Weine werden im „Joven"-Stil erzeugt, d.h., sie sollten jung getrunken werden.

*In allen Gebieten Spaniens war in den letzten Jahrzehnten eine Qualitätsentwicklung zu verzeichnen.*

PRODUZENTEN Bodegas Ricardo Benito und Compania de Comercio y Bebidas.

### ASTURIA

Das Gebiet liegt im Norden Spaniens. Man erzeugt keine Weine von höherer Qualität. Sie sind recht schwach, herb und sauer. Von den 100 Hektar Rebfläche in der Region Cangas de Narcea werden jährlich 4 000 hl Wein erzeugt.

### EXTREMADURA

Im Südwesten Spaniens befindet sich die Extremadura. In letzter Zeit konnte man Fortschritte in der Weinindustrie feststellen. Man hat sich auf Rotweine aus Cabernet Sauvignon und Tempranillo spezialisiert. Lokale Weißweine aber herrschen vor. Von den sechs Gemeinden, die in der Extremadura Wein erzeugen, ist Tierra de Barros am interessantesten. Bald schon sollte man den DO-Ribera-del-Guadiana-Status erhalten. Die vorherrschenden Rebsorten sind Cayetana und Pardina.

# Jahrgänge in Spanien

Die Jahrgänge in Spanien sollten generell erst ab 1980 beachtet werden. Vor 1972 gab es kein komplettes Klassifizierungssystem und während der 70er Jahre keine Ausschüsse für Weinproben. 1964 zählt zu den Spitzenjahren. Erstaunlicherweise findet man die 64er öfter als z.B. die 63er oder 65er. Qualitätswein mit Jahrgangsbezeichnung kann eigentlich mit einem Wort beschrieben werden: „Rioja". Mittlerweile gibt es aber mehrere Qualitätsbetriebe. Der Name des Lieferanten ist meist wichtiger als der Bezirk und der Jahrgang.

### 1998
Ein hervorragendes Jahr mit beinahe ausgezeichneten Wetterverhältnissen. Bis in den September, der mit schlechtem Wetter die Winzer etwas zittern ließ, herrschte fast überall ein ausgeglichenes Wetter. Die gute Traubenqualität und die internationale Nachfrage nach spanischen Weinen ließ die Preise steigen. Der Ernteertrag fiel in fast allen Gebieten gut aus. Einzig in Ribera del Duero zerstörten Hagelschläge fast 30% der Ernte, womit der Preisaufschlag zumindest in diesem Gebiet verständlich ist.

### 1997
Schien zunächst ein sehr schwieriges Jahr zu werden. Der milde Winter und ein regnerischer Frühling beschleunigten die Traubenentwicklung. Auch Anfang August war noch nichts klar, gegen Ende des Monats und im September kam dann die Sonne und damit die Wärme. Das Jahr fiel dann doch nicht so schlecht aus wie erwartet und die Winzer waren ziemlich zufrieden, als endlich die Lese begann. Insgesamt ein sehr unterschiedlicher Jahrgang.

### 1996
Ein Jahr mit sehr viel Regen, aber auch Hitze. Der Ertrag wurde doppelt so groß wie 1995 - 32 Millionen Hektoliter. Winzer, die aus Angst vor dem Regen früh ernteten, zogen den Kürzeren, während Winzer, die bis Ende September oder sogar Anfang Oktober ausharrten, reichlich belohnt wurden.

### 1995
Qualitativ ein gutes Jahr, jedoch wieder mit niedrigem Ertrag. Grund dafür waren Frühlingsregen und insbesondere der trockene Sommer. In Rioja fiel die Qualität besser aus als in Penedès.

### 1994
Ein hervorragender Jahrgang, aber mit geringem Ertrag - 20% weniger als 1993. In Rioja war es eines der trockensten und heißesten Jahre seit Menschengedenken. Die Lese begann sehr früh.

### 1993
Noch ein unterschiedlicher Jahrgang. In Rioja und Katalonien ist man im Allgemeinen mehr als zufrieden.

### 1992
Je nach Gebiet verschiedene Qualität. In Rioja und Katalonien konnten Winzer, die die Ernte noch rechtzeitig eingeholt hatten, zufrieden sein.

### 1991
Durchschnittliches Wetter, durchschnittliches Traubengut, durchschnittliche Ernte und Qualität in ganz Spanien.

### 1990
Ein schwieriger Jahrgang mit großen Unterschieden. In höher gelegenen Gebieten wie Rioja Alvaresa gelang die Qualität am besten. Auch Katalonien konnte gute Weine erzeugen.

### 1989
Sehr heißes und trockenes Jahr mit hochkonzentrierten Weinen. Große Unterschiede zwischen den verschiedenen Winzern.

### 1988
Mittelmäßiges Jahr, wobei das Können des Kellermeisters ausschlaggebend war.

### 1987
Dieser Jahrgang wurde hier bedeutend besser als in Bordeaux. Lagerfähige Weine.

### 1986
Durchschnittlicher Jahrgang mit Weinen, die nicht für längere Lagerung geeignet sind.

### 1985
Kleiner Ertrag erwartet - wurde der größte des Jahrhunderts. Je nach Gebiet gute Qualität.

### 1984
Frost im Mai und Hagel im September und auch noch der Orkan Hortensia. Fruchtige Weine mit blasser Farbe.

### 1983
Leichter Frost im Frühling, viel Regen im August. Kräftige Farbe, hohe Säure.

### 1982
Heißes Jahr mit ausreichendem Niederschlag. Großartige Weine!

### 1981
Frost und Schnee im April, warmer Juni und heiß während der Lese. Die Weine sind weich und kraftvoll.

### 1980
Feuchter Frühling, mäßige Temperatur bei der Lese. Elegante Weine mit blasser Farbe.

# WEINETIKETTEN IN SPANIEN

### JAHRGANG
Auch *Cosecha* (Lese/Jahrgang) kommt vor. Das Jahr wird weggelassen, wenn der Wein mehrere Jahrgänge enthält. Verschnitte mehrerer Jahrgänge dürfen *Calidad Varias Cosechas* genannt werden. Vor 1980 gab es keine Jahrgangskontrolle.

### WEINGUT
„Marqués de Murrieta" ist der Erzeuger, „Ygay" der Name des Weinberges oder der Weinlage.

### URSPRUNG
Spanisches Appellationssystem. In diesem Fall ist Rioja das Ursprungsgebiet und auch eine DOCa „*Denominación de Origen Calificada*", ein kontrolliertes Ursprungsgebiet von höchster Klasse. Trotz Klassifizierung eines Gebiets fehlt manchmal die DO-Bezeichnung. Ein anderer Begriff, der vorkommt, ist *Cepa* = Wein- oder Rebsorte.

### ALKOHOLGEHALT
Obligatorische Angabe, fehlt aber manchmal trotzdem.

### URSPRUNGSSIEGEL
Dieses Siegel des „*Consejo Regulador*" ist eine Art Qualitätszeichen der Kontrollstelle in Rioja, die den Ursprung des Weines garantiert. Jede DO hat ihr eigenes Siegel.

### INHALT
75 cl gem. EU-Standard.

### PRODUZENT
„*Embottelado en Origen*" (abgefüllt auf dem Gut). Andere Ausdrücke, die vorkommen, sind: „*Elaborado por ...*" (hergestellt von ...), „*Criado por ...*" (verschnitten/ausgebaut von ...), „*Anejado por ...*" (ausgebaut von ...). Unter diesen Text kommt der Name und die Adresse des Produzenten. *Bodega* bedeutet „Weinstube/Kellerei", ist aber oft die Bezeichnung des Weinguts, sowie *Viña* oder *Viñedo* (eigentlich Weinlage).

### QUALITÄTSBEZEICHNUNG
In diesem Beispiel ein *Reserva*, der mind. 1 Jahr im Eichenfass und mind. 2 J. in Fass/Flasche reifte. *Gran-Reserva*-Weine müssen mind. 2 Jahre im Eichenfass und mind. weitere 3 J. in Fass/Flasche reifen. Andere Bezeichnungen: *Tinto* (einfacher, kräftiger Rotwein), *Clarete* (einfacher, leichter Rotwein), *Sin Crianza* (Wein, der nicht im Holzfass gereift ist), *Con Crianza* (Rotwein, der mind. 2 J. ausgebaut wurde, davon 1 J. in Eiche).

### SÜSSE
Bei spanischen Weinetiketten wird oft auch der Süßegrad angegeben. Normalerweise kommen folgende Bezeichnungen vor: *Brut* (sehr trocken, meist für Schaumweine), *Seco* (trocken), *Semiseco* (halbtrocken), *Abocado* (halbsüß) und *Dulce* (süß).

# SHERRY-ETIKETTEN

## SHERRY-TYPEN

*Medium Dry Sherry* (halbtrockener Sherry) ist nur eine englische Bezeichnung für die Süße. Darunter steht *Amontillado*, was den Sherry-Typ bezeichnet. Es gibt folgende Sherry-Typen:

*Fino Sherry* ist ein „einfacherer" Sherry. Der Charakter ist leicht und trocken, die Farbe sehr hell. Der Alkoholgehalt liegt oft niedriger (16-17%) als bei anderen Sorten. Er sollte möglichst bald nach der Flaschenabfüllung konsumiert werden.

*Palma* ist die Bezeichnung des besten Finos. Wird oft in Klassen von 1-4 eingestuft.

*Manzanilla* ist eigentlich ein Fino aus der Küstenstadt Sanlúcar de Barrameda, 20 km von Jerez entfernt. Dieser Sherry kann je nach Alter nach drei Typen klassifiziert werden: *Fino, Pasada* und *Oloroso*.

*Amontillado* ist ein gelagerter, trockener Sherry mit kräftiger Nussfarbe und auch gewissem Nussduft. Der Alkoholgehalt liegt oft 2-3% höher als beim Fino.

*Oloroso* ist noch kräftiger und „fetter" als der Amontillado. Die Farbe ist dunkelgoldgelb und das Bukett ansprechend. Normalerweise ist er trocken, aber auch süße Varianten, wie z.B. *Amoroso* oder *Cream*, kommen vor. Der Alkoholgehalt liegt bei 18-20%, mit zunehmendem Alter bei bis zu 22%.

*Palo Cortado* ist ein seltener Sherry-Typ. Er kann wie ein Oloroso mit dem Bukett eines Amontillado beschrieben werden.

*Amoroso* ist ein gesüßter Oloroso, dem englischen Geschmack angepasst.

*Cream* ist ein kräftig gesüßter Oloroso. Dieser Typ entstand in Bristol und wird daher manchmal Bristol Cream genannt.

*Brown Sherry*, Bezeichnung für einen dunklen, süßen Sherry. Andere Begriffe: *Viejo* = alt, *Dulce* = süß, *Seco* = trocken.

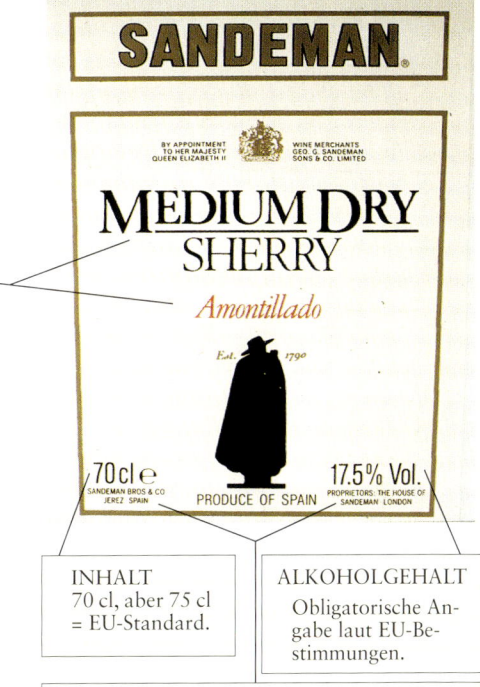

### INHALT
70 cl, aber 75 cl = EU-Standard.

### ALKOHOLGEHALT
Obligatorische Angabe laut EU-Bestimmungen.

### PRODUZENT
*Sandeman Bros & Co, Jerez Spain*. Vorkommen kann auch: „*Produced, matured in wood and bottled by ...*" (hergestellt, in Holz gereift und abgefüllt durch ...), „*Established in the year ...*" (im Jahr X gegründet), auf Spanisch: „*Casa Fundata en ...*"

## SOLERA UND FLOR

Solera ist ein System, den Sherry verschiedener Jahrgänge zu verschneiden, damit Qualität und Geschmack immer konstant bleiben. Das Prinzip liegt darin, einen Teil des jüngsten Sherrys (*criadera* genannt) mit etwas älterem Sherry zu verschneiden, denselben mit einem noch älteren usw. Dieser Vorgang wird 4- bis 14-mal wiederholt. Dem Fass wird nie mehr als ein Drittel entnommen. Beim *Flor* wird entschieden, ob es ein Fino oder ein Amontillado wird. Es handelt sich um eine Art Hefe, die in den Trauben aus Jerez vorhanden ist. Ob der Flor sich während der Gärung entwickelt, kann nicht vorausgesagt werden. Der Flor reduziert den Zuckergehalt und verstärkt gewisse Geschmacksstoffe. Beim Oloroso entwickelt sich kein Flor.

## WEINVOKABULAR SPANIEN

**A**LBARIZA Weiße Erde (Kreideboden) in Jerez.
ALMACENISTA Weingroßhändler im Sherry-Gebiet mit Keller und eigener Lagerung.
AMONTILLADO Fassgelagerter, alter Fino-Sherry.
AÑADA Jahrgangs-Sherry (Vintage).
ARROPE Eingekochter Traubenmost (Konzentrat), wird dem Wein als Zuckerung und Farbzusatz beigegeben.

**B**ARRICA Fass.
BODEGA Weingut, wo der Wein hergestellt, gelagert oder getrunken wird. Eigentlich Weinstube/Kellerei.
BROWN SHERRY Sehr dunkler, süßer Sherry.
BRUT NATURE Trockener Cava.

**C**ABECEO Ein Verschnitt von Jerez-Weinen.
CAPATAZ Meisterverkoster in Jerez.
CAVA Schaumwein nach der Champagner-Methode, vorwiegend in Katalonien.
CEPA Wein- oder Rebsorte.
CLARETE Leichter Rotwein.
CONSEJO REGULADOR Lokale Organisation für die Kontrolle der DO-Gebiete.
COPITA Traditionelles Sherry-Glas.
COSECHA Jahrgang oder Lese.
CREAM SHERRY Stark aufgesüßter Oloroso.
CRIANZA Jahrgangswein.

**D**ENOMINACIÓN DE ORIGEN (DO) Kontrollierte Herkunftsbezeichnung. Alle geeigneten Weingebiete erhalten den DO-Status, zurzeit sind es 47.
DENOMINACIÓN DE ORIGEN CALIFICADA (DOCA) „Klassifizierte Weine mit Ursprungsbezeichnung", die höchste Qualitätsstufe. Weine, die diese Bezeichnung tragen, müssen vom Erzeuger abgefüllt worden sein.
DORADO Goldgelber Starkwein aus Rueda.
DULCE Süß.

**E**SPUMOSO Schäumend.

**F**INO Trockener, eleganter Sherry, der durch Flor-Einwirkung erzeugt wird.
FLOR Hefeart, die sich nach der Gärung auf der Oberfläche des Weines bildet und die Oxydation verhindert (Sherry-Gebiete).

**G**ARNATXA D'EMPORDÀ Süßer Dessertwein aus Ampurdán.
GENEROSO Starkwein.
GIROSOL „Sonnenblume", eine Art Rüttelpult für Cavas.

**J**OVEN Jungwein, konsumfertig.

**L**ÁGRIMA Ein meist süßer Wein, der aus dem Vorlaufmost erzeugt wird. Bekannt aus Málaga.

**M**ANZANILLA Fino-Sherry, gelagert in Sanlúcar de Barrameda.

**O**LOROSO Fülliger, dunkler, trockener Sherry, der ohne Einwirkung von Flor erzeugt wird.

**P**ALO CORTADO Seltene Sherry-Qualität zwischen Oloroso und Fino.

**R**ANCIO Weißwein, der während der Fasslagerung oxydiert und dadurch einen speziellen Geschmack annimmt.

**S**ECO Trocken.
SOLERA Verschnittsystem für Sherry.

**T**INAJA Großes Steingutgefäß für die Gärung und Lagerung von Weinen.

**V**ENDIMINA Jahrgang.
VENENCIA Utensil zur Verkostung von Jerez-Wein.
VINO BLANCO Weißwein.
VINO CORRIENTE Tafelwein.
VINO DE LA TIERRA (Landwein). Entspricht in etwa dem französischen Vin de Pays. Vorgeschrieben sind die Rebsorte, die Herstellungsmethode sowie der Mindestalkoholgehalt. Die Herkunft (Gebiet oder Gemeinde) muss auf der Etikette angegeben werden.
VINO DE DOBLE PASTA Vor der Gärung wird der Saft abgelassen, damit eine größere Menge Trester dem Wein Farbe und Tannin verleiht. Die Maischegärung erfolgt mit doppelt soviel Beerenschalen wie üblich. Das Ergebnis ist ein Wein mit sehr dunkler Farbe.
VINO DE MESA Tafelwein.
VINO GENEROSO Dessertwein.
VINO ROSADO Roséwein.
VINO TINTO Rotwein.

# PORTUGAL

GESCHICHTE  Die ersten Rebstöcke kamen mit den Phöniziern und wurden von Griechen und Römern gepflegt. Man findet ihre Spuren in Alentejo „tarefas de barro" als große Steingutamphoren, die immer noch für die Gärung des Weins verwendet werden. Die Portugiesen selbst begannen mit der Weinherstellung im 13. Jh. Man schloss Frieden mit Spanien und 1386 wurde das Windsor-Abkommen mit England unterzeichnet, was für Portugal von großer Bedeutung war. Die Exportweine waren „Osey" (wahrscheinlich aus Setúbal) und „Carneco" (Bucelas). Die Entdeckung von Douro war die Geburtsstunde des Portweins, der heute den größten Exportanteil einnimmt. Die Tafelweine gewinnen aber zunehmend an Bedeutung.

GEOGRAPHIE  Portugal hat unterschiedliche klimatische Bedingungen. Das Klima von Minho ist vergleichbar mit dem im spanischen Galizien, d.h. relativ feucht. Die Rebstöcke werden hochgebunden, um sie von der feuchten Erde fern zu halten und ihnen soviel Sonnenwärme wie möglich zu verschaffen. Das für Portwein bekannte Douro-Tal ist sehr warm und der harte Granit-Schieferboden erschwert den Rebstöcken das Leben. Bairrada liegt auf einer flachen Hochebene. Die

## PORTUGAL

Gebiete rund um Lissabon wie Bucelas, Carcavelos, Colares und Setúbal werden von den salzigen Winden des Atlantiks beeinflusst, während die Weine im Süden, wie z.B. der Algarve, im heißen Klima erzeugt werden, was zu einem hohen Alkoholgehalt führt.

WEINE  Vinho Verde: leichte, frische und perlende Rot- und Weißweine. Portwein und kräftige Rotweine, gut geeignet für die Lagerung. Auch Weiß- und Roséweine.

*Korkeichenrinde aus Portugal, dem größten Produzenten von Korken. Nur der innere Teil wird verwendet.*

REBSORTEN  Weiße: Alvarinho, Arinto, Encruzado, Fernão. Rote: Aragonez, Baga, Bastardo, Negra Mole, Periquita, Touriga Francesa, Touriga Nacional.

WEINGESETZ  Mit der Região Demarcada (RD) aus der Mitte des 18. Jh. hatte Portugal als erstes Land eine Form von Ursprungsbezeichnung. Portugal hat nun gemäß den EU-Anforderungen eine neue Klassifizierung:

*Die portugiesischen Weine und die einheimische Küche prägen den Eindruck von der Atlantikküste.*

1. DOC - DENOMINAÇÃO DE ORIGEM CONTROLADA: die höchste Klasse, entspricht der AOC in Frankreich. 1998 durften 18 Regionen diese Güteklasse beanspruchen.

2. IPR - INDICAÇÃO DE PROVINIÊNCIA REGULAMENTADA: die zweithöchste Klasse, entspricht der französischen VDQS. 1998 wurden 26 IPR-Regionen gezählt.

3. VINHO DE MESA: Tafelweine, die aus verschiedenen Regionen verschnitten werden.

PRODUZENTEN  Vor allem kleine Winzer, fast 200 000. Einige Großproduzenten wie Sogrape dominieren den Export.

REBFL/PROD  Ca. 260 000 ha, rund 8,5 Mio. hl/Jahr. Portugal ist der siebtgrößte Weinproduzent der Welt.

WISSENSWERT  Weitere Informationen: Instituto da Vinha e do Vinho, Rua Mouzinho da Silveira 5, P-1250 Lisboa. Tel. 01-3563321. Fax 01-3561225.

*Der Weinbau in Portugal konzentrierte sich hauptsächlich an den Terrassenhängen des Flusses Douro im Norden. Sie bilden den Grundstein für die weltweit bekannten Portweine.*

## RIOS DO MINHO (VINHO VERDE)

GESCHICHTE  Vinho Verde wurde schon im 17. Jh. nach England exportiert. Der Wein wurde in Fässern transportiert und große Teile des Inhalts verwandelten sich in Weinessig, bevor er verkauft werden konnte. Außerdem liebten die Engländer Weißweine nicht so sehr, sondern sie bevorzugten kräftige Rotweine.

GEOGRAPHIE  Die Minho-Region, nunmehr DOC Vinho Verde, besteht aus sechs Anbaugebieten, die 1908 festgelegt wurden: Monção, Lima, Braga, Peñafiel, Basto und Amarante. Die Region liegt im Norden Portugals mit dem spanischen Galizien nördlich angrenzend, dem Atlantik im Westen und Douro im Osten. Es ist eines der schönsten Gebiete Portugals mit großen Wäldern aus Eichen, Kastanien, Pinien und Eukalyptusbäumen. Im Sommer zwischen Juni und September ist es trocken und heiß. Die Winter sind mild und feucht. Granitböden dominieren.

WEINE  Vinho Verde gibt es sowohl als Rot- wie auch als Weißwein. Die weiße Variante ist leicht, trocken und außerdem perlend. Das Gebiet Monção ist für seinen sortenreinen Weißwein aus der Alvarinho-Traube bekannt. Roter Vinho Verde ist viel kräftiger, da er auf der nicht entrappten Maische vergoren wird. Man produziert auch Roséweine.

REBSORTEN  Weiße: Alvarinho, Azal Branco, Esganoso, Loureiro, Rabigate und Trajadura. Rote: Azal, Borracal, Padeiro und Vinhão.

PRODUZENTEN  Die meisten Produzenten stellen Wein in kleinen Mengen her und verkaufen ihn an große Genossenschaften oder Kellereien.

REBFL/PROD  Ca. 25 000 ha, rund 2,3 Mio. hl/Jahr.

## VINHO VERDE

RUF  Der Ruf der Vinho Verde ist ebenso unterschiedlich wie ihre Qualität. Ein Vinho Verde von guter Qualität ist ansprechend und meist preiswert. Aber auch flache Weine, mit Zusatz von Kohlensäure, sind anzutreffen.

WEINE  Rot- und Weißweine. Die weiße Variante ist leicht, trocken und spritzig. Der einfachste Vinho Verde ist ein Rotwein, wird aber größtenteils in Portugal konsumiert.

BODEN  Die Reben wachsen überall, oft weit über dem Meeresspiegel, wie z.B. in Galizien, dem spanischen Nachbarn im Norden. Granitböden dominieren.

KLASSIFIZIERUNG  Vinho Verde ist eine portugiesische DOC (Denominação de Origem Controlada) in Übereinstimmung mit dem neuen Weingesetz.

REBSORTEN  Weiße: Azal Branco, Esganoso, Loureiro, Rabigate und Trajadura. Rote: Azal, Borracal, Padeiro und Vinhão.

WEINHERSTELLUNG  Eine besondere Art der Weinbereitung hat Vinho Verde für seine Frische und Spritzigkeit bekannt gemacht: die zweite Gärung (biologischer Säureabbau oder malolakti-

*Gatao von Borges & Co, mit seinem originellen Etikett, zählt zu den bekannteren Vinho Verde.*

sche Gärung), bei der die aggressive Apfelsäure in die weichere Milchsäure umgewandelt wird, erfolgt in der Flasche. Heute fügt man stattdessen häufig einfach Kohlensäure hinzu. Roter Vinho Verde ist kräftiger, da er auf der nicht entrappten Maische vergoren wird.

PRODUZENTEN  Alvarinho de Monção-Cepa Velha, Casa da Calcada, Borges & Co, Casa de Sezim, Paco de Teixeiró, Provam, Quinta da Aveleda, Quinta do Crasto, Quinta da Livracão, Quinta do Tamariz, Solar de Boucas, Souto Vedro und Tormes.

PORTUGAL • RIOS DO MINHO (VINHO VERDE)

## QUINTA DA AVELEDA

GESCHICHTE  Die Familie Guedes betreibt in Minho seit dem 17. Jh. Weinbau und spielte in Portugals Geschichte eine bedeutende Rolle. Ein Familienmitglied war Vizekönig in Indien, einem anderen wurde während des Krieges gegen Napoleon eine Tapferkeits-Medaille verliehen. Das Weingut, Quinta da Aveleda in Peñafiel, liegt inmitten der 120 ha umfassenden Weingärten.

*Quinta da Aveleda ist eigentlich der Name eines Weinbergs.*

WEINE  Casal Garcia ist ein lieblicher, leicht perlender Wein in charakteristischer Flasche. Weitere bekannte Weine sind Alaveda, Trajadura, Loureiro und Grinalda. Man erzeugt auch hervorragenden *Aguardente*.

CHARAKTER  Leichte, fruchtbetonte Weine im Vinho-Verde-Stil, die jung zu trinken sind. Vermehrt werden auch trockenere, rebsortenreine Weine erzeugt und in Fässern aus portugiesischem Eichenholz ausgebaut.

RUF  Ein altes, etabliertes Unternehmen, das viel Wein von zuverlässiger Qualität erzeugt.

REBSORTEN  Trajadura, Loureiro, Pederña und Azal.

WEINHERSTELLUNG  Die Gärung erfolgt in Stahltanks. Die Vinho-Verde-Weine besitzen einen typisch niedrigen Alkoholgehalt von 8,5-10%.

REBFL/PROD  75 ha eigene Rebfläche, etwa 900 000 Kisten/Jahr.

## WEITERE PRODUZENTEN

### ALVARINHO CEPA VELHA, VINHOS DE MONÇÃO

Monção liegt an der spanischen Grenze. Die hier produzierten Weine werden kräftiger und fülliger und können ein paar Jahre gelagert werden. Die Rebsorte ist ausschließlich Alvarinho.

• **Adresse:** Estrada de Valença 96, P-4950 Monção. **Tel.** 951-65 23 27.

### PALÁCIO DE BREJOEIRA

Mit dem Zusatznamen Maria Hermína Silvia D'Oliveira Paes. Ein Produzent mit Prestige, der einen hochklassigen gleichnamigen Wein herstellt. Das Schloss auf dem Etikett ist dasselbe wie beim Mateus Rosé.

• **Adresse:** Quinta de Brejoeira, Pinheiros, P-4950 Monção. **Tel.** 051-66 61 29.

### PROVAM

1993 von zehn privaten Produzenten gegründet. Der vollständige Name ist Produtores de Vinho Alvarinho de Monção. Eine auf Qualität eingestellte Firma, die die vollmundige Alvarinho-Rebe hervorheben will. Der Weinmacher, Anselmo Mendes, wurde 1997 zum portugiesischen Weinmacher des Jahres gewählt. Portal do Fidalgo ist einer der besten Vinho Verde.

• **Adresse:** PROVAM Lda Barbeita, P-4950 Monção. **Tel.** 051-542 07.

### QUINTA DO TAMARIZ

Das Weingut wurde 1939 gegründet. Man produziert einen frischen und ausgewogenen Wein aus Trajadura- und Loureiro-Trauben.

• **Adresse:** Carreira, Barcelos, P-4775 Nine. **Tel.** 052-96 12 71. **Fax** 052-96 32 47.

### SOCIEDADE DOS VINHOS BORGES

Wurde 1884 von den Gebrüdern Borges als Portweinfirma und Bank gegründet, gehört heute zu den größten Finanzgruppen Portugals! Borges erzeugt nicht nur Vinho Verde, sondern auch Weine aller DOC-Regionen des Landes. Unter den Vinho Verde ist der Gatão (Die Katze), mit 10 Millionen Flaschen pro Jahr, eine der größten Marken.

• **Adresse:** Av. República, 769, P-4400 V.N. Gaia. **Tel.** 02-30 50 05. **Fax** 02-30 49 85.

### SOLAR DE BOUÇAS

Dieses Weinhaus erzeugt leichte, trockene und ausgewogene Weine aus der Loureiro-Traube.

• **Adresse:** Ancede, Prozelo, P-4720 Amares. **Tel.** 053-99 32 37.

---

**Besitzer** Fam. Guedes • **Kellermeister** Vicente Costa • **Besuch** Nach Vereinbarung • **Adresse** Quinta da Aveleda, P.O. Box 77, P-4560 Peñafiel • **Tel.** 055-71 11 35 • **Fax** 055-71 10 39

PRODUKTION    QUALITÄT    PREIS

# Douro, Trás-os-Montes

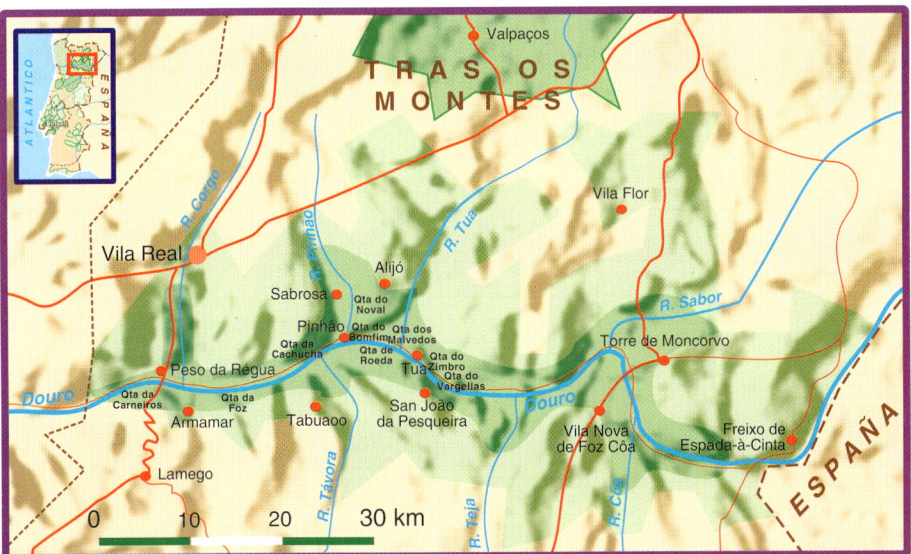

## Douro

**GESCHICHTE** Douro war die erste geographisch abgegrenzte Anbauregion der Welt (1756). Denkt man an Douro, denkt man auch an Portwein. Die ersten Douro-Weine waren gewöhnliche Rotweine und oft von niedriger Qualität. Um den Transport nach England zu überstehen, hat man ihnen Alkohol zugefügt, dadurch entstand Portwein. In Douro werden aber auch „gewöhnliche" Weine erzeugt.

*Steile Terrassenhänge entlang dem Douro. Die ehemaligen Boote wurden durch LKW und Eisenbahn ersetzt.*

**GEOGRAPHIE** Das Gebiet nördlich des Flusses Douro besteht aus den Regionen Alujo, Lamego, Sabrosa und Vila Real. Hier sind die Sommer sehr heiß und von November bis März ist mit viel Niederschlägen zu rechnen. Dank des Sierra-do-Marão-Gebirges ist es aber nicht ganz so feucht wie weiter westlich. In Douro dominieren Schieferböden. Weiter nördlich findet man hauptsächlich Granitböden.

**WEINE** Außer dem Portwein wird hier auch Portugals bester Rotwein erzeugt, der Barca Velha. In den nördlicheren Teilen des Gebietes produziert man einen Vinho-Verde-ähnlichen Wein.

**KLASSIFIZIERUNG** Douro ist eine portugiesische DOC-Region (Denominação de Origem Controlada).

**REBSORTEN** Rote: Bastardo, Tinta Amarela, Tinta Carvalha, Moreto, Tourigo und Alvarelhão. Weiße: Boal, Códega, Gouveio und Tarrantez.

**PRODUKTION** (Außer Portwein) 215 000 hl Rotwein und Rosé. 20 000 hl Weißwein.

**PRODUZENTEN** Die Winzer verkaufen ihre Ernte an große Genossenschaften wie Mesão Frio, Santa Marta Penaguião und an private Produzenten wie Ferreira und Real Companhía do Norte de Portugal. Unter den besten privaten Erzeugern finden wir Quinta do Cotto, Quinta da Pecheca und Quinta do Vale de Meão.

## Trás-os-Montes

Die Trás-os-Montes-Region ist seit 1979 ein Qualitätsweingebiet für Roséweine. Heute ist es dies auch für die Rot- und Weißweine. Steinige Granit- und Schieferböden dominieren und verleihen den Weinen den typischen Charakter: meist leichte, säurebetonte Weine. Wird die Douro-Region angegeben, gelten sie als DOC, wird Trás-os-Montes angegeben, als IPR.

## A.A. Ferreira

GESCHICHTE  A.A. Ferreira wird meist im Zusammenhang mit Dona Antónia Adelaide Ferreira erwähnt. Bei ihrem Tod 1869 war sie die größte einzelne Landgutsbesitzerin in Douro mit den Weinanlagen Quintas do Vesuvio und Quinta do Vale de Meão als Kronjuwelen.

*Ferreiras „Barca Velha" (Segelboot) ist der beste Rotwein in Portugal.*

WEINE  A.A. Ferreira produziert erstklassige Portweine. Aber der beste Wein ist ein trockener roter Tafelwein namens Barca Velha. Entsprechen die Weine nicht den gewünschten Anforderungen, werden sie als Reserva Especial Ferreirina verkauft. Der Jahrgang 1991 kam erst 1998 auf den Markt. Douro Especial ist der Name für Jahrgänge, die noch nicht klassifiziert wurden.

CHARAKTER  Barca Velha hat den Charakter von großen Weinen wie Vega Sicilia oder sehr guter Bordeaux. Füllig, würzig und komplex.

RUF  Barca Velha ist Portugals bester Rotwein.

BODEN  Schiefer- und Granitböden.

REBSORTEN  60% Tinta Roriz, 15% Amarela, 20% Touriga Francesa sowie Trauben mit hoher Säure von hoch gelegenen Rebflächen.

WEINHERSTELLUNG  Die Trauben werden in *lagares* gekeltert und die Gärung erfolgt in temperaturkontrollierten Stahltanks. Danach lagert der Wein lange in der Flasche.

LAGERUNG  Barca Velha kann sehr lange gelagert werden.

REBFL/PROD  350 ha, rund 400 000 Kisten/Jahr, davon max. 4 000 Kisten Barca Velha.

JAHRGÄNGE  1991, 85, 83, 81, 80, 79, 78, 66, 65.

**Besitzer** SOGRAPE, Vinhos de Portugal SARL • **Kellermeister** Jorge Ferreira • **Besuch** Mo-Fr 9-12, 14-17.30, Sa 9-12.30 • **Adresse** A.A. Ferreira, Rua da Carvalhosa 19, P-4400 Vila Nova de Gaia • **Tel.** 02-30 08 36 • **Fax** 02-783 57 69

PRODUKTION    QUALITÄT    PREIS

## SOGRAPE, Vinhos de Portugal

GESCHICHTE  1942 von der Familie Guedes gegründet und heute noch unter ihrer Führung.

WEINE  Verkaufsschlager ist der leicht perlende Mateus Rosé, der meistverkaufte Wein der Welt. Zum Unternehmen gehören auch das bekannte Haus Ferreira und Vinicola do Vale do Dão. Vom eigenen Anbau in Bairrada kommen Spitzenweine wie der weiße Terra Franca und ein roter Garrafeira. In Douro wird sowohl roter als auch weißer Vila Regia produziert. Schaumweine nach der Champagner-Methode sind Meio Seco und Bruto Super Reserva. Chello und Gazela sind zwei Vinho Verde. Als erstes Privatunternehmen arbei-

*Der Weinriese Sogrape lebt gut vom Ruf des Mateus Rosé, erzeugt aber auch andere Spitzenweine.*

tet man mit einer Genossenschaft zusammen, unter deren Namen Vila Nova de Tarzem viele ihrer preisgekrönten Weine verkauft werden.

CHARAKTER  Alle Sorten. Von leichten Rosé- und Weißweinen bis zu lagerfähigen roten.

RUF  Noch kann man von Verkaufsschlagern gut leben, strebt aber nach höherer Qualität.

REBSORTEN  Alle in der Region vorkommenden Sorten. Für Mateus: Bastardo, Touriga, Alverelhão und Tinta Pinheira.

WEINHERSTELLUNG  Die neuste Technologie. Früher war man auf Weiß- und Roséwein eingerichtet, seit der Übernahme von Ferreira ist jetzt auch eine gute Rotweinherstellung möglich.

LAGERUNG  Die Weiß- und Roséweine werden so jung wie möglich getrunken. Ein großer Teil der Rotweine sollte viele Jahre lagern.

REBFL/PROD  390 ha eigene Rebfläche. Quinta dos Carvalhais: 100 ha. 3,5 Mio. Kisten/Jahr. Sogrape ist Portugals größtes Weinunternehmen.

**Besitzer** SOGRAPE, Vinhos de Portugal SARL • **Kellermeister** Tavares de Pina • **Besuch** Täglich • **Adresse** SOGRAPE, Vinhos de Portugal, PO Box 3032, P-4430 Avintes • **Tel.** 02-785 03 00 • **Fax** 02-783 57 69 • **E-Mail** sogrape@ceeint.com-nexo.pt

PRODUKTION    QUALITÄT    PREIS

# PORTWEIN

**RUF** Der Ruf des Portweins war nicht immer so gut wie heute. Im 17. Jahrhundert wurde der Wein in den englischen Pubs verschmäht, man trank dort lieber Bordeaux oder spanische Weine. Als der Herstellungsprozess verfeinert und der Portwein dadurch auch transportfähiger wurde, wurde sein Ruf immer besser, bis er sogar zum britischen Nationalgetränk avancierte.

**CHARAKTER** Es gibt unterschiedliche Arten von Portwein. Der beste Portwein ist der VINTAGE PORT, der nur aus Spitzenjahrgängen hergestellt wird. Diese Jahrgänge werden von den Portweinhäusern, den *quintas*, als solche deklariert. Sie benötigen eine Lagerzeit von 15 bis 50 Jahren und mehr, bis sie sich zu der hervorragenden Qualität entwickeln, durch die sie berühmt wurden. Vintage Port hat einen starken Satz und sollte immer dekantiert werden. Der LATE BOTTLED VINTAGE ist ein Jahrgangs-Portwein, der jedoch aus nachträglich deklarierten Jahrgängen stammt. Die Qualität dieser Jahrgänge wurde erst später erkannt und die Weine reiften somit länger im Fass. RUBY PORT ist der einfachste und nach der Flaschenabfüllung trinkfertig. Er ist ein fruchtiger, fülliger Wein von unterschiedlicher Qualität (je nach Erzeuger). TAWNY PORT wurde nach seiner Farbe, die wie braunes Leder aussieht und von der längeren Fasslagerung kommt, benannt. Er ist deshalb reifer, abgerundeter und nicht so süß wie Ruby oder Vintage. Andere rote Portweinsorten sind CRUSTED PORT und PORT OF VINTAGE CHARACTER. Weißer Portwein wird trocken und süß

*Portwein ist der bekannteste verstärkte Wein. Viele Vintages können über hundert Jahre gelagert werden.*

ausgebaut. Von Kennern wird er weniger geschätzt, denn wie schon Winston Churchill zu sagen pflegte: „A Port's first duty is to be red!"

**KLASSIFIZIERUNG** Portwein ist eine geschützte Herkunftsbezeichnung. Die verschiedenen Lagen werden in Güteklassen von A bis F eingestuft, wobei A die beste ist.

**BODEN** Die besten Trauben entwickeln sich dort, wo sie mit Schwierigkeiten zu kämpfen haben. Sie eignen sich dann am besten für die Produktion hochqualitativer Weine. Die Rebfläche erstreckt sich an Hanglagen des Flusses Douro.

**REBSORTEN** Mehr als 40 verschiedene Reb-

*James Symington ist eine führende Persönlichkeit im Portweinhandel und u.a. Besitzer von Graham's.*

sorten sind zugelassen, 28 für Rot- und 19 für Weißweine. Wichtigste Sorten: Touriga Nacional, Tinta Cão, Tinta Francisca, Tinta Roriz, Touriga Francesa, Mourisco, Donzelinho und Bastardo.

**WEINHERSTELLUNG** Portweine sind die bekanntesten verstärkten Weine. Nach der Kelterung erfolgt die Gärung, die an einem bestimmten Punkt der Herstellung, durch Zusatz von Alkohol oder hochprozentigem portugiesischem Branntwein, dem sog. *Aguardente* (eigentlich einem 77-prozentigem Weingeist), abgebrochen wird. Die Oberaufsicht der Portweinherstellung liegt bei der staatlich kontrollierten Administración Geral de Alcool (Age). Früher mussten die Weine in Vila Nova de Gaia, gegenüber von Oporto, gelagert und auf Flaschen gefüllt werden. Kleine Erzeuger, die sich dies nicht leisten konnten, wurden vom Export ausgeschlossen. Heute gilt dieses Gesetz nicht mehr und viele *quintas* vinifizieren und lagern ihre Portweine selbst. Die Lagerung der Weine erfolgt in sog. *Pipes*, d.h. in Eichenholzfässern mit einem Fassungsvermögen von 534 Litern. Auf ca. 440 l Wein kommen ca. 110 l *Aguardente*.

**PRODUZENTEN** Borges & Irmão, Cálem, Cockburn, Croft, Delaforce, Dow's, Fonseca, Graham's, Kopke, Quinta do Noval, Offley Forrester, Ramos Pinto, Robertson Bros, Sandeman, Taylor, Fladgate & Yeatman und Warre's.

**WISSENSWERT** Weitere Informationen: Instituto do Vinho do Porto, Rua Ferreira Borges, P-4000 Porto. Tel. 02-2006522. Fax 02-2080465.

## CÁLEM & FILHO

GESCHICHTE  A.A. Cálem ist ein Familienunternehmen, das 1859 gegründet wurde. Anfangs beschäftigte man sich weniger mit Portwein, sondern brachte Tafelweine nach Brasilien. Auf dem

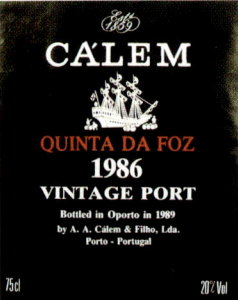

„Quinta da Foz" ist Cálems bekanntester Wein. Die Weine sind fast durchweg leicht und sehr elegant.

Rückweg nahm man Holz mit, aus dem man dann Weinfässer herstellte. Erst später begann man mit der Portweinherstellung und -lagerung.
    WEINE  Cálems bekanntester Wein ist der Quinta da Foz, der aus einer abgegrenzten Lage stammt und die höchste Güteklasse A besitzt.
    CHARAKTER  Quinta da Foz reift schneller als ein traditionell verschnittener Vintage Port und ist leichter und sehr elegant.
    RUF  Cálem ist das größte Portweinhaus in Familienbesitz und hat einen sehr guten Ruf.
    BODEN  Harter Schiefer gemischt mit Granit.
    REBSORTEN  Klassische Portweinsorten: Touriga Nacional, Tinta Cão, Tinta Roriz, Tinta Barroca, Touriga Francesa und Tinta Amarella. 90% der Trauben werden zugekauft.
    WEINHERSTELLUNG  Eine Kombination aus traditioneller Technik und modernen Methoden. Die Gärung erfolgt in Edelstahltanks.
    LAGERUNG  Die besten Weine können 15-20 Jahre gelagert werden.
    REBFL/PROD  50 ha eigene Rebfläche, etwa 220 000 Kisten/Jahr. 15 500 *pipes* (8 098 750 l).
    JAHRGÄNGE  Declared Vintages: 1995, 94, 92, 91, 90, 89, 88, 87, 86, 85, 84, 83, 82, 80, 77, 75, 63, 60, 58, 55, 48, 47, 35.

**Besitzer** A.A. Cálem & Filho • **Kellermeister** Álvaro van Zeller • **Besuch** Mo-Sa 10-18 • **Adresse** Cálem & Filho, Avenida Diogo Leite 26/42, P-4400 Vila Nova de Gaia • **Tel.** 02-379 40 41 • **Fax** 02-375 95 55

PRODUKTION  QUALITÄT  PREIS

## CHURCHILL'S

GESCHICHTE  Churchill Graham wurde 1981 als erstes unabhängiges Portweinhaus von John Graham gegründet. Vor der Gründung arbeitete John Graham bei anderen Portweinhäusern. Auch seine Brüder Anthony und William sind an der Firma beteiligt. Der Name Churchill stammt von John Grahams Gattin Caroline, geborene Churchill und mit dem legendären Sir Winston Churchill verwandt.
    WEINE  Churchills Portweine stammen ausschließlich aus A-klassifizierten Lagen. Jene in Pinhão und im oberen Douro-Tal verleihen dem Wein einen speziellen Charakter. Churchills Vintage Port sind Verschnitte aus Trauben von Quinta da Manuela, Quinta de Agua Alta und Quinta da Fojo. Aus Agua Alta stammen körperreiche Weine, aus Fojo elegante und aus Quinta da Manuela ausgewogene. Außer Vintage Port werden auch LBV, Crusted Port, Finest Vintage Character und White Port erzeugt, davon ein White Port 10 Years Old.
    CHARAKTER  Langer Eichenfassausbau, klassischer Stil.

Der Name stammt von J. Grahams Gattin Caroline, geb. Churchill und mit Sir Winston Churchill verwandt.

RUF  Ein junges Portweinhaus, das traditionell handwerklich arbeitet.
    BODEN  Schiefer und Granit.
    REBSORTEN  Klassische Portweinsorten wie Touriga Nacional, Tinta Roriz, Tinta Barroca u.a.
    LAGERUNG  Mindestens 20-30 Jahre.
    REBFL/PROD  Keine eigene Rebflächen, etwa 20 000 Kisten/Jahr.
    JAHRGÄNGE  Declared Vintages: 1994, 92, 91, 87, 85, 82.

**Besitzer** Fam. Graham • **Besuch** Nach Vereinbarung • **Adresse** Churchill's, R. da Fonte Nova 5, P-4400 Vila Nova de Gaia • **Tel.** 02-370 36 41 • **Fax** 02-370 36 42

PRODUKTION  QUALITÄT  PREIS

## COCKBURN SMITHES

GESCHICHTE  Cockburn Smithes wurde 1815 von Robert Cockburn gegründet. 1848 stieß John Smithes als Partner dazu. Cockburn gehört heute Harveys of Bristol. Dieser wiederum ist in Besitz von Allied Domecq, denen auch der Nachbarbetrieb Martinez Gassiot gehört.

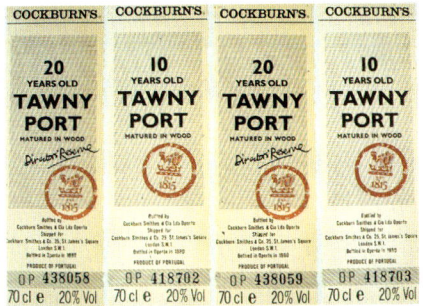

Cockburn's Tawny Port gibt es 10- und 20-jährig. Er stammt aus Quintas der A-Klasse.

WEINE  Quintas: Tua (A), Atayde (A), Eira Velha (A), Fontela (A). Von diesen Quintas werden Vintage Port, Tawny Port, Directors Reserve und Special Reserve sowie Fine Old Ruby erzeugt.

CHARAKTER  Weiche, komplexe Weine mit guter Struktur und Tiefe.

RUF  Sehr guter Ruf, insbesondere für Vintage Ports.

BODEN  Die klassischen Schiefer- und Granitböden.

REBSORTEN  Klassische Portwein-Rebsorten mit Touriga Nacional an der Spitze.

WEINHERSTELLUNG  Sehr traditionell. Die Trauben für die besten Weine werden immer noch mit den Füßen gequetscht.

LAGERUNG  15-30 Jahre.

REBFL/PROD  1 000 ha, ca. 700 000 Kisten/Jahr. 95% werden nach Großbritannien, Frankreich und in die USA exportiert. Lager: ungefähr 32 000 *pipes* (16 Mio. Liter).

JAHRGÄNGE  Declared Vintages: 1994, 92, 91, 87, 85, 83, 82, 78, 75, 70, 67, 63, 60, 55, 50, 47, 35, 27, 12, 08, 04, 00, 1896, 94, 90, 87, 84, 81, 78, 75, 73, 72, 70.

**Besitzer** Allied Domecq • **Kellermeister** Jim Reader • **Besuch** Täglich 9.30-17 • **Adresse** Cockburn Smithes, Rua das Coradas 13, P-4400 Vila Nova de Gaia • **Tel.** 02-379 40 31 • **Fax** 02-375 05 50

PRODUKTION    QUALITÄT    PREIS

## CROFT

GESCHICHTE  Croft wurde bereits 1678 gegründet und ist eines der ältesten Portweinhäuser. Percy Croft soll gesagt haben: „Jeder Tag, an dem kein Portwein getrunken wird, ist Zeitverschwendung." Der Betrieb ist heute in Besitz der UDV (United Distillers & Vintners, ehemals IDV). Somit gehört man zur großen Diageo-Gruppe. Croft Jerez, auch Mitglied der UDV, ist ein bekanntes spanisches Sherryhaus.

WEINE  Quinta: Roeda (A). Vintage Port, Distinction Tawny, Ruby und White Port.

CHARAKTER  Leicht und elegant, mit den Ausnahmen 1985 und 1975, die kräftiger sind.

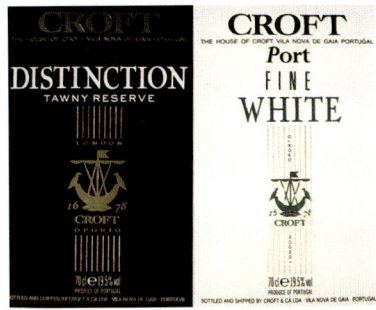

Croft zählt zu den ältesten Portweinhäusern. Sein Distinction Tawny genießt einen sehr guten Ruf.

RUF  Der Ruf von Quinta da Roeda ist sehr gut.

BODEN  Schiefer und Granit.

REBSORTEN  Traditionelle Portweinsorten.

WEINHERSTELLUNG  Ultramoderne Technik mit Edelstahltanks für die Gärung.

LAGERUNG  12-25 Jahre.

REBFL/PROD  120 ha, beinahe 30 000 *pipes* (15 675 000 Liter). 75% der Produktion wird exportiert.

JAHRGÄNGE  Declared Vintages: 1994, 91, 87, 85, 83, 82, 80, 78, 77, 75, 70, 66, 63, 60, 55, 50, 45, 42, 35, 27, 24, 22, 20, 17, 12, 08, 04, 00, 1897, 96, 94, 90, 87, 85, 84, 81, 78, 75, 72, 70.

**Besitzer** UDV, United Distillers & Vintners • **Kellermeister** Nicholas Delaforce • **Besuch** Kein Besuch möglich • **Adresse** Croft, Apartado 1318, P-4400 Vila Nova de Gaia • **Tel.** 02-30 55 14 • **Fax** 02-30 06 42

PRODUKTION    QUALITÄT    PREIS

PORTUGAL • DOURO, TRÁS-OS-MONTES

## DELAFORCE

GESCHICHTE Delaforce, Sons & Co. wurde 1868 gegründet und wird noch immer von der Familie geführt. Das Unternehmen ist aber in Besitz der IDV (International Distillers and Vintners) und ist somit ein Tochterunternehmen von Croft. Die IDV nennt sich heute UDV (United Distillers & Vintners) und gehört zur großen Diageo-Gruppe (Guinness & Grand Metropolitan).
WEINE Quinta: da Corte (A). Delaforces vornehmster Wein ist „His Eminence's Choice", ein zehn Jahre alter Tawny Port. Das Haus produziert auch Vintage Ports.
CHARAKTER Leichte und elegante Weine.
RUF „His Eminence's Choice" ist ein phantastischer Tawny mit sehr gutem Ruf.
BODEN Schiefer und Granit.
REBSORTEN Klassische Portweinsorten, vor allem Touriga Nacional.
WEINHERSTELLUNG Die traditionellen Methoden wurden durch moderne Technik ersetzt.
LAGERUNG 10-20 Jahre
REBFL/PROD 15 000 *pipes* (7 837 500 l).

„His Eminence's Choice", 16 Jahre alt, soll der beste Portwein von Delaforce sein.

JAHRGÄNGE Declared Vintages: 1994, 92, 91, 87, 85, 83, 82, 80, 77, 75, 70, 66, 63, 60, 58, 55, 50, 47, 45, 35, 27, 20, 19, 17, 12, 08, 04, 00, 1896, 94, 90, 87, 84, 81, 78, 75, 73, 70.

## DOW'S (SILVA & COSENS)

GESCHICHTE Dow's heißt eigentlich Dow & Co., Silva & Cosens. Die Firma wurde 1798 von Bruno da Silva gegründet. Der Name Cosens kam 1862 hinzu und der Name Dow 1887, als James Ramsey Dow Teilhaber wurde. 1912 wurde Dow's ein Schwesterunternehmen von Warre's unter dem großen Dach der Symingtons.
WEINE Quintas: Bomfim (A), Monte Bravo (A), Zimbra (A). Vintage Port wird wie Tawny und Ruby Port produziert.
CHARAKTER Kräftige und würzige Vintages mit großem Alterungspotenzial.

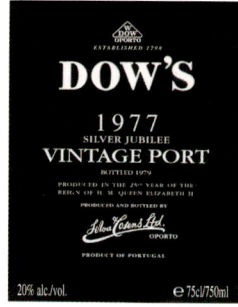 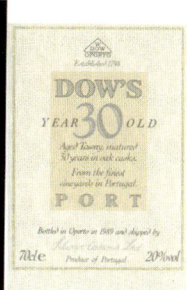

Dow's hat einen guten Ruf, vor allem für den 30-jährigen Tawny von „Quinta do Bomfim".

RUF Dow's Vintage Port hat einen sehr guten Ruf.
BODEN Schiefer und Granit.
REBSORTEN Klassische Portweinsorten, vor allem Touriga Nacional.
WEINHERSTELLUNG Moderne Methoden mit Vergärung in Edelstahltanks.
LAGERUNG 20-35 Jahre.
REBFL/PROD 35 ha (Quinta do Bomfim), rund 15 000 *pipes* (7 837 500 Liter). 95% der Produktion wird nach Großbritannien, Frankreich, Holland, Belgien und in die USA exportiert.
JAHRGÄNGE Declared Vintages: 1992, 94, 91, 90, 89, 88, 87, 86, 85, 84, 83, 82, 80, 77, 75, 72, 70, 66, 63, 60, 55, 50, 47, 45, 35, 34, 31, 27, 24, 20, 19, 17, 12, 08, 04, 1899, 96, 92, 90, 87, 84, 81, 78, 75, 73, 72, 70.

**Besitzer** UDV, United Distillers & Vintners • **Kellermeister** Nicholas Delaforce • **Besuch** Kein Besuch möglich • **Adresse** Delaforce, Apartado 1318, P-4400 Vila Nova de Gaia • **Tel.** 02-30 55 14 • **Fax** 02-30 06 42

PRODUKTION  QUALITÄT  PREIS

**Besitzer** Fam. Symington • **Kellermeister** Peter Symington • **Besuch** Nach Vereinb. • **Adresse** Dow's (Silva & Cosens), Silva & Cosens Ltd, Apartado 26, P-4401 Vila Nova de Gaia • **Tel.** 02-377 63 00 • **Fax** -377 63 01 • **E-Mail** dowsport@dowsport.com • **Homepage** www.dows-port.com

PRODUKTION  QUALITÄT  PREIS

PORTUGAL • DOURO, TRÁS-OS-MONTES

## Fonseca Guimarãens

GESCHICHTE Fonseca Guimarãens hieß anfangs Fonseca, Monteira & Co. Manuel Pedro Guimarãens kaufte die Firma 1822. Seit Taylor, Fladgate & Yeatman die Firma 1948 erwarb,

*Fonseca erzeugt ausgezeichnete Vintage Ports und ist heute in Besitz von Taylor's.*

wurden die Weine unter den Namen Fonseca und Guimarãens produziert. Über die Hälfte der Produktion stammt aus eigenen Weinbergen: Quinta de Panascal ist mit 96 ha einer der größten im Douro-Tal, die Quinta de Cruzeiro wurde 1973 erworben und die Quinta de St António 1979.
WEINE Quintas: Cruizeiro, St António (A), Panascal (A). Vintage Port wird gleich wie der Tawny Bin 27 hergestellt. Der beste Vintage-Wein ist Fonseca. Der zweitbeste Vintage heißt Vintage Fonseca Guimarãens.
CHARAKTER Elegante Tawny und kraftvolle Vintages.
RUF „Bin 27" hat einen sehr guten Ruf, ebenso der Vintage Port.
BODEN Schiefer und Granit.
REBSORTEN Klassische Portweinsorten, vor allem Touriga Nacional.
WEINHERSTELLUNG Traditionelle Methoden werden immer häufiger mit moderner Technik kombiniert.
LAGERUNG 15-30 Jahre.
REBFL/PROD Knapp 130 ha eigene Rebfläche, entspricht 50% des Bedarfs. An Lager befinden sich rund 5 000 *pipes* (2 610 000 l).
JAHRGÄNGE Declared Vintages: 1994, 92, 91, 88, 87, 86, 85, 84, 83, 80, 78, 77, 75, 70, 66, 63, 60, 55, 48, 45, 34, 27, 24, 22, 12, 08, 04, 00 1896, 90, 87, 84, 81, 78, 73, 70.

**Besitzer** A. Robertson, H. Bower, B. Guimarãens • **Kellermeister** David Guimarãens • **Besuch** Juli-Sept.: 10-18 • **Adresse** Quinta Dom Prior, PO Box 1313, P-4401 Vila Nova de Gaia • **Tel.** 02-371 99 99 • **Fax** -370 86 07 • **E-Mail** general@fonseca.pt • **Homepage** www.fonseca.pt

PRODUKTION    QUALITÄT    PREIS

## Graham's

GESCHICHTE Graham's startete 1820 ursprünglich als Textilunternehmen. Man munkelt, Graham's sei zum Portweinerzeuger geworden, weil eine Schuld mit Wein beglichen wurde. Wenn dem so war, braucht man es sicher nicht zu bereuen. Seit 1970 ist Graham's in Besitz der großen Portwein-Familie Symington (u.a. Warre's und Dow's).
WEINE Quinta: Malvedos, Vintage Port und Tawny Port. Bester Wein ist der Graham Vintage.
CHARAKTER Graham's Vintage Port ist einer der süßesten Portweine, kräftig und sehr langlebig.
RUF Sehr guter Ruf.
BODEN Schiefer und Granit.
REBSORTEN Klassische Portweinsorten.
WEINHERSTELLUNG Für die besten Weine wird teilweise noch mit den Füßen gekeltert. Stahltanks kommen vermehrt zum Einsatz.
LAGERUNG 20-40 Jahre.
REBFL/PROD 70 ha (Quinta dos Malvedos), rund 9 000 *pipes* (4 698 000 Liter). 91% der Produktion wird exportiert.

*Graham's begann 1826 durch eine Schuldbegleichung mit der Portweinherstellung, was man sicher nie bereute.*

JAHRGÄNGE Declared Vintages: 1995, 94, 91, 90, 89, 88, 87, 86, 85, 84, 83, 82, 80, 78, 77, 75, 70, 66, 63, 60, 55, 48, 45, 42, 35, 27, 24, 20, 17, 12, 08, 04, 01, 00, 1897, 96, 94, 92, 90, 87, 85, 84, 81, 80, 78, 75, 73, 72, 70.

**Besitzer** Fam. Symington • **Kellermeister** Peter Symington • **Besuch** Mo-Fr 9.30-18 • **Adresse** Graham's, Apartado 19, P-4401 Vila Nova de Gaia • **Tel.** 02-377 63 00 • **Fax** 02-377 63 01 • **E-Mail** graham@grahams-port.com • **Homepage** www.grahams-port.com

PRODUKTION    QUALITÄT    PREIS

## Quinta do Noval

**GESCHICHTE** Quinta do Noval hieß anfänglich A.J. da Silva und wurde 1813 gegründet. 1973 wurde der Name in Quinta do Noval geändert, nach einem oberhalb von Pinhão gelegenen Besitz. Die französische Versicherungsgesellschaft AXA erwarb das Weingut von den Holländern

*Novals „Quinta Nacional" ist einer der berühmtesten Portweine. Das Gut ist hoch und schön gelegen.*

Teresa und Christiano van Zeller, beide Verwandte von Antonio da Silva.

**WEINE** Quinta do Novals „Nacional" ist einer der berühmtesten Portweine. Der Jahrgang 1931 brachte bei einer Auktion in London 1 250 Pfund pro Flasche ein, d.h. den höchsten je für einen Portwein bezahlten Preis. Andere Weine: Late bottled, 20 Years Old und 40 Years Old.

**CHARAKTER** Nacional ist ein unglaublich konzentrierter und langlebiger Wein. Auch die anderen Weine haben Stil und Finesse.

**RUF** Sehr gut.

**BODEN** Schiefer und Granit.

**REBSORTEN** Nacional wird aus Trauben von 5 000 Rebstöcken erzeugt. Hauptsächlich Touriga Nacional.

**WEINHERSTELLUNG** Traditionelle Kelterung mit den Füßen in *Lagares*.

**LAGERUNG** 20-50 Jahre.

**REBFL/PROD** 85 ha, ca. 60 000 Kisten/Jahr. Rund 6 000 *pipes* (3 132 000 Liter).

**JAHRGÄNGE** Declared Vintages: 1994, 91, 87, 85, 84, 83, 82, 80, 78, 75, 72, 70, 69, 66, 63, 62, 60, 58, 55, 50, 48, 47, 45, 42, 41, 34, 31, 27, 23, 20, 19, 17, 12, 08, 04, 00, 1896.

**Besitzer** Versicherungsgesellschaft AXA • **Kellermeister** Alvaro van Zeller & Cristiano van Zeller • **Besuch** Werktags 10-12, 14-18 • **Adresse** Quinta do Noval, Av. Diego Leite 256, Apartado 57, P-4400 Vila Nova de Gaia • **Tel.** 02-377 02 70 • **Fax** 02-30 03 65

PRODUKTION     QUALITÄT     PREIS

## Sandeman

**GESCHICHTE** Sandeman wurde 1790 gegründet und ist einer der bekanntesten Portweinhersteller der Welt. Als eines der ersten Unternehmen hat es sich auf den Weltmarkt konzentriert. Am bekanntesten ist wohl Sandemans Invalid Port mit dem charakteristischen Namen „Don" auf dem Etikett.

**WEINE** Quintas: Casal (D), Confradeiro (D), Laranjeira (B), Passa Douro (A) und Vale de Mendiz. Es werden Vintage, Tawny und Ruby Port produziert.

**CHARAKTER** Sandemans Vintages sind leicht und hell.

*1990 feierte Sandeman das 200-Jahr-Jubiläum. Der „Don" auf der Etikette ist weltweit bekannt.*

**RUF** Sandeman ist anerkannt und hat einen guten Ruf. Vor allem für seine Late bottled Vintages.

**BODEN** Schiefer und Granit.

**REBSORTEN** Klassische Portweinsorten.

**WEINHERSTELLUNG** Moderne Technik mit Gärung in Edelstahltanks.

**LAGERUNG** 15-30 Jahre.

**REBFL/PROD** 79 ha (entspricht rund 0,5% des Bedarfs), ca. 950 000 Kisten/Jahr. Lager: ungefähr 39 000 *pipes* (ca. 20 Mio. Liter).

**JAHRGÄNGE** Declared Vintages: 1994, 88, 85, 82, 80, 78, 77, 75, 70, 67, 66, 63, 62, 60, 58, 57, 55, 50, 47, 45, 43, 42, 35, 34, 27, 20, 17, 12, 11, 08, 04, 00, 1897, 96, 94, 92, 90, 87, 84, 81, 80, 78, 75, 73, 72, 70.

**Besitzer** Sandeman & Co (Seagrams) • **Besuch** Werktags 9.30-17 • **Adresse** Sandeman, Largo Miguel Bombarda 3, P-4400 Vila Nova de Gaia • **Tel.** 02-30 40 81 • **Fax** 02-30 13 18

PRODUKTION     QUALITÄT     PREIS

PORTUGAL • DOURO, TRÁS-OS-MONTES

## TAYLOR, FLADGATE & YEATMAN

GESCHICHTE Taylor, Fladgate & Yeatman, allgemein Taylor's genannt, wurde 1692 von Job Bearsley gegründet. Joseph Taylor trat 1816 in den Betrieb ein, John Fladgate 1837 und Morgan Yeatman 1844. Die Firma wird heute von Verwandten von Morgan Yeatman geführt. 1893 wurde der Weinberg Quinta de Vargellas und 1970 die Quinta de Terra Feita gekauft. Die beiden bilden das Rückgrat der Produktion.
WEINE Quintas: Terra Feita (A) und Vargellas (A). Taylor's ist hauptsächlich für seinen Vintage Port bekannt, produziert aber auch Tawny von hoher Qualität.
CHARAKTER Die hervorragenden Taylor's Vintage sind meist sehr kraftvoll, komplex und sehr lagerfähig.
RUF Gehört zu den besten Portweinerzeugern. Ihre Ports werden vielfach als die besten Portweine der Welt angesehen.
BODEN Schiefer mit Granit.
REBSORTEN Klassische Portweinsorten.
WEINHERSTELLUNG Die Trauben werden

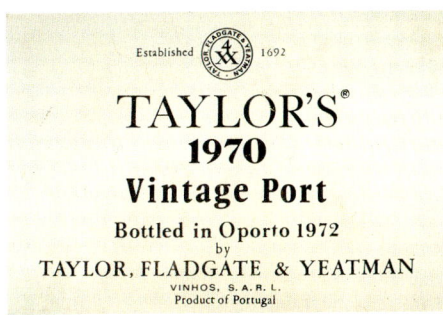

*Taylor ist ein legendärer Portweinproduzent und am bekanntesten für seine Vintage Ports.*

mit den Füssen gekeltert und im Fass ausgebaut. Auch Edelstahltanks werden eingesetzt.
LAGERUNG 20-50 Jahre.
REBFL/PROD 125 ha, ungefähr 12 000 *pipes* (6 264 000 Liter).
JAHRGÄNGE Declared Vintages: 1994, 92, 85, 84, 83, 82, 80, 78, 77, 75, 70, 66, 63, 60, 55, 48, 45, 42, 40, 35, 27, 24, 20, 17, 12, 08, 06, 04, 00, 1896, 92, 90, 87, 84, 81, 78, 75, 73, 72, 70.

**Besitzer** Alistair Robertson, Huyshe Bower, Bruce Guimaräens • **Kellermeister** David Guimaräens • **Besuch** Mo-Fr 10-18 • **Adresse** Rua do Choupelo 250, PO Box 1311, P-4401 Vila Nova de Gaia • **Tel.** 02-371 99 99 • **Fax** 02-370 86 07 • **E-Mail** general@taylor.pt • **Homepage** www.taylor.pt

PRODUKTION    QUALITÄT    PREIS

## WARRE'S

GESCHICHTE Die Firma wurde 1670 gegründet und nahm den Namen Warre's erst 1729 an. Nur noch Kopke hat als Portweinhaus eine ältere Geschichte. Die Familie Warre's gehörte immer schon zur guten Gesellschaft in Oporto. Familienangehörige waren hohe Offiziere, daher die Weinnamen Warrior und Nimrod. Heute wird die Firma von Symington geführt.
WEINE Quintas: Cavadinha (A), Madalena (A) und Nova (A). Kraftvoller und dunkler Vintage Port mit großer Lagerfähigkeit. Man erzeugt auch einen guten Tawny.

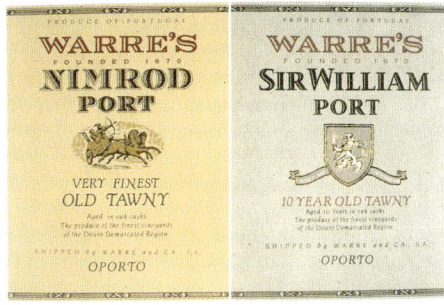

*Warre's ist die zweitälteste Portweinfirma. Ihre Weine zählen zu den kräftigsten.*

CHARAKTER Hat oft einen fruchtigen, fast würzigen Geschmack mit langem Abgang. Wetteifert mit Graham's um die kräftigsten Portweine nach denen von Taylor.
RUF Der Ruf ist sehr gut.
BODEN Schiefer und Granit.
REBSORTEN Klassische Sorten wie Tinta Roriz, Touriga Francesa und Touriga Nacional.
WEINHERSTELLUNG Moderne Vinifizierung. Man verfügt aber immer noch über das größte Holzfass mit einem Inhalt von 2,5 Mio. Gläsern.
LAGERUNG 20-35 Jahre.
REBFL/PROD 27 ha, 13 000 *pipes* (6 786 000 Liter). 98% der Produktion wird exportiert.
JAHRGÄNGE Declared Vintages: 1994, 92, 91, 90, 89, 88, 87, 86, 85, 84, 83, 82, 80, 79, 78, 77, 75, 70, 66, 63, 60, 58, 55, 50, 47, 45, 34, 31, 27, 24, 22, 20, 17, 12, 08, 04, 00, 1899, 96, 94, 90, 87, 84, 81, 78, 75, 72, 70.

**Besitzer** Fam. Symington • **Kellermeister** Peter Symington • **Besuch** Nach Vereinbarung • **Adresse** Warre's, Apartado 26, P-4401 Vila Nova de Gaia • **Tel.** 02-377 63 00 • **Fax** 02-377 63 01 • **E-Mail** warre@warre.com • **Homepage** www.warre.com

PRODUKTION    QUALITÄT    PREIS

## Weitere Produzenten von Portwein

### Borges & Irmão

Die Firma wurde 1884 von den Brüdern Francisco und Antonio Borges gegründet. Neben Portwein und Brandy produziert das Haus Vinho Verde (halbtrockenen Gatão und neu den trockenen Borgello). In Dão werden der Meia Encosta als Weiß- und Rotwein sowie ein Garrafeira erzeugt. Aus Bairrada kommen Borges Bairrada, ein roter Jahrgangswein mit vier Jahren Ausbauzeit. Man stellt auch Schaumwein nach der Champagner-Methode her. 50% der Produktion wird in über 50 Länder exportiert.

• **Adresse:** Av. da República 796, P-4401 Vila Nova de Gaia. **Tel.** 02-30 50 02. **Fax** 02-30 49 85.

### Burmester

Der Name ist mit dem deutschen Wort Bürgermeister verwandt. Gründer des Betriebs war ein Deutscher, der 1730 nach Portugal kam. Das Unternehmen ist immer noch in Besitz der Familie. Die Verantwortung trägt heute Johan Burmester aus Hamburg. Er erzeugt sehr guten Vintage.

• **Besitzer:** Johan Burmester **Adresse:** Rua de Belmonte 39, P-4000 Oporto. **Tel.** 02-32 12 74. **Fax** 02-31 43 31.

### Ferreira

Gegründet 1761. Im 19. Jahrhundert hat man unter der Führung von Dona Antonia ein Vermögen gemacht. Es werden ein ausgezeichneter Tawny und ein eleganter Vintage Port erzeugt. Der Betrieb ist heute in Besitz von SOGRAPE.

• **Besitzer:** SOGRAPE, Vinhos de Portugal S.A. **Adresse:** Rua da Carvalhosa 19, P-4400 Vila Nova de Gaia. **Tel.** 02-30 08 66. **Fax** 02-783 57 69.

### Kopke

Die älteste Portweinfirma wurde schon 1638 von Christiano Kopke gegründet. Heute in Besitz von Barros Almeida. Kopke erzeugt sehr guten Portwein, u.a. Quinta São Luiz (Vintages), Old World (Tawny) und Bridge Port (Ruby).

• **Besitzer:** Barros Almeida **Besuch:** Nach Vereinbarung. **Adresse:** Rua Serpa Pinto 183, P-4400 Vila Nova de Gaia. **Tel.** 02-30 23 20. **Fax** 02-30 19 39.

### Martinez Gassiot

Ein verhältnismäßig kleines Portweinhaus, 1797 von einem Spanier gegründet. In den 60er Jahren begann man mit der Zusammenarbeit mit Cockburn's. Martinez erzeugt einige der besten Vintage Ports, ist aber außer bei Portweinliebhabern kaum bekannt.

• **Adresse:** P-4400 Vila Nova de Gaia. **Tel.** 02-30 02 15. **Fax** 02-30 05 50.

*Fast alle Portweinhäuser haben ihre Lagerkeller in der Stadt Vila Nova de Gaia, wo der Fluss Douro in den Atlantik fließt. Auf der anderen Seite liegt die große Stadt Oporto.*

## WEITERE PRODUZENTEN VON PORTWEIN

### OFFLEY FORRESTER

Gegründet 1737. Alte englische Familie, deren Vorfahre Sir Tomas Offley einst Bürgermeister von London war. Der erste Forrester kam 1803 in die Firma. Weine: Baron Forrester, Boa Vista und der weiße Cachucha. Auch guter Colheita wird hergestellt.

•**Besitzer:** SOGRAPE **Besuch:** Nach telefonischer Vereinbarung. **Adresse:** Rua da Carvalhos 1309, P-4401 Vila Nova de Gaia. **Tel.** 02-30 51 11. **Fax** 02-379 38 05.

### QUARLES HARRIS & CO

Gegründet 1680. Gehört heute der mächtigen Portweinfirma der Familie Symington, u.a. mit Warre's, Dow's und Graham's. Kauft sämtliche

*Portweine hatten schon im 19. Jahrhundert Erfolg. Vor allem die Briten öffneten die Tür zum Weltmarkt.*

### ROBERTSON BROS & CO

Gegründet 1881 durch die Übernahme der damals deutlich größeren Firma Rebello Valente. Rebello Valente ist auch der Name ihrer besten Vintage Ports. Auch umfangreiche Produktion von Tawnys. Gehört heute dem Sandeman-Konzern.

•**Besitzer:** Sandeman & Co (Seagrams) **Besuch:** Nach Vereinbarung. **Adresse:** Largo Miguel Bombarda 3, P-4440 Vila Nova de Gaia. **Tel.** 02-30 40 81. **Fax** 02-30 13 18.

### SMITH WOODHOUSE

Gegründet 1784 von Christopher Smith. Gehört heute der Familie Symington zusammen mit u.a. Warre's, Dow's und Graham's. Gute Weine mit schönem Bukett.

•**Besitzer:** Fam. Symington **Besuch:** Nach Vereinbarung. **Adresse:** Travessa Barão de Forrester, P-4401 Vila Nova de Gaia. **Tel.** 02-377 63 00. **Fax** 02-377 63 01.

*Die Zeit der „barcos rabelos" ist vorbei, heute dienen diese traditionellen Segelschiffe mehr zu Werbezwecken.*

Trauben von Vertragswinzern. Produziert vor allem Tawny- und Ruby-Portweine.

•**Besitzer:** Fam. Symington **Adresse:** Travessa Barão de Forrester 85, P-4401 Vila Nova de Gaia. **Tel.** 02-377 63 00. **Fax** 02-377 63 01.

### RAMOS PINTO

1880 von Adriano Ramos Pinto gegründet, der damals nur knapp über 20 Jahre alt war. Ein renommiertes Haus mit u.a. Quinta Bom-Retiro auf 45 ha, Santa Maraia auf 37 ha und der kleinere San Domingos. Sehr sorgfältig produzierte Tawnys. Traditionell sehr populär in Südamerika. Louis Roederer aus der Champagne besitzt die Hälfte des Gutes.

•**Besitzer:** 50% Champagne Louis Roederer **Adresse:** Avenida Ramos Pinto 380, P-4401 Vila Nova de Gaia. **Tel.** 02-30 17 16. **Fax** 02-379 31 21.

## Dão, Bairrada

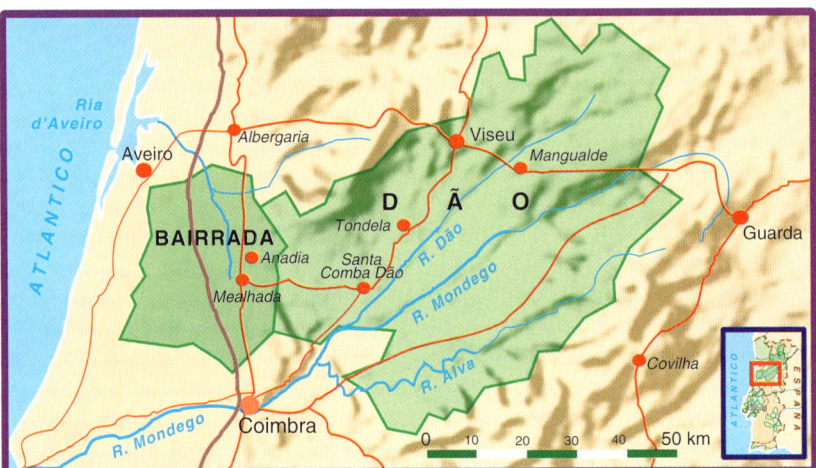

GESCHICHTE  Dão und Bairrada haben eine Geschichte, die bis ins 12. Jh. zurückreicht. Dão wurde schon 1908 als Região Demarcada anerkannt, Bairrada erst 1979. Dies scheint seltsam, da beide Regionen den gleich guten Ruf haben.

GEOGRAPHIE  Die Regionen grenzen aneinander mit Bairrada im Westen, zum Atlantik hin. Dão besteht aus hohen Granitbergen, die von Flüssen durchschnitten werden. Bairrada hat eine weichere, hügelige Landschaft. Viel Niederschlag und ein kurzer, trockener Sommer. In Dão können die Winter sehr kalt sein. Aus dem Sandboden in Dão erheben sich Granitfelsen. Die Hügel von Bairrada bestehen aus Kalkstein- und schweren Lehmböden, den „barros".

*Der große Produzent SOGRAPE hat im Douro-Gebiet eine neue Weinanlage geschaffen.*

WEINE  Die Rotweine sind sich ähnlich, kräftig und tanninreich. Durch die Lagerung werden sie weicher. Die Weine aus Dão haben einen höheren Glyzeringehalt, da sie länger vergärt werden. Die Weine von Bairrada sind herber und werden oft als Basis für die Garrafeira-Weine (Weine, die für eine lange Flaschenlagerung vorgesehen sind) verwendet. Grão Vasco ist der bekannteste Weißwein aus Dão. In Bairrada hat man sich auf weiße Schaumweine nach der Champagner-Methode spezialisiert. Sie sind oft süß.

KLASSIFIZIERUNG  Dão und Bairrada sind portugiesische DOC (Denominação de Origem Controlada).

REBSORTEN  Dão/rote: Touriga Nacional, Tinta Amarela, Jean u.a. Weiße: Arinto do Dão, Borrado das Moscas, Cerceal, Fernão Pires, Barcelo u.a. Bairrada/rote: Baga, João de Santarém, Castelão und Tinta Pinhera (Standardsorte in „Bairrada Tinto"). Weiße: Maria Gomes, Bical und Rabo de Ovelha.

PRODUZENTEN  Caves Velhas, Caves Aliança, A.A. Cálem & Filho (Conde de Santar), Vinícola de Nelas (Fata), Ferreira Malaquias (Cova do Frade), Caves São João (Frei João), Luis Pato, Caves Altoviso (Memorável) und União Comercial da Beira (Monástico).

## Produzenten in Dão und Bairrada

### Caves Aliança

Großer Privatbetrieb in Bairrada, gegründet 1927, heute der drittgrößte Weinexporteur in Portugal. Man erzeugt Dão, Vinho Verde, Douro sowie Schaumweine. Eine bekannte Marke ist Casal Medes in Rosé und Weiß. Galeria, Aliança und Angelus sind einige der bekannten Weine.
• **Adresse:** PO Box 6, Sangalhos, P-3783 Anadia. **Tel.** 034-74 31 60. **Fax** 034-74 30 08.

### Bussaco

Ein kleines, originelles Unternehmen, das 1911 gegründet wurde. Die Weine werden im Fünfsterne-Hotel Palace in Bussaco gelagert, das einst das Jagdschloss des letzten portugiesischen Königs war. Die Weine können ausschließlich auf dem Schloss gekauft werden. Man findet immer noch Jahrgänge aus den 30er Jahren. Es werden Weiß- und Rotweine aus Dão und Bairrada erzeugt. Der beste Rotwein ist Buçaco Tinto Reserva. Sämtliche Weine werden in neuen Fässern gelagert.
FAKTEN 9 ha, insgesamt werden jährlich etwa

*Das Fünfsterne-Hotel Palace in Bussaco diente einst dem portugiesischen König als Jagdschloss.*

8 800 Kisten Wein erzeugt, davon etwa 5 500 Kisten Rotwein und 3 300 Kisten Weißwein.
• **Adresse:** Palace Hotel do Bussaco, P-3050 Mealhada. **Tel.** 02-93 02 04. **Fax** 02-93 05 09.

### Caves Messias

Großer Betrieb, der Weine aus Dão und Douro, Vinho Verde sowie Schaumweine erzeugt. Stellt auch Portweine von der eigenen Quinta do Rei her. 75% der Produktion wird exportiert.
• **Adresse:** A. Dr Luis Navega, P-3050 Mealhada. **Tel.** 031-228 83. **Fax** 031-220 26.

### Luis Pato

Der Besitzer Luis Pato hat großen Erfolg mit seinen kräftigen, Terroir-betonten Weinen. Die Rotweine werden vorwiegend aus der Baga-Traube erzeugt und in neuer Eiche ausgebaut. Auch Cabernet-Weine sowie frische Weiß- und Schaumweine sind im Sortiment.
• **Besitzer:** Luis Pato **Besuch:** Nach Vereinbarung. **Adresse:** Óis do Birro, P-3780 Anadia. **Tel.** 031-52 81 56. **Fax** 031-52 84 26.

### Conde de Santar

In Besitz der größten Portweinfirma Portugals, A.A. Cálem & Filho in Porto. Conde de Santar ist einer der wenigen Weine aus Dão, die aus einer einzigen Lage stammen. Heute erzeugt man einige der besten Weine von Dão. Die Rebfläche beträgt 120 Hektar und zwei Drittel der Produktion sind Rotweine.
• **Besitzer:** A.A. Cálem **Adresse:** Santar, P-3520 Nelas. **Tel.** 02-200 48 67.

# Bucelas, Carcavelos, Colares

## Bucelas

**GESCHICHTE** Der Weißwein von Bucelas wurde schon von Shakespeare erwähnt. Heute sind die Weine außerhalb Portugals in Vergessenheit geraten. 1911 wurde Bucelas eine Região Demarcada und ist heute eine eigene portugiesische DOC.

**GEOGRAPHIE** Die Weinberge liegen auf Hügeln rund um Bucelas, etwa 25 km nördlich von Lissabon. Das Klima ist im Sommer recht kühl. Kalkböden und sandige Tonerde dominieren.

**WEINE** Vorwiegend trockene, fruchtige Weißweine. Der kühle Herbst sorgt für hohe Säuregehalte und Spritzigkeit in den Weinen. Die Weine werden nach längerer Lagerung weicher und zugänglicher. Sie werden „portugiesische Rheinweine" genannt und sind in Portugal sehr gefragt. Nach altmodischen Herstellungsmethoden mit Ausbau in großen Fässern aus brasilianischer Eiche werden trockene „Vino maduro" hergestellt.

**REBSORTEN** Hauptsächlich Arinto, Esgana Cão als zweite Sorte.

**REBFL/PROD** 180 ha, ca. 7 000 hl/Jahr.

**PRODUZENT** Caves Velhas ist einer der größten Produzenten in Bucelas. Seine Weißweine sind sog. „Vino Maduro" und werden drei Jahre in brasilianischen Eichenfässern gelagert. Es werden auch gute Rot- und Roséweine erzeugt. Der Betrieb ist in Besitz von Companhia Portuguesa de Vinhos de Marca L.da. Adresse: Rua de Fernão Lopes 9-1, P-1002 Lisboa. Tel. 01-9680905. Fax 01-9680905.

## Carcavelos

**GESCHICHTE** Im 18. Jh. unter Führung von Marschall Pombal war dies eine Region mit einer großen Rebfläche. Heute viel kleiner. Região Demarcada seit 1908 und heute eine eigene portugiesische DOC.

**GEOGRAPHIE** Liegt zwischen Lissabon und Estoril. Der Tourismus in Estoril nimmt stetig zu und droht die Weingärten zu verdrängen.

**WEINE** Die Weine werden zu einem Alkoholgehalt von ca. 18% und einem Restzuckergehalt von 15 g verstärkt. Sie haben ein nussähnliches Bukett und einen Mandelgeschmack. Die Qualität ist erstaunlich hoch und die Weine gewinnen während längerer Lagerung.

**REBSORTEN** Galego Dourado, Boiais, Arinto, Espadaneiro, Torneiro u.a.m.

**PRODUZENT** Einzig Quinta do Barao.

**REBFL/PROD** Etwa 10 ha, 300 hl/Jahr.

## Colares

**GESCHICHTE** 1154 wurde Colares vom portugiesischen König Alfonso Henriques erstmals als Weinregion erwähnt. 1931 wurde die Genossenschaft Adega Regional de Colares gegründet, wo die Vinifizierung sämtlicher Weine erfolgt. Die Lagerung dürfen die Winzer in den eigenen Kellern vornehmen.

**GEOGRAPHIE** Das kleine Dorf liegt am Atlantik, an der westlichen Spitze Portugals. Um die Weinberge gegen die salzigen Atlantikwinde zu schützen, baut man einen Windschutz aus geflochtenem Schilf oder Plastik.

**BODEN** Die Rebenwurzeln dringen bis zu 10 Meter tief in die Sanddünen. Diese Böden geben der Reblaus keine Chance und aus diesem Grunde sind die Reben nicht gepfropft.

**WEINE** Die charakteristischen Rotweine besitzen eine dunkelkirschrote Farbe, sind vollmundig und kräftig. Jung sind sie hart und unzugänglich. Nach längerer Lagerung werden sie weicher. Sie werden 10 Jahre in Eichenfässern ausgebaut, was für diese Gegend ungewöhnlich ist. Die Weißweine sind einfacher.

**REBSORTEN** Rote: Ramisco mind. 80%, Moral, Parreira Matias u.a. Weiße: Malvasia mind. 80%, Arinto, Dona Branca u.a.

**REBFL/PROD** Etwa 65 ha, 2 300 hl/Jahr.

**PRODUZENTEN** Am bekanntesten sind Senhor Paulo da Silva, der Colares Chitas erzeugt, Compania Real Vinícola, Cavalho und Ribeiro & Ferreira (Adresse: Av. da Republica 19, P-1000 Lisboa. Tel. 01-3522427-8-9. Fax 01-546325.)

# SETÚBAL

GESCHICHTE Die kleine Stadt Azeitao wurde 1759 zum Hauptort von Setúbal. 1834 gründete J.M. da Fonseca hier seine Weinfirma. Schon 1907 erhielt Setúbal die DOC. Die zwei bekanntesten IPR-Regionen sind Arrábida und Palmela; sie erzeugen vorwiegend Tafelweine. IPR-Arrábi-

*Setúbal wird vom großen Produzenten J.M. da Fonseca dominiert, der den Weinbau intensiv fördert.*

da sind langlebige Rotweine aus der Rebsorte Castelão Frances (auch Periquita genannt). Auch in IPR Palmela werden vollmundige Weine aus dieser Sorte erzeugt.

GEOGRAPHIE Setúbal ist eine Halbinsel südlich von Lissabon mit vielen Touristenorten. Der Wein wird auf kreidereichem Boden und auf den Arrábidahügeln zwischen Azeitao und dem Atlantik angebaut.

WEINE Der bekannteste Wein ist der Moscatel de Setúbal, ein süßer, kräftiger Wein, mit eigener DOC. Er wird verschieden lange gelagert. Je länger, desto dunkler wird er. Nach sechs Jahren Lagerzeit erhalten die Weine deutlichen Sortencharakter, nach 25 Jahren werden sie weicher, dunkler und erinnern in Bukett und Geschmack an Honig. Moscatel Roxo wird aus roten Trauben erzeugt. Torna-Viagem ist ein alter, manchmal 100-jähriger Moscatel. Man produziert auch interessante, trockene Weißweine, z.B. den Palmela aus João Pires aus früh gelesenen Muscat-Trauben. Ein guter Rotwein ist der Quinta da Bacalhôa, mit Frucht von schwarzen Johannisbeeren und Qualitätseiche.

REBSORTEN Moscatel de Setúbal (Muscat d'Alexandrie) und Moscatel Roxo für süße Weine. Cabernet Sauvignon, Periquita, Merlot für die roten.

WEINHERSTELLUNG Moscatel de Setúbal: die Gärung wird durch Zugabe von Alkohol abgebrochen. Danach kommt der Most in 12 000 Liter fassende Zementtanks und liegt auf den Schalen bis in den Februar. Der Wein wird gepresst und wiederum ein Jahr ausgebaut. Nach der Filtration wird er in Fässern gelagert, bis es schließlich zur Flaschenabfüllung kommt.

REBFL/PROD Ca. 10 000 ha, 4 000 hl/Jahr.

JAHRGÄNGE Moscatel de Setúbal: 1980, 76, 65, 55, 47, 41, 38, 34, 30, 22, 20 (und ältere, die sich immer noch halten).

PRODUZENTEN J.M. da Fonseca, P. Vinhos, João Pires und Venancio Costa Lima. Adega Cooperativa de Palmela.

## J.M. DA FONSECA

**GESCHICHTE** Die Firma wurde 1834 von José Maria da Fonseca gegründet und gehört zu Portugals ältesten Produzenten von Tafelweinen. Man erzeugt u.a. den Dessertwein Moscatel de Setúbal. Eigens für den Roséweinexport wurde eine Zweitfirma gegründet. Man experimentiert u.a. in Pamela und Alentejo mit Neupflanzungen.

**WEINE** Bekannt für verschiedene Weine, u.a. für die weißen Albis, die roten Tafelweine Periquita, Periquita Clássico und Garrafeira, die süßen

*J.M. da Fonseca erzeugt viele verschiedene Weine, von einfachen Rosé bis zu den berühmten Setúbal-Weinen.*

Setúbal und den Verkaufsschlager Lancers Rosé.

**CHARAKTER** Periquita ist ein fülliger Tafelwein mit guter Struktur. Sogar die günstigeren Periquita-Weine können lange gelagert werden. Auch Setúbal-Weine haben ein gutes Alterungspotenzial. Lancers ist rosafarben, süß und spritzig. Faisca ist ein wenig heller und mehr dem Vinho Verde ähnlich (trocken, frisch, mit hoher Säure).

**RUF** Ein Betrieb, der Portugals Weinherstellung seit mehr als 160 Jahren prägt.

**REBSORTEN** Periquita, Touriga Nacional, Arinto, Malvasia, Moscatel, Moscatel de Setúbal.

**WEINHERSTELLUNG** Periquita: Maischegärung und Ausbau während 18 Mt. in zu 10% neuen, französischen Eichenfässern. Danach wird der Wein weitere 6 Mt. in der Flasche gelagert. Moscatel de Setúbal ist ein verstärkter Likörwein.

**REBFL/PROD** 480 ha eigene Rebfläche, was den Bedarf zu 50% deckt. Der Rest wird von Vertragswinzern zugekauft. 450 000 Kisten/Jahr im südlichen Portugal, 110 000 Kisten/Jahr in Dão sowie 800 000 Kisten/Jahr Rosewein.

**Besitzer** António & Domingo Soares Franco
- **Kellermeister** Domingo Soares Franco
- **Besuch** Werktags 9-12, 14-16 • **Adresse** J.M. da Fonseca, Vila Nogueira de Azeitão, P-2925 Azeitão • **Tel.** 01-218 02 27 • **Fax** 01-219 03 73
- **E-Mail** jmdafonseca@mail.telepac.pt

*Der berühmte „Tórre de Belem" bei der Hafeneinfahrt Lissabons.*

# ALENTEJO

GESCHICHTE Die Region war früher mehr für Korkeiche als für den Wein bekannt. Heute aber gehört Alentejo zu den expansivsten Weingebieten Portugals. Genossenschaften und private Weingüter haben in den letzten Jahren moderne Technologien eingeführt. Der gefragte Kellermeister João Ramos, der vor kurzem ein eigenes Weingut (Vila Santa) aufgebaut hat, trug viel zur positiven Entwicklung der Alentejo-Region bei.

GEOGRAPHIE Ein großes Gebiet im Süden Portugals, das beinahe ein Drittel von Portugals Rebfläche umfasst. Sonne, Wärme und die frischen Atlantikwinde bilden ein für den Weinbau günstiges Klima.

ANBAUGEBIETE Alentejo wird in acht Regionen eingeteilt, wovon fünf DOC-Status haben: Portalegre, Borba, Redondo, Reguengos und Vidigueira. Die drei übrigen, Evora, Mora und Granja/Amareleja, sind als IPR klassifiziert.

PORTALEGRE: ein Rotweingebiet im nördlichsten Alentejo. Das Mikroklima unterscheidet sich hier von den Nachbarregionen. Die vorherrschenden Rebsorten sind Aragonez, Grand Noir, Periquita und Trincadeira. Für Weißweine: Arinto Galego und Roupeiro. Produzenten: J.M. de Fonseca, Tapada do Chaves und Gertrudes Fino.

BORBA: Die Region befindet sich im oberen Alentejo und ist für ihre Marmorbrüche bekannt. Auch hier dominieren die Rotweine. Sie werden hauptsächlich aus den Sorten Aragonez, Periquita und Trincadeira erzeugt. Produzenten: Adega Cooperativa de Borba, Quinta do Carmo.

REDONDO: Die Region liegt zwischen dem Ossa-Gebirge im Norden und dem Vigia-Staudamm im Süden. Die Böden bestehen hauptsächlich aus Granit und Schiefer. Rebsorten: Periquita, Aragonez, Trincadeira und Moreto. Produzenten: Adega Cooperativa de Redondo.

REGUENGOS: In dieser Region wachsen die Reben vor allem auf Granitböden. Es herrscht ein kontinentales Klima mit kalten Wintern und warmen Sommern. Rebsorten: Aragonez, Periquita und Trincadeira sowie Roupeiro, Rabo de Ovelha und Manteúdo. Produzenten: Herdade do Esperão Finagra und Cooperativa Agrícola Reguengos de Monsaraz.

VIDIGUEIRA: ein altes Weingebiet mit langer Weinbautradition. Die Weingüter liegen am Fuße des Portal-Berges und sind vor Nordwinden geschützt. Sowohl Rot- als auch Weißwein wird erzeugt. Rebsorten: Alfrocheiro, Moreto, Periquita, Trincadeira und Tinta Grossa. Weiße: Antão Vaz, Manteúdo und Perrum. Produzenten: SOGRAPE, Adega Cooperativa Vidigueira.

*Kellermeister João Ramos steht im Vordergrund bei der Modernisierung des alentejischen Weinbaus.*

WEINE Hauptsächlich Rotweine: dunkel, fruchtig und ausgewogen. Die nationale Nachfrage nach Alentejo-Weinen ist so groß, dass für den Export nicht viel übrig bleibt. Die Weißweine waren früher ziemlich klotzig. Nach der Modernisierung zeigen sie sich heute bedeutend frischer und fruchtiger.

REBSORTEN Arinto, Assario, Boal, Cabernet Sauvignon, Pendura, Periquita, Tinta Calada und Touriga Nacional.

REBFL/PROD 13 000 ha, 400 000 hl/Jahr.

PRODUZENTEN Viele Genossenschaften; die besten Produzenten sind Borba, Adega Cooperativa de Redondo, Cooperativa Agrícola Reguengos de Monsaraz, FINAGRA SA Roquevale und Vila Santa.

## Algarve, Ribatejo, Estremadura

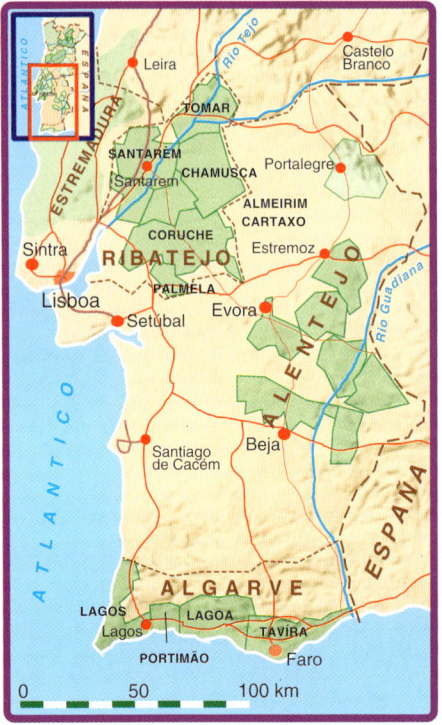

### Algarve

GESCHICHTE  Seit 1978 Região Demarcada, als Touristenparadies aber viel bekannter.

*Die Algarve ist ein beliebtes Touristenziel. Die Weine werden vorwiegend von Genossenschaften erzeugt.*

GEOGRAPHIE  Die südlichste Region. Besteht aus vier neuen DOC: Lagoa, Lagos, Portimão und Tauria.

WEINE  Alkoholstarke Rot- und Weißweine mit niedriger Säure und etwas Hefecharakter.

REBSORTEN  Rote: Tinta Negra Mole, Periquita, Bastardo, Crato Preto, Monvedro, Moreto u.a. Weiße: Crato Branco, Boais, Manteúdo, Tamarez.

PRODUZENTEN  Lagoa und Portimão sind die besten der fünf Genossenschaften.

### Ribatejo

GESCHICHTE  Mit den 50 000 Hektar Rebfläche nimmt diese Region eine wichtige Stellung als

*Die Landschaft rund um Lissabon ist ein Küstengebiet. Der Weinbau wird von Stadt und Tourismus verdrängt.*

Produzent von Vinho Regional ein. Früher hatte sie einen mittelmäßigen Ruf. Heute konzentriert man sich vermehrt auf die Qualität.

GEOGRAPHIE  Fruchtbare Gegend nordöstlich von Lissabon. Sechs IPR-klassifizierte Regionen: Almeirim, Cartaxo, Chamusca, Coruche, Santarém, Tomar.

WEINE  Rotweine mit guter Frucht und Herbe in der Jugend. Sie entwickeln sich während der Lagerung und erhalten einen würzigen Charakter. Der trockene Weißwein ist von niedrigerer Qualität. Es wird auch ein Vinho Licoroso, der an den Madeira erinnert, erzeugt.

REBSORTEN  Rote: Camarate, Castelao, Mortágua, Periquita, Tinta Miuda, Trincadeira u.a. Weiße: Boais, Fernao Pires, Jampal, Terrantez u.a.

PRODUZENTEN  U.a. Luis Margaride, mit seinem Dom Hermano, sowie Almerim.

### Estremadura (Vinho Regional)

Portugals größte Weinregion. Hieß früher Oeste. Liegt an der Küste zwischen Cibra und Lissabon. Von 60 000 Hektar Rebfläche wird Rot-, Weiß- und Roséwein erzeugt. Die jährliche Produktion beträgt etwa 300 000 hl.

PRODUZENTEN  Adega Cooperativa de Torres Vedras, Adega Cooperativa de São.

# MADEIRA

GESCHICHTE Schon die Phönizier kannten Madeira, das aber aufgrund des dichten Waldes als unbewohnbar angesehen wurde. 1419 wurde

*Madeira ist eines der bekanntesten Touristenziele im Atlantik. Auch die Weinlokale sind darauf eingestellt.*

die Insel vom Portugiesen Joa Conçalves, Zarco genannt, im Auftrag von Heinrich dem Seefahrer in Besitz genommen. Er gab der Insel den Namen Madeira-„Bauminsel". Um den Boden landwirtschaftlich nutzbar zu machen, wurde der gesamte Wald niedergebrannt. Einwanderer aus Portugal, Spanien, Holland und Italien legten an den Hängen Terrassen an. Es wurden Rohrzucker und Malvasia-Trauben angebaut. Während des 18. Jh. war Madeira eine beliebte Bunkerstation der englischen Überseeschiffe, die auf dem Weg zu ihren Kolonien waren. Dabei luden sie unter anderem den örtlichen Wein auf. Das 18. und die erste Hälfte des 19. Jh. waren die Blütezeit des Madeira-Weins. Der Wein war in den amerikanischen Kolonien sehr beliebt, ja fast legendär. Von der Mehltaukatastrophe im Jahr 1852 und von der Reblauskatastrophe dreißig Jahre später hat sich der Weinbau immer noch nicht richtig erholt.

GEOGRAPHIE Madeira ist eigentlich die Bezeichnung für eine Inselgruppe im Atlantik und gleichzeitig der Name ihrer Hauptinsel. Sie liegt etwa 600 km vor der afrikanischen Küste auf der Höhe von Casablanca. Die hübsche Landschaft der Inseln besteht aus hohen Bergen, steilen Felsen und einer reichen Vegetation. Da die Anbaufläche auf etwa tausend Meter Höhe liegt, wird es nie zu heiß. Die besten Weinberge findet man auf der Südseite der Hauptinsel, in der Nähe der Hauptstadt Funchal.

BODEN Die Inseln sind vulkanisch, der beste Boden ist hellrot und besteht aus vulkanischem Gestein, gemischt mit Lehm.

WEINE Grundsätzlich nur Madeira. Es gibt vier Grundtypen: Sercial, Verdelho, Bual (Boal) und Malmsey.

REBSORTEN Sercial (Cerceal), Verdelho, Bual, Malvasia, Tinta Negro Mole und Terrantez. Außerdem kommen u.a. Candida, Bastrado und Alicante vor.

REBFL/PROD Insgesamt etwa 2 000 ha, etwa 100 000 hl/Jahr.

PRODUZENTEN Das Handelshaus Madeira Wine Company aus dem Jahr 1913 dominiert mit 40% der Produktion. Zum Unternehmen gehören u.a. Blandys, Cossart Gordon, Leacock und Miles. Die wichtigsten eigenständigen Weinhäuser sind Barbeito, Borges, Henriques & Henriques und Companhia Vinícola de Madeira.

PORTUGAL • MADEIRA

## MADEIRA-WEIN

RUF  Madeira gehört nebst Portwein zu den bekanntesten verstärkten Weinen der Welt. Er ist sehr langlebig und noch nach 100 bis 200 Jahren ein Genuss.

WEINE  Es gibt vier Grundtypen, die nach der Rebsorte unterschieden werden: SERCIAL ist der trockenste, oft mit blasser, eher goldener Farbe. Er ist kräftiger als Fino Sherry und ausgeprägt und herb in der Jugend. Nach 8-10 Jahren wird er weicher. VERDELHO ist halbsüß und weicher als der Sercial. Goldgelbe Farbe in der Jugend, die mit der Zeit dunkler wird. Ein körperreicher Madeira. BUAL (Boal) ist noch süßer, mit recht dunkler Far-

*Madeira-Weine vom Ende des 19. Jh. Sie können fünfzig und mehr Jahre gelagert werden.*

be schon in der Jugend. Diese Weine sind sehr extraktreich und besitzen ein rauchiges Aroma. MALMSEY ist die süßeste Variante mit starker Farbe und großem Lagerpotenzial. Das Aroma ist überwältigend und besitzt Muscat-Charakter und Honignoten, viel Extrakt und wirkt fast ölig. Mit der Reife wird er milder und trockener. Andere Typen sind RAINWATER und SOUTHSIDE.

KLASSIFIZIERUNG  Reserve (Klasse 3): mind. 5 Jahre. Special Reserve (Klasse 2): mind. 10 Jahre. Exceptional/Extra Reserve (Klasse 1): mind. 15 Jahre. Vintage: ausgewählte Jahrgänge mit mind. 20 Jahren im Fass und 2 Jahren in der Flasche. Madeira-Weine werden heute meist nach der Solera-Methode (siehe Sherry) erzeugt.

WEINHERSTELLUNG  Der Most wird in traditioneller Weise zu einem Vinho Claro vergoren. Danach wird der Wein einige Monate lang in speziellen Lagerräumen, den sog. *Estufas*, langsam auf 45 °C erhitzt. Erst 18 Monate nach der Abkühlung wird er in das Solera-System eingeführt. Trockene Madeiras werden vor der *Estufa* verstärkt, süße danach.

JAHRGÄNGE  Früher wurde der Jahrgang immer angegeben, was heute nicht mehr Usanz ist, da die meisten Madeiras aus einem Solera-System kommen. Vintages in diesem Jahrhundert: 1902, 05, 06, 07, 10, 14, 15, 16, 20, 26, 34, 40, 41, 50, 54, 56.

## BLANDY BROTHERS

GESCHICHTE  Der Engländer John Blandy kam 1807 mit der britischen Armee auf die Insel, musste sie aber nach einigen Jahren wieder verlassen. In der Zwischenzeit knüpfte er interessante Kontakte in der Weinindustrie und kehrte 1811 zurück, um die Firma zu gründen. Seit fünf Generationen ist die Familie an der Produktion beteiligt. Seit Anfang des Jahrhunderts in Besitz der Madeira Wine Company.

WEINE  Das ganze Spektrum von Madeira-Typen wird hergestellt. Die beliebte Duke-Serie besteht aus Verschnitten von vier verschiedenen Standard-Madeiras: Duke of Clarence, Cumberland, Cambridge und Sussex. Clarence ist der kräftigste und Sussex der leichteste. Andere sind: Reserve (5-jährig), der in allen vier Varianten erzeugt wird. Der erstklassige Special Reserve (10-jährig) kommt als Sercial (leicht) und Malmsey (kräftig) vor. Auch großartige Vintages. Drei aktuelle: Bual 1920, Sercial 1940. Außerdem wird auch Rainwater hergestellt.

RUF  Klassisches Madeira-Haus mit einigen der

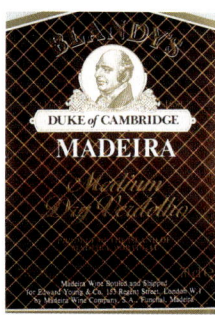

*Duke of Cambridge gehört zu den beliebtesten Standard-Madeiras von Blandy. Die Vintage-Weine sind sehr gut.*

besten Weine der Insel. Sehr bekannt in England.

REBSORTEN  Sercial (Cerceal), Verdelho, Bual, Malvasia, Tinta Negro Mole, Terrantez, Bastardo.

WEINHERSTELLUNG  Traditionelle Methoden in der großen Anlage der Madeira Wine Company.

LAGERUNG  Die 10-jährigen halten problemlos weitere 40 Jahre. Vintage über 100 Jahre.

REBFL/PROD  Etwa 800 ha, 10 000 Kisten/Jahr.

**Besitzer** Madeira Wine Company S.A. • **Kellermeister** Francisco Machado Albuquerque • **Besuch** Täglich 10.30-15.30 (Adegas de S. Francisco) • **Adresse** Rua dos Ferreiros 191, Box 295, P-9003 Funchal Codex, Madeira • **Tel.** 091-74 21 21 • **Fax** 091-22 70 43

|  |  |  |
|---|---|---|
| PRODUKTION | QUALITÄT | PREIS |

PORTUGAL • MADEIRA

## COSSART GORDON

GESCHICHTE  Eines der ältesten Häuser auf der Insel, wurde 1745 von den Schotten Francis Newton und William Gordon gegründet. Nach einem Aufruhr in Schottland flohen sie auf die Insel. Der Hugenotte William Cossart aus Irland schloss sich ihnen 1808 an. Cossart Gordon pflegte gute

*Cossart Gordon wurde 1745 von zwei Schotten gegründet. Es gehört zu den beliebtesten Madeira-Häusern.*

Kontakte zu den amerikanischen Kolonien. Es ist wahrscheinlich, dass Präsident Washington mit einem Madeira von Cossart Gordon auf den Freiheitsvertrag anstieß. Cossart gehört zu den einflussreichsten Familien auf Madeira und war bei der Gründung der Madeira Wine Company, Anfang des Jahrhunderts, mit dabei.

WEINE  Man erzeugt eine anspruchsvolle Auswahl von sehr guten Madeiras. Die Standardauswahl besteht aus drei verschiedenen Verschnitten: Good Company (kräftig), Dry Aperitif (leicht) sowie Rainwater (trocken, leicht). Andere sind die Reserve (5-jährig) Bual und Sercial, Special Reserve Malmsey (10-jährig) und Extra Reserve Malmsey (15-jährig). Die Vintages sind gefragte Sammelobjekte, u.a. der Sercial 1910, Verdelho 1934 und Bual 1954.

RUF  Eines der Spitzenhäuser für Madeiras mit gutem Ruf, vor allem in den USA.

REBSORTEN  Sercial (Cerceal), Verdelho, Bual, Malvasia, Tinta Negro Mole, Terrantez.

WEINHERSTELLUNG  Traditionell in der modernen Anlage der Madeira Wine Company.

LAGERUNG  Die 10- und 15-jährigen können 40-50 Jahre gelagert werden. Vintage über 120 Jahre.

REBFL/PROD  Etwa 800 ha, 10 000 Kisten/J.

**Besitzer** Madeira Wine Company S.A.
• **Kellermeister** Francisco Machado Albuquerque
• **Besuch** Täglich 10.30-15.30 (Adegas de S. Francisco) • **Adresse** Cossart Gordon, Rua dos Ferreiros 191, Box 295, P-9003 Funchal Codex, Madeira • **Tel.** 091-74 21 21 • **Fax** 091-22 70 43

PRODUKTION          QUALITÄT          PREIS

## HENRIQUES & HENRIQUES

GESCHICHTE  Das größte freistehende Madeira-Haus, 1850 von João Joaquim Henriques gegründet. Der Familie gehörten damals große Weinberge in den besten Madeira-Bezirken Câmara de Lobos und Estreito de Câmara de Lobos. 1913 begann man mit der Flaschenabfüllung und mit dem Export. Nach dem Tod von Henriques wurden 1968 u.a. Peter Cossart und Carolos Martinho Numes Pereira als Nachfolger ernannt. 1989 wurde die Aktiengesellschaft Henriques & Henriques S.A. gegründet. Die Firma besitzt ein großes Lager von sehr alten Reserve- und Vintage-Madeiras. Manche Weine werden zweijährig an

*Hier werden ausgewogene Madeiras erzeugt. Im Bild ein Bual aus einer Solera, mit der 1898 begonnen wurde!*

die Sherryhäuser Harvey's und Sandeman geliefert. Andere Betriebe, die zu Henriques & Henriques gehören, sind u.a. Antonio Eduardo Henriques, Casa do Vinhos da Madeira, Belem's Madeira und Carmo Vinhos.

WEINE  Kompakte, gut ausgewogene Madeiras aller Typen. Sercial (auch 10-jährig), Bual, Verdelho, Monte Seco, Malmsey (auch 10-jährig), Rainwater. Ein Bual wird aus einer Solera aus dem Jahr 1898 erzeugt.

RUF  Sehr gut. Nur die besten Weine dürfen den Namen Henriques & Henriques tragen.

REBSORTEN  Sercial (Cerceal), Verdelho, Bual, Malvasia, Tinta Negro Mole, Terrantez.

WEINHERSTELLUNG  Modern, mit elektronisch überwachter Heiz-/Kühlanlage *Estufa*.

LAGERUNG  Mehr als 100 Jahre für die besten Malmsey.

REBFL/PROD  32 ha eigene Rebfläche (= 20% des Bedarfs). Ca. 60 000 Kisten/Jahr.

**Besitzer** Fam. Henriques, Erben von João Joaquim Henriques • **Kellermeister** Luis Pereira • **Besuch** Mo-Fr 9-13, 14.30-17.30 • **Adresse** Henriques & Henriques, P.O. Box 4296, P-9053 Funchal Codex, Madeira • **Tel.** 091-94 15 51 • **Fax** 091-94 15 90

PRODUKTION          QUALITÄT          PREIS

## Weitere Produzenten auf Madeira

### Barbeito

1947 gegründet. Trotz des recht jungen Alters ist Barbeito ein interessantes Haus. Bei der Gründung wurde nämlich ein großes Lager alter Madeiras gekauft, die immer noch verkauft werden. Der 25-jährige Bual ist spannend. Die Standardweine heißen Island Dry und Island Rich.

• **Adresse:** Estrada 145, P-9000 Funchal Codex, Madeira.

### H.M. Borges

Ein eigenständiges Madeira-Haus mit mehreren guten Malmsey-Weinen. Großer Export in die USA, nach Kanada, Europa und Japan.

• **Adresse:** R. 31 de Janeiro 83, box 92, P-9001 Funchal Codex, Madeira. **Tel.** 091-22 32 47. **Fax** 091-22 22 81.

### Justino Henriques

Ein eigenständiger Betrieb, 1870 gegründet. Der Standard-Madeira ist ein Malmsey. Interessant ist der 10-jährige Sercial.

• **Adresse:** R. do Carmo 86, P-9000 Funchal Codex, Madeira. **Tel.** 091-233 01. **Fax** 091-309 80.

### Leacock

1741 von John Leacock gegründet. Sein Sohn erwarb den großen Besitz während der Reblauskatastrophe. Die führenden Weine von Leacock können es mit den besten der Insel aufnehmen, u.a. ihr Special Reserve Malmsey. Der Standardwein St. Johns hält eine hohe Qualität. Gehört zur Madeira Wine Company.

• **Besitzer:** Madeira Wine Company S.A. **Besuch:** Nach Vereinbarung. **Adresse:** R. Do Carmo 86, P-9000 Funchal Codex, Madeira. **Tel.** 091-233 01. **Fax** 091-309 80.

### Miles

Gegründet unter dem Namen Rutherford & Grant im Jahr 1814. 1878 kam Henry Price Miles in die Firma. Gehört zur Madeira Wine Company. Die Marke Rutherford & Miles kommt auf älteren Etiketten noch vor. Ein kleines, aber gutes Angebot mit 5-jährigen Sercial und Malmsey und 10-jährigem Malmsey. Die Standardsorten sind „Rich" und Rainwater.

• **Besitzer:** Madeira Wine Company S.A. **Besuch:** Nach Vereinbarung. **Adresse:** R. do Carmo 86, P-9000 Funchal Codex, Madeira. **Tel.** 091-233 01. **Fax** 091-309 80.

### Power Drury

Ein Weinhaus der Madeira Wine Company. In den 80er Jahren wurden ausgezeichnete Vintage-Weine, u.a. Malmsey 1954 und Verdelho 1952, vorgestellt. Ihre Special Reserve (10-jährig) Malmsey-Weine finden viele Liebhaber.

• **Besitzer:** Madeira Wine Company S.A. **Besuch:** Nach Vereinbarung. **Adresse:** Rua dos Ferreiros 191, Box 295, P-9003 Funchal Codex, Madeira. **Tel.** 091-74 21 21. **Fax** 091-22 70 43.

### Veiga Franca

Eine eigenständige Firma mit mehreren beliebten Madeiras. Beträchtlicher Export nach Frankreich, wo die Weine meist für die berühmten Madeira-Saucen verwendet werden. Die meisten Madeira-Typen werden erzeugt. Ein Verdelho gehört zu den beliebtesten. Produktion ca. 1,5 Mio. Flaschen/Jahr. 90% werden exportiert.

• **Adresse:** Av. Arriaga 73-1, Box 203, P-9003 Funchal Codex, Madeira. **Tel.** 091-210 57, 236 73. **Fax** 091-257 44.

*Miles erzeugt sehr gute Madeira-Weine, vor allem der Sercial und der Malmsey sind erwähnenswert.*

## Jahrgänge in Portugal

**1998**
Ein sehr schwieriges Jahr mit einigen guten Tafelweinen und weniger guten Portweinen. Ein warmer März wurde von einem stürmischen April abgelöst. Bis in den August, der mit einem warmen und sonnigen Wetter aufwartete, war es kalt und nass. Starke Regenfälle im September bekräftigten den richtigen Entschluss jener Winzer, die die Ernte früher einholten.

**1997**
Ein zu Beginn zweifelhaftes Jahr, das schließlich, dank eines warmen Sommers und eines sehr sonnigen Herbsts, einigermaßen gut ausfiel.

**1996**
Der Ertrag betrug 9 Millionen Hektoliter, beinahe 25 Prozent mehr als im Vorjahr. Die meisten Produzenten waren aber mit der Qualität nicht zufrieden. Durch eine späte Lese konnten jedoch gute Weine erzeugt werden.

**1995**
Ein im Allgemeinen qualitativ gutes Jahr, doch mit geringem Ertrag. Im Douro-Tal und in Bairrada ein hervorragendes Jahr.

**1994**
Ein warmer bis heißer Sommer bewirkte eine frühe Reife der Trauben, bei manchen Produzenten begann die Lese schon im August. Trotzdem viele Weine von zweifelhafter Qualität.

**1993**
Sehr mühsames Jahr mit Regen und Fäulnis. Der Ertrag betrug die Hälfte eines Durchschnittsjahrs.

**1992**
Mittelmäßiges Jahr mit regional zum Teil guter Qualität.

**1991**
Schwieriges Jahr mit viel Niederschlag. Die Ernte war nur halb so groß wie üblich.

**1990**
Schwieriges Jahr mit verschiedener Qualität.

**1989**
Guter Jahrgang mit regionalen Unterschieden. Einigen Weinen bekam die Lagerung sehr gut.

**1988**
Für die meisten ein schwieriges Jahr mit geringem Ertrag. Die meisten Rotweine besitzen aber eine hohe Qualität und reifen gut.

**1987**
Großer Ertrag von mittelmäßiger Qualität. Die besten in Dão, Bairrada und Alentejo.

**1986**
Mittelmäßiges Jahr mit recht großem Ertrag. Die Rotweine sind leicht mit hoher Säure.

**1985**
Sehr guter Jahrgang mit kraftvollen und eleganten Weinen. Unbedingt kaufen und lagern!

**1984**
Recht guter Jahrgang mit leichten Weinen, besonders im nördlichen Portugal gut gelungen.

**1983**
Perfektes Jahr für Rotweine. Die besten Weine kommen aus Douro, Bairrada und Alentejo.

**1982**
Schwieriger Jahrgang mit gemischter Qualität. Die besten Weine kommen aus Ribatejo.

**1981**
Kleine Ernte von mittelmäßiger Qualität, passé.

**1980**
Ein klassisches Jahr für portugiesische Weine. Die Gerbstoffe der Rotweine werden weicher.

**Vintage Port**
Wird ein Portweinjahr als außergewöhnlich gut beurteilt, wird daraus ein Jahrgangswein, ein sog. Vintage Port. Den einzelnen Handelshäusern steht es frei, einen bestimmten Jahrgang zu „deklarieren". Nicht alle Portweinproduzenten haben die folgenden Jahrgänge „deklariert", andere wiederum haben nicht aufgeführte Jahre als Jahrgänge „deklariert".

**Die besten Declared Vintages:**
1994, 91, 89, 87, 85, 83, 82, 80, 78, 77, 75, 70, 66, 63, 60, 58, 55, 50, 47, 45, 34, 31, 27, 24, 22, 20, 17, 12, 08, 04, 00, 1899, 96, 94, 90, 87, 84, 81, 78, 75, 72.

## WEINETIKETTEN IN PORTUGAL

**QUALITÄTSBEZEICHNUNG**

Hier ein *Reserva Especial*. Das heißt, der angegebene Jahrgang war von selten guter Qualität und der Alkoholgehalt liegt mind. 0,5% höher als üblich. Andere Bezeichnungen: *Garrafeira*, ein Jahrgangswein, bei dem die Rotweine mind. 3 Jahre reifen müssen, davon ein Jahr in der Flasche. Für die Weißweine gilt mind. 1 Jahr Reifung, davon mind. 6 Monate in der Flasche. *Velho* (alt) bedeutet, dass die Rotweine mind. 3 Jahre und die Weißweine 2 Jahre gelagert wurden.

**JAHRGANG**

Wird angegeben, wenn der Wein nicht verschnitten ist. *Colheita* = Lese/Jahrgang.

**WEINTYP/STIL**

Der Weintyp wird in Portugal oft sehr genau angegeben. *Vinho Tinto* ist ein einfacher Rotwein. Andere Bezeichnungen: *Branco* (Weißwein), *Verde* (Weiß- oder Rotwein, der durch die zweite Gärung in der Flasche perlt). *Rosado* (Rosé), *Clarete* (leichter Rotwein), *Claro* („Nouveau"), *Espumante* (Schaumwein), *Qinado* (Wein mit Zusatz von Chinin).

**ALKOHOLGEHALT**

Angabe gemäß EU-Standard obligatorisch.

**INHALT**

75 cl laut EU-Standard.

**URSPRUNG**

10 ausgewählte Qualitätsgebiete in Portugal dürfen sich *Região Demarcada* (RD) nennen, d.h., sie haben eine eigene Appellation. Auch erhalten sie ein nummeriertes Qualitätssiegel, das sog. *Selo de Origem*. Es garantiert den Ursprung. Reserva-Weine müssen nicht aus einer einzigen „Região Demarcada" kommen, sondern können ein Verschnitt aus Trauben/Weinen mehrerer Qualitätsgebiete sein.

**PRODUZENT**

Hier *Casa Ferrerinha*, das Weinhaus Ferreira in Vila Nova de Gaia. Unterhalb dieses Texts steht der offizielle Name des Unternehmens und die Adresse. Andere Ausdrücke: *Engarrefado ...* (abgefüllt ... von/bei und der Name des Weinguts). *Engarrefado na Origem ...* (abgefüllt auf dem Gut, Erzeugerabfüllung). *Quinta ...* (Weingut mit Weinberg) steht nicht nur auf Portweinetiketten und gibt nur an, dass der Wein von diesem Gut stammt. Begriffe wie *Casa ..., Solar ...* und *Palacio ...* (+ Weingutsname) zeigen, dass der Wein einen definierten Ursprung hat. *Adega* bedeutet Kellerei, *Vinha* ganz einfach Weingarten.

**ANDERE BEGRIFFE**

*Vinho Aperitivo* = Aperitifwein, *Vinho Consumo* = Einfacher Wein, *Vinho de Mesa* = Tafelwein, *Vinho Estufado* = „Gekochter" Wein, gereift durch Erhitzen, *Vinho Generoso* = Aperitif-/Dessertwein mit hohem Alkoholgehalt, *Vinho Licoroso* = Süßer Wein mit hohem Alkoholgehalt, *Vinho Maduro* = Reifer Tafelwein, *Casta* = Rebsorte, *Carvalho* = Eiche.

## PORTWEINETIKETTEN

**LESEJAHR**
Das Jahr der Lese auf der *Quinta* (dem Weingut) und der Weinproduktion.

**PRODUZENT**
Der Name des Erzeugers.

**PORTWEINTYP**
*Vintage* = Jahrgangsportwein aus ausgewähltem („deklariertem") Jahr. Andere Haupttypen: *Ruby* = der einfachste Portwein, nach der Flaschenabfüllung trinkreif. *Tawny* = Portwein mit längerer Fasslagerung, was dem Wein eine „tawny" (lederne) Farbe verleiht. Weitere Typen: *Crusted Port* = als Jahrgangsport hergestellt, hat aber nicht das gleiche Lagerpotenzial (*crusted* = Bodensatz, Ausscheidung). *Port of Vintage Character* und *Late bottled Vintage Port* = auch Crusted Ports, aber mit längerer Fasslagerung.

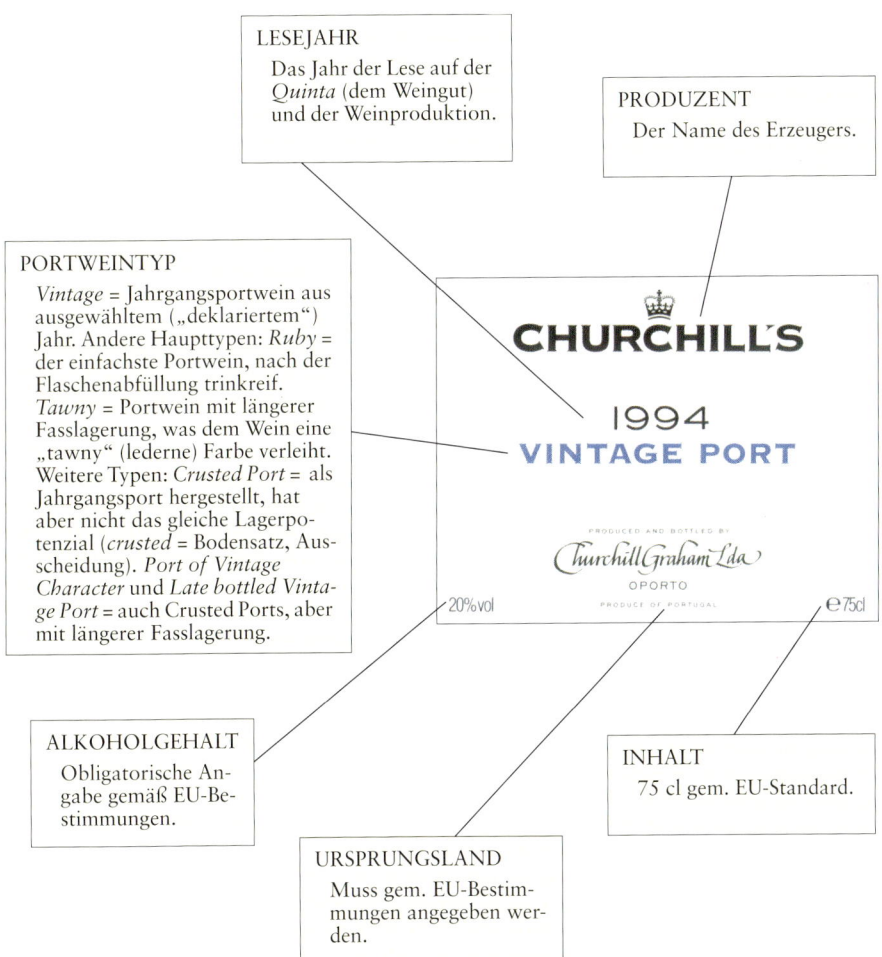

**ALKOHOLGEHALT**
Obligatorische Angabe gemäß EU-Bestimmungen.

**URSPRUNGSLAND**
Muss gem. EU-Bestimmungen angegeben werden.

**INHALT**
75 cl gem. EU-Standard.

## Weinvokabular Portugal

**A**DEGA  Weinkeller oder Weinhaus.
AGUARDENTE  Branntwein bzw. 77-prozentiger Weingeist, der zum Gärungsabbruch bei Portweinen verwendet wird.
ANO  Jahrgang.

**B**AGACEIRA  Tresterbranntwein (vergleichbar mit Marc).
BARCO RABELO  Segelschiff, das früher für den Portweintransport eingesetzt wurde.
BRANCO  Weiß.
BRUTO  Trockener Schaumwein.

**C**ARVALHO  Eiche.
CASTA  Rebsorte.
COLHEITA  Lese, Jahrgang

**D**OCE  Süß.
DOC - DENOMINAÇÃO DE ORIGEM CONTROLADA: die höchste Qualitätsklasse, entspricht der AOC in Frankreich. 1998 durften 18 Regionen diese Güteklasse beanspruchen.

**E**NGARRAFADO  Auf Flasche gefüllt.
ESTUFA  Lagerraum für Madeira-Wein, wo er langsam erhitzt wird, um ihm den typischen Geschmack zu verleihen.

**G**ARRAFA  Flasche.
GARRAFEIRA  Qualitätsbezeichnung. Ein Jahrgangswein, bei dem die Rotweine mind. drei Jahre reifen müssen, davon ein Jahr in der Flasche. Für die Weißweine gilt mind. ein Jahr Reifung, davon mind. sechs Monate in der Flasche.

**I**PR - INDICAÇÃO DE PROVINIÊNCIA REGULAMENTADA: die zweithöchste Qualitätsklasse, entspricht der französischen VDQS. 1998 wurden 26 IPR-Regionen gezählt.

**L**AGAR  Steintrog, in dem die Trauben mit den Füßen zertreten werden.
LODGE  Große Keller in Vila Nova de Gaia, in denen Portwein hergestellt und gelagert wird.
LOTE  Anteil jungen Portweins, der verschnitten und gelagert werden soll.

**M**ANTA  Traubenschalen und -stiele, die als „Hut" auf dem gärenden Rotwein schwimmen.

**P**IPE  Fässer, die in Port-Lodges verwendet werden, um darin Portwein zu lagern oder zu transportieren, insgesamt fünf Typen; Lodge-Fass: 630 l. Douro-Fass: 550 l. Transport-Fass: 534, 24 l. Hogshead: 267 l. Viertel-Fass: 134 l.

**Q**UINTA  Landgut, das sowohl Weinlagen als auch Gebäude umfasst.

**S**ECO  Trocken.
SELO DE ORIGEM  Siegel, das die Echtheit des Weins garantiert.

**T**AREFA DE BARRO  Große Steingutamphore, die zur Gärung des Weins verwendet wird.
TONEL, TONEIS  Großes Weinfass mit einem Volumen von 13-25 *pipes*.
TRASEGA  Neue Technik zur Trennung des Weins von der Gärhefe.

**U**VEIRA  Weinrebe, die wie ein Baum wächst.

**V**ELHO  Alt.
VINHO APERITIVO  Aperitifwein.
VINHO BRANCO  Weißwein.
VINHO CLARETE  Leichter Rotwein.
VINHO CLARO  Jungwein.
VINHO CONSUMO  Gewöhnlicher Wein.
VINHO DE MESA  Tafelwein.
VINHO ENGARRAFADO  In Flaschen abgefüllter Wein.
VINHO ESPUMANTE  Schaumwein.
VINHO ESTUFADO  Madeira-Wein, der durch Erwärmung gereift ist.
VINHO GENEROSO  Aperitif- oder Dessertwein mit hohem Alkoholgehalt.
VINHO LICOROSO  Süßwein mit hohem Alkoholgehalt.
VINHO MADURO  Reifer Tafelwein.
VINHO RESERVA  Alter Wein eines guten Jahrgangs.
VINHO ROSADO  Roséwein.
VINHO QINADO  Chinin-haltiger Wein.
VINHO TINTO  Rotwein.
VINHO VERDE  Weiß- oder Rotwein, der auf der Flasche nachgegoren hat und Kohlensäure enthält.

# SCHWEIZ

GESCHICHTE Die Römer haben den Weinbau auch in der Schweiz verbreitet. Südlich der Alpen, im Kanton Tessin, sowie in der Westschweiz wurden aber schon vor der römischen Kolonisation Weinreben angebaut. In St-Blaise am Neuenburgersee wurden Traubenkerne aus der Jungsteinzeit (3 000-1 800 vor Christus) gefunden. Durch das Christentum erhielt der Wein später eine religiöse Bedeutung. Vom Mittelalter bis ins 19. Jh. förderten insbesondere Klöster und Städte den Rebbau und verhalfen ihm zu einer enormen Ausbreitung. Im Jahr 1877 wurde noch auf 42 000 ha Weinbau betrieben. Die Fläche ist vor allem infolge des Reblausbefalls auf einen Viertel zurückgegangen. Der Aufschwung kam nach dem Zweiten Weltkrieg. Heute werden wieder auf 15 000 ha Reben gepflegt. Nahezu die ganze Weinproduktion wird im Land selber konsumiert.

GEOGRAPHIE Vorwiegend Alpenlandschaft mit tiefen, grünen Tälern. Kein anderes Land mit so geringer Anbaufläche wie die Schweiz kann einen so vielfältigen Weinbau verzeichnen. Der Rebbau konzentriert sich auf Flusstäler und Seeufergebiete.

Terrassenbau im Kanton Wallis, einem Tal im südwestlichen Teil der Schweiz entlang dem Rhoneufer, beginnend bei Visp. In diesen typischen Walliser Weinbergen sieht man die enorme Arbeit, die der Bau der Stützmauern erforderte.

ANBAUGEBIETE Der Schweizer Weinbau verteilt sich auf drei Hauptgebiete: Die WEST-SCHWEIZ (französischsprachige Schweiz): mit den Kantonen Wallis (Valais), Waadt (Vaud), Genf (Genève), Neuenburg (Neuchâtel), Freiburg und einigen Zonen am Bielersee. Die Westschweiz leistet rund drei Viertel der Schweizer Weinproduktion. Die OSTSCHWEIZ (Deutschschweiz): vor allem die Kantone Zürich, Schaffhausen, Thurgau, St. Gallen, Graubünden, Aargau und Baselland. Die SÜDSCHWEIZ (italienischsprachige Schweiz) mit dem Kanton Tessin und dem Misoxtal im Kanton Graubünden.

*Weinbau am Genfersee, außerhalb von Lausanne; vor allem Kirchen und Klöster kultivierten hier den Weinbau.*

WEINE Die Schweizer Rebberge sind je zur Hälfte mit weißen und roten Gewächsen bestockt. Die beliebteste weiße Rebsorte der Westschweiz ist der Chasselas. In der Deutschschweiz dominiert der Riesling x Sylvaner (Müller-Thurgau). Unter den roten Kreszenzen genießt der Pinot Noir in der Ostschweiz den Vorzug, in der Westschweiz zusammen mit dem Gamay. Die Hauptsorte der Südschweiz ist der Merlot. Pinot Gris, Pinot Blanc, Chardonnay, Gewürztraminer u.a. sowie einige autochthone Sorten des Wallis und der Ostschweiz haben als Spezialitäten zwar Bedeutung, sie werden aber nur in sehr kleinem Umfang angebaut.

WEINGESETZ Der Rebbaubeschluss teilt die Weine, ausgehend vom Ursprung und vom Zuckergehalt der Trauben, in drei Kategorien ein.

KATEGORIE 1: Weine mit Ursprungsbezeichnung (z.B. ein Gemeindename oder eine kantonale Appellation wie Fendant, Dôle usw.). Zur Ursprungsbezeichnung wird oft der Name der Rebsorte hinzugefügt.

KATEGORIE 2: Weine mit Herkunftsbezeichnung (z.B. Chasselas Romand).

KATEGORIE 3: Weine mit der Bezeichnung „Vin Blanc" oder „Vin Rouge".

Die Erntemenge für die Produktion von Weinen der Kategorie 1 und 2 ist beschränkt.

PRODUZENTEN Mehr als 30 000, meist kleine Winzer betreiben den Weinbau hauptsächlich nebenberuflich. Knapp 1 000 Erzeuger vinifizieren ihre Weine im eigenen Keller. Im Wallis dominieren die großen Genossenschaften wie z.B. Provins in Sion.

REBFL/PROD Auf 15 000 ha werden ca. 1,2 Mio. hl jährlich produziert, etwa 52% Weißwein und 48% Rotwein. Der Export beträgt knapp 1%.

*Infolge des Reblausbefalls ist die Rebbaufläche in der Schweiz auf einen Viertel zurückgegangen. Der Wiederaufschwung kam erst nach dem 2. Weltkrieg. Nahezu die ganze Weinproduktion wird im Land selber konsumiert.*

## GENF (GENÈVE)

**GESCHICHTE** Schon vor 1 500 Jahren gab es Weinbau in der Genfer Gegend. Dies wird im berühmten Gesetz „Lois Gombettes" und in der Urkundensammlung der Stadt Genf erwähnt.

**GEOGRAPHIE** Das Anbaugebiet ist in drei Zonen eingeteilt: 1. Das Mandement am rechten Ufer der Rhone, mit den Gemeinden Russin, Peissy, Essertines, Dardagny und Satigny. Satigny ist mit 440 ha Rebfläche die größte Weingemeinde der Schweiz. 2. Das Gebiet zwischen den Flüssen Arve und Rhone, wo sich die Weinberge entlang dem Rücken bei Confignon, Bernex und Lully erstrecken. 3. Das dritte Gebiet liegt zwischen dem Fluss Arve und dem Genfersee und reicht von Cologny und Hermance bis nach Jussy.

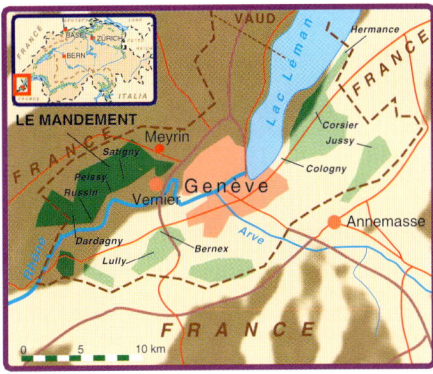

**KLIMA** Die Flüsse und der See erwärmen das Klima und schaffen damit günstige Verhältnisse für den Weinbau.

**BODEN** Die Böden sind vielfältig. Man findet hier schwere lehm- und kalkgemischte Terroirs ebenso wie Grund aus leichter Molasse.

**WEINE/REBSORTEN** Etwas weniger als die Hälfte der Rebfläche ist mit Chasselas bestockt. Der daraus gekelterte Wein wird in Genf *Perlan* genannt und ist etwas kräftiger als gewohnt. Chardonnay, Pinot Gris und Aligoté sind die beliebtesten Weißwein-Spezialitäten. Bei den roten Gewächsen dominiert der Gamay mit einem Anteil von rund 80 Prozent. Der Genfer Gamay erinnert durch seine Fruchtigkeit sehr an Beaujolais. Leicht und elegant präsentiert sich der Pinot Noir.

**PRODUZENTEN** Der Genfer Rebberg wird von rund 400 Winzern bearbeitet. Etwa 50 davon keltern und vermarkten ihren Wein selber.

**REBFL/PROD** 1 360 ha, ca. 140 000 hl/Jahr.

**WISSENSWERT** Die Genfer haben 1988 als erste in der Schweiz die Vorschriften über die AOC erlassen. Inzwischen wurden die Anforderungen weiter verschärft. 1 kg/m² und höherer Naturzuckergehalt dürfen das Label „AOC Premier Cru" tragen. Die übrigen werden als „AOC communale" oder „AOC Genève" bezeichnet.

## PRODUZENTEN IN GENF (GENÈVE)

### DOMAINE DE BALISIERS

Seit Ende der 80er Jahre gehören der innovative Jean-Daniel Schlaepfer und Gérard Pillon zu den Vorreitern des biologischen Weinbaus in der Schweiz. Die Rebberge sind zu zwei Dritteln mit roten (PN, Gamay, CF, CS) und zu einem Drittel mit weißen Sorten (PB, Aligoté, Chard) bestockt. Interessantester Wein ist der Cabernet Sauvignon „Comte de Peissy". FAKTEN 23 ha, 12 000 K./J.

• **Besitzer:** Jean-Daniel Schlaepfer & Gérard Pillon **Kellermeister:** Jean-Daniel Schlaepfer **Besuch:** Sa 11-13 oder nach telefonischer Vereinbarung. **Adresse:** CH-1242 Peney/Genève. **Tel.** 022-753 19 58. **Fax** 022-753 20 47.

### RENÉ & BERNADETTE DESBAILLETS

Eine ganze Palette von Genfer Weinen, wobei die Roten dominieren. Gamay, Pinot Noir, Gamaret und Merlot sowie Chasselas, Riesling x Sylvaner, Pinot Blanc, Chardonnay und SB werden nach den Richtlinien der Integrierten Produktion angebaut und auf der Domäne vinifiziert und verkauft. FAKTEN 30 ha, 25 000 Kisten/Jahr.

• **Adresse:** 3, rte. du Moulin-Fabry, CH-1242 Chouilly/Genève. **Tel.** 022-753 16 37. **Fax** 022-753 16 37.

### CLAUDE & GILBERT DUPRAZ

Die Reben der Familie Dupraz liegen wie die anderer Genfer Produzenten teilweise jenseits der Grenze auf französischem Boden. Sortentypische Chasselas, Riesling x Sylvaner, Muscat, Chardonnay, Gamay und Pinot Noir. Chardonnay und Pinot Noir werden (auch) in Barriques ausgebaut. FAKTEN 12 ha, 12 000 Kisten/Jahr.

• **Adresse:** 8, chemin de Placet, CH-1286 Soral. **Tel.** 022-756 15 66. **Fax** 022-756 43 92.

### DOMAINE DES TROIS ÉTOILES

Jean-Charles Crousaz, in dessen Keller eine Frau, Annabelle Anex, wirkt, ist ein richtiger Barrique-Fan. Der größte Teil seiner Weine (Chasselas, Riesling x Sylvaner, Aligoté, Pinot Blanc, GT, Gamay) wird aber traditionell ausgebaut. FAKTEN 10 ha, ca. 8 000 Kisten/Jahr.

• **Adresse:** Jean-Charles Crousaz, 32, route de Peissy, CH-1242 Satigny. **Tel.** 022-753 11 08. **Fax** 022-753 41 55.

### LES PERRIÈRES

Bereits seit sieben Generationen produziert die Familie Rochaix typische Genfer Gewächse. Zu den Spitzenweinen gehören der in der Barrique ausgebaute PN und der PG vendange tardive mit leichter Restsüße. Andere Weine: Chasselas, Riesling x Sylvaner, Aligoté, Chardonnay, Pinot Blanc und Gamay. FAKTEN 35 ha, 20 000 Kisten/Jahr.

• **Besitzer:** Brigitte Rochaix **Kellermeister:** Bernard Rochaix & Philippe Roux **Besuch:** Mo-Fr 14-18, Sa 14-17. **Adresse:** 54, route de Peissy, CH-1242 Peissy/Satigny. **Tel.** 022-753 15 98. **Fax** 022-753 19 28.

# WAADT (VAUD)

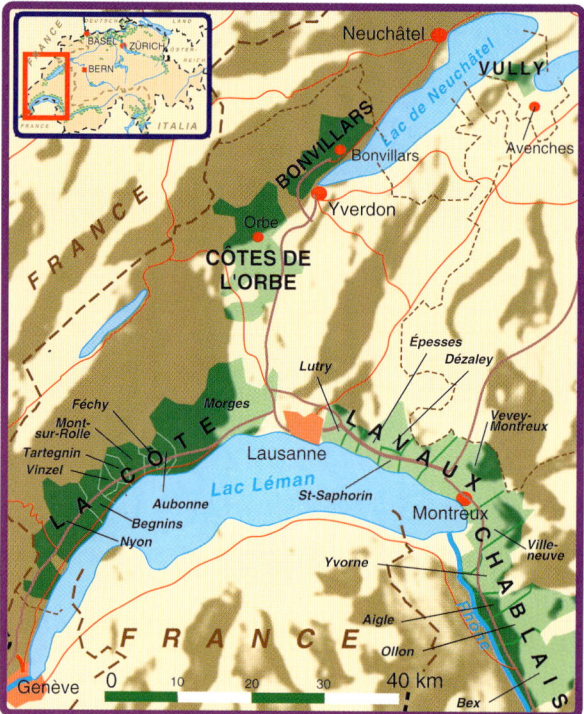

**GESCHICHTE** Der Kanton Waadt hat eine fast zweitausendjährige Weinbautradition. Hier lag zur Zeit der Römer die Hauptstadt von Helvetia, Aventicum (heute Avenches). Die Römer haben dadurch diese Gegend stark beeinflusst. Später ließen sich Mönche an den Ufern des Genfersees nieder und förderten die Weinkultur.
**GEOGRAPHIE** Die Waadt teilt sich in 6 Bezirke: CHABLAIS, südöstlich des Genfersees. LAVAUX und LA CÔTE am nördlichen und westlichen Ufer. CÔTES DE L'ORBE, BONVILLARS und VULLY im Norden, am Neuenburger- und Murtensee.
**KLIMA** Der Temperaturausgleich durch die Seen ist sehr wichtig. An den Steilhängen des Lavaux zieht man mittels Stützmauern, die nicht nur die Terrassen halten, sondern auch die Wärme bewahren, den größten Vorteil daraus. Das Juragebirge im Norden hält die kühlen Nordwinde ab. Im Chablais spielt der Föhn eine große Rolle.
**BODEN** Chablais: kalkreiche Böden mit Einschlag von Moränen. Lavaux: Granit, Kalk, Lehm, Molasse. La Côte: lehmhaltige, schlickrige oder sandige Moränen. Côtes de l'Orbe: Einschlag von Lehm und Kalk. Bonvillars: erodierter sandiger oder steiniger Boden. Vully: Moräne.
**WEINE/REBSORTEN** Der Chasselas dominiert und der Charakter der Weine wird insbesondere von der Bodenbeschaffenheit und der jeweiligen Lage geprägt. Auf rund einem Viertel der Rebfläche wachsen rote Sorten, insbesondere PN und Gamay. Die besten Rotweine können unter der kantonalen Qualitätsbezeichnung „Salvagnin" auf den Markt gebracht werden. Die Chasselas-Weine bietet man hier, stärker als im Wallis, vor allem unter dem Namen der wichtigsten Rebbaugemeinden an und nur noch selten unter der kantonalen Bezeichnung „Dorin". Der Anbau von Chardonnay, PB, GT, Garanoir und Gamaret nimmt zu. Andere Rebsorten: PG, Riesling x Sylvaner (MT), Gamay x Reichensteiner, Mer u.a.
**REBFL/PROD** 3 800 ha, insg. 400 000 hl/Jahr. Mitte 1995 wurde das System der kontrollierten Ursprungsbezeichnung eingeführt. Die „Appellation d'origine" legt die einzelnen Weinbauregionen fest und innerhalb dieser auch detailliert deren Appellationszonen. Sie definiert auch die Appellationen der Crus wie „Clos", „Château", „Abbaye" oder „Domaine". Für jede Appellation und Traubensorte wird der für die AO erforderliche natürliche Zuckergehalt vorgeschrieben.
**WISSENSWERT** Weitere Informationen: Office des Vins Vaudois, Ch. de la Vuachère 6, CH-1005 Lausanne. Tel. 021-729 61 61. Weinmuseum auf Schloss Aigle: Tel. 025-726 21 30.

## Bereiche in der Waadt (Vaud)

### Chablais

RUF Im Chablais lebten unter bernischer Herrschaft viele Patrizierfamilien, die allesamt in Besitz von Rebbergen waren. Einige gehören immer noch ihren Nachfahren. Im Vergleich mit dem südlichen Nachbarn Wallis sind die Chablais-Weine etwas feiner. Sie sind kräftig und besitzen eine deutliche Feuerstein-Note.

GEOGRAPHIE Die Rebberge befinden sich südöstlich des Genfersees und liegen an den Bergflanken, dem rechten Rhoneufer folgend. Hier finden wir eine der sonnenreichsten Gegenden des Kantons. Zusammen mit dem Föhn im Frühling und Herbst ergibt dies ideale Voraussetzungen für das Gedeihen der Reben.

BODEN Die Weinberge von Aigle liegen auf einem Bergrücken, der aus Kies, Schlamm, Kalk und Magnesium besteht. Dies unterstreicht bei Chasselas und Pinot Noir die eleganten geschmacklichen Komponenten. In Bex, für seine Saline bekannt, wachsen die Reben auf schlickrigen Böden dem Fluss Avançon entlang. Da der Boden Gips enthält, eignet er sich gut für Pinot Noir, Gamay und Chasselas. Ollon liegt auf Gips- und Marmorgrund.

WEINE Neben Chasselas werden im Chablais - allerdings in kleinem Umfang - auch Gewürztraminer, Riesling, Riesling x Sylvaner, Sylvaner, Pinot Gris, Muscat, Chardonnay und Aligoté produziert. In Villeneuve sind die Weine feminin und elegant. In Yvorne sind die Weine sehr sortenty-

Der Aigle „les Murailles" ist mit seiner Eidechse ein bekannter Wein aus der Appellation Chablais.

pisch. Das Chablais schließt fünf Ursprungsbezeichnungen ein: Villeneuve, Yvorne, Aigle, Bex und Ollon. Am kiesigen rechten Ufer der Rhone klettern die Rebberge die Berghänge hoch.

REBFLÄCHE Etwa 600 ha.

### La Côte

RUF Aus dieser Gegend, am Genferseeufer westlich der Stadt Lausanne gelegen, stammen einige der berühmtesten Schweizer Weine, so z.B. der Féchy und der Mont-sur-Rolle. Die Weine der Côte zeichnen sich aus durch ihren diskreten Charme und eine gewisse Spritzigkeit.

GEOGRAPHIE Die Weinberge erstrecken sich von Nyon bis Lausanne, entlang den weichen Hängen des Genfersees. La Côte umfasst folgende Appellationen: Nyon, Begnins, Luins, Vinzel, Bursinel, Côteau de Vincy, Tartegnin, Mont-sur-Rolle, Féchy, Perroy, Aubonne und Morges. Die Weinberge im westlichen Teil sind von den Bergen geschützt, während der Osten, gegen Aubonne, mehr dem Nordwind ausgesetzt ist. Der Frühling kommt recht früh, der Sommer ist warm und trocken, der Herbst sonnig.

WEINE Neben dem Chasselas reifen hier auch die weißen Sorten Aligoté, Chardonnay und Gewürztraminer ausgezeichnet. Der Pinot Noir und der Gamay sind sehr bekannt. Die Weine aus Nyon sind von Weichheit gekennzeichnet, jene aus Luins von frischer Zitrone. In Vinzel erhält man den typischen Chasselas, der an blühende Linden erinnert.

REBFLÄCHE Etwa 1 900 ha.

### Lavaux

RUF Das Lavaux erstreckt sich von Lausanne bis Villeneuve. Die Rebberge liegen auf Terrassen. Von Mauern gestützt reichen sie bis ans Ufer des Genfersees. Appellationen: Lutry, Villette, Épesses, St-Saphorin, Chardonne und Vevey/Montreux.

GEOGRAPHIE Die Rebberge sind gegen den Nordwind geschützt. Die Sonne scheint hier 1 800 Std. pro Jahr. Die Wärme strahlt vom See ab und wird von den Mauern gespeichert. Diese außerordentlichen Bedingungen tragen dazu bei, dass die Reben hier gut gedeihen. Deshalb sind die Weine reich, fett und fruchtig.

BODEN In den westlichen Teilen des Lavaux besteht der Boden aus tonhaltigem Mergel. In Villette ist er zusätzlich mit Kalk vermischt. In Dézaley bestehen die Böden aus Bänken von Nagelfluh, einer Molasse, die aus grober, mit Kieselsteinen durchsetzter Erde gebildet wird.

WEINE Wie in den anderen Waadtländer Bezirken ist im Lavaux der Chasselas König, aber auch Pinot Noir und Gamay sowie einige Spezialitäten wie Gewürztraminer, Sylvaner, Pinot Gris, Riesling x Sylvaner und Chardonnay gedeihen hier vorzüglich. Im Lavaux gibt es die beiden Waadtländer Grands Crus: Dézaley und Calamin. Épesses hat einen 1er Cru.

REBFLÄCHE Etwa 800 ha.

SCHWEIZ • WAADT (VAUD)

## BEREICHE IN DER WAADT (VAUD)

### CÔTES DE L'ORBE, BONVILLARS, VULLY

RUF Der Weinbau der Côtes de l'Orbe erstreckt sich von Orbe bis Yverdon. Bonvillars liegt an den Hängen des Neuenburgersees. Die bekanntesten Weindörfer sind Bonvillars, Champagne, Grandson, Corcelles, Onnens und Concise. Im Vully, am Murtensee, sind Vallamand und Mur am bekanntesten.

GEOGRAPHIE Die Côtes de l'Orbe und Bonvillars am Neuenburgersee zählen zu den trockensten Gebieten der ganzen Schweiz. Die Wein-

Hier lag zur Zeit der Römer die Hauptstadt von Helvetia, Aventicum (heute Avenches).

berge im Vully sind durch den Temperaturausgleich des Murtensees begünstigt.

BODEN An den Côtes de l'Orbe herrscht lehmig-kalkhaltiger Boden vor. In Bonvillars ist der Boden stark erodiert. Die Reben wachsen hier teils auf einem Felsengrund mit einer nur wenige Zentimeter tiefen, sandgemischten und steinigen Bodenschicht. Im Vully wachsen die Reben auf Molassegrund (Löß, sand- und kalkgemischter Boden).

WEINE Côtes de l'Orbe: Chasselas, Riesling x Sylvaner, Pinot Noir, Gamay. Bonvillars: Chasselas, Riesling x Sylvaner, Pinot Gris, Pinot Noir, Gamay, Chardonnay, Gewürztraminer, Muscat. Vully: Chasselas, Riesling x Sylvaner, Pinot Gris, Pinot Noir, Gamay.

REBFLÄCHE Ca. 300 ha.

## HENRI CRUCHON

GESCHICHTE Seit über 100 Jahren besteht das Familienunternehmen Cruchon. Henri Cruchon und seine Söhne gehören zweifellos zu den innovativsten Weinmachern der Waadt. Nicht von ungefähr wurden sie vom Guide Gault Millau als Entdeckung des Jahres 1995 gefeiert.

WEINE/CHARAKTER Sieben verschiedene Chasselas (mit und ohne biologischen Säureab-

Henri Cruchon und seine Söhne gehören zweifellos zu den innovativsten Winzern in der Waadt.

bau), Riesling x Sylvaner, Pinot Blanc, Chardonnay (ebenfalls mit und ohne Säureabbau, als Vin mousseux sowie als hervorragender Süßwein, „Le Passerillé", vinifiziert), Pinot Noir und Pinot Noir Salvagnin (beide mit extremer Ertragsbeschränkung) zeugen vom Willen der Cruchons, Spitzenqualität, Tradition und Innovation zu verbinden.

RUF Die Weine der Familie Cruchon genießen einen hervorragenden Ruf. Dank Raoul Cruchon finden modernste Methoden und neue, manchmal gar revolutionäre Ideen Eingang in die Produktion.

REBSORTEN Chasselas, Riesling x Sylvaner, Pinot Blanc, Chardonnay, Gamay, Pinot Noir.

LAGEN Les Pétoleyres, En Mont de Vaux, Au Clos, Les Lugrines.

WEINHERSTELLUNG Der ambitionierte junge Önologe Raoul Cruchon versucht neben traditioneller Vinifizierung gerne etwas Neues - oder in Vergessenheit geratenes Altes. Führend sind die Cruchons in der Süßwein-Herstellung, bei der die Trauben angetrocknet werden.

REBFL/PROD 9 ha, 25 000 Kisten/Jahr.

---

**Besitzer** Henri Cruchon • **Kellermeister** Raoul Cruchon • **Besuch** Mo-Fr 8-12, 14-18, Sa 8-12 • **Adresse** Henri Cruchon, CH-1112 Echichens • **Tel.** 021-801 17 92 • **Fax** 021-803 33 18

| PRODUKTION | QUALITÄT | PREIS |

## Fonjallaz

GESCHICHTE  Die Rebberge von Patrick Fonjallaz, in den Appellationen Épesses, Dézaley und St-Saphorin gelegen, sind zum größten Teil mit Chasselas bestockt. Die restlichen 30 Prozent teilen sich Pinot Noir und Gamay. Seit 1552 ist die Familie Fonjallaz in Épesses ansässig und hat das traditionsreiche Weingut an den Gestaden des Lac Léman über Jahrhunderte zu dem gemacht, was es heute ist. Durch ihre bedeutende Rolle als Selbstkelterin und Weinhändlerin spielte die Familie Fonjallaz in der Erneuerung der Weinbereitung keine unwesentliche Rolle.

WEINE/CHARAKTER  Paradeweine sind die Chasselas „La République" aus Épesses, „Déza-

*Die Rebberge von Patrick Fonjallaz sind zum größten Teil mit Chasselas bestockt.*

ley de l'Évêque" und „Le Château du Châtelard", die zeigen, wozu die viel geschmähte Chasselas-Traube fähig ist.

RUF  Im Gegensatz zur Familie Cruchon gehört die Fonjallaz SA zwar nicht unbedingt zu den innovativsten Weinbaubetrieben der Waadt, doch produziert sie sehr schöne klassische Weine, vor allem Chasselas, wie man sie sich vorstellt und wünscht.

REBSORTEN  Chasselas, Pinot Noir, Gamay.
WEINHERSTELLUNG  Traditionelle Vinifizierung mit modernsten Anlagen.
REBFL/PROD  35 ha, 5 500 Kisten/Jahr.

---

**Besitzer** Patrick Fonjallaz • **Kellermeister** Henri Magistrini • **Besuch** Mo-Fr 9-17 • **Adresse** Fonjallaz, Crêt-Dessus, CH-1098 Épesses • **Tel.** 021-799 14 44 • **Fax** 021-799 21 71

---

PRODUKTION   QUALITÄT   PREIS

## Weitere Produzenten

### Henri Badoux Vins
Aus diesem Haus kommt der wohl bekannteste Chasselas der Schweiz, der Aigle „Les Murailles" oder „Eidechsli-Wii", wie er in der Mundart genannt wird. Das 1908 gegründete Familienunternehmen hat sich vor allem mit verschiedenen Chasselas-Kreszenzen (aus den Appellationen Aigle, Ollon, St-Saphorin und Yvorne) einen Namen gemacht. Als Spezialitäten werden Pinot Noir und Pinot Gris angebaut.
• **Adresse:** Vins d'Aigle et d'Yvorne, 18, av. du Chamossaire, CH-1860 Aigle. **Tel.** 025-26 20 02. **Fax** -26 28 42.

### Michel Blanche
Vielleicht bekannter als der eigentliche Weinbaubetrieb ist die angeschlossene Distillerie Daeppen, die mit ihren Fruchtbränden von selten gesehener Spitzenqualität für Aufsehen sorgte. Aber auch die Reben werden mit größter Sorgfalt gepflegt. Chasselas und Pinot Noir sind die Zugpferde im Angebot, als Spezialitäten werden Sylvaner, Riesling und Chardonnay gepflegt.
• **Adresse:** Dom. d'Aucrêt, CH-1603 Bahyse-sur-Cully. **Tel.** 021-799 36 74. **Fax** 021-799 38 14.

### Bolle & Cie.
Die Bolle & Cie. umfasst die Domäne „Château Vufflens", die „Domaine de Sarraux-Dessous" und die „Domaine de la Ville, Morges Commune". Dominierend ist auf allen drei Gütern die Chasselas-Traube, gefolgt von Pinot Noir und Gamay. Großer Beliebtheit erfreuen sich der Waadtländer Pinot Noir „La Licorne" und der in der Barrique ausgebaute Pinot Noir „Cuvée spéciale".
• **Adresse:** 75, rue Louis-de-Savoie, CH-1110 Morges. **Tel.** 021-801 27 74. **Fax** 021-803 00 76.

### Louis & Jean-Daniel Chervet
Die Familie Chervet war ursprünglich in der Küferei und der Brennerei tätig, bevor sie in den 50er Jahren langsam auf Weinbau umstellte. Heute produziert sie vom milden Klima verwöhnte, fruchtige Weine, Chasselas, Riesling x Sylvaner, Sylvaner, Malvoisie, Gewürztraminer sowie Pinot und Gamay.
• **Adresse:** Ruelle des Gerles 4, CH-1788 Praz-Vully. **Tel.** 037-73 17 41. **Fax** 037-73 31 73.

### Cave Auguste Chevalley
Die Cave Auguste Chevalley SA kellert die Trauben der eigenen 20 ha und die weiterer 70 Winzer ein. Die Paradeweine sind der Chasselas „La Montoise" und der Chasselas „Domaine de Famolens", daneben sind auch zwei Rote und ein Rosé im Angebot.
• **Adresse:** CH-1185 Mont-sur-Rolle. **Tel.** 021-825 26 41. **Fax** 021-825 39 45.

## Weitere Produzenten in der Waadt (Vaud)

### Cave du Crépon

1982 gründeten Anita und Jean Schenk ihre eigene Domäne. Chasselas, gefolgt vom Pinot Noir, dominiert die Anbaufläche. Ein Teil des PN und des Chard wird in Burgunder Piècen ausgebaut. Weitere Spezialitäten: Riesling x Sylvaner und GT.

• **Adresse:** Route de Valleyres, CH-1844 Villeneuve. **Tel.** 021-960 24 01. **Fax** 021-960 40 23.

### Les Frères Dubois & Fils

Die Handarbeit in den terrassierten, 800 Jahre alten Rebbergen wird belohnt mit qualitativ hoch stehendem Traubengut. Dominiert wird das Sortiment durch den klassischen Chasselas, gefolgt

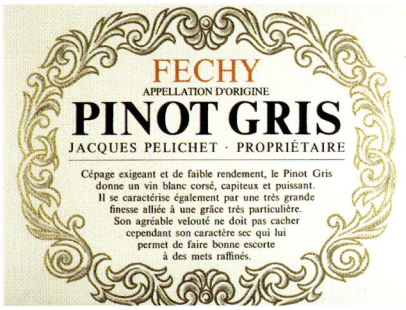

*Pélichet hat mehrere Rebsorten aus dem Elsass importiert. Die Pinot-Gris-Reben stammen aus den 70ern.*

von PN, Gamay und PG. Am bekanntesten ist der Chasselas „La Braise d'Enfer" aus Épesses.

• **Adresse:** Le Petit Versailles, CH-1096 Cully. **Tel.** 021-799 22 22. **Fax** 021-799 22 54.

### Luc Massy Vins

Dass Chasselas nicht gleich Chasselas ist, beweist Luc Massy jeden Tag. Seine Rebberge liegen in Épesses, im hoch dotierten Dézaley und in St-Saphorin. Ergänzt wird das Chasselas-Sortiment durch drei Rotweine.

• **Adresse:** Clos du Boux, CH-1098 Épesses. **Tel.** 021-799 21 47. **Fax** 021-799 32 50.

### Obrist SA

Das 1854 durch den Berner Emmanuel Obrist gegründete Weinhaus Obrist besitzt renommierte Rebgüter wie Clos du Rocher, Ch. du Chardonne oder Cure d'Attalens. Neben der Hauptsorte Chasselas werden Gamay, PN, Sylvaner, Muscat und Petite Arvine traditionell vinifiziert.

• **Adresse:** Avenue Reller 26, CH-1800 Vevey. **Tel.** 021-921 12 62. **Fax** 021-921 75 73.

### Raymond Paccot

Gepachtete und eigene Rebfläche bebaut dieser auf Qualitätsweine konzentrierte Winzer. Durchgehend charaktervolle Weine, schön strukturiert und feinfruchtig. Chasselas, Chard, PG und PN.

• **Adresse:** La Colombe, CH-1173 Féchy. **Tel.** 021-808 66 48. **Fax** 021-808 52 84.

### Jacques Pélichet

Bereits seit mehr als 70 Jahren existiert dieser gepflegte Familienbetrieb. Dem Namen Féchy verpflichtet, kultiviert er vorwiegend Chasselas, aber auch kleine Mengen PN, Chardonnay und GT.

• **Besitzer:** Jacques Pélichet **Kellermeister:** Jacques Pélichet **Adresse:** CH-1173 Féchy. **Tel.** 021-808 51 41. **Fax** 021-808 51 41.

### Philippe Straub

Ein kleiner, aber der Qualität wegen empfehlenswerter Erzeuger. Seine sauber ausgebauten Chasselas mit schöner Säure geben ihm Recht. Auch Chardonnay, PN, Gamay und ein Rosé aus Gamay-Trauben überzeugen.

• **Adresse:** Dom. de la Tuilière, CH-1184 Vinzel. **Tel.** 021-824 15 48. **Fax** 021-824 15 48.

### Jean & Pierre Testuz

Ganz der Tradition verbunden, konzentriert man sich vorwiegend auf den Chasselas. Besonders bekannt sind die Kreszenzen „L'Arbalète" und „La Borne" aus dem Dézaley, der Épesses „Coup de l'Étrier" und der St-Saphorin „Roche Ronde". Als Spezialitäten pflegt man bei Testuz Pinot Gris, Gamay und Pinot Noir.

• **Besitzer:** Fam. Testuz **Besuch:** Nach Vereinb. **Adresse:** CH-1096 Treytorrens/Cully. **Tel.** 021-799 20 21.

### Uvavins Morges

Dass Masse Klasse nicht ausschließen muss, beweist diese Genossenschaft. Rund 600 Winzer zählt die 1929 gegründete Selbsthilfeorganisation von Weinbauern, die heute neben guten Kurant-Weinen auch Spitzenweine produziert.

• **Adresse:** CH-1131 Tolochenaz. **Tel.** 021-804 54 54. **Fax** 021-804 54 55.

### Jean & Charles Vogel

Neben 7 verschiedenen Chasselas werden ein Oeil de Perdrix de Champagne, ein Pinot-Gamay, drei Weine aus Pinot-Noir (einer davon wird in der Barrique ausgebaut), die rote Assemblage aus vier Sorten namens „Fleurettes de Grandvaux" und schließlich ein Chardonnay und ein Blanc de Blancs (nach traditioneller Methode) hergestellt.

• **Adresse:** CH-1603 Grandvaux. **Tel.** 021-799 12 87. **Fax** 021-799 23 34.

### Weiterer Betrieb

Louis Bovard, Place d'Armes, CH-1096 Cully. Tel. 021-799 21 25. Fax 021-799 23 22.

# WALLIS (VALAIS)

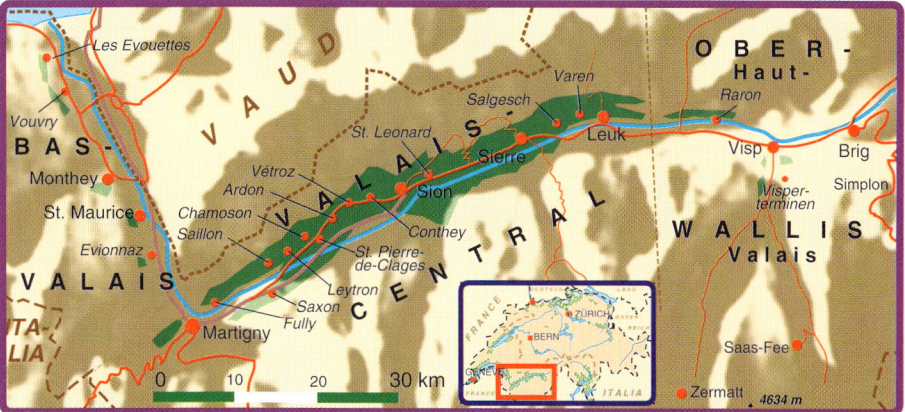

GESCHICHTE Die genauen zeitlichen Anfänge des Weinbaus im Wallis sind nicht bekannt. Die Sorten Arvine, Rèze und Humagne wurden wahrscheinlich von den Römern eingeführt. Sicherlich war jedoch der Weinbau schon vorher in diesem Gebiet heimisch.

GEOGRAPHIE Die Weinberge erstrecken sich über eine Länge von mehr als 100 km entlang dem Rhoneufer, beginnend bei Visp, und endend am

*Die Stützmauern bilden das Fundament für die Terrassenbauten. Ihre Errichtung dauerte Jahrhunderte.*

Ostufer des Genfersees. Mit mehr als 5 000 ha ist es der größte Weinbaukanton der Schweiz. Das Walliser Weinanbaugebiet kann in drei Bereiche eingeteilt werden: OBERWALLIS (Haut-Valais) mit Salgesch, Varen, Leuk, Raron, Visp und Visperterminen (höchstgelegene Weinberge Europas). MITTELWALLIS (Valais Central) als das fruchtbarste Gebiet mit Sierre, St-Léonard, Sion, Conthey, Vétroz, Ardon, St-Pierre-de-Clages, Chamoson, Leytron, Saillon und Fully. UNTERWALLIS (Bas-Valais) mit den Rebbergen St-Maurice, Monthey, Vionnaz, Vouvry und Les Evouettes.

KLIMA Intensive Sonneneinstrahlung und mikroklimatische Vielfalt prägen das Wallis. Das Zusammenspiel von Bodenbeschaffenheit und Klima in diesem Gebiet ist ideal für den Weinbau. Frühreife Sorten wie Chasselas oder Riesling x Sylvaner gedeihen hier ebenso gut wie späte Gewächse. Probleme schafft jedoch oft die geringe Niederschlagsmenge. Früher wurden Wasserfuhren, „bisses" genannt, entlang den steilen Felswänden angelegt. So konnte das Schmelzwasser aus den Alpen direkt in die Rebberge geleitet werden. Heute wird die künstliche Bewässerung mit modernen Anlagen durchgeführt.

BODEN Im Unterwallis ist der Boden wenig kalkhaltig. Gegen Osten wird das Kalkvorkommen ergiebiger. Die Oberfläche ist für gewöhnlich mit Schiefer bedeckt, entlang der Rhone mit einer Kieselsteinschicht.

WEINE Die im Wallis produzierte Weinpalette ist außerordentlich reich. Trockene und edelsüße Weißweine sowie leichte bis kräftige Rotweine stehen zur Auswahl.

KLASSIFIZIERUNG Im Wallis wurde 1991 das System der kontrollierten Ursprungsbezeichnung (AOC) eingeführt. Die vom Rebbaubeschluss für die ganze Schweiz verbindlich vorgeschriebenen Anforderungen an das Mostgewicht sowie die Ertragsbegrenzung werden dadurch erheblich verschärft.

PRODUZENTEN Für die meisten der 23 000 Winzer im Wallis ist der Weinbau eine Nebenbeschäftigung. Sie verkaufen ihre Trauben an Genossenschaften oder private Produzenten.

REBFL/PROD Über 5 200 ha, ca. 500 000 hl/Jahr. Das Wallis ist der bedeutendste Weinbaukanton.

WISSENSWERT Im Wallis wurde ein Wein-Wanderweg angelegt, die Route du Vignoble. Sie führt im östlichen Bereich zu zwei Museen, die dem Weinbau und der Weinkultur gewidmet sind. Information: OPAV, Avenue de la Gare 5, CH-1950 Sion. Tel. 027-322 22 47. Fax -322 87 89.

## Weine und Rebsorten im Wallis (Valais)

ALLGEMEIN  Die außerordentliche geologische und klimatische Vielfalt sorgt dafür, dass im Wallis die verschiedensten Traubensorten kultiviert und schließlich zu eigenwilligen Weinen gekeltert werden können. Über dreißig weiße und rote Gewächse reifen hier. Einige davon können als weltweite Unikate bezeichnet werden, so etwa die spätreife weiße Petite Arvine oder der rote Cornalin. Dominiert wird aber der Walliser Rebberg von den beiden weißen Gewächsen Chasselas (Gutedel) und Rhin (Sylvaner) sowie dem Pinot Noir (Blauburgunder) und dem Gamay. Weit über 90 Prozent der Rebfläche sind mit diesen vier Sorten bestockt.

### Fendant

Der Chasselas oder Gutedel wird zu einem eleganten, neutralen, vor allem von der Bodenbeschaffenheit charakterisierten Weißwein gekeltert, zum Fendant. Dieser ist der bekannteste Schweizer Weißwein. Das Angebot ist, entsprechend der geologischen Vielfalt, sehr unterschiedlich. Auffallend sind aber durchwegs die feinen, blumigen Aromen sowie die mineralischen Komponenten. Der Fendant hat zumeist den biologischen Säureabbau durchgemacht und will daher jung getrunken werden.

PRODUZENTEN  Die führenden Erzeuger sind: Simon Maye, Maurice Zufferey, Maurice Gay, Marie-Thérèse Chappaz.

### Johannisberg

Zehn Prozent der weißen Rebfläche sind heute noch mit Sylvaner bepflanzt, örtlich auch Rhin genannt. Der aus Sylvaner-Trauben gekelterte Wein heißt Johannisberg. Den Namen hat er vom berühmten deutschen Schloss, woher 1870 die ersten Pfropfreben ins Wallis kamen. Der Johannisberg zählt zu den schönsten Weißweinen der Schweiz. In den richtigen Lagen gepflegt und im richtigen Reifestadium geerntet, lässt sich die Sorte ebenso zu einem hervorragenden trockenen Wein als auch zu einer großartigen Spätlese oder gar Trockenbeerenauslese ausbauen. Letztere Bezeichnung, im Wallis „Flétri" genannt, darf nur bei einem Botrytisanteil von mindestens 50 Prozent verwendet werden.

PRODUZENTEN  Die führenden Erzeuger sind: Domaine du Mont d'Or, Vincent Favre, René Favre, Daniel Magliocco.

### Arvine

Eine spätreife Rebsorte, wahrscheinlich römischer Herkunft. Wird auch Petite Arvine genannt. Zählt unter Kennern zu den ganz großen Schweizer Weinen. Hat, trocken ausgebaut, einen typischen Zitruscharakter und zeichnet sich durch sein Grapefruit-Bukett sowie im Geschmack durch eine salzige Note aus. Als Spätlese erinnert er in seinen Reifetönen an eingemachte Früchte.

PRODUZENTEN  Die führenden Erzeuger sind: Orsat, Eloi & Gérard Roduit, Marc Raymond, Julien Carrupt.

### Dôle

Die beiden roten Hauptsorten des Wallis, Pinot Noir und Gamay, können als sortenreine Weine, zumeist versehen mit einem Gemeindenamen, angeboten werden. Der größere Teil der roten Traubenernte kommt aber als Assemblage der beiden oder weiterer roter Gewächse unter dem Namen „Dôle" auf den Markt. Bedingung dafür ist allerdings eine Dominanz von Pinot Noir, der dem Wein Fülle und Samtigkeit verleiht, während der Gamay für eine lebhafte und fruchtige Note sorgt. Der „Dôle" zeichnet sich aus durch Ausgewogenheit, Komplexität und Harmonie. Im östlichen Teil des Wallis ist im „Dôle" die Dominanz des Pinot Noir ausgeprägter als im Unterwallis, wo der Gamay stärker in Erscheinung tritt. Er kann jung wie auch nach zwei, drei Jahren getrunken werden. Gute Jahrgänge lassen sich durchaus länger lagern. In letzter Zeit wird der „Dôle" vermehrt auch wie ein Weißwein gekeltert und als „Dôle Blanche" angeboten. Werden Pinot Noir und Gamay süß abgepresst, so kommt der Wein als „Rosé" auf den Markt. Sofern man nur Pinot-Noir-Trauben dafür verwendet, darf er den Namen „Oeil de Perdrix" tragen.

PRODUZENTEN  Die führenden Erzeuger sind: Joseph Vocat & Fils, Denis Mercier, Adrien Mathier, Besse Gérald.

### Amigne

Eine wuchskräftige Rebsorte, die in der Gegend von Vétroz am besten gedeiht. Ergibt, trocken ausgebaut, blumige, komplexe Weine mit gut eingebetteter Säure. Der Amigne altert gut und erreicht seine Trinkreife nach zwei bis sechs Jahren. Aus überreifen und leicht angetrockneten Trauben wird ein erstklassiger natursüßer Dessertwein gekeltert.

## WEINE UND REBSORTEN IM WALLIS (VALAIS)

### ANDERE WEISSWEINE IM WALLIS

### GOUAIS (GWÄSS)

Ein kräftiger, lebhafter Wein mit guter Säure. Wird zu Schalentieren empfohlen.

### HIMBERTSCHA

Diese Rebsorte hat nichts mit Himbeeren zu tun, sondern erinnert mehr an die Pergola-Traube, die es im Wallis schon seit langem gibt. Der Wein ist weich und nach 1 bis 2 Jahren am besten.

### HUMAGNE

Ein Wein der alten Walliser Garde. Er ist nervig, belebend, robust. Kann lange gelagert werden. Wurde früher als Medizin resp. als Wein für die Wöchnerinnen betrachtet.

### LAFNETSCHA

Gehört zur Rebsortenfamilie Blanchier. Ein reicher und strukturierter Wein, der gut zu würzigen Gerichten, z.B. Curry, passt.

### PAIEN (HEIDA)

Dieses Gewächs gehört zur Familie des Savagnin d'Arbois und des Gewürztraminers aus dem Elsass. Kann dank der hohen Säure mindestens 15-20 Jahre lagern.

### RÈZE

Verschwindet langsam. Früher wurde der fassausgebaute Gletscherwein aus dieser Rebsorte gekeltert.

### ANDERE ROTWEINE IM WALLIS

### CORNALIN

Ein beachtenswert guter Wein. Diese Rebsorte ist sehr launisch, mit entsprechend unterschiedlichem Ertrag. Wird in den letzten Jahren wieder häufiger angebaut.

### DURIZE

Ein leichter Rotwein, der nur in Fully und Saillon vorkommt.

### HUMAGNE ROUGE

Eine alte Rebsorte aus dem Aostatal. Ein charakteristischer und robuster Rotwein, der nach 3 bis 4 Jahren getrunken werden sollte.

## SIMON MAYE ET FILS

GESCHICHTE Im verschlafenen Walliser Weinbaudörfchen St-Pierre-de-Clages gibt es einige, die wissen, wie man hervorragende und typische Weine macht. Die Familie Simon Maye gehört unbestritten zu den besten und sympathischsten Weinproduzenten des Wallis. Heute setzen die Söhne Jean-François und Axel die Arbeit des ausgebildeten Notars und leidenschaftlichen Weinmachers Simon Maye fort.

WEINE Fendant (besonders bekannt der „Trémazières" und der „Fauconnier"). Andere Weißweine: Arvine, Chardonnay und Johannisberg. Rotweine: Dôle, Pinot Noir, Syrah und Humagne.

CHARAKTER Axel Maye, der mehrmalige

*Die Familie Simon Maye gehört unbestritten zu den besten und sympathischsten Weinproduzenten des Wallis.*

Sieger des Chasselas-Cups, versteht es, hervorragende Fendants zu keltern. Er begeistert aber auch immer wieder mit seinen eleganten Pinots, seinen diversen Walliser Spezialitäten wie Arvine und Johannisberg (Spätlesen) oder dem kräftig-edlen Syrah mit pfeffriger Note, der in der Barrique reift.

RUF Die Weine aus dem Hause Maye gelten zu Recht als absolut perfekt vinifizierte Kreszenzen - etwas vom Besten, was man gegenwärtig in der Schweizer Weinszene finden kann.

REBSORTEN Chasselas, Petite Arvine, Chardonnay, Johannisberg, Muscat, Pinot Gris, Humagne Rouge, Syrah, Pinot Noir, Gamay.

WEINHERSTELLUNG Traditionelle Vinifizierung mit modernen Mitteln.

LAGERUNG Der Fendant sollte jung getrunken werden, die Rotweine können 5 Jahre gelagert werden, der Syrah Barrique gar 10 Jahre.

REBFL/PROD 8 ha, 6 500 Kisten/Jahr.

**Besitzer** Fam. Simon Maye • **Kellermeister** Axel Maye • **Besuch** Mo-Fr nach Vereinbarung • **Adresse** Simon Maye et Fils, Collombey 3, CH-1956 St-Pierre-de-Clages • **Tel.** 027-86 41 81 • **Fax** 027-86 80 08

PRODUKTION  QUALITÄT  PREIS

SCHWEIZ • WALLIS (VALAIS)

## DOMAINE DU MONT D'OR

GESCHICHTE  Auf einer Fläche von 20 Hektaren ziehen sich die Rebberge der traditionsreichen, für außergewöhnliche Qualität bekannten Domaine du Mont d'Or, unterbrochen von den

*Gegründet wurde das Weingut 1848 von François-Eugène Masson, der das ganze Anwesen neu bepflanzte.*

charakteristischen Steinmauern, am steilen Südwesthang empor. Gegründet wurde das Weingut 1848 von François-Eugène Masson, der das ganze Anwesen neu bepflanzte. Sein Sohn Georges, der das Weingut 1870 übernahm, machte den Sylvaner im Wallis heimisch. Da er die Rebstöcke vom deutschen Schloss Johannisberg im Rheingau mitgebracht hatte, heißt der Sylvaner im Wallis noch heute Johannisberg.

WEINE/CHARAKTER  Typische Walliser Weine wie Fendant, Dôle, Humagne Rouge usw., aber auch exzellente Spätlesen (Vendanges tardives) aus Malvoisie, Johannisberg oder Petite Arvine.

RUF  Die Domaine du Mont d'Or ist ein sicherer Wert. Walliser Weine von hervorragender Qualität.

REBSORTEN  Pinot Noir, Gamay, Humagne Rouge, Syrah, Cornalin, Chasselas, Johannisberg, Riesling x Sylvaner, Ermitage (Marsanne Blanche), Malvoisie, Petite Arvine.

WEINHERSTELLUNG  Im Keller, der tief in den Felsen gehauen ist, stehen riesige alte Eichenholzfässer neben modernsten Edelstahltanks.

LAGERUNG  Die edlen Spätlesen können gut und gerne 10 bis 20 Jahre lang gelagert werden.

REBFL/PROD  20 ha, 20 000 Kisten/Jahr.

**Besitzer** Mont d'Or SA • **Kellermeister** Simone Lambiel • **Besuch** Mo-Fr 8-12, 13.30-17.30 • **Adresse** Domaine du Mont d'Or, Route de Savoie 64, CH-1962 Pont-de-la-Morge/Sion • **Tel.** 027-36 20 32 • **Fax** 027-36 51 78

PRODUKTION   QUALITÄT   PREIS

## ROUVINEZ VINS

GESCHICHTE  Der trotz seiner Größe familiär gebliebene Betrieb wurde im Jahr 1946 von Bernard Rouvinez gegründet und bietet heute das ganze Sortiment an Walliser Spezialitäten an. Seit 1979 wirken auch die Söhne Jean-Bernard und Dominique mit.

WEINE  Neben Chasselas, Chardonnay, Pinot Noir, Gamay und Syrah gilt den autochthonen Walliser Sorten Petite Arvine, Cornalin und Humagne rouge ein besonderes Augenmerk. Der Pinot Noir ist elegant und sortentypisch, der Fendant sehr fein und blumig. Besonderheiten sind der „Tourmentin" und der „Trémaille", eine in der Barrique ausgebaute rote beziehungsweise weiße Assemblage. 60 Prozent des Traubengutes stammen aus eigenem Anbau, der Rest wird zugekauft.

RUF  Modern geführter, sehr innovativer Weinbaubetrieb.

REBSORTEN  Chasselas, Sylvaner, Marsanne, Pinot Gris, Muscat, Petite Arvine, Chardonnay, Pinot Noir, Gamay, Syrah, Cornalin und Humagne Rouge.

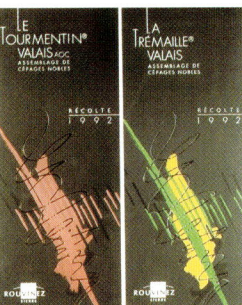

*Der trotz seiner Größe familiär gebliebene Betrieb wurde im Jahr 1946 von Bernard Rouvinez gegründet.*

WEINHERSTELLUNG  Modernste Methoden und Anlagen. Zehn Prozent der Produktion werden in der Barrique ausgebaut.

LAGERUNG  Der Fendant sollte möglichst jung getrunken werden, die anderen Weiß- und Rotweine können einige Jahre gelagert werden, der in der Barrique ausgebaute Tourmentin gar bis zu 8 Jahren.

REBFL/PROD  36 ha, 55 000 Kisten/Jahr.

**Besitzer** Dominique & Jean-Bernard Rouvinez • **Kellermeister** Dominique Rouvinez • **Besuch** Mo-Sa jew. vormittags nach Vereinbarung • **Adresse** Rouvinez Vins, Colline de Géronde, CH-3960 Sierre • **Tel.** 027-55 66 61 • **Fax** 027-55 46 49

PRODUKTION   QUALITÄT   PREIS

## Weitere Produzenten im Wallis (Valais)

### Bon Père Germanier Balavaud SA

Seit 100 Jahren bearbeitet die Familie Germanier ihre Rebberge in Vétroz. Man erzeugt beliebte Weine wie den Fendant „Vétroz Les Terrasses" oder den in neuen Eichenholzfässchen ausgebauten Amigne „Mitis". Einen Namen gemacht hat sich die Firma nicht zuletzt mit ihrem hervorragenden Williams „Bon Père Germanier".
- **Besitzer:** Jean-René Germanier **Besuch:** Nach Vereinbarung. **Adresse:** CH-1963 Vétroz. **Tel.** 027-36 12 16. **Fax** 027-36 51 32.

### Charles Bonvin Fils

Man produziert drei Produktlinien: das Basissortiment mit „Terre du Valais", den Domänenweinen „Les Classiques" aus den Gütern Clos du Château, Brûlefer, Plan Loggier und Château Conthey sowie die Spitzenweine „Les Cépages", die den Walliser Sorten Petite Arvine, Amigne, Humagne Rouge usw. vorbehalten sind.
- **Adresse:** Grand Champsec 30, CH-1950 Sion. **Tel.** 027-31 41 31. **Fax** 027-31 47 07.

### Brantignon, O. Chanton

Die Oberwalliser Kellerei ist berühmt für die sorgfältige Pflege von (Ober-)Walliser Spezialitäten und Raritäten wie Heida, Himbertscha, Lafnetscha oder Gwäss. Im Rebberg legt J-M Chanton Wert auf möglichst naturnahen Anbau, im Keller wird mit safteigenen Hefen vergoren.
- **Besitzer:** Fam. Chanton **Kellermeister:** Joseph-Marie Chanton **Besuch:** Nach Vereinbarung. **Adresse:** Kantonsstraße 2, CH-3930 Visp. **Tel.** 028-46 21 53.

### Marie-Thérèse Chappaz

Marie-Thérèse Chappaz, die engagierte Önologin und leidenschaftliche Weinmacherin, ist besonders bekannt für ihre delikaten Spätlesen aus Petite Arvine und Marsanne Blanche, in der Barrique verfeinert, aber auch für eine Assemblage aus Cabernet Sauvignon, Cabernet Franc und Merlot. Daneben vinifiziert die qualitätsbewusste Frau verschiedene Fendants, einen Gamay und einen Dôle.
- **Besitzer:** Marie-Thérèse Chappaz **Besuch:** Nach Vereinbarung. **Adresse:** La Liaudisaz, CH-1926 Fully. **Tel.** 026-46 35 37.

### Vins des Chevaliers

Die 1936 gegründete Kellerei war die erste im bekannten Weinbaudorf Salgesch, die Flaschenweine anbot. Neben den 14 Hektare Eigenbau verarbeitet der Betrieb das Traubengut von 250 Winzern zu Dôle, Pinot Noir, Fendant, Johannisberg, Oeil de Perdrix und Rosé de Dôle.
- **Adresse:** CH-3970 Salquenen/Salgesch. **Tel.** 027-55 14 34. **Fax** 027-55 34 28.

### Robert Gilliard

Der Waadtländer Winzer Edmond Gilliard legte mit dem Kauf eines Rebberges den Grundstein zum heutigen Unternehmen. Mittlerweile besitzt die Gilliard SA ein prächtig gelegenes Rebareal ob Sitten und hat sich mit ihren Walliser Spezialitäten im In- und Ausland einen Namen gemacht.
- **Adresse:** 70, rue de Loèche, CH-1950 Sion 2. **Tel.** 027-23 39 21. **Fax** 027-23 58 05.

### Caves Imesch

Neben dem bekannten Fendant „Soleil de Sierre" und diversen Pinots Noir und Dôles sind verschiedenste Kreszenzen im Angebot. U.a. auch die begehrten Walliser Spezialitäten Humagne Blanc, Humagne Rouge, Petite Arvine oder Cornalin.
- **Adresse:** CH-3960 Sierre. **Tel.** 027-55 10 65. **Fax** 027-56 13 71.

*Die vom Aussterben bedrohten Walliser Spezialitäten werden bei O. Chanton weiterhin kultiviert.*

### Daniel Magliocco

Hier werden chemische Zusätze so weit wie möglich vermieden. Die Weine tragen persönlichen Charakter: Fendant, Johannisberg, Chardonnay, Petite Arvine, Gamay, Pinot Noir, Dôle, Humagne Rouge, Syrah.
- **Besitzer:** Daniel Magliocco **Besuch:** Nach Vereinbarung. **Adresse:** Avenue de la Gare 10, CH-1956 St-Pierre-de-Clages. **Tel.** 027-86 35 22.

### Adrien Mathier & Co.

Bereits seit mehr als sechs Jahrhunderten ist die Familie Mathier mit dem Weinbau verbunden; die Weinhandlung besteht mittlerweile in fünfter Generation. Es werden klassische Weine inklusive Walliser Spezialitäten, aber auch Kreszenzen der bekannten „Ambassadeur"-Linie, d.h. in der Barrique gereifte Cuvées, ausgebaut. Nebst modernsten temperaturkontrollierten Gärmethoden praktiziert die Familie Mathier auch traditionelle Ausbaumethoden in offenen Bottichen.
- **Adresse:** CH-1970 Salgesch. **Tel.** 027-455 75 75. **Fax** 027-456 24 13.

## Weitere Produzenten im Wallis (Valais)

### Franz-Josef Mathier

Der Chasselas fristet bei Mathier ein Schattendasein. Im Mittelpunkt stehen die Rotweine, der bekannte Salgescher Pinot Noir und der Cornalin, diese alte Walliser Rebsorte, früher „Landroter" genannt, die ihr Überleben nicht zuletzt Franz-Josef Mathier verdankt.

• **Adresse:** CH-3970 Salgesch. **Tel.** 027-4557 5 75. **Fax** 027-456 24 13.

### Gebrüder Mounir, Caves du Rhodan

Der Betrieb hat sich mit seinen Spezialitäten aus Salgesch einen guten Namen gemacht. Besonders

*Orsat ist die zweitgrößte Genossenschaft in der Schweiz. Der Primus Classicus gehört zu ihren besten Weinen.*

bekannt sind der Grand Cru der Gemeinde Salgesch und der Pinot Noir Salgesch „Perle du Rhodan". Auch Gamay, Chasselas, Sylvaner, Muscat, Ermitage, Chard und Humagne werden erzeugt.

• **Adresse:** CH-3970 Salgesch. **Tel.** 027-55 04 07. **Fax** 027-55 82 07.

### Caves Orsat

Das Haus Orsat produziert qualitativ hoch stehende Walliser Kreszenzen. Neben Fendant und Johannisberg findet man Marsanne Blanche, Pinot Gris, Petite Arvine, Pinot Noir, Humagne, Syrah und Cabernet Sauvignon im Angebot. Die Qualitätsserie heißt Primus Classicus.

• **Adresse:** Rue du Levant 99, CH-1920 Martigny. **Tel.** 026-22 24 01. **Fax** 026-22 98 45.

### Provins Valais

Provins ist trotz der enormen Produktion für sehr gute Qualität berühmt. Die bekannteste Linie ist die „Capsule Dorée" von ausschließlich hervorragenden Lagen. Prestigelinien heissen „Maître des Chais" und „Grand-Métral".

• **Besitzer:** 5 200 Mitglieder **Besuch:** Mo-Fr nach Vereinbarung. **Adresse:** 22, rue de l'Industrie, CH-1950 Sion. **Tel.** 027-21 21 41. **Fax** 027-23 40 88.

### Cave du Tunnel

Rund 550 Walliser Weinbauern liefern alljährlich ihre Trauben an die Cave du Tunnel, die sie in modernsten Anlagen verarbeitet und dann in einem ehemaligen Tunnel lagert. Produziert werden sämtliche Walliser Spezialitäten, zum Teil auch mit Ausbau in der Barrique.

• **Adresse:** Route de Vens 1, CH-1904 Conthey. **Tel.** 027-36 12 14. **Fax** 027-36 51 81.

### Hoirs Frédéric Varone

Aus dem eigenen und auch aus zugekauftem Traubengut produzieren die Brüder Varone bereits in vierter Generation, mittlerweile im modern ausgerüsteten Keller, Walliser Tropfen in ihrer ganzen Bandbreite: Fendant, Johannisberg, Hermitage, Malvoisie, Amigne, Petite Arvine, Muscat, Dôle Blanche, Oeil de Perdrix, Dôle, Pinot Noir und Humagne Rouge - nicht zu vergessen den nach traditioneller Methode hergestellten Schaumwein „Val Star".

• **Adresse:** 30, av. Grand-Champsec, CH-1950 Sion 4. **Tel.** 027-31 56 83. **Fax** 027-31 47 07.

### Joseph Vocat & Fils

Die Weinberge liegen auf den kalkreichen Hügeln bei Sierre. Ausgezeichnete Weine wie Fendant, Johannisberg, Hermitage de Sierre, Malvoisie, Humagne Rouge, Dôle und Pinot Noir. Für den Dôle „Père Mayor" erhielten sie 1990 den Nobiles-Preis.

• **Adresse:** CH-3976 Noës/Sierre. **Tel.** 027-558 28 88.

### Maurice Zufferey

Maurice Zufferey kellert nur Weine aus eigenem Anbau ein, natürlich Chasselas, Chardonnay, Petite Arvine, Malvoisie, Pinot Noir, Humagne Rouge, Cornalin u.a. Er legt Wert darauf, neben einer Linie von frischen, fruchtigen Weinen, die jung getrunken sein wollen, auch Weine anzubieten, die in der Barrique ausgebaut wurden und deshalb länger gelagert werden können.

• **Besitzer:** Maurice Zufferey **Besuch:** Nach Vereinbarung. **Adresse:** 52, Chemin des Moulins, CH-3964 Muraz/Sierre. **Tel.** 027-55 47 16. **Fax** 027-56 35 27.

### Weitere Betriebe

Gérald Clavien, Cave les Deux Crêtes, CH-3972 Miège.
Jules Duc & Fils, CH-3971 Ollon/Sierre. Tel. 027-58 15 14.
Vincent Favre, Les Plantys, CH-1955 Chamoson. Tel. 027-86 22 65, 86 42 34.
Marc Raymond, CH-1913 Saillon. Tel. 026-44 13 33.
Eloi & Gérard Roduit, Ch. de Liaudise, CH-1926 Fully. Tel. 026-46 28 10.

## NEUENBURG, FREIBURG, BERN

### NEUENBURG (NEUCHÂTEL)

Die Rebfläche des Kantons erstreckt sich 35 km entlang der Ufern des Neuenburgersees. In folgenden Gemeinden reifen Trauben und werden zu Weinen ausgebaut: Vaumarcus, Fresens, St-Aubin, Gorgier, Bevaix, Cortaillod Boudry, Colombier, Bôle, Auvernier, Corcelles-Cormondrèche, Neuchâtel, Hauterive, St-Blaise, Cornaux, Cressier und Le Landeron. Der Oeil de Perdrix ist ein ausschließlich aus Pinot-Noir-Trauben hergestell-

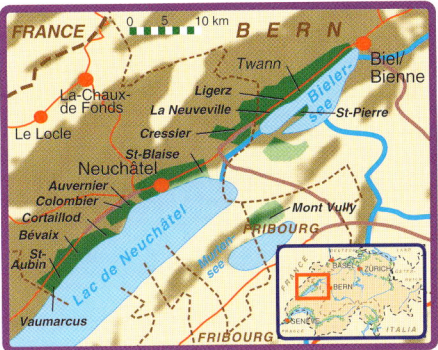

ter Roséwein. Der Chasselas wird in Neuenburg „sur lie" gekeltert. Berühmt sind auch Pinot Gris, Chardonnay und Gewürztraminer.

### FREIBURG (FRIBOURG)

Das einzig große Weinanbaugebiet dieses Kantons ist das Vully. Einige kleine Weinberge findet man in Cheyres und Font am südlichen Ufer des Neuenburgersees. Auch Weinberge im Lavaux gehören dem Kanton Freiburg. Hier dominiert der Chasselas, der als Vully oder unter dem Namen der Ursprungsgemeinde angeboten wird. Spezialitäten sind RieslingxSylvaner, PB, PG und der sehr ansprechende Gewürztraminer. Auch sehr typischer Pinot Noir und Gamay werden erzeugt.

### BERN

Die Rebfläche liegt vor allem an den terrassierten Hängen des Bielersees, von Neuenstadt über Ligerz und Schafis bis Twann. Auch auf der Halbinsel St-Pierre im Bielersee wird Wein angebaut, genau wie weiter südlich, am Fuß der Alpen, an den Ufern des Thunersees, bei den Städten Spiez und Oberhofen. An den Ufern des Bielersees dominiert der Chasselas. Einige Spezialitäten sind der RieslingxSylvaner, ein leichter Chardonnay und ein Pinot Gris. Gute Jahrgänge werden vielfach auch als Dessertweine ausgebaut. Andere Weine sind: Gewürztraminer, Pinot Noir, RieslingxSylvaner und Blauburgunder.

## PRODUZENTEN IN NEUENBURG, FREIBURG UND BERN

### CAVES DU CH. D'AUVERNIER

Drei Linien werden hergestellt: Les Paysages, Les Classiques und Cuvée réservée. Es werden typische Neuenburger-Weine erzeugt: ein spritziger Chasselas, ein Oeil de Perdrix sowie mehrere in Barrique ausgebaute Chardonnay und PG.

• **Besitzer:** Thierry Grosjean & Cie. **Kellermeister:** Thierry Grosjean & Hubert Louis **Besuch:** Mo-Fr 8-12, 14-17, Sa nach Vereinbarung. **Adresse:** CH-2012 Auvernier. **Tel.** 038-31 21 15. **Fax** 038-30 30 03.

### DOM. DE L'HÔPITAL POURTALÈS

Berühmt ist die Domaine de l'Hôpital Pourtalès in erster Linie dank ihrer alljährlichen Weinversteigerung. Der Erlös kommt nach wie vor dem Spital zugute. Die Weine sind typische Vertreter ihres Kantons: ein perlender Chasselas, ein kräftiger Pinot Noir und ein eleganter Chardonnay.

• **Besitzer:** Stiftung Hôpital Pourtalès **Kellermeister:** Jean-Paul Ruedin **Besuch:** Nach Vereinbarung. **Adresse:** Route de Troub 17, CH-2088 Cressier. **Tel.** 038-47 11 51. **Fax** 038-47 26 05.

### DOM. DE MONTMOLLIN FILS

Im besten Sinn klassische, traditionelle Weine. Unter den sechs spritzigen Chasselas sind besonders der Auvernier Blanc „Goutte d'Or" und der unfiltrierte Auvernier Blanc „Non Filtré" zu erwähnen. Einer der vier Pinots - die Blauburgunder Neuenburgs genießen zu Recht einen hervorragenden Ruf - wird in der Barrique erzogen.

• **Besitzer:** Pierre & Jean-Michel de Montmollin **Kellermeister:** Frédéric Droz **Besuch:** Mo-Fr 7.30-11.30, 13.30-17, Sa 9-11.30. **Adresse:** Grand'Rue 3, CH-2012 Auvernier. **Tel.** 038-31 21 59. **Fax** 031-31 88 06.

### WEITERE BETRIEBE

CAVES DE LA BÉROCHE, Crêt-de-la-Fin 1-2, CH-2024 St-Aubin. Tel. 038-55 11 89. Fax 038-55 31 80.

CAVES CHÂTENAY-BOUVIER, Route du Vignoble 27, CH-2017 Boudry. Tel. 038-42 23 33. Fax 038-42 54 71.

DOM. STÉPHANE COSTE, 25, Grand'Rue, CH-2012 Auvernier. Tel. 038-31 21 10. Fax -13.

JEAN-DANIEL GIAUQUE, Le Signolet, Prés-Guétins 1, CH-2520 La Neuveville. Tel. 038-51 22 93. Fax 038-51 57 87.

DOM. LA GRILLETTE, A. RUEDIN, 2, rue Molondin, CH-2088 Cressier. Tel. 038-47 11 59. Fax 038-47 18 54.

A. PORRET ET FILS, Goutte d'Or 20, CH-2016 Cortaillod. Tel. 038-42 10 52. Fax 038-42 18 41.

REBGUT DER STADT BERN, CH-2520 La Neuveville. Tel. 038-51 21 75. Fax 038-51 58 03.

JEAN-PAUL RUEDIN, Route de Troub 4, CH-2088 Cressier. Tel. 038-47 11 51. Fax -47 26 05.

## Ostschweiz

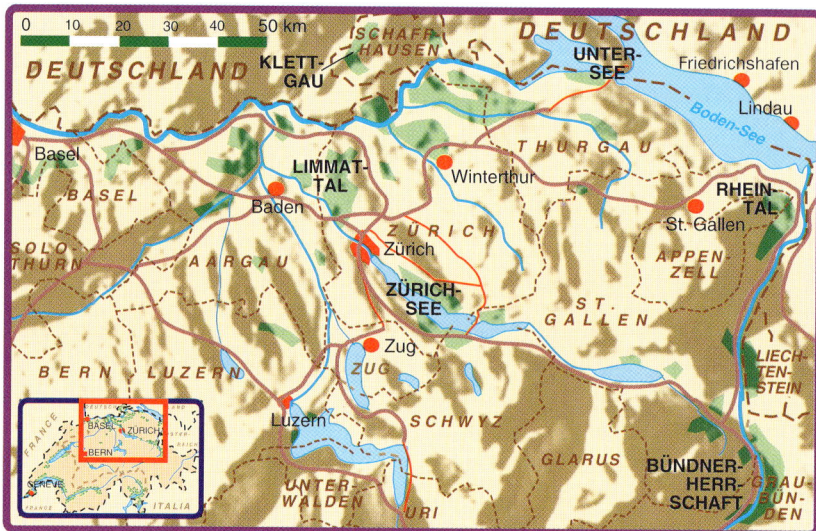

GESCHICHTE Seit dem 16. Jahrhundert wird in der östlichen deutschsprachigen Schweiz Wein angebaut. Vor dem Reblausangriff und dem Durchbruch der Industrialisierung war der Weinbau in manchen Kantonen bis zu hundertmal größer als heute. In den letzten Jahren hat das Interesse und der Weinanbau deutlich zugenommen.

GEOGRAPHIE Der Weinbau in der Ostschweiz verteilt sich auf 16 Kantone mit zum Teil sehr ähnlichen geologischen und klimatischen Be-

*Das sagenumwobene Schloss Salenegg in Maienfeld ist seit 1654 in Besitz der Familie Gugelberg von Moos.*

dingungen. Die meisten Rebberge liegen an Hängen von Flusstälern und Seen, manche in Tälern, in denen der Föhn das Klima beeinflusst. Das einzige Weinbaugebiet mit einer größeren zusammenhängenden Rebfläche befindet sich im Klettgau, im Kanton Schaffhausen. Für eine gewisse Eigenständigkeit der Regionen sorgen im Nordwesten die Kalkböden an den Ausläufern des Jura, die tiefen Gründe im Klettgau sowie der intensive Föhn im Bündner und St. Galler Rheintal.

WEINE/REBSORTEN Der Pinot Noir dominiert den Ostschweizer Rebberg. Er ergibt Weine mit fruchtigem Bukett und, je nach Mikroklima, mehr Kraft oder größerer Frische und Eleganz. Der Wein ist leicht und angenehm, anfangs mit einem Rest von Kohlensäure. Manche Jahrgänge sind kräftiger und brauchen 3 bis 5 Jahre zum Ruhen. Die Ostschweiz ist auch die Heimat des Riesling x Sylvaner, auch Müller-Thurgau genannt nach der Heimat des Züchters der Sorte, Prof. Hermann Müller. Auf den leichten Sandböden wird er eleganter. Auf schwereren Böden bekommt er einen ausgeprägteren, kräftigeren Charakter. Diese Rebsorte wird dort angebaut, wo die Verhältnisse für den Blauburgunder nicht geeignet sind. Interessant ist die weiße Ostschweizer Sorte Räuschling. Das Gewächs ist neutral und braucht ein bis zwei Jahre, um einen frischen Duft von Ananas zu entwickeln. Ein ausgezeichneter Aperitifwein oder Begleiter zu Fisch.

REBFLÄCHE Das Rebareal ist rund 2 000 Hektar groß.

WISSENSWERT Weitere Informationen: Deutschschweizer Weinbauverband, Chutzenstr. 47, CH-3000 Bern 17. Tel. 031-370 27 28. Fax 031-370 27 29.

## Produzenten in der Ostschweiz

### Baumann

Über 80 Prozent der Rebfläche sind mit Blauburgunder bestockt. Aus dieser für die Gegend typischen Traube keltert Baumann einen fruchtigen Federweißen, einen erfrischenden Rosé, einen süffigen Beerli, eine kraftvolle Auslese, einen „Classique" genannten Barrique-Wein und zu guter Letzt eine zauberhafte Trockenbeerenauslese.

•**Besitzer:** Ruedi Baumann **Besuch:** Nach Vereinbarung. **Adresse:** Unterdorf 117, CH-8216 Oberhallau. **Tel.** 052-681 33 46. **Fax** 052-681 33 56.

### Urs Pircher

Dank konsequenter Qualitätsarbeit in Rebberg

*Gian-Battista von Tscharner führt seinen Weinbaubetrieb in den alten Gewölben des Schlosses Reichenau.*

und Keller sowie strenger Mengenbeschränkung genießen Pirchers Weine einen hervorragenden Ruf. Rebsorten: Blauburgunder, Riesling x Sylvaner, Räuschling, Gewürztraminer, Pinot Gris.

•**Besitzer:** Urs Pircher  **Besuch:** Mo-Fr, So nach Vereinbarung. **Adresse:** CH-8193 Eglisau. **Tel.** 01-867 00 76.

### Schloss Salenegg

Das Schloss ist berühmt für seinen vollen, eleganten und harmonischen Blauburgunder, der auf den 8,5 Hektaren unterhalb des Schlosses wächst und in großen Eichenholzfässern ausgebaut wird. Ein Wein, der standesgemäß Stil und Tradition verbindet.

•**Besitzer:** Andreas von Gugelberg **Kellermeister:** Bernhard Wyler **Besuch:** Nach Vereinb. **Adresse:** CH-7304 Maienfeld. **Tel.** 081-302 11 51. **Fax** 081-302 35 70.

### Gian-Battista von Tscharner

So charaktervoll wie der Schlossherr von Reichenau sind auch seine Weine. Weine mit Ecken und Kanten, aber viel Persönlichkeit. Stolz ist von Tscharner auf die extrem intensive Farbe und den Extrakt seiner Roten. Die Weißen sind elegant, fruchtig und spritzig.

•**Besitzer:** Gian-Battista von Tscharner **Besuch:** Nach Vereinbarung. **Adresse:** Schloss Reichenau, CH-7015 Reichenau. **Tel.** 081-37 11 95. **Fax** 081-37 18 95.

### Rutishauser Weinkellerei

Breites Angebot an typischen Ostschweizer Weinen mit viel Frucht und Eleganz, die regelmäßig Preise und Medaillen einheimsen.

•**Adresse:** CH-8596 Scherzingen. **Tel.** 071-686 88 88. **Fax** 071-686 88 99.

### Weingut zum Sternen Andreas Meier & Co.

Der Blauburgunder aus der renommierten Lage Kloster Sion hat in nationalen und internationalen Wettbewerben schon Lorbeeren eingeheimst. Vom Gewürztraminer über den Riesling x Sylvaner bis zum eleganten Blauburgunder Kloster Sion bestechen alle durch einzigartige Qualität.

•**Besitzer:** Andreas Meier & Co. **Kellermeister:** Andreas & Manuel Meier **Besuch:** Do-Fr 16-19 oder nach Vereinbarung. **Adresse:** CH-5303 Würenlingen. **Tel.** 056-281 14 12. **Fax** 056-281 29 02.

### Weitere Betriebe

Rebgut Alter Berg, CH-5306 Teggerfelden. Tel. 056-245 30 75. Fax 056-245 52 75.

Thomas Donatsch, CH-7208 Malans. Tel. 081-51 11 17. Fax 081-51 12 21.

Fehr + Engeli Ueken AG, Hauptstraße 33, CH-5028 Ueken. Tel. 064-61 33 73. Fax -56 05.

Hansruedi Hasler, Rütihof, CH-8713 Uerikon-Stäfa. Tel. 01-926 37 54. Fax 01-926 37 54.

Heini Haubensack, Rorschacherstr. 22, CH-9450 Altstätten. Tel. 071-75 14 09. Fax -14 90.

Daniel Marugg, Im Bovel, CH-7306 Fläsch. Tel. 081-302 32 62. Fax 081-302 29 28.

Kurt & Josy Nussbaumer, Klusstr. 177/178, CH-4147 Aesch. Tel. 061-751 16 85. Fax -37 04.

Porta Raetia, CH-7306 Fläsch. Tel. 081-302 17 10. Fax 081-302 42 62.

Rimuss-Kellerei Rahm & Co., CH-8215 Hallau. Tel. 053-61 31 44. Fax 053-61 40 14.

Cristophe Rüstihauser, Vigneron, CH-99425 Thal. Tel. 071-44 17 33.

A+A Saxer, St. Annakellerei, CH-8537 Nussbaumen. Tel. 054-45 23 51. Fax -45 27 34.

Hans Schlatter, CH-8215 Hallau. Tel. 053-61 32 04. Fax 053-61 29 51.

Tobias & Sohn Schmid, Weingut am Rosenberg, CH-9442 Berneck. Tel. 071-72 21 29. Fax 071-72 25 38.

Staatskellerei Zürich, CH-8023 Zürich 1. Tel. 01-251 23 47. Fax 01-252 39 44.

Charles Steiner, Schernelz, CH-2514 Schernelz. Tel. 032-95 23 24. Fax 032-95 23 13.

Volg Weinkellereien, Schaffhauserstraße 6, CH-8401 Winterthur. Tel. 052-264 26 26, 01-264 26 61-65 (Hallau: 053-61 38 52). Fax 052-264 26 27, 052-213 65 60.

Theophil von Sprecher, Weingut Pola, Sprecherhaus, CH-7304 Maienfeld. Tel. 081-302 15 81. Fax 081-302 49 23.

## TESSIN (TICINO)

GESCHICHTE Auch hier begannen die Römer mit der Entwicklung des Weinanbaus. Studien ergaben, dass die Rebsorte Merlot für das Tessin am geeignetsten war. 1924 wurde die Landwirtschaftsschule in Mezzena gegründet, was der Anfang eines umfassenden Neuanbaus war. Das Gütezeichen „VITI" bürgt für beste Qualität. Der Weinjahrgang 1997 brachte die ersten Tessiner Weine mit dem Titel DOC (Denominazione di origine controllata) auf den Markt.

GEOGRAPHIE Der Kanton Tessin ist in zwei Regionen eingeteilt: das SOPRACENERI im Norden (mit den Bezirken Bellinzona, Locarno, Vallemaggia, Riviera, Blenio, Leventina) und das SOTTOCENERI im Süden (mit den Bezirken Lugano und Mendrisio). Weinbaulich zählt auch das bündnerische MISOX zum Tessin.

KLIMA Mittelmeerklima.

WEINE Hauptsächlich Merlot, von dem in guten Jahren Weine von absoluter Spitzenklasse gekeltert werden und auch einen längeren Barrique-Ausbau gut ertragen. Auch Pinot Noir wird angebaut. Nostrano ist ein Verschnitt aus den Sorten Bondola, Freisa, Nebbiolo, Banarda und Malbec. Weißweine werden aus Sémillon, Sauvignon Blanc, Chasselas, Kerner und Chardonnay erzeugt.

PRODUZENTEN 6 000 kleine Winzer, die ihre Trauben an große Genossenschaften liefern und den Weinbau meist nebenberuflich betreiben.

REBFL/PROD 908 ha, ca. 42 000 hl/Jahr.

WISSENSWERT Weitere Informationen: Associazione promozione vitivinicola ticinese, Piazza Cioccaro 2, 6900 Lugano. Tel. 091-923 82 19. Fax 091-923 97 24.

## PRODUZENTEN IM TESSIN (TICINO)

### ANGELO DELEA SA

Der gelernte Sommelier und Restaurateur Angelo Delea hat 1983 begonnen, seine eigenen Weine zu keltern. Das Ziel war kein geringes: Revolutionieren des Tessiner Merlots. Heute baut der Barrique-Fan Angelo Delea in seinem futuristisch anmutenden Keller Weine aus, die seinem großen Vorbild Bordeaux nacheifern. Merlot dominiert die Rebsortenliste; gewissermaßen als Spezialitäten werden CS, PN, Chardonnay, Chasselas, SB, die alte einheimische Bondola u.a. ausgebaut.

• **Besitzer:** Angelo Delea **Kellermeister:** Angelo Delea **Besuch:** Mo-Fr 8-12, 14-18, Sa 8-12. **Adresse:** Via Zandone, CH-6616 Losone. Tel. 091-791 08 17. Fax -59 08.

### DANIEL HUBER

Daniel Huber gehört zu den Deutschschweizer „Aussteigern", die ab Anfang der 80er Jahre den Tessiner Weinbau revolutionierten. Seine Weine, stets mit persönlicher Note, können problemlos mit den Spitzenweinen etwa aus dem Bordelais

*Daniel Huber gehört zu den Deutschschweizer „Aussteigern", die den Tessiner Weinbau revolutionierten.*

konkurrieren. Der „Ronco di Persico" ist ein 100-prozentiger Merlot, der „Montagna Magica" eine Assemblage aus Merlot (90%), Cabernet Sauvignon und Cabernet Franc.

• **Besitzer:** Daniel Huber **Kellermeister:** Daniel Huber **Besuch:** Nach Vereinbarung. **Adresse:** CH-6998 Monteggio. Tel. 091-73 17 54. Fax 091-73 17 54.

### ADRIAN KAUFMANN

Adrian Kaufmann gehört zur Gruppe der innovativen und erfolgreichen Deutschschweizer „Exilanten" im Tessin. Auf den lediglich 3 ha seines 1981 gegründeten Betriebs baut er nicht nur Merlot, sondern auch CS, CF und die weißen Sorten Sémillon und Sauvignon Blanc an. Überflüssig zu erwähnen, dass sein großes Vorbild Bordeaux ist.

• **Adresse:** CH-6981 Beride. **Tel.** 091-73 13 71. **Fax** 091-73 13 71.

## Produzenten im Tessin (Ticino)

### Matasci Fratelli SA

1 600 Winzer liefern ihre Trauben jährlich an Matasci. Kaum ein Weintrinker, kaum eine Weinkennerin, die den Merlot „Selezione d'Ottobre" nicht kennt. Man verwendet große Sorgfalt auf den schwereren, körperreicheren Merlot-Typ, wie ihn der „Sassariente" verkörpert. 5 Prozent der Produktion sind weißen Kreszenzen und roten Spezialitäten vorbehalten.

• **Adresse:** Via Verbano, CH-6598 Tenero. **Tel.** 091-735 60 11. **Fax** 091-735 60 19.

### Cantina Sociale Mendrisio

Die 1949 gegründete Genossenschaftskellerei „Cantina Sociale Mendrisio" zählt heute nicht weniger als 600 Winzer. Im Mittelpunkt steht der Merlot, neben etwas Nostrano (verschiedene europäische Sorten) und wenigen weißen Sorten wie Chasselas, Sauvignon und Sémillon. Am bekanntesten sind der Merlot „La Trosa" aus alten Weinbergen des Mendrisiottos, im großen Eichenholzfass ausgebaut, der „Castel San Pietro" aus Lagen in der gleichnamigen Gemeinde und die Riserva Tenuta „Montalbano" aus dem genossenschaftseigenen Rebgut.

• **Adresse:** Via Bernasconi 22, CH-6850 Mendrisio. **Tel.** 091-646 46 21. **Fax** 091-646 43 64.

*1983 hat der gelernte Sommelier und Restaurateur Angelo Delea damit begonnen, seine eigenen Weine zu keltern.*

### Werner Stucky

Als sich Werner Stucky 1981 im Tessin niederließ, gehörte er zu den Deutschschweizer Revolutionären des Tessiner Weinbaus. Mittlerweile produziert er zwei Rotweine, den Merlot „Tracce di Sassi" und die Assemblage aus 50% Merlot und 50% Cabernet Sauvignon „Conte di Luna", einen Rosé und einen Weißwein aus Sauvignon-Blanc- und Completer-Trauben.

• **Adresse:** Casa del Portico, CH-6802 Rivera. **Tel.** 091-95 12 82. **Fax** 091-95 12 82.

### Terreni alla Maggia

Die 1930 gegründete Firma umfasst einen großen Landwirtschaftsbetrieb mit Acker-, Obst- und Weinbau. Spitzenreiter im Sortiment ist, und dies seit 40 Jahren, der Merlot Rosato „La Pernice".

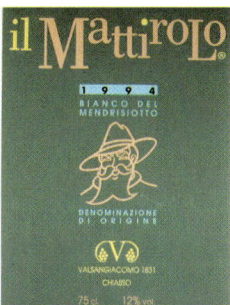

*Auf Fratelli Valsangiacomo werden kräftige, charaktervolle Weine aus der Merlot-Traube erzeugt.*

Der größte Teil der Rebfläche ist mit Merlot bestockt, daneben werden Kerner, Chardonnay, CS, PN, Americano (für die Grappaherstellung) und einige krankheitsresistente Sorten kultiviert. Das Aushängeschild ist der klassische Merlot „Barbarossa", der in großen Eichenholzfässern altert.

• **Adresse:** Via Murracio 105, CH-6612 Ascona. **Tel.** 091-791 56 14, 791 24 52. **Fax** 091-791 06 54.

### Fratelli Valsangiacomo

Typische und mehrfach ausgezeichnete Tessinerweine. Als Gegengewicht zu einigen Konkurrenten, die den leichten, vor allem in der Deutschschweiz beliebten Merlot-Typ favorisieren, bevorzugt Valsangiacomo den klassischen, kräftigen Merlot mit viel Charakter. Besonders bekannt sind der „Roncobello" oder der in Barrique ausgebaute „Rubro". Weitere Rebsorten im Anbau: Chardonnay, Chasselas, Sémillon, Sauvignon, Cabernet Franc und Americana.

• **Besitzer:** Cesare Valsangiacomo **Kellermeister:** Matteo Rigatti **Besuch:** Nach Vereinbarung. **Adresse:** Corso San Gottardo 107, CH-6830 Chiasso. **Tel.** 091-683 60 53. **Fax** 091-683 70 77.

### Weitere Betriebe

Vinicola Carlevaro, Via Cantinale 123, CH-6500 Bellinzona. Tel. 091-929 10 44. Fax 091-929 14 56.

F. Gialdi, Roberti FOC SA, Via Vigno 3, CH-6850 Mendrisio. Tel. 091-646 40 21. Fax 091-645 67 06.

Stefano Haldemann, Casa Torre 1, CH-6598 Tenero. Tel. 093-67 36 50.

Eredi Carlo Tamborini, Strada Cantonale, CH-6814 Lamone. Tel. 091-945 34 34. Fax 091-945 28 33.

## Weinetiketten in der Schweiz

Ein schweizerisches Weingesetz gibt es noch nicht. Die Weinproduktion wird über den Rebbaubeschluss geregelt, der die Ernte in drei Kategorien einteilt: in Weine mit *Ursprungsbezeichnung*, Weine mit *Herkunftsbezeichnung* sowie *Tafelweine* ohne geographische Angabe der Provenienz. Für Weine der Kat. 1 wird ein nationaler Höchstertrag und für die Moste der einzelnen Kategorien werden Mindestgradationen festgesetzt. Verschärfungen der Vorschriften für die 1. Kat. erfolgen zumeist im Rahmen von Vorschriften über die kontrollierte Ursprungsbezeichnung (AOC). In einigen Kantonen sind bereits AOC-Gesetzgebungen in Kraft.

### ERZEUGER

Der Name des Erzeugers muss angegeben werden. Meistens wird auch der Ort angegeben. Dieser Wein stammt von der Genossenschaft *Provins Valais* in Sion.

### URSPRUNG

Man unterscheidet zwischen *Herkunft* und *Ursprung*. Herkunft bezeichnet größere Gebiete oder ein ganzes Land: Schweizer Weißwein (wie in diesem Fall) oder z.B. Ostschweizer Rotwein. Der *Ursprung* bezeichnet ein engeres Weinbaugebiet, z.B. *Vaud* (Weinregion), *Lauvaux* (Bezirk in Vaud), *Épesses* (Appellation in Lavaux) und *Clos de l'Abbayes* (Weinberg in Épesses). Diese Bezeichnungen können alleine oder kombiniert vorkommen. Qualitätsweine tragen oft den Namen des Weinbergs.

### REBSORTE

Wenn bei Weinen der ersten Qualitätskategorie die Rebsorte angegeben wird, dann jeweils in Verbindung mit der Ursprungsbezeichnung. Die Rebsorte darf jedoch nur genannt werden, wenn sie zu mindestens 85 Prozent im Wein enthalten ist. Oft verzichtet man aber auf die Angabe der Sorte und beschränkt sich auf eine kantonale oder lokale Ursprungsbezeichnung (z.B. Fendant, Dôle oder etwa Malanser).

### INHALT/ALKOHOL-GEHALT

Nicht obligatorisch, außer bei Export in EU-Länder.

### JAHRGANG

Nur erlaubt, wenn 100% aus diesem Jahr stammen.

### PHANTASIENAMEN

Phantasienamen kommen auf den schweizerischen Weinetiketten oft vor. Die einzige Bedingung ist, dass sie nicht im Widerspruch zum Lebensmittelgesetz stehen.

### Weinnamen und Qualitätslabel:

CRU oder GRAND CRU Weine aus klar abgegrenzten Lagen innerhalb einer Gemeinde, produziert z.T. nach speziellen Anbau- und Vinifizierungsregeln, die vom jeweils zuständigen Kanton abgesegnet werden müssen.

FENDANT, JOHANNISBERG, DÔLE siehe unter Weine und Rebsorten im Wallis (Valais).

DORIN Nur noch selten verwendeter Sammelname für die aus Chasselas gewonnenen Weißweine des Kantons Waadt.

GORON Walliser Rotwein aus den Sorten Pinot Noir, Gamay und anderen. Hat nicht derart hoch gesteckte Bedingungen zu erfüllen wie Dôle.

OEIL DE PERDRIX Rosé aus Pinot Noir.

PERLAN Bezeichnung für die aus der Chasselas-Traube erzeugten Weißweine im Kanton Genf.

SALVAGNIN Rote Qualitätsweine des Kantons Waadt aus den Sorten Pinot Noir und/oder Gamay, die in der jährlichen Degustationsprüfung mindestens 18 Punkte erreicht haben.

TERRAVIN Qualitätssiegel für überdurchschnittliche Weißweine (Chasselas) des Kantons Waadt.

VITI Von einer kantonalen Degustationskommission alljährlich zugesprochenes Gütezeichen für Tessiner Merlot.

VINATURA Schweizer Weine, die nach den Grundsätzen der Integrierten Produktion, das heißt umweltschonend, produziert wurden.

# ÖSTERREICH

GESCHICHTE Nach den Kelten waren die Römer die ersten, die die Rebe in Österreich kultivierten. Unter Kaiser Probus (ab 276 n.Chr.) wurde das bis dahin bestehende Weinanbauverbot nördlich der Alpen aufgehoben; dies war der Beginn des eigentlichen Weinbaus in Österreich. Die Krise aufgrund der kriegerischen Ereignisse und die Finanzpolitik der Habsburger fügten

*Rust im Neusiedlersee-Hügelland ist eine charmante Stadt; von hier kommen die edelsüßen Weine.*

während des 14. Jahrhunderts dem Export und dem österreichischen Wein allgemein große Schäden zu. 1456 war ein katastrophaler Weinjahrgang. Teile des Weins wurden zum Anrühren des Mörtels für den Turmbau der St. Stephanskirche in Wien verwendet. Seine größte Ausdehnung erreichte der österreichische Weinbau im 16. Jahrhundert, als Ungarn aufgrund der türkischen Besetzung als Konkurrent ausfiel. Entlang der Donau reichte der Weinbau bis nach Linz (Oberösterreich). Auch in Salzburg gab es auf dem Mönchs- und Nonnberg Weinbau. Die Rebfläche war mehr als zehnmal so groß wie heute, wurde aber aus wirtschaftlichen Gründen und aufgrund der Klimaverschiebung wieder verringert. Ende des 19. Jahrhunderts kämpfte auch Österreich gegen die Reblaus. Versuche mit resistenten amerikanischen Unterlagsreben und Forschungsarbeiten an der Klosterneuburger Weinbauschule führten schließlich zum Erfolg. Ende der 50er Jahre setzte sich in Österreich sowie in anderen Teilen Europas die vom österreichischen Weinbaupionier Lenz Moser entwickelte Hochkultur durch, die dem Winzer eine einfachere und ökonomischere Bearbeitungsweise erlaubte. 1985 kam es zu Ereignissen, die unter dem Namen „Weinskandal" bekannt wurden. Obwohl nur eine Handvoll Betriebe davon betroffen waren, wurde die Bezeichnung „Österreichischer Wein" lange Zeit mit dem Zusatz von Diäthylenglykol assoziiert. Neue, strengere Weingesetze haben Österreich wieder zu einem guten Ruf verholfen.

GEOGRAPHIE Landschaft und Klima in Westösterreich sind durch die Alpen geprägt. Weinbau wird in Österreich daher bis auf wenige Ausnahmen in den östlichen und südöstlichen Bundesländern betrieben, die klimatisch begünstigt sind.

## ÖSTERREICH

ANBAUGEBIETE Österreich ist in vier Weinbaugebiete unterteilt. Diese Gebiete sind seit der Weingesetznovelle von 1995 in 16 Weinbauregionen gegliedert. Die vier Gebiete sind: BURGENLAND an der Grenze zu Ungarn mit den Regionen

*Die Region Wachau liegt entlang der Donau und ist eine wichtige Weinbauregion. Im Bild Dürnstein.*

Mittelburgenland, Neusiedlersee, Neusiedlersee-Hügelland und Südburgenland. NIEDERÖSTERREICH im Nordosten mit den Regionen Wachau, Kremstal, Kamptal, Donauland, Traisental, Weinviertel, Carnuntum und Thermenregion. STEIERMARK im Südosten zu Slowenien mit den Regionen Südost-Steiermark, Südsteiermark und Weststeiermark. WIEN ist die einzige Hauptstadt der Welt mit nennenswertem Weinbau und stellt ein eigenes Weinbaugebiet dar.

WEINE Weißwein wird zu 80% angebaut. Die häufigste Rebsorte ist der Grüne Veltliner (36%) knapp 10% der Rebfläche wird mit Müller-Thurgau (Riesling x Sylvaner) und 8% mit Welschriesling bebaut. Weitere Sorten sind Weißer Burgunder (Pinot Blanc), Neuburger und Riesling. Der Anteil an Rotwein nimmt zu. Den größten Rebflächenanteil nehmen die Sorten Zweigelt, Blauer Portugieser und Blaufränkisch ein. Stark im Trend liegen rote Rebsorten wie Cabernet Sauvignon und Merlot und die weißen Sorten Chardonnay und Sauvignon Blanc (in der Steiermark traditionell Morillon und Muskat-Sylvaner genannt). Der Rebflächenanteil dieser Sorten liegt ebenso wie jener von Cabernet Franc, Blauburgunder oder Pinot Gris (Grauburgunder) unter 1%. Insgesamt sind gesetzlich 34 Sorten für den Qualitätsweinbau zugelassen.

WEINGESETZ Es sind folgende Qualitätsbezeichnungen zugelassen: TAFEL-/LANDWEINE, QUALITÄTSWEINE und PRÄDIKATSWEINE. Das Mindest-Mostgewicht der Trauben für Landweine liegt bei 13 °KMW (Klosterneuburger Mostwaage: 1 °KMW = 5 ° Öchsle). Als Kabinett wird ein Wein bezeichnet, der mind. 17 °KMW aufweist und weitere Anforderungen erfüllt. Für Prädikatsweine gelten folgende Grenzen: Spätlese (19 °KMW), Auslese (21 °KMW), Beerenauslese (25 °KMW), Ausbruch (eine edelsüße Spezialität in Österreich, 27 °KMW), Trockenbeerenauslese (30 °KMW) und Eiswein (mind. 25 °KMW). Ab Kabinett darf nicht aufgezuckert werden und für den Schwefelgehalt der Weine gibt es strenge Grenzwerte. Jeder Qualitätswein muss eine Analyse und Verkostung zur Erteilung der staatlichen Prüfnummer durchlaufen, bevor er zum Verkauf freigegeben werden darf.

PRODUZENTEN Ca. 45 000, meist kleine Familienbetriebe.

REBFL/PROD Ca. 52 000 ha, durchschnittlich knapp 2 Mio. hl/Jahr, mit Schwankungen zwischen 1,2 Mio. hl und 3 Mio. hl.

WISSENSWERT Weitere Informationen: Österreichische Weinmarketing Services GmbH, Gumpendorferstr. 5, A-1060 Wien. Tel. 01-587 47 67. Fax 01-587 47 67 32. E-Mail: austrian.wine@inmedias.at/pr., austrian.wine@inmedias.at/event, austrian.wine@inmedias.at. Homepage: www.austrian.wine.co.at/wine.

*Österreich hat eine sehr alte Weinbaugeschichte und die Tradition ist noch sehr groß. Nach dem „Weinskandal" in den 80er Jahren wurden die Gesetze so verschärft, dass Österreich heute wieder einen sehr guten Ruf genießt.*

## NIEDERÖSTERREICH

RUF In Niederösterreich werden Weine von sehr unterschiedlicher Qualität hergestellt. Die Wachau wird als die beste Region angesehen und im Weinviertel werden meist einfachere Weine gekeltert. Auch Krems- und Kamptal haben einen sehr guten Ruf, während Carnuntum, das Traisental und das Donauland weniger bekannt sind.

GEOGRAPHIE Niederösterreich besteht aus

*Die Weinberge befinden sich an Hanglagen entlang der Donau und werden von der Sonnenwärme verwöhnt.*

mehreren Regionen, die sich auf der Donauebene ausbreiten. In der Wachau im Nordwesten ist die Landschaft karg und sehr hügelig. In jedem Gebiet herrscht ein anderes Klima, woraus sich unterschiedliche Anbaubedingungen ergeben.

WEINE Hier werden die unterschiedlichsten Weine erzeugt. Gehaltvolle Weißweine aber dominieren. Im Weinviertel wird häufig einfacher Grundwein für die Sektherstellung produziert. Süßweine kommen nur selten vor.

REBSORTEN Es werden viele verschiedene Rebsorten angebaut, die wichtigste ist der Grüne Veltliner.

REBFL/PROD 33 405 ha, 1,2 Mio. hl/Jahr.

## WACHAU

RUF Ein sehr altes und für viele das schönste wie auch das beste Weinbaugebiet Österreichs. Vor allem für die hervorragenden Rieslinge, aber auch für Grünen Veltliner ist die Wachau auch außerhalb der Landesgrenzen bekannt.

GEOGRAPHIE/KLIMA Die pannonische Klimazone reicht vom Osten her in die Wachau hinein. Von den Höhen des südlich der Donau gelegenen Dunkelsteiner Waldes sowie des Waldviertels im Norden strömen kühlere, feuchtere Luftmassen durch Seitentäler abwärts. Es entsteht eine Art Fjord-Klima und eine permanente Luftzirkulation, die die Aromabildung in den Trauben beeinflusst. Die Donau bewirkt eine Regulation des Klimas und einen Temperaturausgleich.

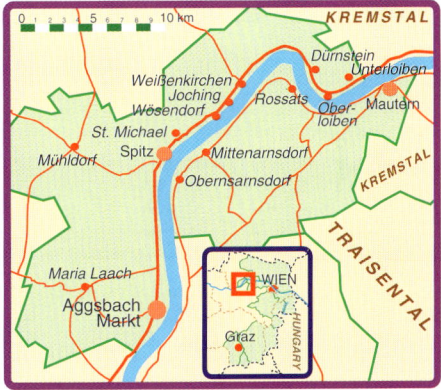

BODEN Auf den Bergterrassen herrschen verwitterte Urgesteinsböden vor, talabwärts stellenweise mit angeschwemmten Lößinseln überdeckt und in leichte, sandige Böden übergehend. Viele Weingärten in Steillagen sind terrassenförmig angelegt, wobei errechnet wurde, dass für diese Terrassen mehr Steine verwendet worden sind als für die ägyptischen Pyramiden.

WEINE Fast ausschließlich trockene Weißweine, vorwiegend Grüner Veltliner und Riesling, mit prägnanter Frucht und stahliger Säure. Um die Qualität der Weine zu schützen, haben die Winzer in der Wachau die Organisation Vinea Wachau gegründet. Die Mitglieder müssen hinsichtlich Anbauplatz, Mostgewicht, Alkoholgehalt usw. gewisse Anforderungen erfüllen. Drei eigene Qualitätsklassen sind geschützt: Steinfeder, Federspiel und Smaragd. Klassisch ausgebauter Chardonnay wird nach alter Sitte wieder als „Feinburgunder" bezeichnet.

REBSORTEN 57% der Rebfläche ist mit Grünem Veltliner bestockt, weitere Sorten sind MT, Riesling, Neuburger, Zweigelt sowie St. Laurent.

PRODUZENTEN 1 044 Winzer mit nicht mehr als 20 ha Rebfläche.

REBFL/PROD 1 360 ha, etwa 75 000 hl/Jahr.

## Freie Weingärtner Wachau

**GESCHICHTE** Im Jahr 1137 wurde das Weingut Herrschaften Dürnstein und Thal Wachau zum ersten Mal urkundlich erwähnt. Heute sind daraus die Freien Weingärtner Wachau, Österreichs führende Weinbaugenossenschaft, geworden.

**WEINE** Von etlichen der besten Lagen der Wachau werden vor allem sehr gute Grüne Veltliner, Rheinrieslinge, Neuburger und Weißburgunder gekeltert. Durch die Größe des Betriebs können zumeist mehr als ein Dutzend Smaragd-Weine pro Jahrgang angeboten werden.

**RUF** Eine führende Genossenschaft in Österreich, vor allem die Smaragd-Weine sind sehr interessant. Durchgehend hohe Qualität und preiswerte Weine.

**LAGEN** U.a. Loibenberg, Kellerberg, Hochrain und Singerriedel.

**REBSORTEN** Vor allem Grüner Veltliner (53%) und Riesling (15%). Weitere Sorten sind Neuburger, Feinburgunder (Chardonnay) und Weißburgunder. Sehr wenig rote Sorten.

*Freie Weingärtner Wachau ist eine führende Genossenschaft und bekannt für Grüne Veltliner.*

**WEINHERSTELLUNG** Die Gärung erfolgt bei 18-20 °C in rostfreien Stahltanks. Einige Weine werden in großen, alten Eichenfässern ausgebaut.

**LAGERUNG** Die meisten Weine sind nach einer Lagerzeit zwischen drei und acht Jahren trinkreif.

**REBFL/PROD** Insg. 600 ha, 250 000 Kisten/Jahr.

**Besitzer** 750 Winzer in der Wachau • **Kellermeister** Fritz Miesbauer • **Besuch** Mo-Do 8-12, 13.30-16.30, Fr 8-12 • **Adresse** Freie Weingärtner Wachau, Dürnstein 107, A-3601 Dürnstein • **Tel.** 02711-371 • **Fax** 02711-371-13 • **Homepage** www.austrian.wine.co.at/wine/fwg

PRODUKTION　QUALITÄT　PREIS

## Franz Hirtzberger

**GESCHICHTE** Die Hirtzbergers sind eine alteingesessene Wachauer Weinbauerfamilie. Das schöne Weingut stammt aus dem 13. Jh. Während Franz Hirtzberger sen. die Qualitätslinie des Hauses begründet hat, hat der jetzige Besitzer, Franz Hirtzberger jun., die Weinqualität sozusagen auf die Spitze getrieben.

**WEINE** Die besonders eleganten Weine sind geprägt von einer feinen, zarten Fruchtigkeit, untermalt mit einem munteren Säurespiel. Paradesorte ist der Rheinriesling, vor allem wenn er von den Terrassenrieden Hochrain oder Singerriedel

*Die besonders eleganten Weine von Franz Hirtzberger sind geprägt von einer feinen, zarten Fruchtigkeit.*

kommt. Doch auch die mengenmäßige Hauptsorte Grüner Veltliner gelingt im Hause Hirtzberger geradezu idealtypisch.

**RUF** Gehört zu den führenden Spitzenproduzenten in der Wachau. Stets sortenreine Weine. Am besten sind die Smaragd-Weine aus Riesling und der Grüne Veltliner.

**LAGEN** Spitzer Hochrain, Rotes Tor, Singerriedel, Honigvogl, Donaugarten.

**REBSORTEN** Grüner Veltliner, Riesling und Riesling x Sylvaner sowie Zweigelt u.a.

**WEINHERSTELLUNG** Nach möglichst später Lese werden die Trauben in einem Rebler mit Holzrotor schonend entrappt. Die Pressung erfolgt in einer pneumatischen Beuler-Presse. Die Moste werden weder geschwefelt noch entschleimt und ohne Hefezusatz vergoren. Ist die Säure zu hoch, wird sie biologisch abgebaut.

**LAGERUNG** Die besten Weißweine vertragen eine Lagerung über sieben Jahre.

**REBFL/PROD** 10,5 ha, etwa 5 000 Kisten/Jahr.

**Besitzer** Franz Hirtzberger • **Kellermeister** Franz Hirtzberger • **Besuch** Nach Vereinbarung • **Adresse** Franz Hirtzberger, A-3620 Spitz/Donau-Wachau • **Tel.** 02713-2209 • **Fax** 02713-2405

PRODUKTION　QUALITÄT　PREIS

ÖSTERREICH • NIEDERÖSTERREICH • WACHAU

## EMMERICH KNOLL

GESCHICHTE  Seit mehr als 200 Jahren betreiben die Knolls Weinbau in Loiben, wo das Weingut Anteil an einigen der besten Lagen hat. Der heutige Besitzer, Emmerich Knoll, hat die Weinqualität kontinuierlich gesteigert. Heute sind die Flaschen mit dem charakteristischen, bunt-anti-

Neben der Top-Qualität der Knoll-Weine zeichnet sich das Weingut auch durch seine Beständigkeit aus.

quierten Etikett aus den heimischen Spitzenrestaurants nicht mehr wegzudenken.
 WEINE  Knoll-Weine zählen meist zu den kraftvollsten und komplexesten der Wachau. Sie bestechen in der Jugend mit würziger, tiefer Duftfülle, Körperreichtum und Extrakt. Mit zunehmendem Alter offenbaren sie ihre ganze Vielschichtigkeit und die bei aller Kraft vorhandene Eleganz. Riesling, Veltliner und Chardonnay (Feinburgunder) sind die Spitzensorten.
 RUF  Von manchen für den besten Winzer der Wachau gehalten, zählt Emmerich Knoll jedenfalls zur absoluten Spitze Österreichs.
 LAGEN  U.a. Dürnsteiner Schütt, Dürnsteiner Kellerberg, Loibner Schütt, Loibner Kreutles.
 REBSORTEN  Hauptsächlich Grüner Veltliner und Riesling. Andere Sorten: Chardonnay, Riesling x Sylvaner, Muskateller, Blauburgunder.
 WEINHERSTELLUNG  Durch kräftiges Ausdünnen im Weingarten werden gesunde, vollreife Trauben geerntet. Im Keller bemüht man sich, möglichst wenig einzugreifen. Die Weine reifen in Stahltanks und auch in großen Holzfässern.
 LAGERUNG  Die Weine haben ein langes Leben (Top-Jahrgänge 10 Jahre und mehr) und legen während der Lagerung noch zu.
 REBFL/PROD  11 ha, etwa 6 000 Kisten/Jahr.

**Besitzer** Monika & Emmerich Knoll • **Kellermeister** Emmerich Knoll • **Besuch** Nach Vereinbarung • **Adresse** Emmerich Knoll, A-3601 Unterloiben 10 • **Tel.** 02732-79255 • **Fax** 02732-79455

PRODUKTION   QUALITÄT   PREIS

## NIKOLAIHOF WACHAU

GESCHICHTE  Der Nikolaihof steht auf den Überresten einer römischen Befestigungsanlage und ist das älteste Weingut der Wachau. Der heutige Besitzer, Nikolaus Saahs, keltert aus einer biologischen Produktion nach traditionellen Methoden einige der besten Weine der Wachau.
 WEINE  Die Weine vom Nikolaihof sind zumeist „Spätstarter". Im Gegensatz zu anderen Wachauer Spitzenkreszenzen überwältigen sie nicht von vornherein durch ihre Duftfülle, sondern zeigen sich in der Jugend eher verschlossen, um nach einiger Flaschenlagerung ihren ganzen Facettenreichtum zu zeigen. Die besten Riesling-

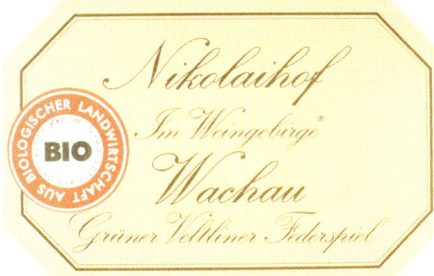

Mit seinen lagerfähigen Riesling-Weinen gehört der Nikolaihof in der Wachau zu den Traditionalisten.

Weine stammen aus den Lagen „Steiner Hund" und „Vom Stein"; die besten Grünen Veltliner stammen aus der Lage „Im Weingebirge".
 RUF  Einer der führenden Betriebe der Wachau, wobei Nikolaus Saahs als Traditionalist gilt, der den Wein möglichst wenig manipulieren möchte.
 LAGEN  Vom Stein, Steiner Hund, Burggarten, Im Weingebirge.
 REBSORTEN  Riesling, Grüner Veltliner.
 WEINHERSTELLUNG  Seit mehr als zwei Jahrzehnten werden die Weingärten nach biologischen Gesichtspunkten bearbeitet; daher wird unter anderem auf den Einsatz von Kunstdünger und Herbiziden verzichtet. Stahltanks oder Barriques findet man im Keller auch heute nicht.
 LAGERUNG  Saahs-Weine zählen zu den lagerfähigsten der Wachau; Ausnahme-Rieslinge sollten ein Jahrzehnt problemlos überdauern.
 REBFL/PROD  18 ha, 8 000 Kisten/Jahr.

**Besitzer** Fam. Saahs • **Kellermeister** Nikolaus Saahs • **Besuch** Nach Vereinbarung • **Adresse** Nikolaihof Wachau, A-3512 Mautern-Wachau • **Tel.** 02732-82901 • **Fax** 02732-76440

PRODUKTION   QUALITÄT   PREIS

661

## Franz Prager

**GESCHICHTE** Franz Prager zählt neben Josef Jamek zu den Pionieren des Wachauer Weinbaus und hat das Gut zu einem der besten der Wachau gemacht. Mittlerweile hat der Senior, der nach wie vor voll aktiv ist, das Gut an seine Tochter Ilse und Schwiegersohn Anton Bodenstein übergeben, der die Qualitätslinie weiterverfolgt und ausbaut.

**WEINE** Die Weine, allen voran der Riesling, der rund die Hälfte der Gesamtproduktion ausmacht, zeichnen sich durch ihre Fruchtigkeit und Eleganz aus. Im Smaragd-Bereich kommen - auch beim Chardonnay (Feinburgunder) - Körperreichtum und Komplexität hinzu.

*F. Prager zählt zu den Pionieren des Wachauer Weinbaus; er hat das Gut zu einem der besten der Wachau gemacht.*

**RUF** Der ausgezeichnete Ruf, den Franz Prager als Riesling-Spezialist seit jeher hatte, wird durch den Feinburgunder und die gekelterten Prädikatsweine erweitert.

**LAGEN** Weißenkirchner Steinriegl, Weißenkirchner Hinter der Burg.

**REBSORTEN** Vor allem Riesling, gefolgt von Chardonnay, Grünem Veltliner. Wenig Weißburgunder und Sauvignon Blanc.

**WEINHERSTELLUNG** Die Prager'schen Weingärten sind „grün". Die chemische Keule bleibt draußen, stattdessen Gründüngung und die Verwendung von kompostierten Trestern. Im Keller werden die Weine gekühlt in Stahltanks vergoren und dann in Eichenholzfässern gelagert.

**LAGERUNG** Die Weine haben eine gute Lagerfähigkeit (Spitzenprodukte 7 bis 10 Jahre), werden aber aufgrund ihrer animierenden Fruchtigkeit zumeist jung getrunken.

**REBFL/PROD** 12,5 ha, etwa 7 500 Kisten/Jahr.

•**Besitzer** Franz & Franziska Prager •**Kellermeister** Franz Prager •**Besuch** Nach Vereinbarung •**Adresse** Franz Prager, A-3610 Weißenkirchen 48 •**Tel.** 02715-2248 •**Fax** 02715-2532

PRODUKTION    QUALITÄT    PREIS

## Weitere Produzenten

### Leo Alzinger

Seit 1827 baut die Familie Alzinger in dieser Gegend Wein an. Vor allem Grüner Veltliner, gefolgt von Riesling und Chardonnay, werden kultiviert. Am besten ist der Riesling von Loibenberg, Steinertal und Höhereck. Auch der Chardonnay ist sehr interessant. FAKTEN 5 ha, 1 700 Kisten/J.

•**Besitzer:** Fam. Alzinger **Kellermeister:** Leo Alzinger **Adresse:** Unterloiben 11, A-3601 Unterloiben. **Tel.** 02732-77900. **Fax** 02732-77900.

### Josef Högl

Frische, gut gebaute Weine. Riesling und Grüner Veltliner gehören zu den besten. Auch Chardonnay und Neuburger sind ansprechend. 10% der Produktion entfällt auf Rotweine. FAKTEN 4 ha, 1 600 Kisten/Jahr.

•**Besitzer:** Josef Högl **Besuch:** Nach Vereinbarung. **Adresse:** Vießling 31, A-3620 Spitz/Donau. **Tel.** 02713-8458.

### Josef Jamek

Seit 1603 befindet sich das wunderschöne

*Josef Jamek gehört in der Wachau zu den großen Qualitätspionieren.*

Schloss Auvernier, in dessen Gewölbekellern weit über die Grenzen hinaus bekannte Weine lagern, in Familienbesitz. Qualitätsweine aus besten Lagen: u.a. Hochrain, Stein am Rain, Klaus und Zwerithaler. Riesling wird zu 40% und Grüner Veltliner zu 25% angebaut. Für die Wachau eher ungewöhnlich ist die Herstellung von Gelbem Muskateller. FAKTEN 49 ha, 11 000 Kisten/Jahr.

•**Besitzer:** Josef Jamek **Kellermeister:** Adolf Gattinger **Besuch:** Täglich, außer So-Mo. **Adresse:** A-3610 Joching 45. **Tel.** 02715-2235. **Fax** 02712-2483.

### Karl Lagler

Allein der ebenso schöne wie gemütliche Heurige wäre schon ein Grund, zu Karl Lagler zu kommen. Freilich findet man hier darüber hinaus auch ausgezeichnete trockene Weißweine der Sorten

## WEITERE PRODUZENTEN

Veltliner, Riesling und nicht zuletzt vom Neuburger. Während diese Weine meist schlank, fruchtbetont und von mineralisch-stahliger Säure gekennzeichnet sind, zeichnet sich die Burgunder-Cuvée aus Chardonnay, Weißburgunder und Neuburger durch reife Würze und Komplexität aus.

• **Besitzer:** Karl Lagler **Besuch:** Nach Vereinbarung. **Adresse:** Rote Torgasse 10, A-3620 Spitz/Donau. **Tel.** 02713-2516. **Fax** 02713-2950.

### FRANZ X. PICHLER

Die besten Weine des Gutes haben mittlerweile

*Pichler ist ein kleiner Familienbetrieb und erzeugt sehr gute Grüne Veltliner und Rieslinge.*

fast schon Kultstatus erlangt, was auch dazu führt, dass sie rasch ausverkauft sind. Paradewein ist der Riesling, insbesondere von Lagen wie Kellerberg oder Steinertal. Diese Bilderbuchweine brillieren mit einer enormen Fruchtfülle, stahliger Säure, vielschichtigem Körper und langem Abgang. Auch Grüner Veltliner sowie die hier eher selten anzutreffenden Sorten Sauvignon Blanc und Gelber Muskateller erreichen regelmäßig Top-Qualität. **FAKTEN** 7,5 ha, 3 100 Kisten/J.

• **Besitzer:** F.X. Pichler **Besuch:** Nach Vereinbarung. **Adresse:** A-3601 Oberloiben 27. **Tel.** 02732-85375. **Fax** 02732-85375.

### RUDOLF PICHLER

Auf einigen der besten Rieden von Wösendorf stehen die Reben von Rudolf Pichler. Vor allem von den Sorten Grüner Veltliner, Riesling und Weißburgunder keltert er feinfruchtige, staubtrockene Weißweine, die auch durch ihr Säurespiel zu gefallen vermögen. Wenn es das Jahr zulässt, strebt Pichler wenigstens einen Smaragd-Wein pro Sorte an. Auch Roter Veltliner und Zweigelt werden hergestellt. **FAKTEN** 5 ha, etwa 2 500 Kisten/Jahr.

• **Adresse:** Wösendorf 38, A-3610 Wösendorf 38. **Tel.** 02715-2267. **Fax** 02715-22674.

## KREMSTAL

Krems ist seit jeher ein Zentrum des österreichischen Weinbaus. Dennoch ist das Kremstal erst mit der Weingesetznovelle 1993 zum eigenständigen Weinbaugebiet avanciert. Die Region rund um Krems erbringt vor allem ausgezeichnete Veltliner und Rieslinge von einer typischen, gegenüber der Wachau etwas weicheren Stilistik, die sich in guten Jahren oft auch durch extreme Langlebigkeit auszeichnen.

**GEOGRAPHIE/KLIMA** Beeinflusst durch die Donau herrscht im an die Wachau angrenzenden Kremstal ein mildes Klima, wobei das Zusammentreffen des pannonischen, warmen Klimas aus dem Osten mit dem wesentlich raueren des Waldviertels im Norden zu großen Temperaturunterschieden zwischen Tag und Nacht führt. Ideale Bedingungen also für fruchtige Weißweine.

**BODEN** Während westlich von Krems, also in Richtung Wachau, Urgesteinsböden dominieren (Kremser Kögel, Pfaffenberg, Steiner Hund), findet man östlich davon eher Lehm- und Lößböden (Kremser Sandgrube etc.).

**WEINE** Die fast ausschließlich trocken ausgebauten Weißweine mit ihrer milden, weichen, sanft-fruchtigen Charakteristik dominieren.

**REBSORTEN** Weiß: Grüner Veltliner, Riesling, Müller-Thurgau, Frühroter Veltliner, Weißburgunder, Chardonnay u.a. Rot: Zweigelt, Pinot Noir, Neuburger.

**PRODUZENTEN** Von wenigen größeren Betrieben mit Rebflächen von 20 Hektar und mehr abgesehen überwiegen Klein- und Mittelbetriebe.

**REBFL** 2 438 ha, ca. 140 000 hl/Jahr.

**WISSENSWERT** In den Räumlichkeiten des ehemaligen Kapuzinerklosters Und (Krems-Stein, Undstraße 6) sind ein Weinmuseum, eine Wachau- und Österreich-Vinothek sowie Seminar- und Verkostungsräume untergebracht.

ÖSTERREICH • NIEDERÖSTERREICH • KREMSTAL

## Lenz Moser

GESCHICHTE Das Weingut Lenz Moser ist aus dem ehemaligen Familienimperium der Weinbaupioniere hervorgegangen. Ende der 50er Jahre entwickelte Lenz Moser die „Hochkultur", die den Winzern eine einfachere und ökonomischere Bearbeitungsweise erlaubte. 1986 wurde der Betrieb an die Linzer Getränkehandelsgesellschaft GHG verkauft. Die Familie ist immer noch für die Geschäftsführung verantwortlich. Zum Weingut gehört auch der Klosterkeller Siegendorf.

WEINE Die wohl besten Weine stammen aus dem zugepachteten Weingut in Mailberg. Vor allem der Blaue Burgunder und die Cabernet-Cuvées sind Weine von internationalem Zuschnitt. Auch im burgenländischen Siegendorf werden beachtliche Rotweine gekeltert. Hier soll in Zukunft eine Cabernet-Cuvée nach französischem Vorbild entstehen. Einfachere Weine werden in der Serie „Storch" und „Servus Burgenland" vermarktet.

RUF Trotz großer Produktion ist die Qualität

*Lenz Moser zählt zu den bekanntesten Winzern Österreichs, auch wegen der „Hochkultur"-Reberziehung.*

sehr hoch. Lenz Moser ist auch international sehr bekannt.

LAGEN Mailberg, Siegendorf u.a.

REBSORTEN Verschiedene Rebsorten werden angebaut. Der Grüne Veltliner dominiert, gefolgt von Welschriesling, Zweigelt und Blaufränkisch.

WEINHERSTELLUNG Moderne Methoden. Alle Weine werden trocken ausgebaut (außer der Beeren- und Trockenbeerenauslese). Moser gehörte zu den ersten Betrieben Österreichs, die den Barrique-Ausbau anwandten.

LAGERUNG Die besten 4-6 Jahre.

REBFL/PROD 1 500 ha, ca. 1,2 Mio. Kisten/J.

**Besitzer** Getränke Handelshaus GHG • **Kellermeister** Ernest Grossauer • **Besuch** Nach Vereinbarung • **Adresse** Lenz Moser, Lenz Moser Str. 1, A-3495 Rohrendorf bei Krems • **Tel.** 02732-85541 • **Fax** 02732-85900 • **E-Mail** lens.moser@wvnet.at • **Homepage** www.lenzmoser.at

## Weitere Produzenten

### Malat

Gerald Malat hat das Weingut 1976 übernommen und seither zielstrebig und mit viel Innovationsfreude zu einem der besten Betriebe Österreichs aufgebaut. Sehr gute Grüne Veltliner vom Höhlgraben, Riesling vom Steinbühel und Chardonnay vom Hochrain. Die Palette reicht von fruchtigen, frischen Weinen bis zu den komplexen Granaten „Das Beste vom Veltliner" bzw. „Das Beste vom Riesling"; enorm gehaltvolle Essenzen. Auch Schaumweine werden hergestellt. FAKTEN 30 ha, ca. 15 000 Kisten/Jahr.

•**Besitzer:** Fam. Malat **Kellermeister:** J. Ortmann **Besuch:** Nach telefonischer Vereinbarung. **Adresse:** A-3511 Palt 27. **Tel.** 02732-82934. **Fax** 02732-82913.

### Mantlerhof

Die Geschichte des imposanten Anwesens der Familie Mantler reicht über mehrere Jahrhunderte zurück. Josef Mantler sen. war einer der ersten, der in dieser Region Weine in Flaschen gefüllt hat. Grüner Veltliner ist die dominierende Rebsorte. Die Weine weisen zumeist eine schöne Reife und Dichte auf. Angebaut werden fast ausschließlich Weißweine, wobei die extraktreichsten von ihnen einige Zeit Flaschenlagerung nicht nur vertragen, sondern geradezu verlangen.

•**Besitzer:** Josef Mantler **Besuch:** Nach Vereinbarung. **Adresse:** Hauptstraße 50, A-3494 Brunn im Felde. **Tel.** 02735-8248. **Fax** 02735-8916.

### Sepp Moser

Seit 1986 betreibt Sepp Moser das Weingut im Atriumhaus in Rohrendorf. Die Weingärten sind Teil des ehemaligen Lenz-Moser-Familienimperiums. Hier entstehen vor allem elegante, trockene Weißweine wie etwa der klassische Chardonnay von der Ried Gebling - stets ein sicherer Tipp. Andere Weine sind die Cuvée Hedwighof (Zweigelt und Cabernet) sowie der Sauvignon Blanc „Atriumweingarten".

•**Besitzer:** Sepp Moser **Besuch:** Täglich 9-17. **Adresse:** Untere Wienerstraße 1, A-3495 Rohrendorf/Krems. **Tel.** 02732-70531. **Fax** 02732-70531-10.

### Nigl

Erst 1987 entschloss sich Martin Nigl, überhaupt Weine in Flaschen abzufüllen. Mittlerweile hat das Weingut jedoch einen raschen Aufstieg zur Spitze der heimischen Weißweinbetriebe erlebt. Gemeinsam ist den Rieslingen und Veltlinern die herrliche Fruchtigkeit, die kühle, stahlige Säurestruktur, die Reintönigkeit und die Substanz. Die Palette reicht von schlanken, fruchtbetonten Veltlinern bis zu trockenen Spätlesen, etwa vom Chardonnay oder Sauvignon Blanc.

•**Besitzer:** Martin Nigl **Besuch:** Nach Vereinbarung. **Adresse:** Priel 7, A-3541 Senftenberg. **Tel.** 02719-2609. **Fax** 02719-26094.

PRODUKTION    QUALITÄT    PREIS

## KAMPTAL

RUF Das seit der Weingesetznovelle 1993 eigenständige Weinbaugebiet ist vor allem für die hervorragenden, trockenen Weißweine bekannt. Auch wenn die Weine nicht exakt vergleichbar sind, wetteifert man doch mit der nahe gelegenen Wachau um die besseren Qualitäten.

GEOGRAPHIE/KLIMA Das Weinbaugebiet umfasst die Region rund um Langenlois mit der bekannten Spitzenlage Zöbinger Heiligenstein sowie die Gegend rund um den Kamp. Das Klima ist ähnlich mild wie im Donauraum, jedoch stärker vom raueren Waldviertel beeinflusst.

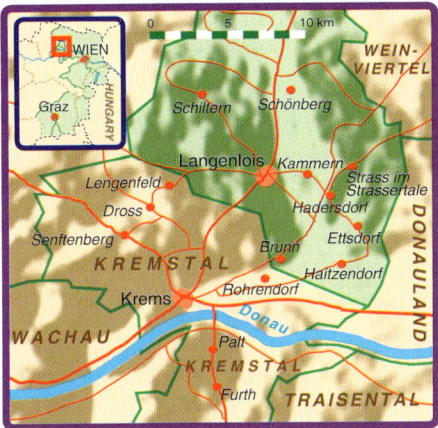

BODEN Dominierend sind Lehm- und Lößböden, doch findet man auch Schotter- und Urgesteinsböden, wie etwa am Heiligenstein.

WEINE Trockene Weißweine dominieren das Geschehen, wobei Top-Winzer zuweilen auch Prädikatsweine keltern. Rotweine erreichen nur in Ausnahmefällen beachtliche Qualitäten.

REBSORTEN Grüner Veltliner, Neuburger, Riesling, Müller-Thurgau, Frühroter Veltliner, Weißer und Grauer Burgunder, Chardonnay etc. sowie auf geringen Flächen Rotweinsorten wie Zweigelt oder Blauer Burgunder u.a.

PRODUZENTEN Neben den hauptsächlich vertretenen Klein- und Mittelbetrieben gibt es auch einige größere Betriebe mit über 20 Hektar, die in vielerlei Hinsicht auch die Funktion von Leitbetrieben übernehmen.

REBFL 4 200 ha, ca. 200 000 hl/Jahr.

WISSENSWERT Im „Ursin-Haus" in Langenlois (A-3550 Langenlois, Kornplatz 5) stehen ständig rund 250 Weine sowie Edelbrände des Gebietes Langenlois/Kamptal zur Verkostung bereit. Sie werden dort auch zu Ab-Hof-Preisen verkauft.

## WILLI BRÜNDLMAYER

GESCHICHTE Bis 1650 zurück reicht die Weinbautradtition im Hause Bründlmayer. Bereits Senior Wilhelm galt als Weinbaupionier und entwickelte unter anderem den Bründlmayer-Rebschnitt. Willi Bründlmayer jun., der seit 1980 das Gut leitet, hat den Betrieb als einen der besten und erfolgreichsten des Landes etabliert.

WEINE Die Weißweinqualitäten reichen vom idealtypischen, fruchtig-eleganten Veltliner über komplexe, tiefgründige Rieslinge vom Heiligenstein bis zu mächtigen Pinot Gris oder dem Chardonnay. Der Blaue Burgunder „Dechant" zeichnet sich durch Eleganz aus. Bründlmayer brut ist der wohl beste Winzersekt des Landes.

RUF Ein Innovator und Meister der Kellereitechnik, der auch international erfolgreich ist.

LAGEN U.a. Zöbinger Heiligenstein, Langenloiser Berg-Vogelsang, Langenloiser Dechant u.a.

REBSORTEN Burgunder (Weiß-, Grau- und Blauburgunder), Grüner Veltliner, Riesling sowie Chardonnay, Cabernet Sauvignon und Merlot.

WEINHERSTELLUNG Ein Teil der Weinreben wird Y-fömig gezogen (Lyra-Erziehung). Dadurch

*Von seinem Vater hat Willi Bründlmayer die Liebe und den Respekt vor der Natur übernommen.*

erzielt man günstigere Belichtungs- und Belüftungsverhältnisse. Begrenzter Ertrag erhöht die Qualität noch weiter. Alle Weine außer dem Chardonnay werden in temperierten Edelstahltanks sorgfältig vergoren. Danach reifen sie in Holzfässern, teils aus Mannhartsberger Eiche.

LAGERUNG Die besten Weine mehr als ein Jahrzehnt, in Ausnahmejahren weit länger.

REBFL/PROD 55 ha, etwa 16 000 Kisten/Jahr.

**Besitzer** Fam. Bründlmayer • **Kellermeister** Willi Bründlmayer • **Besuch** Do-Fr 15-22, Sa-So 13-22 • **Adresse** Willi Bründlmayer, Zwettlerstraße 23, A-3550 Langenlois • **Tel.** 02734-21720 • **Fax** 02734-3748

| PRODUKTION | QUALITÄT | PREIS |
|---|---|---|

## WEITERE PRODUZENTEN

### JURTSCHITSCH-SONNHOF

Die drei Brüder Jurtschitsch, die sich die Verantwortung für die Bereiche Weingarten, Kellerei und Marketing teilen, zeigen, dass man auch mit einer für österreichische Verhältnisse überdurchschnittlichen Betriebsgröße (45 ha) auf der ganzen Bandbreite sehr gute Weine herstellen kann. Ob Grüner

*Das Kamptal ist benachbart zur Wachau und wird von ihr auch zum Qualitätsanbau angespornt.*

Veltliner, Pinot Blanc, Chardonnay, Rotwein oder Prädikatsweine: wo Sonnhof draufsteht, ist Qualität drin.

• **Besitzer:** Fam. Jurtschitsch **Besuch:** Nach Vereinbarung. **Adresse:** Rudolfstraße 39, A-3550 Langenlois. **Tel.** 02734-2116-0. **Fax** 02734-211611.

### FRED LOIMER

Ein mittelgroßes Unternehmen. Neben schlanken, frucht- und säurebetonten Weinen gelingen Fred Loimer in letzter Zeit immer wieder echte „Bomben", wie man sie in dieser Klimazone kaum erwarten würde. Da sind der mächtige Grüne Veltliner, den er gar im Barrique ausbaut, der dichte, schmalzige Chardonnay, der sicherlich zu den besten des Landes zählt, oder die Rieslinge, die Frucht, Kraft und Eleganz fast spielerisch miteinander verbinden. FAKTEN 13 ha, 5 000 Kisten/Jahr.

• **Besitzer:** Fred Loimer **Besuch:** Nach Vereinbarung. **Adresse:** Ziegelofengasse 12, A-3550 Langenlois. **Tel.** 02734-2239. **Fax** 02734-2208.

## DONAULAND, TRAISENTAL

### DONAULAND

RUF Das junge Weinbaugebiet in Niederösterreich ist erst mit der Novelle zum österreichischen Weingesetz aus dem Jahr 1993 entstanden; seither gab es jedoch wieder eine Abspaltung, die das Gebiet um etwa 1/4 verkleinerte und das mittlerweile 16. Weinbaugebiet, Traisental, entstehen ließ. In der Region Donauland gibt es eine Reihe von Winzern, die mit durchaus beachtlichen Qualitäten aufwarten; absolute Top-Betriebe wird man hingegen vergeblich suchen.

GEOGRAPHIE/KLIMA Das Weinbaugebiet beginnt nördlich von Wien und erstreckt sich sowohl nördlich als auch südlich des Stromes bis zur Region Kremstal. Das durch die Donau beeinflusste Klima ist zumeist mild und ausgewogen.

BODEN Die Bodenbeschaffenheit ist recht heterogen und reicht von Lehm- und Lößböden bis zu Urgesteinsformationen.

WEINE Vorwiegend Weißweine, die zumeist trocken ausgebaut werden und bei den besten Betrieben erstaunliche Kraft und Reife erreichen.

REBSORTEN Grüner Veltliner, MT, Riesling, Weißburgunder und andere Weißweinsorten in kleinen Mengen; außerdem etwas Blauer Portugieser und Zweigelt.

REBFL/PROD 2 814 ha, ca. 140 000 hl/Jahr.

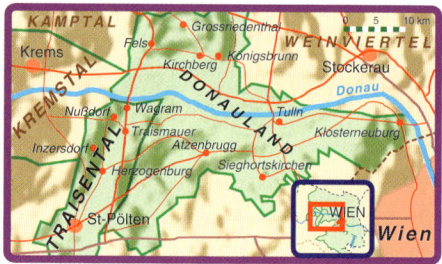

### TRAISENTAL

Da die Winzer dieser Region auf möglichst große Eigenständigkeit pochten, wurde dem Traisental im Jahr 1995 der Status eines eigenen Weinbaugebiets zugesprochen. Unter anderem pochte man dabei seitens der Winzerschaft auf eine lange Weinbautradition im Raum des Flusses Traisen. So beweisen unter anderem Traubenkernfunde, dass hier bereits lange vor der Römerzeit Weinbau betrieben wurde. Weiße Sorten dominieren: Grüner Veltliner, Müller-Thurgau, Weißburgunder, Neuburger und Riesling. Rote Sorten: Zweigelt, Blauer Portugieser und Blauburger.

ÖSTERREICH • NIEDERÖSTERREICH • WEINVIERTEL

## LUDWIG NEUMAYER

GESCHICHTE Neumayer gehört zu den führenden Erzeugern im Donauland. Von kargen, schwer zu bearbeitenden Terrassenlagen keltert er kraftvolle, tiefgründige Weißweine.

WEINE Die Weißweine, die sich in der Jugend oft recht zugeknöpft präsentieren, spielen nach einiger Zeit Flaschenlagerung jedoch ihr ganzes Können aus. Die Top-Linie firmiert unter dem Etikett „Wein vom Stein", dazu zählen Weine der Rebsorten Riesling, Pinot Blanc und Chardonnay. Der Grüne Veltliner wird von drei verschiedenen Rieden gekeltert, wobei die Bandbreite vom leichten, fruchtbetonten „Ried Engelreich" bis zum konzentrierten, dichten „Rafasetzen" und „Zwirch" reicht; letzterer zeigt sich meist erst im zweiten Jahr nach der Ernte zugänglich. In guten Jahren gelingen auch Eisweine.

RUF Ein sehr interessanter Winzer, der die Entwicklung im Donauland anführt.

LAGEN U.a. Engelreich, Rafasetzen und Zwirch.

*Ludwig Neumayer ist ein interessanter Produzent, der die Weinbauentwicklung im Donauland fördert.*

REBSORTEN 35% Grüner Veltliner, 25% Riesling, 20% Weißburgunder, 10% Chardonnay sowie Sauvignon Blanc und Traminer.

WEINHERSTELLUNG Traditionelle Methoden mit Ausbau in Barriques.

LAGERUNG Neumayers Weine können bis zu zehn Jahren gelagert werden.

REBFL/PROD 7 ha, ca. 3 000 Kisten/Jahr.

## WEINVIERTEL

RUF Es gibt nur wenige Produzenten, die auf Qualität eingestellt sind; hauptsächlich werden hier weiße Tafelweine hergestellt.

GEOGRAPHIE/KLIMA Im Norden grenzt das Gebiet an Tschechien, im Westen an den Mannhartsberg, im Osten an die March und im Süden an die Donau. Der westliche Teil umfasst u.a. die Orte Retz, Pulkautal, Mailberg, Röschitz und Hollabrunn. Im östlichen Teil liegen Wolkersdorf, Matzen, Zistersdorf und Falkenstein. Die Landschaft ist vorwiegend hügelig. Das Klima ist ein gemäßigtes Kontinentalklima.

BODEN Den stärksten Anteil haben Lößböden mit Schwarzerde, man findet aber fast alle Bodentypen vor.

WEINE Weißwein zu 85%, meist trocken. Der Grüne Veltliner ist die verbreitetste Sorte. Welschriesling aus dem Weinviertel dient mehreren großen Sektherstellern als Grundwein für die Versektung. In einigen besonders begünstigten „Klimainseln" wie Retz oder Mailberg werden auch Rotweine gekeltert.

REBSORTEN Weiße: vorwiegend Grüner Veltliner, gefolgt von Welschriesling, Müller-Thurgau, Frührotem Veltliner, Weißburgunder, Riesling u.a.m. Rote: meistens Blauer Portugieser und Zweigelt.

PRODUZENTEN Viele kleine Familienunternehmen, oft auch Nebenerwerbswinzer.

REBFL/PROD 18 900 ha, etwa 1,5 Millionen Hektoliter/Jahr.

WISSENSWERT Der Ort Retz ist von weitläufigen Kelleranlagen geradezu untertunnelt.

---

**Besitzer** Ludwig Neumayer • **Kellermeister** Ludwig Neumayer • **Besuch** Nach Vereinbarung • **Adresse** Ludwig Neumayer, Inzersdorf 22, A-3130 Herzogen • **Tel.** 02782-82985 • **Fax** 02782-82985

PRODUKTION    QUALITÄT    PREIS

## Carnuntum

**RUF** Mit der Weingesetznovelle ist die wenig sinnvolle Zusammenlegung der Weinbaugebiete Donauland und Carnuntum aufgehoben worden. Dies ist allein schon deshalb sinnvoll, weil im Gegensatz zum Donauland in Carnuntum der Rotweinbau wesentlich bedeutender ist. Hier entstehen rote Spitzenqualitäten und man kann auch bei weniger bekannten Winzern noch echte Überraschungen erleben. Wichtige Orte sind Prellenkirchen und Göttlesbrunn.

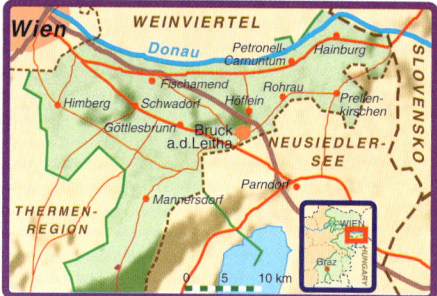

**GEOGRAPHIE/KLIMA** Das Weinbaugebiet, das sich südöstlich von Wien entlang der Donau erstreckt, liegt an den Ausläufern der Thermenlinie. Das milde und sonnenreiche Klima wird von der Donau im Norden und dem Neusiedlersee im Süden beeinflusst.
**BODEN** Unterschiedliche Bodenbeschaffenheit von Lehm- über Löß- bis zu Schotterböden.
**WEINE** Sowohl Weiß- als auch Rotweine zeichnen sich durch einen weichen, vollmundigen Charakter aus; durch die hohe Reife sind sie körperreich, mit weichen Tanninen (Rot) bzw. angenehmer Säure (Weiß). Dennoch überraschen sie oft mit einer unerwarteten Fruchtfülle im Duft. Zwei Gemeinschaftsmarken sollen das Image des neuen Weinbaugebietes stärken: der Primeurwein aus Grünem Veltliner, „Primus Carnuntum", wird aus den Trauben von rund 60 Produzenten im Weingut Pitnauer gekeltert. Den roten „Rubin Carnuntum" keltert jeder Winzer selbst, er wird jedoch, nachdem er mindestens ein Jahr Fasslagerung aufweisen kann, mit einem einheitlichen Etikett verkauft.
**REBSORTEN** Rotweine: Zweigelt, Blaufränkisch, Blauer Portugieser, Cabernet Sauvignon, Blauburgunder, St. Laurent. Weißweine: Grüner Veltliner, Welschriesling, Weißburgunder.
**PRODUZENTEN** Vor allem kleine bis mittlere Familienbetriebe.
**REBFL/PROD** 995 ha, ca. 50 000 hl/Jahr.

## Produzenten in Carnuntum

### Walter Glatzer

Walter Glatzer ist eine der treibenden Kräfte im Qualitätsweinbau von Göttlesbrunn. Weiß- und Rotweine sind fast gleichermaßen stark, vielleicht mit einem leichten Vorteil für die Roten. Hervorragend sind unter anderem der fruchtige, kraftvolle Pinot Blanc oder der Blaue Zweigelt „Dornenvogel". Dieser Wein wird aus den besten Zweigelt-Trauben des Gutes gekeltert und zeigt, was in der Sorte doch für ein Potenzial steckt.
FAKTEN 9,5 ha, ca. 5 500 Kisten/Jahr.
• **Besitzer:** Walter Glatzer **Besuch:** Nach Vereinbarung. **Adresse:** A-2464 Göttlesbrunn 76. **Tel.** 02162-8464. **Fax** 02162-8901.

### Hans Pitnauer

Die Familie Pitnauer betreibt seit Generationen Weinbau in Göttlesbrunn. Unter der Leitung von Hans Pitnauer kamen Ende der 70er Jahre ver-

*H. Pitnauer ist im Weinkeller ein Könner, was sich in der konstanten Spitzenqualität seiner Weine widerspiegelt.*

stärkte Qualitätsbestrebungen in Gang. Heute eindeutig der Leitbetrieb der Region. Die Weißweine weisen zumeist eine hohe Reife und damit verbunden einen kraftvollen, weichen und - im Falle des Weißburgunders - geradezu schmalzigen Charakter auf. Welschriesling und Grüner Veltliner werden aber eher fruchtbetont ausgebaut. Während etwa der Zweigelt „Bienenfresser" ein vollmundiger, fruchtig-samtiger Rotwein ist, der schon bald Freude macht, sollte die Spitzen-Cuvée „Franz Joseph" (Zweigelt, CS, St. Laurent) einige Jahre in der Flasche reifen.
• **Besitzer:** Edith & Hans Pitnauer **Kellermeister:** Hans Pitnauer **Besuch:** Täglich, außer Sa und So. **Adresse:** A-2464 Göttlesbrunn 9-10. **Tel.** 02162-8249. **Fax** 02162-82497.

## THERMENREGION

RUF Eine alte Weinbauregion mit traditionellen Strukturen, die aber von einer Reihe innovativer Winzer allmählich durchbrochen werden. Vor allem durch die fast nur in diesem Gebiet ausgesetzten Sortenraritäten Zierfandler und Rotgipfler, aber auch durch die Rotweine bekannt.

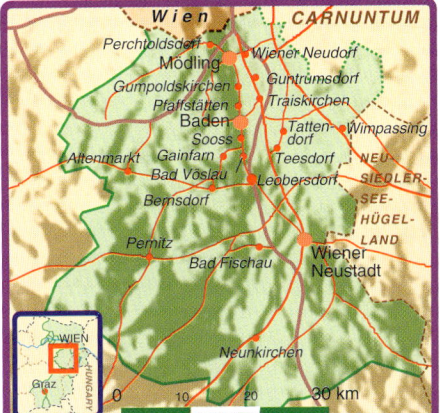

GEOGRAPHIE/KLIMA Man kann zwischen den Weinbauzentren Gumpoldskirchen und Umgebung sowie Bad Vöslau und Tattendorf und Umgebung unterscheiden. Das Gebiet entstand mit dem österreichischen Weingesetz 1985 durch Zusammenschluss der früheren Weinbaugebiete Gumpoldskirchen und Bad Vöslau. Das Klima ist trocken und warm, da das Gebiet von Alpenausläufern und dem Wienerwald im Norden vor kalten Winden geschützt wird.

BODEN In der Ebene vorwiegend Schotterböden, in den Hanglagen findet man kalkreiche Böden aus lehmig-sandigem Material.

WEINE Zu gleichen Teilen Weiß- und Rotwein. Die Weißweine sind oft kräftig und extraktreich, die Roten dagegen süffiger. Durch das milde Klima erreichen die Weine relativ oft ein höheres Mostgewicht und auch einen höheren Alkoholgehalt als im übrigen Niederösterreich.

REBSORTEN In Gumpoldskirchen dominieren Zierfandler, Rotgipfler (zwei weiße Spezialitäten, die oft miteinander kombiniert werden), Neuburger, Weißburgunder, Chardonnay sowie Blauer Portugieser und Blauburgunder. In Bad Vöslau und Tattendorf vorwiegend Sorten wie Blauer Portugieser, Zweigelt, St. Laurent und Blauburgunder, aber auch die weißen Sorten Neuburger, Rheinriesling und Weißburgunder. Der Chardonnay ist vielerorts zur Modesorte geworden.

PRODUZENTEN Etwa 2 000, meist kleine Winzer.

REBFL/PROD 2 814 ha, etwa 180 000 hl/Jahr.

## BIEGLER

GESCHICHTE Manfred Biegler hat das seit 1683 bestehende Weingut zu einem der besten Betriebe der Region gemacht und dabei auch maßgeblich zum Comeback der etwas aus der Mode gekommenen Sorten Zierfandler und Rotgipfler beigetragen. Heute setzt Junior Othmar Biegler als Kellermeister die Qualitätslinie fort.

WEINE Zu den besten Weinen zählt stets der Riesling, der hier eine üppige Frucht mit Kraft und Substanz vereint. Zierfandler und Rotgipfler werden zumeist sowohl trocken als auch mit Zuckerrest ausgebaut und dürfen wohl als idealtypisch gelten. Auch ein recht beachtlicher Rotwein aus Zweigelt und Blauburgunder.

RUF Das Gut ist einer der Leitbetriebe von Gumpoldskirchen, wobei hier insgesamt das höchste Qualitätsniveau erreicht wird.

LAGEN Sonnberg, Oberer Badenerweg, Brindsbach, Hausberg, Tüppel, Wienerl.

REBSORTEN Rotgipfler, Zierfandler, Riesling, Weißburgunder, Chardonnay, Neuburger und rote Rebsorten.

WEINHERSTELLUNG Durch kurzen Rebschnitt, Ertragsbeschränkung und späten Lesezeitpunkt ist man bestrebt, im Weingarten

*M. Biegler hat maßgeblich zum Comeback der etwas aus der Mode gekommenen Sorte Zierfandler beigetragen.*

möglichst reife Trauben zu ernten. Im Keller erfolgt die Vergärung - je nach Sorte und Reife des Weines - in temperaturkontrollierten Edelstahltanks oder im kleinen Holzfass.

LAGERUNG Die Weine haben eine sehr gute Lagerfähigkeit; grundsätzlich gilt: je höher das Prädikat, desto länger die Lagerzeit.

REBFL/PROD 8 ha, 2 000 Kisten/Jahr.

**Besitzer** Fam. Biegler • **Kellermeister** Othmar Biegler • **Besuch** Nach telefonischer Vereinbarung • **Adresse** Biegler, Wienerstraße 16-18, A-2352 Gumpoldskirchen • **Tel.** 02252-621 96 • **Fax** 02252-621 964

|  |  |  |
|---|---|---|
| PRODUKTION | QUALITÄT | PREIS |

## E. & Ch. Fischer

**GESCHICHTE** Die erste urkundliche Erwähnung der Familie Fischer in der Pfarrchronik stammt aus dem Jahr 1662. Das Weingut mit angeschlossenem Heurigen wird von Christian Fischer und seinem Vater Engelbert geführt, wobei Christian Fischer für die Kellerwirtschaft verantwortlich zeichnet.

*Die Weinbautradition der Familie Fischer reicht bis ins 17. Jh. zurück. Heute gilt man als Leitbetrieb der Region.*

**WEINE** Vor allem die Rotweine sowohl heimischer Rebsorten wie Zweigelt oder Blauer Portugieser als auch CS oder PN ergeben stoffige, dichte Weine, die durch Kraft und Komplexität gefallen. Unter den besten Weinen ist vor allem der Blauburgunder interessant.
**RUF** Fischer ist ein Garant für hervorragende Rotweine und hat sich zum Leitbetrieb der Region entwickelt.
**LAGEN** U.a. Gradenthal, Steinhäufel, In den Robbingen, Paitzbreite, Aderhags, Fasangarten.
**REBSORTEN** Rote: hauptsächlich Zweigelt, Blauer Portugieser, CS und PN. Weiße: Grüner Veltliner, Riesling, Pinot Blanc, Chardonnay.
**WEINHERSTELLUNG** Die Lese erfolgt oft recht früh, damit die Säure erhalten bleibt. Gepresst wird mit einer alten Schlauchpresse. Offene Maischevergärung für die roten Trauben, bei der der Alkoholverlust durch Verdampfen verhindert wird; teils wird wie bei Weißweinen in Edelstahltanks vergoren. Cabernet Sauvignon (1. Füllung) und Blauburgunder (2. Füllung) werden in Allier- und Nevers-Barriques ausgebaut.
**LAGERUNG** Die besten Rotweine 5-7 Jahre, besondere Jahrgänge auch länger.
**REBFL/PROD** 16 ha, etwa 7 000 Kisten/Jahr.

**Besitzer** Christian Fischer •**Kellermeister** Christian Fischer •**Besuch** Täglich 8-17 •**Adresse** E. & Ch. Fischer, Hauptstraße 33, A-2500 Sooss •**Tel.** 02252-87130 •**Fax** 02252-82666

PRODUKTION  QUALITÄT  PREIS

## Weitere Produzenten

### Karl Alphart

Ausgerechnet der als schwierig geltende Neuburger hat es dem ehrgeizigen Karl Alphart angetan. Und er versteht es, dieser Sorte - vom frischen, fruchtigen Qualitätswein bis zur Beerenauslese - das Maximum abzutrotzen. Gut gelingen auch andere Weine aus der Burgunder-Familie wie der Weißburgunder oder der Chardonnay, der auch im Barrique ausgebaut wird.

•**Besitzer:** Karl Alphart **Besuch:** Nach Vereinb. **Adresse:** Wiener Str. 46, A-2514 Traiskirchen. **Tel.** 02252-52328.

### Johanneshof, J & V Reinisch

CS, Merlot und Pinot Noir mit Kraft, Dichte und in der Jugend fast strenger Stilistik. Samtiger und weicher präsentieren sich St. Laurent und Zweigelt. Der Blaue Portugieser kommt als „Primeur" bereits im Spätherbst auf den Markt. Bei den Weißweinen dominiert der Chardonnay.

•**Besitzer:** Johann & Veronika Reinisch **Kellermeister:** Johann & Johannes Reinisch **Besuch:** Täglich, auch So, 14-19, Sa 10-19. **Adresse:** Im Weingarten 1, A-2523 Tattendorf. **Tel.** 02253-814 23. **Fax** 02253-819 24.

### Andreas Schafler

Ein hochkarätiger Winzer. Gut 90% der Weine werden trocken oder halbtrocken ausgebaut. Die Sorten Chardonnay, Rotgipfler und Neuburger werden durch eine teilweise Vergärung in kleinen Eichenfässern noch verfeinert. Einen kleinen, interessanten Teil machen süße Prädikatsweine wie die Zierfandler Beerenauslese oder der Neuburger Eiswein aus. „Veronica" heißt eine Rotwein-Cuvée, die in Barriques ausgebaut wird.

•**Besitzer:** Andreas Schafler **Besuch:** Nach Vereinbarung. **Adresse:** Wiener Straße 9-11, A-2514 Traiskirchen. **Tel.** 02252-52378-0. **Fax** 02252-52378-8.

### Gottfried Schellmann

Schellmann ist einer der Pioniere des trockenen Ausbaus der klassischen Gumpoldskirchner Sorten Zierfandler und Rotgipfler. Feinfruchtige, kraftvolle Chardonnays, die er teilweise oder ganz in Barriques ausbaut. Hervorragend sind auch die halbsüßen und süßen Spät- und Auslesen der genannten Sorten sowie vom Traminer oder Riesl.

•**Besitzer:** Gottfried Schellmann **Besuch:** Nach Vereinbarung. **Adresse:** Wienerstr. 41, A-2352 Gumpoldskirchen. **Tel.** 02252-62218. **Fax** 02252-622184.

### Stadlmann

Der Zierfandler spielt hier eine wichtige Rolle. Bis zu einem halben Dutzend verschiedener Weine dieser Sorte werden jährlich gekeltert, vom Qualitätswein bis zum Ausbruch. Auch die Weißburgunder und Rieslinge sind von guter Qualität.

•**Besitzer:** Johann & Michaela Stadlmann **Kellermeister:** J. Stadlmann **Besuch:** Tägl. 9-17. **Adresse:** Wiener Str. 4, A-2514 Traiskirchen. **Tel.** 02252-52343. **Fax** -56332.

## BURGENLAND

RUF Das Burgenland ist eine sehr alte und bekannte Weinbauregion und genießt einen guten internationalen Ruf. Die edelsüßen Weißweine aus Rust am Neusiedlersee machten früher dem Tokajer den Rang als vornehmster Süßwein streitig. Auch die burgenländischen Rotweine sind sehr bekannt.

GEOGRAPHIE Das Burgenland liegt im östlichen Teil Österreichs und umfasst die Gebiete Neusiedlersee (am östlichen Ufer des großen Neusiedlersees), Neusiedlersee-Hügelland (am westlichen Ufer) sowie Mittelburgenland und Südburgenland im Süden.

WEINE Das Burgenland ist für weiße Süßweine bekannt. Von hier stammen Ruster Ausbruch, eine etwas kräftigere Form der Beerenauslese, und zahlreiche Rotweine aus Blaufränkisch und anderen blauen Sorten. Die Produktion von Rotweinen ist während der letzten zwanzig Jahre erheblich gestiegen.

REBSORTEN Die meisten Rebsorten werden für die Rotweinproduktion kultiviert. Die wichtigste ist Blaufränkisch, gefolgt von Zweigelt, St. Laurent, Cabernet und Merlot. Für Süßweine werden hauptsächlich Welschriesling, Bouvier, Sämling 88 und Chardonnay angebaut.

REBFL/PROD 19 000 ha, ca. 900 000 hl/Jahr.

## NEUSIEDLERSEE-HÜGELLAND

RUF Österreichs älteste weinbauliche Funde stammen aus diesem Gebiet und datieren ca. 800 v.Chr. Die besten Weißweine des Burgenlandes sowie gehaltvolle Rotweine und edle Süßweine gedeihen im Hügelland.

GEOGRAPHIE/KLIMA Das Hügelland liegt westlich des Neusiedlersees. Seine Weingärten befinden sich an den Süd- und Osthängen des 35 km langen Leithagebirges, an den Hängen des Ruster Hügellandes und in der Wulkaebene. Der Neusiedlersee hält die Wärme und Feuchtigkeit bis weit in den Herbst hinein. Für den Weinbau spielt er eine wichtige Rolle. Insgesamt ähnliche Verhältnisse wie im Gebiet östlich des Neusiedlersees.

BODEN An den Hängen des Leithagebirges überwiegt Kalk auf Gneisgrund, in der Ebene Lößboden mit Kalkeinschlag oder reine Schwarzerde; am See sandgemischte Lehmböden.

WEINE Vorwiegend trockene Weißweine, in manchen Jahren gedeihen edelsüße Weine, nur ein Viertel der Weine sind rot. Eine Spezialität ist der Ruster Ausbruch; ein süßer Weißwein aus edelfaulen Trauben mit 27 °KMW und einem Alkoholgehalt von 13-15%.

REBSORTEN Grüner Veltliner, Welschriesling, Weißburgunder, Müller-Thurgau, Chardonnay, Neuburger, Blaufränkisch, Zweigelt u.a.

PRODUZENTEN Ca. 6 000 meist Kleinbetriebe, viele Produzenten verkaufen die Trauben an andere Betriebe, die sie dann weiterverarbeiten.

REBFL/PROD Ca. 6 200 ha, 350 000 hl/Jahr.

WISSENSWERT Weitere Auskünfte erteilen: Weinakademie Burgenland, Hauptstraße 31, A-7071 Rust. Tel. 02685-6451. Fax 02685-6431. Burgenländische Weinwerbung, Esterházy-Straße 15, A-7000 Eisenstadt. Tel. 02682-702.

ÖSTERREICH • BURGENLAND • NEUSIEDLERSEE-HÜGELLAND

## FEILER-ARTINGER

GESCHICHTE Das imposante, mehr als 400 Jahre alte Anwesen im Zentrum von Rust, zu dem auch einer der schönsten Weinkeller des Burgenlandes gehört, wurde 1936 von Hans Feilers Großeltern erworben. Inzwischen wurden die Rebflächen erweitert und das Gut behutsam in einen modernen Betrieb umgewandelt.

*Hans Feiler ist der „Weinmacher"; unterstützt wird er von seinem Sohn Kurt.*

WEINE Die klimatischen Gegebenheiten der Region ermöglichen sowohl dichte, kraftvolle Weiß- und Rotweine als auch Prädikate, besonders die Ruster Spezialität Ausbruch. Hier findet man eine breite Palette erstklassiger Weine aller Qualitätsstufen, wobei die weißen Burgunder-Sorten, die rote Top-Cuvée Solitaire (CS, Blaufränkisch, Zweigelt, Merlot) und die Ausbruch-Weine besonders hervorzuheben sind.

RUF Insbesondere was Süß- und Rotweine angeht, zählt Hans Feiler zu den absoluten Top-Winzern des Burgenlandes.

LAGEN U.a. Vogelsang, Umriss, Gemerk, Satz.

REBSORTEN Blaufränkisch, Weißburgunder, Welschriesling, Neuburger, SB, CS, Merlot, Zweigelt, Traminer, Chardonnay und MT.

WEINHERSTELLUNG Die trockenen Weißweine werden temperaturkontrolliert vergoren und dann im Stahltank ausgebaut. Süßweine vergären und reifen im großen Holzfass. Rotweine gelangen nach der Maischegärung und dem biologischen Säureabbau ins große Holzfass oder in Barriques.

LAGERUNG Rotweine und kräftige Weißweine bis zu 10 J., Ausbrüche mehrere Jahrzehnte.

REBFL/PROD 22 ha, 10 000 Kisten/Jahr.

**Besitzer** Hans, Inge & Kurt Feiler & Gertrude Artinger • **Kellermeister** Hans & Kurt Feiler • **Besuch** Nach Vereinb. • **Adresse** Feiler-Artinger, Hauptstraße 3, A-7071 Rust • **Tel.** 02685-237 • **Fax** 02685-6552 • **E-Mail** feiler@bnet.at • **Homepage** www.bnet.at/rust/feiler.htm

PRODUKTION  QUALITÄT  PREIS

## KOLLWENTZ, RÖMERHOF

GESCHICHTE Seit 1775 betreibt die Familie Kollwentz im „Römerhof" Weinbau. Heute ist Junior Andi Kollwentz gemeinsam mit seinem Vater Anton, der als einer der Rotweinpioniere des Burgenlandes gilt und 1981 als erster Winzer wieder Cabernet Sauvignon auspflanzte, für die Kellerwirtschaft verantwortlich.

WEINE Cabernet Sauvignon und die rote Cuvée „Steinzeiler" aus Blaufränkisch, Zweigelt und CS sind in Barriques gereifte, kräftige Rotweine. Blaufränkisch und Zweigelt werden traditionell in großen Eichenfässern ausgebaut. Sauvignon Blanc und Chardonnay sind charaktervolle Weine mit

*Anton Kollwentz gilt als Pionier, denn er baute als Erster Cabernet Sauvignon an.*

feiner Frucht und eleganter Stilistik. Raritäten sind Eisweine, Beeren- und Trockenbeerenauslesen sowie Tresterbrand u.a.

RUF Kollwentz hatte stets eine Vorreiterrolle im Burgenland, ob es nun den trockenen Ausbau von Rotweinen, die Sortenpolitik oder den Einsatz von Barriques betraf. Durch Andi Kollwentz wird die Spitzenposition weiter gefestigt.

LAGEN Beste Lagen in Großhöflein, alle unter dem Gutsnamen „Römerhof" vermarktet.

REBSORTEN Blaufränkisch, CS, Chardonnay, Sauvignon Blanc, Welschriesling, Pinot Blanc und Zweigelt.

WEINHERSTELLUNG Geringe Erträge und perfekte Vinifizierung sorgen dafür, dass Jahr für Jahr Weine von großer Klasse heranreifen.

LAGERUNG Rotweine und Chardonnay bis zu 10 Jahren, in Ausnahmejahren auch länger, Prädikatsweine mehrere Jahrzehnte.

REBFL/PROD 14 ha, etwa 6 000 Kisten/Jahr.

**Besitzer** Fam. Anton Kollwentz • **Kellermeister** Anton Kollwentz • **Besuch** Nach telefonischer Vereinbarung • **Adresse** Kollwentz, Römerhof, Hauptstraße 120, A-7051 Markt Großhöflein/Bgld. • **Tel.** 02682-65158-0 • **Fax** 02682-65158-13

PRODUKTION  QUALITÄT  PREIS

## Peter Schandl

GESCHICHTE  Seit 1741 ist die Familie Schandl bereits in Rust ansässig. Peter Schandl, der heutige Besitzer, hat den Betrieb behutsam modernisiert und zu einer der führenden Qualitätsdomänen des Burgenlandes gemacht.

WEINE  Die Weine strotzen vor Kraft und Saft, weisen aber stets auch eine für diese Gegend beachtliche Säure auf, was ihnen zu einer gewissen Eleganz verhilft. Die Rotweine sind dicht und konzentriert, wobei Schandl in letzter Zeit dazu übergegangen ist, sie etwas weicher auszubauen als früher. Die Palette von Süßweinen, allen voran der Ausbruch vom Pinot Gris, zählt zu den besten im Burgenland.

RUF  Schandl kann man ohne weiteres als Universalwinzer ansehen, hängt es doch letztlich allein vom Jahrgang ab, ob die Weiß-, Rot- oder Süßweine die besten Qualitäten bringen - Qual der Wahl.

LAGEN  U.a. Kräftn, Vogelsang und Greiner.

REBSORTEN  PN, Chard, Pinot Blanc, Traminer, Ruländer, Riesling, Welschriesling, CS u.a.

Bei Schandl wird im Weingarten bereits seit den 70er Jahren nach ökologischen Gesichtspunkten gearbeitet.

WEINHERSTELLUNG  Im Weingarten arbeitet der Naturmensch Schandl bereits seit den 70er Jahren nach ökologischen Gesichtspunkten. Gelesen wird meist recht spät, um eine optimale Reife zu erreichen. In der Kellerarbeit ist er eher Traditionalist, Barriques werden daher nur sehr sparsam eingesetzt.

LAGERUNG  Für die Top-Rotweine mindestens ein Jahrzehnt, die Lebenserwartung der Hochprädikate ist kaum abzuschätzen.

REBFL/PROD  15 ha, etwa 5 000 Kisten/Jahr.

**Besitzer** Peter Schandl • **Kellermeister** Peter Schandl • **Besuch** Nach telefonischer Vereinbarung • **Adresse** Peter Schandl, Haydngasse 3, A-7071 Rust • **Tel.** 02685-265 • **Fax** 02685-2654

PRODUKTION    QUALITÄT    PREIS

## Ernst Triebaumer

GESCHICHTE  Seit dem Ende des 17. Jh. betreibt die Familie Triebaumer bereits Weinbau in Rust. Wirklich bekannt wurde „E.T." freilich mit einem legendären Wein: dem Blaufränkisch 1986, Ried Mariental. Seit diesem Monumentalwein, der eine neue Ära im österreichischen Rotweinbau einläutete, wird Triebaumer wohl zu Recht „Der Außerirdische" genannt.

WEINE  Auch in diesem Betrieb wird das klimatische Potenzial von Rust voll ausgeschöpft. Prägend sind die wuchtigen, kraftvollen Rotweine, die durch Holzeinsatz noch an Komplexität

E. Triebaumer läutete mit seinem Ried Mariental in Sachen Rotwein eine neue Ära ein.

gewinnen und sich durch lange Lebensdauer auszeichnen. Auch mächtige Prädikatsweine werden gekeltert, die trotz ihrer oft recht hohen Alkoholgradation zu den besten von Rust zählen.

RUF  Als Rotweinproduzent stets unter den Top Ten Österreichs. Viele Experten halten ihn für den besten Rotweinmacher des Landes.

LAGEN  U.a. Satz, Vogelsang, Grener, Gmärk.

REBSORTEN  Blaufränkisch, Cabernet Sauvignon und Merlot. Unter den weißen Sorten vor allem Chardonnay und Sauvignon Blanc.

WEINHERSTELLUNG  Durch penible Weingartenarbeit und vernünftige Ertragsbegrenzung gelingt es normalerweise, vollreifes, gesundes Traubengut zu ernten, das die Grundlage für das hohe Qualitätsniveau darstellt. Im Keller wird temperaturkontrolliert vergoren, Chardonnay und einige Rotweine kommen ins Barrique.

LAGERUNG  Sehr lagerfähige Weine. Für Prädikatsweine mehrere Jahrzehnte.

REBFL/PROD  12 ha, etwa 5 000 Kisten/Jahr.

**Besitzer** Margarethe & Ernst Triebaumer • **Kellermeister** Ernst Triebaumer • **Besuch** Nach telefonischer Vereinbarung • **Adresse** Ernst Triebaumer, Raiffeisenstraße 9, A-7071 Rust • **Tel.** 02685-528 • **Fax** 02685-528

PRODUKTION    QUALITÄT    PREIS

## Weitere Produzenten im Neusiedlersee-Hügelland

### JOSEF LEBERL

Kernige, kraftvolle Rotweine. Langlebigkeit, Kraft und Dichte: Das sind Josef Leberls Dogmen beim Ausbau von Rotweinen. Auch kleine Mengen hervorragender Prädikatsweine wie Beerenauslesen oder Eisweine werden gekeltert. Die Weißweine sind Welschriesling, SB und Scheurebe. FAKTEN 14 ha eigene Rebfläche, ca. 9 000 Kisten/Jahr.

• **Besitzer:** Josef & Anneliese Leberl **Kellermeister:** Josef Leberl **Besuch:** Mo-Fr 8-12, 14-18. **Adresse:** Hauptstraße 91, A-7051 Großhöflein. **Tel.** 02682-67800. **Fax** -67800.

### ENGELBERT PRIELER

Engelbert Prieler hat das Gut im Jahr 1972 von den Eltern übernommen und schrittweise ausgebaut und modernisiert. Abgesehen vom fruchtigen Welschriesling sind Prielers Weißweine (Pinot Blanc klassisch und Chardonnay aus dem Bar-

*Das Neusiedlersee-Hügelland hat eine lange Weinbautradition und ist vor allem für den „Ausbruch" bekannt.*

rique) das, was man gemeinhin als „Hämmer" bezeichnet: kraftvoll, schmalzig und alkoholreich. Nicht viel anders verhält es sich mit den dichten, stoffigen Rotweinen, allen voran die im Barrique ausgebauten Cabernet Sauvignon und Blaufränkisch. In guten Jahren auch schöne Prädikatsweine. FAKTEN 15 ha, ca. 3 200 Kisten/Jahr.

• **Besitzer:** Engelbert & Irmgard Prieler **Kellermeister:** Engelbert Prieler **Besuch:** Nach telefonischer Vereinbarung. **Adresse:** Hauptstraße 181, A-7081 Schützen am Gebirge. **Tel.** 02684-2229. **Fax** 02684-22294.

### FRANZ SCHINDLER

Die rote Cuvée d'Or (Cabernet Sauvignon und Blaufränkisch) war nicht nur jener Wein, der Franz Schindler bekannt gemacht hat, sondern auch einer der ersten im Barrique ausgebauten burgenländischen Rotweine internationalen Zuschnitts. Mittlerweile gibt es mit der Cuvée d'Argent aus Chardonnay, Neuburger und Sauvignon Blanc ein weißes Gegenstück mit vergleichbarer Stilistik. Auch interessant: Prädikatsweine vom Ausbruch bis zur Trockenbeerenauslese.

• **Besitzer:** Franz Schindler **Besuch:** Nach Vereinbarung. **Adresse:** Neustiftgasse 6, A-7072 Mörbisch. **Tel.** 02685-8326. **Fax** 02685-8326.

### HEIDI SCHRÖCK

Heidi Schröck, eine der wenigen heimischen Winzerinnen, die auch allein für die Kellerwirtschaft zuständig sind, hat sich ursprünglich auf traditionelle Sorten wie Furmint, Gelber Muskateller etc. spezialisiert, die sowohl trocken wie auch als Prädikatswein (insbesondere Ruster Ausbruch) ausgebaut wurden. Mittlerweile sind beachtliche Rotweine hinzugekommen, die etwas Flaschenreife benötigen.

• **Besitzer:** Heidi Schröck **Besuch:** Nach Vereinbarung. **Adresse:** Rathausplatz 8, A-7071 Rust. **Tel.** 02685-229. **Fax** 02685-229-4.

### ROSI SCHUSTER

Die Stärke der Rosi Schuster sind ohne Zweifel die Rotweine. Leitsorte ist der Blaufränkisch, der durch strikte Ertragsbegrenzung dichte und kraftvolle Weine erbringt, die sich in der Jugend oft recht verschlossen präsentieren, durch Flaschenreifung aber ihr ganzes Potenzial entwickeln. Ähnliches gilt für den Spitzenwein, eine im Barrique gereifte Cuvée aus Cabernet Sauvignon, Merlot und Blaufränkisch, die kurzerhand C.M.B. genannt wird.

• **Besitzer:** Rosi Schuster **Besuch:** Nach Vereinbarung. **Adresse:** Hauptstraße 59, A-7011 Zagersdorf. **Tel.** 02687-8111.

### PAUL TRIEBAUMER

Der Bruder von „E.T." (Ernst Triebaumer) ist nicht nur für seine ausgezeichnete Auswahl an Weiß-, Rot- und Prädikatsweinen bekannt. Er macht auch immer wieder mit Spezialitäten wie dem völlig naturbelassenen „Keltenwein", den er sich sogar patentieren ließ, oder mit der ersten Auspflanzung von Nebbiolo-Reben (Wein aus Blaufränkisch und Nebbiolo mit dem Namen „Erster Nebel") von sich reden. FAKTEN 8 ha, ca. 3 000 Kisten/Jahr.

• **Besitzer:** Paul Triebaumer **Kellermeister:** Paul Triebaumer **Besuch:** Nach Vereinbarung. **Adresse:** Neue Gasse 18, A-7071 Rust am See. **Tel.** 02685-6135.

ÖSTERREICH • BURGENLAND • NEUSIEDLERSEE

## NEUSIEDLERSEE

RUF  Österreichs östlichstes Weinbaugebiet ist international vor allem für seine weißen Prädikatsweine bekannt. Daneben werden jedoch auch hervorragende, kraftvolle Rotweine gekeltert.

GEOGRAPHIE/KLIMA  Das Rebgebiet umfasst teils Landschaften der Parndorfer-Heide nördlich des Neusiedlersees und teils die sog. „österreichische Puszta". Das Klima wird vom 320 km² großen Neusiedlersee stark beeinflusst. Der größte europäische Steppensee (36 km Länge und 5-12 km Breite) hat eine durchschnittliche Wassertiefe von nur 70-150 cm. Die riesige Wasserfläche dient als Temperaturregulator, was für den Weinbau von Vorteil ist. Im Spätsommer wird die Wärme langsam abgegeben und eine fast subtropische Luftfeuchtigkeit entsteht. Dies beschleunigt den Reifeprozess und führt oft zu Botrytis (Edelfäule), der Basis für Hochprädikatsweine.

BODEN  Am Nordostufer meist Lößböden und kalkfreie Schwarzerdeböden. Im Osten kalkhaltige Schwarzerde sowie Sandböden.

WEINE  Weißweine dominieren, wobei besonders in Botrytis-Jahren Prädikatsweine in allen Qualitätsstufen angestrebt werden.

REBSORTEN  Weiß: Grüner Veltliner, Welschriesling, MT, Chardonnay, Weißburgunder, GT, Muskat-Ottonel, Neuburger u.a. Rote: Zweigelt, Blaufränkisch, Pinot Noir, St. Laurent u.a.

PRODUZENTEN  Ca. 4 900, meist Kleinbetriebe. Ein Drittel sind Hobbywinzer.

REBFL/PROD  10 400 ha, 650 000 hl/Jahr.

WISSENSWERT  Weitere Informationen: Ruster Weinakademie, Hauptstr. 31, A-7071 Rust.

## JURIS / STIEGELMAR

GESCHICHTE  Nachdem er 1967 das elterliche Weingut übernommen hatte, ging Georg Stiegelmar daran, mit Hilfe des Know-hows, das er aus Frankreich, Italien und Deutschland mitgebracht hatte, das Gut zu einem der Top-Betriebe Österreichs zu machen. Mittlerweile zeichnet Junior Axel Stiegelmar, der nach Praktika in Bordeaux und Kalifornien zurückgekehrt ist, gemeinsam mit dem Vater für die Kellerwirtschaft verantwortlich.

WEINE  Neben eleganten bis kraftvollen Rotweinen werden auch wuchtige Weißweine wie der Chardonnay und hohe Prädikate gekeltert. Daneben harrt eine Reihe von Raritäten wie Strohwein, Süßweine nach Tokajer-Art oder der Blanc de Noirs der Verkostung. Prestigeweine sind St. Laurent „Juris" und Cabernet Sauvignon „Juris".

RUF  Könner auf allen Weingebieten und auch

*Heute zeichnet auch Junior Axel Stiegelmar, gemeinsam mit dem Vater, für die Kellerwirtschaft verantwortlich.*

im Marketing ein Hansdampf in allen Gassen.

LAGEN  Altenberg, Ungerberg, Edelgrund u.a.

REBSORTEN  Chard, Welschriesling, PB, Bouvier und SB für Weißweine; St. Laurent, PN, CS, Merlot und Zweigelt für Rotwein.

WEINHERSTELLUNG  Im Weingarten ist man seit langer Zeit bemüht, nach ökologischen Gesichtspunkten zu arbeiten. Etliche Weine werden bis zu 24 Monate im Barrique ausgebaut.

LAGERUNG  Edelsüße Weine können oft mehrere Jahrzehnte gelagert werden, aber auch die besten Rotweine sind gut lagerfähig.

REBFL/PROD  13 ha eigene Rebfläche, 5 500 Kisten/Jahr.

**Besitzer** Fam. Stiegelmar • **Kellermeister** Georg & Axel Stiegelmar • **Besuch** 9-11.30, 14-18 • **Adresse** Juris/Stiegelmar, Marktgasse 12-18, A-7122 Gols • **Tel.** 2173-2748 • **Fax** 2173-3323

PRODUKTION     QUALITÄT     PREIS

## Alois Kracher

**GESCHICHTE** Schon Alois Kracher sen. - damals hieß das Weingut noch „Weinlaubenhof" - zählte zu den profiliertesten Prädikatsweinproduzenten Österreichs. Alois Kracher jun. hat nicht zuletzt durch spektakuläre internationale Vergleichsverkostungen bewiesen, dass sich seine

*Schon Alois Kracher senior zählte zu den profiliertesten Prädikatsweinproduzenten Österreichs.*

Weine auch mit den ganz Großen messen können.
**WEINE** Hervorragende Prädikatsweine, vor allem Beeren- und Trockenbeerenauslesen, sowie, in Botrytis-schwachen Jahren, Eisweine, sicherlich die Renommierweine des Hauses. Alois Kracher keltert mittlerweile auch einen Chardonnay sowie zwei Rotweine (Blend I und Blend II) von internationaler Stilistik, die zum oberen österreichischen Qualitätssegment zählen.
**RUF** Alois Kracher gilt als der beste österreichische Prädikatsweinproduzent; auch im Ausland.
**LAGEN** Sandriegel, Römerstein.
**REBSORTEN** 70% Welschriesling und Chard. Andere Sorten sind Traminer, Scheurebe, Muskat-Ottonel, Bouvier, Zweigelt und Blaufränkisch.
**WEINHERSTELLUNG** Im Prädikatsweinbereich werden zwei Linien gefahren. Das Etikett „Zwischen den Seen" steht dabei für Weine, die in 300-l-Fässern aus Akazie ausgebaut werden, während die „Nouvelle Vague"-Weine in französische Barriques kommen. Sowohl Chardonnay als auch die Rotwein-Cuvées aus Zweigelt und Blaufränkisch durchlaufen einen biologischen Säureabbau und werden im kleinen Eichenfass ausgebaut.
**LAGERUNG** Hohe Prädikatsweine mehrere Jahrzehnte, Rotweine bis zu 10 Jahren.
**REBFL/PROD** 7,5 ha, etwa 4 000 Kisten/Jahr.

**Besitzer** Alois Kracher • **Besuch** Nach Vereinbarung • **Adresse** Alois Kracher, Apetloner Straße 37, A-7142 Illmitz • **Tel.** 02175-3377 • **Fax** 02175-33 77

## Josef Umathum

**GESCHICHTE** Mitte der 80er Jahre profilierte sich Josef Umathum mit seiner Cuvée Hallebühl als einer der ersten Rotweinproduzenten der Topklasse. Seither wurde der Betrieb kontinuierlich erweitert und die Weinqualität verbessert.
**WEINE** Josef Umathums Weine zeichnen sich trotz ihrer Kraft stets durch eine feingliedrige Stilistik und hohe Eleganz aus. Sie werden sowohl reinsortig ausgebaut als auch zu Cuvées verschnitten. Von den Verschnittweinen werden u.a. eine Burgunder-Cuvée aus Weißburgunder, Ruländer und Chardonnay sowie die rote Spitzen-Cuvée Ried Hallebühl aus Zweigelt, Blaufränkisch und

*Die rote Spitzen-Cuvée Ried Hallebühl wird aus Zweigelt, Blaufränkisch und Cabernet Sauvignon hergestellt.*

Cabernet Sauvignon hergestellt. Daneben wird ein kleiner Anteil an Süßweinen produziert.
**RUF** Umathum gilt zu Recht als einer der größten Könner in der Rotweinbereitung, insbesondere was den Umgang mit Barriques angeht.
**LAGEN** Hallebühl, Haidebden, vom Stein u.a.
**REBSORTEN** 55% Zweigelt und 20% St. Laurent. Ferner Blauburgunder, Merlot, Blaufränkisch und Cabernet. Für Weißweine sind Pinot Gris und Chardonnay die wichtigsten.
**WEINHERSTELLUNG** Im Weingarten wird größte Sorgfalt auf Boden und Pflanzenpflege verwendet, wobei man bewusst die Vermehrung von Nützlingen fördert, um sich den Insektizideinsatz zu sparen. Biologischer Säureabbau und Barrique-Einsatz werden virtuos beherrscht.
**LAGERUNG** Sowohl Weiß- als auch Rotweine zeichnen sich durch eine gute Lagerfähigkeit aus.
**REBFL/PROD** 18,5 ha, etwa 10 000 Kisten/Jahr.

**Besitzer** Josef Umathum • **Kellermeister** Josef Umathum • **Besuch** Nach telefonischer Vereinbarung • **Adresse** Josef Umathum, St. Andräer-Straße 7, A-7132 Frauenkirchen • **Tel.** 02172-2440 • **Fax** 02172-21734

## Weitere Produzenten am Neusiedlersee

### Paul Achs

Der junge Paul Achs hat nach seiner Rückkehr von Auslandsaufenthalten begonnen, durch Einführung modernster Kellertechnik das Familienweingut möglichst rasch auf Qualitätssteigerung auszurichten. Unterstützt wird dieses Unterfangen durch extreme Ertragsbegrenzung, vor allem bei den Rotweinen. Der bisher wohl beste Wein ist ein im Barrique ausgebauter Blauburgunder, doch auch Chardonnay oder CS bringen beachtliche Ergebnisse. FAKTEN 10 ha, ca. 2 200 Kisten/J.

•**Besitzer:** Paul Achs **Besuch:** Nach Vereinbarung. **Adresse:** Neubaugasse 13, A-7122 Gols. **Tel.** 02173-2367. **Fax** 02173-3478.

### Martin Haider

Auch Martin Haider legt den Schwerpunkt seiner Bestrebungen in den Bereich der weißen Prädikatsweine, mit denen auch schon internationale Auszeichnungen erreicht wurden. Dabei werden unter anderem Beeren- und Trockenbeerenauslesen von Sämling, Bouvier, Muskat-Ottonel, Welschriesling oder Chardonnay gekeltert. In Botrytis-armen Jahren verlegt man sich mehr auf die Eiswein-Produktion. FAKTEN 10 ha, ca. 4 000 Kisten/Jahr.

•**Besitzer:** Martin Haider **Besuch:** Nach Vereinbarung. **Adresse:** Seegasse 16 A, A-7142 Illmitz. **Tel.** 02175-2358. **Fax** 02175-23584.

### Gernot Heinrich

Heinrich hat sich nach der Übernahme des elterlichen Gutes vorerst mit seinen Rotweinen - allen voran die im Barrique ausgebaute Spitzencuvée „Gabarinza" - einen Namen gemacht. Mittlerweile sind aber auch seine Weißweine, wie die unter der Gemeinschaftsmarke Pannobile verkaufte Burgunder-Cuvée (biologischer Säureabbau und Barrique), der kraftvolle Barrique-Neuburger oder die Prädikatsweine immer stärker geworden.

•**Besitzer:** Gernot Heinrich **Besuch:** Nach Vereinbarung. **Adresse:** Wassergasse 2, A-7122 Gols. **Tel.** 02173-3176. **Fax** 02173-3176.

### Helmut Lang

Entsprechend den speziellen klimatischen Gegebenheiten in der Seewinkelregion (fast jährlich Botrytis-Befall) liegt der Schwerpunkt der Produktion auf hohen Prädikaten, vom Ausbruch über die Beerenauslese bis zur Trockenbeerenauslese und dem Eiswein. Hauptsorten sind Chardonnay, Welschriesling, Sämling 88, Pinot Blanc und Grüner Veltliner.

•**Besitzer:** Helmut Lang **Besuch:** Nach Vereinbarung. **Adresse:** Quergasse 5, A-7142 Illmitz. **Tel.** 02175-2923. **Fax** 02175-2923.

### Anita & Hans Nittnaus

Hans Nittnaus hat den traditionsreichen Familienbetrieb Mitte der 80er Jahre komplett umstrukturiert und in erster Linie auf die Produktion kraftvoller, dichter Rotweine von internationaler Stilistik ausgerichtet. Vor allem die Rotweine -

*Die Cuvée Comondor, nach einem ungarischen Schäferhund benannt, zählt zu den besten Rotweinen im Land.*

allen voran die Cuvée Comondor aus CS und Blaufränkisch, die zu den besten Rotweinen des Landes zählt - geben dem Betrieb das Gepräge. Auch hervorragende, kraftvolle Weißweine, wobei die Burgunder-Sorten dominieren. Kleine Mengen hoher Prädikatsweine runden das Angebot ab. FAKTEN 18 ha, 6 000 Kisten/Jahr.

•**Besitzer:** Anita & Hans Nittnaus **Besuch:** Fr-Sa jeweils nachmittags. **Adresse:** Untere Hauptstraße 49, A-7122 Gols. **Tel.** 02173-2248. **Fax** 02173-2248. **Homepage:** www.austrian.wine.co.at/wine/panno1d.htm

### Josef Pöckl

Gegen Ende der 80er Jahre begann sich Josef Pöckl, der unmittelbar nach dem Abschluss der Weinbauschule in den elterlichen Betrieb eingestiegen war, darauf zu konzentrieren, kraftvolle, hochwertige Rotweine zu keltern. Mit gekonntem Holzeinsatz werden Tiefe und Eleganz noch erhöht. Vor allem die roten Cuvées wie der Topwein „Admiral", die CS-Merlot-Cuvée und der etwas leichtgewichtigere „Rosso e Nero" vermögen zu begeistern. FAKTEN 15 ha, ca. 8 000 Kisten/Jahr.

•**Besitzer:** Josef Pöckl **Besuch:** Nach Vereinbarung. **Adresse:** Baumschulgasse 12, A-7123 Mönchhof. **Tel.** 02 17 38 02 58.

### Roland Velich

Furore haben die Velichs mit einem fetten, saftigen Barrique-Chardonnay, der unter der Bezeichnung „Tiglat" verkauft wird, gemacht. Er zählt sicherlich zu den besten Österreichs. Daneben keltern die Velichs jedoch auch eine Reihe von hervorragenden weißen Prädikatsweinen.

•**Besitzer:** Roland Velich **Besuch:** Nach Vereinb. **Adresse:** Seeufergasse 12, A-7143 Apetlon. **Tel.** 02175-3187.

## MITTELBURGENLAND

**RUF** Das Mittelburgenland, im äußersten Osten Österreichs gelegen und direkt an Ungarn angrenzend, ist seit 1985 ein eigenständiges Weinbaugebiet, das vor allem für seine schweren, tiefgründigen Rotweine bekannt ist.

**GEOGRAPHIE/KLIMA** Das Gebiet liegt südlich des Neusiedlersees. Das Mittelburgenland er-

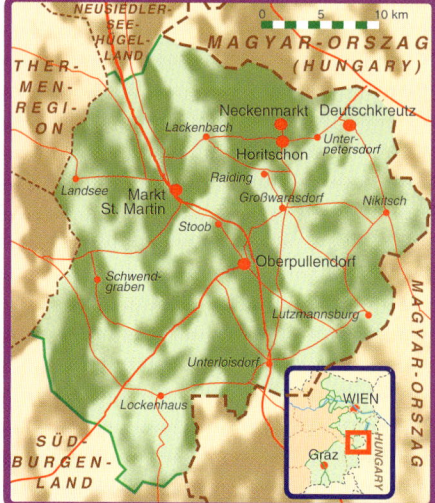

streckt sich auf dem sanft ausklingenden Hügelland des Ödenburger Gebirges. Die Zentren des Weinbaus sind Deutschkreutz, Horitschon, Lutzmannsburg und Neckenmarkt. Das vom Neusiedlersee und von pannonischen Einflüssen geprägte Klima ist mild und sonnig bis weit in den Herbst hinein. Die Niederschlagsmenge beträgt 650 mm/Jahr.

**BODEN** Die Weinberglagen werden hauptsächlich von sandigen bis schweren Lehmböden dominiert.

**WEINE** Dieses Gebiet gehört zu den großen Rotweinzentren Österreichs. Nur ein Drittel der Produktion besteht aus Weißwein. Die Hauptsorte unter den roten Sorten ist der Blaufränkisch und das Gebiet wird in der Werbung oft „Blaufränkisch-Land" genannt.

**REBSORTEN** Rote: Blaufränkisch, Zweigelt u.a. Weiße: Grüner Veltliner, Welschriesling, Müller-Thurgau und Weißburgunder.

**PRODUZENTEN** Etwa 1 800 größere Betriebe oder Familienbetriebe.

**REBFL/PROD** 2 107 ha, etwa 125 000 hl/J.

**WISSENSWERT** Empfehlenswert ist die Fahrt über die „Rotweinstraße" im Mittelburgenland. Man fängt bei Eisenstadt (nördlich davon) an und folgt dann der Weinstraße bis Lutzmannsburg.

## ENGELBERT GESELLMANN

**GESCHICHTE** Mittlerweile ist Junior Albert Gesellmann, der nach Praktika in Südafrika und Kalifornien in den Familienbetrieb zurückgekehrt ist, für die Kellerwirtschaft verantwortlich.

**WEINE** Die Rotweine sind dicht und konzentriert. Blaufränkisch vom Hochacker, Blaufränkisch „Creitzer" sowie die Cuvées Opus Eximium (Blaufränkisch, Cabernet Sauvignon, Pinot Noir und St. Laurent) und Bela Rex (Cabernet und Merlot) sind die besten Rotweine. Interessant ist auch der Chardonnay aus Steinriegel.

**RUF** Gehört zu den profiliertesten und besten Rotweinproduzenten in Österreich.

**LAGEN** Steinriegel, Hochacker, Kart und Kegel, Mitterberg, Fabian, Siglos, Goldberg, Weißes Kreuz.

**REBSORTEN** Blaufränkisch, Cabernet Sauvignon, Pinot Noir, Merlot, Zweigelt und St. Laurent. Chardonnay, Pinot Blanc, Riesling, Welschriesling.

**WEINHERSTELLUNG** Naturnaher Weinbau und ökologisch einwandfreie Bearbeitung werden bevorzugt angewandt. Von Ausnahmen abgesehen (Eiswein!) werden die Weine trocken ausgebaut. Teile der Rot- und Weißweine werden im Barrique ausgebaut.

**LAGERUNG** Insbesondere die Rotweine, aber

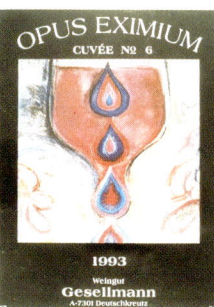

Der Paradewein „Opus Eximium" ist eine Cuvée aus Blaufränkisch, CS, St. Laurent und Blauburgunder.

auch der Chardonnay zeichnen sich durch gute Lagerfähigkeit aus.

**REBFL/PROD** 20 ha, 10 000 Kisten/Jahr.

• **Besitzer** Engelbert Gesellmann • **Kellermeister** Albert Gesellmann • **Besuch** Nach Vereinbarung
• **Adresse** Engelbert Gesellmann, Langegasse 65, A-7301 Deutschkreutz • **Tel.** 02613-80 360
• **Fax** 02613-89 544

|  |  |  |
|---|---|---|
| PRODUKTION | QUALITÄT | PREIS |

## Hans Igler

GESCHICHTE  Nach dem plötzlichen Tod des burgenländischen Rotweinpioniers Hans Igler, der das Weingut im Jahr 1960 gegründet hat, wird der Familienbetrieb jetzt von seiner Witwe Maria sowie von Tochter Waltraud und Schwiegersohn Wolfgang Reisner weitergeführt.

Das Weingut Igler zählt zu den besten Rotweinproduzenten des Landes; die Weine wurden vielfach ausgezeichnet.

WEINE  Der Charakter der Rotweine erinnert an französische Vorbilder: Sie präsentieren sich dicht und kraftvoll, geschliffen und mit deutlicher Holznote unterlegt; bestechend ist die typische Brombeerfrucht beim Cabernet Sauvignon. Ein typisches Beispiel dafür ist die Cuvée Vulcano (Blaufränkisch und Cabernet).

RUF  Das Weingut zählt zu den besten Rotweinproduzenten des Landes.

LAGEN  Hochberg, Fabian, Strassäcker u.a.

REBSORTEN  Blaufränkisch, CS, Zweigelt, PN und Merlot. Riesling, PB und Chardonnay.

WEINHERSTELLUNG  Hans Igler war einer der ersten Winzer im Burgenland, die kompromisslos den trockenen Ausbau von Rotweinen verfolgt haben; und er war der Erste, der Anfang der 80er Jahre Blaufränkische im Barrique ausgebaut hat. Heute wird mit modernsten Methoden gearbeitet: biologischer Säureabbau, gekühlte Gärführung und Barrique-Ausbau.

LAGERUNG  Igler-Weine erreichen ihren Höhepunkt meist erst nach mehrjähriger Flaschenlagerung und bewahren ihre Trinkfähigkeit noch für etliche weitere Jahre.

REBFL/PROD  13 ha eigene Rebfläche, etwa 7 000 Kisten/Jahr.

---

**Besitzer**  Waltraud Reisner-Igler  •**Kellermeister** Wolfgang & Hans Reisner & Waltraud Reisner-Igler  •**Besuch**  Täglich 8-12, 13-17, So nach Vereinb.  •**Adresse**  Hans Igler, Langegasse 49, A-7301 Deutschkreutz  •**Tel.**  26 13 80 365  •**Fax**  26 13 89 683  •**E-Mail**  weingut-h.igler@netway.at

PRODUKTION   QUALITÄT   PREIS

---

## Weitere Produzenten

### Paul Kerschbaum

Ein mittelgroßer Produzent mit 13 ha Rebfläche und einer Jahresproduktion von knapp 3 000 Kisten. Zu 95% werden Rotweine hergestellt. Etwa 60% der Rebstöcke sind Blaufränkisch, aber Kerschbaum baut auch Zweigelt und Cabernet Sauvignon an. Der beste Wein ist eine Cuvée, die Imperator heißt.

•**Besitzer:** Paul Kerschbaum  **Besuch:** Nach Vereinbarung. **Adresse:** Hauptstraße 37, A-7312 Horitschon. **Tel.** 02610-23 92. **Fax** 02610-23 92.

### Weninger

Auf die Übernahme des elterlichen Betriebes im Jahr 1978 folgten für Franz und Martina Weninger Jahre des Experimentierens - es wurden auch Weine mit der Etikettenaufschrift „Experiment"

Die Rotweine von Franz Weninger sind kraftvoll, dicht und tanninreich, oft mit Barrique unterlegt.

erzeugt -, während denen sich aus dem landwirtschaftlichen Mischbetrieb ein reines Weingut herauskristallisierte. Vor allem mit formidablen Rotweinen hat man sich mittlerweile an der Spitze des österreichischen Weinbaus etabliert. Zu den besten Weinen gehören der Blaufränkisch Reserve und die Cuvée Veratina (Cabernet, Blaufränkisch und Zweigelt). St. Laurent, Merlot und Pinot Noir sind weitere gute Weine. Weninger legt - auch im Hinblick auf den Barrique-Ausbau - Wert auf eine hohe Reife des Traubengutes; die Lese erfolgt daher zumeist sehr spät. Typisch für seine Weine ist eine lange Maischestandzeit, um eine hohe Farbausbeute und kraftvolle Tannine zu erzielen. Nach der malolaktischen Gärung kommen die Weine in große Holzfässer oder Barriques. FAKTEN  20 ha, ca. 10 000 Kisten/Jahr.

•**Besitzer:** Franz Weninger  **Besuch:** Nach Vereinbarung. **Adresse:** Florianigasse 11, A-7312 Horitschon. **Tel.** 26 10 14 21 65. **Fax.** 26 10 14 21 65.

## SÜDBURGENLAND

**RUF** Das Südburgenland ist ein auch landschaftlich reizvolles Weinbaugebiet mit einer Vielzahl von kleinen Weingütern. Im Rahmen einer Gemeinschaftswerbung wird die Region als „Die Weinidylle" vermarktet.

**GEOGRAPHIE/KLIMA** Die besten Qualitäten im südburgenländischen Weinbau werden heute im Gebiet rund um den Eisenberg erzielt. Ebenso existieren viele Weingärten an den Süd- und Osthängen des Geschriebensteines sowie an Süd- und Südosthängen im Pinkatal. Klimatisch fällt das

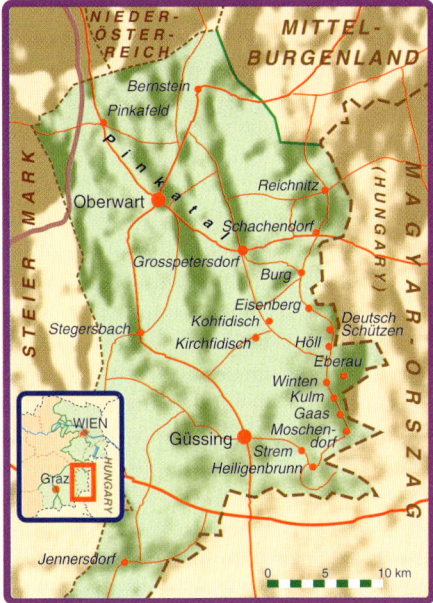

Gebiet unter den pannonischen Einfluss. 670 mm sind die durchschnittlichen Jahresniederschlagsmengen, 63 die Anzahl der Sonnentage.

**BÖDEN** Schwerer Lehm dominiert. Teilweise sind auch Böden ähnlich dem Lavaverwitterungsgestein der Südoststeiermark vorzufinden.

**WEINE** 60% halbtrockene bis trockene Weißweine. 43% rote Sorten.

**REBSORTEN** Welschriesling und Grüner Veltliner sind die wichtigsten weißen Sorten und unter den roten der Blaufränkisch. Auch wenig Cabernet Sauvignon wird angebaut.

**PRODUZENTEN** 1 700 Weinbaubetriebe bewirtschaften durchschnittlich 0,25 ha.

**REBFL/PROD** 460 ha, etwa 28 000 hl/Jahr.

**WISSENSWERT** Weitere Auskunft mit einer Präsentation der „Weinidylle" ist beim Gebietsweinbauverein Südburgenland, Stremtalstr. 19, A-7540 Güssing, erhältlich.

## PRODUZENTEN IM SÜDBURGENLAND

### KRUTZLER

Mit zäher Beharrlichkeit hat Hermann Krutzler das in Familienbesitz befindliche Weingut aus der Isolation des Südburgenlandes geholt und auf die Weinkarten der Top-Restaurants des Landes ge-

*Die Weine von Hermann Krutzler sind für den besonderen, regionsspezifischen Touch bekannt.*

bracht. Vor allem die Blaufränkischen aus Lagen rund um den Eisenberg weisen einen besonders eigenwilligen, erdig-mineralischen Ton auf, der ihren Charakter prägt. So auch bei Krutzlers übrigen Weinen, allen voran die Spitzen-Cuvée Perwolff, die größtenteils aus Blaufränkisch, mit einem kleinen Anteil CS, besteht und im Barrique ausgebaut wird. Die Weine sind in der Jugend oft recht kantig, gewinnen aber durch Lagerung.

**FAKTEN** 7 ha, ca. 5 000 Kisten/Jahr.

• **Besitzer:** Hermann Krutzler **Kellermeister:** Reinhold & Erich Krutzler **Besuch:** Nach Vereinbarung. **Adresse:** A-7474 Deutsch-Schützen. **Tel.** 03365-2242. **Fax** 03365-2242.

### SCHÜTZENHOF
### FAM. KÖRPER-FAULHAMMER

Senior Felix Körper war 1952 einer der ersten Flaschenfüller der Region. Heute ist das von Tochter Karin und Schwiegersohn Walter Faulhammer geleitete Weingut sowohl für seine kraftvollen, dichten Rotweine (Leitsorte ist der Blaufränkisch mit der für den Eisenberg typischen mineralisch-erdigen Note) als auch für die gelegentlich gekelterten weißen Prädikatsweine bekannt.

• **Besitzer:** Fam. Faulhammer-Körper **Kellermeister:** Walter Faulhammer **Besuch:** Mo-Fr 8-12, 14-18. **Adresse:** Weinberg 159, A-7474 Deutsch-Schützen. **Tel.** 03365-2203. **Fax** 03365-22085.

## Steiermark

RUF In der Steiermark werden seit langem Weine von augezeichneter Qualität erzeugt. Da die meisten Produzenten kleine Hobbybauern sind, ist die hohe Qualität außerhalb der Region nicht bekannt. Tatsächlich kommen einige der besten trockenen Weißweine aus der Steiermark.

GEOGRAPHIE Die Steiermark liegt in grünen, hübschen Tälern im südlichen Österreich. Das Gebiet umfasst die Weststeiermark, Südsteiermark und Südoststeiermark.

WEINE Hier ist der blassrote Schilcher aus der Rebsorte Blauer Wildbacher die Spezialität. Im Allgemeinen ist der typisch steirische Weißwein trocken und aromatisch und wird meistens aus einer einzigen Rebsorte erzeugt. Rotwein wird eher weniger produziert.

REBSORTEN Blauer Wildbacher für den Schilcherwein. Bei den Weißweinen dominieren Weißburgunder, Sauvignon Blanc, Welschriesling und Morillon (Chardonnay, wird seit mehr als 100 Jahren in der Steiermark angebaut). Elegante, leicht würzige Traminer-Weine sowie blumige und frische Muskateller-Weine aus der Steiermark sind ein Begriff.

REBFL/PROD Etwa 3 600 ha, 175 000 Kisten/Jahr.

## Weststeiermark

GESCHICHTE In Österreich ist die Weststeiermark als das Schilcherland bekannt. Der Name Schilcher ist eine geschützte Ursprungsbezeichnung für Weine aus der Blauen Wildbachertraube.

GEOGRAPHIE/KLIMA Die Weststeiermark grenzt im Süden an Slowenien und im Südwesten an Kärnten. Die Weinberge erstrecken sich von Eibiswald bis Ligist, der sog. Schilcher-Weinstraße entlang. Die besten Gebiete findet man um Deutschlandsberg, Stainz und St. Stefan. In der Weststeiermark trifft das trockene, heiße ungarische Klima auf das feuchtere, warme Mittelmeerklima.

BODEN Sehr wechselhafte Bodenverhältnisse.

Am häufigsten kommt kristallines Urgestein vor.

WEINE Mehr als zwei Drittel Schilcher. Ein trockener, zwiebelfarbener Roséwein mit ausgeprägter Frucht und Säure. Dieser Wein aus der Sorte Blauer Wildbacher wird unter dem Namen „Weißes Pferd" geschützt.

REBSORTEN Blauer Wildbacher, Weißburgunder, Müller-Thurgau, Welschriesling, Zweigelt.

PRODUZENTEN 350 Betriebe.

REBFL/PROD Ca. 480 ha, 8 000 hl/Jahr.

WISSENSWERT Die „Schilcher"-Weinstraße ist ein bekanntes Reiseziel und für ihre zahlreichen Schlösser berühmt.

## Domäne Müller

GESCHICHTE Der Betrieb wurde 1936 von Josef Reiterer gegründet. Nach 1955 wurde das Weingut von Tochter Maria und ihrem Gatten Emil Müller geleitet und heute ist es in Besitz von Günter J. Müller. 1977 übernahm man das Prinz Liechtenstein'sche Weingut zusammen mit den Rebbergen. In der hauseigenen Vinothek verkauft man zahlreiche in- und ausländische Weine, auch von sehr alten Jahrgängen.

WEINE Ein breites Sortiment von verschiedenen Weinen. Unter anderem keltert Günter J. Müller von rund einem Viertel seiner Rebfläche Schilcher. Daneben bietet das ambitionierte Haus jedoch eine breite Palette qualitativ hochwertiger Weine wie etwa den Sauvignon Blanc, den Chardonnay oder den Cabernet Sauvignon an.

RUF Ein moderner Betrieb mit großen Ambitionen.

LAGEN Eckberg, Burgegg des Prinz Liechtenstein u.a.

REBSORTEN Insg. 16 verschiedene Sorten. Die wichtigste ist der Blaue Wildbacher. Für Weißweine werden Chardonnay, Welschriesling und Sauvignon Blanc angebaut. Weitere rote Sorten sind Cabernet Sauvignon und Zweigelt.

WEINHERSTELLUNG Modern. Die Gärung erfolgt sowohl in Stahltanks als auch in Holzfässern, der Ausbau meist im Barrique.

*Fast märchenhaft scheint die Ried Burgegg der Domäne Müller, ehem. Prinz Liechtenstein'sches Weingut.*

LAGERUNG Die besten Rot- und Weißweine können 3-5 Jahre gelagert werden.

REBFL/PROD 21 ha eigene Rebfläche und 24 ha gepachtete, etwa 25 000 Kisten/Jahr.

**Besitzer** Günter J. Müller • **Kellermeister** Mathias Erklavec • **Besuch** Mo-Fr 8-12, 13-18 • **Adresse** Domäne Müller, Petzeldorf 63, A-8522 Groß St. Florian • **Tel.** 03464-2234, 2155 • **Fax** 03464-211625

PRODUKTION    QUALITÄT    PREIS

## Südsteiermark

RUF Mit einer Reihe von Top-Produzenten hat sich die Südsteiermark zu einer Art Gegengewicht zur Wachau entwickelt. Die Region ist nicht nur aufgrund ihrer hervorragenden Weine, sondern auch aufgrund der malerischen Hügellandschaft (Stichwort: steirische Toskana) besuchenswert.

GEOGRAPHIE/KLIMA Zwei Drittel der Lagen liegen im Süden an der Grenze zu Slowenien und erstrecken sich von Ehrenhausen bis zum Gebiet um Schlossberg und Pößnitz. Die andere Weinregion heißt Sausal und liegt im Norden, rund um die Stadt Leibnitz und nach Westen zu St. Andrä hin. Die Besonderheit von Sausal liegt darin, dass es dort keine großen und in sich abge-

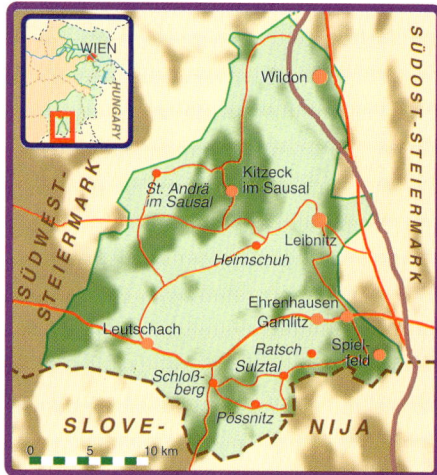

schlossenen Weingärten gibt. Die einzelnen Weinbaufluren fügen sich fast mosaikartig in die Landschaft ein. Das Klima ist etwas wärmer als im Nachbarbezirk, aber die Frostgefahr ist groß und zwingt den Weinbau in sonnige Hanglagen.

BODEN Magerer Boden mit viel Stein und Felsen. Meist steile, trockene Schieferböden.

WEINE Größtenteils trocken ausgebaute Weißweine. Vor allem werden Welschriesling und Müller-Thurgau erzeugt. Die besten Qualitäten bringen jedoch Sauvignon Blanc, Riesling und Chardonnay (hier traditionell als Muskat-Sylvaner bzw. Morillon bekannt).

REBSORTEN Weiße: Welschriesling, Müller-Thurgau, Weißburgunder, Riesling, Ruländer, Traminer, Muskateller, Chardonnay (Morillon), Sauvignon Blanc.

PRODUZENTEN Hauptsächlich kleine und mittelgroße Familienbetriebe.

REBFL/PROD 1900 ha, etwa 100 000 hl/Jahr.

WISSENSWERT Durch dieses Gebiet führt die „Südsteirische Weinstraße", die hart an der österreichischen Staatsgrenze zu Slowenien verläuft.

## Erich & Walter Polz

GESCHICHTE Die Brüder Erich und Walter Polz betreiben das Weingut, das mit Hochgraßnitzberg und Obegg über absolute Toplagen der Region verfügt, in der dritten Generation als Fa-

*Die fruchtig-eleganten Weißburgunder werden des Öfteren als „Steirische Klassik" bezeichnet.*

milienbetrieb. Der früher zugehörige Weinhandel wurde aufgegeben, in der hauseigenen Buschenschenke bestehen Verkostungsmöglichkeiten.

WEINE Die Palette reicht vom extrem alkoholschwachen Welschriesling, der als „Sommerwein" konzipiert ist, über fruchtig-elegante Weine wie Weißburgunder, Morillon oder Sauvignon, die als „Steirische Klassik" bezeichnet werden, bis zu bukettintensiven, komplexen und aromatischen Spitzenweinen vom Hochgraßnitzberg. Ein Winzersekt („Rotky") und zwei beachtliche Rotweine runden das Angebot ab.

RUF Die Brüder Polz zählen zu den absoluten Spitzenproduzenten der Südsteiermark.

LAGEN Hochgraßnitzberg, Graßnitzberg u.a.

REBSORTEN Weißburgunder, Morillon, Sauvignon Blanc und Welschriesling sowie Muskateller, Pinot Gris, Traminer, Zweigelt, CS.

WEINHERSTELLUNG Qualität entsteht im Weinberg; zu den guten Lagen gesellt sich hier eine besonders schonende Weingartenarbeit und vernünftige Ertragsbeschränkung. Man arbeitet mit Stahltanks, großen Holzfässern und Barriques, wobei man aufgrund der Sortenvielfalt bestrebt ist, möglichst kleine Einheiten einzusetzen.

LAGERUNG Topweine verfügen über eine gute Lagerfähigkeit; von Ausnahmen abgesehen bereiten sie in der Jugend am meisten Freude.

REBFL/PROD 25 ha, ca. 25 000 Kisten/Jahr.

**Besitzer** Erich & Walter Polz • **Kellermeister** Erich Polz • **Besuch** Mo-Sa 10-17 • **Adresse** Erich & Walter Polz, Graßnitzberg 54A, A-8471 Spielfeld • **Tel.** 03453-2301-0 • **Fax** 03453-2301-6

PRODUKTION   QUALITÄT   PREIS

## Sattlerhof

GESCHICHTE Der Hof war seit 1887 in Besitz der Familie Hauser und ging im Jahr 1965 in den Besitz von Aloisia (geb. Hauser) und Wilhelm Sattler über. Ab diesem Zeitpunkt wurde die Rebfläche ausgeweitet. Heute arbeiten zwei Söhne auf dem Sattlerhof: Der älteste Sohn Wilhelm mit seiner Frau Maria ist für das Weingut verantwortlich und der jüngere Sohn Hannes und seine Frau Gabi führen selbständig das Haubenrestaurant Sattlerhof.

WEINE 95% der Produktion fallen auf Weißweine. Der Welschriesling ist oft leicht im Charakter. Der Klevner hat für gewöhnlich eine reichere Frucht mit Gewürznoten. Muskateller und Sauvignon Blanc sind intensiv, frisch und sortentypisch. Kabinettweine mit typischer steirischer Fruchtnote. Elegante Morillon-Weine, der beste aus der Lage Pfarrweingarten.

RUF Im Weinhandel und bei Privatkunden sind Sattlerhof-Weine beliebt, Spitzenkreszenzen werden meist in Subskription verkauft.

LAGEN Sernauberg, Gamlitzer Pfarrweingarten, Krannachberg.

*Dem Weingut ist auch ein Haubenrestaurant angeschlossen, das sich im Hofbereich des Weingutes befindet.*

REBSORTEN SB, Morillon (Chard), Weißburgunder (Klevner/PB) und 10% Welschriesling sowie Muskateller, Grauburgunder und Riesling.

WEINHERSTELLUNG Traditionelle Methoden. Sorgfältige Traubenauswahl, schnelle Bearbeitung und schonendes Keltern sind einige Faktoren, die zur höheren Qualität führen. Fast alle Weine besitzen Kabinett-Qualität.

LAGERUNG Die besten Weißweine 5-7 Jahre.

REBFL/PROD 12,5 ha, 7-8 000 Kisten/Jahr.

**Besitzer** Wilhelm Sattler jun. • **Kellermeister** Wilhelm Sattler jun. • **Besuch** Mo-Fr 14-19, Sa 10-19 • **Adresse** Sattlerhof, Sernau 2, A-8462 Gamlitz • **Tel.** 34 53 25 56 • **Fax** 34 53 57 32

PRODUKTION   QUALITÄT   PREIS

## TEMENT

**GESCHICHTE** Nach dem frühen Tod des Vaters musste Manfred Tement schon früh auf dem elterlichen Weingut einspringen. Eine Aufgabe, die der junge Winzer mit Bravour gelöst hat. Nach und nach wurde der Betrieb modernisiert und die Weinqualität verbessert.

**WEINE** Zweifellos gibt es auch hier die leichten, fruchtigen und säurebetonten Weine, wie etwa den Welschriesling. Insgesamt strebt Tement jedoch höhere Extraktwerte und reife Weine an, was sich etwa beim Sauvignon Blanc oder dem Morillon von der Spitzenlage Zieregg ideal ausdrückt. Diese Topweine weisen teilweise auch einen Hauch gefühlvoll eingesetzten Holzes auf. Ein Winzersekt, zwei für diese Region recht beachtliche Rotweine sowie Trauben- und Obstbrände runden das Angebot ab.

**RUF** Die Weine zählen mit zuverlässiger Regelmäßigkeit zu den besten der ganzen Steiermark.

**LAGEN** Zieregg, Graßnitzberg, Wielitsch.

**REBSORTEN** Welschriesling, Gelber Muska-

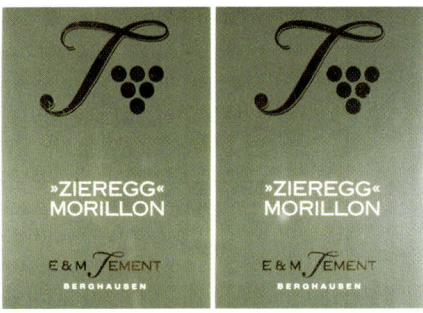

*Man achtet darauf, dass beim Wein die Frucht im Vordergrund bleibt und das Holz perfekt eingebunden wird.*

teller, SB, Morillon, Weiß- und Grauburgunder, Roter Traminer, Cabernet Sauvignon u.a.

**WEINHERSTELLUNG** Mit besonderem Feingefühl wird im Keller versucht, dem jeweiligen Charakter entsprechend das Optimum aus jedem Wein herauszuholen. Bei Spitzenweinen wird teils ein biologischer Säureabbau durchgeführt und teilweise erfolgt der Ausbau in Barriques.

**LAGERUNG** Trockene Spätlesen ohne weiteres einige Jahre; in der Regel präsentieren sich die Weine jedoch in der Jugend am schönsten.

**REBFL/PROD** 17 ha, etwa 7 000 hl/Jahr.

> **Besitzer** Manfred Tement • **Kellermeister** Manfred Tement • **Besuch** Mo-Sa 10-12, 14-18
> • **Adresse** Tement, Zieregg 13, A-8461 Berghausen • **Tel.** 03453-4101 • **Fax** 03453-4101 30

PRODUKTION   QUALITÄT   PREIS

## WEITERE PRODUZENTEN

### ALOIS GROSS

Der Spitzenwein des Hauses, ein Sauvignon Blanc vom Nussberg, bewegt sich an der Grenze zwischen steirischer und internationaler Stilistik. Der Wein brilliert zumeist nicht nur mit Frucht, sondern mit betörender Würze und Tiefe am Gaumen. Ähnlich verhält es sich mit den anderen Weißweinen wie dem PB, dem Morillon oder dem Pinot Gris. FAKTEN 10 ha, 6 500 Kisten/Jahr.

• **Besitzer:** Alois Groß **Besuch:** Nach Vereinbarung. **Adresse:** Ratsch an der Weinstraße 10, A-8461 Ehrenhausen. **Tel.** 03453-2527. **Fax** 03453-2728.

### FRANZ HIRSCHMUGL

Franz Hirschmugls Weine können als „typische Steirer" bezeichnet werden. Das beginnt bei der Sortenpalette, geht weiter über den Keller und endet bei den Weinen selbst, die sich fruchtbetont, schlank, knackig und mit spritziger Säure präsentieren. FAKTEN 12 ha, ca. 2 700 Kisten/Jahr.

• **Besitzer:** Franz Hirschmugl **Besuch:** Nach Vereinbarung. **Adresse:** Demmerkogel-Sausal, A-8444 St. Andrä im Sausal. **Tel.** 03456-2684.

### LACKNER-TINNACHER

Was die trockenen Weißweine angeht, so wer-

*Seit 1979 trägt Fritz Tinnacher, hier „im Muskateller" (Lage Steinbach), die Verantwortung für den Betrieb.*

den im Hause Lackner-Tinnacher zuverlässig Jahr für Jahr ausgezeichnete Qualitäten erreicht. Insbesondere SB, Morillon, Weißburgunder und Muskateller sind hier zu erwähnen.

• **Besitzer:** Fritz Tinnacher **Besuch:** Täglich 9-17. **Adresse:** Steinbach 12, A-8462 Gamlitz. **Tel.** 03453-2142. **Fax** 03453-4841.

### SILBERBERG, STEIRISCHES LANDESWEINGUT

Insbesondere Weißburgunder, Chardonnay und Grauburgunder, aber auch der Sauvignon Blanc bringen ausgezeichnete, trockene Weine.

• **Adresse:** Kogelberg 16, A-8430 Leibnitz. **Tel.** 03452-82339. **Fax** 03452-8233917.

## Südost-Steiermark

**RUF** Die Südost-Steiermark ist vor allem für die ausgezeichneten Traminer bekannt, aber auch andere Weißweine sind von hoher Qualität.

**GEOGRAPHIE/KLIMA** Das Gebiet reicht von der Mur bis Bad Radkersburg, nahe der slowenischen Grenze. Die Reben sind meist dort angesiedelt,

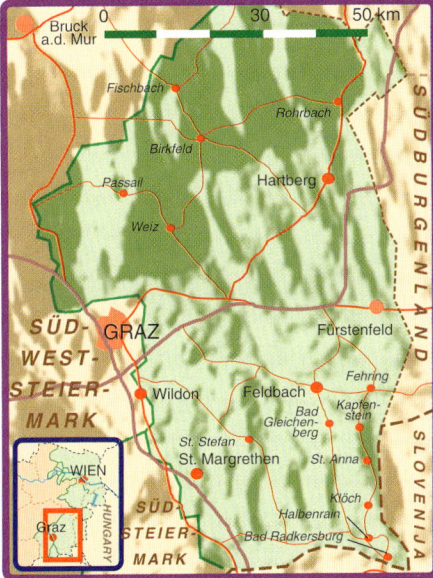

wo keine andere Kulturpflanze gedeiht. Weinanbau findet man entlang der Klöcher Weinstraße oder nördlich davon. Die Klöcher Weinstraße reicht von Fehring bis Bad Radkersburg und schließt Klöch und St. Anna am Aigen ein. Das Gebiet liegt in einer Übergangszone zwischen dem heißen, trockenen ungarischen Landklima und dem feuchtwarmen Mittelmeerklima.

**BODEN** Teils vulkanischen Ursprungs, teils Kalkmergel.

**WEINE** Fast ausschließlich trockene Weißweine. Der Traminer (in Klöch geschützter Name „Klöcher Traminer") erlebt in trockener und süßer Form eine leichte Renaissance. Daneben werden auch gute Ergebnisse mit Weiß- und Grauburgunder oder Chardonnay erzielt.

**REBSORTEN** Müller-Thurgau, Welschriesling, Weißburgunder, Ruländer, Morillon, Traminer und Riesling sowie der rote Zweigelt gehören zu den wichtigsten.

**PRODUZENTEN** Ca. 2 300 kleine und mittelgroße Familienbetriebe, meist nebenberuflich.

**REBFL/PROD** 1 200 ha, etwa 80 000 hl/Jahr.

**WISSENSWERT** In der Gebietsvinothek St. Anna am Aigen kann man sich einen Überblick über die Weine der Region verschaffen.

## Produzenten in der Südost-Steiermark

### Burgweinbau Riegersburg

Bereits die ersten Jahrgänge zeigten große Klasse. Vor allem Weißburgunder und Chardonnay verbinden die typisch steirischen Attribute Fruchtigkeit und Säure mit einer erstaunlichen Komplexität und Vielschichtigkeit.

• **Besitzer:** Fam. Tscheppe **Besuch:** Nach Vereinbarung. **Adresse:** Glanz 75, A-8463 Leutschach. **Tel.** 03182-7202. **Fax** 03182-3059.

### Neumeister

Der Bogen spannt sich von jung zu trinkenden, fruchtig-schlanken Weinen wie dem Welschriesling oder dem Muskateller bis zu dichten, kraftvoll-würzigen Weinen wie dem Gewürztraminer, dem Roten Traminer oder dem Grauburgunder. Oft im Spät- oder Auslesebereich geerntet, weisen sie manchmal etwas Restzucker auf.

• **Besitzer:** Albert & Anni Neumeister **Kellermeister:** Albert Neumeister **Besuch:** Mi-Sa 14-22. **Adresse:** A-8345 Straden 42. **Tel.** 03473-308. **Fax** 03473-3084.

### Manfred Platzer

Platzer ist ein Meister des Barrique. Dadurch gelingt es ihm, vollreifen, kraftvoll-würzigen Weißweinen wie dem Gewürztraminer, dem Chardonnay oder dem Pinot Gris, die nebenbei auch stets in einer klassischen Variante ausgebaut werden, den letzten Schliff zu geben.

• **Besitzer:** Manfred Platzer **Besuch:** Täglich 9-17. **Adresse:** Pichla 25, A-8355 Tieschen. **Tel.** 02475-2331.

### Winkler-Hermaden

Das Angebot reicht von zart-fruchtigen, säurebetonten Weinen wie dem Welschriesling, SB oder der Cuvée Caphenstein über kraftvoll-würzige Traminer oder Grauburgunder, die zum Teil im

*Auch das Schloss, eine Wehrburg aus dem 11. Jahrhundert, gehört zum Besitz der Familie Winkler-Hermaden.*

Barrique ausgebaut werden, bis zum „Olivin", einem dichten Zweigelt aus dem Barrique.

• **Besitzer:** Georg Winkler-Hermaden **Besuch:** Mo-Sa 10-12, 14-18. **Adresse:** A-8353 Kapfenstein 105. **Tel.** 03157-2322. **Fax** 03157-23224.

## WIEN

RUF Wien ist die einzige Hauptstadt der Welt mit bedeutendem Weinbau. In den letzten Jahren ist die Qualität der Weine bei einer Reihe von Produzenten deutlich angestiegen.
GEOGRAPHIE/KLIMA 70% der Weinberge liegen in den Bezirken Döbling und Floridsdorf. Die wichtigsten Weindörfer (Vororte von Wien) finden sich in Döbling: Grinzing, Heiligenstadt, Nussdorf und Sievering. In Floridsdorf: Stammersdorf, Strebersdorf und Großjedlersdorf. Andere bekannte Weinorte sind Kahlenbergerdorf, Neustift am Walde und Mauer. Das warme und trockene Klima ist sowohl durch die Donau als auch durch die Winde aus dem pannonischen Raum beeinflusst.
BODEN Für den Weinbau wie geschaffen. Kalksteinerde am Nussberg, Lößböden am Bisamberg sowie Schiefer und Mergel.
WEINE Ca. 90% hauptsächlich trockener Weißwein, mit ausgeprägtem Sortencharakter.
REBSORTEN Die wichtigsten weißen Sorten sind Grüner Veltliner, gefolgt von Rheinriesling, Weißburgunder, Müller-Thurgau, Chardonnay und Welschriesling. Die wichtigsten roten Sorten sind Zweigelt, St. Laurent und Blauer Portugieser.
PRODUZENTEN Rund 664 Winzer. Im Vergleich zu anderen Bezirken besteht dieser meistens aus größeren Einheiten. Keine Genossenschaften.
REBFL/PROD 730 ha, ca. 20 000 hl/Jahr.
WISSENSWERT Wien ist die einzige Hauptstadt der Welt, in der man das Vergnügen der Großstadt mit einer Weinreise durch die Heurigen am Stadtrand verbinden kann.

## MAYER AM PFARRPLATZ

GESCHICHTE Das Weingut „Mayer am Pfarrplatz" mit dem angeschlossenen „Beethoven-Heurigen" ist wohl Wiens bekanntester Weinbaubetrieb. Ing. Franz Mayer, der Doyen der Wiener Winzerszene, mischt im Betrieb nach wie vor kräftig mit. Für den Keller ist mittlerweile Schwiegersohn Mario Galler zuständig.
WEINE Von einigen der besten Lagen Wiens werden sehr schöne Weißburgunder, Rieslinge, Veltliner, Chardonnay sowie Sauvignon Blanc und Traminer gekeltert. Legendär sind vor allem auch die Altweine. Aus einem Fundus von rund 20 000 Flaschen kann man noch bis zu 40 Jahre alte Weine erwerben.
RUF Gehört zu den besten Erzeugern in Wien und heimst stets zahlreiche Prämierungen ein.
LAGEN Preußen, Alsegg, Schenkenberg, Reisenberg, Ring/Grinzing sowie Nussberg.

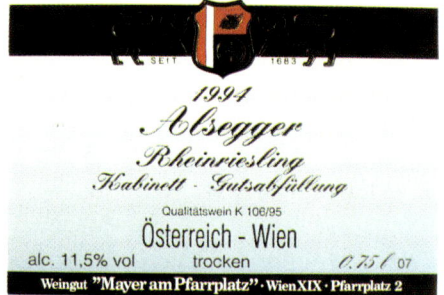

*Am Schafberg-Südhang des Weinguts von Ing. F. Mayer wächst der Rheinriesling immer in Kabinett-Qualität.*

REBSORTEN Weißburgunder, Riesling, Chardonnay, Sauvignon Blanc, Traminer u.a.
WEINHERSTELLUNG Fast alle Weine werden trocken ausgebaut (ausgenommen die Auslesen) und in einer modernen Anlage vinifiziert.
LAGERUNG Die besten Weine können 7-8 Jahre gelagert werden.
REBFL/PROD 24,5 ha, ca. 7 500 Kisten/Jahr.

**Besitzer** Franz Mayer • **Kellermeister** Mario Galler • **Besuch** Mo-Sa 16-24, So und an Feiertagen 11-24 • **Adresse** Mayer am Pfarrplatz, Pfarrplatz 2, A-1190 Wien • **Tel.** 01-37 33 61 • **Fax** 01-37 47 14

PRODUKTION  QUALITÄT  PREIS

## WIENINGER

**GESCHICHTE** Seit Fritz Wieninger jun. nach Auslandsaufenthalten auf das Weingut zurückgekehrt ist und für die Kellerarbeit verantwortlich zeichnet, konzentriert man sich neben dem großen Heurigenbetrieb immer mehr auf das Keltern von Qualitätsweinen. Viele Erfolge und Auszeich-

*Fritz Wieninger ist in Wien unumstritten die Nummer eins und einer der erfolgreichsten Winzer des Landes.*

nungen zeigen, dass man auf dem richtigen Weg ist.

**WEINE** Die Spezialität sind hochklassige Prädikatsweine (auch Beerenauslesen) aus der weißen Bouvier-Traube: goldgelbe Farbe mit einem aromatischen Charakter. Die besten Weine sind: Chardonnay Grande Select, die Rotwein-Cuvée „Wiener Trilogie" sowie ein Cabernet-Merlot-Verschnitt. Man erzeugt auch einen bekannten Wiener Nouveau aus Blauem Portugieser. Auch Sekt nach der Champagner-Methode.

**RUF** Fritz Wieninger ist in Wien unumstritten die Nummer eins und einer der erfolgreichsten Winzer des Landes. Erstaunlich ist, dass in von Wiener Lagen auch Top-Rotweine gelingen.

**LAGEN** Jungenberg, Rothen, Auckenthal, Herrenholz und Gabrissen. Alle in Bisamsberg.

**REBSORTEN** Grüner Veltliner, Chardonnay, Riesling und Zweigelt. Übrige Sorten sind u.a. Welschriesling, Blauburgunder, Merlot, Bouvier, Sauvignon Blanc und Cabernet Sauvignon.

**WEINHERSTELLUNG** Nach sorgfältiger Weingartenarbeit und entsprechender Ertragsbegrenzung werden die Trauben im Keller mit Einsatz modernster Technik weiterverarbeitet.

**LAGERUNG** Beste Rote und Weiße 5-7 Jahre.

**REBFL/PROD** 14 ha, ca. 5 000 Kisten/Jahr.

**Besitzer** Ing. Fritz Wieninger • **Kellermeister** Ing. Fritz Wieninger • **Besuch** März bis Dez. Mi-So • **Adresse** Wieninger, Stammerdorferstraße 78, A-1210 Wien • **Tel.** 01-292 41 06 • **Fax** 01-292 86 71

PRODUKTION   QUALITÄT   PREIS

## WEITERE PRODUZENTEN

### PETER BERNREITER

Neben den Schankweinen für den Heurigen produziert Peter Bernreiter auch zunehmend Qualitätsweine in Flaschen. Die besten Ergebnisse erzielt er dabei mit den Burgunder-Sorten Chardonnay, Weißburgunder und vor allem dem Ruländer, der immer wieder schöne Spät- oder Auslesen bringt. Interessant ist die Serie „Vienna Classic".

• **Besitzer:** Peter Bernreiter **Besuch:** Täglich 9-17. **Adresse:** Amtsstraße 24-26, A-1210 Wien. **Tel.** 01-292 36 80. **Fax** 01-292 36 80-4.

*Der 86er Blaue Zweigelt von Breyer wurde 1989 an der Weinmesse in Bordeaux mit der Goldmedaille prämiert.*

### LEOPOLD BREYER

Ein gutes Weingut, das in der dritten Generation geführt wird. Leopold Breyer wurde 1991 zum „Winzer des Jahres" ernannt. Seine besten Weine sind Cuvée Genesis (Chardonnay), Cuvée Privée und Weine aus der Serie Vienna Classic. Erzeugt jährlich gut 2 600 Kisten.

• **Besitzer:** Leopold Breyer **Besuch:** Täglich 9-17. **Adresse:** Amtsstraße 15, A-1210 Wien. **Tel.** 0222-39 41 48.

# WEINETIKETTEN IN ÖSTERREICH

**QUALITÄT/GESCHMACK**
Dieser *Qualitätswein* ist von der Güteklasse *Kabinett*.

**URSPRUNGSLAND**
Stammen die Trauben aus *Österreich*, muss es angegeben werden.

**REBSORTE**
Ist die Rebsorte angegeben, muss der Wein mind. 85% derselben enthalten.

**JAHRGANG**
Obligatorisch, der Wein muss dann zu mind. 85% aus dem genannten Jahr stammen.

**ZUCKERGEHALT**
Die Angabe der Süße ist obligatorisch. Folgende Begriffe sind möglich: *trocken* (max. 4 g Restzucker pro Liter), *halbtrocken* (4-9 g/l) *halbsüß* oder *lieblich* (9-18 g/l) sowie *süß* (mehr als 18 g/l).

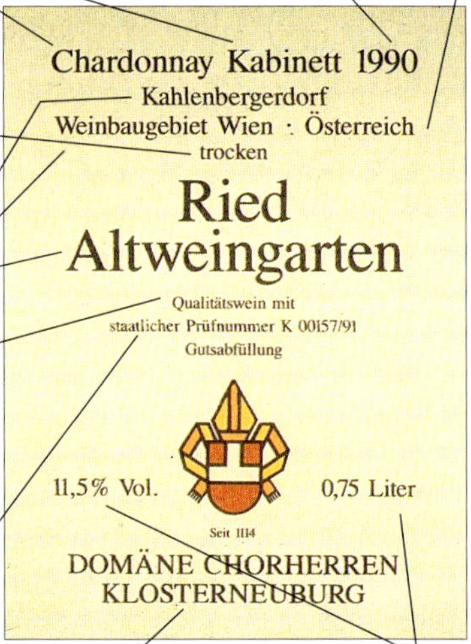

**URSPRUNG**
Region, Bereich, Gemeinde oder Weinberg dürfen angegeben werden, wenn 100% des Weines aus dem betreffenden Gebiet stammen. Dieser Wein stammt aus der Region *Wien*, der Gemeinde *Kahlenbergerdorf*, und aus der Lage *Altweingarten*. Das Wort „Ried" entspricht der deutschen Lage.

**GÜTEKLASSE**
Obligatorische Angabe.

**PRÜFNUMMER**
Ab der Güteklasse Qualitätswein muss die Bezeichnung Qualitätswein inkl. staatlicher Prüfnummer mit der entsprechenden Ziffer angegeben werden. Die letzten zwei Zahlen geben das Prüfungsjahr an.

**ERZEUGER/ORT**
Obligatorische Angabe, in diesem Fall *Chorherrenstift*.

**ALKOHOLGEHALT/INHALT**
Obligatorische Angabe.

---

**Chardonnay Kabinett 1990**
Kahlenbergerdorf
Weinbaugebiet Wien · Österreich
trocken

**Ried Altweingarten**

Qualitätswein mit staatlicher Prüfnummer K 00157/91
Gutsabfüllung

11,5% Vol.    0,75 Liter
Seit 1114

**DOMÄNE CHORHERREN KLOSTERNEUBURG**

---

### ÖSTERREICHISCHES WEINGESETZ

Das Mostgewicht wird in KMW berechnet. (Klosterneuburger Mostwaage, 1 °KMW = 5° Öchsle).
*Tafelwein* (oder Tischwein) - mind. 10,6 °KMW (über 50° Öchsle) und mind. 8,5% Alkoholgehalt.
*Landwein* - Tafelwein mit max. 11,5 Vol.-% und 6 Gramm Restzucker/Liter. Die Trauben stammen aus einer Region.
*Qualitätswein* - mind. 14 °KMW (68° Öchsle), darf bis maximal 19 °KMW mit Süßreserve angereichert werden.
*Kabinettwein* - Qualitätswein mit 17-19 °KMW. (84° Öchsle) Restzucker von maximal 9 g/l und 13% Alkoholgehalt.

*Prädikatswein* (oder Qualitätswein von besonderer Reife und Leseart) hat die folgenden Klassen: *Spätlese* - mindestens 19 °KMW (94° Öchsle). *Auslese* - mindestens 21 °KMW (105° Öchsle).
*Eiswein* - die Trauben werden in gefrorenem Zustand bei -8 °C gelesen und sofort gekeltert. 25 °KMW (127° Öchsle).
*Beerenauslese* - aus edelfaulen Trauben, mindestens 25 °KMW (127° Öchsle).
*Ausbruch* - Spezialität aus edelfaulen und eingetrockneten Trauben, mindestens 27 °KMW (139° Öchsle).
*Trockenbeerenauslese* - aus edelfaulen Trauben, mind. 30 °KMW (156° Öchsle).

# UNGARN

GESCHICHTE In Ungarn und vor allem in Tokaj haben die Bauern seit der Römerzeit Wein angebaut. Als die Magyaren im 10. Jahrhundert nach Ungarn kamen, wurde der Wein von den alten germanischen Siedlern angebaut. Nachdem die Magyaren im 13. Jahrhundert die Mongolen besiegt hatten, führten italienische Weinbauern sowohl neue Methoden der Weinherstellung als auch die Traube Furmint ein, die heute im Tokajerwein enthalten ist. Es ist der älteste und mit Recht der bekannteste ungarische Wein. Er wird aus edel gereiften Trauben hergestellt. In Ungarn werden auch viele andere Weine hergestellt, aber diese verblassen im Vergleich zum Tokajer. Egri Bikavér, „Stierblut", ist der bekannteste.

Die Fürstenfamilie Rákóczi begann im 17. Jahrhundert mit dem Aufbau der ungarischen und insbesondere der Tokajer Weinindustrie. 1870 wütete auch hier die Reblaus und erst nach dem Wiederanbau von neuen bzw. gepfropften Rebstöcken begann eine neue Glanzzeit.

Ab 1947, während des Kommunismus, wurde der Weinbau stark vernachlässigt. Der Export konzentrierte sich fast nur noch auf die damalige Sowjetunion. Die Kontrolle lief über das staatliche Monimpex und die ganze Produktion erfolgte lediglich in zwei Betrieben.

Erst 1990 kamen mit dem Fall des Kommunismus neue Hoffnungen für einen qualitativen und internationalen Erfolg auf. Die Privatisierung der Weingüter brachte internationales Kapital mit und seitdem ist die Qualitätsproduktion auf dem Vormarsch. Dies wird seit 1993 durch ein wichtiges Handelsabkommen mit der EU weiter unterstützt.

GEOGRAPHIE Ungarn hat ein ausgeprägtes Kontinentalklima mit heißen Sommern und kalten Wintern. Man findet in Ungarn unterschiedliche Böden vor: Sand-, vulkanische Stein-, Lehm- und Lößböden.

*Die Donau fließt breit durch Ungarn und schafft gute Voraussetzungen für den Weinbau - auch in der Puszta.*

689

# UNGARN

**ANBAUGEBIETE** Ungarn wird in vier geographische Hauptgebiete eingeteilt: ALFÖLD, das NÖRDLICHE TRANSDANUBIEN, das SÜDLICHE TRANSDANUBIEN und das NÖRDLICHE UNGARN. Innerhalb von diesen Gebieten findet man 20 Weinregionen.

**WEINE** Von allen Weinnationen des Ostblocks hat man in Ungarn am wenigsten Interesse gezeigt, den französischen Weinen nachzueifern. Stattdessen schützen die Winzer den einheimischen Weincharakter. Leider ist der durchschnittliche Standard recht niedrig. Immer mehr private Winzer setzen aber auf Qualität. Der ungarische Wein setzt sich vorwiegend aus kräftigen und starken, süßen oder halbtrockenen Weinen zusammen. Die modernen Herstellungsmethoden zeigen jetzt die ersten Resultate. Der Einsatz von Eichenfässern ist aber immer noch äußerst selten. Dank der großen Klimaunterschiede werden viele verschiedene Weine produziert. Der größte Teil des angebauten Rotweins wird zu Tafelwein verarbeitet. In manchen Regionen werden auch rote Qualitätsweine hergestellt. Die ungarischen Schaumweine haben eine hundertjährige Tradition. Sie werden sowohl nach der Champagner-Methode (Flaschengärung) wie auch nach der Methode Charmat (Tankgärung) hergestellt. Der bekannteste Wein Ungarns ist immer noch der sagenumwobene Tokajer (ungar. Tokaji). Die Weine werden in Ungarn nach der Rebsorte benannt. Z.B. ein Wein in Tokaj, der aus der Hárslevelü-Traube hergestellt worden ist, erhält den Namen Tokaji Hárslevelü.

**REBSORTEN** Ungarn hat mehrere örtliche Traubensorten von hoher Qualität. Die am häufigsten vorkommenden sind Furmint, eine Traube umstrittenen Ursprungs, und Hárslevelü. Beide reifen spät, haben eine feine Säure und einen hohen Zuckergehalt. Furmint ist die Traube, die Edelreife entwickelt und die die vorherrschende Traube in Tokaj darstellt. Eine weitere wichtige Traube ist Szürkebarát, die ungarische Variante des Pinot Gris. Sie wird am Balatonsee angebaut. Dort wächst auch die einheimische Traube Kéknyelü. Kéknyelü ergibt konzentrierte und komplexe goldgrüne Weine. Im größten Weinbezirk, der Puszta (oder Alföld), wird vorwiegend Olasz, eine Variante des Riesling, angebaut. Übrige einheimische weiße Trauben sind Leányka, die einen trockenen weißen Wein im Rotweinbezirk Eger ergeben. Aus Ezerjó werden gute Tafelweine im Süden und bedeutend edlere Weine im Gebirge des Nordens hergestellt. Aus Mezesfehr werden süße Weine produziert. Für Rotweine wird in Eger vorwiegend der Kékfrankos (Blaufränkisch) angebaut. Er ergibt fruchtige, dunkle und frische Weine. Kékoporto ist eine ähnliche Sorte. Die meisten bekannten Traubensorten sind auch in Ungarn vorhanden: Cabernet, Pinot Noir, Traminer, Silvaner usw.

**WEINGESETZ** Es gibt in Ungarn kein Gegenstück zur Appellation Contrôlée. Das letzte Gesetz stammt aus dem Jahr 1994 und teilt das Land in vier Gebiete und 20 Regionen. Die Weine werden in die Kategorien natürliche Weine und Weine mit Kohlensäure eingeteilt.

Natürliche Weine wiederum werden in AZSTALI BOR (Tafelwein), TÁJBOR (Landwein) und MINÖ-SÉGI BOR (Qualitätswein) eingestuft.

Für Qualitätsweine gilt ein maximaler Hektarertrag von 12 t und sie müssen die Eigenschaften von Ursprung, Rebsorte und Jahrgang widerspiegeln. Süße Weine gelten als qualitativ hochwertig, stehen in einer eigenen Klasse und werden KÜLÖNLEGES und MINÖSÉGI BOR genannt. Sie müssen von reifen, spät gelesenen oder edelfaulen Trauben stammen. Der Ernteertrag darf 10 t/ha nicht übersteigen. MUZEÁLIS BOR (Museumswein) sind besonders hochklassige Weine und müssen mindestens fünf Jahre ausgebaut werden. Die meisten Schaumweine werden nach der Charmat-Methode (mit Kohlensäurezusatz) hergestellt.

**REBFL/PROD** Rund 130 000 ha, davon 7% mit weißen Sorten bestockt. Die Jahresproduktion beträgt 4,2 Mio. hl. 30% werden exportiert.

*Ungarn ist ein Weinbauland auf dem Vormarsch. Es wurde viel in neue Weinanlagen investiert.*

*Der bekannteste Wein Ungarns ist der süße Tokaji, seit Jahrhunderten von Kaisern und Königen gelobt.*

## Eger (Erlau)

GESCHICHTE  Die Sage von Egri Bikavér, dem Stierblut Egers, spielte im Jahr 1552, als der Befehlshaber István Dobó und seine Magyaren die Festung von Eger verteidigten. Sie wurden von der zahlenmäßig überlegenen türkischen Armee, unter der Leitung des Ottomanen Ali Pascha, belagert. Man sagt, dass die Magyaren während des Kampfes örtlichen Wein tranken, so dass die Türken, als sie die rotweingefleckten Bärte der Feinde sahen, in Panik flohen.

GEOGRAPHIE  Eger liegt auf halbem Weg zwischen Budapest und Tokaj, an den Hängen Nagy Egeds im Nordosten des Landes.

KLIMA  Vorwiegend schwarze Lehmböden. Trockenes Klima mit vielen Sonnentagen.

WEINE  Eger ist vor allem für seine Rotweine bekannt, wobei auch die Weißweine einen guten

*Eger ist eine schöne Weingegend mit alter Tradition. Der berühmteste Wein heißt Egri Bikavér, „Stierblut".*

Ruf haben. Am bekanntesten ist der langlebige Rotwein Egri Bikavér.

REBSORTEN  Früher wurde Egri Bikavér hauptsächlich aus der Kadarka-Traube hergestellt, heute aber ist diese durch die Kékfrankos ersetzt worden. Zusätzlich verwendet man kleinere Mengen Cabernet, Kékoporto und Merlot. Der halbsüße Weißwein Egri Leányka wird aus der gleichnamigen Rebsorte produziert. Für Weißweine wird auch Chardonnay angebaut.

JAHRGÄNGE  In den großen staatlichen Weinkellern werden viele gute Jahrgänge gelagert. Leider sind die älteren Jahrgänge wegen der vernachlässigten Anlagen eher von schlechterer Qualität. Ausgezeichnete Jahrgänge sind 1993, 91 und 89. Gute Jahrgänge sind 1996, 95, 94, 92 und 90.

PRODUZENTEN  Die größten Weinerzeuger sind immer noch Egervin und Hungarovin. Beide sind eher auf Quantität als auf Qualität ausgerichtet. Ein kleines, aber besseres Weingut ist GIA (wird von Tibór Gal geführt, der auch bei der Herstellung des Ornellaia in der Toskana mitmischt). Ein weiterer guter Betrieb ist Thummerer Vilmos Szölö és Borgazdasága.

## Produzenten in Eger

### Egervin

Egervin ist eine mehr als 40 Jahre alte Genossenschaft. Trauben und Most werden von Kleinbauern aus der Gegend von Eger zugekauft. Am besten sind die roten Merlot-Weine, der Barrique-ausgebaute Cabernet und der Bikavér (aus Merlot und Cabernet). Bisher hat man sich mehr um die Quantität als um die Qualität gekümmert. Den

*Egervin gehört zu den besten Produzenten von Bikavér, in moderner Abfüllung mit u.a. Merlot und Cabernet.*

besten Wein nennt man Leányka. Egervin ist heute in Privatbesitz und produziert 150 000 hl jährlich.

• **Kellermeister:** Bella Pelle **Besuch:** Werktags 8-16. **Adresse:** 3 Széchenyi út, H-3300 Eger. **Tel.** 36-412 746, 36-412 812. **Fax** 36-412 579. **E-Mail:** export@egervin.hu

### GIA

Tibór Gal, der Besitzer von GIA, ist auch als Weinmacher für den berühmten Wein Ornellaia in der Toskana zuständig. Er arbeitet zudem mit dem bekannten italienischen Weingut Sassicaia zusammen. Diese internationalen Einflüsse sind auch in seinen Weinen deutlich zu erkennen. Tibór hat das Potenzial der Region schon von Anfang an erkannt und erzeugt seit 1993 einige der besten Tischweine des Landes: einen guten fassvergorenen Chardonnay, einen herrlich reinen und fruchtigen Kékfrankos sowie einen straffen, reichen Cabernet. Die roten Weine werden nicht filtriert.

• **Besitzer:** Tibór Gal **Besuch:** Nach Vereinbarung. **Adresse:** Veröszala, H-3300 Eger.

## TOKAJ

**GESCHICHTE** Wahrscheinlich der älteste Weinbezirk in Ungarn, dessen Geschichte bis ins 10. Jahrhundert zurückgeht. Der heutige Tokajer wird seit Mitte des 15. Jahrhunderts angebaut. Er ist damit bedeutend älter als die französischen Sauternes-Weine und auch als die deutschen Beerenauslesen. In der deutschen und französischen Weinbaugeschichte war es Zufall, dass man die Beerenauslesen herstellte. In Ungarn gibt es eine Sage von 1560, in der der Priester Sepsi Laczkó allen Männern befahl, in den Krieg gegen die Türken zu ziehen. Als sie nach längerer Zeit zurückkamen, hatten die Trauben schon zu schimmeln

*Der Tokaji ist für viele Weinliebhaber der Wein der Weine. Süß und stark. Seine Geschichte reicht bis ins 14. Jh.*

angefangen. Der traditionelle Tag der Weinlese ist der 28. Oktober, der Simon-Judas-Tag. Heute bestimmt die staatliche Weingenossenschaft den Tag der Ernte, der vom Wetter und der Wärme abhängig ist.

**GEOGRAPHIE** Tokaj liegt im Nordosten Ungarns, an der tschechischen Grenze. Auf drei Seiten liegen die ungarischen Karpaten und im Süden der Fluss Tisza. Hier sind die abgebrochenen Gesteine Andesit und Tuff mit Löß gemischt, woraus auch der Boden der ungarischen Puszta besteht. Es gibt 28 Dörfer und 500 ha Weinberge in Tokaj. Das Dorf Tokaj ist der Hauptort und hat auch dem Bezirk den Namen gegeben. Zu den bekanntesten Weindörfern zählen Tarcal, Mäd, Tällya und Tolcsva.

**KLIMA** An den Berghängen kommt der Frühling früh und der Herbst spät, wodurch die Saison für den Weinanbau ausreichend lang ist.

**WEINE** Es werden sowohl trockene als auch süße Qualitätsweine hergestellt. Zur besten Klasse gehören der trockene TOKAJI SZAMORODNI SZÁRAZ, der süße TOKAJI SZAMORODNI ÉDES, TOKAJI ASZÚ (wird „ossü" ausgesprochen) und TOKAJI ASZÚ ESSZENCIA.

Tokaji Aszú hat ausserdem die Klassen 3, 4, 5 und 6 Puttonyos (möglich sind 1-6 Puttonyos). Diese Klassen geben an, wie viele 20-Liter-Körbe oder Bütten *(puttony)* von 30 kg edelfaulen Trauben jedem 136- bis 140-l-Fass gewöhnlichen Weinmostes beigefügt wurden. Ein „Tokaji Aszú 4 puttonyos" enthält mit anderen Worten vier 20-Liter-Körbe pro Gärfass.

Heute wird die Restsüße nicht mehr in Puttonyos, sondern in Gramm gemessen. Der süßeste Wein und gleichzeitig der teuerste und exklusivste wird Tokaji Esszencia genannt. Dieser wird nur aus dem Vorlauf hergesellt und die Restsüße liegt meist zwischen 400 und 600 g/l.

**REBSORTEN** Der weiße Furmint und der Hárslevelü werden zu 98% angebaut, daneben auch eine kleinere Menge Muscat-Trauben, weil man glaubt, dass dieser kleine Anteil im Tokajermost das Bukett verstärkt und ein feines und distinktes Aroma ergibt. Die Rebsorten werden nicht getrennt angebaut, sondern wachsen nebeneinander und werden direkt im Most vermischt.

**REBFL/PROD** Ca. 5 500 ha, etwa 200 000 hl/Jahr.

**JAHRGÄNGE** Der süße Tokajer ist unglaublich lagerfähig. Da das Qualitätsbewusstsein während des Kommunismus nicht sehr groß war, wurden die Weine in den Fässern sich selbst überlassen und begannen zu oxydieren.

Ausgezeichnete Jahrgänge für süße Weine sind 1988, 75 und 72. Gute Jahrgänge sind 1993, 91, 90, 89, 82, 81, 79 und 76.

**PRODUZENTEN** Tokaji Kereskedöház (Tokaji Trading House) und Hungarovin sind die größsten Produzenten. Kleinere gute Erzeuger sind Domaine Diznókö, Megyer, Hétzsölö, Royal To-

*In den verschiedenen Weinhäusern von Tokaji liegt so manche alte Flasche, die viel zu erzählen hätte.*

kaji Company, Bodegas Oremus, Szepsy István, Árval János, Bodrog Verhegy und Manyók Jósef.

## Produzenten in Tokaj

### Bodrog Várhegy

Bodrog Várhegy ist ein kleines, französisch-ungarisch inspiriertes Unternehmen in Tokaj. Die Trauben werden bei Vertrags-Weinbauern eingekauft. Die Weine werden in großen, verglasten Zementtanks in am Berg angelegten Kellern vergoren. Ein sehr guter Tokaji Szamorodni Száras und ein moderner, reiner und fruchtiger Tokajer.

• **Adresse:** 2 Felsö u, H-3916 Bodrog-Kereszúr. **Tel.** 047-396 004. **Fax** 47-361 453.

### Megyer RT

Megyer RT ist ein kleiner, hochwertiger Erzeuger von trockenem und süßem Tokajer. Er erzeugt auch echten Esszencia zu erschwinglichem Preis.

• **Adresse:** 12 Nagy Lajos út, H-3959 Sárospatek. **Tel.** 047-312 310. **Fax** 047-324 320.

### The Royal Tokaji Wine Company

The Royal Tokaji ist ein sehr gelungenes Joint Venture mit Hugh Johnson und Peter Vinding-Diers als Teilhaber und zugleich eines der besten Weinhäuser Tokajs. Man hat sich das Ziel gesetzt, den Ruhm der Region durch die Hervorhebung der ursprünglichen klassifizierten Lagen wiederherzustellen. The Royal Tokaji besitzt heute 62 ha

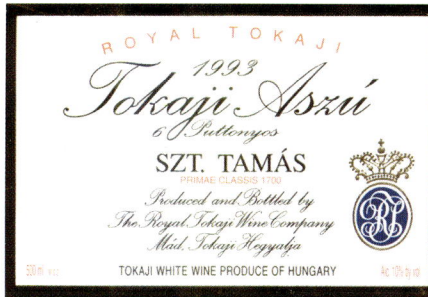

*Der Betrieb ist ein Joint Venture zwischen den ungarischen Interessen und denen von u.a. Hugh Johnson.*

Weingärten und war eines der wenigen Unternehmen, die nach der Privatisierung nicht vom alten, oxydierten Weinbestand zukaufen mussten. Die besten Weine sind der Tokaji Aszú Blue Label und der 5 Puttonyos aus den Grand-Cru-Lagen Birsalmas, Nyula'szó und St-Tamás.

• **Besuch:** Nach Vereinbarung. **Adresse:** Rakoczuit 35, H-3909 Mad. **Tel.** 047-348 011. **Fax** 047-348 359.

### Tokaj-Oremus

Dieses Qualitätsweingut ist einer der besten Produzenten von süßem Tokajer und gehört seit 1993 der spanischen Firma Vega Sicilia. Die Lagen umfassen 61 ha. Davon liegen 6 ha in der klassischen Oremus-Region. In den 5 km langen Kellern liegen mehr als 5 000 Fässer. Die Weine sind sehr extraktreich und völlig unoxydiert, da der verdunstete Wein in den Fässern ständig durch neuen ersetzt wird. Auch ältere Weine sind von hoher Qualität. Der Tokaji Aszú 6 Puttonyos 1972, mit 22 Jahren Barrique-Ausbau, ist zum besten süßen Wein der Welt gewählt worden.

• **Besitzer:** Bodegas Vega Sicilia **Besuch:** Nach Vereinbarung. **Adresse:** Bajcsy-Zs. út 45., H-3934 Tolcsva. **Tel.** 047-384 504. **Fax** 047-384 505.

### Tokaj Trading House Company

Tokaj Trading ist ein großer Produzent von

*Tokaj-Oremus ist in Besitz von Vega-Sicilia, dem berühmten spanischen Weinhaus.*

trockenem und süßem Tokajer. In den Kellern ruhen große Mengen alter Jahrgänge von herkömmlichen, leicht oxydierten Tokajers, u.a. ein 20-30 Jahre alter Szamorodni Száraz im spannenden, nussigen und straffen Sherry-Stil. Die Qualität der süßen Weine erreicht nicht die Höhe der mit moderneren Methoden erzeugten Weine.

• **Adresse:** 17 Mártirok útja, H-3980 Sátoraljaújhely. **Tel.** 047-322 133. **Fax** 047-321 603.

## BALATON (TRANSDANUBIEN)

**GESCHICHTE** Balaton ist eigentlich der Name des großen Sees, des größten in Zentraleuropa, der inmitten des Bezirks liegt. Die Gegend um den Balatonsee hat eine lange Weingeschichte. Eine Sage aus dem 15. Jahrhundert erzählt, wie der König Charles Robert von Anjou den Bischof von Veszprém, nördlich der Stadt Balatonfüred, besuchte. Vor der königlichen Mahlzeit zeigte der Bischof ihm seine Schatzkammer. Unter dem ganzen Gold und Silber sah der König eine glänzend dekorierte Schüssel mit einem Volumen von 9 itce (etwa 6,5 Liter). Um den König und den guten Wein dieser Gegend zu ehren, leerte Vater Eusebius, der Oberkellner des Hauses, die ganze Schüssel mit Wein in einem Zug.

**GEOGRAPHIE** Transdanubien liegt im westlichen Ungarn und umfasst 13 der insgesamt 20 Weinregionen. Die wichtigsten drei Regionen sind: Badacsony (2 100 ha), Balatonfüred-Csopak (2 520 ha), Balaton-Mellék (1 490 ha). Die nördliche Seeseite ist für den Weinbau am bedeutendsten. Die meisten Reben wachsen an den Hängen, deren vulkanische Lehmböden aus rotem Eisenoxyd bestehen. Die südliche Seeseite besteht aus fruchtbaren Sand- und Lößböden und man hat dieses Areal erst in den letzten Jahren mit Reben bestockt.

**KLIMA** Die Hügel beim Balatonsee bieten außerordentlich gute Verhältnisse für den Weinanbau. Dank dem großen See wechselt das Klima in Balaton wenig. Es gibt hohe Luftfeuchtigkeit im Sommer und milde Winter.

**WEINE** Vorwiegend halbsüße bis halbtrockene Weißweine. Die einfacheren tragen den Namen „Balatoni" mit dem Zusatz der Rebsorte. Die besseren Weine kommen aus Badacsony und heißen oft „Badasconyi" mit dem Zusatz der Rebsorte. Diese Weine sind auch bedeutend stärker, was den Geschmack der Ungarn trifft und besser zu ihren gewürzten Speisen passt.

**REBSORTEN** Szürkebarát, die ungarische Variante des Pinot Gris, ist die vorherrschende Rebsorte. Andere sind Furmint, Kéknyelü, Olaszrizling (Riesling) und Silvani (Silvaner). Man macht auch Versuche mit Sauvignon Blanc, Traminer und Chardonnay. Pinot Noir und Muscat gelingen vor allem auf der südlichen Seeseite.

*Weinetiketten aus dem Balatongebiet. Die meisten Weine sind halbtrocken bis halbsüß.*

**JAHRGÄNGE** Ausgezeichnete Jahrgänge sind 1993, 91, 89 und 86. Gute Jahrgänge sind 1996, 95, 94, 92, 90, 88 und 87.

**PRODUZENTEN** Balatonboglár Borászati ist der größte Erzeuger. Kleinere gute Winzer sind Figula Minály Pincéje, Hét Kál-vikéde Scheller Szölöbirtok, Vinarium RT, Eifert Lógli Pincészel und Öregbaglas Kft Pincészete.

*Der große Balatonsee dominiert das ganze Gebiet. Er ist auch ein beliebtes Reiseziel.*

## Puszta (Alföld)

GESCHICHTE  Östlich der Donau breitet sich der größte Weinbezirk, die große, sandige Puszta-Ebene, aus. Alföld oder die Puszta ist gleichzeitig einer der jüngeren Bezirke. Der Name bedeutet „die große Ebene" oder „die große Leere". Durch die hier vorherrschenden Sandböden wurde die Puszta von den Reblausangriffen weitgehend verschont.

GEOGRAPHIE  Der Weinanbau in der Puszta unterscheidet sich sehr von dem in den Bergen. Die Puszta ist eine riesige Ebene, die größtenteils aus sehr feinkörnigem Sand besteht. Die wichtigsten Regionen sind Hajós-Vaskút (2 700 ha), Csongrád (5 700 ha) und Kiskunság (30 000 ha).

KLIMA  Ausgeprägtes Kontinentalklima mit heißen Sommern und kalten Wintern. Im Sommer kann die Temperatur in den Sandböden bis zu 60 °C steigen. Kräftige Gewitter kommen häufig vor. Im Winter sinkt die Temperatur unter 0 °C.

WEINE  Vorwiegend leichte Rotweine und süße oder halbtrockene Weißweine mit wenig Säure. Recht einfache, aber gemütliche Weine. Im Süden werden Rotweine von guter Qualität produziert. Im Gebiet Hajós werden die besten Rotweine hergestellt. Am besten gelingt der Cabernet Sauvignon, der sich sehr kräftig präsentiert. Der beste halbsüße Muscat stammt aus Kiskunság.

REBSORTEN  Olasz, die italienische Variante des Riesling, ist vorherrschend. Die einheimische weiße Ezerjó ergibt einfachere Tafelweine. Auch die einheimische weiße Traube Ködvidinka wird angebaut. Rote Trauben sind Kadarka, Kékfrankos (Blaufränkisch), Cabernet, Merlot und Pinot Noir.

REBFL/PROD  Ca. 50 000 ha, etwa 2 Mio. hl/Jahr. Etwa die Hälfte der ungarischen Weinproduktion kommt aus der weiten Puszta.

JAHRGÄNGE  Oft von mittelmäßiger Qualität. Interessant ist, dass neue Kleinwinzer in Hajós einen ungarischen Cabernet Sauvignon und die frischen, halbsüßen Muscat-Weine aus Kiskunhalas herzustellen versuchen. Weiße: 1990, 89, 88, 87, 86, 85, 83. Rote: 1990, 89, 88, 87, 86, 85, 83.

PRODUZENTEN  Große Betriebe dominieren: Kecskemétvin, Hungarovin, Dél-Alföldi Pincegazdaság und Pest County Wine Cellars. Die besten Winzer sind: Gilián Borászati und Brilliant Holding in Hajós, Boranal Borászati, Kertészeti Egyetem Szölösker und Szikrai Börazati in Kiskunság sowie Borászati Bokros, Mégesi-Chardonnay Mezögazdasági Szolgáltató und Csongrádbor Kft in Csongrád.

*In Ungarn gibt es schöne Schlösser, die während der österreichisch-ungarischen Kaiserzeit gebaut, und durch die beiden Weltkriege teilweise zerstört wurden. Heute werden große Summen in den Wiederaufbau investiert.*

## Übrige Regionen

### Somló

Somló liegt westlich von Balaton bei einem alten Vulkan, an dessen Hängen 600 Hektar Weinberge angelegt sind. Der Bezirk war einst berühmt für die Produktion von Weinen, die in der Qualität den Tokaj-Weinen gleichkamen. Heute dominiert der Anbau von Riesling (Olaszrizling) und Traminer. Gute Produzenten sind Fekete Béla, Inahuser István und Györkovács Imre.

### Kisaföld (Sopron)

Kisaföld, oder „die kleine Ebene", liegt bei der Stadt Sopron am westlichen Rande Ungarns an der österreichischen Grenze. Auf insgesamt 1 400 Hektar werden vorwiegend leichte Rotweine aus den Sorten der Kékfrankos, Pinot Noir, Cabernet Franc, Cabernet Sauvignon und Merlot erzeugt. In letzter Zeit wird auch mit edelsüßen Traminer-Weinen experimentiert. Es ist eine viel versprechende Region. Produzenten: Weninger Pincéjeböl (ist in Besitz des österreichischen Winzers Franz Weninger).

### Mecsek

Die Mecsekberge im Süden, rund um die Stadt Pécs herum, sind die wärmste Gegend Ungarns. Es gibt dort drei kleine Bezirke: Mecskalja (800ha), Szekszárd (4 700 ha) und Villány-Siklós (2 100 ha). Die Weine aus Kadarka, Kékfrankos, Cabernet und Merlot sind meist dunkel, kraftvoll und würzig. In Villány dominieren die Weißweine. Trotz der großen Trockenheit, die in dieser Region herrscht, sind die Weine von guter Qualität. Produzenten: Bock Jóseof, Gere Attilla, Polgár Pince, Duzsi Tamás, Heimann Ferenc Pincéje, Vida Péter, Gere Tamás und Tiffán Ede és Zsolt Pincészete.

### Mór

Diese kleine Region (1 400 ha) liegt nördlich von Balaton und ist am bekanntesten für einfache Weine wie Ezérjo. Benachbart zu Mór befindet sich Etyek, mit einem breiten Angebot an Tafelweinen von 1 800 ha Rebfläche. Vinum Bonum Kft gehört hier zu den besten Winzern.

## Produzenten in Ungarn

### Balantonboglári RT

Balatonboglári RT ist einer der größten Produzenten des Landes und besitzt mehrere tausend Hektar Weingärten. Die Produktion umfasst eine große Anzahl von Weinen aus der Umgebung des Balatonsees. Balatonboglári wurde 1952 gegründet und war früher in staatlichen Besitz. Heute ist die Firma in deutschem Privatbesitz und die Qualität der Weine steigt stetig. Nach Einführung des Chapel-Hill-Etiketts im Jahr 1993 wurde dieses zum bekanntesten Warenzeichen des Betriebs. Die Chapel-Hill-Serie umfasst rebsortenreine Weine aus der südlichen Balaton-Region. Hergestellt werden Riesling, Chardonnay (auch Schaumwein) und Muscat. Außerdem erzeugt man auch Rotweine. FAKTEN 1 300 ha eigene Rebfläche, etwa 2 Mio. Kisten/Jahr.

• **Besitzer:** Henkel & Söhnlein **Besuch:** Nach Vereinbarung. **Adresse:** 28 Szabagdság u., H-8630 Balatonboglár. **Fax** 85-351 450.

### Domaine Diznókö Vineyard and Winery Company

Die Domaine Diznókö ist eine phantastische Anlage, die 1995 mit 20 Millionen Dollar gebaut wurde. Das Gut ist in Besitz der französischen Firma Axa Millésimes (Ch. Cantenac-Brown und Ch. Pichon-Longueville-Baron). Für den Betrieb ist Jean-Michel Cazes aus Bordeaux zuständig. Man verfügt über 130 ha, von denen 40 ha bepflanzt sind. Hier werden einige der besten modernen und nicht oxydierten Tokajer erzeugt. Hergestellt werden auch trockene und säurebetonte Furmint-Weine.

• **Besitzer:** Axa Millésimes, J.-M. Cazes **Besuch:** Nach Vereinbarung. **Adresse:** PO Box 10, H-3910 Tokaj. **Fax** 47-361 371.

### Hungarovin RT

Hungarovin RT ist ein gigantisch großer Produzent und seine Weine stammen aus ganz Ungarn. Früher wurde der Schwerpunkt hauptsächlich auf große Quantitäten gelegt. Von Qualitätsweinen hielt man nicht viel. Seit der Privatisierung Anfang der 90er Jahre ist Hungarovin in deutschem Besitz.

• **Besitzer:** Henkel & Söhnlein **Besuch:** Nach Vereinbarung. **Adresse:** PO Box 57, Háros utca, H-1222 Budapest. **Fax** 1-226 04 26.

### Weitere Betriebe

PANNONIA, Pannonia Cézár Pezsgögyártó és Borkereskedelmi KFT, Szent István Tér 12, H-7621 Pécs. Tel. 72-224 839. Fax 72-214 438.

WENINGER PINCÉJEBÖL, Fö u. 23, H-9494 Sopron/Balf. Tel. 30 69 30 25. Fax (in Österreich) ++43-1-261 042 165.

## WEINETIKETTEN IN UNGARN

Abgesehen von sprachlichen Schwierigkeiten sind die ungarischen Weinetiketten unkompliziert. Die Weine werden in die Kategorien *natürliche Weine* und *Weine mit Kohlensäure* eingeteilt. Natürliche Weine wiederum werden in AZSTALI BOR (Tafelwein), TÁJBOR (Landwein) und MINŐSÉGI BOR (Qualitätswein) eingestuft.
Für Qualitätsweine gilt ein max. Hektarertrag von 12 t und sie müssen die Eigenschaften von Ursprung, Rebsorte und Jahrgang widerspiegeln.

Süße Weine gelten als qualitativ hochwertig und stehen in einer eigenen Klasse; sie werden KÜLÖNLEGES und MINŐSÉGI BOR genannt. Sie müssen aus reifen, spät gelesenen oder edelfaulen Trauben stammen. Der Ernteertrag darf 10 t/ha nicht übersteigen.
MUZEÁLIS BOR (Museumswein) sind besonders hochklassige Weine und müssen mindestens fünf Jahre ausgebaut werden.

### URSPRUNG
Die Ursprungsbezeichnung muss bei Qualitätsweinen angegeben werden. In diesem Fall ist es *Egri*, auch als „Stierblut" bekannt (Egri Bikavér).

### REBSORTE
Die Rebsorte muss bei Qualitätsweinen angegeben werden. *Cabernet Sauvignon* ist eine der französischen Rebsorten, die man in Ungarn findet.

### QUALITÄTSBEZEICHNUNG
*Száraz Minödégri vörös bor* bedeutet roter, trockener Qualitätswein. Dies deutet auf eine gewisse Klasse sowie die Erfüllung der vorgeschriebenen Anforderungen.

### ERZEUGER
In diesem Fall *Egervin*. Die Angabe ist bei Qualitätsweinen obligatorisch.

### ALKOHOLGEHALT/INHALT
Obligatorische Angabe für alle Qualitätsweine, insbesondere für den Export in EU-Länder.

## Weinvokabular Ungarn

**Á**LLAMI GAZDASÁG, Á.G. Staatliches Weinunternehmen.
ÁLLAMI PINCEGAZADSÁG Staatskellerei.
ÁR, ÁRA Preis.
ASZTALI BOR Tafelwein.
ASZÚ Überreife Trauben zum Süßen des Tokajer, entspricht der Auslese.

**B**OR Wein.
BORKÜLÖNLEGESSÉGE SZÖLÖGAZ-DASÁGÁNAK Eine Spezialität einer bestimmten Region.

**É**DES Süß.
ÉDESKÉS Süße.

**F**EHÉR Weiß.
FÉLÉDES Halbsüß.
FÉLSZÁRAZ Halbtrocken.

**H**ABZÓ Perlend.

**K**ÍMERT BOR Tafelwein.
KÜLÖNLEGES Spitzenweine. Siehe weiter unter Minöségi Bor.

**M**°, MAL° Volumenprozent Alkohol.
MAGYAR ÁLLAMI PINCEGAZADSÁG Ungarische Staatskellerei.
MEZÖGAZDASÁGI KOMBINAT Bauernkombinat.
MINÖSÉGI BOR Süße Weine von Spitzenqualität. Sie müssen von reifen, spät gelesenen oder edelfaulen Trauben stammen und dürfen 10 t/ha nicht übersteigen.
MONIMPEX Staatliches Exportmonopol.
MUZEÁLIS BOR Besonders hochklassige Weine, die mindestens fünf Jahre ausgebaut werden (sog. Museumsweine).

**Ó** - Alt.

**P**ALACKOZTA, PALACKOZOTT Abgefüllt.
PALACKOZZA Abgefüllt von einer Kellerei, einer Weinhandlung.
PEZSGÖ Moussierend.
PUTTONYOS Güteklasse für Tokajer. Möglich sind 1-6 Puttonyos. Die Klassen geben an, wie viele 20-Liter-Körbe oder Bütten von 30 kg edelfaulen Trauben jedem 136- bis 140-l-Fass gewöhnlichen Weinmostes beigefügt wurden.

**S**ZAMORODNI „So wie es kommt" oder „wie gewachsen". Meist für Tokajer, der nicht mit Aszú behandelt wurde und deswegen meist trocken ist. Kann auch für andere Weine verwendet werden.
SZÁRAZ Trocken.

**T**ÁJBOR Landwein.
TANKPEZSGÖ Méthode Charmat (Tankgärung).
TERMELL Erzeuger, Weinproduzent.
TERMELTE Erzeugt von.

**Ü**ZEM (Wein)Unternehmen.

**V**ÖRÖS Rot.

# TSCHECHIEN

GESCHICHTE Tschechien hat den zweitgrößten Bierkonsum der Welt. Das Pils, der Urtyp des Biers, stammt aus der Stadt Plzen. Trotzdem gibt es hier eine bedeutende Weinindustrie. Als die tschechische Republik nach dem Ersten Weltkrieg gegründet wurde, hatte im Weinbau schon eine umfassende Renaissance stattgefunden. Die Planwirtschaft nach dem Zweiten Weltkrieg führte dazu, dass man sich in der ehemaligen Tschechoslowakei (heute Tschechien und Slowakei) auf Quantität statt auf Qualität konzentrierte. Die alten Weingüter wurden zu Winzergenossenschaften zusammengeschlossen und die Rebfläche stark reduziert. Der Weinbau konzentrierte sich auf die alten Weinbaugebiete nördlich von Prag.

Tschechien war während der Nachkriegszeit stark von der enormen Umweltzerstörung betroffen. Dies machte sich vor allem durch die Schwerindustrie bei der Stadt Karl-Marx bemerkbar. Seit der Liberalisierung und nach dem Rücktritt der kommunistischen Regierung (1989) wurde die Weinindustrie wieder zum Leben erweckt.

GEOGRAPHIE Das Klima in Tschechien ist vom Binnenlandcharakter geprägt. Warme, trockene Sommer und kalte Winter. Die einzigen Variationen treten in Höhenlagen auf. Die meisten Weinreben wachsen den flachen Ufern der Elbe entlang und an der Grenze zu Österreich, südlich von Brno. 1985 bis 1987 waren die Anbaugebiete stark von Frost betroffen und große Flächen mussten neu bestockt werden.

ANBAUGEBIETE Tschechien hat zwei Weinbaugebiete: BÖHMEN (Cechy) und MÄHREN (Moldau), mit insgesamt vier Regionen und acht Unterregionen. Nach dem neuen Weingesetz von 1995 sind die Lagen in 16 Produktionsregionen eingeteilt (10 in Mähren und 6 in Böhmen). Der größte Teil der Rebfläche (ca. 14 500 ha) liegt im südlichen Mähren. Böhmen mit Prag als Zentrum verfügt über knapp 600 ha. In den großen Weinbauorten wurden Weinproduktionszentren gegründet. In Böhmen heißt der größte Weinerzeuger Bohemia Sekt und befindet sich in Stary Plzenec in der Nähe von Plzen. Die Hauptregionen im Moldaugebiet sind Znojmo, Mikulov und Hodonin.

REBSORTEN Führende Weiße: Müller-Thurgau, Rheinriesling, Weißburgunder/Pinot Blanc, St-Laurent, Traminer, Grüner Veltliner, Ruländer (Pinot Gris) und Furmint. Weitere: Welschriesling, Muscat Ottonel, Ezerjo, Leányka, Sauvignon Blanc und Limberger (Blaufränkisch).

WEINE In Tschechien werden gut gebaute, aber unbekannte Weine im deutschen Stil erzeugt. Sowohl Rot- als auch Weißweine werden nach den üblichen Methoden hergestellt. Traditionelle und moderne Technik werden kombiniert. Während der Planwirtschaft war das Ziel der Tschechoslowakei die Selbstversorgung mit Weinen. Dies hatte zur Folge, dass meist einfache, billige und leichte Weine in großen Mengen erzeugt wurden.

WEINGESETZ 1995 entstand ein neues Weingesetz. Dieses definiert den Weinbau, die Produktion sowie die verschiedenen Weintypen. Aufgrund des Zuckergehalts werden die Weine in TAFELWEINE, QUALITÄTSWEINE und WEINE MIT PRÄDIKATSBEZEICHNUNG eingestuft. Die letzteren werden wiederum in KABINETTWEINE und SPÄTLESEN bzw. AUSLESEN eingeteilt.

REBFL/PROD 15 000 ha, 600 000 hl/Jahr.

## BÖHMEN (CECHY)

GESCHICHTE  Nach den Kelten und Germanen wanderten die Slawen im 6. Jh. in dieses Gebiet ein. Im 9. Jh. wurde Böhmen in das Mährische Reich integriert. Im 14. Jh., während der Zeit Karls I., war Prag ein blühendes Zentrum. Er hat

Die böhmischen Weinbauten sind kleiner als die in Mähren. Der deutsche Einfluss auf die Weine ist groß.

u.a. auch die Weinlagen in Melník und Karlstejn angelegt. Der Bezirk wurde im Zweiten Weltkrieg von den Deutschen annektiert. 1945 wurde Böhmen wieder ein Teil der Tschechoslowakei und seit 1993 gehört es zur Tschechischen Republik.

GEOGRAPHIE  Böhmen besteht hauptsächlich aus Hochland mit einem stark wechselnden geologischen Aufbau. Die Topographie ist daher abwechslungsreich und eindrucksvoll. Die Entwässerung erfolgt durch die Elbe (Labe) und die Moldau (Vltava). Die Region ist von den Randgebirgen Böhmerwald, Erzgebirge und Sudeten umgeben.

ANBAUGEBIETE  Fast alle Anbauregionen befinden sich nördlich von Prag und konzentrieren sich um die Städte Melník und Velké Zernoseky. Der größte Teil des Weines wird an Flusshängen der Ohre und Labe (in Deutschland Elbe) angebaut. Es gibt aber auch Weinbau in der Hauptstadt Prag (im Stadtteil Troja) und gleich südlich davon (in Karlstejn und Loderice). Sechs Weinregionen werden im Weingesetz definiert: Prag, Melník, Roudník, Zernoseky, Most und Cáslav.

WEINE  Die Weine sind mit den deutschen verwandt. In Böhmen, in der Anlage von Stary Plzenec, werden jährlich 25 000 hl Schaumwein nach dem Kohlensäureverfahren produziert.

REBSORTEN  MT, Ryzlink Rynsky (Rheinriesling), Ryzlink Vlassky (Welschriesling), Veltlinské Zelené (Grüner Veltliner), Traminer, Rulandské Sedé (Ruländer/PG), Portugieser, Rouci Modré (Spätburgunder/PN) und Rouci Bílé (PB).

REBFL/PROD  Ca. 570 ha, 50 000 hl/Jahr.

## MÄHREN (MOLDAU)

GESCHICHTE  Das Großmährische Reich (das frühere Mähren und die Slowakei) wurde 1 000 n.Chr. von den Ungarn eingenommen und zerstört. Daraufhin wurde das Königreich Böhmen-Mähren gegründet. 1918 wurde es der Tschechoslowakei einverleibt. Während dieser Zeit kam es unter das Protektorat Böhmen-Mähren. Seit 1993 gehört es zur Tschechischen Republik. Der Weinbau in Mähren hat eine lange Tradition und wurde vor allem von den Klöstern kultiviert. Im 17. Jahrhundert dominierten die mährischen Weine in ganz Ungarn und Österreich.

Traditionelle Weinkellerei in der Stadt Petrov in Mähren. Hier werden die besten Weine des Landes erzeugt.

GEOGRAPHIE  Niedrige Hügel mit Lößboden. In Mähren sinkt das Urgestein ab und wird von Steinkohle überlagert. Das Zentrum der Region befindet sich im hügeligen Becken der Morava.

ANBAUGEBIETE  In Mähren gibt es zwei größere Regionen: Hustopece-Hodonin und Znojmo-Mikulov, am Fluss Dyje. Im Großen und Ganzen ist das technische Weinkönnen in Mähren auf einem guten Stand. Schaumweine werden in Mikulov und Bzenec produziert. Das neue Weingesetz teilt Mähren in 10 Regionen: Brno, Bzenec, Mikulov, Mutenice, Velké Pavlovice, Znojmo, Stráznice, Kyov, Uherské Hradiste und Podluzí. Schaumweine werden vor allem in Mikulov und Bzenec hergestellt.

WEINE  Vorwiegend Weißweine mit deutscher Inspiration. Die frischen, leichten und eleganten Weine gehören zu den besten des Landes und werden hauptsächlich vor Ort getrunken.

REBSORTEN  Die wichtigsten Sorten sind Eltlínské Zelené (Grüner Veltliner), Traminer, Pálava (Kreuzung zwischen Traminer x MT), Ryzlink Vlassky (Welschriesling), Ryzlink Rynsky (Rheinriesling), Rouci Bílé (Weißburgunder/Pinot Blanc), Neuburské (Neuburger), Svatovavrinecké (St. Laurent), Blauer Portugieser und Frankovka.

REBFL/PROD  Ca. 14 500 ha, 550 000 hl/Jahr.

PRODUZENTEN  Die Bedeutung der staatlichen Genossenschaft ist nicht mehr so groß. Heute gibt es mehrere große Erzeuger in Znojmo, Mikulov, Bzenec und und im kleinen Dorf Satov.

## Weinetiketten/Weinvokabular in Tschechien/Slowakei

Tschechien erhielt 1995 ein neues Weingesetz und die Slowakei 1996. Man hat jedoch eine staatliche Norm, die gewisse Angaben auf dem Etikett vorschreibt. Folgendes muss angegeben werden: eine Weinbezeichnung, der Name des Abfüllers mit Datum oder Erzeugernummer sowie Inhalt und Preis.

**B**ILÉ, BIELE VINO  Weißwein.

**C**ERVENÉ VINO  Rotwein.

**D**RUZSTEVNI  Genossenschaft.

**K**LASICKÁ VYROBA  Klassische Methode (für Schaumweinproduktion).
KVADENO V LAHVICH  Flaschengärung.

**N**IZKOALKOHOLICKÉ VINO  Wein mit niedrigem Alkoholgehalt.

**O**BLAST  Region.
OBSAH CUKRU/OBSAJ CUCRU  Zuckergehalt.
ODRUDOVÉ VINO  Rebsorte.

**P**IVNICA  Kellerei.
POLOSLADKÉ  Halbsüß.
POLOSUCHÉ  Halbtrocken.
POSDNI SBER/NESKORY ZBER  Spätlese.
PRILEZITOSTNI VINO  „Wein für alle Gelegenheiten".
PRIRODNÉ VINO  Naturwein.
PUVODNI PLNENI  Originalabfüllung.

**R**OCNIK, ROK VYROBY  Jahrgang/Erntejahr.
RUZOVÉ  Rosé.

**S**LADKÉ  Süß.
SUCHÉ  Trocken.
SUMIVÉ VINO  Schaumwein.

**V**INARSKYCK ZAVODOV, VINÁRSKE ZAVODY  Weinerzeuger.
VINICE  Weinkeller.

# SLOWAKEI

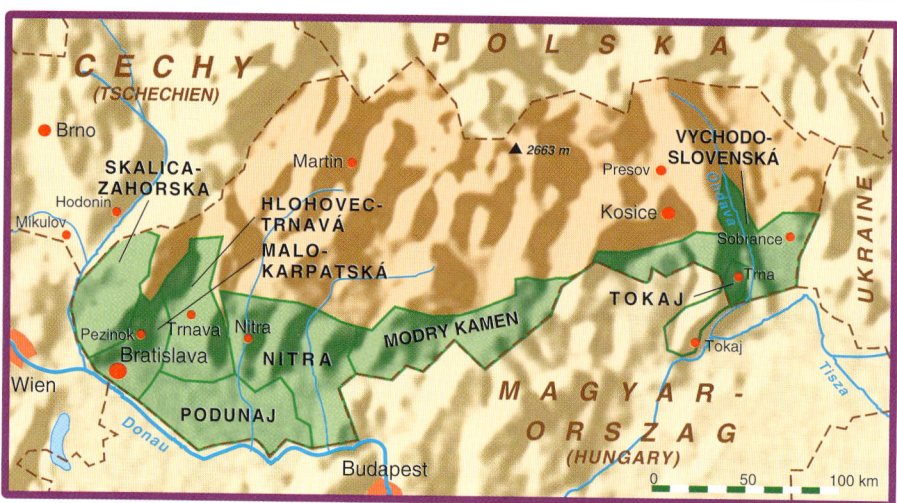

GESCHICHTE Die Slowakei gehörte im 9. Jh. zum Mährischen Reich. Nach der Eroberung durch die Magyaren war es aber bis 1918 in ungarischem Besitz. Die großen Weinbaubezirke im Süden gehörten bis zum Ersten Weltkrieg zu Ungarn. Der slowakische Weinanbau wurde wahrscheinlich schon zur Zeit Christi Geburt gegründet, als keltische Stämme Danubien, das Gebiet nördlich des ungarischen Balatonsees, besiedelten. Während der großen Völkerwanderung im 6. Jh. drangen slawische Stämme in das Gebiet ein. Im Slawischen Imperium Moravia, das etwa das heutige Mähren und das südliche Böhmen umfasste, war der Weinbau sehr bedeutend.

*Die slowakische Weinproduktion ist immer noch traditionell - doch eine Qualitätsentwicklung ist im Gange.*

Während der darauf folgenden Jahrhunderte nahm der Weinbau jedoch ab, was auf den Krieg mit den einwandernden Magyaren und auf Naturkatastrophen zurückzuführen war. Vom 15. bis zum 18. Jahrhundert vervierfachte sich die Rebfläche der heutigen Slowakei. Im 19. Jahrhundert erfolgten schwere Reblausangriffe und der Mehltau wurde zum Problem. Es dauerte lange, bis die Schäden überwunden wurden, da die wirtschaftliche Konjunktur am Anfang des 20. Jahrhunderts nicht zum Weinbau einlud. Mehrere Weinbaugenossenschaften wurden gegründet und 1924 wurde das staatliche Weinforschungsinstitut in Bratislava eingerichtet. Schaumweine werden seit 1825 in Sered, östlich von Bratislava im Donaugebiet, erzeugt und sie werden immer noch unter der Marke Hubert vermarktet. Die Durchschnittsqualität ist jedoch nicht sonderlich hoch. Die Marke Hubert genießt aber national dennoch ein hohes Ansehen. Die Slowakei war von der Umweltzerstörung stark betroffen, vorwiegend durch die polnische Schwerindustrie. Seit der Liberalisierung, dem Rücktritt der kommunistischen Regierung (1989) und nach der Teilung der Tschechoslowakei (1993) wurde die Weinindustrie wieder zum Leben erweckt. 1989 wurden in Bratislava erstmals internationale Weinwettbewerbe durchgeführt. Viele tschechische, slowakische, mährische und auch internationale Winzer nahmen Teil.

GEOGRAPHIE Die meisten Weine werden in den kleinen Karpaten, rund um Bratislava, und entlang dem Fluss Nitras erzeugt. Lößböden sind vorherrschend. Die meisten Reben wachsen im flachen oder etwas hügeligen Flusstal. Die besseren Weingüter findet man jedoch oft an Hängen. Die Slowakei besteht zum größten Teil aus den

Bergketten der Karpaten, die an der Grenze zu Polen eine Höhe von 2 655 m ü.M. erreichen.

**WEINE** Vorwiegend leichte Weißweine, die meisten haben große Ähnlichkeit mit denen aus dem benachbarten österreichischen Bezirk Weinviertel. Ein Viertel der Produktion besteht aus Rotwein. Die Herstellung von Schaumwein hat eine lange Tradition in der Slowakei. Heute werden etwa 40 000 hl/Jahr erzeugt. Ein Teil davon

Vavrinecké (oder Svatovavrinecké) ist der örtliche Name für den roten St-Laurent.

wird nach der Champagner-Methode hergestellt. Der Hauptort hierfür ist die Stadt Nitra. Das staatliche Weingut in Rasca, nördlich von Bratislava, erzeugt den bekanntesten Rotwein der Slowakei. Ein interessanter Wein ist der Tokajer, insbesondere Szamorodnin und Tokaj Aszú. Diese werden von einer Genossenschaft in Trna, dem slowakischen Tokaj, erzeugt. Das Gebiet ist ökologisch und geologisch ein Teil des ungarischen Tokaj. Die Dessertweine und die gewürzten Weine (Vermouth etc.) werden in der riesigen Weinfabrik in Bratislava-Raca hergestellt, wo acht verschiedene Weintypen unter der Marke „Primat" produziert werden.

**ANBAUGEBIETE** Nach dem Weingesetz aus dem Jahr 1996 wird die Slowakei in folgende Gebiete eingeteilt: KLEINE KARPATEN MALOKARPATSKÁ (12 Regionen), SÜDLICHE SLOWAKEI (8), ZENTRALE SLOWAKEI (7), NITRA (9), ÖSTLICHE SLOWAKEI (4) sowie TOKAJ. In den großen Weinbauorten sind moderne Produktionszentren aufgebaut worden, u.a. in Bratislava-Raca, Pezinok, Nitra und in Kosice. Außßerdem gibt es große Weinanlagen in Trna und Sobranco in der östlichen Slowakei.

**REBSORTEN** Die Sorten sind im Großen und Ganzen dieselben wie in Österreich mit Ausnahme von Cabernet Sauvignon, der auf 600 ha angebaut wird. Weiße: U.a. Rizling Vlassky (Welschriesling), Rizling Rynsky (Rheinriesling), Rouci Bilé (Weißburgunder/Pinot Blanc), Burgundské Biele (PB), Veltlinské Zelené (Grüner Veltliner), Burgundské Sedé (Ruländer/PG), Leányka, Traminer, MT, SB, Muscat Ottonel und Furmint. Die führenden roten Sorten sind: Frankovka (Blaufränkisch), Burgundské Modré (PN), Svatovavrinecké (St. Laurent) sowie Cabernet Sauvignon.

Die Slowakei hat auch eine Reihe einheimischer Rebsorten. Diese tragen Namen wie „Das Gold der kleinen Karpaten" oder „Der Prinz der weißen und roten Nitra" .

**WEINGESETZ** 1996 wurde ein neues Weingesetz eingeführt, wobei auch andere Gesetzesregelungen den Weinbau tangieren. Die Weine werden in TAFELWEINE, QUALITÄTSWEINE, PREMIUMWEINE (mit Prädikatsbezeichnung) und TOKAJER eingestuft. Eine andere Klasse haben die Weine für den Industrieverbrauch. Es existieren keine Appellationen in der Slowakei. Hauptverantwortlich für die Qualitätskontrolle und für die Förderung des Weinbaus ist das Weinbauinstitut in Bratislava. Dieses hat auch die Aufgabe, die Winzer mit Reben zu versorgen. Zusätzlich arbeitet es mit dem „Office International du Vin" in Paris zusammen.

**REBFL/PROD** Ca. 25 000 ha, 400-600 000 hl/Jahr. Der Export ist noch sehr gering. Das Land hat z.B. nur einen Viertel der Rebstöcke von Ungarn. Man konzentriert sich aber immer mehr auf den Weinbau. Die Anbaugebiete in der Slowakei waren in den Jahren 1985, 1987 und 1996 schwer vom Frost betroffen.

**JAHRGÄNGE** Die Jahrgänge haben meist keine Bedeutung, da die Etiketten selten datiert werden. Bei einem großen Weinwettbewerb 1989 in Bratislava wurde eine erstmalige Klassifizierung der slowakischen Weine vorgenommen. Als gute

Weinetiketten aus der Slowakei. Die Weine der Marke „Hubert" genießen im Land hohes Ansehen.

Jahrgänge wurden folgende bestimmt: 1973, 1977, 1979-1990.

**PRODUZENTEN** Die wichtigsten Produzenten sind: Vinoprodukt (Adresse: Barónka 1, 835 02 Bratislava, Tel. 7 528 36 69-71); Malokarpatsky vinársky podnik (Adresse: Za Dráhou 21, 902 20 Pezinok, Tel. 704 41 20 51); Vino Nitra (Adresse: Vinárska 1, 951 41 Luzianky, Tel. 87 513 256); Ravena (Adresse: prev. VZ, 951 93 Topolcianky, Tel. 814 811 31-2); Vino Kosice (Adresse: Hviezdoslavova 2, 042 39 Kosice, Tel. 95 623 32 44); Movino (Adresse: Osloboditelov 66, 990 01 Velky Krtís).

# RUMÄNIEN

GESCHICHTE  Rumänien war stets eine unruhige Balkangegend. Die Landesgrenzen wurden im Laufe der Zeit oft geändert. Die Gegend hat als Weinbaugebiet aber schon seit der Römerzeit eine alte Tradition. Der größte Teil des heutigen Rumäniens gehörte früher zu Dakien, einer Provinz, die im Norden an die Provinz der Barbaren im Römischen Reich grenzte. Aus Thrakien im Süden, wo heute Bulgarien liegt, breitete sich der Weinbau in Richtung Norden zu den germanischen, slawischen und mongolischen Völkern aus, die nach Christi Geburt in Dakien einwanderten. Ungarn, das diese Gegend im 12. Jahrhundert belagerte, fuhr mit dem Weinbau fort.

Das Gebiet wurde allmählich in drei Fürstentümer aufgeteilt: Moldau, Walachei und Siebenbürgen. Ende des 14. Jahrhunderts kamen aber die Türken und gliederten das Land, zusammen mit dem größten Teil Ungarns, in das osmanische Reich ein. Rumänien wurde zwar muslimisch, der Weinbau aber wurde nicht völlig verbannt. Die Türken begnügten sich mit Steuern und hatten selber nicht gerade eine Abneigung gegenüber diesem Getränk.

1637 hat die Fürstenfamilie Rákószi von Siebenbürgen das Monopol auf die Produktion des Tokajers erhalten. Der Weinhandel ging über schottische Weinhändler nach Krakau in Polen. Während der offene Krieg mit den Türken herrschte, ging die ganze Produktion an die ungarischen Soldaten. Die Schotten fuhren weiter nach Osten über die Karpaten und fanden den uralten Weinbezirk Cotnari. Hier wurde ein weißer Dessertwein hergestellt. 1694 verloren die Türken

*Das Parlamentsgebäude in Bukarest ist eine stolze Erinnerung an die Zeit des Kommunismus.*

Budapest. 1711 wurden Siebenbürgen und Banat, der westliche Teil Rumäniens, in die Habsburger Monarchie eingegliedert. 1867 wurde das Gebiet mit Ungarn vereinigt. In der Zwischenzeit hatten deutsche Einwanderer Banat belagert und die deutsche Weinbautradition eingeführt. Moldau und Walachei waren getrennte Fürstentümer, bis sie 1859 einen gemeinsamen Fürsten erhielten. Aus dieser Union entstand das moderne Rumänien, das 1878 die totale Selbständigkeit erhielt. Nachdem die Doppelmonarchie Österreich-Ungarn 1918 zusammengebrochen war, fielen Siebenbürgen und Banat Rumänien zu.

Am Anfang des 20. Jh. war der französische Einfluss recht groß und man bestockte die Rebflächen mit Cabernet Sauvignon und Merlot. Nach dem Zweiten Weltkrieg wurde der Weinbau kräftig ausgebaut. Die Quantität stand aber vor der Qualität. Private Weinberge wurden verstaatlicht und traditionelle Produktionsmethoden modernisiert. Staatliche Versuchs- und Forschungsanlagen wurden gegründet. Ceausescu veranlasste, dass die Weinberge aus den Tälern an die Hänge verlagert wurden, was ein glücklicher Zufall war, da sich diese ja für den Weinbau viel besser eignen.

1989, nach dem Fall des Kommunismus, wurde das Wirtschaftssystem neu organisiert. Die Entwicklung in Richtung Marktwirtschaft ging aber sehr langsam voran.

GEOGRAPHIE/KLIMA In den westlichen und südlichen Teilen herrscht kontinentales Klima mit heißen Sommern und kalten Wintern. Im Südosten, am Schwarzen Meer und in den Bergen, ist das Klima besser temperiert. Die Karpaten stoßen von der russischen Grenze im Norden auf die transsilvanischen Alpen inmitten Rumäniens. Im südlichen Teil dominiert das Flachland.

BODEN Sehr unterschiedlich. Die Ebenen bestehen aus sandgemischter Schlammerde. Die Weinberge von Banat sind steinig. In Dobrudscha sind es hauptsächlich Kalksteinböden und in der Walachei Lößböden.

ANBAUGEBIETE Die Weinbauregionen sind über das ganze Land verteilt. Die wichtigsten erstrecken sich von der Stadt Iasi im Nordosten über die Karpatenausläufer bis zum Donautal im Süden. Es gibt sechs Gebiete mit insgesamt 23 Regionen und drei Subregionen: MOLDAU (Moldovei) im Nordosten, SIEBENBÜRGEN (Transsilvanei) im Norden, BANAT im Westen, OLTENIEN (Oltenia) und WALACHEI (Muntenic) im Süden sowie DOBRUDSCHA (Dobrudsja) im Südosten am Schwarzen Meer.

WEINE Leider wurde der Export von Qualitätsweinen während des Ceausescu-Regimes gedrosselt, da man Teile der großen Schulden an die Sowjetunion mit großen Mengen schlechter, lieblicher Weine bezahlte. Es ist den Rumänen aber doch gelungen, die Kenntnisse über den einheimischen Weincharakter zu bewahren. Das Land ist interessant, da viele Rebsorten hier ihren Ursprung haben sollen, z.B. der weiße Welschriesling, Feteasca, Grasa und Tamiioasa sowie die beiden Babeasca und Feteasca Neagra.

Die wichtigste einheimische Sorte ist der weiße Feteasca, aus dem der ungarische Leányka erzeugt wird. Er wird auch Mädchentraube genannt. Fast alle Weine von der Feteasca in Ungarn, Bulgarien, der ehemaligen Sowjetunion und Rumänien werden halbtrocken bis halbsüß ausgebaut und da-

nach gelagert. Diese Sorte gibt es in zwei Subvarianten: Feteasca Alba und Feteasca Regala. Feteasca wird in Siebenbürgen, Banat, Odobesti und Moldau angebaut. Grasa ist die andere große Sorte. Sie ist zusammen mit Feteasca die wichtigste Sorte für die lieblichen Weine aus Cotnari. Man glaubt, dass diese Sorte mit dem ungarischen Fur-

*Die Weinbaugebiete sind über das ganze Land verstreut. Die Gesamtproduktion beträgt fast 10 Mio. hl/Jahr.*

mint entfernt verwandt ist. Sie wird auch Dicktraube genannt. Tamiioasa Romaneasca ist die ursprünglichste weiße Sorte Rumäniens. Das Aroma ist etwas herb und erinnert an frisch gemahlenen Kaffee. Die Trauben können ein hohes Mostgewicht erreichen und dank dem hohen Säuregehalt ergibt der Tamiioasa ausgezeichnete, obwohl etwas rustikale, liebliche Weißweine. Er gehört heute zu den wenigen uralten rumänischen Sorten und wird in Oltenien, der Walachei und auch in sehr begrenztem Umfang in Moldau angebaut. In Bulgarien wird er Tamianka und in Deutschland Weihrauchtraube genannt. Die wichtigste einheimische blaue Sorte ist Feteasca Neagra, die auch schwarze Mädchentraube genannt wird. Feteasca Neagra wächst im ganzen Land, vorwiegend in Moldau. Sie ergibt leichte, hellrote Weine. Babeasca Neagra (auch Großmuttertraube, Altweibertraube oder Hexentraube) ist die andere einheimische blaue Sorte und wird genau wie die Feteasca Neagra meist in Moldau angebaut. Babeasca ergibt wohlschmeckende Weine, großzügig im Bukett. Negru Virtos ist eine andere rumänische Sorte, die man in einigen Weinbergen im Dragasani-Bezirk findet. Ergibt ausschließlich Tafelweine.

WEINGESETZ Hier herrschen nicht die gleichermaßen strengen Kontrollen bei der Weinproduktion wie z.B. in Bulgarien. Die Winzer können somit Weine mit individuellem Charakter erzeugen. Die Regierung führte 1971 ein System für die Einteilung der Weine in fünf Güteklassen ein:

1. VIN DE MASA/REGIUNE (Tafelwein).

2. VIN DE MASA/REGIUNE SUPERIOAR (Tafelwein von höherer Qualität).

3. VIN DE CALITATE SUPERIOARA (VS, Qualitätswein).

4. VIN DE CALITATE SUPERIOARA CU DENUMIRE DE ORIGINE (VSO, ursprungsgarantierter Wein).

5. VIN DE CALITATE SUPERIOARA CU DENUMIRE DE ORIGINE SI TREPTE DE CALITATE (VSOC).

Die VSOC-Klassifizierung ähnelt der deutschen Güteklasse QmP und wird wiederum unterteilt in Vollreifelese oder Spätlese (Cules la Maturitate Deplina), Edelreifelese oder Auslese (Cules la Maturitate Innobilarea) sowie Edelbeerenlese (Cules la Innobilarea Boabelor).

PRODUZENTEN Große Investitionen aus dem Ausland, u.a. durch die deutsche Kendermann-Gruppe, waren von großer Bedeutung. Auch die rumänischen Kellermeister waren auf Studienreisen in der ganzen Welt und haben neue Ideen nach Hause geholt. Große staatliche Genossenschaften wurden privatisiert. Im Gegensatz zu Ungarn und Bulgarien gab man den Grundbesitz nicht den früheren Eigentümern zurück, sondern die Arbeiter wurden zu Teilbesitzern in Form von Aktieninhabern. Die meisten Rebberge sind heute privat, während die Vinifizierungsanlagen immer noch verstaatlicht sind. Zur Anwendung kommen traditionelle, primitive Herstellungsmethoden in

*Rumänien versucht mit der Produktion von gut gemachten Weinen eine Rückkehr in den Exportmarkt.*

Kombination mit moderner Technik. Mancherorts werden die Reben immer noch nach zweitausendjähriger griechischer Tradition an Spalieren hochgebunden.

REBFL/PROD Ca. 260 000 ha, etwa 7-8 Millionen hl/Jahr.

# BANAT

GESCHICHTE Banat ist immer ein Herd der Unruhe gewesen. Mal hat es zum osmanischen Reich gehört, mal zu Österreich, Ungarn, dem

*Die orthodoxe Kirche mit ihren Klöstern und Kirchen hat auch die kommunistische Ära überlebt.*

ehemaligen Jugoslawien oder Rumänien. Bis ins Jahr 1718 gehörte es dem osmanischen Reich an, danach fiel es zu Österreich-Ungarn. Im 19. Jahrhundert wanderten viele Deutsche nach Banat aus und brachten die deutsche Weinbautradition mit. Die Doppelmonarchie existierte in Banat bis 1920. Dann wurde es in zwei Teile aufgeteilt. Das östliche Banat fiel zu Rumänien und das westliche zum ehemaligen Jugoslawien. Im Zentralort Timisoara (Temesvár auf Ungarisch) begann 1989 die rumänische Revolution.

GEOGRAPHIE Banat ist ein sandiges Flachland im westlichen Teil Rumäniens, an der Grenze zu Serbien und Ungarn. Der Teremia-Bezirk in der westlichen Ecke ist eine Ebene mit Sandböden. Der Minis-Bezirk im Norden ist hügelig und in Recas-Tirol und Moldova Noua wachsen die Trauben an Hanglagen.

WEINE Vorwiegend Rotweine nach ungarischer Tradition. Der Teremia-Bezirk ist auch für seine große Produktion von guten Weißweinen bekannt. Im Minis-Bezirk sowie im neuen Bezirk Moldova Noua werden ausgezeichnete, schwere Rotweine erzeugt.

REBSORTEN Cabernet, Cadarca (Kadarka), Feteasca Regala, Merlot, Pinot Noir.

WEINREGIONEN Minis, Moldova Noua, Recas-Tirol und Teremia.

PRODUKTION Gehört zu den kleineren Bezirken.

## DOBRUDSCHA (DOBRUDSJA)

GESCHICHTE Die Landschaft zwischen dem niedrigsten Teil der Donau und dem Schwarzen Meer wurde nach dem 1. Weltkrieg zwischen Rumänien und Bulgarien aufgeteilt. Der südliche Weinbezirk Murfatlar ist der größte und älteste von Dobrudscha, mit gut organisiertem Weinbau auf den Hügeln am Schwarzen Meer. Im Hauptort Constanta gibt es eine staatliche Versuchsorganisation, die viele klassische französische Rebsorten eingeführt hat.

GEOGRAPHIE Küstenklima vom Schwarzen Meer. Große Sumpfgebiete im Norden, an der Mündung der Donau.

WEINE Murfatlar ist von der Tradition her ein Weißweingebiet. Der Muscat ist von guter Qualität wie auch der Gewürztraminer Spätlese. Der Chardonnay wird leider dem russischen, schweren Geschmack angepasst. Auch Dessertweine werden hergestellt.

REBSORTEN Aligoté, Babeasca, Cabernet Sauvignon, Feteasca Alba, Feteasca Neagra, Gewürztraminer, Grasa, Merlot, Muscat Ottonel, Pinot Noir, Welschriesling.

WEINREGIONEN Murfatlar, Sarica Niculitel und Babadag.

*Murfatlar liegt westlich des Hauptortes Constanta. Hier werden vorwiegend traditionelle Weißweine hergestellt.*

PRODUKTION Großer, industrieähnlicher Weinanbau. Der größte Teil der Produktion wird nach Russland und in andere Teile der ehemaligen Sowjetunion exportiert. Dieser Export hat sich jedoch deutlich verringert.

PRODUZENTEN Fruvimed (Adresse: Medgidia, Dobrudsja, Tel. 918-10235, Fax 918-11982). Erzeugt ausgezeichnete Pinot Noir und Muscat-Ottonel in trockenen Versionen.

## MOLDAU (MOLDOVEI)

GESCHICHTE Moldau oder die Ostkarpaten gerieten Mitte des 15. Jh. unter türkische Obrigkeit und wurden von türkischen Fürsten, sog. Hospodaren, beherrscht. Sie bildeten ein eigenes Fürstentum bis 1859, als sie mit der Walachei zu einer Union, mit einem gemeinsamen Fürsten, vereinigt wurden. Aus dieser Union entstand 1861 das moderne Rumänien. Moldau wurde nach dem Ersten Weltkrieg in das rumänische Moldau und die sowjetische Unionsrepublik, die moldavische SSR, aufgeteilt. Die Weinfelder von Cotnari bei der Stadt Iasi gehören zu den berühmtesten Rumäniens. Anfang des 20. Jh. war der Wein aus Cotnari unter dem Namen „Die Perle Moldaus" oder „Die Blume Moldaus" in Paris sehr beliebt. Er wird immer noch hergestellt und auch exportiert.

GEOGRAPHIE Die Bodenverhältnisse sind sehr unterschiedlich. Die Buciumberge in Visa und Doi Petri, die sich über der Stadt Iasi erheben, bewirken ein kühles Klima.

WEINE Cotnari ist der beste und charaktervollste Wein Moldaus. Ein blasser Dessertwein, der an einen einfachen Sauternes oder Tokajer erinnert. In den Weinbergen von Odobesti, um die Industriestadt Focsani herum, werden große Mengen einfacher Rot- und Weißweine produziert, natürlich mit Ausnahmen. Der Subbezirk Cotesti hat für seinen Pinot Noir und Merlot einen guten Ruf und Nicoresti für seinen würzigen, tiefroten Babeasca.

REBSORTEN Aligoté, Babeasca Neagra, Cabernet, Feteasca Neagra, Feteasca Regala, Merlot, Pinot Gris, Pinot Noir, Riesling und Tamiîoasa.

WEINREGIONEN Cotnari, Dealurile-Moldovei, Dealurile-Bujorului, Odobesti mit den Subbezirken Cotesti und Nicoresti, Tecuci-Galati, Panciu.

PRODUKTION In Moldau wurden hauptsächlich für die ehemalige Sowjetunion große Mengen süßer Weiß- und Rotweine erzeugt.

PRODUZENT Führender Produzent ist die Vinia Iassy (Adresse: 4 Meturgiei St, 6000 Iasi, Tel./Fax 81-35382) im Cotnari-Distrikt.

## WALACHEI (MUNTENIC)

**GESCHICHTE** Wird auch große Walachei oder Muntenia genannt. Nachdem es ein Teil des byzantinischen Reiches gewesen war, wurde Valakien 1290 ein selbständiges Fürstentum. Im Jahr 1393 wurde es von den Türken okkupiert und ab 1460 von türkischen Fürsten geführt. Im 18. Jahrhundert wurde der russische Einfluss immer stärker und 1832 wurde der erste russische Fürst eingesetzt. 1856 wurde die Walachei wieder ein selbständiges Fürstentum und bekam mit Moldau

*In der nördlichen Walachei, in einem Ausläufer der Karpaten, liegt der beliebte Weinbezirk Dealu Mare.*

zusammen einen gemeinsamen Fürsten. Aus dieser Union entstand 1861 das moderne Rumänien.

**GEOGRAPHIE** Nördlich von Bukarest erstreckt sich der Bezirk Dealu Mare an den Südosthängen der Karpaten entlang. In diesem Bezirk gibt es ein kleines Gebiet mit Kreideboden und einem speziellen Mikroklima, das sich für die Erzeugung lieblicher Weine besonders gut eignet.

**WEINE** In Dealu Mare liegen die vorzüglichen Weinlagen von Pietroasele. Der Tamîioasa Romaneasca ergibt einen großartig süßen, goldenen Wein mit fein ausgewogener Säure. Dieser Wein kann sich ohne weiteres mit dem aus Cotnari messen. Man macht auch seltene, edelsüße Rosévarianten. Dealu Mare ist auch für seine Rotweine Valea Calugareasca (Tal der Mönche) und Tohani bekannt. Cabernet und Pinot Noir kommen im süßen, russischen Stil vor. Die staatliche Versuchsstation in Valea Calugareasca ist die modernste Weinanlage des Landes. Das Angebot ist sehr groß, u.a. gibt es einen halbtrockenen Riesling.

**REBSORTEN** Babeasca Neagra, Cabernet, Feteasca Neagra, Feteasca Regala, Merlot, Pinot Gris, Grasa, Pinot Noir, Riesling und Tamîioasa.

**WEINREGIONEN** Dealu Mare mit dem Subbezirk Pietroasele.

**PRODUKTION** Gehört von der Produktionsrate her zu den kleineren Bezirken, erzeugt aber gute Qualität.

## OLTENIEN (OLTENIA)

**GESCHICHTE** Wird auch die kleine Walachei genannt. Das ganze Gebiet einschließlich der großen und kleinen Walachei wird auch als die Süd-

*Valea Calugareasca (das Tal der Mönche) in der Walachei ist für seine guten Rotweine bekannt.*

karpaten bezeichnet. Oltenia gehörte bis zur Gründung des modernen Rumäniens nach dem Ersten Weltkrieg zur Walachei.

**GEOGRAPHIE** Der Name Oltenia stammt vom Fluss Oltul, der quer durch das Gebiet fließt.

**WEINE** Westlich des Flusses Oltul, im Dragasani-Bezirk, findet man interessante, liebliche Rotweine im russischen Stil mit dem Namen Oltina. Aus der Stadt Simburesti in Dragasani stammen die besten Rotweine. Einen besonderen Ruf haben die fülligen und trockenen Weine aus Feteasca Neagra und Cabernet Sauvignon. Der Sadova-Bezirk konzentriert sich auf Roséweine. Segarcea ist ein Rotweinbezirk südlich der Stadt Craiova. Hier werden ein guter Pinot Noir sowie Cabernet erzeugt. Aus den Weinbergen in Arges-Stefanesti am Fluss Arges kommen vorwiegend Weißweine.

**REBSORTEN** Cabernet, Feteasca Neagra, Feteasca Regala, Muscat Ottonel, Pinot Noir, Riesling, Simlburesti, Drincea, Sauvignon, Tamîioasa.

**WEINREGIONEN** Arges-Stefanesti, Dragasani, Drobeta-Turnu-Severin, Segarcea, Dealurile-Craiovei.

**PRODUKTION** Es werden hauptsächlich Rotweine für den einheimischen Markt produziert. Auch Export kommt vor.

## SIEBENBÜRGEN (TRANSSILVANEI)

GESCHICHTE Auf Ungarisch wird das Gebiet Erdély genannt. Wurde im 12. Jahrhundert ungarisch, im 13. und 14. Jahrhundert wanderten sowohl Deutsche als auch Rumänen ein. 1530-1691 war die Region ein selbständiges Fürstentum. Im Jahr 1687 wurde es teilweise dem habsburgischen Reich zugesprochen. 1867 erfolgte die Vereinigung mit Ungarn, nach dem Ersten Weltkrieg aber ging es zu Rumänien über. 1940 erhielt Ungarn die nördlichen und östlichen Teile Rumäniens. Nach dem Zweiten Weltkrieg wurde Siebenbürgen endgültig wieder rumänisch.

GEOGRAPHIE Siebenbürgen ist eine dicht besiedelte, landwirtschaftliche Gegend mit hügeligem, aber fruchtbarem Boden. Die größten Weinberge liegen zwischen den steilen Uferhängen der großen und kleinen Trnave.

WEINE Siebenbürgen ist die klassische Heimat der blutdurstigen Vampire. Die „Trink"-Gewohnheiten des Grafen Dracula haben sich heute in intensiven Weinbau verwandelt. Die Region gehört zu den interessantesten aller Weinregionen Rumäniens und die Qualität der Weine ist hier am ausgewogensten. Die Qualitätsweine erinnern sehr an die deutschen. Sie sind mittelfüllig, mit einem fruchtig-milden, etwas aromatischen Geschmack, etwas zwischen den süddeutschen und den elsässischen Weinen. Der deutsche Einfluss stammt aus dem Mittelalter, als die Deutschen aus dem Moseltal einwanderten und viele ihrer einheimischen Rebsorten einführten. An der Trnave wird auch ein recht guter Weißweinverschnitt produziert, der Perla de Trnave. Interessantere Weine werden nur aus Feteasca, Ruländer, Gewürztraminer, Riesling oder Muscat Ottonel erzeugt.

REBSORTEN Feteasca Regala, Feteasca Alba, Gewürztraminer, Muscat Ottonel, Pinot Gris, Riesling, Ruländer, Sauvignon Blanc, Traminer und Welschriesling.

WEINREGIONEN Alba Iulia-Aiud, Bistrita-Nasaud, Trnave und Oradea.

PRODUKTION Die Weinherstellung sorgt für einen großen Teil der Beschäftigung in Siebenbürgen. Als die rumänische Regierung fand, das Gewerbe werde nicht in einer ausreichend rationellen Form betrieben, organisierte sie während der 80er Jahre eine große Umsiedlung der ländlichen Bevölkerung in große Städte. Das Ergebnis dieser Politik war, dass ethnische Minoritäten, vorwiegend Ungarn, große Schwierigkeiten hatten, ihre kulturelle Identität zu bewahren. Durch diese Maßnahmen ist auch die Qualität der Weine herabgesetzt worden.

PRODUZENT Der größte Produzent ist die staatliche Versuchsanstalt: Statiunea de Cercetari Vitivinicole (Adresse: Str. Gheorge Baritiu 2, 3175 Blaj, Tel. 67-10705, Fax 67-10620).

Im Unterschied zu den meisten anderen Versuchsanstalten bemüht sich diese, hohe Qualität zu erzeugen.

Das traditionsreiche Siebenbürgen ist die Heimat des Grafen Dracula. Die Weine sind interessant - viele erinnern an deutsche Weine, was auf die große Einwanderung von Deutschen während des Mittelalters zurückzuführen ist.

## WEINETIKETTEN/WEINVOKABULAR IN RUMÄNIEN

In Rumänien gibt es ein recht umfangreiches Weingesetz, was die Angaben auf dem Etikett beeinflusst. Dies gilt aber nur für Weine der höheren Qualitätsklassen (VSO und VSOC). Einfachere Weine dürfen immer noch Phantasienamen tragen, jedoch nicht, wenn sie für den Export bestimmt sind. Vin de Calitate Superioara (VS) muss einen potenziellen Alkoholgehalt von 10,5% besitzen. Die Ursprungsbezeichnung muss nicht angegeben werden. Bei den VSO- und VSOC-Weinen müssen Ursprung (Weinregion oder Gebiet), Rebsorte (nicht bei Verschnitten) und Jahrgang angegeben sein. Außerdem müssen die Qualitätsbezeichnung sowie der Erzeuger (Abfüller) und das Abfülldatum (wird oft gestempelt) angegeben werden. Bei Exportweinen kommen die Angaben zum Alkoholgehalt und zum Inhalt dazu.

Die VSOC-Weine werden in verschiedene Qualitätsklassen, ähnlich dem deutschen QmP-System, eingeteilt:

1. CMD *(Cules la Maturitate Deplina)* entspricht deutscher Spätlese.

2. CMI *(Cules la Maturitate de Innobilarea)* entspricht deutscher Auslese.

3. CIB *(Cules la Innobilarea Boabelor)* entspricht deutscher Beerenauslese.

**C**OMOARA PIVNITEI „Aus der Schatzkammer", d.h. länger gelagerter Wein.

**D**EMIDULCE Halbsüß.
DEMISEC Halbtrocken.
DULCE Süß.

**I**MBUTELIAT LA PRODUCATOR Abgefüllt/Erzeugerabfüllung.
I.V.V. Genossenschaft. Nach der Abkürzung folgt der Name.

**P**IVNITA, PIVNITELE Kellerei, Weingut.
PODGORIA Weinregion.

**R**ECOLTA Jahrgang.

**S**EC Trocken.
SPUMOS Schäumend.
STUGURE Rebsorte.
SUPERIOARA „Supérieur", erstklassig.

**V**IILE Weinberg.
VIN Wein.
VIN ALB Weißwein.
VIN DE CALITATE Qualitätswein.
VIN DE MASA Tafelwein.
VIN ROSU Rotwein.
VIN ROZ Roséwein.
VIN USOR Leichter Wein.
VSO Einfacherer, herkunftsbezeichneter Wein.
VSOC Qualitätswein mit Herkunftsgarantie.

# BULGARIEN

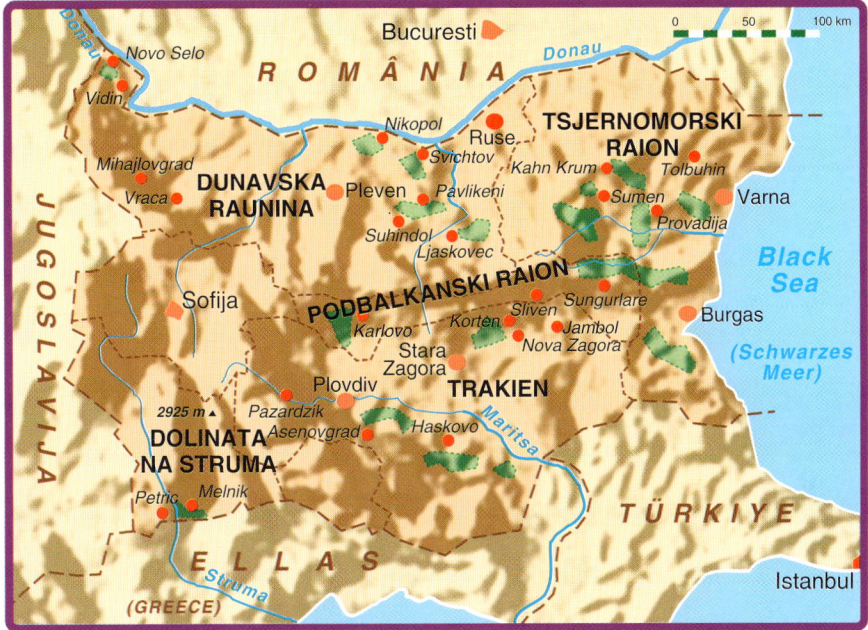

GESCHICHTE  Schon die Griechen bauten in Bulgarien, dem damaligen Thrakien, Wein an. Es wird sogar gesagt, dass der Weingott Dionysos aus der volkstümlichen Kultur Thrakiens stammt. Besondere Unternehmen haben den Weinbau betrieben und Wein für die Ausfuhr produziert. Es

*Aussicht über die Stadt Vidin, ganz oben im Nordwesten, mit der mächtigen Donau im Hintergrund.*

gibt viele Sehenswürdigkeiten aus dieser Zeit. Als die Urbulgaren einwanderten, übernahmen sie die Weinbautraditionen der Gegend.

In dem im Jahr 681 gegründeten bulgarischen Staat wurde der Weinbau einer der wichtigsten Agrarbereiche. Während des Mittelalters gehörte ein großer Teil der bulgarischen Landwirtschaftsbetriebe den Klöstern, was dem Weinbau zugute kam. Unter anderem erzählten die Kreuzritter in ihren Chroniken, wie sie mit großer Begeisterung den bulgarischen Wein tranken. 500 Jahre lang (1396-1878) war Bulgarien türkisch. Obwohl die Türken Muslime waren, haben sie die Bräuche ihrer Untertanen respektiert. Selbst durften sie keinen Alkohol trinken, ließen die Bulgaren aber Wein anbauen und tranken ihn dann heimlich. Die Weinbauregionen aus jener Zeit sind dieselben geblieben, in Tälern der Donau und der Maritsa.

Zur Zeit der Jahrhundertwende schlug die Reblaus (Phylloxera) zu, genau wie im übrigen Europa. Dies bedeutete das Ende des traditionellen Weinbaus. Auch wenn ein großer Teil der zerstörten Weinbaugebiete später wieder aufgebaut wurde, erreichten sie den früheren Umfang nicht mehr. Auch die kleinen, alten Weingärten wurden jetzt durch größere ersetzt.

Nach der kommunistischen Machtübernahme 1944 wurden große Teile der Produktion kollektiviert. Eine umfassende Neuanlage von Reben wurde während der 50er Jahre angefangen, und große Weingärten wurden mit der grünen sowjetischen Rkatsiteli-Traube bestockt. In dieser Zeit wurden auch große Gebiete mit Rebsorten aus dem Westen bebaut. Bulgarien ist ein altes Landwirtschaftsland und die Festlichkeiten im Zusammenhang mit dem Weinbau sind immer noch Tradition.

# BULGARIEN

**GEOGRAPHIE** Bulgarien ist in vielerlei Hinsicht ein ideales Weinland. Es liegt mitten auf der Balkanhalbinsel. Die Donau bildet eine natürliche Grenze zu Rumänien im Norden. Im Süden grenzt es an Griechenland und die Türkei und im Westen an Serbien. Die ganze östliche Grenze verläuft dem Schwarzen Meer entlang. Das Klima ist warm, mit niedrigen Temperaturen in den südwestlichen Bergen und einem gemäßigteren Klima im Osten. Während des Wachstums liegt die Niederschlagsmenge zwischen 470 und 953 mm. Der Boden ist etwas mager, aber sehr vielfältig in der Zusammensetzung. In den Weinbaugebieten gibt es vorwiegend Kalksteinböden mit Einschlag von Sandstein und Sand mit altem Waldhumusboden. Die Mischung der Nährböden bietet den Winzern große Variationsmöglichkeiten an.

**ANBAUGEBIETE** Die meisten Weinberge befinden sich in den Tälern der Donau und der Maritsa. Die Weinbaugebiete sind in sieben größere Bereiche eingeteilt, wovon fünf Hauptregionen sind. Alle werden vom staatlichen Önologischen Institut kontrolliert. Die fünf großen sind: DUNAVSKA RAUNINA im Nordwesten, entlang der Donau, THRAKIEN (Thrakiiska Nizina) im Süden, TSJENOMORSKI RAION im Osten zum Schwarzen Meer hin, JOLINAKA NA STRUMA im Südwesten entlang dem Fluss Struma und PODBALKANKI RAION im Landesinnern, einem lang gestreckten Tal entlang.

**WEINE** Die Bulgaren haben sich darauf konzentriert, den Preiswettbewerb mit den großen Ländern aufzunehmen, und erzeugen preiswerte rote Qualitätsweine von beliebten Rebsorten.

*In Bulgarien gibt es noch viel von der alten Architektur, die allmählich renoviert wird.*

Diese Idee hatte Erfolg - Bulgarien ist zum Korea der Weinwelt geworden. Die einheimischen blauen Rebsorten sind vom Merlot und Cabernet Sauvignon vollständig verdrängt worden. Das Land hat sogar mehr Cabernet-Sauvignon-Rebstöcke als Bordeaux. Neupflanzungen werden nur mit französischen Reben vorgenommen, wie z.B. Cabernet, Merlot, Chardonnay, Riesling, Aligoté, Gewürztraminer und Sauvignon Blanc. Heute sind auch die Weißweine zunehmend interessant. Trotz der umfangreichen Neuanpflanzungen findet man immer noch traditionelle Rebsorten: Mavrud, der dunkle, herzhafte, fruchtige und pflaumenrote Qualitätsweine ergibt. Im Melnik-Bezirk wird die einzigartige rote Melnik-Rebe angebaut. Daraus entstehen konzentrierte Weine, die lange gelagert werden können. Die Hälfte der weißen Anbaufläche ist mit Rkatsiteli bepflanzt, die zu trockenen weißen Tafelweinen verarbeitet werden. Der einheimische Misket (der bulgarische Muskatell) wird zu 8-9% angebaut und ergibt leichte Weißweine von Standardqualität. Der Dimiat wird zu 6-7% angebaut. Er ergibt alle Typen von Weißweinen, u.a. einen exotischen Weißwein, der in Deutschland unter dem Namen Klosterkeller beliebt ist. Die osteuropäische Muskat-Variante Ottonel wird zu 5-6% angebaut. Eine interessante Rebsorte ist der Tamianka, der intensiv süße Weine im Stil der deutschen Beerenauslese hervorbringt. Unter den roten Rebsorten dominiert heute der Cabernet, gefolgt vom Merlot und vom einheimischen Pamid. Die restliche Anbaufläche wird zwischen dem Gamza, der mit dem ungarischen Kadarka verwandt ist, und der einheimischen Mavrud und Melnik geteilt.

**WEINGESETZ** Ein neues Weingesetz ist in Ausarbeitung (1998). 1978 hat das bulgarische Parlament ein Weingesetz angenommen, dessen Ziel es war, die Qualität der Weinproduktion anzuheben. Dieses Gesetz diente als Grundlage für die „Appellation Contrôlée"-Bezeichnung VDG. 1982 wurden offiziell 18 Subregionen in insgesamt 119 Appellationen festgelegt. Es gibt drei Güteklassen:

STANDARDQUALITÄT ist die niedrigste Klasse und entspricht Tafel- und Landweinen.

URSPRUNGSQUALITÄT ist die nächste Stufe. Es sind Weine mit deklariertem geographischem Ursprung, d.h., sie stammen von einer Appellation. Die Bezeichnung lautet „Vino ot Deklariran Geografski", abgekürzt VDG.

CONTROLIRAN-QUALITÄT oder „Vino Kontrolirano Naimenovanie za Proizhod" ist die höchste Güteklasse, deren Weine von bestimmten Rebsorten und Weinbergen bestimmter VDG-Gebiete stammen müssen. Controliran und VDG, die im Fass ausgebaut wurden, dürfen außerdem als „Kolektzione" (d.h. Reserve) klassifiziert werden. Außer diesen Klassen gibt es eine besondere Klasse für verstärkte Weine.

**PRODUZENTEN** Der Weinbau wird immer noch privatisiert. Die sog. „flying-wine-makers" (reisende Kellermeister) sind in letzter Zeit häufig anzutreffen. Die Staatsgenossenschaft „Vinprom" betreibt Entwicklungsarbeit in der Weinindustrie. Ein staatliches Amt in Sofia kontrolliert die verschiedenen VDG-Appellationen.

**REBFL/PROD** Nach offiziellen Angaben aus dem Jahr 1996 hat sich die Rebfläche auf insgesamt 109 000 ha verringert. Die Produktion beträgt ca. 2 Mio. hl. Wirtschaftliche Schwierigkeiten verhinderten den Ausbau des Rebareals. Obwohl der Weinbau Bulgariens für einige Jahrzehnte interessant war sind heute Qualität sowie Quantität rückläufig.

## Nördliche Region (Dunavska Raunina)

GESCHICHTE  In der Stadt Suhindol wurde 1909 die erste bulgarische Weingenossenschaft gegründet. Pleven, wo auch die große Weinfor-

*Mihajlovgrad ist das Zentrum des nördlichen Gebiets (Dunavska Raunina). Die Qualität der Rotweine ist gut.*

schungsanstalt liegt, hat eine große Kellerei mit Pamid-, Gamza- und Cabernet-Weinen.

GEOGRAPHIE  Die Region besteht aus drei Bereichen: dem nordwestlichen, dem mittleren und dem nordöstlichen. Im mittleren Bereich konzentriert sich die Weinproduktion um Ljaskovec, Pavlikeni, Suhindol und Pleven. Die Landschaft besteht aus sanften Hügeln und Bergen im Süden. Der Donau entlang liegt der nordöstliche Bereich mit den Städten Nikopol, Svichtov und Ruse. Der nordwestliche grenzt an Serbien und Rumänien und umfasst vor allem Mihajlovgrad und Vidin.

KLIMA  Kontinentales Klima mit heißen und sonnenreichen Sommern.

BODEN  Vorwiegend zersetzter Kalkstein. Im Nordwesten Boden mit vulkanischem Einschlag.

WEINE  Der mittlere Bereich liefert die beste Qualität. Das raue Klima und der Boden aus zersetztem Kalkstein spiegeln sich im Charakter der Weine wider. Der Donau entlang entstehen rote Cabernet-Weine, die fülligen Körper und großes Bukett haben. Im nordwestlichen Bereich in der Vidin-Gegend liegt das Dorf Novo Selo, das für seine Gamza-Weine bekannt ist. Auch ein Controliran-klassifizierter Misket wird erzeugt.

REBSORTEN  Gamza, CS, Aligoté, Rkatsiteli, Muskat Ottonel, Dimiat, Merlot, Gamay und Traminer.

CONTROLIRAN-WEINE: Ljaskovetz Aligoté, Misket, Lositza Cabernet Sauvignon, Novo Selo Gamza, Pavlikeni Gamza, Suhindol Gamza, Svichtov Cabernet Sauvignon.

PRODUKTION  Die größte Region mit 35% der Landesrebfläche. Umfasst 7 Anbaugebiete und 28 VDG-Appellationen.

PRODUZENTEN  Vinprom Ruse, Tel. 082-220011, Fax 082-272581, -223952. Novoselska Gamza, Vidin, Tel. 094-22001, Fax 094-34918. Lovico Gamza, Suhindol, Tel. 06136-4920039, Fax 06136-3020.

## Südliche Region (Thrakien)

GESCHICHTE  Gehörte früher zum alten griechischen Thrakien, dem Festland nördlich des Ägäischen Meeres. In der Odyssee wird erzählt, dass Odysseus von seiner Reise einen extrastarken Wein mit nach Hause brachte. Der Wein soll so stark gewesen sein, dass die Pfarrer ihn stets mit 20 Maß Wasser verdünnt tranken.

GEOGRAPHIE  Der südliche Teil wird vom Flachland beherrscht. Im Westen bricht das Rodopgebirge ein. Man pflegt die Region in drei Bereiche einzuteilen: den östlichen, den westlichen und den mittleren. Der östliche Bereich umfasst die Städte Jambol, Sliven, Nova Zagora und das Dorf Korten. Im mittleren Teil findet man einige der berühmtesten Weinorte Bulgariens wie z.B. Plovdiv, Oriahovica, Stara Zagora, Cirpan, Haskovo, Asenovgrad, Brestnik und Perusitiza. Der westliche Teil liegt um Pazardzik und Septemvri herum.

KLIMA  Mildes Kontinentalklima.

BODEN  Kalkstein, Sandstein und Waldhumus. Im Süden findet man einen fetten, kohlereichen Schwarzerdeboden.

WEINE  Asenovgrad ist für seinen dunklen, nach Pflaumen schmeckenden, würzigen Mavrud bekannt. Er hat einen deutlichen Rosinengeschmack mit verhältnismäßig wenig Säure und Tannin. In Plovdiv und in Stara Zagora werden gute Cabernet-Weine sowie gute Verschnitte aus Merlot und Cabernet erzeugt. In Oriahovica findet man füllige, geschmacksreiche Merlot-Kollektzione-Weine. Der östliche Teil produziert vorwiegend trockene Rot- und Weißweine.

REBSORTEN  Osten: CS, Misket, Rkatsiteli, Muskat Ottonel u.a. Mittlerer Teil: Mavrud, CS, Merlot, Rkatsiteli und Muskat Ottonel. Westen: Pamid, Mavrud, Merlot.

CONTROLIRAN-WEINE: Asenovgrad Mavrud, Brestnik Vino, Oriahovica Cabernet Merlot, Sakar Merlot, Stambolovo, Staro Cherveni, Pazardzik Staro Merlot.

PRODUKTION  22% der Rebfläche Bulgariens. Umfasst 2 Subregionen, 7 Anbaugebiete und 25 VDG-Appellationen.

PRODUZENTEN  Menada, Stara Zagora, Tel. 042-27561. Vinprom, Haskovo, Tel. 038-26433, -31771, Fax 038-31760. Vinprom, Plovdiv, Tel. 032-224446, Fax 032-0339/22-91. Vinzavod, Asenovgrad, Tel. 0331-22531, -22144, -22240, Fax 0331-28053.

## Östliche Region (Tsjernomorski Raion)

**RUF** Ein Teil der Weinproduktion wird für die Herstellung von Brandy verwendet. Provadija östlich von Sumen ist das Zentrum für gute Weißweine, insbesondere für den Chardonnay. In der Stadt Varna im Osten liegt Khan Krum, die modernste Weinanlage Bulgariens.

**GEOGRAPHIE** Die Region liegt im nordöstlichen Teil des Landes, an der Küste zum Schwarzen Meer. Sie umfasst die großen Städte Varna und Tolbuchin. Im Westen liegen Silistra, Sumen, Targoviste und Rasgrad. Im Süden findet man die Bereiche Burgas, Pomorie und Atjos.

**KLIMA** Langer und warmer Herbst. Im Westen liegt eine große Ebene, die vom milden Klima des Schwarzen Meeres beeinflusst wird.

**BODEN** Hauptsächlich Sandböden rund um die Küste herum.

**WEINE** Die Region ist für die Weißweine, vor allem aus Chardonnay, bekannt. Khan Krum darf das Controliran-Etikett für den Gewürztraminer verwenden. Dieser wird sehr spät geerntet. Vorwiegend trockene Weißweine, die recht blass, aber doch ansprechend sind. Außerdem werden weiße, liebliche Dessertweine, halbtrockene Weine sowie ein sektähnlicher Wein erzeugt. In Novi Pazar, bei Varna, wird ein feiner Chardonnay hergestellt. Die Weine aus dem Westen sind meist halbtrockene Weißweine, wobei man auch Schaum- und Dessertweine herstellt. Im südlichen Bereich werden Weiß- und Roséweine hergestellt sowie der Pomorie, ein prämierter Dessertwein.

**REBSORTEN** Riesling, Dimiat, Rkatsiteli, Muskat Ottonel, Aligoté, Fetiaska, Chardonnay und Tamianka. Die lokale Spezialiäten-Sorte heißt Red Misket. Im Westen: Dimiat, Riesling, Muskat Ottonel, Rkatsiteli, Chardonnay und Aligoté. Im Süden: Dimiat, Pamid, Misket, Ugni Blanc, Riesling und Cabernet Sauvignon.

**CONTROLIRAN-WEINE:** Khan Krum Gewürztraminer, Novi Pazar Chard., Jujen Briag Rosé, Varna Chardonnay, Preslav Chardonnay und Russinski Briag Bialo.

**PRODUKTION** 30% der Rebfläche Bulgariens. Besteht aus 6 Anbaugebieten und 22 VDG-Appellationen.

**PRODUZENTEN** Vinex, Preslav, Tel. 0538-2127, -2015 oder -2588, Fax 0538-2336. Vinprom, Sumen, Tel. 054-68887, -68944, -69841, Fax 054-60525. LVK Vinprom, Targoviste, Tel. 0601-24632, -27441, -25124, Fax 0601-24206, -26461. Dimiat, Varna, Tel. 052-650561, -650 655, -459 584, Fax 052-651 136. Vincom, Burgas, Tel. 056-686 132, -685 120, Fax 056-687 032.

## Übrige Regionen

### Südwestliche Regionen (Jolinaka Na Struma)

**RUF** Die kleinste der großen Regione Bulgariens mit den besten Rotweinen.

**GEOGRAPHIE** Die Region liegt mitten im Rodopegebirge an der Grenze zu Makedonien. Die bekanntesten Ortschaften sind Blagoevgrad und Kjustendil. Der Fluss Struma fließt durch die Region, wo sich auch der höchste Berg des Landes, Musala (2 925 m), befindet. Das Klima ist mild.

**WEINE** Die Weine sind durch ihre tiefrote Farbe, ihren füllligen Körper und ihr spezielles Aroma bekannt geworden. Sie altern sehr gut und erhalten durch das Lagern ein angenehmes Bukett und einen tiefen, ausgeglichenen Geschmack. Im Flusstal von Struma werden Dessertweine aus der Tamianka-Traube hergestellt. Auch Rot- und Weißweine werden erzeugt.

**REBSORTEN** Größtenteils Melnik (Sjiroka Melnisijka Losa). Ausserdem Cabernet Sauvignon, Pamid, Rkatsiteli, Tamianka und Aligoté.

**CONTROLIRAN-WEINE:** Harsovo Melnik.

**PRODUKTION** 6% der Rebfläche Bulgariens. Besteht aus 3 Gebieten und 5 Appellationen.

**PRODUZENT** Vinprom, Damianitsa, Tel. 0746-2150, -4114, Fax 0746-4014.

### Sub-Balkan (Podbalanski Raion)

**GESCHICHTE** Die jüngste Weinregion Bulgariens. Wurde 1985 gegründet.

**GEOGRAPHIE** Ein lang gestrecktes Tal im Balkangebirge. Das Tal wird meist in zwei Bereiche eingeteilt. Der östliche umfasst u.a. Sungurlare. Im westlichen Bereich findet man das schöne Rosental, wo ein großer Teil der Weltproduktion von Rosenöl stattfindet. Die Region besitzt ein kontinentales Klima.

**WEINE** Weißweine dominieren. Es werden aber auch Rotweine erzeugt. Sliven, Jambol und Sungurlare sind gute, aber einfache Tafelweine. Der Wein aus Podbalanski wird oft für gewürzte Weine wie den Vermouth verwendet. Im Rosental werden hauptsächlich Muskat-Weine produziert. Karlovo und Slavianti sind zwei Städte, die für ihren goldgelben, blumigen Misket bekannt sind. In diesem Bereich wird auch der Balkan Crown Brut gemacht, ein guter Verschnitt aus Chardonnay, Ugni Blanc und Riesling.

**REBSORTEN** Chard, Misket, Riesling und UB. Im Rosental: Misket, CS, Riesling und Rkatsiteli.

**CONTROLIRAN-WEINE:** Rozova Dolina Misket, Sungurlare Misket.

**PRODUKTION** 7% der Rebfläche des Landes. Zwei Anbaugebiete und acht Appellationen.

**PRODUZENTEN** Vini, Sliven, Tel. 044-83711, -84325, -82053, Fax 044-22388. Vinzavod Banya, Karlovo, Tel. 0335-2313, -2314, -4450, Fax 0335-4450, -5641.

## WEINETIKETTEN/WEINVOKABULAR IN BULGARIEN

In Bulgarien gibt es eine Art „Appellation Contrôlée", die VDG genannt wird (deklarierter geographischer Ursprung). Insgesamt dürfen 119 Appellationen diese Bezeichnung tragen. Ein höheres Niveau ist *Controliran*. Es sind dies Quali-

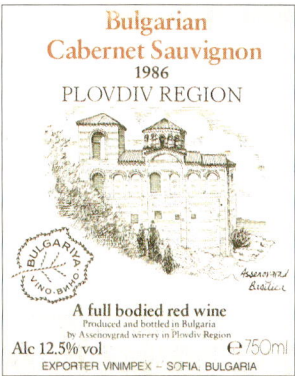

tätsweine aus ausgewählten VDG-Appellationen und aus speziell erlesenen Rebsorten, die auch angegeben werden müssen. *Kolektzione* (Reserve) bezeichnet einen Wein, der eine Qualitätskontrolle durchlaufen hat und die für eine gute Qualität garantiert.

BJALO VINO  Weißwein.

CENA  Preis.
CERVENO VINO  Rotwein.

ISKRIASCO VINO  Schaumwein.

KOLEKTZIONE  Fassgelagerte Weine, entsprechen den „Reserva", meist sehr gelungen.

LOZIA  Weinberg.

MLADO VINO  Junger Wein.

OBIKNOVENO VINO  Tischwein.

POLUSUHO  Halbtrocken.
PROIZVEDENO I BUTILIRANO PRI PROIZ-VODITELJA  Erzeugt und abgefüllt vom Produzenten.

ROZE, ROSOVO VINO  Roséwein.

SLADKO  Süß.
SUHO  Trocken.

TRAPEZNO VINO  Tafelwein.

VINIMPEX  Staatliche Weinexportfirma, die heute an Bedeutung verloren hat.
VINO KONTROLIRANO NAIMENOVANIE ZA PROIZHOD  Weine mit kontrollierter Ursprungsbezeichnung, sog. Controliran-Wein.
VINO OT DEKLARIRAN GEOGRAFSKI RAJON  Wein mit geographischer Ursprungsbezeichnung, sog. VDG-Wein.
VISOKOKACESTVENO VINO  Spitzenwein. Eine allgemeine Bezeichnung.

ZAKAR  Zuckergehalt.

# SLOWENIEN

**GESCHICHTE** Auch in Slowenien spielten die Römer und Griechen eine sehr wesentliche Rolle bei der Entwicklung des Rebbaus. Da Slowenien früher Österreich-Ungarn angehörte, ist der österreichische Einfluss auf den Weinbau immer noch sehr stark spürbar. Slowenien genießt heute den Ruf, die besten Weißweine des ehemaligen Jugoslawiens zu produzieren.

**GEOGRAPHIE/KLIMA** In Slowenien treffen drei verschiedene Klimaeinflüsse aufeinander: das Kontinentalklima, das Alpenklima und das Mittelmeerklima. Podravski Rajon profitiert von einem günstigen Klimaeinfluss mit feuchten Luft-

*Slowenien ist vor allem für frische, blumige und ausdrucksvolle Weißweine bekannt.*

strömungen und heißen, pannonischen Sommern. Die Böden von Primorski Rajon bestehen aus Karst oder Flisch. Trotz der Nähe der Alpen überwiegt das Mittelmeerklima und wird nur wenig durch den kalten Ostwind Bora beeinträchtigt.

**ANBAUGEBIETE** Slowenien gliedert sich in drei Anbaugebiete: PODRAVSKI RAJON mit den sechs Regionen Srednje Slovenske gorice, Gornjo Slovenske gorice, Obronci Pohorja, Ljutomersko-ormoske gorice, Prekomurske gorice und Haloze. Dieses Spitzengebiet liegt im Nordosten Sloweniens, zwischen den beiden Flüssen Mura (Mur) und Drava (Drau). POSAVSKI RAJON mit den vier Regionen Smartsko Virstanjski, Bizeljsko-Sremiski, Dolenjski und Belokrajinski liegt zwischen den beiden Städten Ljubljana und Zagreb (Kroatien) und umfasst den Südosten Sloweniens. PRIMORSKI RAJON mit den vier Regionen Goriska brda, Vipava, Kras und Slovenska Istra grenzt an die italienische Küste und erstreckt sich noch etwas landeinwärts.

**WEINE/REBSORTEN** Slowenien ist vor allem für frische, blumige und ausdrucksvolle Weißweine bekannt. Im Podravski Rajon werden vor allem Weißweine hergestellt, die nach ihren Rebsorten benannt werden. Der Welschriesling wird hier am meisten angebaut und nimmt rund 25% der Fläche ein. Er gedeiht auf diesen Böden sehr gut und erbringt Weine von Spitzenqualität. Er wird auch Laski Riesling genannt. Weitere sind Rheinriesling (renski rizling), Traminer und Gewürztraminer, Weißburgunder, Silvaner, Neuburger, Ranfol, Rislaner, Gelber Muskateller (rumeni Muskat), Muskat Ottonel und Grüner Veltliner. Zu den roten Sorten gehören Blauburgunder (modri burgundac), Portugieser (portugalka), Blaufränkisch (frankovka oder modra frankinja) und Sentlovrenka. In diesem Gebiet werden in Jahren, wenn der Herbst warm und trocken ist, auch Eisweine und Spätlesen hergestellt. Im Posavski Rajon werden größtenteils rote Rebsorten angebaut. Es sind dies Schwarzer Köllner (zametna crnina), Blaufränkisch (frankovka), Portugieser (portugizac) und Sentlovrenka. Die weniger vertretenen weißen Sorten sind Welschriesling, Sauvignon und Furmint (sipon). Die bekanntesten und angesehensten Weine dieses Gebiets sind der Roséwein Cvicek, der tiefrote Metliska crnina sowie der weiße Bizeljcan. Primorski Rajon ist bekannt für rote Qualitätsweine vom Merlot, Refosco (refosk), Kraski Teran (aus Refosco), Barbera, Cabernet Sauvignon, Cabernet Franc und

*Movia ist der Stern des slowenischen Weinbaus. Sie bauten als Erste ihre Weine in Barriques aus.*

Blauburgunder. Weiße Sorten sind die dominierende Rebula, Tokaj, Malvasier (malvazija) und Weißburgunder (pinot beli).

WEINGESETZ  Die Herstellung sowie die Vermarktung von slowenischen Weinen sind einer strengen Ursprungs- und Qualitätskontrolle unterstellt. Sie entsprechen ungefähr den im übrigen Europa angewandten.

PRODUZENTEN  Die Bedeutung der Genossenschaften ist sehr groß. Sie organisieren schon seit Jahren Weinmessen, Degustationen sowie Winzerfeste. Die wichtigsten Genossenschaften sind KK Gornja Radgona, KK Ptuj, Vinag, Slovin, KZ Goriska brda u.v.m. Privatzeuger, deren Anzahl von Jahr zu Jahr zunimmt, tragen mit der Qualität ihrer Weine ganz wesentlich zum Ansehen der slowenischen Weine bei. Zu erwähnen sind Ivan Batic, der eher für seine Rotweine als für seine Weißweine bekannt ist, Ivan und Marija Borko mit dem interessanten, im Fass ausgebauten Welschriesling (Laski Rizling Pozna Trgatev 1991), Stanko Curin, der einen hervorragenden Welschriesling Trockenbeerenauslese erzeugt (Laski Rizling Izbor 1990), Erzetic, D. Kren, Joze Kupljen, Movia, Kogl mit einem schönen 91er Sauvignon mit gutem Potenzial, Silvio und Dusan Kristancic, Scurek, Simcic sowie die Kellereien Sezana, Vinakoper und Vipava.

REBFL/PROD  Rund 23 000 ha, 780 000 hl/Jahr.

## PRODUZENTEN IN SLOWENIEN

### ANTON & ALEKSIJ ERZETIC

In der Familie aus Visnjevik ist die Weinbautradition schon 200 Jahre alt. Die Familie ist in Besitz von fünf Hektar Rebbauland. In den Rebbergen sind Pinot Gris, Chardonnay, Tokaj, Rebula und Merlot zu finden. Man bemüht sich vor allem um die autochthone Sorte Rebula.

• **Adresse:** Visnjevik 25, SLO-65212 Dobrovo.

### DARIO KREN

Man zählt Armando und Dario Kren aus Plesiva zu den besten Erzeugern Sloweniens. Auf fünf Hektar werden Grauburgunder, Chardonnay, Sauvignon, Tokaj, Rebula und Merlot angebaut.

### SILVIO & DUSAN KRISTANCIC

Die Familie darf auf eine stolze Weinbautradition zurückblicken, die heute Sohn Dusan weiterpflegt. Von den zehn Hektar werden jährlich ca. 60 000 Liter Wein hergestellt. Rebsorten im Anbau sind die autochthone Rebula, Tokaj, Chardonnay, Grau- und Weißburgunder, Sauvignon, Cabernet und Merlot. Besonders gelungen sind die Pinot Noir aus dem Jahr 1990. Man versuchte, die Rebula in Barriques auszubauen, wobei die Resultate nicht zufrieden stellend waren. Es wird auch ein Teil des Chardonnay in Barriques ausgebaut. Eine neuere Sorte im Sortiment ist der Incrocio Manzoni, die außerordentlich schöne Weine hervorbringt. Dieser Klon wurde vom italienischen Professor Manzoni entdeckt.

• **Adresse:** Medana 29, SLO-65212 Dobrovo.

### MOVIA

Einer der Leuchtsterne des slowenischen Weinbaus ist zweifellos Ales Kristancic bei Movia in Dobrovo. Er hat seine Erfahrungen nicht nur im väterlichen Betrieb gesammelt, sondern war auf vielen renommierten Gütern in Frankreich und Italien tätig. Ende der achtziger Jahre waren sie die Ersten des ehemaligen Jugoslawiens, die damit anfingen, Wein auch in Barriques auszubauen. Im Jahr 1990 waren sie wiederum die Ersten, die dem französischen Beaujolais-Beispiel folgten und einen Nouveau herausbrachten (nach der Macération-Carbonique-Methode). Auf den zehn Hektar Rebbauland, von dem sich der größte Teil in Italien befindet, werden Tokaj, Rebula, Grau- und Weißburgunder, Chardonnay, Sauvignon und Merlot angebaut. Besonders gelungen ist der Grauburgunder.

• **Adresse:** Ceglo 18, SLO-65212 Dobrovo.

## WEINETIKETTEN/WEINVOKABULAR IN SLOWENIEN/KROATIEN

In den neuen Ländern, den ehemaligen jugoslawischen Republiken Kroatien und Slowenien, wird eine vernachlässigte Weinindustrie wieder aufgebaut. Eine neue Gesetzgebung ist bereits in Kraft getreten. Die folgenden Angaben müssen in Kroatien und Slowenien auf dem Etikett vorhan-

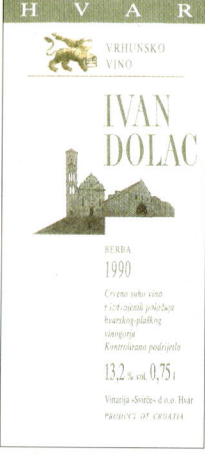

den sein: Firmenname, Qualitätsklasse, registrierter Weinname, geographischer Ursprung und auch kontrollierter Ursprung (entspr. franz. AOC), Alkoholgehalt und Jahrgang. Außerdem müssen Geschmack (trocken/süß usw.), Volumen, Abfüllnummer sowie Genehmigungsnummer von den Weinbehörden angegeben sein. Freiwillige Angaben betreffen die Rebsorte, eine allfällige Prämierung und weitere Informationen über den Wein.

**A**RHIVSKO VINO  Archivwein, d.h. gelagerter Wein.

**B**ERBA  Jahrgang (Kroat.).
BIJELO  Weiß.

**C**RNO  Rot.
CUVENO VINO  Klassifizierter Wein, entspricht ungefähr dem QmP.

**I**ZBOR  Entspricht der Auslese.

**J**AGODNI IZBOR  Entspricht der Beerenauslese (Kroat.).

**K**AKOVOSTNO VINO  Qualitätswein (Slow.).
KVALITETNO VINO  Qualitätswein (Kroat.).

**L**ETNIK  Jahrgang (Slow.).

**P**ENECE, PENUSAVO, PJENUSAC  Schäumend.
POLUSLATKO  Halbsüß.
POLUSUHO  Halbtrocken.
POZNA TRGATEV  Entspricht der Spätlese (Slow.).
PRIRODNO  Biologisch oder natürlich.
PROBIRNA BERBA  Entspricht der Auslese.
PROBIRNA BERBA BOBICA  Entspricht der Beerenauslese (Slow.).
PUNJENO U  Abgefüllt von.

**R**UZICA  Roséwein.

**S**ADRZAJ  Inhalt.
SLATKO  (Kroat.), SLADKO (Slow.)  Süß.
STOLNO VINO  Tischwein.
SUHO  Trocken.

**V**RHUNSKO VINO  Spitzenwein, entspricht den besten QmP.

# KROATIEN

GESCHICHTE Die Weinbaugeschichte Kroatiens lässt sich bis ins 6. Jh. vor Christus zurückverfolgen. Archäologische Funde zeugen von einer alten Weinbautradition, die von den Griechen und Römern entwickelt wurde. Aufgrund der historischen Begebenheiten lassen sich an der Adriaküste italienische Einflüsse erkennen.

Im ehemaligen Jugoslawien war, wie auch in ähnlicher Weise in anderen sozialistischen Ländern, die Quantität stets der Qualität vorangestellt. Man wollte in kürzester Zeit so viel Wein wie möglich exportieren.

In den letzten Jahren hat das zukunftsorientierte Denken aber viele Veränderungen mit sich gebracht. Obwohl die Genossenschaften die größten, vor allem finanziellen Möglichkeiten hatten und sie auch nutzten, um ihre Herstellungstechnologie auf den neusten Stand zu bringen, wurden sie von einigen wenigen enthusiastischen Privaterzeugern in diesem Punkt übertrumpft. Meist sind dies sich profilierende Privatwinzer, die in dieser kurzen Zeit schon internationale Anerkennung verbuchen konnten.

GEOGRAPHIE/KLIMA Kroatien hat ein vielfältiges Klima, das vom Kontinental- und Mittelmeerklima im nördlicheren Teil bis zum mediterranen Klima im Süden reicht. Der mittlere Teil ist in fünf Klimazonen unterteilt.

ANBAUGEBIETE Das Weinbaugebiet Kroatiens ist in zwei Gebiete aufgeteilt: KONTINENTALNA HRVATSKA (Kontinentalkroatien) mit den Regionen Zagorje und Medimurje, Prigorje und Bilogora, Plesivica, Pokupje (Kupa-Gebiet), Slavonija (Slawonien), Moslavina und Podunavlje (Donaugebiet). PRIMORSKA HRVATSKA (Kroatisches Küstenland) umfasst die Regionen Istra und

*Altmodischer Weinbau auf der Insel Krk. Im ehem. Jugoslawien war Kroatien der größte Weinproduzent.*

Hrvatsko Primorje (Istrien und die Kroatische Küste), Sjeverna Dalmacija (Norddalmatien), Dalmatinska Zagora (Dalmatinisches Hinterland) sowie Srednja i Juzna Dalmacija (Mittel- und Süddalmatien).

WEINE  Einige der besten Rotweine Kroatiens stammen von der Rebsorte Plavac Mali Crni, einer alten, autochthonen Rebsorte. Die Qualität dieser Weine variiert je nach Erzeuger, Klima, Boden usw. Die bekanntesten, aber nicht unbedingt die besten Rotweine dieser Sorte sind wohl Dingac und Postup. Musterbeispiele dieser Sorte sind der Plavac Mali von Ivan Dolac oder Zlatan Plenkovic. Weitere Weine dieser Sorte sind Faros, Orebit und Kastelet. Auch CF, CS, Blauburgunder, Frankovka (Blaufränkisch), Merlot, Teran (Refosco), Blatina, Vranac und Zweigelt werden ausgebaut und auch unter diesen Namen vermarktet. Ein anderer Wein von einfacher Qualität ist der Babic. Die bekanntesten Weißweine sind Zlahtina, Bogdanusa, Malvasija, Vugava, Posip, Skrlet, Grk, Grasevina (Welschriesling), Chardonnay, Bjeli Pinot (Weißburgunder), Rajnski Rizling (Rheinriesling), Incrocio Manzoni. Auch Grauburgunder (Sivi Pinot) wird erzeugt sowie ver-

*Archäologische Funde des Weinbaus datieren aus dem Jahr 600 v.Chr. Diese Karaffe jedoch sicher nicht.*

schiedene Schaumweine von unterschiedlicher Qualität. Eine bekannte Spezialität ist der Dessertwein Prosek aus Dalmatien, der aus weißen oder roten Trauben erzeugt wird.

WEINGESETZ  Die kroatischen Weingesetze sind weitgehend den europäischen angepasst. Es gibt sowohl Ursprungs- als auch Qualitätsbezeichnungen.

REBFL/PROD  Ca. 54 000 ha, 2 Mio. hl/Jahr.

PRODUZENTEN  Der größte Teil der Rebfläche ist in Besitz von Privatwinzern, wobei große Genossenschaften wie Badel einen wichtigen Platz einnehmen. Sie übernehmen die Verarbeitung und Vermarktung der Weine von zahlreichen Privatproduzenten. Weitere Genossenschaften sind Istravino, Dalmacijavino, Agrolaguna u.v.m. Die besten Erzeuger sind Ivan Enjingi, Davor Zdjelarevic, Zlatan Plenkovic, Stjepan Matanovic, Antun Plancic, Vlado Krauthaker, Anton Katunar und Zvonimir Tomac.

## PRODUZENTEN IN KROATIEN

### BADEL 1862

Schon 1862 begann man als Likörweinfabrik. Während langer Zeit wurden fast nur Massenweine hergestellt. Heute wird aber vermehrt auf Qualität geachtet. Ein Musterbeispiel ist der Ivan Dolac von der Insel Hvar. Weitere Weine sind u.a. Prigorska Kraljevina, Krizevacka Grasevina, Daruvarski Rizling, Benkovacki Rosé, Hvarsko Bijelo, Hvarski Plavac, Hvarski Opol und Plesivicko Bijelo.

• **Adresse:** Vlaska Ulica, Zagreb.

### IVAN ENJINGI

10 ha mit Welschriesling, Riesling x Silvaner, Blaufränkisch, Rheinriesling, Zweigelt und Portugieser. Der erste kroatische Erzeuger, der den Status eines biologischen Weinbauers zugesprochen erhielt. Bester Wein: Welschriesling Spätlese (Grasevina kasna berba) sowie sein Zweigelt, auch in Barriques ausgebaut.

• **Adresse:** Josipa Kolomba 8, Slav. Pozega.

### MILJENKO GRGICH

Der bekannte Winzer aus Napa Valley, Kalifornien, erzeugt nun auch in seinem Heimatland zwei Weine aus autochthonen Sorten. Die Weine werden nach der Rebsorte benannt. Der Weißwein Posip 1996 kam 1997 auf den Markt, der rote 96er Plavac Mali 1998. Vor allem der Rotwein scheint viel versprechend. Der Großteil der Produktion wird in die USA exportiert.

### ANTUN PLANCIC

Insgesamt 4 ha. Angebaut wird die Sorte Plavac Mali, wobei der Produzent sein Image vor allem auf den autochthonen Sorten Bogdanusa und Drnekusa (unter Opolo vermarktet) aufbauen möchte.

• **Adresse:** Svirce, Hvar.

### ZDJELAREVIC CO.

Einer der ersten Privaterzeuger Kroatiens. 1985 füllte man die Weine erstmals selber ab. Davor Zdjelarevic holte sich seine Erfahrungen in Kalifornien und wird durch seine Frau Visnja, dipl.-Ing.Agr., unterstützt. Bis anhin hat man sich auf den Welschriesling (Grasevina) konzentriert, baut aber auch Chardonnay und Pinot Gris an. Die Spezialität des Hauses ist der Fragaria: ein Weißwein aus der Rebsorte Grasevina, dem während der Fermentation handgelesene, getrocknete Waldbeeren zugefügt werden.

• **Adresse:** Brodski Stupnik, Vinogradska 102, Predstavnistvo Zagreb **Tel.** 01-422 848.

# EHEMALIGES JUGOSLAWIEN

GESCHICHTE  Auch hier wurde der Weinbau durch die Griechen und Römer begründet. Während der Zeit der Kreuzzüge waren die Weine aus Kosovo sehr geschätzt, was übrigens heute noch der Fall zu sein scheint. Während der Türkenherrschaft wurden aber viele Weinberge zerstört und mit dem Einzug der Reblaus noch weiter vernichtet. Derzeit wird fast die ganze Weinproduktion durch staatliche Genossenschaften erbracht. Das Land ist in zehn Gebiete, 18 Regionen und 65 Unterregionen eingeteilt. Es gibt Qualitäts- und Ursprungsbezeichnungen nach EU-Muster.

REBFL/PROD  96 000 ha, 3,5 Mio. hl/Jahr.

## KOSOVO

GEOGRAPHIE  Man findet die Weinberge an Hängen und Hügeln und in den Gebirgen.

ANBAUGEBIETE  Es gibt nur das Weingebiet Kosovski-Metohijski mit zwei Untergebieten: SJEVERNI (mit den Regionen Istok und Pec) sowie JUZNI (mit fünf Regionen Dakovica, Orahovac, Prizren, Suva Reka und Malisevo).

WEINE  Der berühmteste Wein aus dem ehem. Jugoslawien kommt aus Kosovo. Er heißt Amselfelder (Kosovo Polje), wird aus Pinot Noir gemacht und war ein großer Exporterfolg. Andere rote Rebsorten sind CF, CS, Gamay, Mer. Einheimische: Vranac, Prokupac, Kratosija u.a.m. Weiße: Sém, SB, Welschriesling, PB und Smederevka.

PRODUZENTEN  PKB Kosovovino in Prizren, PKB Orvin in Orahovac und PKB Metohijavino in Suva Reka.

REBFL/PROD  Etwa 10 000 ha, 300 000 hl/J.

## MONTENEGRO (CRNA GORA)

ANBAUGEBIETE  Hat die kleinste Rebfläche des ehemaligen Jugoslawiens. Das Weingebiet Crna Gora umfasst zwei Regionen: CRNOGORSKO PRIMORJE und TITOGRAD (Podgorica).

WEINE  Der berühmteste Wein ist Vranac, aus der Rebsorte gleichen Namens. Andere rote: Merlot, CS, Grenache und Carignan. In den älteren Weinbergen findet man auch Kratosija, Plavka und Kadarun. Bekannte weiße Sorten sind Krstac, Zupljanka, Ugni Blanc und Smederevka.

PRODUZENTEN  60% der Weinberge sind in Besitz des „Agrokombinates 13. Juli Titograd Podgorica". Die restlichen sind in Privatbesitz.

REBFL/PROD  Etwa 4 000 ha, ca. 170 000 hl/J.

## SERBIEN (SRBIJA)

GEOGRAPHIE  Die Weinlandschaft wird von vielen Flüssen mit sanften Uferhängen geprägt. Kontinentales Klima herrscht vor.

ANBAUGEBIETE  Serbien wird in fünf Gebiete eingeteilt. In TIMOCKI RAJON (Timok) mit zwei Regionen (Krajina und Knjazevac) werden zu gleichen Teilen Rot- und Weißweine erzeugt. Die besten Lagen sind Negotin und Knjazevac. In NISAVSKO JUZNOMORAVSKI RAJON (südliche Morava) mit sechs Regionen (Aleksinac, Toplica, Nis, Nisava, Leskovac und Vranje) werden vorwiegend Rotweinsorten angebaut. In ZAPADNOMORAVSKI RAJON (westliche Morava) mit zwei Regionen (Cacak und Krusevac), werden vermehrt Qualitätssorten angebaut. Das vierte Gebiet ist

SUMDIJSKO-VELIKOMORAVSKI RAJON mit vier Regionen (Beograd, Mlava, Jagodina und Oplenac). Das fünfte Gebiet, POCERINA-PODGORA am Fuße des Berges Cer, ist recht bedeutungslos.

WEINE Von der Gesamtproduktion werden 70% der Trauben für unverfälschte Tafelweine verwendet. Die wichtigsten roten Sorten sind Prokupac, Pinot Noir, CS, CF und Merlot. Die wichtigsten weißen: Smederevka, Welschriesling, SB, Chardonnay, Muskat Ottonel u.a.

PRODUZENTEN Die Weinindustrie wird von Genossenschaften dominiert. Die führenden sind: DD Krajina Vino in Negotin, DD Dzervin in Knajazevac, DPPK Godomin in Smederovo, PIK in Nis, Zupski Rubin in Krusevac, Vino Zupa in Aleksandrovac.

REBFL/PROD Etwa 68 000 ha, 2,5 Mio. hl/J.

## VOJVODINA

GEOGRAPHIE Die Weinberge der Vojvodina liegen größtenteils in der Ebene oder in einer leicht hügeligen Landschaft. Kontinentales Klima mit heißen Sommern und kalten Wintern. Die Vojvodina grenzt an Ungarn, was auf den Weinbau großen Einfluss hatte.

ANBAUGEBIETE Wird in drei Gebiete (Rajon) eingeteilt: BANAT mit den beiden Subgebieten Sjevernobanatski Rajon (mit der Region Potisko) und Jusnobanatski Rajon (mit den drei Regionen Vrsac, Bela Crkva und Deliblatska Pescara). SUBOTICKO-HORGOSKA PESCARA ist in die beiden Regionen Palic und Horgos untergeteilt. Auf den sandigen Böden in Palic werden die sog. Sandweine erzeugt: trocken, mit niedrigem Säure- und Alkoholgehalt. SREMSKI RAJON (Srem) ist das dritte Gebiet, das nur die Region Fruska Gora umfasst.

WEINE Die Vojvodina ist für die Weißweine am bekanntesten, obwohl hier auch viele gute Roséweine erzeugt werden. Die wichtigste weiße Rebsorte ist Welschriesling. Andere weiße: Traminer, Smederevka, Sauvignon Blanc, Zupljanka, Sémillon, Kreaca, Neoplanta, Rieslaner, Weißburgunder, Rheinriesling und Muskat Ottonel. Die privaten Winzer, die heute noch vorherrschen, bauen auch oft Ezerjo, Furmint, Kevedinka, Slankamenka Crvena und Buvje an. Die wichtigsten roten Sorten sind Merlot, Blauburgunder, Cabernet Sauvignon, Vranac und Blaufränkisch.

PRODUZENTEN Die wichtigsten Genossenschaften sind Vrascki Vinogradi in Vrscu, Sid, Irig, Palic und Coka.

REBFL/PROD Etwa 14 000 ha, 600 000 hl/Jahr.

# BOSNIEN-HERZEGOWINA, F.Y.R.O.M.

## BOSNIEN-HERZEGOWINA

GEOGRAPHIE Mittelmeerklima, insbesondere in den wichtigsten Weinbaugebieten an der adriatischen Küste Herzegowinas.

ANBAUGEBIETE Herzegowina wird in zwei Gebiete eingeteilt: SREDNJA NERETVA/TREBISNJICA und RAMA. Das erste ist das bedeutendere.

WEINE Zwei Drittel der Weine sind weiß. Die wichtigste Rebsorte ist die einheimische Zilavka (60%), die einen bemerkenswerten Wein ergibt. Dieser Wein darf auch mit zwei anderen autochthonen Rebsorten verschnitten werden: Krkosije bis zu 20% und Bena bis zu 10%. Zilavka Mostar hieß der erste Wein mit einem geschützten Namen im ehemaligen Jugoslawien. Eine andere einheimische Rebsorte ist Smederevka. Die führende Rotweinsorte ist Blatina. Andere rote Sorten sind: Vranac und Merlot.

PRODUZENTEN Die wichtigsten Genossenschaften sind Mostar, Citluk, Ljubuski und Stolac. Die größte ist „Hepok" Mostar.

REBFL/PROD Etwa 3 000 ha, 100 000 hl/Jahr.

## F.Y.R.O.M. (MAKEDONIJA)

GEOGRAPHIE Die „Former Yugoslavian Republic of Macedonia" liegt im südlichen Teil mit einer lang gezogenen Grenze zu Griechenland. Das Klima bietet sehr gute Voraussetzungen für den Weinbau. Seit 1939 hat sich die Weinproduktion vervierfacht.

ANBAUGEBIETE Es gibt drei Weingebiete: PCINJSKO-OSOGORSKI RAJON mit den Regionen Kumanovo, Kratovo, Kocan und Pijanec, PODVARDARSKI RAJON mit den Regionen Skopje, Titov Veles, Ovce Pole, Stumina-Radoviste, Gevgelija-Valnodovo und Tikves sowie PELAGONIJSKO-POLOSKI RAJON mit den Regionen Prilep, Bitola, Prespa, Ohrid, Kucevo und Tetovo.

WEINE Vorwiegend alkoholstarke Rotweine mit kräftiger Farbe. Die wichtigste rote Rebsorte ist Vranac (80%). Weitere rote Sorten sind Prokupac, Kratosija, Merlot, Stanusina, Plavac Mali, Gamay und Refosco. Die wichtigsten weißen Sorten sind Smederevka, Zilavka, Welschriesling und Rkatsiteli.

PRODUZENTEN Große Weinbetriebe sind Tikves, Lozar, Anska Reka u.a.m.

REBFL/PROD Etwa 27 000 ha, 1,25 Mio. hl/Jahr.

# GRIECHENLAND

GESCHICHTE Fast gleichzeitig mit der Gründung Ägyptens, um 3 000 v.Chr., wurde die Gegend um das Ägäische Meer von einem Ackerbau betreibenden Volk besiedelt. Während der Kolonialisierung des griechischen Schärengebiets, etwa 1 000 v.Chr., brachten wahrscheinlich phönizische Seefahrer Reben mit. Sie kamen aus Ägypten, aus dem Kaukasus und der Gegend um das Schwarze Meer. Bald übernahmen die Griechen den Weinhandel vollständig. Während seiner Glanzzeit reichte der griechische Weinhandel bis nach Nordeuropa zu den Kelten und Galliern. Auch auf Sizilien, bei Malaga, in Jerez und entlang des Rhonetals bauten sie Wein an. Auf den mageren Böden der Schäreninseln Griechenlands waren die Verhältnisse für den Weinbau ideal. Um 500 v.Chr. hatten Griechen, Spartaner, Korinther und alle anderen Völker, die nach Griechenland einwanderten, auch Italien und Sizilien besiedelt. Die neuen Gebiete erhielten den Namen Megale Helas - Großgriechenland - oder Enotria, das Land der gestützten Weinreben. Der Name Enotria kommt daher, dass die Reben hier an Stöcken hochgebunden wurden. Der griechische Weinbau war auf einem sehr hohen Stand. Es gab mind. sechs verschiedene Methoden für das Beschneiden und Aufbinden der Reben.

Viele der alten griechischen Weine wurden wegen ihrer Süße gelobt. Wahrscheinlich erhielt man die Süße durch die gleichen Herstellungsmethoden wie heute für den Commandaria aus Zypern, den Strohwein (Vin de paille) aus dem Jura, den italienischen Passito-Wein oder den Sherry. Die Weine des alten Griechenland wurden von großen Dichtern und Gelehrten wie Platon, Sokrates und Homer erwähnt.

*Der Weingott Dionysos auf seiner heiligen Bestie. Der Dionysos-Kult hat die griechische Geschichte beeinflusst.*

# GRIECHENLAND

Der heutige griechische Wein wird fast ausschließlich mit dem Retsina verknüpft, der mit dem Harz der Pinie gewürzt ist. Die Bedeutung des Pinienharzes wird durch den Kieferzapfen, der das Zepter des Weingottes Dionysos schmückt, betont. Die Verehrung von Dionysos war eine sehr wichtige Tradition im antiken Griechenland. In anderen Ländern wurde dieser Gott Bakchos genannt und später zu Bacchus latinisiert. Die Griechen lehrten die Römer alles über den Weinbau, aber es waren die Römer, die diese Kenntnisse niederschrieben. Die römischen Schriften über die griechische Weinkunst waren bis ins Mittelalter eine Richtschnur für den gesamten Weinbau. Zwischen dem antiken und dem modernen Griechenland gibt es eine tiefe Kluft. Die Zivilisation des antiken Griechenland verfiel und damit verschwanden auch die berühmten Weine der Antike.

Der 1. und 2. Weltkrieg und später die Aufstände der Junta führten auch nicht zu Verbesserungen. Beim Aufbau nach den Kriegen wurde dem Weinbau kein Vorrang gegeben. Man hat sich hauptsächlich auf den Tourismus konzentriert. Dies prägte auch die Weinerzeugung: große Mengen von einfachen, gleichartigen Sorten für die schnelle Konsumation wurden produziert. Griechenland wurde sehr spät von der Reblaus heimgesucht. Manche Gebiete erst in den 70er Jahren, und es gibt immer noch große Teile, die davon verschont wurden. Heute wird wenig, aber guter Wein erzeugt.

GEOGRAPHIE Schärengebiet mit ausgeprägtem Küstenklima, wo die Weinberge von den Meereswinden temperiert werden. Die Winter sind mild und die Sommer subtropisch. Es kommen aber große Variationen vor: Das Gebirge in Makedonien hat kühle Hänge, während auf Kreta

*Die Mönche mit ihren guten Kenntnissen im Weinbau haben die Qualität jahrhundertelang aufrechterhalten.*

fünf Monate lang Dürre herrscht. Auf dem Festland gibt es vorwiegend Kalksteinböden, und die Inseln haben vulkanisches Gestein. Wein wird überall auf dem Festland sowie auf vielen Inseln angebaut. Die Weinberge findet man überall: in den flachen Küstenebenen, in den Flusstälern und an Berghängen. Die meisten Weinbaugebiete findet man im Norden Makedoniens und auf der Halbinsel Peloponnes im Süden. Damit die Trauben nicht überreif werden, liegen die besten Weinberge ausnahmsweise an den Nordhängen.

WEINE Früher war der nach Harz schmeckende Retsina am bekanntesten. Heute erzeugt man alle Weintypen. Im Norden dominieren die geschmacksreichen, fülligen Rotweine. Auf den In-

*In Griechenland wird in den Bergen, den Ebenen, an den Küsten und auf den Inseln Wein angebaut.*

seln werden fruchtige Weißweine hergestellt. Die süßen Dessertweine, vor allem aus Samos und Patras, waren immer schon auch außerhalb Griechenlands populär. Über die Hälfte der Weinproduktion, die von den Griechen getrunken wird, entfällt auf Weißweine. Wegen des Tourismus ist die Produktion von Rotweinen auf dem Vormarsch. Retsina wird heute meist von Touristen getrunken.

REBSORTEN Mehr als 300 Sorten werden angebaut. Die einheimischen Rebsorten dominieren und erklären auch den internationalen Erfolg. Unter den roten Sorten wird vor allem der kräftige Xynomavro aus Makedonien und der Agiorgitiko im Peloponnes kultiviert. Bedeutende weiße Sorten sind u.a. Savatiano, Assyrtiko, Robola und Malvasia.

WEINGESETZ Schon in der Antike wurden die griechischen Weine mit Ursprungsbezeichnungen versehen. Das moderne Appellationssystem wurde zwischen 1969 und 1971 eingeführt. Das Land wird in 30 Appellationen eingeteilt und die Kontrolle liegt beim staatlichen Weininstitut. Als Griechenland 1981 der EU beitrat, wurden die Weingesetze denen der übrigen Mitgliedsstaaten angepasst. Es gibt zwei Qualitätsklassen: O.P.A.P., entspricht der französischen AOC, und O.P.E., eine Qualitätsklasse für süße Weine. Topikos Oinos entspricht dem Vin de Pays. Epitrapezeos Oinos ist eine einfach Einstufung für Tafelweine, Cava und traditionelle Ursprungsbezeichnungen. Ein griechischer Cava-Wein ist ein Tafelwein mit langer Lagerzeit.

PRODUZENTEN Etwa 70% des Marktes werden von 10 Firmen kontrolliert.

REBFL/PROD Gut 130 000 ha (davon etwa 50% für Tafelwein, der Rest für Tafeltrauben und Rosinen). Etwa 4 Mio. hl/Jahr. 1 Mio. hl Export.

# Weinregionen in Griechenland

## Thrakien
GESCHICHTE Der nordöstlichste Teil und der älteste Weinbezirk Griechenlands liegt etwas abseits, um vom Weinbau richtig angeregt zu werden. Zudem eignet sich diese Gegend besonders gut für den Tabakanbau.

GEOGRAPHIE Liegt nordöstlich und grenzt an Bulgarien und die Türkei.

WEINE Rotweine von recht guter Qualität, insbesondere von der Insel Thásos. Keine O.P.A.P. oder O.P.E.

REBSORTEN Viele sollen bulgarische Hybriden sein: Mavroúdi Thrákis (Mavrud), Zoumiátiko (Dimiat) und Pamíti (Pamid). Der Name Pamíti lässt darauf schließen, dass er vom Dionysos-Kult, der in Thrakien entstand, stammt.

PRODUZENTEN Ktima Kosta Lazaridi, Chateu Lazaridi.

PRODUKTION Ca. 50 000 hl/Jahr.

## Makedonien
GESCHICHTE Ein alter Weinbezirk. Im 17. Jahrhundert gab es hier Weinberge im Überfluss. Leider haben die stetigen Unruhen in dieser Gegend sowie die Reblaus diesem Gebiet sehr geschadet. Hier wird der traditionelle griechische Weinbrand „Rakí" erzeugt. Er wird aus vielen verschiedenen Früchten hergestellt.

GEOGRAPHIE Dieser nördlichste Teil Griechenlands besteht aus einem großen Gebirge. Der Wein wächst an Hängen, die 150-700 m ü.M. liegen. Das Klima ist warm und trocken.

WEINE Amynteon (O.P.A.P) ist die nördlichste Appellation Griechenlands und die Reben wachsen auf 650 m ü.M. Auf dieser Höhe werden die Trauben selten überreif. Die Qualität ist ungleichmäßig. Der beste Wein ist der trockene, füllige, rote Cabernet Sauvignon und Limnio. Die Appellation CÔTE DE MELITON umfasst Rot-, Weiß- und Roséwein von Sithonia, der mittleren der drei Halbinseln von Kalkidikis. NAOUSSA wird als der beste Weinbezirk angesehen. Hier wird der Wein westlich von Thessaloniki auf 350 m Höhe, am Südosthang des Berges Velias, angebaut. In GOUMENISSA werden leichte Rotweine mit reicher Frucht und gewisser Eleganz erzeugt.

REBSORTEN In Naoussa nur der rote Xinomavro. Im übrigen Gebiet Assyrtico, Athiri, Cabernet Franc, Cinsault, Grenache, Limnio, Petite Syrah, Rhoditis, Sauvignon Blanc, Savatiano, Ugni Blanc, Xinomavro, Negoska, Cabernet Sauvignon, Limnio, Sauvignon Blanc.

PRODUZENTEN Tsantalis, Boutari, Ktima Gerovassiliou, Aïdarinis und Domaine Carras.

REBFL/PROD Naoussa: 700 ha. Goumenissa: 150 ha, 2 000-2 700 hl/Jahr. Amynteon: 550 ha, 500-1 000 hl Qualitätsweine und 2 000-8 000 hl einfache Tafelweine. Insgesamt etwa 450 000 hl/Jahr.

## Epirus
GESCHICHTE Kleine Weinregion in Entwicklung.

GEOGRAPHIE Zwei Appellationen: Zitsa und Metsovo.

WEINE Leichte, spritzige Weißweine in Zitsa, geschmacksreiche CS aus Metsovo.

REBSORTEN Cabernet Sauvignon, Debina, Agiogitiko.

PRODUZENTEN Die Genossenschaft in Ioannina produziert 4-5 000 hl/Jahr. Das Kloster des Propheten Elias in Zitsa 6-7 000 hl/Jahr. Averoff Katogi Oenopiitiki in Metsovo erzeugt den Katogi, der während der 70er und 80er Jahre der teuerste Wein Griechenlands war.

REBFL/PROD Insg. 1 000 ha. 30 000 hl/Jahr.

## Peloponnes
GESCHICHTE Wichtigste Weinregion Griechenlands. Laut einer Legende soll der Wein in Nemea vom Blut des Herkules entstanden sein.

GEOGRAPHIE Eine große Halbinsel, die vom

*Epirus an der albanischen Grenze ist eine kleine Weinregion mit interessanten Weinen.*

Festland durch die Patrasbucht und den Golf von Korinth getrennt wird.

WEINE Bekannt für große Rebflächen, wo große Mengen Sultaninen, Rosinen und Wein produziert werden. Die Qualität ist ungleichmäßig, es gibt aber ausgezeichnete Dessertweine. In Nemea, in der Nähe von Korinth, wird ein würziger Rotwein erzeugt, der „Herkules-Blut" genannt wird. Sehr gute verstärkte Weine werden aus der griechischen Rebsorte Mavrodaphne in Patras erzeugt. Ebenfalls aus Patras stammen interessante Muscat und Muscat Rion. In Mantinia werden würzige Weißweine als Moscophilero hergestellt.

REBSORTEN Moscophilero, Mavrodaphne, Muscat Blanc, Agiorgitiko, Rhoditis.

PRODUZENTEN Achaia Clauss, Boutari, Cambas, Genossenschaft Kourtakis in Patras.

REBFL/PROD Insgesamt 60 000 ha, etwa 1,5 Mio. hl/Jahr, wovon 35 000 hl in Nemea.

## WEINREGIONEN IN GRIECHENLAND

### ZENTRALGRIECHENLAND

GESCHICHTE  Die Region um Athen ist die traditionelle Gegend für den Retsina. Der wesentliche Unterschied der Landschaft zwischen Zentralgriechenland und dem Schärengebiet sind die Pinienwälder. Seit der Antike verwendet man das Harz der Pinie, um den Wein zu würzen.

GEOGRAPHIE  Heiße, trockene Gegend mit großen Pinienwäldern. Sie erstrecken sich in Zentralgriechenland vom Ionischen Meer im Westen bis hin zum Ägäischen Meer im Osten.

WEINBAUGEBIETE  Hauptsächlich Attika bei Athen, Viotia nordwestlich von Attika und die Insel Euböa.

WEINE  In Zentralgriechenland werden hauptsächlich große Mengen des alkoholstarken, goldgelben Retsinas produziert. Kantza in Attika ist eine O.P.A.P.

REBSORTEN  Meist der weiße Savatiano, der nur für den Retsina verwendet wird. Seine Beliebtheit kommt daher, dass er die Dürre gut verträgt. Der niedrige Säuregehalt wird mit Assyrtiko oder Rhoditis ausgeglichen.

PRODUZENTEN  Cambas, Chateau Matsa, Boutari (Attika) Kourtakis, Thebes Coop (Böotien).

REBFL/PROD  Insgesamt 32 000 ha, ca. 2 Mio. hl/Jahr.

### DIE IONISCHEN INSELN

GESCHICHTE  Sie liegen südlich und westlich von Epirus und gehörten während 700 Jahren dem italienischen Reich an. Das Gebiet wurde später von Frankreich okkupiert und stand von 1815 bis 1864 unter britischem Protektorat. Der Weinbau wurde dadurch nicht gefördert.

WEINBAUGEBIETE  Hauptsächlich die Insel Korfu (Kérkira) sowie Zákinthos, Lefkas und Kefallinia.

WEINE  Ein großer Teil der Produktion besteht aus verstärkten Rotweinen. Es wird auch etwas weißer Qualitätswein erzeugt. Appellationen: Robola Kefallinia (O.P.A.P.), Muscat aus Kefallinia, Mavrodaphne aus Kefallinia (O.P.E.).

REBSORTEN  Mavrodaphne, Robola, Vertzami Avgooustiatis, Muscat Blanc, Chardonnay, Sauvignon Blanc. Während der 90er Jahre traten Reblaus-Probleme auf und mehrere Rebberge sind in Umpflanzung, insbesondere auf der Insel Kefallinia.

PRODUZENTEN  Calligas, Cosmetatos und Metaxas (Kefallinia) Comouto (Zákinthos).

REBFL/PROD  Insgesamt ca. 9 000 ha, etwa 200 000 hl/Jahr.

### THESSALIEN

GESCHICHTE  Thessalien war das Kornhaus Griechenlands während der Antike. Die Weinreben wachsen hier wild, was darauf hindeutet, dass man früher während langer Zeit Wein angebaut hat.

GEOGRAPHIE  Flachland mit Bergen im Westen und Meer im Osten.

ANBAUGEBIETE  Rapsani und Anhialos.

WEINE  Einfache, trockene Weißweine von Savatiano und Rhoditis. Einige, noch seltene, rote Qualitätsweine. Appellationen: Rapsani und Anhialos (O.P.A.P.).

REBSORTEN  Weiße: Savatiano und Rhoditis (Anhialos). Rote: Xynomavro, Krasato und Stavroto (Rapsani).

PRODUZENTEN  Tsantalis, Ktima Katsarou.

REBFL/PROD  Heute unbedeutend, aber die ideale Lage hat mehrere junge Winzer dazu moti-

*Die süßen Weine aus Samos sind berühmt. Auf dem Bild sieht man, wie sie mit den Jahren dunkler werden.*

viert, Qualitätsweine zu produzieren. Viel versprechende Zukunft! Ca. 9 000 ha, 400 000 hl/Jahr.

### ÄGÄISCHES MEER

GESCHICHTE  Samos war eine der ersten Appellationen in Griechenland. Seit der Antike ist sie schon für süße Muscat-Weine bekannt. Seit dem 18. Jh. werden die Weine europaweit exportiert.

GEOGRAPHIE  Inseln mit ausgeprägtem, windigem Küstenklima.

WEINE  Samos ist nach Retsina der bekannteste griechische Wein und wird auf der Insel Samos erzeugt. Auf Lesbos und Lemnos haben die guten Starkweine lediglich lokale Bedeutung. Appellationen: Samos, Muscat aus Limnos (O.P.E.), Limnos (O.P.A.P.).

REBSORTEN  Limnio, Muscat.

PRODUZENTEN  U.a. die Genossenschaft Samos.

REBFL/PROD  4 000 ha, 130 0000 hl/J.

# Weinregionen in Griechenland

## Kykladen

GESCHICHTE  Gehören zusammen mit Thrakien zu den ältesten Weinbaubezirken Griechenlands. Hier wurde während der Antike viel Wein produziert.

GEOGRAPHIE  Inselgebiet mit recht windigem Küstenklima.

WEINE  Auf Santorin werden frische Weißweine und süße Rotweine aus luftgetrockneten Trauben hergestellt. Auf Paros wird ein Rotwein aus weißen und roten Sorten erzeugt. Appellationen: Paros, Santorin (O.P.A.P.).

REBSORTEN  Mandelaria, Monemvassia, Assyrtiko, Aidani.

PRODUZENTEN  Boutari, Gea Ltd.

REBFL/PROD  5 000 ha, 120 000 hl/J.

## Der Dodekanes

GESCHICHTE  Der Dodekanes oder die „zwölf Inseln" liegen nur einige Kilometer von der türkischen Grenze entfernt. Unter anderem war Rhodos ein bedeutender phönizischer Weinhandelsplatz im 6. Jahrhundert. Die Kreuzritter haben sich hier um 1309 etabliert und die Weinberge angelegt, die zusammen mit jenen auf Kreta Starkweine von hoher Klasse ergeben.

*Antike Weinamphoren auf Kreta. Vielleicht hat Odysseus gerade aus diesen Amphoren Wein getrunken.*

GEOGRAPHIE  Ausgeprägtes Küstenklima.

WEINE  Lokale Touristenweine sowie ausgezeichnete rote verstärkte Weine vom Solera-Typ. Appellationen: Rhodos (O.P.A.P), Muscat aus Rhodos (O.P.E.).

REBSORTEN  Für Weißweine Athiri, für Rotweine Amorgiano, für süße Weine Muscat und Muscat Trani.

PRODUZENTEN  Die Genossenschaft CAIR (90% der Produktion).

REBFL/PROD  Ungefähr 3 500 ha, 130 000 hl/Jahr.

## Kreta

GESCHICHTE  Kreta ist der Ursprungsort des historischen Malmsey-Weines. Sein Nachfolger ist ein goldener, süßer Wein aus der Liatiko-Traube. Während des Mittelalters waren Zypern und Kreta Großerzeuger von Wein. Der gemeinsame Name für die Weine dieser Länder war damals Malvasia, in Englisch Malmsey genannt und in Französisch Malvoisie.

GEOGRAPHIE  Größte Insel im Ägäischen Meer mit guten Voraussetzungen für den Weinbau. Die Insel wird von einem hohen Gebirge unterteilt.

WEINE  Trockene, rote Qualitätsweine wie auch gute rote Starkweine von Mandelaria und Liatiko werden erzeugt. Appellationen: Arhanes, Daphnes, Peza und Sitia (O.P.A.P.).

REBSORTEN  Vilana für Weißweine, Romeiko, Kotsifali, Mandelaria und Liatiko für Rotweine.

PRODUZENTEN  Boutari, Minos Cretan Wines, Milliarakis.

REBFL/PROD  1/5 der Landesproduktion kommt aus Kreta. Ca. 50 000 ha, 950 000 hl/Jahr.

GRIECHENLAND

## RETSINA

**RUF** Um sich Retsina nennen zu dürfen, muss der Wein in Griechenland erzeugt worden sein. Er hat eine eigene Herkunftsbezeichnung und ist durch die EU-Regelung geschützt. Allmählich verliert der Retsina zugunsten traditionellerer Weine an Bedeutung.

**CHARAKTER** Retsina wird mit Pinienharz gewürzt. Das Bukett entspricht diesem Geschmack, und der Wein kann manchmal einen etwas oxydierten Eindruck hinterlassen. Retsina wird meistens als Weißwein hergestellt, kommt aber auch als Rot- und Roséwein vor. Die Harzmenge variiert stark zwischen den verschiedenen Produzenten. Der Wein wird in griechischen Tavernen oft in Blechschüsseln nach Gewicht ausgeschenkt. Gut gekühlt schmeckt er während der heißen Sommertage am besten.

**ANBAUGEBIETE** Die eigentliche Heimat des Retsina ist Attika, die Umgebung von Athen. Er wird aber auch oft in Böotien, Euböa und auf dem Peloponnes angebaut. Durch den Tourismus wurde Retsina in den 60er Jahre auch auf den Ionischen Inseln beliebt.

**REBSORTEN** Über 80 Prozent des Retsina wird aus Savatiano- und Rhoditis-Reben gekeltert, der Rest aus weniger bekannten, lokalen Rebsorten.

**WEINHERSTELLUNG** Retsina entstand aus

*Retsina ist der Nationalwein Griechenlands und seit der Antike bekannt. Die besten kommen von Kourtakis.*

der antiken Technik, die Weinamphoren mit Harz der Aleppo-Pinie aus Attika zu verschließen. Die so verschlossenen Weine stellten sich als lagerfähiger als andere heraus, weshalb man anfing, den Wein auch mit Harz zu würzen. Die Haltbarkeit entstand aber in Wirklichkeit durch den besseren Verschluß mit Harz. Die Tradition setzte sich dennoch fort. Für 100 000 l Retsina benötigt man 150 kg Harz.

**PRODUZENTEN** Zu den besten gehören der Marktführer Kourtakis sowie Boutari, Tsantalis und der ziemlich junge Produzent Malamatinas.

## ACHAIA-CLAUSS

**GESCHICHTE** Im Jahr 1854 fand der deutsche Einwanderer aus Bayern, Gustav Clauss, sein Paradies auf diesen Hügeln bei der Hafenstadt Patras auf dem Peloponnes. Mit großen Kenntnissen und Fleiß gründete er hier 1861 ein Weingut. Bald erweckten seine Weine große Aufmerksamkeit. 1919 kaufte der griechische Geschäftsmann Vlassis Antonoupoulos das Gut und investierte viel Geld in die Modernisierung. Heute ist Achaia-Clauss in Besitz von Nikos Karapanos und zählt zu den bekanntesten Weingütern Griechenlands.

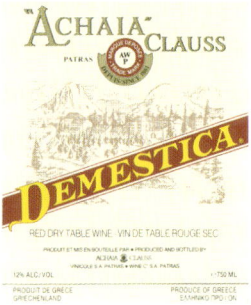

*Das Weingut wurde von einem bayrischen Einwanderer gegründet und zählt zu den ältesten Großproduzenten.*

**WEINE** Große Auswahl an verschiedenen Weinen. Die bekanntesten sind der Demestica in allen drei Farben sowie der rote Santa Helena. Andere bekannte Weine sind Château Clauss und Vertreter der berühmten Appellationen Patras, Muscat von Patras und Mavrodaphne von Patras. Auch Retsina und Ouzo sind im Produktionsprogramm inbegriffen.

**RUF** Gehört zu den bekanntesten Weinerzeugern Griechenlands.

**BODEN** Die Hänge, die die Stadt Patras umgeben, bestehen aus kalkhaltigem Sand. Man besitzt Weinberge an vielen Lagen, auch auf Kreta.

**REBSORTEN** Mavro Korinthiaki, Mavrodaphne, Moscophilero, Agiorgitiko, Rhoditis u.a.m.

**WEINHERSTELLUNG** Sehr moderne Herstellungsmethoden. Die Flaschenabfüllanlage hat eine Kapazität von 20 000 Flaschen pro Stunde.

**REBFL/PROD** Ca. 2 500 ha, etwa 1,5 Mio. Kisten/Jahr. Export in 37 Länder der ganzen Welt.

**Besitzer** Nikos Karapanos • **Kellermeister** Mehrere • **Besuch** Täglich nach Vereinbarung • **Adresse** Achaia-Clauss, PO Box 1035, GR-26110 Patras • **Tel.** 061-32 50 51 • **Fax** 061-33 82 69

PRODUKTION     QUALITÄT     PREIS

GRIECHENLAND

## JOHN BOUTARI & SON

GESCHICHTE John Boutari & Son wurde im Jahr 1879 von Yannis Boutari aus Naoussa gegründet. Er war einer der Ersten, die abgefüllten griechischen Wein verkauften. Käufer waren

*John Boutari & Son wurde im 19. Jahrhundert gegründet und hat in den 20er Jahren expandiert.*

wohlhabende griechische Familien außerhalb des Landes, z.B. in Alexandria und Odessa. Man besitzt heute Weinberge und Vinifizierungsanlagen auf dem Festland und auf den Inseln.

WEINE Lac des Roches, Santorini und Kallisti werden am meisten verkauft. Die Rotweine kommen hauptsächlich aus Makedonien, wo man sowohl mit den Naoussa- wie auch mit den Goumenissa-Weinen großen Erfolg hat. In der Naoussa-Region hat man während der 90er Jahre begonnen, exklusive lagebezeichnete Weine zu erzeugen. Zu den besten zählen Xynomavro, Xynomavro Merlot, Ramnitsa und der süße Visanto.

RUF Einer der vier größten Produzenten Griechenlands. Seit 1991 gehört auch die Firma Cambas A.P., die ihre Weine mit eigenem Etikett vermarktet, zur Boutari-Gruppe.

REBSORTEN Xynomavro, Agiorgitiko, Moscophilero, Assyrtiko und Vilana.

WEINHERSTELLUNG Moderne Vinifizierungsanlagen in verschiedenen Teilen des Landes.

LAGERUNG Die leichteren Weine sollten jung getrunken werden, während die gehaltvollen Xynomavro 10-15 Jahre gelagert werden können.

REBFL/PROD Xinomavro 500 ha (Naoussa, Goumenissa), Agiorgitiko 1 500 ha (Nemea), Assyrtiko 350 ha (Santorini), Moscophilero 700 ha (Mantinia), kretische Lagen 2 000 ha. Insgesamt 1,1 Mio. Kisten/Jahr.

**Besitzer** Fam. Boutari • **Kellermeister** Yannis Voyatzis • **Besuch** Täglich zu Bürozeiten • **Adresse** John Boutari & Son, 134 N. Monastiriou Str., Kordelio, GR-56334 Thessaloniki • **Tel.** 031-70 64 00 • **Fax** 031-77 01 24 • **E-Mail** boutaris@spark.net.gr

PRODUKTION    QUALITÄT    PREIS

## KOURTAKIS S.A.

GESCHICHTE Kourtakis ist seit 1895 in Familienbesitz. Der Gründer hieß Vassilis Kourtakis und war damals ein bedeutender Önologe in Griechenland. Der erste Weinberg lag in Markopoulo. Heute ist er ein Teil der Appellation Attika. Vorerst verkaufte man den Wein nur im Fass, was eine gewisse Begrenzung darstellte. Als der Sohn Dimitris Kourtakis den Betrieb übernahm, fing man an, den Wein in Flaschen abzufüllen. Somit konnte eine große Erweiterung beginnen. Heute ist Kourtakis der größte Weinerzeuger und -händler Griechenlands. Zurzeit in dritter Generation in Besitz von Vassilis Kourtakis.

WEINE Sehr große Auswahl an Weinen verschiedener Qualität. Die besten Markennamen sind Apollo, Apelia und Kouros mit Rot-, Weiß- und Roséweinen. Der dunkelrote Nemea ist vom Eichenfassausbau geprägt und besitzt bedeutende Qualität. Kourtakis wird allgemein als der beste Retsina-Produzent angesehen. Der bekannteste Retsina heißt Kourtaki und ist ein Verkaufshit in der ganzen Welt. Auch die süßen Dessertweine

*Ein gigantisches Weinhandelshaus, für seinen Retsina bekannt. Auch der Kouros gehört zu den besten Weinen.*

aus Mavrodaphne in Patras werden weltweit sehr geschätzt.

RUF Weinriese mit überdurchschnittlicher Qualität, vor allem der Retsina wird geschätzt.

REBSORTEN Savatiano (Retsina), Rhoditis, Mavrodaphne, Delina, Syrah, Grenache u.a.

WEINHERSTELLUNG Moderne Methoden in einer der größten Anlagen Europas.

REBFL/PROD Ca. 8 000 ha, 2,5 Mio. Kisten/Jahr.

**Besitzer** Fam. Kourtakis, Dir.: Vassilis Kourtakis • **Kellermeister** Vassili Pyrovolakis • **Besuch** Nach Vereinbarung • **Adresse** Kourtakis S.A., 20 Anapafseos Ave., GR-19003 Markopoulo, Attica • **Tel.** 0299-22231 • **Fax** 0299-23301

PRODUKTION    QUALITÄT    PREIS

## Samos Cooperative

**GESCHICHTE** Auf der Insel Samos werden seit Jahrhunderten die bekanntesten Weine Griechenlands - die süßen Muscat-Weine - erzeugt. Die Genossenschaft ist heute der einzige Produzent. Vorhanden sind zwei Vinifizierungsanlagen in den Hafenstädten Vathi und Karlovassi. Von

*Samos Nektar ist ein sehr berühmter Süßwein aus getrockneten Trauben.*

dort aus wird der Wein hauptsächlich nach Frankreich exportiert. Die Genossenschaft verfügt auch über eine eigene Fassbinderei, in der Fässer aus französischem und einheimischem Kastanienholz hergestellt werden.

**WEINE** Auf Samos werden natürlich süße und verstärkte Likörweine sowie kleinere Mengen trockener Weine hergestellt. Den natürlich süßen Wein nennt man Samos Nektar. Er wird aus überreifen, in der Sonne getrockneten Trauben mit 500 g/l Zucker erzeugt und danach über drei Jahre im Fass ausgebaut. Der Samos VDN Grand Cru wird aus vollreifen, nicht getrockneten Trauben gekeltert und während der Gärung durch Alkohol verstärkt. Andere Marken sind Samos Vin de Liqueur, Samena, ein trockener Muscat-Wein, und ein Roséwein aus den Rebsorten Fokianos und Ritinos.

**RUF** Die Samos-Genossenschaft erzeugt Weine von absoluter Weltklasse.

**REBSORTEN** Muscat und etwas Fokianos und Ritinos.

**WEINHERSTELLUNG** Samos Nektar wird aus getrockneten süßen Trauben hergestellt.

**LAGERUNG** Die verstärkten Süßweine verfügen über ein gutes Alterungspotenzial.

**REBFL/PROD** 2 300 ha, 80 000 Kisten/Jahr.

**Besitzer** Genossenschaft • **Kellermeister** Emmanouil Tsakalakis, Georges Koutsodontis • **Besuch** Mo-Fr 7-14.30 • **Adresse** Samos Cooperative, Malagari, GR-83100 Samos • **Tel.** 0273-274 58 • **Fax** 0273-239 07

PRODUKTION QUALITÄT PREIS

## E. Tsantalis S.A.

**GESCHICHTE** Die Firma war nach der Gründung 1890 nicht hauptsächlich Wein-, sondern Ouzo-Produzent. Heute ist aber die Weinerzeugung von großer Bedeutung. Jährlich werden 18 Millionen Flaschen Wein in der Vinifizierungsanlage in Agios Pavlos südöstlich von Thessaloniki erzeugt. Die Firma ist immer noch in Familienbesitz und wird in dritter Generation geführt.

**WEINE** Tsantalis hat eine sehr breite Palette von Weinen. Hergestellt wird von Schaumweinen bis hin zu Barrique-ausgebauten Weinen des Bordeaux-Typs so ziemlich alles. Außerdem erzeugt man süße Likörweine. Zu den bekanntesten Mar-

*Tsantalis begann als Ouzo-Erzeuger und produziert heute viele verschiedene Weine.*

ken gehören Makedonikos, Thessalikos, Rapsani und Agiorgitiko. Die Rebsorte Agiorgitiko wird von den Mönchen des russisch-orthodoxen Klosters auf dem Berg Athos angebaut.

**RUF** Tsantalis ist eine alte Firma mit gutem Ruf und heute einer der vier größten Produzenten des Landes.

**REBSORTEN** Rhoditis, Athiri und Assyrtiko für Weißweine, Xynomavro, Agiorgitiko und Limnio für Rotweine.

**WEINHERSTELLUNG** Sehr moderne Anlagen für die temperaturgeregelte Vergärung der Weißweine, langer Ausbau der roten Qualitätsweine in französischen Barriques.

**REBFL/PROD** 190 ha eigene Rebfläche (hauptsächlich in Makedonien), außerdem werden Trauben von 1 500 ha zugekauft. 2 Mio. Kisten/Jahr.

**Besitzer** E.Tsantalis S.A. • **Kellermeister** Pavlos Argyropoulos • **Besuch** Täglich 9-14 • **Adresse** E. Tsantalis S.A., Agios Pavlos, GR-63080 Halkidiki • **Tel.** 0399-613 94/8 • **Fax** 399-511 85

PRODUKTION QUALITÄT PREIS

# Weitere Produzenten in Griechenland

## Domaine Carras

Château Carras wurde 1967 vom Schiffsreeder und Multimillionär John Carras gegründet und liegt auf der Halbinsel Sithonia. Dem Professor Émile Peynaud aus Bordeaux ist ein beträchtlicher

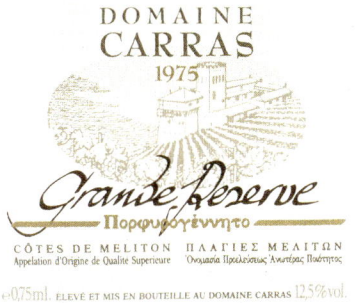

*Die Domaine Carras ist unter der Leitung von John Carras berühmt geworden.*

Teil des großen Erfolges zuzuschreiben. Die Weingärten wurden mit griechischen und französischen Sorten bestockt. Der Weinberg Côtes de Meliton wurde 1981 zu einer Appellation. Der Prestigewein Domaine Carras ruht 14 Jahre in der Flasche, was zu außerordentlicher Qualität führt. Andere Weine sind u.a. Ch. Carras, Meliton (Cabernet Sauvignon), Limnio und der weiße Melissanthi (Athiri, Assyrtiko). Die große Zukunftshoffnung Griechenlands. Man stellt hohe Qualitätsansprüche. FAKTEN 385 ha, ca. 50 000 Kisten/Jahr.

• **Besitzer:** Touristiki Georgiki Exagogoki **Kellermeister:** Evangelos Gerovassiliou **Besuch:** Mo-Fr 8.30-15.30, Sa-So nach Vereinbarung. **Adresse:** Fragini 9, GR-54624 Thessaloniki. **Tel.** 031-268626. **Fax** 031-237110.

## Gaia Wines S.A.

Gaia Wines S.A. wurde 1994 vom Agronomen Leon Karatsalos und dem Weinmacher Yannis Paraskevopoulos gegründet. Paraskevopoulos arbeitete früher bei Boutari, wo er zur Herstellung des beliebten Weißweins Kallisti beitrug. Heutzutage ist er bestrebt, kleine Mengen von hoher Qualität zu erzeugen. Sein bekanntester Wein ist Thalassitis, ein nicht im Fass ausgebauter Wein aus der Rebsorte Nemea Agiorgitiko. Paraskevopoulos unterrichtet auch Önologie an der technischen Hochschule in Athen. FAKTEN 5 ha, 11 000 Kisten/Jahr.

• **Besitzer:** Gaia Wines S.A. **Kellermeister:** Y. Paraskevopoulos **Besuch:** Nach Vereinbarung. **Adresse:** 17 Solonos, Halandri, GR-15232 Athens. **Tel.** 01-6855570-1. **Fax** 01-6855570-1. **Homepage:** www.addgr.com/wine/gaia

## Dom. Gerovassiliou

Domaine Gerovassiliou ist in Besitz von Evangelos Gerovassiliou, der als Griechenlands viel versprechendster Weinmacher gilt. Er wurde 1975 von Professor Peynaud ausgewählt, die Weine auf Domaine Carras (wo er heute noch zum Teil mitwirkt) zu erzeugen. 1983 gründete er sein eigenes Weingut in Epanomi in der Nähe von Thessaloniki, wo er Assyrtiko, Malagousia, Chardonnay, Sauvignon Blanc, Grenache und Petite Syrah anbaut. Schon seine ersten Weißweine aus den Rebsorten Malagousia und Chardonnay wurden sehr beliebt. Heute macht er auch mehrere gute Rotweine. Die Vinifizierungsanlage ist völlig modern und der Keller enthält Reihen von französischen Eichenholzfässern. Seine besten Weine sind Ktima Gerovassiliou Fumé 1994 und Ktima Gerovassiliou Red. FAKTEN 30 ha, 11 000 Kisten/Jahr.

• **Besitzer:** Evangelos Gerovassiliou **Kellermeister:** Evangelos Gerovassiliou **Besuch:** Nach telefonischer Vereinbarung. **Adresse:** Epanomi, GR-57500 Thessaloniki. **Tel.** 392-44 567. **Fax** 392-44 560.

## Ktima Hatzimichali

Ktima Hatzimichali wurde 1973 von einem Unternehmer aus der Elektronik-Branche gegründet. Die Etiketten tragen das Bild von Dimitris Hatzimichalis, wie er Truthähne aufzieht, während er auf die Traubenreife wartet. Die Hatzimichali-Weine werden zum Teil in Barrique ausgebaut. Der Cava Hatzimichali Rouge und Hatzimichali Blanc sind die bekanntesten Weine; beide sind Cuvées aus griechischen und französischen Rebsorten. FAKTEN 70 ha, etwa 50 000 Kisten/Jahr.

• **Adresse:** 13th kilom. National Road Athens-Lamia Nea Kifissia, GR-14564 Athen. **Tel.** 031-807 67 14. **Fax** 031-807 67 11.

## Dom. Constantin Lazaridi

Die Dom. Constantin wurde 1992 von Kostas Lazaridis, vorher Teilhaber des Château Lazaridi, gegründet. Kostas Lazaridis, der auch in der Marmorindustrie tätig ist, hat Vassilis Tsatskarlis, einen Schüler Gerovassilious, als Weinmacher angestellt. In den Weingärten wachsen vor allem Bordeaux-Sorten, aber auch Assyrtiko und Limnio. Von den Weinen sind besonders Amethystos (rot, weiß, rosé), Julia sowie ein Neue-Welt-ähnlicher Weißwein im Fumé-Stil (aus den Rebsorten Chardonnay und Sémillon) bekannt. FAKTEN Ca. 70 ha, etwa 40 000 Kisten /Jahr.

• **Besitzer:** Constantin Lazaridis **Kellermeister:** Vassilis Tsatskarlis **Besuch:** Werktags 9-15, an Wochenenden nach Vereinbarung. **Adresse:** PO Box 157, GR-66100 Adriani, Drama. **Tel.** 0521-82231, -82348. **Fax** 0521-823 20.

## Weinetiketten/Weinvokabular in Griechenland

In Griechenland wird ein Appellationssystem angewendet, das mit dem der übrigen EU-Länder übereinstimmt. Es gibt zwei Qualitätsklassen: O.P.A.P. *(Onomasía Proeléfseos Anotéras Piótitos)*, entspricht der französischen AOC, und O.P.E. *(Onomasía Proeléfseos Elenkhoméni)*,

eine Qualitätsklasse für süße Weine. 1998 zählte man 30 O.P.A.P. und O.P.E.
*Topikos Oinos*, Tafelwein, entspricht dem Vin de Pays. *Epitrapezos Oinos* ist eine einfache Einstufung für Tafelweine, *Cava* und traditionelle Ursprungsbezeichnungen. Ein griechischer Cava-Wein ist ein Tafelwein mit langer Lagerzeit.

**A**FROTHIS OINOS  Schaumwein.

**C**AVA  Gelagerter Tafelwein.

**E**MFIALOSI  Abgefüllt von.
EPITRAPEZEOS OINOS  Tischwein.
ETOS PARAGOGIS  Jahrgang.

**G**LYKOS  Süß.

**I**MIGLYKOS  Halbtrocken/halbsüß.
IPSILI PIOTITA  Hohe Qualität.

**K**OKKINELI  Rosé.
KTIMA  Weingut.

**O**INOPARAGOGOS  Weingut, Erzeuger.
OINOPOIEIA  Kellerei.
OINOS ANOTERARS PIOTITAS  Qualitätswein.
OINOS ERYTHROS  Rotwein.
OINOS IPSILIS PIOTITAS  Erstklassiger Wein.
OINOS LEFKOS  Weißwein.

**P**ALAIOS  Alt.
PIKILIA STAFILIOU  Rebsorte.

**S**INETERISMOS  Genossenschaft.

**T**OPIKOS OINOS  Landwein (entspricht dem Vin du Pays).

**X**IROS  Trocken.

# ENGLAND

**GESCHICHTE** Die Weinrebe brachten vor 2 000 Jahren die Römer nach England. Die verschiedenen christlichen Gruppen, die nach dem Fall des Römischen Reiches auf das Inselreich flüchteten, entwickelten den Weinbau und legten neue Weinberge an. Im Jahr 1154 besetzten die Engländer Bordeaux für kurze Zeit und eine Weineinfuhr begann, die dann stetig zunahm. Die Schließung der Klöster durch Heinrich VIII. im

*Nach 450 Jahren hat der englische Weinbau eine Renaissance erlebt. Im Bild Sharpham Vineyard in Devon.*

Jahr 1538 führte dazu, dass Großbritannien bis ins 20. Jahrhundert keinen Wein mehr anbaute. Nach dem 2. Weltkrieg wurden Untersuchungen durchgeführt, die bewiesen, dass die Weinreben hier trotz allem erfolgreich gedeihen können. Daraufhin wurde 1951 in Hambledon bei Portsmouth der erste kommerzielle Weinberg angelegt. Der Erfolg regte mehrere Leute dazu an, den Winzerberuf zu ergreifen. 1992 gab es 450 Winzer mit einer Anbaufläche von über 850 Hektar. Der Weinbau liegt jedoch noch in den Windeln.

**GEOGRAPHIE** Da die Weinberge über das ganze Gebiet verstreut sind, ist zur Bodenbeschaffenheit keine allgemein gültige Aussage möglich. Obwohl nämlich beispielsweise das südöstliche England sehr kalkreichen Boden hat, gibt es auch Gegenden mit Sand, Ton, Schiefer usw. Der Boden ist jedoch sehr fruchtbar, was leicht zu üppigen Pflanzen führt. Ein sorgfältiges Zurückschneiden ist deshalb wichtig. Das englische Klima wird von milden Wintern und langen kühlen Sommern und Herbsten gekennzeichnet - eine Voraussetzung für die sog. „Cool Climate Viticulture". Die Lese beginnt selten vor Mitte Oktober. Das größte Klimaproblem ist, wie auch in vielen anderen Weinländern, Frost im späten Frühling sowie Regen und Kälte während der Blütezeit. Aufgrund des feuchten englischen Klimas konzentriert man sich darauf, die Sonneneinstrahlung und Luftdurchströmung im Weinberg zu erhöhen. Die Spaliererziehung kommt immer häufiger vor und der klassische Guyot-Schnitt nimmt ab.

**ANBAUGEBIETE** Die Weinberge findet man hauptsächlich südlich einer Linie zwischen Norwich und Birmingham. Die führenden Grafschaften für den Weinbau sind KENT, EAST und WEST SUSSEX, HAMPSHIRE, ISLE OF WIGHT, WILTSHIRE, SOMERSET, DEVON, GLOUCESTERSHIRE, SUFFOLK, ESSEX und die Grafschaften in den Tälern entlang der Themse. Es gibt auch einige wenige Weinbaugebiete in Wales.

WEINE Hauptsächlich Weißwein, es werden aber auch ausgezeichnete Rot- und Roséweine erzeugt. Die Weißweine sind oft leicht, mit einem aromatischen Blumencharakter und einer ausgeprägten Frucht. Um die Komplexität zu erhöhen, lassen viele Winzer die Weine in neuer Eiche reifen. Es werden sowohl sortenreine Weine als auch unterschiedliche Verschnitte produziert.

REBSORTEN Trotz der kurzen Anbauerfahrung gibt es 56 offiziell anerkannte Rebsorten, weitere sind im Versuch. Die beliebtesten weißen Sorten sind: Müller-Thurgau (20%), Seyval Blanc (13%), Reichensteiner (12%), Bacchus (8%), Schonburger (8%), Madeleine Angevine (6%) und Huxelrebe (5%). Unter den roten sind Pinot Noir, Triomphe d'Alsace und Dornfelder die beliebtesten. Die Winzer haben großes Interesse an Neukreuzungen, die gegen Frost und Krankheiten widerstandsfähig sind.

WEINGESETZ Seit der Ernte 1991 läuft ein EU-Projekt zur Einführung eines Quality-Wine-Systems. Damit will man den Ertrag und, wie auch in anderen EU-Ländern, den Überfluss an billigen Weinen begrenzen. Das System ist auf die gleiche Weise aufgebaut wie in der übrigen EU. Ein großes Problem für viele englische Winzer ist jedoch, dass der Qualitätsstatus nur für Weine aus anerkannten Rebsorten gilt. In der Hälfte aller Weinberge wächst aber die nicht anerkannte Sorte Seyval Blanc, eine Hybride, für die man bei Blindproben immer wieder gute Noten erhält. In diesem laufenden Qualitätsprojekt sind England und Wales in die Southern Counties (mit 95% der Anbaufläche) und die Northern Counties eingeteilt worden. Weine, die allen vorgeschriebenen Regeln entsprechen, dürfen die Aufschrift Quality Wine *produced in a specific region*, abgekürzt Quality Wine *psr*, oder die geographische Bezeichnung Southern Counties oder Northern Counties tragen. Ehe dieses Projekt eventuell in ein Weingesetz mündet, wird man immer noch viele „Table Wines" finden, die mindestens so gut oder sogar besser sind als die „Quality Wine psr".

PRODUZENTEN Etwa 1 000, alle privat. Die

*Die ganze Familie hilft bei der Lese im Chiltern Valley am Fluss Thames.*

Größen variieren: Die meisten Produzenten besitzen nur 1 ha Weinbauland, einige wenige bebauen 20-30 ha und ein einziger ist in Besitz von 100 ha. Es gibt immer noch keine Genossenschaften, aber viele große Winzer keltern auch den Wein der Nachbarn.

REBFL/PROD 1 000 ha. Die Produktion wechselt dramatisch aufgrund der Wetterverhältnisse in diesen nördlichsten Weinbergen der Welt.

Aus den Produktionszahlen der letzten Jahre ist es deutlich zu sehen: 1989: 38 000 hl, 1990: 26 000 hl, 1991: 22 000 hl, 1994: 18 000 hl, 1995: 13 000 hl, 1996: 24 000 hl.

WISSENSWERT Weitere Informationen: United Kingdom Vineyards Assocation, Church Road, Bruisyard, Saxmundham, Suffolk, IP17 2 EF. Tel. 01728-638080. Fax 01728-638442. E-Mail: 106236.463@compuserve.com. Oder The English Wine Centre, Drusillas Roundabout, Polegate, East Sussex, BN26 5QS, Alfriston. Tel. 01323-870532.

*Aufgrund des milden Inselklimas ist die Traubenqualität in England gut. In der Landschaft finden sich viele natürliche Hänge mit günstiger Sonneneinstrahlung und gutem Mikroklima.*

## DENBIES WINE ESTATE

GESCHICHTE  Dies ist das größte Weingut Englands. Es wurde 1986 gegründet, zwei Jahre nachdem der Geschäftsmann und Diplomingenieur Adrian White es von dem vierten Lord Ashcombe gekauft hatte. Nach Beratung beim Weininstitut in Trier an der Mosel wurden 100 Hektar Wein an einem Südhang und auf der darunter gelegenen Ebene angepflanzt. Die erste Lese erfolgte 1989. 1990 wurden neun sortenreine Weine und Verschnittweine erzeugt. Man baute eine neue Anlage, die heute sehr sehenswert ist.

WEINE  Denbies ist sehr bemüht, Qualitätsweine zu erzeugen. Vor allem Surrey Gold (medium Dry), Bacchus, Reichensteiner, Ortega.

RUF  Mit Aussichten, ein guter Erzeuger zu werden.

BODEN  Sehr kalkhaltiger Boden, insbesondere am Hang. Die Bodenbeschaffenheit und das Klima sind der Champagne ähnlich. Die Reben sind so angepflanzt, dass auch eine maschinelle Lese möglich ist. Etwas ganz Neues in England.

REBSORTEN  20 Hauptsorten, einige sind für

*Denbies ist der größte Weinproduzent Englands und besitzt eine schöne Besucheranlage.*

England neu, oft deutschen Ursprungs. Vorwiegend weiße Sorten. Die wichtigsten sind Müller-Thurgau, Chardonnay und Pinot Noir.

WEINHERSTELLUNG  Von Denbies wird die absolut modernste Technik erwartet. Die Weißweine werden in Stahltanks und im Fass vergoren. Die Rotweine durchlaufen eine offene Maischegärung und werden in Eiche ausgebaut.

REBFL/PROD  100 ha, 42 000 Kisten/Jahr. Die Produktionsmenge schwankt von Jahr zu Jahr.

**Besitzer** Adrian E. White • **Kellermeister** Nick Patrick • **Besuch** Nach telefonischer Vereinbarung • **Adresse** Denbies Wine Estate, London Road, Dorking, GB-RH5 6AA Surrey • **Tel.** 01306-87 66 16 • **Fax** 01306-88 89 30

PRODUKTION    QUALITÄT    PREIS

## LAMBERHURST VINEYARDS

GESCHICHTE  1971 kaufte Kenneth McAlpine ein Stück landwirtschaftlichen Boden mit Aussicht über das Dorf Lamberhurst. Durch einen Besuch auf der deutschen Weinhochschule in Geisenheim wurde er 1972 dazu angeregt, 3,5 ha mit Reben zu bestocken. Nach einer Rekordernte 1976 wurde eine große Weinkellerei mit bestem Standard gebaut. Für das Anlegen der Weinberge und die Kellerei war Karl-Heinz Johner, der in Geisenheim ausgebildet wurde, verantwortlich. Mit 10 ha war es 1979 das absolut größte Weingut Englands. Nach weiteren Rekordernten 1983

*Lamberhurst ist der bekannteste Weinproduzent Englands. Seine Weine sind sehr deutsch inspiriert.*

und 84 fing man damit an, die Weine auf einem breiten Markt anzubieten.

WEINE  Ein breites Angebot von deutsch inspirierten Weinen, das nun weiter ausgebaut wird, u.a. mit trockenen, in Eiche gereiften Weinen sowie Schaumweinen.

RUF  National vielfach ausgezeichnet und in England der bekannteste Erzeuger.

BODEN  Gut entwässerter Sand- und Lehmboden, an Hängen auf 75 m über dem Meer. Durch große Gehölze gegen die Meereswinde geschützt.

REBSORTEN  Müller-Thurgau, Seyval Blanc, Reichensteiner, Schonburger u.a.m. Drei Hektar rote Sorten. Viele Trauben werden auch von anderen Winzern gekauft.

WEINHERSTELLUNG  Einer der ersten Erzeuger Englands mit Ausbau in Eiche und der Produktion von Schaumweinen.

REBFL/PROD  12 ha eigene Rebfläche sowie 32 ha in Pacht. Etwa 33 000 Kisten/Jahr (1996).

**Besitzer** Paul Cooper, Derek McMillen • **Kellermeister** Dimon Day, Marc Uren • **Besuch** Täglich 10-17.30 April bis Oktober • **Adresse** Lamberhurst Vineyards, Ridge Farm, Lamberhurst, Tunbridge Wells, GB-TN3 8ER Kent • **Tel.** 01892-89 02 86, 01892-89 08 44 • **Fax** 01892-89 04 93

PRODUKTION    QUALITÄT    PREIS

# ENGLAND

## THE THAMES VALLEY VINEYARD

GESCHICHTE  Der ehemalige Rennfahrer John Leighton begann 1979 auf seinem Gut Stanlake Park versuchsweise mit dem Weinbau. John Leighton hat eine 20-jährige Erfahrung im Wein-

*Lese bei The Thames Valley. Besonders beliebt sind ihre Schaumweine. Der Kellermeister ist Australier.*

bau, er studierte an der Sturt University in Australien. Dadurch ist Thames Valley zum führenden Weingut Englands für innovativen Weinbau geworden. Der Australier John Worontschak ist der neue Kellermeister.

WEINE  Ein breites Angebot von Qualitätsweinen, u.a. Late-Harvest-Weine (Spätlese) mit Edelfäule. Beste Weißweine: Fumé Dry (Regner, Ortega, Scheurebe). Beste Rotweine: Ruscombe Red (Gamay, Triomphe). Auch Schaumweine nach der Champagner-Methode: z.B. Ascot Brut (Chardonnay und Pinot Noir). Die Weine sind von ausgeprägter Frucht gekennzeichnet.

RUF  Thames Valley erzeugt einige der gefragtesten Weine in England.

BODEN  Unterschiedliche Böden. Frostfrei. Die Weinberge befinden sich an der Sonnenseite der Berkshire Downs.

REBSORTEN  Madeleine Augevine, Seyval Blanc, Bacchus u.a.

WEINHERSTELLUNG  Hochtechnischer Standard mit neuer Anlage für die Schaumweinherstellung nach der Champagner-Methode. Die Technik wechselt je nach Weintyp, der Ausbau in Eiche findet immer häufiger Anwendung.

LAGERUNG  Die eichenbetonten Qualitätsweine gewinnen durch Lagerung.

REBFL/PROD  10 ha eigene Rebfläche inklusive gepachteter. 8 500 Kisten/Jahr.

**Besitzer** Jonathan Leighton • **Kellermeister** John Worontschak • **Besuch** Täglich 11-17 mit Verkostung und Verkauf. Führungen nach Vereinb.
• **Adresse** Stanlake Park, Twyford, Near Reading, GB-RG10 OBN Berkshire • **Tel.** 0118-9340176
• **Fax** 0118-9320914 • **E-Mail** twines@aol.com

PRODUKTION  QUALITÄT  PREIS

## WEITERE PRODUZENTEN

### ADGESTONE

3,5 Hektar bei Sandown auf der Isle of Wight. Eines der älteren Weingüter Englands, gegründet 1968. Aus Müller-Thurgau, Reichensteiner und Seyval Blanc wird ein trockener bis halbtrockener Verschnitt erzeugt. Besucher sind willkommen.
• **Besitzer:** Ken Barlow **Adresse:** Sandown, GB-Isle of Wight. **Tel.** 01983-402503.

### BARKHAM MANOR WINERY

Schon im Jahr 1066 wurde dieses interessante Anwesen von König Edward dem Grafen Goodwin geschenkt. Der heutige Besitzer Mark de Gruchy Lambert war früher Offizier der Kavallerie. In einer modernen Anlage werden sowohl sortenreine Weine als auch Verschnitte erzeugt. Besonders interessant ist der Barkham Manor Bacchus. FAKTEN 14 ha, ca. 8 000 Kisten/Jahr.
• **Besitzer:** Mark Lambert **Kellermeister:** Ian Fuller, Karl Heinz Johner **Besuch:** Nach Vereinbarung. **Adresse:** Piltdown, Uckfield, GB-TN22 3XE East Sussex. **Tel.** 01825-722103. **Fax** 01825-724220.

### BARTON MANOR

Vier Hektar Weinberge auf der Isle of Wight, einem Gut, das einst Königin Victoria gehörte. Die Weinberge wurden 1979 mit weißen Rebsorten bestockt. Der heutige Besitzer ist der berühmte Impresario Robert Stigwood.
• **Besitzer:** Robert Stigwood **Adresse:** GB-Isle of Wight **Tel.** 01983-292835.

### BIDDENDEN VINEYARD

Biddenden ist der älteste Weinproduzent in Kent. Die Weinberge wurden 1969 als eine natürliche Fortsetzung des Apfelanbaus mit dazugehörender Ziderproduktion angelegt. Biddenden ist ein führender Produzent von sortenreinen Weinen aus der Ortega-Traube. FAKTEN 9 ha, ca. 3 000 Kisten/Jahr.
• **Besitzer:** Fam. Barnes **Kellermeister:** Richard Barnes **Besuch:** Mai-Okt. täglich, Nov.-April: Mo-Sa nach tel. Vereinb. **Adresse:** Little Whatmans, Biddenden, Ashford, GB-TN27 8DH Kent. **Tel.** 01580-291726. **Fax** 01580-291933.

### BREAKY BOTTOM

2 ha am Südhang der South Downs südlich von Lewes in East Sussex. Hier werden unenglische, charaktervolle Weine aus Müller-Thurgau, Seyval Blanc und Wurzer erzeugt.
• **Besitzer:** Peter Hall **Kellermeister:** Peter Hall **Adresse:** Lewes, GB-Northtease. **Tel.** 01273-476427.

## Weitere Produzenten in England

### Bruisyard Wines

Vier Hektar Weinberge im Alde Valley, nahe bei Saxmundham in Sussex. Die einzige Rebsorte ist Müller-Thurgau, die zu trockenen (Bruisyard Oaked), halbtrockenen (Bruisyard St. Peter) und Schaumweinen (Bruisyard Sparkling) ausgebaut wird. Nette Touristenanlage.

•**Besitzer:** Ian & Eleanor Berwick **Kellermeister:** Ian Berwick **Besuch:** Nach tel. Vereinbarung. **Adresse:** Church Road, Bruisyard, Near Saxmundham, GB-IP17 2EF Suffolk. **Tel.** 01728-638281. **Fax** 01728-638442. **E-Mail:** 106236,463@compuserve.com

### Carr-Taylor Vineyards

David Carr-Taylor war ein wissbegieriger Ingenieur, der die Ingenieurfirma der Familie führte, als er 1968 die ersten Gedanken über Weinbau hegte. 1981 verkaufte er die Ingenieurfirma, um eine eigene Kellerei bauen zu können. 1984 fing er damit an, Schaumweine nach der Champagner-Methode herzustellen.

•**Besitzer:** Linda & David Carr-Taylor **Kellermeister:** Alexandra Carr-Taylor **Besuch:** Täglich 10-17. **Adresse:** Westfield, Hastings, GB-TN35 4SG East Sussex. **Tel.** 01424-752 501. **Fax** 01424-751 716. **E-Mail:** drtear@ca-beznet.co.uk

### Chilford Hundred

Gegründet 1972, heute mit 9 ha Rebfläche. Das Weingut ist ein Teil des Konferenzzentrums in Linton, 15 km südwestlich von Cambridge. Fünf verschiedene Rebsorten werden angebaut. Die Weine werden oft verschnitten.

•**Besitzer:** Fam. Alper **Kellermeister:** Chris Durrant **Adresse:** GB-Linton. **Tel.** 01223-892641.

### Chiltern Valley Wines

Der ursprüngliche Weinberg wurde 1982 an einem kleinen Hang unterhalb des alten Bauernhofes angelegt. Eine ultramoderne „Winery" wurde gebaut und 40 Hektar Anbaufläche gepachtet. Die bisher produzierten Weine haben sofort einen Erfolg verzeichnen können. Eine Brauerei und eine Kunstgalerie sind dazugekommen. In guten Jahren wird ein spät gelesener Botrytis-Wein aus der Bacchus-Traube produziert.

•**Besitzer:** David Ealand **Kellermeister:** Peter Arguile **Besuch:** Nach Vereinbarung. **Adresse:** Hambleden, Henley-on-Thames, GB-RG9 6JW Oxon. **Tel.** 01491-638330. **Fax** 01424-639645.

### Halfpenny Green

Halfpenny Green liegt in der Nähe von Stourbridge in den West Midlands. Acht Hektar mit verschiedenen Rebsorten, 15% davon rote. Früher wurden die Weine bei Three Choirs erzeugt, heute ist eine neue Anlage vorhanden.

•**Besitzer:** Martin Vickers **Adresse:** GB-West Midlands. **Tel.** 01384-221387.

### Leeford Vineyards

Der erste Weinberg wurde 1982 an einem Südhang bestockt. Das Gebiet liegt nicht weit von dem Platz entfernt, wo die Schlacht von Hastings stattfand. Weiche, fruchtige Weine, vorwiegend aus deutschen Rebsorten erzeugt. Ein bekanntes Weinetikett ist Saxon Valley. FAKTEN 20 ha, ca. 16 000 Kisten/Jahr.

•**Besitzer:** John & Pam Sax **Kellermeister:** David Carr-Taylor **Besuch:** Nach Vereinbarung. **Adresse:** Whatlington, Battle, GB-TN33 ONQ East Sussex. **Tel.** 01424-63183. **Fax** 01424-64770.

### Moorlynch

Moorlynch ist in Besitz von 7 Hektar bei den Polden Hills zwischen Glastonbury und Bridgewater in Somerset. Eine Menge verschiedener weißer Rebsorten werden angebaut. Auf dem Gut befindet sich auch ein Gasthaus.

•**Besitzer:** Peter Farmer & John Worontschak **Adresse:** GB-Polden Hills. **Tel.** 01458-210393.

### New Hall

New Hall liegt bei Chelmsford, nordöstlich von London. Ganz in der Nähe, bei der Dorfkirche in Purleigh, lag im Mittelalter ein Weinberg. Das moderne New Hall legte man 1969 an. Jährlich wird ein beliebtes Weinfest abgehalten. Sortenreine Weißweine und Schaumweine werden erzeugt.

*New Hall begann 1969 mit dem Weinanbau und war bei den Ersten der neuen Welle in England dabei.*

•**Besitzer:** Fam. Greenwood **Kellermeister:** Piers Greenwood **Besuch:** Täglich Führungen. Weinfestival im Sept. **Adresse:** Chelmsford Road, Purleigh, Chelmsford, GB-CM3 6PN Essex. **Tel.** 01621-828343. **Fax** 01621-828343.

### Nyetimber

Nyetimber ist ein viel versprechendes Weingut. Die 17 ha Rebfläche sind vor allem mit Chardonnay, Pinot Noir und Pinot Meunier bestockt. Nyetimber erzeugt auch Schaumweine, von denen die Première Cuvée am meisten überzeugt.

•**Adresse:** GB-West Chiltington.

## WEITERE PRODUZENTEN IN ENGLAND

### PENSHURST

Penshurst besitzt knapp fünf Hektar bei Tonbridge in Kent bei dem berühmten Rittergut Penshurst Place aus dem 14. Jahrhundert. Aus fünf weißen Rebsorten werden Weine in deutschem Stil erzeugt.

•**Besitzer:** David Westphal **Adresse:** GB-Tonbridge. **Tel.** 01892-870255.

### PILTON MANOR

Pilton Manor, gleich südlich von Bath, kann in der Weingeschichte bis 1188 zurückblicken. Damals ließ der Abt in Glastonbury einen Weinberg bei seinem Sommerhaus anlegen. 1966 fing das heutige Pilton Manor an Gestalt anzunehmen und wuchs langsam zu einer Größe von 8 Hektar. Weine mit australischem Gepräge, u.a. mit einem eichigen Wein im Fumé-Stil. Pilton Manor erzeugt ferner einen Weinbrand.

•**Besitzer:** J.M. Dowling **Besuch:** Ostern sowie Mai-Sept. Mi-Sa 10-17. **Adresse:** Pilton, Near Shepton Mallet, GB-BA4 4BE Somerset. **Tel.** 01749-890325.

### PULHAM

Fünf Hektar bei Pulham Market in Norfolk. Acht Rebsorten werden angebaut. Ihr beliebtester Wein ist der Rivaner, ein anderer Name für Müller-Thurgau.

•**Besitzer:** Peter Cook **Adresse:** GB-Pulham Market. **Tel.** 01892-870255.

### ROCK LODGE

Rock Lodge ist einer der drei großen Produzenten von Schaumwein in England. Die geringe Ernte wird durch eingekaufte Trauben ergänzt. Der Weinberg, nahe bei Haywards Heath in West Sussex gelegen, wurde schon 1965 bepflanzt.

•**Besitzer:** David Cowderoy **Kellermeister:** David Cowderoy **Adresse:** GB-Haywards Heath. **Tel.** 01444-831224.

### SAINT GEORGE'S

Das Gut ist dank dem Besitzer Gay Biddlecombe, Journalist und Werbeleiter, sehr bekannt. Die acht Hektar Rebfläche in Waldron, bei Heathfield in Sussex, wurde 1979 angelegt. Rebsorten: Müller-Thurgau, Reichensteiner, Seyval Blanc, Schonburger, Ortega und Pinot Noir. Offen für Besucher.

•**Besitzer:** Fam. Biddlecombe **Besuch:** Nach tel. Vereinbarung. **Adresse:** Waldron Village, Heathfield, GB-TN21 0RA E Sussex. **Tel.** 01435-32156. **Fax** 01435-813185.

### SANDHURST

Neun Hektar in der Nähe von Cranbrook in Kent. Rebsorten: u.a. Pinot Noir, Reichensteiner, Schonburger und Seyval Blanc. Die Weine werden oft in Eiche ausgebaut. Die Vinifizierung erfolgt auf Tenterden mit Hilfe von Stephen Skelton. Der Schaumwein Seyval aus Pinot Noir ist am bekanntesten.

•**Besitzer:** Fam. Nicholas **Adresse:** GB-Cranbrook. **Tel.** 01580-850296.

### SHAWSGATE

Acht Hektar bei der alten Stadt Framlingham in Suffolk. Frische Weißweine aus u.a. Müller-Thurgau, Seyval Blanc, Bacchus und Reichensteiner. Man experimentiert mit rotem Amurensis. Der Seyval-Müller-Thurgau hat mehrere Preise gewonnen.

•**Besitzer:** I.S. Hutcheson **Adresse:** GB-Framlingham. **Tel.** 01728-724060.

### TENTERDEN VINEYARD

Tenterden Vineyard in Kent wurde 1977 von Stephen Skelton gegründet. Stephen kehrte damals aus Deutschland zurück, wo er den Weinbau u.a. an der Weinhochschule in Geisenheim studiert hatte. Vorwiegend Weißweine mit deutlich deutschem Charakter.

•**Besitzer:** Malcolm Kay **Kellermeister:** Stephen Skelton **Besuch:** April-Okt. täglich 10-18. Übrige Zeit nach Vereinb. **Adresse:** Small Hythe, Tenterden, GB-TN30 7NG Kent. **Tel.** 01580-63033.

### THREE CHOIRS

Die ersten Weinberge wurden 1973 angelegt, und die Rebfläche hat seither zugenommen. Das Weingut hat seinen Namen nach den großen Chorfestspielen, die jährlich in den Kathedralen von Gloucester, Hereford und Worcester abgehalten werden, benannt.

•**Besitzer:** Three Choirs Vineyard Ltd **Besuch:** Ostern bis Juli Mo-Fr 9-17, Sa-So 10-17. **Adresse:** Rhyle House, Weilsh Lane, Newent, GB-GL18 1LR Gloucestershire. **Tel.** 01531-85223. **Fax** 01531-85877.

### WELLOW

1985 wurden 2 ha bei Romsey in Hampshire mit Reben bepflanzt. 3 J. später kamen 30 ha dazu, die das Gut zu einem der größten Englands machten. Rebsorten: Müller-Thurgau, Bacchus, Auxerrois, Reichensteiner, Chardonnay, Kerner, Ortega u.a.

•**Adresse:** GB-Romsey. **Tel.** 01794-830880. **Fax** 01794-517806.

### WOOTON

Drei Hektar bei Shepton Mallet in Somerset. Rebsorten: Auxerrois, Müller-Thurgau, Schonburger und Seyval Blanc.

•**Besitzer:** Colin Gillespie **Adresse:** North Wooton, Shepton Mallet, GB-BA4 4AG Somerset. **Tel.** 01749-890359.

## WEINETIKETTEN IN ENGLAND

Die Weinindustrie in England und Wales hat sich den allgemeinen EU-Bestimmungen angepasst. England und Wales werden in *Southern Counties* (etwa 95% der Rebfläche) und *Northern Counties* eingeteilt. Wenn ein Wein allen Anforderungen bezüglich Inhalt und Ursprung entspricht, darf er die Bezeichnung *Quality Wine produced in a specific region,* oder *Quality Wine psr,* mit dem Zusatz von Southern Counties oder Northern Counties tragen.

Alle anderen Weine dürfen nur die Bezeichnung *English Table Wine* oder *Welsh Table Wine,* sofern die Trauben in England oder Wales angebaut wurden, tragen. Eine Einschränkung ist die Auflage, dass die Trauben anerkannte Vinifera-Sorten sein müssen. Auf der Hälfte aller Rebberge wird aber auch die Hybriden-Sorte Seyval Blanc angebaut. Sie wird zwar geschätzt, genügt den Qualitätsanforderungen aber nicht.

(Merke: Die Bezeichnung British Wine gilt nur für Weine, die aus importiertem Most oder ähnlichem erzeugt wurden.)

Früher gab es einen besonderen Qualitätsstempel, das sog. EVA-Siegel, eingeführt von der *English Viticultural Association.* Diese Organisation ist heute durch die *United Kingdom Vineyard Association* ersetzt worden, die fünf der früheren sechs Mitgliederverbände umfasst.

# LUXEMBURG

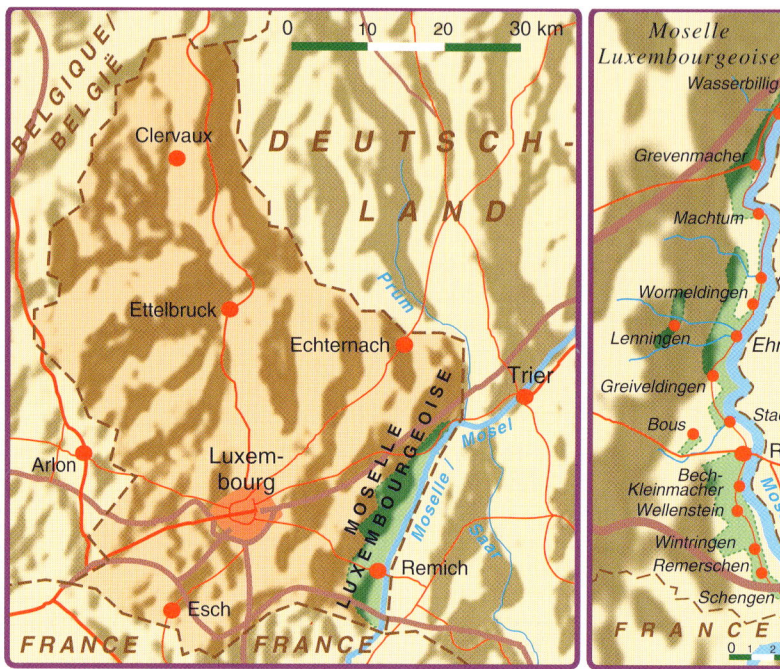

GESCHICHTE  Mit knapp 2 600 km² Fläche ist das Großherzogtum der kleinste Mitgliedstaat der EU. In der heutigen Form wurde das Land 1839 selbständig. Der Weinbau hat, genau wie in Deutschland, seine Wurzeln in der Römerzeit. Die Weinberge liegen im Südosten, der Mosel entlang, und stellen eine natürliche Verlängerung des deutschen Weinbaugebiets Mosel-Saar-Ruwer dar. Die Weine waren lange mit hohen Steuern belegt, aber Ende des 19. Jh. wurde die Steuerbelastung reduziert, und die Anbaufläche stieg auf 1 000 ha. Nach dem Ersten Weltkrieg wurde eine Zoll- und Handelsunion mit Belgien eingeleitet, was zu einem natürlichen Exportmarkt führte. 1925 wurde das Weininstitut in Remich gegründet. Es hat mit Laborarbeit und Versuchsanbau viel zur Qualität der Weine beigetragen. Zwischen 1921 und 1948 wurden sechs verschiedene Genossenschaften gegründet, die heute zu VINSMOSELLE zusammengeschlossen sind. Vinsmoselle trägt die Verantwortung für 2/3 der Weinproduktion in Luxemburg.

GEOGRAPHIE  Das Weinbaugebiet erstreckt sich über eine Länge von 42 km und eine Breite von 3-400 Metern an den Ufern der Mosel entlang. Der Grenzübergang Wasserbillig bildet die nördliche und Schengen die südliche Grenze des Gebietes. Die Weinberge haben meist Süd-/Südostlage und bestehen fast nur aus Hanglagen. Das Klima ähnelt dem an der oberen Mosel. Der Fluss hat einen günstigen Einfluss auf das Mikroklima im Tal. Die Lese erfolgt meist ab Ende September bis Ende Oktober.

ANBAUGEBIETE  Der Weinbau kann hinsichtlich der Bodenverhältnisse in zwei Gebiete einge-

*Der Hauptsitz der Genossenschaft Vinsmoselle in Stadtbredimus, die für 2/3 der Weinproduktion steht.*

teilt werden. Im nördlichen Gebiet, rund um GREVENMACHER (von Wasserbillig bis Stadtbredimus), ist Muschelkalk in den teilweise terrassierten Weinbergen vorherrschend. Der Anteil von Riesling-Weinen ist hier auch verhältnismäßig groß. Im Gebiet rund um REMICH (zwischen Stadtbredimus und Schengen) findet man Keuper und Mergel, worauf feingliedrigere und weichere Weine erzeugt werden. Hier dominieren Rivaner (Müller-Thurgau), Pinot Blanc und Pinot Gris. Auf dem Etikett wird der Orts- und Weinbergname angegeben. Einige der bekanntesten Ortschaften und Weinberge sind: Wintringen mit Felsenberg, eine der besten Lagen Luxemburgs und bekannt für die feinen Riesling- und Pinot-Gris-Weine; Remich mit seinem Weininstitut und der Lage Primerberg; Stadtbredimus, der Sitz der großen Genossenschaft VINSMOSELLE; sowie Wormeldingen, u.a. bekannt für eine der besten Rieslinglagen namens Koeppchen.

*Eine Auswahl von Weinen der Genossenschaft Vinsmoselle. Alles ist sehr eng verwandt mit Deutschland.*

**WEINE** Ausschließlich Weißweine, meistens trocken ausgebaut. Müller-Thurgau dominiert mit 45%, hier Rivaner genannt. Danach Elbling 19%, Auxerrois 12%, Riesling 11%, Pinot Blanc 6%, Pinot Gris 6% und Gewürztraminer 1%.

**WEINGESETZ** 1935 wurde für die Einstufung der Weine nach Qualität die Marque Nationale eingeführt. Die Klassen sind: Tafelwein, Qualitätswein und Qualitätswein mit Prädikat. Die

*Ein Riesling vom besten Prädikat: Grand Premier Cru. Der Wein gehört zur neuen Art-&-Wein-Serie.*

Prädikate sind wie folgt eingestuft: Vin classé, Premier Cru und Grand Premier Cru. Diese Klassifizierung gilt heutzutage auch für Schaumweine. Alle Weine außer den Tafelweinen müssen eine Kontrollnummer auf dem Etikett haben.

**PRODUZENTEN** Zwei Drittel der Weinproduktion erfolgt durch VINSMOSELLE, eine Vereinigung der sechs Genossenschaften in Greiveldingen, Grevenmacher, Remarchen, Stadtbredimus, Wormeldingen und Wellensten. Man zählt etwa 1 000 Mitglieder mit einer Rebfläche von etwa 950 ha. Darüber hinaus gibt es ca. 300 Winzer, die die Trauben teils verkaufen und teils selber vinifizieren und vermarkten. Es gibt auch etwa ein Dutzend Weinhändler mit eigenen Weinbergen.

**REBFL/PROD** Insgesamt ca. 1 400 ha und durchschnittlich 140 000 hl/Jahr.

**WISSENSWERT** Weitere Auskunft gibt die Fédération des Associations Viticoles du Grand-Duché de Luxembourg, 23 Route de Trèves, L-6793 Grevenmacher.

*Das Weinbaugebiet erstreckt sich über eine Länge von 42 km der Mosel (hier Moselle) entlang und umfasst fast ausschließlich Hanglagen. Das Klima und die Weine erinnern stark an die der oberen Mosel in Deutschland.*

# LIECHTENSTEIN

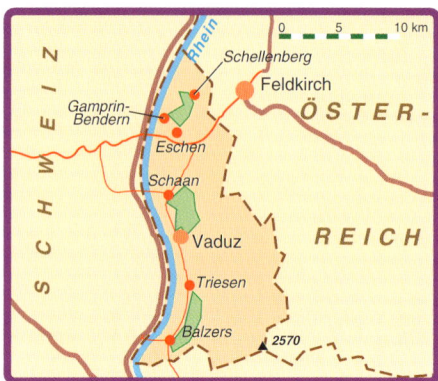

**GESCHICHTE** Liechtenstein ist ein selbständiges Fürstentum am oberen Rhein zwischen der Schweiz und Österreich. Anfang des 17. Jh. war Liechtenstein ein Fürstentum innerhalb des

*Die Hofkellerei ist der persönliche Weinbetrieb des Fürsten und der dominierende Erzeuger.*

Deutsch-Römischen Reiches. 1866 wurde das Land souverän. Seit den 20er Jahren ist man mit der Schweiz eng verbunden. Der Weinbau stammt aus der Römerzeit und bis zum Anfang des 20. Jahrhunderts war er auch sehr umfangreich.

**GEOGRAPHIE** Im Westen, dem Rheintal entlang, ist das Land flach und im Osten wird es von den Alpen geprägt. Liechtenstein liegt im Bereich der Föhntäler und das Klima ist sehr stark von den warmen südlichen Winden beeinflusst.

**ANBAUGEBIETE** Die meisten Rebberge findet man an den Südhängen der Berge in Vaduz. Aber auch in Balzers, Triesen und Schaan. Neue Rebberge werden in Schellenberg, Eschen und Gamprin-Bendern angelegt. Sowohl Klima als auch Lage und der oft sehr kalkhaltige Boden bieten in vielerlei Hinsicht perfekte Verhältnisse für den Weinbau.

**WEINE** Die Weine sind im österreichisch-schweizerischen Stil erzeugt. Am bekanntesten ist der Vaduzer. Vaduzer Beerli ist ein trockener, recht kräftiger Rotwein aus Blauem Spätburgunder (Blauburgunder), der mit Abstand verbreitetsten Rebsorte. Weißer Süßdruck, oft Kretzer genannt, ist ein spritziger, halbtrockener, leichter Rosé aus der gleichen Rebsorte. Es werden auch Weine aus Riesling x Sylvaner (Müller-Thurgau), Chardonnay, Pinot Gris (Ruländer), Rheinriesling, Traminer und Grünem Veltliner erzeugt.

**WEINGESETZ** Es gibt keine besonderen Qualitätsbezeichnungen. Rebsorte und Stil/Süße müssen jedoch auf dem Etikett vermerkt werden.

**PRODUZENTEN** Eine Menge kleiner Privatwinzer. Die Hofkellerei des Fürsten von Liechtenstein dominiert stark.

**REBFL/PROD** Ca. 16 ha, 550 hl/Jahr.

## HOFKELLEREI DES FÜRSTEN VON LIECHTENSTEIN

Seit 500 Jahren sind die Fürsten als Weinerzeuger aktiv. Die beste Lage ist „Herawingert" im Herzen von Vaduz. Seit dem 12. Jh. wird hier Wein angebaut, heute nur mit Blauburgunder bestockt. Seit dem 15. Jh. sind auch Weinberge in Österreich (Niederösterreich) beim Schloss Wilfersdorf in Besitz der Fürstenfamilie.

**WEINE** Vor allem Vaduzer Beerli und Vaduzer Süßdruck. Einige Spezialitäten sind Vaduzer Bocker, ein in Barriques ausgebauter Blauburgunder,

*Auswahl von Weinen der Hofkellerei des Fürsten von Liechtenstein. Am bekanntesten ist der Vaduzer Beerli.*

und Vaduzer Chardonnay. Unter dem Namen Schloss Wilfersdorf wird sowohl Weiß-, Rot- als auch Roséwein hergestellt. Wie es sich für einen Fürsten schickt, werden auch verschiedene Sekte erzeugt.

• **Kellermeister:** Gerri Büchel. **Besuch:** Mo-Fr 8-12, 13.30-18, Sa 8-12. **Adresse:** Fürstliche Domäne, FL-9490 Vaduz. **Tel.** 075-232 10 18. **Fax** 075-233 11 45.

# UKRAINE

GESCHICHTE  Die Ukraine wurde vor der Trennung von der Sowjetunion das „Kornhaus der Sowjetunion" genannt. Das Land verfügt über fruchtbare Böden und erzeugt große Mengen Wein. Bereits die Wikinger haben das Potenzial erkannt und gründeten in der Ukraine im 9. Jahrhundert ein Reich mit Kiew als Mittelpunkt. Die Halbinsel Krim wurde von griechischen Weinbauern kolonialisiert, was ökonomisch bedeutsam war. Die Riviera-ähnliche Südküste hat eine große Weinanbaufläche. Erst Ende des 19. und Anfang des 20. Jahrhunderts investierten französische Weinfirmen, insbesondere Champagnerhäuser wie Henri Roederer, in Weinanlagen auf der Krim. Die russische Zarenfamilie besaß hier ihre enorme Weinsammlung von 400 000 Flaschen. Ein großer Teil davon ist heute noch erhalten und die Dessertweine aus der Sammlung machten im Jahr 1990 auf einer Auktion in London von sich reden. In Massandra wird seit 1848 Wein erzeugt. In der Nähe liegt auch das älteste, 1828 gegründete Weinforschungsinstitut der ehemaligen Sowjetunion.

Leanka, ein Wein aus Odessa, wird auch auf der Krim erzeugt.

GEOGRAPHIE  Die Ukraine hat ein ausgeprägtes Binnenlandklima mit heißen, trockenen Sommern und kalten Wintern mit Temperaturen von bis zu -30 °C. Hier dominiert die Steppenlandschaft mit sehr fruchtbarem Lößboden.

ANBAUGEBIETE  Die Weinberge findet man an der Südküste zum Schwarzen Meer hin, besonders auf der Krim, am Dnjepr entlang, in den Karpaten und rund um die Städte Odessa und Ismail. Ein Viertel der Weinbaufläche der ehem. Sowjetunion liegt in der Ukraine.

WEINE  Von Sekt bis Vermouth wird alles erzeugt, vor allem aber sind die Schaumweine bekannt. Hier werden auch große Mengen süßer Rotwein hergestellt.

REBSORTEN  Chardonnay, Pinot Noir, Riesling, Aligoté und Cabernet sowie Rkatsiteli, Saperavi und Feteasca.

WEINGESETZE  Die alten sowjetischen Weingesetze gelten noch. Sie definieren zwei Klassen: ordinärer Wein und Markenwein (gleich Qualitätswein). Mehr als 90% der Produktion besteht aus ordinärem Wein. Die Weine werden nach dem Alkoholgehalt in drei Gruppen eingeteilt: Tafelwein (9-14%), Dessertwein (12-17%) und Starkwein (17-20%). Schaumweine haben eine eigene Klassifizierung.

REBFL/PROD  Etwa 150 000 Hektar. Die Produktion ist nach der Anti-Alkoholkampagne auf 1 Mio. hl gesunken.

## Moldau, Russland

### Moldau (Republica Moldova)

GESCHICHTE Die Republik Moldau ist der alte sowjetische Teil von Bessarabien, einem Gebiet im südöstlichen Europa zwischen dem unteren Dnestr, dem Prut und der Donaumündung, was heute zu Moldau und der Ukraine gehört. Bessarabien war lange der Türkei unterstellt. Es gehörte 1812-1917 zu Russland, wurde 1920 Rumänien zugeteilt, von den Russen 1940 zurückerobert und schließlich der Sowjetunion einverleibt. Aus dem Rest wurde 1924 die autonome Republik Moldau gebildet, die nach der Rückgabe des rumänischen Teils zur moldauischen SSR umgewandelt wurde. In Moldau war der Weinbau immer schon eine wichtige Einnahmequelle. In der ehem. Sowjetunion hatte diese Region den Ruf, die besten Weine zu erzeugen. 25% der Anbaufläche der ehem. Sowjetunion liegen in Moldau. Die größte Rebsortensammlung (2 800 Sorten) ist derzeit im Kodru-Institut in Kishinev ausgestellt. Nach dem Fall des Kommunismus sind zahlreiche Weinanlagen verfallen. Seit einigen Jahren werden sie langsam wieder aufgebaut und auch hier sind die „flying-wine-makers" anzutreffen, u.a. Hugh Ryman und Jacques Lurton.

GEOGRAPHIE Das Land zwischen den Flüssen Prut im Westen und Dnestr im Osten besteht aus niedrigen, sanften und hügeligen Ebenen, die allmählich in die Hochebenen auf bis zu 400 m ü.M. in Bessarabien übergehen. Das Klima ist kontinental, die Niederschlagsmenge gering. Lößböden bedecken große Teile des Gebietes. Die Zentralebene wird von Wäldern dominiert.

ANBAUGEBIETE Die sieben wichtigsten Weingebiete sind PUCARI, BALTI, IALOVANI, STAUCENI, HINCESTI, ROMANESTI und CRICOVA. Die ehemaligen Steppen sind heute bewirtschaftet und der fruchtbare Schwarzboden (aus Lößboden entstanden) ergibt reiche Ernten. Moldau ist ein ausgeprägt landwirtschaftlicher Bezirk mit einer sehr fortschrittlichen Lebensmittelindustrie, die für 60% des Exports der Republik aufkommt.

WEINE In Pucari, südlich der Hauptstadt Kishinev werden hauptsächlich Rotweine aus Cabernet Sauvignon und Saperavi erzeugt. Der interessanteste ist der Negru de Purkat. In Balti und Ialovani dominieren die Weißweine wie Rkatsiteli, Aligoté und Sauvignon. In Hincesti werden gute Chardonnay von Penfolds und Hugh Ryman hergestellt. In Cricova erzeugt man einen guten Schaumwein. Traditionell wird auch ein Dessertwein erzeugt, der bestenfalls einem Sauternes ähnelt. Ferner werden auch süße Rotweine produziert.

WEINGESETZ Die alten sowjetischen Weingesetze gelten noch. Einige Weine aber erhielten in den 90er Jahren eine staatliche Ursprungsbezeichnung.

REBFL/PROD 185 000 ha, ca. 1 Mio. hl/Jahr.

### Russland

GESCHICHTE Wie die Nestorchronik besagt, soll der Wikingerhäuptling Rurik das Land etwa 860 n.Chr. gegründet haben. Als der Wikinger Ingvar der Weitgefahrene die östlichen Gebiete rund um das Kaspische Meer etwa im Jahr 1040 besuchte, sollen er und seine Männer Wein getrunken und große Weinberge gesehen haben. In den südlichen Teilen Russlands wird Wein seit mehreren tausend Jahren angebaut. Während der Zarenzeit aber kam es in der Entwicklung der Weinerzeugung zu einem Stillstand. Die russischen Weine waren mittelmäßig bis schlecht und die Ernten klein. Es gab wenige Rebsorten und die angebauten konnten sich dem örtlichen Klima nicht anpassen, wodurch die technische Entwicklung gebremst wurde. Durch die Napoleonkriege Anfang des 19. Jh. wurde Russland, insbesondere

*Zwei typische Weine der Genossenschaft Schabo, eines Großproduzenten in der ehemaligen Sowjetunion.*

der russische Adel und das Königshaus, stark von Frankreich beeinflusst. Europäische Weinindustrien begannen sich für das Land zu interessieren.

GEOGRAPHIE Die Landschaft gestaltet sich durch die Größe des Landes bedingt sehr unterschiedlich.

ANBAUGEBIETE Die Hänge des Kaukasus haben die größte Bedeutung für die russische Weinindustrie. Dieses Gebiet ist in fünf Regionen eingeteilt: KRASNODAR, DAGESTAN, STAVROPOL, CHECHENO-INGUSHETIA und ROSTOV.

WEINE Es dominieren traditionell meist süße Rotweine oder Schaumweine. Viele verschiedene Rebsorten werden angebaut. Unter den weißen ist die Rkatsiteli am wichtigsten. Andere Sorten sind CS, Riesling, Aligoté, SB, Sém und Muscat.

WEINGESETZE Auch hier sind die alten russischen Weingesetze immer noch gültig.

REBFL/PROD Etwa 110 000 ha. Die offizielle Zahl für die Produktionsmengen liegt bei unter 3 Mio. hl/Jahr.

# TRANSKAUKASIEN

## GEORGIEN, ARMENIEN UND ASERBAIDSCHAN

GESCHICHTE Transkaukasien wird das Gebiet genannt, das Georgien, Armenien und Aserbaidschan umfasst. Hier wurde der Weinbau geboren. 6 000 bis 4 000 v.Chr. begannen die Bewohner des Gebiets mit dem Weinbau im südlichen Kaukasus. Die Gebiete rund um Armenien und im Grenzland zur Türkei und dem Iran bilden wahrscheinlich das Zentrum der Weinbauentstehung. Auch die Weingeschichte Armeniens ist ein zentraler Teil des Christentums und des Islams. Armenien ist seit dem 8. Jh. v.Chr. bekannt und stand zur Zeit Christi Geburt unter römischem Einfluss. Im 4. Jh. wurde es christlich. Schon damals gab es Weinberge, die wahrscheinlich eine sehr alte Tradition hatten. Das antike Armenien war damals nicht das kleine, eingeschlossene Land, das es heute ist, sondern umfasste das ganze Gebiet südlich von Georgien. Dies entspricht heute dem östlichen Anatolien, das zur Türkei gehört. Georgien erlebte als selbständiges und mächtiges Königreich insbesondere während des 11. und 12. Jahrhunderts eine politische und kulturelle Glanzzeit.

GEOGRAPHIE Georgien ist zum größten Teil eine Hochebene mit wechselhaftem Klima. Dem

*Der Tisch, mit Aussicht auf Tiblisi, ist gedeckt mit Weißwein, Rotwein und Cognac.*

Schwarzen Meer entlang herrscht ein mildes, subtropisches Klima. Im Flachland werden Obst, Trauben und Tee angebaut und in den Tälern Obst und Getreide. Armenien besteht aus einer Hochebene, die 1 500-1 800 m ü.M. liegt, begrenzt durch die Pontischen Berge im Norden und das Taurusgebirge im Süden. Die Flüsse Kura und Eufrat besorgen die Entwässerung im Gebiet. Auf der Hochebene aber gibt es mehrere abflusslose Becken mit Salzwasserseen, wie z.B. Van Gölü in der östlichen Türkei. Einige erloschene Vulkane erheben sich über die Umgebung, wie z.B. der Ararat (5 165 m, in der Türkei). Das Randgebirge von Armenien verfügt über genügend Niederschlag, um auch Wälder gedeihen zu lassen; der größte Teil des Landes aber besteht aus Steppen. Das Zentrum von Aserbaidschan besteht aus fruchtbarem Flachland beim Fluss Kura, das im Norden und Süden von den hohen Bergen (4-5 000 m ü.M.) des Kaukasus umschlossen wird.

ANBAUGEBIETE Die Gebiete liegen entlang dem Schwarzen Meer, rund um die Hauptstadt Tiblisi, an den Hängen des Ararat rund um Jerewan sowie an den Ufern des Eufrat und des Kura. In Aserbaidschan befinden sich auch Weinberge an den großen Flüssen und rund um die Hauptstadt Baku am Kaspischen Meer. Da das Land hauptsächlich muslimisch ist, schreitet die Weinentwicklung äußerst langsam voran.

WEINE Georgien besitzt große Industrieanlagen für die Schaumweinherstellung. Auch kräftige Rotweine werden erzeugt, meist aber von zweifelhafter Qualität. Armenien ist für seinen Cognac bekannt. In Aserbaidschan werden weiße und rote Tafelweine sowie verstärkte Weine im Portwein-Stil hergestellt.

REBSORTEN U.a. Rkatsiteli, Saperavi, Sinandali, Chinuri, Kakhet, Voskeat. In einigen Regionen werden auch Pinot Noir, Cabernet Sauvignon, Aligoté und Chardonnay angebaut.

WEINGESETZ Die alten sowjetischen Weingesetze gelten noch.

REBFL/PROD Georgien: etwa 85 000 ha, 1,1 Mio. Liter/Jahr (der Hauptteil der Ernte für Brandy). Armenien: etwa 24 000 ha, ungefähr 100 000 Liter/Jahr. Aserbaidschan: etwas unter 85 000 ha, ca. 1 Mio. Liter/Jahr.

## Zentralasiatische Regionen

### Usbekistan, Tadschikistan, Kasachstan, Turkmenistan, Kirgisien

GESCHICHTE Geschichtlich gesehen ist der Weinbau an der östlichen Küste des Kaspischen Meeres weit über tausend Jahre alt. Während der Antike war das heutige Turkmenistan in verschiedenen persischen Staatsbildungen mit eingeschlossen und wurde im 3. Jahrhundert v.Chr. von Alexander dem Großen erobert. Im 7. Jahrhundert wurde es von den Arabern und im 13. Jahrhundert von den Mongolen eingenommen. 1881 wurde der größte Teil des Landes dem russischen Reich einverleibt. Die Region ist sehr reich an Naturschätzen.

GEOGRAPHIE Die westlichen und nördlichen Teile von Kasachstan bestehen hauptsächlich aus Flachland mit der Kirgissteppe im Norden und der Kysylkumwüste im Süden. Im Südwesten grenzt Kasachstan an das Kaspische Meer und den Aralsee, im Süden liegt der Balchasjsee. Allesamt sind Salzwasserseen ohne Abfluss. Der Balchasjsee wird durch die Industrie auf der Nordseite stark verunreinigt und der Syr-Darja-Fluss ist fast völlig ausgetrocknet. Das Klima ist kontinental und trocken.

Turkmenistan besteht vorwiegend aus einer großen Wüste namens Karakum.

In Kirgisien nimmt die Gebirgskette Tianshan den größten Teil der Landesfläche in Anspruch. Die Täler bestehen vorwiegend aus Steppen und

*Weinberge in Armenien und dem Iran mit dem mächtigen Ararat (5 165 m) im Hintergrund.*

Wüsten, nur etwa 3% der Landesfläche verfügen über Wälder.

Der größte Teil von Tadschikistan besteht aus dem Bergland von Pamir und Altaj.

In dem größeren, westlichen Teil von Usbekistan liegt das Turanbecken mit der Wüste Kysylkum sowie ganz im Westen die Ustjurthochebene. Im Osten fangen die zentralasiatischen Gebirgsstöcke an.

ANBAUGEBIETE Kasachstan hat eine sehr große landwirtschaftliche Anbaufläche, die meisten Gebiete wurden in den 50er Jahren neu bepflanzt. Im Süden konzentriert sich der Anbau auf die künstlich bewässerten Gebiete an den Flüssen Syr-Darja und Ili bei Alma-Ata.

Nur ein kleiner Teil von Turkmenistan ist für den Weinbau geeignet und 95% müssen künstlich bewässert werden. Neue Anbauflächen entstehen durch den Karakumkanal, der das Wasser von Amu-Darja 800 km in westlicher Richtung durch die Wüste in die Hauptstadt Asjchabad leitet.

Bei der Stadt Frunze in Kirgisien breitet sich ein landwirtschaftliches Gebiet aus, das mit dem Wasser des Flusses Tju bewässert wird. Die Gebirgsflüsse, von denen der Nebenfluss des Syr-Darja, der Naryn, der wichtigste ist, dienen zur künstlichen Bewässerung.

Die Landwirtschaft in Tadschikistan wird vom Baumwollanbau beherrscht. Das Weinbaugebiet liegt bei den Flüssen im Bergland von Pamir.

Die drei wichtigsten Weingebiete von Usbekistan sind Samarkand, Tasjkent und Bukhara.

WEINE Die Produktion besteht hauptsächlich aus Rosinen, Dessertwein und Schaumwein.

REBSORTEN Der größte Erzeuger in Usbekistan kultiviert 150 autochthone Rebsorten, u.a. Bajan Sjireij, Matrassa und Isabella. Auch klassische Sorten werden angebaut: Aleatico, Riesling, Saperavi, Rkatsiteli, Cabernet Sauvignon, Cabernet Franc, Pinot Noir, Aligoté und Riesling.

WEINGESETZ Die alten sowjetischen Weingesetze gelten noch.

REBFL/PROD 1996 waren folgende Zahlen bekannt:

Usbekistan: etwa 125 000 ha, 900 000 hl/Jahr (trockene Weine, Dessertweine und Schaumweine).

Tadschikistan: etwa 40 000 ha, 150 000 hl/Jahr (meist verstärkte Weine).

Kasachstan: etwa 20 000 ha, 300 000 hl/Jahr (Riesling und Dessertweine).

Turkmenistan: etwa 22 000 ha, 16 000 hl/Jahr.

Kirgisien: etwa 10 000 ha, 150 000 hl/Jahr (meist verstärkte Weine).

Die Weinproduktion wird größtenteils im Lande konsumiert.

# Europa – Andere Länder

## Holland

GESCHICHTE Holland war im Mittelalter eine Grafschaft u.a. unter dem Burgund und Habsburg. Während des späteren Mittelalters erlebte das Gebiet einen großen wirtschaftlichen Aufschwung. Nach dem Freiheitskrieg 1581 wurde das protestantische Holland der Kern der neu gebildeten Republik, der Vereinigten Niederlande. Im 16. Jh. war Holland für den Weinhandel von großer Bedeutung.

WEININDUSTRIE Vorwiegend Freizeitwinzer. Insgesamt 150 ha, meist im Treibhaus. Freilandanbau gibt es am Fluss Maas bei Maastricht und Eijs. Die wichtigsten Rebsorten sind Müller-Thurgau (etwa 60%) und Riesling (etwa 20%). U.a. werden Pinot Noir/Blanc und Auxerrois angebaut. Produktion: etwa 15 000 hl/Jahr.

## Belgien

GESCHICHTE Nach dem Sturz des Römischen Reichs war Belgien ein Teil des französischen Reichs. Als dieses geteilt wurde, wurden die Provinzen Artois und Flandern französisch, der Rest deutsch. Damit legte man den Grundstein für die heutige Sprachaufteilung. Während des Hochmittelalters war das Land ein internationales Handelszentrum. Städte wie Brügge, Gent und Antwerpen gehörten zu den reichsten Europas. Bis etwa 1830 gehörte das Gebiet zu mehreren verschiedenen Reichen.

WEININDUSTRIE Der Anbau in Gewächshäusern überwiegt. 1865 wurde in Brüssel das erste Treibhaus der Welt, in dem Weinbau betrieben wurde, angelegt. Insgesamt gibt es derzeit einige hundert Treibhäuser und nur wenig Freilandanbau. Meist Weißweine in deutschem Stil. Rebsorten sind Müller-Thurgau, Auxerrois und Pinot Blanc. Die Gesamtproduktion beträgt 5 000 hl/Jahr.

## Polen

GESCHICHTE Während des Mittelalters kultivierte man die Weingärten an den Hängen des Flusses Wisla. Im 15. Jahrhundert wurden sämtliche Rebberge durch Frostschäden zerstört. Nach dem 2. Weltkrieg wurde dem neuen polnischen Staat die östlichste Weinbauregion am Grünberg (Zielona Gora) zugeteilt; hier waren bis zu 1 400 ha Weingärten bestockt. Mit der Industrialisierung endete der polnische Weinbau und seit 1947 wird der Wein so gut wie nur aus Früchten erzeugt.

## San Marino

GESCHICHTE San Marino ist der einzige noch bestehende Staat der ehemaligen italienischen Staatsrepublik und auch einer der kleinsten Staaten Europas. Bereits 885 in Schriften erwähnt, gehört er zu den ältesten Staaten überhaupt. Seit 1862 steht San Marino mit einem Freundschaftsvertrag unter italienischem Schutz. Die wichtigsten Einnahmequellen sind Tourismus und Landwirtschaft.

WEININDUSTRIE Die jährliche Produktion liegt bei 5-6 000 Litern/Jahr und wird im Inland konsumiert. Am bekanntesten sind der rote, kräftige Sangiovese und der perlende, süße Dessertwein Moscato.

## Malta

GESCHICHTE Die Insel Malta wurde erst von den Phöniziern kolonisiert, gehörte danach zu Karthago und später zum Römischen Reich. Von 1522-1834 war die Insel Zentrum des Johanniter- oder Malteserordens. Die Malteserritter errichteten sog. Commandarias, eine Art befestigte Klöster. Diese benötigten Kommunionswein, was zum Aufbau von Weingärten führte. Den Maltesern wird die Schaffung des Commandaria-Weins zugeschrieben. Dieser wird auf Zypern immer noch erzeugt. 1974, nachdem sie 160 Jahre zu Großbritannien gehört hatte, erhielt die Insel ihre Unabhängigkeit.

WEININDUSTRIE Der Ursprung des maltesischen Weinbaus geht auf die Phönizier zurück. Wein wird an der Küste und an den Berghängen angebaut. Insgesamt auf etwa 1 000 ha. Die lokalen Weine sind unkomplizierte Tafelweine. Ein Teil der einheimischen Weine wird mit importiertem Wein verschnitten. Gesamtproduktion etwa 30 000 hl/Jahr.

## Albanien

GESCHICHTE Während der Antike war Albanien ein Teil des Römischen Reichs. Seit dem 16. Jh. bis zur Selbständigkeit 1913 wurde es von den Türken regiert. 1945 zur sozialistischen Volksrepublik ernannt, zuerst mit der Sowjetunion liiert, später mit China, um sich schließlich vollständig von der Außenwelt zu isolieren.

WEININDUSTRIE Die Weinindustrie war einst erfolgreich, wird zurzeit aber sehr vernachlässigt. Die Weinbaufläche von etwa 10 000 ha liegt hauptsächlich in der Küstenebene und setzt sich in den Tälern fort. Die Weine ähneln denen aus Makedonien und Montenegro. Die wichtigsten Rebsorten sind Welschriesling, Mavrud und Cabernet Franc. Die Gesamtproduktion beträgt 170 000 hl/Jahr.

# ZYPERN

GESCHICHTE  Infolge der günstigen geographischen Lage baut man auf Zypern schon lange Wein an. Während der Antike war die Insel das Weinhandelszentrum von Ägypten, Griechenland und Rom. Nach dem Sturz des Römischen Reiches im Jahr 476 n.Chr. verschwand auch der Weinbau. Während der Kreuzzüge im 12. Jh. eroberte der englische König Richard Löwenherz die Insel. Die Kreuzritter veranlassten, dass die Weinproduktion wieder aufgenommen wurde. König Richard verkaufte später die Insel an die venezianischen Tempelritter (die späteren Malte-

*Fast alle Trauben auf Zypern stammen von den Hängen des Olympus (1 952 m ü.M.).*

serritter des Malteserordens oder Johanniterordens). Sie errichteten sog. Commandarias, eine Art Klosterfestungen. Sie ernannten sich zu den Erfindern des Commandaria, der heute noch hergestellt wird. Der Commandaria soll das Vorbild für den Madeira gewesen sein. Die Tempelritter stellten sich als traditionelle Imperialisten dar. Der Weinbau wurde industrialisiert und andere rentable Saaten wurden angebaut, vorwiegend Baum-

wolle und Zuckerrohr. Als die Türken die Insel im Jahr 1571 einnahmen, ging der Ackerboden wieder an die Bauern zurück. In den darauf folgenden Jahrhunderten geriet der Weinbau etwas in den Hintergrund. Als europäische Weinberge von der Phylloxera befallen waren, konnte Zypern die Lücke füllen. Die Insel wurde nie von der Reblaus heimgesucht, wodurch sich die Weinindustrie in Ruhe entwickeln konnte. Später verschlechterte sich der Weinbau und man exportierte hauptsächlich Traubenkonzentrat und billige, Sherry-ähnliche Produkte. Mit dem Eintritt Spaniens in die EU im Jahr 1986 wurde der Export dieser Produkte verboten. Man war gezwungen, neue Märkte zu suchen, und fand diese in einfachen Tafelweinen, die aber keinen großen Erfolg mit sich brachten. Das neue Weininstitut sowie staatliche Mustergüter versuchen nun die Winzer zum Qualitätsanbau zu motivieren und Modernisierungen einzuführen. Bis heute ohne Erfolg; immer noch dominieren Touristenweine, und da die Insel nie von der Reblaus angegriffen wurde, werden immer noch einfache Rebsorten kultiviert.

GEOGRAPHIE  Das Küstenklima unterdrückt die Hitze und bietet günstige Voraussetzungen für alkoholstarke Weine. Die Insel besteht aus vulkanischen Böden.

ANBAUGEBIETE  Wein wird an den Süd- und Südosthängen des Olympus-, Troodos- und Maherasgebirges angebaut. Das Land hat fünf Anbaugebiete: MARATHASSA ALFAMES am Fuße des Olympus im Südwesten, PITSILIA südlich des Olympus, das MAHERASGEBIRGE, das TRODOOSGEBIRGE und MESORIA im Osten.

REBSORTEN  Die Weinindustrie Zyperns verwendet hauptsächlich zwei Rebsorten: den roten Mavron und den weißen Xynisteri. Mavron deckt 80% der Anbaufläche von etwa 40 000 ha.

Mavron wird für alle Weine eingesetzt, ob süß oder trocken. Der Ofthalmo ist eine autochthone Sorte, die leichte und säuerliche Rotweine hervorbringt. Maratheftikon ist die beste Rebsorte. Sie kommt zusammen mit dem Mavron in vielen der älteren Weinberge vor. Maratheftikon ergibt Weine, die an Cabernet erinnern. Fast die ganze Anbaufläche für weiße Trauben, insg. 500 ha, ist mit Xynisteri bestockt. Langsam werden auch Muscat d'Alexandrie und traditionelle Sorten wie Grenache, Carignan, Riesling und etwas Cabernet Sauvignon angebaut.

WEINE  Vorwiegend süße Starkweine von annehmbarer Qualität. Die örtlichen Weine sind einfache, starke Tafelweine mit viel Tannin. Die tanninreichen, roten Afames und Othello kommen häufig vor. Es gibt nur wenig Weißwein. Die besten sind Aphrodite und Ansinoe. Kokkinelli ist ein frischer, halbsüßer Rosé mit etwas dunklerer Farbe als üblich. Der beste zypriotische Wein ist der Dessertwein Commandaria. Er wird nach einer althergebrachten Methode aus weißen und roten, getrockneten Trauben hergestellt. Nur etwa 20 Dörfer haben das Recht zur Herstellung des Commandaria. Die bekanntesten sind Khalokhorio, Zoopiyi, Yerass, Ayias und Mancas. Jedes Dorf stellt den Wein auf seine eigene Art her. Khalokhorio verwendet die weiße Xynisteri und Zoopiyi den roten Mavron. Die Anbaugebiete in

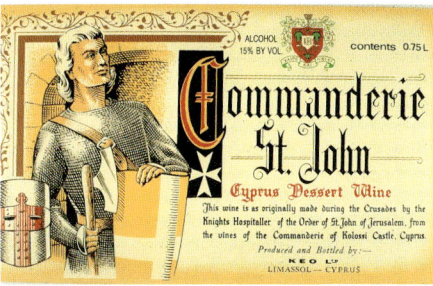

St. John Commandarie ist der berühmteste Wein Zyperns. Er stammt aus der Zeit der Kreuzritter.

Pitsilia und an den Südhängen des Troodosgebirges, oberhalb von Limassol, haben einen guten Ruf für ihren Commandaria. Die älteste Marke, Commandarie St. John, soll der älteste Wein der Welt sein (1191). St. John ist ein nach dem Solera-System gereifter Dessertwein aus roten und weißen Trauben, die nach der Lese 10-15 Tage an der Sonne getrocknet werden.

WEINGESETZ  Die Herstellung des Commandaria ist gesetzlich geregelt. Nachdem Zypern sich um Mitgliedschaft in der EU beworben hat, war dies unumgänglich.

REBFL/PROD  20 000 ha, 560 000 hl/Jahr. Gut ein Drittel der Produktion, zum größten Teil Commandaria, wird exportiert.

## Produzenten auf Zypern

### Keo

Keo ist für den St. John Commandaria bekannt. Andere Weiß- und Roséweine sind Aphrodite, Bellapais, St. Panteleimon und Coeur de Lion. Rote u.a. Domaine d'Ahera, Buffavento und Othello.

• **Adresse:**  Keo Ltd, 18, Irinis Street, CY-Limassol • **Tel.** 051-62053. **Fax** 051-73429.

Zypriotische Etiketten erinnern an die Vergangenheit. In der Werbung nennt man Zypern „die Insel der Götter".

### Sodap

Sodap erzeugt den Commandaria Saint Barnabas. Andere Weine: Arsinoe (trockener Weißwein), Afames, Salamis und Carignan Noir (trockener Rotwein).

• **Adresse:**  Sodap Ltd, Synergatismos Street, PO Box 314, CY-Limassol. **Tel.** 051-64605.

### Etko

Etko erzeugt den besten Rotwein auf Zypern: INO ist ein Cabernet, von dem sehr wenig hergestellt wird und der aus einer Einzellage stammt.

• **Adresse:**  Etko Ltd, PO Box 261, CY-Limassol. **Tel.** 051-73391.

### Loel

Der Betrieb produziert u.a. Commandaria Alasia und einen der besten Brandys der Insel.

• **Adresse:**  Loel Ltd, PO Box 139, CY-Limassol. **Tel.** 051-71300.

# TÜRKEI

GESCHICHTE In allen Ländern rund um das östliche Mittelmeer baut man schon seit der Antike Wein an. Die Türkei war aber wahrscheinlich das Zentrum für die Entstehung des Weins und seine früheste Entwicklung. Die Weinproduktion der Türkei hat auch während der jahrhundertelangen Beeinflussung durch das Christentum und durch den Islam eine zentrale Stellung beibehalten.

Schenkt man dem Alten Testament Glauben, so war Noahs Weinberg an den Hängen des Ararat der allererste. Der Ararat (Büyük Agri auf Türkisch) liegt in der Türkei und ist der höchste Berg der Gebirgskette, die zwischen der Türkei und Armenien liegt. Das antike Armenien war damals nicht das kleine, eingeklemmte Land von heute, sondern erstreckte sich über das ganze Gebiet südlich von Georgien. Heute entspricht es dem östlichen Anatolien, einem kleinen Teil der Türkei.

Die rätselhaften Hethiter gehörten zu den Völkern, die diese Ecke der Welt einmal regierten. Während langer Zeit belagerten sie im zweiten Jahrtausend v.Chr. die fruchtbaren Gebiete der Türkei. Sie herrschten bis nach Babylonien im Osten. Ihre Weinbaukultur war hoch entwickelt und sie beteten den unmittelbaren Vorgänger des Weingottes Dionysos an.

Während fast 2 000 Jahren, bis der Islam die Alte Welt eroberte, wurde in der Gegend der heutigen Türkei viel Wein produziert. Nach dem Fall des Römischen Reiches eroberten islamische Truppen von der indischen Grenze bis an die Westküste Spaniens das ganze Land. Zehn Jahre nach dem Tod von Mohammed 632 n.Chr. war der Weinkonsum in allen islamischen Ländern verboten.

Die islamische Einstellung gegenüber dem Wein und dem Alkohol ist sehr restriktiv. Der Koran ist erstaunlich kontrastreich und widersprüchlich. Dies hat zu vielen Richtungen innerhalb der Religion geführt, aber auch dazu, dass die restriktive Haltung gegenüber dem Wein selten eingehalten wurde. Der Grund des islamischen Weinverbots

*Die Türkei ist ein archäologisches Paradies. Efesos ist eine der wenigen Städte, die ausgegraben wurden (Bild).*

wurde in der Tat nur auf eine Stelle im Koran zurückgeführt. Mohammed zählt den Wein sogar oft zu den guten Gaben des Lebens.

Als eine Reaktion auf das metaphysische Verhältnis zur Religion entstand im 8. Jh. eine wollüstige, islamische Dichtung und Literatur. In romantischen und kraftvollen Schilderungen huldigte man dem Wein und der Liebe. Am bekanntesten sind „Alf laila walaila" und „Tausendundeine Nacht" aus dem 9. Jahrhundert.

Durch die Realpolitik bekam das Weinverbot in den Ländern, die vom Weinanbau abhängig waren, eine ganz andere Bedeutung. Islamische Ärzte gerieten in Schwierigkeiten, als dieses führende Arzneimittel verboten wurde. Alles in allem war es eine unmögliche Situation.

Generell hat der Islam in seiner ganzen Existenz immer zwischen Realismus und Gehorsam balanciert, besonders in den nördlichen islamischen Ländern wie der Türkei. Den Juden und Christen wurde es unter der Bedingung von Steuerabgaben weiterhin gestattet, ihren Wein auf islamischem Boden zu produzieren.

Nach dem griechischen Freiheitskrieg Anfang des 20. Jh. ging die Weinproduktion stark zurück. In den 30er Jahren nahm der Weinbau, unter der Leitung von Kemal Atatürk, wieder zu und große staatliche Monopole entstanden.

Die heutigen Türken sind zwar nicht die ehrgeizigsten Weinhersteller der Welt, aber viele ihrer Weine haben einen eigenen Charakter. Die Weine sind kräftig und säurebetont, ohne aber eine besondere Finesse vorzuweisen. Generell interessante Weine, die aber leider außerhalb der Türkei schwer zu finden sind.

GEOGRAPHIE/BODEN  In der Türkei findet man hauptsächlich eine niedrige Hügellandschaft mit Lößböden. An der Küste meist Hochland. Dem Schwarzen Meer entlang erstrecken sich die Istrancaberge. Der größte Teil des türkischen Binnenlands besteht aus der großen anatolischen Hochebene, die sich im Westen zu den fruchtbaren Tiefebenen in den Flusstälern am Ägäischen Meer herabsenkt. Im Norden findet man das Pontische Gebirge und im Süden das Taurusgebirge. Der östliche Teil der Türkei besteht aus der Berglandschaft des ehemaligen Armeniens, einer Hochebene mit erloschenen Vulkanen. Hier liegt auch der höchste Berg der Türkei, der Ararat, 5 165 m ü.M.

ANBAUGEBIETE Die sieben Anbaugebiete der Türkei sind: THRAKIEN/MARMARA, d.h. die nordwestliche Ecke des Landes rund um den Marmarasee. Im Westen werden an der ÄGÄISCHEN KÜSTE bei Izmir (ehemals Smyrna) Reben ange-

*Vor der Islamisierung waren die Türken eifrige Anbeter des Weines. Im Bild das Motiv einer griechischen Vase.*

baut. Ferner in der Gegend von ANKARA, im ÖSTLICHEN, SÜDÖSTLICHEN und SÜDLICHEN ANATOLIEN, auf der Hochebene im Binnenland sowie der MITTELMEERKÜSTE entlang.

REBSORTEN  Die Türkei verzeichnet die bunteste Rebsortenvielfalt der Welt. 1 253 verschiedene Sorten werden erwähnt. Nur ganz wenige werden aber für die Weinherstellung verwendet. 97-98% aller Trauben werden als Rosinen, Sultaninen oder Tafeltrauben verkauft. Die häufigste Rebsorte ist deswegen Sultani (Sultaniye), die sich sowohl zur Gewinnung von Rosinen als auch von Tafeltrauben eignet. Für die Weinproduktion verwendet man verschiedene alte örtliche Rebsorten,

*Die Hauptstadt der Türkei ist Ankara, aber Istanbul, das Tor zur arabischen Welt, ist die bekannteste Stadt. Zwei gigantische Moscheen prägen das Stadtbild. Hier sehen wir die größte, die fast 100 m hohe Sofia-Moschee.*

von denen viele nicht klassifiziert sind. Unter den roten Sorten kommen Horozkarasi, Alicante Bouschet, Sergikarasi und Papaz Karasi am meisten vor und unter den weißen Narince, Emir, Hasandede, Kabarçik und Dökülgen. In den letzten Jahrzehnten haben hier auch französische Rebsorten Einzug gehalten. Pinot Noir, Gamay, Merlot, Cabernet, Sémillon und Chardonnay sind jedoch nur in den westlichen Weinregionen präsent. Auch Riesling kommt vor.

WEINE Die besten Weißweine entstehen aus den Sorten Hasandede, Narince und Emir. Die besten Rotweine aus Oküzgüzö-Bogazkere, Papaz Karasi und Kaleçik Karasi, die alle sehr dunkle Weine ergeben. Zwei Weine stechen etwas aus der Menge hervor: Der erste ist der Villa Doluca Antika, ein fruchtiger Rotwein mit Kraft. Der andere ist der Kavaklidere Ösel Reserve, ein eleganter Rotwein. Bekannte Weine sind Buzbag, von der anatolischen Rebsorte Bogazkere, und der Trakya, ein kräftiger, trockener Rot- oder Weißwein aus Thrakien. Andere Qualitätsweine sind die roten Adabag und Kalebag. Der Beyaz (auf Deutsch „Weißer") wird in Tekirdag produziert.

Die Türken mögen süße Weine und der Ausdruck „sarap" auf dem Etikett bedeutet, dass es sich um einen sehr süßen Wein handelt. Unter den besseren Dessertweinen gibt es Gaziantep und Kalebag Ankara von TEKEL und den weißen Misbag Izmir.

Es gibt viele ordinäre, lokale Weine wie den Güzel Marmara aus Istanbul (rot, weiß, trocken oder halbtrocken), den Güzelbag aus Ankara (rot,

Einige der bekanntesten Etiketten des staatlichen Unternehmens TEKEL mit knapp 50% der Produktion.

270 000 hl/Jahr gestiegen. Mit 570 000 ha Rebfläche hat die Türkei die sechstgrößte Anbaufläche der Welt, jedoch nur 2-3% der Trauben werden für die Weinherstellung verwendet. Der größte Teil der Trauben wird zu Rosinen und Sultaninen verarbeitet.

In der Türkei werden viele verschiedene Rebsorten angebaut. Muscat ist eine der ca. 1 300.

weiß, trocken oder halbtrocken) und den Izmir aus der Gegend der ägäischen Küste. Aus dem zentralen Anatolien kommt der Çubak.

WEINGESETZ Die Türkei verfügt über keine speziellen Weingesetze.

PRODUZENTEN 45% der Weinproduktion fällt dem staatlichen Unternehmen TEKEL zu. Von den 131 Weinorganisationen sind 22 staatlich. Die privaten Winzer erzeugen ca. 50% der Produktion.

REBFL/PROD Vom tiefsten Stand von 1928, als jährlich nur 27 000 hl produziert wurden, ist die Produktion allmählich auf die heutigen

## WEINREGIONEN IN DER TÜRKEI

### THRAKIEN/MARMARA

Das Gebiet befindet sich im europäischen Teil der Türkei und genießt das höchste Ansehen. Hier werden 40% aller Weine produziert. Einige bekannte Weine sind Trakya (ein Weißwein aus Sémillon oder Rotwein aus der Papaz-Karasi-Rebe) und Hosbag (ein Rotwein aus dem Gamay). Der beste Wein ist der Villa Doluca (Rotwein aus dem Gamay, auch als Weißwein und Rosé).

REBSORTEN Rote: Pinot Noir, Adakarasi, Papaz Karasi, Karaseker, Gamay, Karalahana, Cinsaut. Weiße: Clairette, Chardonnay, Riesling,

*In Ankara werden nach Thrakien die besten Weine erzeugt. Kavaklidere heißt der beste Produzent.*

Sémillon, Beylerce, Yapincak, Vasilaki.
PRODUZENTEN 70 verschiedene, davon sechs staatliche Produzenten. Die führenden sind:
TEKEL, Hisaralti Cad. 64, Cibali-Istanbul. Tel. (90-1) 523 60 29, Fax (90-1) 535 19 73.
DOLUCA BAGÇILIK, Halkali Cad. No. 22, Sefaköy-Istanbul. Tel. (90-1) 579 93 22, Fax (90-1) 580 22 89.
KUTMAN GIDA, Abbasaga Mah. Soför Sok. 3, 80700 Besiktas-Istanbul. Tel. (90-1) 160 62 91, Fax (90-1) 160 62 91.

### ÄGÄISKÜSTE

Das Weinbaugebiet liegt an der Küstenstrecke zur griechischen Grenze und konzentriert sich rund um Izmir. Die Region ist für 20% der Weinproduktion verantwortlich. Ein empfehlenswerter örtlicher Wein ist der Efes Günesi aus Yasgan. Ein bekannter Rot- und Weißwein ist der Izmir.
REBSORTEN Rot: Carignane, Calkarisi, Grenache, Merlot, Cabernet Sauvignon, Alicante Bouschet. Weiß: Sémillon, Bornova Misketi, Sultani.
PRODUZENTEN 20 Produzenten, darunter drei staatliche. Die bekanntesten sind TEKEL und Yasgan Sarapçilik.
YASGAN SARAP, 1121 Sok. No: 14, Zeytinlik-Izmir. Tel. (90-51) 33 38 86-7, Fax (90-51) 33 38 86.

### ANKARA

Die Weine aus der Region rund um Ankara gelten als die zweitbesten der Türkei. Am meisten geschätzt sind Yakut und Dikmen (gelagerter Rotwein aus Kavaklidere) und der Güzelbag. Ferner Karmen, Köpük, Nobel und Hitit.
REBSORTEN Rote: Kaleçik Karasi, Papaz Karasi, Dimrit. Weiße: Emir, Hasandede.
PRODUZENTEN 15 Produzenten, darunter fünf staatliche. Am bekanntesten sind Aral Sarapçilik, Esentepe Saraplari, Dimes Gida und Kavaklidere Saraplari.
ESENTEPE SARAPLARI, Incirli Yanusemre Cad. No. 36, 06010-Ankara. Tel. (90-4) 321 13 32.
KAVAKLIDERE SARAPLARI, Çankiri Yolu 6. Km, Akyurt 06750 Ankara.

### SÜDOSTANATOLIEN

Diese Region ist vor allem für ihren Buzbag bekannt, einen der „berühmtesten" Rotweine aus den Rebsorten Öküzgüzü und Bogazkere.
REBSORTEN Rot: Horozkarasi, Öküzgüzü, Bogazkere, Segikarasi. Weiß: Dökülgen, Kabarçik, Rumi.
PRODUZENT Nur der staatliche TEKEL.

### OSTANATOLIEN

Kleine Weinregion mit ca. 4% der Produktion.
REBSORTEN Rote: Öküzgüzü, Bogazkere. Weiße: Narince.

### SÜDANATOLIEN

Die Region erzeugt 12% der Produktion.
REBSORTEN Rote: Segikarasi, Burdur Dimriti. Weiße: Narince, Kabarçik.

### MITTELMEERKÜSTE

Eine unbedeutende Weinregion.
REBSORTEN Rote: Segikarasi, Bogazkere. Weiße: Kabarçik, Dökülgen.

# ISRAEL

GESCHICHTE Georgien und Armenien sollen die Wiege des Weines gewesen sein. Wenn Noah nach der Sintflut an den Hängen des Ararat gestrandet ist, muss er vom Kaukasus gekommen sein. Auf der Arche befanden sich auch Weinreben: „Noah wurde der erste Ackerbauer und pflanzte einen Weinberg" (1. Buch Moses 9, 20). Irgendwo in diesem Dreieck zwischen dem Galiläischen See, dem Schwarzen Meer und dem Kaspischen Meer entstand wahrscheinlich die „moderne" Weinkultur.

Die Wissenschaftler streiten sich über den genauen Zeitpunkt. Die einen behaupten, dass vergorener Traubensaft schon 7 000 v.Chr., wenn nicht schon viel früher, bekannt war. Die anderen vertreten die Meinung, dass die kontrollierte Weinherstellung tatsächlich in Mesopotamien entstanden ist und von den Sumerern, genauer in der Uruk-Zeit, erfunden wurde. Archäologische Funde bestätigen beide Theorien.

Zu jener Zeit war der Weinbau in Palästina äußerst wichtig. Viele Erzählungen besagen, dass der Wein eine wichtige und symbolische Rolle spielte.

Wir lesen weiter im 1. Buch Mos. 9, 21, dass Noah die erste literarische Gestalt war, die Wein missbrauchte. Im 4. Buch Mos. 13, 24, heißt es dann: „Den Ort nannte man später Traubental wegen der Traube, die die Israeliten dort abgeschnitten hatten." Viele der Psalmen haben den Wein und die Trauben zum Inhalt.

In der früheren Medizin war Wein das einzige Heil- und Schmerzmittel. Wunden wurden damit behandelt und das Wasser wurde trinkbar, wenn es mit starkem Wein gemischt wurde.

Eine Weinpresse im alten Palästina bestand meist aus zwei Behältern, die direkt im Felsen eingehauen waren, wobei der eine höher lag als der andere. Die beiden waren durch eine Rinne oder durch ein Loch in der Zwischenwand miteinander verbunden. Im höher gelegenen Behälter wurden die Trauben mit den Füßen getreten, wobei der Saft in den unteren Behälter ablief.

Der Ausdruck „Blut" in Zusammenhang mit Traubensaft, wie z.B. „... er wäscht in Wein sein Kleid, in Traubenblut sein Gewand" (1. Mos. 49, 11), oder „... das Blut der Trauben trankst du gegoren" (5. Mos. 32, 14), zeigt, dass man im alten Palästina hauptsächlich rote Trauben anbaute.

Wie Palästina hat auch der Weinbau eine lebhafte Geschichte hinter sich. Weinberge wurden vom einen zerstört, um vom anderen wieder aufgebaut zu werden. Vom Mittelalter bis ungefähr 1880, als die ersten Juden in Palästina einwanderten, stand der Weinbau gänzlich still. Die Juden bauten nun, nach Ratschlägen der französischen Winzerfamilie Rothschild, französische Rebsorten an. Baron Edmond de Rothschild gründete damals Weingüter bei Richon-le-Zion in der Nähe von Tel Aviv und in Zichron-Jacob bei Haifa, am Berg

*Dieses Mosaik aus der Zeit vor Christi Geburt zeigt die Lese roter Trauben.*

Carmel. Das ursprüngliche Ziel war, einen süßen Sakramentwein zu erzeugen, der koscher war.

Der Weinkonsum Israels ist sehr klein. Lediglich vier bis fünf Liter Wein werden pro Person und Jahr getrunken. Meistens wird süßer Wein nur im Zusammenhang mit religiösen Zeremonien konsumiert. Aus den Zeremonieweinen sind trockene und leichte Tafelweine für den Exportmarkt entstanden.

Die Israelis hatten in der Weinwelt bislang einen

*Jüdische Einwanderer haben mit Hilfe von u.a. Edmond de Rothschild die neuen Rebberge angelegt.*

sehr schlechten Ruf. Heute ist man aber auf dem Weg, auch Qualitätsweine zu erzeugen. Diese sind im Geschmack trockener und feiner.

GEOGRAPHIE/BODEN  Der jährliche Niederschlag schwankt zwischen 20 cm in der Negev-Wüste und 70 cm in den Golanhöhen. Das Klima ist meist heiß und trocken. Einige wenige Anlagen, die Qualitätsweine hervorbringen, liegen in einer Gegend mit günstigem Mikroklima. Die Nähe zum Mittelmeer oder zum See Genezareth sowie die Höhe über dem Meer sind Faktoren, die die Hitze dämpfen und für gewöhnlich mehr Niederschlag als im Flachland bewirken. Der Boden besteht meist aus Kies auf Kalkstein.

ANBAUGEBIETE  Israel hat fünf offizielle Weinregionen.

GALILÄA (Galil) im Norden zählt heute zur führenden Region. Sie umfasst die Golanhöhen an der Grenze zu Syrien sowie das obere und untere Galiläa am See Genezareth. Aufgrund der Höhenlage mit feuchten, kühlen Nächten und gut drainierten Böden eignet sich diese Gegend sehr gut für den Weinbau.

SAMARIA (Shomron) liegt südlich von Haifa und umfasst die alten Weinberge bei Zichron Jacob und Binyamina. Samaria ist das größte Weinbaugebiet Israels. Die Lage ist mit dem Berg Carmel und dem nahe liegenden Meer sehr vorteilhaft.

SAMSON (Shimson) umfasst die Ebene östlich von Rehovot, Richon-le-Zion und Ashkelon, liegt südöstlich von Tel Aviv und dehnt sich im Osten in Richtung der Jüdischen Berge aus.

JUDEAN HILLS (Jüdische Berge) sind die Anhöhen rund um Jerusalem. Das kühle Klima und der kalkhaltige Boden geben dem Wein einen besonderen Charakter.

NEGEV ist die südlichste Region bei der Stadt Beersheba. Die Wüstenlandschaft ist durch künstliche Bewässerung fruchtbar geworden.

WEINE  Israel gehört zu den Ländern, die während vieler Jahre einige der „zuverläßig schlechten" Weine produzierten. Man beginnt heute mit Hilfe von amerikanischen Experten auch Qualitätsweine zu erzeugen. Der typisch israelische Wein ist süß und oxydiert. Neue Technik und bessere Qualitätsüberwachung haben dazu geführt, dass man vor allem bei der Golan Heights Winery Varietal-Weine (sortenreine Weine) von einer Qualität hervorbringt, die sich mit den besten Kaliforniens messen können. Mehr als 90% der Weine sind immer noch langweilige, leicht süße Rotweine, die eine gewisse Ähnlichkeit mit den russischen haben.

REBSORTEN  Die Trauben werden an allen denkbaren Orten angebaut, hauptsächlich aber Tafeltrauben. Es gibt keine einheimischen Sorten

*Die Israelis haben ihr dürres Land in eine Oase verwandelt. Der Jordan ist für die Bewässerung sehr wichtig. Die besten Weine werden in den Golanhöhen hergestellt und Golan Heights heißt auch der beste Erzeuger Israels.*

mehr. Der rote, französische Carignan wird zu 41% und Grenache zu 34% angebaut. Sie ergeben meist schlechte, schwere und süße Weine. Man hat auch mit dem Anbau von Cabernet Sauvignon begonnen, der in Galiläa die besten Weine ergibt. Unter den weißen Sorten kommen sowohl Sémillon als auch Sauvignon Blanc häufig vor. Sie ergeben etwas überreife, aber gute, trockene Weißweine. Andere häufig vorkommende Sorten sind Clariette, Muscat d'Alexandrie und Alicante.

**WEINGESETZ** Israel hat kein ausführliches Wein- oder Appellationsgesetz. Als Anpassung an die EU werden bei sortenreinen Weinen die Anbauorte angegeben.

**REBFL/PROD** Die Gesamtfläche liegt bei unge-

*Victor Schoenfelt ist der Kellermeister bei Golan Heights, einer „Kibbuz"-Genossenschaft.*

fähr 6 000 Hektar. Davon werden 2 500 Hektar für die Weinherstellung verwendet. 240 000 hl/Jahr.

**PRODUZENTEN** Das Riesenunternehmen Carmel hat nahezu eine Monopolstellung mit etwa 75% der Gesamtproduktion. Der größte Qualitätshersteller ist die Golan Heights Winery, mit 10 Prozent des Marktanteils.

## CARMEL

**GESCHICHTE** Carmel wurde 1882 vom Baron Edmond de Rothschild gegründet. Die Weinberge wurden in Zichron-Jacob (am Berg Carmel) außerhalb von Haifa und bei Tel Aviv im Gebiet Richon-le-Zion angelegt. Früher führte das Personal des Barons das Unternehmen. Anfang dieses Jahrhunderts übernahmen die ansässigen Winzer die Führung. Sie bildeten die Genossenschaft „Vigneronne des Grandes Caves", Carmel genannt. Sie wuchs zu einem Riesenunternehmen an und erzeugt heute alle Sorten von alkoholhaltigen Getränken und Fruchtsäften.

**WEINE** Vor allem die Serie von sortenreinen Weinen namens Baron Edmond de Rothschild ist hervorzuheben. Durch Ausbau in französischer Eiche erhalten die Cabernet Sauvignon und Pinot Noir Kraft und Reife. Die Trauben wachsen in Galiläa, wo feuchte, kalte Nächte die Qualität fördern. Andere sortenreine Weine aus dieser Serie: Sauvignon Blanc Galil, Emerald Riesling Tabor und Chardonnay Samson. Geschätzt wird auch der Schaumwein President's Sparkling.

*Der Gründer E. de Rothschild wird heute als Dank mit einer Serie von interessanten Qualitätsweinen geehrt.*

**RUF** Man begann mit süßen Bulkweinen und strebt heute nach Qualitätsweinen.

**REBSORTEN** Rot: CS, Petite Sirah, Shiraz, Merlot, Zinfandel, Grenache. Weiß: SB, Chenin Blanc, Sémillon, Chardonnay, Colombard, Emerald Riesling, Muscat Alexandroni u.a.

**WEINHERSTELLUNG** Sehr moderne Methoden. Ausbau in Eiche für rote Qualitätsweine.

**LAGERUNG** Rote der Rothschildserie: 5-8 J.

**REBFL/PROD** Ca. 2 000 ha, 2 Mio. Kisten/Jahr.

**Besitzer** Société Coopérative Vigneronne des Grandes Caves • **Kellermeister** Israel Flam • **Besuch** So-Do 9-16 • **Adresse** Carmel, PO Box 2, IL-75100 Richon-le-Zion • **Tel.** 03-96 69 884, 03-96 53 662 • **Fax** 03-96 63 129 • **E-Mail** carmelmz@netvision.net.il

PRODUKTION      QUALITÄT      PREIS

## GOLAN HEIGHTS WINERY

GESCHICHTE Eine Genossenschaft, die aus neun Weingütern besteht. Man bestockte ein ehemaliges Schlachtfeld auf der Golanhöhe mit Reben. Die Genossenschaft wurde von vier Kibbuzen und sechs Dorfgemeinschaften nach dem Yom-Kippur-Krieg 1973 lanciert. Die Kibbuze liegen direkt auf dem alten Schlachtfeld, das heute das „Tal der Tränen" genannt wird. Die Kellermeister werden in Kalifornien ausgebildet. Mit modernen Methoden will man dem Exportmarkt angepasste Qualitätsweine erzeugen.

*Golan Heights hat sich mit seinen Qualitätsweinen profilieren können, vor allem mit der Marke „Yarden".*

WEINE Alle Sorten unter den Namen Yarden, Golan und Gamla, von denen Yarden Cabernet Sauvignon der beste ist: frisch, weich und fruchtig mit Johannisbeeren und Lakritzenoten. Gamla Sauvignon Blanc: jung in der Nase, sehr trocken und frisch. Alle Weine sind koscher.
RUF Sehr guter Ruf. Ihre Yarden Chardonnay, Merlot und Cabernet Sauvignon gewannen mehrere Goldmedaillen an der Weinausstellung in Bordeaux.
BODEN Rote, vulkanische Erde, 1 100 m ü.M.
REBSORTEN SB 30%, CS 25%, Chardonnay 20%. Die restlichen 25%: Merlot, Sémillon, Pinot Noir, Emerald Riesling, White Riesling, Napa Gamay und Muscat.
WEINHERSTELLUNG Der Ausbau erfolgt in Stahltanks und Eichenfässern.
LAGERUNG Im Allgemeinen 5-8 Jahre.
REBFL/PROD 400 ha, etwa 270 000 Kisten/Jahr.

• **Besitzer** Golan Heights, Galilet Vineyards Inc. • **Kellermeister** Victor J. Schoenfeld • **Besuch** Mo-Fr 8-16, Sa-So geschlossen • **Adresse** PO Box 183, IL-12900 Katzrin • **Tel.** 06-696 2001 • **Fax** 06-696 2220 • **E-Mail** ghwinery@inter.net.il
• **Homepage** www.golanwines.co.il

PRODUKTION        QUALITÄT        PREIS

## WEITERE PRODUZENTEN

### BARKAN WINE CELLARS

Barkan Wine Cellars ist der zweitgrößte Weinproduzent Israels und erzeugt eine sehr breite Palette von Weinen. Es werden einfache Weißweine, rebsortenreine Weine (Classic benannt) und Prestigeweine mit dem Namen Barkan Reserved hergestellt. Die Reserved-Serie hat eine große Menge von Auszeichnungen erhalten, u.a. an der Vinexpo. Barkan erzeugt und vermarktet auch Vermouth, Brandy, Likör und Wodka. Er ist in Besitz der größten Destillerie des Landes und verfügt über große Räumlichkeiten für den Barrique-Ausbau. Barkan Wine ist, nach Carmel und Golan Heights, der bedeutendste Erzeuger in Israel. Rebsorten: CS, Chardonnay, SB, Merlot und Emerald Riesling. 80% der Trauben werden zugekauft.
FAKTEN 500 ha, 450 000 Kisten/Jahr.

• **Besitzer:** Öffentliche Aktiengesellschaft **Kellermeister:** Ed Salzberg **Besuch:** Kein Besuch möglich. **Adresse:** Industry Area Barkan, PO Box 31, IL-44820 D.N. Efraim. **Tel.** 03-936 45 20. **Fax** 03-936 45 27. **Homepage:** www.maxua.com/barkan

### ELIAZ BINYAMINA

Einer der größten Erzeuger nach Carmel, Barkan und Golan Heights. Am bekanntesten für seinen Varietal namens Renaissance.

• **Adresse:** Hanasi T., PO Box 34, IL-30550 Binyamina. **Tel.** 06-638 8643. **Fax** 06-638 9021.

### EFRAT WINERY

Die Efrat Winery ist ein kleiner Produzent in Motza, in der Nähe von Jerusalem. Sie ist auf die streng kontrollierte Herstellung von Koscher-Weinen spezialisiert.

• **Adresse:** 1 Steinberg St., IL-90822 Motza. **Tel.** 02-534 6022. **Fax** 02-534 0760.

### SEGAL'S WINES-ALKALON

Segal's Wines-Alkalon ist ein Qualitätsproduzent in Ramla und erzeugt gute Rotweine. Er besitzt gute Entwicklungsmöglichkeiten und ist vor allem für die Weine Yayin shel Segal und Ben Ami bekannt.

• **Adresse:** PO Box 4555, IL-61044 Tel Aviv. **Tel.** 03-517 7707. **Fax** 03-517 9043.

### TISHBI ESTATE WINERY, BARON WINE CELLARS

Tishbi Estate ist ein ziemlich kleines Weingut in Shomron (Samaria) und liegt zwischen Zichron-Jacob und Binyamina. Es ist vor allem für ausgezeichnete Weißweine bekannt. Hergestellt werden zwei gute Varietals, der Maestro und der Baron. Das Gut gehört Jonathan Tishbi, dessen Familie seit Generationen im Weinbau tätig ist.

• **Adresse:** Industrial Zone, IL-30550 Binyamina. **Tel.** 06-638 0434. **Fax** 06-638 0223.

# LIBANON

GESCHICHTE Die europäische Rebe stammt aus Libanon. Phönizische Handelsleute brachten die ersten Reben aus dem Kaukasus und Anatolien in das heutige Libanon. Es handelte sich wahrscheinlich um die Vitis vinifera pontica, einen mutmaßlichen Vorgänger des Chardonnay.

In der antiken Stadt Byblos in Libanon wurden 5 000 Jahre alte Reben gefunden. Im Mittelalter waren Weine aus den Städten Tyros (heute Sur) und Sidon (heute Saydâ) die gefragtesten der Welt.

Der Weinbau und die Weinproduktion in Libanon wurden bis in das 19. Jahrhundert hinein nach antiken Methoden betrieben. 1875 errichteten die Jesuiten riesige Weinkeller in der Stadt Ksara. Libanon ist ein Grenzgebiet zwischen Christentum, Judentum und dem Islam. Deswegen war der Weinbau immer ein natürlicher Bestandteil der Landwirtschaft. Durch den Bürgerkrieg wurden die meisten Weinberge zerstört - mit einer Ausnahme: Château Musar.

KLIMA Sehr stabiles Wetter mit 300 Sonnentagen im Jahr. Die Nähe zum Mittelmeer trägt dazu bei, dass die Temperaturen niedrig bleiben.

ANBAUGEBIETE Tafeltrauben werden überall angebaut und Trauben für die Weinproduktion nur im BEKAA-TAL.

WEINE Die libanesischen Weine, insbesondere von Musar, Kefraya und Ksara, haben Fülle und Kraft, die an Bordeaux- und Rhône-Tal-Weine erinnern.

REBSORTEN Rebsorten für Rotweine: Cabernet Sauvignon, Syrah, Cinsaut, Mourvèdre, Grenache, Carignan und Merlot. Rebsorten für Weißweine: Sauvignon Blanc, Ugni Blanc, Clairette, Bourboulenc, Sémillon, Malvoisie, Chardonnay (Obaideh), Merweh (eine Variante von Sauvignon Blanc), Meroué (lokale Variante von Chardonnay). Syrah ist die Sorte, die am weitesten zurückverfolgt werden kann, sowohl geschichtlich als auch geographisch. Es wird angenommen, dass ihr Ursprung im Mittelosten, in der Stadt Shiraz im südöstlichen Teil des heutigen Iran zu finden ist. Auch der Chardonnay hat hier seinen Ursprung. Er hat seinen Charakter, seit er vor etwa 1 000 Jahren als Obaideh geboren wurde, jedoch wesentlich verändert.

REBFL/PROD Wegen des Kriegsgeschehens sind die Zahlen sehr unterschiedlich. 27 000 ha; rund 300 000 hl/Jahr werden zu Wein vergoren, der Rest wird für Tafeltrauben verwendet.

PRODUZENT In dem vom Krieg gezeichneten Land wird ein erstklassiger Wein mit französi-

*Die meisten Reben Libanons wachsen im Beeka-Tal, einem hoch gelegenen Weingebiet.*

scher Finesse produziert, der Château Musar. Serge Hochar, Hausherr auf Château Musar, wurde mehrmals zum „Weinmacher des Jahres" gewählt. Sein Wein wird mitten im Kampfgeschehen im Bekaa-Tal, das von Syrien kontrolliert wird, nur einige Kilometer von Beirut entfernt, erzeugt. Wenn die Traubenernte nach Hause gebracht wird, erinnert dies an eine militärische Expedition. Der Heimweg der Mitarbeiter führt 100 km durch Minenfelder. Auch auf dem Château Kefraya werden vermehrt Qualitätsweine erzeugt, die im Export bereits Fuß fassen konnten.

# LIBANON

## CHÂTEAU MUSAR

**GESCHICHTE** Das Weingut wurde 1930 vom Libanesen Gaston Hochar gegründet und heute von seinem Sohn Serge geführt. Serge hat eine gründliche Weinausbildung an der Universität in Bordeaux absolviert. Musar wurde auf einer Weinmesse 1979 über Nacht berühmt, als sämtliche Verkoster dem Wein hohe Punktzahlen gaben.

**WEINE** Château Musar ist unerhört lagerfähig und erst nach bis zu 15 Jahren in der Flasche wirklich reif. Nach sieben bis acht Jahren kann er zwar einigermaßen trinkreif erscheinen, befindet sich aber immer noch im Reifestadium. Der Weinstil unterscheidet sich von Jahr zu Jahr und ist von der Reife der Trauben abhängig. Meistens kommt einem der Wein wie eine weiche Spielart eines großen Bordeaux vor oder wie eine Kombination eines klassischen Médoc und eines Hermitage. Der Zweitwein, Hochar Père & Fils, besteht vor allem aus Cabernet Sauvignon und Cinsaut. Auch ein Weißwein wird erzeugt.

**REBSORTEN** Cabernet Sauvignon, Syrah,

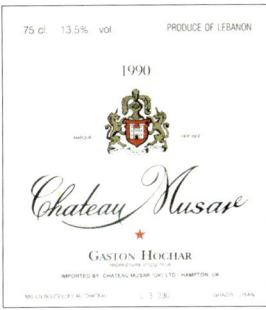

*Musar ist ein Sonderling in der Weinwelt. Die Weine sind prämiert, obwohl kein Jahr dem andern gleicht.*

Cinsaut, Obaideh (Chardonnay) und Merweh (mit Sauvignon Blanc verwandt).

**WEINHERSTELLUNG** Vor der Lese, die meistens von Beduinen durchgeführt wird, werden regelmäßig Traubenproben genommen, um den Reifegrad festzustellen. Der Most wird nach traditionellen Methoden vinifiziert und die Weine werden weder filtriert noch geklärt. Ausgebaut wird in Barriques.

**REBFL/PROD** Ungefähr 120 ha, etwa 25 000 Kisten Rotwein und 3 000 Kisten Weißwein/Jahr.

**Besitzer** Gaston Hochar • **Besuch** Nach Vereinbarung • **Adresse** Château Musar, Imm Sopenco, rue Baroudy 281, Achrafieh, RL- Beirut • **Tel.** 01-202 828 • **Fax** 01-201 828

PRODUKTION

QUALITÄT

PREIS

## WEITERE PRODUZENTEN

### CHÂTEAU KEFRAYA

1 000 m über dem Meer, an den Baroukhängen, erzeugt Château Kefraya ausgezeichnete, fassausgebaute Rotweine, einige Weiß- und Roséweine sowie Mistelle und Brandy. Für Rotweine werden die Rebsorten Cabernet Sauvignon 35%, Cinsaut 22%, Carignan 16%, Syrah 13%, Grenache und Mourvèdre angebaut. Für Weißweine kultiviert

*In den 90er Jahren wurde Château Kefraya ein spannender Herausforderer von Ch. Musar.*

man Clairette 26%, Bourboulenc 23%, Chardonnay 13%, Viognier sowie Sauvignon Blanc, Roussanne und Ugni-Blanc. FAKTEN 150 ha, 132 000 Kisten/Jahr.

• **Kellermeister:** Jean-Michel Ferrandez **Besuch:** Täglich 9-18, Tel. 03-322 005. **Adresse:** BP 165768, Fattal Building Sin El Fil. **Tel.** 03-485 209. **Fax** 01-485 430. **E-Mail:** kefraya.bey@inco.com.lb **Homepage:** www.lebanon.com

### KSARA

Ksara ist ein seit Jahrhunderten bekanntes Weingut in Ksara und wurde 1857 von den Jesuiten erworben. Diese bauten während des ersten Weltkrieges das bekannte, 2 km lange Tunnelsystem. Ksara S.A.L. erzeugt immer noch saubere und gut gemachte Weine. Es werden hauptsächlich Weißweine hergestellt. In den Lagen von Château Ksara gedeihen auf 20 ha die Rebsorten Sauvignon Blanc, Chardonnay, Grenache, Malvoisie und Cabernet Sauvignon. Auf den 50 ha eigenen Rebflächen in Khorbet Kanafar wird außerdem Sémillon, Clairette, Syrah, Merlot und Mourvèdre kultiviert. Ksara holt Trauben auch aus Tanail (120 ha) und Mansoura (80 ha).

• **Besitzer:** Chaoui, Kassar, Sara, Sayegh **Kellermeister:** James Palgé **Besuch:** Mo-Sa 9-15. **Adresse:** Charles Malek av., Nakhle Hanna Bldg., PO Box 166184 RL-Beirut. **Tel.** 01-20 07 15. **Fax** 01-20 07 16. **E-Mail:** info@ksara.com.lb **Homepage:** www.ksara.com.lb

# NORDAFRIKA

## MAROKKO

GESCHICHTE  Das marokkanische Küstenland wurde während der frühen römischen Kaiserzeit als die Provinz Mauretanien annektiert. Diese wurde später von arabischen Truppen erobert und gehörte lange dem spanischen Kalifat in Cordoba. Ende des 19. Jh. rivalisierten Frankreich und Spanien um die Kontrolle über Marokko. Der Konflikt wurde 1912 durch die Teilung des Gebiets gelöst. Nach dem Zweiten Weltkrieg wuchs die Autonomiebewegung. Nach einem heftigen Befreiungskampf wurden die beiden Protektorate 1956 zu einem selbständigen Staat vereinigt. Marokko ist außenpolitisch ungebunden, jedoch sehr stark westorientiert.

WEININDUSTRIE  Aufgrund der kühlen Atlantikwinde hat Marokko für den Weinbau das günstigste Klima Nordafrikas. Die besten Weine stammen aus der Region MEKNÈZ-FÈZ, die an den Hängen des Atlasgebirges liegt. Dort werden die ausgezeichneten Rotweine Tarik und Chantebled erzeugt. Andere Rotweine von guter Qualität sind Gharb, Chellah, Zemmour und Zaer. Südlich von Casablanca ist der Vin Gris eine Spezialität, das ist ein weißer Wein aus roten Trauben. Die Rebsorten sind u.a. Carignan, Cinsaut, Grenache sowie Cabernet Sauvignon, Syrah, Merlot und Mourvèdre. Das staatliche Weininstitut SODEVI schuf nach der Selbständigkeit 1956 ein Appellationssystem mit Appellation-d'Origine-Garantie nach französischem Vorbild. Hierzu gehören die Weinregionen MEKNÈZ-FÈZ, RABAT-CASABLANCA, OUJDA-BERKANE und MARRAKECH. 1973 wurde die Weinindustrie verstaatlicht. SODEVI kämpft für die Erhöhung der Qualität und hat deswegen viele der Weinberge von den Küstenebenen ins kühlere Berggebiet verlegt.

## ALGERIEN

GESCHICHTE  Anfang des 8. Jh. wurde die Region von den Arabern erobert. Später erstreckte sich die Eroberung über die ganze norwestliche Küste, d.h. über Algerien, Marokko und Tunesien. Während des Mittelalters nahm diese Gegend mit Westsudan und den norditalienischen Handelsstädten Verbindung auf. Die Weinreben kamen über Karthago nach Tunesien und verbreiteten sich von dort westlich nach Algerien. Die Kolonisation durch die Franzosen führte zu einer Modernisierung des Weinbaus. Die Franzosen versuchten, Algerien zu einem Teil Frankreichs zu

*Quarzazate in Marokko. Der Weinanbau konzentriert sich hauptsächlich in den Bergen.*

machen, was aber nicht bedeutete, dass die arabische Bevölkerung die gleichen Rechte erhielt. Im November 1954 brach deswegen ein Aufstand aus, der bald in einen blutigen Krieg überging. Algerien wurde im Juli 1962 ein selbständiger Staat. In den 90er Jahren verzeichnete die Weinindustrie große Schwierigkeiten infolge der religiösen Streitigkeiten.

GEOGRAPHIE/KLIMA  Nordafrika ähnelt durch die fruchtbaren Böden und das Klima eher den europäischen Ländern rund um das Mittelmeer als den restlichen des afrikanischen Kontinents. Das Land wird in zwei Teile aufgeteilt: Nordalgerien umfasst teils die schmale Küstenebene, teils die beiden Bergketten des Atlasgebirges Tell-Atlas und Sahara-Atlas mit der dazwischen liegenden Chott-Ebene. Die algerische Sahara besteht aus gewaltigen Wüstenflächen mit dem über 3 000 m hohen Ahaggarmassiv im Süden. Die fruchtbare Küstenebene und der Tell-

*Algerisches Weinetikett aus dem 19. Jh., als das Land einen Aufschwung im Weinbau erlebte.*

Atlas besitzen Mittelmeerklima. Die Chott-Ebene und der Sahara-Atlas erhalten keine ausreichenden Niederschlagsmengen und sind mit Steppengras bewachsen.

ANBAUGEBIETE Die Anbaugebiete sind weit verstreut und besitzen eine hügelige Landschaft. Wein wird hauptsächlich in den westlichen Küstengebieten angebaut.

Sieben Gebiete wurden durch das ONCV (Office National de Commercialisation des Produits Viticoles) als Qualitätszonen eingestuft. Diese sind nachfolgend mit einem * gekennzeichnet: Das im Westen liegende ORAN hat 6 Regionen: Coteaux de Mascara*, Coteaux de Tlemcen*, Monts du Tessalah*, Mostaganem, Mostaganem-Keneda und Oued-Imbert. ALGIER hat 4 Regionen: Aïn Bessem-Bouïra*, Coteaux du Zaccar*, Haut-Dahra* und Médéa*. Es kommen zwei Typen von Weinanbau vor: teils ein ganz primitiver für den örtlichen Bedarf, teils eine moderne Anbaumethode, die von den Franzosen eingeführt wurde. Der algerische Staat hat sich dafür eingesetzt, die Qualität auf Kosten der Quantität zu erhöhen. Deswegen sind viele Weinberge an der Küste verschwunden und stattdessen werden die kühleren Berggebiete stärker in Anspruch genommen.

WEINE Vorwiegend kräftige und einfachere Rotweine sowie süße Muscat-Weine. Wenig Weiß- und Roséweine werden erzeugt, aber diese werden dafür von Jahr zu Jahr besser. Die Rotweine von den Coteaux de Mascara zählen zu den besten, mit einem recht feurigen, abgerundeten Geschmack. Abgesehen davon hat man Schwierigkeiten, sich dem modernen Geschmack anzupassen. Mit wenigen Ausnahmen (Hasseroum, Grilla und Farhana) sind die Rebsorten französisch. Vor allem Carignan, Grenache, Alicante, Alicante Bouchet, Cinsaut und Clairette.

WEINGESETZ Es gibt ein VDQS-System, ähnlich wie das französische.

PRODUKTION Vor der Selbständigkeit war Algerien das größte Wein produzierende Land Nordafrikas. Der größte Teil der Produktion wurde nach Frankreich exportiert. Die Produktion ist mittlerweile auf einen Bruchteil der ursprünglichen von etwa 400 000 hl/Jahr gesunken. Die Rebfläche beträgt heute etwa 77 000 Hektar.

## TUNESIEN

GESCHICHTE Tunesien war in der Vorzeit eine phönizische Kolonie mit Karthago, der ersten modernen Stadt in Nordafrika, als Mittelpunkt. Muscat-Weine wurden von den Einwohnern Karthagos im Medjerdahs-Tal angebaut. Heute sind keine Spuren von diesen Weinbergen mehr zu sehen. Im Jahr 146 v.Chr. wurde Tunesien römisch und spielte eine wichtige Rolle für den Getreideexport nach Rom. 1574 wurde Tunesien von den

*Weingebiet in Grombalia, liegt südlich von Tunis. Die Reben werden hier niedrig erzogen.*

Türken erobert. 1881 kam das Land unter das französische Protektorat und wurde - nach langen Verhandlungen - 1956 schließlich selbständig.

WEININDUSTRIE Die tunesische Weinindustrie ist nicht besonders fortschrittlich, obwohl die Regierung Qualitätsweine zu fördern versucht. Nach der Erlangung der Selbständigkeit wurde ein Appellationssystem mit vier Anbaugebieten eingeführt: Grombalia, Bizer-te-Mateur-Tébouba, Kélibia-Cap Bom und Thihar. Die staatliche Institution „Office du Vin" kontrolliert seit 1970 die gesamte Weinproduktion. Seit 1956 ist die Rebfläche auf die Hälfte, d.h. 50 000 Hektar, geschrumpft. Der Grund dafür liegt darin, dass Qualität an die Stelle von Quantität gesetzt wurde. Kennzeichnend für die tunesischen Weine sind die kräftigen, süßen und schweren Muscat-Weine. Andere Rebsorten: Carignan, Alicante Bouchet, Cinsaut, CS und Mourvèdre. Der größte Produzent ist die Union de Cooperatives Viticoles de Tunisie (Route de Morgag, Djebel Djelloud).

REBFL/PROD 27 000 ha, 220 000 hl/Jahr.

# SÜDAFRIKA

GESCHICHTE  Die niederländische Ostindische Kompanie begann im April 1652 mit der Kolonialisierung des Kaps. Sie brauchte einen Stützpunkt auf halbem Weg zu ihren Gewürz produzierenden Kolonien in der südostasiatischen Inselwelt. Die Geschichte des südafrikanischen Weines kann bis 1656 zurückverfolgt werden. Danach pflanzte der Kommandant des Kaps, Jan van Riebeeck, die ersten Weinstöcke nahe jenem Ort, wo heute Kapstadt liegt. Schon im Februar 1659 wurde der erste Wein des Kaps aus van Riebeecks Trauben gepresst. Bald fingen auch andere mit dem Weinbau an. Zwischen 1688 bis 1690 kamen etwa 200 Hugenotten aus Frankreich hierher, um sich vor der Protestantenverfolgung zu schützen. Unter diesen gab es erfahrene Winzer und somit wurde ihnen zu gleichen Bedingungen wie den freien Mitbürgern der Kapkolonie Boden zugeteilt. Der erste internationale Durchbruch südafrikanischer Weine kam mit dem süßen Constantia-Wein, der während des 18. und 19. Jahrhunderts viele königliche Desserts in Europa krönte. Heute produziert man in Südafrika verschiedenste Qualitätsweine.

GEOGRAPHIE/KLIMA  Die Coastal Region ist ein halbmondförmiges Gebiet an der südwestlichen Küste. Hier gibt es reichlichen Niederschlag, und die künstliche Bewässerung ist nicht in großem Ausmaß notwendig. Außerdem weht während des Sommers fast immer ein Südwestwind, der für Abkühlung sorgt. Die Breë-Rivier-Vallei-Region liegt weiter im Landesinnern und besitzt ein Binnenlandklima mit weniger Niederschlag und heißeren Sommern. Mit Hilfe von künstlicher Bewässerung wird auch hier Wein erzeugt, der aber hauptsächlich destilliert wird. Ein kleiner Teil wird zu Wein von guter Qualität verarbeitet.

ANBAUGEBIETE  Die Weinproduktion ist in drei inoffizielle Gebiete und in zahlreiche Regionen aufgeteilt:

*Stellenbosch ist das beste Weingebiet Südafrikas. Es liegt nur einige Stunden von Kapstadt entfernt.*

COASTAL REGION: Constantia, Durbanville, Stellenbosch, Paarl, Tulbagh und Swartland.

BREË-RIVIER-VALLEI-REGION: Worcester, Robertson und Swellendam.

BOBERG-REGION: umfasst Paarl und Tulbagh, aber nur für Starkweine.

Sieben Regionen gehören keinem größeren Gebiet an: Overberg, Olifantsrivier, Piketberg, Klein Karoo, Benede-Oranje, Douglas und Andalusia.

WEINE Es gibt alle Sorten von Wein aus vielen verschiedenen Rebsorten. Früher waren die südafrikanischen Starkweine vom Sherry- und Portwein-Typ am bekanntesten, heute aber werden auch viele Rot- und Weißweine der Spitzenklasse erzeugt. Die besten Rotweine werden aus Caber-

Weinbau und Tourismus sind die wichtigsten Erwerbszweige in der Coastal Region.

Die Weinregion Paarl, benannt nach dem berühmten „Perlen-Berg", ist die zweitgrößte nach Stellenbosch.

net Sauvignon, Pinot Noir, Shiraz (Syrah), Cinsaut, Merlot und Pinotage produziert. Der letztere ist eine Kreuzung aus Pinot Noir und Cinsaut, die 1925 in Südafrika entstand. Die besten Weißweine entstehen aus Chardonnay, weißem Riesling (nicht mit dem Cape Riesling zu verwechseln), Sauvignon Blanc und Chenin Blanc (oft Steen genannt). Für Weine vom Portwein-Typ werden u.a. Souzao und Tina Barocca verwendet. Es wird auch Wein vom Sherry-Typ, meist aus Palomino, erzeugt.

WEINGESETZ Die Bezeichnung Wine of Origin (WO) wurde 1973 eingeführt. WO-Weine haben entweder eine Ursprungsgarantie, eine Herkunftsgarantie, eine Rebsortengarantie oder eine Jahrgangsgarantie. Varietal Wines (Weine aus einer Sorte) müssen mindestens zu 75% aus der genannten Rebsorte stammen, die wiederum zu 75% aus einem Jahrgang vinifiziert wurde. Für Verschnitt-Weine darf die Rebsortenzusammensetzung angegeben werden. Das WO-Siegel wird durch das Wine & Spirits Board nach verschiedenen Prüfungen erteilt. Ein spezielles WO-Etikett garantiert die bestandene Prüfung. „Estate bottled" bestätigt die Vinifizierung und die Flaschenabfüllung durch das angegebene Weingut. Weitere Richtlinien gibt es nicht. Die sog. „bus-tickets", die früher auf dem Flaschenhals angebracht wurden, haben seit 1993 keine Gültigkeit mehr.

PRODUZENTEN Insgesamt 4 600 Winzer, die meisten davon sind klein. 70 Genossenschaften und 70 größere Weingüter (Estates) sind für 96% der Produktion verantwortlich. Die staatliche Genossenschaft KWV (Kooperatiewe Wijnbouwers Vereniging) mit 5 000 Mitgliedern dominiert.

REBFL/PROD 106 000 ha, 10 Mio. hl/Jahr.

WISSENSWERT Weitere Informationen: South African Wine and Spirit Exporters' Association, PO Box 236, Stellenbosch 7599, Republic of South Africa. Tel. 021-887 0199. Fax 021-883 8545. E-Mail: sawsea@iafrica.com

Weinlese bei Hamilton Russel. Er ist einer der großen Qualitätsproduzenten, liegt aber nicht in der Coastal Region. Die südafrikanische Weinproduktion hat seit der Apartheid einen enormen Qualitätsaufschwung erlebt.

# SÜDAFRIKA • COASTAL REGION

## COASTAL REGION

GESCHICHTE Dieses Gebiet ist die Wiege des südafrikanischen Weinbaus: 1656 pflanzten die holländischen Kolonisatoren die ersten Rebstöcke im Bereich des heutigen Constantia.

GEOGRAPHIE Das Gebiet besteht aus SWARTLAND und DURBANVILLE an der Atlantikküste, TULBAGH und PAARL im Osten und CONSTANTIA und STELLENBOSCH an der False Bay im Süden.

KLIMA Der südliche Teil der Coastal Region wird während der heißen Sommermonate von Meereswinden abgekühlt. Dadurch reifen die Trauben langsamer und erhalten eine höhere Konzentration. Durch die große Niederschlagsmenge im Küstengebiet kommt man in den meisten Weinbergen auch ohne künstliche Bewässerung aus. In der Coastal Region findet man auch viele der besten Weingüter des Landes.

BODEN Das Gebiet hat keine einheitliche Bodenstruktur. Sie wechselt von fruchtbaren Böden den Flusstälern entlang bis zu Sand- und Kiesböden, die umgepflügt und bearbeitet werden müssen, ehe die Weinstöcke gepflanzt werden können. Den mageren Böden werden oft Nährstoffe zugeführt. Tulbagh ist ein Tal mit fruchtbaren Böden den Flussufern entlang und mageren an den Hängen, die fast ausschließlich aus Kies ohne Erde bestehen. Von diesen mageren Kieshängen stammen einige der besten Weine Südafrikas.

WEINE Alle Weinsorten werden hergestellt. Kraftvolle Rotweine aus Cabernet Sauvignon und Syrah, die 10 Jahre oder länger reifen müssen. Mittelfüllige und leichte Rotweine aus Pinot Noir, Pinotage, Cabernet Franc, Cinsaut, Merlot, Gamay und anderen Sorten. Viele der besten Rotweine werden aus Cabernet Sauvignon mit Cinsaut, Merlot oder Cabernet Franc verschnitten. Trockene Weißweine aus Chardonnay, SB, Chenin Blanc (meist Steen genannt), Weißem Riesling. Halbtrockene bis halbsüße Weißweine aus Chenin Blanc, Muscat d'Alexandrie (hier Hanepoot genannt), Gewürztraminer und Cape Riesling. Süße Dessertweine, oft mit Edelfäule, aus Gewürztraminer, Weißem Riesling, Chenin Blanc und Bukett-Traube. Schaumweine von recht guter Qualität. Rosé und Blanc de Noirs. Starkweine aus Hanepoot (Muscat d'Alexandrie), White Muscadel und Red Muscadel. Starkwein vom Portwein- und Sherry-Typ.

PRODUZENTEN In den Weinbezirken der Coastal Region werden die meisten Estate Wines von Südafrika produziert. Hier findet man einige der größten Weinproduzenten Südafrikas, wie z.B. KWV (Kooperatieve Wijnbouwers Vereniging), Bergkelder und Gilbeys Ltd. Viele der kleineren Produzenten verkaufen ihre Trauben an den Großproduzenten oder an örtliche Genossenschaften.

REBFL/PROD 800 000 ha, ca. 400 000 hl/Jahr.

Östlich und nordöstlich von Kapstadt liegen die besten und bekanntesten Weinregionen Südafrikas - Stellenbosch und Paarl. Auch in Kapstadt wird Wein angebaut, z.B. die berühmten Constantia-Weine.

## CONSTANTIA

RUF Im 18. und 19. Jh. stammte einer der angesehensten Weine der Welt aus Constantia. Heutzutage werden hier zwar gute, aber keine Spitzenweine erzeugt. Van Riebeecks erster Weinberg am Strand von Table Bayu sowie die Weinberge der Ostindischen Kompanie haben schon lange den sich ausdehnenden Vororten von Kapstadt weichen müssen. Geblieben ist nur ein kleines Anbaugebiet, das von Gebäuden umgeben ist. Nur fünf Weingüter füllen heute ihren Wein unter eigenem Namen ab. Darunter Groot Constantia, das in seiner früheren Blütezeit diesen Bezirk weltbekannt gemacht hat.

GEOGRAPHIE/KLIMA Der kleine Weinbezirk Constantia erstreckt sich von Kapstadt und der False Bay im Nordosten über die Kaphalbinsel bis zum Cape Point und Kap der guten Hoffnung im Südwesten. Das Klima ist kühler und feuchter als

*Constantia ist einer der ältesten Weinbezirke, mit einer Tradition, die bis ins 17. Jahrhundert zurückreicht.*

in der übrigen Coastal Region, wodurch die Trauben hier langsamer reifen. Die Lese erfolgt meist drei Wochen später als in Stellenbosch.

BODEN Sehr sandige, leichte Böden.

WEINE/REBSORTEN Wie überall in der Coastal Region wird auch hier eine Menge verschiedener Weine erzeugt. Zu den besten trockenen Weißweinen gehören Rhine Riesling und Chardonnay, zu den besten Rotweinen zählen Cabernet Sauvignon und Shiraz. Es lohnt sich auch, rote Verschnitte vom Bordeaux-Typ einige Jahre im Weinkeller aufzubewahren.

PRODUZENTEN Groot Constantia, Klein Constantia, Buitenverwachting, Steenberg und Constantia Uitsig.

WISSENSWERT Die Constantia Wine Route liegt direkt südlich von Kapstadt. Sie verläuft durch die reizende Gegend des ursprünglichen Constantia-Anwesens. Mehr Informationen sind erhältlich bei: Constantia Wine Route Association, Groot Constantia Wine Estate. Tel. 021-794 51 28. Fax 021-794 19 99.

## BUITENVERWACHTING

GESCHICHTE Ursprünglich war Buitenverwachting ein Teil von Klein Constantia, wurde aber 1793 davon getrennt und verkauft. Der heutige Besitzer ist der gebürtige Deutsche Richard Müller, der das Gut durch Kauf des Nachbareigentums Hussiesvlei und eines Teils von Uitzicht auf 105 ha erweitert hat. Das Hauptgebäude aus dem Jahr 1769 wurde renoviert und die Anbaufläche neu bepflanzt. Einige 100-jährige Rebstöcke der Sorte Hanepoot, die immer noch gute Früchte tragen, hat man stehen lassen.

*Buitenverwachting wird vom gebürtigen Deutschen Richard Müller geführt.*

WEINE Bekannt ist vor allem Christine, ein guter Bordeaux-Verschnitt aus 90% Cabernet. Auch der sortenreine Cabernet ist sehr interessant. Spezialität des Hauses sind die hervorragenden Sauvignon Blanc und Chardonnay im Burgunder-Stil. Außerdem ein frischer Riesling mit feinem Mineralton und etwas aggressiver Säure. Ferner Buiten Blanc (eine Sauvignon-Blanc-Cuvée) und Buitenkeur (eine Merlot-Cuvée).

REBSORTEN Rote: CS, PN, CF, Mer, Gamay. Weiße: Chard Rhine Riesl, SB, GT, PG und CB.

RUF Eines der führenden Weingüter Südafrikas und besonders bekannt für die Weißweine.

WEINHERSTELLUNG Der Chardonnay wird in neuen und alten französischen Eichenfässern, mit 24-stündigem Schalenkontakt, vergoren. Malolaktische Gärung. Der Buitenkeur wird 18 Monate in Eichenfässern aus Nevers ausgebaut.

LAGERUNG Die besten Rotweine: 10-15 Jahre. Die besten Weißweine: 7-10 Jahre.

REBFL/PROD Etwa 150 ha, ca. 50 000 Kisten/Jahr.

**Besitzer** Fam. Müller u.a. • **Kellermeister** Hermann Kirschbaum • **Besuch** Mo-Fr 9-17, Sa 9-13 • **Adresse** Buitenverwachting, Klein Constantia Rd, Box 281, ZA-7848 Constantia • **Tel.** 021-794 5190 • **Fax** 021-794 1351

PRODUKTION    QUALITÄT    PREIS

SÜDAFRIKA • COASTAL REGION • CONSTANTIA

## GROOT CONSTANTIA

GESCHICHTE  Dieses berühmteste Weingut Südafrikas wurde 1685 von Simon van der Stel, dem Gouverneur der holländischen Kapkolonie, gegründet. In Europa kamen süße Starkweine in Mode und Constantia produzierte daraufhin einen süßen Starkwein, wahrscheinlich aus rotem und weißem Muscadel. Dies wurde später der berühmte Constantia-Wein. Nach dem Tod von Simon van der Stel wurde Constantia in Groot Constantia, Klein Constantia und Bergvlier aufgeteilt. Nach 1783 erreichte der Ruf von Constantia den Höhepunkt. 1885 wurde es an den Staat verkauft und in ein Versuchsweingut umgewandelt.

WEINE  Prestigewein ist der Gouverneurs Reserve, ein kräftiger, klassischer Wein vom Graves-Typ (CS, Mer, CF). Die besten Varietals sind Pinotage, Riesling und Gewürztraminer. Auch Shiraz, Cabernet Sauvignon, Chardonnay und Sauvignon Blanc sind sehr gut. Blanc de Blancs (40% SB, 30% PG, 30% CB), Constantia Blanc (u.a. Steen, Pinot Gris und Morio Muscat). Es werden auch mehrere Noble Late Harvest produziert.

*Das alte „Homestead" von Groot Constantia. Hier wurden die ersten Weinstöcke in Südafrika gepflanzt.*

RUF  Die besten Weine von Groot Constantia haben einen sehr guten Ruf.

REBSORTEN  Rote: CS, Shiraz, CF, Merlot, Pinotage. Weiße: SB, Chardonnay, Riesling, Chenin Blanc, Morio Muscat, Hanepoot.

WEINHERSTELLUNG  Sehr moderne Herstellung. Die Weißweine liegen lange auf dem Hefedepot. Die besseren Rotweine werden auf der Maische vergoren und in neuer Eiche ausgebaut.

LAGERUNG  Gute Rotweine mind. 10 Jahre.

REBFL/PROD  100 ha, 50 000 Kisten/Jahr.

**Besitzer** Groot Constantia Trust • **Kellermeister** Martin Moore • **Besuch** Täglich 10-17 • **Adresse** Groot Constantia, Private Bag, Cape Town, ZA-7848 Constantia • **Tel.** 021-794 5128 • **Fax** 021-794 1999

## KLEIN CONSTANTIA

GESCHICHTE  Dieses berühmte Weingut liegt auf dem Land, das 1685 Simon van der Stel verliehen wurde. Hier wurde ein erheblicher Teil des Weins erzeugt, nach dem die adeligen und reichen Leute in Europa während des 18. und 19. Jahrhunderts trachteten. Klein Constantia ist sehr schön gelegen, nur 20 Minuten von Kapstadt entfernt und mit einem großartigen Blick über die False Bay. Die heutigen Geschäftsführer Jooste und Gower haben das Gut wieder in eines der großen Südafrikas verwandelt.

WEINE  Die besten Weine sind ein nicht Fass-

*Klein Constantia bei Kapstadt ist ein Teil des Weinguts, das im 18. und 19. Jh. weltberühmt war.*

ausgebauter Sauvignon Blanc und Vin de Constance, der klassische süße Kap-Wein. Der Cabernet Sauvignon, aus verschiedenen Klonen der gleichen Rebsorte, ist von sehr hoher Qualität. Auch die im Fass ausgebauten Pinot Noir und Chardonnay sind empfehlenswert.

RUF  Die heutigen Besitzer haben dem Weingut den früheren Ruhm zurückgebracht.

REBSORTEN  Cabernet Sauvignon, Merlot, Cabernet Franc, Shiraz, Pinot Noir, Pontac, Sauvignon Blanc, Chardonnay, Rhine Riesling, Sémillon, Muscat de Frontignan und Chenin Blanc.

WEINHERSTELLUNG  Sehr modern, aber mit herkömmlichen Methoden. Die besten Weine, ausgenommen Sauvignon Blanc, werden eine Zeit lang in Barriques ausgebaut.

LAGERUNG  Rotweine mindestens acht Jahre, die besten Weißweine etwa fünf Jahre.

REBFL/PROD  75 ha, etwa 40 000 Kisten/Jahr. 35% Export (EU und USA).

**Besitzer** Duggie & Lowell Jooste • **Kellermeister** Ross Gower • **Besuch** Mo-Fr 9-17, Sa 9-13 • **Adresse** Klein Constantia, PO Box 375, ZA-7848 Constantia • **Tel.** 021-794 51 88 • **Fax** 021-794 24 64 • **E-Mail** kleincon@global.co.za • **Homepage** www.home.global.co.za/~kleincon

SÜDAFRIKA • COASTAL REGION • STELLENBOSCH

## STELLENBOSCH

RUF Die meisten bei Rotwein führenden Weingüter Südafrikas liegen in Stellenbosch. Spitzenweine dieser Gegend sind wahre Qualitätsweine, die sich unter den besten Weinen der Alten Welt gut behaupten. Stellenbosch ist nach Constantia der zweitälteste Weinbezirk Südafrikas. Der Name stammt vom Gouverneur Simon van der

*Im Bild sieht man den berühmten 100-jährigen General Store. Stellenbosch ist ein beliebtes Ausflugsziel.*

Stel, der 1679 dieses fruchtbare Tal am Eerste-Fluss entdeckte. Auf vielen kleinen Weingütern stehen immer noch die alten Kolonialgebäude.

GEOGRAPHIE/KLIMA Stellenbosch erstreckt sich vom nordöstlichen Teil der False Bay in das Landesinnere gegen Durbanville im Nordwesten und Paarl im Nordosten. Der Bezirk hat ein für den Weinbau günstiges Klima. Die Meereswinde sorgen für Abkühlung, und im Binnenland zwischen Küste und Bergen gibt es genügend Niederschlag, wodurch die Weinberge weniger abhängig von künstlicher Bewässerung sind.

BODEN Unterschiedliche Böden mit leichten Sandböden im Westen und verwittertem Granit am Fuße des Simonsberges und bei der Stellenboschgebirgskette im Osten.

WEINE/REBSORTEN Alle Weintypen werden hier erzeugt, die meisten Qualitätsweine des Bezirkes sind aber rot.

PRODUZENTEN Alto, Bergkelder, Bertrams, Blaauwklippen, Bonfoi, Bottelary, Clos Malverne, Eerste River Valley, Kaapzicht, Kanonkop, Lievland, Meerlust, Neethlingshof, Oude Nektar, Overgaauw, Rust en Vrede, Rustenberg, Simonsig, Spier, Uiterwyk, Uitkyk, Vergenoegd, Vredenheim, Warwick, Zevenwacht.

WISSENSWERT Die Stellenbosch Wine Route ist ein sehr beliebtes Ausflugsziel in „The Winelands" um die 300-jährige Stadt Stellenbosch herum. Die Gegend ist voll von Weingütern, spannenden Sehenswürdigkeiten und hübschen Restaurants. Weitere Auskunft durch: Stellenbosch Wine Route Office, Doornbosch Centre, Strand Rd (R44), Stellenbosch 7600. Tel. 021-886 43 10. Fax 021-886 43 30.

## BLAAUWKLIPPEN ESTATE

GESCHICHTE Die Weingeschichte von Blaauwklippen begann, als Gerrit Visser 1692 den Boden von Simon van der Stel zugeteilt bekam. Das Anwesen liegt beim Blaauwklip River, einem Nebenfluss des Eerste Rivers. Bis zur Verwüstung durch die Reblaus war die Anbaufläche sehr groß, dann aber ging man dazu über, Obst anzubauen. Als das verwahrloste Anwesen 1971 von Graham Bonzaier gekauft wurde, war seit fast 100 Jahren kein Wein mehr erzeugt worden. Mit emsiger Arbeit hat Bonzaier das Weingut wieder aufgebaut und heute zählt Blaauwklippen zu den besten Rotweinproduzenten Südafrikas. Durch den Kellermeister Jacques Krüger konnte sich das Weingut qualitativ steigern.

WEINE Rote: CS, Shiraz, Pinot Noir, Zinfan-

*Als dieses alte Weingut 1971 gekauft wurde, war dort seit 100 Jahren kein Wein mehr erzeugt worden.*

del, Red Landau (70% Cabernet, 29% Merlot, 1% Zinfandel). Weiße: Chardonnay, Sauvignon Blanc, Rhine Riesling, Muscat Ottonel, White Landau (50% Sauvignon Blanc, 40% Rhine Riesling, 10% Muscat Ottonel).

RUF Bekannt für kräftige, charaktervolle Rotweine, insbesondere Cabernet und Zinfandel. Die Weißweine werden von Jahr zu Jahr besser.

WEINHERSTELLUNG Um die Frucht zu bewahren, wird zwischen 3 Uhr und 12 Uhr gelesen. Ausschließlich Kühlgärung, die Roten werden langem Schalenkontakt unterzogen. Die meisten Weine werden in Eiche ausgebaut.

LAGERUNG Rotweine aus guten Jahren mindestens zehn Jahre.

REBFL/PROD Ca. 92 ha, 40 000 Kisten/Jahr.

**Besitzer** Graham Bonzaier • **Kellermeister** Jacques Krüger • **Besuch** Mo-Fr 9-17, Sa 9-13 • **Adresse** Blaauwklippen Estate, Box 54, ZA-7599 Stellenbosch • **Tel.** 021-880 01 33 • **Fax** 021-880 01 36 • **E-Mail** gordon@adept.com.za

PRODUKTION  QUALITÄT  PREIS

SÜDAFRIKA • COASTAL REGION • STELLENBOSCH

## KANONKOP

GESCHICHTE  War ursprünglich ein Teil von Uitkyk Estate. Als dieses 1930 verkauft wurde, erhielt der untere Teil den Namen Kanonkop (Kanonenhügel). Früher stand hier eine Signalkanone, mit der einlaufende Schiffe angekündigt wurden. Der erste Besitzer war der Senator Paul Sauer. 1973 wurde der erste Wein unter eigenem Namen abgefüllt. Früher wurde die ganze Ernte weiterverkauft. Kanonkop hat sich durch die geschickte Hand des Kellermeisters Beyers Truter einen guten Ruf erworben. Er wird als der führende Pinotage-Meister Südafrikas angesehen.

WEINE  Der sortenreine Cabernet ist ein eleganter, kraftvoller Wein mit viel Tiefe. Paul Sauer, die Prestige-Cuvée, ist ein Médoc-inspirierter Wein mit samtiger Frucht und großer Komplexität in Nase und Gaumen. Pinotage ist ein reicher, fruchtiger Wein mit straffem Rückgrat.

RUF  Spitzenerzeuger Südafrikas für Rotweine, insbesondere Pinotage. Einfache Weißweine.

REBSORTEN  Cabernet Sauvignon, Paul Sauer (75% Cabernet Sauvignon, 15% Cabernet Franc und 10% Merlot), Pinotage.

*Kanonkop bedeutet „Kanonenhügel". Früher wurden hier einlaufende Schiffe mit Signalkanonen angekündigt.*

BODEN  Steiniger Granitboden in den besten Lagen.

WEINHERSTELLUNG  Traditionell mit Ausbau in französischen Barriques (zu 50% neue für den Pinotage).

LAGERUNG  Die besten Rotweine können mindestens acht bis zehn Jahre gelagert werden.

REBFL/PROD  100 ha, 35 000 Kisten/Jahr.

**Besitzer** J.H. Krige, P.S. Krige • **Kellermeister** J.B. Truter • **Besuch** Mo-Fr 8.30-17, Sa 8.30-12.30 • **Adresse** Kanonkop, Box 19, ZA-7607 Elsenburg • **Tel.** 021-8844656 • **Fax** 021-8844719

PRODUKTION    QUALITÄT    PREIS

## MEERLUST ESTATE

GESCHICHTE  Die Geschichte von Meerlust kann bis zum Anfang des 18. Jh. zurückverfolgt werden. Schon damals war das Gut durch Johannes Albertus Myburgh in Besitz der Familie. 1756 wurden die ersten Weine erzeugt. Nico Myburgh, der Vater des heutigen Besitzers, hat Pionierarbeit geleistet. Durch das Anlegen von Bewässerungsteichen und Neubepflanzungen hat sich die Qualität gesteigert. Heute gehört Meerlust zu den allerbesten Rotweinerzeugern in Südafrika.

WEINE  Elegante, ehrliche Weine, die durch Lagerung gewinnen. Manchmal etwas Minze im Ca-

*Der Kellermeister, Giorgio Dalla Cia, erzeugt einige von Südafrikas besten Rotweinen im Bordeaux-Stil.*

bernet und Rubicon, dem Prestigewein. Der hervorragende Pinot Noir (insbesondere der Prestige) ist ein Resultat des italienischen Kellermeisters Giorgio Dalla Cia. Sein Favorit aber ist der Merlot. Auch der Chardonnay präsentiert sich hier von seiner besten Seite.

RUF  Ein klassisches Weingut und berühmt für die sehr guten Rotweine.

REBSORTEN  Cabernet Sauvignon, Merlot, Chardonnay, Pinot Noir, Cabernet Franc.

BODEN  Gut drainierter, sedimentärer Flussboden. Steinige Lehmböden in den höheren Lagen.

WEINHERSTELLUNG  Traditionell. Pinot Noir und Rubicon werden mind. zwei Jahre in kleinen, französischen Eichenfässern ausgebaut, der Cabernet etwas weniger lange. Rubicon und Cabernet reifen außerdem weitere zwei Jahre in der Flasche.

LAGERUNG  Cabernet Sauvignon 10-15 Jahre, Rubicon 8-12 Jahre, Pinot Noir mind. 6 Jahre.

REBFL/PROD  300 ha, 35 000 Kisten/Jahr.

**Besitzer** Hannes Myburgh • **Kellermeister** Giorgio Dalla Cia • **Besuch** Nach Vereinbarung • **Adresse** Meerlust Estate, PO Box 15, ZA-7131 Faure • **Tel.** 21 84 33 587 • **Fax** 021-84 33 274 • **E-Mail** meerlust@iafrica.com

PRODUKTION    QUALITÄT    PREIS

SÜDAFRIKA • COASTAL REGION • STELLENBOSCH

## NEETHLINGSHOF ESTATE

GESCHICHTE Die phantastische Pinienallee ist mehrere hundert Jahre alt. Sie bildet immer noch die Einfahrt zum 1814 erbauten „Homestead", das zu einem Restaurant umgebaut wurde. Neethlingshof hat bis 1985, bei der Übernahme durch den deutschen Bankkaufmann H.-J.

*Neethlingshof wurde mit enormen Investitionen zu einem Vorzeigegut gemacht.*

Schreiber, ein schlumberndes Dasein geführt. Er hat das Gut mit enormen Investitionen zu einem Mustergut gemacht. Der große Aufschwung kam, als der preisgekrönte Kellermeister Günter Brözel 1989 hier zu arbeiten begann. Heute liegt die Verantwortung bei Schalk van der Westhuizen. Zu Neethlingshof gehören heute auch die Weingüter Stellenzicht und Bergendal.

WEINE Die Cabernet Sauvignon sind komplex, voll von Frucht, Eiche und Tannin. Der Gewürztraminer wird im Elsässer Stil erzeugt, ist blumig und würzig. Die edelsüßen Noble Late Harvest wurden schon oft prämiert. Die Prestige-Cuvée heißt „Lord Neethling Reserve" (CS, Merlot). Blanc de Noirs ist ein Roséwein aus CS, Merlot u.a. und gehört zu den besten Südafrikas. Auch Varietal-Weine aus Merlot, Cabernet Sauvignon, Shiraz und Pinotage werden hergestellt.

RUF Neethlingshof konnte sich in kürzester Zeit unter den Besten in Stellenbosch etablieren.

REBSORTEN 30% CS, 20% Sauvignon Blanc, 15% Pinotage, 15% Chardonnay sowie Gewürztraminer, Riesling und Colombard.

WEINHERSTELLUNG Der Ausbau erfolgt 8-24 Monate in französischen Eichenfässern.

LAGERUNG Bester Cabernet über 10 Jahre.

REBFL/PROD 165 ha, ca. 80 000 Kisten/Jahr.

**Besitzer** Hans-Joachim Schreiber • **Kellermeister** Schalk van der Westhuizen • **Besuch** Mo-Fr 9-17, Sa 10-16 • **Adresse** Neethlingshof Estate, Box 104, Polkadraai Road, ZA-7599 Stellenbosch • **Tel.** 021-883 89 88 • **Fax** 021-883 89 41

PRODUKTION    QUALITÄT    PREIS

## NEIL ELLIS WINES

GESCHICHTE Nach seiner Ausbildung zum Önologen begann Neil Ellis 1973 seine erfolgreiche Laufbahn als Assistent bei der KWV. Von 1976 bis 1982 war er Kellermeister bei Groot Constantia und zog danach weiter nach Zevenwacht. Schon als Kellermeister bei Zevenwacht erzeugte er aus angekauftem Traubenmaterial eigene Weine und hatte großen Erfolg damit. 1989 gründete er sein eigenes Weingut im Devon Valley. Neil Ellis und sein Partner Hans-Peter Schröder vertreten die Theorie, dass die besten Weine primär im Weinberg entstehen.

WEINE Der Cabernet Sauvignon gehört mit

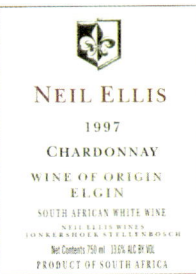

*Neil Ellis, der sich 1989 selbständig gemacht hat, ist einer der erfolgreichsten Kellermeister Südafrikas.*

seiner konzentrierten Frucht von schwarzen Johannisbeeren und elegantem Eichenholzton zu den besten Südafrikas. Die Prestige-Cuvée aus Cabernet und Merlot (etwa 70/30) ist etwas leichter, aber gleichzeitig vielschichtiger, mit minzenfruchtigen Aromen. Neil Ellis ist auch für seine ausgezeichneten Sauvignon-Blanc-Weine bekannt. Der Pinotage des Hauses ist von höchster Kap-Qualität. Die Standardweine werden unter dem Namen Inglewood vermarktet.

RUF Eines der erfolgreichsten jungen Weingüter Südafrikas. Bereits 1992 wurde Neil Ellis zum „Weinmacher des Jahres" gewählt.

REBSORTEN CS, Chardonnay, Merlot, Sauvignon Blanc, Pinotage, Shiraz und weitere.

WEINHERSTELLUNG Auserlesene Weine werden in Barriques ausgebaut.

LAGERUNG Der Cabernet-Wein kann mindestens zehn Jahre gelagert werden.

REBFL/PROD Etwa 90 ha, 35 000 Kisten/Jahr.

**Besitzer** Neil Ellis • **Kellermeister** Neil Ellis • **Besuch** Nach telefonischer Vereinbarung • **Adresse** Neil Ellis Wines, Box 917, Oude Nektar Farul, ZA-7600 Stellenbosch • **Tel.** 021-887 06 49 • **Fax** 021-887 06 47 • **E-Mail** chrianto@iafrica.com

PRODUKTION    QUALITÄT    PREIS

## Rust en Vrede Estate

GESCHICHTE  Rust en Vrede liegt am Hang des Helderberges, unterhalb von Alto Estate. Die ersten Reben wurden hier 1730 angepflanzt. Der ehemalige Rugbyspieler Jannie Engelbrecht kauf-

*Der Rust-en-Vrede-Verschnitt wird in alle Flaschengrößen abgefüllt. Einer der besten Rotweine Südafrikas.*

te das Gut 1978 und schon 1979 erschienen die ersten Weine. Jannie hat große Teile neu bestockt und die Gebäude restauriert.

WEINE  Rust en Vrede „Estate Wine" ist ein kräftiger, gerbstoffreicher Verschnittwein voller Frucht und Eiche (75% CS, 15% Shiraz, 10% Merlot). Sehr lagerfähig. Der Shiraz gehört zu den besten Südafrikas, ist tief und weich. Der Cabernet Sauvignon hat fast die gleiche Kraft wie der Rust en Vrede. Die Tinta Barocca wurde durch Merlot ersetzt.

RUF  Durch die Vorsorge des Kellermeisters und Perfektionisten Kevin Arnold gehört Rust en Vrede zu den besten Rotweinproduzenten. Heute ist D. Heyns für die Weinherstellung verantwortlich.

BODEN  Gut drainierter, sandhaltiger Boden.

REBSORTEN  50% Shiraz, 40% Cabernet Sauvignon, 10% Merlot.

WEINHERSTELLUNG  Die moderne Anlage wurde 1984 fertig gestellt. Die Weine werden so einfach und traditionell wie möglich erzeugt. Der Ausbau erfolgt in kleinen, französischen Eichenfässern.

LAGERUNG  Die besten Rust en Vrede und Cabernet Sauvignon mind. 15 Jahre. Guter Shiraz bis zu 10 Jahren.

REBFL/PROD  50 ha, etwa 15 000 Kisten/Jahr.

**Besitzer** Jannie Engelbrecht • **Kellermeister** D. Heyns • **Besuch** Täglich 9-17 • **Adresse** Rust en Vrede Estate, Box 473, Annandale Road, ZA-7599 Stellenbosch • **Tel.** 021-8813881 • **Fax** 021-8813000 • **E-Mail** saphyre@adept.co.za

PRODUKTION      QUALITÄT       PREIS

## Rustenberg Estate

GESCHICHTE  Rustenberg, früher Schoongezicht genannt, ist eines der schönsten Güter der ganzen Kap-Gegend. Schon vor mehr als 300 Jahren wählte Roelof Pasman diesen idealen Weinbauplatz aus. Seither haben viele bekannte Südafrikaner zur großartigen Entwicklung dieses Weinguts beigetragen. Das moderne Rustenberg wurde 1941 vom Engländer Peter Barlow errichtet und 1987 von Sohn Simon übernommen.

WEINE  Heute setzt man auf feinsäurigen Sauvignon Blanc. Der „5 Soldiers" ist ein in Eiche ausgebauter Chardonnay mit klassischer Pfirsich-Melonen-Frucht. Rustenberg „Gold" ist mittelfüllig mit feiner Ausgewogenheit. Cabernet Sauvignon hat Kraft und ist traubenintensiv. „Dry Red" ist ein leichterer Bordeaux-Verschnitt, jedoch mit ausreichender Kraft für eine längere Lagerung. Der Pinot Noir ist in seinem leichten Stil einer der besten im Lande. Der Chardonnay ist gut gebaut, mit leichter Eichennote, feiner Säure und guter Frucht.

RUF  Eines der klassischen Weingüter mit sehr gutem Ruf.

*Simon und Rozanne Barlow haben das großartige Rustenberg übernommen, eines der klassischen Weingüter.*

REBSORTEN  40% Cabernet Sauvignon, 25% Sauvignon Blanc, 15% Merlot sowie Cabernet Franc, Pinot Noir, Chardonnay.

BODEN  Vorwiegend fruchtbarer, roter Granitboden.

WEINHERSTELLUNG  Klassische französische Technik.

LAGERUNG  Rustenberg „Gold" mehr als 10 Jahre. Pinot Noir 3-7 Jahre.

REBFL/PROD  110 ha, 25 000 Kisten/Jahr.

**Besitzer** Simon Barlow • **Kellermeister** Rod Easthope • **Besuch** Mo-Fr 9-16.30, Sa 9-12.30 • **Adresse** Rustenberg Estate, PO Box 33, Rustenberg Road, ZA-7600 Stellenbosch • **Tel.** 21-8873 153 • **Fax** 021-8878466 • **E-Mail** wine@rustenberg.co.se • **Homepage** www.rustenberg.co.se

PRODUKTION      QUALITÄT       PREIS

## SAXENBURG

GESCHICHTE  Der Name stammt von Joachim Sax, der das Gut 1693 als Geschenk von Simon van der Stel erhielt. Seitdem gehörte es u.a. Lord Charles Somerset und der De-Villiers-Familie. 1989 wurde es vom schweizerischen Geschäftsmann Adrian Bührer erworben und wieder

*Dank dem Schweizer Geschäftsmann Adrian Bührer ist Saxenburg in seiner alten Pracht auferstanden.*

instand gesetzt. Der Familie gehört auch das berühmte Restaurant „Guinea Fowl", das sich ebenfalls auf dem Gut befindet. Seit der Anstellung des preisgekrönten Weinmachers Nico van der Merwe Anfang der 90er Jahre hat das Weingut großen Erfolg.

WEINE  Viele hervorragende Weine, vor allem die drei roten: 100% Shiraz, 100% Cabernet Sauvignon und Merlot (mit etwas Cabernet Sauvignon). Alle drei zählen zu den besten Weinen Südafrikas. Für viele Konsumenten ist der Sauvignon Blanc Private Collection der beste Wein dieser Rebsorte. Man macht auch einen Chardonnay im Stil der Neuen Welt, mit intensiver Fruchtigkeit und Eichenholzton.

RUF  Ist seit den 90er Jahren eines der besten Weingüter in Stellenbosch.

REBSORTEN  30% Shiraz, 20% Cabernet Sauvignon, 20% Sauvignon Blanc, 12% Merlot, 10% Chardonnay und 8% Pinotage.

WEINHERSTELLUNG  Reduktive Vergärung der Sauvignon-Blanc-Weine, Barrique-Ausbau der Chardonnay. Herkömmliche Schalenvergärung der Rotweine, 12-14 Monate Barrique-Ausbau.

LAGERUNG  Die rote Private Collection ist mindestens zehn Jahre haltbar.

REBFL/PROD  100 ha, 25 000 Kisten/Jahr..

**Besitzer** Adrian & Birgit Bührer • **Kellermeister** Nico van der Merwe • **Besuch** Mo-Fr 9-17, Sa 9-16 • **Adresse** Saxenburg, Box 171, ZA-7580 Kuils River • **Tel.** 021-903 61 13 • **Fax** 021-903 31 29 • **E-Mail** saxfarm@iafrica.com • **Homepage** http://www.users.iafrica.com/s/sa/saxfarm

PRODUKTION    QUALITÄT    PREIS

## SIMONSIG ESTATE

GESCHICHTE  Simonsig ist die Schöpfung von Frans Malan. Die Weingüter De Hoop und Morgenster aus dem Jahr 1682 bilden den Grundstein des Gutes. 1953 wurde De Hoop erworben, 1964 ein verwahrloster Hof in der Nähe, der dann dem ganzen Weingut den Namen gab. Heute ein Mustergut, mit 18 verschiedenen Rebsorten, und das erste Weingut Südafrikas, das die Champagner-Methode angewandt hat. Jetzt wird der Betrieb von den drei Söhnen geführt.

WEINE  Frans Malan Reserve ist ein eleganter, in Eiche ausgebauter Verschnitt aus Pinotage und Cabernet. Auch sortenreine Pinotage-Weine wer-

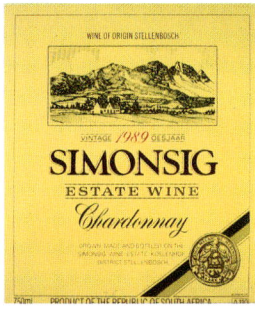

*Die Familie Malan hat aus Simonsig ein Mustergut geschaffen. Der Chardonnay ist sensationell gut.*

den erzeugt. Der Pinotage Reserve gehört sogar zu den besten Südafrikas. Der Chardonnay wird im Stil der Neuen Welt hergestellt. Kaapse Vonkel ist der berühmte Haus-Schaumwein nach der Champagner-Methode (PN, Chardonnay). Adelberg, eine weitere interessante Cuvée, wird aus Pinotage, Shiraz, CS und PN produziert. Dry Weißer Riesling und Gewürztraminer sind die zwei Spitzenweine.

RUF  Sehr guter Ruf und in ganz Südafrika bekannt, vor allem für die Schaumweine.

REBSORTEN  CS, PN, Pinotage, Shiraz, Chardonnay, GT, Riesling, Chenin Blanc, Colombard, Sauvignon Blanc, Kerner, Chardonnay.

WEINHERSTELLUNG  Traditionell mit moderner Technik. Schon 1964 ließ Frans Malan eine neue Kellerei mit Temperaturregulierung bauen.

LAGERUNG  Die besten Cabernet bis zu 15 J.

REBFL/PROD  270 ha, 180 000 Kisten/Jahr.

**Besitzer** Fam. Malan (Pieter, François, Johan) • **Kellermeister** Johan Malan • **Besuch** Mo-Fr 8.30-16.30, Sa 9-16 • **Adresse** Box 6, Kromme Rhee Road, ZA-7605 Koelenhof • **Tel.** 021-8822044 • **Fax** 021-8822545 • **E-Mail** wine@simonsig.co.za • **Homepage** http://www.simonsig.co.za

PRODUKTION    QUALITÄT    PREIS

SÜDAFRIKA • COASTAL REGION • STELLENBOSCH

## STELLENZICHT

GESCHICHTE  Der Besitzer von Neethlingshof, der deutsche Bankier Hans-Joachim Schreiber, kaufte 1981 auch dieses Weingut. Es wurde damals Alphen genannt und war in ziemlich schlechtem Zustand. Nach kompletter Wiederherstellung, Umbau und Neubepflanzung ist Stellenzicht heute eines der vornehmsten Weingüter Südafrikas. Zu einem großen Teil dank des früheren Kellermeisters André van Rensburg. Der Erfolg ermutigte Hans-Joachim zwei weitere Güter, nämlich Hillandale und Simonsberg, zu erwerben. Die Weine werden allesamt bei Stellenzicht vinifiziert.

WEINE  Der Syrah-Wein hat mit seiner großen Fruchtigkeit Weltklasse-Niveau und gilt auch als Kultwein. Die Bordeaux-Cuvée nennt man einfach Stellenzicht – ein Wein mit sehr gutem Ruf. Weiße Spitzenweine sind Sauvignon Blanc und Sémillon. Mit seiner rassigen Säure und dem konzentrierten Stachelbeeren- und Feuersteinton ist der Sauvignon unter Kennern sehr beliebt.

RUF  Während der 90er Jahre hat sich Stellen-

*Ein deutscher Bankkaufmann hat Stellenzicht zu einem der besten Weingüter Südafrikas gemacht.*

zicht den Rang als eines der meistprämierten Weingüter Südafrikas verschafft.

REBSORTEN  Shiraz (Syrah), CS, Chardonnay, Sauvignon Blanc und Sémillon.

WEINHERSTELLUNG  Chardonnay und Sauvignon Blanc werden in Eichenholzfässern vergoren. Die Rotweine werden auf traditionelle Art auf der Maische vergoren und in amerikanischen und französischen Barriques ausgebaut.

LAGERUNG  Shiraz und CS: 10-15 Jahre.

REBFL/PROD  170 ha, 60 000 Kisten/Jahr.

**Besitzer** Hans-Joachim Schreiber • **Kellermeister** Boela Gerber (assistant) • **Besuch** Kein Besuch möglich • **Adresse** Stellenzicht, PO Box 104, ZA-7599 Stellenbosch • **Tel.** 021-883 89 88, 021-880 11 03 • **Fax** 021-883 89 41 • **E-Mail** newines@iafrica.za.com

PRODUKTION  QUALITÄT  PREIS

## THELEMA MOUNTAIN

GESCHICHTE  Thelema war, bis es von Gyles und Barbara Webb erworben wurde, eine Obstfarm ohne Weinbauambitionen. Die hohe Lage auf dem Helshoogte-Pass faszinierte die Webbs, die lange auf der Suche nach den perfekten Weinbergen gewesen waren. 1988 war die Anlage fertig und die neuen Rebberge ergaben die erste Frucht. Der Jungfernwein aus Chardonnay war sofort ausverkauft und machte von sich reden. Seit den 90er Jahren hat Gyles Webb seine Weinmacher-Begabung bewiesen.

WEINE  Thelema Mountain erzeugt eine ganze

*Ende der 80er Jahre kaufte Gyles Webb eine Obstfarm und schuf daraus das großartige Thelema Mountain.*

Reihe international prämierter Weine. Die besten Weine sind Merlot, Cabernet Sauvignon (insbesondere der Thelema Reserve), Cabernet Sauvignon/Merlot (im traditionellen Bordeaux-Stil), der Chardonnay (im besten Burgunder Stil) und ein nicht fassausgebauter Sauvignon Blanc. Thelema erzeugt außerdem einen Chenin Blanc/Sauvignon Blanc, einen Rhine Riesling, einen Muscadel sowie den interessanten „Muscat de Frontignan".

RUF  Einer der führenden Betriebe Südafrikas. Drei Jahre in Folge wurde das Gut zum besten in der Region Stellenbosch erwählt.

REBSORTEN  Cabernet Sauvignon, Chardonnay, Merlot, Sauvignon Blanc, Pinotage, Shiraz u.a.

WEINHERSTELLUNG  Herkömmliche Methoden, gepaart mit neuster Technologie.

LAGERUNG  So gut wie alle Spitzenweine besitzen eine große Lagerfähigkeit.

REBFL/PROD  40 ha, etwa 18 000 Kisten/Jahr. 38% Export.

**Besitzer** Stiftung • **Kellermeister** Gyles Webb • **Besuch** Mo-Fr 9-17, Sa 9-13 • **Adresse** Thelema Mountain, Box 2234, ZA-7599 Stellenbosch • **Tel.** 021-885 19 24 • **Fax** 021-885 18 00

PRODUKTION  QUALITÄT  PREIS

## Weitere Produzenten in Stellenbosch

### Alto Estate
Alto Estate war früher Teil eines größeren Gutes, Groenrivier, mit einer Weingeschichte, die bis 1693 zurückreicht. Die besten Weine sind Cabernet Sauvignon und die Cuvée Alto Rouge (CS, Mer und Shiraz). FAKTEN 100 ha, 20 000 K./J.
- **Besitzer:** Bergkelder **Kellermeister:** Hempies Du Toit **Besuch:** Mo-Fr 9-17, Sa 9-12.30. **Adresse:** Box 184, ZA-7600 Stellenbosch. **Tel.** 021-881 38 84. **Fax** -881 38 84.

### L'Avenir Estate
1992 erwarb Marc Wiehe dieses Weingut. Er erzeugt Weine im französischen Stil. Die besten sind: Pinotage, Chardonnay und ein „Blend" aus Riesling und Colombard (Vin d'Erstelle). FAKTEN 45 ha, etwa 15 000 Kisten/Jahr.
- **Besitzer:** Marc Wiehe **Kellermeister:** François Naude **Besuch:** Mo-Fr 10-17, Sa 10-16. **Adresse:** Box 1135, ZA-7599 Stellenbosch. **Tel.** 021-889 50 01. **Fax** -889 73 13.

### Bergkelder
Neben KWV und SFW das größte Weinunternehmen Südafrikas. 1968 wurden die großartigen Kellergänge im Papegaai-Berg eingeweiht. Zwölf Weingüter nutzen heute die Dienste von Bergkelder. Die Winzer erzeugen den Wein selber, überlassen aber die Fass- oder Flaschenlagerung sowie den Verkauf vollständig oder teilweise Bergkelder. Die 12 Erzeuger sind: Alto, Allesverloren, Jacobsdal, La Motte, Le Bonheur, L'Ormarins, Meerendal, Meerlust, Middelvlei, Mont Bloi, Rietvallei, Theuniskraal, Uitkyk. Drei davon sind auch in Besitz von Bergkelder: Alto, Le Bonheur und Uitkyk.
- **Besitzer:** Distillers Co. **Kellermeister:** Gerhard Hofmann **Besuch:** Mo-Fr 8-17, Sa 9-13. **Adresse:** Box 184, ZA-7599 Stellenbosch. **Tel.** 021-887 24 40. **Fax** -887 57 69.

### Delheim
Qualitätsbewusstes Weingut, geführt von Philip Costandius. Berühmt für den Médoc-Verschnitt Grand Reserve. Die besten Weine sind Cabernet Sauvignon, Shiraz und Gewürztraminer. FAKTEN 150 ha, 80 000 Kisten/Jahr.
- **Besitzer:** Hoheisen & Sperling **Kellermeister:** Ph. Costandius **Besuch:** Mo-Fr 8-17, Sa 9-13. **Adresse:** Box 10, ZA-7605 Koelenhof. **Tel.** 021-882 20 33. **Fax** -20 36.

### Eikendal
In Schweizer Besitz. Erzeugt den beliebten Schaumwein Duc de Berry's C'est si Blanc. Sehr guter Classique (Cabernet/Merlot) und Chardonnay. Auch bekannt für ihr Gasthaus mit Schweizer Spezialitäten. FAKTEN 60 ha, 30 000 Kisten/Jahr.
- **Besitzer:** Für Planatagen **Kellermeister:** Josef Krammer **Besuch:** Mo-Fr 8-17, Sa 9-15. **Adresse:** Box 2261, ZA-7600 Stellenbosch. **Tel.** 021-855 14 22. **Fax** -855 10 27.

### Grangehurst
Anfang der 90er Jahre hat der geschickte Weinmacher Jeremy Walker ein kleines, aber erfolgreiches Weingut aufgebaut. Seine besten Weine sind der stilvolle Pinotage und ein Reserve aus Cabernet und Merlot. FAKTEN 10 ha, 4 000 Kisten/J.
- **Besitzer:** Jeremy Walker **Kellermeister:** Jeremy Walker **Besuch:** Mo-Fr 9-17, Sa nach Vereinbarung. **Adresse:** PO Box 206, ZA-7599 Stellenbosch. **Tel.** 021-881 34 41. **Fax** 021-881 34 26.

### Hartenberg Estate
Kleiner Erzeuger mit ausgezeichneten Weinen, u.a. Shiraz, Zinfandel, Riesling, Merlot sowie ein einfacherer Bordeaux-Verschnitt. Die „Bin"-Weine sind am bekanntesten. FAKTEN 100 ha, ca. 45 000 Kisten/Jahr.
- **Besitzer:** Ken MacKenzie **Besuch:** Mo-Fr 8-17, Sa 9-15. **Adresse:** Box 69, ZA-7605 Koelenhof. **Tel.** 021-882 25 41. **Fax** 021-882 21 53.

### Jordan Winery
Die Jordan Winery ist eine hochmoderne Anlage, die in den 80er Jahren vom in Kalifornien ausgebildeten Ehepaar Gary und Kathy Jordan aufgebaut wurde. Vom Weingut hat man eine freie Sicht bis nach Kapstadt. Die besten Weine sind: Chardonnay und Fumé Blanc (Sauvignon Blanc), beide im besten kalifornischen Stil. FAKTEN 100 ha, etwa 20 000 Kisten/Jahr.
- **Besitzer:** Jordan Family **Kellermeister:** Gary & Kathy Jordan **Besuch:** Mo-Fr 10-16.30, Sa 9.30-14.30. **Adresse:** Box 94, ZA-7604 Vlottenburg. **Tel.** 021-881 34 41. **Fax** 021-881 34 26.

### Lievland Estate
Ein Neuzugang unter den Spitzenerzeugern. Der Besitzer hat eine Leidenschaft für Rhône-Weine. Beste Weine sind der Shiraz und die „Rhône"-Cuvée mit u.a. Cinsaut, der Lievlander heißt. FAKTEN 60 ha, ca. 15 000 Kisten/Jahr.
- **Besitzer:** Paul Benade **Besuch:** Mo-Fr 8-17, Sa 9-13. **Adresse:** Box 66, ZA-7625 Klapmuts. **Tel.** 021-875 52 26. **Fax** 021-875 52 13.

### Morgenhof
Dem Ehepaar Anne und Alain Huchon ist es gelungen, während der 80er Jahre die Weingärten eines 300-jährigen Weinguts zu erwerben. Anfang der 90er Jahre errichteten sie eine hochmoderne Vinifizierungsanlage. Anne Huchon stammt aus einer französischen Familie aus Cognac. Schöne Weinexemplare sind insbesondere Merlot, Chardonnay und Sauvignon Blanc. FAKTEN 90 ha, etwa 30 000 Kisten/Jahr.
- **Besitzer:** Anne Cointreau-Huchon, Alain Huchon **Kellermeister:** Jeen Daneel **Besuch:** Mo-Fr 9-16.30, Sa 10-15. **Adresse:** Box 365, ZA-7599 Stellenbosch. **Tel.** 021-889 55 10. **Fax** 021-889 52 66.

SÜDAFRIKA • COASTAL REGION • STELLENBOSCH

## Weitere Produzenten in Stellenbosch

### Mulderbosch Vineyards

Larry Jacobs und Mike Dobrovic haben in den 90er Jahren ihre Ambitionen unter Beweis gestellt. Die besten Beispiele sind ein nicht fassausgebauter Sauvignon Blanc, der zu einem veritablen Kultwein wurde, sowie ein hochwertiger Chardonnay. Steen-en-Hout ist ein Chenin Blanc aus alten Rebstöcken. Faithful Hound (!) ist der Name einer sehr guten Bordeaux-Cuvée (Merlot, CS, Malbec). FAKTEN 18 ha, etwa 15 000 Kisten/Jahr.

•**Besitzer:** Larry Jacobs **Kellermeister:** Mike Dobrovic **Besuch:** Nach Vereinbarung. **Adresse:** Box 548, ZA-7599 Stellenbosch. **Tel.** 021-882 24 88. **Fax** 021-882 23 51.

### Overgaauw Estate

Die Familie van Velden hat das Gut 1909 übernommen. Overgaauw ist bahnbrechend in Südafrika, wenn es um französische Kellertechnik und Barrique-Ausbau geht. Bekannt ist man vor allem für den „Cape Vintage Port" (u.a. aus Touriga Nacional). Andere Weine: Tria Corda (CS, CF, Mer) sowie u.a. Merlot, Chardonnay, SB und Sylvaner. FAKTEN 80 ha, ca. 25 000 Kisten/Jahr.

•**Besitzer:** Braam van Velden **Kellermeister:** Braam van Velden **Besuch:** Mo-Fr 8.30-12.30, 14-17, Sa 10-12.30. **Adresse:** Box 3, ZA-7604 Vlottenburg. **Tel.** 021-881 38 15. **Fax** 021-881 34 36.

### Rozendal Farm

Kurt Ammann erzeugt hier einen der bekanntesten Weine Südafrikas: den Rozendal, einen Pomerol-Verschnitt aus Merlot mit etwas Cabernet Sauvignon. FAKTEN 8 ha, 2 500 Kisten/Jahr.

•**Besitzer:** Kurt Ammann **Besuch:** Werktags während Bürozeiten. **Adresse:** Box 160, ZA-7599 Stellenbosch. **Tel.** 021-883 87 37. **Fax** 021-883 87 38.

### Stellenbosch Farmer's, SFW

Stellenbosch Farmer's Winery (SFW) ist eine der drei großen Weinanlagen des Landes. Sie vinifizieren den Wein von anderen Winzern. SFW vertreibt zwei Drittel der ganzen Weinproduktion Südafrikas. Die bekanntesten Namen hier sind Nederburg und das Prestigesortiment Zonnebloem.

•**Adresse:** Box 46, ZA-7599 Stellenbosch. **Tel.** 021-808 79 11. **Fax** 021-887 13 55.

### Uitkyk Estate

1920 vom Sachsen Georg von Garlowitz erworben. Er schuf den Carlonet-Wein, einen der besten Rotweine Südafrikas. Auch der Sauvignon Blanc und ein Cabernet-Shiraz-Verschnitt sind interessant. FAKTEN 200 ha, ca. 35 000 Kisten/Jahr.

•**Besitzer:** Bergkelder **Kellermeister:** Theo Brink **Besuch:** Mo-Fr 8-17, Sa 8.30-12.30. **Adresse:** Box 3, ZA-7607 Elsenburg. **Tel.** 021-884 47 10. **Fax** 021-884 47 17.

### Warwick Estate

Die Kellermeisterin Norma Ratcliffe hat Warwick zu einem guten Ruf verholfen mit Weinen wie dem kompakten, fülligen Trilogy, einem Bordeaux-Verschnitt, oder dem Pinotage (Traditional Bush Vine). FAKTEN 60 ha, 10 000 Kisten/Jahr.

•**Besitzer:** Stan Ratcliffe **Kellermeister:** Norma Ratcliffe **Besuch:** Mo-Fr 8.30-16.30, Sa nach Vereinbarung. **Adresse:** Box 2, ZA-7606 Muldersvlei. **Tel.** 021-884 44 10. **Fax** 021-884 40 25.

### Vergelegen

Martin Meinert erzeugt einen außerordentlich konzentrierten und stilvollen Merlot. Auch Chardonnay und Cabernet Sauvignon sind von hoher Qualität. Ein besucherfreundliches Gut. FAKTEN 100 ha, etwa 70 000 Kisten/Jahr.

•**Besitzer:** Anglo American/De Beers **Kellermeister:** Martin Meinert **Besuch:** Mo-Sa 9.30-16. **Adresse:** Box 17, ZA-7129 Somerset West. **Tel.** 021-847 13 34. **Fax** 021-847 16 08.

### Vergenoegd Estate

Seit 1820 ist das Gut in Besitz der Familie Faure. Weine: Reserve („Cape-Bordeaux-style") sowie ein sehr guter Cinsaut/Merlot (80/20) und Tinta Barocca. FAKTEN 130 ha, 15 000 Kisten/J.

•**Besitzer:** Jac & Brand Faure **Kellermeister:** John Faure **Besuch:** Mi 14-17, Sa 9-13 oder nach Vereinb. **Adresse:** Box 1, ZA-7131 Faure. **Tel.** 021-843 32 48. **Fax** -31 18.

### Vriesenhof

Jan Coetzee wurde mit dem Vriesenhof ein zuverlässiger Qualitätserzeuger. Gute Weine sind Kallista, ein Médoc-Verschnitt, und der Paradyskloof Pinotage. FAKTEN 70 ha, 20 000 K./J.

•**Besitzer:** Paradyskloof Boerdery **Kellermeister:** Jan Coetzee **Besuch:** Nach Vereinbarung. **Adresse:** Box 155, ZA-7599 Stellenbosch. **Tel.** 021-880 02 84. **Fax** -15 03.

### Yonder Hill

Der ehemalige Rugbystar Rob Mundell verspricht mit seinem großen Merlot viel Gutes für die Zukunft. Seinen „Blend" nennt er „iNanda". FAKTEN 10 ha, 3 000 Kisten/Jahr.

•**Besitzer:** Rob Mundell **Kellermeister:** Rob Mundell **Besuch:** Nach Vereinbarung. **Adresse:** Box 5339, ZA-7135 Helderberg. **Tel.** 021-855 10 08. **Fax** 021-855 39 88.

### Zevenwacht

Zevenwacht entstand 1980 durch eine Vereinigung der alten Güter Langverwacht und Zevenfontein. Beste Weine sind Sauvignon Blanc, Chenin Blanc, Chardonnay und vor allem die „Kapcuvée" aus Cabernet Sauvignon, Merlot und Pinotage. FAKTEN 150 ha, 70 000 Kisten/Jahr.

•**Besitzer:** Harold & Denise Johnson **Kellermeister:** Hilko Hegewisch **Besuch:** Täglich 8-17. **Adresse:** Box 387, ZA-7579 Kuils' River. **Tel.** 021-903 51 23. **Fax** -33 73.

# PAARL

**RUF** Paarl ist nach Stellenbosch der zweitwichtigste Weinbezirk. Hier findet man einige der besten Produzenten Südafrikas. Der Bezirk besteht aus den drei Bereichen Wellington, Paarl und Franschhoek. In der Stadt Paarl liegt die gigantische Weinfirma KWV. Auf Nederburg Estate wird jedes Jahr die wichtigste Weinversteigerung Südafrikas abgehalten. Dieser schöne Bezirk wurde von Abraham Gabbema Mitte des 17. Jahrhunderts entdeckt. Er hat ihm den Namen Paarl (Perle) gegeben, nachdem er den Paarlberg in der Morgensonne wie eine Perle hat glitzern sehen. 30 Jahre später wurden die ersten Weinberge durch Simon van der Stel angelegt.

**GEOGRAPHIE** Paarl liegt nördlich von Stel-

*Klapmuts in Paarl mit dem berühmten „Perlen-Berg" im Hintergrund. Das Weingut gehört Backsberg.*

lenbosch im Binnenland. Im Osten türmt sich das Gebirge Groot Drakenstein. Der Weinbau konzentriert sich auf das fruchtbare Tal rund um den Berg River, die Städte Paarl und Wellington bis hin zu Franschhoek im Süden. Das Klima ist mittelmeerähnlich mit warmen, trockenen Sommern (durchschnittlich etwa 20 °C) und feuchten Wintern. Die jährliche Niederschlagsmenge beträgt weniger als 700 mm.

**BODEN** Man unterscheidet zwischen drei Bodentypen: am Fluss ist Sandstein vorherrschend, um Paarl Granit und im Nordosten vorwiegend Malmesbury-Schiefer.

**WEINE** Vor allem kräftige Weißweine mit viel Säure, u.a. aus Chardonnay, Sauvignon Blanc und Riesling. Aber auch füllige Rotweine aus den höher gelegenen Weinbergen, meist Cabernet Sauvignon, Shiraz und Merlot. Auch Weine vom Sherry- und Portwein-Typ werden erzeugt.

**PRODUZENTEN** Backsberg, Boland, Boschendal, Cabrière, Fairview, Glen Carlou, KWV, La Motte, Landskroon, Nederburg, L'Ormarins, Plaisir de Merle, Rheebookslof, Simonsvlei, Veenwouden, Villiera, Welgemeend.

**WISSENSWERT** Weitere Informationen: Paarl Wine Route Office, 216 Main Street, Box 46, Paarl 7620. Tel. 021-872 36 05. Fax 021-872 38 41. Homepage: www.paarlwine.co.za

# BACKSBERG ESTATE

**GESCHICHTE** 1916 kaufte der litauische Einwanderer Charles Back den Hof „Klein Babylonstoren". Er machte aus dem landwirtschaftlichen Betrieb ein Weingut. 1938 übernahm es Sohn Sydney. Er hat seither über 50 Jahrgänge herausgebracht und Backsberg an die Spitze geführt. Heute hat Sydneys Sohn Michael die Führung.

**WEINE** Cabernet Sauvignon, Klein Babylonstoren (ein Médoc-Verschnitt aus CS und Merlot), John Martin (Sauvignon Blanc), Pinot Noir, Chardonnay, Merlot und ein interessanter Malbec. Auch Late Harvest (Spätlese) und Schaumweine werden erzeugt.

**CHARAKTER** Der beste Wein ist der Chardonnay: goldene Frucht mit dem richtigen Maß an Eiche und einem Ton von getoastetem Brot. Klein Babylonstoren ist eichiger, mit weicher Gerbsäure und Veilchen im Bukett. John Martin ist ein eichenausgebauter Sauvignon Blanc mit weicher Säure und deutlichem Vanilleton.

**RUF** Ein Weingut mit neuen Ideen und vielen Auszeichnungen.

*Backsberg wurde von Charles Back gegründet und wird heute von seinem Enkel erfolgreich weitergeführt.*

**REBSORTEN** Cabernet Sauvignon, Merlot, Pinot Noir, Chardonnay, Syrah u.a.

**WEINHERSTELLUNG** Die Anlage gehört zu den modernsten in Südafrika. Die Rotweine wie auch die Weißweine werden bis zu 18 Monaten in Barriques ausgebaut. Die Weißweine durchlaufen den biologischen Säureabbau.

**LAGERUNG** Die besten Roten: über 10 Jahre. Chardonnay und Sauvignon Blanc: 5-10 Jahre.

**REBFL/PROD** 300 ha, etwa 90 000 Kisten/J.

---

**Besitzer** Michael Back • **Kellermeister** Hardy Laubser • **Besuch** Nach Vereinbarung • **Adresse** Backsberg Estate, Klein Babylonstoren, PO Box 537, ZA-7624 Suider Paarl • **Tel.** 021-875 5141 • **Fax** 021-875 5144 • **E-Mail** backwine@africa.com

PRODUKTION     QUALITÄT     PREIS

## BOSCHENDAL ESTATE

GESCHICHTE  Der französische Hugenotte Jean le Long pachtete 1685 „Bossendaal". 164 Jahre lang, bis 1879, gehörte Boschendal der Familie Villiers. Das imposante Hauptgebäude wurde 1812 errichtet. Nach der Verwüstung der Rebberge durch die Reblaus kaufte Cecil John Rhodes das Gut. Nach seinem Tod 1902 übernahm es De Beers, verkaufte es wieder und kam durch Anglo-American Farms wieder zu ihm zurück.

WEINE  Grand Vin (75% CS, 25% Merlot), Lanoy (45% CS, 45% Shiraz, 10% Merlot), Chardonnay, Grand Vin Blanc (70% SB, 30% Rhine Riesling), Riesling, Chenin Blanc, SB, Le Bouquet (Gewürztraminer, Bukett-Traube, Muscat Ottonel, Muscat d'Alexandrie) sowie Boschendal Brut (Champagner-Methode).

CHARAKTER  Chardonnay ist der Spitzenwein - einer der besten am Kap mit feinem Eichenton und Geschmack von Zitrone, Ananas und Pfirsich. Lanoy wird hauptsächlich aus Shiraz erzeugt und ist ein würziger, mittelfülliger Verschnitt mit deutlicher Eichennote. Der Grand Vin Blanc ist ein interessanter Weißweinverschnitt.

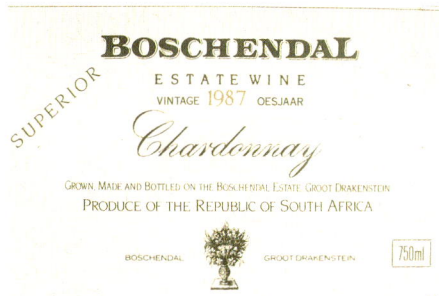

*Der Spitzenwein von Boschendal, einem der besten Erzeuger im Lande, ist ein Chardonnay.*

REBSORTEN  Chardonnay, Sauvignon Blanc, Merlot sowie CS, Pinot Noir, Riesling u.a.

RUF  Ein zuverlässiger und beliebter Produzent von einigen der besten Weine Südafrikas.

WEINHERSTELLUNG  Traditionelle französische Methoden mit viel Ausbau in kleinen, neuen Eichenfässern.

LAGERUNG  Lanoy: ca. 10 Jahre. Chardonnay: 5-7 Jahre.

REBFL/PROD  490 ha, 240 000 Kisten/Jahr.

**Besitzer** Anglo-American Farms Ltd • **Kellermeister** Mike Graham • **Besuch** Mo-Fr 9.00-16.30, Sa 8.30-12.30 • **Adresse** Boschendal Estate, PO Grott Drankenstein, ZA-7680 Groot Drakenstein • **Tel.** 021-870 4000 • **Fax** 021-874 1864

PRODUKTION        QUALITÄT        PREIS

## FAIRVIEW ESTATE

GESCHICHTE  Anfänglich ein winziges Weingut, auf dem Mr. Hugo Rotwein ab Fass verkaufte. 1937 wurde es von Charles L. Back gekauft, dem gleichen Back, der Backsberg schuf. 1955 übernahm es Sohn Cyril (Bruder Sydney erhielt Backsberg). Der Vater produzierte hauptsächlich verstärkte Weine für die KWV. Der Sohn bestockte danach fast die ganze Rebfläche mit erstklassigen Sorten. Als Cyrils Sohn Charles die Kellerei 1979 übernahm, baute er ein Sortiment von verbraucherfreundlichen Weinen auf.

WEINE  Merlot Reserve (Merlot und etwas Ca-

*Im Turm bei Fairview Estate leben die am meisten photographierten Ziegen Südafrikas.*

bernet Sauvignon), Cabernet Sauvignon, Shiraz, Pinot Noir, Pinotage, Gamay Noir, Chardonnay. Der Charles Gerard wird als Verschnitt in Rot (Merlot/Cabernet Sauvignon), Weiß (Sauvignon Blanc/Chenin Blanc) und nach der Champagner-Methode erzeugt.

CHARAKTER  Der Shiraz ist typisch mit geräuchertem Schokoladenton. Der elegante, tieffarbige Merlot Reserve sowie der reinrassige Pinotage sind eine Verkostung wert.

REBSORTEN  Merlot, Shiraz, CS, Pinotage, Chardonnay, CB, Pinot Gris, Gamay Noir u.a.

RUF  Bekannt für populäre Weine zu angemessenen Preisen. Die Spitzenweine sind von sehr guter Qualität.

WEINHERSTELLUNG  Traditionell, gewisses Experimentieren mit Eichenfass-Typen. Die Rotweine werden in kleinen, neuen Eichenfässern vergoren.

LAGERUNG  Die besten Rotweine 8-10 Jahre.

REBFL/PROD  240 ha, 50 000 Kisten/Jahr.

**Besitzer** Charles Back • **Kellermeister** Charles Back & Hennie Huskisson • **Besuch** Mo-Fr 8.30-18, Sa 8.30-17 • **Adresse** Fairview Estate, Box 583, ZA-7624 Suider-Paarl • **Tel.** 021-863 24 50 • **Fax** 021-863 25 91

PRODUKTION        QUALITÄT        PREIS

## KWV

GESCHICHTE Ausgeschrieben: Kooperatiewe Wijnbouwers Vereniging van Zuid-Afrika. Gegründet 1918, um einen Preissturz aufgrund der riesigen Überproduktion zu verhindern. Früher mussten alle Winzer Südafrikas der KWV angehören, die die Weinproduktion regelte. Nachfrage

*KWV ist eine Institution und Autorität in Südafrika, die mit vielen Winzern zusammenarbeitet.*

und Bedarf konnten dadurch ausgeglichen und die Preise gesteuert werden. Wurde zu viel Wein erzeugt, sorgte die KWV dafür, dass der Überfluss vom Markt verschwand. Meist wurde er billig auf dem Exportmarkt angeboten. Das Hauptbüro in Paarl hat riesige Keller (22 ha) mit Platz für 250 Mio. Liter! Man produziert auch selbst Weine. Heute noch ist die KWV für 70% des südafrikanischen Weinexports verantwortlich.

WEINE Weißweine werden aus gekauften Trauben erzeugt. Die Rotweine werden oft auf verschiedenen Gütern hergestellt und lagern bei der KWV. Einige der Güter sind Diemersdal, Vergenoegd, Landskroon und die Genossenschaften Perdeberg, Swartland und Simonsvlei. Beste Rotweine: Cathedral Cellar, Roodeberg (ein kräftiger Verschnitt aus Cabernet, Shiraz und Pinotage) und Tinta Barocca. Eine Menge verschiedener sortenreiner Weine: Pinotage, Shiraz, Riesling, Chenin Blanc und Sauvignon Blanc. Auf dem Gut Laborie wird ein sehr guter Verschnitt produziert: Laborie Bin H12.

RUF Bekannt als ein geschickter Repräsentant für südafrikanische Weine.

PRODUKTION 340 000 Kisten/Jahr.

**Besitzer** Aktiengesellschaft • **Kellermeister** Kosie Möller • **Besuch** Tägliche Führungen um 10, 11, 14 u. 15 Uhr • **Adresse** KWV, Box 528, ZA-7624 Suider-Paarl • **Tel.** 021-807 39 00 • **Fax** 021-807 30 00 • **E-Mail** moller@kwv.co.za • **Homepage** www.kwv.co.za

PRODUKTION   QUALITÄT   PREIS

## NEDERBURG ESTATE

GESCHICHTE Eines der bedeutendsten Weingüter, nicht nur wegen der bekannten Weinauktionen. 1792 vom deutschen Einwanderer Phillip Wohlfahrt gegründet. Der Name Nederburg entstand zu Ehren eines Generals. Das moderne Nederburg wurde von einem anderen Deutschen, Johann Graue, geschaffen. Nach dem Tod von Johann Graue 1959 übernahm Stellenbosch Farmer's das Gut. Die jährliche Weinversteigerung ist das größte Weinereignis in Südafrika. Anlässlich der Versteigerung werden Sonderweine von Spitzenqualität erzeugt.

WEINE Cabernet Sauvignon, Edelrood (Ca-

*Nederburg ist für phantastische Weine und die wichtigste Weinversteigerung Südafrikas bekannt.*

bernet Sauvignon, Shiraz, Merlot), Prelude (Chardonnay, Sauvignon Blanc), Rhine Riesling, Premier Grand Cru (Sauvignon Blanc, Chenin Blanc, Colombard). Auch Late Harvest und Schaumwein.

CHARAKTER Der Cabernet Sauvignon ist elegant und recht leicht, wird oft mit etwas Shiraz verschnitten. Edelrood hat einen komplexen Geschmack, u.a. nach Schokolade und Nüssen. Der weiße, erstklassige Prelude-Verschnitt verfügt über schön eingebundene Tannine. Der Riesling hält deutsche Spitzenklasse.

RUF Gehört zur Elite in Südafrika.

REBSORTEN CS, Shiraz, Merlot, Chard, Sauvignon Blanc, Riesling, Gewürztraminer u.a.

WEINHERSTELLUNG Klassische Herstellungsmethoden in moderner Kellerei.

LAGERUNG Die besten Rotweine können bis zu zehn Jahren gelagert werden.

REBFL/PROD 1 500 ha, ca. 800 000 Kisten/J.

**Besitzer** Stellenbosch Farmer's Winery (holding comp.) • **Kellermeister** Newald Marais • **Besuch** Mo-Fr 8.30-17, Sa 9-13 • **Adresse** Nederburg, Private Bag X 3006, ZA-7620 Paarl • **Tel.** 021-862 31 04 • **Fax** 021-862 48 87 • **Homepage** www.c./exinet/wine/neder/neder1.htm

PRODUKTION   QUALITÄT   PREIS

## Weitere Produzenten in Paarl

### Cabrière Estate

Weingut in Franschhoek, das sich auf Schaumwein nach der Champagner-Methode unter dem Namen Pierre Jourdan spezialisiert hat. Besitzer und Kellermeister ist der exzentrische Achim von Arnim. FAKTEN 23 ha, ca. 17 000 Kisten/Jahr.

• **Besitzer:** Achim von Arnim **Besuch:** Mo-Fr 8-17, Sa 11-13. **Adresse:** Box 245, ZA-7690 Franschhoek. **Tel.** 021-876 26 30. **Fax** 021-876 33 90.

### Glen Carlou

Ein Newcomer mit mehreren großen Weinen, in Besitz von Hess Collection im Napa Valley. Die besten Weine sind der Bordeaux-Verschnitt Grande Classique, Deveraux (Chard/Chenin Blanc). FAKTEN 35 ha, 7 000 Kisten/Jahr.

• **Besitzer:** Donald Hess (Napa) **Besuch:** Mo-Fr 8-17, Sa 9-12.30. **Adresse:** Box 23, ZA-7625 Klapmuts. **Tel.** 02211-5528.

### Laborie Estate

Laborie ist das einzige Gut in Eigenbesitz der Firma KWV International. Hier werden in einem der modernsten Keller Südafrikas eine Reihe von Prestigeweinen erzeugt (Merlot, Cap Classique, Chardonnay). FAKTEN 46 ha, 40 000 Kisten/Jahr.

• **Besitzer:** KWV **Kellermeister:** Gideon Theron **Besuch:** Mo-Fr 9-17, Sa-10-13. **Adresse:** Box 528, ZA-7624 Paarl. **Tel.** 021-807 33 90. **Fax** 021-863 19 55.

### La Motte Estate

Häufig prämierte Weine. Der „Millennium" ist eine Bordeaux-Cuvée mit viel Stil. Der Shiraz wird im modernen Kap-Stil, d.h. kräftig, ausgebaut. FAKTEN 100 ha, ca. 15 000 Kisten/Jahr.

• **Besitzer:** Hanneli Rupert **Besuch:** Mo-Fr 8-17, Sa 9-12. **Adresse:** Box 45, ZA-7691 La Motte. **Tel.** 021-876 31 19. **Fax** 021-876 34 46.

### L'Ormarins

L'Ormarins wurde vom Hugenotten Jean Roi 1694 gegründet. Der Cabernet Sauvignon ist ausgezeichnet mit Kraft von gemischten Früchten und Eiche. Optima kann sich sehr wohl mit den besten Médoc-Schlössern messen. Shiraz ist elegant mit ausgezeichneter Länge. Sehr gute Chardonnay und Blanc Fumé. FAKTEN 190 ha, etwa 90 000 Kisten/Jahr.

• **Besitzer:** Anthony Rupert **Kellermeister:** Wrensch Roux **Besuch:** Mo-Fr 9-17. **Adresse:** Box X 6001, ZA-7624 Southern Paarl. **Tel.** 021-874 10 24. **Fax** 021-874 13 61.

### Plaisir de Merle

Plaisir de Merle ist ein großes altes und respektiertes Weingut. Dank Niel Bester, der auch auf Château Margaux Erfahrungen sammelte, ist dieses Weingut auf dem Vormarsch. Hier werden einige unübertroffene Merlot und Cabernet Sauvignon erzeugt. Allesamt besitzen die Struktur, den Stil und die Ausgewogenheit, die sich anspruchsvolle Weinkenner wünschen. FAKTEN 975 ha, etwa 330 000 Kisten/Jahr.

• **Besitzer:** Stellenbosch Farmer's Winery **Kellermeister:** Niel Bester **Besuch:** Mo-Fr 10-17, Sa 9-13. **Adresse:** PO Box 121, ZA-7670 Simondium. **Tel.** 021-874 10 71. **Fax** 021-874 16 89.

### Simonsvlei Winery

Eine der besten Genossenschaften Südafrikas mit einer reichhaltigen Auswahl an Weinen verschiedener Weinberge. U.a. CS, Pinotage, Shiraz, Chardonnay und Riesling. FAKTEN 250 ha, ca. 100 000 Kisten/Jahr.

• **Besitzer:** 60 Mitglieder **Besuch:** Mo-Fr 8-17, Sa 9-16.30. **Adresse:** Box 584, ZA-7624 Suider-Paarl. **Tel.** 021-863 30 40. **Fax** 021-853 12 40.

### Veenwouden

Veenwouden wurde vom berühmten südafrikanischen Tenor Deon van der Walt aufgebaut, der auch eine Passion für gute Weine hat. Er erzeugt einen der besten Merlot in ganz Südafrika. Auch seine Bordeaux-Cuvée Classic ist von sehr hoher Qualität. FAKTEN 15 ha, etwa 6 000 Kisten/Jahr.

• **Besitzer:** Deon van der Walt **Besuch:** Nach Vereinbarung. **Adresse:** PO Box 7086, ZA-7623 N. Paarl. **Tel.** 021-872 68 06. **Fax** 021-872 13 84.

### Villiera Estate

Hervorragende Bordeaux-Cuvée Cru Monro sowie sehr gute Merlot und Chenin Blanc. FAKTEN 125 ha, 25 000 Kisten/Jahr.

• **Besitzer:** Fam. Grier **Besuch:** Mo-Fr 8-17, Sa 9-13. **Adresse:** Box 66, ZA-7605 Koelenhof. **Tel.** 021-882 20 02. **Fax** 021-822 23 14.

### Welgemeend Estate

Ein kleines Weingut mit junger Geschichte. 1974 erwarb der bekannte Weinkenner und Journalist Billy Hofmeyr das Gut Monte Video und gab ihm den Namen Welgemeend. Der Estate-Wein ist ein klassischer Bordeaux-Verschnitt mit einem eleganten Frucht-/Mineral-Ton. FAKTEN 13 ha, ca. 4 000 Kisten/Jahr.

• **Besitzer:** William A. Hofmeyr **Kellermeister:** Louise Hofmeyr **Besuch:** Sa 9-12.30. **Adresse:** PO Box 69, ZA-7625 Klapmuts. **Tel.** 021-8755210. **Fax** 021-8755239. **E-Mail:** safred@iafrica.com

## Weitere Produzenten in Südafrika

### ALLESVERLOREN

(COASTAL REGION, SWARTLAND)

Ein zuverlässiger Produzent und seit 1870 in Besitz der Familie Malan. Der erste Weinberg wurde 1780 angelegt. Führende Weine sind Cabernet Sauvignon, Shiraz und ein interessanter Port, der Late Bottled Vintage Cape Port.

• **Besitzer:** Fam. Malan **Besuch:** Nach Vereinbarung. **Adresse:** ZA-7600 Riebeck-West. **Tel.** 02231-995 33.

### ALTYDGEDACHT

(COASTAL REGION, DURBANVILLE)

Seit fünf Generationen in Besitz der Familie Parker. Heute ist Oliver Parker für die Kellerei ver-

De Wetshof ist ein bekannter Produzent der Robertson-Region, berühmt für seine Late-Harvest-Weine.

antwortlich und sein Bruder John für die Weinberge. Sie erzeugen die besten Weine in Durbanville, wie z.B. Cabernet Sauvignon, Tintoretto (Barbera/Shiraz), Pinot Noir und einen ausgezeichneten Chardonnay (Charade). Besucher sind willkommen. FAKTEN 120 ha, ca. 5 000 Kisten/Jahr.

• **Besitzer:** Fam. Parker **Kellermeister:** Oliver Parker **Besuch:** Mo-Fr 9-17.30, Sa 9-13. **Adresse:** Box 213, ZA-7550 Durbanville. **Tel.** 021-96 12 95. **Fax** 021-96 8521.

### GRAHAM BECK

(BREË-RIVIERVALLEI, ROBERTSON)

Die Firma in Robertson ist für ausgezeichneten Schaumwein bekannt (Champagner-Methode) und insbesondere für die Jahrgangs-bezeichneten Blanc de blancs aus Chardonnay. Auch die Chardonnay/Pinot-Noir-Standard-Cuvée ist von bester Qualität. Der stille Weißwein Lonehill Chardonnay, in zu 30% neuen Eichenholzfässern vergoren und ausgebaut, ist ebenfalls eine Verkostung wert. FAKTEN 145 ha, etwa 75 000 Kisten/Jahr.

• **Besitzer:** Graham Beck **Kellermeister:** Pieter Ferreira **Besuch:** Mo-Fr 9-17, Sa 9-13. **Adresse:** Box 724, ZA-6705 Robertson. **Tel.** 02351-612 14. **Fax** 02351-5164.

### BERGSIG ESTATE

(BREË-RIVIERVALLEI, WORCESTER)

Bergsig besteht aus fünf verschiedenen Gütern. Die Brüder Louis und De Wet konnten in den 90er Jahren eine Qualitätssteigerung realisieren. Die besten Weine: Chenin Blanc Late Harvest und ein weißer Verschnitt mit dem Namen Edel Laatoes; aber auch Cabernet und Pinotage halten hohe Klasse. FAKTEN 360 ha, ca. 40 000 Kisten/Jahr.

• **Besitzer:** Fam. Lategan **Kellermeister:** De Wet Lategan **Besuch:** Täglich 9-17, Sa 9-12. **Adresse:** Box 15, ZA-6858 Breërivier. **Tel.** 02324-603. **Fax** 02324-658.

### BON COURAGE ESTATE

(BREË-RIVIERVALLEI, ROBERTSON)

Gehörte früher zum Gut Goedemoed (franz. Bon Courage!) der Familie Bruwer. Bon Courage wird heute von André Bruwer und Sohn Jacques geführt. Prämiert für seinen Gewürztraminer Special Late Harvest und White Muscadel. Gute Cabernet, Shiraz, Riesling sowie die Cuvée „Jacques Bruére". FAKTEN 175 ha, ca. 15 000 Kisten/J.

• **Besitzer:** André Bruwer **Kellermeister:** Jacques Bruwer **Besuch:** Täglich 8-17. **Adresse:** Box 589, ZA-6705 Robertson. **Tel.** 02351-4178. **Fax** 02351-3581. **Homepage:** www.interads.co.za

### BOPLAAS ESTATE

(KLEIN KAROO)

Geführt von der Familie Nel mit einer mehr als 100-jährigen Winzertradition in Klein Karoo. Ihre Vintage Ports sind am bekanntesten. Andere gute Weine sind Grand Vin Rouge (Bordeaux-Verschnitt), Blanc de Noirs, Sauvignon Blanc und Riesling. FAKTEN 80 ha, ca. 25 000 Kisten/Jahr.

• **Besitzer:** Carel Nel **Besuch:** Mo-Fr 9-17, Sa-So 11-15. **Adresse:** Box 156, ZA-6660 Calitzdorp. **Tel.** 04437-333 26. **Fax** 04437-337 50.

### BOUCHARD-FINLAYSON

(OVERBERG, HERMANUS)

Peter Finlayson betreibt in diesem südlichen Tal mit Namen „Hemel en Harde" (Himmel und Erde) seit den 70er Jahren Weinbau. Das Land eignet sich für Burgunder-Rebsorten besonders gut. Aus diesem Grunde entschloss sich auch der Négociant Bouchard aus Beaune zu einer Investition in dieses Projekt. Heute werden hier einige der besten Pinot-Noir-Weine Südafrikas erzeugt (Galpin Peak). Beinahe so gut ist auch der Chardonnay (vor allem Kaaimansgat). FAKTEN 12 ha, etwa 14 000 Kisten/Jahr.

• **Besitzer:** Klein Hemel-en-Harde Ltd **Kellermeister:** Peter Finlayson **Besuch:** Mo-Fr 9-17, Sa 10-12.30. **Adresse:** PO Box 303, ZA-7200 Hermanus. **Tel.** 0283-235 15. **Fax** 0283-223 17.

## Weitere Produzenten in Südafrika

### Hamilton Russell

(Overberg, Hermanus)
Der Gründer Timothy Hamilton Russell suchte bewusst diesen südlichsten Platz aus, da hier ein kühles Klima und perfekte Bodenverhältnisse

*Hamilton Russell wurde von einem Werbefachmann gegründet und ist bekannt für den Pinot Noir.*

herrschen. Vor allem der Pinot Noir, gefolgt vom Chardonnay und Sauvignon Blanc sind sehr gut. FAKTEN Ca. 60 ha, etwa 25 000 Kisten/Jahr.

• **Besitzer:** Anthony Hamilton Russell **Kellermeister:** Kevin Grant **Besuch:** Mo-Fr 9-17, Sa 9-13. **Adresse:** Box 158, ZA-7200 Hermanus. **Tel.** 0283-235 95. **Fax** 0283-21 7 97.

### Nuy Co-op

(Breë-Riviervallei, Worcester)
Eine Genossenschaft mit 21 Mitgliedern, 1963 gegründet. Guter Ruf für die verstärkten Muscadel, die besten im Lande. Auch Colombard und der Chant de Nuy, ein Verschnitt aus Steen und Colombard, sind sehr gut. FAKTEN 500 ha, ca. 100 000 Kisten/Jahr.

• **Besitzer:** 21 Mitglieder **Besuch:** Mo-Fr 9-16.30, Sa 8.30-12.30. **Adresse:** Box 5225, ZA-6850 Worcester. **Tel.** 0231-70272. **Fax** 0231-74994.

### Rietvallei

(Breë-Riviervallei, Robertson)
Johnny Burger erzeugt hier ausgezeichnete Chardonnay, Rhine Riesling und einen verstärkten Red Muscadel. Das Gut gehört seit 1864 der Familie Burger. Die Flaschenabfüllung erfolgt durch Bergkelder. FAKTEN 172 ha, 20 000 Kisten/Jahr.

• **Besitzer:** Box 386, ZA-6705 Robertson. **Tel.** 02351-3596. **Fax** 02351-5709.

### Springfield Estate

(Breë-Riviervallei, Robertson)
Abrie Bruwer beschloss 1995 ein eigenes Weingut zu gründen. Früher verkaufte er seine Weine offen, d.h. in Fässern, an verschiedene Weinhändler. Der Erfolg ließ nicht lange auf sich warten; „Cab-vin" wurde alsbald zum Kultwein für Kenner. Er erzeugt auch guten Sauvignon Blanc und Chardonnay. FAKTEN 145 ha, etwa 25 000 Kisten/Jahr.

• **Besitzer:** Abrie Bruwer **Kellermeister:** Abrie Bruwer **Besuch:** Mo-Sa 8-16.30. **Adresse:** Box 770, ZA-6705 Robertson. **Tel.** 02351-3661. **Fax** 02351-3664.

### Twee Jonge Gezellen Estate

(Coastal Region, Tulbagh)
1710 gegründet. Am besten sind der Dessertwein Schanderl, der Late Harvest (Engeltjiepipi) und ein Schaumwein nach der Champagner-Methode. Gute Süßweine namens Engeltjiepipi (Late Harvest). FAKTEN 275 ha, ca. 100 000 Kisten/Jahr.

• **Besitzer:** Nicky Krone & Champagne Mumm **Kellermeister:** Nicky Krone **Besuch:** Mo-Fr 9-12, 14-17, Sa 9-12. **Adresse:** Box 16, ZA-6820 Tulbagh. **Tel.** 0236-30 06 80. **Fax** 0236-30 06 86.

### Vredendal Winery

(Olifantsrivier)
Südafrikas größte Genossenschaft. Willem Loots erzeugt ausgezeichnete Weine. Der beste ist Goiya Kgeisje (ausgesprochen: hoja-hejsi!) und wird aus Sauvignon Blanc und Chardonnay erzeugt. Ferner Cabaret (ein Cabernet-Franc-Verschnitt), Chenin Blanc und andere ausgezeichnete Dessertweine. FAKTEN 2 200 ha, ca. 500 000 Kisten/Jahr.

• **Adresse:** Box 75, ZA-8160 Vredendal. **Tel.** 0271-31080. **Fax** 0271-31080.

### Weltevrede Estate

(Breë-Riviervallei, Bonnievale)
1912 von Klaas Jonker gegründet. Ein Vorreiter für verstärkte White Muscadel und viele andere gute Weine. Chardonnay und Prive du Bois (in Eiche ausgebaute Cuvée aus SB und Chardonnay). FAKTEN 120 ha, 18 000 Kisten/Jahr.

• **Besitzer:** Lourens Jonker **Kellermeister:** Simon Smith **Besuch:** Mo-Fr 8.30-17, Sa 9-15.30. **Adresse:** Box 6, ZA-6730 Bonnievale. **Tel.** 02346-2141. **Fax** 02346-2460.

### De Wetshof Estate

(Breë-Riviervallei, Robertson)
Der Betrieb gehört seit den 50er Jahren der Familie De Wet und wird von Danie de Wet geführt. Bahnbrecher in Südafrika mit Late-Harvest-Weinen (Edeloes) und auch Chardonnay, SB und Rhine Riesling. Wird von Bergkelder vermarktet. Besucher sind willkommen. FAKTEN 150 ha, etwa 35 000 Kisten/Jahr.

• **Besitzer:** Danie de Wet **Kellermeister:** Danie de Wet **Besuch:** Mo-Fr 8.30-16.30, Sa-So 9-13. **Adresse:** Box 31, ZA-6705 Robertson. **Tel.** 0234-518 53. **Fax** 0234-519 15.

## WEINETIKETTEN IN SÜDAFRIKA

In Südafrika gibt es eindeutige Weingesetze: Entweder ist der Wein *Non-certified* (unklassifiziert) oder *Certified* (klassifiziert). Non-certified Wines sind meist Tafelweine ohne Anspruch auf Herkunftsangaben. Certified Wines sind Qualitätsweine und werden mit besonderem Ursprungssiegel auf dem Flaschenhals versehen.

URSPRUNG

Der Ursprung dieses Weines ist *WO-Stellenbosch* (Wine of Origin/*Wyn van oorsprong*). Die verschiedenen Ursprungsgebiete können der Karte Südafrikas entnommen werden.

ERZEUGER

*Rust en Vrede* gehört zur absoluten Spitze der Rotweinproduzenten in Südafrika. Darunter steht *Landgoedwyn*, was mit Estate Wine, d.h. „Landgutswein", sinnverwandt ist.

ESTATE-BOTTLED

Steht „Estate Bottled" auf dem Etikett, muss der Wein auf dem Gut erzeugt und abgefüllt worden sein. Ferner müssen auch die Trauben vom gleichen Weingut stammen. (Viele südafrikanische Weine werden bei großen Weinhändlern gelagert und abgefüllt.)

ALKOHOLGEHALT/INHALT

Die Angabe der Füllmenge ist obligatorisch, die des Alkoholgehalts nicht (außer für den Export).

„WINE OF ORIGIN"-SIEGEL

Die Bezeichnung Wine of Origin (WO) wurde 1973 eingeführt. WO-Weine haben entweder eine Ursprungsgarantie, eine Herkunftsgarantie, eine Rebsortengarantie oder eine Jahrgangsgarantie.
Varietal Wines müssen mind. zu 75% aus der genannten Rebsorte stammen, die wiederum zu 75% aus einem Jahrgang vinifiziert wurde. Für Verschnittweine darf die Rebsortenzusammensetzung angegeben werden. Das WO-Siegel wird durch das Wine & Spirits Board nach verschiedenen Prüfungen erteilt. Ein spezielles WO-Etikett garantiert die bestandene Prüfung.
„Estate bottled" bestätigt die Vinifizierung und Flaschenabfüllung durch das angegebene Weingut. Die sog. „bus-tickets", die früher auf dem Flaschenhals angebracht wurden, haben seit 1993 keine Gültigkeit mehr.

## WEINVOKABULAR SÜDAFRIKA

**C**INSAUT  Gleiche Rebsorte wie die französische Cinsault.

**D**ROÉ  Trocken.

**E**DEL LAAT OES  Wein aus edelfaulen Trauben, jedoch keine Bedingung. Entspricht der deutschen Beerenauslese.
EDELKEUR  Edelfäule.
ETTER-SOET  Halbtrocken/halbsüß.

**G**EKWEEK, GEMAAK EN GEBOTTEL OP ...  Gelesen, erzeugt und abgefüllt von ...
GROWN, MADE AND BOTTLED ON ...  Gelesen, erzeugt und abgefüllt von ...

**H**ANEPOOT  Südafrikanischer Name für die Rebsorte Muscat d'Alexandrie.

**J**EREPIGO  Ein verstärkter, sehr süßer Wein.

**L**AAT OES, LATE HARVEST  Spätlese. Mind. 10% natürlicher Alkohol und 20-50 g Restzucker/Liter.

**N**OBLE LATE HARVEST  Wein aus edelfaulen Trauben, jedoch keine Bedingung. Entspricht der deutschen Beerenauslese. Mind. 50 g Restzucker/Liter.

**O**ESJAAR, VINTAGE  Jahrgang.

**P**INOTAGE  Eine südafrikanische Kreuzung aus dem Jahr 1926, von Pinot Noir und Cinsaut, damals Hermitage genannt. Gilt heute als Südafrikas Nationalrebsorte.

**S**EMI-SWEET  Halbtrocken/halbsüß, 4-30 g Restzucker/Liter.
SOET  Süß.
SPESIALE LAAT OES, SPECIAL LATE HARVEST  Auslese. Mind. 10% natürlicher Alkohol. Es ist kein Restzuckergehalt erforderlich.
STEIN  Früher oft der Name für Chenin Blanc, heute meist ein halbsüßer Wein, hauptsächlich aber aus Chenin Blanc.

**V**ARIETAL WINE  Sortenreiner Wein, d.h. aus einer einzigen bzw. je nach Gesetz vorwiegend aus dieser Sorte. In Afrika mind. 75%, für den Export mind. 85%.
VINTAGE  Jahrgang.
VONKELWYN  Schaumwein.

**W**O, WINE OF ORIGIN, WYN VAN OORSPRONG  Wein mit Ursprungsbezeichnung.

## AFRIKA – ANDERE LÄNDER

### ÄGYPTEN

GESCHICHTE  Viele Abbildungen in ägyptischen Gräbern aus der Zeit 3 000 v.Chr. zeigen Wein trinkende Pharaonen und ihre Götter sowie Motive aus der Weinherstellung. Daraus geht auch hervor, dass damals schon Jahrgangsbezeichnungen und Qualitätsklassen bekannt waren. Die führenden Weinberge lagen am linken Arm des Nildeltas. Es gab auch andere Weinbaugebiete bei Sile, Behbeit el-Hagar, Memfis und in den Oasen, alle im unteren Ägypten. Bis ins obere Ägypten kam der Weinbau erst im 3. Jh. v.Chr. Das Weintrinken war Priestern und Reichen vorbehalten. Das alltägliche Getränk unter den weniger Bemittelten war Bier.

Nach dem Einmarsch der Araber ging der Weinbau stark zurück, um schließlich völlig zum Erliegen zu kommen.

WEININDUSTRIE  Um die Jahrhundertwende wurden Trauben im Nildelta bei Alexandria angebaut. Das heutige Ägypten kann keine Qualitätsweine vorweisen, auch wenn 15 000 hl/Jahr produziert werden. Ein Drittel wird exportiert. Bei den Weißweinen zählen Clos Mariout und Crus des Ptolémées zu den besten, und bei den Rotweinen Clos Matamir und Omar Kayyam.

REBFL/PROD  Rund 50 000 ha, ca. 25 000 hl/Jahr.

## KENIA

GESCHICHTE  Die ostafrikanischen Küstengebiete fielen früh unter arabischen Einfluss. 1895 wurde Kenia zu einem britischen Protektorat und 1920 zu einer Kolonie. Die für Landwirtschaft günstigen Voraussetzungen lockten viele Einwanderer an, die sich große Anbauflächen verschafften. Nach dem Zweiten Weltkrieg wurde die Unabhängigkeitsbewegung stärker, was zu einem blutigen Bürgerkrieg führte. 1963 wurde Kenia

*Ägyptische Grabbilder aus dem Jahr 3 000 v.Chr. belegen das damalige Weinwissen.*

selbständig. Man hat bislang eine vorsichtige, westfreundliche Außenpolitik geführt.

WEININDUSTRIE  Die Weinproduktion in einem Äquatorialland ist ein Risiko. Viele der ehemaligen britischen Kolonisten produzieren trotzdem, auch wenn die Qualität bestenfalls die Klasse der Tischweine erreicht. Die meisten Weine werden von anderen Früchten erzeugt. Die bekannteste Weinfirma ist D'Olier, mit Weinproduktionsanlagen in Naivasha und Ol Don-yo Keri. 1985 wurde sie in Lissabon für ihren Papaya-Wein mit der Silbermedaille ausgezeichnet.

## TANSANIA

GESCHICHTE  Tansania ist eine Union zwischen dem Festland (früher Tanganyika) und der Inselgruppe Sansibar. Im Mittelalter entwickelte sich ein umfangreicher Handel zwischen Somalia und Moçambique. Hier entstanden Stadtstaaten wie Mombasa, wo Swahilikaufleute und Araber Handel betrieben. Sansibar wurde Anfang des 18. Jh. ein Zentrum für den europäischen Sklavenhandel. 1885 wurden die Regionen zwischen den großen ostafrikanischen Seen zu deutschem Gebiet unter dem Namen Deutsch-Ostafrika. Nach dem Ersten Weltkrieg fiel der größte Teil des deutschen Gebietes Großbritannien zu. 1961 wurde Tanganyika ein selbständiger Staat innerhalb des Commonwealth. Im darauf folgenden Jahr wurde das Land eine Republik und 1964 mit dem 1963 selbständig gewordenen Sansibar vereinigt.

WEININDUSTRIE  Das Land grenzt im Norden an Kenia. Dodoma Red Wine ist die wichtigste einheimische Marke. Leider fehlt diesem Wein die Qualität. Die tansanische Landwirtschaft ist weitgehend auf die Selbstversorgung aufgebaut. Im Export von Gewürznelken ist man jedoch führend.

REBFLÄCHE  2 000 ha.

## ZIMBABWE

GESCHICHTE  Das Gebiet wurde im letzten Jahr des 19. Jh. Gegenstand einer schnellen Kolonisation durch Briten, Deutsche, Italiener und Südafrikaner. Der neu eroberte Besitz erhielt den Namen Rhodesien, nach Cecil Rhodes, dem führenden britischen „Imperiumbauherr" Südafrikas, benannt. Die Einwanderer brachten ihre Trinkgewohnheiten und Kenntnisse über die Weinproduktion mit. Die Landwirtschaft im Lande ist gut entwickelt. Nach der Südafrikanischen Republik ist Zimbabwe das am weitesten industrialisierte Land Afrikas. Die stark westlich geprägte Hauptstadt Harare (ehem. Salisbury) ist u.a. der größte Tabakmarkt der Welt. Die Probleme dieses jungen Landes waren jedoch umfang-

*Mukuyu ist in Besitz von Cairns Cellars. Zumindest die Weinetiketten sind originell.*

reich. Mit Ian Smith an der Spitze leiteten die afrikanischen Befreiungsbewegungen (ZAPU und ZANU) Anfang der 70er Jahre einen bewaffneten Kampf gegen die weiße Minoritätsregierung ein. Der Kampf führte 1980 zu freien Wahlen. Im gleichen Jahr wurde die selbständige Republik Zimbabwe ausgerufen. Die Gegensätzlichkeiten der beiden Volksgruppen resultierten in ständigen Konflikten, die 1988 offiziell beigelegt wurden.

WEININDUSTRIE  Die Weinindustrie in Zimbabwe wurde nach den verhängten Sanktionen wegen der Rassenpolitik (damaliges Rhodesien) gegründet. Die Einfuhr von Wein hörte fast ganz auf und auch die Tabakausfuhr litt darunter. Viele Tabakbauern wollten ihren Anbau durch andere Saaten erweitern. Zusammen mit den Weinbauern fingen sie an, die neue Industrie zu entwickeln. Innenpolitische Probleme haben den Erfolg jedoch erschwert. Außerdem ist das Klima nicht das beste für den Weinanbau. Die jährliche Niederschlagsmenge variiert und konzentriert sich hauptsächlich auf den Sommer. In feuchten Jahren werden die Reben eher von Krankheiten befallen; die Trauben quellen auf und platzen, wodurch der Zuckergehalt drastisch sinkt. 1979 erlebte die

*Dieser Standardwein, Nyala genannt, wird von Philips Central Cellars in Zimbabwe vermarktet.*

Weinindustrie Zimbabwes einen Durchbruch. Die Cairns Winery holte deutsche Weinexperten ins Land, um ihr bei der Gründung der Mukuyu Winery zu helfen. Sie gehört heute zu den modernsten Weinanlagen der Welt und liegt in Marondera außerhalb von Harare. Die Weinindustrie in Zimbabwe expandiert und der Exportmarkt ist derselbe wie jener der anderen afrikanischen Staaten.

GEOGRAPHIE Die zentralen Teile des Landes bestehen aus Hochland, dem sog. High Veld, das über 1 200 m ü.M. liegt. Im Norden und Süden fällt das Hochland gegen die Flüsse Sambesi und Limpopo hin ab. Die natürliche Vegetation im größten Teil des Landes ist die Savanne.

ANBAUGEBIETE Den Weinbau findet man rund um Harare im High Veld, wo das beste Klima herrscht.

WEINE Große Variationen. Die häufigsten Sorten sind Chenin Blanc und Cabernet Sauvignon. Es wird aber auch mit Chardonnay, Gamay, Riesling, Merlot und Pinot Noir experimentiert. Alle Weine werden nach modernen Methoden kühl vergoren. Die Rotweine reifen nach spanischem und portugiesischem Vorbild. Es gibt keine Weingesetze.

REBFLÄCHE Etwa 800 ha Rebfläche, die schnell anwächst.

PRODUZENTEN Etwa 70 Winzer. Am größten sind African Distillers, Philips Central Cellars und Cairns Wineries. Sie konzentrieren sich ausschließlich auf Qualitätsweine und die Aussichten sind viel versprechend. Philips hat seit 1985 mehrere Medaillen, u.a. bei der International Wine and Spirit Competition, erhalten.

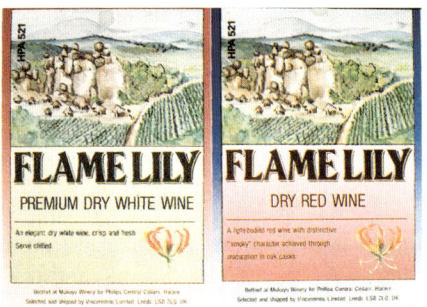

*Flame Lily ist eine Serie im populären Stil, die von Philips Central Cellars produziert wird.*

# USA

GESCHICHTE Schon der Wikinger Leif Eriksson soll hier Trauben entdeckt und das Land „Vinland" (Weinland) genannt haben. Die wild wachsenden Reben waren in ganz Nordamerika anzutreffen. Schon die ersten Siedler erzeugten aus diesen Reben Wein. Damals hatte er einen Beigeschmack, den man heute „foxy" nennt. Viele große Projekte, europäische Rebsorten an der Westküste anzubauen, scheiterten. Die Reben starben an der damals unbekannten Reblaus, die in allen Böden Nordamerikas hauste. Später wurden Hybriden (Kreuzungen amerikanischer Labrusca mit europäischer Vinifera) wie Catawba und Concord angebaut. Den „foxy"-Geschmack aber wurde man nicht los. Ende des 18. Jh. pfropften europäische Einsiedler in Kalifornien die ersten Edelreiser auf amerikanische Unterlagsreben und ebneten damit den Weg für den zukünftig erfolgreichen Weinbau. Um die Jahrhundertwende wuchs der Weinbau vor allem in Kalifornien stark an. Während der Prohibition (1919-1933) mussten die meisten Winzer den Weinbau aufgeben. Erst in den 30er Jahren verzeichnete der Weinbau einen neuen Aufschwung. In den 60er Jahren begann ein regelrechter Wein-Boom: Eine Anzahl von enthusiastischen „Boutique Wineries" erzeugten kleine Mengen hochqualitativer Weine. Dieser Trend setzte sich in den 70er und 80er Jahren fort. Heute noch steigen die Exportzahlen und auch der Qualitätsanbau entwickelt sich weiter.

ANBAUGEBIETE Das größte Weinbaugebiet Amerikas ist Kalifornien, gefolgt von Oregon, Washington State und New England. Auch in anderen Staaten (außer in Alaska) wird Wein hergestellt, der aber meist regional konsumiert wird.

WEINE Eine große Vielfalt von Weinen wird erzeugt. Die besten stammen aus europäischen Rebsorten wie z.B. CS, PN und Merlot für Rotweine sowie SB und Chardonnay für Weißweine. Weine aus einheimischen Sorten werden immer noch produziert, verlieren aber an Bedeutung.

Wein wird nicht nur in Kalifornien angebaut, sondern in allen Bundesstaaten, ausgenommen Alaska.

**WEINGESETZ** Die Bundesbehörde, die den Weinanbau kontrolliert, heißt „Bureau of Alcohol, Tobacco and Firearms" (BATF). Man hat sich um ein Weingesetz ähnlich dem französischen System der Appellation d'Origine Contrôlée (AOC) bemüht, indem man das Land ab 1978 in „Approved Viticultural Areas", sog. AVAs, einteilte.

Folgende Kriterien liegen zugrunde: Wird auf der Etikette die Herkunftsbezeichnung angegeben, so muss diese Herkunftsregion von der Bun-

*Die amerikanischen Winzer investieren viel Geld in effiziente und qualitätssteigernde Ausrüstung.*

desbehörde anerkannt sein. Eine AVA muss hinsichtlich Klima, Bodenverhältnisse und Geschichte einzigartig sein und eine klare geographische Abgrenzung enthalten. Der Name der Region darf nur angegeben werden, wenn mindestens 85% des Weines aus Trauben von dieser Region stammen.

1998 betrug die Anzahl der AVAs 131. Die größte AVA ist Ohio River Valley (10 000 km$^2$), die kleinste ist Cole Ranch (1,6 ha). 70 AVAs liegen in Kalifornien, die meisten davon an der North Coast. Geltende Bezeichnungen:

VARIETAL WINES (Weine aus bestimmten Rebsorten): Mindestens 75% des Weins muss aus der erwähnten Sorte erzeugt worden sein. Wird das Ursprungsgebiet (z.B. Kalifornien) auf dem Etikett erwähnt, müssen 100% der Trauben von dort kommen. Ist nur der County-Name erwähnt, beträgt der Anteil 75% (z.B. Napa Valley). Wenn das Gebiet eine AVA ist, müssen 85% aus dieser stammen (z.B. Stag's Leap). Wird eine Weinlage erwähnt, müssen 95% der Trauben von dort kommen (z.B. Heitz Martha's Vineyard). Wird der Jahrgang angegeben, muss der Wein zu 95% aus diesem Jahr stammen.

SEMI-GENERIC und GENERIC WINES sind meistens sog. „Jug Wines", die in Karaffen und 1,5-Liter-Flaschen verkauft werden. Sie tragen oft Phantasienamen wie Chablis, Rhine und Burgundy und ihre Produktion ist gesetzlich kaum geregelt.

SPARKLING WINES: Trägt der Wein die Bezeichnung „Champagne" auf der Flasche, so muss eine genauere Erklärung folgen: „méthode champenoise" oder „fermented in this bottle" entspricht der Champagner-Methode; „Bottle fermented" oder „Fermented in the bottle" entspricht dem Transvasierverfahren (der Wein wird in der Flasche vergoren, nicht gerüttelt und nicht degorgiert, sondern in einen Großraumbehälter abgezogen, filtriert und auf Flaschen gefüllt); „bulk process" oder „charmat process" bedeutet Tankgärung.

PRODUZENTEN Größtenteils kleine, sog. „Boutique Wineries", aber auch gigantische Weinfabriken wie Gallo in Central Valley (Kalifornien). Es gibt mehr als 100 000 Weinerzeuger.

REBFL/PROD 310 000 ha, 19 Mio. hl/Jahr.

*Spring Mountain in Napa, besser bekannt als Falcon Crest, ist berühmt für seinen Erfolg und seine Schönheit.*

# KALIFORNIEN

GESCHICHTE Die Weinbaugeschichte Kaliforniens begann im Jahr 1769 mit der Errichtung spanischer Missionen, sog. „Missions". Insgesamt waren es 21 von San Diego bis Sonoma. Diese waren Teil einer religiösen und militärischen Operation und auch für die Weinproduktion zuständig. Auch die angebaute Rebsorte trug den Namen Mission (in Südamerika Criolla genannt). Im Jahr 1833 wurden die Missionsstationen säkularisiert. In der großen San-Gabriel-Mission in Los Angeles konnte Jean-Louis Vignes, ein Franzose aus Bordeaux, seine eigenen Vinifera-Sorten anbauen. 1848 begann der „Gold Rush" und die Nachfrage nach Wein wuchs. Gleichzeitig erbaute Mariano Vallejo die Stadt Sonoma und gründete „Lachryma Christi", ein damals sehr modernes Weingut. Sein Nachbar war Agoston Haraszthy, ein abenteuerlicher Ungar, der 1861 100 000 Reben von 300 verschiedenen Sorten aus Europa mitbrachte. Er gründete das Weingut Buena Vista und brachte die Weinentwicklung in Schwung. Zu den ersten Weinproduzenten zählen auch Charles Lefranc (mit dem legendären Almadén-Wein) und sein Schwiegersohn Paul Masson. 1868 begann man an der Universität in Berkeley mit Forschungen über Rebsorten und Anbauplätze. Auf der Weltausstellung 1889 in Paris gewannen kalifornische Produzenten 20 von den insgesamt 39 Medaillen! Auf dem Höhepunkt der kalifornischen Weinproduktion, Anfang des 20. Jahrhunderts, begann die Prohibition (1919-1933). Dadurch verschwanden in den 30er Jahren die meisten Weingüter. Danach begann ein mühseliger Kampf

*Amerikanische Winzer sind frei von traditionellen Altlasten (Franciscan Vineyard).*

787

um die Restaurierung der Weingärten und Unternehmen. Die Gebrüder Gallo starteten ihre erfolgreiche Laufbahn und André Tchelistcheff definierte die Qualitätsanforderungen. Der große Wein-Boom begann aber erst in den 60er Jahren mit der

*Die Weinernte verlangt immer noch viel Handarbeit und man ist auf mexikanische Arbeitskräfte angewiesen.*

Errichtung von „Boutique Wineries" in Napa und Sonoma und mit dem Erfolg von Robert Mondavi. Während der letzten drei Jahrzehnte entwickelte sich der kalifornische Qualitätswein unwahrscheinlich schnell. Der Export ist groß und die Entwicklung wird auch noch bis ins 21. Jahrhundert andauern.

GEOGRAPHIE Die verschiedenen Gebiete Kaliforniens sind von der Topographie her sehr unterschiedlich: von hohen, kühlen Bergregionen bis hin zu ausgedehnten Wüsten. Der Weinbau Kaliforniens erstreckt sich über tausend Kilometer. Die besten Gebiete sind die kühlen Teile des Nordens von San Francisco.

*Die Neubepflanzungen waren in Kalifornien wegen des Reblausbefalls und der größeren Nachfrage umfassend.*

ANBAUGEBIETE Kalifornien ist in fünf Regionen eingeteilt: North Coast (Napa, Sonoma, Mendocino/Lake), Central Coast (mit u.a. Monterey, San Luis Obispo und Santa Barbara), South Coast, Central Valley und Sierra Foothills. Insgesamt gibt es 65 AVAs.

KLIMA Da das Klima so variiert, hat man eine spezielle Klimaeinteilung erstellt (siehe Kasten).

WEINE Anfangs wurden meist verstärkte Weine produziert, heute beträgt der Produktionsanteil der leichteren Weine, meist als Varietals ausgebaut (d.h. von einer einzigen Rebsorte), 90%. Immer häufiger werden auch Blends (Verschnitte im Bordeaux-Stil) oder Varianten von klassischen europäischen Sorten hergestellt. In Kalifornien werden auch viele Sparkling-Weine erzeugt.

REBSORTEN Die am häufigsten angebauten Sorten sind Chard, French Colombard, Zinfandel, CS und Merlot. Außerdem werden u.a. PN, SB, Riesling, Syrah, Chenin Blanc und Viognier kultiviert. Zinfandel gilt als Kaliforniens Nationaltraube.

PRODUZENTEN Die Anzahl der sog. „wineries" ist in den 80er und 90er Jahren drastisch gestiegen. Insg. gibt es 680 Weinhäuser.

REBFL/PROD Ca. 130 000 ha, rund 15 Mio. hl/Jahr.

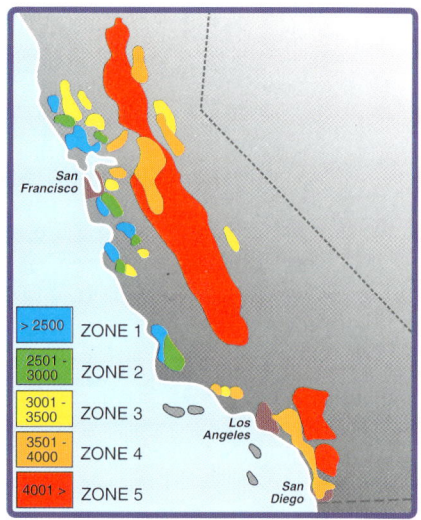

In Kalifornien bedient man sich der Temperaturzonentabelle der University of California in Davis. Diese legt fest, welche Rebsorte wo die besten Weine ergibt. („Tagesgrad" = um 10 °C überschreitende Tagestemperatur, aufaddiert für die Zeit von April bis Oktober, ergibt die jeweilige Temperaturzone.)

Zone I: 2 500 Tagesgrad oder weniger (entspricht etwa Bordeaux)

Zone II: 2 501-3 000 Tagesgrad (entspricht etwa Norditalien)

Zone III: 3 001-3 500 Tagesgrad (entspricht etwa Mittelitalien)

Zone IV: 3 501-4 000 Tagesgrad (entspricht etwa Süditalien)

Zone V: 4001 und mehr (entspricht etwa Nordafrika)

# NORTH COAST

GESCHICHTE Dies ist das wichtigste Weingebiet Kaliforniens. Der Weinbau begann in der Gegend um Sonoma. Zu Beginn des 18. Jh. wurde dort eine Mission errichtet. Als diese 1833 säkularisiert wurde, gründete der ehemalige mexikanische Oberbefehlshaber der Provinz Kalifornien, Mariano Vallejo, ein mit Vinifera-Sorten bepflanztes Weingut namens Lachryma Christi. Sein Hauptkonkurrent war der Ungar Agoston Haraszthy, der um 1860 das Gut Buena Vista aufbaute. Haraszthy importierte im Auftrag der Provinz Kalifornien 100 000 Weinstecklinge aus Europa. Auch die Gebrüder Beringer und Charles Krug trugen unter anderen während der 1870er Jahre viel zur Entwicklung des Napa Valley bei.

RUF Napa und Sonoma sind die größten Qualitätsweinregionen Kaliforniens. Die Weine dieses Anbaugebiets haben als Maßstab für Produzenten in anderen Teilen des Bundeslandes gedient.

GEOGRAPHIE Das Gebiet besteht aus einer Anzahl von Tälern und Ebenen, die durch eine Bergkette vor dem Meereseinfluss geschützt sind. Es ist zum Teil sehr hügelig. Von der San Francisco Bay im Süden kommen kühle Winde.

ANBAUGEBIETE Napa besteht aus 10 AVAs (Atlas Peak, Howell Mountain, Mount Veeder, Napa Valley, Oakville, Rutherford, Spring Mountain District, Stag's Leap District, Los Carneros und Wild Horse Valley), Sonoma aus 11 (Alexander Valley, Chalk Hill, Dry Creek Valley, Knights Valley, Los Carneros, Russian River Valley, Sonoma Coast, Green Valley, Sonoma Mountain und Sonoma Valley) und Mendocino/Lake County aus 8 (Anderson Valley, Benmore Valley, Clear Lake, Cole Ranch, Guenoc Valley, McDowell Valley, Mendocino und Potter Valley).

BODENARTEN Unterschiedliche Böden: Sand und Kies mit Lehm bis hin zu leichten Lößböden.

WEINE So gut wie ausschließlich hochqualitative rote und weiße Varietal-Weine. Die Sparkling-Produktion (Schaumweine) ist umfangreich, hauptsächlich nach der Champagner-Methode.

REBSORTEN Chardonnay, Cabernet Sauvignon, Merlot, Pinot Noir, Sauvignon Blanc.

REBFL/PROD Etwa 30 000 ha, ungefähr 1,5 Mio. hl/Jahr.

WISSENSWERT Die Weingüter der North Coast sind die meistbesuchten der USA.

*Die Frühlingskälte, die zu Frost führen kann, wird mit Warmluftventilatoren bekämpft (Sterling Vineyards).*

USA • KALIFORNIEN • NORTH COAST • NAPA VALLEY

## Napa Valley

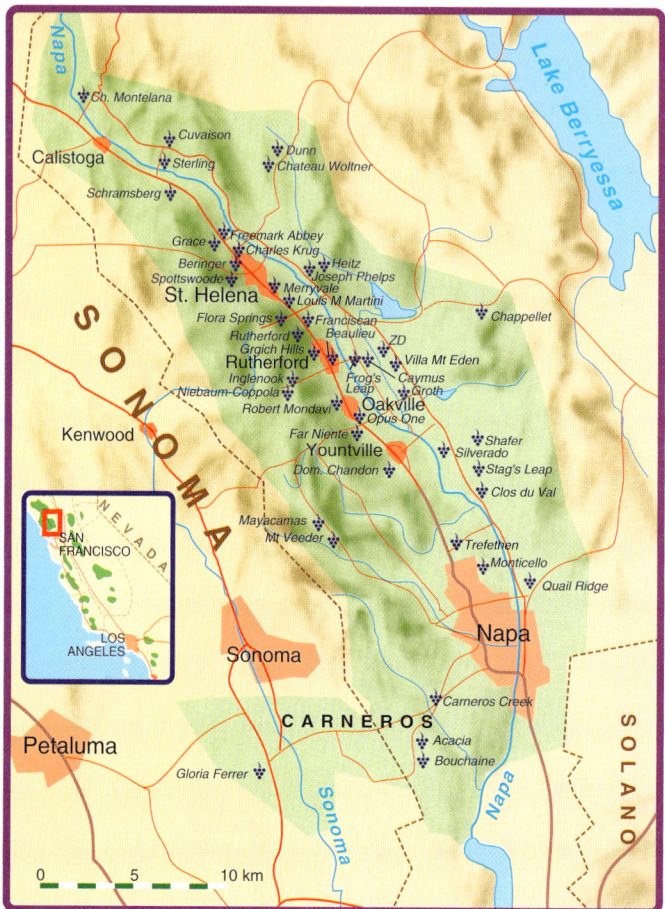

GESCHICHTE Dieses fruchtbare Tal entlang dem Napa River wurde von George Yount 1838 entdeckt. Der Weinanbau wurde von Winzern wie Charles Krug oder den Brüdern Beringer Ende des 19. Jh. in Angriff genommen. Seit den 60er Jahren findet eine große Entwicklung statt.

RUF Napa Valley ist das bekannteste Weingebiet in den USA. Die hier erzeugten Weine gelten als Maßstab für die Produktion im ganzen Land.

WEINE Am bekanntesten sind Cabernet Sauvignon und Chardonnay, beide mit einem speziellen Charakter.

ANBAUGEBIETE Napa hat mehrere AVAs: Atlas Peak, Howell Mountain, Mount Veeder, Napa Valley, Oakville, Rutherford, Spring Mountain District, Stag's Leap District, Los Carneros und Wild Horse Valley.

BODEN Die Böden variieren zwischen feinem und grobem Sand mit Lehmeinlagerungen.

REBSORTEN Cabernet Sauvignon, Chardonnay, Merlot, Pinot Noir, Zinfandel, Sauvignon Blanc, Riesling und Sémillon.

REBFL/PROD Ca. 14 000 ha, etwa 700 000 hl/Jahr.

*Napa Valley ist das besucherfreundlichste Gebiet, um die kalifornische Weinkultur zu erleben.*

USA • KALIFORNIEN • NORTH COAST • NAPA VALLEY

## BEAULIEU VINEYARD

GESCHICHTE  Im Jahr 1900 gründete der Franzose Georges de Latour die Firma. 1938 stellte er einen russischen Emigranten und Önologen namens André Tchelistcheff ein, der heute eine

Beaulieu Vineyard war durch André Tchelistcheff mit Cabernet Sauvignon ein Bahnbrecher in Kalifornien.

Legende ist. Tchelistcheff erkannte in Cabernet Sauvignon die Rebsorte, die sich in Napa Valley am besten für den Weinbau eignet. 1959 starb Georges de Latour und seine Tochter Hélène de Pins übernahm den Betrieb. Von 1969 bis 1986, als der Betrieb von United Distillers & Vintners übernommen wurde, wechselte der Besitzer ständig. Trotzdem konnte die Qualität beibehalten werden. Beaulieu Vineyard („BV") gehört zu den bekanntesten Weinproduzenten Amerikas.

WEINE  Rotweine: CS (Georges de Latour Private Reserve, Rutherford und Beau Tour) und Pinot Noir (Los Carneros Reserve, Beaumont). Weißweine: Chardonnay (Los Carneros Reserve, Beaufort), Riesling und SB. Auch ein verstärkter Wein aus Muscat wird hergestellt.

CHARAKTER  Private Reserve gehört zu den besten Cabernets, die es gibt. Füllig und komplex mit gutem Lagerpotenzial. Der Chardonnay ist fett mit Gerbstoffnoten und der Pinot Noir gelingt vor allem in kühlen Jahren sehr gut.

RUF  Das Gut ist wegen seines berühmten Private Reserve sehr angesehen.

REBSORTEN  Cabernet Sauvignon, Pinot Noir, Chardonnay, Riesling, Sauvignon Blanc, Muscat.

LAGERUNG  Die besten Jahrgänge des Georges de Latour Private Reserve können mehr als 15 Jahre gelagert werden.

REBFL/PROD  700 ha, rund 700 000 Kisten/J.

**Besitzer** UDV (Diageo) • **Kellermeister** Joël Aiken • **Besuch** Täglich 10-15.15 • **Adresse** Beaulieu Vineyard, PO Box 219, USA-CA 94573 Rutherford • **Tel.** 707-963-5200 • **Fax** 707-963-5920 • **Homepage** www.bv-wine.com

PRODUKTION    QUALITÄT    PREIS

## BERINGER

GESCHICHTE  Beringer ist die älteste bestehende Weinfirma in Napa und wurde 1876 gegründet. In den 80er Jahren hat man sich in der Produktion von Qualitätsweinen erheblich gesteigert. Dies ist dem Kellermeister Ed Sbragia und großen Investitionen in neue Ausrüstungen zu verdanken. Ein Großteil der Investitionen kam von der schweizerischen Firma Nestlé, die in den 60er und 70er Jahren enorme Summen in Napa anlegte.

WEINE  Private Reserve Cabernet Sauvignon und Chardonnay, Howell Mountain Merlot, Knights Valley Cabernet, Napa Valley Chardonnay und Sauvignon Blanc. Andere Weine: Los Hermanos und Napa Ridge.

CHARAKTER  Cabernet Sauvignon Private Reserve: intensiv und elegant mit markantem Tannin. Chardonnay Estate: fruchtig und komplex. Fumé Blanc: elegant mit frischem Kräuterton und guter Säure.

RUF  Beringers guter Ruf wird durch das Können von Ed Sbragia noch verstärkt. Sein Chardonnay wird als einer der besten angesehen.

Beringer ist Napas älteste Weinfirma. Ihr Chardonnay gehört zu den besten in den USA. (Bild „Rhine House")

REBSORTEN  CS, Chardonnay, Merlot, Sauvignon Blanc, Zinfandel, Pinot Noir, Chenin Blanc.

WEINHERSTELLUNG  Modern mit temperaturkontrollierter Gärung in Stahltanks. Teilweise erfolgt der Ausbau in neuen amerikanischen Eichenfässern.

LAGERUNG  Der Private Reserve hat ein sehr gutes Lagerpotenzial.

REBFL/PROD  Ca. 1 600 ha, ca. 500 000 Kisten/Jahr.

**Besitzer** Aktiengesellschaft • **Kellermeister** Edward Sbragia • **Besuch** Täglich Nov.-April 9.30-17, Mai-Okt. 9.30-18 • **Adresse** Beringer, PO Box 111, USA-CA 94574 St. Helena • **Tel.** 707-963-7115, 707-963-4812 • **Fax** 707-963-1735 • **Homepage** www.beringer.com

PRODUKTION    QUALITÄT    PREIS

USA • KALIFORNIEN • NORTH COAST • NAPA VALLEY

## CAYMUS

GESCHICHTE  Charlie Wagner ist schon lange einer der Stars in Napa. Die Familie war seit Beginn des 20. Jahrhunderts im Ackerbau tätig. Im Jahr 1940 beschloss sie, sich ausschließlich dem Weinbau zu widmen. 1972 machten Charlie und sein Sohn Chuck ihre ersten eigenen Weine und

Caymus wurde von Charlie Wagner in den 1940er Jahren gegründet und gilt als Cabernet-Sauvignon-Spezialist.

der Erfolg ließ nicht lange auf sich warten. Heute ist Chuck der Besitzer eines der besten Weinhäuser im Napa Valley. Er ist vor allem als Cabernet-Spezialist bekannt. Caymus hat an großen Weinwettbewerben wie „Die besten Weine der Welt" großen Erfolg gehabt.
WEINE  Cabernet Sauvignon Napa Valley, der weiße Tafelwein Conundrum-California und Sauvignon Blanc Napa Valley. Die besten Weine heißen Special Selection.
RUF  In der Überzeugung, die besten Weine entstehen im Weinberg, werden hier mit viel Sorgfalt einige der hervorragendsten Cabernet-Sauvignon-Weine Napas erzeugt.
REBSORTEN  Ca. 70% Cabernet Sauvignon sowie Sauvignon Blanc u.a.
WEINHERSTELLUNG  Herkömmliche Stahltank- bzw. Fassgärung, Barrique-Ausbau (bis zu einem Jahr für die besten Weine).
LAGERUNG  Der Cabernet Sauvignon ist außerordentlich lagerfähig.
REBFL/PROD  64 eigene ha, etwa 54 000 Kisten/Jahr.

**Besitzer** Chuck Wagner • **Kellermeister** Chuck Wagner, Jon Bolta • **Besuch** Täglich 10-16 nach telefonischer Vereinbarung: 707-967-3010
• **Adresse** Caymus, PO Box 268, USA-CA 94573 Rutherford • **Tel.** 707-963-4204 • **Fax** 707-963-5958

PRODUKTION    QUALITÄT    PREIS

## DOMAINE CHANDON

GESCHICHTE  Mit der Domaine Chandon war Moët & Chandon 1973 das erste französische Champagnerhaus, das sich auf dem amerikanischen Markt etablierte. Heute residiert man in einem phantastischen schlossähnlichen Gebäude mit Restaurant und Empfangsräumlichkeiten. Mit Stil und Qualität wurde der Betrieb auf die heutige Jahresproduktion von 450 000 Kisten Schaumwein erweitert.
WEINE  Vor allem die Schaumweine Blanc de Noirs (100% Pinot Noir) und Brut Spécial Réserve (Pinot Noir, Chardonnay und Pinot Blanc).
CHARAKTER  Der Blanc de Noirs ist vollmun-

Dom. Chandon (Moët&Chandon) war das erste französische Champagnerhaus, das sich in den USA etablierte.

dig mit komplexem Bukett, der Brut Spécial Réserve ist kräftig, sauber und ausgewogen. Alle Weine sind gut gemacht, mit schönen Traubenaromen.
RUF  Zuverlässige Qualität.
REBSORTEN  Pinot Noir, Chardonnay, Pinot Meunier, Cabernet Sauvignon, Pinot Blanc, Merlot.
WEINHERSTELLUNG  Neben der Verwendung modernster Technologie ist das Geheimnis, das hinter der hohen Qualität steckt, die exakte und konsequente Arbeitsweise.
LAGERUNG  Die besten Weine drei bis fünf Jahre.
REBFL/PROD  Ca. 750 ha, 450 000 Kisten/Jahr.

**Besitzer** Moët-Henessy • **Kellermeister** Dawnine Sample Dyer • **Besuch** Täglich 11-18 • **Adresse** Domaine Chandon, One California Dr., USA-CA 94599 Yountville • **Tel.** 707-944-8844 • **Fax** 707-944-1123

PRODUKTION    QUALITÄT    PREIS

USA • KALIFORNIEN • NORTH COAST • NAPA VALLEY

## CLOS DU VAL

GESCHICHTE  Clos du Val ist ein französisch-amerikanischer Besitz und wurde 1972 gegründet. Die hohe Qualität ist dem Kellermeister Bernard Portet und den gut gelegenen Weinbergen zu verdanken. Der Franzose Portet stammt aus Bordeaux und konnte seine Erfahrungen auf den bekanntesten Schlössern im Médoc sammeln. Auf Clos du Val hatte er die Möglichkeit, seine französischen Weinideale auf kalifornische Weise umzusetzen. John Goelet, der Besitzer von Clos du Val, ist auch in Besitz von Taltarni in Victoria, Australien. Dort ist Portets jüngerer Bruder Dominique der Kellermeister.

WEINE  Beste Weine sind Cabernet Sauvignon Estate, Merlot und Chardonnay, Joli Val California Sémillon sowie der hervorragende Napa Valley Reserve, ein CS-Merlot-Verschnitt, der nur in besten Jahren erzeugt wird. Zweitwein: Le Clos.

CHARAKTER  Rotweine: reicher, eleganter und ausgewogener Cabernet; sanfter und bescheidener Merlot; kräftiger und fülliger Zinfandel. Weißweine: frischer und fruchtiger Chardonnay;

*Clos du Val ist ein amerikanisch-französischer Betrieb mit sehr „französischen" Weinen.*

sortentypischer und frischer Sauvignon Blanc.

RUF  Ein Qualitätserzeuger mit gutem Ruf.

REBSORTEN  Cabernet Sauvignon, Merlot, Zinfandel, Chardonnay, Sauvignon Blanc.

WEINHERSTELLUNG  Traditionelle Herstellungsmethoden mit Tank- und Fassgärung sowie Ausbau in kleinen, französischen Eichenfässern, für die besten Weine bis zu einem Jahr.

LAGERUNG  Die roten Cabernet-Weine können bis zu 15 Jahren gelagert werden.

REBFL/PROD  Ca. 120 ha, 45 000 Kisten/Jahr.

**Besitzer** John Goelet • **Kellermeister** Bernard M. Portet • **Besuch** Täglich 10-17 • **Adresse** Clos du Val, PO Box 4350, USA-CA 94558 Napa • **Tel.** 707-259-2200, 707-259-2225 • **Fax** 707-252-6125 • **Homepage** www.closduval.com

PRODUKTION    QUALITÄT    PREIS

## DOMINUS ESTATE

GESCHICHTE  Der Ursprung von Dominus geht ins Jahr 1946 zurück, als Daniel die Napanook Vineyards kaufte. Dieser Weingarten ergänzte Inglenook, den er vom berühmten finnischen Kapitän Gustave Niebaum geerbt hatte. Als John Daniel 1964 Inglenook verkaufte, behielt er Napanook wegen der großen Vorteile, die dieses Weingut besaß. John Daniel starb 1970 und 1982 wurde The John Daniel Society gegründet. Teilhaber sind Christian Moueix von Pétrus in Pomerol und die Töchter von John Daniel. Das neue Dominus Estate wurde zu Christian Moueixs Schütz-

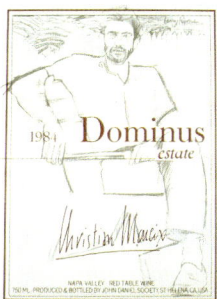

*Dominus ist unter der Leitung des Franzosen Christian Moueix (Ch. Pétrus) ein großer Erfolg geworden.*

ling. Wenn er nicht gerade hier ist, pflegt er seine Weingüter in Pomerol. 1998 wurde die neue Anlage eingeweiht.

WEINE  Dominus ist ein Wein in der Art von Mondavi/Rothschilds Opus One, d.h. ein Bordeaux-Verschnitt, obwohl eher von einem klassischen Pomerol geprägt. Meritage heißt ein Médoc-Verschnitt, in dem Cabernet Sauvignon dominiert. Zweitetikett: Daniel Estate.

CHARAKTER  Dichte Frucht mit Eiche, komplexer Geschmack. Als junger Wein sehr herb.

RUF  Der Ruf wächst nach jedem Jahrgang, der hergestellt wird.

REBSORTEN  Cabernet Sauvignon, Cabernet Franc, Merlot und Petit Verdot.

WEINHERSTELLUNG  Die Trauben werden zum Teil auf Napanook Vineyards angebaut. Die Vinifizierung erfolgt heute in der neuen Anlage.

LAGERUNG  Beste Jahrgänge 15-20 Jahre.

REBFL/PROD  Etwa 50 ha, 8 000 Kisten/Jahr.

**Besitzer** Christian Moueix • **Kellermeister** Jean-Claude Berrouet • **Besuch** Kein Besuch möglich • **Adresse** 2570 Napanook Road, USA-CA 94599 Yountville • **Tel.** 707-944-8954 • **Fax** 707-944-0547 • **E-Mail** dominus@napanet.net • **Homepage** www.dominusestate.com

PRODUKTION    QUALITÄT    PREIS

USA • KALIFORNIEN • NORTH COAST • NAPA VALLEY

## FAR NIENTE

GESCHICHTE  Far Niente ist ein sehr altes Weingut in Napa und wurde 1885 von John Benson gegründet. Der Betrieb wurde lange nicht bewirtschaftet und erst 1979 wieder eröffnet. Der

*Far Niente wurde 1885 gegründet und 1979 wiedereröffnet. Die Cabernet Sauvignon sind besonders gut.*

Kellermeister Dirk Hampson sammelte seine Erfahrungen in Deutschland und in Frankreich, u.a. auf Ch. Mouton-Rothschild, und kam 1982 nach Far Niente. Der Besitzer Gil Nickel hat eine Vorliebe für alte Autos, von denen viele auf dem Weingut herumstehen.
WEINE  Vor allem werden Cabernet Sauvignon und Chardonnay Varietals hergestellt. Der Cabernet enthält auch Cabernet Franc und Merlot. Ein neuerer Wein ist der Sauternes-ähnliche Dolce. Dieser wird in Botrytis-Jahren zu 90% aus Sémillon sowie aus Sauvignon Blanc hergestellt.
CHARAKTER  Der Cabernet Sauvignon ist tief in Farbe und Geschmack, hat einen eleganten Eichenton und gute Struktur. Der Chardonnay ist kräftig mit guter Frucht, an Honig erinnernd und leicht rauchig mit lebhafter Säure.
RUF  Kellermeister Dirk Hampson hat aus Far Niente ein respektables Weingut gemacht.
REBSORTEN  Cabernet Sauvignon, Chardonnay, Sémillon, Sauvignon Blanc.
WEINHERSTELLUNG  Moderne Napa-Herstellungsmethoden mit Stahltanks und französischen Eichenfässern.
LAGERUNG  Cabernet Sauvignon kann fünf bis acht Jahre gelagert werden.
REBFL/PROD  Ca. 80 ha, rund 30 000 Kisten/Jahr.

**Besitzer** Gil Nickel • **Kellermeister** Dirk Hampson, Ashley Heisley • **Besuch** Nach Vereinbarung • **Adresse** Far Niente, PO Box 327, USA-CA 94562 Oakville • **Tel.** 707-944-2861 • **Fax** 707-944-2312 • **E-Mail** welcome@farniente.com

PRODUKTION  QUALITÄT  PREIS

## FRANCISCAN OAKVILLE

GESCHICHTE  Das Gut wurde 1973 gegründet und ist heute in deutschem Besitz. Heute ist Franciscan wieder auf dem Vormarsch, nachdem man 1975 beinahe Konkurs machte. Franciscan ist ein lebendiger Beweis dafür, das aller Anfang schwer ist. Der erste Besitzer verstand von Weinen nicht all zuviel, hatte aber reichlich Kapital. Teure Architekten wurden beauftragt, die nicht einmal wussten, dass der Boden für den Ablauf im Weinkeller nicht eben sein durfte. 1985 wurde das Weingut von Augustin Huneeus und der deutschen Weinfirma Peter Eckes gekauft.
WEINE  Cuvée Sauvage (Chardonnay) wird in Eiche vergoren. Der Magnificat ist ein Verschnitt aus Cabernet Sauvignon, Merlot und Cabernet Franc. Ferner zahlreiche Estate-Weine aus Zinfandel, Chardonnay und Cabernet Sauvignon.
CHARAKTER  Die Cuvée Sauvage wird im klassischen Burgunder-Stil ausgebaut und besitzt tropische Eichenaromen im Geschmack. Der Magnificat hat eine tiefe Cassisnote mit Eichencharakter. Der Zinfandel ist kräftig mit viel Vanille- und Beerenaromen.

*Franciscan ist ein Großproduzent mit mehreren guten Varietals, allen voran der Zinfandel.*

RUF  Man erzeugt mehrere große Weine, obwohl der Durchschnitt nicht mehr als homogen bezeichnet werden kann.
REBSORTEN  Cabernet Sauvignon, Cabernet Franc, Merlot, Zinfandel, Chardonnay.
WEINHERSTELLUNG  Stahltanks und französische Eichenfässer dominieren.
LAGERUNG  Beste Cabernets ca. 5-8 Jahre.
REBFL/PROD  Ca. 100 ha, ca. 65 000 Kisten/Jahr.

**Besitzer** Fam. Eckes, Augustin Huneeus • **Kellermeister** Larry Levin • **Besuch** Täglich 10-17 • **Adresse** Franciscan Oakville, PO Box 407, USA-CA 94573 Rutherford • **Tel.** 707-963-7111 • **Fax** 707-963-7867 • **Homepage** www.franciscan.com

PRODUKTION  QUALITÄT  PREIS

USA • KALIFORNIEN • NORTH COAST • NAPA VALLEY

## GRGICH HILLS CELLAR

GESCHICHTE  Grgich Hills ist eine glückliche Kombination von zwei Persönlichkeiten. Der eine, der für das Geld verantwortlich ist, das er von einer Kaffeefirma erbte, heißt Austin Hills. Der andere, ein kroatischer Einwanderer und äußerst begabter Kellermeister, heißt Miljenko Grgich,

Mike Grgich erzeugt heute auch in seinem Heimatland Kroatien sehr gute Weine.

amerikanisiert zu Mike Grgich. Nach großem Erfolg auf Ch. Montelena schloss sich Mike Grgich 1977 mit Austin Hills zusammen und gründete Grgich Hills. Grgich erzeugt heute auch in seinem Heimatland Kroatien Wein.
  WEINE  Vor allem Cabernet Sauvignon (ca. 88% CS, 8% Merlot und 4% CF), Zinfandel, Chardonnay und Fumé Blanc (Sauvignon Blanc). Alle Weine (außer Zinfandel) erlangten an internationalen Weinfestivals schon Goldmedaillen.
  CHARAKTER  Tiefer, komplexer Cabernet mit guter Ausgewogenheit. Konzentrierter, eleganter Zinfandel mit Holznoten. Weiße: Lebhafter, fülliger und fruchtiger Chardonnay mit Eleganz und Komplexität. Sortentypischer und frischer Fumé Blanc (Sauvignon).
  RUF  Äußerst guter Ruf. Die Weine werden an Weinausstellungen immer wieder prämiert.
  REBSORTEN  Cabernet Sauvignon, Zinfandel, Chardonnay, Sauvignon Blanc (Fumé Blanc).
  WEINHERSTELLUNG  Sehr genaue Herstellung im traditionellen Stil durch die Kombination von handwerklicher und moderner Technik.
  LAGERUNG  Die besten Rotweine mehr als zehn Jahre, aber auch die Weißweine können gut gelagert werden.
  REBFL/PROD  Ca. 160 ha, 65 000 Kisten/Jahr.

**Besitzer** Mike Grgich & Austin Hills • **Kellermeister** Miljenko (Mike) Grgich • **Besuch** Täglich 9.30-16.30, außer an Feiertagen • **Adresse** Grgich Hills Cellar, PO Box 450, USA-CA 94573 Rutherford • **Tel.** 707-963-2784 • **Fax** 707-963-8725

PRODUKTION        QUALITÄT        PREIS

## GROTH VINEYARDS & WINERY

GESCHICHTE  Von Dennis Groth, dem ehemaligen Direktor der Firma Atari Computer, gegründet. 1982 ging er eine Partnerschaft mit Nils Venge, dem Weinmacher des benachbarten Weinguts Villa Mt Eden, ein und begann eigene Weine zu erzeugen. Vor allem der Cabernet Sauvignon ist erfolgreich. 1994 wurde die Partnerschaft aufgelöst; der jetzige Weinmacher heißt Michael Weis.
  WEINE  Vor allem ein Sauvignon Blanc mit 11% Sémillon, ein Chardonnay und ein Cabernet Sauvignon mit 18% Merlot.
  CHARAKTER  Im Oakville-Tal reifen die Ca-

Die ausdrucksvollen Weine werden von einem ehemaligen Computerspezialisten gemacht.

bernet-Trauben langsam und werden deshalb spät gelesen. Dies ergibt kräftige, dichte und komplexe Weine mit einer Vielfalt von Aromen von schwarzen Johannisbeeren, mineralischen Tönen, kräftigen Gerbsäuren und deutlichem Eichenholzton. Der Chardonnay ist vollmundig und besitzt ebenfalls deutliche Eichenholzaromen.
  RUF  Die gut gebauten Weine genießen einen sehr guten Ruf.
  REBSORTEN  67% CS, Merlot, SB, und Chardonnay.
  WEINHERSTELLUNG  Traditionelle Methoden und moderne Technologie (jedoch nicht voll computerisiert).
  LAGERUNG  Den Cabernet kann man fünf bis sieben Jahre lagern.
  REBFL/PROD  Ca. 50 ha, 40 000 Kisten/Jahr.

**Besitzer** Dennis & Judith Groth • **Kellermeister** Michael Weis • **Besuch** Nach Vereinbarung • **Adresse** Groth Vineyards & Winery, PO Box 390, USA-CA 94562 Oakville • **Tel.** 707-944-0290 • **Fax** 707-944-8932 • **E-Mail** grothwines@aol.com

PRODUKTION        QUALITÄT        PREIS

USA • KALIFORNIEN • NORTH COAST • NAPA VALLEY

## HEITZ WINE CELLARS

GESCHICHTE Die Firma wurde 1961 von Joe Heitz gegründet. Die Fässer kaufte er beim legendären James D. Zellerbach der Henzell Winery. Dieser war in den USA ein Pionier für Chardon-

*Der Gründer Joe Heitz ist in Kalifornien eine Legende. Man erzeugt hervorragende Weine im Burgunder-Stil.*

nay im Burgunder-Stil. 1964 kaufte Joe Heitz das Weingut, das schon 1898 gegründet worden war und gab ihm seinen Namen. Der Besitz liegt sehr schön und ist von einem duftenden Eukalyptuswäldchen umgeben. Den guten Ruf hat man sich insbesondere mit den hervorragenden Lagen in Martha's Vineyard, die gepachtet sind, zugelegt.

WEINE Fast nur Cabernet Sauvignon. Der bekannteste ist der CS von Martha's und Bella Oaks Vineyards. Es wird mit einem italienisch inspirierten Grignolino experimentiert.

CHARAKTER Rote: Cabernet Martha's: tanninreich und lagerfähig mit einer würzigen Blume. Bella Oaks: komplex und mit weniger Würze, dafür mehr Kräuteraromen. Weiß: Kräftiger Chardonnay mit Eichenholznoten.

RUF Ein sehr solider Erzeuger von Napa-Weinen, vor allem aus Cabernet Sauvignon, aber auch aus Chardonnay. Nicht selten erreichen die Weine absolute Spitze in diesem Gebiet.

REBSORTEN CS, Chardonnay. Etwas PN und Zinfandel. Heute wird auch Grignolino angebaut.

WEINHERSTELLUNG Traditionelle Herstellungsmethoden nach französischem Muster. Die alten Holzbottiche werden teilweise immer noch verwendet.

LAGERUNG Sehr lagerfähige Weine, mindestens acht bis zehn Jahre.

REBFL/PROD Ca. 25 ha, 40 000 Kisten/Jahr.

**Besitzer** J.E. Heitz • **Kellermeister** David Heitz, Jean-François Pellet • **Besuch** Täglich 12-16.30 (463 St. Helena Highway) • **Adresse** Heitz Wine Cellars, 500 Taplin Road, USA-CA 94574 St. Helena • **Tel.** 707-963-3542 • **Fax** 707-963-7454

PRODUKTION        QUALITÄT        PREIS

## THE HESS COLLECTION WINERY

GESCHICHTE Der Firmenname Hess geht auf den schweizerischen Geschäftsmann Donald Hess zurück. Er konnte das Weingut im Jahr 1986 gründen, dank des Vermögens, das er mit seinem schweizerischen Unternehmen Valser Mineralwasser aufgebaut hatte. Der Namensteil Collection ist zweideutig. Man geht vorerst davon aus, dass er etwas mit dem Wein zu tun haben muss. Beim Betreten des eleganten Kellers aber erblickt man eine phantastische Kunstsammlung. Auf schweizerische Art und Weise hat sich Donald Hess dem Weingut hingegeben, das in großer Höhe auf dem Mt Veeder im Napa Valley liegt.

WEINE Vor allem Hess Collection Cabernet Sauvignon. Auch die Chardonnay- und Merlot-Weine sind von hoher Qualität. Die Trauben kommen aus Lagen in American Canyon, Pope Valley, Monterey und hauptsächlich Mt Veeder.

CHARAKTER Der Cabernet ist vollmundig, reif und samtweich, der Chardonnay fruchtig mit guter Säure. Der Merlot hat einen reichen, pflaumen- und kirschbetonten Geschmack. Alle Weine sind gut strukturiert und ausgewogen.

*Hess Collection ist das Werk des Schweizers Donald Hess, früher Mineralwasser-Unternehmer Valser.*

RUF Ein renommierter Produzent mit gleichmäßig hoher Qualität.

WEINHERSTELLUNG Erstklassige Ausrüstung und Technologie. Die erste Gärung findet in Stahltanks statt, anschließend werden die Weine in Barriques ausgebaut.

LAGERUNG Sechs Jahre, die besten Weine zehn Jahre.

REBFL/PROD Ca. 800 ha, 300 000 Kisten/Jahr.

**Besitzer** Donald Hess • **Kellermeister** Randle Johnson • **Besuch** Täglich 10-16 • **Adresse** The Hess Collection Winery, PO Box 4140, USA-CA 94558 Napa • **Tel.** 707-255-1144 • **Fax** 707-253-1682 • **Homepage** www.hesscollection.com

PRODUKTION        QUALITÄT        PREIS

USA • KALIFORNIEN • NORTH COAST • NAPA VALLEY

## ROBERT MONDAVI

GESCHICHTE Robert Mondavi ist der Sohn von Cesare Mondavi, dem die Charles Krug Winery gehörte. 1966 gründete Robert (Bob) ein eigenes Weinhaus in Oakville. Heute wird der Betrieb von seinen Kindern Mike, Tim und Marcy geführt, während Vater Bob immer noch als erster Weinbotschafter der USA herumreist.

WEINE Mondavis beste Varietal Wines werden in Oakville unter dem Namen der jeweiligen Traube produziert. Hier wird auch der Prestigewein Opus One hergestellt, in Zusammenarbeit mit Baron Philippe de Rothschild. Wird heute in einer neu erbauten, direkt gegenüberliegenden, Winery erzeugt.

CHARAKTER Varietals: Füllige, gut ausgeglichene Weine mit deutlichem Einschlag von neuer Eiche. „Reserve wines": von gleicher Struktur, aber konzentrierter und komplexer.

RUF Die Robert Mondavi Winery erfreut sich eines sehr guten Rufs und stellt einige der besten Weine der USA her.

REBSORTEN Rote: Cabernet Sauvignon, Mer-

*Der berühmte Gründer Robert Mondavi ist ein großer Botschafter in der Weinwelt.*

lot, Cabernet Franc, Pinot Noir. Weiße: Chardonnay, Fumé Blanc (Sauvignon Blanc), Sémillon, Riesling, Chenin Blanc, Muscat.

WEINHERSTELLUNG Robert Mondavi fing als einer der ersten mit der ultramodernen Technik an, die heute vielerorts in Kalifornien verwendet wird.

LAGERUNG Sehr lagerfähige Weine.

REBFL/PROD 1 500 ha, 400 000 Kisten/Jahr in Oakville und 1,3 Mio. in Woodbridge, Central Valley.

**Besitzer** Aktiengesellschaft • **Kellermeister** Tim Mondavi • **Besuch** Täglich nach Vereinbarung Mai-Okt. 9-17, täglich Nov.-April 9.30-16.30 • **Adresse** Robert Mondavi, PO Box 106, USA-CA 94562 Oakville • **Tel.** 707-259-9463 • **Fax** 707-251-4386 • **Homepage** www.robertmondavi.com

PRODUKTION     QUALITÄT     PREIS

## NIEBAUM-COPPOLA

GESCHICHTE Niebaum-Coppola Estate war die Residenz des Gründers von Inglenook, Gustave Niebaum, ein finnischer Schiffskapitän. 1975 wurde es von Francis Ford Coppola, dem bekannten Hollywood-Regisseur („Der Pate"), gekauft. Coppola ist nicht nur ein guter Regisseur, sondern auch ein großer Genießer und Weinkenner. 1995 ergriff er die Chance, Lagen vom Weingut Inglenook, Gustave Niebaums ursprünglichem Weingut, zu kaufen. Dies wurde mit der neuen Gustave-Niebaum-Linie gefeiert.

WEINE Erzeugt mehrere gute Weine nach Bor-

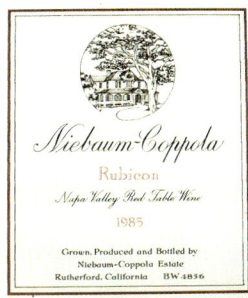

*Der Besitzer von Niebaum-Coppola ist der berühmte Filmregisseur Francis Ford Coppola („Der Pate").*

deaux-Rezept. Die besten werden unter dem Namen Rubicon gehandelt. Auch der Chardonnay kann empfohlen werden. Eine neue Linie mit einem Cabernet Sauvignon und einem Chardonnay trägt den Namen „Gustave Niebaum". Auch zwei Weine im italienischen Stil unter den Namen „Rosso" und „Bianco" werden erzeugt.

CHARAKTER Reine, intensive Weine mit tiefer Frucht, Ausgewogenheit und Struktur des Eichenfassausbaus.

RUF Ein Newcomer in der Weinbranche mit einem guten Namen.

REBSORTEN Cabernet Sauvignon, Cabernet Franc, Merlot, Zinfandel, Chardonnay, Viognier.

WEINHERSTELLUNG Längere Maischegärung, Ausbau bis zu zwei Jahren in kleinen, französischen Eichenfässern, danach wird der Wein nochmals 3-4 Jahre in der Flasche gelagert.

LAGERUNG Die besten Rubicon können mehr als 15 Jahre gelagert werden.

REBFL/PROD Ca. 150 ha, 50 000 Kisten/Jahr.

**Besitzer** Francis Ford & Eleanor Neil Coppola • **Kellermeister** Scott McLeod • **Besuch** Kein Besuch möglich • **Adresse** Niebaum-Coppola, PO Box 208, 1215 Niebaum Lane, USA-CA 94573 Rutherford • **Tel.** 707-963-9099 • **Fax** 707-963-9084

PRODUKTION     QUALITÄT     PREIS

USA • KALIFORNIEN • NORTH COAST • NAPA VALLEY

## OPUS ONE

GESCHICHTE  Opus One ist der Wein, der 1979 durch eine gelungene Zusammenarbeit zwischen zwei großen Weinpersönlichkeiten geschaffen wurde. Die eine ist der Amerikaner Robert Mondavi und die andere der Franzose Philippe de Rothschild, Besitzer des Premier-Cru-Guts Mouton Rothschild in Pauillac. Der Baron Rothschild wollte etwas Neues und Spannendes schaffen, und Robert Mondavi wollte für immer und ewig einen Qualitätsstempel für sich und Napa Valley setzen. Der Wein wurde sofort ein Erfolg. Nach dem Tode des Barons 1988 hat seine Tochter den Anteil übernommen und auch das neue Weingut für Opus One gefördert. Dieses ist jetzt fertig und zeigt sich in großer architektonischer Pracht.

WEINE  Nur Opus One, ein mächtiger Bordeaux-Wein von der Westküste der USA.

CHARAKTER  Kompakte Frucht, gepaart mit eleganten Gerbstoffnoten in perfekter Ausgewogenheit und mit einer guten Struktur. Feines Traubenaroma und breites Bukett.

RUF  Einer der besten Weine der USA, der eine Klasse für sich ist.

*Opus One ist einer der besten Weine der USA, geschaffen von R. Mondavi und Ph. de Rothschild.*

REBSORTEN  Cabernet Sauvignon, Cabernet Franc und Merlot, Petit Verdot sowie Malbec.

WEINHERSTELLUNG  Die Gärung erfolgt in Stahltanks und klassischen Bottichen, der Ausbau wird bis zu zwei Jahre lang in neuen französischen Eichenfässern vorgenommen.

LAGERUNG  Die besten Jahrgänge können Jahrzehnte gelagert werden.

REBFL/PROD  Ca. 42 ha, 30 000 Kisten/Jahr.

**Besitzer** Robert Mondavi & Philippine de Rothschild • **Kellermeister** Tim Mondavi, Patrick Léon • **Besuch** Führungen nach Vereinbarung, Weinproben 10.30-15.30 nach Vereinbarung. • **Adresse** Opus One, PO Box 6, USA-CA 94562 Oakville • **Tel.** 707-944-9442 • **Fax** 707-944-2753

PRODUKTION        QUALITÄT        PREIS

## JOSEPH PHELPS

GESCHICHTE  Joseph Phelps war zuerst ein erfolgreicher Bauunternehmer in Colorado. Der Grund, weshalb er das erste Mal nach Napa fuhr, war, um „Souverain Wineries" zu bauen. Ihm gefiel der Weinanbau so sehr, dass er beschloss, sich im Napa-Tal niederzulassen. Phelps baute eine schöne Weinanlage und begann 1972 mit der Produktion. Im Herbst 1974 konnte er seinen ersten Wein, einen Johannisberg Riesling in deutschem Stil, vorstellen. Seitdem haben sich Stil und Qualität der Weine weiterentwickelt.

WEINE  Sehr gute süße Weißweine. Rotweine

*Joseph Phelps ist ein Baumeister und Weinliebhaber. Seine spannenden Cuvées sind sehr bekannt.*

mit den Weinbergbezeichnungen Backus und Eisele. Außerdem wird ein Bordeaux-Verschnitt Namens Insignia hergestellt. Interessant ist Vin du Mistral, eine Reihe von Syrah-Weinen, die den Charakter der Rhône besitzen.

CHARAKTER  Napas beste süße Weine sind ausgeglichen, mit reinem Traubencharakter. Die Rotweine sind kräftig, würzig und füllig.

RUF  Sehr guter Ruf.

REBSORTEN  Cabernet Sauvignon, Merlot, Syrah, Chardonnay, Viognier, Cabernet Franc, Sauvignon Blanc, Sémillon, Scheurebe, Grenache.

WEINHERSTELLUNG  Moderne Weinherstellung, die anfänglich von dem gebürtigen Deutschen Walter Schug aufgebaut wurde. Er gründete danach die „Schug Cellars".

LAGERUNG  Gute Lagerfähigkeit für Weiß- und Rotweine.

REBFL/PROD  170 ha, ca. 90 000 Kisten/Jahr.

**Besitzer** Joseph Phelps • **Kellermeister** Craig Williams • **Besuch** Mo-Sa 9-16 • **Adresse** Joseph Phelps, PO Box 1031, USA-CA 94574 St. Helena • **Tel.** 707-963-2745 • **Fax** 707-963-4831 • **E-Mail** jpwines@aol.com • **Homepage** www.jpvwines.com

PRODUKTION        QUALITÄT        PREIS

USA • KALIFORNIEN • NORTH COAST • NAPA VALLEY

## SHAFER

GESCHICHTE 1972 verließ John Shafer im Alter von 23 Jahren die Verlagswelt Chicagos, veränderte seinen Lebensstil ganz und gar und erwarb sein eigenes Weingut in Stag's Leap. Es stellte sich weder als einfach noch als billig heraus, die steilen Lagen neu zu bepflanzen. 1978 konnte

*1972, als 23-jähriger, hat John Shafer auf Weinbau umgesattelt und wurde Winzer in Stag's Leap.*

aber der erste Cabernet-Wein erzeugt werden, der sofort ein Erfolg war. Der Hillside Select zählt auch international zu den besten Cabernet-Weinen. Zusammen mit seinem Sohn Doug gelang es ihm später die Rebfläche sogar zu erweitern. Doug war Student der UC Davis und bis 1990 der Kellermeister der väterlichen Firma. Heute ist er auch Geschäftsführer. Die Verantwortung als Kellermeister hat Elias Fernandez übernommen.
WEINE Shafer hat sich mit dem Cabernet Hillside Select, einem ausgezeichneten Wein, einen guten Namen geschaffen. Andere Weine sind Red Shoulder Ranch Chardonnay, Firebreak, Cabernet Sauvignon und Merlot.
RUF Zählt zu den besseren Cabernet- und Merlot-Produzenten im Napa Valley.
REBSORTEN Cabernet Sauvignon, Merlot, Chardonnay, Sangiovese, Cabernet Franc.
WEINHERSTELLUNG Die Steillagen erfordern modernste Technik, um nicht zu erodieren oder auszutrocknen. Der Cabernet wird traditionell vinifiziert und in französischen und amerikanischen Eichenfässern ausgebaut.
LAGERUNG Hillside Select kann etwa 10 Jahre gelagert werden.
REBFL/PROD Ca. 60 ha, 30 000 Kisten/Jahr.

• **Besitzer** Fam. Shafer • **Kellermeister** Elias Fernandez • **Besuch** Mo-Fr, nach Vereinbarung • **Adresse** Shafer, 6154 Silverado Trail, USA-CA 94558 Napa • **Tel.** 707-944-2877 • **Fax** 707-944-9154 • **E-Mail** shafer@shafervineyards.com • **Homepage** www.shafervineyards.com

PRODUKTION    QUALITÄT    PREIS

## SILVER OAK CELLARS

GESCHICHTE Im Jahr 1972 gründeten Justin Meyer und Raymond Duncan die Firma Silver Oak Cellars im Napa Valley. Justin, der zuvor Kellermeister bei Christian Brothers war, konnte damit seinen Traum verwirklichen, ausschließlich mit Cabernet Sauvignon zu arbeiten. Heute werden sämtliche Weine vor der Auslieferung fünf Jahre gelagert, was zu großer Erwartung seitens der Kundschaft führt. Die Nachfrage nach diesen delikaten Weine übertrifft ständig das Angebot, was sich auch auf den Preis auswirkt.
WEINE Alexander Valley Cabernet Sauvignon und Napa Valley Cabernet Sauvignon.

*Justin Meyer und Raymond Duncan auf Silver Oaks machen einen der besten kalifornischen Cabernet-Weine.*

CHARAKTER Reicher, fruchtiger Geschmack, vor allem mit Heidelbeerenaromen. Sanfte Struktur mit schönen Kräuteraromen.
RUF Einer der absolut besten Cabernet-Sauvignon-Produzenten.
REBSORTEN Cabernet Sauvignon, Cabernet Franc.
WEINHERSTELLUNG Nach der Philosophie des Hauses sollen die Weine sofort nach Auslieferung trinkreif sein. Deshalb praktiziert man eine ausgedehnte Ausbauzeit, sowohl in Fässern aus amerikanischem Eichenholz als auch in der Flasche.
LAGERUNG Die Weine können ohne weiteres acht bis zehn Jahre gelagert werden.
REBFL/PROD Ca. 80 ha, 38 000 Kisten/Jahr.

• **Besitzer** Justin Meyer & Ray Duncan • **Kellermeister** Daniel Baron • **Besuch** Nach Vereinbarung • **Adresse** Silver Oak Cellars, PO Box 414, 915 Oakville Crossroad, USA-CA 94562 Oakville • **Tel.** 707-944-8808 • **Fax** 707-944-2817 • **Homepage** www.silveroak.com

PRODUKTION    QUALITÄT    PREIS

USA • KALIFORNIEN • NORTH COAST • NAPA VALLEY

## STERLING VINEYARDS

**GESCHICHTE** Im Jahr 1964 kaufte das Papierunternehmen Sterling International aus San Francisco ein 25 ha großes Grundstück bei Calistoge in Napa Valley. Fünf Jahre später bauten sie das phantastische Hauptgebäude im griechischen Stil hoch oben auf dem Berg. Die Aussicht ist hin-

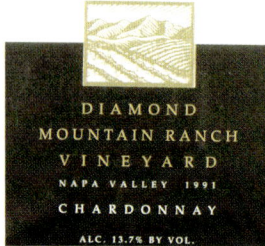

Sterling liegt sehr schön und hat eine hinreißende Aussicht. Für Besucher steht eine Seilbahn zur Verfügung.

reißend. Besucher benützen die Seilbahn um zum Haus zu gelangen. Das Ziel dieses Baus war, ein ungewöhnlich schönes Weingut von hoher technischer Qualität zu schaffen. 1977 wurde das Unternehmen von Coca-Cola gekauft und seit 1983 ist es in Besitz von Seagram.

**WEINE** Varietal-Weine aber auch „Blanc de Noirs" aus Cabernet. Man erzeugt auch Weine mit Lagebezeichnung wie Winery Lake, Diamond Mountain Ranch und Three Palms.

**CHARAKTER** Sehr gut hergestellte Weiß- und Rotweine, oft mit großer Harmonie, ohne zuviel „tutti-frutti"-Geschmack.

**RUF** Sterling hält eine hohe Qualität und ist „die Krone" unter Seagrams Weingütern.

**REBSORTEN** Weiße: Chardonnay und Sauvignon Blanc. Rote: Cabernet Sauvignon, Merlot, Petit Verdot und Malbec.

**WEINHERSTELLUNG** Die Trauben gedeihen auf 14 ha eigenen Weinbergen rund um Napa und werden in der eigenen Anlage vinifiziert. Die moderne Technik ist vorherrschend und der Ausbau erfolgt in französischen Eichenfässern.

**LAGERUNG** Gute Lagerfähigkeit.

**REBFL/PROD** Ca. 400 ha, etwa 300 000 Kisten/Jahr.

**Besitzer** Seagram Chateau & Estate Wines Co. • **Kellermeister** Rob Hunter • **Besuch** Täglich 10.30-16.30 • **Adresse** Sterling Vineyards, PO Box 365 1111 Dunaweal Lane, USA-CA 94515 Calistoga • **Tel.** 707-942-3300 • **Fax** 707-255-1119 • **Homepage** www.sterlingvineyards.com

PRODUKTION   QUALITÄT   PREIS

## TREFETHEN

**GESCHICHTE** Trefethen wurde als „Eshcol" 1886 von zwei Bankiers, James and George Goodman, gegründet. Den Namen Eshcol holte man sich aus der Bibel. Die Eshcol-Weine hatten anfänglich großen Erfolg. Ende des Jahrhunderts zogen sich die Gebr. Goodman zurück und der Weingarten verfiel. 1968 wurde er, mit zusätzlichen 160 ha Rebfläche, von Gene und Katie Trefethen gekauft. Die erste Ernte wurde an die Domaine Chandon für die Champagner-Herstellung verkauft. Bald übernahm Sohn John den Betrieb und nahm sich vor, den Status Trefethens wieder auf den Stand früherer Zeiten zu bringen.

Trefethen ist ein zuverlässiger Qualitätswein. Das Gut wurde 1886 unter dem Namen „Eshcol" gegründet.

**WEINE** Varietal-Weine sowie der Verschnitt „Eshcol", die sehr preiswert sind. „Eshcol" gibt es sowohl rot wie auch weiß. Es gibt auch eine exklusive „Library Selection": ausgewählte Jahrgänge aus Chardonnay und Cabernet Sauvignon, die unter besonderer Aufsicht extra lang ausgebaut werden.

**CHARAKTER** Sortentypische Weine mit distinktem Charakter.

**RUF** Die Weine werden in allen Weinkreisen geschätzt. Viele davon gewannen wiederholt Medaillen.

**REBSORTEN** 40% Chardonnay, 20% Riesling, 20% Cabernet Sauvignon, 10% Pinot Noir, 5% Merlot und 5% Cabernet Franc.

**WEINHERSTELLUNG** Die moderne Technik ist vorherrschend.

**LAGERUNG** Gute Lagerfähigkeit, vor allem für „Library Selection".

**REBFL/PROD** 240 ha, 90 000 Kisten/Jahr.

**Besitzer** Fam. Trefethen • **Kellermeister** Peter Luthi • **Besuch** Mo-So 10-16.30, an Feiertagen geschlossen • **Adresse** Trefethen, PO Box 2460, USA-CA 94558 Napa • **Tel.** 707-255-7700 • **Fax** 707-255-0793 • **E-Mail** winery@trefethen.com • **Homepage** www.trefethen.com

PRODUKTION   QUALITÄT   PREIS

## Weitere Produzenten im Napa Valley

### Acacia

Die Acacia Winery wurde 1979 vom Anwalt Jerry Goldstein aus Los Angeles und von Mike Richmond, dem früheren Verkaufsdirektor bei Freemark Abbey, gegründet. Nach teuren Versuchen mit Cabernet Sauvignon und Sauvignon Blanc wurde die Firma an Chalone Vineyards verkauft. Beste Weine sind Chardonnay und Pinot Noir. FAKTEN 21 ha, ca. 48 000 Kisten/Jahr.

• **Besitzer:** Chalone Inc. **Kellermeister:** David Lattin **Besuch:** Täglich nach Vereinbarung. **Adresse:** 2750 Las Amigas Road, USA-CA 94558 Napa. **Tel.** 707-226-9991. **Fax** 707-226-1685.

### Araujo Estate Wines

Araujo wurde 1970 unter dem Namen Eisele gegründet und gilt als eines der vornehmsten Weingüter in Napa. Die Weine waren damals außerordentlich lagerfähig; einige zeigten sich noch nach 20 Jahren lebendig und jugendlich. 1990 erwarben Bart und Daphne Araujo das Gut. Seitdem wurde es erweitert und mit neuen Sorten bestockt. Jetzt kultiviert man auch Sangiovese, Petit Verdot, Viognier und Sauvignon Musque.

• **Besitzer:** Bart & Daphne Araujo **Kellermeister:** Tony Soter **Besuch:** Kein Besuch möglich. **Adresse:** 2155 Picket Road, USA-CA 94515 Calistoga. **Tel.** 707-942-6061. **Fax** 707-942-6471.

### Bouchaine

Bouchaine wurde 1980 von David Pollak und Gerret Copeland gegründet. Der Betrieb hat sich auf Weine im französischen Burgunder-Stil spezialisiert. Die Pinot Noir und Chardonnay kommen aus Weinbergen in Los Carneros und Winery Lake. Der beste Wein ist der Chardonnay Estate Reserve. FAKTEN Ca. 31 ha, 18 000 Kisten/Jahr.

• **Besitzer:** Gerret S. van Copeland **Kellermeister:** John Montero **Besuch:** Nur nach Vereinbarung. **Adresse:** 1075 Buchli Station Road, USA-CA 94559 Napa. **Tel.** 707-252-9065. **Fax** 707-252-0401.

### Cain Cellars

Jerry und Joyce Cain erzeugen sehr gute Weine aus Bordeaux-Sorten sowie einen frischen Chardonnay. Der beste Wein heißt „Cain-Five": „Cain" steht für den Erzeuger und „Five" für die fünf angebauten Rebsorten.

• **Besitzer:** Jim & Nancy Meadlock **Kellermeister:** Christopher Howell **Adresse:** PO Box 509, USA-CA 94574 St. Helena. **Tel.** 707-963-1616. **Fax** 707-963-7952.

### Cakebread Cellars

Cakebread Cellars ist ein Familienunternehmen, das 1973 gegründet wurde. Seit Bruce Cakebread 1978 seine Ausbildung als Kellermeister an der Weinuniversität in Davis abschloss, stieg die Qualität von Jahr zu Jahr. Heute arbeitet die ganze Familie mit, Jack als „mentor", Dolores als „culinary director", Bruce als Kellermeister und Dennis als Verantwortlicher für Verkauf und Marketing. Angebaut werden Sauvignon Blanc, Chardonnay und Chardonnay Reserve, Cabernet Sauvignon. FAKTEN 38 ha, 45 000 Kisten/Jahr.

• **Besitzer:** Fam. Cakebread **Kellermeister:** Bruce Cakebread **Besuch:** Täglich 10-16. **Adresse:** PO Box 216, USA-CA 94573 Rutherford. **Tel.** 707-963-5221. **Fax** 707-963-1067.

### Carneros Creek

Die Carneros Creek Winery wurde 1973 von Francis Mahoney gegründet. Mahoney war ein Vorreiter für Pinot-Noir-Weine in Kalifornien. Pinot Noir zeigt sich auf Carneros, dem südlichsten Teil vom Napa Valley, von seiner besten Seite. Carneros Creek wird als Familienbetrieb geführt. Erzeugt werden zu 100% Varietals: Pinot Noir und Chardonnay. Beide werden unter dem Lagenamen Carneros oder Fleur de Carneros vermarktet. FAKTEN Ca. 32 ha, 25 000 Kisten/Jahr.

• **Besitzer:** Familie Mahoney **Kellermeister:** Melissa Moravec **Besuch:** Täglich 10-17, geschlossen 24.12-2.1. **Adresse:** 1285 Dealy Lane, USA-CA 94559 Napa. **Tel.** 707-253-9464. **Fax** 707-253-9465. **E-Mail:** wineinfo@carneros-creek.com **Homepage:** www.carneroscreek.com

### Chappellet Vineyard

Chappellet Vineyard wurde 1967 von Don Chappellet gegründet und liegt im Napa Valley auf 425 m ü.M. Die Weine erhalten ihren Charakter und die hohe Qualität von den gut bewässerten Kiesböden. Beste Weine sind Cabernet Sauvignon Signature Reserve und Chardonnay. FAKTEN Ca. 50 ha, 30 000 Kisten/Jahr.

• **Besitzer:** Don Chappellet **Kellermeister:** Cathy Corison **Besuch:** Nach Vereinbarung. **Adresse:** 1581 Sage Canyon Road, USA-CA 94574 St. Helena. **Tel.** 707-963-7136. **Fax** 707-963-7475.

### Charles Krug Winery

1861 von dem preußischen Emigranten Charles Krug gegründet. Die früheren Besitzer, Peter und Robert Mondavi, trennten sich 1966. Robert eröffnete sein eigenes Weingut und wurde weltberühmt. Beste Weine sind Vintage Select, erzeugt aus Cabernet Sauvignon, sowie Carneros aus Pinot Noir. FAKTEN Ca. 500 ha, 600 000 Kisten/Jahr.

• **Besitzer:** Familie Peter Mondavi **Kellermeister:** Marc Mondavi **Besuch:** Täglich 10.30-17.30. **Adresse:** PO Box 197, USA-CA 94574 St. Helena. **Tel.** 707-967-2201. **Fax** 707-963-2291. **E-Mail:** charleskrug@pmondavi.com

### Chateau Montelena

Chateau Montelena wurde 1882 gegründet und hat sich seither zu einem der besten Weinbetriebe Amerikas hochgearbeitet. Trotz großer Erfolge hat man die Exklusivität beibehalten. Man ist be-

USA • KALIFORNIEN • NORTH COAST • NAPA VALLEY

## WEITERE PRODUZENTEN IM NAPA VALLEY

rühmt für den 1973er Chardonnay, der 1976 bei einer Blindverkostung in Paris alle Burgunder-Weine schlug. Angebaut werden vor allem klassische Chardonnay-Weine, aber auch ausgezeichnete Cabernet Sauvignon. FAKTEN Ca. 60 ha, etwa 30 000 Kisten/Jahr.

•**Besitzer:** James L. Barrett **Kellermeister:** Bo Barrett **Besuch:** Täglich 10-16. **Adresse:** 1429 Tubbs Lane, USA-CA 94515 Calistoga. **Tel.** 707-942-5105. **Fax** 707-942-4221.

### CUVAISON WINERY

Cuvaison wurde 1970 von Forschern aus Silicon Valley gegründet, die aber keinen großen Erfolg damit hatten. Später konnte man die Qualität steigern. Eine glückliche Entscheidung war, Weinlagen in Carneros, im südlichen Teil von Napa, zu kaufen. Diese wurden mit u.a. Chardonnay und Merlot neu bestockt. Sie ergeben heute hohe Qualitäten. Vor allem bekannt für Chardonnay aus Carneros, die besten als Reserve. Andere gute Weine: Merlot und CS. Zweitwein: Calistoga. FAKTEN Ca. 140 ha, 35 000 Kisten/Jahr.

•**Besitzer:** Fam. Schmidheiny (Schweiz) **Kellermeister:** John Thacher **Besuch:** Nach Vereinbarung. **Adresse:** 4550 Silverado trail, USA-CA 94515 Calistoga. **Tel.** 707-942-6266. **Fax** 707-942-5732. **E-Mail:** info@cuvaison.com **Homepage:** www.cuvaison.com

### DIAMOND CREEK

In der ganzen Welt wird ihr Cabernet gesucht. Hausherr Al Brounstein arrangiert das beliebte Golfturnier, für das großes Interesse besteht. Und was erhält wohl der Gewinner? Er darf eine der 7 000 Kisten des fabelhaften Weines kaufen.

•**Adresse:** 1500 Diamond Mountain Road, USA-CA 94515 Calistoga. **Tel.** 707-942-6926.

### FREEMARK ABBEY

Freemark Abbey ist kein Kloster, obwohl der Name es vermuten ließe. Er setzt sich zusammen aus den Namen der drei Personen, die das Weingut in den 30er Jahren aufbauten. Die neuen Besitzer begannen in den 60er Jahren das heutige Freemark Abbey zusammenzukaufen. Erst 1967 präsentierte es sich im heutigen Zustand und wurde neu gegründet. Beste Weine sind Cabernet Sauvignon und Chardonnay. Besonders interessant ist der Cabernet Sauvignon Sycamore. FAKTEN Ca. 50 ha, 30 000 Kisten/Jahr.

•**Besitzer:** C. Carpy, W. Jaeger Jr, L. Wood, J. Bryan **Kellermeister:** Ted Edwards **Besuch:** Täglich 10-16.30. **Adresse:** PO Box 410, USA-CA 94574 St. Helena. **Tel.** 707-963-9694. **Fax** 707-963-0554.

### FROG'S LEAP WINERY

Frog's Leap wurde 1981 gegründet. Zinfandel wird als ihr bester Wein angesehen. Sauvignon Blanc und Cabernet Sauvignon gelingen ebenfalls sehr gut. Es werden auch andere gute Weine erzeugt: z.B. „Leap Year Cuvée". FAKTEN Etwa 65 ha, 50 000 Kisten/Jahr.

•**Besitzer:** John und Julie Williams **Kellermeister:** John Williams **Besuch:** Täglich nach Vereinbarung. **Adresse:** 8815 Conn Creek Rd., PO Box 189, USA-CA 94573 Rutherford. **Tel.** 707-963-4704. **Fax** 707-963-0242. **E-Mail:** ribbitt@frogsleap.com

### INGLENOOK NAPA VALLEY

Das Gut wurde 1879 von einem finnischen Kapitän gegründet. Bester Wein ist der Reunion aus Cabernet Sauvignon, erzeugt aus den drei Lagen, die früher jede für sich klassische Inglenook-Weine ergaben. Inglenook gilt heute als eine Marke der Firma Canandaigua. Die Rebberge wurden an Francis Ford Coppola verkauft. FAKTEN Etwa 100 ha, 250 000 Kisten/Jahr.

•**Besitzer:** Canandaigua Wine Co., NY **Kellermeister:** Judy M. Weitz **Besuch:** Täglich 10-17. **Adresse:** 1991 St. Helena Highway, USA-CA 94574 Rutherford. **Tel.** 707-967-3110.

### LOUIS M. MARTINI

1922 vom italienischen Einwanderer Martini gegründet, der nicht aus der bekannten Vermouth-Familie stammt. Seit dem Zweiten Weltkrieg hat sich Louis M. Martini in den USA einen großen Namen für solide Weine zu annehmbaren Preisen geschaffen. Heute ist Michael Martini in der dritten Generation für den Betrieb verantwortlich. Beste Weine sind CS, Monte Rosso und Reserve. FAKTEN 225 ha, 200 000 Kisten/Jahr.

•**Besitzer:** Fam. Martini **Kellermeister:** Michael R. Martini **Besuch:** Täglich 10-16.30. **Adresse:** 254 South St. Helena Highway, USA-CA 94574 St. Helena. **Tel.** 707-963-2736. **Fax** 707-963-8750.

### MERRYVALE VINEYARDS

Der Firmenname stammt vom gleichnamigen Gebäude in San Francisco. Das Weingut wurde 1983 gegründet und wird als der zuverlässigsten Produzenten in Napa angesehen. Man baut Chardonnay, Merlot, Cabernet Sauvignon und Sauvignon Blanc an. Der Merryvale Reserve Chardonnay zählt zu den besten Weinen Kaliforniens. FAKTEN 30 ha eigene Rebfläche, ungefähr 30 000 Kisten/Jahr.

•**Besitzer:** Jack Schlatter, William Harlan, Robin Lail **Kellermeister:** Robert J. Levy **Besuch:** Täglich 10-17.30. **Adresse:** 1000 Main Street, USA-CA 94574 St. Helena. **Tel.** 707-963-7777. **Fax** 707-963-1949.

### NEWTON VINEYARD

Als sich Peter Newton 1977 entschloss, Sterling Vineyards an die Coca-Cola-Company zu verkaufen, wollte er selbstverständlich seine teuer erkauften Erfahrungen weiterhin einsetzen. Er gründete deshalb im Jahr darauf Newton Vineyards und erzeugt heute auf eigenen Lagen 30 000

## Weitere Produzenten im Napa Valley

Kisten Wein von beständiger Qualität aus Cabernet Sauvignon und Merlot.
• **Besitzer:** Peter & Su Hua Newton **Kellermeister:** John Konigsgaard **Besuch:** Nach Vereinbarung. **Adresse:** 2555 Madrona Avenue, USA-CA 94574 St. Helena. **Tel.** 707-963-9000.

### Rutherford Hill

Die Rutherford Hill Winery ist aus verschiedenen Weinlagen entstanden. Zwischen 1968 und 1975 bauten die Besitzer von Freemark langsam einige Weingärten auf, um daraus auf längere Sicht hinaus einen großen Qualitätsweingarten zu schaffen. 1976 bekam Bill Jaeger die Chance, Souvereign Cellars von einer Mühlengesellschaft zu übernehmen. Der Gedanke war von vornherein, dass Rutherford Hill der Zweitwein von Freemark sein sollte. Unter der Leitung von Kellermeister Jerry Luper, der 1985 von Freemark wegzog, traf beinahe das Gegenteil ein. FAKTEN Ca. 450 ha, ca. 100 000 Kisten/Jahr.
• **Besitzer:** Bill, Jeff & Jack Jaeger & John Hawkins **Besuch:** Täglich, auch Verkostungsmöglichkeiten. **Adresse:** PO Box 410, 200 Rutherford Hill Rd, USA-CA 94574 Rutherford. **Tel.** 707-963-1871. **Fax** 707-963-1904.

### Schramsberg

1862 gegründet. 1965 von Jack und Jamie Davies gekauft und grundlegend renoviert. Produktion von Schaumweinen nach der Champagner-Methode. Blanc de Blancs (Chard/PB), Reserve (PN/Chard), Blanc de Noirs (PN/Chardonnay/Pinot Blanc), Brut Rosé (PN/Pinot Meunier/Pinot Blanc), Crémant Demi Sec (Flora/Pinot Blanc). FAKTEN Ca. 30 ha, 35 000 Kisten/Jahr.
• **Besitzer:** Jamie Davies **Kellermeister:** Mike Reynolds **Besuch:** Nach Vereinbarung. **Adresse:** 1400 Schramsberg Rd, USA-CA 94515 Calistoga. **Tel.** 707-942-4558. **Fax** 707-942-5943. **E-Mail:** info@schramsberg.com **Homepage:** www.schramsberg.com

### Silverado

Silverado Vineyards wurde von Lillian Disney (der Witwe des berühmten Walt Disney) 1981 gegründet. Heute ist der Betrieb in Besitz von Tochter Diane und Schwiegersohn Ron Miller, die es schon früher geführt haben. Die besten Weine sind Cabernet Sauvignon, Sauvignon Blanc und Chardonnay. Aber auch spannende, Chianti-inspirierte Weine aus Sangiovese werden erzeugt. FAKTEN Ca. 175 ha, 90 000 Kisten/Jahr.
• **Besitzer:** Ron & Diane Miller **Kellermeister:** Jack Stuart **Besuch:** Mo-So 11-16.30. **Adresse:** 6121 Silverado Trail, USA-CA 94558 Napa. **Tel.** 707-257-1770. **Fax** 707-257-1538.

### Stag's Leap Wine Cellars

Stag's Leap wurde 1972 von Warren Winiarski gegründet. Warren ist ein Akademiker, der die Bücherwelt verließ, um eine naturnahere Arbeit ausführen zu können. Seine Weine wurden 1976 berühmt, als sein Cabernet u.a. den Mouton-Rothschild in einer großen Weinprobe mit vielen französischen und amerikanischen Weingrößen übertrumpfte. Varietals, die besten werden mit Cask 23, Estate oder Hawk Crest bezeichnet. FAKTEN Ca. 20 ha, 90 000 Kisten/Jahr.
• **Besitzer:** Warren & Barbara Winiarski **Kellermeister:** Warren Winiarski **Besuch:** Täglich 10-16. **Adresse:** 5766 Silverado Trail, USA-CA 94558 Napa. **Tel.** 707-944-2020. **Fax** 707-257-7501.

### Swanson Winery

Der Erbe von Swanson Foods, Clarke Swanson, erwarb 1985 Land in Oakville und Rutherford. Heute stammen alle Weine aus Lagen in Rutherford. Die bekanntesten sind Merlot, Chardonnay und ein preisgekrönter Syrah. FAKTEN 65 ha, etwa 10 000 Kisten/Jahr.
• **Besitzer:** W. Clarke Swanson **Kellermeister:** Marco Capelli, Helen Turley **Besuch:** Nach Vereinbarung. **Adresse:** 1271 Manley Lane, USA-CA 94573 Rutherford. **Tel.** 707-944-0905.

### ZD Wines

Gino Zepponi gründete ZD Wines 1969 zusammen mit Norman de Leuze. Nach Ginos Tod wurde das Weingut von Norman und seinem Sohn/Kellermeister Robert geführt. Weine: Varietals aus gekauften Trauben. Füllige Weine mit schönem Eichencharakter. Rebsorten: Chardonnay, Riesling, Cabernet Sauvignon und Pinot Noir.
• **Adresse:** 8383 Silverado Trail, USA-CA 94558 Napa. **Tel.** 707-963-5188. **Fax** 707-963-2640.

### Weitere Betriebe

**Dunn Vineyards,** White Cottage Road, USA-CA 94508 Angwin. Tel. 707-965-3642.

**Etude,** PO Box 344, USA-CA 94562 Oakville. Tel. 707-963-7357.

**Forman,** 1501 Big Rock Road, USA-CA 94574 St. Helena. Tel. 707-963-0234.

**Grace Family Vineyards,** 1210 Rockland Road, USA-CA 94574 St. Helena. Tel. 707-963-0808.

**Monticello Cellars,** 4242 Big Ranch Road, USA-CA 94558 Napa. Tel. 707-253-2802. Fax 707-253-1019.

**Mount Veeder,** 1999 Mount Veeder Road, USA-CA 94558 Mount Veeder. Tel. 707-963-7111. Fax 707-963-7867.

**Quail Ridge,** PO Box 391, USA-CA 94574 St. Helena. Tel. 707-963-4480. Fax 707-967-3190.

**Spottswoode,** 1401 Hudson Avenue, USA-CA 94574 St. Helena. Tel. 707-963-0134.

**Villa Mount Eden,** PO Box 350, 620 Oakville Crossroads, USA-CA 94562 Oakville. Tel. 707-944-2414.

## SONOMA

**GESCHICHTE** Napa Valley ist eine der bekanntesten Weinbauregionen der USA, Sonoma County eine der ältesten. Der erste Wein wurde hier auf der berühmten Mission in Sonoma (Sonoma Mission) im frühen 19. Jahrhundert angebaut. Der letzte mexikanische Oberbefehlshaber, Mariano Vallejo, schuf danach sein Weingut Lachryma Christi. In Sonoma wurde im Jahr 1846 der (kurzlebige) selbständige Staat Kalifornien mit seiner berühmten bärengeschmückten Flagge proklamiert. Hierher siedelte „der Urvater des amerikanischen Weinbaus", Agoston Haraszthy, und baute europäische Rebsorten auf seinem Weingut Buena Vista an. Heute ist Sonoma die sich am schnellsten entwickelnde Weinbauregion in den USA.

**RUF** Sonoma steht etwas im Schatten von Napa Valley, aber sein Ansehen ist stetig am Steigen. Immer mehr Produzenten stellen vermehrt Qualitätsweine her.

**WEINE** Jede AVA hat ihr eigenes Mikroklima. In Sonoma werden ähnliche Weine wie in Napa erzeugt, aber etwas robuster in der Qualität. Man fördert auch die Schaumweinherstellung.

**ANBAUGEBIETE** Sonoma besteht aus elf AVAs: Alexander Valley, Chalk Hill, Dry Creek Valley, Knights Valley, Los Carneros, North Coast, Russian River Valley, Sonoma Coast, Green Valley, Sonoma Mountain und Sonoma Valley.

**REBSORTEN** Die gleiche Auswahl wie in Napa mit Chardonnay und Cabernet Sauvignon an der Spitze. Auch Zinfandel und Pinot Noir werden häufig kultiviert.

**WEINHERSTELLUNG** Hochtechnologische und sehr fortgeschrittene Weinherstellung unter Verwendung von neuen einheimischen und französischen Eichenfässern.

**REBFL/PROD** Ca. 14 000 ha, rund 600 000 hl/Jahr. Etwa 200 Winzer sind im Weinbau tätig.

*Sonoma ist viel weniger hüglig als Napa und die einzelnen Lagen sind oft bedeutend größer.*

USA • KALIFORNIEN • NORTH COAST • SONOMA

## BUENA VISTA

GESCHICHTE Buena Vista ist eines der ältesten Weingüter der USA, das seit der Gründung in Betrieb ist. Es wurde 1857 vom legendären Agoston Haraszthy errichtet, der den modernen Wein-

*Buena Vista ist eines der ältesten Weingüter der USA und wurde vom legendären A. Haraszthy gegründet.*

anbau in Kalifornien durch den Import von europäischen Sorten begründet hat. Nach einer wechselvollen Geschichte im 20. Jahrhundert ist es jetzt in Besitz der deutschen Familie Möller-Racke. Durch große Investitionen schuf sie eine moderne Winery. Die Herstellungsanlage liegt in Carneros, während sich das Weingut selbst in Sonoma befindet.
WEINE Mehrere gut gemachte Varietal-Weine. Die besten sind Private Reserve und der weinbergbezeichnete Carneros.
CHARAKTER Frischer, würziger und eichenbetonter Cabernet mit guter Frucht. Weicher, fruchtiger und reiner Merlot. Frischer und weicher Chardonnay. Sortentypischer Sauvignon Blanc mit Melonen und Äpfeln im Bukett.
RUF Weine von guter Qualität, mit dem Chardonnay an der Spitze.
REBSORTEN Chardonnay, Sauvignon Blanc, Cabernet Sauvignon, Pinot Noir und Merlot.
WEINHERSTELLUNG Ultramoderne Herstellung mit Stahltanks unter Temperaturkontrolle und natürlich den in ganz Kalifornien anzutreffenden Eichenfässern.
LAGERUNG Die besten Rotweine können fünf bis acht Jahre gelagert werden.
REBFL/PROD Ca. 700 ha, rund 250 000 Kisten/Jahr.

**Besitzer** A. Racke & Co. (Deutschland) • **Kellermeister** Jill Davis • **Besuch** Täglich 10-17 • **Adresse** Buena Vista, PO Box 182, 18000 Old Winery Road, USA-CA 95476 Sonoma • **Tel.** 707-252-7117 • **Fax** 707-252-0392

PRODUKTION   QUALITÄT   PREIS

## CLOS DU BOIS WINERY

GESCHICHTE Clos du Bois wurde 1964 von Frank Woods gegründet. Franks größte Fähigkeit ist das Marketing. Er wurde an der Cornell University ausgebildet und hat beim Riesenunternehmen Proctor & Gamble gearbeitet. Der größte Teil der Weingärten wurde nach 1971 angelegt. Nachdem man den Wein eine Zeit lang in vielen verschiedenen Anlagen hergestellt hatte, baute man später selbst eine große Produktionsanlage.
WEINE Sechs Varietal-Weine mit Jahrgangsbezeichnung, dominiert vom Chardonnay. Gewürztraminer, SB, Chardonnay, Merlot, CS und PN. Vier Weine mit Lagebezeichnung: Flintwood Chardonnay, Calcaire Chardonnay, Marlstone (Verschnitt aus Merlot, CS, Malbec und CF) sowie der Briarcrest Cabernet Sauvignon. In gelungenen Jahren werden auch Winemaker's Reserve und Late Harvest ausgebaut. Zweitetikett: River Oaks Vineyard. Für alle Weine ist der Eichencharakter bezeichnend.
RUF Clos du Bois hat mit seinen sehr guten Weinen die Aufmerksamkeit auf sich gelenkt und für viele seiner Weine Preise erhalten.

*Clos du Bois ist für den Eichencharakter seiner Weine bekannt und erzeugt sehr gute Chardonnay.*

REBSORTEN 45% Chardonnay, 17% CS, 17% Merlot sowie GT, Sauvignon Blanc (Fumé Blanc), Pinot Noir, Malbec und Cabernet Franc.
WEINHERSTELLUNG Äußerst moderne Herstellung in einer neuen Anlage. Rot- und Weißweine werden in Eichenfässern ausgebaut.
LAGERUNG Die Vintage-Weine können längere Zeit gelagert werden.
REBFL/PROD 300 ha, 300 000 Kisten/Jahr.

**Besitzer** Wine Alliance • **Kellermeister** Margaret Davenport • **Besuch** Täglich 10-16.30, Tel. 707-857-3100 • **Adresse** Clos du Bois Winery, 19410 Geyserville Ave., USA-CA 95441 Geyserville • **Tel.** 707-857-1651 • **Fax** 707-857-1667 • **Homepage** www.closdubois.com

PRODUKTION   QUALITÄT   PREIS

805

USA • KALIFORNIEN • NORTH COAST • SONOMA

## DE LOACH VINEYARDS

GESCHICHTE  Cecil de Loach ist der Urtyp eines Amerikaners: Er sieht aus wie ein Sheriff aus dem Wilden Westen und hat einen Hang zum Übertriebenen, ja fast Kitschigen. Dies gilt auch

*De-Loach-Weine sind dem amerikanischen Geschmack angepasst, nicht gerade subtil, dafür aber sehr populär.*

für seine Weine. Der ehemalige Feuerwehrmann hat mit dem Weinbau am Russian River 1975 begonnen und 1979 baute er sein eigenes Weingut in Sonoma.
WEINE  Die Varietal Wines halten die höchste Klasse und es werden dafür verschiedenste Rebsorten verwendet. Der beste ist der Chardonnay, aber ohne Subtilität im Geschmack.
CHARAKTER  De Loach Chardonnays sind fette Weine mit Holzaromen und ab und zu mit etwas Süße, dem amerikanischen Geschmack angepasst. Süßer, komplexer Gewürztraminer. Fruchtiger Zinfandel. Weicher, reiner Cabernet Sauvignon.
RUF  Bekannt für Weine, die dem Publikumsgeschmack entsprechen. Liebhaber seiner Weine meinen, einen De-Loach-Wein vergisst man nicht.
REBSORTEN  Vor allem Chardonnay, gefolgt von Sauvignon Blanc (Fumé Blanc), GT, CS, Pinot Noir, Merlot und Zinfandel.
WEINHERSTELLUNG  Moderne Herstellung. Die Rotweine werden in einer Kombination aus französischen und amerikanischen Fässern vergoren. Die Gärung der Weißweine erfolgt in Stahltanks und der Ausbau in französischen Eichenfässern.
LAGERUNG  Die besten Rotweine können acht bis zehn Jahre gelagert werden.
REBFL/PROD  250 ha, 135 000 Kisten/Jahr.

**Besitzer** Cecil de Loach • **Kellermeister** Dan Cederquist • **Besuch** Mo-Fr 11-14 • **Adresse** De Loach Vineyards, 1791 Olivet Road, USA-CA 95401 Santa Rosa • **Tel.** 707-526-9411 • **Fax** 707-526-4151 • **E-Mail** deloachvineyards@aol.com • **Homepage** www.deloachvineyards.com

PRODUKTION    QUALITÄT    PREIS

## FERRARI-CARANO

GESCHICHTE  Nach seiner juristischen Laufbahn wurde Don Carano Hotel-, Restaurant- und Kasinobesitzer. Während einer Einkaufsreise für den Weinkeller des Restaurants waren er und seine Gattin Ronda so begeistert von Sonoma, dass sie sich entschlossen, den Traum eines eigenen Weinguts zu verwirklichen. 1981 kauften sie ihren ersten Weingarten und seitdem wurde die Rebfläche ständig erweitert. Zusammen mit Kellermeister George Bursick ist es Don und Ronda gelungen, ein erfolgreiches Weinhaus zu schaffen. Sie haben mit großen Investitionen eine spektakuläre Anlage mit Besuchsräumlichkeiten und einem Restaurant errichtet.
WEINE  Die Weißweine sind im Allgemeinen von sehr hoher Qualität. Besonders der Chardonnay mit seinen klassischen Butter- und Rösttönen. Außerdem Fumé Blanc (SB). Auch die Rotweine lassen neuerdings von sich hören: Siena (Sangiovese und Cabernet Sauvignon), Merlot, Cabernet Sauvignon, Trésor Red Reserve (ein Verschnitt aus mehreren Rebsorten) und Zinfandel.

*Ferrari-Carano wurde von einem Restaurant- und Kasinobesitzer gegründet.*

RUF  Die Weißweine waren sofort erfolgreich und genießen einen sehr guten Ruf. Während der 90er Jahre haben auch die Rotweine ihr Potenzial bewiesen: z.B. Siena, aber auch der Zinfandel.
WEINHERSTELLUNG  Eine moderne Anlage mit kostspielig angelegten Kellern.
LAGERUNG  Die besten Rotweine können bis zu zehn Jahren gelagert werden.
REBFL/PROD  Ca. 400 ha, 160 000 Kisten/Jahr.

**Besitzer** Don & Ronda Carano • **Kellermeister** George Bursick • **Besuch** Täglich 10-17 • **Adresse** Ferrari-Carano, Box 1549, USA-CA 95448 Healdsburg • **Tel.** 707-433-6700 • **Fax** 707-431-1742 • **Homepage** www.ferrari-carano.com

PRODUKTION    QUALITÄT    PREIS

USA • KALIFORNIEN • NORTH COAST • SONOMA

## GALLO-SONOMA

GESCHICHTE Mitte der 70er Jahre beschlossen die Brüder Gallo, sich auch den Qualitätsweinen zu widmen. Sie erwarben 1 000 ha in Sonoma, u.a. in den Regionen Frei Ranch, Dry Creek, Russian River und Alexander Valley. Dank der guten finanziellen Situation und der großen Erfahrung wurde das Projekt ein Erfolg. Unter der Leitung der Enkelkinder wird Gallo-Sonoma heute vom übrigen Unternehmen getrennt geführt. Von 1997-1998 wurden neue Weingärten angelegt und eine große Vinifizierungsanlage in Dry Creek gebaut. Der Betrieb wurde komplett modernisiert und von Grund auf neu gebaut. Der Fasskeller ist heute so groß wie ein Fußballplatz, hier können gleichzeitig 50 000 Barriques untergebracht werden.

WEINE Hervorragend sind die „Single Vineyard"-Weine der Dry-Creek-Lagen, z.B. Frei Ranch (Cabernet Sauvignon und Zinfandel), Stefani Vineyard (Cabernet) und Laguna Ranch am Russian River (Chardonnay). Außerdem werden viele andere Varietal-Weine erzeugt.

*Der Fasskeller von Gallo-Sonoma ist so groß wie ein Fußballplatz. Die Anlage wurde von Grund auf neu gebaut.*

CHARAKTER Alle Weine besitzen Charakter und sind vollmundig.

RUF Die seriösen Gallo-Sonoma-Weine werden vom Publikum wie auch von Weinkennern immer mehr geschätzt.

WEINHERSTELLUNG Vergärung in Stahltanks, 12-18 Monate Barrique-Ausbau.

LAGERUNG Cabernet acht bis zehn Jahre, Chardonnay fünf bis acht Jahre.

REBFL/PROD Ca. 1 000 ha, etwa 600 000 Kisten/Jahr (in Sonoma).

**Besitzer** Fam. Gallo (Matt Gallo, Caroline Bailey) • **Kellermeister** Gina Gallo, Marcello Monticello • **Besuch** Kein Besuch möglich • **Adresse** Gallo-Sonoma, 2777 Cleveland Ave., suite 104, USA-CA 95403 Santa Rosa • **Tel.** 707-526-1293 • **Fax** 707-431-5607

PRODUKTION     QUALITÄT     PREIS

## GUNDLACH-BUNDSCHU

GESCHICHTE Das Unternehmen wurde bereits im Jahr 1858 von Jacob Gundlach und Charles Bundschu gegründet und ist zweifelsohne das Weingut der USA, das am längsten in Besitz derselben Familie war. Die Produktion hörte 1906 gänzlich auf, als die Anlagen durch das große Erdbeben in San Francisco zerstört wurden. 1969 konnte der Enkelsohn Jim Bundschu die Vinifizierungsanlage wieder eröffnen und 1973 wurden die ersten Weine vorgestellt. Heute erzeugt man beständige Qualitätsweine zu erschwinglichen Preisen.

*Jacob Gundlach und Charles Bundschu gründeten das Weingut bereits im Jahr 1858.*

WEINE Vor allem Merlot und Cabernet Sauvignon, die besten Weine sind lagebezeichnet: z.B. Rhinefarm.

CHARAKTER Die Weine sind durch die guten Lagen in Sonoma geprägt.

RUF Seit mehr als hundert Jahren ein Produzent mit beständig hoher Qualität.

WEINHERSTELLUNG Sämtliche Weine werden in Stahltanks vergoren und in Barriques ausgebaut.

LAGERUNG Die Weine können 5-8 Jahre gelagert werden.

REBFL/PROD Ca. 200 ha, 60 000 Kisten/Jahr.

**Besitzer** Jim Bundschu • **Kellermeister** Linda Trotta • **Besuch** Täglich 11-16.30 • **Adresse** Gundlach-Bundschu, Vineburg Wine Company, PO Box 1, USA-CA 95407 Vineburg • **Tel.** 707-938-5277 • **Fax** 707-938-9460 • **E-Mail** wino@gunbun.com • **Homepage** www.gunbun.com

PRODUKTION     QUALITÄT     PREIS

USA • KALIFORNIEN • NORTH COAST • SONOMA

## IRON HORSE VINEYARDS

GESCHICHTE  Als der erfolgreiche Rechtsanwalt und Gärtner Barry Sterling und seine Gattin Audrey Iron Horse fanden, überredeten sie den Besitzer Forrest Tancer, sich mit ihnen zusammenzuschließen. Somit wurde ihr Traum eines eigenen Weingartens verwirklicht. Gemeinsam bauten sie eine der schönsten Weinanlagen Sonomas. Hier wird der beste Schaumwein der USA hergestellt. Audreys Tochter Joy arbeitet hier erfolgreich als PR-Verantwortliche. Eine weitere Entwicklung der Zusammenarbeit war wohl die Heirat zwischen Joy und Forrest Tancer im Sommer 1990.

WEINE  Schaumweine wie Blanc de Noirs „Wedding Cuvée", Blanc de Blancs und Brut haben großen Erfolg. Auch weiße und rote Varietal Wines sowie Cabernet, ein Verschnitt aus Forrests Weingärten im Alexander Valley.

CHARAKTER  Phantastisch vinifizierte und elegante Weine. Mit etwas Glück kann man einen „Late Disgorged Brut" finden. Ein komplexer und wohlschmeckender Schaumwein, der viele „echte" Champagner schlägt.

*Iron Horse ist ein erfolgreiches Familienunternehmen mit phantastischen Schaumweinen und Varietals.*

RUF  Iron Horse ist eines der besten kleineren Weingüter in Sonoma.

REBSORTEN  Weiße: Chardonnay, Sauvignon Blanc, Viognier. Rote: Cabernet Sauvignon, Cabernet Franc, Pinot Noir.

LAGERUNG  Sämtliche Weine können gut gelagert werden.

REBFL/PROD  200 ha, 40 000 Kisten/Jahr.

**Besitzer**  Familie Sterling, Familie Tancer • **Kellermeister**  Forrest Tancer • **Besuch**  Nach Vereinbarung • **Adresse**  Iron Horse Vineyards, 9786 Ross Station Road, USA-CA 95472 Sebastopol • **Tel.** 707-887-1507 • **Fax** 707-887-1337 • **Homepage**  www.ironhorsevineyards.com

PRODUKTION        QUALITÄT         PREIS

## JORDAN VINEYARD & WINERY

GESCHICHTE  Tom und Sally Jordan, ursprünglich aus Denver, wollten eigentlich ein Schloss in Bordeaux kaufen. Bei einem Restaurantbesuch in San Francisco verkosteten sie einen Beaulieu Private Reserve und das Resultat war der Kauf eines Weinguts im Alexander Valley im Jahr 1972. Der Aufbau des Weinguts dauerte acht Jahre.

WEINE  Ein Cabernet-Sauvignon-Varietal (82% Cabernet Sauvignon, 15% Merlot und 3% Cabernet Franc). Auch der Chardonnay ist ein Varietal. Heute werden auch vermehrt Schaumweine hergestellt. Der beste heißt „Brut J".

*Jordan ist eine Musteranlage im Bordeaux-Stil, woran die Besitzer, Tom und Sally, acht Jahre arbeiteten.*

CHARAKTER  Klassische, große und komplexe Rotweine aus Cabernet. Intensive weiße Chardonnays mit einem Hauch von Eiche.

RUF  Durch harte Arbeit mit der Entwicklung der zwei Varietals hat sich Jordan einen guten Ruf geschaffen. Die Anlage wird musterhaft geführt.

REBSORTEN  55% Cabernet Sauvignon, 29% Chardonnay, 16% Merlot sowie Cabernet Franc.

WEINHERSTELLUNG  Traditionelle Methoden. Für die Rotweine erfolgt die Maischegärung in Stahltanks. Danach werden die Weine 12 Monate in französischen und amerikanischen Eichenfässern ausgebaut. Die Schaumweine werden nach der Champagner-Methode erzeugt.

LAGERUNG  Manche Jahrgänge haben eine sehr große Lagerfähigkeit.

REBFL/PROD  Etwa 150 ha, 75 000 Kisten/Jahr.

**Besitzer**  Thomas Jordan • **Kellermeister**  Rob Davis • **Besuch**  Mo-Sa (Führungen: 10 h, 13 h) • **Adresse**  Jordan Vineyard & Winery, PO Box 878, USA-CA 95448 Healdsburg • **Tel.** 707-431-5250 • **Fax** 707-431-5262 • **Homepage**  www.sanfrancisco.sidewalk.com

PRODUKTION        QUALITÄT         PREIS

## KENDALL-JACKSON

GESCHICHTE Kendall-Jackson wurde 1982 vom Rechtsanwalt Jess Jackson gegründet und machte daraufhin eine schnelle Entwicklung durch. Jackson baut auf qualitätsbewusste Traubenauswahl aus verschiedenen Lagen des Gebiets. Damit schuf er eine neue Philosophie: Er erzeugt

*Dank der lohnenden Produktion ist Kendall-Jackson zu einem der expandierendsten Erzeuger geworden.*

seine Weine aus verschiedenen „Geschmacks"-Regionen und kann dadurch Geschmack, Qualität und Preis optimieren. Die Trauben stammen aus eigenen Rebflächen in Santa Barbara, Monterey, Sonoma und den Lake Counties.

WEINE Vor allem Vintners Reserve (Varietals aus Cabernet Sauvignon, Chardonnay und Merlot). Kendall-Jackson ist auch Besitzer von anderen Weingütern, u.a. Jekel.

CHARAKTER Die Weine sind durch gute Ausgewogenheit, reiche und vollmundige Fruchtigkeit, guten Säuregehalt und Eichenholzton gekennzeichnet.

RUF Sehr erfolgreich auf dem amerikanischen Markt durch preiswerte Weine von hoher Qualität. Der Vintners Reserve Chardonnay ist der meistverkaufte Wein in den Restaurants der USA.

WEINHERSTELLUNG Die Rotweine werden in Stahltanks vergoren und 12-18 Monate in französischen Barriques ausgebaut. Die Weißweine werden in Stahltanks oder Barriques vergoren.

LAGERUNG Können fünf bis acht Jahre gelagert werden. Man ist in Besitz eines eigenen Eichenfassherstellungsbetriebs in Frankreich.

REBFL/PROD Ca. 4 000 eigene ha, 3 Mio. Kisten/Jahr.

**Besitzer** Jess S. Jackson • **Kellermeister** Randy Ullom • **Besuch** Täglich 10-16, Tel. 707-571 8100 • **Adresse** Kendall-Jackson, 421 Aviation Boulevard, USA-CA 95403 Santa Rosa • **Tel.** 707-544-4000 • **Fax** 707-544-4013 • **E-Mail** kjexport@rp-net.info • **Homepage** www.kj.com

PRODUKTION     QUALITÄT     PREIS

## SIMI WINERY

GESCHICHTE Simi Winery hieß 1876, als es gegründet wurde, Montepulciano und war in Besitz der Brüder Simi. Jahrzehntelang wuchs Simi als ein Familienunternehmen. Während seiner Glanzzeit wurden annähernd 200 000 Kisten pro Jahr produziert. In den 70er Jahren wechselte der Besitzer mehrmals, bis es 1981 das französische Luxusunternehmen Louis Vuitton-Moët-Hennessy kaufte. Zwischen 1979 und 1989 hieß die Kellermeisterin Zelma Long und kam von der Robert Mondavi Winery. Heute ist Nick Goldschmidt für die Herstellung verantwortlich.

WEINE Erstklassige Varietal Wines von be-

*Simi ist ein erstklassiger Hersteller von Varietals. Heute in Besitz von Louis Vuitton-Moët-Hennessy.*

ständiger Qualität sowie Roséwein. 80% der Produktion besteht aus Cabernet Sauvignon, Sauvignon Blanc und Chardonnay. Auch Chenin Blanc und ein Rosé aus Cabernet werden erzeugt. Reserve Cabernet ist ein Bordeaux-Verschnitt.

CHARAKTER Frische und ausgeglichene Weißweine. Die Rotweine sind würzig mit frischer, sortentypischer Frucht.

RUF Bekannt für beständige Qualität der Varietal-Weine.

REBSORTEN Vor allem Cabernet Sauvignon, Chardonnay und Sauvignon Blanc. Weitere Sorten sind Chenin Blanc, Merlot und Cabernet Franc.

WEINHERSTELLUNG Supermodern.

LAGERUNG Der Reserve Cabernet hat eine sehr gute Lagerfähigkeit.

REBFL/PROD 110 ha, 160 000 Kisten/Jahr.

**Besitzer** Louis Vuitton-Moët-Hennessy • **Kellermeister** Nick Goldschmidt • **Besuch** Nach telefonischer Vereinbarung • **Adresse** Simi Winery, 16275 Healdsburg Ave. USA-CA 95448 Healdsburg • **Tel.** 707-433-6981 • **Fax** 707-433-6253

PRODUKTION     QUALITÄT     PREIS

## SONOMA-CUTRER

GESCHICHTE Ein Qualitätsgut, das während zehn Jahren aus Landkäufen von mehreren Teilbesitzern entstand. Brice Jones, Kent Klineman und 25 weitere Teilbesitzer begannen 1972 mit dem Kauf der Rebberge. 1981 besaß man 300 ha in Sonoma und baute daraufhin das ultramoderne Sonoma-Cutrer. Der legendäre Bill Bonetti, früher bei Gallo, Krug und Souverain, war auch hier während langer Zeit der Kellermeister. Bonettis

*Sonoma-Cutrer ist dank Bill Bonetti der große Chardonnay-Spezialist in Sonoma.*

große Liebe ist der Chardonnay und anscheinend hatte er kein Interesse an Seitensprüngen. Obwohl Bonetti offiziell pensioniert ist, nimmt er immer noch Anteil am Geschehen auf dem Weingut.

WEINE Chardonnay mit Lagebezeichnung: Russian River Ranches, Cutrer und Les Pierres.

CHARAKTER Frische und füllige Weine mit gutem Sortencharakter, buttrig und mit einem Hauch von geröstetem Brot.

RUF Der große Produzent von erstklassigen Chardonnay-Weinen in Sonoma.

REBSORTEN Nur Chardonnay.

WEINHERSTELLUNG Bis zu 50% traditionelle Gärung im Holzfass, der Ausbau erfolgt drei bis sechs Monate im Eichenfass.

LAGERUNG Die besten Weine können bis zu acht Jahren gelagert werden.

REBFL/PROD Ca. 500 ha, rund 100 000 Kisten/Jahr.

**Besitzer** Gesellschaft, Dir.: Brice Cutrer Jones • **Kellermeister** Terry Adams • **Besuch** Nach Vereinbarung • **Adresse** Sonoma-Cutrer, 4401 Slusser Road, USA-CA 95492 Windsor • **Tel.** 707-528-1181 • **Fax** 707-528-1561 • **Homepage** www.sonomacutrer.com

PRODUKTION        QUALITÄT        PREIS

## WEITERE PRODUZENTEN

### CHALK HILL WINERY

Fred Furth kaufte die Donna Maria Ranch und entdeckte, dass es einst einen Weingarten auf dem Grundstück gegeben hatte. Der Boden war für den Weinanbau gut geeignet und somit wurde ein neuer Weingarten angelegt. Heute ist David Ramey, früher bei Matanzas Creek, der Kellermeister.

• **Besitzer:** Fred Furth **Kellermeister:** David Ramey **Besuch:** Nach Vereinbarung. **Adresse:** 10300 Chalk Hill Road, USA-CA 95448 Healdsburg. **Tel.** 707-838-4306.

### CHATEAU ST. JEAN

Man begann 1973 als Weinhandlung und ist heute zu einem gut gepflegten Unternehmen herangewachsen. Seit 1984 in Besitz von Suntory, Japans größtem Bier-, Wein- und Spirituosenhersteller. Vor allem Weißweine mit AVA-Bezeichnungen wie Sonoma County, Russian River Valley und Alexander Valley. Zu den besten gehören Fumé Blanc Petite Étoile und Chardonnay Belle Terre. Auch Schaumweine vom Typ Brut sowie der Blanc de Blancs aus Sonoma können empfohlen werden. FAKTEN 100 ha, ca. 250 000 Kisten/Jahr.

• **Besitzer:** Suntory International (Japan) **Kellermeister:** Don van Staaveren **Besuch:** Täglich 10-16.30. **Adresse:** PO Box 293, 8555 Kenwood Hwy, USA-CA 95452 Kenwood. **Tel.** 707-833-4134. **Fax** 707-833-4200.

### DRY CREEK VINEYARDS

Dry Creek Vineyards wurde 1972 von David S. Stare gegründet. Das Weingut erinnert mehr an Frankreich als an Sonoma und die erzeugten Weine halten eine hohe Klasse. Erzeugt werden Varietals, von denen insbesondere der Fumé Blanc (Sauvignon) geschätzt wird. Aus besten Jahren sind die Chardonnay und Chenin Blanc großartig. Zweitwein: David S. Stare. FAKTEN Ca. 50 ha, 100 000 Kisten/Jahr.

• **Besitzer:** David S. Stare **Kellermeister:** Larry Levin **Besuch:** Täglich 10-16.30. **Adresse:** PO Box T, USA-CA 95448 Healdsburg. **Tel.** 707-433-1000. **Fax** 707-433-5329. **Homepage:** www.drycreekvineyard.com

### FOPPIANO VINEYARDS

1896 von der legendären Familie Foppiano gegründet. Trotz des hohen Alters ein hochmodernes Weingut. Vor allem werden Russian-River- und Dry-Creek-Weine erzeugt. Die bekanntesten sind der Petite Sirah und der Merlot vom Russian River. Auch Cabernet-Sauvignon-, Chardonnay- und Zinfandel-Weine werden produziert. Fox Mountain ist der Name einer Weißweinserie. FAKTEN 55 ha, 30 000 Kisten/Jahr.

• **Besitzer:** Fam. Foppiano **Kellermeister:** Bill Regan **Besuch:** Nach Vereinbarung. **Adresse:** 12707 Old Redwood Hwy, USA-CA 95448 Healdsburg. **Tel.** 707-433-7272. **Fax** 707-433-0565.

## Weitere Produzenten in Sonoma

### Kenwood

Wurde 1906 als Pagani Bros. gegründet. 1970 wurde es zu Kenwood Vineyards, als die Gebrüder Marty und Mike Lee es zusammen mit ihrem Schwager John Sheela kauften. Die Artist-Serie ist eine neue Geschäftsidee: Die Etiketten werden jedes Jahr von einem anderen Künstler entworfen. Der Wein unter dem Namen Jack London Ranch wird aus CS und CF vinifiziert. Varietal Wines: SB, Chardonnay, Johannisberg Riesling und Zinfandel. FAKTEN 150 ha, 200 000 Kisten/Jahr.

• **Besitzer:** Michael & Martin Lee, John Sheela **Besuch:** Täglich 10-16.30. **Adresse:** PO Box 447, 9592 Sonoma Highway, USA-CA 95452 Kenwood. **Tel.** 707-833-5891. **Fax** 707-833-1146.

### Kistler

Der Gründer Steve Kistler ist, bescheiden ausgedrückt, gut ausgebildet. Nach seinem Studium bei Stanford ging er weiter zu Davis und Fresno State, wo er alles über Önologie lernte. Zusammen mit seinem Bruder John sowie Mark Bixler hat Steve ein kleines Burgund geschaffen. Erstklassige Va-

*Kistler ist ein Burgund in Miniaturausgabe. Man erzeugt erstklassige Varietals u.a. aus Chardonnay.*

rietals, heute nur aus den klassischen Burgunder-Sorten Chardonnay und Pinot Noir.
FAKTEN Ca. 56 ha, 25 000 Kisten/Jahr.

• **Besitzer:** Fam. Kistler **Kellermeister:** Stephen Kistler, Mark Bixler **Besuch:** Kein Besuch möglich. **Adresse:** 4707 Vine Hill Road, USA-CA 95472 Sebastopol. **Tel.** 707-823-5603. **Fax** -6709. **E-Mail:** mfbix@pacbell.net

### Korbel & Bros.

Wurde 1882 von drei Brüdern aus der ehemaligen Tschechoslowakei gegründet. 1954 wurde es von der Familie Heck, die aus dem Elsass stammt, gekauft. Man erzeugt mit großem Erfolg Schaumweine des „Champagner-Typs". Rebsorten: Pinot Noir, Pinot Blanc und Chardonnay.
FAKTEN 200 ha, 1,5 Mio. Kisten/Jahr.

• **Besuch:** Täglich 10-15. **Adresse:** 13250 River Road, USA-CA 95446 Guerneville. **Tel.** 707-887-2294. **Fax** 707-869-2506.

### Kunde Estate Winery

Die Familie Kunde hat seit 1904 Trauben angebaut und verkauft. Die Produktion eigener Weine begann aber erst im Jahr 1989. Heute ist man in Besitz von imponierenden Besuchsräumlichkeiten auf dem Sonoma-Gut. Man baute unterirdische Gewölbe, wo die eigenen Weine in französischen und amerikanischen Barriques ausgebaut werden. Mit großem Erfolg erzeugt man vor allem Cabernet Sauvignon, Chardonnay, Sauvignon Blanc, Viognier und Zinfandel.

• **Besitzer:** Kunde Family **Kellermeister:** David Noyes **Besuch:** Täglich 11-17. **Adresse:** 10155 Sonoma Hwy, USA-CA 95452 Kenwood. **Tel.** 707-833-5501. **Fax** 707-833-2204. **Homepage:** www.kunde.com

### Marimar Torres

Marimar ist die Schwester von Miguel Torres aus der berühmten spanischen Weinfamilie. Im Jahr 1983 besuchten die Geschwister Kalifornien und fanden eine erstklassige Gegend für den Weinbau vor. Heute residiert diese stattliche Lady im Green Valley (Sonoma), wo sie Chardonnay- und Pinot-Noir-Weine von hoher Qualität erzeugt. FAKTEN 55 ha, 15 000 Kisten/Jahr.

• **Besitzer:** Torres Family **Kellermeister:** Barbara Lindblom **Besuch:** Nach Vereinbarung. **Adresse:** 11400 Graton Rd, USA-CA 95472 Sebastopol. **Tel.** 707-823-4365. **Fax** 707-823-4496. **Homepage:** www.torres.es

### Matanzas Creek

Wurde in den 70er Jahren von Sandra MacIver mit der Ambition, den besten Wein der Welt zu erzeugen, gegründet. Das ist ihr zwar nicht gelungen, doch einen Teil des langen Wegs hat sie sicherlich hinter sich. Ihr Merlot und Chardonnay gehören zu den besten Weinen.

• **Adresse:** 6097 Bennett Valley Road, USA-CA 95404 Santa Rosa. **Tel.** 707-528-6464. **Fax** 707-528-0156.

### Murphy-Goode Estate Winery

Tim Murphy, Dale Goode und Dave Ready waren alle Winzer im Alexander Valley, bevor sie 1985 ihr gemeinsames Weingut gründeten. In Lagen in Sonoma gedeihen die Trauben für erstklassige Chardonnay-, Fumé-Blanc- und Cabernet-Sauvignon-Weine. Die Weinmacherin Christina Benz genießt einen sehr guten Ruf. FAKTEN Ca. 200 ha, 65 000 Kisten/Jahr.

• **Besitzer:** MTGR Inc. **Kellermeister:** Christina Benz **Besuch:** Täglich 10.30-16.30. **Adresse:** 4001 Hwy 128, USA-CA 95441 Geyserville. **Tel.** 707-431-7644. **Fax** 707-431-8640.

## Weitere Produzenten in Sonoma

### Nalle Winery

Doug Nalle arbeitet hart daran, den besten Zinfandel in Sonoma zu erzeugen. Körperliche Arbeit im Weinberg und intellektuelle im Weinkeller gehören zu seinen Prinzipien. Viele meinen, dass er die besten Zinfandel in ganz Kalifornien erzeugt.

- **Adresse:** Box 454, USA-CA 95448 Healdsburg. **Tel.** 707-433-1040.

### Pedroncelli

Das Weingut wurde 1904 unter dem Namen J. Canata gegründet. John Pedroncelli kaufte den Betrieb 1927. Heute wird er von seinen Söhnen Jim und John geführt. Die meisten Trauben werden von unabhängigen Winzern gekauft. Viele gute Varietals. Die besten tragen die AVA-Bezeichnung Dry Creek Valley. Zu den besten Weinen gehört der Zinfandel. Beinahe die Hälfte der Produktion sind einfachere Weine, sog. Jug Wines. **FAKTEN** Ca. 60 ha, rund 90 000 Kisten/Jahr.

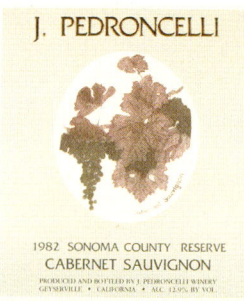

*Pedroncelli machen heute viele gute Weine von denen der Zinfandel der bekannteste ist.*

- **Besitzer:** Jim & John Pedroncelli **Kellermeister:** John Pedroncelli **Besuch:** Täglich 10-17 außer an Feiertagen. **Adresse:** 1220 Canyon Road, USA-CA 95441 Geyserville. **Tel.** 707-857-3531. **Fax** 707-857-3812.

### Peter Michael Winery

Peter Michael gründete sein Weingut 1982 im schönen Knights Valley. Nach einer Karriere als Computeringenieur erwarb er 300 ha Land. Während er darauf wartet, bis die eigenen Rebstöcke eine gute Ernte bringen, kauft er Trauben, aus denen er mit Hilfe von Helen Turley erstklassige Chardonnay, Sauvignon Blanc und Cabernet erzeugt.

- **Besitzer:** Peter Michael **Kellermeister:** Mark Aubert **Besuch:** Kein Besuch möglich. **Adresse:** 12400 Ida Clayton Rd, USA-CA 94515 Calistoga. **Tel.** 707-942-4559. **Fax** 707-942-0209.

### Quivira

Spanische Seefahrer hielten diesen Teil Kaliforniens für das Paradies und benannten ihn Quivira. Dieser Meinung waren anscheinend auch die heutigen Besitzer Henry und Holly Wendt, als sie die Weinberge 1981 erwarben. Sie erzeugen gute Zinfandel und Sauvignon Blanc.

- **Adresse:** 4900 West Dry Creek Road, USA-CA 95448 Healdsburg. **Tel.** 707-431-8333. **Fax** 707-431-1664.

### Ravenswood

Ravenswood gehört seit 1981 Joel Peterson und Reed Foster. Die meisten Weine werden aus zugekauften Trauben erzeugt. Der bekannteste Wein ist der hochwertige Zinfandel, der durch reife Frucht und einen Pfefferton besticht.

- **Besitzer:** Reed Foster & Joel Peterson **Kellermeister:** Joel Peterson **Besuch:** Täglich 10-16.30. **Adresse:** 18701 Gehricke Rd, USA-CA 95476 Sonoma. **Tel.** 707-938-1960. **Fax** 707-938-9459.

### Rodney Strong

Das Haus Rodney Strong hatte seit der Eröffnung 1959 als „Tiburon" viele Namen. Rodney Strong ist seit 1970 der Inhaber und hat seitdem Weine unter dem Etikett Rodney Strong erzeugt. Heute ist er im Ruhestand. Die besten Weine stammen aus Alexander Crown, d.h. Cabernet-Lagen im Alexander Valley. Insgesamt sind 230 ha vor allem mit Cabernet Sauvignon sowie mit Chardonnay und Pinot Noir bestockt.

- **Besitzer:** Klein Foods **Kellermeister:** Richard B. Sayre **Besuch:** Täglich 10-17. **Adresse:** Box 368, 11455 Old Redwood Hwy, USA-CA 95448 Healdsburg. **Tel.** 707-431-1533. **Fax** 707-433-0939.

### Williams & Selyem

Ein recht einfaches Weingut, das von zwei unkomplizierten Personen geführt wird, Burt Williams und Ed Selyem. Die Weine zeigen aber eine andere Seite: Komplexität und Eleganz mit massiver Frucht und sanften Tanninen. Bester Wein ist der Pinot Noir aus der Lage Rochioli. AVA ist Russian River Valley.

- **Adresse:** 6575 Westside, USA-CA 95448 Healdsburg. **Tel.** 707-887-7480.

### Weitere Betriebe

**Domaine Laurier,** PO Box 550, USA-CA 95436 Forestville. Tel. 707-887-2176.

**Laurel Glen,** Box 548, USA-CA 95442 Glen Ellen. Tel. 707-526-3914. Fax 707-526-9801.

**Lytton Springs Winery,** 650 Lytton Spring Road, USA-CA 95448 Healdsburg. Tel. 707-433-7721.

USA • KALIFORNIEN • NORTH COAST • MENDOCINO/LAKE COUNTY

## MENDOCINO/LAKE COUNTY

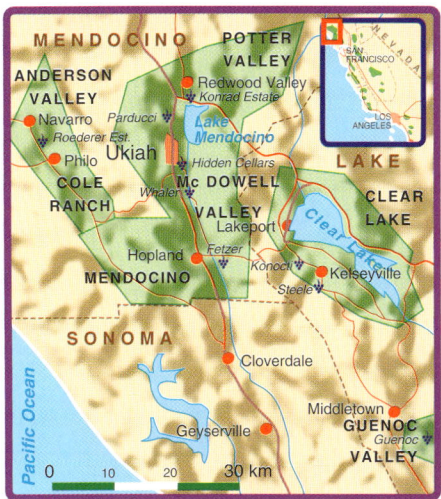

GESCHICHTE Mendocino und Lake County haben eine recht junge Weingeschichte. Erst 1960 wurde mit dem Weinbau begonnen. Die Gegend hat einen guten Ruf für ihre „kühleren" Weintypen wie z.B. den Riesling und den Pinot Noir.

WEINE Die Weine in den wärmeren Gegenden wie Potter Valley, wo die Meeresluft des Pazifiks nicht hinreicht, stammen von Rebsorten, die in der Klimazone III und IV gedeihen. Dies sind vor allem kräftige Rotweine. Auch in der Gegend beim See Clear Lake, dem größten Kaliforniens, findet man diese Weine.

ANBAUGEBIETE Mendocino/Lake County befindet sich im Norden von Kalifornien. Es herrscht sowohl ein kaltes, wie auch ein warmes Mikroklima. Mendocino hat sechs AVAs: Anderson Valley, Cole Ranch, McDowell Valley, Mendocino, North Coast und Potter Valley. Lake hat vier: Benmore Valley, Clear Lake, Guenoc Valley und North Coast.

BODEN Der Boden, z.B. im Anderson Valley, schien vorerst am günstigsten für den Anbau von Apfelbäumen zu sein. Aufgrund des kühlen Klimas ist aber der Anbau von Riesling und Gewürztraminer sehr gut gelungen.

REBSORTEN Riesling, Gewürztraminer, Chardonnay, Pinot Noir, Cabernet Sauvignon, Zinfandel und Carignane.

REBFL/PROD Ca. 5 500 ha, rund 400 000 hl/Jahr. Etwa 50 Erzeuger sind im Weinbau tätig.

## FETZER

GESCHICHTE Barney Fetzer war ein Holzhändler, der 1958 100 ha Land im Redwood Valley erwarb und auf Wein- und Obstbau umsattelte. Anfänglich verkaufte er Traubensaft an Eigenproduzenten. 1968 präsentierte er den ersten eigenen Wein (ein Zinfandel, der in der Flasche zu gären begann und alle Flaschen zum Explodieren brachte!). Dennoch verbuchte Barney Fetzer dank der Unterstützung seiner großen Familie auch großen Erfolg. Nach seinem Tod 1981 übernahmen zehn seiner elf Kinder, von denen mehrere ausgebildete Weinmacher sind, die Firma. 1986 begann man mit biologischem Anbau. 1992 wur-

*Seit der Übernahme durch zehn von Barney Fetzers elf Kindern hat eine schnelle Entwicklung stattgefunden.*

de Fetzer von der großen Brown-Forman-Gruppe aufgekauft. Die Familie ist aber immer noch in Besitz von 90% der Lagen.

WEINE Sundial Chardonnay, Valley Oaks CS, Eagle Peak Merlot, Echo Ridge Fumé Blanc und GT. Reserve-Weine: Chardonnay, CS und Merlot. In der Barrel-Select-Serie: Cabernet Sauvignon, Sauvignon Blanc, Zinfandel, Pinot Noir und Chardonnay. Eine Serie von biologisch angebauten Prestigeweinen nennt man Bonterra (Bonterra wird als selbständige Firma geführt): Cabernet und Chardonnay. Andere Marken: Bel Arbor.

RUF Einer der zuverlässigsten Produzenten von ehrlichen und sehr preiswerten Weinen.

WEINHERSTELLUNG Sehr modern. In den neu errichteten Lagerräumen können Zehntausende von Barriques gelagert werden. Die Fässer werden im eigenen Betrieb hergestellt.

REBFL/PROD Ca. 160 ha eigene Rebfläche, etwa 3 Mio. Kisten/Jahr.

**Besitzer** Brown-Forman Corporation • **Kellermeister** Phillip Hurst • **Besuch** Nach telefonischer Vereinbarung • **Adresse** Fetzer, 13601 East Side Road, USA-CA 95449 Hopland • **Tel.** 707-744-7600, 707-744-7605 • **Fax** 707-485-0340 • **Homepage** www.fetzer.com

PRODUKTION     QUALITÄT     PREIS

## Weitere Produzenten in Mendocino/Lake County

### Guenoc Winery

Die Weine werden auf einer alten Ranch, die früher der Artistin Lily Langtry gehörte, vinifiziert. Angebaut werden Cabernet Sauvignon, Petite Sirah, Zinfandel, Chardonnay, Chenin Blanc und Sauvignon Blanc. Die Produktion beträgt 70 000 Kisten/Jahr auf 135 ha eigener Rebfläche.
- **Besitzer:** Fam. Magoon **Adresse:** 21000 Butts Canyon Road, USA-CA 95461 Middletown. **Tel.** 707-987-2385. **Fax** 707-987-9351.

### Hidden Cellars

Ein kleiner Weinberg in den Ukiah-Bergen in Mendocino. Hergestellt werden gute Weißweine wie der Botrytis Johannisberg Riesling, der trockene Gewürztraminer, der Sauvignon Blanc und der rote Zinfandel. Produktion: ca. 15 000 Kisten/Jahr.
- **Adresse:** 1500 Ruddick-Kenningham Rd, USA-CA 95482 Ukiah. **Tel.** 707-462-0301.

### Konocti Winery

Die Konocti Winery (Ka-nock'-tie) wurde 1974, als 27 Winzer sich zusammenschlossen, gegründet. Der Name stammt von einem nahe liegenden Vulkan, der nicht mehr aktiv ist. Angebaut werden Sauvignon Blanc, Sémillon, Chardonnay, White Riesling, Cabernet Sauvignon, Cabernet Franc, und Merlot. FAKTEN 150 ha, etwa 50 000 Kisten/Jahr.
- **Besitzer:** Mehrere Teilhaber (Dir.: Jack Jacobs) **Kellermeister:** Steven Reeder **Besuch:** Mo-Sa 10-17, So 11-17. **Adresse:** Steele Wines, PO Box 190, USA-CA 95451 Kelseyville. **Tel.** 707-279-9475. **Fax** 707-279-9533.

### Konrad Estate

Vormals Olson Vineyards. Olson war ein Veteran unter den Winzern des Redwood Valley, der 1982 eine eigene Firma in Mendocino aufbaute. Weine: Chardonnay, Sauvignon Blanc, French Colombard, Petite Sirah und Zinfandel. Etwa 20 000 Kisten/Jahr. Der ungewöhnlichste Wein ist der Botrytis Chardonnay.
- **Adresse:** 3620 Road, USA-CA 95470 Redwood Valley. **Tel.** 707-485-7523.

### Lolonis Vineyards & Winery

Die Familie Lolonis baut seit 1920 Wein an. Zu den Käufern der Trauben zählten Parducci und Fetzer. Heute ist der bekannte Jed Steele bei Lolonis als Kellermeister tätig. Vor allem Cabernet Sauvignon, Chardonnay und Zinfandel besitzen eine hohe Qualität. Die Firma erzeugt ungefähr 16 000 Kisten pro Jahr.
- **Besitzer:** Fam. Lolonis **Kellermeister:** Jed Steele **Besuch:** Nach Vereinbarung. **Adresse:** 1905 Rd D., USA-CA 95470 Redwood Valley. **Tel.** 707-485-7544.

### Parducci Wine Cellars

Von Adolph Parducci 1932 gegründet. Er stammt aus der Toskana, ist aber in Kalifornien geboren. Seine Söhne John und George übernahmen Parducci Wine Cellars 1948. Die besten Weine sind der Gewürztraminer, würzig mit reinem Sortencharakter; der Cabernet Sauvignon mit 12% Merlot, frisch und rein mit gutem Rückgrat; der Pinot Noir, sauber, aber einfach.
FAKTEN Ca. 250 ha, 350 000 Kisten/Jahr.
- **Besitzer:** John Parducci **Kellermeister:** Tom Monostori **Besuch:** Täglich 9-18. **Adresse:** 501 Parducci Road, USA-CA 95482 Ukiah. **Tel.** 707-462-3828. **Fax** 707-462-7260.

### Roederer Estate

Das französische Champagnerhaus Roederer entdeckte Anfang der 80er Jahre, dass sich das Klima im Alexander Valley ausgezeichnet für den Anbau von Champagner-Sorten eignet. Die Weine sind von hoher Qualität und vom Stil her trocken.
FAKTEN 175 ha, 60 000 Kisten/Jahr.
- **Besitzer:** Roederer Estate Inc. **Kellermeister:** Michel Salgues **Besuch:** Täglich 11-17. **Adresse:** 4501 Hwy 128, USA-CA 95466 Philo. **Tel.** 707-895-2288. **Fax** -2120.

### Scharffenberger Cellars

John Scharffenberger gründete sein Weinhaus 1981. Als Biogeologe und Experte der Neulanderoberung ist er für seine nette Karriere in der Weinindustrie gut gerüstet. FAKTEN 30 ha, etwa 30 000 Kisten/Jahr.
- **Besitzer:** Scharffenberger Inc. **Kellermeister:** Tex Sawyer **Besuch:** Täglich 11-17. **Adresse:** 8501 Hwy 128, USA-CA 95466 Philo. **Tel.** 707-895-2065.

### Steele Wines

Jed Steele war schon früher eine legendäre Weinpersönlichkeit. Mit außerordentlichem Fingerspitzengefühl für Qualität, Klima und „Terroir" hat er großen Erfolg. Sein eigenes Weingut gründete er erst 1991. Er erzeugt jährlich 8 000 Kisten Wein. Es werden Chardonnay, Pinot Noir und Zinfandel angebaut. Jed ist auch Berater bei bekannten Weinhäusern.
- **Besitzer:** Jed & Marie Steele **Kellermeister:** Jed Steele **Besuch:** Nach Vereinbarung. **Adresse:** 4793 Cole Creek Road, USA-CA 95451 Kelseyville. **Tel.** 707-279-0213.

### Whaler Vineyards

Whaler erzeugt vor allem Zinfandel. Dies ist auch die vornehmste Spezialität des Hauses. Jed Steele ist auch hier als Berater tätig. Die Weine sind komplex, mit vollmundiger Fruchtigkeit und guter Struktur. FAKTEN 12 ha, 2 000 Kisten/Jahr.
- **Besitzer:** Russ & Ann Nyborg **Kellermeister:** Russ Nyborg, Jed Steele **Besuch:** Nach Vereinbarung. **Adresse:** 6200 Eastside Road, USA-CA 95482 Ukiah. **Tel.** 707-462-6355.

# NORTH CENTRAL COAST

GESCHICHTE Im nördlichen Teil der Küstenregion, zwischen Los Angeles und San Francisco, wurde Wein zu Beginn des 19. Jh. von den „Missions" angebaut. Danach in immer größerem Umfang auch von den Einwanderern. Einer der ersten großen Produzenten war der 1852 immigrierte Charles Lefranc. Er war ein Schneider aus Paris, der auch etwas von Wein verstand. Sein Schwiegersohn war Paul Masson, Gründer des gleichnamigen, gigantischen Unternehmens. Carl Wente gründete 1883 sein Weinhaus im Livermore-Tal westlich von San Francisco. In dieser Gegend wurden und werden noch heute überall Weinreben angebaut. Hier gibt es vom kleinen Hobby-Anbauer bis zur großen Weinfabrik sämtliche Unternehmensarten. Mit dem „Umzug" des Qualitätsweinbaus aus Monterey und den Küstengebieten in die Bergregionen ist die Qualität gewaltig gestiegen.

RUF Produzenten wie Ridge und Bonny Doon sind hier die enthusiastischen Fürsprecher der Qualitätsweine. Hier wurden auch die „Rhône Rangers" gegründet, ein Verein zur Förderung von Rhône-Rebsorten.

GEOGRAPHIE Eine hügelige Landschaft mit vielen Hochebenen, die sich vom südlichen Monterey bis zur nördlichen San Francisco Bay erstreckt. Die außerordentlich fruchtbare südliche Region wird durch den großen unterirdischen Salinas River entwässert.

ANBAUGEBIETE Das Gebiet besteht aus sechs Counties (die AVAs stehen in Klammern): Monterey (Arroyo Seco, Carmel Valley, Chalone, Hames Valley, Monterey, San Lucas und Santa Lucia Highlands), San Benito (Chalone, Cienega Valley, Lime Kiln Valley, Mount Harlan, Pacheco Pass, Paicines und San Benito), Santa Clara (San Ysidro District, Santa Clara Valley und Santa Cruz Mountains), Santa Cruz (Ben Lomont Mountain und Santa Cruz Mountains), San Mateo (Santa Cruz Mount.) und Alameda (Livermore Valley).

WEINE In Livermore werden vor allem Weißweine von guter Qualität erzeugt. Auch die roten und weißen Varietals sind sehr gut. Im südlichen Teil rund um Monterey wird traditionell viel „Sparkling" hergestellt.

REBSORTEN Chardonnay, Zinfandel, CS, Pinot Noir, SB, Sémillon, Riesling u.a.

REBFL/PROD Insgesamt ca. 23 000 ha, rund 1,5 Mio. hl/Jahr.

*Die Berge dominieren das Landschaftsbild der North Central Coast. Im Bild Chalone Vineyards.*

## BONNY DOON VINEYARD

GESCHICHTE  Nach seiner Karriere als Lehrer für Philosophie gründete Randall Grahm 1983 Bonny Doon Vineyard. Nach dem Anbau von Pinot Noir und Chardonnay begann er sehr erfolgreich mit den Rhône-Sorten Syrah, Grenache, Mourvèdre und Viognier zu arbeiten. Sein letztes

*R. Grahm auf Bonny Doon ist ein eigenwilliger Winzer mit dem Anliegen, ungewöhnliche Weine zu kreieren.*

Projekt gilt italienischen Reben, insbesondere dem Nebbiolo, Barbera und dem Sangiovese. Heute werden knapp 30 verschiedene Weine erzeugt. Wegen seines seriösen, aber dennoch philosophischen und humorvollen Interesses an Rebsorten hat er in den USA viele Fans. Auch in den Exportländern fühlen sich viele von seiner ungezwungenen und menschlichen Wein-„Philosophie" angezogen.

WEINE  Le Cigare Volant („Die fliegende Zigarre", ein Wein im Châteauneuf-du-Pape-Stil), Marsanne, Roussanne, Il Fiasco (bedeutet sowohl „Flasche" als auch „Fiasko"), Sangiovese, Pacific Rim (Chenin Blanc), Malvasia, Il Pescatore, Clos de Gilroy (Grenache), Barbera, Refosco, der süße Muscat Vin de Glacière und andere.

CHARAKTER  Alle Weine sind sehr ausdrucksvoll, gut und in gradlinigem Stil gemacht.

RUF  Randall Grahm hat mit seiner zugänglichen Persönlichkeit und seinen ansprechenden Qualitätsweinen großen Erfolg.

REBSORTEN  Knapp 30 verschiedene Sorten werden angebaut.

WEINHERSTELLUNG  Grahm arbeitet modern auf europäische Art.

LAGERUNG  Höchstens 3-5 Jahre.

REBFL/PROD  Ca. 40 ha, 60 000 Kisten/Jahr.

**Besitzer** Randall Grahm • **Kellermeister** Randall Grahm • **Besuch** Nach Vereinbarung • **Adresse** Bonny Doon Vineyard, Box 8376, USA-CA 95061 Santa Cruz • **Tel.** 408-425-3629 • **Fax** 408-425-3856

PRODUKTION    QUALITÄT    PREIS

## CALERA WINE COMPANY

GESCHICHTE  Josh Jensen wird als einer der besten Pinot-Noir-Erzeuger angesehen. 1975 gründete er sein Weingut. Die Lage, in der Nähe vom Mount Gavilan, brachte aber Probleme mit sich: Geringer Ertrag und hohe Produktionskosten haben zu finanziellen Belastungen geführt. Um die Einnahmen zu verbessern, wurde sehr erfolgreich ein Central-Coast-Chardonnay und ein Central-Coast-Pinot-Noir auf den Markt gebracht. Für beide wurden Trauben aus San Benito zugekauft. 1983 erweiterte Jensen seine Rebflächen durch Viognier-Reben. Er war einer der ersten, die diese Rhône-Traube in Kalifornien einführten.

*Josh Jensen auf Calera erzeugt hauptsächlich gute kalifornische Weine aus Pinot Noir.*

WEINE  Pinot Noir Mount Harlan Jensen, Pinot Noir Mount Harlan Selleck sowie Viognier und Chardonnay.

CHARAKTER  Wohl strukturierte, reiche und vielschichtige Weine mit konzentrierter Fruchtigkeit.

RUF  Jensens Pinot-Noir-Weine aus guten Jahren sind majestätisch. Es fehlt noch etwas an Beständigkeit, sie wird aber von Jahr zu Jahr besser.

REBSORTEN  Vor allem Pinot Noir (aus vier verschiedenen Lagen: Jensen, Selleck, Reed und Mills), außerdem Viognier und Chardonnay.

WEINHERSTELLUNG  Jensen bleibt der traditionellen Methode treu; er verwendet keine künstliche Hefe, keine Filtration und die Schönung erfolgt durch Eiweiß.

LAGERUNG  Mindestens sieben Jahre für bessere Jahrgänge.

REBFL/PROD  Ca. 25 ha, 25 000 Kisten/Jahr.

**Besitzer** Josh Jensen • **Kellermeister** Sarah Steiner • **Besuch** Nach Vereinbarung • **Adresse** Calera Wine Company, 11300 Cienega Road, USA-CA 95023-9696 Hollister • **Tel.** 408-637-9170 • **Fax** 408-637-9070

PRODUKTION    QUALITÄT    PREIS

## CHALONE WINE GROUP

GESCHICHTE Chalone Vineyard befindet sich am östlichen Ende des Salinas-Tals im Gavilan-Gebirge. Der Name kommt von einer Indianer-Sippe, die früher in dieser Region lebte. Hier fand der Franzose Tam kalkreiche Böden vor, die ihn an jene im Burgund erinnerten, und er baute hier 1919 schon Chenin Blanc an. 1965 erwarb Richard Graff den Betrieb und nach großen Investitionen wurde daraus bis 1969 ein hervorragendes Weingut. Zur Chalone Wine Group gehören heute mehrere Weingüter in Napa, Sonoma und an der South Central Coast, u.a. Acacia, Edna Valley, Carmenet und Canoe Ridge. Seit 1989 ist die Dom. Baron de Rothschild (Lafite) Teilhaber.

WEINE Weiß: komplexer Chardonnay mit intensiver Frucht und großen Eichenholzaromen. Rot: dunkler, intensiver, erdiger Pinot Noir mit vielschichtiger Frucht und Eichenholznoten. Zweitetikett: Gavilan.

RUF Die „Single Vineyard"-Weine haben einen hervorragenden Ruf.

REBSORTEN Chardonnay, Pinot Blanc, Chenin Blanc, Pinot Noir, Cabernet Sauvignon.

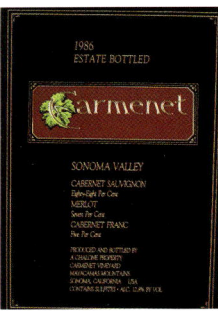

Die Chalone Wine Group begann mit Weingärten in den Gavilan-Bergen. Heute besitzt sie viele große Weingüter.

WEINHERSTELLUNG Richard Graff arbeitet ganz und gar auf französische Weise. Er versucht die Weine sehr Burgunder-ähnlich zu erzeugen. Alle Weißweine werden in Eichenholzfässern vergoren und reifen danach auf der Maische. Bei den Rotweinen strebt man nach Finesse, indem die Gerbstoffe und die Säure so niedrig wie möglich gehalten werden.

REBFL/PROD Ca. 75 ha, 35 000 Kisten/Jahr.

**Besitzer** Chalone Wine Group • **Kellermeister** Michael Michaud • **Besuch** Mo-Fr nach Vereinbarung, Sa-So 11.30-17 • **Adresse** Chalone Wine Group, PO Box 518, USA-CA 93960 Soledad • **Tel.** 408-678-1717 • **Fax** 408-678-2742

PRODUKTION QUALITÄT PREIS

## J. LOHR WINERY

GESCHICHTE Jerry Lohr war ursprünglich Farmer und auf Viehzucht spezialisiert. 1974 gründete er die Firma und erweiterte sie 1988 um ein weiteres Weingut in Paso Robles. Seine „Terroir"-Kenntnisse, die klimatischen Bedingungen und die besten Lagen führten zu Weinen von hoher Qualität. In Monterey County (etwa 300 ha) wurden Chardonnay, White Riesling, Pinot Blanc und Valdiguie (ursprünglich Gamay) angebaut, während Paso Robles hauptsächlich mit Cabernet Sauvignon, Merlot, Syrah, Petite Sirah, Petit Verdot und Sangiovese bestockt ist.

J. Lohr ist ein Großproduzent von preiswerten Weinen aus Monterey und Paso Robles.

WEINE Die bekanntesten Weine sind Riverstone Chardonnay und Seven Oaks Cabernet Sauvignon.

CHARAKTER Die Monterey-County-Weine sind durch konzentrierte Frucht und guten Säuregehalt gekennzeichnet. In den Weinen aus Paso Robles kann man die Hitze des südlichen Kaliforniens in ihrer reicheren Cabernet-Fruchtigkeit erahnen. Wegen häufigen Nebels reifen in dieser Region die Trauben langsamer, was zu konzentrierteren Weinen führt.

RUF Preiswerte Weine von guter Qualität.

REBSORTEN 30% Chardonnay, 40% CS. Im Übrigen White Riesling, Merlot, Pinot Blanc, Syrah, Petit Verdot, Petite Sirah und Sangiovese.

WEINHERSTELLUNG Die Lese erfolgt in der Nacht, was zu einer höheren Aromakonzentration führt. Eichenholz kommt in allen Weinen vor, ist aber nie dominierend.

LAGERUNG Durchschnittlich 5-8 Jahre.

REBFL/PROD 650 ha, 375 000 Kisten/Jahr.

**Besitzer** Jerome (Jerry) Lohr • **Kellermeister** Jeff Meier • **Besuch** Mo-Fr 9-17, Sa-So 10-17 • **Adresse** J. Lohr Winery, 1000 Lenzen Ave, USA-CA 95126 San José • **Tel.** 408-288-5057 • **Fax** 408-993-2276 • **Homepage** www.jlohr.com

PRODUKTION QUALITÄT PREIS

## Paul Masson Vineyards

GESCHICHTE Paul Masson, der aus dem Burgund stammte, gründete dieses Weingut im Jahr 1852. Er brachte u.a. eine Auswahl von europäischen Vinifera-Sorten mit, da er wusste, dass der

*Paul Masson produziert viele verschiedene Weine, für jeden Geschmack ist etwas dabei.*

Schlüssel zum Erfolg die richtige Rebsorte ist. Er ist mit seiner großen und breiten Auswahl äußerst erfolgreich. Heute gehört dieses Weinimperium der Canandaigua Wine Company. In Monterey Wharf gibt es ein interessantes Paul-Masson-Museum.
  WEINE Am bekanntesten ist die einfache Weinkaraffe, die man häufig in Tax-Free-Geschäften findet. 1988 fing man an, Varietal-Qualitätsweine in der Monterey Bay Area zu produzieren. Auch ein Schaumwein sowie eine gute Portwein-Kopie, Rare Souzao Port, werden hergestellt.
  CHARAKTER Einfache, unverfälschte, süffige Weine.
  RUF Paul Masson hat einen guten Ruf, vor allem wegen der geschickten Vermarktung und der beständigen Qualität.
  REBSORTEN Chardonnay, Fumé Blanc, Gewürztraminer, Zinfandel.
  WEINHERSTELLUNG Hochmoderne Weinanlage mit einer Fabrik für die Schaumwein-Herstellung in Monterey. Diese werden nach dem Transvasierverfahren hergestellt, d.h., die Weine werden nach der Flaschengärung ohne Remuage in Behälter umgefüllt und vor der Abfüllung filtriert.
  LAGERUNG Weine ohne Alterungspotenzial.
  REBFL/PROD Gesamtproduktion: ca. 2 300 ha, 10 Mio. Kisten/Jahr.

**Besitzer** Canandaigua Wine Company, NY • **Kellermeister** Larry Brink • **Besuch** Weingut & Museum, 9-18 • **Adresse** Paul Masson Vineyards, 800 South Alta Street, USA-CA 93926 Gonzales • **Tel.** 408-675 2481 • **Fax** 408-675-2611

PRODUKTION   QUALITÄT   PREIS

## Mirassou Vineyards

GESCHICHTE Mirassou Vineyard wurde 1854 gegründet und ist immer noch in Besitz der Familie. Zuerst wurden nur Bulkweine hergestellt, die an andere Unternehmen verkauft wurden. In den 60er Jahren fing man an, Weine mit eigenem Etikett zu produzieren.
  WEINE „Champagner" wird nach der klassischen Methode hergestellt und man findet die Varianten Brut, Blanc de Noirs, Au Naturel und Brut Reserve. Spitzenweine von ausgewählten Lagen bekommen den Namen Harvest Reserve. Die Family Selection gehört zur Serie „einfacher" Weine. Auch Tafelweine werden produziert. Zweitetikett: Pastel.
  CHARAKTER Weine aller Typen werden produziert. Sie sind unverfälscht und einfach.
  RUF Den besten Ruf genießen der Chardonnay und der schäumende Blanc de Noirs.
  REBSORTEN Cabernet Sauvignon, Pinot Noir, Zinfandel, Petite Sirah, Gamay Beaujolais.
  WEINHERSTELLUNG Sehr moderne Herstellungsmethoden. Die Weinlese erfolgt in der Nacht

*Mirassou ist sehr angesehen für seine Sparkling- und Chardonnay-Weine.*

und die Trauben werden direkt im Weinberg in mobilen Weinpressen gekeltert.
  LAGERUNG Mirassous Harvest Reserve Wines und die Family Selection können gut gelagert werden, während die Tafelweine und die Schaumweine sofort getrunken werden sollten.
  REBFL/PROD Etwa 375 ha, 240 000 Kisten/Jahr.

**Besitzer** Familie Mirassou • **Kellermeister** Tom Stutz • **Besuch** Täglich 12-17 • **Adresse** Mirassou Vineyards, 3000 Aborn Road, USA-CA 95135 San José • **Tel.** 408-274-4000 • **Fax** 408-270-5881 • **E-Mail** email@mirassou.com • **Homepage** www.mirassou.com

PRODUKTION   QUALITÄT   PREIS

USA • KALIFORNIEN • NORTH CENTRAL COAST

## RIDGE VINEYARDS

GESCHICHTE  Die moderne Geschichte der Ridge Vineyards begann 1959, als drei Stanford-Studenten das Weingut von William Schorts kauften. Osea Perrone hatte dieses Weingut 1885 auf dem Monte Bello Ridge gegründet.

WEINE  Exzellente Varietal Wines aus den Rebsorten Zinfandel, Cabernet Sauvignon, Merlot und Chardonnay. Sämtliche Weine tragen die Lagebezeichnung. Zinfandel: Geyserville, Lytton Springs, York Creek, Howell Mountain und Paso Robles. Cabernet Sauvignon: Monte Bello, York Creek und Jimsomare. Der Merlot kommt vom Bradford Mountain und der Chardonnay vom Howell Mountain.

Ridge Vineyards genießt in der ganzen Welt einen guten Ruf. Im Bild sehen wir den Kellermeister Paul Draper.

CHARAKTER  Die Weine besitzen Kraft und Komplexität. Es scheint, als ob sie unbegrenzt lagerfähig wären.

RUF  Ridge Vineyards hat weltweit einen sehr guten Ruf.

REBSORTEN  Chardonnay, Cabernet Sauvignon, Merlot, Zinfandel sowie wenig Petite Sirah.

WEINHERSTELLUNG  Traditionelle Gärung und sehr langer Maischekontakt ergeben Weine mit tiefer Farbe und hohem Gerbstoffanteil. Die Weine werden naturnah vinifiziert, d.h. ohne chemische Zusätze.

LAGERUNG  Weine mit hervorragendem Alterungspotenzial.

REBFL/PROD  Etwa 30 ha, 40 000 Kisten/Jahr.

**Besitzer** Otsuka America • **Kellermeister** Paul Draper • **Besuch** Sa-So 11-15 • **Adresse** Ridge Vineyards, 17100 Monte Bello Road, USA-CA 95014 Cupertino • **Tel.** 408-867-3233 • **Fax** 408-867-2986 • **Homepage** www.ridgewine.com

PRODUKTION        QUALITÄT        PREIS

## WENTE VINEYARDS

GESCHICHTE  Wente Brothers wurde 1883 von Carl Heinrich Wente gegründet. Er kam 1880 aus Deutschland und war Lehrling bei Charles Krug. Wente ist immer noch in Familienbesitz, heute in vierter Generation. Der Betrieb hat sich in den 90er Jahren stark entwickelt. Der Export (u.a. nach China und Russland) wurde gefördert und neue Projekte laufen in Chile, Australien, Neuseeland, Mexiko und Georgien.

WEINE  Vineyard Reserve kommt von den besten Lagen in Livermore (Crain Ridge Merlot, Herman Wente Chardonnay, Reliz Creek Pinot Noir, Charles Wetmore CS). Die Estate-Weine stammen

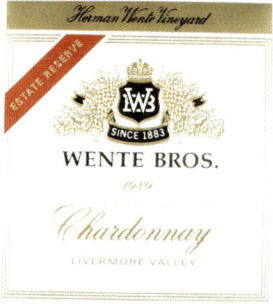

Wente in Livermore hat in den 90er Jahren einen Weltmarkt für seine gut gemachten Weine geschaffen.

aus ausgewählten Teilen der eigenen Lagen (CS, Chard, SB). Von der populären Family Selection ist der bekannteste Wein der White Zinfandel. Für den Exportmarkt werden außerdem verschiedene Spezialmarken hergestellt.

RUF  In den 90er Jahren entwickelte man sich zum progressivsten Weinhaus Kaliforniens, mit einem weltweiten Arbeitsraum.

REBSORTEN  CS, CF, Merlot, Petite Sirah, Zinfandel. Chardonnay, Chenin Blanc, French Colombard, Gewürztraminer, Grey Riesling, Pinot Blanc, Sémillon, White Riesling.

WEINHERSTELLUNG  Hightech-Methoden. Die Lese erfolgt in der Nacht, um die niedrige Temperatur zu nutzen. Manchmal erfolgt die Kelterung direkt im Weinberg.

LAGERUNG  Der Wente Estate Reserve ist gut lagerfähig.

REBFL/PROD  1 000 ha, 500 000 Kisten/Jahr.

**Besitzer** Fam. Wente • **Kellermeister** Willy Joslin • **Besuch** Führungen um 11 h, 13 h, 14 h, 15 h • **Adresse** Wente Vineyards, 5565 Tesla Road, USA-CA 94550 Livermore • **Tel.** 925-456-2300 • **Fax** 925-456-2319

PRODUKTION        QUALITÄT        PREIS

## Weitere Produzenten an der North Central Coast

### Château Julien

1981 gegründet. Das Aushängeschild ist der Reserve Chardonnay, es werden aber auch Weine aus Sauvignon Blanc, Cabernet Sauvignon und Merlot produziert. Fast alle Trauben werden von kleineren Winzern im Monterey-Gebiet gekauft.

•**Adresse:** 8940 Carmel Valley Rd, USA-CA 93923 Carmel. Tel. 408-624-2600.

### Concannon Vineyard

Das Weinhaus ist über 100 Jahre alt, was in den USA sehr ungewöhnlich ist. Die besten Weine werden aus SB und CS hergestellt. Kellermeister und zugleich Teilhaber ist Dr. S. Traverso.

•**Besitzer:** Jim Concannon **Besuch:** Nach Vereinbarung. **Adresse:** 4590 Tesla Road, USA-CA 94550 Livermore. Tel. 415-447-3760.

### Congress Springs Vineyard

Wurde im Jahr 1975 wieder instand gestellt. Der jetzige Kellermeister, Dan Gehrs, macht einen phantastischen Chardonnay. Andere Weine sind Johannisberg Riesling, Pinot Blanc, Sémillon, Chenin Blanc, CF, CS, Pinot Noir und Zinfandel.

•**Adresse:** 23600 Congress Springs Road, USA-CA 95070 Saratoga. Tel. 408-741-5424.

### Cronin Vineyards

1980 von Duane Mansell Cronin gegründet. Früher arbeitete Duane als Computertechniker und die Weinproduktion war sein Hobby. Die besten Weine werden aus Chard und CS produziert. Er kauft den Chardonnay u.a. aus den Gebieten Alexander Valley, Ventana Monterey, Napa Valley, Vanumanutagi und Santa Cruz.

•**Besitzer:** Duane Mansell Cronin **Kellermeister:** Duane Mansell Cronin **Besuch:** Nach Vereinbarung. **Adresse:** 11 Old la Honda Road, USA-CA 94062 Woodside. Tel. 415-851-1452.

### Durney Vineyards

Bill Durney baute in dieser Region als erster CS an und sein Wein zählt heute zu den besseren an der Central Coast. Außerdem ist er sehr preiswert. Er macht auch einen guten Chardonnay.

•**Kellermeister:** Peter Watson-Graf **Adresse:** PO Box 221670, USA-CA 93922 Carmel Valley. Tel. 408-659-6220. **Fax** 408-659-6226.

### Jekel Vineyard

Der erste Wein, ein Johannisberg Riesling, wurde 1978 herausgebracht und hatte sogleich großen Erfolg. Hergestellt werden Weiß- und Rotweine. Rebsorten: Chardonnay, Johannisberg Riesling, Pinot Blanc, CS, Pinot Noir.

•**Besitzer:** Fetzer (Brown-Forman) **Besuch:** Weinverkostung täglich 10-17. **Adresse:** 40155 Walnut Avenue, USA-CA 93927 Greenfield. Tel. 408-674-5522.

### Kalin Cellars

Die Weine werden im Labor hergestellt - die Besitzer sind ausgebildete Mikrobiologen. Man baut keine eigenen Rebsorten an, sondern kauft sie von Winzern aus Sonoma und dem Potter Valley. Ausgezeichneter Chardonnay und Pinot Noir.

•**Adresse:** 61 Galli Drive, USA-CA 94947 Novato. Tel. 415-883-3543.

### Mount Eden Vineyards

Mount Eden ist eine kleine Weinfirma, die oberhalb des Santa Clara Valley, in den Santa Cruz Mountains, liegt. Schon Anfang der 40er Jahre gründete Martin Ray mit Hilfe seines Freunds Paul Masson dieses Weingut. Richard Graff von Chalone übernahm es 1971. Es werden Varietals mit Herkunftsbezeichnung wie Chardonnay, Pinot Noir und Cabernet Sauvignon hergestellt. FAKTEN 25 ha, 8 000 Kisten/Jahr.

•**Besitzer:** M.E.V. Corporation **Kellermeister:** F. Jeffrey Patterson **Besuch:** Nur nach Vereinbarung. **Adresse:** 22020 Mount Eden Road, USA-CA 95070 Saratoga. Tel. 408-867-5832.

### Smith & Hook

Smith & Hook ist eine kleine Weinfirma im Gebiet Arroyo Seco. Die Firma wurde von Duane De-Boer gegründet und der erste Jahrgang kam 1979 auf den Markt. Auf 125 ha wird ausschließlich Cabernet Sauvignon angebaut. Sehr gute, komplexe und langlebige Weine.

•**Besitzer:** Fam. Hahn **Adresse:** 37700 Foothill Road, USA-CA 95065 Santa Cruz, Soledad. Tel. 408-678-2132.

### Thomas Fogarty Winery

Anfänglich baute der Arzt Thomas Fogarty die Reben in seinem Hinterhof hobbymäßig an. Seit 1982 übt er den Weinbau hauptberuflich aus. Heute werden 10 000 Kisten/Jahr produziert. Rebsorten: Chardonnay, Gewürztraminer, Sauvignon Blanc, Pinot Noir und Cabernet Sauvignon.

•**Besitzer:** Thomas Fogarty **Kellermeister:** Michael Martella **Besuch:** Nach Vereinbarung. **Adresse:** 19501 Skyline Boulevard, USA-CA 94062 Woodside. Tel. 415-851-1946.

### Ventana Vineyards

Ventana wurde von J. Douglas Meador gegründet. Die Rebsorten sind hauptsächlich Chardonnay, White Riesling und Pinot Noir. Eine Spezialität ist der edelsüße Wein (Botrytis). FAKTEN 175 ha, 40 000 Kisten/Jahr.

•**Besitzer:** Ventana Vineyards Winery Inc. **Kellermeister:** Douglas Meador **Besuch:** Täglich 11-17. **Adresse:** 2999 Monterey-Salinas Highway 68, USA-CA 93940 Monterey. Tel. 800-237-8846. Fax 408-655-1855.

# South Central Coast

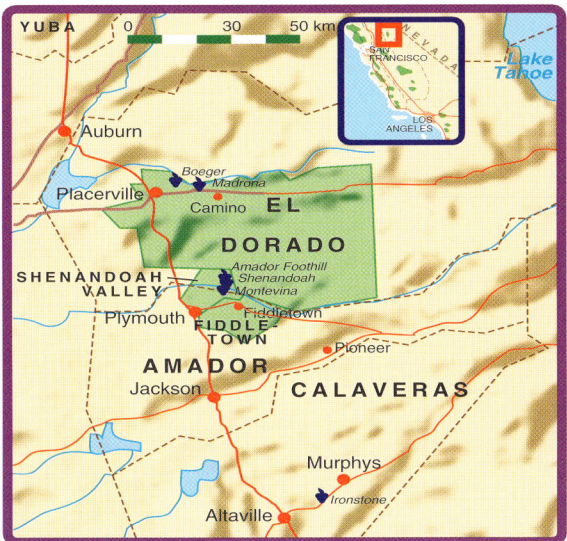

GESCHICHTE Der Weinanbau begann mit den berühmten „Missions", die von spanisch-mexikanischen Jesuitenpriestern Ende des 18. Jahrhunderts gegründet wurden. Ein Einwanderer namens Jean-Louis Vignes brachte aus seinem Heimatland Frankreich erste Rebsetzlinge in diese Region. Später wurde der Weinbau sehr vernach-

Im südlichen Teil des Küstengebietes zwischen Los Angeles und San Francisco ist die Weinindustrie noch jung.

lässigt und erst in den 80er Jahren kam die Wende, als man es verstand, die kühlere Bergregion richtig zu nutzen. Heute findet man an der South Central Coast rund sechzig erfolgreiche Weinerzeuger.

RUF Durch große Anstrengungen konnte man das Qualitätsniveau markant erhöhen. In Zukunft kann mit modernster Anbautechnik gerechnet werden.

GEOGRAPHIE Das Gebiet liegt weit südlich, näher bei Los Angeles als bei San Francisco. Die Lage verspricht ein heißes Klima, doch durch die Nebeleinbrüche kühlt es nachts stark ab. Somit können auch „kühle" Rebsorten angebaut werden.

ANBAUGEBIETE Zwei Counties: Santa Barbara und San Luis Obispo. Santa Barbara hat zwei AVAs (Santa Maria Valley und Santa Ynez Valley). San Luis Obispo hat fünf AVAs (Arroyo Grand Valley, Edna Valley, Paso Robles, Santa Maria Valley und York Mountain).

BODEN Der Boden ist etwas magerer als weiter nördlich und dadurch ist die South Central Coast ein geeigneter Platz für den Weinanbau.

WEINE Traditionell europäische Weinsorten wie Pinot Noir und andere. Das Santa-Barbara-Gebiet ist für den Pinot Noir bekannt.

REBSORTEN Sauvignon Blanc, Riesling, Zinfandel, Chardonnay, Cabernet Sauvignon, Pinot Noir und Chenin Blanc.

REBFL/PROD Ca. 8 000 ha, etwa 300 000 hl/Jahr.

USA • KALIFORNIEN • SOUTH CENTRAL COAST

## AU BON CLIMAT

GESCHICHTE  Au Bon Climat (oft schlicht „ABC" genannt) ist ein kleineres Unternehmen, das 1982 von Adam Tolmach und Jim Clendenen gegründet wurde. Jims Laufbahn als Kellermeister begann bereits in den 70er Jahren auf dem Weingut Zaca Mesa. Er ist ein Burgunder-Fan und seine Anstrengungen, ähnliche Weine zu erzeugen, waren erfolgreich. Der Chardonnay wird von vielen Weinkennern als der beste Wein Kaliforniens angesehen.

WEINE  Die Firma erzeugt vor allem Burgunder-ähnliche Weine aus Chardonnay und Pinot Noir: Le Bouge D'à-Côte (ein Estate Chardonnay), La Bauge Au-Dessus (ein Estate Pinot Noir) und Isabella (Pinot Noir).

RUF  Vor allem der Chardonnay genießt einen hervorragenden Ruf.

REBSORTEN  Chardonnay und Pinot Noir.

WEINHERSTELLUNG  Die Weißweine werden dem biologischen Säureabbau unterzogen und in Barriques vergoren. Die Rotweine werden in Stahltanks vergoren und 12-24 Monate in Barriques ausgebaut.

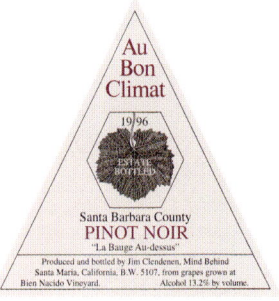

Au Bon Climat ist Spezialist für Burgunder-ähnliche Weine. Der Chardonnay gilt als einer der besten.

LAGERUNG  Die besten Rotweine können acht bis zehn Jahre gelagert werden.

REBFL/PROD  Ca. 16 ha, 25 000 Kisten/Jahr.

## EDNA VALLEY VINEYARD

GESCHICHTE  Die Familie Niven begann Anfang der 70er Jahre in den Paragon Vineyards Chardonnay-Reben anzubauen. Während der 80er Jahre wurden die Trauben an Chalone Vineyards verkauft und unter dem Handelsnamen Edna Valley vermarktet. Heute ist das Weingut ein gemeinsames Projekt der beiden Unternehmen. Paragon ist für den Weinberg zuständig und Chalone für die Vinifizierung. 1996 wurden sehr hübsche Besuchsräumlichkeiten eröffnet.

WEINE  Man erzeugt vor allem Chardonnay. Der Kellermeister Clay Brock arbeitet zurzeit an

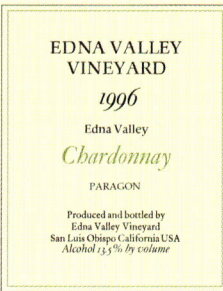

Man erzeugt vor allem Chardonnay. Zurzeit werden die Rebberge erweitert und mit Pinot Gris u.a. bestockt.

der Erweiterung der Rebberge und bestockt sie mit Pinot Gris und Syrah.

RUF  Edna Valley ist für gut gemachte Weine im Burgunder-Stil bekannt.

REBSORTEN  Fast ausschließlich Chardonnay und Pinot Noir.

WEINHERSTELLUNG  Modernste Spitzentechnologie, die Anlage wurde 1996 in Betrieb genommen. Die Weißweine werden in französischen Eichenholzfässern vergoren, die roten je nach Lage in französischen Barriques ausgebaut.

LAGERUNG  Die meisten Weine können fünf bis zehn Jahre gelagert werden.

REBFL/PROD  Ca. 480 ha, 95 000 Kisten/Jahr.

---

**Besitzer** Jim Clendenen • **Kellermeister** Jim Clendenen & Jim Adelman • **Besuch** Kein Besuch möglich • **Adresse** Au Bon Climat, PO Box 113, USA-CA 93441 Los Olivos • **Tel.** 805-937-9801 • **Fax** 805-937-2539

PRODUKTION      QUALITÄT      PREIS

**Besitzer** Chalone Wine Group & Paragon Vineyard • **Kellermeister** Clay Brock • **Besuch** Täglich 10-17, im Sommer am Fr auch 17-19 • **Adresse** Edna Valley Vineyard, 2585 Biddle Ranch Road, USA-CA 93401 San Luis Obispo • **Tel.** 805-544-5866 • **Fax** 805-544-0112

PRODUKTION      QUALITÄT      PREIS

## FIRESTONE VINEYARD

GESCHICHTE Im Jahr 1973 von A. Brooks Firestone gegründet, der zuvor in der Reifenfirma der Familie beschäftigt war. Zusammen mit seiner Gattin Kate hat Brooks ohne jegliche Weinbauerfahrung ein erfolgreiches Familienunternehmen geschaffen. 1987 wurde Carey Cellars, ein kleines

*Firestone ist ein guter Erzeuger an der South Central Coast.*

Weingut im Santa Ynez Valley, dazugekauft.
WEINE Der weiße Riesling ist ein süßer, reifer und gesättigter Wein mit schönem Honigbukett. Der sortentypische Cabernet Sauvignon ist weich und fruchtig. Der Merlot ist relativ leicht und kräuterbetont. In besonders guten Jahren werden Vintage Reserve Cabernet Sauvignon und Selected Harvest Riesling erzeugt, außerdem ein gut gemachter Gewürztraminer.
RUF Firestone gehört zu den führenden Weingütern an der South Central Coast.
REBSORTEN Riesling, Chardonnay, Sauvignon Blanc, Gewürztraminer, Cabernet Sauvignon und Merlot.
WEINHERSTELLUNG Moderne Methoden, Fassausbau für die besten Weine.
LAGERUNG Den Vintage Reserve kann man fünf bis acht Jahre lagern.
REBFL/PROD Ca. 140 ha, 40 000 Kisten/Jahr (davon ca. 20 000 Riesling).

**Besitzer** Fam. Firestone • **Kellermeister** Alison Green • **Besuch** Täglich 10-17 • **Adresse** Firestone Vineyard, PO Box 244, USA-CA 93441-0244 Los Olivos • **Tel.** 805-688-3940 • **Fax** 805-686-1256

PRODUKTION   QUALITÄT   PREIS

## QUPÉ

GESCHICHTE Der Weinmacher und Besitzer Bob Lindquist war früher Verkäufer bei der Zaca Mesa Winery. 1982 gründete er dieses Weingut. Anfänglich wurde auf Zaca Mesa vinifiziert. Seit 1988 erzeugt er mit Jim Clendenen vom Weingut Au Bon Climat ein zweites Etikett namens Vita Nova. Nachdem er zu Beginn auf typisch kalifornische Rotweine eingestellt war, baut er heute vorwiegend Syrah-, Marsanne- und Viognier-Weine im Rhône-Stil aus.
WEINE Syrah Hillside Estate, Syrah Bien Nacido Reserve, Viognier Ibarra-Young Vineyard, Chardonnay Bien Nacido Reserve. Bob Lindquist

*Bob Lindquist gründete Qupé 1982 und macht jetzt mehrere spannende Weine im Rhône-Stil.*

hat eine Vorliebe für klassische Rhône-Weine mit pfeffrigem Ton, was in den ausgezeichneten Syrah-Weinen zum Vorschein kommt. Sonst ist der beste Wein ein vollmundiger Chardonnay.
RUF Ein Erzeuger mit sicherer Qualität und vielen spannenden Weinen.
REBSORTEN Syrah, Viognier, Chardonnay, Marsanne, Roussanne.
WEINHERSTELLUNG Moderne Herstellungsmethoden mit Einsatz von rostfreien Stahltanks. Die besten Weine werden in Barriques ausgebaut.
LAGERUNG Die Syrah-Weine können bis zu zehn Jahren gelagert werden.
REBFL/PROD Ca. 40 ha, 20 000 Kisten/Jahr.

**Besitzer** Bob Lindquist • **Kellermeister** Bob Lindquist & Jim Adelman • **Besuch** Kein Besuch möglich • **Adresse** Qupé, PO Box 440, USA-CA 93441 Los Olivos • **Tel.** 805-937-9801 • **Fax** 805-937-2539

PRODUKTION   QUALITÄT   PREIS

## Weitere Produzenten an der South Central Coast

### Babcock Vineyards

Die Besitzer Walt und Mona Babcock scheinen heute ihren Stil gefunden zu haben, denn das Weinhaus im Santa-Ynez-Tal ist auf dem Weg zum Erfolg. Zu den besten Weinen gehört der

*Der erste Weinberg der Santa Barbara Winery wurde 1972 in Santa Ynez angelegt.*

Sauvignon Blanc. Der Pinot Noir und der Chardonnay sind ebenfalls erwähnenswert. FAKTEN 23 ha, ca. 9 000 Kisten/Jahr.

• **Besitzer:** Walter, Mona & Bryan Babcock **Kellermeister:** Bryan Babcock **Besuch:** Fr-So 10.30-16. **Adresse:** 5175 Hwy 246, USA-CA 93436 Lompoc. **Tel.** 805-736-1555. **Fax** 805-736-3886.

### Eberle Winery

Gary Eberle, zuvor bei Meridian Winery, gründete die Eberle Winery 1981. Er wurde vor allem mit seinen zugänglichen Cabernet Sauvignon bekannt, baut aber auch Chardonnay, Viognier, Barbera, Muscat und Zinfandel an. Paso Robles ist ein ziemlich junges Weinbaugebiet, überraschte aber immer wieder mit charaktervollen und komplexen Weinen. FAKTEN 17 ha, 12 000 Kisten/J.

• **Besitzer:** W. Gary Eberle **Kellermeister:** W. Gary Eberle, Daniel Panico **Besuch:** Im Sommer täglich 10-18, im Winter 10-17. **Adresse:** Hwy 46 E., USA-CA 93446 Paso Robles. **Tel.** 805-238-9607. **Fax** 805-237-0344.

### Sanford Winery

Richard Sanford und Michael Benedict gründeten Sanford in den frühen 70er Jahren. Sie waren der Überzeugung, dass sich das Klima im Santa Ynez Valley für ihre große Passion, den Pinot Noir, ideal eigne. Die Qualität ihrer Weine gibt ihnen Recht. Inzwischen hat Michael Benedict den Betrieb verlassen. Heute ist Sanford mit den neuen Mitbesitzern Robert und Janice Atkins für die Produktion verantwortlich. FAKTEN 10 ha, etwa 30 000 Kisten/Jahr.

• **Besitzer:** Robert & Janice Atkins **Kellermeister:** Bruno D'Alfonso **Besuch:** Täglich 11-16. **Adresse:** 7250 Santa Rosa Rd, USA-CA 93427 Buellton **Tel.** 805-688-3300. **Fax** 805-688-7381.

### Santa Barbara Winery

Das Weingut wurde 1962 von Pierre Lafond gegründet. Am Anfang wurden die Trauben in San Luis Obispo gekauft. Der erste Weinberg wurde 1972 in Santa Ynez angelegt, was die Qualität zu steigern vermochte. Angebaut werden Chardonnay, Pinot Noir und Zinfandel. FAKTEN 35 ha, ca. 27 000 Kisten/Jahr.

• **Adresse:** 202 Anacapa Streeet, USA-CA 93101 Santa Barbara. **Tel.** 805-963-3633.

### The Gainey Vineyard

Die Familie Gainey fing damit an, verschiedene Pflanzen anzubauen und arabische Vollblutpferde zu züchten. 1984 legte sie einen Weinberg an, der heute einen Ertrag von 10 000 Kisten/Jahr einbringt. Da man hier jeden Schritt der Weinherstellung verfolgen kann, ist dieser Weinberg der Traum eines jeden Besuchers. Der Kellermeister Rick Longoria vinifiziert ausgezeichnete Weine aus Chardonnay, Johannisberg Riesling, Cabernet Sauvignon und Merlot.

• **Besitzer:** Daniel J. Gainey **Kellermeister:** Richard Longoria **Adresse:** 3950 E. Highway 246, USA-CA 93460 Santa Ynez. **Tel.** 805-688-0558.

### Zaca Mesa Winery

„Zaca" ist ein altes indianisches Wort und bedeutet „in aller Ruhe". Der Betrieb wurde 1972 von Marschall Ream gegründet. 1986 verkaufte er seine Aktien an John C. Cushman III., den heutigen Besitzer. Erzeugt werden Varietal-Weine aus Chardonnay und Syrah. Pinot-Noir-Weine genießen einen besonders guten Ruf. Die besten Weine erhalten den Namen American Reserve. FAKTEN Ca. 100 ha, 45 000 Kisten/Jahr.

• **Besitzer:** John C. Cushman III., Louis Cushman **Kellermeister:** Daniel Gehrs, Kathy Joseph **Besuch:** Täglich 10-16. **Adresse:** PO Box 899, 6905 Foxen Canyon Rd, USA-CA 93441 Los Olivos. **Tel.** 800-350-7972. **Fax** 805-688-8796.

USA • KALIFORNIEN • CENTRAL VALLEY

# CENTRAL VALLEY

# ERNEST & JULIO GALLO WINERY

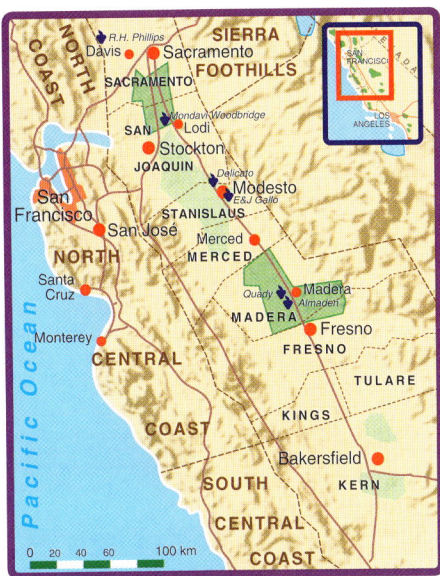

GESCHICHTE  Die Brüder Ernest und Julio Gallo begannen 1933 sehr bescheiden. Infolge harter Arbeit und eines geschickten Marketings besitzen sie heute die größte Weinfabrik der Welt. Das wichtigste Produkt sind die Wine Coolers, d.h. Weine, denen Fruchtsaft oder ein Gewürz hinzugefügt wurde. Es werden die unterschiedlichsten Weine produziert.

WEINE  Die Qualitätsweine tragen die Bezeichnung Gallo Estate und sind oft Varietals. Der Prestigewein heißt Turning Leaf und wird aus CS, Zinfandel, Merlot und Chardonnay hergestellt. Weitere Marken: André, Carlo Rossi, Boone's Farm, Polo Brindisi, Tyrolia, Thunderbird, Ballatore, Livingstone Cellars, Bartles & Jaymes u.a.

*Ernest Gallo führt heute, mit einer Produktion von 250 000 Kisten/Tag, die größte Weinfabrik der Welt.*

GESCHICHTE  Das Central Valley ist ein großes und fruchtbares Tal in Kalifornien. Hier wurden entlang der Küste schon seit dem 19. Jh. Getreide, Gemüse und Früchte für die wachsende Bevölkerung angebaut. Auch der Traubenanbau zur Gewinnung von Rosinen und Wein ist von Bedeutung. Aus dem Central Valley stammt heute mehr als 80% der kalifornischen Weinproduktion.

RUF  Früher wurden hier fast nur einfache Jug-Weine mit Phantasienamen wie Chablis oder Burgundy hergestellt. Jetzt haben auch hier die Winzer das Marktpotenzial für Qualitätsweine entdeckt und gehen somit in diese Richtung.

ANBAUGEBIETE  Die weinerzeugenden Counties sind: Fresno, Kern, Madera, Sacramento, San Bernadino, San Joaquin, Stanislaus, Tulare, und Yolo. Die AVAs sind: Clarksburg und Dunnigan Hills (Yolo County), Lodi (Sacramento und San Joaquin County), Madera (Madera und Fresno County) sowie Merrit Island (Yolo County).

BODEN  Central Valley: eine Mischung aus Wüste und fruchtbarsten Böden.

WEINE  Im Central Valley produziert man einfache Massenweine. Im Norden, in Sacramento County, erzeugen mehrere große Weinhäuser vermehrt Qualitätsweine.

REBSORTEN  French Colombard, Chardonnay, Cabernet Sauvignon, Chenin Blanc, Malvasia, Sauvignon Blanc u.a.

REBFL/PROD  Ca. 100 000 ha, rund 10 Mio. hl/Jahr.

CHARAKTER  Turning Leaf ist ein moderner Wein. Ansonsten findet man hier eine bunte Palette mit Weinen für jeden Geschmack.

RUF  Wechselt stark je nach Weinsorte. Turning Leaf und die Varietals genießen den besten Ruf. Nicht jedermann wird aber von Weinen wie Tyrolia oder dem Thunderbird begeistert sein.

REBSORTEN  Beinahe alle Rebsorten werden angebaut.

WEINHERSTELLUNG  Gallos Weinfabrik ist hochmodern. Sie bedeckt eine Fläche von annähernd 14 ha in ihrer Heimatstadt Modesto. In der Anlage gibt es auch eine Glasfabrik, die die Weinflaschen herstellt.

REBFL/PROD  9 000 ha, 60 Mio. Kisten/Jahr (200 000 Kisten/Tag).

- **Besitzer**  Fam. Gallo  • **Kellermeister**  Mehrere
- **Besuch**  Kein Besuch möglich  • **Adresse**  Ernest & Julio Gallo Winery, USA-CA 95353 Modesto
- **Tel.** 209-579-3111  • **Fax** 209-579-4361

PRODUKTION        QUALITÄT        PREIS

825

## R.H. Phillips Vineyard

GESCHICHTE  R.H. Phillips begann seine Weinproduktion Mitte der 80er Jahre. Der erste Jahrgang, 1983, war als einmaliges Vorhaben gedacht, um ein Anbaugebiet namens Dunnigan Hills bekannt zu machen. Das Projekt hatte aber

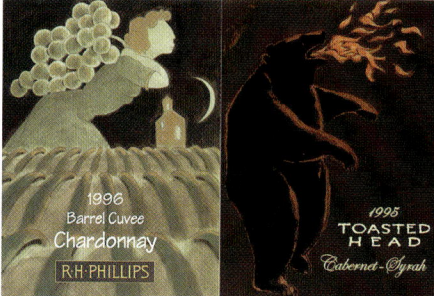

*R.H. Phillips war als einmaliges Vorhaben gedacht, doch heute gehört man zu den Großen im Central Valley.*

ungeahnte Konsequenzen, denn das heutige große Weinhaus ist das Resultat des Erfolgs. Außer Chardonnay, Sauvignon Blanc und Chenin Blanc wird erfolgreich eine Reihe von Rhône-inspirierten Weinen erzeugt. Am bekanntesten sind der Syrah und der Mourvèdre sowie Viognier und Grenache. Auch auf das äußere Erscheinungsbild der Flaschen wird viel Wert gelegt. Die Weine sind von hoher Qualität, aber manchmal mehr im australischen als im typisch kalifornischen Stil.

WEINE  EXP Syrah, EXP Viognier, Toasted Head Chardonnay und Toasted Head Cabernet Sauvignon. Andere Rotweine: Cabernet Sauvignon und Syrah. Andere Weißweine: Chardonnay, Sauvignon Blanc, Viognier, Mourvèdre, Grenache.

CHARAKTER  Der Cabernet ist vollmundig mit Kirschenaromen und weichen Tanninen. Der Chardonnay hat einen reichen Geschmack mit Ingwer- und Eichenholztönen. Der Syrah ist intensiv und konzentriert fruchtig.

RUF  Preiswerte Weine von guter Qualität.

WEINHERSTELLUNG  Eine moderne Kellerei mit temperaturkontollierter Gärung in Stahltanks. Man baut in amerikanischen und in französischen Fässern aus.

LAGERUNG  Die besten acht bis zehn Jahre.

REBFL/PROD  640 ha, 435 000 Kisten/Jahr.

**Besitzer** Aktiengesellschaft • **Kellermeister** Barry Bergman • **Besuch** Täglich 11-17 • **Adresse** R.H. Phillips Vineyard, 26836 County Rd 12 A, USA-CA 95627 Esparto • **Tel.** 530-662-3215 • **Fax** 530-662-2880 • **E-Mail** rhp@rhphillips.com • **Homepage** www.rhphillips.com

PRODUKTION  QUALITÄT  PREIS

## Weitere Produzenten

### Almaden Vineyard

Wurde 1852 von Charles Lefranc, dem Schwiegervater von Paul Masson, gegründet. In jüngster Zeit hat man sich mit der Massenproduktion von „Generic Wines" und „Champagner" einen Namen gemacht. Almaden hat trotz der Massenproduktion einen guten Ruf. Der neue Besitzer, Heublein Inc., hat die Produktion teilweise auf Inglenook-Lavalle verlegt. Zweitmarken sind Charles Lefranc Cellars, Le Domaine und Sylvan Springs. FAKTEN  ca. 10 Mio. Kisten/Jahr.

• **Besitzer:** Canandaigua (NY) **Kellermeister:** Christopher Bonner **Besuch:** Kein Besuch möglich. **Adresse:** 12667 Road # 24, USA-CA 93637 Madera. **Tel.** 209-673-7071.

### Bogle Vineyards

1968 wurden die ersten Reben gepflanzt und zehn Jahre später wurde die Firma gegründet. Die Trauben werden für die eigenen Weine (Chardonnay, Fumé Blanc, White Zinfandel, Merlot, Zinfandel, Petite Sirah und CS) als auch für den Verkauf an andere Weinerzeuger angebaut.

• **Besitzer:** Chris & Patty Bogle **Kellermeister:** Christopher Smith **Besuch:** Nach Vereinbarung. **Adresse:** 37675 County Road 144, USA-CA 95612 Clarksburg. **Tel.** 916-744-1139.

### Cosentino Wine Company

Die besten Weine sind Crystal Valley Cellars und werden aus Chard und CS hergestellt. Auch Schaumweine aus Muscat sind im Sortiment.

• **Adresse:** USA-CA Ceres.

### Delicato

Der junge Gaspare Indelicato kam aus Italien und bestockte 1924 seinen ersten Weingarten in Kalifornien. Heute wird der Betrieb in dritter Generation geführt. Angebaut werden hauptsächlich White Zinfandel, Chard und CS. Die Weine kommen unter verschiedenen Etiketten auf den Markt: Delicato Blue Label, Settler's Creek, San Martin, Monterra und Doré. FAKTEN  5 000 Hektar Eigenbesitz, 2 Mio. Kisten/Jahr.

• **Besitzer:** Fam. Indelicato **Kellermeister:** Charlie Tolbert, Charlotte Madison, Tim Wong **Besuch:** Täglich 9-17.30. **Adresse:** 12001 S. Hwy 99, USA-CA 95336 Manteca. **Tel.** 209-239-1215. **Fax** 209-825-6207.

### Quady Winery

Andrew Quady arbeitete bei Lodi Vintners, als man ihn bat, Portwein für einen Wiederverkäufer zu produzieren. Dies gelang ihm so gut, dass er beschloss, eine eigene Weinfirma zu gründen. Der weiße Essencia wird aus Orange Muscat, der rote Elysium aus Black Muscat und die verstärkten Weine Lot 1 Port, Lot 2 Port, Port und Vintage Port werden aus Zinfandel hergestellt.

• **Adresse:** USA-CA 93637 Madera.

USA • KALIFORNIEN • SIERRA FOOTHILLS

## SIERRA FOOTHILLS

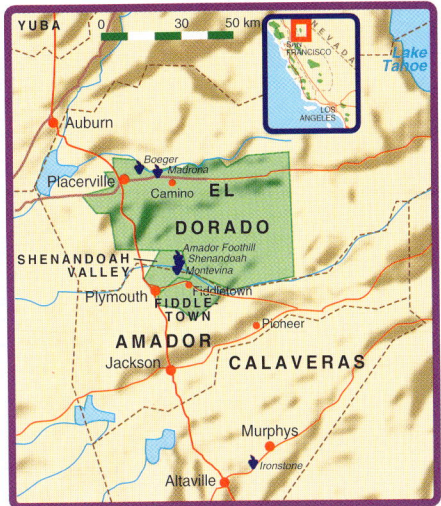

GESCHICHTE Sierra Foothills war früher eine Goldgräber-Region, in der 1848 der große „Gold Rush" begann. Während dieser Zeit wurden viele Städte gegründet und die Weinproduktion entwickelte sich rasend schnell. Genauso rasch kam das Ende mit der Prohibition. Erst in den 80er Jahren des 20. Jahrhunderts entstand eine moderne Qualitätsweinproduktion.

RUF Die Region hatte schon in den 70er Jahren einen guten Ruf für die Zinfandel-Weine. Heute ist sie auch für europäische Varietal-Weine bekannt.

GEOGRAPHIE Eine hoch gelegene Region, die den Anfang des schönen und wilden Gebirges der Sierra Nevada mit Bergspitzen bis über 3 000 Meter Höhe bildet.

*In Sierra Foothills herrscht immer noch Pioniergeist.*

ANBAUGEBIETE Drei Counties (AVAs in Klammern): Amador (California Shenandoah Valley und Fiddletown), El Dorado (El Dorado und California Shenandoah Valley) und Yuba (North Yuba).

BODEN Fruchtbare Böden, die wegen der Berglage nicht künstlich bewässert werden müssen.

WEINE Früher vor allem Zinfandel von hoher Qualität, heute immer mehr Cabernet Sauvignon, Chardonnnay, Barbera und süße Muscat-Weine.

REBFL/PROD Ca. 2 000 ha, 100 000 hl/Jahr.

## IRONSTONE VINEYARDS

GESCHICHTE Die Familie Kautz war seit den 40er Jahren hauptsächlich im Weintrauben- und Fruchtanbau tätig. Nachdem sie lange mit dem Verkauf der Trauben an andere Produzenten ihr Geld verdient hatte, begann sie 1989 mit der Weinproduktion. 1992 wurde eine komplett neue Anlage fertig gestellt. Mit Fingerspitzengefühl in puncto Vermarktung und großen Investitionen hat sie eine beachtenswerte Produktion aufgebaut, die sowohl in den USA als auch in einer Reihe von Exportmärkten guten Absatz findet.

WEINE Die bekanntesten Weine sind Cabernet

*Die Familie Kautz hat sich mit Ironstone innerhalb kurzer Zeit einen guten Ruf geschaffen.*

Franc, Cabernet Sauvignon und Meritage (eine kalifornische Marke für rote Verschnitt-Weine). Man erzeugt auch einen guten Chardonnay.

CHARAKTER Geschmackvolle Weine mit vollmundiger Fruchtigkeit und gut eingebundenem Eichenholzton bei den Rotweinen.

RUF Gut gemachte und preiswerte Alltagsweine von beständiger Qualität.

WEINHERSTELLUNG Die Weißweine werden sowohl im Eichenholzfass als auch im Stahltank vergoren. Die meisten machen den biologischen Säureabbau durch und werden in Barriques ausgebaut. Die Rotweine werden traditionell auf der Maische vergoren und anschließend in amerikanischen und französischen Eichenholzfässern ausgebaut.

LAGERUNG Normalerweise drei bis sechs Jahre. Die besten Weine können bis zu acht Jahren gelagert werden.

REBFL/PROD 1 700 ha, 90 000 Kisten/Jahr.

**Besitzer** John & Gail Kautz & Fam. Kautz • **Kellermeister** Steve Millier • **Besuch** Täglich 11-16 • **Adresse** 1894 Six Mile Road, USA-CA 95247 Murphys • **Tel.** 209-728-1251 • **Fax** 209-728-1275 • **E-Mail** kautz@goldrush.com • **Homepage** www.ironstonevineyards.com

PRODUKTION   QUALITÄT   PREIS

## Montevina Wines

**GESCHICHTE** Montevina wurde 1979 von Gary Gott und Walter Fields gegründet. 1988 verkauften sie es an die Familie Trinchero, die Besitzerin der Sutter Home Winery. Diese war bestrebt, aus Montevina einen Qualitätsbetrieb zu machen, was ihr auch gelang. Der Erfolg der spannenden, oft Italien-inspirierten Weine ist sehr groß.

**WEINE** Amador County (White Zinfandel), Brioso (Zinfandel), Barbera, Sangiovese, Nebbiolo Rosato, Refosco, Aglianico, Montanaro (75% Barbera und 25% Zinfandel), Matrimonio (Cuvée aus Barbera, Sangiovese, Nebbiolo und Refosco) und mehrere Weine der Marke Terra d'Oro Reserve (Zinfandel, Barbera, Sangiovese). Außerdem ein süßer Aleatico (eine italienische Muscat-Variante).

**CHARAKTER** Meistens charaktervolle Weine mit großer Fruchtigkeit und leichtem Barrique-Ton.

*Nachdem die Familie Trinchero Montevina Wines 1988 erwarb, wurde es zu einem Qualitätsbetrieb.*

**RUF** Montevina ist für „italienische Weine mit kalifornischer Note" bekannt.

**REBSORTEN** Vor allem Zinfandel, Barbera und Sangiovese, aber auch Syrah.

**WEINHERSTELLUNG** Stahltankvergärung, Barrique-Ausbau.

**LAGERUNG** Die Weine sind für einen frühen Konsum bestimmt. Um ihre Fruchtigkeit nicht zu verlieren, sollten sie innerhalb der ersten fünf Jahre getrunken werden.

**REBFL/PROD** Ca. 200 ha, 130 000 Kisten/Jahr.

---

•**Besitzer** Fam. Trinchero •**Kellermeister** Jeffrey B. Meyers •**Besuch** Täglich 11-16 •**Adresse** Montevina Wines, 20680 Shenandoah School Rd, USA-CA 95669 Plymouth •**Tel.** 209-245-6942 •**Fax** 209-245-6617 •**E-Mail** qanda@montevina.com •**Homepage** www.montevina.com

PRODUKTION    QUALITÄT    PREIS

## Weitere Produzenten

### Amador Foothill Winery

Dieses Weingut, östlich von Plymouth im Sierra-Gebiet, wird von Ben Zeitman und Katie Quinn geführt. Sie haben sich vor allem auf Zinfandel-Weine spezialisiert. Es ist der Stil dieser Region, der die Weine prägt: rustikale, erdige Aromen. Sie erzeugen auch einen guten Sauvignon Blanc. FAKTEN 5 ha, 10 000 Kisten/Jahr.

•**Besitzer:** Ben Zeitman & Katie Quinn **Kellermeister:** Katie Quinn **Besuch:** Sa-So 12-17. **Adresse:** 12500 Steiner Road, USA-CA 95669 Plymouth. **Tel.** 209-245-6307. **Fax** 209-245-3580.

### Boeger Winery

Greg Boeger wurde an der Universität in Davis, Kalifornien, ausgebildet und eröffnete 1973 die erste moderne Anlage in den Sierra Foothills. Die Höhe der Lagen bewirkt, dass die Hitze nicht zu drückend wird, was sich auf die Weißweine günstig auswirkt. Rebsorten: Chardonnay, Johannisberg Riesling, Sauvignon Blanc, Cabernet Sauvignon, Merlot und Zinfandel. FAKTEN 35 ha, ca. 10 000 Kisten/Jahr

• **Adresse:** El Dorado, USA-CA 95667 Placerville.

### Renaissance Vineyards

Dieses interessante Projekt wird vom „Fellowship of Friends" geführt, einem Verein von Freunden, der auf den Gedanken zweier russischer Philosophen basiert. Es werden hauptsächlich Cabernet Sauvignon, Chardonnay, Riesling und Sauvignon Blanc erzeugt. Die Weine sind sehr viel versprechend. FAKTEN 175 ha, 30 000 Kisten/Jahr.

•**Besitzer:** Fellowship of Friends **Kellermeister:** Gideon Beinstock, Paul Flitcroft **Besuch:** Nach Vereinbarung. **Adresse:** 12585 Rice's Crossing Road, USA-CA 95962 Renaissance. **Tel.** 916-692-2222.

### Shenandoah Vineyards

Leon und Shirley Sobon verkauften alles, was sie besaßen, um 1977 ein Weingut in den Sierra Foothills zu kaufen. Heute produzieren sie 55 000 Kisten ausgezeichneten Riesling, Sauvignon Blanc, Cabernet Sauvignon und einen phantastischen Zinfandel.

•**Besitzer:** Leon & Shirley Sobon **Adresse:** USA-CA 95669 Plymouth.

# SOUTHERN CALIFORNIA

GESCHICHTE Der erste Weinbau erfolgte durch spanische Jesuitenpriester, die gegen Ende des 19. Jahrhunderts aus Mexiko kamen. Der Weinbau war nach der Prohibition lange von geringem Umfang und für die meisten Erzeuger nur ein Hobby. Erst während der 1980er Jahre kam eine moderne Weinproduktion zustande. Der bekannteste Pionier war Ely Callaway, ein bekannter Golfschläger-Fabrikant, der 1974 ein Weinhaus in Temecula gründete.

RUF Die gut gemachten, spannenden Weine genießen lokal einen guten Ruf, sind aber im übrigen Kalifornien nicht sehr bekannt.

*Der Weinbau in Southern California ist noch sehr jung.*

GEOGRAPHIE Trotz der Hitze können dank der Berge und der kühlen Meereswinde gute Weine erzeugt werden.

ANBAUGEBIETE Southern California hat zwei AVAs: San Pasqual Valley in San Diego County und Temecula in Riverside County.

BODENARTEN Ziemlich magere Böden, in denen Qualitätsrebsorten gut gedeihen.

WEINE Herkömmliche Varietals, aber auch ungewöhnliche wie Viognier und Sangiovese.

REBSORTEN CS, Chardonnay, SB, Pinot Noir, Riesling, Merlot, Syrah, Viognier, Sangiovese.

REBFL/PROD Ca. 1 000 ha, 50 000 hl/Jahr.

## PRODUZENTEN IN SOUTHERN CALIFORNIA

### CALLAWAY VINEYARD & WINERY

Ely Callaway gründete sein Weinhaus 1974. Nach einigen schweren Jahren verkaufte er es an Hiram-Walker. Die besten Weine sind Callaway's Chardonnay, CS, Viognier und Sauvignon Blanc. FAKTEN 360 ha, 240 000 Kisten/Jahr.

• **Besitzer:** The Wine Alliance **Kellermeister:** Dwayne Helmuth **Besuch:** Täglich 10.30-16.45. **Adresse:** 32720 Rancho California Rd, USA-CA 92589 Temecula. **Tel.** 909-676-4001. **Fax** 909-676-5209.

### HART WINERY

Im Gründungsjahr 1980 wurden alle Trauben verkauft, heute erzeugt man eigene Weine aus Cabernet Sauvignon, Syrah, Viognier und Sauvignon Blanc. FAKTEN 4 ha, 3 800 Kisten/Jahr.

• **Besitzer:** Travis & Nancy Hart **Kellermeister:** Travis Hart **Besuch:** Täglich 9-16.30. **Adresse:** 41300 Avenida Biena, USA-CA 92591 Temecula. **Tel.** 909-676-6300.

### LEEWARD WINERY

Chuck Bringham und Chuck Gardner schlossen sich zusammen, um ihr gemeinsames Weininteresse weiterzuentwickeln. Rebsorten: Chardonnay, Cabernet Sauvignon und Merlot.

• **Besitzer:** Leeward Winery Inc. **Kellermeister:** Erik Cinnamon **Adresse:** 2784 Johnston Dr, USA-CA 93003 Ventura. **Tel.** 805-656-5054.

### MAURICE CARRIE WINERY

Budd und Maurice Van Roekeln kauften 1986 einen kleinen Weingarten in Southern California. Der beste Wein von Carrie ist ein lieblicher Muscat, der Moscato Canelli. Es werden auch Weine aus Chardonnay, Chenin Blanc, Sauvignon Blanc, Zinfandel und Merlot hergestellt.

• **Adresse:** USA-CA 92390 Temecula.

### MORAGA

Der Flugzeugmaschineningenieur Tom Jones gründete Morago, als er noch für Northrop Aviation verantwortlich war. Auf der kleinen Rebfläche werden gute Bordeaux-Rebsorten angebaut. FAKTEN 3 ha, 1 000 Kisten/Jahr.

• **Besitzer:** Tom & Ruth Jones **Kellermeister:** Tony Soter **Besuch:** Nach Vereinb. **Adresse:** 650 Sepulveda Boulevard, USA-CA 90031 Los Angeles. **Tel.** 310-471-8560.

### OJAI VINEYARD

Adam Tolmach und Helen Hardenbergh waren Teilhaber des Weinhauses Au Bon Climat, beschlossen aber 1983, ihre eigene Firma zu gründen. Heute produzieren sie Chardonnay, Pinot Noir und Syrah. Alle Weine sind sehr gut gemacht. FAKTEN 2,5 ha, 4 500 Kisten/Jahr.

• **Besitzer:** Adam Tolmach & Helen Hardenbergh **Kellermeister:** Adam Tolmach **Besuch:** Kein Besuch möglich. **Adresse:** PO Box 952, USA-CA 93022 Oak View. **Tel.** 805-649-1674. **Fax** 805-649-4651.

## Oregon

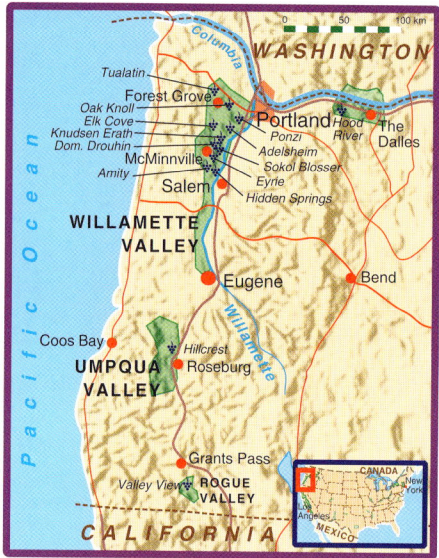

GESCHICHTE Die ersten Vinifera-Sorten wurden schon 1854 gepflanzt. Eine Weinindustrie im eigentlichen Sinn kam erst in den 60er Jahren in Gang. Von den sechzig Firmen, die heute existieren, begann die Hälfte nach 1977 mit dem Weinbau. Der große Durchbruch kam 1979, als David Lett von Eyrie Vineyards bei einer Blindprobe in Paris mit einem 75er Pinot Noir überraschte.

GEOGRAPHIE Der Weinbau konzentriert sich entlang den Flussufern. Die Weingärten sind klein und in der Landschaft verteilt.

ANBAUGEBIETE Oregon hat drei AVAs: Williamette Valley, Umpqua Valley und Rogue Valley. Willamette Valley ist von diesen drei mit ca. 50 Weingütern die größte und beste AVA.

KLIMA Da Oregon gegen das Meer hin nicht so gut geschützt ist, scheint das Klima manchmal fast zu kühl. Der ärgste Feind aber ist der Regen. Durch sorgfältige Auswahl der Anbauplätze kann dieses Problem ein wenig umgangen werden.

BODEN Meist sandgemischter Lehmboden.

WEINE Wegen des Klimas werden meist europäische Sorten kultiviert. Die Weißweine werden leicht und trocken, die Rotweine elegant ausgebaut. Das Weingesetz ist in Oregon strenger als in Kalifornien. Die sog. Generic Wines (z.B. Chablis, Burgundy) sind verboten. Ein Varietal Wine muss die Rebsorte zu 90% enthalten. Nur CS darf zu 25% mit anderen Sorten verschnitten werden.

REBSORTEN Rote: PN, CS und Merlot. Weiße: Chardonnay, SB, Pinot Gris und Riesling.

REBFLÄCHE Etwa 2 400 ha, 180 000 hl/ha.

## Adelsheim Vineyard

GESCHICHTE Adelsheim Vineyard wurde 1971 von Dave und Ginny Adelsheim gegründet und liegt in den Bergen beim Willamette Valley. Die persönlichen Etiketten werden von Ginny Adelsheim gestaltet. Die Porträts sind Ehrenbezeugungen an Freunde und Verwandte, die beim Aufbau des Weinguts mitgeholfen haben.

WEINE Vorwiegend Pinot Noir und Chardonnay. Die Pinots Noir „Elizabeth's Reserve" und „Eola Hills" besitzen ein gute Frucht und sind komplex, sortentypisch und eichebetont. Der Chardonnay aus dem Willamette Valley hat eine hohe Säure mit guter Struktur und deutlichem Eichenton, manchmal etwas zu flach. Der Adelsheim Merlot mit Trauben aus Oregon und Washington ist füllig, würzig und gut gebaut.

RUF Genießt in Oregon einen guten Ruf für beständige Qualität. Ihr Pinot Noir gehört zu den

*Auf den Etiketten von Adelsheim Vineyard werden Verwandte und Freunde porträtiert.*

Spitzenweinen der Region. Die Pinots Noir aus den Lagen „Seven Spring's Vineyard", „Ridgecrest Vineyard" und „Elizabeth's Reserve" sind besonders hervorzuheben.

REBSORTEN Pinot Noir, Pinot Gris, Chardonnay und Pinot Blanc.

WEINHERSTELLUNG Klassische Herstellung nach Burgunder Art für Pinot Noir und Chardonnay mit Ausbau in französischer Eiche. Chardonnay wird in Eichenfässern vergoren, andere Weine in rostfreien Stahltanks.

LAGERUNG Sowohl der Chardonnay als auch der Pinot Noir haben die Kraft, bis zu 10 Jahre Lagerzeit zu überstehen.

REBFL/PROD 59 ha, etwa 19 000 Kisten/Jahr.

**Besitzer** David & Virginia Adelsheim, Jack & Lynn Loack • **Kellermeister** Don Kantzner und William Doan (Vineyard-Manager) • **Besuch** Kein Besuch möglich • **Adresse** Adelsheim Vineyard, 16800 NE Calkings Lane, USA-OR 97132 Newberg • **Tel.** 503-538-3652 • **Fax** 503-538-2248

PRODUKTION QUALITÄT PREIS

## Dom. Drouhin Oregon

GESCHICHTE  Als Robert Drouhin 1961 zum ersten Mal Oregon besuchte, stellte er fest, dass hier die Weinbaubedingungen denen des Burgunds ähnlich sind. 1988 erwarb er das 73 ha große Weingut im Willamette Valley und fing an, klassische Burgunder-Rebsorten anzubauen.

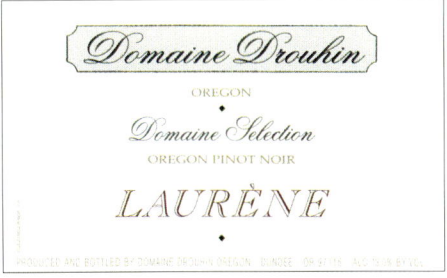

*Dom. Drouhin Oregon ist in Besitz des klassischen Burgunder-Produzenten Joseph Drouhin aus Beaune.*

WEINE  Ausschließlich Pinot Noir und ein wenig Chardonnay. Die Pinot-Noir-Weine sind mittelfüllig, elegant und rebsortentypisch. Die Cuvée Laurène ist ein Wein von höherer Qualität, mit vollerer Fruchtigkeit und besserer Struktur.

RUF  Die Domaine Drouhin hat einen stabilen Ruf als einer der besseren Erzeuger in Oregon.

REBSORTEN  92% Pinot Noir, 8% Chardonnay.

WEINHERSTELLUNG  Die Reberziehung unterscheidet sich insofern von derjenigen der übrigen Region, als die Pflanzen nicht so dicht beieinander stehen. Sie befinden sich an sonnenexponierten Hanglagen. Beide Rebsorten werden nach den herkömmlichen Burgunder-Methoden vinifiziert. Die Weine werden in französischen Barriques ausgebaut und anschließend mit Eiweiß geschönt.

LAGERUNG  Der gewöhnliche Pinot Noir kann bis zu fünf Jahren gelagert werden, die Cuvée Laurène noch ein paar Jahre länger.

REBFLÄCHE  73 ha, 30 ha bestockt. 20% der Trauben werden dazugekauft.

**Besitzer** Maison Joseph Drouhin, Beaune • **Kellermeister** Veronique Drouhin-Boss • **Besuch** Nach Vereinbarung • **Adresse** Dom. Drouhin Oregon, PO Box 700, USA-OR 97115 Dundee • **Tel.** 503-864-2700 • **Fax** 503-864-3377

## Erath Winery

GESCHICHTE  Dick Erath und Gattin Kina legten die ersten Weingärten in den Red Hills, in der Nähe von Dundee, an. Drei Jahre später gingen sie eine Zusammenarbeit mit Carl Knudsen ein. Seit ein paar Jahren erzeugen sie einige der besten Weine Oregons.

WEINE  Hauptsächlich Varietal Wines aus Pinot Noir und Chardonnay. Alle Weine sind würzig und frisch, haben eine gute Struktur und Eichenholzaromen. Die Rotweine gelingen Erath besonders gut.

RUF  Einer der besseren Produzenten Oregons. Bekannt sind vor allem die Pinot-Noir-Weine, insbesondere der Reserve.

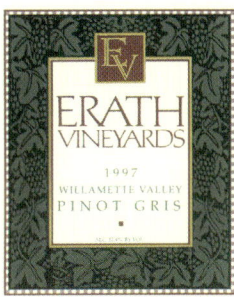

*Das früher Knudsen Erath genannte Weingut ist für seine Chardonnay und Pinot Noir bekannt.*

REBSORTEN  70% der Rebfläche ist mit Pinot Noir bepflanzt, der Rest mit Chardonnay, Riesling, Pinot Blanc und Pinot Gris. Außerdem ein wenig Arneis und Dolcetto.

WEINHERSTELLUNG  Nach langem Experimentieren hat man jetzt die richtige Balance zwischen moderner und traditioneller Vinifizierung gefunden. Der Chardonnay wird in Eichenholzfässern vergoren, Riesling und Gewürztraminer in rostfreien Stahltanks.

LAGERUNG  Die Rotweine der Erath Winery besitzen ein gutes Lagerpotenzial. Pinot Noir und Chardonnay von guten Jahrgängen können bis zu zehn Jahren gelagert werden.

REBFL/PROD  Ca. 42 ha, 45 000 Kisten/Jahr.

**Besitzer** Dick Erath • **Kellermeister** Dick Erath, Rob Stuart • **Besuch** Werktags 11-17 • **Adresse** Erath Winery, 9009 NE Worden Hill Rd, USA-OR 97115 Dundee • **Tel.** 503-538-3318 • **Fax** 503-538-1074

## Eyrie Vineyards

GESCHICHTE  Eyrie Vineyards wurde schon 1966 von David und Diana Lett gegründet. Es war nach der Prohibition das erste Weingut mit Vinifera-Sorten in Oregon. David Lett wurde an der Universität von Kalifornien in Davis ausgebildet und hat bald erkannt, dass Burgunder-Sorten

*Der Habicht ist ein Symbol für Eyrie Vineyards geworden. Das Anwesen wurde von David Lett gegründet.*

wie Chardonnay und Pinot Noir in einem kühlen Klima gute Weine ergeben. Der Name Eyrie ist nach einer Familie von Rotschwanzhabichten benannt, die Eyrie heißen.
WEINE  Die besten Weine werden aus Chardonnay und Pinot Noir produziert. Die Weißweine sind ausgewogen, fruchtig und besitzen einen feinen Traubencharakter. Der Chardonnay wird in Eiche vergoren und ausgebaut. Der Pinot Noir gehört nicht zu den fülligsten der Region. Er ist aber würzig, frisch, mit roten Beeren im Duft und von komplexem Geschmack.
RUF  Gehört zur absoluten Spitze in Oregon.
REBSORTEN  Chardonnay, Muscat Ottonel, Pinot Gris, Pinot Noir und Pinot Meunier.
WEINHERSTELLUNG  Klassische Technik mit Ausbau in neuer Eiche.
LAGERUNG  Der Chardonnay eignet sich gut für die Lagerung. Der Pinot Noir ist binnen 5-6 Jahren zu konsumieren.
REBFL/PROD  Etwa 23 ha, 6-8 000 Kisten/Jahr.

**Besitzer** David & Diana Lett • **Kellermeister** David Lett • **Besuch** Nur nach Vereinbarung • **Adresse** Eyrie Vineyards, PO Box 697, USA-OR 97115 Dundee • **Tel.** 503-472-6315 • **Fax** 503-472-5104

PRODUKTION    QUALITÄT    PREIS

## Oak Knoll Winery

GESCHICHTE  1970 zog Ron Vuylsteke mit seiner Familie in den nördlichen Teil des Willamette Valley, um dort mit der Weinproduktion anzufangen. Mr Vuylsteke arbeitete früher als Elektroingenieur bei Tektronik.
WEINE  Wie auf vielen anderen Betrieben in Oregon gelingen hier die Burgunder-Sorten Pinot Noir und Chardonnay am besten. Auch Herstellung von anderen Varietal-Weinen aus Trauben, die von unabhängigen Produzenten eingekauft werden. Die Weißweine sind würzig, frisch, haben guten Sortencharakter und schön eingebaute Gerbstoffe. Der Pinot Noir ist intensiv, würzig, beerig und von gutem Rückgrat.

*Oak Knoll ist durch seine guten Pinot-Noir-Weine bekannt geworden, die von vielen Kennern gelobt werden.*

RUF  Der Pinot Noir genießt den besten Ruf und wurde schon vom kalifornischen Spitzenkellermeister André Tchelistcheff gelobt.
REBSORTEN  Besonders der Pinot Noir und der Chardonnay werden gepflegt. Weitere weiße Sorten sind Riesling und Pinot Gris.
WEINHERSTELLUNG  Moderne Herstellungsmethoden mit Gärung in Edelstahl und Ausbau in Eichenfässern. Chardonnay wird in französischer Eiche vergoren und *sur lie* ausgebaut.
LAGERUNG  Der Pinot Noir eignet sich gut für die Lagerung.
REBFL/PROD  Keine eigene Rebfläche, 32 000 Kisten/Jahr.

**Besitzer** Fam. Vuylsteke • **Kellermeister** Ronald G. Vuylsteke • **Besuch** Täglich 12-17 • **Adresse** Oak Knoll Winery, 29700 S.W. Burkhalter Road, USA-OR 97123 Hillsboro • **Tel.** 503-648-8198 • **Fax** 503-648-3377 • **E-Mail** oakknoll@ipinc.net • **Homepage** www.oakknollwinery.com

PRODUKTION    QUALITÄT    PREIS

## PONZI VINEYARDS

GESCHICHTE Dick Ponzi, der Ponzi Vineyards 1970 gründete, arbeitete ursprünglich als Designer von Fahrzeugen wie z.B. fliegenden Untertassen und Schneeschlitten bei Disney World. Da Dicks Familie viele Jahre zuvor in der Weinherstellung tätig gewesen war, waren nur einige Lehrgänge an der Universität von Kalifornien in Davis sowie Besuche in französischen und italienischen Weingütern notwendig, bevor er den eigenen Betrieb gründete. Seine Frau Nancy ist für die Vermarktung verantwortlich und gibt auch Kurse in Weinkunde.

WEINE Varietal-Weine aus Pinot Noir und Chardonnay. Die Rotweine sind füllig (insbeson-

*Dem Gründer Dick Ponzi hat sein Pinot Gris einen guten Ruf eingebracht.*

dere der Reserve), frisch und sortentypisch. Die Weißweine sind rauchig und tief mit einem recht kräftigen Eichencharakter.

RUF Ponzi gehört nicht zu den allerbesten in Oregon. Der Pinot Gris hat ihm jedoch einen gewissen Ruhm eingebracht.

REBSORTEN Pinot Noir, Chardonnay, Pinot Gris und Riesling. Rund die Hälfte der Trauben stammen aus Eigenanbau. Ponzi experimentiert in der Lage „Aurora" auch mit Spezialitäten wie Arneis und Dolcetto.

WEINHERSTELLUNG Moderne Methoden, wobei der Most in Edelstahltanks vergoren und der Wein danach in Eiche ausgebaut wird.

LAGERUNG Ponzi Vineyards macht zweierlei Weine mit Reserve auf dem Etikett. Diese Weine besitzen eine außerordentliche Qualität und eignen sich sehr gut für die Lagerung.

REBFL/PROD Etwa 50 ha, 10 000 Kisten/Jahr.

**Besitzer** Dick & Nancy Ponzi • **Kellermeister** Lovisa Ponzi • **Besuch** Täglich 12-17 • **Adresse** Ponzi Vineyards, 14665 South West Winery Lane, USA-OR 97007 Beaverton • **Tel.** 503-628-1227 • **Fax** 503-628-3778

PRODUKTION  QUALITÄT  PREIS

## WEITERE PRODUZENTEN

### AMITY VINEYARDS

Das Familienunternehmen Amity Vineyards wurde 1976 von Myron Redford gegründet. Amity ist am bekanntesten für seinen Pinot Noir (vor allem für den Winemakers Reserve) und den Riesling. Auch Chardonnay, Gewürztraminer und Pinot Blanc werden angebaut. Der Late-Harvest-Riesling (Auslese) wird je nach Möglichkeit erzeugt. Chardonnay und Pinot Noir werden traditionell im Eichenfass ausgebaut. FAKTEN 10 ha, 10 000 Kisten/Jahr.

•**Besitzer:** Myron Redford **Kellermeister:** Myron Redford **Besuch:** Täglich 12-17, Nov.-Dez. nur an Feiertagen. **Adresse:** 18150 Amity Vineyards Road S.E., USA-OR 97101-9603 Amity. **Tel.** 503-835-2362.

### ARGYLE

Argyle wurde 1987 vom Australier Brian Croser und Cal Knudsen, dem ehemaligen Besitzer von Knudsen Erath, gegründet. Brian führte neue Arbeitsweisen ein und die Firma genießt heute einen sehr guten Ruf. Es werden einige der besten amerikanischen Sekte, ein sehr guter Chardonnay, ein trockener Riesling und ein rebsortentypischer Pinot Noir (von denen der Select Barrel Reserve und Nuthouse die besten sind) erzeugt.

•**Besitzer:** Brian Croser & Cal Knudsen **Besuch:** Nach Vereinbarung. **Adresse:** 691 Hwy 99W, USA-OR 97115 Dundee. **Tel.** 503-538-8520. **Fax** 503-538-8520.

### CHÂTEAU BENOIT WINERY

Kleine Weinfirma in Besitz des Arztes Fred Benoit. Die Produktion umfasst Pinot Noir, Chardonnay, Müller-Thurgau sowie Schaumwein. FAKTEN 9 ha eigene Rebfläche, 24 000 Kisten/J.

• **Adresse:** 6580 NE Mineral Springs Road, USA-OR 97111 Carlton. **Tel.** 503-864-3666.

### DUCK POND CELLARS

Ein für Oregon großes Weingut mit einer jährlichen Produktion von 40 000 Kisten. Trockene Chardonnay, PG, Merlot und PN sowie Sekt von guter Qualität. Der Pinot Noir ist rebsortentypisch, aber weder anspruchsvoll noch lagerfähig.

•**Besitzer:** Fries Family **Adresse:** 32145 Hwy 99 West, USA-OR 97115 Dundee. **Tel.** 503-538-3199. **Fax** 503-538-3190.

### ELK COVE VINEYARDS

Das Weingut befindet sich oberhalb von Willamette Valley und wurde 1974 gegründet. Am bekanntesten ist Elk Cove für die Reserve-Weine, obwohl eigentlich der Chardonnay und der Pinot Noir besser sind. Gute Riesling, Pinot Gris und Gewürztraminer. FAKTEN 23 ha, 12 000 K./J.

•**Besitzer:** Pat & Joe Campbell **Kellermeister:** Joe Campbell **Besuch:** Täglich Mai-Nov. 11-17, sonst nur an Feiertagen. **Adresse:** 27751 NW Olson Road, USA-OR 97119 Gaston. **Tel.** 503-985-7760.

## Weitere Produzenten in Oregon

### Flynn Vineyards

Das Weingut von gut 45 ha liegt im Willamette Valley. Vor allem werden der Chardonnay, Pinot Gris und Pinot Noir angebaut. Auch Schaumweine werden erzeugt (Brut und Blanc de Blancs). Die Weine sind von annehmbarer Qualität, etwas leicht und oft preiswert.

•**Besitzer:** Flynn Family **Adresse:** 2200 W Pacific Hwy, USA-OR 97371 Rickreall. **Tel.** 503-623-0908. **Fax** 503-623-8683.

### Hillcrest Vineyard

Richard Sommer zog von San Francisco nach Oregon, als er auf der Suche nach dem perfekten Klima für den White Riesling war. Es war kein Zufall, dass er Oregon wählte, denn während seines Studiums an der Universität von Kalifornien in Davis lernte er, dass dieser Staat für diese Rebsorte das geeignetste, etwas kühlere Klima besitzt. Spät gelesener Riesling mit gewisser Restsüße. Im Anbau nun auch Pinot Noir, Cabernet Sauvignon und Zinfandel. FAKTEN 18 ha, 13 000 Kisten/Jahr.

•**Besitzer:** Richard H. Sommer **Kellermeister:** Phillip Gale **Besuch:** Täglich 10-17. **Adresse:** 240 Vineyard Lane, USA-OR 97470 Roseburg. **Tel.** 503-673-3709.

### Ken Wright Cellars

Ken Wrights Keller befinden sich in einer ehemaligen Handschuhfabrik, wo er eine Reihe sehr guter Pinot-Noir-Weine erzeugt. Wright bevorzugt Terroir-betonte Weine und die Ertragsreduktion (weniger als 30 hl/ha). Der gewöhnliche Pinot Noir wird zu 25%, die lagebezeichneten Weine zu 50% in neuem Eichenholz ausgebaut. Seine besten Pinot Noir sind Guadelope Vineyard, Canary Hill, Quarter Vineyard und Freedom Hill. Ken Wright genießt einen guten Ruf als einer der besseren Pinot-Noir-Produzenten in den USA.

### King Estate

Ein 1992 gegründetes, ambitiöses Weinhaus im Willamette-Tal. Zu Beginn kaufte man Trauben von benachbarten Weinbauern, heute baut man Pinot Gris, Chardonnay und Pinot Noir an. FAKTEN 140 ha, ca. 25 000 Kisten/Jahr

•**Besitzer:** Ed King **Adresse:** 80 854 Territorial Hwy, USA-OR 97405 Eugene. **Tel.** 503-942-9874. **Fax** 503-942-9867.

### Panther Creek Cellars

Ein erstklassiges und wohl bekanntes Weinhaus im Willamette-Tal. Erzeugt werden Chardonnay, Muscadet, Pinot Noir und Sekt. Am bekanntesten sind die Pinot-Noir-Weine, vor allem der Pinot Noir Reserve und der Pinot Noir Shea Vineyard. Produziert werden ca. 6 000 Kisten/Jahr.

•**Besitzer:** Ken Wright, Steve & Martha Lind **Adresse:** 455 N. Irvine, USA-OR 97128 McMinnville. **Tel.** 503-472-8080. **Fax** 503-472-5667.

### Sokol Blosser Winery

Anfangs war Sokol Blosser eine kleine Hobby-Weinfirma, aber als die Qualität immer besser wurde, stieg auch die Nachfrage rasch an. Bill Blosser und Susan Sokol entschlossen sich daraufhin, den Betrieb hauptberuflich zu führen. Der bekannteste Wein des Hauses ist der ausgezeichnete Pinot Noir. Auch Weißweine aus Riesling und Chardonnay werden hergestellt. FAKTEN 23 ha, 25 000 Kisten/Jahr.

•**Besitzer:** Fam. Sokol & Blosser **Kellermeister:** Robert McRichie **Besuch:** Täglich 11-17. **Adresse:** Sokol Blosser Lane, USA-OR 97115 Dundee. **Tel.** 503-864-2282. **Fax** 503-864-2710.

### Tualatin Vineyards

Das indianische Wort „Tu-wal-a-tin" bedeutet „weicher und ruhiger Strom" und bezieht sich hier vor allem auf den Fluss in der Nähe, aber auch auf die Philosophie der Besitzer. Das Weinhaus wurde 1971 in der damals neuen Weinregion Oregon gegründet. Die besten Weine werden aus den Sorten Pinot Noir und Chardonnay hergestellt, d.h. aus den klassischen Burgunder-Sorten. Auch Gewürztraminer, Riesling, Pinot Gris und Sauvignon Blanc werden produziert. FAKTEN 43 ha, 20 000 Kisten/Jahr.

•**Besitzer:** William Fuller, William Malkmus **Kellermeister:** William Fuller **Besuch:** Werktags 10-15, an Feiertagen 13-17, geschlossen im Jan. **Adresse:** Box 339, Rte 1, USA-OR 97116 Forest Grove. **Tel.** 503-357-5005.

### Weitere Betriebe

Beaux Frères, 15155 N.E. North Valley Rd, USA-OR 97132 Newberg. Tel. 503-537 11 37. Fax 503-538 97 57.

Callahan Ridge, 340 Busenbark Lane, USA-OR 97115 Dundee. Tel. 503-673-7901.

Cooper Mountain Vineyards, 9480 S.W. Grabhorn, USA-OR 97007 Beaverton. Tel. 503-649 00 27. Fax 503-649 07 02.

# WASHINGTON STATE

GESCHICHTE Washington versorgt Amerika seit langem mit Äpfeln, Birnen und Trauben. Früher hat man hier auch Wein hergestellt, und zwar von der einheimischen Rebsorte Concord. Als der berühmte Kellermeister André Tchelistcheff in diese Region kam, um einen probehalber angebauten Gewürztraminer zu verkosten, ernannte er ihn als einen der besten der USA. Seither hat die Produktion von „Varietals" enorm zugenommen. 1960 gab es lediglich zwei Weingüter in diesem Gebiet, heute zählt man über achtzig.

GEOGRAPHIE Washington liegt nördlich von

*Das Hauptgebäude von Arbor Crest, „Cliff House" genannt, liegt sehr spektakulär auf einem Felsen.*

Oregon auf dem gleichen Breitengrad wie Bordeaux und Burgund. Die berühmtesten Anbaugebiete sind Yakima Valley und Columbia River Basin. Sie liegen in den Cascade Mountains und sind durch deren Gebirgsketten vor dem Meer geschützt.

ANBAUGEBIETE Washington State hat drei AVAs: Columbia Valley im Norden, Walla Walla im Osten und Yakima Valley dazwischen.

KLIMA Da die Weinberge im Inland liegen, bereitet der Regen keine Probleme, wie z.B. in Oregon. Manche Gebiete müssen sogar künstlich bewässert werden. Tagsüber ist es heiß und die Nächte können sehr kühl werden.

BODEN Sandböden im Yakima Valley. Da die Reblaus nicht im Sand leben kann, benötigt man keine Unterlagsreben.

WEINE Fast ausschließlich Varietal-Weine. Die Weine aus Washington sind wegen des kühleren Klimas leichter als jene aus Kalifornien.

REBSORTEN Weiße: Chardonnay, Chenin Blanc, Sauvignon Blanc, Gewürztraminer und White Riesling. Rote: Cabernet Sauvignon, Merlot und Lemberger.

PRODUZENTEN Washington ist nach Kalifornien der zweitgrößte Weinproduzent der USA. Viele Winzer verkaufen große Teile ihrer Produktion als Tafeltrauben oder an Weinhersteller in anderen Staaten, vor allem an jene in Oregon. Es gibt gut 40 Qualitätsbetriebe, die ältesten liegen rund um Seattle.

REBFL/PROD Etwa 6 000 ha, rund 450 000 hl/Jahr.

## ARBOR CREST WINE CELLARS

GESCHICHTE  Arbor Crest fing 1982 mit der Weinherstellung an. David und Harold Mielke hatten vorher lange Obst angebaut und begannen dann mit dem Anbau von Hybriden im Kirsch-

*Arbor Crest ist in Weinkreisen für guten Chardonnay und Sauvignon Blanc bekannt.*

baumgarten. Das Experiment gelang so gut, dass man den Kellermeister Scott Harris anstellte und richtig mit dem Weinbau begann. Das Hauptgebäude Arbor Crest, das „Cliff House", liegt sehr spektakulär auf dem Gipfel eines Felsens.

WEINE  Der Chardonnay ist sortentypisch mit etwas zu viel Alkohol. Der Cabernet Sauvignon ist rein und reich mit guter Struktur und Eichenholznoten. Der Merlot ist weich, elegant und kräuterbetont.

RUF  Arbor Crest ist für Weinkenner aus der ganzen Welt ein renommiertes Weingut. Gehört zur Spitze in Washington State, nicht nur wenn es um die Anzahl der gewonnenen Medaillen geht.

REBSORTEN  Weiße: Chardonnay, Sauvignon Blanc, Riesling, Muscat, Gewürztraminer. Rote: Merlot, Cabernet Sauvignon.

WEINHERSTELLUNG  Modernste Technik mit Gärung und Ausbau in französischer Eiche.

LAGERUNG  Die besten Weine gewinnen durch längere Lagerung.

REBFL/PROD  Teilhaber von 58 ha, 35 000 Kisten/Jahr.

**Besitzer** David Mielke • **Kellermeister** Mikhail Brunstein • **Besuch** Täglich 12-17 • **Adresse** Arbor Crest Wine Cellars, North 4705 Fruithill Road, USA-WA 99207 Spokane • **Tel.** 509-927-9463, 927-9894 • **Fax** 509-927-9463

PRODUKTION    QUALITÄT    PREIS

## CHATEAU STE. MICHELLE

GESCHICHTE  Chateau Ste. Michelle ist die größte Weinfirma im nordwestlichen Amerika. Vier von fünf Flaschen Washington-Wein stammen von hier. Schon in den 30er Jahren, nach der Prohibitionszeit und nach dem Krieg, wurden hier umfangreiche Anbauversuche durchgeführt. Ste. Michelle wurde 1967 gegründet und 1985 für 26 Millionen Dollar umgebaut. Das Hauptbüro liegt nordöstlich von Seattle und die Weingärten im Columbia und im Yakima Valley.

WEINE  Weine mit hoher Qualität aus verschiedenen Rebsorten. Die besten Weißweine: Chardonnay, Gewürztraminer und Johannisberg Riesling. Rotweine: Cabernet Sauvignon und Merlot. Die besten sind die lagebezeichneten Chardonnay und Cabernet. Auch gute Verschnitte und Spätlesen aus Gewürztraminer und Riesling werden erzeugt. Andere Marken: Whidbey's Ports, Columbia Crest.

RUF  Durch seine Größe und Qualität ist dies ein Flaggschiff unter den Weinproduzenten im Nordwesten der USA. Oft prämiert.

*Chateau Ste. Michelle ist das größte Weinhaus im Nordwesten der USA. Auch die Qualität ist sehr hoch.*

REBSORTEN  Weiße: Chardonnay, Chenin Blanc, Sémillon, Muscat, Gewürztraminer, Johannisberg Riesling und Sauvignon Blanc. Rote: Cabernet Sauvignon, Merlot, Pinot Noir und Grenache.

WEINHERSTELLUNG  Moderne Technik, oft Ausbau in Eiche.

LAGERUNG  Die besten Weine haben ein gutes Lagerpotenzial.

REBFL/PROD  520 ha im Columbia Valley, 525 000 Kisten/Jahr.

**Besitzer** Stimson Lane Vineyards & Estates • **Kellermeister** Mike Januik • **Besuch** Täglich 10-17 • **Adresse** PO Box 1976, USA-WA 98072 Woodinville • **Tel.** 206-488-1133 • **Fax** 206-488-4657 • **E-Mail** info@ste-michelle.com • **Homepage** www.ste-michelle.com

PRODUKTION    QUALITÄT    PREIS

## Covey Run Vintners

GESCHICHTE  1983 gegründet, als einige Weinbauern beschlossen, vom reichen Ertrag dieses Jahres zu profitieren. Sie stellten einen Kellermeister ein und konnten 14 000 Kisten erzeugen, die schon im gleichen Herbst verkauft waren. Covey Run ist eine der ältesten Vinifizierungsanlagen im Yakima Valley.

WEINE  Ein breites Sortiment von guten Varietal Wines. Man erzeugt auch einige lagebezeichnete Weine, z.B. einen Cabernet Sauvignon vom Whiskey Canyon Vineyard, sowie einen Gewürztraminer und einen Chardonnay von den Celilo Vineyards. Wenn die Verhältnisse es zulassen, erzeugt man auch einen Late Harvest aus Riesling; es ist dem Gut auch gelungen, einen echten Ice Wine aus im Januar gelesenen Trauben zu produzieren.

RUF  Covey Run macht Weine von guter Qualität, die aber noch ziemlich unbekannt sind.

WEINHERSTELLUNG  Herkömmliche Vinifizierung, nur wenig neues Eichenholz.

LAGERUNG  Die höheren Qualitäten, beson-

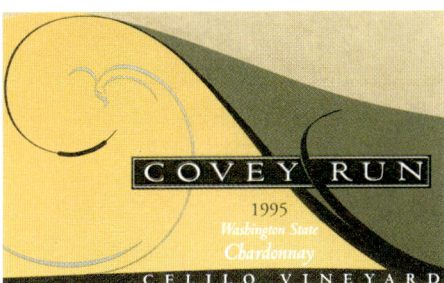

*Covey Run wurde zwar erst 1983 gegründet, ist aber eines der ältesten Weingüter im Yakima Valley.*

ders der Chardonnay und die Cabernet-Sauvignon-Weine, können mehrere Jahre gelagert werden.

REBFL/PROD  Ca. 73 ha, 80 000 Kisten/Jahr.

## Hedges Cellars

GESCHICHTE  Die meisten Produzenten in Washington State betreiben den Weinbau ursprünglich nur für den lokalen und regionalen Markt. Erst später förderte man den Export. Tom Hedges machte es besser. Nachdem er Kartoffeln in Kanada anbaute, exportierte er Lebensmittel nach Asien. Zu dieser Zeit wurde er von einem schwedischen Exporteur besucht, der einen guten Wein aus Washington State suchte. Hedges kaufte Wein aus der Gegend und füllte ihn in Flaschen für den Export. Durch den Erfolg motiviert, erwarben er und seine Gattin 20 ha Land südlich von Seattle und bauen seither selbst Wein an.

*Tom Hedges startete zuerst mit dem Export von Weinen aus der Umgebung.*

WEINE  Red Mountain Reserve und Three Vineyards, beide aus Cabernet Sauvignon und Merlot.

CHARAKTER  Gut gebaute Weine mit deutlicher Rebsortentypizität.

RUF  Tom Hedges gilt als guter Weinproduzent und geschickter Verkäufer.

WEINHERSTELLUNG  Eine neue Anlage mit Stahltanks und Verkostungsraum, die 1995 fertig gestellt wurden.

LAGERUNG  Die besten Weine können fünf bis acht Jahre gelagert werden.

REBFL/PROD  103 ha, 70 000 Kisten/Jahr.

---

**Besitzer** Quail Run Vintners • **Kellermeister** D. Crippin • **Besuch** Nach Vereinbarung • **Adresse** Covey Run Vintners, 1500 Vintage Rd, USA-WA 98953 Zillah • **Tel.** 425-488-2776 • **Fax** 425-486-6167

PRODUKTION    QUALITÄT    PREIS

**Besitzer** Tom & Anne-Marie Hedges & Wasatornet Invest AB • **Kellermeister** Stephan Lessard • **Besuch** Mo-Sa 11-17 • **Adresse** Hedges Cellars, 195 NE Gilman, USA-WA 98027 Issaquah • **Tel.** 425 391-6056, 391-3155 • **Fax** 425 391-3827 • **E-Mail** rdmountn@nwlink.com

PRODUKTION    QUALITÄT    PREIS

## KIONA VINEYARDS WINERY

GESCHICHTE John und Ann Williams kauften das Anwesen im östlichen Teil des Yakima-Tals im Jahr 1972. Die Weingärten wurden einerseits in der höher gelegenen und kühleren Region, andererseits im tiefer gelegnen und wärmeren Bereich des Anwesens angelegt. Gleichzeitig mussten ein Brunnen und ein Bewässerungssystem gebaut werden.

WEINE Vor allem außerordentlich rebsortentypische Varietal-Weine, z.B. die aromatischen Chenin Blanc, Gewürztraminer und Riesling. Der Chardonnay Reserve ist vollmundig mit starken Eichenholztönen. Die Rotweine sind sehr fruchtig und ausgewogen, den besten nennt man Cabernet Sauvignon Estate. Außerdem einige Late Harvest aus Riesling, Gewürztraminer und Muscat. Auch die Herstellung von Ice Wine (Eiswein) ist schon gelungen.

RUF Die Weine von Kiona Vineyards sind von guter Qualität und wurden mit Unmengen von Preisen und Medaillen belohnt.

REBSORTEN Riesling, Chenin Blanc, Chardonnay, GT, Muscat, CS, Merlot und Lemberger.

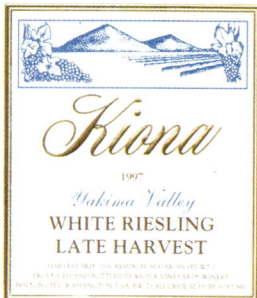

*Kiona wurde von Grund auf von John und Ann Williams geschaffen. Sie haben die Reben eigenhändig gepflanzt.*

WEINHERSTELLUNG Die Weißweine, mit Ausnahme des Chardonnay, der während acht Monaten in Barriques liegt, werden in Stahltanks vergoren und ausgebaut. Die Rotweine werden bis zu einem Jahr in gebrauchten Barriques ausgebaut.

LAGERUNG Die Weißweine sollten nicht länger gelagert werden, während die besseren Rot- und die Süßweine bis zu acht Jahren vertragen.

REBFL/PROD Ca. 35 ha, 18 000 Kisten/Jahr.

**Besitzer** John & Ann Williams • **Kellermeister** Scott Williams • **Besuch** Täglich 12-17 • **Adresse** Kiona Vineyards Winery, 44612 N. Sunset N.E., USA-WA 99320 Benton City • **Tel.** 509-588-6716 • **Fax** 509-588-3219

PRODUKTION   QUALITÄT   PREIS

## LEONETTI CELLAR

GESCHICHTE Gary Figgins lernte von seinem Schwiegervater Frank Leonetti sehr viel über Wein. Später benannte er auch sein Weingut nach ihm. Neben Experimenten mit Weinbau zu Hause studierte Gary Lehrmaterial von der Universität von Kalifornien in Davis. Mit seiner Frau Nancy gründete er 1977 Leonetti Cellar.

WEINE Nur drei bis vier Rotwein-Typen in kleinen Mengen, allen voran Cabernet Sauvignon und Merlot. Diese sind dunkelrot, sehr elegant, gut gemacht, von fester Tanninstruktur und von dichter, reicher Frucht.

*Dieses Weingut ist nicht groß, hier wachsen aber die Trauben für einige der besten Weine Washingtons.*

RUF Sehr guter Ruf unter „Insidern". Etwas populärer wurde Leonetti, als die Cabernet-Weine Bestnoten in den ganzen USA erhielten. Bei der Auswahl der weltweit besten Weine durch den „Wine Spectator" erlangte 1992 ihr 89er Cabernet Sauvignon den 6. Platz.

REBSORTEN Cabernet Sauvignon, Merlot.

WEINHERSTELLUNG Selektive und manuelle Lese. Ultramoderne Technik mit Ausbau in französischer Eiche.

LAGERUNG Die Weine von Leonetti Cellar eignen sich gut für die Lagerung.

REBFL/PROD Etwa 4 ha, 4 000 Kisten/Jahr.

**Besitzer** Gary & Nancy Figgins • **Kellermeister** Gary Figgins • **Besuch** Nach Vereinbarung • **Adresse** Leonetti Cellar, 1321 School Avenue, USA-WA 99362 Walla Walla • **Tel.** 509-525-1428

PRODUKTION   QUALITÄT   PREIS

USA • WASHINGTON STATE

## Preston Premium Wines

GESCHICHTE  Bill Preston hatte eines Tages den Einfall, auf 90 ha Wüste im Columbia Valley einen Weingarten anzulegen. Mit Hilfe von künstlicher Bewässerung wurde die Wüste grün. Diese Leistung hat buchstäblich Früchte getragen. Heute produziert Preston Wine Cellars gut 50 000 Ki-

*Bill Preston verwandelte mit Hilfe von künstlicher Bewässerung 90 ha Wüste in ein erfolgreiches Weingut.*

sten pro Jahr und ist damit der größte private Weinproduzent Washingtons.

WEINE  Mehr als 18 verschiedene Weine werden hergestellt, alle aus Vinifera-Sorten. Die Weißweine sind immer noch die besten (u.a. Chardonnay, Fumé Blanc, Johannisberg Riesling und Chenin Blanc). Auch eine Menge Rotwein und Schaumwein wird hergestellt.

RUF  Der großen Produktion zum Trotz wird die Qualität auf einem hohen Niveau gehalten.

REBSORTEN  Chardonnay, Sauvignon Blanc, Gewürztraminer, Chenin Blanc, White Riesling, Muscat of Alexandria, Gamay, Merlot, Cabernet Sauvignon, Pinot Noir.

WEINHERSTELLUNG  Die Weißweine werden mit wenig Schalenkontakt in Edelstahl vergoren und danach je nach Charakter ausgebaut: die trockenen in Eiche und die halbtrockenen bis lieblichen in Stahltanks. Die Rotweine werden auf der Maische vergoren und danach in Eiche ausgebaut.

LAGERUNG  Die Weißweine können gut gelagert werden. Unter den Roten eignet sich der Cabernet Sauvignon für die Lagerung am besten.

REBFL/PROD  Etwa 70 ha, 80 000 Kisten/Jahr.

**Besitzer** Brent Preston, Cathy Preston-Mouncer • **Kellermeister** Brent Preston, Delbert Long • **Besuch** Täglich 10-17.30 • **Adresse** Preston Premium Wines, 502 East Vineyard Drive, USA-WA 99301 Paseo • **Tel.** 509-545-1990 • **Fax** 509-545-1098 • **Homepage** www.prestonwines.com

PRODUKTION    QUALITÄT    PREIS

## The Hogue Cellars

GESCHICHTE  Mike Hogue ist Winzer in dritter Generation. Seine Laufbahn begann auf der gewaltigen Ranch der Familie, wo seit langem Concord-Reben, Hopfen, Spargel und schottische Minze angebaut werden. Mike hatte aber andere Ideen und fing bald an, Vinifera-Sorten anzubauen. Die Produktion kam 1982 in Gang.

WEINE  Der Schwerpunkt liegt bei Varietal-Weinen, vor allem aus Riesling und Merlot. Die besten werden aus Sauvignon Blanc und Cabernet Sauvignon hergestellt. Der Sauvignon Blanc wird als „Fumé Blanc" in Eichenholz ausgebaut. Der Cabernet Reserve ist von höchster Qualität.

*Mike Hogues Karriere begann, als er auf der Familien-Ranch Vinifera-Sorten anbaute.*

Hogue Cellars war eines der ersten Häuser, die Riesling-Sekt nach der Champagner-Methode erzeugten. Außerdem produziert man kleine Mengen Late Harvest (Spätlese).

RUF  Hogue Cellars ist einer der besten Produzenten in Washington State. Wegen der gleichmäßig hohen Qualität gilt die Firma als sehr zuverlässig.

REBSORTEN  Riesling, Chardonnay, Sauvignon Blanc, Merlot, Cabernet Sauvignon und Black Muscat.

WEINHERSTELLUNG  Herkömmliche Methoden, Vergärung in Stahltanks und Eichenholzfässern.

LAGERUNG  Die Rotweine, vor allem der Cabernet Reserve, besitzen ein gutes Alterungspotenzial. Die Weißweine sollten jung getrunken werden.

REBFL/PROD  Ca. 160 ha, 300 000 Kisten/Jahr.

**Besitzer** Michael Hogue, Dir.: Gary Hogue • **Kellermeister** David Forsyth • **Besuch** Werktags während Bürozeiten • **Adresse** The Hogue Cellars, Box 31, USA-WA 99350 Prosser • **Tel.** 509-786-4557 • **Fax** 509-786-4580 • **Homepage** www.hedge-cellars.com

PRODUKTION    QUALITÄT    PREIS

## Weitere Produzenten in Washington State

### Barnard Griffin Winery

Die Firma wurde 1983 von Rob Griffin, dem ehemaligen Kellermeister der Hogue Cellars, gegründet. Kleine, aber hochwertige Produktion. Ein vollmundiger, Barrique-ausgebauter Chardonnay, aromenreiche und ebenfalls Barrique-ausgebaute Sémillon und Fumé Blanc sowie sehr schöne CS und Merlot werden erzeugt.

• **Besitzer:** Deborah & Barnard Griffin **Kellermeister:** Rob Griffin **Adresse:** 1701 W. 8th Place, USA-WA 99336 Kennewick. **Tel.** 509-627 0266. **Fax** 509-627 7776.

### Columbia Crest

Die Bestrebungen liegen hier mehr im Verkauf als in der Produktion von Spitzenqualität. Der Verkaufsknüller ist ein Chardonnay ohne größere Komplexität. Zu den besseren gehören der Sémillon und Merlot aus der Serie „barrel select".

• **Besitzer:** Stimson Lane Vineyards & Estates **Kellermeister:** Doug Core **Besuch:** Täglich 10-14.30. **Adresse:** Hwy 221 Columbia Crest Dr., USA-WA 99345 Paterson. **Tel.** 509-875-2061.

### Columbia Winery

Die Columbia Winery hieß bis 1984 Associated Vintners und wurde schon 1962 gegründet. Der Kellermeister ist ein Engländer mit dem Titel „Master of Wine". Die besten Weine werden aus den Rebsorten Chardonnay, Johannisberg Riesling, CS, Merlot und Pinot Noir hergestellt.

• **Adresse:** 1445 120th Avenue NE, USA-WA 98005 Bellevue. **Tel.** 206-488-2776. **Fax** 206-488-3460.

### Hinzerling Vineyards

Mike Wallace absolvierte seine Weinausbildung an der Universität von Kalifornien in Davis. Danach zog er nach Washington State, wo er 1976 sein Weingut im Yakima Valley gründete. Erzeugt werden hauptsächlich Varietal-Weine im Médoc-Stil. FAKTEN 13 ha und 6 000 Kisten/Jahr.

• **Besitzer:** Fam. Mike Wallace **Kellermeister:** Mike Wallace **Besuch:** Tägl. nach Vereinb. **Adresse:** 1520 Sheridan Avenue, USA-WA 99350 Prosser. **Tel.** 509-786-2163.

### Manfred Vierthaler Winery

Manfred Vierthaler half früher im bayerisch inspirierten Restaurant seiner Eltern in Tacoma mit. Die Weine sind leicht, weich und frisch mit viel deutschem Charakter. GT, Riesling, Müller-Thurgau und Cabernet Sauvignon sowie ein Late Harvest in deutschem Stil.

• **Besitzer:** John Selbee **Besuch:** Täglich 12-18. **Adresse:** 17136 Highway Hide, USA-WA 98390 Sumner. **Tel.** 206-863-1633.

### Mont Elise Vineyards

1964 pflanzte der Kirschenbauer Charles Henderson Reben in seinem Garten, um herauszufinden, welche Sorten sich am besten eignen. Das beste Ergebnis erzielte er mit dem Gewürztraminer und dem Pinot Noir. 1972 erweiterte er den Anbau dieser beiden Sorten und 1975 begann er ernsthaft Wein herzustellen. Erzeugt werden ein kraftvoller Pinot Noir, ein leichterer Gamay vom Beaujolais-Typ, ein GT, ein White Riesling sowie ein frischer, trockener Chenin Blanc.

• **Besitzer:** Familie Charles Henderson **Kellermeister:** Charles Henderson Jr **Besuch:** Täglich 12-17. Winter: Do-Sa. **Adresse:** Box 28, 315 West Steuben, USA-WA 98605 Bingen. **Tel.** 509-493-3001.

### Snoqualmie Winery

Snoqualmie Winery liegt am Fuße des Touristenziels Snoqualmie Falls, eines großen Wasserfalls. Die besten Weine werden aus Chenin Blanc, Riesling, Sauvignon Blanc, Chardonnay, Muscat Canelli, Merlot und Cabernet Sauvignon erzeugt.

• **Besitzer:** Stimson Lane Vineyards & Estates **Adresse:** Box 1049, 1000 Winery Road, USA-WA 98065 Snoqualmie. **Tel.** 206-888-4000.

### Washington Hills Cellars

1988 vom begabten Kellermeister Brian Carter gegründet. Unter den jährlich 100 000 Kisten finden sich ein vollmundiger Sémillon, ein Fumé Blanc, ein Chard, ein CS und (falls der Jahrgang es erlaubt) auch ein Late Harvest (Spätlese).

• **Adresse:** 10604 NE 38th Pl. Ste 132, USA-WA 98033 Kirkland.

### Waterbrook Winery

Die Waterbrook-Weine sind immer sauber und rebsortentypisch. Einige besitzen Eichenholzaromen vom Ausbau in amerikanischen Eichenfässern. Sie sind preiswert und meistens von hoher Qualität. Es werden hauptsächlich Chardonnay, Sauvignon Blanc, Merlot und CS erzeugt. FAKTEN 13 ha gepachtetes Land, 30 000 Kisten/Jahr.

• **Besitzer:** Eric & Janet Rindal **Kellermeister:** Eric Rindal **Besuch:** Nach Vereinbarung. **Adresse:** Route 1, Box 46, McDonald Rd, USA-WA 99360 Lowden. **Tel.** 509-522-1918. **Fax** 509-529-4770.

### Yakima River Winery

Vor allem werden CS, Merlot und Lemberger erzeugt. Auch wenig Sauvignon Blanc und Johannisberg Riesling. Die Rotweine werden im Fass ausgebaut, die weißen in Stahltanks vergoren. Alle Weine sind von guter Qualität. Es wurden auch schon Ice Wine sowie ein Port-ähnlicher Wein aus Merlot erzeugt. Der Varietal Rendezvous ist sehr speziell und wird aus Lemberger hergestellt. FAKTEN 2 ha, 14 000 Kisten/Jahr.

• **Besitzer:** John & Louise Rauner **Kellermeister:** John W. Rauner **Besuch:** Täglich 10-17. **Adresse:** Route 1, Box 1657, USA-WA 99350 Prosser. **Tel.** 509-786-2805. **Fax** 509-786-3203. **E-Mail:** redwine@yakimariverwinery.com

# NEW YORK STATE

GESCHICHTE Die Ostküste der Vereinigten Staaten und vor allem New York State unterscheidet sich von den anderen Regionen der USA dadurch, dass man nicht mit den europäischen Vitis Vinifera, sondern mit den einheimischen Vitis Labrusca begann. Die Labrusca-Sorten haben aber einen sehr ausgeprägten Charakter und eignen sich wohl besser für Traubensaft und Marmelade als für Wein. Außerdem wurden Hybriden kultiviert, d.h. Kreuzungen von Vinifera und Labrusca. Die ersten Weingärten wurden vor mehr als 300 Jahren vom Gouverneur Peter Stuyvesant in Manhattan angelegt. Die ersten kommerziellen Weingüter befanden sich im Hudson Valley. Dort steht auch Brotherhood Winery, das älteste ohne Unterbruch Wein-erzeugende Weingut in den USA (1839). Während der Prohibition erzeugten fast alle Winzer nur Traubensaft und die Weinproduktion ging beinahe zugrunde. Erst ab 1976 verbesserte sich die Lage, als ein neues Gesetz den Winzern den Weinverkauf ab Hof erlaubte. Seitdem ist die Anzahl der Weingüter von etwa 20 auf mehr als 130 angestiegen. Die Gesamtproduktion im New York State ist heute mit 6% die zweitgrößte in den USA.

ANBAUGEBIETE Das Gebiet umfasst vier Regionen mit sechs AVAs: Lake Erie, Finger Lakes (mit eigener AVA für Cayuga Lake), Hudson River und Long Island (geteilt in zwei AVAs: North Fork of Long Island und The Hamptons).

KLIMA Die Winter sind hart und aus diesem Grund werden hauptsächlich Labrusca und Hybriden kultiviert. Die großen Wasserflächen der Finger Lakes, von Lake Erie und dem Atlantik bei Long Island erzeugen ein Mikroklima, das für den Anbau von Vinifera-Sorten geeignet ist.

BODEN Unterschiedliche Böden. Vorwiegend Schiefer, Schieferlehm und Kalkstein.

WEINE Immer noch werden am häufigsten einfache Weine aus einheimischen Sorten erzeugt. Die interessantesten sind solche aus Vinifera-Sorten. Andere zugängliche Weine sind Seyval Blanc und Cayuga White. Rund um die Finger Lakes werden sehr gute, fruchtige und säurebetonte Weißweine von guter Qualität hergestellt. Die Schaumweine heißen New York State Champagne und genießen einen guten Ruf. Auch Süßweine von hoher Klasse, selten Botrytis-Weine, werden erzeugt. Dafür produziert man regelmäßig Late Harvest und Ice Wines. Auf Long Island werden vorwiegend interessante Rotweine hergestellt. Hier sind aber auch die in Eiche ausgebauten Chardonnays gut gemacht.

REBSORTEN Es werden drei Typen von Trauben angebaut: einheimische Labrusca-Sorten wie Niagara, Catawba, Delaware und Concord; französisch-amerikanische Hybriden wie Cayuga White, Seyval, Vidal, Gignoles und Baco Noir; klassische, europäische Vinifera-Sorten wie Chardonnay, Riesling, Gewürztraminer, Pinot Noir, Cabernet Sauvignon und Merlot. Der Trend liegt heute bei den Vinifera-Sorten.

PRODUZENTEN Etwa 130 Wineries und einige wenige große Firmen.

REBFL/PROD Ca. 16 000 ha, 1 Mio. hl/Jahr.

## Distrikte

### Lake Erie

In New York State die flächenmäßig größte Anbauregion. Als Erbe der Prohibitionszeit werden heute noch 95% des Traubenguts als Tafeltrauben verkauft oder zu Traubensaft verarbeitet. Der größte Teil der 8 100 ha ist mit der amerikanischen Sorte Concord bestockt, Vinifera-Sorten sind aber im Anstieg.

### Finger Lakes

Mit etwa 90% der Weinproduktion das wichtigste Anbaugebiet. Die Weingärten befinden sich bei den Seen Canandaigua, Keuka, Cayuga und Seneca und umfassen knapp 5 700 ha. Finger Lakes war das erste Gebiet in New York State, wo Vinifera-Sorten seriös angebaut wurden; vor allem am Lake Seneca, der aus diesem Grunde 1988 einen eigenen AVA-Status erhielt. Die Vegetationsperiode beträgt 190-200 Tage, weswegen sich das Gebiet besonders für den Anbau von Weißweintrauben eignet. Viele der besten stillen und schäumenden Weißweine stammen von den Finger Lakes. Obwohl das Klima ziemlich kühl ist, wird die Temperatur durch den Einfluss der Seen gemildert. Wegen der langen und milden Herbste können regelmäßig Weine spät gelesener Trauben und sogar Eisweine erzeugt werden.

### Hudson River

Ein kleines Gebiet am Hudson-Fluss nördlich der Stadt New York. Hier wurden die ersten Lagen der Region bepflanzt. Das lokale Klima ist eher von den temperierten Winden des Meeres als vom Einfluss des Hudson gekennzeichnet. Die Weingärten umfassen heute gut 400 ha. Obwohl die Hybrid-Sorten immer noch dominieren, steigt die Anzahl der mit Vinifera-Trauben bestockten Lagen.

### Long Island

Die am spätesten etablierte Anbauregion des Gebiets New York State. Vor 1973 wuchsen auf der Halbinsel überhaupt keine Reben. Heute sind die Weingärten ständig und schnell am Wachsen. Beinahe alle Weinberge der 520 ha befinden sich auf der North Fork und sind ausschließlich mit Vinifera-Sorten bepflanzt. Im Bordeaux-ähnlichen Meeresklima beträgt die Vegetationsperiode 230 Tage. Dies begünstigt den Anbau von klassischen roten Bordeaux- und Chardonnay-Rebsorten. Die besten Rotweine in New York State stammen von Long Island.

## Canandaigua Wine Co.

GESCHICHTE  Die Canandaigua Wine Company wurde im Jahr 1945 gegründet. Anfangs war es eine von mehreren Firmen, die Obstwein sowie trockene und süße Weine aus der amerikanischen Concord-Rebe erzeugten. Seitdem ist die Firma zum zweitgrößten Weinproduzenten der USA angewachsen, nur Gallo ist größer. Die Canandaigua Wine Company ist in Besitz von bekannten Weingütern wie Widmer, Taylor, Great Western und Gold Seal in New York. Außerdem gehören u.a. Deen Valley, Dunnwood, Paul Masson, Inglenook in Kalifornien und Santa Carolina in Chile der Gruppe an.

WEINE  Canandaigua ist streng genommen kein Weinproduzent, sondern vielmehr ein Unternehmen, das eine große Anzahl von Weingütern und Warenzeichen besitzt. Die Produktion ist

*Canandaigua ist nach Gallo der zweitgrösste Weinerzeuger der USA und in Besitz vieler bekannter Weingüter.*

enorm: trockene und süße Tischweine, Schaumweine und verstärkte Weine vom Port- und Sherry-Typ (vor allem von Taylor und Widmer). Außerdem erzeugt man Kosher-Weine von Manischewitz und alkoholfreie Weine von Inglenook St. Regis in Kalifornien.

RUF  Viele Warenzeichen in verschiedener Qualität. Vier der größten Marken der USA gehören zur Gruppe. Die Weine sind aber meistens von einfacherer Qualität. Von den Weinen aus New York State sind die Schaumweine und die süßen und verstärkten die besten.

PRODUKTION  Die Gesamtproduktion umfasst mehr als fünf Millionen Kisten pro Jahr.

**Besitzer** Inc. CEO Richard Sands • **Besuch** Nach Vereinbarung • **Adresse** Canandaigua Wine Co., 116 Buffalo St., USA-NY 14424 Canandaigua
• **Tel.** 716-394-7900 • **Fax** 716-394-6017
• **E-Mail** intdiv@winea.com

PRODUKTION   QUALITÄT   PREIS

## Dr. Konstantin Frank's Vinifera Wine Cellars

GESCHICHTE  Konstantin Frank gehörte zu den führenden Weinpersönlichkeiten an der Ostküste. Geboren ist er in der Ukraine, ausgebildet wurde er in Deutschland und gearbeitet hat er in verschiedenen Weinbauorten Europas. 1951 kam er nach New York und begann bei Charles Fournier im Gold Seal Vineyard. Während dieser zehn Jahre wurde er zu einem Bahnbrecher des Vinifera-Anbaus. Konstantin Frank war der erste erfolgreiche Anbauer von Vinifera-Sorten in New York State. 1963 gründete er die Vinifera Wine Cellars. 1985 starb der 86 Jahre alte Frank. Heute führt Sohn Willy die Tradition weiter. Seit 1980 führt er außer diesem Weingut auch ein eigenes, Chateau Frank, wo er erstklassige Schaumweine nach der Champagner-Methode aus Chardonnay, PN, Pinot Meunier und Pinot Blanc erzeugt.

WEINE  Außer den feinen Schaumweinen wird ein breites Sortiment von sehr guten Varietal-Weinen hergestellt. Zu den besseren gehören Gewürz-

*Konstantin Frank gehört zu den Weinpionieren in New York State. Sohn Willy führt jetzt die Tradition weiter.*

traminer, Riesling, Chardonnay, Pinot Noir und Cabernet Sauvignon.

REBSORTEN  Chardonnay, Riesling, PN.

WEINHERSTELLUNG  Abgesehen vom Chardonnay werden die Weine in Stahltanks vergoren. Teilweise erfolgt der Ausbau in französischen Eichenfässern. Die Schaumweine machen den biologischen Säureabbau durch und liegen drei bis vier Jahre auf dem Hefedepot.

LAGERUNG  Die Rotweine bis zu acht Jahren.

REBFL/PROD  25 ha, 17 000 Kisten/Jahr (Vinifera Wine Cellars) und 14 ha, 3 500 Kisten/Jahr (Chateau Frank).

•**Besitzer** Fam. Frank •**Kellermeister** Dana Keeler & Mark Veraguth •**Besuch** Mo-Sa 9-17, So 12-17 •**Adresse** Dr. Konstantin Frank's Vinifera Wine Cellars, 9749 Middle Road, USA-NY 14840 Hammondsport •**Tel.** 607-868-4884 •**Fax** 607-868-4884 •**E-Mail** frankwines@aol.com

PRODUKTION     QUALITÄT     PREIS

## Weitere Produzenten

### Bully Hill Vineyards

Walter S. Taylor gehört zu den profiliertesten Persönlichkeiten der Weinwelt. Sein Weingut Bully Hill wurde durch die außergewöhnlichen Etiketten und Weinnamen berühmt. Die Weine tragen Namen wie z.B. Walter St. Bully, Sweet Walter, Walter's Blank Torpedo, Cylinder Head, Super Goat, Walter S Who?, Rosé, Love my goat red usw. Alle sind auch mit seinen Zeichnungen ausgestattet. Ein sehr breites Angebot von verschiedenen Hybrid-Weinen. FAKTEN  60 ha eigene Rebfläche, 80 000 Kisten/Jahr.

•**Besitzer:** Walter S. Taylor **Kellermeister:** Gregg Learned **Besuch:** Mo-Sa 9-17, So 12-17. **Adresse:** 8843 Greyton H. Taylor Memorial Dr., USA-NY 14840 Hammondsport. **Tel.** 607-868-3257. **Fax** 607-868-3205. **Homepage:** www.bullyhill.com

### Glenora Wine Cellars

Das Anwesen liegt in Finger Lakes, an der westlichen Seite des Seneca Lake. In diesem Bezirk ist es seit langem Tradition, Schaumweine aus Vitis Labrusca und Hybriden zu erzeugen. Man produziert u.a. auch trockenen und halbtrockenen Johannisberg Riesling, in Eiche ausgebauten Chardonnay sowie Gewürztraminer. FAKTEN  20 ha eigene Rebfläche, 45 000 Kisten/Jahr.

•**Besitzer:** Gene Pierce, Ed Dalrymple & John Potter **Kellermeister:** David Munksgard **Besuch:** Mo-Sa 10-17, So 12-17. **Adresse:** 5435 Route 14, USA-NY 14837 Dundee. **Tel.** 607-243-5511. **Fax** 607-243-5514.

### Great Western

Diese älteste Weinanlage in Finger Lakes wurde 1860 gegründet. Die schönen Steinhäuser sind heute ein Kulturdenkmal. Bis zur Prohibition wurde hauptsächlich Labrusca-„Champagner" erzeugt. Die Produktion umfasst heute Schaumweine, sortenreine Weine, Verschnittweine, Solera-Sherrys und Portweinkopien, die aus Vinifera-, Labrusca- und Hybrid-Sorten erzeugt werden.

•**Besitzer:** Canandaigua Wine Company, NY **Besuch:** Nach Vereinbarung. **Adresse:** Old Bath Road, USA-N.Y. 14840 Hammondsport. **Tel.** 607-569-2111.

### Hermann J. Wiemer Vineyard

Hermann Wiemer wurde in Bernkastel an der Mosel geboren. Nach seiner Ausbildung u.a. in Geisenheim kam er 1968 in die USA, um als Kellermeister bei Walter Taylor auf Bully Hill zu arbeiten. 1980 gründete er seine eigene Kellerei. Die ganze Rebfläche ist mit Vinifera-Sorten bestockt. Die führenden Weine sind die trockenen Chardonnay- und Riesling-Weine. Eine kleinere Menge von Rotweinen wird aus Pinot Noir und Gamay hergestellt.

•**Besitzer:** Hermann J. Wiemer **Kellermeister:** Dana L. Keeler **Besuch:** Mo-Sa 11-17, So 12-17. **Adresse:** Route 14, Box 38, USA-NY 14837 Dundee. **Tel.** 607-243-7971. **Fax** 607-243-7983.

## Weitere Produzenten in New York State

### Heron Hill Vineyards

Heron Hill war einer der ersten, die sich mit den Vinifera-Sorten befassten. Er erzeugt einen feinen Riesling, einen Chardonnay sowie einen Pinot Noir. Der vom Cabernet Franc dominierte „Blend" heißt Eclipse. FAKTEN 20 ha, 20 000 Kisten/Jahr.

• **Besitzer:** John Ingle Jr **Kellermeister:** Phil Hazlitt **Besuch:** Mo-Sa 10-17, So 12-17. **Adresse:** 9249 County Rt 76, Middle Road, USA-NY 14840 Hammondsport. **Tel.** 607-868-4241. **E-Mail:** heron@servtech.com **Homepage:** www.servtech.com/heron

### Hunt Country Vineyards

Ein Weingut, das vor allem trockene bis halbsüße Chardonnay, Cayuga White, Seyval Blanc, Vignoles und leichte Rotweine aus amerikanischen Rebsorten erzeugt. Die besten Weine sind die süßen Vignoles Late Harvest und Vidal Ice Wine (kann nur in fünf von zehn Jahren erzeugt werden). FAKTEN 24 ha, 8 000 Kisten/Jahr.

• **Besitzer:** Art & Joyce Hunt **Besuch:** Mo-Sa 10-17, So 12-17 (Mai-Okt.). **Adresse:** 4021 Italy Hill Road, USA-NY 14418 Branchport. **Tel.** 315-595-2812. **Fax** 315-595-2835. **E-Mail:** huntwine&eznet.net

### Lamoureaux Landing

Diese schöne Kellerei wurde 1992 in Betrieb genommen. Der begabte Mark Wagner begann aber schon 1990 mit der Weinerzeugung. Die Lagen sind mit allen möglichen Rebsorten bestockt, für die eigenen Weine aber werden ausschließlich Vinifera-Sorten verwendet. Die besten Weißweine sind Chardonnay, Riesling und ein schöner Gewürztraminer. Der Pinot Noir und der Cabernet sind gute, rebsortentypische Rotweine. Außerdem wird Sekt und ein Late-Harvest-Riesling erzeugt. FAKTEN 54 ha, 8 000 Kisten/Jahr.

• **Besitzer:** Mark J. Wagner **Kellermeister:** Mark J. Wagner **Besuch:** Mo-Sa 10-17, So 12-17. **Adresse:** 9224 Route 414, USA-NY 14860 Lodi. **Tel.** 607-582-6011. **Fax** 607-582-6010. **E-Mail:** llwc&epix.net **Homepage:** www.fingerlakes.net/lamoureaux

### Swedish Hill Vineyard

Die ersten Lagen wurden schon 1969 bestockt. Damals wurden die Trauben noch an die Taylor Wine Company verkauft. Cynthia und Dick Peterson konnten ihre eigene Kellerei erst 1985 verwirklichen. Erzeugt wird eine Vielzahl von Weinen: trockene, liebliche und süße. Zu den besten gehören ein Sekt aus Chardonnay und Pinot Noir (48 Monate auf der Hefe), ein frischer, beeriger Lemberger, eine Bordeaux-Cuvée namens Optimus, Vignoles Late Harvest und zwei Portweine. Auch zwei Kuriositäten: Glögg Wine (ein gewürzter Glühwein nach schwedischer Art) und ein feiner Eau-de-Vie. 1997 gründete die Familie Peterson eine zweite Kellerei: Goose Watch Winery. FAKTEN 14 ha, 35 000 Kisten/Jahr.

• **Besitzer:** Dick & Cynthia Peterson **Besuch:** Täglich 9-18. **Adresse:** 4565 Route 414, USA-NY 14541 Romulus. **Tel.** 315-549-8326. **Fax** 315-549-8477. **E-Mail:** swedhill&flare.net **Homepage:** www.fingerlakes.net/swedish-hill

### The Taylor Wine Company

1880 kam Walter Taylor nach Hammondsport und kaufte Weinberge. Danach wechselten sich einige Besitzer ab. Eine Mischung von verschiedenen Weintypen, die aus Vitis Labrusca, Hybriden und Vitis Vinifera erzeugt werden. Es gibt auch eine bedeutende Produktion von Starkweinen und Aperitifweinen. FAKTEN Knapp 500 ha eigene Rebfläche, 2 Mio. Kisten/Jahr.

• **Besitzer:** Vintners International Co. **Kellermeister:** Steven D. Coon & Robert Distler **Besuch:** Jan.-März Mo-Do 10-16, April-Dez. Mo-So 10-16. **Adresse:** County Route 88, USA-NY 14840 Hammondsport. **Tel.** 607-569-6291. **Fax** 607-569-6280.

*Wagner ist in Finger Lakes ein großer Name. Sein trockener Gewürztraminer ist besonders gut.*

### Wagner Vineyards

Bill Wagner, ein Winzer aus Finger Lakes, gründete 1979 die erste Weinanlage in Lodi seit der Prohibition. Die Anlage, die Bill Wagner selbst entworfen hat, hat eine besondere, achteckige Form und ist aus Holz aus der Gegend gebaut. Das Weingut wurde durch das Restaurant namens Ginny Lee Café, benannt nach seiner Enkelin, erweitert. Die Produktion besteht aus Chardonnay, Seyval Blanc, Gewürztraminer, Riesling, De Chaunac und Pinot Noir. Liebliche Weine aus Trauben wie Niagara und Delaware. Außerdem erzeugt man Traubensaft aus Ravat und Johannisberg Riesling. FAKTEN 60 ha, 40 000 Kisten/J.

• **Besitzer:** Stanley A. Wagner **Kellermeister:** John Herbert & Ann Raffetto **Besuch:** Täg. 10-17, geschlossen Juli und vom 24.12.-2.1. **Adresse:** 9322 Route 414, USA-NY 14860 Lodi. **Tel.** 607-582-6450. **Fax** 607-582-6446. **E-Mail:** wagwine@ptd.net **Homepage:** www.fingerlakes.net/wagner

## WEITERE PRODUZENTEN IN NEW YORK STATE

### WIDMER WINE CELLARS

Das Weingut wurde 1888 gegründet und gehört zu den ältesten und traditionsreichsten im Bereich Finger Lakes. Die Firma Manischewitz, auch in Besitz von Widmer, ist bekannt für Kosher-Weine. Das vielfältige Angebot besteht u.a. aus verstärkten Weinen vom Sherry- und Portwein-Typ sowie Schaumweinen.

• **Besuch:** Täglich 13-16. **Adresse:** 1 Lake Niagara Lane, USA-NY 14512 Naples. **Tel.** 716-374-6311. **Fax** 716-374-2028.

### BENMARL WINE COMPANY

Nach dem amerikanischen Bürgerkrieg wurde Andrew Jackson Caywood durch seine Versuche mit Kreuzungen und Hybriden für die Entwicklung von guten Tafeltrauben bekannt. Nachdem er im Burgund gearbeitet hatte, beschloss er sich auf die Weinproduktion zu konzentrieren.

• **Besitzer:** Mark D. Miller **Kellermeister:** Adam Satchwell **Besuch:** Mo-Fr 10-17, an Feiertagen 12-17. **Adresse:** 156 Highland Avenue, USA-NY 12542 Marlboro. **Tel.** 914-236-4265.

### MILLBROOK VINEYARDS & WINERY

Millbrook ist einer der besten Produzenten in der Hudson-Region. Das 1986 gegründete Weingut befasst sich ausschließlich mit Vinifera-Sorten. Es werden klassische französische und italienische Rebsorten angebaut: Tocai Friulano, Nebbiolo, Sangiovese und Veneto-Sorten. FAKTEN 52 ha, 12 000 Kisten/Jahr.

• **Adresse:** Wing & Shunpike Roads, USA-NY 12545 Millbrook. **Tel.** 914-677-8383. **Fax** 914-677-6186.

### HARGRAVE (LONG ISLAND)

Alexander und Louisa Hargrave kauften Anfang der 70er Jahre eine Kartoffelfarm, wo sie 1973 europäische Rebsorten anbauten. Erstklassige und finessenreiche Weine aus Vinifera-Sorten. Vor allem wurden Chardonnay, Cabernet Sauvignon und Merlot bei mehreren Wettbewerben ausgezeichnet. FAKTEN 7 ha, 9 000 Kisten/Jahr.

• **Besitzer:** Alex & Louisa Hargrave **Kellermeister:** Mark Terry **Besuch:** Mai-Dez. täglich 11-17. **Adresse:** Route 48, Box 927, USA-NY 11935 Cutchogue. **Tel.** 516-734-5111. **Fax** 516-734-5485.

### PALMER VINEYARDS

Eines der ältesten Weingüter auf Long Island, 1983 gegründet. Die Lagen sind ausschließlich mit Vinifera-Sorten bestockt. Die Chardonnay- und Merlot-Weine machen mehr als die Hälfte der Produktion aus. FAKTEN 20 ha, 25 000 K./Jahr.

• **Besitzer:** Robert J. Palmer **Kellermeister:** Dan Klack **Besuch:** Täglich 11-18. **Adresse:** 108 Sound Avenue, USA-NY 11901 Riverhead. **Tel.** 516-722-9463. **Fax** 516-722-5364.

### PAUMANOK

Die Firma wurde 1983 gegründet, die Kellerei 1991 errichtet. Wie die meisten anderen Güter widmete man sich früher dem Kartoffelanbau. Die aus Deutschland stammenden Besitzer bauen vor allem klassische französische Rebsorten an. Ein zugänglicher Chenin Blanc, ein sehr guter Chardonnay (Grand Vintage), einige Cabernet Sauvignon und eine Bordeaux-Cuvée sind die Hauptprodukte der feinen Palette. Auch Spätlesen aus Riesling und Sauvignon werden hergestellt. FAKTEN 25 ha, 6 000 Kisten/Jahr.

• **Besitzer:** Charles & Ursula Massoud **Besuch:** Täglich 11-17. **Adresse:** 174 Main Road, USA-NY 11931 Aquebogue. **Tel.** 516-722-8800. **Fax** 516-722-5110.

### PELLEGRINI VINEYARDS

Dieses Weingut wurde erst 1992 gegründet und hat jetzt schon großen Erfolg. Erzeugt werden drei verschiedene Barrique-vergorene Chardonnay (der Standardwein ist der preiswerteste, der Vintners Pride der beste), schöne Rotweine aus Cabernet Franc, Merlot und Cabernet Sauvignon, Vintners Pride Encore (eine klassische und konzentrierte Bordeaux-Cuvée) und ein herrlicher Gewürztraminer im Eiswein-Stil. FAKTEN Etwa 12 ha, 10 000 Kisten/Jahr.

• **Besitzer:** Bob & Joyce Pellegrini **Besuch:** Täglich 11-17. **Adresse:** 23005 Main Road, USA-NY 11935 Cutchogue. **Tel.** 516-743-4111. **Fax** 516-734-4159. **Homepage:** www.pellegrinivineyards.com

### PINDAR VINEYARDS

Pindar Vineyards ist Long Islands größtes Weingut und zugleich eines der besten Produzenten in New York State. Das Gut wurde 1979 vom Arzt Herodotus Damianos gegründet und nach dem griechischen Dichter Pindar benannt. Die breite Palette umfasst trockene bis liebliche Weißweine, Rosé- und leichtere bis kräftige Rotweine, Sekt von hoher Qualität sowie Süßweine, darunter einen Portwein. Zu den besten Produkten zählen Sunflower Chardonnay, Cabernet Franc, Cabernet Sauvignon und eine Bordeaux-Cuvée mit dem Namen Mythology Meritage. Seit 1998 ist die Familie auch in Besitz der Duck Walk Vineyards in The Hamptons. FAKTEN 122 ha, 70 000 Kisten/Jahr.

• **Besitzer:** Dr. Herodotus Damianos **Besuch:** Täglich 11-18. **Adresse:** Main Road, PO Box 332, USA-NY 11958 Peconic. **Tel.** 516-734-6200. **Fax** 516-734-6205.

## Andere Weinregionen in den USA

HINTERGRUND Die vier wichtigsten Bundesstaaten für die Weinproduktion sind Kalifornien, Washington, New York und Oregon. Die übrigen 40 Staaten mit kommerzieller Weinproduktion erzeugen nur kleinste Mengen Wein. Ein großer Teil der Rebflächen ist mit einheimischen Sorten und Hybriden bestockt, die sich besser für Traubensaft und Traubenmarmelade eignen, wofür sie auch hauptsächlich verwendet werden. Der Anbau von Vitis-Vinifera-Sorten ist jedoch im Ansteigen.

### VIRGINIA

GESCHICHTE Virginia war die erste amerikanische Kolonie, die Vinifera-Sorten anbaute. Dies begann 1619 unter der Leitung von Lord Delaware. Die Reben überlebten jedoch nur einige Jahre. Später setzten sich George Washington und Thomas Jefferson für den Weinbau ein. Leider ohne Erfolg. Es hatte sich herausgestellt, dass die einheimischen Rebsorten nicht gegen Krankheiten und Schädlinge resistent waren. Heute können diese Faktoren kontrolliert werden.

GEOGRAPHIE Virginia hat sechs AVAs: Montecillo, North Neck George Washington Birthplace, North Fork of Roanoke, Rocky Knob, Shenandoah Valley und Virginia's Eastern Shore. Die Anbauflächen sind hauptsächlich bei Charlottesville, Roanoke und in Shenandoah zu finden.

KLIMA Binnenklima mit kalten Wintern und heißen Sommern. Die Weinberge liegen oft in Höhen, wo das Klima besser temperiert ist, was zu einem verlängerten Reifeprozess führt.

BODEN Vorwiegend sandgemischter Lehm, aber auch Kalkstein und Sandstein kommen vor.

WEINE/REBSORTEN Früher wurde der Wein vorwiegend aus Hybriden wie Seyval Blanc und Vidal Blanc erzeugt. Heute herrschen die Vinifera-Sorten Chardonnay, Riesling, CS, CF vor und sogar Viognier und Barbera werden angebaut.

REBFL/PRODUZENTEN Etwa 200 Winzer mit 800 ha Rebfläche. Gute Erzeuger sind:

PRINCE MICHEL VINEYARDS, CULPEPPER
Der größte Weinproduzent Virginias. 75 000 Kisten/Jahr, teils aus Trauben anderer Bundesstaaten. 50 ha eigene Rebfläche mit Konzentration auf Riesling, Chardonnay und CS.

MEREDITH VINEYARDS, MIDDLEBURG
Der älteste kommerzielle Weinproduzent Virginias, gegründet 1972. 12 000 Kisten/Jahr. Rebsorten: Merlot, CS, Seyval Blanc und Delaware.

BARBOURSVILLE
30 ha Rebfläche in Besitz der italienischen Weinfirma Zonin. 12 000 Kisten/Jahr. Rebsorten: Chardonnay, SB, CS, Gewürztraminer u.a.

### TEXAS

GESCHICHTE Texas' Weinbaugeschichte ist mind. 130 Jahre alt. Damals betrieben die Mönche den Weinbau. Die moderne Weinproduktion begann Mitte der 70er Jahre, als die Universität in Texas vermeldete, dass im größten Teil des Bundesstaates Weinbau möglich ist. Seither wurden große Flächen mit Reben bestockt, u.a. mit Hilfe von ausländischen Interessenten wie z.B. der französischen Firma Cordier. Wird als viel versprechendes Weingebiet auch für eine Produktion im großen Rahmen angesehen.

GEOGRAPHIE Vier AVAs: Bell Mountain, Fredericksburg, Texas Hill County und Mesilla Valley. Die wichtigsten Weinbaugebiete befinden sich am Pecos River, im zentralen Hochland bei Lubbock und auf den Hügeln bei Fredericksburg.

KLIMA Das Klima ist trocken und heiß, was zur Folge hat, dass man für den Weinbau hoch ge-

*Llona Estacado ist auf bestem Weg, sich in den USA einen großen Namen aufzubauen.*

legene Gebiete mit guten Bewässerungsmöglichkeiten wählen muss.

BODEN Unterschiedliche Böden, oft in einer Kombination von Sand und Lehm.

WEINE/REBSORTEN Nur Vitis Vinifera. Führend sind die klassischen Sorten Chardonnay, SB, Riesling, CS, Chenin Blanc und Sémillon.

REBFLÄCHE Texas besitzt etwa 2 500 ha Rebfläche. Zu den führenden Produzenten gehören:

LLANO ESTACADO WINERY, LUBBOCK
Qualitätsmäßig der führende Produzent in Texas. Vor allem bekannt für Chardonnay, aber auch Riesling und Sauvignon Blanc halten hohe Qualität. Das 1976 gegründete Gut kauft größtenteils die Trauben von anderen Winzern. Die Gesamtproduktion beträgt 100 000 Kisten/Jahr.

STE-GENEVIÈVE
Der mit Abstand größte Produzent in Texas befindet sich bei Fort Stockton, auf dem Hochland im westlichen Texas. Die 500 ha Rebfläche wurden von Cordier, der auch Teilhaber ist, bestockt. Man konzentriert sich auf preiswerte Weine, u.a. aus SB und Chardonnay. 250 000 Kisten/Jahr.

PHEASANT RIDGE, LUBBOCK
Gehört zu den ersten, die sich zu 100% auf Vinifera-Sorten konzentrierten. Der Ruf als Erzeuger von erstklassigem CS wurde schon Anfang

## Andere Weinregionen in den USA

der 80er Jahre gefestigt. Die 25 ha Rebfläche liegen auf 1 000 m Höhe in einem recht kühlen Gebiet. Andere Rebsorten sind Chardonnay und Chenin Blanc. Produktion: 15 000 Kisten/Jahr.

FALL CREEK
1973 begann man Hybriden anzubauen, wechselte aber Anfang der 80er Jahre zu Vinifera-Sorten über. Die Produktion beträgt 20 000 Kisten von 35 ha Weinbergen. Die wichtigsten Rebsorten sind Chard, Sauvignon Blanc, CS und Sémillon.

## Ohio

GESCHICHTE Etwa um 1850 produzierte Ohio einen Drittel des Weines in den USA. Die Rebfläche lag im südlichen Teil des Bundesstaates bei Cincinnati und war mit einheimischen Sorten, wie z.B. Catawba bepflanzt. Um 1860 wurde der Rebbestand vom Mehltau vernichtet. Eine Neuanpflanzung wurde im nördlichen Teil dem Lake Erie entlang durchgeführt und später wegen der Prohibition gestoppt.

GEOGRAPHIE Ohio hat sechs AVAs: Grand River Valley, Isle St. George, Kanawha River, Lake Erie, Loramie Creek und Ohio River Valley. Das wichtigste Gebiet liegt bei Lake Erie.

KLIMA Lake Erie hat einen dämpfenden Effekt auf das Klima und verlängert dadurch die Wachstumsperiode.

WEINE/REBSORTEN Die Weine werden hauptsächlich aus Hybriden wie Seyval Blanc, Vidal Blanc und einheimischen Sorten wie Concord erzeugt. Einige Winzer haben mit Vinifera-Sorten begonnen.

PRODUZENTEN/PROD/REBFL Etwa 40 Produzenten mit 0,2% der Gesamtproduktion in den USA. Zu den wichtigsten Betrieben gehören:

MARKKO VINEYARDS
Arnulf Esterer arbeitete bei Konstantin Frank in New York State und war der erste in Ohio, der Vinifera-Sorten anbaute. Rebfläche 6 ha, vorwiegend Chardonnay, Riesling und CS. Die Weinberge liegen beim Lake Erie.

FIRELANDS
Ein 28 ha großes Anwesen auf der Isle St. George mit einer Kombination von Vinifera und Hybriden. Chardonnay, Riesling und CS gehören zu den besten Vinifera-Weinen in Ohio.

## Pennsylvania

GESCHICHTE Der kommerzielle Weinanbau in Nordamerika begann, als die Pennsylvania Wine Company 1793 Wein aus der einheimischen Alexandertraube zu erzeugen anfing. Ein großer Teil der Anbaufläche von rund 3 600 ha ist mit der Concord-Traube bestockt und wird für Traubensaft und Traubenmarmelade verwendet.

GEOGRAPHIE Pennsylvania hat vier AVAs: Central Delaware Valley, Cumberland Valley, Lake Erie und Lancaster Valley. Der größte Teil der Anbaufläche befindet sich am Lake Erie.

KLIMA Lake Erie regelt die Temperatur zu gunsten des Weinbaus. Die Weinberge liegen vorzugsweise an Plätzen mit vorteilhaftem Mikroklima.

WEINE/REBSORTEN Ein großer Teil der Trauben wird nicht für die Weinproduktion verwendet. Viele Weinproduzenten bauen eine Kombination von Vinifera-Sorten wie Chardonnay und Riesling sowie Hybriden wie Vidal Blanc und Seyval Blanc an.

PRODUZENTEN/PROD/REBFL Nach der Prohibition kam die Weinproduktion nur zögernd voran, auch weil der Bundesstaat die Wein- und Alkoholhandhabung kontrollierte. 1968 trat ein neues Gesetz in Kraft, das es den Weinproduzenten ermöglichte, ihren Wein selbst zu verkaufen. Heute gibt es etwa 50, meist kleine Weinerzeuger. Zu den wichtigsten Häusern gehören:

CHADDSFORD WINERY
Das Anwesen ist in Besitz von Eric Miller, der früher bei seinem Vater Mark in der Benmarl Winery in New York State arbeitete. 25 000 Kisten/Jahr. Die Rebsorten sind sowohl Vinifera-Sorten, wie z.B. CS, Chardonnay und PN, als auch Hybriden, wie z.B. Chambourcin.

NAYLOR WINE CELLARS
Die Besitzer Richard und Audrey Naylor produzieren 8 000 Kisten/Jahr, hauptsächlich aus Trauben der eigenen Weinberge in der Nähe von Harrisburg. Vinifera, Hybriden und Labrusca. Chardonnay und CS genießen den besten Ruf.

## Michigan

GESCHICHTE Der Anbau von Trauben und die Weinproduktion begannen auch in Michigan im 19. Jahrhundert. Ein großer Teil der Traubenernte wurde jedoch immer schon für Traubensaft verwendet.

GEOGRAPHIE Michigan hat vier AVAs: Fennville, Lake Michigan Shore, Leelanau Peninsula und Old Mission Peninsula. Die meisten Weinberge findet man an den Ufern des Lake Michigan.

KLIMA Die großen Wassermassen des Lake Michigan sorgen für einen Klimaausgleich, was zu milderen Wintern und kühleren Sommern führt als in den übrigen Gebieten.

WEINE/REBSORTEN Aus Tradition baut man Labrusca-Sorten an, aber auch Hybriden und Vinifera-Sorten gewinnen allmählich an Bedeutung.

PRODUZENTEN Etwa 20 Weinproduzenten, die besten davon sind:

CHATEAU GRAND TRAVERSE
Wurde 1974 gegründet und baute in Michigan als erster Weinbaubetrieb Vinifera-Sorten an. Riesling hatte immer schon Priorität und nimmt heute noch die Hälfte der Rebfläche ein. 15 000

## Andere Weinregionen in den USA

Kisten/Jahr aus eigenen Trauben und 10 000 K. aus Trauben, die von der Westküste stammen. Diese Weine werden als O'Keefe Cellars verkauft.

ST-JULIAN VINEYARDS
Wurde 1921 in Ontario/Kanada gegründet. 1933 zog die Firma nach Detroit um und 1938 nach Michigan. Heute werden 60 000 Kisten/Jahr erzeugt, u.a. Chardonnay und Chambourcin. Spezialitäten sind Schaumweine und Solera-Weine.

### IDAHO

GESCHICHTE Vor der Prohibition hatte Idaho eine lebhafte Weinindustrie. Erst Ende der 60er Jahre kam der Weinbau wieder in Gang.

GEOGRAPHIE Die beiden wichtigen Gebiete liegen in Boise beim Snake River und im Clearwater River Valley. Keine AVAs.

KLIMA Binnenlandklima, das von den beiden Flüssen etwas ausgeglichen wird.

WEINE/REBSORTEN Klassische Sorten wie Chardonnay, Riesling, Sémillon und PN. Stilmäßig kann eine Verwandtschaft mit den Weinen aus Oregon und Washington festgestellt werden.

PRODUZENTEN/REBFL/PROD Neues Gebiet mit wenigen Produzenten, die aber ein gutes Entwicklungspotenzial zu besitzen scheinen. Zu den wichtigsten gehören:

STE CHAPELLE WINERY, CALDWELL
Idaho's erster Vinifera-Produzent. 120 000 Kisten/Jahr. 85% der Trauben kommen aus Idaho, 15% aus Washington. Vorwiegend CS und Merlot, die hier mit der Reife etwas Schwierigkeiten haben. Die wichtigsten Rebsorten sind Chardonnay und Riesling.

PINTLER
Pintler wurde an Ste Chapelle verkauft. Früher wurden Trauben als Nebenerwerb angebaut. Seit 1988 wird Wein erzeugt und abgefüllt. 6 000 Kisten/Jahr, u.a. Chardonnay, Riesling und CS.

### NEW JERSEY

GESCHICHTE New Jersey ist hauptsächlich als Traubensaftproduzent bekannt.

GEOGRAPHIE Es gibt zwei AVAs: Central Delaware Valley und Warren Hills. Die meisten neuen, kleineren Weinproduzenten findet man im Norden des Staates am Fluss Delaware.

WEINE Meistens werden Hybriden- und Vinifera-Sorten in Kombination kultiviert.

KLIMA In den Weinbaugebieten haben entweder der Fluss Delaware oder das Meer einen ausgleichenden Einfluss auf das Klima.

PRODUZENTEN/PROD/REBFL Nach dem 1981 geänderten Gesetz sind mehrere Erzeuger dazugekommen. Einige davon sind:

ALBA WINERY, MILFORD
Anfang der 80er Jahre gegründet und heute schon mit einem guten Ruf. U.a. CS, Chard, Riesling, GT und die Hybride Vidal Blanc.

RENAULT WINERY
New Jerseys ältester und größter Weinproduzent. Wurde 1964 vom Franzosen Renault gegründet. Heute erzeugt der Betrieb nur Weine aus Vinifera- und Hybrid-Sorten.

### INDIANA

GESCHICHTE Indiana hat eine stolze Weinbautradition. Schon 1802 ließen sich einige Winzer entlang des Ohio-Fluss nieder. Sie wurden vom Schweizer John James Dufour angeführt. Er schrieb im Jahr 1826 das erste Buch über Weinbau in den USA, „The American Vinedressers Guide". Erst 1971 begann der moderne Weinbau. Eine AVA: Ohio River (geteilt).

WEINE/REBSORTEN Die Weine werden aus Labrusca-Sorten, Hybriden wie Seyval und Vidal Blanc sowie aus Vinifera-Sorten erzeugt.

PRODUZENTEN Es gibt 12 professionelle Winzer und einige, die erst damit beginnen. Führend sind OLIVER WINERY (Bloomington) und CHATEAU THOMAS (Indianapolis).

### NEW ENGLAND

CONNECTICUT, MASSACHUSETTS, RHODE ISLAND, NEW HAMPSHIRE, VERMONT UND MAINE

Im Küstengebiet von Massachusetts hat man schon vor zweihundert Jahren Weinanbau betrieben. Die Weinberge verfielen in der Folge und wurden erst in den 60er Jahren in New England, New Hampshire, wieder aufgebaut.

Heute gibt es mehr als 20 Weinproduzenten in Connecticut, Massachusetts, Rhode Island und New Hampshire und Weinberge finden sich auch in Vermont und Maine.

Massachusetts hat das bekannteste Weinanbaugebiet mit den AVAs Martha's Vineyard. Es ist eine Insel mit alter Weinbautradition. Auch Massachusetts' AVA, Southeastern New England, das durch Connecticut und Rhode Island geteilt wird, steht unter dem klimaausgleichenden Einfluss des Meeres.

Ganz New England erzeugt 0,1% der Weinproduktion der USA. Die Weine sind vorwiegend aus Hybriden erzeugt, es kommen aber auch Vinifera-Sorten vor.

Die bekanntesten Weinerzeuger sind:

MASSACHUSETTS: Commonwealth Winery, Chicama Vineyards und Plymouth Colony Wines.

CONNECTICUT: Hamlet Hill Winery, Haight Vineyard und Crosswood Vineyard.

RHODE ISLAND: Sakonnet Vineyard.

## Jahrgänge in den USA

**1998**
Das sonst beständige Wetter Kaliforniens wurde 1998 durch den „El Niño" durcheinandergebracht. Zur Blütezeit hatten wohl viele Winzer Sorgen. Doch der perfekte Herbst mit warmen und milden Tagen sowie kühlen Nächten ergab eine sehr gute Traubenqualität. Die Ertragsmenge aber war über 10% niedriger als im Vorjahr.

**1997**
Rekordernte in Kalifornien. Der Ertrag stieg im Vergleich zum Vorjahr um 24%. In den südlicheren Teilen der Region konnte die Lese zwei bis drei Wochen früher als normal beginnen. Während der ganzen Vegetationsperiode war das Wetter perfekt: Auf einen warmen, etwas regnerischen Winter folgten ein langer, trockener und warmer Frühling, ein heißer Sommer und ein perfekter Herbst. Generell in allen Gebieten hohe Qualität, besonders in Napa und Sonoma.

**1996**
Hohe Qualität, aber geringer Ertrag: so kann das Jahr 1996 zusammengefasst werden. Der Regen im Mai machte die Büschel lose und die Hitze im August verhinderte den weiteren Zuwachs der noch ziemlich kleinen Trauben. Für die Weine bedeutete dies konzentrierte Fruchtigkeit, hohes Extrakt und phantastische Aromen. Kurz: für Varietal-Weine ein hervorragendes Jahr.

**1995**
Ein, trotz großer Probleme mit dem Wetter, qualitativ ziemlich gutes Jahr: viele lokale Überschwemmungen, ein regnerischer Frühling und heftige Sommergewitter. Der Sommer war aber heiß und das Wetter während der verspäteten Ernte gut. Insgesamt entstanden viele konzentrierte und aromareiche Weine mit gutem Säuregehalt.

**1994**
Etwas besserer Ertrag als 1993. Das Wetter im Frühling und Sommer war kühl, der Herbst teilweise regnerisch. In Napa und Sonoma war der Ertrag sehr gut und die Weine waren generell von hoher Qualität.

**1993**
Eine kleine Enttäuschung nach zwei guten Jahren, zumindest was die Erntemenge betrifft. Viele Winzer im Norden von Kalifornien ernteten 25% weniger Traubengut. Trotz heftiger Regenfälle während der Blütezeit, einem kühlen Juli und gemischtem Augustwetter ist die Qualität hoch. Mit Glück, gutem Timing und guter Kellerarbeit konnten Spitzenweine erzeugt werden.

**1992**
Ein durchschnittlicher Frühling und ein heißer Sommer ermöglichten in Napa und Sonoma einen sehr frühen Lesezeitpunkt (Beginn am 12. August). Die Erntemenge war vergleichsweise wie 1991. Die Central Coast verzeichnete trotz Hagelschäden im Frühling eine unerwartet gute Ernte.

**1991**
Bedeutete endlich das Ende der trockenen Jahre. Ein später Frühling und ein schöner und trockener Altweibersommer führten dazu, dass die Trauben vor dem Herbstregen im späten Oktober gelesen werden konnten. Die größte Ernte in Kalifornien seit 1982, bedeutend niedrigere Ernten in Oregon und Washington.

**1990**
Das vierte trockene Jahr in Folge. Der einzige Niederschlag kam während der Blütezeit im Mai. Der Sommer war recht kühl, aber mit einem warmen Abschluss. Die meisten weißen Sorten konnten, bevor die Regenschauer Ende September einsetzten, gelesen werden. Seit 1987 das beste Jahr für Cabernet. Feiner Chardonnay, aber wechselnde Qualität bei Merlot und Pinot Noir.

**1989**
Noch ein trockenes Jahr. Gleichmäßige Temperatur im Sommer und frühe Lese im September. Ende September, als 40% des Traubenguts gelesen war, kamen Stürme mit Kälte-, Nebel- und Regeneinbrüchen. Danach folgte zum Glück noch etwas Wärme. Variierende Qualität, die Weißweine oft besser als die roten.

**1988**
Nach einem trockenen, warmen Winter kam der Regen erst im April/Mai. Cabernet Sauvignon, Merlot und Sauvignon Blanc litten darunter. Chardonnay und Pinot Noir sind widerstandsfähiger und haben sich gut gehalten. Im Juni und Juli war das Wetter wechselhaft und im August/September wurde es dann sehr heiß. Während der Erntezeit war das Wetter warm und der Ertrag niedrig. Ein schwieriges Jahr mit unterschiedlicher Weinqualität.

**1987**
Ein gleichmäßiges Jahr, überdurchschnittlich warm. Am besten fielen Cabernet Sauvignon und Merlot aus. Auch Chardonnay und Sauvignon Blanc sind ausgezeichnet.

**1986**
Ein sehr gutes Jahr mit gleichmäßiger, nicht zu warmer Temperatur. Gelungene Chardonnay und tanninhaltige und fruchtige Cabernet.

**1985**
Der Jahrgang des Jahrhunderts! Insbesondere für Cabernet Sauvignon, der sich zu einem Klassiker entfaltet. Auch gute Chardonnay und Merlot.

**Andere gute Jahrgänge:**
1981, 1980, 1979 (Pinot Noir).

## USA • WEINETIKETTEN

### WEINETIKETTEN IN DEN USA

Das amerikanische Weingesetz ist ein Versuch, das französische Appellationssystem nachzuahmen. In den USA werden die ausgewählten Gebiete AVA, *Approved Viticultural Area* (Genehmigtes Anbaugebiet), genannt. Laut Definition ist eine AVA ein Gebiet mit ursprungstypischen Weinen und hinsichtlich Klima, Bodenverhältnissen und Grenzen leicht zu identifizieren. Es kann ein Staat, ein County oder eine Gemarkung sein. Heute gibt es über 100 AVAs in 24 Bundesstaaten.

Das amerikanische Weingesetz unterscheidet zwischen *Varietal*, *Semi-Generic* und *Generic Wines*. *Varietal Wine* (sortenreiner Wein) ist ein Qualitätswein, der zu 75% aus der genannten Sorte besteht. *Semi-Generic* und *Generic Wines* (Generic = Charakter) sind billigere, einfache Weine ohne besonderen Anspruch auf Ursprung, Qualität usw. Sie werden oft in Glaskaraffen (sog. Jug) verkauft und tragen Phantasienamen, wie z.B. Burgundy, Chablis, Chianti, Madeira, Rhine. In einigen Staaten ist der Gebrauch dieser Phantasienamen verboten und andere werden sich diesem Verbot bald anschließen.

### ERZEUGER

Name und Adresse des Erzeugers müssen angegeben werden. *Grgich Hills* gehört zu den besten im Napa Valley. Steht außerdem *Estate Bottled* (Erzeugerabfüllung), muss der Wein zu 100% vom angegebenen Erzeuger stammen, und weder die Trauben noch der Wein dürfen das Weingut nach dem Lesezeitpunkt bis zur Flaschenabfüllung verlassen haben.

### URSPRUNG

Der Name der AVA muss angegeben werden, in diesem Fall *Napa Valley*. Die Begriffe AVA oder Approved Viticultural Area müssen (seltsamerweise) nicht angegeben werden. 85% der Trauben müssen aus dieser AVA stammen. (Wird Kalifornien angegeben, müssen 100% der Trauben aus diesem Bundesstaat stammen.)

### REBSORTE

Muss bei Varietal Wines angegeben werden, die mind. 75% der genannten Sorte enthalten müssen, in diesem Falle *Chardonnay*. Wird eine Weinlage angegeben, z.B. Rutherford Hill, müssen 95% der Trauben aus dieser stammen. Enthält der Wein Schwefel (Sulfit), muss dies angegeben werden: *Contains Sulfites*.

### JAHRGANG

Mindestens zu 95% muss der Wein aus dem angegebenen Jahrgang stammen.

### ALKOHOLGEHALT/INHALT

Die Angabe des Alkoholgehalts ist obligatorisch, jedoch nicht die Angabe des Inhalts.

850

## WEINVOKABULAR USA

**A**CID Im Wein enthaltene Säure. Kann auf dem Etikett in Gramm/Liter angegeben werden.

AVA Approved Viticultural Area. Vom BATF anerkannte, festgelegte oder abgegrenzte Herkunftsgebiete in den USA. Entspricht den französischen AOC-Bestimmungen. 1998 zählte man 131 AVAs. Die meisten befinden sich in Kalifornien.

**B**ALLING Auch Brix genannt, aber exakteres Messverfahren.

BATF Bureau of Alcohol, Tobacco and Firearms. Die staatliche Behörde, die den amerikanischen Weinanbau regelt.

BLUSH WINE Leicht rosafarbener Wein aus roten Trauben (Weiß- oder Roséwein), z.B. White Zinfandel.

BOND Eigentlich Bounded Winery. Bundesstaatliche Bewilligung, Weine kommerziell herzustellen und zu lagern.

BOTRYTIS Edelfäule, d.h. von der Botrytis Cinerea angegriffene Trauben. Franz.: Pourriture Noble. Englisch: Noble Rot.

BRIX Das amerikanische Maß für den im Most enthaltenen Zuckergehalt, wodurch der potenzielle Alkoholgehalt im Wein errechnet werden kann.

**C**OOLER Süffiges Getränk mit niedrigem Alkoholgehalt, wird aus Wein und Fruchtsaft erzeugt.

**F**OXY Sog. Foxton. Typischer Beigeschmack von Weinen aus den Amerikanerreben Labrusca und ihren Kreuzungen. Erinnert an nassen Pelz.

**G**ENERIC WINES Einfache Weine, oft sog. Jug Wines. Vorkommende Namen sind Chablis, Rhine, Burgundy, Claret etc. Keine speziellen Angaben über die Rebsorte, aus der der Wein erzeugt wurde. In immer mehr Bundesstaaten ist dieser Begriff verboten.

**H**YBRIDEN Kreuzungen von europäischen und amerikanischen Rebsorten mit Namen wie Baco Noir, Chelois, Ravat Blanc und Seyve-Villard 5276.

**J**R, JOHANNISBERG RIESLING Synonym für Riesling. Die Bezeichnung ist nicht mehr zugelassen.

JUG WINES Einfache Weine, werden in großen Verpackungen zu in 1,5 Liter und mehr angeboten. Oft sog. Generic Wines.

**K**LIMAZONEN Eine in Kalifornien eingeführte Temperaturzoneneinteilung (siehe Haupttext Kalifornien).

**L**ABRUSCA Amerikanerrebe (z.B. Concord), botanisch Vitis labrusca genannt.

LATE HARVEST Spätlese. Ergibt süßen Wein.

**M**ISSION Die erste Vitis-Vinifera-Rebsorte, erstmals von Franziskaner-Missionaren im Teilstaat New York im 16. Jh. angebaut. Ergibt meist verstärkte Süßweine, speziell in Mexiko. Wird in Mexiko und Südamerika Criolla genannt.

**O**AK BARREL Eichenfass.

**R**.S. - RESIDUAL SUGAR Der im Wein verbleibende Restzuckergehalt in Prozent.

**S**CUPPERNONG Eine Traubenart. Die Beeren wachsen einzeln, wie z.B. die Kirschen. Ergibt süße Weine mit einem ungewöhnlichen Geschmack.

SULFITE Schwefel. Muss auf dem Etikett angegeben werden: Contains Sulfites (enthält Schwefel).

**T**ARTARIC ACID Gesamtsäure (nichtflüchtige Säuren).

THOMPSON SEEDLESS Bis Anfang der 80er Jahre war dies die am meisten verbreitete Weißwein-Rebsorte in Kalifornien. Heute für Massenweine, zur Weinbrandherstellung und Rosinenproduktion verwendet.

**V**ARIETAL WINES Rebsortenbezeichnete Weine (Varietal = Rebsorte). Grundsätzlich muss der Wein mind. 75% der angegebenen Sorte enthalten.

VINIFERA Die europäische Untergattung der Sorte Euvites Vitis. Die Wurzeln sind auf die Weinlaus (Phylloxera Vastatrix) empfindlich und diese Sorte wird daher oft auf amerikanische, Reblaus-resistente Unterlagsreben gepfropft.

VINTAGE Lese, Jahrgang.

VINTNER Weinhändler, Erzeuger.

**W**OOD-AGED In Holz ausgebaut. Häufig meint man damit Eichenholz.

# KANADA

GESCHICHTE Als der erste Siedler, der Franzose Jacques Cartier, 1535 Quebec durchquerte, fand er eine Menge wilder Weinreben. Der Deutsche Johann Schiller war um 1810 der erste Winzer. Erst Ende des 19. Jh. kam der Weinbau richtig in Gang, hauptsächlich aufgrund spontaner Hybriden wie Catawba und Isabella. 1890 gab es 41 Weinunternehmen mit knapp 1 000 ha Rebfläche. Die Weine wurden hauptsächlich aus der Labrusca-Traube Concord hergestellt und waren süß. Diese Traubensorte dominierte bei der kanadischen Weinproduktion bis in die 40er Jahre des 20 Jh. Ab 1917 herrschte während 11 Jahren, wie auch in den USA, die Prohibition. Nach dem 2. Weltkrieg begann ein langsamer Aufstieg. Die Qualitäts-Hybriden übernahmen die Führung und 1955 wurden die ersten kanadischen Chardonnay-Weine erzeugt. 1988 begann in Ontario im Weinbau eine kleine Revolution. Die Labrusca-Traube wurde verboten und die ersten Qualitätsnormen durch die Vintners Quality Alliance, VQA, festgelegt. Seither hat man eine enorme Qualitätssteigerung feststellen können. Kanadas Qualitätsweine können sich heute mit den besten entsprechenden Weinen Europas messen.

GEOGRAPHIE Kanada ist flächenmäßig das zweitgrößte Land der Welt. Es herrscht ein kühles, im Süden oft kontinentales Klima mit heißen Sommern und kalten Wintern.

ANBAUGEBIETE Weinbau kommt in 4 der 10 Provinzen Kanadas vor. Mit Abstand die größte und wichtigste ist ONTARIO an den großen Seen. Ganz im Westen liegt die junge Weinbauregion BRITISH COLUMBIA. Ein kleineres Anbaugebiet liegt auch südöstlich von Montreal in QUEBEC. Auf einer Halbinsel im Atlantik südlich von Neufundland liegt das Gebiet NOVA SCOTIA.

WEINE Unter den Qualitätsweinen dominieren die trockenen Weißweine mit deutschem Charakter. Die Rotweine sind meist leicht und fruchtig. Der Eiswein ist zu einer kanadischen Spezialität mit großem Exportanteil geworden.

REBSORTEN Die Labrusca-Sorten sind fast verschwunden. Hybriden wie die weißen Seyval und Vidal Blanc sowie die roten De Chaunac, Maréchal Foch und Baco Noir kommen noch häufig vor. Die Vinifera-Sorten, von denen 45 erlaubt sind, nehmen immer mehr zu. Am meisten wird Chardonnay angebaut. Andere weiße: Riesling, GT, SB. Rote: PN, Merlot, Gamay, CF und CS.

WEINGESETZE 1988 wurde in Ontario das Appellationssystem VQA, VINTNERS QUALITY ALLIANCE, gegründet. Das System wird auch in anderen Gebieten angewendet. Die untere Qualitätsstufe ist PROVINCIAL DESIGNATION (entspr. dem deutschen QbA). Die Bezeichnung auf der Flasche lautet z.B. Ontario, d.h. der Name der Provinz. Die Rebsorte darf vom Vinifera- oder Hybriden-Typ sein. Bessere Weine erhalten die Klasse GEOGRAPHICAL DESIGNATION, d.h. die Ursprungsbezeichnung. Dies gilt nur für Vinifera-Sorten und 85% müssen aus einer DVA, DESIGNATION VITICULTURAL AREA, stammen (= Appellation). Für die sog. SPECIALITY WINES, u.a. Icewine, Botrytis-Wein und verschiedene Late Harvest (Spätlesen), gibt es gewisse Ausnahmen. Getestete Weine dürfen das VQA-Zeichen in Gold auf schwarzem Hintergrund tragen. Erhält der Wein in einem Test mehr als 15 von 20 Punkten, erhält er das VQA-Medaillon, eine Sonderauszeichnung.

REBFL/PROD 7 000 ha, etwa 300 000 hl/Jahr.

WISSENSWERT Wine Council of Ontario, 110 Hannover Drive, Suite B205, St. Catharines, ON, Kanada L2W 1A4. Tel. 905-684 8070. Oder British Columbia Wine Institute, 1193 23rd Street, North Vancouver, BC, Kanada V7P 2H2. Tel. 604-666 7744. Fax 604-903 7396.

# KANADA

## REGIONEN

### ONTARIO

GESCHICHTE Von den starken, süßen Labrusca-Weinen ist man heute zur Erzeugung von Qualitätsweinen übergegangen. Die Revolution wurde 1988 mit dem VQA-System eingeleitet. Drei DVAs: Niagara Peninsula, Lake Erie North Shore sowie Pelee Island.

WEINE Leichte, sortentypische Weißweine, fruchtige Rotweine, Late Harvest und Icewine.

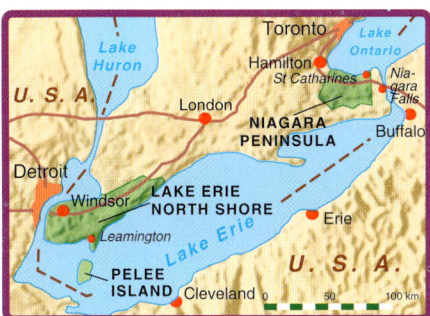

Weiße: Chardonnay, Riesling, PG und GT. Rote: PN, Gamay, Merlot, Zweigelt, CS und CF.
REBFL/PROD 7 200 ha, 360 000 hl/Jahr.

### BRITISH COLUMBIA

GESCHICHTE British Columbia ist eine junge Region, die sich - inspiriert vom USA-Staat Washington - mit großer Begeisterung dem Weinbau widmet. Von Anfang an wurden Vinifera-Trauben angebaut. Vier DVAs: Okanagan, Similkameen, Fraser Valley und Vancouver Island.

WEINE Angebaut werden vorwiegend Weißweine in deutschem Stil mit Frucht, Fülle und deutlicher Säure. Weißweine: Riesling, Chardonnay, Pinot Blanc, Gewürztraminer und Bacchus. Rotweine: Pinot Noir.
REBFL/PROD 1 200 ha, etwa 60 000 hl/Jahr.

### QUEBEC

GESCHICHTE Die Rebflächen liegen an der Grenze zu New York/Vermont. 90% Weißwein aus Hybriden, wegen des harten Klimas. DVAs: Dunham und St. Alexandre.

WEINE Hybriden, meist Seyval Blanc.
REBFL/PROD 70 ha, etwa 1 500 hl/Jahr.

### NOVA SCOTIA

GESCHICHTE Nova Scotia ist eine Halbinsel im Atlantik mit sehr hartem Klima. DVAs: Annapolis Valley und Northeast Shore.

WEINE Charaktervolle Weine aus Seyval, Maréchal Foch, dem russischen Michurinetz u.a.
REBFL/PROD 60 ha, ca. 3 000 hl/Jahr.

## PRODUZENTEN IN KANADA

### BRIGHTS WINES

Brights Wines ist Ontarios ältestes Weingut und stammt aus dem Jahr 1874. Es war ein Pionier für Vinifera-Weine. Hergestellt werden Schaumweine nach der Champagne-Methode und „echter" Sherry nach dem Solera-System.

• **Adresse:** Box 510, 4887 Dorchester Road, CDN-Ontario L2E 6V4 Niagara Falls. **Tel.** 416-358-7141. **Fax** 416-358-7750.

### CALONA WINES

Calona Wines ist ein großer, marktorientierter Erzeuger mit populären Weinen. Als Vorbild diente E. & J. Gallo. Rebsorten: Johannisberg Riesling, Chardonnay und Hybriden.

• **Adresse:** 1125 Richter Street, CDN-British Columbia V1Y 2K6 Kelowna. **Tel.** 604-762-3332. **Fax** -762-2999.

### CAVE SPRING CELLARS

Cave Spring Cellars ist ein perfektes Beispiel für eine qualitätsbewusste Boutique Winery. Es werden nur Vinifera-Sorten angebaut. Rebsorten: Chardonnay, Riesling, Gamay, PN, CS u.a.

• **Besitzer:** John & Len Pennachetti u.a. **Adresse:** 3836 Main Street, CDN-Ontario L0R 1S0 Jordan. **Tel.** 416-687-9633. **Fax** 416-682-9171.

### CEDAR CREEK ESTATE

Das Gut liegt auf einer Höhe von 300 m ü.M. Die Weine sind gut gemacht und werden oft in Eiche ausgebaut. Es werden auch gute Eisweine erzeugt. FAKTEN 13 ha, 20 000 Kisten/Jahr.

• **Besitzer:** David Ross Fitzpatrick **Adresse:** 5445 Lakeshore Road, CDN-British Columbia V1Y 7R3 Kelowna. **Tel.** 604-764-886. **Fax** 604-764-2603.

### CH. DES CHARMES WINES

Der im französischen Dijon ausgebildete Paul Bosc erzeugt vorbildliche Weine im Burgunder-Stil. Der beste „Beaujolais Nouveau" von Ontario, guter Chardonnay, Pinot Noir und Schaumwein werden produziert. Rebsorten: Chardonnay, Riesling, Pinot Noir, Gamay, Aligoté u.a.

• **Besitzer:** Paul Bosc & Rodger Gordon **Adresse:** Box 280, CDN-Ontario L0S 1P0 St. Davids. **Tel.** 416-262-4219. **Fax** 416-262-5548.

### DE L'ORPAILLEUR

Das Weingut „des Goldwäschers" wird mit Erfolg vom Franzosen Hervé Durand geführt und gilt als ein Pionier-Weingut. Es wird hauptsächlich Seyval Blanc angebaut.

• **Besitzer:** Hervé Durand u.a. **Adresse:** 1086 Route 202, CDN-Quebec J0E 1M0 Dunham. **Tel.** 514-295-2763. **Fax** 514-295-3112.

## Produzenten in Kanada

### Gehringer Brothers

Die Besitzer von Gehringer Brothers wurden an den Weinhochschulen in Geisenheim und Weinsberg ausgebildet. Es werden reinrassige Vinifera-Weine ohne Eichenausbau hergestellt. Rebsorten: Johannisberg Riesling, Auxerrois, Ehrenfelser, Schonburger. FAKTEN 11 ha, 15 000 K./Jahr.

• **Besitzer:** Walter & Gordon Gehringer **Adresse:** Site 23, Comp. 4, CDN-British Columbia V0H 1T0 Oliver. **Tel.** 604-498-3537. **Fax** 604-498-3510.

### Grand Pré Estate Winery

Die Grand Pré Estate Winery wurde 1980 von Nova Scotias Weinpionier Roger Dial gegründet. Es werden u.a. russische Rebsorten aus Amur angebaut. Rebsorten: Michurinetz, Severnyi, Chardonnay, Maréchal Foch, Baco Noir, Seyval u.a.

• **Besitzer:** Jim Landry & Karen Avery **Adresse:** Box 18, CDN-Nova Scotia B0P 1M0 Kings County. **Tel.** 902-542-1470. **Fax** 902-542-1471.

### Gray Monk Cellars

Gray Monk Cellars stellt einige der besten Weine in deutschem Stil in British Columbia her. Rebsorten: Auxerrois, Pinot Gris, GT, Kerner u.a.

• **Besitzer:** George Heiß **Adresse:** Box 63, CDN-British Columbia J0H 1P0 Okanagan Centre. **Tel.** 604-766-3168. **Fax** 604-766-3390.

### Henry of Pelham

Henry of Pelham ist ein historisches Weingut, das 1988 von der Familie Speck gekauft wurde. Die besten Weine sind der Riesling und der in Eiche gereifte Chardonnay. Rebsorten: Chardonnay, Riesling, Cabernet Sauvignon u.a.

• **Besitzer:** Paul & Bobbi Speck **Adresse:** 1469 Pelham Road, CDN-Ontario L2R 6P7 St. Catharines. **Tel.** 416-684-8423. **Fax** 416-684-8444.

### Hillebrand Estate

Hillebrand Estate ist eine hochmoderne Anlage mit vielen guten Weinen und vielen verschiedenen Etiketten. Rebsorten: Chardonnay, Riesling, PN, Pinot Gris und Cabernet Franc.

• **Besitzer:** Underberg **Adresse:** Highway 55, CDN-Ontario L0S 1J0 Niagara-on-the-Lake. **Tel.** 416-468-3201. **Fax** 416-468-4789.

### Inniskillin Wines

Inniskillin Wines wurde weltbekannt, als ihr Vidal Icewine 1991 die Goldmedaille bei der Weinausstellung in Bordeaux gewann. Rebsorten: Gamay, Cabernet Sauvignon, Cabernet Franc, Merlot, Chardonnay, Riesling, Grüner Veltliner u.a.

• **Besitzer:** Donald Ziraldo **Adresse:** R.R. No 1, CDN-Ontario L0S 1J0 Niagara-on-the-Lake. **Tel.** 416-468-2187. **Fax** 416-468-5355.

### Les Arpents de Neige

Les Arpents de Neige stellt gute Hybriden-Weine her. Der Besitzer ist Spezialist für das „Hilling"-Verfahren, d.h. er deckt im Winter den ganzen Weinberg mit Erde zu, um ihn gegen Kälte zu schützen. Rebsorten: Seyval, Pollux, Ortega u.a.

• **Besitzer:** Jacques & Alain Breault **Adresse:** 4042 rue Principale, CDN-Quebec J0E 1M0 Dunham. **Tel.** 514-295-3383.

### Pelee Island Winery

Die Pelee Island Winery liegt im südlichsten Weinbaugebiet Kanadas auf der Insel Pelee. Hier wurde der erste Icewine erzeugt. Rebsorten: Chardonnay, Riesling, GT, Zweigelt, Gamay, PN u.a.

• **Besitzer:** Walter Schmoranz **Adresse:** 455 Highway No 18 East, CDN-Ontario N9Y 2K5 Kingsville.

### Reif Estate

Ewald Reif hat dieses Qualitätsweingut mit Hilfe seines Bruders, der ein Weingut in Neustadt in der deutschen Pfalz hat, aufgebaut. Rebsorten: Riesling, Chard, Gewürztraminer, Kerner u.a.

• **Besitzer:** Ewald & Klaus Reif **Adresse:** Niagara Parkway, CDN-Ontario L0S 1J0 Niagara-on-the-Lake. **Tel.** 416-468-7738. **Fax** 416-468-5878.

### Stoney Ridge Cellars

Stoney Ridge Cellars hat viele Auszeichnungen für ihre reinrassigen, fruchtigen, oft in Eiche gereiften Weine erhalten. Rebsorten: Chardonnay, Gewürztraminer, Vidal, Seyval, Morio Muscat, Gamay, Pinot Noir u.a.

• **Besitzer:** Jim Warren **Adresse:** 1468 Highway 8, CDN-Ontario L0R 2L0 Winona. **Tel.** 416-643-4508. **Fax** 416-643-0993.

### Sumac Ridge Estate

Sumac Ridge Estate stellt die besten, in Eiche ausgebauten Chardonnay in British Columbia her. Hier wurden auch die ersten Schaumweine nach der Champagner-Methode erzeugt. Rebsorten: Chardonnay, Pinot Noir, Gewürztraminer, Riesling. FAKTEN Ca. 9 ha, 17 000 Kisten/Jahr.

• **Besitzer:** Harry Mc Watters u.a. **Adresse:** Box 307, 17403 Highway 97, CDN-British Columbia V0H 1Z0 Summerland. **Tel.** 604-494-0451. **Fax** 604-3456.

### Vineland Estates

Vineland Estates gilt mit seinem 150-jährigen Landhaus als das schönste Weingut in Ontario. Hergestellt werden ein guter Riesling, Chardonnay und Icewine. Rebsorten: Riesling, Chardonnay, Pinot Noir. FAKTEN Ca. 20 ha, 10 000 Kisten/Jahr.

• **Besitzer:** Allan Schmidt u.a **Adresse:** R.R. No 1, 3620 Moyer Road, CDN-Ontario L0R 2C0 Vineland. **Tel.** 416-562-7088.

# CHILE

*Chile erzeugt immer bessere Weine, erweitert die Rebflächen und auch der Export steigt.*

kalten Meeresströme bedingen, dass der Weinanbau nicht an der Küste, sondern weiter im Landesinnern anzutreffen ist. Chile wird von mehreren Flüssen durchzogen, die aus den Anden kommen. Sie machen es speziell in den nördlichen und zentralen Landesteilen, wo nur wenig Niederschlag fällt, möglich, die Weinberge künstlich zu bewässern. In der Hauptstadt Santiago zum Beispiel fällt nicht mehr als 370 mm Niederschlag pro Jahr. Die Flüsse schwemmen außerdem Sedimente wie Kies und kleine Steine von den Hängen herab, so dass der Boden ähnlich dem des Médoc ist.

*Die meisten Qualitätsweine werden im Maipo-Tal des Central Valley erzeugt.*

GESCHICHTE Hier begann der Weinbau wie im restlichen Südamerika Mitte des 16. Jh. mit den spanischen Eroberern. Der Begründer des modernen Weinanbaus war Silvester Ochagavia, der 1850 erkannte, welche Möglichkeiten Klima und Boden für den Weinanbau in Chile boten. Er holte sowohl Experten als auch Rebstöcke aus Frankreich ins Land. Dies geschah, noch bevor die Reblaus in Europa einfiel. Das hatte zur Folge, dass Chile heute das einzige Land ist, das Weine von ungepfropften Rebstöcken produziert, weil es von der Reblaus verschont blieb.

GEOGRAPHIE Chile ist ein 4 000 km langes und 150 km breites Land. Es ist ein Land mit extremen Klimaunterschieden, von der heißen Atacamawüste im Norden bis hin zum kargen, regnerischen und ungastlichen Feuerland im Süden. Die

ANBAUGEBIETE Das Land ist in 3 Zonen unterteilt: Norden, Mitte und Süden. Die nördliche Zone von der Atacamawüste bis zum Rio Choapa ist die wärmste. Hier werden Tafelweine und süße Weine, meist aus der Muskat-Traube, produziert. Die mittlere Zone reicht vom Rio Aconcagua, vorbei an der Hauptstadt Santiago, bis 300 km südlich zum Rio Maule. Dies ist ein Qualitäts-

855

weingebiet sowohl für Rotweine als auch für Weißweine mit einer klaren Neigung zu Bordeaux-Weinen. Die verbreiteten Rebsorten sind CS, Merlot, Mal und PV für Rotweine sowie Sém, SB und Chardonnay für Weißweine. Die südliche

*Durch ambitiöse Önologen erlebt die technische Entwicklung in Chile einen Aufschwung.*

Zone dehnt sich vom Rio Maule ca. 150 km südlich bis zum Rio Bio-Bio aus.

**WEINGESETZ** Es besteht ein streng geregeltes Kontrollsystem hinsichtlich Produktion und Verbrauch. Die Gesetze in Chile erinnern sehr an das Appellationssystem in Frankreich: Regelung des Ertrags/Jahr und Meldepflicht bei höherer Produktion und Restlagerbeständen. Um zu verhindern, dass aus Chile schlechte Weine exportiert werden, muss Exportwein einen Mindestalkoholgehalt von 12 Vol-% bei Weißweinen und 11,5 Vol-% bei Rotweinen aufweisen.

**REBFL/PROD** Knapp 120 000 ha, ca. 3,8 Mio. hl/Jahr. Der Export hat kräftig zugenommen.

**WISSENSWERT** Weitere Informationen: Asociación de Productores de Vinos finos de Exportación, Providencia 2330 of 63 Santiago. Tel. 02-2329849. Fax 02-232 7743. E-Mail: chile-vid@iusanet.cl.

*Central Valley, südlich von Santiago, ist das große Weingebiet für Qualitätsweine. In der Region Maipo werden die besten Weine produziert.*

*Dank des warmen Klimas mit vielen Sonnenstunden und der guten Bewässerung verläuft die Lese in Chiles Weinbergen meist recht sorglos. Von hier stammen die besten Weine Südamerikas.*

## Viña Caliterra

GESCHICHTE Die Familie Chadwick des Hauses Viña Errazuriz ist schon seit 1870 in der Weinproduktion tätig. 1989 wurde Viña Caliterra mit dem Ziel gegründet, chilenische Qualitätsweine für den Export zu erzeugen. Zur gleichen Zeit hatte Robert Mondavi die guten Voraussetzungen

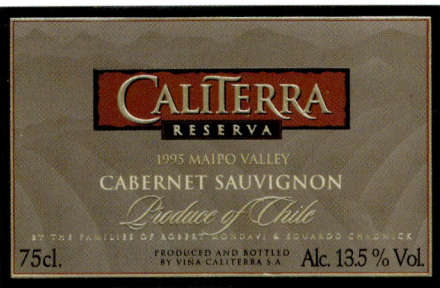

*Viña Caliterra arbeitet mit Mondavi zusammen. Ihr Seña soll das Pendant zum Opus One werden.*

für den Weinbau in Chile entdeckt und 1996 schlossen sich die beiden Familien zum Projekt Caliterra zusammen. Die Lagen befinden sich in vier verschiedenen Gebieten: südlich von Santiago in den Tälern Maipo, Rapel und Curicó und westlich der Stadt Casablanca im Aconcagua-Tal. 1998 konnte die neue Anlage in La Arboleda in Betrieb genommen werden.
WEINE Caliterra (Chard, SB, Merlot oder CS) und Caliterra Reserva (CS oder Chard). Als Teil einer erweiterten Zusammenarbeit zwischen den Häusern Mondavi und Errazuriz kam 1998 der „Super Premium-Wein" Seña (= Signatur, aus CS, Mer und Carmenere) auf den Markt. Ein moderner, weicher und vollmundiger Wein mit sehr viel Fruchtigkeit. Mit der Zeit soll aus Seña ein eigenes Weinhaus werden, wie Opus in Napa Valley.
RUF Einer der spannendsten Neulinge in Chile, Weine von höchster internationaler Klasse.
REBSORTEN CS, Merlot, Chard, SB u.a.
WEINHERSTELLUNG Eine neue Kellerei mit Spitzentechnologie: 128 Nirosta-Stahltanks. Der Prestigewein Seña wird während 14 Monaten in französischen Barriques und anschließend 12 Monate in der Flasche ausgebaut.
LAGERUNG Seña mind. 15 Jahre.
REBFL/PROD 400 ha, 600 000 Kisten/Jahr.

**Besitzer** R. Mondavi & Viña Errazuriz • **Kellermeister** Irene Paiva • **Besuch** Nach Vereinbarung • **Adresse** Av. Nueva Tajamar 481, Torre Sur-Suite 503, RCH-Las Condes-Santiago • **Tel.** 02-203 66 88 • **Fax** 02-203 63 46 • **E-Mail** vitis.report@caliterra.cl • **Homepage** www.caliterra.com

PRODUKTION      QUALITÄT      PREIS

## Viña Canepa

GESCHICHTE Das Weingut wurde 1930 von José Canepa V. gegründet und befindet sich immer noch in Familienbesitz. 1981 wurde eine moderne Anlage mit 45 Edelstahltanks mit einer Kapazität von über 3 Mio. Litern installiert und ein Lagerkeller für mehrere Millionen Liter errichtet.
WEINE Der Sauvignon Blanc ist ein leichter, hellgelber Wein, mit typisch „grüner", frischer Blume und Geschmack. Im Bukett erinnert er an Stachelbeeren und Flieder. Die Säure dieser Weine ist etwas geringer als die von europäischen Sauvignon-Weinen, dafür ist der chilenische Sauvignon Blanc spritziger. Der Chardonnay des Hauses ist

*Canepa hat in den USA einen großen Markt. Ihr Sauvignon Blanc ist leicht und frisch mit wenig Säure.*

markanter in der Farbe. Der rubinrote Cabernet Sauvignon hat einen leicht rauchigen Ton sowie einen Geschmack von Kräutern. Canepas Prestigewein heißt Finisimo, er wird sowohl aus Sauvignon Blanc als auch aus Cabernet hergestellt. Der Wein wird 6 Jahre gelagert, davon 30 Monate im Eichenfass. Finisimo Cabernet Sauvignon ist leicht, aber reif mit langem Abgang.
RUF Canepa gilt als eines der renommiertesten Weinhäuser Chiles.
REBSORTEN Chardonnay, Cabernet Sauvignon, Merlot und Sauvignon Blanc.
WEINHERSTELLUNG Gärung in Stahltanks, danach Ausbau in Holz- oder Zementfässern.
LAGERUNG Chardonnay und Cabernet können einige Jahre gelagert werden, Sémillon Blanc und Finisimo können sofort getrunken werden
REBFL/PROD Ca. 80 ha eigene Rebfl. (70% werden zugekauft), ca. 1,8 Mio. Kisten/Jahr. Export 50% nach den USA und Skandinavien.

**Besitzer** Luciana Garibaldi de Canepa • **Kellermeister** Ernesto Jiusan Ramírez • **Besuch** Kein Besuch möglich • **Adresse** Viña Canepa, Camino Lo Sierra 1 500, Cerillos, RCH-Santiago de Chile • **Tel.** 02-557 91 21 • **Fax** 02-557 91 89 • **E-Mail** jmerino@entelchile.net

PRODUKTION      QUALITÄT      PREIS

## VIÑA CARTA VIEJA

**GESCHICHTE** Die Familie Pedregal hat sich schon 1825, nachdem Chile die Selbständigkeit erreicht hatte, im Mauletal niedergelassen, um Wein anzubauen. Dies macht Carta Vieja zu einem der ältesten Weingüter Chiles. Heute wird es in der sechsten Generation von Don Alberto del Pedregal Aldunate und seinen beiden Söhnen geführt.

**WEINE** Antigua Selection wird aus 100% Cabernet Sauvignon erzeugt und zwei Jahre in Eichenfässern ausgebaut. Danach wird der Wein nochmals ein Jahr in der Flasche gelagert. So entsteht ein komplexer Wein mit viel Frucht. Auch die übrigen Varietal-Weine wie Cabernet Sauvignon, Merlot und Chardonnay halten eine hohe Qualität. Insbesondere der buttrige Chardonnay wird in modernem Stil ausgebaut und besitzt Röstaromen und Aromen von Zitrusfrüchten im Bukett.

**RUF** Die Tradition und der Einsatz moderner Technologie macht Carta Vieja zu einem der interessantesten Weingüter in Chile.

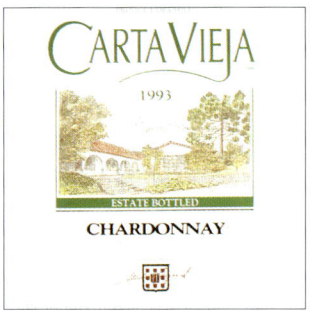

*Carta Vieja ist ein Großproduzent mit vielen interessanten Weinen von höchster Chile-Klasse.*

**REBSORTEN** Cabernet Sauvignon, Merlot, Sauvignon Blanc und Chardonnay.

**WEINHERSTELLUNG** Moderne Technik, die mit der neusten in Europa vergleichbar ist. Die Lagerkapazität fasst heute fast sechs Millionen Liter.

**LAGERUNG** Der Cabernet Sauvignon kann mindestens zehn Jahre gelagert werden.

**REBFL/PROD** 500 ha, ca. 1 Mio. Kisten/Jahr. 70% Export.

**Besitzer** Alberto del Pedregal • **Kellermeister** Pablo Vergara • **Besuch** Nach Vereinb. • **Adresse** Viña Carta Vieja, Av. Francisco Antonio Encina 231, RCH-Villa Alegre - VII Region • **Tel.** 073-381612 • **Fax** 073-381681 • **E-Mail** vicar@ctc-mundo.net • **Homepage** www.cartavieja.com

PRODUKTION   QUALITÄT   PREIS

## CONCHA Y TORO

**GESCHICHTE** Concha y Toro ist Chiles größter und im Ausland bekanntester Weinproduzent. Er verfügt über Weingärten nördlich und südlich von Santiago, in Maipo, Maule und Rapel. Das Weinhaus wurde bereits 1883 von einem der Pioniere des chilenischen Weinbaus, Don Melchor de Concha y Toro, gegründet. In letzter Zeit hat man eine Zusammenarbeit mit Château Mouton-Rothschild eingeleitet, um die Qualität zu verbessern. In Chile nennt man hochqualitative Weine „primer orden".

**WEINE** Von einfachen Tisch- bis zu sehr guten

*Concha y Toro, der größte Produzent Chiles, arbeitet heute mit Ch. Mouton-Rothschild zusammen.*

Cabernet-Weinen. Die Weine sind relativ preiswert. Die Cabernet-Sauvignon-Weine wie Don Melchor, Marqués de Casa Concha und Casillero del Diablo sind die bekanntesten. Der Letzte ist auch als Chardonnay und SB erhältlich. Der rote Almaviva ist der Erste einer Prestigeserie im französischen Médoc-Stil, der in Zusammenarbeit mit Ch. Mouton-Rothschild erzeugt wird.

**RUF** Concha y Toro hat, trotz seiner Größe, durch die Zusammenarbeit mit Ch. Mouton-Rothschild die Qualität erheblich verbessern können.

**REBSORTEN** 47% CS, 28% Merlot, 22% Chardonnay, Sauvignon Blanc und Riesling.

**WEINHERSTELLUNG** Die Vinifizierung ist mit dem Einsatz temperaturgeregelter Stahltanks sehr modern. Der Ausbau findet in französischen und amerikanischen Barriques statt.

**LAGERUNG** Die Prestigeweine können mehr als zehn Jahre gelagert werden.

**REBFL/PROD** 3 000 ha, 15 Mio. Kisten/Jahr.

**Besitzer** Fam. Guilisasti u.a. • **Kellermeister** Enrique Tirado • **Besuch** Mo-Fr Führungen: Tel. 02-821 70 69. • **Adresse** Concha y Toro, Nueva Tajamar 481 Torre Norte, Piso 15, RCH-Santiago de Chile • **Tel.** 02-821 70 00 • **Fax** 02-853 00 24 • **Homepage** www.conchaytoro.cl

PRODUKTION   QUALITÄT   PREIS

## VIÑA COUSIÑO MACUL

GESCHICHTE Das älteste, von Juan Jufre angelegte Weingut in Chile. Es besitzt Wurzeln bis weit in das 16. Jahrhundert. Der Name Macul war die indianische Bezeichnung für „rechte

*Die Familie Cousiño Macul wird als Weinerzeuger schon im 16. Jahrhundert erwähnt.*

Hand". Die jetzige Kellerei wurde 1865 von Don Matias Cousiño gegründet und ist immer noch in Familienbesitz. Sein Sohn Luis hat die modernen Produktionsmethoden und die Weinbereitung aus verschiedenen Rebsorten eingeführt. Heute führt ein Angehöriger der sechsten Generation der Familie Cousiño namens Carlos das Weingut.
WEINE Hergestellt werden: Chardonnay, Doña Isadora Riesling/Sémillon, Don Luis (leichter als Cabernet) und die zwei großen Namen Don Matias und Antiguas Reservas, die auf Cabernet Sauvignon basieren. Bekannt sind insbesondere die Cabernet-Sauvignon-Weine, die sehr füllig und tief sind. Deren Geheimnis besteht wohl darin, dass man sie mit etwas Petit Verdot verschneidet. Finis Terrae ist ein fülliger Verschnitt aus Cabernet und Merlot. Zwei Drittel der Weinproduktion entfällt auf Rotweine.
RUF Gilt als einer der besten Betriebe in Chile.
REBSORTEN CS, Chardonnay, Merlot u.a.
WEINHERSTELLUNG Gärung in modernen Edelstahltanks. Ausbau in neuen Eichenfässern, teils aus Frankreich, teils aus den USA.
LAGERUNG Die besten Cabernet und Chardonnay können fünf bis zehn Jahre gelagert werden.
REBFL/PROD 250 ha, ca. 200 000 Kisten/Jahr.

**Besitzer** Carlos Cousiño Subercasteaux • **Kellermeister** Jaime Rios Larraín • **Besuch** Mo-Sa, nach Vereinbarung • **Adresse** Viña Cousiño Macul, Avda. Quilín 7100, Peñalolén, RCH-Santiago de Chile • **Tel.** 02-284 10 11 • **Fax** 02-284 15 09 • **E-Mail** expcousi@ia.cl

PRODUKTION    QUALITÄT    PREIS

## DISCOVER WINE

GESCHICHTE Discover Wine wurde 1988 von vier Personen gegründet. Alle brachten Erfahrungen von anderen Weingütern mit. Die vier Inhaber sind: Aurelio Montes (Kellermeister), Pedro Grand, Alfredo Vidaurre (Geschäftsführung), Douglas Murray (Marketingdirektor, Geschäftsführung). Der Zusammenschluss der Weingüter dieser vier Personen ermöglichte die Produktion von Qualitätsweinen zu niedrigen Preisen.
WEINE Die Montes-Serie mit Cabernet Sauvignon, Sauvignon Blanc, Chardonnay und Merlot ist die Exklusivlinie des Hauses. Alle Trauben werden handverlesen und die Weine werden vier bis sechs Jahre in amerikanischen Eichenfässern ausgebaut. Montes Alpha, der beste Cabernet Sauvignon, wird bis zu einem Jahr in französischen Eichenfässern ausgebaut. Villa Montes ist eine günstigere Serie mit Sauvignon Blanc und Cabernet Sauvignon. Der Cabernet Sauvignon Nogales gewann 1991 an der Vinexpo eine Goldmedaille.
RUF Discover Wine ist heute schon ein etablierter Name für Qualitätsweine.

*Discover ist in kurzer Zeit zu einem der größten Exporteure von Wein geworden.*

REBSORTEN Cabernet Sauvignon, Sauvignon Blanc, Chardonnay und Merlot.
WEINHERSTELLUNG Sehr moderne Methoden mit einer Kombination von Stahltanks sowie amerikanischen und französischen Eichenfässern werden angewandt.
LAGERUNG Die besten Rotweine können bis zu zehn Jahren gelagert werden.
REBFL/PROD Ca. 100 ha, 150 000 Kisten/Jahr.

**Besitzer** Aurelio Montes, Pedro Grand, Alfredo Vidaurre, Douglas Murray • **Kellermeister** Aurelio Montes • **Besuch** Nach Vereinbarung • **Adresse** Discover Wine, California 2521, RCH-Providencia, Santiago de Chile • **Tel.** 02-274 17 03 • **Fax** 02-225 01 74

PRODUKTION    QUALITÄT    PREIS

CHILE

## ERRAZURIZ

GESCHICHTE  Errazuriz ist ein Familienunternehmen, das 1879 von Don Maximiano Errazuriz gegründet wurde. Das Gut ist sehr schön am Aconcagua, dem höchsten Berg des Kontinents, gelegen. In dieser ausgezeichneten Lage werden Weine von hervorragender Qualität erzeugt. In

*Der Prestigewein Don Maximiano stammt aus dem ersten Weingut, das 1879 gegründet wurde.*

den USA, dem größten Exportmarkt Chiles, gilt Errazuriz als zuverlässige Qualitätsmarke.

WEINE  Sauvignon Blanc: im Stahltank vergoren und ausgebaut; ein wenig Kohlensäure verleiht dem Wein die Frische. Chardonnay: butterähnliche Vollmundigkeit durch 30-prozentige Vergärung in Fässern aus französischem Eichenholz. Cabernet Sauvignon Reserva: Die Trauben wachsen ziemlich hoch im Tal, weshalb sich viel Säure entwickelt; 18-monatiger Stahltankausbau. Don Maximiano (CS und Cabernet Franc) ist der Prestigewein: aus handgelesenen Trauben des ersten Weingartens der Familie, im Aconcagua-Tal; im Stahltank vergoren, danach 12-monatiger Ausbau in französischen Barriques.

RUF  Errazuriz ist einer der am besten eingeführten Qualitätsproduzenten des Landes. Der Don Maximiano genießt ein sehr gutes Ansehen.

REBSORTEN  Chardonnay und CS.

WEINHERSTELLUNG  Moderne Vinifizierung mit temperaturgeregelten Stahltanks. Einige der Weißweine werden in Barriques vergoren.

LAGERUNG  Die Sauvignon Blanc und Chardonnay sollten jung getrunken werden, während die Cabernet-Weine sich in der Flasche gut entwickeln. Don Maximiano: 10-15 Jahre.

REBFL/PROD  360 ha, 400 000 Kisten/Jahr.

**Besitzer** Edward Chadwick • **Kellermeister** Eduardo Fiaherty • **Besuch** Mo-Fr, nach Vereinbarung • **Adresse** Errazuriz, Av. Nueva Tajamar 481, Of. 503, RCH-Santiago de Chile • **Tel.** 02-203 66 88, 02-203 62 35 • **Fax** 02-203 66 90 • **E-Mail** fcruz@errazuriz.cl • **Homepage** www.errazuriz.cl

PRODUKTION    QUALITÄT    PREIS

## CASA LAPOSTOLLE

GESCHICHTE  Der französische Grand-Marnier-Produzent war rund um die Welt gereist, um auf geeignetem Land das Areal der Firma erweitern zu können. Im Rapel-Tal, südlich von Santiago, fand man das ideale Klima und die geeigneten Böden für ein erstklassiges Weinhaus. Vor allem der Schutz durch die Anden, mit warmen Tagen und kalten Nächten, trug dazu bei. Die Lagen des Viña Rabat wurden erworben und die Firma Casa Lapostolle gegründet. Geführt wird das Gut von Alexandra Marnier-Lapostolle.

WEINE  Zwei seriöse Marken werden als Rot- und Weißwein erzeugt: Cuvée Alexandre und

*Casa Lapostolle wurde von der französischen Grand-Marnier-Familie Lapostolle gegründet.*

Casa Lapostolle. Der Merlot Cuvée Alexandre ist der interessanteste. Er wird als einer der allerbesten chilenischen Merlot-Weine angesehen und ist mehrmals international ausgezeichnet worden.

RUF  Casa Lapostolle ist eines der besten neuen Weinhäuser Chiles. Die Merlot-Cuvée wird sehr geschätzt.

REBSORTEN  Merlot, Cabernet Sauvignon, Chardonnay und Sauvignon Blanc.

WEINHERSTELLUNG  Es sind große Investitionen in eine vollkommen neue Kellerei mit temperaturgeregelten Stahltanks gemacht worden. Die Trauben werden von Hand gelesen und die Weine in französischen Barriques ausgebaut.

LAGERUNG  Der Merlot Cuvée Alexandre kann fünf bis zehn Jahre gelagert werden.

REBFL/PROD  189 ha eigene Rebfläche, außerdem befinden sich 1989-99 105 ha in Bestockung. Die Frucht aus 160 ha wird zugekauft. Ungefähr 200 000 Kisten/Jahr, Exportanteil 95%.

**Besitzer** Marnier-Lapostolle, Fam. Rabat; Dir.: Patricio Eguiguren • **Kellermeister** Michel Friou, Berater: Michel Rolland • **Besuch** Mo-Fr, nach Vereinb. • **Adresse** Benjamin 2935, Of. 801, Las Condes, RCH-Santiago de Chile • **Tel.** 02-242 97 74 • **Fax** -234 45 36 • **E-Mail** lapostol@ruena.cl

PRODUKTION    QUALITÄT    PREIS

## Tarapacá Ex Zavala

GESCHICHTE  Tarapacá Ex Zavala wurde 1874 von Don Francisco de Rojas y Salamanca gegründet. Er fing im Maipo-Tal an Reben anzubauen. In der Nähe liegt auch Cousiño Macul. Dieses Gebiet wird in Chile als das beste für Cabernet Sauvignon angesehen. Außer Cousiño Macul ist Tarapacá das einzige Weingut, das die Weine aus eigenen Trauben erzeugt.

WEINE  Zwei Prestigeserien: Gran Reserva und Gran Tarapacá. Gran Reserva wird in einer roten Version aus Cabernet Sauvignon und einer weißen Version aus Sauvignon Blanc erzeugt. Gran Tarapacá gibt es aus Cabernet Sauvignon, Sauvignon Blanc, Chardonnay und Merlot. Auch ein einfacherer Cabernet Sauvignon und eine Cuvée aus Sauvignon Blanc und Sémillon werden vermarktet.

RUF  In Chile wird das Gut von den meisten als bester Betrieb angesehen. Jetzt wurden mit großen Modernisierungen Qualitätsverbesserungen eingeleitet.

REBSORTEN  Cabernet Sauvignon, Sauvignon Blanc, Chardonnay, Merlot und Sémillon.

*Eine mächtige Landschaft umgibt die Rebflächen von Tarapacá ex Zavala im Maipo-Tal.*

WEINHERSTELLUNG  Neue Technik wird zwar eingeführt, die Gärung erfolgt aber immer noch in alten Bottichen. Die Weißweine werden in temperaturkontrollierten Stahltanks erzeugt.

LAGERUNG  Die Rotweine können fünf bis acht Jahre gelagert werden.

REBFL/PROD  550 ha, 800 000 Kisten/Jahr.

**Besitzer**  Chilena de Fósfores • **Kellermeister** Sergio Correa • **Besuch**  Mo-Fr 9.30-12.30, 15-18 • **Adresse**  Av. Los Conquistadores 1700, Piso 15, Providencia, RCH-Santiago de Chile • **Tel.**  02-707 62 88 • **Fax**  02-2333162 • **E-Mail**  vinos.tarapaca@chilinet.cl • **Homepage**  www.tarapaca.cl

PRODUKTION        QUALITÄT        PREIS

## Miguel Torres Chile

GESCHICHTE  Gegründet wurde das Gut 1904 von einem Herrn namens Ahrex, der es 1979 an Torres verkaufte. Der renommierte spanische Produzent Torres hat in eine große Anlage in Curicó investiert. Die dort noch vorkommenden ungepfropften Rebstöcke haben ein viel längeres Leben hinter sich als die europäischen gepfropften Varianten. Die Weinberge liegen bei Maule in der Provinz Curicó, die zu den besten Weinanbaugebieten Chiles zählt. Der Boden in diesem fruchtbaren Tal ist zum Teil mit Kies und kleinen Steinen durchsetzt.

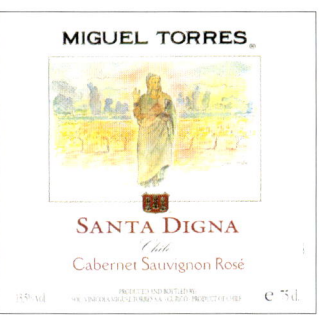

*1979 etablierte sich Torres aus Spanien durch den Kauf eines alten Guts in Chile.*

WEINE  Reine, sortentypische Weine von hoher Qualität. Weine: Santa Digna Sauvignon Blanc, fruchtig und intensiv; Don Miguel, Riesling und Gewürztraminer, die zusammen einen parfümierten und blumigen Wein ergeben; Bellaterra, fassgelagerter Sauvignon Blanc mit Würze und Intensität; Santa Digna Cabernet Sauvignon Blanc, reiner Cabernet, kräftig mit amerikanischem Geschmack; Brut Natur, ein Schaumwein aus 90% Chardonnay und 10% Pinot Noir.

RUF  Miguel Torres hat der chilenischen Weinindustrie neue Impulse gegeben.

REBSORTEN  CS, SB, Chardonnay, Pinot Noir, Gewürztraminer u.a.

WEINHERSTELLUNG  Die Gärung findet in temperaturkontrollierten Edelstahltanks statt. Teilweise werden die Weine in amerikanischen Eichenfässern ausgebaut.

LAGERUNG  Die Prestigeweine sollten fünf bis acht Jahre gelagert werden.

REBFL/PROD  280 ha, 140 000 Kisten/Jahr.

**Besitzer**  Miguel A. Torres • **Kellermeister**  Fernando Almeda • **Besuch**  Werktags zu Bürozeiten • **Adresse**  Miguel Torres Chile, Panamericana Sur, RCH–RM-195 Curicó • **Tel.**  075-31 04 55 • **Fax**  075-31 23 55 • **Homepage**  www.torres.es

PRODUKTION        QUALITÄT        PREIS

## Weitere Produzenten in Chile

### Viña Linderos

Viña Linderos ist ein kleines Familienunternehmen mit gutem Ruf im Maipo-Tal. Angebaut werden ca. 75% Cabernet sowie 25% verschiedene weiße Rebsorten. Die meisten Weine werden an Restaurants und Stammkunden verkauft. FAKTEN 100 ha, 70 000 Kisten/Jahr.

- **Adresse:** Viña Linderos s/n, RCH-Linderos-Santiago. **Tel.** 02-821 24 69. **Fax** 02 821 20 50.

### Los Vascos

Los Vascos ist ein altes Weingut, das 1750 von Don Pedro Echenique gegründet wurde. Hundert Jahre später ersetzte man die alten Pais-Reben durch edlere, französische Sorten wie Cabernet Sauvignon und Chardonnay. Dies bedeutet, dass viele Rebstöcke noch vor der Reblauskatastrophe eingeführt wurden. Heute wird das Gut von Jorge Eyzaguirre geführt, der mit einer Tochter der Familie Echenique verheiratet ist. 1988 war ein großes Jahr in der Geschichte der Kellerei, denn damals kaufte Elie de Rothschild von Château Lafite 50% der Aktien des Gutes. Strategien der neuen Besitzer führten dazu, dass ein ganz neues Weinbereitungssystem mit Edelstahltanks für die Vergärung und mit Eichenfässern für den Ausbau aufgebaut wurde. Elie und Eric de Rothschilds Fachwissen vermochte den Ruf nochmals anzuheben. Weine: SB, Chardonnay und CS.

- **Besitzer:** Fam. Echenique, Elie de Rothschild **Besuch:** Nach Vereinbarung. **Adresse:** Benjamín 2944, Of. 31, Las Condes, Santiago. **Tel.** 02-231 43 72. **Fax** -43 73.

### San Pedro

Viña San Pedro wurde 1865 von den Brüdern Bonifacio und José Gregorio Correa gegründet. Die Reben wurden aus Frankreich geholt. Die Firma verfügt über den größten zusammenhängenden Weingarten Chiles. Volle 1 200 ha im Curicó-Tal südlich von Santiago gehören dazu. Viña San Pedro gehört heute der größten Brauerei des Landes und ist der drittgrößte Weinproduzent. Aus den Weinnamen ist die geographische Beziehung zur südlichen Hemisphäre bei Kap Horn ersichtlich: Cabo de Hornos Special Reserve (CS), roter 35 Sur (CS oder Merlot) und weißer 35 Sur (Chardonnay oder SB). Die Prestigeweine sind Castillo de Molina Reserva Cabernet Sauvignon und Castillo de Molina Reserva Chardonnay. Außerdem führt das Gut zwei Hit-Weine: Gato Blanco und Gato Negro. Die Firma verkauft auch Weine mit den Namen Las Encinas und Santa Helena. 1995 wurde eine neue Kellerei in Betrieb genommen. FAKTEN 2 000 ha, etwa 4,5 Mio. Kisten/Jahr.

- **Besitzer:** Companía Cervecerias Unidas **Kellermeister:** Brett Jackson **Besuch:** Kein Besuch möglich. **Adresse:** La Concepción 351 Providencie, RCH-Santiago, **Tel.** 02-235 2600. **Fax** 02-236 3290. **E-Mail:** http@sanpedro.cl

### Santa Carolina

Der bekannte Staatsmann Don Luis Pereira Cotapos machte sein Vermögen mit der anwachsenden Bergbauindustrie Mitte des 19. Jahrhunderts. Mit Hilfe des französischen Önologen Germain Bachelet bestockte er 55 ha mit Weinstöcken aus Bordeaux. Heute verfügt Santa Carolina über Lagen in Maipo, San Fernando und Lontué. Die bes-

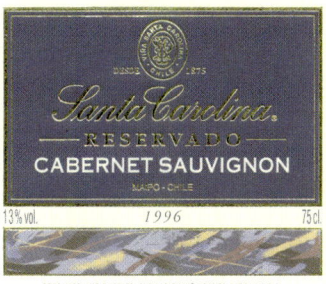

*Zu den besten Weinen von Santa Carolina gehört der Cabernet Sauvignon Reservado.*

ten Weine sind der Cabernet Sauvignon Reservado, Gran Reserva, Merlot und Chardonnay. Gegen Ende der 1990er Jahre wurden noch 60 ha in Casablanca mit Weißweintrauben bepflanzt. Diese frischen und fruchtigen Weine mit blumigem Ton kommen unter dem Namen Viña Casablanca auf den Markt und bestehen aus Chardonnay, Sauvignon Blanc oder Gewürztraminer. Der Weinmacher ist Ignacio Recabarren. Sehr viel Kapital wurde in die neuen Kellereien in Santa Rosa del Peral und in Molina investiert. Die Keller haben ein Fassungsvermögen von mehr als 20 Mio. Litern. FAKTEN Etwa 1 000 ha in Eigenbesitz, ungefähr 1,8 Mio. Kisten/Jahr.

- **Besitzer:** Canandaigua (USA) **Kellermeister:** Maria del Pilar González **Besuch:** Mo-Fr (nur vormittags), nach Vereinbarung - nur Gruppen ab 15 Pers. **Adresse:** Til Til 2228, RCH-Macul, Santiago. **Tel.** 02 450 3000. **Fax** 06 238 0307. **Homepage:** www.santacarolina.co.uk

### Santa Emiliana

Santa Emiliana ist ein junges Weingut, erst 1986 gegründet und mit Weinen jeweils einer Rebsorte als Spezialität. Die größten Weingärten liegen im Rapel-Tal, südlich von Santiago, die übrigen in Maipo und Aconcagua. Die weißen Andes-Peaks-Weine bestehen aus Chardonnay (die ursprünglichen Reben wurden aus dem Burgund geholt) und Sauvignon Blanc (Reben aus Bordeaux), die Rotweine aus Cabernet Sauvignon oder Merlot. Der im Fass ausgebaute Cordillera Estate ist ein Chardonnay und der Palmera Estate ein Cabernet Sauvignon. Man verfügt über drei moderne

## Weitere Produzenten in Chile

Kellereien mit Tanks für geregelte Vergärung: eine Weißweinkellerei in Maipo und zwei Rotweinanlagen in Nancagua und San Fernando. FAKTEN 1 500 ha (etwa 30% der Trauben werden zugekauft), ungefähr 2 Mio. Kisten/J.

• **Besitzer:** Fam. Guilisasti **Kellermeister:** Pablo Vergara **Besuch:** Nach Vereinb. **Adresse:** Barrios Errazuriz 1968 Piso 10, RCH-Santiago. **Tel.** 02-235 7715. **Fax** -7531.

## Santa Inés

1934 kaufte der italienische Auswanderer Pietro de Martino einige Hektar Rebland im Maipo-Tal. Der Nachfolger wurde sein Bruder Licinio. Später übernahm dessen Sohn Giorgio Martino Sforza die Führung. Giorgio leitete eine umfassende Modernisierung ein. 1959 erwarb man das Nachbargut Santa Inés, von dem man auch den Namen übernahm. Dies war der Anfang des Qualitätsanstiegs. Vor allem Varietal-Weine aus Cabernet Sauvignon und Sauvignon Blanc mit guter Struktur und Ausgewogenheit werden in der modernen Anlage traditionell hergestellt. Markennamen sind u.a. de Martino und Santa Inés. Die Gärung wird in einer Kombination aus Holzfass und Stahltank vorgenommen. Der Ausbau erfolgt teilweise in neuen Eichenfässern.

• **Besitzer:** Pietro de Martino **Kellermeister:** Marcelo Retamal **Besuch:** Nach telefonischer Vereinbarung. **Adresse:** Soc. Agrícola Sta Teresa, Manuel Rodriguez 229, RCH-Santiago. **Tel.** 02-819 29 59. **Fax** 02-819 29 86. **E-Mail:** demartin@entelchile.net

*Santa Mónica wurde 1976 gegründet und nach der Gattin des Gründers benannt.*

## Santa Mónica

Der sowohl in Chile als auch in Bordeaux ausgebildete Emilio de Solminihac war Weintechniker bei mehreren chilenischen Weinhäusern. 1930 kaufte er sein eigenes Weingut Viña Purísima. Er gab ihm den Namen seiner Frau und fing 1976 mit der Produktion an. Die Lagen befinden sich in Rancagua. Man erzeugt drei Qualitätswein-Serien für den Export: Santa Mónica (8 Versionen, je nach Rebsorte, die jung getrunken werden sollten), Tierra del Sol (Cabernet Sauvignon und Chardonnay) und Envejecido en Bodega (herkömmlicher chilenischer Wein mit verlängertem Ausbau). Die Weine sind eine Kombination von französischem und chilenischem Stil: reife Weine mit konzentrierter Fruchtigkeit und von viel Sonne gekennzeichnet. FAKTEN 93 ha, 80 000 Kisten/Jahr.

• **Besitzer:** Emilio de Solminihac **Kellermeister:** Emilio de Solminihac **Besuch:** Mo-Fr 10-17. **Adresse:** P.O. Box 353, RCH-Rancagua. **Tel.** 072-23 14 44, 072-22 49 51. **Fax** 072-22 51 67.

## Santa Rita

Santa Rita ist eine der bekanntesten und angesehensten Firmen des Landes und besitzt eine Geschichte, die in die 1880er Jahre zurückgeht. Don Domingo Fernández Concha revolutionierte den chilenischen Weinbau mit der Einführung französischer Weinstöcke und der Einstellung französischer Önologen. Die Lagen befinden sich in Maipo, Casablanca, Lontué und Rapel. In Rapel liegt auch die neue Kellerei. Santa Rita erzeugt außerordentlich rebsortentypische Weine, von denen der Sauvignon Blanc als besonders typisch gilt. Das bekannteste Warenzeichen ist die Marke „120". Diese wurde nach dem chilenische Freiheitsheld, General O'Higgins, benannt, der sich nach der Schlacht bei Rancagua mit 120 Soldaten in den Kellern von Santa Rita versteckte. Der beste Wein ist der Casa Real aus Cabernet Sauvignon. Eine neue Kellerei mit neuester Technologie wurde in der Nähe von Palmilla im Rapel-Tal errichtet. FAKTEN 2 000 ha, etwa 4,5 Mio. K./J.

• **Besitzer:** Picardo Claro **Kellermeister:** Cecilia Torres, Andrés Ilabaca **Besuch:** Nach Vereinbarung. **Adresse:** Apoquindo 3669, 07601 RCH-Santiago de Chile. **Tel.** 02-362 2000. **Fax** 02-228 6335. **E-Mail:** info@santarita.com **Homepage:** www.santarita.com

## Undurraga

Don Francisco Undurraga Vicuña, der 1885 sein Weingut gründete, war einer der Pioniere des chilenischen Weinbaus. Die Stöcke wurden aus Frankreich und Deutschland eingeführt. Hundert Jahre später wird das Gut von der fünften Generation geführt. Die Lagen sind sehr gut und zentral im Maipo-Tal gelegen. Die Hauptrebsorte ist Cabernet Sauvignon. Diese Weine werden herkömmlicherweise in Barriques ausgebaut. Die besten Weine sind Bodega de Familia Cabernet Sauvignon, Cabernet Sauvignon Reserva und Chardonnay Reserva. Der Pinot-Blanc-Sekt ist ein wirklicher Hit. Die Kellerei ist mit temperaturgeregelten Tanks ausgerüstet und sehr modern.

• **Besitzer:** Fam. Undurraga **Kellermeister:** Hernán Amenabar **Besuch:** Mo-Fr 9.30-16.30. **Adresse:** Lota 2305, Providencia, RCH-Santiago **Tel.** 02-232 66 87. **Fax** 02-234 16 76. **E-Mail:** exports@undurraga.cl **Homepage:** www.undurraga.cl

## Weinetiketten in Chile und Argentinien

### Chile

Das chilenische Weingesetz erinnert insofern an das französische Appellationssystem, als es den Höchstertrag pro Hektar regelt und der Überschuss destilliert werden muss. Die Qualitätsbezeichnungen in Chile stehen in Bezug zum Alter des Weines. Mit der inoffiziellen Klassifizierung werden die Weine in vier Typen eingeteilt:

*Vino familiar* oder *Vino corriente* sind die einfachsten, einjährigen Weine, die oft in Fünf-Liter-Verpackungen verkauft werden.

*Vino Reservado* entspricht dem Tafelwein und ist etwas alkoholstärker als die der ersten Gruppe und meist zwei Jahre alt.

*Gran Vino* ist die Bezeichnung für Qualitätsweine der mittleren Stufe, mit zwei- bis dreijähriger Lagerung. Das Etikett trägt oft Phantasienamen.

*Vino Especialidades de Marca* ist vom Erzeuger ausgewählter Qualitätswein, der oft mehr als drei Jahre gelagert wurde. Aus dessen Etikett müssen Rebsorte, Anbaugebiet, Erzeuger, Jahrgang und Alkoholgehalt hervorgehen. Die Prestigeweine von diesem Typ tragen aristokratische Namen, die oft mit Don oder Doña beginnen. Sie sind beim Erzeuger sorgfältig hergestellt und mind. vier Jah-

re in Eiche ausgebaut worden, gefolgt von einer gewissen Reifezeit in der Flasche. Das Etikett dieses Beispiels stammt von *Errazuriz Panquehue*, einem der ältesten und renommiertesten Weingüter Chiles.

*Aconcagua* ist ein Anbaugebiet in der zentralen Zone, ein Tal nördlich von Santiago. Hier befindet sich auch das ursprüngliche Weingut von Errazuriz Panquehue.

*Don Maximiano* (der Name des aristokratischen Gründers) ist der Prestigewein der Firma, erzeugt aus handverlesenen Trauben und mit Ausbau in französischer Eiche während 12 Monaten.

### Argentinien

Das argentinische Weininstitut hat Richtlinien für den Weinbau festgelegt. Die Weine werden in drei Kategorien eingeteilt:

*Vinos de Corte* sind einfache Weine, die so gut wie ausschließlich für den Verschnitt mit anderen Weinen verwendet werden.

*Vinos Communes* sind im Grunde genommen Tafelweine ohne besondere Qualitäts- oder Lagenanforderungen. Zu dieser Gruppe gehört der Hauptteil des im Land erzeugten Weins.

*Vinos Finos* ist die Bezeichnung der Qualitätsweine. Die Übereinstimmung mit den festgelegten Qualitätsbedingungen wird regelmäßig vom argentinischen Weininstitut geprüft. Was auf dem Etikett angegeben wird, wie z.B. Ursprung, Rebsorte und Weinstil, muss mit der Wirklichkeit übereinstimmen. Ein detailliertes Regelsystem

fehlt noch, aber ein DOC-System wird zur Zeit eingeführt.

Das Etikett in unserem Beispiel kommt von den *Andean Vineyards*, einer Firma der riesigen Trapiche-Gruppe.

Die Ursprungsbezeichnung ist *Mendoza*, die große Weinbauregion bei den Anden im Westen des Landes.

Die Rebsorte ist *Malbec*, eine der wichtigsten in diesem Land.

Bei Exportweinen müssen Alkoholgehalt und Volumen angegeben werden.

# ARGENTINIEN

GESCHICHTE Der Wein kam mit den spanischen Eroberern im Jahr 1556 nach Argentinien. Damals waren die Kirche und die Klöster für den Weinanbau verantwortlich. Ein Missionar namens Pater Cedron ließ für religiöse Zeremonien Rebstöcke anpflanzen. Die durch die Spanier eingeführte Rebsorte war Criolla. Diese damals sehr bekannte und langlebige spanische Sorte wird in Argentinien immer noch am meisten angebaut. Ende des letzten Jahrhunderts wurde Argentinien durch die Einwanderung französischer und spanischer Emigranten mit Erfahrungen im Weinanbau zu einem modernen Weinland. Die Provinz Mendoza wurde dank eines ausgeklügelten künstlichen Entwässerungssystems zum wichtigsten Anbaugebiet des Landes.

GEOGRAPHIE Argentinien ist größtenteils ein fruchtbares Land. Das Flachland (Pampa) ist für den Weinbau weniger geeignet. Die großen Anbaugebiete liegen im Westen an den Abhängen unterhalb der schneebedeckten Bergspitzen der Anden.

WEINE Es werden alle Weintypen hergestellt: Rosé-, Rot- und Weißweine. Mitte der 70er Jahre

*Argentinien ist ein altes Weinland mit enorm großen Rebflächen und vielen „Grillweinen".*

erzeugte Argentinien zu viele einfache Tafelweine. Man reduzierte die Anbaufläche, die mit einfachen Rebsorten bestockt war, und ersetzte sie durch Qualitätsreben.

ANBAUGEBIETE Wein wird zwischen dem 25. und 40. Breitengrad angebaut, entlang den Bergketten der Anden. Der Anbau konzentriert sich um Mendoza und die nördliche Nachbarregion San Juan. Aus diesen beiden Regionen stammen 90% der Weinproduktion, während das nördlich von Mendoza gelegene Gebiet La Rioja 5% der Produktion erbringt. Die Anbaugebiete erstrecken sich von Norden nach Süden: La Rioja, Catamarca, Salta, Mendoza, San Juan, Rio Negro, Neuquén, La Pampa, San Luis, Córdoba und Tucumán.

REBSORTEN Für Weißweine wird hauptsächlich Pedro Giménez angebaut, gefolgt von Moscatel de Alejandria, Torrontés, Chenin Blanc, Ugni Blanc und Chardonnay. Die Roséweine werden aus Cereza und Criolla Grande erzeugt. Für Rotweine werden Bonarda, Malbec, Tempranillo, Cabernet Sauvignon, Sangiovese und Merlot angebaut.

WEINGESETZ Die DENOMINACIONES DE ORIGEN (DOC) ist im Aufbau und bereits in Mendozas Distrikten Luján de Cuyo und San Rafael sowie dem Valle de Famatina in La Rioja eingeführt.

REBFL/PROD 207 000 ha, auf denen ca. 18 Mio hl/Jahr produziert werden. Argentinien ist der fünftgrößte Produzent der Welt. Weniger als 10% werden exportiert. 75% der Produktion sind sehr einfache Tafelweine. 40% der Produktion entfallen auf Rotwein, 30% auf Rosé, 15% auf Weißwein und die restlichen 15% sind Tafeltrauben.

WISSENSWERT Weitere Informationen: Pro-Mendoza, Paseo Sarmiento 212, RA-5500 Mendoza, Argentina. Tel. 54 61-201625. Fax 54 61-201806. E-mail: fundaci@promza.org.ar.

*Obwohl die Technik Fortschritte macht, erfolgt in Argentinien die Lese zumeist noch manuell.*

*Die Böden Argentiniens sind meist sehr fruchtbar. Das Flachland, die sog. „Pampa", ist für den Weinbau weniger geeignet. Die besten Gebiete liegen an den Hängen der Anden.*

# ARGENTINIEN

## VALENTÍN BIANCHI

GESCHICHTE  Valentín Bianchi wurde 1928 vom italienischen Einwanderer Valentín Bianchi gegründet. Heute ist die dynamische Firma in Besitz des Getränkeriesen Seagrams, wird aber trotzdem von der dritten Generation Bianchi weitergeführt. Sie verfügen über die modernste Kellerei des

*Valentín Bianchi ist von einem italienischen Einwanderer gegründet worden.*

Landes in Alto de Las Paredes. Die Anlage erinnert während der nächtlichen Lese an eine Weltraumstation.

WEINE  Schaumweine nach der klassischen Champagner-Methode, Weißweine, Rotweine, Roséweine, Varietal-Weine und Cuvées. Die Exportweine heißen Valentín Bianchi, Elsaís Vineyard, Valentín Bianchi Premium und Elsa. Die Schaumweine sind trocken und frisch, der Sauvignon Blanc mit Kräuteraromen versehen und der während sieben Jahren flaschengelagerte Cabernet Sauvignon ist von pfefferigen Pflaumenaromen gekennzeichnet. Die Trauben des Prestigeweines Bianchi Particular Cabernet Sauvignon Proprietorís Reserve stammen aus dem ältesten Weingarten in Las Paredes in Mendoza.

RUF  Preiswerte Standardweine für den einheimischen Markt und charaktervolle Varietal-Weine für den Export.

REBSORTEN  Weiße: Chard, Riesl, SB, Sémillon und Chenin Blanc. Rote: Cabernet Sauvignon, Malbec, Barbera und Lambrusco.

WEINHERSTELLUNG  Hochtechnologische „State of the Art"-Kellerei.

LAGERUNG  Die Rotweine können einige Jahre gelagert werden.

REBFL/PROD  230 ha, 450 000 Kisten/Jahr.

---

**Besitzer** Seagrams • **Kellermeister** Valentín E. Bianchi • **Besuch** Mo-Fr 9-12.30, 15.30-18.30 • **Adresse** Valentín Bianchi, Commandante Torres 500, RA-5600 San Rafael, Mendoza • **Tel.** 0627-22046, 627-24476 • **Fax** 0627-30131 • **E-Mail** vbianchi@satlink.com

---

PRODUKTION        QUALITÄT        PREIS

## LUIGI BOSCA

GESCHICHTE  Luigi Bosca wurde 1901 vom spanischen Immigranten Leoncio Arizu aus Navarra gegründet. Heute befindet sich das Gut unter der Führung der vierten Generation Arizu.

WEINE  Angebaut werden Varietal-Weine von leichterem und vollmundigerem Stil: vom frischen, rebsortentypischen Sauvignon Blanc bis zum vollmundigen, fassausgebauten Malbec. Auch eichenholzbetonter Chardonnay, Riesling, kräftiger Malbec, Cabernet Sauvignon, Syrah und weicher Pinot Noir werden erzeugt. Die Warenzeichen sind Luigi Bosca, Señor del Robledal, Léon de Unzué und Langent. Die besten Weine

*Luigi Bosca ist ein etabliertes Familienunternehmen in Luján de Cuyo.*

kommen aus den Lagen Vistalba, La Puntilla, Carodilla und El Paraiso.

RUF  Eine gut eingeführte, engagierte und angesehene Firma in Luján de Cuyo, der ersten Region Argentiniens mit DOC-Status.

REBSORTEN  Weißweine: Chardonnay, Riesling und Sauvignon Blanc. Rotweine: Cabernet Sauvignon, Mal, Merlot, Syrah und Pinot Noir.

WEINHERSTELLUNG  Eine moderne Kellerei mit einer Kapazität von 6,8 Mio. Litern. Ausbau in 120-hl-Eichenholzfässern und in 225-l-Barriques, Kapazität 4 Mio. Liter.

LAGERUNG  Die Cabernet Sauvignon-, Syrah- und Malbec-Weine können acht bis zehn Jahre gelagert werden.

REBFL/PROD  Etwa 400 ha Eigenbesitz, Flaschenlager für 400 000 Flaschen.

---

**Besitzer** Familie Arizu • **Kellermeister** Mauricio Lorca • **Besuch** Nach Vereinbarung • **Adresse** Alicia Moreau de Justo 75078, Docks Puerto Madera, RA-1107 Buenos Aires • **Tel.** 01-331-220 601 • **Fax** 01-331-8863 • **E-Mail** larizu@impsat1.com.ar • **Homepage** www.arizu.com.ar

---

PRODUKTION        QUALITÄT        PREIS

## FINCA FLICHMAN

GESCHICHTE  Die Finca Flichman wurde 1910 von Sami Flichman gegründet. Sein Sohn Isaac studierte in Frankreich Önologie und führte den Begriff der Qualitätsweine ein. 1983 wurde die Firma von der Werthein-Gruppe gekauft und gehört heute dem portugiesischen Riesenunternehmen SOGRAPE.

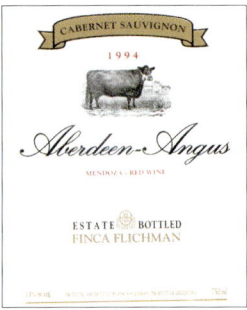

*Flichman erzeugt verschiedene Qualitätsweine, von denen Caballero de la Cepa der kräftigste ist.*

WEINE  Erzeugt werden Qualitätsweine verschiedener Stufen mit und ohne Fassausbau. Alles wird in der Finca Flichman angebaut, gelesen, erzeugt und abgezogen. Vom leichten, frischen Weißwein Pedro Ximénez und Torrontés-Weinen der Argenta-Serie bis zum fassausgebauten Cabernet Sauvignon Caballero de la Cepa. Flichman erzeugt auch den Aberdeen Angus, den roten „Grillwein" des argentinischen Viehzuchtverbandes, sowie Caballero de la Cepa Syrah und Malbec.

RUF  Die Finca Flichman hat ein gutes Ansehen für preiswerte Qualitätsweine.

REBSORTEN  Weißweine: Chard, Chenin Blanc und Riesling. Rotweine: Malbec, Cabernet Sauvignon, Merlot, Syrah und Tempranillo.

WEINHERSTELLUNG  Moderne Kellerei mit Stahltank- und Eichenholzfass-Vinifizierung. Französische und amerikanische Barriques.

LAGERUNG  Die fassausgebauten Malbec und Cabernet können 8-10 Jahre gelagert werden.

REBFL/PROD  220 ha Eigenbesitz, 800 000 Kisten/Jahr.

---

**Besitzer** SOGRAPE Holding, Portugal •**Kellermeister** Juan Carlos Rodrigez Villa •**Besuch** Nach Vereinb. •**Adresse** Av. Corrientes 1891, RA-1045 Buenos Aires •**Tel.** 01-375 2500 •**Fax** 01-375 0579 •**E-Mail** international@flichman.com.ar •**Homepage** www.flichman.com.ar

PRODUKTION        QUALITÄT        PREIS

## NORTON

GESCHICHTE  Norton wurde 1895 vom Engländer Edmund James Palmer Norton gegründet. Er arbeitete als Ingenieur beim Bau der Trans-Andean-Buenos-Aires-Eisenbahn. In Luján de Cuyo, südlich des Mendoza-Flusses, fand er das Land seiner Träume. 1989 erwarb der österreichische Geschäftsmann Gernot Langes-Swarovski die Firma und setzte sich das Ziel, aus dem Weingut das führende argentinische Qualitätsweinhaus zu machen.

WEINE  Es werden sehr gut gemachte Weiß-, Rot- und Schaumweine (nach der klassischen Methode) erzeugt. Die komplexen Varietal-Weine ha-

*Der Prestigewein Norton Privada ist ein guter Verschnitt von Merlot, Cabernet Sauvignon und Malbec.*

ben einen ausgeprägten Charakter und besitzen einen deutlichen Eichenholzton. Ein zarter, reiner Sauvignon Blanc und ein exotisch fruchtiger Torrontés. Unter den Rotweinen sind der kräftige Malbec und der elegante Prestigewein Norton Privada, eine Merlot-Cabernet-Sauvignon-Malbec-Cuvée, die besten. Andere Marken: Norton Clássico, Dalton, Pedriel Centenario (Sekt). Auf den Exportmärkten außerdem Norton und Norton Privada.

RUF  Eins der führenden Weinhäuser Argentiniens, Weine allerhöchster Klasse.

REBSORTEN  Chard, SB, Riesl, Sém und Torrontés. Mal, CS, Merlot, Syrah, Sangiovese u.a.

WEINHERSTELLUNG  Moderne Kellerei mit französischen Barriques. Weißweine werden 6-12 Monate ausgebaut, Rotweine 12-18 Monate.

LAGERUNG  Die roten fassausgebauten Weine acht bis zehn Jahre, Privada noch länger.

REBFL/PROD  520 ha, 100 000 Kisten/Jahr.

---

**Besitzer** Gernot Langes-Swarovski •**Kellermeister** Jorge Riccitelli •**Besuch** Nach telefonischer Vereinbarung •**Adresse** Norton, Trelles 2669, RA-1416 Buenos Aires •**Tel.** 012-583 5145/46 •**Fax** 01-582 5348

PRODUKTION        QUALITÄT        PREIS

## TRAPICHE

GESCHICHTE  Das Weingut wurde 1883 von Don Tiburcio Benegas gegründet und 1970 von der Familie Pulenta gekauft. Die dritte Generation der Familie Pulenta leitet jetzt dieses sehr große Unternehmen. Der Großvater Angelo Antonio wanderte im Jahr 1902 von Italien ein und gründete 1914 die „Bodegas y Viñedos Pulenta Hnos". Nach seinem Tod, 1923, übernahm sein ältester Sohn, damals erst 23 Jahre alt, die Führung und baute das Unternehmen bis zum eigenen Tod 1976 weiter aus. Heute ist dessen Sohn Carlos Pulenta der Leiter der seit 1988 Peñaflor S.A. genannten Firma. Bodegas Trapiche S.A., die sich auf Qualitätsweine konzentriert, ist ein Teil dieser Gruppe.

WEINE  Erzeugt werden Rot-, Weiß- und Roséweine. Mehr als die Hälfte sind einfache Weine und der Rest Qualitätsweine. Trapiche Medalla wird aus den besten roten und weißen Trauben gekeltert. Millenum ist ein Spezialwein aus Cabernet und Malbec und wurde 1995 zum ersten Mal erzeugt. Der Zweitwein heißt Andean Vineyards.

*Trapiche ist für viele das Synonym für argentinische Weine und der zweitgrößte Weinerzeuger der Welt.*

RUF  Trapiche hat einen sehr guten Ruf, auch in den USA und in Europa.
REBSORTEN  CS, PN, Malbec, Rosé de Cabernet, Chenin Blanc, SB, Riesling und Chardonnay.
WEINHERSTELLUNG  Temperaturkontrollierte Gärung in Edelstahltanks. Rotweine werden in kleinen Eichenfässern ausgebaut.
LAGERUNG  Die Rotweine können bis zu acht Jahren gelagert werden. Eine spezielle Cuvée „Medalla" kann 15 Jahre gelagert werden.
REBFL/PROD  1 400 ha, 9 Mio. Kisten/Jahr.

**Besitzer**  Fam. Pulenta (Peñaflor S.A.)
• **Kellermeister**  Angel Mendoza • **Besuch**  Nach Vereinbarung • **Adresse**  Trapiche, Arroyo 844, 2° piso, RA-1007 Buenos Aires • **Tel.**  01-394-1968
• **Fax**  01-393-4244

PRODUKTION      QUALITÄT      PREIS

## WEINERT

GESCHICHTE  1980 wurde das damals verlassene Weingut von Bernardo Carlos Weinert gekauft. Wie viele andere Weingüter in Argentinien ist auch Weinert sehr rationell eingerichtet. Es wurde von einigen Landwirtschaftsexperten sowie dem Önologen Raúl de la Mota aufgebaut. Diese stellten fest, dass Luján de Cuyo in Mendoza ein ausgezeichneter Ort für Weinanbau ist. Es wurden nur französische Reben angepflanzt: Cabernet Sauvignon, Malbec, Sémillon, Chardonnay und andere.

WEINE  Cavas de Weinert ist eine Cuvée aus

*Weinert ist ein relativ junger Betrieb in Argentinien, der aber schon eine gute Auswahl an Qualitätsweinen hat.*

40% Cabernet Sauvignon, 40% Malbec und 20% Merlot. Ein spannender und ungewöhnlicher Verschnitt. Carrascal-Cuvée wird aus 60% Malbec, 30% Cabernet Sauvignon und 10% Merlot erzeugt. Auch eine Menge Varietals werden hergestellt: Chardonnay, Cabernet Sauvignon, Merlot und Malbec.

RUF  Weinert ist ein sorgfältiger Produzent von interessanten Weinen.
REBSORTEN  Cabernet Sauvignon, Malbec, Merlot und Chardonnay.
WEINHERSTELLUNG  Moderne Herstellung in einer sehr kostspieligen Anlage.
LAGERUNG  Die besten Rotweine können fünf bis acht Jahre gelagert werden.
REBFL/PROD  40 ha eigene Rebfläche, etwa 65 000 Kisten/Jahr. 48% Export in die USA und nach Europa.

**Besitzer**  Bernardo C. Weinert • **Kellermeister**  Hubert Weber • **Besuch**  Nach Vereinbarung
• **Adresse**  Weinert, Cerrito 1130, Piso 2o. A, RA-1010 Buenos Aires • **Tel.**  01-815 0915/9839
• **Fax**  01-812 1255

PRODUKTION      QUALITÄT      PREIS

# Weitere Produzenten in Argentinien

## Humberto Canale

Rio Negro ist eines der südlichsten Anbaugebiete der Welt und relativ kühl. Hier gründete Humberto Canale 1913 sein Weingut. Heute ist es ein qualitätsorientierter Betrieb mit rebsortentypischen Riesling-, Chardonnay-, Sémillon-, Sauvignon-Blanc-, Cabernet-Sauvignon-, Pinot-Noir-, Malbec- und Merlot-Weinen. Warenzeichen: Humberto Canale, Marcus und Diego Murillo.
• **Besitzer:** Establecimiento Humberto Canale S.A. **Kellermeister:** Juan Martin Vidiri & Berater Raúl de la Mota. **Besuch:** Nach telefonischer Vereinbarung. **Adresse:** Azopardo 1428, 1° piso, RA-1107 Buenos Aires. **Tel.** 01-307 1506, 01-307 7990. **Fax** 01-307 1506, 01-307 7990. **E-Mail:** hcanale@rionet.rionegro.com.ar

## Bodegas Chandon

Die Lage wurde persönlich von Renaud Poirier, „Chef de Cave" bei Moët & Chandon in Epernay, Champagne, ausgesucht, bevor das Weinhaus 1960 gegründet wurde. Das bedeutet perfekte Lagen und Böden für den Chardonnay und den Pinot Noir des Charmat-Sektes. Die Weine werden als Brut Nature, Extra Brut, Demi-Sec und Rosé erzeugt. Die Chandon-Weine gehören zu den meistgeschätzten Schaumweinen Südamerikas. Man erzeugt auch einen stillen Chardonnay, der zum Teil in französischen Barriques vergoren wird, sowie Malbec-, Merlot-, Syrah- und Cabernet-Sauvignon-Weine. Die letzteren werden während sechs bis sieben Monaten in Eichenholzfässern ausgebaut. Die Warenzeichen des Hauses sind Baron B, Chandon, Renaud Poirier, Castel Chandon, Kleinburg Clos de Molin und Paul Galard.
• **Besitzer:** Bodegas Chandon S.A. **Kellermeister:** Team mit u.a. Paul Caraguel & Roberto de la Mota **Besuch:** Nach telefonischer Vereinbarung. **Adresse:** Florida 378, 4° piso, RA-1351 Buenos Aires. **Tel.** 01-325 5018. **Fax** 01-325 5018.

## Etchart

Etchart wurde 1975 gegründet und ist heute in Besitz des Getränkeriesen Pernod-Ricard. Das Gut verfügt über eine moderne Anlage mit fortschrittlicher Technologie und nimmt internationale Berater wie Professor Boubals und Robin Day in Anspruch. Es werden Cuvées und Varietal-Weine aus Chardonnay, Chenin Blanc, Torrontés, Cabernet Sauvignon, Merlot und Malbec erzeugt. Der Ausbau findet in neuen französischen Barriques und Stahltanks statt. Die Exportwarenzeichen sind Etchart und Rio de Plata.
• **Besitzer:** Pernod-Ricard-Gruppe **Kellermeister:** Victor Marcanfori, José-Luis Moremier **Besuch:** Nach Vereinbarung. **Adresse:** Lima 229, 3° piso, RA-1073 Buenos Aires. **Tel.** 01-382 0310. **Fax** 01-383 1495. **E-Mail:** jdetch@overnet.com.ar

## Goyenechea y Cía.

Goyenechea y Cía. wurde 1868 von den Brüdern Santiago und Narcisco Goyenechea gegründet. Das Gut wird heute von Alberto Goyenechea geführt. Man erzeugt einen ausgezeichneten Chardonnay, DOC San Rafel, Chenin Blanc und Tokai Friulano. Die Rotweine aus Cabernet Sauvignon, Syrah und Merlot sind gut strukturiert, haben eine generöse Fruchtigkeit und ausgewogene Eichenholzaromen. Warenzeichen: Goyenechea und Marqués del Nevado.
• **Besitzer:** Familie Goyenechea **Kellermeister:** Raúl Arroyo **Besuch:** Nach telefonischer Vereinbarung. **Adresse:** Alsina 1970, RA-1090 Buenos Aires. **Tel.** 01-952 0274. **Fax** 01-954 3997.

## La Agrícola

La Agrícola wurde 1963 von José Alberto Zuccardi gegründet. Es ist eine Firma mit modernen Produktionsanlagen in den Gebieten Maipu und Santa Rosa. Für Weißweine werden Chardonnay, SB, Chenin Blanc, Torrontés und Ugni Blanc angebaut. Für Rotweine werden CS, Sangiovese, Bonarda, Tempranillo, PN, Syrah und Merlot verwendet. José Alberto Zuccardi experimentiert laufend mit neuen Weintypen und ist der Ansicht, gute Weine entstünden vor allem im Weingarten. Zu diesem Zweck hat er ein eigenes Rebschnittsystem entwickelt. Mit dem Etikett Santa Julia kommen die Weißweine aus Chardonnay, SB und Torrontés sowie die Rotweine aus CS, Malbec, PN Bonarda und Syrah auf den Markt. Die Weine werden mit oder ohne Fassvergärung ausgebaut.
• **Besitzer:** José Alberto Zuccardi **Kellermeister:** Rodolfo Montenegro **Besuch:** Nach telefonischer Vereinbarung. **Adresse:** Chuquisaca 200, RA-5547 Godoy Cruz, Mendoza. **Tel.** 061-272027. **Fax** 061-2272468. **E-Mail:** agricola@satlink.com

## Lavaque

Das Familienunternehmen Lavaque wurde 1889 gegründet und 1993, durch den Kauf von Michel Torinos Bodega la Rosa in Cafayate, vergrößert. Man erzeugt Weiß-, Rot- und Roséweine von guter Qualität aus Chardonnay, Chardonnay mit Ugni Blanc, Cabernet Sauvignon, Malbec, Merlot und Pinot Noir. Einige der Weine werden in französischen Barriques ausgebaut. Die Standardmarke heißt Lavaque, den Prestigewein nennt man Félix Lavaque.
• **Besitzer:** Rodolfo Lavaque & Alfredo Mattei **Kellermeister:** Claudio Sosa & Daniel Fernández **Besuch:** Nach telefonischer Vereinb. **Adresse:** Godoy Cruz 3236, RA-1425 Buenos Aires. **Tel.** 01-771 9298. **Fax** -5 9733.

## Bodegas Lopez

Bodegas Lopez ist eine alte Firma, die sich auf Rotweine spezialisiert hat. Der fassausgebaute Château Monchenot (Don Federico für den Ex-

## Weitere Produzenten in Argentinien

port) aus den Rebsorten Merlot und Malbec ist der bekannteste und beste Wein. Cabernet Château Vieux (Casona Lopez ausserhalb Argentiniens) ist ein weiterer guter Wein dieser Bodega.

• **Adresse:** Godoz Cruz 2000, RA-1414 Buenos Aires. **Tel.** 01-7747041. **Fax** 01-7741237.

### Casa Vinícola Nieto & Senetiner

Casa Vinícola Nieto & Senetiner ist ein ambitiöses Weinhaus, 1969 von Nicanor Nieto und Adriano Senetiner gegründet. Es ist in Besitz von zwei Kellereien: Cordilla in Luján de Cuyo und Vistalba Winery. Moderne Produktion mit Barrique-vergorenem Chardonnay und Barrique-ausgebauten Rotweinen. Unter dem Exportetikett Viña de Santa Isabel werden auch Chenin Blanc, Torrontés, CS, Malbec, Barbera und Syrah erzeugt. Außerdem werden ein Cabernet Sauvignon (Valle de Vistalba), ein Merlot-Roséwein (DOC de Luján de Cuyo-Malbec Cadus) und der Sekt Tête de Cuvée erzeugt.

• **Besitzer:** Aktiengesellschaft **Kellermeister:** Lic. Roberto Gonzalez **Besuch:** Nach Vereinbarung. **Adresse:** Chile Ave. 955, RA-5500 Mendoza. **Tel.** 061-259 300, 061-232 111, 061-202 570. **Fax** 061-235 558. **E-Mail:** nysmza@imsat.1.com.ar

### José Orfila

José Orfila wurde 1905 von Don José Orfila, einem Immigranten aus Mallorca, gegründet. Das Gut erinnert mit Kirche, Schule und 40 Wohnhäusern der Angestellten an ein nordeuropäisches Industriestädtchen des 19. Jahrhunderts. Es wird Chard, Riesling, SB, UB, CS sowie Sangiovese angebaut. Das Sortiment besteht u.a. aus einem frischen, etwas blumigen Fumé Blanc, einem generösen Chardonnay sowie einem würzigen Gran Reserva Tinto aus Malbec und Barbera. Der Cabernet de las Reinas wird jedes Jahr von den nackten Füßen der Weinkönigin Mendozas getreten.

• **Besitzer:** José & Francesco Orfila **Kellermeister:** José „Pepe" Orfila **Besuch:** Nach telefonischer Vereinbarung. **Adresse:** Salguero 1242, RA-1177 Buenos Aires. **Tel.** 01-8626868. **Fax** 01-3251733.

### Santa Ana

Santa Ana wurde 1891 von Luis Turisso gegründet und war bis 1996 in Familienbesitz. Danach wurde es von Viña Santa Carolina gekauft. Das Weinsortiment der Firma ist mit Weinen aus Chardonnay, Chenin Blanc, Sauvignon Blanc, Torrontés, Cabernet Sauvignon, Malbec, Merlot und Syrah sehr umfangreich. Viele Weine werden in neuen französischen und amerikanischen Eichenholzfässern ausgebaut. Etiketten: Santa Ana, Casa de Campo, Rincón del Sol und Villeneuve. Zu den Prestigeweinen zählen der Santa Ana Cepa Privadas CS und der Chardonnay.

• **Besitzer:** Empresas Santa Carolina S.A. Chile **Kellermeister:** Lic. Rodolfo Sadler **Besuch:** Nach telefonischer Vereinbarung. **Adresse:** Reconquista 538, 5° piso, Oficina 51 Cuerpo B, RA-1003 Buenos Aires. **Tel.** 01-393 4210, 01-393 8449. **Fax** 01-393 2388. **E-Mail:** santaana.comtext@cpsarg.com

### Bodega San Telmo

Die Bodega San Telmo ist eine der jüngeren Bodegas Argentiniens. Die Weinberge wurden erst 1973 mit Reben bestockt. Der erste Wein kam somit erst in den 80er Jahren auf den Markt. Schon die ersten Jahrgänge zeigten einen Qualitätsanstieg. San Telmo erzeugt nur Varietal-Weine. Rebsorten: Cabernet Sauvignon, Malbec, Chardonnay und Chenin Blanc. Die Weinberge liegen u.a. in Maipo und Mendoza.

• **Adresse:** Marcelo T. de Alvear 590, RA-1058 Buenos Aires. **Tel.** 01-3118759. **Fax** 01-3111981.

### Viñedos y Bodega Suter

Viñedos y Bodega Suter wurde 1900 vom schweizerischen Einwanderer Otto Rodolfo Suter gegründet. Heute von Alberto Rodolfo und Carlos Federico geführt. Der Anbau ist auf die Lagen Las Paredes, Canada Seca und El Cerrito in San Rafael verteilt. Für Weißweine werden die Rebsorten Chardonnay, Chenin Blanc, Pinot Blanc, Pinot Gris und Sémillon angebaut, für Rotweine CS, Merlot und Malbec. Suter erzeugt auch den Sekt „Champana" nach der klassischen Champagner-Methode, als Extra Brut und Demi-Sec.

• **Besitzer:** Lic. Daniel Suter **Kellermeister:** Martin Iriarte **Besuch:** Nach telefonischer Vereinbarung. **Adresse:** Casilla de Correo 80, RA-5600 San Rafael Pcia. Mendoza. **Tel.** 0627-21076, 0627-25941. **Fax** 0627-30135.

### Michel Torino

Michel Torino wurde 1892 von den Brüdern David und Salvador Michel gegründet. Von den Weißwein-Rebsorten werden die urargentinische Torrontés, Chardonnay und Chenin Blanc angebaut. Rotweine werden aus Cabernet Sauvignon und Malbec erzeugt. Warenzeichen: Don David und Michel Torino. Einige der Weine werden in französischen Barriques ausgebaut.

• **Besitzer:** Bodegas Lavaque SA, Dir.: Rodolfo Lavaque **Kellermeister:** Claudio Sosa **Besuch:** Mo-Sa. **Adresse:** Godoy Cruz 3236, RA-1425 Buenos Aires. **Tel.** 01-771 9133. **Fax** 01-775 9733.

### Pascual Toso

Bodegas y Viñedos Pascual Toso wurde 1890 gegründet. Von stein- und kalkhaltigen Böden in Barrancas wird ein Chardonnay mit schöner Frucht und Frische erzeugt. Der CS aus Las Barrancas wird im Fass ausgebaut und lagert vor dem Verkauf mindestens ein Jahr in der Flasche.

• **Adresse:** Alberdi 808, San José 5519, RA-Gaymallén. **Tel.** 061-45 66 92. **Fax** -78.

# BRASILIEN

GESCHICHTE  Brasilien importiert zwei Produkte aus Italien: Fußball und Weinbau. Italienische Einwanderer begründeten in Brasilien die moderne Weinherstellung. Es wurden jedoch schon 1535, als die ersten portugiesischen Siedler ins Land kamen, Weinreben in São Paulo angepflanzt. Der Anbau von Kaffee und Zuckerrohr reduzierte jedoch schnell den Weinbau, der eine kleinere Rolle einnahm. Ende des 19. Jahrhunderts wurden die ersten größeren Rebflächen in Serra Gaúcha in der Provinz Rio Grand do Sul angelegt. Anfangs waren es hauptsächlich Tafeltrauben und die Weinreben waren meist Hybriden. 1930 bis 1940 wurden die ersten kommerziellen Genossenschaften gegründet. Erst Anfang der 60er Jahre wurden eigene Weinmarken eingeführt und Ende der 60er Jahre begannen ausländische Weinfirmen und Spirituosenhersteller großzügig Geld zu investieren. Unternehmen wie Martini & Rossi, Moët & Chandon, Cinzano und Forrester (Seagram) schickten Experten für die Weinherstellung und das Marketing nach Brasilien. Wein und Trauben haben nun eine kleine, aber wachsende Bedeutung. Die wichtigsten Agrarerzeugnisse sind jedoch immer noch Zuckerrohr, Kaffee und Apfelsinen. Brasilien hat aber aufgrund seiner geographisch günstigen Lage die Voraussetzungen dafür, eines der großen Weinproduzierenden Länder der Welt zu werden.

ANBAUGEBIETE 65% des Weins werden in

*Der Aufschwung des brasilianischen Weinbaus begann mit Investitionen in den 60er Jahren.*

den kühleren Gebirgsregionen rund um die Städte Garibaldi, Bento Gonçalves und Caxias do Sul produziert. Die Weinregion Campanha Gaúcha ist das Ergebnis einer Zusammenarbeit zwischen der Weinuniversität von Davis in Kalifornien und dem brasilianischen Landwirtschaftsministerium. Die Region liegt zwischen dem 30. und 50. Breitengrad, genau wie die meisten europäischen Länder, aber auf der südlichen Halbkugel.

BODEN In Brasilien herrschen sehr heiße Sommer. Der Boden ist im Allgemeinen etwas säurehaltiger als in anderen Weinländern.

REBSORTEN Am häufigsten kommen die amerikanischen Isabella und Zinfandel vor, sowie die italienischen Moscato, Trebbiano Barbera und Cabernet Franc. Neue Sorten, die immer häufiger angebaut werden, sind der italienische Riesling, Sémillon, Chardonnay, Cabernet Sauvignon, Merlot und Pinot Noir.

REBFL/PROD Rund 60 000 ha, ca. 3 Mio. hl/Jahr. Es gibt eine Hochschule, das Colego de Viticultura e Enologia, und die Forschungsanstalt UEPAE/BG. Die Weinkontrollstelle Centro Nacional de Pesquisa de Uva e Vinho liegt in Bento Gonçalves.

## PRODUZENTEN IN BRASILIEN

### COOPERATIVA VINÍCOLA AURORA

Wurde 1931 von 16 Winzern gegründet und ist der zweitgrößte Weinbetrieb Brasiliens. Heute gehören ca. 1 500 Winzer dazu. Wichtigste Marke: Marcus James. 6 000 ha, ca. 450 000 hl/Jahr.

### DREHER-HEUBLEIN DO BRASIL COMÉRCIO E INDÚSTRIA

Ist mit der Tochtergesellschaft Dreher SA Vinhos e Champanhas der größte private Weinproduzent. Am bekanntesten ist der Cognac Conhaque Dreher extra Velho. Prod.: 300 000 hl/Jahr.

### COMPANHIA VINÍCOLA RIO GRANDENSE

Wurde 1929 von 40 Winzern aus Porto Alegre gegründet. Sie sind für Qualität bekannt, besonders die Granja-União-Serie mit CS, Riesling u.a.

*Die Genossenschaft Garibaldi ist der viertgrößte Weinerzeuger und bekannt für viele Qualitätsweine.*

### COOPERATIVA VINÍCOLA GARIBALDI

Ist der viertgrößte Weinproduzent Brasiliens und konzentriert sich auf Qualitätsweine im italienischen Stil. Wichtigste Marken: Acquasantiera, Raschiatti und Precioso.

### ESTABELECIMENTOS VINÍCOLA ARMANDO PETERLONGO

Ist Brasiliens führendes „Champagnerhaus". Angebaut werden Riesling und Trebbiano.

### MARTINI & ROSSI

Ist mit der Tochtergesellschaft De Lantier ein Pionier in Brasilien und erzeugt die größte brasilianische Weinmarke Château Duvalier. 1974 wurde der erste Schaumwein „De Gréville" eingeführt. Die Qualitätsmarke heißt Baron de Lantier.

### MOËT & CHANDON

Das französische Champagnerhaus gründete zusammen mit Cinzano und dem brasilianischen Monterio Aranhab 1977 das Unternehmen Profivin. Marke: M. Chandon.

# URUGUAY

**GESCHICHTE** Uruguay ist neben Peru, Chile, Brasilien, Argentinien und Mexiko das einzige seriöse Wein produzierende Land Südamerikas. Als das Land 1516 entdeckt wurde, war es von Indianern bevölkert, die nach zahlreichen Kämpfen praktisch vernichtet wurden. Uruguay konnte nicht mit Edelmetallen locken und die Kolonisation fand erst im 17. Jh. statt. Nach vielen Kämpfen mit Portugiesen und Spaniern wurde Uruguay 1776 ein Teil des spanischen Vizekönigreiches La Plata. Erst 1828 konnte die Republik Uruguay ausgerufen werden. Der moderne Weinbau Uruguays begann in den 90er Jahren des 19. Jh., rund um die Hauptstadt Montevideo. Auch hier hat die südeuropäische Einwanderung den Weinbau beeinflusst. Die Auswahl der Rebsorten zeigt sowohl französischen als auch italienischen Einfluss. Genau wie bei den Nachbarländern ist die Geschichte Uruguays voll von Diktatoren und Unruhen. In den letzten Jahren hat das Land eine demokratische, zivile Regierung erhalten und die Wirtschaft hat sich schnell entwickelt. Eine der wichtigsten landwirtschaflichen Erzeugnisse ist die Weintraube.

**GEOGRAPHIE** Uruguay ist das kleinste südamerikanische Land und bietet gute Vorausset-

Der Weinbau in Uruguay hat sich vor allem in den 80er und 90er Jahren entwickelt.

zungen für die Produktion von Qualitätsweinen. Es liegt am Übergang von der auf 600 m ü.M. liegenden brasilianischen Hochebene Rio Grande do Sul zu den argentinischen Pampas.

**ANBAUGEBIETE** Montevideo, Canelones, San José, Colonia an der Meeresbucht Rio de la Plata, Soriano, Paysandú, Florida direkt nördlich von Montevideo sowie Durzno im Mittelland.

**WEINE** Es werden alle Weinsorten erzeugt: Rot- und Weißweine, Rosé, Schaumweine und Vermouth. Der einheimische, sehr besondere Vino Seco ist beliebt. Er entsteht dadurch, dass Weiß- und Rotwein zu gleichen Teilen verschnitten werden. Der Verschnitt wird aufgespritet und reift längere Zeit an der glühenden Sonne.

**REBSORTEN** Am häufigsten kommt der blaue Tannat vor (hier Harriague genannt), der tanninreiche, alkoholstarke Weine mit gutem Lagerpotenzial ergibt. Auch die russische Hybride Isabella ist zu finden. Gewöhnliche Sorten sind Cabernet und Vidiella (Ursprung unbekannt). Aus Italien sind Barbera und Nebbiolo anzutreffen. Weiße Qualitätssorten sind vorwiegend Sémillon, Sauvignon Blanc, Pinot Blanc und Trebbiano.

**WEINGESETZ** Die Produktion untersteht der Kontrolle der INAVI, Instituto Nacional de Vitivinicultura. Es gibt ein Ursprungssystem, das der spanischen Denominación de Origen ähnelt.

**REBFL/PROD** 10 000 ha, rund 900 000 hl/Jahr.

**PRODUZENTEN** Führende Betriebe:
SANTA ROSA (Cabernet und Sauvignon Blanc),
BELLA UNIÓN (Calvinor),
DANTE IRURTIA (Ca' del Sacramento),
LOS CERROS DE SAN JUAN (San Juan's Fiesta),
JUAN CARRAU (Castel Pujol),
FARAUT HERMANOS (Colession Privada)
JUANICÓ (Monsieur Gilbert).

## PERU

GESCHICHTE  Peru ist das älteste Wein erzeugende Land in Südamerika. Der erste registrierte Winzer war Francesco de Carabantes, der 1566 Rebstöcke in der Ica-Provinz, an der Küste des Pazifischen Ozeans südlich von Lima, pflanzte. Am Anfang der spanischen Zeit umfasste das Vizekönigreich Perus ganz Südamerika, außer Brasilien und Venezuela. 1821 wurde Lima von der südamerikanischen Freiheitsbewegung eingenommen

*Tabernero in Lima ist einer der größten Weinerzeuger in Peru, der auch Schaumweine produziert.*

und der Freiheitskämpfer Simon Bolívar wurde Diktator. Die Geschichte Perus ist seither von Diktatoren geprägt. In letzter Zeit ist das Interesse für Qualitätsweine unter den peruanischen Winzern gewachsen. In Tacama haben die Winzer den französischen Weinprofessor Émile Peynaud zu Rate gezogen, um Cabernet, Sauvignon Blanc und schäumende Qualitätsweine zu entwickeln. Wein wird nur von der spanischen Bevölkerung bei festlichen Gelegenheiten getrunken. Alltags wird vorwiegend Bier getrunken oder bei den Indianern „Chichita", ein Getränk aus Gerste und Melasse, gespritzt mit Eau de vie.

GEOGRAPHIE  Peru besteht aus drei Regionen: einem schmalen Küstenstreifen, La Costa, den Gebirgsregionen Cordillera und La Sierra sowie dem östlichen Flachland, beherrscht von der Loma-Steppe. Der Weinbau wird von den kühlen Winden des Pazifischen Ozeans durchströmt.

ANBAUGEBIETE  Auf dem Berg Tacama, rund um Ica und Lima und in der Nähe der Inkastädte Cuzco und Arequipa. Ferner in Moquegua im Süden des Pazifischen Ozeans.

WEINE  Meist im spanischen Stil. Oft findet man aufgespritete Weine wie Sherry, Port oder Madeira. Im Süden werden respektable Weine aus der abgehärteten Malbec-Traube, die sich in diesem trockenen Klima wohl fühlt und reichliche Ernte abwirft, erzeugt.

REBSORTEN  Fast nur Malbec.

REBFL/PROD  12 000 ha, rund 110 000 hl/J.

PRODUZENTEN  Ocucaje, Bodega Monte Rosa, Tabernero sowie Picasso M. & Hnos - Bodega Vista Allegre.

## BOLIVIEN, KOLUMBIEN

### BOLIVIEN

GESCHICHTE  Die Jesuitenmönche, die 1553 dem Eroberer Francisco Pizarro hierher folgten, erzeugten die ersten Weine. Der Zeitabschnitt vom Zweiten Weltkrieg bis 1980 wurde von Militärstreichen und konstanter wirtschaftlicher Krise geprägt. Bolivien wird als das ärmste und am wenigsten entwickelte Land Südamerikas angesehen.

GEOGRAPHIE  Besteht zu zwei Dritteln aus Ebenen östlich der Anden. Im Süden Savanne, der Rest wird zum größten Teil von tropischem Regenwald bedeckt.

WEINE  Die wenigen Weine sind rustikal und leicht, kräftig duftend und wenig raffiniert.

ANBAUGEBIETE  Nördlich der Hauptstadt La Paz, auf 1 500-2 400 m Höhe ü.M. Die wichtigsten Gebiete: Suere in Chuquisaca und La Paz.

REBSORTEN  Criolla und Malbec.

REBFL/PROD  4 000 ha, ca. 20 000 hl/Jahr. Die meisten Trauben werden zu Eau de Vie destilliert.

### KOLUMBIEN

GESCHICHTE  Kolumbien ist vor allem für Qualitätskaffee bekannt. Der Export, der Ende des 19. Jh. anfing, brachte wirtschaftlichen Zuwachs. Es wird aber auch Wein angebaut, wenn auch nur in kleinem Umfang. Ab Ende des 18. Jh. bis 1903 befand sich das Gebiet mehr oder weniger ständig im Bürgerkrieg. Danach stabilisierten sich die Verhältnisse bis zum Zweiten Weltkrieg, als der Bürgerkrieg wieder aufflammte. Die letzten Jahrzehnte sind von ausgebliebenen wirtschaftlichen Reformen, zunehmender Gewalt und den Machenschaften der Rauschgiftmafia geprägt. Trotz allem hat sich die Wirtschaftslage in eine positive Richtung entwickelt.

GEOGRAPHIE  Niedriges Küstengebirge und eine sumpfige Küstenebene im Westen. Das östliche Kolumbien besteht aus tropischer Grassavanne.

ANBAUGEBIETE  Drei Gebiete: Cauce Tal, Sierra Nevada de Santa Maria und Ocaña.

REBSORTEN  Vorwiegend wird die russische Hybride Isabella angebaut. Weitere Sorten sind Barbera, Müller-Thurgau, Muskat, Pinot Noir, Pedro Ximénez, Riesling und Sylvaner.

REBFL/PROD  Ca. 3 000 ha, nur 1 000 ha werden für die Weinherstellung verwendet.

# Mexiko

**GESCHICHTE** Für die meisten Mexikaner ist Wein immer noch ein exotisches Getränk. Es wird hauptsächlich Cerveza, ein helles, eisgekühltes Maisbier, getrunken. Auch der Kaktuswein Pulque, der auch zu Tequila destilliert werden kann, gehört zu den Nationalgetränken. In den letzten Jahren haben in Mexiko vermehrt internationale Häuser wie das spanische Pedro Domecq, das französische Martell und das amerikanische Seagram größere Investitionen getätigt. Mexiko ist das älteste Wein produzierende Land auf der westlichen Halbkugel. Schon im Jahr 1524 befahl Hernán Cortez, der erste Gouverneur, dass alle Ansiedler, die im Gebiet Parras im mittleren Mexiko wohnhaft waren, tausend Rebstöcke für je hundert Indianersklaven anbauten. Von Qualitätsweinen war jedoch niemals die Rede. Erst nach dem Umsturz im Jahr 1810 wurde es in Mexiko möglich, Wein neu anzubauen. Einer der ersten war der irische Einwanderer James Concannon aus Livermore in Kalifornien. Er konnte den Präsidenten 1889 davon überzeugen, mexikanische Weine aus europäischen Rebsorten zu kommerzialisieren. Leider wurde seine Arbeit während der Revolution im Jahr 1910 eingestellt. Heute ist Mexiko vitikulturell sehr zersplittert. Die Missionare führten spanische Rebsorten ein. Deutsche und italienische Sorten wurden von Einwanderern eingeführt. Nachdem die Reblaus im 19. Jh. die Weinindustrie größtenteils zerstört hatte, sorgte die Revolution 1910 bis 1920 für den Rest. Somit musste man wieder von vorne beginnen. Nach dem Zweiten Weltkrieg wurden Zollgebühren auf ausländische Weine eingeführt, um die eigene Produktion zu schützen und zu fördern.

**GEOGRAPHIE** Mexiko liegt zwischen dem 30. und 10. Breitengrad, für den Weinbau eigentlich zu weit südlich. Die meisten Rebflächen aber liegen auf der zentralen Hochebene, wo die Höhe und der umliegende Ozean die Temperaturen mildern. Die Böden sind oft dünn und mager, meistens aus vulkanischem, sand- und schlammgemischtem Lehm bestehend.

**ANBAUGEBIETE** In acht der 32 mexikanischen Bundesstaaten wird Wein erzeugt. Der größte Bereich ist Hermosillo-Caborca mit 26 500 ha am Fluss Sonora. Esenada in Baja California Norte hat 10 000 ha. Danach folgen Aguascalientes (6 500 ha), Fresnillo-Ojocaliente in Zacatecas (5 800 ha), Parras und Saltillo in Coahuila (4 300 ha), Delicas in Chihuahua (3 500 ha), La Laguna und Torreón in Durango (1 700 ha) und der höchste Weinberg der Welt, auf 2 100 m ü.M., San Juan del Rio, nördlich von Mexico City in Querétaro (2 500 ha). Gute Weine ergeben Weinlagen in einer Höhe von 1 000 bis 1 500 m ü.M. Aber auch in Baja California Norte.

**WEINE** Für die Qualitätsweine werden europäische Sorten verwendet. Der einheimische Mission dominiert jedoch für die Erzeugung von einfachen Tafelweinen.

**REBSORTEN** Die blaue Criolla gilt als die äl-

*Da die Weinberge in Mexiko bis zu 2 100 m ü.M. liegen, kann trotz der Hitze guter Wein erzeugt werden.*

teste Sorte Mexikos. Sie wurde 1697 vom Jesuitenmönch Ugarte auf der Mission San Francisco Xavier eingeführt und wird immer noch angebaut. Die Missionstraube wird für eine Abart des chilenischen Pais gehalten. Alle Criolla-Varianten ergeben sehr rustikale, aber leichte Weine. Obwohl nur aus den klassischen Rebsorten Qualitätsweine erzeugt werden, sind immer noch die älteren Sorten vorherrschend. Diese werden aber nach und nach durch bessere und wirtschaftlichere importierte Sorten ersetzt.

**WEINGESETZ** Alkoholstärke wird dem Ursprungsnachweis vorgezogen. Die staatliche Association Nacional de Vitivinicultores überwacht den Weinbau. Ein seltsames Gesetz in Mexiko schreibt vor, dass die Winzer ihre Weingüter nicht besitzen dürfen. Die meisten umgehen dieses Gesetz, indem sie das Gut auf einen nahen Verwandten überschreiben.

**REBFL/PROD** 47 000 ha, 1,1 Mio. hl/Jahr. Nur 6% der Trauben werden für den Weinbau verwendet. Knapp Hälfte wird destilliert, der Rest wird als Tafeltrauben und Rosinen vermarktet.

# MEXIKO

## REGIONEN IN MEXIKO

### ESENADA
Baja California Norte ist das wichtigste Gebiet. Es hat dank der Ozeanwinde ein außerordentliches Klima. Das größte Weingut ist die historische Bodegas de Santo Tomás. 1972 baute Pedro Domecq eine Anlage nordöstlich von Esenada im Guadalupe-Tal. Hier liegt auch die große Vinícola la Cetto.

### HERMOSILLO-CABORCA
Das Gebiet ist zum größten Weinanbaugebiet herangewachsen, mit fünf großen Weinanlagen, die jedoch nur Weinbrand erzeugen. Die Anlagen entstanden in den 60er Jahren.

### DELICAS
In Ciudad Delicas in Chihuahua findet man Weinanlagen, die Tafelweine produzieren, und auch einen Weinbranderzeuger.

### TORREON
In La Laguna gibt es mehrere neu angelegte Weingüter, die Weinbrand erzeugen. 12 Prozent der Trauben werden für die Weinproduktion in der Anlage der Vinícola del Vergel verwendet.

### PARRAS
Die ältesten Weingüter Mexikos liegen in Parras de la Fuente. Das größte Gut, Bodegas de San Lorenzo, erzeugt 375 000 hl Weinbrand/Jahr.

### SALTILLO
Das erste moderne Weingut in Mexiko wurde 1929 in Saltillo, der Hauptstadt von Coahuila, von Don Nazario Ortíz Garza gegründet.

### ZACATECAS
Das jüngste Weinbaugebiet Mexikos (1970). Die größten Weingüter sind Viñedos dom Luís in Ojocaliente, Bodegas de Altiplano und Vides de Zacatecas in Luís Moya.

### AGUASCALIENTES
Die größten Weinproduzenten sind Viñedos San Marcos und Bodegas Brandevin, die u.a. Sangria erzeugen.

### SAN JUAN DEL RIO
Die besten mexikanischen Weine werden am Rio San Juan hergestellt. Cavas de San Juan erzeugt den Qualitätswein Hidalgo. Andere wichtige Erzeuger sind Cruz Blanca und Madrileña. Martell besitzt eine Anlage für Qualitätsweine in Tequisquiapan, wo Weine aus CS, Mer, Gren und SB sowie Weinbrand aus UB gemacht werden.

## PRODUZENTEN IN MEXIKO

### CASA MADERO
Casa Madero wurde 1626 gegründet und ist das zweitälteste Weingut auf dem amerikanischen Kontinent. Es ist ein recht kleines Weingut mit etwa 400 ha Rebfläche.

• **Adresse:** Emilio Carranza 732 Sur, 8° Piso, MEX-64000 Monterrey, N.L. **Tel.** 08-345 5757. **Fax** 08-343 5002.

### CASA PEDRO DOMECQ
Das spanische Sherryunternehmen Domecq gründete in den 60er Jahren eine eigene Weinfirma. Es werden nur Qualitätsweine erzeugt. Weine: Blanc de Blancs X-A, Cabernet Sauvignon X-A, Calafia, Cariñan X-A, Chateau Domecq, Chenin Blanc X-A, Fray Junipero, Los Reyes, Padre Kino, Riesling X-A, Zinfandel X-A. FAKTEN Etwa 37 500 hl/Jahr.

• **Besitzer:** Domecq Jerez (Allied Domecq) **Adresse:** Av. México 337, Col. del Carmen Coyoacán, MEX-04100 México, D.F. **Tel.** 0325-9292. **Fax** 0325-9393.

### BODEGAS DE SANTO TOMÁS
Bodegas de Santo Tomás wurde gegen Ende des 19. Jahrhunderts von einem italienischen Goldgräber auf einer alten Missionsstation gegründet und 1920 an General Rodriguez, später Präsident des Landes, verkauft. Dieser engagierte im Jahr 1962 Dimitri Tchelistcheff, den Sohn des legendären amerikanischen Weinbauers André Tchelistcheff. Die Firma erzeugt vor allem Qualitätsweine aus europäischen Rebsorten, befasst sich aber auch mit traditionellen Sorten wie Mission. Weine: Cabernet Sauvignon, Carignan, Chardonnay, Chenin Blanc, Grenache, Palomino, Pinot Noir, Riesling, Rosa del Perú und Sémillon.

• **Adresse:** Lerdo 321, col. San Simón tolnáhuac, MEX-06920 México, D.F. **Tel.** 0782-0666. **Fax** 0583-3535.

### VINÍCOLA DE AGUASCALIENTES
Vinícola de Aguascalientes ist der größte Weingutsbesitzer Mexikos mit 10% der gesamten Rebfläche. Es wird fast ausschließlich Weinbrand produziert. Erzeugt den Schaumwein Champ d'Or und den roten Tafelwein Alamo.

• **Adresse:** Hamburgo 254-203. Col. Juárez, MEX-06600 México, D.F. **Tel.** 0533-6095. **Fax** 0533-6095.

### WEITERE BETRIEBE
BODEGAS FERRIÑO, Presidente Carranza 601 Nte., MEX-27640 Cuatro Ciénegas, Coah. Tel. 0869-6 0033. Fax 0869-6 0707.

PRODUCTOS DE UVA (GRUPO CETTO), Antonio M. Rivera 25, Col. Industrial San Nicolás, MEX-54030 Tlalnepantla, Edo. de México. Tel. 0390-0277. Fax 0565-2526.

# Australien

**GESCHICHTE** Schon die ersten Siedler brachten 1788 Leben in dieses neu entdeckte Land. Am Anfang des 19. Jahrhunderts dann wurden Weinberge von Sträflingen bestockt, die in die damalige englische Strafkolonie deportiert worden waren. Das erste Weinanbaugebiet lag um Port Jackson, heute Sydney, in New South Wales. Schon im frühen 19. Jahrhundert wurden die Weingebiete festgelegt. Der erste Weinbau erfolgte durch die Engländer, die davon eigentlich nicht viel verstanden. Anfänglich erzeugte man hauptsächlich Port- und Sherry-ähnliche Weine. Ende der 60er Jahre und Anfang der 70er Jahre wurde der Weinbau dann durch die Weißweine revolutioniert. Moderne Herstellungsanlagen waren die Basis für die Qualitätsproduktion. In den 80er und 90er Jahren wurden die Rebflächen ausgebaut und der Export war vor allem mit Weinen im unteren und mittleren Preissegment sehr erfolgreich.

**GEOGRAPHIE** Australien ist geprägt durch über eine Million Jahre andauerndes Aufeinandertreffen kalter Meeresströme aus der Antarktis und heißer Luftmassen aus den tropischen Breiten. Große Teile des Landes haben zu viel Sonne und zu trockene Erde, um qualitativ guten Wein hervorzubringen. Erst Bewässerungssysteme und moderne Ernte- und Vinifizierungstechniken haben den Weinbau in diesen Wüstengebieten möglich gemacht.

**ANBAUGEBIETE** Der Weinbau konzentriert sich in Australien auf die temperierten Küstengebiete, hauptsächlich im Süden und im Südwesten: WESTAUSTRALIEN, SÜDAUSTRALIEN, VICTORIA und NEW SOUTH WALES. TASMANIEN, mit seinem kühleren Klima, bietet auch gute Voraussetzungen für den Weinanbau. Auch in Queensland, im Northern Territory und in Canberra wird Wein erzeugt, wobei in Canberra die besten Resultate zu verzeichnen sind.

**WEINE** 1830 wurden etwa 600 verschiedene europäische Rebsorten nach Australien eingeführt. Aus ihnen wurden Weine hergestellt, denen man wiederum europäische Namen gab. Lange waren süße, verstärkte Weine und kräftige Rotweine aus der Shiraz-Traube dominierend. Shiraz wird hier auch Hermitage genannt und ist immer noch das Zugpferd des australischen Weinbaus. Weißweine sind Riesling an der Südküste und der Sémillon im Hunter Valley. Die besten Riesling-Weine sind distinkt und besitzen einen einzigartigen Charakter. Die Chardonnay-Weine haben in den letzten Jahrzehnten ihre Weltklasse gezeigt. Der Cabernet Sauvignon konnte sich ebenfalls etablieren und die besten Exemplare kommen aus Coonawarra und vom Margaret River. Während früher die Likörweine dominierten, werden nun sehr gute Rotweine produziert.

*Wegen der Hitze wird zur Erhaltung der nötigen Qualität in der Nacht geerntet.*

*Das Pionierland Australien ist vor allem mit Weinen im mittleren Preissegment erfolgreich.*

WEINGESETZ  In Australien liegt immer noch kein Weingesetz vor, das dem europäischen ähnlich wäre. Aber es existiert ein Label Integrity Program, das den Ursprungsort der Rebsorten garantiert. Man merke sich die Zahl 85. Wird auf dem Etikett eine Rebsorte angegeben, muss der Wein mindestens 85% von dieser Sorte enthalten. Wird ein Weingebiet genannt, muss der Wein zu 85% aus diesem Gebiet kommen. Erscheint auf dem Etikett der Jahrgang, muss der Wein zu 85% von diesem Jahr stammen. 1993 wurde der Begriff Geographical Indications (GI's) eingeführt. Dieser definiert sämtliche Anbaugebiete in Australien. 1999 erfolgten die ersten offiziellen Bezeichnungen, die vier Klassen umfassen: Teilstaat, Zone, Region (ein Teil der Zone) und Teilregion.

PRODUZENTEN  Fünf Weinkonzerne dominieren die Produktion: South Corp., Penfolds, BRL Hardy, Orlando/Wyndham und Mildara Blass.

REBFL/PROD  Ca. 80 000 ha (davon 65 000 ha bereits bestockt), rund 5,9 Mio. hl/Jahr (1998).

WISSENSWERT  Weitere Informationen: Australian Wine Export Council, Wine Industry House, 555 The Parade, Magill, South Australia 5072 (PO Box 622, AUS-Magill SA 5072). Tel. 08-8364 1388. Fax 08-8364 2290

*Nach den boomenden 80er Jahren mit preiswerten Weinen versucht man heute mit Qualitätsweinen auf dem Markt Fuß zu fassen. Auf dem Bild sieht man die Kühlung des Mostes mit Trockeneis.*

# South Australia

**GESCHICHTE** Schon im Jahr 1838 wurden die ersten Rebstöcke gepflanzt, und zwar außerhalb von Adelaide, dem größten „Weinstaat" Australiens. Gebiete wie Barossa Valley und Clare Valley folgten wenig später und haben lange Zeit Weine von bescheidener Qualität produziert sowie angereicherte „Portweine" von unterschiedlicher Güte. Zahlreiche der klassischen Produzenten befinden sich in South Australia und auch einige der wichtigsten Regionen, wie z.B. Barossa Valley, Clare Valley und Coonawarra. Die Produktion von Bulkweinen konzentriert sich hauptsächlich auf das Riverland, entlang dem Murray River. Mitte der 80er Jahre hat sich Adelaide Hills als Qualitätsregion für u.a. Sauvignon Blanc, Chardonnay und Pinot Noir etabliert.

**GEOGRAPHIE** Ausgesprochen unterschiedliche Verhältnisse, von den kalkreichen Böden in Coonawarra bis hin zum hügeligen, schieferreichen Barossa-Gebiet.

**KLIMA** Vom kühlen Klimaprofil, das an die Champagne erinnert, bis hin zu heißen Regionen, wie z.B. das nördliche Riverland, das künstliche Bewässerung benötigt.

**WEINE** In diesem Gebiet können drei Regionen verschiedene Weintypen zugeordnet werden: Cabernet Sauvignon zu Coonawarra, Riesling zum Clare Valley und Shiraz zum Barossa Valley. Seit einigen Jahren werden in Adelaide Hills die besten Weine aus Sauvignon Blanc und Chardonnay erzeugt. South Australia ist außerdem für Rotweine auch international bekannt.

**PRODUZENTEN** In diesem Gebiet dominieren die Genossenschaften und Großunternehmen wie z.B. Penfolds, BRL Hardy, Orlando und Mildara Blass.

**REBFL/PROD** Ca. 33 100 ha, rund 2 Mio. hl/Jahr. Die größte Weinregion Australiens.

*Penfolds ist mit Hauptsitz in South Australia einer der Weingiganten in Australien.*

## ADELAIDE HILLS, EDEN VALLEY

### ADELAIDE HILLS
RUF Hat sich seit den 90er Jahren zur absoluten Spitze emporgearbeitet. Östlich von Adelaide, in den Mount Lofty Rangers, liegt diese heißeste Region Australiens.
GEOGRAPHIE Eine hügelige Landschaft. Die höchsten Weinberge liegen 500 m ü.M.

*Die meisten Winzer in Adelaide Hills liefern ihre Trauben an Großproduzenten, die die Vinifizierung übernehmen.*

BODEN Sehr unterschiedlich mit teils sandigen, teils eisenhaltigen Lehmböden.
WEINE Sauvignon Blanc und Chardonnay aus Adelaide gehören zu den besten Weinen Australiens. Vermehrt werden auch sehr gute Pinot-Noir-Weine hergestellt.
WEINHERSTELLUNG Wenige Winzer vinifizieren selber und man schließt häufig Verträge mit größeren Erzeugern.
REBFL/PROD Ca. 440 ha. Es werden viele Neupflanzungen vorgenommen, die noch keine Weinproduktion abwerfen. Ein großes Problem ist zudem der Mangel an Wasser (Restriktionen).

### EDEN VALLEY
RUF Es genießt vor allem für Riesling-Weine einen guten Ruf. Immer mehr werden sehr gute Chardonnay und Shiraz erzeugt.
GEOGRAPHIE Befindet sich nördlich der Adelaide Hills und östlich vom Barossa Valley.
BODEN Sand- und Lehmböden.
WEINE Eden Valley gehört zusammen mit Clare Valley zu den führenden Riesling-Produzenten. Der Eden-Valley-Riesling ist in der Jugend aromatischer und entwickelt während der Flaschenlagerung Petrol- und Röstaromen. Es wird auch viel Shiraz angebaut, der aber hauptsächlich als Verschnittwein verwendet wird.
WEINHERSTELLUNG Eden Valley besitzt fast keine Weingüter. Die meisten Weinberge sind in Besitz von größeren Firmen, die den Wein in Barossa Valley herstellen. Einige der besten Riesling-Exemplare stammen von Weingütern wie Heggies und Pewsey Vale.
REBFL/PROD Ca. 940 ha.

## BAROSSA VALLEY

RUF Barossa Valley gilt als das wichtigste Weinbaugebiet Australiens. Das Tal wurde um 1840 von religiös verfolgten deutschen Lutheranern bevölkert und hat eine charmante Eigenart: Es ist die Heimat der besten Shiraz-Weine Australiens und hier befinden sich auch die ältesten Weingüter, die immer noch in Betrieb sind. Mehrere größere Weinhäuser haben in Barossa ihren Firmensitz, z.B. Penfolds, Orlando und Yalumba.
GEOGRAPHIE 55 km nordöstlich von Adelaide hat das Tal seinen Ursprung, folgt dem Para River (der früher Rhein hieß) und erstreckt sich Richtung Barossaberge auf Höhen zwischen 240 und 550 m ü.M. Das warme Klima eignet sich besonders gut für Shiraz, Grenache und Cabernet Sauvignon.

*Barossa Valley ist ein klassisches Weinbaugebiet und Heimat großer Erzeuger wie Penfolds und Orlando.*

BODEN Reicher, fruchtbarer Boden mit Schiefer ermöglicht den Anbau der meisten Rebsorten.
WEINE Barossa ist vor allem für Rotweine bekannt. Shiraz-Weine sind meist sehr konzentriert und von sehr guter Qualität. Die Sémillon-Weine werden vielfach im Fass vergoren, wodurch sie eine große Komplexität erhalten. Heute produzieren mehrere Weinhersteller auch elegante und lagerfähige Weine, die mit solchen aus kühleren Anbaugebieten vergleichbar sind.
WEINHERSTELLUNG Zwei Herstellungsmethoden kommen zur Anwendung: die traditionelle und die ultramoderne. Die Traditionalisten verwenden kleine, offene Eichenbottiche, in denen die Weine bei hoher Temperatur lange auf der Maische vergoren werden. Die meist großen, modernen Anlagen vinifizieren hingegen mit modernster Technik.
REBFL/PROD Ca. 6 250 ha. In Barossa werden auch viele Trauben aus anderen Regionen zu Wein verarbeitet.
WISSENSWERT Barossa hat einen gut entwickelten Weintourismus. Bekannt ist vor allem das Weinfestival in Tanunda. Zum Festival-Angebot gehört auch eine der besten Weinversteigerungen des Landes.

## Clare Valley, McLaren Vale

### Clare Valley

RUF Dieses nördliche Weingebiet ist fast so alt wie Barossa. Viele bekannte Weine kommen aus dem Clare Valley und vor allem der Riesling und die Rotweine gehören zu den besten Australiens.

GEOGRAPHIE Clare Valley besitzt mit seinem wärmeren Klima nur einen Viertel der Größe von Barossa. Einige der Anbaugebiete liegen hoch über dem Meer, was dazu führt, dass die Weine eine Fruchtigkeit aufweisen wie sonst bei kühlerem Klima.

BODEN Unterschiedlicher Kalkstein.

WEINE Vor allem der Riesling gelingt in dieser Region sehr gut und einige Exemplare gelten als Klassiker. In der Jugend sind die Weine tief und rein mit feinen Zitrusdüften. Mit zunehmender Reife werden sie komplexer und erhalten Petroleum- und Röstaromen. Es herrscht ein warmes Klima mit vielen Sonnenstunden. Dank der kühlen Nächte während der Reifeperiode erhalten die Weine einen straffen, eher zurückhaltenden Stil. Die Shiraz-Weine besitzen oft einen Eukalyptuston im Duft.

WEINHERSTELLUNG Die Lese erfolgt meistens maschinell. Die besten Trauben werden von Hand gelesen und die Vinifizierung ist modern. Für die besten Rotweine erfolgt die Herstellung sehr traditionell.

REBFL/PROD Ca. 2 000 ha, ca. 100 000 hl/Jahr.

### McLaren Vale

RUF In südlichen Randgebieten von Adelaide wurde 1838 erstmals durch John Reynell Weinbau betrieben. Sein Château Reynella ist seither eines der führendsten Weingüter Australiens. Heute befindet sich auch der Hauptsitz von BRL Hardy in McLaren Vale. Die Anbaugebiete wurden in Richtung Süden ausgedehnt. Die Weine sind in klassisch australischem Stil erzeugt, d.h., sie besitzen reiche Frucht und eine gute Portion Eichenfasscharakter.

GEOGRAPHIE Zwischen dem warmen Meer und den Mount-Lofty-Bergen breitet sich diese hügelige Landschaft aus. Das Klima ist für die Tafelweinproduktion sehr geeignet.

BODEN Kalk- und eisenreiche Lehmböden.

WEINE Am bekanntesten sind die Rotweine aus Cabernet Sauvignon und Shiraz. Große, sanfte Weine mit guter Lagerfähigkeit. Sherry- und Portweintypen haben seit langem einen guten Ruf.

WEINHERSTELLUNG Moderne Technik mit früher Ernte und kontrollierter Gärung.

REBFL/PROD Ca. 2 600 ha, ca. 150 000 hl/Jahr.

WISSENSWERT Die Nähe zu Adelaide macht McLaren Vale zu einem interessanten Ausflugsziel.

## Coonawarra, Padthaway

### Coonawarra

RUF Coonawarra gilt als das beste Gebiet für Qualitätsweine. Wegen des Klimas und der geeigneten Bodenbeschaffenheit für die blauen Rebsorten wird es oft Australiens „Médoc" genannt.

GEOGRAPHIE Liegt 400 km südlich von Adelaide und besitzt ein kühles Klima, das die Trauben langsam reifen lässt. In Europa vergleichbar mit der Champagne oder dem Burgund, den kühlsten Gebieten Frankreichs.

BODEN Hier findet man die berühmte „Terra Rossa", eine fruchtbare, rote Erde über einem Kalklager.

WEINE Der Cabernet Sauvignon ergibt die Bordeaux-ähnlichsten Weine des Landes. Johannisbeeren, Minze und Zedernholz sind einige Assoziationen. Auch die anderen Bordeaux-Sorten wie Merlot, CF und Malbec werden für Cuvées im Bordeaux-Stil angebaut. Der ebenso häufig angebaute Shiraz besitzt eine tiefe Farbe und ist straffer als jene aus wärmeren Regionen. Chardonnay wird meist für Verschnittweine verwendet.

WEINHERSTELLUNG Moderne Techniken dominieren, z.B. erfolgt die Lese fast zu hundert Prozent maschinell.

REBFL/PROD 3 200 ha, ca. 150 000 hl/Jahr.

### Padthaway

RUF Padthaway liegt 80 km nördlich von Coonawarra. In den 90er Jahren verzeichnete man eine starke Entwicklung und vervielfachte auch die Rebfläche. Das Gebiet ist am bekanntesten für Chardonnay, gefolgt von Shiraz, Cabernet und Riesling.

GEOGRAPHIE Etwas wärmer als in Coonawarra, aber weniger Niederschläge ergeben geringere Jahrgangsvariationen und leichter reifende Trauben.

BODEN Schmale Streifen (115 x 1,5 km) von Terra Rosa mit darunter liegendem Kalklager.

WEINE Die klassischen Rebsorten gedeihen ausgezeichnet. Chardonnay ergibt elegante Weine mit guter Lagerfähigkeit. Sauvignon Blanc wird sowohl im Fumé-Blanc-Stil (mit Eichenton) als auch in einem leichteren Sancerre-Stil hergestellt. Rhine Riesling ergibt parfümierte, aber sanfte und trockene Weine mit frischer Säure. Auch „Beerenauslesen" werden produziert. Pinot Noir ist hier besser als in vielen Lagen des Burgunds, mit tiefen, nach Beeren duftenden Weinen. Shiraz ergibt normalerweise bessere Weine als in Coonawarra, mit einigen sehr lagerfähigen Provenienzen. Aus Cabernet Sauvignon werden elegante Weine, die an Minze erinnern, erzeugt. Manchmal werden sie mit Malbec verschnitten.

WEINHERSTELLUNG Maschinelle Ernte (nachts), kontrollierte Gärung und andere moderne Techniken werden im Gebiet verwendet.

REBFL/PROD Etwa 2 700 ha.

AUSTRALIEN • SOUTH AUSTRALIA

## BRL HARDY

GESCHICHTE  Als der junge Thomas Hardy sein Weingut 1853 gründete, waren keine finanziellen Mittel vorhanden, jedoch ein Jahr Praxis und viel Unternehmungsgeist. 40 Jahre später war

BRL Hardy gehört zu den tonangebenden Produzenten in Australien. Die Prestigeserie heißt Eileen Hardy.

Thomas Hardy der größte Produzent in Australien. Seine ersten Erfahrungen machte Hardy auf der Reynella Farm, die 1982 von den Hardy's gekauft wurde. Schon seit 1876 hat die Firma verschiedene Weinbetriebe gekauft und ist mit der Zeit zu einem Riesenkonzern geworden. 1992 wurde die große BRL-Hardy-Gruppe geschaffen. Heute besitzt man auch die Domaine La Baume im südlichen Frankreich.

WEINE  Die große Auswahl der Weine ist in Stil und Qualität unterschiedlich. Es werden sowohl Weiß-, Rot- und Roséweine als auch Schaumweine hergestellt. Hardy bietet von einfachen Tafelweinen bis zu sehr guten Prestigeweinen alles. Die besten Weine gehören zu der Prestigeserie Eileen Hardy aus Chardonnay und Shiraz. Die zum Betrieb gehörenden Weingüter sind weitgehend eigenständig und so erzeugt z.B. Yarra Burn in Victoria einen Pinot Noir namens „Bastard Hill", der zu den Besten seiner Art gehört.

RUF  BRL Hardy gehört zu den größten und bedeutendsten Erzeugern des Landes.

REBSORTEN  Viele verschiedene Sorten.

WEINHERSTELLUNG  Modernste Technik eines Großunternehmens.

LAGERUNG  Die Prestigeserien können einige Jahre gelagert werden.

REBFL/PROD  Ca. 2 200 ha eigene Rebfläche, etwa 11 Mio. Kisten/Jahr.

**Besitzer** Fam. Hardy • **Kellermeister** Peter Dawson • **Besuch** Mo-Fr 10-16.15, Sa 10-15.45, So 11-15-45 • **Adresse** BRL Hardy, Reynell Road, AUS-5161 Reynella • **Tel.** 08-8392 2222 • **Fax** -02 • **E-Mail** corporate@brlhardy.com.au • **Homepage** www.hardys.com.au,www.banrocksta-

PRODUKTION     QUALITÄT     PREIS

## D'ARENBERG

GESCHICHTE  D'Arenberg ist eines der klassischen Weinhäuser im McLaren-Vale-Gebiet. Chester Osborn machte den Familienbetrieb zu einem der geschätztesten in ganz Australien. Die gezielten Marketing-Aktivitäten gegen Ende der 90er Jahre erreichten sehr viel Aufmerksamkeit. Die Weine erhielten gute Kritiken und der Prestigewein Dead Arm Shiraz wurde außerordentlich erfolgreich.

WEINE  Hergestellt werden vor allem Rotweine von hoher Qualität. Der Dead Arm Shiraz wird aus Trauben von Reben erzeugt, die unter „Exoriose" leiden - eine Pilzkrankheit, die Teile der Stöcke abtötet. Die Verantwortlichen von D'Arenberg meinen, es sei eigentlich ein natürlicher Zustand und die überlebenden Trauben seien dadurch von besonderer Qualität.

RUF  Seit Mitte der 90er Jahre immer mehr geschätzt, gehört heute zu den Besten in McLaren Vale.

REBSORTEN  Hauptsächlich Shiraz und Grenache, aber auch Cabernet Sauvignon.

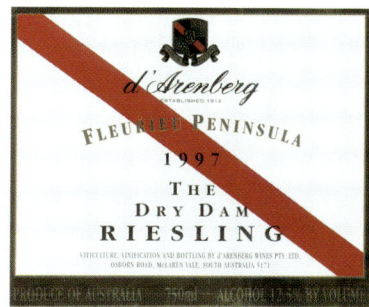

Das klassische Weingut D'Arenberg gehört heute zu den besten in McLaren Vale.

WEINHERSTELLUNG  Eine Mischung von herkömmlichen und modernen Methoden.

LAGERUNG  Der Dead Arm Shiraz kann mindestens acht Jahre, der Ironstone Pressings zwei bis vier Jahre gelagert werden. Die meisten Rotweine sollten nicht allzu jung getrunken werden.

REBFL/PROD  Insgesamt 78 ha, etwa 50 000 Kisten/Jahr. 50% Exportanteil.

**Besitzer** Fam. Osborn • **Kellermeister** Chester Osborn • **Besuch** Täglich 10-17 • **Adresse** D'Arenberg, Osborn Road, AUS-5171 McLaren Vale • **Tel.** 08-8323 8206 • **Fax** 08-8323 8423 • **E-Mail** darenberg@mclarenvale.sa.com.au • **Homepage** www.wineaustralia.com.au/darenberg

PRODUKTION     QUALITÄT     PREIS

## HENSCHKE

GESCHICHTE  Das Weingut wurde schon 1868 gegründet. Seitdem Stephen Henschke und seine Gattin Pru es Anfang der 80er Jahre übernommen haben, befindet es sich in ständigem Aufschwung. Der enthusiastische und geschickte Stephen Henschke wurde an der Geisenheim-Uni-

*Henschke produziert einige der bekanntesten, besten und teuersten Rotweine Australiens.*

versität in Deutschland ausgebildet. Er wird in der internationalen Weinwelt als Koryphäe angesehen. Der Hill of Grace, ein Shiraz-Wein aus einer 100 Jahre alten Lage, ist einer der vornehmsten Weine des Kontinents.

WEINE  Es werden Weißweine und vor allem Rotweine erzeugt. Im Sortiment finden sich Hill of Grace, Mount Edelston und Cyril Henschke. Aus Lagen in Leenswood im Adelaide-Gebirge stammt der Abbotts Prayer, eine Bordeaux-Cuvée von hoher Qualität.

RUF  Das angesehenste australische Weingut in Privatbesitz.

REBSORTEN  Vor allem Shiraz und Cabernet, aber auch Chardonnay, Riesling und Sauvignon Blanc.

WEINHERSTELLUNG  Die Rotweine werden in traditioneller Weise in offenen Zementtanks vergoren, die Weißweine mit viel moderneren Methoden. Zu Stephens Spezialitäten gehört der Barrique-Ausbau. Die Eichenholzaromen der Weine sind stets perfekt ausgewogen.

LAGERUNG  Sämtliche Rotweine können lange gelagert werden, jedoch Hill of Grace und Cyril Henschke am längsten.

REBFL/PROD  100 ha, 35-40 000 Kisten/Jahr.

**Besitzer** Stephen Henschke • **Kellermeister** Stephen Henschke • **Besuch** Mo-Fr 9-16.30, Sa 9-12 • **Adresse** Henschke, PO Box 100, AUS-5353 Keyneton • **Tel.** 08-8564 8223 • **Fax** 08-8564 8294 • **E-Mail** henschke@dove.net.au

PRODUKTION        QUALITÄT        PREIS

## PETER LEHMANN

GESCHICHTE  Peter Lehmann gilt als der Held des Barossa-Tals. Als Traubenaufkäufer einer der großen Firmen wurde er aufgefordert, sämtliche Verträge mit den Weinbauern zu kündigen. Er weigerte sich, kündigte selber und gründete sein eigenes Unternehmen. Danach konnte er selbständig Trauben aufkaufen und eigenen Wein erzeugen. Noch heute hat die Firma kaum eigene Lagen, sondern ist ganz und gar von den Vertragsbauern abhängig.

WEINE  Den Prestigewein nennt man Stonewell Shiraz, ein Wein aus unbewässerten, extrem alten Weingärten mit sonderbarer Tiefe und dem typischen Kakao-Ton des Barossa Valley.

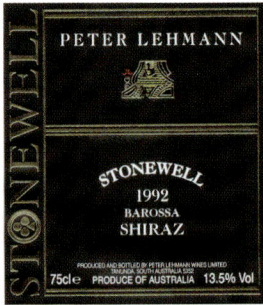

*Stonewell Shiraz ist der Prestigewein; er stammt aus unbewässerten, extrem alten Weingärten.*

RUF  Ein auf dem ganzen Kontinent sehr angesehener Name.

REBSORTEN  Vor allem Shiraz, aber auch Riesling, Chardonnay, Cabernet und Sémillon.

WEINHERSTELLUNG  Die Prestigeweine werden traditionell, die übrigen in moderner Weise vinifiziert.

LAGERUNG  Stonewell sollte mindestens vier Jahre gelagert werden.

REBFL/PROD  60 ha Eigenbesitz, ca. 200 000 Kisten/Jahr.

**Besitzer** Aktiengesellschaft • **Kellermeister** Peter Lehmann, Andrew Wigan, Peter Scholz, Leonie Lange • **Besuch** Mo-Fr 9-17, Sa-So, an Feiertagen 10.30-16.30 • **Adresse** Peter Lehmann, Samuel Road, AUS-5352 Tanunda • **Tel.** 08-8563 2500 • **Fax** 08-8563 3140

PRODUKTION        QUALITÄT        PREIS

AUSTRALIEN • SOUTH AUSTRALIA

## Mildara Blass

GESCHICHTE Dieser energische Kellermeister hat eine steile Karriere hinter sich. Als Sohn eines deutschen Weinproduzenten fiel ihm seine Berufswahl leicht. Nach seinem Weinexamen kam er 1960 nach Australien. Nach einigen Jahren startete Blass als selbständiger Kellermeister und lancierte 1965 seinen eigenen Rotwein aus Shiraz-Traubengut. Wolf Blass' Weine gehören zu den höchstdotierten des Landes. Das Weingut ist heute ein Teil der Mildara-Blass-Gruppe.

WEINE Sein Prestigewein ist Black Label Cabernet/Shiraz. Mit Kraft, Farbe und Straffheit, gut für eine jahrelange Lagerung. Andere Rotweine: Grey Label mit hauptsächlich Cabernet sowie Yellow Label, dessen Verschnitte variieren. Weißweine: Classic Dry White, ein ansprechender, fruchtiger und ausgewogener Verschnitt, ein eichenfassausgebauter Chardonnay und der beliebte Yellow Label Rhine Riesling.

RUF Weine mit Ansehen und viel Profil.

REBSORTEN Cabernet Sauvignon, Shiraz, Chardonnay, Rhine Riesling, Traminer, Trebbiano, Colombard und Muscadelle.

*Wolf Blass war einer von Australiens besten Erzeugern. Heute heißt die Fa. Mildara Blass und gehört zu Foster's.*

WEINHERSTELLUNG Bereits gekeltertes Traubengut wird in eigenen Anlagen weiterverarbeitet.

LAGERUNG Die besseren Rotweine sollten vier bis sechs Jahre gelagert werden.

REBFL/PROD Ca. 1 500 ha eigene Rebfläche, ca. 1,3 Mio. Kisten/Jahr.

**Besitzer** Mildara Blass Pty Ltd • **Kellermeister** J. Glaetzer, S. John, C. Hatcher • **Besuch** Werktags 9.15-16.30, Sa-So 12-16.30 • **Adresse** Mildara Blass, PO Box 396, AUS-5355 Nuriootpa • **Tel.** 08-8562 19 5 • **Fax** 08-8562 2156

PRODUKTION        QUALITÄT        PREIS

## Orlando

GESCHICHTE Um 1847 bepflanzte Johann Gramp den ersten Weinberg im späteren Barossa Valley. Orlando wurde in den 20er Jahren sehr bekannt, als man die Gärung in geschlossenen Stahltanks erfolgreich einführte. Die Produktion geht hauptsächlich in Richtung Bulkweine. Einige Prestige-Marken werden gepflegt.

WEINE Jacob's Creek Claret ist eine bekannte Standardmarke von angenehmer Sanftheit, mit leichtem Eichenton und guter Frucht. In die Jacob's-Creek-Serie gehören auch Rhine Riesling mit feinem, fruchtigem Traubencharakter sowie

*Jakob's Creek heißt einer der ersten Weingärten Australiens und auch der beste Wein von Orlando.*

Chardonnay und ein Schaumwein. St. Hugo's Cabernet Sauvignon mit Trauben aus Coonawarra ist dicht und füllig mit einem Hauch von Eiche, Johannisbeeren und Minze. Ein weiterer guter Rotwein ist der Lawsons Padthaway Shiraz. Die zwei Riesling-Weine haben ein sehr gutes Preis-Leistungs-Verhältnis. Auch die Schaumweinherstellung unter dem Namen Trilogy nimmt einen hohen Stellenwert ein.

RUF St. Hugo, St. Helga und Steingarten haben allesamt ein gutes Preis-Leistungs-Verhältnis.

REBSORTEN Shiraz und Cabernet Sauvignon für Rotweine. Chardonnay, Riesling, Sauvignon Blanc und Sémillon für Weißweine.

WEINHERSTELLUNG Man verfügt über alle Kapazitäten einer modernen Anlage.

LAGERUNG St. Hugo, St. Helga, Lawsons und Steingarten erreichen ihren Höhepunkt nach zwei bis sechs Jahren.

REBFL/PROD 1 300 ha, rund 3 Mio. Kisten/Jahr.

**Besitzer** Orlando Wyndham Group Pty Ltd • **Kellermeister** Robin Day • **Besuch** Mo-Fr 9.30-17, Sa-So 10-16 • **Adresse** Orlando, Main Street, AUS-5352 Rowland Flat • **Tel.** 08-8521 3111 • **Fax** 08-8521 3100

PRODUKTION        QUALITÄT        PREIS

## PENFOLDS

GESCHICHTE Dieser enorme Weinproduzent wurde 1844 vom Engländer Dr. Cristopher Rawson Penfold gegründet. Der gute Arzt glaubte an den heilenden Effekt des Weines und führte Reben

*Mit seinem „Grange" zählt Penfolds zur Elite der Spitzenweingüter in der ganzen Welt.*

aus der Heimat mit. Nach seinem Tod führten seine Frau und die Söhne den Betrieb zu hohem Ansehen mit einer Expansion, die ihresgleichen sucht. Hier werden zwei der besten Rotweine Australiens hergestellt: Grange und Bin 707.

WEINE Bis 1950 war die Produktion hauptsächlich auf angereicherte Weine ausgerichtet. Das Flaggschiff des Hauses heißt Grange, früher mit dem Zweitnamen Hermitage, und ist ein konzentrierter Shiraz-Wein (mit etwas Cabernet) und fast unbegrenzter Lagerfähigkeit. Penfolds bester Cabernet ist der Bin 707, ein wahres Kraftpaket. Andere Weine sind Magill Estate, St. Henri Claret, Bin 389 Cabernet Shiraz und Bin 128 Shiraz.

RUF Von den größten Weinhäusern Australiens genießt Penfolds den mit Abstand besten Ruf.

REBSORTEN Dem Shiraz wird besondere Aufmerksamkeit geschenkt, ansonsten werden viele verschiedene Rebsorten kultiviert.

WEINHERSTELLUNG Modernste Technik ist vorhanden, man greift aber auch auf traditionelle Herstellungsmethoden zurück. Die Rotweine werden durchgehend mit reicher Frucht und deutlichem Eichenfasscharakter ausgebaut.

LAGERUNG Grange besitzt ein gutes Alterungspotenzial. Auch der Bin 707 und der St. Henri können länger gelagert werden.

REBFL/PROD Ca. 1,1 Mio. Kisten/Jahr.

**Besitzer** Penfolds Wine Group (S.A. Brewing) • **Kellermeister** John Duval • **Besuch** Nach Vereinbarung • **Adresse** Penfolds, Tanunda Road, AUS-5355 Nuriootpa • **Tel.** 08-8560 9389 • **Fax** 08-8562 2494

## PETALUMA

GESCHICHTE Ein Weingut, das vom Goldjungen der Kellermeister Australiens, Brian Croser, geschaffen wurde. In den 70er Jahren hat dieser Mann die Weißweinindustrie modernisiert. Dies hatte mehr Bedeutung für die australische Weinindustrie der modernen Zeit als sonst irgendetwas. Ein großer Einstieg in die Schaumweinherstellung begann 1985.

WEINE Die Rebflächen sind auf den ganzen Staat verteilt, Cabernet aus Coonawarra, Rhine Riesling aus Clare usw. Der sehr gute, komplexe Chardonnay stammt aus der Lage „Tiers Vineyard". Auch der Schaumwein Croser ist berühmt. Er wird nach der Champagner-Methode aus Pinot Noir und Chardonnay erzeugt.

RUF Petaluma gehört zu den besten Weinproduzenten in Austalien.

REBSORTEN Riesling, Chardonnay, Cabernet Sauvignon und Merlot.

WEINHERSTELLUNG Sehr modern. Brian Croser hat die Hefeselektion, die Kühlgärung und luftdichte Fässer in Australien eingeführt.

*Petaluma-Besitzer Brian Croser hat in Australien mit seinen reinen, distinkten Weinen großen Erfolg.*

LAGERUNG Petaluma Chardonnay benötigt vier bis sechs Jahre Lagerzeit, um sich vollständig zu entfalten. Auch die Riesling-Weine aus Clare besitzen ein gutes Lagerpotenzial.

REBFL/PROD 36 ha in Clare, 32 ha in Coonawarra, 57 ha in Adelaide Hills (Piccadilly), rund 60 000 Kisten/Jahr.

**Besitzer** Brian Croser/Champagne Bollinger • **Kellermeister** Brian Croser • **Besuch** Täglich 10.30-17.30 • **Adresse** Petaluma, Spring Gully Road, AUS-5151 Piccadilly • **Tel.** 08-8339 4122 • **Fax** 08-8339 5253

## ST. HALLETT

GESCHICHTE St. Hallett ist eines der klassischen Weingüter im Barossa Valley, im Jahr 1944 gegründet. Es ist durch große Bemühungen um die Qualität einer der besten Produzenten des Gebiets geworden. Der verführerisch weiche und gleichzeitig konzentrierte Old Block Shiraz ist im In-

Das klassische Weingut St. Hallett ist u.a. bekannt für seinen kräftigen und preiswerten „Old Block Shiraz".

und Ausland ein Begriff geworden. St. Hallett presst auch Trauben im Auftrag anderer Produzenten.

WEINE Hauptsächlich Rotweine. Der beste ist Old Block Shiraz, gefolgt vom Faith Shiraz.

RUF Gutes Ansehen durch hervorragende Arbeit des Marketing-Experten Bob McLean und des Weinmachers Stuart Blackwell.

REBSORTEN Shiraz, Cabernet, Sémillon und Chardonnay.

WEINHERSTELLUNG Der Old Block Shiraz wird sehr traditionell, in klassischen, offenen Zementtanks vinifiziert. Ansonsten werden moderne Methoden verwendet.

LAGERUNG Old Block Shiraz ist immer weich und angenehm, entfaltet aber erst nach vier bis fünf Jahren seine ganze Komplexität.

REBFL/PROD 75 ha, etwa 85 000 Kisten/Jahr.

## WENDOUREE

GESCHICHTE Ein wirklicher Tipp! Obwohl schon im Jahr 1895 gegründet, ist dieser Kultproduzent nicht allen bekannt. Tony und Lita Brady sind die Besitzer, Stephen Georges ist der Weinmacher. Die Weine werden oft als „Schmiedehammer in Samttüte" beschrieben; damit meint man, dass sie von höchstmöglicher Konzentration, aber dennoch perfekt ausgewogen sind. Außerdem verstecken sie große Fruchtigkeit tief im harten Tannin.

WEINE Kompromisslose, sehr individuelle Weine, meistens Cuvées wie z.B. Shiraz-Malbec, Shiraz-Mataro und Cabernet-Malbec. Aber auch

Wendouree ist ein Kultproduzent. Die Weine sind sehr eigenwillig und treffen nicht jedermanns Geschmack.

rebsortenreine Shiraz- und Cabernet-Sauvignon-Weine.

RUF Die wenigen Liebhaber, denen Wendouree ein Begriff ist, zählen die Firma zu den allerbesten in Australien neben Grange, Hill of Grace und Nine Popes.

REBSORTEN Shiraz, Malbec, Mataro und Cabernet Sauvignon.

WEINHERSTELLUNG Traditionelle Vinifizierung in moderner Kellerei.

LAGERUNG Keiner der Wendouree-Weine sollte vor dem 6. Jahr genossen werden, besser noch viel später.

REBFL/PROD Etwa 5 ha, ungefähr 2 500 Kisten/Jahr.

---

**Besitzer** St. Hallett Pty Ltd • **Kellermeister** Stuart Blackwell • **Besuch** Täglich 10-17 • **Adresse** St. Hallett, POBox 120, AUS-5352 Tanunda
• **Tel.** 08-8563 2319 • **Fax** 08-8563 2901
• **E-Mail** sthallett@sthallett.com.au
• **Homepage** www.sthallett.com.au

PRODUKTION    QUALITÄT    PREIS

---

**Besitzer** Tony & Lita Brady • **Kellermeister** Stephen Georges • **Besuch** Nach Vereinbarung • **Adresse** Wendouree, Wendouree Road, AUS-5453 Clare • **Tel.** 08-8842 2896

PRODUKTION    QUALITÄT    PREIS

## WYNNS COONAWARRA ESTATE

GESCHICHTE Wynns Coonawarra Estate ist eines der ältesten Weingüter Coonawarras und wurde schon 1891 gegründet. Die Familie Flynn gehörte zu den Ersten, die das Potenzial dieser Gegend entdeckten. Sie erwarben das Gut 1951, heute gehört es aber zur Gruppe Southcorp Wines.

WEINE Hauptsächlich Cabernet Sauvignon und Shiraz, die Spitzenweine sind John Riddock Cabernet Sauvignon, einer der besten dieser sehr qualitätsbewussten Region, und Michels Shiraz, ein ziemlich neuer, großzügiger und konzentrierter Wein (Jungfernjahrgang 1990). Man erzeugt auch einen Riesling.

RUF Gehören zur absoluten Spitze in Coonawarra, auch die einfacheren Weine sind von sehr guter Qualität.

BODEN Kalkstein mit „Terra Rossa".

REBSORTEN Cabernet Sauvignon, Shiraz und Riesling.

WEINHERSTELLUNG Sehr modern, viele neue Barriques für die Spitzenweine.

*John Riddock Cabernet Sauvignon von Wynns gehört zu den besten Weinen in Coonawarra.*

LAGERUNG John Riddock und Michels Shiraz sollten sechs Jahre gelagert werden.

REBFL/PROD Etwa 300 ha, ungefähr 220 000 Kisten/Jahr.

## YALUMBA

GESCHICHTE Yalumba wurde schon 1849 vom englischen Goldgräber Samuel Smith gegründet. Er gehörte zu den Wenigen, die wirklich Gold fanden. Er investierte das Geld in Land und eine Kellerei. Yalumba ist immer noch in Besitz der Familie Smith und erzielt bei jedem Schritt der Produktion höchste Qualität. Heute führt Robert Hill-Smith die Firma mit sicherer Hand. Man betreibt eigene Pfropfung und Klonenselektion.

WEINE Besonders gelungen sind einige der Rieslinge aus den Pewsey-Vale- und Heggies-Lagen im Eden Valley. Der beste Rotwein ist Octa-

*Yalumba wurde 1849 von einem erfolgreichen Goldgräber gegründet.*

vius Shiraz, ein äußerst konzentrierter Wein. Es wird auch Sekt hergestellt. Ein Export-Hit ist der Angas Brut, einer der großen Schaumweine auf dem englischen Markt. Den Prestigesekt nennt man Yalumba „D", ein sehr preiswerter Wein der klassischen Methode.

RUF Die größte private Kellerei Australiens.

REBSORTEN Eine Vielzahl von Rebsorten kommen zur Verwendung.

WEINHERSTELLUNG Hauptsächlich moderne Methoden, die Spitzenweine werden aber herkömmlich vinifiziert.

LAGERUNG Die Spitzenweine aus Riesling sind sehr lagerfähig. Die besten Rotweine, wie Octavius und Signatur Reserve, brauchen acht bis zehn Jahre, um sich voll entfalten zu können.

REBFL/PROD Etwa 1 500 ha, ungefähr 1 Mio. Kisten/Jahr.

---

**Besitzer** Southcorp Wines • **Besuch** Kellerverkauf und Führungen nach Vereinbarung • **Adresse** Wynns Coonawarra Estate, Memorial Drive, AUS-5263 Coonawarra • **Tel.** 08-8736 3266 • **Fax** 08-8736 3202

PRODUKTION    QUALITÄT    PREIS

---

**Besitzer** Fam. Hill-Smith • **Kellermeister** Simon Adams • **Besuch** Kellerverkauf täglich, auch Führungen • **Adresse** Yalumba, Eden Valley Road, AUS-5353 Angaston • **Tel.** 08-8561 3200 • **Fax** 08-8561 3393

PRODUKTION    QUALITÄT    PREIS

## Weitere Produzenten in South Australia

### Tim Adams

Tim Adams ist ein Weinmacher ohne Weingärten. Die Familie hat im Clare Valley eine sehr lange Tradition. 1987 verließ Tim das große Weinhaus Leasingham und erzeugt seither mit der Hilfe einer Reihe von Vertragsweinbauern immer bessere Weine. Der beste ist der lagebezeichnete Shiraz, Aberfeldy genannt. 1996 war der bisher beste Jahrgang dieses ausgewogenen „Power Pack"-Weines.

• **Besitzer:** Tim Adams **Kellermeister:** Tim Adams **Besuch:** Nach Vereinbarung. **Adresse:** Warenda Road, AUS-5453 Clare. **Tel.** 08-88 42 2896. **Fax** 08-88 42 2429.

### Jim Barry

Jim Barry ist einer der klassischen Clare-Valley-Produzenten. Hat in den letzten Jahren die Qualität sämtlicher Weine beträchtlich erhöht. Der bekannteste Wein ist Armagh, sowohl qualitativ wie preislich ein Penfolds-Grange-ähnlicher Wein.

• **Adresse:** Main North Road, AUS-5453 Clare. **Tel.** 08-88 42 2261. **Fax** 08-88 42 3752.

### Berrie Estate/Renmano

Diese gigantische Kooperative wurde 1922 in Riverland gegründet. Das wichtigste Produkt war damals Brandy. Als Anfang der 70er Jahre die Bag-in-box auftauchte, wurden die Tafelweine sehr populär. Der Berries in der 5-Liter-Bag-in-box ist der Klassiker und verkörpert außerdem einen Wein von akzeptabler Qualität. 1982 wurden sowohl Berrie als auch Renmano (eine andere Kooperative) von den Consolidated Cooperative Wineries Ltd gekauft. Heute ist alles ein Teil der riesigen Börsenweinfirma BRL Hardy. Am bekanntesten sind die Rotweine aus Cabernet oder Cabernet-Verschnitten. Alle denkbaren Rebsorten werden angebaut: Cabernet Sauvignon, Shiraz, Merlot, Touriga u.a. für die Rotweine. Chardonnay, Sauvignon Blanc, Traminer, Colombard, Rhine Riesling, Crouchon u.a. für die Weißweine.

• **Besitzer:** BRL Hardy Pty Ltd **Kellermeister:** R. J. Wilkinson (Berrie), D. Nelson, J. Griffiths (Renmano) **Besuch:** Führungen täglich 9-17.30. **Adresse:** Berrie: Stuart Hwy, Renmano: Renmark Ave., AUS-5344 Glossop bzw. Renmark. **Tel.** 08-8583 2303, 08-8586 6771. **Fax** 08-8583 2224, 08-8586 5939.

### Grant Burge

Obwohl erst 1988 gegründet, gehört der erfahrene Besitzer Grant Burge zu den besten Herstellern des Barossa-Tals. Es gibt eine verwirrende Vielzahl von Lagebezeichnungen. Bis heute verdankt er seinen Platz auf der Weinkarte von Barossa Valley vor allem dem Meshach Shiraz und seit 1993 dem Shadrach Cabernet Sauvignon.

• **Besitzer:** Grant Burge **Kellermeister:** Grant Burge **Besuch:** Nach Vereinbarung. **Adresse:** Jakobs Creek, AUS-5352 Tanunda. **Tel.** 08-8563 3700. **Fax** 08-8563 2807.

### Clarendon Hills

Roman Bratasiuk hat sich nicht nur mit seinen Weinen einen Namen gemacht, er ist auch eine bekannte Persönlichkeit. Seine Rotweine sind extrem konzentriert. Der bekannteste Wein ist der Australis. Dieser ist seiner Meinung nach mit den lagebezeichneten Weinen des Hauses Guigal im nördlichen Rhône-Tal vergleichbar. Auch preislich sind sie durchaus ähnlich. Die anderen Rotweine sind auch von ausgezeichneter Qualität.

• **Besitzer:** Roman Bratasiuk **Kellermeister:** Roman Bratasiuk **Besuch:** Nach Vereinbarung. **Adresse:** Brookmans Road, AUS-5171 Blewitt Springs. **Tel.** 08-83 64 1484. **Fax** 08-83 64 1484.

### Grosset

Jeffrey Grosset absolvierte einen Teil seiner Ausbildung in der Riesenanlage der Firma Lindemans in Karadoc. 1980 eröffnete er sein eigenes Weingut. Die Weine sind von höchster Klasse, wobei seine beiden Rieslinge Watervale und Polish Hill zu den besten zählen. Beide sind sehr konzentriert und brauchen mehrere Jahre in der Flasche, um auszureifen. Auch sein roter Gaia, ein Cabernet Sauvignon mit etwas Cabernet Franc und Merlot, ist bekannt. Wenn Grosset seine jährliche Produktion von 3 000 Kisten verkauft hat, schließt er seinen „Cellar Door Sales" und öffnet erst im September wieder.

• **Besitzer:** Jeffrey Grosset **Kellermeister:** Jeffrey Grosset **Besuch:** Nach Vereinbarung. **Adresse:** King Street, AUS-5451 Auburn. **Tel.** 08-88 49 2175. **Fax** 08-88 49 2292.

### Leconfield, Hamilton Wine Group

Erst 1974 eröffnet, ist es Leconfield bereits gelungen, ein gutes Ansehen zu erlangen. Reine, fruchtige Weine ohne viel Eichenholz: Shiraz, Chardonnay, Riesling und Merlot. Am bekanntesten ist der schöne Cabernet Sauvignon.
FAKTEN 100 ha, 60 000 Kisten/Jahr.

• **Besitzer:** Richard Hamilton **Kellermeister:** Ralph Fowler **Besuch:** Täglich 10-17. **Adresse:** Main Rd Willunga, AUS-5172 Willunga. **Tel.** 08-8556 2288. **Fax** -2868.

### Charles Melton

Charles „Charlie" Melton kann man meistens im kleinen „Cellar Door Sales"-Laden finden. Er ist eine bekannte Persönlichkeit im Barossa-Tal, wo er rebsortentypische Shiraz- und Grenache-Weine erzeugt. Den Spitzenwein nennt er Nine Popes, eine humorvolle Übersetzung des französischen Châteauneuf-du-Pape. Es ist hauptsächlich ein Grenache-Wein mit einer kleinen Menge Shiraz und Mourvèdre.

• **Besitzer:** Charles Melton **Kellermeister:** Charles Melton **Besuch:** Täglich 9-17. **Adresse:** Krondorf Road, 5352 Tanunda. **Tel.** 08-8563 3606. **Fax** 08-8563 3422.

## Weitere Produzenten in South Australia

### Geoff Merrill
Geoff Merrill, der Mann mit dem großen Schnurrbart, erzeugt seine Weine in McLaren Vale. Er war immer ein Fürsprecher eleganter Weine. Sein Schlüsselwort ist die Ausgewogenheit. Er ist für die Mount-Hurtel- und Coocato Ridge-Weine verantwortlich und die allerbesten tragen seinen Namen. Mitte der 90er Jahre brachte er eine Weinserie mit dem provozierenden Namen „Who Cares?" auf den Markt. Die Weine sind gut gemacht und recht gediegen. FAKTEN Ca. 100 000 Kisten/Jahr.

• **Besitzer:** Geoff Merrill **Kellermeister:** Geoff Merrill, Geo Difabio **Besuch:** Mo-Fr 9-17, Sa-So 12-17. **Adresse:** PO Box 21, AUS-5161 Reynella. **Tel.** 08-8381 6877. **Fax** 08 8322 2244.

### Mitchell
Mitchell ist ein zuverlässiger und preisgünstiger Clare-Valley-Produzent. In der sehr kleinen Kellerei werden jährlich 20 000 Kisten erzeugt. Die besten Weine sind natürlich der Riesling, der Cabernet Sauvignon und der Peppertree Vineyard Shiraz.

• **Adresse:** Hughes Park Road, AUS-54453 Sevenhill. **Tel.** 08-8843 4258. **Fax** 08-8843 4340.

### Pirramimma
Pirramimma ist ein altes Familienunternehmen, das seinen ersten Wein um 1900 produzierte. Die Familie Johnston erhielt, wie auch viele andere australische Weingüter, ihre ersten Auszeichnungen für angereicherte Weine. Die Tafelweine waren lange Bulkprodukte. In den 70er Jahren begann man sich auf flaschenabgefüllte Tafelweine von höchster Qualität zu konzentrieren. Der erste war 1979 der Rhine Riesling, zwei Jahre später folgte ein Chardonnay. Beide sind füllig, ausgewogen und frisch. Auch die Herstellung eines roten Cabernet Sauvignon war sehr erfolgreich.

• **Besitzer:** Fam. Johnston **Besuch:** Täglich 9-17. **Adresse:** Johnston Road, AUS-5171 McLaren Vale. **Tel.** 08-323 8205. **Fax.** 08-323 9344.

### Rockford
Robert „Rocky" O'Callaghan ist ein sehr traditioneller Barossa-Produzent. Die Rotweine kommen von alten, unbewässerten Rebstöcken, die kleine und sehr konzentrierte Trauben ergeben. Das Spitzenprodukt ist der Basket Press Shiraz, ein glorifizierter Wein, der nach uralten Methoden erzeugt wird. Wer den Weintyp „Sparkling Burgundy" (roter Schaumwein aus kraftvollem Shiraz) mag, wird auch den Rockfords Black Shiraz mögen.

• **Besitzer:** Robert O'Callaghan **Kellermeister:** Robert O'Callaghan **Besuch:** Nach Vereinbarung. **Adresse:** Krondorf Road, AUS-5352 Tanunda. **Tel.** 08-8563 2720. **Fax** 08-8563 3787.

### Turkey Flat
Die Firma Turkey Flat Vineyards wurde 1990 gegründet. Die Lagen gehören aber schon über 100 Jahre der Familie Schulz. Als sich Peter Schulz entschloss, Weine mit seinem eigenen Etikett zu erzeugen, verfügte er bereits über außerordentlich gutes Traubenmaterial. Aus Trauben einiger der ältesten Lagen des Barossa-Tals (135 Jahre) und mit der Hilfe des Weinmachers Chris Ringland (Rockford) erzeugt er einen phantastischen Shiraz. Auch einer der besten Grenache-Weine Barossas stammt aus Turkey Flat.

• **Besitzer:** Peter Schulz **Kellermeister:** Chris Ringland **Besuch:** Mo-Fr, nach Vereinbarung. **Adresse:** Bethany Road, AUS-5352 Tanunda. **Tel.** 08-8563 2851. **Fax** 08-8563 3610.

### Geoff Weaver
Geoff Weaver, der ehemalige Chef-Weinmacher der Firma BRL Hardy, führt heute sein eigenes Weingut in Adelaide Hills. Seit 1982 hat er Lagen in Leenswood bestockt und seine Weine tragen das Stafford-Ridge-Etikett. Er erzeugt u.a. einen blendenden Chardonnay, einen guten Sauvignon Blanc und rote Cabernet-Weine mit etwas Merlot.

• **Besitzer:** Geoff Waever **Kellermeister:** Geoff Waever **Besuch:** Kein Besuch möglich. **Adresse:** 2 Gilpin Lane, AUS-5062 Mitcham. **Tel.** 08-8272 2105. **Fax** 08 8271 0177.

### Weitere Betriebe
Bowen Estate, Main Road, AUS-5263 Coonawarra. Tel. 08-8737 2229. Fax 08-8737 2173.

Elderton, 3 Tanunda Road, AUS-5355 Nuriootpa. Tel. 08-8562 1058. Fax -2844.

Katnook Estate, Penola-Naracoorte Road, AUS-5263 Coonawarra. Tel. 08-8737 2394. Fax 08-8737 2397.

Mountadam, High Eden Road, AUS-5235 High Eden Ridge. Tel. 08-8564 1101. Fax -1064.

Penly Estate, MacLeans Road, AUS-5263 Coonawarra. Tel. 08-82 31 2400. Fax -0589.

Rymill, Old Penola Estate, AUS-5277 Penola. Tel. 08-8736 5001. Fax 08-8736 5040.

# New South Wales

GESCHICHTE New South Wales ist Australiens ältestes Weingebiet. Das beste Gebiet, Hunter Valley, wurde 1828 angelegt. Klimabedingte Schwierigkeiten führten später dazu, dass es während der ersten Hälfte des 20. Jahrhunderts fast ausstarb. Der Einfluss der Metropole Sydney führte aber dazu, dass viele Betriebe trotz allem dort als Winzer etablierten. Seit den 70er Jahren verfügt New South Wales über eine expansive, qualitätsbewusste Branche. Seit den 90er Jahren wurde die Rebfläche ständig erweitert.

GEOGRAPHIE Die meisten der Gebiete haben fruchtbare, doch sehr unterschiedliche Böden.

*Das Anwesen von Lindemans im Hunter Valley liegt in einer bezaubernd schönen Gegend.*

KLIMA In New South Wales liegt das nördlichste Weingebiet Australiens. Es ist dort sehr heiß, so dass künstliche Bewässerung oft notwendig ist. Für die neu angelegten Rebberge wurden zielgerecht kühlere und höher gelegene Anbauplätze gesucht. Dies ergibt gute Voraussetzungen für die Erzeugung von Qualitätsweinen.

WEINE Die Shiraz bringt herbe, kräftige Rotweine, aber auch leichtere, würzigere Weine hervor; dies ist abhängig vom Produzenten. Cabernet Sauvignon ist nicht so bedeutend, kann aber bei den besten Produkten eine Bordeaux-ähnliche Eleganz aufweisen. Sémillon sind klassische und trockene Weine, die sich während der Flaschenlagerung weiterentwickeln. Chardonnay dominiert die Weißweinproduktion mit butterartigen, fruchtigen Weinen, die über Fülle und Kraft verfügen. Andere Rebsorten sind Pinot Noir, Gewürztraminer und Riesling. Auch Verdelho und Sauvignon Blanc werden angebaut.

PRODUZENTEN Eine große Anzahl Neugründungen. Wenig große Firmen. Australiens größter Weinkonzern, Southcorp Wines, besitzt einige seiner größten Betriebe in diesem Gebiet. Auch die Orlando Wyndham Group besitzt Weingüter in New South Wales, u.a. Wyndham, Montrose und Craigmoor.

REBFL/PROD Ca. 27 000 ha. New South Wales ist der zweitgrößte Produzent Australiens.

## COWRA

RUF Cowra ist ein Komet unter den vielen Weingebieten des Landes. Wegen des kühleren Klimas haben die Weine eine ähnliche Eleganz wie die europäischen. Der Chardonnay von Cowra wird im Vergleich mit anderen Gebieten am teuersten verkauft. Viele Weingüter in Südaustralien kaufen Trauben dieses kleinen Gebietes zur Verbesserung ihrer Weißweine und Schaumweine. Auch hier ist die Entwicklung in den 90er Jahren stark vorangeschritten.

GEOGRAPHIE Ausgezeichnete Verhältnisse in einer hügeligen Landschaft. Die Anbaugebiete reichen bis über 500 Meter über dem Meer.

*Der Ausbau in Eichenfässern ist in Australien schon lange Tradition. Im Bild Weinkeller in Hungerford Hill.*

WEINE Die Chardonnay-Weine sind hier der große Erfolg. Andere Weißweine werden aus Sémillon, Sauvignon Blanc und etwas Verdelho vinifiziert. Für Rotweine werden hauptsächlich Cabernet Sauvignon, Shiraz, Cabernet Franc und Pinot Noir angebaut. Die Region ist vor allem für Weißweine bekannt.

WEINHERSTELLUNG Die moderne Technik dominiert.

REBFLÄCHE 500 ha.

## HUNTER VALLEY

RUF Hunter Valley ist eines der ältesten Weinanbaugebiete Australiens. Im Lower Hunter Valley finden sich mächtige, trockene, aromatische und langlebige Sémillon-Weine, die nach einer Lagerung von zehn Jahren mit fast allen trockenen Weißweinen konkurrieren können.

GEOGRAPHIE Man unterscheidet zwischen Lower und Upper Hunter Valley. Lower Hunter ist das ursprüngliche und „schönste" Gebiet. Das Klima ist warm, die Erde mager und es regnet dann, wenn man es am allerwenigsten wünscht: nämlich während der Lese. Upper Hunter ist wärmer, jedoch mit weniger Niederschlag, was eine künstliche Bewässerung bedingt.

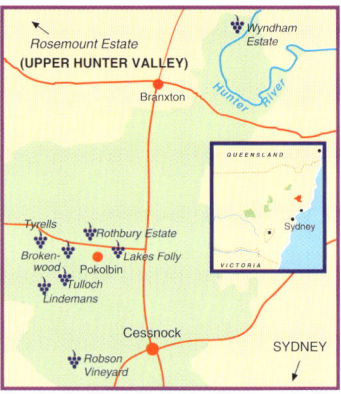

WEINE Die bekanntesten Weißweine werden in dieser Region aus Sémillon hergestellt. In der Jugend sind sie recht neutral, mit zunehmendem Alter entwickeln sie jedoch eine große Komplexität. Hunter Valley ist aber vor allem für Shiraz-Weine bekannt und insbesondere die älteren Jahrgänge zeigen sich von bester Seite und weisen einen schönen Reifecharakter auf.

WEINHERSTELLUNG Frühe Lese und Kaltgärung sind wichtige Faktoren für die Produktion der Qualitätsweine im Hunter Valley.

REBFL/PROD Lower Hunter Valley ca. 2 000 ha, Upper Hunter Valley ca. 1 500 ha, insgesamt rund 80 000 hl/Jahr.

WISSENSWERT Das Hunter Valley ist besucherfreundlich und es bestehen viele Degustationsmöglichkeiten mit ausgezeichneten Restaurants bei Pokolbin.

# AUSTRALIEN • NEW SOUTH WALES

## MUDGEE

RUF  Mudgee ist ein altes Weinbaugebiet, das während der letzten Jahrzehnte einen Qualitätsaufschwung erlebte.

GEOGRAPHIE  Zwischen 450 und 600 Meter über dem Meeresspiegel wird der Wein in einem

warmen Klima mit einer langen Reifezeit angebaut. Die Höhenlage begünstigt die Qualität der Weine, da das Klima hier gemäßigter ist als im Tiefland.

WEINE  Die Chardonnay-Weine sind die bekanntesten. Sie sind konzentriert mit viel Frucht, Aroma und hohem Alkoholgehalt. Rote Cabernet Sauvignon sind meist Weine mit großer, saftiger Frucht, die gut altern können. Shiraz hat einen guten Ruf, doch sind die Weine etwas erdig, trotz ihrer guten Frucht und schnellen Reife. Kleine blaue Trauben mit guten Zukunftsaussichten sind Pinot Noir, Merlot und Cabernet Franc.

WEINHERSTELLUNG  Zur Anwendung kommen modernste Methoden. Auch verstärkte Weine nach der „Portwein"-Methode werden erzeugt.

REBFL/PROD  Ca. 800 ha, rund 43 000 hl/Jahr.

## RIVERINA

RUF  Riverina ist ein Produzent von Massenweinen und somit eher auf Quantität als auf Qualität eingerichtet. Seit 1912 werden Trauben angebaut. Murrumbidgee sowie der Namenszusatz Irrigation Area werden in der Regel mit MIA abgekürzt.

GEOGRAPHIE  Irrigation (= künstliche Bewässerung) ist in diesem heißen Flachland notwendig. Die Weinberge befinden sich ca. 500 km westlich von Sydney, rund um die Stadt Griffith mit sehr fruchtbarer Erde, die große Erträge garantiert.

WEINE  Ein Großteil der Weine wird als „Bag-in-box" verkauft. Anonyme Massenweine sind typisch. Einige Winzer nutzen moderne Technologien und zeigen damit, dass es möglich ist, guten Wein aus Cabernet Sauvignon herzustellen. Ansonsten vollzog sich die Entwicklung vor allem auf dem Gebiet der Weißweine. Riverina/Murrumbidgee steht für die Hälfte des gesamten Sémillon-Anbaus. Auch Trebbiano und Chardonnay

gehören zu den wichtigsten Rebsorten, gefolgt von Colombard. Für die Rotweinherstellung werden hauptsächlich Shiraz und Cabernet Sauvignon verwendet.

WEINHERSTELLUNG  Die natürliche Edelfäule wurde durch Zufall bei der De-Bortoli-Traube entdeckt, was sofort zu einem großen Erfolg wurde. Die maschinelle Ernte erlaubt, dass die Trauben auch nachts geerntet werden können.

REBFL/PROD  Ca. 5 000 ha, rund 400 000 hl/Jahr. Dies macht das Gebiet mit 70% der Produktion zum größten Produzenten in New South Wales.

## DE BORTOLI WINES

GESCHICHTE  De Bortoli Wines wurde 1927 von Victorio de Bortoli gegründet. Das Haus ist seitdem in Besitz der Familie und hat schrittweise die Qualität der Weine verbessert. Schon in der

De Bortoli erzeugt mit seinen Botrytis-Weinen, heute Noble One genannt, eine australische Sensation.

dritten Generation haben die de Bortolis sowohl mit eleganten Schaumweinen als auch mit süßen „Sauternes" Erfolg. Seit 1987 sind sie auch in Besitz eines großen Weingutes in Victoria.

WEINE  Verschiedene Weine, Likör, Muscat und Riesling Auslese. Am berühmtesten ist der aus edelfaulen Trauben hergestellte Noble One (vormals Sémillon Sauternes genannt), der 1982 durch Zufall von Darren de Bortoli entdeckt wurde. Im Yarra-Valley-Besitz werden gute, trockene Weine, vor allem Shiraz, Pinot Noir und Chardonnay, erzeugt

RUF  Sehr guter Ruf. De Bortoli gehört zu den angesehensten Familienunternehmen Australiens.

BODEN  Fruchtbare Böden in Murrumbidgee und schwere Lehmböden auf braunroter Erde in Yarra.

REBSORTEN  Rote: vor allem Shiraz, ferner CS, Grenache, Pinot Noir und Merlot. Weiße: Hauptsächlich Sémillon und Trebbiano, aber auch Muscat, Colombard, Chardonnay, Traminer, Sauvignon Blanc und Riesling.

WEINHERSTELLUNG  Traditionell, nach Sauternes-Modell für die edelsüßen Weine.

LAGERUNG  Die edelsüßen Weine können mehrere Jahrzehnte gelagert werden.

REBFL/PROD  200 ha eigene Rebfläche, 90% des Traubenbedarfs wird zugekauft, insgesamt 4 Mio. Kisten/Jahr.

**Besitzer** Fam. de Bortoli • **Kellermeister** Darren de Bortoli • **Besuch** Mo-Sa 9-17.30, So 9-16, Führungen nach Vereinbarung • **Adresse** De Bortoli Wines, PO Box 21, AUS-2680 Bilbul • **Tel.** 02-6964 9444 • **Fax** 02-6964 9400 • **E-Mail** dbw@debortoli.com.au

PRODUKTION    QUALITÄT    PREIS

## LINDEMANS

GESCHICHTE  Lindemans wurde 1870 unter dem Namen Ben Ean gegründet. 1912 erwarb die Familie Lindeman das Gut und 1962 wurde Leo Buring im Barossa Valley, Padhtaway, hinzugekauft. Das Weingut verfügt über Reblagen in Hunter Valley, Barossa Valley, Padhtaway sowie Coonawarra in South Australia und Karadoc in Victoria. Das Unternehmen ist für seine Verschnitte bekannt. Etwa 400 verschiedene Weine werden vermarktet und man ist gezwungen, Trauben von anderen Winzern zuzukaufen.

WEINE  Cabernet wird in Hunter, Padhtaway und Coonawarra angebaut. Der Pinot Noir aus Coonawarra ist sehr erfolgreich. Die drei Spitzenweine sind: „Limestone Ridge", ein traditioneller Verschnitt aus Shiraz und Cabernet; „Pyrus", ein Bordeaux-Verschnitt; „St. Georges Vineyard", ein klassischer Coonawarra-Cabernet-Sauvignon. Chardonnay gibt es aus allen Anbaugebieten. Der bekannteste und beste ist der aus Padthaway. Die Serie „Classic Release" mit interessanten, komplexen Weinen stammt aus dem Besitz im Hunter

Lindemans ist ein großer und geschickter Weinbetrieb. Es werden etwa 400 verschiedene Weine verkauft.

Valley und wird nur in gewissen Jahren vinifiziert. Weine wie Cabernet aus Hunter und Coonawarra, Chardonnay aus Padthaway und Riesling aus Barossa gehören mit viel Frucht und guter Lagerfähigkeit zu den besten des Landes.

RUF  Lindemans zählt zu den Pionieren auf dem Gebiet der Qualitätsherstellung.

REBSORTEN  Die meisten Sorten des Landes.

WEINHERSTELLUNG  Modernste Technik.

LAGERUNG  Die Besten mindestens 10 Jahre.

REBFL/PROD  120 ha,  650 000 Kisten/Jahr.

**Besitzer** Penfolds Wine Group • **Kellermeister** Phillip John • **Besuch** Täglich 9-17 • **Adresse** Lindemans, McDonalds Road, AUS-2321 Pokolbin • **Tel.** 02-4998 7501 • **Fax** 02-4998 7682

PRODUKTION    QUALITÄT    PREIS

## McWilliams

GESCHICHTE  McWilliams ist der sechstgrößte Weinbetrieb in Australien. Der erste McWilliams hat schon 1880 Wein angebaut. Lange stand man im Wettbewerb mit Lindemans. Man kämpfte um den Platz des besten und größten Weinguts in New South Wales. Das Hauptbüro und die riesige Kellerei liegen im Riverina-Gebiet, die Spitzenweine aber kommen aus dem Hunter Valley und vom Mount Pleasant. Dies ist Phil Ryan zu verdanken, einem der geschicktesten Kellermeister Australiens.

WEINE  Bester Wein ist der Elisabeth Sémillon, der nicht im Eichenfass ausgebaut wird, aber dafür bis zu sechs Jahren in der Flasche ruht! Elisabeth ist ein trockener, kompakter Wein mit Komplexität. Er erinnert an Zitrusfrüchte und Honig und hat einen würzigen Abgang. Andere gute Weine: Mountain Range Chardonnay, Barwang Shiraz und Cabernet Sauvignon.

RUF  Sehr guter Ruf für die Elisabeth-Serie und den Lovedale.

BODEN  Rote, vulkanische Böden am Mount Pleasant.

*McWilliams ist das sechstgrößte private Weingut Australiens. Im Hintergrund eine der großen Weinanlagen.*

REBSORTEN  Sémillon, Chardonnay, Traminer, Pinot Noir, Hermitage (Shiraz) und Cabernet Sauvignon.

WEINHERSTELLUNG  Moderne Herstellungsmethoden in der großen Kellerei.

LAGERUNG  Elisabeth- und Lovedale-Weine gehören zu den lagerfähigsten Weißweinen Australiens.

REBFL/PROD  Am Mount Pleasant: ca. 90 ha, rund 150 000 Kisten/Jahr.

**Besitzer** McWilliams Wines - Mount Pleasant Estate • **Kellermeister** Phillip Ryan • **Besuch** Mo-Fr 9-17 • **Adresse** Mc Williams, 68 Anzac st., AUS-2190 Chullora • **Tel.** 02-9722 1200 • **Fax** 02-9707 4408 • **E-Mail** mcwines@mcwilliams.com.au

PRODUKTION     QUALITÄT     PREIS

## Rosemount Estate

GESCHICHTE  Als Bob Oatley das Anwesen 1969 kaufte, war das 1860 gegründete Gut nur wenig bekannt. Die Weine erzielen heute auf Weinmessen gute Ergebnisse. Die große Nachfrage hat dazu geführt, dass die Rebflächen im Hunter Valley und in Goulbum im Bundesstaat Victoria sowie in Coonawarra in South Australia ausgebaut werden mussten.

WEINE  Der Weinberg-bezeichnete Roxburgh Chardonnay gehört zu den besten des Landes. Heute erzeugt man auch einen eleganten Chardonnay aus Orange. Weitere Weißweine sind Sé-

*Rosemount Estate war einer der ersten Erzeuger von in Eiche ausgebautem Chardonnay.*

millon und SB. Aus dem Hunter Valley und Coonawarra stammt ein guter Cabernet Sauvignon. Der Spitzen-Shiraz stammt aus McLaren Vale und die Serie „Balmoral" verkörpert die neue Generation. Chard und SB werden unterschiedlich ausgebaut. Kraftvolle Fruchtpakete sind genauso vertreten wie auch Eiche vinifizierte, elegantere Weine. Der CS aus Coonawarra besitzt die klassischen Aromen von Johannisbeeren. Die Shiraz-Weine sind rebsortentypisch.

RUF  Die besten Weine sind von hoher Qualität. Die Firma zählt zu den „Upper Hunters".

REBSORTEN  Weiße: Chardonnay, SB, Riesling und Sémillon. Rote: Shiraz, CS und PN.

WEINHERSTELLUNG  Modernste Technik für die Massenweine und traditionelle Methoden für die Prestigeweine.

LAGERUNG  Die Spitzenweine besitzen ein gutes Lagerpotenzial.

REBFL/PROD  Ca. 800 ha (in sieben verschiedenen Regionen), rund 800 000 Kisten/Jahr.

**Besitzer** Bob Oatley • **Kellermeister** Philip Shaw • **Besuch** Täglich 10-16 • **Adresse** Rosemount Estate, 28 Herbert St., AUS-2064 Artarmon • **Tel.** 02-9902 2100, 02-6549 6300 • **Fax** 02-9902 2199 • **E-Mail** rosemount@winery.com • **Homepage** www.winery.com

PRODUKTION     QUALITÄT     PREIS

## ROTHBURY ESTATE

GESCHICHTE  Rothbury Estate wurde 1968 von einer Gesellschaft mit dem australischen „Weinorakel" Len Evans an der Spitze gegründet. Schon Mitte der 80er Jahre gehörte man zu den führenden Betrieben. In den 90er Jahren übernahm der Mildara-Blass-Konzern den Rothbury Estate, woraufhin Len Evans den Betrieb verließ. Nach der Übernahme wurde neu investiert.

WEINE  Hunter Sémillon war der erste Wein des Weinguts. Man erzeugt Chardonnay aus Hunter und Cowra. Auch die Cabernet haben Erfolg. Klassische Hunter-Shiraz-Weine. Mächtige, langlebige Sémillon und elegante Chardonnay. Fruchtige, weniger herbe Shiraz und gute CS.

RUF  Die umfangreichen Investitionen und die neuen Kellermeister deuten auf eine erfolgreiche Zukunft.

BODEN  Das Klima variiert in den fünf verschiedenen Weinanbaugebieten Rothburys namens Brokenback, Cowra, Herlstone, Homestead Hill und Rothbury. Alle außer Rothbury haben fruchtbare Böden.

Rothbury wurde 1968 vom „Weinorakel" Len Evans gegründet und ist ein geschickter Marktführer.

REBSORTEN  Weiße: Chardonnay, Sémillon, Gewürztraminer, Riesling und Sauvignon Blanc. Rote: Shiraz, Cabernet Sauvignon und Merlot.

WEINHERSTELLUNG  Die neue Anlage mit modernster Technik wurde 1999 fertig gestellt.

LAGERUNG  Die besten Weine können vier bis acht Jahre gelagert werden.

REBFL/PROD  300 ha im Hunter Valley, 35 ha in Cowra, ca. 350 000 Kisten/Jahr.

**Besitzer** Rothbury Wines • **Kellermeister** Peter Hall • **Besuch** Täglich 9.30-16.30 • **Adresse** Rothbury Estate, Broke Road, AUS-2321 Pokolbin • **Tel.** 02-4998 7555 • **Fax** 02-4998 7370

PRODUKTION    QUALITÄT    PREIS

## TYRRELL'S

GESCHICHTE  Tyrrell's ist eines der ältesten Weingüter Hunters, 1858 gegründet. Der Gründer William Tyrrell war Bischof und wollte selbst die Qualität des Messweines kontrollieren. Sein Sohn Edward übernahm das Weingut 1885 im Alter von 15 Jahren und produzierte 75 Jahre lang Wein. Das Weingut ist immer noch in Besitz der Familie.

WEINE  „Vat" (Fass), gefolgt von verschiedenen Ziffern, ist der Name seiner Markenweine sowohl bei Verschnitten als auch bei sortenreinen Weinen. Long Flat Red stammt aus dem Weingut

Tyrrell's wurde 1858 von einem Bischof gegründet, um bessere Messweine zu erhalten.

gleichen Namens. Die zwei besten Weine sind Sémillon Vat 1 und Chardonnay Vat 47. Sémillon wird in traditionellem Stil als mächtiger, langlebiger Wein mit würzigem Aroma ausgebaut. Der Chardonnay ist leicht und elegant. Der Pinot Noir erzielte große Erfolge bei französischen Wettbewerben. Die meisten Rotweine sind Shiraz, verschnitten mit anderen Sorten. Sie zeichnen sich durch ihre sanfte, aromatische Art bei früher Reife aus.

RUF  Besonders Weißweine haben Tyrrell's außerhalb der Landesgrenzen berühmt gemacht.

REBSORTEN  Rote: Shiraz, CS und Pinot Noir. Weiße: Sémillon, Chardonnay, Riesling.

WEINHERSTELLUNG  Eines der ältesten Weingüter Australiens, das noch in Betrieb ist. Alte, große Holzfässer und offene Zementbottiche.

LAGERUNG  Rot- und Weißweine vier bis fünf Jahre.

REBFL/PROD  400 ha, ca. 600 000 Kisten/Jahr.

**Besitzer** Murray D. Tyrrell • **Kellermeister** Andrew Spinaze • **Besuch** Mo-Fr, Führungen: 13.30 Uhr • **Adresse** Tyrrell's, Broke Road, AUS-2320 Pokolbin • **Tel.** 02-49 937 000 • **Fax** 02-49 987 723 • **E-Mail** tyrells @tyrrells.com.au • **Homepage** www.winefuture.com.au

PRODUKTION    QUALITÄT    PREIS

## WEITERE PRODUZENTEN IN NEW SOUTH WALES

### ALLANMERE

Allanmere wurde vom Arzt Newton Potter und seiner Frau Virginia 1984 gegründet. Dr. Potter hat mit großer Deutlichkeit gezeigt, dass man auch ohne Besitz von Rebland gute Weine erzeugen kann. Stattdessen werden die Trauben von verschiedenen Winzern im Hunter Valley zugekauft. Heute wird Newton Potter von Geoff Broadfield unterstützt. Beste Weine: Durham Chardonnay, Trinity White (eine Cuvée aus Chardonnay, Sémillon und Sauvignon Blanc) und Trinity Red (eine Cabernet-Cuvée).

• **Besitzer:** Newton Potter **Kellermeister:** Geoff Broadfield **Besuch:** Mo-Fr 11-16 **Adresse:** Allandale Road, AUS-2321 Pokolbin. **Tel.** 02-4930 7387.

### ARROWFIELD

Arrowfield ist ein altes und großes Weingut im Upper Hunter Valley. Während einiger Zeit wurden die Weine unter dem Namen Mountarrow vermarktet. Don Buchanan erzeugt Weine in klassischem australischem Stil: viel Frucht und großzügiger Eichenfasscharakter. Die Weine werden unter dem Namen von Arrowfield vermarktet, die besten kommen aus dem Cowra-Gebiet und dem Upper Hunter Valley. FAKTEN 110 000 Kisten/Jahr.

• **Besitzer:** Don Buchanan **Kellermeister:** Don Buchanan **Besuch:** Täglich 9-16. **Adresse:** Highway 213, AUS-2330 Jerrys Plains. **Tel.** 02-6576 4041. **Fax** 02-6576 4144.

### BROKENWOOD

Brokenwood wurde 1970 von einer Gesellschaft mit dem Weinjournalisten James Halliday an der Spitze gegründet. Das Engagement war von Anfang an sehr hoch und die neue Anlage aus dem Jahr 1983 hat die Produktion von einer großen Auswahl an Weinen ermöglicht. Heute gehört Brokenwood zur Spitze im Hunter Valley. Die besten Weine sind Graveyard Cabernet Sauvignon, Cricket Pitch Sauvignon Blanc/Sémillon sowie der Prestigewein Graveyard Shiraz. Seit 1997 ist Seville Estate in Yarra Valley der Hauptbesitzer. FAKTEN 60 000 Kisten/Jahr.

• **Besuch:** Täglich 9-17. **Adresse:** McDonalds Road, AUS-2321 Pokolbin. **Tel.** 02-4998 7559. **Fax** -7893.

### CRAIGMOOR

Craigmoor wurde 1858 gegründet und ist seither immer in Betrieb. Heute ist es in Besitz von Orlando Wyndham. Die Weine sind im Allgemeinen gut gemacht, aber etwas seelenlos. Rebsorten/Weine: Sémillon, Chardonnay, Shiraz, Cabernet Sauvignon.

• **Besitzer:** Orlando Wyndham Group **Kellermeister:** Robert Paul **Besuch:** Mo-Fr 9-16. **Adresse:** Craigmoor Road, AUS-2850 Mudgee. **Tel.** 02-6372 2208. **Fax** 02-6372 4454.

### HUNTINGTON

Huntington ist eines der interessantesten Weingüter in New South Wales. Dies ist Bob Roberts, einem ausgebildeten Agronomen und Advokaten zu verdanken. Roberts absolvierte auch ein Önologiestudium. Die Weinlagen in Mudgee wurden 1967 gekauft. Seit Anfang der 70er Jahre wird eine lange Reihe von qualifizierten Rotweinen vermarktet, vor allem Cabernet Sauvignon und Shiraz. Erzeugt wird auch ein guter Chardonnay. Das Besitzerpaar Bob und Susan Roberts interessiert sich sehr für Musik und Kunst. Ihr jährliches Kammermusikkonzert in den Kellergewölben ist sehr beliebt. Viele kommen nur für diesen Anlass aus Sydney.

• **Besitzer:** Bob & Susan Roberts **Kellermeister:** Bob Roberts **Besuch:** Mo-Sa 9-17, So 11-15. **Adresse:** Cassilis Road, AUS-2850 Mudgee. **Tel.** 02-6373 3825. **Fax** 02-6373 3730.

### LAKE'S FOLLY

Das Weingut wurde im Jahr 1963 vom Chirur-

*Lake's Folly wurde 1963 vom Chirurgen Max Lake aus Sydney gegründet.*

gen Max Lake aus Sydney gegründet, der damit begann, Australiens ersten „Boutique-Wein" zu produzieren. Dieser Ausdruck wird für kleine Weingüter mit einer begrenzten, aber qualitativ hochwertigen Produktion verwendet. Max Lake ist ein innovativer Weinhersteller mit eigenwilligem Charakter. So spielt beispielsweise eine gigantische Lautsprecheranlage während der Weinernte Musik von Johann Sebastian Bach. Im Prinzip nur Markenweine: Lake's Folly Cabernet und Lake's Folly Chardonnay. Es ist ein Weingut mit sehr exklusivem Image. Die Weine sind schwierig zu finden. FAKTEN Ca. 15 ha, 4 000 Kisten/Jahr.

• **Besitzer:** Fam. Lake **Kellermeister:** Stephen Lake **Besuch:** Mo-Sa 10-16. **Adresse:** Broke Road, AUS-2321 Pokolbin. **Tel.** 02-4998 7507. **Fax** 02-4998 7322.

## Weitere Produzenten in New South Wales

### Miramar

Miramar wurde von Ian MacRae, einem der erfahrensten Kellermeister Australiens, geschaffen. 1975 ist er zu Montrose in Mudgee gegangen und kurz danach hat er damit begonnen, sein eigenes Weingut aufzubauen. Die besten Weine sind Chardonnay und Sémillon, sortenrein und als Varietals ausgebaut. Dies ergibt konzentrierte und komplexe Weine mit einem phantastischen Lagerpotenzial.

• **Besitzer:** Ian MacRae **Besuch:** Täglich 9-17. **Adresse:** Henry Lawson Drive, AUS-2850 Mudgee. **Tel.** 02-6373 3874. **Fax** 02-6373 3854.

### Montrose

Im Jahr 1974 von Carlo Salteri und Franco Belgiorno-Nettis gegründet. Seit dem Erwerb von Craigmoor im Jahr 1984 ist man der größte Produzent in Mudgee. Die besten Weine werden unter eigenem Etikett verkauft. Heute gehört Montrose zur Orlando Wyndham Group. FAKTEN Ca. 50 000 hl/Jahr.

• **Besitzer:** Orlando Wyndham Group **Kellermeister:** Robert Paul **Besuch:** Mo-Fr 9-16. **Adresse:** Henry Lawson Drive, AUS-2850 Mudgee. **Tel.** 02-6373 3853. **Fax** 02-6373 3795, 02-8208 2400.

### Tulloch

1883 erhielt der Methodist John Tulloch von

*1883 erhielt John Tulloch von einem Schuldner das Weingut als Abzahlung.*

einem Schuldner 17 Hektar Weinberge zur Abzahlung eines Kredits. Der zutiefst religiöse Mann sah keine Sünde darin, Wein anzubauen, und bereits in den 20er Jahren dieses Jahrhunderts war das Weingut zu einem der größten der Region geworden. In den 50er Jahren wurde das Gut verkauft und ist heute in Besitz von Southcorp Wines (Penfolds). Trotz historischem Hintergrund ist Tulloch heute nicht mehr das, was es einmal war.

• **Besitzer:** Penfolds Wine Group **Kellermeister:** Jay Tulloch **Besuch:** Mo-Fr 9-16.30. **Adresse:** De Beyers Road, AUS-2321 Pokolbin. **Tel.** 02-4998 7580. **Fax** 02-4998 7682.

### Wyndham Estate

Wyndham Estate wurde 1830 von Arthur Wyndham gegründet, der Wein im Bereich des ganzen Teilstaates anbaute. Das Weingut hieß damals Dalwood und ist heute eine denkmalgeschützte Anlage. Es ist heute ein Teil der großen Orlando-Wyndham-Gruppe. Produziert werden sehr preiswerte Standardweine von guter Qualität.

• **Besitzer:** Orlando Wyndham Group **Kellermeister:** John Baruzzi **Besuch:** Täglich 10-17. **Adresse:** Dalwood Road, AUS-2335 Branxton. **Tel.** 02-4938 3444. **Fax** 02-4938 3422.

### Pieter van Gent

Pieter van Gent war vormals Kellermeister bei Lindemans und Craigmoor. 1979 eröffnete er seinen eigenen Betrieb. Er ist sehr bekannt für Weine im Porto-Stil (Pipe Clay Port), erzeugt aber auch andere sehr gute Weine, u.a. Chardonnay und Cabernet Sauvignon.

• **Besuch:** Mo-Sa 9-17, So 11-16. **Adresse:** Black Springs Road, AUS-2850 Mudgee. **Tel.** 02-6373 3807.

# VICTORIA

GESCHICHTE  Im Jahr 1838 begann man, Wein in der Umgebung von Melbourne anzubauen. Nach nur wenigen Jahrzehnten war das Anbaugebiet in Victoria bis zu einer Größe von mehr als 1 000 ha angewachsen und wurde damit zum größten Weinanbaugebiet des Landes. Die Rebflächen Victorias waren größer als die Südaustraliens und New South Wales zusammen. Die Reblaus richtete in diesem Staat jedoch großen Schaden an. 1881 waren die wichtigsten Gebiete fast vollständig zerstört. Es dauerte 85 Jahre, bis man wieder Reben in den alten Gebieten von Geelong und Yarra pflanzte.

GEOGRAPHIE  Die südlichste Region (ausgenommen Tasmanien) besitzt nährstoffreiche Böden, die die Reben gut gedeihen lassen.

KLIMA  Die Höhenlage und die Nähe zum Meer bringen sehr viel Feuchtigkeit mit sich, was sowohl gute als auch schlechte Seiten haben kann.

WEINE  Viele verschiedene Weintypen. Die bekanntesten Weine sind Pinot Noir und Chardonnay aus dem Yarra Valley. Zahlreiche Beispiele von guten Shiraz und Cabernet findet man in den Pyrenees und rund um die Stadt Great Western. Die australischen Klassiker sind die Muscat- und Tokay-Weine, die nordöstlich der Stadt Rutherglen erzeugt werden.

PRODUZENTEN  In Victoria dominieren vor allem in der Murray-River-Region die kleinen Erzeuger, obwohl auch große Weinhäuser vorhanden sind.

REBFL/PROD  Etwa 22 500 ha, ca. 650 000 hl/Jahr. Die Produktion ist fast gleich groß wie in New South Wales.

*Brown Brothers ist ein Großproduzent in Victoria und auch im Export sehr stark.*

AUSTRALIEN • VICTORIA

## GOULBURN, WESTERN VICTORIA

### GOULBURN VALLEY

RUF  Seit der Reblauskatastrophe wurde das Gebiet fast immer mit Château Tahbilk, seinem bekanntesten Weinerzeuger, in Verbindung gebracht. Erst in den 60er Jahren konnten sich andere Weingüter etablieren. Generell haben die Weine aber einen guten Ruf.

GEOGRAPHIE  Dieses warme Gebiet liegt 150 km nördlich von Melbourne. Die meisten Anbauflächen befinden sich im Flachland, südlich der kleinen Stadt Shepparton.

WEINE  Kräftige, dunkle Rotweine aus Shiraz und Cabernet Sauvignon dominieren. Das sonnige Klima gibt den Trauben einen hohen Zuckergehalt und viel Fruchtaroma. Die Shiraz-Weine können in jungen Jahren sehr dunkel und straff sein. Auch die Cabernet brauchen eine bestimmte Reifezeit. Merlot wird auch für Verschnitte verwendet. Würziger, konzentrierter Rhine Riesling im alten Stil mit Lagerpotenzial.

WEINHERSTELLUNG  Es kommen traditionelle Methoden in Kombination mit moderner Technik zur Anwendung.

### WESTERN VICTORIA

RUF  In Western Victoria werden viele Weinsorten produziert, aber es sind die Schaumweine, die Great Western bekannt gemacht haben, allen voran Seppelts. Seit Mitte der 90er Jahre erzeugen mehrere Winzer stramme, gut ausgewogene Shiraz-Weine.

GEOGRAPHIE  Hügelige Landschaft mit mageren Böden und einem Klima, das Frost und Hagel beinhaltet. Das Gebiet liegt westlich von Melbourne, und die Anbaugebiete konzentrieren sich rund um die kleine Stadt Great Western.

WEINE  Historisch viel Schaumweinproduktion. Rotweine werden aus Shiraz und Cabernet Sauvignon hergestellt. Sortenrein oder verschnitten sind diese im Allgemeinen Weine von leichter Struktur. Weißweine werden aus Chardonnay und Riesling hergestellt.

WEINHERSTELLUNG  Champagner-Methode für die besten Schaumweine.

## MURRAY RIVER VALLEY

RUF  Der Murray River fließt durch den Norden Victorias nach South Australia. Die Anbaugebiete entlang dem Fluss werden Riverland genannt. Die Weine ähneln sich sehr und das Gebiet genießt keinen besonders guten Ruf, da das Klima die Qualitätsweinproduktion erschwert. Rosinen und Tafeltrauben werden daher in großen Mengen hergestellt.

GEOGRAPHIE  Das riesige Anbaugebiet hat ein sehr warmes Klima, so dass künstliche Bewässerung erforderlich ist. Die Böden sind sehr fruchtbar und große Erträge von 200 hl/ha sind nicht ungewöhnlich. Die Weinberge liegen am Flussufer und konzentrieren sich um Mildura.

WEINE  Im Norden, rund um die Stadt Mildura, werden Tafelweine von mittlerer Qualität aus Rebsorten wie Chardonnay und Shiraz erzeugt. Sultana heißt die dominierende Rebsorte, die auf 10 500 ha Rebfläche angebaut wird. Chardonnay nimmt den zweiten Platz ein und ergibt generell einfache und preiswerte Weine. Am meisten werden aber Brandy und verstärkte Dessertweine hergestellt.

WEINHERSTELLUNG  Das Klima hat die Winzer gezwungen, die Trauben nachts mit Vollerntemaschinen zu lesen, computergesteuerte, künstliche Bewässerungssysteme anzuschaffen und eine temperaturkontrollierte Gärung einzuführen, um bessere Resultate zu erzeugen.

PRODUKTION  Die Region bringt etwa 25% der Gesamttraubenproduktion des Landes hervor.

AUSTRALIEN • VICTORIA

## North Eastern Victoria

RUF  Dieses alte Goldgräberzentrum wurde sehr populär, als die Staatsregierung Ende des 19. Jahrhunderts anregte, Wein anzubauen und für jeden neu bepflanzten Hektar eine Prämie bezahlte. Berühmt sind die traditionellen Likörweine, die lange nach England exportiert wurden. North Eastern Victoria gehört zu den Regionen, die Ende des 19. Jh. unter der Reblaus gelitten haben. Mitte der 90er Jahre erweiterte man die Rebflächen und suchte dafür vor allem Lagen in kühleren Teilen der Region aus.

GEOGRAPHIE  Viel Sonne und fruchtbare Böden ergeben einen hohen Ertrag. Verstärkte Weine werden hauptsächlich rund um die Stadt Rutherglen erzeugt. Die interessanteste Weinregion von Victoria liegt aber im King Valley.

*In den höhergelegenen Gebieten von Victoria gibt es große Anbaugebiete mit Qualitätspotenzial.*

WEINE  Die Berühmtheiten des Gebiets sind der Rutherglen Muscat und der Rutherglen Tokay: kraftvoll und geschmacksreich mit einem langen Abgang. Sie werden wie Portwein hergestellt und reifen lange im Fass. Die Rotweine haben einen guten Ruf, können für einen untrainierten Gaumen jedoch etwas schwer sein.

WEINHERSTELLUNG  Traditionelle Methoden für die verstärkten Weine und für die Tafelweine.

WISSENSWERT  Die Region ist sehr besucherfreundlich mit zahlreichen Restaurants und vielen Weinverkostungsmöglichkeiten.

## Yarra Valley

RUF  Im 19. Jahrhundert waren die Weine aus Yarra in Australien hoch angesehen. Man verglich sie gern mit Bordeaux-Weinen. Die Anbaugebiete wurden in den 20er Jahren aufgegeben und erst gegen Ende der 60er Jahre wurden die Flächen neu bestockt. Man setzt heute auf Qualität und klassische Rebsorten. Heute ist man vor allem für die Pinot-Noir- und Chardonnay-Weine bekannt.

GEOGRAPHIE  Das Gebiet ist das südlichste

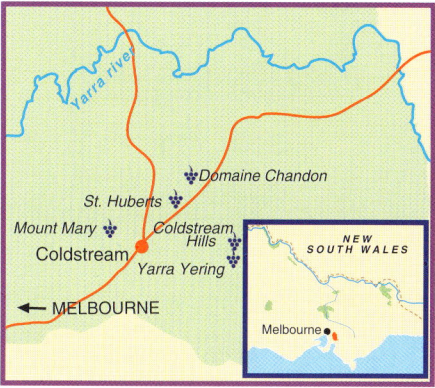

des Landes mit einem kühlen Klima, das sich für den Weinanbau sehr gut eignet.

WEINE  Aus Cabernet Sauvignon werden elegante, langlebige Weine mit Komplexität und frischer Säure und Herbheit hergestellt. Sie werden, wie auch anderswo, mit Shiraz verschnitten, doch werden auch Verschnitte mit Bordeaux-Sorten wie Merlot, Cabernet Franc und Malbec vorgenommen. Shiraz erbringt relativ leichte Weine mit feiner Frucht. Pinot Noir findet man in Yarra als helle, aber geschmackvolle, sortentypische Weine. Die weißen Chardonnay gehören zu den besten des Landes. Sie verfügen über ein ausgewogenes Verhältnis zwischen Säure, Frucht und Eichenton, wie man es nur bei guten Weinen aus Meursault im Burgund antrifft. Andere Rebsorten sind Riesling, Sauvignon Blanc und Sémillon.

WEINHERSTELLUNG  Die relativ neu etablierten Weingüter vinifizieren sehr modern. Die besten Pinot-Weine werden nach der in Yarra „Burgunder-Technik" benannten Methode hergestellt.

WISSENSWERT  Die Nähe zu Melbourne macht Yarra zu einem attraktiven Tages- oder Wochenendausflugsziel.

901

## DOMAINE CHANDON

GESCHICHTE  Als die französischen Champagnerhäuser gegen Ende der 70er und zu Beginn der 80er Jahre auf der Suche nach neuem Land waren, gründeten Moët & Chandon ihre australische Tochtergesellschaft im Yarra Valley. Das Weingut wird Green Point genannt und ist gleich-

*Die Domaine Chandon wird als der beste Produzent von Schaumweinen in Australien angesehen.*

zeitig das Exportwarenzeichen der Weine. Die Trauben kommen nicht nur aus dem Yarra Valley, sondern aus den besten der kühleren Gebiete Australiens.

WEINE  Bedenkt man das große Können und die jahrhundertelange Erfahrung der Firma, ist es nicht verwunderlich, dass die Weine von sehr hoher Qualität sind. Die Standard-Cuvée besteht aus 51% Pinot Noir, 48% Chardonnay und 1% Pinot Meunier. Man erzeugt auch einen Blanc de Blancs, einen Blanc de Noir und einen süßen Sekt namens Cuvée Riche.

RUF  Viele meinen, die Domaine Chandon sei Australiens bester Sektproduzent. Der Weinmacher, Dr. Tony Jordan, hat stark zu der Entwicklung australischer Schaumweine beigetragen.

REBSORTEN  58% Chardonnay, 38% Pinot Noir und 4% Pinot Meunier.

WEINHERSTELLUNG  Ganz und gar gemäß der klassischen (Champagner-)Methode.

LAGERUNG  Der Blanc de Blancs reift am besten in der Flasche, alle Weine sind aber gut lagerfähig.

REBFL/PROD  80 ha, 100 000 Kisten/Jahr. Exportanteil 25%, nach Österreich, Japan, Großbritannien und in die USA.

**Besitzer** LVMH • **Kellermeister** Tony Jordan, Wayne Donaldson, Neville Rowe • **Besuch** Täglich 10.30-16.30 • **Adresse** Domaine Chandon, Green Point, Maroondah Highway, AUS-3770 Coldstream • **Tel.** 03-9739 1110 • **Fax** 03-9739 1095 • **E-Mail** info@domainechandon.com.au

PRODUKTION  QUALITÄT  PREIS

## COLDSTREAM HILLS

GESCHICHTE  James Halliday ist eine der beliebtesten Weinpersönlichkeiten Australiens und Neuseelands. Als gelernter Kellermeister und Jurist wurde er zum großen Weinautor auf diesem Kontinent (er schrieb 27 Weinbücher!). Seit Anfang 1985 war sein Ziel, Pinot-Noir- und Chardonnay-Weine von höchster Klasse herzustellen. Der Betrieb wurde 1996 von Southcorp Wines übernommen. James Halliday ist immer noch für die Weinherstellung verantwortlich.

WEINE  Es werden erstklassige Pinot Noir und Chardonnay hergestellt. Deren Reserve-Varianten gehören zu den besten des Landes. Auch ein inte-

*James Halliday auf Coldstream Hills ist Australiens führender Weinautor und Kellermeister.*

ressanter Cabernet-Merlot-Verschnitt wird erzeugt. Halliday erzeugt Weine mit deutlichem Traubencharakter. Sie sind durchweg elegant und ausgewogen.

RUF  Eines der größten Weingüter Australiens. Southcorp Wines will seine Weine auch zukünftig unter eigenem Etikett vermarkten.

REBSORTEN  40% Chardonnay, 40% Pinot Noir sowie Cabernet Sauvignon, Cabernet Franc und Merlot.

WEINHERSTELLUNG  Gärung in temperaturkontrollierten Tanks und Ausbau in bis zu 30% neuen französischen Eichenfässern.

LAGERUNG  Rotweine mehr als 10 Jahre, Weißweine bis zu 10 Jahren.

REBFL/PROD  Ca. 40 ha, ca. 25 000 Kisten/Jahr.

**Besitzer** Southcorp • **Kellermeister** James Halliday, Philip Dowell • **Besuch** Täglich 10-17 • **Adresse** Coldstream Hills, 31 Maddens Lane, AUS-3770 Coldstream • **Tel.** 03-5964 9388 • **Fax** 03-5964 9389

PRODUKTION  QUALITÄT  PREIS

AUSTRALIEN • VICTORIA

## MITCHELTON

GESCHICHTE  Ross Shelmerdine war ein Mann mit Visionen. Ende der 60er Jahre beschloss er zusammen mit dem Kellermeister Colin Preece sein eigenes Traumweingut zu schaffen.

*Mitchelton mit seinem 55 m hohen „Hexenhut"-Turm ist eines der meistbesuchten Güter in Victoria.*

Seit 1974 gehört das Weingut zu den interessantesten in Australien. Seit 1994 ist der Betrieb in Besitz von Brian Croser von Petaluma in South Australia.

WEINE  Eine große Auswahl in unterschiedlichen Preisklassen. Die besten Weine sind Cabernet, Chardonnay und Marsanne in der Reserve-Variante.

RUF  Mitchelton erzeugt solide Weine, die besten sind sehr klassisch für Australien. Einer der bekanntesten Erzeuger in Victoria und viel besucht.

REBSORTEN  Cabernet Sauvignon, Chardonnay, Riesling, Shiraz und Marsanne. Etwas Merlot, CF, Sémillon, Viognier und Roussanne.

WEINHERSTELLUNG  Sehr modern in temperaturkontrollierten Stahltanks. Die besseren Weine werden teilweise in Eichenfässern ausgebaut.

LAGERUNG  Beste Weine ca. acht Jahre.

REBFL/PROD  Ca. 140 ha, rund 200 000 Kisten/Jahr.

## MORRIS

GESCHICHTE  Das 1859 gegründete Weingut gehört zu den besseren in Australien. Der Besitzer, das große Unternehmen Orlando-Wyndham, hält sich im Hintergrund und überlässt die Führung der neuen Morris-Generation. David Morris macht im selben großartigen Stil wie Mick Morris weiter.

WEINE  Die Weine von Morris sind immer konzentriert und gut gemacht. Sie gehören zu den besten der Welt und haben ein gutes Preis-Leistungsverhältnis. Wenn Morris kleine Mengen des Show Reserve auf den Markt bringt, sollte man ihn trotz des hohen Preises kaufen. Besserer Wein ist fast nicht zu finden.

RUF  Viele Rezensenten meinen, von Morris kämen die besten Rutherglen-Muscat- und Tokayweine Australiens. Außer Starkweinen werden auch gute Rotweine und weiße Tischweine erzeugt. Es sind aber die verstärkten Spitzenweine, von denen keiner unberührt bleibt.

REBSORTEN  Muscadelle, Muscat, Shiraz, Durif, Cabernet Sauvignon.

*Morris ist ein Produzent mit eigenwilligen Weinen. Heute in Besitz von Orlando-Wyndham.*

WEINHERSTELLUNG  Verstärkte Weine nach der Portwein-Methode, langer Ausbau in alten Eichenholzfässern.

LAGERUNG  Die Rotweine können einige Jahre aufbewahrt werden, die Muscat- und Tokayweine sind aber beim Verkauf trinkreif.

REBFL/PROD  80 ha, etwa 50 000 Kisten/Jahr.

---

**Besitzer** Brian Croser • **Kellermeister** Don Lewis • **Besuch** Täglich 10-17 • **Adresse** Mitchelton, 584 Nicholson Street, AUS-3608 North Fitzroy • **Tel.** 03-5794 2710 • **Fax** 03-5794 2615 • **E-Mail** mitchelton@mitchelton.com.au • **Homepage** www.mitchelton.com.au

PRODUKTION    QUALITÄT    PREIS

**Besitzer** Orlando-Wyndham • **Kellermeister** David Morris • **Besuch** Mo-Sa 9-17, So 10-17 • **Adresse** Morris, Mia Mia Road, AUS-3685 Rutherglen • **Tel.** 03-6026 7303 • **Fax** 03-6026 7445

PRODUKTION    QUALITÄT    PREIS

## CHÂTEAU TAHBILK

GESCHICHTE  Château Tahbilk ist das älteste Weingut Victorias und produziert seit 1865. Nur ein kleines Anbaugebiet von 55 ha Shiraz-Rebstöcken überstand die Reblauskatastrophe im 19.

*Der älteste Produzent in Victoria. Heute kombiniert man alte und neue Methoden.*

Jh., da die Erde dort sandig und feucht war, eines der wenigen Hindernisse für diesen Schädling. Die Familie Purbrick kaufte das Gut 1925 und hat mit einer Kombination von alten und neuen Methoden allmählich den früheren Ruf zurückerobert.

WEINE  Am bekanntesten sind der rote Shiraz sowie der weiße Marsanne. Cabernet Sauvignon ist seit langem im Angebot. Der zu 100% aus Shiraz erzeugte „1860 vines" ist insofern eine Rarität, als er aus ungepfropften Rebstöcken stammt. Shiraz sind dunkel, herb und konzentriert mit einer langen Lagerfähigkeit. Weine aus Cabernet Sauvignon sind herb und teilen diese Unzugänglichkeit in ihrer Jugend mit den Shiraz-Weinen. Der weiße Marsanne ist würzig und entwickelt sich durch die Lagerung.

RUF  Während langer Zeit mit dem Weinanbau in Victoria identisch.

REBSORTEN  Cabernet Sauvignon und Shiraz für Rotweine. Marsanne, Roussanne, Riesling und Sauvignon Blanc für Weißweine.

WEINHERSTELLUNG  Für die Herstellung von Rotweinen wird noch die alte Methode verwendet: Gärung in großen, offenen Fässern und Ausbau in gigantischen Holzfässern. Weißweine werden nach modernen Methoden hergestellt.

LAGERUNG  Die Rotweine können lange gelagert werden.

REBFL/PROD  125 ha, ca. 100 000 Kisten/Jahr.

**Besitzer** Fam. Purbrick • **Kellermeister** Alister Purbrick • **Besuch** Mo-Sa 9-17, So 11-17, im Juli geschlossen • **Adresse** Château Tahbilk, Off Goulburn Valley Highway, AUS-3609 Tahbilk • **Tel.** 03-5794 2555 • **Fax** 03-5794 2360

PRODUKTION    QUALITÄT    PREIS

## YARRA YERING

GESCHICHTE  Yarra Yering wurde 1969 vom Neuseeländer Bailey Carrodus gegründet. Er pflanzte Reben auf neuen Böden an einem Nordhang an. Damit versuchte er das Frostrisiko, das man in Yarra Yering einkalkulieren muss, zu minimieren. Yarra Yering ist ein so genanntes Boutique-Weingut, d.h. ein kleines Weingut mit einer Produktion, die in der vordersten Reihe der Qualitätsentwicklung steht.

WEINE  Ungewöhnlich die Namen seiner Rotweine, nämlich No 1 bzw. No 2. So basiert No 1 auf Cabernet Sauvignon sowie anderen Rebsorten aus Bordeaux. No 2 ist der „Rhône-Wein" mit Shiraz als Basis. Pinot Noir und Merlot werden unter den Rebsortennamen verkauft. No 1 ist Bordeaux-ähnlich mit sehr feiner Balance zwischen Säure, Frucht und Herbheit, elegant und langlebig. Auch No 2 hat eine große Finesse und Sanftheit, wenn man an die sonst so dominierenden Shiraz mit ihrer Herbheit und ihrem Gerbstoffgehalt denkt.

RUF  Das Haus gehört zur internationalen Elite.

*Yarra Yering ist ein kleines Weingut mit einem dank Bailey Carrodus wohlverdient guten Ruf.*

REBSORTEN  Cabernet Sauvignon, Merlot, Cabernet Franc, Malbec, Shiraz und Pinot Noir für Rotweine. Chardonnay, Sauvignon Blanc und Sémillon für Weißweine.

WEINHERSTELLUNG  Eine Kombination aus moderner und traditioneller Weinherstellung.

LAGERUNG  Die Rotweine besitzen mit 10-15 Jahren ein sehr gutes Alterungspotenzial.

REBFL/PROD  12 ha, ca. 5 000 Kisten/Jahr.

**Besitzer** Bailey Carrodus • **Kellermeister** Bailey Carrodus, Peter Wilson • **Besuch** Sa 10-17, So 12-17 • **Adresse** Yarra Yering, Briarty Road, AUS-3770 Coldstream • **Tel.** 03-5964 9267 • **Fax** 03-5964 9239

PRODUKTION    QUALITÄT    PREIS

## Weitere Produzenten in Victoria

### Bannockburn
Gary Farr ist einer der respektiertesten Weinmacher Australiens. Er hat mehrere Jahre in Frankreich gearbeitet, u.a. bei Alain Graillot und Dom. Dujac. Die Weine zeichnen sich durch einen kompromisslosen Charakter aus, der aber nicht allen gefällt. Vor allem der Shiraz, der PN und der Chardonnay zählen zu den Spitzenweinen.
- **Besitzer:** Gary Farr **Kellermeister:** Gary Farr **Besuch:** Nach Vereinbarung. **Adresse:** Midland Highway, AUS-3331 Bannockburn. **Tel.** 03-5281 1363. **Fax** -1349.

### Brown Brothers
Eines der vornehmsten Familienunternehmen Australiens mit einer 100-jährigen Familiengeschichte. Das moderne Unternehmen wird von vier Brüdern geführt. Die Experimentierlust ist groß und die Vermarktung gut durchdacht. Vor allem werden Varietals aus klassischen Rebsorten erzeugt. Der Riesling aus dem King Valley ist ein charmanter Weißwein. Die süßen Botrytis-Riesling-Weine heißen „Noble Riesling" und gehören zu den Spitzenweinen. Cabernet Sauvignon wird teilweise mit Merlot und Malbec verschnitten. Rebsorten: Chardonnay, SB, Riesling, Muscat, Chenin Blanc, CS, Merlot, Malbec und Shiraz.
- **Besitzer:** Brown Bros. Milawa Vineyard Pty Ltd **Kellermeister:** John G. Brown, Roland Wahlquist **Besuch:** Mo-Sa 9-17, So 10-18. **Adresse:** Snow Road, AUS-3678 Milawa. **Tel.** 03-5720 5500. **Fax** 03-5720 5511.

### Craiglee
Craiglee wurde 1864 in Sunbury von James Johnston gegründet. Bis Ende der 20er Jahre wurde es von der Familie Johnston geführt. In den 60er Jahren wurde das alte Rebland von der Familie Carmody gekauft und 1976 hat man mit der Neuanpflanzung begonnen. Beste Weine: der pfeffrige Shiraz und der tiefe, elegante CS.
- **Adresse:** Sunbury Road, AUS-3429 Sunbury. **Tel.** 03-3744 1160. **Fax** 03-374 47905.

### Dalwhinnie
Seit der Sohn David und seine Gattin Jenny die Führung übernommen haben, wird das Gut bereits von der zweiten Generation Jones geführt. Die drei Weine der Firma sind alle Beweis für das Qualitätsstreben des Hauses. Man erzeugt einen lagerfähigen, kompakten Cabernet Sauvignon, einen herrlich ausgewogenen, pfeffrigen Shiraz und einen „Monster-Chardonnay".
- **Besitzer:** David & Jenny Jones **Kellermeister:** David Jenny Jones **Besuch:** Nach Vereinbarung. **Adresse:** Taltarni Road, AUS-3478 Moonambel. **Tel.** 03-5467 2388. **Fax** 03-5467 2237.

### Mount Langhi Ghiran
Die einen haben Geld und sind geschäftstüchtig, die anderen haben Wissen und Visionen über Wein. Eine gute Kombination, um in der Weinbranche Erfolg zu haben. In diesem Fall heißt der Geschäftsmann Ian Meznies und der Mann mit den Visionen Trevor Mast, ausgebildet in Geisenheim. Seit ihr Mount Langhi Ghiran Shiraz im Wine Spectator zusammen mit Hill of Grace und Grange die erste Seite schmückte, ist er schwer zu finden. Der Wein besitzt eine verführerisch weiche Frucht und einen ansprechenden Charakter. Auch der Cabernet Sauvignon ist gut gebaut und vor allem der Langhi Ghiran ist zu erwähnen. Seit den 90er Jahren gehört man zu den interessantesten Weinhäusern Australiens.
- **Besitzer:** Ian Meznies, Trevor Mast, Riquet Hess u.a. **Kellermeister:** Trevor Mast **Besuch:** Mo-Fr 9-17, Wochenende 12-17. **Adresse:** Warrak Road, AUS-3375 Buangor. **Tel.** 03-5354 3207. **Fax** 03-5354 3277.

### Mount Mary
Dr. John Middleton gründete das Weingut im Jahr 1971, einige Kilometer von der jetzigen Lage entfernt. Zusammen mit seiner Frau Marli erzeugte er mehr als 20 Jahre lang beste australische Rotweine. Middleton gehörte zu den Ersten in Australien, die die „zweite Traube" des Bordeaux mit dem Cabernet Sauvignon verschnitten. Sein Pinot Noir hat für Australien eine selten übertroffene Geschmackstiefe. Sein Cabernet Mount Mary gehört zu den Kultweinen Australiens.
- **Besitzer:** John Middleton **Kellermeister:** John Middleton **Besuch:** Kein Besuch möglich. **Adresse:** Coldstream West Road, AUS-3140 Lilydale. **Tel.** 03-373-91761.

### Seppelt Great Western
Wurde 1851 von Joseph Seppelt gegründet. Er war ein fleißiger Bauer, der zu Beginn seine Anstrengungen auf den Anbau von Weizen, Mais und Viehzucht konzentrierte. Heute bildet Seppelt einen wichtigen Teil der Southcorp und gehört zu den größten Schaumweinerzeugern des Landes.
- **Besitzer:** Penfolds Wine Group **Kellermeister:** Ian McKenzie **Besuch:** Mo-Sa 9-17, So 12-16. **Adresse:** Mayston Road, AUS-3377 Great Western. **Tel.** 03-5356 2202. **Fax** 03-5356 2300.

### St. Huberts
St. Huberts ist ein Weingut im Yarra Valley, das seit langem viel versprach, durch die vielen Besitzerwechsel aber den großen Durchbruch verpasste. Heute in Besitz der Mildara-Blass-Gruppe. Die besten Weine sind Cabernet Sauvignon und Chardonnay. Der Zweitwein heißt Rowan.
- **Besitzer:** Mildara Blass **Besuch:** Mo-Fr 9-17, Sa-So 10.30-17.30. **Adresse:** Maroondah Highway, AUS-3770 Coldstream. **Tel.** 03-739 1421. **Fax** 03-739 1070.

## Weitere Produzenten in Victoria

### Stonier's

Stonier's ist zusammen mit Dromana Estate der führende Produzent der Mornington Peninsula. Man erzeugt u.a. einen eleganten Chardonnay, einen straffen, aber fruchtigen Pinot Noir und einen Cabernet Sauvignon von sehr hoher Qualität. Die Weine mit der Reserve-Bezeichnung werden nur in besonders guten Jahren erzeugt und sind sehr gesucht.

• **Besitzer:** Tod Dexter **Besuch:** Täglich 12-17. **Adresse:** Locked Bag 1, AUS-3926 Balnarring. **Tel.** 03-5989 8300. **Fax** 03-5998 8709. **E-Mail:** stoniers@peninsula.starway.net **Homepage:** www.nepeanet.org.au/stoniers/notes

### Taltarni

Taltarni wurde 1969 von einer Gruppe von Geschäftsleuten gegründet und 1972 vom Besitzer des Clos du Val (Kalifornien) gekauft. Obwohl der Stil nicht unbedingt australisch ist, hat man großen Erfolg. Ein großer Teil der Produktion be-

*Taltarni gehört dem gleichen Besitzer wie Clos du Val in Kalifornien.*

steht aus Schaumweinen, die nach klassischen Methoden und aus klassischen Rebsorten hergestellt werden. Die Weißweine sind Sauvignon Blanc, Riesling und Chardonnay. Unter den Rotweinen findet man sowohl Cabernet Sauvignon als auch Merlot in sortenreinen Weinen und in Bordeaux-Verschnitten. Die Schaumweine haben eine feine Mousse und Frische, mit leichter Eleganz. Die Cabernet Sauvignon sind langlebig mit hohem Tanningehalt und konzentrierter Frucht.

• **Besitzer:** John Goelet **Kellermeister:** Dominique Portet **Besuch:** Täglich 10-17. **Adresse:** RMB 4369, AUS-3478 Moonambel. **Tel.** 03-5467 2218. **Fax** 03-5467 2306. **E-Mail:** taltarni@netconnect.com.au **Homepage:** www.taltarni.com.au

### Tarrawarra Estate

Die Lagen des großen Landgutes im Yarra Valley wurden 1983 bestockt und werden immer noch erweitert. Der Jungfernjahrgang 1986 verschaffte dem Weingut sofort einen Platz auf der Weinkarte als guter Pinot-Noir- und Chardonnay-Produzent. Moderne Technologie wird mit uralter Tradition kombiniert. Die Weine müssen, bevor sie sich von ihrer besten Seite zeigen, lange gelagert werden. Wer nicht so lange warten will, wird auch am Zweitwein Tunell Hill Freude haben.

• **Besitzer:** Fam. Besen **Kellermeister:** Clare Hatton **Besuch:** Täglich 10.30-16.30. **Adresse:** PO Box 14, AUS-3775 Yarra Glen. **Tel.** 03-59 62 3311. **Fax** 03-59 62 3887. **E-Mail:** eng@tarrawarra.com.au

### Virgin Hills

Tom Lazar kaufte 1968 das Gut und setzte sich zum Ziel, den besten australischen Rotwein aus Cabernet Sauvignon herzustellen. 1980 musste er die ganze Anlage verkaufen. Martin Williams erzeugt straffe, elegante und pfeffrige Shiraz-Weine. Unter dem Namen „Virgin Hills" werden Cabernet Sauvignon, Merlot, Shiraz und Malbec hergestellt.

• **Besitzer:** Martin Williams **Besuch:** Nach Vereinbarung. **Adresse:** Salisbury Road, AUS-3440 Lauriston West via Kyneton. **Tel.** 03-5423 9169. **Fax** 03-5423 9324.

### Yellowglen

Gegründet wurde Yellowglen 1971 vom Geschäftsmann und Gastronomen Ian Home von Ballarat. Die Weinberge wurden ursprünglich mit zwei roten Rebsorten bestockt. Erst als man das Potenzial für die Schaumweinherstellung entdeckte, wurden auch vermehrt weiße Rebsorten angebaut. Die Ambition ist hoch und man erzeugt zuverlässige Schaumweine in verschiedenen Preisklassen: kraftvoller Blanc de Noirs; ausgewogener, leichter Blanc de Blancs, ein weicher, cremiger Brut Crémant; eine große, langlebige Cuvée Tradition. Das ausgewogene Verhältnis zwischen Säure, Frucht und Alkohol, das für Schaumweine so wichtig ist, kennzeichnet die Weine von Yellowglen durchgehend.

• **Besitzer:** Mildara Blass Pty Ltd **Kellermeister:** Jeffrey Wilkinson **Besuch:** Täglich 9-17. **Adresse:** White's Road, AUS-3351 Smythesdale. **Tel.** 03-5342 8617. **Fax** 03-5333 7102.

### Yeringberg

Yeringberg ist ein Weingut mit einer echten Stammtafel: Hier wurde der erste Weingarten bereits 1863 bestockt. Neue Voraussetzungen erzwangen aber 1921 das Herausreißen der Stöcke und erst im Jahr 1967 wurden die Lagen wieder bestockt. Dies aber in bedeutend kleinerem Umfange als zuvor. Die zwei Hektar sind mit Pinot Noir, Chardonnay, Cabernet, Marsanne und Roussanne bepflanzt.

• **Besitzer:** Yeringberg Pty Ltd **Kellermeister:** G. de Pury **Besuch:** Generell kein Besuch möglich **Adresse:** Maroondah Highway, AUS-3770 Coldstream. **Tel.** 03-9739 1453. **Fax** 03-9739 0048.

## WESTERN AUSTRALIA

GESCHICHTE Westaustralien wurde schon 1829 kolonialisiert. Das einlaufende Schiff, das Parmelia hieß, war mit Weinreben beladen, die sofort bei der Ankunft im heutigen Swan Valley gepflanzt wurden. Das erste Weinhaus im Bundesstaat wurde 1830 von Thomas Waters gegründet. Es erhielt den Namen Olive Farm - ein Unternehmen, das heute zu den ältesten des Landes zählt. Ein anderer Passagier auf der Parmelia war John Septimus Roe. Er gründete 1840 Sandalford und die Familie ist heute immer noch daran beteiligt. Während langer Zeit war die Produktion in Westaustralien größer als in Südaustralien. Noch Anfang der 60er Jahre war die Anzahl der Winzer größer als in Südaustralien und Victoria zusammen, auch wenn die meisten Weingüter recht klein waren. Erst Mitte der 60er Jahre fing man an, die neuen Regionen ernsthaft auszubauen. Dies gilt sowohl für Margaret River, wie auch Mount Barker/Frankland.

GEOGRAPHIE Sehr wechselhafte Landschaft mit den fruchtbaren Ebenen der Coastal Plains, der Berglandschaft in Lower Great Southern (Mount Barker/Frankland), dem schönen Flusstal im Swan Valley sowie Sand und sumpfigen Lehmböden im Margaret-River-Gebiet.

KLIMA Swan Valley hat ein mittelmeerähnliches Klima mit viel Regen im Winter und langen, recht trockenen Sommern. In Mount Barker/Frankland dagegen herrscht ein wilderes Klima mit Frost und Hagel. Durch reichlichen Niederschlag kommt man in Margaret River ohne künstliche Bewässerung aus.

WEINE Von den Rotweinen gelingt meist der Cabernet Sauvignon aus Margaret River am besten. In Western Australia werden alle in Australien vorkommenden Weintypen hergestellt.

REBSORTEN Rote: Cabernet Sauvignon, Shiraz, Pinot Noir, Zinfandel und Merlot. Weiße: Sauvignon Blanc, Chardonnay, Chenin Blanc, Traminer, Sémillon, Verdelho, Rhine Riesling und Muscat.

PRODUZENTEN Die meisten Häuser sind immer noch recht klein. Houghton und Sandalford sind Ausnahmen.

REBFL/PROD Etwa 5 000 ha, ca. 450 000 hl/Jahr.

*Die Weinindustrie in Western Australia ist sehr modern mit schönen Anlagen wie hier bei Leeuwin.*

## GREAT SOUTHERN

RUF Das Gebiet wurde erst 1965 mit Reben bestockt. Das Klima erschwert den Anbau. Es ist flächenmäßig Australiens größtes Weinbaugebiet mit großen Abständen zwischen den Weinbergen. Vorwiegend Weißweine aus Rhine Riesling und anderen Sorten genießen einen guten Ruf. Durch das Klima erhalten sie eine ansprechende Eleganz. Great Southern wurde früher Frankland/Mount Barker genannt.

GEOGRAPHIE Eine wilde Landschaft mit ei-

*Goundrey gehört mit Mount Barker zu den vielen guten Produzenten in Great Southern.*

nem Klima, das Frost, Hagelstürme und starke Winde bietet. Mit Abstand das kühlste Klima des Bundesstaates.

BODEN Recht magere Steinböden führen zu niedrigem Ertrag pro Hektar.

WEINE Rebsorten mit hoher Säure und einer vegetativen Empfindlichkeit, wie z.B. Rhine Riesling und Pinot Noir, zeigen die besten Ergebnisse. Die Weine sind elegant parfümiert mit hoher, frischer Säure und leichter bis mittelgroßer Struktur. Auch Rotweine aus Cabernet Sauvignon können, wenn der Jahrgang volle Reife erreicht, füllig und geschmacksreich werden.

REBSORTEN Weiße: Rhine Riesling, Sauvignon Blanc, Gewürztraminer, Chardonnay und Sémillon. Rote: Cabernet Sauvignon, Shiraz, Pinot Noir und Merlot.

WEINHERSTELLUNG Große Probleme mit dem Transport der frisch gelesenen Trauben und die geringe Größe der Weinberge führen dazu, dass der Wein oft in einer zentralen Anlage, wie z.B. Plantagenet, erzeugt wird. Er wird aber trotzdem unter eigenem Markennamen verkauft.

PRODUZENTEN Alkoomi, Chatsfield, Forest Hill, Goundrey, Peel, Plantagenet, Howard Park u.a.

## MARGARET RIVER

RUF Dieses recht neue Gebiet wurde 1965 von Dr. John Gladstone „entdeckt". Zwei Jahre später wurden die ersten Reben gepflanzt. In nur einigen Jahrzehnten hat man sich einen guten Namen gemacht.

GEOGRAPHIE Das Klima ist temperiert und die Niederschlagsmenge recht hoch. Die etwa 500 ha große Anbaufläche braucht im Allgemeinen keine künstliche Bewässerung.

BODEN Der gut drainierte Sandboden auf Lehmgrund hält während der ganzen Wachstumsperiode die Feuchtigkeit gleichmäßig.

WEINE Rotweine aus den Bordeaux-Sorten Cabernet Sauvignon, Cabernet Franc, Merlot und Malbec sind am erfolgreichsten. Ende der 90er Jahre wurden mehrere pfeffrige Shiraz-Exemplare hergestellt, die eine erfolgreiche Zukunft versprechen. Weißweine aus Sauvignon Blanc und Sémillon sind oft frisch und säurebetont mit fülligem

*Die besten Weißweine Westaustraliens stammen aus der Region Margaret River.*

Geschmack. Mit Chardonnay und Verdelho erreicht man oft ausgezeichnete Ergebnisse.

REBSORTEN Rote: Cabernet Sauvignon, Cabernet Franc, Merlot, Malbec, Shiraz und Pinot Noir. Weiße: Sauvignon Blanc, Sémillon, Chardonnay, Verdelho und Rhine Riesling.

WEINHERSTELLUNG Die meisten Weingüter sind relativ neu und somit auch modern ausgerüstet.

PRODUZENTEN Ashbrook, Cape Clairault, Cape Mentelle, Chateau Xanadu, Cullens, Leeuwin Estate, Moss Wood, Pierro Margaret River, Redgate, Ribbon Vale, Rosa Brook, Sandalford, Vasse Felix u.a.

## Swan Valley

RUF Die erste Rebfläche im Bundesstaat wurde hier 1830 von Thomas Waters auf seiner Olive Farm angelegt. Das erste kommerzielle Weinhaus war Sandalford, gegründet 1840 von John Septimus Roe. Das größte ist Houghton, das 1836 in Betrieb genommen wurde. Die Weine haben eine gute Grundqualität und durch die lange Erfahrung mit dem heißen Klima sind die Kellermeister geschickte Erzeuger von fülligen Rot- und Weißweinen mit gut erhaltener Eleganz.

GEOGRAPHIE Das Tal beim Fluss Swan ist stufenweise von Perth aus in Richtung Norden bepflanzt worden. Das Klima ist heiß mit einer langen, trockenen Vegetationsperiode.

BODEN Fruchtbarer, mit recht viel Lehm gemischter Boden ergibt eine große Ernte mit reifer Frucht.

WEINE Von der Tradition her waren die Dessertweine aus dem Swan Valley für ihre Lagerfähigkeit und hohe Qualität bekannt. Seit Jack Mann bei Houghton in den 30er Jahren die Temperaturkontrolle einführte, wurden auch gut ge-

*Im Swan Valley wurden 1829 die ersten Reben gepflanzt. Houghton ist ein bekannter Produzent.*

baute Tafelweine mit Erfolg erzeugt. Cabernet genauso wie Shiraz ergeben große, dichte Weine mit gutem Lagerpotenzial. Verdelho und Chardonnay sind körperreiche, komplexe Weißweine, oft mit deutlicher Eichennote.

REBSORTEN Weiße: Chenin Blanc, Tokay, Verdelho, Rhine Riesling, Sauvignon Blanc, Sémillon, Traminer und Chardonnay. Rote: Cabernet Sauvignon und Shiraz.

WEINHERSTELLUNG Schon in den 30er Jahren wurde für die Weißweine die Temperaturkontrolle und die nächtliche Lese vom legendären Jack Mann eingeführt.

PRODUZENTEN Coorinja, Conti, Ellendale, Houghton, Jane Brook, Olive Farm, Sandalford, Westfield u.a.

## Cape Mentelle

GESCHICHTE Cape Mentelle wurde 1970 gegründet. Der erste Jahrgang war 1977. Einer der Gründer war David Hohnen, der in Kalifornien ausgebildet worden war und danach auf Clos du Val im Napa Valley arbeitete. Seine Cabernet Sauvignon 1982 und 1983 erhielten die „The Jimmy Watson Trophy" an der Royal Melbourne Show und gehören zu den Klassikern in Western Australia. Nach seinen frühen Erfolgen entwickelte David Hohnen sein Weingut immer weiter und erzielte auch mit seinem Cloudy Bay in Neuseeland großen Erfolg.

WEINE Cabernet Sauvignon ist ein großer

*Die Weine von Cape Mentelle erhalten durch David Hohnen kalifornischen Charakter.*

Wein mit dichter Farbe, reichem Aroma von dunklen Beeren und französischer Eiche; der Geschmack ist lang, recht herb und leicht eichig. Zinfandel hat einen massiven Stil mit reichlicher Herbe und fülligem Geschmack. Der weiße Sémillon/Sauvignon ist ein leichter, in Eiche ausgebauter Wein mit großem, würzigem/grasigem Aroma und weichem, aber frischem Geschmack und guter Länge. Der Chardonnay hat eine tiefe Farbe, Kraft und Struktur.

RUF Guter örtlicher und internationaler Ruf.

REBSORTEN Weiße: Sémillon und Sauvignon Blanc 50%, Chardonnay 15%. Rote: Cabernet Sauvignon 20%, Shiraz 15%.

WEINHERSTELLUNG Die Rotweine werden lange bei recht niedriger Temperatur vergoren. Ausbau in französischer Eiche.

LAGERUNG Cabernet Sauvignon kann 10-12 Jahre gelagert werden.

REBFL/PROD 35 ha, etwa 50 000 Kisten/Jahr.

**Besitzer** David Hohnen, Veuve Clicquot • **Kellermeister** John Durham • **Besuch** Täglich 10-16 • **Adresse** Cape Mentelle, PO Box 110, AUS-6285 Margaret River • **Tel.** 08-9757 3266 • **Fax** 08-9757 3233

PRODUKTION    QUALITÄT    PREIS

## Cullen

GESCHICHTE  Cullen wurde 1971 von Dr. Kevin Cullen, seiner Gattin Diana und Vasse Felix, einer der ältesten Weinfirmen im Gebiet, gegründet. Heute wird die Firma von Vanya Cullen geführt, die zu den geschicktesten Weinmachern Australiens zählt. Die Weinstöcke werden von Hand beschnitten und gelesen, um höchstmögliche Fruchtqualität zu erreichen.
WEINE  Chardonnay-Weine von Weltklasse und rebsortentypische Cabernet-Weine.
RUF  In einer sonst männerdominierten Branche genießt Vanya Cullen mit ihren Weinen großen Respekt.
BODEN  Granit und mit Grieß vermischter Sand.
REBSORTEN  Cabernet Sauvignon, Merlot, Pinot Noir, Chardonnay, Sémillon, Sauvignon Blanc und Riesling.
WEINHERSTELLUNG  Die Cabernet/Merlot-Cuvée wird klassisch vinifiziert, auf den Schalen vergoren und in Eichenholzfässern ausgebaut. Die

*Der Arzt Kevin Cullen gründete seine Farm 1971. Heute wird sie von Vanya Cullen geführt.*

ganzen Chardonnay-Büschel werden gepresst und mit wilder Hefe im Eichenholzfass vergoren.
LAGERUNG  Die roten Cabernet-Weine können vier bis zehn Jahre, der Chardonnay zwei bis zehn Jahre gelagert werden.
REBFL/PROD  28 ha, 12 000 Kisten/Jahr.

**Besitzer** Diana Cullen • **Kellermeister** Vanya Cullen • **Besuch** Täglich 10–16 • **Adresse** Cullen, Caves Road, Cowaramup 6284 (PO Box 17), AUS-6284 Cowaramup • **Tel.** 08-9755 5277 • **Fax** 08-9755 5550

PRODUKTION  QUALITÄT  PREIS

## Leeuwin

GESCHICHTE  Leeuwin wurde 1974 von Denis Horgan gegründet. Robert Mondavi aus Kalifornien stand dabei mit Rat zur Seite. Die moderne Anlage und Mr Horgans Ehrgeiz haben dem Weinhaus, nicht zuletzt wegen des ausgezeichneten Chardonnay, Weltruf eingebracht. Bob Cartwright ist in Australien als Kellermeister ein Begriff.
WEINE  Art Serie nennt sich die Prestigeserie, in der Chardonnay, Cabernet, Pinot, Sauvignon Blanc und Riesling enthalten sind. Die Zweitserie heißt Prelude und ist preiswerter. Leeuwin Estates

*Leeuwin ist ein aufgeschlossenes und spannendes Weinhaus mit einem weltweit guten Ruf.*

Art Series Chardonnay gehört zu den allerbesten Chardonnay-Weinen Australiens. Er hat eine Geschmackstiefe und Kraft, die das Meiste übertreffen. Der Cabernet Sauvignon besitzt ein feines Johannisbeer- und Minzearoma.
RUF  Spitzenerzeuger im Bundesstaat, auch international sehr guter Ruf.
BODEN  Sandboden auf Lehmgrund.
REBSORTEN  Weiße: Rhine Riesling 29%, Chardonnay 19% und Sauvignon Blanc 7%. Rote: Cabernet Sauvignon 36%, Pinot Noir 9%.
WEINHERSTELLUNG  Supermoderne Anlage.
LAGERUNG  Cabernet Sauvignon mindestens vier bis sechs Jahre. Chardonnay aus besten Jahren hat ein großes Alterungspotenzial von sechs bis zehn Jahren.
REBFL/PROD  90 ha, ca. 35 000 Kisten/Jahr.

**Besitzer** Fam. Horgan • **Kellermeister** Robert Cartwright • **Besuch** Täglich 10–17, Tel. 08-9757 6253 • **Adresse** Leeuwin, PO Box 724, AUS-6160 Fremantle • **Tel.** 08-9430 4099 • **Fax** 08-9430 5687

PRODUKTION  QUALITÄT  PREIS

## Weitere Produzenten in Western Australia

### ALKOOMI

Alkoomi wurde 1971 von Mervyn und Judith Lange gegründet. Führend im Sortiment waren bald die Rotweine, die viele Medaillen erzielten. Erzeugt werden Cabernet Sauvignon, Shiraz, Rhine Riesling, Sauvignon Blanc und Sémillon. Vor allem die Cabernet-Weine sind gut.

• **Besitzer:** Merv Lange **Kellermeister:** Kim Hart **Besuch:** Täglich 10.30-17. **Adresse:** Wingeballup Road, AUS-6396 Frankland. **Tel.** 08-9855 2229. **Fax** 08-9855 2284.

### CAPEL VALE

1979 gründeten Dr. Peter Pratten und seine Frau ein kleines Weingut, das heute 88 ha Rebfläche umfasst und über den ganzen Südwesten von Western Australia verteilt ist. Am bekanntesten sind die Riesling-Weine, für die Rob Bowen zuständig ist. Der rote Merlot Reserve des schwedischen Weinmachers Krister Jonsson ist viel versprechend. Man erzeugt auch einen Shiraz von hoher Qualität.

• **Besitzer:** Dr. Peter Pratten **Kellermeister:** Rob Bowen, Krister Jonsson **Adresse:** Lot 5 Stirling Estate, Mallokup Road, AUS-6271 Capel. **Tel.** 08-9727 1986. **Fax** 08-9791 2452.

### GOUNDREY WINES

Goundrey Wines wurde 1968 gegründet und gehört zu den führenden Erzeugern am Mount Barker mit ausgezeichnetem Riesling und Shiraz. Nach finanziellen Schwierigkeiten übernahm 1996 Jack Bendant den Betrieb. 100 Hektar Rebfläche sind mit Chardonnay, Sauvignon Blanc, Sémillon, CS, Shiraz und Pinor Noir bestockt.

• **Besitzer:** Jack Bendant **Besuch:** Mo-Sa 10-16, So 12-16. **Adresse:** PO Box 352, AUS-6333 Denmark. **Tel.** 08-9851 1777. **Fax** 08-9851 1997.

### HOUGHTON

Houghton wurde 1836 von drei englischen Offizieren, mit Richmond Houghton an der Spitze, gegründet. 1950 wurde das inzwischen riesengroße Unternehmen von „The Emu Wine Company" gekauft. Geblieben war nur der Kellermeister Jack Mann, der hier 51 Jahrgänge schuf. 1976 wurde Emu von Thomas Hardy & Sons, heute BRL Hardy, gekauft. White Burgundy, erstmals 1937 hergestellt, ist immer noch eine der großen Massenwein-Marken in Australien. Die besten Qualitäten findet man unter den Rotweinen.

• **Besitzer:** BRL Hardy Ltd **Kellermeister:** Peter Dawson & Paul Lapsley **Besuch:** Mo-Sa 10-17. **Adresse:** Dale Road, PO Box 42, AUS-6055 Middle Swan. **Tel.** 08-9274 5100. **Fax** 08-9274 5372.

### HOWARD PARK

Howard Park machte sich als Weinmacher bei Wynn's in Coonawarra einen Namen. Nachdem er nach Western Australia umgezogen war, war er bei Goundrey und bei Plantagenet am Mount Barker tätig. Sein eigenes Etikett Howard Park hat jetzt endlich eine eigene Anschrift bekommen: die Kellerei außerhalb der Stadt Denmark. Die Riesling- und Cabernet-Sauvignon-Weine des Hauses gehören zur Elite der australischen Weine. Heute erzeugt man auch einen Chardonnay. Der Riesling ist trocken, säurebetont und während der Jugend stahlhart. Er braucht drei bis vier Jahre in der Flasche, um sich von der besten Seite zu zeigen. Der Cabernet Sauvignon ist straff mit konzentrierter Fruchtigkeit. Der Hauptanteil der Produktion kommt unter dem kommerziellen Etikett Mad Fish Bay auf den Markt.

• **Besitzer:** John Wade **Kellermeister:** John Wade **Besuch:** Nach Vereinbarung. **Adresse:** Lot 11, Little River Road, AUS-6333 Denmark. **Tel.** 08-9848 1261. **Fax** -2064.

### MOSS WOOD

Moss Wood wurde 1969 in Margaret River von Dr. Bill Panell und seiner Frau Sandra gegründet. Einige Jahre später wurde der Kellermeister Keith Mugford hinzugezogen. Er übernahm später die Anlage. Mugford erzeugt einen der besten Sémillon Australiens. Auch Cabernet und Chardonnay sind von guter Qualität.

• **Besuch:** Nach Vereinbarung. **Adresse:** PO Box 52, AUS-6280 Busselton. **Tel.** 08-97 55 6266. **Fax** -52 4618.

### PLANTAGENET

Plantagenet wurde 1968 gegründet und ist die erste und größte Weinfirma am Mount Barker. Es werden ausgezeichnete Rhine Riesling und Cabernet Sauvignon erzeugt. Man vinifiziert auch Weine für andere Winzer, die keine eigene Kellerei haben. Rebsorten: Riesling, Chardonnay, Shiraz, Cabernet Sauvignon, PN, Malbec und Merlot.

• **Besuch:** Mo-Sa 9-17. **Adresse:** Albany Highway, PO Box 122, AUS-6324 Mount Barker. **Tel.** 08-9851 1150. **Fax** 08-9851 1839.

### CHATEAU XANADU

Chateau Xanadu wurde 1977 vom irischen Ärztepaar John und Eithne Lagan gegründet. Seit dem ersten Jahrgang, der 1981 herausgebracht wurde, genießen ihre Weine einen guten Ruf: Cabernet Sauvignon und CS Reserve, Sémillon, Chardonnay, Chenin Blanc und Sauvignon Blanc.

• **Besitzer:** Familie Lagan **Kellermeister:** Jürg Muggli **Besuch:** Täglich 10-17, Führungen, Verkauf. **Adresse:** Terry Road, PO Box 144, AUS-6285 Margaret River. **Tel.** 08-9757 2581. **Fax** 08-9757 3389.

### WEITERE BETRIEBE

VASSE FELIX, Caves Road, AUS-6280 Willyabrup. Tel. 08-9755 5242. Fax 08-9755 5425.

WIGNALLS, Chester Pass Road, Highway 1, AUS-6330 Albany. Tel. 08-9841 2848. Fax -9003.

## TASMANIEN

GESCHICHTE Die Insel Tasmanien ist nach New South Wales der zweite Bundesstaat, in dem Wein angebaut wurde. Schon 1823 wurden die ersten Reben gepflanzt und die Entwicklung des Weinbaus erfolgte stufenweise während des ganzen 19. Jh. Die Klimaverhältnisse und andere Ursachen brachten den Weinbau Ende 1890 beinahe zum Erliegen. Erst um 1950 wurde er in kleinem Umfang wieder aufgenommen. Im Gebiet Pipers Brook bei der Ortschaft Launceston entstanden die ersten und auch größten Weinhäuser, Heemskerk und Pipers Brook Vineyards.

GEOGRAPHIE Eine recht wilde Landschaft, von Winden gepeinigt, mit dem charakteristisch roten, eisenhaltigen Boden, auf dem die Trauben langsam reifen. Die größten Weinbauflächen liegen rund um die Stadt Launceston im Norden (Northern Tasmania) und rund um die Stadt Hobart im Süden (Southern Tasmania).

KLIMA Auch das Klima, das von Dürre bis zu langen Regenperioden alles bietet, entscheidet über den Reifegrad der Trauben. Die Variation der Jahrgänge ist hier größer als in irgendeinem anderen Bundesstaat.

WEINE Weiße: Chardonnay, Rhine Riesling, Sauvignon Blanc und Traminer. Rote: Cabernet Sauvignon, Pinot Noir, Merlot und Malbec.

PRODUZENTEN Pipers Brook dominiert den Markt und seit 1998 gehört auch Heemskerk zu seinem Besitz. Somit kontrolliert er 35% der Rebfläche Tasmaniens.

REBFL/PROD Ca. 320 ha, rund 3 500 hl/Jahr.

## PIPERS BROOK

GESCHICHTE Andrew Pirie ist einer der wenigen Doktoren der Önologie Australiens. Bevor er sein Weingut Pipers Brook gründete, reiste er lange kreuz und quer durchs Land auf der Suche nach einem genügend kühlen - aber nicht zu kühlen - Klima. Dieses fand er im Gebiet nördlich von Launceston.

GEOGRAPHIE Eine recht wilde Landschaft, von Winden gepeinigt, mit dem charakteristisch roten, eisenhaltigen Boden, auf dem die Trauben langsam reifen.

*Durch das kühle Klima gelingt Pipers Brook u.a. die Produktion von sehr gutem Riesling.*

WEINE Der Riesling ist ein Feuerwerk von trockener Eleganz und der elegante Cabernet Sauvignon besitzt eine Bordeaux-ähnliche Straffheit. In ärmeren Jahren werden die Cabernet-Trauben nicht immer voll reif. Der Prestigewein, ein Pinot Noir, trägt den Namen Pellion. Sein Jungfernjahrgang war 1992. Der Wein erscheint nur in besonders guten Jahren. Der exakte, stilreine Chardonnay gehört zu den besseren des Landes und man erzeugt auch einen interessanten Pinot Gris.

RUF Pipers Brook ist der größte Weingarten Tasmaniens. Dr. Andrew Pirie und seine Weine genießen ein sehr gutes Ansehen in Australien.

REBSORTEN Chardonnay, Riesling, Pinot Gris, Pinot Noir, Cabernet Sauvignon, Merlot, Cauvignon Blanc und Sémillon.

WEINHERSTELLUNG Die Prestigeweine werden traditionell vinifiziert, die übrigen mit modernen Methoden.

LAGERUNG Pellion vier bis sechs Jahre, der Chardonnay zwei bis acht Jahre.

REBFL/PROD Etwa 50 ha, 25 000 Kisten/Jahr.

**Besitzer** Andrew Pirie • **Kellermeister** Andrew Pirie • **Besuch** Täglich 10-17 • **Adresse** Pipers Brook, PO Box 654, Launceston, AUS-7254 Tasmania • **Tel.** 03-6382 7197 • **Fax** 03-6382 7226 • **E-Mail** info@pipersbrook-vineyard.com.au

PRODUKTION    QUALITÄT    PREIS

## Weitere Produzenten in Tasmanien

### Heemskerk

Heemskerk wurde 1975 von Graham Wiltshire und Mark Fesq gegründet. Gut gebaute Weißweine aus Chardonnay und Riesling und ein etwas „grüner" Cabernet Sauvignon. Seit 1998 ist der Betrieb in Besitz von Pipers Brook. Die Weine

*Heemskerk, heute in Besitz von Pipers Brook, ist bekannt für seine feinen Pinot-Noir-Weine.*

werden immer noch unter eigenem Etikett verkauft. Ein hochklassiger Schaumwein namens Jansz wird nach der Champagner-Methode hergestellt. 50% der Produktion nimmt heute der Schaumwein ein. Rebsorten: Chardonnay, Pinot Noir, Riesling, Cabernet Sauvignon, Merlot und Cabernet Franc. FAKTEN 50 ha, 10 000 Kisten/Jahr.

• **Besitzer:** Pipers Brook **Besuch:** Täglich 10-17. **Adresse:** 93, Rosevears Drive, AUS-Tasmania 7277 Rosevears. **Tel.** 03-63827122. **Fax** 03-63827231.

### Marion's Vineyard

Auf fruchtbarem, gut drainiertem Boden nördlich von Launceston pflanzten 1980 die Amerikaner Mark und Marion Semmens Reben in einer ausgezeichneten Nordlage, geschützt gegen die starken Westwinde. Der Pinot Noir ist dicht und himbeerduftend mit feinem, fruchtigem Geschmack. Gute Jahrgänge brauchen einige Jahre Reifezeit. Der Cabernet Sauvignon ist vom kühlen Klima etwas kräuterähnlich, hat aber eine konzentrierte Frucht mit Einschlag von schwarzen Johannisbeeren und Kirschen. Er hat im Gaumen eine ausgeprägte Herbe. Der weiße Chardonnay ist eichig, mit Aroma von reifen Pfirsichen. Der Geschmack ist säuerlich von Zitrusaroma mit Eiche und fülliger Frucht. Rebsorten: Pinot Noir, Cabernet Sauvignon, Chardonnay sowie Müller-Thurgau, Merlot, Cabernet Franc, Zinfandel und Pinot Gris. FAKTEN 11 ha, 3 000 Kisten/Jahr.

• **Besitzer:** Fam. Semmens **Besuch:** Täglich 10-17. **Adresse:** Foreshore Drive, AUS-Tasmania 7275 Deviot, Tamar Valley. **Tel.** 03-6394 7434. **Fax** 03-6394 7434.

### Moorilla Estate

Moorilla Estate ist eine der ältesten Kellereien Tasmaniens und befindet sich nördlich der Stadt Hobart, am Derwent River. Man erzeugt vor allem gute Chardonnay- und schöne Riesling-Weine. Die Kellerei hat mit finanziellen Problemen zu kämpfen, weshalb ihre Zukunft ungewiss ist.

• **Adresse:** 655 Main Road, AUS-Tasmania 7011 Berriedale. **Tel.** 03-6249 2949. **Fax** 03-6249 4093.

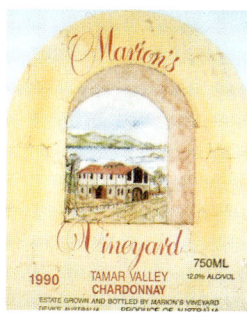

*Auf Marion's Vineyard wird u.a. ein gelungener Chardonnay hergestellt.*

## Jahrgänge in Australien und Neuseeland

### Australien

**1997**
Ein qualitätsmäßig mittleres Jahr. In Hunter Valley bereiteten Regenfälle während der Lese Schwierigkeiten, in Western und South Australia war die Hitze ein Problem.

**1996**
Generell ein gutes Jahr mit zufrieden stellendem Ertrag. In South Australia fiel die Qualität sogar sehr gut aus.

**1995**
Kleinerer Ertrag als 1994, dafür von sehr guter Qualität, insbesondere in Western Australia.

**1994**
Ein großer Ernteertrag mit guter Qualität, vor allem bei den Weißweinen.

**1993**
In Western Australia ein Topjahr für Rotweine. Überall wurden gute Weißweine erzeugt.

**1992**
Ein mittleres Jahr mit einer Menge fruchtiger, guter Weine. Der Ernteertrag lag bei 4,6 Mio. hl, dies entspricht 15% mehr als im Durchschnitt.

**1991**
Ein recht gutes Rotweinjahr und ähnlich wie 1990. Im Hunter Valley sind die Rotweine besonders gelungen.

**1990**
Wechselhaftes Wetter in Südaustralien. Die sich abwechselnden Niederschlags- und Wärmeperioden ergaben sehr konzentrierte Beeren und entsprechende Rotweine. Ein schwieriges Jahr in New South Wales mit Regen kurz vor der Lese und niedrigem Zuckergehalt bei den weißen Sorten.

**1989**
Ein warmes Jahr in Südaustralien. Barossa hatte einen etwas niedrigeren Ernteertrag als im Vorjahr. Der Säuregehalt lag tiefer als normal, was zu gutem Ergebnis bei schon säureintensiven Sorten wie Rhine Riesling und früh gelesenem Chardonnay führte. In New South Wales hatte Regen während der Wachstumsperiode leichte Weine zur Folge.

**1988**
In vielen Bereichen reduzierte der Regen und Hagel die Ernte, insbesondere in Südaustralien. Die gelungenen Weine sind in erster Linie Pinot Noir, Sémillon und Chardonnay. In Südaustralien: Cabernet und Shiraz.

**1987**
Ein recht kühler Sommer ergab Weine mit gutem Säuregehalt, die besten sind roter Shiraz und Cabernet.

**1986**
Feuchter und kühler Frühling. In vielen Bereichen etwas straffere Weine als normal, mit Eigenschaften für lange Lagerzeiten.

### Neuseeland

**1997**
Große Ernteerträge von guter Qualität, besonders in Marlborough.

**1995**
Neuseelands zweithöchste Erntemenge, leider aber nur von durchschnittlicher Qualität.

**1993**
Katastrophales Jahr, in dem Hagelschläge bis zu 70% der Ernte vernichteten. Viele Winzer konnten überhaupt keine Weine erzeugen. Ein 93er aus Neuseeland ist eine Rarität.

**1990**
Mittelgroße bis große Ernten auf der Nordinsel. Die Chardonnay-Weine sind oft ausgezeichnet gelungen. Die recht kühle Witterung auf der Südinsel ergab frische Weißweine und mittelleichte, recht würzige Rotweine.

**1989**
Heiß und sonnig in den meisten Bereichen während der Wachstumsperiode. Die Nordinsel erlebte eine große Ernte von blauen Trauben mit guter bis ausgezeichneter Qualität. In Marlborough auf der Südinsel waren besonders die Weißweine ausgezeichnet.

**1988**
Für die Weißweine eines der schwierigsten Jahre. Durch die Kälte und den Regen wurden auf der Nordinsel nur ganz wenige denkwürdige Weine produziert. Auf der Südinsel war die Wachstumsperiode mancherorts etwas trockener und einige Rotweine gelangen beinahe.

**1987**
Schwierigkeiten während der Blüte und kalte, regnerische Witterung während der Wachstumsperiode führten zu früher Ernte von kaum reifer Frucht. Der Chenin Blanc und der Gewürztraminer wurden hart getroffen. Die Rotweine weisen wenige gelungene Exemplare auf. Am besten kam der Chardonnay davon. Generell ein schwieriges Jahr.

**1986**
Die regnerische, recht kühle Wachstumsperiode ließ in den meisten Bereichen nur spät reifenden Sorten eine Chance, als einige Wochen vor der Lese eine Wetterbesserung eintrat. Am besten gelangen die Weißweine, vor allem Chardonnay und Sauvignon Blanc. Die Cabernet-Weine aus den meisten Bereichen der beiden Inseln haben weniger Farbe und Konzentration als die 85er.

**1985**
Gute Verhältnisse während der Wachstumsperiode. Chardonnay und Cabernet kamen mit verspäteter Lese recht gut davon. Hawke's Bay und Auckland produzierten einige richtig dichte Rotweine. Auf der Südinsel hatte Marlborough eine regenreichere Saison als üblich.

# Weinetiketten in Australien und Neuseeland

## AUSTRALIEN

Das australische Weingesetz gehört zu den einfachsten der Welt, was das Etikett leicht verständlich macht. Mehrere Versuche mit Appellationssystemen werden in verschiedenen Gebieten durchgeführt. Es ist aber noch nicht zu einem nationalen Weingesetz gekommen. Die wichtigste Zahl ist 85, d.h., wenn Anbaugebiet oder Rebsorte angegeben werden, muss der Inhalt zu 85% mit dieser Angabe übereinstimmen.

Wird das Jahr angegeben, müssen 85% der Trauben aus diesem Jahr stammen. Ist der Wein ein Verschnitt verschiedener Trauben, Jahrgänge oder Ursprünge, muss dies auch angegeben werden. Außerdem müssen aufgeführt sein (betrifft auch das Rückenetikett): Alkoholgehalt, Füllmenge (Volumen) sowie Erzeuger und Adresse. Auch das Ursprungsland, in diesem Fall Australien, muss vermerkt sein.

Dieses Etikett kommt von *Tyrrell's*, einem der ältesten und besten Weinhäuser im Hunter Valley. *Hunter Valley* ist der Ursprungsort, er umfasst zwei Anbaugebiete (Upper und Lower) nördlich von Sydney in New South Wales.
Da dieser Wein nicht zu mindestens 85% aus einer Sorte besteht, werden die Sorten mit Prozentangaben aufgeführt: *Cabernet Sauvignon 60%* und *Merlot 40%*. Wird der Prozentanteil der Rebsorten nicht angegeben, ist keine Rebsorte zu mehr als 85% enthalten. In solch einem Fall kann die Rebsortenzusammenstellung sehr variieren.

## NEUSEELAND

In Neuseeland sieht man modernen Weingesetzen entgegen, die in Ausarbeitung sind. Die heute einzige Vorschrift lautet: Der Wein muss zu mindestens 95% aus Traubenmost hergestellt werden. Eine gewisse einheitliche Praxis hat sich jedoch aus Konkurrenzgründen entwickelt. Die Etikettenangaben ähneln deswegen sehr den australischen.

Dieses Etikett stammt vom großen Erzeuger *Cooks* (heute zusammen mit Corbans in japanischem Besitz) in Auckland. *Hawke's Bay* ist das Anbaugebiet, ein wichtiges Qualitätsgebiet auf der Nordinsel. Chenin Blanc ist die Rebsorte, hier wahrscheinlich zu mehr als 85% enthalten.

## Weinvokabular Australien/Neuseeland

**A**CID  Im Wein enthaltene Säure, kann auf dem Etikett in Gramm/Liter angegeben werden.

**B**AG-IN-BOX  Wein in einer Plastik- oder Aluminiumtüte mit Kartonverpackung. Oft größere Quantität als 75 cl. Der Luftkontakt wird beim Einschenken dadurch vermieden, indem die Tüte gleichzeitig mit dem Inhalt schrumpft.
BARREL  Fass, Bottich. Siehe Barrique.
BARRIQUE  Franz. für Barrel. Dieser Begriff wird ab und zu von Frankreich-inspirierten Produzenten verwendet.
BIN  Ausgewähltes, größeres Weinfass. Früher wurde es oft mit einer Ziffer versehen, was bedeutete, dass die Weine ausgewählt waren und damit von höherer Qualität: z.B. Wyndham's Bin 444. Heute wird der Begriff mit Markennamen und Stil verknüpft.
BLEND  Eine Cuvée oder ein Verschnitt zweier oder mehrerer Weine.
BOTRYTIS  Edelfäule, d.h. von der Botrytis Cinerea angegriffene Trauben. Franz.: Pourriture Noble. Englisch auch: Noble Rot.

**H**OGSHEAD  Großes Eichenfass, ca. 300 Liter.
HUNTER RIESLING  Eine frühere Bezeichnung für Sémillon aus dem Hunter Valley. Heute verboten.

**I**RRIGATION AREA  Künstlich bewässertes Gebiet.

**L**ATE PICKED  Wein aus spät geernteten Trauben. Synonym mit Spätlese, Vendange Tardive und Late Harvest.

**N**OBLE ROT  Edelfäule, siehe Botrytis.

**O**AK BARREL  Eichenfass.

**P**RIVATE BIN  Eine weitere Bezeichnung für einen hochklassigen Wein.

**R**.S. - RESIDUAL SUGAR  Restzuckergehalt im Wein.

**S**HIRAZ  Ein Synonym für die Traubensorte Syrah, wird u.a. in Australien verwendet.
SHOW RESERVE  Weine, die für Wettbewerbe und Ausstellungen ausgewählt werden.
SULFITE  Schwefel. Die Menge kann auf dem Etikett angegeben werden.

**T**ARTARIC ACID  Gesamtsäure (nichtflüchtige Säuren).

**V**ARIETALS  Im Prinzip sortenreine, rebsortenbezeichnete Weine. Grundsätzlich muss der Wein mind. 85% der angegebenen Sorte enthalten.
VAT  Größeres Fass.
VINTAGE  Lese, Jahrgang.
VINTNER  Weinhändler, Erzeuger.

**W**HITE BURGUNDY  Ein Begriff für Weine aus spät geernteten Chardonnay-Trauben.
WOOD-AGED  In Holz ausgebaut. Öfter meint man damit in Eichenholz.

*Hinweis: Dieses Vokabular kann auch mit dem der USA kombiniert werden, da viele Begriffe ähnlich sind.*

# NEUSEELAND

GESCHICHTE Die erste Weinrebe wurde 1819 vom Missionar Samuel Marsden gepflanzt. Die Weingüter waren im 19. Jahrhundert oft klein und viele mussten schon nach einigen Jahren wieder aufgeben. Der Grund dafür war, dass die ersten Siedler Engländer waren. Sie waren eher gewohnt den Wein zu trinken, als ihn anzubauen und herzustellen. Im 20. Jahrhundert wanderten Italiener und Dalmatiner ein, die ihre Weinherstellungstraditionen in die neue Heimat mitbrachten. Die ersten Rebberge wurden nördlich von Auckland angelegt. Der erzeugte Wein wurde hauptsächlich von den Arbeitern auf den Gummiplantagen konsumiert. Später breitete sich der Weinanbau Richtung Süden aus. Allmählich ist auch die Qualität der Weine gestiegen. In den 60er Jahren gab es insgesamt nicht mehr als knapp 800 ha Rebfläche. Die meisten guten Weinproduzenten befinden sich im Norden der Insel.

GEOGRAPHIE Neuseeland liegt im Stillen Ozean, etwa 2000 km südöstlich von Australien. Das Land besteht aus zwei großen Inseln: der Südinsel und der Nordinsel; beide sind etwa 800 km lang. Das Klima ist sehr abwechslungsreich, von Aucklands subtropischer Wärme und hoher Luftfeuchtigkeit bis zum kühlen Klima von Central Otago auf der Südinsel. Die Landschaft beider Inseln umfasst Gebirgsketten mit Gipfeln bis zu 4 000 Metern Höhe, was das örtliche Klima stark beeinflusst.

ANBAUGEBIETE Die größten Rebflächen liegen auf der Nordinsel. Die besten Qualitätsregionen sind: Auckland, Waikatu, Hawke's Bay und Gisborne. Auf der Südinsel ist Marlborough sehr viel versprechend. Andere Regionen sind Canterbury, Nelson und Central Otago.

WEINE Es werden vor allem Weißweine hergestellt. Die besten Rotweine kommen aus Hawke's Bay und Martinborough auf der Nordinsel. Für Weißweine ist vor allem Marlborough auf der Südinsel bekannt. Bis Mitte der 80er Jahre wurde sehr viel Müller-Thurgau angebaut und deutschinspirierte Weine dominierten. Auch die großen Trauben Chardonnay, Sauvignon Blanc und Ca-

*In Neuseeland dominieren die mächtigen, imposanten Bergketten.*

bernet Sauvignon werden heute mit sehr gutem Ergebnis kultiviert. Vor allem auf der Südinsel haben sich Pinot Gris, Riesling und Gewürztraminer als geeignet erwiesen.

WEINGESETZ Erst 1924 schrieb das Gesetz vor, dass Wein aus Trauben erzeugt werden muss. Erst 1981 wurde auch der Zusatz von Wasser verboten.

PRODUZENTEN Vier große Weinbetriebe dominieren die Weinproduktion Neuseelands: Villa Maria, Corbans, Montana und Nobilo. Außerdem gibt es viele kleine Winzer, die Weltklasse-Weine herstellen.

REBFL/PROD Rund 7 300 ha, ca. 570 000 hl/Jahr. Dies platziert Neuseeland in der Weltstatistik nach unten. Der Export konnte sich während der 80er Jahre dennoch verzehnfachen.

WISSENSWERT Weitere Informationen: Wine Institute of New Zealand, Level 6, 47 Wakefield Street, Auckland 1, PO Box NZ-90-276 Auckland Mail Centre, New Zealand. Tel. 09-303 3527. Fax 09-302 2969.

## AUCKLAND

RUF Eine Weinregion mit vielen alten Familienunternehmen, die immer noch bewirtschaftet werden. Auckland bietet von den günstigen, einfachen Weinen bis zu den teuersten und komplexesten alles an. Nach einem Entwicklungsrückgang während der 70er und 80er Jahre erfuhr man erst in den 90er Jahren wieder einen Aufschwung. Von den meisten Weingütern werden auch Trauben aus anderen Regionen Neuseelands dazugekauft und verarbeitet. Den besten Ruf genießen die Rotweine.

GEOGRAPHIE Es gibt eine Menge kleinerer Weinorte in Auckland: z.B. Henderson Kumeu,

*In Auckland werden die besten Rotweine Neuseelands hergestellt.*

Huapai, Waimauku und Waiheke Island. Es herrscht ein kühles Klima und man verzeichnet reichlich Niederschlag, was nicht unbedingt von Vorteil ist. Das Problem mit der extrem hohen Luftfeuchtigkeit wird durch eine entsprechende Reberziehung verringert.

BODEN Unterschiedliche Böden: Sand- und die schweren Lehmböden erfordern eine umfangreiche Bewässerung.

WEINE Cabernet Sauvignon ist die beste Sorte und ergibt fruchtige, nach schwarzen Johannisbeeren duftende Weine mit einem würzigen Einschlag. Merlot und Cabernet Franc werden oft mit Cabernet Sauvignon nach Bordeaux-Rezept verschnitten. In letzter Zeit haben auch Chardonnay und Sauvignon Blanc gute Ergebnisse gezeigt.

WEINHERSTELLUNG Die meisten Weingüter verfügen über eine moderne Ausrüstung.

REBFL/PROD Ca. 300 ha, etwa 10 000 hl/Jahr.

## HAWKE'S BAY

RUF Eine der ältesten Weinregionen Neuseelands. Cabernet-Weine zeigten schon in den 60er Jahren ein großes Potenzial. Aber auch Chardonnay hat sich bei der Produktion von Qualitätsweinen einen guten Namen erarbeitet. Heute wird

*Die Weinproduktion in Neuseeland ist sehr mechanisiert, dies sieht man auch in Hawke's Bay.*

auch das Potenzial von anderen blauen Rebsorten wie Syrah, Grenache, Sangiovese, Montepulciano und Zinfandel geprüft.
GEOGRAPHIE Steile Hänge im Regenschatten des Ruapehu und der Sonne ausgesetzte Weinberge. Das Klima erfordert in manchen Fällen eine künstliche Bewässerung.
BODEN Tiefe Alluvialböden mit gutem Wasserabfluss bieten ausgezeichnete Voraussetzungen für den Weinbau. Die fruchtbaren Böden sorgen für große Erträge.
WEINE Cabernet Sauvignon ergibt große, dunkle Weine mit saftiger Frucht und guter Lebensdauer. Er wird oft mit Merlot verschnitten, um eine Bordeaux-ähnliche Komplexität zu erhalten. Unter den Weißweinen hat Chardonnay den besten Ruf und einige Exemplare gehören zu den besten Neuseelands. Sauvignon Blanc aus Hawke's Bay besitzt eine tropischere Fruchtigkeit als die eigentlich bekannteren aus Marlborough.
WEINHERSTELLUNG Moderne Herstellungsmethoden kommen zur Anwendung.
REBFL/PROD Ca. 1 000 ha, rund 70 000 hl/Jahr.

## MARLBOROUGH

RUF Der Weinbau in Marlborough begann erst 1973, hat aber jetzt schon viele andere Gebiete übertrumpft. Die hervorragenden Sauvignon-Blanc-Weine werden häufig als die besten der Welt angesehen. Unverdientermaßen fristen die sehr guten Chardonnay-Weine hier ein Schattendasein. Vermehrt werden auch sehr gute Pinot-Noir-Weine hergestellt.
GEOGRAPHIE Auf der Wairauebene außerhalb des kleinen Ortes Blenheim werden die großen Traubensorten im sonnenreichsten Klima des Landes angebaut. Kühle Nächte bewirken eine lange und ausgewogene Reifeperiode. Die Rebberge liegen meist auf flachen, steinigen und kiesigen Flussböden.

*In Marlborough liegen viele Weingüter auf ehemaligen Flussböden und erzeugen gute Weißweine.*

WEINE Sauvignon Blanc ist am bekanntesten und ergibt leicht eichige, elegante Weine mit Duft von Stachelbeeren. Von Chardonnay erhält man eichige, aber leichte Weine von sehr hoher Qualität. Mittlerweile gehören sie zu den besten des Landes. Es werden auch feine Riesling-Weine hergestellt. Aus Cabernet Sauvignon werden erstklassige Weine mit Cabernet-Franc-ähnlicher Würze hergestellt. Ende der 90er Jahre wurden die brachliegenden Rebberge mit Pinot Noir bestockt. Schaumweine werden aus Pinot Noir und Chardonnay erzeugt.
WEINHERSTELLUNG Maschinelle Lese und moderne Herstellungsanlagen.
REBFL/PROD Ca. 1 000 ha, 50 000 hl/Jahr.

## Andere Distrikte

### Gisborne

Ein Weißweinbezirk mit großen Variationen, was Angebot und Qualität anbelangt. In Gisborne wurden lange Bulkweine für die verschiedenen Verschnitte der großen Häuser hergestellt. Heute liegt der Chardonnay im Trend und gelingt auch meist sehr gut.

Eine sehr flache Landschaft mit reichlich Sonne während der Reifezeit. Ab und zu kann der Herbstregen eine frühe Weinernte erzwingen, was für die Qualität nicht von Vorteil ist.

Der Ausbau von Chardonnay dominiert und wird in unterschiedlichen Stilen ausgebaut: einfache und fruchtige Exemplare sowie komplexe mit Fasscharakter. Auch der Gewürztraminer ergibt in diesem relativ kühlen Klima gelungene Weine.

### Martinborough

Trotz der Nähe zur Hauptstadt Wellington präsentiert sich diese Region sehr ländlich. Hier dominieren vor allem die kleinen Winzer, die sich auf Qualitätsweine spezialisiert haben. In wenigen Jahren konnten sich ihre Weine deshalb auf den Weinkarten im ganzen Land platzieren.

Vor allem Pinot Noir, der sortentypisch und generös vinifiziert wird. Auch verschiedene Typen von Cabernet Sauvignon und Chardonnay werden hergestellt.

### Waikato

Die Region liegt südlich von Auckland. Sie verfügt über fruchtbare Böden und eine hohe Luftfeuchtigkeit. Hier werden edelsüße Weine, Chardonnay und Sémillon hergestellt.

### Canterbury

Gehört zu den kühleren Gegenden der Südinsel. Frost ist im Herbst und im Frühling ein großes Problem. Der Sommer ist trocken mit kalten Nächten, wodurch die Trauben langsam reifen.

Typische Rebsorten für ein kühleres Klima fühlen sich hier am wohlsten. Pinot Noir ergibt leichte Weine mit frischer Säure, die doch reich an Geschmack sind. Weiße Rebsorten mit besten Ergebnissen sind Riesling, Gewürztraminer und Chardonnay.

### Central Otago

Der Weinbau begann hier vor 120 Jahren. Otago ist die südlichste Weinregion der Welt. Die heute bekannten Winzer haben sich erst in den letzten Jahren etabliert und erzeugen zum größten Teil Qualitätsweine.

Rhine Riesling ist die beste Sorte, mit süßen, blumigen Ausleseweinen. Andere Sorten sind Pinot Noir und Sauvignon Blanc.

## Cloudy Bay

GESCHICHTE  Obwohl das Weinhaus erst 1985 gegründet wurde, hat es schon einen Platz in der „Hall of Fame" der neuseeländischen Weingeschichte. Dem Besitzer David Hohnen gehört

*Dank David Hohnen hat Cloudy Bay viel zur neuseeländischen Weinrevolution beigetragen.*

auch die Kellerei Cape Mentelle am Margaret River (Australien). Heute ist das französische Champagnerhaus Veuve Clicquot Teilhaber beider Firmen. Die Weingärten liegen auf gut drainierten Kiesböden an den fruchtbaren Ufern des Wairau River.

WEINE  Cloudy Bay gilt als Vorbild für den Sauvignon-Blanc-Erfolg in der Marlborough-Region. Die Sauvignon-Weine haben immer schon zu den besten des Landes gehört. Der Chardonnay ist für dieses Weingut eine ziemlich neue Rebsorte, das Resultat ist aber viel versprechend. Pelorus ist ein guter, breiter und vollmundiger Sekt aus Pinot Noir und Chardonnay.

RUF  Der Name Cloudy Bay ist eng mit der neuseeländischen Weinrevolution verbunden und in der eigenen Region das bekannteste Gut. Der Weinmacher Kevin Judd hat die Qualität mit jedem Jahrgang verbessert.

REBSORTEN  Sauvignon Blanc, Chardonnay, Pinot Noir, Cabernet Sauvignon und Merlot.

WEINHERSTELLUNG  Modern, mit hohen Qualitätsanforderungen. Der Sauvignon Blanc wird hauptsächlich im Stahltank vergoren, teilweise auch in Eichenholzfässern ausgebaut. Der Pelorus-Sekt ruht drei Jahre lang auf der Hefe.

LAGERUNG  Alle Weine entwickeln sich während der Lagerung.

REBFL/PROD  40 ha, sehr große Produktion.

**Besitzer** David Hohnen, Veuve Clicquot • **Kellermeister** Kevin Judd • **Besuch** Täglich 10-16 • **Adresse** Cloudy Bay, PO Box 376, NZ-Blenheim, Marlborough • **Tel.** 03-572 8914 • **Fax** 03-572 8065

PRODUKTION — QUALITÄT — PREIS

## CORBANS

GESCHICHTE Wurde 1902 von Assid Abraham Corban aus Libanon gegründet. Magnum Corporation kaufte das Unternehmen im Jahr 1979. 1987 wurden Corbans und Cooks zusammengeschlossen und man gehört nun zu den besten und größten Weinunternehmen des Landes. Der Hauptsitz befindet sich außerhalb von Auckland, die Weinberge aber sind auf das ganze Land verteilt. Im Export ist vor allem die Stoneleigh-Linie erfolgreich.

WEINE Die Weine werden unter mehreren Namen verkauft: Corbans, Robard and Buttler, Stoneleigh, Longridge und Cooks. Stoneleigh Chardonnay ist fruchtig und leicht eichig, während Corbans' Chardonnay eine Butternote besitzt. Die Prestigeserie heißt Cottage Block.

RUF Gehört zu den besten des Landes.

REBSORTEN Weiße: Riesling, Chenin Blanc, Sauvignon Blanc und Chardonnay. Rote: Cabernet Sauvignon, Merlot, Pinot Noir und Shiraz.

WEINHERSTELLUNG Alle modernen Techniken der Vinifizierung kommen zur Anwendung.

*Corbans ist jetzt die zweitgrößte Weinfirma nach Montana und in Besitz der japanischen Ste Neige Wine Co.*

LAGERUNG Die Weine aus der Prestigeserie Cottage Block können zwei bis sechs Jahre gelagert werden.

REBFL/PROD 500 ha, etwa 1,7 Mio. Kisten/Jahr.

**Besitzer** Ste Neige Wine Co. (Japan) • **Kellermeister** Kerry Hitchcock • **Besuch** Mo-Sa 9-18 • **Adresse** Corbans, Great North Road, NZ-Henderson, Auckland • **Tel.** 09-837 3390 • **Fax** 09-836 0005

PRODUKTION        QUALITÄT        PREIS

## MONTANA

GESCHICHTE Von Ivan Yukich in den 40er Jahren gegründet. 1944 wurde der erste Wein herausgebracht. Heute ist Montana ein großes Unternehmen mit Rebbergen in ganz Neuseeland. Vom Hauptsitz aus, der sich nördlich von Auckland befindet, wird das Unternehmen mit viel Ambition geleitet. Hauptsächlich werden Massenweine hergestellt, dazwischen sind aber auch einige wenige Spitzenweine zu finden. Der Betrieb ist bestrebt, die Massenweine in einem guten Preis-Leistungs-Verhältnis zu produzieren.

WEINE Die wichtigsten Rebberge befinden

*Weinanbau bei Montana, dem größten Weinunternehmen des Landes mit 40 Prozent Marktanteil.*

sich in Marlborough. Hier werden Sauvignon Blanc, Chardonnay und Riesling angebaut. In Zusammenarbeit mit dem Champagnerhaus Deutz werden Schaumweine mit Klasse produziert. Wiederum aus Marlborough stammen die guten Schaumweine Deutz Blanc de Blancs und Marlborough Cuvée.

RUF Einige Spitzenweine, hauptsächlich aber Massenweine mit einem guten Preis-Leistungs-Verhältnis.

BODEN Steiniger, magerer Boden in Marlborough.

REBSORTEN Rote: CS, Merlot, PN, Shiraz, Pinotage u.a. Weiße: Chard, Riesling und SB.

WEINHERSTELLUNG Modernste Riesenanlage mit Pipelines und 500 000-Liter-Tanks. Auch einige kleine Eichenfässer für die Spitzenweine.

LAGERUNG Marlborough Cabernet Sauvignon kann fünf bis sieben Jahre gelagert werden.

REBFL/PROD 1 000 ha und 2,3 Mio. Kisten/Jahr.

**Besitzer** Corporate Investments Ltd • **Kellermeister** John Simes • **Besuch** Täglich 9.30-17.30 • **Adresse** Montana, 171 Pilkington Road, NZ-Glen Innes, Auckland • **Tel.** 09-570 5549 • **Fax** 09-527 1113

PRODUKTION        QUALITÄT        PREIS

## NOBILO

**GESCHICHTE** Der Kroate Nikola Nobilo etablierte dieses heute riesige Unternehmen in den 40er Jahren. Heute wird der Betrieb von seinen drei Söhnen Mark, Steve und Mick geführt. Nobilo spielte in der Entwicklung der neuseeländischen Weinindustrie eine bedeutende Rolle und

*Der Kroate Nikola Nobilo gründete die Firma in den 40er Jahren und erzeugt gute und preiswerte Weine.*

trug wesentlich zur Erzeugung von Qualitätsweinen bei. Als einer der Ersten baute er schon in den 60er Jahren Qualitätssorten an. Seit Mitte der 90er Jahre, als das Investment-Unternehmen Direct Capital Teilhaber wurde, expandierte der Betrieb stark.

**WEINE** Es werden klassische Rebsorten wie Chardonnay, Sauvignon Blanc, Riesling, Müller-Thurgau, Cabernet, Merlot und Gewürztraminer angebaut. Eine der besten Marken ist White Cloud, die großen Erfolg hat. Nobilo vermarktet auch zahlreiche lagebezeichnete Weine aus Gisborne und Marlborough.

**RUF** Nobilo ist das viertgrößte Weinunternehmen Neuseelands. Gutes Preis-Leistungs-Verhältnis auf allen Qualitätsstufen.

**REBSORTEN** Rote: Cabernet Sauvignon, Merlot, Pinot Noir, Shiraz, Pinotage usw. Weiße: Müller-Thurgau, Chardonnay, Rhine Riesling, Sauvignon Blanc, Gewürztraminer, Hogg's Muscat usw.

**WEINHERSTELLUNG** Modernste Anlage und traditionelle Methoden.

**LAGERUNG** Nur die Spitzenweine können gelagert werden.

**REBFL/PROD** 200 ha (davon 66 ha eigene Rebfläche), 170 000 Kisten/Jahr.

> **Besitzer** Fam. Nobilo, Direct Capital
> • **Kellermeister** Mick Nobilo Jr • **Besuch** Mo-Fr 9-17 • **Adresse** Nobilo, Station Road, NZ-Huapai, Auckland • **Tel.** 09-412 9148 • **Fax** 09-412 7124

## VILLA MARIA

**GESCHICHTE** 1961 gegründet und heute der drittgrößte Produzent Neuseelands. Während der letzten sechs Jahre ist die Qualität stetig gestiegen. Zur Firmengruppe gehören auch Vidals und Esk Valley, beide in Hawke's Bay. Wie auch alle anderen Riesenunternehmen Neuseelands befindet sich Villa Maria in Auckland. Der Hauptanteil der Trauben stammt aber aus allen bekannten Regionen des Landes.

**WEINE** In Hawke's Bay erzeugt Vidals ausgezeichnete Rotweine aus Cabernet Sauvignon und eine Cabernet/Merlot-Cuvée. Die roten Vidals-Weine gehören zur absoluten Spitze Neuseelands.

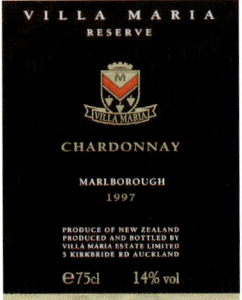

*Villa Maria ist mit seinen Vidal-Weinen einer der besten Großproduzenten in Neuseeland.*

„Der kleine Bruder" der Firmengruppe ist Esk Valley Estate, der seine Geschwister oft überrascht: Im Jahr 1996 kam von diesem Haus eine Spitzen-Cuvée namens „The Terraces" auf den Markt. Unter dem Villa-Maria-Etikett werden vor allem sehr gute Sauvignon-Blanc- und Chardonnay-Weine aus Marlborough erzeugt; besonders die Reserve-bezeichneten sind sehr gut.

**RUF** Eines der angesehensten unter den großen Unternehmen.

**REBSORTEN** Sauvignon Blanc, Chardonnay, Cabernet Sauvignon und Merlot sind die wichtigsten Rebsorten.

**WEINHERSTELLUNG** Moderne Großproduktion in Kombination mit Handwerk und kleinen Mengen.

**LAGERUNG** Die Reserve-Serie und der Vidals Estate sind lagerfähig.

**REBFL/PROD** 120 000 Kisten/Jahr.

> **Besitzer** G.V. Fistonich • **Kellermeister** Michelle Richardson • **Besuch** Täglich 10.15-18, nach Vereinbarung • **Adresse** Villa Maria, PO Box 430 46, NZ-Mangele, Auckland • **Tel.** 09-275 6119 • **Fax** 09-275 6618 • **E-Mail** enquiries@villa-maria.co.nz

## WEITERE PRODUZENTEN IN NEUSEELAND

### ATA RANGI

Ein kleiner Produzent, 1984 gegründet. Die vier Teilhaber arbeiten alle in der Produktion. Der sehr gute Pinot Noir Reserve ist einer der besten Weine Neuseelands. Die Trauben des lagebezeichneten Chardonnay stammen aus Graighall. Dieses gehört Ata Rangi und Dry River Wines gemeinsam.

• **Kellermeister:** Clive Paton, Oliver Masters **Besuch:** Täglich, nach tel. Vereinbarung. **Adresse:** Puruatanga Road, NZ-Martinborough. **Tel.** 06-306 9570. **Fax** 06-306 9570.

### CHARD FARM

Weltweit liegen nur wenige Weingüter spektakulärer als die hübsche Chard Farm außerhalb Queenstown in Otago. Die Bilder sind dramatisch, noch dramatischer ist aber der kleine Pfad, der auf dem Weg zum Gut den Berg emporklettert. Aber nicht nur die phantastische Lage, auch die Weine sind bemerkenswert: ein sehr guter Chardonnay und ein interessanter Pinot Noir.

• **Besitzer:** Rob & Gregory Hay **Kellermeister:** Duncan Forsyth, Rob Hay **Besuch:** Tägl. 11-17. **Adresse:** Gibbston, RD 2, NZ-Queenstown. **Tel./Fax** 03-442 6110.

### CLEARVIEW ESTATE

Obwohl erst 1989 gegründet, hat Clearview Estate mit ihren vollen, fruchtigen Weinen schon einen guten Namen. Der Besitzer und Weinmacher Tim Turvey will offenkundig von generösem Charakter erzeugen: „I want to make up-front fruity, leap-out-of-your-glass-monster wines from very ripe fruit." Die Rebsorten sind Chard, SB, Sémillon, CS und Merlot. Riesling und PN werden von Vertragsbauern zugekauft. Die gelungensten Weine sind Chardonnay und Cabernet.

• **Besitzer:** Tim Turvey **Kellermeister:** Tim Turvey **Besuch:** Nach Vereinbarung. **Adresse:** Clifton Road, RD 2, NZ-Te Awanga. **Tel.** 06-875 0150. **Fax** 06-875 0974.

### DRY RIVER

Seit der Gründung im Jahr 1979 wurde Dry River Wines in Neuseeland zu einem Star. Mit exemplarisch gepflegten Rebbergen und niedrigem Ertrag ist es Neil McCallum gelungen, aus allen Weinen Spitzenprodukte herzustellen: trockene, straffe und konzentrierte Pinot Noir, Riesling, Pinot Gris und Gewürztraminer. Das letzte Experiment mit Shiraz steckt noch in den Kinderschuhen.

• **Besitzer:** Neil McCallum **Kellermeister:** Neil McCallum **Besuch:** Nach Vereinbarung. **Adresse:** Puruatanga Road, NZ-Martinborough. **Tel.** 06-306 9388. **Fax** -9275.

### HUNTERS

Ernie Hunter, der aus Irland kam, begann mit seiner neuseeländischen Laufbahn in einem Fachgeschäft für Wein und Spirituosen. 1982 gründete er dieses Weingut in Marlborough. Nach seinem vorzeitigen Tod leitete die Witwe Jane Hunter den Betrieb erfolgreich weiter. Die 18 ha sind vor allem mit Sauvignon Blanc und Chardonnay bestockt und die Weine von guter Qualität.

• **Besitzer:** Jane Hunter **Kellermeister:** Jane Hunter **Besuch:** Täglich 9-17. **Adresse:** Rapaura Road, NZ-Marlborough. **Tel.** 03-572 8489. **Fax** 03-572 8457.

### KUMEU RIVER WINES LTD

Kumeu River ist vor allem außerhalb Neuseelands bekannt. Nach guten Bewertungen z.B. im Wine Spectator machte der Betrieb von sich reden. Die Rebberge liegen nordwestlich von Auckland, wo die hohe Luftfeuchtigkeit manchmal ein Problem darstellen kann. Die Besitzerfamilie Brajkovich verbringt sehr viel Zeit im Weingarten. Das Vorbild des Weinmachers (und Master of Wine) Michael Brajkovich sind die klassischen französischen Weinbauregionen; vor allem erzeugt er einen sehr guten Chardonnay. Er baut auch Sauvignon Blanc, Pinot Noir, Pinot Gris, Merlot, Malbec und Cabernet Franc an. FAKTEN 25 ha, 15 000 Kisten/Jahr.

• **Besitzer:** Fam. Brajkovich **Kellermeister:** Michael Brajkovich **Besuch:** Mo-Fr 9-17.30, Sa 11-17.30. **Adresse:** PO Box 24, NZ-Kumeu. **Tel.** 09-412 8415. **Fax** 09-412 7627.

### LAWSONS DRY HILL

Nachdem sie anfänglich ihre Trauben verkauften, begannen Ross und Barbara Lawson 1992 mit der Weinerzeugung. Durch den großen nationalen und internationalen Erfolg ist auch die Produktion angestiegen. Die Lagen in Marlborough ergeben einen natürlichen, sehr rebsortentypischen Sauvignon Blanc und einen straffen, schönen Chardonnay. Sie bauen aber auch Gewürztraminer, Pinot Noir und Riesling an.

• **Besitzer:** Ross & Barbara Lawson **Kellermeister:** Ross Lawson **Besuch:** Täglich nach Vereinb. **Adresse:** Alabama Road, NZ-Blenheim. **Tel.** 03-578 7674. **Fax** -7674.

### MARTINBOROUGH VINEYARD

Larry McKenna ist ein Pinot-Noir-Fan und seine Anstrengungen haben ihm großen Erfolg eingebracht. Der Weinguru Neuseelands, Bob Campbell (Master of Wine), behauptet sogar, der Pinot Noir Reserve 1994 sei der beste Pinot, der in Neuseeland je erzeugt wurde. Aber nicht nur der Pinot Noir ist von außerordentlich hoher Qualität, sondern auch die anderen Martinborough-Weine: ein hervorragender Chardonnay und, wenn die Verhältnisse es zulassen, einer der besten Late Harvest Riesling des Landes.

• **Besitzer:** Sechs Aktieninhaber **Kellermeister:** Larry McKenna **Besuch:** Täglich 11-17. **Adresse:** PO Box 85, NZ-Martinborough. **Tel.** 06-306 9955. **Fax** 06-306 9217.

## Weitere Produzenten in Neuseeland

### Matua Valley

Die Familie Spence ist eine der ältesten Weinbaufamilien Neuseelands. Die Brüder Ross und Bill Spence begannen 1974 in einem gemieteten Schuppen mit der Weinherstellung. Durch die Investitionen der Familie Margan konnte 1976 eine neue Kellerei errichtet werden. Seitdem wurden neue Rebberge in Marlborough und Hawke's Bay bestockt. Die Spitzenweine sind Sauvignon Blanc und Chardonnay.

• **Besitzer:** Ross & Bill Spence **Kellermeister:** Ross & Bill Spence **Besuch:** Nach Vereinbarung. **Adresse:** Waikaoukou Road, NZ-Waimauku. **Tel.** 09-411 8301. **Fax** -7982.

### Morton Estate

Die Morton-Estate-Lagen, vor allem Hawke's Bay und Marlborough, ergeben gute Trauben. Die Weine mit dem weißen Hausetikett sind meistens preiswert. Die Prestige-Serie Black Label ist aber, obwohl gut, etwas zu teuer. Der Morton Estate Black Label Chardonnay ist durchaus einer der besten neuseeländischen Weine. Nach dem Verkauf des Weinguts gegen Ende der 90er Jahre verließ der Weinmacher John Hancock die Firma und gründete sein eigenes Weingut in Marlborough. Sein Nachfolger Evan Ward scheint im gleichen Stil weiterzumachen.

• **Besitzer:** Morton Estate **Kellermeister:** Evan Ward **Besuch:** Nach Vereinbarung. **Adresse:** State Highway 2, RD 2, NZ-Kati Kati. **Tel.** 07-552 0795. **Fax** 07-552 0651.

### Neudorf Vineyards

In dem nur 160 ha großen Nelson-Gebiet arbeiten etwa 20 Weinproduzenten. Von diesen hat bis heute Neudorf Vineyards den größten Erfolg erzielt. Der Chardonnay Moutere Vineyard gehört zu den besten des Landes: Die straffe Fruchtigkeit und der ausgewogene Eichenholzton erinnern an das Burgund. Man erzeugt auch einen sehr guten Sauvignon Blanc. Rebsorten: Chardonnay, Pinot Noir, Sauvignon Blanc und Riesling.

• **Besitzer:** Tim & Judy Finn **Kellermeister:** Tim Finn **Besuch:** Nach Vereinbarung. **Adresse:** Neudorf Road, Upper Moutere N.2, NZ-Nelson. **Tel.** 03-543 2643. **Fax** 03-543 2955. **E-Mail:** neudorf@nelson.planet.org.nz

### Stoneyridge Vineyard

Mit nur 4,5 ha Rebfläche hat der Besitzer und Weinmacher Stephen White ein prestigereiches Weingut geschaffen. Das Vorbild ist Bordeaux und der Stoneyridge Larose ist der begehrteste Wein des Landes. Die Weine werden „en primeur" zu 50 NZD verkauft, kosten aber im Weinhandel, falls sie überhaupt zu finden sind, 75 NZD.

• **Besitzer:** Stephen White **Kellermeister:** Stephen White **Besuch:** Nach Vereinbarung. **Adresse:** 80 Onetangi Road, NZ-Ostende **Tel.** 09- 372 8822. **Fax** 09-372 8822.

### Te Mata Estate Winery

Te Mata ist ein klassisches neuseeländisches Weingut. Die ersten Trauben wurden 1895 gekeltert. Die Weinindustrie Neuseelands dreht sich vor allem um die Weißweine. Viele Winzer haben versucht, gute Rotweine zu erzeugen, doch nur wenigen ist es so gut gelungen wie Te Mata. Wenige Produzenten kommen gegen die zwei Bordeaux-Cuvées Coleraine und Awatea an. Auch der Chardonnay ist außerordentlich gut.

• **Besitzer:** John & Wendy Buck **Kellermeister:** Peter Cowley **Besuch:** Mo-Fr 9-17, Sa 10-17, So 11-16. **Adresse:** PO Box 8335, NZ-Havelock North **Tel.** 06-877 4399. **Fax** 06-877 4397.

### Vavasour Wines

In einem der neuen Gebiete Marlboroughs, dem Awatere Valley, hat sich Vavasour 1989 angesiedelt. Der Weinmacher Glenn Thomas ist von Beginn an den hohen Erwartungen gerecht geworden. Die größten Erfolge hat man mit Sauvignon Blanc und Chardonnay, wobei auch der Cabernet Sauvignon sehr gut ist.

• **Kellermeister:** Glenn Thomas **Besuch:** Mo-Fr 9-17, Sa-So 10-17. **Adresse:** Redwood Pass Rad, Awatere Valley, NZ-Marlborough. **Tel.** 03-575 7481. **Fax** 03-575 7240.

### Wither Hills Vineyards

Der Weinmacher Brent Marris ist in diesem Gebiet geboren und aufgewachsen. Während langer Zeit arbeitete er bei Delegat's und in seiner Freizeit im eigenen Weingut. Heute ist er nur noch für Wither Hills tätig. Einen Teil der Trauben verkauft er an andere Kellereien. Von den übrigen erzeugt er, unter eigenem Etikett, hervorragende Sauvignon-Blanc- und Chardonnay-Weine.

• **Besitzer:** Brent Marris **Kellermeister:** Brent Marris **Besuch:** Nach Vereinbarung. **Adresse:** 171 Hepburn Rd, Henderson, NZ-Auckland **Tel.** 09-836 0129. **Fax** 09-836 3282.

### Weitere Betriebe

Babich, Babich Road, NZ-Henderson, Auckland. Tel. 09-8337859. Fax 09-8339929.

Cellier Le Brun, Terrace Road, NZ-Renwick, Marlborough. Tel. 03-5728859. Fax 03-5728814.

Collards, 303 Lincoln Road, NZ-Henderson, Auckland. Tel. 09-8388341. Fax 09-8375840.

Coopers Creek, State Highway 16, NZ-Huapai. Tel. 09-412 85 60. Fax 09-412 8375.

Delegat's, Hepburn Road, NZ-Henderson, Auckland. Tel. 09-8360129. Fax 09-8363282.

Grove Mill, Waihopai Valley Road, NZ-Marlborough. Tel. 03-572 8200. Fax 03-572 8211.

Seresin Estate, Bedford Road, Renwick, NZ-Blenheim. Tel. 03-572 9408. Fax 03-572 9850.

# JAPAN

GESCHICHTE Der Wein kam aus Asien über China nach Japan. Zuerst wurde er im 8. Jahrhundert von buddhistischen Mönchen in der heutigen Yamanashi-Präfektur südwestlich von Tokio angebaut. Hier wurde auch 1877 die moderne Weinproduktion begründet. Als man in moderner Zeit damit anfing, Wein aus Trauben zu erzeugen, wurden nur einheimische Sorten und die amerikanische Labrusca-Traube verwendet. Heute werden die europäischen Sorten bevorzugt. Die japanischen Trauben eignen sich selten für die Weinproduktion. Die Winzer in Japan haben mit vielen Problemen zu kämpfen. Hohe Kosten für die Arbeitskräfte und die enorm hohen Bodenpreise machen ihnen am meisten zu schaffen. Dazu kommt das heiße, feuchte und stürmische Klima. 94% der angebauten Trauben sind reine Tafeltrauben. Dies kommt daher, dass der Preis für diese viel höher ist als für Trauben, die für die Weinerzeugung bestimmt sind. Aber auch einheimische Trauben für die Weinproduktion sind sehr teuer. Das Ergebnis ist, dass viel Traubenmost eingeführt wird, der dann in Japan vergoren und weiterverarbeitet wird. Man kauft auch Bulkweine, vorwiegend aus Frankreich. Diese Produkte werden dann mit den einheimischen Weinen verschnitten. Den größeren Weinproduzenten Japans gehören Weinberge in anderen Ländern. Bis in die 60er Jahre war in Japan Wein immer süß. In den 70er Jahren wurde eine Kampagne für „richtigen Wein" eingeleitet. Das Jahr 1973 lief unter der Bezeichnung „First Year of Wine". Die Weine wurden nun halbtrocken und trocken ausgebaut. 1978 wurden 37% süße Weine konsumiert und 1984 nur noch 19%.

GEOGRAPHIE/KLIMA Japan ist sehr hügelig mit wenig Möglichkeiten für den Weinanbau. Das Klima ist heiß, feucht und stürmisch. Man hat auch mit vielen Schädlingen zu kämpfen. Die Durchschnittstemperatur liegt bei +12 °C und und die Sonne scheint 2 250 Stunden. Das Land wird jedes Jahr von mehreren Taifunen heimgesucht, gefolgt von starken Regenfällen. Aus diesen Gründen müssen die Rebstöcke stark mit den Stahlgerüsten verankert werden. Der Boden besteht aus Sand, Lehm und ist teils auch vulkanisch. Das Wasser dringt nicht so schnell durch und die Reben haben sehr kurze Wurzeln. Aufgrund der Feuchtigkeit neigen die europäischen Trauben zum Aufplatzen.

ANBAU  Die herkömmliche japanische Erziehungsart ist die Pergola, d.h., die Reben wachsen etwa 1,5-2 m in die Höhe und bilden ein Dach über dem Boden. Die in Europa übliche Spaliererziehung wäre für die Qualität zwar vorteilhafter, aber die große Niederschlagsmenge und das kräftige Wachstum würden ihr Schwierigkeiten bereiten. Die Pergolaerziehung führt zu niedrigerem Zuckergehalt und kleineren Erträgen. Auch die maschinelle Lese ist nicht möglich. Als Schutz vor Feuchtigkeit und Insekten werden ganze Rebflächen mit Plastikfolien bedeckt. Außerdem wird meist auch jede einzelne Traube mit einem kleinen Folienschirm eingepackt.

ANBAUGEBIETE  Die Yamanashi-Präfektur südwestlich von Tokio ist der größte Weinbaubezirk Japans. Man produziert 44% aller einheimischen Weine. Andere sind Hokkaido, nördlich der

*Der Eingang zur Kobe Winery in Kobe. Hier werden nur europäische Sorten angebaut.*

japanischen Hauptinsel Honshu, die Yamagata- und Nagano-Präfekturen nördlich von Tokio sowie Kobe südlich von Kyoto.

WEINE  Vorwiegend süße Weißweine. Die Nachfrage nach halbtrockenen und trockenen Weinen wird jedoch immer größer. Auch Rot- und Roséweine werden hergestellt.

WEINGESETZ  Es gibt kein Weingesetz im europäischen Sinn. Die größten Firmen haben jedoch ein „Gentlemen's Agreement", das strikt befolgt wird. Laut japanischem Liquor Tax Law werden Getränke in 10 Klassen eingestuft, wovon eine den Wein betrifft. Die Weine werden in stille und gesüßte Weine eingeteilt. Um als Wein eingestuft zu werden, muss das Getränk weniger als 21% Traubenextrakt enthalten und gewisse andere Anforderungen erfüllen. Manchmal werden auch Obstweine Wein genannt, sog. Winecoolers, eine Mischung aus Wein und Obstsäften.

REBFL/PROD  23 000 ha, 900 000 hl/Jahr.

## YAMANASHI, KOSHU

### YAMANASHI (GEBIET)

GESCHICHTE  Schon im Jahr 717 erzeugten buddhistische Mönche hier Wein. Yamanashi ist heute das größte Anbaugebiet Japans.

GEOGRAPHIE  Wie eine große Schüssel von Bergen umgeben: im Süden der berühmte Fuji, im Norden Yatsugatake, im Westen die sog. südlichen Alpen. Das Gebiet ist sehr fruchtbar. Die Reben wachsen bis auf 700 m ü.M. Der bekannteste Weinort ist Katsunuma.

KLIMA  Heiß, feucht und stürmisch mit jährlichen Taifunen. Die Pergolaerziehung muss angewandt werden und die Rebstöcke haben extrem kurze Wurzeln.

BODEN  Vorwiegend Sand und Lehm.

WEINE  Süße Weißweine sind vorherrschend, auch Rot- und Roséweine werden hergestellt.

REBSORTEN  Autochthone Sorten: Koshu, Zenkoji, Black Queen, Muskat Berry (Hybride von Bailey und Muskat). Europäische Sorten: vorwiegend CS, Cabernet Franc, Merlot, Riesling, Sémillon, Chardonnay, Seibel.

PRODUZENTEN  Meist kleine Winzer, die ihre Trauben an Genossenschaften verkaufen.

### KOSHU (REBSORTE)

GESCHICHTE  Stammt vom Kaspischen Meer und wurde vor etwa 800 Jahren entdeckt. Hat hauptsächlich als Tafeltraube eine Bedeutung.

RUF  Koshu ergibt einen milden, süßen Wein, der vom Japaner geschätzt wird. Er ist für den europäischen Markt eher ungeeignet.

CHARAKTER  Wird für Weiß-, Rosé- und im

*Die Reben werden zum Schutz vor Regen und Sturm in Plastik gehüllt und hochgebunden.*

Verschnitt auch für Rotwein verwendet. Niedrige Säure. Die Traube ist dickschalig, süß im Geschmack und hat eine hellrosa Farbe wie der Ruländer. Wird selten von der Edelfäule oder Krankheiten angegriffen und eignet sich deswegen für japanische Verhältnisse. Schwierigkeiten entstehen beim Kreuzungsversuch mit europäischen Sorten. Die Rebsorte wird von sämtlichen Produzenten außer der Kobe Winery angebaut.

## MANN'S WINE CO

GESCHICHTE  Das Unternehmen wurde 1962 gegründet und ist eine Tochtergesellschaft von Kikkoman (bekannt für ihre Sojasauce). Der Name stammt aus der letzten Silbe des Namens Kikkoman, wird aber mit zwei „n" geschrieben, um an „Manna" anzuknüpfen. Mann's hat ver-

*Mann's ist eine Tochterfirma des Sojasaucenproduzenten Kikkoman und in Japan sehr bekannt.*

suchsweise auch schon Wein nach Hongkong, Deutschland und Neuseeland verkauft. Der Standardwein ist der Mann's Harvest, ein Bulkwein aus Osteuropa. Ein Eiswein wird mit sehr gutem Ergebnis hergestellt, aber zu einem hohen Preis. Auf den neu angebauten Flächen ist man zur Spaliererziehung übergegangen.

WEINE  Ein ausgezeichneter Chardonnay, der in Barriques vergoren wird. Weitere Weine sind ein feiner Cabernet Sauvignon und ein Comoro Merlot.

RUF  In Japan sehr bekannt. Mann's begrüßt während der Hochsaison täglich 2 000 Besucher.

REBSORTEN  Koshu, Zenkoji, Chardonnay, Merlot, Cabernet Sauvignon, Shinano Riesling.

WEINHERSTELLUNG  Sehr moderne Anlage. Kühle Vergärung für die Weißweine und immer mehr Barrique-Ausbau.

LAGERUNG  Höchstens fünf Jahre für die Rotweine.

REBFL/PROD  Die Trauben werden zugekauft und ergeben 1 160 000 Kisten/Jahr.

**Besitzer** Kikkoman Co. • **Kellermeister** Matshmoto • **Besuch** Täglich außer 25.12-7.1. • **Adresse** Higashi Yamanashi-gun, Katsunuma-cho, 400 Yama, J-Yamanashi-ken • **Tel.** 0553-44-1151 • **Fax** 0553-44-3452 • **E-Mail** manns@wine.or.jp • **Homepage** www.wine.or.jp/manns/

PRODUKTION      QUALITÄT       PREIS

## MERCIAN CORPORATION

GESCHICHTE  Das Unternehmen hieß früher Sanraku Incorporated und wurde 1934 für die Produktion von Saké gegründet. 1990 taufte man die Firma um in Mercian. Der Name besteht aus zwei Teilen, dem französischen Wort „merci" (danke) und der englischen Endung „-an" wie z.B. bei „technician". Man erzeugt auch Whisky und eine Art Kartoffelschnaps, den Shochu. Zum Unternehmen gehören der Weinberg Katsunuma in Japan, Markham Vineyards in den USA sowie Château Reysson in Frankreich. Mercian ist größter Teilhaber der Mildara Winery in Australien. Trauben werden von Winzern in Japan und dem Ausland zugekauft.

*Chateau Mercian ist ein beliebter Rotwein. Der Firma gehören auch Weinberge in Frankreich.*

WEINE  Der bekannteste Wein ist Chateau Mercian, von dem es zwei Sorten gibt: Chateau Mercian Superior, der die höchste Qualität hat und nur aus japanischen Trauben besteht, und Chateau Mercian, ein Verschnitt aus ausländischen Trauben.

RUF  Sehr bekannt in Japan. Internationaler Ruf für den Chateau Mercian.

REBSORTEN  Koshu, Chardonnay, Riesling, Cabernet Sauvignon, Merlot, Sémillon u.a.

WEINHERSTELLUNG  Sehr moderne Anlage. Eichenfassausbau für Rot- und Weißwein.

LAGERUNG  Die Rotweine sollten nicht länger als 5 Jahre gelagert werden. Die Weißweine sind jung zu trinken.

REBFL/PROD  10 ha eigene Rebfläche, insgesamt 100 ha, 250 000 Kisten/Jahr.

**Besitzer** Tadao Suzuki • **Kellermeister** Noboru Ueno • **Besuch** Täglich 9-11.30, 13-15.30, Weinmuseum • **Adresse** Mercian Corporation, 1425, Shimoiwasaki Katsunuma-cho, Higashi-Yamanashi-gun, J-409-13 Yamanashi • **Tel.** 0553-44-1011 • **Fax** 0553-44-0428

PRODUKTION      QUALITÄT       PREIS

## SUNTORY, YAMANASHI WINERY

**GESCHICHTE** 1899 gegründet. Heute ein weltweiter Konzern, der in fünf Bereichen wirkt: 1. Unterhaltung, Restaurants, Sport. 2. Spirituosen, Wein, Bier. 3. Essen und Getränke. 4. Kommunikation. 5. Medizin und Biotechnik. Die Weinherstellung wurde 1907 mit dem Akadama, einem süßen Rotwein, begonnen. Suntory gehören vier Weingüter in Japan: Yamanashi in Yamanashi, Yamagata in Yamagata, Shiojiri in Nagano und Seto in Okayama. In Frankreich ist man in Besitz der Schlösser Lagrange, Beychevelle, Beaumont und de Bligny, in Deutschland von Robert Weil und in Kalifornien von Ch. St-Jean und Firestone. Es besteht auch eine Zusammenarbeit mit

*Suntory ist ein Riese in vielen Wirtschaftszweigen. Ihr Weinunternehmen erzeugt den berühmten Ch. Lion.*

Ch. Lafite im Médoc und mit Schloss Vollrads im Rheingau.
**WEINE** Bekannt für den roten Ch. Lion Tomi (CS, Merlot, Cabernet Franc) und den weißen Ch. Lion Noble d'Or (Sémillon, Riesling).
**RUF** Bekannt bei allen Japanern. Guter internationaler Ruf für Ch. Lion.
**REBSORTEN** Alle europäischen und japanischen Sorten. Außerdem mehrere patentierte eigene Kreuzungen wie Cabernet Suntory (Black Queen und Cabernet Sauvignon), Suntory Blanc (CS, Koshu), Suntory Noir (Koshu und CS), Cabernet Lion (Koshu und Cabernet Sauvignon), Riesling Forte (Koshu und Riesling), Komahikari (Sémillon und Koshu), Koshusémillon (Koshu und Sémillon), Riesling Lion (Koshu, Riesling).
**WEINHERSTELLUNG** Sehr modern.
**LAGERUNG** Die besten Rotweine 8-10 Jahre.
**REBFL/PROD** 150 ha, etwa 170 000 Kisten/J.

**Besitzer** Suntory Ltd • **Kellermeister** Ing. Yutaka Zenibayashi (Yamanashi) • **Besuch** Täglich 9.30-16 • **Adresse** Suntory, Yamanashi Winery, 2786 Douosan Onuta Aza, Futaba-cho, Kitakomagun, J-407-01 Yamanashi • **Tel.** 0551-28-3232 • **Fax** 0551-28-3236

PRODUKTION    QUALITÄT    PREIS

## WEITERE PRODUZENTEN IN JAPAN

### KOBE WINERY

Das Weingut wurde 1984 gegründet und gehört der Stadt Kobe. Nur europäische Rebsorten werden angebaut. Kein Traubenzukauf. Die Kobe Winery hat ein eigenes Hotel und begrüßt viele Besucher, die aber höchstens zwei Flaschen Wein kaufen können. FAKTEN 120 ha, ca. 75 000 Kisten/Jahr.

• **Adresse:** J-673-02 Kobe City, Nishi-Ku, Oshibedani-Cho. **Tel.** 078-991-3911.

### STE NEIGE WINE CO.

Die Firma verfügt nur über einen kleineren Weingarten in Japan, ist aber Besitzer des neuseeländischen Giganten Corbans und betreibt auch eine Zusammenarbeit mit Weinhäusern in Armagnac. Man kauft gemäß 10- bis 15-jährigen Verträgen Trauben von japanischen Weinbauern. Eine

*Ste Neige erzeugt interessante Weine aus eingekauften Trauben. Sie besitzt auch Weingärten in Neuseeland.*

der wenigen japanischen Firmen, deren Sémillon-Trauben auf natürliche Weise von der Edelfäule angegriffen werden. Rebsorten: 50% Koshu, außerdem Merlot, Chardonnay, Cabernet Sauvignon und andere. FAKTEN 200 ha (vertraglich zugekaufte Frucht), etwa 500 000 Kisten/Jahr.

• **Adresse:** 107-1 Kamikanogawa, Yamanashi-shi, J-405 Yamanashi. **Tel.** 0553-22-1514. **Fax** 0553-22-9130.

# CHINA

GESCHICHTE In China wird schon sehr lange Wein erzeugt. Es wimmelt von entsprechenden Inskriptionen auf sog. Orakelknochen der Gesellschaft der Shang-Zeit (1523-1028 v.Chr.). Es existieren auch unzählige Beschreibungen von verschiedenen Weinsorten in der Dichtung der Zhou-Zeit (1027-221 v. Chr.). Wenige chinesische Schriftzeichen erscheinen so oft in den alten Inskriptionen wie die Zeichen für Wein und Alkohol. Die Chinesen unterscheiden nicht wie wir zwischen Wein mit niedrigem Alkoholgehalt und Schnaps mit hohem, sondern verwenden den gleichen Ausdruck für alle alkoholhaltigen Getränke.

Während mehrerer tausend Jahre war Wein das einzige alkoholhaltige Getränk, das erzeugt wurde. China ist für die Herstellung von Traubenwein nicht bekannt, obwohl dort seit einigen tausend Jahren Wein aus Trauben erzeugt wird; Wein passt ganz einfach nicht zum chinesischen Essen. Stattdessen trinkt man meist Wein aus Getreide, eine Art starkes Bier oder einen schwachen Schnaps mit einem Alkoholgehalt von bis zu 18%. Das meiste wird aus verschiedenen Getreiden wie z.B. Hirse, Reis, Mais, Weizen oder Gerste erzeugt, aber auch aus Erbsen, Obst und Beeren. Schon während der Yangshao-Kultur 5 000-3 000 v.Chr. beherrschten die Menschen in manchen Teilen Chinas die Technik, Wein aus Getreide herzustellen. In einigen Ruinen dieser Zeit hat man Getreide- und Weingefäße aus Keramik gefunden.

Während der Shang- und Zhou-Dynastien wurde Keramik bei den Weingefäßen durch Bronze ersetzt. Bei Ausgrabungen aus dieser Zeit waren fast 50% der Bronzefunde Weingefäße. Seither sind Weingefäße aus vielen verschiedenen Materialien hergestellt worden, z.B. Porzellan, Jade, Gold und Silber. Die kunstvoll ausgeschmückten Weingefäße sagen viel über die hohe Qualität der damaligen Weinherstellung und die Popularität des Weintrinkens aus. Diese weiten Gefäße, die an Amphoren der Römerzeit erinnern, wurden für die Gärung der Weine verwendet. Das Gefäß und seine Vorgänger sind Vorbilder für das chinesische Zeichen für Wein oder Alkohol.

Genauso wie die Weinrebe vom Kaukasus in den Westen gebracht wurde, wurde sie auch in den Osten gebracht. Zhang Qian, der berühmte Abenteurer aus der westlich-orientierten Han-Dynastie (206 v.Chr. bis 23 n.Chr.), brachte von sei-

*Die phantastische Chinesische Mauer ist das mächtigste Bauwerk der Welt.*

929

nen Reisen in den Westen Reben mit. Danach erlangte der chinesische Traubenwein dieselbe Popularität wie der Reiswein. Der chinesische Traubenwein wird aber mit der gleichen Technik hergestellt wie der Reiswein, was ihm einen ganz besonderen Charakter verleiht. Erst 1892 gründete Zhang Bishi, ein Auslandchinese, Zhan Yus, eine moderne Weinherstellungsanlage in Yantai in der Shandon-Provinz. Dort wurden neue Rebsorten und Brauereitechniken aus dem Ausland eingeführt, was die Entwicklung der Trauben- und Fruchtweine beeinflusste.

GEOGRAPHIE China ist das zweitgrößte

*Wenn nur ein Prozent der Chinesen Wein trinken würde, würde sich ein Milliardenmarkt öffnen.*

Land der Welt mit einer Fläche von 9,5 Mio. Quadratkilometern. Alle Klimatypen sind vertreten. Es gibt keine Klimaverhältnisse, wie man sie in Österreich und Ungarn findet, wo große Binnenlandmassen auf enorme Wassermassen stossen.

ANBAUGEBIETE Weinanbau in der abendländischen Art ist eine Neuheit in China. Die ältesten Anlagen liegen im Norden und Süden der SHANDONG-HALBINSEL. Von Rémy Martin neu angelegte Weinberge findet man in TIANJIN, südöstlich von Peking (66 ha). Die größte Konzentration von Weinbergen, 11 300 ha, findet man im Traimbecken von TURFAN, der selbständigen Provinz Zinjan Urgur nördlich von Tibet. Hier werden jedoch nur Tafeltrauben produziert. Die restliche Anbaufläche (6 000 ha) befindet sich in der BOHAI-BUCHT: in Liaoning und Hebei sowie rund um BEIJING (Peking) und in der JIANGSU-PROVINZ, dem Fluss Huaihe entlang (3 900 ha).

WEINE Es gibt etwa 20 traditionelle chinesische Rebsorten außerhalb der Vinifera-Familie. Diese werden vorwiegend für Tafeltrauben und zur Rosinenherstellung verwendet und tragen Namen wie z.B. „Das Drachenauge", „Die Gemüseperlen des Drachen", „Die rote Rose" oder „Das Hahnenherz". Die weiße Sorte Longyan, „Das Drachenauge", wird auf großen Flächen im nördlichen Teil Chinas und in der südlichen Mandschurei, besonders in hoch gelegenen Gebieten, angebaut. Zuerst wurde Longyan als Tafelsorte betrachtet, sie ergibt aber einen ausgezeichneten Wein, wie z.B. den exportierten „Great Wall": körperreich, gut ausgewogen und mit einem Aroma, das mehr an Siegellack als an Wein erinnert, jedoch nicht unangenehm ist. Die Kälte im Winter ist ein schwieriges Problem für den chinesischen Weinbau. Die einheimischen wilden Sorten Vitis Amurensis kommen mit dem Klima gut zurecht und werden deswegen mit Vinifera-Sorten gekreuzt. Die gelungenste Kreuzung ist der sehr ertragreiche blaue Beichun, der zu Dessertwein verarbeitet wird. Das Abschmecken von Traubenweinen ist in China nicht ungewöhnlich. China Red ist z.B. eine Mischung aus Wein, Brandy, Zitronensäure und Zucker und wird in den östlichen Vororten Pekings erzeugt. Shanxi Zhuyeqing, „Die grünen Bambusblätter", wird von Fenjiu Spirits Distillery in Xinghua produziert und ist ein Weißwein, der mit Bambusblättern abgeschmeckt wird. Chinesische Traubenweine nach europäischem Muster wurden bei europäischen Weinwettbewerben schon ausgezeichnet, u.a. Shacheng White, der zwei Jahre ausgebaut wird und von der Hebei Great Wall Grape Wine Company hergestellt wird. Minquan White ist ein in Eiche ausgebauter Weißwein und wird wie auch der halbsüße, weiße Penglaige, der halbtrockene, weiße Mount Qomolangma und der Linqiu Cabernet Sauvignon von Henan Minquian Grape Winery erzeugt. Aus den Oststaaten haben die russischen weißen Rkatziteli und Muscat Gamburgskij Fuß gefasst. Der Weinbau Chinas ist alles andere als einheitlich. Mit Hongkong als chinesischem Handelszentrum könnte China ein spannendes Weinland werden. Das französische Haus Rémy Martin hat in China schon investiert und erzeugt den Weißwein Dynasty, jedoch ohne größeren Erfolg auf dem Exportmarkt.

WEINGESETZ Keine besonderen Gesetze für die Traubenweinherstellung. Die Reisweinproduktion ist jedoch streng geregelt.

REBFL/PROD 165 000 ha, etwa 4,3 Mio. Liter/Jahr. China exportiert (einschließlich der Reisweine) nach Japan, Korea und Südostasien.

---

**HEFESTOFFE UND GELBER REISWEIN**

In einem Buch, das während der Zhou-Dynastie (1027-221 v.Chr.) geschrieben wurde, kann man Folgendes lesen: „Bei der Herstellung von Wein muss ein Hefestoff verwendet werden."

Der Hefestoff in der Weinherstellung war eine frühe Erfindung im alten China. Die Chinesen beherrschten diese Technik mehrere tausend Jahre vor den Europäern. Unter den vergorenen Weinen hat der gelbe Reiswein die längste Tradition. Er wird hauptsächlich aus Reis, Hirse und Mais erzeugt. Wegen seiner heilenden Wirkung wird er oft auch „Medizinwein" genannt. In der chinesischen Geschichte wurde der aus klebrigem Reis erzeugte als der vornehmste geschätzt. In Shaoxing, im Osten Chinas, wird ein sehr klebriger Reis angebaut. Der gelbe Wein hatte schon vor 1 500 Jahren einen guten Ruf. Heute wird der Shaoxing-Wein nicht nur an Banketten ausgeschenkt, sondern auch im Ausland verkauft. In Japan wird er als die „orientalische Perle" hoch geschätzt.

# ASIEN – ANDERE LÄNDER

## JORDANIEN

**GESCHICHTE** Ein kleines, von Kriegen heimgesuchtes Königreich östlich von Israel, das heute recht stabil geworden ist. Die arabische Bevölkerung besteht zu zwei Dritteln aus Palästinensern, etwa 90% sind Muslime. Im Land dominieren Wüsten und Steppen.

**WEININDUSTRIE** Auf 20 000 ha Anbaufläche werden heute vorwiegend Tafel- und Rosinentrauben produziert. Von 2 000 ha werden süße Weine erzeugt, die im Land konsumiert werden.

REBFL/PROD 2 000 ha, 10 000 hl/Jahr.

## SYRIEN

**GESCHICHTE** Syrien ist heute eine sozialistische Volksrepublik. In diesem Teil der Welt entstand vermutlich die erste primitive Landwirtschaft und somit auch der Weinanbau. Durch die blühende antike Kultur wurde Syrien bald zum Zentrum für den Weinhandel. Die Weine aus Helbon und dem berühmten Chalybon wurden in die ganze, nach damaligen Kenntnissen bekannte Welt exportiert.

**WEININDUSTRIE** Die Anbaufläche von 70 000 ha ergibt heute überwiegend Rosinen und Tafeltrauben. Trauben für Wein wachsen hauptsächlich in drei Gebieten: in den Bergen bei der Stadt Latakia am Mittelmeer, am oberen Teil des Eufrats sowie in den Bergen rund um die Hauptstadt Damaskus, Homs und Aleppo.

REBFL/PROD 67 000 ha, 70 000 hl/Jahr.

## IRAK

**GESCHICHTE** In diesem fruchtbaren „Zwischenstromland", Mesopotamien, entwickelten sich einige der frühesten Hochkulturen. Hier wurde vor der großen islamischen Eroberung und dem darauf folgenden Alkoholverbot viel Wein produziert. Während des 20. Jh. wurde das Land von großen Konflikten geprägt. Seit dem Golfkrieg 1991-92 ist Irak isoliert. Das Land besteht größtenteils aus Wüste und Steppe. Im Norden und Osten liegt das Zagrosgebirge.

**WEININDUSTRIE** Offiziell wird kein Wein produziert. Auf den 50 000 ha werden Reben für Tafeltrauben und Rosinen angebaut.

## IRAN

**GESCHICHTE** Das alte Persien, der heutige Iran, war einst ein wichtiges Weinland. Im Zagrosgebirge haben Archäologen 5 500 Jahre alte Terrakotta-Urnen der Uruk-Zivilisation mit Weinspuren entdeckt. Der Fund ist die bisher älteste zur Weinherstellung. Auch Erzählungen über Noah und seine Weinberge sollen aus dieser Gegend stammen. Auch der griechische Historiker Herodotos erzählt von den großen Weinbergen und der Weinherstellung der Perser. Oft lobte der persische Lyriker Omar Khayyam den Wein in seinen Gedichten. Shiraz war ein altes persisches Weinzentrum. Im 7. Jh. wurde das Land in das muslimische Weltreich aufgenommen. 1935 wechselte es den Namen von Persien zu Iran. Moderne Weinanbaumethoden wurden in den 70er Jahren bei Tabriz eingeführt. Nachdem der Schah 1979 aus dem Land vertrieben worden war, wurde eine gründliche Islamisierung durchgeführt. Unter anderem wurde jegliche Art von Alkohol verboten.

**WEININDUSTRIE** Der Ertrag von 250 000 ha Rebfläche wird offiziell nur zur Produktion von Tafeltrauben und Rosinen verwendet. Vor 1979 war die Weinproduktion umfangreich. Die Rebflächen befinden sich in den nördlichen und westlichen Teilen des Landes, vor allem am Fuße der Berge in den Gebieten Aserbaidschan, Khorasan, Tehran, Farse, Hamedan, Lorestan und Zanjan.

## AFGHANISTAN

**GESCHICHTE** Afghanistan hat eine strategische Lage am Khyberpa, im Flusstal zwischen Kabul und Peshawar in Pakistan. Das Land war deswegen Gegenstand vieler Eroberungen. Im Mittelalter wurde Afghanistan dem Islam eingegliedert. 1921 wurde es selbständig.

**WEININDUSTRIE** Die Weinindustrie ist unterentwickelt. Es gibt viele einheimische Sorten: u.a. die weißen Abjouch, Gholadan, Hossieini und Kalili sowie die blauen Kandahari, Monoka, Saibi und Taifi. Alle wachsen etwa 2 000 m ü.M. Der Ertrag von 48 000 ha Rebfläche wird hauptsächlich für Tafeltrauben und Rosinen verwendet.

## INDIEN

**GESCHICHTE** Durch die Feldzüge von Alexander dem Großen wurden nicht nur die Weinreben, sondern auch die Kenntnisse über den Weinanbau im Land verbreitet. Heute wird der Wein-

*Indischer Rotwein aus dem Teilstaat Andhra Pradesh, der dort aber nicht verkauft werden darf.*

bau recht unkontrolliert betrieben. Die Bundesstaaten haben eine selbständige Alkoholpolitik, die oft geändert wird. Die Herstellung wird jedoch selten verboten, da sie Steuereinnahmen einbringt.

**WEININDUSTRIE** Bis in die 70er Jahre gab es im Allgemeinen keine qualitativ befriedigende Weinherstellung. 1972 begann aber das indisch-französische Unternehmen Vinedale, Rotweine der Marke Shah-Eh-Shah zu vermarkten. Der nächste Schritt erfolgte 1982, als der Hotel-Millionär Sham Chougule aus Bombay eine Weinanlage im Bundesstaat Maharashtra gründete. Zusammen mit dem Sekterzeuger Piper-Heidsieck wird hier der Omar Khayyam (benannt nach dem persischen Lyriker) hergestellt, ein Schaumwein nach der Champagner-Methode. Der Wein wird aus Chardonnay und Ugni Blanc hergestellt. Das technische Niveau der Produktion ist genauso hoch wie in der Champagne. Der Wein hält eine internationale Qualität und ist angenehm neutral mit delikatem Einschlag von Hefe. Er ist trocken und hat gute Säure und eine nicht unbedeutende Finesse. Die Weinstöcke sind noch sehr jung, so dass der Wein nur noch besser werden kann. Einer der größten einheimischen Weinerzeuger ist Golconda in Andhra Pradesh.

**ANBAUGEBIETE** Die Weinberge in Maharashtra liegen auf 750 Metern Höhe an den kalkreichen Osthängen des Sahyadrigebirges. Die größten Rebflächen findet man in Narayangaon östlich von Bombay in Maharashtra. Größere Anbaugebiete gibt es auch rund um Delhi und in Mysore südwestlich von Bangalore. Auch in den Bundesstaaten Andhra Pradesh, Gujarat, Karnataka, Tamil Nadu, Rajasthan, Punjab und Haryana werden Reben angebaut.

**WEINE** In diesem Teil der Welt werden süße Weine bevorzugt. Es gibt einige einheimische Sorten wie Anab-e-Shaki, Bhokari, Khandari, Kali Sahebi, Pandari, Phakali, Khali, Thompson Seedless, Arkavti, Arka Kanchan, Arka Shyam, Bangalore Blue/Purple. Portugiesische Traubenvarianten kommen noch in Goa vor.

**REBFL/PROD** Die Weinindustrie wächst allmählich, eine offizielle Statistik aber gibt es nicht. Insgesamt sind 37 000 ha mit Weinreben bestockt.

## SÜDKOREA

**GESCHICHTE** Schon die Dynastie Koguryo (935-1392) betrieb Weinbau. Erst um 1920 aber wurde eine moderne Weinindustrie in Korea aufgebaut, als japanische Unternehmen eine 150 ha große Anbaufläche in Pohang anlegten. Trotz der rekordartigen Industrieerweiterung während der 60er und 70er Jahre ist immer noch ein Viertel der Erwerbstätigen in der Landwirtschaft beschäftigt. Die Halbinsel kennzeichnet sich im Norden und Osten durch eine Berglandschaft aus. Es gibt keine Küstenebenen. Die Niederschlagsmenge ist groß und die Küstengebiete werden oft von Taifunen heimgesucht.

**WEININDUSTRIE** 1970 beschloss man, in Korea die Weinindustrie zu intensivieren, und schon 1973 gründete man mehrere Weinunternehmen, wie z.B. Oriental Brewery und Hai Tai. Die meisten Weinberge sind klein und liegen in den Bergen rund um Seoul.

**WEINE** Die Weine sind vorwiegend weiß, frisch und oft spritzig. Die Rebsorten bestehen meist aus amerikanischen und französischen Hybriden. Die rote Sorte Campbell's Early wird zu 80% angebaut. Sie ergibt einfache, anspruchslose Weine.

**REBFL/PROD** 21 000 ha, ca. 100 000 hl/Jahr.

## TAIWAN

**GESCHICHTE** Schon in der Han-Dynastie 120 v.Chr. gründete Kaiser Wu ein Monopol für den Verkauf von Eisen und Alkohol. Nachdem die Insel während des 16. und 17. Jh. Gegenstand holländischer, portugiesischer und spanischer Interessen gewesen war, kam sie 1661 unter chinesische Herrschaft. Seit 1949 ist Taiwan Sitz vom chinesischen Festland vertriebenen Guomindangregimes. Taiwan hat seit den 60er Jahren einen sensationell schnellen wirtschaftlichen und industriellen Aufschwung erlebt. Das Land ist eine Republik mit Militärgesetzen, was in der Praxis jegliche Opposition ausschließt. Die bergige Insel, mit Spitzen bis zu 4 000 m Höhe, wird größten-

*Das Taiwan Tobacco & Wine Monopoly Bureau erzeugt echten Wein und chinesischen Reiswein.*

teils von Regenwäldern bedeckt. Große Niederschlagsmengen prägen das Klima.

**WEININDUSTRIE** Taiwan produziert eine große Menge Traubenwein, der zum größten Teil im Land konsumiert wird. Ein kleiner Teil wird nach China exportiert. Der große Produzent ist Taiwan Tobacco & Wine Monopoly Bureau, der Traubenweine und Traubendestillate verschiedener Art herstellt. Was genau und wie viel davon, kann man wegen der Geheimhaltung leider nicht erfahren. Rebfläche: 5 000 ha.

# REGISTER
## Hinweise

Wort- und Begriffserklärungen der verschiedenen Länder siehe unter dem landesbezogenen Weinvokabular. Die entsprechenden Seitenangaben stehen im Inhaltsverzeichnis auf den Seiten 6 und 7.

- Produzenten mit Vor- und Nachnamen sind immer unter dem Nachnamen aufgeführt:
z.B. Pierre Amiot, siehe unter Amiot, Pierre.
- Alle Namen wurden ohne Artikel sortiert.

## A

| | |
|---|---|
| Abbazia di Rosazzo | 492 |
| L'Abeille de Fieuzal | 98 |
| Abellán, Alfonso | 589 |
| Abril | 433 |
| Abruzzen | 521 |
| Acacia | 801 |
| Achaia-Clauss | 728 |
| Achkarren, WG | 434 |
| Achs, Paul | 677 |
| Acid | 851 |
| Adam, J-B | 215 |
| Adams, Tim | 889 |
| Adanti, Fratelli | 516 |
| Adelaide Hills | 881 |
| Adelmann, Graf | 413 |
| Adelsheim Vineyard | 830 |
| Adgestone | 736 |
| Aegerter, Jean-Luc | 142 |
| Affaltrach, Schlosskellerei | 413 |
| Affentaler, WG | 424 |
| Afghanistan | 931 |
| Afrika | 782 |
| Ägäisches Meer | 726 |
| Ägäisküste | 753 |
| AGE, Bodegas Unidas | 567 |
| Aglianico del Vulture | 535 |
| Agrícola de Utiel, Coop. | 588 |
| Agrícola, La | 870 |
| Agrícola La Purísima, Cooperativa | 592 |
| Agro de Bazán | 560 |
| Aguascalientes | 877 |
| Aguascalientes, Vinícola de | 877 |
| Ägypten | 782 |
| Ahr | 333 |
| l'Aiguelière, Dom. | 298 |
| Ajaccio | 309 |
| Alavesas | 572 |
| Alba Winery | 848 |
| Albana di Romagna | 496 |
| Albanien | 747 |
| Aldinger, Gerhard | 419 |
| Alella | 579 |
| Alentejo | 627 |
| Algarve | 628 |
| Algerien | 760 |
| Aliança, Caves | 623 |
| Aligoté de Bouzeron | 166 |
| Alkoomi | 911 |
| Allanmere | 897 |
| Allegrini | 480 |
| Allemande, Thierry | 261 |
| Allendorf, Fritz | 363 |
| Allesverloren | 779 |
| Almaden Vineyard | 826 |
| Aloxe-Corton | 144 |
| Alphart, Karl | 670 |
| Altare, Elio | 457 |
| Alto Adige | 472 |
| Alto Aragón, Viñedos y Crianza del | 577 |
| Alto Estate | 773 |
| Altydgedacht | 779 |
| Alvarinho Cepa Velha, Vinhos de Monção | 610 |
| Alvear | 591 |
| Alzinger, Leo | 662 |
| Ama, Castello di | 511 |
| Amador Foothill Winery | 828 |
| Amalienhof Strecker | 419 |
| D'Ambra Vini d'Ischia | 532 |
| Amido, Dom. | 272 |
| Amigne | 646 |
| Amiot, Pierre | 141 |
| L'Amiral | 33 |
| l'Amiral, Réserve de | 35 |
| Amity Vineyards | 833 |
| Ampeau et Fils, Robert | 161 |
| Andalusien | 590 |
| D'Angelo | 536 |
| L'Angélus, Ch. | 69 |
| Anglade-Bellevue, Ch. | 93 |
| d'Angludet, Ch. | 25 |
| Angoris | 491 |
| Anheuser, Paul | 368 |
| Anjou | 226 |
| Anjou-Saumur | 223 |
| Ankara | 753 |
| Anselmet | 450 |
| Anselmi, Roberto | 481 |
| Anthonic, Ch. | 56 |
| Antica Masseria Venditti | 532 |
| Antinori | 505 |
| Antoniolo | 464 |
| AOC Bordeaux | 117 |
| Aostatal | 449 |
| Apel, Hubertus M. | 348 |
| Apulien (Puglia) | 537 |
| Aragón | 577 |
| Aragonesa, Compañía Vitivinícola | 577 |
| Araujo Estate Wines | 801 |
| Arbois | 273 |
| d'Arbois, Fruitière Vinicole | 276 |
| Arbor Crest Wine Cellars | 836 |
| d'Arche, Ch. | 111 |
| D'Arenberg | 883 |
| Argentinien | 865 |
| Argiano, Tenuta di | 511 |
| Argiolas, Antonio | 549 |
| Argus, Peter | 396 |
| Argyle | 833 |
| d'Arlay, Ch. | 275 |
| d'Armailhac, Ch. | 43 |
| Armando Peterlongo, Estabelecimentos Vinícola | 873 |
| Armenien | 745 |
| Arnauton, Ch. | 92 |
| Arnoux, Dom. Robert | 141 |
| Arpents de Neige, Les | 854 |
| L'Arrosée, Ch. | 69 |
| Arrowfield | 897 |
| Arroyo, Ismael | 564 |
| d'Arsac, Ch. | 60 |
| Artadi (Cosecheros Alavesas) | 572 |
| Artigues-Arnaud, Ch. | 49 |
| Arvine | 646 |
| Aserbaidschan | 745 |
| Asien | 931 |
| Assmannshausen, Staatsweingut | 354 |
| Asti Spumante | 452 |
| Asturia | 602 |
| Ata Rangi | 923 |
| Au Bon Climat | 822 |
| Auckland | 918 |
| Aufricht, R & M | 434 |
| Aurora, Cooperativa Vinícola | 873 |
| Ausone, Ch. | 70 |
| Australien | 878 |
| d'Auvernier, Caves du Ch. | 651 |
| Auvigue-Burrier-Revel | 176 |
| Auxey-Duresses | 149 |
| AVA, Approved Viticultural Area | 850, 851 |
| L'Avenir Estate | 773 |
| Aviet, Lucien | 276 |
| Avignonesi | 505 |
| Ayala | 190 |
| d'Aydie, Ch. | 306 |
| d'Azé, Cave Coop. | 176 |
| Azelia | 463 |

## B

| | |
|---|---|
| Babcock Vineyards | 824 |
| Babich | 924 |
| Backsberg Estate | 775 |
| Badel 1862 | 720 |
| Baden | 421 |
| Baden, Max Markgraf von | 433 |
| Bader, Hans - Weingut im Lehen | 419 |
| Badia a Coltibuono | 511 |
| Badische Bergstraße/Kraichgau | 422 |
| Badoux Vins, Henri | 643 |
| Bahans-Haut-Brion, Ch. | 99 |
| Bairrada | 622 |
| Baison, Heinrich | 363 |
| Balantonboglári RT | 696 |
| Balaton (Transdanubien) | 694 |
| Baldassarri | 527 |
| Balestard-La-Tonnelle, Ch. | 77 |
| Balisiers, Dom. de | 639 |
| Balland, Dom. Jean-Paul | 248 |
| Banat | 706 |
| Bandol | 283 |
| Banfi | 506 |

| | | | | | |
|---|---|---|---|---|---|
| Bannockburn | 905 | Bella Unión | 874 | Blankenhorn | 433 |
| Banyuls | 294 | Belland, Adrien | 161 | Blankenhornsberg | 434 |
| Barbadillo, Antonio | 599 | Bellard, Michel | 250 | Blanquette de Limoux | 294 |
| Barbaresco | 452 | Bellavista | 469 | Boccadigabbia | 520 |
| Barbeito | 632 | Bellegarde, Ch. | 31 | Bodega Monte Rosa | 875 |
| Barbera | 453 | Bellerive, Ch. | 227 | Bodensee | 423 |
| Barbeyrolles, Ch. | 287 | Bellet | 283 | Bodrog Várhegy | 693 |
| Barbier, René | 585 | Bellevue, Dom. de | 250 | Boeger Winery | 828 |
| Barboursville | 846 | Bellevue la Forêt, Ch. | 306 | Bogle Vineyards | 826 |
| Bardolino | 478 | Bellevue-Laffont, Ch. | 58 | Böhmen (Cechy) | 700 |
| Barge, Gilles | 261 | Benmarl Wine Company | 845 | Bolivien | 875 |
| Barkan Wine Cellars | 757 | Bennwihr, Les Caves de | 215 | Bolla | 482 |
| Barkham Manor Winery | 736 | Benoit Winery, Château | 833 | Bolle & Cie. | 643 |
| Barolo | 453 | Berberana | 572 | Bollinger | 191 |
| Barón de Ley | 572 | Bercher Burkheim | 424 | Bon Courage Estate | 779 |
| Baron Villeneuve de Cantemerle | 61 | Bercher Erben & Schmidt | 434 | Bon Pasteur, Ch. Le | 88 |
| Baron Widmann | 475 | Bergdolt-St. Lamprecht | 387 | Bon Père Germanier Balavaud SA | 649 |
| Barone Di Villagrande | 546 | Berger | 238 | Bonhomme, Dom. André | 176 |
| Barone Ricasoli | 506 | Bergerac | 301 | Boniface, Pierre | 279 |
| La Baronia de Turis Coop. | 588 | Bergeron, Dom. François | 186 | Bonneau du Martray, Dom. | 151 |
| Barossa Valley | 881 | Bergkelder | 773 | Bonnet, Ch. | 115, 185 |
| Barquero, Pérez | 592 | Bergsig Estate | 779 | Bonnezeaux | 225 |
| Barréjat, Dom. | 306 | Bergsträßer Winzer | 400 | Bonny Doon Vineyard | 816 |
| Barrios, Bodega Manuel | 601 | Beringer | 791 | Bonvillars | 642 |
| Barry, Jim | 889 | Berlande, Ch. | 33 | Bonvin Fils, Charles | 649 |
| Barsac | 105 | Berliquet, Ch. | 77 | Boplaas Estate | 779 |
| Barton & Guestier | 119 | Berlucchi | 467 | Bordeaux | 19, 119 |
| Barton Manor | 736 | Bern | 651 | Bordejé, Bodegas | 577 |
| Basilicata | 535 | Bernarde, Dom. La | 285 | Borges & Irmão | 620 |
| Baskien | 602 | Bernède-Grand-Poujeaux, La | 56 | Borges, H.M. | 632 |
| Bassermann-Jordan, Dr. von | 387 | Bernhart, Willi | 396 | Borges, Sociedade dos Vinhos | 610 |
| Bastian, Fritz | 352 | Bernreiter, Peter | 687 | Borgo del Tiglio | 491 |
| la Bastide Blanche, Ch. | 288 | Béroche, Caves de la | 651 | Borie de Maurel, Dom. | 298 |
| Bastide de Levis, Cave de La | 307 | Beronia | 572 | Borie-Manoux | 119 |
| Bastor-Lamontagne, Ch. | 111 | Berrie Estate/Renmano | 889 | Born, Günter | 437 |
| Batailley, Ch. | 43 | Berrod, Dom. | 185 | Bory, Ch. | 25 |
| Batard-Chevalier | 97 | Bertani | 481 | Bosca, Luigi | 867 |
| Batasiolo | 464 | Bertrand-Berge, Dom. | 298 | Boscarelli | 507 |
| Baudry, Ch. | 32 | Berucci, Massimi | 527 | Boschendal Estate | 776 |
| Bauer & Söhne, Emil | 396 | Besserat de Bellefon | 190 | Bosnien-Herzegowina | 722 |
| Baumann | 653 | Beychevelle, Ch. | 35 | Bosquet des Papes, Dom. | 267 |
| Baumard, Dom. des | 227 | Beyer, Léon | 208 | Bouchacourt, Roland | 185 |
| Baume, Dom. de la | 297 | Beyerman, H & O | 119 | Bouchaine | 801 |
| Bayerischer Bodensee | 412 | Bianchi, Maria Donata | 494 | Bouchard Père & Fils | 152 |
| Béarn | 304 | Bianchi, Valentín | 867 | Bouchard-Aîné & Fils | 161 |
| Beaucastel, Dom. de | 268 | Bichot, Maison Albert | 150 | Bouchard-Finlayson | 779 |
| Beaujolais | 177 | Bickensohl, WG | 434 | Bouey & Fils | 119 |
| Beaujolais Villages | 178 | Biddenden Vineyard | 736 | Bourg & Blaye | 93 |
| Beaulieu, Ch. de | 288 | Biegler | 669 | Bourgeois, Henri | 242 |
| Beaulieu Vineyard | 791 | Bierzo | 563 | Bourgneuf-Vayron, Ch. | 88 |
| Beaumes-de-Venise | 266 | Bierzo S. Coop., Vinos del | 565 | Bourgogne Côte Chalonnaise | 166 |
| Beaune | 145 | Biffar, Josef | 388 | Bourgueil, St-Nicolas de Bourgueil | 232 |
| Beauregard, Ch. | 88 | Bigi | 516 | Bouscaut, Ch. | 96 |
| Beau-Séjour Bécot, Ch. | 77 | Bilbaínas | 572 | Boutari & Son, John | 729 |
| Beauséjour (Duffau Lagarosse), Ch. | 77 | Billecart-Salmon | 191 | Bovard, Louis | 644 |
| Beaux Frères | 834 | Bingen | 376 | Bowen Estate | 890 |
| Beck, Graham | 779 | Binissalem (Balearen) | 600 | Boxler, Albert | 215 |
| Becker, Brüder Dr. | 383 | Binyamina, Eliaz | 757 | Boyd-Cantenac (Pouget), Ch. | 32 |
| Becker, Friedrich | 396 | Biondi Santi, Il Greppo | 507 | Braida | 463 |
| Becker, J. | 215 | Bischöfliche Weingüter | 348 | Branaire-Ducru, Ch. | 35 |
| Bel Air Marquis d'Aligre, Ch. | 32 | Bisson, Enoteca | 494 | Branas-Grand-Poujeaux, Ch. | 56 |
| Bel-Air la Royère, Ch. | 93 | Bize & Fils, Simon | 151 | Brane-Cantenac, Ch. | 25 |
| Bel-Air, Cave des Vignerons de | 186 | Blaauwklippen Estate | 767 | Brantignon, O. Chanton | 649 |
| Belair, Ch. | 70 | Blancan, Ch. | 41 | Brasilien | 872 |
| Bélésta, Ch. de | 297 | Blanche, Michel | 643 | Braun, Waldemar | 409 |
| Belgien | 747 | Blanck & Fils, Paul | 215 | Breaky Bottom | 736 |
| Belgrave, Ch. | 60 | Blandy Brothers | 630 | Brégeon, André-Michel | 219 |

| | | | | | |
|---|---|---|---|---|---|
| Breisgau | 422 | Caminade, Ch. La | 306 | Castilla, Vinícola de | 587 |
| Breuer, Georg | 354 | Campo Viejo | 572 | Castilla, Vinos Blancos de | 564 |
| Breyer, Leopold | 687 | Camus Père & Fils, Dom. | 141 | Castris, Leone de | 539 |
| Bridane, Ch. La | 41 | Can Ràfols dels Caus | 585 | Cauhapé, Dom. | 306 |
| Briday, Dom. Michel | 169 | Canandaigua Wine Co. | 842 | Cava | 580 |
| Brights Wines | 853 | Candel, Ch. de | 27 | Cavalchina | 485 |
| Brillette, Ch. | 56 | Candido, Francesco | 539 | Cavalier de Filippi | 533 |
| Brintet, Dom. | 169 | Canepa, Viña | 857 | Cavalleri | 469 |
| British Columbia | 853 | Cannonau di Sardegna | 548 | Cavallotto | 464 |
| Britzingen, WG | 425 | Canon, Ch. | 71, 91 | Cave Coop. Grand Listrac | 58 |
| Brocard, Jean-Marc | 129 | Canon de Brem, Ch. | 91 | Cave de Chautagne | 279 |
| Brokenwood | 897 | Canon-La-Gaffelière, Ch. | 77 | Cave du Beau Vallon | 186 |
| Brouilly | 182 | Canon-Moueix, Ch. | 92 | Cave Spring Cellars | 853 |
| Broustet, Ch. | 111 | Cantelaude, Ch. | 27 | Cavit | 474 |
| Brovia, Fratelli | 464 | Cantemerle, Ch. | 61 | Caymus | 792 |
| Brown Brothers | 905 | Cantenac-Brown, Ch. | 26 | Cazes, Dom. | 295 |
| Brown, Ch. | 103 | Canterbury | 920 | Cedar Creek Estate | 853 |
| Bru-Baché, Dom. | 308 | Cantina Sociale Di Dorgali | 550 | Cèdre, Ch. de | 308 |
| Bruisyard Wines | 737 | Cantina Sociale Di Santadi | 550 | Cellier des Templiers | 295 |
| Bründlmayer, Willi | 665 | Cantina Sociale di Soave | 484 | Cellier Le Brun | 924 |
| Brunello di Montalcino | 500 | Cantina Sociale Marmilla | 550 | Central Otago | 920 |
| Brunori | 520 | Cantina Sociale San Michele Appiano | 476 | Central Valley | 825 |
| Bucelas | 624 | Cantina Sociale Santa Maddalena | 476 | Ceratti | 542 |
| Buena Vista | 805 | Canuet, Ch. | 26 | Cerbaiona | 511 |
| Buffet, Dom. | 162 | Cap de Mourlin, Ch. | 77 | Ceretto | 457 |
| Buitenverwachting | 765 | Capannelle | 511 | Cerros de San Juan, Los | 874 |
| Bujanda, Martínez | 572 | Cape Mentelle | 909 | Certan de May de Certan, Ch. | 81 |
| Bulgarien | 711 | Capel Vale | 911 | Certan-Giraud, Ch. | 88 |
| Bully Hill Vineyards | 843 | Capezzana, Tenuta di | 508 | Chablais | 641 |
| Burg Hornberg | 419 | Capmartin, Dom. | 308 | Chablis | 123 |
| Burgaud, Bernard | 261 | Carbone | 536 | Chablis Grand Cru | 124 |
| Burge, Grant | 889 | Carbonell | 592 | Chablis Premier Cru | 124 |
| Burgenland | 671 | Carbonell y Cía. de Córdoba | 592 | Chablisienne, La | 129 |
| Bürgerspital | 403 | Carbonnieux, Ch. | 97 | Chaddsford Winery | 847 |
| Burgund | 121 | Carcavelos | 624 | Chaize, Ch. de la | 185 |
| Burgweinbau Riegersburg | 685 | Cardonne, Ch. | 66 | Chalk Hill Winery | 810 |
| Bürklin-Wolf, Dr. | 389 | Carillon, Louis | 161 | Chalone Wine Group | 817 |
| Burmester | 620 | Carillon de l'Angélus | 69 | Chambert, Ch. de | 307 |
| Bussaco | 623 | Carles, Ch. de | 92 | Chambolle-Musigny | 133 |
| Buxy, Cave des Vignerons de | 169 | Carlevaro, Vinicola | 655 | Champagne | 187 |
| Buzet | 302 | Carmel | 756 | Champagner | 188 |
| Buzet, Les Vignerons de | 308 | Carmes Haut-Brion, Ch. Les | 103 | Champalou, Dom. | 235 |
| | | Carmignano | 500 | Champet, Emile | 261 |
| | | Carneros Creek | 801 | Chandesais, Dom. Emile | 169 |
| **C** | | Carnuntum | 668 | Chandon, Bodegas | 870 |
| | | Carpenè Malvolti | 485 | Chandon, Domaine | 792, 902 |
| | | Carras, Dom. | 731 | Chanson Père & Fils | 152 |
| Ca' dei Frati | 469 | Carrau, Juan | 874 | Chantegrive, Ch. de | 103 |
| Ca' del Bosco | 468 | Carraudes de Lafite | 45 | Chanut Frères | 185 |
| Ca' Romé | 464 | Carr-Taylor Vineyards | 737 | Chapoutier, Maison M. | 256 |
| Cabrière Estate | 778 | Carrie Winery, Maurice | 829 | Chappaz, Marie-Thérèse | 649 |
| Cadet-Piola, Ch. | 71 | Carsin, Ch. | 116 | Chappellet Vineyard | 801 |
| Cahors | 305 | Carta Vieja, Viña | 858 | Chard Farm | 923 |
| Caillot, Dom. | 161 | Casal Thaulero | 522 | Chardonnay, Dom. du | 130 |
| Cain Cellars | 801 | Casale del Giglio | 527 | Charmes de Liversan, Les | 63 |
| Cakebread Cellars | 801 | Cascina delle Terre Rosse | 494 | Charmes Wines, Ch. des | 853 |
| Caldaro (Kalterersee) | 472 | Cascina Feipu | 494 | Charnay-Lès-Mâcon, Cave de | 176 |
| Cálem & Filho | 614 | Cascina La Barbatella | 463 | Charrère, Constantino | 450 |
| Calera Wine Company | 816 | Casenove, Ch. de | 297 | Chartron & Trébuchet | 161 |
| Caliterra, Viña | 857 | Cassis | 282 | Chassagne-Montrachet | 148 |
| Callahan Ridge | 834 | Castel del Monte | 538 | Chasselas | 206 |
| Callaway Vineyard & Winery | 829 | Castel di Paolis | 528 | Chasse-Spleen, Ch. | 55 |
| Calò & Figli, Michele | 539 | Castellada, La | 492 | Chasseloir, Dom. de | 222 |
| Calon-Ségur, Ch. | 51 | Castello di Spessa | 491 | Château-Chalon | 274 |
| Calona Wines | 853 | Castellucio | 498 | Châteaumeillant | 249 |
| Calvet | 119 | Castilla-La Mancha | 586 | Châteauneuf-du-Pape | 264 |
| Camensac, Ch. de | 61 | Castilla-León | 561 | Châtenay-Bouvier, Caves | 651 |

935

| | | | | | |
|---|---|---|---|---|---|
| Châtenoy, Dom. de | 242 | Clos des Papes | 268 | Cornas | 255 |
| Chauvenet, F. | 142 | Clos du Bois Winery | 805 | Cornu, Roland | 186 |
| Chave, Jean-Louis | 257 | Clos du Clocher, Ch. | 88 | Corovin | 498 |
| Chaves, Bodegas | 560 | Clos du Marquis | 38 | Correggia, Matteo | 464 |
| Chavet et Fils, Georges | 243 | Clos du Meunier | 41 | Cos d'Estournel, Ch. | 51 |
| Chénas | 179 | Clos du Mont-Olivet | 271 | Cos-Labory, Ch. | 54 |
| Chenonceau, Ch. de | 238 | Clos du Val | 793 | Cosentino Wine Company | 826 |
| Cherchi, Giovanni | 549 | Clos d'Yvigne | 308 | Cossart Gordon | 631 |
| Chervet, Louis & Jean-Daniel | 643 | Clos Floridène | 104 | Costanti, Emilio (Andrea) | 511 |
| Cheval Blanc, Ch. | 72 | Clos Fourtet, Ch. | 72 | Coste, Dom. Stéphane | 651 |
| Chevalier, Dom. de | 97 | Clos Haut-Peyraguey, Ch. | 111 | Costers del Siurana | 585 |
| Chevalier de Malta | 71 | Clos J. Canon | 71 | Costières de Nîmes | 291 |
| Chevalière, Dom. de la | 297 | Clos Labère | 110 | Cotat, Paul | 247 |
| Chevalley, Cave Auguste | 643 | Clos l'Église, Ch. | 88 | Côte Chalonnaise | 163 |
| Cheverny | 233 | Clos l'Oratoire | 78 | Côte de Beaune | 143 |
| Chevillon, Dom. Robert | 141 | Clos René, Ch. | 89 | Côte de Beaune Villages | 148 |
| Chèze, Ch. La | 116 | Clos Triguédina | 307 | Côte de Brouilly | 183 |
| Chianti | 501 | Cloudy Bay | 920 | Côte de Nuits | 131 |
| Chianti Classico | 501 | Clüsserath, Ernst | 346 | Côte de Nuits-Villages | 135 |
| Chiarlo, Michele (Duca d'Asti) | 463 | Clüsserath-Weiler | 346 | Côte des Blancs | 189 |
| Chile | 855 | Coastal Region | 764 | Côte Rôtie | 252 |
| Chilford Hundred | 737 | Coche-Dury | 161 | Coteaux de l'Aubance | 224 |
| Chiltern Valley Wines | 737 | Cockburn Smithes | 615 | Coteaux de Bellet, Les | 288 |
| China | 929 | Codorníu | 581 | Coteaux de Duras, Les Vignerons des | 308 |
| Chinon | 232 | Colacicchi | 527 | Coteaux du Ch. l'Arrôsée, Les | 69 |
| Chiroubles | 181 | Colares | 624 | Coteaux du Languedoc | 290 |
| Chitry-le-Fort | 125 | Coldstream Hills | 902 | Coteaux du Layon | 224 |
| Chivite, Julián | 575 | Colin, Marc | 161 | Coteaux du Tricastin | 266 |
| Chofflet-Valdenaire, Dom. | 169 | Collards | 924 | Côtes de Bordeaux Ste-Macaire | 114 |
| Chorey-lès-Beaune | 149 | Collet, Dom. Jean | 129 | Côtes de Brulhois | 305 |
| Christ, Helmut | 409 | Colli Albani | 524 | Côtes de Duras | 302 |
| Christ, Jakob | 363 | Colline, Ch. de la | 307 | Côtes de l'Orbe | 642 |
| Christmann, A. | 396 | Collio | 488 | Côtes de Marmandais | 305 |
| Christoffel Erben, Joh.Jos. | 337 | Colombier-Monpelou, Ch. | 49 | Côtes de Provence | 284 |
| Churchill's | 614 | Colombo, Jean-Luc | 261 | Côtes de St-Mont | 305 |
| Cigales | 563 | Colonat, Dom. de | 186 | Côtes du Frontonnais | 301 |
| Cinqueterre | 493 | Columbia Crest | 840 | Côtes du Jura | 274 |
| Cinzano | 463 | Columbia Winery | 840 | Côtes du Roussillon | 292 |
| Ciró | 541 | Commanderie de Peyrassol | 287 | Côtes d'Aix-en-Provence | 284 |
| Cisa Asinari, Tenute | 463 | Comtes Lafon, Dom. des | 154 | Côtes d'Auvergne | 249 |
| Cissac, Ch. | 63 | Conca de Barberà | 579 | Côtes d'Olt | 307 |
| Citran, Ch. | 63 | Concannon Vineyard | 820 | Côtes Roannaises | 249 |
| Clair-Daü, Dom. | 142 | Concha y Toro | 858 | Côtes-du-Rhône Villages | 264 |
| Clairefont, Ch. de | 30 | Conciergerie (Christian Adine), Dom. de la | 130 | Coucheroy, Ch. | 99 |
| Clairette-de-Die | 256 | Concilio Vini | 476 | Coudoulet, Cru de | 271 |
| Clairette du Bellegarde | 290 | Conde de Santar | 623 | Coudray, Dom. du | 238 |
| Clairette du Languedoc | 290 | Condrieu | 253 | Couhins-Lurton, Ch. | 103 |
| Clape, Auguste | 257 | Congress Springs Vineyard | 820 | Coulanges-la-Vineuse | 125 |
| Clare | 882 | Connaisseur, La Cave du | 130 | Coulée de Serrant | 228 |
| Clarendon Hills | 889 | Connetable Talbot | 39 | Couly-Dutheil | 235 |
| Clarke, Ch. | 57 | Conques, Ch. de | 64 | Cousiño Macul, Viña | 859 |
| Clastidio (Angelo Ballabio) | 469 | Conseillante, Ch. La | 82 | Coutet, Ch. | 106 |
| Clavien, Gérald | 650 | Constantia | 765 | Coutreau, Ch. | 92 |
| Clearview Estate | 923 | Conte Zandotti | 528 | Covey Run Vintners | 837 |
| Clémentin, Le | 101 | Conterno, Aldo | 458 | Cowra | 892 |
| Cléray-Sauvion, Ch. du | 219 | Conterno, Giacomo | 458 | Craiglee | 905 |
| Clerc, Dom. Henri | 162 | Contini, Attilio | 549 | Craigmoor | 897 |
| Clerc-Milon, Ch. | 44 | Contino, Viñedos del | 572 | Crémade, Ch. | 288 |
| Clerico, Domenico | 463 | Coonawarra | 882 | Crémant de Bourgogne | 166 |
| Climens, Ch. | 106 | Cooper Mountain Vineyards | 834 | Crémant de Loire | 233 |
| Clinet, Ch. | 81 | Coopers Creek | 924 | Crémant d'Alsace | 208 |
| Clos Bellevue | 298 | Corbans | 921 | Crémat, Ch. de | 287 |
| Clos Cordat | 33 | Corbières | 292 | Crépon, Cave du | 644 |
| Clos de Gamot | 307 | Cordier, Ets | 119 | Crépy | 278 |
| Clos de la Tonnelle | 76 | Coria | 546 | Crochet, Lucien | 243 |
| Clos de l'Abbaye | 230 | Cornalin | 647 | Croesi, Emilio | 494 |
| Clos des Jacobins, Ch. | 73 | | | | |

# REGISTER

| | | | | | | |
|---|---|---|---|---|---|---|
| Croft | 615 | Denuziller, Dom. | 176 | Dulong Frères et Fils | 120 |
| Croft Jerez | 599 | Dervieux-Thaize | 262 | Duluc, Ch. | 35 |
| Croix, Ch. La | 88 | Desbaillets, René & Bernadette | 639 | Dunavska Raunina | 713 |
| Croix, La | 36 | Desboeufs, Henri | 298 | Dunn Vineyards | 803 |
| Croizet-Bages, Ch. | 49 | Desmirail, Ch. | 32 | Dupraz, Claude & Gilbert | 639 |
| Cronin Vineyards | 820 | Deutschland | 331 | Durbacher, WG | 426 |
| Croque-Michotte, Ch. | 77 | Deutz | 192 | Dureuil-Janthial, Raymond | 169 |
| Cros, Ch. du | 115 | Deutzerhof, Cossmann-Hehle | 334 | Durfort-Vivens, Ch. | 26 |
| Crotta de Vegneron, La | 450 | deux Roches, Dom. des | 176 | Durize | 647 |
| Crozes-Hermitage | 254 | Deyrem Valentin, Ch. | 33 | Durney Vineyards | 820 |
| Cru Bourgeois | 21 | Di Majo Norante | 522 | Dutruch-Grand-Poujeaux, Ch. | 56 |
| Cru Lamouroux | 307 | Di Mauro, Paola | 527 | | |
| Cruchon, Henri | 642 | Diamond Creek | 802 | | |
| Crus & Domaines de France | 120 | Diane de Belgrave | 60 | **E** | |
| Crusius | 368 | Diefenhardt | 363 | | |
| Cruzeau, Ch. de | 103 | Diel, Schlossgut | 369 | | |
| Cuilleron, Yves | 261 | Dietz, Bernd | 383 | Eberle Winery | 824 |
| Cullen | 910 | Discover Wine | 859 | L'Ecu, Dom. de | 222 |
| Curé-Bourse, Dom. de | 26 | Diznókö Vineyard and Winery | | Edelzwicker | 208 |
| Curros, Los | 564 | Company, Dom. | 696 | Eden Valley | 881 |
| Cuvaison Winery | 802 | Dobrudscha (Dobrusdja) | 707 | Edmund Reverchon | 348 |
| CVBG, Consortium Vinicole Bordeaux | | Dodekanes | 727 | Edna Valley Vineyard | 822 |
| Gironde-Dourthe-Kressmann | 119 | Doisy-Daëne, Ch. | 111 | Efrat Winery | 757 |
| Cyprès de Climens, Les | 106 | Doisy-Védrines, Ch. | 112 | Eger (Erlau) | 691 |
| C.V.N.E. (Cune), Compañia | | Dolcetto | 454 | Egervin | 691 |
| Vinícola del Norte de España | 567 | Dôle | 646 | l'Eglantière (J. Durup), Dom. de | 129 |
| | | Doluca Bagçilik | 753 | Egli, Augusto | 588 |
| | | Domdechant Werner | 355 | l'Église Clinet, Ch. | 82 |
| **D** | | Domecq, Bodegas | 573 | Eguisheim, Cave Vinicole | 215 |
| | | Domecq, Casa Pedro | 877 | Eikendal | 773 |
| | | Dominique, Ch. La | 73 | El Coto | 573 |
| Dagueneau, Didier | 247 | Dominus Estate | 793 | Elderton | 890 |
| Dal Forno | 485 | Donatien Bahuaud | 220 | Elk Cove Vineyards | 833 |
| Dalem, Ch. | 92 | Donatsch, Thomas | 653 | Ellwanger, Jürgen | 415 |
| Dalwhinnie | 905 | Donauland | 666 | Elsass | 203 |
| Dame de Montrose, La | 53 | Donnafugata, Tenuta Di | 546 | Elsass Grand Cru | 207 |
| Dante Irurtia | 874 | Dönnhoff, Hermann | 369 | Emilia-Romagna | 495 |
| Dão | 622 | Dopff & Irion | 210 | Emilio Lustau | 596 |
| Darting, Kurt | 396 | Dopff au Moulin | 209 | Emmerich, Werner | 410 |
| Daulny, Dom. | 247 | Dörflinger, Hermann | 425 | Emrich-Schönleber | 370 |
| Dauphine, Ch. La | 92 | Dorigo, Girolamo | 491 | l'Enclos, Ch. | 83 |
| Dauphine-Rondillon, Ch. | 116 | Dostert, Matthias | 348 | Enclos de Moncabon | 49 |
| Dautel, Ernst | 414 | Dötsch & Haupt | 348 | Engel, Dom. René | 141 |
| Dauvissat, Jean | 130 | Douro | 611 | England | 733 |
| Dauvissat, René & Vincent | 125 | Dow's (Silva & Cosens) | 616 | Enjingi, Ivan | 720 |
| Dauzac, Ch. | 32 | Drautz-Able | 414 | Eno Friulia | 491 |
| De Bortoli Wines | 894 | Drauz | 419 | Eno Val d'Arroscia | 494 |
| De Loach Vineyards | 806 | Dreher-Heublein do Brasil | | Enologica Valtellinese | 469 |
| De Venoge | 202 | Comércio e Indústria | 873 | D'Entraygues et du Fel | 305 |
| De Wetshof Estate | 780 | Droin, Jean-Paul | 126 | Entre-Deux-Mers | 113 |
| Deckert, Klaus-Remo | 436 | Drouhin, Joseph | 153 | Epirus | 725 |
| Decugnano Dei Barbi | 517 | Drouhin Oregon, Dom. | 831 | Erath Winery | 831 |
| Dei Barbi, Fattoria | 509 | Drouhin-Laroze, Dom. | 142 | Erlenbach, Städtisches Weingut | 409 |
| Deinhard, Dr. | 389 | Dry Creek Vineyards | 810 | L'Ermitage de Chasse-Spleen | 55 |
| Deiss, Dom. Marcel | 209 | Dry River | 923 | Errazuriz | 860 |
| Delaforce | 616 | Duboeuf, Georges | 183 | Erzetic, Anton & Aleksij | 717 |
| Delas Frères | 258 | Dubois & Fils, Les Frères | 644 | Eschenauer, Louis | 120 |
| Delay, Richard | 276 | Dubois & Fils, R. | 141 | Esenada | 877 |
| Delea SA, Angelo | 654 | Dubreuil-Fontaine, Dom. | 161 | Esentepe Saraplari | 753 |
| Delegat's | 924 | Duc & Fils, Jules | 650 | Eser, August | 355 |
| Delétang, Dom. | 236 | Duc de Magenta, Dom. du | 162 | Eser, Bernhard | 364 |
| Delheim | 773 | Duca Di Salaparuta | 545 | d'Espolla, Celler Cooperatiu | 582 |
| Delicas | 877 | Duck Pond Cellars | 833 | D'Estaing | 305 |
| Delicato | 826 | Ducru-Beaucaillou, Ch. | 36 | Estanilles, Ch. des | 297 |
| Della Sala, Castello | 517 | Dufouleur Père & Fils | 142 | Estremadura (Vinho Regional) | 628 |
| Demoiselle de Sociando, La | 62 | Duhart-Milon, Ch. | 49 | Est!Est!!Est!!! | 524 |
| Denbies Wine Estate | 735 | Dujac, Dom. | 136 | Etchart | 870 |

937

| | | | | | |
|---|---|---|---|---|---|
| Etko | 749 | Fleurie | 180 | Fürst Löwenstein | 409 |
| Etna | 544 | Fleur-Milon, Ch. | 49 | Fürst, Rudolf | 404 |
| L'Étoile | 274 | Fleur-Pétrus, Ch. La | 84 | Fürstlich Castell'sches Domänenamt | 403 |
| l'Étoile, Ch. de | 276 | Flichman, Finca | 868 | F.Y.R.O.M. (Makedonija) | 722 |
| Etude | 803 | Flick, Joachim | 364 | | |
| Europa | 14, 747 | Florido, Gaspar | 599 | | |
| L'Évangile, Ch. | 83 | Florio, Cantine | 545 | **G** | |
| Extremadura | 602 | Flynn Vineyards | 834 | | |
| Eymann, Rainer | 396 | Fogarty Winery, Thomas | 820 | | |
| Eyrie Vineyards | 832 | Folie, Dom. de la | 170 | Gaffelière, Ch. La | 78 |
| | | Fonbadet, Ch. | 49 | Gagnard, Dom. Jean-Noël | 161 |
| | | Fonjallaz | 643 | Gaia Wines S.A. | 731 |
| **F** | | Fonréaud, Ch. | 58 | Gaierhof | 475 |
| | | Fonroque, Ch. | 78 | Gaillac | 300 |
| | | Fonsalette, Ch. de | 271 | Gainey Vineyard, The | 824 |
| Fairview Estate | 776 | Fonseca Guimarães | 617 | Gaja | 459 |
| Faiveley, Domaine | 137 | Fonseca, J.M. da | 626 | Galestro | 502 |
| Falerno | 525 | Font de Michelle, Dom. | 271 | Galian, Ch. La | 33 |
| Falesco, Cantina | 527 | Fontana Candida | 526 | Galizien | 559 |
| Falkensteiner Hof | 346 | Fontanafredda | 459 | Gallo Winery, Ernest & Julio | 825 |
| Fall Creek | 847 | Fontcreuse, Ch. de | 288 | Gallo-Sonoma | 807 |
| Far Niente | 794 | Fonterutoli, Castello di | 509 | Gandía Plá, Vicente | 588 |
| Faraut Hermanos | 874 | Fontguenand, Les Vignerons de | 250 | García Carrión, J. | 589 |
| Fargues, Ch. de | 107 | Fontodi | 511 | García Hermanos | 592 |
| Fariña, Bodegas | 564 | Foppiano Vineyards | 810 | García, Tomás | 592 |
| Fattoria de Felsina | 511 | Foradori | 476 | Gardera, Ch. Le | 115 |
| Fattoria Paradiso | 497 | Forman | 803 | Garenne, Dom. de La | 238 |
| Faugères | 291 | Forschungsanstalt Geisenheim | 364 | Garennes, Dom. de | 250 |
| Faugères, Ch. | 77 | Fortia, Ch. | 269 | Garibaldi, Cooperativa Vinícola | 873 |
| Faurie, Bernard | 262 | Forts de Latour, Les | 46 | Garofoli, Gioacchino | 520 |
| Faurie-de-Souchard, Ch. | 77 | Fougas, Ch. | 93 | Gassiot, Martinez | 620 |
| Favonio | 538 | Fourcas Loubaney/La Bécade, Ch. | 58 | Gassman, Rolly | 215 |
| Favre, Vincent | 650 | Fourcas-Dupré, Ch. | 58 | Gattinara | 454 |
| Fazi-Battaglia | 520 | Fourcas-Hosten, Ch. | 58 | Gauby, Dom. | 297 |
| Fehr + Engeli Ueken AG | 653 | Fracce, Le | 469 | Gautherin et Fils, Raoul | 130 |
| Feiler-Artinger | 672 | Franc-Caillou, Ch. | 56 | Gautronnie, Dom. de la | 222 |
| Felluga, Livio | 489 | France, Ch. de | 103 | Gautronnières, Ch. des | 222 |
| Fendant | 646 | Franciacorta | 466 | Gavi | 455 |
| Fernández, Alejandro | 565 | Franciscan Oakville | 794 | Gay, Ch. Le | 88 |
| Ferrari-Carano | 806 | Franck Phélan, Ch. | 54 | Gazin, Ch. | 88 |
| Ferraud et Fils, Pierre | 185 | Franckenstein, Freiherr von und zu | 433 | Gehringer Brothers | 854 |
| Ferreira | 620 | Franco-Españolas | 573 | Geissler, Wolfgang | 397 |
| Ferreira, A.A. | 612 | Franken | 401 | Geisweiler | 141 |
| Ferrer, José L. | 601 | Frankreich | 16 | Genf (Genève) | 639 |
| Ferret, Dom. J.A. | 174 | Frank's, Dr. Konstantin | 843 | Genoux, Madame Alexis | 279 |
| Ferrière, Ch. | 32 | Franzen, Reinhold | 346 | Gentaz-Dervieux | 262 |
| Ferriño, Bodegas | 877 | Frappe-Peyrot, Ch. | 116 | Geoffroy, Dom. Alain | 129 |
| Fesles, Ch. de | 228 | Frascati | 525 | Georg-Müller-Stiftung | 365 |
| Fetzer | 813 | Frecciarossa | 469 | Georgien | 745 |
| Fiano di Avellino | 530 | Freemark Abbey | 802 | Gerbeaux, Dom. des | 176 |
| Fichard | 279 | Freiberger, H. | 399 | Gerin, J-M | 262 |
| Fief Dubois, Dom. du | 220 | Freiburg (Fribourg) | 651 | Germain | 162 |
| Fiefs-de-Lagrange | 37 | Freie Weingärtner Wachau | 660 | Germain, Dom. Jacques | 162 |
| Fieuzal, Ch. de | 98 | Freiherr zu Knyphausen | 359 | Gerovassiliou, Dom. | 731 |
| Figeac, Ch. | 74 | Freimuth, Alexander | 356 | Gesellmann, Engelbert | 678 |
| Filhot, Ch. | 107 | Freixenet | 582 | Gevrey-Chambertin | 132 |
| Finger Lakes | 842 | Frey & Söhne, Winfried | 397 | Gewürztraminer | 205 |
| Finkenauer, Anton | 373 | Friaul-Julisch Venetien | 487 | GIA | 691 |
| Fiorano (Boncompagni Ludovisi) | 527 | Friedrich-Wilhelm-Gymnasium | 348 | Giacosa, Bruno | 460 |
| Firelands | 847 | Frog's Leap Winery | 802 | Gialdi, F. (Roberti Foc SA) | 655 |
| Firestone Vineyard | 823 | Fröhlich, Michael | 409 | Giauque, Jean-Daniel | 651 |
| Fischer, E. & Ch. | 670 | Fronsac, Canon-Fronsac | 90 | Gigondas | 267 |
| Fitou | 292 | Frutos Villar, Bodegas | 565 | Gilbert, Jean-Paul | 248 |
| Fitz-Ritter | 390 | Fuchs, Reinhold | 348 | Gilette, Ch. | 108 |
| Fixin, Marsannay | 132 | Fuhrmann-Eymael | 390 | Gilliard, Robert | 649 |
| Flein-Talheim, WG | 419 | Fuie-Saint-Bonnet, Ch. La | 66 | Ginestet | 120 |
| Fleur Cailleau, La Grave, Ch. La | 92 | Fuissé, Ch. de | 174 | Gini | 485 |

| | | | | | |
|---|---|---|---|---|---|
| Giscours, Ch. | 27 | Griechenland | 723 | Hauts de Pontet, Les | 48 |
| Gitton Père et Fils | 244 | Griffin Winery, Barnard | 840 | Hauts-de-Smith-Haut-Lafitte, Ch. | 102 |
| Givry | 164 | Grignolino | 455 | Hauts-Perrays, Dom. des | 230 |
| Glana, Ch. du | 41 | Grillette (A. Ruedin), Dom. La | 651 | Hawke's Bay | 919 |
| Glatzer, Walter | 668 | Gripa, Bernard | 262 | Hedesheimer Hof | 378 |
| Gleichenstein, Freiherr von | 433 | Grippat, J.L. | 262 | Hedges Cellars | 837 |
| Glen Carlou | 778 | Grivot, Dom. Jean | 141 | Heemskerk | 913 |
| Glenora Wine Cellars | 843 | Groffier, Dom. Robert | 142 | Heger, Dr. | 426 |
| Gloria, Ch. | 36 | Groot Constantia | 766 | Hehner-Kiltz | 373 |
| Göbel, Martin | 410 | Grosjean, Frères | 450 | Heidsieck & Co Monopole | 193 |
| Göhring | 377 | Gros, Dom. Jean | 141 | Heidsieck, Charles | 193 |
| Goichot, A. | 162 | Groß, Alois | 684 | Heilbronn-Erlenbach-Weinsberg, GK | 416 |
| Golan Heights Winery | 757 | Grosset | 889 | Heim | 215 |
| Gomerie, Ch. La | 78 | Groth Vineyards & Winery | 795 | Heinemann und Sohn, Ernst | 434 |
| González Byass | 595 | Grove Mill | 924 | Heinrich, G.A. | 416 |
| Gosset | 192 | Gruaud-Larose, Ch. | 37 | Heinrich, Gernot | 677 |
| Göttelmann | 373 | Gruaud-Larose, Sarget de | 37 | Heitlinger, Albert | 434 |
| Gouais (Gwäss) | 647 | Grünhaus, Maximin | 344 | Heitz Wine Cellars | 796 |
| les Goubert, Dom. | 271 | Guelbenzu, Bodegas | 576 | Henninger IV., GG. | 397 |
| Goudat, Domaine des | 33 | Guenoc Winery | 814 | Henriot | 202 |
| Gouges, Dom. Henri | 137 | Guerry, Ch. | 93 | Henriques & Henriques | 631 |
| Goulaine, Ch. de | 221 | Guffens-Heynen, Dom. | 176 | Henry of Pelham | 854 |
| Goulburn | 900 | Guigal, Domaine | 258 | Henschke | 884 |
| Goulet, Georges | 202 | Guiglielmi, Enzo | 494 | Hensel, Walter | 397 |
| Goundrey Wines | 911 | Guiraud, Ch. | 108 | Herber, Helmut | 348 |
| Goyenechea y Cía. | 870 | Gunderloch | 377 | Herederos de Argüeso | 599 |
| Grace Family Vineyards | 803 | Gundlach-Bundschu | 807 | Hermitage | 253 |
| Graham's | 617 | Guntrum, Louis | 383 | Hermosillo-Caborca | 877 |
| Graillot, Alain | 262 | Gurgue, Ch. La | 32 | Heron Hill Vineyards | 844 |
| Grand Canyon | 49 | Guyon, Dom. Antonin | 162 | Hess Collection Winery, The | 796 |
| Grand Pré Estate Winery | 854 | G.V.G., Grands Vins de Gironde | 120 | Hessische Bergstraße | 399 |
| Grand Traverse, Ch. | 847 | | | Heyl zu Herrnsheim, Freiherr | 378 |
| Grand-Pontet, Ch. | 78 | | | Heymann-Löwenstein | 339 |
| Grand-Puy-Ducasse, Ch. | 49 | # H | | Hidalgo y Cía., Vinícola | 599 |
| Grand-Puy-Lacoste, Ch. | 44 | | | Hidden Cellars | 814 |
| Grande Maison | 308 | | | Hillcrest Vineyard | 834 |
| Grands Chênes, Ch. Les | 66 | Haag, Fritz | 338 | Hillebrand Estate | 854 |
| Grands Crus, Compagnie | | Haag, Willi | 348 | Himbertscha | 647 |
| Médocaine des | 119 | Haart, Reinhold | 338 | Himmelstoß-Glaser | 410 |
| Grands Vins J-C Boisset | 141 | Hahnenhof Toni Jost | 350 | Hinzerling Vineyards | 840 |
| Grange Neuve, La | 74 | Hahnmühle | 370 | Hirschmugl, Franz | 684 |
| Grangehurst | 773 | Haider, Martin | 677 | Hirth, Erich | 419 |
| Grans-Fassian | 337 | Haidle, Karl | 415 | Hirtzberger, Franz | 660 |
| Grantschen, WG | 419 | Haldemann, Stefano | 655 | Hoensbroech, | |
| Granxa Fillaboa | 560 | Halfpenny Green | 737 | Reichsgraf & Marquis zu | 427 |
| Gratien et Meyer | 230 | Hamilton Russell | 780 | Höfler, Bernd | 410 |
| Gratien, Alfred | 202 | Hammerschmiede | 433 | Hofstätter | 474 |
| Grave del Friuli | 488 | Hardy, BRL | 883 | Högl, Josef | 662 |
| Grave Trigant de Boisset, Ch. La | 88 | Hargrave (Long Island) | 845 | Hogue Cellars, The | 839 |
| Grave, Ch. La | 116 | Hart Winery | 829 | Hohenbeilstein, Schlossgut | 420 |
| Grave-Martillac, La | 102 | Hartenberg Estate | 773 | Hohenlohe-Oehringen, Fürst zu | 417 |
| Graves | 95, 96 | Hasler, Hansruedi (Rütihof) | 653 | Holland | 747 |
| Graves de Vayres | 114 | Haubensack, Heini | 653 | l'Hôpital Pourtalès, Dom. de | 651 |
| Gravette de Certan, La | 87 | Haut Breton Larigaudière, Ch. | 33 | Hortevie, Ch. | 41 |
| Gravière-Grand-Poujeaux, La | 56 | Haut-Bages-Avérous, Ch. | 46 | l'Hortus, Dom. de | 297 |
| Gravner | 491 | Haut-Bages-Libéral, Ch. | 45 | Hospices de Beaune | 150 |
| Gray Monk Cellars | 854 | Haut-Bailly, Ch. | 98 | Houghton | 911 |
| Gray, Giorgio | 475 | Haut-Batailley, Ch. | 49 | Howard Park | 911 |
| Gréa, Ch. | 276 | Haut-Brion, Ch. | 99 | Huber, Bernhard | 433 |
| Great Southern | 908 | Haut-Cantelop, Ch. | 66 | Huber, Daniel | 654 |
| Great Western | 843 | Haut-Février, Dom. de la | 222 | Hudson River | 842 |
| Greco di Tufo | 530 | Haut-Marbuzet, Ch. | 52 | Hugel et Fils | 210 |
| Gressier-Grand-Poujeaux, Ch. | 56 | Haut-Médoc | 59 | Humagne | 647 |
| Grevepesa, Castelli del | 512 | Haut-Poitou, Cave Coop. de | 238 | Humagne Rouge | 647 |
| Greysac, Ch. | 66 | Hautes-Côtes de Beaune | 148 | Humberto Canale | 870 |
| Grgich Hills Cellar | 795 | Hautes-Côtes de Nuits | 135 | Hungarovin RT | 696 |
| Grgich, Miljenko | 720 | Hauts de Força-Real, Les | 298 | Hunt Country Vineyards | 844 |

939

# REGISTER

| | | | | | |
|---|---|---|---|---|---|
| Hunter Valley | 892 | Johannishof | 357 | Kiona Vineyards Winery | 838 |
| Hunters | 923 | John Harvey & Sons | 596 | Kirch, Franz | 409 |
| Huntington | 897 | Johner, Karl H. | 428 | Kirgisien | 746 |
| Hupfeld Königin Victoriaberg | 365 | Johnston & Fils, Nath. | 120 | Kirsten | 347 |
| | | Jolinaka Na Struma | 714 | Kirwan, Ch. | 28 |
| | | Jolivet, Pascal | 244 | Kisaföld (Sopron) | 696 |
| **I** | | Jordan & Jordan | 347 | Kissinger | 383 |
| | | Jordan Vineyard & Winery | 808 | Kistler | 811 |
| | | Jordan Winery | 773 | Klein Constantia | 766 |
| Idaho | 848 | Jordanien | 931 | Kleinmann, Johannes | 397 |
| Igler, Hans | 679 | Juanicó | 874 | Klipfel, Dom. | 215 |
| Ijalba, Viña | 573 | Julien, Ch. | 820 | Klören, Michael | 373 |
| Iles (G. Tremblay), Dom. des | 129 | Juliénas | 179 | Kloster Eberbach, Staatsweingut | 364 |
| Imesch, Caves | 649 | Juliénas, Cave Coop. de | 185 | Kloster Pforta, Landesweingut | 437 |
| Immich-Batterieberg | 348 | Juliénas, Ch. de | 185 | Klostermühle Odernheim | 374 |
| Indiana | 848 | Juliusspital | 404 | Klumpp, Ulrich | 434 |
| Indien | 931 | Jung, Jakob | 364 | Knebel, Reinhard & Beate | 347 |
| Infantes de Orléans-Bourbón | 599 | Jura | 273 | Knipser Johannishof | 391 |
| Inglenook Napa Valley | 802 | Jurat, Ch. Le | 78 | Knoll, Emmerich | 661 |
| Inniskillin Wines | 854 | Jurançon | 300 | Kobe Winery | 928 |
| Institut Agricole Régional | 450 | Juris/Stiegelmar | 675 | Kocher-Jagst-Tauber | 412 |
| Invencible, Cooperativa La | 587 | Jurtschitsch-Sonnhof | 666 | Koehler-Ruprecht | 391 |
| Ionische Inseln | 726 | Justices, Ch. Les | 112 | Koehly et Fils, Charles | 216 |
| Irache, Bodegas | 576 | Justino Henriques | 632 | Kollwentz, Römerhof | 672 |
| Irak | 931 | | | Kolumbien | 875 |
| Iran | 931 | | | König, Robert | 364 |
| Irancy | 125 | **K** | | Königschaffhausen, WG | 434 |
| Iron Horse Vineyards | 808 | | | Konocti Winery | 814 |
| Ironstone Vineyards | 827 | | | Konrad Estate | 814 |
| Irouléguy | 304 | Kaiserstuhl | 422 | Köpfer | 434 |
| Isleta, Bodega La | 601 | Kalabrien | 541 | Kopke | 620 |
| Isole e Olena | 510 | Kalifornien | 787 | Korbel & Bros. | 811 |
| Israel | 754 | Kalin Cellars | 820 | Korsika | 309 |
| d'Issan, Ch. | 27 | Kalkbödele - Gebr. Mathis | 434 | Koshu | 926 |
| Istein, Schlossgut | 427 | Kallfelz, Albert | 348 | Kosovo | 721 |
| Istituto Sperimentale Laimburg | 475 | Kampanien | 529 | Köster-Wolf | 383 |
| Italien | 447 | Kamptal | 665 | Kourtakis S.A. | 729 |
| | | Kanada | 852 | Kracher, Alois | 676 |
| | | Kanitz, Graf von | 358 | Kremstal | 663 |
| **J** | | Kanonkop | 768 | Kren, Dario | 717 |
| | | Kante, Edi | 492 | Kreta | 727 |
| | | Kappes-Scheer, Leo | 348 | Kreuzberg, H.J. | 334 |
| Jaboulet, Paul | 259 | Karlsmühle Peter Geiben | 347 | Kreydenweiss, Marc | 216 |
| Jaboulet-Vercherre | 162 | Karp-Schreiber | 339 | Kristancic, Silvio & Dusan | 717 |
| Jacobins, Le Caveau des | 276 | Karthäuserhof | 340 | Kroatien | 719 |
| Jacquart | 202 | Kasachstan | 746 | Krug | 194 |
| Jacques, Ch. des | 184 | Kasel, WG | 348 | Krug Winery, Charles | 801 |
| Jacqueson, Paul & Henri | 170 | Katalonien | 578 | Kruger-Rumpf | 371 |
| Jacquesson & Fils | 202 | Katnook Estate | 890 | Krug'scher Hof | 383 |
| Jadot, Maison Louis | 153 | Kauer, Randolf | 352 | Krutzler | 680 |
| Jamek, Josef | 662 | Kaufmann, Adrian | 654 | Ksara | 759 |
| Jane, Dom. Ray | 288 | Kavaklidere Saraplari | 753 | Ktima Hatzimichali | 731 |
| Japan | 925 | Kees-Kieren | 347 | Kuentz-Bas | 211 |
| Jasmin, Robert | 259 | Kefraya, Ch. | 759 | Kühn, Peter Jakob | 365 |
| Jasnières | 233 | Keller | 379 | Kuhnle | 420 |
| Jau, Ch. de | 297 | Kendall-Jackson | 809 | Kumeu River Wines Ltd | 923 |
| Jaubertie, Dom. de la | 307 | Kenia | 783 | Kunde Estate Winery | 811 |
| Jayer, Dom. Henri | 141 | Kenwood | 811 | Künstler, Franz | 359 |
| Jechtingen, WG | 434 | Keo | 749 | Kutman Gida | 753 |
| Jekel Vineyard | 820 | Kerpen, Heribert | 340 | KWV, Kooperatiewe Wijnbouwers Vereniging van Zuid-Afrika | 777 |
| Jerez | 593 | Kerschbaum, Paul | 679 | | |
| Jermann | 490 | Kesseler, August | 358 | Kykladen | 727 |
| Jesús Nazareno, Coop. | 560 | Kesselstatt, Reichsgraf von | 341 | | |
| Joblot, Jean-Marc | 170 | Kessler, Klaus-Peter | 364 | | |
| Joguet, Charles | 236 | Kettmeir | 476 | | |
| Johanneshof, J & V Reinisch | 670 | Kientzler, André | 215 | | |
| Johannisberg | 646 | King Estate | 834 | | |

# L

| | | | | | |
|---|---|---|---|---|---|
| La Côte | 641 | Lascombes, Ch. | 28 | Loewen, Carl | 348 |
| Labarde, Ch. | 32 | Lassalle, Ch. | 65 | Lohr Winery, J. | 817 |
| Labarthe, Dom. de | 307 | Lastours, Ch. de | 297 | Loimer, Fred | 666 |
| Labatut-Bouchard, Ch. | 116 | Latium | 523 | Loire | 217 |
| Labégorce, Ch. | 32 | Latour, Ch. | 46 | Lolonis Vineyards & Winery | 814 |
| Labégorce-Zédé, Ch. | 33 | Latour, Louis | 154 | Lombardei | 465 |
| Laborie Estate | 778 | Latour à Pomerol, Ch. | 85 | Long Depaquit, Ch. | 127 |
| Labouré-Roi | 142 | Latour Haut-Brion, Ch. | 103 | Long Island | 842 |
| Lackner-Tinnacher | 684 | La-Tour-St-Bonnet, Ch. | 66 | Loosen, Dr. | 341 |
| Lacoste-Borie, Ch. | 44 | Lauffen, WG | 417 | López de Heredia, Viña Tondonia | 569 |
| Lacryma Christi del Vesuvio | 531 | Laulerie, Ch. | 308 | López Hermanos | 591 |
| Ladoix-Serrigny | 149 | Launay, Ch. | 115 | López, Bodegas | 870 |
| Ladoucette (Ch. du Nozet), de | 245 | Laurel Glen | 812 | Lorentz, Gustave | 211 |
| Ladouys, Ch. Lilian | 54 | Laurent, Dominique | 142 | Lorenz | 348 |
| Lady Langoa | 38, 41 | Laurent-Perrier | 202 | Loron et Fils | 185 |
| Lafaurie-Peyraguey, Ch. | 109 | Laurier, Domaine | 812 | Los Llanos | 587 |
| Lafite-Rothschild, Ch. | 45 | Lauzade, Dom. de la | 288 | Los Vascos | 862 |
| Lafleur, Ch. | 84 | Lavaque | 870 | Loubens, Ch. | 115 |
| Lafnetscha | 647 | Lavaux | 641 | Loudenne, Ch. | 65 |
| Lafon-Rochet, Ch. | 53 | Laville-Haut-Brion, Ch. | 100 | Louvière, Ch. La | 99 |
| Lafond, Claude | 247 | Lavilledieu | 305 | Loyac, Ch. de | 33 |
| Lafond, Dom. | 272 | Lavilotte, Ch. | 54 | Lucashof | 397 |
| Lageder, Alois | 476 | Lawsons Dry Hill | 923 | Lugny, Cave de | 176 |
| Lagler, Karl | 662 | Lazaridi, Dom. Constantin | 731 | Lungarotti | 518 |
| Lagrange, Ch. | 37 | Leacock | 632 | Lupé-Cholet | 138 |
| Lagrazette, Ch. | 307 | Leberl, Josef | 674 | Luquet, Roger | 176 |
| Lagune, Ch. La | 62 | Leconfield, Hamilton Wine Group | 889 | Lützkendorf, U. | 436 |
| Lahr, Weingut der Stadt | 434 | Leeford Vineyards | 737 | Luxemburg | 740 |
| Laible, Andreas | 429 | Leeuwin | 910 | Lynch-Bages, Ch. | 46 |
| Lake Erie | 842 | Leeward Winery | 829 | Lynch-Moussas, Ch. | 49 |
| Lake's Folly | 897 | Leflaive, Dom. | 155 | Lytton Springs Winery | 812 |
| Lalande-Borie, Ch. | 41 | Leflaive, Olivier | 155 | | |
| Lalande-de-Pomerol | 90 | Lehmann, Joachim | 440 | | |
| Lamarche, Dom. François | 142 | Lehmann, Peter | 884 | # M | |
| Lamarque, Ch. de | 63 | Lehnert-Veit | 348 | | |
| Lamberhurst Vineyards | 735 | Leitz, Josef | 360 | Mâcon-Villages | 173 |
| Lamberti | 482 | Lenhardt | 348 | Mâconnais | 171 |
| Lamblin & Fils | 130 | León, Jean | 583 | Maculan | 483 |
| Lambrays, Dom. des | 142 | Leonetti Cellar | 838 | Madeira | 629 |
| Lambrich, Goswin | 350 | Léoville-Barton, Ch. | 38 | Madero, Casa | 877 |
| Lambrich, Josef Albert | 352 | Léoville-Las Cases, Ch. | 38 | Mades, Helmut | 352 |
| Lambrusco | 496 | Léoville-Poyferré, Ch. | 39 | Madiran | 303 |
| Lämmlin-Schindler | 428 | Lepitre, Abel | 202 | Madrid | 602 |
| Lamoureaux Landing | 844 | Lergenmüller & Söhne, W. | 392 | Maga, Lino (Barbacarlo) | 470 |
| Lande, Dom. de La | 238 | Leroy, Dom. | 138 | Magaña | 576 |
| Landmann, Seppi | 216 | Lestage, Ch. | 58 | Magdelaine, Ch. | 75 |
| Lanessan, Ch. | 63 | Lestiac, Ch. de | 116 | Magence, Ch. | 104 |
| Lang, Hans | 365 | Libanon | 758 | Magliocco, Daniel | 649 |
| Lang, Helmut | 677 | Librandi, Cantine | 542 | Mähren (Moldau) | 700 |
| Langoa-Barton, Ch. | 41 | Liechtenstein | 742 | Maillard, Dom. | 162 |
| Languedoc-Roussillon | 289 | Liergues, Cave Coop. de | 185 | Maindreieck | 402 |
| Langwerth von Simmern | 365 | Lieser, Schloss | 347 | Mainviereck | 402 |
| Lan, Bodegas | 573 | Lieujean, Ch. | 49 | Maire, Henri | 275 |
| Lanius-Knab | 352 | Lievland Estate | 773 | Makedonien | 725 |
| Lanson | 202 | Ligurien | 493 | Maladière, Dom. de la | 127 |
| Laporte, Dom. | 248 | Lindemans | 894 | Malartic-Lagravière, Ch. | 104 |
| Lapostolle, Casa | 860 | Linderos, Viña | 862 | Malat | 664 |
| Largeot, Dom. | 162 | Lingen, Winzerstube | 334 | Malescot St-Exupéry, Ch. | 33 |
| Larios | 592 | Lingenfelder | 392 | Malle, Ch. de | 112 |
| Larmande, Ch. | 74 | Lirac | 265 | Malmaison, Ch. | 57 |
| Laroche, Dom. | 126 | Lisini | 512 | Malta | 747 |
| Larose-Trintaudon, Ch. | 63 | Lison-Pramaggiore | 478 | Maltroye, Ch. de la | 162 |
| Larrau, Ch. | 33 | Listrac | 57 | Mancini, Piero | 550 |
| Larrivet-Haut-Brion, Ch. | 103 | Liversan, Ch. | 63 | Mandagot, Ch. | 298 |
| | | Llanerch Vineyard | 738 | Mann, Albert | 216 |
| | | Llano Estacado Winery | 846 | Männle, Andreas | 433 |
| | | Loel | 749 | | |

| | | | | | |
|---|---:|---|---:|---|---:|
| Männle, Heinrich | 429 | Mazeris-Bellevue, Ch. | 92 | Moccagatta | 464 |
| Mann's Wine Co | 927 | Mazziotti | 528 | Moët & Chandon | 195, 873 |
| Manos, Ch. | 116 | McWilliams | 895 | Moldau | 744 |
| Mantlerhof | 664 | McLaren Vale | 882 | Moldau (Moldovei) | 707 |
| Marbuzet, Ch. de | 51 | Mecsek | 696 | Molise | 521 |
| Marchesi de' Frescobaldi | 510 | Médoc | 22, 64 | Mollex, Maison | 279 |
| Marchesi di Barolo | 463 | Meerlust Estate | 768 | Mommessin | 184 |
| Marcillac | 305 | Meersburg, Staatsweingut | 434 | Monacesca, La | 520 |
| Margaret River | 908 | Megyer RT | 693 | Monbousquet, Ch. | 78 |
| Margaux | 24 | Meix Foulot, Dom. de | 170 | Monbrison, Ch. | 33 |
| Margaux, Ch. | 29 | Melin, Ch. | 116 | Moncabon, Enclos de | 33 |
| Marget, Emil | 434 | Melini | 512 | Mondavi, Robert | 797 |
| Marion's Vineyard | 913 | Melton, Charles | 889 | Mondotte, Ch. La | 78 |
| Marken | 519 | Mendocino/Lake County | 813 | Mongeard-Mugneret, Dom. | 142 |
| Markgräflerland | 423 | Mendrisio, Cantina Sociale | 655 | Mongravey, Ch. | 33 |
| Markgräflerland Bezirkskellerei | 434 | Menetou-Salon | 241 | Monica di Sardegna | 548 |
| Markko Vineyards | 847 | Menger, H.L. | 383 | Monin, Dom. | 280 |
| Marlborough | 919 | Méo-Camuzet, Dom. | 142 | Monje, Bodegas | 601 |
| Marokko | 760 | Mercian Corporation | 927 | Monmousseau | 237 |
| Marqués de Cáceres, Union Vitivinícola | 573 | Mercier | 194 | Monsanto | 512 |
| | | Mercurey | 164 | Monsupello | 470 |
| Marqués de Griñon | 573, 587 | Meredith Vineyards | 846 | Mont Elise Vineyards | 840 |
| Marqués de Monistrol | 583 | Mérito, Díez | 599 | Mont d'Or, Dom. du | 648 |
| Marqués de Murrieta | 569 | Merrill, Geoff | 890 | Mont, Ch. du | 116 |
| Marqués de Riscal | 570 | Merryvale Vineyards | 802 | Montagnac, Pierre | 120 |
| Marqués de Vizhoja | 560 | Mesquida, Jaume | 601 | Montagne de Reims | 189 |
| Marqués del Real Tesoro | 597 | Messias, Caves | 623 | Montagny | 165 |
| Marquis de Ségur | 51 | Messmer, Herbert | 393 | Montaigne, Ch. Michel de | 308 |
| Marquis-de-Terme, Ch. | 33 | Mestrepeyrot, Peyrot-Merges, Ch. | 116 | Montalivet, Ch. | 104 |
| Marquis d'Alesme-Becker, Ch. | 33 | Mestres | 585 | Montana | 921 |
| Marquis d'Angerville, Dom. | 162 | Mestrezat & Domaines | 120 | Montecillo | 570 |
| Marsac Seguineau, Ch. | 33 | Métaireau, Louis | 222 | Montefalco | 515 |
| Marsala | 544 | Metternich'sches Weingut, Gräflich Wolff | 430 | Montelena, Ch. | 801 |
| Marsannay, Ch. de | 142 | | | Montelio | 470 |
| Martinborough | 920 | Meursault | 147 | Montenegro (Crna Gora) | 721 |
| Martinborough Vineyard | 923 | Meursault, Ch. de | 156 | Montepulciano d'Abruzzo | 521 |
| Martínez, Faustino | 568 | Mexiko | 876 | Monterminod, Ch. | 280 |
| Martini & Rossi | 464, 873 | Meyer, Jos. | 212 | Monteschiavo | 520 |
| Martini, Louis M. | 802 | Meyer-Näkel | 333 | Montevetrano | 533 |
| Martino | 536 | Meyney, Ch. | 52 | Montevina Wines | 828 |
| Marugg, Daniel | 653 | Meyney, Prieur de | 52 | Montez, Antoine | 262 |
| Mas Amiel | 298 | Miani | 492 | Monthélie | 146 |
| Mas de Daumas Gassac | 296 | Michael Winery, Peter | 812 | Monticello Cellars | 803 |
| Mascarello, Bartolo | 460 | Michel & Fils, José | 202 | Montlouis | 234 |
| Masciarelli | 522 | Michel, Dom. Louis | 128 | Montmollin Fils, Dom. de | 651 |
| Masi | 483 | Michel, Dom. René | 176 | Montori | 522 |
| Masson Vineyards, Paul | 818 | Michel, Robert | 262 | Mont-Redon, Ch. | 269 |
| Masson-Blondelet, Dom. | 245 | Michelot, Dom. Alain | 142 | Montrose | 898 |
| Massy Vins, Luc | 644 | Michel-Pfannebecker | 383 | Montrose, Ch. | 53 |
| Mastroberardino | 533 | Michigan | 847 | Montus, Ch. | 306 |
| Mastrojanni | 513 | Mildara Blass | 885 | Moorilla Estate | 913 |
| Matanzas Creek | 811 | Miles | 632 | Moorlynch | 737 |
| Matasci Fratelli SA | 655 | Miljenko Grgich | 720 | Mór | 696 |
| Mathern | 371 | Millbrook Vineyards & Winery | 845 | Moraga | 829 |
| Mathias, Dom. | 176 | Minervois | 291 | Moreau & Fils, J. | 128 |
| Mathier & Co., Adrien | 649 | Minges, Theo | 397 | Morey-St-Denis | 133 |
| Mathier, Franz-Josef | 650 | Miolane, Dom. Christian | 185 | Morgenhof | 773 |
| Matourne, Dom. de | 287 | Miramar | 898 | Morgon | 181 |
| Matua Valley | 924 | Mirassou Vineyards | 818 | Moroder, Alessandro | 520 |
| Maucaillou, Ch. | 56 | Mission-Haut-Brion, Ch. La | 100 | Morolli | 518 |
| Mauro, Bodegas | 565 | Mitchell | 890 | Morris | 903 |
| Maury | 294 | Mitchelton | 903 | Mortet, Denis | 142 |
| Maximilianshof Oetinger | 365 | Mittelburgenland | 678 | Morton Estate | 924 |
| Maye et Fils, Simon | 647 | Mittelhaardt/Deutsche Weinstraße | 386 | Mosbacher, Georg | 393 |
| Mayer am Pfarrplatz | 686 | Mittelmeerküste | 753 | Moscato d'Asti | 456 |
| Mayne des Carmes | 110 | Mittelmosel (Bernkastel) | 336 | Mosel-Saar-Ruwer | 335 |
| Mazarin, Ch. | 116 | Mittelrhein | 349 | Moser, Lenz | 664 |

| | | | | | |
|---|---|---|---|---|---|
| Moser, Sepp | 664 | Nebbiolo d'Alba | 456 | Ocucaje | 875 |
| Moss Wood | 911 | Neder | 405 | Odoardi | 542 |
| Mossbacherhof Klein | 397 | Nederburg Estate | 777 | Offley Forrester | 621 |
| Motte Estate, La | 778 | Neethlingshof Estate | 769 | Ohio | 847 |
| Moueix & Fils SA, A. | 120 | Négociants in Bordeaux | 120 | Ojai Vineyard | 829 |
| Moueix, J-Pierre Ets | 120 | Negri, Nino | 470 | Ökonomierat Rebholz | 395 |
| Moulin de Duhart | 49 | Neil Ellis Wines | 769 | Olarra, Bodegas | 573 |
| Moulin de Launay, Ch. | 116 | Neipperg, Graf von | 418 | l'Olivette, Dom. de | 288 |
| Moulin de la Rose, Ch. | 41 | Nelles | 334 | Olivier, Ch. | 104 |
| Mas de la Rouvière, Moulin des Costes | 287 | Nenin, Ch. la Nerthe, Ch. | 89 270 | Oltenien (Oltenia) Oltrepò Pavese | 708 466 |
| Moulin des Dames | 308 | Neudorf Vineyards | 924 | Ontario | 853 |
| Moulin Pey-Labrie, Ch. | 92 | Neuenburg (Neuchâtel) | 651 | Opus One | 798 |
| Moulin Riche | 39 | Neumayer, Ludwig | 667 | Oregon | 830 |
| Moulin Touchais | 229 | Neumeister | 685 | Orfila, José | 871 |
| Moulin-à-Vent | 180 | Neuseeland | 917 | Orlando | 885 |
| Moulin-à-Vent, Ch. | 56 | Neusiedlersee | 675 | L'Ormarins | 778 |
| Moulin-à-Vent, Ch. du | 186 | Neusiedlersee-Hügelland | 671 | Ormes Sorbet, Ch. Les | 64 |
| Moulis-en-Médoc | 55 | Neuweier-Bühlertal, WG | 434 | Ormes-de-Pez, Ch. Les | 54 |
| Mounir, Gebrüder (Cave du Rhodan) | 650 | New England | 848 | Ornellaia, Tenuta dell' | 508 |
| Mount Eden Vineyards | 820 | New Hall | 737 | L'Orpailleur, De | 853 |
| Mount Langhi Ghiran | 905 | New Jersey | 848 | Orsat, Caves | 650 |
| Mount Mary | 905 | New South Wales | 891 | Ortenau | 422 |
| Mount Veeder | 803 | New York State | 841 | Orvieto | 515 |
| Mountadam | 890 | Newton Vineyard | 802 | Osborne | 599 |
| Mourgues du Grès, Ch. | 298 | Neyret-Gachet (Ch. Grillet) | 260 | Ostanatolien | 753 |
| Mouton-Rothschild, Ch. | 47 | Niebaum-Coppola | 797 | Österreich | 657 |
| Movia | 717 | Niederösterreich | 659 | Ostertag, Domaine | 213 |
| Mudgee | 893 | Nierstein | 376 | Östliches Bordeaux | 67 |
| Muga | 571 | Niersteiner WG | 379 | Ostschweiz | 652 |
| Mulderbosch Vineyards | 774 | Nieto & Senetiner, Casa Vinícola | 871 | Ott (Ch. de Selle, Clos Romassan, Clos Mireille), Dom. | 285 |
| Müller, Domäne | 682 | Nigl | 664 | | |
| Müller, Gebrüder | 434 | Nikolaihof Wachau | 661 | d'Oupia, Ch. | 298 |
| Müller-Catoir | 394 | Ninon, Ch. | 116 | Overgaauw Estate | 774 |
| Müller-Scharzhof, Egon | 342 | Nittnaus, Anita & Hans | 677 | | |
| Mumm | 195 | Nobilo | 922 | | |
| Münzberg - Kessler & Söhne | 394 | Noble, Ch. du | 116 | **P** | |
| Murana, Salvatore | 546 | Noë, Ch. de La | 221 | | |
| Murcia | 589 | Nordafrika | 760 | | |
| Muré (Clos St-Landelin) | 212 | Nördliche Rhône | 252 | Paarl | 775 |
| Murphy-Goode Estate Winery | 811 | Norte de Teneriffa, Viticultores del | 601 | Paccot, Raymond | 644 |
| Murray River Valley | 900 | North Central Coast | 815 | Pacherenc du Vic-Bilh | 303 |
| Musar, Ch. | 758, 759 | North Coast | 789 | Padthaway | 882 |
| Muscadet de Sèvre et Maine | 218 | North Eastern Victoria | 901 | Paien (Heida) | 647 |
| Muscat | 206 | Norton | 868 | Paillard, Bruno | 202 |
| Muscat de Frontignan | 293 | Notton, Ch. | 25 | les Paillères, Dom. | 272 |
| Muscat de Lunel | 293 | Nova Scotia | 853 | Palácio de Brejoeira | 610 |
| Muscat de Mireval | 293 | Nozzole, Fattoria di | 512 | Palacio, Bodegas | 573 |
| Muscat de Rivesaltes | 293 | Nuestra Señora del Romero, Coop. | 576 | Palais, Ch. Les | 298 |
| Muscat de St-Jean de Minervois | 293 | Nuits-St-Georges | 135 | Palazolla, La | 518 |
| Mustilli | 533 | Numéro 2 | 53 | Palazzone | 518 |
| | | Nussbaumer, Kurt & Josy | 653 | Palette | 282 |
| | | Nuy Co-op | 780 | Palmer Vineyards | 845 |
| | | Nyetimber | 737 | Palmer, Ch. | 29 |
| | | | | Palomino & Vergara | 599 |
| **N** | | | | Pannonia | 696 |
| | | **O** | | Panther Creek Cellars | 834 |
| Nadal, Cava | 585 | | | Pape-Clément, Ch. | 101 |
| Nägelsförst, Gut | 433 | | | Parcé, Dom. | 298 |
| Nägler, Dr. Heinrich | 365 | | | | |
| Nahe | 367 | Oak Knoll Winery | 832 | Pardre de Haut-Bailly, Le | 98 |
| Nairac, Ch. | 112 | Obere Loire | 239 | Parducci Wine Cellars | 814 |
| Naitana | 550 | Oberer Neckar | 412 | Parras | 877 |
| Nalle Winery | 812 | Obermosel | 336 | Parxet | 585 |
| Napa Valley | 790 | Obrist SA | 644 | Pasquier-Desvignes | 186 |
| Navarra | 574 | Ochoa | 576 | Patache d'Aux, Ch. | 66 |
| Navarra, Vinícola | 576 | Ochoa Palao, Enrique | 589 | Paternina, Federico | 571 |
| Naylor Wine Cellars | 847 | Ocone | 533 | Paternoster | 536 |

943

| | | | | | |
|---|---|---|---|---|---|
| Pato, Luis | 623 | Pichon-Longueville Baron, Ch. | 47 | Prats SA, Domaines | 120 |
| Patriarche Père & Fils | 156 | Pichon-Longueville | | Preiss-Zimmer | 216 |
| Patrimonio | 310 | Comtesse de Lalande, Ch. | 48 | Premières Côtes de Bordeaux | 114 |
| Pauillac | 42 | Picolit | 489 | Prestige de Gascogne | 308 |
| Pauly-Bergweiler, Dr. | 347 | Piedmont | 348 | Preston Premium Wines | 839 |
| Paumanok | 845 | Piemont | 451 | Prieler, Engelbert | 674 |
| Pavie, Ch. | 75 | Pieropan | 486 | Prieur et Fils, Pierre | 248 |
| Pavillon Blanc du Ch. Margaux | 29 | Pighin, Fratelli | 491 | Prieur, Jacques | 157 |
| Pavillon Rouge du Ch. Margaux | 29 | Pilton Manor | 738 | Prieur-Brunet, Dom. | 162 |
| Pays Nantais | 218 | Pin, Ch. Le | 86 | Prieuré, Dom. du | 175 |
| Pazo de Señorans | 560 | Pindar Vineyards | 845 | Prieuré, La Cave du | 280 |
| Pedesclaux, Ch. | 49 | Pinot Blanc | 206 | Prieuré-Lichine, Ch. | 30 |
| Pedro Domecq | 595 | Pinot Gris (Tokay) | 205 | Prince Michel Vineyards | 846 |
| Pedroncelli | 812 | Pinot Noir | 206 | Princic, Doro | 492 |
| Pelee Island Winery | 854 | Pins, Ch. Les | 298 | Príncipe de Viana | 576 |
| Pélichet, Jacques | 644 | Pinson, Dom. | 130 | Prinz Fred | 360 |
| Pellé, Dom. Henry | 248 | Pinte, Dom. de la | 276 | Prinz von Hessen | 356 |
| Pellegrini Vineyards | 845 | Pintler | 848 | Priorato | 580 |
| Pellegrino, Carlo | 546 | Pio Cesare | 461 | Producteurs de Prissé, Les | 176 |
| Peloponnes | 725 | Piper-Heidsieck | 198 | Produttori Colterenzio, Cantina | 476 |
| Peneau, Ch. | 116 | Pipers Brook | 912 | Produttori del Barbaresco | 461 |
| Penedés | 579 | Pircher, Urs | 653 | Protos, Bodega | 565 |
| Penfolds | 886 | Pirineos, Bodegas | 577 | Provam | 610 |
| Penly Estate | 890 | Piron, Dominique | 186 | Provence | 281 |
| Pennsylvania | 847 | Pirramimma | 890 | Provins Valais | 650 |
| Pensées de Lafleur, Les | 84 | Pitnauer, Hans | 668 | Prunotto | 462 |
| Penshurst | 738 | Pivot, Jean-Charles | 186 | Prüm, Joh.Jos. | 343 |
| Perabo, Fritz | 366 | Plagnac, Ch. | 66 | Prüm, S.A. | 342 |
| Perelada, Castillo | 581 | Plain-Point, Ch. | 92 | Pulham | 738 |
| Pérez Pascuas, Hermanos | 564 | Plaisance, Ch. de | 229 | Puligny-Montrachet | 147 |
| Pérez Texeira | 592 | Plaisir de Merle | 778 | Pupillin, Fruitière Vinicole à | 276 |
| Perll, August | 352 | Plancic, Antun | 720 | Purísima, Cooperativa Agrícola La | 593 |
| Perll, Walter | 351 | Plantagenet | 911 | Puszta (Alföld) | 695 |
| Pernand-Vergelesses | 149 | Platzer, Manfred | 685 | | |
| Perraud, Jean-François | 186 | Plince, Ch. | 89 | | |
| Perrier et Fils, Jean | 280 | Pöckl, Josef | 677 | **Q** | |
| Perrier, Joseph | 196 | Poderi Rocche dei Manzoni | 464 | | |
| Perrier-Jouët | 196 | Poggio Fenice | 528 | Quady Winery | 826 |
| Perrières, Les | 639 | Pointe, Ch. La | 89 | Quail Ridge | 803 |
| Peru | 875 | Pojer & Sandri | 476 | Quancard André | 119 |
| Pesquera | 565 | Pol Roger | 198 | Quarles Harris & Co | 621 |
| Pessac-Léognan | 96 | Polen | 747 | Quarts de Chaume | 225 |
| Petaluma | 886 | Poliziano | 512 | Quebec | 853 |
| Peters, Pierre | 197 | Polz, Erich & Walter | 683 | Quénard, André & Michel | 280 |
| Petgen-Dahm, Ökonomierat | 347 | Pomerol | 80 | Quénard, | |
| Petit & Fils, Désiré | 276 | Pommard | 145 | Jean-Pierre & Jean-François | 280 |
| Petit Cheval, Le | 72 | Pommard, Ch. de | 157 | Querbach | 361 |
| Petit Rahoul | 101 | Pommery & Greno | 199 | Querciabella, Fattoria | 512 |
| Petit Village, Ch. | 89 | Poniatowski, Prince (Clos Baudoin) | 238 | Quincy | 240 |
| Petite Église, La | 82 | Pontet-Canet, Ch. | 48 | Quinta da Aveleda | 610 |
| Pétrus, Ch. | 85 | Ponzi Vineyards | 833 | Quinta do Noval | 618 |
| Peymartin, Ch. | 36 | Popp, Ernst | 410 | Quinta do Tamariz | 610 |
| Peyre Rose, Dom. | 296 | Porret et Fils, A. | 651 | Quintarelli, Giuseppe | 486 |
| Peyrebon, Ch. | 116 | Porta Raetia | 653 | Quivira | 812 |
| Pez, Ch. de | 50 | Portets, Ch. de | 104 | Qupé | 823 |
| Pfalz | 385 | Portugal | 607 | | |
| Pheasant Ridge | 846 | Portwein | 613 | | |
| Phélan-Ségur, Ch. | 54 | Potensac, Ch. | 65 | **R** | |
| Phelps, Joseph | 798 | Pouilly Vinzelles, Pouilly-Loché | 172 | | |
| Philipponnat | 197 | Pouilly-Fuissé | 172 | | |
| Phillips Vineyard, R.H. | 826 | Pouilly-Fumé | 239 | Rabaud-Promis, Ch. | 112 |
| Piat Père & Fils | 186 | Poujeaux, Ch. | 56 | Rabiega, V & S Dom. | 287 |
| Piave | 479 | Poussie, La | 246 | Raffault, J-M | 237 |
| Pibarnon, Ch. de | 288 | Poveda, Salvador | 589 | Ragose, Le | 486 |
| Picasso M. & Hnos | 875 | Power Drury | 632 | Rahoul, Ch. | 101 |
| Pichler, Franz X. | 663 | Pradeaux, Ch. | 288 | Raimat | 584 |
| Pichler, Rudolf | 663 | Prager, Franz | 662 | | |

| | | | | | |
|---|---|---|---|---|---|
| Rame, Ch. La | 116 | Rivera | 540 | **S** | |
| Ramonet, Dom. | 158 | Riverina | 893 | | |
| Ramos Pinto | 621 | Rivesaltes | 294 | St-Aubin | 149 |
| Rappenhof Dr. Muth | 384 | Rivière, Ch. La | 92 | St-Benoit, Dom. | 272 |
| Raspail-Ay, Dom. | 272 | Robertson Bros & Co | 621 | St-Chinian | 291 |
| Ratti, Renato | 464 | Roc, Ch. le | 308 | St-Cosme, Ch. de | 272 |
| Ratzenberger | 351 | Roc de Cambes, Ch. Le | 93 | St-Didier-Parnac, Ch. | 308 |
| Rauzan-Gassies, Ch. | 33 | Rocca, Albino | 464 | St-Émilion | 68 |
| Rauzan-Ségla, Ch. | 30 | Rochemorin, Ch. de | 104 | St-Estèphe | 50 |
| Raveneau, Dom. François | 130 | Rock Lodge | 738 | St-Estève, Ch. | 288 |
| Ravenswood | 812 | Rockford | 890 | St-Gemme, Dom. de | 63 |
| Rayas, Ch. | 270 | Rodet, Antonin (Ch. de Chamirey) | 167 | St-Julien | 34 |
| Raymond, Marc | 650 | Rodney Strong | 812 | St-Mambert, Ch. | 49 |
| Raymond-Lafon, Ch. | 109 | Rodrigues & Berger | 587 | St-Paul de la Dominique | 73 |
| Rayne-Vigneau, Ch. | 112 | Roduit, Eloi & Gérard | 650 | St. Andreas | 434 |
| Réal d'Or, Ch. | 288 | Roederer Estate | 814 | St. Antony | 380 |
| Rebgut Alter Berg | 653 | Roederer, Louis | 199 | St. Hallett | 887 |
| Rebgut der Stadt Bern | 651 | Roger, Jean-Max | 248 | St. Huberts | 905 |
| Reflets, Les | 63 | Rol Valentin, Ch. | 79 | St. Jean, Ch. | 810 |
| Regaleali (Tasca d'Almerita) | 546 | Romanée-Conti-DRC, Dom. de la | 139 | St. Julian Vineyards | 848 |
| Regnard & Fils | 130 | Romer du Hayot, Ch. | 112 | St. Urbanshof | 343 |
| Regnery, Franz-Josef | 348 | Ronco del Gelso | 492 | Ste-Foy de Bordeaux | 114 |
| Régnié | 182 | Ropiteau Frères, Maison | 158 | Ste-Geneviève | 846 |
| Reh, Winfried | 348 | Roq Blanquet | 70 | Ste-Roseline, Ch. | 288 |
| Reichsrat von Buhl | 388 | Roque Bleda Martínez | 589 | Ste. Chapelle Winery | 848 |
| Reif Estate | 854 | Roque-de-By, La | 66 | Ste. Michelle, Chateau | 836 |
| Reinhartshausen, Schloss | 363 | Roquetaillade-La-Grange, Ch. | 104 | Ste Neige Wine Co. | 928 |
| Remstal-Stuttgart | 412 | Rosa del Golfo | 540 | Saint George's | 738 |
| Remstalkellerei | 420 | Rosch, Josef | 347 | Saint Pourçain | 249 |
| Renaissance Vineyards | 828 | Rose-Maréchale, Dom. de la | 63 | Saint-Amour | 178 |
| Renarde, Dom. de la | 167 | Rosemount Estate | 895 | Saint-Bris-le-Vineux | 125 |
| Renault Winery | 848 | Rosso Conero | 519 | Saint-Joseph | 254 |
| Réserve de la Comtesse | 48 | Rosso Piceno | 519 | Saint-Louis-le-Bosq | 40 |
| Réserve du Général | 29 | Rostaing, René | 262 | Saint-Péray | 255 |
| Réserve du Marquis d'Évry | 63 | Roth, Gerhard | 410 | Saint-Pierre, Ch. | 40 |
| Réspide, Ch. | 104 | Rothbury Estate | 896 | Saint-Romain | 149 |
| Retsina | 728 | Rothschild, Philippe de | 119 | Saint-Véran | 173 |
| Reuilly | 241 | Rougeot, Dom. | 159 | Sainte Anne, Dom. de | 230 |
| Reuscher-Haart | 348 | Rouget, Ch. | 86 | Sainte-Anne, Dom. | 272 |
| Reverchon, Edmund | 348 | Roulot, Dom. | 159 | Saale-Unstrut | 435 |
| Reverchon, Xavier | 276 | Rousseau, Dom. Armand | 139 | Saar | 336 |
| Reverdy et Fils, Jean | 246 | Rousset, Ch. | 93 | Sachsen | 438 |
| Reyes, Bodegas | 565 | Roussette de Savoie | 278 | Saget, Guy | 248 |
| Reynon, Ch. | 116 | Rouvinez Vins | 648 | Sales, Ch. de | 89 |
| Rèze | 647 | Roux Père & Fils, Dom. | 162 | Salle-de-Poujeaux, Ch. la | 56 |
| Rheingau | 353 | Rouze, Dom. Jacques | 248 | Salm-Dalberg, Prinz zu | 372 |
| Rheinhessen | 375 | Royal Tokaji Wine Company, The | 693 | Salnesur, Bodegas | 560 |
| Rhône | 251 | Royes, Dom. des | 262 | Salon | 200 |
| Ribatejo | 628 | Rozendal Farm | 774 | Saltillo | 877 |
| Ribeiro, Vitivinícola del | 560 | Ruck, Johann | 405 | Salvioni La Cerbaiola | 513 |
| Ribera del Duero | 563 | Rueda | 562 | Salwey | 431 |
| Ricaud, Ch. de | 116 | Ruedin, Jean-Paul | 651 | Samos Cooperative | 730 |
| Richou, Domaine | 230 | Ruffino | 513 | San Felice | 513 |
| Richter, Richard | 348 | Ruinart | 200 | San Francesco | 542 |
| Ridge Vineyards | 819 | Rully | 165 | San Guido dei Marchesi | |
| Riecine | 512 | Rully St-Michel, Dom. de | 170 | Incisa della Rocchetta, Tenuta | 513 |
| Rieflé, Dom. | 216 | Rully, Ch. de | 170 | San Isidro, Cooperativa | 589 |
| Riesling | 204 | Rumänien | 704 | San Juan del Rio | 877 |
| Rietvallei | 780 | Russiz Superiore | 492 | San Leonardo, Tenuta | 476 |
| Rieussec, Ch. | 110 | Russland | 744 | San Marino | 747 |
| Rimuss-Kellerei Rahm & Co. | 653 | Rust en Vrede Estate | 770 | San Pedro | 862 |
| Rio Grandense, Companhia Vinícola | 873 | Rustenberg Estate | 770 | San Telmo, Bodega | 871 |
| Rioja | 566 | Rüstihauser, Cristophe | 653 | Sancerre | 240 |
| Rioja Alta, La | 568 | Rutherford Hill | 803 | Sancerre, Ch. de | 247 |
| Riojanas, Bodegas | 573 | Rutishauser Weinkellerei | 653 | Sánchez Romate Hermanos | 599 |
| Rios do Minho (Vinho Verde) | 609 | Ruwer | 336 | Sandeman | 597, 618 |
| Riunite | 498 | Rymill | 890 | | |

# REGISTER

| | | | | | |
|---|---|---|---|---|---|
| Sander, Gerhard | 384 | Schloss Schönborn | 366 | Simi Winery | 809 |
| Sandhurst | 738 | Schloss Sommerhausen | 410 | Simon, Bert | 348 |
| Sandrone, Luciano | 464 | Schloss Staufenberg | 434 | Simon-Bürkle | 400 |
| Sanford Winery | 824 | Schloss Vollrads | 362 | Simone, Ch. | 286 |
| Sang des Cailloux, Dom. Le | 272 | Schloss Wackerbarth | 439 | Simonini | 540 |
| Sansonnière, Dom. de la | 230 | Schloss Westerhaus | 384 | Simonnet-Fèbvre et Fils | 130 |
| Santa Ana | 871 | Schlumberger, Dom. | 216 | Simonsig Estate | 771 |
| Santa Barbara | 520 | Schlumberger, Friedhelm | 434 | Simonsvlei Winery | 778 |
| Santa Barbara Winery | 824 | Schlumberger, Hartmut | 434 | Sipp, Louis | 216 |
| Santa Carolina | 862 | Schmid, Tobias & Sohn | 653 | Siran, Ch. | 31 |
| Santa Catarina | 601 | Schmidt | 372 | Sitzius, Wilhelm | 374 |
| Santa Emiliana | 862 | Schmitges, Heinrich | 348 | Sizilien | 543 |
| Santa Inés | 863 | Schmitt, Heinz | 348 | Skalli (Fortant de France) | 298 |
| Santa Mónica | 863 | Schmitt, Richard | 410 | Slowakei | 702 |
| Santa Rita | 863 | Schmitt, Robert | 410 | Slowenien | 716 |
| Santa Rosa | 874 | Schmitt's Kinder | 406 | Smith & Hook | 820 |
| Santenay | 149 | Schmitz, Hubert | 348 | Smith Woodhouse | 621 |
| Santo Tomás, Bodegas de | 877 | Schneider, G.A. | 381 | Smith-Haut-Lafitte, Ch. | 102 |
| Sanz, Vinos | 565 | Schneider, R & C | 431 | Snoqualmie Winery | 840 |
| Sarda-Malet, Dom. | 298 | Schönborn, Graf von | 407 | Soave | 479 |
| Sardinien | 547 | Schramsberg | 803 | Sociando-Mallet, Ch. | 62 |
| Sardo, Centro Enologico | 549 | Schröck, Heidi | 674 | Sodap | 749 |
| Sartarelli | 520 | Schröder & Schÿler, Maison | 120 | SOGRAPE, Vinhos de Portugal | 612 |
| Sasbach, WG | 434 | Schuster, Rosi | 674 | Sokol Blosser Winery | 834 |
| Sassicaia | 502 | Schützenhof, | | Solar Bouças | 610 |
| Sasso Rosso | 518 | Fam. Körper-Faulhammer | 680 | Soleil Nantais, Le | 222 |
| Sasso, Francesco | 536 | Schwanburg, Castello | 476 | Solis, Félix | 587 |
| Satelliten in St-Émilion | 79 | Schwarzer Adler | 434 | Somló | 696 |
| Sattlerhof | 683 | Schweinhardt Nachfolger, Willi | 374 | Sommerach, Winzerkeller | 410 |
| Sauer, Am Lump - Paul | 406 | Schweiz | 637 | Sonnenhof | 420 |
| Saule, Ch. de La | 170 | Scolca, La | 464 | Sonoma | 804 |
| Saumur, Cave de Vignerons de | 230 | Second de Carnet, Le | 63 | Sonoma-Cutrer | 810 |
| Saumur, Saumur-Champigny | 225 | Seeger | 432 | Sorrel, Marc | 262 |
| Sauternes | 105 | Segal's Wines-Alkalon | 757 | Soufrandise, Dom. La | 176 |
| Sauvagnères, Ch. | 308 | Segonnes, Ch. | 28 | Soutard, Ch. | 76 |
| Sauzet, Étienne | 160 | Séguin, Ch. de | 116 | South Australia | 880 |
| Savennières | 226 | Ségur-d'Arsac, Ch. | 60 | South Central Coast | 821 |
| Savigny-lès-Beaune | 144 | Segura Viudas | 585 | Southern California | 829 |
| Savoie (Savoyen) | 277 | Selbach-Oster | 344 | Spalletti | 498 |
| Savoyard, Le Vigneron | 280 | Sélection de Grains Nobles | 208 | Spanien | 557 |
| Saxenburg | 771 | Sella & Mosca | 550 | Spaniens Inseln | 600 |
| Saxer, A+A, St. Annakellerei | 653 | Selosse, Jacques | 202 | Sparr, Pierre | 216 |
| Scavino, Paolo | 464 | Seltz, Albert | 216 | Spinetta, La | 464 |
| Schaefer, Karl | 398 | Sénéjac, Ch. | 63 | Spottswoode | 803 |
| Schaefer, Willi | 348 | Señorío de Sarría | 575 | Sprecher, Theophil von | |
| Schäffer, Egon | 410 | Señorío del Condestable | 589 | (Weingut Pola) | 653 |
| Schafler, Andreas | 670 | Sens, Ch. La | 116 | Spreitzer, Josef | 366 |
| Schales | 380 | Seppelt Great Western | 905 | Springfield Estate | 780 |
| Schandl, Peter | 673 | Septimanie, Les Vignerons de | 298 | Spumante Ferrari | 475 |
| Scharffenberger Cellars | 814 | Serbien (Srbija) | 721 | Staatliche Weinbaudomäne | 373 |
| Schätzle, Leopold | 434 | Seresin Estate | 924 | Staatlicher Hofkeller | 407 |
| Scheidgen, Friedrich | 352 | Setúbal | 625 | Staatskellerei Zürich | 653 |
| Schellmann, Gottfried | 670 | Seyssel | 278 | Staatsweingut Bergstraße | 400 |
| Schenk, Bodegas | 588 | Shafer | 799 | Stadlmann | 670 |
| Scherner-Kleinhanss | 381 | Shawsgate | 738 | Stadt Klingenberg | 409 |
| Schick, Adolf | 384 | Shenandoah Vineyards | 828 | Stag's Leap Wine Cellars | 803 |
| Schindler, Franz | 674 | Sherry | 593 | Stallmann-Hiestand | 382 |
| Schiopetto, Mario | 490 | Siben Erben, Georg | 398 | Steele Wines | 814 |
| Schlamp-Schätzel | 384 | Sichel, Maison | 120 | Steiermark | 681 |
| Schlatter, Hans | 653 | Siebenbürgen (Transsilvanei) | 709 | Steigerwald | 402 |
| Schloss Frankenberg | 409 | Siegrist, Thomas | 398 | Steiner, Charles | 653 |
| Schloss Johannisberg | 357 | Sierra Foothills | 827 | Stellenbosch | 767 |
| Schloss Neuweier | 430 | Sigalas-Rabaud, Ch. | 112 | Stellenbosch Farmer's, SFW | 774 |
| Schloss Proschwitz - Prinz zur Lippe | 439 | Silberberg, | | Stellenzicht | 772 |
| Schloss Reinhartshausen | 361 | Steierisches Landesweingut | 684 | Sterling Vineyards | 800 |
| Schloss Saarstein | 348 | Silver Oak Cellars | 799 | zum Sternen, Weingut | |
| Schloss Salenegg | 653 | Silverado | 803 | (Andreas Meier & Co.) | 653 |

| | | | | | |
|---|---|---|---|---|---|
| Stigler | 432 | Tenterden Vineyard | 738 | Touraine | 231 |
| Stodden, Jean | 334 | Terlano | 473 | Touraine, Touraine-Azay-le-Rideau | 234 |
| Stoney Ridge Cellars | 854 | Terra Alta | 580 | Tourelles de Longueville, Les | 47 |
| Stoneyridge Vineyard | 924 | Terra Vinea | 298 | Traisental | 666 |
| Stonier's | 906 | Terre Rosse | 497 | Transkaukasien | 745 |
| Stoppa, La | 498 | Terrefort-Bellegrave, Ch. | 93 | Trapet Père & Fils, Dom. | 140 |
| Störrlein, Josef | 408 | Terreni alla Maggia | 655 | Trapiche | 869 |
| Straub, Philippe | 644 | Terres Blanches, Les | 272 | Trás-os-Montes | 611 |
| Struzziero | 534 | Terrey-Gros-Cailloux, Ch. | 40 | Tre Palme | 528 |
| Stucky, Werner | 655 | Tertre Roteboeuf, Ch. | 76 | Trefethen | 800 |
| Studert-Prüm | 345 | Tertre, Ch. du | 31 | Trenel & Fils | 186 |
| Sub-Balkan (Podbalanski Raion) | 714 | Tessin (Ticino) | 654 | Trentino | 473 |
| Südafrika | 762 | Testuz, Jean & Pierre | 644 | Trentino-Alto Adige (Südtirol) | 471 |
| Südanatolien | 753 | Tête, Les Vins Louis | 186 | Très Cantous, Dom. de | 308 |
| Südburgenland | 680 | Texas | 846 | Trévallon, Dom. de | 288 |
| Südkorea | 932 | Texeira, Pérez | 592 | Triebaumer, Ernst | 673 |
| Südliche Rhône | 263 | Teynac, Ch. | 41 | Triebaumer, Paul | 674 |
| Südliche Weinstraße | 386 | Thames Valley Vineyard, The | 736 | Trimbach, F.E. | 213 |
| Südliches Bordeaux | 94 | Thanisch, WWE. Dr. H. | 346 | Trois Chardons, Ch. | 33 |
| Südost-Steiermark | 685 | Thelema Mountain | 772 | Trois Étoiles, Dom. des | 639 |
| Südostanatolien | 753 | Thénard, Domaine | 168 | Troitzsch-Pusinelli | 366 |
| Südsteiermark | 682 | Thermenregion | 669 | Tronquoy-Lalande, Ch. | 54 |
| Suduiraut, Ch. | 110 | Theveneau, André | 248 | Troplong-Mondot, Ch. | 78 |
| Südwesten (Frankreich) | 299 | Thevenet, Dom. Jean-Claude | 175 | Trotanoy, Ch. | 87 |
| Sumac Ridge Estate | 854 | Thévenot-Le-Brun & Fils, Dom. | 142 | Tsantalis S.A., E. | 730 |
| Suntory, Yamanashi Winery | 928 | Thielen, Peter | 348 | Tscharner, Gian-Battista von | 653 |
| Suter, Viñedos y Bodega | 871 | Thieuley, Ch. | 116 | Tschechien | 699 |
| Swan Valley | 909 | Thomas-Moillard | 142 | Tsjernomorski Raion | 714 |
| Swanson Winery | 803 | Thrakien (Bulgarien) | 713 | Tualatin Vineyards | 834 |
| Swedish Hill Vineyard | 844 | Thrakien (Griechenland) | 725 | Tulloch | 898 |
| Sylvaner | 206 | Thrakien/Marmara (Türkei) | 753 | Tunesien | 761 |
| Syrien | 931 | Three Choirs | 738 | Tuniberg | 423 |
| | | Thüngersheim, WG | 410 | Tunnel, Cave du | 650 |
| | | Thüringer Sonnenburg | 437 | Türkei | 750 |
| **T** | | Tiemann | 398 | Turkey Flat | 890 |
| | | Tignanello | 503 | Turkmenistan | 746 |
| | | Tirecul la Gravière, Ch. | 308 | Tursan | 305 |
| Tabernero | 875 | Tiregand, Ch. de | 308 | Twee Jonge Gezellen Estate | 780 |
| Tacoronte-Acentejo | | Tishbi Estate Winery, | | Tyrrell's | 896 |
| (Kanarische Inseln) | 600 | Baron Wine Cellars | 757 | | |
| Tadschikistan | 746 | Tissot, André & Mireille | 276 | | |
| Tahbilk, Ch. | 904 | Tognoni, Cantina | 494 | **U** | |
| Taittinger | 201 | Tokaj | 692 | | |
| Taiwan | 932 | Tokaj Trading House Company | 693 | | |
| Talbot, Ch. | 39 | Tokaj-Oremus | 693 | Uberti | 468 |
| Taltarni | 906 | Tollot-Beaut & Fils, Dom. | 160 | Uitkyk Estate | 774 |
| Tamborini, Eredi Carlo | 655 | Tondonia, López de Heredia, Viña | 569 | Ukraine | 743 |
| Tanesse, Ch. | 115 | Torgiano | 515 | Umani Ronchi | 520 |
| Tansania | 783 | Torino, Michel | 871 | Umathum, Josef | 676 |
| Tarapacá Ex Zavala | 861 | Toro | 562 | Umbrien | 514 |
| Tarragona | 580 | Torreon | 877 | Undurraga | 863 |
| Tarrawarra Estate | 906 | Torres, Marimar | 811 | Ungarn | 689 |
| Tasmanien | 912 | Torres, Miguel | 584 | Untermosel (Zell) | 336 |
| Tastes, Ch. de | 116 | Torres Chile, Miguel | 861 | Uruguay | 874 |
| Tauberfranken | 422 | Tosa, La | 498 | USA | 785 |
| Taurasi | 531 | Toskana | 499 | Usbekistan | 746 |
| Taurino, Cosimo | 540 | Toso, Pascual | 871 | Usseglio, Dom. Pierre | 272 |
| Tavel | 265 | Tour Blanche, Ch. La | 112 | Uva (Grupo Cetto), Productos de | 877 |
| Tayac, Ch. | 93 | Tour du Bon, Dom. de la | 288 | Uvavins Morges | 644 |
| Taylor Wine Company, The | 844 | Tour du Roc Moulin, Ch. | 49 | Uzzano, Castello di | 513 |
| Taylor, Fladgate & Yeatman | 619 | Tour Haut-Brion, La | 100 | | |
| Te Mata Estate Winery | 924 | Tour l'Aspic, Ch. La | 49 | | |
| Teiwes, Dr. Friedrich | 345 | Tour Saint-Martin, La | 248 | **V** | |
| TEKEL | 753 | Tour-Carnet, Ch. La | 63 | | |
| Tement | 684 | Tour-de-By, Ch. La | 66 | | |
| Tempier, Dom. | 288 | Tour-Léognan, Ch. La | 97 | Vacheron, Dom. | 248 |
| Templiers, Des | 74 | Tour-Martillac, Ch. La | 102 | Vacqueyras | 266 |

| | | | | | | | |
|---|---|---|---|---|---|---|---|
| Vadiaperti | 534 | Villa Matilde | 534 | **W** | | | |
| Val di Maggio | 518 | Villa Mount Eden | 803 | | | | |
| Valandraud, Ch. de | 79 | Villa Russiz | 492 | | | | |
| Valanges, Dom. des | 176 | Villa Seiano | 528 | Waadt (Vaud) | 640 | | |
| Valdespino | 598 | Villa Simone Piero Costantini | 526 | Wachau | 659 | | |
| Valençay | 249 | Villaine, Aubert & Pamela de | 168 | Wagner Vineyards | 844 | | |
| Valencia | 588 | Villamagna | 520 | Wagner, Dr. Heinz | 348 | | |
| Valentini | 522 | Villars, Ch. | 92 | Waikato | 920 | | |
| Vallée de la Marne, Côte des Blancs | 189 | Villeneuve, Ch. de | 230 | Walachei (Muntenic) | 708 | | |
| Vallesanta | 518 | Villiera Estate | 778 | Wallis (Valais) | 645 | | |
| Vallon, Cave du Beau | 186 | Vin Blanc de Morgex et de la Salle, Cave du | 450 | Warre's | 619 | | |
| Vallone, Agricole | 539 | | | Warwick Estate | 774 | | |
| Vallunga, Fratelli | 498 | Vin de Bugey | 278 | Washington Hills Cellars | 840 | | |
| Valoux, Ch. | 96 | Vin de Corse | 310 | Washington State | 835 | | |
| Valpolicella | 480 | Vin de Pays | 313 | Waterbrook Winery | 840 | | |
| Valtellina | 467 | Vin de Savoie | 279 | Weaver, Geoff | 890 | | |
| van Gent, Pieter | 898 | Vin Santo | 504 | Wegeler Erben, Geheimrat J. | 362 | | |
| Vannières, Ch. | 288 | Vincent, Ch. | 33 | Wehrheim, Dr. | 395 | | |
| Varichon & Clerc | 280 | Viñedos | 577 | Weihbrecht | 420 | | |
| Varoilles, Dom. des | 142 | Viñedos y Crianza del Alto Aragón | 577 | Weik | 398 | | |
| Varone, Hoirs Frédéric | 650 | Vineland Estates | 854 | Weil, Robert | 363 | | |
| Valsangiacomo, Fratelli | 655 | Vinho Verde | 609 | Weinbach, Dom. | 214 | | |
| Vasse Felix | 911 | Vinícola del Condado, Cooperativa | 592 | Weinert | 869 | | |
| Vavasour Wines | 924 | Vinifera Wine Cellars | 843 | Weingut des Hauses Württemberg | 420 | | |
| VDN (Vin Doux Naturel) du Muscat | 293 | Vinival | 588 | Weinsberg, Staatsweingut | 418 | | |
| VDQS (Vin Délimité de Qualité Supérieure) | 311 | Vino Nobile di Montepulciano | 504 | Weins-Prüm Erben, Dr. | 348 | | |
| | | Vins des Chevaliers | 649 | Weinviertel | 667 | | |
| Vecchio Samperi | 546 | Vins d'Irouléguy et du Pays Basque, Cave Coop. des | 307 | Welgemeend Estate | 778 | | |
| Veenwouden | 778 | | | Wellow | 738 | | |
| Vega Sicilia | 564 | Vins fins de Cruet, Cave Coop. des | 279 | Weltevrede Estate | 780 | | |
| Veiga Franca | 632 | Viranelle, Ch. | 298 | Wendouree | 887 | | |
| Velich, Roland | 677 | Viré, Coopérative | 176 | Weninger | 679 | | |
| Vendange Tardive | 208 | Virgin Hills | 906 | Weninger Pincéjeböl | 696 | | |
| Venegazzù | 484 | Virgine de Vanadreau | 79 | Wente Vineyards | 819 | | |
| Venetien | 477 | Virginia | 846 | Werner & Sohn | 348 | | |
| Venica & Venica | 492 | Vis, Cantine Sociale La | 476 | Western Australia | 907 | | |
| Ventana Vineyards | 820 | Visconti | 470 | Western Victoria | 900 | | |
| Verdi, Bruno | 470 | Vista Allegre, Bodega | 875 | Weststeiermark | 681 | | |
| Verdicchio dei Castelli di Jesi | 519 | Viticoles des Salins du Midi, Dom. | 298 | Whaler Vineyards | 814 | | |
| Verdignan, Ch. | 63 | Viticultores del Norte de Tenerife | 601 | Widmer Wine Cellars | 845 | | |
| Vereinigte Hospitien | 348 | Vitivino | 589 | Wiemer Vineyard, Hermann J. | 843 | | |
| Vergelegen | 774 | Voarick, Dom. Michel | 162 | Wien | 686 | | |
| Vergenoegd Estate | 774 | Vocat & Fils, Joseph | 650 | Wieninger | 687 | | |
| Verget | 162 | Vocoret et Fils, Dom. | 130 | Wignalls | 911 | | |
| Vernaccia di San Gimignano | 503 | Voerzio, Roberto | 462 | Wilhelmshof | 398 | | |
| Vernay, Georges | 260 | Vogel, Jean & Charles | 644 | Williams & Humbert | 598 | | |
| Verrazzano, Castello di | 513 | Vogelsburg | 410 | Williams & Selyem | 812 | | |
| Versa, La | 469 | Vogüé, Dom. Comte Georges de | 136 | Willm, Alsace | 216 | | |
| Verset, Noël | 262 | Vojvodina | 722 | Winkler-Hermaden | 685 | | |
| Veuve Clicquot Ponsardin | 201 | Volg Weinkellereien | 653 | Wirsching, Hans | 408 | | |
| Vial, Felix | 250 | Volk, Hermann | 352 | Wither Hills Vineyards | 924 | | |
| Victoria | 899 | Volla | 534 | Wittmann | 382 | | |
| Vidal-Fleury | 261 | Vollmer, Heinrich | 398 | Wonnegau | 376 | | |
| Vie di Romans | 492 | Volnay | 146 | Wooton | 738 | | |
| Vieille Cure, Ch. La | 92 | Volpaia, Castello di | 513 | Wright Cellars, Ken | 834 | | |
| Viénot, Maison Charles | 140 | von Hövel | 346 | Wyndham Estate | 898 | | |
| Vier Jahreszeiten | 398 | von Schleinitz, Freiherr | 348 | Wynns Coonawarra Estate | 888 | | |
| Vierthaler Winery, Manfred | 840 | Vosne-Romanée | 134 | Wöhrwag, Albert | 420 | | |
| Vietti, Cantina | 464 | Vougeot | 134 | Württemberg | 411 | | |
| Vieux Bourg, Dom. du | 308 | Vouvray | 234 | Württemberg, Weingut des Hauses | 420 | | |
| Vieux Château Certan | 87 | Voyat, Ezio | 450 | Württembergisch Unterland | 412 | | |
| Vieux Lazaret, Dom. du | 272 | Vrai-Canon-Boyer, Ch. | 92 | Württembergischer Bodensee | 412 | | |
| Vieux Télégraphe, Dom. du | 271 | Vredendal Winery | 780 | | | | |
| Vigna Riönda di Massolino | 464 | Vriesenhof | 774 | | | | |
| Vignelaure, Ch. | 286 | Vully | 642 | | | | |
| Vilariño-Cambados, Bodegas de | 560 | | | | | | |
| Villa Maria | 922 | | | | | | |

# X

| | |
|---|---|
| Xanadu, Ch. | 911 |

# Y

| | |
|---|---|
| Yakima River Winery | 840 |
| Yalumba | 888 |
| Yamanashi | 926 |
| Yarra Valley | 901 |
| Yarra Yering | 904 |
| Yasgan Sarap | 753 |
| Yellowglen | 906 |
| Yeringberg | 906 |
| Yonder Hill | 774 |
| d'Yquem, Ch. | 111 |

# Z

| | |
|---|---|
| Zaca Mesa Winery | 824 |
| Zacatecas | 877 |
| Zaccagnini | 522 |
| Zähringer, Wilhelm | 434 |
| ZD Wines | 803 |
| Zdjelarevic Co. | 720 |
| Zehnthof Luckert | 410 |
| Zeni, Fratelli | 485 |
| Zentralasiatische Regionen | 746 |
| Zentralgriechenland | 726 |
| Zevenwacht | 774 |
| Zilliken, Forstmeister Geltz | 348 |
| Zilliken/Hellershof | 348 |
| Zimbabwe | 783 |
| Zind Humbrecht, Dom. | 214 |
| Zonin Gambellara | 486 |
| Zufferey, Maurice | 650 |
| Zypern | 748 |

# BESITZER & KELLERMEISTER

In diesem Register sind alle Besitzer und Kellermeister der wichtigen Produktionsbetriebe (halbseitige Präsentationen) aufgeführt.

## A

| | |
|---|---|
| Abeille, Fam. | 269 |
| Able, Christel | 414 |
| Adams, Simon | 888 |
| Adams, Terry | 810 |
| Adanti, Donatella, Daniela & Pietro | 516 |
| Adelman, Jim | 822, 823 |
| Adelmann, Michael Graf | 413 |
| Adelsheim, David & Virginia | 830 |
| Aiken, Joël | 791 |
| Albada Jelgersma, Eric | 27, 31 |
| Albert Frère | 72 |
| Alberto, Bramini | 508 |
| Albrecht, Peter | 413 |
| Alistair Robertson | 619 |
| Allegrini, Franco | 480 |
| Allegrini, Walter & Marilisa | 480 |
| Allied Domecq | 128, 595, 615 |
| Almeda, Fernando | 861 |
| Altare, Elio | 457 |
| Alvear, Fam. | 591 |
| d'Ambra, Andrea | 532 |
| Amirault, François | 107 |
| André, Joël | 245 |
| Angeletti, Maurizio | 505 |
| Anglo-American Farms Ltd | 776 |
| Anheuser, Rudolf K. | 368 |
| Anheuser, Rudolf P. | 368 |
| Anselmi, Roberto | 481 |
| Antinori, Albiera | 462 |
| Antinori, Marchese Lodovico | 508 |
| Antinori, Piero | 505, 517 |
| d'Aramon, Eric | 74 |
| Arcaute, Jean-Michel | 81 |
| Argyropoulos, Pavlos | 730 |
| Arizu, Fam. | 867 |
| Arnault, Bernard | 72 |
| Artinger, Gertrude | 672 |
| Audy, Georges | 81 |
| Avril, Paul | 268 |
| Avril, Vincent | 268 |
| AXA Millésimes | 26, 47, 110, 618 |

## B

| | |
|---|---|
| Bach, J.-D. | 285 |
| Back, Charles | 776 |
| Back, Michael | 775 |
| Baden-Württemberg, Land | 418 |
| Bahuaud, Jean-Claude | 220 |
| Bailey, Caroline | 807 |
| Baillarguet, Philippe | 70 |
| Ballu, Tony | 72 |
| Baly, Marcel | 106 |
| Baratin-Canet, Isabelle | 260 |
| Barbi, Claudio & Marina | 517 |
| Bardi, Francesco | 516, 526 |
| Barlow, Simon | 770 |
| Baron, Daniel | 799 |
| Barone Bettino Ricasoli | 506 |
| Barot, Jean-François | 200 |
| Barreau, Jean-Luc | 81 |
| Barreau-Badar, Mme | 81 |
| Barton, Anthony | 38 |
| Bas & Weber, Fam. | 211 |
| Bass-Charrington | 28 |
| Bassermann-Jordan, Margit & Gabriele von | 387 |
| Batot, Pascal | 209 |
| Bault de la Morinière, Jean le | 151 |
| Baumann, Reinhold & Thomas | 413 |
| Baumard, Florent | 227 |
| Baumard, Jean & Florent | 227 |
| Beck, Jürgen | 378 |
| Beck, Michael & Gerda | 378 |
| Beck, Wolfgang | 362 |
| Bengel, Ralf | 358 |
| Bercher, Eckhardt | 424 |
| Bercher, Rainer | 424 |
| Bergdolt, Günther | 387 |
| Bergdolt, Rainer | 387 |
| Bergman, Barry | 826 |
| Berlucchi, Guido | 467 |
| Bernard, Fam. | 97 |
| Berrouet, Jean-Claude | 793 |
| Bertani, Fam. | 481 |
| Berteau | 61 |
| Beyer, Fam. | 208 |
| Beyer, Marc | 208 |
| Bianchi, Valentín E. | 867 |
| Bichon (Beaune), Fam. | 127 |
| Bichot, Fam. | 150 |
| Bidon, Anne-Marie | 246 |
| Biegler, Fam. | 669 |
| Biegler, Othmar | 669 |
| Biffar, Gerhard Josef | 388 |
| Bignon-Cordier, Nancy | 39 |
| Billecart, Fam. Jean-Rolland | 191 |
| Biondi Santi, Franco | 507 |
| Bize, Patrick | 150, 151 |
| Bize, Simon | 151 |
| Bize-Leroy, Lalou | 138 |
| Bizot, Christan | 191 |
| Blackwell, Stuart | 887 |
| Blavy, Jérôme | 31 |
| Bodegas & Bebidas | 567 |
| Boeglin, Pierre | 210 |
| Boffa, Pio | 461 |
| Boiron, Maurice | 267 |
| Boiron, Nicolas | 267 |
| Boiseaumarié, Baron P. Le Roy de | 269 |
| Boisseaux, André | 156 |
| Boissieu, Pierre de | 184 |
| Boivet, Jean | 64 |
| Boivin, Jacques | 228 |
| Boizel-Chanoise Champagne (BCC) | 197 |
| Bolla, Fam. | 482 |
| Bollinger, Champagne | 886 |
| Bolta, Jon | 792 |
| Bonacossi, Ugo Contini | 508 |
| Bonnin, Philippe | 57 |
| Bonzaier, Graham | 767 |
| Bordeaux-Montrieux, Fam. | 168 |
| Borie, Fam. | 44 |
| Borie, Jean-Eugène | 36 |
| Bortoli, Darren | 894 |
| Bortoli, Fam. De | 894 |
| Boscaini, Fam. | 483 |
| Boscaini, Paronetti & Sergio | 483 |
| Bosshard, Thierry | 275 |
| Bott, Michael | 355 |
| Bouard de Laforest, Fam. | 69 |
| Bouard de Laforest, Hubert | 69 |
| Boudot, Gérard | 160 |
| Boudot-Boillet, Fam. | 160 |
| Bourgeois, Fam. | 242 |
| Bourgeois, Jean-Christophe | 242 |
| Boutari, Fam. | 729 |
| Bower, H. | 617 |
| Brady, Tony & Lita | 887 |
| Braud, Alain | 128 |
| Brégeon, André-Michel | 219 |
| Breiling, Ludwig | 340 |
| Bretin, Jean-Luc | 221 |
| Breuer, Bernhard & Heinrich | 354 |
| Brewing, Penfolds | 886 |
| Brink, Larry | 818 |
| Brock, Clay | 822 |
| Broustaut, Christian | 106 |
| Brown-Forman Corporation | 813 |
| Bruce Guimarãens | 619 |
| Brumont, Alain | 306 |
| Brunier, Daniel & Frédéric | 271 |
| Brunier, Fam. | 271 |
| Brunstein, Mikhail | 836 |
| Brönner, Helmut | 407 |
| Bründlmayer, Fam. | 665 |
| Bründlmayer, Willi | 665 |
| Bueno, José | 43, 44 |
| Bührer, Adrian & Birgit | 771 |
| Bujan, Josep | 582 |
| Bundschu, Jim | 807 |
| Burgos López, Fam. | 591 |
| Bürklin-von Guradze, Bettina | 389 |
| Bursick, George | 806 |

## C

| | |
|---|---|
| Caballero Florido, Luis | 596 |
| Cadart, Laurent | 167 |
| Cailler, Antoine | 219 |
| Caja | 575 |
| Cálem & Filho, A.A. | 614 |
| Campadieu, Jean-Pierre | 295 |
| Canandaigua Wine Company, NY | 818 |
| Canet, Fam. | 260 |
| Capdern Gasqueton, Philippe | 51 |
| Capdeville, Christophe | 25 |
| Capelli, Stefano | 468 |
| Caral, Michel | 286 |
| Carano, Don & Ronda | 806 |
| Carle, Francis | 51 |

| | | | | | |
|---|---|---|---|---|---|
| Carmagnac, Philippe | 37 | Crédit National | 28 | Dubosq, Fam. Henri | 52 |
| Carrodus, Bailey | 904 | Creixell, Fam. | 569 | Ducasse, Fam. | 83 |
| Cartwright, Robert | 910 | Crippin, D. | 837 | Ducellier, Jean-Michel & Alain | 62, 190 |
| Casagrande, Luigino | 509 | Crochet, Gilles | 243 | Dugas, Alain | 270 |
| Castéja, Héritiers | 43 | Crochet, Lucien | 243 | Duncan, Ray | 799 |
| Castell-Castell, Ferdinand Erbgraf zu | 403 | Croser, Brian | 886, 903 | Durantou, Denis | 82 |
| Castelli, Maurizio | 507 | Cruchon, Henri | 642 | Durham, John | 909 |
| Castro, Javier | 564 | Cruchon, Raoul | 642 | Düringer, Richard | 393 |
| Cathiard, Daniel | 102 | Cruse Emmanuelle | 27 | Dutheil, Fam. | 235 |
| Cathiard, Gabriel | 102 | Crusius, Dr. Peter | 368 | Duval, John | 886 |
| Catoir, Jakob Heinrich | 394 | Cugnasco, Corrado | 517 | Dworwin, Jarc | 74 |
| Cazes, André & Bernard | 295 | Cullen, Diana | 910 | | |
| Cazes, Bruno | 295 | Cullen, Vanya | 910 | | |
| Cazes, Fam. | 46 | Cuvelier, Fam. | 39 | **E** | |
| Cazes, J.M. | 26 | | | | |
| Cederquist, Dan | 806 | | | Easthope, Rod | 770 |
| CEO Richard Sands Inc. | 842 | **D** | | Eckes, Fam. | 794 |
| Ceretto, Bruno & Marcello | 457 | | | Eckes, Harald | 372 |
| Chadwick, Edward | 860 | Dalla Cia, Giorgio | 768 | Edange, Remi | 97 |
| Chalone Wine Group | 817, 822 | Dalton, Geneviève | 38, 65 | Eguizábal Ramirez, Marcos | 571 |
| Champalou, C & D | 235 | Dambsky, Fraut | 404 | Eichler, Peter | 379 |
| Champalou, M. | 235 | Dautel, Ernst | 414 | Eizaguirre, Jean-Pierre | 55 |
| Chanel Inc. | 30, 71 | Dauvissat, René & Vincent | 125 | El Enebro S.A. | 564 |
| Chanson, Fam. | 152 | Dauvissat, Vincent | 125 | Ellis, Neil | 769 |
| Chapoutier, Fam. | 256 | Davenport, Margaret | 805 | Ellwanger, Andreas | 415 |
| Charmolüe, Jean-Louis | 53 | Davis, Jill | 805 | Ellwanger, Jürgen | 415 |
| Charritte | 98 | Davis, Rob | 808 | l'Enclos, GFA Ch. | 83 |
| Chave, Gérard | 257 | Dawson, Peter | 883 | Engel, Christian | 363 |
| Chave, Jean-Louis | 257 | Day, Robin | 885 | Engelbrecht, Jannie | 770 |
| Chavet, Fam. | 243 | Deckert, Klaus-Remo | 436 | Erath, Dick | 831 |
| Chavet, Phillipe | 243 | Deiss, Jean-Michel | 209 | Erklavec, Mathias | 682 |
| Cherel, Bertrand | 97 | Delaforce, Nicholas | 615, 616 | Errazuriz, Viña | 857 |
| Cherrier, Gérard | 247 | Delaunay, Alain | 236 | Eser, Hans Hermann | 357 |
| Chivite Lopez, Fernando | 575 | Delaunay, Jacques | 238 | Eser, Joachim | 355 |
| Chivite Marco, Mercedes, Carlos & Julían | 575 | Delbeck, Pascal | 70 | Eser, Johannes | 357 |
| Christoffel, Hans Leo | 337 | Delétang, EARL | 236 | Estecha León, Carlos | 571 |
| Clape, Auguste | 257 | Delétang, Olivier | 236 | Eve, Charles | 65 |
| Clape, Pierre | 257 | Delfaut Philippe | 29 | Ewert, Günter | 380 |
| Clarence Dillon SA, Dom. | 99, 100 | Delon, Jean-Hubert | 38, 65 | | |
| Clément, Bernard | 242 | Delorme, Jean-François | 167 | | |
| Clément, Pierre | 242 | Demarville, Dominique | 195 | **F** | |
| Clendenen, Jim | 822 | Dervin, Claude | 196 | | |
| Coculet, Alain | 54 | Deschamps, Hervré | 196 | Fabre, Fam. | 269 |
| Coffinet, James | 198 | Deutz, Champagne | 258 | Faggian, Narciso | 482 |
| Cogombues, Laurent | 96 | Diel, Armin | 369 | Faiveley, François | 137 |
| Colombini Cinelli, Francesca | 509 | Direct Capital | 922 | Faller, Colette | 214 |
| Conson, Sylvain | 140, 158 | Do-Chi-Nam, Thomas | 48 | Faller, Laurence | 214 |
| Constantin, Bertrand | 106 | Domecq Jerez (Allied Domecq) | 596 | Falvo, Fratelli | 505 |
| Conterno, Aldo | 458 | Donaldson, Wayne | 902 | Favereau, Yannick | 82 |
| Conterno, Franco & Stefano | 458 | Dönnhoff, Helmut | 369 | Fayat, Clément | 73 |
| Conterno, Giovanni | 458 | Dopff, Fam. | 209 | Feiler, Hans & Kurt | 672 |
| Conterno, Roberto | 458 | Dörflinger, Hermann | 425 | Felluga, Fam. Livio | 489 |
| Cooper, Paul | 735 | Dourthe, Philippe | 56 | Fenocchio, Paolo | 461 |
| Coppola, Eleanor Neil | 797 | Dowell, Philip | 902 | Fernandez, Elias | 799 |
| Coppola, Francis Ford | 797 | Draper, Paul | 819 | Ferrari Corradi, Paolo de | 507 |
| Cordier, Dom. | 52, 73, 109 | Drautz, Richard | 414 | Ferreira, Jorge | 612 |
| Corporate Investments Ltd | 921 | Dries, Friedrich | 354 | Ferrer Sala, Fam. | 582 |
| Corre, Hubert | 108 | Dries, Oliver | 354 | Ferret, Colette | 174 |
| Correa, Sergio | 861 | Drocco, Daniella | 462 | Ferrini, Carlo | 506, 509 |
| Corti, Alberto | 526 | Droin, Catherine & Jean-Paul | 126 | Fèvre, William | 127 |
| Costa, Vicente | 610 | Droin, Jean-Paul | 126 | Fiaherty, Eduardo | 860 |
| Costantini, Lorenzo | 526 | Drouhin, Robert | 153 | Fibla, Francesco | 601 |
| Costantini, Piero | 526 | Drouhin-Boss, Veronique | 831 | Figgins, Gary | 838 |
| Cotarella, R. | 517 | Duboeuf, Georges | 183 | Figgins, Nancy | 838 |
| Couly Dutheil, Bertrand | 235 | Dubois, Bruno | 220 | Firestone, Fam. | 823 |
| Cousiño Subercasteaux, Carlos | 859 | Dubois-Challon, Mme | 70 | | |

## BESITZER & KELLERMEISTER

| | |
|---|---|
| Fischer, Christian | 670 |
| Fischer, Frank | 359 |
| Fistonich, G.V. | 922 |
| Fitz, Konrad M. | 390 |
| Flam, Israel | 756 |
| Fonjallaz, Patrick | 643 |
| Fontagneres, Michel | 58 |
| Foradori, M. | 474 |
| Foradori-Hofstätter, Fam. | 474 |
| Forner, Henri | 61 |
| Forsyth, David | 839 |
| Forti, Renzo | 474 |
| Fósforos, Chilena de | 861 |
| Foulon, Dominique | 195 |
| Fourcas-Hosten, SC du Ch. | 58 |
| Fourmon, Jean-Claude | 196 |
| Franc, Bernard | 48, 53 |
| Francisco, D. | 570 |
| Franco, Domingo | 626 |
| Frank, Fam. | 843 |
| Frank, Horst | 342 |
| Franz, Friedrich | 404 |
| Freiberger, Heinz jun. | 399 |
| Freiberger, Heinz sen. | 399 |
| Freimuth, Alexander | 356 |
| Freimuth, Karin | 356 |
| Freistaat | 407 |
| Frescobaldi, Fam. | 510 |
| Frescobaldi, Lamberto | 510 |
| Friess, Christian | 403 |
| Friou, Michel | 860 |
| Froidfond, Pascal | 27 |
| Fuentes Romero, Juan | 596 |
| Fuhrmann & Eymael, Fam. | 390 |
| Fürsten von Liechtenstein, Hofkellerei des | 742 |
| Fürst, Paul | 404 |

## G

| | |
|---|---|
| Gabel, Rainer | 390 |
| Gabelmann, Kurt | 373 |
| Gaillard, F. | 285 |
| Gaillard, Michel | 99, 115 |
| Gaiser, Alfred | 417 |
| Gaja, Angelo | 459 |
| Gál, Tibor | 508 |
| Galdámez, Luis | 575 |
| Galey-Berdier, Jean-Marie | 36, 40 |
| Galland, Joël | 237 |
| Gallego, José | 568 |
| Galler, Mario | 686 |
| Gallo, Fam. | 807, 825 |
| Gallo, Gina | 807 |
| García Maíquez, Enrique | 595 |
| García Sánchez, Cruz | 567 |
| Gardinier, Xavier | 54 |
| Garibaldi de Canepa, Luciana | 857 |
| Gatto, Fabrizio | 474 |
| Gauthier, Frédéric | 73 |
| Gautreau, Jean | 62 |
| Genet, J. | 236 |
| Georges, Stephen | 887 |
| Germain, Bernard | 228 |
| Gesellmann, Albert | 678 |

| | |
|---|---|
| Gesellmann, Engelbert | 678 |
| GHG, Getränke Handelshaus | 664 |
| Giacosa, Bruno | 460 |
| Giacosa, Franco | 545 |
| Gilbey, W & A Ltd | 65 |
| Gitton, Fam. | 244 |
| Gitton, Marcel & Pascal | 244 |
| Glaetzer, J. | 885 |
| Goelet, John | 793 |
| Göhring, Gerd | 377 |
| Göhring, Wilfried & Marianne | 377 |
| Golan Heights, Galilet Vineyards Inc. | 757 |
| Goldschmidt, Nick | 809 |
| González Ramos, Pedro | 595 |
| González, Fam. | 595 |
| Gouaty, Robert | 285 |
| Gouges, Christian & Pierre | 137 |
| Goulaine, Marquis de | 221 |
| Gouze, Philippe | 44 |
| Gower, Ross | 766 |
| Graham, Fam. | 614 |
| Graham, Mike | 776 |
| Grahm, Randall | 816 |
| Gramm, Thomas | 414 |
| Grand, Pedro | 859 |
| Grands Vins J-C Boisset | 140, 158, 184 |
| Grange, Jacques | 258 |
| Grans, Doris | 337 |
| Grans, Gerhard | 337 |
| Grassin, Lois | 97 |
| Green, Alison | 823 |
| Grgich, Miljenko (Mike) | 795 |
| Gribelin, Gérard | 98 |
| Grigolli, Paolo | 481 |
| Groot Constantia Trust | 766 |
| Grossauer, Ernest | 664 |
| Groth, Dennis & Judith | 795 |
| Gruppo Italiano Vini | 482, 516, 526 |
| Grux, Franck | 155 |
| Gublin, Nadine | 157 |
| Guedes, Fam. | 610 |
| Guérin, Olivier | 43 |
| Guibert, Aime | 296 |
| Guibert de la Vaissière, Veronique | 296 |
| Guichet, Alain | 220 |
| Guigal, Marcel | 258, 261 |
| Guigal, Philippe | 258 |
| Guilisasti, Fam. | 858 |
| Guimarãens, B. | 617 |
| Guimarãens, David | 617, 619 |
| Guinaudeau, Sylvie & Jacques | 84 |
| Guradze, Christian von | 389 |
| Gúrpide, Miguel A. | 581, 584 |
| Guttenberg, Reichsfreiherr Georg Enoch von und zu | 388 |

## H

| | |
|---|---|
| Haag, Wilhelm | 338 |
| Haart, Theo | 338 |
| Haidle, Hans | 415 |
| Hall, Peter | 896 |
| Halliday, James | 902 |
| D'Halluin, Philippe | 35 |
| Hampson, Dirk | 794 |

| | |
|---|---|
| Hanewald, Rolf | 390 |
| Hardy, Fam. | 883 |
| Hasselbach, Fritz | 377 |
| Hasselbach-Usinger, Agnes | 377 |
| Hatcher, C. | 885 |
| Hedges, Tom & Anne-Marie | 837 |
| Heger, Joachim | 426 |
| Heinrich, Alfons | 344 |
| Heinrich, Martin | 416 |
| Heisley, Ashley | 794 |
| Heitz, David | 796 |
| Heitz, J.E. | 796 |
| Henriot, Champagne | 127 |
| Henriot, Fam. | 152 |
| Henriques, Fam. | 631 |
| Henschke, Stephen | 884 |
| Herederos del Marqués de Riscal SA, Vinos de los | 570 |
| Heritiers Groupe | 192 |
| Herke, Ralph | 362 |
| Hess, Donald | 796 |
| Hessische Hausstiftung | 356 |
| Heyns, D. | 770 |
| Hiestand, Dipl.Ing.-Agr. Werner | 382 |
| Hill-Smith, Fam. | 888 |
| Hills, Austin | 795 |
| Hirtzberger, Franz | 660 |
| Hitchcock, Kerry | 921 |
| Hoch, Fam. | 389 |
| Hochar, Gaston | 759 |
| Hoensbroech, Rüdiger Graf zu | 427 |
| Hoffmann, Rudi | 343 |
| Hogue, Michael | 839 |
| Hohenlohe-Öhringen, Fürst Kraft zu | 417 |
| Hohnen, David | 909, 920 |
| Horber, Michel | 212 |
| Horgan, Fam. | 910 |
| Hörr, Volker | 400 |
| Hugel, Fam. | 210 |
| Hugel, Marc | 210 |
| Humbrecht, Léonard | 214 |
| Humbrecht, Olivier | 214 |
| Huneeus, Augustin | 794 |
| Hunter, Rob | 800 |
| Hurrle, G & R | 430 |
| Hurst, Phillip | 813 |
| Hurtado de Amézaga, J. | 570 |
| Huskisson, Hennie | 776 |
| Huyshe Bower | 619 |

## I

| | |
|---|---|
| Izquierdo, Basilio | 567 |

## J

| | |
|---|---|
| Jabiol, Alain | 71 |
| Jabiol, Fam. | 71 |
| Jaboulet, Fam. | 259 |
| Jaboulet, Jacques | 259 |
| Jäcklein, H. | 407 |
| Jackson, Jess S. | 809 |
| Jadot, Maison Louis | 184 |

# BESITZER & KELLERMEISTER

| | | | | | |
|---|---|---|---|---|---|
| Janny, Pierre & Véra | 175 | Kreis-Lörrach, Land | 427 | Linxweiler, Peter | 370 |
| Januik, Mike | 836 | Kressmann, Jean | 102 | Liot, Gérard | 191 |
| Jasmin, Robert | 259 | Krige, J.H. & P.S. | 768 | Lippe, Dr. Georg Prinz zur | 439 |
| Jensen, Josh | 816 | Krug, Henri | 194 | Llose, Daniel | 26, 46, 110 |
| Jermann, Angelo | 490 | Krüger, Jacques | 767 | Loach, Cecil de | 806 |
| Jermann, Silvio | 490 | Künstler, Gunter | 359 | Loack, Jack & Lynn | 830 |
| Jobard, Jean-Pierre | 154 | Kutschik, Bernd | 378 | Lohr, Jerome | 817 |
| Jobard, Laurence | 153 | Kux, Jan | 391 | Long, Delbert | 839 |
| John, Frank | 388 | | | Loosen, Ernst F. | 341 |
| John, Philip | 894 | | | López de Heredia Ugalde, Fam. | 569 |
| John, S. | 885 | | | Lorca, Mauricio | 867 |
| Johner, Karl Heinz | 428 | ## L | | Lorentz, Charles | 211 |
| Johner, Patrick | 428 | | | Löwenstein, Reinhard | 339 |
| Johnson, Randle | 796 | Labruyère, Fam. | 86 | Luis Páez S.A. | 598 |
| Jolivet, Pascal | 244 | Lacoste, Mme | 85 | Lundqvist, Stellan | 601 |
| Joly, Fam. | 228 | Ladoucette, | | Lunelli, Franco | 475 |
| Joly, Nicolas | 228 | Baron Patrick de | 136, 245, 246 | Lunelli, Mario | 475 |
| Joos, Gisela | 430 | Ladra, Serge | 28 | Lungarotti, Giorgio | 518 |
| Jooste, Duggie & Lowell | 766 | Lafon, Dominique | 154 | Lur-Saluces, Comte Alexandre de | 111 |
| Jorajuria, M. | 39 | Lafon, Fam. | 154 | Lur-Saluces, Fam. de | 107 |
| Jordan, Thomas | 808 | Laguiche, Comte Alain de | 275 | Lurton, André | 99, 115 |
| Jordan, Tony | 902 | Laible, Andreas | 429 | Lurton, André & Lucien | 72 |
| Joslin, Willy | 819 | Lalande, Ludovic | 26 | Lurton, Fam. Lucien | 106 |
| Jost, Peter | 350 | Lalanne, Jacques | 227 | Lurton, Gonzague | 26 |
| Júcome y Pareja, Fam. | 597 | Lalle, Jean-François | 71 | Lurton, Henri | 25 |
| Judd, Kevin | 920 | Lallier, André | 192 | Lurton, Pierre | 72 |
| | | Lambiel, Simone | 648 | Lurton Cogombeus, Sophie | 96 |
| | | Lambrich, Gerhard | 350 | Lusseau, René | 36 |
| | | Land Hessen | 400 | Luthi, Peter | 800 |
| ## K | | Lange, Leonie | 884 | Lützkendorf, Uwe | 436 |
| | | Langes-Swarovski, Gernot | 868 | | |
| Kanitz, Carl Albrecht von | 358 | Laplanche, Jean-Louis | 157 | | |
| Kanning, Günter | 361 | Laporte, Michel | 109 | ## M | |
| Kantzner, Don | 830 | Lapostolle, Fam. | 247 | | |
| Karapanos, Nikos | 728 | Lardière, Jacques | 153 | Machado Albuquerque, | |
| Karp, Alwin | 339 | Laroche, Michel | 126 | Francisco | 630, 631 |
| Kastell, Heribert | 369 | Larraín, Jaime Rios | 859 | Maculan, Fausto | 483 |
| Kaufmann, Olaf | 346 | Larsen, Merette | 60 | Maculan, Franca | 483 |
| Kautz, Fam. | 827 | Latour, Louis | 154 | Madeira Wine Company S.A. | 630, 631 |
| Keeler, Dana | 843 | Laubser, Hardy | 775 | Magistrini, Henri | 643 |
| Keiper, Bernward | 341 | Laurent-Perrier, Champagne | 200 | Maier, Arne | 416 |
| Keller, Hedwig | 379 | Lavorel, Jean-Noël | 138 | Maire, Henry | 275 |
| Keller, Klaus | 379 | Leflaive, Fam. | 155 | Maison Joseph Drouhin, Beaune | 831 |
| Kerpen, Martin | 340 | Leflaive, Olivier | 155 | Malan, Fam. (Pieter, François, Johan) | 771 |
| Kesseler, August | 358 | Lehmann, Peter | 884 | Malbec, Denis | 46 |
| Kessler, Gunter & Rainer | 394 | Leibbrand, Fam. | 361 | Malestrait, Comte de | 221 |
| Kessler, Hans | 357 | Leighton, Jonathan | 736 | Malherbe, Vincent | 190 |
| Kessler, Lothar und Söhne | 394 | Leitz, Fam. | 360 | Malinge, Michel | 227 |
| Kikkoman Co. | 927 | Leitz, Johannes | 360 | MAN AG München | 380 |
| Kirschbaum, Hermann | 765 | Lemayr, M. | 474 | Männle, Heinrich | 429 |
| Klein, Karl | 356 | Lencquesaing, Mme de | 48 | Männle, Wilma | 429 |
| Klym, Nicolas | 190 | Léon, Patrick | 798 | Manoncourt, Thierry | 74 |
| Klüpfel, Helmut | 404 | Lergenmüller, Fam. | 392 | Marais, Newald | 777 |
| Knipser, Fam. | 391 | Lergenmüller, Jürgen | 392 | Marchi, Paolo de | 510 |
| Knipser, Werner | 391 | Lessard, Stephan | 837 | Marchive, Jean-Luc | 83 |
| Knoll, Emmerich | 661 | Lett, David | 832 | Marco, Rabino | 545 |
| Knoll, Monika | 661 | Lett, Diana | 832 | Mareigner, Jean-Pierre | 192 |
| Knorr, Fritz | 389 | Levin, Larry | 794 | Marenco, Marcello | 457 |
| Knyphausen, Gerko Freiherr zu | 359 | Lewis, Don | 903 | Margherita-Zanella, Fam. | 468 |
| Kobrand, USA | 153 | Lichine, Sacha | 30 | Mariani, John & Harry | 506 |
| Kolasa, John | 30 | Ligneris, Fam. des | 76 | Marin, Eric | 29 |
| Kollwentz, Anton | 672 | Ligneris, François des | 76 | Marne et Champagne, Groupe | 190 |
| Kourtakis, Fam. | 729 | Linaires, Gérard | 47 | Marnier-Lapostolle, Fam. | 860 |
| Koutsodontis, Emmanouil | 730 | Lindquist, Bob | 823 | Martin, André | 56 |
| Koutsodontis, Georges | 730 | Lingenfelder, Hermann | 392 | Martin, Philippe | 219 |
| Kracher, Alois | 676 | Lingenfelder, Rainer | 392 | Martínez Martínez, Rafael | 568 |
| Kraus, Stefan | 403 | Linxweiler, Martina | 370 | | |

953

## BESITZER & KELLERMEISTER

| | | | | | | | |
|---|---|---|---|---|---|---|---|
| Martínez Palácios, Julio Faustino | 568 | Moore, Martin | 766 | Pasetto, Luigi | 484 |
| Martini & Rossi | 583 | Moreau, Fam. | 128 | Pataxi, Miguel | 60 |
| Martini, Anselmo | 474 | Moreno, Francisco María | 569 | Patrick, Nick | 735 |
| Mascarello, Bartolo | 460 | Morey, Pierre | 155 | Pauly, Marc | 211 |
| Masclef, Jean-Philippe | 100 | Morlot, Maurice | 201 | Pedregal, Alberto del | 858 |
| Masclef, M. Jean-Philippe | 99 | Morris, David | 903 | Pellet, Jean-François | 796 |
| Massard, Groupe Bernard | 237 | Mosbacher, Fam. | 393 | Pellon, Eric | 27 |
| Masson, Jean-Michel | 245 | Motte, Philippe | 28 | Penfolds Wine Group | 894 |
| Mastroberardino, Antonio | 533 | Moueix, Christian | 91, 793 | Pépin, Jean-Luc | 136 |
| Mathern, Helmut | 371 | Moueix, Ets J-P | 75, 84, 85, 87, 91 | Pereira, Luis | 631 |
| Mathieu, Bruno | 256 | Moulin, Patrick | 62 | Peretti, Giuseppe | 482 |
| Matshmoto, Matshmoto | 927 | Moureau | 50 | Pérez, José Luis | 581 |
| Matuschka-Greiffenclau, Fam. | 362 | Muga, Fam. | 571 | Perll, Walter | 351 |
| Maye, Axel | 647 | Muga, Isaac & Jorge | 571 | Peroni, Flavio | 481 |
| Maye, Fam. Simon | 647 | Müller, Egon | 342 | Perrin, Anthony | 97 |
| Mayer, Franz | 686 | Müller, Fam. | 765 | Perrin, François | 268 |
| Mayol de Lupé, Comtesse Liliane | 138 | Müller, Günter J. | 682 | Perrin, Jean-Pierre | 268 |
| Mazzei, Lapo | 509 | Muré, René | 212 | Perse, Gérard | 75 |
| McLeod, Scott | 797 | Murray, Douglas | 859 | Peters, François | 197 |
| McMillen, Derek | 735 | Myburgh, Hannes | 768 | Peters, Jacques | 201 |
| McWilliams Wines | 895 | | | Pezzi, Mario | 497 |
| Médeville, Christian | 108 | | | Pfeiffer, Johann | 345 |
| Medina, Francisco | 591 | **N** | | Phelps, Joseph | 798 |
| Meier, Jeff | 817 | | | Philippi, Bernd | 391 |
| Mell, Ulrich | 387 | Naber, Rowald | 424 | Phioccioli, Stefano | 489 |
| Mendoza, Angel | 869 | Nagrez, Bernard | 101 | Pichard, Dominique | 193 |
| Mentzelopoulos, Fam. | 29 | Näkel, Werner | 333 | de Pina, Tavares | 612 |
| Merlaut & Villars, Fam. | 45, 55 | Neder, Ewald | 405 | Pinard, Michel | 236 |
| Merwe Nico, van der | 771 | Neipperg, Erbgraf zu | 418 | Pinault, François | 46 |
| Meslier, Charles-Henri | 109 | Neumayer, Ludwig | 667 | Pirie, Andrew | 912 |
| Meslier, J-P, C-H & M-F | 109 | Nickel, Gil | 794 | Planty, Xavier | 108 |
| Messmer, Fam. | 393 | Nicolas, Fam. | 82 | Pol Roger, Fam. | 198 |
| Messmer, Gregor | 393 | Nobilo, Fam. | 922 | Polaert, Jean-Paul | 46 |
| Metternich, Fam. Fürst von | 357 | Nobilo Jr, Mick | 922 | Polignac, Alain | 199 |
| Meulnart, Guy | 285 | Noblet, Bernand | 139 | Polz, Erich | 683 |
| Meyer, Fam. | 212 | | | Polz, Walter | 683 |
| Meyer, Jean | 212 | | | Ponzi, Dick & Nancy | 833 |
| Meyer, Justin | 799 | | | Ponzi, Lovisa | 833 |
| Meyers, Jeffrey B. | 828 | **O** | | Porcheret, André | 138 |
| Miailhe, William Alain | 31 | | | Portet, Bernard M. | 793 |
| Michaud, Michael | 817 | Oatley, Bob | 895 | Pouget, Giles | 98 |
| Michel, Dr. Franz Werner | 355 | Oberhofer, F. | 474 | Pradère, Henri | 40 |
| Michel, Jean-Loup | 128 | O'Brien, David | 286 | Prager, Franz | 662 |
| Michel, Louis | 128 | Oizeau, M. | 69 | Prager, Franziska | 662 |
| Mielke, David | 836 | Orlando Wyndham Group | 885, 903 | Preston, Brent | 839 |
| Miesbauer, Fritz | 660 | Osborn, Chester | 883 | Preston-Mouncer, Cathy | 839 |
| Mildara Blass Pty Ltd | 885 | Osborn, Fam. | 883 | Preußen, Friedrich Prinz von | 361 |
| Millet, François | 136 | Osborne SA, Bodegas | 570 | Prieur SCI, Jacques | 157 |
| Millier, Steve | 827 | Ostertag, André | 213 | Prieur, Martin | 157 |
| Minetti, G. | 459 | Ostertag, Fam. | 213 | Prinz, Fam. | 360 |
| Mirassou, Fam. | 818 | Otsuka America | 819 | Prinz, Fred | 360 |
| Mitanchey, J. | 156 | Ott, Fam. | 285 | Probocskai, Mátyás | 439 |
| Mitjavile, Fam. | 76 | | | Probst, Werner | 408 |
| Mitjavile, François | 76 | | | Prost, Philippe | 152 |
| Moët-Henessy | 792 | | | Prüm, Dr. Wolfgang | 343 |
| Molaro, Ivan | 489 | **P** | | Prüm, Raimund | 342 |
| Molitor, Ludwig | 389 | | | Puig Vayreda, Eduard | 582 |
| Möller, Kosie | 777 | Paiva, Irene | 857 | Pujol, Bernard | 101 |
| Mondavi, Robert | 798, 857 | Palini, Alvaro | 516 | Pujol Busquets, José M. | 583 |
| Mondavi, Tim | 797, 798 | Palla, Giancarlo | 484 | Pulenta, Fam. | 869 |
| Mondial, La | 74 | Palmer, S.C. du Ch. | 29 | Purbrick, Alister | 904 |
| Mongin, Jean-Michel | 137 | Pansu, Michel | 199 | Purbrick, Fam. | 904 |
| Mont d'Or SA | 648 | Papot, J.L. | 53 | Pyrovolakis, Vassili | 729 |
| Montagne, Léo | 101 | Paragon Vineyard | 822 | | |
| Montes, Aurelio | 859 | Parenthoën, Alain | 194 | | |
| Monticello, Marcello | 807 | Pascaud, Alain | 110 | | |
| Montoya, Juan Carlos | 569 | | | | |

## Q

| | |
|---|---|
| Quail Run Vintners | 837 |
| Querbach, Peter | 361 |
| Querbach, Wilfried & Resi | 361 |

## R

| | |
|---|---|
| Rabat, Fam. | 860 |
| Racke & Co. (Deutschland), A. | 805 |
| Raffault, Jean-Maurice | 237 |
| Raffault, Rodolphe | 237 |
| Ramírez, Ernesto Jiusan | 857 |
| Ramonet, Fam. | 158 |
| Ramonet, Noël & Jean-Claude | 158 |
| Raoult, Michel | 38 |
| Raoux, Philippe | 60 |
| Rasera, Mauro | 484 |
| Rataud, Denis | 52 |
| Ratzenberger, Hans-Jochen | 351 |
| Ratzenberger, Hans-Jochen jun. | 351 |
| Rausas, Pelissie du | 30 |
| Raventós, Fam. | 581, 584 |
| Raymond, Michel | 37 |
| Reader, Jim | 615 |
| Rebholz, Hansjörg | 395 |
| Reh, Günther | 341 |
| Reisner, Wolfgang & Hans | 679 |
| Reisner-Igler, Waltraud | 679 |
| Rémy-Cointreau-Gruppe | 193, 198 |
| Renaud-Cointreau | 192 |
| Rernet, Bruno | 65 |
| Reverdy, Fam. | 246 |
| Reverdy, Jean | 246 |
| Reynaud, Jacques | 270 |
| Rheinland-Pfalz, Land | 373 |
| Ribeiro, Antoine | 86 |
| Ribereau Gayon, Pascal | 31, 51 |
| Ricard, Jacques | 210 |
| Riccitelli, Jorge | 868 |
| Richard, Fam. | 270 |
| Richardson, Michelle | 922 |
| Rioja Alta SA, Bodegas La | 568 |
| Rivella, Ezio | 506 |
| Rivella, Guido | 459 |
| Robertson, A. | 617 |
| Robin, Marie-Geneviève | 84 |
| Rochais, Guy | 229 |
| Roche, Henry Frédéric | 139 |
| Rochias, J.P | 261 |
| Rodhain, François | 69 |
| Rodrigez Villa, Juan Carlos | 868 |
| Rohrer, Josef | 430 |
| Röll, Siegfried | 417 |
| Rolland, Bruno | 38 |
| Rolland, Michel | 61 |
| Rolland, Pierre | 65 |
| Romero, Ricardo | 598 |
| Roncador, Franco | 484 |
| Roth, Dirk | 388 |
| Rothbury Wines | 896 |
| Rothschild, Baronne Philippine de | 43, 44, 47, 798 |
| Rothschild, Benjamin | 57 |
| Rothschild, Fam. Eric de | 45 |
| Rothschild (Lafite), Groupe | 110 |
| Rougeot, Marc | 159 |
| Rougier, Fam. | 286 |
| Roulot, Fam. | 159 |
| Roulot, Jean-Marie | 159 |
| Rousseau, Charles | 139 |
| Rouvinez, Dominique | 648 |
| Rouvinez, Jean-Bernard | 648 |
| Rouzaud, Jean-Claude | 199 |
| Rovira Montserrat, Jaime | 583 |
| Rowe, Neville | 902 |
| Ruck, Hans | 405 |
| Ruffeau, Henry de | 30 |
| Rumpf, Stefan | 371 |
| Rustmann-Cordier, Lorrain | 39 |
| Ryan, Phillip | 895 |

## S

| | |
|---|---|
| Saahs, Fam. | 661 |
| Saahs, Nikolaus | 661 |
| Sächsisches Staatsministerium | 439 |
| Salamero, Javier D. | 570 |
| Salm-Salm, Michael Prinz zu | 372 |
| Salwey, Wolf-Dietrich | 431 |
| Sample Dyer, Dawnine | 792 |
| Sandeman & Co (Seagrams) | 618 |
| Sanfins, José | 26 |
| Santi, Franco | 507 |
| Saronno Ilva SpA | 545 |
| Sattler jun., Wilhelm | 683 |
| Sauer, Albrecht | 406 |
| Sauer, Paul | 406 |
| Sauvion, Jean-Ernest & Yves | 219 |
| Savelli, Carlo | 497 |
| Sbragia, Edward | 791 |
| Scaglione, Dante | 460 |
| Schäfer, R. | 344 |
| Schales, Fam. | 380 |
| Schales, Kurt | 380 |
| Schandl, Peter | 673 |
| Scherner, Klaus | 381 |
| Schindler, Gerd | 428 |
| Schiopetto, Mario | 490 |
| Schmidt, Andreas | 372 |
| Schmidt, Herbert | 372 |
| Schmitt, Karl Martin | 406 |
| Schmoranz, Hermann | 354 |
| Schneider, Albrecht | 381 |
| Schneider, Cornelia | 431 |
| Schneider, Reinhold | 431 |
| Schoenfeld, Victor J. | 757 |
| Scholz, Peter | 884 |
| Schön, Siegfried | 359 |
| Schönborn, Dr. Karl Graf von | 407 |
| Schönleber, Hanne | 370 |
| Schönleber, Werner | 370 |
| Schreiber, Hans-Joachim | 769, 772 |
| Schubert, Dr. Carl von | 344 |
| Schueller, Eric | 208 |
| Schug, Bernhard | 341 |
| Schwarz, Hans-Günter | 394 |
| Schwarz, Martin | 439 |
| Schÿler, Jean-Henri | 28 |
| Seagrams | 195, 196, 597, 800, 867 |
| Seeger, Fam. | 432 |
| Seeger, Thomas | 432 |
| Selbach, Johannes | 344 |
| Serra, Simó | 581 |
| Severini Lungarotti, Teresa | 518 |
| Seysses, Jacques | 136 |
| SG-Weingüterverwaltungsgesellschaft | 363 |
| Shafer, Fam. | 799 |
| Shaw, Philip | 895 |
| Sichel, B. | 25 |
| Sichel, Fam. | 25 |
| Simes, John | 921 |
| Soares Franco, António & Domingo | 626 |
| Soder, Albert | 427 |
| SOGRAPE Holding, Portugal | 612, 868 |
| Sorba, Alain | 126 |
| Sore, Daniel | 45 |
| Soria, Marlène | 296 |
| Soty, Jean-Luc | 244 |
| Soussotte, Lucien | 35 |
| Southcorp Wines | 888, 902 |
| Spinaze, Andrew | 896 |
| Spinner, Alexander | 430 |
| St. Hallett Pty Ltd | 887 |
| Ste Neige Wine Co. (Japan) | 921 |
| Steiner, Sarah | 816 |
| Stellenbosch Farmer's Winery | 777 |
| Sterling, Familie | 808 |
| Stiegelmar, Axel | 675 |
| Stiegelmar, Georg | 675 |
| Stigler, Andreas | 432 |
| Stimson Lane Vineyards & Estates | 836 |
| Stonestreet, Thomas | 97 |
| Störrlein, Armin | 408 |
| Streicher, Martin | 416 |
| Stuart, Rob | 831 |
| Studert, Gerhard | 345 |
| Studert, Stefan | 345 |
| Stutz, Tom | 818 |
| Suntory Ltd | 35, 37, 928 |
| Supp, Bernd | 418 |
| Suqué, Arturo | 581 |
| Suzuki, Tadao | 927 |
| Swiss Wine Food | 532 |
| Symington, Fam. | 616, 617, 619 |
| Symington, Peter | 616, 617, 619 |

## T

| | |
|---|---|
| Taillan, Groupe | 37, 45, 51, 55 |
| Taittinger, Claude | 201 |
| Tancer, Fam. | 808 |
| Tancer, Forrest | 808 |
| Teiwes, Friedrich | 345 |
| Tement, Manfred | 684 |
| Temier, Alain | 200 |
| Tesseron, Fam. Guy | 48, 53 |
| Testa, Gianni | 461 |
| Testa, Livio | 459 |
| Thanish-Spier, Sofia | 346 |
| Then, Benedikt | 404 |
| Thévenet, Jean-Claude | 175 |
| Thibault, Daniel | 193, 198 |
| Thienot, Alain | 101 |

| | | | |
|---|---|---|---|
| Thienpont, Fam. | 86, 87 | Villega, Emmanuel | 73 |
| Thienpont, Jacques | 86 | Vin & Sprit (V&S), Stockholm | 287 |
| Thrien, Michael | 363 | Vincent, Jean-Jacques | 174 |
| Tiemann, Velten | 358 | Vivier, Patrick | 184 |
| Tirado, Enrique | 858 | Voelcker, Heinz | 413 |
| Tollot, Fam. | 160 | Voerzio, Roberto | 462 |
| Torres, Miguel | 583, 584, 861 | Voeux, Christian | 269 |
| Torstenson, Lars | 287 | Voyatzis, Yannis | 729 |
| Touchais, Fam. | 229 | Vranken Monopole | 193 |
| Touchais, Jean-Marie | 229 | Vuitton-Moët-Hennessy, Louis | |
| Trapet, Fam. | 140 | | 111, 194, 195, 199, 200, 201, 809, 902 |
| Trapet, Jean-Louis | 140 | Vullien, Gérard | 127 |
| Trappolini, Paolo | 505 | Vuylsteke, Fam. | 832 |
| Trefethen, Fam. | 800 | Vuylsteke, Ronald G. | 832 |
| Triaud, Françoise | 36, 40 | | |
| Triebaumer, Ernst | 673 | | |
| Triebaumer, Margarethe | 673 | | |
| Trimbach, Fam. | 213 | | |

# W

| | | | |
|---|---|---|---|
| Trimbach, Pierre | 213 | Wächter, Gerhard | 418 |
| Trinchero, Fam. | 828 | Wagner, Chuck | 792 |
| Trotta, Linda | 807 | Webb, Gyles | 772 |
| Truter, J.B. | 768 | Weber, Hubert | 869 |
| Tsantalis S.A., E. | 730 | Weber, Jacques | 211 |
| Turounet, N. | 285 | Wegeler, Fam. Rolf | 362 |
| Tyrell, Cristoph | 340 | Wehrheim, Karl-Heinz | 395 |
| Tyrrell, Murray D. | 896 | Weinert, Bernardo C. | 869 |
| | | Weis, Fam. Hermann | 343 |
| | | Weis, Michael | 795 |

# U

| | | | |
|---|---|---|---|
| | | Wente, Fam. | 819 |
| | | Westhuizen, Schalk van der | 769 |
| Uberti, Fam. | 468 | Weydert, Hugues | 83 |
| UDV (Diageo), United | | White, Adrian E. | 735 |
|   Distillers & Vintners | 615, 616, 791 | Wieninger, Ing. Fritz | 687 |
| Ueno, Noboru | 927 | Wigan, Andrew | 884 |
| Ullom, Randy | 809 | Williams, Craig | 798 |
| Umathum, Josef | 676 | Williams, John & Ann | 838 |
| Uren, Dimon | 735 | Williams, Scott | 838 |
| | | Wilmers, Robert | 98 |
| | | Wilson, Peter | 904 |

# V

| | | | |
|---|---|---|---|
| | | Wine Alliance | 805 |
| | | Wirsching, Dr. Heinrich | 408 |
| | | Wittmann, Günter | 382 |
| Valdespino, Fam. | 598 | Wörner, Josef | 426 |
| Vallania, Fam. | 497 | Worms & Cie | 167 |
| Vallania, Giovanni & Elisabetta | 497 | Worontschak, John | 736 |
| Vallejo, D. Luis I. | 567 | | |
| van Zeller, Álvaro | 614, 618 | | |
| van Zeller, Christiano | 618 | | |

# Z

| | | | |
|---|---|---|---|
| Vaona, Elio | 482 | | |
| Varine, Odilon de | 192 | | |
| Vaucelles, Fam. de | 107 | Zenibayashi (Yamanashi), | |
| Vaucelles, Gabrielle | 107 |   Ing. Yutaka | 928 |
| Vauthier, Catherine, | | Zenzen, Hermann | 425 |
|   Micheline & Alain | 70 | Ziliani, Franco | 467 |
| Venditti, Nicola | 532 | | |
| Veraguth, Mark | 843 | | |
| Vergara, Pablo | 858 | | |
| Vernay, Christine | 260 | | |
| Vernay, Georges | 260 | | |
| Veuve Clicquot | 909, 920 | | |
| Veyssière, François | 75, 84, 85, 87, 91 | | |
| Vialord, Valérie | 102 | | |
| Vidaurre, Alfredo | 859 | | |
| Vieux, Eric | 174 | | |
| Villaine, Aubert de | 139, 168 | | |
| Villaine, Pamela de | 168 | | |

# Deutsche Weine –
# der volle Genuss

■ Weinkunde zu jeder einzelnen Region: welche Trauben, welche Anbauformen, welche Spezialitäten

■ Mehr als 150 ausgesuchte hervorragende Jahrgangsweine werden detailliert beschrieben, weitere 300 in Kurzempfehlungen

■ Alle klassischen Weinsorten, aber auch Newcomer, wie zahlreiche neue und oft außergewöhnliche Rotweine, die den Weinen unserer westlichen und südlichen Nachbarn in Nichts nachstehen

■ Kriterium der Auswahl: hervorragendes Preis-Leistungsverhältnis – fast alle Weine unter 30 Mark

Wer wie der Autor, Rudolf Knoll, seit Jahren die Szene in Deutschland beobachtet, erkennt, wie viele kleine Weingüter neue Wege beschritten haben, bei der Qualität hochgeschrieben wird.

Auch der Barrique-Ausbau findet immer mehr Anhänger, und wer diese schwierige Kunst versteht, gibt seinen Weinen oft so noch den letzten Schliff.

In diesem Führer erfahren Sie von einem Kenner, wo Sie die besten Tropfen zu den besten Preisen finden.

Rudolf Knoll
**Der Südwest Wein Führer 1999 Deutschland**
240 Seiten, durchgehend vierfarbig.
Format: 11,8 x 21 cm, Festeinband.
ISBN 3-517-07738-0

# Der Einkaufsführer für den Italienfreund

■ Alles über das Weinland Italien: Anbaugebiete, Traibensorten, Spezialitäten

■ Über 500 ausgesuchte hervorragende Jahrgangsweine werden vorgestellt, die besten 150 mit ausführlicher Beschreibung

■ Alle Weine nach Gebieten geordnet mit Hinweisen zu Lagerfähigkeit, Trinktemperatur und Preis-Leistungs-Verhältnis

■ Fast alle Weine unter 30 Mark

■ Bezugsquellen und Versandanschriften direkt vom Erzeuger, aber auch über deutsche Importeure

Italienischer Wein hat bei uns viele Freunde, zumal hervorragende Qualitäten immer noch zu recht günstigen Preisen zu haben sind. Besonders kleinere Weingüter in der Toskana, in Tirol, in Umbrien aber auch Sizilien zeichnen sich aus durch Engagement und hohe Qualität zu günstigen Preisen.

Die Autoren haben seit mehreren Jahren die Weine vor Ort studiert, sie haben Italien bereist und sich von einem Geheimtipp zum anderen führen lassen.

Jeder der Weine kann auch bei uns bezogen werden: ein umfangreicher Adressteil nennt die Quellen.

Gerd Drechsler/Heinz Peter/Michael Franke
**Der Südwest Wein Führer 1999 – Italien**
240 Seiten, durchgehend vierfarbig.
Format: 11,8 x 21 cm, Festeinband.
ISBN 3-517-07737-2